GRÄBER

Finanzgerichtsordnung

Finanzgerichtsordnung

mit Nebengesetzen

Begründet von

Dr. Fritz Gräber †

Vorsitzender Richter am Bundesfinanzhof a. D.

Bearbeitet von

Prof. Rüdiger von Groll

Rechtsanwalt,
Richter am Bundesfinanzhof a. D.
in München

Dr. Hanns-Reimer Koch

Vizepräsident des Finanzgerichts
in Kiel

Reinhild Ruban

Vorsitzende Richterin
am Bundesfinanzhof
in München

Prof. Dr. Thomas Stapperfend

Richter am Finanzgericht
des Landes Brandenburg
in Cottbus

6., völlig neubearbeitete Auflage

Verlag C. H. Beck München 2006

Zitierweise:

Gräber/von Groll § 40 Rz 1
Gräber/Koch § 1 Rz 1
Gräber/Ruban § 10 Rz 1
Gräber/Stapperfend § 51 Rz 1

Verlag C. H. Beck im Internet:

beck.de

ISBN 3 406 53465 1

© 2006 Verlag C. H. Beck oHG
Wilhelmstraße 9, 80801 München

Satz und Druck: Druckerei C. H. Beck Nördlingen
(Adresse wie Verlag)

Gedruckt auf säurefreiem, alterungsbeständigem Papier
(hergestellt aus chlorfrei gebleichtem Zellstoff)

Vorwort zur 6. Auflage

„Das Trio also wurde zum Quartett!" So etwa könnte die erste Reaktion des (Stamm-)Lesers ausfallen, wenn er diese Neuauflage zur Hand nimmt. – Ja, die bisherigen Akteure freuen sich, dass es ihnen gelungen ist, ihren Kreis zu erweitern und bei dieser Gelegenheit auch noch zu verjüngen: durch den Finanzrichter und Hochschullehrer Prof. Dr. Thomas Stapperfend. Diese Veränderung, so steht zu hoffen, wird dann der Benutzer im weiteren Verlauf, bei der Arbeit mit dem „Gräber", in gleicher Weise als kongeniale Verstärkung bestätigt sehen wie die „alten" Autoren schon bei den Vorbereitungen auf diese Neuauflage. – Soviel zum Persönlichen.

Was die gemeinsame Sache angeht, so waren bei der Neubearbeitung diesmal, gemessen an früheren Jahren, bemerkenswert viele und verschiedenartige gesetzgeberische Aktivitäten zu berücksichtigen (s dazu näher Vor § 1 Rz 23 f), vor allem die Neugestaltung des Kostenrechts und die „Rezeption" der Elektronik. Vordergründig brachte Letzteres im Wesentlichen rein textliche Änderungen, die – wie man bei der Lektüre der amtlichen Begründungen ebenso überrascht wie erleichtert zur Kenntnis nehmen dürfte – ausnahmslos „gleichstellungsrechtlich" unbedenklich sind, wobei die Erleichterung in erster Linie dem Umstand galt, dass bedeutsamere Vorschriften, wie etwa die des § 40 Abs 2, solchem Eifer bislang (noch) nicht ausgesetzt waren! Im Übrigen aber hatte man wie gewohnt reichlich neue Rechtsprechung und Literatur zu bewältigen.

Bei alledem stand, getreu der Tradition dieses Kommentars, das Bemühen der Autoren im Vordergrund, dem Benutzer (und zwar für Theorie und Praxis) nicht nur zu einem möglichst raschen, umfassenden *Überblick* und *Einblick,* sondern, wenn irgend möglich, auch zum systematischen *Durchblick* zu verhelfen und damit zur wirksamsten Prophylaxe gegenüber den Anfechtungen des Steuerrechtsalltags – nach der Devise „Hilfe zur Selbsthilfe". Denn bekanntlich schafft es ja am Schreibtisch keiner, auch der praxiserprobte Fachautor nicht, die Fälle vorauszusehen, die das „Leben" liefert, und deren Lösungen so hilfreich, häufig gar unerlässlich sind für das Verständnis einer Norm und deren Erläuterung. Doch auf derlei „Einzel*rezepte*" ist ja eben der nicht angewiesen, der mit einem (hoffentlich „gräberbewährtem") *Konzept* an die Problemlösung herangeht.

Zurück zur Gesetzgebung: Wieder einmal sind es nicht so sehr die *erlassenen* als vielmehr die (noch) *unterlassenen* Normen, die dem Interessierten zu schaffen machen bzw zu schaffen machen sollten: Das im Grunde schon ob seiner euphemistischen Etikettierung verdächtige „Zusammenführungsgesetz" entlarvt sich, angesichts der hierzu bekannt gewordenen Verlautbarungen (s Vor § 1 Rz 25) einerseits sowie der gerade im Abgabenrecht ständig komplizierter und unverständlicher werdenden materiellrechtlichen Vorschriften andererseits, als gezielter Versuch massiver Rechtsschutzverhinderung. Wie anders soll man es verstehen, wenn die Legislative ihre Unfähigkeit, den steuerrechtlichen Eingriffen eine solide, möglichst einfache und verstehbare Basis zu geben, um den Einfall ergänzt, dem recht-

Vorwort

suchenden Bürger, in all seiner hoheitlich zu verantwortenden, wenn nicht gar hoheitlich gesteuerten Desorientierung (s etwa zum Thema „Verluste", speziell zum legislatorischen „Glanzstück" der „Mindestbesteuerung": DStJG 28, 2005, S 9, 70 ff u 335), Spruchkörper mit möglichst unkundigen Richtern (und einer möglichst spärlich ausgestatteten Bibliothek) zu präsentieren? Und fügt sich dies nicht, zusammen mit vielerlei anderen Mosaiksteinchen (wie etwa dem überaus lehrreichen Anschauungsmaterial zur Behandlung der „Mehrmütterorganschaft": s Vor 1 Rz 1 aE oder im Umgang mit Verlusten: s DStJG 28, aaO S 209 und 335 f), immer deutlicher zu dem Gesamtbild einer harmonischen, scheinbar unaufhaltsam der totalen Vereinigung zustrebenden Zweisamkeit von Exekutive und Legislative, die – leider – nur gestört ist von einem einzigen „Fremdkörper": der Judikative?

Da diese für jedermann, auch außerhalb des Steuerrechts (Beispiel: Europäisches Haftbefehlsgesetz – einträchtige Nichtbeachtung des Art 19 Abs 4 GG durch „De-facto-Gesetzgeber" und „De-iure-Gesetzgeber"; dazu BVerfG v 18. 7. 2005, NJW 2005, 2289), sichtbare, rechtsstaatlich unerträgliche Entwicklung kaum jemanden wirklich zu stören scheint, steht die Dritte Gewalt in außergewöhnlicher Verantwortung. So kann man nur wünschen, dass die Richterschaft in nicht allzu ferner Zukunft *ihre* Antwort auf diese alarmierende Entwicklung findet, und zwar auf zweierlei Weise: mit besonders sorgfältig *(„lege artis")* begründeten Judikaten im Amt und mit entsprechender, vor allem auch schriftstellerischer Gegenwehr außerhalb desselben. – Wenn der Kommentar speziell auch unter diesem Aspekt von Nutzen sein kann, so wäre das ein gutes Zeichen.

Schließlich ist es den Autoren ein dringendes Bedürfnis, Dank zu sagen, und zwar zum einen den aufmerksamen Lesern für ihre hilfreichen, auch kritischen Anregungen sowie zum anderen Frau Elisabeth Weber-Neumann und ihrem Team für die gleichermaßen engagierte wie geduldige Unterstützung der Kommentierungsarbeit.

München, Kiel und Cottbus im Januar 2006   *Die Verfasser*

Inhaltsverzeichnis

Inhalt

Abschnitt III. Verfahren im ersten Rechtszug

Inhalt

Dritter Teil. Kosten und Vollstreckung

Abschnitt I. Kosten

Abschnitt II. Vollstreckung

Vierter Teil. Übergangs- und Schlussbestimmungen

Abkürzungs- und Literaturverzeichnis

aA	anderer Ansicht oder am Anfang
aaO	am angeführten Ort
ABl	Amtsblatt
AblEG	Amtsblatt der Europäischen Gemeinschaften
Abs	Absatz
abw	abweichend
AcP	Archiv für die civilistische Praxis
AdV	Aussetzung der Vollziehung
aE	am Ende
AEAO	Anwendungserlass zur Abgabenordnung v 15. 7. 1998 (BStBl I, 630) mit Änderungen
aF	alter Fassung
AfA	Absetzung(en) für Abnutzung
AG	Amtsgericht bzw Die Aktiengesellschaft (Zeitschrift)
AGB Bfd Inland	Allgemeine Geschäftsbedingungen der Deutschen Post AG für den Briefdienst Inland
AGFGO	Gesetz zur Ausführung der FGO (Landesgesetze)
allg	allgemein(e, en)
Alt	Alternative
aM	anderer Meinung
AMG	Arzneimittelgesetz
AnfG	Anfechtungsgesetz
Anh	Anhang
AnhRügG	Anhörungsrügengesetz
Anl	Anlage
Anm	Anmerkung
AnwBl	Anwaltsblatt
AO	Abgabenordnung
AOÄndG	Entwurf eines Gesetzes zur Änderung der AO (Referentenentwurf v 11. 8. 1992)
AO-Bericht	Bericht der Arbeitsgruppe „Außergerichtliches Rechtsbehelfsverfahren nach der AO", BdF (Hrsg), 1989
AOE	Entwurf einer Abgabenordnung (EAO 1974), BT-Drucks 7/79 und VI/1982
AöR	Archiv des öffentlichen Rechts
AO-StB	Der AO-Steuerberater (Zeitschrift)
AP	Arbeitsrechtliche Praxis, Nachschlagewerk des Bundesarbeitsgerichts, herausgegeben von Hueck-Nipperdey-Dietz
Ap	Außenprüfung
ArbGG	Arbeitsgerichtsgesetz
arg	argumentum
Art	Artikel
AS	Amtliche Sammlung von Entscheidungen des OVG Rheinland-Pfalz und des OVG Saarland

Abkürzungen

BVerwG-Festg .... O. Bachof (Hrsg), Verwaltungsrecht zwischen Freiheit, Teilhabe und Bindung, Festgabe aus Anlaß des 25-jährigen Bestehens des BVerwG, München 1978
BZBl .... Bundeszollblatt
bzw .... beziehungsweise

CuR .... Computer und Recht (Zeitschrift)

DACH .... Schriftenreihe der Europäischen Anwaltsvereinigung e.V., Bonn
DB .... Der Betrieb (Zeitschrift)
ders .... derselbe
desgl .... desgleichen
dh .... das heißt
dies .... dieselbe(n)
Diss .... Dissertation
DJ .... Deutsche Justiz
DJT .... Deutscher Juristentag, Veröffentlichungen zum Deutschen Juristentag
DJZ .... Deutsche Juristenzeitung
DNotZ .... Deutsche Notar-Zeitschrift
dort .... dortiger, dortige, dortiges, dortigen
DÖV .... Die öffentliche Verwaltung (Zeitschrift)
DR .... Deutsches Recht (Zeitschrift)
DRiG .... Deutsches Richtergesetz
DRiZ .... Deutsche Richterzeitung
DRZ .... Deutsche Rechtszeitschrift
DSB .... Datenschutzberater (Zeitschrift)
DStBl .... Deutsches Steuerblatt
DStJG .... Deutsche Steuerjuristische Gesellschaft, Veröffentlichungen der Deutschen Steuerjuristischen Gesellschaft eV (Band, Erscheinungsjahr)
DStPr .... Deutsche Steuerpraxis (Zeitschrift)
DStR .... Deutsches Steuerrecht (Zeitschrift)
DStZ/A .... Deutsche Steuer-Zeitung, Ausgabe A
DStZ/B .... Deutsche Steuer-Zeitung, Ausgabe B
DtZ .... Deutsch-Deutsche Rechtszeitschrift
DV, DVO .... Durchführungsverordnung oder Durchführungsbestimmungen
DVBl .... Deutsches Verwaltungsblatt
DVO .... Durchführungsverordnung
DVP .... Deutsche Verwaltungspraxis (Zeitschrift)
DVStB .... Verordnung zur Durchführung des Steuerberatungsgesetzes v 12. 11. 1979 (BGBl I, 1922)

E .... (Amtliche) Entscheidungssammlung bzw Entwurf eines Gesetzes
EFG .... Entscheidungen der Finanzgerichte
EG .... Einführungsgesetz bzw Europäische Gemeinschaft
EG-AHG .... EG-Amtshilfe-Gesetz
EGGVG .... Einführungsgesetz zum Gerichtsverfassungsgesetz

EGH (EuGH)	Gerichtshof der Europäischen Gemeinschaften
EGHE	Sammlung der Entscheidungen des Europäischen Gerichtshofs
EGMR	Europäischer Gerichtshof für Menschenrechte
EGV	EG-Vertrag (früher EWG-Vertrag)
EGVO	Verordnung der Europäischen Gemeinschaft
EGVÜ	s GVÜ
EhrRiEG	Gesetz über die Entschädigung der ehrenamtlichen Richter idF v 1. 10. 1969 (BGBl I, 1753) mit zT abweichenden Regelungen für das Gebiet der ehemaligen DDR gem Anl I Kap III Sachgeb A Abschn III Nr 24 des Einigungsvertrages v 31. 8. 1990 (BGBl II, 889, 968)
Einl	Einleitung
einschl	einschließlich
EinVertr....................	Einigungsvertrag v 31. 8. 1990 (BGBl II, 889, 968)
EinVertrG	Einigungsvertragsgesetz v 23. 9. 1990 (BGBl II, 885)
EMRK	s MRK
Engelhardt/App	Verwaltungs-Vollstreckungsgesetz – Verwaltungszustellungsgesetz – VwVG – VwZG, Kommentar, 6. Auflage 2004
entspr	entsprechend(e, en)
Entw	Entwurf
ErbSt	Erbschaftsteuer
ErbStDV	Erbschaftsteuer-Durchführungsverordnung
ErbStG	Erbschaftsteuergesetz
Erfinder-VO	Verordnung über die einkommensteuerliche Behandlung der freien Erfinder
Erichsen ua	Allgemeines Verwaltungsrecht, 11. Auflage 1998
Erl	Erlass
Erläut	Erläuterungen
ESt	Einkommensteuer
EStDV	Einkommensteuer-Durchführungsverordnung
EStG	Einkommensteuergesetz
EU	Europäische Union
EuGH	Gerichtshof der Europäischen Gemeinschaften
EuGRZ	Europäische Grundrechte-Zeitschrift
EuR..........................	Europarecht (Zeitschrift)
EuRAG	Gesetz zur Umsetzung von Richtlinien der Europäischen Gemeinschaft auf dem Gebiet des Berufsrechts der Rechtsanwälte v 9. 3. 2000 (BGBl I, 182)
EUSt	Einfuhrumsatzsteuer
EuStZ	Europäische Steuerzeitung
evtl	eventuell
EVwPO	Entwurf einer Verwaltungsprozeßordnung (VwPO), 1982, BT-Drucks 9/1851 v 14. 7. 1982; zuletzt idF der BT-Drucks 10/3437 v 31. 5. 1985 mit Berichtigung BT-Drucks 10/3477 v 13. 6. 1985
EVwVfG	Musterentwurf eines Verwaltungsverfahrensgesetzes 1963, autorisierte Ausgabe, G. Grote, Köln und Berlin 1964

Abkürzungen

NVwZ .... Neue Zeitschrift für Verwaltungsrecht
NWB/F .... Neue Wirtschaftsbriefe/Fach
NZA .... Neue Zeitschrift für Arbeits- und Sozialrecht
NZB .... Nichtzulassungsbeschwerde

o .... oder
OFD .... Oberfinanzdirektion
OHG .... Offene Handelsgesellschaft
OLG .... Oberlandesgericht
OLGZ .... Entscheidungen der Oberlandesgerichte in Zivilsachen
OVG .... Oberverwaltungsgericht
OVGE .... Entscheidungen des OVG Münster und des OVG Lüneburg

Palandt .... Bürgerliches Gesetzbuch, Kommentar, 65. Auflage 2005
PartGG .... Gesetz über Partnerschaftsgesellschaften Angehöriger Freier Berufe v 25. 7. 1994 (BGBl I, 1744) mit Änderungen
Pestalozza .... Pestalozza, Verfassungsprozeßrecht, 3. Auflage, München 1991
P/K/Bearbeiter .... Pahlke/Koenig, Kommentar zur Abgabenordnung, München 2004
PKH .... Prozesskostenhilfe
PKHVV .... Prozesskostenhilfe-Vordruckverordnung
PostG .... Gesetz über das Postwesen v 3. 7. 1989 (BGBl I, 1449) idF der Änderungsgesetze v 27. 12. 1993 (BGBl I, 2378) und v 14. 9. 1994 (BGBl I, 2325, 2368)
Post UmwG .... Gesetz zur Umwandlung der Unternehmen der Deutschen Bundespost in die Rechtsform der Aktiengesellschaft v 14. 9. 1994 (BGBl I, 2339)
PTNeuOG .... Gesetz zur Neuordnung des Postwesens und der Telekommunikation v 14. 9. 1994 (BGBl I, 2325)
PZU .... Postzustellungsurkunde

RA .... Rechtsanwalt
RADG .... Rechtsanwaltsdienstleistungsgesetz v 16. 8. 1980 (BGBl I, 1453), mit Änderungen
RAG .... Reichsarbeitsgericht
RAGE .... Sammlung der Entscheidungen des Reichsarbeitsgerichts (Band und Seite)
RAO .... Reichsabgabenordnung
RefEntw .... Referentenentwurf
Rev .... Revision
Redeker/
v Oertzen .... Verwaltungsgerichtsordnung, Kommentar (Loseblatt)
RFH .... Reichsfinanzhof
RFHE .... Sammlung der Entscheidungen des Reichsfinanzhofs
RG .... Reichsgericht
RGBl .... Reichsgesetzblatt

SGG	Sozialgerichtsgesetz
1. SigÄndG	1. Signaturänderungsgesetz v 4. 1. 2005 (BGBl I, 2)
SigG	Gesetz über Rahmenbedingungen für elektronische Signaturen und zur Änderung weiterer Vorschriften v 16. 5. 2001 (BGBl I, 876)
Slg	Sammlung
sog	sogenannt
SolZ(G)	Solidaritätszuschlag(sgesetz)
SozR	Sozialrecht, Rechtsprechung und Schrifttum, herausgegeben von Richtern des Bundessozialgerichts
Sp	Spalte
St	Steuer
Staatsbürger und Staatsgewalt	Jubiläumsschrift zum hundertjährigen Bestehen der deutschen Verwaltungsgerichtsbarkeit und zum zehnjährigen Bestehen des Bundesverwaltungsgerichts, 1963
StÄndG	Steueränderungsgesetz
StB	Der Steuerberater (Zeitschrift)
StBerG	Steuerberatungsgesetz
StBerO (DDR)	Verordnung über die Hilfeleistung in Steuersachen der Deutschen Demokratischen Republik v 27. 6. 1990 (Gesetzblatt der DDR v 27. 7. 1990, Sonderdruck Nr. 1455)
Stbg	Die Steuerberatung (Zeitschrift)
StbJb	Steuerberater-Jahrbuch
StBP	Steuerliche Betriebsprüfung
StE	Steuerlicher Eildienst
Stein/Jonas	Stein/Jonas, bearbeitet von Pohle, Grunsky ua, Kommentar zur ZPO, 19. Auflage 1964 ff bzw 20. Auflage 1977 ff
Stelkens ua	Stelkens/Bonk/Sachs, Verwaltungsverfahrensgesetz, Kommentar, 6. Auflage 2001
Stern	Klaus Stern, Verwaltungsprozessuale Probleme in der öffentlich-rechtlichen Arbeit, 5. Auflage, München 1981
Steuerbev	Steuerbevollmächtigter
SteuerStud	Steuer und Studium (Zeitschrift)
Steufa	Steuerfahndung
StGB	Strafgesetzbuch
StJ	Steuerliches Journal
StKongRep	Steuerberater-Kongreß-Report
StMBG	Mißbrauchsbekämpfungs- und Steuerbereinigungsgesetz v 21. 12. 1993 (BGBl I, 2310)
Stpfl	Steuerpflichtiger
StPO	Strafprozeßordnung
str	streitig
Streck	Kommentar zum Körperschaftsteuergesetz, 6. Auflage 2003
StRefG	Steuerreformgesetz 1990 (BGBl I 1988, 1093)
StRK	Steuerrechtsprechung in Karteiform

Abkürzungen

Finanzgerichtsordnung
(FGO)

In der Fassung der Bekanntmachung vom 28. März 2001
(BGBl I S. 442; berichtigt BGBl I S. 2262 und BGBl I 2002 S. 679)

Geändert durch Zustellungsreformgesetz v 25. 6. 2001 (BGBl I S. 1206), Gesetz zur Anpassung der Formvorschriften des Privatrechts und anderer Vorschriften an den modernen Rechtsgeschäftsverkehr v 13. 7. 2001 (BGBl I S. 1542), Gesetz zur Änderung des Finanzverwaltungsgesetzes und anderer Gesetze v 14. 12. 2001 (BGBl I S. 3714), Steueränderungsgesetz 2001 – StÄndG 2001 – v 20. 12. 2001 (BGBl I S. 3794), Steuerverkürzungsbekämpfungsgesetz – StVBG – v 19. 12. 2001 (BGBl I S. 3922), Kostenrechtsmodernisierungsgesetz – KostRMoG – v 5. 5. 2004 (BGBl I S. 718), 1. Justizmodernisierungsgesetz v 24. 8. 2004 (BGBl I S. 2198), Anhörungsrügengesetz v 9. 12. 2004 (BGBl I S. 3220), Gesetz zur Vereinfachung und Vereinheitlichung der Verfahrensvorschriften zur Wahl und Berufung ehrenamtlicher Richter v 21. 12. 2004 (BGBl I S. 3599) und Justizkommunikationsgesetz – JKomG – v 22. 3. 2005 (BGBl I S. 837)

BGBl III/FNA 350-1

Zum Rechtsschutz nach der FGO

Literatur

Zur Entwicklung des Rechtsschutzes in Steuersachen:

Becker, Rechtsnot und Rechtsschutz, StuW 1925, 547; *Dürr,* Die Finanz-gerichtsbarkeit im neuen Bundesgebiet, DStR 1992, 1049; *Haueisen,* Fi-nanzgerichtsordnung und Sozialgerichtsbarkeit, NJW 1966, 82; *Hensel,* Der Reichsfinanzhof, StuW 1921, 192; *Hoffmann-Fölkersamb,* Geschichte und Perspektiven des Rechtsschutzverfahrens auf dem Gebiet des Steuerrechts, Kieler Diss 1991; *Jäger,* Die Entwicklung des Rechtsmittelverfahrens des Steuerrechts vom 18. Jahrhundert bis zum Erlaß der Finanzgerichtsordnung vom 6. 10. 1965, Marburger Diss 1974; *Kumpf,* Kaiserreich, Weimarer Republik und „Drittes Reich", Der RFH 1918–1938 aus der Sicht seines ersten Präsidenten, FS 75 Jahre RFH/BFH (1993), S 23; *ders,* Der RFH im „Dritten Reich", DStZ 1994, 65; *Pfeiffer,* Die besonderen Probleme des steuerlichen Rechtsschutzes in den neuen Bundesländern, DStJG 18 (1995), S 137; *Oswald,* Fragen zur neuen Finanzgerichtsordnung, StuW 1966, 265 u 1967, 561; *Pausch,* Vom Reichskammergericht zum Reichsfi-nanzhof, FS für v Wallis (1985), 3; *Popitz,* Betrachtungen über Errichtung und Einrichtung des Reichsfinanzhofs, StuW 1928, 971; *Schwarz,* Die Fi-nanzgerichte, Tübinger Diss 1955; *Steinhauff,* Der Aufbau der Finanzge-richtsbarkeit in den fünf jungen Bundesländern, FS für F. Klein (1994), S 195; *Strutz,* Die Entwicklung des Steuerrechtsschutzes, FS f Schanz II (1928), 223; *H/H/Sp/Sunder-Plassmann* Einf FGO Rz 8 ff; *Tipke* in T/K Einf FGO Rz 1 ff; *Zitzlaff,* Die Bedeutung der Finanzgerichtsbarkeit, StuW 1940, 185.

Zur Entwicklung in den neuen Bundesländern: EinVertr Anl I, Kap III, Sachgebiet A, Abschn III Nr 1 Buchst v; zu den Einzelheiten: *H/H/Sp/Sunder-Plassmann* Einf FGO Rz 158 ff; *Tipke* in T/K Einf FGO Rz 68 – jeweils mwN (s iÜ vorstehend).

Zum 4. VwGO-ÄndG: *Kopp,* NJW 1991, 521 u 1264; *Redeker,* DVBl 1991, 972; *Schmieszek,* ebenda, 522; *Schmidt-Aßmann* in *Schoch ua* Einl Rz 93 ff; *Stelkens,* NVwZ 1991, 209.

Zum 6. VwGO-ÄndG: *Bader,* NVwZ 1999, 120; *Decker,* JA 1999, 154; *Redecker,* NVwZ 1997, 625; *Ronellenfitsch,* NVwZ 1999, 583; *R. P. Scharke,* VerwA 1999, 232; *ders,* JuS 2000, 230; *W.-R. Schenke,* NJW 1997, 81.

Zum FGOÄndG (s auch Vor § 6, § 79 a u 79 b): *Alt,* StB 1993, 811; *Bilsdorfer,* BB 1993, 109 und 554; *Birk,* StuW 1991, 337 u 1993, 296; *Buciek,* DStR 1993, 118 u 152; *Gramich,* DStR 1993, 6; *Kretzschmar,* BB 1993, 545 u DStZ (A) 1993, 265; *Krömker,* StVj 1993, 63; *Schmid,* DStZ (A) 1993, 129; *Schmieszek,* DStR 1991, 961, DB 1991, 1139 und 1993, 12.

Zum GrenzpendlerG (s auch Vor § 76 Rz 42): *Birkenfeld/Daumke,* Das neue außergerichtliche Rechtsbehelfsverfahren, 2. Aufl 1996; *Carl/*

Klos, Inf 1994, 417; *Dumke,* Einspruch beim Finanzamt, 1996; *Felix,* NJW 1994, 3065; *Rößler,* DStZ 1995, 270; *Siegert,* DStZ 1995, 25 u 517; *Söffing,* DStR 1995, 1182 u 1489; *Späth,* DStZ 1995, 363 u 465; *Solterfoht,* DStJG 18 (1995), S 77; *Szymczak,* DB 1994, 2254; *Wagner,* Stbg 1996, 14 u 66; *Wefers,* NJW 1995, 1321.

Zum 2. FGOÄndG: *Beermann,* DStZ 2000,773; 2001, 155 und 312; *Bieler,* StW 2001, 107; *Bilsdorfer,* BB 2001, 753; SteuerStud 2001, 168; *Dürr,* Inf 2001, 65; *Hampel, ZfZ 2001, 116; Herden,* DStZ 2000, 394; *Kreft,* GStB 2001, 79; *Lange,* NJW 2001, 1098; *Leingang-Ludolph/Wiese,* StuB 2001, 175 und DStR 2001, 775; *List,* DB 2000, 2294 und DStR 2000, 1499; *Mack,* Stbg 2001, 109; *Schaumburg,* StuW 1999, 68; *Schneider,* Stbg 2001, 86 Seeger, NdsVBl 2000, 266; *Seer,* BB 2000, 2387 und StuW 2001, 3; *Spindler,* DB 2001, 61; *Suhrbier-Hahn,* DStR 2001, 467.

Übersicht

1. Die Anfänge der FGO

Die seit 1. 1. 1966 geltende FGO vom 6. 10. 1965 (BGBl I, 1477) hatte **1** sich im wesentlichen – auch in der Zweistufigkeit (zu dem Streit darum, der allmählich abzuebben scheint: vgl ua *Dänzer-Vanotti,* BB 1986, 2386; *Offerhaus,* DStR 1986, 99; *Weber-Grellet,* DStZ (A) 1987, 20 u 524 sowie 1989, 131; *Rönitz,* DB 1987, 653; *Raupach* in Birk, Hrsg, Die Situation der Finanzgerichtsbarkeit. 1989, 69) – bewährt. Zu Änderungen drängten nicht Mängel des Gesetzes, sondern die Rechtswirklichkeit; die ständig, und zwar in dramatischer Weise steigende **Zahl an Verfahren** und die damit verbundene überlange **Verfahrensdauer** (vgl dazu die Jahresberichte des BFH – zuletzt 1992 S 7 ff sowie die Geschäftsberichte der FG, zB EFG 1989, 382 u 1991, 434; Begründung des RegEntw zum FGOÄndG, BT-Drucks 12/1061 S 1 u 11; s auch BT-Drucks 12/3676 S 1; *T/K* EinfFGO Rz 17), obgleich im wesentlichen Einigkeit darin herrschte, dass man mit Hilfe des Prozessrechts nur die Symptome der Misere erreichen kann, weil deren eigentliche Ursachen vor allem in der vielbeklagten **Kompliziertheit und Änderungsanfälligkeit des materiellen Steuerrechts** liegen (dazu vor allem *T/K* aaO; *Meßmer,* BB 1986, 745; *Klein* in Birk, Hrsg, Die Situation der Finanzgerichtsbarkeit, 1989, 36; *Vogel,* DStJG 12, 124; gegen die unzureichende Beachtung vor allem dieses Aspekts bei *Haegert,* BB 1991, 36: R *Voß,* BB 1991, 247; völlig unempfindlich gegenüber den Problemen und der Bedeutung der **Rechtsfindung** im Steuerrecht auch die Untersuchung *Stegmaiers,* die der Autor selbst – aaO S 170 – trotz Fehlens jeder eigenen Prozesserfahrung „empirisch" nennt; ähnliches gilt für *Neckels,* DStZ (A) 1990, 443 u 1991, 165, der das Thema vor allem funktional erörtert; wegen der nicht zu leugnenden Beiträge der Rspr zur allgemeinen Orientierungslosigkeit: *Kruse,* Lehrbuch, § 19 II 2), vor allem in dessen (in § 3 I 1 AO verankerten, vom Gesetzgeber mit erfindungsreicher Vielfalt genutzten) Möglichkeiten, zu außerfiskalischen Zwecken eingesetzt zu werden (dazu *Kruse,* Lehrbuch, § 2 II 4 a; *Tipke/Lang,* § 1 Rz 8 u § 4 Rz 21; *H/H/Sp* § 3 AO Rz 35 ff; *T/K* § 3 AO Rz 9 u Einf FGO Rz 17; *v Groll,* DStJG 28, 323, 330 mwN Fn 36, und in den damit ständig (ständig neu) gebotenen Anreizen für den Stpfl, auch im Prozess „die Grenzen der Norm zu suchen" (*Helsper,* BB 1992, 500; vgl auch *P Fischer,* DRiZ 1992, 445, 447 – jew mwN) – hierin nicht unwesentlich gefördert durch minimiertes Kostenrisiko und eine „konsumfreudige" Gestaltung der einschlägigen Versicherungen (dazu *v Groll,* DStR 1989, Beil zu Heft 14 S 2/3; *Jagodzinski ua,* DRiZ 1991, 189). Lebhaften Auftrieb erfährt solche **„Neigung zum Rechtsbehelf"** im Steuerrecht immer wieder, seitdem hier nun fast jede Gesetzesänderung (oft schon im „stadium nascendi") in den Ruch der Verfassungswidrigkeit und folglich **Rechtsunsicherheit** in einem bis dato unbekannten Ausmaß zum Massenphänomen gerät. Die hierdurch geprägte besondere **Bedeutung effektiver Rechtsschutzgewährung** (Art 19 IV GG) im Abgabenrecht intensiviert sich in ständig wachsendem Maße unter dem Gesichtspunkt der **Gewaltenteilung** (Art 20 II 2 und III GG) durch den Umstand, dass faktisch die **Gesetzgebung** im Steuerrecht inzwischen nahezu vollständig und ungehindert zum Instrument der **Exekutive** geworden ist (besonders eindrucksvolles Beispiel: das von der FinVerw initiierte und bis hin zur rückwirkenden Gesetzesänderung beherrschte Nichtanwendungs-Manöver in Sachen „Mehrmütterorganschaft"; Einzelheiten bei *Glanegger/Güroff* § 2 Rz 199 und *Streck* § 14 Anm 55).

2   Angesichts solch notstandsähnlicher Vorbedingungen lassen sich gesetzgeberische Maßnahmen auf dem Gebiet des Prozessrechts nicht an theoretischen Modellen messen. Abhilfe versprach von Anfang an nicht die „reine Lehre". Es galt vielmehr vor allem, im Spannungsverhältnis zwischen dem Verfassungsauftrag, die Straße für den in Art 19 IV GG garantierten **effektiven Rechtsschutz** in der **Rechtswirklichkeit** freizuhalten bzw freizuräumen, und der praktischen Notwendigkeit, (eben auch gerade zu diesem Zweck) der Vergeudung der verfügbaren Ressourcen vorzubeugen (ohne damit den Rechtsschutz vor dem Fiskus – ausgerechnet den – unter den „Vorbehalt des Haushalts" zu stellen – wie *Tipke* in T/K, Einf FGO Rz 65, nicht zu Unrecht argwöhnen), einen gangbaren. rechtsstaatlich akzeptablen Ausweg aus dem Dilemma zu finden.

3   Die gesetzgeberischen Bemühungen um eine Lösung lassen keinerlei Zielstrebigkeit erkennen: Nachdem der von Anfang an untaugliche, weil systemwidrigerweise die vielfältigen Wechselbeziehungen zwischen materiellen und formellem Recht (dazu *Zöllner,* AcP 190 (1990), 471; *v Groll* DStJG 18, 47) missachtende Versuch, den gesamten Rechtsschutz gegenüber der öffentlichen Gewalt in ein einziges Gesetz zu zwängen (**EVwPO,** BT-Drucks 9/1851;   BR-Drucks 100/82;   BT-Drucks 10/3437;   BR-Drucks 148/83; zur Kritik auch *Tipke* in T/K Einf FGO Rz 17 mwN), glücklicherweise gescheitert war (allerdings nicht endgültig: Rz 25), erwies sich der Weg zu einem FGOFÄndG (BT-Drucks 11/2386, 12/1061 u 12/3676; BR 301/91 u 826/92) als sehr viel dornenreicher als derjenige

zum **4. VwGOÄndG** (BGBl I 1990, 2809; BT-Drucks 11/1730; *Schmidt-Aßmann* in Schoch ua, Einf Rz 93). Man begnügte sich immer wieder mit der Verlängerung der außerhalb der FGO angesiedelten **Entlastungsgesetze,** vor allem des **BFHEntlG** v 8. 7. 1975 (BGBl I, 1861; BT-Drucks 7/444; zu dessen weiterem Schicksal s Rz 8 u 18 f u *H/H/Sp/Sunder-Plassmann* FGO Einf Rz 169 ff mwN).

Außerdem kam es im Wesentlichen zu folgenden Änderungen (s auch **4** *Sunder-Plassmann,* aaO, Rz 161 ff mwN):
– Überarbeitung des **Revisionsrechts** und Eingliederung seiner im BFHEntlG (Rz 3) verbliebenen Vorschriften in die FGO (BT-Drucks 12/1061, 12/3676 S 1 u 3; BR-Drucks 826/92; *Sunder-Plassmann* aaO, Rz 169 ff u 188 ff) – Bemühungen, die schließlich erst im 2. FGOÄndG (Rz 19 ff) zu einem gewissen Abschluss gebracht wurden (dazu auch *Schaumburg* StUW 1999, 68);
– **Beschränkung des Zugangs zum BFH** (zum Ergebnis: Rz 20 u 22);
– Begrenzung der **Vertretungsbefugnis vor dem BFH** (BT-Drucks 12/3676 S 3; *Sunder-Plassmann* aaO, Rz 136 ff u 199), die dann durch das 2. FGOÄndG zur Einfügung des § 62 a führte (Rz 22);
– Wiedereinführung der **Streitwertrevision** (zum Auf und Ab in diesem Punkt: *Sunder-Plassmann* aaO, Rz 163 ff, 173 u 201);
– insgesamt zu einer gewissen **Verfahrensstraffung** (Rz 5 a ff; *Sunder-Plassmann* aaO, Rz 191 ff).

2. FGOÄndG 1992

Der zum 1. 1. 1993 Gesetz gewordene Teil der Novelle, das **FGO-ÄndG** **5** vom 21. 12. **1992** (BGBl I, 2109) war ebenfalls nicht geeignet, für Ruhe und Beständigkeit zu sorgen (vgl auch *Sunder-Plassmann* aaO, Rz 188 ff und *Tipke* aaO, Rz 64 ff – jeweils mwN).

Selbst da, wo **Verfahrensvereinfachung** und **Verfahrensbeschleunigung,** **6** also Fortschritt in Richtung **effizienteren** Rechtsschutzes (Rechtsausschuss, BT-Drucks 12/3676 S 1), gesichert schienen, gab es (erst einmal) Schwierigkeiten, vor allem bei den **Ausschlussfristen** nach § 65 II 2 (s dort Rz 60 ff) und § 68 S 2 (s dort Rz 21). „Geräuschlos" eingefügt hatten sich eigentlich nur die folgenden Neuerungen:
– die endgültig in die FGO selbst (§ 62 III 3) übernommene Möglichkeit, mit Hilfe einer **Ausschlussfrist** für Vorlage einer ordnungsgemäßen **Prozessvollmacht** zu sorgen;
– die Abschaffung der Zweigleisigkeit im **AdV–Verfahren;**
– die Erweiterung der **Begründungserleichterungen** für Urteile (§ 105 Rz 4 u 11 ff) und Beschlüsse (§ 113 Rz 4).
„Auf dem Papier" schien in allen vorgenannten Fällen Verfahrensstraffung **ohne Systembrüche und ohne substantielle Beeinträchtigung der Rechtsschutzmöglichkeiten** gelungen. Der praktische Erfolg (zT wieder einmal unter „tatkräftiger" Mithilfe der Rspr) blieb ein gutes Stück hinter den Erwartungen zurück.

Problematisch erscheint der Nutzen des FGOÄndG noch immer hin- **7** sichtlich der **einzelrichterlichen Befugnisse** nach § 6 (dort Rz 1 ff) und § 79 a (dort Rz 1), die in einer vom Kollegialprinzip geprägten Gerichtsbarkeit als unerträglicher Fremdkörper wirken (s auch Vorwort zur 5. Aufl).

8   Zur **zeitlichen Geltungsanordnung** bestimmt **Art 6 FGOÄndG** die Aufhebung von Art 1 Nr 3 u Nr 4 BFHEntlG (betr Rechtsmittelbeschränkungen bei der AdV – § 69 Rz 170 ff; dazu BFH/NV 1994, 54; 1996, 231 u 232; FG BaWü EFG 1993, 427 u 671; 1994, 711; FG Bremen EFG 1993, 393 – und in Kostensachen – § 128 Rz 8; vgl auch BFH/NV 1993, 618, 751) sowie des VGFGEntlG (s zB BFH/NV 1994, 113) und in **Art 9 FGOÄndG** das Inkrafttreten der Novelle zum 1. 1. 1993.

9   Die Überleitungsvorschrift des **Art 7 FGOÄndG** sieht (in wörtlicher Übereinstimmung mit Art 21 4. VwGOÄndG; Rz 3) folgendes vor:

> „[1] Die Zulässigkeit eines Rechtsbehelfs gegen einen Verwaltungsakt richtet sich nach den bisher geltenden Vorschriften, wenn der Verwaltungsakt vor dem Inkrafttreten dieses Gesetzes bekanntgegeben worden ist. [2] Die Zulässigkeit eines Rechtsbehelfs gegen eine gerichtliche Entscheidung richtet sich nach den bisher geltenden Vorschriften, wenn die Entscheidung vor dem Inkrafttreten dieses Gesetzes verkündet oder von Amts wegen anstelle einer Verkündung zugestellt worden ist."

10   Mit **Rechtsbehelf** in S 1 dieser Regelung ist – das ergibt der Gesetzeszusammenhang – der gerichtliche Rechtsbehelf der 1. Instanz gemeint (BFH/NV 1994, 810). Betroffen hiervon sollen also in jedem Fall Klagen und sonstige Anträge auf gerichtliche Entscheidung sein. Solche Rechtsschutzbegehren müssen außerdem gegen einen **VA,** dürfen sich nicht (auch nicht mittelbar, zugleich) gegen eine gerichtliche Entscheidung (Abgrenzung zu S 2; s Rz 15) richten. Generell erfasst werden somit von **Art 7 S 1** FGOÄndG nur die förmlichen (ordentlichen) Rechtsbehelfe ieS, also Anfechtungsklagen (§ 40 Rz 12 ff), Verpflichtungsklagen (§ 40 Rz 18 ff), verwaltungsaktbezogene Feststellungsklagen (§ 41 Rz 22 ff) sowie Anträge nach § 69 III (dort Rz 7 ff), soweit die Zulässigkeit solcher Rechtschutzbegehren in Frage steht (s aber Rz 12; allgemein Rz 4 ff vor § 33); konkret berührt werden sie nur, sofern sich insoweit im Einzelfall die **Rechtslage** durch die Novelle **tatsächlich geändert** hat (aM zur Änderung des § 65 I 1: s dort Rz 1; BFH/NV 1998, 1099, 1100; s auch Rz 11). – Vor allem in folgenden Punkten erweist sich die auf den ersten Blick so „einfach" erscheinende Vorschrift bei genauerem Hinsehen als problematisch:

11   – Die Fassung ist zu eng: Tangiert ist die prozessuale Position des Rechtsuchenden nur, sofern sich für ihn durch das Inkrafttreten des FGOÄndG die Bedingungen für den Zugang zum Gericht geändert haben (zu den Grundsätzen des „intertemporären Prozessrechts" und seinen Einschränkungen: BVerfG DVBl 1992, 1931 = NVwZ 1992, 1182), also nur durch Normänderungen, die sich – wie zB bei § 45 FGO nF (dort Rz 2, 20) – **unmittelbar** auf die **Zulässigkeit** eines Rechtsschutzbegehrens (Rz 1 ff) auswirken (vgl BFH/NV 1994, 113; FG BaWü EFG 1994, 711 u 763), nicht aber durch solche, die hierauf – wie etwa die §§ 65 II 2, 79 b I – allenfalls mittelbaren Einfluss haben (iE ebenso zu § 79 a: BFHE 172, 319 = BStBl II 1994, 118; zu § 94 a: BFH/NV 1995, 802; zu § 100 III nF: BFHE 179, 571 = BStBl II 1996, 321).

12   – Wortgetreue Anwendung des Art 7 FGOÄndG würde zB außerdem bedeuten, dass die für die Zulässigkeit des Rechtsbehelfs bedeutsame

Frage (Rz 4 vor § 33; § 62 Rz 2), an welcher gesetzl Grundlage die Wirksamkeit der Vollmachterteilung (§ 62 III) zu messen ist (vorausgesetzt, es käme im konkreten Fall darauf an – Rz 10), nach insoweit völlig sachfremden Kriterien (der Bekanntgabe des rechtsbeeinträchtigenden VA bzw nach dem Klagetyp) zu beantworten wäre. Hieraus erhellt, dass sich die Regelung des Art 7 FGOÄndG nicht **nur** auf **verwaltungsaktbezogene Rechtsbehelfe** beschränkt, sondern auch **nur** auf solche **Sachentscheidungsvoraussetzungen,** die ihrerseits **verwaltungsaktbezogen** sind.

– Zweifel können ferner dadurch entstehen, dass zB der Begriff des **13** Rechtsbehelfs, auch in seiner auf den förmlichen (ordentlichen) Rechtsbehelf ieS begrenzten Bedeutung, str ist – so zB hinsichtlich des **Antrags nach § 68** (vgl BFHE 103, 549 = BStBl II 1972, 219; s aber BFH/NV 1999, 1121; 2000, 718, 719; zur erneuten Änderung ab 1. 1. 2001: Rz 23; § 68 Rz 5, 10). Für die Anwendung des Art 7 FGOÄndG bedarf dies aber keiner Klärung. Verneint man nämlich die Rechtsbehelfsqualität eines solchen Antrags, gilt nicht Art 7, sondern Art 9 FGOÄndG, bejaht man sie, greift Art 7 zwar ein, doch mit der klarstellenden Ergänzung, dass es auf den neuen, nicht auf den VA ankommt, der bisher Verfahrensgegenstand war – dh das Fristerfordernis (§ 68 S 2) nur für die Fälle gilt, in denen die Bekanntgabe des ändernden und ersetzenden VA nach dem 1. 1. 1993 liegt (§ 68 Rz 10).

– Eine **Regelungslücke** ergibt sich für die Zulässigkeitsvoraussetzungen **14** der Sprungklage: Die waren bisher in § 45 aF u Art 3 § 2 VGFGEntlG und sind nunmehr allein in dem in wesentlichen Punkten umgestalteten **§ 45 nF** geregelt. Hier würde eine wortsinngemäße Anwendung des Art 7 FGOÄndG dazu führen, dass es für Fälle, in denen der rechtsbeeinträchtigende VA vor dem Stichtag bekanntgegeben, aber danach angegriffen wurde (im Gegensatz zur Rechtslage nach altem wie nach neuem Recht), keine Abgabemöglichkeit gäbe, weil Art 3 § 2 VGFGEntlG nicht mehr (Rz 8) und § 45 II noch nicht gilt (Rz 8; § 45 Rz 2) – ein widersinniges und ungerechtes Ergebnis, das Gesetzeskorrektur in der Weise verlangt, dass in solchen Übergangsfällen die allgemeine Regelung des Art 9 maßgeblich ist (s § 45 Rz 20).

Bei Rechtsbehelfen, die **gegen gerichtliche Entscheidungen** gerich- **15** tet sind, also bei den Rechtsmitteln (Revisionen und Beschwerden – Rz 3 ff vor § 115), richtet sich die zeitliche Abgrenzung altes/neues Recht gem **Art 7 S 2 FGOÄndG** danach, ob die angefochtene Entscheidung (Urteil oder Beschluss) vor oder nach dem 1. 1. 1993 bekanntgegeben wurde (s dazu § 104 Rz 1 ff. – IÜ gelten die gleichen Auslegungsgrundsätze wie für Art 7 S 1 FGOÄndG (Rz 10 ff; vgl BFH, NV 1993, 618 u 751; 1994, 54; 1996, 231; FG Bremen EFG 1993, 393; aM zum Wegfall des § 160 II aF, obwohl diese Vorschrift die **Zulässigkeit** – Revisibilität von Sonderrecht – betraf: BFH/NV 1996, 506, 507).

3. GrenzpendlerG 1994

Einen neuen „Höhepunkt" erreichte die Gesetzgebungs-„Kunst" im **16** **GrenzpendlerG** vom 24. 6. 1994 (BGBl 1994 I, 1395 = BStBl I 1994, 440), und zwar, ganz abgesehen von seiner inhaltlichen Bedeutung für das

Steuerrecht (dazu vor Rz 1 und § 76 Rz 42 ff), schon allein durch seine „Verpackung": eine besonders „üppig" geratene „Pichelsteiner"-Novelle mit einer „Etikettierung", die selbst alte „Markt-Strategen" vor Neid erblassen lassen muss. Der Überrumpelungseffekt hätte nur noch übertroffen werden können, wenn der ursprünglich vorgesehene Coup gelungen wäre, sich des steuerrechtlichen Pakets unter weitaus „exotischerer" Tarnung zu entledigen (im „Entwurf eines Dritten Gesetzes zur Durchführung versicherungsrechtlicher Richtlinien des Rates der Europäischen Gemeinschaft ...“; s BT-Drucks 12/6959, S 126 ff, die noch heute zu Rate ziehen muss, wer sich in die Lage versetzt sieht, den gesetzgeberischen Gedankengängen weiter nachzuspüren als bis zu den BT-Drucks 12/6470 und 12/7427 oder zur BR-Drucks 359/94; vgl iü auch die Verwaltungsvorschriften BStBl I 1995, 664, 660 u 796). Der die **FGO** betreffende **Art 6** enthält außer redaktionellen. durch die Vereinheitlichung des außergerichtlichen Rechtsbehelfsverfahrens veranlassten Folgeänderungen **Neuregelungen** nur in § **48** (s dort Rz 1 ff) und § **76 III** (s dort Rz 60 ff).

17   Das GrenzpendlerG insgesamt ist (gem Art 11) am 1. 1. 1996 in Kraft getreten. Eine spezielle **Übergangsregelung** für die FGO **fehlt**, ein Umstand, den man angesichts der im ständigen „Herumwerkeln" am EGAO (inzwischen Art 97 bis 102 mit zahllosen Korrekturen, §§, Absätzen und sonstigen Untergliederungen) offenbar werdenden Konzeptionslosigkeit in der Praxis wie in der Theorie kaum als Mangel registrieren wird. Unter Beachtung der Grundsätze des intertemporären Prozessrechts (BVerfG DVBl 1992, 1931 = NVwZ 1992, 1182) und in Anlehnung an Art 7 und 9 FGO-ÄndG (s Rz 9 ff) ergibt sich für die vorgenannten Änderungen folgendes:

- § **48 nF** gilt, soweit er inhaltlich wirklich Neues bringt, weil er die Klagebefugnis und damit die Zulässigkeit der Klage betrifft, für alle Fälle, in denen der angefochtene Feststellungsbescheid nach dem 31. 12. 1995 **bekanntgegeben** (§ 122 AO) worden ist (s § 48 Rz 1 ff; 2 a; iE ebenso: BFHE 179, 239 = BStBl II 1996, 426). Dies ist wegen der Anknüpfung an die Klagebefugnis in § 60 III 2 (dazu § 48 Rz 4, 16; § 60 Rz 10 u 50 ff) auch das Kriterium für die Beiladung nach § 60 III (s auch *Wüllenkemper* DStZ 1997, 133. – AM: BFHE 180, 223 = BStBl II 1996, 606).
- § **76 III** wäre, weil nicht die Zulässigkeit eines gerichtlichen Rechtsbehelfs betreffend, **ab 1. 1. 1996** anwendbar; praktisch wird es dazu nicht kommen, weil die Anwendung der prozessualen Präklusionsvorschrift diejenige der außergerichtlichen (§ 364 b AO) voraussetzt, die, soweit sie nicht ihrerseits die Zulässigkeit des Einspruchs betrifft, ohne die Einschränkungen des Art 97 § 18 Abs 3 EGAO ab 1. 1. 1996 gilt (s iÜ § 76 Rz 60).

4. Änderungen 1996/1997

18   Im Verlauf des Jahres **1996** folgten weitere das finanzgerichtliche Verfahren unmittelbar betreffende gesetzgeberische Aktivitäten:

- Fortfall der (kurz zuvor erst eingeführten) „automatischen" **Streitwertfestsetzung** durch entsprechende Änderung des § 25 II 1 GKG in Art 9 des 6. VwGOÄndG vom 1. 11. 1996 (BGBl I 1996, 1626) mit Wirkung ab 1. 1. 1997 (Art 11 des VwGOÄndG; s iÜ Rz 37 ff vor § 135).

- Verlängerung des **BFHEntlG** bis 31. 12. 1999 durch Gesetz vom 26. 11. 1996 (BGBl I 1996, 1810; s iÜ Rz 3 f und die Verweisungen im Vorwort zur 4. Auflage).
- Beschränkung des vorläufigen Rechtsschutzes durch **§ 69 II 8 und III 4 idF des JStG 1997** vom 20. 12. 1996 (BGBl I 1996, 2049; zur Kritik Vorwort zur 4. Auflage und § 69 Rz 42 ff).

5. Änderungen 2001

Kaum dass der (auch in diesem Kommentar immer wieder kritisierte) **19** Missstand der (noch dazu „verdeckten") Verteilung einer Prozessordnung auf mehrere Gesetze in Gestalt des **BFHEntlG** sein 25-jähriges Jubiläum hinter sich gebracht hatte, ist er durch das **2. FGOÄndG v 19. 12. 2000** (BGBl I, 1757; Neufassung: 28. 3. 2001, BGBl I, 442; Berichtigungen: BGBl I 2001, 2262 u 2002, 679) endgültig beseitigt worden. Das ist im Interesse aller Betroffenen zu begrüßen, desgleichen die konsequente Entscheidung für die zulassungsabhängige Revision sowie die Einführung einiger Rechtsschutzverbesserungen und Verfahrensvereinfachungen. Zu bemängeln sind die unnötigen „Geburtsfehler", mit denen die Neuregelung behaftet ist.

Reichlich missglückt wirkt vor allem die **Übergangsregelung,** indem **20** sie einerseits in **Art 6** des Gesetzes das generelle Inkrafttreten auf den **1. 1. 2001** fixiert, andererseits in **Art 4** mit der Spezialvorschrift aufwartet, dass sich die

„Zulässigkeit eines Rechtsbehelfs gegen eine gerichtliche Entscheidung, nach den bis zum 31. Dezember 2000 geltenden Vorschriften richtet, wenn die Entscheidung vor dem 1. Januar 2001 verkündet oder von Amts wegen zugestellt worden ist."

Das bedeutet für Beschwerden und Revisionen, über die nach dem 1. 1. 2001 entschieden wird und die Entscheidungen betreffen, die vor diesem Stichtag wirksam geworden sind, dass die **Zulässigkeit** solcher Rechtsmittel **nach altem,** ihre **Begründetheit** hingegen nach **neuem Recht** zu beurteilen ist (sehr anschaulich: BFHE 204, 35 = BStBl II 2004, 237; BFH/NV 2002, 672; 2004, 971, 2005, 1857; § 68 Rz 10; Vor § 115 Rz 31 f u § 115 Rz 21). Dies ist nicht nur unverständlich und schwer praktikabel, sondern lässt auch den systematischen Zusammenhang unberücksichtigt, der im finanzgerichtlichen Verfahren (ebenso wie im Bereich der VwGO) zwischen den Erfordernissen der Begründung eines Rechtsbehelfs unter dem Gesichtspunkt seiner Zulässigkeit und den Voraussetzungen für seine Begründetheit besteht: Was in diesem Zusammenhang jeweils dem Rechtsuchenden im Rahmen seiner **Darlegungspflicht** (s zu dieser Sachentscheidungsvoraussetzung allgemein: Rz 13 vor § 33; außerdem zur Übergangsregelung: Vor § 115 Rz 32; iU: § 116 Rz 26 ff; § 120 Rz 1 und 42 f) abverlangt wird, bestimmt sich notwendigerweise nach Ziel und Gegenstand seines Begehrens. Gelinde gesagt ungereimt ist es daher, dass in solchen Übergangsfällen etwa eine allein auf § 115 Abs 2 Nr 2 aF gestützte NZB zunächst auf substantiierte, in sich schlüssige Darlegung der *Divergenz* und gegebenenfalls anschließend (unter dem Gesichtspunkt der Begründetheit) nach § 115 Abs 2 Nr 2 aF daraufhin zu prüfen ist, ob in dieser Sache tatsächlich „*die Fortbildung des Rechts oder die Sicherung einer einheitlichen Entscheidung eine Entscheidung des Bundesfinanzhofs erfordert*". Die Rspr umschifft die Klippe, indem sie – in der tröstlichen Gewissheit der zeitlichen Begrenztheit solcher Verlegenheitslösungen – eine Art „Meistbegünstigungsregel" praktiziert.

21   Ein weiterer Systemverstoß liegt darin, dass Art 6 des 2. FGOÄndG sich nicht darauf beschränkt, für die **Stichtagsregelung** (Rz 20) allein an die **Zustellung** der erstinstanzlichen Entscheidung anzuknüpfen, sondern alternativ auch an deren **Verkündung,** obgleich auch im letztgenannten Fall zugestellt werden muss (§ 104 I 2 2. Hs) und die Zustellung (§ 53) – nicht zuletzt wegen der grundlegenden Bedeutung der Belehrung in diesem Zusammenhang (§ 55 I 1 und 2) – in jedem Fall allein maßgeblich ist für den Fristenlauf (§ 116 III 1 und § 120 I 1). Auch diese gesetzgeberische Panne darf dem Rechtsmittelführer nicht zum Nachteil geraten; notfalls muss mit § 56 geholfen werden.

22   In der Sache weist die FGO seit 1. 1. 2001 im wesentlichen folgende Änderungen auf:
- die Ungereimtheit, dass einerseits gemäß **§ 62 III 6** auf den Nachweis der Prozessvollmacht verzichtet werden, andererseits aber weiterhin und ohne sachliche Einschränkung zur Vorlage einer solchen (auch im Hinblick auf § 30 AO prinzipiell unerlässlichen) Legitimation mit Ausschlussfrist aufgefordert werden kann (§ 62 III 3; s zur zeitlichen Geltung: BFH/NV 2004, 489; iÜ § 62 Rz 42 ff);
- die gegenüber Art 1 BFHEntlG erweiterte Regelung des Vertretungszwangs in **§ 62 a** (dort Rz 1 ff);
- eine der wenigen wirklich bedeutsamen und gelungenen Vereinfachungen in **§ 68,** die allerdings zum „Genuss ohne Reue" nur werden, wenn sich alle Seiten nicht rückhaltlos auf den Automatismus verlassen (s § 68 Rz 2 und 45 ff);
- Neuregelung des Verfahrensfortgangs nach Ergehen eines Gerichtsbescheids in **§ 90 a II** (dort Rz 15 ff);
- Einführung der Videokonferenz (**§§ 91 a, 93 a);**
- die schon angesprochene (Rz 20) Neuordnung des Rechtsmittelrechts (**§§ 115 ff**) mit der endgültigen Wertentscheidung des Gesetzgebers für die strikte **richterliche Zugangskontrolle** bei Revisionen (endgültige **Absage** an die **Streitwertrevision,** BT-Drucks 14/4061, S 7, und Abschaffung der zulassungsfreien Revision: § 115 Rz 3), mit folgenden wichtigen weiteren Neuerungen:"
  - Erweiterung des **§ 115 II Nr 2** (s Vorwort zur 5. Aufl; § 115 Rz 25 f u 42 ff), die allerdings mehr verspricht als sie hält, weil sie, nach der maßgeblichen objektiven Betrachtungsweise, ungeachtet unklarer und unartikuliert gebliebener gesetzgeberischer Absichten, nicht daran ändert, dass weiterhin zumindest einer der abschließend aufgezählten Zulassungsgründe – wie bisher – vom Rechtsuchenden **substantiiert und in sich schlüssig dargelegt** werden muss (§ 116 III 3; Vor § 115 Rz 11 ff u § 116 Rz 20 ff) und dass hierbei die allein der Revisionsbegründung vorbehaltenen **Einwände gegen die Richtigkeit** des angefochtenen Urteils sowie die individuellen **Interessen der Beteiligten am Ausgang des Verfahrens** prinzipiell weiterhin **unbeachtlich** sind;"

- Verselbstständigung und **Verlängerung der NZB-Begründungs-frist** (§ 116 III 1; dort Rz 1 u 15 ff) und entsprechende Verlängerung der Revisionsgründungsfrist (§ 120 II, dort Rz 1 u 4 ff); außerdem:
- Vermeidung prozessualer Umwege durch Eröffnung der Möglichkeit unmittelbarer Zurückverweisung bei erfolgreicher Verfahrensrüge im NZB-Verfahren (**§ 115 II 3 iVm § 116 VI;** s § 116 Rz 65 ff) sowie der Nachholung notwendiger Beiladung im Revisionsverfahren (**§ 123 I 2 iVm § 60 III;** dazu: § 60 Rz 148; § 123 Rz 1 u 4 ff);
- **Erstreckung des § 128 II** (Ausschluss der Beschwerdemöglichkeit) auf Entscheidungen über Ablehnungsgesuche, Einstellungsbeschlüsse nach Klagerücknahme sowie auf PKH-Sachen (§ 128 Rz 1 u 6 ff).

Die Folgezeit ist geprägt von einem bis dahin im Prozessrecht nicht gekannten **Aktionismus** des Gesetzgebers: viele technische und andere Details auf der einen, Konzept- und Orientierungslosigkeit auf der anderen Seite, wie die nachfolgende (Rz 23 f) Übersicht erahnen lässt.

Ein „Kuckucksei" besonderer Güte bescherte der De-facto-Gesetzgeber **23** im **StÄndG 2001** v 20. 12. 2001 (BGBl I, 3794; zur „Begründung": BT-Drucks 14/6877 S 11/12 u 54/55; s auch BR-Drucks 399/01 S 26/27) den Betroffenen, indem er sich mit Hilfe des seit 23. 1. 2001 geltenden **§ 102 S 2** Begründungserleichterung für Ermessensentscheidungen zu verschaffen suchte – was allerdings dank der strengen Auslegung dieser Vorschrift durch die Rspr als misslungen erachtet werden kann (Einzelheiten s § 102 Rz 20 f; s iÜ zur entlarvenden Vorbereitung des Terrains: *Suhrbier-Hahn* DStR 2001, 467, 475 f; wN Vor § 102).

Die übrigen hier interessierenden gesetzgeberischen Aktivitäten galten vor allem der **Einbeziehung elektronischer Kommunikation** in den Prozess durch:
- das G zur Reform des Verfahrens bei Zustellung im gerichtlichen Verfahren (Zustellungsreformgesetz – ZustRG) v 25. 6. 2001 (BGBl I, 1206; Einzelheiten: § 53 Rz 1 ff);
- das G zur Anpassung der Formvorschriften des Privatrechts und anderer Vorschriften an den modernen Rechtsgeschäftsverkehr v 13. 7. 2001 (BGBl I, 3714; BR-Drucks 243/01) zu einer Ergänzung des **§ 23 II** (Einfügung **S 5;** s 5. Aufl § 23 Rz 4) sowie das G zur Bekämpfung von Steuerverkürzungen bei der Umsatzsteuer und zur Änderung anderer Steuergesetze (Steuerverkürzungsbekämpfungsgesetz – StVBG) v 19. 12. 2004 (BGBl I, 3922) zur Ergänzung des **§ 137** um **S 3** (dazu dort Rz 5).

6. Änderungen 2004 und 2005

In den Jahren **2004 und 2005** war die FGO von folgenden Neuregelungen betroffen: **24**
- G zur **Modernisierung des Kostenrechts** (KostRMoG) nebst Rechtsanwaltsvergütungsgesetz (RVG) v 5. 5. 2004 (BGBl I, 718; s Vor § 135 Rz 2);
- Erstes G zur Modernisierung der Justiz (1. Justizmodernisierungsgesetz) mit Änderungen des **§ 56 II 1** (Verlängerung der Begründungsfrist; § 56 Rz 23), Einfügung des **§ 72 I 3** (§ 72 Rz 26) mit dem sensationellen Effekt (ungeachtet aller bisher geltenden Regeln – Vor § 33 Rz 14 ff), **Schweigen als Prozesserklärung** gelten zu lassen, dem man in

§ **138 III** (s dort Rz 13) gleich ein weiteres Beispiel folgen ließ, sowie mit der Ausdehnung einzelrichterlicher Befugnisse in § **79 a I** (s dort Rz 1);

– G über die Rechtsbehelfe bei Verletzung des Anspruchs auf rechtliches Gehör (**Anhörungsrügengesetz** – AnhRügG) v 9. 12. 2004 (BGBl I, 3220), das seit dem **1. 1. 2005** gilt (Einzelheiten s § 133 a Rz 1 ff);

– G zur Vereinheitlichung der Verfahrensvorschriften zur Wahl und Berufung ehrenamtlicher Richter v 21. 12. 2004 (BGBl I, 3599), das mit Wirkung ebenfalls ab 1. 1. 2005 die §§ **17 S 2, 20 I Nr 3, 22, 23 II 2 und 25** änderte (Einzelheiten jew dort) und § **156** anfügte (dazu dort):

– G über die Verwendung elektronischer Kommunikationsformen in der Justiz (Justizkommunikationsgesetz – **JKomG**) v 22. 3. 2005 (BGBl I, 837), das mit Wirkung **ab 1. 4. 2005** die Gleichstellung des Schriftverkehrs in der herkömmlichen Form mit der **elektronischen Datenübermittlung** in allem Prozessordnungen anstrebt (s BT-Drucks 15/1467 S 1 f) und für die **FGO** in Art 3 neben reinen **Textänderungen** (zB „übermitteln" statt „übersenden" in § 47 II 2) auch eine **Gesetzeskorrektur** (Ablösung der kaum zuvor „erdachten" Vorschrift des § 77 a – s dort – durch die Neuregelungen in den §§ **52 a u 52 b** – s dort u § 64 Rz 19) mit sich bringt, außerdem (bewusst – s BT-Drucks aaO, S 28) die **elektronische Aktenführung** einleitet (s zB die entsprechende Ergänzung in § **79 b II Nry 2** – dort Rz 5 – sowie in § **105 VI** – dort Rz 30), in § **78 II 2, 4 u 5** auch ein **Recht auf elektronische Akteneinsicht** begründet (s § 78 Rz 3, 8, 11 u 14 f) und, im Zusammenhang hiermit, schließlich in § **86 III** für den Fall der Informationsverweigerung ein **Zwischenverfahren** beim BFH einführt (s dort Rz 17).

25   Charakteristisch für den Geist und die Art zeitgenössischer Gesetzesvorbereitung ist der „Entwurf eines Gesetzes zur Öffnung des Bundesrechts für die Zusammenführung von Gerichten der Verwaltungs-, Sozial- und Finanzgerichtsbarkeit in den Ländern" (**Zusammenführungsgesetz**): rein funktionale Zielsetzung (BR-Drucks 544/04; BT-Drucks 15/4109 S 1: Schaffung von „Rahmenbedingungen …, die einen flexiblen … Einsatz des richterlichen Personals … ermöglichen"; s auch S 11), kein Wort zu den hiervon betroffenen Materien (stattdessen – S 11/12 – ein nicht weiter substantiierter, von keinerlei Sachkunde gesteuerter Hinweis auf die „Modelle" anderer europäischer Länder, darunter auch England!), zur unerlässlichen Sachkunde und Qualifikation des („flexibilisierten") „Personals" sowie zu der maßgeblich hiervon abhängigen Garantie richterlicher Unabhängigkeit und wirksamen Rechtsschutzes – nichts, was Lehren aus dem Scheitern der VwPO (Rz 3) erkennen ließe. Objektiv gesehen, speziell vor dem Hindergrund ständig wachsender, immer undurchschaubarer und selbst für Spezialisten immer unverständlicher werdender Steuerrechtsnormen, muss man dieses Projekt letztlich als Angriff auf die (immer mehr als Störfaktor empfundene) Dritte Gewalt werten, dessen erfolgreicher Abschluss uns allen, vor allem aber den Rechtsuchenden, erspart bleiben möge (zur Kritik s auch Vorwort; *Tipke* aaO, Rz 67 mwN).

Erster Teil. Gerichtsverfassung

Abschnitt I. Gerichte

§ 1 [Unabhängigkeit der Finanzgerichte]

Die Finanzgerichtsbarkeit wird durch unabhängige, von den Verwaltungsbehörden getrennte, besondere Verwaltungsgerichte ausgeübt.

Vgl § 1 VwGO; § 1 SGG; § 1 GVG

Übersicht

Literatur: *Birkenmaier,* Der politische Richter, DRiZ 1992, 194; *Caesar,* Wiederaufbau der Gerichtsbarkeit nach 1945, NJW 1995, 1246; *Christensen,* Richterrecht – rechtsstaatlich oder praktisch, NJW 1989, 3194; *Fischer,* Innere Unabhängigkeit und Fiskalinteresse, DRiZ 1992, 445; *Geiger,* Die Unabhängigkeit des Richters, DRiZ 1979, 65; *Kirchhof,* Richterliche Rechtsfindung, gebunden an „Gesetz und Recht", NJW 1986, 2275; *Kissel,* Gerichtsinterne Demokratie, DRiZ 1995, 125; *Kopp,* Welchen Anforderungen soll eine einheitliche Verwaltungsprozessführung genügen, um im Rahmen einer funktionsfähigen Rechtspflege effektiven Rechtsschutz zu gewährleisten?, Gutachten B zum 54. DJT, 1982; *Krützmann,* Zur richterlichen Unabhängigkeit im verfassten Gemeinwesen des GG, DRiZ 1985, 201; *Lamprecht,* Unabhängigkeit auf der Waage, DRiZ 1995, 333; *ders,* Von der Subjektivität des Richtens, DRiZ 2004, 89; *Pabsthart,* Übertrifft die Anforderungen erheblich, DRiZ 1992, 297; *Pezzer,* Finanzgerichtsbarkeit im gewaltengeteilten Verfassungsstaat, DStR 2004, 525; *Piorrek,* Von der Pflicht eines Richters zum Ungehorsam, DRiZ 1990, 26; *ders,* Politische Einflussnahme auf die Justiz im demokratischen Rechtsstaat, DRiZ 1993, 109; *Priepke,* Richteramt und Beförderungssystem, DRiZ 1978, 169; *Schaffer,* Die Unabhängigkeit der Rechtspflege und des Richters, BayVBl 1991, 641 und 678; *ders,* Dienstliche Beurteilungen von Richtern und Staatsanwälten, DRiZ 1992, 292; *Sendler,* Unabhängigkeit als Mythos?, NJW 1995, 2464; *Schmidt-Aßman,* Art 19 IV GG als Teil des Rechtsstaatsprinzips, NVwZ 1983, 9; *Schmidt-Jortzig,* Aufgabe, Stellung und Funktion des Richters im demokratischen Rechtsstaat, NJW 1991, 2377; *Steinert,* Die Aktenmalerei – Wider eine verbreitete Unsitte, NJW 1993, 1450; *Stöker,* Verfahrensrechtliche Konsequenzen für den Kläger aus der überlangen Dauer von Steuerprozessen, DStZ 1989, 367; *Vultejus,* Richter nach Noten – Noten für Richter, DRiZ 1993, 177; *Wassermann,* Aktuelles zur Freiheit richterlicher Meinungsäußerung, NJW 1995, 1653; *Weber-Grellet,* Eigenständigkeit und Demokratisierung der

Justiz, DRiZ 2003, 303; *Wrobel,* Justiz – Eine unabhängige Staatsgewalt?, DRiZ 1992, 463.

I. Begriff der Finanzgerichtsbarkeit

1   § 1 stellt fest, dass es sich bei der Finanzgerichtsbarkeit um einen **Zweig der rechtsprechenden Gewalt** (Art 92 ff GG) handelt. Entsprechende Vorschriften enthalten § 1 GVG für die ordentliche Gerichtsbarkeit, § 1 VwGO für die Verwaltungsgerichtsbarkeit und § 1 SGG für die Sozialgerichtsbarkeit. Die Finanzgerichtsbarkeit ist ein selbstständiger Gerichtszweig, der gleichrangig neben den übrigen vier Gerichtsbarkeiten – ordentliche Zivil- und Strafgerichtsbarkeit, Arbeitsgerichtsbarkeit, Verwaltungsgerichtsbarkeit und Sozialgerichtsbarkeit (Art 95 I GG) – steht, wobei sich Unterschiede lediglich aus der Aufgabenverteilung ergeben. Den Finanzgerichten ist die Entscheidung über öffentlichrechtliche Rechtsstreitigkeiten zugewiesen, für die der **Finanzrechtsweg** gem § 33 eröffnet ist. Darüber hinaus haben die Finanzgerichte Angelegenheiten der gerichtlichen **Selbstverwaltung** (§ 4 iVm §§ 21 a ff GVG – § 4 Rz 5 ff) wahrzunehmen. Materiell sind die Finanzgerichte – ebenso wie die Sozialgerichte – **besondere Verwaltungsgerichte.** – Sie sind Teil der sog Dritten Gewalt (Art 20 II, 92 ff GG); ihnen dürfen – mit Ausnahme der Gerichtsverwaltung (§ 32) – keine Verwaltungsaufgaben übertragen werden (vgl BVerfGE 64, 177; 21, 144; 22, 76).

II. Unabhängigkeit der Finanzgerichte

2   § 1 legt entsprechend der verfassungsrechtlichen Garantie unabhängiger Gerichte (Art 20 II und III; 92; 97; 101 GG) und insbesondere in Übereinstimmung mit dem verfassungsrechtlichen **Grundsatz der Gewaltenteilung** (Art 20 II GG) fest, dass die Finanzgerichte von den beiden anderen Gewalten (Gesetzgebung und vollziehende Gewalt) unabhängig sind. Die Unabhängigkeit von der Legislative ist wegen der Abhängigkeit von den Haushaltsplänen jedoch nur unvollkommen verwirklicht (*T/K* § 1 FGO Rz 6). Im Übrigen sind die Finanzgerichte in Übereinstimmung mit dem Grundsatz der Gewaltenteilung aber **nicht weisungsgebunden** und **organisatorisch** von den Verwaltungsbehörden (der vollziehenden Gewalt) **getrennt** (§ 32). Die Selbstständigkeit der Finanzgerichte gegenüber den anderen Gerichtszweigen findet ihren Ausdruck in der Regelung der Rechtswegezuständigkeit (§ 33).

III. Persönliche und sachliche Unabhängigkeit der Richter

3   Die Unabhängigkeit der Finanzgerichte (Rz 2) wird ergänzt durch die sachliche und persönliche Unabhängigkeit der Richter (Art 97 GG; §§ 25–37 DRiG). Durch sie soll der Anspruch der Bürger auf Gewährung von Rechtsschutz durch eine neutrale und am Ausgang des Verfahrens nicht interessierte Instanz sichergestellt werden. Die Unabhängigkeit gilt deshalb nicht nur für die **Berufsrichter,** sondern auch für die **ehrenamtlichen Richter** (§ 45 DRiG).

4   **1. Sachliche Unabhängigkeit** (Art 97 I GG) bedeutet, dass der Richter bei der Ausübung seines Amtes, dh im Rahmen der funktionell recht-

sprechenden Tätigkeit, **nur an Gesetz und Recht gebunden** ist (Art 20 III GG). Jeder vermeidbare Einfluss der vollziehenden Gewalt (Weisungen, Anregungen oder Bitten) ist ebenso unzulässig wie jedwede Behinderung der Amtsausübung (vgl zB BVerfGE 12, 81; 26, 79 ff; 36, 174, 185; 55, 373 ff; *Schnellenbach* NJW 1989, 2227; *Piorrek* DRiZ 1993, 109). Auch die sog **Nichtanwendungserlasse** der Finanzverwaltung sind für die Finanzgerichte nicht verbindlich. – Zu **dienstlichen Beurteilungen** s *Schnellenbach,* 2. Aufl, Rz 451 ff; BGHZ 42, 163; 69, 309; 90, 41; Kammergericht DRiZ 1995, 438.

Vorlagepflichten nach Art 100 GG (§ 33 Rz 6; Vor § 74 Rz 5) und **5** Art 234 III EWGV (Art 177 III EWGV aF; § 33 Rz 6; Vor § 74 Rz 7) berühren die richterliche Unabhängigkeit jedoch ebenso wenig wie die **Bindung an** die auf Vorlage hin ergehende **Entscheidung des BVerfG oder des EGH** (vgl BVerfGE 65, 137; 73, 373; 75, 223). Entsprechendes gilt für die bindenden **Entscheidungen** anderer Gerichte **nach § 17 a GVG** (Anhang § 33 Rz 17 ff) oder **nach § 126 V** (vgl BVerfGE 12, 71).

Unschädlich ist die Wahrnehmung der **Dienstaufsicht** (§ 31; § 26 **6** DRiG), wenn und soweit sie die richterliche Unabhängigkeit respektiert (vgl hierzu BGH NJW 1986, 2705; 1990, 849; 1992, 46; DRiZ 1992, 24; BVerwG DRiZ 1990, 222; *Schaffer* DRiZ 1992, 292; *Pabsthart* DRiZ 1992, 297; *Vultejus* DRiZ 1993, 177). – Ein Eingriff in die richterliche Unabhängigkeit liegt nicht vor, soweit in **Haushaltsplänen** Entscheidungen über die sachliche und personelle Ausstattung der Gerichte getroffen werden (vgl OVG Saarlouis DRiZ 1993, 157), soweit die **richterliche Tätigkeit im Ausland** von der Zustimmung des anderen Staates abhängig ist (BGH NJW 1978, 1425), oder soweit eine (unecht) **rückwirkende Gesetzesänderung** laufende Verfahren beeinflusst (Art 20 III GG).

2. Die **persönliche Unabhängigkeit** der hauptamtlich und planmäßig **7** endgültig angestellten Richter wird durch Art 97 II GG garantiert. Sie soll die Neutralität der Richter bei der Wahrnehmung ihrer beruflichen Aufgaben gewährleisten (vgl BVerfGE 21, 145; 54, 166 und allgemein zur Unabhängigkeit der Richter zB BVerfGE 10, 216; 18, 254; 27, 322; 54, 166; 67, 68; BGH NJW 1985, 2336; *Schaffer* BayVBl 1991, 641; *Schmidt-Jortzig* NJW 1991, 2377). Inhaltlich bedeutet die persönliche Unabhängigkeit vor allem, dass ein Richter gegen seinen Willen **grundsätzlich unabsetzbar und unversetzbar** ist. Dienstenthebung, Dienstentlassung, Versetzung an eine andere Stelle oder in den vorzeitigen Ruhestand sind nur zulässig, wenn der Richter selbst zustimmt oder wenn sie aufgrund dienstgerichtlicher Entscheidung im Rahmen der Gesetze erfolgt (vgl BVerfGE 14, 56; vgl auch §§ 21, 30, 32, 34 DRiG).

Zur persönlichen Unabhängigkeit gehören eine angemessene **Besol-** **8** **dung** (vgl BVerfGE 23, 321 ff; 26, 116 ff; 43, 167; 56, 146; zur Besoldung der Finanzrichter s *Schmidt-Bleibtreu* BB 1968, 326) und angemessene Ruhestandsbezüge. – Zur grundsätzlichen Unzulässigkeit der Bindung an feste **Dienstzeiten** s BGH DRiZ 1991, 61; NJW 1991, 1103; BGHZ 113, 36; *Kissel* § 1 GVG Rz 154. Zur **Abordnung** eines planmäßigen Richters s § 37 DRiG und BVerfGE 14, 166. – Zur **Nichtberücksichtigung** eines Richters **bei der Geschäftsverteilung** s BVerfGE 17, 252, 260 (unzulässige Amtsenthebung). – Die **Entbindung** eines Richters **von**

Verwaltungsaufgaben ist jedoch auch gegen seinen Willen zulässig (vgl *Piorrek* DRiZ 1990, 26). – Zur Einflussnahme der Justizverwaltung auf die **Beförderung** eines Richters s BVerfGE 12, 81, 97; *Priepke* DRiZ 1978, 169). – Die persönliche **Unabhängigkeit der ehrenamtlichen Richter** wird durch die nur unter bestimmten Voraussetzungen mögliche Abberufung gewährleistet (§ 21; § 44 II DRiG).

9   **3.** Zur **inneren Unabhängigkeit** eines Richters s *Geiger* DRiZ 1979, 65; *Pfeiffer* DRiZ 1979, 229; *Fischer* DRiZ 1992, 445; *Kissel* § 1 GVG Rz 157 ff.

10   **4.** Zu **Meinungsäußerungen eines Richters im außerberuflichen Bereich** s BVerfGE 39, 334; BVerfG NJW 1989, 93; OVG Lüneburg NJW 1986, 1126; *Pfeiffer* DRiZ 1979, 229, 230; *Kirchhof* NJW 1986, 2275; *Sendler* NJW 1987, 324 und DRiZ 1989, 453; *Christensen* NJW 1989, 3194).

11   **5. Bindung an Gesetz und Recht.** Nach Art 97 I, 20 III GG ist jeder Richter an Gesetz und Recht gebunden. – **Bindung an das Gesetz bedeutet** nicht, dass der Richter die geschriebenen Rechtssätze wortgetreu befolgen muss, sondern **„Gebundensein an Sinn und Zweck des Gesetzes"** (BVerfGE 35, 263, 279). Hält der Richter ein Gesetz, auf dessen Gültigkeit es bei der Entscheidung ankommt, für **verfassungswidrig**, muss er das Verfahren nach Art 100 I GG aussetzen (Vor § 74 Rz 5) und, wenn es sich um die Verletzung der Verfassung eines Landes handelt, die Entscheidung des für Verfassungsstreitigkeiten zuständigen Gerichts des Landes, und wenn es sich um die Verletzung des GG handelt, die Entscheidung des BVerfG einholen (Art 100 I GG). – Zur Vorlage an den Großen Senat beim BFH s § 11 II–IV und zur **Vorlagepflicht** nach **Art 234 III EWGV** (Art 177 III EWGV aF) s Vor § 74 Rz 7. – Die **Bindung** der Richter **an das „Recht"** ist aufgrund der Erfahrungen mit dem Nationalsozialismus in das GG aufgenommen worden. Art 20 III GG stellt klar, dass es gesetzliches Unrecht geben kann und dass der Richter ein Gesetz, das gegen ungeschriebene Rechtsnormen (allgemein anerkannte Grundsätze der Menschlichkeit und Sittlichkeit) verstößt, nicht zur Grundlage richterlicher Entscheidungen machen darf. Eine solche Ausnahmesituation ist in einem demokratischen Rechtsstaat allerdings kaum vorstellbar. Für **verfassungswidrige Gesetze** (vgl § 69 Rz 88 ff; 111 ff) gelten die allgemeinen Regeln (Art 100 I GG).

IV. Rechtsschutzgarantien

12   **1.** Neben dem allgemeinen **Justizgewährungsanspruch,** der insbesondere aus Art 2 I, 19 IV und 103 GG sowie dem Rechtsstaatsprinzip (Art 20 III, 28 GG) und dem Sozialstaatsprinzip (Art 20 I GG) hergeleitet wird (vgl zB BVerfGE 50, 3; 51, 302; 53, 48; 60, 270; 66, 56; BVerfG NJW 1979, 376; 1992, 1496; 1993, 383 und 1191; BVerfG DVBl 1993, 553), gewährleistet das GG durch **Art 19 IV** die **Effektivität des Rechtsschutzes** durch die (Finanz-)Gerichte **gegenüber hoheitlichem Handeln** (BVerfGE 35, 401; 44, 305; 52, 207; 60, 297; 61, 111; 67, 58). Zur Effektivität des Rechtsschutzes gehört, dass er **umfassend und möglichst lückenlos** ist, dass er **ohne unzumutbare** (unverhältnismäßige)

Erschwernisse oder **Hindernisse** gewährt wird, wobei Einschränkungen des Rechtsschutzes in jedem Fall sachlich gerechtfertigt sein müssen (vgl BVerf-GE 40, 275; 53, 127; 69, 385; 74, 235; BVerfG NJW 1991, 2008; 1993, 847). Außerdem muss der **Rechtsschutz rasch und rechtzeitig** gewährt werden (zB BVerfGE 35, 402; 60, 269; BVerfG NJW 1992, 1497).

2. Verfassungsrechtlich garantiert ist auch, dass die **Entscheidung auf-** **13** **grund eines rechtsstaatlichen** Regeln entsprechenden („gehörigen") **Verfahrens** zu ergehen hat (BVerfG DVBl 1993, 553), insbesondere, dass die Grundsätze der **Fairness** (zB BVerfGE 70, 308; 75, 183; BVerfG NJW 1985, 1767; BayVBl 1992, 654; DVBl 1992, 1531 = NVwZ 1992, 1182 = JuS 1993, 685; DVBl 1994, 42), der **Waffengleichheit** (BVerfGE 60, 312; 63, 61; 69, 140; 70, 308; 74, 92; BVerfG DVBl 1994, 42) und der **Will-** **kürfreiheit** des Verfahrens und der Entscheidung (zB BVerfG NJW 1983, 809; 1991, 3023) eingehalten werden. Gewährleistet ist danach ua das Recht auf **Teilnahme** der Beteiligten **am Verfahren** (BVerfGE 53, 30; 63, 60), auf **Beiziehung eines** sach- und fachkundigen **Beistandes** (BVerfGE 91, 130 = DVBl 1993, 553), auf Herstellung von **Rechtssi-** **cherheit durch Rechtsbehelfsfristen** (BVerfGE 60, 269), auf **Trans-** **parenz von Rechtsmitteln** (BVerfGE 49, 164; 87, 48 = DVBl 1992, 1992) und auf **Gleichstellung von Ausländern** (BVerfGE 60, 303).

3. Art 19 IV GG verlangt jedoch **nicht,** dass das Gericht **stets auf-** **14** **grund mündlicher Verhandlung** entscheidet (BVerfGE 11, 234; 15, 307; BVerwGE 57, 273). Ebenso wenig wird ein **Instanzenzug** garantiert (zB BVerfGE 74, 234 = NJW 1987, 2067; 74, 377; 83, 31 = NJW 1991, 1283; BVerfG NVwZ 1992, 1182 = DVBl 1992, 1531 = JuS 1993, 685). Ist allerdings ein Instanzenzug vorgesehen, darf der Zugang zu ihm nicht in unzumutbarer Weise erschwert (BVerfGE 52, 207; 60, 98; 61, 80; 74, 234 = NJW 1987, 2087; NVwZ 1988, 720; 1993, 465) oder willkürlich ver-weigert (BVerfGE 55, 206) oder verzögert werden.

4. Aus Art 19 IV GG, dem allgemeinen Justizgewährungsanspruch **15** (Rz 12) und dem Rechtsstaatsprinzip folgt, dass die Einrichtung unabhängi-ger Gerichte für die einzelnen Gerichtszweige den verfassungsrechtlichen Anforderungen nur dann genügt, wenn sie personell und sachlich so aus-gestattet sind, dass eine **ausreichende Kapazität und Leistungsfähig-** **keit** gesichert ist und Überlastungen vermieden werden (BVerfGE 36, 275; BayVerfGH BayVBl 1991, 239; BGH NJW 1985, 2337).

5. Die konkrete **Ausgestaltung des Rechtsschutzes** auf der Grundla- **16** ge der Verfassung ist Sache des Gesetzgebers (vgl BVerfGE 4, 297 = NJW 1955, 1647; 57, 275 = NJW 1981, 1719; 63, 61 = NJW 1983, 1043; BVerfG NJW 1993, 1191).

6. Rechtsschutzgarantie durch supranationales Recht. Art 5, 6 **17** **MRK** gewährleisten den Anspruch des Betroffenen auf Rechtsschutz durch ein unabhängiges und unparteiisches Gericht, auf ein gerechtes Verfahren (EuGMR NJW 1979, 477; 1986, 2173; 1992, 613) und auf eine öffentli-che und mündliche Verhandlung, soweit zB Freiheit oder Eigentum des Betroffenen berührt sind (vgl *Stökker* DStZ 1989, 368), und zwar innerhalb einer angemessenen Frist (EuGMR NJW 1979, 477; 1984, 2749 = JuS 1985, 55; NJW 1989, 650, 652 = JuS 1989, 664).

V. Neue Bundesländer

18 Die FGO gilt ohne Einschränkung auch in den **neuen Bundesländern.** –
Zum Übergangsrecht nach dem EinVertr s 4. Auflage § 1 Rz 1.

§ 2 [Gerichte und Instanzen in der Finanzgerichtsbarkeit]

**Gerichte der Finanzgerichtsbarkeit sind in den Ländern die Finanz-
gerichte als obere Landesgerichte, im Bund der Bundesfinanzhof mit
dem Sitz in München.**

Vgl § 2 VwGO; §§ 2, 38 I SGG; § 12 GVG

Literatur: *Dürr,* Die Finanzgerichtsbarkeit im neuen Bundesgebiet, DStR
1992, 1049; *Felix,* Europäische Beschleunigung für deutsche Steuerrechtsstreite,
KÖSDI 1987, 6645; *Heermann,* Aufbau einer Verwaltungsgerichtsbarkeit in den
neuen Bundesländern, BayVBl 1991, 388; *Kirchhof,* Verfassungsrechtliche Maß-
stäbe für die Verfahrensdauer und für die Rechtsmittel, DStZ 1989, 55; *von
Oertzen,* Der Aufbau der Verwaltungsgerichtsbarkeit in den neuen Bundesländern, Festschrift für Redeker S. 339; *Noch/Burkhard,* Der Instanzenzug im
Finanzrechtsweg und seine Verfassungskonformität, StuW 1999, 335; *Offerhaus,*
Was die FGO-Novelle bringt – und was sie nicht bringt, BB 1988, 2074;
Rönitz, Eine weitere Instanz für die Finanzgerichtsbarkeit?, DB 1987, 653;
Stellungnahme des Deutschen Steuerberaterverbandes: Die Dreistufigkeit der Finanz-
gerichtsbarkeit ist finanzierbar, Stbg 1988, 375; *Voß,* Argumente für die Zwei-
stufigkeit der Finanzgerichtsbarkeit auf dem Prüfstand, BB 1987, 376; *Weber-
Grellet,* Cui bono? Zur Verbesserung des Rechtsschutzes durch eine dreistufige
Organisation der Finanzgerichtsbarkeit, DStZ 1987, 120; *ders,* Die zweieinhalb-
stufige Finanzgerichtsbarkeit, DStZ 1989, 131.

1   Die **Finanzgerichtsbarkeit ist** im Gegensatz zur Sozial- und zur Verwaltungsgerichtsbarkeit (letztere mit Ausnahmen) **zweistufig,** dh es besteht
nur eine Tatsacheninstanz. Die Frage, ob ein zwei- oder dreistufiger
Aufbau zu wählen sei, war bis zum letzten Augenblick vor Verabschiedung
der FGO umstritten. Die vom BT bereits beschlossene Dreistufigkeit wurde
nach Anrufung des Vermittlungsausschusses durch den BR wieder in eine
Zweistufigkeit umgewandelt. Gewisse Unebenheiten des Gesetzes zeigen
noch heute den etwas hastigen Umbau des an sich auf Dreistufigkeit ange-
legten Gesetzes. Die Diskussion über die Vor- und Nachteile beider Systeme
ist seit Inkrafttreten der FGO immer wieder neu belebt worden, zunächst
anlässlich der Beratungen des Gesetzes zur Entlastung des BFH v 8. 7. 1975
(BGBl I S 1861; vgl BT-Drucks 7/444 S 28 ff; 176. Sitzung des BT v 5. 6.
1975, Stenografische Berichte S 12 246 ff), sodann durch die Vorlage des
„Entwurfs einer Verwaltungsprozessordnung" im Jahre 1978, dessen über-
arbeitete Fassung die Bundesregierung am 31. 5. 1985 dem BT zugeleitet
hat (BT-Drucks 10/3437), durch die Abschaffung der Streitwertrevision
für die Geltungsdauer des BFHEntlG durch das Gesetz zur Beschleunigung
verwaltungsgerichtlicher und finanzgerichtlicher Verfahren v 4. 7. 1985
(BGBl I S 1274) und erneut – nach der stillschweigenden Verabschiedung
von dem Gesetzesvorhaben „Verwaltungsprozessordnung" – durch die Entwürfe eines Gesetzes zur Änderung der Finanzgerichtsordnung und anderer

Gesetze v 27. 5. 1988 (BT-Drucks 11/2386), v 24. 5. 1991 (BT-Drucks 301/91) und v 14. 8. 1991 (BT-Drucks 12/1061).

Inzwischen steht nicht mehr die Frage der Zwei- oder Dreistufigkeit, sondern die Frage der Zusammenführung der Verwaltungs-, Sozial und Finanzgerichtsbarkeit im Vordergrund. Der vom Bundesrat eingebrachte Entwurf eines Gesetzes zur Öffnung des Bundesrechts für die Zusammenführung von Gerichten der Verwaltungs-, Sozial- und Finanzgerichtsbarkeit in den Ländern (Zusammenführungsgesetz – ZfG – BT-Drucks 15/4109 v 3. 11. 2004) sieht die Möglichkeit der Errichtung einheitlicher Fachgerichte und Oberfachgerichte in den Bundesländern vor. Die Bundesländer können nach § 1 Abs 1 und 2 des Entwurfs einer Gerichtsordnung der einheitlichen Fachgerichte für die Verwaltungs-, Sozial- und Finanzgerichtsbarkeit (Gerichtsordnung der einheitlichen Fachgerichte – GOF) entweder alle Fachgerichtsbarkeiten zusammenführen oder sich auf die Zusammenführung der Gerichte der Verwaltungs- und Sozialgerichtsbarkeit beschränken. Gleichzeitig gibt § 1 Abs 3 des Entwurfs mehreren Bundesländern die Möglichkeit, die Zusammenführung von Gerichten der Verwaltungs-, Sozial- und Finanzgerichtsbarkeit zu gemeinsamen einheitlichen Fachgerichten oder gemeinsamen einheitlichen Oberfachgerichten oder zu gemeinsamen Spruchkörpern eines solchen Gerichts zu vereinbaren. – Entscheidet sich ein Bundesland für die Errichtung einer einheitlichen Fachgerichtsbarkeit, sollen die Aufgaben der Finanzgerichtsbarkeit bei den einheitlichen Oberfachgerichten von Senaten für Finanzsachen wahrgenommen werden (§ 4 Abs 3 des GOF-Entwurfs). Andernfalls bleibt die Finanzgerichtsbarkeit als selbstständige Gerichtsbarkeit bestehen. – Als Folgeänderung sieht der Entwurf des ZfG vor, dass § 2 FGO folgender Satz angefügt wird:

„In Ländern, in denen das Finanzgericht nach § 1 der Gerichtsordnung der einheitlichen Fachgerichte mit Gerichten anderer Gerichtszweige zusammengeführt worden ist, wird die Finanzgerichtsbarkeit durch das aus der Zusammenführung hervorgegangene Gericht ausgeübt."

Die Diskussion über die Gesetzesvorlagen ist noch nicht abgeschlossen. Grundsätzlich ist das Ziel des Entwurfs zu begrüßen, in den öffentlich-rechtlichen Fachgerichtsbarkeiten einen flexibleren Personaleinsatz zu erreichen (vgl die Begründung des Entwurfs – BT Drucks 15/4109 S 10). Dieses Ziel ist hinsichtlich der Finanzgerichtsbarkeit jedoch nicht ohne Weiteres erreichbar. Der Einsatz von Richtern der Finanzgerichte bei anderen Fachgerichten erscheint angesichts der eher knapp bemessenen Personalausstattung als unwahrscheinlich. Außerdem müssten die Richter der anderen Fachgerichte vor einem Einsatz in der Finanzgerichtsbarkeit angesichts der Kompliziertheit des Steuerrechts erst ausgebildet werden. Dies spricht dafür, die Finanzgerichtsbarkeit als selbstständige Gerichtsbarkeit zu erhalten (ebenso *Grett,* Keine Zusammenlegung der Finanzgerichtsbarkeit mit anderen Fachgerichtsbarkeiten, www.bdfr.de; *Bundessteuerberaterkammer,* Stellungnahme v 22. 2. 2005 zum Entwurf des ZfG – www.bstbk.de – unter Berufung auf die Stellungnahme des *Wissenschaftlichen Arbeitskreises des DWS-Instituts* zum Vorschlag der Errichtung einer einheitlichen öffentlich-rechtlichen Gerichtsbarkeit).

In jedem Bundesland muss **mindestens ein FG** errichtet werden. Ausnahme: § 3 II.   **2**

3   Die Finanzgerichte sind den Oberlandesgerichten, Oberverwaltungsge-
richten, Landesarbeitsgerichten und Landessozialgerichten, also Landesgerichten der zweiten Instanz, gleichgeordnet, obwohl sie ihrer Funktion
nach erstinstanzliche Gerichte sind.

4   Der durch Gesetz v 29. 6. 1950 (BGBl I S 257) am 1. 10. 1950 errichtete **BFH** mit Sitz in München (Art 95 I GG) ist Nachfolger des 1918
gegründeten RFH. Nachdem der RFH mit dem Ende des Zweiten Welt-
kriegs seine Tätigkeit eingestellt hatte, wurden seine Aufgaben in der
amerikanischen Besatzungszone zunächst durch den – gem § 5 des Gesetzes
v 19. 5. 1948 (BayGVBl S 48, 87) errichteten – Obersten Finanzgerichts-
hof (OFH) in München wahrgenommen. In der französischen Zone gab es
kein oberstes Gericht; in der britischen Zone fungierte die Leitstelle der
Finanzverwaltung als oberstes Gericht.

5   Der BFH ist Revisions- und Beschwerdegericht.

§ 3 [Errichtung und Aufhebung von Finanzgerichten]

(1) Durch Gesetz werden angeordnet

1. die Errichtung und Aufhebung eines Finanzgerichts,

2. die Verlegung eines Gerichtssitzes,

3. Änderungen in der Abgrenzung der Gerichtsbezirke,

**4. die Zuweisung einzelner Sachgebiete an ein Finanzgericht für die
Bezirke mehrerer Finanzgerichte,**

**5. die Errichtung einzelner Senate des Finanzgerichts an anderen
Orten,**

**6. der Übergang anhängiger Verfahren auf ein anderes Gericht bei
Maßnahmen nach den Nummern 1, 3 und 4, wenn sich die Zuständigkeit nicht nach den bisher geltenden Vorschriften richten soll.**

**(2) Mehrere Länder können die Errichtung eines gemeinsamen Fi-
nanzgerichts oder gemeinsamer Senate eines Finanzgerichts oder die
Ausdehnung von Gerichtsbezirken über die Landesgrenzen hinaus,
auch für einzelne Sachgebiete, vereinbaren.**

Vgl § 3 VwGO; §§ 7, 28 SGG

1   Die in § 3 I Nr 1–6 genannten **organisatorischen Maßnahmen** sowie
die Bestimmung des Gerichtsbezirks und -sitzes bei der Errichtung eines
FG können nur durch **Gesetz im formellen Sinne** (nicht durch Rechtsverordnung) verwirklicht werden (vgl BVerfGE 2, 307; BVerfG NJW
1976, 1411). Soweit es um die Organisation der FG'e der Länder geht,
kommen nur Landesgesetze in Betracht (vgl auch § 14 Rz 1).

2   **Zu § 3 I Nr 1 und 2:** Die Regelungen gelten auch für den BFH
(Art 95 I GG).

3   **Zu § 3 I Nr 4:** Was der Ausdruck **„Sachgebiete"** bedeutet, ist nicht
ganz klar. Nach dem Sinn der Vorschrift, klare Zuständigkeitsverhältnisse
zu schaffen, muss es sich um eindeutig abgrenzbare Gebiete (zB ESt, Zölle)
handeln. – Die mehreren Finanzgerichte müssen demselben Land angehören, sonst gilt § 3 II.

4   **Zu § 3 I Nr 5:** Auswärtige **(„detachierte")** Senate sind Teil des
„Stammgerichts". Zur Fristwahrung genügt daher der Eingang bei einem
solchen Senat.

Zu § 3 I Nr 6: Erfasst werden die Fälle, in denen die bereits anhängi- 5
gen Verfahren nicht noch bei dem bisher zuständigen Gericht abgewickelt
werden sollen.

Zu § 3 II: Die Länder haben von der durch § 3 II eröffneten Möglich- 6
keiten, durch **Staatsvertrag** – ggf auch nur für einzelne Sachgebiete (Rz 3)
– gemeinsame Finanzgerichte oder gemeinsame Senate eines Finanzgerichts
zu errichten oder Gerichtsbezirke über die Landesgrenzen hinaus auszu-
dehnen, bisher nur vereinzelt Gebrauch gemacht. Lediglich die Freie und
Hansestadt Hamburg, Niedersachsen und Schleswig-Holstein haben einen
Staatsvertrag über die Errichtung eines gemeinsamen Senats beim Finanzgericht Hamburg geschlossen (und zwar für Zoll-, Verbrauchsteuer- und
Finanzmonopolsachen, für andere Angelegenheiten, die der Zollverwaltung auf Grund von Rechtsvorschriften übertragen sind und für Angelegenheiten aus der Durchführung der Agrarmarktordnung der Europäischen
Wirtschaftsgemeinschaft – Staatsvertrag v 8., 14. und 22. 4. 1981; zB
GVOBl SchlHol 1981, 140; 1982, 37; Hamb GVOBl 1981, 109; 1982, 1).
– Zum 1. 1. 2007 sollen die Finanzgerichte Berlin und Brandenburg zu
einem gemeinsamen Finanzgericht mit Sitz in Cottbus zusammengelegt
werden.

§ 4 [Anwendung des Gerichtsverfassungsgesetzes]

**Für die Gerichte der Finanzgerichtsbarkeit gelten die Vorschriften
des Zweiten Titels des Gerichtsverfassungsgesetzes entsprechend.**

Vgl § 4 VwGO; § 6 SGG; § 6a ArbGG

Übersicht

Literatur: Zum Präsidium: *Albert,* Zur hinreichenden Bestimmtheit des
gesetzlichen Richters – Anmerkungen zum BFH-Beschluss vom 26. 1. 1999, I
R 136/96, DStR 1999, 584, DStR 2001, 67; *Kissel,* Die Novelle 1999 zur
Präsidialverfassung, NJW 2000, 460; *Neumeyer/Holm,* Richteröffentlichkeit von
Präsidiumssitzungen, NJW 1995, 3101; *Pentz,* Richterrat und Präsidium, DRiZ
1975, 45; *Piorreck,* Bundesgerichtshof stoppt Dienstaufsicht und mahnt Präsidien,
DRiZ 1995, 393; *Rieß,* Präsidium und Geschäftsverteilung bei der Errichtung
neuer Gerichte, DRiZ 1993, 76; *Wömpner,* Das befangene Präsidiumsmitglied,
DRiZ 1982, 404.

Zur Geschäftsverteilung: *Felix,* Materiell fehlerhafter Geschäftsverteilungs-plan des Bundesfinanzhofs?, BB 1991, 2193; *ders,* Der gesetzliche Beschluss-Richter des Bundesfinanzhofs, BB 1991, 2413; *ders,* Der gesetzliche Urteils-Richter des Bundesfinanzhofs, NJW 1992, 217; *ders,* Der gesetzliche Richter in der Praxis des Bundesfinanzhofs, BB 1992, 1001; *ders,* Der gesetzliche Richter im übersetzten BFH-Senat, MDR 1992, 830; *ders,* Auf der Suche nach dem gesetzlichen Richter im BFH, in: Festschrift für Gaul, 1992, S 98; *ders,* Rechts-tatsachen finanzgerichtlicher Geschäftsverteilungspläne 1992 in den alten Bun-desländern, StVj 1993, 159; *ders,* Anmerkung zum Vorlagebeschluss vom 30. 3. 1993 – X ZR 51/92 (ZIP 1993, 613 = NJW 1993, 1596), ZIP 1993, 617; *ders,* Anmerkung zum Beschluss der Vereinigten Großen Senate des Bundesgerichts-hofs zu den Geschäftsverteilungsplänen vom 5. 5. 1994 – VGS 1–4/93 (BB 1994 Beilage 11 = NJW 1994, 1735), BB 1994 Beilage II S 7; *ders,* Bestim-mung des Berichterstatters in den Senaten des Bundesfinanzhofs, BB 1995, 1665; *Foth/Saugmeister,* Grundsätze der Mitwirkung innerhalb des Spruchkör-pers. § 21 g Abs 2 GVG, JZ 1993, 942; *Katholnigg,* Zur Geschäftsverteilung bei Obersten Gerichtshöfen des Bundes und innerhalb ihrer Senate, NJW 1992, 2256; *Kindhäuser,* Zum Abweichen vom Geschäftsverteilungsplan, JZ 1993, 447; *Kissel,* Gerichtsverfassung unter dem Gesetz zur Entlastung der Rechtspfle-ge, NJW 1993, 489; *Kröger,* Zum Änderungsumfang der Geschäftsverteilung nach § 21 e Abs 3 GVG aus Anlass eines Richterwechsels, DRiZ 1978, 109; *Lamprecht,* Ein unbewältigter Konflikt, BB 1992, 2153; *Leisner,* „Gesetzlicher Richter" – vom Vorsitzenden bestimmt?, NJW 1995, 285; *List,* Verstößt die Bestimmung des gesetzlichen Richters und der Geschäftsverteilungsplan beim BFH gegen das Grundgesetz?, DStR 1992, 697; *Marquardt,* Die Rechtsnatur präsidialer Geschäftsverteilungspläne gemäß § 21 e GVG und der Rechtsschutz des Richters, Diss Tübingen 1998; *Quack,* Geschäftsverteilungspläne und ge-setzlicher Richter, BB 1992, 1; *Reichl,* Probleme des gesetzlichen Richters in der Verwaltungsgerichtsbarkeit, Passauer Dissertation 1994; *Reuck,* Geschäfts-verteilungsplan und Normenkontrolle, NJW 1984, 2929; *Rieß,* Präsidium und Geschäftsverteilung bei der Errichtung neuer Gerichte, DRiZ 1993, 76; *Roth,* Gesetzlicher Richter und variable Spruchkörperbesetzungen, NJW 2000, 3692; *Sangmeister,* Von der Verantwortung der Justiz für den gesetzlichen Richter, BB 1992, 323; *ders,* Die spruchkörperinterne Geschäftsverteilung, BB 1993, 761; *ders,* Geschäftsverteilung innerhalb der Senate. Anmerkung zum Schreiben des Präsidenten des Bundesgerichtshofs an den Justizminister vom 4. 1. 1955, DStZ 1994, 35, 37; *ders,* Zur senatsinternen Geschäftsverteilung beim BGH (Anm zu BGH v 30. 3. 1993 X ZR 51/92), JZ 1993, 477; *Weber-Grellet,* (Irr-)Wege aus der Justizmisere, NJW 1990, 1770; *Weitl,* Geschäftsverteilungsplan und gesetz-licher Richter, DRiZ 1977, 112; *Wiebel,* Die Bestimmung des Berichterstatters, BB 1995, 1197; *Wippfelder,* Die Rechtsprechung des BVerfG zu Art 101 Abs 1 S 2 GG, VBlBW 1982, 83; *Woerner,* Gesetzliche Richter beim Bundesfinanzhof – Anmerkung zum Beschluss des Bundesverfassungsgerichts vom 19. 11. 1991, BB 1991, 2423; *Zärban,* Senatsinterne Geschäftsverteilung – Ermessen, Vertrau-en und gesetzlicher Richter, MDR 1995, 1202; *Zülch,* Zur Verteilung der Geschäfte in den Zivilsenaten des BGH, NJW 1992, 2744.

Zum Vorsitz: *Hederich,* Zur Beteiligung des Vorsitzenden an der Senats-arbeit, DöD 1998, 49; *Rößler,* Der Senatsvorsitzende als Einzelrichter, DStZ 1993, 626; *Sangmeister,* Bestimmung von Sitzungstermin und Berichterstatter durch den Vorsitzenden (Anmerkung zum BFH-Urteil vom 22. 9. 1992 – VII

R 41–49, BFH/NV 1993, 263), DStZ 1993, 396; *ders,* Fließt aus dem Richtertum das Führertum?, ZRP 1995, 297.

I. Allgemeines

Der im finanzgerichtlichen Verfahren entsprechend anwendbare zweite **1** Titel des GVG (idF v 9. 5. 1975 – BGBl I S 1077, zuletzt geändert durch Art 12 a des 1. JustModG v 24. 8. 2004 (BGBl I S 2198) enthält in den §§ 21 a bis 21 i GVG die wichtigen Vorschriften über das Präsidium und die Geschäftsverteilung. Durch das Gesetz zur Stärkung der Unabhängigkeit der Richter und der Gerichte sind die §§ 21 a–21 e und 21 g GVG neu gefasst worden. Durch die Reform soll der in den vergangenen 25 Jahren eingetretenen Rechtsentwicklung und dem veränderten Anforderungsprofil der Justiz durch Strukturveränderungen zur Steigerung der Effizienz der Justiz und der Eigenverantwortlichkeit der Richter Rechnung getragen werden. Um dieses Ziel zu erreichen, wird die Stärkung des Präsidiums angestrebt, in dem „die überkommene hervorgehobene Stellung der Vorsitzenden Richter zugunsten der Gleichrangigkeit der Richter zurückgefahren und zugleich Regelungen vorgesehen werden, die die Findung einvernehmlicher Lösungen für die Geschäftsverteilung und die anderen vom Präsidium zu entscheidenden Fragen unterstützt" (BT-Drucks 14/979 Abschn A).

In den **neuen Bundesländern** sind die §§ 21 a bis 21 i GVG nach dem **2** Auslaufen der Übergangsregelungen uneingeschränkt anzuwenden. **Bis** zum Ablauf des **31. 12. 2004** waren für die Finanzgerichtsbarkeit nur noch die Übergangsregelung des § 10 IV RPflAnpG von Bedeutung (5. Aufl § 4 Rz 2).

Bei der **Errichtung von Gerichten** ist – in den alten und den neuen **3** Bundesländern – die Vorschrift des **§ 30 RPflAnpG** (vgl *Rieß* DRiZ 1993; 76; *Jöhnk* NVwZ 1991, 967) als **Dauerrecht** zu beachten:

§ 30 RPflAnpG [Präsidium und Geschäftsverteilung bei der Errichtung von Gerichten]

(1) [1]Wird ein Gericht errichtet und ist das Präsidium nach § 21 a Abs. 2 Satz 1 Nr. 1 bis 4 des Gerichtsverfassungsgesetzes zu bilden, so werden die in § 21 e des Gerichtsverfassungsgesetzes bezeichneten Anordnungen bis zur Bildung des Präsidiums von dem Präsidenten oder aufsichtsführenden Richter getroffen. [2]§ 21 i Abs. 2 Satz 2 bis 4 des Gerichtsverfassungsgesetzes gilt entsprechend.

(2) [1]Ein Präsidium nach § 21 a Abs. 2 Satz 1 Nr. 1 bis 4 ist innerhalb von drei Monaten nach der Errichtung des Gerichts zu bilden. [2]Die in § 21 b Abs. 4 Satz 1 des Gerichtsverfassungsgesetzes bestimmte Frist beginnt mit dem auf die Bildung des Präsidiums folgenden Geschäftsjahr, wenn das Präsidium nicht zu Beginn eines Geschäftsjahres gebildet wird.

(3) An die Stelle des in § 21 d Abs. 1 des Gerichtsverfassungsgesetzes bezeichneten Zeitpunkt tritt der Tag der Errichtung des Gerichts.

(4) [1]Die Aufgaben nach § 1 Abs. 2 Satz 2 und 3 und Abs. 3 der Wahlordnung für die Präsidien der Gerichte vom 19. September 1972 (BGBl. I S. 1821) nimmt bei der erstmaligen Bestellung des Wahlvorstandes der

Präsident oder aufsichtsführende Richter wahr. ²Als Ablauf des Geschäftsjahres in § 1 Abs. 2 Satz 2 und § 3 Satz 1 der Wahlordnung für die Präsidien
der Gerichte gilt der Ablauf der in Abs. 2 Satz 1 genannten Frist.

II. Die Regelungen der §§ 21 a–21 i GVG

1. Die Zusammensetzung des Präsidiums

§ 21 a GVG [Zusammensetzung des Präsidiums]

5   (1) Bei jedem Gericht wird ein Präsidium gebildet.

(2) Das Präsidium besteht aus dem Präsidenten oder aufsichtführenden
Richter als Vorsitzenden und

1. bei Gerichten mit mindestens achtzig Richterplanstellen aus zehn gewählten Richtern,
2. bei Gerichten mit mindestens vierzig Richterplanstellen aus acht gewählten Richtern,
3. bei Gerichten mit mindestens zwanzig Richterplanstellen aus sechs gewählten Richtern,
4. bei Gerichten mit mindestens acht Richterplanstellen aus vier gewählten
   Richtern,
5. bei den anderen Gerichten aus den nach § 21 b Abs. 1 wählbaren Richtern.

Das Präsidium ist ein **unabhängiges Organ** der richterlichen **Selbstverwaltung.** Das Präsidium ist nicht rechtsfähig. Es kann mangels prozessualer Beteiligtenfähigkeit weder klagen noch verklagt werden. Die **gerichtliche Überprüfung der Beschlüsse des Präsidiums** kann nur im
Verwaltungsrechtsweg durch eine gegen das jeweilige Bundesland bzw –
soweit der BFH betroffen ist – gegen die Bundesrepublik Deutschland
gerichtete Klage erfolgen (vgl § 78 I Nr 1 VwGO). – In Betracht kommt
bei berechtigtem Interesse eine Feststellungsklage des betroffenen (auch
ehrenamtlichen) Richters gemäß § 43 VwGO (zB BGH NJW 1991, 425;
BVerwG DÖD 1986, 218; BVerwG NJW 1976, 1224; VGH München
NJW 1994, 2308; aA – Anfechtungsklage: VG Schleswig NVwZ-RR
1992, 112 mwN). Zum Wegfall des berechtigten Interesses mit Ablauf des
Geschäfsjahres s BVerwG DÖD 1986, 218 m Anmerkung *Sangmeister*). –
Die Verfahrensbeteiligten können Präsidiumsbeschlüsse nicht anfechten
(BayVerfGH NJW 1986, 1673). – Die **Zahl der Präsidiumsmitglieder**
ist durch das ÄndG v 22. 12. 1999 (Rz 1) den veränderten Strukturen der
Gerichte angepasst worden (§ 21 a II GVG). Für die Bestimmung der
konkreten Zahl ist die im Haushaltsplan angewiesene Zahl der Richterplanstellen maßgebend (§ 21 d I GVG – Rz 22). – § 21 a II 2 GVG aF, der
festlegte, dass bei den Kollegialgerichten die Hälfte der gewählten Richter
Vorsitzende Richter sein mussten, ist ersatzlos gestrichen worden. **Die
Wahlberechtigten** (§ 21 b I GVG) **können** nunmehr **frei** darüber **entscheiden,** ob sie Richter oder Vorsitzende Richter in das Präsidium wählen. – Die Neuregelung kann entgegen den Zielen der Reform (Rz 1) zu
einer beherrschenden Stellung des Präsidenten im Präsidium führen, wenn
ausschließlich Richter in das Präsidium gewählt werden, die das Amt eines
Vorsitzenden Richters anstreben. Da ihr berufliches Fortkommen von der

Beurteilung durch den Präsidenten abhängt, ist es – zumal bei einem „machtbewussten" Präsidenten– nicht auszuschließen, dass sie den Vorschlägen des Präsidenten folgen. Die Richterschaft wird deshalb im Interesse der Unabhängigkeit des Präsidiums die in das Präsidium zu entsendenden Richter sorgfältig auswählen müssen.

2. Wahl zum Präsidium

§ 21 b GVG [Wahl zum Präsidium]

(1) [1]Wahlberechtigt sind die Richter auf Lebenszeit und die Richter auf Zeit, denen bei dem Gericht ein Richteramt übertragen ist, sowie die bei dem Gericht tätigen Richter auf Probe, die Richter kraft Auftrags und die für eine Dauer von mindestens drei Monaten abgeordneten Richter, die Aufgaben der Rechtsprechung wahrnehmen. [2]Wählbar sind die Richter auf Lebenszeit und die Richter auf Zeit, denen bei dem Gericht ein Richteramt übertragen ist. [3]Nicht wahlberechtigt und nicht wählbar sind Richter, die für mehr als drei Monate an ein anderes Gericht abgeordnet, für mehr als drei Monate beurlaubt oder an eine Verwaltungsbehörde abgeordnet sind.

(2) Jeder Wahlberechtigte wählt höchstens die vorgeschriebene Zahl von Richtern.

(3) [1]Die Wahl ist unmittelbar und geheim. [2]Gewählt ist, wer die meisten Stimmen auf sich vereint. [3]Durch Landesgesetz können andere Wahlverfahren für die Wahl zum Präsidium bestimmt werden; in diesem Fall erlässt die Landesregierung durch Rechtsverordnung die erforderlichen Wahlordnungsvorschriften; sie kann die Ermächtigung hierzu auf die Landesjustizverwaltung übertragen. [4]Bei Stimmengleichheit entscheidet das Los.

(4) [1]Die Mitglieder werden für vier Jahre gewählt. [2]Alle zwei Jahre scheidet die Hälfte aus. [3]Die zum ersten Mal ausscheidenden Mitglieder werden durch das Los bestimmt.

(5) Das Wahlverfahren wird durch eine Rechtsverordnung geregelt, die von der Bundesregierung mit Zustimmung des Bundesrates erlassen wird.

(6) [1]Ist bei der Wahl ein Gesetz verletzt worden, so kann die Wahl von den in Absatz 1 Satz 1 bezeichneten Richtern angefochten werden. [2]Über die Wahlanfechtung entscheidet ein Senat des zuständigen Oberlandesgerichts, bei dem Bundesgerichtshof ein Senat dieses Gerichts. [3]Wird die Anfechtung für begründet erklärt, so kann ein Rechtsmittel gegen eine gerichtliche Entscheidung nicht darauf gestützt werden, das Präsidium sei deswegen nicht ordnungsgemäß zusammengesetzt gewesen. [4]Im übrigen sind auf das Verfahren die Vorschriften des Gesetzes über die Angelegenheiten der freiwilligen Gerichtsbarkeit sinngemäß anzuwenden.

Wegen der Anwendung in den **neuen Bundesländern** s Rz 2. **9**

Zu § 21 b I: Die Teilnahme an der Wahl ist Pflicht (BVerwG DVBl **10** 1975, 728 = DRiZ 1975, 375). Die Verletzung der **Wahlpflicht** kann – falls nicht persönliche Verhinderungsgründe (insb Krankheit) vorliegen – Maßnahmen der Dienstaufsicht (§ 26 DRiG) auslösen (*Baumbach ua* § 21 b GVG Rz 4).

Zu § 21 b II: Das sog **Blockwahlsystem,** das den Richter verpflich- **11** tete, so viele Vorsitzende Richter und weitere Richter zu wählen, wie sie für die Bildung des Präsidiums notwendig waren (BVerwG DVBl 1975, 728 = DRiZ 1975, 375), **ist** durch die Reform (durch den Wegfall des § 21 a II 2 GVG – Rz 5) **abgeschafft** worden. Die **Zahl der zu wählenden Richter** hängt von der Größe des Gerichts und davon ab, ob es sich um eine Erstwahl (§ 21 a GVG), eine Teilwahl (§ 21 b IV GVG) oder eine Wahl nach § 21 d II bzw III GVG handelt. Im Falle einer Nachwahl (§ 21 c II GVG, § 14 WahlO) ist ggf nur ein Richter zu wählen.

12   **Zu § 21 b III 2:** Die Wahl kann **nicht abgelehnt** werden (BVerwG DVBl 1975, 728 = DRiZ 1975, 375). Auch eine **Niederlegung** des Amtes ist **nicht möglich** (BVerwG BayVBl 1976, 121; *T/P* § 21 b GVG Rz 9). **Zum Wechsel** s § 21 c II GVG (Rz 20).

13   **Zu § 21 b III 3:** Die Bundesländer haben die **Möglichkeit, das Verhältniswahlrecht einzuführen** und eine entsprechende Wahlordnung zu erlassen.

15   **Zu § 21 b IV:** Die Vorschrift regelt die **Amtszeit.** – § 21 b IV 1 GVG wird ergänzt durch § 30 II 1 RPflAnpG – Rz 3.

16   **Zu § 21 b V:** Das **Wahlverfahren** richtet sich nach der VO (WahlO) v 19. 9. 1972 (BGBl I S 1821 idF des ÄndG v 22. 12. 1999, BGBl I S 2598, 2599, zuletzt geändert durch Gesetz v 23. 7. 2002, BGBl I S 2850), abgedruckt zB bei *Baumbach ua* Anh § 21 b GVG. Die Sondervorschriften des § 30 IV RPflAnpG (Rz 3) sind zu beachten.

17   **Zu § 21 b VI (Wahlanfechtung):** Es ist nicht erforderlich, dass eigene Rechte des Anfechtenden verletzt sind; ein objektiver **Gesetzesverstoß genügt** (BVerwG DVBl 1975, 728 = DRiZ 1975, 375). Für das Verfahren gelten die Vorschriften des FGG. – **Beteiligte** sind der Antragsteller und das Präsidium (BVerwGE 44, 172). Zuständig für die Entscheidung über die Wahlanfechtung ist beim FG und beim BFH der nach dem Geschäftsverteilungsplan zuständige Senat dieser Gerichte. – Im Falle einer **erfolgreichen Wahlanfechtung** ist die Wahl ungültig und muss wiederholt werden. Entscheidungen des fehlerhaft besetzten Präsidiums bleiben wirksam (vgl BVerfGE 31, 47; BGH NJW 1976, 432).

3. Vertretung und Wechsel im Präsidium

§ 21 c GVG [Vertretung und Wechsel im Präsidium]

20   (1) [1]Bei einer Verhinderung des Präsidenten oder aufsichtführenden Richters tritt sein Vertreter (§ 21 h) an seine Stelle. [2]Ist der Präsident oder aufsichtführende Richter anwesend, so kann sein Vertreter, wenn er nicht selbst gewählt ist, an den Sitzungen des Präsidiums mit beratender Stimme teilnehmen. [3]Die gewählten Mitglieder des Präsidiums werden nicht vertreten.

(2) Scheidet ein gewähltes Mitglied des Präsidiums aus dem Gericht aus, wird es für mehr als drei Monate an ein anderes Gericht abgeordnet oder für mehr als drei Monate beurlaubt, wird es an eine Verwaltungsbehörde abgeordnet oder wird es kraft Gesetzes Mitglied des Präsidiums, so tritt an seine Stelle der durch die letzte Wahl Nächstberufene.

Als einziges Mitglied des Präsidiums wird im **Verhinderungsfall** lediglich der Präsident (nach Maßgabe des § 21 h GVG) vertreten (§ 21 c I 1 und 3 GVG). – Die Neufassung des § 21 c II GVG ist eine durch den

Wegfall des § 21 a II 2 GVG aF bedingte Folgeänderung. Die Gründe für den **Wechsel** eines gewählten Präsidiumsmitglieds sind in § 21 c II GVG abschließend geregelt. – Zum **Nachrücken** neuer Mitglieder vgl BGH NJW 1991, 1183. Das Präsidium stellt fest, wer nachrückt. Bei Streit ist nach § 21 b VI GVG zu verfahren. – Fehlt ein Nächstberufener, muss eine Nachwahl stattfinden (§ 14 WahlO). – In beiden Fällen tritt der Nachfolger – auch hinsichtlich der Amtszeit – an die Stelle des Ausgeschiedenen (BGH NJW 1991, 1184).

4. Größe des Präsidiums

§ 21 d GVG [Größe des Präsidiums]

(1) Für die Größe des Präsidiums ist die Zahl der Richterplanstellen am   22
Ablauf des Tages maßgebend, der dem Tage, an dem das Geschäftsjahr beginnt, um sechs Monate vorhergeht.

(2) [1]Ist die Zahl der Richterplanstellen bei einem Gericht mit einem Präsidium nach § 21 a Abs. 2 Nr. 1 bis 3 unter die jeweils genannte Mindestzahl gefallen, so ist bei der nächsten Wahl, die nach § 21 b Abs. 4 stattfindet, die folgende Zahl von Richtern zu wählen:

1. bei einem Gericht mit einem Präsidium nach § 21 a Abs. 2 Nr. 1 vier Richter,
2. bei einem Gericht mit einem Präsidium nach § 21 a Abs. 2 Nr. 2 drei Richter,
3. bei einem Gericht mit einem Präsidium nach § 21 a Abs. 2 Nr. 3 zwei Richter.

[2]Neben den nach § 21 b Abs. 4 ausscheidenden Mitgliedern scheidet jeweils ein weiteres Mitglied, das durch das Los bestimmt wird, aus.

(3) [1]Ist die Zahl der Richterplanstellen bei einem Gericht mit einem Präsidium nach § 21 a Abs. 2 Nr. 2 bis 4 über die für die bisherige Größe des Präsidiums maßgebende Höchstzahl gestiegen, so ist bei der nächsten Wahl, die nach § 21 b Abs. 4 stattfindet, die folgende Zahl von Richtern zu wählen:

1. bei einem Gericht mit einem Präsidium nach § 21 a Abs. 2 Nr. 2 sechs Richter,
2. bei einem Gericht mit einem Präsidium nach § 21 a Abs. 2 Nr. 3 fünf Richter,
3. bei einem Gericht mit einem Präsidium nach § 21 a Abs. 2 Nr. 4 vier Richter.

[2]Hiervon scheidet jeweils ein Mitglied, das durch das Los bestimmt wird, nach zwei Jahren aus.

Als Sondervorschrift zu § 21 d I GVG ist § 30 III RPflAnpG (Rz 3) zu beachten. – **Geschäftsjahr ist** – vom Fall der Neugründung eines FG abgesehen – stets **das Kalenderjahr** (*Kissel* § 21 d GVG Rz 3; **aA** *Baumbach ua* § 21 d GVG Rz 2). – Veränderungen in der Zahl der Richterplanstellen wirken sich nach Maßgabe des Stichtagsprinzips (§ 21 d I GVG) aus.

5. Aufgaben des Präsidiums und Geschäftsverteilung

§ 21 e GVG [Aufgaben des Präsidiums und Geschäftsverteilung]

25 (1) [1] Das Präsidium bestimmt die Besetzung der Spruchkörper, bestellt die Ermittlungsrichter, regelt die Vertretung und verteilt die Geschäfte. [2] Es trifft diese Anordnungen vor dem Beginn des Geschäftsjahres für dessen Dauer. [3] Der Präsident bestimmt, welche richterlichen Aufgaben er wahrnimmt. [4] Jeder Richter kann mehreren Spruchkörpern angehören.

(2) Vor der Geschäftsverteilung ist den Richtern, die nicht Mitglied des Präsidiums sind, Gelegenheit zur Äußerung zu geben.

(3) [1] Die Anordnungen nach Absatz 1 dürfen im Laufe des Geschäftsjahres nur geändert werden, wenn dies wegen Überlastung oder ungenügender Auslastung eines Richters oder Spruchkörpers oder infolge Wechsels oder dauernder Verhinderung einzelner Richter nötig wird. [2] Vor der Änderung ist den Vorsitzenden Richtern, deren Spruchkörper von der Änderung der Geschäftsverteilung berührt wird, Gelegenheit zu einer Äußerung zu geben.

(4) Das Präsidium kann anordnen, daß ein Richter oder Spruchkörper, der in einer Sache tätig geworden ist, für diese nach einer Änderung der Geschäftsverteilung zuständig bleibt.

(5) Soll ein Richter einem anderen Spruchkörper zugeteilt oder soll sein Zuständigkeitsbereich geändert werden, so ist ihm, außer in Eilfällen, vorher Gelegenheit zu einer Äußerung zu geben.

(6) Soll ein Richter für Aufgaben der Justizverwaltung ganz oder teilweise freigestellt werden, so ist das Präsidium vorher zu hören.

(7) [1] Das Präsidium entscheidet mit Stimmenmehrheit. [2] § 21 i Abs. 2 gilt entsprechend.

(8) [1] Das Präsidium kann beschließen, dass Richter des Gerichts bei den Beratungen und Abstimmungen des Präsidiums für die gesamte Dauer oder zeitweise zugegen sein können. [2] § 171 b gilt entsprechend.

(9) Der Geschäftsverteilungsplan des Gerichts ist in der von dem Präsidenten oder aufsichtführenden Richter bestimmten Geschäftsstelle des Gerichts zur Einsichtnahme aufzulegen; einer Veröffentlichung bedarf es nicht.

26 **Zu § 21 e I, II:** Nach § 21 e I GVG bestimmt das Präsidium die **Besetzung** (zur **Überbesetzung** s Rz 50) **der Spruchkörper** (Senate) mit den am Gericht tätigen Richtern (§ 5), es regelt die **Vertretung bei vorübergehender** (Rz 32) **Verhinderung** (zB durch Urlaub, Dienstbefreiung, Krankheit: zur Vertretung des Vorsitzenden s § 21 f II GVG – Rz 40 ff) und **dauernder Verhinderung** (Rz 32) sowie die **Geschäftsverteilung** einschließlich der Verteilung der erst künftig anfallenden Streitsachen (BFH/NV 1988, 446). – Der Geschäftsverteilungsplan gilt nur für die **Dauer** des Geschäftsjahres, für das er beschlossen worden ist (BFH/NV 1996, 416; 481; BVerwG NJW 1991, 1370). Die Geschäftsverteilung **innerhalb der Senate** richtet sich nach § 21 g GVG (Rz 49 ff). – Vor der Entscheidung des Präsidiums über die Geschäftsverteilung ist den Richtern (Vorsitzenden und Richtern), die nicht Mitglied des Präsidiums sind, Gelegenheit zur **Äußerung** zu geben (§ 21 e II GVG); schriftliche Äuße-

rung genügt; Anhörung in der Sitzung ist zweckmäßig. Daneben schreibt § 21 e V GVG – wie bisher – die Anhörung des Richters vor, der einem anderen Spruchkörper zugeteilt oder dessen Zuständigkeit geändert werden soll, sofern nicht ein Eilfall gegeben ist. Die Neuregelung des § 21 e II GVG ist mit § 21 e V GVG nicht abgestimmt. – Der Präsident bestimmt selbst, welche richterlichen Aufgaben er wahrnimmt bzw in welchem Senat er den Vorsitz übernimmt (§ 21 e I 3 GVG). – § 27 ergänzt § 21 e GVG hinsichtlich der **ehrenamtlichen Richter.** – Das Präsidium entscheidet auch bei gerichtsinternen Meinungsverschiedenheiten über die **Auslegung des Geschäftsverteilungsplans;** ist der Geschäftsverteilungsplan **lückenhaft,** ist das Präsidium befugt, ergänzende Regelungen zu treffen (BFHE 146, 14 = BStBl II 1986, 357, 358; BFH/NV 1988, 307, 308). Zur Auslegung des Geschäftsverteilungsplans s BVerfG BB 1995, 1782; BFH/NV 1996, 614. – Das Präsidium nimmt seine Aufgaben in einem nach seinem Ermessen zu bestimmenden **Verfahren** wahr (vgl BVerwG NJW 1984, 575). Es entscheidet in Sitzungen oder im Umlaufverfahren (Rz 59). Das **Beratungs- und Abstimmungsgeheimnis** ist zu wahren (*Kissel* § 21 e GVG Rz 22; aA *Zöller/Gummer* § 21 e GVG Rz 29); zur **Richteröffentlichkeit** der Präsidiumssitzungen s – ablehnend – BGH NJW 1995, 2494; *Neumeyer/Hohm* NJW 1995, 3101; kritisch *Piorreck* DRiZ 1995, 393. – Zur Frage, ob das Präsidium sich eine **Geschäftsordnung** geben darf, s *Baumbach ua* § 21 e GVG Rz 21; bejahend; *Funk* DRiZ 1973, 265 verneinend). – Zur **Beschlussfähigkeit** des Präsidiums s Rz 58.

Durch die in § 21 e I 1 GVG genannten Maßnahmen, insbesondere durch die Aufstellung des Geschäftsverteilungsplans, soll der **gesetzliche Richter (Art 100 I 2 GG)** festgelegt werden und zwar grundsätzlich für das gesamte Geschäftsjahr im Voraus (zu den Ausnahmen s § 21 e III GVG – Rz 32). Die Aufstellung des Geschäftsverteilungsplans erfolgt im Rahmen der gerichtlichen **Selbstverwaltung** (BGHZ 46, 148; BGH NJW 1985, 1084; BayVerfGH BayVBl 1978, 142 = NJW 1978, 1515). – Bei **willkürlichem Abweichen** vom Geschäftsverteilungsplan ist der Senat iS der §§ 115 II Nr 3, 116, 119 Nr 1 nicht ordnungsgemäß besetzt (BVerfGE 27, 297; BFH/NV 1989, 517; 1996, 416; 481; BVerwG Buchholz 310 § 133 VwGO Nr 90). – Die **Verteilung** der Geschäfte auf die Senate muss **nach allgemeinen, abstrakten und objektiven Merkmalen** erfolgen (**Abstraktionsprinzip;** vgl BVerfG NJW 2003, 345; BFH/NV 1996, 416; 481; BVerwG NJW 1987, 2031; BGHZ 40, 91, 94). Die Zuweisung bestimmter Einzelsachen oder einer Gruppe von Einzelfällen ist grundsätzlich unzulässig (BVerwG NJW 1987, 2031). § 21 e I GVG lässt es zu, durch den jährlichen Geschäftsverteilungsplan bereits anhängige Streitsachen einem anderen Senat zuzuweisen (**Umverteilung;** BFH/NV 1996, 416; 481 mwN). Dabei ist eine gewisse Konkretisierung unvermeidlich. Durch sie wird das Recht auf den gesetzlichen Richter nicht verletzt. Das Abstraktionsprinzip soll lediglich gezielte und willkürliche Manipulationen verhindern (BFH/NV 1996, 416; 481; BVerwG DVBl 1985, 575). Das Recht auf den gesetzlichen Richter ist auch nicht verletzt, wenn der Senat nach der **Umsetzung** des bisherigen Berichterstatters in einen anderen Senat in neuer Besetzung über die Streitsache entscheidet (BFHE 180, 396 = BFH BStBl II 1996, 523; vgl auch BFH/NV 1996, 908). – Soweit sich diese Entscheidungen im Rahmen pflichtgemäßen Ermessens halten, sind sie im Revisionsverfahren nicht korrigierbar (BFH/NV 1988, 307, 308; BGH NJW 1975, 1424). – Zur Frage, ob die Entscheidungszuständigkeit des Präsidiums die Möglichkeit einer „Einzelfallzuweisung" einschließt, s BFHE 146, 14 = BStBl II 1986, 358; BVerwG HFR 1986, 150.

30   Durch die Zuteilung oder Nichtzuteilung von Geschäften kann ein **Richter in seinen Rechten verletzt** sein; er kann im Verwaltungsrechtsweg auf Feststellung klagen (BVerwG MDR 1976, 429 = NJW 1976, 1224; s auch Rz 5). – Zum **vorläufigen Rechtsschutz** s Hess VGH DRiZ 1984, 62; OVG Hbg DRiZ 1987, 58. – Im Übrigen sollen die **Entscheidungen des Präsidiums** nach hM **unanfechtbar** sein (zweifelhaft im Hinblick auf Art 19 IV GG; vgl BVerfG DRiZ 1975, 346; *Kissel* § 21 e GVG Rz 108, 109). – Zur **Überprüfung im Rechtsmittelverfahren** s Rz 37.

32   **Zu § 21 e III:** Eine **nachträgliche Änderung** der Geschäftsverteilung ist zulässig, wenn sie aus den in § 21 e III GVG umschriebenen Gründen (Überlastung, ungenügende Auslastung, Wechsel oder dauernde Verhinderung einzelner Richter) erfolgt. Eine **dauernde Verhinderung** liegt zB vor bei Tod, schwerer Erkrankung, amtsärztlich festgestellter Dienstunfähigkeit (§ 34 DRiG) oder langem Urlaub. Ob eine **Überlastung** vorliegt, entscheidet das Präsidium nach pflichtmäßigem Ermessen. Revisionsrechtliche Überprüfung ist deshalb nur eingeschränkt (Willkür) möglich (BGH HFR 1980, 252; NJW 1999, 154; BFH/NV 1991, 826, 827/828). Fraglich ist, ob auch **andere Gründe** eine nachträgliche Änderung der Spruchkörperbesetzung gestatten. Gründe, die sich in einer nur vorübergehenden Verhinderung einzelner Richter erschöpfen, reichen jedenfalls nicht aus (BGH DRiZ 1986, 221). Rücksichtnahme auf die Ausbildung des richterlichen Nachwuchses berechtigt ebenfalls nicht zur Änderung des Geschäftsverteilungsplans (BGH HFR 1977, 97 = NJW 1976, 2029; BVerwG NJW 1985, 2491). Auch im Falle der nachträglichen Änderung der Geschäftsverteilung muss das **Abstraktionsprinzip** (Rz 26) beachtet werden (BFH/NV 1996, 416; 481). – Die während des Geschäftsjahres beschlossenen Änderungen gelten nur bis zu dessen Ablauf (Rz 26). – Zur **Anhörungspflicht** s § 21 e III 2 und V GVG.

35   **Zu § 21 e VIII:** Der Streit über die **Richteröffentlichkeit** der Präsidiumssitzungen (vgl BGH NJW 1995, 2494; *Neumeyer/Hohm* NJW 1995, 301; *Piorrek* DRiZ 1995, 393) ist durch das Gesetz vom 22. 12. 1999 (Rz 1) geklärt. Nunmehr kann das Präsidium **nach** seinem **Ermessen beschließen, dass die Richter** des Gerichts bei den Beratungen und Abstimmungen des Präsidiums für die gesamte Dauer oder zeitweise **zugegen sein können**. Jedenfalls bei Sitzungen des Präsidiums, in denen über die Geschäftsverteilung (§ 21 e I GVG) oder über die Änderung der Geschäftsverteilung im laufenden Geschäftsjahr (§ 21 e III GVG) entschieden wird, dürfte es im Hinblick auf die weitgehenden Anhörungsrechte (§ 21 e II, III 2, V GVG) zweckmäßig sein, die Richteröffentlichkeit herzustellen. – Sind allerdings geschützte **persönliche Daten** eines Richters Gegenstand der Beratung, kann die **Richteröffentlichkeit** ausgeschlossen werden, auf Antrag ist sie **auszuschließen** (§ 21 e VIII 2 iVm § 171 b I, II GVG).

36   **Zu § 21 e IX:** Zur Einsichtnahme in den Geschäftsverteilungsplan als Voraussetzung für eine ordnungsgemäße Besetzungsrüge s BFH/NV 1993, 543, 544. – Der **Geschäftsverteilungsplan des BFH** wird jährlich im BStBl II und in jedem Band der Entscheidungssammlung abgedruckt.

Bei Verstoß gegen den Geschäftsverteilungsplan oder § 21 e GVG kann **37** eine **Besetzungsrüge** (§§ 115 II Nr 3, 116, 119 Nr 1, 134 iVm § 579 I Nr 1 ZPO) nur Erfolg haben, wenn der Fehler auf **Willkür** bzw Rechtsmissbrauch beruht (zB BGH VGS NJW 1994, 1735; BFH/NV 1993, 544; 1995, 416, 417; s auch Rz 53).

6. Vorsitz im Spruchkörper

§ 21 f GVG [Vorsitz]

(1) Den Vorsitz in den Spruchkörpern bei den Landgerichten, bei den **40** Oberlandesgerichten sowie bei dem Bundesgerichtshof führen der Präsident und die Vorsitzenden Richter.

(2) [1] Bei Verhinderung des Vorsitzenden führt den Vorsitz das vom Präsidium bestimmte Mitglied des Spruchkörpers. [2] Ist auch dieser Vertreter verhindert, führt das dienstälteste, bei gleichem Dienstalter das lebensälteste Mitglied des Spruchkörpers den Vorsitz.

§ 21 f soll gewährleisten, dass ein besonders qualifizierter Richter den **41** Vorsitz in dem Spruchkörper innehat, der den vielfältigen und verantwortungsvollen Aufgaben dieses Amtes gewachsen ist (vgl BGHZ 37, 210, 212; 88, 1, 8; BGH NJW 1992, 46). Eine **Vertretung des Vorsitzenden** ist daher grundsätzlich nur bei vorübergehender Verhinderung (zB Urlaub, Dienstbefreiung, Erkrankung, Überlastung, termingebundenen Arbeiten) zulässig (BGH NJW 1974, 1572, 1573; DRiZ 1983, 234; MDR 1989, 86), nicht aber, wenn der Vorsitzende auf Dauer von seiner bisherigen Tätigkeit ausgeschlossen oder an ihrer Wahrnehmung verhindert ist (Rz 44). Eine vorübergehende Verhinderung liegt auch vor, wenn der Vorsitzende am Tage vor dem Sitzungstermin aus dem Urlaub zurückgekehrt ist und sich deshalb auf die Sitzung nicht vorbereiten kann (BVerwG Buchholz 310 § 133 VwGO Nr 28). – Nimmt der Vorsitzende so oft nicht an den Sitzungen teil, dass er keinen **richtunggebenden Einfluss** mehr auf die Rspr des Senats hat, so ist der Senat nicht ordnungsmäßig besetzt (vgl BGH NJW 1992, 46); eine **Zeitspanne von zwei Monaten,** während der ein Vorsitzender Richter den Vorsitz im Senat führt, **ist** jedoch **noch unschädlich** (BFHE 190, 47 = BStBl II 2000, 88 = BFH/NV 2000, 391, 392). – Seit der Einführung des fakultativen Einzelrichters (§§ 6, 79 a III, IV) beschränkt sich dieses Erfordernis auf die Verfahren, in denen der Senat in voller Besetzung entscheidet.

Ist der Vorsitzende verhindert und wird er durch seinen Stellvertreter **42** vertreten, so ist dieser letztere „verhindert" (nicht dagegen ein etwa sonst noch fehlendes Senatsmitglied); es tritt also der geschäftsplanmäßige Vertreter des stellvertretenden Vorsitzenden ein, nicht der des anderen Beisitzers (BFHE 89, 90 = BStBl III 1967, 516).

Das Gesetz bietet keinen Anhalt dafür, dass ein Vorsitzender Richter nur **43** durch einen Vorsitzenden Richter vertreten werden darf (BFHE 114, 85 = BStBl II 1975, 232). Die Vertretung kann jedoch nur durch einen Richter auf Lebenszeit wahrgenommen werden (§ 28 Abs 2 S 2 DRiG).

Ist ein **Vorsitzender** infolge Todes, Dienstunfähigkeit (§ 34 DRiG), **44** Erreichung der Altersgrenze oder Versetzung in ein anderes Amt **endgültig verhindert,** muss der Vorsitz einem anderen Vorsitzenden übertragen werden; eine **Vertretung** durch den regelmäßigen Vertreter ist **grundsätzlich nicht zulässig** (BFHE 155, 470 = BStBl II 1989, 424; BFHE 190, 47 = BStBl II 2000, 88). Das gilt auch im Falle einer **Wiederbesetzungssperre** (BGH DRiZ 1983, 353; 1985, 396, 397; 439) und wenn sich im Falle einer **Erkrankung** des Vorsitzenden seine dauernde Dienstunfähigkeit abzeichnet. – Ausnahmsweise ist eine Vertretung analog § 21 f II 1 GVG für einen Zeitraum, der einer vorübergehenden längeren Erkrankung oder einem längeren Urlaub eines Vorsitzenden entspricht (Rz 41), statthaft (BFHE 190, 47 = BStBl II 2000, 88; s auch BVerfG NJW 1965, 1223; BGH DRiZ 1985, 396 bzw 439; NJW 1989, 844). Ob die Vakanz im Vorsitz des Spruchkörpers unvermeidbar war, ist unerheblich (BFHE 190, 47 = BStBl II 2000, 88).

45   Ist eine Vertretung unzulässig, muss das Präsidium umgehend gem § 21 e III GVG tätig werden und den Vorsitz in diesem Spruchkörper einem anderen Vorsitzenden übertragen (vgl BVerfG NJW 1983, 1541). Geschieht dies nicht, ist das Gericht nicht ordnungsgemäß besetzt (§ 119 Nr 1 – s § 119 Rz 5 a). Auch Nichtigkeitsklage (§ 134 iVm § 579 I Nr 1 ZPO) ist möglich.

7. Geschäftsverteilung im Spruchkörper

§ 21 g GVG [Geschäftsverteilung im Spruchkörper]

48   (1) [1] Innerhalb des mit mehreren Richtern besetzten Spruchkörpers werden die Geschäfte durch Beschluss aller dem Spruchkörper angehörenden Berufsrichter auf die Mitglieder verteilt. [2] Bei Stimmengleichheit entscheidet das Präsidium.

(2) Der Beschluss bestimmt vor Beginn des Geschäftsjahres für dessen Dauer, nach welchen Grundsätzen die Mitglieder an den Verfahren mitwirken; er kann nur geändert werden, wenn es wegen Überlastung, ungenügender Auslastung, Wechsels oder dauernder Verhinderung einzelner Mitglieder des Spruchkörpers nötig wird.

(3) Absatz 2 gilt entsprechend, soweit nach den Vorschriften der Prozessordnungen die Verfahren durch den Spruchkörper einem seiner Mitglieder zur Entscheidung als Einzelrichter übertragen werden können.

(4) Ist ein Berufsrichter an der Beschlussfassung verhindert, tritt der durch den Geschäftsverteilungsplan bestimmte Vertreter an seine Stelle.

(5) § 21 i Abs. 2 findet mit der Maßgabe entsprechende Anwendung, dass die Bestimmung durch den Vorsitzenden getroffen wird.

(6) Vor der Beschlussfassung ist den Berufsrichtern, die von dem Beschluss betroffen werden, Gelegenheit zur Äußerung zu geben.

(7) § 21 e Abs. 9 findet entsprechende Anwendung.

49   **Zu § 21 g I: Die Verteilung der Geschäfte im Senat** erfolgt **durch Beschluss aller** dem Senat angehörenden **Berufsrichter mit Stimmenmehrheit** (§ 21 g I 1 GVG). Verteilung nach Anfangsbuchstaben der Kläger, Reihenfolge der Eingänge, Sachgebieten, besonderer Sachkenntnis oder Leistungsfähigkeit eines Beisitzers und ähnlichen Gesichtspunkten sind denkbar. Die mit der Gleichwertigkeit aller Richterämter begründete Gesetzesänderung (BT-Drucks 14/979 S 5) ist bedenklich, wenn der

Beschluss nicht einvernehmlich gefasst wird. Machen die Beisitzer von der ihnen eröffneten Möglichkeit Gebrauch, das Arbeitsvolumen des Vorsitzenden durch Mehrheitsbeschluss zu bestimmen, dürfte eine gedeihliche Zusammenarbeit im Senat kaum noch möglich sein. – Ist der Senat paritätisch (über)besetzt, entscheidet bei Stimmengleichheit das Präsidium (§ 21 g I 2 GVG).

Zu § 21 g II: Die Vorschrift betrifft den Fall der **Überbesetzung,** 50 greift also ein, wenn der Senat mit mehr als der erforderlichen Zahl von Richtern (§ 5 I, III) besetzt ist (Art 101 I 2 GG – vgl BVerfGE 18, 344, 349 f; BGH NJW 1967, 1622). In diesem Fall muss der Beschluss zur Bestimmung des gesetzlichen Richters (Art 101 I 2 GG) vor Beginn des Geschäftsjahres durch einen **Mitwirkungsplan** bzw senatsinternen Geschäftsverteilungsplan (einer senatsinternen **Mitwirkungsanordnung**) nach **abstrakten Merkmalen** regeln, welche Richter an der Entscheidung mitzuwirken haben. Die Mitwirkungsgrundsätze müssen ein System in der Weise ergeben, dass die Besetzung des Spruchkörpers bei der einzelnen Entscheidung im Regelfall aus ihnen ableitbar ist (BVerfGE 95, 322 = NJW 1997, 1497 = BStBl II 1997, 672 zugleich zur **Übergangsregelung** für die bis zum 30. 6. 1997 anhängig gewordenen Verfahren; s auch BVerfG BB 1995, 1782 = MDR 1995, 1202 m Anm *Zärban;* vgl auch BGH VGS v 5. 5. 94 NJW 1994, 1735 = BB 1994, Beilage 11 zu Heft 17 und den Vorlagebeschluss des X. Senat des BGH v 30. 3. 1993 X ZR 51/92 ZIP 1993, 613; BFH/NV 1995, 141; 1998, 721, 722). Die Richter des Senats haben bei der Beschlussfassung über den Mitwirkungsplan zu Beginn des Geschäftsjahres in dem genannten Rahmen nur einen begrenzten **Gestaltungsspielraum.** Sie sollten, was unter dem Aspekt der Vorhersehbarkeit zu empfehlen ist, die Sitzgruppenbildung nach starren Merkmalen (zB den Anfangsbuchstaben der Namen der Kläger oder der beklagten Finanzbehörde, nach der Reihenfolge des Eingangs, den Aktenzeichen, den Endnummern der Zählkarten – BFHE 187, 412 = BStBl II 1999, 305; kritisch insoweit *Albert* DStR 2001, 67 – oder nach Sachgebieten) vornehmen, dürfen mE aber auch Gesichtspunkte des Sachzusammenhangs berücksichtigen (kritisch insoweit *Zärban* MDR 1995, 1203; *Sangmeister* NJW 1995, 289, 299). – Der Mitwirkungsplan muss vor Beginn eines jeden Geschäftsjahres für dessen Dauer aufgestellt und **schriftlich** niedergelegt werden (BGH VGS NJW 1994, 1735 = BB 1994 Beilage 11 zu Heft 17; großzügiger noch BFH/NV 1994, 714, 715; 1996, 223, 224). Er muss eine den Grundsätzen des § 21 e GVG entsprechende **Vertretungsregelung** enthalten, wobei es zumindest zweckmäßig sein dürfte, die Vertreter – der Reihenfolge nach – namentlich festzulegen. – Die Frage der verfassungsrechtlichen Beschränkung der Überbesetzung (**„unzulässige Überbesetzung"**; vgl BVerfGE 17, 294; 18, 344, 349 f; BFHE 165, 569 = BStBl II 1992, 252, 254; BFHE 165, 492 = BStBl II 1992, 260, 261; BFH/NV 1992, 509; 1994, 499, 500; 1995, 618; 690) stellt sich dann nicht mehr.

Der Beschluss über die interne Geschäftsverteilungsregelung kann im **laufenden Geschäftsjahr** gem § 21 g II GVG nur geändert werden, wenn ein sachlicher Grund hierfür vorliegt, zB vorübergehende Arbeitsüberlastung, ungleichmäßige Auslastung der Richter, Vermeidung doppelten Arbeitsaufwands (zB BFH/NV 1995, 234, 235, 236).

Mitwirkungsgrundsätze, die den dargestellten Anforderungen nicht in jeder Hinsicht entsprechen, sind als fehlerhaft zu beurteilen. Etwaige Besetzungsmängel können gem §§ 115 II Nr 3, 116, 119 Nr 1, 134 iVm § 579 Nr 1 ZPO, 128 I gerügt werden.

53 **Zu § 21 g III:** Die Vorschrift des § 21 g II gilt im finanzgerichtlichen Verfahren entsprechend, soweit der Senat die Verfahren einem seiner Mitglieder als **Einzelrichter** übertragen kann. Eine solche Übertragungsmöglichkeit enthält **§ 6.** Für diese Fälle muss deshalb – gleichgültig, ob der Senat überbesetzt ist oder nicht – vor Beginn des Geschäftsjahres durch Beschluss aller dem Senat angehörenden Berufsrichter (Rz 50) eine abstrakt-generelle Bestimmung der möglichen Einzelrichter durch Aufstellung eines **senatsinternen Mitwirkungsplans** (einer Mitwirkungsanordnung) nach denselben Regeln vorgenommen werden, die für die Geschäftsverteilung im Senat bei Überbesetzung gelten (Rz 50). Bestimmt werden muss durch den **Einzelrichterplan** das Senatsmitglied, das ggf als Einzelrichter tätig wird. – Soll dies der jeweilige Berichterstatter (§§ 79, 79 a) sein, muss nach generell-abstrakten Merkmalen durch einen senatsinternen Mitwirkungsplan bzw eine Mitwirkungsanordnung des Vorsitzenden geregelt werden, wer zum Berichterstatter bestellt wird. Anderenfalls ist bei Übertragung des Verfahrens auf den Einzelrichter der gesetzliche Richter (Art 101 I 2 GG) nicht ausreichend bestimmt und das durch den Einzelrichter tätig werdende Gericht nicht vorschriftsmäßig besetzt (§§ 115 II Nr 3, 116, 119 Nr 1, 134 iVm § 579 I Nr 4 ZPO). – Bei **Überbesetzung** muss ein Richter aus der jeweils zuständigen Sitzgruppe bestimmt werden (*Kissel* § 21 g GVG Rz 19; *Zöller/Gummer* § 21 g GVG Rz 18). – Der Senat ist an den Mitwirkungsplan gebunden. – Generelle Regelungen im Mitwirkungsplan für die in § 21 g II Hs 2 GVG genannten Ausnahmefälle (Rz 50 aE) sind zweckmäßig.

Entsprechendes wird man für die Fälle des **§ 79 a III, IV** annehmen müssen (*Kopp/Schenke* § 4 Rz 22; § 87 a Rz 10; aA VGH München NVwZ 1991, 897).

Bei Verstoß gegen die Grundsätze der senatsinternen Geschäftsverteilung (§ 21 g II, III GVG) ist die **Besetzungsrüge** (§§ 115 II Nr 3, 116, 119 Nr 1, 134 iVm § 579 I Nr 4 ZPO) nur dann begründet, wenn die Regeln willkürlich oder missbräuchlich nicht eingehalten worden sind (BGH VGS NJW 1994, 1735; BFH/NV 1993, 544; s auch BVerfGE 75, 223, 234, 245; BFH/NV 1995, 416, 417; OVG Schleswig SchlHolAnz 1992, 44; BVerfG Beschluss v 14. 4. 1992 2 BvR 285/92 nv; § 119 Rz 4 ff).

55 **Zu § 21 g V:** Ist eine **Beschlussfassung** der Mitglieder des Senats auch unter Berücksichtigung der Vertretungsregelung des § 21 g IV GVG **nicht rechtzeitig möglich,** entscheidet der Senatsvorsitzende über die senatsinterne Geschäftsverteilung (Rz 50, 53).

56 **Zu § 21 g VII:** Der Mitwirkungsplan (Rz 50) und der Einzelrichterplan (Rz 53) ist schriftlich abzufassen, in der Geschäftsstelle zur Einsichtnahme auszulegen und den Verfahrensbeteiligten auf Anforderung zur Verfügung zu stellen (vgl BGH VGS NJW 1994, 1735 = BB 1994 Beilage 11 zu Heft 17).

8. Vertretung des Präsidenten und des aufsichtführenden Richters

§ 21 h GVG [Vertretung des Präsidenten und des aufsichtführenden Richters]

[1] Der Präsident oder aufsichtführende Richter wird in seinen durch dieses **57**
Gesetz bestimmten Geschäften, die nicht durch das Präsidium zu verteilen
sind, durch seinen ständigen Vertreter, bei mehreren ständigen Vertretern
durch den dienstältesten, bei gleichem Dienstalter durch den lebensältesten
von ihnen vertreten. [2] Ist ein ständiger Vertreter nicht bestellt oder ist er verhindert, wird der Präsident oder aufsichtführende Richter durch den dienstältesten, bei gleichem Dienstalter durch den lebensältesten Richter vertreten.

Die Vorschrift regelt die **Vertretung des Präsidenten,** soweit es um
die Wahrnehmung der dem Präsidenten nach dem GVG obliegenden
Geschäfte, insbesondere die Wahrnehmung der Aufgaben im Präsidium
(§§ 21 a–21 i GVG) geht. Für die Vertretung in sonstigen Justizverwal-
tungsangelegenheiten gilt § 21 h GVG nicht (BGH NJW 1974, 509). Für
die Vertretung in der Rechtsprechungstätigkeit gelten die allgemeinen
Regeln der §§ 21 e I, 21 f II GVG (Rz 26, 40 ff). – Die Vertretung des
Präsidenten setzt seine (vorübergehende) Verhinderung (Rz 41) voraus.

9. Beschlussfähigkeit des Präsidiums; Ersatzanordnung

§ 21 i GVG [Beschlußfähigkeit des Präsidiums; Ersatzanforderung]

(1) Das Präsidium ist beschlußfähig, wenn mindestens die Hälfte seiner **58**
gewählten Mitglieder anwesend ist.

(2) [1] Sofern eine Entscheidung des Präsidiums nicht rechtzeitig ergehen
kann, werden die in § 21 e bezeichneten Anordnungen von dem Präsidenten
oder aufsichtführenden Richter getroffen. [2] Die Gründe für die getroffene
Anordnung sind schriftlich niederzulegen. [3] Die Anordnung ist dem Präsidium unverzüglich zur Genehmigung vorzulegen. [4] Sie bleibt in Kraft, solange
das Präsidium nicht anderweit beschließt.

Zu § 21 i I: Im Einverständnis aller mitwirkungsberechtigten Mitglieder **59**
des Präsidiums können Beschlüsse auch im **Umlaufverfahren** gefasst
werden (BVerwG NJW 1992, 254 mwN; *Zöller/Gummer* § 21 i GVG
Rz 3; *Kopp/Schenke* § 4 Rz 4; **aA** T/P § 21 i GVG Rz 1; § 21 e GVG
Rz 5, 6).

Zu § 21 i II: Die in § 21 i II GVG genannten **Ersatzanordnungen** **60**
(§ 21 e GVG) werden durch den Präsidenten bzw dessen Vertreter (§ 21 h
GVG) getroffen, wenn es sich um **unaufschiebbare Maßnahmen** handelt und das Präsidium nicht mehr rechtzeitig zusammengerufen werden
kann bzw wenn die Beschlussfähigkeit des Präsidiums (wegen Urlaubs oder
Krankheit) nicht mehr hergestellt werden kann. Die Vorschrift ist mit
Art 101 I 2 GG vereinbar (BVerfG NJW 1982, 29). – Die Ersatzanord-
nung kann von den Mitgliedern des Präsidiums nicht gerichtlich angefochten werden (*Kissel* § 21 e GVG Rz 32). Das Präsidium kann die Ersatz-
anordnung aber mit Wirkung für die Zukunft aufheben, ändern oder
bestätigen. – Bei **willkürlichen** oder missbräuchlichem **Verstoß** gegen
§ 21 i II 1–3 GVG kann die **Besetzungsrüge** (§§ 115 II Nr 3, 116, 119

Nr 1, 134 iVm § 579 I Nr 1 ZPO) erhoben werden (vgl Rz 53). – Zur entsprechenden Anwendung des § 21 i II 2–4 GVG bei der **Neuerrichtung von Gerichten** s § 30 I 2 RPflAnpG (Rz 3).

§ 5 [Besetzung der Finanzgerichte]

(1) [1]Das Finanzgericht besteht aus dem Präsidenten, den Vorsitzenden Richtern und weiteren Richtern in erforderlicher Anzahl. [2]Von der Ernennung eines Vorsitzenden Richters kann abgesehen werden, wenn bei einem Gericht nur ein Senat besteht.

(2) [1]Bei den Finanzgerichten werden Senate gebildet. [2]Zoll-, Verbrauchsteuer- und Finanzmonopolsachen sind in besonderen Senaten zusammenzufassen.

(3) [1]Die Senate entscheiden in der Besetzung mit drei Richtern und zwei ehrenamtlichen Richtern, soweit nicht ein Einzelrichter entscheidet. [2]Bei Beschlüssen außerhalb der mündlichen Verhandlung und bei Gerichtsbescheiden (§ 90 a) wirken die ehrenamtlichen Richter nicht mit.

(4) [1]Die Länder können durch Gesetz die Mitwirkung von zwei ehrenamtlichen Richtern an den Entscheidungen des Einzelrichters vorsehen. [2]Absatz 3 Satz 2 bleibt unberührt.

Vgl § 5 VwGO; §§ 9 I, 10, 12 SGG; §§ 59, 60, 75 GVG

1   § 5 I regelt die **personelle Organisation** des FG. Es dürfen Richter auf Probe und Richter kraft Auftrags tätig werden (Rz 3; s auch § 15). – Die **Anzahl der Senate** richtet sich in erster Linie nach der Zahl der im Haushaltsplan ausgewiesenen Vorsitzendenstellen; im Übrigen wird sie nach der hM durch die Justizverwaltung bestimmt (str; vgl vor allem *Kissel* § 21 e GVG Rz 13; § 60 GVG Rz 2 ff).

2   Nach § 5 II gilt für die FGe als obere Landesgerichte (§ 2) die **Senatsverfassung.**

3   Die Senate entscheiden – sofern nicht der Einzelrichter (§§ 6, 79 a II, IV) tätig wird – in der **Besetzung** mit drei Berufsrichtern und zwei ehrenamtlichen Richtern. Nach § 29 DRiG darf bei der Spruchtätigkeit des Senats nur ein Richter auf Probe oder kraft Auftrags als Berufsrichter mitwirken (§ 15 Rz 2). – Zur Entscheidung durch den **Einzelrichter** s §§ 6, 79 a II, IV. – Zur Stellung und Wahl der ehrenamtlichen Richter s §§ 16 ff. – Bei **Verwendung von Richtern** ohne Befähigung zum Richteramt **aus den neuen Bundesländern** im Gebiet der Bundesrepublik Deutschland nach dem Stand bis zum 3. 10. 1990 ist § 5 I 2 RPflAnpG zu beachten.

4   Die **ehrenamtlichen Richter** wirken bei Beschlüssen aufgrund mündlicher Verhandlung und bei Urteilen auf Grund mündlicher Verhandlung und ohne mündliche Verhandlung (§ 90 II) mit, nicht aber bei Gerichtsbescheiden (§ 90 a) und bei Beschlüssen außerhalb der mündlichen Verhandlung (§ 5 III 2). Bei einem **Vorlagebeschluss** nach Art 100 I GG, § 80 I BVerfGG müssen die ehrenamtlichen Richter jedoch mitwirken (BVerfGE 29, 178). Entsprechendes wird man für die Vorlage an den EGH annehmen müssen (Vor § 74 Rz 7). – Zur Mitwirkung von ehrenamt-

lichen Richtern an den Entscheidungen des Einzelrichters s § 5 IV. Entsprechende gesetzliche Regelungen sind bisher lediglich in Niedersachsen ergangen (§ 3 Abs 2 AGFGO Nds).

In den **neuen Bundesländern** durften bis zum 31. 12. 1999 zwei **5** **Richter auf Probe oder auf Zeit** als Berufsrichter (auch als Vorsitzende) mitwirken (§ 3 RPflAnpG idF des ÄndG v 7. 12. 1995 – BGBl I S 1590; vgl BVerwG Buchholz 428.2 § 11 VZOG Nr 11).

§ 6 [Übertragung des Rechtsstreits an Einzelrichter]

(1) Der Senat kann den Rechtsstreit einem seiner Mitglieder als Einzelrichter zur Entscheidung übertragen, wenn

1. die Sache keine besonderen Schwierigkeiten tatsächlicher oder rechtlicher Art aufweist und

2. die Rechtssache keine grundsätzliche Bedeutung hat.

(2) Der Rechtsstreit darf dem Einzelrichter nicht übertragen werden, wenn bereits vor dem Senat mündlich verhandelt worden ist, es sei denn, dass inzwischen ein Vorbehalts-, Teil- oder Zwischenurteil ergangen ist.

(3) [1]**Der Einzelrichter kann nach Anhörung der Beteiligten den Rechtsstreit auf den Senat zurückübertragen, wenn sich aus einer wesentlichen Änderung der Prozesslage ergibt, dass die Rechtssache grundsätzliche Bedeutung hat oder die Sache besondere Schwierigkeiten tatsächlicher oder rechtlicher Art aufweist.** [2]**Eine erneute Übertragung auf den Einzelrichter ist ausgeschlossen.**

(4) [1]**Beschlüsse nach den Absätzen 1 und 3 sind unanfechtbar.** [2]**Auf eine unterlassene Übertragung kann die Revision nicht gestützt werden.**

Vgl § 6 VwGO; § 348 ZPO

Übersicht

Literatur: *Albert,* Zur Besetzung des Gerichts bei Wiederaufnahmeklagen gemäß § 134 FGO, § 578 ff ZPO gegen Urteile des Einzelrichters, DStZ 1998, 239; *Alt,* Neuerungen durch das FGO-Änderungsgesetz, StB 1993, 168 ff; *Bilsdorfer,* Das FGO-Änderungsgesetz, BB 1993, 109; *Buciek,* Das FGO-Änderungsgesetz (Teil I), DStR 1993, 118; *ders,* Das FGO-Änderungsgesetz (Teil II), DStR 1993, 152; *Felix,* Der neu geschaffene „Finanz-Einzelrichter" – Ausbau oder Abbau des Steuer-Rechtsschutzes?, DB 1993, 1; *ders,* Meine Meinung: Entscheidung durch den Einzelrichter nach § 6 FGO nF verfassungsgemäß?, FR 1993, 13; *ders,* Kurzer Steuer-Prozess vor dem FG-Einzelrichter, KöSDI 93, 9253 ff; *Gramich,* Der Einzelrichter nach dem Gesetz zur Änderung der Finanzgerichtsordnung, DStR 1993, 6; *Kävenheim,* Das FGO-Änderungsgesetz, NJW 1993, 1372; *Kretzschmar,* Finanzgerichtsurteile durch einen einzelnen Richter, BB 1993, 545; *Pump,* Die Änderungen der FGO, Inf 1993, 121, 125; *Rößler,* Der Einzelrichter im finanzgerichtlichen Verfahren, DStZ 1993, 97; *M. Schmid,* Das FGO-Änderungsgesetz – Entwicklung und Inhalt, DStZ 1993, 129; *ders,* Bericht über den 4. Finanzrichtertag im Bundesfinanzhof – Zugleich Hinweis auf erste Folgerungen aus dem FGO-Änderungsgesetz, DStZ 1994, 363; *Schmieszek,* Änderungen im finanzgerichtlichen Verfahren zum 1. 1. 1993, DB 1993, 12; *Schnellenbach,* Die Änderungen der VwGO durch das Gesetz zur Entlastung der Rechtspflege, DVBl 1993, 232; *Seer,* Defizite im finanzgerichtlichen Rechtsschutz – zugleich eine kritische Auseinandersetzung mit dem 2. FGO-Änderungsgesetz vom 19. 12. 2000, StuW 2001, 3, 6; *Seibert,* Berufungszulassung durch den Einzelrichter ?, NVwZ 2004, 821.

A. Vorbemerkungen

1   Der durch das FGO-Änderungsgesetz vom 21. 12. 1992 (BGBl I 1992 S 2109) in die FGO aufgenommene § 6 ist § 348 ZPO und § 76 Asyl-VfG (§ 31 AsylVfG aF) nachgebildet. Der Einführung des (fakultativen) Einzelrichters im finanzgerichtlichen Verfahren liegt die Annahme zugrunde, dass Entscheidungen des Einzelrichters und des Senats grundsätzlich gleichwertig sind (vgl BFHE 190, 47 = BStBl II 2000, 88). Ziel der Regelung ist die Entlastung der Senate der Finanzgerichte von weniger bedeutsamen Verfahren und eine spürbare Abkürzung der erheblich zu langen Verfahrensdauer (vgl Stellungnahme des Bundesrates zum Gesetzentwurf BT-Drucks 12/1061 S 27). Zwar haben sich die an die Einführung des Einzelrichters geknüpften Erwartungen bis heute nicht in dem gewünschten Umfang erfüllt, Einzelrichterentscheidungen haben inzwischen aber ihren festen Platz in der Sprechtätigkeit der Finanzgerichte. – Zur Kritik an der Regelung s 4. Auflage § 6 Rz 1 und *Kopp/Schenke* § 6 Rz 1.

2   **Rechtspolitisch** ist die Neuregelung des § 6 verfehlt, weil sie eine weitere Zersplitterung der Rechtsprechung begünstigt und damit der im Interesse der Gleichmäßigkeit der Besteuerung notwendigen Einheitlichkeit der Rechtsanwendung entgegenwirkt.

3   Gegen die Möglichkeit der Übertragung der Entscheidung auf den Einzelrichter bestehen **keine verfassungsrechtlichen Bedenken** (BFHE 190, 47 = BStBl II 2000, 88; BFH/NV 1998, 720; 1999, 1242; 1245; 1366; 1367; 1473; 1474; 1621; 2000, 332, 333; 1366; 1367; 1621; BVerfG

NJW 1984, 559 zu § 31 AsylVfG; BVerfG StE 1997, 735; s aber *Seer* StuW 2001, 3, 6).

Die Regelung des § 6 betrifft die erstinstanzlichen Finanzgerichte, **nicht** 4 den **BFH**. § 121 verweist nicht auf die Vorschriften über die Gerichtsverfassung, zu denen § 6 gehört. Vgl auch §§ 6 IV 2, 10 III.

B. Die Regelungen des § 6

I. Übertragung auf den Einzelrichter

1. Zuständigkeit, Zeitpunkt der Übertragung

Nach § 6 I 1 ist für die Übertragung des Rechtsstreits der **Senat** zustän- 5 dig, nicht der Vorsitzende, der Berichterstatter oder das nach dem Mitwirkungsplan (§ 4 Rz 53) als Einzelrichter vorgesehene Senatsmitglied. Der Beschluss wird unter Mitwirkung des Richters gefasst, dem der Rechtsstreit als Einzelrichter übertragen werden soll. – Bei **Überbesetzung** (§ 4 Rz 50) entscheidet der Senat in der zuständigen Sitzgruppe. – Da die Entscheidung eine Prognose erfordert, kann sie erst getroffen werden, wenn die Grundlagen für eine Überprüfung des § 6 I (Rz 11–16) bekannt sind. Das ist **frühestens** der Fall, wenn Klagebegründung, Erwiderung und Akten vorliegen (*Gramich* DStR 1993, 6, 7; *Schnellenbach* DVBl 1993, 234). Im Allgemeinen sollte die Übertragung erst erfolgen, wenn der Berichterstatter sich so weit in das Verfahren eingearbeitet hat, dass die Schwierigkeiten des Falles und seine Bedeutung für die Allgemeinheit beurteilt werden können (vgl *Schmid* DStZ 1994, 363, 364). Die mit der Rückübertragung verbundenen Probleme (Rz 30) werden dadurch vermieden. – Zur **Auswahl** des Einzelrichters s Rz 18. – **Verfrühte Übertragung** ist **Ermessensfehler** (s auch Rz 26). – Im Übrigen s Rz 13, 14, 16.

2. Verfahren

Die Übertragungsentscheidung ergeht durch **Beschluss** (§ 6 IV). 7 Mündliche Verhandlung ist nicht erforderlich. Im Hinblick auf die Unanfechtbarkeit der Übertragung des Rechtsstreits auf den Einzelrichter (§ 6 IV 1) ist den Beteiligten vor der Entscheidung **rechtliches Gehör** (Art 101 I, 103 I GG) zu gewähren (OLG Karlsruhe VersR 1986, 662; *Kopp/Schenke* § 6 Rz 19; *Gramich* DStR 1993, 6, 8; *Buciek* DStR 1993, 118, 119; BVerwG NVwZ 2000, 1290; offen BFH/NV 1996, 54; 154; 1999, 1242; 1245; 1621, 1622; 2000, 332, 333; 585; BFHE 190, 47 = BStBl II 2000, 88; **aA** zB BFH/NV 2002, 926, 927; FG BaWü EFG 1998, 124; *Kävenheim* NJW 1993, 1372, 1373; *Schnellenbach* DVBl 1993, 232, 233; *Beermann/Buciek* § 6 FGO Rz 27, 28). Die Möglichkeit, sich bei Klageerhebung bzw im Rahmen der Klageerwiderung zur Frage der Übertragung des Rechtsstreits auf den Einzelrichter zu äußern (§ 155 iVm §§ 253 III, 277 I 2 ZPO), genügt (aA *Kopp/Schenke* § 6 Rz 19). Die Verletzung der Anhörungspflicht kann durch **rügelose Einlassung** der Beteiligten geheilt werden (§ 155 iVm § 295 ZPO; BFH/NV 2003, 631, 632).

Der Einzelrichter **muss** in dem Beschluss **nicht namentlich bezeich-** 8 **net** werden, weil seine Person durch den senatsinternen Mitwirkungsplan/Einzelrichterplan (§ 4 Rz 53; s auch Rz 18) festgelegt ist (st Rspr zB BFHE 187, 412 = BStBl II 1999, 305; BFH/NV 1999, 1242; 1245; 1366; 1473, 1474; 1621, 1622; 2000, 578; 585; 1366, 1367; 1621; 2002, 926, 927). – Der Beschluss **bedarf** grundsätzlich **keiner Begründung** (§ 113 II; BFH/NV 2000, 578; 585; 1621; BFH BStBl II 2001, 415; BVerwG NVwZ-RR 2002, 150); er **muss** mE **aber** dann **begründet** werden, wenn ein Beteiligter der Übertragung widersprochen hatte (aA BFH BStBl II 2001, 415). – Der Beschluss wird erst mit der **Bekanntgabe** gegenüber den Beteiligten wirksam (BFHE 175, 16 = BStBl II 1994, 862, 863). Er ist bei Übertragung aufgrund mündlicher Verhandlung zu verkünden, sonst anderweitig (formlos – § 329 II ZPO) bekanntzugeben. Zustellung (§ 53) ist nicht erforderlich (BFHE 175, 16 = BStBl II 1994, 862, 863; BFH/NV 2000, 1366, 1367).

3. Voraussetzungen, Inhalt der Entscheidung

10   **a) Rechtsstreitigkeiten iS des § 6** sind nicht nur Klageverfahren, die durch Urteil oder Gerichtsbescheid abgeschlossen werden, sondern auch Beschlussverfahren (zB Aussetzung bzw Aufhebung der Vollziehung – § 69 III und VI; Wiederherstellung der hemmenden Wirkung – § 69 V 3; einstweilige Anordnung – § 114; Prozesskostenhilfe – § 142; Verweisung – § 155 iVm § 17 a II GVG bzw § 70 iVm 17 a II GVG). Die Entscheidung, ob eine Sache dem Einzelrichter übertragen wird, steht im **Ermessen des Senats, sofern die Übertragung** nicht kraft Gesetzes oder nach dem Sinn und Zweck der Regelung **ausgeschlossen ist** (Rz 11 f). Das **Einverständnis der Beteiligten** ist anders als in den Fällen des § 79 a III, IV **nicht erforderlich** (BFH/NV 2001, 200; 2003, 1541). Im Rahmen der Ermessensentscheidung, die sich am Gesetzeszweck (Rz 1) zu orientieren hat (Rz 14), sind die von den Beteiligten vorgetragenen Argumente (rechtliches Gehör – Rz 6) zu würdigen. Entscheidend kommt es darauf an, wie die Beschleunigung des Verfahrens am besten zu verwirklichen ist. Dabei ist zu berücksichtigen, dass der Zweck des Gesetzes auch auf andere Weise (zB durch Erörterungstermine oder Fristsetzungen – §§ 62 III, 65 II, 79 b) erreicht werden kann (vgl *Gramich* DStR 1993, 6, 7). Auch die Berufserfahrung des nach dem Mitwirkungsplan berufenen Richters (Rz 18) wird man in Betracht zu ziehen haben (vgl *Buciek* DStR 1993, 118, 119).

Die **Übertragung des Rechtsstreits** auf den Einzelrichter ist **ausgeschlossen,**

11   **aa)** wenn die Sache **besondere Schwierigkeiten tatsächlicher oder rechtlicher Art** aufweist (§ 6 I Nr 1). Es muss sich in qualitativer Hinsicht um überdurchschnittliche Schwierigkeiten handeln. Quantitative Probleme tatsächlicher oder rechtlicher Art stehen der Übertragung nicht entgegen; durch § 6 soll gerade eine quantitative Entlastung des Senats erreicht werden (vgl BFH/NV 2003, 926; *Kopp/Schenke* § 6 Rz 6). Außerdem gehören umfangreiche Streitsachen (zB sog Punktesachen) mit einer größeren Zahl von Rechtsproblemen zum richterlichen Alltag. Besondere Schwierigkeiten sind zu bejahen, wenn die Rechtsfindung durch den Senat nicht als entbehrlich erscheint (vgl *Schnellenbach* DVBl 1993, 232). Das ist zB der Fall, wenn ein unübersichtlicher Sachverhalt zu beurteilen ist, der eine

komplexe Glaubwürdigkeitsprüfung (Wertung widersprüchlicher Beweisergebnisse) erwarten lässt, wenn die Streitsache einen ganz außergewöhnlichen Umfang hat (zB § 60 a), wenn außergewöhnlich komplizierte wirtschaftliche Zusammenhänge Gegenstand des Verfahrens sind oder wenn es um die Lösung ganz ausgefallener und komplizierter Rechtsfragen geht, ohne dass es sich deshalb schon um eine Rechtssache von grundsätzlicher Bedeutung handelt.

bb) wenn die Sache **grundsätzliche Bedeutung** hat (§ 6 I Nr 2). – **12** Wegen der Begriffsbestimmung ist zunächst auf die entsprechend anwendbaren Ausführungen zu § 115 Rz 23 ff zu verweisen. – Grundsätzliche Bedeutung hat ein Rechtsstreit nicht mehr, wenn die Rechtsfrage höchstrichterlich entschieden ist, es sei denn, der Senat will hiervon abweichen (*Baumbach ua* § 348 ZPO Rz 8). – Der Begriff der grundsätzlichen Bedeutung iS des § 6 I Nr 2 ist jedoch weiter als der entsprechende revisionsrechtliche Begriff. Da das FG Tatsacheninstanz ist, kann ein Rechtsstreit auch wegen seiner tatsächlichen Seite (wegen tatsächlicher Feststellungen, die für zahlreiche andere Verfahren von Bedeutung sind) grundsätzliche Bedeutung haben (*Rosenberg/Schwab* S 676; *Stein/Jonas* § 348 ZPO Rz 17; *Buciek* DStR 1993, 118, 119). Grundsätzliche Bedeutung hat die Sache auch dann, wenn eine **Vorlage** an den **EGH** (Vor § 74 Rz 7) oder das **BVerfG** in Betracht kommt (vgl BVerfG NJW 1999, 274 = HFR 1999, 680; HFR 1999, 682 = DStZ 1998, 722).

cc) wenn **bereits** vor dem Senat **mündlich verhandelt** worden ist, es **13** sei denn, dass inzwischen ein Vorbehalts-, Teil- oder Zwischenurteil ergangen ist (§ 6 II; Rz 14). Die Regelung steht mit dem Zweck des § 6 (Rz 1) im Einklang. Eine nennenswerte Entlastung des Senats und eine spürbare Verfahrensbeschleunigung ist nicht mehr erreichbar, wenn schon eine mündliche Verhandlung vor dem Senat – auch über einzelne Zulässigkeitsvoraussetzungen (*Kopp/Schenke* § 6 Rz 15; enger *Baumbach ua* § 348 a ZPO Rz 9) – durchgeführt worden ist. In diesem Stadium des Verfahrens hat sich bereits der ganze Senat mit der Sache befasst. Das Verfahren ist häufig schon bis zur Entscheidungsreife (Rz 16) vorbereitet (§ 79 I 1). – § 6 II soll verhindern, dass der Einzelrichter sozusagen als „ausführendes Organ" tätig wird, nachdem der Senat die für die Entscheidung maßgeblichen Gesichtspunkte festgelegt hat. Eine solche Weichenstellung und – zumindest faktische – Beeinflussung des Einzelrichters wäre mit seiner Stellung im Verfahren (Rz 22) nicht vereinbar (so mit Recht *Zöller/Greger* § 348 ZPO Rz 9). – Die Übertragung des Rechtsstreits auf den Einzelrichter muss deshalb spätestens zu Beginn der mündlichen Verhandlung erfolgen. – **Zulässig ist** danach die **Übertragung** des Rechtsstreits auf den Einzelrichter **vor** Beginn, **während** oder **nach Durchführung eines Erörterungstermins** (BFH/NV 1997, 242). Entsprechendes muss gelten, wenn der Termin zur mündlichen Verhandlung aus erheblichen Gründen (§ 91 Rz 4) aufgehoben wird und stattdessen (unter Verzicht auf Ladungsfristen) ein Erörterungstermin stattfindet (BFH/NV 1998, 1500). – Im **schriftlichen Verfahren** (§ 90 II) ist die Übertragung des Rechtsstreits auf den Einzelrichter bis zum Beginn der abschließenden Beratung möglich. – Unzulässig soll die Übertragung nach einem vom Senat erlassenen Beweisbeschluss nach § 82 iVm § 358 ZPO sein (OLG

Köln NJW–RR 1995, 512), nicht jedoch nach einem Beweisbeschluss gemäß § 82 iVm § 358a ZPO (OLG Schleswig SchlHA 1978, 69).

14   Die Durchführung einer mündlichen Verhandlung steht der Übertragung des Verfahrens auf den Einzelrichter jedoch **nicht** entgegen, **wenn** „inzwischen", dh aufgrund der mündlichen Verhandlung, **ein Vorbehalts-** (§ 155 iVm § 302 ZPO), **Teil-** (§ 98) **oder Zwischenurteil** (§§ 97, 99) **ergangen ist.** Diese Ausnahmeregelung ist mit dem Zweck des § 6 II (Rz 13) vereinbar. In den genannten Fällen ist die Gefahr einer den Einzelrichter für das weitere Verfahren beeinflussenden Weichenstellung erheblich geringer. Nach Ergehen eines Vorbehalts-, Teil- oder Zwischenurteils darf allerdings keine weitere mündliche Verhandlung stattgefunden haben. Für sie würden die Ausführungen zu Rz 13 entsprechend gelten.

15   **dd)** wenn der Einzelrichter den **Rechtsstreit** auf den Senat **zurückübertragen** hatte (§ 6 III 2 – Rz 30 ff).

16   **ee)** wegen Reduzierung des Ermessens, **wenn der Rechtsstreit entscheidungsreif** ist. In diesem Falle kann der Rationalisierungszweck des Gesetzes (Rz 1) nicht mehr verwirklicht werden (*Baumbach ua* § 348a ZPO Rz 9 aE; *Zöller/Greger* § 348 ZPO Rz 8; *Buciek* DStR 1993, 118, 119).

18   **b)** Bei der **Auswahl des Einzelrichters** ist der Senat an den vor Beginn des Geschäftsjahres nach generell-abstrakten Gesichtspunkten aufgestellten **senatsinternen Mitwirkungsplan**/Einzelrichterplan (§ 4 Rz 53) gebunden (*Felix* FR 1993, 13, 14; *Buciek* DStR 1993, 118, 119; ebenso BFH/NV 1996, 572). Diese Anordnung darf nur in den engen Grenzen des § 21 g II GVG geändert werden (§ 4 Rz 50). – Bei **Verstoß** gegen den senatsinternen Mitwirkungsplan ist der Einzelrichter nicht gesetzlicher Richter, das Gericht bei Einzelrichterentscheidungen nicht vorschriftsmäßig besetzt (Art 101 I 2 GG; §§ 115 II Nr. 3, 116 III 3, 119 Nr 1; vgl Rz 22).

19   **c)** Die **Übertragung erfasst den gesamten Rechtsstreit** (Rz 10) in der Lage, in der er sich im Zeitpunkt der Entscheidung über die Zuweisung an den Einzelrichter befindet. Sie erstreckt sich auf Nebenentscheidungen (zB Kosten, Vollstreckbarkeit), Folgeentscheidungen (zB Einstellung des Verfahrens, Entscheidungen im Kostenfestsetzungsverfahren) und unselbständige Nebenverfahren, wie zB Kostenfestsetzungs- und Prozesskostenhilfeverfahren. **Selbstständige Neben**verfahren (§§ 69, 114) **und** selbständige **Zwischenverfahren** (wie zB die Richterablehnung – BFH/NV 1998, 463) **werden nicht** automatisch **mitübertragen.** Sie können dem mit der Hauptsache betrauten Einzelrichter uU erst nach Änderung des Mitwirkungsplans (§ 4 Rz 50) zugewiesen werden (**aA** – Mitübertragung aller Nebenverfahren – *Baumbach ua* § 348a ZPO Rz 6).

20   Der Rechtsstreit muss dem Einzelrichter „zur Entscheidung" übertragen werden. Eine Zuweisung „zur Durchführung der Beweisaufnahme" oder „zur Vorbereitung" genügt nicht (*Zöller/Greger* § 348 ZPO Rz 2 mwN; s auch § 81 II).

4. Wirkung der Übertragung, Stellung des Einzelrichters

22   Mit der Übertragung des Rechtsstreits tritt der **Einzelrichter** an die Stelle des Senats. Er übernimmt das Verfahren in dem Stnd in dem es sich im Zeitpunkt der Übertragung befindet. Der Einzelrichter **ist** bis zum

Abschluss des Verfahrens bzw bis zur Rückübertragung des Verfahrens auf
den Senat (Rz 30 ff) **erkennendes Gericht und gesetzlicher Richter** iS
des Art 101 I 2 GG (zB BFH/NV 1998, 1309; 1487; 1488) und damit für
alle das Verfahren betreffenden Entscheidungen bis zu dessen Abschluss
durch Urteil oder Gerichtsbescheid (§ 90 a Rz 3) zuständig. Solange sind
die übrigen Mitlieder des Senats von jeder das Verfahren betreffenden
Handlung und Entscheidung ausgeschlossen. Eine andere Frage ist, ob die
anderen Senatsmitglieder und insbesondere der Vorsitzende Kenntnis von
den Eingängen und der (nicht neutralisierten) Entscheidung des Einzelrichters erhalten dürfen (§ 30 AO). Das ist mE zu bejahen, weil die Sache
weiterhin – latent – beim Senat anhängig ist (Rz 30 ff) und weil der Vorsitzende die Einheitlichkeit der Senatsbesprechung im Auge behalten muss.
– Für das **Verfahren vor dem Einzelrichter** gelten die allgemeinen
Regeln. – Die **Wirkung der Übertragung** ist grundsätzlich auf den Senat
beschränkt, der sie beschlossen hat. Wird das Verfahren durch Präsidiums-
beschluss einem anderen Senat des Gerichts zugewiesen, bleibt der Einzelrichter jedoch nach Maßgabe des senatsinternen Mitwirkungsplans des
anderen Senats zuständig (BFH/NV 1998, 1309). Die Übertragung bindet
aber nicht das Gericht an das der Einzelrichter den Rechtsstreit (gem § 17 a
II GVG) verweist (*Kopp/Schenke* § 6 Rz 4; **aA** OLG Koblenz MDR 1986,
153). – Wird der **Einzelrichter erfolgreich abge-
lehnt** (§ 51 Rz 50 ff, 70 ff), so wird sein geschäftsplanmäßiger Vertreter
zuständig (BFHE 187, 206 = BStBl II 1999, 60; s auch BFH/NV 1998,
463). – Hebt der BFH das vom Einzelrichter erlassene Urteil (oder den
Gerichtsbescheid) auf und verweist er den Rechtsstreit an das FG zurück,
so ist **im zweiten Rechtsgang** wiederum der **Einzelrichter zuständig**,
weil das zurückverwiesene Verfahren mit dem vorangegangenen ersti-
stanzlichen Vefahren eine Einheit bildet (BFHE 187, 206 = BStBl II 1999,
60 mwN; s auch BGH NJW-RR 2003, 936; aA *Kopp/Schenke* § 6 Rz 4;
Rößler DStZ 1993, 97, 98). Eine Ausnahme gilt, wenn der BFH, weil er
die Voraussetzungen des § 6 I Nr 1 und 2 für die Übertragung des
Rechtsstreits auf den Einzelrichter als nicht erfüllt ansieht, **ausdrücklich
an** den **Vollsenat zurückverweist** (BFHE 180, 509 = BStBl II 1996,
478). – Der Vollsenat ist auch zuständig für Entscheidungen über ein
Wiederaufnahmeverfahren (vgl BFHE 188, 1 = BStBl II 1999, 412; aA
Albert DStZ 1998, 239), für **einen Antrag nach § 69 VI 2** (BFH/NV
2005, 1328; vgl § 69 Rz 195 ff, 201) und für **Vorlagen an das BVerfG**
im konkreten Normenkontrollverfahren nach Art 100 GG (BVerfG NJW
1999, 274 = HFR 1999, 680; HFR 1999, 682 = DStZ 1998, 722).

5. Rechtsmittel

a) Der **Zuweisungsbeschluss** gem § 6 I ist **unanfechtbar** (§ 6 IV 1).   **24**
Das gilt nach der eindeutigen gesetzlichen Regelung auch dann, wenn der
Rechtsstreit (offensichtlich) zu Unrecht auf den Einzelrichter übertragen
worden ist (Rz 11–16). Eine **Beschwerde** (§ 128 I) ist unstatthaft (BFH/
NV 1994, 328; 1997, 680; 2000, 732; 2002, 666 und 926, 927). **Rechts-
missbrauch** oder **Willkür** können nicht durch außerordentliche Be-
schwerde, sondern nur im Rechtsmittelverfahren gegen die abschließende
Hauptsacheentscheidung (Besetzungsrüge, Verletzung des rechtlichen Ge-

hörs) geltend gemacht werden (Rz 26; BFH/NV 2001, 921; 2003, 631, 632; 2005, 897, 898; 1089; *Kopp/Schenke* § 6 Rz 26). – Zur **Gegenvorstellung** und zu § 155 iVm § 321a ZPO bzw – seit dem 1. 1. 2005 – § 133a s Anh § 33 Rz 38; § 69 Rz 188 und § 133a Rz 1 ff.

26   **b)** Das **Urteil des Einzelrichters** kann mit den Rechtsmitteln angegriffen werden, die im Falle der Entscheidung des Rechtsstreits durch den Senat eingelegt werden könnten (Revision, Nichtzulassungsbeschwerde). Auch eine **Besetzungsrüge** (§§ 115 II Nr 3, 116 III 3, 119 Nr 1) ist möglich (vgl BFHE 175, 16 = BStBl II 1994, 862, 863). Sie ist (nur) im Falle einer erkennbar rechtsmissbräuchlichen (willkürlichen) Übertragung des Verfahrens auf den Einzelrichter begründet (§ 119 Rz 5a). Eine unvorschriftsmäßige Besetzung ist zB (BFHE 174, 107 = BStBl II 1994, 571; BFH/NV 1994, 725; 1999, 815) anzunehmen, wenn der Beschluss mangels Bekanntgabe nicht wirksam geworden ist (Rz 8), wenn der Einzelrichter sich selbst bestellt hat, wenn ihm der Rechtsstreit durch Verfügung des Vorsitzenden zugewiesen worden ist, bei Verstoß gegen § 6 II (Rz 13) oder § 6 III 2 (Rz 15); in den übrigen Fällen einer fehlerhaften Übertragung des Rechtsstreits (Rz 11, 12, 14, 16) kann die Besetzungsrüge nur ausnahmsweise bei „greifbarer Gesetzwidrigkeit" des Übertragungsbeschlusses Erfolg haben (vgl BFH/NV 1996, 767; 1997, 860; 1999, 815; 2001, 1589, 1590; 2003, 926; s auch BVerwG NVwZ 2000, 1290). Allein daraus, dass der Rechtssache grundsätzliche Bedeutung zukommt und das FG von Urteilen des BFH abgewichen ist, kann jedoch eine „greifbare Gesetzwidrigkeit" nicht hergeleitet werden (BFH/NV 1994, 725; 2005, 556; BFH/NV 1997, 860 offen, ob willkürliche Bejahung der Übertragungsvoraussetzungen des § 6 I genügt). – Bei willkürlichem Verstoß gegen § 6 kommt **Verfassungsbeschwerde** (Verletzung der Art 101 I 2, 103 I GG) in Betracht (*Kopp/Schenke* § 6 Rz 28; s auch *Seer* StuW 2001, 3, 6). Die Heilung etwaiger Mängel des Übertragungsbeschlusses gem § 155 iVm § 295 II ZPO ist ausgeschlossen (BGH NJW 1993, 601). Bloße Formfehler sind jedoch heilbar (*Baumbach ua* § 348a ZPO Rz 10).

27   Gegen den vom Einzelrichter (§ 6) erlassenen **Gerichtsbescheid** sind grundsätzlich die allgemeinen Rechtsmittel (Rz 26; § 90a Rz 15 ff) gegeben. Erlässt der Einzelrichter (§ 6) den **Gerichtsbescheid** jedoch ausdrücklich **im vorbereitenden Verfahren** („gem § 79a II, IV"), so ist dagegen (trotz unzutreffender Rechtsmittelbelehrung) nur der **Antrag auf mündliche Verhandlung** (§ 79a II 2) gegeben (BFHE 187, 415 = BStBl II 1999, 302; BFH/NV 1999, 1617, 1618).

28   **c)** Ist der Rechtsstreit **nicht** auf den Einzelrichter **übertragen** worden, kann ein Rechtsmittel gegen das Urteil oder den Gerichtsbescheid des Senats nicht darauf gestützt werden, dass die Übertragung auf den Einzelrichter unterblieben ist (§ 6 IV). Die **unterlassene Übertragung ist** also **kein Grund für eine Besetzungsrüge** (§§ 115 II Nr 3, 116 III 3, 119 Nr 1). Im Übrigen gelten für die Anfechtung des Urteils bzw Gerichtsbescheides keine Besonderheiten.

II. Zurückübertragung auf den Senat

1. Voraussetzungen, Einschränkung des Ermessens

Die Zurückübertragung steht im Ermessen des Einzelrichters (vgl **30** Rz 10). Bei der Ausübung des Ermessens hat er das Interesse der Beteiligten an der Einheitlichkeit der Rechtsprechung oder die nachträglich eingetretenen besonderen Schwierigkeiten gegenüber der durch die Rückübertragung drohenden Verfahrensverzögerung abzuwägen (*Gramich* DStR 1993, 6, 8 mwN). Er darf das Verfahren aber nur dann auf den Senat zurückübertragen, wenn sich aus einer **wesentlichen Änderung der Prozesslage** ergibt, dass die Rechtssache grundsätzliche Bedeutung hat oder besondere Schwierigkeiten tatsächlicher oder rechtlicher Art aufweist (§ 6 III 1). Eine wesentliche Änderung der Prozesslage kann zB infolge einer Klageänderung, eines völlig neuen Sach- oder Rechtsvortrags der Beteiligten, eines völlig neuen Beweisergebnisses oder einer Rechtsänderung eintreten. Aus der nachträglichen Veränderung muss sich die **grundsätzliche Bedeutung** der zu treffenden Entscheidung (Rz 12) oder ihre **besondere Schwierigkeit** (Rz 11) ergeben. Bei der Übertragung der Sache auf den Einzelrichter bereits bekannte oder irrtümlich falsch gewertete Gesichtspunkte rechtfertigen die Zurückübertragung auf den Senat nicht (*Kopp/Schenke* § 6 Rz 22; *Gramich* DStR 1993, 6, 8).

2. Verfahren

Der Einzelrichter entscheidet ohne notwendige mündliche Verhandlung **31** durch **Beschluss** (§ 6 IV 1). Den Beteiligten ist vor der Rückübertragung **rechtliches Gehör** zu gewähren (§ 6 III 1). – Wegen der Begründung und der Bekanntgabe des Beschlusses s Rz 8.

3. Inhalt der Entscheidung

Der Einzelrichter kann den Rechtsstreit nach dem Zweck des § 6 (Rz 1) **32** nur insgesamt auf den Senat zurückübertragen. Er darf also nicht einzelne (selbstständige) Klagegegenstände zurückbehalten. Vorherige Abtrennung zurückgenommener oder erledigter Klagegegenstände ist mE jedoch unschädlich. – Zur **Zurückübertragung** des Rechtsstreits **nach Wechsel** des Einzelrichters **in einen anderen Senat** s BFH/NV 1996, 908 (die Zurückübertragung auf den „neuen Senat" ist jedenfalls nicht „greifbar" gesetzeswidrig – Rz 26).

4. Wirkung der Rückübertragung

Die Zurückübertragung ist für den Senat **bindend** (§ 6 III 2; s auch **33** Rz 15). Mit dem Beschluss endet die Entscheidungsbefugnis des Einzelrichters. Etwaige Zwischenentscheidungen des Einzelrichters bleiben für das weitere Verfahren wirksam (Einheit des Verfahrens). Für das anschließende Verfahren vor dem Senat gelten die allgemeinen Regeln. – Eine vom Einzelrichter durchgeführte **Beweisaufnahme** ist im Hinblick auf §§ 79 III, 81 II nur dann zu wiederholen, wenn der Senat das Beweisergebnis ohne unmittelbaren Eindruck vom Verlauf der Beweisaufnahme nicht sachgerecht würdigen kann.

5. Rechtsmittel

34   **a)** Der Rückübertragungsbeschluss (§ 6 III 1) ist **unanfechtbar** (§ 6 IV 1), und zwar auch dann, wenn die Voraussetzungen für die Zurückübertragung (Rz 30) nicht erfüllt waren. Bei willkürlicher Rückübertragung ist eine Beschwerde ausgeschlossen (Rz 24).

35   **b)** Aus dem Zusammenhang der Sätze 1 und 2 des § 6 IV ergibt sich, dass das Urteil/der Gerichtsbescheid des Einzelrichters nicht mit der Begründung angefochten werden kann, die Zurückübertragung auf den Senat sei zu Unrecht unterblieben. § 6 IV 2 schließt die Besetzungsrüge (§§ 115 II Nr 3, 116 III 3, 119 Nr 1) aus (Rz 28).

36   **c)** Gegen das nach Zurückverweisung ergangene Urteil des Senats kann (nur) bei „greifbarer Gesetzwidrigkeit" des Rückübertragungsbeschlusses mit Aussicht auf Erfolg Besetzungsrüge (§§ 115 II Nr 3, 116 III 3, 119 Nr 1) erhoben werden (BFH/NV 1996, 908; vgl auch Rz 26). Ein Verfahrensfehler kann jedoch nicht daraus hergeleitet werden, dass infolge der Rückübertragung bisher nicht beteiligte Richter in das Verfahren einbezogen werden (BFH/NV 2005, 1576).

§§ 7–9 (weggefallen)

§ 10 [Verfassung des Bundesfinanzhofs]

(1) Der Bundesfinanzhof besteht aus dem Präsidenten und aus den Vorsitzenden Richtern und weiteren Richtern in erforderlicher Anzahl.

(2) [1]Beim Bundesfinanzhof werden Senate gebildet. [2]§ 5 Abs. 2 Satz 2 gilt sinngemäß.

(3) Die Senate des Bundesfinanzhofs entscheiden in der Besetzung von fünf Richtern, bei Beschlüssen außerhalb der mündlichen Verhandlung in der Besetzung von drei Richtern.

Vgl § 10 VwGO

1   Grundsätzlich entscheiden die Senate des BFH in der Besetzung mit **fünf Richtern.** Einem Senat können durch den Geschäftsverteilungsplan des Gerichts auch mehr als fünf Richter zugewiesen werden; das Gebot des gesetzlichen Richters (Art 101 GG) wird dadurch nicht verletzt (BFHE 173, 528 = BStBl II 1994, 429; BFHE 175, 3 = BStBl II 1995, 141). Die Besetzung des Senats in Urteils- und Beschlusssachen ist in einem vor Beginn des Geschäftsjahrs aufzustellenden **Mitwirkungsplan** nach § 4 iVm § 21 g II GVG zu regeln. Zu den Anforderungen an den Mitwirkungsplan vgl § 4 Rz 49 ff; BFHE 165, 492 = BStBl II 1992, 260; BFHE 173, 418 = BStBl II 1994, 522; BFHE 178, 331 = BStBl II 1996, 153; BFH/NV 1995, 716).

2   **Beschlüsse** trifft der Senat grundsätzlich in der Besetzung mit **drei Richtern,** soweit nicht das Gesetz ausdrücklich eine Entscheidung allein durch den Vorsitzenden oder den Berichterstatter zulässt, wie zB § 69 III 5 (vgl dazu BFHE 194, 360 = BFH/NV 2001, 957). Durch Beschluss entscheidet der Senat zB über das Verfahren betreffende Anträge (Beiladung gemäß § 123 I 2; Gewährung von Akteneinsicht etc), über Anträge auf Gewährung vorläufigen Rechtsschutzes (§ 69), über Beschwerden (§ 132), aber auch über Revisionen, wenn er sie als unzulässig erachtet (§ 126 I). Die Regel des § 10 III dient der Vereinfachung, weil es sich bei Beschlusssachen im allgemeinen um Fragen von geringerer Bedeutung handelt; sie gilt jedoch nicht ausnahmslos. Führt die Beratung über die Zulässigkeit der Revision im Beschlussverfahren nach § 10 III zu dem Ergebnis, dass zwei von drei Richtern die Zulässigkeit bejahen, muss der Senat in der Besetzung mit fünf Richtern über die Zulässigkeit entscheiden; kommt dieser mehrheitlich zu dem Ergebnis, dass die Revision unzulässig ist, verwirft er sie durch Beschluss (BFHE 95, 366 = BStBl II 1969, 435). Die Revision kann auch dann in der Normalbesetzung verworfen werden, wenn sich erst bei der Beratung über die Revision in der Besetzung mit fünf Richtern die Unzulässigkeit des Rechtsmittels ergibt (BFHE 124, 153 = BStBl II 1978, 228; BFHE 124, 309 = BStBl II 1978, 312; BFHE 187, 415 = BStBl II 1999, 302; BFH/NV 1995, 225). Entsprechendes gilt für den Beschluss nach § 17a Abs 2 GVG, wenn der Senat erst während der Beratung erkennt, dass für die Entscheidung über die Revision ein anderer Senat sachlich zuständig ist (BFH/NV 2003, 183).

Ist eine Revision (zB bei der Entscheidung über mehrere Veranlagungs- **3** zeiträume in einem Verfahren) **teils unbegründet, teils unzulässig,** so kann in einer einheitlichen Entscheidung – und zwar durch Urteil – in der Besetzung mit fünf Richtern entschieden werden (BFHE 88, 13 = BStBl III 1967, 252). Dasselbe gilt, wenn beide Beteiligten Revision eingelegt haben, von denen eine unzulässig ist (BFHE 101, 509 = BStBl II 1971, 411; BFHE 174, 442, 446 = BStBl II 752; BVerwGE 15, 239; *Eyermann* § 144 Rz 1; T/K § 126 Rz 4). Nach der Regelung des § 126a kann der Senat in der Besetzung mit fünf Richtern durch Beschluss über eine Revision entscheiden, wenn er diese einstimmig für unbegründet hält.

Der Beschluss über die **Anrufung des GrS** (§ 11) muss immer in der **4** Besetzung mit fünf Richtern gefasst werden, und zwar auch dann, wenn der GrS in einer Sache angerufen wird, über die letztlich in der Besetzung mit drei Richtern zu entscheiden ist (BFHE 95, 366 = BStBl II 1969, 435). Entsprechendes gilt für die **Anrufung des BVerfG** im Normenkontrollverfahren nach Art 100 Abs 1 GG (*Kopp/Schenke* § 10 Rz 1; BVerfGE 34, 52, 57). In diesen Fällen muss der Vereinfachungsgedanke des § 10 Abs 3 wegen der Bedeutung der Anrufung des GrS oder des BVerfG, die eine Entscheidung des Vollsenats erfordert, zurücktreten (vgl auch § 11 Rz 10). Der Beschluss zur **Vorlage an den EGH** ist ebenfalls in der für den Erlass eines Urteils vorgesehenen Besetzung zu fassen (BFHE 174, 565; BFHE 180, 194).

Beschlüsse, die **innerhalb einer mündlichen Verhandlung** ergehen **5** (zB über die Ablehnung eines Richters oder den Ausschluss der Öffentlichkeit), sind immer von allen fünf Richtern zu fassen.

Über Anträge auf **Wiederaufnahme des Verfahrens** (§ 134 iVm **6** §§ 578 ff ZPO) entscheidet der BFH durch Beschluss, wenn sich der Antrag gegen einen das Verfahren abschließenden rechtskräftigen Beschluss des BFH richtet (BFHE 128, 349 = BStBl II 1979, 710; BFHE 165, 569 = BStBl II 1992, 252).

7   **Verstöße** gegen die Bestimmungen des § 10 III über die Besetzung des Senats stellen einen Wiederaufnahmegrund iSd § 134 iVm § 579 I Nr 4 ZPO dar, wenn sie willkürlich sind (BFHE 165, 569 = BStBl II 1992, 252; BFH/NV 1995, 795; 1996, 689).

§ 11 [Zuständigkeit des Großen Senats]

(1) Bei dem Bundesfinanzhof wird ein Großer Senat gebildet.

(2) Der Große Senat entscheidet, wenn ein Senat in einer Rechtsfrage von der Entscheidung eines anderen Senats oder des Großen Senats abweichen will.

(3) ¹Eine Vorlage an den Großen Senat ist nur zulässig, wenn der Senat, von dessen Entscheidung abgewichen werden soll, auf Anfrage des erkennenden Senats erklärt hat, dass er an seiner Rechtsauffassung festhält. ²Kann der Senat, von dessen Entscheidung abgewichen werden soll, wegen einer Änderung des Geschäftsverteilungsplanes mit der Rechtsfrage nicht mehr befasst werden, tritt der Senat an seine Stelle, der nach dem Geschäftsverteilungsplan für den Fall, in dem abweichend entschieden wurde, nunmehr zuständig wäre. ³Über die Anfrage und die Antwort entscheidet der jeweilige Senat durch Beschluss in der für Urteile erforderlichen Besetzung.

(4) Der erkennende Senat kann eine Frage von grundsätzlicher Bedeutung dem Großen Senat zur Entscheidung vorlegen, wenn das nach seiner Auffassung zur Fortbildung des Rechts oder zur Sicherung einer einheitlichen Rechtsprechung erforderlich ist.

(5) ¹Der Große Senat besteht aus dem Präsidenten und je einem Richter der Senate, in denen der Präsident nicht den Vorsitz führt. ²Bei einer Verhinderung des Präsidenten tritt ein Richter aus dem Senat, dem er angehört, an seine Stelle.

(6) ¹Die Mitglieder und die Vertreter werden durch das Präsidium für ein Geschäftsjahr bestellt. ²Den Vorsitz im Großen Senat führt der Präsident, bei Verhinderung das dienstälteste Mitglied. ³Bei Stimmengleichheit gibt die Stimme des Vorsitzenden den Ausschlag.

(7) ¹Der Große Senat entscheidet nur über die Rechtsfrage. ²Er kann ohne mündliche Verhandlung entscheiden. ³Seine Entscheidung ist in der vorliegenden Sache für den erkennenden Senat bindend.

Vgl § 11 VwGO; § 41 SGG; §§ 132, 138 GVG; § 45 ArbGG; § 28 II FGG

Auszug aus dem Gesetz zur Wahrung der Einheitlichkeit der Rechtsprechung der obersten Gerichtshöfe – RsprEinhG – vom 19. 6. 68 (BGBl I, 661):

§ 1 RsprEinhG Bildung des Gemeinsamen Senats

(1) Zur Wahrung der Einheitlichkeit der Rechtsprechung der in Artikel 95 Abs. 1 des Grundgesetzes genannten obersten Gerichtshöfe des Bundes wird ein Gemeinsamer Senat dieser obersten Gerichtshöfe gebildet.

(2) Der Gemeinsame Senat hat seinen Sitz in Karlsruhe.

§ 2 RsprEinhG Zuständigkeit

(1) Der Gemeinsame Senat entscheidet, wenn ein oberster Gerichtshof in einer Rechtsfrage von der Entscheidung eines anderen obersten Gerichtshofs oder des Gemeinsamen Senats abweichen will.

(2) Sind nach den Gerichtsverfassungs- oder Verfahrensgesetzen der Große Senat oder die Vereinigten Großen Senate eines obersten Gerichtshofs anzurufen, so entscheidet der Gemeinsame Senat erst, wenn der Große Senat oder die Vereinigten Großen Senate von der Entscheidung eines anderen obersten Gerichtshofs oder des Gemeinsamen Senats abweichen wollen.

Übersicht

Literatur: *Beisse,* Von der Aufgabe des Großen Senats des Bundesfinanzhofs, Festschr für Wallis, 1985, S 45; *Hanack,* Der Ausgleich divergierender Entscheidungen in der obersten Gerichtsbarkeit, Hamburg/Berlin, 1962; *Kapp,* Die Grundsatzanrufung des Großen Senats des Bundesfinanzhofs, DStR 1983, 672; *ders,* Nichtanrufung des Großen Senats des Bundesfinanzhofs als verfassungswidrige objektive Willkür, Festgabe für Felix, 1989, S 153; *Kissel,* Neues zur Gerichtsverfassung; III. Große Senate der obersten Gerichtshöfe, NJW 1991, 945; *F. Klein,* Funktionen des Großen Senats des BFH JbFStR 1991/92, 11; *List,* Der Große Senat des Bundesfinanzhofs, DStR 1983, 469; *ders,* Anrufung und Verfahren des Großen Senats des Bundesfinanzhofs, DStZ 1987, 439; *ders,* Anrufung und Verfahren des Großen Senats des Bundesfinanzhofs, DStZ 1987, 439; *ders,* Neue Verfahrensordnung für den Großen Senat des BFH, DStR 1992, 382; *May,* Verfahrensfragen bei der Divergenzanrufung des Großen Senat, DRiZ 1983, 303; *Ch. Meyer,* Die Sicherung der Einheit der Rechtsprechung durch Divergenz- und Grundsatzvorlage, 1994; *Offerhaus,* Die Großen Senate der obersten Gerichtshöfe des Bundes, FS 75 Jahre RFH-BFH, 1993, 623; *W. Meilicke,* Zur Vorlagepflicht des BFH in Bilanzierungsfragen bei Personengesellschaften und Einzelunternehmen, BB 2001, 40; vgl ferner die Literaturhinweise in der Vorauflage.

I. Allgemeines

§ 11 beruht in seiner gegenwärtigen Fassung auf dem Rechtspflege- **1** VereinfachungsG v 17. 12. 1990 (BGBl I, 2847), durch das insbesondere die Besetzung des GrS und das Verfahren seiner Anrufung neu geregelt wurde. Die Einrichtung des Großen Senats dient in erster Linie der **Wahrung einer einheitlichen Rspr** innerhalb des BFH. Das gilt nicht nur für die Divergenzanrufung, sondern auch für die Anrufung wegen Grundsätzlichkeit (Abs 4). In den Fällen des Abs 4 soll die Rechtseinheit vorbeugend sichergestellt werden. Daneben ist der GrS zur **Fortbildung des Rechts** berufen. In den Fällen der Divergenz (Abs 2) ist die Anrufung des GrS zwingend vorgeschrieben (obligatorische Anrufung). Die Vorlage wegen Grundsätzlichkeit (Abs 4) liegt im Ermessen des Gerichts (fakultative Anrufung; str, vgl zum Streitstand: *Schoch ua/Pietzner* § 11 VwGO Rz 56).

2   Der GrS entscheidet nicht über die beim vorlegenden Senat anhängige Streitsache, sondern nur über die ihm vorgelegte Rechtsfrage. Die Zuständigkeit für die Entscheidung des Rechtsstreits bleibt beim vorlegenden Senat. Das Vorlageverfahren ist nur ein **Zwischenverfahren** mit interimistischem Charakter und einem besonderen Verfahrensgegenstand (*Kopp/Schenke* § 11 Rz 1; *H/H/Sp/Sunder-Plassmann* § 11 Rz 112). Wegen der Bindungswirkung der Entscheidung des GrS für den vorlegenden Senat s Rz 34.

3   Bei willkürlicher (nicht nur irrtümlicher) **Missachtung der Vorlagepflicht,** die mE nur in den Fällen der Divergenz in Betracht kommt (aA: *Kapp* DStZ 1987, 591; vgl auch Rz 26), ist das Gebot des gesetzlichen Richters (Art 101 I GG) verletzt; der Verstoß kann ggf mit dem Wiederaufnahmeantrag (§ 134 iVm § 579 ZPO) und der Verfassungsbeschwerde gerügt werden (*Kopp/Schenke* § 11 Rz 1, 3; *Leisner* NJW 1989, 2446; *Schoch ua/Pietzner* § 11 Rz 43; aA *Beermann/Sauer* Rz 27; allgemein zur Vorlagepflicht: BVerfGE 42, 237; 75, 223; 79, 301; BVerfG in NJW 1989, 2613 und NJW 1993, 381).

II. Anrufung wegen Abweichung (Abs 2)

1. Voraussetzungen

4   Eine Vorlage nach Abs 2 ist geboten, wenn der erkennende Senat in einer Rechtsfrage von der Entscheidung eines anderen Senats abweichen will und wenn die divergierende Rechtsauffassung für den erkennenden Senat und für den Senat, der zuvor über diese Rechtsfrage entschieden hat, entscheidungserheblich ist/war.

a) Die Abweichung muss in einer **Rechtsfrage** beabsichtigt sein (zur Unterscheidung zwischen Rechts- und Tatfrage vgl § 118 Rz 20 ff) und zwar in *derselben* Rechtsfrage. Für die erforderliche **Identität** der Rechtsfrage kommt es nicht notwendig darauf an, ob sie dieselbe Rechtsnorm betrifft; es genügt, dass die Rechtsfrage, die der Senat abweichend von der Entscheidung eines anderen Senats beantworten möchte, sich bei verschiedenen Vorschriften in gleicher Weise stellt (BFHE 101, 247 = BStBl II 1971, 274; BFHE 126, 533 = BStBl II 1979, 213; BFHE 127, 140 = BStBl II 1979, 570; GmS in BFHE 109, 206). Eine identische Rechtsfrage liegt nicht vor, wenn die frühere Entscheidung zwar zu derselben Rechtsnorm ergangen ist, aber einen Sachverhalt betraf, der mit dem des erkennenden Senats nicht vergleichbar ist (BFHE 158, 31, 38 = BStBl II 1989, 990).

5   Will ein Senat in einem Verfahren, das aufgrund einer **summarischen Prüfung** der Sach- und Rechtslage ergeht (AdV; Prozesskostenhilfe), von

der Entscheidung eines anderen Senats abweichen, kann er den GrS nur wegen solcher Rechtsfragen anrufen, die speziell diese Verfahren betreffen und dort abschließend geklärt werden können (BFHE 178, 11 = BStBl II 1995, 730; *May* DRiZ 1983, 306; *T/K* § 11 Rz 2; *Schoch ua/Pietzner* § 11 Rz 17). Hat ein Senat im Verfahren der AdV aufgrund summarischer Beurteilung eine bestimmte Rechtsfrage anders beantwortet, als es der Rechtsauffassung des erkennenden Senats entspricht, ist dieser nicht nach Abs 2 zur Vorlage an den GrS verpflichtet (BFHE 183, 33, 36 = BStBl II 1997, 714; BFHE 92, 144 = BStBl II 1968, 488).

Ist Gegenstand der beabsichtigten Abweichung die Rechtsfrage der Ver- **6** einbarkeit einer bestimmten Norm des einfachen Rechts mit dem **Verfassungsrecht** oder dem Recht der **EG,** kommt eine Vorlage an den GrS nicht in Betracht, denn diese ist nur wegen solcher Rechtsfragen zulässig, über die der GrS abschließend entscheiden kann (vgl unter Rz 8).

b) Nur wenn der erkennende Senat von der **Entscheidung** eines an- **7** deren Senats oder des GrS abweichen will, ist er zur Vorlage verpflichtet. Entscheidungen iS des § 11 II können Urteile, Gerichtsbescheide oder Beschlüsse sein. Die Anrufung ist auch bei der beabsichtigten Abweichung von nicht zur Veröffentlichung bestimmten Entscheidungen erforderlich. Eine Ausnahme gilt nach § 184 II 5 für Entscheidungen des BFH, die vor Inkrafttreten der FGO (31. 12. 1965) ergangen und nicht gemäß § 64 RAO aF veröffentlicht worden sind.

Ein **Vorlagebeschluss** (Anrufung des GrS, des GmS oder des BVerfG) **8** ist ebenso wie der Beschluss über die Anfrage nach § 11 III und die Antwort des angefragten Senats keine „Entscheidung" iSd § 11 II, weil durch ihn nicht abschließend über die Rechtsfrage entschieden wird (hM, vgl BFHE 125, 188 = BStBl II 1978, 446; BFHE 141, 405 = BStBl II 1984, 751; BFHE 144, 432 = BStBl II 1986, 10; BVerwG 1976, 1420; *H/H/Sp/ Sunder-Plassmann* § 11 Rz 29; *Kopp/Schenke* § 11 Rz 4; aA *Schoch ua/ Pietzner* § 11 Rz 21 ff; *Wolf* in *MüKo* § 132 GVG Rz 10).

c) Es muss sich um die Entscheidung eines **anderen Senats** des BFH **9** oder des **GrS** handeln. Von seinen eigenen Entscheidungen kann der Senat ohne Anrufung des GrS abweichen. Ist wegen einer **Änderung des Geschäftsverteilungsplans** die Zuständigkeit für den Fall, der abweichend von der Rechtsauffassung des erkennenden Senats entschieden wurde, auf diesen übergegangen, so ist wegen der beabsichtigten Abweichung von der Entscheidung des früher zuständigen Senats die Anrufung des GrS nicht erforderlich (BFHE 103, 433 = BStBl II 1972, 68; BFHE 143, 457 = BStBl II 1985, 463; BFHE 145, 147 = BStBl II 1986, 207; BFHE 177, 377 = BStBl II 1995, 732; BFHE 201, 241 = BStBl II 2003, 507). Das gilt jedoch nicht, wenn der früher zuständige Senat auch künftig noch mit der konkreten Rechtsfrage befasst werden kann, die der nunmehr zuständige Senat abweichend entscheiden möchte (§ 11 III 2; BFHE 145, 147 = BStBl II 1986, 207; BSGE 58, 183; BGHZ 28, 16). Tritt der Zuständigkeitswechsel nach der Anrufung des GrS ein, bleibt die Anrufung wirksam (BFHE 107, 509 = BStBl II 1973, 213).

Hat ein Senat des BFH sich – unter Verletzung der Vorlagepflicht – **10** über die Rechtsauffassung in der Entscheidung eines anderen Senats hinweggesetzt, so beseitigt dieser Umstand nicht die Sperrwirkung der missachteten Entscheidung. Will sich der erkennende Senat der bereits erfolgten Abweichung eines anderen Senats anschließen, muss er den GrS anrufen (BFHE 121, 9 = BStBl II 1977, 247). Die Anrufung des GrS ist aber auch dann erforderlich, wenn der erkennende Senat zu der Rechtsauffassung in der übergangenen Entscheidung zurückkehren möchte (BSG 38, 248; *H/H/Sp/Sunder-Plassmann* § 11 Rz 41).

11   **d)** Die Rechtsfrage muss für den vorlegenden Senat und den Senat, der früher entschieden hat, **entscheidungserheblich** sein (BFHE 117, 352 = BStBl II 1976, 262; BFHE 145, 147 = BStBl II 1986, 207; BSGE 51, 23; BVerwG NJW 1968, 811). Denn es ist nicht Aufgabe des GrS, Gutachten über abstrakte Rechtsfragen zu erstatten. Eine bestimmte Rechtsauffassung ist entscheidungserheblich, wenn sie für die Entscheidung **tragend** ist. Das ist nicht der Fall, wenn die Rechtsauffassung des erkennenden Senats und die davon abweichende Rechtsauffassung des anderen Senats zum selben Ergebnis führen (BFHE 89, 92, 97 = BStBl III 1967, 533; BFHE 152, 146 = BStBl II 1988, 309). Bei Abweichung von beiläufigen Bemerkungen (sog **obiter dicta**) in einer Entscheidung besteht keine Vorlagepflicht (BFHE 89, 92 = BStBl III 1967, 533; BFHE 162, 1 = BStBl II 1990, 1071; *H/H/Sp/Sunder-Plassmann* § 11 Rz 37 f). Zu den obiter dicta gehören blosse Hinweise (Empfehlungen) des Senats zur weiteren Behandlung der Sache anlässlich der Zurückverweisung (vgl § 126 Rz 24; BFHE 197, 68 = BStBl II 2004, 171) sowie Ausführungen im Leitsatz oder in den Gründen, die verallgemeinernd über den entschiedenen Fall hinausgehen (BFHE 171, 455 = BStBl II 1993, 855; *Kissel* § 121 GVG Rz 22; *H/H/Sp/Sunder-Plassmann* § 11 Rz 37; *Schoch ua/Pietzner* § 11 Rz 31). Eine Rechtsauffassung ist auch dann nicht tragend, wenn ein Senat seine Entscheidung *mehrfach (kumulativ) begründet* hat und wenn der später entscheidende Senat nur von einer dieser Begründungen abweichen will (BFHE 123, 112 = BStBl II 1977, 838; BVerwG NJW 1991, 313; **aA** *T/K* Rz 8; *Soden/Ziekow* § 11 VwGO Rz 32 ff). Bei Abweichung von einer *alternativen Begründung* in einer Entscheidung ist der Vorlage erforderlich, wenn die Entscheidung bei Wegfall einer der Alternativbegründungen nicht bestehen bleiben könnte (*H/H/Sp/Sunder-Plassmann* § 11 Rz 41).

12   Eine Rechtsauffassung kann auch dann entscheidungserheblich (tragend) sein, wenn der Senat sie nicht ausdrücklich in den Entscheidungsgründen behandelt hat; es genügt, wenn er in der Divergenzentscheidung **konkludent** eine andere Rechtsauffassung vertreten hat als der vorlegende Senat und diese Auffassung ein unerlässliches Glied in der Gedankenkette seiner Entscheidung gewesen ist (BFHE 132, 244 = BStBl II 1981, 164; BFHE 144, 124 = BStBl II 1985, 587; BFHE 167, 488 = BStBl II 1992, 671). Für den **anrufenden Senat** ist die in der beabsichtigten Entscheidung vertretene Rechtsauffassung selbst dann entscheidungserheblich, wenn er mit einer *möglichen anderen Begründung,* mit der er nicht von der Entscheidung eines anderen Senats abweichen würde, zum selben Ergebnis kommen könnte. Denn es ist jedem Senat überlassen, die übergeordneten Rechtssätze zu bestimmen, aus denen er seine Entscheidung ableiten will (BFHE 111, 242 = BStBl II 1974, 132; BFHE 132, 244 = BStBl II 1981, 164; BFHE 145, 147 = BStBl II 1986, 207; BFHE 178, 86 = BStBl II 1995, 617; BFHE 184, 1 = BStBl II 1998, 83; *May* DStZ 1983, 305, 309;

Meyer-Ladewig § 41 SGG Rz 10). Ob der GrS weiterhin an der in BFHE 111, 242 = BStBl II 1974, 132 vertretenen Ansicht, es sei an die Beurteilung der Entscheidungserheblichkeit „kein strenger Maßstab" anzulegen, festhält, erscheint zweifelhaft (BFH/NV 2004, 331).

2. Ausnahmen von der Anrufungspflicht

Nach Abs 3 S 1 ist die Vorlage wegen Abweichung nur zulässig, wenn **17** der Senat, von dessen Entscheidung abgewichen werden soll, auf Anfrage des erkennenden Senats erklärt hat, dass er an seiner Rechtsauffassung festhält. Der Gesetzgeber hat damit die schon bisher bestehende Praxis des BFH (vgl § 2 II der Geschäftsordnung des BFH) bestätigt. Erklärt der andere Senat auf Anfrage, er halte an seiner früheren Rechtsauffassung nicht mehr fest, so entfällt die Anrufungspflicht, weil die Gefahr divergierender Entscheidungen innerhalb des BFH nicht mehr besteht (ständige Rspr vgl BFHE 120, 571 = BStBl II 1977, 384; BFHE 145, 147 = BStBl II 1986, 207; BAG BB 1979, 1767; BGH NJW 1974, 702; BVerwG Buchholz 310 § 11 VwGO Nr 4; BSG NJW 1985, 2354). Zur Anfragepflicht bei Wechsel der Senatszuständigkeit vgl § 11 III 2 und Rz 20.

Entfällt nach Anrufung des GrS die **Divergenz,** weil der andere Senat **18** inzwischen seine Ansicht geändert hat, so kann die Anrufung zurückgenommen werden (vgl BFHE 125, 364 = BStBl II 1978, 604 für den gleichgearteten Fall der Anrufung des GmS). Trotz Abweichung besteht keine Pflicht zur Vorlage an den GrS, wenn die **Rechtsfrage zwischenzeitlich** durch den GrS, den GmS, das BVerfG oder den EuGH **entschieden** wurde und der später erkennende Senat sich dieser Rechtsansicht anschließen will (BSGE 34, 269 = NJW 1973, 344; BSG NJW 1974, 1063; BVerwG NJW 1976, 907; BGH MDR 1978, 566). Gleiches gilt, wenn die Entscheidung, von der abgewichen werden soll, durch eine Änderung der Rechtslage überholt ist (BFHE 198, 74 = BStBl II 2003, 569; BFHE 200, 42 = BStBl II 2003, 269; BVerwGE 116, 169; BSG MDR 1986, 789).

Eine Anrufung des GrS kommt auch dann nicht in Betracht, wenn Ge- **19** genstand der divergierenden Rechtsauffassungen eine Frage ist, über die der GrS nicht abschließend entscheiden kann, weil die Entscheidungskompetenz einem anderen Gericht zugewiesen ist. Das gilt insbesondere dann, wenn ein Senat die Frage der **Verfassungsmäßigkeit** eines nachkonstitutionellen Gesetzes abweichend von der Entscheidung eines anderen Senats des BFH entscheiden möchte. Denn für die abschließende Entscheidung über die Verfassungsmäßigkeit eines nachkonstitutionellen Gesetzes ist allein das BVerfG zuständig (Verwerfungsmonopol nach Art 100 I GG). Liegen die Voraussetzungen des Art 100 GG vor, muss der erkennende Senat selbst unmittelbar die Entscheidung des BVerfG einholen (BVerfGE 6, 222, 241; *Schoch ua* § 11 Rz 45). Entsprechendes gilt, wenn ein Senat die Frage der Vereinbarkeit einer Norm des einfachen Rechts mit dem **Recht der EG** abweichend von einem anderen Senat des BFH beantworten möchte. Denn insoweit ist die abschließende Entscheidung nach Art 177 EWGV dem EGH vorbehalten. Der erkennende Senat hat die Rechtsfrage unmittelbar dem EGH zur Vorabentscheidung vorzulegen (BFHE 201, 73 = BStBl II 2003, 795; BSGE 34, 269; BSGE 37, 88). Eine

Ausnahme von der Anrufungspflicht gilt nach § 184 Abs 2 Nr 5 auch bei
Abweichung von Entscheidungen des BFH, die vor Inkrafttreten der FGO
ergangen und nicht gemäß § 64 RAO aF veröffentlicht worden sind
(BFHE 156, 201, 204 = BStBl II 1989, 778; BFHE 205, 451 = BStBl II
2004, 722).

3. Anfrageverfahren (Abs 3)

20   Das Anfrageverfahren war bis zum Inkrafttreten des RpflVereinfG vom
17. 12. 1990 nur in der Geschäftsordnung des BFH geregelt. Nach der
Neuregelung in § 11 III ist die Beachtung des Anfrageverfahrens **Zulässigkeitsvoraussetzung** einer Anrufung des GrS wegen Divergenz. Der
erkennende Senat muss die Abweichungsanfrage an den Senat richten, von
dessen Entscheidung er abweichen will. Soll von Entscheidungen mehrerer
Senate abgewichen werden, ist bei allen anzufragen. Kann der Senat, von
dessen Entscheidung abgewichen werden soll, wegen einer **Änderung des
Geschäftsverteilungsplans** mit der Rechtsfrage nicht mehr befasst werden,
tritt der Senat an seine Stelle, der nach dem Geschäftsverteilungsplan für den
Fall, in dem abweichend entschieden wurde, nunmehr zuständig wäre (Abs 3
S 2). Die Abweichungsanfrage ist deshalb weiterhin an den bisher zuständigen Senat zu richten, wenn dieser trotz Änderung des Geschäftsverteilungsplans aufgrund der ihm verbliebenen Zuständigkeit jederzeit wieder in die
Lage kommen kann, erneut über die streitige Rechtsfrage entscheiden zu
müssen (BFHE 177, 377 = BStBl II 1995, 732; zweifelnd: *H/H/Sp/Sun-
der-Plassmann* § 11 Rz 67; ebenso bereits zur früheren Rechtslage: BFHE
145, 147 = BStBl II 1986, 207; BFHE 151, 523 = BStBl II 1988, 348).
Entsprechendes gilt, wenn der erkennende Senat, der von der Entscheidung
eines anderen Senats abweichen will, aufgrund einer Änderung des Geschäftsverteilungsplans nunmehr für den Fall, der abweichend entschieden
wurde, zuständig wäre; die Anfrage bei dem anderen Senat entfällt in diesem
Fall nur dann, wenn der bisher zuständige Senat künftig nicht mehr in die
Lage kommen kann, über die streitige Rechtsfrage entscheiden zu müssen
(BFHE 154, 556, 561 = BStBl II 1989, 164; BFHE 177, 373, 385).

21   Über die Anfrage und über die Antwort hat der jeweilige Senat durch
Beschluss in der für Urteile geltenden Besetzung (vgl § 10 III) zu entscheiden (§ 11 III 3). Das gilt auch dann, wenn in der Hauptsache durch
Beschluss in der Besetzung mit drei Richtern zu entscheiden ist. Bei Sena-
ten, die mit mehr als fünf Richtern besetzt sind, muss der senatsinterne
Mitwirkungsplan (§ 21 g GVG) regeln, welcher Richter bei der Entschei-
dung über eine Anfrage nach § 11 III ausscheidet. Eine bestimmte **Form**
ist für die Beschlüsse im Anfrageverfahren in Abs 3 nicht vorgeschrieben.
Nach der früheren Praxis des BFH wurde dem angefragten Senat ein
Entwurf der beabsichtigten Entscheidung mit einem Begleitschreiben des
Vorsitzenden des erkennenden Senats übersandt, in dem der angefragte
Senat um Mitteilung gebeten wurde, ob dieser der Abweichung zustimme.
Da das Gesetz nunmehr die Zulässigkeit der Vorlage nach Abs 2 von der
Durchführung des Anfrageverfahrens abhängig macht und der GrS ggf die
Beachtung der Vorschriften des Abs 3 zu prüfen hat, müssen nunmehr die
Beschlüsse über die Anfrage und ihre Beantwortung **schriftlich** gefasst
und den anderen Senat übermittelt werden.

Der Beschluss über die Anfrage ist zu **begründen** (ebenso: *H/H/Sp/* **22** *Sunder-Plassmann* § 11 Rz 72). Zwar brauchen Beschlüsse, die nicht mit Rechtsmitteln angefochten werden können, grundsätzlich nicht begründet zu werden (§ 113 II). Für Anfragebeschlüsse iS des § 11 III ergibt sich die Begründungspflicht jedoch aus der Natur der Sache, weil anderenfalls eine sachgerechte Prüfung der Divergenzanfrage durch den angefragten Senat nicht möglich ist. Für die Begründung reicht es aus, dass dem Anfragebeschluss ein Entwurf der vom anfragenden Senat beabsichtigten Entscheidung beigefügt wird. Der Beschluss, durch den der Abweichungsanfrage zugestimmt wird, bedarf mE keiner Begründung. Versagt der angefragte Senat die Zustimmung, ist es aber zumindest zweckmäßig, dass er dem anfragenden Senat die hierfür maßgeblichen Erwägungen mitteilt, damit dieser abwägen kann, ob aus seiner Sicht gleichwohl überwiegende Gründe für die Aufgabe der bisherigen Rechtsprechung und die Anrufung des GrS sprechen.

Nach hM und inzwischen st Praxis des BFH und des BGH sind der An- **23** fragebeschluss und der Anwortbeschluss des angefragten Senats **den Verfahrensbeteiligten bekanntzugeben** (vgl zB BFHE 206, 76 = BStBl II 2004, 730; BFHE 202, 284 = BStBl II 2004, 400; BFHE 202, 160 = BStBl II 2003, 480; BFH/NV 2004, 918; BFHE 191, 353 = BStBl II 2000, 622; BGH in NJW 2000, 1185; NJW 1999, 2590; BB 1996, 1454; *List* DStR 1992, 382; *Kissel* § 132 GVG Rz 27; *Soden/Ziekow* § 11 VwGO Rz 41; **aA** *H/H/Sp/Sunder-Plassmann* Rz 73). Diese Auffassung kann mE nicht zwingend aus § 329 II ZPO iVm § 155 hergeleitet werden. Die Pflicht zur Mitteilung von Gerichtsbeschlüssen, die außerhalb mündlicher Verhandlungen ergehen, gilt nicht ausnahmslos (vgl zB zur Rechtslage bei Beschlüssen der FG ohne mündliche Verhandlung zur Nichtabhilfe von Beschwerden: § 130 Rz 4). Die Beschlüsse nach § 11 Abs 3 haben lediglich vorbereitenden (gerichtsinternen) Charakter; sie haben keine Entscheidung mit Außenwirkung zum Gegenstand. Der anfragende Senat ist an seine im Anfragebeschluss geäußerte Rechtsansicht nicht gebunden; überzeugt ihn die Antwort des (nicht zustimmenden) angefragten Senat, kann er zu der bisherigen Rspr zurückkehren. Auch der angefragte Senat ist nicht an seinen Beschluss gebunden; er kann nachträglich die zunächst verweigerte Zustimmung erteilen (vgl BFHE 202, 431 = BStBl II 2003, 875 und Rz 29). Die Anfrage hat auch **keine Sperrwirkung** für die anderen Senate; sie können die Rechtsfrage weiterhin iS der bisherigen Rspr entscheiden (BGH NJW 1994, 2299; BVerwG NJW 1976, 1420; *Kiesel* § 132 GVG Rz 27).

Der anfragende Senat ist nicht verpflichtet, den Beteiligten vor der Anfrage **rechtliches Gehör** zu gewähren (**aA** *Schoch ua/Pietzner* § 11 VwGO Rz 36; *Soden/Ziekow* § 11 VwGO Rz 41). Da ihnen der Vorlagebeschluss des anrufenden Senats mitzuteilen ist (vgl Rz 28), haben sie ausreichend Gelegenheit, sich zu der str Rechtsfrage zu äußern (ebenso: *H/H/Sp/Sunder-Plassmann* Rz 73).

Hat der angefragte Senat der beabsichtigten Abweichung zugestimmt und entscheidet der erkennende Senat aufgrund dieser Zustimmung die Rechtsfrage abweichend von der bisherigen Rspr so kann der zustimmende Senat seine Auffassung nicht mehr ändern, ohne seinerseits das Verfahren nach Abs 3 durchzuführen (ebenso *H/H/Sp/Sunder-Plassmann* Rz 75).

III. Anrufung wegen Grundsätzlichkeit (Abs 4)

26   Der **Begriff** der grundsätzlichen Bedeutung in § 11 IV ist im Wesentlichen inhaltsgleich mit dem in § 115 II, allerdings wird man verlangen müssen, dass die Anforderungen an die allgemeine Bedeutung der Rechtssache im Vergleich zu § 115 II strenger sind (*Schoch ua/Pietzner* § 11 VwGO Rz 53; eingehend dazu: *H/H/Sp/Sunder-Plassmann* § 11 Rz 83 ff). Die Anrufung nach § 11 Abs 4 liegt im **Ermessen** des Senats. Die Beteiligten haben kein Recht auf Anrufung des GrS. Darüber, ob es sich um eine grundsätzliche Frage handelt, und ob die Voraussetzungen der Anrufung (Fortbildung des Rechts oder Sicherung einer einheitlichen Rspr) vorliegen, hat nicht der GrS, sondern allein der anrufende Senat zu befinden (BFHE 91, 213 = BStBl II 1968, 285; BFHE 124, 43 = BStBl II 1978, 105; BFHE 183, 187 = BStBl II 1998, 307; BFHE 192, 339 = BStBl II; *Kopp/Schenke* § 11 Rz 8; *T/K* Rz 13; **aA** *Kissel* § 132 GVG Rz 38). Die Anrufung des GrS nach Abs 4 kommt auch wegen einer Rechtsfrage in Betracht, für die ein Fachsenat zuständig ist (ebenso: *Offerhaus* in FS 75 Jahre RFH-BFH, 633; **aA** BFHE 156, 244 = BStBl II 1989, 524; BFH/NV 1994, 373). Hält der erkennende Senat die Anrufung des GrS nach Abs 4 für erforderlich, so ist der GrS an diese Auffassung gebunden. Ebenso wie bei der Vorlage wegen Abweichung ist die Vorlage nach Abs 4 nur zulässig, wenn es für die Entscheidung auf die als rechtsgrundsätzlich erachtete Rechtsfrage ankommt, sie also **entscheidungserheblich** ist (vgl Rz 11; BFHE 124, 43 = BStBl II 1978, 105; BFHE 91, 213 = BStBl II 1968, 285; *H/H/Sp/Sunder-Plassmann* Rz 105; *T/K* Tz 12).

27   Der erkennende Senat kann seine Vorlage **kumulativ** auf beide Anrufungsgründe stützen. Der Zulassungsgrund der Abweichung ist zwar nur ein Unterfall der Zulassung wegen grundsätzlicher Bedeutung, er hat jedoch **Vorrang** vor der Grundsatzvorlage, da anderenfalls die besonderen Zulässigkeitsvoraussetzungen des § 11 III ohne weiteres umgangen werden könnten (BGHZ 128, 85 = NJW 1995, 664; *Schoch ua/Pietzner* § 11 Rz 49; *H/H/Sp/Sunder-Plassmann* Rz 99). Auch wenn die Vorlage in erster Linie auf grundsätzliche Bedeutung und nur hilfsweise auf Divergenz gestützt wird, ist sie nur zulässig, wenn der vorlegende Senat zunächst das Anfrageverfahren nach § 11 III durchgeführt hat (*H/H/Sp/Sunder-Plassmann* Rz 99). Die kumulative Begründung der Vorlage kann gleichwohl sinnvoll sein, weil es möglich ist, dass der GrS die Entscheidungserheblichkeit der Rechtsfrage im Rahmen des § 11 II anders beurteilt als der vorlegende Senat; in diesem Fall bleibt die Vorlage als Grundsatzvorlage zulässig. Die zu § 11 aF ergangene Rspr nach der eine unterlassene Anfrage vom GrS nachgeholt werden konnte (vgl BFHE 144, 124 = BStBl II 1985, 587; BFHE 161, 332, 338 = BStBl II 1990, 837), ist obsolet (*List* DStR 1992, 382, 385).

IV. Vorlagebeschluss

28   Die Anrufung des GrS geschieht durch **Beschluss,** der zu begründen ist (*H/H/Sp/Sunder-Plassmann* § 11 Rz 109). Die Rechtsfrage, über die der GrS entscheiden soll, ist genau zu bezeichnen. Die Zulässigkeit der Vorlage – in den Fällen der Anrufung nach Abs 2 insbesondere die Beachtung des

Abs 3 – sollte sich aus dem Vorlagebeschluss ergeben. Bestimmte Rechtsfragen können auch unter der Bedingung vorgelegt werden, dass eine logisch vorrangige – ebenfalls vorgelegte – Rechtsfrage vom GrS in einem bestimmten Sinn beantwortet wird (BFHE 151, 495 = BStBl II 1988, 180). Die Entscheidungserheblichkeit der Rechtsfrage muss im Vorlagebeschluss nicht dargelegt werden (BFHE 124, 43 = BStBl II 1978, 105), es ist aber zweckmäßig, im Vorlagebeschluss zu begründen, inwieweit die Entscheidung der Sache von der Beantwortung der Vorlagefrage abhängt. Der Beschluss kann ohne mündliche Verhandlung ergehen. Er ist stets in der Besetzung mit fünf Richtern zu fassen (§ 11 III 3 analog; so bereits vor der Neufassung des Gesetzes: BFHE 129, 246 = BStBl II 1980, 156) und zwar auch dann, wenn der erkennende Senat im Ausgangsverfahren in der Besetzung mit drei Richtern zu entscheiden hat (§ 10 Rz 4; *T/K* § 11 Rz 9). Der Vorlagebeschluss ist den Beteiligten bekanntzugeben. Damit ist ihrem Anspruch auf **rechtliches Gehör** genügt; es ist nicht erforderlich, die Verfahrensbeteiligten schon vor Erlass des Anfrage- oder des Vorlagebeschlusses zu hören (aA *Schoch ua* § 11 Rz 57).

Tritt nach der Anrufung des GrS ein **Wechsel der Zuständigkeit** ein, so wird dadurch die Anhängigkeit des Vorlageverfahrens nicht berührt (BFHE 107, 509 = BStBl II 1973, 213). „Erkennender Senat" iS des § 11 ist dann der nunmehr zuständige Senat (BFHE 148, 414 = BStBl II 1987, 264). Die Vorlage ist auch dann zulässig, wenn bereits ein anderer Senat den GrS wegen derselben Rechtsfrage angerufen hat; das gilt auch, wenn in einem Fall wegen Divergenz und im anderen wegen grundsätzlicher Bedeutung angerufen wurde (BFHE 124, 43 = BStBl II 1978, 105; BFHE 141, 405 = BStBl II 1984, 751).

29　Mit der Anhängigkeit einer Rechtssache beim GrS werden regelmäßig bei anderen Senaten anhängige Verfahren, in denen die vorgelegte Rechtsfrage ebenfalls entscheidungserheblich ist, ausdrücklich (§ 74) oder stillschweigend **ausgesetzt** bis die Entscheidung des GrS vorliegt. Eine Sperrwirkung besteht jedoch nicht (*H/H/Sp/Sunder-Plassmann* § 11 Rz 112). Auch die Beteiligten sind durch die Vorlage nicht gehindert, über das Verfahren durch Zurücknahme der Klage (oder der Revision) zu disponieren (*Schoch ua/ Pietzner* § 11 Rz 59).

Soweit die Vorlage im Ermessen des erkennenden Senats lag, kann er sie bis zur Entscheidung des GrS durch **Aufhebung des Vorlagebeschlusses** zurücknehmen (*H/H/Sp/Sunder-Plassmann* § 11 Rz 107; *Kopp/ Schenke* § 11 Rz 7). **Entfällt der Vorlagegrund**, zB weil der Senat, von dessen Entscheidung abgewichen werden soll, der Abweichung nachträglich zugestimmt hat, so ist der Vorlagebeschluss aufzuheben (vgl BFHE 202, 431 = BStBl II 2003, 875). Gleiches gilt, wenn ein Senat nachträglich die Zulässigkeit seiner Vorlage verneint (vgl BFHE 193, 399 = BStBl II 2001, 557; BFHE 193, 398 = BStBl II 2001, 587).

V. Zusammensetzung des GrS

30　Die Besetzung des GrS ist in Abs 5 neu geregelt und im Vergleich zu § 11 II aF vereinfacht worden. Nach Abs 5 besteht der GrS aus dem Präsidenten und je einem Richter der Senate, in denen der Präsident nicht den Vorsitz führt. Bei derzeit 11 Senaten des BFH gehören dem GrS

11 Richter an. Diese Besetzungsregelung gilt sowohl für die Divergenzanrufung als auch für die Anrufung wegen grundsätzlicher Bedeutung. Damit sind die gegen § 11 II aF geäußerten Bedenken im Hinblick auf das Gebot des gesetzlichen Richters (Art 101 I 2 GG) gegenstandslos geworden BT-Drucks 11/3621, 31. Obsolet geworden ist auch die Unterscheidung zwischen der Stammbesetzung und der erweiterten Besetzung des GrS (vgl dazu § 11 Rz 14 f der 2. Auflage).

Die Mitglieder und ihre Vertreter werden – mit Ausnahme des Präsidenten, der geborenes Mitglied des GrS ist – vom Präsidium für ein Geschäftsjahr bestellt (Abs 6 S 1). Zur Kritik an der geltenden Besetzungsregelung vgl *List* DStR 1992, 382, 385; *Offerhaus* in FS 75 Jahre RFH-BFH, 628 ff.

VI. Verfahren und Entscheidung des GrS

1. Verfahren

31   Der GrS entscheidet zunächst über die **Zulässigkeit** der Vorlage und über die weiteren Verfahrensfragen. Er prüft insbesondere, ob die vorgelegte Rechtsfrage für den anfragenden Senat entscheidungserheblich ist; bei dieser Prüfung ist kein strenger Maßstab anzulegen (BFHE 159, 4, 8 = BStBl II 1990, 327 mwN; *H/H/Sp/Sunder-Plassmann* § 11 Rz 114, 105). Der GrS kann die vorgelegte Rechtsfrage auslegen und eine zu weit gefasste Vorlagefrage ggf „präzisieren" (vgl BFHE 176, 267 = BStBl II 1995, 281). Bei der Prüfung der Entscheidungserheblichkeit der Vorlagefrage ist der GrS an die Rechtsauffassung des vorlegenden Senats zu den materiell-rechtlichen Vorfragen gebunden (BFH/NV 2000, 1404). Ist die Vorlage auf Divergenz (Abs 2) gestützt, hat der GrS festzustellen, ob der vorlegende Senat zuvor erfolglos bei dem Senat, von dessen Entscheidung abgewichen werden soll, angefragt hat (vgl oben Rz 20). Fehlt es an dieser Voraussetzung, ist die Vorlage unzulässig. Das gilt nicht, wenn der anfragende Senat von der Rspr mehrerer Senate abweichen will und die Anfrage nur (versehentlich) bei einem dieser Senate unterblieben ist, denn in diesem Fall ist die Vorlage in jedem Fall wegen Divergenz zulässig. Der GrS kann das unterbliebene Anfrageverfahren nicht selbst durchführen; die abweichende Rspr zu § 11 aF (vgl zB BFHE 161, 317, 332 = BStBl II 1990, 847, 837) ist überholt (ebenso: *List* DStR 1992, 382, 385). Wird nach Abs 4 angerufen, hat der GrS nicht zu prüfen, ob die vorgelegte Rechtsfrage auch nach seiner Auffassung grundsätzliche Bedeutung hat (vgl Rz 26).

Der GrS ist bei der Entscheidung über die Vorlage grundsätzlich an den vom erkennenden Senat gewählten **Anrufungsgrund gebunden.** Die Bindung soll ausnahmsweise dann entfallen, wenn die Wahl des Anrufungsgrundes auf sachfremden Erwägungen beruht, nicht mehr verständlich und willkürlich ist (BFHE 126, 535 = BStBl II 1979, 213). Eine weitere Ausnahme von der Bindung an den Anrufungsgrund hat der BFH angenommen, wenn die Anrufung auf Abs 4 gestützt wird, der vorlegende Senat jedoch im Vorlagebeschluss eine Entscheidung eines anderen Senats angibt, von der er mit der beabsichtigten Entscheidung abweichen würde (BFHE 132, 244 = BStBl II 1981, 164; BFHE 134, 525 = BStBl II 1982, 217). Die Vorlage soll in diesem Fall als Divergenzanrufung zu behandeln sein. Diese Rspr ist durch die gesetzliche Neuregelung überholt. Aufgrund der Neufassung des § 11 V hat der Anrufungsgrund keine Bedeutung mehr für die Zusammensetzung der Richterbank (BFHE 172, 66, 69 = BStBl II 1993, 897).

Der GrS kann mehrere bei ihm anhängige Verfahren, die dieselbe Rechts-frage betreffen, zur gemeinsamen Beratung und Entscheidung verbinden (§§ 121 iVm 73 I). Die Pflicht zur Wahrung des Steuergeheimnisses steht einer **Verbindung** nicht entgegen (BFHE 124, 43 = BStBl II 1978, 105; BFHE 161, 290 = BStBl II 1990, 817; BFHE 161, 317 = BStBl II 1990, 847). Das gilt jedenfalls dann, wenn alle Prozessbeteiligten einer Verbin-dung zugestimmt haben. **32**

Den Beteiligten des Verfahrens ist vor der Entscheidung des GrS über die Vorlage **rechtliches Gehör** zu gewähren (*H/H/Sp/Sunder-Plassmann* § 11 Rz 121). Nach § 11 VII 2 kann der GrS nach seinem Ermessen **ohne mündliche Verhandlung** entscheiden. Da die Beteiligten Gelegenheit haben, ihre Rechtsauffassung zu der vorgelegten Rechtsfrage schriftlich darzulegen, entscheidet der GrS des BFH in aller Regel ohne mündliche Verhandlung.

Ist die Anrufung des GrS unzulässig, so lehnt der GrS die Vorlage durch Beschluss ohne mündliche Verhandlung ab oder regt bei dem vorlegenden Senat die Zurücknahme der Vorlage an (BFHE 101, 18 = BStBl II 1971, 244). Ist die Vorlage zulässig, so entscheidet der GrS durch **Beschluss** über die ihm vorgelegte Rechtsfrage. Dabei steht es ihm frei, ob er sich darauf beschränkt, die Vorlagefrage zu bejahen oder zu verneinen oder ob er im Interesse der Fortbildung des Rechts eine differenzierende Antwort gibt (*Kopp/Schenke* § 11 Rz 9; *H/H/Sp/Sunder-Plassmann* § 11 Rz 124). Hat der anrufende Senat mehrere Rechtsfragen vorgelegt, die nur **zum Teil entscheidungserheblich** sind oder ist die Vorlagefrage weiter gefasst als für die Entscheidung des Falles erforderlich, entscheidet der GrS nur über den entscheidungserheblichen Teil der vorgelegten Rechtsfrage(n) (vgl zB BFH/NV 2000, 1404). Erforderlichenfalls „präzisiert" der GrS die Vorla-gefrage oder beschränkt sie auf den entscheidungserheblichen Umfang (vgl BFHE 176, 267 = BStBl II 1995, 281; *Schoch ua/Pietzner* § 11 Rz 72). **33**

Der Beschluss des GrS ist schriftlich zu begründen und den Beteiligten bekanntzugeben.

2. Wirkung der Entscheidung

Der Beschluss des GrS **bindet** den **vorlegenden Senat** hinsichtlich der entschiedenen Rechtsfrage. Ist nach der Entscheidung des GrS ein anderer Senat zuständig geworden, ist dieser an den Beschluss des GrS gebunden (BFHE 107, 509 = BStBl II 1973, 213). Die Bindungswirkung besteht nur in dem Verfahren, in dem der GrS angerufen wurde; eine weitergehende Bindungswirkung kommt der Entscheidung des GrS nicht zu. Es bestehen deshalb Bedenken gegen die Rspr des GrS, dass auch in **anderen Ver-fahren** eine erneute Anrufung des GrS wegen derselben Rechtsfrage grundsätzlich unzulässig sei; eine Ausnahme soll dann gelten, wenn in der Zwischenzeit neue rechtliche Gesichtspunkte aufgetreten sind, die bei der ursprünglichen Entscheidung nicht berücksichtigt werden konnten, und/oder neue Rechtserkenntnisse eine andere Beurteilung der entschiedenen Rechtsfrage rechtfertigen könnten. Die Anrufung soll auch dann zulässig **34** sein, wenn die ursprüngliche Entscheidung schon lange zurückliegt und an ihr gewichtige Kritik geübt worden ist (BFHE 101, 13 = BStBl II 1971, 207). Diese Begrenzung des Anrufungsrechts steht im Widerspruch zum Wortlaut des § 11 Abs 7, der die Bindungswirkung der Entscheidung des GrS ausdrücklich auf die „vorliegende Sache" erstreckt (ebenso: *Wolf* in MüKo, § 132 GVG Rz 11; *Schoch ua/Pietzner* § 11 Rz 78; differenzierend: *H/H/Sp/Sunder-Plassmann* § 11 Rz 45). Sie kann überdies zu einer Rechtserstarrung führen. In einer neueren Entscheidung (BFHE 144, 124 = BStBl II 1985, 587) hat der GrS offen gelassen, ob er an der Entscheidung in BFHE 101, 13 = BStBl II 1971, 207 noch festhalten könnte.

VII. Gemeinsamer Senat der obersten Gerichtshöfe

Literatur: *Kissel,* Der Gemeinsame Senat der obersten Gerichtshöfe des Bundes, FS 75 Jahre RFH-BFH, 1993, 591; *Miebach,* Der Gemeinsame Senat der obersten Gerichtshöfe des Bundes, Berlin 1971; *Schulte,* Rechtsprechungseinheit als Verfassungsauftrag, dargestellt am Beispiel des Gemeinsamen Senats der obersten Gerichtshöfe des Bundes, Berlin 1986.

35   Nach Art 95 III GG ist zur Wahrung der Einheitlichkeit der Rspr der in Abs 1 genannten obersten Gerichtshöfe des Bundes ein Gemeinsamer Senat dieser Gerichte zu bilden. Diesem Verfassungsauftrag ist der Gesetzgeber durch das RsprEinhG vom 19. 6. 1968 (BGBl I 661) nachgekommen. Der GmS hat seinen Sitz in Karlsruhe. Er ist anzurufen, wenn der BFH in einer Rechtsfrage von der Entscheidung eines anderen obersten Gerichtshofes oder des GmS abweichen will. Sind zugleich die Voraussetzungen des § 11 III erfüllt, so kann nur der GrS den GmS anrufen (vgl dazu *Kissel* in FS 75 Jahre RFH-BFH, 599 ff). Ein Entscheidungsersuchen an den GmS kann zurückgenommen werden, wenn die Divergenz, die Anlass für das Ersuchen war, inzwischen entfallen ist (BFHE 125, 364 = BStBl II 1978, 604). Eine Pflicht zur Vorlage besteht nicht, wenn der erkennende Senat von der Entscheidung eines anderen obersten Gerichtshofs abweichen will, die vor Inkrafttreten des RsprEinhG (BFHE 169, 569 = BStBl II 1992, 252; BFHE 199, 493 = BStBl II 2003, 2 aE) – nach **aA:** nach Inkrafttreten des GG (vgl BVerwGE 66, 359; *Schoch ua/Pietzner* § 11 VwGO Rz 10; *T/K* Rz 2) – ergangen ist. Die Zusammensetzung des GmS ist in §§ 3 ff RsprEinhG, das Verfahren vor dem GmS in §§ 10 ff RsprEinhG geregelt; vgl dazu näher *Schoch ua/Pietzner* Anh zu § 11 VwGO.

§ 12 [Geschäftsstelle]

[1] Bei jedem Gericht wird eine Geschäftsstelle eingerichtet. [2] Sie wird mit der erforderlichen Anzahl von Urkundsbeamten besetzt.

Vgl § 13 VwGO; § 4 SGG; § 153 GVG

Literatur: *Friedrichs,* Die Position des Richters und Staatsanwalts in der Serviceeinheit, DRiZ 2003, 376; *Lennartz,* Rechtliche Steuerung informationstechnischer Systeme: Entwicklung von Kriterien am Beispiel der Justizautomation unter besonderer Berücksichtigung der Verwaltungsjustiz, 1993; *Triller,* Die innere Organisation des Bundesfinanzhofs, in: Festschrift für H von Wallis, Bonn 1985 S 107 ff.

Urkundsbeamter ist derjenige, der die nach der FGO dem „Urkunds- 1
beamten" übertragenen Aufgaben wahrzunehmen hat. Er wird
– als **Urkundsperson** beim Protokollieren von Klagen, Rechtsmitteln
   und Anträgen (zB §§ 64 I 2, 129, 133 I 2, 114 iVm §§ 920 III/924 II 3
   ZPO, § 511 iVm § 44 I ZPO, § 155 iVm § 236 ZPO und §§ 485, 486 I
   ZPO), bei der Protokollführung in der mündlichen Verhandlung und
   bei Beweisaufnahmen (§ 94 I 1).
– als **Kostenbeamter** (zB § 149 I; §§ 1, 19 GKG; § 128 I BRAGO bzw
   § 11 RVG), bei der Festsetzung der Entschädigung der Zeugen und ehrenamtlichen Richter nach dem ZSEG/EhrRiEG bzw dem JVEG),
– als **Bürobeamter** (Vornahme von Ladungen und Zustellungen – §§ 53,
   91, 155 iVm §§ 141, 377 ZPO, Erteilung von Ausfertigungen, Auszü-
   gen und Abschriften aus den Akten – §§ 78, 155 iVm § 299 ZPO, Anlage von Akten, Listen- und Registerführung, Erteilung von vollstreckbaren Ausfertigungen – § 151 IV – und Rechtskraftzeugnissen § 151
   iVm § 706 ZPO) sowie
– **uU** als **Dolmetscher** (§ 190 GVG iVm § 52 I) eigenverantwortlich
   tätig. – Richterliche Aufgaben können ihm im finanzgerichtlichen Verfahren nicht übertragen werden (§ 153 GVG ist nicht anwendbar:
   Art 3 II des Gesetzes zur Neuregelung des Rechts des Urkundsbeamten
   der Geschäftsstelle v 19. 12. 1979 – BGBl I S 2306). – Zur **Ablehnung**
   eines Urkundsbeamten **wegen Befangenheit** s § 51 Rz 2.
Zur Tätigkeit des Urkundsbeamten als **Prüfungsbeamter** des Gerichts 2
s *Seeliger* S 116 ff und § 81 Rz 13, 19.

§ 13 [Rechts- und Amtshilfe]

**Alle Gerichte und Verwaltungsbehörden leisten den Gerichten der
Finanzgerichtsbarkeit Rechts- und Amtshilfe.**

Vgl § 14 VwGO; § 51 SGG; § 156 GVG

Literatur: *Gauter,* Der ersuchte Richter in der Verwaltungsgerichtsbarkeit,
NVwZ 1985, 173; *Jellinek,* Die Europäischen Übereinkommen über Amts- und
Rechtshilfe, NVwZ 1982, 535; *Meier,* Europäische Amtshilfe, EuR 1989, 237;
Laubrock, Europarat – OECD-Konvention zur steuerlichen Rechts- und Amts-
hilfe, BB 1987, 1224; *Vogler,* Die Bedeutung der Rechtsweggarantie des GG für
den Rechtsschutz im Rechtshilfeverfahren, NJW 1982, 468.

Die grundsätzliche **Pflicht zur Rechts- und Amtshilfe** ergibt sich 1
schon aus der Rahmenvorschrift des Art 35 I GG, Ausführungsbestim-
mungen enthalten ua §§ 81 II, 86, 150, 151, 158, § 82 iVm § 363 ZPO,
die §§ 4–8 VwVfG und die §§ 111–115 AO. – **Einschränkungen** der
Rechts- und Amtshilfe ergeben sich **aus** dem **Datenschutz** (§§ 10 ff
BDSG; s aber auch § 1 IV 1 BDSG) und dem **Sozialgeheimnis** (§ 35
SGB X).
Rechtshilfe leisten (andere) Gerichte (Amts- oder Finanzgerichte), 2
wenn das Gesuch den Bereich der rechtsprechenden Tätigkeit betrifft (Beispiel: Zeugenvernehmung durch den ersuchten Richter – § 82 iVm § 362
ZPO; s § 82 Rz 8). – Zum **Inhalt des Rechtshilfeersuchens** s BFHE
142, 17 = BStBl II 1984, 836. Für das **Verfahren** gelten die Vorschriften

der §§ 156–166 GVG sinngemäß (§ 155 – BFHE 142, 17 = BStBl II 1984, 836). – **Bei Ablehnung der Rechtshilfe durch das** ersuchte **Amtsgericht** und Streit über die Rechtmäßigkeit der Ablehnung entscheidet das zuständige OLG (§ 159 I 2 GVG). Gegen die Entscheidung des OLG ist Beschwerde an den BGH möglich (§ 159 I 3 GVG). Bei Ablehnung der Rechtshilfe durch das ersuchte FG und Streit über die Rechtmäßigkeit der Ablehnung entscheidet der BFH (§ 159 I 2 GVG) letztinstanzlich ohne Beschwerdemöglichkeit, – Im Übrigen s BAG NJW 1991, 1252.

3   **Amtshilfe** leisten (andere) Gerichte und Verwaltungsbehörden, wenn das Ersuchen auf eine sonstige Unterstützung des Gerichts bei der Vornahme von Amtshandlungen gerichtet ist. Beispiele: Zurverfügungstellen von Räumen und Personal (Protokollführer) bei auswärtigen Terminen, Überlassung von Akten und Urkunden zur Einsichtnahme, Erteilung von Auskünften. – Wird die **Amtshilfe verweigert,** kann nur Dienstaufsichtsbeschwerde erhoben werden (*Kopp/Schenke* § 14 Rz 3). – Ein **Beteiligter** (§ 57) kann die Amtshilfe, falls sich die Verweigerung ihm gegenüber als Verwaltungsakt oder Justizverwaltungsakt darstellt, mit der Verpflichtungsklage bzw einem Antrag nach §§ 23 ff EGGVG erzwingen (vgl BVerwGE 75, 1; *Kopp/Schenke* § 14 Rz 3).

4   Zur **zwischenstaatlichen** Rechts- und Amtshilfe s *Baumbach ua* Anhang nach § 168 GVG und *Kopp/Schenke* § 14 Rz 5 ff. – Zur Rechts- und Amtshilfe des **EGH** und der Organe der **EU** vgl EGH NJW 1991, 2409 = DVBl 1991, 862; *Meier* EuR 1989, 237.

5   Die durch die Rechts- und Amtshilfe entstehenden **Kosten** trägt grundsätzlich die handelnde Behörde. Bei erheblichen Leistungen kann Ersatz für die personellen und sachlichen Aufwendungen in analoger Anwendung des ZSEG bzw des JVEG verlangt werden (vgl OLG Hamburg NStZ 1987, 131).

Abschnitt II. Richter

§ 14 [Richter auf Lebenszeit]

(1) **Die Richter werden auf Lebenszeit ernannt, soweit nicht in § 15 Abweichendes bestimmt ist.**

(2) **Die Richter des Bundesfinanzhofs müssen das 35. Lebensjahr vollendet haben.**

Vgl § 15 VwGO; §§ 11, 32, 38 II 2 SGG; § 28 I DRiG

Literatur: *Schmidt-Jortzig,* „Ordentliche Professoren des Rechts" als Richter an den Verwaltungsgerichten, in: Festschrift für Menger, Köln 1985, S. 359; *Schmidt-Räntsch,* Deutsches Richtergesetz, Kommentar, 5. Aufl, München 1995; *Stelkens,* Die verwaltungsgerichtliche Rechtsprechung wird Richtern auf Probe anvertraut, NWVBl 1994, 258.

1   Nach § 14 müssen die Finanzgerichte grundsätzlich mit auf Lebenszeit angestellten (Berufs-)Richtern besetzt sein (vgl BVerfGE 14, 163; BGH NJW 1985, 2336 mwN). – Zur Verwendung von (Berufs-)Richtern auf Probe und kraft Auftrags s § 15. – Zur Ernennung von (Berufs-)Richtern

s §§ 5, 7, 8, 10, 15, 49 Nr 2, 55–57, 74, 75 DRiG. – Daneben gelten die Vorschriften der Länder. – Der Einsatz **abgeordneter Richter** ist nach Maßgabe des § 37 DRiG möglich. Für **Richter im Nebenamt** gilt § 16 VwGO analog. – Da Art 108 VI GG die ausschließliche Gesetzgebungskompetenz für die Finanzgerichtsbarkeit einschließlich der Gerichtsverfassung und des gerichtlichen Verfahrens dem Bund zuweist, können die Länder in Ausführungsgesetzen zur FGO nur organisatorische Angelegenheiten konkreter Art regeln (Errichtung einzelner FG'e, Bestimmung der Zahl der Senate, Mitwirkung von ehrenamtlichen Richtern an den Entscheidungen des Einzelrichters (§ 5 IV), Sitz des Gerichts, örtliche Zuständigkeit) oder Vereinbarungen über die Errichtung eines gemeinsamen FG (oder eines gemeinsamen Senats – zB für Zollsachen – § 3 Rz 6) treffen.

Für die **Ernennung** der Richter sind die Regelungen im DRiG und **2** den Richtergesetzen der Länder maßgebend. – Die Richter am BFH und die Richter in den Ländern Berlin, Bremen, Hamburg, Hessen, Rheinland-Pfalz und Schleswig-Holstein (dort mit Ausnahme des Präsidenten, der durch den Landtag gewählt wird) werden (im Einvernehmen mit dem Justizminister) durch Richterwahlausschüsse berufen. In Baden-Württemberg wird der Richterwahlausschuss nur tätig, wenn eine Einigung zwischen Präsidialrat und Justizverwaltung scheitert; gegen das Votum des Präsidialrats kann der Richterwahlausschuss dort aber keinen Bewerber berufen. Im Übrigen ist in den alten Bundesländern ausschließlich die Exekutive zuständig. – Zur **Verfassungsmäßigkeit der Wahl** von Richtern **durch den Landtag** s BVerfG Beschluss v 23. 7. 1998 1 BvR 2470/94 nv.

Ein **Verstoß gegen § 14** kann mit der Nichtzulassungsbeschwerde oder der Revision (unvorschriftsmäßige Besetzung) gerügt werden (§§ 115 II Nr 3, 116 III 3, 119 Nr 1). Möglich ist auch eine Wiederaufnahmeklage (§ 134 iVm § 579 I Nr 1 ZPO) und – bei Willkür – eine Verfassungsbeschwerde wegen Verletzung des Art 101 I 2 GG.

§ 15 [Richter auf Probe]

Bei den Finanzgerichten können Richter auf Probe oder Richter kraft Auftrags verwendet werden.

Vgl § 17 VwGO; § 11 III SGG; §§ 22 V, 59 III GVG

Literatur: *Lippold,* Der Richter auf Probe im Lichte der Europäischen Menschenrechtskonvention, NJW 1991, 2383.

Die Regelung gilt **nicht** für den **BFH** (vgl § 28 I DRiG). – Zum **1** „Richter auf Probe" s §§ 12, 13, 19 a III DRiG, §§ 3, 6 RPflAnpG, zum „Richter kraft Auftrags" s §§ 14, 15, 16 I, 19 a II DRiG.

Die Verwendung eines Richters **kraft Auftrags** (für die eines Richters **2** auf Probe muss dasselbe gelten) ist nicht verfassungswidrig (BFHE 93, 506 = BStBl II 1969, 37). Sie steht auch der ordnungsgemäßen Besetzung des Spruchkörpers nicht entgegen (BFH/NV 1989, 517). Nach § 29 S 1 DRiG darf bei einer gerichtlichen Entscheidung nur ein Richter auf Probe oder ein Richter kraft Auftrags oder ein abgeordneter Richter mitwirken. Das bedeutet, dass in einem Kollegialgericht (Senat) **immer zwei Richter**

auf Lebenszeit mitwirken müssen. Richter auf Probe, kraft Auftrags usw können aber als Einzelrichter tätig werden. – Richter kraft Auftrags oder auf Probe müssen als solche im Geschäftsverteilungsplan kenntlich gemacht werden (§ 29 Satz 2 DRiG). – Zur Sonderregelung für die **neuen Bundesländer** s § 5 Rz 5.

3   Wegen der Folgen eines Verstoßes gegen § 15 s § 14 Rz 3.

Abschnitt III. Ehrenamtliche Richter

§ 16 [Stellung]

Der ehrenamtliche Richter wirkt bei der mündlichen Verhandlung und der Urteilsfindung mit gleichen Rechten wie der Richter mit.

Vgl § 19 VwGO; § 19 I SGG; § 30 GVG

Literatur: *App,* Abberufung ehrenamtlicher Finanzrichter wegen Eröffnung eines Konkursverfahrens über ihr Vermögen, DStZ 1987, 464; *Ehlers,* Die ehrenamtlichen Richter beim Finanzgericht – zugleich eine Erwiderung auf *Kapp* (BB 1982, 814), BB 1982, 1608; *Gehrmann,* Der demokratische Auftrag des ehrenamtlichen Richters und sein Informationsbedürfnis, DRiZ 1988, 126; *Kramer,* Soll der Staat sich heute noch ehrenamtliche Richter leisten?, DRiZ 2002, 150; *R. Kühne,* Die Zusammenarbeit zwischen Berufsrichtern und ehrenamtlichen Richtern, DRiZ 1975, 390; *Künzl,* Die Beteiligung ehrenamtlicher Richter am arbeitsgerichtlichen Verfahren, ZZP 1991, 150; *Liekefett,* Die ehrenamtlichen Richter an den deutschen Gerichten, Dissertation Göttingen 1965; *G M Müller,* Stellung, Aufgabe und Bedeutung ehrenamtlicher Richter in der Arbeitsgerichtsbarkeit, in: Festschrift für J Broermann, Berlin 1982, S 569; *Presting,* Laienrichter in der Verwaltungsgerichtsbarkeit?, DÖV 1975, 155; *Reim,* Fachkenntnisse der ehrenamtlichen Richter – Überforderung bei der Entscheidungsfindung, DRiZ 1992, 139; *Rüggeberg,* Zur Funktion der ehrenamtlichen Richter in den öffentlich-rechtlichen Gerichtsbarkeiten, VerwA 1970 (Bd 61), 189; *Stoffregen,* Der Schöffe als „juristischer Halblaie"?, ZRP 1987, 52; *Wassermann,* Der Bürger als Richter, Recht und Politik 1982, 117.

1   Die Vorschrift ergänzt § 5 III, IV. Sie bestimmt, dass die **ehrenamtlichen Richter** an den Entscheidungen der Finanzgerichte (beim BFH gibt es keine ehrenamtlichen Richter – § 10 III) **mit den gleichen Rechten** mitwirken wie die Berufsrichter –. Zum Umfang der Mitwirkung s § 5 Rz 4. – Die Vorschriften über die Ausschließung und Ablehnung von Gerichtspersonen gelten auch für die ehrenamtlichen Richter (§ 51).

2   Der ehrenamtliche Richter (§ 45 a DRiG) ist **unabhängig** und nur dem Gesetz unterworfen (Art 97 GG, § 45 I DRiG iVm § 25 DRiG). Er kann vor Ablauf seiner Amtszeit nur unter bestimmten gesetzlichen Voraussetzungen und gegen seinen Willen nur durch gerichtliche Entscheidung abberufen werden (§ 44 II DRiG; s auch § 21). – Der ehrenamtliche Richter hat ein **Recht auf umfassende Information** über die zu entscheidenden Streitsachen (BFH/NV 2004, 232). Vor Beginn der mündlichen Verhandlung ist die Gewährung von Akteneinsicht, Übersendung von Aktenauszügen oder Aushändigung von Beweismitteln in Betracht zu

ziehen (vgl BGH NJW 1997, 1792). Bei komplizierten Sachverhalten sollte den ehrenamtlichen Richtern zur Vorbereitung auf den Termin eine Zusammenstellung des wesentlichen Inhalts der Akten, ggf auch ein Votum übersandt werden. Der BFH (BFH/NV 2004, 232) hält im Regelfall den Sachvortrag in der mündlichen Verhandlung, verbunden mit Ergänzungen in einem Gespräch vor der Sitzung oder während der Beratung für ausreichend. – Zum **Fragerecht** in der mündlichen Verhandlung s § 93 Rz 5, zur **Beratung und Abstimmung** s § 52 Rz 40 ff. – An der Abfassung (schriftlichen Formulierung) der Entscheidungen ist der ehrenamtliche Richter nicht beteiligt. Er braucht sie auch nicht zu unterschreiben (§ 105 I 3).

Der ehrenamtliche Richter muss das Amt übernehmen und den vorge- **3** schriebenen Eid (das Gelöbnis) leisten (§ 45 VI, VII DRiG). Er ist zur **Unparteilichkeit** verpflichtet (§ 45 III, IV DRiG) und hat das **Steuergeheimnis** (§ 30 AO) und das **Beratungsgeheimnis** (§ 45 I 2 DRiG) zu wahren.

§ 17 [Voraussetzungen für die Berufung]

[1]**Der ehrenamtliche Richter muss Deutscher sein.** [2]**Er soll das 25. Lebensjahr vollendet und seinen Wohnsitz oder seine gewerbliche oder berufliche Niederlassung innerhalb des Gerichtsbezirks haben.**

Vgl § 20 VwGO; § 16 I SGG; §§ 31, 33 GVG

Literatur: Vgl § 16.

§ 17 ist durch das Gesetz zur Vereinfachung und Vereinheitlichung der **1** Verfahrensvorschriften zur Wahl und Berufung ehrenamtlicher Richter v 21. 12. 2004 (BGBl I S 3599, 3601) **mit Wirkung vom 1. 1. 2005** geändert worden. Einerseits ist das Mindestalter der ehrenamtlichen Richter von 30 auf 25 Jahre herabgesetzt und damit an das der Schöffen angeglichen worden. Andererseits sind die bisher in § 17 Satz 2 enthaltenen Wörter „während des letzten Jahres vor seiner Wahl" und „gehabt" mit Rücksicht auf die gestiegene Mobilität der Bevölkerung gestrichen worden.

Ein Verstoß gegen die zwingende Vorschrift des § 17 Satz 1 (zum Be- **2** griff des „Deutschen" s Art 116 I GG) führt zu einem Verfahrensmangel iS der §§ 115 II Nr. 3, 116 III 3, 119 Nr 1 (Nichtzulassungsbeschwerde/Revision) bzw § 134 iVm § 579 I Nr 1 ZPO (Nichtigkeitsklage). Der ehrenamtliche Richter muss allerdings zuvor gem § 21 I Nr 1 von seinem Amt entbunden worden sein (BSG NJW 1993, 2070 = DVBl 1993, 271; *Kopp/ Schenke* § 20 Rz 2; *T/K* § 17 Rz 5). Dies gilt auch in den Fällen, in denen dem ehrenamtlichen Richter nach Maßgabe des „Gesetzes zur Prüfung von Rechtsanwaltszulassungen, Notarbestellungen und Berufungen ehrenamtlicher Richter" v 24. 7. 1992 (BGBl I S 1386) wegen Verstoßes gegen die Menschlichkeit in der ehemaligen DDR bzw „Stasi-Mitarbeit" die Eignung fehlt (§ 19 Rz 8; *T/K* § 17 Rz 4). – Bei willkürlicher Mitwirkung ist die Erhebung einer Verfassungsbeschwerde (Art 101 I 2 GG) möglich.

Auf einen Verstoß gegen die Sollvorschrift des § 17 S 2 kann die Nicht- **3** zulassungsbeschwerde bzw die Revision gem §§ 115 II Nr 3, 116 III 3,

119 Nr 1, die Nichtigkeitsklage gem § 134 iVm § 579 I Nr 1 ZPO oder eine Verfassungsbeschwerde nur dann gestützt werden, wenn der ehrenamtliche Richter vor der Mitwirkung bereits auf Antrag des Präsidenten (§ 21 I Nr 1) bzw auf eigenen Antrag (§ 21 Nr 5) von seinem Amt entbunden war (vgl FG Hamburg EFG 1967, 412; *Redeker/v Oertzen* § 20 Rz 2; **aA** *Kopp/Schenke* § 20 Rz 3: Verstoß hat keine prozessualen Folgen).

4   Für ehrenamtliche Richter existiert anders als für Berufsrichter (§§ 48, 76 I DRiG) **keine Altersgrenze** (BVerwG Buchholz 310 § 20 VwGO Nr 1). – Personen, die das 65. Lebensjahr vollendet haben, dürfen die Berufung zum Amt des ehrenamtlichen Richters ablehnen (§ 20 I Nr 6).

§ 18 [Ausschlussgründe]

(1) Vom Amt des ehrenamtlichen Richters sind ausgeschlossen

1. **Personen, die infolge Richterspruchs die Fähigkeit zur Bekleidung öffentlicher Ämter nicht besitzen oder wegen einer vorsätzlichen Tat zu einer Freiheitsstrafe von mehr als sechs Monaten oder innerhalb der letzten zehn Jahre wegen einer Steuer- oder Monopolstraftat verurteilt worden sind, soweit es sich nicht um eine Tat handelt, für die das nach der Verurteilung geltende Gesetz nur noch Geldbuße androht,**

2. **Personen, gegen die Anklage wegen einer Tat erhoben ist, die den Verlust der Fähigkeit zur Bekleidung öffentlicher Ämter zur Folge haben kann,**

3. **Personen, die nicht das Wahlrecht zu den gesetzgebenden Körperschaften des Landes besitzen.**

(2) Personen, die in Vermögensverfall geraten sind, sollen nicht zu ehrenamtlichen Richtern berufen werden.

Vgl § 21 VwGO; § 17 I SGG; § 32 GVG

Literatur: Vgl § 16.

1   **§ 18 ist** durch das Einführungsgesetz zur Insolvenzordnung v 5. 10. 1994 (BGBl I S 2911 – EGInsO) **mit Wirkung vom 1. 1. 1999 geändert worden.** Die Vorschrift soll verhindern, dass ungeeignete Personen das Amt eines ehrenamtlichen Richters ausüben.

2   **Zu § 18 Nr 1 und 2:** Wegen des Verlustes der Fähigkeit, öffentliche Ämter zu bekleiden, s §§ 45–45 b StGB.

3   **Zu § 18 Nr 3:** Abzustellen ist auf das Wahlrecht zu den Körperschaften des Landes, in dem der ehrenamtliche Richter seinen Hauptwohnsitz hat (FG Hbg EFG 1972, 29). – Das Wahlrecht besitzen nur solche Personen nicht, die nach dem jeweiligen Landesrecht vom aktiven Wahlrecht ausgeschlossen sind oder denen dieses Recht aberkannt worden ist (vgl OVG Hamburg DÖV 1986, 248).

4   Wer entgegen § 18 als ehrenamtlicher Richter tätig ist, muss von seinem Amt entbunden werden (§ 21 I Nr 1, III); § 21 V ist zu beachten. – Urteile, an denen der nach § 18 ausgeschlossene Richter mitgewirkt hat, sind nach Amtsentbindung (§ 17 Rz 2) gem §§ 115 II Nr 3, 116 III 3, 119 Nr 1 anfechtbar. – Ist die Entscheidung rechtskräftig geworden, kommt auch Nichtigkeitsklage (§ 134 iVm § 579 I Nr 1 ZPO) in Betracht.

Zu § 18 II: In **Vermögensverfall** geraten ist derjenige, in dessen Person 5
ein Insolvenzgrund iS der §§ 16–19 InsO (Zahlungsunfähigkeit, drohende
Zahlungsunfähigkeit, Überschuldung) eingetreten ist (BFH/NV 2004, 91
und 232). Er ist dann im Regelfall („sollen nicht ... berufen werden") ungeeignet, das Amt eines ehrenamtlichen Richters auszuüben. Andererseits lässt
es die Sollvorschrift des § 18 II nF zu, ausnahmsweise die besonderen Umstände des Einzelfalls zu berücksichtigen. So kann zB jemand, der unverschuldet – etwa durch betrügerische Aktivitäten eines Geschäftspartners – in
Vermögensverfall geraten ist, durchaus geeignet sein, das Amt eines ehrenamtlichen Richters wahrzunehmen (vgl *Kopp/Schenke* § 21 Rz 3).

§ 19 [Unvereinbarkeit]

Zum ehrenamtlichen Richter können nicht berufen werden

1. **Mitglieder des Bundestages, des Europäischen Parlaments, der
   gesetzgebenden Körperschaften eines Landes, der Bundesregierung
   oder einer Landesregierung,**
2. **Richter,**
3. **Beamte und Angestellte der Steuerverwaltungen des Bundes und
   der Länder,**
4. **Berufssoldaten und Soldaten auf Zeit,**
5. **Rechtsanwälte, Notare, Patentanwälte, Steuerberater, Vorstandsmitglieder von Steuerberatungsgesellschaften, die nicht Steuerberater sind, ferner Steuerbevollmächtigte, Wirtschaftsprüfer, vereidigte
   Buchprüfer und Personen, die fremde Rechtsangelegenheiten geschäftsmäßig besorgen.**

Vgl § 22 VwGO; § 17 II–IV SGG; § 33 f GVG

Literatur: Vgl § 16.

§ 19 dient vor allem der **Verhinderung von Interessen- und Pflich-** 1
tenkonflikten, aber in Übereinstimmung mit dem Grundsatz der Gewaltenteilung auch der Sicherung der **Unabhängigkeit der Gerichte.** Die
Aufzählung der Hinderungsgründe ist **abschließend.** Das Hindernis der
Unvereinbarkeit der Ämter besteht, wenn die zum ehrenamtlichen Richter
gewählte Person im Zeitpunkt ihrer Berufung in das Amt einer der in
§ 19 I Nr 1–5 aufgezählten Gruppen angehört (OVG Münster DÖV 1993,
831; *Kopp/Schenke* § 22 Rz 1). Die Gegenmeinung (zB *Albers* MDR 1984,
888), die auf den Zeitpunkt der Wahl zum ehrenamtlichen Richter abstellt, übersieht, dass die vom Gesetz unterstellte Konfliktlage nicht mehr
besteht, wenn die in § 19 Nr 1–5 beschriebenen Tätigkeiten vor der
Berufung beendet werden. – Zu den **Hinderungsgründen nach dem
Gesetz zur Prüfung von** Rechtsanwaltszulassungen, Notarbestellungen
und **Berufungen ehrenamtlicher Richter** vom 24. Juli 1992 (BGBl I
S 1386) s Rz 8.

Zu § 19 Nr 1: Erfasst werden aktive Mitglieder **gesetzgebender Kör-** 2
perschaften (des Bundes und der Länder) und des Europäischen Parlaments.
Mitglieder von Gemeinde-, Stadt- oder Kreisvertretungen, Gemeinde-,
Stadt-, Kreis- oder Bezirksräte gehören nicht zu den ausgeschlossenen Personen (*Kopp/Schenke* § 22 Rz 2). – S auch §§ 4 I, 36 II DRiG.

3   **Zu § 19 Nr 2:** Gemeint sind **aktive Berufsrichter** ohne Rücksicht auf ihren Status, dh unabhängig davon, ob sie haupt- oder nebenberuflich, auf Probe oder kraft Auftrags tätig sind. – **Nicht erfasst** werden ehrenamtliche Richter (vgl § 20 I Nr 2) und Richter im Ruhestand (Rz 1). – Zur Verfassungsmäßigkeit s BVerwG s BVerwG DÖV 1957, 214.

4   **Zu § 19 Nr 3:** Ausgeschlossen sind alle aktiven (Rz 1, 3) Beamten und Angestellten der **Steuer- und Zollverwaltung des Bundes und der Länder, nicht** Beamte und Angestellte der Vermögensverwaltung.

5   **Zu § 19 Nr. 4:** Ein Interessen- und Pflichtenkonflikt ist bei dieser Personengruppe nur schwer vorstellbar. Die Regelung widerspricht auch dem Gedanken des „Bürgers in Uniform".

6   **Zu § 19 Nr 5:** Bei den im einzelnen aufgeführten Berufsgruppen kommt es darauf an, ob die aktive Tätigkeit als solche den jeweiligen berufsrechtlichen Vorschriften entspricht, nicht jedoch, ob sie selbstständig oder unselbstständig ausgeübt wird. – Personen, die fremde Rechtsangelegenheiten **geschäftsmäßig** besorgen, müssen grundsätzlich selbstständig sein (vgl FG RhPf EFG 1966, 414). Gewerkschaftssekretäre und andere Verbandsvertreter sind deshalb vom Amt des ehrenamtlichen Richters nicht ausgeschlossen (BVerwG DVBl 1970, 287; **aA** *Kopp/Schenke* § 22 Rz 2), wohl aber Beratungsstellenleiter eines Lohnsteuer-Hilfevereins, wenn sie die Beratungsstelle selbstständig führen (vgl FG Mchn EFG 1998, 891).

7   **Folgen der Nichtbeachtung des § 19:** Ein ehrenamtlicher Richter, der entgegen § 19 berufen worden ist, muss von seinem Amt entbunden werden; entsprechendes gilt, wenn die Voraussetzungen des § 19 nachträglich eintreten (§ 21 I Nr 1, III). – Bei Nichtbeachtung bzw nachträglicher Verletzung des § 19 ist das Gericht nicht (mehr) ordnungsgemäß besetzt (zu den Folgen s § 17 Rz 2).

8   § 19 wird ergänzt durch § 9 des Gesetzes zur **Prüfung von** Rechtsanwaltszulassungen, Notarbestellungen und **Berufungen ehrenamtlicher Richter** vom 24. 7. 1992 (BGBl I S 1386). Die Vorschrift lautet:

Ehrenamtlicher Richter

§ 9 (1) Zu dem Amt eines ehrenamtlichen Richters soll nicht berufen werden, wer

1. gegen die Grundsätze der Menschlichkeit oder der Rechtsstaatlichkeit verstoßen hat oder

2. wegen einer Tätigkeit als hauptamtlicher oder inoffizieller Mitarbeiter des Staatssicherheitsdienstes der ehemaligen Deutschen Demokratischen Republik im Sinne des § 6 Abs. 4 des Stasi-Unterlagen-Gesetzes vom 20. Dezember 1991 (BGBl. I S. 2272) oder als diesen Mitarbeitern nach § 6 Abs. 5 des Stasi-Unterlagen-Gesetzes gleichgestellte Person für das Amt eines ehrenamtlichen Richters nicht geeignet ist.

(2) Die für die Berufung zuständige Stelle kann zu diesem Zweck von dem Vorgeschlagenen eine schriftliche Erklärung verlangen, daß bei ihm die Voraussetzungen des Absatzes 1 nicht vorliegen.

§ 20 [Recht zur Ablehnung der Berufung]

(1) Die Berufung zum Amt des ehrenamtlichen Richters dürfen ablehnen

1. **Geistliche und Religionsdiener,**
2. **Schöffen und andere ehrenamtliche Richter,**
3. **Personen, die zwei Amtsperioden lang als ehrenamtliche Richter beim Finanzgericht tätig gewesen sind,**
4. **Ärzte, Krankenpfleger, Hebammen,**
5. **Apothekenleiter, die kein pharmazeutisches Personal beschäftigen,**
6. **Personen, die das 65. Lebensjahr vollendet haben.**

(2) In besonderen Härtefällen kann außerdem auf Antrag von der Übernahme des Amtes befreit werden.

Vgl § 23 VwGO; § 18 I SGG; § 35 GVG

Literatur: Vgl § 16.

§ 20 I Nr 3 ist durch das Gesetz zur Vereinfachung und Vereinheitlichung der Verfahrensvorschriften zur Wahl und Berufung ehrenamtlicher Richter v 21. 12. 2004 (BGBl I S 3599, 3601) mit Wirkung vom 1. 1. 2005 geändert worden. Nunmehr sind Personen, die bereits zwei volle Amtsperioden (bisher 8 Jahre) als ehrenamtliche Richter tätig gewesen sind, berechtigt, die Berufung abzulehnen. Die Änderung trägt dem Umstand Rechnung, dass in der Übergangszeit unterschiedlich lange Amtsperioden absolviert sein können. – **§ 20 dient** der Berücksichtigung der persönlichen Belange der zu ehrenamtlichen Richtern gewählten Personen. Die **Aufzählung** der Ablehnungsgründe (§ 20 I Nrn 1–6) **ist abschließend.** Nach § 20 I besteht ein Rechtsanspruch auf Freistellung (Rz 2), wobei es im Belieben des gewählten ehrenamtlichen Richters steht, den ihn betreffenden Ablehnungsgrund geltend zu machen. Die Befreiung von der Übernahme des Amtes nach § 20 II steht **im Ermessen** des Gerichts (Rz 3). **1**

Zu § 20 I: Geistliche und Religionsdiener iS der **Nr 1** sind nicht nur die Amtsträger der großen christlichen Kirchen; auch Amtsträger anderer Religionsgemeinschaften können sich uU auf diese Vorschrift berufen (vgl BVerfGE 34, 297; VGH Kassel NVwZ 1988, 161). Eine zwei Amtsperioden überschreitende Tätigkeit als ehrenamtlicher Richter beim Finanzgericht iS der **Nr 3** berechtigt auch dann zur Ablehnung des Amtes, wenn sie mit Unterbrechungen ausgeübt worden ist (*T/K* § 20 Rz 2). Tätigkeiten als ehrenamtlicher Richter in anderen Gerichtsbarkeiten sind in die Berechnung des Zeitraums wegen des Analogieverbots (Rz 1) jedoch nicht einzubeziehen (*Kopp/Schenke* § 23 Rz 1). **2**

Zu § 20 II: Zur Frage der Ausübung des **Ermessens** s OVG Münster DÖV 1993, 831; VGH München NVwZ 1994, 594. – Zur Frage, in welchen Fällen ein **Härtefall** vorliegen kann, s BFH/NV 1989, 529 und § 21 Rz 5. **3**

Verfahren. Sowohl in den Fällen der Ablehnung der Berufung zum Amt des ehrenamtlichen Richters (§ 20 I Nr 1–6) als auch in den Fällen, in denen aus Härtegründen ein Antrag auf Befreiung von der Übernahme gestellt wird (§ 20 II), bedarf es zur Freistellung des zum ehrenamtlichen **4**

Richter Gewählten eines **Gerichtsbeschlusses** (§ 21 I Nr 2, III, IV). Der Beschluss hat **keine Rückwirkung.** Bis zum Ergehen des Beschlusses übt der Ablehnende bzw der seine Freistellung Beantragende das Amt des ehrenamtlichen Richters mit allen Rechten und Pflichten aus (BVerwG NJW 1963, 1219; *Kopp/Schenke* § 23 Rz 4; **aA** *Redeker/v Oertzen* § 23 Rz 2; Rückwirkung der Freistellung.

5 Wird ein gewählter ehrenamtlicher Richter, der von seinem Ablehnungsrecht (§ 20 I) Gebrauch gemacht oder einen Antrag nach § 20 II gestellt hat, entgegen der vom Präsidium beschlossenen Reihenfolge (§ 27) nicht zur Sitzung herangezogen, obwohl er noch nicht von seinem Amt freigestellt worden ist, so ist das Gericht nicht ordnungsgemäß besetzt. Ebenso ist es, wenn der ehrenamtliche Richter nach seiner Freistellung durch Gerichtsbeschluss noch zu Sitzungen herangezogen wird. – In beiden Fällen liegt ein Verfahrensmangel iS der §§ 115 II Nr 3, 116 III 3, 119 Nr 1 bzw § 134 iVm § 579 I Nr 1 ZPO vor. Bei Willkür oder Rechtsmissbrauch ist auch die Erhebung einer Verfassungsbeschwerde (Art 101 I 2 GG) möglich.

§ 21 [Gründe für Amtsentbindung]

(1) Ein ehrenamtlicher Richter ist von seinem Amt zu entbinden, wenn er

1. nach den §§ 17 bis 19 nicht berufen werden konnte oder nicht mehr berufen werden kann oder

2. einen Ablehnungsgrund nach § 20 Abs. 1 geltend macht oder

3. seine Amtspflichten gröblich verletzt hat oder

4. die zur Ausübung seines Amtes erforderlichen geistigen oder körperlichen Fähigkeiten nicht mehr besitzt oder

5. seinen Wohnsitz oder seine gewerbliche oder berufliche Niederlassung im Gerichtsbezirk aufgibt.

(2) In besonderen Härtefällen kann außerdem auf Antrag von der weiteren Ausübung des Amtes entbunden werden.

(3) [1]**Die Entscheidung trifft der vom Präsidium für jedes Geschäftsjahr im Voraus bestimmte Senat in den Fällen des Absatzes 1 Nr. 1, 3 und 4 auf Antrag des Präsidenten des Finanzgerichts, in den Fällen des Absatzes 1 Nr. 2 und 5 und des Absatzes 2 auf Antrag des ehrenamtlichen Richters.** [2]**Die Entscheidung ergeht durch Beschluss nach Anhörung des ehrenamtlichen Richters.**

(4) Absatz 3 gilt sinngemäß in den Fällen des § 20 Abs. 2.

(5) Auf Antrag des ehrenamtlichen Richters ist die Entscheidung nach Absatz 3 aufzuheben, wenn Anklage nach § 18 Nr. 2 erhoben war und der Angeschuldigte rechtskräftig außer Verfolgung gesetzt oder freigesprochen worden ist.

Vgl § 24 VwGO; § 22 SGG; § 52 f GVG

Literatur: *Frehse,* Die Mitgliedschaft eines ehrenamtlichen Richters in einer verfassungsfeindlichen Partei, NZA 1993, 915; *Heil,* Die Beurlaubung oder zeitweise Amtsentbindung ehrenamtlicher Richterinnen und Richter der Arbeitsgerichtsbarkeit, NZA 1993, 913.

§ 21 ergänzt die in den §§ 17–20 enthaltenen Regelungen. Die Vor- **1** schrift legt fest, dass ein gewählter ehrenamtlicher Richter, der sein Amt übernommen hat, im Interesse der Rechtssicherheit nur durch Beschluss des zuständigen Senats (§ 21 II) von seinem Amt entbunden werden kann. Damit dient § 21 der Wahrung der richterlichen Unabhängigkeit und der Wahrung des Rechts der Beteiligten auf den gesetzlichen Richter (Art 101 I 2 GG). – Zum **Verfahren** s Rz 6 ff.

Die Gründe, aus denen ein ehrenamtlicher Richter von seinem Amt **2** entbunden werden muss bzw aus denen er die Abberufung beanspruchen kann, sind in § 21 I Nr 1–5 geregelt. Durch § 10 des **Gesetzes zur Prüfung von** Rechtsanwaltszulassungen, Notarbestellungen und **Berufungen ehrenamtlicher Richter** vom 24. 7. 1992 (BGBl I S 1386) ist die abschließende Aufzählung der Entbindungsgründe um die in § 9 dieses Gesetzes genannten Fälle (§ 19 Rz 8) erweitert worden. **§ 10 hat folgenden Wortlaut:**

§ 10 (1) Ein ehrenamtlicher Richter ist von seinem Amt abzuberufen, wenn nachträglich in § 9 Abs. 1 bezeichnete Umstände bekannt werden.

(2) Das Verfahren richtet sich nach den Vorschriften, die im übrigen für die Abberufung eines ehrenamtlichen Richters der jeweiligen Art gelten, soweit in den Absätzen 3 und 4 nichts anderes bestimmt ist.

(3) [1] Wenn ein Antrag auf Abberufung gestellt oder ein Abberufungsverfahren vom Amts wegen eingeleitet worden ist und der dringende Verdacht besteht, daß die Voraussetzungen des § 9 Abs. 1 vorliegen, kann das für die Abberufung zuständige Gericht anordnen, daß der ehrenamtliche Richter bis zur Entscheidung über die Abberufung das Amt nicht ausüben darf. [2] Die Anordnung ist unanfechtbar.

(4) [1] Die Entscheidung über die Abberufung ist unanfechtbar. [2] Der abberufene ehrenamtliche Richter kann binnen eines Jahres nach Wirksamwerden der Entscheidung die Feststellung beantragen, daß die Voraussetzungen des § 9 Abs. 1 nicht vorgelegen haben. [3] Über den Antrag entscheidet das nächsthöhere Gericht durch unanfechtbaren Beschluß. [4] Ist das nächsthöhere Gericht ein oberstes Bundesgericht oder ist die Entscheidung von einem obersten Bundesgericht getroffen worden, entscheidet ein anderer Spruchkörper des Gerichts, das die Entscheidung getroffen hat. [5] Ergibt sich nach den Sätzen 3 und 4 kein zuständiges Gericht, so entscheidet das Oberlandesgericht, in dessen Bezirk die Entscheidung getroffen worden ist; in den Ländern Brandenburg, Mecklenburg-Vorpommern, Sachsen, Sachsen-Anhalt und Thüringen tritt an die Stelle des Oberlandesgerichts der besondere Senat des Bezirksgerichts, soweit noch kein Oberlandesgericht besteht.

Zur Entbindung eines ehrenamtlichen Richters wegen früherer Tätigkeit als inoffizieller Mitarbeiter des Staatssicherheitsdienstes der ehemaligen DDR s FG MeVo EFG 1995, 282.

Bei gröblicher Verletzung der Amtspflichten (§ 16 Rz 3) iS des **§ 21 I 3 Nr 3** kommt eine Entbindung vom Amt nur dann in Betracht, wenn andere Maßnahmen keinen Erfolg hatten (OVG Münster NVwZ 1987, 233). – Eine grobe Verletzung der Amtspflicht liegt zB vor, wenn sich der Gewählte beharrlich weigert, das Amt anzutreten (OVG Berlin DRiZ 1978, 371; 1979, 190).

4   In **Härtefällen** kann der ehrenamtliche Richter – nach dem Ermessen des Gerichts – auf Antrag von der weiteren Ausübung seines Amtes entbunden werden (§ 21 II).

5   Ein Härtefall kann bei äußeren Umständen vorliegen, die die (weitere) Ausübung des Amtes als unzumutbar erscheinen lassen. – Eine **besondere Härte** kann sich zB aus körperlicher Gebrechlichkeit, besonderen familiären Verhältnissen (BFH/NV 1989, 529, 530/531) oder einer außerordentlichen beruflichen Beanspruchung (VGH München NVwZ 1984, 593) ergeben, **nicht** jedoch aus einer starken beruflichen Belastung (FG Bremen EFG 1988, 643), aus vorübergehenden Problemen bei der Betreuung von Kindern (VGH München NVwZ 1984, 593) oder weil der gewählte ehrenamtliche Richter den Richtereid mit der Begründung nicht leisten will, er stehe nicht auf dem Boden des GG und habe auch von den übrigen Gesetzen keine „gute Meinung" (OVG Hamburg NJW 1998, 773).

6   **Verfahren.** Ein ehrenamtlicher Richter kann nach § 44 II DRiG vor Ablauf seiner Amtszeit nur unter den gesetzlich bestimmten Voraussetzungen und gegen seinen Willen nur durch Entscheidung eines Gerichts abberufen werden. Die Abberufung kann nur durch die Entscheidung des geschäftsplanmäßig zuständigen Senats des Gerichts erfolgen und zwar in den Fällen des § 21 I Nr 1, 3 und 4 auf Antrag des Präsidenten des Finanzgerichts, in den Fällen des § 21 I Nr 2 und 5 sowie des § 21 II auf Antrag des ehrenamtlichen Richters. Die Entscheidung ergeht durch **Beschluss** ohne mündliche Verhandlung (Besetzung: § 5 III 2). Eine vorherige **Anhörung** des ehrenamtlichen Richters ist nur erforderlich, wenn er den Antrag auf Entbindung vom Amt nicht selbst gestellt hatte (BFH/NV 1989, 529, 530/531).

7   Dem **Beschluss** kommt **keine Rückwirkung** zu. Es ist vielmehr **konstitutiv**, dh der ehrenamtliche Richter ist bis zu seiner Entbindung vom Amt ehrenamtlicher Richter mit allen Rechten und Pflichten und zwar auch dann, wenn die Gründe für die Amtsentbindung von Anfang an vorgelegen haben (zB BVerwG NJW 1963, 1219; Buchholz 310 § 28 VwGO Nr 2; BSG DVBl 1993, 270 = DÖV 1993, 537; *Kopp/Schenke* § 24 Rz 3; str). – Wirkt ein ehrenamtlicher Richter an den Entscheidungen des Gerichts mit, obwohl er von seinem Amt entbunden worden ist, so ist das Gericht nicht ordnungsgemäß besetzt (BFH/NV 1995, 397). Nichtzulassungsbeschwerde, Revision (§§ 115 II Nr 3, 116 III 3, 119 Nr 1) und Nichtigkeitsklage (§ 134 iVm § 579 I Nr 1 ZPO) sind möglich, ggf kann auch Verfassungsbeschwerde erhoben werden (vgl § 17 Rz 2, 3).

8   **Rechtsmittel.** Gegen die Entscheidung ist die **Beschwerde** (§ 128 I) an den BFH gegeben. Beschwerdebefugt ist der ehrenamtliche Richter, der von seinem Amt entbunden worden ist. Beschwerdebefugt ist auch der Präsident des Finanzgerichts, wenn und soweit er die Amtsentbindung beantragt hatte (BFH/NV 1989, 529). – Die **Abberufung** eines ehrenamtlichen Richters **nach § 10** des Gesetzes zur Prüfung von Rechtsanwaltszulassungen, Notarbestellungen und Berufungen ehrenamtlicher Richter (Rz 2) ist jedoch **unanfechtbar** (§ 10 IV 1).

9   **Aufhebung des Beschlusses (§ 21 V).** Die Aufhebung wirkt nur für die Zukunft (vgl BGH NJW 1988, 82). – Wegen der Konsequenzen für die Zeit bis zum Ergehen des Beschlusses s § 17 Rz 2. – Gegen die Aufhebung des Beschlusses ist die Beschwerde (§ 128 I) gegeben.

Eine **vorläufige Entbindung vom Amt** (mit den Folgen des § 17 **10**
Rz 2) ist im Gesetz nicht vorgesehen, aber in entsprechender Anwendung
des § 35 DRiG möglich (*Kopp/Schenke* § 24 Rz 5; *Redeker/v Oertzen* § 24
Rz 4). – Die Entscheidung ist mit der Beschwerde (§ 128 I) anfechtbar. –
In den Fällen des § 10 des Gesetzes zur Prüfung von Rechtsanwaltszulas-
sungen, Notarbestellungen und Berufungen ehrenamtlicher Richter (Rz 2)
ist eine **vorläufige Entscheidung** ausdrücklich vorgesehen (§ 10 III 1).
Die Entscheidung ist unanfechtbar (§ 10 III 2).

§ 22 [Wahl]

**Die ehrenamtlichen Richter werden für jedes Finanzgericht auf fünf
Jahre durch einen Wahlausschuss nach Vorschlagslisten (§ 25) gewählt.**

Vgl § 25 VwGO; § 13 I SGG; § 47 GVG

Die **Amtsperiode** für ehrenamtliche Richter ist durch das Gesetz zur
Vereinfachung und Vereinheitlichung der Verfahrensvorschriften zur Wahl
und Berufung ehrenamtlicher Richter v 21. 12. 2004 (BGBl I S 3599,
3601) **mit Wirkung vom 1. 1. 2005** auf fünf Jahre verlängert worden.
Die Amtszeit beginnt mit der Wahl (§ 26) und endet mit der Neuwahl und
zwar auch dann, wenn die Neuwahl erst nach Ablauf der vierjährigen
Amtszeit stattfindet (§ 26 II).

§ 23 [Wahlausschuss]

**(1) Bei jedem Finanzgericht wird ein Ausschuss zur Wahl der eh-
renamtlichen Richter bestellt.**

**(2) [1]Der Ausschuss besteht aus dem Präsidenten des Finanzgerichts
als Vorsitzendem, einem durch die Oberfinanzdirektion zu bestimmenden Beamten der Landesfinanzverwaltung und sieben Vertrauens-
leuten, die die Voraussetzungen zur Berufung als ehrenamtlicher Richter erfüllen. [2]Die Vertrauensleute, ferner sieben Vertreter werden auf
fünf Jahre vom Landtag oder von einem durch ihn bestimmten Land-
tagsausschuss oder nach Maßgabe der Landesgesetze gewählt. [3]In den
Fällen des § 3 Abs. 2 und bei Bestehen eines Finanzgerichts für die
Bezirke mehrerer Oberfinanzdirektionen innerhalb eines Landes richtet
sich die Zuständigkeit der Oberfinanzdirektion für die Bestellung des
Beamten der Landesfinanzverwaltung sowie des Landes für die Wahl
der Vertrauensleute nach dem Sitz des Finanzgerichts. [4]Die Landesgesetzgebung kann in diesen Fällen vorsehen, dass jede beteiligte Oberfinanzdirektion einen Beamten der Finanzverwaltung in den Ausschuss
entsendet und dass jedes beteiligte Land mindestens zwei Vertrauensleute bestellt. [5]In Fällen, in denen ein Land nach § 2 a Abs. 1 des Finanzverwaltungsgesetzes auf Mittelbehörden verzichtet hat, ist für die Bestellung des Beamten der Landesfinanzverwaltung die oberste Landesbehörde im Sinne des § 2 Abs. 1 Nr. 1 des Finanzverwaltungsgesetzes
zuständig.**

**(3) Der Ausschuss ist beschlussfähig, wenn wenigstens der Vorsit-
zende, ein Vertreter der Finanzverwaltung und drei Vertrauensleute
anwesend sind.**

Vgl § 26 VwGO; § 40 GVG

Die **Amtsperiode** für die Vertrauensleute und deren Vertreter (§ 23 II 2) ist durch das Gesetz zur Vereinfachung und Vereinheitlichung der Verfahrensvorschriften zur Wahl und Berufung ehrenamtlicher Richter v 21. 12. 2004 (BGBl I S 3599, 3601) mit Wirkung v 1. 1. 2005 in Übereinstimmung mit der Verlängerung der Amtsperiode für ehrenamtliche Richter (§ 22) **auf fünf Jahre verlängert** worden.

1   § 23 enthält Regelungen über die Bildung und Tätigkeit des **Ausschusses** zur Wahl (ggf auch der Nachwahl) der ehrenamtlichen Richter. Einzige Aufgaben des Wahlausschusses ist es, die erforderliche Zahl (§ 24) der ehrenamtlichen Richter aus der von dem Präsidenten des FG aufgestellten Vorschlagsliste (§ 25) auszuwählen. Dabei hat der Wahlausschuss die Voraussetzungen, unter denen ein ehrenamtlicher Richter berufen werden kann (§§ 17–19), zu beachten.

2   **Zusammensetzung des Wahlausschusses. Ausschussvorsitzender** (§ 23 II 1) **ist** kraft Amtes **der Präsident** des FG, im Verhinderungsfall sein ständiger Vertreter. Die Wahrnehmung dieser Aufgabe ist der **richterlichen Tätigkeit** zuzuordnen (BGH NJW 1980, 2364; s auch BVerwG DVBl 1987, 1112). – Dem Wahlausschuss gehört außerdem ein durch die Oberfinanzdirektion bzw das Landesfinanzministerium (§ 23 II 5) zu bestimmender **Beamter der Landesfinanzverwaltung** an (§ 23 II 1). Das kann ein Beamter sein, der ständig als Vertreter der Finanzbehörden vor dem FG auftritt (BFHE 149, 23 = BStBl II 1987, 438, 439) oder ad hoc kurzfristig bestellt wird (BFH/NV 1990, 511). – Zur Sonderregelung für die Fälle des § 3 II und die Fälle, in denen ein FG für mehrere OFD-Bezirke zuständig ist, s § 23 II 3, 4. – Die **sieben Vertrauensleute** und deren Vertreter, die die Voraussetzung zur Berufung als ehrenamtlicher Richter erfüllen müssen, werden (vorbehaltlich einer anderweitigen gesetzlichen Regelung) durch den Landtag, in den Stadtstaaten durch die Bürgerschaft oder das Abgeordnetenhaus bzw durch einen Ausschuss dieser Gremien gewählt (§ 23 II 2). – Zur **Beschlussfähigkeit** s § 23 III.

3   **Zu den** Auswirkungen einer fehlerhaften Besetzung **bzw Zusammensetzung des Wahlausschusses auf die Ordnungsmäßigkeit der Besetzung des Gerichts** s § 26 Rz 4.

§ 24 [Bestimmung der Anzahl]

Die für jedes Finanzgericht erforderliche Anzahl von ehrenamtlichen Richtern wird durch den Präsidenten so bestimmt, dass voraussichtlich jeder zu höchstens zwölf ordentlichen Sitzungstagen im Jahre herangezogen wird.

Vgl § 27 VwGO; § 13 III–V SGG; § 43 GVG

Der Präsident hat die erforderliche Anzahl von ehrenamtlichen Richtern unter Beachtung des § 27 I 2 aufgrund der im Gericht gewonnenen Erfahrungen so zu bestimmen, dass die ehrenamtlichen Richter voraussichtlich an mehreren Sitzungen im Jahr teilnehmen. – § 24 lässt die Heranziehung der ehrenamtlichen Richter zu mehr als zwölf Sitzungstagen im Jahr zu.

§ 25 [Vorschlagsliste]

[1]Die Vorschlagsliste der ehrenamtlichen Richter wird in jedem fünften Jahr durch den Präsidenten des Finanzgerichts aufgestellt. [2]Er soll zuvor die Berufsvertretungen hören. [3]In die Vorschlagsliste soll die doppelte Anzahl der nach § 24 zu wählenden ehrenamtlichen Richter aufgenommen werden.

Vgl § 28 VwGO; § 14 SGG; §§ 36–39 GVG

Durch das Gesetz zur Vereinfachung und Vereinheitlichung der Verfahrensvorschriften zur Wahl und Berufung ehrenamtlicher Richter v 21. 12. 2004 (BGBl I S 3599, 3601) ist der Zeitpunkt für die Aufstellung der Vorschlagsliste entsprechend der Verlängerung der Amtsperiode der ehrenamtlichen Richter (§ 22) neu geregelt und gleichzeitig die Anzahl der in die Vorschlagsliste aufzunehmenden wählbaren Kandidaten in Anlehnung an die in anderen Gerichtsbarkeiten geltenden Regeln auf die doppelte Anzahl der nach § 24 zu wählenden Richter begrenzt worden. – Die ehrenamtlichen Richter sollen grundsätzlich **aus der Bevölkerung des** gesamten **Gerichtsbezirks** ausgewählt werden (zur Ausnahme im Zusammenhang mit der Wiedervereinigung s BFH/NV 1994, 27, 29). Aus diesem Grunde soll der Präsident des FG die Vorschlagslisten erst **nach Anhörung der** im FG-Bezirk aktiven **Berufsvertretungen** (Gewerkschaften, Kammern, Verbände usw) aufstellen. Die gleichmäßige Berücksichtigung aller Bevölkerungsgruppen ist in § 25 anders als in § 36 II GVG (für die Wahl der Schöffen) nicht vorgesehen. Eine analoge Anwendung des § 36 II GVG kommt wegen der unterschiedlichen Aufgaben der Laienrichter in den verschiedenen Gerichtszweigen nicht in Betracht (offen BFH/NV 1995, 403; 406). – In die Vorschlagslisten soll die doppelte Anzahl der nach § 24 zu wählenden ehrenamtlichen Richter aufgenommen werden (mindestens 24 Kandidaten je Senat). In der Liste dürfen nur solche Personen erfasst werden, die die Voraussetzungen der §§ 17–19 erfüllen. Kandidaten, die bereits als ehrenamtliche Richter tätig sind, dürfen bei der Wahl bevorzugt werden (BFH/NV 1990, 511). – Da § 25 Sätze 2 und 3 als Sollvorschriften ausgestaltet sind, können Verletzungen dieser Vorschriften eine **Besetzungsrüge** (§§ 115 II Nr 3, 116 III 3, 119 bzw § 134 iVm § 579 I Nr 1 ZPO) nicht rechtfertigen. Eine Besetzungsrüge **kann** auch **nicht** mit der Begründung **erhoben werden,** bestimmte Berufsvertretungen seien in einem zu geringen Umfang berücksichtigt worden (BFHE 149, 23 = BStBl II 1987, 438, 439; BFH/NV 1990, 511, 512; 1995; 403; 406).

§ 26 [Wahlverfahren]

(1) Der Ausschuss wählt aus den Vorschlagslisten mit einer Mehrheit von mindestens zwei Dritteln der Stimmen die erforderliche Anzahl von ehrenamtlichen Richtern.

(2) Bis zur Neuwahl bleiben die bisherigen ehrenamtlichen Richter im Amt.

Vgl § 29 VwGO; § 13 II SGG; § 42 GVG

Literatur: *Vogt/Kurth,* Der Streit um die Frankfurter Schöffenwahl, NJW 1985, 103.

1   Die Wahl der ehrenamtlichen Richter kann nur mit einer **Mehrheit** von mindestens **zwei Dritteln der Stimmen** erfolgen. – Zur **Beschlussfähigkeit** des Wahlausschusses s § 23 III. – Zum **Wahlverfahren** s BFHE 149, 23 = BStBl II 1987, 438, 439; BFH NV 1989, 532, 533; 1990, 299, 300; 511, 512; 1992, 761; BVerwG NJW 1988, 219; Buchholz 310 § 133 VwGO Nr 75. – Eine **Auslosung** ist keine Wahl (BGH NJW 1984, 2839). Ein summarisches Abstimmungsverfahren aufgrund der von Ausschlussmitgliedern vorliegenden Vorschlagslisten bleibt eine Wahl als bewusste individuelle und konkrete – personenbezogene – Entscheidung (BVerfG HFR 1989, 443).

2   Der Wahlausschuss entscheidet nach pflichtgemäßem **Ermessen** (OVG Hamburg NJW 1985, 2355). Differenzierungen zwischen Kandidaten, die für die Hauptliste und für die Hilfsliste (§ 27 Rz 2, 6 ff) vorgesehen sind, dürfen dabei nicht vorgenommen werden; die Aufstellung der Hilfsliste ist Sache des Präsidiums (§ 27 II). Sachfremd sind auch Erwägungen politischer und wirtschaftlicher Art. Es entspricht jedoch sachgerechter Ermessensausübung, Kandidaten, die nach §§ 17–19 von der Wahl ausgeschlossen sind, oder die erklärt haben, von ihrem Ablehnungsrecht (§ 20) Gebrauch machen zu wollen, nicht zu berücksichtigen.

3   Die **Wahl** jedes einzelnen ehrenamtlichen Richters **ist Verwaltungsakt.** Anfechtungsberechtigt sind die in die Vorschlagliste aufgenommenen Kandidaten, wobei gleichgültig ist, ob sie gewählt werden, und die Aufsichtsbehörde. § 21 ist jedoch vorrangig. – **Fehler im Wahlverfahren** führen nur dann zur **Nichtigkeit** der Wahl, wenn zugleich eine Verletzung des Art 101 I 2 GG vorliegt (BVerwG NVwZ 1988, 724 = BayVBl 1989, 59; s auch BVerfG NJW 1982, 2368). Im Übrigen ist die Entscheidung des Wahlausschusses nur anfechtbar (BVerwG NJW 1988, 219 = DVBl 1987, 1112; BGH NJW 1986, 1356). Rechtlich unerheblich sind Fehler iS des § 46 VwVfG (vgl BVerwG DVBl 1987, 1112; NVwZ 1988, 724; BGH NJW 1988, 3164 – zweifelhaft; **aA** BGH JZ 1985, 154).

4   **Fehler bei der Wahl** der ehrenamtlichen Richter führen vor der Aufhebung der Wahl nur dann zur nicht ordnungsgemäßen Besetzung des Gerichts (§§ 115 II Nr 3, 116 III Nr 3, 119 Nr 1; § 134 iVm § 579 I Nr 1 ZPO; Art 101 I 2 GG), wenn keine echte Wahl stattgefunden hat (Rz 1 aE) oder wenn die Wahl nichtig ist (Rz 3). Die vom Gericht getroffenen Entscheidungen sind aber auch in diesem Fall weder nichtig noch als „Nicht-Urteile" zu qualifizieren (vgl BVerfGE 31, 184; NJW 1985, 125; BVerwG Buchholz 310 § 26 VwGO Nr 2; str). – **Nach Aufhebung der Wahl** unter Mitwirkung des fehlerhaft gewählten Richters ergangene Urteile sind in jedem Fall mit der Nichtzulassungsbeschwerde bzw der Revision (§§ 115 II Nr 3, 116, 119 Nr 1) anfechtbar. Auch eine Nichtigkeitsklage (§ 134 iVm § 579 I Nr 1 ZPO) ist möglich. Ggf kann auch Verfassungsbeschwerde (Art 101 I 2 GG) erhoben werden. – Zum **Anspruch** der Beteiligten (§ 57) **auf Einsicht in die Unterlagen der Wahl** und der Heranziehung der ehrenamtlichen Richter s BFH/NV 2001, 1189.

§ 27 [Liste und Hilfsliste]

(1) ¹Das Präsidium des Finanzgerichts bestimmt vor Beginn des Geschäftsjahrs durch Aufstellung einer Liste die Reihenfolge, in der die ehrenamtlichen Richter heranzuziehen sind. ²Für jeden Senat ist eine Liste aufzustellen, die mindestens zwölf Namen enthalten muss.

(2) Für die Heranziehung von Vertretern bei unvorhergesehener Verhinderung kann eine Hilfsliste ehrenamtlicher Richter aufgestellt werden, die am Gerichtssitz oder in seiner Nähe wohnen.

Vgl § 30 VwGO; § 26 SGG; § 49 GVG

Literatur: Vgl § 16.

Zu § 27 I: Die Vorschrift dient ebenso wie die Regelung über die Ge- **1** schäftsverteilung (§ 4 Rz 26 ff) der Bestimmung des **gesetzlichen Richters** iS des Art 101 I 2 GG.

Das Präsidium verteilt vor Beginn des Geschäftsjahres die ehrenamtli- **2** chen Richter **auf die einzelnen Senate;** es legt die Reihenfolge ihrer Heranziehung durch Aufstellung der Hauptlisten (je Senat eine Liste mit mindestens 12 Namen – § 27 I 2) fest, regelt die **Vertretung** (BVerwGE 13, 147; NVwZ 1987, 47) und stellt die **Hilfslisten** auf (§ 27 II – Rz 6 ff). Dabei entscheidet das Präsidium nach pflichtgemäßem Ermessen. – Bei der Verteilung auf die einzelnen Senate dürfen besondere Fachkenntnisse der ehrenamtlichen Richter berücksichtigt werden, notwendig ist dies aber nicht (BFH/NV 2001, 1189 und 1575). – Die Listen dürfen im laufenden Geschäftsjahr nicht geändert werden (s Rz 3).

Die Frage, in welcher Weise die **Zuteilung** der ehrenamtlichen Richter **3** **zu den einzelnen Sitzungen** des Senats vorzunehmen ist, wird durch § 27 I nicht beantwortet. Geregelt werden muss im Geschäftsverteilungsplan, ob die ehrenamtlichen Richter über die fünfjährige Dauer ihrer Bestellung fortlaufend durchzuzählen sind, oder ob nach jedem Jahreswechsel wieder mit dem ersten ehrenamtlichen Richter in der Liste zu beginnen ist. Die Zuteilung kann im Geschäftsverteilungsplan nach der zeitlichen Abfolge der Sitzungstage oder nach der zeitlichen Folge der Ladungen vorgesehen werden (BFH/NV 1995, 626; 1997,31; BVerwG BayVBl 1999, 601). Fehlt für eine bestimmte Frage eine ausdrückliche Regelung, kommt es auf die bei der Anwendung des Geschäftsverteilungsplans im Gericht **„gewachsene Übung"** an (zB BFHE 132, 377 = BStBl II 1981, 400; BFH/NV 1986, 548, 549; 1989, 532, 533; 1999, 1243). In jedem Fall muss die Reihenfolge aber **nach generell abstrakten** (Manipulationen nach Möglichkeit ausschließenden) **Merkmalen** festgelegt werden (vgl BFH/NV 1994, 879; vgl auch § 4 Rz 49 ff).

Sind nach dem Beschluss des Präsidiums die ehrenamtlichen Richter **4** nach den laufenden Nummern der Liste zu den Sitzungen heranzuziehen, richtet sich die Reihenfolge der Heranziehung nach den auf Grund von Terminbestimmungen notwendigen Ladungen. Die Terminierung hat dabei in Übereinstimmung mit der allgemeinen Gerichtspraxis zu erfolgen, sobald eine Sache entscheidungsreif ist. Unzulässig ist es, entscheidungsreife Sachen solange nicht zu terminieren, bis „genehme" ehrenamtliche Richter an der Reihe sind (vgl BFH/NV 1995, 626). Bestehen ausreichende

Anhaltspunkte für eine derartige Manipulation, kann eine **Besetzungsrüge** Erfolg haben (BFH/NV 1995, 626; s auch Rz 10). – Zur Frage, wie zu verfahren ist, wenn nachträglich eine Sitzung „eingeschoben" wird s BVerwG HFR 1975, 582 = DÖV 1975, 641; NJW 1992, 254, 256; BFHE 132, 377 = BStBl II 1981, 400: Bei entsprechender Regelung im Geschäftsverteilungsplan bedarf es keiner „Umladung" der bereits geladenen ehrenamtlichen Richter; vielmehr sind die nächsten nach der Hauptliste heranzuziehenden ehrenamtlichen Richter zu laden.

5   Von der Reihenfolge kann abgewichen werden, wenn eine **Verhandlung unterbrochen** wurde; sie kann dann mit denselben ehrenamtlichen Richtern fortgeführt werden (BFH/NV 1994, 880; 1999, 933, 934). Nach der Rspr des BFH ist die Liste über die Heranziehung der ehrenamtlichen Richter aber im Falle der **Vertagung** (Anberaumung eines neuen Termins) zu beachten, so dass idR an mehreren in derselben Streitsache durchgeführten mündlichen Verhandlungen unterschiedliche Richter mitwirken (BFH/NV 1999, 933, 934; 2004, 350; 2005, 509, 511). Entsprechend nimmt der BFH eine Vertagung und nicht nur eine bloße Unterbrechung der mündlichen Verhandlung an, wenn die zweite Verhandlung mehr als 7 Wochen nach der ersten stattfindet (BFH/NV 1997, 31; BFHE 95, 24 = BStBl II 1969, 297: 9 Wochen). Die Ansicht des BFH überzeugt nicht (§ 81 Rz 9). Sie entspricht nicht dem Sinn des § 27 und behindert die zügige Verfahrenserledigung. Die ehrenamtlichen Richter sind deshalb auch im Falle einer Vertagung nicht „auszutauschen". Demgemäß ist das Gericht nicht ordnungsgemäß besetzt, wenn nach einer Vertagung beschlossen wird, mit denselben ehrenamtlichen Richtern zu verhandeln, gleichwohl aber einer der zunächst herangezogenen ehrenamtlichen Richter nicht mitwirkt, obwohl ein Hinderungsgrund nicht vorliegt, oder wenn – bei Vorliegen eines Hinderungsgrundes – nicht nach der Reihenfolge verfahren wird (BAG BlStSozArbR 1975, 212).

6   **Zu § 27 II:** Ist der nach der Hauptliste für den Sitzungstag einzuteilende oder eingeteilte **ehrenamtliche Richter verhindert,** ist der geschäftsplanmäßig bestimmte **Vertreter** heranzuziehen. Dies kann der nächste **nach der Hauptliste** noch nicht zu einer Sitzung geladene ehrenamtliche Richter sein, wenn dies den (ggf durch Auslegung zu ermittelnden – vgl BVerwG BayVBl 1976, 569; BFH/NV 1986, 548, 549) Regelungen des Geschäftsverteilungsplans (s § 4 Rz 26) oder der im Gericht gewachsenen Übung (Rz 3) entspricht. Der nächste ehrenamtliche Richter **nach der Hilfsliste** kann als Vertreter herangezogen werden, wenn die einwöchige Ladungsfrist nicht mehr gewahrt werden kann (BVerwGE 88, 164 = DÖV 1991, 893). – Da bei kurzfristigen Absagen infolge unvorhergesehener Verhinderung die Heranziehung des nächsten Ehrenamtlichen zu Schwierigkeiten führen kann, lässt § 27 II (insbes für Gerichte mit großen Bezirken) die Aufstellung einer **Hilfsliste** ehrenamtlicher Richter zu, die am Gerichtssitz oder in seiner Nähe wohnen. Es ist zulässig, ehrenamtliche Richter sowohl in die Haupt- als auch in die Hilfsliste aufzunehmen (BFH/NV 1990, 299, 300). Die in der Hilfsliste aufgeführten ehrenamtlichen Richter sind auch dann die gesetzlichen Richter iS des Art 101 I 2 GG, wenn sie **noch nicht vereidigt** sind (§ 28 Rz 3) und vor der mündlichen Verhandlung keine Gelegenheit hatten, sich in die Akten einzuarbeiten (BFH/NV 1996, 623, 625; vgl § 17 Rz 3). – Die ehrenamtlichen

Richter der Hilfsliste dürfen nur bei „**unvorhergesehener Verhinderung**" des nach der Hauptliste eingeteilten ehrenamtlichen Richter nach näherer Maßgabe des Geschäftsverteilungsplans als dessen Vertreter herangezogen werden (vgl BFH/NV 1986, 548, 549; 2001,1594).

Unvorhergesehen ist eine Verhinderung nur, wenn sie erst nach Absendung der Ladung bekannt wird (BVerwGE 44, 215, 218; BVerwG NJW 1992, 254, 256; BFH/NV 1995, 481, 482; 1996, 840). **7**

Eine **Verhinderung** liegt immer dann vor, wenn der ehrenamtliche Richter erfolgreich abgelehnt worden ist (BFH/NV 1995, 481, 482) oder wenn er seine Verhinderung nach eigener pflichtgemäßer Abwägung unter Angabe des Grundes mitteilt (BFH/NV 1996, 840 mwN; 2001, 1575; BVerwG NJW 1992, 254, 256 mwN). Es kann sogar genügen, dass er lediglich nicht erscheint (BVerwG HFR 1976, 128; 539; BFH/NV 2000, 321; 2005, 705). Eine **förmliche Feststellung** der Verhinderung (zB in einem Aktenvermerk) ist gesetzlich **nicht vorgeschrieben** (BFH/NV 1999, 643; BVerwG DVBl 1981, 494). – Eine **Überprüfung** der Verhinderung durch den Vorsitzenden ist im Allgemeinen nicht erforderlich, es sei denn, dass Anhaltspunkte für eine pflichtwidrige Entscheidung des ehrenamtlichen Richters vorliegen (BFH/NV 1996, 840; 2001, 1189; BVerwG Buchholz 310 § 30 VwGO Nr 17). **8**

Die **Übergehung** eines ehrenamtlichen Richters ist **unzulässig,** wenn er nur allgemein den Wunsch geäußert hat, nicht kurzfristig geladen zu werden (BVerwG HFR 1974, 500). Eine Vorschrift im Geschäftsverteilungsplan, dass ein verhinderter ehrenamtlicher Richter zu nächsten Sitzung heranzuziehen ist, ist zulässig (BVerwG Buchholz 310 § 30 VwGO Nr 8). **9**

Die **Entscheidung** über die Ladung des geschäftsplanmäßig bestimmten Vertreters bzw eines ehrenamtlichen Richters der Hilfsliste **obliegt** grundsätzlich dem **Vorsitzenden,** sie kann aufgrund einer generellen Ermächtigung aber auch der Geschäftsstelle überlassen werden. **9 a**

Bei Verletzung der Regeln über die Aufstellung der Haupt- und Hilfsliste sowie Nichtbeachtung der für die Heranziehung der ehrenamtlichen Richter maßgebenden Reihenfolge ist das Gericht nicht vorschriftsmäßig besetzt. Revision und Nichtzulassungsbeschwerde sind also möglich (§ 115 II Nr 3, 116 III 3, 119 Nr 1 – zum Inhalt der Rüge s BFHE 132, 377 = BStBl II 1981, 400; einschränkend BFH/NV 2000, 321). Auch Nichtigkeitsklage kommt in Betracht (§ 134 iVm § 579 I Nr 1 ZPO); bei willkürlichem Abweichen kann Verfassungsbeschwerde wegen Verletzung des Art 101 I 2 GG erhoben werden. – Vgl auch § 119 Rz 5 a und § 120 Rz 66 ff. **10**

§ 28 (weggefallen)

Aufgehoben durch Art 9 des Gesetzes v 20. 12. 1974 (BGBl I S 3686). Die **Vereidigung der ehrenamtlichen Richter** erfolgt seither nach § 45 II–VIII DRiG.

§ 45 II–VIII DRiG hat folgenden Wortlaut: 1

(2) [1]Der ehrenamtliche Richter ist vor seiner ersten Dienstleistung in öffentlicher Sitzung des Gerichts durch den Vorsitzenden zu vereidigen. [2]Die

Vereidigung gilt für die Dauer des Amtes, bei erneuter Bestellung auch für die sich unmittelbar anschließende Amtszeit. [3] Der Schwörende soll bei der Eidesleistung die rechte Hand erheben.

(3) [1] Der ehrenamtliche Richter leistet den Eid, indem er die Worte spricht:
„Ich schwöre, die Pflichten eines ehrenamtlichen Richters getreu dem Grundgesetz für die Bundesrepublik Deutschland und getreu dem Gesetz zu erfüllen, nach bestem Wissen und Gewissen ohne Ansehen der Person zu urteilen und nur der Wahrheit und Gerechtigkeit zu dienen, so wahr mir Gott helfe."
[2] Der Eid kann ohne die Worte „so wahr mir Gott helfe" geleistet werden. [3] Hierüber ist der Schwörende vor der Eidesleistung durch den Vorsitzenden zu belehren.

(4) [1] Gibt ein ehrenamtlicher Richter an, daß er aus Glaubens- oder Gewissensgründen keinen Eid leisten wolle, so spricht er die Worte:
„Ich gelobe, die Pflichten eines ehrenamtlichen Richters getreu dem Grundgesetz für die Bundesrepublik Deutschland und getreu dem Gesetz zu erfüllen, nach bestem Wissen und Gewissen ohne Ansehen der Person zu urteilen und nur der Wahrheit und Gerechtigkeit zu dienen."
[2] Das Gelöbnis steht dem Eid gleich.

(5) Gibt ein ehrenamtlicher Richter an, daß er als Mitglied einer Religions- oder Bekenntnisgemeinschaft eine Beteuerungsformel dieser Gemeinschaft verwenden wolle, so kann er diese dem Eid oder dem Gelöbnis anfügen.

(6) [1] Die ehrenamtlichen Richter in der Finanzgerichtsbarkeit leisten den Eid dahin, die Pflichten eines ehrenamtlichen Richters getreu dem Grundgesetz für die Bundesrepublik Deutschland und getreu dem Gesetz zu erfüllen, das Steuergeheimnis zu wahren, nach bestem Wissen und Gewissen ohne Ansehen der Person zu urteilen und nur der Wahrheit und Gerechtigkeit zu dienen.
[2] Dies gilt für das Gelöbnis entsprechend.

(7) Für ehrenamtliche Richter bei den Gerichten der Länder können der Eid und das Gelöbnis eine zusätzliche Verpflichtung auf die Landesverfassung enthalten.

(8) Über die Verpflichtung des ehrenamtlichen Richters auf sein Amt wird ein Protokoll aufgenommen.

2   Der **ehrenamtliche Richter** wird zwar durch die Wahl in sein Amt berufen, er darf aber erst dann als Richter (§ 16) tätig werden, wenn er den vorgeschriebenen **Eid** (§ 45 VI, 1, VII DRiG) **oder** das an seiner Stelle zugelassene **Gelöbnis** (§ 45 VI 2, IV, VII DRiG) abgelegt hat (§ 45 II DRiG). Vereidigung bzw Gelöbnis sind **wesentliche Merkmale** der Bestellung zum ehrenamtlichen Richter (vgl BVerwGE 15, 96; BVerwG NJW 1981, 1110).

3   Eid bzw Gelöbnis sind vor der ersten Dienstleistung **in öffentlicher Sitzung** des Gerichts durch den Vorsitzenden abzunehmen (§ 45 II 1 DRiG). Der Senat muss in voller Besetzung anwesend sein, wobei die dem Senat angehörenden und zur Sitzung herangezogenen ehrenamtlichen Richter noch nicht vereidigt zu sein bzw das Gelöbnis noch nicht abgelegt zu haben brauchen. Der Heranziehung von vereidigten (bzw das Gelöbnis abgelegt habenden) ehrenamtlichen Richtern (Ersatzleuten) bedarf es deshalb nicht (zB BFH/NV 1996, 623, 625; *T/K* § 28 Rz 1; *Kopp/Schenke* § 31 Rz 2 mwN). – Eid bzw Gelöbnis sind zweckmäßigerweise vor Beginn einer in einem konkreten Streitfall durchzuführenden mündlichen Verhandlung zu leisten bzw abzulegen. § 45 II 1 DRiG lässt es aber auch zu, dass der Eid bzw das Gelöbnis in einer öffentlichen Sitzung abgelegt werden, an der der ehrenamtliche Richter, der bisher noch nicht vereidigt ist bzw der das Gelöbnis noch nicht abgelegt hat, nicht beteiligt ist (*Kopp/Schenke* § 31 Rz 2, 3).

Sind beide ehrenamtliche Richter unvereidigt bzw haben beide das vor- **4** geschriebene Gelöbnis noch nicht abgelegt, müssen sie **einzeln vereidigt** werden bzw das Gelöbnis ablegen (RGSt 61, 374; *T/K* § 28 Rz 1; *Kopp/Schenke* § 31 Rz 2).

Die **Vereidigung** bzw Ablegung des Gelöbnisses **gilt** für die Dauer des **5** Amtes, bei erneuter Bestellung **auch für** die sich **unmittelbar anschließende Amtszeit** (§ 45 II 2 DRiG). Eine erneute Vereidigung bzw Ablegung des Gelöbnisses ist also nicht erforderlich, wenn der ehrenamtliche Richter nach Ablauf der Amtszeit für die unmittelbar anschließende Amtsperiode wiedergewählt wird.

Wirkt ein nicht vereidigter Richter (bzw ein ehrenamtlicher Richter, **6** der das vorgeschriebene Gelöbnis nicht abgelegt hat) an Entscheidungen mit, ist das Gericht **nicht ordnungsgemäß besetzt** (BVerwGE 15, 96; BVerwG NJW 1981, 1110; *Kopp/Schenke* § 31 Rz 4 mwN) mit der Folge, dass Nichtzulassungsbeschwerde und **Revision** (§§ 115 II Nr 3, 116 III 3, 119 Nr 1) möglich sind und – ggf – **Nichtigkeitsklage** gem § 134 iVm § 579 I Nr 1 ZPO erhoben werden kann. Bei Willkür ist auch die Erhebung einer **Verfassungsbeschwerde** wegen Verstoßes gegen Art 101 I 2 GG möglich. – Die **Nichtbeachtung der** bei der Vereidigung bzw Ablegung des Gelöbnisses zu beachtenden **Förmlichkeiten** berühren die Wirksamkeit der Vereidigung bzw des Gelöbnisses jedoch nicht (zum Fehlen der Öffentlichkeit iS des § 45 II DRiG s BVerwGE 73, 81; BVerwG NJW 1981, 1110; zum Nichterheben der rechten Hand – § 45 II 3 DRiG s BVerwG NJW 1981, 1110; zum Fehlen des Protokolls s BVerwGE 73, 81; *Kopp/Schenke* § 31 Rz 4).

§ 29 [Entschädigung]

Der ehrenamtliche Richter und der Vertrauensmann (§ 23) erhalten eine Entschädigung nach dem Justizvergütungs- und -entschädigungsgesetz.

Vgl § 32 VwGO; § 19 II SGG; § 55 GVG

§ 29 ist durch das KostRMoG mit Wirkung ab 1. 7. 2004 geändert worden. Bis zu diesem Zeitpunkt wurden die ehrenamtlichen Richter nach dem EhrRiEG (zuletzt geändert durch Gesetz v 19. 4. 2001, BGBl I S 623) entschädigt.

Die ehrenamtlichen Richter erhalten für Zeitversäumnis, Fahrtkosten bzw Fußwegstrecken und sonstigen Aufwand eine Entschädigung (§§ 15 ff JVEG).

§ 30 [Ordnungsstrafen]

(1) ¹Gegen einen ehrenamtlichen Richter, der sich ohne genügende Entschuldigung zu einer Sitzung nicht rechtzeitig einfindet oder der sich seinen Pflichten auf andere Weise entzieht, kann ein Ordnungsgeld festgesetzt werden. ²Zugleich können ihm die durch sein Verhalten verursachten Kosten auferlegt werden.

(2) ¹Die Entscheidung trifft der Vorsitzende. ²Er kann sie bei nachträglicher Entschuldigung ganz oder zum Teil aufheben.

Vgl § 33 VwGO; § 21 SGG; § 56 GVG

Zum **Ordnungsgeld** (5–1000 Euro), zur Gewährung von Zahlungserleichterungen und zur Verjährung s Art 6–9 des Einführungsgesetzes zum StGB v 2. 3. 1974 – BGBl I S 469, 471 f, zuletzt geändert durch Gesetz v 23. 7. 2004 – BGBl I S 1838). – **Ersatzordnungshaft** ist **unzulässig** (*Meyer-Ladewig* § 21 Rz 1). – Zu den gem § 30 I 2 dem ehrenamtlichen Richter aufzuerlegenden Kosten gehören zB die durch die Hinzuziehung eines Vertreters (Ersatzmanns) und das Erscheinen der Beteiligten zum Termin entstandenen Kosten sowie die Auslagen des Gerichts. – Der Vorsitzende bzw der Einzelrichter entscheidet durch Beschluss; Rechtsmittel: Beschwerde (§ 128 I).

Abschnitt IV. Gerichtsverwaltung

§ 31 [Dienstaufsicht]

Der Präsident des Gerichts übt die Dienstaufsicht über die Richter, Beamten, Angestellten und Arbeiter aus.

Vgl § 28 I VwGO; §§ 9 III, 30 II, 38 III SGG; § 22 GVG; § 26 DRiG

Literatur: *Achterberg,* Die richterliche Unabhängigkeit im Spiegel der Dienstgerichtsbarkeit, NJW 1985, 3041; *Buchmann,* Schutz und Schranken der richterlichen Unabhängigkeit, RiA 1985, 176; *Domcke,* Verfassungsrechtliche Aspekte der Justizverwaltung, in: Festschrift für K Bengl, München 1984, S 3; *Dütz,* Richterliche Unabhängigkeit und Politik, JuS 1985, 745; *Fürst/Arndt,* Rechtsschutzfragen zur Dienstaufsicht über Richter, in: Festschrift für W Zeidler, 1987, S 175; *Göbel,* Die mißbrauchte Richterablehnung, NJW 1985, 1057; *Grimm,* Richterliche Unabhängigkeit und Dienstaufsicht in der Rechtsprechung des BGH, Köln/Berlin/Bonn/München 1972; *Haberland,* Problemfelder für die richterliche Unabhängigkeit, DRiZ 2002, 301; *Hieronimi,* Zur Dienstaufsicht über die Richter, NJW 1984, 108; *Hohendorf,* Nochmals: Zur Dienstaufsicht über die Richter, NJW 1984, 958; *Lorbacher,* Dienstaufsicht über Richter – ein unendliches Thema, RuP 1987, 41; *Lorse,* Personalentwicklung von Richtern – quo vadis?, DRiZ 2004, 122; *Papier,* Richterliche Unabhängigkeit und Dienstaufsicht, NJW 1990, 8; *Pezzer,* Finanzgerichtsbarkeit im gewaltengeteilten Verfassungsstaat, DStR 2004, 525; *Pfeiffer,* Zum Spannungsverhältnis richterlicher Unabhängigkeit – Dienstaufsicht – Justizgewährungspflicht, in: Festschrift für K Bengl, München 1984, S 85; *Rudolph,* Die Unabhängigkeit des Richters, DRiZ 1984, 135; *Schaffer,* Die Unabhängigkeit der Rechtspfleger und der Richter, BayVBl 1991, 641; *Schäfke,* Die gesetzlichen Regelungen der Dienstaufsicht über die Gerichtsbarkeiten, ZRP 1983, 165; *Schmidt/Räntsch,* Dienstaufsicht über Richter, Diss Bonn 1985; *Steindorfner,* Qualitätsmanagement und Benchmarking, DRiZ 2003, 272; *Weber-Grellert,* (Irr-)Wege aus der Justizmisere, NJW 1990, 1770.

§ 31 überträgt die **Dienstaufsicht** über die Berufsrichter (§ 26 DRiG),   **1**
Beamten, Angestellten und Arbeiter des Gerichts dem **Präsidenten** des jeweiligen Finanzgerichts. Dem Präsidenten des BFH obliegt die Dienstaufsicht über die Angehörigen seines Gerichts. – Die Dienstaufsicht ist Teil der Gerichtsverwaltung (§ 32). Der Präsident übt die Dienstaufsicht als **weisungsgebundenes Justizverwaltungsorgan** aus. Er kann bei der Ausübung der Dienstaufsicht Richter seines Gerichts (§ 42 DRiG) oder andere Personen zur Hilfe heranziehen – **Oberste Dienstaufsichtsbehörde** ist im Bund der Bundesjustizminister bzw sein Vertreter im Amt und in den Bundesländern nach Maßgabe der FGO-Ausführungsgesetze der für die Finanzgerichtsbarkeit zuständige Fachminister, sein ständiger Vertreter oder der Ministerpräsident (vgl BGH DRiZ 1983, 343). – Die **ehrenamtlichen Richter** unterliegen nicht der Dienstaufsicht des Präsidenten (§ 2 DRiG).

Die Dienstaufsicht soll die Wahrung der richterlichen Pflichten und ei-   **2**
nen ordnungsgemäßen Geschäftsablauf gewährleisten. Sie dient damit der **Sicherstellung des Justizgewährungsanspruchs** des Bürgers (§ 1 Rz 12). Der Präsident hat die zur Erfüllung dieses Zwecks erforderlichen Maßnahmen zu ergreifen und Anordnungen zu treffen, wobei die Dienstaufsicht auf **Leitung, Organisation und Überwachung des Gerichtsbetriebes** beschränkt ist und die rechtsprechende Tätigkeit (Rz 3) ebensowenig erfasst wie die gerichtliche Selbstverwaltung (§ 4 Rz 1 ff). – Die Entscheidung über **Dienstaufsichtsbeschwerden** gegen Angehörige seines Gerichts obliegt dem Präsidenten. Für die Bearbeitung von Dienstaufsichtsbeschwerden gegen den Präsidenten ist der Fachminister (regelmäßig der Justizminister) zuständig.

Die **Dienstaufsicht über Richter** (Rz 1) findet gem **§ 26 DRiG** ihre   **3**
Grenze in der **richterlichen Unabhängigkeit** (§ 1 Rz 3 ff). – Die Vorschrift hat folgenden Wortlaut:

§ 26 DRiG Dienstaufsicht

(1) Der Richter untersteht einer Dienstaufsicht nur, soweit nicht seine Unabhängigkeit beeinträchtigt wird.

(2) Die Dienstaufsicht umfaßt vorbehaltlich des Absatzes 1 auch die Befugnis, die ordnungswidrige Art der Ausführung eines Amtsgeschäfts vorzuhalten und zu ordnungsgemäßer, unverzögerter Erledigung der Amtsgeschäfte zu ermahnen.

(3) Behauptet der Richter, daß eine Maßnahme der Dienstaufsicht seine Unabhängigkeit beeinträchtige, so entscheidet auf Antrag des Richters ein Gericht nach Maßgabe dieses Gesetzes.

Nach **§ 26 I DRiG** sind Maßnahmen der **Dienstaufsicht unzulässig,** soweit sie die richterliche Unabhängigkeit antasten. Die Dienstaufsicht muss sich **jedweder Einflussnahme auf** die richterliche Entscheidung im Bereich der **Rechtsanwendung enthalten** (zB BGHZ 67, 184, 188; 90,

41, 45; 112, 189; BGH DRiZ 1997, 467; 2002, 226; BGH NJW 1988, 420; 421; 1992, 46; 1995, 731 betr **Telefonbenutzung).** – Zur Behandlung von **Dienstaufsichtsbeschwerden** s *Kissel* § 1 GVG Rz 42 ff, 64 ff; § 31 GVG Rz 2 ff. – Bei **offensichtlich fehlerhafter Amtsausübung** sollen Maßnahmen der Dienstaufsicht jedoch zulässig sein (vgl BGHZ 42, 163; 46, 147, 150; 47, 275, 287; 67, 184; sehr zweifelhaft; kritisch auch *Wassermann* JZ 1986, 536). – Die **Grenzen** des § 26 I DRiG sind jedoch **nicht überschritten,** wenn die Maßnahmen der Dienstaufsicht **lediglich** die **äußere Ordnung** des Verfahrens betreffen (zB BGHZ 112, 189; BGH NJW 1991, 423; 1992, 46; 1995, 731; 2003, 282; DRiZ 1997, 467; 2002, 226; BVerwG NJW 1990, 849, 850; kritisch *Rudolph* DRiZ 1984, 139). – Zur Frage, ob die neuen Steuerungsmodelle für das Gerichtsmanagement lediglich für die äußere Ordnung des Verfahrens betreffen s *Haberland* DRiZ 2002, 308 ff; *Pezzer* DStR 2004, 525, 533 f.

4   Die Beschränkungen des § 26 DRiG gelten auch für die **Beurteilung eines Richters** (BGH DRiZ 1972, 101; 1998, 20; 2002, 367; NJW 2002, 359; § 1 Rz 4).

5   Maßnahmen der Dienstaufsicht sind jedoch zulässig, soweit ein Richter im Bereich der **Gerichtsverwaltung** tätig wird (BGH DRiZ 1963, 440; s auch BGH NJW 1991, 426).

6   Als **Maßnahme der Dienstaufsicht** sieht § 26 II DRiG lediglich Vorhalt und Ermahnung vor (BGHZ 46, 147, 150; 47, 275; BGH DRiZ 1997, 467).

7   Ist ein Richter der Meinung, dass eine Maßnahme der Dienstaufsicht seine **Unabhängigkeit beeinträchtigt,** kann er das Richterdienstgericht anrufen (§ 26 III DRiG iVm §§ 77 ff, 61 ff DRiG). – Ist ein Richter durch Maßnahmen der Dienstaufsicht **in** seinem allgemeinen **Dienstverhältnis betroffen** (vgl BVerwGE 67, 222, 224; BGH NJW 1984, 2531), ist der Rechtsweg zu den **Verwaltungsgerichten** eröffnet (§§ 71 III DRiG, 126 I BRRG). Das gilt auch für die dienstliche **Beurteilung** eines Richters. – Zur **Abgrenzung** s BVerwGE 67, 222, 224; BGH NJW 1984, 2531; 1985, 1471, 1472; 1987, 2441; 1988, 419; 1992, 46.

§ 32 [Verbot der Übertragung von Verwaltungsgeschäften]

Dem Gericht dürfen keine Verwaltungsgeschäfte außerhalb der Gerichtsverwaltung übertragen werden.

Vgl § 39 VwGO; §§ 9, 30, 38 SGG; § 4 EGGVG

§ 32 konkretisiert den in § 1 niedergelegten Grundsatz der **Gewaltenteilung** (§ 1 Rz 2). Unzulässig ist danach die Übertragung allgemeiner Verwaltungsgeschäfte auf die Finanzgerichte. Aufgaben der **Gerichtsverwaltung** (Personal-, Haushalts-, Rechnungs- und Kassenwesen, Ausbildung der Referendare, Fortbildung der Gerichtsangehörigen) müssen die Finanzgerichte jedoch wahrnehmen (vgl § 4 II DRiG). Zur Gerichtsverwaltung gehört aber **weder** die Erstattung von **Gutachten noch** die **Fortbildung von Richtern anderer Gerichtszweige.** – S auch §§ 4, 40–42 DRiG.

Vor § 33: Sachentscheidungsvoraussetzungen   (Sachurteilsvoraussetzungen, Prozessvoraussetzungen) – Prozesshandlungen

Übersicht

Literatur: (s iÜ 4. Aufl. *Albert,* Unwirksamkeit der Klagerücknahme wegen
unzulässiger Beeinflussung des Klägers im Steuerprozeß, DStZ 1999, 732;
Bachof, Rechtsweg, Parteifähigkeit, Prozessführungsbefugnis und Sachlegitima-
tion im Verfassungsrechtsstreit, AöR Bd 77 (1953), 107 ff; *Baring,* Die Prozess-
voraussetzungen im Verwaltungsrechtsstreit, AöR Bd 76 (1950/51), 435 ff;
Baumgärtel, Wesen und Begriff der Prozesshandlung einer Partei im Zivilprozeß,
1957; *Berg,* Grundsätze des verwaltungsgerichtlichen Verfahrens, Menger-FS
S 537; *Beys,* Stillschweigend vorzunehmende Prozesshandlungen, ebenda, 7;
Bülow, Die Lehre von den Prozesseinreden und den Prozessvoraussetzungen,
Gießen 1868; *DACH*-Schriftenreihe 21, Das faire Verfahren nach Art 6
EMRK; *Degenhardt,* Präklusion im Verwaltungsprozeß, Menger-FS S 621;
Ehlers, Die Europäisierung des Verwaltungsprozessrechts, Dok. zum 14. Deutschen Verwaltungsgerichtstag, 2004, S. 167; *Franßen,* Verfassungsbeschwerde –
eine verkappte Normenkontrolle?, FS für Sendler (1991), 81; *Grupp,* Zur
allgemeinen Gestaltungsklage im Verwaltungsprozessrecht, Lüke-FS (1997),
207; *Habscheid* (Hrsg), Effektiver Rechtsschutz und verfassungsmäßige Ordnung,
1983; *Hambitzer,* Zu den verwaltungsprozessualen Sachentscheidungsvoraussetzungen, DÖV 1985, 270; *Henckel,* Prozessrecht und materielles Recht, 1970;
H Hofmann, Das Widerspruchsverfahren als Sachentscheidungsvoraussetzung
und als Verwaltungsverfahren, Menger-FS S 605; *Jauernig,* Zum Prüfungs- und
Entscheidungsvorrang von Prozessvoraussetzungen, FS für Schiedermaier
(1976), 289; *P Kirchhof,* Verfassungsrechtliche Maßstäbe für die Verfahrensdauer
und für die Rechtsmittel, FS für Doehring (1989), 439; *ders,* Verfassungsrechtliche Maßstäbe für die Verfahrensdauer, DStZ(A) 1989, 55; *Koenig,* Klageerweiterung nach Ablauf der Klagefrist im finanzgerichtlichen Verfahren, DStR
1990, 512; *Kohlhaas,* Grundlagenbescheid im Umsatzsteuerrecht, UR 1999,
392; *Kuhla/Hüttenbrink/Edler,* Der Verwaltungsprozess, 2002; *Lorenz,* Verwaltungsprozeßrecht, 2000; *Lüke,* Die Abgrenzung der Klagebefugnis im Verwaltungsprozeß, AöR 84, 185 ff; *Pohle,* Zur Rangordnung der Prozessvorausset-

zungen, ZZP 81 (1968), 161 ff; *Schwab,* Probleme der Prozesshandlungslehre, FS für Baumgärtel (1990), 503; *Schwarplys,* Die allgemeine Gestaltungsklage im Verwaltungsprozessrecht, 1996; *Söhn,* Einheitliche und gesonderte Feststellungen bei „doppelstöckigen Personengesellschaften", StuW 1999, 328; *Stein,* Die Sachentscheidungsvoraussetzung des allgemeinen Rechtsschutzbedürfnisses im Verwaltungsprozess, 2000; *v Groll,* Noch immer: (Zu) Viele „verfahrene" Verfahren bei den Steuergerichten, DStR 1989, Beil zu Heft 14.

I. Sachentscheidungsvoraussetzungen

1. Allgemeine Bedeutung

1   Mit dem letzten Abschnitt des Ersten Teils der FGO beginnt, in systematisch nicht ganz überzeugender Gliederung, noch immer unter der allgemeinen Überschrift „Gerichtsverfassung", die Behandlung der **Sachentscheidungsvoraussetzungen** (BFHE 143, 509 = BStBl II 1985, 522). Das sind, ungeachtet der begrifflich zu engen Bezeichnung (Rz 2), die Voraussetzungen, die erfüllt sein müssen, damit das Gericht in die Lage versetzt wird, in eine Sachprüfung einzutreten (BFHE 141, 470 = BStBl II 1984, 791, 793) und durch Beschluss oder Urteil in der Sache zu entscheiden (zur doppelten Bedeutung der Zulässigkeitserfordernisse für Verfahren und Entscheidung: R/S § 96 I 2; hier: Rz 13). Fehlen die Sachentscheidungsvoraussetzungen, hat das idR die weitere Folge, dass auch eine spätere **Verfassungsbeschwerde,** (s iÜ Rz 8 ff) unzulässig ist (BVerfG HFR 1991, 111, 722 u 1992, 727; zur **Subsidiarität** auch BVerfG BayVBl 1996, 658). Bedeutsam ist die Frage der Zulässigkeitsregelung von Rechtsbehelfen auch für das Inkrafttreten des **FGOÄndG** (Rz 9 ff Vor § 1; ebenso zum **2. FGOÄndG** – Rz 19 ff Vor § 1).

2   Die allgemein übliche Verengung dieses Begriffs auf „Sachurteilsvoraussetzungen" (vgl zB BFHE 143, 119 = BStBl II 1985, 368, 369, BGHE 160, 296 = BStBl II 1990, 673, 677 aE mwN) verstellt den Blick dafür, dass prinzipiell bei beiden Entscheidungsvarianten, also **auch bei Beschlüssen** (§§ 95 und 113), wenngleich nicht immer anhand derselben Kriterien, zwischen der formellen und der materiellen Würdigung eines Rechtsschutzbegehrens zu unterscheiden ist (ebenso *Hambitzer* S 271; vgl zu § 40 II im Verfahren der einstweiligen Anordnung: BFHE 144, 404 = BStBl II 1986, 26; außerdem: § 69 Rz 12 ff; § 114 Rz 5 ff; allgemein: § 113 Rz 2 f).

2. Systematische Einordnung

3   Fehlt es an einer der nachstehend (Rz 4 f) genannten positiven Voraussetzungen oder ist eines der dort (Rz 5) aufgezählten negativen Erfordernisse erfüllt, dann hat das in der Regel (dh wenn es zu einer Heilung des Formmangels nicht gekommen oder diese von vornherein ausgeschlossen ist) **Klageabweisung durch Prozessurteil** (dh eine Entscheidung ohne Behandlung der Sache) zur Folge (BFHE 162, 534 = BStBl II 1991, 242), und zwar **in jeder Lage des Verfahrens** (BFHE 160, 296 = BStBl II 1990, 673, 676; BFHE 206, 201 = BStBl II 2004, 980; BFH/NV 2004, 1655). Der Zulässigkeit eines jeden Rechtsschutzbegehrens ist vorrangig vor diessen Begründetheit zu prüfen (s iÜ Rz 8 ff). Die Prüfung steht nicht

im Ermessen des Gerichts (BFHE 188, 523, 526 = BStBl II 1999, 563). Im Beschlussverfahren gilt Entsprechendes (allerdings – wegen der unterschiedlichen Rechtskraftwirkung – mit weniger gravierenden Auswirkungen). Das **Revisionsgericht** prüft die Sachentscheidungsvoraussetzungen von Amts wegen und ohne Bindung an die tatsächlichen Feststellungen der Vorinstanz (BFHE 146, 196 = BStBl II 1986, 474; BFH/NV 1987, 178; 2004, 1655, 1656).

3. Einzelheiten

a) Positive Sachentscheidungsvoraussetzungen

Zu den **positiven Sachentscheidungsvoraussetzungen** (s dazu all- **4** gemein *R/S* § 96; *Greger/Zöller* Rz 9 vor § 253) in erster Instanz (wegen des Rechtsmittelverfahrens. Vor § 115 Rz 6 f; wegen des Beschwerdeverfahrens § 116 Rz 6 ff; § 128 Rz 3 ff u 18) gehören:

– **Wirksamkeit der Klageerhebung,** dh unbedingte Anrufung des Gerichts zum Zwecke förmlicher Rechtsschutzgewährung (vgl dazu vor allem: BVerfGE 40, 272 = BStBl II 1976, 271, 272; BVerwGE 53, 62, 63 f; BVerwGE 59, 302, 304; BFHE 123, 437 = BStBl II 1978, 70; BFHE 136, 70 = BStBl II 1982, 603; BFHE 145, 299 = BStBl II 1986, 268; BFHE 157, 305 = BStBl II 1989, 848; § 40 Rz 3 ff – jeweils mwN);

– in Fällen rechtsgeschäftlicher Vertretung: **wirksame Vollmachterteilung** (§ 62 III 1; vgl zu deren Charakter als Prozesshandlung im finanzgerichtlichen Verfahren: BFHE 133, 344 = BStBl II 1981, 678, 679; FG SchlHol EFG 1976, 94 und 1980, 609 sowie § 62 Rz 42, 53);

– **Schriftlichkeit** (§ 64 I);

– **Ordnungsmäßigkeit** der Klageerhebung: Bezeichnung des Klägers, des Beklagten und des Streitgegenstands, bei Anfechtungsklagen auch der angefochtenen Hoheitsmaßnahme (§ 65 I 1);

– **Deutsche Gerichtsbarkeit** (§ 155 iVm §§ 18–20 GVG);

– **Deutschsprachigkeit** (§ 155 iVm § 184 GVG; BFHE 118, 294 = BStBl II 1976, 440; BVerwG NVwZ 1991, 61; KG, Rpfl 1986, 579; zur Notwendigkeit einen **Dolmetscher** hinzuzuziehen – § 52 I iVm § 185 I GVG: BFH/NV 2000, 983 mwN; zur Fristwahrung fremdsprachiger Schriftsätze: FG Saarland EFG 1989, 28; *Zöller,* § 184 GVG Rz 3 mwN; vgl auch BVerfG NVwZ 1987, 785 und § 96 Rz 33);

– **Finanzrechtsweg** (§ 33, s zB BFHE 182, 515 = BStBl II 1997, 543; mit Heilungsmöglichkeit nach § 153 iVm § 17 a II GVG, s Anh § 33 Rz 13 ff);

– **Erfolglosigkeit des außergerichtlichen Vorverfahrens** (§ 44 I; Ausnahmen geregelt in den §§ 45 und 46);

– **Wahrung der Klagefrist** (§ 47; im Fall der Untätigkeitsklage § 46 I 2); mit Heilungsmöglichkeit nach § 56 (BFHE 145, 299 = BStBl II 1986, 268; BFHE 160, 296 = BStBl II 1990, 673, 676 f);

– **Klagebefugnis** (§ 40 II; Spezialfall der **Beschwer** – dazu auch Vor § 115 Rz 12 ff): in *subjektiver* Hinsicht mit der Besonderheit des 48 bei bestimmten Feststellungsbescheiden iSd §§ 179 ff AO; in *objektiver* Hinsicht mit Einschränkungen gem § 42 bei Änderungsbescheiden (§ 351 I AO) und im Regelungsbereich von Grundlagenbescheiden (§§ 351 II,

171 X AO); insoweit besteht eine besondere **Darlegungspflicht** des
Klägers (s Rz 13);
- **Beteiligtenfähigkeit** (Steuerrechtsfähigkeit § 57);
- **Prozessfähigkeit** (§ 58);
- **Örtliche** (§§ 38, 39) und **sachliche** (§§ 35–38) **Zuständigkeit** (unter
  Berücksichtigung der Verweisungsregelung des § 70 iVm § 17 a II GVG,
  s Anh § 33 Rz 13 ff u § 70 Rz 1 ff);
- im Falle der **Feststellungsklage:** besonderes Feststellungsinteresse
  (§ 41 I aE) und Subsidiarität (§ 41 II).

b) Rechtsschutzinteresse

4 a   Die gesetzlich geregelten Zulässigkeitsvoraussetzungen (zB § 40 II; dazu
dort Rz 55 ff) dienen zT auch der Konkretisierung des für jede Anrufung eines Gerichts erforderlichen Rechtsschutzinteresses (*Ehlers* in *Schoch
ua* Vorb § 40 Rz 74 ff; *Greger/Zöller* Rz 18 Vor § 253 mwN). Inwieweit
eine Sachentscheidung außerdem ein **allgemeines Rechtsschutzbedürfnis** voraussetzt (s zB BFH/NV 2005, 1817, 1818), hängt von der Art des
jeweiligen Begehrens und der konkreten Verfahrenssituation ab (sehr
anschaulich für den Fall widersprüchlichen Verhaltens – Klage trotz Zustimmung zum Ruhen des Einspruchsverfahrens: BFH/NV 2003, 1145;
zur Berichtigung einer **LSt-Karte:** FG Nbg, EFG 1995, 578). So können
zB **Leistungs- und Feststellungsklage** ohne außergerichtliches Vorverfahren erhoben werden, doch wird der Erhebung einer solchen Klage ohne
vorherigen Versuch, den Anspruch ohne Prozess durchzusetzen, idR das
Rechtsschutzinteresse fehlen. Dieses Zulässigkeitserfordernis hatte bis zur
Neufassung des § 165 AO (BGBl I 1993, 2310, 2345 – dazu *T/K* § 165
Rz 10 ff) besondere Bedeutung für Verfahren, die einen Bescheid zum
Gegenstand haben, der mit einem **Vorläufigkeitsvermerk (§ 165 AO)**
versehen ist (dazu Rz 76 ff Vor § 40). In diesem Zusammenhang hatte die
BFH-Rspr, angeführt vom III. Senat (BFHE 169, 110 = BStBl II 1993,
123; BFHE 176, 435 = BStBl II 1995, 415; ebenso *Brockmeyer,* DStZ
1996, 1), einen (weiteren) unnötigen Beitrag zur Komplizierung des Steuerrechts geleistet; sie unterschied nach dem Zeitpunkt der Anbringung: Lag
der *vor* Rechtshängigkeit, fehlte idR das Rechtsschutzbedürfnis, lag er
danach, sollte dieses nicht entfallen, wenn der „geänderte Steuerbescheid"
nach § 68 (s dort Rz 60 ff) zum Verfahrensgegenstand gemacht wurde
(s auch BFH/NV 1998, 560). Es gibt keinen vernünftigen sachlichen
Grund für eine solche Differenzierung. Der wichtigste Effekt des § 165
AO besteht darin, den Eintritt der Bestandskraft im Umfeld des Vorläufigkeitsvermerks hinauszuschieben (s Soweit-Satz in § 172 I 1 AO) und **insoweit förmlichen Rechtsschutz überflüssig** zu machen (BT-Drucks
12/5630, S 98; *T/K* § 165 AO Rz 5 ff). Weil hier die Rechtsordnung ganz
gezielt (vgl auch § 171 VIII u § 363 AO nF) dem Betroffenen einen
einfacheren Weg zur Rechtsverwirklichung eröffnet (vgl auch *R/S*
§ 92 IV), **fehlt im Wirkungsbereich eines** vom Gesetz gedeckten **Vorläufigkeitsvermerks** idR ein **schützenswertes Interesse** an der Durchführung eines gerichtlichen Verfahrens (insoweit zutr BFHE 172, 197 =
BStBl II 1994, 119; BFHE 174, 498 = BStBl II 1994, 803; BFH/NV
1994, 548 u 1995, 1003; s auch BVerfG StE 1996, 54; FG M'ster EFG

1996, 325; FG Mchn EFG 2003, 478; FG M'ster EFG 2003, 586; s aber FG Hbg EFG 2004, 74); ein solches Interesse entfällt, wenn der angefochtene VA während des Prozesses durch eine Nebenbestimmung für Folgerungen aus einem „Musterverfahren" is des § 165 I 2 AO „geöffnet" wird (zT abw: BFH-Rspr – s BFH/NV 1998, 560 mwN; s auch Rz 76 Vor § 40; zum maßgeblichen Zeitpunkt für die Prüfung der Zulässigkeitsvoraussetzungen: Rz 10 f). Das gilt grundsätzlich für alle in § 165 I 2 AO aufgezählten Fälle gleichermaßen (BFH/NV 1995, 1003). Eine danach unzulässig gewordene Klage kann auch mit Hilfe des § 68 (s dort Rz 40 ff) nicht „gerettet" werden (allgemein zur Nebenbestimmung: § 40 Rz 85). – **Ausnahmsweise** gegeben sein kann das Rechtsschutzinteresse an der Durchführung eines Steuerrechtsstreits auch in Fällen des § 165 I 2 AO, wenn – substantiiert u schlüssig vorgetragen – über einen *neuen*, im „Musterverfahren" bisher noch nicht angesprochenen (tatsächlichen o rechtlichen) *Gesichtspunkt* zu befinden ist (der Streitfall sich also nicht als „Trittbrettfahrer-Fall" erweist; s zB auch BFH/NV 2005, 1323). In der Praxis „entschärft" hat sich das Problem durch die in § 165 I 2 Nr 2 u 3 (dazu *H/H/Sp/Trzaskalik* § 165 AO Rz 13 ff) sowie in § 363 II 2–4 AO (*H/H/Sp/Birkenfeld* § 363 AO Rz 31 ff) für Massenverfahren geschaffenen Sonderregelungen.

Vgl iÜ zum **Problem des allgemeinen Rechtsschutzbedürfnisses:**
– zur Durchsetzung des Rechts auf **Akteneinsicht:** BFH/NV 2004, 207;
– für das **Klageverfahren:** § 40 Rz 33, § 42 Rz 35 ff; BFHE 131, 158 = BStBl II 1980, 632; BFHE 144, 333; BStBl II 1986, 21; BFHE 154, 1 = BStBl II 1988, 953; BFHE 164, 495 = BStBl II 1991, 825; BVerwG Buchholz 402.25 § 2 AsylVfG Nr 9; BGH NJW-RR 1990, 1532; FG RhPf 1989, 65; FG Bln EFG 1990, 218; FG Hbg EFG 1990, 323; Verpflichtungsklage: BFHE 173, 471 = BStBl II 1994, 822; *nach* Erlass eines *Änderungsbescheids:* § 68 Rz 31: in Fällen **doppelter Anhängigkeit:** BFHE 176, 289 = BStBl II 1995, 353 (s nunmehr § 68 Rz 90); nach Erledigung des angefochtenen VA: BFHE 164, 495 = BStBl II 1991, 825; BFH NV 1987, 176; § 100 Rz 36 ff; im Rahmen des *§ 100 III:* BFH/NV 1990, 247, 248; § 100 Rz 48; in den Spezialfällen des **§ 41** (s § 41 Rz 29 ff) und des **§ 100 I 4** (s § 100 Rz 60 ff);
– für das **Revisionsverfahren:** Vor § 115 Rz 21 f; BFHE 137, 6 = BStBl II 1983, 237; BFHE 173, 9 = BStBl II 1994, 305; BFHE 174, 4 = BStBl II 1994, 599; BFH/NV 1991, 611;
– für das **Beschwerdeverfahren:** BFH/NV 1999, 819 und 1223; 2001, 569, 629 (*Nichtzulassung der Revision;* s iü § 116 Rz 19) BFH/NV 1988, 574; BFHE 174, 310 = BStBl II 1994, 68; BFH/NV 1999, 1638 (*Beiladung);* BFH/NV 1991, 325; 1998, 1227 (*Richterablehnung);* 1999, 60, 61/62 und 209; 2000, 346 u 1105; 1999, 505 (*Nichtabhilfe – § 130);*
– für den **vorläufigen Rechtsschutz:** § 69 Rz 20 u 79 ff; § 114 Rz 16 f; BFHE 169, 120 = BStBl II 1993, 122; BFH/NV 1991, 50 u 242; 1993, 375; zu § 284 AO: BFHE 142, 423 = BStBl II 1985, 197; BFH/NV 1989, 564; 2004, 802;
– im **Prozesskostenhilfe-**Verfahren: BFH/NV 2000, 460;
– in **Kostensachen:** BFHE 152, 5 = BStBl II 1988, 28; BFHE 156, 401 = BStBl II 1989, 626; BFH/NV 1991, 336;
– bei **sonstigen Anträgen:** BFH/NV 1999, 1121 (nach § 68); BFH/NV 1988, 646; 1990, 517; 1991, 833; 1992, 49; 1993, 252 u 665; 1993, 608;

zur *Akteneinsicht:* s oben; zur *Richterablehnung* s § 51 Rz 76; BFHE 131, 17 = BStBl II 1980, 658 *(zu § 287 AO);* Hess FG EFG 1989, 326 *(Frist-verlängerung);* BFH/NV 1996, 559; 1998, 607, 710 *(Tatbestandsberichtigung);*
– für die **Gegenvorstellung:** BFH/NV 1999, 211; 2004, 353, 354; FGHbg, EFG 2005, 210;
– für die **Streitwertfestsetzung:** BFH/NV 2003, 1190; 2004, 978 (s iÜ Rz 38 Vor § 135).

c) Negative Sachentscheidungsvoraussetzungen

5   Außerdem dürfen folgende **negative Sachentscheidungsvoraussetzungen** einer Anrufung des Gerichts nicht entgegenstehen:
– **Rechtshängigkeit (§ 66);**
– **Rechtskraft (§ 110;** dort Rz 5 f);
– **Klageverzicht (§ 50);**
– **Klagerücknahme (§ 72);**
– Zusätzliche **Verfahrenshindernisse** können sich aus prinzipiell auch im Prozessrecht geltenden **allgemeinen Rechtsgrundsätzen,** zB aus *Treu und Glauben* ergeben (BVerfGE 32, 305 = BStBl II 1972, 306; BFHE 117, 350 = BStBl II 1976, 194, 195; BFH/NV 2003, 1145; BVerwG NVwZ 1987, 793; BVerwG MDR 1990, 181; *v Groll* FR 1995, 814, 817 f; s auch Rz 18; § 46 Rz 35; Vor § 76 Rz 7; sehr bedenklich in diesem Zusammenhang: FG BaWü EFG 1985, 510); auch darf ein Rechtsschutzbegehren *nicht rechtsmissbräuchlich* sein (BFHE 164, 194 = BStBl II 1991, 641; BFHE 166, 418 = BStBl II 1992, 408; BFH/NV 1993, 732, 735; 1994, 918; BGH WM 1989, 2689; *Teichmann,* JuS 1990, 269). Gegenüber der Rspr gibt es keinen allgemeinen *Vertrauensschutz* (BFHE 173, 378 = BStBl II 1994, 333).

d) Verhältnis der Sachentscheidungsvoraussetzungen zueinander

6   Eine **feste,** für alle Fälle gleichermaßen gültige logische **Reihenfolge** der Prüfung dieser formellen Voraussetzungen gibt es schon deshalb **nicht** (vgl dazu auch *R/S* § 96 V 5; *Greger/Zöller* Rz 11 vor § 253), weil die gesetzlichen Voraussetzungen nicht für alle Rechtsschutzbegehren gleichermaßen gelten, sich außerdem zT überschneiden und im konkreten Einzelfall auf unterschiedliche Weise voneinander abhängig sind (ob zB eine Klagefrist eingehalten wurde, hängt einerseits vom Rechtsweg, andererseits von der Klageart oder dem Streitgegenstand ab: auf diese Formalien wiederum kommt es uU dann nicht an, wenn ohne wirksame Vollmachterteilung in fremdem Namen geklagt wurde: welche Bedeutung andererseits der Vollmacht in einem solchen Fall zukommt, richtet sich nach dem Rechtsweg).

e) Unerlässlichkeit der Zulässigkeitsprüfung

Das Vorliegen der positiven (Rz 4 f) und Fehlen der negativen Sachentscheiungsvoraussetzungen (Rz 5) muss nach der Überzeugung des Gerichts (§ 96 I – uU iVm § 113 I bzw § 121 S 1) feststehen, bevor es zur Sachprüfung und Sachentscheidung kommt.

Verfahrensökonomie ist in diesem Zusammenhang ein adäquates **7** Kriterium nur für die Frage, inwieweit das Revisionsgericht für die von Amts wegen vorzunehmende Prüfung der prozessualen Voraussetzungen (§ 118 Rz 49) selbst Sachaufklärung betreibt (BFHE 145, 299 = BStBl II 1986, 268/269). Die Entscheidung dagegen, ob eine Klage zulässig ist, darf (mit der hM, vgl vor allem: BAG MDR 1967, 436; BVerwGE 5, 37; BFHE 67, 207 = BStBl III 1958, 352 und BFHE 81, 192 = BStBl III 1965, 68/69; *Ehlers* in *Schoch ua* Vorb § 40 Rz 1f; zT abw *Kopp/Schenke* Vorb § 40 Rz 10; offen: BFHE 196, 12 = BStBl II 2002, 13) **nicht** dahingestellt bleiben – auch nicht in Grenzfällen (bei Beweisschwierigkeiten) und nicht nur aus methodischen Gründen: Die Qualität der Entscheidung ist (das übersieht die vor allem von *Grunsky* S 323f und *T/K* Rz 18 vor § 40, § 358 AO Rz 22ff – unklar: § 67 Rz 5f – vertretene Gegenmeinung) **nicht** in das **Ermessen** des Gerichts gestellt (so auch BGH MDR 2000, 1334; *R/S* § 92 IV 3 u § 96 V 6); das belegen auch die unterschiedlichen **Folgewirkungen** (Rz 8).

Eine unzulässige Klage *ist durch Prozessurteil abzuweisen.* Eine wie immer **8** geartete **Entscheidung zur Sache darf,** vor allem wegen der unterschiedlichen Rechtskraftwirkung (vgl dazu: § 110 Rz 15), aber auch wegen der Funktion der verschiedenen Sachentscheidungsvoraussetzungen für den gesamten Verfahrensablauf (*Sauer* S 58ff), **nicht ergehen** (s auch Vor § 115 Rz 5; BGH NJW 1989, 2758; *R/S* § 96 V 6; *Greger/Zöller* Rz 10 vor § 253 – jeweils mwN). **Konsequenzen** hat die Unterscheidung Zulässigkeit/Begründetheit im Rahmen des § 118 II (s 118 Rz 34), für eine evtl anschließende **Verfassungsbeschwerde** (Rz 1), außerdem für die notwendige Beiladung (BFHE 128, 142 = BStBl II 1979, 632; BFH/NV 2004, 805; § 60 Rz 32) sowie für die Anwendung der §§ 67 (dort Rz 10f), 68 (dort Rz 40), 97 (dort Rz 4) 100 I S 4 (dort Rz 56) und 138 (dort Rz 18). Unzulässigkeit des Rechtsschutzbegehrens hat außerdem zur Folge:

– **keine** Gewährung von **Akteneinsicht** (BFH/NV 2001, 147; 2004, 1120);
– **kein Wiederaufnahmeverfahren** (§ 134, s dort Rz 2; BFH/NV 2003, 175).

f) Bedeutung außerhalb des Klageverfahrens

Selbst in **Beschlusssachen** darf es (trotz der generell schwächeren Bin- **9** dungswirkung solcher Entscheidungen, s zB § 69 Rz 195ff, 202; str für § 114: dort Rz 102ff) wegen der Folgen für eine evtl spätere Verfassungsbeschwerde (Rz 1 u 8) grundsätzlich nicht akzeptiert werden, dass die Frage der Zulässigkeit ungeklärt bleibt (aM noch BFHE 148, 494 = BStBl II 1987, 344; BFHE 152, 35 = BStBl II 1988, 290, 291, übersehen in BFH/NV 1992, 825). Für **Revisionen** ist eine Unterscheidung ausdrücklich geboten (s § 126 I einer- und § 126 II andererseits; dazu näher § 126 Rz 2).

4. Maßgeblicher Zeitpunkt

Str ist die Frage, zu welchem **Zeitpunkt** die Sachentscheidungsvoraus- **10** setzungen erfüllt sein müssen (s auch Vor 115 Rz 24 u § 115 Rz 14). Die hM stellt, meist ohne nähere Begründung und ohne Differenzierung nach der Art des Rechtsschutzbegehrens und dem Zweck des einzelnen Formerfordernisses, einheitlich auf den Schluss der letzten mündlichen Verhandlung (der Revisionsinstanz) ab (GmS HFR 1984, 389; BGHZ 31, 279, 282 f; BFHE 143, 509 = BStBl II 1985, 521, 522; BFHE 161, 404 = BStBl II 1990, 1068, 1070; BFHE 162, 534 = BStBl II 1991, 242; BFH/ NV 2001, 914; *R/S* § 96 V 4; *Kopp/Schenke* Vorb § 40 Rz 11; differenzierend *Ehlers* in *Schoch ua* Vorb § 40 Rz 19 f).

11   Dem ist im Ergebnis mit folgender (auch im Hinblick auf § 90 II gebotener) Präzisierung beizupflichten: Grundsätzlich kommt es auf den Zeitpunkt der **Beschlussfassung über** das **Urteil** an (BFHE 146, 344 = BStBl II 1986, 565, 567), sofern nicht ausnahmsweise der spezielle **Normzweck** (BGHZ 22, 254, 256 aE) zu anderer Fixierung zwingt (§ 40 Rz 3 ff; § 44 Rz 27 ff; § 47 Rz 2; § 65 Rz 20 und 53). Soweit die Sachentscheidung von der **Wirksamkeit einer Prozesshandlung** (Rz 14 ff) abhängt, ist grundsätzlich (soweit nicht ausnahmsweise Nachholung oder Heilung zB durch Genehmigung, in Betracht kommt) der Zeitpunkt der **Vornahme** gegenüber dem Gericht maßgeblich (ebenso *Schoch ua* Vorb § 40 Rz 20; s auch FG Köln EFG 1998, 390; ähnlich *Baumbach ua* Grundz § 253 Rz 18; *T/P* Rz 34 vor § 253. – AM, ohne überzeugende Begründung: BFH/NV 2000, 1067). Soweit es außerdem um **fristgebundene,** dh verwaltungsaktbezogene (§ 47 I 1 u 2), **Klagen** geht, tritt mit Fristablauf Unanfechtbarkeit der in Frage stehenden Regelung (dazu grundsätzlich BVerfGE 60, 253, 270; s auch § 47 Rz 1) ein, was ua zur Begrenzung der *Klageänderung* führt (BFHE 106, 8 = BStBl II 1972, 703, 705; BFHE 130, 12 = BStBl II 1980, 331; BFHE 139, 1 = BStBl II 1984, 15, 16; FG Saarl EFG 1983, 619, 620), ebenso der *Klageerweiterung* (BFHE 135, 154 = BStBl II 1982, 358, 359; nicht beachtet vom GrS des BFH in BFHE 159, 4 = BStBl II 1990, 327; dagegen mit Recht *Koenig,* DStR 1990, 512; s auch § 47 Rz 3). Darum müssen für derartige Klagen die Mindesterfordernisse wirksamer und ordnungsgemäßer Klageerhebungen grundsätzlich **spätestens mit Ablauf der Klagefrist** (für **Rechtsmittel** gilt Entsprechendes: Rz 11 Vor § 115; BGH BB 1999, 19) erfüllt sein oder anders gewendet: **Nur** eine (auch insoweit) **zulässige Klage** ist geeignet, die **Klagefrist** zu **wahren** (s § 47 Rz 2; für die **Bedingungsfeindlichkeit:** BFHE 149, 409 = BStBl II 1987, 573, 574; BFH/NV 1994, 871; BFH/ NV 1995, 425 u 687, 689; 1998, 194; 1999, 65 u. 1246; 2000, 477, 984 u 1233; 2001, 334 u 615; 2003, 1344 u 1444; 2005, 1943, 1944; BVerwGE 59, 302, 304; BVerfGE 40, 272, 275; zur Abgrenzung: § 43 Rz 7; s auch Rz 14 u § 40 Rz 3 f; Vor § 115 Rz 10; für die *Erfolglosigkeit des Vorverfahrens:* BFHE 160, 296 = BStBl II 1990, 673, 677 aE; BFH/NV 2003, 651; s aber § 44 Rz 27; zur *Identifizierung des angefochtenen VA:* BFHE 133, 151 = BStBl II 1981, 532; § 65 Rz 53; zur *Bestimmung des Klägers:* BFHE 157, 296 = BStBl II 1989, 846; für den *Vertretungsfall:* BVerfGE 8, 92; BFHE 121, 171 = BStBl II 1977, 291, 292; BFHE 122, 32 = BStBl II 1977, 593, 594; BFHE 129, 305 = BStBl II 1980, 229, 230; § 62 Rz 64; für Verstöße gegen den *Vertretungszwang:* BFH/NV 1994, 657; 1997, 798; 1998, 1368 u 1512, 1513; 1999, 634; § 62 a Rz 23 f; für die *Schriftform:* BFHE 97, 226 = BStBl II 1970, 89, 91; BFHE 101, 475 = BStBl II 1971, 397; BFH/NV 2002, 1597, 1598; BGH HFR 1996, 606; für die *Ordnungsmäßigkeit* iÜ: BFHE 133, 151 = BStBl II 1981, 532, 533; BFH/NV

1985, 119; BFHE 145, 299 = BStBl II 1986, 268, 269; BGHZ 22, 254; LM Nr 16 zu § 253 ZPO; FG SchlHol 1975, 375 sowie 1979, 188, 189; FG RhPf EFG 1985, 509 und 1986, 134. – Zur Zulässigkeit der *Revision:* BFHE 120, 341 = BStBl II 1977, 163; BFHE 130, 480 = BStBl II 1980, 588, 590; BFHE 141, 223 = BStBl II 1984, 669, 670; der *Beschwerde:* BFH/NV 1991, 103; der *Verfassungsbeschwerde:* BVerfG DStZ(A) 1992, 119). In all diesen Fällen ist der **Gerichtsentscheidung** über eine solche Zulässigkeitsvoraussetzung **nur deklaratorische Wirkung** beizumessen (so zutr BFHE 103, 36 = BFHE BStBl II 1971, 805 im Gegensatz zum BFH-Urteil in BFH/NV 2000, 1067, das allerdings auf die Bedeutung bestimmter Sachentscheidungsvoraussetzungen für die Fristwahrung sowie die Rspr hierzu nicht eingeht). Eine **Ausnahme** von dem Grundsatz, dass bestimmte Formerfordernisse für die Fristwahrung unerlässlich sind, regelt **§ 65 II** (s dort Rz 56 ff) mit der Möglichkeit der **Klageergänzung** hinsichtlich des notwendigen Mindestinhaltes eines Klagebegehrens (§ 65 Rz 60 ff) innerhalb der nach § 65 II 2 zu setzenden **Ausschlussfrist** (zu deren Charakter als **Verlängerung der Klagefrist**: § 65 Rz 61). Die Wechselwirkungen zwischen Wahrung/Versäumung der Klagefrist und Eintritt/Vertagung der **Bestandskraft** (§ 47 Rz 1) übersieht der IX. BFH-Senat (und offensichtlich außerdem den Unterschied zwischen Klage*begehren* und Klage*antrag* – § 96 Rz 3), wenn er für die Bestimmung des Klagebegehrens nicht den in der Klageschrift, sondern den in der mündlichen Verhandlung gestellten Antrag für maßgeblich hält (BFH/NV 1995, 218 u 481, 483 unter nicht ableitbarer Berufung auf *T/K* § 65 Rz 5). Ausschlaggebend für die Bestimmung des Streitgegenstandes bei fristgebundenen Klagen (Rz 11 Vor § 33; § 65 Rz 13 u 23) ist das, was sich aus dem bis zum Ablauf der Klagefrist oder der zu deren Verlängerung (gem § 65 II 2, 79 b I) gesetzten Ausschlussfrist schriftlich (§ 64) geltend gemachten Vorbringen des Rechtsuchenden (durch Auslegung) „herauslesen" lässt (zum Problem der **Klageerweiterung:** § 47 Rz 3; § 65 Rz 3, 65).

Der Deutlichkeit halber sollten Zulässigkeitsvoraussetzungen eines **12** Rechtsschutzbegehrens, die schon bei Anrufung des Gerichts erfüllt sein müssen (Rz 11), generell (in Anlehnung an BFHE 120, 8 = BStBl II 1980, 49, 50 und BFH 143, 509 = BStBl II 1985, 521, 522; vgl auch BFH/NV 1986, 107; 2004, 650) **Zugangsvoraussetzungen** genannt werden (FG SchlHol EFG 1980, 580 und 609; FG Hessen EFG 1985, 29; BayVGH BayVBl 1992, 148; NJW-RR 1994, 127). Damit soll nicht einer besonderen Art von Zulässigkeitserfordernissen das Wort geredet, sondern nur hervorgehoben werden, dass, soweit die Rechtsschutzgewährung von der Einhaltung gesetzlicher Fristen abhängt, die Fristwahrung zum ausschlaggebenden Kriterium wird, dh bestimmte gesetzlich vorgeschriebene Mindesterfordernisse (von den Heilungsmöglichkeiten nach § 56 abgesehen) **bei Fristablauf erfüllt** sein müssen, damit der Weg frei ist für eine Sachprüfung und Sachentscheidung durch das Gericht (vgl zu alledem näher: § 44 Rz 27 ff, § 64 Rz 8, § 65 Rz 20 und Rz 24 vor § 115). – Die (iÜ systematisch nicht verständliche) Entscheidung GmS HFR 1984, 591 (= NJW 1984, 1027) steht dem schon deshalb nicht entgegen, weil sie ausdrücklich Rechtzeitigkeit der Einlegung des Rechtsmittels (Rechtsbehelfs) voraussetzt. – Richtig ist andererseits, dass (auch) die Zulässigkeitsvoraussetzungen zum Zeitpunkt der Entscheidung noch (immer) vorliegen müssen; **entfallen sie im Verlauf des Verfahrens, wird** die **Klage** idR **unzulässig** (s zB § 47 Rz 4, § 65 Rz 3 u 7; vgl auch BFHE 174, 4 = BStBl II 1994, 599; FG Köln EFG 1995, 584).

5. Darlegungspflicht

13   Im Verwaltungsprozessrecht besteht eine doppelte **Begründungspflicht:** eine prozessuale und eine materiellrechtliche. Art 19 IV GG macht das Beschreiten des Rechtswegs gegenüber der öffentlichen Gewalt („... steht ... der Rechtsweg offen") von der Verletzung eigener Rechte abhängig. Rechtsschutzmöglichkeiten eröffnen sich dem Rechtsuchenden gegenüber der öffentlichen Gewalt nach den einschlägigen prozessrechtlichen Vorschriften nur, soweit er die Verletzung eigener Rechte *geltend macht*. Ausdrücklich normiert ist eine den Rechtsuchenden treffende Darlegungslast zwar nur in § 40 II (§ 40 Rz 59 ff; § 65 Rz 10; vgl auch § 42 II VwGO, § 54 I 2 SGG), in § 116 III 1 und III nF (§ 116 Rz 25 ff) und in § 120 II 1 und 3 (§ 139 III 1 und III 4 VwGO, § 164 II 3 SGG); sie gilt aber entsprechend auch für andere Rechtsschutzbegehren im finanzgerichtlichen Verfahren. Formelhafte Wendungen sind ungeeignet, den Zugang zum Steuergericht zu erreichen (Rz 12). Was im Einzelfall erforderlich ist, um zu einer gerichtlichen Sachentscheidung zu kommen, richtet sich nach der Art des erstrebten Rechtsschutzes. „Faustregel": Die prozessuale Darlegungspflicht ist erfüllt (die Klage insoweit zulässig), wenn das in sich schlüssige **Vorbringen so substantiiert** ist, **dass,** seine **Richtigkeit unterstellt,** der begehrte **Rechtsschutz zu gewähren** ist (str; zur *begrenzten Schlüssigkeitsprüfung* unter dem Gesichtspunkt der Zulässigkeit: *Lüke,* AöR 1984, 185, 204 u JuS 1961, 41, 44; *v Groll* DStR 1989, Beil zu Heft 14, 6 u 9; s iü § 40 Rz 61 ff; vgl auch BFHE 164, 219 = BStBl II 1991, 729, 730 zu § 41; § 116 Rz 26; aA *Kopp/Schenke* Vorb § 40 Rz 22; s iü zum Meinungsstreit *Wahl/Schütz* in *Schoch ua* § 42 II Rz 64 ff).

Ob das Begehren begründet ist, ergibt dann die Richtigkeitsprüfung, in die das Gericht erst eintreten darf (Rz 1), wenn außer der Rechtsbehelfs-/ Rechtsmittelbefugnis auch die übrigen Sachentscheidungsvoraussetzungen vorliegen. In die Richtung einer solchen zweistufigen Prüfung des Rechtsschutzbegehrens weisen zB (das Prinzip einer allgemeinen prozessualen **Darlegungspflicht** allerdings nur ansatzweise erkennen lassend):
- zur **Klagebefugnis:** BFH/NV 2000, 196 u 198 (Anfechtungsklage); BFHE 152, 40 = BStBl II 1988, 286 (Verpflichtungsklage); BFHE 164, 219 = BStBl II 1991, 729, 730 (Feststellungsklage); § 100 Rz 60 (Fortsetzungsfeststellungsklage; s iÜ § 40 Rz 55 u 61, § 41 Rz 11);
- zur **Revisionsbefugnis:** Vor § 115 Rz 12 ff; BFHE 157, 308 = BStBl II 1989, 850; BFH/NV 1990, 517 u 656; 1991, 103; 1993, 374; 1995, 911 (zu § 116 aF: BFH/NV 1994, 806) s auch BFH/NV 2004, 501 und 521; 2005, 1852; § 120 Rz 53 ff; BGH NJW-RR 1992, 383;
- zur **Beschwerdebefugnis:** BFH/NV 1989, 546 u 649; 1990, 508; 1999, 321 u 828; 2000, 218; § 128 Rz 1; Rz 7 ff vor § 115; ferner: BFH/NV 1991, 53 (gegenüber Einstellungsbeschluss) speziell der **Nichtzulassungsbeschwerden:** s jetzt § 115 iVm § 116 III 3 (§ 116 Rz 25 ff); die Rspr zur Darlegungspflicht nach altem Recht (§ 115 III 3 aF) gilt grds weiter (BFHE 152, 40 = BStBl II 1986, 286; BFH/NV

2000, 59, 716, 730; 2004, 803, 979 und 1544; 2005, 224, 1214, 1237 ff, 1618, 1839 ff, 1854); vor allem sind nach dem Zweck der Gesamtregelung (nach wie vor: **Zulassungsbeschränkung**) Einwände gegen die Richtigkeit des angefochtenen Urteils unbeachtlich (§ 116 Rz 27);
– bei **Restitutionsklagen:** BFHE 165, 569 = BStBl II 1992, 252; BFHE 168, 17 = BStBl II 1992, 842; BFH/NV 2004, 78, 359 und 977 § 134 Rz 4;
– beim **vorläufigen Rechtsschutz:** BFHE 144, 404 = BStBl II 1986, 26; BFHE 153, 2 = BStBl II 1988, 585; § 69 Rz 18; § 114 Rz 12;
– bei der **Wiedereinsetzung** in den vorigen Stand (§ 56 II): BFH/NV 1994, 254 u 810; 1995, 989; 2004, 221, 459 und 655; § 56 Rz 48 ff;
– in **Kostensachen:** BFHE 156, 401 = BStBl II 1989, 626;
– im Rahmen der **Prozesskostenhilfe:** BFH/NV 1990, 551; 1991, 474 (für den Fall der Wiederholung des Antrags); 2004, 221, 356 und 365; für das **Wiederaufnahmeverfahren:** BFH/NV 1994, 871 u 890; § 134 Rz 4 (s iÜ § 142 Rz 14);
– zum Antrag auf **Urteilsergänzung** (§ 109): BFH/NV 1990, 513;
– zum Antrag auf **Akteneinsicht:** BFH/NV 1991, 475.

Dieselben Grundsätze gelten auch für eine im Anschluss an das finanzgerichtl Verfahren erhobene **Verfassungsbeschwerde** (BVerfG BStBl II 1979, 92/93; HFR 1990, 579, 1992, 728; DStZ(A) 1992, 119 u 434 HFR 1993, 37 u 202; *Pestalozza,* Verfassungsprozessrecht, 1991 § 12 Rz 27).

II. Prozesshandlungen

Wer sich mit einem Rechtsschutzbegehren an das Gericht wendet, nimmt **14** eine **Prozesshandlung** vor. Ein Beteiligter muss gestaltend **auf** ein gegenwärtiges oder künftiges **Verfahren einwirken** (*R/S* § 63 Rz 1). Die **Wirksamkeit** einer Prozesshandlung (dazu und zur Heilung von Mängeln: BFH/NV 1994, 333 f; speziell zur **Erledigungserklärung** als Bewirkungshandlung: BFHE 202, 228 = BStBl II 2003, 888; s iÜ § 138 Rz 11; zur **Bedingungsfeindlichkeit:** BFH/NV 1994, 871; 2000, 984; 2001, 63; s auch Rz 11 u Vor § 115 Rz 10) richtet sich zwar grds nach den Regeln des Prozessrechts. Für den **Zugang** jedoch gelten die Grundsätze des **§ 130 I 1 BGB,** dh die Willensbekundung muss derart in den **Verfügungsbereich des** Empfängers (idR des **Gerichts;** dazu: BFHE 189, 319 = BStBl II 1999, 662; s auch Rz 16) gelangt sein, dass dieser von ihr Kenntnis nehmen kann (§ 47 Rz 13 ff; *Empfangstheorie;* bei Übermittlung schriftlicher Willensbekundungen durch **Telefax** kommt es grds auf den Ausdruck beim Empfänger an: BFHE 186, 491 = BStBl II 1999, 48; BGH NJW 1995, 665; s außerdem: BGHZ 105, 40, 44 – NJW 1994, 2097; *Burgard,* AcP 195, 74 u BB 1995, 222, 223; zT abw BVerfG NJW 1996, 2857; zur **Wiedereinsetzung** bei Störung des Empfangsgeräts: BVerfG HFR 1996, 759). Für das Verständnis von Prozesshandlungen (zur erforderlichen Bestimmtheit: BFHE 166, 415 = BStBl II 1992, 425; zur prinzipiellen **Unwiderruflichkeit:** Rz 17; *R/S* § 63 I, § 65 V 3; *Zöller* Rz 18 vor § 128; s auch § 50 Rz 7, § 90 Rz 13; bei Veranlassung durch **fehlerhaften richterlichen Hinweis** nimmt BFH/NV 2005, 1943 Unwirksamkeit an) gelten grds die (in den **§§ 133, 157 BGB** fixierten) allgemeinen **Auslegungsregeln** (BFHE 127, 135 = BStBl II 1979, 374; GrS in BFHE 159, 4 = BStBl II 1990, 327, 330; BFH/NV 2002, 352 und 1317; BFHE 193, 85 = BStBl II

2001, 162; BFH/NV 2004, 352 und 1414; BVerwG NJW 1991, 508, 509 mwN; ebenso zur Auslegung außerprozessualer Verfahrenserklärungen: BFH/NV 1987, 359, 360 u 1999, 751). Zwar ist der wirkliche Wille des Erklärenden zu erforschen, doch hat dies – wie auch sonst im Rechtsverkehr – auf der Grundlage des äußeren Erscheinungsbildes der Erklärung und mit Rücksicht auf die Verständnismöglichkeit des Erklärungsempfängers zu geschehen. Maßgeblich ist der an den einschlägigen Gesetzesvorschriften zu messende **objektive Erklärungswert aus Empfängersicht** (BFHE 179, 222 = BStBl II 1996, 322; BFH/NV 1998, 6, 7, 712, 713 und 1347, 1348; HFR 2001, 250; BFHE 206, 201 = BStBl II 2004, 980; *Zöller/Greger* Rz 25 Vor § 128), dh der in der (schriftlichen) Erklärung verkörperte Wille. Der wesentl Inhalt der Prozesshandlung muss sich zumindest andeutungsweise aus der (schriftlich) **verkörperten Erklärung** ergeben (*Larenz* aaO Buchst b) u c); BFHE 127, 135 = BStBl II 1979, 374; BFHE 155, 12 = BStBl II 1989, 107; BFHE 157, 296 = BStBl II 1989, 846; BFH/NV 1989, 449, 450 u 526; 1998, 1235, 1236 u 1349, 1351; 1999, 751). Alleiniger **Inhaltsadressat** eines Rechtsschutzbegehrens im finanzgerichtl Verfahren ist das **Gericht** (s Rz 16). Von ihm erstrebt der Rechtsuchende eine Entscheidung. Daran ändert sich auch nichts, wenn eine Klage nach § 47 II beim FA angebracht wird (§ 47 Rz 18). Auf allein dem FA bekannte oder erkennbare Umstände kann es daher zur Auslegung solcher Prozesserklärungen nicht ankommen (BFH/NV 1999, 1501; 2000, 196 u 198, 2001, 170 f; *R/S* § 65 III. – AM: BFHE 157, 296 = BStBl II 1986, 846; BFHE 179, 222 = BStBl II 1996, 322; BFHE 180, 247 = BStBl II 1996, 483; BFH/NV 1997, 232, 233; 1998, 1245; 1999, 187, 188; einschränkend: BFH/NV 2000, 972; zum Problem der Bezugnahme s auch Rz 16). Ausnahmsweise, soweit gesetzlich vorgesehen, können auch **Unterlassungen, Säumnisse** prozessuale Folgen auslösen (s zB § 65 II 2 u § 79 b III; neuerdings auch bloßes **Schweigen:** Vor § 1 Rz 24; s iÜ *R/S* § 63 Rz 8 u § 68).

15   Den **Auslegungsmaßstab** bestimmt das Gesetz (normative Erklärungsbedeutung – *Larenz* aaO § 19 II a). Für das Verständnis der einzelnen Norm ist der vielzitierte (aber letztlich nie entscheidungserhebliche) Satz, Prozessrecht sei nicht Selbstzweck, sondern habe dem materiellen Recht zu dienen (BGHZ 10, 359–75, 340; BFH – GrS – BFHE 111, 278, 285 = BStBl II 1974, 242, 245; *Zöller,* Einl Rz 92 mwN), wenig hilfreich. Er beschreibt nur programmatisch die prinzipielle Funktion beider Rechtsgebiete innerhalb der Gesamtrechtsordnung und taugt nicht zur Konkretisierung einzelner verfahrensrechtl Gesetzestatbestände. Die haben notwendigerweise – wie andere Normen auch – ihren **eigenen,** von Fall zu Fall zu ermittelnden und vom Rechtsanwender zu beachtenden **Zweck** (dazu grds BVerfG NJW 1990, 1593; *T/K* § 4 AO Rz 85 u 96 ff). Der aber besteht bei den Sachentscheidungsvoraussetzungen vorrangig, häufig sogar ausschließl darin, die mit bestimmten formellen Mängeln behafteten Rechtsschutzbegehren von der Sachprüfung und Sachentscheidung auszuschließen (in concreto dem materiellen Recht also nicht zu dienen; vgl zB § 44 I, § 47 I; zur **eigenständigen Bedeutung** des formellen Rechts für die Rechtsordnung: BVerfGE 60, 253, 270). An die von einem **fachkundigen Vertreter** abgegebene Prozesserklärung sind grds **strengere Anforderungen** zu stellen als an die von einem Laien stammende (BFHE 196, 12, 15 = BStBl II 2002, 13; BFH/NV 2004, 803).

Der Zweck prozessualer Formvorschriften (zB des § 64) besteht nicht **16** nur darin, den Erklärenden vor Übereilung zu schützen, sondern mindestens gleichrangig auch darin, vorrangig **dem Gericht** als dem **Adressaten** prozessualer Willensbekundungen (BFHE 189, 319 = BStBl II 1999, 662), aber auch den anderen Prozessbeteiligten und schließlich womöglich auch Dritten gegenüber klare und eindeutige Verhältnisse für den weiteren Prozessverlauf zu schaffen. Darum ist der isolierte Hinweis auf den „wirklichen" Willen des Erklärenden (BGH HFR 1994, 625 u NJW-RR 1999, 938) zumindest missverständlich: Die Anforderungen an **formbedürftige Prozesserklärungen** sind strenger als die allgemeinen, in § 133 BGB für materiellrechtliche Willenserklärungen formulierten (unklar daher: BFHE 169, 507 = BStBl II 1993, 306; unsystematisch BFHE 179, 222 = BStBl II 1996, 322, wonach *dem FA* bekannte Umstände bedeutsam sein sollen). Die Auslegung einer Prozesserklärung darf **nicht** zur **Annahme eines Erklärungsinhalts** führen, **für die sich in der (verkörperten) Erklärung** selbst **keine Anhaltspunkte** mehr **finden lassen** (BFHE 157, 217 = BStBl II 1989, 822; BGH/NV 1991, 726, 727; 1994, 636, 637; 1998, 1235, 1236; 1999, 751; abw: BFH/NV 1996, 701; s auch Rz 14; allgemein dazu: *Scherer,* Andeutungstheorie und falsa demonstratio beim formbedürftigen Rechtsgeschäft in der Rechtsprechung des Reichsgerichts und des Bundesgerichtshofs, 1987; zur Gesetzesauslegung: *T/K* § 4 AO Rz 214 ff; zur Auslegung von VAen: Rz 44 vor § 40). Leider hat sich dieser Grundsatz für die Auslegung steuerprozessualer Willensbekundungen noch nicht immer mit der wünschenswerten Eindeutigkeit durchgesetzt. – Richtig ist, dass es (ebenso wie sonst im Rechtsleben) *nicht* entscheidend auf Wortwahl und *Bezeichnung* ankommt (BFH NV 1990, 707), sondern auf den **gesamten Inhalt der Willensbekundung** (BFH/NV 1998, 1349, 1351; also zB auch auf die Begründung eines Klagebegehrens oder auf die **beigefügte Steuererklärung**: BFHE 180, 247 = HFR 1996, 747; idR unabhängig davon, dass sich der erklärte Wille in verschiedenen Schriftstücken äußert, sofern nicht Fristablauf entgegensteht: BFH/NV 1990, 171 u 1991, 613). Zu weitgehend dagegen die BFH-Rspr, die Ermittlung des Klagebegehrens ganz allgemein durch **„Rückgriff auf die Steuerakten"** zulässt (BFH/NV 2003, 190 mwN). Übersehen wird dabei immer wieder, dass die Erforschung des „wirklichen Willens" des Erklärenden nicht einziges und ausschlaggebendes Kriterium ist (wie offenbar in BFHE 147, 403 = BStBl II 1987, 5 u in BFH/NV 1991, 732, 733; ähnlich für das außergerichtliche Rechtsbehelfsverfahren: BFHE 88, 314 = BStBl III 1967, 382; BFH/NV 1989, 616; 2003, 1142; BFHE 203, 135 = BFH/NV 2003, 1672), sondern aus den zuvor genannten Gründen in der Manifestation dieses Willens **in der (verkörperten) Prozesserklärung** ihre Grenze hat (BFH/NV 1991, 726 f; 1994, 636 f; s auch Rz 14). Für Rechtsschutzbegehren im finanzgerichtlichen Verfahren folgt aus der Formgebundenheit (§ 64) solcher Erklärungen und dem Umstand, dass deren *Inhaltsadressat* allein das *Gericht* ist, eine Einschränkung der Möglichkeit, für das Verständnis des Erklärten **Bezugnahmen** nachzugehen (s auch § 65 Rz 20 f; allgemein hierzu: *Grummer* in Zöller § 519 Rz 40; BFHE 143, 196 = BStBl II 1985, 470; BFH/NV 1998, 332; 1999, 824 u 960; HFR 2001, 250 – jew mwN; zur Revisionsbegründung: BFHE 150, 406 = BStBl II 1987, 814; BFH/NV 1999, 149; zur NZB-Begründung:

BFH/NV 1998, 330): Nach Funktion und Zweck der einschlägigen Regelungen sind Verweisungen auf Umstände außerhalb solcher *bestimmenden Schriftsätze* (§ 64 Rz 4) nur insoweit geeignet, zur Bestimmung des Erklärungsinhalts beizutragen, als sie dem **Gericht** zumindest **erkennbar** sind und, soweit es sich um fristgebundene Erklärungen handelt, nur soweit diese Mindestvoraussetzungen **bei Fristablauf** erfüllt sind (s auch Rz 11; § 47 Rz 1 ff; aM die zu Rz 14 aE zitierte BFH-Rspr). An diesen Auslegungsgrundsätzen ändert auch die **„Meistbegünstigungsklausel"** (BFHE 147, 403 = BStBl II 1987, 5; BVerwG NJW 1991, 508, 509 f; BGH WM 1992, 119, 120; NJW-RR 1996, 1210; BFH/NV 1999, 633, 634; 2000, 872; *R/S* § 108 V 2 a u § 136 II 2; hier § 40 Rz 7) nichts, weil dieser Gedanke **nur zum Schutz gegenüber unkorrekten Entscheidungen** passt (s auch Vor § 115 Rz 4) – ebenso wenig wie der „Grundsatz einer rechtsschutzgewährenden Interpretation" (BFHE 169, 507 = BStBl II 1993, 306; BFH/NV 1991, 695; 1995, 279, 280; 2000, 196 u 198; 2005, 1608 u 2029, 2030; 2006, 68; zutreffend demgegenüber FG Saarl EFG 1991, 739, 740). Konsequenz der **Dispositionsmaxime** ist es, dass Prozesserklärungen nicht durch (noch so wohlmeinende) Richter ersetzt werden dürfen (s auch § 96 Rz 27). Eine **Umdeutung** kommt daher vor allem bei fachkundiger Vertretung, (dazu auch BFH/NV 2000, 872) idR **nicht** in Betracht (BFHE 183, 30 = BStBl II 1997, 660; BFH/NV 2004, 803; 2004, 1539; unklar in der Abgrenzung zur Auslegung: BFHE 203, 135, 142 = BStBl II 2004, 616), wohl aber die formlose, unbefristete **Korrektur offenkundiger** (aus der verkörperten Erklärung – so als solche erkennbare) **Versehen** (BGH NJW 2003, 3418; *Zöller/Greger* Rz 25 Vor § 128).

17   **Raum für** die **Auslegung** von Prozesshandlungen ist **nur, soweit** die Willensbekundung zu Zweifeln Anlaß gibt oder **unbestimmt** ist (BFH/NV 1987, 359, 360; 1993, 2, 3 u 549; 1995, 481, 483; 1999, 1226; 2000, 1125; FG Bln EFG 2001, 34) und die Verfahrensordnung Klarstellungen (noch) zulässt. Ein Klagebegehren zB (nicht gleichzusetzen mit dem Klageantrag: § 96 I 2; § 96 Rz 3), das unmissverständlich auf Teiländerung eines Steuerbescheides abzielt (§ 100 II 1; dazu näher Rz 41 vor § 40 u § 47 Rz 3), ist nicht auslegungsbedürftig und nach Ablauf der Klagefrist nicht mehr „ergänzungs- oder verbesserungsfähig" (zutr *Koenig*, DStR 1990, 512 gegen BFH – GrS – in BFHE 159, 4 = BStBl II 1990, 327; vgl iü § 47 Rz 3 f). **Erklärungsmängel** sind nach ganz überwiegender Meinung bei Prozesshandlungen **unbeachtlich**, Anfechtung oder Widerruf ohne Einschränkung ausgeschlossen (BFH/NV 1987, 517, 518; BFH/NV 1992, 49, 50; § 72 II 3 regelt keinen Ausnahmetatbestand, sondern nur die Rechtsfolge bei Unwirksamkeit einer bestimmten Prozesshandlung; zum Streitstand: *Schwab*, FS für Baumgärtel, 1990, 503).

III. Allgemeine Rechtsgrundsätze

18   Noch weitgehend ungeklärt ist die Bedeutung **allgemeiner Rechtsgrundsätze** im Prozessrecht (Treu und Glauben, Rechtsmissbrauch, Sittenwidrigkeit ua; s auch Rz 5; § 46 Rz 35, Rz 7 vor § 76; zum Einwand des Rechtsmissbrauchs: BGH HFR 1990, 398; *Teichmann* JuS 1990, 269; zu Treu und Glauben: BFH/NV 1992, 50; 1996, 733 = HFR 1996, 722; FG D'dorf/EFG 2005, 883; zur *Verwirkung* prozessualer Befugnisse:

BVerfGE 32, 305; BFHE 106, 134, 137; BFH/NV 2003, 1142 und 2004, 205 (generell dazu: *v Groll* FR 1995, 814; *R/S* § 2 IV u § 65 VII; *Zöller/Vollkommer,* Einl, Rz 56 ff). Übereinstimmung besteht darin, *dass* sie grundsätzlich auch im Prozessrecht gelten, nicht aber *wie.* Letzteres muss von Fall zu Fall (vgl zB § 46 Rz 35) nach der konkreten Normlage und der Eignung des Rechtsgrundsatzes, auf diese einzuwirken, beurteilt werden (vgl allgemein zur Konkretisierung allgemeiner Rechtsgrundsätze: *v Groll,* StuW 1991, 239, 241 mwN). Dabei ist zweierlei zu beachten: Die allgemeinen Rechtsgrundsätze

– sind ungesetztes, aber nicht überpositives Recht (*T/K* § 4 Rz 51); sie wirken daher nur **rechtsbegrenzend,** nicht rechtsbegründend;

– wenden sich an den Partner einer konkreten Rechtsbeziehung (*T/K* § 4 Rz 56), gelten also **nur innerhalb eines bestimmten Prozessrechtsverhältnisses** (s auch Rz 5) und nur für die hieran Beteiligten, binden also nicht den **Richter.**

Die Schutzfunktion allgemeiner Rechtsgrundsätze übernimmt daher im **19** Prozessrecht mehr und mehr das aus Art 2 I GG iVm dem Rechtsstaatsprinzip hergeleitete **Recht** der Prozessbeteiligten **auf ein faires Verfahren** (BVerfGE 78, 123, 126 f; 79, 372, 376 f; NJW 1998, 1853 u 2044; HFR 1999, 301; BFHE 188, 528 = BStBl II 1999, 565; BFH/NV 2000, 439 = HFR 2000, 363; BGH HFR 1999, 670; BAG DB 1997, 2336; s auch Rz 7 vor § 76 u § 76 Rz 54), wonach der Richter gehalten ist, das Verfahren so zu gestalten, wie die Verfahrensbeteiligten dies von ihm erwarten dürfen, insbesondere widersprüchliches Verhalten zu unterlassen und Rücksichtnahme zu üben.

Im Rahmen seiner **revisionsrechtlichen Überprüfung** ist der BFH an **20** die vom FG festgestellten Tatsachen (BFHE 146, 196 = BStBl II 1986, 474; BFH/NV 1987, 178) und an das Auslegungsergebnis des FG nicht gebunden (BFH/NV 1986, 171, 172; 1991, 795; 1994, 687; 1995, 396; 1998, 1099, 1100 u 1347, 1348; 2000, 103, s auch BGH NJW-RR 1996, 833). Unzutreffende Beurteilung von Sachentscheidungsvoraussetzungen durch das FG ist ein **Verfahrensmangel** iS des § 115 Nr 3 (BFHE 153, 509 = BStBl II 1988, 897; BFH/NV 2004, 1284; vgl iÜ § 115 Rz 25). Die Prüfungskompetenz des **BVerfG** ist auch hier auf *verfassungsrechtliche* Auswirkungen beschränkt (BVerfG HFR 1994, 625).

Abschnitt V. Finanzrechtsweg und Zuständigkeit

Unterabschnitt 1. Finanzrechtsweg

§ 33 [Zulässigkeit des Finanzrechtswegs]

(1) Der Finanzrechtsweg ist gegeben

1. in öffentlich-rechtlichen Streitigkeiten über Abgabenangelegenheiten, soweit die Abgaben der Gesetzgebung des Bundes unterliegen und durch Bundesfinanzbehörden oder Landesfinanzbehörden verwaltet werden,

2. in öffentlich-rechtlichen Streitigkeiten über die Vollziehung von Verwaltungsakten in anderen als den in Nummer 1 bezeichneten

Angelegenheiten, soweit die Verwaltungsakte durch Bundesfinanzbehörden oder Landesfinanzbehörden nach den Vorschriften der
Abgabenordnung zu vollziehen sind,

3. in öffentlich-rechtlichen und berufsrechtlichen Streitigkeiten über
Angelegenheiten, die durch den Ersten Teil, den Zweiten und den
Sechsten Abschnitt des Zweiten Teils und den Ersten Abschnitt des
Dritten Teils des Steuerberatungsgesetzes geregelt werden,

4. in anderen als den in den Nummern 1 bis 3 bezeichneten öffentlich-
rechtlichen Streitigkeiten, soweit für diese durch Bundesgesetz oder
Landesgesetz der Rechtsweg eröffnet ist.

(2) Abgabenangelegenheiten im Sinne dieses Gesetzes sind alle mit
der Verwaltung der Abgaben einschließlich der Abgabenvergütungen
oder sonst mit der Anwendung der abgabenrechtlichen Vorschriften
durch die Finanzbehörden zusammenhängenden Angelegenheiten
einschließlich der Maßnahmen der Bundesfinanzbehörden zur Beachtung der Verbote und Beschränkungen für den Warenverkehr über die
Grenze; den Abgabenangelegenheiten stehen die Angelegenheiten der
Verwaltung der Finanzmonopole gleich.

(3) Die Vorschriften dieses Gesetzes finden auf das Straf- und Bußgeldverfahren keine Anwendung.

Vgl § 40 VwGO; § 51 SGG; § 13 GVG; § 48 a ArbGG.

Übersicht

Literatur: *Broß,* Rechtswegprobleme zwischen Zivil- und Verwaltungsgerichten, VerwA 1988, 97; *Finkelnburg,* Zur Entwicklung der Abgrenzung der
Verwaltungsgerichtsbarkeit im Verhältnis zu anderen Gerichtsbarkeiten durch

das Merkmal der öffentlich-rechtlichen Streitigkeit, in: Festschrift für Menger, Köln 1985, S 279; *Gern,* Neuansatz der Unterscheidung des öffentlichen Rechts vom Privatrecht, ZRP 1985, 56; *Glanegger,* Untersuchungsausschuß und Steuergeheimnis – Finanzrechtsweg zulässig?, DStZ 1993, 553; *Guttenberg,* Unmittelbare Außenwirkung von Verwaltungsvorschriften? – EuGH, NVwZ 1991, 866 und 868, in: JuS 1993, 1006; *Hellmann,* Der Rechtsweg gegen die Versagung der Akteneinsicht durch die Finanzbehörde nach Abschluß des steuerstrafrechtlichen Ermittlungsverfahrens, DStZ 1994, 371; *Kalmes,* Konkursantrag des Finanzamts und einstweilige Anordnung als vorläufiger Rechtsschutz, BB 1989, 818; *Lörcher,* Das Verhältnis des europäischen Gemeinschaftsrechts zu den Grundrechten des Grundgesetzes, JuS 1993, 1011; *Meilicke,* Hindernislauf zum gesetzlichen Richter, BB 2000, 17; *Oehlert,* Harmonisierung durch EG-Richtlinien: Kompetenz, Legitimation, Effektivität, JuS 1997, 317; *Schneider,* Verfahrensrechtliches Chaos beim Kindergeld und aktuelle Hinweise, Stbg 1997, 159; *Thesling,* Steuerrechtliches Verfahrensrecht und Europarecht, DStR 1997, 848; *Trautwein,* Zur Rechtsprechungskompetenz des BVerfG auf dem Gebiet des Europäischen Gemeinschaftsrechts, JuS 1997, 893.

A. Vorbemerkungen

I. Rechtswegezuweisung

Der durch Art 19 IV GG garantierte möglichst lückenlose und effektive **1** **gerichtliche Schutz des Einzelnen** gegen Eingriffe der (deutschen) öffentlichen Gewalt (vgl BVerfGE 40, 274; 41, 323 ff; 49, 256 ff m Anm *H. Weber* JuS 1979, 287; BVerfGE 50, 217 ff m Anm *P. Selmer* JuS 1979, 749; BVerfGE 51, 268 ff; 57, 9 ff) ist für den Bereich der **Abgabenangelegenheiten** (Rz 14 ff) mit Ausnahme der Straf- und Bußgeldverfahren (Rz 21 ff) der Finanzgerichtsbarkeit zugewiesen (vgl die Begründung zum Regierungsentwurf – BT-Drucks IV/1446 S 43). Der Finanzrechtsweg kann im Einzelfall jedoch nur nach näherer Maßgabe des § 33 beschritten werden (vgl BFHE 103, 47 = BStBl II 1971, 813). Eine unzulässige Einschränkung des verfassungsrechtlich garantierten Rechtsschutzes kann hierin nicht gesehen werden, weil Art 19 IV GG Rechtsschutz nur im Rahmen der geltenden Prozeßordnungen gewährleistet (vgl BVerfGE 27, 297 ff; 31, 463 ff; 35, 73; 263). – Für **verfassungsrechtliche Streitigkeiten** ist der Finanzrechtsweg verschlossen. Das ergibt sich zwar nicht aus dem Wortlaut des § 33 (anders § 40 I 1 VwGO), wohl aber aus Art 93 GG, den Spezialvorschriften des § 13 Nr 5–8 und § 10 BVerfGG sowie entsprechenden landesrechtlichen Bestimmungen. – **Bürgerlich-rechtliche Streitigkeiten** gehören vor die ordentlichen Gerichte, soweit nicht besondere Gerichtsbarkeiten (Arbeitsgerichte, Schifffahrtsgerichte) eingerichtet sind (§ 13 GVG). – Zur Entscheidung **öffentlich-rechtlicher Streitigkeiten** nichtverfassungsrechtlicher Art sind die Verwaltungsgerichte berufen, soweit die Streitigkeiten nicht durch Bundesgesetz einem anderen Gericht ausdrücklich zugewiesen sind (§ 40 VwGO). Eine solche „Zuweisung" ist an die Sozialgerichte (§ 51 SGG) und die Finanzgerichte (§ 33) erfolgt.

Ob das im konkreten Streitfall anzuwendende **Gesetz gültig** ist **oder** **2** **nicht,** hat für die Bestimmung des Rechtswegs keine Bedeutung, weil gerade auch diese Frage einer gerichtlichen Überprüfung zugeführt werden soll (BVerfG NJW 1986, 1483 = ZfZ 1986, 139).

II. Entscheidungskompetenz

5   Ist der Finanzrechtsweg eröffnet, erstreckt sich die Entscheidungskompetenz der FG auf bürgerlichrechtliche, verwaltungs- und sozialrechtliche **Vorfragen** (umgekehrt sind grundsätzlich auch die Gerichte der anderen Gerichtszweige befugt, über abgabenrechtliche Vorfragen zu entscheiden – vgl BVerwG Buchholz 238.4 § 31 SGG Nr 11; vgl auch BFHE 144, 207 = BStBl II 1985, 672, 673). Darüber hinaus ist das FG verpflichtet, ein Rechtsschutzbegehren, das in verschiedenen Rechtswegen verfolgt werden kann, **unter allen Gesichtspunkten** zu prüfen (§ 155 iVm § 17 II GVG; Anhang § 33 Rz 14). – Eine **Einschränkung der Entscheidungskompetenz** gilt für die Fälle, in denen eine Bindung an die Entscheidungen anderer Behörden oder Gerichte besteht (Tatbestands- oder Feststellungswirkung – vgl *T/K* § 88 AO Rz 6, 36 ff). Das ist insbesondere bei rechtsgestaltenden Entscheidungen der Fall. Die strafgerichtliche Verurteilung wegen Steuerhinterziehung bindet die Finanzgerichte allerdings nicht (BFH StRK RAO § 278 R 12). – Eine weitere **Einschränkung der Kompetenz** der FG ergibt sich daraus, dass im Einzelfall eine Aussetzung des Verfahrens (§ 74) geboten ist oder doch als zweckmäßig erscheint (vgl BFHE 144, 207 = BStBl II 1985, 672, 673; im Übrigen s § 74 Rz 5, 6, 12 ff).

6   Die Prüfungskompetenz der FG erstreckt sich grundsätzlich auch auf die Vereinbarkeit des nationalen Rechts mit dem **Recht der EG** (EuGH Urteil v 14. 12. 1995 C 312/93 nv; zur Rechtsnatur des Gemeinschaftsrechts s zB BVerfGE 22, 293). Letztinstanzliche Gerichte sind jedoch nach Art 234 III EWGV (Art 177 III EWGV aF) in bestimmten Fällen verpflichtet, Rechtsfragen, die das Gemeinschaftsrecht betreffen, dem EuGH zur Vorabentscheidung vorzulegen (Vor § 74 Rz 7). – Zum **Vorrang des Gemeinschaftsrechts** s BVerfGE 31, 145, 173 f; 75, 233 = NJW 1988, 1459; BVerfG NJW 1987, 577; BB 1987, 2111; BVerwG RIW/AWD 1991, 426; *Everling* Stbg 1988, 281; *Jarass* NJW 1990, 2420; *Lörcher* JuS 1993, 1011. – Zur **unmittelbaren Geltung von EG-Verordnungen** in den Mitgliedstaaten s Art 249 II iVm Art 10 EWGV (Art 189 II iVm Art 5 EWGV aF); EGH NJW 1972, 1639; BVerfG NJW 1988, 2173; BVerfGE 75, 223; zur Bedeutung der **EG-Richtlinien** s BVerwG DVBl 1987, 1073, BVerwGE 70, 41; 74; 241; BGH RIW/AWD 1990, 1024; EGH NJW 1982, 499; EGH NVwZ 1991, 866 und 868; *Jarras* NJW 1991, 2665; *Dänzer-Vanotti* StVj 1991, 1; *Beisse* StVj 1992, 42, 48. – Zur **Bindung des BFH** an eine von der Vorinstanz eingeholte Entscheidung des EuGH s BVerfG BB 1987, 2111. – Eine **Vorlage an das BVerfG** nach Art 100 I GG wegen einer Kollision zwischen sekundärem Gemeinschaftsrecht (EG-Verordnungen und -Richtlinien) und den Grundrechten des GG ist **unzulässig,** solange die EG und der EuGH generell einen wirksamen Grundrechtsschutz gewährleisten (BVerfGE 73, 339, 366 ff; s auch *Beisse* StVj 1992, 42, 46). – Der **EuGH** ist für die Vorlagefrage **gesetzlicher Richter** iS des Art 101 I 2 GG (BVerfGE 73, 339, 366 ff; 75, 223, 243 f; BVerfG NJW 1988, 1456; 1992, 678; BVerwG RIW/AWD 1990, 676; zur Abgrenzung s BVerfG DB 1991, 2230).

Zur Frage, wie sonst bei **verfassungsrechtlichen Vorfragen** zu verfahren ist (Pflicht zur Vorlage der Frage beim BVerfG), s Art 100 GG, § 80 BVerfGG (vgl BVerfG Beschluss v 2. 12. 1997 2 BvL 55/92 nv; *Kopp/ Schenke* § 1 Rz 7; § 40 Rz 44; § 47 Rz 100, 106; § 50 Rz 10).

III. Einhaltung der Rechtswegezuständigkeit

Die Zulässigkeit des Finanzrechtswegs ist als **Sachentscheidungsvo** **7** **raussetzung** in jeder Lage des Verfahrens von Amts wegen zu prüfen (Vor § 33 Rz 4).

B. Eröffnung des Finanzrechtswegs

I. § 33 I Nr 1 – Öffentlich-rechtliche Streitigkeiten über bestimmte Abgabenangelegenheiten

§ 33 I Nr 1 eröffnet den Finanzrechtsweg in öffentlich-rechtlichen **9** Streitigkeiten über Abgabenangelegenheiten iS des § 33 II, soweit die Abgaben der Gesetzgebung des Bundes unterliegen und durch Bundes- oder Landesfinanzbehörden verwaltet werden.

1. Öffentlich-rechtliche Streitigkeiten

Die Frage, ob Streitigkeiten öffentlich-rechtlicher oder (im Gegensatz **10** dazu) bürgerlich-rechtlicher Art sind, ist nach der „wahren Rechtsnatur des … Anspruchs", wie sie sich aus dem tatsächlichen Vortrag der klagenden Partei ergibt", zu beantworten (vgl GmS BGHZ 97, 312 = NJW 1986, 2359; GmS BGHZ 102, 280 = NJW 1990, 1527; BGH NJW 1988, 1731; 1989, 303; 1991, 1686, 1687; 1993, 2680; BFHE 117, 23; BFHE 132, 390 = BStBl II 1981, 349; BFHE 143, 523 = BStBl II 1985, 553; BFHE 146, 298; BFH/NV 1990, 151, 152). Welche Kriterien für die Unterscheidung zwischen öffentlichem und privatem Recht maßgebend sind, ist nicht endgültig geklärt (s die Übersicht über den Meinungsstand bei *Kopp/ Schenke* § 40 Rz 11 ff). Die **Subjektions-** oder **Subordinationstheorie** nimmt die Abgrenzung danach vor, ob sich die Beteiligten im Verhältnis der Über- und Unterordnung (dann öffentliches Recht) oder im Verhältnis der Gleichordnung (dann Privatrecht) gegenüberstehen (RGZ 166, 226; BGH LM Nr 10 zu § 13 GVG; BGHZ 41, 264). Sie versagt jedoch insbesondere bei öffentlich-rechtlichen Verträgen. – Nach der neueren (modifizierten) **Subjektionstheorie** (bzw „Zuordnungslehre" oder **Sonder** **rechtstheorie**) ist öffentliches Recht „der Inbegriff derjenigen Rechtssätze, deren berechtigtes oder verpflichtetes Zuordnungssubjekt ausschließlich ein Träger hoheitlicher Gewalt ist". Öffentliches Recht ist also das „Amtsrecht" der Träger hoheitlicher Gewalt und ihrer Organe (*Kopp/Schenke* § 40 Rz 11 mwN; *Finkelnburg,* Menger-Festschrift S 279, 281; s auch GmS BGHZ 97, 312 = NJW 1986, 2359; GmS BGHZ 102, 280 = NJW 1990, 1527).

Die Rspr (auch die des BFH) tendiert zur neueren Subjektionstheorie, **11** beschränkt sich im allgemeinen aber auf die Feststellung, dass eine Streitigkeit öffentlich-rechtlichen Charakter hat, wenn sich der Klageanspruch nach der ihm vom Kläger gegebenen Begründung als Folge eines Sachverhalts darstellt, der im öffentlichen Recht wurzelt (BFHE 91, 518 = BStBl II 1968, 384; BFHE 104, 181 = BStBl II 1972, 284; BFHE 108, 486 = BStBl 1973, 502 und die Nachweise zu Rz 10; s auch GmS BGHZ 102, 280 = NJW 1990, 1527; BVerwGE 69, 192; BVerwG Buchholz 310 § 40 VwGO Nr 188; BGHZ 66, 229; 71, 180 = NJW 1978, 1385). Maßgebend für die Beurteilung ist dabei nicht die Rechtsansicht des Klägers, sondern allein sein Tatsachenvortrag (BFHE 120, 571 = BStBl II 1977, 318; BFHE 182, 515 = BStBl II 1997, 543; BGHZ 72, 57). Der schlüssige Vortrag des Klägers reicht aus (*Grunsky*, Grundlagen S 337; *T/K* § 33 FGO Rz 7.

12   **Das Abgabenrecht gehört** – zumal Steuervereinbarungen unzulässig sind (BFHE 60, 235; 61, 137; 74, 312; 78, 225; BVerwGE 8, 329 = Buchholz 401.0 § 1 AO Nr 1; BVerwGE 48, 166; BVerwG BStBl II 1975, 679, 682; BGHZ 66, 199) – nach allen Abgrenzungskriterien **in seinem Kernbereich zum öffentlichen Recht.**

2. Allgemeiner Begriff der Abgabenangelegenheiten iS des § 33 II

14   Der **Begriff der Abgabenangelegenheiten** (§ 33 II) ist weit gefasst. Nach dem Gesetz sind hierunter sämtliche Maßnahmen der Finanzbehörden zu verstehen, die mit der Anwendung abgabenrechtlicher Vorschriften im Zusammenhang stehen, insbesondere solche, die der Verwirklichung bzw Durchsetzung des (öffentlich-rechtlichen) Abgabenanspruchs dienen.

15   Zu den **Abgabenangelegenheiten, die mit der Verwaltung der Abgaben zusammenhängen** (§ 33 II Hs 1), gehören alle Streitigkeiten über **Steuern** (§ 3 AO) und **Ein- und Ausfuhrabgaben** gem Art 4 Nr 10 und 11 ZK (§ 3 III AO), insbesondere **Zölle. Gebühren, Beiträge und Sonderabgaben** (zu letzteren s BVerfGE 67, 256 = BStBl II 1984, 858, 864 ff mwN; *Tipke,* Die Steuerrechtsordnung, Köln 1993, S 1070 ff) sind zwar Abgaben iS des § 33 II, Streitigkeiten hierüber gehören aber grundsätzlich nicht vor die Finanzgerichte, weil diese Abgaben weder der Gesetzgebung des Bundes unterliegen noch von Bundes- oder Landesbehörden verwaltet werden (Ausnahme: Vollstreckungsgebühren gem §§ 337 ff AO; Zollgebühren gem § 178 AO; s auch Rz 17). – Abgabenangelegenheiten sind außerdem alle mit der Verwaltung der **Abgabenvergütungen** zusammenhängenden Angelegenheiten (§ 33 II Hs 1), insbesondere Streitigkeiten über **Kindergeld,** Zollvergütungen, Investitionszulagen und den Vorsteuerabzug bei der USt. Zu **Abschöpfungen nach EG-Recht** s Rz 30 „Abschöpfungen" und Rz 40. – Abgabenangelegenheiten sind außerdem sonstige mit der **Anwendung abgabenrechtlicher Vorschriften zusammenhängenden Angelegenheiten**(§ 33 II Hs 1 – vgl Rz 30). Maßnahmen der Bundesfinanzbehörden zur Beachtung der Verbote und Beschränkungen für den **Warenverkehr über die Grenze** sind jedoch nur Abgabenangelegenheiten, soweit sie mit einer **abgabenrechtlichen Zollbehandlung** bei der Einfuhr, Ausfuhr oder Durchfuhr im Zusammenhang stehen (ausführlich BFHE 146, 7 = BStBl II 1986, 410, 411 ff). Die Angelegenheiten der Verwaltung der Finanzmonopole stehen den Abgabenangelegenheiten gleich. – Wegen der Einzelfälle s Rz 30. – Einziges Finanzmonopol ist nach dem Auslaufen des Zündwarenmonopols (BGBl I 1982, S 1241) das Branntweinmonopol (RGBl I

1922 S 405, zuletzt geändert durch Gesetz vom 22. 12. 1999, BGBl I 1999 S 2534).

3. Öffentlich-rechtliche Streitigkeiten über Abgabenangelegenheiten

Nach **§ 33 I Nr 1** liegen öffentlich-rechtliche Streitigkeiten über Abga-   **17**
benangelegenheiten nur vor, soweit die Abgaben der (ausschließlichen und konkurrierenden) Gesetzgebung des Bundes unterliegen und durch Bundes- und Landesfinanzbehörden verwaltet werden.

a) Begrenzung durch Gesetzgebungskompetenz und Verwaltungshoheit

Zur **Gesetzgebungskompetenz** s Art 105 I und II GG iVm Art 106 I   **18**
Nr 1–7 GG bzw Art 72 II GG. – Zwar hat der Bund die Gesetzgebungskompetenz für Zölle weitgehend auf die Europäische Gemeinschaft übertragen (Art 14, 23 ff EWGV), Auswirkungen auf die Rechtswegezuständigkeit hat dies aber nicht, weil insoweit lediglich die Verteilung der Gesetzgebungskompetenz zwischen dem Bund und den Ländern eine Rolle spielt (*T/K* § 33 FGO Rz 17). Auch das Inkrafttreten des ZK am 1. 1. 1994 hat nichts daran geändert, dass gemäß § 33 I Nr 1 in Zollsachen, soweit die Zölle durch Bundesfinanzbehörden verwaltet werden, den Rechtsweg zu den Finanzgerichten eröffnet ist (Art 243–246 ZK; *Witte/Alexander* Vor Art 243 Rz 7; Art 243 Rz 15 ff; s auch BFH/NV 2000, 529; 615; 619; 670). Nicht in den Anwendungsbereich des § 33 Nr 1 fallen die **örtlichen Verbrauch- und Aufwandsteuern** (solange sie soweit sie nicht bundesgesetzlich geregelten Steuern gleichartig sind); ihre Regelung steht in der ausschließlichen Gesetzgebungskompetenz der Länder (Art 105 II a GG). Der Finanzrechtsweg kann insoweit allenfalls nach § 33 I Nr 4 (Rz 40 ff) eröffnet sein. – Wegen der Einzelheiten wird auf die Kommentierungen der Art 105, 106, 72 GG und *Tipke,* Die Steuerrechtsordnung, Köln 1993, S 1086 ff, verwiesen.

Die **Verwaltungshoheit** ist in Art 108 GG geregelt. Danach gilt Fol-   **19**
gendes:

Die **Bundesfinanzbehörden** (vgl § 1 FVG) verwalten die Zölle, Finanzmonopole, die bundesgesetzlich geregelten Verbrauchsteuern einschließlich der Einfuhrumsatzsteuer und Biersteuer sowie die Abgaben im Rahmen der Europäischen Gemeinschaften (Art 108 I GG).

Die **Landesfinanzbehörden** verwalten die übrigen Steuern (Art 108 II GG) und zwar
– **im Auftrage des Bundes:** ESt, LSt, KapESt, SolZ, KSt, USt (ohne Einfuhrumsatzsteuer), Kapitalverkehrsteuer, Versicherungsteuer, Wechselsteuer, Ergänzungs- und Lastenausgleichsabgaben oder
– **als eigene Angelegenheit:** die Erbschaft-, Kraftfahrzeug-, Grunderwerb-, Rennwett- und Lotteriesteuer, Feuerschutz- und die (inzwischen abgeschaffte) Vermögensteuer sowie die Spielbankabgaben. Das gilt grundsätzlich auch für die **Realsteuern** (Gewerbe- und Grundsteuern), die den Gemeinden (Gemeindeverbänden) zufließen. Nach Art 108 IV GG kann die Verwaltung der Steuern insoweit aber ganz oder teilweise durch Gesetz den Gemeinden (Gemeindeverbänden) übertragen wer-

den. Das ist hinsichtlich der Festsetzung der GewSt und GrSt mit Ausnahme der Stadtstaaten Berlin, Bremen und Hamburg in allen Bundesländern geschehen. In den **Flächenländern** werden die Realsteuern nur teilweise durch die Landesfinanzbehörden verwaltet (§§ 1, 2 FVG, § 6 AO). Für die Feststellung der Besteuerungsgrundlagen, die **Festsetzung der Messbeträge,** die Zerlegung und Zuteilung (§§ 184 ff, 190 AO) sind die Landesfinanzbehörden zuständig; Klagen gegen die von den Landesfinanzbehörden erlassenen Bescheide sind vor den **Finanzgerichten** zu erheben (§ 33 I Nr 1). – Für die **Festsetzung der GewSt** und GrSt sind die Gemeinden zuständig. Rechtsschutzbegehren sind insoweit vor den **Verwaltungsgerichten** zu verfolgen. – In den **Stadtstaaten** wird die GewSt und die GrSt durch die Finanzämter festgesetzt, so dass der **Finanzrechtsweg** gegeben ist.

b) Sonstige Einschränkungen der Rechtswegezuständigkeit

21   **aa) Straf- und Bußgeldverfahren (§ 33 III)** sind wegen der nach Zielsetzung und Inhalt bestehenden Unterschiede zum Abgabenverwaltungsrecht den **ordentlichen Gerichten** zugewiesen. Dies gilt nach Art 246 ZK auch für Zollsachen. – Für die Bestimmung des gegen Maßnahmen der Steuerfahndung eröffneten Rechtswegs ist entscheidend darauf an, in welcher Funktion und in welchem Verfahren die Finanzbehörde erkennbar tätig geworden ist. Wird die Steuerfahndung oder auf ihre Veranlassung das Wohnsitzfinanzamt **nach Einleitung** eines Steuerstraf(-ordnungswidrigkeits)verfahrens und unter Hinweis darauf tätig, ist für die Überprüfung ihrer Maßnahmen einschließlich der damit zwangsläufig verbundenen Ermittlung von Besteuerungsgrundlagen (§ 208 I Nr 1 AO) der **ordentliche Rechtsweg** gegeben (BFHE 138, 164 = BStBl II 1983, 482, 483; BFHE 147, 492 = BStBl II 1987, 440; BFHE 148, 108, 111 = BStBl II 1988, 359; BFH/ NV 1991, 142; 1992, 254; BVerwGE 47, 255, 262; FG Bln EFG 1999, 1092; *Schick* JZ 1982, 125, 128; kritisch *Zeller* DStZ 1984, 330; zur Frage, ob dies auch gilt, wenn die Maßnahme über die für das eingeleitete Strafverfahren notwendigen Ermittlungen hinausgeht, s *Schick* aaO S 129/130; FG SchlHol EFG 1982, 284; FG Nds EFG 1999, 662, 663). Der ordentliche Rechtsweg ist auch gegeben, wenn die Streitigkeit ausschließlich Fragen betrifft, die sich gerade im Zusammenhang mit oder anlässlich der Einstellung eines Steuerstrafverfahrens stellen (BFHE 204, 413 = BStBl II 2004, 458). Ebenso ist es bei Streit darüber, ob im Rahmen einer Steuerfahndungsprüfung eine Schlussbesprechung abgehalten werden muss (BFH/NV 1990, 151, 152). Der ordentliche Rechtsweg ist auch gegeben, wenn und solange die Steuerfahndung im Zusammenhang mit einem allgemeinen Strafverfahren tätig wird (FG Saarl EFG 1990, 641). – Geht es um **Maßnahmen im Besteuerungsverfahren** (§ 208 I Nr 2, 3 AO) **vor Einleitung** eines Steuerstraf (-ordnungswidrigkeits)-verfahrens, ist der **Finanzrechtsweg** eröffnet; ebenso ist es **nach Einleitung** eines solchen Verfahrens, wenn die Steuerfahndung erkennbar im Besteuerungsverfahren tätig geworden ist (BFHE 147, 492 = BStBl II 1987, 440; BFHE 148, 108 = BStBl II 1988, 359). Wird **nach Einstellung des Ermittlungsverfahrens** Einsicht in die Strafakten verlangt oder die Namhaftmachung (Benennung) des Anzeigeerstatters begehrt, ist gleichfalls der **Finanzrechts-**

weg gegeben (Rz 30 „Akteneinsicht" und „Herausgabe von Beweismitteln und Steuerakten").

Auskunftsersuchen der Finanzbehörde vor Einleitung eines Steu- **22** erstraf(-ordnungswidrigkeits)verfahrens sind danach im **Finanzrechtsweg** anzugreifen. **Nach Einleitung** eines solchen Verfahrens ist der **ordentliche Rechtsweg** gegeben, wenn die Steuerfahndung eindeutig erkennbar im Steuerstraf(-ordnungswidrigkeits-)verfahren tätig geworden ist (§ 404 AO iVm §§ 94, 95, 103 StPO bzw §§ 208 I Nr 1, 93 AO). In diesem Fall handelt die Steuerfahndung ihrer Funktion nach (vgl § 404 Satz 1 AO) als Justizbehörde iS des § 23 EGGVG, das Auskunftsersuchen ist also als **Justizverwaltungsakt** vor den ordentlichen Gerichten (und zwar dem zuständigen OLG – § 25 EGGVG) anzufechten (BFHE 138, 164 = BStBl II 1983, 482, 484; ebenso für Maßnahmen der Polizei bei Verfolgung strafbarer Handlungen BVerwGE 47, 255; BGHSt 28, 206, 208). Entsprechendes gilt, wenn der Dritte auf Grund eines von der Steuerfahndungsstelle beantragten richterlichen Beschlusses zur Vermeidung der möglichen Durchsuchung und Beschlagnahme (§§ 103, 94, 95 StPO) ersucht wird, **Auskünfte** zu erteilen und nach Erteilung der Auskunft **Entschädigungsansprüche nach dem JVEG** geltend macht (BFHE 132, 390 = BStBl II 1981, 349; anders – Finanzrechtsweg – bei Einholung einer schriftlichen Auskunft im Besteuerungsverfahren – § 208 I Nr 2, 3 AO – s Rz 21 aE).

Auch eine **Fristsetzung zur Entrichtung verkürzter Steuern** **23** (§ 371 III AO) gehört zu den Maßnahmen, die dem Strafverfahren zuzurechnen sind. Der Finanzrechtsweg ist also nicht gegeben. Zuständig sind – jedenfalls nach Eröffnung des Hauptverfahrens – die Strafgerichte (BFHE 135, 145 = BStBl II 1982, 352, 354; FG Hessen EFG 1973, 389; FG Mchn EFG 1977, 384).

bb) Kraft ausdrücklicher Zuweisung ist der ordentliche Rechtsweg **24** auch gegeben

– in **Amtshaftungssachen** (Rz 30 „Amtshaftung"),
– für die richterliche Anordnung einer **Durchsuchung zum Zwecke der Vollstreckung** in Sachen (§ 287 IV AO; vor der gesetzlichen Neuregelung war der Rechtsweg zu den FG'en gegeben – BFHE 130, 134 = BStBl II 1980, 408).
– bei **Widerspruch** eines Dritten **gegen** die **Vollstreckung** (§ 262 AO – vgl BFHE 132, 405 = BStBl II 1981, 348; FG Bln EFG 1981, 350; FG BaWü EFG 1994, 254),
– bei Klage auf **vorzugsweise Befriedigung** (§ 293 AO) und
– bei Streit über die Rangfolge einer Forderungspfändung (§ 320 AO);
– bei Anordnung des persönlichen Sicherheitsarrestes (§ 326 AO);
– für die Klage auf **vorzugsweise Befriedigung** (§ 293 II AO).

4. ABC der Abgabenangelegenheiten (§ 33 I Nr 1)

Abschöpfungen   **30**

Abschöpfungen waren bis zum 30. 6. 1995 variable Ein- oder Ausfuhrabgaben iS des Art 4 Nr 10 und 11 (jeweils 2. Anstrich) ZK zur Preisregulierung im gemeinsamen Agrarmarkt (*Witte* Art 4 Rz 2 „Abschöpfungen"). Der Sache nach handelte es sich um Agrarzölle zum Schutz der europäischen Landwirtschaft. Die Abschöpfungen sind im Rahmen der WTO (*Witte* Art 4 Rz 2 „*WTO*") durch feste Agrar- und Zusatzzölle ersetzt worden (*Witte/Alexander* Art 20 Rz 58 ff, 64 ff). – Streitigkeiten über Abschöpfungen und über die seit dem 1. 7. 1995 an ihre Stelle getretenen festen Schutzzölle betreffen Abgabenangelegenheiten iS des § 33 II und gehören deshalb vor die Finanzgerichte.

Abtretung

Die Abtretung von Ansprüchen auf Erstattung von Steuern, Haftungsbeträgen, steuerlichen Nebenleistungen und Steuervergütungen nach Maßgabe des § 46 AO ändert nichts an der Rechtsnatur der Zahlungsansprüche. Sie behalten ihren öffentlich-rechtlichen (abgabenrechtlichen) Charakter. **Streitigkeiten zwischen** dem **Abtretungsempfänger** (Zessionar) **und** dem **Steuergläubiger** gehören deshalb vor die **Finanzgerichte** (BFHE 117, 23; BFHE 144, 92; BFHE 150, 396 = BStBl II 1987, 863; BFH/NV 1994, 479; 1999, 43). Dies gilt auch für den **Streit über** die **Wirksamkeit** (§ 46 III, IV AO) **der Abtretung** (FG Bln EFG 1976, 18), für **Erstattungsansprüche nach § 37 II AO** (BFHE 173, I = BStBl II 1995, 846; BFH/NV 1994, 441; 447) und für die Klärung der Frage, ob die zur Abwendung der Beitreibung (Sicherung der Abgabenforderung) vorgenommene Abtretung einer Hypothekenforderung an die Finanzbehörde gültig ist (s „Steuersicherungsverträge").

Akteneinsicht

Die Entscheidung über die Gewährung von Akteneinsicht gehört grundsätzlich zu den mit der Verwaltung der Abgaben durch die Finanzbehörden zusammenhängenden Angelegenheiten (§ 33 II Hs 1). Demgemäß ist der **Finanzrechtsweg** eröffnet bei Streit über die Frage, ob **Einsicht in Steuerakten** (zB BFHE 191, 247 = BStBl II 2000, 431 betr Akteneinsichtsrecht des Konkursverwalters), einen **Außenprüfungsbericht,** insbesondere in einen Betriebsprüfungsbericht (BFHE 120, 571 = BStBl II 1977, 318), einen gelegentlich einer Betriebsprüfung erstellten **Ermittlungsbericht** über nichtsteuerliche Straftaten genommen werden darf (BFHE 104, 181 = BStBl II 1972, 284) oder ob ein Außenprüfungsbericht zu übersenden ist (BFHE 132, 383 = BStBl II 1981, 457). Dasselbe gilt bei Streit darüber, ob einem Steuerhaftenden Akten zugänglich gemacht werden dürfen (BFHE 107, 253 = BStBl II 1973, 119). – Verlangt ein **parlamentarischer Untersuchungsausschuss** Akteneinsicht, ist der Finanzrechtsweg eröffnet (s „Herausgabe von Beweismitteln und Steuerakten").

Besonderheiten gelten für die **Einsichtnahme in** die **Ermittlungsakten** nach Einleitung eines Steuerstraf- oder Bußgeldverfahrens. Solange ein Steuerstraf- oder Bußgeldverfahren schwebt, kann die Akteneinsicht nur **vor den ordentlichen Gerichten** (§§ 23 ff EGGVG, § 147 StPO) durchgesetzt werden (Rz 21). – **Nach Einstellung des Ermittlungsverfahrens** bzw nach Abschluss des Steuerstraf- und Bußgeldverfahrens ist für eine Klage auf Akteneinsicht wieder der Finanzrechtsweg gegeben (BFHE 120, 571 = BStBl II 1977, 318; vgl BFHE 174, 197 = BStBl II 1994, 582; FG Nds EFG 1993, 531; FG MeVo EFG 1995, 50; s auch Rz 21; aA – ordentlicher Rechtsweg – zB *Franzen/Gast/Joecks* § 392 AO Rz 42 ff; *Hellmann* DStZ 1994, 371). Das gilt auch für die Klage des Denunzierten auf Einsicht in die Fahndungsakten (BFHE 143, 503 = BStBl II 1985, 571, 572).

Amtshaftung

Schadenersatzansprüche wegen schuldhafter Amtspflichtverletzung (§ 839 BGB) sind vor den **ordentlichen Gerichten** geltend zu machen (Art 34 S 3 GG – Rz 24; zB BGH NJW 1982, 1648; 1987, 434; 1996, 1971; OLG D'dorf NJW 1993, 1210; *Nissen,* Amtshaftung im Bereich der Finanzverwaltung, Heidelberg 1997). Das soll auch für Zinsersatzansprüche gelten (FG M'ster EFG 1988, 253; aA – Finanzrechtsweg, soweit §§ 233 ff AO erfüllt sind – FG BaWü EFG 1987, 40; *T/K* § 33 FGO Rz 60). – Die Klage auf **Namhaftmachung des Beamten,** der die Amtspflichtverletzung begangen hat, ist entgegen FG D'dorf EFG 1987, 196 nicht im Verwaltungs-, sondern im Finanzrechtsweg zu verfolgen, weil der Streit mit der Anwendung abgabenrechtlicher Vorschriften zusammenhängt (§ 33 II 1 Hs 2; *T/K* § 33 FGO Rz 60).

Amtshilfe

Gegen Maßnahmen der Amtshilfe leistenden Behörden iS der §§ 1, 2 FVG ist der **Finanzrechtsweg** eröffnet. Leistet eine andere Behörde der Finanzbehörde Amtshilfe (§§ 111 ff AO, § 13 FVG, § 19 ZollVG), ist gegen ihre Maßnahmen der **Verwaltungsrechtsweg** gegeben, weil sie nicht als Hilfsstelle der Finanzbehörde tätig wird.

Anspruch auf Rechnungserteilung (§ 14 I UStG)

Klagen auf Erteilung einer Rechnung mit Umsatzsteuerausweis (§ 14 I UStG) sind **vor den ordentlichen Gerichten** zu verfolgen (zB BGH HFR 1975, 306; BGH BB 1988, 926; 1993, 247). Nach der Rechtsprechung des BGH besteht ein solcher Anspruch aber erst, wenn die Steuerbarkeit, die Steuerpflicht des Umsatzes und die Höhe des maßgeblichen Steuersatzes bestandskräftig feststehen. Bis zu diesem Zeitpunkt sei die Ausstellung der Rechnung wegen der möglichen Rechtsfolgen (§ 14 II, III UStG) für den Leistenden unzumutbar (BGH BB 1988, 926; BGHZ 103, 284, 291 ff). – Die Durchsetzung des Anspruchs auf Rechnungserteilung vor den ordentlichen Gerichten ist danach von der Klärung des konkreten umsatzsteuerlichen Rechtsverhältnisses abhängig. Fehlt es daran, muss der Leistungsempfänger zunächst durch Erhebung einer **Feststellungsklage vor den Finanzgerichten** (§ 41) Steuerbarkeit, Steuerpflicht und Höhe des Steuersatzes klären (BFHE 183, 288 = BStBl II 1997, 707; FG Bdbg EFG 1995, 991).

Ansprüche aus dem Arbeitsverhältnis

Ansprüche des Arbeitnehmers gegen den Arbeitgeber auf **Erteilung, Ergänzung** oder **Berichtigung** der **LSt-Bescheinigung** (§ 41 b I 2, 3 EStG) sind vor den **Arbeitsgerichten** zu verfolgen, weil es sich um Nebenpflichten aus dem Arbeitsverhältnis handelt (BFHE 171, 409 = BStBl II 1993, 760; unklar BFH/NV 2005, 1849, 1850; FG SchlHol EFG 1988, 245; FG Nbg EFG 1995, 578; FG Bdbg EFG 1997, 358; FG Mchn EFG 2004, 1704; **aA** BAG NJW 2003, 2629). Dasselbe gilt für Streitigkeiten zwischen dem Arbeitnehmer und seinem (ehemaligen) Arbeitgeber über das Bestehen einer **Nettolohnvereinbarung** und die daraus folgenden Ansprüche des Arbeitnehmers auf Abführung der LSt und die **Berichtigung der LSt-Bescheinigung** (BFHE 171, 409 = BStBl II 1993, 760, 761). – Zum Anspruch auf Auszahlung von **Kindergeld** s „Kindergeldangelegenheiten".

Ansprüche aus dem Steuerschuldverhältnis (§ 37 AO)

Die Durchführung der Besteuerung, das Erhebungsverfahren und die Vollstreckung sind im Allgemeinen Abgabenangelegenheiten iS des § 33 II. Streitigkeiten aus diesem Bereich gehören deshalb grundsätzlich vor die **Finanzgerichte;** das gilt auch für steuerliche Nebenleistungen iS des § 3 III AO und Steuervergütungen (Rz 15). – Zu den Besonderheiten im Steuerstraf- und Bußgeldverfahren s Rz 21, 22 und „Akteneinsicht".

Der Finanzrechtsweg ist auch eröffnet, wenn der **Fiskus Steuerschuldner** ist (vgl BFHE 145, 109 = BStBl II 1986, 148; BFH/NV 2005, 710). Für Streitigkeiten über **Rückforderungs(Erstattungs-)ansprüche** als Kehrseite der Leistungsansprüche (BFHE 131, 371= BStBl II 1981, 44; BFH/NV 1989, 751; BGHZ 71, 180, 182; BVerwG NJW 1980, 2538) ist gleichfalls der Finanzrechtsweg eröffnet. Ebenso ist es im Falle **irrtümlicher Auszahlungen** (vgl BFHE 111, 457 = BStBl II 1974, 369; *R Birk* SGb 1979, 302; *Bethge* NJW 1978, 1801; *T/K* § 33 FGO Rz 9; abweichend – ordentlicher Rechtsweg – BGHZ 71, 180), bei **fehlgeleiteter Überweisung** von Erstattungsansprüchen (vgl BFHE 151, 123 = BStBl II 1988, 41), wenn der Steuerpflichtige die Abtretung der zivilrechtlichen Ansprüche des FA verlangt (§ 281 BGB – Drittschadensliquidation) und im Falle der **Geltendmachung des Anspruchs durch den Erben** (§ 265 AO). – Ein öffentlich-rechtlicher Anspruch aus einem Steuerschuldverhältnis wird auch mit einer auf **Auszahlung** einer **Ausfuhrerstattung** gerichteten Klage geltend gemacht und zwar auch, wenn es sich nicht um die eigentliche Festsetzung der Erstattung handelt, sondern lediglich um die Auszahlung (BFHE 117, 23; BFHE 125, 138 = BStBl II 1978, 464). Ebenso ist es, wenn der Kläger die **Erstattung** eines Betrages wegen **rechtsgrundloser Leistung** begehrt, den er im Rahmen einer Abschöpfungsaussetzung nach Gemeinschaftsrecht gezahlt hat, um der Inanspruchnahme aus einer als Kaution gestellten Bürgschaft durch die Verwaltung zuvor zu kommen (BFHE 129, 445 = BStBl II 1980, 249).

Aufrechnung

Der Grundsatz, dass der Charakter des geltend gemachten Anspruchs für die Bestimmung des Rechtswegs maßgeblich ist, gilt auch für die Aufrechnung. Dementsprechend ist der Finanzrechtsweg eröffnet, wenn als **Hauptforderung** vom FA oder vom Steuerpflichtigen ein **Anspruch aus dem Steuerschuldverhältnis** geltend gemacht wird. Die Rechtsnatur der Gegenforderung (mit der aufgerechnet wird) ist für die Rechtswegfrage ohne Bedeutung. – Entsprechendes gilt für den Fall, dass gegen eine **rechtswegfremde Hauptforderung** des FA oder des Steuerpflichtigen mit einer (Gegen-)Forderung aus dem Steuerschuldverhältnis aufgerechnet wird: Zulässig ist der Rechtsweg, der für die Geltendmachung der Hauptforderung eröffnet ist (BFHE 91, 518 = BStBl II 1968, 384; BFHE 152, 317 = BStBl II 1988, 500; BFH/NV 2001, 21, 22). – Zur Frage, ob das

Gericht des zulässigen Rechtswegs auch über die rechtswegfremde Gegenforderung, mit der aufgerechnet wird, entscheiden darf s *Anhang* § 33 Rz 14. – Zur Frage, ob das Verfahren bei Aufrechnung mit einer bestrittenen rechtswegfremden Gegenforderung ausgesetzt werden muss, s *Anhang* § 33 Rz 14; § 74 Rz 12, 15.

Da die Aufrechnungserklärung rechtsgeschäftliche Ausübung eines Gestaltungsrechts (Willenserklärung) ist (zB BFHE 149, 482 = BStBl II 1987, 536; BFHE 151, 128 = BStBl II 1988, 43; BFH I 51, 340 = BStBl II 1988, 117; BFH/NV 1988, 213; 1991, 69), muss der Steuerpflichtige **bei Streit über die Wirksamkeit der Aufrechnung den Erlass eines Abrechnungsbescheides** (§ 218 II AO) beantragen (zB BFHE 149, 482 = BStBl II 1987, 536, 540; BFHE 151, 128 = BStBl II 1988, 43); lehnt das FA den Antrag ab, kann der Steuerpflichtige Verpflichtungsklage (§ 40 I – Rz 18 ff) erheben. Weigert sich das FA, den durch Abrechnungsbescheid festgesetzten Betrag zu erstatten, kann der Steuerpflichtige Leistungsklage (§ 40 Rz 28 ff) erheben.

Hat das FA die **Aufrechnung** nicht als schuldrechtliches Gestaltungsrecht gem § 226 I AO iVm §§ 388, 389 BGB erklärt, sondern **durch Verwaltungsakt** vorgenommen, ist in jedem Fall der **Finanzrechtsweg** (Anfechtungsklage) eröffnet, weil ein Verwaltungsakt dieses Inhalts nicht hätte ergehen dürfen (BFHE 149, 482 = BStBl II 1987, 536; BFHE 151, 304 = BStBl II 1988, 366; BFH/NV 1988, 213, 214).

Auskunft

Für Streitigkeiten über Auskunftsbegehren eines Steuerpflichtigen an die Finanzbehörde ist **grundsätzlich** der **Finanzrechtsweg** eröffnet (zum Auskunftsverlangen gegenüber dem Bundesamt für Finanzen s FG Köln EFG 1998, 963). – Nach Einleitung eines **Straf- und Bußgeldverfahrens** und während dessen Dauer sind an die Finanzbehörde gerichtete Auskunftsbegehren jedoch im **ordentlichen Rechtsweg** zu verfolgen (s Rz 21 und „Akteneinsicht"). **Nach Abschluss** des Verfahrens ist **wieder** der **Finanzrechtsweg** gegeben. Das gilt auch, soweit **Auskünfte aus Steuerfahndungsakten** begehrt werden (BFHE 120, 571= BStBl II 1977, 318; FG Nds EFG 1993, 511; FG MeVo EFG 1995, 50). Für Streitigkeiten darüber, ob das FA verpflichtet ist, dem Denunzierten **Auskunft über die Informationsperson** zu erteilen, ist (nach Einstellung des Straf- und Bußgeldverfahrens) gleichfalls der **Finanzrechtsweg** eröffnet (BFHE 143, 503 = BStBl II 1985, 571; BFHE 182, 515 = BStBl II 1997, 543; FG Köln EFG 2000, 903; s auch „Akteneinsicht") und zwar auch dann, wenn die Klage ein fremdes Steuerrechtsverhältnis betrifft, denn nach § 33 II 1 Hs 2 genügt es, dass die Angelegenheit mit der Anwendung abgabenrechtlicher Vorschriften durch die Finanzbehörde im Zusammenhang steht (*T/K* § 33 FGO Rz 42; aA FG RhPf EFG 1996, 30: allgemeiner Verwaltungsrechtsweg; ähnlich FG RhPf DSB 1996, 17).

Die Frage, ob das FA auf Grund eines verwaltungsgerichtlichen Beweisbeschlusses zur Auskunftserteilung über steuerliche Verhältnisse des Klägers verpflichtet ist, soll nach BFHE 114, 159 = BStBl II 1975, 298 im Verwaltungsrechtsweg zu klären sein (vgl auch BFHE 95, 526 = BStBl II 1969, 491). Die Entscheidung überzeugt nicht, weil abgabenrechtliche Vorschriften, insbesondere § 30 AO, zu prüfen sind und Grenzen und Durchsetzbarkeit des Beweisbeschlusses im Hinblick auf die Gleichwertigkeit der Gerichtszweige auch im Finanzrechtsweg geprüft werden kann.

Zu **Auskunftsersuchen der Finanzbehörde** (Steuerfahndung) s Rz 22.

Außenprüfung (Betriebsprüfung)

Der **Finanzrechtsweg** ist eröffnet bei Streit über **Prüfungsanordnungen** (§ 196 AO), bei Streit darüber, ob **Einsicht in** einen **Betriebsprüfungsbericht** zu gewähren ist (s „Akteneinsicht"), bei Streit darüber, ob das FA berechtigt ist, nach einer Außenprüfung **Kontrollmitteilungen** an die Wohnsitzfinanzämter von Kunden des geprüften Unternehmens zu versenden (FG Nds EFG 1998, 10; FG BaWü EFG 1999, 1063; s auch FG BaWü EFG 1997, 519 betr Weitergabe des durch die Steuerfahndung anlässlich einer rechtmäßigen Durchsuchung sichergestellten Kontrollmaterials) und bei Streit darüber, ob das zuständige **Zollkriminalamt** gelegentlich einer Außenprüfung getroffenen Feststellungen über Vorgänge im Bereich des Antidumpingzollrechts den Zollbehörden anderer EG-Mitgliedstaaten und der Kommission der EG im Wege der **Spontanauskunft** mitteilen darf (BFH/NV 2000, 531). Dasselbe gilt bei Streit über die **Teilnahme eines Gemeindebediensteten** an einer Betriebsprüfung (§ 21 III FVG), wenn das FA die Teilnahme analog § 197 AO angekündigt hatte (BVerwG BStBl II 1995, 522, 526); hatte jedoch die Gemeinde die Teilnahme **durch Verwaltungsakt** angeordnet, ist Rechtsschutz im allgemeinen **Verwaltungsrechtsweg** zu gewähren (BFHE 160, 115 = BStBl II 1990, 582; aA FG D'dorf EFG 1984, 300).

Ausstellung Lohnsteuerkarte

Für Streitigkeiten über die Ausstellung von Lohnsteuerkarten, über Eintragungen auf der Lohnsteuerkarte (Familienstand, Steuerklasse und Zahl der Kinder) und deren Änderung **durch die Gemeinde** ist der **Finanzrechtsweg** eröffnet. Die Gemeinden werden insoweit gem § 39 VI EStG als **örtliche Landesfinanzbehörden** tätig. Klagegegner ist deshalb grundsätzlich die Gemeinde. Hat das örtlich zuständige FA das Einspruchsverfahren an sich gezogen (§ 39 VI 3 EStG), ist die Klage gegen das FA zu richten (*Schmidt/Drenseck* § 39 Rz 8).

Bescheinigungen

Für Streitigkeiten über die Ausstellung und den Inhalt von **Einkommensbescheinigungen** (BFHE 93, 224 = BStBl II 1968, 754), von steuerlichen **Unbedenklichkeitsbescheinigungen** (vgl BFHE 76, 601 = BStBl III 1962, 219; BVerwG HFR 1970, 351), von Bescheinigungen über das für das Kalenderjahr ausgezahlte **Kindergeld** (§ 68 III EStG), von **Kapitalertragsteuer-Bescheinigungen** (§ 45a II, III EStG) und Bescheinigungen **nach § 39 d I, II EStG** (Lohnsteuerabzug bei beschränkt steuerpflichtigen Arbeitnehmern) ist der **Finanzrechtsweg** eröffnet.

Der allgemeine **Verwaltungsrechtsweg** ist demgegenüber gegeben für Streitigkeiten über die Erteilung oder den Inhalt der **Bescheinigungen nach §§ 7 h II, 7 i II, 7 k I Nr 5, II EStG**, für Streitigkeiten über die Entscheidung der zuständigen Landesstelle im Bescheinigungsverfahren nach **§ 9 II MGVO** (Härtefallbescheinigung – BFHE 145, 289; 146, 298;

BVerwGE 79, 171; 192; Rz 40; vgl auch BFH/NV 1987, 196), bei Streit um die Erteilung einer **amtsärztlichen Bescheinigung** für steuerliche Zwecke (BVerwG BStBl II 1977, 300 = HFR 1977, 455) und bei Streit über die Erteilung oder den Inhalt der Bescheinigung nach **§ 7 d II Nr 2 EStG** idF bis 1990 (BVerwG NVwZ 1987, 216 = DVBl 1987, 239; BFH/NV 1989, 758); **Rechtsschutz gegen** den **Folgebescheid** wird jedoch im **Finanzrechtsweg** gewährt (BFH/NV 1989, 758).

Beschlagnahme

Nicht der Finanzrechtsweg, sondern der **ordentliche Rechtsweg** ist gegeben, wenn im Straf- oder Bußgeldverfahren Einwendungen gegen die Beschlagnahme von Einfuhren durch Zolldienststellen erhoben werden (BFHE 103, 47 = BStBl II 1971, 813).

Branntweinmonopol

Streitigkeiten über die Verwaltung des Branntweinmonopols sind im **Finanzrechtsweg** zu verfolgen (BFHE 123, 159 = BStBl II 1981, 204).

Bürgschaft pp

Ansprüche aus Bürgschaft, Garantievertrag und Schuldversprechen oder Schuldübernahme sind vor den **ordentlichen Gerichten** geltend zu machen (§ 192 AO – vgl RGZ 129, 95; BFHE 112, 220 = BStBl II 1974, 557). Dasselbe gilt für eine Klage, mit der die Freigabe der Bürgschaft und die Herausgabe der Bürgschaftsurkunde begehrt wird (BFH/NV 2004, 288; aA FG Hbg EFG 1990, 323).

Buchführungspflicht (§§ 140, 141 AO)

Streitigkeiten sind im Finanzrechtsweg zu klären (BFH/NV 1998, 1220).

Duldung

s „Haftung, Duldung"

Durchsuchungsanordnung

Einwendungen gegen eine richterliche Durchsuchungsanordnung (§ 287 IV AO) sind **im ordentlichen Rechtsweg** zu verfolgen. Nach FG BaWü EFG 1993, 804 soll dies nur gelten, soweit die Durchsuchung zur Durchführung einer Sachpfändung angeordnet worden ist, nicht aber, wenn die Durchsuchung der Vollstreckung anderer Leistungen (Wegnahme einer Urkunde im Wege des unmittelbaren Zwangs) dienen soll (dann Finanzrechtsweg). Diese Differenzierung lässt sich jedoch aus § 287 IV AO nicht herleiten.

Einfuhrgenehmigung

Der **Finanzrechtsweg** ist eröffnet (vgl VG Darmstadt RiW/AWD 1977, 122).

Einfuhrvergütung

Für Streitigkeiten über **Einfuhrvergütungen nach** dem **Absicherungsgesetz** und deren Rückforderung ist der **Finanzrechtsweg** eröffnet (BFHE 119, 223 = BStBl II 1976, 629). – S auch Rz 15.

Einstehen für Verbindlichkeiten aus einem fremden Steuerschuldverhältnis

Verpflichtet sich ein Dritter (BFH/NV 1996, 92) durch Vertrag (§ 48 II AO), für Leistungen aus einem fremden Steuerschuldverhältnis einzustehen, kann der Steuergläubiger ihn nur nach den Vorschriften des bürgerlichen Rechts in Anspruch nehmen (§ 192 AO). Ansprüche des FA aus Bürgschaft, Garantievertrag, Schuldversprechen oder Schuldübernahme sind deshalb im **ordentlichen Rechtsweg** zu verfolgen (s „Bürgschaft pp"). **Verlangt der Dritte** (Bürge usw) das von ihm Geleistete (§ 192 AO) vom Steuerfiskus **zurück,** muss er seinen Anspruch gleichfalls **im ordentlichen Rechtsweg** geltend machen (BFHE 112, 220 = BStBl II 1974, 557; BGH NVwZ 1984, 266).

Mit der Zahlung der fremden Steuerschuld (§ 192 AO) geht der Anspruch aus dem Steuerschuldverhältnis kraft Gesetzes nach Maßgabe der §§ 268 III, 426 II, 774 I, 1143 I, 1150, 1225, 1249 BGB auf den Dritten über. Etwaige **Rückgriffsansprüche** des Dritten **gegen den Steuerschuldner** sind zivilrechtlicher Natur und deshalb im **ordentlichen Rechtsweg** geltend zu machen (BGH NJW 1973, 1077; *Stolterfoth* JZ 1975, 658 ff; aA *Rimmelspacher* JZ 1975, 165; ZZP 95, 280 ff). Das gilt auch für etwaige (gem §§ 412, 401 BGB) auf den Dritten übergegangene Sicherungsrechte (vgl BGHZ 39, 319; BGH NJW 1973, 1077 zur Geltendmachung insolvenz- und vollstreckungsrechtlicher Vorrechte und BGHZ 75, 23 zur Unanwendbarkeit der §§ 34, 69 AO). – S auch „Haftung, Duldung".

Finanzmonopole

§ 33 II Hs 2 stellt die Angelegenheiten der Verwaltung der Finanzmonopole den Abgabenangelegenheiten gleich. – Für Streitigkeiten ist deshalb der **Finanzrechtsweg** eröffnet. – Im Übrigen s Rz 15.

Fiskus

S „Ansprüche aus dem Steuerschuldverhältnis."

Folgenbeseitigungsanspruch

Der auf Beseitigung des durch unrechtmäßiges Verwaltungshandeln verursachten Zustandes gerichtete Folgenbeseitigungsanspruch hat öffentlichrechtlichen Charakter. Der Anspruch ist deshalb im **Finanzrechtsweg** geltend zu machen (vgl FG Bremen EFG 1969, 82; FG BaWü EFG 1981, 114; FG Saarl EFG 1991, 303; s auch § 40 Rz 31).

Forstabsatzfondsabgaben

S Rz 40.

Fristsetzung zur Entrichtung verkürzter Steuern (§ 371 III AO)

Für Rechtsschutzbegehren ist der **ordentliche Rechtsweg** eröffnet (Rz 23).

Gebühren s Rz 15.

Gebührenanspruch des steuerlichen Beraters

Der Gebühren (Honorar) – Anspruch ist zivilrechtlicher Natur und folglich vor den **ordentlichen Gerichten** geltend zu machen (BFH/NV 1991, 619).

Gewerbesteuer, Grundsteuer

Einwände gegen die Feststellung der Besteuerungsgrundlagen, die Mess-, Zerlegungs- und Zuteilungsbescheide sind im **Finanzrechtsweg** zu verfolgen (Rz 19). – Für **Klagen gegen** die auf der Grundlage der Messbescheide erlassenen **GewSt- und GrSt-Bescheide** ist grundsätzlich der **Verwaltungsrechtsweg** gegeben (BFHE 160, 115 = BStBl II 1990, 582; BVerwGE 19, 68; BFHE 103, 32 = BStBl II 1971, 738 betr Aussetzung der Vollziehung; s auch Rz 19). Das gilt auch für den Rechtsschutz gegen die im Zusammenhang mit der Erhebung und Vollstreckung getroffenen Maßnahmen (BFHE 74, 641 = BStBl III 1962, 238; BVerwGE 19, 125). – In den **Stadtstaaten** Berlin, Bremen und Hamburg wird die GewSt und die GrSt durch die Landesfinanzbehörden verwaltet, so dass für Streitigkeiten der **Finanzrechtsweg** eröffnet ist (Rz 19).

Haftung, Duldung

Einwände gegen Haftungs- oder Duldungsbescheide (§ 191 I, IV AO) sind im **Finanzrechtsweg** zu verfolgen. Das gilt auch dann, wenn sich die Haftung aus zivilrechtlichen Vorschriften (§ 419 BGB ist mit Wirkung vom 1. 1. 1999 durch das EGInsO aufgehoben worden) ergibt (*T/K* § 33 FGO Rz 22; kritisch zu § 191 IV AO *Tipke/Lang* § 7 Rz 61). Zivilrechtlicher Natur sind jedoch **Ansprüche auf Rückzahlung,** die auf Grund von Haftungs- oder Duldungsbescheiden auf die Abgabenschuld eines anderen geleistet worden sind; sie sind deshalb im **ordentlichen Rechtsweg** geltend zu machen (BFHE 112, 220 = BStBl II 1974, 557, 558; BGH NVwZ 1984, 266; s auch „Einstehen für Verbindlichkeiten aus einem fremden Steuerschuldverhältnis"). Eine **vorbeugende Unterlassungsklage** gegen einen drohenden Duldungsbescheid ist demgegenüber im **Finanzrechtsweg** zu verfolgen, weil es um die Frage geht, ob die Finanzbehörde von der Möglichkeit, einen Duldungsbescheid zu erlassen, Gebrauch machen darf (aA BGH NJW 1991, 1061: ordentlicher Rechtsweg).

Härtefallbescheinigung

s „Bescheinigungen".

Herausgabe von Beweismitteln und Steuerakten

Für Streitigkeiten über die Herausgabe von Steuerakten **an** einen **parlamentarischen Untersuchungsausschuss** ist der **Finanzrechtsweg** eröffnet, weil es um die Reichweite des Steuergeheimnisses (§ 30 AO) und damit um eine Abgabenangelegenheit geht (vgl BFH/NV 1993, 579; *T/K* § 33 FGO Rz 27; s auch „Steuergeheimnis"; aA FG Mchn EFG 1993, 199). – Die Klage auf Herausgabe der durch die Steuerfahndung **sichergestellten Beweismittel** ist gleichfalls im **Finanzrechtsweg** zu verfolgen (FG Bremen EFG 1999, 1092).

Herausgabe Versteigerungserlös

Die Klage eines Dritten auf Herausgabe des Erlöses aus der (rechtswidrigen) Versteigerung einer ihm gehörenden Sache ist im **ordentlichen Rechtsweg** zu verfolgen (FG BaWü EFG 1994, 254).

Hinterlegung

Die Frage, ob die Finanzbehörde einen **Erstattungsbetrag hinterlegen** darf, ist im **Finanzrechtsweg** zu entscheiden (FG Bremen EFG 1970, 621; FG Nbg EFG 1980, 85; *T/K* § 33 FGO Rz 39).

Insolvenz (Konkurs)

Die **seit dem 1. 1. 1999** geltende **InsO** ist an die Stelle der KO und VglO und – in den neuen Bundesländern – an die Stelle der GesO getreten. Die InsO ist auf alle Insolvenzverfahren anzuwenden, die nach dem 31. 12. 1998 beantragt worden sind. Für Konkurs-, Vergleichs- oder Gesamtvollstreckungsverfahren, die vor dem 1. 1. 1999 beantragt worden sind, gelten die bisherigen Regelungen der KO, VglO und GesO weiter (Art 103 EGInsO).

Durch die InsO ist das Insolvenz- bzw Konkursrecht in wesentlichen Teilen neu gestaltet worden. Geändert hat sich insbesondere auch die **Behandlung von Steuerforderungen** im Insolvenzfall durch die Abschaffung des Konkursvorrechts für öffentliche Abgaben (§ 61 I Nr 2 KO; s hierzu *Klein/Brockmeyer* § 251 Rz 10 ff), die Änderungen haben aber **keine nennenswerten Auswirkungen auf** die **Rechtswegezuständigkeit,** so dass insoweit auf die bisherige Rechtsprechung zurückgegriffen werden kann.

Der **Antrag** des FA auf **Eröffnung des Insolvenzverfahrens** ist zwar eine insolvenzrechtliche Verfahrenshandlung, die mangels Regelung eines Rechtsverhältnisses (die Eröffnung des Insolvenzverfahrens wird erst angestrebt) **nicht** als **Verwaltungsakt** qualifiziert werden kann (FG Hessen EFG 1982, 419; FG BaWü EFG 1987, 103; FG RhPf EFG 1987, 103; FG Mchn EFG 1989, 237; FG Bdbg EFG 1999, 875; FG M'ster EFG 2000, 634; *T/K* § 251 AO Rz 18; *App* DB 1986, 990; *Kalmes* DStZ 1983, 188 f; aA – Verwaltungsakt – FG Hessen EFG 1979, 350; *Klein/Brockmeyer* § 251 Rz 11; offen gelassen durch BFH/NV 1988, 762; 1991, 787; BGH NJW 1990, 2675), mit dieser Erkenntnis ist die Frage, ob Rechtsschutz gegen den Insolvenzantrag durch die ordentlichen Gerichte oder die Finanzgerichte zu gewähren ist, aber noch nicht geklärt. Entscheidend für die Abgrenzung ist, dass der Insolvenzantrag insofern in einem engen sachlichen Zusammenhang mit der Verwaltung der Abgaben steht, als er auf die Realisierung von Abgabenansprüchen abzielt. Hinzu kommt, dass in einem Rechtsschutzverfahren die Ermessensentscheidung der Finanzbehörde (§ 5 AO) beurteilt werden muss. Danach ist der Insolvenzantrag als Abgabenangelegenheit iS des § 33 II Hs 1 anzusehen mit der Folge, dass **Rechtsschutzbegehren gegen** den **Insolvenzantrag** einer Finanzbehörde **im Finanzrechtsweg** zu verfolgen sind (BFH/NV 1990, 710, 711; 1991, 787; 2004, 464 ff; FG RhPf EFG 1987, 103; FG Mchn EFG 1989, 237; FG M'ster EFG 2000, 634; FG Saarl EFG 2004, 759; *T/K* § 33 FGO Rz 43; aA – ordentlicher Rechtsweg – *Kalmes* BB 1989, 818, 819) und zwar **bis zur Eröffnung des Insolvenzverfahrens** (BGH BB 1978, 597; FG D'dorf EFG 1973, 550) durch Leistungsklage (FG Saarl EFG 2004, 759) und anschließend im Wege der Feststellungsklage. **Vorläufiger Rechtsschutz** ist unter den Voraussetzungen des § 114 gleichfalls durch die Finanzgerichte zu gewähren (§ 114 Rz 45).

Schadenersatzansprüche wegen **Amtspflichtverletzung** (BGH NJW 1990, 2675) sind jedoch im ordentlichen Rechtsweg zu verfolgen (s „Amtshaftung").

Der **Finanzrechtsweg** ist auch eröffnet bei Streit über die **Feststellung** einer Steuerforderung **als Insolvenzforderung** gem § 251 III AO (vgl BFHE 106, 419; BFHE 168, 310 = BStBl II 1993, 613; *T/K* § 33 FGO Rz 44; *Klein/Brockmeyer* § 251 Rz 33), bei Streit über die **Herabsetzung** (§ 130 AO) einer in die Insolvenztabelle **eingetragenen Steuerforderung** oder bei Streit darüber, ob die Finanzbehörde auf eine in der Insolvenztabelle rechtskräftig festgestellte Steuerforderung aus **Billigkeitsgründen verzichten** muss (vgl BFHE 168, 310 = BStBl II 1993, 613; BFH/ NV 1993, 400). Dasselbe galt für den Verzicht auf das durch die InsO abgeschaffte Konkursvorrecht für öffentliche Abgaben (§ 61 I Nr 2 KO). – **Einwendungen des Insolvenzverwalters gegen** seine Inanspruchnahme als Haftender gem **§ 69 AO** sind gleichfalls im **Finanzrechtsweg** zu verfolgen (BFHE 153, 199 = BStBl II 1988, 742). Dagegen soll bei Streitigkeiten über die Haftung des Konkursverwalters nach § 82 KO (§ 60 InsO) der ordentliche Rechtsweg eröffnet sein (BGH NJW 1980, 55; 1989, 303; BGHZ 99, 151). Zur Abgrenzung der Anwendungsbereiche des § 69 AO und des § 60 InsO s *Klein/Rüsken* § 69 Rz 75 mwN). Die Abgrenzungsproblematik ist durch die InsO geklärt. **Haftungsansprüche** gegen den Insolvenzverwalter **nach § 60 InsO** sind wegen der zivilrechtlichen Ausgestaltung der Haftung **im ordentlichen Rechtsweg** zu verfolgen (aA *T/K* § 33 FGO Rz 45). Der ordentliche Rechtsweg ist **auch** gegeben **bei Streit über** die insolvenzrechtliche Anfechtung (§ 130 InsO) und den **Rückgewähranspruch** nach § 143 InsO (vgl FG BaWü EFG 1998, 963). – Zum Recht des Insolvenzverwalters auf Einsichtnahme in die Steuerakten des Gemeinschuldners s „Akteneinsicht" und „Steuergeheimnis".

Im Übrigen ist der **Finanzrechtsweg** grundsätzlich **für** alle **Streitigkeiten aus dem Steuerrechtsverhältnis** zwischen dem Gemeinschuldner und der Finanzbehörde eröffnet. Im Finanzrechtsweg zu entscheiden ist deshalb die Frage, ob ein **Steuererstattungsanspruch** an den Gemeinschuldner auszuzahlen ist oder in die Insolvenzmasse fällt (BFHE 92, 153 = BStBl II 1968, 496; BFHE 128, 146 = BStBl II 1979, 639). Dasselbe gilt für die Frage, ob ein im Insolvenzverfahren geltend gemachter Anspruch auf **Rückzahlung einer Investitionszulage** besteht (BFHE 124, 122 = BStBl II 1978, 204).

Kindergeldangelegenheiten

Nach dem BKGG aF war in Kindergeldsachen der Rechtsweg zu den Sozialgerichten eröffnet. Dies hat sich durch das Jahressteuergesetz 1996 v 11. 10. 1995 (BGBl I S 250) und die Neufassung des § 5 I Nr 11 FVG geändert.

Streitigkeiten in Kindergeldangelegenheiten gehören nach § 15 BKGG nur noch in den in § 1 BKGG genannten Fällen vor die Sozialgerichte. Der **Rechtsweg zu den Sozialgerichten** ist danach gegeben, wenn der Anspruchsberechtigte weder unbeschränkt steuerpflichtig ist (§ 1 I, II EStG) noch als unbeschränkt steuerpflichtig behandelt wird (§ 1 III EStG) und bestimmte Tätigkeiten (§ 1 I Nr 1–3 BKGG) ausübt oder die Merkmale des § 1 I Nr 4 BKGG erfüllt. Der Sozialrechtsweg ist außerdem gegeben, wenn der Anspruch auf Kindergeld von dem Kind selbst (insb von Vollwaisen) geltend gemacht wird (§ 1 II BKGG) oder wenn es um Kindergeldansprüche von nicht unbeschränkt steuerpflichtigen Ausländern nach Maßgabe der §§ 1 III, 17 BKGG geht.

In den Fällen, in denen der Anspruchsberechtigte iS des § 1 I–III EStG **unbeschränkt steuerpflichtig** ist oder als unbeschränkt steuerpflichtig behandelt wird, ist **seit dem 1. 1. 1996** für Streitigkeiten in Kindergeldangelegenheiten der **Rechtsweg zu den Finanzgerichten** eröffnet (zB BFHE 187, 562 = BStBl II 1999, 140; BFH/NV 1999, 285; BFHE 191, 67 = BStBl II 2000, 461 ff; BFHE 194, 368 = BStBl II 2001, 443). – Zur **Verfassungsmäßigkeit** der Regelung s BFH/NV 2004, 320, 321.

Dies gilt insbesondere **für Streitigkeiten über die Festsetzung des Kindergeldes** (§§ 70, 72 EStG). Insoweit handelt es sich um **Abgabenangelegenheiten,** weil das Kindergeld als Steuervergütung gewährt wird (§ 33 II Hs 1 – Rz 15). – Der Finanzrechtsweg ist auch eröffnet für Klagen auf Kindergeld nach dem „Abkommen zwischen der Bundesrepublik Deutschland und der Türkei über soziale Sicherheit" (FG Bremen EFG 1999, 570). – Streitigkeiten zB über die **Auszahlung, Nachzahlung und Rückforderung** von Kindergeld (§§ 70–72, 74 EStG; vgl zB FG Hbg EFG 1997, 995; FG BaWü EFG 1997, 996) bzw die **Aufrechnung** der Familienkassen (§ 75 EStG) mit Ansprüchen auf Rückzahlung von Kindergeld gegen Ansprüche auf laufendes Kindergeld bzw die Aufrechnung eines getrennt lebenden Ehegatten mit einem Anspruch auf Erstattung von Kindergeld gegen einen späteren Kindergeldanspruch des anderen Ehegatten (§ 75 I, II EStG) gehören gleichfalls vor die Finanzgerichte (s auch „Aufrechnung"). In allen Fällen wird ein Anspruch aus dem Steuerschuldverhältnis geltend gemacht, weil das Kindergeld als Steuervergütung zu zahlen ist. – Dies galt für Zeiträume **vor 1999** auch für Streitigkeiten über Kindergeld zwischen Arbeitnehmer und **privatem Arbeitgeber.** Sie gehörten deshalb vor die Finanz- und nicht vor die Arbeitsgerichte. Anders als in den vorstehend unter dem Stichwort „Ansprüche aus dem Arbeitsverhältnis" behandelten Fällen handelt es sich um abgabenrechtliche Streitigkeiten und nicht um solche aus dem Arbeitsverhältnis: Es besteht kein Zusammenhang mit dem Lohnzahlungsanspruch bzw der Berechnung des auszuzahlenden Lohnes durch den Arbeitgeber (FG RhPf EFG 1997, 367; FG M'ster EFG 1997, 762; *T/K* § 33 FGO Rz 46). Seit 1999 kommt es hierauf nicht mehr an, weil § 73 EStG durch das Steuerentlastungsgesetz 1999/2000/2002 v 24. 3. 1999 (BGBl I S 402) wegen erheblicher Zweifel an der Verfassungsmäßigkeit der Regelung (BFHE 186, 253 = BStBl II 1998, 517) ab 1999 aufgehoben worden ist (§ 52 LXIII EStG). – Der Finanzrechtsweg ist auch gegeben bei Streit über die **Pfändung von Kindergeldansprüchen** (vgl § 76 EStG), bei Streit zwischen dem öffentlichen Arbeitgeber und dem Finanzamt wegen **Erstattung des verauslagten Kindergeldes** (§ 72 VIII EStG). Auch diese Streitigkeiten betreffen eine Abgabenangelegenheit, weil sie mit dem als Steuervergütung zu zahlenden Kindergeld in engem Zusammenhang stehen.

Für die **Klage eines Sozialleistungsträgers auf Zahlung von Kindergeld** für ein Kind, dem Hilfe zum Lebensunterhalt gewährt wird, ist der **Finanzrechtsweg** eröffnet (FG M'ster EFG 1998, 1209). Dasselbe gilt für Streitigkeiten zwischen einem **Sozialleistungsträger** und der Familienkasse über Kindergeld-Erstattungsansprüche (§ 74 V EStG iVm § 104 SGB X); sie sind im Finanzrechtsweg zu verfolgen (BFHE 194, 368 = BStBl II 2001, 443,444; FG Nds EFG 1997, 1213; FG D'dorf EFG 2000, 225; aA – Verwaltungsrechtsweg – FG Bremen EFG 1997, 991; 992). Wegen der **Vertretung der Familienkasse** durch die übergeordnete Behörde s § 62 Rz 7, 39, 70.

Kontrollmitteilungen

s „Außenprüfung (Betriebsprüfung)".

Lohnsteuerkarte

s „Ausstellung Lohnsteuerkarte".

Nettolohnvereinbarung

s „Ansprüche aus dem Arbeitsverhältnis".

Pfändung steuerlicher Erstattungsansprüche

Die Pfändung eines Steuererstattungsanspruchs ändert nichts an seinem abgabenrechtlichen Charakter (s „Ansprüche aus dem Steuerschuldverhältnis" und „Abtretung"). Für die gegen die Finanzbehörde gerichtete Klage des Pfändungsgläubigers auf Zahlung und Auskunft über das Bestehen von Erstattungsansprüchen ist deshalb der **Finanzrechtsweg** gegeben (BFHE 150, 396 = BStBl II 1987, 863; FG D'dorf EFG 1982, 576; FG BaWü EFG 1984, 164; FG Bln EFG 1987, 85). – Die **Wirksamkeit des Pfändungs- und Überweisungsbeschlusses** ist bei Streit hierüber als zivilrechtliche Vorfrage (Rz 5) vom Finanzgericht zu überprüfen (FG D'dorf EFG 1982, 576; FG BaWü EFG 1984, 164). – **Pfändet** die **Finanzbehörde irrtümlich** Gegenstände eines Dritten, ist für den Herausgabeanspruch des Dritten der **ordentliche Rechtsweg** gegeben (FG SachsAnh EFG 1998, 1023).

Präferenznachweise

Lehnt die Zollbehörde die **Ausstellung** eines Präferenznachweises (vgl *Witte/Prieß* Art 27 ZK Rz 28 ff) ab, ist die auf Erteilung des Präferenznachweises gerichtete Klage im **Finanzrechtsweg** zu erheben (BFHE 154, 1 = BStBl II 1988, 953 = ZfZ 1988, 369). Dasselbe gilt für die Klage, mit der die Rücknahme des Präferenznachweises angefochten wird (BFHE 154, 1 = BStBl II 1988, 953 = ZfZ 1988, 369), und für die Klage, mit der durchgesetzt werden soll, dass die deutsche Zollbehörde **Mitteilungen über** das Ergebnis ihrer Überprüfung der **Echtheit und Richtigkeit** eines Präferenznachweises an ausländische Zollbehörden unterlässt (BFH ZfZ 1987, 47, 49).

Prozesskosten

Die Gebührenklage eines Prozessbevollmächtigten wegen der Vertretung des Mandanten gehört vor die **ordentlichen Gerichte** (BFH/NV 1991, 619; s auch „Folgenbeseitigung" und „Haftung, Duldung"). Entsprechendes gilt für die **Vollstreckungsabwehrklage gegen** einen **Kostenfestsetzungsbeschluss** des FG nach § 19 BRAGO bzw § 11 RVG (vgl FG BaWü EFG 1991, 554) und für den Streit um die **Rückzahlung**

einer (wegen eines zunächst zu hoch angesetzten Streitwerts) zu hohen
Prozesskostenerstattung (BFHE 108, 486 = BStBl II 1973, 502).

Realsplitting (§ 10 I Nr 1 EStG)

Der Abzug der Unterhaltsleistungen als Sonderausgabe ist von der Zustimmung des geschiedenen oder getrennt lebenden Ehegatten abhängig
(zB BFHE 161, 517 = BStBl II 1990, 1022). Verweigert der Empfänger
der Unterhaltszahlungen die **Zustimmung,** kann sie durch ein **im ordentlichen Rechtsweg** erstrittenes Urteil (vgl BGH HFR 1999, 55) oder
durch einen vor den ordentlichen Gerichten abgeschlossenen **Prozessver-
gleich** ersetzt werden (BFHE 155, 99 = BStBl II 1989, 192).

Referenzmenge nach der MGVO

Für Streitigkeiten über die Rechtmäßigkeit einer Milch-Referenzmen-
genfestsetzung durch das Hauptzollamt nach § 10 III MGVO ist der Finanzrechtsweg nach § 33 I Nr 4 (Rz 40) gegeben.

Rückgriffsansprüche

s „Einstehen für Verbindlichkeiten aus einem fremden Steuerschuldverhältnis".

Rückzahlungsansprüche bei Leistungen für einen Dritten (§ 192 AO)

s „Einstehen für Verbindlichkeiten aus einem fremden Steuerschuldverhältnis" und „Haftung, Duldung",

Schadenersatzansprüche wegen einstweiliger Anordnung und Steuerarrest

Schadenersatzansprüche wegen ungerechtfertigter einstweiliger Anordnung nach § 114 III iVm § 945 ZPO sind nach ganz hM **im ordentlichen Rechtsweg** geltend zu machen (zB BFH/NV 1988, 94; BGHZ 30,
123, 127; 63, 217; 78, 127 = NJW 1981, 349; *T/K* § 114 FGO Rz 95;
Beermann/Gosch § 114 FGO Rz 145; *Kopp/Schenke* § 123 Rz 45; **aA** –
Finanzrechtsweg – BVerwGE 18, 72, 77; *Schwarz* NJW 1976, 215, 218;
ders FR 1983, 184; *Grunsky* JuS 1982, 177, 178; *Finkelnburg/Jank* Rz 436;
differenzierend *E/F* § 123 Rz 14). – Entsprechendes gilt für Schadenersatzansprüche nach ungerechtfertigtem **Steuerarrest** (§ 324 AO); zur analogen Anwendung des § 945 ZPO in diesen Fällen s BGHZ 63, 277.

Schadenersatzansprüche gegen Berater

Schadenersatzansprüche gegen den steuerlichen Berater wegen fehlerhafter Beratung sind **im ordentlichen Rechtsweg** zu verfolgen (BFH/
NV 1991, 619).

Steuerfahndungsprüfung

S zunächst Rz 21. – Der Finanzrechtsweg ist aber eröffnet, wenn sich
eine Bank (ein Kreditinstitut) nach Prüfung und Auswertung bankinterner Konten gegen die beabsichtigte Versendung von Kontrollmitteilungen an die inländischen Wohnsitzfinanzämter ihrer nicht verfahrensbeteiligten Kunden (BFH/NV 1998, 424; 2000, 1384; BFH/NV 2001, 709 =
BStBl II 2001, 306; FG Nds EFG 1999, 149) bzw an die für die Kunden

zuständigen ausländischen Behörden (FG Köln EFG 2000, 599) wendet. Ebenso ist es, wenn der Bankkunde die Weitergabe von Kontoinformationen verhindern will (FG Nds EFG 1999, 149).

Steuergeheimnis (§ 30 AO)

Streitigkeiten, in denen es entscheidend auf die **Reichweite des Steuergeheimnisses** (§ 30 AO) ankommt, sind im **Finanzrechtsweg** zu entscheiden, weil es sich um eine mit der Anwendung der abgabenrechtlichen Vorschriften zusammenhängende Angelegenheit (§ 33 II Hs 1) handelt. Dies gilt zB für den Streit, ob dem Haftenden die Steuerakte des Steuerschuldners zugänglich gemacht werden darf (vgl BFHE 107, 253 = BStBl II 1973, 119), den Streit, ob der Inhalt von Steuerakten an die für die Festsetzung der GewSt zuständige Stelle (Gemeinde) weitergeleitet werden darf (zB BFHE 149, 387 = BStBl II 1987, 545; BFHE 173, 201 = BStBl II 1994, 356; FG RhPf EFG 1993, 802), für die Klage eines Finanzbeamten, dem für die Steuerveranlagung zuständigen Finanzamt zu untersagen, Daten aus seiner Steuerakte an die Disziplinarbehörde weiter zu geben (aA – Zuständigkeit der Disziplinargerichte – FG D'dorf EFG 2000, 87) und für den Streit, ob dem Konkurs- bzw Insolvenzverwalter Einsicht in die Steuerakten des (zusammen veranlagten) Gemeinschuldners gewährt werden darf (BFHE 191, 247 = BStBl II 2000, 431). – Im Übrigen s „Auskunft" (2. Absatz) und „Herausgabe von Beweismitteln und Steuerakten".

Steuersicherungsverträge

Streitigkeiten aus einer zwischen dem Steuerschuldner und der Finanzbehörde getroffenen Vereinbarung, nach der der Steuerschuldner der Finanzbehörde zur Sicherstellung der Steuerforderung gegen Verzicht auf Beitreibungsmaßnahmen ein Grundpfandrecht einräumt oder überträgt, sind im **Finanzrechtsweg** zu klären. Es handelt sich um die Abwicklung eines Steuerschuldverhältnisses und damit um eine mit der Verwaltung der Abgaben im Zusammenhang stehende Angelegenheit iS des § 33 II Hs 1 (FG Bln EFG 1976, 18 – bestätigt durch BFH, s EFG 1978, 415; *T/K* § 33 FGO Rz 50; aA BFHE 127, 314 = BStBl II 1979, 442).

Steuerstraf- und Bußgeldverfahren

s Rz 21–23 und „Akteneinsicht", „Auskunft" und „Steuerfahndungsprüfung".

Stundung von Gerichtskosten

Für Streitigkeiten über die Stundung der im finanzgerichtlichen Verfahren entstandenen Gerichtskosten ist der allgemeine Verwaltungsrechtsweg (§ 40 I VwGO) eröffnet (BFH/NV 2001, 472).

Unbedenklichkeitsbescheinigung

s „Bescheinigungen".

Verständigungsverfahren nach DBA

Streitigkeiten im Zusammenhang mit der Einleitung eines Verständigungsverfahrens auf der Grundlage eines DBA gehören als Abgabenangelegenheiten vor die **Finanzgerichte** (BFHE 136, 111 = BStBl II 1982, 583; FG Nbg EFG 1978, 157).

Währungsausgleichsbeträge

Für Streitigkeiten über Währungsausgleichsbeträge ist der Finanzrechtsweg eröffnet (BFHE 121, 234; BFHE 126, 341; BFH/NV 1992, 65; 142; 425; 1994, 429; 2000, 763).

Warenverkehr

Einwendungen gegen Maßnahmen der Bundesfinanzbehörden zur Beachtung der Verbote und Beschränkungen für den Warenverkehr im Rahmen des Markenrechts sind gem § 33 II im Finanzrechtsweg zu verfolgen (BFH/NV 2000, 406; 613). – Vgl Art 58 II ZK. – Im Übrigen s Rz 15.

Widerruf- und Unterlassungsansprüche

Ansprüche auf Widerruf/Unterlassung rufgefährdender **dienstlicher Äußerungen im hoheitlichen Bereich** sind im **Finanzrechtsweg** zu verfolgen (BGH NJW 1978, 1860). – Ansprüche gegen einen bestimmten Beamten auf Widerruf von **Tatsachenbehauptungen** außerhalb der hoheitlichen Tätigkeit (vgl BGH GrS BGHZ 34, 99, 106f) sind demgegenüber im **ordentlichen Rechtsweg** geltend zu machen (FG Hbg EFG 1977, 491).

Zölle

Streitigkeiten über Zölle, Zollpräferenzen und Abschöpfungen sind Streitigkeiten über Abgabenangelegenheiten iS des § 33 I Nr 1, II Hs 1. Für sie ist deshalb der Finanzrechtsweg eröffnet (Rz 15; s auch „Abschöpfungen"; „Präferenznachweise").

Zwangsvollstreckung

Der **ordentliche Rechtsweg** ist gegeben bei Streit über die **Rechte Dritter in der Zwangsvollstreckung** (Rz 24). Streitigkeiten über die **Kosten der Eintragung** einer **Zwangssicherungshypothek** (BFH/NV 1989, 94, 95) und deren Löschung (FG BaWü EFG 1981, 114) sind gleichfalls von den ordentlichen Gerichten zu entscheiden. Der ordentliche Rechtsweg ist außerdem gegeben für das Begehren auf **Einstellung eines Zwangsversteigerungsverfahrens**, das – nach Aufhebung der Arrestanordnung durch das FA und Beitritt der Gerichtskasse – nur noch der Durchsetzung des Anspruchs auf Zahlung der Kosten für die Eintragung der Sicherungshypothek dient (BFH/NV 1988, 94). – **Einwände gegen** die Anordnung der **Zwangsverwaltung** (FG Saarl EFG 1999, 156) oder auf Zwangsversteigerung (BFHE 158, 156 = BStBl II 1990, 44; vgl auch BFHE 152, 53 = BStBl II 1988, 566) sind jedoch **im Finanzrechtsweg** zu verfolgen.

II. § 33 I Nr 2 – Öffentlich-rechtliche Streitigkeiten über die Vollziehung von VAen, die keine Abgabenangelegenheiten betreffen, durch Bundes- und Landesfinanzbehörden

31   § 33 I Nr 2 eröffnet den Rechtsweg zu den Finanzgerichten, soweit den Bundes- und Landesfinanzbehörden kraft Gesetzes die Vollziehung von VAen übertragen ist, die keine Abgabenangelegenheiten betreffen, und soweit die **Vollziehung nach** den Vorschriften **der AO** erfolgt und

hieraus (idR Beitreibungsmaßnahmen) öffentlichrechtliche Streitigkeiten (Rz 10–12) über die Rechtmäßigkeit der Vollstreckungshandlungen entstehen. **Einwendungen** gegen den zu vollstreckenden Verwaltungsakt oder die Vollstreckbarkeit gehören jedoch grundsätzlich nicht vor die Finanzgerichte (vgl BFHE 118, 5 = BStBl II 1976, 296; *Klein/Brockmeyer* § 347 Rz 6). – Die gesetzliche Verpflichtung der Finanz- und Hauptzollämter, in „anderen Angelegenheiten" ergangene VAe zu vollziehen, ergibt sich zB aus §§ 4 Buchstabe b, 5 **VwVG** und dem **EG-Beitreibungsgesetz** v 10. 8. 1979 (BGBl I S 1429, zuletzt geändert durch Gesetz v 20. 12. 2001 BGBl I S 3794). Weitere Anwendungsfälle können sich aus dem Landesrecht ergeben (zB § 25 VwZVG Bayern). – Die Vollstreckung kann aber auch ohne gesetzliche Verpflichtung im Wege der **Amtshilfe** (§§ 114, 250 AO) erfolgen (*Klein/Brockmeyer* § 347 Rz 6; aA *Ziemer ua* Rz 1086, 1087).

Durch Gesetz v 24. 6. 1994 (BGBl I S 1395) ist § 33 I Nr 2 dem Wort- **32** laut des § 347 I Nr 2 AO angepasst worden. – Die Änderung hat zur Folge, dass **in den Fällen des § 33 I Nr 2** (Rz 31) die oft schwierige Prüfung entfällt, ob nach Bundes- oder Landesgesetzen ein anderer Rechtsweg gegeben ist: Ist das Rechtsbehelfsverfahren nach § 347 I Nr 2 AO durchzuführen, ist der Finanzrechtsweg eröffnet. – Abweichend von der früheren Rechtslage (vgl FG BaWü EFG 1970, 566) ist der **Finanzrechtsweg** zB eröffnet, wenn die **Vollstreckung von Sozialforderungen,** für deren gerichtliche Geltendmachung an sich der Sozial- oder Verwaltungsrechtsweg gegeben ist (vgl § 62 SGB X), durch die Hauptzollämter erfolgt (§ 4 b VwVG iVm § 66 I 1 SGB X.

III. § 33 I Nr 3 – Öffentlich-rechtliche und berufsrechtliche Streitigkeiten über bestimmte im StBerG geregelte Angelegenheiten

§ 33 I Nr 3 erfasst öffentlich-rechtliche (Rz 10–12) und berufsrechtliche **35** Streitigkeiten über

– die **Hilfeleistung in Steuersachen** (Erster Teil des StBerG: §§ 1–31); zB BFHE 176, 193 = BStBl II 1995, 10; BFH/NV 1995, 640; 1996, 81.
– die **Voraussetzungen für die Berufsausübung** (Zweiter Abschnitt des Zweiten Teils des StBerG: §§ 35–55; § 7 DVStB). – Zur **prüfungsfreien Bestellung** s zB BFH/NV 1994, 829; 1996, 515; 1997, 380; zur **Prüfungszulassung** s zB BFHE 177, 189 = BStBl II 1995, 557; BFHE 178, 524 = BStBl II 1996, 331; BFHE 178, 518 = BStBl II 1996, 488; BFHE 192, 372 = BStBl II 2001, 118; BFH/NV 1995, 737; 1996, 79; zum **Widerruf der Bestellung** s zB BFHE 178, 504; BFH/NV 1995, 441 und 1019; 1996, 495; zur Klage einer Steuerberaterkammer gegen die Anerkennung einer Steuerberatungsgesellschaft s BFHE 149, 362 = BStBl II 1987, 346; zum **Widerruf der Anerkennung einer Steuerberatungsgesellschaft** s BFHE 177, 175 = BStBl II 1996, 107; zu **Prüfungsentscheidungen** s BVerfGE 84, 34, 50 ff; BFHE 172, 273 = BStBl II 1994, 50; BFHE 195, 83 = BStBl II 2001, 370; BFHE 195, 93 = BStBl II 2001, 736; FG Bdbg EFG 1996, 38; FG Hbg EFG 1996, 507; FG BaWü EFG 1996, 885; zur Klage auf prüfungsfreie Bestellung zum Steuerberater nach der StBerO (DDR), auch wenn sie erst nach dem 3. Oktober 1990 rechtshängig geworden ist, s BFHE 165, 315 = BStBl II 1991, 896;

– die **Zusammenführung der steuerberatenden Berufe** (Sechster Abschnitt des Zweiten Teils des StBerG: §§ 154–157) und

– die **Festsetzung von Zwangsmitteln,** insbesondere **Zwangsgeld,** zur Durchsetzung der Untersagung der Hilfeleistung in Steuersachen und zur Durchsetzung von Aufsichtsmaßnahmen (Erster Abschnitt des Dritten Teils des StBerG: § 159).

36   **Sonstige berufsrechtliche Streitigkeiten** gehören **nicht** vor die Finanzgerichte (FG Hbg EFG 1975, 42; FG M'ster EFG 1985, 368).

IV. § 33 I Nr 4 – Finanzrechtsweg kraft ausdrücklicher bundes- oder landesgesetzlicher Zuweisung

40   Der Rechtsweg zu den Finanzgerichten ist zB nach folgenden **bundesgesetzlichen** Vorschriften gegeben: GKG § 66 (Erinnerung gegen den Kostenansatz – BFH/NV 1999, 43; **nicht aber,** soweit **Stundung** der im finanzgerichtlichen Verfahren entstandenen Gerichtskosten begehrt wird – BFH/NV 2001, 472); WoPG: § 8 III; BergPG: § 3 III; 5. VermBG: § 14 VIII; InvZulG: § 5 I 3I; EigZulG: § 15 I 3; Altersvorsorgezulage (§§ 79 ff EStG); § 98 EStG; ZerlegungsG: § 11. – Er ist – falls nicht schon § 33 I Nr 1 eingreift – auch nach § 34 MOG idF v 20. 9. 1995 (BGBl I S 1146), geändert durch Gesetz v 2. 5. 1996 (BGBl I S 656, 657) eröffnet, zB für Streitigkeiten über die Festsetzung der Anlieferungs-Referenzmenge nach der MGVO (BFHE 142, 534 = BStBl II 1985, 258; BFHE 145, 289; BFHE 146, 298 = ZfZ 1986, 149; BFH/NV 1987, 196, 197) sowie für die Klage einer Molkerei auf Feststellung, sie sei zur Berechnung und Mitteilung der Milchquoten an das HZA nicht verpflichtet (BFHE 146, 302), bei die Referenzmenge betreffenden Feststellungsklagen und bei Streit über die Abgabenanmeldung der Molkerei gegenüber dem HZA (FG Hbg EFG 1990, 32), für Streitigkeiten zwischen dem Milcherzeuger und der Molkerei über die Einbehaltung von Abgaben nach der Milchquotenregelung (BFHE 143, 523 = BStBl II 1985, 553; zweifelnd FG Hbg EFG 1989, 127), **nicht aber** (allgemeiner Verwaltungsrechtsweg) für Klagen gegen die Festsetzung von **Forstabsatzfondsabgaben** (BFH/NV 2000, 476, 477), für Klagen gegen **Härtefallbescheinigungen** der Landwirtschaftskammer nach § 9 II MGVO (Rz 30 „Bescheinigungen"), für Streitigkeiten über Nichtvermarktungsprämien (Prämien für die Umstellung von Milchkuhbeständen) nach der Verordnung (EWG) Nr 1253/73 v 15. 5. 1973 bzw der Verordnung (EWG) Nr 1078/77 (BFHE 144, 344 = BStBl II 1986, 24, 25; BFH/NV 1988, 450, 451) oder für Klagen gegen die Erteilung oder Versagung von Einfuhr- und Ausfuhrlizenzen (§ 5 MOG).

41   **Landesgesetzliche Vorschriften** über die Eröffnung des Rechtswegs zu den Finanzgerichten (§ 33 I Nr 4) betreffen Abgaben, die der Landesgesetzgebung unterliegen (Art 105 II a GG) und von Landesfinanzbehörden verwaltet werden. Sie sind (ua) in den Ausführungsgesetzen der Länder zur FGO enthalten (Rz 43 ff). – Zur **Spielbankabgabe** in Niedersachsen s BFH/NV 1995, 1012; 1013; FG Nds EFG 1993, 425; zur „Hundebestandsaufnahme" in Bremerhaven s FG Bremen EFG 1999, 851.

42   Nach den einschlägigen landesgesetzlichen Bestimmungen ist in **Kirchensteuerangelegenheiten** zT der Verwaltungs- und zT der Finanzrechtsweg gegeben.

Der **Finanzrechtsweg** ist in Kirchensteuersachen eröffnet in **43**
Baden-Württemberg, soweit die Verwaltung den Landesfinanzbehörden übertragen ist (§ 4 AGFGO v 29. 3. 1966 GBl S 49, zuletzt geändert durch Gesetz v 18. 12. 1995, GVBl 1996, 7; §§ 17 I, 21 I KiStG v 15. 6. 1978, GBl S 369, zuletzt geändert durch Gesetz v 6. 2. 2001, GBl S 116); s BFHE 184, 167 = BStBl II 1998, 126; der Finanzrechtsweg ist nach FG BaWü EFG 1988, 130 auch gegeben, soweit die Klage – nach Ablehnung durch die Religionsgemeinschaft – auf Erlass von KiSt gerichtet ist; s auch FG BaWü EFG 1994, 168; 1995, 138; 1997, 1132;

Bayern, Art 5 I S 1 Nr 1, 3 AGFGO v 23. 12. 1965, GVBl S 357, zuletzt geändert durch Gesetz v 28. 3. 2000, GVBl S 141; Art 18 KiStG Bayern idF der Bekanntmachung v 21. 11. 1994, GVBl S 1026, zuletzt geändert durch Gesetz v 24. 12. 2001, GVBl S 1002;

Bremen, soweit die Verwaltung nach § 9 KiStG Bremen idF der Bekanntmachung v 23. 8. 2001, GBl S 263, zuletzt geändert durch Gesetz v 26. 10. 1999, GBl S 259) Landesfinanzbehörden übertragen ist (Art 6 Nr 1 AGFGO v 23. 12. 1965, GBl S 156, zuletzt geändert durch Bekanntmachung v 16. 8. 1988, GBl S 223;

Hamburg, § 5 II Nr 2 AGFGO v 17. 12. 1965, GVBl S 225, zuletzt geändert durch das KiStG v 16. 1. 1989, GVBl S 5; vgl §§ 3,6,12 KiStG Hamburg v 15. 10. 1973 (GVBl S 431), zuletzt geändert durch Gesetz v 18. 7. 2001 (GVBl S 218);

Mecklenburg-Vorpommern, Art 1 § 15 Nr 1 GOrgG v 2. 6. 1992, GVOBl S 314, 363; § 24 I KiStG v 17. 12. 2001 (GVOBl S 605) und zwar auch dann, wenn die Kirchen die Steuer selbst verwalten;

Nordrhein-Westfalen, Art 5 AGFGO v 1. 2. 1966, GVBl S 754, zuletzt geändert durch Gesetz v 17. 12. 1998, GVBl S 732; § 14 I KiStG idF v 22. 4. 1975, GVBl S 438, zuletzt geändert durch Gesetz v 6. 3. 2001, GVBl S 103; FG Köln EFG 1997, 1130;

Saarland, § 4 AGFGO v 16. 12. 1965, Abl S 1078 zuletzt geändert durch Gesetz v 5. 2. 1997, Abl S 258; § 16 I, II KiStG idF v 1. 6. 1977, Abl S 598, zuletzt geändert durch Gesetz v 12. 6. 2002 Abl S 1414; § 16 III KiStG: bei kommunaler Verwaltung der KiSt Verwaltungsrechtsweg;

Sachsen, § 36 Nr 3 SächsJustG v 4. 11. 2000, GVBl S 482; § 13 KiStG Sachsen v 14. 2. 2002, GVBl S 82;

Thüringen, § 4 AGFGO v 18. 6. 1993, GVBl S 334, zuletzt geändert durch Gesetz v 10. 11. 1995, GVBl S 346; KiStG v 4. 7. 1991, GVBl S 231.

Der **Verwaltungsrechtsweg** ist in Kirchensteuersachen eröffnet in **44**
Baden-Württemberg, soweit die Verwaltung den Kirchen oder den Gemeinden obliegt (§ 14 KiStG – Rz 43; FG BaWü EFG 1995, 138);

Berlin, § 3 II AGFGO v 21. 12. 1965, GVBl I S 1979, zuletzt geändert durch Gesetz v 30. 7. 2001, GVBl S 313; § 9 I, III KiStG idF v 8. 11. 1997, GVBl S 607, geändert durch Gesetz vom 18. 12. 2001, GVBl S 698;

Brandenburg, § 5 BdbgFGG v 10. 12. 1992, GVBl I S 504; § 10 KiStG Brandenburg v 25. 6. 1999, GVBl S 251, geändert durch Gesetz v 6. 12. 2001, GVBl S 242;

Bremen, soweit sich Streitigkeiten bei der Verwaltung durch die Kirchen ergeben (§ 6 KiStG – Rz 43),

Hessen, § 4 II AGFGO v 17. 12. 1965, GVBl I S 347, zuletzt geändert durch Gesetz v 21. 12. 1976, GVBl I S 532; § 13 I KiStG v 12. 12. 1986, GVBl S 90, zuletzt geändert durch Gesetz v 31. 10. 2001, GVBl S 442; BFH/NV 1998, 703;

Niedersachsen, § 6 AGFGO v 30. 12. 1965, GVBl S 277, zuletzt geändert durch Gesetz v 1. 2. 1993, GVBl S 40; § 10 II KiStG idF v 10. 7. 1986, GVBl S 281, zuletzt geändert durch Gesetz v 14. 12. 2001, GVBl S 760;

Rheinland-Pfalz, § 4 S 2 AGFGO v 16. 12. 1965, GVBl S 265, zuletzt geändert durch Gesetz v 6. 11. 1989, GVBl S 225; § 13 I KiStG v 24. 2. 1971, GVBl S 59, zuletzt geändert durch Gesetz v 18. 12. 2001, GVBl S 225; BFH/NV 1987, 733;

Saarland s Rz 43;

Sachsen-Anhalt, § 5 AGFGO v 24. 8. 1992, GVBl S 654; § 9 KiStG Sachsen-Anhalt v 7. 12. 2001, GVBl S 557;

Schleswig-Holstein, § 10 I KiStG idF v 18. 8. 1975, GVOBl S 219, zuletzt geändert durch Gesetz v 13. 12. 2001, GVOBl S 396; keine Änderungen durch das AGFGO v 20. 12. 1965, GVBl S 189, zuletzt geändert durch Gesetz v 24. 10. 1996, GVOBl S 652 und durch das AOAnpG v 20. 12. 1977, GVOBl S 502 – s FG SchlHol EFG 1979, 251.

45   Wegen weiterer landesgesetzlicher Rechtswegzuweisungen s die Ausführungsgesetze der Länder zur FGO (AGFGO – Rz 43, 44 – bzw das AG-GerStrG MeVo v 10. 6. 1992, GVOBl S 314, zuletzt geändert durch Gesetz v 28. 6. 1994, GVOBl S 660, das BdbgFGG v 10. 12. 1992, GVBl I S 504, das Sächsische JustG v 12. 12. 1997, GVBl S 638).

46   Zur Frage, ob durch die Eröffnung des Rechtswegs Landesrecht revisibel wird, vgl § 118 Rz 18.

Anhang zu § 33: Zulässigkeit des Rechtswegs, Entscheidung über den Rechtsweg, Wirkungen und Folgen der Verweisung

Übersicht

Literatur: *Gaa,* Die Aufrechnung mit einer rechtswegfremden Gegenforderung, NJW 1997, 3343; *Gerster,* Die Rechtswegeröffnung und -bestimmung zwischen Kompetenzkonflikt und Kompetenzkompetenz; zur Entstehung und zur Weiterentwicklung der §§ 17–17b GVG, Diss Mainz 1991; *Kissel,* Neues zur Gerichtsverfassung, NJW 1991, 945; *Kopp,* Änderungen der VwGO zum 1. 1. 1991, NJW 1991, 521; *Musielak,* Die Aufrechnung des Beklagten im Zivilprozeß, JuS 1994, 817, *Rupp,* Zur Aufrechnung mit rechtswegfremden Forderungen im Prozeß, NJW 1992, 3274; *Schaub,* Die Rechtswegzuständigkeit und die Verweisung des Rechtsstreits, BB 1993, 1666; *Schenke/Ruthig,* Die Aufrechnung mit rechtswegfremden Forderungen im Prozess, NJW 1992, 3505; *dies,* Zur Aufrechnung mit rechtswegfremden Forderungen im Prozess, NJW 1993, 1374.

Durch das am 1. 1. 1991 in Kraft getretene 4. VwGOÄndG v 17. 12. **1**
1990 (BGBl I S 2809) sind die §§ 34 und 66 II, III aufgehoben worden. Gleichzeitig sind die Wirkungen der Rechtshängigkeit einer Sache, die Rechtswegentscheidung und -verweisung und die Wirkungen bzw Kostenfolgen einer Rechtswegverweisung durch Änderung der §§ 17, 17a GVG und Einfügung des § 17b GVG neu geregelt worden.

Die Regelung gilt nicht nur (unmittelbar) für die ordentliche Gerichtsbarkeit (§ 2 EGGVG), sondern aufgrund der in den einzelnen Verfahrensordnungen bestehenden allgemeinen Verweisungsvorschriften (§ 155, § 173 VwGO, § 202 SGG, § 48 ArbGG) einheitlich für alle fünf Gerichtsbarkeiten des Art 95 GG.

Die Regelung ist auf die Verweisung wegen örtlicher und sachlicher Zuständigkeit entsprechend anzuwenden (§ 70 Satz 1).

Die Änderungen sollen der Beschleunigung und Vereinfachung des **2**
Verfahrens und der Kostenersparnis dienen (Amtl Begründung BT-Drucks 11/7030 S 36 f). Erreicht werden soll dies insbesondere durch
– möglichst **frühzeitige Entscheidung** von Streitigkeiten **über den
  Rechtsweg** (§ 17a III. V GVG)
– **Verweisung von Amts wegen** bei Unzulässigkeit des Rechtswegs
  (§ 17a II GVG)
– **bindende** (aufdrängende) **Wirkung** der Verweisung (§ 17a II GVG)
– **Beschränkung des Instanzenzugs** in Rechtswegstreitigkeiten (§ 17a
  IV, V GVG).

Überblick

A. Zulässigkeit des Rechtswegs

§ 17 GVG

(1) [1]Die Zulässigkeit des beschrittenen Rechtsweges wird durch eine nach Rechtshängigkeit eintretende Veränderung der sie begründenden Umstände nicht berührt. [2]Während der Rechtshängigkeit kann die Sache von keiner Partei anderweitig anhängig gemacht werden.

(2) [1] Das Gericht des zulässigen Rechtsweges entscheidet den Rechtsstreit unter allen in Betracht kommenden rechtlichen Gesichtspunkten. [2] Artikel 14 Abs. 3 Satz 4 und Artikel 34 Satz 3 des Grundgesetzes bleiben unberührt.

I. Allgemeines

5   § 17 I GVG enthält Vorschriften über die **Klagesperre** und die **Fortdauer der Zulässigkeit des Rechtswegs** (Rz 11, 10). Die Regelung gilt auch für die Zuständigkeit der Gerichte innerhalb des jeweiligen Rechtswegs (§ 70). § 17 II GVG erweitert die Entscheidungskompetenz des Gerichts des zulässigen Rechtswegs.

6   Die Zulässigkeit des Rechtswegs ist **Sachentscheidungsvoraussetzung** (Vor § 33 Rz 4). Sie ist weiterhin von Amts wegen zu prüfen, allerdings nur noch in der ersten Instanz, nicht mehr in dem die Hauptsache betreffenden Rechtsmittelverfahren (§ 17 a GVG – Rz 40).

7   Die **Prüfung der Zulässigkeit des Rechtswegs** erfolgt nach den Verfahrensgrundsätzen, nach denen das Gericht auch sonst judiziert. Für die Frage, ob der Finanz- oder ein anderer Rechtsweg eröffnet ist, kommt es auf die „wahre Rechtsnatur" des Klagebegehrens an (§ 33 Rz 10 ff). Dabei ist zu beachten, dass § 33 zwingendes Recht enthält. Eine **Rechtswegvereinbarung** (Prorogation) ist unwirksam (vgl RGZ 108, 245; 122, 101). – Zur Frage, ob und (ggf) bis zu welchem Zeitpunkt Veränderungen der tatsächlichen und/oder rechtlichen Verhältnisse bei der Prüfung zu berücksichtigen sind, s Rz 10.

     Die **Kompetenz** zur Entscheidung über die Zulässigkeit des Rechtswegs ist den erstinstanzlichen Gerichten der verschiedenen Gerichtszweige **ohne jede Einschränkung** übertragen, soweit keine Bindung eingetreten ist (Rz 14 f).

II. Fortdauer der Zulässigkeit des Rechtswegs (§ 17 I 1 GVG)

10   Nach § 17 I 1 GVG wird die Zulässigkeit des im konkreten Fall beschrittenen Rechtswegs durch eine nach Rechtshängigkeit eintretende Veränderung der sie begründenden Umstände nicht berührt **(perpetuatio fori)**. Dabei ist gleichgültig, ob die Veränderung auf Umständen tatsächlicher oder rechtlicher Art beruht. Der Grundsatz der perpetuatio fori greift deshalb auch in den Fällen ein, in denen nach Eintritt der Rechtshängigkeit durch **Änderung der gesetzlichen Vorschriften** ein anderer Rechtsweg begründet wird (BFHE 132, 329 = BStBl II 1981, 136; OVG Hamburg NJW 1993, 278), sofern nicht das Gesetz selbst ausdrücklich eine abweichende Regelung trifft. Aus Gründen der Prozessökonomie kann die ursprüngliche **Unzulässigkeit** des Rechtswegs **geheilt** werden. Es genügt, wenn bis zur letzten mündlichen Verhandlung in der ersten Instanz Umstände tatsächlicher oder rechtlicher Art eintreten, aus denen sich die Zulässigkeit des beschrittenen (und zunächst unzulässigen) Rechtswegs ergibt (BGH NJW 1992, 1757; *Kissel* NJW 1991, 945, 948). Das muss auch noch in der Beschwerdeinstanz (Rz 38) gelten.

     Im Falle einer **Änderung des Streitgegenstandes** (Klageänderung) ist die Zulässigkeit des Rechtswegs jedoch – wie bisher – neu zu prüfen (BFHE 207, 511 = BStBl II 2005, 101; Rz 32; § 38 Rz 5); ein gesetzlicher Beklagtenwechsel ist aber weder eine Änderung des Streitgegenstandes noch eine Klageänderung (BFH/NV 2005, 1196).

III. Klagesperre (§ 17 I 2 GVG)

§ 17 I 2 GVG besagt, dass **bei Rechtshängigkeit** (§ 66) eine **neue 11 Klage** in derselben Sache **unzulässig** ist (BFHE 145, 106 = BStBl II 1986, 302, 303 aE). Gleichgültig ist dabei, in welchem Rechtsweg die Sache erneut anhängig gemacht wird. Es handelt sich um eine (negative) Sachentscheidungsvoraussetzung (Vor § 33 Rz 5; *Kopp/Schenke* § 90 Rz 15). Voraussetzung für die Abweisung der Klage als unzulässig ist die **Identität der Streitgegenstände.** Auf die Zulässigkeit der ersten Klage kommt es nicht an (vgl FG D'dorf EFG 1983, 418). Die später erhobene Klage kann allerdings auch bei fehlender Identität der Streitgegenstände wegen fehlenden Rechtsschutzbedürfnisses unzulässig sein (FG BaWü EFG 1986, 243 f; allgemein zum Rechtsschutzbedürfnis s Vor § 33 Rz 4a; § 69 Rz 64).

IV. Umfang der Sachprüfung (§ 17 II GVG)

§ 17 II 1 GVG erweitert die **Entscheidungskompetenz** des Ge- 14 richts des zulässigen Rechtswegs (das ist der von dem erstinstanzlichen Gericht angenommene oder gem § 17a, II, III festgestellte Rechtsweg) gegenüber der Rechtslage vor dem 1. 1. 1991. Das angerufene Gericht hat nicht nur die Vorfragenkompetenz (§ 33 Rz 5). Es ist vielmehr in den Fällen, in denen der Klagenanspruch auf mehrere, verschiedene Rechtswegen zugeordnete Grundlagen gestützt wird, zur Entscheidung über sämtliche Klagegründe verpflichtet. Voraussetzung ist lediglich, dass der Rechtsweg für einen der Klagegründe gegeben ist (BGH NJW 1991, 1686; OVG Münster NVwZ 1993, 590; s auch BGH NJW 1993, 471; *Kopp/Schenke* § 41 Rz 5). Derartige **gemischte Rechtsverhältnisse,** bei denen ein und derselbe Klageanspruch in verschiedenen Rechtswegen verfolgt werden kann, werden im finanzgerichtlichen Verfahren selten sein. In seinem Mittelpunkt steht die Aufhebung, Abänderung, der Erlass oder die Feststellung der Nichtigkeit von VA'en. Lediglich im Bereich der (sonstigen) Leistungsklage (§ 40 Rz 28) sind derartige Fallgestaltungen vorstellbar. – § 17 II 1 GVG erfasst (vorbehaltlich des § 17 II 2 GVG) kraft Sachzusammenhangs auch die Fälle, in denen eine rechtswegfremde Forderung zur **Aufrechnung** gestellt wird (§ 17 II 1 GVG ist jedenfalls analog anwendbar: BVerwG DVBl 1993, 885; VGH Kassel DVBl 1994, 806; dazu ausführlich *Schenke/Ruthig* NJW 1992, 2505 und NJW 1993, 1374; *Gaa* NJW 1997, 3343; *T/K* § 33 FGO Rz 30; *Kopp/Schenke* § 40 Rz 45; *Rosenberg/Schwab* S 640, 641; *Kissel* § 13 Rz 76; § 17 Rz 40; *Drygala* NZA 1992, 294, 295; grundsätzlich ebenso BFHE 184, 242 = BStBl II 1998, 200; **aA** für den Fall der nicht rechtskräftig festgestellten und bestrittenen Gegenforderung BFHE 198,55 = BStBl II 2002, 509; BFH/NV 2005, 711; 1759; BVerwG NJW 1999, 160; BAG NJW 2002, 317; FG BaWü EFG 1992, 204; *Zöller/Gummer* § 17 GVG Rz 10; *Musielak* JuS 1994, 817, 823; kritisch auch *Rupp* NJW 1992, 3274). – Einer Aussetzung des Verfahrens (§ 74) bis zur rechtskräftigen Entscheidung über die Aufrechnungs-Gegenforderung bedarf es deshalb grundsätzlich nicht mehr. Eine Ausnahme gilt jedoch, wenn der Rechtsstreit über das Bestehen der Aufrechnungs-Gegenforderung bereits bei dem anderen Gericht anhängig ist; in diesem Fall steht es im Ermessen des Gerichts, ob es das Verfahren aussetzt oder über die rechtswegfremde Gegenforderung entscheidet (BFHE 184, 242 = BStBl II 1998, 200; weitergehend BFHE 198, 55 = BStBl II 2002, 509).

Die rechtswegüberschreitende Kompetenz eines Gerichts gilt nach **§ 17 II 2 GVG** nicht in den Fällen der **Art 14 III 4 und 34 Satz 3 GG,** in denen kraft ausdrücklicher grundgesetzlicher Anordnung der ordentliche Rechtsweg zu beschreiten ist. Zur Frage, ob eine Teilverweisung möglich ist, s Rz 22. – Die Anwendung des § 17 II 1 GVG ist außerdem ausgeschlossen, wenn die Anspruchsvoraussetzungen des in den Zuständigkeitsbereich des angerufenen Gerichts fallenden Klagegrundes offensichtlich nicht gegeben sind (BVerwG NVwZ 1993, 359; OVG Münster DVBl 1993, 567; *Kopp/Schenke* § 41 Rz 6.

15   Die Erweiterung der Entscheidungskompetenz durch § 17 II GVG betrifft **ausschließlich gemischte Rechtsverhältnisse** (*Kissel* NJW 1991, 945, 950; Rz 14). In Fällen der **objektiven Klagenhäufung** (§ 43 Rz 1) ist die Zulässigkeit des Rechtswegs für jeden Klageanspruch gesondert zu prüfen und nach § 17a II, III GVG (Rz 18 ff) zu verfahren (BGH NJW 1991, 1686; VGH Mannheim NJW 1993, 3344; NVwZ-RR 1993, 516; OVG Münster NVwZ-RR 1993, 517).

§ 17 II GVG gilt **nicht** für **Hilfsanträge,** die in einem anderen Rechtsweg zu verfolgen sind (zweifelhaft: zu den verfahrensrechtlichen Folgen s BGHZ 46, 105; BGH NVwZ 1990, 1104).

B. Entscheidung über den Rechtsweg

§ 17 a GVG

(1) Hat ein Gericht den zu ihm beschrittenen Rechtsweg rechtskräftig für zulässig erklärt, sind andere Gerichte an diese Entscheidung gebunden.

(2) [1] Ist der beschrittene Rechtsweg unzulässig, spricht das Gericht dies nach Anhörung der Parteien von Amts wegen aus und verweist den Rechtsstreit zugleich an das zuständige Gericht des zulässigen Rechtsweges. [2] Sind mehrere Gerichte zuständig, wird an das vom Kläger oder Antragsteller auszuwählende Gericht verwiesen oder, wenn die Wahl unterbleibt, an das vom Gericht bestimmte. [3] Der Beschluß ist für das Gericht, an das der Rechtsstreit verwiesen worden ist, hinsichtlich des Rechtsweges bindend.

(3) [1] Ist der beschrittene Rechtsweg zulässig, kann das Gericht dies vorab aussprechen. [2] Es hat vorab zu entscheiden, wenn eine Partei die Zulässigkeit des Rechtsweges rügt.

(4) [1] Der Beschluß nach den Absätzen 2 und 3 kann ohne mündliche Verhandlung ergehen. [2] Er ist zu begründen. [3] Gegen den Beschluß ist die sofortige Beschwerde nach den Vorschriften der jeweils anzuwendenden Verfahrensordnung gegeben. [4] Den Beteiligten steht die Beschwerde gegen einen Beschluß des oberen Landesgerichts an den obersten Gerichtshof des Bundes nur zu, wenn sie in dem Beschluß zugelassen worden ist. [5] Die

Beschwerde ist zuzulassen, wenn die Rechtsfrage grundsätzliche Bedeutung hat oder wenn das Gericht von der Entscheidung eines obersten Gerichtshofes des Bundes oder des Gemeinsamen Senats der obersten Gerichtshöfe des Bundes abweicht. [6] Der oberste Gerichtshof des Bundes ist an die Zulassung der Beschwerde gebunden.

(5) Das Gericht, das über ein Rechtsmittel gegen eine Entscheidung in der Hauptsache entscheidet, prüft nicht, ob der beschrittene Rechtsweg zulässig ist.

I. Anwendungsbereich

§ 17 a GVG regelt Kompetenzkonflikte zwischen den in Art 95 I GG **17** genannten Gerichtszweigen. Im Verhältnis zur Verfassungsgerichtsbarkeit ist § 17 a GVG unanwendbar.

§ 17 a GVG gilt nicht nur für das **Klageverfahren,** sondern auch für die selbstständigen (Neben-)Verfahren des **vorläufigen Rechtsschutzes** (§§ 69, 114). Davon ging auch schon die überwiegende Meinung zu § 34 aF aus (2. Auflage § 34 Rz 3; s auch BFH/NV 1995, 800; FG BaWü EFG 1981, 27; OVG Hbg DVBl 2000, 1467; offen BFH/NV 1987, 733; 1990, 151, 152; *Baumbach* ua § 17 a GVG Rz 5; aA *Kopp/Schenke* § 41 Rz 2 a). Entsprechendes wird man auch für das **Prozesskostenhilfeverfahren** annehmen müssen (VGH Mannheim NJW 1992, 707; *Kissel* § 17 GVG Rz 6; *Stein* MDR 1972, 733; vgl auch BAG NJW 1982, 960; offen BAG NJW 1993, 752; **aA** OVG Münster NJW 1993, 2766; OVG Bautzen NJW 1994, 1020; VGH Mannheim NJW 1995, 1916; *Kopp/Schenke* § 41 Rz 2 b; *Baumbach* ua § 17 a GVG Rz 5). – Im Übrigen s Rz 1 ff.

II. Entscheidung

1. Entscheidung bei Zulässigkeit des Rechtswegs (§ 17 a III, IV GVG)

Hält das erstinstanzliche Gericht (ggf der Einzelrichter – §§ 6, 79 a III, **18** IV) den Rechtsweg für zulässig und wird die Zulässigkeit des Rechtswegs von keinem der Beteiligten gerügt, braucht über diese Fragen nicht gesondert entschieden werden. Der Senat bzw der Einzelrichter kann die Zulässigkeit des Rechtswegs nach pflichtgemäßem Ermessen **in der Endentscheidung zur Hauptsache** – auch stillschweigend – mit aussprechen (BGH NJW 1993, 471). Ist die Rechtslage objektiv zweifelhaft, entspricht es – mit **Ausnahme** von **Eilverfahren** (vgl OVG MeVo DVBl 2001, 1468) – pflichtgemäßer Ermessensausübung, **von Amts wegen** eine **Vorabentscheidung** zu treffen (§ 17 a III 1 GVG). Das bedeutet, dass über die Rechtswegfrage vor der Entscheidung zur Hauptsache, nicht notwendig aber vor Beginn der mündlichen Verhandlung durch besonderen Beschluss (Rz 19) zu entscheiden ist. Bei **Rüge der Zulässigkeit des Rechtswegs** durch einen Beteiligten muss das Gericht die Zulässigkeit in jedem Fall vorab aussprechen (§ 17 III 2 GVG). Die Rüge muss als Prozesshandlung ausdrücklich erfolgen. Das Rügerecht erlischt weder mit dem Beginn der Verhandlung zur Hauptsache noch mit dem Ablauf einer etwaigen Klageerwiderungsfrist. § 282 III ZPO ist im finanzgerichtlichen Verfahren wegen des Untersuchungsgrundsatzes nicht anwendbar.

19   Die **Vorabentscheidung** erfolgt **durch Beschluss;** mündliche Verhandlung ist nicht erforderlich (§ 17 a IV 1 GVG), bei schwierigen Rechtsfragen aber in aller Regel geboten. In jedem Fall ist den Beteiligten **rechtliches Gehör** (Art 103 I GG) zu gewähren. Schriftliche Anhörung genügt, wobei in einem **Eilverfahren** rechtliches Gehör auch telefonisch gewährt werden kann (BFHE 203, 415 = BStBl II 2004, 84, 85). Der Beschluss muss **begründet** werden (§ 17 a IV 2 GVG). Es ist **keine Kostenentscheidung** zu treffen, weil es sich um ein unselbstständiges Zwischenverfahren handelt (**aA** für einen den Rechtsweg bejahenden Beschluss BGH NJW 1993, 2542; KG NJW 1994, 2702; vgl § 17 b II GVG – Rz 44). Der Beschluss ist den Beteiligten zuzustellen (§ 53), wenn er ohne mündliche Verhandlung ergangen ist oder wenn er – nach mündlicher Verhandlung – nicht verkündet worden ist. Bei Verkündung ist mangels ausdrücklicher gesetzlicher Regelung eine Zustellung nicht erforderlich (§ 53 Rz 4).

2. Entscheidung bei Unzulässigkeit des Rechtswegs (§ 17 a II, IV GVG)

22   Ist das erstinstanzliche Gericht der Überzeugung, dass der eingeschlagene Rechtsweg unzulässig ist, kann es wegen Fehlens einer Sachentscheidungsvoraussetzung (Rz 6) keine Entscheidung zur Hauptsache treffen. In diesem Fall muss das Gericht – nach Anhörung der Beteiligten – **vorab von Amts wegen** die **Unzulässigkeit des Rechtswegs aussprechen und den Rechtsstreit** (von Amts wegen) zugleich an das zuständige Gericht des zulässigen Rechtswegs **verweisen** (§ 17 a II 1 GVG). Entgegen dem bisherigen Recht ist also eine Klageabweisung als unzulässig (mangels Zulässigkeit des beschrittenen Rechtswegs) nicht mehr möglich.

Die **Prüfung** hat sich auf die Frage zu beschränken, welcher Rechtsweg für das prozessuale Begehren zulässig ist. Ob die übrigen Prozessvoraussetzungen für ein Verfahren vor dem zuständigen Gericht gegeben sind, ist für die Verweisung unerheblich (BVerwG NJW 2001, 1513; VGH Mannheim NJW 1991, 1905).

In den Fällen der **Klagenhäufung** (§ 43 Rz 1; § 59) ist die Feststellung der Unzulässigkeit des Rechtswegs hinsichtlich einzelner Klagen und deren Verweisung (§ 17 a II 1 GVG) nur nach vorheriger Trennung der Verfahren (§ 73) möglich (vgl BGH NVwZ 1990, 1104). Eine **Teilverweisung** iÜ ist ausgeschlossen (§ 17 II GVG). Das gilt insbesondere, soweit das Klagebegehren ua auch auf Art 14 III 4, 34 Satz 3 GG (§ 17 II 2 GVG) gestützt wird (*Baumbach ua* § 17 a GVG Rz 7: Abschließende Entscheidung über die sonstigen Klaggründe, neue Klage wegen des Anspruchs aus Art 14 III 4 bzw 34 Satz 3 GG vor den ordentlichen Gerichten; s auch BGHZ 13, 153; 46, 105; BGH NVwZ 1990, 1104; NJW 1986, 2709; aA *Kissel* § 17 Rz 81, 82 mwN).

Nach § 17 a II 1 GVG ist auch zu verfahren, wenn ein Gericht in derselben Sache den zu ihm beschrittenen Rechtsweg rechtskräftig für zulässig erklärt hat und die Sache bei dem Gericht des zulässigen Rechtswegs nicht mehr rechtshängig ist. Einerseits ist das später angerufene Gericht an die Entscheidung über die Zulässigkeit des Rechtswegs gebunden (Rz 28 f) und andererseits greift die Klagesperre (Rz 11) nach Beendigung der Rechtshängigkeit nicht mehr ein. Das Gericht des zulässigen Rechtswegs hat anschließend über die Zulässigkeit der Klage im Übrigen (Vor § 33 Rz 4 ff) zu befinden.

Sind innerhalb des zulässigen Rechtswegs **mehrere Gerichte sachlich** 25 **und/oder örtlich zuständig**, wird an das vom Kläger oder Antragsteller auszuwählende Gericht verwiesen oder, wenn die Wahl unterbleibt, an das vom verweisenden Gericht zu bestimmende (§ 17 a II 2 GVG). – Zur **Bindung** des Gerichts, an das verwiesen worden ist, s Rz 28 ff.

Die **Verweisung** erfolgt nach Anhörung der Beteiligten (§ 17 a II 1 26 GVG) **durch Beschluss**. – Wegen der Einzelheiten s Rz 19 und wegen der Kosten Rz 44.

III. Bindungswirkung

1. Bindung bei rechtskräftiger Bejahung der Zulässigkeit des Rechtswegs (§ 17 a I GVG)

Hat ein Gericht den zu ihm beschrittenen Rechtsweg **rechtskräftig für** 28 **zulässig** erklärt, sind andere Gerichte an diese Entscheidung gebunden (§ 17 a I GVG). Dabei ist gleichgültig, ob die Zulässigkeit des Rechtswegs vorab oder in der Endentscheidung zur Hauptsache (Rz 18) bejaht worden ist. Die Gerichte der anderen Gerichtszweige sind **bei Identität des Streitgegenstandes** in beiden Fällen an die Entscheidung gebunden. Hiervon wird man eine Ausnahme machen müssen, wenn die Zulässigkeit des Rechtswegs **offensichtlich fehlerhaft** oder **willkürlich** bejaht worden ist, dh wenn die Entscheidung offensichtlich ohne jede gesetzliche Grundlage ergangen ist, bei verständiger Würdigung unverständlich erscheint und schon auf den ersten Blick unhaltbar ist. Anderenfalls würde das Recht auf den gesetzlichen Richter verletzt (Art 101 I 2 GG; BVerf-GE 29, 45; BFH/NV 1991, 619, 620/621; 1993, 676; FG Nbg EFG 1995, 578; BVerwG Buchholz 300 § 17 a GVG; BAG NJW 1993, 1878; s auch BFH/NV 2000, 1350, 1351; 2005, 1849, 1850; BGHZ 71, 72 = NJW 1978, 1163; NJW-RR 1992, 258; BVerfG Beschluss v 18. 4. 1991 2 BvR 135/91 nv). – Zum Umfang der Bindungswirkung s Rz 32–34. – Zur Bindungswirkung des Rechtsmittelgerichts s Rz 40.

Ein nach Beendigung der Rechtshängigkeit in derselben Sache vor einem Gericht eines anderen Gerichtszweiges erhobenes Rechtsschutzbegehren ist deshalb an das Gericht zu verweisen, das die Zulässigkeit des (zunächst) zu ihm beschrittenen Rechtswegs rechtskräftig bejaht hat (Rz 22). Dasselbe muss gelten, wenn die Sache gleichzeitig bei Gerichten verschiedener Gerichtszweige anhängig gemacht worden ist und eines der angerufenen Gerichte den zu ihm beschrittenen Rechtsweg rechtskräftig bejaht hat (aA *Baumbach ua* § 17 a GVG Rz 6; Abweisung als unzulässig).

Ist das Verfahren noch bei dem Gericht anhängig, das die Zulässigkeit des Rechtswegs bejaht hat, sind weitere Klagen/Anträge in derselben Sache vor einem Gericht eines anderen Rechtswegs als unzulässig abzuweisen (Rz 11).

Eine § 17 a I GVG entsprechende Regelung fehlt für den Fall, dass ein 30 Gericht den zu ihm beschrittenen **Rechtsweg rechtskräftig für unzulässig erklärt** hat (§ 17 a II 1 GVG). Da die Verweisung für das Adressatgericht bei Identität des Streitgegenstandes (Rz 28) hinsichtlich des

Rechtswegs stets bindend ist (Rz 32 ff), besteht auf den ersten Blick kein Handlungsbedarf. Die Frage der Bindung kann sich aber für ein drittes Gericht ergeben, wenn es früher oder gleichzeitig angerufen worden ist (bei späterer Anrufung greift § 17 I 2 GVG ein; Rz 11). ME ergibt sich die Bindung dann aus der materiellen Rechtskraft der Entscheidung über die Unzulässigkeit des Rechtswegs (*Baumbach ua* § 17 a GVG Rz 6), so dass eine Verweisung an das Gericht, das die Zulässigkeit des Rechtswegs verneint hat, ausgeschlossen ist.

2. Bindung der Verweisung (§ 17 a II 3 GVG)

32   Der formell rechtskräftige **Verweisungsbeschluss** ist für das Gericht, an das der Rechtsstreit verwiesen worden ist, **bei Identität des Streitgegenstandes** hinsichtlich des Rechtswegs **bindend.** Das bedeutet, dass das in dem Verweisungsbeschluss bezeichnete Gericht den Rechtsstreit weder zurück- noch (an ein drittes Gericht) weiterverweisen kann (*Kissel* NJW 1991, 945, 949). Damit ist die früher streitig gewesene Frage nach der Zulässigkeit der **Weiterverweisung** in dem Sinne geklärt, dass der Rechtsweg mit der Verweisung endgültig festliegt, eine Weiterverweisung also **unzulässig** ist. Die Bindungswirkung tritt jedoch nicht ein, wenn nach (zulässiger) Klageänderung ein neuer Streitgegenstand zu beurteilen ist (BFH BStBl II 2005, 101 = BFH/NV 2005, 138; BFH/NV 2005, 1196; BGH NJW 1990, 54; FG Bremen EFG 1991, 622; OLG Hamm FamRZ 1988, 1293) oder wenn sich das Gericht, an das verwiesen worden ist, zuvor rechtskräftig für unzuständig erklärt hatte.

Die Bindungswirkung tritt auch dann ein, wenn der Verweisungsbeschluss mit den gesetzlichen Vorschriften über den Rechtsweg nicht im Einklang steht oder wenn er mit Verfahrensmängeln behaftet ist (BFH/NV 1991, 619, 620/621; BGH NJW-RR 1992, 902; zu weitgehend BVerwG NVwZ 1989, 263: Bindungswirkung auch bei offensichtlich gesetzwidriger Verweisung). Das ergibt sich aus dem Zweck der Neuregelung, ausgehend von der Gleichwertigkeit aller Gerichtszweige Rechtswegstreitigkeiten abzukürzen. – Der Verweisungsbeschluss entfaltet **ausnahmsweise keine Bindungswirkung** hinsichtlich des Rechtswegs, wenn er offensichtlich unhaltbar ist. Das ist zB der Fall, wenn sich die Verweisung bei Auslegung und Anwendung der maßgeblichen Normen in einer nicht mehr hinnehmbaren **willkürlichen** Weise von dem verfassungsrechtlichen Grundsatz des gesetzlichen Richters entfernt und damit unter Berücksichtigung rechtsstaatlicher Grundsätze nicht mehr verständlich erscheint. In einem solchen Fall muss die Bindungswirkung des Verweisungsbeschlusses hinter dem Rechtsgedanken des Art 101 I 2 GG zurücktreten (BFHE 205, 413 = BStBl II 2004, 458; BFH/NV 2005, 1196; vgl BFH/NV 2000, 1350, 1351; BVerwG NJW 1993, 3088; NVwZ 1993, 1878; s auch Rz 28; aA *Kopp/Schenke* § 41 Rz 22) – **Negative Kompetenzkonflikte** sind damit grundsätzlich ausgeschlossen; entstehen sie dennoch, ist § 39 I Nr 4 entsprechend anzuwenden (BFHE 204, 413 = BStBl II 2004, 458; vgl BAG NJW 1984, 752; DB 1988, 2108; BGH NJW 1990, 54). Für die Beseitigung von Fehlern des verweisenden Gerichts ist grundsätzlich das Beschwerdeverfahren (Rz 38) der richtige Weg. – Zur **Bindungswirkung einer gesetzwidrigen Rückverweisung** s BGH NJW 2000, 1343.

Die **Bindung** erfasst nicht nur das Gericht, an das verwiesen worden ist, sondern auch das im Instanzenzug übergeordnete **Rechtsmittelgericht** (Rz 40).

Die Bindungswirkung bezieht sich grundsätzlich **nur** auf das **konkrete** **33** **Verfahren,** das verwiesen worden ist. Bei Verweisung eines Prozesskostenhilfeverfahrens oder eines vorläufigen Rechtsschutzverfahrens (§§ 69, 114) erstreckt sich die Bindungswirkung deshalb **nicht** auf die **nachfolgende Hauptsache** (zB BFHE 146, 7 = BStBl II 1986, 410, 411; BFHE 160, 115 = BStBl II 1990, 582; BGH NJW-RR 1991, 1342; BAG NJW 1993, 751 = NZA 1993, 285; **aA** „erweiterte Bindungswirkung" für das dem Prozesskostenhilfeverfahren nachfolgende Klageverfahren: BAGE 36, 89, 91). Ist jedoch zunächst die Hauptsache verwiesen worden, tritt die Bindungswirkung auch für die nachfolgenden Nebenverfahren ein, wenn das Gericht als Gericht der Hauptsache bzw als Prozessgericht für derartige Nebenverfahren zuständig ist (vgl für den Fall des § 262 AO iVm §§ 771, 769 II ZPO FG Bremen EFG 1990, 557, 558).

Die **Bindung** an den Verweisungsbeschluss gilt **nur hinsichtlich des** **34** **Rechtswegs.** Das Gericht, an das der Rechtsstreit verwiesen worden ist, kann deshalb das Verfahren innerhalb seines Rechtswegs aus Gründen der sachlichen oder örtlichen Zuständigkeit weiterverweisen (vgl BGHZ 25, 350; 38, 291; 40, 6; BAG NZA 1994, 478; LAG Düsseldorf MDR 1994, 282; *Kissel* NJW 1991, 945, 949; *Baumbach ua* § 17 a GVG Rz 9).

Das Gericht, an das verwiesen worden ist, hat bei **fehlerhafter,** aber **35** bindender **Verweisung** das einschlägige materielle Recht anzuwenden und – im Rahmen seiner **„Hausverfahrensordnung"** – diejenige Klage- und Verfahrensart zu wählen, die dem Rechtsschutzbegehren am besten gerecht wird (BVerwGE 27, 170 = NJW 1967, 2128; BGH NJW 1990, 1795; *Kopp/Schenke* § 41 Rz 25; s auch *Baumgärtel* ZZP 73, 387 ff, 393; *Rupp* AöR 85, 181).

IV. Rechtsmittel

Gegen die Beschlüsse nach § 17 a II, III GVG (Rz 18 ff, 22 ff) ist grund- **38** sätzlich die **Beschwerde** gegeben (§ 17 a IV 3 GVG). Da die FG obere Landesgerichte sind (§ 2) ist die Beschwerde zum BFH (§§ 128 ff) jedoch nur statthaft, **wenn sie** in dem Beschluss **zugelassen** worden **ist** (§ 17 a IV 4 GVG; BFH/NV 1997, 386; 794; 885; 2005; 1863; BFHE 182, 515 = BStBl II 1997, 543). Die Zulassung hat – abweichend von § 128 III – zu erfolgen, wenn die Rechtsfrage grundsätzliche Bedeutung hat (vgl § 115 II Nr 1, 2 Alt 1) oder wenn das FG von der Entscheidung eines obersten Gerichtshofes des Bundes oder des Gemeinsamen Senats der obersten Gerichtshöfe des Bundes (nicht einer Entscheidung des BVerfG oder des EGH) abweicht (§ 17 a IV 5 GVG). Die Beschwerde ist im Interesse der Einheitlichkeit der Rspr weit gefasst. Eine **Nichtzulassungsbeschwerde** ist **nicht vorgesehen** (BFH/NV 1997, 794; 2000, 413, 414; 2002, 513, 514; BVerwG NVwZ 1994, 782; VGH München BayVBl 1993, 310; *Kissel* NJW 1991, 949; vgl auch die Erläuterungen zu § 69 Rz 187 ff). – Die Möglichkeit, eine **außerordentliche Beschwerde** wegen „greifbarer Gesetzesverletzung" einzulegen (so noch BFH/NV 1997, 57; 1998, 1487; 2000, 413, 414), besteht seit Inkrafttreten des Zivilprozessreformgesetzes v

27. 7. 2001 mit der Einfügung des § 321 a ZPO nicht mehr. Ein solcher außerordentlicher Rechtsbehelf **ist** gem § 155 iVm § 321 a ZPO als **Gegenvorstellung** zu behandeln (zB BFH/NV 2003, 1431; 2004, 1538, 1539); zur **Anhörungsrüge** s § 133 a (vgl BFH/NV 2005, 898 und 1458). – Der BFH ist an die Zulassung der Beschwerde gebunden (§ 17 a IV 6 GVG). – Es gelten die Vorschriften über den **Vertretungszwang** (§ 62 a Rz 1 ff; § 128 Rz 12).

39   Ist die Zulässigkeit des Rechtswegs in der Entscheidung über die Hauptsache (stillschweigend) mit ausgesprochen worden, ist eine Beschwerde nicht statthaft. Die Bejahung des Rechtswegs kann dann auch nicht mit der Hauptsache angefochten werden (Rz 40).

Zur **Aussetzung des Hauptsacheverfahrens** bis zum Abschluss des Beschwerdeverfahrens s § 74 Rz 7 ff.

V. Unanfechtbarkeit mit der Hauptsache (§ 17 a V GVG)

40   § 17 a V GVG schließt in Übereinstimmung mit dem Zweck der Regelung die Überprüfung des Rechtsweges durch das Gericht aus, das über ein Rechtsmittel gegen eine Entscheidung in der Hauptsache befindet (vgl BFHE 174, 197 = BStBl II 1994, 552; BGH NJW 1993, 390; 1994, 347; 1996, 3430; s aber auch BGH DB 1996, 2548). Diese Beschränkung bedeutet eine Abkehr von dem bisher geltenden Grundsatz, nach dem die Zulässigkeit des Rechtswegs in jeder Lage des Verfahrens und in jeder Instanz von Amts wegen zu prüfen war. Die Regelung gilt nicht nur für das Revisionsverfahren, sondern auch für das eine Hauptsache betreffende Beschwerdeverfahren (zB im vorläufigen Rechtsschutz – BFH/NV 1998, 424, 426 und in selbstständigen Nebenverfahren). Gleichgültig ist dabei, ob das erstinstanzliche Gericht über die Zulässigkeit des Rechtswegs durch Beschluss entschieden hat oder ob es sie in der Hauptsacheentscheidung (stillschweigend) bejaht hat. Die Beschränkung gilt auch in den Fällen der Verweisung. Das Rechtsmittelgericht kann deshalb im Allgemeinen nur noch als Beschwerdegericht im Rahmen des Vorabentscheidungsverfahrens (§ 17 a II–IV GVG) mit Fragen der Zulässigkeit des Rechtswegs befasst werden. Im Übrigen muss es die in der ersten Instanz getroffenen Entscheidungen zur Zulässigkeit des Rechtswegs grundsätzlich hinnehmen (BFH/NV 2001, 21, 22). – **Ausnahmsweise** muss das Rechtsmittelgericht über die Zulässigkeit des Rechtsweges befinden, wenn gegen ein Urteil, durch das die Klage wegen Unzulässigkeit des Rechtswegs abgewiesen worden ist, Revision eingelegt wird (BSG NVwZ-RR 2000, 648).

C. Folgen der Verweisung

§ 17 b GVG

(1) [1] Nach Eintritt der Rechtskraft des Verweisungsbeschlusses wird der Rechtsstreit mit Eingang der Akten bei dem im Beschluß bezeichneten Gericht anhängig. [2] Die Wirkungen der Rechtshängigkeit bleiben bestehen.

(2) [1] Wird ein Rechtsstreit an ein anderes Gericht verwiesen, so werden die Kosten im Verfahren vor dem angegangenen Gericht als Teil der Kosten behandelt, die bei dem Gericht erwachsen, an das der Rechtsstreit verwie-

sen wurde. [2] Dem Kläger sind die entstandenen Mehrkosten auch dann aufzuerlegen, wenn er in der Hauptsache obsiegt.

Nach Eintritt der **Rechtskraft des Verweisungsbeschlusses** wird der **42** **Rechtsstreit** mit Eingang der Akten **bei dem im Beschluss bezeichneten Gericht anhängig** (§ 17b I 1 GVG). Das gilt auch dann, wenn die Verweisung sachlich falsch ist (Rz 32).

Mit der Formulierung „wird anhängig" ist keine neue Rechtshängigkeit gemeint, sondern **nur** die **prozessuale Zuordnung des Rechtsstreits** zu dem Adressatgericht (Amtliche Begründung BT-Drucks 11/7030 S 38; *Kissel* NJW 1991, 945, 949). Aktenübersendung (nach Eintritt der Rechtskraft) und Registrierung des Verfahrens bei dem Gericht, an das verwiesen worden ist, sind reine Formalakte. Der Rechtsstreit wird bei dem Gericht, an das er verwiesen worden ist, so anhängig, als ob er bei ihm von Anfang an rechtshängig gewesen wäre. Das Verfahren vor dem verweisenden Gericht bildet mit dem Verfahren vor dem Adressatgericht eine Einheit. Die bisherigen **Prozesshandlungen** der Beteiligten und Maßnahmen des Gerichts sind grundsätzlich so zu behandeln, als ob sie vor oder von dem Adressatgericht vorgenommen worden wären, es sei denn, das Verfahrensrecht schreibt ausdrücklich etwas anderes vor. So ist insbesondere eine mündliche Verhandlung zu wiederholen (§ 103). – Wegen der Einzelheiten s *Kopp/Schenke § 41 Rz 26; Rosenberg/Schwab* S 208 f. – Hinsichtlich der **Zulässigkeit des Rechtswegs** ist § 17 a I GVG (Rz 28 f) zu beachten.

Die **Wirkungen,** die der Eintritt **der Rechtshängigkeit** hat, **bleiben 43 trotz der Verweisung bestehen** (§ 17 b I 2 GVG). Dies bedeutet vor allem, dass eine durch die ursprüngliche Klageerhebung eingetretene **Fristwahrung** fortgilt. Zur Wahrung der Klagefrist (vgl § 47) genügt es also, dass die Klage im unzulässigen Rechtsweg rechtzeitig erhoben worden ist (BVerwG DVBl 1993, 563; *Kopp/Schenke § 41 Rz 26*). Im Übrigen bleiben die **materiell-rechtlichen Wirkungen** der Rechtshängigkeit (zB § 236 AO) rückwirkend erhalten.

Das Verfahren vor dem zuerst angerufenen Gericht und dem Gericht, an **44** das der Rechtsstreit verwiesen worden ist, bildet **kostenrechtlich** eine **Einheit** (§ 17 b II 1 GVG). Das Adressatgericht hat also über die gesamte Kosten einschließlich der durch die Anrufung des ersten Gerichts entstandenen Kosten zu entscheiden.

Für die **Kosten des Beschwerdeverfahrens** (Rz 38) gilt dies jedoch nicht. Über sie hat das Beschwerdegericht zu befinden.

Dem Kläger/Antragsteller sind die entstandenen **Mehrkosten** auch dann aufzuerlegen, wenn er in der Hauptsache obsiegt (§ 17 b II 2 GVG). „Mehrkosten" sind der Unterschied zwischen den Gesamtkosten vor beiden Gerichten und den Kosten, die dem Beklagten bei sofortiger Anrufung des Gerichts des richtigen Rechtswegs entstanden wären (*Baumbach ua § 281 ZPO Rz 55*). – Im Verhältnis zur Staatskasse gilt § 4 GKG.

§ 34 (weggefallen)

Aufgehoben durch Gesetz v 17. 12. 1990 (BGBl I S 2809): s **Anhang zu § 33.**

Vor §§ 35–39: Der Zuständigkeitsbegriff

Literatur: *Bornkamm,* Die Gerichtsbestimmung nach §§ 36, 37 ZPO, NJW 1989, 2713; *Herz,* Die gerichtliche Zuständigkeitsbestimmung, Dissertation Erlangen-Nürnberg 1990; *Rosenberg/Schwab* S 161 ff; *Ule* S 85 ff.

1   Die §§ 35–39 legen fest, **welches FG** für die Entscheidung des konkreten Rechtsstreits **zuständig** ist (Zuständigkeit ieS). Gleichzeitig wird dadurch der gesetzliche Richter (Art 101 I 2 GG) bestimmt. Die Zuständigkeit des FG ist – ebenso wie die Zulässigkeit des Rechtswegs (§ 33, §§ 17–17 b GVG – Anhang zu § 33) – **Sachentscheidungsvoraussetzung** (Vor § 33 Rz 4). Die Rechtswegfrage ist logisch vorrangig. Ein FG kann nur dann zuständig sein, wenn der Finanzrechtsweg eröffnet ist. Entsprechend ist die sachliche vor der örtlichen Zuständigkeit zu prüfen.

2   Zu unterscheiden sind die sachliche, die örtliche und die funktionelle Zuständigkeit. Die Vorschriften über die **sachliche Zuständigkeit** (§§ 35–37) bestimmen nach der Art der Angelegenheit, welches Gericht das Verfahren erstinstanzlich zu erledigen hat. Die Vorschriften über die **örtliche Zuständigkeit** (§§ 35, 37) legen fest, welches Gericht erster Instanz das Verfahren wegen seiner räumlichen Beziehung zu der Streitsache (wegen seines örtlichen Sitzes) zu übernehmen hat. Die (im Gesetz nicht ausdrücklich geregelte) **funktionelle Zuständigkeit** betrifft die Frage, welches Rechtspflegeorgan in ein und derselben Streitsache welche Funktionen wahrzunehmen hat (Beispiele: Abgrenzung der Zuständigkeiten im Instanzenzug, Abgrenzung der Zuständigkeiten des Vorsitzenden, des Berichterstatters und des Urkundsbeamten sowie des Senats und des Einzelrichters).

Unterabschnitt 2. Sachliche Zuständigkeit

§ 35 [Zuständigkeit der Finanzgerichte]

Das Finanzgericht entscheidet im ersten Rechtszug über alle Streitigkeiten, für die der Finanzrechtsweg gegeben ist.

Vgl § 45 VwGO; § 8 SGG; §§ 23 ff, 71 GVG

Literatur: Vgl Vor §§ 35–39.

§ 35 weist die erstinstanzliche **(sachliche) Zuständigkeit** (Vor §§ 35–39 Rz 2) innerhalb des Finanzrechtswegs (§ 33) für **alle** Verfahren den Finanzgerichten zu.

§ 36 [Zuständigkeit des Bundesfinanzhofs]

Der Bundesfinanzhof entscheidet über das Rechtsmittel

1. der Revision gegen Urteile des Finanzgerichts und gegen Entscheidungen, die Urteilen des Finanzgerichts gleichstehen,

2. der Beschwerde gegen andere Entscheidungen des Finanzgerichts, des Vorsitzenden oder des Berichterstatters.

Vgl § 49 VwGO; 39 I SGG; §§ 133, 135 GVG

Literatur: Vgl Vor §§ 35–39.

§ 36 regelt die **funktionelle Zuständigkeit** (s Vor §§ 35–39 Rz 2) **1**
des BFH im Instanzenzug. – Zur Zuständigkeit des BFH im Übrigen
s § 39.

Der **BFH** ist seit Inkrafttreten des FGO-Änderungsgesetzes am 1. 1. **2**
1993 als **Rechtsmittelgericht** einerseits für Entscheidungen über Revisionen (§§ 115, 118 ff) und Nichtzulassungsbeschwerden (§ 116) gegen
Urteile und Revisionen gegen Gerichtsbescheide (§ 90a II) und andererseits für Entscheidungen über Beschwerden gegen Beschlüsse der FG
einschließlich der Beschlüsse des Vorsitzenden oder des Berichterstatters
(§ 79a I, IV) oder des Einzelrichters (§§ 6, 79a III, IV) zuständig. Eine
Gegenvorstellung gegen Beschlüsse des BFH ist nicht statthaft, es
sei denn, der Beschluss beruht auf einer Verletzung des rechtlichen Gehörs oder ist unter Verstoß gegen das Gebot des gesetzlichen Richters
(Art 101 I 2 GG) ergangen (BFH/NV 1988, 42; vgl BVerfGE 73, 322,
326/327).

In den Sachen, in denen der BFH als Rechtsmittelgericht zuständig ist, **3**
ist er auch für die mit der Hauptsache zusammenhängenden **Nebenver-**
fahren (letztinstanzlich) zuständig, also für die Entscheidung über Ablehnungsgesuche (§ 51 I iVm § 45 I ZPO; § 82 iVm § 406 II, IV ZPO), über
die Aussetzung der Vollziehung (§ 69 III 1), über einstweilige Anordnungen (§ 114 I 1) und über die Gewährung von Prozesskostenhilfe (§§ 114 ff
ZPO – § 142 Rz 1 ff).

§ 37 (weggefallen)

Aufgehoben durch Art 1 des Ges v 21. 12. 1992 (BGBl I S 2109).

Unterabschnitt 3. Örtliche Zuständigkeit

§ 38 [Örtliche Zuständigkeit des Finanzgerichts]

(1) Örtlich zuständig ist das Finanzgericht, in dessen Bezirk die Be-
hörde, gegen welche die Klage gerichtet ist, ihren Sitz hat.

(2) ¹Ist die in Absatz 1 bezeichnete Behörde eine oberste Finanzbe-
hörde, so ist das Finanzgericht zuständig, in dessen Bezirk der Kläger
seinen Wohnsitz, seine Geschäftsleitung oder seinen gewöhnlichen
Aufenthalt hat; bei Zöllen, Verbrauchsteuern und Monopolabgaben ist
das Finanzgericht zuständig, in dessen Bezirk ein Tatbestand verwirk-
licht wird, an den das Gesetz die Abgabe knüpft. ²Hat der Kläger im
Bezirk der obersten Finanzbehörde keinen Wohnsitz, keine Ge-
schäftsleitung und keinen gewöhnlichen Aufenthalt, so findet Absatz 1
Anwendung.

(3) Befindet sich der Sitz einer Finanzbehörde außerhalb ihres Be-
zirks, so richtet sich die örtliche Zuständigkeit abweichend von Ab-
satz 1 nach der Lage des Bezirks.

Vgl § 52 VwGO; § 57 SGG; §§ 12–35 GVG

Literatur: Vgl Vor §§ 35–39.

I. Allgemeines

1   Zum Begriff der **örtlichen Zuständigkeit** und wegen ihres Charakters als Sachentscheidungsvoraussetzung s Vor §§ 35–39 Rz 1, 2.

2   Die **abschließenden Regelungen** des § 38 gelten nicht nur für Klage-, sondern auch für Antragsverfahren (zB §§ 69, 114). Die einmal begründete Zuständigkeit bleibt bestehen, auch wenn sich die Zuständigkeit begründenden Umstände nach Eintritt der Rechtshängigkeit ändern (Anhang § 33 Rz 10).

3   **Vereinbarungen über die örtliche Zuständigkeit** (Gerichtsstandsvereinbarungen) sind unzulässig. Sie sind mit dem Untersuchungsgrundsatz (§ 76 Rz 10 ff; vgl auch § 39 I Nr 5) nicht vereinbar (*Kopp/Schenke* § 52 Rz 2).

4   Zur Frage, wie zu verfahren ist, wenn ein örtlich unzuständiges Gericht angerufen wird, s § 70.

II. Grundsatz – § 38 I, III

5   Grundsätzlich ist das FG örtlich zuständig, in dessen Bezirk die Finanzbehörde als beklagte Behörde (bzw Antragsgegner – vgl § 63) ihren Sitz hat, mag sie zu Recht oder zu Unrecht in Anspruch genommen worden sein (§ 38 I). Befindet sich der **Sitz der Finanzbehörde** außerhalb ihres Bezirks, ist das FG örtlich zuständig, in dessen Bezirk sich der Bezirk der Behörde befindet (§ 38 III). – Wird jedoch ein **Änderungsbescheid von einer anderen Finanzbehörde** erlassen als der ursprüngliche Bescheid und wird der Änderungsbescheid gem § 68 Gegenstand des Klageverfahrens, so richtet sich die Klage bei Änderung des Streitgegenstandes (Anh § 33 Rz 10) nunmehr gegen die Finanzbehörde, die den Änderungsbescheid erlassen hat (Beteiligtenwechsel). Hat die Finanzbehörde, gegen die sich die Klage ursprünglich richtete, und die Finanzbehörde, gegen die sich die Klage nach Änderung des angefochtenen Bescheides richtet, in verschiedenen FG-Bezirken ihren Sitz, hat der **Wechsel** des Beklagten gleichzeitig den Wechsel **des zuständigen FG** zur Folge (BFHE 207, 511 = BFH BStBl II 2005, 101; zur Abgrenzung s BFH/NV 2005, 1198; s auch Anh § 33 Rz 10, 32; § 70 Rz 6).

III. Ausnahmen – § 38 II

6   Der Grundsatz des § 38 I, III wird im Interesse des Klägers bzw Antragstellers (er soll möglichst ortsnah Rechtsschutz erlangen können) in den Fällen durchbrochen, in denen eine **oberste Finanzbehörde** (Bundes- oder Landesministerium) Verfahrensgegner ist: Die örtliche Zuständigkeit des FG richtet sich dann im Allgemeinen nicht nach dem Behördensitz, sondern dem **Wohnsitz** (§ 8 AO), (hilfsweise) der **Geschäftsleitung** (§ 10 AO) und (ganz hilfsweise) dem **gewöhnlichen Aufenthalt** (§ 11 AO) **des Klägers** bzw Antragstellers (§ 38 II 1 Halbsatz 1). Hat der Kläger (Antragsteller) im Bezirk der obersten Finanzbehörde weder seinen Wohnsitz, seine Geschäftsleitung noch seinen gewöhnlichen Aufenthalt, befindet er sich also in einem anderen Bundesland oder im Ausland, gilt § 38 I (Rz 5).

Handelt es sich um **Streitigkeiten über Zölle, Verbrauchsteuern** 7
und **Monopolabgaben**, ist das FG örtlich zuständig, in dessen Bezirk der
streitige Abgabentatbestand (zB die Abfertigung einer eingeführten Ware
zum freien Verkehr − Art 79 ff ZK) verwirklicht worden ist (§ 38 II Halbsatz 2 − vgl zum alten Recht BFHE 64, 474 = BStBl III 1957, 176; BFH
StRK ZG § 67 Rz 1).

Weitere Ausnahmen können sich in den Fällen des § 33 I Nr 4 ergeben 8
(§ 33 Rz 40 ff).

§ 39 [Bestimmung des Gerichts durch den Bundesfinanzhof]

(1) **Das zuständige Finanzgericht wird durch den Bundesfinanzhof
bestimmt,**

1. **wenn das an sich zuständige Finanzgericht in einem einzelnen Fall
   an der Ausübung der Gerichtsbarkeit rechtlich oder tatsächlich verhindert ist,**
2. **wenn es wegen der Grenzen verschiedener Gerichtsbezirke ungewiss ist, welches Finanzgericht für den Rechtsstreit zuständig ist,**
3. **wenn verschiedene Finanzgerichte sich rechtskräftig für zuständig
   erklärt haben,**
4. **wenn verschiedene Finanzgerichte, von denen eines für den
   Rechtsstreit zuständig ist, sich rechtskräftig für unzuständig erklärt
   haben,**
5. **wenn eine örtliche Zuständigkeit nach § 38 nicht gegeben ist.**

(2) ¹**Jeder am Rechtsstreit Beteiligte und jedes mit dem Rechtsstreit
befasste Finanzgericht kann den Bundesfinanzhof anrufen.** ²**Dieser
kann ohne mündliche Verhandlung entscheiden.**

Vgl § 53 VwGO; § 58 SGG; § 36 ZPO

Übersicht

Literatur: Vgl Vor §§ 35–39.

I. Allgemeines

§ 39 soll im Interesse der Gewährung eines lückenlosen Rechtsschutzes 1
sicherstellen, dass auch in den Fällen, in denen die Vorschriften über die
örtliche und sachliche Zuständigkeit der FG (einschließlich der Regelungen über die Verweisung − § 70) nicht weiterhelfen, ein FG für die Erledigung der Streitsache zuständig ist. − Die **Bestimmung des FG** erfolgt in
aller Regel hinsichtlich der örtlichen Zuständigkeit, aber auch hinsichtlich
der sachlichen Zuständigkeit (zB in den Fällen der Nr 1 und 4).

§ 36 ZPO (Bestimmung des zuständigen Gerichts durch das im Rechts- 2
zug höhere Gericht) ist im finanzgerichtlichen Verfahren (über § 155)
nicht anwendbar, weil § 39 eine Sonderregelung enthält.

II. Die einzelnen Fälle der Zuständigkeitsbestimmung

3   **Zu § 39 I Nr 1:** Das an sich zuständige FG muss in einer konkreten
Streitsache **aus rechtlichen** (zB bei erfolgreicher Ablehnung jedes einzelnen Richters oder bei Ausschließung aller Richter vom Richteramt) **oder
tatsächlichen Gründen** (zB in Katastrophenfällen, bei Tod, Krankheit
oder längerer Verhinderung aller Richter) **funktionsunfähig** sein. Das ist
der Fall, wenn so viele Richter des FG (im organisatorischen Sinne) verhindert sind, dass überhaupt kein beschlussfähiger Spruchkörper mehr
besteht (BFH/NV 1999, 62, 63). Bei **Mängeln in der Gerichtsorga-
nisation** (nicht ordnungsgemäße Konstituierung oder Besetzung des FG)
liegt keine Verhinderung iS des § 39 I Nr 1 vor, so dass eine Zuständigkeitsbestimmung durch den BFH nicht erfolgen kann (BFHE 93, 214 =
BStBl II 1968, 744; BFHE 146, 14 = BStBl II 1986, 357). Ebenso wenig
kann der BFH den nach dem Geschäftsverteilungsplan zuständigen Senat
eines FG bestimmen, wenn **zwischen den Senaten** ein **negativer Kompetenzkonflikt** entstanden ist; für diese Entscheidung ist allein das Präsidium zuständig (BFHE 146, 14 = BStBl II 1986, 357; s auch § 4 Rz 26).

4   **Zu § 39 I Nr 2:** Die **Ungewissheit** muss **in tatsächlicher Hinsicht**
bestehen. Rechtliche Ungewissheit genügt nicht (BVerwGE 8, 109).

5   **Zu § 39 I Nr 3:** S zunächst § 70 Rz 15. – Es muss ein **positiver
Kompetenzkonflikt** zwischen verschiedenen FG dadurch entstanden
sein, dass sich mehrere FG rechtskräftig für zuständig erklärt haben. Hat
eines der FG bereits eine rechtskräftige Sachentscheidung getroffen, ist
Nr 3 nicht mehr anwendbar (vgl BVerwG NJW 1960, 1541; BGH NJW
1980, 189). Das gilt auch, wenn bereits eine Beweisaufnahme stattgefunden
hat (BGH NJW 1978, 321; BayObLG MDR 1988, 60; *Vollkommer* MDR
1987, 805), oder wenn bereits ein Verweisungsbeschluss vorliegt (*Vollkommer* MDR 1987, 805).

6   **Zu § 39 I Nr 4:** S zunächst § 70 Rz 15. – Erfasst werden alle Fälle, in
denen ein **negativer Kompetenzkonflikt zwischen verschiedenen
FG** entstanden ist (BFH/NV 1993, 676, 677; 1995, 907; 2005, 1849,
1850). – Auch hier wird wie bei Nr 3 eine rechtskräftige Entscheidung
vorausgesetzt (vgl BGH BB 1979, 1530), wobei gleichgültig ist, ob die
Beschlüsse rechtmäßig ergangen sind (BFH/NV 1993, 677); außerdem darf
noch keine rechtskräftige Sachentscheidung ergangen sein (Rz 5). – Anders
als bei Nr 3 muss eines der FG zuständig sein. Ist das nicht der Fall, ist eine
Zuständigkeitsbestimmung durch den BFH ausgeschlossen, das Gesuch
muss also abgelehnt werden. – Zur analogen Anwendung des § 39 I 4 bei
einem negativen Kompetenzkonflikt zwischen Gerichten verschiedener
Gerichtszweige s Anh § 33 Rz 32.

7   Im Verfahren nach § 39 I Nr 4 kann, wenn ein **drittes Gericht** zuständig ist, das sich bisher noch nicht rechtskräftig für unzuständig erklärt hatte,
der BFH bei entsprechendem Antrag des Klägers unmittelbar an dieses
Gericht verweisen (vgl BGH NJW 1978, 1163; aA – Anrufung unbegründet – *T/K* § 39 FGO Rz 6).

8   **Zu § 39 I Nr 5:** § 38 muss sich **aus tatsächlichen Gründen** als lü-
ckenhaft erweisen. Das ist zB der Fall, wenn der Finanzrechtsweg eröffnet
ist, sich die Klage aber nicht gegen eine Behörde richtet (vgl § 33 Rz 30
„Kindergeldangelegenheiten"). – Die §§ 13 ff ZPO sind (auch über § 155)

nicht analog anwendbar, weil § 38 die örtliche Zuständigkeit der Finanzgerichte abschließend regelt.

III. Verfahren und Entscheidung

Das Verfahren ist **antragsgebunden.** Jeder am Rechtsstreit Beteiligte **9** (§ 57 – also auch der Beigeladene) und jedes mit dem Rechtsstreit befasste FG kann den BFH anrufen (§ 39 II 1). Die **Beteiligten** können den Antrag – jedenfalls in den Fällen des § 39 I Nr 1, 2 und 5 – auch **schon vor Rechtshängigkeit** der Streitsache stellen (vgl BGHZ 1, 360). Eine bestimmte **Form** ist nicht vorgeschrieben. Entgegen dem Wortlaut des § 62 a I 1 dürfte für den Antrag eines Verfahrensbeteiligten auch kein Vertretungszwang bestehen (vgl BFH/NV 1999, 62; *T/K* § 39 FGO Rz 8). Das mit der Sache befasste FG (der Senat) muss über die Anrufung des BFH jedoch durch Beschluss entscheiden.

Der **BFH** hat zu prüfen, ob die Voraussetzungen des § 39 vorliegen. Er **10** entscheidet über das Gesuch – auch nach mündlicher Verhandlung (§ 39 II 2) – durch **Beschluss** (§ 155 iVm § 37 II ZPO). Der Beschluss ist, sofern eine mündliche Verhandlung stattgefunden hat, im Allgemeinen zu verkünden (§ 155 iVm § 329 I ZPO), andernfalls formlos mitzuteilen (§ 155 iVm § 329 III 2 ZPO). Der Beschluss ist **unanfechtbar** (§ 155 iVm § 37 II ZPO)**.** Eine **Kostenentscheidung** ergeht nur bei Ablehnung des Gesuchs. Andernfalls sind die Kosten in der Endentscheidung zu erfassen.

Der Beschluss ist für das als zuständig bestimmte FG **bindend** (zB *T/K* **11** § 39 FGO Rz 9), ausnahmsweise jedoch **nicht bei willkürlicher,** offensichtlich gesetzeswidriger **Entscheidung** (vgl BVerwGE 64, 354; *Kopp/ Schenke* § 53 Rz 13 mwN; s auch Anhang § 33 Rz 32). – Rechtskräftige Entscheidungen des FG über die Zuständigkeit sind wirkungslos, soweit sie mit dem BFH-Beschluss nicht im Einklang stehen (BVerwG NJW 1960, 1541). Mit der Zuständigkeitsbestimmung durch den BFH ist das Verfahren bei dem als zuständig bestimmten Gericht anhängig und zwar in dem Stand, in dem es sich gerade befindet.

Zweiter Teil. Verfahren

Abschnitt I. Klagearten, Klagebefugnis, Klagevoraussetzungen, Klageverzicht

Vor § 40: Der Verwaltungsakt

Übersicht

Literatur: (s iÜ 4. Aufl). *App,* Sind Konkursanträge der Finanzbehörden auch Verwaltungsakte?, DB 1986, 990; *Bockey,* Der vorläufige Verwaltungsakt, JA 1992, 161; *Caspar,* Der fiktive Verwandlungsakt – Zur Systematisierung eines aktuellen verwaltungsrechtlichen Instituts, AöR 2000, 131; *Cöster,* Kassation, Teilkassation und Reformation von Verwaltungsakten durch die Verwaltungs- und Finanzgerichte, 1979, S 29 ff; *Daliehan,* Auskünfte und Zusagen der Finanzverwaltung, Augsburger Diss. 2003; *Erfmeyer,* Die Rechtsnatur „heimlicher" behördlicher Maßnahmen, DÖV 1999, 719; *Fleiner,* Institutionen des deutschen Verwaltungsrechts, 8. Aufl 1928, S 182 ff; *Foohs,* Der Steuerverwaltungsakt und seine rechtliche Wirksamkeit, 1940; *von Groll,* Das Handeln der Finanzverwaltung als Gegenstand des Rechtsschutzbegehrens, DStJG 18 (1995), 47; *ders.,* FS 50 Jahre BVerwG, 2003, 83, 88 ff.; *Haueisen,* Verwaltungsakt mit Dauerwirkung, NJW 1958, 1065; *Heuermann,* Zur Wirkungsweise und Anfechtbarkeit einer Steueranmeldung, DStR 1998, 959; *FJ Kopp,* Verwaltungsakte unter Vorbehalt und sonstige vorläufige Verwaltungsakte, DVBl 1989, 238; *ders,* Vorläufiges Verwaltungsverfahren und vorläufiger Verwaltungsakt, Berliner Diss 1991; *Krause,* Rechtsformen des Verwaltungshandelns, 1974, S 115 ff; *Ladeur,* Die Zukunft des Verwaltungsakts, VerwA 1995, 511; *Laubinger,* Das „Endiviensalat-Urteil" – eine Fehlentscheidung? Zum Begriff der Allgemeinverfügung iSv § 35 Satz 2 VwVfG, FS Schiedermair, 2001, S 305; *Löwer,* Funktion und Begriff des Verwaltungsakts, JuS 1980, 805 ff; *O. Mayer,* Deutsches Verwaltungsrecht,

1. Aufl 1895 u 3. Aufl 1924, S 92 ff; *Menger* S 98 ff; *von Mutius,* Rechtsnorm und Verwaltungsakt, FS für HJ Wolff (1973), 167 ff; *Ossenbühl,* Handlungsformen der Verwaltung, JuS 1979, 681; *Poscher,* Verwaltungsakt und Verwaltungsrecht in der Vollstreckung, VerwA 89 (1998), 111; *Rupp,* Die Beseitigungs- und Unterlassungsklage gegen Träger hoheitlicher Gewalt, DVBl 1958, 113; *ders,* Formenfreiheit der Verwaltung und Rechtsschutz, BVerwG-Festg S 539 ff; *ders,* Bemerkungen zum verfahrensfehlerhaften Verwaltungsakt, FS für Bachof, 1984, S 152 ff; *Schenke,* Probleme der Bestandskraft von Verwaltungsakten, DÖV 1983, 320 ff; *ders,* Der verfahrensfehlerhafte Verwaltungsakt gemäß § 46 VwVfG, DÖV 1986, 305; *ders,* Formeller und materieller Verwaltungsaktsbegriff, NVwZ 1990, 1009; *Schick,* Steuerverfahrensrechtliche Aspekte der Bilanz, BB 1987, 133; *Schmidt-de Caluwe,* Der Verwaltungsakt in der Lehre Otto Mayers, 1998; *ders,* Die Wirksamkeit des Verwaltungsaktes, VerwA 90 (1999), 49; *H. Söhn,* Grundlagenbescheid – Folgebescheid – Aufhebung des Vorbehalts der Nachprüfung, FS Musielak, 2004, S. 557; *H. Zysk,* System eines Verwaltungsrechtsschutzes ohne Verwaltungsakt, Marburger Diss, 1976.

I. Funktionsbeschreibung

Nachdem für alle verwaltungsgerichtlichen Verfahren ein dem Verfassungsgebot des Art 19 IV GG entsprechender **umfassender Rechtsschutz** sichergestellt ist (in der VwGO und im SGG durch die Generalklausel – §§ 40 VwGO, 51 SGG; in der FGO zusätzlich zu der entsprechenden Regelung in § 33 durch die ausdrückliche und selbstständige Erwähnung der sog schlichten Leistungsklage in § 40 I letzter Fall), ist der Blick dafür freigeworden, dass sich das Instrument des VA nicht im Formellen erschöpft. **1**

Dass solche Erkenntnis eher als Rückbesinnung, denn als Neuentdeckung zu werten ist, findet sich in vielfältiger Weise bei *O. Mayer* bestätigt. Zunächst dadurch, dass er den Rechtsstaat (aaO S 58) als Staat des wohlgeordneten Verwaltungsrechts kennzeichnet, und anschließend dadurch, dass er das Instrument, das eine solche rechtsstaatliche Ordnung garantieren soll, am Beispiel des gerichtlichen Urteils charakterisiert (aaO S 59): **2**

„... Eine Rechtsgewähr für den Einzelnen, dem es sicherstellt, wessen er sich von der öffentlichen Gewalt zu versehen hat. Sie tritt ihm nicht – auch zur Durchführung der gesetzlichen Regel nicht – unmittelbar mit ihrer Tat entgegen, sondern jeweils erst mit einem dazwischengeschobenen obrigkeitlichen Akt, der für den Einzelfall ausspricht, was ihm Rechtens sein soll. Aus diesem Akt heraus erfolgt dann erst ihre Tat, als eine rechtlich bestimmte und gebundene Tat ...“

Eine Sichtweise, der man angesichts solcher Zumutungen, wie sie der Gesetzgeber in Gestalt der *Umsatzsteuernachschau* (§ 27 b UStG) neuerdings erdacht hat, eine lebhafte Renaissance herbeiwünscht (zu den verfassungsrechtlichen Bedenken vgl. auch *Oswald* StW 2003, 187; *Weimann* UVR 2003, 282).

Worum es dabei letztlich geht, wird vollends deutlich, mit dem Bild, das an späterer Stelle der berühmt gewordenen **Definition** (zu den hieraus abgeleiteten Legaldefinitionen: Rz 13 ff) vorangestellt ist (aaO S 92/93): **3**

„Im Gegensatz zur vorausgehenden Entwicklungsstufe hat unserer Rechtsstaat nicht bloß die flutende Masse der Verwaltungstätigkeit eingedämmt durch das Gesetz, sondern er lässt auch noch mittendrin fort und fort feste Punkte auftauchen, welche dem Einzelnen Halt gewähren und ihn darüber sicherstellen, wohin es geht. Die Rechtseinrichtung, die das bewirkt, ist der Verwaltungsakt, ein der Verwaltung zugehöriger *obrigkeitlicher Ausspruch, der dem Untertanen im Einzelfall bestimmt, was für ihn Rechtens sein soll . . .* "

4   Dass der EVwVerfG 1963 Vorschriften zum VA als „annexe Materien zum Verwaltungsverfahrensrecht" kennzeichnete (allgemeine Begründung, Rz 6, 2 ff), geschah in der erklärten Absicht, durch eine Angleichung von Begriffsinhalten zu einer vereinfachten Rechtsanwendung zu gelangen (aaO Rz 4, 2). Diese im VwVfG fortwirkende pragmatische Betrachtungsweise kann nicht darüber hinwegtäuschen, dass gerade auch das **materiellrechtliche Element** des VA für das gesamte Verwaltungsrecht an systematischer und an verfassungsrechtlicher Bedeutung ständig gewinnt. Vor allem gilt das für die zeitweise in Vergessenheit geratene Einsicht, dass es mit einem Gewinn an **Rechtssicherheit** verbunden und insofern als rechtsstaatlicher Fortschritt (*T/K* Rz 1 Vor § 118 AO; *Krause,* Rechtsformen des Verwaltungshandelns, S 115 ff u 380; *v Groll* DStJG 18, 47, 53 ff, 59 f – jew mwN) zu werten ist, wenn sich die Verwaltung gezwungen sieht, ihrem Handeln eine bestimmte Form zu geben, sich durch präzise Willensbekundung zu artikulieren und festzulegen – in Sonderheit zu einer Zeit, da auch die Exekutive eine Tendenz zur „Flucht" aus einer solchen Verantwortung erkennen lässt (*Trzaskalik* NJW 1982, 1553, 1554 aE). Auch die ständig wachsende Kompliziertheit und Komplexität des Steuerrechts rechtfertigt im Interesse der **Übersichtlichkeit** und **Berechenbarkeit** administrativen Verhaltens (**Festlegung** auf eine bestimmte Beurteilung und Entscheidung) keine Lockerung des „Zwangs zur Form", gebietet eher eine weitere Verfeinerung des Instrumentariums (zum Rechtsschutzaspekt Rz 12): Untergliederung des Prozesses der Entscheidungsfindung in Verfahrensabschnitte (gestuftes Verwaltungsverfahren) und der abschließenden Entscheidungen in entsprechende partielle Regelungen (**mehrstufige Verwaltungsakte**; Rz 64; § 42 Rz 33; § 47 Rz 18; vgl. auch *Kopp/Schenke* Anh § 42 Rz 82; zur Problematik: *Schmidt-Aßmann* in *Schoch ua* Einl Rz 201 ff).

5   Nicht erst mit Eintritt seiner Bestandskraft, sondern schon vom Zeitpunkt seiner Bekanntgabe (§ 124 AO) an steht der VA in einem Spannungsverhältnis zwischen Rechtssicherheit und materieller Richtigkeit. Vor allem diesem Aspekt werden Bemühungen um ein „System eines Verwaltungsrechtsschutzes ohne Verwaltungsakt" (*Zysk* aaO S 18 ff, 160 ff und 196 ff) oder Versuche, den VA als Requisit des Obrigkeitsstaates zu disqualifizieren (vgl zB *Schnapp* DÖV 1986, 811, 813), nicht gerecht. Vielmehr erweist es sich gerade auch im Interesse eines effektiven Rechtsschutzes nicht nur als sinnvoll, sondern als unerlässlich, der inzwischen durchweg anerkannten **materiell-rechtlichen Bedeutung** des VA (EVwVerfG S 135; BVerwGE 18, 154, 155; 41, 305, 306 sowie NJW 1978, 1870; FG SchlHol EFG 1980, 41, 42 und 1984, 322, 324; *Krause* S 116; *Löwer* JuS 1980, 805; *T/K* Rz 3 f vor § 118 AO) stärkere Beachtung zuzuwenden, als das vielfach bisher der Fall gewesen ist (vgl in diesem Zusammenhang auch FG Nbg EFG 1992, 82; *Macher* StuW 1985, 33, 36 f; gegen die hL vom formellen Bilanzenzusammenhang: *v Groll,* FS für Kruse, 2001, 445 sowie

am Beispiel eines anderen Rechtsanwendungsproblems die Gedankengänge von *Buciek* DStZ (A) 1985, 480 ff; s auch § 40 Rz 90).

Für die systematische Erfassung der Bedeutung des VA-Begriffes ebenso **6** wie zur praktischen Bewältigung von Rechtsanwendungsproblemen hat es sich in zunehmendem Maße als hilfreich erwiesen, folgende **Funktionen** des VA zu bedenken:
– die Konkretisierungsfunktion,
– die Titelfunktion und
– die Verfahrensfunktion.

1. Konkretisierungsfunktion

Je allgemeiner und abstrakter Normen gefasst sind, je komplexer sich die **7** von ihnen zu regelnden Lebenssachverhalte darbieten, umso dringlicher und intensiver ist das Bedürfnis nach *Klarstellung, Individualisierung* bzw *Konkretisierung* – die Notwendigkeit, „die abstrakt-generellen Regelungen der Gesetze in individuelle Regelungen für konkrete Einzelfälle umzumünzen" (*Haueisen* DÖV 1960, 313 mwN FN 5; s auch *v Groll* DStJG 18, 47, 70 ff; sehr anschaulich: BVerfGE 65, 1, 37 mwN).

In der Erfüllung vor allem dieser **Aufgabe, materielles** Recht für den **8** Einzelfall „griffig" **umzusetzen,** liegt die fundamentale Bedeutung des VA. Das gilt im besonderen Maße für das Steuerrecht: einmal, weil die Grundsätze der **Gleichmäßigkeit** und **Gesetzmäßigkeit** der Besteuerung dort regelmäßig keine andere Form des Verwaltungshandelns zulassen (zu den allenfalls in begrenztem Umfang akzeptablen Möglichkeiten einer „tatsächlichen Verständigung" – BFHE 142, 549 = BStBl II 1985, 354 ff; § 76 Rz 4; *v Groll,* FR 1995, 814, 817 f mwN), zum anderen deshalb, weil die tatsächliche wie die rechtliche Ausgangslage auf diesem Gebiet des öffentlichen Rechts regelmäßig derart vielschichtig und verworren gestaltet ist, dass es sich als unmöglich erweist, die Rechtsfolge für ein bestimmtes Steuerrechtsverhältnis einfach aus dem Gesetz „abzulesen" (*Martens* StuW 1965, 570 f). Es bedarf vielmehr (vor allem bei so komplexen Sachverhalten, wie sie zur Ermittlung von periodischen Steuern erforderlich sind, sowie sonst bei der Regelung von Dauerschuldverhältnissen; dazu allgemein: *Löwer* JuS 1980, 805, 806) für beide Seiten der fortschreitenden **Verdeutlichung** in vielfältigen Schritten (vgl auch *Martens,* StuW 1988, 100, 102 f).

Die stabilisierende Wirkung, die damit für die in Frage stehende Rechts- **9** beziehung verbunden ist (vgl BVerfG E 60, 253, 269 f) belegt, dass vor allem den Steuerbescheiden und Feststellungsbescheiden nicht nur ein feststellendes (§ 38 AO), sondern auch ein **konstitutives,** gestaltendes **Element** innewohnt (BVerfGG aaO), das sich für die Beteiligten am Steuerrechtsverhältnis in der Geltungsanordnung des § 124 II AO (auch für rechtswidrige VAe – *T/K* § 124 Rz 17) und außerdem in der Bestandskraft (BVerfG aaO; *Löwer* JuS 1980, 805, 806; *H/H/Sp/v Groll* Rz 8 ff vor § 172 AO) äußert (vgl iÜ zur Konkretisierungsfunktion: BVerfGE 18, 154, 155; DÖV 1973, 527 und vor allem: BVerfGE 60, 253, 270; BVerwG NVwZ 1988, 941; FG SchlHol 1984, 322, 324; *T/K* Rz 1 vor § 118; *Haueisen* DÖV 1973, 653; *Seibold* DB 1985, 1787, 1789; *v Groll* JDStJG 9, S 431, 432 mwN). Insofern gilt in der Tat auch für den feststellenden Steuerverwaltungsakt (Steuerbescheid, Feststellungsbescheid), dass er ein

Rechtsverhältnis begründet, ändert oder beendet (BFHE 144, 333 = BStBl II 1986, 21, 23; vgl auch *T/K* § 118 AO Rz 33).

2. Titelfunktion

10   Mit der Befugnis bzw Verpflichtung der Verwaltung zur Einzelfallregelung durch VA verbunden ist das im Abgabenrecht besonders weitreichende **Vollstreckungsprivileg** (§§ 218 I, 249 ff AO), dh das Recht der Finanzbehörden, sich (im Unterschied zu anderen Gläubigern) den Titel für die Vollstreckung aus VAen (mit Hilfe eines Leistungsgebots, § 254 I 1 AO) selbst zu beschaffen (*Löwer* JuS 1980, 805, 806 f; *T/K* Rz 1 vor § 118 AO), und zwar (abweichend von sonstigen Verwaltungsbehörden) grundsätzlich (soweit nicht ausnahmsweise die Vollziehung ausgesetzt oder gehemmt ist) unabhängig von der Einlegung eines Rechtsbehelfs (vgl § 80 I VwGO einerseits und §§ 361 I AO, 69 I FGO iVm § 251 I AO andererseits).

3. Verfahrensfunktion

11   Mit dem Wirksamwerden des VA (§ 124 I 1 AO) ist zugleich für das Verfahren (für das außergerichtliche Vorverfahren wie für das Klageverfahren) das **Objekt eines Rechtsschutzbegehrens** iS §§ 355 ff AO, 40 ff FGO festgelegt (vgl dazu zB FG SchlHol EFG 1979, 83). – Deutlich wird die Verfahrensfunktion des VA zB auch in der Überleitungsvorschrift des Art 7 FGOÄndG (Rz 9 vor § 1).

12   Für die Eröffnung des finanzgerichtlichen Verfahrens kommt dieser Funktion des VA seit der schon erwähnten ausdrücklichen Anerkennung der schlichten Leistungsklage (in § 40 I letzter Fall) zwar keine den Rechtsweg von vornherein begrenzende, wohl aber eine für Verfahrensablauf und Art der Rechtsschutzgewährung noch immer sehr gewichtige Bedeutung zu (*Löwer* JuS 1980, 805, 807): zB für die Wahl der Klageart, die Frage der Notwendigkeit eines außergerichtlichen Vorverfahrens und der Fristgebundenheit wie auch für den vorläufigen Rechtsschutz (*v Groll* DStJG 18, 47, 50 ff). Einem Steuer-**VA gegenüber** hat der Rechtsuchende noch immer die klarere und in mehrfacher Hinsicht (kostenloses außergerichtliches Vorverfahren, „besserer" vorläufiger **Rechtsschutz** durch Aussetzung der Vollziehung) auch **günstigere Position,** als wenn er mit sonstigem Verwaltungshandeln konfrontiert wird. Im Lichte des Art 19 IV GG drängt sich daher die *Auslegungsmaxime* auf: *„Im Zweifel für den VA"* (*v Groll* DStJG 18, 47, 56; s iÜ Rz 44).

II. Allgemeine Begriffsbestimmung

13   Die FGO selbst sagt nicht, was sie meint, wenn sie von „Verwaltungsakt" (VA) spricht. Es gilt (vgl BT-Drucks IV 1446 S 46) die allgemeine, inzwischen für alle Bereiche des öffentlichen Rechts kodifizierte **Begriffsbestimmung** der §§ 35 I VwVfG, **118 I AO** und 31 X 1 SGB, wonach unter VA jede Verfügung, Entscheidung oder andere hoheitliche Maßnahme zu verstehen ist, die eine Behörde zur Regelung eines Einzelfalles auf dem Gebiet des öffentlichen Rechts trifft und die auf unmittelbare Rechtswirkung nach außen gerichtet ist.

Für den Geltungsbereich des **Zollkodex** (ZK; s auch Rz 80), dh für Zölle **14** und bei der Einfuhr erhobene Verbrauchsteuern (vgl auch § 33 Rz 6, 15 und 30), ist die Begriffsbestimmung des § 118 AO verdrängt durch die Legaldefinition in **Art 4 Nr 5 ZK,** der von „**Entscheidung**" spricht (ebenso Art 249 EGV; dazu: *Laubinger,* FS f Schiedermair, 2001, 305, 323 mwN). Das ist jedoch für das finanzgerichtliche Verfahren mit keinen Rechtsanwendungsproblemen verbunden, zum einen weil es insoweit supranationale Verfahrensvorschriften nicht gibt (zur **Maßgeblichkeit nationalen Verfahrensrechts:** EuGH NJW 1977, 495; *Schilling* EuZW 1999, 407, 408; s iÜ Rz 7 vor § 76; unklar: EuGH NJW 1999, 2355 und *Epiney* NVwZ 2000, 36), zum anderen, weil die unterschiedlichen Begriffsbestimmungen bedeutsame inhaltliche Abweichungen (noch) nicht erkennen lassen (so auch: BFHE 208, 350 = BFH/NV 2005, 819; zur Bedeutung des Elements der „Entscheidung": Rz 27; vgl außerdem *H/H/Sp/Söhn* § 118 AO Rz 33 f; *T/K* Rz 6 vor § 118 mwN): Nach beiden Teilrechtsordnungen geht es um hoheitliche Maßnahmen (Rz 16 ff) zur Regelung von **Abgabenangelegenheiten** isd § 33 II bzw von Steuerrechtsverhältnissen isd §§ 33 ff AO, dh um **Steuerverwaltungsakte** (Rz 58 ff).

Die **Legaldefinition** ist einerseits insofern zu weit geraten (*Löwer* JuS **15** 1980, 805, 807), als „Verfügung" wie auch „Entscheidung" nur exemplarische Unterarten zum Oberbegriff „*Maßnahme*" darstellen und die „unmittelbare Rechtswirkung" im Grunde schon im Tatbestandsmerkmal „Regelung" enthalten ist. Andererseits ist die Begriffsbestimmung zu blass ausgefallen, wie der Vergleich mit der plastischen Beschreibung *O. Mayers* (s oben Rz 3) veranschaulicht. Umso hilfreicher ist für den Rechtsanwender im Einzelfall immer wieder die Rückbesinnung auf die verschiedenen zuvor skizzierten Funktionen des VA.

III. Die einzelnen Definitionselemente (Tatbestandsmerkmale)

1. Behördliche Maßnahme

Dem sprachlich unscharfen, durch die Beifügung von „Verfügung" und **16** „Entscheidung" (s auch Art 4 Nr 5 ZK; Rz 14) etwas deutlicher markierten Begriffsmerkmal der **Maßnahme** kommt (entgegen *Krause* S 122) gegenüber demjenigen der „**Regelung**" insofern eine eigenständige Bedeutung zu, als der VA damit in seinem äußeren Erscheinungsbild gekennzeichnet und deutlicher auf die für sein Verständnis (Rz 44 ff) entscheidende **Verkörperung** abgehoben wird, in der sich die behördliche Willensbekundung nach außen hin präsentiert.

Inhaltlich muss es sich um zweckgerichtetes, auf eine bestimmte Regelung hin ausgerichtetes **Tun, Dulden oder Unterlassen** eines Amtsträgers (dh für den Bereich des Abgabenrechts grundsätzlich um dasjenige einer Finanzbehörde iS § 6 AO, *T/K* § 118 Rz 2) handeln (vgl zu den Einzelheiten iÜ: *Erichsen ua*, § 12 Rz 11 f; *Löwer* JuS 1980, 805, 807), wobei es auf interne Zuständigkeitsregelungen nicht ankommt (BFHE 25, 347 = BStBl II 1978, 575, 576). Da der Gesetzgeber auch im Abgabenrecht nicht vorschreibt, was alles durch (Steuer-)VA zu regeln ist (*v Groll* DStJG 18, 47, 66 f), bedarf es in der Praxis, vor allem in Grenzfällen, häufig zunächst erst einmal einer (uU durch **Auslegung** – Rz 44 ff – zu ermittelnden) Antwort auf die Frage, ob tatsächlich ein VA vorliegt (Tatbe-

standsverwirklichung iS des § 118 S 1 AO), und erst danach – in einem
gesonderten gedanklichen Schritt (s auch Rz 20 aE) der erforderlichen
Rechtmäßigkeitsprüfung (*v Groll* aaO S 53 ff). Zu beachten ist dabei vor
allem folgendes:

17 – Eine bestimmte **Form** ist für die Annahme eines VA grundsätzlich
     (Ausnahme zB § 157 I 1 AO) nicht erforderlich (§ 119 II 1 AO).

18 – Ein VA kann auch **konkludent** ergehen. Selbst (beredtes) Schweigen
     und Unterlassen kann sich unter besonderen Umständen als zweck-
     gerichtetes Verhalten iSd § 118 I AO erweisen (BVerwGE 19, 68, 69;
     Löwer S 807; *Stelkens ua* § 35 Rz 54 f; zum Unterlassen einer Auskunft:
     FG D'dorf EFG 1986, 541 einerseits, FG Hbg EFG 1986, 508 anderer-
     seits; zur Übersendung von *Kontoauszügen:* FG Saarl EFG 1995, 357).

19 – **Zweckgerichtetes, zurechenbares Verwaltungshandeln** ist erfor-
     derlich („Maßnahme ... *zur* Regelung eines Einzelfalles ...; zum *finalen*
     Element der Legaldefinition des § 118 S 1 AO: *v Groll* aaO S 59) und
     grundsätzlich auch beim Tätigwerden mit Hilfe von automatischen
     (elektronischen) Datenverarbeitungsanlagen, den sog Verwaltungsfabri-
     katen, gegeben (*Löwer* S 808; *Stelkens ua* § 35 Rz 50).

20 – Maßgeblich ist im Zweifel das äußere Erscheinungsbild zum Zeitpunkt
     der Bekanntgabe (§ 124 I 2 AO), und zwar aus **Empfängersicht** (BFHE
     145, 226 = BStBl II 1986, 293; BFHE 175, 294 = BStBl II 1995, 4;
     BFH/NV 1994, 443; BFHE 186, 324 = BStBl II 1998, 742; s iÜ
     Rz 44 f u 77): uU genügt die bloße **Rechtsscheinwirkung** (sehr an-
     schaulich für eine Entscheidung nach § 1 V bzw § 36 I DMBilG: FG
     MeVo EFG 1999, 57). Entscheidend ist auch hier (wie bei den Prozess-
     handlungen: Rz 15 ff vor § 33) die (durch § 118 AO festgelegte) **norma-
     tive Erklärungsbedeutung** (dazu näher *v Groll* aaO S 62 f mwN; vgl für
     Willensbekundungen des Zivilrechts: *Larenz/Wolf,* BGB, AT, 8. Aufl
     1997, § 28 Rz 11, 16 ff; BGHZ 91, 324 u 109, 171, 177; NJW 1995, 953;
     Habersack JuS 1996, 585; BFH/NV 1994, 398; 2002, 465, 466). Damit
     und mit der Rechtsschutzfunktion des VA (Rz 11 f) **nicht** vereinbar ist es,
     wenn vielfach als zusätzliches (ungeschriebenes) Merkmal des gesetzlichen
     Tatbestands ein **Bekanntgabewille** bzw *Erklärungsbewusstsein* der Erlass-
     behörde gefordert wird (zB BFHE 147, 205 = BStBl II 1986, 832; BFHE
     152, 32 = BStBl II 1988, 233; BFHE 155, 466 = BStBl II 1989, 344; en-
     ger für die *Aufgabe* des Bekanntgabewillens: BFHE 180, 538 = BStBl II
     1996, 627; BFHE 193, 19 = HFR 2001, 402; s auch BFH/NV 1995, 409;
     2000, 1325). Es kommt allein darauf an, dass die nach den §§ 122, 124 AO
     bekanntgegebene hoheitliche Maßnahme inhaltlich die Merkmale des
     § 118 S 1 AO erfüllt und der Finanzbehörde **zugerechnet** werden kann
     (Rz 25; *T/K* § 122 AO Rz 4; allgemein: *Larenz/Wolf,* BGB, AT[8], § 28
     Rz 6 ff; BGHZ 91, 324 – jeweils mwN; s auch BFH/NV 1994, 398). Dh
     auch hoheitliche Maßnahmen, die überhaupt nicht oder so nicht getroffen
     werden sollten oder durften, aber alle sonstigen Tatbestandsmerkmale des
     VA erfüllen, müssen (außer im Falle der Nichtigkeit – s Rz 55) prinzipiell
     – eben wegen des erzeugten Rechtsscheins – beiderseits als wirksam hin-
     genommen werden und können nur im Rahmen gerichtlicher Nachprü-
     fung oder, nach Eintritt der Bestandskraft, nur nach den §§ 130 ff bzw
     172 ff AO wieder beseitigt oder geändert werden (BVerwGE 16, 127;
     BFHE 128, 20 = BStBl II 1979, 606; BFHE 132, 219 = BStBl II 1981,

404, 405; FG Hbg EFG 1983, 486; FG Mchn EFG 1984, 326, 327; *Löwer* JuS 1980, 805, 808 f; *Stelkens ua* § 35 Rz 15 ff und 52 ff; *Erichsen/Martens* § 16 Rz 1 ff; § 38 Rz 3). Darum ist auch die dem Betroffenen „aus Versehen" förmlich bekanntgegebene Verfügung über die Nichtveranlagung zur ESt *(„NV"-Verfügung)* als Steuerbescheid (FG Nds EFG 1977, 615; *T/K* 155 Rz 3; aM BFHE 129, 240 = BStBl II 1980, 193) und ein ebenfalls „versehentlich" mitgeteilter Computerausdruck als EW-Bescheid anzusehen (FG Köln EFG 1983, 533; zur Anfechtbarkeit eines nicht wirksam bekanntgegebenen Steuer-VA: FG Saarl EFG 1995, 157; aM BFHE 142, 204 = BStBl II 1985, 42/43). – **Unbeachtlich** ist die **Bezeichnung** (zB als „Änderungsbescheid": BFH/NV 2005, 2150; s auch Rz 30 u 44 f): Ein Schriftstück, das tatsächlich (wenn auch nur „aus Versehen") keine Regelung enthält, wird nicht dadurch zum VA, dass es als „Bescheid" übersandt wird (BFHE 153, 530 = BStBl II 1988, 868, 870); umgekehrt verliert ein Schreiben, das in Wirklichkeit selbst regelt (zB einen Antrag ablehnt), seine Eigenschaft als VA nicht dadurch, dass es als *„Mitteilung"* (BFHE 148, 4 = BStBl II 1987, 405; BFHE 160, 120 = BStBl II 1990, 565; BFHE 168, 6 = BStBl II 1992, 713; problematisch BFHE 178, 9 = BStBl II 1995, 867 und BFH/NV 2005, 1490, 1492; zur Abgabe einer Aufrechnungserklärung „als VA": BFHE 149, 482 = BStBl II 1987, 536; s außerdem Rz 24), als *„Hinweis"* (aM FG Köln EFG 1992, 159), als „Erläuterung" oder als „Bitte" (aM BFH/NV 2002, 157; 2005, 1755) deklariert ist (s auch Rz 44 ff u § 40 Rz 50). Die Androhung von **Zwang** bzw Erzwingbarkeit ist **kein Merkmal des VA** (ebenso *T/K* § 118 AO Rz 16; aM BFHE 187, 386 = BStBl II 1999, 199; BFH/NV 2002, 157; 2005, 1755, 1756; s iÜ Rz 27). Auch darauf, ob ein VA **im Gesetz vorgesehen** ist, kommt **es nicht** entscheidend an (aM FG MeVo EGF 1999, 57; zur Unterscheidung Tatbestandsmäßigkeit, Rechtmäßigkeit eines VA: Rz 16).
Keine behördlichen Maßnahmen sind
– **Handlungen von** absolut **Unbefugten,** die einer Behörde nicht zugerechnet (Rz 20) werden können *(„Nichtakte",* Fälle der Amtsanmaßung nach dem Beispiel des „Hauptmanns von Köpenick"; vgl dazu BFHE 125, 347 = BStBl II 1978, 575, 576; *Erichsen/Martens* § 12 Rz 15); auf (örtliche oder sachliche) Zuständigkeiten allerdings kommt es für die Qualifizierung als VA grundsätzlich nicht an (*T/K* § 122 AO Rz 3); **21**
– **Handlungen von Privatpersonen,** auch wenn diese Steuerpflichtige iS der §§ 33 I, 43 I 2 AO sind (*T/K* § 118 AO Rz 8); **Ausnahmen** kraft gesetzlicher Fiktion: **Steueranmeldungen** iS des § 150 I 2, § 168 S 1 AO (s Rz 59; vgl auch Rz 61 u 65: *H/H/Sp/Trzaskalik* § 168 AO Rz 2 ff und § 173 AO Rz 31, 49, 331, 346). **22**
– **Justizverwaltungsakte** iS des § 23 EGGVG (BVerwGE 69, 192; BFHE 138, 164 = BStBl II 1983, 482; FG SchlHol EFG 1982, 284; *Stelkens ua* § 35 Rz 40 f mwN). **23**

2. Hoheitliche Maßnahme auf dem Gebiet des öffentlichen Rechts (Abgabenrechts)

Das Merkmal **„hoheitlich"** sorgt mit der Ausrichtung auf den einseitigen, subordinationsrechtlichen Charakter der Maßnahme, vor allem für die Abgrenzung zu dem für das Abgabenrecht praktisch bedeutungslosen **24**

„schlichten Hoheitshandeln" (vgl dazu allgemein: FG D'dorf EFG 1986, 541; speziell zur Aufrechnung: BFHE 149, 482 = BStBl II 1987, 536, m Anm HFR 1987, 445; BFHE 151, 128 = BStBl II 1988, 43; BFHE 151, 304 = BStBl II 1988, 366; BFH/NV 1989, 713; BFH/NV 1990, 344; zur Stellung eines Antrags auf Eröffnung des *Insolvenzverfahrens:* FG M'ster EFG 2000, 634; nach früherem Recht (s auch Rz 79) zur Stellung eines *Konkursantrags* BFH/NV 1990, 710; 1991, 787; zum *Antrag an das Registergericht:* FG M'ster EFG 1985, 76; *zur Anfechtung nach dem AnfG:* BFHE 133, 501 = BStBl II 1981, 751, 752). Erforderlich ist dieses Merkmal außerdem für die Abgrenzung zum *Handeln in Privatrechtsform* (vgl zum Problem des Handelns im Rahmen des verwaltungsrechtlichen Schuldverhältnisses: *Erichsen ua,* § 11 Rz 3 ff u § 35 Rz 12; *v Groll* DStJG 18, 47, 54 ff) und zum *öffentlich-rechtlichen Vertrag* (vgl dazu BFHE 142, 549 = BStBl II 1985, 354, 357 mwN; iÜ hier Rz 28 ff).

25   Dem zusätzlichen Kriterium der sachlichen Begrenzung auf das **öffentliche Recht** kommt beim näheren Hinsehen eher klarstellende, kontrollierende Funktion zu: Denn einerseits sind hoheitliche Maßnahmen außerhalb des öffentlichen Rechts kaum denkbar (*T/K* § 118 Rz 3), andererseits führt die Feststellung, dass die Maßnahme nur der äußeren Form nach öffentlich rechtlicher Natur ist, in Wirklichkeit aber jeden Bezug zum öffentlichen Recht vermissen lässt („Form-VA"), nicht zur Verneinung der VA-Qualität, sondern nur zu dessen Rechtswidrigkeit: Die *Maßnahme, nicht* notwendig der geregelte *Einzelfall,* muss dem Gebiet des öffentlichen Rechts zuzuordnen sein (str, vgl *Erichsen ua,* § 12 Rz 20 ff; *Löwer* JuS 1980, 805, 808 f mwN). Entscheidend ist insoweit, dass die in Frage stehende **Maßnahme** einer (Finanz-)**Behörde zugerechnet** werden kann, und zwar aus Empfängersicht (Rz 20; s auch *T/K* § 118 AO Rz 2 ff).

3. Einzelfallregelung

26   In der vom Gesetz geforderten Zweckrichtung auf die **Regelung eines Einzelfalls** konzentriert sich die materiellrechtliche Bedeutung des VA. Für den Steuer-VA ist damit die objektive und subjektive Konkretisierung (§ 157 I 2 AO; dazu: BFH/NV 2005, 1365) des Steuerrechtsverhältnisses (§ 33 ff AO) angesprochen.

27   Mit dem Tatbestandsmerkmal der **Regelung** iS von **Entscheidung** (*nicht* iS von *„Verfahren":* Erichsen ua, § 12 Rz 24 ff; BFHE 153, 530 = BStBl II 1988, 868, 870), das durch die Beifügung „mit unmittelbarer Rechtswirkung" letztlich nur eine inhaltliche Verdeutlichung erfährt, ist vor allem die **Tendenz zur Rechtsgeltung,** zur (beiderseitigen) Verbindlichkeit, fixiert, wobei Erzwingbarkeit (§ 328 AO) kein Wesensmerkmal darstellt (s Rz 20; *v Groll* DStJG 18, S 47, 60 f; anders BFHE 146, 99 = BStBl II 1986, 537, 538; BFHE 154, 5 = BStBl II 1988, 927 = beide aber ohne zB auf BFHE 123, 112 = BStBl II 1977, 838 und BFHE 124, 13 = BStBl II 1978, 156 einzugehen und ohne zu berücksichtigen, dass **Konkretisierung** des Gesetzes zu den wesentlichen Funktionen des VA gehört, s Rz 7 ff; zum Erfordernis der *Verbindlichkeit:* BFHE 150, 70 = BStBl II 1987, 592; BFHE 152, 29 = BStBl II 1988, 232; zum Merkmal der *Eigenständigkeit:* BVerwG DVBl 1989, 362). Mit Regelung ist also eine Maßnahme gemeint, die nach ihrem objektiven Erklärungsgehalt (Rz 44 ff)

darauf gerichtet ist, eine **Rechtsfolge zu setzen** (BVerwGE 77, 268, 271). Daran fehlt es bei der bloßen **Ankündigung** eines VA (BFHE 189, 302 = BFH/NV 2000, 103, 105) oder bei dem rein **erläuternden Begleittext** zu einem Steuerbescheid (betr das künftige Nachweiserfordernis für bestimmte Aufwendungen: FG Mchn EFG 2005, 294).

Mangels einer auf (verbindliche) Regelung gerichteten **Finalität nicht als VA** anzusehen ist zB (s auch Rz 24):

- eine unmittelbar allein auf **innerdienstliche** Wirkung zielende Maß-   **28**
  nahme (instruktiv zur Abgrenzung: BFHE 152, 146 = BStBl II 1988, 309; BFHE 154, 1 = BStBl II 1988, 953; zu Auskünften im Rahmen der **Amtshilfe** – EG-AHG: BFHE 177, 242 = BStBl II 1995, 497; s auch BFHE 177, 25 = BStBl II 1995, 358; BFH/NV 2005, 1503; iÜ: BVerwG BayVBl 1989, 247; BGHZ 42, 163, 170 f; vgl ferner Rz 43);
- die reine **Prozesshandlung** einer (Finanz-)Behörde (zB Abgabe der Er-   **29**
  ledigungserklärung, Zustimmung zur Klagerücknahme, Stellung von Beweisanträgen; s auch Rz 31);
- die rein **tatsächliche Handlung**, – wie etwa die **Betragsberechnung**   **30**
  nach **§ 100 II 2** (s dort Rz 38 f u BFH/NV 2001, 635) oder eine Verrichtung zur Vorbereitung, zur Ausführung eines VA (s auch Rz 31); desgl ein Tätigwerden in sonstigem Zusammenhang mit der Verwaltungstätigkeit (schlichtes Verwaltungshandeln: BFH/NV 2000, 103, 105); etwa im Rahmen der *Ausbildung*, bei der *Beurteilung* (BVerwGE 28, 191 und 36, 192), bei der *Kassen- und Aktenführung* (zur Qualifizierung von *Kontoauszügen* ohne selbstständige Verrechnungsentscheidung: FG Saarl EFG 1995, 357). Hierzu gehören auch **Prüfungsmaßnahmen, sofern** sie dem Stpfl **kein bestimmtes Verhalten** aufgeben (BFHE 140, 505 = BStBl II 1984, 512, 513 und BFHE 144, 339 = BStBl II 1986, 2; BFHE 187, 386 = BStBl II 1999, 199; unklar: BFHE 187, 386 = BStBl II 1999, 199; BFH/NV 2002, 157; so auch die *Erstellung einer Prüferbilanz*: FG BaWü EFG 1988, 4); bei der Fertigung von Berichten (BFHE 144, 333 = BStBl II 1986, 21, 23). **Regelungscharakter** dagegen **hat** das **Verlangen iS des § 160 AO** (s Rz 34); die *Mahnung,* auch wenn ihr schon ein Leistungsgebot vorausging (*v Groll* DStJG 18, 47, 66. – AM *H/H/Sp/Müller-Eigelt* § 259 AO Rz 4; *T/K* § 259 AO Rz 4; s auch Rz 34 und § 40 Rz 30 ff). Dasselbe gilt für die **Ablehnung einer tatsächlichen Handlung** (BFH/NV 1988, 319);
- die **Vornahme von Verfahrenshandlungen,** (s auch Rz 29) dh von   **31**
  Maßnahmen, die deshalb keine selbstständigen, in sich abgeschlossenen Einzelfallregelungen sind, weil sie auf Förderung eines förmlichen Verfahrens gerichtet und **der** dieses Verfahren **abschließenden Entscheidung untergeordnet** sind – wie zB die während einer **Außenprüfung** an den Stpfl gerichtete *Aufforderung,* bestimmte Fragen zu beantworten und Belege vorzulegen (BFHE 187, 386 = BStBl II 1999, 199; BFH/NV 2005, 1226; s aber zur Abgrenzung Rz 30; und Rz 34, auch zum Auskunftsersuchen nach § 93 AO); **anders:** Aufforderung **außerhalb eines förmlichen Verfahrens** (BFH/NV 2005, 1226), auch wenn diese in Form einer „Bitte" gekleidet ist (Rz 20; aM: BFH/NV 2005, 1755). Entscheidende Kontrollfrage zur Abgrenzung, weil eine dem **§ 44 a VwGO** entsprechende Regelung fehlt: Gewährt Anfechtung der abschließenden Entscheidung ausreichenden Rechtsschutz iS des Art 19 IV

GG?: (s außerdem zu Verfahrenshandlungen: BFHE 133, 340 = BStBl II 1981, 634; BVerwG *Buchholz* 310 § 44a VwGO Nr 2 ff jew mwN). Einzelbeispiele: **Anordnung der förmlichen Zustellung** nach § 122 V AO (BFHE 191, 486 = BStBl II 2000, 520) *Hinzuziehung* nach § 360 III 1 AO bzw deren Unterlassung (BFH/NV 2000, 579); Bestimmung eines Prüfers (BFH/NV 1995, 758): Einzelmaßnahmen der *Vollstreckung* (BFH/NV 1993, 460, 711; 1994, 38); aber auch *Stellung eines Konkursantrages* (BSG NJW 1978, 2359; FG Hessen EFG 1982, 419; FG BaWü EFG 1985, 357 u 1993, 763; unentschieden: BFH/NV 1990, 710; vgl auch BGHZ 110, 253 und zur *Doppelnatur* von Anträgen des FA im Vollstreckungsverfahren: BFHE 145, 17 = BStBl II 1986, 236; BFHE 152, 53 = BStBl II 1988, 566; BFHE 158, 310 = BStBl II 1990, 44; BFH/NV 1989, 610; BFH/NV 1991, 72, 607 u 608; BFH/NV 1992, 4; 1993, 711); **Antrag** der Finbeh **auf Eröffnung des Insolvenzverfahrens** (§ 13 I InsO; FG Berlin EFG 2005, 11; FG Köln EFG 2005, 298; *T/K* § 251 AO Rz 18; *Loose* StuW 1999, 20, 23); *Gläubigeranfechtung* nach AnfG (BFHE 149, 204 = BStBl II 1988, 313); Aufforderung zur *Stellungnahme* im Rahmen eines außergerichtlichen Rechtsbehelfsverfahrens (BFH/NV 1986, 65); *Erledigungsvorschlag* im Einspruchsverfahren (BFHE 152, 29 = BStBl II 1989, 232; BFH/NV 1994, 710); Gewährung oder Versagung von *Wiedereinsetzung* (BFHE 147, 407 = BStBl II 1987, 7; BFH/NV 1993, 578). – Anders aber: *Entscheidungen* nach *§ 363 I AO* aF (BFHE 161, 1 = BStBl II 1990, 944); ein typisches Beispiel für eine nicht selbstständig anfechtbare Verfahrenshandlung: die **Fristsetzung** nach **§ 364 b I AO** (*Birkenfeld/Daumke* IV 45; *Rössler* DStZ 1995, 270, 273 f; iE auch *T/K* § 364 b AO Rz 10. – AM *Bilsdorfer ua* S 130; *K/H* § 364 b AO Rz 6; *Siegert* DStZ 1995, 25; *Spaeth* DStZ 1995, 175, 176; s iÜ § 76 Rz 64 ff). Selbstständige Einzelmaßnahmen (**VAe**) sind dagegen zB: das **Benennungsverlangen** nach **§ 160 AO** (s Rz 34), die **Ablehnung** eines Antrags auf **Akteneinsicht** (BFH/NV 1988, 319; FG MeVo EFG 1995, 50; aM BVerwG NJW 1979, 177; BayVGH BayVBl 1995, 631; FG Saarl EFG 1995, 156) und die **Aufforderung** des FA zur **Führung eines Fahrtenbuches** (auch wenn als „Bitte" deklariert – s Rz 20; aM FG Bremen, EFG 1995, 224; FG Nbg EFG 1995, 702), ebenso die zur **Abgabe einer Steuererklärung** (FG Bdbg EFG 1996, 1107; aM BFH/NV 2002, 157; zur Abgrenzung im Bereich der VwGO: *Kopp/Schenke* Anh § 42 Rz 44 f; *Pietzcker* in *Schoch ua* § 42 I Rz 32 ff);

32 – die **Wissenserklärung,** wozu vor allem die Information (BFHE 183, 30 = BStBl II 1997, 600; BFHE 202, 425 = BGBl II 2004, 387) gehört, oder die (unverbindliche) *Auskunft* (BVerwGE 31, 310; zur Abgrenzung: BFH HFR 1996, 22; *T/K* Rz 3 vor § 204 AO) – im Gegensatz zur (verbindlichen) Zusage (s Rz 78) – desgl reiner Hinweis (BFHE 153, 272 = BStBl II 1988, 638) und die bloße *Mitteilung* (BFHE 116, 261 = BStBl II 1975, 779; BFHE 190, 278 = BFH/NV 2000, 782, 783; vgl aber BFH/NV 1989, 210). **Regelungscharakter** hat dagegen **die Mitteilung** nach **§ 202 I 3 AO** (*T/K* § 202 AO Rz 14; aM BFHE 149, 508 = BStBl II 1988, 168; BFHE 175, 391 = BStBl II 1995, 2; s aber BFHE 161, 539 = BStBl II 1991, 537). **Bei Bescheinigungen** sind zu **unterscheiden:** solche mit reiner Nachweisfunktion (BFHE 149, 280 = BStBl II 1987, 504; BFH/NV 1992, 159) von solchen, die

(außerdem) regelnden Charakter haben (zB NV-Bescheinigung nach §§ 36 b II, 44 a II EStG af: BFHE 166, 142 = BStBl II 1992, 322; Bescheinigungen nach § 33 b VII EStG, § 65 EStDV: BFHE 158, 375 = BStBl II 1990, 60; die – vorläufige – Bescheinigung der **Gemeinnützigkeit** – s auch § 40 Rz 88 u § 41 Rz 13; aM BFH i st Rspr: BFH/NV 1993, 150; BFHE 186, 433 = FR 1998, 1033; BFHE 188, 124 = BStBl II 1999, 331; BFH/NV 1999, 195; s iÜ zur Abgrenzung: BFHE 154, 1 = BStBl II 1988, 953);

– der **wiederholende** oder nur ausführende, „nachvollziehende" VA, der **33** selbst nichts regelt oder zu regeln vorgibt, sondern nur auf eine schon getroffene Hoheitsmaßnahme (zurück-)verweist (BFHE 137, 472 = BStBl II 1983, 360; s auch BFHE 181, 107= BStBl II 1997, 79; FG Köln EFG 1996, 306; *T/K* § 118 AO Rz 17; *Kopp* VwVfG § 35 Rz 55; zur Auslegung/Abgrenzung: BFH/NV 2000, 550 u FG Bdbg EFG 2001, 154); häufigster bislang noch kaum erkannter Anwendungsfall im Abgabenrecht: die Übernahme von Besteuerungsgrundlagen aus dem Grundlagenbescheid in den Folgebescheid (§§ 182 I, 175 I Nr 1, 351 II AO, FGO; BFHE 144, 565 = BStBl II 1986, 93, 95; *v Groll*, StuW 1979, 172, 179 aE; *Söhn* StuW 1999, 328, 333; entsprechend für das Verhältnis Steuerfestsetzung/Abrechnung: BFHE 147, 117 = BStBl II 1986, 776; vgl iÜ Rz 35). Kein lediglich wiederholender VA ist die außergerichtliche Rechtsbehelfsentscheidung (§ 367 AO), auch wenn sie in der Regel nicht isoliert aufgehoben werden darf (BFHE 156, 445 = BStBl II 1983, 21; BFHE 140, 132 = BStBl 1984, 342 und BFHE 142, 42 = BStBl II 1985, 6, 8 aE; s aber FG RhPf EFG 1994, 907; zur Abgrenzung allgemein: BFHE 161, 492 = BStBl II 1991, 2). Im Kern nicht um Inhaltsbestimmung, sondern um **Rechtsscheinwirkung** (§ 40 Rz 67) geht es, wenn die BFH-Rspr – iE zu Recht – auch wiederholende VAe als Fälle der „*Änderung*" iS des § 68 (s dort Rz 66) qualifiziert und es auf diese Weise (im Interesse des Rechtsschutzes) ermöglicht, dass sie zum Gegenstand des weiteren Verfahrens gemacht werden können (BFHE 111, 13 = BStBl II 1974, 113; BFHE 113, 69 = BStBl II 1974, 697; BFH/NV 1998, 1102, 1103; 2000, 586).

Als **VA** dagegen zu qualifizieren ist zB (s auch Rz 20, 31) ein **Aus-** **34** **kunftsersuchen** nach § 93 AO (BFHE 162, 539 = BStBl II 1991, 277; FG Mchn EFG 1997, 42; FG Thür EFG 1999, 745 mwN), die Aufforderung des FA zur Beantwortung eines Fragebogens (BFHE 159, 98 = BStBl II 1990, 280), das Auskunftsverlangen eines Prüfers (BFH/NV 1988, 333, 335) oder die „*Mitteilung*" des FA, die ihm angezeigte Abtretung eines Erstattungsanspruchs sei nichtig (BFH/NV 1989, 210), bzw ein zuvor festgesetzter *Verspätungszuschlag* bleibe bestehen (BFHE 175, 3 = BStBl II 1994, 836); desgl die Mitteilung über den Prüfungsbeginn nach § 197 I 1 AO (BFHE 202, 7 = BStBl II 2003, 552); auch **Abrechnungsmitteilungen** zeigen Regelungstendenzen (BFHE 148, 4 = BStBl II 1987, 405; BFHE 168, 6 = BStBl II 1992, 713; anders, aber nicht überzeugend: BFHE 178, 9 = HFR 1995, 625) ebenso wie das unter Berufung auf § 160 I AO geäußerte **Verlangen** der Finanzbehörde, **Leistungsempfänger** oder Gläubiger **zu benennen:** Es hat selbstständigen Eingriffscharakter und muss isoliert bekämpft werden können, unabhängig davon, ob und wie sich das Ergebnis der Benennung oder der Weigerung später einmal auswirkt (FG

D'dorf EFG 1978, 108; FG Hbg EFG 1979, 66; FG Mchn EFG 1984, 433; *v Groll* DStJG 18, 47, 60 ff; *Salzmann* BB 1995, 2308; *T/K* § 118 AO Rz 10 und § 160 AO Rz 7 mwN; aM BFHE 146, 99 = BStBl II 1986 537, 538; BFHE 148, 406 = BStBl II 1987, 286; BFHE 154, 5 = BStBl II 1988, 97; BFHE 187, 386 = BStBl II 1999, 199; zu den Konsequenzen dieser Rspr: BFH/NV 2002, 1, 312, 609, 1481; 2003, 291 u 738; BFHE 202, 196 = BFH/NV 2003, 1241; BFH/NV 2004, 851, 919 u 1209; zur Rechtmäßigkeitsprüfung: BFH/NV 2005, 1739, 1740).

35   Kein Vorgang rein tatsächlicher Art, sondern ein (feststellender) **VA** ist die im Anschluss an eine Steuerfestsetzung und in äußerer Verbindung mit dieser (in *einem* Schriftstück) vorgenommene **Anrechnung** (BFH/NV 2005, 2145; s auch Rz 39) von Vorauszahlungen **zur Ermittlung der Zahlschuld bzw des Leistungsgebots** (vgl dazu: BFHE 87, 514 = BStBl II 1967, 214; BFHE 122, 510 = BStBl II 1977, 805, 806; BFHE 129, 240 = BStBl II 1980, 193, 195; BFHE 136, 186 = BStBl II 1982, 657, 659; BFHE 148, 4 = BStBl II 1987, 405; BFH/NV 1988, 349; zur Abgrenzung vom **Abrechnungsbescheid** – § 218 II AO: BFHE 182, 506 = BStBl 1997, 787 einerseits, BFHE 170, 573 = BStBl II 1994, 147 andererseits; außerdem BFH/NV 1999, 440, 441; BFHE 199, 71 = BStBl V 2002, 705; s auch BFH/NV 2002, 1574; 2003, 154 u 1393; zur Abgrenzung vom ESt–Bescheid: BFH/NV 1992, 716; 1995, 1040; BFHE 182, 506 = BStBl II 1997, 787; *v Groll* JDStJG 9, 431, 456 f; zT abw BFHE 142, 408 = BStBl II 1985, 216, 217; zur Abgrenzung vom *Haftungsbescheid*: BFH/NV 1995, 950 – dazu iÜ Rz 66; zur Besonderheit der Festsetzung von Erstattungsbeträgen nach *§ 11 II AStG*: BFHE 177, 437 = BStBl II 1995, 629; BFH/NV 2002, 1549, 1550; zur Bedeutung des Abrechnungsbescheids: BFHE 189, 331 = BStBl II 1999, 751; BFH/NV 2000, 108 u 412; zum Regelungsgehalt: BFHE 189, 14 = BFH/NV 2000, 46).

36   Im Gegenstand der Regelung unterscheidet sich der VA von der Rechtsnorm: Geht es hier um den **Einzelfall** (*Erichsen ua*, § 12 Rz 45 ff), steht dort eine abstrakte und generelle, für eine unbestimmte Vielzahl von Fällen geltende Anordnung (*T/K* § 40 FGO Rz 13) in Frage (zur Typologie der Rechtsnormen: *T/K* § 4 AO Rz 19 ff). In einem streng auf Einzelfallprüfung hin ausgerichteten Verfahren wie dem der FGO (die anders als die VwGO in § 47 kein Normenkontrollverfahren kennt) unterliegen Rechtsnormen nur incidenter (zur Bedeutung von EG-Recht in diesem Zusammenhang: BFHE 143, 383 = HFR 1985, 452; BFHE 145, 266 = HFR 1986, 285) oder aber unter den Voraussetzungen des Art 100 GG der gerichtlichen Nachprüfung (Rz 6 vor § 74).

37   Keine nennenswerte Rolle im Abgabenrecht spielt bisher die in § 118 S 2 AO definierte **Allgemeinverfügung** (zum Begriff: *Laubinger,* FS für Schiedermair, 2001, S 305; *Kopp/Schenke* Anh § 42 Rz 55; zur Beschwer: ebenda, § 42 Rz 170; einen Sonderfall – Festsetzung des Branntweingrundpreises – hatte BFHE 139, 450 = HFR 1984, 100 zum Gegenstand). Das könnte sich durch die Einführung der wegen Unbestimmtheit „streitträchtigen" Regelung des § 363 II 3 u 4 AO (*Verfahrensunterbrechung* durch Allgemeinverfügung; dazu: *H/H/Sp/Birkenfeld* § 363 AO RZ 142 ff; *T/K* § 363 AO Rz 13 ff) rasch ändern. Ein für die Verwirklichung des Abgabenrechts geradezu typisches Instrument dagegen ist die **Sammelverfügung:** eine nur äußerliche, dh die inhaltliche Selbstständigkeit der mit-

einander verbundenen VAe nicht tangierende, Zusammenfassung mehrerer Regelungen in einem Schriftstück. Hierbei sind folgende Grundtypen zu unterscheiden:

- **in subjektiver Hinsicht:** VAe, die mehrere Destinatäre betreffen; vor **38** allem die an mehrere Gesamtschuldner gerichteten Steuerbescheide iSd § 155 III AO (*T/K* § 155 AO Rz 10 b; zum zusammengefassten ESt-Bescheid bei der Veranlagung von Ehegatten: BFHE 143, 491 = BStBl II 1985, 603; BFHE 178, 105 = BStBl II 1995, 681; zur Zusammenfassung von *Prüfungsanordnungen:* BFHE 155, 238 = BStBl II 1989, 257; BFHE 160, 207 = BStBl II 1990, 612);

- **in objektiver Hinsicht,** die Bündelung der Entscheidungen zu meh- **39** reren, denselben Steuerschuldner betreffenden Steuerfällen (BFHE 131, 448 = BStBl II 1981, 84): zB (bei periodischen Steuern) die Steuerfestsetzung für mehrere Kalenderjahre in einem Bescheid, die übliche Verbindung von *Steuerfestsetzung* und *Steueranrechnung* (zB § 36 II EStG; Rz 33, 35; § 40 Rz 80, 87); ferner die Zusammenfassung mehrerer Haftungsfälle (BFHE 147, 323 = BStBl II 1986, 921; *Buciek* aaO) oder von Steuerfestsetzung und Billigkeitsmaßnahmen (BFHE 124, 199 = BStBl II 1978, 305) oder, etwa bei der LSt, die gemeinsame Erfassung von Steuerschuld und Steuerhaftung (BFHE 143, 27 = BStBl II 1985, 266, 267; BFHE 143, 226 = BStBl II 1985, 581; vgl iÜ § 40 Rz 117);

- zur abgabenrechtlichen Besonderheit der **Zusammenfassung ver-** **40** **schiedener** gesonderter oder auch gesonderter und einheitlicher **Feststellungen von Besteuerungsgrundlagen** in einem Bescheid vgl Rz 42, 64 f und § 42 Rz 33 f.

Dass es **teilbare VAe** gibt u Teilregelungen nach Möglichkeit in ihrer **41** Wirksamkeit erhalten bleiben sollen, folgt aus den §§ 124 II, 125 IV AO (§§ 43 II, 44 IV VwVfG), §§ 100 I 1, 101 S 1 FGO (§§ 113 I 1, 114 VwGO: „Soweit ..." vgl auch GrS BFHE 94, 436 = BStBl II 1969, 192, 193), aus dem Prinzip der Teilverjährung (*T/K* Rz 4 vor § 169 AO) und aus der in den §§ 172 ff AO vorausgesetzten Teilbarkeit der Bestandskraft von Steuerbescheiden u ihnen gleichgestellten SteuerVA (*H/H/Sp/v Groll* Rz 72 ff u 81 ff vor § 172 AO; § 172 AO Rz 7, 95 u 103). Es hängt jeweils von dem (durch Gesetz festgelegten) Inhalt der Einzelfallregelung ab, ob und inwieweit ein VA teilbar ist. Bei der Zusammenfassung mehrerer Regelungen (Rz 37 ff) ist Teilbarkeit allenfalls eine Frage des Ausmaßes. Bei *Nebenbestimmungen* kommt es auf den Grad ihrer Selbstständigkeit an (§ 40 Rz 85). IÜ ist ein VA teilbar, soweit ein **Teil** seines Regelungsgehalts von ihm abgetrennt werden kann, ohne dass der VA dadurch seine **Existenzfähigkeit** verliert **oder** zu einem „**aliud**" verändert wird (*Cöster* S 30 f und 96; BVerwG DÖV 1974, 380; vgl auch *Kopp/Schenke* Anh § 42 Rz 46; *Pietzcker* in *Schoch* ua § 42 I Rz 10 f). Maßgeblich auch für diese inhaltliche Wertung ist der *Verfügungssatz* (Tenor) des VA (Rz 45; § 40 Rz 15; § 44 Rz 21; GrS BFHE 159, 4 = BStBl II 1990, 327, 330; *Stelkens* ua § 35 Rz 159, § 43 Rz 138), nicht etwa seine Begründung (dazu Rz 45).

Teilbare Einzelfallregelungen enthalten vor allem VAe, die nach Menge, **42** Größe, Zahl oder Zeitdauer bemessene Aussagen, also vor allem **Geldleistungen** (s auch § 100 II 1; dort Rz 25) oder **teilbare Sachleistungen,** (§ 48 II VwVfG; *Stelkens* ua § 43 Rz 138) betreffen. Teilbar sind somit auch die wichtigsten Typen von SteuerVAen (dazu Rz 58 ff):

- **Feststellungsbescheide** (Grundlagenbescheide; Rz 64 f), weil in ihnen mehrere selbstständige Einzelfallregelungen zusammengefasst (Rz 40) sind (§§ 171 X, 179 I AO; FG SchlHol EFG 1985, 325; BFHE 148, 329 = BStBl II 1987, 292; BFHE 152, 414 = BStBl II 1988, 544; BFHE 157, 217 = BStBl II 1989, 822; BFH/NV 1988, 690; 1991, 726; 1994, 159, 161; 1995, 303; 1996, 592; 2000, 1517 = HFR 2001, 5); BFHE 192, 207 = BStBl II 2001, 89; BFHE 194, 97 = BStBl II 2003, 194, BFH/NV 2004, 457, 459 u 1372).
- **Steuerbescheide,** soweit sie auf eine Geldleistung lauten, ihre Aussage in einer betragsmäßigen Festsetzung besteht (s zB BFH/NV 2000, 149), nicht aber hinsichtlich der Bestimmung des Steuerschuldners (§§ 155 I 1, 157 I 2 AO – BFHE 100, 56 = BStBl II 1970, 826, 830 aE; s auch BVerwG BStBl II 1975, 318, 319; BFHE 160, 1 = BStBl II 1990, 587, 588; *Koenig,* DStR 1990, 512, 513 mwN; insoweit zutr auch GrS BFHE 159, 4 = BStBl II 1990, 327. – AM *Martens,* StuW 1990, 252, der allerdings von einer anderen, im Gesetz nicht vorgesehenen „Wirkungsweise" der Steuerbescheide ausgeht).

Für den Steuerprozess folgt hieraus ua, dass es zur **Teilanfechtung, Teilaufhebung** (Bescheidänderung), **Teilbestandskraft** (s BFH/NV 2003, 1140; 2004, 352) und **Teilrechtskraft** (§ 110 Rz 12 ff, 16) nicht nur bei Feststellungsbescheiden (BFHE 152, 414 = BStBl II 1988, 544; GrS BFHE 159, 4 = BStBl II 1990, 327, 330), sondern auch bei Steuerbescheiden (BFHE 160, 1 = BStBl II 1990, 587, 588; *Koenig,* DStR 1990, 512; unklar GrS BFH aaO) und bei allen sonst teilbaren SteuerVAen (vgl zB BFHE 160, 296 = BStBl II 1990, 673, 676) kommen kann (s auch § 40 Rz 17; § 67 Rz 6 f; § 98 Rz 1 f; § 100 Rz 16 ff; § 101 Rz 1).

4. Unmittelbare Außenwirkung

43   Die Funktion dieses Tatbestandsmerkmals besteht darin, verwaltungsinternes Handeln von gerichtlicher Kontrolle freizuhalten. Dort, wo dieses Bestreben mit dem Verfassungsauftrag kollidiert, für Individualrechtsschutz vor hoheitlichen Eingriffen zu sorgen (Art 19 IV GG), ergibt sich die Notwendigkeit, **Rechtssphären** voneinander **abzugrenzen.** Das geschieht **nach** den überkommenen Kategorien **Innenrecht/Außenrecht** (s oben Rz 28; *Löwer* S 809 mwN). Ob eine Maßnahme auf unmittelbare Außenwirkung gerichtet ist, ergibt sich aus ihrem nach außen hin erkennbar gewordenen *objektiven Sinngehalt* (BVerwG NJW 1981, 67; Rz 20 u 44 f). Entscheidend ist auch hier der (potentielle) *Tenor* des VA (*Erichsen ua & bock;* § 12 Rz 25 und 35; s auch Rz 42; 45); zu seinem Verständnis muss allerdings notfalls auf den Gesamtinhalt der in Frage stehenden Willensbekundung zurückgegriffen werden. Mangels Außenwirkung **nicht** als **VA** zu qualifizieren ist zB die **Bestimmung des Prüfers,** der eine bestimmte Ap durchzuführen hat (BFH/NV 1995, 758; zur Prüfungsanordnung iÜ: Rz 70 ff), oder die **„ESt-4-Mitteilung"** über die im Grundlagenbescheid getroffenen Feststellungen (BFH/NV 1989, 138; *H/H/Sp/ v Goll* § 175 AO Rz 131 ff). Besonders instruktiv sind in diesem Zusammenhang die Kontroversen um die Qualifikation der **Gläubigeranträge** des FA nach § 322 III 1 AO (vgl BFHE 139, 12 = BStBl II 1983, 653; BFHE 145, 17 = BStBl II 1986, 236; BFHE 152, 53 = BStBl II 1988, 566,

570 einerseits und *T/K* § 322 AO Rz 32 ff; s iÜ hier Rz 31) sowie um die Qualifikation der *Auskunft im Rahmen zwischenstaatlicher* **Amtshilfe** (§ 117 AO; s auch Rz 28 u 78; *H/H/Sp/Söhn* § 117 AO Rz 213 einerseits, BFHE 148, 1 = BStBl II 1987, 92 und *T/K* § 117 AO Rz 26 andererseits; zur Abgrenzung von zwischenbehördlichen Akten der *Amts- oder Rechtshilfe:* BFHE 152, 53 = BStBl II 1988, 566; BFHE 154, 1 = BStBl II 1988, 953; *Brenner,* FR 1989, 236). Auch fehlende Außenwirkung allerdings kann – ebenso wie andere VA-Merkmale (s zB Rz 33) – durch Auslösen eines entsprechenden **Rechtsscheins** beim Empfänger (Rz 20, 44; § 40 Rz 67; s auch OVG Schleswig NJW 2000, 1059) „ersetzt" werden.

IV. Die Auslegung des VA

Die zentrale Bedeutung, die dem VA gerade im Bereich des Abgaben- **44** rechts in tatsächlicher wie rechtlicher Hinsicht für die Konkretisierung des Rechtsverhältnisses zukommt, verleiht der **Auslegung** des VA eine vorrangige Bedeutung für die Rechtsanwendung (*v Groll* JDStJG 9, S 431, 442 f u 459; speziell zum Bestimmtheitserfordernis: BVerwG Buchholz 316 § 37 VwVfG Nr 4; OVG Münster ZKF 1990, 183; zur Rechtsschutzfunktion Rz 12 aE). Diese ist in entsprechender Anwendung der §§ 133, 157 BGB (dazu generell: *Erichsen ua* § 38 Rz 17) nach dem materiellen **objektiven Erklärungsinhalt aus der Sicht des Empfängers** (§ 124 I 2 AO; BFH/NV 1999, 751; 2001, 1541; 2005, 1406 u 1745; Rz 20; vgl auch für Prozesshandlungen: Rz 14 vor § 33) unter Berücksichtigung der Grundsätze von Treu und Glauben vorzunehmen (BFHE 134, 97 = BStBl II 1982, 34, 35; BFHE 136, 224 = BStBl II 1982, 710, 713; BFHE 183, 348 = BStBl II 1997, 791; BFH/NV 1998, 1329; BFHE 186, 324 = BStBl II 1998, 742; BFHE 190, 44 = BStBl II 2000, 282; BFH/NV 2000, 678 f; BFHE 199, 6 = BStBl II 2002, 842; BFH/NV 2004, 1510; BFHE 206, 201 = BStBl II 2004, 980; *v Groll,* FS 50 Jahre BVerwG (2003), 83, 88; *Erichsen ua* § 38 Rz 17; BVerwGE 106, 187), wobei **Unklarheiten zu Lasten der Verwaltung** gehen (BVerwGE 41, 305, 306; BFHE 145, 492 = BStBl II 1986, 439, 440; BFHE 175, 294 = BStBl II 1995, 4; BFH/NV 1999, 1446, 1447; zur Auslegung durch das Revisionsgericht: § 118 Rz 25; BFHE 175, 294 = BStBl II 1995, 4; BFHE 186, 67 = BStBl II 1998, 601, 602; BFH/NV 1999, 1446, 1447).

Soweit **Schriftform** vorgeschrieben ist, muss der erklärte Wille im Text **45** der Regelung zumindest **andeutungsweise** Ausdruck gefunden haben (BGHZ 87, 150, 154; BGHZ 93, 82, 83 f; BFHE 127, 135 = BStBl II 1979, 374; BFHE 133, 151 = BStBl II 1981, 533 f; BFHE 145, 226 = BStBl II 1986, 293, 294; BFHE 157, 217 = BStBl II 1989, 822; BFHE 175, 294 = BStBl II 1995, 4; BFH/NV 1989, 758; BFH/NV 1991, 726 f; 1992, 784; 1993, 14; 1996, 311). Im übrigen kommt es für das Verständnis des VA (wie auch sonst für seine Rechtsgeltung) in erster Linie auf seinen „**Tenor**" an (Rz 42 f, 61; § 40 Rz 70). Doch sind im Zweifel Begründung, Begleitumstände und Anlagen zur Interpretation heranzuziehen (§ 40 aaO; BFHE 144, 244 = BStBl II 1985, 644, 668 f; 1995, 858; 1996, 457 f; FG Bdbg 1996, 1107). Dabei offenbart sich der vollständige Inhalt einer solchen Willensbekundung häufig erst, wenn man, vor allem in Fällen der Exklusivität zweier Entscheidungsmöglichkeiten und uU auch unter Berücksichtigung der „Vorgeschichte", den mit einer bestimmten *positiven* Regelung notwendigerweise verbundenen **negativen Erklärungswert** in die Würdigung mit einbezieht (BFHE 116, 560 = BStBl II 1975, 874, 875; BFHE 144, 463 = BStBl II 1986, 41, 42; BFHE 145, 492 = BStBl II 1986, 293, 294; BFHE 150, 331 = BStBl II 1987, 766, 767; BFHE 171, 486 = BStBl II 1993, 820; BFHE 172, 290, 296 = BStBl II 1994, 77, 80; BFH/NV 1995, 858 und 975; 1998, 1406; *v Groll,* DStJG 18, 47, 65; vgl zur Bedeutung des Schweigens in diesem Zusammenhang: BFHE 144, 553 = BStBl II 1986, 146, 147): Steht etwa im Rahmen eines **Feststellungsbescheids** für alle Beteiligten erkennbar allein die Zuordnung eines Geschäftsvorfalls zum laufenden Gewinn oder zum Veräußerungsgewinn in Frage, dann bedeutet die Entscheidung für das Erstere zugleich die Verneinung des Letzteren (vgl iÜ *v Groll* DStJG 9, 431, 443 f und 459 f; generell zur Ermittlung des Umfangs der **Bindungswirkung:** BFH/NV 1998, 907). Dieselben Grundsätze gelten für die **Auslegung von Nebenstimmungen** (BFHE 167, 290 = BStBl II 1992, 588; BFHE 190, 44 = BStBl II 2000, 282; großzügiger BFH/NV 1995, 466; s iÜ Rz 77; § 40 Rz 85; § 100 Rz 21). Die Auslegung des streitbefangenen VA durch das FG unterliegt uneingeschränkt der **Nachprüfung** im **Revisionsverfahren** (§ 118 Rz 18; BFH/NV 1995, 576, 577).

V. Allgemeine Typologie des VA

46   Im allgemeinen werden folgende VAe unterschieden (wobei Einzelheiten der Zuordnung und Abgrenzung streitig sind; *T/K* § 118 AO Rz 33 ff; *H/H/Sp/Söhn,* § 118 AO Rz 273 ff; *Stelkens ua* § 35 Rz 124 ff):

47 – **rechtsfeststellende** (deklaratorische) **VAe,** das sind solche VAe, die gesetzlich vorgesehene Ansprüche, Rechtsverhältnisse oder sonstige Umstände feststellen (darin erschöpft sich der Regelungsgehalt zB der *Steuerbescheide* und *Feststellungsbescheide; v Groll* DStJG 18, 47, 61 mwN; s auch Rz 35; s auch *Schoch ua* § 42 I Rz 25 f; *Erichsen ua* zählen dagegen – offenbar in Verkennung der Eigenständigkeit des Leistungsgebots – die Steuerbescheide zu den „befehlenden" VAen: § 21 Rz 1), **und rechtsgestaltende VAe** (vgl zur allgemeinen Typologie: *Erichsen ua* § 12 Rz 27 ff), dh solche, die Rechtspositionen begründen, ändern oder beseitigen (wie zB die Fixierung des Beginns der Buchführungspflicht nach § 141 II 1 AO: BFHE 137, 215 = BStBl II 1983, 254; BFHE 144, 400 = BStBl II 1986, 39, 40; BFHE 146, 332 = BStBl II 1986, 539, 540; BFHE 152, 113 = BStBl II 1988, 269, 270);

48 – **begünstigende VAe,** dh ein subjektives Recht bzw einen rechtlich relevanten Vorteil begründende oder bestätigende **und belastende VAe,** dh mit einem entsprechenden Nachteil verbundene (auch einen erstrebten Vorteil versagende) VAe;

49 – **gebundene VAe,** dem strikten Gesetzesvollzug verpflichtete VAe **und Ermessensakte,** dh solche, für deren Erlaß oder Ausgestaltung der Gesetzgeber der Verwaltung einen Spielraum zur eigenverantwortlichen Wahl zwischen mindestens zwei Möglichkeiten verliehen hat;

50 – **VAe** mit und ohne **Dauerwirkung;**

51 – Streng **einseitige** (von Amts wegen zu erlassende) **und mitwirkungsbedürftige VAe** (von einem Antrag des Betroffenen abhängige VAe);

- **rechtmäßige VAe,** dh im Einklang mit den einschlägigen Rechtsvor-   52
schriften stehende **und rechtswidrige,** also durch unrichtige Anwendung bestehender Rechtssätze zustandegekommene VAe (BVerwGE 13,
28, 31; 31, 222, 223), zu denen auch die ermessensfehlerhaften VAe zu
zählen sind.
Nach dem **Grad der Rechtswidrigkeit** werden unterschieden:
- **VAe,** deren Rechtswidrigkeit ausschließlich in heilbaren bzw unbeacht-   53
lichen **Verfahrens- und Formfehlern** besteht (§§ 126, 127 AO; dazu:
BFHE 142, 544 = BStBl II 1985, 607; BFHE 149, 121 = BStBl II 1987,
412; *Laubinger* VerwA 72, 333; *Rösser* NJW 1981, 436);
- **Mangelhafte VAe,** dh aus anderen Gründen fehlerhafte bzw rechts-   54
widrige *VAe,* die zwar (sofern *nicht nichtig,* s unten) Wirksamkeit erlangen und behalten (§ 124 I 2 und II AO), jedoch unter bestimmten Voraussetzungen (wenn Umdeutung nach § 128 AO ausscheidet) *aufhebbar*
(rücknehmbar oder abänderbar) und iÜ nach den Regeln des Verwaltungsprozesses (dh auf dem Gebiet des Abgabenrechts denen der FGO)
anfechtbar sind (*Wolff/Bachof* S 433; *Erichsen ua* § 15 Rz 27f; *T/K*
§ 118 AO Rz 23 und 1ff vor § 130; zur Anfechtbarkeit einer fehlerhaften Pfändungsverfügung: BFHE 199, 511 = BStBl II 2003, 109; zu ihrer
Wirksamkeit: BGH WM 1988, 205): Ein erhöhtes Maß an Rechtswidrigkeit erfordert gem **Art 19 S 2 EinVertr** die Anfechtbarkeit von
VAen, die vor dem Wirksamwerden des Beitritts in der ehemaligen
DDR erlassen wurden (Unvereinbarkeit mit rechtsstaatlichen Grundsätzen: BFHE 177, 317 = BStBl II 1995, 686; BFH/NV 1996, 874; 2005,
1507; BVerwGE 105, 255; FG Bdbg EFG 1995, 485 und 1996, 50; FG
MeVo EFG 1995, 322; s auch BVerwG NVwZ 1994, 784);
- **Nichtige VAe,** dh mit einem besonders schwerwiegenden, offenkundi-   55
gen Mangel (zur Abgrenzung: BFHE 169, 503 = BStBl II 1993, 259;
BFHE 173, 184 = BStBl II 1994, 327; BFHE 174, 290 = BStBl II 1994,
600; BFHE 177, 329 = BStBl II 1995, 626; BFH/NV 1995, 661; 1998,
1195, 1196; 1999, 826, 828 u 1313f) behaftete, daher unwirksame VAe
(§§ 124 III, 125 AO; BFHE 143 , 444 = BStBl II 1985, 541; BFHE
145, 7 = BStBl II 1986, 42; BFHE 148, 54 = BStBl II 1987, 139; BFHE
154, 439 = BStBl II 1989, 12; BFHE 155, 24 = BStBl II 1989, 220;
BFHE 169, 103 = BStBl II 1993, 174; BFH/NV 1988, 682; 1995, 576,
577; 1996, 196, 197 u 798; s auch BFH/NV 1998, 417 u 680; 2002,
1415; § 41 Rz 24; zur Abgrenzung von *„Nichtakt":* BVerwG BStBl II
1987, 472, 474; zur **Teilnichtigkeit** – § 125 IV AO: BFH/NV 1998,
1455, 1456; zur begrenzten Heilungsmöglichkeit von *Bestimmtheitsmän-*
geln: BFH/NV 1992, 73, 74 mwN; s iÜ BFHE 178, 468 = BStBl II
1995, 903; BFHE 179, 177 = BStBl II 1996, 162; BFH/NV 1996, 173f,
285, 457 u 521; 1998, 855 u 1447; 1999, 445; 738, 1091f u 1147; HFR
1998, 627f; BFH/NV 2000, 170; zur Spezialregelung des § 182 III AO:
BFHE 190, 19 = BStBl II 2000, 170; sehr problematisch dagegen die st
BFH-Rspr zur Heilung von **Bekanntgabemängeln** (dazu: BFHE 169,
103 = BStBl II 1993, 174; BFHE 189, 315 = BStBl II 1999, 749;
BFH/NV 1999, 1117, 1118 u 1581) durch fehlerfreie Zustellung der
Einspruchsentscheidung (BFHE 167, 347 = BStBl II 1992, 585; BFH/
NV 1995, 1035; s aber BFHE 173, 213 = BStBl II 1994, 603; s iÜ zum
Zugang trotz „Annahmeverweigerung": BFH/NV 1998, 1447; zur Be-

kanntgabe per **Telefax** – erst durch Ausdruck: BFHE 186, 491 = BStBl II 1999, 48). Selbst grobe **Schätzungsfehler** führen idR **nicht** zur Nichtigkeit (BFH/NV 1995, 661 – 1997, 593; 2000, 164; s aber BFH/NV 2002, 1415). Zur Nichtigkeit dagegen führen Verstöße gegen das Gebot der **Schriftlichkeit** (§ 157 I 1 AO; BFH/NV 2000, 8, 9 mwN).

56 Die im Einzelfall oft schwierige Unterscheidung zwischen dem nur anfechtbaren und dem nichtigen VA hat für den Rechtsschutz an Gewicht dadurch verloren, dass man zum einen wegen dieser Abgrenzungsschwierigkeiten, zum anderen wegen des Rechtsscheins, den auch nichtige VAe auslösen, die **Anfechtung trotz Nichtigkeit** (s auch § 41 Rz 22) zugelassen hat (so schon PrOVG 13, 408 f; ferner die amtliche Begründung zu § 42 des VwGO-Entwurfs BT Drucks Nr 4278, S 35; § 41 II 2 FGO, § 32 II 2 VwGO; BVerwGE 18, 154, 155; BVerwGE 30, 46; BVerwGE 34, 242; BFHE 143, 226 = BStBl II 1985, 579, 581; BFHE 145, 7 = BStBl II 1986, 42, 44; BFHE 147, 211 = BStBl II 1986, 834, 836; BFHE 158, 491 = HFR 1990, 209; BFH/NV 1995, 576 f; 1996, 196; nicht beachtet in BFHE 143, 491 = BStBl II 1985, 603, 604; BFH/NV 2005, 231; *Kopp/Schenke* § 42 Rz 3).

57 Die allgemeine wie die nachstehend angesprochene spezielle Typologie des VA wird jeweils dort näher erörtert, wo dies zum Verständnis prozessualer Probleme notwendig erscheint.

VI. Zur Typologie des Steuer-VA

58 Weil – wie vor allem die §§ 40, 42, 48, 57, 65, 100 u 110 zeigen – Prozessrecht ohne den Hintergrund des zu verwirklichenden *materiellen* Rechts letztlich unverständlich bleibt und das Instrument des VA in mehrfacher Hinsicht als Klammer zwischen beiden Rechtsgebieten anzusehen ist, erscheint es unerlässlich, den nachfolgenden Einzelbetrachtungen eine Kurzübersicht über die wichtigsten Steuerverwaltungsakte voranzustellen, über Maßnahmen also, die im zuvor erläuterten Sinne zur **Einzelfallregelung auf dem Gebiet des Abgabenrechts** ergangen sind.

59 Durch **Steuerbescheid** ieS (zum Mindestinhalt: BFH/NV 1993, 218 mwN) entscheidet die Finanzbehörde in Schriftform verbindlich darüber, wer welche Steuer in welcher Höhe schuldet (Steuerfestsetzung – § 155 II 1, 157 I 2 AO). Entsprechend, dh durch Steuerbescheid iwS (*T/K* § 155 Rz 5 vor § 172 AO), ist auch über die volle oder teilweise **Freistellung** (BFHE 142, 35 = BStBl II 1984, 828; BFHE 166, 142 = BStBl II 1992, 322; BFHE 167, 470 = BStBl II 1992, 684; BFH/NV 1993, 399 und 436; 1995, 67; 1996, 377; zur Abgrenzung vom Aufhebungsbescheid: BFH/NV 2000, 1075; vgl auch BFHE 129, 240 = BStBl II 1980, 193, 194 allerdings mit einer nicht überzeugenden, weil am theoretischen Modell, statt am Erklärungswert orientierten Abgrenzung zur Nichtveranlagungs-*„NV"-Verfügung*; deutlicher, weil auf die konkrete Willensbekundung abstellend: BFHE 147, 393 = BStBl II 1987, 3; BFHE 157, 22 = BStBl II 1989, 920; BFHE 160, 120 = BStBl II 1990, 565; zur Freistellungs*bescheinigung* nach § 36 b II 2 EStG: BFHE 166, 142 = BStBl II 1992, 322; nach § 44 a V EStG: BFHE 175, 205 = BStBl II 1994, 899) sowie über die **Ablehnung eines Antrags auf Steuerfestsetzung** zu befinden (§ 155

I 3 AO; BFHE 152, 40 = BStBl II 1988, 286). Dasselbe gilt für die (teilweise) Ablehnung der **Korrektur** eines Steuerbescheids oder eines ihm kraft Gesetzes gleichgestellten SteuerVA (s § 172 II AO), für die Entscheidung über einen **Antrag nach § 125 V AO** (FG RhPf EFG 1996, 203; *Kopp*, VwVfG, § 44 Rz 66; aM BFH/NV 1986, 720, 721; 1998, 1195, 1196 mit ungerechtfertigter Berufung auf BFHE 165, 566 = BStBl II 1992, 224) oder für die Ablehnung, eine **Bescheinigung** zu erteilen (BFHE 175, 205 = BStBl II 1995, 899). Die systematische **Gleichstellung** verschiedener SteuerVAe **mit** dem **Steuerbescheid**, die für das Korrekturrecht der AO gilt (s *H/H/Sp/v Groll* Vor § 172 AO Rz 45 ff; *Loose* in *T/K* Vor § 172 AO Rz 12 ff), ist auch für den Rechtsschutz, vor allem für Klagebefugnis (§ 40 Rz 69 ff) und Klagebegehren (§ 65 Rz 30 ff) von Bedeutung (s zB BFH/NV 2003, 737 zum Zinsbescheid). Als Steuerbescheid mit verkürztem Inhalt ist der *Aufhebungsbescheid* nach § 164 III 2 AO anzusehen (BFHE 138, 422 = BStBl II 1983, 622; zu den Folgen: *H/H/Sp/v Groll* § 173 AO Rz 346). Ein Charakteristikum des Steuerrechts ist die gesetzliche Umqualifizierung von (fortlaufend und massenhaft abzugebenden) Willensbekundungen der „Gewaltunterworfenen" (**Steueranmeldungen** des Stpfl: § 150 I 2 AO) in (allerdings zunächst nicht endgültige) Hoheitsakte (§ 168 S 1 iVm § 164 AO: BFHE 168, 505 und 532 = BStBl II 1993, 829 und 840; BFH 178, 59 = BStBl II 1995, 781; BFHE 179, 91 = BStBl II 1996, 87; BFHE 179, 248 = BStBl II 1996, 660; BFHE 186, 297 = BStBl II 1998, 649; BFHE 200, 88 = BStBl II 2003, 167; BFH/NV 2004, 1339; zur USt: BFHE 151, 251 = BStBl II 1988, 45; BFHE 198, 27 u 294 = BStBl II 2002, 642 u 562; zur Abgrenzung: BFH/NV 2002, 504; s auch Rz 22 und 65).

IdR basiert die mit besonderer Bestandskraft ausgestattete und einem speziellen Korrektursystem (§§ 172 ff AO) unterworfene **Steuerfestsetzung,** **60** vor allem bei periodischen Steuern, auf einer Vielzahl von Einzelfaktoren, deren Qualifizierung und Quantifizierung zahlreiche Einzelfeststellungen auf dem Weg hin zur Ermittlung der richtigen Steuerschuld erforderlich macht.

Diese **Besteuerungsgrundlagen** (zu deren dreifacher Bedeutung als **61** Sachverhaltsausschnitt, Tatbestandsmerkmal und Element des VA: *v Groll* DStJG 18, 47, 71 und in *H/H/Sp* Vor § 172 AO Rz 75 ff – jew mwN) bilden bei den StBescheiden kraft ausdrücklicher gesetzlicher Anordnung (§ 157 II AO) einen unselbstständigen Teil der Regelung und sind dort der Begründung (§ 121 AO), nicht dem verfügenden Teil (dem Ausspruch, „Tenor") des VA, zugeordnet (*T/K* § 157 AO Rz 7; § 40 Rz 70 ff). Entsprechendes gilt für die den Steuerbescheiden gleichgestellten SteuerVAe – Rz 59; zB für **Freistellungsbescheide** iS des § 155 I 3 AO: FG Bln EFG 2004, 1338. – Eine hiervon abweichende Struktur weisen die Bescheide auf, die (auf der Grundlage von *Selbstberechnungen* – vgl insoweit auch Rz 22, 59 u 65) im **Beitrittsgebiet** für 1990 ergangen sind, mehrere Steuerarten betreffen und in einer Steuerrate enden (BFHE 174, 241 = BStBl II 1994, 813; BFHE 175, 406 = BStBl II 1995, 382; BFHE 180, 325 = BB 1996, 1872; BFH/NV 1998, 1197; s auch BFH/NV 1996, 287; s zum *Steuerabzugsbetrag* iS des *§ 58 III EStG:* BFHE 177, 122 = BStBl II 1995, 463. – AM BFH BStBl II 1996, 604); zur *GetrMVAV:* BFH/NV 1997, 317; BFHE 197, 569 = BStBl II 2002, 447; BFHE 200, 88 = BStBl II 2003, 167).

62 Die Besonderheit des **Umsatzsteuerbescheides** besteht darin, dass er auf eine **negative Steuerschuld** lauten kann, wenn nämlich die Vorsteuerabzugsbeträge, die nach der Technik des Gesetzes (§§ 15, 16 11 UStG) ebenso wie die Umsätze (§ 1 I Nr 1 bis 3, 16 I 2 UStG) unselbstständige Besteuerungsgrundlagen für die Steuerfestsetzung (iSd § 157 I 2 und II AO) bilden (BFHE 120, 562 = BStBl II 1977, 227, 228 f), die Umsatzbeträge übersteigen und einen Saldo zu Gunsten des Steuerschuldners ergeben (vgl dazu näher: BFH aaO und BFHE 114, 169 = BStBl II 1975, 239, 240; BFHE 134, 402 = BStBl II 1982, 149, 150; BFHE 135, 413 = BStBl II 1982, 515; BFHE 138, 498 = BStBl II 1983, 612; BFHE 143, 397 = BStBl II 1985, 449, 451; BFHE 146, 484 = BStBl II 1986, 500, 501; BFHE 148, 4 = BStBl II 1987, 405; BFHE 177, 570 = HFR 1995, 599; BFH/NV 1994, 295, 296; BFHE 185, 552 = BStBl II 1998, 634; s auch § 40 Rz 34, 51 u 80; *H/H/Sp/v Groll* § 163 AO Rz 63; nicht überzeugend die Einwände hiergegen von *Weiß*, UR 1987, 49; vgl auch *Hofmann* UStKongBerg 1982/83, 189 f).

63 Der Streit um die Bedeutung des **LStJA-Bescheides** (s dazu Voraufl Rz 63) ist wegen der Abschaffung des LStJA (durch das StÄndG 1992 v 29. 2. 1992 BGBl I 1992, 297) für die Zeit **ab 1991** gegenstandslos geworden (zu den Einzelheiten: *Giloy,* DB 1992, 1057).

64 Anders als beim Steuerbescheid bilden beim **Feststellungsbescheid (Grundlagenbescheid)** iSd §§ 171 X, 179 ff AO die Besteuerungsgrundlagen einen je für sich selbstständig anfechtbaren Teil der Gesamtregelung (§ 157 II Schlusssatz; s auch Rz 42; zum **Regelungsgehalt:** BFHE 153, 530 = BStBl II 1988, 868, 870; BFHE 169, 113 = BStBl II 1993, 8; zu den Konsequenzen BFHE 142, 6 = BStBl II 1985, 148; BFHE 142, 398 = BStBl II 1985, 189; BFHE 144, 151 = BStBl II 1985, 577; BFHE 148, 329 = BStBl II 1987, 292; BFHE 152, 414 = BStBl II 1988, 544; BFHE 157, 217 = BStBl II 1989, 822; BFHE 171, 213 = BStBl II 1993, 706; BFHE 171, 311 = BStBl II 1993, 584; BFHE 176, 15 = BStBl II 1995, 253; BFHE 198, 425 = BStBl II 2002, 796; BFH/NV 1988, 690; 1992, 73; 1993, 225; 1994, 547 u 710; 1995, 303; 1996, 592; 1998, 282, 283; 2003, 1281; 2004, 27 u 771, 772; 2005, 1749 f; FG SchlHol EFG 1984, 322 und 1985, 325, 326; *v Groll* StuW 1979, 172, 176 II; *Seitrich* FR 1983, 551; § 40 Rz 92 ff; § 42 Rz 33; zu **§ 18 I 1 AStG:** BFHE 196, 243 = BStBl II 2002, 334; FG Nbg EFG 2004, 949; s auch § 40 Rz 107; zu **§ 10 d IV** (früher III) **EStG:** BFHE 189, 148 = BStBl II 1999, 731; BFH/NV 2000, 564, 567, 948; 2002, 83; *v Groll* i *K/S* § 10 d Rz D 20 ff; zu **§ 15 a IV EStG:** BFHE 188, 146 = BStBl II 1999, 592; BFH/NV 2003, 916; BFHE 203, 462 = BStBl II 2004, 359; zu **§ 10 a S 4 GewStG:** BFHE 189, 183 = BStBl II 1999, 733; BFH/NV 1999, 215; zu **§ 17 II u III GrEStG:** BFHE 205, 314 = BStBl II 2004, 658; zur Abgrenzung der Regelungsbereiche Grundlagen-/Folgebescheid: BFHE 169, 113 = BStBl II 1993, 8; BFH/NV 1990, 366; § 40 Rz 84; zum **Negativbescheid:** BFHE 171, 486 = BStBl II 1993, 820; BFHE 185, 131 = BStBl II 1998, 401; BFHE 186, 67 = BStBl II 1998, 601; BFH/NV 1998, 1064; 2002, 153; zum **Verhältnis Billigkeitsentscheidung/Steuerfestsetzung – § 163 AO:** BFHE 168, 500 = BStBl II 1993, 3; BFH/NV 1996, 692 f; 1997, 850, 1998, 201; 2004, 1623; FG Mchn EFG 2002, 919; *H/H/Sp/v Groll* § 163 AO Rz 136 ff; zu **§ 7 i II EStG** *(Denkmalschutz):* BFHE 205, 87 = BStBl II

2004, 711; zur entsprechenden Rechtslage bei **GewSt-Meßbescheiden** – § 184 I 4 AO: BFH/NV 2000, 300, 346; zur *Vermögensart:* BFHE 171, 311 = BStBl II 1993, 584; zu *§ 17 III GrEStG:* BFHE 174, 465 = BStBl II 1994, 819). Die dem Regelungsbereich von Grundlagenbescheiden zugewiesenen (Teil-)Entscheidungen sind für Folgebescheide **verbindlich** (§ 182 I 1 AO; s auch § 175 I 1 Nr 1 AO; zur Bestimmung der Bindungswirkung: BFHE 150, 345 = BStBl II 1998, 342; BFHE 181, 388 = BStBl II 1997, 261; BFHE 185, 177 = BStBl II 1999, 401; BFHE/NV 1998, 907) und darum nicht in deren Rahmen anfechtbar (§ 42; dort Rz 35 ff). Das gilt auch in Fällen eines zweistufigen Feststellungsverfahrens (BFHE 189, 309 = BStBl II 1999, 747; dazu auch *Söhn,* StuW 1999, 328).

Verbindliche Feststellungen für Steuer-VAe können auch in Grundla- **65** genbescheiden getroffen werden, die selbst nicht in die Kompetenz von Finanzbehörden fallen und ihrerseits im Verwaltungsrechtsweg angreifbar sind („**Mitwirkungsakte**"; *andere VAe* iS des § 171 X (§ 42 Rz 33); zB *amtsärztliche Bescheinigungen* zur Inanspruchnahme steuerlicher Vergünstigungen nach dem EStG: BVerwG BStBl II 1977, 300, 301; BFHE 145, 545 = BStBl II 1986, 245; Bescheinigungen nach **§ 7 d EStG** – Umweltschutz: BFH/NV 1989, 758; nach **§ 7 i III EStG** – Denkmalschutz (s Rz 64); nach **§ 33 b EStG/§ 65 EStDV** (Körperbehinderung): BFHE 158, 375 = BStBl II 1990, 60; für Vergünstigungen nach dem **UStG:** BFHE 187, 334 = BStBl II 1999, 147; krit *Kohlhaas* UR 1999, 392; **Anerkennungsbescheide** nach dem **II. WoBauG:** BFHE 130, 441 = BStBl II 1980, 682; BFH/NV 1991, 555; ferner im Bereich der **Milchgarantiemengenregelung:** BFHE 145, 289 = HFR 1986, 249; BFHE 146, 188 = HFR 1986, 420; BFHE 148, 84 = HFR 1987, 138; BFHE 164, 141 = HFR 1991, 433; BFHE 171, 148 = HFR 1993, 457; BFH/NV 1994, 137; 1995, 173; s auch Rz 22; 59 und 61; § 42 Rz 33; *H/H/Sp/v Groll,* § 175 AO Rz 110 ff). – **Keine Bindungswirkung** zB kommt der **Zulassungsentscheidung** für den KraftSt-Bescheid zu (BFH/NV 2003, 658) oder dem **KSt-Bescheid** – zur Beurteilung der vGA – für den ESt-Bescheid (BFHE 170, 1 = BStBl II 1993, 569; BFH/NV 2002, 1273).

Eine weitere praktisch überaus bedeutsame Art von Steuer-VAen sind **66** die in § 191 I AO angesprochenen **Haftungsbescheide** (zu deren Regelungsgehalt: BFH/NV 2004, 460; 2005, 1408 u 1646; BFHE 205, 539 = BFH/NV 2004, 1430) **und Duldungsbescheide** (zu deren feststellender Natur: BFHE 181, 392 = BStBl II 1997, 171; zur Bedeutung im Bereich des *AnfG:* BFH/NV 2002, 757 u 896; 2003, 1146; im *Vollstreckungsverfahren,* zur Aufteilung einer Gesamtschuld – §§ 268 ff AO: BFHE 197, 19 = BStBl II 2002, 214), durch welche diejenigen in Anspruch genommen werden können, die kraft Gesetzes für eine Steuer haften, bzw wegen einer Steuer verpflichtet sind, die Vollstreckung zu dulden (s dazu zB BFH/NV 2000, 821 u 1126; 2004, 1415 u 1507). Die Problematik dieser Hoheitsmaßnahmen für die Rechtsanwendung ist darin zu sehen, dass sie
– im hastigen „Vollstreckungsalltag zusammengebastelt", vielfach die **Be- 67** stimmtheit (§§ 118 S 1, 119 I AO; dazu: BFH/NV 2005, 2157; s auch Rz 55 u 72; § 40 Rz 105; § 41 Rz 24) vermissen lassen (BFH/NV 1993, 146 f mwN; s auch *Grams* FR 1996, 620), deren sie vor allem dann in besonderem Maße bedürfen, wenn sie mehrere „Steuerfälle" und/oder „Haftungsfälle" zusammengefasst regeln (vgl zB BFHE 144,

244 = BStBl II 1985, 664, 668; BFHE 145, 29 = BStBl II 1986, 152,
153; BFHE 145, 363 = BStBl II 1986, 274; BFHE 147, 323 = BStBl II
1986, 921; BFHE 148, 54 = BStBl II 1987, 139, 141; BFHE 152, 418 =
BStBl II 1988, 480; BFHE 154, 439 = BStBl II 1989, 12; zur Heilung
durch Auslegung – Rz 44 f – BFHE 155, 24 = BStBl II 1989, 220; zu
den Grenzen der Heilungsmöglichkeit: BFH/NV 1992, 73, 74 mwN; s
auch § 41 Rz 24);

68 – vielfach keine **einwandfreie Ermessensausübung** des FA (spätestens
in der Einspruchsentscheidung) erkennen lassen (vgl ua BFHE 134, 149
= BStBl II 1981, 801, 803 f; BFHE 136, 224 = BStBl II 1982, 710, 713;
BFHE 169, 208 = BStBl II 1993, 169; BFHE 170, 428 = BStBl II 1993,
692; FG SchlHol 1984, 47 und 421, 423 f);

69 – nicht nach den §§ 172 ff AO, sondern **nach den §§ 130 ff AO zu kor-
rigieren** sind (BFHE 143, 203 = BStBl II 1985, 562; BFHE 174, 363 =
BStBl II 1994, 715; BFH/NV 1999, 433 u 1311; *H/H/Sp/v Groll*
Rz 42, 83 vor § 172 AO; 173 AO Rz 48, 317 u 331 ff; *T/K* § 191 AO
Rz 122; anders hinsichtlich der *Festsetzungsverjährung:* § 191 III 1 AO;
BFHE 176, 224 = BStBl II 1995, 227).

70   Der praktisch wohl bedeutsamste Bereich der Ermessensausübung im Abgabenrecht ist der FinVerw auf dem Gebiet der Außenprüfung (§§ 193 ff
AO) eröffnet, der ein schriftlicher VA, die **Prüfungsanordnung,** voraus-
zugehen hat (§ 196 AO; zur Auslegung: BFH/NV 2004, 1379 u 1510; s iÜ:
BFHE 134, 395 = BStBl II 1982, 208; BFHE 140, 509 = BStBl II 1984,
563; BFHE 143, 400 = BStBl II 1985, 700; BFHE 149, 104 = BStBl II
1987, 408; BFHE 149, 399 = BStBl II 1987, 664; zum Regelungsgehalt:
BFH/NV 2000, 103, 105; 2003, 1028; 2005, 1218; zur Bestimmtheit:
BFH/NV 1996, 457; zum Inhaltsadressaten: BFH/NV 2003, 1028, 1029 u
1147). Für diesen VA-Typ (zum Umfang und zur Begrenzung der Ermessensausübung: BFH/NV 1999, 246, 247 mwN; s auch BFH/NV 1999, 907
u 1183; zur *Fristbenennung* zwischen Prüfungsanordnung und Prüfungsbeginn: BFH/NV 2000, 821 mwN; zur Erweiterung des Prüfungsumfangs:
BFH/NV 2005, 1218; zur **Begründungspflicht:** BFH/NV 2005, 1967;
2006, 11; zur *Abgrenzung* der Prüfungsanordnung von unselbständigen
Maßnahmen einerseits, wie zB der Bestimmung eines Betriebsprüfers:
BFH/NV 1995, 758, andererseits von jeweils *selbstständigen* Regelungen – zB
von der Fixierung des Prüfungsbeginns: BFHE 154, 446 = BStBl II 1989,
76; des Prüfungsorts: BFHE 156, 54 = BStBl II 1989, 445; BFH/NV 1992,
175; vgl auch BFHE 165, 13 = BStBl II 1991, 824; oder der *Beauftragung*
nach **§ 195 S 2 AO:** BFHE 171, 15 = BStBl II 1993, 649; BFH/NV 1994,
763; 1996, 660 u 686 f; 2004, 756; zur Abgrenzung von *Prüfungshandlungen*
gegenüber einzelnen Maßnahmen der Ermittlung: BFHE 173, 487 =
BStBl II 1994, 377) ist vor allem folgendes zu beachten:

71 – Eine **nachträgliche** Prüfungsanordnung, die dem Betroffenen Dul-
dungs- und Mitwirkungspflichten aufzuerlegen vorgibt, die ihm tatsächlich schon abgenötigt wurden, ist gemäß § 125 I und II Nr 2 AO **nichtig** (FG RhPf EFG 1984, 380), nicht nur anfechtbar (FG Mchn EFG
1982, 336).

72 – Mehrere Steuerrechtsverhältnisse müssen unter dem Gesichtspunkt der
Bestimmtheit deutlich auseinandergehalten werden, auch wenn **Ehegatten** betroffen sind, die zusammen zur ESt veranlagt werden (BFHE 119,

34 = BStBl II 1977, 18; BFHE 134, 395 = BStBl II 1982, 208, 209; BFHE 145, 23 = BStBl II 1986, 435, 437; s auch BFH/NV 2000, 678; sehr problematisch: BFHE 181, 252 = BStBl II 1997, 115; s dazu in *H/H/Sp/v Groll* § 173 AO Rz 265 ff; vgl auch zT abw: *Flies* DStR 1998, 1077); gemeinsame **Bekanntgabe** schließt das allerdings nicht aus (§ 122 VII AO: BFHE 160, 207 = BStBl II 1990, 612; BFH/NV 1991, 355; zum Wirksamwerden einer Prüfungsanordnung gegenüber einer **GbR:** BFHE 159, 28 = BStBl II 1990, 272; BFH/NV 1991, 716; zur Bekanntgabe nach **Vollbeendigung:** BFHE 175, 231 = BStBl II 1995, 241; BFH/NV 2003, 1028; an eine **ausländische Kapitalgesellschaft:** BFHE 166, 490 = HFR 1992, 387; an einen **Liquidator:** BFHE 165, 339 = BStBl II 1992, 99; BFH/NV 1994, 75; gegenüber den Beteiligten einer **Bauherrengemeinschaft:** BFHE 162, 4 = BStBl II 1991, 120).

– Bei der inhaltlichen Ausgestaltung einer Prüfungsanordnung hat die Fi- **73** nanzbehörde die in der BpO fixierten Regeln der **Selbstbindung** des Ermessens zu beachten (BFHE 99, 36 = BStBl II 1970, 714; BFHE 126, 379 = BStBl II 1979, 162; BFHE 151, 324 = BStBl II 1988, 113; allgemein zum Auswahlermessen: BFHE 174, 397 = BStBl II 1994, 678).

– Die Prüfungsanordnung muss nach § 121 I AO mit einer schriftlichen **74** **Begründung** versehen sein, soweit dies zu ihrem Verständnis erforderlich ist. Das bedeutet: In den Fällen des § 193 I AO genügt grundsätzlich der Hinweis auf diese Vorschrift als Begründung (BFHE 166, 105 = BStBl II 1992, 220; BFHE 168, 220 = BStBl II 1992, 784; BFH/NV 1995, 757); in anderen Fällen müssen die tragenden Ermessenserwägungen spätestens mit der Einspruchsentscheidung (bis 31. 12. 1995: Beschwerdeentscheidung) mitgeteilt werden (vgl § 102 Rz 6 u außer den zu Rz 70 Zitierten: BFHE 142, 1 = BStBl II 1984, 815; BFHE 145, 23 = BStBl II 1986, 435, 436; BFHE 145, 492 = BStBl 1986, 439 f; BFHE 152, 32 = BStBl II 1988, 233; BFHE 166, 105 u 414 = BStBl II 1992, 220 u 274; BFH/NV 1993, 73 u 149; 1994, 444 u & 129; 677; zu § 195 S 2 AO: BFHE 152, 24 = BStBl II 1988, 322; BFHE 171, 15 = BStBl II 1993, 649; BFH/NV 1994, 763; 2003, 3, 172, 296 u 1147; 2004, 311, 312, 1501 u 1617).

– Vom Eintritt der Bestandkraft einer Prüfungsanordnung an verbietet sich **75** für deren Regelungsbereich grundsätzlich die Geltendmachung eines Verwertungsverbots (BFHE 114, 85 = BStBl II 1975, 232; BFHE 128, 170 = BStBl II 1979, 704; BFHE 139, 221 = BStBl II 1984, 285; BFHE 145, 23 = BStBl II 1986, 435, 436; zu den Grenzen eines solchen Verwertungsverbots: FG Hbg EFG 1996, 126; zur Frage des berechtigten Interesses – § 100 I 4 – an der Feststellung der **Nichtigkeit** einer Prüfungsanordnung: BFHE 160, 391 = BStBl II 1990, 789; BFH/NV 1991, 401; zur Abgrenzung der Verfahren gegenüber Prüfungsanordnungen/Steuerbescheid: BFHE 160, 409 = BStBl II 1990, 721; zum **Verwertungsverbot:** BFH/NV 1998, 759, 761 mwN; weitergehend FG RhPf EFG 1981, 5 und 546; FG M'ster EFG 1982, 602; *H/H/Sp/Söhn* § 88 Rz 108 ff und *Schick,* ebenda, Rz 337 ff vor § 193); anders dagegen für die vom Regelungsgehalt der Prüfungsanordnung nicht umfassten Modalitäten der Durchführung einer Prüfung (BFHE 140, 409 = BStBl II 1984, 563, 564) oder für die Ausdehnung des Prüfungszeitraums ohne entsprechenden VA (BFHE 144, 339 = BStBl II 1986, 2, 3;

zu den sachlichen und verfahrensrechtlichen Grenzen eines Verwertungsverbots: BFH/NV 1994, 267). Zu beachten in diesem Zusammenhang ist die durchaus nicht unproblematische BFH-Rspr, die ein generelles Verwertungsverbot infolge behördlicher Rechtsverstöße verneint (BFHE 198, 2 = BStBl II 2002, 328; BFH/NV 2002, 1279; s aber: BFHE 194, 40 = BStBl II 2001, 464; BFH/NV 2004, 807).

76   Den Besonderheiten des Steuerrechts entsprechend eröffnet die AO spezielle, in dieser Ausgestaltung und Verbreitung dem allgemeinen Verwaltungsrecht (zum Problem des **„vorläufigen VA"** dort: BVerwGE 67, 99; *Kemper,* Der vorläufige VA, 1990; *Schimmelpfennig,* Vorläufige VAe, 1989; *Erichsen ua* § 12 Rz 35; s auch § 68 Rz 13) fremde Möglichkeiten für die Finanzbehörden, von einer endgültigen Regelung (Steuerfestsetzung) vorerst abzusehen (zu den Folgen für die Korrekturmöglichkeiten: *H/H/Sp/ v Groll* Rz 9 und 39 Vor § 172 AO; § 172 AO Rz 30 ff; zu den Folgen für das *Rechtsschutzinteresse:* Rz 4 a vor § 33):

– durch die (aus tatsächlichen wie aus rechtlichen Gründen gestattete) Steuerfestsetzung unter dem **Vorbehalt der Nachprüfung** (§ 164 AO; dazu: BFHE 132, 5 = BStBl II 1981, 150; BFHE 138, 422 = BStBl II 1983, 622; BFHE 161, 387 = BStBl II 1991, 1032; BFHE 168, 532 = BStBl II 1992, 5; BFHE 170, 391 = BStBl II 1993, 193; BFHE 175, 391 = BStBl II 1995, 2; BFHE 177, 253 = BStBl II 1995, 555; BFHE 189, 8 = BStBl II 1999, 691; BFH/NV 1999, 589–1307; zur *Änderung:* BFH/NV 1993, 684; 1999, 1449; 2000, 6; zur *Aufhebung:* BFH/NV 1998, 817 f u 1287; 1999, 1657; 2000, 1075); zum Sonderfall **„Steueranmeldung"** (Rz 22, 59): BFHE 179, 248 = BStBl II 1996, 660; BFHE 190, 288 = BStBl II 2000, 284; BFH/NV 1998, 1548; 1999, 1657; 2000, 351; *H/H/Sp/v Groll* Rz 41 vor § 172 AO; § 172 AO Rz 29, 33; § 173 AO Rz 31, 49 u 331 ff; zu den **Folgen der Nichtabgabe** (§ 167 I 1 AO): BFH/NV 2004, 1569.

– durch die (immer nur auf **Teile** der in einem Steuerbescheid getroffenen Regelung beschränkte: BFH/NV 1999, 593; 2004, 1064; 2005, 2) **vorläufige Steuerfestsetzung** (§ 165; s dazu: BFHE 148, 198 = BStBl II 1985, 648; BFHE 150, 459 = BStBl II 1987, 746; BFH 169, 331 = BStBl II 1993, 338; BFHE 174, 290 = BStBl II 1994, 600; BFHE 175, 288 = BStBl II 1994, 951; BFHE 178, 559 = BStBl II 1996, 20; BFH/NV 1999, 97; zur Auslegung: BFH/NV 1997, 540; 1999, 1438; zur Anfechtbarkeit: BFH/NV 1998, 1067, 1068 mwN; zur Bedeutung für das **Rechtsschutzinteresse:** BFH/NV 1998, 560 mwN; s außerdem Rz 4 a vor § 33; zur Änderung – § 165 II 2 AO: BFHE 190, 44 = BFH/NV 2000, 623).

77   Nachprüfungsvorbehalt (dessen Beifügung nicht nur den Eintritt der materiellen Bestandskraft, sondern grds auch Vertrauensschutz verhindert – Ausnahme: BFH/NV 2003, 1529) und Vorläufigkeitsvermerk (zu dessen mögl Gegenstand: BFH/NV 2002, 465 u 763; zum Umfang: BFHE 191, 223 = BStBl II 2000, 332; BFHE 202, 228 = BStBl II 2003, 888) sind **unselbständige Nebenbestimmungen** (BFHE 169, 331 = BStBl II 1993, 338; BFHE 175, 288 = BStBl II 1994, 951): Ihre Rechtswidrigkeit (zum *Bestimmtheitserfordernis:* BFHE 169, 331 = BStBl II 1993, 338; BFH/NV 1993, 704; 1995, 178) kann nur zur Aufhebung des angefochtenen Steuerbescheids insgesamt führen (BFHE 159, 128 = BStBl II 1990, 278;

BFHE 169, 331 = BStBl II 1993, 338; BFH/NV 1996, 125; zum *Prüfungs-umfang:* BFH/NV 1993, 296, 297; vgl iÜ § 40 Rz 85; § 41 Rz 33; § 100 Rz 17; zur Bedeutung für den *Regelungsgehalt* eines VA: § 68 Rz 13). **Unvereinbar** mit den **allg Auslegungsgrundsätzen** (Rz 20 u 44 f), die auch der BFH im Anwendungsbereich des § 165 AO uneingeschränkt anwendet (BFH/NV 1999, 1438; 2004, 1064; 2005, 2), ist die **BFH-Rspr** (s BFHE 175, 391 = BStBl II 1995, 2; BFH/NV 1996, 304, 305; 2000, 769, 770 = HFR 2000, 407), wonach, soweit es um § 164 AO geht, ein **Nachprüfungsvorbehalt im Änderungsfall** auch **bestehen** bleibt, selbst wenn er **nicht ausdrücklich wiederholt** wird (zur Kritik *H/H/Sp/Trzaskalik* § 164 AO Rz 32 Nr 38; *Lange* HFR 2000, 408). Vorläufigen, von vornherein zeitlich begrenzten Regelungsgehalt haben auch die **Vorauszahlungsbescheide** (näher dazu § 68 Rz 30 u 75; § 100 Rz 58, 60).

Str ist die Qualifikation der im Abgabenrecht (im Gegensatz zum sonsti- **78** gen VerwR – §§ 38 VwVfG, 34 SGB X einerseits, §§ 204 ff AO, 42 e EStG, 23 u 26 ZG andererseits) nur unvollständig geregelten **Zusage** (allg zu den Voraussetzungen: BFH/NV 2003, 883; zu den Grenzen der Bindungswirkung: BFHE 198, 403 = BGBl II 2002, 714; grds: BFH/NV 2003, 1529, 1530; BFHE 202, 228 = BStBl II 2003, 888; BMF BStBl I 2003, 742; *Burckert* Iuf 2004, 178; zu § 42 e EStG: BFHE 165, 404 = BStBl II 1992, 107; BFHE 169, 202 = BStBl II 1993, 166; BFHE 171, 74 u 547 = BStBl II 1993, 687 u 775; *Schmidt/Drenseck* § 42 e Rz 7 ff, die *VA-Qualität verneinend:* FG SachsAnh EFG 1996, 32 mwN; zur verbindl *Zolltarifauskunft:* BFHE 178, 262 = HFR 1996, 22; § 40 Rz 50). Nach hM ist sie (iÜ zur unverbindl *Auskunft:* BFH/NV 1988, 319; vgl iÜ: BFHE 173, 201 = BStBl II 1994, 356; BFHE 177, 25 u 242 = BStBl II 1995, 358 u 497; BFHE 178, 59 = BStBl II 1995, 781; zum Rechtsschutz durch *Leistungsklage:* § 40 Rz 28 ff; durch *Feststellungsklage:* § 41 Rz 13 ff, 21) als **VA** zu sehen (vgl *T/K* Rz 16 vor § 204 AO; *v Groll* DStJG 18, 47, 66 u FR 1995, 814, 816; *Seer* S 58 ff u 461 ff – jew mwN), nach aA entfaltet sie (außerhalb der ausdrücklich normierten Fälle) Bindungswirkung nur im Rahmen von **Treu und Glauben** (BFHE 159, 114 = BStBl II 1990, 274; BFHE 169, 290 = HFR 1993, 235; BFHE 180, 316; BFH/NV 1990, 369; 1991, 363, 572 u 846; 1992, 722 u 827; 1993, 294 u 573; 1994, 838; 1995, 369; 1996, 865; 1998, 808 u 1221; zur Auslegung und Abgrenzung von einer bloßen *Mitteilung:* BFHE 149, 508 = BStBl II 1988, 168; BFHE 150, 70 = BStBl II 1987, 592; BFHE 161, 539 = BStBl II 1991, 537; von einer *Erläuterung:* FG BaWü EFG 1992, 105; von einem *Erledigungsvorschlag* im Einspruchsverfahren: BFHE 152, 29 = BStBl II 1988, 232; zur Zusage im *Prozess:* BFHE 151, 118 = BStBl II 1988, 121).

Gem **§ 251 III AO** (dazu BFH/NV 2000, 548; 2004, 1127; BFHE 203, **79** 8 = BStBl II 2003, 901; BFH/NV 2005, 1406) ist die Finanzbehörde befugt, mit Hilfe eines SteuerVA besonderer Art (weder Steuerbescheid iS der §§ 155 ff AO noch Grundlagenbescheid iS der §§ 171 X, 179 ff AO) im **Insolvenzverfahren** (früher Konkursverfahren) einen Anspruch aus dem Steuerschuldverhältnis als Insolvenzforderung geltend zu machen (s iÜ Rz 54; BFH/NV 1999, 1583; vgl auch *H/H/Sp/v Groll* § 227 AO Rz 49 ff; zur früheren Rechtslage: BFHE 141, 2 = BStBl II 1984, 602; BFHE 141, 7 = BStBl II 1984, 545; BFHE 149, 98 = BStBl II 1987, 471; BFHE 151, 349 = BStBl II 1988, 124; BFHE 151, 345 = BStBl II 1988, 199; BFH/NV 1991, 497; 2000, 548; FG Bdbg EFG 1999, 593).

80 Besonders reichhaltiges Anschauungsmaterial zur Typologie des Steuer-VA lieferte das Zollrecht (s 4. Aufl Rz 80). Ob sich dies durch die weitgefasste Begriffsbestimmung in **Art 4 Nr 5 ZK** (s auch Rz 14), die seit 1. 1. 1994 für Hoheitsmaßnahmen auf dem Gebiet der Zölle und als Eingangsabgaben zu erhebenden Verbrauchsteuern gilt (dazu BFH/NV 1999, 1299 f; *H/H/Sp/v Groll* § 227 AO Rz 75), wesentlich ändern wird, erscheint zweifelhaft (vgl auch *Friedrich* StuW 1995,15, 22 ff). Das nationale Verfahrensrecht jedenfalls wird hierdurch kaum beeinflusst (s auch *Schwarze* NVwZ 2000, 241).

81 Als Vergütungsbescheid (§ 155 IV AO) qualifiziert das Gesetz (§ 31 S 3, § 170 I 1 EStG) den **Kindergeldbescheid** (BFHE 187, 559 = BStBl II 1999, 231; *H/H/Sp/v Groll* Rz 55 vor § 172 AO; § 173 AO Rz 44, zur Anwendung der AO: BFH/NV 1999, 1597 und 2000, 1447; zum Regelungsgehalt: BFH/NV 2003, 606 u 927; 2004, 395, 786 u 910; zum Aufhebungsbescheid: BFH/NV 2002, 1290; zum Ablehnungsbescheid: BFH/NV 2003, 168 u 1422; 2004, 786; zur Konkurrenz von § 70 II bzw III EStG u § 172 ff AO: BFH/NV 2002, 1294; *Schmidt/Weber-Grellet* § 70 Rz 7).

§ 40 [Anfechtungs- und Verpflichtungsklage]

(1) Durch Klage kann die Aufhebung, in den Fällen des § 100 Abs. 2 auch die Änderung eines Verwaltungsakts (Anfechtungsklage) sowie die Verurteilung zum Erlass eines abgelehnten oder unterlassenen Verwaltungsakts (Verpflichtungsklage) oder zu einer anderen Leistung begehrt werden.

(2) Soweit gesetzlich nichts anderes bestimmt ist, ist die Klage nur zulässig, wenn der Kläger geltend macht, durch den Verwaltungsakt oder durch die Ablehnung oder Unterlassung eines Verwaltungsakts oder einer anderen Leistung in seinen Rechten verletzt zu sein.

(3) Verwaltet eine Finanzbehörde des Bundes oder eines Landes eine Abgabe ganz oder teilweise für andere Abgabenberechtigte, so können diese in den Fällen Klage erheben, in denen der Bund oder das Land die Abgabe oder einen Teil der Abgabe unmittelbar oder mittelbar schulden würde.

Vgl §§ 42 VwGO, 53, 54, SGG, 24 I EGGVG und auch § 350 AO

Übersicht

Literatur – Vgl auch vor Rz 55, vor Rz 123; vor § 76 u vor § 100
(s iÜ 4. Aufl). *Bachof* S 6 ff und 35 ff; *Bettermann,* Die Verpflichtungsklage nach
der Bundesverwaltungsgerichtsordnung NJW 1960, 649; *ders,* Anfechtbare und
nichtanfechtbare Verfahrensmängel, Menger-FS S 709; *Brenner,* Der Verwaltungsakt mit Nebenbestimmungen, JuS 1996, 281; *Brohm,* Die Konkurrentenklage, ebenda, S 235; *Cöster,* Kassation, Teilkassation und Reformation von
Verwaltungsakten durch die Verwaltungs- und Finanzgerichte, Berlin 1979; *Erhardt-Rauch,* Die Konkurrentenklage im Steuerrecht, DStZ 2004, 641; *Jesse,*
Einspruch und Klage, 1999; *Laubinger,* Die Anfechtbarkeit von Nebenstimmungen, VerwA 1982, 345; *ders,* Die isolierte Anfechtungsklage, Menger-FS, S 443;
Pietzcker, Rechtsschutz gegen Nebenbestimmungen – unlösbar?, NVwZ 1995,
15; *ders.,* Die Verwaltungsgerichtsbarkeit als Kontrollinstanz, Verwaltungskon-
trolle, 2001, S 89; *Remmert,* Nebenbestimmungen zu begünstigenden Verwal-
tungsakten, VerwA 88 (1997), 112; *Menger* S 85 ff; *Schenke,* Die vorbeugende
Unterlassungs- und Feststellungsklage im Verwaltungsprozess AöR 95, 223; *ders,*
Eine unendliche Geschichte: Rechtsschutz gegen Nebenbestimmungen, FS
Roellecke (1997), S 281; *Schnapp/Cordeweuer,* Welche Rechtsfolgen hat die
Fehlerhaftigkeit eines Verwaltungsakts? JuS 1999, 39, 147; *Schreiber,* Klage und
Urteil im Zivilprozess, Jura 2004, 385; *Weyreuther,* Die Rechtswidrigkeit eines
Verwaltungsakts und die „dadurch" bewirkte Verletzung „in … Rechten",
Menger-FS S 681; *Wiegand,* Drittschutz im Spannungsverhältnis zwischen Ver-
fassung, Gesetz und Verwaltungshandeln, BayVBl 1994, 609 u 647; *Wörz,* Kon-
kurrentenklage bei „Dienstpostenkonkurrenz", ZBR 1988, 16.

I. Allgemeines, Vorbemerkung

Mit dieser Regelung kommt der Gesetzgeber für die Finanzgerichtsbar- **1**
keit in dem durch § 33 abgesteckten Rahmen dem Verfassungsauftrag des
Art 19 IV GG nach, für ausgewogenen Rechtsschutz zu sorgen (*Maunz/
Dürig/Herzog* Art 19 IV Rz 4 ff mwN), indem er (in § 40 I und in § 41 I)
die zulässigen **Klagearten** (Rz 9 ff) und außerdem (in § 40 II) die allgemeinen Regeln der **Klagebefugnis** (Rz 55 ff) fixiert. Damit ist zugleich
die Basis gelegt für die Spezialfälle der Klagebefugnis in § 40 III (Rz 123)
wie auch in den §§ 41, 42 und 48.

Sowohl in seiner Bedeutung für das Klagesystem der FGO als auch mit **2**
seiner prinzipiellen Aussage zur Klagebefugnis korrespondiert § 40 mit den
§§ 100 bis 102, aus denen sich ergibt, welcher Art die Antworten jeweils
sind, die das Gericht dem Rechtsuchenden auf sein Klagebegehren hin zu
erteilen hat, und mit den §§ 64, 65, in denen die Förmlichkeiten festgelegt
sind, die der Kläger auf dem Weg zur Sachentscheidung hin zu beachten hat.

II. Zu § 40 I – Klage, Klagearten

1. Begriff der Klage

3   **Klage** ist ein formalisiertes und konkretisiertes (§§ 64 I, 65 I 1) Verlangen des Rechtsuchenden nach gerichtlichem Rechtsschutz (BFHE 157, 305 = BStBl II 1989, 848, 849) in Form eines Urteils oder Gerichtsbescheids (§§ 100, 101, 90a; BFHE 113, 490 = BStBl II 1975, 194, 195; BFHE 123, 437 = BStBl II 1978, 70; BFH/NV 1986, 675, 676; BVerwGE 59, 302; vgl auch BFH/NV 1989, 792; FG Nds EFG 1994, 573; § 64 Rz 10; § 65 Rz 7). Es muss ein dahingehendes – vom Rechtsuchenden stammendes (Rz 7) – **Begehren** (nicht notwendig ein entsprechender *Antrag;* zur Unterscheidung: BFHE 155, 521, 526 = BStBl II 1989, 376, 379; BFH/NV 1995, 703, 704; s auch Rz 11; § 96 Rz 3) mit der erforderlichen **Bestimmtheit** vorgebracht werden (BFHE 129, 117 = BStBl II 1980, 99; Hess FG EFG 1990, 369; zur *Bedingungsfeindlichkeit:* BFH/NV 1993, 40; 1994, 871; Rz 4 u Rz 11 vor § 33). Unklarheiten hat das Gericht nach den allgemeinen, für das Verständnis aller im Rechtsleben maßgeblichen Willensbekundungen geltenden Regeln nach Möglichkeit zu beseitigen. Gegenstand der **Auslegung** ist die **verkörperte Prozesserklärung** (Rz 14 ff vor § 33). Deren Adressat ist (auch im Fall des § 47 II) das Gericht (Rz 14, 16 vor § 33, § 47 Rz 18). Darum kommt es zB auf Umstände, die nur dem FA bekannt sind, nicht an (str – s Rz 14, 16 vor § 33). In diesem Zusammenhang ist die Devise **„im Zweifel für den VA"** (*v Groll* DStJG 18, 47, 66 mit Bsp) als **Auslegungshilfe** für den Praktiker (zur Erreichung effektiven Rechtsschutzes **in Grenzfällen**) zu verstehen, nicht aber, wie verschiedentlich (*T/K* § 40 FGO Rz 3; *Beermann/v Beckerath* § 40 FGO Rz 26) missverstanden, als – in der Tat – nicht existierender systematischer Grundsatz.

4   Diesen Anforderungen genügt auch die **„vorsorglich" erhobene Klage** (BFH HFR 1965, 517), nicht aber die kommentarlose Übersendung einer Steuererklärung (BFHE 157, 305 = BStBl II 1989, 848; BFH/NV 1992, 44) oder ein Schreiben, in dem sich der Absender darauf beschränkt, eine Finanzbehörde zur Überprüfung ihrer außergerichtlichen Rechtsbehelfsentscheidung aufzufordern (vgl zB FG D'dorf EFG 1976, 396; auch nicht ein Schreiben, das sich – nicht nur in der *Bezeichnung,* s dazu Rz 14 ff vor § 33 – als „Widerspruch" darstellt: FG Nds EFG 1994, 573), und zwar auch dann **nicht,** wenn diese Willensbekundung „für den Fall" der Nichtabhilfe (außerprozessuale **Bedingung** – s BFH/NV 2001, 615; ferner Rz 7 und Rz 11 vor § 33) mit der Bitte um Weiterleitung an das Gericht verbunden ist (BFHE 127, 135 = BStBl II 1979, 374; BFH/NV 1993, 40; 1994, 871; 1995, 425; BVerfGE 40, 272, 275; BGH NJW 1984, 1241; BAG HFR 1969, 399; BSG HFR 1976, 32 und BFHE 110, 393 = BStBl II 1974, 34; s auch *Kopp/Schenke* § 82 Rz 8; unklar *T/K* § 65 Rz 1 ff; zur Abgrenzung gegenüber unschädlichen „innerprozessualen" Bedingungen, Einschränkungen, Hilfs- und Eventualanträgen: *R/S* § 65 IV 2; BVerfGE 40, 272, 275; zur Bedeutung eines Hilfsantrags für die spätere Verfassungsbeschwerde: BVerfG NVwZ 2000, 666; s iÜ auch § 43 Rz 7).

5   Gleiches gilt für eine *Klageerhebung unter der* **Bedingung, dass Prozesskostenhilfe** (PKH) *gewährt wird* (BVerwGE 59, 302, 304; BGH StRK FGO § 64 R 21; BGH VersR 1972, 490; BAG NJW 1969, 446; *R/S* § 65

IV 3 d. –AM *Baumgärtel* Prozesshandlung, S 122), und zwar schon deshalb, weil sonst das gesetzlich vorgegebene Abhängigkeitsverhältnis zwischen PKH- und Hauptsacheverfahren in sein Gegenteil verkehrt würde: Ein PKH-Gesuch hängt nach den §§ 142 I FGO, 114 I ZPO ua von den Erfolgsaussichten der Klage ab, setzt also eine prinzipiell wirksame und auch sonst zulässige Klageerhebung, ein wirksam (unbedingt) begründetes, schon bestehendes Prozessrechtsverhältnis voraus. Die Möglichkeit, PKH auch schon vor Klageerhebung zu beantragen (§ 142 Rz 11), ändert hieran nichts. In diesem Fall verlagert sich nur die Prüfung auf das potentielle Prozessrechtsverhältnis (Zulässigkeit der in Betracht kommenden Klage). Mit der Ausgangssituation bei Rechtsmittelverfahren bei **unbedingt** eingelegter Nichtzulassungsbeschwerde/**hilfsweise** eingelegter Revision (BVerfGE 40, 272 = BStBl II 1976, 271, 272; BFHE 127, 135 = BStBl II 1979, 374; anders zum umgekehrten Fall: BVerwG Buchholz 310 § 133 VwGO Nr 83; BFHE 136, 70 = BStBl II 1982, 603/604; BFH/NV 1986, 344) ist die hier allein interessierende Lage vor Klageerhebung schon deshalb nicht vergleichbar, weil hier nur *ein* Rechtsbehelf und *eine* unbedingte Willensbekundung dazu in Frage steht, während es dort allein darum geht, *ob,* wenn feststeht, *dass* in jedem Fall (also unbedingt) Rechtsmittel eingelegt wurde, offenbleiben darf, welches von *zwei* möglichen denn den Vorrang haben soll (s zur **Abgrenzung zulässiger Häufung** von Anträgen oder Begehren und unzulässigen Bedingungen vor allem: *R/S* § 65 IV 1–4).

Die hM verlangt darüber hinaus, dass die Klage **in sachlicher Form** **6** gehalten ist (BVerfG NJW 1973, 817; FG SchlHol EFG 1979, 143 mwN). Mir scheint damit eher eine Hilfserwägung als ein Wirksamkeitskriterium angesprochen: Die ansonsten ernsthaft und unzweideutig geäußerte Willensbekundung der Klageerhebung verliert ihren Charakter nicht etwa dadurch, dass sie mit Beleidigungen „garniert" ist (so auch BFHE 169, 100 = BStBl II 1993, 119). Andererseits kann derlei „Beiwerk" den aus dem sonstigen Inhalt eines Schriftstückes gewonnenen Eindruck, die Erhebung einer Klage im oben umschriebenen Sinne sei in Wirklichkeit gar nicht beabsichtigt, durchaus verstärken und zur Gewissheit werden lassen (ebenso *Kopp/Schenke* § 81 Rz 14).

2. Funktion der finanzgerichtlichen Klage

Der **Kläger** allein bestimmt im finanzgerichtlichen (wie in anderen) **7** Verfahren, ob, mit welchem Inhalt und in welchem Umfang eine Sache streitig wird und – wie die §§ 72 und 138 zeigen – in gleicher Weise, ob und inwieweit es hierbei bleibt. Die Bestimmung des Streitgegenstandes (§§ 40 II, 65 I 1) ist seine Sache; ob es zu einem durch **Art 19 IV GG** garantierten Rechtsschutzverfahren kommt, hängt, wie schon die verfassungsrechtliche **Formulierung** deutlich macht, allein vom Betroffenen ab **(Dispositionsmaxime,** vgl dazu: BFHE 129, 170 = BStBl II 1980, 99, 102; BFH/NV 1991, 397, 399 f; 1995, 703, 704; Hess FG EFG 1990, 369; *Kopp/Schenke* § 81 Rz 1; § 88 Rz 1 mwN; zu den Kongruenzen s *v Groll* DStR 1973, 683, 685; s iÜ Rz 59; § 65 Rz 6**).** *Er* hat die Basis für evtl richterliche Hilfe bei der Fassung des Antrags (§ 96 I 2) wie auch für die (dem **Untersuchungsgrundsatz** – zur Abgrenzung s auch § 96 Rz 1 ff –

unterstellte) Ermittlungstätigkeit des Gerichts (§ 76 I 1) zu schaffen. Das mag in laienhafter Weise, muss aber unmissverständlich und vor allem unbedingt (s Rz 3 ff und Rz 5 vor § 33 und BFHE 136, 70 = BStBl II 1982, 603) geschehen und kann dem Rechtsuchenden, was den Kern dieser prozessualer Willensbekundung (das Klagebegehren, im Unterschied zum Klageantrag – § 96 Rz 2 f) angeht, nicht („fürsorglich") vom Gericht abgenommen werden (iE ebenso: BVerwG Buchholz 310 § 88 VwGO Nr 17; nicht beachtet von FG RhPf EFG 1991, 266). Das sog **Meistbegünstigungsprinzip,** wonach bei Unklarheit grundsätzlich von dem Rechtsmittel ausgegangen werden soll, das zu dem erkennbar erstrebten Erfolg führt (BFHE 89, 92, 97 = BStBl III 1967, 533, 534 und BFHE 126, 366 = BStBl II 1979, 173, 174; s auch Rz 16 aE vor § 33), taugt auch in diesem Zusammenhang nicht als „Heilmittel" (vgl zum zutreffenden Kern dieses Prinzips: *R/S* § 107 V 2 und § 135 II 2; *Gummer/Heßler/Zöller* Rz 30 vor § 511; FG Saarl EFG 1991, 739; iÜ Rz 14 ff Vor § 33 und Vor § 115 Rz 4).

3. Funktion des finanzgerichtlichen Verfahrens

8 Darin, dass die Initiative für Beginn und Beendigung des Verfahrens beim Kläger liegt (Rz 7), dieser seine Position durch einen Prozess nicht verschlechtern kann (§ 96 Rz 5), sein Anfechtungsbegehren andererseits grundsätzlich auf Aufhebung (Kassation) begrenzt ist, nur ausnahmsweise, in den Fällen des § 100 II, Abänderung zum Ziel haben und im übrigen nur auf bestimmte Verpflichtungen der beklagten Behörde gerichtet sein darf, manifestiert sich, dass es **im finanzgerichtlichen Verfahren** vor allem um **Rechtsschutz** (ggü Rechtsbeeinträchtigungen – Rz 56 u 86 ff) geht und nur nachrangig aus diesem Anlass, im Rahmen der Rechtsschutzprüfung, außerdem um **Kontrolle der Verwaltung** bzw um die richtige Umsetzung materiellen Rechts; schon gar nicht um die Fortsetzung der Verwaltungstätigkeit „mit anderen Mitteln" oder „aus anderer Warte" (*Menger* S 58 ff, 165 ff und 205 ff; *Bachof* S 18 und 46 ff; *Maunz/Dürig/Herzog* Art 19 IV Rz 24 ff und Art 20 V Rz 59) und auch nicht um die Klärung allgemeiner Rechtsfragen (Erstattung von gerichtlichen „Rechtsgutachten" – s Rz 58). Als Maßstab einer solchen Kontrolle kommen gem Art 20 III, 97 I GG nur in Betracht: Verfassungsrecht, europarechtliche Normen, förmliche Gesetze, allgemeine Rechtsgrundsätze, Rechtsverordnungen, autonome Satzungen und Gewohnheitsrecht, nicht dagegen Verwaltungsvorschriften (vgl BVerfGE 78, 214, 227 mwN; s aber BVerfGE 40, 237, 252 f u 255; BVerwG NVwZ 2005, 602). – Zur Überprüfung von „Alt-Bescheiden" in den **neuen Bundesländern:** BezG Magdeburg EFG 1991, 643 (s auch Rz 54 vor § 40).

4. Die einzelnen Klagearten

9 Die allgemeine, am Zivilrecht orientierte Dogmatik unterscheidet **drei Klagearten:**
   - **Gestaltungsklagen,** die auf unmittelbare Rechtsänderung – Schaffung, Beseitigung oder Abänderung von Rechtspositionen – durch Urteil gerichtet sind;
   - **Leistungsklagen,** mit denen ein Tun, Dulden oder Unterlassen des Beklagten erstrebt wird;

– **Feststellungsklagen,** die auf Feststellung des Bestehens oder Nichtbestehens eines Rechtsverhältnisses, im Verwaltungsprozess auch auf Feststellung der Nichtigkeit eines VA abzielen.

Die **FGO** eröffnet in § 40 I bzw § 41 Rechtsschutz durch   **10**
– **Anfechtungsklage** (VA-bezogene Gestaltungsklage – Rz 12),
– **Verpflichtungsklage** (VA-bezogene Leistungsklage – Rz 18),
– **sonstige** (andere) **Leistungsklage** (nicht VA-bezogen – Rz 28),
– **Feststellungsklage** (nur in der letzten Tatbestandsvariante des § 41 VAbezogen).

Die drei in § 40 I aufgezählten Klagearten sind prinzipiell gleichwertig. Ihre **Statthaftigkeit** richtet sich im konkreten Einzelfall nach der Art des behördlichen Verhaltens, von dem die behauptete Rechtsbeeinträchtigung ausgeht (s auch Rz 55).

Die verwaltungsaktbezogene Klage ist das Charakteristikum des Verwaltungsprozesses ganz allgemein, die Ausrichtung auf den Steuer-VA (Rz 58 ff vor § 40) die typische Besonderheit des Steuerprozesses (dazu *v Groll* DStJG 18, 47, 53 ff; sehr anschaulich: BFHE 187, 386 = BStBl II 1999, 199). Soweit im Rahmen der FGO **verwaltungsaktbezogene** Klagen in Frage stehen, ist daher wegen grundsätzlicher **Verschiedenartigkeit** iS des § 155 (s dort Rz 1 f) die Anwendung von **ZPO** und **GVG** idR ausgeschlossen.

Die für den finanzgerichtlichen Rechtsschutz verfügbaren, zT unter- **11** schiedlichen Reglementierungen (vgl zB §§ 41 II, 45, 47, 100 II) unterworfenen, Klagetypen können einander ergänzen (§ 43), überschneiden oder ausschließen (§ 41 II 1). Für ihre Einordnung und Würdigung kommt es nicht auf die Bezeichnung, sondern auf den wirklichen **Inhalt des Klagebegehrens** an (auf den Charakter des begehrten Urteilsspruchs: BFHE 140, 13 = BStBl II 1984, 446, 447; BFHE 183, 465 = BStBl II 1998, 38; BFH/NV 1997, 249; s auch Rz 3 u 15; § 96 Rz 2 ff), der notfalls im Wege der Auslegung zu ermitteln ist (BFHE 139, 491 = BStBl II 1984, 183; BFH/NV 1986, 171; Rz 14 ff vor § 33).

a) Anfechtungsklage

Weil es im *Abgabenrecht* nach wie vor (trotz aller Betrachtung mit außer- **12** steuerlichen Lenkungszwecken, § 3 I 1 2. HS AO; vgl dazu vor allem: *H/H/ Sp/Birk* § 3 AO Rz 43 ff) hauptsächlich um *Abwehr von hoheitlichen Eingriffen* geht, steht in der Praxis des finanzgerichtlichen Verfahrens die **Anfechtungsklage** (allgemein dazu: *Kopp/Schenke* § 42 Rz 2 ff) und damit der Rechtsschutz gegenüber dem Steuer-VA im Vordergrund. Die Vorrangstellung, die dieser Klagetyp anfangs genoss, ist zwar einerseits im Verhältnis zur Verpflichtungsklage zunächst von der Rspr, dann auch vom Gesetzgeber weitgehend (bisweilen zu weitgehend) abgebaut (Rz 25 ff; § 45 Rz 68 Rz 4; § 69 Rz 40 ff), andererseits aber auch immer wieder, vor allem im Bereich der Leistungsklage (s Rz 28), stark befördert worden.

Die Anfechtungsklage ist (§ 100 I und II verdeutlichen dies) *grundsätzlich* **13** *gerichtet auf* **Aufhebung (Kassation),** ausnahmsweise auf Änderung eines VA. Dies entspricht der schon erwähnten Funktionsbegrenzung der richterlichen Gewalt im Verwaltungsprozess: Deren Verfassungsauftrag lautet, der Exekutive zum Schutze des Rechtsuchenden „in den Arm zu fallen", nicht aber diesen zu „führen" und damit der Sache nach selbst verwaltend tätig zu werden (*Menger* S 170 ff; *Bachof* S 48 f; *v Groll* StuW 1979, 175 und DStJG 9, 453; *Roggan* S 28 ff). Auch *nichtige* VAe o *Nichtakte* (dazu Rz 55 f vor § 40) können Gegenstand einer Aufhebungsklage sein (Rz 56 vor § 40; § 41 Rz 22; *Kopp/Schenke* § 42 Rz 3 f mwN).

14   Diese Erkenntnis ist auch maßgeblich für die streitige **Abgrenzung zwischen Aufhebungs- und Änderungsbegehren** (dazu: BFHE 155, 521 = BStBl II 1989, 376) bzw Anfechtungs- und Verpflichtungsbegehren (s zB BFH/NV 1992, 494). Das prinzipiell für das Gericht geltende Verbot, selbst gestaltend (verfügend oder sonst regelnd iS des § 118 AO) tätig zu werden, bedeutet angesichts der Ausnahmevorschrift des § 100 II 1:

15   **Abänderungsbegehren als Unterfall der Anfechtungsklage** sind nur gegenüber VAen iSd § 100 II 1 (zu deren Teilbarkeit vgl *Cöster* S 33 ff und Rz 41 ff vor § 40) und *nur begrenzt auf betragsmäßige Änderung zulässig* (BFHE 132, 5 = BStBl II 1981, 150, 151). Diese für den Rechtsschutz gegenüber **Geldbescheiden,** (dazu auch Rz 42 vor § 40, § 100 Rz 24 ff) und damit für den Steuerprozess typische Rechtsschutzsituation bringt Zuordnungsprobleme in den Fällen mit sich, in denen sich der Rechtsuchende gegen die Ablehnung eines solchen VA wehrt. Nach hM (BFHE 94, 529 = BStBl II 1969, 250; BFHE 99, 350 = BStBl II 1970, 686; BFHE 137, 232 = BStBl II 1983, 232; BFHE 157, 370 = BStBl II 1989, 976; BFH/NV 2001, 914, 916; s Rz 49; vgl auch, mit gewissen Abweichungen *Beermann/v Beckerath,* § 40 FGO Rz 80 ff; *T/K* § 40 FGO Rz 6, 11 mwN) soll sich die **Qualifizierung des Begehrens nach** dem **Grund der Ablehnung** richten: Lehne die Finanzbehörde den Erlaß aus formellen Gründen, ohne Sachprüfung, ab, sei Rechtsschutz durch Verpflichtungsklage, ansonsten durch Anfechtungsklage eröffnet. Das überzeugt **nicht.** Mit welcher *Begründung* die Finanzbehörde (womöglich im Einspruchsverfahren) so und nicht anders entschieden hat, ist unbeachtlich. **Maßgeblich** für die systematisch zutreffende Einordnung eines verwaltungsaktbezogenen Rechtsschutzbegehrens (Rz 10; § 47 Rz 6; § 100 Rz 56) ist die Beantwortung der Frage, *worin* genau **aus der Sicht des Klägers** (Rz 7) die geltend gemachte **Rechtsbeeinträchtigung** (§ 40 II) liegt (Rz 61 ff, 86) zu sehen ist. Besteht sie darin, dass der Erlaß eines VA überhaupt versagt wurde, ist Klageziel eine Verpflichtung iS des § 101 (s iÜ Rz 18 ff; dem notwendigerweise hiermit auch verbundenen Aufhebungsbegehren kommt idR keine selbstständige Bedeutung zu – Rz 21 f), wendet sich der Kläger indessen dagegen, dass der existierende **VA nicht** den **erstrebten Inhalt** hat, ist sein Begehren auf Umgestaltung, also **Abänderung** (teilweise Aufhebung § 100 Rz 20 f) gerichtet (s zB für den Fall einer zur niedrig bemessenen **Investitionszulage:** BFHE 198, 184 = BStBl II 2002, 547; s iÜ Rz 49). Die Rechtsnatur eines solchen Anfechtungsbegehrens ändert sich auch nicht, wenn sich der bestehende VA als unwirksam (nichtig) erweist (s dazu näher § 41 Rz 22 ff, § 96 Rz 4).

16   Es gilt also für die Ablehnung eines Korrekturbegehrens bei Geldbescheiden prinzipiell nichts anderes als bei sonstigen VAen: **Existiert** eine – sei es auch auf 0 DM/Euro lautende (Rz 88) – **Einzelfallregelung,** handelt es sich um eine **Anfechtungsklage,** ist das nicht der Fall, ist das Rechtsschutzbegehren als Verpflichtungsklage anzusehen (s auch BFHE 144, 277 = BStBl II 1985, 681; BFH/NV 1991, 785, 1998, 1195; zur

Durchführung einer Steuerveranlagung: BFH/NV 1998, 606; FG Köln EFG 1999, 1020; zum **Erlass eines Korrekturbescheids:** BFHE 172, 493 = BStBl II 1994, 493; BFH/NV 1997, 601; *H/H/Sp/v Groll* § 172 AO Rz 43; zur Erteilung eines Abrechnungsbescheids – § 218 I AO: FG Bremen EFG 1999, 59; s iÜ Rz 18 ff; zur Abgrenzung bei Feststellungsbescheiden Rz 46).

Geht es nicht um Geldbescheide (oder sonst teilbare VAe – § 100   **17** Rz 20 f; *Cöster* S 33 ff) bzw wird eine **andere als nur betragsmäßige Umgestaltung einer Regelung** iSd § 118 AO erstrebt, so kann mit der Anfechtung nur teilweise Kassation (§ 100 I 1: „Soweit …"), uU kombiniert mit einem Ausspruch nach § 100 I 2 und 3 oder 100 IV, und im Übrigen *mehr nur im Wege der Verpflichtung* zu einem Tun, Dulden, Unterlassen (Rz 28 ff) oder zum Erlass eines VA (§ 101 S 1) bzw mit einer Bescheidung (§ 101 S 2) erreicht werden (BFHE 132, 5 = BStBl II 1981, 150, 151 und BFHE 144, 333 = BStBl II 1986, 21, 22; zT abweichend: *T/K* Rz 6, 11; *Beermann/v Beckerath* Rz 89).

b) Verpflichtungsklage und Abgrenzung zur Anfechtungsklage und zur Leistungsklage

Während sich die Anfechtungsklage gegen etwas Vorhandenes, einen   **18** schon erlassenen VA, richtet, wendet sich die **Verpflichtungsklage** gerade dagegen, dass ein **VA** (noch) **nicht ergangen** ist (s auch Rz 15 f), dh dass entweder

– der Erlaß eines bestimmten VA (durch VA) abgelehnt wurde – Weige-   **19** rungsklage, Vornahmeklage (Verpflichtungsklage ieS) – oder

– die Finanzbehörde überhaupt (noch) nicht tätig geworden ist (nach ent-   **20** sprechendem außergerichtlichem Rechtsbehelf – bis 31. 12. 1995 *Beschwerde* nach § 349 II AO aF, danach *Einspruch* gem § 347 I 2 AO nF zulässige Untätigkeitsklage, nicht zu verwechseln mit § 46 – Verpflichtungsklage iwS; vgl: BFHE 134, 245 = BStBl II 1982, 150, 152).

Demgegenüber ist **Anfechtungsklage** stets dann die richtige Klageart, wenn es dem Kl darum geht, eine bestehende Maßnahme zu ändern (Rz 14 f).

Die **Verpflichtungsklage ieS** (Weigerungs- oder Vornahmeklage) be-   **21** darf grundsätzlich der erfolglosen Durchführung eines Vorverfahrens (§ 44; s aber Rz 26; § 45 Rz 4) und ist fristgebunden (§ 47 I 2). Kennzeichnend für diesen Klagetyp (im Unterschied zu der in der Praxis weniger bedeutsamen Verpflichtungsklage iwS – Rz 20) ist die Existenz einer **negativen Verwaltungsentscheidung** und die damit verbundene Konkretisierung der Sach- und Rechtslage (Rz 7 ff vor § 40). Eine solche Klage ist **nur zulässig, wenn** der **Antrag auf Erlass** das begehrten VA zuvor abgelehnt wurde (BFHE 158, 11 = BStBl II 1989, 981; BFH/NV 1992, 267; BFHE 206, 201 = BStBl II 2004, 980; BFH/NV 2004, 1655). Ein entsprechender Mangel ist unheilbar. Hier akzeptiert auch der BFH kein „Hineinwachsen in die Zulässigkeit" (s hierzu näher: § 44 Rz 27 f; § 45 Rz 7; § 46 Rz 13 ff). Eine solche Klage beinhaltet außer dem Verpflichtungs- notwendigerweise auch ein Anfechtungsbegehren, gerichtet auf Beseitigung der entgegenstehenden Verwaltungsentscheidung. Deren Aufhebung muss im Falle des Erfolgs neben der Verpflichtung schon aus

Gründen der Rechtsklarheit im Urteilstenor auch ohne ausdrücklichen Antrag (von Amts wegen) ausgesprochen werden (BFHE 99, 172 = BStBl II
1970, 625; BVerwGE 47, 7, 12; *Eyermann/Fröhler* Rz 10).

22   Andererseits ist es dem Kläger auf Grund seiner Verfügungsbefugnis über
den Prozessstoff (Dispositionsmaxime) unbenommen, sich auch in solchen
Weigerungsfällen mit einem weniger weitgehenden Begehren zu begnügen
und **isolierte Anfechtungsklage** (dazu grundsätzlich: *Laubinger,* Menger-FS S 443) zu erheben (BFHE 111, 302 = BStBl II 1974, 319, 320, für
den Fall der Ablehnung eines Antrags auf Änderung eines bestandskräftigen
Steuerbescheids; vgl außerdem: BFHE 115, 409 = BStBl II 1975, 725,
726 ff und BFHE 120, 151 = BStBl II 1977, 36; unklar: BFHE 183, 465 =
BStBl II 1998, 38; ein besonderes Rechtsschutzbedürfnis verlangend:
BVerwGE 47, 7, 12 und BStBl II 1987, 472, 473). Es ist nicht Sache des
Gerichts, aus einem Aufhebungsbegehren ein Verpflichtungsbegehren zu
„machen" (iE ebenso *Laubinger* aaO S 453; *Beermann/v Beckerath* Rz 94;
T/K Rz 8. – AM, in Verkennung des § 96 I 2 – s dort Rz 2 f – BFHE
143, 554 = BStBl II 1985, 692, 693).

23   Die Gegenmeinung (vgl die Zitate bei *Laubinger* aaO S 449 f FN 19 und
Kopp/Schenke § 42 Rz 30) findet im Gesetz keine Stütze und ist wie gesagt
mit dem Dispositionsgrundsatz nicht vereinbar.

24   Der Anreiz für solche Bemühungen resultierte bislang vornehmlich aus
dem Umstand, dass die „Sprungklage" nach § 45 aF (s 2. Aufl) ausdrücklich nur für Anfechtungsbegehren eröffnet war und die analoge Anwendung dieser Vorschrift auf Verpflichtungsklagen allgemein abgelehnt wurde
(vgl ua: BFHE 106, 8 = BStBl II 1972, 703, 705; BFHE 106, 116 =
BStBl II 1972, 711; BFHE 114, 323 = BStBl II 1975, 300, 301; BFHE
120, 112 = BStBl II 1977, 40; BFHE 122, 5 = BStBl II 1977, 510, 511).

25   Das Aktionsfeld für isolierte Anfechtungsklagen wie auch für richterliche
Großzügigkeit bei der Abgrenzung von Anfechtungs- und Verpflichtungsklage (vgl BFHE 120, 112 = BStBl II 1977, 40 mwN und, besonders bedenklich: BFHE 114, 323 = BStBl II 1975, 300, 301; Übersicht in HFR
1979, 430) im Bereich der FGO ist zur „akademischen Spielwiese" geworden, nachdem zunächst der GrS des BFH (BFHE 143, 112 = BStBl II
1985, 303; vgl auch BFHE 146, 344 = BStBl II 1986, 565, 566) und inzwischen auch der Gesetzgeber (§ 45 Rz 4) die **Sprungverpflichtungsklage** anerkannt hat.

26   Die subtile Problemlösung des GrS (Rz 25) – Sprungverpflichtungsklage
nur in mit dem *Einspruch* (§ 348 AO aF) angreifbaren Weigerungsfällen –
ist im FGÄndG durch eine uniforme Regelung – Ausdehnung auf *alle*
Verpflichtungsklagen – ersetzt worden. Die gebotene *Differenzierung* wäre
wohl kaum unterblieben, wenn man die tragenden Gründe der Rechtsfortbildung (s 2. Aufl) zur Kenntnis genommen hätte: Die Gesamtregelung
erwies sich, was die **Durchnormierung** der Verpflichtungsklage angeht,
in mehrfacher Hinsicht als **lückenhaft und ergänzungsbedürftig**
(BFHE 118, 503 = BStBl II 1976, 459 und BFHE 134, 245 = BStBl II
1982, 150, 154 zu § 100 I 4; BFHE 165, 143 = BStBl II 1991, 854; FG
Bln EFG 1992, 58 zu § 68; § 68 Rz 4). Im Regelungsbereich **gebun-
dener VAe** nämlich (bis 31. 12. 1995 typischerweise mit dem Einspruch – § 348 AO aF – anfechtbar) macht es für die Frage der Entbehrlichkeit des außergerichtlichen Vorverfahrens in Ausnahmefällen kei-

nen relevanten Unterschied, ob das (jeweils allein am Gesetz zu messende) Rechtsschutzbegehren auf (teilweise) Beseitigung oder auf Erlaß eines VA gerichtet ist.

Anders dagegen liegen die Dinge, wenn um die (teilweise) Versagung **27** von **Ermessensentscheidungen** (vor allem nach den §§ 163, 222, 227 AO) gestritten wird (für die bis zum 23. 12. 1995 die Beschwerde – § 349 AO aF – gegeben war): Hier ist es im Hinblick auf das größere Gewicht der Prüfungs- und Entscheidungskompetenz der Exekutive und die entsprechend eingeschränkten Kontrollbefugnisse des Gerichts (§ 102 Rz 2 ff; *H/H/Sp/v Groll* § 227 AO Rz 31, 206, 388 ff; zur Maßgeblichkeit der letzten Verwaltungsentscheidung für die Sach- u Rechtslage: § 102 Rz 13 ff) durchaus sachgerecht, der Verwaltung *stets* eine erneute Prüfung und Entscheidung abzuverlangen, die unter dem Eindruck dessen vorzunehmen ist, dass die tragenden Ermessenserwägungen für ein Festhalten am ablehnenden Standpunkt in einer förmlichen Entscheidung mitgeteilt werden müssen (BFHE 149, 511 = BStBl II 1988, 170; BFHE 155, 243 = BStBl II 1989, 219; *H/H/Sp/v Groll* § 227 AO Rz 375). Der sachliche Unterschied zwischen diesen beiden VA-Typen und den hierauf bezogenen Verfahren war der eigentliche Grund für die im Text des § 45 aF ausgedrückte Beschränkung auf Anfechtungsklagen (3. Auflage). Diese Begrenzung offenbarte sich – *für den Bereich der rein gesetzesabhängigen (gebundenen) Verwaltung* – als *planwidrige Unvollständigkeit* des Gesetzes, die es im Wege der teleologischen Extension (*Larenz* ML S 397 ff, 381 ff) derart zu korrigieren galt, dass insoweit auch für Verpflichtungsbegehren die unmittelbare Anrufung des FG ermöglicht werden musste. – Ob die nun „gefundene" Radikallösung (§ 45 Rz 1) die Rspr abermals zur Rechtsfortbildung (nunmehr durch teleologische *Reduktion* – *Larenz* ML S 391 ff) zwingt, bleibt weiterhin abzuwarten (s auch § 45 Rz 3).

c) Andere (sonstige) Leistungsklage

Die *sonstige (oder andere,* allgemeine) *Leistungsklage* ist im Unterschied zur **28** Verpflichtungsklage nicht auf Erlaß eines VA, sondern auf ein sonstiges **Tun, Dulden** oder **Unterlassen** gerichtet, zB auf die Verpflichtung zur *Herausgabe von Unterlagen* (FG Bremen EFG 1999, 1092; s iÜ Rz 31, 33), zur Gewährung von *Akteneinsicht* (Rz 32) oder auf *Untersagung* (Rz 33; zB gegenüber der Weitergabe von **Informationen:** BFHE 192, 44 = BStBl II 2000, 643; BFH/NV 2001, 578, 580; s zu alldem auch die Ausgrenzungen Rz 28 ff vor § 40; s iÜ BFHE 162, 457 = BStBl II 1991, 183; BVerfGE 67, 26, 36; BSGE 25, 116, 177; BVerwGE 31, 301; 50, 171; FG Köln EFG 1992, 159; FG RhPf EFG 1992, 312; hier Rz 24 u 28 ff vor § 40. Ein solches Rechtsschutzbegehren ist einerseits **nicht fristgebunden** (§ 47) und unmittelbar, **ohne** vorherige **Durchführung eines** außergerichtlichen **Vorverfahrens** (§ 44) zulässig, andererseits aber gewissen verfahrensrechtlichen **Einschränkungen** unterworfen:
– So ist die **Geltendmachung eines Erstattungsanspruchs** erst **nach** vorheriger Feststellung durch **Abrechnungsbescheid** (demgegenüber die Anfechtungsklage – Rz 12 ff – gegeben ist) nach § 218 II AO (Rz 36, 80) zulässig (Rz 51; BFHE 147, 1 = BStBl II 1986, 702; BFH/NV 1999, 150; 2000, 412; FG Nds EFG 2002, 1570).

- IÜ ist das **Rechtsschutzinteresse** (generell dazu Vor § 33 Rz 4 ff) **idR nur** gegeben, **wenn** die Finbeh die erstreckte Leistung **zuvor** (durch VA) **abgelehnt** hat (s auch Rz 33). Ist dies geschehen, erfordert effektiver Rechtsschutz zwar auch Beseitigung der ablehnenden Hoheitsmaßnahme, der **Schwerpunkt** des Klageziels liegt aber **weiterhin** in der **Gewährung der** begehrten **Leistung** (vgl auch *Schoch ua/Pietzcker* § 42 I Rz 154 f; T/K § 40 Rz 17; aM BFH/NV 1988, 319). In jedem Fall bedarf es auch bei der Leistungsklge einer **individuellen Beschwer** (§ 40 II; Rz 55; BVerwGE 67, 26, 36 f).

29   Dieselben Grundsätze gelten auch für die Klage auf **Unterlassung eines VA** (s auch Rz 33), die außerdem ein qualifiziertes Rechtsschutzinteresse voraussetzt (*Ule* S 150 mwN).

d) Einzelfälle

30   Als **sonstige Leistungsklage** zu qualifizieren ist zB:

31   – die Geltendmachung eines **Folgenbeseitigungsanspruchs** (sofern nicht – wie etwa, wenn Widerruf einer bereits erteilten Auskunft erstrebt wird – auf etwas Unmögliches: BFHE 173, 201 = BStBl II 1994, 356 – oder auf Erlass eines VA gerichtet; BVerwG DÖV 1971, 857 ff; E 94, 100; NVwZ 1994, 341 m Anm JuS 1994, 988; *Beekmann* DVBl 1994, 1342; FG SchlHol EFG 1981, 402));

32   – das Verlangen nach **Akteneinsicht,** nach Herausgabe von Originalbelegen (sofern nicht ein ablehnender VA vorausging: BFH/NV 1988, 319; FG Bremen EFG 1999, 1092; vgl auch *Bauer* DStR 1988, 319; 140. – AM *Beermann/v Beckerath* Rz 122; T/K Rz 17), Erteilung eines Prüfungsberichts, Erstellung einer Prüferbilanz (FG BaWü EFG 1988, 4; zur Abgrenzung: FG D'dorf EFG 1977, 31; FG Nbg EFG 1982, 392; FG Saarl EFG 1995, 156);

33   – das *Begehren,* die Verwaltung zu einem bestimmten sonstigen, nicht als VA zu qualifizierenden Verhalten (Rz 28 ff vor § 40) zu verpflichten (zB einen *Informanten* zu benennen: FG RhPf EFG 1996, 36) oder einen Antrag auf Gesamtvollstreckung zurückzunehmen: FG Bdbg EFG 1999, 875, bzw ihr ein solches Verhalten zu untersagen, zB die Verwertung bestimmter Unterlagen (BFHE 140, 509 = BStBl II 1984, 563, 564 f), die Erteilung einer Auskunft (BFHE 148, 1 = BStBl II 1987, 92) oder deren Weiterleitung (BFHE 147, 492 = BStBl II 1987, 440); die **vorbeugende Unterlassungsklage** (s auch § 41 Rz 21; iÜ vgl BFHE 107, 253 = BStBl II 1973, 119; 148, 372, 377 f; BFHE 173, 201 = BStBl II 1994, 356; BFHE 177, 242 = BStBl II 1995,497; BFH/NV 1998, 424; 2001, 578, 580; FG Bremen EFG 1999, 851) erfordert in formeller Hinsicht ein ganz präzises, konkretes Begehren (BFHE 172, 488 = BStBl II 1994, 210; BAG BB 1985, 269) u ein besonderes *Rechtsschutzinteresse* (die Besorgnis nicht wiedergutzumachender Schadenszufügung infolge der behaupteten Rechtsverletzung: BFHE 107, 253 = BStBl II 1973, 119; BFHE 172, 488 = BStBl II 1994, 210; BVerwGE 26, 151, 253; gegenüber der Weitergabe von Prüfungsfeststellungen: FG Bln EFG 1984, 33, 34; vgl auch *v Groll* StuW 1979, 172, 181 f mwN: wegen der Abgrenzung zur vorbeugenden Feststellungsklage s vgl § 41 Rz 21);

– das auf **Auszahlung negativer USt** (BFH/NV 1992, 678; s auch Rz 49 **34**
u 51) oder das zusammen mit einer Anfechtungsklage geltend gemachte
Begehren auf **Erstattung** des auf Grund des angefochtenen VA ent-
richteten Betrages, dem allerdings idR das Rechtsschutzbedürfnis abzusprechen ist (BFHE 131, 158 = BStBl II 1980, 632; s iÜ zu § 100 IV:
§ 100 Rz 66; anders die selbstständige Geltendmachung von abgabenrechtlichen Erstattungsansprüchen, die idR Erlass eines VA nach § 218
AO erfordert – s iÜ Rz 28 u 51).

Sonstige **Beispiele für** eine **Leistungsklage:**   **35**
– auf **Rücknahme eines** vom FA gestellten **Insolvenzantrags** (FG Saarl
EFG 2004, 1021; FG Bln EFG 2005, 11: FG Köln EFG 2005, 372);
– **Erstattung von Kindergeld** seitens des zuständigen Leistungsträgers
(BFH/NV 2002, 1156; FG RhPf EFG 2003, 631).

Dagegen sind nur im Wege einer **Verpflichtungsklage** erreichbar   **36**
– der **Erlaß eines Steuerbescheides** (BFHE 139, 17 = BStBl II 1983,
742, 743; BFHE 152, 40 = BStBl II 1988, 286); die Durchführung einer
EStG-Veranlagung nach § 46 EStG (BFHE 143, 554 = BStBl II 1985,
692, 693, allerdings unter Missdeutung des § 96 I 2; s auch BFH/NV
1998, 606; FG Köln EFG 1999, 1020), der *Erlass eines Vorauszahlungsbescheides* (BFHE 146, 484 = BStBl II 1986, 300) oder eines **Abrechnungsbescheides** nach § 218 I AO (FG Bremen EFG 1999, 59); die
Freistellung von einer Steuer nach § 155 AO (BFH/NV 1985, 17; zur
Freistellung von KiSt: BFH/NV 1995, 67); die Pauschalierung der VSt
nach § 9 IV VStG aF (BFHE 152, 146 = BStBl II 1988, 309); die
(abgelehnte) Erteilung einer Freistellungsbescheinigung nach § 44a V 2
EStG (BFHE 175, 205 = BStBl II 1995, 899);
– die **Zusammenveranlagung** zur ESt anstelle einer Einzelveranlagung **37**
(BFHE 109, 44 = BStBl II 1973, 487, 489; BFHE 124, 169 = BStBl II
1978, 215) und umgekehrt (BFHE 155, 83, 84 = BStBl II 1989, 225;
BFHE 206, 201 = BStBl II 2004, 980);
– die **Anerkennung einer Erfindung** als volkswirtschaftlich wertvoll iS **38**
des § 3 Nr 1 Erfinder-VO (iVm Art 3 § 1 des StÄndG 1968 v 20. 2.
1969, BGBl I, 141; FG Bln EFG 1986, 185);
– nach früherem Recht (Rz 63 vor § 40): die **Durchführung eines** **39**
LStJA (§ 42 EStG; BFHE 110, 26 = BStBl II 1973, 784), und zwar
auch dann, wenn die Ablehnung auf sachliche Gründe gestützt wird
(aM: BFHE 99, 350 = BStBl II 1970, 686; zum Problem der *Nachforderung: Kirchhof/Söhn/Trzaskalik* § 42 Rz A 28; *v Bornhaupt,* StVJ 1991,
345 mwN);
– **erstmalige Eintragungen auf der LSt-Karte** (BFHE 137, 456 = **40**
BStBl II 1983, 315, 316); im Wege der Anfechtungs-/Abänderungsklage
dagegen entsprechende betragsmäßige Veränderungen; s Rz 15 f);
– die (abgelehnte) **Aufhebung** (BFHE 141, 118 = BStBl II 1984, 593 **41**
und BFHE 144, 277 = BStBl II 1985, 681, 682) **oder Änderung eines**
bestandskräftigen Steuerbescheids gem den §§ 172 ff AO (ebenfalls
– s auch Rz 15 – unabhängig davon, *warum* sie versagt wurde; BFHE
111, 302 = BStBl II 1974, 319, 320; BFHE 137, 547 = BStBl II 1993,
324, 329; BFHE 144, 521 = BStBl II 1986, 120, 122 aE; BFHE 145,
545 = BStBl II 1986, 245, 247 aE; BFHE 160, 140 = BStBl II 1990,
558, 559; BFHE 172, 493 = BStBl II 1994, 439; BFHE 184, 432 =

BStBl II 1998, 305; BFH/NV 1991, 785; 1998, 615 u 1195; zur Änderung der **Steuerrate** – s Rz 61 vor § 40; FG Sachs EFG 1993, 39; die **Beifügung einer Nebenbestimmung** zum Steuerbescheid (BFH/NV 2002, 747; s iÜ Rz 85);

42 – **die Regelung mehrerer gewerblicher Betätigungen** ein und desselben Steuerpflichtigen *in einem GewSt-Messbescheid* (Annahme *eines* Gewerbebetriebes – BFHE 137, 200 = BStBl II 1983, 278) und umgekehrt (FG SchlHol EFG 1973, 394, 395; allgemein dazu: *Glanegger/ Güroff* § 2 GewStG Rz 8 ff);

43 – die abgelehnte **Aussetzung der Vollziehung** (BFHE 90, 469 = BStBl II 1968, 199; BFHE 98, 386 = BStBl II 1970, 408; BFHE 144, 533 = BStBl II 1986, 136, 137);

44 – die **Bekanntgabe eines Bescheides** (zB an einen ausgeschiedenen Gesellschafter: BFHE 115, 406 = BStBl II 1975, 673; vgl aber auch BFHE 146, 215 = BStBl II 1986, 509, 510 f);

45 – die abgelehnte Durchführung einer einheitlichen und/oder gesonderten **Feststellung von Einkünften** iSd §§ 179 ff AO (BFHE 99, 172 = BStBl II 1970, 625; BFHE 116, 382 = BStBl II 1975, 828, 829; BFHE 121, 129 = BStBl II 1977, 309; BFHE 122, 5 = BStBl II 1977, 510; BFHE 123, 412 = BStBl II 1978, 15; BFHE 129, 289 = BStBl II 1980, 212; BFHE 150, 124 = BStBl II 1987, 707; BFH/NV 1998, 1195; zB Nichtanerkennung einer Mitunternehmerschaft: BFHE 186, 67 = BStBl II 1998, 601; s auch Rz 48; speziell zur Verlustfeststellung: BFH/ NV 1994, 240);

46 – in gleicher Weise (und im Unterschied zur Regelung im Rahmen eines Steuerbescheides) auch die einheitliche und/oder gesonderte **Feststellung einzelner Besteuerungsgrundlagen** (BFHE 121, 129 = BStBl II 1977, 309; vgl iÜ Rz 92 ff); **anders** (im Wege der Anfechtungsklage) allerdings dann, **wenn** eine **Regelung schon vorhanden** ist (wie etwa auch bei einem auf 0 DM festgestellten Gesellschaftsanteil) und nur um ihre ziffernmäßige Veränderung gestritten wird (BFHE 128, 164 = BStBl II 1979, 567, 568 f und BFHE 129, 47 = BStBl II 1980, 66 unter Aufgabe von BFHE 125, 356 = BStBl II 1978, 584; s auch Rz 15 f);

47 – die Durchsetzung des aus der Aufhebung oder Änderung des Grundlagenbescheids herzuleitenden Anspruchs auf entsprechende **Korrektur des Folgebescheids** (§§ 175 I Nr 1, 182 AO; BVerwG DÖV 1982, 159; *H/H/Sp/v Groll* § 175 AO Rz 205);

48 – die **Zuerkennung der** dem Kläger abgesprochenen **Mitunternehmereigenschaft** in einem Feststellungsbescheid (§ 15 I 1 Nr 2 EStG; BFHE 121, 129 = BStBl II 1977, 309 und BFHE 122, 5 = BStBl II 1977, 509, 510; BFHE 186, 67 = BStBl II 1998, 601; offen in BFHE 140, 193 = BStBl II 1984, 299, 301); ebenso die **erstmalige Berücksichtigung einer Gemeinde bei der Zerlegung** nach den §§ 185 ff AO, 28 ff GewStG (BFHE 116, 382 = BStBl II 1975, 828; BFHE 124, 65 = BStBl II 1978, 160; BFH/NV 1995, 484; 2003, 636; s iÜ auch Rz 123);

49 – die versagte **USt-Vergütung** (BFHE 99, 270 = HFR 1970, 491; ebenso für den Spezialfall des Vergütungsverfahrens nach § 18 IX UStG iVm §§ 59 ff UStDV; FG Saarl EFG 2004, 1486; s aber Rz 34 u 51) oder **InvZul** (BFHE 111, 392 = BStBl II 1974, 321; BFHE 115, 86 = BStBl II 1975, 392, 393; BFHE 165, 143 = BStBl II 1991, 854; BFH/

NV 2001, 914; FG Hbg EFG 1987, 212, u zwar auch hier – entgegen diesen Entscheidungen – *unabhängig vom Versagungsgrund;* dazu Rz 15);

- die Erteilung einer (überhaupt versagten oder abweichend vom Begeh- **50** ren erteilten) **Zusage** (BFHE 131, 134 = BStBl II 1980, 594; zur Abgrenzung: BFHE 169, 290 = BStBl II 1993, 218; zur verbindlichen Zolltarifauskunft: BFHE 143, 183; BFHE 153, 206 = BStBl II 1988, 735; s auch FG D'dorf EFG 1983, 376; FG M'ster EFG 1989, 546; FG Brdbg EFG 1996, 403 und Rz 32, 78 vor § 40);

- die **Erstattung** (s auch Rz 28, 34 u 108) von Abgaben (nach Ablehnungs- **51** bescheid) gem den §§ 37 II, 218 II 2 AO (BFHE 136, 449 = BStBl II 1983, 51; BFHE 146, 344 = BStBl II 1986, 565, 566; BFHE 147, 1 = BStBl II 1986, 702; BFH/NV 2000, 412); *anders, wenn* sich das Erstattungsbegehren *nicht als selbstständiger Ausspruch,* sondern nur als notwendige Konsequenz der eigentlich erstrebten Steuerfestsetzung erweist, wie zB im Falle der negativen USt-Schuld (BFHE 120, 562 = BStBl II 1977, 227, 228; Rz 34; Rz 62 vor § 40 mwN; sehr anschaulich zur Abgrenzung zum besonderen Erstattungsverfahren: BFHE 146, 484 = BStBl II 1986, 500, 501; vgl iÜ auch BFHE 140, 13 = BStBl II 1984, 446, 447 f; BFHE 147, 117 = BStBl II 1986, 776; *T/K* § 37 AO Rz 35; zur Erstattung nach § 11 II AStG: BFHE 177, 437 = BStBl II 1995, 626). Die zahlreichen, systematisch nicht zu rechtfertigenden Bemühungen, in diesem Bereich „zur Anfechtungsklage zu kommen", dürften durch die Anerkennung der Sprungverpflichtungsklage überholt sein (s Rz 24 ff);

- die **abgelehnte Zahlung von Prozesszinsen** (offengelassen in BFHE **52** 114, 323 = BStBl II 1975, 300, 302);

- die Gewährung versagter **Billigkeitsmaßnahmen** (§§ 222, 227 AO **53** – BFHE 103, 541 = BStBl II 1972, 183, 184; BVerwG BStBl II 1984, 236, 237), und zwar auch in Fällen des § 163 (*H/H/Sp/v Groll* § 163 AO Rz 145; iÜ zur Zweigleisigkeit des Verfahrens auch bei äußerlicher Verbindung mit der Steuerfestsetzung: BFHE 132, 264 = BStBl II 1981, 319, 321; BFHE 163, 162 = BStBl II 1991, 427, 434; BFH/NV 1991, 728, 729; *H/H/Sp/v Groll* § 227 AO Rz 376 mwN);

- die versagte **Zustimmung** des FA **zum abweichenden Wirtschafts- 54 jahr** (§§ 4 a I Nr 2 EStG, 8 b EStDV; *Schmidt/Heinicke* § 4 a EStG Rz 16), *anders* die regelmäßig unselbstständige, nur im Bereich der Besteuerungsgrundlagen wirkende und daher nur durch Einspruch gegen den ESt-Bescheid angreifbare *Zustimmung zur Bilanzänderung* nach § 4 II 2 EStG (BFHE 117, 239 = BStBl II 1976, 212, 213; *Schmidt/Heinicke* § 4 Rz 754; unentschieden in BFHE 158, 520 = BStBl II 1990, 195; BFHE 169, 219 = BStBl II 1992, 958; BFHE 185, 451 = BStBl II 1999, 272);

- der Erfolg in **sonstigen** Fällen, in denen es eine Finanzbehörde abge- **54 a** lehnt hat, einen (Steuer-)VA (Rz 16 ff u 58 ff vor § 40) zu erlassen – zB: die **Zulassung zur Steuerberater-Prüfung** (BFHE 173, 471 = BStBl II 1994, 822).

III. Zu § 40 II – Klagebefugnis

Literatur: – *S auch 4. Aufl und Literatur* **vor Rz 1** – *Bachof* S 62 ff; *ders,* Rechtsweg, Parteifähigkeit, Prozessführungsrecht und Sachlegitimation im Verfassungsstreit AöR 79, 107; *Brohm,* Die Konkurrentenklage, Menger-FS S 235;

Epiney, Gemeinschaftsrecht und Verbandsklage, NVwZ 1999, 485; *Erhardt-Rauch,* Die Konkurrentenklage im Steuerrecht, DStZ 2004, 641; *Erichsen,* Der Innenrechtsstreit, Menger-FS S 211; *ders,* Konkurrentenklage im öffentlichen Recht, Jura 1994, 385; *Frenz,* Verwaltungsgerichtlicher Rechtsschutz in Konkurrenzsituationen, 1999; *Geburtig,* Konkurrentenschutz aus Art. 88 Abs. 3 Satz 3 EGV, Heidelberger Diss., 2001/02; *Hösch,* Probleme der wirtschaftsverwaltungsrechtlichen Konkurrentenklage, DV 1997, 211; *Jesse,* Rechtsbehelfsbefugnis bei körperschaftsteuerlicher Organschaft, DStZ 2001, 113; *Jochum,* Verwaltungsverfahrens- und Verwaltungsprozeßrecht, 2004, S. 79 ff.; *Knobbe-Keuk,* Die Konkurrentenklage im Steuerrecht, BB 1982, 385; *Koch,* Der Grundrechtsschutz des Drittbetroffenen, 2000; *Lüke,* Die Abgrenzung der Klagebefugnis im Verwaltungsprozess, AöR 84, 185 ff; *Pietzcker,* Drittwirkung – Schutzpflicht – Eingriff, FS Dürig (1990), 345; *Schlacke,* Konkurrentenklage gegen die Wirtschaftstätigkeit von Gemeinden, JA 2002, 48; *K. Schmidt,* Die Stellung des Konkurrenten im Verwaltungsprozess, JuS 1999, 1107; *Schulte,* Individualrechtsschutz gegen Normen im Gemeinschaftsrecht, Kieler Diss., 2004; *Tettinger,* Rechtsschutz gegen kommunale Wettbewerbsteilnahme, NJW 1998, 3473; *Wallerath,* Ladenschluss und Konkurrentenschutz, NJW 2001, 781; *Wieland,* Konkurrentenrechtsschutz in der neueren Rechtsprechung zum Wirtschaftsverwaltungsrecht, DV 1999, 217.

1. Allgemeines

55   Die Vorschrift des § 40 II FGO regelt (entsprechend den §§ 42 II VwGO, 54 I 2 SGG; vgl auch § 24 I EGGVG) die **Klagebefugnis,** eine dem Zivilprozess in dieser Form fremde zusätzliche **Sachurteilsvoraussetzung** (ebenso und zur Abgrenzung von der Begründetheitsfrage der Sach- und Aktivlegitimation – dazu auch § 57 Rz 7 – *Wahl/Schütz* in *Schoch ua* § 42 II Rz 18 f; s iÜ Rz 3, 13 vor § 33): Dh eine zwar vom Prozessrecht verliehene, aber zumeist (abgesehen von Fällen, in denen die geltend gemachte Rechtsbeeinträchtigung ausschließlich formelles Recht betrifft – s zB § 57 Rz 27) **im materiellen Recht wurzelnde Rechtsmacht** (s die Beispielsfälle in Rz 112, 114), eine gesetzlich geschützte individuelle, **abgabenrechtliche Rechtsposition** (dazu § 33 Rz 14 ff) im Klagewege durchzusetzen (s zB für den Fall der **Rechtsnachfolge:** FG Hbg EFG 2005, 207; Rz 121). Dieser über das reine Prozessrecht hinausreichende Charakter der Klagebefugnis erweist sich darin, dass sich die durch § 40 II aufgeworfene Zulässigkeitsfrage, ob die behauptete Verletzung eigener Rechte im konkreten Fall in Betracht kommt (Rz 61, 65), durchweg (von der schon erwähnten Ausnahme der Verletzung formellrechtlicher Positionen abgesehen) ohne Rückgriff auf das materielle Recht nicht beantworten lässt. Besonders deutlich wird das in Fällen der Drittbetroffenheit (Rz 56 f, 111, 122) und der **Abspaltung der Prozessführungsbefugnis von der** materiellrechtlich begründeten **Rechtsträgerschaft** (üblicherweise unter dem Begriff der gesetzlichen **Prozessstandschaft** erfasst), dh vor allem der Wahrnehmung des Rechtsschutzes durch
– den vertretungsberechtigten Geschäftsführer gem **§ 48 I Nr 1 1. Fall** (näher dazu: § 48 Rz 1, 8, 12 und 15; § 57 Rz 26),
– den **Konkursverwalter** (jetzt – §§ 56 ff, 80 I InsO – **Insolvenzverwalter**), dessen (auf die Konkurs-/Insolvenzmasse beschränkte) Rolle im

Verwaltungsprozess sich − anders als im Zivilprozess (dazu *Zöller/Vollkommer* Rz 21 und 34 vor § 50; § 51 Rz 7) − im rein Verfahrensrechtlichen erschöpft (*Kopp/Schenke* Rz 24 vor § 40; § 42 Rz 61; für das steuerliche Verfahrensrecht noch nicht hinreichend geklärt − s BFH/NV 2004, 1547; vgl auch BFH/NV 2003, 1539; s iÜ *H/H/Sp/Birkenfeld* § 350 AO Rz 30 ff und *H/H/Sp/Beermann* § 251 AO Rz 207; *H/H/Sp/Boecker* § 34 AO Rz 75 ff, *T/K* § 34 Rz 10; jew mwN), weil sich auch insoweit als ihm nach § 34 III AO *eigene* abgabenrechtliche Verpflichtungen übertragen sind, deren Inhalt und Umfang nach fremdem materiellem Recht bestimmen (sehr anschaulich: BFHE 175, 309 = BStBl II 1995, 194; BFH/NV 1995, 663; zur Wahrnehmung des Rechts auf Akteneinsicht: BFH/NV 2000, 1134; s auch § 58 Rz 13).

Die Vorschrift des § 40 II gilt für **andere Rechtsschutzbegehren** entsprechend (s für das **Revisionsverfahren** § 121 S 1 und Rz 12 ff vor § 115; für das **Beschwerdeverfahren** BFH/NV 2002, 665; für das **Beschlussverfahren**: BFHE 151, 18 = BStBl II 1988, 67; BFHE 153, 2 = BStBl II 1988, 585; vgl auch BFHE 156, 401 = BStBl II 1989, 626; BFHE 165, 569 = BStBl II 1992; BFH/NV 1998, 424; FG SchlHol EFG 2000, 470; FG Köln EFG 2000, 598; Rz 56; § 69 Rz 18 und § 114 Rz 12). Soweit gesetzlich nichts anderes bestimmt ist, (wie zB in § 48 I Nr 3 aF, I Nr 1 nF; zu einem dem finanzgerichtlichen Verfahrensrecht unbekannten Fall einer landesrechtlichen Ausnahmeregelung: BVerwG DÖV 1988, 560 = NVwZ 1988, 527; die §§ 42, 102 regeln − entgegen *T/K* § 40 FGO Rz 6 − keine Ausnahmefälle zu § 40 II, sondern Spezialfälle des Individualrechtsschutzes: vgl § 42 Rz 5 f u § 102 Rz 3; s auch § 40 Rz 108), ist die **Klage nur zulässig, wenn der Kläger geltend macht,**

− im Falle der Anfechtungsklage *durch den VA,*
− im Falle der Verpflichtungsklage *durch die Ablehnung oder Unterlassung eines VA,*
− im Falle der sonstigen (anderen) Leistungsklage *durch* ein sonstiges Verhalten der Finbeh, durch die *Ablehnung oder Unterlassung einer anderen Leistung,*

in seinen Rechten verletzt zu sein.

Diese speziell auf **materiellrechtliche Positionen des Abgabenrechts** (Rz 56) zugeschnittene Zulässigkeitsvoraussetzung ist zu unterscheiden von einem uU darüber hinaus erforderlichen *Rechtsschutzinteresse* (Rz 4 vor § 33).

2. Funktion und Charakter der Klagebefugnis

Es entspricht der Rechtsschutzgarantie der Verfassung (Art 19 IV 1 GG), **56** dass nur demjenigen der Rechtsweg gegenüber der öffentlichen Gewalt offensteht, der durch diese **in seinen Rechten** (und zwar in seinen Rechten aus Abgabenangelegenheiten iSd § 33 III 1: BFHE 138, 531 = BStBl II 1983, 645, 646; BFH/NV 1995, 229) verletzt wird (zur Abgrenzung s BFH/NV 1998, 14 − unterbliebene *Hinzuziehung* nach § 360 III AO; BFH/NV 1998, 924 − *Sozialleistungsträger in Kindergeldsachen;* dazu auch BFH/NV 2001, 863 = HFR 2001, 683). Nur wer sich mit einem Klagebegehren solchen Inhalts an das Gericht wendet, hat einen Anspruch auf Sachprüfung und Sachentscheidung (zur entsprechenden Schlüsselfunktion bei sonstigen Rechtsschutzbegehren: BFHE 144, 404 = BStBl II 1986, 26, 27; BFHE 164, 219 = BStBl II 1991, 729; vgl auch BVerfGE 78, 214, 226; HFR 1993, 202 u 467; s auch Rz 55; zur Klagebefugnis vor dem EuGH: HFR 1994, 742). Es muss sich um eine akute Rechtsbeeinträchtigung handeln. Ansonsten kommt Rechtsschutz nur nach § 100 I 4 in Betracht (§ 100 Rz 54 ff). Ein **wirtschaftliches Interesse** an dem Ausgang des Steuerprozesses **genügt nicht** (BFH/NV 1995, 229; s auch Rz 58). **Wer** mit der Klage nur die **Ausübung eines Wahlrechts erreichen** oder korrigieren **will, macht keine Rechtsverletzung** iSd § 40 II **geltend** (näher dazu: *H/H/Sp/vGroll*, § 177 AO Rz 94, 133 u 174 mwN); seine Klage ist unzulässig und daher nicht geeignet, die Bestandskraft hinauszuschieben (Vor § 33 Rz 11; § 47 Rz 1 ff; nicht beachtet in BFH/NV 2005, 1657).

57   Nur **der unmittelbar selbst Betroffene** ist klagebefugt (BFHE 104, 520 = BStBl II 1972, 377, 378; BFHE 138, 531 = BStBl II 1983, 645, 646; BFHE 149, 362 = BStBl II 1987, 346, 347; BFH/NV 1995, 299; 2000, 960, 961; zur Klagebefugnis des *Arbeitnehmers:* BFH/NV 2005, 1939; des *Vergütungsgläubigers:* BFH/NV 1999, 1314; zur ausnahmsweise gegebenen Klagebefugnis *Dritter: Pecher* JuS 1996, 887; Rz 111, 112; des **Hinzugezogenen** (§ 360 IV AO): BFH/NV 2000, 960; speziell des Konkurrenten: Rz 122; BFHE 142, 20 = BStBl II 1985, 12; BFHE 151, 18 = BStBl II 1988, 67; FG Bremen, EFG 1991, 263; allgemeiner: FG Köln EFG 1991, 515; zu den entsprechenden Anforderungen im Rahmen des § 41: BFHE 164, 219 = BStBl II 1991, 729; zum Verhältnis § 40 II/ § 48 II aF: § 48 Rz 37; BFHE 166, 74 = BStBl II 1992, 185). Die sog *Popularklage* (im Interesse der Allgemeinheit zB an der generellen Richtigkeit einer Regelung) ist damit ebenso *ausgeschlossen* wie (von der Ausnahme des § 48 I 1 nF abgesehen) die *Wahrnehmung von Rechten Dritter* (wie zB im Fall des *Testamentsvollstreckers:* BFHE 179, 222 = BStBl II 1996, 322 = HFR 1996, 418 mit Anm). Als besonders problematisch in diesem Zusammenhang erweist sich die **Rechtsstellung des Zessionars:** Nach hM erhält er gem § 46 AO Rechtsbehelfsbefugnisse nur im Erhebungsverfahren (§§ 218 ff AO) nicht hingegen gegenüber der Steuerfestsetzung (s zB BFHE 115, 413 = BStBl II 1975, 669, 670; BFHE 117, 1 = BStBl II 1976, 41, 42; BFHE 125, 138 = BStBl II 1978, 464, 465; BFHE 187, 1 = BStBl II 1999, 84; BFH/NV 1999, 43, 44; krit. *T/K* § 46 AO Rz 55 ff; zT auch *Pahlke/Koenig* § 46 AO Rz 30; s auch BFHE 189, 14 = BStBl II 2000, 46, soweit um den Bestand des abgetretenen Anspruchs gestritten wird; vgl außerdem zur entsprechenden Begrenzung im Revisionsverfahren: BFHE 140, 136 = BStBl II 1984, 348, 349; im Anwendungsbereich des § 134: dort Rz 4 u BFH/NV 1994, 881). Mit Art 19 IV GG und dem Tatbestand des § 46 I AO sind – entgegen der hM – Beschränkungen der Rechtsbehelfsbefugnis nur insoweit vereinbar, als sie die gesetzliche Beschränkung der Abtretbarkeit (auf Erstattungsansprüche usw) betreffen. Wegen der Anknüpfung des § 40 II an **gesetzlich begründete Rechte** (Rn 55 f) ist für die Figur der *gewillkürten Prozessstandschaft* im finanzgerichtlichen Verfahren kein Raum (BFHE 133, 331 = BStBl II 1982, 696; BFHE 164, 219 = BStBl II 1991, 729; FG Hbg EFG 1987, 312). Ein Ausnahmefall *gesetzlicher* Prozessstandschaft ist in § 48 I Nr 1 (früher Nr 3; dazu § 48 Rz 4) geregelt. (Zu den besonderen, für das Steuerrecht nur ausnahmsweise – vgl zB BFHE 149, 362 = BStBl II 1987, 346, 348 – akuten

Problemen der Verbandsklage vgl *Kopp/Schenke* Rz 26 vor § 40 und § 42
Rz 93; BVerwG NVwZ 1988, 627). – Mangels **eigener** Beschwer rechtfertigt zB **im USt–Recht** die Berechtigung des Leistungsempfängers zum
Vorsteuerabzug keine Anfechtungs- oder Verpflichtungsklage des Leistenden (BFH/NV 1987, 604, 607; 1994, 747) u umgekehrt (BFHE 183,
288 = BStBl II 1997, 707; FG Bdgb EFG 1995, 991, 992; *M Klein* BB
1996, 135; s aber § 41 Rz 15). Dasselbe gilt für den **Gesellschafter,** wenn
die Gesellschaft als Schuldnerin der USt in Anspruch genommen wird
(BFH/NV 1998, 896). Überhaupt **nicht** in einer *abgabenrechtlichen* Rechtsposition (Rz 55 f) betroffen ist der grds weder am Steuerrechtsverhältnis
(Ausnahmen s zB in § 22 I 2 UStG) noch am Steuerschuldverhältnis beteiligte (allgemein zum Erfordernis einer einschlägigen **Schutznorm:**
Kopp/Schenke § 42 Rz 78, 81 u 83 ff mwN) **Verbraucher** durch einen
USt-Bescheid (aM, ohne überzeugende Begründung: *T/K* Rz 20). – Ausnahmsweise (im Hinblick auf Art 19 IV GG; s auch § 57 Rz 7 f, 27) kann
die Klagebefugnis **trotz fehlender Steuerrechtsfähigkeit** gegeben sein
(BFH/NV 1997, 10). Ähnliches gilt in allen Fällen, in denen der **Recht-
schein** Klagebefugnis zur Folge hat (Rz 67). Andererseits wird uU die
Klagebefugnis durch mangelnde Steuerrechtsfähigkeit auch (zB für den
Gesellschafter einer Personengesellschaft im Umsatzsteuerrecht: BFH/NV
1998, 606, 607) begrenzt (s iU zur Bedeutung der Rechtsfähigkeit für die
Klagebefugnis: BFH/NV 1998, 1366; § 57 Rz 10).

Interesse an der **Klärung allgemeiner Rechtsfragen,** etwa durch Ein-   **58**
holung *„gerichtlicher Gutachten"* (BFHE 105, 1 = BStBl II 1972, 465; BFHE
112, 331 = BStBl II 1974, 522; BFHE 114, 226 = BStBl II 1975, 206;
BFHE 115, 9 = BStBl II 1975, 382; BFHE 123, 75 = BStBl II 1977, 767;
BFH/NV 1986, 196, 197; BFHE 148, 426 = BStBl II 1987, 248, 249;
BFH/NV 1999, 819); 2002, 665), genügt den Anforderungen des § 40 II
nicht – *ebensowenig* (vgl auch BVerwGE 14, 235, 236 u DÖV 1983, 548,
549) wie ein *„Innenrechtsstreit"* (*Erichsen* aaO mit gewissen Zugeständnissen
für den allgemeinen Verwaltungsprozess auf dem Gebiet der dort nicht
normierten Leistungsklage und der Feststellungsklage – S 230 ff), dh ein
behördlicher „Insichprozeß" (vgl FG RhPf EFG 1983, 295, 296 mwN;
BFH BStBl II 1986, 148, Ausnahme: Abs III: Rz 124; s auch BVerwG
Buchholz 310 § 43 VwGO Nr 113). Auch diese Ausgrenzung hat ihren
Grund darin, dass für den Verwaltungsprozess nicht das allgemeine Interesse am „richtigen Recht", an der Verwirklichung des Grundsatzes der
Gesetzmäßigkeit der Verwaltung, sondern die **Gewährung von Individualrechtsschutz im Vordergrund** steht (*Lüke* JuS 1967, 1; *Krebs* aaO
S 197 ff). Das gilt trotz des weitgefassten Art 243 II 1 ZK **auch im Zoll-
recht** (aM *Streck* DStR 1996, 1105, 1109 mN).

Der **Kläger** muss vorbringen, was ihm nach Art 19 IV 1 GG, §§ 33,   **59**
40 II FGO den Finanzrechtsweg eröffnet. Dh **nicht nur** die **Erhebung**
der Klage als solche, **sondern auch** die **Gestaltung** ihres in § 40 II geforderten Mindestinhalts ist im Kern seine Sache. Insoweit herrscht *Dispositionsmaxime* (s Rz 7, 61 ff und § 65 Rz 6). Das gilt trotz des weitgefassten
Art 243 I 1 ZK auch im *Zollrecht* (aM *Streck* DStR 1996, 1105, 1109 mN).

Nur eine Klage, die den inhaltlichen Anforderungen des § 40 II genügt,   **60**
erlaubt die Anrufung des Gerichts (*„eröffnet"* den Rechtsweg nach Art 19
IV 1 GG). Dies (inzwischen auch die Regelung des § 79 b I; dazu dort

Rz 8 f) legt den Schluss nahe, dass es sich hierbei um eine **Sachurteils-voraussetzung** handelt, die schon **zum Zeitpunkt der Klageerhebung** erfüllt sein muss und nicht etwa erst durch nachträgliche Korrektur des Begehrens geschaffen werden darf (BFHE 112, 331 = BStBl II 1974, 522, 524; BFHE 137, 3 = BStBl II 1983, 239; *H/H/Sp* Rz 42), jedenfalls bei fristgebundenen Klagen (§ 47) muss *spätestens mit Ablauf der Klagefrist* feststehen, wer welche Regelung, in welchem Umfang angreift (*Zugangs-voraussetzung,* vgl Rz 11 f vor § 33; § 47 Rz 2 und § 65 Rz 4), inwieweit andererseits welche Regelung wem gegenüber bestandskräftig geworden ist. In gewissem Umfang Heilungsmöglichkeit gewährt § 65 (s dort Rz 52 ff) u § 79 b (s dort Rz 8; vgl auch BFHE 177, 201 = BStBl II 1995, 417). Andererseits muss die Klagebefugnis bis zum Prozessende (dh auch in der Revisionsinstanz – § 121 S 1) **fortbestehen.** Wird der Rechtsuchende klaglos gestellt, wird die Klage unzulässig, bleibt nur die Erledigungserklärung (§ 138 I u II; s dort).

3. Inhaltliche Anforderungen

61   **Geltend machen** muss der Kläger die Rechtsbeeinträchtigung, dh **substantiiert** (BFHE 129, 117 = BStBl II 1980, 99, 102; BFH/NV 1986, 754; HFR 2001, 250) und *in sich* **schlüssig** (s auch Rz 65; BFHE 140, 509 = BStBl II 1984, 563, 564; BFHE 142, 20 = BStBl II 1985, 12, 13; BFHE 152, 138 = BStBl II 1988, 292; BFH/NV 1989, 354, 355; 2003, 1282; FG Köln EFG 1996, 1170 u 1170 f; Rz 13 vor § 33; vgl auch: BVerfG BStBl II 1979, 92, 93) *dartun* (nicht beweisen), *dass er durch den VA* (bzw die Ablehnung oder Unterlassung eines VA), durch ein sonstiges Verhalten der Finbeh oder durch die Ablehnung oder Unterlassung einer anderen Leistung *in seinen Rechten verletzt ist* (*Lüke* S 204 f, 213 f und 218 ff; s auch: *T/K* § 40 Rz 30; zTabw: § 65 Rz 9; zu den weniger strengen Anforderungen der „Möglichkeitstheorie": BVerwGE 44, 1, 3; 60, 157, 160; *Wahl/Schütz* in *Schoch ua* § 42 II Rz 64 ff; *Pestalozza* § 12 Rz 27; *Beermann/v Beckerath* § 40 FGO Rz 139 ff; *Kopp/Schenke* § 42 Rz 175 ff; zu § 350 AO: BFHE 145, 122 = BStBl II 1986, 243; s iÜ Rz 65).

62   Das *Gebot* eines substantiierten und in sich schlüssigen Vorbringens *bezieht sich auf* **alle Merkmale,** die nach dem Gesetzestext unter dem Gesichtspunkt der Zulässigkeit für die verschiedenen Klagearten zu fordern sind (s Rz 55), dh

63   – **bei Anfechtungsklagen** *auch auf* das Datum der Existenz des angegriffenen *VA* und seine die Rechte des Klägers verletzende Eigenschaft, während die Frage, ob ein VA und die behauptete Rechtsverletzung tatsächlich vorliegt, im Rahmen der Begründetheitsprüfung zu beantworten ist (Rz 68; *Bachof* DÖV 1957, 241, 262; *Maunz* BayVBl 1961, 30; aM: BVerwGE 36, 192, 194; BFHE 116, 261 = BStBl II 1975, 779; BFHE 146, 99 = BStBl II 1986, 537; offen BFHE 149, 280 = BStBl II 1987, 504, 505 mwN): Den Vortrag des Klägers als richtig unterstellt, muss aus dem angefochtenen VA die behauptete Rechtsverletzung resultieren (*Lüke* S 213 ff);

64   – **bei Leistungs- und Verpflichtungsklagen:** Es *muss sich das Vorbringen* des Klägers *unter irgendeine* sein Begehren (seinen Anspruch auf Erlass eines VA oder auf eine andere Leistung) rechtfertigende *Norm subsumieren*

lassen (Lüke S 218 ff; BVerfGE 67, 26, 36 f; BFH/NV 1989, 354, 355; FG RhPf EFG 1992, 312; vgl auch BVerwGE 36, 192, 199 f u Buchholz 310 § 42 VwGO Nr 160).

Das macht eine (uU auf die einzelnen Tatbestandsmerkmale des § 40 II)   **65** **begrenzte Schlüssigkeitsprüfung** *(Lüke* S 204 und JuS 1961, 41, 44), *unter dem Gesichtspunkt der Zulässigkeit* erforderlich (Rz 13 vor § 33; str – AM die Vertreter der „Möglichkeitstheorie" – Rz 61): Die Richtigkeit des Klagevorbringens unterstellt, muss sich aus ihm die Klagebefugnis im zuvor (Rz 62 ff) konkretisierten Sinne ergeben. Die zT für den allgemeinen Verwaltungsprozess vertretene Meinung, bei Anfechtungsklagen genüge, dass der Kläger „um Rechtsschutz für sich nachsucht" *(Neumeyer,* Die Klagebefugnis im Verwaltungsprozess, 1979, S 111 und 135), oder aber, wegen fehlender Klagebefugnis sei eine Klage nur dann unzulässig, wenn „offensichtlich und eindeutig nach keiner Betrachtungsweise die vom Kläger geltend gemachten Rechte bestehen oder ihm zustehen können" (BVerwGE 18, 154, 157; s auch BVerwGE 36, 192, 200; BVerwGE 44, 1, 3; BVerwGE 60, 157, 160; BFHE 100, 295 = BStBl II 1971, 30, 31; BFHE 136, 449 = BStBl II 1983, 51 f; BFHE 149, 362 = BStBl II 1987, 346, 347), oder es reiche für die Zulässigkeit der Anfechtungsklage aus, dass nach dem Vortrag des Klägers eine Verletzung seines geschützten Rechtskreises bei unterstellter Rechtswidrigkeit des VA „zumindest als möglich angenommen werden" müsse (BVerwGE 60, 123, 125; s auch Rz 61), genügt weder dem Wortsinn noch dem Zweck der Regelung.

In § 40 II verlangt das Gesetz zur Vermeidung der Popularklage aus-   **66** drücklich die **positive Feststellung,** dass mit der Klage einer Verletzung eigener Rechte begegnet werden soll. Das hat, speziell für das Abgabenrecht, auch seinen guten Grund, weil angesichts der Komplexität der Sachverhalte sowie der Vielzahl rechtlicher Erwägungen, die dort typischerweise in eine einzige Regelung iS des § 118 AO einmünden, sich verlässlich Popularklage nur ausschließen und Klagebefugnis nur bejahen lässt, wenn *zunächst der Kläger selbst* das Ziel der Klage in der zuvor umschriebenen Weise hinreichend deutlich macht (s auch Rz 7 u 59). Hierzu verlangt daher der BFH mit Recht (GrS in BFHE 129, 117 = BStBl II 1980, 99, 102 u BFHE 140, 309 = BStBl II 1984, 563, 564) *präzise* Behauptungen des Klägers, welche die Annahme rechtfertigen, dass eine Verletzung seiner Rechte vorliegt. Substantiiertes, in sich schlüssige Dartun eigener Rechtsbeeinträchtigung ist, entgegen einer weit verbreiteten Meinung (zB *T/K* § 65 Rz 8 ff), der Sache und dem Umfang nach etwas anderes als die Klagebegründung (§ 65 Rz 55): Sie dient allein dem Zweck, die spezielle Sachentscheidungsvoraussetzung des § 40 II zu erfüllen (s auch § 65 I 1; dort Rz 35 ff) und damit eine Sachprüfung und Sachentscheidung herbeizuführen. Die Richtigkeitsprüfung ist auch in diesem Punkt Sache des *Gerichts* (zum Spannungsverhältnis Dispositionsmaxime/Untersuchungsgrundsatz s § 65 Rz 8 f).

Die Entscheidung für die Schlüssigkeitstheorie (Rz 61) hat – was die   **67** Gegenansicht (s zB *Beermann/v Beckerath* Rz 146; *T/K* § 40 FGO Rz 3 – jew mwN) übersieht – auch zur Folge, dass es zum Dartun der Klagebefugnis ausreicht, wenn **Rechtsbeeinträchtigung** durch einen **VA** (bzw die Versagung eines VA) **geltendgemacht** wird (s auch *Lüke* S 204). Auch insoweit genügt zudem der **Rechtsschein** (s auch FG Nbg EFG 2004,

949, Rz 57; vor § 40 Rz 20; § 41 Rz 25; § 44 Rz 9; § 47 Rz 10; § 68 Rz 66; § 95 Rz 6; § 110 Rz 23), um den Zugang zu Gericht zu eröffnen (vgl auch BFH/NV 1995, 272; für den Fall fraglicher Steuerrechtsfähigkeit: BFH/NV 1997, 10; 2001, 178).

68   **Ob tatsächlich** ein **VA vorliegt,** ist – und dies gilt für alle anderen Elemente der Klagebefugnis gleichermaßen (Rz 61 ff) – eine unter Beachtung des Untersuchungsgrundsatzes in der zweiten Phase der Entscheidungsfindung zu beantwortende **Frage der Begründetheit** der Klage (Rz 63; (aM FG Köln EFG 1996, 306).

69   Bei dem für das finanzgerichtliche Verfahren wichtigsten Klagetyp, der Anfechtungsklage, beinhaltet die Geltendmachung der Rechtsverletzung notwendigerweise die Behauptung der objektiven **Rechtswidrigkeit** des angefochtenen VA (dazu: BFHE 148, 394 = BStBl II 1987, 297, 299 mwN; Rz 55 ff; zur erstmaligen Beschwer durch die Einspruchsentscheidung: BFHE 152, 200 = BStBl II 1988, 377), wie die den möglichen Erfolg einer solchen Klage regelnde Vorschrift des § 100 I 1 verdeutlicht (*T/K* Rz 24).

70   Grundsätzlich muss der **Tenor** (Ausspruch, Entscheidungssatz, das Ergebnis der Regelung) objektiv rechtswidrig sein und in subjektiver Hinsicht die geltend gemachte Rechtsverletzung beinhalten (s Rz 15; Vor § 40 Rz 45; BFHE 115, 9 = BStBl II 1975, 382, 383; BFHE 143, 226 = BStBl II 1985, 581; BFHE 147, 334 = BStBl II 1986, 898; BFHE 154, 495 = BStBl II 1989, 87; BFHE 155, 83, 87 = BStBl II 1989, 225, 227; BFHE 179, 222 = BStBl II 1996, 322; *T/K* Rz 36; § 118 AO Rz 50). Zu seinem Verständnis allerdings ist – wie beim Urteil (dazu näher: BGHZE 2, 170 – 34, 337; NJW 1972, 2269; *R/S* § 154 IV) – der gesamte Inhalt des VA heranzuziehen (BFHE 140, 143 = BStBl II 1984, 362, 363; vgl auch Rz 44 vor §& 129;40).

71   Dabei kommt es *nicht* entscheidend auf *Bezeichnung oder* äußeren Anschein an (Rz 20 u 31 Vor § 40): Die „Kassenabrechnung" (uU einschl KiSt u SozR) im „rubrum" einer Einspruchsentscheidung zur Rechtmäßigkeit der Steuerfestsetzung ist ebensowenig bestimmend für den **wirklichen Regelungsgehalt** des angefochtenen VA (dazu Rz 15; Vor § 40 Rz 44 f; § 65 Rz 44 f; § 100 Rz 1; BFHE 87, 514 = BStBl III 1967, 214; BFHE 129, 240 = BStBl II 1980, 193, 195; weitere Nachweise s Rz 78 ff), wie die Aussage über die Freistellung von der LSt in einem Bescheid nach § 42 V EStG aF (*v Groll,* JDStJG 1986, 431, 459 zu Fn 119; **aM:** BFH – GrS – BFHE 145, 147 = BStBl II 1986, 210, 212) die regelnde Willensbekundung iS des § 118 AO erschöpfend wiedergibt (vgl auch Rz 44 f vor § 40; zu den Besonderheiten bei **Nettolohnabreden:** BFHE 145, 198 = BStBl II 1986, 186; BFHE 160, 213 = BStBl II 1990, 610; BFHE 166, 540 = BStBl II 1992, 441; zur inhaltlichen Bedeutung der LSt-Anmeldung für den **Arbeitnehmer:** BFHE 209, 571 = BFH/NV 2005, 1939).

72   Für die wichtigsten Steuerverwaltungsakte folgt in diesem Zusammenhang aus § 157 II AO hinsichtlich der Bedeutung der **Besteuerungsgrundlagen** (in ihrer Eigenschaft als steuerlich relevante Einzelfeststellungen, die eine selbstständige rechtliche Würdigung beinhalten und eines unabhängigen rechtlichen Schicksals fähig sind: BFHE 152, 414 = BStBl II 1988, 544; *v Groll* StuW 1979, 172, 177; s iÜ Rz 61 vor § 40; *T/K* § 157 AO Rz 19 und *H/H/Sp/Trzaskalik* § 157 AO Rz 14 ff):

- Bei **Steuerbescheiden** (Rz 87 ff) *bilden sie einen nicht selbstständig anfecht-*   **73**
baren Teil der Regelung, zählen also zur Begründung iSd § 121 AO; die
aber löst wie gesagt für sich alleine, auch wenn sie unrichtig ist, keine
Rechtsverletzung iSd §§ 40 II, 100 II 1 aus, kann allenfalls für das Verständnis der Regelung, deren Auslegung aus Empfängersicht, bedeutsam
sein (s auch Vor § 40; Rz 61; BFH/NV 2004, 532).
- Bei **Grundlagenbescheiden** (Rz 92 ff; Feststellungsbescheiden, §§ 157   **74**
II aE, 179 ff AO) dagegen *kann jede einzelne Besteuerungsgrundlage für sich
allein die Rechtsverletzung auslösen.*

Bezugspunkt für das Ziel der Klage (für den Streitgegenstand; § 65   **75**
Rz 13, 30 ff; *v Groll* DStJG 18, 47, 58 ff) ist demgemäß typischerweise

- **beim Steuerbescheid die festgesetzte Steuerschuld** (Steuerfestset-   **76**
zung, § 157 I 2 AO; BFH – GrS – BFHE 91, 393 = BStBl II 1968, 344,
348; zu den Konsequenzen für den Streitwert BFHE 144, 341 = BStBl II
1985, 707, 708);
- **beim Feststellungsbescheid die** jeweils **gesondert** (möglicherweise   **77**
außerdem auch einheitlich – § 179 II 2 AO) **festgestellte Besteuerungsgrundlage** (s Rz 64 f vor § 40); hier Rz 92 ff; § 42 Rz 33 f;
BFHE 78, 374 = BStBl III 1964, 144, 145; BFHE 124, 104 = BStBl II
1978, 510, 511; BFHE 143, 75 = BStBl II 1985, 676, 677; BFHE 152,
414 = BStBl II 1988, 544 m Anm HFR 1988, 399; BFHE 171, 311 =
BStBl II 1993, 584; BFH/NV 1995, 318, 319 mwN; vgl auch FG
SchlHol EFG 1984, 322 und 1985, 325, 326 mwN).
- Ähnliches gilt für einen **Feststellungsbescheid nach § 251 III AO,**
mit dem das FA verschiedenartige Steuerforderungen geltend macht
(BFHE 151, 345 = BStBl II 1988, 199; FG Nbg EFG 2002, 1274; vgl
auch Rz 79 vor § 40).

Der angefochtene und der die Rechtsverletzung beinhaltende VA (bzw die hier-   **78**
durch konkretisierten Steuerrechtsverhältnisse – vgl zum Verhältnis Steuern
einer Kapitalgesellschaft/Steuern ihrer Gesellschafter BFHE 135, 303 =
BStBl II 1982, 401; zum Verhältnis Vorauszahlung/Steuerfestsetzung: BFHE
143, 101 = BStBl II 1985, 370; zum Verhältnis LSt-Abzug/Steuerfestset-
zung: *v Groll* JDStJG 9 S 431, 456 ff) müssen zumindest teilweise (§ 100
I 1: „Soweit …") **identisch** *sein.*

Darum kommt es zB grundsätzlich nicht an: **79**
- *bei der* **Anfechtung eines Steuerbescheids auf Fragen des Erhe-**   **80**
bungsverfahrens und umgekehrt (zur Dreistufigkeit der Geltendmachung von Steueransprüchen – Festsetzung, Erhebung, Vollstreckung –
vgl *T/K* § 218 AO Rz 1 ff, ferner BFHE 146, 344 = BStBl II 1986,
565, 567; zur *Aufrechnung:* BVerwG DVBl 1971, 572 und DÖV 1983,
980; FG BaWü EFG 1986, 509); auf Vergünstigungen, die mit der *festgesetzten* Steuer verrechnet werden (BFHE 128, 319 = BStBl II 1980,
17, 18); auf das *Leistungsgebot* (BFHE 117, 215 = BStBl II 1976, 258;
BFHE 143, 17 = BStBl II 1985, 266, 267; BFHE 143, 101 = BStBl II
1985, 370, 371; s auch BFH/NV 1995, 1040; zum Verhältnis *Haftungsbescheid*/Leistungsgebot: BFH/NV 1995, 950; s aber zur Rechtsstellung
des Zessionars Rz 57); dasselbe gilt für die in der Regel gleichzeitig vorgenommene und (in einer Urkunde zusammengefasst) bekanntgegebene
Abrechnung (Ermittlung der Zahlschuld auf Grund der Steuerfestsetzung
einerseits und der *Anrechnung* – § 36 II EStG – andererseits; zur Berück-

sichtigung von Vorauszahlungen: BFHE 87, 514 = BStBl III 1967, 214; BFHE 129, 240 = BStBl II 1980, 193, 195; BFHE 135, 211 = BStBl II 1982, 403, 404; BFHE 142, 408 = BStBl II 1985, 216; BFHE 145, 198 = BStBl II 1986, 186; BFHE 147, 117 = BStBl II 1989, 776; BFHE 148, 4 = BStBl II 1987, 405; BFHE 151, 128 = BStBl II 1988, 43; BFH/NV 1989, 762; FG BaWü EFG 1986, 509; s auch Rz 87; speziell zum Steuerabzug nach **§ 50a IV EStG:** FG Köln, EFG 2003, 1557; zur Regelung eines Erstattungsanspruchs durch **Abrechnungsbescheid** nach § 218 II AO; dazu auch Rz 35 vor § 40; BFHE 150, 392 = BStBl II 1987, 802; BFHE 168, 6 = BStBl II 1992, 713; BFHE 171, 397 = BStBl II 1993, 836; BFH/NV 1991, 569; 1994, 288 u 862; 1995, 474 u 922; 1999, 150f; s auch *Flies,* DStZ 1998, 760; *Rößler,* ebenda, 552);

81 – ebenfalls beim Streit um die zutreffende Steuerfestsetzung: auf **„Folgesteuern"** (**„Annexsteuern";** BFHE 124, 311 = BStBl II 1978, 347, 348; BFHE 127, 300 = BStBl II 1979, 441; *SolZ:* BFHE 176, 244 = BStBl II 1995, 305; s auch § 51a V 1 EStG; § 42 Rz 29f) oder sonstige aus der Steuerfestsetzung mittelbar gezogene Folgerungen (zB Berlinzulagen: BFHE 144, 341 = BStBl II 1985, 707, 708);

82 – bei Änderungen von bestandskräftigen VAen *auf den* **unverändert gebliebenen Teil einer Regelung** iS des § 118 AO (§§ 42 FGO, 351 I AO; vgl § 42 Rz 17ff);

83 – **im Verhältnis Grundlagen-/Folgebescheid** (§§ 171 X, 175 I Nr 1, 182 I, 351 II AO, 42 FGO) bei Anfechtung des Letzteren nicht die Rechtsverletzungen durch den ersteren und umgekehrt (BFHE 143, 340 = BStBl II 1985, 410, 412), und zwar auch dann nicht, wenn der „andere VA" nicht von einer Finanzbehörde stammt: BFHE 130, 441 = BStBl II 1980, 682 und BFHE 145, 545 = BStBl II 1986, 245; vgl iÜ Rz 65 vor § 40; § 42 Rz 33ff).

84 Bei inhaltlich miteinander zusammenhängenden VAen bzw bei verfahrensrechtlich voneinander abhängigen VAen *müssen* infolgedessen auch *schon im Rahmen der Zulässigkeitsprüfung* die verschiedenen **Regelungsbereiche** der in Frage stehenden Hoheitsmaßnahmen in subjektiver wie objektiver Hinsicht scharf auseinandergehalten und voneinander **abgegrenzt** werden, um zu ermitteln, von welchem VA denn die behauptete Rechtsverletzung in Wirklichkeit ausgeht (so zB zur **Bruchteilsbetrachtung** im Rahmen des **§ 17 EStG:** BFH/NV 2000, 1408 = HFR 2001, 132; zum *Verhältnis vorläufige, endgültige Regelung:* BFHE 138, 422 = BStBl II 1983, 622, 623; BFHE 180, 217 u 551 = BStBl II 1996, 506; HFR 1996, 739; oder *im Lohnsteuerrecht,* wenn *Pauschalierungs- und Haftungsschuld in einem Bescheid* geregelt sind: BFHE 143, 27 = BStBl II 1985, 266, 267 und BFHE 143, 226 = BStBl II 1985, 581; im Verhältnis *Gewerbesteuermessbescheid/GewSt-Bescheid:* BFHE 150, 441 = BStBl II 1987, 816; BFH/NV 2000, 420 u 1104; zum Verhältnis Feststellungsbescheid/GewSt-Messbescheid: BFHE 173, 158 = BStBl II 1994, 300; *zum Verhältnis KSt-Bescheid/Feststellungsbescheid* nach § 47 KStG: BFHE 138, 405 = BStBl II 1983, 602; BFH/NV 1994, 579, 580; FG RhPf EFG 1995, 1074; s auch Rz 88; ganz allgemein zum *Verhältnis Grundlagen-/Folgebescheid:* FG SchlHol EFG 1986, 24, wonach in Fällen des § 179ff AO über die Steuerbarkeit im Grundlagenbescheid, über die Frage, ob und wie zu veranlagen ist, dagegen im Folgebescheid entschieden wird; zum Sonderausgabenabzug: BFHE 169, 113

= BStBl II 1993, 8; bei Beteiligungen an einer atypischen stillen Gesellschaft: BFHE 145, 408 = BStBl II 1986, 311; BFHE 145, 359 = BStBl II 1986, 333; s auch BFH/NV 2000, 420; zur Feststellung von Bemessungsgrundlagen bei der *USt* (§ 180 II AO u VO dazu): BFH/NV 1994, 747; 1995, 397; zur Bedeutung der Zusammenveranlagung für die spätere Aufteilung der Abgabenschuld: BFHE 126, 4 = BStBl II 1979, 26; BFHE 148, 126 = BStBl II 1987, 94 und *Hellinger* DB 1978, 1305 ff; vgl iÜ § 42 Rz 29 ff und § 65 Rz 45 f).

Nebenbestimmungen (§ 120 AO; s Rz 4 a vor § 33; Rz 76 f vor § 40) **85** sind selbstständig anfechtbar, soweit sie selbstständige Regelungen enthalten. Das ist bei einem *Nachprüfungsvorbehalt* nach § 164 I grundsätzlich *nicht* der Fall (BFHE 132, 5 = BStBl II 1981, 150, 151; BFHE 138, 422 = BStBl II 1983, 622, 623; BFHE 139, 135 = BStBl II 1984, 85; s aber zum Streit um Aufhebung: FG Sachs EFG 2002, 1068). Dasselbe gilt für einen *Vorläufigkeitsvermerk* nach § 165 (BFHE 159, 128 = BStBl II 1990, 278). Eine selbstständige Beschwer enthält aber ein *Verlangen nach Sicherheitsleistung:* (BFHE 134, 97 = BStBl II 1982, 34; anders bei *Vollziehungsaussetzung:* BFHE 128, 306 = BStBl II 1979, 666, 667; vgl iÜ: BVerwGE 36, 145, 153 f; BFHE 41, 178, 181 und DÖV 1974, 380, 381 sowie 1976, 391, 392; *H-J Schneider* S 142 und 119; *Cöster* S 39 ff; *Kopp/Schenke* § 42 Rz 22 mwN; aM: *T/K* § 40 Rz 3 und § 120 AO Rz 11). Soweit selbstständige Anfechtung ausscheidet, kommt uU Feststellungsklage in Betracht (BVerwGE 51, 164; § 41 Rz 33).

4. Einzelfälle

a) Zur objektiven Seite der Klagebefugnis

In *objektiver Hinsicht* werden die *Anforderungen,* die *nach § 40 II* an ein **86** Klagebegehren zu stellen sind (vgl zB BFH/NV 1993, 152), *entscheidend von der* **Art des** angefochtenen oder erstrebten **VA** *bestimmt.* Durchgreifende Unterschiede ergeben sich vor allem für Klagen, die Steuerbescheide zum Gegenstand haben, einerseits und solche, die Feststellungsbescheide betreffen, andererseits.

aa) Besonderheiten bei Steuerbescheiden

Aus § 157 II AO 1. Alternative folgt die Regel, dass gegenüber dem **87** objektiven Inhalt von *Steuerbescheiden* eine Rechtsverletzung iS des § 40 II grundsätzlich nur wegen zu hoher **Steuerfestsetzung** geltend gemacht werden kann (dazu grundsätzlich: BFHE 184, 212 = BStBl II 1998, 63; s auch BFHE 193, 383 = BStBl II 2001, 338; BFH/NV 2001, 914; 2004, 630; s auch Rz 70; Vor § 40 Rz 45; unverständlich BFHE 206, 260 = BFH/NV 2004, 1178, unter ungerechtfertigter Berufung auf BFHE 112, 331 = BStBl II 1974, 522). Etwas anderes gilt in Fällen *konkreter* Drittbeteiligung (weitergehend, aber nicht am Prinzip des Individualrechtsschutzes – Art. 19 IV GG, Rz 56 ff – verprobt: *T/K* Rz 67 ff; s Rz 109 ff, 122) und immer dann, wenn der Regelungsgehalt des Steuerbescheids ausnahmsweise über die bloße Steuerfestsetzung hinausreicht, zB wenn die erstrebte höhere Festsetzung der ESt Voraussetzung für die (höhere) *Abrechnung* (s dazu iÜ Rz 80) von KapESt oder KSt ist (BFHE 176, 317 = BStBl II 1995, 362; weitere Beispiele Rz 88).

88   Unzulässig ist daher idR die Anfechtungsklage gegen einen ESt-Bescheid, in dem die **Steuerschuld** auf **0 DM/Euro** *festgesetzt* ist (BFHE 115, 9 = BStBl II 1975, 382; BFHE 151, 27 = BStBl II 1988, 75, 76 aE; BFHE 158, 540 = BStBl II 1990, 91; BFH/NV 1991, 415; 1998, 1356, 1357; 2000, 1465; 2001, 795 BFHE 187, 523 = BStBl II 2000, 3; BFH/NV 2001, 1125, 1126; 2003, 1331 u 1332; 2005, 1572 u 1739; FG Nds EFG 2000, 511; FG Nbg EFG 2004, 949; aM ohne überzeugende Begründung: BFHE 159, 439 = BStBl II 1990, 460; vgl auch FG RhPf EFG 1991, 206; zu diversen Ausnahmen: BFHE 133, 396 = BStBl II 1981, 665, 666; BFHE 153, 219 = BStBl II 1988, 583; BFHE 155, 83 = BStBl II 1989, 225; FG Nds EFG 1991, 487). Das gilt *auch* dann, *wenn* geltend gemacht wird, der Steuerfestsetzung liege kein oder ein zu niedriger *Verlust* zu Grunde, weil über die Höhe des Verlustabzugs nach § 10 d EStG nicht im Jahr des Entstehens, sondern erst im Jahr des Abzugs entschieden wird (BFHE 128, 40 = BStBl II 1979, 584; BFHE 139, 28 = BStBl II 1983, 710, 711; BFH/NV 1987, 456, 457; 1998, 1356, 1357; 2000, 1465; BFHE 187, 523 = BStBl II 2000, 3; BFHE 195, 545 = BStBl II 2002, 817; BFH/NV 2000, 1465; 2005, 55; FG Nds EFG 2000, 511). Ausnahme: BFHE 155, 83 = BStBl II 1989, 225; zum Verfahren nach § 10 d IV – früher III: BFHE 187, 523 = BStBl II 2000, 3; BFHE 195, 545 = BStBl II 2002, 817; s auch Rz 64 vor § 40; *v Groll* in *Kirchhof/Söhn* § 10 d Rz D 70 ff). Nur **scheinbare Ausnahmen** von dem Grundsatz, dass ein auf 0 DM/Euro (oder eine zu niedrige Steuerschuld) lautender Steuerbescheid keine Beschwer enthält, sind die Fälle, in denen sich die Bedeutung der Steuerfestsetzung nicht in der Konkretisierung des Steuerschuldverhältnisses erschöpft oder die **Beeinträchtigung** in Wirklichkeit **nicht in der Steuerfestsetzung selbst,** sondern in einer (stillschweigend) damit verbundenen anderen Aussage der Finanzbehörde liegt – wie etwa wenn

– ein auf **0 DM/Euro** lautender **ESt-Bescheid** sich auf einem anderen Rechtsgebiet deshalb nachteilig auswirkt, weil dort bestimmte Besteuerungsgrundlagen (verselbstständigt!) als verbindliche Entscheidungsgrundlage fungieren (zB der Ansatz positiver Einkünfte bei der Regelung von **BAföG-**Vergünstigungen BFHE 176, 409 = BStBl II 1995, 628; s auch BFHE 177, 44 = BStBl II 1995, 537; BFHE 180, 238 = BStBl II 1996, 654; iÜ Rz 91). Dass dies für Vergünstigungen nach dem **WoGG** anders sein soll (BFH/NV 2003, 1331 u 1332), überzeugt nicht.

– das Gravamen nicht in der Steuerfestsetzung auf 0 DM/Euro, sondern in der prinzipiellen **Bejahung der Steuerschuldnerschaft** (§ 157 I 2 AO) zu sehen ist (so für die eines nicht steuerrechtsfähigen Gebildes: BFHE 177, 497 = BStBl 1995, 653; FG MeVO EFG 1999, 827); und zwar auch in der Bejahung der **inländischen** Steuerschuldnerschaft (FG RhPf DStRE 2003, 1167);

– die eigentliche Beeinträchtigung **nicht** in der Festsetzung der **KSt-Schuld** auf **0 DM/Euro** liegt, wie der BFH meint (st Rspr – vgl BFHE 175, 484 = BStBl II 1995, 134; BFHE 190, 372 = BStBl II 2000, 325), sondern in der damit (wenn auch unausgesprochen) verbundenen, verselbstständigten **negativen Regelung** (Versagung oder Widerruf) **der Gemeinnützigkeit** bzw der einer bestimmten Steuerbefreiung (s dazu auch *H/H/Sp/Fischer* § 59 AO Rz 16; *v Groll* DStJG 18, 47, 66 f; *Gast de Haan* FR 1993, 708; aM i st Rspr: BFH – s Rz 32 vor § 40);

– ein **USt-Bescheid auf 0 DM/Euro** lautet, weil die positiven Besteuerungsgrundlagen zu hoch bzw (die Vorsteuerbeträge) zu niedrig angesetzt wurden (BFH/NV 1999, 1649; s dazu Rz 62 vor § 40; § 40 Rz 34,
51; ohne Not zu weitgehend, weil nur die Drittbeeinträchtigung beim
Vorsteuerabzug – dazu Rz 57 u § 41 Rz 15 – betreffend: BFH/NV
1994, 747).

Ebenfalls *unzulässig* ist grundsätzlich eine Anfechtungsklage, die sich ge-   **89**
gen eine **zu niedrige Steuerfestsetzung** wendet (s zB BFH/NV 2012,
805), zB mit der Begründung, die für unrichtig gehaltene Behandlung einer Besteuerungsgrundlage werde sich in einem **späteren Veranlagungszeitraum** als nachteilig erweisen (aM: BFHE 118, 542 = BStBl II 1976,
501; BFHE 133, 396 = BStBl II 1981, 665; BFHE 152, 40 = BStBl II
1988, 286); FG D'dorf EFG 2005, 399), weil über einen Veranlagungszeitraum hinaus keine Bindungswirkung besteht (Prinzip der *„Abschnittsbesteuerung"*: BFHE 123, 478 = BStBl II 1978, 191, 192; BFHE 137, 202 =
BStBl II 1983, 280, 281; BFHE 145, 401 = BStBl II 1986, 296, 299;
BFHE 146, 32 = BStBl II 1986, 520, 522; BFH/NV 2000, 957; BVerfG
DStZ (E) 1987, 122; zur Regelungsbegrenzung auf einen Feststellungszeitraum: BFHE 142, 6 = BStBl II 1985, 148).

Das gilt *auch, wenn* die Klage gegen die zu niedrige Festsetzung der ESt-
Schuld darauf gestützt wird, dass die gleiche steuerliche Behandlung zu
Nachteilen bei der GewSt führen könne (keine Bindungswirkung: BFHE 113,
340 = BStBl II 1975, 37).

Aus dem **Grundsatz des (formellen) Bilanzenzusammenhangs** (vgl   **90**
dazu vor allem BFH, GrS, BFHE 84, 394 = BStBl III 1966, 142 und
BFHE 184, 1 = BStBl II 1998, 83, 85; außerdem BFHE 131, 482 =
BStBl II 1981, 125, 126; BFHE 185, 492 = BStBl II 1998, 443; BFHE
185, 565 = BStBl II 1998, 503; BFH/NV 2004, 770; zur Kritik s *v Wallis,*
FS für Döllerer, 1988, 693, 703 f; *H/H/Sp/v Groll* Rz 127 vor §§ 172–177
AO; *v Groll,* FS für Kruse, 2001, 455) leiten Rspr und hM eine weitere
Ausnahme her: Ein unrichtiger Bilanzansatz, der sich im Streitjahr steuer-
lich nicht oder nur vorteilhaft für den Steuerschuldner auswirkt, soll
gleichwohl schon für diesen Veranlagungszeitraum eine Rechtsverletzung
iS des § 40 II darstellen, wenn er in späteren Jahren mit Nachteilen verbunden sein kann (BFHE 84, 392 = BStBl III 1966, 142; BFHE 87, 431 =
BStBl II 1967, 215; BFHE 108, 278 = BStBl II 1973, 323; BFHE 129, 325
= BStBl II 1980, 181; BFH/NV 1987, 504; *Beermann/v Beckerath* Rz 194;
T/K Rz 43; einschränkend BFHE 112, 331 = BStBl II 1979, 522; BFHE
114, 226 = BStBl II 1975, 206). Diese Ansicht ist mit der insoweit eindeutigen Aussage des § 157 II AO 1. Alt iVm § 40 II unvereinbar, überhaupt
mit dem Prinzip der *Rechtssicherheit,* konkretisiert in den gesetzlichen
Regelungen der Verjährung und Bestandskraft (*v Groll* aaO; vgl zu diesem
Problem auch *Hahn* aaO S 29 ff u 79 ff; *Stadie* StuW 1985, 101, 104; *Schick,*
BB 1987, 133, 136 ff; s auch Rz 5 vor § 40, ferner die Kritik bei *Knobbe-
Keuk,* Lehrbuch § 3 V 2, und die Einwände bei *T/K* § 173 AO Rz 103
u § 176 Rz 8 – jeweils mwN). Sie **entbehrt** zudem, auch rein bilanzsteu-
errechtlich gesehen, der **Systemgerechtigkeit** (sehr anschaulich): BFHE
197, 105 = BStBl II 2002, 75; nicht geprüft in BVerfG, BFH/NV-Beil
2005, 365). BFH-Rspr und hL bleiben zudem eine Rechtfertigung dafür
schuldig, dass der Regelungsgehalt eines Steuerbescheids im Rahmen der

Klagebefugnis bei bilanzierenden Stpfl anders zu beurteilen sein soll als bei
nicht bilanzziehenden (eine Unterscheidung, die zB zum Thema „Verlust-
auswirkung im Entstehungsjahr" – Rz 88 – von keiner Seite befürwortet
wird).

91   Eine *Ausnahme von dem Grundsatz der Unselbstständigkeit der Besteuerungsgrundlagen bei Steuerbescheiden* gilt nur insoweit, als solchen Besteuerungsgrundlagen **Tatbestandswirkung** für ein Rechtsverhältnis des Steuerschuldners zu anderen Behörden zukommt (RFH RStBl 1935, 460; BFHE
78, 172 = BStBl III 1964, 70, 73 aE; BFHE 115, 9 = BStBl II 1975, 382,
383; s auch Rz 88).

bb) Besonderheiten bei Feststellungsbescheiden

92   Bei **Feststellungsbescheiden** (s dazu auch § 42 Rz 29 ff; zu den Be-
sonderheiten der *subjektiven* Seite der Klagebefugnis in solchen Fällen: § 48
Rz 1 ff) dagegen (vgl zu deren Charakter *allgemein:* BFHE 113, 428 =
BStBl II 1975, 263; BFHE 121, 129 = BStBl II 1977, 309; BFHE 122, 2 =
BStBl II 1977, 509, 510; BFHE 150, 300 = BStBl II 1987, 764, 765;
BFHE 152, 414 = BStBl II 1988, 544 m Anm HFR 1988, 399; BFH/NV
1988, 791; 1994, 159, 161; 1995, 318, 319; BFHE 198, 425 = BStBl II
2002, 796; zur Bindungswirkung: BFHE 139, 341; BFHE 145, 117 =
BStBl II 1986, 186; BFHE 172, 290 = BStBl II 1994, 77; BFH/NV 1980,
366, 368; 1991, 602; 1995, 858; 2000, 1517 = HFR 2001, 5; bei negativen Feststellungen: BFHE 144, 463 = BStBl II 1986, 41; BFH/NV 1990,
369; 1991, 143 f, 1995, 858; 2004, 27; FG SchlHol EFG 1984, 322, 323 f
und 1985, 325, 326; *v Groll* StuW 1979, 172, 176 ff; *Seitrich* FR 1983, 551;
zum *mehrstufigen* Feststellungsverfahren: BFHE 177, 198 = BStBl II 1995,
531; BFH/NV 1995, 759 speziell zur Abgrenzung der Regelungsbereiche
bei **„Zebragesellschaften":** s nunmehr: BFHE 209, 399 = BStBl II
2005, 679; zuvor: einerseits BFHE 185, 177 = BStBl II 1999, 401;
BFH/NV 2000, 306; andererseits: BFHE 200, 8 = BStBl II 2003, 167; *H/
H/Sp/v Groll* § 175 Rz 111 u 145 ff) *kann* – wie § 157 II AO 2. Alt verdeutlicht – die geltend gemachte **Rechtsverletzung allein aus der
rechtswidrigen** (gesonderten, und uU auch einheitlichen) **Feststellung**
(FG MeVo EFG 1997, 138) oder (anders als im Einspruchsverfahren –
§ 367 II 1 u 2 AO: BFH/NV 1998, 282, 283; zu den Besonderheiten der
Einheitswertfeststellung s BFH/NV 1991, 726, iÜ Rz 105) allein aus der
(vermeintlich) unzutreffenden Regelung *einzelner* **Besteuerungsgrundlagen** (zum Begriff: Rz 61 vor § 40; zum Sonderfall der **Konnexität** mehrerer Besteuerungsgrundlagen: BFHE 190, 150 = BStBl II 2000, 179) resultieren, unabhängig von der in diesem Verfahren wegen § 42 iVm
§ 351 II AO gar nicht nachprüfbaren (dazu § 42 Rz 29 ff) steuerlichen
Auswirkung (BFHE 143, 75 = BStBl II 1985, 676; BFH/NV 1995, 318,
319; s auch zum Rechtsschutz im Rahmen eines Treuhandverhältnisses:
BFH/NV 2004, 318 sowie die Übersichten bei FG SchlHol EFG 1985,
325; BFHE 152, 414 = BStBl II 1988, 544; HFR 1988, 399 u BFH/NV
1995, 318, 319; 2000, 977, 978). Entsprechendes gilt für **GewSt-Messbescheide** (§ 184 I AO; BFH/NV 2000, 420 u 1104) und **Zerlegungsbescheide** (§§ 185, 188 I AO; BFHE 188, 536 = BStBl II 1999, 542;
BFH/NV 2000, 346; FG MeVo EFG 1999, 827). Gegenüber solchen
SteuerVAen kann sich die Klagebefugnis zB ergeben:

– unabhängig von der konkreten steuerlichen Auswirkung im Folgebe- **93**
  scheid, allein **aus der Zuordnung von Einkünften** unter eine bestimmte Einkunftsart iS des § 2 I 1 Nr 1–7 EStG (BFHE 78, 374 =
  BStBl III 1964, 144; BFHE 123, 315 = BStBl II 1978, 44, 45; BFHE
  125, 104 = BStBl II 1978, 510 – BFHE 143, 75 = BStBl II 1985, 676;
  BFHE 164, 385 = BStBl II 1991, 713; BFH/NV 1995, 318, 319; BFHE
  206, 90 = BStBl II 204, 868; FG Mchn EFG 1991, 403, 404; FG RhPf
  EFG 1991, 540; aM FG Hbg EFG 2003, 751 u 820; zum Problem der
  zeitlichen Zuordnung im Spezialfall der Feststellung eines Steueranspruchs als Konkursforderung nach § 251 III AO vgl FG Saarl EFG
  1983, 218);
– allein aus der Qualifikation von Einkünften *als* **steuerpflichtige** *Ein-* **94**
  künfte (BFHE 144, 40 = BStBl II 1985, 523, 525);
– allein aus der **Verteilung** von Einkünften (BFHE 149, 454 = BStBl II **95**
  1987, 558, 561; FG SchlHol EFG 1985, 325);
– allein **aus der Höhe,** *in der* ein bestimmter *Gewinn oder Anteil* hieran **96**
  festgestellt oder aber auch aus der *Art und Weise, wie* er *verteilt* wird
  (BFHE 102, 202 = BStBl II 1971, 591, 593; BFHE 122, 2 = BStBl II
  1977, 509, 510; BFHE 141, 598 = BStBl II 1984, 820, 823 aE; BFHE
  144, 386 = BStBl II 1986, 17, 21; BFH/NV 2003, 1045);
– **aus der Feststellung eines zu niedrigen Gewinns** (BFHE 133, 412 **97**
  = BStBl II 1982, 211, 212; BFHE 155, 83 = BStBl II 1989, 225; BFHE
  155, 91 = BStBl II 1989, 229; BFHE 159, 439 = BStBl II 1990, 460;
  FG Mchn EFG 1991, 403, 404; vgl zum Ansatz eines *Veräußerungsge-*
  winns: FG Nds EFG 2003, 1543; iÜ auch BFHE 143, 238 = BStBl
  1985, 394, allerdings in ungerechtfertigter Gleichsetzung mit dem entsprechenden Problem im Rahmen der Steuerfestsetzung, s Rz 89) und
  aus der angeblich zu hohen Feststellung des Gesamtgewinns auch dann,
  wenn die erstrebte Herabsetzung dieser Besteuerungsgrundlage zugleich
  eine Erhöhung des Gewinnanteils des Klägers bedeutet (BFH 102, 202
  = BStBl II 1971, 591, 593); desgleichen aus der Feststellung eines **zu**
  hohen Verlusts – auch dies allerdings nur, sofern nicht jegliche Auswirkung auf die Steuerfestsetzung ausgeschlossen ist (FG Hbg EFG 2000,
  140);
– aus Feststellungen im Bereich des **Sonderbetriebsvermögens** (BFHE **97a**
  152, 414 = BStBl II 1988, 54; BFH/NV 2000, 977, 978; s aber BFH/
  NV 1996, 37); zu Sondereinnahmen: BFHE 198, 425 = BStBl II 2002,
  796;
– **aus** einer unzutreffenden **Feststellung gem § 10 a I 3 EStG aF** (Steuer- **98**
  begünstigung des nicht entnommenen Gewinns: BFHE 81, 662 = BStBl
  III 1965, 237); aus einer unzutreffenden Feststellung des „verbleibenden
  Verlustabzugs" nach **§ 10 d IV** (früher III; BFH/NV 2000, 1465, 1466;
  2003, 904; FG D'dorf EFG 1996, 129; FG Köln EFG 1996, 539; FG
  Bln EFG 1997, 20, 88, 92; s auch Rz 64 vor § 40) oder aus einer Feststellung gem **§ 10 e VII EStG;**
– **aus der unzutreffenden Qualifizierung eines Gewinns:** als *steuer-* **99**
  pflichtiger, statt als Sanierungsgewinn (BFHE 131, 299 = BStBl II 1981, 8),
  als *laufender statt als tarifbegünstigter* Veräußerungsgewinn (BFHE 107, 265
  = BStBl II 1973, 121; BFHE 112, 171 = BStBl II 1974, 459; BFHE
  117, 539 = BStBl II 1976, 304; BFHE 125, 347 = BStBl II 1978, 637;

BFHE 129, 17 = BStBl II 1980, 43; BFHE 135, 386 = BStBl II 1982, 506; BFHE 192, 207 = BStBl II 2001, 89; BFH/NV 2000, 977, 978), als Gewinn aus Gewerbebetrieb, BFHE 154, 500 = BStBl II 1989, 134; oder *als Gewinn* bzw Verlust aus gewerblicher Tierzucht/Tierhaltung iSd *§ 2a EStG* 1974 (jetzt *§ 15 IV EStG:* BFHE 144, 553 = BStBl II 1986, 146);

100 – **aus der Zurechnung einzelner Besteuerungsgrundlagen** (bestimmter Wirtschaftsgüter oder der AfA-Berechtigung; BFHE 125, 532 = BStBl II 1978, 674);

101 – **aus der Feststellung,** die **Buchführung sei nicht ordnungsmäßig** (BFHE 110, 453 = BStBl II 1974, 121; BFHE 135, 386 = BStBl II 1982 506, 509;

102 – *aus der Feststellung von Besteuerungsgrundlagen, die nur* **einen** (ehemaligen) **Mitgesellschafter** *betreffen* (zB *Sonderbetriebseinnahmen und -ausgaben:* BFHE 127, 493 = BStBl II 1979, 539; BFHE 129, 17 = BStBl II 1980, 43; BFHE 138, 548 = BStBl II 1983, 771; BFHE 139, 496 = BStBl II 1994, 125; BFHE 144, 40 = BStBl II 1985, 523, 525; BFHE 144, 386 = BStBl II 1986, 17, 20; BFHE 149, 149 = BStBl II 1987, 553; BFHE 152, 414 = BStBl II 1988, 544 m Anm HFR 1988, 399; FG SchlHol EFG 1986, 24; aM: *Knobbe-Keuk,* Lehrbuch, § 9, § 11 u § 13; *T/K* § 180 AO Rz 38 a);

103 – **im Rahmen des § 47 KStG 1977** (zu dessen *verschiedenartigen* Einzelfallregelungen iSd der § 118 S 1 AO: BFH/NV 1994, 579; FG Köln EFG 2000, 758), unter Berücksichtigung der Trennung der Regelungsbereiche des Feststellungs- und des Veranlagungsbescheids (vgl dazu generell: BFHE 165, 537 = BStBl II 1992, 154; s auch BFHE 176, 317 = BStBl II 1995, 362; BFHE 180, 405 = BStBl II 1997, 92; BFHE 187, 273 u 440 = BStBl II 1999, 101 u 171; BFH/NV 2003, 1282); auch hier trotz Steuerfestsetzung auf 0 DM ausnahmsweise *auch aus der Höhe des Verlusts* (BFHE 138, 409 = BStBl II 1983, 602, 603; vgl auch BFHE 153, 219 = BStBl II 1988, 683; zu den Grenzen solcher Bindungswirkung: BFHE 151, 354 = BStBl II 1988, 463; BFHE 151, 566 = BStBl II 1988, 466; BFHE 154, 486 = BStBl II 1989, 104; FG Köln EFG 2000, 759; FG D'dorf EFG 2000, 812);

104 – **in Fällen des § 55 V EStG** (s § 55 V S 5) zB *aus der Behandlung einzelner Grundstücksflächen* (FG SchlHol EFG 1979, 88; vgl auch BFHE 128, 527 = BStBl II 1980, 5; zur Begrenzung: BFHE 137, 547 = BStBl II 1983, 324; BFH/NV 1988, 483, 485; s auch BFHE 203, 454 = BFH/NV 2004, 258);

105 – **bei EW-Bescheiden** (hier ausnahmsweise – s Rz 92 – auch schon wirksam im Einspruchsverfahren; zum **Bestimmtheitserfordernis** hier: BFH/NV 1998, 417) jeweils unabhängig voneinander *aus Wert, Art und Zurechnung* (BFHE 135, 85 = BStBl II 1983, 88; BFHE 148, 329 = BStBl II 1987, 292; BFHE 157, 217 = BStBl II 1989, 822; BFH/NV 1988, 690; BFH/NV 1991, 726; 1999, 282; zum Regelungsgehalt einer Zurechnungsfortschreibung: BFHE 144, 463 = BStBl II 1986, 41; zur Eigenständigkeit einer Zuordnungsentscheidung nach **§ 19 III Nr 1 BewG:** BFH/NV 2000, 173; zur Vollziehbarkeit eines EW-Bescheids: BFH/NV 1999, 340); aus der Zuordnung zu einer bestimmten *Vermögensart:* BFHE 171, 311 = BStBl II 1993, 584 (speziell zur dreistufigen

Regelung bei der GrSt-Festsetzung: BFHE 144, 201 = BStBl II 1986, 128/129 und BFHE 145 , 235 = BStBl II 1986, 191, 192); ferner *aus der unrichtigen Behandlung von Besteuerungsgrundlagen* zB der Grundstücksart: BFHE 145, 422 = BStBl II 1986, 171, 172), und zwar *selbst dann, wenn sie sich im Ergebnis auf die Höhe des festgestellten EW nicht auswirken* (aM BFHE 93, 295 = BStBl II 1968, 806, allerdings insoweit in Verkennung des GrS-Beschlusses BFHE 91, 393 = BStBl II 1968, 344, 348, 1 Sp oben Parenthese);

– **im Rahmen der InvZul** aus der (positiven oder negativen) *Feststellung*　**106** *zu einem einzigen Wirtschaftsgut* (dem Grunde und/oder der Höhe nach: BFHE 115, 8 = BStBl II 1975, 385; vgl auch BFHE 92, 402 = BStBl 1968, 572; zur *Zulageberechtigung* der **Personengesellschaft:** BFH/NV 1995, 731; 1998, 668; 200, 747; BFHE 203, 289 = BStBl II 2003, 947; desgleichen gem **§ 1 I 2 FördG:** BFHE 197, 503 = BStBl II 2002, 309; BFH/NV 2001, 1650, 2004, 1473; s auch § 57 Rz 7 ff; zur Bedeutung des USt-Freistellungsbescheids: BFHE 167, 470 = BStBl II 1991, 684);

– **gegenüber einer gesonderten Feststellung nach § 18 I AStG** (zu　**107** den Anforderungen an die *Bestimmtheit* in solchen Fällen: FG Mchn EFG 1998, 861; FG Nds EFG 2000, 773; s iÜ auch Rz 64 vor § 40) *aus dem Umstand, dass* hinzugerechnet wurde, und unabhängig davon auch aus der Aussage, *was, wem* und *für wann* zugerechnet wurde (BFHE 143, 340 = BStBl II 1985, 410; vgl iÜ zum Regelungsgehalt derartiger VAe: BFHE 140, 493 = BStBl II 1994, 468 und BFHE 144, 539 = BStBl II 1986, 129, 133; BFHE 169, 376 = BStBl II 1993, 177; BFHE 177, 663 = BStBl II 1995, 502); gegenüber einer **Hinzurechnung nach § 2 I 3 AIG** (**§ 2 a III 3 EStG** aF): BFH/NV 2000, 168.

Soweit **Ermessensentscheidungen** in Frage stehen, muss substantiiert　**108** und in sich schlüssig geltend gemacht werden (§ 102), der VA, seine Ablehnung oder Unterlassung sei rechtswidrig, weil die beklagte Behörde die Grenzen des ihr eingeräumten Ermessens überschritten oder von ihrem Ermessen in einer dem Zweck der zu Grunde liegenden Ermächtigung nicht entsprechenden Weise Gebrauch gemacht habe (vgl iÜ Rz 2 f zu § 102). Dabei ist – auch hinsichtlich der Beschwer (besonders in Fällen des § 163 AO) – deutlich zu unterscheiden, zwischen der Rechtsbeeinträchtigung, die in der Steuerfestsetzung und derjenigen, die in der (Teil-)Ablehnung des Billigkeitserlasses liegt (zur **Zweigleisigkeit** des Verfahrens: *H/H/Sp/v Groll* § 163 AO Rz 145 ff; § 227 AO Rz 376, 398). Zur Durchsetzung eines *auf Erstattung diverser Abgaben aus Billigkeitsgründen gerichteten Begehrens* (im Wege der Verpflichtungsklage – Rz 51) verlangt § 40 II *Spezifizierung der einzelnen Steueransprüche dem Grund und der Höhe nach* (FG Hbg EFG 1980, 405, 407), weil Billigkeitsmaßnahmen (§§ 163, 222, 227 AO) einem bestimmten Steuerschuldverhältnis iSd § 37 AO zugeordnet sind (BFHE 136, 449 = BStBl II 1981, 51, 52, 53; *v Groll* DStJG 9, 431, 449 mwN FN 72 und in *H/H/Sp* § 227 AO Rz 21, 206 ff und 270 ff).

b) Zur subjektiven Seite der Klagebefugnis

Aus der **Begrenzung der Klagebefugnis** auf die Geltendmachung der　**109** Verletzung *eigener* Rechte folgt, dass die persönlichen Voraussetzungen des § 40 II nur erfüllt

110   – (im Regelfall) der **Adressat,** genauer der *Destinatär* (vgl zum Unterschied: *T/K* § 122 AO Rz 15 ff) eines VA oder einer sonstigen Maßnahme, dh der angeblich Anspruchsberechtigte einer Leistung oder Betroffene einer Unterlassung; bloße Namensgleichheit genügt dabei grundsätzlich nicht für § 40 II (BFH/NV 2004, 804, allerdings ohne das Problem des Rechtsscheins – Rz 67 – zu berücksichtigen);

111   – (ausnahmsweise – Rz 56 f, Rz 122) ein **Drittbetroffener,** *der,* ohne Adressat einer Maßnahme oder Unterlassung zu sein, substantiiert und in sich schlüssig eine *Rechtsbeeinträchtigung iS des § 40 II vorbringt:* zB die Steuerberaterkammer gegen die Anerkennung einer Steuerberatergesellschaft: BFHE 149, 362 = BStBl II 1987, 346; desgleichen der nach § 360 AO **Hinzugezogene** (s § 360 IV AO; BFH/NV 2000, 960, 961 mwN; zum entsprechenden Problem beim **Beigeladenen** im Rechtsmittelverfahren: BFHE 183, 288 = BStBl II 1997, 707, unter II.1.c; vgl auch BFHE 153, 272 = BStBl II 1988, 638; ferner BFHE 131, 278 = BStBl II 1981, 33; BFHE 146, 215 = BStBl II 1986, 509); zum Verhältnis **Steuerschuldner/Abführungspflichtiger** – im Fall des § 18 VIII UStG iVm §§ 51 ff UStDV: BFH/NV 2003, 827, 828). Es genügt mittelbare Verletzung eines subjektiven Rechts in Abgabenangelegenheiten (§ 33 Rz 6 ff), sofern die Rechtsvorschrift(en), die verletzt sein soll(en), zumindest auch dem Schutz von Individualinteressen des Rechtsuchenden dient (dienen; **„Schutznormtheorie",** str – wie hier: BFHE 184, 212 = BStBl II 1998, 63; *v Danwitz,* DVBl 1993, 422, 426; *Kopp/ Schenke* § 42 Rz 78 u 83 ff; *Wahl/Schütz* in Schoch ua § 42 Abs 2 Rz 45 ff – jew mwN; aM: *Tipke/Lang* § 23 Rz 126 f). **EG-Richtlinien** entfalten grundsätzlich keine unmittelbare Außenwirkung gegenüber dem „Marktbürger" (anders im Fall nicht fristgerechter Umsetzung in nationales Recht: EuGH RIW/AWD 1990 1024); zur Klagebefugnis des **Konkurrenten:** BFHE 151, 18 = BStBl II 1988, 67 und BFHE 184, 212 = BStBl II 1998, 63; FG SachsAnh EFG 2003, 910; vgl vor allem aber den Vorlagebeschluss an den **EuGH:** BFHE 206, 521 = BStBl II 2004, 1034; zur Konkurrentenklage im **Gemeinnützigkeitsrecht:** BFHE 191, 434 = BStBl II 2000, 705; s iÜ auch Rz 122; zur Klagebefugnis der *Gemeinde* im Gewerbesteuerzerlegungsverfahren: BFHE 152, 138 = BStBl II 1988, 392). Der Dritte muss seine Rechte selbst wahrnehmen (BVerwG Buchholz 406, 19 Nachbarschutz Nr 72).

112   Je direkter und deutlicher dabei die Linie von der Beeinträchtigung zur behaupteten **Rechtsposition** verläuft, um so weniger muss der Kläger zum **Dartun** seiner Klagebefugnis vorbringen, je entlegener (unwahrscheinlicher) eine Verletzung eigener Rechte erscheint, um so mehr muss geltend gemacht werden: Dem Adressaten eines belastenden VA wird nach § 40 II weniger abverlangt als dem zwar dem Inhalt, nicht aber der äußeren Form nach Angesprochenen oder gar dem Drittbetroffenen (vgl zB BVerwG NJW 1985, 1913; keine Drittbetroffenheit eines Ehegatten gegenüber einem allein an den anderen Ehegatten gerichteten *Zinsbescheid:* BFH/NV 1994, 644). Bisher haben sich für das noch immer relativ seltene Phänomen der Rechtsbeeinträchtigung Dritter im Steuerrecht (s auch Rz 57) vor allem folgende verfahrensrechtliche Probleme ergeben:

113   Auf die Rollenverteilung im außergerichtlichen Vorverfahren kommt es für den Steuerprozess nicht entscheidend an: Auch der zum außergerichtlichen Vorverfahren **Hinzugezogene** (§ 360 AO) kann – je nach Ausgang des Verfahrens – klagebefugt sein (FG RhPf EFG 1982, 229; vgl aber BFHE 154, 495 = BStBl II 1989, 87 und zur **Beiladung:** BFH/NV 1991, 468; 2004, 918).

Andererseits müssen auch in subjektiver Hinsicht die (durch den in Frage **114** stehenden VA konkretisierten) **Steuerrechtsverhältnisse** iSd §§ 33 ff AO *auseinandergehalten* werden (zur objektiven Seite des Problems: Rz 78 ff). Ausgrenzungen können sich daher auch aus der für die einzelnen **Steuerarten** unterschiedlich geregelten **Steuerrechtsfähigkeit** (dazu § 57 Rz 14 ff) ergeben; im Hinblick hierauf fehlt zB dem Kommanditisten grundsätzlich (zu evtl Ausnahmen s § 57 Rz 27) die Klagebefugnis gegenüber einem Gewerbesteuermessbescheid (BFH/NV 2000, 1104). Aus dem gleichen Grund ist die Erkenntnis, dass sich die materiellrechtliche Zurechnung bei der ESt nach der Tatbestandsverwirklichung iS der §§ 38 AO, 2 I 1 EStG richtet (BFHE 136, 455 = BStBl II 1983, 27; *Schmidt/ Glanegger* § 2 Rz 18 mwN), maßgeblich auch für die Abgrenzung der Klagebefugnis – ua mit der Folge, dass sich die in einer solchen öffentlich-rechtlichen Rechtsbeziehung wurzelnden Positionen als nicht übertragbar erweisen, dem Zessionar keine Klagebefugnis verschaffen (BFHE 143, 252 = BStBl II 1985, 330; s iÜ Rz 57 u 119). Besonders deutlich werden die prozessualen Folgen materiellrechtlicher Zurechnungsentscheidungen, wenn die **GbR Steuerschuldnerin** ist (dazu auch Rz 57; § 48 Rz 15 u 19 ff; § 57 Rz 15 ff): wie zB bei der **GrESt** (BFH/NV 2004, 203) oder bei der **USt** (BFH/NV 2004, 360; FG Bremen EFG 2004, 824; FG Mchn EFG 2004, 1707; s auch Rz 106).

Als problematisch erweist sich in diesem Zusammenhang die **Zusam-** **115** **menveranlagung** von Ehegatten (§ 26 b EStG: zum Verfahren bei getrennter Veranlagung: BFHE 173, 207 = BStBl II 1994, 405), eine im Grunde („bis zur Zusammenrechnung") *getrennte Einkunftsermittlung, die in* einen nur *äußerlich zusammengefassten Bescheid* (§ 155 III 1 AO) *einmündet* (für den eine spezielle Bekanntgaberegelung gilt: § 122 VII AO). Dem inhaltlichen Unterschied entspricht **getrennte Rechtsbehelfsbefugnis bei- der Ehegatten** (BFHE 143, 32 = BStBl II 1985, 296; BFH/NV 1986, 733; BFHE 168, 215 = BStBl II 1992, 916; FG Köln EFG 2000, 201, 202; keine Notwendigkeit der Beiladung: BFHE 104, 45 = BStBl II 1972, 287 und BFHE 121, 142 = BStBl II 1977, 321; BFH/NV 1989, 755; aM: *Schmidt/Seeger* § 26 b Rz 25 f mwN; bei der **KiSt:** BFHE 175, 189 = HFR 1994, 671; BFH/NV 1995, 272 u 439; s auch Rz 118). Andererseits aber darf die Steuer den Ehegatten gegenüber (wegen der Einheitlichkeit der Einkommensermittlung) nicht unterschiedlich festgesetzt werden (BFHE 131, 46 = BStBl II 1980, 645). Das unterschiedliche verfahrensrechtliche Schicksal beider Regelungen allerdings kann (durch Divergenzen in Bestands- bzw Rechtskraft) auch materiell-rechtliche Abweichungen mit sich bringen (vgl hierzu und zum Bekanntgabeproblem: BFHE 117, 205 = BStBl II 1976, 136; BFHE 126, 5 = BStBl II 1979, 58; BFHE 139, 69 = BStBl II 1983, 674, 675; BFHE 143, 269 = BStBl II 1985, 547, 348; BFHE 144, 122 = BStBl II 1985, 583, 584; BFHE 143, 491 = BStBl II 1985, 603; BFHE 146, 190 = BStBl II 1986, 474, 476; BFHE 176, 510 = BStBl II 1995, 484; zur förmlichen Zustellung: BFHE 178, 105 = BStBl II 1995, 681; vgl iÜ *Lippross* DB 1984, 1850; *Schmidt/Seeger* § 26 b Rz 15 ff;

zum Erfordernis der Bestimmtheit in solchen Fällen: FG SchlHol EFG
1984, 325); zum Sonderfall der Klagebefugnis bei der **Rentenbesteue-**
rung – §§ 10 I Nr 1 a, 22 Nr 1 S 1 EStG: BFHE 203, 337 = BFH/NV
2004, 120).

116 Im Falle der **Gesamtschuldnerschaft von Miterben** steht es dem FA
frei, ob es diese gem § 155 III AO in einem zusammengefassten oder aber
jeweils durch Einzelbescheide in Anspruch nehmen will (BFHE 109, 123
= BStBl II 1973, 544 und BFHE 141, 461 = BStBl II 1984, 784; vgl zu
anderen Fällen der Gesamtschuldnerschaft: BFHE 132, 114 = BStBl II
1981, 176). Das hat entsprechende Konsequenzen für die Klagebefugnis
(FG D'dorf EFG 1982, 582).

117 **Schuld und Haftung** begründen grundsätzlich (trotz Gesamtschuldnerschaft) *getrennte Steuerrechtsverhältnisse* mit unterschiedlichen prozessualen
Konsequenzen (Rz 39 von § 40). Ausnahmsweise wird dem Steuerschuldner (Arbeitnehmer) Rechtsbehelfsbefugnis gegenüber dem Haftungsbescheid eingeräumt im *LSt-Recht* (§ 42 d EStG: BFHE 109, 502 = BStBl II
1973, 780); speziell zur Beiladung: BFHE 129, 310 = BStBl II 1980, 210;
Schmidt/Drenseck § 42 d Rz 58 f; *T/K* Rz 16; aM: *Groh* DStR 1969, 231
und *Fichtelmann* FR 1974, 291) und bei der KapESt (§ 44 V EStG: BFHE
102, 242 = BStBl II 1971, 589; *Schmidt/Heinicke* § 44 Rz 17 ff).

118 In **glaubensverschiedenen Ehen** ist der eine Ehegatte in den **KiSt-**
Angelegenheiten des anderen nicht klagebefugt (BFHE 138, 531 =
BStBl II 1983, 645, 646 f; s auch BFH/NV 1995, 272 u Rz 115).

119 *In* den diversen Fällen der **Abtretung** steuerlicher Erstattungsansprüche
geht (wegen der öffentlichrechtlichen Natur des Steuerrechtsverhältnisses)
nur der reine **Zahlungsanspruch** als eigene Rechtsposition auf den Zessionar *über*, iÜ bleibt grundsätzlich (s aber Rz 57) allein der Zedent *klagebe-*
fugt (BFHE 115, 413 = BStBl II 1975, 669, 670; BFHE 117, 1 = BStBl II
1976, 41, 42; BFHE 125, 138 = BStBl II 1978, 664, 665 f; BFHE 146, 344
= BStBl II 1986, 565, 561; s auch BFHE 173, 1 = HFR 1994, 305; BFHE
174, 8 = HFR 1994, 453; BFH/NW 2001, 5; BFHE 198, 294 = BStBl II
2002, 562, für den Fall der *Pfändung* BFHE 191, 311 = BStBl II 200, 573;
zur Ablehnung der gewillkürten Prozessstandschaft im finanzgerichtlichen
Verfahren: BFHE 133, 331 = BStBl II 1981, 696, 699; aM FG RhPf EFG
1980, 86, das die Rechtsnatur der in Frage stehenden Rechtsbeziehung jedoch vollkommen unberücksichtigt lässt). Der Grundsatz, dass im Streit um
die Rechtmäßigkeit des *Abrechnungsbescheids* (§ 218 II AO Rz. 36 u 80)
von der Richtigkeit der zu Grunde liegenden Steuerbescheide auszugehen
ist, gilt nicht, wenn die Wirksamkeit des Vorgangs in Frage steht, der zum
Wechsel der Rechtszuständigkeit im Erhebungsverfahren geführt hat (so
für die *Aufrechnung*: BFHE 198, 14 = BStBl II 2000, 46).

120 Im **Treuhandverhältnis** ist grundsätzlich klagebefugt nur der Treuhänder (BFHE 122, 400 = BStBl II 1977, 737, 741; BFHE 146, 340 =
BStBl II 1986, 584, 585; BFHE 161, 429 = BStBl II 1990, 1072; BFH/
NV 1992, 157; FG Hbg EFG 1981, vgl auch § 48 Rz 9; zum mehrstufigen
Feststellungsverfahren: BFH/NV 1995, 759) und iÜ in einer Personengesellschaft derjenige Gesellschafter, der von der Rechtsverletzung selbst unmittelbar betroffen wird (BFHE 104, 520 = BStBl II 1972, 377, 378; zur
Stellung des Liquidators vgl BFHE 135, 386 = BStBl II 1982, 506; Rz 25
zu § 48). Auch in Fällen der **Organschaft** richtet sich die prozessuale

Stellung nach der materiellrechtlichen Wertentscheidung; klagebefugt ist daher grundsätzlich im Anwendungsbereich der §§ 14 ff KStG nur der Organträger (FG Bln EFG 2004, 766; FG D'dorf EFG 2005, 399; *v Groll* DStR 2004, 1193, 1198).

Im Fall der **Gesamtrechtsnachfolge** *ist klagebefugt der Erbe* (bzw Miterbe: BFHE 156, 8 = BStBl II 1990, 360; FG RhPf EFG 1983, 182; vgl auch FG Nds EFG 2003, 1514; FG Hbg EFG 2005, 207), in Fällen der Testamentsvollstreckung grundsätzlich *nicht* (weil es regelmäßig um Abwehr von Eingriffen geht, FG Nds EFG 1976, 19) der *Testamentsvollstrecker* (BFHE 124, 477 = BStBl II 1978, 383; BFHE 125, 112 = BStBl II 1978, 491; BFHE 162, 4 = BStBl II 1991, 120; BFHE 179, 222 = BStBl II 1996, 322; auch gegenüber einem **ErbSt-Bescheid** und trotz Bekanntgabe nach den §§ 32 I 1, 31 V ErbStG an den Testamentsvollstrecker: BFHE 135, 83 = BStBl II 1982, 262; dazu auch BFHE 162, 385 = BStBl II 1991, 52; zur ErbSt-Schuldnerschaft: BFHE 176, 44 = BStBl II 1995, 81; s aber zur Bindung an den *EW-Bescheid* – Rz 105: BFH/NV 2005, 1982). **121**

Eines besonders detaillierten Vorbringens bedarf die Klagebefugnis des in sonstiger Weise Drittbetroffenen (dazu auch Rz 57, 111), vor allem die Erhebung einer **Konkurrentenklage** (s Rz 111: ferner BVerwGE 30, 191 und 371; BVerwGE 39, 329, 332; BVerwGE 64, 347; BVerwGE 69, 265, 260 und 70, 365; NJW 1988, 1277; *Kopp/Schenke* § 42 Rz 147 ff; *Pietzcker* in *Schoch ua* § 42 Abs 1 Rz 141 ff mwN; BFHE 142, 20 = BStBl II 1985, 12; BFHE 151, 18 = BStBl II 1988, 67; BFHE 184, 212 = BStBl II 1998, 63; BFHE 131, 434 = BStBl II 2000, 705; BFHE 206, 521 = BStBl II 2004, 1034; *Brohm,* FS Menger S 235). Art 19 IV GG und § 40 II FGO verlangen **individuelle Rechtsbeeinträchtigung** (Rz 55 ff). Diesem Erfordernis trägt die „Schutznormtheorie" (BFH 184, 212 = BStBl II 1998, 63 unter II.B.1 mwN; s auch Rz 111) in adäquater Weise Rechnung, während sich die Gegenmeinung (s vor allem *Seer,* Verständigung im Steuerverfahren, 1996, S 265; *Tipke,* Die Steuerrechtsordnung, 1993, S 1392 ff; *T/K* Rz 66 ff; *Tipke/Lang* § 23 Rz 126 f) ohne überzeugende Argumente, vor allem ohne Rechtsgrundlage, über das Prinzip des Individualrechtsschutzes hinwegsetzt. **122**

IV. Zu § 40 III

Literatur: *Bauer/Krause,* Innerorganisatorische Streitigkeiten im Verwaltungsprozess, JuS 1996, 411 u 512; *Erichsen,* Der Innenrechtsstreit, Menger-FS S 211; *Lerche,* Strukturfragen des verwaltungsgerichtlichen Organstreits, FS f Knöpfle (1996), S 171; *Roth,* Verwaltungsrechtliche Organstreitigkeiten, 2001; *Söhn,* Klagerecht der Gemeinden im Steuermessverfahren, StuW 1993, 354.

Die Vorschrift regelt eine eng begrenzte **Ausnahme vom Grundsatz des Ausschlusses von Insichprozessen** (s Rz 58; *Kopp/Schenke* § 63 Rz 7) beim Auseinanderfallen von Ertragsberechtigung und Verwaltungszuständigkeit in Fällen offensichtlicher *Interessenkollision* (Zusammentreffen von Steuerschuldnerschaft und Verwaltungstätigkeit bei der Finanzbehörde; zB Klagebefugnis der Gemeinde, wenn die Grundsteuer für ein Grundstück oder die GewSt eines Betriebes des Landes str ist). Erklärtermaßen (BT-Drucks IV/446, S 46 zu § 39) allerdings sollte dies zu keiner generellen, sondern nur zu einer **begrenzten Erweiterung der Klagebefugnis,** **123** führen – begrenzt auf die Kollisionsfälle, in denen die verwaltende Körperschaft gleichzeitig unmittelbar oder mittelbar **als Steuerschuldner** in Betracht kommt. Der Rechtsgrund hierfür muß dem **Abgabenrecht** zuzuordnen sein (s auch Rz 55). Aus § 40 III kann grundsätzlich keine allgemeine Klagebefugnis der hebeberechtigten Gemeinde gegenüber dem GewSt-Messbescheid hergeleitet werden (BFHE 181, 265 = BStBl II 1997, 136; FG Mchn EFG 1996, 714 u EFG 2000, 29 – Rev I R 99/99; FG BaWü EFG 2000, 89 – Rev I R 96/99, s zur Problematik auch BFHE 118, 225 = BStBl II 1976, 426; *Beermann/v Beckerath* Rz 242ff; *Söhn* aaO; *T/K* Rz 70). Ausnahmsweise klagebefugt auch gegenüber dem GewSt-Messbescheid ist dagegen die **zerlegungsberechtigte Gemeinde** im Fall einer Interessenkollision iS des § 40 III (s dazu FG Berlin EFG 2000, 634). Ohnedies unberührt von dieser Sonderregelung ist die Klagebefugnis der förmlich am **Zerlegungsverfahren** beteiligten Gemeinde (§ 186 Nr 2 AO) in diesem Verfahren (BFHE 188, 536 = BStBl II 1999, 542; BFH/ NV 2000, 346; BFHE 203, 400 = BStBl II 2004, 396); – sie ergibt sich unmittelbar aus § 40 II (so auch *T/K* Rz 73).

§ 41 [Feststellungsklage]

(1) Durch Klage kann die Feststellung des Bestehens oder Nichtbestehens eines Rechtsverhältnisses oder der Nichtigkeit eines Verwaltungsakts begehrt werden, wenn der Kläger ein berechtigtes Interesse an der baldigen Feststellung hat (Feststellungsklage).

(2) ¹Die Feststellung kann nicht begehrt werden, soweit der Kläger seine Rechte durch Gestaltungs- oder Leistungsklage verfolgen kann oder hätte verfolgen können. ²Dies gilt nicht, wenn die Feststellung der Nichtigkeit eines Verwaltungsakts begehrt wird.

Vgl §§ 43 VwGO, 55 SGG, 256 ZPO

Übersicht

Literatur: *Ehlers,* Die Klagearten und besonderen Sachentscheidungsvoraussetzungen im Kommunalverfassungsstreitverfahren, NVwZ 1990, 105; *Engelhardt,* Die Klagebefugnis im Verwaltungsprozess, JZ 1961, 588; *Haueisen,* Die Feststellungsklage im Verwaltungsprozess NJW 1952, 913; *Knöpfle,* Feststellungsinteresse und Klagebefugnis bei verwaltungsprozessualen Feststellungsklagen, FS für Lerche (1993), S 771; *Kunig,* Die Zulässigkeit verwaltungsgerichtlicher

Feststellungsklagen, Jura 1997, 326; *Laubinger,* Feststellungsklage und Klage-befugnis, VerwA 82 (1991), 459; *Lässig,* Zulässigkeit der vorbeugenden Fest-stellungsklage bei drohendem Bußgeldbescheid, NVwZ 1988, 410; *Mo,* Zum Anspruchsbegriff bei der Feststellungsklage, Freiburger Diss, 1987; *v Mutius,* Zur „Subsidiarität" der Feststellungsklage, VerwA 63 (1972), 229; *Ruckdäschel,* Vorbeugender Rechtsschutz im Verwaltungsprozess, DÖV 1961, 675; *Ruppel,* Vorbeugende Feststellungsklage im Steuerrecht, FR 1971, 337; *ders,* Wie ist bei Rechtswidrigkeit einer Außenprüfung das Verwertungsverbot geltend zu ma-chen?, BB 1996, 1913; *Schenke,* Vorbeugende Unterlassungs- und Feststellungs-klage im Verwaltungsprozess, AöR 95 (1970), 233; *ders,* Die Fortsetzungsfest-stellungsklage, Menger-FS S 461; *ders.,* Neue Wege im Rechtsschutz gegen vorprozessual erledigte Verwaltungsakte?, NVwZ 2000, 1255; *K Schmidt,* Nich-tigkeitsklagen als Gestaltungsklagen, JZ 1988, 729; *Schnapp,* Die Nichtigkeit des Verwaltungsakts – Qualität oder Qualifikation, DVBl 2000, 247; *Selb,* Die Ver-waltungsgerichtliche Feststellungsklage, Diss Mannheim, 1997; *Siemer,* Rechts-schutz im Spannungsfeld zwischen Normenkontrolle und Feststellungsklage, Menger-FS S 501, 508 ff; *Trzaskalik,* Die Rechtsschutzzone im Zivil- und Ver-waltungsprozess, Berlin, 1978; *Ule,* Vorbeugender Rechtsschutz im Verwal-tungsprozess, VerwA 65 (1974), 291.

I. Wesen und Funktion

Die **Feststellungsklage** zielt nicht auf unmittelbare Wirkung durch **1** Gestaltung (Kassation oder Änderung von VAen), auch nicht auf Durch-setzung eines Leistungsbegehrens, sondern begnügt sich mit einem **klar-stellenden Richterspruch:** mit der reinen Feststellung, dass ein Rechtsver-hältnis besteht *(positive Feststellungsklage)* bzw nicht besteht *(negative Fest-stellungsklage)* oder dass ein VA nichtig ist (erstrebte Urteilsformel: „Es wird festgestellt, dass ...") und vervollständigt auf diese Weise das Rechtsschutz-system der FGO.

Für die **Urkundenfeststellungsklage** (§ 256 I 2. Fall ZPO), die sich **2** schon im Zivilprozess als überflüssiger Fremdkörper ausnimmt (*B/L* § 256 Rz 1; s auch *R/S* § 93 I) sehe ich (ebenso *H/H/Sp/Steinhauff,* § 41 FGO Rz 83 f; für § 43 VwGO *Kopp/Schenke* § 43 Rz 13 aE mwN) im finanz-gerichtlichen Verfahren weder Bedarf noch Rechtsgrundlage: Resultieren aus der Echtheit/Unechtheit einer Urkunde Rechtsbeeinträchtigungen iSd §§ 40 II, 41, so ist ohne spezielle Klageform für ausreichenden Rechts-schutz gesorgt; ist das nicht der Fall, so fehlt auch das Rechtsschutzbedürf-nis, erscheint doch Aufklärungsdrang hier weit weniger schützenswert als etwa im Fall des unrichtigen (nicht nichtigen) VA, der keinerlei Rechtspo-sitionen tangiert und deshalb keiner gerichtlichen Überprüfung unterliegt (s § 40 Rz 8).

Gegenüber § 40 ist § 41 als **Auffangtatbestand** gestaltet. Die geringere **3** Intensität des Feststellungsbegehrens korrespondiert mit einem generell und abstrakt weitergezogenen Anwendungsbereich. Diese Ausgangslage erklärt, dass die Feststellungsklage einerseits

– an ein besonderes Rechtsschutzinteresse geknüpft ist (§ 41 II 1), ande-rerseits aber

– *ohne außergerichtliches Vorverfahren* (§ 44) und

– *ohne Einhaltung einer Frist* (§ 47) erhoben werden darf.

4   Weil selbst nichtige VAe (wegen des folgenschweren Rechtsscheins, den
sie vor allem im Abgabenrecht dank des Privilegs der Finanzverwaltung erzeugen, sich ihre Vollstreckungstitel selbst zu beschaffen) im Zweifel der
Kassation bedürfen und daher anfechtbar sind (s Rz 22), spielt die Feststellungsklage in der finanzgerichtlichen Praxis noch immer eine eher **untergeordnete Rolle.**

5   Bezeichnend für diese Ausgangslage ist es, dass der (allerdings nur dem
Namen und der äußeren Form nach verwandte) Klagetyp der **Fortsetzungsfeststellungsklage** (zur Abgrenzung gegenüber der Feststellungsklage: BFHE 144, 333 = BStBl II 1986, 21, 23 und FG Saarl EFG 1999,
146), die nach Erledigung eines VA statt einer Anfechtungs- oder Verpflichtungsklage idR zur Fortsetzung des Verfahrens (ausnahmsweise, bei
Erledigung vor Klageerhebung, auch als einzige Rechtsschutz-Möglichkeit:
FG Sarl aaO) unter bestimmten Voraussetzungen eröffnet ist (§ 100 I 4;
s dort Rz 54 ff), die Finanzgerichte weit häufiger beschäftigt (mit der Folge,
dass insoweit § 41 II 1 eingreift – Rz 32 aE).

II. Voraussetzungen

1. Allgemeines

6   Sachprüfung und Sachentscheidung verlangen (da die Feststellungsklage
nicht fristgebunden ist, spätestens im Zeitpunkt der letzten mündlichen
Verhandlung) neben den allgemeinen **Zulässigkeitsvoraussetzungen** (s o
vor § 33) die Erfüllung folgender spezieller Formerfordernisse:

7   – Unter dem Gesichtspunkt der **Klagebefugnis** (entsprechend den Anforderungen zu § 40 II – s dort Rz 61 ff) ein substantiiertes, in sich
schlüssiges Vorbringen iSd § 41 I, dh Darlegungen, die, ihre Richtigkeit
unterstellt, mit hinreichender Deutlichkeit das Klageziel (vgl BFHE 164,
219 = BStBl II 1991, 729; BFH/NV 1991, 401; BVerwG Buchholz 310
§ 43 VwGO Nr 109; s auch § 65 Rz 41), die Feststellung des Beste-
hens/Nichtbestehens eines Rechtsverhältnisses oder aber die Nichtigkeit
eines VA, erkennen lassen (s iÜ Rz 11 ff);

8   – ein **besonderes Rechtsschutzinteresse** iSd § 41 I aF (Rz 29 f) und

9   – **negativ,** soweit nicht Nichtigkeit eines VA in Frage steht, den *Ausschluss der Möglichkeit, Rechtsschutz im Wege der Gestaltungs- oder Leistungsklage zu erlangen* (Beachtung der **Subsidiaritätsklausel,** § 41 II 1 und 2;
s dazu Rz 32 ff).

10   Die Einhaltung dieser Sachentscheidungsvoraussetzungen soll sicherstellen, dass einerseits (im Hinblick auf Art 19 IV GG) die **Rechtsschutzlücke** geschlossen wird, die § 40 mit seiner Konzentration auf die praktisch bedeutsamsten Klagearten hinterlässt, und dass andererseits die im
Interesse solcher Konzentration errichteten Schranken nicht unterlaufen
werden, vor allem nicht die in § 40 II von der Schwelle gewiesene Popularklage hier gleichsam „durch die Hintertür" wieder Einlass findet (vgl
zum entsprechenden Problem bei der allgemeinen Leistungsklage: BVerfGE
67, 26, 36).

2. Klagebefugnis

Zum Zwecke der Begrenzung auf den durch Art 19 IV GG allein eröff- **11** neten Individualrechtsschutz und in Beachtung der Dispositionsmaxime ist es auch hier, ebenso wie im Rahmen des § 40 II, zunächst einmal *Sache des Klägers,* **substantiiert** und **in sich schlüssig** seine **Betroffenheit** darzutun (Rz 15, 30; BFHE 164, 219 = BStBl II 1991, 729; BFHE 184, 212 = BStBl II 1998, 63, unter II.B.1. mwN; FG Bdbg EFG 1995, 991, 992, allerdings mit gewissen, vom andersgearteten Klagegegenstand her gebotenen Modifikationen), und Sache des Gerichts, dann jeweils (unter dem Gesichtspunkt der Begründetheit und mit den nach dem Untersuchungsgrundsatz zu Gebote stehenden Mitteln) zu prüfen, ob die Voraussetzungen für den erstrebten gerichtlichen Ausspruch tatsächlich gegeben sind.

a) Bestehen oder Nichtbestehen eines Rechtsverhältnisses

Die begehrte Feststellung muss, nach den beiden ersten Varianten des **12** § 41 I auf ein **Rechtsverhältnis** abzielen, dh auf eine bestimmte, aus einem konkreten Sachverhalt resultierende, auf Grund von Rechtsnormen geordnete rechtliche Beziehung zwischen Personen oder zwischen Personen und Sachen (vgl ua BGHZ 22, 36; NJW 1984, 1556 und 1985, 387; BVerwGE 14, 235; BVerwGE 16, 92; BVerwGE 50, 19; BVerwGE 62, 351; BayVBl 1987, 217; *Buchholz* 310 § 43 VwGO Nr 97; HFR 1988, 476; BFHE 109, 4 = BStBl II 1973, 536, 537; BFHE 133, 308 = BStBl II 1981, 581, 582; BFH/NV 1989, 54, 55; BFHE 190, 278 = HFR 2000, 428; FG Saarl EFG 1995, 491; FG Bdbg EFG 1995, 991, 992; FG SachsAnh EFG 2005, 405 zur Konkretisierung der Verpflichtung nach § 30 AO: BFHE 149, 387 = BStBl II 1987, 545; FG Saarl EFG 1999, 146; zur Abgrenzung von einer „verschleierten" *Normenkontrollklage:* BFHE 146, 302, 304 f mwN; s auch Rz 18; zur Feststellung der Befugnis, eine Berufsbezeichnung – etwa „Ex-Steuerberater" zu führen: FG Bremen EFG 1990, 599). Eine solche Klage kann **auch** noch zulässig sein, **wenn** das **Rechtsverhältnis** schon **erloschen** ist, sofern das Klagevorbringen konkrete gegenwärtige oder zukünftige Folgewirkungen erkennen lässt (BAG NJW 1994, 27; FG D'dorf ZfZ 1999, 96; s iÜ Rz 19).

Das Rechtsverhältnis muss im Hinblick auf § 33 **abgabenrechtlicher 13 Natur** sein: Es muss um ein Steuerrechtsverhältnis (Steuerpflichtverhältnis iSd § 33 AO oder Steuerschuldverhältnis iSd § 37 AO; vgl dazu näher: *T/K* Rz 1 ff vor § 33 AO) gehen (zB um die **Befugnis, Spendenquittungen zu erteilen:** FG Bln EFG 1998, 1193 u 2004, 1338; BFH E 190, 278 = BStBl II 2000, 533; Rz 14; s iÜ auch Rz 32 u 61 vor § 40; § 40 Rz 88; zur Feststellungsklage gegenüber einem Konkursantrag des FA: BFH/NV 1990, 710; hier Rz 31 vor § 40). Auch insoweit **genügt** der **Rechtsschein** (FG Hbg ZfZ 2002, 419; s iÜ Rz 25). An einem solchen Rechtsverhältnis (oder dessen Rechtsschein) fehlt es zB im Bereich der Aufsichtstätigkeit der Steuerberaterkammern (§§ 57, 81 und 82 StBerG: FG M'ster EFG 1985, 368 und OLG Düsseldorf StbG 1986, 66) oder wenn in Wirklichkeit die Wirksamkeit eines zivilrechtlichen Vertrages in Frage steht (wie im Fall der aus anderen Gründen für unzulässig gehaltenen Klage bei BFHE 108, 517 = BStBl II 1973, 533). Das Rechtsverhältnis muss allerdings **nicht ausschließlich abgabenrechtlicher Natur** sein (so

ausdrücklich am Beispiel der **Doppelnatur** der Verpflichtung – Rz 14 –
des Vertragspartners zur Ausstellung einer Rechnung mit USt-Ausweis:
BFHE 183, 288 = BStBl II 1997, 707; zu eng: BFH/NV 1989, 54, 56).

14   Das *Feststellungsbegehren muss nicht das gesamte Rechtsverhältnis betreffen* (wie
zB die Frage der Abgabenschuldnerschaft überhaupt: BFH/NV 1992, 141,
142). Es kann auf **Teilfragen** zielen (zB auf die Feststellung, dass ein VA
nicht wirksam geworden ist: BVerwG BStBl II 1987, 472; dass die Ankündigung von Prüfungshandlungen – Rz 30 vor § 40 – kein VA ist: FG Köln
EFG 1991, 513; dass eine **Kontrollmitteilung** bzw eine Prüfungsfeststel-
lung rechtswidrig erstellt wurde: BFH/NV 1995, 621; *Wenger/Widmann,*
BB 1998, 724, 726); nicht aber wenn eine solche Frage im anschließenden
Steuerfestsetzungsverfahren geklärt werden kann: BFHE 187, 386 = BStBl II
1999, 199 (s zur Abgrenzung im Hinblick auf § 41 II 1: Rz 32 ff). Fest-
stellungsfähig sind dagegen auch bestimmte einzelne Berechtigungen oder
Verpflichtungen aus dem Steuerrechtsverhältnis, sofern diese einer selbstständigen Feststellung zugänglich, zumindest *auch* abgabenrechtlicher Natur
sind (Rz 13) und § 41 II 1 nicht entgegensteht: zB Umfang der Verpflichtung zur **Wahrung des Steuergeheimnisses** – § 30 AO: BFHE 149, 387
= BStBl II 1987, 545; BFHE 202, 411 = BStBl II 2003, 828; FG Saarl
EFG 1999, 146 – die Zuständigkeit/Unzuständigkeit eines FA (FG BaWü
EFG 1980, 514; kritisch: *Trzaskalik* S 146), außerdem zB
– einzelne Beziehungen oder Folgen eines Rechtsverhältnisses (BAG NJW
  1969, 680
– die Befugnis zum Ausstellen von **Spendenbestätigungen** (BFHE 190,
  278 = BStBl II 2000, 533; Rz 13);
– die **umsatzsteuerrechtliche** (Neben-)Pflicht des Leistungsempfängers
  zur **Rechnungserteilung** (BFHE 183, 288 = BStBl II 1997, 707; FG
  Bdb EFG 1995, 991; *Klein* BB 1996, 135) und damit die (Umsatz-)
  Steuerbarkeit eines bestimmten Vorgangs.
Ein auf § 41 gestütztes Klagebegehren darf aber *nicht* bloße *Elemente, unselbstständige Teile, Vorfragen oder bestimmte,* wenn auch rechtserhebliche *Ei-
genschaften einer Person oder Sache* zum Gegenstand haben (BFH/NV 1989,
54; BFHE 183, 288 = BStBl II 1997, 707; BFHE 190, 278 = HFR 2000,
428; RGZ 158, 164, 166; BGHZE 22, 54; NJW 1977, 1288 und 1984
aaO; BVerwGE 24, 358 und 36, 192; vgl iÜ *Kopp* § 43 Rz 13 mwN);
grundsätzlich auch **nicht einzelne Besteuerungsgrundlagen** iS des
§ 157 II AO (BFH/NV 2004, 532; s auch Rz 33).

15   Das Steuerrechtsverhältnis muss zwar nicht unmittelbar zwischen den
Verfahrensbeteiligten bestehen (BVerwG Buchholz 421, 5 BBiG Nr 16),
der Rechtsuchende jedoch gleichwohl durch die erstrebte Feststellung *unmittelbar betroffen* sein und ein **eigenes Feststellungsinteresse** geltend machen (Rz 11, 30; BFHE 164, 291 = BStBl II 1991, 729; BFHE 183, 288 =
BStBl II 1997, 707; BFHE 202, 411 = BStBl II 2003, 828; BGHZ 34, 165
und NJW 1984, 2950 – jeweils mwN; BVerwGE 24, 272, 279; 39, 247,
248 f; BVerwG Buchholz 310 § 43 VwGO Nr 69). Auch § 41 FGO dient
(wenn auch nicht mit der gleichen Strenge wie § 40 II FGO) ausschließlich dem **Individualrechtsschutz** (vgl dazu grundsätzlich BVerwG DÖV
1989, 600 u ebenso, für den Fall der allgemeinen Leistungsklage: BVerfGE
67, 26, 36; BSG NJW 1985, 2115), gestattet *keine Popularklage* und auch
keine Prozessstandschaft (s § 40 Rz 56 f, BFHE 164, 219 = BStBl II 1991,

729). Darum ist zB der Gesellschafter einer Personengesellschaft nicht klagebefugt, wenn das in Frage stehende Rechtsverhältnis nicht ihn, sondern die Gesellschaft betrifft (FG Saarl EFG 1995, 357, 358).

Unter dem Gesichtspunkt des Individualrechtsschutzes unbedenklich ist **16** die Zulassung der Klage eines Vereins zur **Hilfeleistung in LSt-Sachen** zur Fixierung seiner Befugnisse (BFHE 109, 4 = BStBl II 1973, 536) und die Klage einer **Steuerbevollmächtigtenkammer** auf Feststellung der Nichtigkeit einer Bestellung zum Steuerbevollmächtigten (im Hinblick auf die Zwangsmitgliedschaft – BFHE 100, 288 = BStBl II 1970, 873).

Der *Kläger muss* das **Rechtsverhältnis,** um das es ihm geht, hinreichend **17** **konkretisieren** (zB die Verpflichtung zur Wahrung des Steuergeheimnisses – § 30 AO – als Ausfluss eines konkreten Steuerschuldverhältnisses: BFHE 149, 387 = BStBl II 1987, 545 f; vgl außerdem BVerwG Buchholz 418, 771 LMBG Nr 16; BVerwGE 39, 357 f; BVerwGE 41, 337; BVerwGE 45, 226; BVerwGE 51, 74; BVerwGE 61, 148 und DÖV 1985, 207): Auch hier geht es um Streitentscheidung, um Rechtsschutzwahrung, nicht etwa um Klärung abstrakter Rechtsfragen (BVerwG DÖV 1983, 548, 549; BFHE 123, 75 = BStBl II 1977, 767; BFHE 133, 322 = BStBl II 1981, 586, 588; sehr anschaulich: *Siemer* S 509 f; vgl iÜ *Kopp/Schenke* § 43 Rz 14 und 17 ff mwN; zum besonderen Konkretisierungsbedürfnis bei *negativen* Feststellungsklagen: BGH NJW 1984, 1556; BVerwG Buchholz 418, 32 AMG Nr 16; zur **Rechtskraftwirkung** eines klageabweisenden Urteils in solchen Fällen: BGH NJW 1995, 1757).

Nicht unter § 41 fällt die **Feststellung der Gültigkeit von Rechts-** **18** **normen** (weil die FGO insoweit unmittelbaren Rechtsschutz – wie in § 47 VwGO – nicht vorsieht), desgleichen die Feststellung von *Tatsachen* oder von *Werturteilen* ohne unmittelbaren Bezug zu einem Steuerrechtsverhältnis (zT abweichend für die – insoweit anders ausgestaltete VwGO: *Kopp/Schenke* § 43 Rz 13 f mwN; für die FGO wie hier: BFHE 133, 308 = BStBl II 1981, 581; BFH/NV 1986, 426, 427 aE; *T/K* Rz 4 aE; unklar: *H/H/Sp/Steinhauff* Rz 80 ff; **aM** offenbar: BFHE 146, 302).

Die erstrebte Feststellung muss grundsätzlich (Ausnahme s Rz 12) ein **19** **gegenwärtiges Steuerrechtsverhältnis** (bzw Teilfragen hierzu – Rz 14) betreffen, wozu auch eine bedingte Rechtsbeziehung zu zählen ist, sofern allein der Bedingungseintritt noch aussteht (RGZ 170, 374; BGHZ 4, 133, 135; BGHZ 28, 225, 234 u NJW 1984, 2950). Ausnahmsweise sind auch Feststellungen zu einer vergangenen Rechtsbeziehung zulässig, wenn deren Wirkungen in der zuvor gekennzeichneten Weise in die Gegenwart hineinreichen (BAG DB 1993, 283; *Kopp/Schenke* § 43 Rz 25; *T/K* Rz 6).

Auf ein künftiges Steuerrechtsverhältnis darf eine **vorbeugende Fest-** **20** **stellungsklage** (s auch Rz 31) ausnahmsweise gerichtet werden, wenn dies zur Erreichung effektiven Rechtsschutzes unumgänglich (zum besonderen Rechtsschutzinteresse s Rz 29 u zur Subsidiarität Rz 32) und ein entsprechendes besonderes Feststellungsinteresse zu bejahen ist (BVerwGE 40, 323, 326 und DÖV 1983, 980; BFHE 99, 185 = BStBl II 1970, 648; BFHE 109, 4 = BStBl II 1973, 536; BFHE 123, 94 = BStBl II 1977, 785; BFHE 133, 308 = BStBl II 1981, 581, 582; FG Nds EFG 1983, 296 und FG Bln EFG 1983, 465; zur Abgrenzung: FG Bdbg EFG 1998, 1138; *Kopp/Schenke* § 43 Rz 24; zur Kritik vgl *Ruppel* aaO).

21   Problematisch ist die **Abgrenzung zur vorbeugenden Unterlassungsklage** (BVerwG Buchholz 418, 711 Nr 16; *Kopp/Schenke* § 42 Rz 15; *Schenke* S 223 ff; *Ule* S 291 ff; *H/H/Sp/Steinhauff* Rz 165 ff; s iÜ zB FG Bremen EFG 1999, 851; FG Köln EFG 2004, 1734), weil in solchen Fällen aus im wesentlichen gleichgelagerter Ausgangs- und Interessenlage heraus zum Zwecke der Gefahrenabwehr ein letztlich nur im theoretischen Konzept divergierendes Klageziel (Untersagung oder Feststellung) fixiert werden muss – und dies mit Akribie, denn im einen Fall (bei der vorbeugenden Feststellungsklage) ist Subsidiarität angeordnet, im anderen nicht. Die Lösung sehe ich in der Angleichung der Anforderungen für beide Klageformen unter dem Gesichtspunkt der „ultima ratio" und unter Beachtung einer gemeinsamen Subsidiaritätssperre, die auch die gesetzlich geregelten Formen vorläufigen Rechtsschutzes (§§ 69, 114) mit einbezieht, also in der Annahme einer echten prozessualen Anspruchskonkurrenz (iÜ mit den Möglichkeiten richterlicher Hilfestellung gem den §§ 76 II, 96 I 2).

b) Nichtigkeit eines VA

22   Unwirksamkeit bzw Nichtigkeit eines VA (§§ 124 III und 125 AO; zur Abgrenzung vom „Nichtakt": BVerwG BStBl II 1987, 472, 474) als Gegenstand des Feststellungsbegehrens (§ 41 I 2. Alternative – **Nichtigkeitsfeststellungsklage;** ausführlich dazu: *H/H/Sp/Steinhauff* Rz 190 ff) verlangt unter dem Gesichtspunkt der *Klagebefugnis* prinzipiell dasselbe wie § 40 II FGO (s dort Rz 61 ff; BFHE 164, 219 = BStBl II 1991, 729; BFH/NV 1991, 401; FG Hessen EFG 1974, 376). *Bloße Anfechtbarkeit* des in Frage stehenden VA *genügt* im Rahmen des § 41 *nicht* (s zB für „grobe Schätzungsfehler": BFHE 156, 376 = BStBl II 1990, 351; BFH/NV 2000, 550; zum Verstoß gegen § 169 I 1 AO: BFH/NV 2005, 1749). Die Abgrenzung zur Nichtigkeit aber bereitet vielfach Schwierigkeiten. Weil allein aus einem komplizierten theoretischen Differenzierungsproblem möglichst keine Rechtsschutzlücke entstehen soll und weil auch der nichtige VA zumindest durch Rechtsschein beschwert, ist für den Verwaltungsprozess seit langem die **Anfechtung trotz Nichtigkeit** zugelassen (BFHE 132, 348 = BStBl 1981, 293, 294; BFHE 158, 491 = HFR 1990, 209; BFH/NV 1987, 19; 1993, 279; 1996, 196; 2004, 203, 204; 2005, 231; FG Mchn EFG 1996, 730; FG Hessen EFG 1996, 1070; speziell gegenüber einem *Haftungsbescheid:* BFH/NV 1995, 576, 577; vgl iÜ § 42 VwGO; BT-Drucks 1/4728; ferner *T/K* § 124 AO Rz 23; *Kopp/Schenke* § 42 Rz 3; hier Rz 55 f vor § 40; § 47 Rz 6). Daher empfiehlt sich in solchen Fällen schon zur Vermeidung des Fristenproblems (§ 47) im Zweifel die (vorsorglich – für den Fall, dass der Mangel nicht unter die §§ 125 I, 124 III AO fällt, und rechtzeitig erhobene) Anfechtungsklage (vgl zB BFH/NV 1988, 214; 2000, 8, 9; FG Saarl EFG 1995, 157). Es kommt hinzu, dass sich die Anfechtungsklage sowohl für den vorläufigen Rechtsschutz (BFHE 134, 223 = BStBl II 1982, 133, 134; BFHE 145, 17 = BStBl II 1986, 236, 239) als auch für den Übergang zur Fortsetzungsfeststellungsklage iS des § 100 I 4 (vgl BFHE 143, 506 = BStBl 1985, 579, 580; FG D'dorf EFG 1984, 435) als günstiger erweist (offenbar nicht erkannt in BFH/NV 1998, 1195, 1196, unter ungerechtfertigter Berufung

auf BFHE 169, 103 = BStBl II 1993, 174, wo *Hilfsantrag* nach § 41 gestellt
war; unklare Abgrenzung zur *Verpflichtungsklage:* BFH/NV 2000, 8, 9).

Zum besonderen Problem des **Entscheidungsnotstands bei Ände-**   **23**
rungsklagen s § 96 Rz 4 und hier Rz 26.

Nichtig und damit unwirksam ist ein **VA,** soweit er an einem besonders   **24**
schwerwiegenden Mangel leidet und dies bei verständiger Würdigung aller
in Betracht kommender Umstände offenkundig ist (§§ 125 I, 124 III AO;
s auch Vor § 40 Rz 55; § 47 Rz 6). Dies ist nicht schon dann der Fall,
wenn ihm die gesetzliche Grundlage fehlt oder unrichtige Rechtsanwendung zu Grunde liegt, sondern nur, wenn er die an eine ordnungsmäßige
Verwaltung zu stellenden Anforderungen in einem so erheblichen Maße
verletzt, dass von niemandem erwartet werden kann, ihn als verbindlich
anzuerkennen (BFHE 134, 223 = BStBl II 1982, 133, 135), in der Praxis
vor allem bei Verstößen gegen das **Bestimmtheitsgebot** (§ 119 I AO;
s Rz 67 vor § 40; BFHE 98, 531 = BStBl II 1970, 501; BFHE 145, 7 =
BStBl II 1986; BFHE 42, 44; BFHE 145, 110 = BStBl II 1986, 230;
BFHE 146, 358 = BStBl II 1986, 545; BFHE 147, 211 = BStBl II 1986,
834; BFHE 154, 439 = BStBl II 1989, 12; BFHE 155, 24 = BStBl II 1989,
220; BFHE 156, 376 = BStBl II 1990, 351; BFHE 162, 4 = BStBl II 1991,
215; BFH/NV 2004, 1511; zur Unbestimmtheit des *Inhaltsadressaten:*
BFH/NV 1996, 197, 200; zu den Folgen der Adressierung an *nicht existie-*
rende Steuerschuldner: BFHE 132, 348 = BStBl II 1981, 293; BFHE 150, 1
= BStBl II 1988, 165; BFHE 169, 103 = BStBl II 1993, 174; BFH/NV
1997, 733; zur Abgrenzung bei *Haftungsbescheiden:* BFHE 181, 562 =
BStBl II 1997, 306; bei *Änderungsbescheiden:* BFH/NV 1997, 827; bei *Schen-*
kungssteuerbescheiden: BFH/NV 1999, 1091; bei *Feststellungen nach § 180 I*
AO: BFH/NV 1998, 680; bei *Vorauszahlungsbescheiden:* FG Bdbg EFG
1997, 585; FG Mchn EFG 1996, 960; FG Hessen EFG 1996, 1070). Dasselbe gilt bei Verstößen gegen das Erfordernis der **Schriftlichkeit** (§ 157
I 1, uU iVm § 181 I 1, BFH/NV 2000, 8, 9) oder bei unwirksamer **Be-**
kanntgabe (§§ 122, 124 I AO; zB BFHE 143, 491 = BStBl II 1985, 603;
BFH/NV 1989, 523 iE wohl auch BFH/NV 1999, 1117, 1118; s auch
FG BaWü EFG 1999, 1093; zur **teilweisen Unwirksamkeit** in solchen
Fällen: BFHE 165, 339 = BStBl II 1992, 59; BFH/NV 2003, 1028). Gegenstand einer auf Nichtigkeitsfeststellung eines VA gerichteten Klage kann
auch die Entscheidung über den außergerichtlichen Rechtsbehelf sein
(BFHE 152, 212 = BStBl II 1988, 484); s iÜ jegliche Art von SteuerVA
(zB eine Arrestanordnung: BFH/NV 2004, 313; ausnahmsweise auch ein
Schätzungsbescheid: BFH/NV 2004, 760, 761 mwN).

Die **Unwirksamkeit** des nichtigen VA (§ 124 III AO) bedeutet, dass er   **25**
in Wirklichkeit keinerlei Rechtswirkungen erzielt (Rechtsschutz nur wegen des durch seine Existenz begründeten *Rechtsscheins* gewährt werden
muss; s Rz 23). Daher kann nicht nur ausdrücklich die Finanzbehörde
(§ 125 V AO), sondern incidenter auch jeder andere Hoheitsträger die
Nichtigkeit feststellen (*T/K* § 124 Rz 23; s auch BFH/NV 1995, 862; vgl
aber BFHE 164, 219 = BStBl II 1991, 729; BFH/NV 1991, 401). Speziell
für das finanzgerichtliche Verfahren (für die AO vgl zB: BFHE 147, 211 =
BStBl II 1986, 834) ergeben sich folgende weitere Konsequenzen:

– bei Änderungsklagen **ausnahmsweise keine Bindung an Klagebe-**   **26**
  gehren (BFHE 100, 56 = BStBl II 1970, 826, 830; BFHE 146, 196 =

BStBl II 1986, 474, 475; hier § 96 Rz 4; s aber BFHE 164, 219 = BStBl II 1991, 729; BFH/NV 1991, 401);

27   – ausnahmsweise, abweichend von der Regel des § 118 II, **eigene Feststellungsbefugnis der Revisionsinstanz** (so iE mit Recht: BFHE 146, 196 = BStBl 1986, 474).

28   Zur Bedeutung der Nichtigkeit/Unwirksamkeit im Verhältnis Grundlagen-/Folgebescheid s § 42 Rz 39.

3. Besonderes Feststellungsinteresse

29   Als weitere Sachurteilsvoraussetzung verlangt § 41 I ein **berechtigtes,** *nicht wie* § 256 ZPO ein *rechtliches,* **Interesse an der alsbaldigen Feststellung** (s dazu auch *H/H/Sp/Steinhauff* Rz 230 ff). Dh es genügt auch ein schützenswertes ideelles oder wirtschaftliches Interesse (BVerwGE 41, 346; BVerwGE 53, 137; DÖV 1982, 411; NJW 1983, 1181; BFHE 100, 288 = BStBl II 1970, 873; BFHE 116, 315 = BStBl II 1975, 860; BFHE 118, 503 = BStBl II 1976, 459, 460; BFHE 119, 26 = BStBl II 1976, 566, 568; BFHE 130, 568 = BStBl II 1980, 593; BFH/NV 2004, 203, 204; verwechselt mit Prozesshindernis der *Rechtskraft* – Rz 5 vor § 33; § 110 Rz 5 – in BFH/NV 1996, 499); zB *zur Vorbereitung eines Amtshaftungsprozesses* (BFHE 100, 436 = BStBl II 1971, 114; FG Bln EFG 1975, 18 und FG Nds EFG 1974, 318), sofern der nicht offensichtlich aussichtslos erscheint (BFHE 119 aaO und BFHE 130 aaO); ferner *zur Beseitigung von Unklarheiten bzw Unsicherheiten hinsichtlich einer Rechtslage* (etwa zur Klärung von Zuständigkeitsfragen iS der §§ 16 ff AO: BFHE 104, 303 = BStBl II 1972, 353, wo allerdings für den konkreten Fall das Feststellungsinteresse verneint wird), oder *zur Abwendung von Beeinträchtigungen und Gefährdungen,* die von einem nichtigen VA drohen (sehr anschaulich: FG Bremen EFG 1996, 466). Desgleichen können **Wiederholungsgefahr** und **Rehabilitationsinteresse,** vor allem nach schwerwiegendem Grundrechtsverstoß, ein Feststellungsinteresse begründen (FG Bremen EFG 1999, 851). Auch an der Erhebung der **Nichtigkeitsfeststellungsklage** muss ein berechtigtes Interesse bestehen; § 41 II 2 dispensiert nur von der Subsidiaritätsregelung des § 41 II 1 (FG BaWü EFG 1997, 627; s iÜ Rz 32). Auch insoweit gilt das in Art 19 II GG verankerte Prinzip des Individualrechtsschutzes (Rz 15; § 40 Rz 55 ff).

30   In jedem Fall muss es sich (zum Zwecke der Abgrenzung gegenüber der Popularklage) um ein **eigenes Interesse** des Klägers handeln (BFHE 164, 219 = BStBl II 1991, 729; BFH/NV 1989, 54 f und 1991, 401; FG D'dorf EFG 1978, 31; FG RhPf EFG 1980, 86; FG Saarl EFG 1995, 357, 358; FG Bdbg EFG 1995, 991, 992; *Kopp* § 43 Rz 23 f mwN). Das hierdurch legitimierte Interesse muss zum Zeitpunkt der Gerichtsentscheidung noch gegeben sein (FG SachsAnh EFG 1996, 32). Es handelt sich um einen Spezialfall des allgemeinen Rechtsschutzinteresses (BFHE 173, 201 = BStBl II 1994, 356; s auch Rz 4 vor § 33). Die Frage, ob der Kläger sein Rechtsschutzziel auf anderem Wege schneller, einfacher oder billiger erreichen kann, ist vornehmlich anhand der durch § 33 vorgegebenen Grenzen des Steuerprozesses zu beurteilen (aM BFHE 173, 201 = BStBl II 1994, 376): Die Einschätzung prozessualer Gegebenheiten **außerhalb der FGO** ist **nicht** Sache der Steuergerichte; nur wenn die über einen anderen Rechts-

weg eröffneten Möglichkeiten offensichtlich die „besseren" sind, ist – ohne
Verletzung des Art 19 IV GG – die Verneinung des Feststellungsinteresses
iS des § 41 I gerechtfertigt (nicht aber zB beim Problem der *Rechnungserteilung* bei der *USt:* FG Bdbg EFG 1995, 991, 992; s dazu iÜ Rz 14; nicht
überzeugend zum Rechtsschutz gegenüber dem „Beitrag" des FA – über
den allein zu befinden war – zum *Entzug einer Gewerbekonzession:* BFHE
173, 201 = BStBl II 1994, 356; vgl aber BFHE 149, 387 = BStBl II 1987,
545).

Ein besonderes Interesse an vorbeugendem Rechtsschutz zur Abwen-   **31**
dung erheblicher Nachteile wird für die **vorbeugende Feststellungsklage**
(Rz 20) verlangt (BFHE 109, 4 = BStBl II 1973, 536; FG Nds EFG 1983,
296; FG SchlHol EFG 2003, 1597; *Kopp/Schenke* § 43 Rz 24 aE; *T/K*
Rz 11).

4. Subsidiarität

Um den **Vorrang des** idR einfacheren und effektiveren Rechtsschutzes   **32**
nach **§ 40** zu sichern und der Umgehung zwingender Vorschriften (wie zB
§§ 44 und 47 BFH/NV 1992, 141, 142; FG Saarl EFG 1995, 491, 492)
vorzubeugen, bestimmt § 41 II 1, dass die auf Feststellung des Bestehens
oder Nichtbestehens eines Rechtsverhältnisses gerichtete Feststellungsklage,
anders als im Fall der Nichtigkeit eines VA (§ 41 II 2), nur zulässig ist,
wenn der Kläger seine Rechte **nicht durch Gestaltungs- oder Leistungsklage** (zum Meinungsstreit im Bereich der VwGO: *Kopp/Scharke*
§ 43 Rz 28) künftig verfolgen kann oder bisher schon hätte verfolgen können (*Subsidiaritätsklausel:* BFHE 108, 517 = BStBl II 1973, 533; BFH/NV
1995, 640; 2000, 458; generell zur Zwecksetzung: *Kopp/Scharke* § 43
Rz 26). Die Frage, ob der Kläger seine Rechte durch Gestaltungs- oder
Leistungsklage verfolgen kann oder hätte verfolgen können, muss allein aus
dem abgabenrechtlichen Normbereich heraus beantwortet werden. Es geht
nur um Rechtspositionen, für deren Durchsetzung der Finanzrechtsweg
(§ 33) eröffnet ist (eröffnet gewesen wäre; str – nicht überzeugend offengelassen in BFHE 173, 201 = BStBl II 1994, 356 mwN). **Vorrangig** sind
also **nur finanzgerichtliche Gestaltungs- u Leistungsklagen** (so zutreffend für das Verhältnis *Zivilrecht/USt:* BFHE 183, 288 = BStBl II 1997,
707; FG Bdbg EFG 1995, 991; s auch *M Klein* BB 1996, 135; zum Verhältnis Gewerbeuntersagung/Steuergeheimnis: FG Saarl EFG 1999, 146;
unentschieden: BFHE 173, 201 = BStBl II 1994, 356; **aM** *H/H/Sp/Stein-
hauff* Rz 457), u zwar deshalb, weil
– kein Grund dafür ersichtlich ist, dass der Regelungsbereich in der Spezialvorschrift (§ 41 II 1) weiter gesteckt sein sollte als durch die allgemeine Rechtswegbestimmung in § 33;
– die **Umgehungsgefahr,** die durch die Subsidiaritätsklausel gebannt werden soll, **nur finanzgerichtliche Klagen** betrifft (zB auch hinsichtlich der **Vorgaben des § 157 II AO** – dazu: Rz 61 ff vor § 40; § 40
   Rz 72 ff; § 65 Rz 40 ff; weswegen eine Feststellungsklage gegenüber
   einer einzelnen Besteuerungsgrundlage idR unzulässig ist: BFH/NV
   2004, 532);
– der **Verweis auf** (angebliche) **Klagemöglichkeiten außerhalb der
   FGO** (deren Beurteilung zudem außerhalb der Kompetenz der Steuer-

gerichte liegt) eine mit Art 19 IV GG unvereinbare **Rechtsschutzlücke** (nach Art eines negativen Kompetenzkonflikts, s § 70 Rz 15) heraufbeschwören könnte (wie das Ergebnis in BFHE 173, 201 = BStBl II 1994, 356 deutlich macht).

Bei Anwendung der Subsidiaritätsklausel (ausführlich hierzu auch *H/H/ Sp/Steinhauff* Rz 350 ff) kommt es auf die allgemeine rechtliche Befugnis, nicht auf konkrete Verhältnisse zu einem bestimmten Zeitpunkt an (BFHE 108, 517 = BStBl II 1973, 533; FG Bremen EFG 1991, 211). Die konkrete, **zeitlich** prinzipiell **nicht eingegrenzte** (BFHE 187, 386 = BStBl II 1999, 1999; BFH/NV 2000, 457, 458) **Möglichkeit,** Anfechtungs-, Verpflichtungs- oder Leistungsklage zur Rechtsschutzgewährung zu erheben, steht nach § 41 II 1 der Erhebung einer Feststellungsklage entgegen. Das gilt **auch** für den Anwendungsbereich des **§ 100 I 4** (s auch Rz 5) und soweit die Klagebefugnis nach **§ 40 III** reicht (FG Berlin EFG 2000, 634; s iÜ § 40 Rz 123).

33   **Für den Regelungsbereich von Steuer-VAen,** einschließlich vorbereitender und prüfender Verwaltungshandlungen (BFHE 144, 339 = BStBl II 1986, 2, 3; FG Bln EFG 1985, 131), kommt die Feststellungsklage daher **nicht** in Betracht (zur Abgrenzung Prüfungsanordnungen/Steuerbescheide: BFHE 160, 391 = BStBl II 1990, 789; FG Bln EFG 1990, 218; zur Feststellung der Unwirksamkeit einer Prüfungsanordnung: BFH/NV 1991, 401; BFHE 187, 386 = BStBl II 1999, 199; zur Abgrenzung des Regelungsbereichs eines Haftungsbescheids: FG Bremen EFG 1991, 21; nicht zur isolierten Beurteilung von **Besteuerungsgrundlagen:** BFH/NV 2004, 532; s auch Rz 32). Nicht anwendbar ist § 41 ferner im Streit um die vorab durch *Abrechnungsbescheid* zu klärende Frage, inwieweit eine Steuerschuld erloschen ist (BFH/NV 1998, 686; s auch BFHE 121, 284 = BStBl II 1977, 396); zur Feststellung der Unzulässigkeit von Maßnahmen im *Vollstreckungsverfahren* (BFH/NV 1994, 377); überhaupt, wenn adäquater Rechtsschutz durch Erlaß eines VA bzw im anschließenden Verfahren erreichbar ist (BFHE 187, 386 = BStBl II 1999, 199 m Anm HFR 1999, 348; vgl auch BFH/NV 2000, 324 und 675). Dasselbe gilt, wenn die Regelung durch VA zwingend vorgeschrieben ist und unmittelbar **bevorsteht** (BFH/NV 1993, 339 und 2000, 457, 458) oder *wenn Fristen* (für ein Anfechtungs- oder Verpflichtungsbegehren) *verstrichen sind* (BVerwG NJW 1967, 797). Aus diesem Grunde ist eine Klage nach § 41 ausgeschlossen, sofern das Verfahren nach § 39 d EStG eröffnet ist (BFHE 183, 30 = BStBl II 1997, 660), nicht dagegen für den Bereich der *Anrufungsauskunft* im LSt-Recht (§ 42 e EStG), weil die nach hM (vgl die Nachweise bei *Schmidt/Drenseck* § 42 e Rz 7) nicht als VA zu qualifizieren ist (FG Bln EFG 1983, 464; FG Hbg EFG 1984, 462), *oder gegenüber unselbstständigen Nebenbestimmungen* (BVerwGE 51, 164; vgl iÜ § 40 Rz 85).

34   *Nur* (auch dem Umfang nach) **gleichwertiger Rechtsschutz** durch einen der vorrangigen Klagetypen *schließt* die *Feststellungsklage aus* (BVerwG Buchholz 310 § 43 VwGO Nr 98), nicht aber wenn dort nur Teilerfolge (BGH NJW 1984, 1554; BVerwG NJW 1983, 2208) zu gewärtigen sind oder nur eine Vorfragenprüfung (BVerwGE 36, 179, 182; BVerwGE 37, 243, 247; BVerwGE 40, 179) erreichbar wäre.

III. Zum Verfahren

Im Übrigen gelten *die* **allgemeinen Sachentscheidungsvorausset-** **35**
zungen (Rz 1 ff vor § 33) mit der schon erwähnten Besonderheit, dass die
Feststellungsklage nicht von der Einhaltung einer Frist (§ 47) oder dem
erfolglosen Abschluss eines außergerichtlichen Vorverfahrens (§ 44) abhängig ist. **Richtiger Beklagter** ist die Erlassbehörde (§ 63 I Nr 3; dort
Rz 8).

Entgegen der für den Zivilprozess und den allgemeinen Verwaltungspro- **36**
zess vertretenen Meinung (RGZ 171, 202; BVerwGE 8, 59; BVerwGE 30,
46; BVerwGE 46, 34 und DÖV 1963, 384; *R/S* § 101 I 3. b; *T/P* § 264
Rz 4; *Greger* in *Zöller* § 264 Rz 3 b; *Kopp/Schenke* § 91 Rz 9 – jeweils
mwN) ist (schon wegen der zwingend vorgegebenen Rangordnung der
Rechtsschutzbegehren – Rz 32 ff) ein **Übergang von der Feststellungs-**
klage zur Anfechtungs- oder Verpflichtungsklage (zum Verhältnis
Feststellungsklage/Leistungsklage vgl BGH VersR 1987; 411, speziell zur
vorbeugenden Feststellungsklage: FG RhPf EFG 1989, 65) nicht lediglich
als Klageerweiterung oder -beschränkung iSd § 155 FGO, § 264 Nr 2
ZPO anzusehen, sondern als **Klageänderung** iSd § 67 (s auch BFH/NV
2004, 203): Es wird dann jeweils ein anders gearteter Urteilsausspruch erstrebt, mit unterschiedlicher Rechtskraftwirkung und in einem unterschiedlich ausgestalteten Verfahren, mit z T unterschiedlichen formellen
Voraussetzungen (Klagefrist, Vorverfahren), die für jeden Klagetyp gesondert zu prüfen sind (BFHE 106, 8 = BStBl II 1972, 703; BFHE 130, 12 =
BStBl II 1980, 331; BFHE 139, 1 = BStBl II 1984, 15, 16; BFHE 155, 24
= BStBl II 1989, 220; zum Verhältnis Fortsetzungsfeststellungs-/Verpflich-
tungsklage: BVerwG Buchholz 310 § 142 VwGO Nr 10; zur Antragsänderung in Beschlusssachen: BFHE 142, 564 = BFHE II, 1985, 302, 303).
Dies macht deutlich, dass **die verschiedenen Klagearten** der FGO **zuei-**
nander im Verhältnis des „aliud", nicht des „Mehr" oder „Weniger"
stehen, und ein Wechsel in diesem Bereich Veränderung des Streitgegenstandes bedeutet (ebenso *T/K* § 67 Rz 1; *Beermann/Stöcker* § 67 FGO
Rz 23; offen: BFH/NV 1998, 1195, 1196 f. – AM: BVerwGE 30, 46;
H/H/Sp § 41 Rz 16 ff). Die Regelung des § 100 I 4 bestätigt das nur (vgl
zum Verhältnis Feststellungsklage/Fortsetzungsfeststellungsklage: BFHE
144, 333 = BStBl II 1986, 21, 23; BVerwGE 59, 162; BVerwGE 66, 78;
BVerwG Buchholz 310 § 142 VwGO Nr 10; vgl auch § 67 Rz 3, § 100
Rz 41 u § 123 Rz 2).

IV. Zwischenfeststellungsklage?

Weitgehend *ungeklärt ist, ob* **§ 256 II ZPO,** *der* unter bestimmten Vo- **37**
raussetzungen die *Zwischenfeststellung* eines im Prozessverlauf streitig gewor-
denen präjudiziellen Rechtsverhältnisses *vorsieht* (vgl dazu allgemein:
BGHZ 50, 261 und NJW 1977, 1637; BAG HFR 1982, 243), über § 155
FGO auch im finanzgerichtlichen Verfahren entsprechend gilt. Der BFH
(StRK AO § 251 Rz 25) hat dies, allerdings zur Rechtslage nach der
RAO, die keine Feststellungsklage kannte, verneint. In der Literatur
(*Messmer* StKonRep 1966, 266) wird das unter Berufung auf die Auslegung
des § 43 VwGO (s zB *Kopp/Schenke* § 33 Rz 53 ff; *Pietzcker* in *Schoch ua*
§ 43 Rz 55 – jew mwN) z T bejaht.

38   Letzterem kann mE **nicht** beigepflichtet werden: § 41 enthält eine zwar
an § 256 ZPO „angelehnte" (BT-Drucks 1/4278 S 35 zu § 42 VwGO E),
aber doch eigenständige und **in sich abgeschlossene Regelung** (vgl zur
Entstehungsgeschichte: BT-Drucks IV 1446 S 46, Abs 4 zu §§ 38 bis 40
einerseits und die nur beispielhafte Fassung in § 43 Nr 4 bzw § 44 Nr 4
der früheren Entwürfe – BT-Drucks 2/1716 S 37 und 3/127 S 38 – andererseits).

39   Doch auch wenn man gleichwohl eine Lücke iS des § 155 (s dort Rz 1)
annehmen wollte, sind es „**grundsätzliche Unterschiede**" iSd Ver-
weisungstatbestandes, die einer sinngemäßen Anwendung des § 256 II
ZPO entgegenstehen: Das materielle Abgabenrecht diktiert, was, wem
gegenüber, wie iS des § 118 AO geregelt werden und unter welchen
Umständen es Bestand haben soll (§§ 130 ff, 172 ff AO) – und dies, abweichend vom allgemeinen Verwaltungsrecht, für bedeutsame Teilbereiche
auch mit einem festen zeitlichen Programm (im Unterschied zB zu
den einmaligen Ereignissen bei den Rechtsverkehrsteuern: mit festen Ver-
anlagungs- oder Feststellungszeiträumen bei den Veranlagungssteuern oder,
in größeren Abständen, mit Hauptfeststellungszeitpunkten, im Bewer-
tungsrecht). Vor allem aber ist das Abgabenrecht überall dort, wo präjudizielle Rechtsverhältnisse in Frage stehen, mit Hilfe des Instrumentariums
Grundlagen-/Folgebescheid bis in das Prozessrecht hinein mit einem
festen Regelwerk ausgestattet (s dazu speziell: § 40 Rz 92 ff; § 42 Rz 33).
Aufgabe des Prozessrechts ist es nicht, diese Ausgangslage zu verändern, sondern in dem durch das materielle Abgabenrecht abgesteckten
Rahmen unter dem Gesichtspunkt des Rechtsschutzes Klarheit darüber
herbeizuführen, was zwischen den Verfahrensbeteiligten als Rechtens gelten soll.

40   So mag es vielfach durchaus im Interesse von Kläger und Finanzbehörde
liegen, bestimmte Besteuerungsgrundlagen (die Qualifikation von Einkünften oder die Behandlung bestimmter Bilanzpositionen) auch außerhalb der
§§ 179 ff AO verbindlich und über die Grenzen der „Abschnittsbesteuerung" hinaus „ein für allemal" gerichtlich feststellen zu lassen, oder im Interesse des Unternehmers, vor einer bedeutsamen Investition über die als
unzureichend empfundene Zusageregelung des § 204 AO hinaus vorab
Klarheit über die steuerliche Behandlung seines Vorhabens zu erreichen
(was mit Hilfe der Zwischenfeststellungsklage durchaus möglich erscheint).
Nur ändert das alles nichts daran, dass das materielle Abgabenrecht (aus
welchen Gründen auch immer) derartige Regelungen nicht vorsieht. **Fehlt**
aber ein **entsprechender materiellrechtlicher Anspruch**, dann ist aus
diesem Grunde kein Raum für ein solches prozessuales Begehren, und es
erübrigen sich entsprechende Ergänzunzen im weniger scharfkonturier-
ten Bereich des Feststellungsinteresses (ebenso *Beermann/v Beckerath* Rz 5;
H/H/Sp/Steinhauff Rz 89 f mwN).

§ 42 [Sachliche Grenzen der Klagebefugnis]

**Auf Grund der Abgabenordnung erlassene Änderungs- und Folgebe-
scheide können nicht in weiterem Umfang angegriffen werden, als sie
in dem außergerichtlichen Vorverfahren angefochten werden können.**

Übersicht

Literatur: *Beierl,* Die Einkünftequalität bei gemeinsamer wirtschaftlicher Betätigung im ESt-Recht, 1987, S 588; *Dötsch,* Der KSt-Bescheid als Grundlagenbescheid, DB 1988, 1516; *Geist,* Die Wirkungen des § 232 I AO und des § 421 FGO bei Feststellungsbescheiden iSd §§ 214, 215 AO, DStR 1967, 723, 764; *Gorski,* Die Grenzen der Anfechtbarkeit berichtigter Steuerbescheide nach § 42 Abs 1 FGO und § 232 Abs 1 RAO, DStR 1975, 595; *v Groll,* Zum vorläufigen Rechtsschutz im Bereich von Feststellungsbescheiden, StuW 1979, 172; *Kies,* Besonderheiten bei Einspruchsverfahren gegen korrigierte Steuerbescheide, DStR 2001, 1555; *Kulla,* Gedanken zur Auswirkung der §§ 177 und 351 AO auf geänderte Steuerbescheide, DStZ (A) 1980, 51; *Macher,* Die beschränkte Anfechtbarkeit von Steuerverwaltungsakten, StuW 1985, 33; *Mennacher,* Selbständige Anfechtung von Gewerbesteuermessbescheiden beim Verlustrücktrag und verfahrensrechtliche Folgen, DStR 1980, 284; *Meßmer,* Umfang der Rechtsmittelbefugnis im Verfahren der einheitlichen und gesonderten Feststellung von Besteuerungsgrundlagen, StuW 1966, 33; *Roggan,* Der vorläufige Rechtsschutz gegen Feststellungs- und Folgebescheide, Göttinger Diss 1981; *Seitrich,* § 351 eine reine Zulässigkeitsnorm, FR 1983, 551; *Söhn,* Änderung von Steuerbescheiden und wiederholende Verfügung, StuW 1969, 222; *ders,* Die Anfechtung von Folgebescheiden, StuW 1974, 50; *Streck/Mack,* Grundprobleme der VO über die gesonderte Feststellung von Besteuerungsgrundlagen nach § 180 II AO, DStR 1987, 707; *Unterberger,* Grenzen der Anfechtung von Änderungsbescheiden im Steuerrecht nach §§ 232 Abs 1 AO, 42 Abs 1 FGO, Münchener Diss 1973; *v Wedelstädt,* Die Aufhebung und Änderung von Steuerbescheiden, Beil Nr 20/86 zum BB, Seite 27; *Woerner/Grube,* Die Aufhebung und Änderung von Steuerverwaltungsakten, 6. Aufl 1988, S 125 f u 157 ff.

I. Vorbemerkung

Diese allein im finanzgerichtlichen Verfahren anzutreffende Regelung **1** begnügt sich seit ihrer Neufassung (durch Art 54 des Gesetzes vom 14. 12. 1976, BGBl I, 3351) mit einer **Verweisung auf § 351 I und II AO** (früher RAO idF von 1976 bzw § 234 RAO 1931 und § 222 RAO 1919). Inhaltliche Änderung brachte das gegenüber dem vorherigen, in der FGO selbst umschriebenen Rechtszustand nicht – nur für die Eingeweihten ein weiteres Beispiel für die moderne „Torso-Technik" des Gesetzgebers (s Vorwort zur 2. Aufl) und für den (in des Wortes urtümlicher Bedeutung) „Rechtsuchenden" eine zusätzliche Hürde. Die **unterschiedliche Wortfassung** des § 351 I AO („Verwaltungsakte") einerseits und des § 42 („Änderungs- und Folgebescheide") andererseits entbehrt jeglicher systematischer oder vom Gesetzeszweck her ableitbarer Rechtfertigung, ist aber unabhängig davon wegen des deklaratorischen Charakters der Vorschriften (Rz 6) **ohne praktische Bedeutung:** Auch ein ganz oder teilweise nach § 130 AO zurückgenommener oder nach § 131 AO widerrufener VA ist – jedenfalls im Hinblick auf die §§ 40 II, 47 – **nur im Umfang der aktuellen Einzelfallregelung** angreifbar (s auch Rz 4, 6 u 7 ff).

2   Der Gesetzeszusammenhang skizziert (zT vergeblich – Rz 36) die Bedeutung der Vorschrift: Sie selbst ist in den zweiten Teil („Verfahren"). Abschnitt I. („Klagearten, Klagebefugnis, Klagevoraussetzungen ...") eingeordnet; die durch Bezugnahme inkorporierte Norm findet sich im siebenten Teil der AO (Überschrift „Außergerichtliches Rechtsbehelfsverfahren"), daselbst im ersten Abschnitt **(„Zulässigkeit der Rechtsbehelfe"),** und lautet:

§ 351 AO Bindungswirkung anderer Verwaltungsakte

(1) Verwaltungsakte, die unanfechtbare Verwaltungsakte ändern, können nur insoweit angegriffen werden, als die Änderung reicht, es sei denn, dass sich aus den Vorschriften über die Aufhebung und Änderung von Verwaltungsakten etwas anderes ergibt.

(2) Entscheidungen in einem Grundlagenbescheid (§ 171 Abs. 10) können nur durch Anfechtung dieses Bescheids, nicht auch durch Anfechtung des Folgebescheids, angegriffen werden.

II. Wesen und Funktion der Gesamtregelung

3   Die einheitliche Fassung des § 42 FGO und beider Absätze des § 351 AO („können ... angegriffen werden") ebenso wie deren durch entsprechende Überschriften verdeutlichte Stellung im Normgefüge (Rz 2), vor allem aber der Zweck der Gesamtregelung, machen deutlich, dass es sich bei beiden Tatbestandsvarianten um **Sachentscheidungsvoraussetzungen** handelt (für § 351 I AO wohl unstreitig, s Rz 22; für § 351 II AO dagegen nicht – vgl Rz 35), und zwar um solche, die allein auf Anfechtungsbegehren zugeschnitten sind, also nur für *Anfechtungsklagen* (auch durch Verpflichtungsklagen absorbierte; dazu: § 40 Rz 21) gelten.

4   Inhaltlich geht es in beiden Fällen um Festlegung der **Folgerungen,** die sich **aus der Bindungswirkung** bestimmter VAe für die Anfechtungsmöglichkeit ergeben, dh letztlich um die verfahrensrechtliche Abgrenzung der Wirkungsbereiche zweier (oder mehrerer) VAe. – **Rechtsschutz** soll danach eröffnet sein

– **im Fall der Änderung** eines schon bestandskräftigen VA (§ 351 I) **nur, soweit** (unter Durchbrechung der Bestandskraft) **etwas anderes geregelt** wurde als bisher (s auch Rz 1 u 17 ff);

– **im Verhältnis Grundlagen-/Folgebescheid** (§ 351 II) nur, **soweit überhaupt etwas** iSd § 118 AO **geregelt** wurde.

Die darin jeweils liegende **Begrenzung der Klagebefugnis** in objek- 5 tiver und subjektiver Hinsicht **folgt** im Grunde **schon** unmittelbar **aus § 40,** nämlich aus dem dort verankerten *Erfordernis der* (zumindest teilweisen) *Identität von angefochtenem und rechtsverletzendem VA* (s § 40 Rz 78). Nur insoweit, als eine solche Kongruenz besteht, kann eine Anfechtungsklage Erfolg haben (§ 100 I 1, II u III). Was diese Notwendigkeit angeht, ist also § 42 *im Verhältnis zu* § 40 II sowohl iVm § 351 I AO als auch iVm § 351 II AO als *lex specialis* zu begreifen (vgl auch § 40 Rz 55).

Das verdeutlicht den **deklaratorischen Charakter** der Gesamtregelung 6 (ebenso: *T/K* § 351 AO Rz 2 und 35; *Pahlke/Koenig* § 351 Rz 1; *Macher* S 36 f, 41 und 51; iE auch BVerwG BStBl II 1968, 513 und 1971, 443, 445; insoweit anders die hM und BFH in st Rspr: Rz 19), der im Übrigen für § 351 I AO durch dessen Nachsatz (hierzu BFHE 118, 163 = BStBl II 1976, 438, 439; Rz 28) bekräftigt wird und für beide Tatbestandsvarianten dadurch, dass sie sich in entscheidenden Punkten inhaltlich auf eine *reine* **Rechtsfolgeregelung** beschränken: Sowohl der Änderungstatbestand in § 351 I AO als auch das Abhängigkeitsverhältnis zwischen Grundlagen- und Folgebescheid in § 351 II AO werden als anderwärts geregelt ebenso vorausgesetzt wie die hieraus resultierende (in der Gesetzesüberschrift angesprochene) Bindungswirkung. Zur Beantwortung der Frage, inwieweit ein VA korrigiert werden darf oder soll oder wie er erlassen werden muss, gibt die Regelung nichts her (**aM** BFHE 202, 228 = BStBl II 2003, 888). Dies wird ua in den Fällen deutlich, in denen die Grundsätze von **Treu und Glauben** einer Korrektur entgegenstehen (und zwar nach Maßgabe der in § 351 I AO vorausgesetzten Abhängigkeit: BFHE 151, 118 = BStBl II 1988, 121; BFH/NV 1992, 827; FG M'ster EFG 1997, 456; FG Mchn EFG 1998, 78). Die verfahrensrechtlichen Konsequenzen aus einer im allgemeinen Abgabenrecht gestaltenden Ausgangslage klarzuziehen, ist der alleinige Zweck der §§ 42 FGO, 351 AO (vgl iÜ Rz 7 ff, 29 ff). Die zu § 42 iVm § 351 I AO vertretene Gegenmeinung (BFH aaO; *H/H/Sp/ Birkenfeld* § 351 AO Rz 10; *H/H/Sp/Steinhauff* Rz 17) beruht auf der weder haltbaren noch hilfreichen „Inkorporations-Lehre" des BFH (s *H/H/ Sp/v Groll* Rz 113 f vor § 172 AO u § 175 Rz 172) und negiert die in AO und FGO vorausgesetzte **Teilbarkeit von Steuerbescheiden und Feststellungsbescheiden** (Rz 41 vor § 40; zur Abänderungsklage: § 40 Rz 15; § 100 Rz 20 ff; s iÜ auch Rz 19).

III. Anfechtungsbeschränkung im Fall der Änderung (§ 42 FGO iVm § 351 I AO)

1. Normzweck

Im Spannungsfeld zwischen Rechtssicherheit (Bindungswirkung, Be- 7 standskraft) und Individualrechtsschutz soll durch § 42 FGO iVm § 351 I AO für den Fall der Änderung eines Steuer-VA sichergestellt werden, dass der **Umfang der Klagebefugnis,** wie er sich durch die Änderung für den Betroffenen eröffnet, *nicht weiter* reicht *als* die hierdurch bewirkte *Veränderung* seiner Rechtsposition: Der Kläger soll, was seine Anfechtungsmöglichkeit angeht, durch eine Änderung nicht schlechter, aber auch nicht

besser gestellt sein als zuvor (RFH RStBl 1935, 1410; BFHE 118, 163 =
BStBl II 1976, 438, 439; *Macher* S 36 f; *T/K* § 351 AO Rz 1; übersehen
von BFHE 141, 470 = BStBl II 1984, 791, 794 f), und der schon bestandskräftig geregelte, unveränderte Teil des VA im Interesse der Rechtssicherheit (und weil insoweit Rechtsverletzung iSd §§ 40 II, 100 I nicht mehr in
Frage steht) unberührt bleiben (BFHE 123, 315 = BStBl II 1978, 44, 45);
letzteres selbst dann, wenn er auf einer vom BVerfG für nichtig erklärten
Rechtsvorschrift beruht (ausführlich zu § 79 II 1 BVerfGG; *Pestalozza,*
Verfassungsprozessrecht 1991, § 20 Rz 76 ff mwN; vgl auch BFHE 90, 388
u BFHE 94, 480 = BStBl II 1969, 209, 210).

2. Voraussetzungen

a) Ändernder und geänderter (ursprünglicher) VA

8   Dieser Zwecksetzung (Rz 7) entspricht es, wenn § 351 I AO, anders als
sein Vorläufer (§ 232 I RAO; ebenfalls anders als § 42 – dazu Rz 1), **keinerlei Begrenzung auf** einen **bestimmten Typ von** (Steuer-) **VA** erkennen lässt und hinsichtlich der Tatbestandsmerkmale *„Ändern"* bzw *„Änderung"* und *„Aufhebung"* (s dazu § 68 Rz 60 ff; insoweit ebenso, allerdings
inkonsequenterweise nur zum Verständnis des § 68: BFHE 141, 470 =
BStBl II 1984, 791, 794) *weit interpretiert* wird (so in anderem Zusammenhang: BFHE 140, 503 = BStBl II 1984, 511, 512; vgl iÜ Rz 17 ff).

9   Somit **gilt** § 351 I AO **für alle Steuer-VAe,** sowohl für die nach den
§ 172 ff AO zu korrigierenden Steuerbescheide als auch für die in ihrem
Bestand von den §§ 130, 131, AO abhängigen sonstigen Hoheitsmaßnahmen iSd § 118 AO (vor allem Haftungs-, Erstattungs- und Abrechnungsbescheide; s dazu Rz 1 u 6; ebenso: *T/K* § 351 AO Rz 4 ff; *Pahlke/Koenig*
§ 351 AO Rz 9; *H/H/Sp/Birkenfeld,* § 351 AO Rz 32; *Macher* S 38 f. **AM**
ua *H/H/Sp/Steinhauff* § 42 Rz 55; dazu Rz 1).

10   Die Gegenmeinung, derzufolge die Anwendung des § 351 I auf Steuer-
scheide beschränkt ist (*Koch/Scholtz/Szymczak* § 351 Rz 6; *Beermann/
v Wedel* § 351 AO Rz 10; § 351 Nr 3 AEAO; *Seitrich* S 552 und in auffal-
lendem Gegensatz zur weitherzigen Auslegung des § 68: BFHE 141, 470 =
BStBl II 1984, 791, 794 f), argumentiert hauptsächlich vom Wortlaut der
§§ 130, 131 AO her, wo nicht von „Ändern", sondern von „Rücknahme"
bzw „Widerruf" die Rede ist. Das überzeugt nicht: Nach Wortlaut und
Zweck der Regelung (s Rz 4, 7) kommt es im Geltungsbereich der
§§ 351 AO, 42 FGO allein darauf an, inwieweit sich durch Korrektur
eines unanfechtbar gewordenen VA (Rz 14) die **Rechtsschutzsituation**
des Klägers (aus seiner Sicht betrachtet) ändert (Rz 17 ff). Dabei ist zwar
hier – ebenso wie in anderem Zusammenhang (Rz 33, 43 vor § 40; § 40
Rz 67; § 68 Rz 29) – auch die *Rechtsscheinwirkung* in die Betrachtung einzubeziehen, die Frage aber nach dem VA-Typ oder nach der (passenden
oder unpassenden) Bezeichnung der Korrektur liefert keine für die Begrenzung der Klagebefugnis beachtlichen Erkenntnisse. Das bedeutet vor allem:
Fälle der Rücknahme (§ 130 AO) oder des Widerrufs (§ 131 AO) sind nur
insoweit vom Anwendungsbereich der §§ 351 I AO, 42 FGO ausgegrenzt,
als sie noch nicht bestandskräftige Einzelfallregelungen betreffen. Auch
dem Schlusssatz des § 351 I AO kommt in diesem Zusammenhang keine
eigenständige Bedeutung zu (s dazu iÜ Rz 28).

Eine Beschränkung des Regelungsbereiches auf **„Geldbescheide"** 11
(§ 100 Rz 25 ff) ist daher (Rz 10; s auch Rz 1) ebenfalls *nicht* erkennbar
(ebenso *T/K* § 351 AO Rz 7; *K/H* aaO Rz 1; *Macher* S 38 f; aM s Zitate
bei Rz 10).

Der Klarstellungsfunktion des § 351 I AO entspricht es, seinem Rege- 12
lungsbereich *auch* **Berichtigungen nach § 129 AO** zuzuordnen, obgleich
diese Vorschrift nicht zur inhaltlichen Umgestaltung berechtigt und darum
– systematisch konsequent (BFHE 144, 118 = BStBl II 1985, 569, 570; FG
SchlHol EFG 1983, 587) – ebenfalls nicht von „ändern" spricht (iE ebenso: *T/K* § 351 AO Rz 8 und 21; RegEntw AOÄG – s Rz 2, 4 – und inkonsequenterweise die oben unter Rz 10 zitierten Vertreter der Gegenmeinung).

Auch die **inhaltliche Abänderung begünstigender Steuer-VAe** fällt 13
– soweit *unanfechtbare* Regelungen in Frage stehen (Rz 10, 14) – mangels
anderweitiger Andeutung im Gesetzestext unter § 351 I AO (ebenso *T/K*
aaO Rz 17 und 22; *Macher* aaO. – AM: BFHE 61, 410 = BStBl III 1955,
356 u BFHE 97, 72; BStBl II 1977, 33).

Der ursprüngliche Steuer-VA muss zum Zeitpunkt der Änderung **un-** 14
anfechtbar gewesen sein (so auch *T/K* aaO Rz 10). Hierzu kommt es
durch
– Ablauf der Rechtsbehelfsfrist (§§ 355 AO, 47 FGO);
– Rechtsbehelfsverzicht (§§ 354 AO, 50 FGO);
– Rücknahme eines Rechtsbehelfs (§§ 362 AO, 72 AO);
– übereinstimmende Erledigungserklärungen iS des § 138 (BVerwG DVBl
  1964, 874; BFHE 105, 3 = BStBl II 1972, 466; BFHE 141, 211 =
  BStBl II 1984, 297, 701; BFHE 202, 228 = BStBl II 2003, 888; vgl iÜ
  § 138 Rz 11 ff); anders, wenn in gleicher Sache zuvor ein Änderungsbescheid ergangen ist (BFHE 131, 267 = BStBl II 1981, 5, 6);
– unanfechtbare Gerichtsentscheidung (§ 110).

Die Unanfechtbarkeit muss endgültig **feststehen.** Korrekturen im Ver- 15
laufe eines außergerichtlichen Rechtsbehelfsverfahrens oder eines Klageverfahrens lösen die Anfechtungssperre nach Wortlaut und Sinn der Regelung nicht aus (BFHE 131, 267 = BStBl II 1981, 5, 6; *T/K* aaO Rz 10 ff;
Macher S 40). Die Anwendbarkeit iRd § 68 (Rz 16) bildet keine Ausnahme
von diesem Grundsatz, sondern nur eine Verdeutlichung. Die Änderungs-
sperre richtet sich bei mehreren aufeinanderfolgenden Änderungen nach
dem letzten bestandskräftigen Steuer-VA, der dem ändernden VA unmittelbar vorausgeht (*Macher* aaO).

Es muss eine **endgültige sachliche Regelung** vorausgegangen sein: 16
Darum – nicht wegen des Nachsatzes des § 351 I (so aber *Macher* S 44 f;
s dagegen *T/K* § 351 AO Rz 3; hier Rz 28) – gilt § 351 I AO nicht bei
Änderungen nach § 164 II AO oder nach § 164 II 2 (iE ebenso: BFHE 94,
480 = BStBl II 1969, 209, 210; BFHE 99, 393 = BStBl II 1970, 702, 703;
BFHE 104, 102 = BStBl II 1972, 195, 197; BFHE 146, 564 = BStBl II
1986, 664; *Macher* und *T/K* aaO; zur Geltung iRd § 68: dort Rz 55; hier
Rz 187).

b) Ändern/Änderung

17   Nach Wortlaut, Sinnzusammenhang und Normzweck (s o Rz 7) ist unter „Ändern" jede **Art der Umgestaltung** des Regelungsgehalts eines
bestandskräftigen Steuer-VA zu verstehen (s auch *H/H/Sp/v Groll* vor
§ 172 AO Rz 113; § 172 AO Rz 151; § 175 Rz 170; iE ebenso: *T/K*
§ 351 AO Rz 5 ff; *K/H* aaO; *Macher* S 36). Nur insoweit, als die abändernde Regelung tatsächlich Neues für den Betroffenen bringt, soll die Frage
nach der Rechtswidrigkeit einer Rechtsmaßnahme (§§ 40 II, 100 I 1) neu
gestellt werden dürfen. Ausnahmen hiervon können sich im Hinblick auf
den Rechtsschutzzweck der Regelung (Rz 4, 7, 10) allenfalls **unter** dem
Gesichtspunkt des Rechtsscheins ergeben (s auch § 68 Rz 66). Ansonsten ist § 42 FGO iVm § 351 AO bei **wiederholenden VAen** unanwendbar, ergibt sich die Unzulässigkeit in solchen Fällen schon aus § 40 II
bzw § 47 I (vgl auch *T/K* § 351 AO Rz 3).

18   Für das Eingreifen der §§ 42 FGO, 351 I AO, vor allem für den in diesem Zusammenhang unerlässlichen Vergleich alte/neue Einzelfallregelung,
interessiert nur deren Existenz **bis zur Änderung,** nicht ihr weiteres,
durch die Änderung ausgelöstes Schicksal. Darum allein aber, nämlich um
das, was „Ändern" im Verhältnis neuer/ursprünglicher Bescheid für das
weitere Geschehen bewirkt, geht es bei dem zu § 68 (s dort Rz 13) und
zum Korrektursystem der AO geführten Meinungsstreit, der sich auch aus
diesem Grunde (s iÜ Rz 4–6 und 10) für das Verständnis der Anfechtungssperre als unergiebig erweist:

19   Selbst wer der zu § 68 vom *BFH* (vgl vor allem BFHE 96, 5 = BStBl II
1969, 538 – 99, 157 = BStBl II 1970, 623, 624; GrS BFHE 108, 1 =
BStBl II 1973, 231, 233 und BFHE 141, 470 = BStBl II 1984, 791, 793 f)
vertretenen Ansicht (im Gegensatz zu *T/K* Rz 2 ff vor § 130 AO; s § 68
FGO Rz 5; s auch hier § 68 Rz 61) beipflichtet, wonach im Falle der
Änderung der ändernde VA an die Stelle des ursprünglichen VA tritt, diesen
suspendiert, zugleich dessen Regelungsgehalt in den seinigen mit aufnimmt
und für die Dauer seines Bestehens die alleinige Grundlage für die in Frage
stehende Rechtsbeziehung bildet, verschafft sich im Rahmen der §§ 42
FGO, 351 I AO keinen Dispens von der Notwendigkeit, gerade und in
allererster Linie nach dem Regelungsgehalt dieses suspendierten (ursprünglichen) VA zu fragen (um zu ergründen, wie weit die Änderung reicht).
Wer den §§ 42 FGO, 351 I AO gleichwohl *konstitutive* (eine die an sich
weiterreichende Anfechtungsmöglichkeit begrenzende) *Bedeutung* beimisst,
sieht sich systematisch in die Situation gedrängt, dass ein Problem, welches
sich hier eigentlich gar nicht stellt, und eine Lösung, die hier nicht gefragt
ist, eine sonst nirgendwo indizierte Erweiterung der Klagebefugnis rechtfertigen soll, deren einziger Zweck darin besteht, durch die §§ 42 FGO,
351 I AO alsbald wieder beseitigt zu werden.

20   Dass die **Klagebefugnis** grundsätzlich (Ausnahme: Rz 17) **von Anfang
an durch die Änderung begrenzt** ist (s o Rz 7 und die dort Zitierten),
wird auch durch das Beispiel des unwirksamen (zB unbestimmten oder
nicht wirksam bekanntgegebenen) Änderungsbescheides nicht in Frage gestellt. Das wohl unstreitige Ergebnis, dass der Kläger, wie immer der Änderungsbescheid gestaltet ist, auch hier letztlich darauf beschränkt bleibt,
die bisherige Position zu halten, bedarf zur Rechtfertigung nicht der BFH-

Konstruktion (Rz 19): § 351 I AO greift in solchen Fällen nicht, weil dort die Änderung (auch) im Formellen liegt und der Mangel den gesamten Änderungsbescheid erfasst. BFH und hM erklären auch in diesem Fall nur das hier gar nicht mehr bedeutsame Geschehen „danach" (Wiederaufleben des ursprünglichen Bescheides).

Vom strengen Wortlaut her mag „Ändern" sich auf partielles Umgestal- 21 ten beschränken und das **„Ersetzen"** (iS vollständiger Neuregelung) *nicht* umfassen. Vom Normzweck und Ergebnis her allerdings macht es keinen Unterschied, ob man die Regelung (mangels Änderungstatbestandes) generell nicht für anwendbar hält oder die Anfechtungssperre daran scheitern lässt, dass die „Änderung" in concreto so weit reicht, dass für eine Beschränkung kein Raum bleibt.

3. Rechtsfolge

Ein *Verstoß* gegen die §§ 42 FGO, 351 I AO macht die **Klage unzuläs-** 22 **sig** (soweit ersichtlich unstr – vgl: BFHE 118, 163 = BStBl II 1976, 438, 439; BFHE 172, 290 = BStBl II 1994, 77; BFH/NV 1994, 547 u 1995, 971, 973; FG BaWü EFG 1996, 286; unklar für den Fall der Zusage, einen Abhilfebescheid zu erlassen: FG Mchn EFG 1996, 257; s iÜ *T/K* § 351 AO Rz 44; *K/H* Rz 1; *H/H/Sp/Steinhauff* § 42 Rz 21).

a) Quantitative Sperre

Der Anfechtungsrahmen ist fixiert durch den Gegenstand der Änderung. 23 IdR kommt es dabei auf den jeweiligen **Tenor** (Ausspruch) des ursprünglichen wie des ändernden VA an (vgl dazu generell § 40 Rz 70): Deren Gegenüberstellung markiert normalerweise eine **quantitative Anfechtungssperre** (zur Ausübung von **Wahlrechten** in diesem Zusammenhang: BFHE 171, 407 = BStBl II 1993, 824; FG BaWü EFG 1995, 480 f; FG D'dorf EFG 1996, 1075 f; s aber *v Groll*, FS f Haas (1996), 149, 158 ff mwN; zum *Streitwert*: BFH/NV 1991, 471, 472):

Das gilt vor allem für den praktisch häufigsten Fall der **Heraufsetzung** 24 **der Steuerfestsetzung durch Änderungsbescheid** (zB von 10 000 DM bzw 5112,92 €; auf 15 000 DM bzw 7669,38 €): *In Höhe des Änderungsbetrages* (5000 DM = 2556,46 €) *darf angefochten, aber auch* beiderseits *saldiert werden*, und zwar auch mit Auswirkungen auf die Grundlagen der ursprünglichen, im Ergebnis nicht mehr angreifbaren Steuerfestsetzung (vor allem nach § 177 AO; zu den Schranken, die sich dabei uU aus den einschlägigen Änderungsvorschriften ergeben können, und der Bedeutung des Schlusssatzes des § 351 I AO in diesem Zusammenhang vgl Rz 28). Dies hat seinen Grund darin, dass Besteuerungsgrundlagen regelmäßig weder selbstständig in Bestandskraft erwachsen noch selbstständig anfechtbar sind (§ 157 II AO erste Alternative; s dazu; *Macher* S 41 f mwN; hier § 40 Rz 72 ff und § 65 Rz 36 ff; allgemein zum Begriff der Besteuerungsgrundlagen: *H/H/Sp/v Groll* Rz 75 ff vor § 172 AO).

b) Qualitative Sperre

Ganz anders dagegen liegen die Dinge in den Fällen, in denen die **Ände-** 25 **rung einer gesondert festgestellten Besteuerungsgrundlage** (§ 157 II AO, 2. Alternative) in Frage steht (vgl § 40 Rz 92 ff sowie § 65 Rz 39 f).

Dann sind der *Anfechtung* – je nach Art der Änderung – nicht nur quantitative, sondern möglicherweise auch *qualitative (inhaltliche) Grenzen* gezogen:

26   – Wird zB ein **bestandskräftiger ESt-Bescheid** wegen eines Beteiligungsgewinns oder -verlustes nach *§ 175 I Nr 1 AO* **geändert,** darf (unabhängig von der Sperre der §§ 42 FGO, 351 II AO) *nicht* etwa mit Korrekturen aus dem Bereich der Einkünfte aus nichtselbstständiger Arbeit *saldiert* werden (iE ebenso: FG Köln EFG 1982, 192 und wohl auch BFHE 80, 257 = BStBl III 1964, 566, 569; anders im „Vorgriff" auf die spätere Regelung des § 174 AO: BFHE 84, 365 = BStBl III 1966, 131; vgl in diesem Zusammenhang auch: BFHE 125, 437 = BStBl II 1978, 637, 638; aM BFHE 167, 1 = BStBl II 1992, 504; wohl auch BFHE 168, 213 = BStBl II 1992, 1040; s aber BFH/NV 1995, 613).

27   – Ist zB in einem **bestandskräftigen Feststellungsbescheid allein der Veräußerungsgewinn** *nach § 173 Abs 1 Nr 1 AO* geändert worden, kann dem nicht mit Einwänden aus dem Bereich des laufenden Gewinns begegnet werden (ähnlich: BFHE 123, 315 = BStBl II 1978, 44, 45; vgl auch *T/K* aaO Rz 9; *Geist* aaO; *Macher* S 43).

c) Bedeutung des letzten Halbsatzes des § 351 I AO

28   Der Schlusssatz des § 351 I AO („… es sei denn …") bedeutet in Wirklichkeit **keine Durchbrechung der Anfechtungsbeschränkung** (so aber *Macher* S 44 und FG Bdbg EFG 2001, 154; abw *T/K* § 351 AO Rz 20), sondern stellt nur abermals klar, dass es nur um eine „Abwehrbeschränkung" geht, die Voraussetzungen für eine Änderung aber hier nicht geregelt und durch § 351 I AO auch nicht tangiert werden sollen. Mit anderen Worten: Ob und inwieweit die in Frage stehende Änderung selbst (zB auch in ihrer Begrenzung) rechtmäßig ist, muss (nach Prüfung der sonstigen Sachentscheidungsvoraussetzungen) von Fall zu Fall anhand der einschlägigen Korrekturvorschriften unter dem Gesichtspunkt der Begründetheit der Klage oder in einem anderen Verfahren geprüft werden (vor allem, ob nicht dem Grunde oder der Höhe nach weitere Änderungen auch zu Gunsten des Klägers in Betracht kommen; ebenso *K/H* aaO Rz 1; vgl iÜ zu den Wirkungen bei den einzelnen Änderungstatbeständen: *Macher* S 44 ff; *T/K* § 351 AO Rz 21 ff).

IV. Anfechtungsbeschränkung im Verhältnis Grundlagen-/ Folgebescheid (§ 42 FGO iVm § 351 II AO)

1. Normzweck

29   Auch die Regelung der §§ 42 FGO, 351 II AO hat (ebenso wie diejenige der §§ 42 FGO, 351 I AO, s Rz 6 f) nur **klarstellende Bedeutung** (ebenso *T/K* § 351 AO Rz 45; *K/H* aaO Rz 1 und 4; *Macher* S 51): Dass **von zwei (oder mehreren) VAen,** die sich (teilweise) mit der Regelung desselben Sachverhaltskomplexes befassen, **nur der jeweils maßgebliche** als **Ursache einer Rechtsverletzung** und somit als Gegenstand einer Anfechtungsklage in Betracht kommt, folgt im Grunde schon aus dem in § 40 II verankerten Grundsatz der Identität von angefochtenem und rechtsverletzendem VA (s Rz 5; § 40 Rz 78). Eine vergleichbare, auf Zuschlagsteuern (§ 40 Rz 81) beschränkte, Spezialregelung enthält **§ 51 a V 1**

EStG (zur Wirkungsweise dieser Vorschrift s BFH/NV 1999, 1383 f; FG D'dorf EFG 2000, 439 f; s auch Rz 33; § 40 Rz 81).

Hieraus folgt auch die **Umkehrbarkeit** der Regel: Entscheidungen in **30** einem Folgebescheid dürfen nur durch eine gegen diesen, nicht etwa durch eine gegen den Grundlagenbescheid gerichtete Anfechtungsklage angegriffen werden (FG SchlHol EFG 1985, 24; *Macher* S 53; *T/K* § 351 AO Rz 53).

Um eine reine **Rechtsfolgeregelung** handelt es sich insofern, als hier **31** nur aus dem anderwärts (§ 171 X AO) definierten Verhältnis Grundlagen-/ Folgebescheid und aus der ebenfalls an anderer Stelle (§§ 175 I Nr 1, 182 AO) geregelten Bindungswirkung (s Gesetzesüberschrift u Rz 2 ff) die verfahrensrechtlichen Konsequenzen gezogen werden (speziell zur Bindungswirkung: § 182 AO; vgl ua BFHE 134, 210 = BStBl II 1982, 99, 100; BFHE 139, 341 = BStBl II 1984, 86, 87; BFHE 143, 10 = BStBl II 1985, 299, 301; BFHE 144, 40 = BStBl II 1985, 523, 525; BFHE 145, 226 = BStBl II 1986, 293/294; HFR 1986, 168 mit Anm: BFHE 151, 10 f = BStBl II 1988, 142; zur Bedeutung im *Konkurs* – jetzt in der Insolvenz: BFH/NV 1995, 663, 664).

2. Voraussetzungen

Wenn § 351 II AO von **„Entscheidungen"** spricht, so sind damit die **32** verschiedenen Einzelfallregelungen iS des § 118 AO gemeint (s auch Rz 14 u 27 Vor § 40), die in einem Grundlagenbescheid, im Gegensatz zum Steuerbescheid, verselbstständigt (und nur äußerlich zusammengefasst) enthalten sein können (nichts anderes meint § 157 II AO mit selbstständig anfechtbaren ... Besteuerungsgrundlagen", die „gesondert festgestellt werden", vgl auch § 179 I AO; s dazu auch: BFHE 188, 523 = BStBl II 1999, 563; BFHE 194, 97 = BStBl II 2003, 194; BFH/NV 2003, 1281; 2004, 457, 459 u 1372). Zumindest missverständlich in diesem Zusammenhang: BFHE 146, 225 – BStBl II 1986, 477/478, wonach die Wirksamkeit eines Grundlagenbescheids auch im Folgebescheid angegriffen werden darf, weil insoweit keine Entscheidung in Frage steht. Dem ist entgegenzuhalten, dass mit der Abgrenzung der Regelungsbereiche von Grundlagen- und Folgebescheid notwendigerweise auch eine unterschiedliche Zuordnung der Rechtmäßigkeitsprüfung mit entsprechenden verfahrensrechtlichen Konsequenzen verbunden ist. Eine ganz andere Frage ist es, ob nicht *gewichtige* Mängel des Grundlagenbescheids iS des § 125 AO zugleich Fehlerhaftigkeit des Folgebescheids bedeuten und *darum* ausnahmsweise auch letzterem gegenüber gerügt werden dürfen.

Als **Grundlagenbescheid** ist gem **§ 171 X AO** **33**
– ein Feststellungsbescheid (§§ 179 ff AO),
– ein Steuermessbescheid (§ 184 AO) oder
– ein anderer VA
anzusehen, der für die Steuerfestsetzung bindend ist. Er muss nicht unbedingt von einer Finanzbehörde stammen (s auch *H/H/Sp/v Groll* § 175 AO Rz 102 ff). Ein solcher **„anderer VA"** ist zB auch eine amtsärztliche Bescheinigung zur Inanspruchnahme von Vergünstigungen nach dem EStG (BVerwG BStBl II 1977, 300, 301), ein Ausweis nach § 3 I SchwbG (BFHE 145, 545 = BStBl II 1986, 245) oder ein **Anerkennungsbescheid**

nach den §§ 83, 93 II. WobauG im Verhältnis zur *GrESt* (BFH/NV 1991, 555) und zur GrSt (BFHE 130, 441 = BStBl II 1980, 682; weitere Beispiele: *H/H/Sp/v Groll* § 175 Rz 119 ff; vgl iÜ zur GrSt-Festsetzung auch: BFHE 144, 201 = BStBl II 1986, 128); s iÜ zum Feststellungsbescheid nach § 47 KStG: BFHE 151, 336 = BStBl II 1988, 143; FG Bln EFG 1982, 95; FG M'ster EFG 1982, 98; zum Verhältnis Steuerfestsetzung/Billigkeitsmaßnahme nach § **163 AO:** BFH/NV 1996, 692 f; s auch Rz 64 Vor § 40; *H/H/Sp/v Groll* § 163 AO Rz& 129;136, 160; zum Verhältnis *ESt-Bescheid/KiSt-Bescheid:* BFHE 161, 73 = BStBl II 1990, 895; FG Hbg EFG 1968, 90; FG Mchn EFG 1977, 284; zum Verhältnis EW des Betriebsvermögens/Gewerbekapital: BFHE 144, 260 = BStBl II 1985, 678; zum Verhältnis *EW-Bescheid*/Gewinnermittlung nach § *13 a EStG:* BFH/ NV 1998, 661; zum Verhältnis Feststellungsbescheid/GewSt-Messbescheid: FG RhPf EFG, 1987, 87; zum Verhältnis **GewSt-Messbescheid/ GewSt-Bescheid:** BFH/NV 1997, 114; 2000, 300; zu § 35 b GewStG: BFHE 162, 433 = BStBl II 1991, 244; BFH/NV 1990, 630; zum Verhältnis **Steuerfestsetzung/Zinsbescheid:** BFH/NV 1998, 807; zum Verhältnis StVZO/KraftStG: BFH/NV 1991, 123; für die Bescheinigung nach § 9 II MGVO: BFHE 148, 84; BFH/NV 1992, 286 (s auch Rz 64 f vor § 40, zum Rechtsschutz gegenüber *Zuschlagsteuern:* Rz 29, § 40 Rz 81 sowie die Zusammenstellung § 40 Rz 93 ff).

34   Der Entscheidungsprozess kann kraft Gesetzes auch in **mehrere Stufen** gegliedert sein (vgl zB BFHE 144, 201 = BStBl II 1986, 128, 129 für die *GrSt-Festsetzung*) mit der Folge, dass ein Grundlagenbescheid dann die Basis für einen weiteren Feststellungsbescheid bildet, der im Verhältnis zu diesem als Folgebescheid und im Verhältnis zu dem ihm nachgeordneten Steuerbescheid seinerseits als Grundlagenbescheid fungiert (vgl zB für den Fall der *Unterbeteiligung:* BFHE 112, 1 = BStBl II 1974, 414; BFHE 155, 454 = BStBl II 1989, 343; speziell für *Treuhandverhältnisse:* BFHE 146, 340 = BStBl II 1986, 584; BFHE 161, 429 = BStBl II 1990, 1072; *T/K* vor § 179; § 179 Rz 1 ff sowie § 180 Rz 5 und 16 ff mwN). Entscheidend auch für den Anwendungsbereich des § 42 ist die **Abgrenzung der Regelungsbereiche** (dazu: BFH/NV 2003, 1281; 2004, 771, 772; *H/H/ Sp/v Groll,* § 175 AO Rz 142 ff).

3. Rechtsfolge

35   Aus der Fassung der Regelung („können nur ... angegriffen werden"), ihrer Stellung im Normgefüge und vor allem aus ihrer Funktion (Rz 3 ff) folgt, dass es sich (wie bei den §§ 42 FGO, 351 I AO) um eine **spezielle Sachentscheidungsvoraussetzung für Anfechtungsklagen** gegen bestimmte VA-Typen handelt, Verstöße also zur Unzulässigkeit der Klage und ihrer Abweisung durch Prozessurteil führen (ebenso: BFHE 93, 298 = BStBl II 1968, 780, 781; BFH/NV 1995, 971, 973; 1997, 114; FG SchlHol EFG 1974, 124, 125; 1981, 218, 219; FG D'dorf EFG 1974, 72; 1980, 163; FG Bln EFG 1973, 332; FG M'ster EFG 1981, 65; 1982, 338; FG Nds EFG 1982, 446; FG Bremen EFG 1983, 332; FG Köln EFG 1989, 418; FG Hbg EFG 1990, 282; FG Saarl EFG 1991, 492; FG D'dorf EFG 1995, 1073; FG BaWü EFG 2004, 575; *H/H/Sp/Birkenfeld* § 351 AO Rz 11 u 129; *H/H/Sp/Steinhauff,* § 42 FGO Rz 24 und 171; *T/K* § 351

AO Rz 54 – jew mwN; s auch *Söhn* StuW 1974, 50, 54 ff; *Seitrich* S 554 ff; *Macher* S 53).

Die vor allem vom BFH (HFR 1965, 459; BFHE 107, 8 = BStBl II **36** 1973, 24; BFHE 110, 177 = BStBl II 1973, 854; BFHE 151, 104 = BStBl II 1988, 142; BFHE 151, 366 = BStBl II 1988, 143, 145; BFH/NV 1988, 246 u 383; 1989, 525; FG BaWü EFG 2000, 1084; FG D'dorf EFG 1996, 129 zu § § 10 d III EStG – speziell dazu *K/S/v Groll* § 10 d Rz B 230; zum entspr Problem bei § 15 IV EStG: BFH/NV 2001, 827; unklar: BFHE 141, 252 = BStBl II 1984, 726; offen: BFHE 146, 225 = BStBl II 1986, 477/478; BFHE 172, 290 = BStBl II 1994, 77; aM offenbar: BFHE 144, 260 = BStBl II 1985, 678, 679 u BFHE 168, 402 = BStBl II 1992, 967; BFH/NV 1995, 663 f; 1997, 114; 1998, 807; sehr anschaulich für die *Unhaltbarkeit* der BFH-Rspr: BFHE 204, 1 = BStBl II 2004, 169) vertretene Ansicht, eine Klage, mit der mehr bzw anderes begehrt werde, als § 42 iVm § 351 II AO erlaube, sei unbegründet, nicht **unzulässig**, ist mit der Fassung, der systematischen Stellung (Rz 1 f) und der Funktion (Rz 3 ff u 29 ff) der Regelung nicht vereinbar (vgl auch BFHE 141, 255 = BStBl II 1984, 726, 727; BFHE 144, 40 = BStBl II 1985, 523, 525, wo dem Gericht des „Folgeverfahrens" die Entscheidungskompetenz bezüglich der im Grundlagenbescheid zu regelnden Besteuerungsgrundlagen abgesprochen wird; ebenso BFH/NV 1987, 341 u 629, 630; wohl auch: BFH/NV 2005, 1751, 1982 u 1983; für den Fall einer AdV-Klage: BFHE 151, 319 = BStBl II 1988, 240; BFH/NV 1988, 146; für das Verhältnis *EW-Feststellung/VSt:* BFH/NV 1994, 452, 453; für das Verhältnis ESt/KiSt: BFHE 161, 73 = BStBl II 1990, 895) und basiert (s BFHE 107 aaO) auf einer unkontrollierten Übertragung der zum Steuerbescheid entwickelten Saldierungstheorie (§ 65 Rz 41) auf Verfahren gegen Feststellungsbescheide (anders im Grunde schon der GrS in BFHE 91, 393 = BStBl II 1968, 344, 348 zu Ziff 3 Buchst c. dd aE – Parenthese; vgl iÜ zu der in § 157 II AO begründeten Wesensverschiedenheit dieser VA-Typen: FG SchlHol EFG 1981 aaO und EFG 1985, 325, 326; *v Groll*, StuW 1979, 172 ff; außerdem Rz 64 f vor § 40, § 40 Rz 92 ff – jeweils mwN) sowie auf der ebenfalls nicht haltbaren These, eine (Anfechtungs-) Klage könne nicht **teilweise unzulässig, teilweise unbegründet** sein (vgl dagegen vor allem: FG SchlHol EFG 1981 aaO; *Seitrich* S 555). Dass es um ein verfahrensrechtliches Problem geht, wird besonders deutlich, wenn der Grundlagenbescheid in die Kompetenz einer anderen Verwaltungsbehörde fällt und insoweit ein anderer Rechtsweg eröffnet ist (BFHE 148, 84 = HFR 1987, 138; Rz 33 und Rz 65 vor § 40). Die Gegenmeinung (vgl die oben zitierte BFH-Rspr u BFHE 155, 454 = BStBl II 1989, 343) wird dem Grundgedanken der Vorschrift nicht gerecht, dass **gegenüber einer hoheitlichen Regelung nur einmal Rechtsschutz** eröffnet sein (nur *eine* Sachprüfung stattfinden, *eine* Sachentscheidung eröffnet werden) darf (s auch § 68 Rz 55 und 75), und zwar gegenüber dem *maßgeblichen* VA. Mehr ist weder im Interesse des Rechtsuchenden noch im Interesse der Rechtsicherheit angezeigt. Dieser im Grunde eindeutigen Ausgangslage sollte mit der geplanten Neufassung im AOÄG (Rz 41) erklärtermaßen (vgl Begründung zum Entw S 38) Rechnung getragen werden. Damit hätte man der bislang hM endgültig den Boden entziehen können. Leider ist dieses Gesetzesvorhaben bisher nicht verwirklicht worden. § 351 II AO

gilt auch, wenn nicht Anfechtbarkeit, sondern Nichtigkeit (Wirksamkeit)
eines VA in Frage steht (s Rz 39).

37   Obgleich auch der BFH in solchen Fällen nicht zur Sachprüfung und
Sachentscheidung gelangt, ist der Meinungsstreit nicht nur theoretischer
Natur. Er hat praktische **Konsequenzen:** nicht nur **für die Beiladung**
nach § 60 III (weil die sich bei unzulässigen Klagen erübrigen kann – § 60
Rz 33), sondern auch für eine evtl nachfolgende **Verfassungsbeschwerde**
(Rz 1 vor § 33). Zumindest aus diesem Grund sollte der BFH seine Rspr
bei nächster Gelegenheit noch einmal gründlich überprüfen.

38   *Entgegen* der Meinung des BFH (BFHE 107, 8 = BStBl II 1973, 24;
BFHE 128, 136 = BStBl II 1979, 678; BFHE 141, 124 = BStBl II 1984,
580, 582; BFHE 142, 96 = BStBl II 1985, 3, 5; BFHE 145, 308 = BStBl II
1986, 239, 240; BFH/NV 1986, 319; BFH/NV 1987, 341) **rechtfertigt
eine gegen die §§ 42 FGO, 351 II AO verstoßende Klage keine
Verfahrensaussetzung** *nach § 74* (s dort Rz 17), *weil* die **Vorgreiflichkeit des Feststellungsverfahrens** *durch derartige Klagen nicht in Frage gestellt ist,* Folgeänderungen unabhängig von Bestands- und Rechtskraft
(§ 110 II) gem § 175 I 1 AO kraft Gesetzes vorzunehmen sind, infolgedessen kein Verfahren dafür „offen" gehalten werden muss. Letzteres erweist sich selbst dann als überflüssig, wenn eine erstrebte Folgeänderung
unterbleibt, weil ein negativer Feststellungsbescheid ergeht: Auch dann
bedarf es keiner Verfahrensunterbrechung, um zu einer Änderung des
Steuerbescheids zu gelangen, von dem nunmehr feststeht, dass er kein Folgebescheid ist (§§ 181 I 1, 174 III AO).

39   Die **Wirksamkeit des Grundlagenbescheids** schließlich betrifft zwar
auch die Qualität des Folgebescheids und insofern mittelbar dessen Recht-
mäßigkeit. Das ändert aber nichts daran, dass über Wirksamkeits- bzw
Nichtigkeitsmängel des Grundlagenbescheids allein in dem ihm zugeord-
neten Verfahren zu befinden ist (wenn §§ 351 II die verfahrensrechtliche
Sperre auf „Entscheidungen" bezieht, so ist auch und vor allem deren
Wirksamkeit gemeint; aM BFHE 127, 119 = BStBl II 1979, 440; BFHE
146, 225 = BStBl II 1986, 477; BFHE 153, 98 = BStBl II 1988, 660;
BFH/NV 1996, 592 = HFR 1996, 479; vgl demgegenüber Rz 36 u § 41
Rz 222 ff).

40   **Umdeutung** eines gegen den „falschen" VA gerichteten, nach § 351 II
AO unzulässigen Rechtsbehelfs in einen gegen den „richtigen" VA gerich-
teten zulässigen Rechtsbehelfs kommt idR nicht in Betracht (FG SchlHol
EFG 1981, 219, 220).

V. RefEntw zum AOÄndG 1992

41   Der RefEntw sah zwei **deklaratorische** Neuerungen vor:
- Klarstellung in der Überschrift, dass es sich insgesamt um eine **Zulässigkeitsregelung** handelt (Rz 3, 22, 35 ff);
- Klarstellung (in § 351 I 2), dass auch Berichtigungen nach **§ 129 AO** erfasst werden (Rz 12).

Bislang ist es zu einer solchen Neufassung nicht gekommen.

§ 43 [Verbindung von Klagen]

Mehrere Klagebegehren können vom Kläger in einer Klage zusammen verfolgt werden, wenn sie sich gegen denselben Beklagten richten, im Zusammenhang stehen und dasselbe Gericht zuständig ist.

Vgl §§ 44 VwGO, 56 SGG, 260 ZPO

Literatur: *Baumgärtel* S 128 f; *Behrends,* Die Anspruchshäufung im Zivilprozess, 1935; *Brandhuber,* Konnexität bei Haupt- und Hilfsantrag, Regensburger Diss 1987; *Brox,* Zur Problematik- von Haupt- und Hilfsanspruch, FS für C Heymanns Verlag (1965), S 121 ff; *Bucerius,* Eventuell verbundene Anträge, ZZP 37 (1908), 193; *Cahn,* Eventuelle und alternative Klageanträge, JW 1920, 1014; *Fleischmann,* Sachliche Zuständigkeit bei Haupt- und Hilfsantrag, NJW 1993, 506; *Gagel,* Eventualanträge und Widerklagen gegenüber dem Prozessgegner und Drittbeteiligten, SGb 1989, 405; *Georgiades,* Die Anspruchskonkurrenz im Zivilrecht und Zivilprozessrecht, 1968; *Merle,* Zur eventuellen Klagenhäufung, ZZP 83 (1972), 436; *Saenger,* Klagenhäufung und alternative Klagebegründung, MDR 1994, 860; *Rütter,* Die uneigentliche Eventualklagenhäufung, VersR 1989, 1241,

Die Vorschrift regelt die **Zusammenfassung mehrerer Klagebegehren** (prozessualer – nicht etwa materieller – Ansprüche: BGHZ 37, 371, 372) *durch den Kläger,* wobei der Text von einem einzigen Zurechnungssubjekt ausgeht. Daraus ist zu schließen, dass hier nur die **objektive Klagenhäufung** geregelt ist (zur subjektiven Klagenhäufung s § 59): also die Geltendmachung mehrerer prozessualer Ansprüche desselben Klägers gegen denselben Beklagten (*R/S* § 99 I). **1**

Mehrere Klagebegehren aus Gründen der Verfahrensökonomie (und auch im Kosteninteresse – s Rz 11) einer **gemeinsamen Verhandlung und Entscheidung** zuzuführen (ein Ergebnis, das auch durch Gerichtsbeschluss nach § 73 Abs 1 Satz 1 erreichbar ist; und zwar auch nur zur gemeinsamen *Entscheidung:* BFH/NV 1996, 153 mwN), empfiehlt sich im Steuerrecht vor allem dann, wenn um derselbe Sachverhalt (mit gleichgelagerten Fragen der Ermittlung) und/oder ein und dasselbe Rechtsproblem verschiedene Steuerarten bzw mehrere Veranlagungszeiträume betrifft. **2**

Unabhängig von einem solchen Interesse an der gemeinsamen **Verfolgung mehrerer gleichartiger Klagebegehren** kann sich aber unter dem Gesichtspunkt umfassenden Rechtsschutzes oder der Kostenersparnis (Rz 11) auch die Notwendigkeit zur Kombination **verschiedenartiger** prozessualer Ansprüche (Klagearten) ergeben (zB Verbindung von Kassation eines Verwaltungsakts und schlichter Leistung zur Folgenbeseitigung – vgl die Spezialregelungen in § 100 I 2 und III). **3**

Die **Art der Zusammenfassung** kann unterschiedlich sein. Je nach dem Verhältnis, in dem die verschiedenen Klagebegehren zueinander stehen, kann es sich handeln um **4**

– **kumulative Klagenhäufung** (mehrere gleichwertige Klagebegehren sollen zusammengefasst zum Erfolg führen); **5**

– **alternative Klagenhäufung** (einem von mehreren Klagebegehren soll entsprochen werden), die mangels Bestimmtheit idR unzulässig ist (vgl BFH/NV 1988, 457); **6**

7 – **eventuelle Klagenhäufung:** Neben einem hauptsächlich geltend gemachten prozessualen Anspruch soll – für den Fall, dass der Kläger insoweit erfolglos bleibt – hilfsweise ein anderes Klagebegehren zur Entscheidung gestellt werden (wobei zur Vermeidung bedingter Klagebegehren
– s § 40 Rz 4 – *Gleichzeitigkeit* und *Gleichartigkeit* des verfolgten Ziels gegeben sein muss und die Abhängigkeit nur auf *innerprozessuale Vorgänge*
bezogen sein darf: *Baumgärtel* aaO; *R/S* § 99 III 3; s auch BFH/NV
2001, 827; über ein unechtes, weil verschiedene Sachverhalte betreffendes Eventualverhältnis hatten BFHE 107, 202 = BStBl II 1973, 55, 57
sowie FG Hbg EFG 1978, 134 und 1982, 418 zu befinden; vgl allgemein: BFHE 131, 285 = BStBl II 1981, 37; BFHE 136, 70 = BStBl II
1982, 603; BFH/NV 2004, 1421; FG Bremen EFG 1994, 571; zur Behandlung im Rechtsmittelverfahren: BFH/NV 1988, 457, 458).

8   Wenn § 43 dem Kläger die Möglichkeit eröffnet, mehrere prozessuale
Ansprüche **in einer Klage zusammen** zu verfolgen, so bedeutet dies,
dass insoweit (idR durch entsprechende Verkörperung in einem Schriftsatz) gemeinsame Verhandlung und Entscheidung iSd § 73 Abs 1 Satz 1
bewirkt werden, nicht aber Einfluss auf die fortbestehende inhaltliche
Selbständigkeit der in Frage stehenden Klagebegehren genommen werden kann (ebenso *T/K* § 43 Rz 1; vgl auch zur Konsequenz eines Saldie-
rungsverbots: BFHE 115, 8 = BStBl II 1975, 385, 386; aM BFHE 110,
465 = BStBl II 1974, 137). Das verdeutlicht der Begriff der Klagenhäufung
ebenso wie der Umstand, dass die Verbindung durch das Gericht jederzeit
wieder gelöst werden kann (§ 73 I 2) und einem unterschiedlichen prozessualen Schicksal der verschiedenen Klagen nicht entgegensteht (zur Trennbarkeit generell: BGH NJW 1982, 1873; zur Selbständigkeit hinsichtlich
der Sachentscheidungsvoraussetzungen: BFHE 134, 245 = BStBl II 1982,
150, 152; hinsichtlich des Verböserungsverbots: FG Nbg EFG 1992, 82,
83; vgl auch BFHE 127, 1 = BStBl II 1979, 305; hinsichtlich der Kosten
s Rz 11; zur Abgrenzung gegenüber § 67: BFHE 158, 11 = BStBl II 1989,
981; FG BaWü EFG 1989, 67). Die fortbestehende inhaltliche Selbstständigkeit der einzelnen Klagebegehren zeigt sich auch darin, dass zwischen
ihnen **nicht saldiert** werden darf (BFHE 115, 8 = BStBl II 1975, 385;
BFHE 173, 480 = BStBl II 1994, 469, unter II.3.).

9   Die **Voraussetzungen für eine Verbindung** mehrerer Klagebegehren
gemäß § 43 sind
– *ein* Kläger (§ 57 Nr 1),
– *ein* Beklagter (§ 57 Nr 2, § 63),
– *Zusammenhang* zwischen den in Frage stehenden Ansprüchen, der nicht
  notwendig ein rechtlicher sein muss;
– *ein* Gericht: Dasselbe Gericht muss sachlich (§§ 35, 36) und örtlich
  (§ 38, 39) zuständig sein.

10   **Grenzen der objektiven Klagenhäufung** ergeben sich uU aus:
– abweichender geschäftsplanmäßiger Zuweisung der vom Kläger verbundenen prozessualen Ansprüche an verschiedene Spruchkörper des angerufenen Gerichts zum Zeitpunkt der Verbindung (vgl iÜ § 73 Rz 6);
– der in § 73 I 2 verankerten Befugnis des Gerichts, zusammengefasste
  Klagebegehren zu trennen (s § 73 Rz 20);
– der Notwendigkeit, die Sachentscheidungsvoraussetzungen für jedes
  Klagebegehren gesondert zu prüfen (BFHE 134, 245 = BStBl II 1982,

150, 152; insoweit kein Unterschied zur Klageänderung – s § 67 Rz 10 f;
unverständlich daher FG BaWü EFG 1989, 67 nebst Nachw).

Bedeutsam ist die Verbindung auch für die **Kosten** (Rz 23 ff und 42 vor **11**
§ 135; s auch *Gruber* Inf 1991, 207), weil – bei kumulativer Klagenhäufung
(§ 19 I 1 GKG; s iÜ § 19 I 2 u 3 GKG sowie Rz 5–7) – nach hM im Falle
der Verbindung (durch den Kläger, § 43; wie auch durch das Gericht,
§ 73) in Anlehnung an § 5 ZPO (iVm § 155 FGO) die verschiedenen
Streitwerte zusammengerechnet werden (BFHE 93, 266 = BStBl II 1968,
778; BFHE 96, 153 = BStBl II 1969, 587; BFHE 113, 340 = BStBl II
1975, 37; BFHE 118, 157 = BStBl II 1976, 434, 435; BFHE 120, 160 =
BStBl II 1977, 36, 37; BFHE 139, 357 = BStBl II 1984, 204, 205;
BFH/NV 2000, 852), allerdings nicht, wenn sich die Zusammenfassung
nur auf die Verhandlung beschränkt (BFHE 129, 111 = BStBl II 1980,
105, 106; zu Besonderheiten im Rahmen der früheren Streitwertrevision:
BFHE 135, 401 = BStBl II 1982, 513 und BFHE 140, 507 = BStBl II
1984, 544, 545). Das erscheint deshalb nicht zwingend, weil eben die
§§ 43 und 73 die inhaltliche Selbständigkeit der verschiedenen Klagebegehren in gleicher Weise unberührt lassen (s Rz 8), wie das etwa auch bei
der Zusammenfassung mehrerer Regelungen in einem (Sammel-)Bescheid
(vgl FG Mchn EFG 1983, 129; iÜ Rz 37 ff vor § 40) der Fall ist. Dafür
spricht ferner, dass die §§ 13 GKG („Sache") und 13 BRAGO („Angelegenheit") eher inhalts- als formbezogen wirken (s iÜ zu den Kostenfolgen
auch § 73 Rz 27 ff; zur Selbständigkeit des Revisionsgegenstandes vgl
BFHE 127, 1 = BStBl II 1979, 305; BFHE 139, 232 = BStBl II 1984, 167,
169; BFHE 144, 133 = BStBl II 1985, 605).

§ 44 [Außergerichtlicher Rechtsbehelf]

**(1) In den Fällen, in denen ein außergerichtlicher Rechtsbehelf ge-
geben ist, ist die Klage vorbehaltlich der §§ 45 und 46 nur zulässig,
wenn das Vorverfahren über den außergerichtlichen Rechtsbehelf ganz
oder zum Teil erfolglos geblieben ist.**

**(2) Gegenstand der Anfechtungsklage nach einem Vorverfahren ist
der ursprüngliche Verwaltungsakt in der Gestalt, die er durch die
Entscheidung über den außergerichtlichen Rechtsbehelf gefunden hat.**

Vgl §§ 68, 79 VwGO, 78 SGG, 24 II EGGVG

Übersicht

Literatur: *Benz,* Fragen des Vorverfahrens bei Sozialrechtsstreitigkeiten, BB 1980, 782; *Bettermann,* Das erfolglose Vorverfahren als Prozessvoraussetzung des verwaltungsgerichtlichen Verfahrens, DVBl 1959, 308; *A Bey,* Begleitende Verfahrenskontrolle, Bonner Diss 1994; *Büchele,* Anfechtungs- und Verpflichtungsklage gegen fehlerhafte Eintragungen auf der Lohnsteuerkarte?, DStR 1983, 435; *Burgi,* Verwaltungsprozess und Europarecht, 1996; *Dapprich,* Die prozessualen Folgen des fehlenden Vorverfahrens, DVBl 1960, 194; *Dawin,* Gegenstand der Anfechtungsklage nach § 79 I 1 VwGO, NVwZ 1987, 872; *Flösel,* Der Widerspruchsbescheid als isolierter Klagegegenstand, Würzburger Diss 1988; *Gleim,* Das Vorverfahren der VwGO, Hamburger Diss 1970; *Gräber,* Anfechtung der in der Einspruchsentscheidung enthaltenen Endgültigkeitserklärung eines Steuerbescheides, DStR 1974, 131; *Grollmütz,* Zu Prinzipien eines Verwaltungsverfahrens, Berliner Diss 1991; *Günther/Blum,* Das Widerspruchsverfahren, 3. Auflage, 1994, S 4 ff; *Gürsching,* Heilung von Mängeln in der Bekanntgabe eines Verwaltungsakts durch die Rechtsbehelfsentscheidung?, DStR 1988, 636; *Heyne,* Das Vorverfahren nach der VwGO, der FGO und dem SGG, Würzburger Diss 1973; *H Hofmann,* Das Widerspruchsverfahren als Sachentscheidungsvoraussetzung, Menger-FS S 60; *Hoffmann-Fölkersamb,* Geschichte und Perspektiven des Rechtsbehelfsverfahrens auf dem Gebiet des Steuerrechts in Deutschland, Kieler Diss 1991; *Huxholl,* Die Erledigung eines Verwaltungsakts im Widerspruchsverfahren, 1995; *Jäde,* Verwaltungsverfahren, Widerspruchsverfahren, Verwaltungsprozess, 3. Auflage, 1997, S 66; *Jellinek,* Verwaltungsakt und Rechtsmittelbescheid als Gegenstand der Anfechtungsklage, NJW 1958, 81; *ders,* Das erfolglose Vorverfahren als Prozessvoraussetzung des verwaltungsgerichtlichen Verfahrens, DVBl 1959, 308; *Jesse,* Einspruch und Klage im Steuerrecht, 1999; *Kopp,* Die Rechtsschutzfunktion des Widerspruchsverfahrens, FS für Redeker (1993) S 543; *Müller,* Der Verfahrensgegenstand von Anfechtungs- und Verpflichtungsklagen und der Zeitpunkt der rechtlichen Beurteilung von Verpflichtungsklagen, NJW 1982, 1370; *v Mutius,* Das Widerspruchsverfahren der VwGO als Verwaltungsverfahren und Prozessvoraussetzung, Kieler Diss 1969; *Neckels,* Wie effektiv ist das außergerichtliche Vorverfahren nach der Abgabenordnung?, DStZ(A) 1992, 465 u 526; *Presting,* Zur Notwendigkeit des Widerspruchsverfahrens, DÖV 1976, 269; *Pump,* Vorteilhafte Nutzung der Möglichkeiten des Einspruchsverfahrens, Inf 1992, 24; *Raupach,* Die Einspruchsentscheidung als alleiniger Klagegegenstand, DStR 1970, 170; *Renz,* Die Konsequenzen der Widerspruchsbehörde und die reformatio in peius DÖV 1991, 138; *Rößler,* Muss die zurückweisende außergerichtliche Rechtsbehelfsentscheidung bereits bei Klageerhebung vorliegen?, DStZ (A) 1978, 24; *v Schledorn,* Zulässigkeit einer Klage auf Widerspruchsentscheidung, NVwZ 1995, 250; *H Schuhmann,* Kann die Einspruchsentscheidung einen Bekanntgabemangel heilen?, DStZ 1992, 623; *Schwarze,* Der funktionale Zusammenhang von Verwaltungsverfahrensrecht und verwaltungsgerichtlichem Rechtsschutz, 1974; *Seibert,* Die isolierte Aufhebung von Widerspruchsbescheiden, BayVBl 1983, 174; *Seitrich,* Statthafter Rechtsbehelf bei Aufhebung des Nachprüfungsvorbehalts in der Einspruchsentscheidung, DB 1984, 1904; *Stengelmann-Nolten,* Das Widerspruchsverfahren vor der Festsetzungsfeststellungsklage analog § 113 I 4 VwGO, Berliner Diss 1994; *Stich,* Was ist bei fehlendem Vorverfahren zu tun? DVBl 1960, 378; *Stier,* Die Verwaltungsrechtsbehelfe (Einspruch, Beschwerde) als Prozessvoraussetzung des steuergerichtlichen Verfahrens, DStR 1965, 325; *ders,* Das richtige Vorverfahren als notwendige Sachurteilsvoraussetzung; Inf 1968, 245; *Stolterfoth,* Die

Verwirklichung des Rechtsschutzes im außergerichtlichen Rechtsbehelfsverfahren, DStJG 18 (1995) S 77; *Strunz,* Einspruch, Beschwerde und Dienstaufsichtsbeschwerde, DStZ 1992, 272; *Trzaskalik,* Das Widerspruchsverfahren der VwGO im Lichte der allgemeinen Prozessrechtslehre, 1971; *Wartner,* Das außergerichtlicht Vorverfahren als Prozessvoraussetzung der finanzgerichtlichen Klage, FR 1966, 300; *Walchshöfer,* Die Abweisung einer Klage als „zur Zeit" unzulässig oder unbegründet, FS für Schwab (1990), S 521; *Weides,* Verwaltungsverfahren und Widerspruchsverfahren, 3. Auflage, 1993, S 217 ff; *Zirkel,* Zum Begriff des erfolglosen Vorverfahrens iS von § 44 FGO, DStR 1967, 286.

I. Anwendungsbereich

Positiv markiert wird der Geltungsbereich der Vorschrift (zur Entstehungsgeschichte: *H/H/Sp/Steinhauff* Rz 2 ff) durch die Verweisung auf die **AO,** auf die Vorschriften, die bestimmen, ob ein **außergerichtlicher Rechtsbehelf gegeben** ist. Das waren nach altem Recht (zur Rechtsentwicklung des außergerichtlichen Vorverfahrens: *H/H/Sp/Birkenfeld* Rz 12 ff vor § 347 AO) die §§ 348, 349 AO (Rz 2). Mit Wirkung ab **1. 1. 1996** (dh gem Art 97 § 18 III EGAO: soweit ein VA angefochten wird, der vor diesem Zeitpunkt – durch Bekanntgabe, § 124 I, § 122 AO – **wirksam** geworden ist) ergibt sich dies aus den nachstehend abgedruckten §§ 347, 348 nF (Rz 3). **1**

1. Alte Rechtslage

§ 348 AO [Einspruch]   **2**

(1) Gegen die folgenden Verwaltungsakte ist, auch soweit sie für Zwecke der Vorauszahlungen erteilt werden, als Rechtsbehelf der Einspruch gegeben:

1. *Steuerbescheide und Steuervergütungsbescheide (§ 155) sowie Steueranmeldungen (§ 168),*
2. *Feststellungsbescheide (§ 179), Steuermessbescheide (§ 184), Zerlegungsbescheide (§ 188) und Zuteilungsbescheide (§ 190) sowie alle anderen Verwaltungsakte, die für die Festsetzung von Steuern verbindlich sind, ausgenommen die Billigkeitsmaßnahmen nach § 163,*
3. *Verwaltungsakte über Steuervergünstigungen, auf deren Gewährung oder Belassung ein Rechtsanspruch besteht,*
4. *Haftungsbescheide und Duldungsbescheide (§ 191),*
5. *verbindliche Zolltarifauskünfte,*
6. *verbindliche Zusagen nach § 204,*
7. *Verwaltungsakte, durch die auf Grund des Gesetzes über das Branntweinmonopol ein Kontingent festgesetzt wird (Kontingentbescheide),*
8. *Aufteilungsbescheide (§ 279),*
9. *Verwaltungsakte nach § 218 Abs. 2,*
10. *Verwaltungsakte über Zinsen und Kosten,*
11. *Verwaltungsakte nach § 251 Abs. 3.*

(2) In den Fällen des Absatzes 1 ist der Einspruch auch gegeben, wenn ein Verwaltungsakt aufgehoben oder geändert oder ein Antrag auf Erlaß, Aufhebung oder Änderung eines Verwaltungsaktes abgelehnt wird.

§ 349 AO [Beschwerde]

(1) [1] Gegen andere als die in § 348 aufgeführten Verwaltungsakte ist als Rechtsbehelf die Beschwerde gegeben. [2] Dies gilt nicht für Entscheidungen über einen außergerichtlichen Rechtsbehelf.

(2) [1] Die Beschwerde ist außerdem gegeben, wenn jemand geltend macht, dass über einen von ihm gestellten Antrag auf Erlaß eines Verwaltungsaktes ohne Mitteilung eines zureichenden Grundes binnen angemessener Frist sachlich nicht entschieden worden ist. [2] Entscheidungen über einen außergerichtlichen Rechtsbehelf gelten nicht als Verwaltungsakte in diesem Sinne.

(3) Die Beschwerde ist nicht gegeben gegen

1. Verwaltungsakte der obersten Finanzbehörden des Bundes und der Länder sowie der Bundesmonopolverwaltung für Branntwein,

2. Entscheidungen des Zulassungsausschusses und des Prüfungsausschusses der Oberfinanzdirektionen in Angelegenheiten des Steuerberatungsgesetzes.

2. Neue Rechtslage

3   (vgl dazu: *Birkenfeld/Daumke,* Das neue außergerichtliche Rechtsbehelfsverfahren, 2. Aufl 1996; *Carl/Klos* Inf 1994, 417; *Szymczak* DB 1994, 2254; *Linggen,* Das neue Einspruchsverfahren, 1996; *Wefers,* NJW 1995, 1321; *v Wedelstädt,* DB 1994, 1260).

§ 347 AO Statthaftigkeit des Einspruchs

(1) [1] Gegen Verwaltungsakte

1. *in Abgabenangelegenheiten, auf die dieses Gesetz Anwendung findet,*
2. *in Verfahren zur Vollstreckung von Verwaltungsakten in anderen als den in Nummer 1 bezeichneten Angelegenheiten, soweit die Verwaltungsakte durch Bundesfinanzbehörden oder Landesfinanzbehörden nach den Vorschriften dieses Gesetzes zu vollstrecken sind,*
3. *in öffentlich-rechtlichen und berufsrechtlichen Angelegenheiten, auf die dieses Gesetz nach § 164 a des Steuerberatungsgesetzes Anwendung findet,*
4. *in anderen durch die Finanzbehörden verwalteten Angelegenheiten, soweit die Vorschriften über die außergerichtlichen Rechtsbehelfe durch Gesetz für anwendbar erklärt worden sind oder erklärt werden,*

ist als Rechtsbehelf der Einspruch statthaft. [2] Der Einspruch ist außerdem statthaft, wenn geltend gemacht wird, dass in den in Satz 1 bezeichneten Angelegenheiten über einen vom Einspruchsführer gestellten Antrag auf Erlass eines Verwaltungsakts ohne Mitteilung eines zureichenden Grundes binnen angemessener Frist sachlich nicht entschieden worden ist.

(2) Abgabenangelegenheiten sind alle mit der Verwaltung der Abgaben einschließlich der Abgabenvergütungen oder sonst mit der Anwendung der abgabenrechtlichen Vorschriften durch die Finanzbehörden zusammenhängenden Angelegenheiten einschließlich der Maßnahmen der Bundesfinanzbehörden zur Beachtung der Verbote und Beschränkungen für den Warenverkehr über die Grenze; den Abgabenangelegenheiten stehen die Angelegenheiten der Verwaltung der Finanzmonopole gleich.

(3) Die Vorschriften des Siebenten Teils finden auf das Straf- und Bußgeldverfahren keine Anwendung.

§ 348 AO Ausschluss des Einspruchs

Der Einspruch ist nicht statthaft

1. gegen Einspruchsentscheidungen (§ 367),
2. bei Nichtentscheidung über einen Einspruch,
3. gegen Verwaltungsakte der obersten Finanzbehörden des Bundes und
   der Länder, außer wenn ein Gesetz das Einspruchsverfahren vorschreibt,
4. gegen Entscheidungen der Oberfinanzdirektionen in Angelegenheiten des
   Zweiten Abschnitts des Zweiten Teils des Steuerberatungsgesetzes,
5. gegen Entscheidungen der Steuerberaterkammern in Angelegenheiten
   des Zweiten und Sechsten Abschnitts des Zweiten Teils des Steuerberatungsgesetzes.

Die Neuregelung des außergerichtlichen Rechtsbehelfsverfahrens durch
das „Grenzpendlergesetz" hat zwar die **Form** des Vorverfahrens **vereinfacht.** Das bedeutet jedoch nicht, dass **hinsichtlich des Inhalts, des
Verfahrensgegenstands,** nicht weiterhin genau geprüft werden müsste,
gegen welchen von mehreren (möglicherweise äußerlich zusammengefassten) VAen sich (nach dem Inhalt des Begehrens) der Rechtsbehelf
richtet (zB bei der Ablehnung einer Billigkeitsmaßnahme im Rahmen der
Steuerfestsetzung – § 163 AO s Rz 23 ff).

Zum anderen ist der Anwendungsbereich des § 44 I **negativ** *begrenzt* **4**
durch die Ausnahmeregelungen der *§§ 45 und 46.* Keine Ausgrenzung enthält der Zollkodex (§ 245 ZK), weil AO und FGO hinreichenden Rechtsschutz garantieren (*Birk* ZfZ 1991, 207; *Witte* ZfZ 1993, 162 f; *H/H/
Sp/Steinhauff* § 44 FGO Rz 7 mwN; s aber BFHE 176, 170 = HFR 1995,
204 zu § 69; s auch § 129; 47 Rz 1).

Die **unmittelbare Anrufung des Gerichts** ist demgemäß **nur** zulässig **5**
(vgl auch BFH/NV 2000, 8 f), soweit
- **kein außergerichtlicher Rechtsbehelf** gegeben ist (§ 348 Nrn 1–4
  AO nF – Rz 3; vgl BFHE 139, 450; BFHE 124, 290 = BStBl II 1978,
  243, 245; BFHE 153, 179; BFHE 191, 478 = BStBl II 2000, 550; zum
  Sonderfall der bis 1995 geltenden Kindergeldregelung: FG RhPf EFG
  1996, 1175, 1176), vor allem aber in den Fällen, in denen **kein VA**
  vorliegt (s auch § 347 I 1 nF: „Gegen Verwaltungsakte ..."), also bei der
  Feststellungsklage (§ 41; vgl BFHE 162, 4 = BStBl II 1991, 120; BFH/
  NV 1995, 517, 519) sowie bei der *sonstigen Leistungsklage* (§ 40 I letzter
  Fall; § 40 Rz 28 ff),
- die Voraussetzungen des § 45 I **(Sprungklage)** erfüllt sind; dh, wenn
  bei Anfechtungsklagen und bei Verpflichtungsklagen die Finanzbehörde
  der unmittelbaren Anrufung des Gerichts (rechtzeitig) zustimmt (zu den
  Einzelheiten s § 45 Rz 8 ff),
- die Anordnung eines dinglichen Arrests angegriffen wird (§ 45 IV),
- die Rechtsbehelfsbehörde iSd § 46 **untätig** geblieben ist (BFHE 165,
  188 = BStBl II 2000, 283; § 46 Rz 6 ff; zur Abgrenzung gegenüber
  den Fällen des § 349 II AO aF – jetzt wäre dies der Untätigkeitseinspruch; § 347 I& 129;2 AO, nF – BFHE 134, 245 = BStBl II 1982,
  151, 153).

6   *Außerdem* wird in *folgenden nicht ausdrücklich geregelten Fällen* die **unmittelbare Klageerhebung** für *zulässig* gehalten: Soweit

– die außergerichtliche **Rechtsbehelfsentscheidung** einen **Dritten erstmals beschwert** (BFHE 152, 200 = BStBl II 1988, 377; Rz 36 u 41; *T/K* § 44 Rz 3; str ist, ob die Klage eines nach § 360 III AO Hinzuziehenden aber nicht Hinzugezogenen unmittelbar zulässig ist: BFHE 131, 287 = BStBl II 1981, 33; BFHE 156, 8 = BStBl II 1990, 360; BFHE 186, 540 = HFR 1999, 105; FG Köln EFG 1991, 252 einerseits
– BFHE 160, 123 = BStBl II 1990, 696 andererseits; s auch Rz 12; vgl iÜ auch § 68 I Nr 2, § 79 I Nr 2 VwGO und dazu: BVerwG DÖV 1986, 109; *Kopp/Schenke* § 68 Rz 20; § 79 Rz 7; *Schoch ua* § 68 Rz 16 ff, § 79 Rz 9 f);

– der **angefochtene VA** im Verlauf des außergerichtlichen Verfahrens **geändert oder für endgültig erklärt** wird (kein neuer Rechtsbehelf, BFHE 119, 168 = BStBl II 1976, 551; BFHE 120, 139 = BStBl II 1977, 37; BFHE 121, 421 = BStBl II 1977, 517; BFHE 154, 375 = BStBl II 1989, 50; für den Fall der Endgültigkeitserklärung: BFHE 96, 458 = BStBl II 1970, 11; BFHE 115, 170 = BStBl II 1975, 592; BFHE 139, 135 = BStBl II 1984, 85; dieser Fall ist inzwischen durch **§ 365 III AO** in der Weise geregelt, dass der neue VA „automatisch" Gegenstand des Verfahrens der Einspruchsentscheidung wird);

– die Voraussetzungen des **§ 68** vorliegen (s dort Rz 1 ff).

II. Zu § 44 I – Vorverfahren

1. Funktion und Bedeutung

7   Soweit der Regelungsbereich des § 44 I reicht, ist die Erfolglosigkeit des außergerichtlichen Rechtsbehelfs **Sachentscheidungsvoraussetzung** (BFHE 143, 27 = BStBl II 1985, 266, 267; BFHE 155, 74; BFH/NV 1988, 213; 1990, 94 u 635; 1991, 309; 1994, 41; 1995, 517, 519; 1996, 65, 66; 2000, 8). Zweck der Regelung ist es, in den (durch bislang die §§ 348, 349 AO aF, nunmehr durch die §§ 347, 348 markierten) wichtigsten Bereichen des Abgabenrechts den Betroffenen vor der Inanspruchnahme gerichtlichen Rechtsschutzes auf den einfachen, kostensparenden Weg einer vollständigen neuerlichen Nachprüfung der Sach- und Rechtslage durch die Finanzbehörden zu verweisen, um so zu verhindern, dass die Gerichte der Finanzgerichtsbarkeit mit allzuvielen nicht hinreichend vorbereiteten Sachen belastet werden (BT-Drucks III/127 S 39 und IV/1556 S 47). Es geht also (vgl auch BFHE 112, 6 = BStBl II 1974, 417; BFHE 143, 112 = BStBl II 1985, 303, 304):

– aus der Sicht des Gerichts um **Filterfunktion,**
– aus der Sicht des Rechtsuchenden um zusätzlichen **kostenlosen** (außergerichtlichen) **Rechtsschutz** (allerdings mit der Gefahr der Schlechterstellung – § 367 II 2 AO),
– aus der Sicht der Verwaltung um **Selbstkontrolle.**

8   Eine Klage, die gegen § 44 I verstößt, ist unzulässig und durch Prozessurteil abzuweisen. Streitig ist, *wann* die Tatbestandsmerkmale des § 44 I erfüllt sein müssen, damit die Klage zulässig ist (ob also die Vorschrift eine **Sachurteilsvoraussetzung** ieS oder aber eine Zugangsvoraussetzung regelt (Rz 27 ff; Rz 12 vor § 33). Die tatsächlichen Voraussetzungen hierfür darf das **Revisionsgericht** selbst feststellen (BFH/NV 1994, 41; BFHE 206, 201 = BStBl II 2004, 980; BFH/NV 2004, 1655, 1656).

2. Voraussetzung: Erfolglosigkeit des Vorverfahrens

In Übereinstimmung mit dem speziellen Zweck der Vorschrift (s Rz 7) **9** und der allgemeinen Funktion des finanzgerichtlichen Verfahrens (Individualrechtsschutz zu gewähren) verlangt § 44 I für die Zulässigkeit der Klage, dass ein außergerichtliches Rechtsbehelfsverfahren **gegeben** (§§ 347, 348 AO; Rz 3) und **ganz oder zum Teil** (BFHE 160, 296 = BStBl II 1990, 637, 676 f; s auch Rz 42 vor § 40; § 47 Rz 3) **erfolglos** geblieben ist (BFHE 206, 201 = BStBl II 2004, 980; BFH/NV 2004, 1655, 1656). Wirksamkeit des zu Grunde liegenden VA wird insoweit (vgl aber Rz 32) nicht vorausgesetzt (FG Mchn EFG 1991, 236; noch weitergehend BFHE 179, 211 = BStBl II 1996, 256 und BFH/NV 1989, 350; 1996, 554, wonach auch ein Bekanntgabemangel der Einspruchsentscheidung unschädlich ist; vgl auch BFHE 166, 311 = BStBl II 1992, 319; iU hier Rz 32). Erfolglosigkeit iS des § 44 I liegt nach dem Zweck der Vorschrift (Rz 7) grundsätzlich (Ausnahmen: Rz 5 f) **nicht nur** vor, wenn das Vorverfahren seinen förmlichen Abschluss in einer **rechtswirksamen** (BFH/NV 1994, 41) **Einspruchsentscheidung** (bzw bis 31. 12. 1995 auch Beschwerdeentscheidung – §§ 366, 367 I AO) gefunden hat, sondern auch, wenn insoweit nur ein **Rechtsschein** begründet, zB die Einspruchsentscheidung nicht wirksam bekanntgegeben wurde (vgl BFHE 179, 211 = BStBl II 1996, 256; s iU auch Rz 6, 21 u 34 ff). Auch formgerechte Behandlung des außergerichtlichen Rechtsbehelfs ist ebensowenig erforderlich (BFH/NV 1995, 758; s auch Rz 13 und 22 ff) wie dessen vollständige Beurteilung (BFH/NV 2004, 1655). Auch auf die richtige Bezeichnung kommt es nicht an (aM: FG Hbg EFG 1998, 218; s auch Rz 13). Ausnahmsweise tritt in den von der Übergangsvorschrift des **Art 97 § 18 a EGAO** (§ 47 Rz 1 u 8), erfassten Fällen an die Stelle der Rechtsbehelfsentscheidung die *Veröffentlichung der Entscheidung des BVerfG* (s auch § 47 Rz 11). Erfolglosigkeit iS des § 44 I ist auch gegeben, wenn ein **Untätigkeitseinspruch** (§ 347 I 2 AO) dazu führt, dass der Erlass der begehrten VAe abgelehnt wird (aM FG Berlin EFG 1999, 940, das sich dabei zu Unrecht auf *H/H/Sp/Birkenfeld* § 347 AO Rz 209 beruft, der aber nur den umgekehrten Fall behandelt; s auch § 45 Rz 20).

Prüfung und Beantwortung dieser Frage setzen zunächst voraus, dass der **10** **Verfahrensgegenstand** *des außergerichtlichen Vorverfahrens* **und** der **Streitgegenstand** *des Klageverfahrens* **identisch** sind (FG Bln EFG 2002, 1050; s auch Rz 32 ff). Soweit nicht angefochten wurde, liegt kein Fall der Erfolglosigkeit vor, ist vielmehr Bestandskraft eingetreten (s FG Bremen EFG 2000, 259, 260: § 47 Rz 1). Maßgeblich ist auch hier der **Regelungsgehalt** des in Frage stehenden VA (Rz 64 vor § 40; § 40 Rz 92 ff; 105; s zum Problem bei *EW-Bescheiden*: BFH/NV 2000, 8, 9; bei *§ 10 d III EStG aF*, jetzt *§ 10 d IV EStG*: BFH/NV 1999, 1602). Danach richtet sich, ob die für § 44 I erforderliche Identität vorliegt, und zwar in objektiver und subjektiver Hinsicht:

– Es muss im Klageverfahren um **inhaltlich dieselbe Sache** gehen wie **11** zuvor im außergerichtlichen Rechtsbehelfsverfahren (BFHE 106, 8 =

BStBl II 1972, 703; BFHE 143, 27 = BStBl II 1985, 266 für zusammengefasste Bescheide). Sofern der Kläger zu einem anderen Begehren übergeht, muss auch für dieses § 44 I erfüllt sein: BFHE 158, 11 = BStBl II 1989, 981; BFH/NV 1992, 267; s iÜ § 67 Rz 10 f). Die erforderliche inhaltliche Identität wird wie gesagt durch Endgültigkeitserklärung des angefochtenen vorläufigen Bescheids (BFHE 115, 170 = BStBl II 1975, 592) ebensowenig berührt wie durch Erlass eines Änderungsbescheids während des Vorverfahrens, der an die Stelle des geänderten Bescheids tritt und automatisch zum Gegenstand dieses Vorverfahrens wird (§ 365 III AO; BFHE 120, 139 = BStBl II 1977, 37; BFHE 121, 421 = BStBl II 1977, 517; BFHE 129, 235 = BStBl II 1980, 165; BFHE 134, 510 = BStBl II 1982, 270; vgl außerdem in diesem Zusammenhang: FG D'dorf EFG 1978, 604 zur Klage auf Durchführung einer ESt-Veranlagung nach erfolglosem LStJA-Vorverfahren; FG SchlHol EFG 1979, 88 für Fälle des § 55 V EStG 1971; BFHE 158, 11 = BStBl II 1989, 981 u FG BaWü EFG, 1979, 316 zum Verhältnis Anfechtungs-/Verpflichtungsklage). – Bei Zusammenfassung mehrerer Sachen (§ 43) muss das Erfordernis des § 44 I für jede einzelne gesondert erfüllt sein (BFHE 134, 245 = BStBl II 1982, 150; BFHE 158, 11 = BStBl II 1989, 981).

12 – Die **Hauptbeteiligten** müssen **dieselben** sein (BFH/NV 1990, 635; 1994, 41 BFH/NV 1986, 733 für einen Fall der Zusammenveranlagung; ebenso FG RhPf EFG 1991, 739; BFH/NV 1987, 111 für einen Fall der Gesamtrechtsnachfolge; vgl auch *Kopp/Schenke* § 68 Rz 7 f mit zum Teil abweichenden Rechtsprechungsnachweisen). Das gilt (wegen der Heilbarkeit dieses Mangels im finanzgerichtlichen Verfahren) nicht im Falle des notwendig Beizuladenden, der zum Vorverfahren nicht nach **§ 360 III AO** hinzugezogen worden war (BFHE 131, 278 = BStBl II 1981, 33; BFHE 136, 445 = BStBl II 1983, 21; BFHE 144, 155 = BStBl II 1985, 675; BFHE 148, 420 = BStBl II 1987, 302; BFHE 157, 321 = BStBl II 1989, 851; BFH/NV 1992 46; s iÜ für Fälle des § 360 III AO: BFH/NV 1998, 14; 1999, 1469; FG Bremen EFG 2000, 259; zu den Konsequenzen: Rz 6).

13 **Erfolglos** geblieben ist ein außergerichtlicher Rechtsbehelf, wenn er ganz oder teilweise als *unbegründet* zurückgewiesen, aber auch, wenn er als *unzulässig* verworfen wurde. Die **Entscheidung** hierüber muss – wie jeder andere VA auch (vgl *v Groll* DStJG 18, 347, 63 ff) – **nicht notwendig als solche bezeichnet** sein (BFHE 176, 289 = BStBl II 1995, 353; BFH/NV 1995, 809 und für die Entscheidung des FA über eine *„Dienstaufsichtsbeschwerde"* BFH/NV 1995, 758; aM: FG Hbg EFG 1998, 218); sie muss das Begehren auch **nicht vollständig** behandeln (BFH/NV 2004, 1655). Worin genau die Erfolglosigkeit besteht oder ihren Grund hat, ist unbeachtlich. Auch Erklärungsbewusstsein/Bekanntgabewille ist **nicht** erforderlich (Rz 20 vor § 40; *v Groll* aaO S 62 f; s iÜ auch Rz 22), ebensowenig die **zutreffende Qualifizierung des** zu beurteilenden **Verwaltungshandelns** durch die Finanzbehörde (so für den Fall, dass eine Maßnahme zu Unrecht nicht als VA angesehen wurde: BFHE 171, 397 = BStBl II 1993, 836).

14 Ob auch die Verwerfung des außergerichtlichen Rechtsbehelfs als **unzulässig** den Anforderungen des § 44 I genügt, war streitig. Der BFH (BFHE 99, 100 = BStBl II 1970, 548; BFHE 117, 39 = BStBl II 1976, 76,

77) hielt früher eine Klage für unzulässig, wenn die Finanzbehörde den Rechtsbehelf zu Recht als unzulässig verworfen hatte (die Zulässigkeit des Einspruchs galt als Sachurteilsvoraussetzung), während die hM (vgl die Nachweise bei *T/K* § 44 Rz 7), Wortlaut und Funktion des § 44 I entsprechend, zu Recht keinen Unterschied daraus ableitete, warum jemand mit seinem außergerichtlichen Rechtsbehelf gescheitert war. Methodisch ungereimt erschien an der früheren Rechtsprechung auch die Konsequenz, dass die Frage nach der Zulässigkeit der Klage mit Hilfe einer (begrenzten) Sachprüfung betreffend die Rechtmäßigkeit der Einspruchsentscheidung beantwortet werden musste.

Nachdem der BFH (BFHE 124, 1 = BStBl II 1978, 154; BFHE 141, **15** 470 = BStBl II 1984, 791, 792; BFHE 158, 205 = BStBl II 1990, 177; BFH/NV 1988, 457; FG Hbg EFG 1996, 498; FG Bremen EFG 2000, 259, 260) diese Ansicht aufgegeben hat, gilt folgendes:

– Wurde der außergerichtliche Rechtsbehelf **zu Recht als unzulässig 16 verworfen,** erweist sich also der angefochtene VA als bestandskräftig, ist die Klage ohne weitere Sachprüfung als unbegründet abzuweisen (BFHE 158, 205 = BStBl II 1990, 177; ebenso für den Fall eines nicht wirksam eingelegten Einspruchs: FG Hbg EFG 2001, 771, 772).

– Hat die Finanzbehörde den außergerichtlichen Rechtsbehelf **zu Un- 17 recht als unzulässig angesehen,** ist die Rechtsbehelfsentscheidung in der Regel aufzuheben (BFHE 107, 409 = BStBl II 1973, 187, 188; BFHE 121, 142 = BStBl II 1977, 321, 323; BFHE 159, 103, = BStBl II 1990, 277; vgl iÜ Rz 38), damit die außergerichtliche Sachprüfung nachgeholt werden kann.

Die *gleichen Grundsätze* gelten, *wenn* die Finanzbehörde *über* einen außer- **18** gerichtlichen **Rechtsbehelf** entschieden hat, der (so) **nicht eingelegt** worden war (BFHE 174, 24 = BStBl II 1994, 561; BFH/NV 1999, 145; FG Bremen EFG 1970, 508; FG Bln EFG 1986, 412; aM: BFH/NV 1991, 75, 77, wobei verkannt wird, dass ein besonders gravierender Mangel der Rechtsbehelfsentscheidung gegeben ist und allein darin eine Beschwer des Adressaten liegt, bzw wenn jemand zum Inhaltsadressaten einer (beschwe- renden) Einspruchsentscheidung gemacht wird, der keinen Rechtsbehelf eingelegt hat (BFH/NV 1996, 521 f; s auch Rz 39).

Kein Raum ist im finanzgerichtlichen Verfahren für die von BVerwG **19** (DVBl 1972, 423 – 1979, 819) u BSG (E 49, 85) vertretene Ansicht, der Behörde stehe es frei, auch bei unzulässigen Rechtsbehelfen erneut in eine Sachprüfung des angefochtenen VA einzutreten (Nachw zum Meinungs- stand bei *Kopp/Schenke* § 70 Rz 9): **Mit Ablauf der Rechtsbehelfsfrist** nämlich ist der **VA unanfechtbar** (§ 47 Rz 1). Darum ist gem § 358 Satz 2 AO ein verspäteter Rechtsbehelf als unzulässig zu verwerfen (eben- so: *T/K* § 44 Rz 4). Etwas anderes gilt nur, wenn ein an sich unanfecht- barer Bescheid während des Klageverfahrens von der Finanzbehörde geän- dert und nach § 68 FGO zum Gegenstand des Verfahrens gemacht wird: BFHE 141, 470 = BStBl II 1984, 791, 794; s aber § 68 Rz 40 ff).

Die Voraussetzungen der Erfolglosigkeit des außergerichtlichen Vorver- **20** fahrens bleiben auch erhalten, wenn die zu Recht isoliert angefochtene Einspruchsentscheidung während des Klageverfahrens aufgehoben wird (so zutreffend: FG Bln EFG 1986, 412, das allerdings offensichtlich übersah, dass ein Fall des § 138 II 2 vorlag).

21   Im Übrigen beantwortet sich die Frage nach der Erfolglosigkeit des Vorverfahrens aus dem **Tenor der Entscheidung** (Rz 41 ff, 45 vor § 40; § 40 Rz 15; BFHE 142, 212, 214/215; aM: FG D'dorf EFG 1996, 106 – mit unverständlicher Begründung). Auch insoweit gelten **allgemeine Auslegungsgrundsätze** (Rz 14 ff Vor § 33). Vor allem hängt die Beantwortung vom wirklichen Regelungsgehalt der Einspruchsentscheidung, nicht entscheidend von deren äußerer Form ab (Rz 44 ff Vor § 40; zum entsprechenden Problem beim Urteil: § 105 Rz 17, aber auch Rz 10). Unmaßgeblich ist die Antragstellung: Auch wer mit seinem außergerichtlichen Rechtsbehelfsbegehren vollen Erfolg gehabt hat, kann Anfechtungsklage erheben, sofern er nur durch den ursprünglichen VA (weiterhin) iSd § 40 II FGO beschwert ist (vgl dazu näher: *Wartner* aaO u *Zirkel* aaO; ebenso *T/K* Rz 6; *H/H/Sp/Steinhauff* Rz 92; aM FG Mchn EFG 1983, 57). Maßgeblicher **Beurteilungszeitpunkt** ist derjenige der **Klageerhebung** (s auch Rz 27 ff), zumal der Antragstellung für das Einspruchsverfahren kraft Gesetzes keine maßgebliche Bedeutung zukommt (§ 367 II 1 und 2 AO; vgl auch *H/H/Sp/Steinhauff,* § 44 Rz 92).

3. „Richtiges" Vorverfahren?

22   Ein Vorverfahren setzt eine entsprechende Initiative des Rechtsuchenden (FG SchlHol EFG 1981, 219), nicht aber unbedingt eine formgerechte Behandlung durch die Finanzbehörde voraus: Den Erfordernissen des § 44 I ist auch genügt, wenn die Finanzbehörde das Vorverfahren als solches nicht erkannt und statt mit einer förmlichen Rechtsbehelfsentscheidung mit einem abschlägigen VA reagiert hat (BFHE 112, 6 = BStBl II 1974, 417; vgl auch BFHE 150, 4 = BStBl II 1988, 229; BFH/NV 1995, 758; s auch Rz 13).

23   Das Problem, ob *das gesetzlich vorgesehene* und das erfolglos gebliebene Vorverfahren dasselbe sein müssen (so aber BFHE 100, 187 = BStBl II 1971, 14), stellt sich der Form nach nur noch für Klageverfahren, die **vor dem 1. 1. 1996 bekanntgegebene VAe** (Rz 3) zum Gegenstand haben oder in denen der **falsche Rechtsweg** eingeschlagen wurde (vgl zB FG MeVo EFG 1996, 289). Ob die (erfolglose) Durchführung des „richtigen" Vorverfahrens (vgl dazu für den Fall des § 129 AO: BFHE 140, 503 = BStBl II 1985, 511) erforderlich ist, muss für diese Zeit nach dem Normzweck entschieden werden (ebenso *H/H/Sp/Steinhauff* Rz 59 ff). Dh es kommt darauf an, dass **adäquater,** vor allem **vollständiger** außergerichtlicher **Rechtsschutz** gewährt worden ist (BFHE 99, 14 = BStBl II 1970, 556). Für den Zeitraum ab 1. 1. 1996 geblieben ist das Problem der **Identität** des Verfahrensgegenstands (s auch Rz 10 ff und Rz 32 ff): Der VA, der Gegenstand des Vorverfahrens war, muss äußerlich; nicht inhaltlich – s §§ 367 II AO, 44 II FGO; dazu Rz 31 ff), derselbe sein, gegen den sich das Klagebegehren (Anfechtung – oder Verpflichtungsbegehren) richtet. An diesem Erfordernis fehlt es zB stets, wenn Ermessen ausgeübt wurde, wo strikte Rechtsanwendung geboten war, und umgekehrt (vgl BFHE 146, 569 = StRK UStG 1967 § 15 Rz 27).

24   **Nach altem Recht** (Rz 2) war es *regelmäßig unschädlich, wenn* ein **Einspruch irrtümlich als Beschwerde angesehen** wird und über ihn statt des FA (nach dessen Nichtabhilfeentscheidung) die OFD befindet (BFH aaO u BFHE 146, 519 = BStBl II 1986, 704; BFHE 159, 354 = BStBl II 1990, 448; BFH/NV 1989, 762; 1991, 717 u 791; 1995, 1040, 1042; FG SchlHol EFG 1977, 519; FG M'ster 1979, 564; FG Bremen EFG 1982, 135; FG Saarl 1982, 502), und zwar auch dann, wenn die OFD vom Berichtsvorschlag des FA abwich (aM: FG Hessen EFG 1975, 323, 324).

Nicht erfüllt dagegen waren die *Voraussetzungen des § 44 I FGO* regelmä-   **25** ßig, wenn nach früherem Recht **statt einer Beschwerde- eine Einspruchsentscheidung** *erging,* die OFD also übergangen wurde (BFHE 123, 63 = BStBl II 1977, 848, 849; BFHE 133, 501 = BStBl II 1981, 751, 752; BFHE 152, 310 = BStBl II 1988, 402; BFH/NV 1991, 503 u 717, 718; 1995, 1040, 1042; 1996, 287 f). In diesem Fall führte die Klage zur „isolierten" Aufhebung der rechtswidrigerweise ergangenen Einspruchsentscheidung (BFHE 107, 409 = BStBl II 1973, 187; BFHE 119, 368 = BStBl II 1976, 680; BFHE 124, 1 = BStBl II 1978, 154; BFHE 129, 100 = BStBl II 1980, 81).

Nach FG BaWü (EFG 1986, 509) sollte eine solche Verletzung der   **26** funktionalen Zuständigkeit unschädlich sein, wenn die Finanzverwaltung keine Ermessensentscheidung zu treffen, sondern striktes Recht anzuwenden hatte.

4. Zugangsvoraussetzung

Rechtsprechung und hM lassen entgegen dem Gesetzeswortlaut **Klage-**   **27** **erhebung vor Beendigung** des außergerichtlichen Vorverfahrens zu, **wenn** nur die **Entscheidung** über den Einspruch oder die Beschwerde **während des Klageverfahrens nachgeholt wird,** weil es sich um eine Sachurteilsvoraussetzung (BFHE 117, 139 = BStBl II 1976, 76; BFHE 143, 27 = BStBl II 1985, 266, 267) handle, die erst zum Schluss der mündlichen Verhandlung vorliegen müsse, dem Zweck des § 44 I auch genügt sei, wenn die Klage auf solche Weise (wie bei § 46, s dort Rz 13 ff) in die Zulässigkeit „hineinwachse" und Verfahrensökonomie solche Heilungsmöglichkeit gebiete (BFHE 143, 509 = BStBl II 1985, 521, 522; BFH/NV 1988, 104, 105; 1991 569; 1994, 41, 42; FG Bln EFG 1976, 618 u EFG; 1986, 412; *T/K* Rz 13; ebenso zu § 68 VwGO: BVerwGE 4, 203, 204; DVBl 1984, 92; mwN bei *Kopp* in FS Redeker, 543, 547; vgl die entsprechende Argumentation zu § 46 bei BFHE 124, 1 = BStBl II 1978, 154, 155; BFHE 134, 245 = BStBl II 1982, 150, 152; § 46 Rz 13; s aber BFH/NV 2000, 8, 9 f; kritisch zu alledem: *v Mutius* aaO S 119, 133 ff, 175 ff; *Dolde* in *Schoch ua* § 68 Rz 35; vgl auch *H/H/Sp/Steinhauff* Rz 101 ff).

Die Auffassung der hM überzeugt nicht: Das Konzept der Gesamtrege-   **28** lung – §§ 44 I, 45 und 46 – geht, der Gesetzesfassung entsprechend, von dem Prinzip (§ 44 I: Regel; §§ 45, 46: Ausnahmen) aus, dass das *außergerichtliche Rechtsbehelfsverfahren* **vor Klageerhebung** *abgeschlossen* wurde (§ 44 II: **„nach einem Vorverfahren";** ebenso ausdrücklich übrigens auch der GrS des BFH in BFHE 143, 112 = BStBl II 1985, 302, 304 zu Ziff III 1 und III 2). Nichts anderes ist § 44 II zu entnehmen, dessen Aufgabe es ist, den *Verfahrensgegenstand zu fixieren,* und zwar *vom Beginn des Klageverfarens an.* Eine „Filterwirkung" kann die für die Beendigung von Rechtsbehelfsverfahren nach den §§ 347 ff AO nF zwingend vorgesehene förmliche Entscheidung (§ 367 AO nF) außerdem nur entfalten, wenn ihr zumindest tendenziell die Möglichkeit zugesprochen wird, einen Prozess überhaupt zu vermeiden (was selbst eine ablehnende Einspruchsentscheidung bewirken kann, wenn sie entsprechend begründet ist; so mit Recht zum entsprechenden Problem bei § 355 I 1 AO: BFHE 138, 154 = BStBl II 1983, 551, 552). **Dem gleichen Gesetzeszweck gilt** auch die **Regel, dass einer zulässigen Verpflichtungsklage** in jedem Fall eine **ablehnende Verwaltungsentscheidung vorausgehen** muss, insoweit – inkonsequenterweise auch nach hM (BFHE 158, 14 = BStBl II 1989, 981; BFHE 206, 201 = BStBl II 2004, 980; BFH/NV 2003, 651; 2004, 1655, 1656; s iÜ § 40 Rz 21; § 45 Rz 5) – Nachholung ausgeschlossen ist.

29   Von einer nachgeholten Rechtsbehelfsentscheidung schließlich steht fest, dass sie dem vorrangigen Ziel des § 44 I, wenn irgend möglich für außergerichtliche Abhilfe zu sorgen, nicht mehr dienen kann. Ihr gleichwohl heilende Wirkung beizumessen, kann als prozessökonomisch auch nur gelten, wenn man den einzelnen Fall isoliert betrachtet, nicht aber, wenn das Beispiel verfrühter Klageerhebung „Schule macht", so dass das Regelwerk der §§ 44–46 (unter Mißachtung seines generalpräventiven Zwecks) faktisch ausgehebelt wird. Auch „produziert" das Gericht, wenn es in solchen Fällen ein **Prozessurteil** erlässt (Rz 7) keine „zusätzliche" (so *T/K* Rz 13), sondern die vom Gesetz vorgeschriebene Entscheidung. Für den Zeitpunkt schließlich, zu dem Sachentscheidungsvoraussetzungen erfüllt sein müssen, gibt es kein allgemein gültiges Prinzip. Er bestimmt sich nach der Funktion des jeweiligen Formerfordernisses und die spricht hier dafür (noch mehr als bei der Ausnahmevorschrift des Art 3 § 7 VGFGEntlG – BFHE 129, 8 = BStBl II 1980, 49), in der (teilweisen) Erfolglosigkeit des außergerichtlichen Vorverfahrens eine **Zugangsvoraussetzung** zu sehen (Rz 12 vor § 33), die grundsätzlich (Ausnahmen: Rz 57) spätestens bei Klageerhebung erfüllt sein muss (ebenso: FG Hessen EFG 1985, 29; FG SchlHol EFG 1974, 136, 157; EFG 1980, 580, 581; *K/H* § 44 FGO Rz 1; iE auch *Rößler* aaO; *v Mutius* S 174 ff; s auch § 46 Rz 13 ff).

30   Dem Zweck des § 44 I Rechnung tragend, hat der BFH (BFHE 143, 27 = BStBl II 1985, 266, 268) unter Aufgabe seiner früheren Rechtsprechung (BFHE 96, 458 = BStBl II 1970, 11) immerhin klargestellt, dass das *außergerichtliche Vorverfahren nicht dadurch entbehrlich* wird, dass sich das **FA auf die Klage einlässt** und deren Abweisung beantragt (BFHE 143, 27 = BStBl II 1985, 266; s auch BSG 8, 10 und DVBl 1963, 407; *H/H/Sp/ Steinhauff* § 44 FGO Rz 74; *Dolde* in *Schoch ua* § 68 Rz 29; *Kopp/Schenke* Rz 11 vor § 68 – jew mwN; aM zB BVerwG DVBl 1984, 91; Buchholz 310 § 68 VwGO Nr 35).

5. Normzusammenhang zu den §§ 45, 46

30a   Die Zugangsvoraussetzungen des § 44 I gilt ausdrücklich **vorbehaltlich der §§ 45** und **46.** Damit ist der Ausnahmecharakter dieser Vorschriften gekennzeichnet und außerdem systematisch folgendes klargestellt: Diese Aussage des Gesetzes erschöpft sich in einem **Dispens,** und zwar in einem Dispens **vom Erfordernis des erfolglosen Abschlusses des außergerichtlichen Vorverfahrens,** nicht etwa von sonstigen Sachentscheidungsvoraussetzungen (s auch § 45 Rz 7; § 46 Rz 2 u 6). Dh vor allem: **Weder § 45 noch § 46**

– regelt eine **spezielle** (in § 40 I bzw § 41 nicht erfasste) **Klageart** (s § 40 Rz 9 ff);
– **erlaubt** ein **Klagebegehren ohne** Dartun der **Klagebefugnis** (§ 40 II; s dort Rz 55 ff).

Dies folgt zwingend aus dem **Vorrang des § 40,** hinsichtlich der Klagebefugnis, außerdem aus der Unerläßlichkeit einer individuellen Rechtsbeeinträchtigung zur Eröffnung jeglichen Rechtsschutzes gegenüber der öffentlichen Gewalt (s Art 19 IV GG; § 40 Rz 56).

III. Zu § 44 II – Verfahrensgegenstand

Indem § 44 II den **Gegenstand der Anfechtungsklage** für den Re- **31** gelfall („nach einem Vorverfahren"; s auch Rz 28) auf den ursprünglichen VA in der Gestalt der Rechtsbehelfsentscheidung fixiert, erfüllt er zweierlei Funktionen: Er legt der äußeren Form (den äußeren Daten nach) fest, gegen welche Einzelfallregelung iSd § 118 AO die Klage zu richten (was als Objekt des Verfahrens anzusehen) ist und wozu sich dann ggf später ein (teilweise) stattgebendes Urteil zu äußern hat **(Verfahrensgegenstand).**

Andererseits wird dadurch bestimmt, mit welchem **Inhalt** die ange- **32** fochtene Einzelfallregelung in das Verfahren eingeht – nämlich unter Berücksichtigung aller etwaiger Änderungen, die sie durch die außergerichtliche Rechtsbehelfsentscheidung (gem § 367 II AO) erfahren hat (BFHE 134, 54 = BStBl II 1981, 731, 738; BFH/NV 1994, 45, 46; BVerwGE 48, 248). – Die **Bedeutung** der Vorschrift ist aber auch insoweit eine **rein verfahrensrechtliche.** Damit unvereinbar ist die aus § 44 II hergeleitete Ansicht, Wirksamkeits-(Bekanntgabe-)Mängel des VA könnten durch fehlerfreie Zustellung der hierzu ergehenden Einspruchsentscheidung geheilt werden (BFHE 161, 398 = BStBl II 1990, 942 mwN; BFHE 162, 380 = BStBl II 1991, 49; BFHE 167, 347 = BStBl II 1992, 585; BFH/NV 1993, 576; 2001, 505 = HFR 2001, 405; zu Recht einschränkend: BFHE 173, 213 = BStBl II 1994, 603 m Anm HFR 1994, 380 f; BFH/NV 1992, 73; vgl auch *Gürsching,* DStR 1988, 636; *H/H/Sp/Steinhauff* § 44 Rz 69 ff).

Der doppelten Fixierung (Rz 31) entspricht die übliche **Tenorierung** **33** (teilweise) stattgebender Urteile („Der Bescheid vom ... und die hierzu ergangene Einspruchsentscheidung ... werden aufgehoben"; in Abänderung des Bescheides vom ... und der hierzu ergangenen Einspruchsentscheidung wird die ... Steuerschuld für ... auf ... festgesetzt").

Das Problem, dass es nach Abschluss des außergerichtlichen Rechtsbe- **34** helfsverfahrens der Sache nach um **e i n e Regelung** (zB eine bestimmte Steuerfestsetzung) geht, **verfahrensrechtlich** aber **zwei VAe** (s auch BFH/NV 1994, 41) vorliegen (vgl auch die §§ 100 I 1 1. HS, 100 III 1 und 138 II 2), erfährt (ähnlich wie in der für die FGO vermissten ausdrücklichen Regelung des § 79 I Nr 2 und II Satz 1 VwGO; vgl dazu BVerwGE DÖV 1986, 109) seine Lösung gem dem Grundsatz, dass ein Anfechtungsprozess im konkreten Interesse der Beteiligten und im allgemeinen Interesse der Rechtssicherheit vor allem Antwort auf die **Frage nach der richtigen Einzelfallregelung** iSd § 118 AO geben soll, dh im Einzelnen auf folgende Weise:

37   Das *Gericht muss grundsätzlich* unter Ausschöpfung des Klagebegehrens (§ 96 Rz 2) bis hin zur Betragsfestsetzung (BFHE 94, 436 = BStBl II 1969, 192; BFHE 136, 445 = BStBl II 1983, 21, 22; § 100 Rz 41 ff) *über die Rechtmäßigkeit der* angefochtenen *Einzelfallregelung* auf Grund **eigener Sachverhaltsermittlungen** *entscheiden* (zu den Ausnahmen – § 100 II 2 u 3 sowie III – s § 100 Rz 30 ff); insoweit bilden VA und hier ergangene außergerichtliche Rechtsbehelfsentscheidung grundsätzlich (zu den Ausnahmen: Rz 36) eine **Einheit** (BFH/NV 1988, 600). Eine gesonderte, allein gegen eine Einspruchsentscheidung gerichtete Klage ist idR (Ausnahmen: Rz 36 ff) unzulässig (BFHE 117, 415 = BStBl II 1976, 116, 117 f; BFHF 118, 288 = BStBl II 1976, 428; FG Mchn EFG 1983 57, 58).

36   Regelmäßig führt daher eine allein auf Aufhebung der Einspruchsentscheidung gerichtete Klage zur Abweisung durch Prozessurteil (BFH/NV 1999, 314). Nur *ausnahmsweise bildet* in Anfechtungssachen die **Rechtsbehelfsentscheidung** den **alleinigen Verfahrensgegenstand** für eine entsprechende Sachentscheidung (BFHE 177, 437 = BStBl II 1995, 629; BFH/NV 1993, 31 f, 39 u 576; s auch FG RhPf EFG 1996, 1175; s iÜ auch *Kopp/Schenke* § 79 Rz 7 ff; *Pietzcker* in *Schoch ua* § 79 Rz 8 ff), kann sich das Gericht (auf entsprechenden Antrag des Klägers oder Beigeladenen hin) auf Kassation der Rechtsbehelfsentscheidung beschränken, nämlich dann, wenn diese eine *selbstständige Beschwer* enthält, die ein *berechtigtes Interesse* des Betroffenen an der alleinigen Aufhebung der Rechtsbehelfsentscheidung begründet (BFH/NV 1988, 600 u 743; 1990, 175; s auch Rz 6 u 41), oder aber dann, wenn ein Dritter durch die Rechtsbehelfsentscheidung *erstmals beschwert* wird (zur dritten, bis 31. 12. 1992 in Betracht kommenden Fallgruppe des wesentlichen Verfahrensmangel s 2. Aufl; zur fehlenden Beschwer einer zweiten, erkennbar nur wiederholenden Einspruchsentscheidung in derselben Sache: FG RhPf EFG 1994, 934).

    Im Einzelnen kann es demgemäss vor allen *in folgenden Fällen* zur **isolierten Anfechtung** und Aufhebung der außergerichtlichen Rechtsbehelfsentscheidung *kommen* (unklar insoweit: BFHE 152, 200 = BStBl II 1988, 377; BFH/NV 1999, 269; vgl zur Abgrenzung vom Regelfall: BFH/NV 2000, 960 f):

38   – Ein **Rechtsbehelf** wurde **zu Unrecht als unzulässig verworfen** (BFHE 107, 409 = BStBl II 1973, 187; BFHE 119, 368 = BStBl II 1976, 680; BFHE 121, 142 = BStBl II 1977, 321, 323; BFHE 124, 1 = BStBl II 1978, 154; BFHE 136, 445 = BStBl II 1983, 21, 22; BFHE 142, 42 = BStBl II 1985, 6, 8; BFHE 144, 326 = BStBl II 1985, 711; s Rz 14 ff).

39   – Die Finanzbehörde hat *über* einen **Rechtsbehelf entschieden, der nicht ein gelegt** *worden war* (s Rz 18; BFH/NV 1999, 145, 146; 2005, 553; FG Bremen EFG 1970, 518; FG Bln EFG 1986, 412).

40   – Eine **notwendige Hinzuziehung** (§ 360 III AO) zum Vorverfahren ist **unterblieben** und dem notwendig Beizuladenden ausnahmsweise (zur grundsätzlichen Heilbarkeit = § 60 Rz 71) ein *berechtigtes Interesse* an der Durchführung eines erneuten Vorverfahrens unter seiner Beteiligung zuzubilligen (BFHE 136, 445 = BStBl II 1983, 21, 22; s iÜ Rz 11).

41   – Der Rechtsuchende (uU auch ein Dritter) (BFHE 152, 200 = BStBl II 1988, 377) wird **erstmals** durch die Rechtsbehelfsentscheidung **beschwert** (Hbg EFG 1969, 84; Rz 6, 36).

Soweit die **Verpflichtungsklage** ein Anfechtungsbegehren umfasst (s **42** § 40 Rz 22 ff; *Kopp/Schenke* § 79 Rz 6; *Pietzcker* in *Schoch ua* § 79 Rz 17), gilt § 44 II im zuvor geschilderten Umfang. Iü kann es (ohne die Beschränkungen des § 100 II – s dort Rz 19), in Fällen der Ermessensausübung, eher zur isolierten Aufhebung der Rechtsbehelfsentscheidung kommen als in Fällen strikter Rechtsanwendung.

§ 45 [Sprungklage]

(1) [1]Die Klage ist ohne Vorverfahren zulässig, wenn die Behörde, die über den außergerichtlichen Rechtsbehelf zu entscheiden hat, innerhalb eines Monats nach Zustellung der Klageschrift dem Gericht gegenüber zustimmt. [2]Hat von mehreren Berechtigten einer einen außergerichtlichen Rechtsbehelf eingelegt, ein anderer unmittelbar Klage erhoben, ist zunächst über den außergerichtlichen Rechtsbehelf zu entscheiden.

(2) [1]Das Gericht kann eine Klage, die nach Absatz 1 ohne Vorverfahren erhoben worden ist, innerhalb von drei Monaten nach Eingang der Akten der Behörde bei Gericht, spätestens innerhalb von sechs Monaten nach Klagezustellung, durch Beschluss an die zuständige Behörde zur Durchführung des Vorverfahrens abgeben, wenn eine weitere Sachaufklärung notwendig ist, die nach Art oder Umfang erhebliche Ermittlungen erfordert, und die Abgabe auch unter Berücksichtigung der Belange der Beteiligten sachdienlich ist. [2]Der Beschluss ist unanfechtbar.

(3) Stimmt die Behörde im Fall des Absatzes 1 nicht zu oder gibt das Gericht die Klage nach Absatz 2 ab, ist die Klage als außergerichtlicher Rechtsbehelf zu behandeln.

(4) Die Klage ist außerdem ohne Vorverfahren zulässig, wenn die Rechtswidrigkeit der Anordnung eines dinglichen Arrests geltend gemacht wird.

Ohne Parallele in anderen Verfahrensgesetzen; ähnlich: § 78 II SGG

Übersicht

Literatur: S auch vor § 1 *Blinzler,* Zur Zulässigkeit der Sprungverpflichtungsklage, DStZ (A) 1984, 400; *Büchele,* Anfechtungs- oder Verpflichtungsklage gegen fehlerhafte Eintragungen auf der Lohnsteuerkarte?, DStR 1983, 435; *Glänzer,* Nochmals: Sollte das Institut der Sprungklage beibehalten werden?, DStZ (A) 1972, 122; *Günther,* Die Sprungverpflichtungsklage, DStR 1988, 316; *Haarmann,* Entlastungsgesetz für die Finanzgerichtsbarkeit, DStZ (A) 1978, 203; *Mösbauer,* Die Sprungklage gegen Steuerhaftungsbescheide, DStR 1988, 15; *ders,* zum gleichen Thema Stgb 1988, 314; *Schall,* Sprungklage nur bei Anfechtungsklage – ein Versehen des Gesetzgebers?, DStR 1968, 341; *ders,* Sprungklage gegen ablehnende Bescheide im Lohnsteuerjahresausgleich?, DB 1971, 34; *Scholz,* Über die Zulässigkeit der Sprungklage gegen Bescheide im Lohnsteuerjahresausgleichsverfahren und bei Veranlagungen auf Antrag, FG 1971, 316; *Streck/Rainer,* Die Sprungklage ist nur für Ausnahmefälle geschaffen, Stb 1986, 233; *Theis,* Die Zustimmung zur Sprungklage, DB 1970, 2999; *Wollny,* Sollte das Institut der Sprungklage beibehalten werden?, DStZ (A) 1972, 57.

I. Geltungsbereich, Zielsetzung, Charakter der Vorschrift

1. Sachlicher Geltungsbereich

1   Die Vorschrift betrifft seit ihrer Neufassung durch Art 1 Nr 6 FGO-ÄndG (zur zeitlichen Abgrenzung: Rz 2, 20) **jegliche Art von Anfechtungsklagen und alle Verpflichtungsklagen.** Zuvor hatte § 45 nur bestimmte Anfechtungsklagen zum Gegenstand, nämlich solche die gegen *VAe iS des § 348 AO* aF (s § 44 Rz 2) gerichtet waren (zur Rechtsentwicklung iÜ *H/H/Sp/Steinhauff* § 45 Rz 2 ff). Die Beschränkung auf Anfechtungsklagen hatte sich als zu eng erwiesen, und der BFH (BFHE 143, 112 = BStBl II 1985, 303; BFHE 146, 344 = BStBl II 1986, 565; BFHE 156, 8 = BStBl II 1990, 360, 361 f; BFHE 158, 11 = BStBl II 1989, 981; BFH/NV 1986, 176, 178; BFH/NV 1992, 267) die Regelung daher im Wege der Analogie auf *Verpflichtungsklagen* erstreckt, *die auf Erlass eines solchen VA gerichtet waren.* Diese aus praktischen Gründen notwendige und systematisch gerechtfertigte Maßnahme der Rechtsfortbildung (s § 40 Rz 25) bedeutete in ihrer Begrenzung (in bewusster – BFHE 143, 112, 116 = BStBl II 1985, 303, 305 zu III 4 – Anlehnung an die ursprüngliche Rechtslage in § 261 RAO, die durch die FGO offensichtlich nicht hatte verändert werden sollen – BT-Drucks 4/1446 S 47) vor allem, dass die unmittelbare Anrufung des FG **zur Durchsetzung von Billigkeitsmaßnahmen** iS der §§ 163, 222, 227 AO (zu den Einzelheiten des Rechtsschutzes gegenüber ablehnenden Entscheidungen auf diesem Gebiet *H/H/Sp/v Groll* § 163 AO Rz 145 ff; § 227 AO Rz 375 ff) *ausgeschlossen* war.

Das war vor allem im Hinblick auf den **Ermessenscharakter** solcher Entscheidungen (§ 102 Rz 9 ff; § 163 Rz 131 ff; § 227 Rz 110 ff) durchaus sinnvoll, zumal die Finanzbehörde ihrer verstärkten Begründungspflicht in solchen Fällen (§ 121 I AO; BFHE 133, 1 = BStBl II 1981, 493; BFHE 149, 511 = BStBl II 1988, 170; 102 Rz 16; *T/K* § 5 AO Rz 40 ff; § 121 AO Rz 11) erfahrungsgemäß tatsächlich, wenn überhaupt, erst bei Erlass der Rechtsbehelfsentscheidung nachkommt (vgl zB BFH/NV 1988, 546, 548) und nunmehr durch den Gesetzgeber in dieser „Neigung" bestärkt wird (§ 102 S 2; s § 102 Rz 20). Deshalb, im Hinblick darauf, dass die gerichtliche Nachprüfung, von Ermessensentscheidungen ohnedies begrenzt ist (§ 102 Rz 2 u 14 ff; *H/H/Sp/v Groll* § 227 AO Rz 388 ff), und wegen der Filterwirkung des außergerichtlichen Rechtsbehelfsverfahrens (§ 44 Rz 7; BT-Drucks 12/1061 S 12 zu A.III. aE) wäre es angezeigt gewesen, wenn nicht alle auf die Verpflichtung zum fehlerfreien Ermessensgebrauch gerichteten Klagen, so doch zumindest diejenigen aus dem Regelungsbereich des § 45 von vorneherein auszuklammern, die auf **Stundung** oder **Erlass** gerichtet sind, auch wenn insoweit, nach der Vereinheitlichung des außergerichtlichen Rechtsbehelfsverfahrens (§ 44 Rz 1), für alle Fälle, in denen der ablehnende VA nach dem 1. 1. 1996 bekanntgegeben wurde, ebenfalls der Einspruch gegeben ist (zur Notwendigkeit, die VAe, um die es geht, und die hierdurch ausgelösten Verfahren weiterhin strikt **auseinanderzuhalten**: § 44 Rz 3 und 23). Ein Grund für die **undifferenzierte Erweiterung** des Regelungsbereichs des § 45 ist aus der amtlichen Begründung ebensowenig ersichtlich wie für die im Widerspruch hierzu vorgenommene Verschärfung der Anforderungen an die Abgabe nach § 45 II (Rz 20 ff). Beides ist um so erstaunlicher, als in der Bund/Länderarbeitsgruppe „Finanzgerichtsbarkeit" (vgl Bericht hierzu S 23 f) die *Streichung* des § 45 erörtert worden war und die Ausschüsse dies dem Bundesrat im Interesse einer Entlastung der FG ausdrücklich empfohlen hatten (BR-Drucks 30/1/91 S 5/6, BT-Drucks 12/1061 S 28: die „Gegenäußerung" der Regierung, BT-Drucks aaO S 31, geht an den Einwänden vorbei). Hierauf mit der Schaffung von „Retorten"-Problemen für die Praxis (Rz 20 ff) zu reagieren, mag seine Erklärung im emotionalen Vorverständnis vom Umgang der Gewalten miteinander (Rz 7 vor § 1) finden – mit den erklärten Zielen der Entlastung und Vereinfachung jedenfalls hat es allenfalls im dialektischen Sinne etwas zu tun (s zur Kritik auch *Steinhauff* in *H/H/Sp* Rz 11; außerdem hier Rz 3).

2. Zeitlicher Geltungsbereich

Für die zeitliche Abgrenzung der Regelungsbereiche neues/altes Recht **2**
gilt grundsätzlich (s aber Rz 20) **Art 7 iVm Art 9 FGOÄndG** (Rz 8 ff
vor § 1), dh die Zulässigkeit einer Sprungklage richtet sich
– nach § 45 aF, wenn der **rechtsverletzende VA** vor dem 1. 1. 1993 bekanntgegeben wurde (§§ 122, 124 I AO),
– nach § 45 nF, wenn das nach diesem Stichtag geschehen ist.

3. Zielsetzung und Charakter

Während § 46 (dort Rz 1) eine im Interesse effektiven Rechtsschut- **3**
zes gebotene **Ausnahme vom Grundsatz des § 44 I** enthält, soll § 45
hiervon **aus praktischen Gründen** der **Verfahrensvereinfachung** dis-

pensieren (Rz 4; s auch § 44 Rz 30 a): dh, wenn sich dies im Einzelfall als zweckmäßig erweist. Generell kommen hierfür nur solche **Fälle** in Betracht, in denen im Bereich der **reinen Rechtsanwendung** (also nicht bei Ermessensentscheidungen – Rz 1) ausschließlich um Rechtsfragen gestritten wird. Diese Zielsetzung hat in der Ausgestaltung des § 45 keinen adäquaten Ausdruck gefunden (Rz 1). Die Entscheidung über das procedere liegt zunächst allein bei den Beteiligten (Rz 8 ff) und dann beim FG, und zwar unter erschwerten Bedingungen: Innerhalb einer relativ knapp bemessenen Frist soll es vor allem erkennen, in welchem Umfang weitere Sachaufklärung nötig ist (Rz 23 f), eine Prüfung, die angesichts der typischerweise komplexen Sachverhaltsgestaltung im Steuerrecht idR einen gründlichen „Einstieg" in den Fall verlangt. Behindert wird die praktische Handhabung der Regelung außerdem durch die unnötig komplizierte Fassung der tatbestandlichen Voraussetzungen für die Abgabeentscheidung (Rz 22 ff) und vor allem dadurch, dass diese sich dem Wortlaut nach auf unzureichende Sachaufklärung beschränken, so dass gravierende Rechtsfehler nicht unmittelbar erfasst werden und zB die verfehlte Erstreckung der Vorschrift auf Ermessensentscheidungen (Rz 1) allenfalls im Wege richterlicher Rechtsfortbildung zu reparieren ist (so auch *H/H/Sp/Steinhauff* Rz 11).

4   Die Vorschrift dispensiert vom außergerichtlichen Vorverfahren (und zwar *nur* davon: § 44 Rz 30 a), gilt also nur für solche **Klagen, die unter § 44 I fallen** (s dort Rz 5). Das sind stets **verwaltungsaktbezogene** und infolgedessen gem § 47 I **fristgebundene** Klagen.

II. Zu § 45 I – Sprunganfechtungs- und Sprungverpflichtungsklage

1. Allgemeines

5   Der Begriff „Sprungklage" charakterisiert nicht den Inhalt (§ 44 Rz 30 a), sondern die äußere **Art der Klageerhebung.** Die (zu weit geratene – Rz 1) Neuregelung erfasst
– alle **Anfechtungsklagen** (§ 40 Rz 12 ff)
und
– alle **Verpflichtungsklagen** (§ 40 Rz 18 ff).

6   **Auf** die **Art des** angefochtenen/erstrebten **VA kommt es nicht** (mehr) **an** (zur früheren Rechtslage s BFHE 116, 526 = BStBl II 1976, 56; BFHE 156, 8 = BStBl II 1990, 360; Rz 1, § 40 Rz 25 u 2. Aufl Rz 9 ff). Die Sprungklage ist zB auch gegenüber einem *Abrechnungsbescheid* (§ 218 II AO; zur Abgrenzung gegenüber der *Anrechnungsverfügung*: Rz 35, 39 vor § 40; § 40 Rz 80; zum Rechtsschutz allgemein: *H/H/Sp/Alber* § 218 AO Rz 125 ff; *T/K* § 218 AO Rz 10) eröffnet (aM mit nicht überzeugender Begründung: FG Saarl EFG 1999, 126).

6 a **Ausgeschlossen** ist die Sprungklage nach wie vor für
– **sonstige Leistungsklagen** § 40 Rz 28 ff) und
– **Feststellungsklagen** (§ 41 Rz 6 ff),
weil diese Klagearten kein außergerichtliches Vorverfahren voraussetzen (§ 44 Rz 5). Bedeutsam ist diese als nur selbstverständliche Aussage zur Verdeutlichung des Regel-/Ausnahmeverhältnisses zwischen § 44 einer- und den §§ 45, 46 andererseits sowie als Abgrenzungshilfe zur „Ent-

tarnung" von „Leistungsklagen" als Verpflichtungsklagen und „Feststellungsklagen" als Anfechtungsklagen (vgl zB BFH/NV 1988, 214 u 319). Maßgeblich ist auch insoweit nicht die vom Rechtsuchenden gewählte Bezeichnung, sondern der **wirkliche Inhalt des** bekundeten **Begehrens** (s auch Rz 35); die **Auslegung** (Rz 14 ff vor § 33) kann zB ergeben, dass ein (vergeblicher) Antrag nach § 68 als unmittelbare Anrufung des Gerichts iS des § 45 zu verstehen ist (vgl BFHE 203, 135 = BFH/NV 2003, 1672). Die **§§ 45 und 46** stehen zueinander im Verhältnis der **Exklusivität** (vgl auch BFHE 206, 201 = BStBl II 2004, 980; BFH/NV 2004, 1655, 1656).

2. Voraussetzungen

a) Allgemeines

Von § 44 I abgesehen (Rz 4) müssen alle übrigen **Sachentscheidungs- 7 voraussetzungen** (Rz 4 ff vor § 33; s auch Rz 22 u 35) der unmittelbar vor das FG gebrachten Anfechtungs- oder Verpflichtungsklage erfüllt sein (s auch § 44 Rz 30 a). Das gilt vor allem für die Anfechtungsfrist (§ 47 I FGO; FG Hbg EFG 1995, 464, 465; zur Wiedereinsetzung: BFHE 143, 27 = BStBl II 1985, 266, 268; zu einem Fall doppelter Rechtshängigkeit: FG Bremen EFG 1995, 332) und die Darlegungspflicht (Rz 13 vor § 33) iS des § 40 II (§ 40 Rz 61 ff, zu den Fehlerfolgen s Rz 32, 35). Vor allem wird ein **rechtsbehelfsfähiger VA** vorausgesetzt (Rz 5 f). Für eine **Sprungverpflichtungsklage** bedeutet dies, dass die Finbeh **vor Klageerhebung** einen Antrag auf Erlass des vom Rechtsuchenden begehrten VA **abgelehnt** hat (BFHE 206, 201 = BStBl II 2004, 980; BFH/NV 2005, 60, 61), und zwar **durch VA** (BFH aaO). Hier also gibt es auch nach BFH kein „Hineinwachsen" in die Zulässigkeit (s § 40 Rz 21). **„Ohne Vorverfahren"** andererseits bedeutet, ua dass ein **Einspruchsverfahren nicht** etwa schon **begonnen** worden **sein** darf (hierzu u zur Abgrenzung zu § 365 III AO: BFH/N 2004, 356).

b) Zustimmung

Zulässig ist die Sprungklage außerdem nur, wenn die zuständige Be- 8 hörde (Rz 11 f) rechtzeitig zustimmt (FG Hbg EFG 1995, 464, 465). Die **Zustimmung** ebenso wie deren **Verweigerung** haben keinen materiell rechtlichen Gehalt. Es handelt sich um reine **Prozesserklärungen** (dazu allgemein: Rz 14 ff vor § 33; BFHE 93, 41 = BStBl II 1968, 661, 662; BFHE 143, 27 = BStBl II 1986, 266, 268; *H/H/Sp/Steinhauff* Rz 27), nicht um VAe. Darum ist die Rechtmäßigkeit einer Verweigerung, ungeachtet des insoweit eröffneten Ermessensspielraums, gerichtlich nicht nachprüfbar (BFHE 68, 583 = BStBl III 1959, 22; BFH/NV 1989, 443; Rz 29 vor § 40).

Eine bestimmte **Form** ist für die Zustimmung **nicht** vorgeschrieben. 9 Sie muss jedoch **ausdrücklich** erteilt werden (BFHE 206, 201 = BStBl II 2004, 980; BFH/NV 2004, 1655, 1656). Das folgt aus § 45 III, der für den Fall, dass keine (fristgerechte) Zustimmung, dh keine positive Willensbekundung der Behörde vorliegt, ohne weiteres (und für alle Fälle gleichermaßen) die Behandlung des Rechtsbehelfs als Einspruch vorschreibt. Die rügelose *Einlassung* der beklagten Behörde zur Sache *genügt* diesen

Anforderungen nicht (BFHE 143, 27 = BStBl II 1985, 266, 268; BFHE
206 u BFH/NV 2004 aaO; s auch BFH/NV 1988, 319).

10   Die Zustimmung muss **dem Gericht gegenüber** erteilt werden (BFHE
93, 41 = BStBl II 1968, 661, 662; BFHE 143, 27 = BStBl II 1985, 266,
268). Dies kann auch schon vor Fristbeginn (Rz 13), in Fällen des § 47 II 2
etwa zugleich mit Übersendung der Klageschrift geschehen (BFHE 96, 458
= BStBl II 1970, 11; BFHE 110, 170 = BStBl II 1973, 852; BFH/NV
1987, 178), *nicht* aber *vor Kenntnisnahme* von Klageinhalt oder gar vor Erlass des angefochtenen VA. **Verweigert** das **FA** die erforderliche **Zustimmung** (Rz 8), hat das FG die zum Einspruch gewordene Sache **formlos** an das FA abzugeben (BFH/NV 1997, 56; 2003, 629; s auch Rz 33).

c) Zuständigkeit

11   Zuständig für die Erteilung der Zustimmung ist (zur früheren Rechtslage
s 2. Aufl Rz 17) die **Behörde, die** für die Entscheidung über den außergerichtlichen Rechtsbehelf zuständig ist bzw wäre: Das war nach AO aF
(§ 44 Rz 2):
— im Fall des **Einspruchs** diejenige, die den angefochtenen (bei Verpflichtungsklagen den ablehnenden) VA **erlassen** hat (§ 367 II AO aF) —
   nicht diejenige, die ihn von Rechts wegen hätte erlassen müssen;
— im Fall der **Beschwerde** die **nächsthöhere Behörde.**

12   Nach Vereinheitlichung des außergerichtlichen Rechtsbehelfsverfahrens
(§ 44 Rz 3), hat ab 1. 1. 1996 (§ 44 Rz 1) hat über den allein noch gegebenen Einspruch grundsätzlich die Erlassbehörde (§ 367 I 1 AO) zu befinden.

d) Frist

13   Die für die Abgabe der Zustimmungserklärung (oder der ausdrücklichen
Verweigerung) vorgeschriebenen **Frist** von einem Monat **beginnt mit**
der **Zustellung** der Klageschrift durch das FG an die beklagte Behörde
(§ 71 I 1; BFHE 203, 135 = BStBl II 2004, 616), und zwar auch dann,
wenn die Klage dort nach § 47 II angebracht worden ist. Für die Zustellung gilt § 53 (s dort; zur Anwendbarkeit des § 9 II VwZG vgl BFH GrS
BFHE 121, 9 = BStBl II 1977, 247).

14   Die **Berechnung** der Frist richtet sich nach § 54 (s dort; BFHE 143, 27
= BStBl II 1985, 266, 268). Es handelt sich um eine **nicht verlängerbare
gesetzliche Frist,** deren Versäumung **nicht** im Wege der **Wiedereinsetzung** (§ 56) geheilt werden kann, und zwar unabhängig davon, dass
diese Möglichkeit ohnedies nur für die beklagte Behörde bestünde, in
jedem Fall deshalb, weil in § 45 III (Rz 33) entscheidend nicht auf das
Verhalten eines Prozessbeteiligten, sondern allein auf den äußeren Geschehensablauf abgestellt wird, was eine Verschuldensprüfung iSd § 56 unmöglich macht (ebenso *H/H/Sp/Steinhauff* Rz 36 mwN).

15   **Klage und außergerichtlicher Rechtsbehelf** sind ihrer Zielrichtung,
dem Adressaten und ihrem Inhalt nach derart verschiedenartige verfahrensrechtliche Willensbekundungen, dass eine **Umdeutung** des einen in
den anderen **nicht** in Betracht kommt (**aM,** ohne überzeugende Begründung: BFHE 203, 135 = BStBl II 2004, 616; *Pezzer*, FR 2004, 30). Mit
Rücksicht auf das **Bestimmtheitsgebot** (Rz 4 u 14 ff vor § 33) dürfen sie

auch nicht in Form einer Bedingung miteinander verknüpft werden. Ein
Nebeneinander ist (durch das Tatbestandsmerkmal „ohne Vorverfahren"
einerseits und die Rechtsfolgeregelung des § 45 III andererseits) grundsätzlich **ausgeschlossen** (BFHE 176, 289 = BStBl II 1995, 353; FG RhPf
EFG 1980, 406; s auch Rz 17 sowie *H/H/Sp/Steinhauff* Rz 17 ff mwN). Es
muss klar und eindeutig feststehen, welches Rechtsbehelfsverfahren eröffnet werden soll. Im Hinblick auf die §§ 355 I AO, 47 I FGO **möglich** ist
allerdings
– der Übergang von der Sprungklage zum außergerichtlichen Rechtsbehelf **innerhalb der Einspruchsfrist** (BFHE 74, 548 = BStBl III 1962,
  203; *Steinhauff* aaO Rz 20 ff);
– der Übergang vom außergerichtlichen Rechtsbehelf zur Sprungklage
  innerhalb der Klagefrist (BFHE 110, 179 = BStBl II 1973, 853;
  BFHE 112, 6 = BStBl II 1974, 417; BFHE 132, 436 = BStBl II 1981,
  365; *Steinhauff* aaO).

3. Mehrere Berechtigte (§ 45 I 2)

Für den Fall, dass mehrere Berechtigte (zu ergänzen ist: **„in ein und** **16**
derselben Rechtssache" – zB gegenüber Bescheiden nach den §§ 179 ff
AO, nicht aber gegenüber solchen nach § 155 II AO) verschiedenartige
Rechtsbehelfe einlegen, enthält § 45 I 2 (der in einer dem erweiterten Regelungsbereich der Norm – Rz 1 – angepassten Fassung dem bisherigen
§ 45 I 3 entspricht) eine Sonderregelung, die eine **einheitliche Entschei-**
dung ermöglichen soll.

Ist einerseits Einspruch eingelegt, andererseits Sprungklage erhoben, kann **17**
Gleichartigkeit des Verfahrens am einfachsten dadurch erreicht werden,
dass die hierfür zuständige Finanzbehörde ihre Zustimmung zur unmittelbaren Klageerhebung versagt und dadurch die Rechtsfolge des **§ 45 III**
auslöst. Scheitert diese Möglichkeit daran, dass Zustimmung schon erteilt
wurde, greift **§ 45 I 2** ein, der zum Zweck der Verfahrenszusammenfüh-
rung bestimmt, dass zunächst nur über den außergerichtlichen Rechtsbehelf zu entscheiden ist. Für das (Sprung-)Klageverfahren bedeutet dies eine
gesetzlich angeordnete Verfahrensaussetzung (§ 74).

Der **Kläger** ist zum außergerichtlichen Rechtsbehelfsverfahren des Mit- **18**
berechtigten nach § 360 III AO **hinzuzuziehen.** Wird das Vorverfahren
erfolgreich **abgeschlossen,** erledigt sich das (Sprung-)Klageverfahren in
der Hauptsache (ebenso *H/H/Sp/Steinhauff* Rz 42).

Soweit der außergerichtliche **Rechtsbehelf des Mitberechtigten er-** **19**
folglos bleibt, gilt folgendes:
– Erhebt dieser Klage, kommt es über § 73 II zur einheitlichen Entscheidung;
– unterbleibt die Klageerhebung, ist (nach Beiladung des nichtklagenden
  Mitberechtigten – § 60 III) über die Sprungklage zu entscheiden (zur
  Möglichkeit einer notwendigen Streitgenossenschaft – § 59 – in solchen
  Fällen: dort Rz 7 ff; für den Fall unterbliebener Hinzuziehung: BFHE
  156, 8 = BStBl II 1990, 360, unter II.2.c).

III. Zu § 45 II – Abgabe an die Finanzbehörde

1. Allgemeines

20 Die Vorschrift entspricht im Wesentlichen dem früheren Art 3 § 2 S 1 VGFGEntlG (2. Aufl Rz 35; BT-Drucks 12/1061 S 13). Der aber wurde zum 1. 1. 1993 aufgehoben (Art 6 FGOÄndG; Rz 8 vor § 1). Die Neuregelung andererseits gilt, weil sie die „Zulässigkeit eines Rechtsbehelfs" iS des Art 7 FGOÄndG unmittelbar betrifft (Rz 12 vor § 1), nur für nach diesem Stichtag bekanntgegebene VAe (Rz 2). Das würde bedeuten, dass es **für vor dem 1. 1. 1993 bekanntgegebene VAe, die nach dem Stichtag** zum **Gegenstand einer Sprungklage** gemacht werden, im Gegensatz zur alten wie zur neuen Rechtslage, keine Abgabemöglichkeit gäbe – ein in jeder Hinsicht widersinniges Ergebnis und eine zur Lückenschließung verpflichtende planwidrige Unvollständigkeit (*Larenz*, ML S 373; zur Rechtsfortbildung allgemein: BVerfG NJW 1990, 1593 u BStBl II 1992, 212 = DStR 1992, 107; zur Rechtsfortbildung speziell im Verfahrensrecht und allgemeinen Steuerrecht: *v Groll* in *Kirchhof/Söhn*, § 10 d, Rz B 423 f u StuW 1991, 239, 244 f mwN), und zwar mit der Folge, dass in entsprechender Anwendung des Art 9 FGOÄndG (Rz 8 vor § 1) ausnahmsweise schon die **Neuregelung** eingreift (verfassungsrechtlich unbedenklich: BVerfG DVBl 1992, 1531 = NVwZ 1992, 1182). – Im Fall der Klageerhebung nach erfolglosem **Untätigkeitseinspruch** (§ 347 I 2 AO; näher dazu *H/H/Sp/Birkenfeld* § 347 AO Rz 203 ff) kommt eine Abgabe nach **§ 45 II nicht** in Betracht (FG Hbg EFG 1997, 1404; zum Verfahren nach Ablehnung des begehrten VA in solchen Fällen: § 44 Rz 9 mwN).

21 Die gerichtliche Abgabeentscheidung soll verhindern, dass § 45 dazu **missbraucht** wird, das FG mit unzureichend aufgeklärten Fällen zu belasten. Die Finanzbehörde soll dazu angehalten werden, die im Einzelfall erforderlichen Tatsachenfeststellungen selbst zu treffen (so die optimistische amtliche Begründung, BT-Drucks 12/1061 S 13). Ob dies tatsächlich zu erreichen ist, ist noch fraglicher als bisher (Rz 1; zur Kritik am bisherigen Rechtszustand 2. Aufl Rz 35). Die zusätzlichen Probleme, mit denen die Neuregelung „angereichert" wurde, werden durch die Verbesserung bei der Fristbemessung allein nicht aufgewogen.

2. Voraussetzungen

22 **Formell** kann es zu einer Abgabe nach § 45 II nur kommen, wenn die Klage zulässig ist (Rz 7, 35; FG Hbg EFG 1995, 464; für den Fall doppelter Rechtshängigkeit: FG Bremen EFG 1995, 332). – **Der Sache nach** setzt die Abgabe des Verfahrens an die Finanzbehörde zweierlei voraus:
– Unzureichende Sachaufklärung (Rz 23 f) und
– Sachdienlichkeit (Rz 25 ff).

Darin liegt eine in mehrfacher Hinsicht **verfehlte Einengung:** Abgesehen davon, dass rechtsbeeinträchtigende Ermessensentscheidungen der Verwaltung, vor allem die Ablehnung von Billigkeitsmaßnahmen, für ein Verfahren nach § 45 von vornehrein ungeeignet sind (Rz 1, 3), in den Grenzen der Gesetzesauslegung aber nach § 45 III 1 nur zur Abgabe führen können, wenn das Gericht rechtzeitig erkennt, dass ein Ermessensfehler (§ 103 Rz 2) mit unzureichender Sachaufklärung verbunden ist, wird dem

Richter innerhalb unangemessener Frist (Rz 28) eine an unscharfe Kriterien (vgl auch *Kopp,* NJW 1991, 521, 525) geknüpfte Gewichtung (Rz 24) abverlangt – und dies alles im Rahmen einer unanfechtbaren richterlichen Ermessensentscheidung (Rz 31).

a) Mangelhafte Sachaufklärung

Die Prüfung muss ergeben, dass eine weitere Sachaufklärung notwendig **23** ist, die nach Art und Umfang erhebliche Ermittlungen erfordert (s zB FG Berlin EFG 1999, 940 f). Die Formulierung deckt sich mit derjenigen, die das Gericht nach § 100 III 1 zur Kassation trotz fehlender Spruchreife berechtigt (§ 100 Rz 49 ff).

Die Notwendigkeit weiterer Sachaufklärung ist an den **Anforderungen** **24** zu messen, die gem **§ 96 I 1** im Einzelfall für die richterliche Entscheidungsfindung gelten (§ 96 Rz 15 ff). Das kann allerdings, nach dem Charakter der hier zu treffenden Entscheidung (Rz 3, 21, 30 f), nur im Rahmen einer **„summarischen Prognose"** geschehen. Für die Gewichtung des Ermittlungsdefizits fehlen allgemeine Beurteilungsmaßstäbe. **Erheblich** sind Aufklärungsmängel im Bereich reiner Rechtsanwendung jedenfalls, wenn sich der entscheidungserhebliche Sachverhalt nach Aktenlage und bei summarischer Prüfung als im Wesentlichen unaufgeklärt erweist bzw Entscheidungsreife nur mit Hilfe zeitraubender, kosten- und arbeitsaufwendiger richterlicher Ermittlungen hergestellt werden könnte. Dabei ist auch zu berücksichtigen, dass dem Rechtsuchenden eine außergerichtliche Tatsacheninstanz verlorengeht. Soweit **Ermessensentscheidungen** der Verwaltung in Frage stehen (auf die § 45 im Grunde nicht passt – Rz 1), ist **jegliche Lücke,** unabhängig von Art und Umfang der erforderlichen Ermittlungen, in der Sachaufklärung als erheblich iSd § 45 II anzusehen, weil es dem Gericht aus Rechtsgründen verwehrt ist, sie zu schließen (§ 102 Rz 15).

b) Sachdienlichkeit

Die Abgabe muss nicht nur unter dem Gesichtspunkt weiterer Sachauf- **25** klärung notwendig (Rz 24), sondern außerdem unter Berücksichtigung der Belange der Beteiligten **sachdienlich** sein.

Auch hier hat der Gesetzgeber im Verhältnis zum früheren Art 3 § 2 **26** VGFGEntlG (der einfach nur Sachdienlichkeit verlangte – Voraufl Rz 1 u 35), auf höchst überflüssige Weise Perfektionismus mit dem Versuch verbunden, den Richter „an die Kandare" zu nehmen, ohne sich zu fragen, wann denn eine Abgabe trotz unzureichender Sachaufklärung (in erheblichen Punkten) *nicht* sachdienlich sein könnte (s auch § 99 Rz 9, § 100 Rz 49), und ob es denn sinnvoll ist, den Richter ausgerechnet auf einer „Nebenbühne" ausdrücklich zur Rücksichtnahme auf die Belange der Beteiligten und zur Sachdienlichkeit anzuhalten – vor allem dann, wenn hierzu keine Kontrolle vorgesehen ist (Rz 30 f).

Sachdienlich ist die Abgabe, unabhängig vom Meinungsstreit über die **27** systematische Einordnung des Begriffs (§ 67 Rz 14), wenn sie sich bei summarischer Prüfung (Rz 24) **nach Aktenlage** als für den Fortgang des Verfahrens förderlich erweist (vgl auch § 67 Rz 15); den **Belangen der Prozessbeteiligten** ist in ausreichendem Maße Rechnung getragen, wenn ihre verfahrensrechtliche Position, gemessen an der Erfüllung der ihnen auferlegten verfahrensrechtlichen Pflichten, nicht in unverhältnismäßiger Weise beeinträchtigt wird.

c) Frist

28   Die Abgabe ist nur innerhalb einer bestimmten gesetzlichen, nicht verlängerbaren und dem Regelungsbereich des § 56 entzogenen (vgl Rz 14) Frist zulässig (FG Hbg EFG 2002, 1394), die nunmehr für den Regelfall nicht wie bisher schematisch an die Zustellung der Klageschrift (Voraufl Rz 1), sondern realitätsbezogener an die Tatsache des **Eingangs der** Akten (das heißt sinnvollerweise der – vollständigen – **den Streitfall betreffenden Akten iS des § 71 II**) bei Gericht und damit an dessen *konkrete* Möglichkeit einer eigenständigen Sachprüfung geknüpft ist. Die Frist ist nach § 54 zu berechnen und weiterhin auf 3 Monate bemessen, aber nunmehr auf höchstens 6 Monate begrenzt. Auch hierbei hat sich der Gesetzgeber von der Rechtswirklichkeit (der durchschnittlichen Verfahrensdauer zB) offensichtlich nicht beeindrucken lassen.

3. Verfahren

29   **Zuständig** für die Abgabeentscheidung ist das Gericht – dh (§§ 2, 6) der nach dem Geschäftsverteilungsplan hierzu berufene **Senat** des FG (§ 5 II) oder aber der **Einzelrichter** (§ 6 s dort Rz 15, 18). Für die Anwendung im vorbereitenden Verfahren, die nur im Einverständnis der Beteiligten möglich wäre (§ 79 a III), dürften in der Praxis Zeit (Rz 28) und Anreiz (Rz 22 ff) fehlen.

30   Über die Abgabe entscheidet das Gericht (Rz 29) durch **Beschluss** (§ 45 II 1), der **unanfechtbar** ist (§ 45 II 2) und daher **keiner Begründung** bedarf (§ 113 II).

31   Die Entscheidung ist in das pflichtgemäße **Ermessen** des Gerichts gestellt (... kann ..."). Dessen Ausübung sind zwar durch die tatbestandlichen Voraussetzungen des § 45 II 1, einer Koppelungsvorschrift (§ 102 Rz 9), anscheinend enge Grenzen gezogen (Rz 22 ff), dem aber kommt wegen der Unschärfe der Ermessenskriterien und der Unanfechtbarkeit der Abgabeentscheidung nur theoretische Bedeutung zu.

IV. Rechtsfolgen

1. Dispens von § 44 I

32   Sind die **Voraussetzungen** des § 45 I 1 **erfüllt** (Rz 7 ff) und ist innerhalb der vorgesehenen Frist keine gerichtliche Abgabeentscheidung ergangen (Rz 70 ff), so **steht fest, dass** die Anfechtungs- oder Verpflichtungsklage, abweichend von § 44 II 1, **ohne Vorverfahren** zulässig ist. Über sonstige Zulässigkeitsvoraussetzungen ist damit nichts gesagt (Rz 4, 7).

2. Gescheiterte Sprungklage (§ 45 III)

33   **Stimmt** die zuständige **Behörde** (Rz 11 f) der Sprungklage **nicht** (rechtzeitig) oder nicht wirksam (etwa nur unter einer Bedingung – Rz 8 ff) zu (§ 45 I) oder ergeht (fristgemäß) ein gerichtlicher Abgabebeschluss

(§ 45 II), so bestimmt § 45 III, der aus dem früheren § 45 I 2 und aus Art 3 § 2 S 2 VGFGEntlG hervorgegangen ist, für beide Fälle gleichermaßen, dass die Klage als **außergerichtlicher Rechtsbehelf,** dh seit 1. 1. 1996 (s dazu § 44 Rz 1 f) von der hierfür zuständigen Behörde (Rz 110 f) als Einspruch zu behandeln ist. Diese Rechtsfolge tritt **kraft Gesetzes** ein. Demgemäß enthält die anschließende (formlose) Abgabe der Sache keine beschwerdefähige Gerichtsentscheidung (vgl BFH/NV 1997, 56). Eine gescheiterte Sprungklage war bei Gericht **nicht anhängig** (BFHE 204, 1 = BStBl II 2004, 1).

Beharrt der Rechtsuchende trotz fehlender oder vorwiegender Zustim **34** mung (Rz 33) **auf** einer **gerichtlichen Entscheidung,** so verfolgt er ein neues, nunmehr unzulässiges (unstatthaftes) Klagebegehren. Diese Klage ist durch **Prozessurteil** (als unzulässig) abzuweisen (BFH/NV 2003, 629), und zwar nicht durch Zwischenurteil (weil insoweit nicht die Klärung von Vorfragen, § 97 Rz 1 f, sondern eine abschließende gerichtliche Aussage erstrebt wird und geboten ist; s iÜ auch *H/H/Sp/Steinhauff* Rz 60). Unabhängig davon zu befinden ist nach § 367 AO nF (in „Altfällen" – § 44 Rz 1 – nach §§ 367, 368 AO nF) über das *ursprüngliche* Klagebegehren, das gem § 45 III *kraft Gesetzes* zum außergerichtlichen Rechtsbehelf geworden ist (Rz 33).

Ist die Sprungklage von Anfang an unzulässig (Rz 7 u 22) oder überhaupt **35** **unstatthaft,** weil in Wahrheit keine Anfechtungs- oder Verpflichtungsklage vorliegt, also auch kein Vorverfahren erforderlich ist (Rz 1, 4, 6 a), so ist über das Klagebegehren (die unzulässige Anfechtungs- bzw Verpflichtungsklage oder aber die sonstige Leistungs- oder Feststellungsklage) durch **(End-)Urteil** zu entscheiden (vgl zB BFH/NV 1988, 214, 215 u 319, 320; zum alten Recht BFHE 116, 526 = BStBl II 1976, 56; 2. Aufl Rz 25), und zwar auch dann, wenn die Finanzbehörde (in Verkennung der Rechtsnatur des Begehrens) zugestimmt hat. Die Zustimmung (Rz 8) lässt die (letztlich allein vom FG zu prüfende) wirkliche Rechtsnatur des Klagebegehrens unbeeinflusst (Rz 6 a). Kommt es (etwa weil Verwaltungshandeln zu Unrecht nicht als VA angesehen oder sonst falsch eingeschätzt wurde – vgl zB BFHE 143, 27 = BStBl II 1985, 266, 268) zur Versäumung der Anfechtungsfrist, so gelten die allgemeinen Wiedereinsetzungsregeln (§ 110 AO bzw § 56 FGO).

V. Sonderregelung des § 45 IV

Die Vorschrift, die sich inhaltlich mit § 45 II aF deckt (im Hinblick auf die **36** §§ 324, 325 AO wurde nur der Begriff „Sicherungsverfahren" durch „dinglichen Arrest" ersetzt – BT-Drucks 12/1061 S 13; vgl auch schon 2. Aufl Rz 34), eröffnet für den Betroffenen gegenüber der **Anordnung eines dinglichen Arrests** statt der Beschwerde die **unmittelbare Anrufung** des Gerichts, und zwar ohne dass es einer behördlichen Zustimmung (Rz 8) bedarf und ohne dass das Gericht zur Abgabe (Rz 20 ff) berechtigt ist (vgl zB FG Bremen EFG 1996 307; zum früheren Nebeneinander von Klage und Beschwerde s Rz 22). Dieser Sonderweg ist ausdrücklich an die gesetzlichen **Voraussetzungen der §§ 324, 325** AO geknüpft, also nicht gegenüber anderen Vollstreckungsmaßnahmen (zB der Eintragung einer Sicherungshypothek: BFH/NV 1999, 1229, 1230) eröffnet.

§ 46 [Untätigkeitsklage]

(1) [1] Ist über einen außergerichtlichen Rechtsbehelf ohne Mitteilung eines zureichenden Grundes in angemessener Frist sachlich nicht entschieden worden, so ist die Klage abweichend von § 44 ohne vorherigen Abschluss des Vorverfahrens zulässig. [2] Die Klage kann nicht vor Ablauf von sechs Monaten seit Einlegung des außergerichtlichen Rechtsbehelfs erhoben werden, es sei denn, dass wegen besonderer Umstände des Falles eine kürzere Frist geboten ist. [3] Das Gericht kann das Verfahren bis zum Ablauf einer von ihm bestimmten Frist, die verlängert werden kann, aussetzen; wird dem außergerichtlichen Rechtsbehelf innerhalb dieser Frist stattgegeben oder der beantragte Verwaltungsakt innerhalb dieser Frist erlassen, so ist der Rechtsstreit in der Hauptsache als erledigt anzusehen.

(2) Absatz 1 Satz 2 und 3 gilt für die Fälle sinngemäß, in denen geltend gemacht wird, dass eine der in § 348 Nr. 3 und 4 der Abgabenordnung genannten Stellen über einen Antrag auf Vornahme eines Verwaltungsakts ohne Mitteilung eines zureichenden Grundes in angemessener Frist sachlich nicht entschieden hat.

Vgl §§ 75 VwGO, 88 SGG, 27 EGGVG

Übersicht

Literatur: (s iÜ Voraufl). *Arndt/Schaefer,* Die Untätigkeitsklage im finanzgerichtlichen Verfahren, StVj 1989, 151; *dies* zum gleichen Thema: StVj 1990, 80 und 93; *Bettermann,* Der verwaltungsgerichtliche Rechtsschutz bei Nichtbescheidung des Widerspruchs oder des Vornahmeantrags, NJW 1960, 1081; *Ehlers,* Die Problematik des Vorverfahrens nach der gerichtlichen Aussetzung der Untätigkeitsklage DVBl 1976, 71; *Harder,* Die Untätigkeitsklage nach § 46 Abs 1 FGO, DB 1995, 1583; *Kopp,* Die Verwirkung des Klagerechts bei der Untätigkeitsklage, DÖV 1977, 199; *Leberecht,* Der Rechtsschutz des Bürgers bei Untätigkeit der Finanzverwaltungsbehörden, Saarbrücker Diss 1976; *Löwer,* Zur Problematik der Untätigkeitsklage, MDR 1963, 178; *Odenthal,* Die Heilung von Verfahrensfehlern gem § 45 VwVfG nach erhobener Untätigkeitsklage, NVwZ 1995, 668; *Schenke,* Der Anspruch des Widerspruchsführers auf Erlass eines Widerspruchsbescheids und seine gerichtliche Durchsetzung, DÖV 1996, 529; *Weides/Bertrams,* Die nachträgliche Verwaltungsentscheidung im Verfahren der Untätigkeitsklage, NVwZ 1988, 673; *Wendt,* Untätigkeitsklage nach Fristablauf, BB 1968, 1231; *ders,* Möglichkeit der Klage bei Einspruchsentscheidung nach Ablauf der Jahresfrist, DB 1969, 901.

I. Geltungsbereich und Funktion

Die Vorschrift bildet zusammen mit der Sprungklageregelung des § 45   **1** die einzige **Ausnahme von** dem in § 44 I fixierten Grundsatz, dass dann, wenn das Gesetz außergerichtliche Rechtsbehelfe vorsieht (§§ 348, 349 AO aF; 347, 348 nF; § 44 Rz 1 ff), die Anrufung des Gerichts erst nach vorherigem Abschluss außergerichtlichen Vorverfahrens zulässig ist (§ 44 Rz 5 f; 27 ff, 30 a; vgl auch BFH/NV 1988, 319, 320; 1998, 208; 2000, 8, 9). Die **Spezialregelung** zu § 44 I (dort Rz 30 a) dispensiert für den Fall der Untätigkeit der Verwaltung von der Zugangsvoraussetzung des erfolglosen Abschlusses des Vorverfahrens (§ 40 Rz 27 ff) – nicht mehr und nicht weniger (Rz 2 u 6; § 44 Rz 30 a; zur Anwendung im Zollrecht: BFH/NV 1999, 3; ausführlicher *H/H/Sp/Steinhauff* Rz 30 ff); nicht erfasst ist die Untätigkeit des Gerichts: BFHE 88, 108 = BStBl III 1967, 292). Text und Stellung der Vorschrift signalisieren **Eingliederung in** das zuvor, in den §§ 40 ff, konkretisierte **Klagesystem der FGO** sowie **Unterordnung unter** das in Art 19 IV GG verankerte allgemeine, in § 40 II für den Steuerprozess umgesetzte Prinzip des Individualrechtsschutzes (§ 40 Rz 56 ff; § 40 Rz 30 a): In § 46 wird **weder** eine – gegenüber der abschließenden Aufzählung in den §§ 40, 41 – „neue" Klageart kreiert **noch** gar jemand **von** der (in § 40 II bzw 350) AO begründeten) **Notwendigkeit befreit, die Verletzung eigener Rechte geltend zu machen.** Die Bedeutung des § 46 erschöpft sich vielmehr darin, den Rechtsuchenden auch dann zu möglichst zeitnahem gerichtlichem Rechtsschutz zu verhelfen, wenn die zuständige Finbeh seinen Anfechtungs- oder Verpflichtungsbegehren – pflichtwidrigerweise – mit Untätigkeit begegnet. Bei solcher Fallgestaltung **erlaubt § 46,** in Abweichung von der Regel des 44 I, ausnahmsweise den **unmittelbaren „Gang zu Gericht"** und zwar in zwei Varianten:
– **ganz allgemein** gem **§ 46 I,** nach den dort geregelten Einzelheiten   **2** (Rz 6 ff), sofern dem Rechtsuchenden die abschließende Einspruchsentscheidung in nicht gerechtfertigter Weise vorenthalten wird; dabei bildet eine derartige **Untätigkeit** den äußeren **Anlass, nicht** den **Gegenstand der Klage** (insofern ist die Bezeichnung „Untätigkeitsklage" ungenau: BFHE 155, 12, 14 = BStBl III 1989, 107; s auch Rz 31 ff). Das **Rechtsschutzbegehren** in solchen Fällen ist gerichtet **auf Aufhebung bzw Änderung** eines VA (Anfechtungsklage) **oder auf Verurteilung zum Erlass eines abgelehnten oder unterlassenen VA** (Verpflichtungsklage), nicht aber auf Beendigung der Untätigkeit (Erlass einer Rechtsbehelfsentscheidung; BFHE 95, 431 = BStBl II 1969, 438, 439; BFHE 99, 114 = BStBl II 1970, 551; BFHE 111, 1 = BStBl II 1974, 116; BFHE 113, 345 = BStBl II 1975, 38/39; BFHE 117, 210 = BStBl II 1976, 116, 117 f; BFH/NV 1993, 244, 248; vgl auch: BFHE 118, 288 = BStBl II 1976, 428; aM: BFHE 116, 320 = BStBl II 1975, 827, 828 unter ungerechtfertigter Berufung auf BFHE 90, 95 = BStBl II 1967, 786; *H/H/Sp/Steinhauff* Rz 53 offen: BFH/NV 1996, 559; vgl für die VwGO: *Kopp/Schenke* § 75 Rz 1 ff); das **gilt uneingeschränkt auch für den**

Fall „doppelter Untätigkeit" (Finbeh reagiert weder auf Verpflichtungsantrag noch auf daraufhin eingelegten Untätigkeitseinspruch – § 347 I 2 AO); auch hier geht es vorrangig nicht um Tätigwerden *(überhaupt),* sondern um Beseitigung der im Unterlassen der begehrten Einzelfallregelung liegenden Rechtsbeeinträchtigung (s auch § 46 I 3 2. Halbs. – Rz 32 ff, 34 a; ebenso: FG Köln EFG 2002, 1245; FG Saarl EFG 2003, 1488; *H/H/Sp/Steinhauff* Rz 51 u 33 ff; s auch Rz 7; **aM** ohne überzeugende Begründung: BFH/NV 2006, 19; *Dumke* in *Schwarz* Rz 6 u 7 a; uU auch BFH/NV 2005, 237);

3 – **speziell** nach **§ 46 II,** um die zuständige Behörde in einem Fall des **§ 348 Nr 3 oder Nr 4 AO,** ungeachtet ihrer Untätigkeit, zum Erlass des erstrebten VA zu veranlassen (s iÜ Rz 36).

4 *Anwendbar* ist § 46 ausschließlich (§ 44 Rz 30 a) auf **Anfechtungs- und Verpflichtungsklagen** (also auf *verwaltungsaktbezogene* und *fristgebundene* – § 47 Rz 1 u 6 – Klagebegehren), nicht aber auf andere (sonstige) Leistungsklagen und auf Feststellungsklagen (zu letzterem: BFHE 143, 506 = BStBl II 1985, 579, 580).

5 Die Problematik des § 46 für die Praxis liegt darin begründet, dass die dort formulierten besonderen Zulässigkeitsvoraussetzungen an besonders unscharfe Begriffe („ohne Mitteilung eines zureichenden Grundes", „in angemessener Frist", „wegen besonderer Umstände des Falles") geknüpft und diese außerdem in ihrer Wirkungsweise nicht scharf voneinander abgegrenzt sind. Daraus resultiert erhebliche **Rechtsunsicherheit** in einem Bereich des Prozessrechts, in dem der Rechtsuchende in besonderem Maße auf Klarheit und Verlässlichkeit gesetzgeberischer Aussagen angewiesen ist (vgl zur Kritik vor allem *T/K* § 46 Rz 2; *H/H/Sp/Steinhauff* Rz 17 ff – jew mwN). Eine verfassungsrechtlich zu beanstandende Erschwerung des Weges zu den Gerichten sieht das BVerfG (StRK FGO § 46 R 9 = HFR 1971, 118) hierin nicht.

II. Zu § 46 I

6 Da es sich um „normale" Anfechtungs- und Verpflichtungsklagen handelt (s Rz 2 und 4), *müssen* – von § 44 I u § 47 I abgesehen – *sämtliche* für diese Klagearten erforderlichen **allgemeinen Sachentscheidungsvoraussetzungen** erfüllt sein. Vor allem muss der Kläger seine Klagebefugnis iS des § 40 II substantiiert und in sich schlüssig dartun (Rz 13 vor § 33; § 40 Rz 61 ff; § 44 Rz 30 a). Darüber hinaus müssen folgende **zusätzliche** Zulässigkeitsvoraussetzungen (BFHE 90, 274 = BStBl II 1968, 61, 62; BFHE 134, 245 = BStBl II 1982, 150, 153 f) vorliegen (zum Begründungserfordernis in diesem Zusammenhang: BFH/NV 1989, 443 u 558; zu den Grenzen der Auslegung im Regelungsbereich des § 46: BFH/NV 1988, 319):
– Fehlende Entscheidung über einen außergerichtlichen Rechtsbehelf,
– Ablauf einer angemessenen Frist;
– Fehlen der Mitteilung eines zureichenden Grundes.

Kein formeller Hinderungsgrund ergibt sich aus der **Rücknahme** einer Untätigkeitsklage für eine erneute Klageerhebung nach § 46 I, weil die Regelung des § 72 II 1 nur Klagen betrifft, deren *Erhebung* an eine Frist gebunden ist (FG Hbg EFG 1995, 632; ebenso für die vergleichbare Situation nach Prozessurteil *H/H/Sp/Steinhauff* § 46 Rz 76).

1. Fehlen der Entscheidung über einen außergerichtlichen Rechtsbehelf

Vorausgesetzt wird zunächst, **dass** ein **außergerichtliches Rechts-** 7
behelfsverfahren (§§ 347 ff AO) **anhängig,** dh begonnen, aber noch
nicht iS des § 367 AO (§§ 367, 368 AO aF) abgeschlossen ist (vgl auch
BFHE 206, 207 = BStBl II 2004, 980; BFH/NV 2004, 1655, 1656 f). Zu
einem solchen förmlichen *Abschluss* führt (entgegen FG RhPf EFG 1986,
300) *auch* eine *unvollständige Rechtsbehelfsentscheidung,* nicht dagegen ein Zwi-
schenbescheid oder eine Sachstandsmitteilung. Soweit es um **Verpflich-**
tungsbegehren geht, muss der Klageerhebung **grundsätzlich** ein erfolgloser **Untätigkeitseinspruch vorausgegangen** sein (BFHE 206, 201 =
BStBl II 2004, 980; BFH/NV 2004, 1655, 1657; s auch BFH/NV 2003,
651). Eine **Ausnahme** muss (Art 19 IV 66) **im Fall doppelter Untätig-**
keit (Rz 2) gelten (vgl auch BFHE 134, 245 = BStBl II 1982, 150).

Nicht gemeint ist mit Sachentscheidung iSd § 46 I 1 eine **materiell-** 8
rechtliche Entscheidung: Auch ein Bescheid, der einen Antrag oder außergerichtlichen Rechtsbehelf aus formellen Gründen ablehnt (verwirft),
schließt daher eine Untätigkeitsklage aus (*H/H/Sp/Steinhauff* Rz 96; vgl
auch *Kopp/Schenke* § 75 Rz 6), ebenso ein **Abhilfebescheid** (§ 367 II 3
u III 3), der zudem keinen Raum mehr lässt für eine Beschwer (vgl FG
Hbg EFG 1995, 464). Dies gilt allerdings nur **im Umfang der Abhilfe** (s
iÜ Rz 34).

Entschieden ist nicht schon mit der internen Abzeichnung, sondern 9
erst *mit der Bekanntgabe* der diesbezüglichen Hoheitsmaßnahmen (BFHE
109, 303 = BStBl II 1973, 675; FG Nds EFG 1976, 396). Auf die Wirksamkeit und Rechtmäßigkeit der Rechtsbehelfsentscheidung kommt es
nicht an (BFH/NV 1987, 111; 1994, 41, 42; FG Hessen EFG 1975, 323,
324). Unzulässig ist eine Untätigkeitsklage iS des § 46 I, *wenn ein VA noch*
nicht erlassen, ein *Rechtsbehelf noch nicht eingelegt* oder *ein Antrag* auf Erlass des
begehrten VA *noch nicht gestellt* worden ist (*Kopp/Schenke* § 75 Rz 7; s auch
oben Rz 2 u 7).

2. Ablauf einer angemessenen Frist

Nur wenn (ohne Mitteilung eines zureichenden Grundes – s Rz 18 ff) **in** 10
angemessener Frist sachlich nicht entschieden wurde, ist eine Untätigkeitsklage nach § 46 I 1 zulässig. Was unter einer angemessenen Frist zu
verstehen ist, lässt sich mit Hilfe des § 46 I 2 eingrenzen: Danach ist den
Finanzbehörden zum Abschluss eines außergerichtlichen Rechtsbehelfsverfahrens regelmäßig eine Frist von sechs Monaten zugebilligt (den allgemeinen Verwaltungsbehörden in § 75 I 2 VwGO übrigens nur eine solche
von drei Monaten). Diese Regelfrist kann grundsätzlich nicht als unangemessen angesehen werden, „es sei denn, dass wegen besonderer Umstände
des Falles eine kürzere Frist geboten ist" (§ 46 I 2 Nachsatz).

Damit hängt die **Fristbemessung** insgesamt ab von der Schwierigkeit 11
der Angelegenheit in tatsächlicher oder rechtlicher Hinsicht (FG BaWü
EFG 1986, 30; *H/H/Sp/Steinhauff* Rz 110 ff; *T/K* Rz 7 ff), von der Erfüllung der Aufklärungs- und Entscheidungspflicht der Behörde, der Mitwirkungspflichten des Steuerpflichtigen, dem Interesse des letzteren an einer
möglichst raschen und dem Interesse der ersteren an einer möglichst fun-

dierten Entscheidung. Im Rahmen einer solchen Interessenabwägung sind
auch die Möglichkeiten vorläufiger Rechtsschutzgewährung (§§ 69, 114) in
Betracht zu ziehen (BFHE 107, 489 = BStBl II 1973, 228, 229).

12   In jedem Fall zwingt das Gesetz zu einer konkreten **Einzelfallprüfung.**
Mit Recht hat daher der BFH (BFHE 107, 489 = BStBl II 1973, 228, 229;
BFHE 124, 2 = BStBl II 1978, 154, 155) einen besonderen Umstand iS
des § 46 I 2 nicht allein darin gesehen, dass es sich beim angefochtenen VA
um einen Haftungsbescheid handelt.

13   *Maßgeblicher* **Zeitpunkt für die Wahrung der Sechsmonatsfrist** ist
nach hM *derjenige der mündlichen Verhandlung oder Entscheidung.* Bis dahin
kann eine vorzeitig erhobene Klage „in die Zulässigkeit hineinwachsen"
(BFHE 124, 2 = BStBl II 1978, 154, 155 unter Berufung auf BVerwGE
23, 135 = NJW 1966, 750; ebenso: BFHE 129, 8 = BStBl II 1980, 49, 50;
BFHE 134, 245 = BStBl II 1982, 150, 152; BFHE 162, 211 = BStBl II
1991, 45; BFHE 162, 414 = BStBl II 1991, 363; FG Saarl EFG 1996, 146;
noch weitergehend, eine allgemeine Heilungsmöglichkeit im Rahmen des
§ 44 I befürwortend: BFHE 143, 509 = BStBl II 1985, 521, 522, unter
Berufung auf BVerwGE 4, 203; sehr anschaulich für die Heilung von Be-
gründungsmängeln bei Ermessensentscheidungen: FG BaWü EFG 2000,
607, bestätigt durch BFHE 196, 392 = BStBl II 2002, 120; vgl außerdem:
FG Köln 1985, 570, 571; *H/H/Sp/Steinhauff* Rz 132 u 210 ff; *Kopp/
Schenke* § 75 Rz 11 und 17 – jew mwN; aM: FG SchlHol EFG 1974, 156
und EFG 1980, 580; *K/H* § 46 FGO Rz 2; s auch § 44 Rz 27 ff).

14   *Streitig* ist innerhalb der hM in diesem Zusammenhang nur, *ob das Gericht* auch *bei* **verfrühter Untätigkeitsklage** *nach § 46 I 3 aussetzen muss,*
damit die Klage zulässig werden kann (so zB FG BaWü EFG 1996, 557;
BVerwGE 23, 135 = NJW 1966, 70; *Kopp/Schenke* § 75 Rz 16 mwN)
oder ob das Gericht vor Eintritt der Zulässigkeit entscheiden (dh die Klage
als unzulässig abweisen) *darf* (für Aussetzungsermessen *H/H/Sp/Steinhauff*
Rz 81 mwN).

15   ME ist die für die Praxis als feststehend hinzunehmende hM unvereinbar mit Wortsinn, Zusammenhang und Zweck der Gesamtregelung der
§§ 44–46. Das von der Gegenseite angeführte Hauptargument, Sachentscheidungsvoraussetzungen müssten erst im Zeitpunkt der Entscheidung bzw
der letzten mündlichen Verhandlung vorliegen, trifft in dieser Allgemeinheit
nicht zu, passt jedenfalls nicht für **fristgebundene Klagen** (Rz 10 ff vor
§ 33; § 47 Rz 2 f). Prozessökonomie kann in diesem Zusammenhang nur ins
Feld geführt werden, solange sich tatsächlich nur wenige die hieraus resultierenden prozessualen Vorteile zunutze machen (§ 44 Rz 29). Eine wirksame normative Handhabe gegenüber einer allgemeinen Umgehung des § 44 I
(wie sie vor allem durch BFHE 143, 509 = BStBl II 1985, 521 eröffnet wird)
und einer Umkehrung des dort statuierten Regel/Ausnahmeverhältnisses
gibt es vom Standpunkt der hM aus nicht mehr (s auch § 44 Rz 27 ff).

16   Die zugegebenermaßen ausgesprochen unglückliche Fassung des § 46
allein gibt (auch angesichts der durch die §§ 361 AO, 69 u 114 FGO eröffneten vorläufigen Rechtsschutzmöglichkeiten) keinen hinreichenden
Anlass, unter Berufung auf Art 19 IV GG im Gewand **„verfassungskonformer Auslegung"** Rechtsfortbildung zu betreiben vgl zu diesem methodischen Problem: *Larenz*, ML S 326). Wie wenig gesichert die Grundlage der hM ist, zeigt sich in ihrer inkonsequenten Strenge im Fall einer

(„Untätigkeits-") Verpflichtungsklage (Rz 7) und schließlich daran, dass es (wenn man nicht dem BVerwG folgt und eine Aussetzungs*pflicht* des Gerichts annimmt – s Rz 14) letztlich in das Ermessen des Gerichts gestellt ist, ob die Klage in die Zulässigkeit „hineinwachsen" kann oder nicht (*H/H/ Sp/Steinhauff* Rz 210).

Nicht gefolgt werden kann BFHE 111, 10 (= BStBl II 1974, 111), wo- **17** nach es (nach früherem Recht) auf die Frage der Zulässigkeit der Untätigkeitsklage nicht ankam, wenn während des Verfahrens der angefochtene VA geändert und Antrag nach § 68 aF gestellt wurde. Ein Antrag nach § 68 setzte eine zulässige Klage voraus (dort Rz 40 ff).

3. Fehlen der Mitteilung eines zureichenden Grundes

Ein **zureichender Grund** liegt vor, wenn es nach den besonderen **18** Umständen des Einzelfalles einleuchtend erscheint, dass das Rechtsbehelfsverfahren noch nicht abgeschlossen wurde (BVerwG NJW 1992, 453 verlangt Übereinstimmung mit der Rechtsordnung; s iÜ: *H/H/Sp/Steinhauff* Rz 140 ff).

– Ein solcher zureichender Grund ist ua darin zu sehen, dass noch be- **19** stimmte **Ermittlungen,** zB die Ergebnisse einer Außen- oder Fahndungsprüfung, **abgewartet** werden sollen (BFHE 92, 170 = BStBl II 1968, 471).

– Auch die **Verfahrensaussetzung** (§ 363 I AO) bildet idR einen zurei- **20** chenden Grund für ein Hinausschieben der Rechtsbehelfsentscheidung (BFHE 103, 381 = BStBl II 1972, 20; BFHE 108, 89 = BStBl II 1973, 262, 263; BFHE 111, 1 = BStBl II 1974, 116, 118; BFHE 113, 420 = BStBl II 1975, 201, 202; *H/H/Sp/Steinhauff* Rz 150 ff mwN; unklar BFH/NV 1988, 619), wobei die Voraussetzungen der Verfahrensaussetzung in jedem Fall im Rahmen des § 46 I 1 voll nachprüfbar sind (iE ebenso: BFHE 111, 1 = BStBl II 1974, 116, 118), und zwar deshalb, weil die Aussetzungsverfügung (bzw die Anordnung des Ruhens des Verfahrens; Rz 21) keine selbstständige hoheitliche Maßnahme iS des § 118 AO darstellt (vgl Rz 31 vor § 40; aM: BFH/NV 1988, 619; FG Hbg EFG 1977, 90).

– Ein zureichender Grund ist auch gegeben, wenn das **Rechtsbehelfsver- 21 fahren** im Einverständnis mit dem Rechtsuchenden (§ 363 II 1 AO), kraft Gesetzes (§ 363 II 2 AO) oder auf Grund einer Allgemeinverfügung (§ 363 II 3 AO) ruht (FG Bln EFG 167, 462; vgl auch FG Köln EFG 1995, 79; s iÜ *H/H/Sp/Steinhauff* Rz 152).

– **Kein zureichender Grund** dagegen ist idR das *Fehlen der Steuerakten* **22** *oder von Anweisungen der übergeordneten Behörde* (BFHE 102, 31 = BStBl II 1971, 492, 494), desgleichen *„starke Arbeitsbelastung"* (FG BaWü EFG 2000, 1021, 1022). Etwas anderes kann – zugunsten des Klägers – gelten, wenn im Anschluss an eine BVerfG-Entscheidung eine allgemeine *Übergangsregelung* zu erwarten ist (BFHE 90, 274 = BStBl II 1968, 61, 62; nicht aber zB, wenn ein *Nichtanwendungserlass* abgewartet werden soll (so **mit** Recht FG Köln EFG 2002, 1245). Andererseits hat das FG BaWü (EFG 1986, 30) keinen zureichenden Grund in einer bevorstehenden **Gesetzesänderung** erblickt, von der mit Wahrscheinlichkeit im Wege der **Rückwirkung** – zum Nachteil des Klägers – eine nachträgliche Rechtsgrundlage für den angefochtenen Bescheid zu erwarten ist (vgl auch dazu FG Köln EFG 2002, 1245).

23 Das Vorhandensein eines zureichenden Grundes allein ist noch kein Verfahrenshindernis iSd § 46 I 1. Hinzukommen muss, dass der zureichende Grund auch **mitgeteilt** wurde (BFHE 90, 274 = BStBl II 1968, 61, 62; BFHE 102, 31 = BStBl II 1971, 492, 493; FG BaWü EFG 2000, 1021, 1022; *H/H/Sp/Steinhauff* Rz 170 ff). Eine Ausnahme hiervon gilt bei **Missbrauch** (BFHE 167, 303 = BStBl II 1992, 673; BFH/NV 1993, 244, 310, 311 u 732; 1994, 815; 1996, 409, 412 u 907 f; dazu auch BVerfG HFR 1996, 38; *H/H/Sp/Steinhauff* Rz 215 ff; besonders anschaulich BFH/NV 1994, 815, 816; vgl auch BFH/NV 1995, 713, 715 mwN; s Rz 35).

24 Die Mitteilung ist **nicht formgebunden** (BFHE 92, 170 = BStBl II 1968, 471, 472). Sie muss aber klar und eindeutig sein (FG Hbg EFG 1967, 623).

25 Die Finanzbehörde muss im Interesse des Klägers bemüht sein, den **Grund der Verzögerung** zu **beseitigen** und alle zumutbaren Möglichkeiten ausschöpfen, die zum Abschluss des Vorverfahrens beitragen können (BFHE 102, 31 = BStBl II 1971, 492, 494; FG Köln EFG 1985, 570, 571).

26 **Entfällt der zureichende Grund,** so *beginnt* nicht etwa eine neue Sechsmonatsfrist, sondern nur eine *weitere,* von den Umständen des Einzelfalls abhängige *angemessene* Frist für den Abschluss des Rechtsbehelfsverfahrens zu laufen (*H/H/Sp/Steinhauff* Rz 165 ff).

4. Aussetzung durch das Gericht

27 Das Gericht **kann** das Verfahren bis zum Ablauf einer von ihm bestimmten, verlängerungsfähigen Frist **aussetzen** (BFH/NV 2003, 79; zur Fristbemessung bei geltend gemachter Verfassungswidrigkeit: FG RhPf EFG 1992, 149). Es kann aber (nach hM – s Rz 13) auch davon absehen und die Klage durch Prozessurteil abweisen (s Rz 14).

28 Die Verfahrensaussetzung dient zunächst der Prüfung der besonderen Sachentscheidungsvoraussetzungen des § 46, sodann aber vor allem der **Herbeiführung der** ausstehenden **Rechtsbehelfsentscheidung** durch die beklagte Behörde.

29 Gegen den Aussetzungsbeschluss ist die **Beschwerde** gegeben (§ 128), die allerdings im Hinblick auf den Ermessencharakter einer solchen Entscheidung (Rz 27) nur eine eingeschränkte Prüfung durch den BFH eröffnet (BFH/NV 1998, 49; eine dem § 100 I 4 entsprechende Regelung gibt es nicht: BFH/NV 1998, 991).

30 Die beklagte **Behörde** ist – auch ohne Aussetzung und Fristsetzung – nicht gehindert, die ausstehende **Rechtsbehelfsentscheidung zu erlassen** (BFHE 118, 288 = BStBl II 1976, 428; FG RhPf DStZ (A) 1988, 415 m Anm v *Rößler* ebenda; vgl auch BVerwG DVBl 1986, 1159; zu den Folgen s Rz 32 ff).

5. Tätigwerden der Behörde und Abschluss/Fortgang des Verfahrens

31 Bei der Untätigkeitsklage iS des (§ 46 I (mit einem auf Rechtsschutz im Wege der Anfechtungs- oder Verpflichtungsklage gerichteten Klagebegehren – s Rz 2 und 6 ff) wirkt sich das *Tätigwerden der Behörde* auf das **weitere Verfahren** folgendermaßen aus:

- *Wird dem Rechtsbehelf stattgegeben* (dh – Rz 2 – **dem Anfechtungs- bzw** 32 dem **Verpflichtungsbegehren entsprochen**) und geschieht das **innerhalb der** vom Gericht nach § 46 I 1. Halbsatz **gesetzten Frist,** so tritt kraft Gesetzes **Erledigung** in der Hauptsache ein (§ 46 I 3 2. Halbsatz). Die Kostenentscheidung richtet sich nach § 138 II 1 letzter Fall, uU nach § 138 II 3 iVm § 137 (wobei der Umstand mit zu berücksichtigen ist, ob ein vernünftiger *Anlass* zur Erledigung der Untätigkeitsklage bestand: FG Bremen EFG 1999, 855; vgl auch FG Hbg EFG 1991, 138 mwN; zT abweichend: *H/H/Sp/Steinhauff* Rz 290 ff). Das **Einspruchsverfahren** wird durch Erhebung einer Klage nach § 46 I **nicht verändert:** Die Finanzbehörde darf „verbösern" (§ 367 II 2 AO; BFH/NV 1993, 311, 312 und 732, 736) und auch (bei Ermessensentscheidungen) Gründe nachschieben (FG BaWü EFG 2000, 607).
- *Wird* dem *außergerichtlichen Rechtsbehelf entsprochen, nachdem* die vom 33 Gericht **gesetzte Frist abgelaufen oder ohne** dass eine solche **Frist** gesetzt worden ist, so führt dies *nicht zur Erledigung* kraft Gesetzes. Es gelten vielmehr die gleichen Grundsätze wie sonst, wenn im Verlauf des Verfahrens dem Klagebegehren seitens der beklagten Behörde abgeholfen wird: Dh es kommt auf die Erledigungserklärungen der Beteiligten an (s § 138 Rz 5).
- *Wird* der **Rechtsbehelf** (teilweise) **zurückgewiesen,** so wird das **Kla-** 34 **geverfahren** (gerichtliche Fristsetzung spielt keine Rolle) „ohne weiteres" **fortgesetzt,** ohne dass (erneute) Klage erforderlich oder zulässig wäre (s Rz 2 u BFHE 155, 12, 14 = BStBl II 1989, 107). Bei einem Teilerfolg des außergerichtlichen Rechtsbehelfs muss lediglich das Klagebegehren angepasst werden – § 40 II (§ 68 gilt nicht; zum gleichen Problem dort: § 68 Rz 2, 45 ff).

Nach dem eindeutigen Wortlaut der Regelung, ihrem systematischen 34 a Zusammenhang und ihrer Zielsetzung (s Rz 2, 4 u 6; § 44 Rz 30 a) ist **jede andere Auswirkung** auf das Klageverfahren (als zuvor – Rz 32–34 – aufgeführt) **ausgeschlossen.** Das gilt **auch bei „doppelter Untätigkeit"** des FA (ebenso BFH v. 7. 5. 2003 – IV B 209 – 210/02 n. v.; FG Köln EFG 2002, 1245; FG Saarl EFG 2003, 1488; iE auch BFHE 196, 392 = BStBl II 2002, 120; zT abw: *H/H/Sp/Steinhauff* Rz 345 ff; **aM,** ohne überzeugende Begründung: BFH/NV 2006, 19; *Dumke* in *Schwarz* Rz 6 u 7 a). Die – durch nichts zu rechtfertigende – Annahme einer *Erledigung* des Klageverfahrens in diesem Fall würde zu dem widersinnigen Ergebnis führen, dass das FA durch besonders nachhaltige Pflichtverletzung den Kläger dazu zwingen könnte, seine Rechtsschutzbemühungen wieder „von vorne" zu beginnen.

6. Zur Verwirkung des Klagerechts aus § 46 I

Nachdem die gesetzliche Begrenzung der Klagemöglichkeiten aus § 46 35 (für § 75 VwGO galt das Gleiche) auf eine Frist von grundsätzlich längstens einem Jahr seit Einlegung des Rechtsbehelfs (in § 46 II aF bzw § 76 VwGO) durch Gesetz vom 24. 8. 1976 (BGBl I, 2437) mit Wirkung vom 1. 1. 1977 entfallen ist (zur Problematik der früheren Regelung s 4. Aufl und *H/H/Sp/Steinhauff* Rz 7 u 225 ff; zu den Gründen der Gesetzesänderung: BT-Drucks 7/4324 S 12/13), wird die Ansicht vertreten (s zB

Kopp, NJW 1976, 1961, 1966; DÖV 1977, 199), unter dem Gesichtspunkt der *Verwirkung* (vgl dazu generell: BVerfG 32, 308 = BStBl II 1972, 306, 307; BFH 117, 350 = BStBl II 1976, 194, 195) komme der Zeitraum von einem Jahr auch weiterhin als Anhaltspunkt für die Beurteilung in Betracht. Dem ist entgegenzuhalten, dass es nicht Sache des Rechtsanwenders ist, für den Eintritt bestimmter Rechtsfolgen generelle Fristen zu statuieren, zumal in Bereichen in denen gesetzliche Fristen gerade abgeschafft wurden (ebenso *T/K* Rz 19 mwN). ME kann es nur **ausnahmsweise** zu einer Begrenzung der Klagemöglichkeiten aus § 46 nach den allgemeinen Grundsätzen des **Rechtsmissbrauchs** sowie von **Treu und Glauben** kommen (s auch Rz 23; allgemein: Rz 5 und 18 vor § 33; Rz 7 vor § 76; *H/H/Sp/Steinhauff* Rz 215 ff; BVerwGE 44, 294, 298 u 339, 343 f; Rz 24 vor § 33; zu einem Fall des venire contra factum proprium: FG Köln EFG 1985, 570, 571; iÜ außer den zuvor Zitierten: *Baumgärtel* ZZP 75 (1962) 385 ff; *Menger* VerwA 66 (1975) 85, 99).

III. Zu § 46 II

36   Gegenüber der Untätigkeit bestimmter Behörden, für die nach § 349 III AO aF (§ 44 Rz 2) bzw nach § 348 Nr 3 u Nr 4 AO nF (§ 44 Rz 3) ein außergerichtliches Vorverfahren (mit Klagemöglichkeit aus § 46 I) ausgeschlossen ist, eröffnet § 46 II die Untätigkeitsklage ieS **(echte Untätigkeitsklage),** wenn von den in § 349 III AO aF bzw in § 348 Nr 3 u Nr 4 AO nF genannten Stellen über einen Antrag auf Vornahme eines VA ohne Mitteilung eines zureichenden Grundes in angemessener Frist nicht entschieden wurde und (weil kein außergerichtliches Vorverfahren vorgesehen ist – *H/H/Sp/Steinhauff* Rz 371) besondere Vorsorge für die Rechtsschutzgewährung erforderlich ist. Die für derartige Fälle angeordnete „sinngemäße" Anwendung des § 46 I 2 und 3 bedeutet, dass die Sechsmonatsfrist nicht durch Einlegung eines (unstatthaften) außergerichtlichen Rechtsbehelfs, sondern durch die Antragstellung ausgelöst wird. **§ 46 I 3** gilt **unmittelbar.** Dass (auch) der Erlass des beantragten VA (innerhalb der vom Gericht gesetzten Frist – Rz 12) zur **Erledigung** des Rechtsstreits führt (dazu auch *Steinhauff* aaO Rz 390 f), betrifft nicht (wie ein Redaktionsversehen vermuten lässt) *auch* § 46 I, sondern *nur* § 46 II. IÜ wird auch durch § 46 II **keine neue Klageart** begründet oder gar vom Erfordernis des § 40 II dispensiert (s auch Rz 2 u 6; § 44 Rz 30 a).

§ 47 [Klagefrist]

(1) [1]**Die Frist für die Erhebung der Anfechtungsklage beträgt einen Monat; sie beginnt mit der Bekanntgabe der Entscheidung über den außergerichtlichen Rechtsbehelf, in den Fällen des § 45 und in den Fällen, in denen ein außergerichtlicher Rechtsbehelf nicht gegeben ist, mit der Bekanntgabe des Verwaltungsakts.** [2]**Dies gilt für die Verpflichtungsklage sinngemäß, wenn der Antrag auf Vornahme des Verwaltungsakts abgelehnt worden ist.**

(2) [1]**Die Frist für die Erhebung der Klage gilt als gewahrt, wenn die Klage bei der Behörde, die den angefochtenen Verwaltungsakt oder die angefochtene Entscheidung erlassen oder den Beteiligten bekannt-**

gegeben hat oder die nachträglich für den Steuerfall zuständig geworden ist, innerhalb der Frist angebracht oder zur Niederschrift gegeben wird. [2] Die Behörde hat die Klageschrift in diesem Fall unverzüglich dem Gericht zu übermitteln.

(3) Absatz 2 gilt sinngemäß bei einer Klage, die sich gegen die Feststellung von Besteuerungsgrundlagen oder gegen die Festsetzung eines Steuermessbetrages richtet, wenn sie bei der Stelle angebracht wird, die zur Erteilung des Steuerbescheids zuständig ist.

(4) *(aufgehoben)*

Vgl §§ 74 VwGO, 87 SGG, 26 EGGVG

Art 97 EGAO

§ 18a Erledigung von Massenrechtsbehelfen und Massenanträgen

(1) [1] Wurde mit einem vor dem 1. Januar 1995 eingelegten Einspruch die Verfassungswidrigkeit von Normen des Steuerrechts gerügt, derentwegen eine Entscheidung des Bundesverfassungsgerichts aussteht, gilt der Einspruch im Zeitpunkt der Veröffentlichung der Entscheidungsformel im Bundesgesetzblatt (§ 31 Abs. 2 des Gesetzes über das Bundesverfassungsgericht) ohne Einspruchsentscheidung als zurückgewiesen, soweit er nach dem Ausgang des Verfahrens vor dem Bundesverfassungsgericht als unbegründet abzuweisen wäre. [2] Abweichend von § 47 Abs. 1 und § 55 der Finanzgerichtsordnung endet die Klagefrist mit Ablauf eines Jahres nach dem Zeitpunkt der Veröffentlichung gemäß Satz 1. [3] Die Sätze 1 und 2 sind auch anzuwenden, wenn der Einspruch unzulässig ist.

(2) Absatz 1 gilt für Anträge auf Aufhebung oder Änderung einer Steuerfestsetzung außerhalb des außergerichtlichen Rechtsbehelfsverfahrens sinngemäß.

(3) [1] Die Absätze 1 und 2 sind auch anzuwenden, wenn eine Entscheidung des Bundesverfassungsgerichts vor Inkrafttreten dieses Gesetzes ergangen ist. [2] In diesen Fällen endet die Klagefrist mit Ablauf des 31. Dezember 1994.

(4) ... [2] Abweichend von § 47 Abs. 1 und § 55 der Finanzgerichtsordnung endet die Klagefrist mit Ablauf des 31. Dezember 2004. [3] Die Sätze 1 und 2 gelten nicht, soweit in der angefochtenen Steuerfestsetzung die Kinderbetreuungskosten um die zumutbare Belastung nach § 33 Abs. 3 des Einkommensteuergesetzes gekürzt worden sind.

(5) ...

(6) ... [2] Abweichend von § 47 Abs. 1 und § 55 der Finanzgerichtsordnung endet die Klagefrist mit Ablauf des 31. Dezember 2004.

(7) ...

(8) ... [5] Gilt nach Satz 1 der Einspruch als zurückgewiesen, endet abweichend von § 47 Abs. 1 und § 55 der Finanzgerichtsordnung die Klagefrist mit Ablauf des 31. Dezember 2005. ...

(9), (10) ...

Übersicht

Literatur: (s auch zu § 56 und § 64). *Brodersen,* Erweiterung der Anfechtungsklage nach Ablauf der Klagefrist, JuS 1990, 940; *Burchardi,* Zum Anbringen einer Klage beim FA nach § 47 Abs 2 FGO, DStR 1991, 445; *Busl,* Zum „Anbringen" der Klage nach § 47 Abs 2 Satz 1 der Finanzgerichtsordnung (beim FA), DStZ(A) 1991, 529; *Carl,* Einlegung eines Rechtsbehelfs vor Bekanntgabe des angefochtenen Bescheids, DStZ 1989, 221; *Claßen,* Der Streit um § 47 II 1 FGO, DStZ (A) 1987, 68; *Dänzer-Vanotti,* Die Erweiterung des Klageantrags nach nur teilweiser Anfechtung des Steuerbescheids, DStZ (A) 1984, 219; *Gersch,* Fristen für Prozesshandlungen, AO-StB 2002, 313; *v Groll,* Das Handeln der Finanzverwaltung als Gegenstand des Rechtsschutzbegehrens, DStJG 18 (1995), 47, 68 ff; *Jaekel,* Klagefrist bei Klageänderung durch Beklagtenwechsel, DÖV 1985, 484; *Jestädt,* Klageerhebung per Telefax, StB 1993, 90; *Koenig,* Klageerweiterung nach Ablauf der Klagefrist im finanzgerichtlichen Verfahren, DStR 1990, 512; *Krauel,* Steht die Rechtsprechung zu § 47 II vor der Wende?, DStR 1983, 569; *Krause,* Wahrung der Klagefrist im Finanzgerichtsprozess BB 81, 1458; *Lemke,* Die Wahrung der Klagefrist bei verwaltungsgerichtlichen Klagen, JA 1999, 422; *Linhart,* Fristen und Termine im Verwaltungsrecht, 3. Aufl, 1996; *Rudloff,* Jus vigilantibus oder Rechtsschutz für Kundige, BB 1984, 669; *Schmidt,* Die Einhaltung der Klagefrist bei subjektiver Klageänderung, VBl BW 1983, 98; *Schroeder,* Die „Anbringung" der Anfechtungsklage oder: Wie bürgernah ist unsere Finanzgerichtsbarkeit?, DStR 1982, 515; *Streck,* Fristen in der Steuerberatung, Stbg 2000, 501; *Winkeler,* Der Beginn der Klagefrist für den durch einen Wiederspruchsbescheid erstmalig beschwerten Dritten, BayVBl 2000, 235; *Woring,* Das fristwahrende Anbringen einer Klage bei der Finanzbehörde, DB 1990, 149.

I. Funktion und Geltungsbereich der Klagefrist

1   Für die wichtigsten Bereiche des Abgabenrechts ist die Rechtsgewährung zeitlich begrenzt durch § 47 I. Die darin fixierte Klagefrist ist ein typisches Phänomen des Verwaltungsprozesses (im Zivilprozess nur ausnahmsweise anzutreffen, s zB §§ 586, 958; für Justizverwaltungsakte: § 26 EGGVG). Die **Wahrung der Klagefrist** ist (in jeder Lage des Verfahrens, unabhängig von §§ 118 III 1, zu prüfende) **Sachentscheidungsvoraussetzung** (BFHE 145, 299 = BStBl II 1986, 268 f; BFH/NV 1996, 850). Sie dient einmal dem *Individualrechtsschutz* (Art 19 IV 1 GG), indem sie auf Rechtsverwirklichung innerhalb angemessener Frist hinwirkt, und zugleich der Rechtssicherheit, indem sie für möglichst rasche Klarheit darüber sorgen hilft, welche Regelung, *wem gegenüber* Bestand hat, und zwar gerade auch dann, wenn kein Gerichtsverfahren angestrengt wird. Die Fristgebundenheit verwaltungsaktbezogener Klagen (Rz 6) findet ihren konkreten Ausdruck in einer unmittelbaren Wechselwirkung zwischen Klagefrist und **Bestandskraft** (dazu grundlegend: BVerfGE 60, 253, 269 ff; zur entspre-

chenden Wirkung übereinstimmender Erledigungserklärungen: FG Hbg EFG 2004, 832). Soweit ein VA nicht angefochten wird, erwächst er in (formeller) Bestandskraft; umgekehrt bedeutet (rechtzeitige) Anfechtung eines VA „Vertagung der formellen Bestandskraft" (*Weyreuther,* Verwaltungskontrolle durch Verbände?, 1975, S 52; anders beim nichtigen VA: BFHE 147, 211 = BStBl II 1986, 834, 836; vgl auch § 65 Rz 53). Die **Bedeutung** der, als Ausfluss der **Rechtssicherheit,** gleichrangig mit der Rechtsrichtigkeit verfassungsrechtlich abgesicherten Bestandskraft (BVerfG aaO), missachtet das **„Emmott"-Urteil** des EuGH (EuGHE 1991, 4292 = HFR 1993, 137; s auch EuGH IStR 1995, 385 = BB 1995, 1887; BFHE 179, 563 = BStBl II 1996, 399), demzufolge fehlende oder unzureichende Umsetzung von EG-Richtlinien zur Folge haben sollen, dass insoweit nationale Fristen nicht zu laufen beginnen (zust *Seibert* BB 1995, 543). Abgesehen davon, dass es für diese Ansicht keine Rechtsgrundlage gibt, ist sie auch aus systematischen Gründen **nicht** haltbar, weil die Bestandskraft
– keinen *Sanktions-,* sondern ausschließlich *Befriedungscharakter* hat;
– notwendigerweise auch *unrichtige* (rechtswidrige) Einzelfallregelungen erfasst, und zwar – wie § 79 BVerfGG belegt – selbst dann, wenn dadurch Verfassungsverstöße „abgesegnet" werden
(vgl zur Kritik auch *Stadie* NVwZ 1994, 435, 1; *v Groll* DStJG 18, 47, 56 ff; unklar: *H/H/Sp/Steinhauff* Rz 46 ff; kritisch auch FG Hessen EFG 1995, 1088; iE bestätigt durch BFHE 179, 563 = BStBl II 1996, 399; vgl auch FG M'ster EFG 1996, 164; FG Nds EFG 1996, 405, 521 u 1073; FG Thür EFG 1998, 56; zur Begrenzung s OVG Koblenz NVwZ 1999, 198). Inzwischen hat der EuGH (HFR 1998, 234, 235 f – Nrn 39 u 47) den Grundsatz der „Emmottschen Fristenhemmung" zwar nicht ausdrücklich aufgegeben, aber so eingeschränkt, dass er für das nationale Verfahrensrecht **praktisch keine Bedeutung mehr** hat, indem er das nationale Verfahrensrecht, ausdrücklich auch hinsichtlich der Rechtsschutzfristen auch für die Verwirklichung von Gemeinschaftsrecht solange für maßgeblich erklärt, als es
– für gemeinschaftsrechtliche Normen *nicht ungünstiger* gestaltet ist als für innerstaatliche Vorschriften und
– die Ausübung der durch die Gemeinschaftsrechtsordnung verliehenen Rechte *nicht praktisch unmöglich* macht oder *übermäßig erschwert.*
Dass AO und FGO insoweit überhaupt nicht differenzieren, hat zur Folge, dass man – für die Geltung abgabenrechtlicher Fristen – die Emmott-Entscheidung des EUGH dem Bereich der „Rechts-Chronik" bzw des didaktischen Anschauungsmaterials zuordnen kann (vgl auch EuGH, aaO Nr 48). An diesem Rechtszustand haben, eben wegen **fehlender Regelungskompetenz** auf dem Gebiet allgemeiner abgabenrechtlicher Fristen, auch die EuGH-Entscheidungen, EWS 2004 86 (= NJW 2004, 1439) sowie BFH/NV, Beil 2005, 1 (= DB 2004, 2023) nichts ändern können und, ihren systematisch schwer verständlichen Aussagen zufolge, wohl auch nichts ändern wollen (iE ebenso *Gosch* DStR 2004, 1988, 1989 u 2005, 413; *Rüsken* BFH-PR 2004, 204; wohl auch BFH/NV 2005, 229, 230; nicht beachtet in BFH/NV 2002, 1057; aM *Friedrich/Nagler* DStR 2005, 403; *Medert* IStR 2004, 828 – jew mwN; einen Ausweg über § 227 AO aufzeigend. BFHE 194, 552 = BFH/NV 2001, 1168; hierzu generell: *H/H/Sp/v Groll* § 227 AO Rz 170 ff).

2   Der besonderen Bedeutung des VA für die Rechtsverwirklichung (s dazu *v Groll* DStJG 18, S 47, 58 ff) entspricht es, dass *nur* eine Klage, *die inhaltlich gewissen* **Mindestanforderungen** *genügt, in der Lage ist, die gesetzliche Frist des § 47 I 1 zu wahren* und den Eintritt der formellen Bestandskraft (Unanfechtbarkeit) hinauszuschieben (BFHE 145, 299 = BStBl II 1986, 168, 169; FG Hbg EFG 1996, 147; FG Thür EFG 1998, 384; § 65 Rz 10; zum Mindestinhalt eines Klagebegehrens in *Schätzungssachen:* BFHE 157, 305 = BStBl II 1989, 848; zur Bezeichnung der *Streitjahre:* FG Hbg EFG 1991, 694; zur *Klägerbezeichnung:* BFHE 157, 296 = BStBl II 1989, 846; BFH/NV 1986, 171; zur **Schriftform** (§ 64 Rz 4 ff): FG BaWü EFG 1994, 630; bei Klageerhebung per *Telefax:* FG BaWü: EFG 2000, 140; Einschränkung durch GmS-Beschl v 5. 4. 2000 – GmS-OBG 1/98, NJW 2000, 2340 (m Anm in BB 2000, 1640 u in DStR 2000, 1362) – nur für Verfahren mit *Vertretungszwang;* näher dazu § 64 Rz 4 ff; vgl außerdem: Rz 10 ff vor § 33; § 40 Rz 60; § 65 Rz 4 ff u 53) und desgleichen, dass sich die Klageänderung nach § 67 auf solche Begehren beschränkt, die ihrerseits alle Sachentscheidungsvoraussetzungen in subjektiver und objektiver Hinsicht erfüllen, insbesondere auch rechtzeitig erhoben worden sind (BFHE 106, 8 = BStBl II 1972, 203, 205; BFHE 130, 12 = BStBl II 1980, 331; BFHE 139, 1 = BStBl II 1984, 15, 16; BFHE 158, 11 = BStBl II 1989, 981; BFH/NV 1985, 119; BVerwG HFR 1986, 151; BSG MDR 1982, 349; § 67 Rz 10 f). Entsprechendes gilt im Rahmen des § 68 (dort Rz 40 ff) und zB auch für die Prozessfähigkeit (§ 58 Rz 21) und die Postulationsfähigkeit (BFH/NV 1990, 315; § 58 Rz 7). Eine verwaltungsaktbezogene Klage (Rz 6), die im Unklaren lässt, inwieweit ein VA angefochten oder erlassen werden soll, wäre mit Ablauf der Klagefrist (vom Fall der Wiedereinsetzung nach § 56 abgesehen) unheilbar unzulässig (§ 65 I), wenn es die **Rechtswohltat** des **§ 65 II** (dort Rz 61; *T/K* § 65 Rz 3) nicht gäbe, der insoweit die Möglichkeit eröffnet, die **Klagefrist** zur ordnungsgemäßen Klageergänzung zu **verlängern.**

3   Die Wechselwirkung zwischen Unanfechtbarkeit und Streitbefangenheit gilt aber nicht nur, wenn eine Regelung überhaupt (insgesamt) angefochten wird, sondern auch „soweit" dies geschieht oder nicht geschieht, dh im Rahmen des rechtlich Möglichen (s Rz 41 f vor § 40) ebenso auch in Fällen der **Teilanfechtung** (zur Teilbarkeit von Steuerbescheiden: BFHE 160, 1 = BStBl II 1990, 587; § 98 Rz 1; vgl iÜ *Kopp/Schenke* § 42 Rz 21 ff u § 113 Rz 15 ff; *Döllerer* StBJb 1966/1967, 451, 471; hier § 40 Rz 15 f u § 100 Rz 16 f). Daher ist dem VII. Senat des BFH (BFHE 135, 154 = BStBl II 1982, 358) darin beizupflichten, dass die Beschränkung einer Anfechtungsklage auf den Teil einer Regelung (Steuerfestsetzung) **nach Ablauf der Klagefrist** nicht mehr beseitigt, die Klage also dann **nicht mehr erweitert** werden darf (ebenso BVerwGE 40; 25; BVerwG HFR 1973, 36 und BStBl II 1975, 317; BSG MDR 1982, 349; *Dänzer-Vanotti* aaO; *Kopp/Schenke* Rz 26; entsprechend für die Revisionsinstanz: BFHE 112, 331 = BStBl II 1974, 522, 524; BFHE 127, 254 = BStBl II 1979, 358, 362; BFHE 132, 446 = BStBl II 1981, 371, 373; s auch Rz 4; Ausnahme: nichtiger VA – s Rz 1 aE). *Klageanträge* haben für die auch in diesem Zusammenhang allein maßgebliche **Bestimmung des Klagebegehrens** (s auch § 65 Rz 25 und 32; § 96 Rz 3) nur *indizierende,* unter dem Gesichtspunkt der *Auslegung* (Rz 14 ff vor

§ 33) beachtliche Bedeutung (aM offenbar BFH/NV 1998, 1099; s außerdem hier Rz 4).

Der Beschluss des GrS des BFH (E 159, 4 = BStBl II 1990, 327 mwN; **4** vgl auch BFHE 167, 279 = BStBl II 1992, 592; BFH/NV 1991, 162 und 1998, 1099; *Weber-Grellet* aaO; *Rudloff* aaO; *T/K* § 67 Rz 2), demzufolge es bei Anfechtung eines ESt-Bescheids (eine ausdrückliche Beschränkung, die bei Ausdehnung auf die *USt* in BFH/NV 1992, 569, 570 und auf den *GewSt-Messbescheid* in BFHE 167, 279 = BStBl II 1992, 592 schlicht übergangen wurde; dies alles im Widerspruch zur Situation im *Revisionsverfahren:* BFHE 201, 256 = BStBl II 2003, 596; s auch BFHE 200, 416 = BStBl II 2003, 199 u Rz 3) zu einer **Beschränkung der Klageerweiterungsbefugnis** nur kommen soll, wenn der Kläger „eindeutig zu erkennen gegeben" hat, dass er von einem „weitergehenden Klagebegehren absieht", ignoriert die Bedeutung fristgebundener Klagen und den systematischen Zusammenhang von prozessualen und allgemeinen abgabenrechtlichen Vorschriften bei der Teilanfechtung von VAen (zur Unvereinbarkeit des BFH-Beschlusses mit allgemeinen Auslegungsgrundsätzen: Rz 17 vor § 33; zur unzureichenden Unterscheidung von Klagebegehren und Klageantrag: § 96 Rz 2 f; zur allgemeinen Kritik iÜ vor allem: *Koenig,* DStR 1990, 512; *H/H/Sp/Steinhauff* Rz 137; *K/H* § 67 FGO Rz 3 b; vgl auch FG RhPf EFG 1988, 316; FG BaWü EFG 1989, 67; FG Saarl EFG 1993, 91; FG Nds EFG 1996, 185; *Martens,* StuW 90, 252, der allerdings von einer anderen Struktur des Steuerbescheids – dazu Rz 58 ff vor § 40 – ausgeht und die „Individualisierungstheorie" – § 65 Rz 40 – vertritt). Der Beschluss des GrS ist auch unvereinbar mit der Bedeutung der Klagefrist bei der Anfechtung von Feststellungsbescheiden: Dort nämlich wird die Unzulässigkeit der Klageerweiterung, nach Fristablauf (unabhängig von der unterschiedlichen Struktur von Steuerbescheid und Feststellungsbescheid – dazu Rz 59, 64 vor § 40; § 40 Rz 76 f) nicht (auch nicht nach Meinung des GrS) von einer besonderen (dem Prozessrecht überhaupt sonst fremden), die Endgültigkeit eines bestimmten Begehrens bestätigenden Prozesserklärung abhängig gemacht (vgl auch BFHE 148, 329 = BStBl II 1987, 292; BFHE 152, 414 = BStBl II 1988, 544; BFHE 157, 217 = BStBl II 1989, 822; BFH/NV 1988, 101 und 690; 1991, 726; FG SchlHol EFG 1985, 325; FG Hbg EFG 1988, 3456; FG RhPf EFG 1989, 68; nicht beachtet – ohne Begründung in BFH/NV 1991, 440). An der ziffernmäßigen Begrenzung seines Anfechtungsbegehrens kann iÜ dem Rechtsuchenden vor allem dann gelegen sein, wenn aufwendige Beweiserhebungen mit Sachverständigengutachten usw zu gewärtigen sind (§ 65 Rz 54 f), so dass er mit der Empfehlung, sein Klageziel „tunlichst" erst in der mündlichen Verhandlung zu beziffern (HFR 1982, 309), überaus schlecht beraten sein könnte. Schließlich lässt das Steuerprozessrecht nirgendwo erkennen, dass die Anfechtung von ESt-Bescheiden eine „Sonderbehandlung" verdient. Der durch den Beschluss des GrS geförderten, dem Verwaltungsprozessrecht grundsätzlich fremden Tendenz, ein Verfahren möglichst lang im Ungefähren, Unbestimmten zu halten, schien durch **§ 65 II 2** (dort Rz 60 ff) Einhalt geboten (§ 65 Rz 3, 64; *v Groll* DStJG 18, 47, 68 ff). Indessen hat der **IX. Senat** des BFH (in BFHE 178, 549 = BStBl II 1996, 16) die weder mit dem allgemeinen Prozessrecht noch mit den einschlägigen FGO-Vorschriften vereinbare Ansicht von der (prinzipiell – einleuchtende, brauchbare Einschränkungen sind nicht in Sicht) „unbegrenzten Klageerweiterung" bei der Anfechtung von ESt-Bescheiden auf die **neue Rechtslage** übertragen, ohne

– auch nur den (auch schon vom GrS versäumten, untauglichen) Versuch zu unternehmen, dieses Verständnis eines Klagebegehrens an den **allgemeinen Regeln der Auslegung** von Prozesshandlungen (Rz 17 vor § 33; *Koenig,* DStR 1990, 512; *H/H/Sp/Steinhauff* Rz 137) zu „verproben";

– auf den systematischen Zusammenhang zwischen Fristwahrung und Eintritt der Bestandskraft, vor allem im Fall der Teilanfechtung einzugehen;

– zur Kenntnis zu nehmen, dass nunmehr (ungeachtet unzureichender, nach objektiver Erklärungstheorie aber auch nicht ausschlaggebender Verlautbarungen in der amtlichen Begründung) durch die ausdrücklichen Regelung in § 65 II 2 (die der GrS in BFHE 159, 4 = BStBl II 1990, 327 noch vermisste) klargestellt ist, dass in der FGO – eben wegen der Bedeutung für die Bestandskraft – **jegliches verwaltungsaktbezogene Klagebegehren fristgebunden** ist und vor dem Hintergrund dieser Regel die zur nachträglichen Komplettierung der jeweils in Frage stehenden Prozesshandlung zu setzenden Ausschlussfristen als Rechtswohltaten (Rz 2) zu begreifen sind.

Die ausschließlich auf eine systematisch nicht abgesicherte Auslegung der §§ 65 II 2, 79b II gestützte Argumentation des IX. Senats gipfelt (zu II 2 aE) in einem auf dem Zirkelschluss der generellen Zulässigkeit der Klageerweiterung beruhenden Fallvergleich (s demgegenüber *v Groll,* DStJG 18, 47, 68 f).

5   Ihre Ergänzung fand die Bedeutung der Klagefrist außerdem in **§ 68 S 2 aF** (§ 68 Rz 5; Voraufl § 68 Rz 3, 6 und 22; s außerdem nachstehend Rz 18).

6   Funktionsgemäß gilt die Klagefrist **für alle verwaltungsaktbezogene Klagen** (außer gegenüber nichtigem VA): BFHE 147, 211 = BStBl II 1986, 834), dh für

– *Anfechtungsklagen* (§ 47 I 1) und
– *Verpflichtungsklagen* (§ 47 I 2)

und zwar auch, soweit sie sich auf *nichtige* VA beziehen (BFH/NV 1995, 576, 577; s iÜ zur Anfechtung trotz Nichtigkeit Rz 5 vor § 40; § 41 Rz 22), **nicht dagegen für**

– *sonstige (andere) Leistungsklagen* (§ 40 I letzter Fall) und
– *Feststellungsklagen* (§ 41).

Nichteinhaltung der Klagefrist führt, soweit nicht § 56 eingreift, zur **Klageabweisung durch Prozessurteil;** geschieht dies zu Unrecht, liegt ein Verfahrensmangel (§ 115 II Nr 3) vor (BFH/NV 2005, 237).

II. Zu § 47 I

7   Die nach § 47 I 1 und 2 für Anfechtungs- und Verpflichtungsklagen (zu den besonderen Erfordernissen im Falle der Untätigkeit einer Finanzbehörde s die Erläuterungen zu § 46) geltende *einmonatige* **Klagefrist beginnt** (zur Bedeutung der Rechtsbehelfsbelehrung hierfür: BFHE 131, 443 = BStBl II 1981, 70; s iÜ, vor allem auch zur Erstreckung dieser Vorschrift auf Verpflichtungsklagen § 55 Rz 4) **mit** der **Bekanntgabe** *der Entschei-*

dung über den außergerichtlichen Rechtsbehelf (§ 366 AO) *oder,* in den Fällen des § 45 ebenso wie dann, wenn ein außergerichtlicher Rechtsbehelf nicht gegeben ist (§ 44 Rz 5), mit der Bekanntgabe *des VA* (§ 122 AO), bei schriftlichen VA (zur *mündlichen* Bekanntgabe: FG Bdbg EFG 2003, 733) in beiden Fällen also *mit wirksamer förmlicher Zustellung* (BFHE 94, 202 = BStBl II 1969, 151; BFHE 147, 540 = BStBl II 1987, 223; BFH/NV 1997, 828; zur Zustellung per *Telefax:* BFHE 186, 491 = BStBl II 1999, 48; per *PZU:* BFH/NV 2005, 66; per *Einschreiben mit Rückschein:* FG Hbg 2004, 577 u 2005, 465; zum Fall der *Ersatzzustellung:* FG Hbg EFG 2004, 1137; s iÜ § 54 Rz 8).

Wirksame Bekanntgabe des VA (BFHE 147, 205 = BStBl II 1986, **8** 832; FG RhPf EFG 1994, 906; mündlichen Bekanntgabe einer Prüfungsentscheidung: BFHE 173, 298 = BStBl II 1994, 358; BFH/NV 1995, 442; FG Hessen EFG 1990, 329) oder der Entscheidung über den außergerichtlichen Rechtsbehelf (BFHE 151, 24 = BStBl II 1988, 97, 98) ist demzufolge *zwar nicht selbst Sachentscheidungsvoraussetzung* (so aber BFHE 143, 509 = BStBl II 1985, 521, 522; BFH/NV 1986, 107; unklar *H/H/Sp/Steinhauff* Rz 119), *aber Tatbestandsmerkmal einer solchen* **(Markierung des Fristbeginns)** und daher von Amts wegen in jeder Lage des Verfahrens gerichtlich zu überprüfen (so iE BFHE 100, 179 = BStBl II 1971, 9, 10; s iÜ auch BFH/NV 2001, 914, 916). In den Fällen der Übergangsregelung des **Art 97 § 18 a EGAO** (s vor Rz 1; dazu BT-Drucks 12/1061 Begr 12, 13) tritt bei „Massenrechtsbehelfen" der dort angesprochenen Art an die Stelle der Bekanntgabe des VA für den Fristbeginn die Veröffentlichung der Entscheidungsformel des BVerfG (§ 31 II BVerfGG, s auch vor Rz 1; Rz 11; § 44 Rz 9).

Eine **Klage,** die **vor Bekanntgabe** der maßgeblichen Hoheitsmaßnahme **9** erhoben wird, *ist und bleibt* **unzulässig** (BFHE 112, 107 = BStBl II 1974, 433; BFHE 138, 154 = BStBl II 1983, 551; ebenso *H/H/Sp/Steinhauff* Rz 118 ff; *Kopp/Schenke* § 74 Rz 4 a). Das folgt nicht nur aus Wortlaut und Gesetzeszweck der Gesamtregelung. Vielmehr erweist es sich auch durchaus als gerecht und sinnvoll, verfahrensrechtliche Fristen nicht von der (behaupteten) Tatsache der Kenntnisnahme im Einzelfall (mit entsprechenden Beweiserhebungen) abhängig zu machen (so aber die Konsequenz der Gegenmeinung: *T/K* Rz 2; FG D'dorf EFG 1973, 119; FG Hbg EFG 1974, 552; FG Bln EFG 1978, 494; FG Bremen EFG 1980, 58, die Klageerhebung auch schon bei vorzeitiger Kenntnisnahme zulassen), sondern an den formalisierten, von den konkreten Umständen der Kenntnisnahme abstrahierenden und daher leichter nachprüfbaren Akt der Bekanntgabe anzuknüpfen. Dies (zB) ist der „Selbstzweck", den Formvorschriften selbstverständlich – wie andere Normen – auch haben (s Rz 15 Vor § 33; zur zeitlos modischen, um Argumente nicht bekümmerten Gegenansicht *T/K* Rz 2). Durch solch klares und „einfaches" Normverständnis ist außerdem dafür Sorge getragen, dass gerichtlicher Rechtsschutz gegenüber bestimmten Hoheitsmaßnahmen erst in Anspruch genommen wird, wenn feststeht, dass und mit welchem Inhalt diese Rechtsgeltung erlangt haben (§§ 122, 124 I, 365, 366 AO; vgl auch § 124 II iVm §§ 130, 131 und 172 ff AO). Inwieweit jemand durch vorzeitige Klageerhebung „tangiert" wird (*T/K* Rz 2), ist kein für die Beurteilung der Fristwahrung (oder die Einhaltung sonstiger prozessualer Regeln) geeigneter sachlicher Gesichtspunkt (und wird es auch nicht dadurch dass man, *T/K* aaO, – zur Ablenkung von Argumentationsnöten – Methodik mit „Rhetorik" verwechselt).

10 Kein Fall verfrühter Klageerhebung liegt vor (das verkennen *T/K* § 47 Rz 2), wenn die Behörde durch Mitteilung von Teilen einer Regelung (Übersendung der Anlage und Erläuterungen zu einem Steuerbescheid) den **Rechtsschein der Bekanntgabe** *eines (vollständigen)* VA erweckt (BFHE 137, 544 = BStBl II 1983, 543; s auch § 40 Rz 67).

11 Für die **Berechnung der Klagefrist** gilt § 54 II (zu den Einzelheiten s BFHE 181, 256 = BStBl II 1997, 6; BFH/NV 1998, 725; zum Fristbeginn im Fall des § 122 II Nr 1 AO – „**Dreitagesfrist":** BFHE 199, 493 = BStBl II 2003, 2; BFHE 202, 431 = BStBl II 2003, 875 BFHE 203, 26 = BStBl II 2003, 898; BFH/NV 2004, 159, 1065 u 1498; 2005, 327; s iÜ s § 54 Rz 8 ff). Diese Frist **endet** im Regelfall **einen Monat** nach Bekanntgabe des gem § 47 I 1 und 2 maßgeblichen VA, **im Ausnahmefall** des Art 97 § 18 a EGAO (s vor Rz 1; Rz 8; 44 Rz 9) mit **Ablauf eines Jahres nach Veröffentlichung** (Rz 8), und zwar auch für *unzulässige* Einsprüche. Letzteres bedeutet indessen nur, dass in den von der Ausnahmeregelung betroffenen Massenfällen die *Prüfung* der Zulässigkeit aus Vereinfachungsgründen hinausgeschoben bzw. für überflüssig erklärt wird, *nicht* etwa, dass insoweit *Heilung* einträte oder die Bestandskraftwirkung (als notwendige Folge der Unzulässigkeit des Einspruchs) hinausgeschoben würde (s iÜ vor Rz 1; Rz 8; 44 Rz 9; vgl auch § 74 Rz 17).

12 **Gewahrt ist** die einmonatige *Klagefrist, wenn* die *Klage* (zu den inhaltlichen und formalen **Minimalanforderungen** einer solchen prozessualen Willensbekundung s Rz 2; § 40 Rz 60; § 65 Rz 7, 60), **vor Ablauf der Klagefrist** schriftlich (§ 64 I 1), in deutscher Sprache abgefasst (s Vor § 33 Rz 4), idR (BFHE 123, 437 = BStBl II 1978, 70) *bei Gericht* (zum Problem der Zuständigkeit s BVerwG DÖV 1964, 64 = DVBl 1963, 858; *Kopp/Schenke* § 74 Rz 8; hier § 34 Rz 22 u § 64 Rz 17) *erhoben wird.* Die Frist gilt *aber ausnahmsweise auch* als gewahrt, *wenn* die Anfechtungs- oder Verpflichtungs-) Klage gem §§ 47 II oder III bei einer der dort genannten Stellen innerhalb der Klagefrist *angebracht* wird (Ausnahmetatbestand – Rz 18 ff).

13 Für beide Fälle der Fristwahrung kommt es auf das **Zugehen** an (anders als nach § 253 I ZPO also nicht auf die Zustellung der Klage an den Beklagten gem § 71 I 1, die für die Rechtshängigkeit nach § 66 ausschlaggebend ist: BFHE 124, 494 = BStBl II 1978, 376, 377; BFHE 145, 299 = BStBl II 1986, 268, 269). Hierzu muss nach den allgemeinen für das Wirksamwerden empfangsbedürftiger Willensbekundungen (in Anlehnung an § 130 I u III BGB) entwickelten Grundsätzen die Klageschrift (mit dem notwendigen Inhalt und in der notwendigen Form – s Rz 2; unklar hinsichtlich der Bedingungsfeindlichkeit: BFHE 145, 299 = BStBl II 1986, 268, 269) *derart in den Verfügungsbereich des Empfängers* (des Gerichts oder der Behörde) *gelangt* sein, *dass dieser davon Kenntnis nehmen kann* (Rz 14 vor § 33; BFHE 125, 493 = BStBl II 1978, 667, 669; BFH/NV 1986, 168, 169; *H/H/Sp/Steinhauff* Rz 59; *T/K* Rz 6; *Kopp/Schenke* § 57 Rz 4 ff u § 74 Rz 8 ff; zur **elektronischen Übermittlung** s zu § 52 a).

14 Die in *diesem Zusammenhang geforderten* **zusätzlichen Anforderungen** an die Modalitäten, mit denen die Klageschrift in den Einflussbereich des Empfängers zu gelangen hat (BFHE 125, 498 = BStBl II 1978, 649, 650;

vgl auch: BGH HFR 1975, 510 und 1976, 542; 2. Aufl § 64 Rz 2 mwN), *bedeuten eine vom Gesetzestatbestand nicht gedeckte Einschränkung* der Möglichkeiten, gesetzliche Fristen bis zum Schluss (dh unabhängig von Dienst- oder Besuchszeiten der Behörden und Gerichte bis zum letzten Tag um 24.00 Uhr) auszuschöpfen (vgl ua BVerfGE 41, 323, 327; BFHE 52, 203, 207 ff; BFHE 62, 337; BVerwGE 18, 52; HFR 1974, 215; BFHE 119, 19 = BStBl II 1976, 571; BFHE 141, 221 = BStBl II 1984, 668; vgl auch BGH NJW 1981, 1216; VersR 1981, 1182; MDR 1982, 557; NJW 1984, 1240; *Offerhaus* NJW 1981, 430; *T/K* Rz 6). Auf diese in der Einflusssphäre der Behörde liegenden Umstände kann es nicht entscheidend ankommen (zur Risikoverteilung bei **Telefax:** Rz 14 vor § 33).

Zur Wahrung der Klagefrist genügt es also, dass die Klageschrift vor **15** Mitternacht des letzten Tages in die **Verfügungsgewalt** des Gerichts oder einer der in § 47 II (bzw in § 47 III) genannten Behörden (nicht der Geschäftsstelle oder eines bestimmten Beamten; insoweit noch offen in BFHE 114, 321 = BStBl II 1975, 300) gelangt (Rz 3; vgl auch BFHE 145, 299 = BStBl II 1986, 286; BFH/NV 1994, 871). *Gleichgültig* ist auch, *auf welchem Wege* das geschieht, ob über den normalen *Briefkasten,* den *Nachtbriefkasten* (zur Unmaßgeblichkeit dieser Unterscheidung: BFHE 119, 19 = BStBl II 1976, 570) oder über das *Postschließfach* des Empfängers (BVerwGE 10, 293; 11, 193; BGH NJW 1984, 1237; BSG MDR 1978, 83; zum *Zugang eines Einschreibens:* BFHE 117, 139 = BStBl II 1976, 76 f; vgl zu alledem ferner: *H/H/Sp/Steinhauff* Rz 55 ff; *T/K* Rz 6 ff; *Kopp/Schenke* § 74 Rz 8 ff).

Die **Feststellungslast** (s § 96 Rz 23 ff) für den rechtzeitigen Zugang der **16** Klage liegt beim *Kläger* (BFHE 121, 142 = BStBl II 1977, 321, 324; BFHE 145, 299 = BStBl II 1986, 268, 269; FG SchlHol EFG 1992, 88).

Eine fristgebundene **verspätet erhobene Klage** ist, *sofern nicht aus-* **17** *nahmsweise Wiedereinsetzung* in den vorigen Stand nach § 56 zu gewähren ist, *durch Prozessurteil abzuweisen* (Rz 6) und zwar ggf auch ohne entsprechende Verfahrensrüge noch in der Revisionsinstanz (BFHE 145, 299 = BStBl II 1986, 268, 269; s dort auch zum Problem der diesbezüglichen Sachaufklärung durch das Revisionsgericht). Eine Fristversäumnis wird weder durch einen nachfolgenden **Änderungsbescheid** (§ 365 III AO; § 68 FGO – s dort Rz 40 ff) geheilt (FG Hbg EFG 1995, 465) noch durch (ungerechtfertigte) **Verfahrensunterbrechung** (s § 74 Rz 17).

III. Zu § 47 II und III

Zur Erleichterung des Zugangs zum Gericht (BFHE 124, 494 = **18** BStBl II 1978, 376, 377) lassen es § 47 II und III genügen, wenn die Klage (zum notwendigen Mindestinhalt s § 40 Rz 3; zur Form § 64 Rz 18 ff) **rechtzeitig bei bestimmten Behörden angebracht** wird, nämlich nach § 47 II bei der Behörde, welche die angefochtene Hoheitsmaßnahme (VA oder Rechtsbehelfsentscheidung) erlassen oder bekanntgegeben hat, oder bei derjenigen, die (zB infolge eines Umzugs) nachträglich für den Steuerfall zuständig geworden ist. Eine weitere Möglichkeit eröffnet **§ 47 III für die Fälle mehrstufiger Regelungen** durch Grundlagen- und Folgebescheid, indem er es (ungeachtet der Trennung der Regelungsbereiche – s § 40 Rz 84 und § 42 Rz 29 ff) für die Fristwahrung ausreichen lässt, dass eine gegen den Feststellungsbescheid (Grundlagenbescheid) gerichtete Klage bei der für den Erlass des Steuerbescheids (Folgebescheids) zuständigen Stelle angebracht wird (ohne damit diese Zuständigkeit oder die Regelung des § 42 iVm § 351 II AO zu beeinflussen). **Beide Vereinfachungsregelungen unterscheiden sich vom Regelfall des § 47 I nur im äußeren Geschehensablauf,** hinsichtlich des Weges, den die Klage*erhebung* (nur die, keine andere Prozesserklärung; vgl zu § 65: BFH/ NV 1995, 896; FG Hbg EFG 1994, 160; zu § 68 S 2 aF: BFHE 189, 319 = BStBl II 1999, 662; FG M'ster EFG 1994, 632) nehmen darf; sie ändern nichts daran, dass es jeweils um *Klagen* geht, um **Prozesshandlungen,** die iÜ formell und inhaltlich die gleichen Voraussetzungen (s Rz 4 ff, 14 vor § 33; § 40 Rz 3 ff; § 64 Rz 6 ff; § 65 Rz 7 ff) erfüllen müssen wie die nach § 47 I erhobenen. **Inhaltsadressat** ist auch im Fall des § 47 II u III das **FG** (aM, ohne überzeugende Begründung: BFH/NV 2001, 784). Für die (aus Empfängersicht und nach der verkörperten Willensbekundung vorzunehmende – Rz 14 ff vor § 33) **Auslegung** des Rechtsschutzbegehrens sind daher (entgegen BFH/NV 1995, 279, 280) nur dem *FA* bekannte Umstände beachtlich. § 47 II und III regeln keine ihrem Inhalt oder ihrer Bedeutung nach andere Prozesserklärung als § 47 I, sondern nur eine ausnahmsweise **abweichende Form ihrer Übermittlung** (zu den Konsequenzen s Rz 20 ff). Diese Abweichung gilt zudem nur für den **Beginn** eines Steuerprozesses, nicht für spätere Stadien des Verfahrens – zB für die Antragstellung nach § 68 S 2 aF (ebenso BFHE 189, 319 = BStBl II 1999, 662, s iÜ § 68 Rz 5 und 40, 45 ff).

19   Die als Vergünstigung gedachte Regelung (die in der VwGO keine, in § 91 SGG eine noch großzügigere Entsprechung hat) nimmt sich angesichts der intensiven, aufwendigen und risikoreichen Mitwirkung, die dem Bürger sonst im Abgabenrecht abverlangt wird, reichlich anachronistisch aus. Vor allem aber bietet sie in der praktischen Handhabung mehr **Anlass zu Missverständnissen und Komplikationen,** als dass sie wirklich vereinfachend wirkt (zumal die einzige Variante, die effektiv „bürgernah" wirken könnte, nämlich die Klageerhebung zu Protokoll beim FA, praktisch kaum in Anspruch genommen wird). Hier Abhilfe zu schaffen, ist allerdings nicht Sache des Rechtsanwenders (s Rz 21), sondern des Gesetzgebers (aM *Meßmer* aaO). Diese Rollenverteilung hat der **BFH** (BFHE 177, 237 = BStBl II 1995, 601; s auch FG Hessen EFG 1996, 872) anders gesehen und in einer beispiellosen Gemeinschaftsaktion (ohne Anrufung des GrS) seine jahrelange **Rspr zum „Anbringen"** einer Klage beim FA dahin **geändert,** dass hierfür nunmehr genügen soll, wenn die Klage in einem verschlossenen und postalisch an das FG adressierten Briefumschlag in den Briefkasten des FA eingeworfen oder beim FA abgegeben wird. Eine Definition des Tatbestandsmerkmals „angebracht" sucht man in der Urteilsbegründung vergeblich; sie hätte wohl lauten müssen: „irgendwie zum FA gelangt". Mit dem **Verzicht auf** das **Erfordernis des Zugangs** hat man (soweit ersichtlich) ein „Unikat" in der deutschen Rechtsordnung geschaffen: eine *empfangsbedürftige Willensbekundung,* noch dazu prozessualer Natur, die – in Abkehr von der in § 130 I u III BGB fixierten allgemeinen, auch im Prozessrecht geltenden Rechtsregel (mit dem **Verfügungsbereich** des Empfängers als entscheidender Markierung s Rz 13 u 18; Rz 14 vor § 33) – nicht durch einen bestimmten Empfangstatbestand gesichert ist.

Darin liegt nicht nur ein (aus der Vorschrift nicht ableitbarer) Systembruch, sondern zugleich auch ein für das Verfahrensrecht besonders fataler **Verlust an Rechtssicherheit:** Statt unschwer nachprüfbarer, idR ohne weiteres aus den Akten ersichtlicher Nachweise wie „Adressierung" und Eingangsstempel wird man es nun vermehrt mit dem „besten" aller Beweismittel, dem Zeugenbeweis, zu tun haben – endlich wieder ein Stück mehr „Gestaltungsmöglichkeit" auch im Prozessrecht, mit den damit notwendigerweise verbundenen Ungleichheiten: Schon bisher waren es ja keineswegs (auch im jüngsten Entscheidungsfall nicht) die Laien, die den § 47 II als „Falle" empfanden. Nunmehr ist vollends klar: Wer die Möglichkeiten des § 47 II „ausreizen" will, ist gut beraten, wenn er beraten ist. Bevor Beweisaufnahmen zur Frage rechtzeitiger Klageerhebung die Szene beherrschen, sollte der Gesetzgeber (zumal im „Zeitalter der Telekommunikation", das nunmehr in unmittelbarer Nachbarschaft – in § 47 II 2 nF (Rz 25) – angekommen ist; dazu Rz 25) nun endlich ein Machtwort sprechen und § 47 II u III, die in der Praxis letztlich nur „vernebeln", dass mit der Klageerhebung eine völlig neue Situation geschaffen wird (ein Prozessrechtsverhältnis anstelle des „Dauerrechtsverhältnisses", des Steuerrechtsverhältnisses, auf das bei *H/H/Sp/Steinhauff* Rz 157 abgehoben wird), ersatzlos streichen. Solange dies nicht geschehen ist und andererseits überzeugende Argumente für die „Wende" nicht in Sicht sind, besteht keine Veranlassung, von der bisher hier vertretenen Meinung abzugehen.

Angebracht, (bedeutungsgleich mit „eingereicht", „erhoben"; **20** vgl die Vorgängervorschriften: § 234 RAO 1919 – BT-Drucks Nr 759, S 48 u 126 sowie 249 III RAO 1930 u die Kommentierungen hierzu; s auch RFH StW 1930 Nr 705) bei einer Behörde iSd § 47 II u III (der *Empfangsbehörde* – dazu Rz 24 a; nicht etwa bei einer anderen Behörde: Hbg EFG 1993, 91) ist die Klage dann, *wenn* sie dieser Behörde (als dem *postalischen* Adressaten – im Gegensatz zum FG als dem Inhaltsadressaten – Rz 18) *zugegangen,* dh (s Rz 13 ff), derart in ihren Verfügungsbereich gelangt ist, dass diese davon Kenntnis nehmen kann (BFHE 114, 402 = BStBl II 1975, 337; BFHE 123, 122 = BStBl II 1977, 841; BFHE 125, 493 = BStBl II 1978, 667, 669; BFHE 149, 415 = BStBl II 1987, 575; BFHE = BStBl II 1992, 561; BFH/NV 1986, 168, 649 u 1990, 708). **Nach der neueren BFH-Rspr** (seit BFHE 177, 237 = BStBl II 1995, 601; s auch BFH/NV 1997, 508 u 675, ebenso *T/K* Rz 16) **genügt** es zur Wahrung der Klagefrist nach § 47 II oder III, **dass die Klage bei der Erlassbehörde** – auf welche Weise auch immer – **ankommt.** Unverständlich, insbesondere vor diesem Hintergrund solcher Auslegung, ist es, wenn das „Anbringen" insgesamt (wie in BFH/NV 1999, 633; allerdings nur in einem von der Urteilsbegründung nicht gedeckten Leitsatz) als eigenständige Prozesshandlung verstanden wird. Dass es sich hierbei um eine Verwechslung von Form und Inhalt (dazu Rz 18) handelt, wird offenkundig, wenn zB vom Anbringenden (etwa dem minderjährigen Kanzleigehilfen) die für solche Willensbekundungen unerlässliche (*R/S* § 63 I) Prozessfähigkeit verlangt würde.

Der **Begriff des Anbringens** ist zwar (unabhängig von Inhalt und Be- **21** deutung des Angebrachten – Rz 18 aE) *tatsächlich* zu verstehen (*verlangt also keine Befugnis* der Behörde zur Kenntnisnahme; so aber FG SchlHol EFG 1977, 26), *nicht* aber *rein räumlich,* so dass es genügte, wenn die allein an das

FG adressierte Klage (irgendwie) tatsächlich an das FA gelangt und von diesem ungeöffnet an den Adressaten weitergeleitet würde (so aber jetzt BFHE 177, 237 = BStBl II 1995 607; BFH/NV 1997, 508 u 675; *T/K* Rz 16). Es ist zwar richtig, dass „anbringen", für sich gesehen, rein sprachlich auf einen äußeren Geschehensablauf, den Eintritt eines bestimmten tatsächlichen Erfolges, begrenzt sein kann, etwa wenn es darum geht, ein Plakat irgendwo „anzuheften". Das aber ist hier eindeutig nicht gemeint: Nicht eine „*an* das Finanzamt gebrachte" Klage ist – wie *Meßmer* (aaO S 225) meint – das für die Fristwahrung nach § 47 II entscheidende Tatbestandsmerkmal, auch nicht die einfach „nur so" angebrachte Klage (iS der „vom Kellner angebrachten Limonade"), sondern eine „**bei**" einer bestimmten Behörde „angebrachte" Klage. Dabei liegt das Gewicht – wie generell beim Anbringen von Willensbekundungen (von Bitten, Gesuchen usw) – nicht im körperlichen Vorgang des Überbringens eines Schriftstücks, sondern in dem abstrakten Ereignis der **Übermittlung seines Inhalts.** Das impliziert zugleich ein besonderes, auf den Empfänger zielendes **finales Moment.** Bei einer der in § 47 II bezeichneten Behörden angebracht ist daher eine Klage nur, wenn sie **bestimmungsgemäß** dorthin gelangt ist (BFHE 114, 402 = BStBl II 1975, 337; BFHE 123, 122 = BStBl II 1977, 841; BFHE 125, 493 = BStBl II 1978, 667, 669; BFHE 149, 415 = BStBl II 1987, 575; BFHE 167, 9 = BStBl II 1992, 561; BFH/NV 1986, 168, 169; 1989, 649; 1990, 47 u 708; FG D'dorf EFG 1978, 605, 606; FG Saarl EFG 1982, 85; FG Nds EFG 1982, 312; FG BaWü 1983, 510; FG Köln 1985, 132; FG RhPf EFG 1989, 645; FG Hessen EFG 1990, 537; FG Köln EFG 1991, 33; FG M'ster EFG 1995, 330; ebenso für § 120: BFHE 144, 403 = BStBl II 1986, 28. – AM – wie gesagt – die BFH-Rspr seit BFHE 177, 237 = BStBl II 1995, 601; s iÜ Rz 20 aE). Es muss erkennbar sein, dass der Absender auf Kenntnisnahme durch die Empfangsbehörde **abzielt** (BFHE 145, 299 = BStBl II 1986, 268, 269; BFHE 149, 415 = BStBl II 1987, 575, 576; BFHE 125, 493 = BStBl II 1978, 667, 669 verlangt, dass die Behörde wenigstens mittelbar angesprochen ist, vgl auch FG Hbg EFG 1980, 456). Die falsch adressierte Klage („Irrläufer") genügt zur Fristwahrung nicht, angesprochener und tatsächlicher Adressat müssen übereinstimmen (vgl BVerfGE 60, 243; BVerwG 46, 260; *Kopp/Schenke* § 74 Rz 8 mwN). Das gilt auch im Fall des § 91 SGG, der das **„Eingehen"** der Klage bei einer unzuständigen Behörde genügen lässt. Auch daraus folgt, dass eine nur an das FG adressierte, tatsächlich aber an das FA gelangte Klage nicht als beim FA angebracht angesehen werden und fristwahrende Wirkung erst mit Zugang beim FG entfalten kann (aM BFHE 177, 237 = BStBl II 1995, 607 und die zu Rz 21 Zitierten).

22   Eine **Ausnahme** von diesem Grundsatz sollte nach der früheren Rspr in diesen Fällen **nur** dann gelten, *wenn* ein solches Schriftstück *versehentlich* wie die übrige Post behandelt und *tatsächlich* beim FA *geöffnet* und erst dann dem alleinigen postalischen Adressaten, dem FG (Rz 18), zugeleitet wird (BFHE 123, 121 = BStBl II 1977, 841; BFHE 149, 415 = BStBl II 1987, 575; FG Köln EFG 1991, 33; FG D'dorf EFG 1978, 605, 606). Diese Fallvariante ist aus der neueren Sicht des BFH (Rz 19) unbeachtlich – nach der bisher herrschenden, hier weiterhin vertretenen Meinung, ist ihre „Sonderbehandlung" inkonsequent.

Zweifelhaft und letztlich wohl nur vom konkreten Geschehensablauf **23** her zu beantworten ist die Frage, **wann** in derartigen Fällen der Fristversäumnis über **§ 56 FGO** zu helfen ist (vgl dazu FG RhPf 1985, 76; FG Köln EFG 1985, 132). Adressat des Wiedereinsetzungsantrags jedenfalls ist auch im Fall des § 47 II oder III das Gericht (s iÜ § 56 Rz 38 ff).

Weil es für die Fristwahrung im Rahmen des § 47 II und III allein auf **24** den Zugang bei der jeweiligen Behörde ankommt, ist ein **Verlust der Klageschrift** *zwischen* dem *Zugang* (nach neuerer BFH-Meinung – Rz 19 – konsequenterweise dem **tatsächlichen Eingang**) dort *und* der *Übermittlung an das FG* (Rz 25) *unschädlich* (BFHE 145, 299 = BStBl II 1986, 268 f; BFH/NV 1994, 871; zur *Beweislage:* FG Hbg EFG 1995, 754, 755 mwN; vgl außerdem zur Abgrenzung Fristwahrung/Rechtshängigkeit: BFHE 124, 494 = BStBl II 1978, 376 f und FG Bln EFG 1979, 142).

Empfangsbehörde (s auch Rz 20) ist gem § 47 II 1 die **Finanzbehör-** **25** **de, die** *(tatsächlich)* den angefochtenen **VA/die angefochtene Entscheidung erlassen oder bekannt gegeben** hat, **oder** diejenige, die **nachträglich** für den Steuerfall **zuständig geworden** ist (§§ 16 ff, § 367 I 2 u III 1 AO). „Aus der durch § 47 II den Finanzämtern zugewiesenen Aufgabe" folgert der BFH (in BFHE 177, 237 = BStBl II 1995, 601; zur Kritik: Rz 19) deren Verpflichtung, auch bei einer an das FG adressierten Briefsendung den *„Eingangstag zu dokumentieren"* (zB durch einen Eingangsstempel auf dem geschlossenen Briefumschlag, dessen Öffnung das Briefgeheimnis entgegensteht: FG SchlHol EFG 1977, 26). Das Gesetz gibt hierfür nichts her (ebensowenig das eine ganz andere Sach- und Rechtslage betreffende Urteil BFHE 124, 487 = BStBl II 1978, 390). Iü ist weder dieser vom BFH erfundenen noch der vom Gesetzgeber (in **§ 47 II 2**) geschaffenen prozessualen **Pflicht der unverzüglichen Weiterleitung der Klage an das Gericht** (seit 1. 4. 2005 „übermitteln" – s Art 3 Nr 1 JKomG) irgendein Einfluss auf den Prozessverlauf beizumessen: Eine Verletzung im einen oder anderen Fall verbessert für den Absender weder die Beweislage hinsichtlich des rechtzeitigen Zugangs (macht eine Zeugenaussage hierzu nicht glaubwürdiger) noch hinsichtlich einer evtl Wiedereinsetzung, die nach § 56 allein am Verschulden des Rechtsuchenden zu messen ist (§ 56 Rz 5 ff).

IV. Zu § 47 IV aF

Keine Anwendung fand die in § 47 II und III geregelte *Zugangserleich-* **26** *terung in den Fällen, in denen der BFH gem § 37* im ersten und letzten Rechtszug *zu entscheiden hatte.* In diesen Fällen kam Klageerhebung nur gem § 64 I 1 aF in Betracht. Die Regelung ist nach Aufhebung des § 37 (s dort) und des § 47 IV durch das FGOÄndG zum 1. 1. 1993 (Rz 5 ff vor § 1) nur noch für Fälle bedeutsam, in denen die **Klage gegen einen VA** gerichtet ist, **der vor** diesem **Stichtag bekanntgegeben** wurde (Rz 9 ff vor § 1).

§ 48 [Klagebefugnis bei Feststellungsbescheiden]

(1) Gegen Bescheide über die einheitliche und gesonderte Feststellung von Besteuerungsgrundlagen können Klage erheben:

1. zur Vertretung berufene Geschäftsführer oder, wenn solche nicht vorhanden sind, der Klagebevollmächtigte im Sinne des Absatzes 2;
2. wenn Personen nach Nummer 1 nicht vorhanden sind, jeder Gesellschafter, Gemeinschafter oder Mitberechtigte, gegen den der Feststellungsbescheid ergangen ist oder zu ergehen hätte;
3. auch wenn Personen nach Nummer 1 vorhanden sind, ausgeschiedene Gesellschafter, Gemeinschafter oder Mitberechtigte, gegen die der Feststellungsbescheid ergangen ist oder zu ergehen hätte;
4. soweit es sich darum handelt, wer an dem festgestellten Betrag beteiligt ist und wie dieser sich auf die einzelnen Beteiligten verteilt, jeder, der durch die Feststellungen hierzu berührt wird;
5. soweit es sich um eine Frage handelt, die einen Beteiligten persönlich angeht, jeder, der durch die Feststellungen über die Frage berührt wird.

(2) [1] Klagebefugt im Sinne des Absatzes 1 Nr. 1 ist der gemeinsame Empfangsbevollmächtigte im Sinne des § 183 Abs. 1 Satz 1 der Abgabenordnung oder des § 6 Abs. 1 Satz 1 der Verordnung über die gesonderte Feststellung von Besteuerungsgrundlagen nach § 180 Abs. 2 der Abgabenordnung vom 19. Dezember 1986 (BGBl. I S. 2663). [2] Haben die Feststellungsbeteiligten keinen gemeinsamen Empfangsbevollmächtigten bestellt, ist klagebefugt im Sinne des Absatzes 1 Nr. 1 der nach § 183 Abs. 1 Satz 2 der Abgabenordnung fingierte oder der nach § 183 Abs. 1 Satz 3 bis 5 der Abgabenordnung oder nach § 6 Abs. 1 Satz 3 bis 5 der Verordnung über die gesonderte Feststellung von Besteuerungsgrundlagen nach § 180 Abs. 2 der Abgabenordnung von der Finanzbehörde bestimmte Empfangsbevollmächtigte; dies gilt nicht für Feststellungsbeteiligte, die gegenüber der Finanzbehörde der Klagebefugnis des Empfangsbevollmächtigten widersprechen. [3] Die Sätze 1 und 2 sind nur anwendbar, wenn die Beteiligten spätestens bei Erlass der Einspruchsentscheidung über die Klagebefugnis des Empfangsbevollmächtigten belehrt worden sind.

§ 180 AO Gesonderte Feststellung von Besteuerungsgrundlagen

(1) Gesondert festgestellt werden insbesondere:

1. die Einheitswerte nach Maßgabe des Bewertungsgesetzes
2. a) die einkommensteuerpflichtigen und körperschaftsteuerpflichtigen Einkünfte und mit ihnen im Zusammenhang stehende andere Besteuerungsgrundlagen, wenn an den Einkünften mehrere Personen beteiligt sind und die Einkünfte diesen Personen steuerlich zuzurechnen sind,
   b) in anderen als den in Buchstabe a genannten Fällen die Einkünfte aus Land- und Forstwirtschaft, Gewerbebetrieb oder einer freiberuflichen Tätigkeit, wenn nach den Verhältnissen zum Schluss des Gewinnermittlungszeitraums das für die gesonderte Feststellung zuständige Finanzamt nicht auch für die Steuern vom Einkommen zuständig ist,

3. der Wert der vermögensteuerpflichtigen Wirtschaftsgüter (§§ 114 bis 117a des Bewertungsgesetzes) und der Wert der Schulden und sonstigen Abzüge (§ 118 des Bewertungsgesetzes), wenn die Wirtschaftsgüter, Schulden und sonstigen Abzüge mehreren Personen zuzurechnen sind und die Feststellungen für die Besteuerung von Bedeutung sind.

(2) [1] Zur Sicherstellung einer einheitlichen Rechtsanwendung bei gleichen Sachverhalten und zur Erleichterung des Besteuerungsverfahrens kann das Bundesministerium der Finanzen durch Rechtsverordnung mit Zustimmung des Bundesrates bestimmen, dass in anderen als den in Absatz 1 genannten Fällen Besteuerungsgrundlagen gesondert und für mehrere Personen einheitlich festgestellt werden. [2] Dabei können insbesondere geregelt werden

1. der Gegenstand und der Umfang der gesonderten Feststellung,
2. die Voraussetzungen für das Feststellungsverfahren,
3. die örtliche Zuständigkeit der Finanzbehörden,
4. die Bestimmung der am Feststellungsverfahren beteiligten Personen (Verfahrensbeteiligte) und der Umfang ihrer steuerlichen Pflichten und Rechte einschließlich der Vertretung Beteiligter durch andere Beteiligte,
5. die Bekanntgabe von Verwaltungsakten an die Verfahrensbeteiligten und Empfangsbevollmächtigte,
6. die Zulässigkeit, der Umfang und die Durchführung von Außenprüfungen zur Ermittlung der Besteuerungsgrundlagen.

[3] Durch Rechtsverordnung kann das Bundesministerium der Finanzen mit Zustimmung des Bundesrates bestimmen, dass Besteuerungsgrundlagen, die sich erst später auswirken, zur Sicherung der späteren zutreffenden Besteuerung gesondert und für mehrere Personen einheitlich festgestellt werden; Satz 2 gilt entsprechend. [4] Die Rechtsverordnungen bedürfen nicht der Zustimmung des Bundesrates, soweit sie Einfuhr- und Ausfuhrabgaben und Verbrauchsteuern, mit Ausnahme der Biersteuer, betreffen.

(3) [1] Absatz 1 Nr. 2 Buchstabe a gilt nicht, wenn

1. nur eine der an den Einkünften beteiligten Personen mit ihren Einkünften im Geltungsbereich dieses Gesetzes einkommensteuerpflichtig oder körperschaftsteuerpflichtig ist oder
2. es sich um einen Fall von geringer Bedeutung handelt, insbesondere weil die Höhe des festgestellten Betrags und die Aufteilung feststehen. [2] Dies gilt sinngemäß auch für die Fälle des Absatzes 1 Nr. 2 Buchstabe b und Nr. 3.

[2] Das nach § 18 Abs. 1 Nr. 4 zuständige Finanzamt kann durch Bescheid feststellen, dass eine gesonderte Feststellung nicht durchzuführen ist. [3] Der Bescheid gilt als Steuerbescheid.

(4) Absatz 1 Nr. 2 Buchstabe a gilt ferner nicht für Arbeitsgemeinschaften, deren alleiniger Zweck in der Erfüllung eines einzigen Werkvertrages oder Werklieferungsvertrages besteht.

(5) Absatz 1 Nr. 2, Absätze 2 und 3 sind entsprechend anzuwenden, soweit

1. die nach einem Abkommen zur Vermeidung der Doppelbesteuerung von der Bemessungsgrundlage ausgenommenen Einkünfte bei der Festsetzung der Steuern der beteiligten Personen von Bedeutung sind oder

2. Steuerabzugsbeträge und Körperschaftsteuer auf die festgesetzte Steuer anzurechnen sind.

§ 183 AO Empfangsbevollmächtigte bei der einheitlichen Feststellung

(1) [1] Richtet sich ein Feststellungsbescheid gegen mehrere Personen, die an dem Gegenstand der Feststellung als Gesellschafter oder Gemeinschafter beteiligt sind (Feststellungsbeteiligte), so sollen sie einen gemeinsamen Empfangsbevollmächtigten bestellen, der ermächtigt ist, für sie alle Verwaltungsakte und Mitteilungen in Empfang zu nehmen, die mit dem Feststellungsverfahren und dem anschließenden Verfahren über einen Einspruch zusammenhängen. [2] Ist ein gemeinsamer Empfangsbevollmächtigter nicht vorhanden, so gilt ein zur Vertretung der Gesellschaft oder der Feststellungsbeteiligten oder ein zur Verwaltung des Gegenstands der Feststellung Berechtigter als Empfangsbevollmächtigter. [3] Anderenfalls kann die Finanzbehörde die Beteiligten auffordern, innerhalb einer bestimmten angemessenen Frist einen Empfangsbevollmächtigten zu benennen. [4] Hierbei ist ein Beteiligter vorzuschlagen und darauf hinzuweisen, dass diesem die in Satz 1 genannten Verwaltungsakte und Mitteilungen mit Wirkung für und gegen alle Beteiligten bekannt gegeben werden, soweit nicht ein anderer Empfangsbevollmächtigter benannt wird. [5] Bei der Bekanntgabe an den Empfangsbevollmächtigten ist darauf hinzuweisen, dass die Bekanntgabe mit Wirkung für und gegen alle Feststellungsbeteiligten erfolgt.

(2) [1] Absatz 1 ist insoweit nicht anzuwenden, als der Finanzbehörde bekannt ist, dass die Gesellschaft oder Gemeinschaft nicht mehr besteht, dass ein Beteiligter aus der Gesellschaft oder der Gemeinschaft ausgeschieden ist oder dass zwischen den Beteiligten ernstliche Meinungsverschiedenheiten bestehen. [2] Ist nach Satz 1 Einzelbekanntgabe erforderlich, so sind dem Beteiligten der Gegenstand der Feststellung, die alle Beteiligten betreffenden Besteuerungsgrundlagen, sein Anteil, die Zahl der Beteiligten und die ihn persönlich betreffenden Besteuerungsgrundlagen bekannt zu geben. [3] Bei berechtigtem Interesse ist dem Beteiligten der gesamte Inhalt des Feststellungsbescheids mitzuteilen.

(3) [1] Ist ein Empfangsbevollmächtigter nach Absatz 1 Satz 1 vorhanden, können Feststellungsbescheide ihm gegenüber auch mit Wirkung für einen in Absatz 2 Satz 1 genannten Beteiligten bekannt gegeben werden, soweit und solange dieser Beteiligte oder der Empfangsbevollmächtigte nicht widersprochen hat. [2] Der Widerruf der Vollmacht wird der Finanzbehörde gegenüber erst wirksam, wenn er ihr zugeht.

(4) Wird eine wirtschaftliche Einheit Ehegatten oder Ehegatten mit ihren Kindern oder Alleinstehenden mit ihren Kindern zugerechnet und haben die Beteiligten keinen gemeinsamen Empfangsbevollmächtigten bestellt, so gelten für die Bekanntgabe von Feststellungsbescheiden über den Einheitswert die Regelungen über zusammengefasste Bescheide in § 122 Abs. 7 entsprechend.

Verordnung über die gesonderte Feststellung von Besteuerungsgrundlagen nach § 180 Abs. 2 der Abgabenordnung

Vom 19. 12. 1986 (BGBl I S 2663, BStBl 1987 I S 2), geändert durch VOen v 22. 10. 1990 (BGBl I S 2275), v 16. 12. 1994 (BGBl I S 3834), G v 15. 12. 1995 (BGBl I S 1783), G v 22. 12. 1999 (BGBl I S 2601), G v 20. 12. 2000 (BGBl I S 1850) und G v 5. 7. 2004 (BGBl I S 1427).

Auf Grund des § 180 Abs. 2 der Abgabenordnung vom 16. März 1976 (BGBl. I S. 613), der durch Artikel 1 Nr. 31 des Steuerbereinigungsgesetzes 1986 vom 19. Dezember 1985 (BGBl. I S. 2436) neu gefasst worden ist, wird mit Zustimmung des Bundesrates verordnet:

§ 1 Gegenstand, Umfang und Voraussetzungen der Feststellung

(1) [1]Besteuerungsgrundlagen, insbesondere einkommensteuerpflichtige oder körperschaftsteuerpflichtige Einkünfte, können ganz oder teilweise gesondert festgestellt werden, wenn der Einkunftserzielung dienende Wirtschaftsgüter, Anlagen oder Einrichtungen

1. von mehreren Personen betrieben, genutzt oder gehalten werden oder

2. mehreren Personen getrennt zuzurechnen sind, die bei der Planung, Herstellung, Erhaltung oder dem Erwerb dieser Wirtschaftsgüter, Anlagen oder Einrichtungen gleichartige Rechtsbeziehungen zu Dritten hergestellt oder unterhalten haben (Gesamtobjekt).

[2]Satz 1 Nr. 2 gilt entsprechend

a) bei Wohneigentum, das nicht der Einkunftserzielung dient,

b) bei der Anschaffung von Genossenschaftsanteilen im Sinne des § 17 des Eigenheimzulagengesetzes und

c) bei Mietwohngebäuden,

wenn die Feststellung für die Besteuerung, für die Festsetzung der Eigenheimzulage oder für die Festsetzung der Investitionszulage von Bedeutung ist.

(2) Absatz 1 gilt für die Umsatzsteuer nur, wenn mehrere Unternehmer im Rahmen eines Gesamtobjekts Umsätze ausführen oder empfangen.

(3) [1]Die Feststellung ist gegenüber den in Absatz 1 genannten Personen einheitlich vorzunehmen. [2]Sie kann auf bestimmte Personen beschränkt werden.

§ 2 Örtliche Zuständigkeit

(1) [1]Für Feststellungen in den Fällen des § 1 Abs. 1 Satz 1 Nr. 1 richtet sich die örtliche Zuständigkeit nach § 18 Abs. 1 Nr. 2 der Abgabenordnung. [2]Die Wirtschaftsgüter, Anlagen oder Einrichtungen gelten als gewerblicher Betrieb im Sinne dieser Vorschrift.

(2) Für Feststellungen in den Fällen des § 1 Abs. 1 Satz 1 Nr. 2 und Satz 2 ist das Finanzamt zuständig, das nach § 19 oder § 20 der Abgabenordnung für die Steuern vom Einkommen und Vermögen des Erklärungspflichtigen zuständig ist.

(3) Feststellungen nach § 1 Abs. 2 hat das für die Feststellungen nach § 1 Abs. 1 Satz 1 Nr. 2 zuständige Finanzamt zu treffen.

(4) § 18 Abs. 2 der Abgabenordnung gilt entsprechend.

§ 3 Erklärungspflicht

(1) [1]Eine Erklärung zur gesonderten Feststellung der Besteuerungsgrundlagen haben nach Aufforderung durch die Finanzbehörde abzugeben:

1. in den Fällen des § 1 Abs. 1 Satz 1 Nr. 1 die Personen, die im Feststellungszeitraum die Wirtschaftsgüter, Anlagen oder Einrichtungen betrieben, genutzt oder gehalten haben,
2. in den Fällen des § 1 Abs. 1 Satz 1 Nr. 2 und Satz 2 die Personen, die bei der Planung, Herstellung, Erhaltung, dem Erwerb, der Betreuung, Geschäftsführung oder Verwaltung des Gesamtobjektes für die Feststellungsbeteiligten handeln oder im Feststellungszeitraum gehandelt haben; dies gilt in den Fällen des § 1 Abs. 2 entsprechend.

[2]§ 34 der Abgabenordnung bleibt unberührt.

(2) [1]Die Erklärung ist nach amtlich vorgeschriebenem Vordruck abzugeben und von der zur Abgabe verpflichteten Person eigenhändig zu unterschreiben. [2]Name und Anschrift der Feststellungsbeteiligten sind anzugeben. [3]Der Erklärung ist eine Ermittlung der Besteuerungsgrundlagen beizufügen.

(3) Die Finanzbehörde kann entsprechend der vorgesehenen Feststellung den Umfang der Erklärung und die zum Nachweis erforderlichen Unterlagen bestimmen.

(4) Hat ein Erklärungspflichtiger eine Erklärung zur gesonderten Feststellung der Besteuerungsgrundlagen abgegeben, sind andere Erklärungspflichtige insoweit von der Erklärungspflicht befreit.

§ 4 Einleitung des Feststellungsverfahrens

[1]Die Finanzbehörde entscheidet nach pflichtgemäßem Ermessen, ob und in welchem Umfang sie ein Feststellungsverfahren durchführt. [2]Hält sie eine gesonderte Feststellung nicht für erforderlich, insbesondere weil das Feststellungsverfahren nicht der einheitlichen Rechtsanwendung und auch nicht der Erleichterung des Besteuerungsverfahrens dient, kann sie dies durch Bescheid feststellen. [3]Der Bescheid gilt als Steuerbescheid.

§ 5 Verfahrensbeteiligte

Als an dem Feststellungsverfahren Beteiligte gelten neben den Beteiligten nach § 78 der Abgabenordnung auch die in § 3 Abs. 1 Nr. 2 genannten Personen.

§ 6 Bekanntgabe

(1) [1]Die am Gegenstand der Feststellung beteiligten Personen sollen einen gemeinsamen Empfangsbevollmächtigten bestellen, der ermächtigt ist, für sie alle Verwaltungsakte und Mitteilungen in Empfang zu nehmen, die mit dem Feststellungsverfahren und dem anschließenden Verfahren über einen außergerichtlichen Rechtsbehelf zusammenhängen. [2]Ein Widerruf der Empfangsvollmacht wird der Finanzbehörde gegenüber erst wirksam, wenn er ihr zugeht. [3]Ist ein Empfangsbevollmächtigter nicht bestellt, kann die Finanzbehörde die Beteiligten auffordern, innerhalb einer angemessenen Frist einen Empfangsbevollmächtigten zu benennen. [4]Hierbei ist ein Betei-

ligter vorzuschlagen und darauf hinzuweisen, daß diesem die in Satz 1 genannten Verwaltungsakte und Mitteilungen mit Wirkung für und gegen alle Beteiligten bekanntgegeben werden, soweit nicht ein anderer Empfangsbevollmächtigter benannt wird. [5] Bei der Bekanntgabe an den Empfangsbevollmächtigten ist darauf hinzuweisen, daß die Bekanntgabe mit Wirkung für und gegen alle Feststellungsbeteiligten erfolgt.

(2) Der Feststellungsbescheid ist auch den in § 3 Abs. 1 Nr. 2 genannten Personen bekanntzugeben, wenn sie die Erklärung abgegeben haben, aber nicht zum Empfangsbevollmächtigten bestellt sind.

(3) Absatz 1 Sätze 3 und 4 ist insoweit nicht anzuwenden, als der Finanzbehörde bekannt ist, daß zwischen den Feststellungsbeteiligten und dem Empfangsbevollmächtigten ernstliche Meinungsverschiedenheiten bestehen.

(4) Ist Einzelbekanntgabe erforderlich, sind dem Beteiligten nur die ihn betreffenden Besteuerungsgrundlagen bekanntzugeben.

§ 7 Außenprüfung

(1) Eine Außenprüfung zur Ermittlung der Besteuerungsgrundlagen ist bei jedem Verfahrensbeteiligten zulässig.

(2) Die Prüfungsanordnung ist dem Verfahrensbeteiligten bekanntzugeben, bei dem die Außenprüfung durchgeführt werden soll.

§ 8 Feststellungsgegenstand beim Übergang zur Liebhaberei

Dient ein Betrieb von einem bestimmten Zeitpunkt an nicht mehr der Erzielung von Einkünften im Sinne des § 2 Abs. 1 Nr. 1 bis 3 des Einkommensteuergesetzes und liegt deshalb ein Übergang zur Liebhaberei vor, so ist auf diesen Zeitpunkt unabhängig von der Gewinnermittlungsart für jedes Wirtschaftsgut des Anlagevermögens der Unterschiedsbetrag zwischen dem gemeinen Wert und dem Wert, der nach § 4 Abs. 1 oder nach § 5 des Einkommensteuergesetzes anzusetzen wäre, gesondert und bei mehreren Beteiligten einheitlich festzustellen.

§ 9 Feststellungsgegenstand bei Einsatz von Versicherungen auf den Erlebens- oder Todesfall zu Finanzierungszwecken

Sind für Beiträge zu Versicherungen auf den Erlebens- oder Todesfall die Voraussetzungen für den Sonderausgabenabzug nach § 10 Abs. 1 Nr. 3 Buchstabe b des Einkommensteuergesetzes nicht erfüllt, stellt das für die Einkommensbesteuerung des Versicherungsnehmers zuständige Finanzamt die Steuerpflicht der außerrechnungsmäßigen und rechnungsmäßigen Zinsen aus den in den Beiträgen enthaltenen Sparanteilen (§ 52 Abs. 36 letzter Satz des Einkommensteuergesetzes) gesondert fest.

§ 10 Feststellungsverfahren bei steuerverstrickten Anteilen an Kapitalgesellschaften

(1) [1] Es kann gesondert und bei mehreren Beteiligten einheitlich festgestellt werden,

a) ob und in welchem Umfang im Rahmen der Gründung einer Kapitalgesellschaft oder einer Kapitalerhöhung stille Reserven in Gesellschaftsanteilen, die der Besteuerung nach § 21 des Umwandlungssteuergesetzes oder § 17 des Einkommensteuergesetzes unterliegen (steuerverstrickte Anteile), auf andere Gesellschaftsanteile übergehen (mitverstrickte Anteile),

b) in welchem Umfang die Anschaffungskosten der steuerverstrickten Anteile den mitverstrickten Anteilen zuzurechnen sind,

c) wie hoch die Anschaffungskosten der steuerverstrickten Anteile nach dem Übergang stiller Reserven sowie der mitverstrickten Anteile im Übrigen sind.

[2] Satz 1 gilt sinngemäß für die Feststellung, ob und inwieweit Anteile an Kapitalgesellschaften unentgeltlich auf andere Steuerpflichtige übertragen werden.

(2) [1] Feststellungen nach Absatz 1 erfolgen durch das Finanzamt, das für die Besteuerung der Kapitalgesellschaft nach § 20 der Abgabenordnung zuständig ist. [2] Die Inhaber der von Feststellungen nach Absatz 1 betroffenen Anteile haben eine Erklärung zur gesonderten Feststellung der Besteuerungsgrundlagen abzugeben, wenn sie durch die Finanzbehörde dazu aufgefordert werden. [3] § 3 Abs. 2 bis 4, §§ 4, 6 Abs. 1, 3 und 4 und § 7 sind sinngemäß anzuwenden.

§ 11 Inkrafttreten

[1] Diese Verordnung tritt am Tage nach der Verkündung in Kraft. [2] Sie tritt mit Wirkung vom 25. Dezember 1985 in Kraft, soweit einheitliche und gesonderte Feststellungen nach § 180 Abs. 2 der Abgabenordnung in der bis zum 24. Dezember 1985 geltenden Fassung zulässig waren.

Übersicht

Literatur (s auch zu § 40, § 42 und § 57 sowie 4. Aufl): *v Beckerath,* Die einheitliche Feststellung von Einkünften im Veranlagungs- und Einspruchsverfahren, DStR 1983, 475; *Dißars,* Einspruchsbefugnis bei einheitlicher Feststellung, BB 1996, 773; *Heißenberg,* Ausgeschiedene Personengesellschafter im Steuerverfahrensrecht, KÖSDI 1996, 10901; *Heuermann,* Beteiligtenfähigkeit und Klagebefugnis einer Vermietungs-GbR, Inf 2004, 647; *Horn/Maertins,* Die steuerliche atypische stille Beteiligung an der GmbH, GmbHR 1994, 147; *Jestädt,* Notwendige Beiladung von Treugebern in Fällen der Liebhaberei und deren Klagebefugnis, BB 1993, 53; *Nieland,* Einspruchs- und Klagebefugnis bestehender und verbleibender Personengesellschaften, AO-StB 2005, 6; *R. Pinkemell,* Einkünftezurechnung bei Personengesellschaften, Kölner Diss., 2000; *Pump,* Die Gesellschaft bürgerlichen Rechts im steuerlichen Verfahrensrecht, StW 1994, 709; *Ruban,* Beteiligtenfähigkeit und Klagebefugnis der Gesellschaft bürgerlichen Rechts im Steuerrecht, FS Döllerer (1988) S 515; *Schön,* Der Große Senat des BFH und die Personengesellschaft, StuW 1996, 275.

Zu § 180 Abs 2 AO nebst VO: *H/H/Sp/Söhn* § 180 AO Rz 480 ff u 493 ff mwN.

I. Bedeutung, Aufbau und Anwendungsbereich

Die Vorschrift entspricht § 352 AO nF (s auch Rz 2a; zu dessen zeit- **1** licher Geltung: Art 97 § 18 III EGAO; BFHE 180, 223 = BStBl II 1996, 606), ist aber ohne Parallele in anderen Verfahrensordnungen. Sie regelt eine besondere **Sachentscheidungsvoraussetzung** (Rz 4 vor § 33), ein abgabenrechtliches Spezialproblem, das sich für den Rechtsschutz hier durch den überaus häufigen, für dieses Rechtsgebiet typischen Einsatz einer besonderen Art von mehrstufigen Entscheidungen ergibt: **Gegenüber allen Bescheiden, in denen die Feststellung von Besteuerungsgrundlagen** (Rz 61 vor § 40, § 40 Rz 72 ff; zur hieraus folgenden Ausgrenzung bei anderen Verfahrensgegenständen, zB gegenüber *Gewerbesteuermessbescheiden:* BFH/NV 2000, 1104, 1105; ebenso für eine Klage auf *Erlass nach § 50 VII EStG:* BFH/NV 2005, 26) **nicht nur gesondert** (§ 157 II AO iVm § 179 I und II 1 AO; näher dazu: Rz 64 f vor § 40; § 40 Rz 92 ff; § 42 Rz 29 ff; § 65 Rz 40), **sondern** außerdem **auch einheitlich vorgenommen wird** (§ 179 II 2 AO; s auch Rz 9 und § 57 Rz 26), **erlaubt** der Grundtatbestand des **§ 48 I Nr 1 1. Fall, abweichend von** der nach § 40 II auch für den Rechtsschutz im Steuerrecht geltenden allgemeinen Regel der Anknüpfung an die Verletzung *eigener* Rechte (§ 40 Rz 57 und 109 ff), **Klageerhebung durch Nichtbetroffene** (anstelle der eigentlich betroffenen Gesellschaft oder Gemeinschaft – str, dazu näher Rz 12, 15, 19); denn für die nach dieser Spezialregelung hierzu allein befugten **vertretungsberechtigten Geschäftsführer** gibt es, in dieser ihrer Funktion jedenfalls und gegenüber derartigen SteuerVAen, keine unter dem Gesichtspunkt des Individualrechtsschutzes (§ 40 Rz 55 ff) relevanten *eigenen* abgabenrechtlichen Rechtspositionen, und die Gesellschafterstellung ist – anders als nach altem Recht (Rz 2 b) – kein zusätzliches gesetzliches Tatbestandsmerkmal mehr (s auch Rz 11). Die hM begreift diese Regelung als **Fall** ausnahmsweise gestatteter **gesetzlicher Prozessstandschaft** (s Rz 8) und trifft die Sache, wenn man diesen Begriff im Kern nicht anders versteht als generell im Prozessrecht: die **Befugnis, im eigenen Namen** (s auch Rz 12) **fremde Rechte wahrzunehmen** (vgl BGHZ 78, 1; *Kopp/Schenke* Rz 24 vor § 40; *Vollkommer/Zöller* Rz 20 vor § 50 und insoweit auch *H/H/Sp/Steinhauff* Rz 14; *T/K* Rz 7 – jew mwN). Als irreführend allerdings erweist sich diese begriffliche Anleihe, wenn sie dazu missbraucht wird, § 48 I Nr 1 1. Fall nF aus all seinen systematischen Zusammenhängen herauszulösen, dieser Regelung, abweichend sowohl vom Begriff der Prozessstandschaft als auch von dem der in § 40 II vorausgesetzten Klagebefugnis (hierzu: § 40 Rz 55), jeglichen **ma-**

teriellrechtlichen Bezug abzusprechen (wie zB BFH/NV 2000, 1144 und v 3. 7. 2000 VIII R 68/95 nv) und sich damit kurzerhand darüber hinwegzusetzen, dass beide Rechtsfiguren zu ihrer Abgrenzung prinzipiell des Rückgriffs auf das materielle Recht bedürfen, um Gewißheit darüber zu erlangen, ob und inwieweit sich die in Frage stehende prozessuale Befugnis überhaupt auf eine **Rechtsposition** bezieht, welcher Art sie ist und inwieweit es sich hierbei um eine *„eigene"* oder um eine *„fremde"* handelt. Dies im Rahmen einer speziellen **Schlüssigkeitsprüfung** (§ 40 Rz 65 ff) vorab zu prüfen, bleibt, unabhängig von allen begrifflichen Einordnungsversuchen auch für die Anwendung des § 48 I 1 Nr 1 1. Fall nF vor allem deshalb unerlässlich, weil diese Spezialvorschrift zwar vom **Erfordernis** der Selbstbetroffenheit, nicht aber von dem **der individuellen Rechtsbeeinträchtigung** überhaupt (s auch BFH/NV 2001, 17, 18 mwN; näher: Rz 8, 12, 15; iÜ § 40 Rz 65 f; § 65 Rz 46) dispensiert. Letzteres wäre mit Art 19 IV GG unvereinbar. Die Regelung bedeutet nur eine **Abspaltung prozessualer Befugnisse von der Rechtsinhaberschaft** (Rz 8). Hierin erschöpft sich ihr Charakter als *lex specialis zu § 40 II* (vgl zu diesem systematischen Verständnis auch *Kopp/Schenke* Rz 24 vor § 40). – Für eine solche Übertragung prozessualer Befugnisse auf ein anderes als das betroffene Rechtssubjekt (zu den Motiven Rz 6) sieht § 48 nF einen **Regeltatbestand (§ 48 I Nr 1 1. Fall;** Rz 11 ff) und ein kompliziertes Gefüge teils subsidiär (ersatzweise), teils zusätzlich (ergänzend) geltender **Ausnahmetatbestände** vor, nämlich die unter bestimmten Voraussetzungen eröffneten Möglichkeiten der Wahrnehmung der Klagebefugnis durch

– den *Klagebevollmächtigten* (§ 48 I Nr 1 2. Fall u § 48 II; Ersatztatbestand; Rz 27 ff);

– jeden (potentiellen) *Adressaten* des Feststellungsbescheids (§ 48 I Nr 2 nF; Ersatztatbestand: Rz 32);

– *ausgeschiedene* Mitglieder des in Frage stehenden Personenverbunds (§ 48 I Nr 3; Ergänzungstatbestand; Rz 33);

– in *sonstiger Weise individuell Betroffene* (§ 48 I Nr 4 u Nr 5; Ergänzungstatbestände Rz 34 ff).

Die Gesamtregelung gilt **für andere gegenüber Feststellungsbescheiden verfolgte Rechtsschutzbegehren entsprechend** (BFH/NV 1998, 994; Rz 10; s auch § 69 Rz 61). Ergänzt wird § 48 gem § 60 III 2 durch die Regelung der **notwendigen Beiladung** in der Weise, dass prinzipiell jeder, der nach § 48 klagebefugt ist, aber nicht klagt, notwendig beizuladen ist, näher dazu Rz 4).

2   Mit der Neufassung des § 48 hat der Gesetzgeber den bisherigen Zustand einer gewissen *Rechtsunsicherheit* beendet, der dadurch gekennzeichnet war, dass die BFH-Rspr eine enumerativ auf bestimmte Regelungsgegenstände, nämlich auf

– **Einkünfte aus Gewerbebetrieb** (§ 180 I Nr 2 a, II u III AO)

– den **Einheitswert des gewerblichen Betriebes** (§ 180 I Nr 1 AO iVm §§ 95 ff BewG) und

– **Untereinheiten von gewerblichen Betrieben** (§ 180 I Nr 3 iVm §§ 114 ff BewG),

begrenzte gesetzliche, **nicht analogiefähige Sondervorschrift** (s 3. Aufl Rz 11 u BFH/NV 1995, 517, 519; BFHE 148, 229 = BStBl II 1987, 197;

BFH/NV 1995, 303, 304 f mwN) *auf andere Fälle* einheitlicher und gesonderter Feststellung von Besteuerungsgrundlagen ausdehnte (s Rz 2 a), um sie auf diese Weise der allgemeinen Regelung des § 48 II aF (3. Aufl Rz 30), dh im Grunde dem generellen Anwendungsbereich des § 40 II (s dort Rz 55 ff; BFHE 166, 74 = BStBl II 1992, 185; BFHE 173, 492 = BStBl II 1994, 519; BFH/NV 1995, 517, 519), zu entziehen. Diese Ansicht hat der BFH (BFHE 185, 131 = BStBl II 1998, 401) ausdrücklich aufgegeben. Als zu eng alllderdings erweist sich die Wortfassung des § 48 I weiterhin in Fällen, in denen (nur) die gesonderte Verlustfeststellung nach **15 a IV 1 EStG** streitig, diese aber gem **15 a IV 5 und 6 EStG** mit der gesonderten und einheitlichen Feststellung der Einkünfte verbunden ist (BFHE 209, 353 = BFH/NV 2005, 1424).

Nunmehr gilt § 48 für alle Rechtsschutzbegehren, die sich auf 2 a *(positive wie negative)* **Feststellungsbescheide beziehen,** die **nach dem 31. 12. 1995 bekanntgegeben** wurden (§§ 122, 183 AO; BFHE 179, 239 = BStBl II 1996, 426; BFH/NV 1999, 471; 2000, 1444; 2001 das gilt wegen der engen sachlichen Verknüpfung – Rz 4 – auch für die **Beiladung** nach § 60 III: *Wüllenkemper* DStZ 1997, 133, 134 f. – AM BFH 180, 223 = BStBl II 1996, 606; s auch Rz 1; zum Bekanntgabeproblem: BFH/NV 1996, 146, 147; s iÜ Rz 1 sowie Rz 9 u 17 vor § 1; *T/K* Rz 1; *H/H/Sp/Steinhauff* Rz 1 ff; zur Entstehungsgeschichte: Rz 6 ff). Die **Neuregelung** wird praktisch **bedeutsam vor allem für folgende,** bisher allenfalls von der Rspr erfasste **Fälle einheitlicher und gesonderter Feststellung:**

– Beteiligungseinkünfte **nicht gewerblicher Art** (so für die Einkünfte aus **Vermietung und Verpachtung** schon nach bisherigem Recht: BFHE 143, 496 = BStBl II 1985, 591; BFHE 148, 229 = BStBl II 1987, 197; BFHE 155, 32 = BStBl II 1989, 145; BFH/NV 1994, 547; zum neuen Recht: BFHE 207, 24 = BFH/NV 2005, 131; für Einkünfte aus selbstständiger Arbeit: FG Mchn EFG 1998, 1532; für sonstige Einkünfte: BFH/NV 1995, 303);

– **atypische stille Gesellschaften** (BFHE 122, 400 = BStBl II 1977, 737; BFHE 161, 429 = BStBl II 1990, 1072; BFHE 179, 335 = BStBl II 1996, 219; BFH/NV 1995, 303; 1996, 798; s auch § 57 Rz 24; allerdings, weil es sich um **Innengesellschaften** ohne entsprechende Vertretungsregelung handelt nur in der Tatbestandsvariante des § 48 I Nr 2 (Rz 32; BFHE 185, 131 = BStBl II 1998, 401; s auch BFH/NV 2001, 578; zu den Konsequenzen für die *Beiladung:* BFH/NV 1999, 355 u 1363; 2002, 1477);

– **Treuhandgesellschaften** (BFHE 145, 408 = BStBl II 1986, 311; BFHE 157, 275 = BStBl II 1989, 697; zur **Zweistufigkeit** des Verfahrens in solchen Fällen: BFHE 194, 305 = BStBl II 2001, 471; BFH/NV 2003, 1283, 1284; s auch Rz 35);

– im Anwendungsbereich des **§ 180 II AO** (s vor Rz 1) iVm der hierzu ergangenen **VO** (so schon zur bisherigen Rechtslage: BFHE 178, 108 = HFR 1996, 62; allgemein zum Anwendungsbereich dieser Regelung: BFHE 152, 17 = BStBl II 1988, 319; BFHE 169, 113 = BStBl II 1993, 11; BFH/NV 1994, 547; 1995, 303, 305; FG BaWü EFG 1994, 689; bei der USt: BFH v 8. 6. 1995 V R 20/94 HFR 1996, 63);

– **sonstige Fälle,** in denen „in den Steuergesetzen" abweichend von § 157 II AO die gesonderte und einheitliche Feststellung von Besteuerungsgrundlagen bestimmt ist (§ 179 I u II 2 AO; s *H/H/Sp/Steinhauff* Rz 19).

2 b   Von der „Legalisierung" der bisherigen Rspr abgesehen, besteht die Neuregelung
- in einer **systematischen „Bereinigung":** Die Vorschrift steht nunmehr endlich „auf den Füßen" – die Behandlung des „Kerns" der Regelung, der eigentlichen Abweichung von § 40 II, nicht mehr wie bisher am Schluss, unter § 48 I Nr 3 aF, sondern am Anfang, unter **§ 48 I Nr 1 nF** (Rz 11 ff); die Ausnahmen im Anschluss hieran – s 3. Aufl Rz 4;
- der Anpassung der **Fassung** dieser Abweichung an die gesetzgeberische Zielsetzung: ausdrückliche Anknüpfung an die *„Vertretung"* nicht wie unpräziserweise bisher – 3. Aufl Rz 20 – an die Geschäftsführung – (§ 48 I Nr 1 1. Fall);
- im **Fortfall der** in § 48 I 3 aF enthaltenen **Begrenzung auf Gesellschafter oder Gemeinschafter** (s dazu Rz 11);
- **Erweiterung** des Anwendungsbereichs der Regelung durch (hilfsweise) Erstreckung auf den **„Klagebevollmächtigten"** (§ 48 I Nr 1 2. Fall u II).

3   Nicht ausdrücklich angesprochen, aber in zweifacher Hinsicht bedeutsam für die Anwendung des § 48 ist die Frage der **Beteiligtenfähigkeit** (Rz 12, 19, 23 ff; § 57 Rz 8 ff; zu den unterschiedlichen Auswirkungen auf § 48 im Fall der Einkünftefeststellung einerseits und gegenüber *GewSt-Messbescheiden* andererseits: BFH/NV 2000, 420 u 1104; FG Bremen EFG 1998, 1140), nämlich für die **Zurechnung**
- der (vom Prozessstandschafter geltend gemachten) Rechtsbeeinträchtigung und der zu ihrer Beseitigung erhobenen Klage (**für wen** wird die Verletzung eigener Rechte iS des § 40 II geltend gemacht?, Rz 1, 12, 15, 19; wer ist **Kläger** iS des § 57 Nr 1? Rz 11 ff);
- des subsidiär gewährten, aus § 60 III 2 abgeleiteten prozessualen Anspruchs auf Beteiligung iS des § 57 Nr 3 (**wer** ist, wenn von der Klagebefugnis kein – wirksamer – Gebrauch gemacht wurde **notwendigerweise beizuladen?**; dazu Rz 4).

3 a   Die **Klagearten,** die § 48 betrifft, ergeben sich aus der Umschreibung des Regelungsgegenstands in Abs 1: Es handelt sich um solche, die Bescheide über die einheitliche Feststellung von Besteuerungsgrundlagen zum Gegenstand haben können, nämlich
- **Anfechtungsklagen** (§ 40 Rz 12 ff; § 65 Rz 45 f);
- **Verpflichtungsklagen** (§ 40 Rz 18 ff; § 65 Rz 46);
- **Nichtigkeitsfeststellungsklagen** (§ 41 Rz 22 ff; § 65 Rz 46).

Auf allgemeine *Leistungsklagen* (§ 40 Rz 28 ff) und auf *Feststellungsklagen* iS des § 41 I Nr. 1 1. Fall (§ 41 Rz 6 ff), ist § 48 *nicht* anwendbar. Für diese Klagetypen gelten die allgemeinen Regeln der Klagebefugnis (§ 40 Rz 55 ff; § 41 Rz 11 ff) uneingeschränkt (s aber Rz 10).

4   Den Kern der Gesamtregelung enthält **§ 48 I Nr 1 nF** (§ 48 I Nr 3 aF) mit der Abspaltung der Klagebefugnis von der Beschwer (Rz 1 u Rz 8). Diese Sonderregelung steht **in wechselseitiger Beziehung zu § 60 III** (dort Rz 10, 65; hier Rz 1, 2 a; zur **Begrenzung nach § 60 a:** dort Rz 1 ff): Wer nach § 48 (formell – Rz 1) klagebefugt ist, aber selbst nicht klagt, ist grundsätzlich **beizuladen** (BFHE 192, 422 = BStBl II 2001, 166;

BFH/NV 2001, 10, 11 u 548 = FR 2001, 295; zur Bindungswirkung des Urteils: § 60 Rz 145; § 110 Rz 11; zu den Einzelheiten § 60 Rz 65; zu den Folgen unterlassener notwendiger Beiladung: BFH/NV 2002, 61 u 497; 2003, 195 f; 1539 f; § 60 Rz 151 ff; zur Heilung unterlassener Hinzuziehung nach § 360 III AO durch entspr Klageerhebung: BFH/NV 2000, 1217; BFHE 203, 462 = BStBl II 2004, 359). **Soweit** die **Klagebefugnis** iS des § 48 **fehlt, darf nicht beigeladen werden;** das folgt aus der zwingenden Regelung des **§ 60 III 2** (dort Rz 10; BFHE 152, 414 = BStBl II 1988, 544; BStBl II 1996, 606; BFH/NV 1997, 187, 498 und 795; 1999, 64, 1483 und 1638). Insoweit ist die notwendige Beiladung also an eine Zulässigkeitsvoraussetzung der Klage (Rz 1) geknüpft (zu den Folgen für die zeitliche Geltung der Neuregelung: Rz 2 a): Dabei ist nach der *Art der Klagebefugnis* zu unterscheiden (s auch § 60 R 65):

– Die nach **§ 48 I Nr 1 nF** (Nr 3 aF; Rz 11 ff; 27 ff) Klagebefugten sind, solange die rechtliche Basis der Prozessstandschaft besteht (Rz 11), stets nach § 60 III beizuladen (BFHE 167, 5 = BStBl II 1992, 559). Die materielle Klagebefugnis (Beschwer, Verletzung eigener Rechte iS des § 40 II; Rz 1) wird in der Person des Vertretenen (Rz 3; 18 ff) geprüft. Es kann also eine Klage die Voraussetzungen des § 48 I Nr 1 nF erfüllen und gleichwohl unzulässig sein, weil eine Rechtsbeeinträchtigung in der Person des – angeblichen – Rechtsträgers nicht substantiiert und in sich schlüssig dargetan ist; (s dazu Rz 1; § 40 Rz 61 ff).

– Bei den nach **§ 48 I Nr 2–5** Klagebefugten (Rz 32 ff) erübrigt sich die Beiladung idR, wenn sie vom Ausgang des Verfahrens unter keinem steuerrechtlichen Gesichtspunkt betroffen sein können (BFHE 135, 271 = BStBl II 1982, 474; BFHE 163, 517 = BStBl II 1991, 809; BFH/NV 1997, 639; 1999, 471 f, 473 f, 809 und 1483), also ihre materielle Klagebefugnis (Rz 1) fehlt.

IÜ aber, vom Erfordernis der Klagebefugnis abgesehen (§ 60 III 2), macht die **Unzulässigkeit der Klage** eine notwendige Beiladung grundsätzlich nicht entbehrlich (BFHE 161, 404 = BStBl II 1990, 1068; BFH/NV 1995, 249, 250 u 318, 319); ebensowenig der Umstand, dass der Beizuladende zuvor selbst geklagt hat, dabei aber schon an Sachentscheidungsvoraussetzungen gescheitert ist (BFH/NV 1999, 1468), oder aber die Klage zurückgenommen hat, so dass er *als Kläger* am Verfahren nicht mehr beteiligt sein könnte (§ 72 II 1; BFH/NV 1995, 249, 250). *Betroffen* von der in § 48 I Nr 1 nF (Nr 3 aF) bestimmten Abweichung ist die subjektive Seite der *Klagebefugnis in zweierlei Hinsicht:*

– Zum einen dadurch, dass gegen die Feststellungsbescheide (Rz 2, 2 a) grundsätzlich (Ausnahmen zB: Fälle des Rechtsscheins: § 40 Rz 67) *nicht alle* Gesellschafter oder Gemeinschafter klagen dürfen, die eine Verletzung eigener Rechte iSd § 40 II geltend machen könnten, sondern nur die zur Vertretung berufenen Geschäftsführer (Rz 11, 20) bzw die Klagebevollmächtigten (Rz 27 ff), und

– zum anderen dadurch, dass jemand unabhängig davon zur Prozessführung befugt ist, dass er eine Verletzung *eigener* Rechte nicht geltend machen kann (Rz 1, 3, 8).

Die Begrenzung der Klagebefugnis in § 48 I Nr. 3 aF auf die zur Geschäftsführung befugten Gesellschafter (Rz 20; s auch Rz 31) ist bei Einführung der Regelung damit **gerechtfertigt** worden, dass gesellschafts- **5**

rechtlich idR nur diese Einblick in die Geschäftsbücher, Bilanzen usw er-
halten und weiterreichende abgabenrechtliche Klagemöglichkeiten „im
sachlichen Ergebnis zu einer Beseitigung wohlerwogener Grundsätze des
Privatrechts führen" könnten (Begründung zu § 66 II EStG 1925; vgl
Strutz Komm zum EStG 1925, Bd II, § 66, Rz 1 a S 1032). – Die **Neufas-
sung** des § 48 (Übersicht: Rz 26) wurde allein damit begründet, dass eine
Beschränkung für alle Personenzusammenschlüsse sinnvoll sei, weil dies zur
Eindämmung von Rechtsbehelfen, zu Verfahrenserleichterungen und zur
Einheitlichkeit von Entscheidungen führe (BT-Drucks 12/7427, 35 f).

6   Dass § 48 II aF keine derartige Begrenzung der Klagebefugnis vorsah,
war – ebenso wie die Einschränkungen gem § 48 I Nr 3 aF (Rz 5) – mit
Rücksichtnahme auf das Zivilrecht begründet worden, mit dem Umstand
nämlich, dass Gesellschaften bürgerlichen Rechts und Gemeinschaften in
der Regel keine besonderen Vertretungsregelungen vorsähen, die als An-
knüpfungspunkte für entsprechende Verfahrensbestimmungen in Betracht
kämen (*Strutz* aaO Rz 7; Begründung zu § 335 AOE BT-Drucks 7/79).

7   **Verfassungsrechtlich** ist die Sonderregelung der Klagebefugnis in
§ 48 I Nr 1 nF (Nr 3 aF) unbedenklich, weil sie nur verfahrensrechtliche
Folgerungen aus eigenverantwortlich geschaffenen zivilrechtlichen Positionen zieht (*Keuk* StuW 1974 aaO; vgl auch BFHE 65, 529 = BStBl III
1957, 436 und BFHE 115, 176 = BStBl II 1975, 495, 496; BFHE 149, 15
= BStBl II 1990, 333; BFHE 161, 404 = BStBl II 1990, 1068) und außerdem – auch im Hinblick auf Art 19 IV GG – steuerrechtlichen Besonderheiten Rechnung trägt (Rz 1, 12 und 15; § 57 Rz 26).

8   Die Wirkung der in § 48 I Nr 1 nF (Nr 3 aF) ausnahmsweise gestatteten
gesetzlichen Prozessstandschaft (Rz 1; BFHE 122, 400 = BStBl II
1977, 737, 743; BFH/NV 1998, 452 f, 590; 1999, 1483) erschöpft sich wie
gesagt (Rz 1, 3, 12) im „Prozessrechtstechnischen", in einer Trennung von
Rechtsinhaberschaft und Prozessführungsrecht (*Ule* S 191): Weil es
– **in § 48 I Nr 1 nF** (Nr 3 aF) nur um eine **„Abspaltung" der formellen von der materiellen Klagebefugnis** geht
  und
– **in § 48 I Nr 2 bis 5** (früher ebenso in § 48 II aF) überhaupt nur um
  eine **spezielle Ausgestaltung des § 40 II** (Rz 32 ff),
führt **fehlende Darlegung der Verletzung eigener Rechte durch den
VA** (Feststellungsbescheid), der Gegenstand des Klagebegehrens ist (**§ 40 II**;
bei Prozessstandschaft bezogen auf den Rechtsträger, im Anwendungsbereich des § 48 I Nr 2 bis 5, bezogen auf den formell und materiell Klagebefugten; s Rz 1, 3 u 12; § 40 Rz 55 ff), in jedem Fall zur **Klageabweisung durch Prozessurteil** (BFHE 135, 271 = BStBl II 1982, 474 f; zu
§ 48 I iVm § 60 III: BFHE 147, 120 = BStBl II 1986, 820 f; BFHE 152,
414, 416 = BStBl II 1988, 544, 545; BFHE 156, 103 = BStBl II 1989,
563; BFHE 161, 429 = BStBl II 1990, 1072; BFHE 182, 170 = BStBl II
1997, 406; BFH/NV 1991, 516 u 692; BFH/NV 1992, 46; 1999, 471;
2001, 17, 18). Das übersieht der BFH im Beschluss vom 31. 1. 1992
(BFHE 167, 5 = BStBl II 1992, 539; vgl iÜ auch Rz 24).

9   Andererseits ist bei der Anwendung des § 48 zu berücksichtigen, dass es
stets um einen **VA mit besonderem Regelungsgehalt** geht (dazu auch
Rz 17; § 40 Rz 92 ff; § 65 Rz 45), die **Beschwer** iSd § 40 II also nicht nur
in einer bezifferten Aussage zur steuerlichen Belastung (s dazu auch § 100

Rz 24 ff), sondern auch *in der nachteiligen Feststellung einer einzelnen Besteue-rungsgrundlage* liegen kann (BFH/NV 2001, 548 = FR 2001, 295), wie zB in der unzutreffenden *Qualifizierung bestimmter Einkünfte* (BFHE 143, 75 = BStBl II 1985, 676; FG Mchn EFG 1991, 403; vgl auch BFHE 148, 329 = BStBl II 1987, 292; BFHE 152, 414 = BStBl II 1988, 544; FG SchlHol EFG 1985, 325; FG Hbg EFG 1988, 345; FG RhPf 1989, 68; Rz 64 f vor § 40; § 40 Rz 92 ff; § 42 Rz 43 f) oder auch der *Art des Gewinns* (Veräuße-rungsgewinn oder laufender Gewinn; BFHE 176, 15 = BStBl II 1995, 253; BFH/NV 1999, 1449; zur *Unanwendbarkeit* bei Veräußerungsgewinnen nach § 17 EStG: BFH/NV 2001, 17, 18). Gleiches gilt für die Bejahung *bzw Verneinung der Mitunternehmerschaft* (zur Abgrenzung: BFH/NV 2005, 1911) oder der *Beteiligung einer Person* hieran. Die bisherige BFH-Rspr (BFHE 149, 523 = BStBl II 1987, 601; BFHE 163, 517 = BStBl II 1991, 809; BFH/NV 1989, 502; BFH/NV 1990, 299; BFH/NV 1992, 46 u 73 f. – AM noch BFHE 96, 32 = BStBl II 1969, 586; BFHE 121, 129 = BStBl II 1977, 309; BFHE 134, 505 = BStBl II 1982, 216 f; BFH/NV 1985, 43; BFH/NV 1986, 414 = BStBl II 1986, 525; BFH/NV 1987, 372), derzufolge beim Streit um eine Beteiligung Klagebefugnis (Beila-dungsfähigkeit – Rz 4) nur bei **Gewinnauswirkung** gegeben sein soll, übersieht, dass die Frage, wer an einer Personengesellschaft (Gemeinschaft) beteiligt ist oder nicht, für jeden Gesellschafter/Gemeinschafter unabhängig von der Auswirkung auf die Höhe seiner Steuerschuld schon allein deshalb von abgabenrechtlicher Bedeutung ist, weil es in solchen Fällen (auch) darum geht, „wer mit wem das Steuergeheimnis teilt" (§ 30 IV Nr 1 iVm § 30 II Nr 1 a u b AO; so wohl nun auch BFH/NV 2001, 178, 179; s iÜ ausführlich § 40 Rz 92 ff).

Auch in der Neufassung spricht § 48 zwar nur von „Klage", gilt aber **10** – wie grundsätzlich alle Sachentscheidungsvoraussetzungen (Rz 2 vor § 33) – für **andere Rechtsschutzbegehren** (Rz 1; für Anträge nach §§ 69, 114 sowie für Rechtsmittel) entsprechend (so zB, ohne ausdrückliche Begrün-dung: BFHE 144, 395 = BStBl II 1986, 68 f; BFH/NV 1989, 528; BFH/NV 1992, 157, 158; 1998, 994; 2005, 162; zur Begrenzung auf be-stimmte Klagetypen s aber Rz 3 a).

II. Regeltatbestand (§ 48 I Nr 1 1. Fall)

1. Allgemeines

Der mit den Mitteln des Zivilrechts geschaffenen Rollenverteilung ent- **11** sprechend (Rz 6) konzentriert § 48 I Nr 1 nF (§ 48 I Nr 3 aF) die formelle Klagebefugnis (Rz 1) im Geltungsbereich der Vorschrift (Rz 1 ff und 3 f) für den **Regelfall** auf **zur Vertretung berufene Geschäftsführer.** De-ren Gesellschafterstellung ist ausdrücklich kein Tatbestandsmerkmal (s dazu unter Rz 26. – AM *H/H/Sp/Birkenfeld* § 352 AO Rz 60). Eine hiervon abweichende gesetzgeberische Absicht (iÜ unklar BT-Drucks VI/1982, 189) ist in der Gesetzesfassung nicht zum Ausdruck gekommen. Wer die hierfür vorgesehene Position (die nunmehr auch in der Gesetzesfassung deutlich an das Außenverhältnis geknüpft ist; Rz 20) im Steuerprozess ein-nimmt, bestimmt sich nach **Zivilrecht** (Gesetz bzw Vertrag: BFHE 105, 449 = BStBl II 1972, 672; vgl auch: BFH/NV 1996, 146, 147; zu den Folgerungen für die Klagebefugnis bei der atypischen stillen Gesellschaft s

Rz 26). Demgemäß führt das (wiederum nach privatrechtlichen Kriterien
zu beurteilende) **Fehlen** (BFH/NV 2001, 178, 179) oder der **Fortfall** der
zivilrechtlichen Grundlage für die Prozessstandschaft auch zum **Verlust**,
der hieran geknüpften prozessualen Befugnisse der vertretungsberechtigten
Geschäftsführer (dazu näher Rz 24 f). Aus dem gleichen Grund verändert
sich die prozessuale Lage beim *Ausscheiden* eines Gesellschafters/Gemein-
schafters aus dem Verbund (§ 48 I Nr 3 nF; Rz 33).

12   Die **Rechtsfolge** der Übertragung der formellen Klagebefugnis (Rz 1)
auf die vertretungsberechtigten Geschäftsführer besteht (insoweit *abweichend*
von der zivilrechtlichen Prozessstandschaft: Rz 1) *nicht* darin, dass diese
im eigenen Namen klagen dürfen. Das fremde Recht nämlich, um dessen
Durchsetzung es geht, ist abgabenrechtlicher Natur und daher letztlich
(Art 19 IV GG; § 40 II FGO) auf das (Steuer-) Rechtssubjekt zu beziehen,
dessen Rechtsbeeinträchtigung in Frage steht. Die prozessuale Aufgabe der
vertretungsberechtigten Geschäftsführer besteht also darin, unter dem Gesichtspunkt der (materiellen) Klagebefugnis (Rz 1, 8; § 40 Rz 55, 65) substantiiert und in sich schlüssig eine Rechtsbeeinträchtigung der Gesellschaft/
Gemeinschaft darzutun. Daher ist weiterhin der Auffassung beizupflichten,
Prozessstandschaft iS des § 48 Abs 1 Nr 1 nF (Nr 3 aF) ermächtige die
vertretungsberechtigten Geschäftsführer zur Klageerhebung **im Namen
der Gesellschaft/Gemeinschaft** (Rz 1, 8, 15 u 18 ff; vgl BFHE 177, 71
= BStBl II 1995, 476; BFH/NV 1996, 52; BFHE 185, 131 = BStBl II
1998, 401; BFHE 189, 302 = BStBl II 2000, 306; BFHE 190, 11 = HFR
2000, 197; BFHE 192, 422 = BStBl II 2001, 166; s auch BFHE 190, 11 =
BStBl 2000, 85; BFHE 191, 1 = BFH/NV 2000, 926; BFH/NV 1999,
291 f u 1457 f; BFHE 206, 162 u 168 = BStBl II 2004, 898 u 929; BFH/
NV 2004, 1371; 2005, 168; BFHE 207, 24 = BFH/NV 2005, 131; BFH/
NV 2005, 1831; FG RhPf EFG 1999, 158 u 2005, 1038; *T/K* Rz 8; un-
klar FG Nds EFG 2004, 1236; zT abweichend: *H/H/Sp/Birkenfeld* § 352
AO Rz 34 ff; *Steinhauff*, ebenda, Rz 40 f. – AM: *Beermann/v Beckerath* § 48
FGO Rz 60 ff; *K/H* § 352 AO Rz 3 f; *Meßmer* FR 1990, 205, 211). Zwar
lässt der Wortlaut offen, für wen genau die in § 48 I Nr 1 Genannten zur
Prozessführung befugt sind, dh wem die (materielle) **Klagebefugnis** zusteht (Rz 1). Dass sich aber damit die für die Prozesseröffnung wie für die
Zurechnung des gesamten Verfahrens unerlässliche exakte Beantwortung
dieser Frage nicht etwa erübrigt (so aber iE BFH/NV 2000, 1144 u vom
3. 7. 2000 VIII R 68/99 nv), ergibt sich aus der Zielsetzung der Regelung
und ihrem Zusammenhang mit den anderen prozessrechtlichen Normen,
vor allem mit § 40 II und infolgedessen (§ 40 Rz 56 ff) aus dem verfassungsrechtlich (Art 19 IV GG) statuierten Prinzip, dass gegenüber der
öffentlichen Gewalt Rechtsschutz nur, aber auch immer dann eröffnet
ist, wenn **individuelle Rechtsbeeinträchtigung** geltend gemacht wird
(s auch § 57 Rz 8 und 26). Hiervon darf der einfache Gesetzgeber nicht
dispensieren (aM offenbar *H/H/Sp/Steinhauff* Rz 22; dazu auch Rz 1). Er
darf allenfalls – wie eben durch Abspaltung der Prozessführungsbefugnis
von der Rechtsinhaberschaft geschehen (Rz 1) – die Art der Rechtsschutzgewährung modifizieren. Da eine solche Rechtsbeeinträchtigung in den
Fällen des § 48 I 1 1. Fall der Sache (und dem Wortsinn) nach nicht in
der Person der vertretungsberechtigten *Geschäftsführer* liegen kann (Rz 1;
§ 57 Rz 26; vollends bestätigt durch die vollkommene gleichgestellte Tat-

bestandsvariante des § 48 I Nr 1 2. Fall und auch durch § 48 II; dazu Rz 27 ff), kommt als **Zurechnungssubjekt** nur die von ihnen vertretene **Gesellschaft** in Betracht (s auch § 57 Rz 15 ff und 26, oder − ein Streit um Worte − die Gesellschafter in ihrer Verbundenheit: BFH-GrS BFHE 209, 399 = BStBl II 2005, 679; *T/K* Rz 7 sprechen von „allen Feststellungsbeteiligten", was im Kern nichts anderes, dafür aber in der Konsequenz weniger treffend und vor allem weniger praktikabel ist). Denn diese ist durch „Bescheide über die einheitliche und gesonderte Feststellung von Besteuerungsgrundlagen" (Rz 1), genauer durch die verschiedenen darin getroffenen Einzelfallregelungen als *solche* zumindest *auch* betroffen (sehr anschaulich zum Fall zweier Gesellschaften mit identischen Personen: BFH/NV 2005, 1737): Die − „vor die Klammer gezogene" − verbindliche *einheitliche* Entscheidung über Besteuerungsgrundlagen (§ 179 II 2 AO; bezogen zB auf eine GbR als *Einkünfteerzielungssubjekt* − § 57 Rz 15 a − also bis zur Ermittlungsstufe des § 2 II EStG einschl) ist ja der eigentliche Zweck solcher gestufter Einzelfallregelungen und muss nach Art 19 IV GG unausweichlich (auch im Hinblick auf die durch § 42 iVm § 351 II AO bewirkten Einschränkungen; s dazu § 42 Rz 29 ff) entsprechenden, dh auch den subjektiven Regelungsgehalt solcher VA vollständig erfassenden, Rechtsschutz nach sich ziehen. Diesen hier allein interessierenden Gesichtspunkt lassen die Vertreter der Gegenmeinung wie auch die Protagonisten den für die in § 48 I 1 1. Fall getroffene *prozessuale* Regelung (Rz 1, 8 u 15) keinerlei Bedeutung zukommt (**aM,** im Widerspruch zu der zu Rz 12 aA zitierten Rspr: BFHE 206, 211 u 388 = BStBl II 2004, 964 u 914; BFH/NV 2005, 277 „als Prozeßstandschafterin ihrer Gesellschafter"). Eine Rechtsbeeinträchtigung **der Gesellschaft** liegt auch vor, wenn ausdrücklich nur der Sonderbetriebsgewinn eines Gesellschafters streitig ist (BFH/NV 1996, 37; 1997, 866). Für die Praxis empfiehlt sich in Fällen des § 48 I Nr 1 1. Fall folgende **Formulierung des Klägerubrums:** „Klage der X-OHG, ..., gesetzlich vertreten durch ..., erhoben durch ihren vertretungsberechtigten Geschäftsführer A ...".

Was die **rechtzeitige** (§ 47) **Benennung des „richtigen"** (klagebefugten und beteiligtenfähigen) **Klägers** angeht, so muss vielfach *durch Auslegung* (dazu grundsätzlich Rz 14 ff vor § 33) geholfen werden (s zB BFHE 189, 302 = BStBl II 2000, 306; BFHE 190, 11 = HFR 2000, 197), weil gerade in Grenzfällen üblicherweise nicht nur die Gesellschaft oder Gemeinschaft als solche, sondern auch die darin zusammengeschlossenen Gesellschafter oder Gemeinschafter benannt sind (BFHE 135, 267 = BStBl II 1982, 385, 386; BFHE 140, 22 = BStBl II 1984, 318, 320; BFHE 157, 275 = BStBl II 1989, 697; *T/K* Rz 8; zur Aufklärungspflicht des Gerichts in diesem Zusammenhang: Rz 14). **13**

Besondere *Schwierigkeiten* ergaben sich bei der Anwendung des § 48 I immer wieder *aus der* hieraus abzuleitenden **„doppelten" Klagebefugnis der Gesellschaftergeschäftsführer** (§ 48 I Nr 1 einerseits und § 48 I Nr 2, 4 oder 5 andererseits: s zB Rz 9). Überschneidungen im Anwen- **14** dungsbereich des § 48 haben nach bisherigem Recht (§ 48 I Nr 1 o Nr 2 aF einerseits, Nr 3 aF andererseits), vor allem in der Revisionsinstanz, immer wieder Anlass zu „Hilfskonstruktionen" gegeben, auch zu der These, im Regelfall könne davon ausgegangen werden, dass der für die Gesellschaft auftretende Gesellschaftergeschäftsführer die Klage zugleich in eigenem Namen erheben wolle (BFHE 114, 167 = BStBl II 1975, 209; BFHE 120, 208 = BStBl II 1977, 69). Nachdem sich dies als unhaltbar erwiesen hatte (BFHE 125, 486 = BStBl II 1978, 648 f; *Woerner* BB 1975, 355), sollte die Frage der Zurechnung der Klage durch nachträgliche (nach BFHE 131, 1 = BStBl II 1980, 586 in der Revisionsinstanz allerdings nicht mehr mögliche) Anhörung geklärt werden dürfen (Ausnahme, wenn Klägerin GmbH & Co KG: BFHE 154, 201 = BStBl II 1988, 1008; BFH/NV 1991; s aber nunmehr BFH/NV 1996, 52 f). – Die Neufassung des § 48 hat die Problemlage nicht verändert (wie BFH/NV 1996, 325 belegt).

15   Andererseits hat die zutreffende Erkenntnis, dass § 48 I Nr 1 (bisher Nr 3) eine **Klage der Gesellschaft** regelt bzw, was auf dasselbe hinausläuft (Rz 12; § 57 Rz 26), der Gesellschafter in ihrer Verbundenheit (BFHE 150, 514 = BStBl II 1988, 5; BFHE 152, 414 = BStBl II 1988, 544; BFHE 154, 201 = BStBl II 1988, 1008; BFHE 167, 5 = BStBl II 1992, 559; BFHE 179, 216 = BStBl II 1996, 297; BFH/NV 1989, 511; BFH/NV 1990, 516 u 638; BFH/NV 1992, 73; BFH/NV 1996, 146 u 485; zur **Gewinnerzielungsabsicht der Gesellschaft:** BFH/NV 2004, 1372, 1374 f; zur **Einkunftsart** VuV: BFHE 206, 162 = BStBl II 2004, 898; BFH/NV 2004, 1186 u 1206; bei einer Bruchteilsgemeinschaft: BFHE 206, 168 = BStBl II 2004, 929; s iÜ die Nachw bei Rz 12; unklar FG Hbg EFG 2000, 1048), und zwar auch, wenn es um den Abzug von **Betriebsausgaben der Gesellschaft** geht, die letztlich allein einem Gesellschafter zugute kommen (BFHE 204, 44 = BStBl II 2004, 239), oder im Streit um Fragen des **Sonderbetriebsvermögens** (BFHE 152, 414 = BStBl II 1988, 544; BFHE 163, 431 = BStBl II 1991, 581; BFHE 163, 438 = BStBl II 1991, 822; BFH/NV 2000, 977, 978; BFHE 202, 395 = BStBl II 2003, 871 zur Behandlung von *Teilanteilsveräußerungen:* BFH/NV 2000, 1554; 2001, 548 = FR 2001, 295; BFHE 192, 419 = BFH/NV 2001, 91; zum Problem der *Beteiligtenfähigkeit* s iÜ Rz 23 f u § 57 Rz 24 ff zum Phänomen der *Trennung von Rechtsinhaberschaft und Prozessführungsrecht* s Rz 1, 8 u 12), immer wieder die Annahme begünstigt, die „richtige" Klageerhebung sei jeweils auch an das tatsächlich vorliegende (BFHE 105, 449 = BStBl II 1972, 672, 674 ff; BFHE 109, 373 = BStBl II 1973, 676; zurückhaltender: BFHE 140, 22 = BStBl II 1984, 318, 320). Hierbei bleibt unberücksichtigt, dass zwei in ihren Voraussetzungen und Wirkungen (auch kostenrechtlich) selbstständige Rechtsbehelfe in Frage stehen, dass es im Bereich der Dispositionsmaxime letztlich allein Sache des Klägers ist, zu bestimmen, ob und in welchem Umfang Rechtsschutz erstrebt wird (BFHE 125, 486 = BStBl II 1978, 648, 649; s außerdem § 40 Rz 7), und dass auch die subjektive Seite der Klagebefugnis spätestens bei Ablauf der Klagefrist (§ 47), in ihrem unverwechselbaren Kern zumindest, feststehen muss (s dazu näher: § 47 Rz 2). Richtig ist, dass eine Klage nicht allein am „falschen" Rubrum scheitern darf (*T/K* Rz 8; s dazu Rz 12 a und 13; zur Auslegung von Prozesshandlungen und deren Grenzen allgemein: Rz 14 ff vor § 33).

Nach § 48 I klagebefugte Gesellschafter, die von ihrer Befugnis keinen **16** Gebrauch gemacht haben, sind gem § 60 III 1 **beizuladen** (vgl auch § 73 II). Fehlt die Klagebefugnis, entfällt diese Notwendigkeit (§ 60 III 2). Wegen der Einzelheiten wird auf Rz 4 u § 60 Rz 50 ff verwiesen.

2. Einzelheiten

Weil die **objektive Seite der Klagebefugnis** (Rz 9; § 40 Rz 86 ff) durch **17** § 48 I Nr 1 nF (Nr 3 aF) **nicht berührt** wird, ergeben sich insoweit gegenüber § 40 II keine Besonderheiten. In Bezug auf welche Einzelfallregelung, Klageerhebung in der Form des § 48 I Nr 1 nF zulässig ist, bestimmt sich nach dem **Regelungsgehalt des** einheitlichen **Feststellungsbescheids,** um den es geht (s dazu § 40 Rz 92 ff). Typischerweise bezieht sich die Klagebefugnis des § 48 I Nr 1 nF (Nr 3 aF) der Sache nach auf alles, was die Gesellschaft als solche betrifft, vor allem die GbR als Einkünfteerzielungssubjekt iSd § 2 I u II EStG (Rz 12; § 57 Rz 15 a), also zB auf (positive oder negative) **Feststellungen zur Mitunternehmerschaft** (zur begrifflichen Abgrenzung: BFH/NV 2005, 1911), **zur Qualifizierung der Einkünfte, zur Höhe des Gewinns und zu seiner Verteilung.** Sie erstreckt sich aber auch auf solche Regelungen, von denen gem § 48 I Nr 3, 4 oder 5 nF (Nr 1 oder 2 aF) auch oder vornehmlich die einzelnen Gesellschafter oder Gemeinschafter unmittelbar betroffen sind (zB die Berücksichtigung von Sondervergütungen iS des § 15 I Nr 2 EStG: BFHE 149, 149 = BStBl II 1987, 553; BFH/NV 1991, 364; ganz allgemein bei Fragen des Sonderbetriebsvermögens: BFHE 150, 514 = BStBl II 1988, 5; BFHE 152, 414 = BStBl II 1988, 544; BFHE 160, 558 = BStBl II 1990, 780; BFH/NV 1988, 240 u 761; BFH/NV 1990, 647; BFH/NV 1991, 219 u 648; beim Streit um Entnahmen: BFH/NV 1991, 648; in Fällen zusammengefasster Entscheidungen iS § 15a IV EStG: BFHE 150, 514 = BStBl II 1988, 5; BFHE 157, 181 = BStBl II 1989, 1018; BFH/NV 1990, 781; 1997, 795; beim Streit um Verlustausgleichs- und -abzugsfähigkeit: BFH/NV(1990, 638; um Beteiligungen überhaupt: BFH/NV 1991, 259 u 646; oder um die Höhe von Gewinnanteilen: BFHE 154, 201 = BStBl II 1988, 1008; BFH/NV 1990, 516; BFH/NV 1991, 259; vgl iÜ BFHE 105, 449 = BStBl II 1972, 672, 675; BFHE 114, 167 = BStBl II 1975, 209; BFHE 131, 1 = BStBl II 1980, 586; BFHE 145, 408 = BStBl II 1986, 311, 312; s auch Rz 9 u 14 f).

Was die **subjektive Seite der Klagebefugnis** angeht, so ist zu § 48 I **18** Nr 1 nF (Nr 3 aF) anzumerken:

– Die *Fassung* ist *ungenau:* Die *vertretungsberechtigten Geschäftsführer erhalten* **19** *keine „eigene" Klagebefugnis* (s Rz 1, 8 u 12). Sie haben den Prozess vielmehr **im Namen und Interesse der Gesellschaft/Gemeinschaft** (bzw aller darin zusammengeschlossenen Personen) zu führen (BFHE 105, 449 = BStBl II 1972, 672; BFHE 109, 373 = BStBl II 1973, 676; BFHE 112, 20 = BStBl II 1974, 436; BFHE 143, 495 = BStBl II 1986, 408, 409; BFHE 148, 480 = BStBl II 1988, 244, 245; BFH/NV 1996, 146 f u 485; 2003, 1283 f; BFHE 204, 44 = BStBl II 2004, 239; BFHE 209, 399 = BStBl II 2005, 679; BFH/NV 2004, 1323, 1325 u 1371; 2005, 1831 s auch Rz 8, 12 u 15).

– Gemeint sind nunmehr *ausdrücklich* die Geschäftsführer, denen (nach Zi- **20** vilrecht – Rz 11) die **Vertretung** der Gesellschaft oder Gemeinschaft

nach außen zusteht (§§ 714 BGB, 125 HGB, so schon zum missverständlich formulierten § 48 I Nr 3 aF: BFHE 105, 449 = BStBl II 1972,
672; BFHE 109, 373 = BStBl II 1973, 676; BFHE 130, 5 = BStBl II
1980, 329 f; BFHE 135, 386 = BStBl II 1982, 506, 508; BFHE 140, 22
= BStBl II 1984, 318, 320; BFHE 143, 496 = BStBl II 1985, 519, 520;
BFHE 145, 495 BStBl II 1986, 408 f; s zum neuen Recht: BFH/NV
2003, 1283 f; BFHE 204, 44 = BStBl II 2004, 239; BFH/NV 2004,
1371; FG RhPf EFG 1999, 158).

21   Auch die Frage nach den **Modalitäten** der Vertretungsbefugnis ist nach
den vertraglichen bzw gesetzlichen Bestimmungen des Zivilrechts zu beantworten (so auch *T/K* Rz 9 ff).

22   Für die Vertretungsbefugnis kommt es auf die **zZt der Prozessführung maßgeblichen Verhältnisse** an. Deshalb gilt § 48 I Nr 1 nF (Nr 3
aF) auch für solche Gesellschaftergeschäftsführer, die im streitigen Festtstel-
lungszeitraum noch nicht Gesellschafter waren (BFHE 130, 5 = BStBl II
1980, 329, 330; BFHE 164, 431 = BStBl II 1991, 581; BFH/NV 1989,
304).

23   Die **Beteiligtenfähigkeit** der Gesellschaft oder Gemeinschaft (§ 57
Rz 15 a u 26) wird in § 48 I Nr 1 nF (Nr 3 aF) zwar selbst nicht angesprochen, aber vorausgesetzt (so besonders deutlich BFHE 145, 408 = BStBl II
1986, 311, 312; vgl auch BFHE 140, 22 = BStBl II 1984, 318, 320; BFHE
143, 496 = BStBl II 1985, 519, 520; BFHE 155, 32 = BStBl II 1989, 145;
BFHE 159, 15 = BStBl II 1990, 333; sehr anschaulich – wegen unterschiedlicher Konsequenzen für verschiedene **Steuerarten:** BFH/NV 2000,
420; FG Bremen EFG 1998, 1140; s iÜ § 57 Rz 14 ff).

24   **Fehlt** der Gesellschaft oder der Gemeinschaft, für die Klage erhoben
wird (Rz 12), die **Beteiligtenfähigkeit,** dann **fehlt** der **Prozessstandschaft** die **Basis;** geht sie später verloren, dann **entfällt** allein aus diesem
Grund die (durch die vertretungsberechtigten Geschäftsführer wahrzuneh-
mende) Klagebefugnis der Gesellschaft (Rz 1, 8, 12 u 15; BFHE 125, 116
= BStBl II 1978, 503, 504; BFHE 132, 9 = BStBl II 1981, 186; BFHE
144, 495 = BStBl II 1986, 68 f; BFHE 146, 32 = BStBl II 1986, 520 f;
BFHE 146, 549 = BStBl II 1986, 672; zu den Fällen der **Rechtsnachfol-
ge:** BFHE 153, 208 = BStBl II 1988, 681; 322 = BStBl II 1989, 359;
BFH/NV 1989, 354 u 528; BFHE 188, 315 = BStBl II 2000, 399; bei
Vollbeendigung: BFHE 152, 414 = BStBl II 1988, 544; BFHE 153, 208
= BStBl II 1988, 681; BFHE 155, 32 = BStBl II 1989, 145; BFHE 159 15
= BStBl II 1990, 333; BFHE 161, 404 = BStBl II 1990, 1068; BFHE 162,
99 = BStBl II 1991, 401; BFH/NV 1986, 171; BFH/NV 1988, 101
u 343; BFH/NV 1989, 228, 499, 528 u 660; BFH/NV 1991, 516 u 692;
BFH/NV 1992, 177 u 324; 2001, 827; 2002, 796, 797; 2005, 162 u 2163;
2006, 18; HessFG EFG 2004, 129; für den Fall der **Anwachsung:** FG
MeVo EFG 2000, 1009; vgl iÜ § 57 Rz 24; zum Fortbestand der Beteiligtenfähigkeit im **Revisionsverfahren:** BFH/NV 2000, 1074; zur Vollbeendigung einer KG mit atypisch stillen Beteiligten: BFHE 179, 335 =
BStBl II 1996, 219; zur „faktischen" Vollbeendigung: BFHE 179, 335 =
BStBl II 1996, 219; BFH/NV 1999, 291; BFH StE 2001, 262). Dabei
werden die Klagebefugnis der Gesellschaft (Rz 15 u Rz 19; § 57 Rz 26),
die in § 48 I Nr 1 nF (Nr 3 aF) wie gesagt vorausgesetzt, aber nicht definiert ist (Rz 23) und die in dieser Ausnahmevorschrift geregelte gesetzliche

Prozessstandschaft (Rz 8) nicht immer deutlich genug auseinandergehalten (dazu § 57 Rz 10): Zwar setzt die Prozessstandschaft Beteiligungsfähigkeit und Klagebefugnis der Gesellschaft (Gemeinschaft) voraus. Das bedeutet aber **nicht umgekehrt,** dass mit den Voraussetzungen für die Prozessstandschaft notwendigerweise auch diejenigen für die **eigene Klagebefugnis** und Beteiligtenfähigkeit **der Gesellschaft** entfielen. Es gilt – schon im Hinblick auf Art 19 IV GG (Rz 12) – für das **Feststellungsverhältnis** dasselbe wie für das Steuerschuldverhältnis: Solange noch abgabenrechtliche Ansprüche streitig sind, bleibt das Subjekt, demgegenüber sie geltend gemacht werden, (steuer-)rechtsfähig. Auch die These, der Feststellungsbescheid richte sich nicht (zumindest auch) an die Personengesellschaft (*Gschwendtner*, DStZ 1995, 71), entbehrt der Rechtsgrundlage (§ 57 Rz 15 ff, 24 ff). Das Problem ist ein anderes: Mit dem zivilrechtlichen Ende der Gesellschaft entfällt nicht nur die Grundlage für die Prozessstandschaft nach § 48 I Nr 1 nF (Nr 3 aF), sondern die **Gesellschaft verliert** mit ihrer (ebenfalls zivilrechtlich begründeten) gesetzlichen Vertretung auch ihre zivilrechtliche Handlungsfähigkeit (vgl auch 58 Rz 13), **nicht,** aber ihre **steuerrechtliche Existenz.** Das Gesetz hat Vorsorge getroffen. Für den Steuerprozess gilt nunmehr entweder § 48 I Nr 1 2. Fall (Rz 28) oder **§ 48 I Nr 2** (Rz 32; für das Einspruchsverfahren § 352 I Nr 2 AO nF; dazu *H/H/Sp/Birkenfeld* § 352 AO Rz 106; s auch die allgemeine Lösung des Problems in § 34 II AO). Der Hilfskonstruktion über § 155 iVm **§ 239 ZPO** (BFHE 155, 250 = BStBl II 1989, 326) bedarf es **nicht** (mehr; iE ebenso, mit zT abw Begründung: BFHE 159, 17 = BStBl II 1990, 333; BFH/NV 1993, 457, 458; 2000, 1074. – AM: *Gschwendter* DStZ 1995, 71). Das *Klagerubrum* (der *Urteilstenor*) ist zu *berichtigen* (zB in „ehemalige X-KG, vertreten durch ihre früheren Gesellschafter ...“). Die Vollstreckung richtet sich nach § 150 S 1 bzw § 151 I S 1 2. Hs iVm § 267 AO (s dazu: *H/H/Sp/Müller-Eiselt* § 267 AO Rz 3 ff); auch ist nicht einzusehen, warum eine **vollbeendete Personengesellschaft** zwar **(Inhalts-)Adressat** einer Prüfungsanordnung (§ 196 AO) sein können sollte (so zutr BFHE 169, 294 = BStBl II 1993, 82; BFHE 175, 231 = BStBl II 1995, 241; s auch BFH/NV 1996, 660, 685 f u 686 f u 2003, 1028), nicht aber **des** daraufhin ergehenden **Feststellungsbescheids** (s auch § 57 Rz 24). Bejaht man aber dies (wie iE auch BFH/NV 1999, 146, 148; 2007, 162, 163 – allerdings bezogen auf die früheren Gesellschafter), ist die ehem Gesellschaft/Gemeinschaft das Gebilde, auf das die Frage der Rechtsbeeinträchtigung iS des § 40 II – zumindest auch – zu beziehen ist.

   Ebenfalls wegen Fortfalls der zivilrechtlichen Basis für die Vertretungs-**25** befugnis (Rz 11, 20) geht die Befugnis des § 48 I Nr 1 nF (Nr 3 aF) im Stadium der **Liquidation** bei Personenhandelsgesellschaften auf den *Liquidator* über (BFHE 135, 386 = BStBl II 1982, 506, 508; BFHE 145, 495 = BStBl II 1986, 408, 409; BFH/NV 1989, 657). Im **Konkurs** (zum Fall der Ablehnung der Konkurseröffnung mangels Masse: BFH/NV 1986, 474, 475) der Gesellschaft oder Gemeinschaft stand nach früherem Recht die Klagebefugnis *grundsätzlich nicht dem Konkursverwalter* zu, weil die **einheitliche Feststellung von Einkünften** zu den **konkursfreien Angelegenheiten** iS des § 6 KO zählte (BFHE 90, 87 = BStBl III 1967, 790; BFHE 128, 322 = BStBl II 1979, 780; BFH/NV 1995, 663, 664; BFHE 202, 395 – BStBl II 2003, 871; vgl zu den Einzelheiten des Verfahrensfortgangs im

Fall des Konkurses auch BFHE 171, 392 = BStBl II 1994, 3). Insoweit trat auch nach den §§ 155 FGO, 240 ZPO aF *keine Verfahrensunterbrechung* ein (s auch *H/H/Sp/Birkenfeld* § 363 Rz 169; zur abw Rechtslage bei Konkurs eines *Gesellschafters:* BFH/NV 1995, 663). Etwas anderes galt für die Feststellung des Einheitswerts des Betriebsvermögens (BFHE 145, 495 = BStBl II 1986, 408). Durch die **Insolvenzordnung** hat sich die Rechtslage **insoweit nicht verändert** (s auch § 240 ZPO nF). Iü sind die §§ 145 ff HGB anzuwenden. Notfalls muss die Bestellung eines Liquidators gem § 146 II HGB veranlasst werden.

26   Die in **§ 48 I Nr 1 1. Fall** geregelte Prozessstandschaft (Rz 1) gilt – je nach Fallgestaltung – **auch neben § 48 I Nr 3** (Rz 33), **Nr 4 oder Nr 5** (Rz 34 ff). Insoweit handelt es sich im Verhältnis zu § 48 1 Nr 1 nF um **Ergänzungstatbestände** (s zB BFHE 202, 395 = BStBl II 2003, 871; Rz 1, 15; *H/H/Sp/Birkenfeld* § 352 AO Rz 42). Die formelle Klagebefugnis (Rz 1) liegt, wenn es keinen zur Vertretung berechtigten Geschäftsführer gibt, beim *Klagebevollmächtigten* (§ 48 I Nr 1 2. Fall/§ 48 II; Rz 27 ff) und, wenn auch ein solcher nicht vorhanden ist, bei jedem *(potentiellen) Inhaltsadressaten* des Feststellungsbescheids (Rz 32); insoweit greift dann also ein *Ersatztatbestand* ein.

III. Ausnahme-Tatbestand (§ 48 I Nr 1 2. Fall/§ 48 II)

27   Für die Zeit ab 1. 1. 1996 (Rz 1, 2 a) ist der Anwendungsbereich des § 48 auch in subjektiver Hinsicht (zur objektiven Änderung: Rz 2 f) erweitert worden (zur Zielsetzung: Rz 5 aE): Der **Klagebevollmächtigte übernimmt** gem § 48 I Nr 1 2. Alternative die **Rolle des vertretungsberechtigten Geschäftsführers**, falls ein solcher nicht vorhanden ist. Das setzt negativ als Verfahrensgegenstand (Rz 3 a) einheitliche Feststellungsbescheide (Rz 2 f) voraus, die Rechtsbeeinträchtigungen (§ 40 II) bei Gebilden (Personenzusammenschlüssen) ausgelöst haben, für die das Zivilrecht (Rz 11) **keinen vertretungsberechtigten Geschäftsführer** (mehr) vorsieht, also vor allem, wenn

– Erbengemeinschaften,
– Bruchteilsgemeinschaften betroffen sind oder
– Zurechnungen nach § 180 I Nr 3 AO in Frage stehen.

28   Die Prozessstandschaft nach **§ 48 I Nr 1 nF** setzt zum einen die **Existenz besonderer** gesetzlich oder vertraglich geregelter **Vertretungsbefugnisse voraus** (Rz 11, 20, 25), zum anderen, dass **im konkreten Fall** hiervon **entsprechender Gebrauch** gemacht wird. Entsprechendes gilt für § 48 Nr 2 und Nr 3 nF und die Anknüpfung an das **Fehlen bestimmter „Personen"** (als Voraussetzung für den Rückgriff auf jeden – potentiell – betroffenen Gesellschafter/Gemeinschafter). Solche Personen, die anstelle vertretungsberechtigter Geschäftsführer deren prozessuale Rolle übernehmen können, sind nicht vorhanden, wenn bei einer **GbR** mangels spezieller Regelung (dazu *Dißars* BB 1996, 773, 774) die Vertretung allen Gesellschaftern gemeinschaftlich zusteht (§§ 709, 714 BGB; so auch BFH/NV 1998, 994, 996, aber nur für Publikumsgesellschaften. – AM BFH/NV 2004, 1371, 1372; *Dißars* BB 1996, 773, 775) oder wenn ein Geschäftsführer Klage erhebt, der nur **gemeinschaftlich** mit einem anderen vertretungsberechtigt ist (s auch *Siegbert* DStZ 1995, 25, 27; *T/K* Rz 12. – AM

BFHE 207, 24 = BFH/NV 2005, 131, 132 mwN). In solchen Fällen gilt, wenn es auch einen Klagebevollmächtigten (Rz 29) nicht gibt, § 48 I Nr 2 (Rz 32). Es entspricht auch der prozessökonomischen Zielsetzung der Regelung (Rz 5 aE), die schwerfällige **Gesamtvertretungsregelung** im Geltungsbereich der § 352 AO, 48 FGO nF zu vermeiden. – Entgegen BFHE 155, 37 = BStBl II 1989, 145 fehlt ein zur Vertretung berechtigter Geschäftsführer nach den auch insoweit allein maßgeblichen zivilrechtlichen Grundsätzen (Rz 27) auch bei der **atypischen stillen Gesellschaft,** weil es ihrem Charakter als Innengesellschaft entspricht, für das Auftreten nach außen hin keine Vorsorge zu treffen (BFHE 185, 131 = BStBl II 1998, 401; FG Nds EFG 2000, 1144; s auch *H/H/Sp/Steinhauff* Rz 63; *Dißars* BB 1996, 773, 775; vgl auch *H/H/Sp/Steinhauff* Rz 63). Theoretisch kommt die Ersatzregelung auch in Betracht, wenn es zur Vertretung berufene Geschäftsführer **nicht mehr** gibt (zB weil Vollbeendigung eingetreten ist – Rz 24); nur wird dann in der Regel auch kein Klagebevollmächtigter (mehr) vorhanden sein, so dass § 48 I Nr 2 (Rz 32) eingreift. Für den Rechtsschutz gegenüber negativen Feststellungsbescheiden gilt § 48 I Nr 4 (Rz 35).

29   Positive Voraussetzung für das Eingreifen des Ausnahmetatbestands ist, dass (statt eines vertretungsberechtigten Geschäftsführers) ein **Klagebevollmächtigter** vorhanden ist. Wann dies der Fall ist, regelt auf eine für die zeitgenössische „Gesetzgebungskunst" exemplarisch umständliche und bürokratische Weise **§ 48 II.** – Klagebevollmächtigter ist danach (ebenso wie nach § 352 II AO nF Einspruchsbevollmächtigter) in erster Linie der gemeinsame **Empfangsbevollmächtigte** iS des § 183 I 1 AO (dazu *H/H/Sp/Söhn* § 183 AO Rz 23 ff) bzw des § 6 I 1 der VO zu § 180 II AO (dazu FG Nbg EFG 2004, 1025; *T/K* Rz 19 ff; *H/H/Sp/Söhn* § 180 AO Rz 381 ff; *T/K* § 180 AO Rz 95). Die in dieser Anknüpfung an das überaus schwerfällige Verfahren (zu den Einzelheiten: *Dißars* BB 1996, 773, 775 mwN) zur vereinfachten Bekanntgabe einheitlicher Feststellungsbescheide (s auch § 122 I 3 AO) liegenden Gefahren für die von solcher „Vereinfachung" betroffenen Personenzusammenschlüsse (zu den rechtlichen Einwänden: *T/K* Rz 22 u § 183 AO Rz 8; *Dißars,* BB 1996, 773, 776), vor allem die etwaige Konfrontation mit einem nach § 183 I 2 AO fingierten oder einem von der Finanzverwaltung (gem § 183 I 3–5 AO oder nach § 6 I 3 VO zu § 180 AO) ausgesuchten Empfangsbevollmächtigten, vermeidet man in der **Praxis** am besten durch **Bestellung** eines Empfangsbevollmächtigten (§ 183 I 1 AO, § 6 I 1 VO zu § 180 II AO), verbunden mit einer entsprechenden **Mitteilung** an das FA bzw FG, wobei man gut daran tut, sich bei einer solchen Personalentscheidung von der Erwägung leiten zu lassen, dass es sich hierbei (wenn auch nicht im Augenblick, so aber möglicherweise später) nicht so sehr um die Auswahl eines „Empfangsboten" handelt, vielmehr *Eignung zur Verfahrensführung* gefragt ist.

30   Eine weitere tatbestandsmäßige Voraussetzung formalrechtlicher Art für das Eingreifen des § 48 I Nr 1 2. Fall hat der Gesetzgeber (ein weiteres Mal unbekümmert um systematischen Aufbau) an ganz anderer Stelle, nämlich in **§ 48 II 3** geregelt: Spätestens bei Erlaß der Einspruchsentscheidung müssen die Beteiligten (§ 359 AO) über die Klagebefugnis des Empfangsbevollmächtigten **belehrt** worden sein. An die Textfassung einer solchen

Belehrung müssen strenge Anforderungen gestellt werden, weil es sich um eine für alle Beteiligten ungewöhnliche und komplizierte Regelung handelt. Gerade deshalb gehört diese Art der Belehrung **nicht** zum notwendigen **Inhalt der Rechtsbehelfsbelehrung** (ebenso *T/K* Rz 25). *Fehlende oder unzureichende Belehrung über den Einspruchs-/Klagebevollmächtigten* löst demgemäß *nicht Verlängerung der Klagefrist* aus (§ 55 II; vgl auch EinVerw DStR 1996, 383), sondern hat zur Folge, dass die Regelung des § 48 I Nr 1 2. Fall nicht gilt.

31   **Rechtsfolge** des Ausnahmetatbestands nach § 48 I Nr 1 2. Fall iVm § 48 II ist, dass dem Klagebevollmächtigten **dieselben prozessualen Befugnisse** zustehen wie dem vertretungsberechtigten Geschäftsführer nach dem Regeltatbestand des § 48 I Nr 1 1. Fall (dazu Rz 11 ff).

IV. Ersatz-Tatbestand (§ 48 I Nr 2)

32   Für den Fall der Rechtsbeeinträchtigung durch einen einheitlichen Feststellungsbescheid (Rz 2 f; zu den in Betracht kommenden Klagearten: Rz 3 a), in dem **weder** ein **vertretungsberechtigter Geschäftsführer** (Rz 11 ff) **noch** ein **Klagebevollmächtigter** (Rz 27 ff) vorhanden ist (wie zB idR bei der *atypischen stillen Gesellschaft* – s Rz 2 a) bestimmt § 48 I Nr 2, dass jeder Gesellschafter, Gemeinschafter oder Mitberechtigte Klage erheben darf, gegen den der Feststellungsbescheid ergangen ist oder „zu ergehen hätte" (besser – so mit Recht auch *T/K* Rz 26 – „hätte ergehen müssen"). Die Vorschrift ist im Wesentlichen – wie bisher § 48 II aF – klarstellender Natur: Fehlt die vom Gesetz vorausgesetzte Basis für eine Aufspaltung zwischen materieller und formeller Klagebefugnis (Rz 1, 8 und 24) oder entfällt sie später (während des Verfahrens), so gilt (wieder) uneingeschränkt die **generelle Regel des § 40 II** (dort Rz 55 ff); dh jeder, der substantiiert und in sich schlüssig eine Rechtsbeeinträchtigung durch den angefochtenen (die Vorenthaltung des begehrten) VA geltend macht, ist klagebefugt (vgl BFH/NV 1997, 639; 1999, 291 u 1483) – ausdrücklich auch derjenige, der vorbringt, dass er zwar nicht Inhaltsadressat der in Frage stehenden Einzelfallregelung ist, dies aber von Rechts wegen hätte sein müssen.

V. Ergänzungstatbestände (§ 48 I Nrn 3–5)

1. Ausgeschiedene Gesellschafter/Gemeinschafter (§ 48 I Nr 3)

33   Unabhängig davon, inwieweit (noch) die Voraussetzungen einer gesetzlichen Prozessstandschaft nach § 48 I Nr 1 1. oder 2. Fall (Rz 11 ff, 27 ff) gegeben sind, steht nunmehr ausdrücklich kraft Gesetzes (§ 48 I Nr 3 nF) – genauso wie bisher schon nach ständiger BFH-Rechtsprechung (3. Aufl 2 Rz 26) – dem **ausgeschiedenen Gesellschafter oder Gemeinschafter** zur Wahrung seiner Rechte die uneingeschränkte Klagebefugnis zu. Macht er von dieser keinen Gebrauch, so ist er notwendig beizuladen (Rz 2), wobei es gleichgültig ist, ob er vor Bekanntgabe des streitbefangenen Feststellungsbescheids, während des außergerichtlichen Vorverfahrens oder während des Klageverfahrens ausgeschieden ist (BFHE 163, 438 = BStBl II 1991, 882; BFH/NV 1992, 323; 1996, 146; BFHE 188, 315 = BStBl II 2000, 399 mwN; BFHE 201, 6 = BStBl II 2003, 335; s auch BFH/NV

1999, 1113 f und 1457 f). – Auch insoweit handelt es sich letztlich nur um eine **Konkretisierung** der in **Art 19 IV GG**, **§ 40 II FGO** garantierten Grundregel individueller Rechtsschutzgewährung. Mit dem Ausscheiden des einzelnen aus dem Verbund entfällt jegliche Legitimation für die (teilweise) Übertragung verfassungsrechtlich abgesicherter Rechtsschutzbefugnisse auf die Gesellschaft/Gemeinschaft bzw deren Vertreter oder Bevollmächtigte. Die Rechtsbeeinträchtigung iS des § 40 II des ausgeschiedenen Gesellschafters/Gemeinschafters ist (wieder) uneingeschränkt von diesem selbst wahrzunehmen: er bzw sein **Rechtsnachfolger** muss an dem Feststellungsverfahren iS des § 48 I, das die Zeit seiner Zugehörigkeit zur Gesellschaft/Gemeinschaft betrifft, **als Kläger oder notwendig Beigeladener** beteiligt werden.

2. Feststellungsbeteiligte (§ 48 I Nr 4 und 5)

Die durch die Prozessstandschaft iS des § 48 I 1 Nr 1 nF (Nr 3 aF) **34** verdrängte **individuelle Klagebefugnis** des einzelnen Gesellschafters/Gemeinschafters lebt wieder auf, sobald und insoweit der einzelne durch den angefochtenen bzw die Versagung des erstrebten einheitlichen Feststellungsbescheids (Rz 2 f, 3 a) persönlich „berührt" wird (BFH/NV 1987, 312). In diesem nunmehr in § 48 I Nr 4 und 5 (bisher in § 48 I Nr 1 und 2; 3. Aufl Rz 27 ff) geregelten Fällen ist es – wiederum unabhängig von, dh je nach Lage **auch neben** der Rechtsverwirklichung gem **§ 48 I Nr 1** – Sache des jeweils betroffenen Gesellschafters/Gemeinschafters, substantiiert und in sich schlüssig die eigene Rechtsbeeinträchtigung iS des § 40 II (dazu dort Rz 61 ff) darzutun (BFHE 134, 421 = BStBl II 1982, 186, 188; BFHE 145, 308 = BStBl II 1986, 239).

a) § 48 I Nr 4

Der Sache nach geht es in Fällen des § 48 I Nr 4 nF (Nr 1 aF) darum, **35** **wer an dem festgestellten Betrag beteiligt** (oder nicht beteiligt) ist **und wie** sich dieser auf die einzelnen Beteiligten **verteilt** (vgl zB BFHE 102, 66 = BStBl II 1971, 478; BFHE 122, 400 = BStBl II 1977, 737, 739; BFHE 125, 104 = BStBl II 1978, 510; BFHE 154, 201 = BStBl II 1988, 100; BFHE 167, 5 = BStBl II 1992, 559; BFHE 180, 223 = BStBl II 1996, 606; BFH/NV 1999, 45 u 1457 f). Dies ist beim Rechtsschutz **gegenüber negativen Feststellungsbescheiden** stets die vorrangige Streitfrage (vgl BFH/NV 2004, 1372, 1378 mwN). Bei **Treuhandverhältnissen** dagegen ist zu beachten, dass die Treugeber weder klagebefugt noch beizuladen sind (s auch Rz 2 a; BFHE 122, 400 = BStBl II 1977, 737; BFHE 146, 340 = BStBl II 1986, 584; BFH/NV 2004, 1372, 1373; s iÜ Rz 9 und 17). Die Voraussetzungen des § 48 I Nr 4 richten sich in objektiver Hinsicht nach dem (positiven wie negativen **Regelungsgehalt** des in Frage stehenden Bescheids (BFH/NV 1998, 345, 346).

b) § 48 I Nr 5

Diese Spezialregelung (bisher § 48 I Nr 2) regelt die Klagebefugnis für **36** Fragen, die einen Gesellschafter/Gemeinschafter (zumindest *auch; zu der danebenr herlaufenden Klagebefugnis der Gesellschaft: Rz 15 u 26) **persön-**

lich angehen, vor allem Fragen des Sonderbetriebsvermögens (vgl zB BFHE 132, 186 = BStBl II 1981, 272, 276; BFHE 135, 457 = BStBl II 1982, 543; BFHE 152, 414 = BStBl II 1988, 544; BFHE 157, 181 = BStBl II 1989, 1018; BFH/NV 1991, 364 und 648; 1997, 866; 2000, 1214, 1215 u 1217; speziell zum Streit über die Höhe des Gewinns aus der **Veräußerung eines Mitunternehmeranteils:** BFHE 185, 422 = BStBl II 1998, 383; BFH/NV 2001, 548 = FR 2001, 295; s auch Rz 15 und 17).

VI. Zu § 48 II aF

37   Durch diesen Gesetzestatbestand, der sich mit Inkrafttreten der Neufassung (Rz 1) erübrigt (Rz 1), sollten alle bisher nicht unter § 48 I aF fallenden einheitlichen Feststellungen (vor allem über Einheitswerte für nicht betriebliche Einheiten. Feststellungen zu anderen als gewerblichen Einkünften) sowie die **Fälle** erfasst werden, **in denen** die **Voraussetzungen des § 48 I aF nicht** (mehr) vorlagen (vgl zB BFHE 133, 285 = BStBl II 1981, 574; BStBl II 1986, 820; BFHE 163, 517 = BStBl II 1991, 809; BFHE 166, 74 = BStBl II 1992, 185; BFHE 180, 223 = HFR 1996, 720; BFH/NV 1989, 228, 499, 528, 651, 660 und 707; 1990, 378 und 781; 1991, 51, 330, 332 und 604; 1996, 37f, 42 u 486; BFHE 182, 170 = BStBl II 1997, 406; BFH/NV 1999, 471, 472; 2001, 17, 18. Speziell zur Klagebefugnis bzw dem Erfordernis notwendiger Beiladung der Mitberechtigten einer *Bauherrengemeinschaft*: BFHE 163, 157 = BStBl II 1991, 809; BFH HFR 1996, 62, 63; BFH/NV 1994, 114).

§ 49 (weggefallen)

Aufgehoben durch Art 54 des G v 14. 12. 1976 (BGBl I S 3341).

§ 50 [Klageverzicht]

(1) [1] Auf die Erhebung der Klage kann nach Erlass des Verwaltungsakts verzichtet werden. [2] Der Verzicht kann auch bei Abgabe einer Steueranmeldung ausgesprochen werden, wenn er auf den Fall beschränkt wird, dass die Steuer nicht abweichend von der Steueranmeldung festgesetzt wird. [3] Eine trotz des Verzichts erhobene Klage ist unzulässig.

(1 a) [1] Soweit Besteuerungsgrundlagen für ein Verständigungs- oder ein Schiedsverfahren nach einem Vertrag im Sinne des § 2 der Abgabenordnung von Bedeutung sein können, kann auf die Erhebung der Klage insoweit verzichtet werden. [2] Die Besteuerungsgrundlage, auf die sich der Verzicht beziehen soll, ist genau zu bezeichnen.

(2) [1] Der Verzicht ist gegenüber der zuständigen Behörde schriftlich oder zur Niederschrift zu erklären; er darf keine weiteren Erklärungen enthalten. [2] Wird nachträglich die Unwirksamkeit des Verzichts geltend gemacht, so gilt § 56 Abs. 3 sinngemäß.

In der VwGO und im SGG nicht ausdrücklich geregelt; vgl § 306 ZPO, § 354 AO (235 RAO)

Literatur: *Baur,* Vereinbarungen in der Schlussbesprechung, BB 1988, 602; *Bitter,* Inhalt und Grenzen der Dispositionsmaxime im Verwaltungsstreitverfahren, BayVBl 1958, 41; *v Bornhaupt,* „Tatsächliche Verständigung" in Schätzungsfällen, BB 1985, 1591; *Breimann,* Der Verzicht auf Rechtsmittel und die Rechtsmittelzurücknahme, Stbg 1960, 286; *v Groll,* Treu und Glauben im Steuerrecht, FR 1995, 814, 817 f; *v Kalm,* Der Rechtsmittelverzicht, StuW 49, 73; *Krauß,* Rechtsbehelfsverzicht und -rücknahme im Steuerstreit, Münchener Diss 1976; *Lang,* Verzicht und Anerkenntnis im verwaltungsgerichtlichen Verfahren, BayVBl 1958, 170; *ders,* Untersuchungs- und Verhandlungsmaxime im Verwaltungsprozess, VerwA 52, 60; *Limprecht,* Zulässigkeit des Verzichts auf Rechtsmittel nach früherem Abgabenrecht und Rechtsbehelfe nach jetzigem Abgabenrecht vor Ergehen des Steuerbescheides, Würzburger Diss 1969; *Quaritsch,* Der Verzicht im Verwaltungsrecht und auf Grundrechte, FS für W Martens (1967), S 407; *Rößler,* Tatsächliche Verständigung und Rechtsmittelverzicht, DStZ (A) 1988, 375; *Seer,* Verständigungen im Steuerverfahren, 1996, S 282 ff; *Stier,* Der Rechtsmittelverzicht einer handlungsfähigen Person, StuW 1962, 479; *Theis,* Verzicht auf Rechtsmittel, Rücknahme von Rechtsmitteln, FR 1954, 19; *Tipke,* Wann ist der Rechtsmittelverzicht in der USt-Erklärung unwirksam, UR 1960, 33; *Zeiß,* Bindungswirkung des Rechtsmittelverzichts, NJW 1969, 166.

Die grundsätzliche Möglichkeit, auf die Erhebung der Klage zu verzichten, wird allgemein als Element der **Dispositionsmaxime** auch in solchen Verfahrensordnungen zugelassen, die keine ausdrückliche Regelung hierzu enthalten (vgl auch *H/H/Sp/Birkenfeld* Rz 21; *Beermann/ v Beckerath,* § 50 FGO Rz 2; *Kopp/Schenke* § 74 Rz 21 ff mwN). **1**

Für den **außergerichtlichen Rechtsbehelf** sieht § 354 AO (s dazu BFHE 141, 81 = BStBl II 1984, 513 f; FG BaWü EFG 1997, 784 u 1283) eine entsprechende Regelung vor. Eine solche Verzichtserklärung führt über § 44 auch zum Verlust des Klagerechts. Dadurch ist der Anwendungsbereich des § 50 begrenzt auf Fälle der Sprungklage und auf die Zeit zwischen Bekanntgabe der außergerichtlichen Rechtsbehelfsentscheidung und Ablauf der Klagefrist. Hierin mag der Grund dafür liegen, dass der Klageverzicht in der Praxis des finanzgerichtlichen Verfahrens kaum von Bedeutung ist (*T/K* Rz 2). Unabhängig davon allerdings können in eng begrenzten Ausnahmefällen die Grundsätze von **Treu und Glauben** (allerdings nicht unter dem Gesichtspunkt der *tatsächlichen* Verständigung – Rz 3, 6) Klageerhebung verbieten (vgl FG BaWü EFG 1997, 784 u 1283). **2**

Im Hinblick auf Art 19 IV GG **muss sichergestellt sein, dass feststeht, *worauf* genau verzichtet wird** (BVerfGE 9, 194, 199; BVerwG DVBl 1964, 874; OVG M'ster NVwZ 1983, 682). Im abgabenrechtlichen Verfahren setzt der Rechtsbehelfsverzicht (§ 354 I 1 AO, § 50 I 1 FGO; zum Rechtsmittelverzicht: Rz 23 vor § 115) voraus, dass sich der Gegenstand einer solchen Willensbekundung durch einen VA iS des § 118 S 1 AO (Rz 1 ff vor § 40) konkretisiert hat. Der **Anwendungsbereich** des § 50 ist **auf verwaltungsaktbezogene Klagen** (§ 47 Rz 6) **beschränkt.** Schon wegen dieser gegenständlichen Begrenzung lässt sich aus einer „tatsächlichen Verständigung" idR kein Rechtsbehelfsverzicht herleiten (s iÜ Rz 6). Im Interesse des Rechtsuchenden und der Rechtssicherheit bestimmt § 50 I 1 (ebenso wie § 354 II AO), dass der Rechtsbehelfsverzicht **3**

nur wirksam ist, wenn er **nach Erlaß des** (als Gegenstand einer Anfech-
tungs- oder Verpflichtungsklage in Betracht kommenden) **VA** erklärt wird.
Ein wirksamer Klageverzicht setzt somit grundsätzlich **Bekanntgabe** des
in Frage stehenden VA (§ 122, 124 I AO) voraus; eine Ausnahme hiervon
gilt gem § 50 I 2 nur für den Fall der Steueranmeldung (§§ 150 I 2, 167
I 1, 168 AO).

4   Der Rechtssicherheit dient das Gebot der **Schriftform** (§ 50 II 1), der
Rechtsklarheit die Vorschrift, dass der Verzicht nicht mit weiteren Erklärungen verbunden sein darf (§ 50 II 2, 2. Halbsatz).

5   Verzichten kann nur derjenige, dem das Klagerecht zusteht. Das kann
auch der Rechtsnachfolger sein (*Kopp/Schenke* § 74 Rz 21). Der Verzichtende muss beteiligtenfähig (§ 57), prozessfähig (§ 58) und klagebefugt sein
(§§ 40 II, 42, 48).

6   Der Klageverzicht ist eine **Prozesshandlung** (dazu allgemein Rz 14 ff
vor § 33); er muss daher mit der erforderlichen Eindeutigkeit erklärt werden (BFHE 131, 267 = BStBl 1981, 5 f mwN zu den formellen Anforderungen; vgl auch BFHE 136, 224 = BStBl II 1982, 710, 713 und BFHE
138, 517 = BStBl II 1983, 680, 681; BGH NJW-RR 1991, 1213). – Im
Rahmen einer „tatsächlichen Verständigung" (s auch Rz 2; § 76 Rz 4)
kann schon aus formellen Gründen rechtswirksam idR kein Rechtsmittelverzicht erklärt werden (Rz 3): IÜ zielen die hierbei abgegebenen Willensbekundungen inhaltlich vorrangig auf Begrenzung der Ermittlungspflicht
der Finanzbehörden bzw der Sachaufklärungspflicht des Gerichts (iE ebenso *Rößler* DStZ 1988, 375; *H/H/Sp/Birkenfeld* Rz 66; allgemein zur „tatsächlichen Verständigung": BFHE 181, 103 = BStBl II 1996, 625; BFH/
NV 1994, 290; 1995, 269, 370; 2000, 1073; *v Groll* FR 1995, 814, 817 f
mwN. – AM *Seer* StuW 1995, S 283 ff; s iÜ § 76 Rz 18 u 28 ff). In der
Beschränkung auf eines von mehreren Begehren kann ein Verzicht liegen
(vgl BFH BB 1990, 517).

7   Als Prozesshandlung ist der Klageverzicht außerdem grundsätzlich **un-
widerruflich und unanfechtbar** (BGH NJW 1985, 2334; BFHE 74, 240
= BStBl III 1962, 91; BFH HFR 1965, 376; BVerwGE 57, 342, 345ff;
Birkenfeld StuW 1977, 31, 44 ff). Es kann aber unlautere Beeinflussung
durch die Behörde geltendgemacht werden (BFH HFR aaO; *H/H/Sp/
Birkenfeld* Rz 71, 110; *T/K* Rz 19 f), dies ist jedoch – wie die Berufung auf
die Unwirksamkeit einer solchen Prozesshandlung überhaupt – nach § 50
II 2 iVm § 56 II **nur binnen Jahresfrist** möglich (s auch § 72 II 3; dort
Rz 42 f). Diese Frist beginnt nach der Systematik des § 50, sobald die Ver-
zichtserklärung der **zuständigen Behörde** gem § 50 II 1 **zugeht;** welche
Behörde das ist, ergibt sich aus § 357 II AO (vgl auch *H/H/Sp/Birkenfeld*
Rz 78).

8   Eine trotz wirksamen Verzichts erhobene Klage ist durch **Prozessurteil**
abzuweisen (§ 50 I 3).

9   Der durch Gesetz v 21. 12. 1993 (BGBl I 2310, 2350) eingefügte
§ 50 I a sieht eine bislang unbekannte, sehr spezielle **(auf bestimmte
Besteuerungsgrundlagen bezogene) Art des Teilverzichts** vor: Soweit bestimmte Besteuerungsgrundlagen (dazu: vor § 40 Rz 61; § 40
Rz 72) für eine Verständigungs- oder Schiedsverfahren im Rahmen eines
völkerrechtlichen Vertrages iS des § 2 AO von Bedeutung sein können,
darf, insoweit **abweichend von § 50 I** (nicht aber von § 50 II!), schon

vor Erlass eines VA verzichtet werden. Hierdurch soll die Durchführung solcher Verfahren, die idR Bestandskraft/Rechtskraft der maßgeblichen behördlichen/gerichtlichen Entscheidung erfordern, erleichtert werden (vgl BT-Drucks 12/5630, 105; *Helmschrott/Eberhard* DStR 1994, 525, 531). – Spezielle Wirksamkeitsvoraussetzung eines solchen Verzichts (iÜ gilt § 50 II uneingeschränkt: s also Rz 4 ff) ist nach § 50 I a 2 die **genaue Bezeichnung** der Besteuerungsgrundlage(n), auf die sich der Klageverzicht bezieht. – Die eigentliche Problematik dieser Regelung liegt in dem Systembruch, dass aus rein praktischen Erwägungen heraus die in § 157 II AO fixierte Struktur des Steuerbescheids (Rz 59 ff vor § 40) missachtet wird und in den grotesken materiell-rechtlichen (vgl zB § 171 III AO) und **verfahrensrechtlichen Folgen,** die ein solcher Verzicht auslöst (vom Ausschluss aus dem „Saldierungspotential" des § 177 AO – s insoweit auch § 175 a AO – bis hin zur durchgehenden Herauslösung der von einem solchen Teilverzicht betroffenen Besteuerungsgrundlagen aus dem **Streitgegenstand** des finanzgerichtlichen Verfahrens – dazu allgemein: § 44 Rz 10 ff; § 65 Rz 13 u 30 ff; s auch § 110 Rz 13 ff; zur Teilbarkeit eines Steuer-VA: § 47 Rz 3; zu den Folgen für den Streitwert: Rz 23 ff vor § 135).

Abschnitt II. Allgemeine Verfahrensvorschriften

§ 51 [Ausschließung und Ablehnung von Gerichtspersonen]

(1) ¹Für die Ausschließung und Ablehnung der Gerichtspersonen gelten die §§ 41 bis 49 der Zivilprozessordnung sinngemäß. ²Gerichtspersonen können auch abgelehnt werden, wenn von ihrer Mitwirkung die Verletzung eines Geschäfts- oder Betriebsgeheimnisses oder Schaden für die geschäftliche Tätigkeit eines Beteiligten zu besorgen ist.

(2) Von der Ausübung des Amtes als Richter, als ehrenamtlicher Richter oder als Urkundsbeamter ist auch ausgeschlossen, wer bei dem vorausgegangenen Verwaltungsverfahren mitgewirkt hat.

(3) Besorgnis der Befangenheit nach § 42 der Zivilprozessordnung ist stets dann begründet, wenn der Richter oder ehrenamtliche Richter der Vertretung einer Körperschaft angehört oder angehört hat, deren Interessen durch das Verfahren berührt werden.

Vgl § 54 VwGO: § 60 SGG

Übersicht

Literatur: *Deumeland,* Befangenheit und unfaires Gerichtsverfahren bei unwahrem Sachvortrag eines Richters, ZfS 1993, 139; *Dürholt,* Richteramt und Meinungsfreiheit, ZRP 1977, 217; *Gloede,* Missbräuchliche Ablehnungsgesuche im Zivilprozess, NJW 1972, 2067; *Göbel,* Die missbräuchliche Richterablehnung, zum Verhältnis von § 42 ZPO, § 39 DRiG und Art 5 GG, NJW 1985, 1057; *Lamprecht,* Befangenheit an sich: Über den Umgang mit einem prozessualen Grundrecht, NJW 1993, 2222; *Lorenz,* Richterliche Unabhängigkeit und frühere Tätigkeit in der Finanzverwaltung, StuW 1980, 325; *Loschelder,* Zweifel an der Unparteilichkeit des Richters?, AO-StB 2004, 102; *Michl,* Richterablehnung aufgrund von Rechtsverstößen des Gerichts, DStZ 1994, 641; *Molketin,* Sitzungspolizeiliche Maßnahmen des Vorsitzenden – Anlass zur Ablehnung wegen „Besorgnis der Befangenheit"?, MDR 1984, 20; *Müller,* Zur Ablehnung von Bundesverfassungsrichtern wegen Besorgnis der Befangenheit nach § 19 BVerfGG, NVwZ 1993, 1167; *Riedel,* Das Postulat der Unparteilichkeit des Richters – Befangenheit und Parteilichkeit im deutschen Verfassungs- und Verfahrensrecht, 1980; *Roidl,* Mitwirkung abgelehnter Verwaltungsrichter bei der Entscheidung über die Ablehnung (§ 45 ZPO), NVwZ 1985, 905; *Schlichting,* Vorbefassung als Ablehnungsgrund, NJW 1989, 1343; *Schneider,* Das Vorgehen bei der Richterablehnung, MDR 2005, 671; *Vollkommer,* Das Ablehnungsverfahren der FGO nach dem Zweiten FGO-Änderungsgesetz – Ein Modell für die anderen Verfahrensordnungen?, NJW 2001, 1827; *de Wall,* Nochmals: Befangenheit an sich – Über den Umgang mit einem prozessualen Grundrecht, NJW 1994, 843; *Wipfelder,* Was darf ein Richter sagen?, ZRP 1982, 121; *Zuck,* Befangenheit als Fehlerquelle eines fairen Verfahrens, DRiZ 1988, 905.

A. Vorbemerkungen

I. Bedeutung

1   Die Regelung über die Ausschließung und Ablehnung von Gerichtspersonen (§ 51) steht in engem Zusammenhang mit Art 97 I GG u Art 101 I 2 GG. Unabhängig iS des Art 97 I GG ist nur der unparteiliche Richter (BVerfGE 24, 64 ff); nur dieser ist damit der gesetzliche Richter. Der befangene oder ausgeschlossene Richter ist auch nicht der zur Entscheidung des konkreten Streitfalls berufene gesetzliche Richter (Art 101 I 2 GG; BVerfGE 21, 139, 145 f; 46, 37). Das grundrechtsgleiche Recht auf den gesetzlichen Richter verpflichtet den Gesetzgeber und die Gerichte, Vorsorge dafür zu treffen, dass im Einzelfall ein Richter, der nicht die Gewähr der Unparteilichkeit bietet, von der Ausübung seines Amtes ausgeschlossen ist oder abgelehnt werden kann (BVerfG NJW 1998, 369).

II. Anwendungsbereich

§ 51 ist anwendbar in Urteils- und Beschlussverfahren sowie in Tatbe- 2
standsberichtigungsverfahren nach § 108 (BFHE 157, 494 = BStBl II 1989,
899). § 51 bezieht sich nicht auf das Gericht als solches, sondern nur auf
einzelne Gerichtspersonen (Rz 27). Das sind die Richter einschließlich
der ehrenamtlichen Richter und die Urkundsbeamten der Geschäftsstelle
(§ 51 II, § 49 ZPO; s auch Rz 7 u § 12 Rz 1). Für die **Ablehnung von
Sachverständigen** und Dolmetschern gelten besondere Vorschriften (§ 82
iVm § 406 ZPO bzw § 155 iVm § 191 GVG – § 82 Rz 35).

B. Die Regelungen des § 51

I. Ausschließung (§ 51 I 1 iVm § 41 ZPO; § 51 II)

1. Begriff

§ 51 I 1 unterscheidet zwischen Ausschließung und Ablehnung der Ge- 4
richtspersonen (zur Ablehnung s Rz 25 ff). **Ausschließung** bedeutet, dass
die Gerichtsperson kraft Gesetzes von der Ausübung des Amtes in einem
bestimmten Verfahren ausgeschlossen ist.

2. Ausschließungsgründe

§ 51 I 1 iVm § 41 ZPO und § 51 II zählen die im finanzgerichtlichen 5
Verfahren geltenden **relativen Ausschließungsgründe** abschließend auf
(s zur inhaltlich nahezu identischen Regelung des § 54 VwGO: BVerwG
NJW 1980, 2722 = DÖV 1980, 568). Sie ergeben sich aus der Beziehung
der Gerichtsperson zu einem bestimmten Verfahren. Hiervon zu unterscheiden sind die nicht in der FGO oder ZPO geregelten **absoluten (un-
bedingten) Ausschließungsgründe**, die der Ausübung des Amtes unabhängig von den besonderen Umständen des Einzelfalls entgegenstehen (zB
eine Geisteskrankheit oder das Fehlen der Voraussetzungen für die Ausübung des Richteramtes nach §§ 8 ff DRiG).

§ 41 ZPO Ausschluss von der Ausübung des Richteramtes   6

Ein Richter ist von der Ausübung des Richteramtes kraft Gesetzes ausgeschlossen:

1. in Sachen, in denen er selbst Partei ist oder bei denen er zu einer Partei in
   dem Verhältnis eines Mitberechtigten, Mitverpflichteten oder Regreß-
   pflichtigen steht;
2. in Sachen seines Ehegatten, auch wenn die Ehe nicht mehr besteht;
2 a. in Sachen seines Lebenspartners, auch wenn die Lebenspartnerschaft
   nicht mehr besteht;
3. in Sachen einer Person, mit der er in gerader Linie verwandt oder
   verschwägert, in der Seitenlinie bis zum dritten Grad verwandt oder bis
   zum zweiten Grad verschwägert ist oder war;
4. in Sachen, in denen er als Prozeßbevollmächtigter oder Beistand einer
   Partei bestellt oder als gesetzlicher Vertreter einer Partei aufzutreten berechtigt ist oder gewesen ist;
5. in Sachen, in denen er als Zeuge oder Sachverständiger vernommen ist;

6. in Sachen, in denen er in einem früheren Rechtszuge oder im schiedsrichterlichen Verfahren bei dem Erlaß der angefochtenen Entscheidung mitgewirkt hat, sofern es sich nicht um die Tätigkeit eines beauftragten oder ersuchten Richters handelt.

7   § 41 ZPO regelt den Ausschluss des **Richters** von der Ausübung des Richteramtes. Die Vorschrift erfasst über ihren Wortlaut hinaus aber nicht nur die Berufsrichter und die ehrenamtlichen Richter, sondern auch **die Urkundsbeamten der Geschäftsstelle.** Dies folgt zum einen aus § 51 II und zum anderen aus § 49 ZPO, wonach die §§ 41–48 ZPO auf die Urkundsbeamten der Geschäftsstelle entsprechend anzuwenden sind (s auch Rz 2 u § 12 Rz 1).

8   **Zu § 41 Nr 1 ZPO** (Parteieigenschaft): Im finanzgerichtlichen Verfahren ist „Partei" der Beteiligte (§ 57). **Beteiligter ist derjenige, gegen den das Urteil wirkt** (§ 110 I). Gegen **Mitverpflichtete** oder **Regresspflichtige** wirkt das Urteil zwar nicht, sie sind aber dennoch ausgeschlossen, weil sie ein erhebliches eigenes Interesse am Ausgang des Verfahrens haben. Eine Mitverpflichtung liegt vor bei Zugehörigkeit des Richters zu einer Gläubiger- oder Schuldnermehrheit gem §§ 421 ff BGB, selbst wenn das Urteil nach § 425 II BGB nicht gegenüber den übrigen Mitverpflichteten wirkt (vgl BFHE 113, 157 = BStBl II 1974, 756) sowie bei Zugehörigkeit zu einer Gesellschaft, bei der die Gesellschafter persönlich haften (GbR, oHG). Mitverpflichtete sind darüber hinaus Bürgen und **steuerrechtlich Haftende** (§§ 69 ff AO; s im Einzelnen *Zöller/Vollkommer* § 41 Rz 7). Keine Mitverpflichtung liegt vor bei Mitgliedschaft in einem nichtrechtsfähigen Verein, wenn wegen der Beschränkung der Haftung auf das Vereinsvermögen keine wirtschaftliche Belastung besteht (*Zöller/Vollkommer* aaO). Dieser Gesichtspunkt greift auch ein bei Beteiligung an einer Kapitalgesellschaft (*Brandis* in T/K Rz 6; aA *Spindler* in H/H/Sp Rz 16); insoweit kann allerdings § 42 ZPO erfüllt sein (s Rz 49). Ein Richter ist schließlich **nicht** deshalb „Partei", weil er möglicherweise einem Amtshaftungsanspruch ausgesetzt sein könnte (BFH/NV 2000, 54).

9   **Zu § 41 Nr 2 ZPO (Ehe):** Ausgeschlossen ist ein Richter, wenn sein **Ehegatte oder** sein früherer Ehegatte (auch bei nichtiger Ehe) Beteiligter iS des § 41 Nr 1 ZPO (Rz 6) ist. Ein **Verlöbnis** ist lediglich ein Ablehnungsgrund.

10   **Zu § 41 Nr 3 ZPO (Verwandtschaft/Schwägerschaft):** Wie Nr 2. An die Stelle des Ehegatten treten hier Verwandte (§ 1589 BGB) und Verschwägerte (§ 1590 BGB) iS des BGB (Art 33 EGBGB). Bei Verfahren, die von Beteiligten kraft Amtes (Insolvenzverwalter) geführt werden, ist der Richter ausgeschlossen, wenn er entweder mit dem Beteiligten kraft Amtes oder dem durch diesen repräsentierten Rechtsträger (Gemeinschuldner) verwandt ist (*Zöller/Vollkommer* § 41 Rz 9 auch zur gesetzlichen Vertretung). Eine Verwandtschaft zu dem Prozessbevollmächtigten eines Beteiligten reicht nicht aus (BFH/NV 2003, 73).

11   **Zu § 41 Nr 4 ZPO (Vertreter):** Ausgeschlossen ist der Richter nicht nur, wenn er **in derselben Streitsache,** also bezüglich desselben Streitpunkts für den Beteiligten tätig (gewesen) ist (zB FG Bremen EFG 1992, 208), sondern (zumindest) auch, wenn er im Zeitpunkt des Erlasses der Einspruchsentscheidung als Vorsteher des beklagten FA dessen gesetzlicher

Vertreter gewesen war (BFHE 161, 8 = BStBl II 1990, 787). Darüber hinaus dürfte der Richter auch dann ausgeschlossen sein, wenn er nur während des Veranlagungsverfahrens Vorsteher war (vgl BayVGH BayVBl 1981, 368). Entsprechendes wird man für andere ehemalige vertretungsberechtigte Beamte des beklagten FA annehmen müssen. Eine Tätigkeit in der konkreten Sache verlangt das Gesetz nicht.

Zu § 41 Nr 5 ZPO (Zeugen/Sachverständiger): Der Richter ist   **12** ausgeschlossen, wenn er in derselben Angelegenheit (nicht notwendig in demselben Verfahren) tatsächlich **als Zeuge vernommen** worden ist. Die Benennung des Richters als Zeuge reicht für eine Ausschließung nicht aus (BFH/NV 2000, 54). Eine dienstliche Äußerung steht einer Vernehmung als Zeuge nicht gleich (BVerwG MDR 1980, 168).

Zu § 41 Nr 6 ZPO (frühere Mitwirkung): Ausgeschlossen ist der   **13** Richter, wenn er in der selben Streitsache bei Erlass der angefochtenen Entscheidung **in einem früheren Rechtszug, dh der unteren Instanz, mitgewirkt** hat (BFH/NV 1996, 752; 2000, 1108; 2001, 931; BVerwG Buchholz 310 § 138 Ziff 1 VwGO Nr 30; BGH NJW 1981, 1273; s auch Rz 56). Dies ist wegen der Zweistufigkeit des finanzgerichtlichen Verfahrens für die **Verfahren vor dem BFH** von Bedeutung. Es kommt nur auf den Erlass (nicht auch die Verkündung) und nur auf die angefochtene Entscheidung an, also nicht auf ihr vorangegangene Beschlüsse, Zwischenurteile (§ 97), Teilurteile (§ 98), Grundurteile (§ 99) oder Gerichtsbescheide (§§ 90 a, 79 a II, IV). **Kein Fall des § 41 Nr 6 ZPO** liegt vor, wenn
– der Richter an einem zurückweisenden *AdV-Beschluss* mitgewirkt hat. Er ist nicht gehindert, an der *Hauptsacheentscheidung* mitzuwirken (BFH/NV 2001, 202, 203).
– der Richter über einen *Änderungsbescheid* entscheiden soll, er aber bereits über den ursprünglichen Verwaltungsakt befunden hatte (BFH/NV 1987, 656, 658).
– ein Richter im Verfahren der höheren Instanz als *beauftragter oder ersuchter Richter* (vgl §§ 229, 288, 361, 362, 366, 607, 619 ZPO) mitgewirkt hat (RGZ 105, 17; *Brandis* in T/K Rz 11). Hat er in der unteren Instanz als beauftragter oder ersuchter Richter mitgewirkt, ist er für die höhere Instanz hingegen nur dann nicht ausgeschlossen, wenn er nicht auch an der Entscheidung selbst beteiligt war. **Nicht ausgeschlossen** ist ferner derjenige beauftragte oder ersuchte Richter, gegen dessen Entscheidung der *Antrag nach § 133* gestellt wird (§ 133 Rz 2 mwN).
– ein Richter an einem *Vorlagebeschluss* nach Art 234 EWGV (Art 177 EWGV aF), nicht aber an dem erstinstanzlichen Urteil beteiligt war (BFHW 129, 251 = BStBl II 1980, 158); entsprechendes muss für eine *Vorlage an das BVerfG* gelten (*Offerhaus* NJW 1980, 2290).
– ein Richter an einem *Wiederaufnahmeverfahren* mitwirken soll, der auch im ursprünglichen Verfahren mitgewirkt hatte (BFH/NV 1994, 795; 875; 1999, 641).
– eine Sache an das Instanzgericht (FG) *zurückverwiesen* wird. Der Richter darf an der erneuten Verhandlung und Entscheidung in derselben Instanz mitwirken (BVerwG NJW 1975, 1241; Buchholz 310 § 54 VwGO Nr 44).
– der Richter an einer im Revisionsverfahren aufgehobenen (erstinstanzlichen) Entscheidung mitgewirkt hatte und nunmehr als Richter am BFH

für die Entscheidung über die erneut angefochtene *zweite erstinstanzliche Entscheidung* (an der er nicht mitgewirkt hatte) zuständig ist (BFH/NV 2000, 1108).

16   § 51 II ergänzt § 41 Nr 6 ZPO für den Fall der Beteiligung des Richters an einem **vorausgegangenen Verwaltungsverfahren.** Die Vorschrift soll verhindern, dass jemand als Richter über einen Streitfall entscheidet, der in dem „nämlichen" (BFH/NV 1989, 793; 1997, 130) Verwaltungsverfahren in einer Weise tätig geworden ist, die Anlass zu der Befürchtung gibt, er habe sich in der Sache festgelegt und könne seine Entscheidung nicht mehr mit der gebotenen Objektivität treffen (BFHE 125, 33 = BStBl II 1978, 401; BFH/NV 1988, 446). Aus diesem Zweck folgt zum einen, dass unter dem vorausgegangenen Verwaltungsverfahren nicht nur das (außergerichtliche) Verwaltungsvorverfahren zu verstehen ist, sondern das **gesamte Verfahren,** das zu der gerichtlich zu überprüfenden Entscheidung geführt hat (BFHE 102, 192 = BStBl II 1971, 501: BFH/NV 1995, 576; zur Abgrenzung s BFH/NV 1998, 176). Zum anderen ergibt sich aus dem Zweck der Norm, dass eine **Mitwirkung** iS des § 51 II nicht nur dann vorliegt, wenn der Richter die zu überprüfende Entscheidung im vorausgegangenen Verwaltungsverfahren selbst (unmittelbar) getroffen hat (BFH/NV 1988, 506; BVerwG DÖV 1988, 977), sondern auch, wenn seine Tätigkeit im Verwaltungsverfahren von „finaler Verbindlichkeit" gewesen ist (BFH/NV 1989, 441; 1995, 576). Das ist der Fall bei Beeinflussung der Entscheidung im Rahmen einer Tätigkeit bei der Aufsichtsbehörde (BVerwGE 52, 47), bei Teilnahme an Erörterungen in der Verwaltungsinstanz als Verhandlungsleiter (BVerwG Buchholz 310 § 54 VwGO Nr 25), auch bei bloß beratender Funktion im Verwaltungsverfahren (BFHE 125, 33 = BStBl II 1978, 401; BFH/NV 1988, 446, 447), bei Anordnung der Außenprüfung oder bei Teilnahme an der Schlussbesprechung, wenn das gerichtliche Verfahren auf der Außenprüfung beruht (BFH/NV 1988, 446; 1989, 441, 442 mwN) und bei Einleitung eines Steuerstrafverfahrens, wenn im gerichtlichen Verfahren streitig ist, ob die wegen Steuerhinterziehung verlängerte Festsetzungsfrist maßgeblich ist (FG Bremen EFG 1994, 49).

17   Die in dem vorausgegangenen Verfahren gefällte Entscheidung kann auch ein **Justizverwaltungsakt** (zB Kostenansatz) sein; hat ein Richter (als Präsident des FG) den Kostenbeamten angewiesen, den Kostenansatz in einer bestimmten Richtung vorzunehmen, so kann er am Erinnerungsverfahren über den Kostenansatz nicht teilnehmen (BFHE 116, 453 = BStBl II 1975, 856). Eine **Mitwirkung** im vorausgegangenen Verwaltungsverfahren **liegt** jedoch **nicht vor,** wenn die Tätigkeit im Verwaltungsverfahren dem angefochtenen Verwaltungsakt weder vorausgegangen ist noch ihn vorbereitet hat (BFH/NV 1995, 576 betr KSt- und Haftungsbescheid; BFH/NV 1998, 176; FG Hbg StE 2005, 565 betr. Teilnahme am Verwaltungsvollstreckungsverfahren), wenn sie ganz andere Fragen (vgl FG Saarl EFG 1989, 419), andere Verwaltungsangelegenheiten (BFH/NV 1955, 406, 407) oder eine andere Steuerart betrifft (BFH/NV 1989, 793; 1998, 176). Das gilt auch dann, wenn ein identischer Lebenssachverhalt in einer parallelen Weise zu werten gewesen sein sollte (BFH/NV 1989, 441, 442). Ebenso wenig ist die generelle frühere Zugehörigkeit zur FinVerw ein Ausschließungsgrund (BVerfG HFR 1989, 272).

3. Wirkung der Ausschließung

Liegt ein Ausschließungsgrund vor, ist die betreffende Gerichtsperson **20** von der Ausübung des Amtes ausgeschlossen (Rz 4). Sie ist **an jeder** rechtordnenden und rechtspflegerischen **Tätigkeit kraft Gesetzes gehindert,** und zwar entweder (bei Vorliegen eines **relativen** Ausschließungsgrundes) in einem bestimmten Verfahren oder (bei Vorliegen eines **absoluten** Ausschließungsgrundes) schlechthin. Eine Mitwirkung (nur) bei Urteilsverkündungen ist hingegen statthaft (*Baumbach ua* § 41 Rz 4). Die Ausschließung ist **unverzichtbar** und in jeder Lage des Verfahrens **von Amts wegen** – ggf auf Anregung eines Beteiligten oder (bei Kollegialgerichten) eines anderen Richters – **zu berücksichtigen.** An die Stelle des Ausgeschlossenen tritt der geschäftsplanmäßig berufene Vertreter. In klaren und eindeutigen Fällen genügt ein Aktenvermerk; **bei Zweifeln** ist – nach vorheriger Anhörung der Beteiligten (vgl FG Bremen EFG 1994, 49) – durch **Beschluss** zu entscheiden. Die Ausführungen zu § 46 I ZPO (Rz 70 ff) gelten entsprechend. Zur Frage der Anfechtbarkeit des Beschlusses s FG Bremen EFG 1994, 49 u Rz 79.

Handlungen des Ausgeschlossenen und gerichtliche Handlungen, **21** die unter seiner Mitwirkung vorgenommen worden sind, **können** bis zum Abschluss der Instanz bzw bis zum Eintritt einer Bindungswirkung (§ 155 iVm § 318 ZPO) durch den Vertreter oder unter dessen Mitwirkung **wiederholt werden.** Geschieht dies nicht (oder kann dies nicht geschehen), liegt ein Anfechtungsgrund vor (keine Nichtigkeit). Bei Urteilen ist ein absoluter Revisionsgrund gegeben (§ 119 Nr 2); auch NZB (§§ 115 II Nr 3, 116) und Nichtigkeitsklage (§ 134 iVm § 579 Nr 2 ZPO) sind möglich. **Prozesshandlungen der Beteiligten** vor dem ausgeschlossenen Richter sind wirksam (*Zöller/Vollkommer* § 41 Rz 17).

II. Ablehnung

1. Begriff

Ablehnung bedeutet, dass die Befangenheit einer Gerichtsperson **in Be- 25 zug auf ein bestimmtes gesetzlich geregeltes Verfahren** geltend gemacht werden kann (zur in § 42 I ZPO weiter vorgesehenen Ablehnung wegen des Vorliegens von Ausschlussgründen s Rz 46). Im „Gegenvorstellungsverfahren" ist deshalb eine Ablehnung unstatthaft (BFH/NV 1996, 774). – Aus dem Begriff „Ablehnung" ergibt sich bereits, dass die Feststellung, dass (zB) ein Richter befangen ist, nur auf Grund eines entsprechenden **Ablehnungsgesuchs** (§ 51 I iVm § 44 ZPO) oder auf Grund einer **Selbstablehnung** (§ 48 ZPO – Rz 65 f) erfolgen kann. Eine Prüfung **von Amts wegen** ist **unstatthaft** (BVerfGE 46, 34, 43 = NJW 1978, 37).

2. Ablehnung durch Beteiligte (§ 51 iVm § 44 ZPO)

§ 44 ZPO Ablehnungsgesuch   26

(1) Das Ablehnungsgesuch ist bei dem Gericht, dem der Richter angehört, anzubringen; es kann vor der Geschäftsstelle zu Protokoll erklärt werden.

(2) [1]Der Ablehnungsgrund ist glaubhaft zu machen; zur Versicherung an Eides Statt darf die Partei nicht zugelassen werden. [2]Zur Glaubhaftma-

chung kann auf das Zeugnis des abgelehnten Richters Bezug genommen werden.

(3) Der abgelehnte Richter hat sich über den Ablehnungsgrund dienstlich zu äußern.

(4) Wird ein Richter, bei dem die Partei sich in einer Verhandlung eingelassen oder Anträge gestellt hat, wegen Besorgnis der Befangenheit abgelehnt, so ist glaubhaft zu machen, daß der Ablehnungsgrund erst später entstanden oder der Partei bekanntgeworden sei.

a) Zulässigkeitsvoraussetzungen

27   **aa)** Statthaft ist ein Ablehnungsgesuch nur, wenn es in Bezug auf die weitere richterliche Tätigkeit **in einem bestimmten gesetzlich geregelten Verfahren** bis zur Beendigung der Instanz (Rz 29) angebracht wird. Lehnt ein Beteiligter den Richter hingegen für „alle weiteren und zukünftigen Verfahren" ab, so ist das Ablehnungsgesuch unzulässig (BFH/NV 1986, 633; 1990, 303, 304; 1991, 331). – Das Ablehnungsgesuch muss sich **unter Angabe individueller Gründe** (vgl Rz 50) auf einen **bestimmten Richter** (Rz 2) beziehen (Erfordernis der **Individualablehnung** – § 51 I iVm § 42 I ZPO; vgl BVerfGE 46, 200; BFH/NV 1989, 640; 1990, 175, 176; 1999, 348; 2000, 331, 332; *Günther* NJW 1986, 281, 282). Der Richter muss nicht namentlich benannt werden, es muss auf Grund des Ablehnungsgesuchs aber erkennbar sein, wer gemeint ist (BVerfGE 2, 295, 297; BFHE 105, 337 = BStBl II 1972, 576, 577; BFH/NV 1993, 612). – Die pauschale **Ablehnung des Gerichts** in seiner Gesamtheit oder die **Ablehnung aller Richter** eines Spruchkörpers ist hingegen im Allgemeinen unstatthaft (BFH/NV 1991, 331; 1993, 661; 1997, 33, 34; 1998, 718; 2001, 637; 2002, 1050; 2003, 58; 1191; 1331; 1342; 1433). Zu prüfen ist aber, ob die Auslegung des Ablehnungsantrags nicht eine **zulässige Häufung von Individualablehnungen** ergibt (BFH/NV 1989, 640; 1992, 316; BVerwG NJW 1977, 312; *Günther* NJW 1986, 281, 282). Das kann zB der Fall sein, wenn sich aus einer Kollegialentscheidung konkrete Anhaltspunkte für die Befangenheit der einzelnen Richter ergeben, die an der Entscheidung mitgewirkt haben (BFH/NV 1996, 45, 826; 1997, 243; 2000, 202; 593; BVerwGE 50, 36, 37; BVerwG Buchholz 310 § 54 VwGO Nr 55). Das ist aber nicht der Fall, wenn das Ablehnungsgesuch pauschal auf die Kollegialentscheidung gestützt wird (BFH/NV 1998, 718), wenn der Beteiligte, ohne an eine vom Senat getroffene Entscheidung anzuknüpfen, ausdrücklich alle Richter als befangen ablehnt (BFH/NV 1989, 640) oder wenn er sich zwar auf eine Entscheidung des Senats bezieht, das Gesuch aber ausschließlich mit Umständen begründet, welche die Besorgnis der Befangenheit unter keinem denkbaren Gesichtspunkt rechtfertigen können (BFH/NV 1994, 637; 1996, 225; 1999, 1120).

28   **bb)** Da das Ablehnungsgesuch **Prozesshandlung** ist, müssen die allgemeinen prozessualen Wirksamkeitsvoraussetzungen für Prozesshandlungen erfüllt sein (*T/P* Einl III Rz 10 ff). – Zulässig ist das Ablehnungsgesuch insbesondere nur, wenn der Ablehnende **beteiligten-** und **prozessfähig** (Vor § 33 Rz 4), **postulationsfähig** (§ 62 Rz 26; § 62a Rz 2; BFH/NV 1997, 889, 890) und **antragsbefugt** ist. Antragsbefugt sind dabei nur die (beiden) Beteiligten (§ 57). Nur ihnen steht das **Ablehnungsrecht** zu, wie § 42 III ZPO (s Rz 45) dies klarstellt. Prozessbevollmächtigte (BFH/NV 1986, 415, 417; 1989, 379, 380; 1990, 240; 1992, 395, 396; 1994, 714; 1995, 223) oder Zeugen (BFH/NV 1998, 711) haben demgegenüber kein eigenes Ablehnungsrecht. Gleiches gilt für Beteiligte kraft Amtes (Insolvenzverwalter) im Verhältnis zum repräsentierten Rechtsträger (Gemeinschuldner; *Zöller/Vollkommer* § 42 Rz 2 mwN).

cc) Das Ablehnungsgesuch ist außerdem nur zulässig, wenn ein **Rechts-** **29** **schutzinteresse** (Rechtsschutzbedürfnis) besteht. Es **fehlt** grundsätzlich, wenn der Befangenheitsantrag im abgeschlossenen Verfahren **nach Beendigung der Instanz** gestellt wird, sofern sich die Ablehnung – selbst wenn sie begründet wäre – nicht mehr auf die Sachenentscheidung des Gerichts auswirken könnte (BFHE 125, 243 = BStBl II 1978, 475; BFH/NV 1987, 653 betr AdV; BFH/NV 1993, 309; 1995, 53; 410, 411; 1999, 328, 329; 2000, 864; 872; 2001, 609, 610; 2005, 1617; s aber auch BFH/NV 1992, 614; großzügiger: BayOLG FamRZ 1988, 743; FG BIn EFG 1993, 532; *T/P* § 42 Rz 2: Ablehnung bis zum rkr Abschluss der Instanz zulässig). Eine **Ausnahme** gilt für die Fälle, in denen nachträglich über besondere Anträge zu entscheiden ist (BFH/NV 1993, 113; 1994, 565; 1996, 901; 1997, 687). Abgesehen davon können Ablehnungsgründe aus einem (abgeschlossenen) Nebenverfahren im noch anhängigen Hauptsacheverfahren geltend gemacht werden, sofern dort derselbe Richter mit der Sache betraut ist (BFH/NV 1986, 415, 416; 1996, 153 mwN; s aber zur Ablehnung für „**alle weiteren und zukünftigen Verfahren**" und zur Verfolgung **verfahrensfremder Zwecke** Rz 27 u 36). Im **Tatbestandsberichtigungsverfahren** (§ 108) fehlt das Rechtsschutzinteresse, wenn bei Ablehnung sämtlicher Richter des Senats im Falle der Begründetheit des Ablehnungsgesuchs eine richterliche Tätigkeit überhaupt ausgeschlossen wäre (BFHE 157, 494 = BStBl II 1989, 899; BFH/NV 1997, 243, 244; 775). – Das **Rechtsschutzinteresse** für das Ablehnungsgesuch **entfällt** mit der **Rücknahme** der Klage, weil der abgelehnte Richter dann mit der Entscheidung der Streitsache nicht mehr befasst ist (BFH/NV 1995, 414). Gleiches gilt, wenn der Richter nicht mehr mit der Sache betraut ist (BFH/NV 1994, 388 zur Pensionierung; 1996, 153 mwN betreffend Wechsel in anderen Spruchkörper; Versetzung an ein anderes Gericht, Tod oder Urlaub des Richters). Es entfällt außerdem, sobald nach Beendigung der Instanz alle Nebenentscheidungen getroffen sind (BFH/NV 1996, 904).

dd) Es müssen bestimmte **Mindesterfordernisse hinsichtlich der** **32** **Form und des Inhalts** des Ablehnungsgesuchs eingehalten sein (s auch Rz 67). Nach § 51 iVm § 44 I ZPO muss das Gesuch **schriftlich** oder (während der mündlichen Verhandlung) **mündlich** (auf Antrag ist Protokollierung erforderlich – § 160 IV ZPO – Wortlaut s § 94 Rz 6) oder **zu Protokoll der Geschäftsstelle** (§ 51 I iVm § 44 I Hs 2 ZPO) angebracht werden. Es muss sich **eindeutig** um ein Ablehnungsgesuch handeln. Bloß beiläufige Bemerkungen, etwa dass man an der Unbefangenheit zweifeln könne, genügen nicht (BFHE 98, 503 = BStBl II 1970, 425; BFH/NV 1994, 886; 1999, 476; 514, 515; FG Hbg EFG 1995, 754). Auch ein **bedingter Ablehnungsantrag** ist unzulässig (BFH/NV 1995, 540, 541/

542). Das Ablehnungsgesuch muss neben der **Bezeichnung des abgelehnten Richters** (Rz 27) auch eine **substantiierte** und nachvollziehbare **Darlegung** des Ablehnungsgrundes enthalten (BFH/NV 1990, 317, 318; 1995, 122; 1996, 225; 611; 1997, 33, 34; 889, 890; 1998, 326; 1999, 514; 952; 2000, 456; 2001, 48; 2002, 1032; 2003, 485; 2004, 363 zum bloßen Bestreiten der sachlichen Richtigkeit einer Entscheidung). Denn anderenfalls liefe die Pflicht zur Glaubhaftmachung (§ 51 iVm § 44 II 1 Halbs 1 ZPO – s auch Rz 44, 67) leer (zutreffend *Günther* NJW 1986, 281, 283).

34   ee) Es darf über den geltend gemachten Ablehnungsgrund **nicht schon negativ entschieden** worden sein (Erfordernis des Fehlens einer entgegenstehenden rechtskräftigen Entscheidung; vgl OLG Hamm NJW 1966, 2073, 2074; *Günther* NJW 1986, 281, 283 f mwN).Folglich ist die Wiederholung eines Ablehnungsgesuchs nur bei Geltendmachung neuer Ablehnungsgründe (die Ergänzung des bisherigen Ablehnungsgrundes genügt) oder bei Berufung auf neue Beweismittel zulässig (BFH/NV 1999, 945, 946; 2000, 53, 54; 1207, 1208).

35   ff) Das Ablehnungsgesuch darf **nicht rechtsmissbräuchlich** sein (vgl BVerfGE 11, 1; 37, 67; BFHE 105, 316 = BStBl II 1972, 570; BFHE 119, 227 = BStBl II 1976, 627; BFH/NV 1988, 103; BVerwGE 50, 37; *Gloede* NJW 1972, 2067). Es ist jedoch zweifelhaft, ob das „Fehlen von Rechtsmissbrauch" überhaupt ein eigenständiges Zulässigkeitsmerkmal ist (hierzu *Günther* NJW 1986, 281, 284). In den von der Rspr dazu entschiedenen Fällen fehlt es jedenfalls im Allgemeinen schon an einem der vorstehend (Rz 27–34) genannten Zulässigkeitserfordernisse.

Beispiele:

Ein Missbrauch soll vorliegen
36   – wenn überhaupt **alle Richter** eines Gerichts (BFH/NV 2000, 244, 245; BGH HFR 1974, 217) oder alle Richter eines Spruchkörpers **ohne Benennung** und ohne Konkretisierung des Ablehnungsgrundes abgelehnt werden (BVerfGE 37, 67; BFHE 110, 479 = BStBl II 1974, 142; BFH/NV 1993, 661; 1994, 180, 181; 1999, 348; 1120; 2000, 331, 332; 877; 981; 2002, 1050; 2003, 58; 1191; 1331; 1342; 1433). Hier liegt in der Regel ein **Verstoß gegen das Erfordernis der Individualablehnung** vor (Rz 27),
    – wenn Gründe vorgetragen werden, die eine Richterablehnung unter keinem denkbaren Gesichtspunkt rechtfertigen können, etwa wenn die Ablehnung auf eine **Gruppenzugehörigkeit** des Richters (Partei- oder Gewerkschaftsmitgliedschaft, Konfession) gestützt oder ausschließlich mit **wertenden Betrachtungen über die Einstellung des Richters** zu dem Beteiligten (Antragsteller) begründet wird (vgl BVerfGE 11, 1, 3; BVerfG NJW 1984, 1874; BVerwGE 50, 38; OLG Braunschweig NJW 1976, 2025), wenn es sich um ein unsubstantiiertes Ablehnungsgesuch (BFH/NV 1998, 872) oder ein **schlechthin abwegiges** Ablehnungsgesuch handelt (BFHE 105, 316 = BStBl II 1972, 570; BFH/NV 1988, 502, 503; 571, 572; 1998, 1362; 1999, 1120; 2000, 1207, 1208 betr ehrenamtlichen Richter; zur Abgrenzung s BFH/NV 1999, 786, 787), wenn lediglich pauschal behauptet wird, das Gericht habe **gegen Verfassungsgrundsätze verstoßen** (BFH/NV 2000, 456), oder wenn die **Anwendung der geltenden Verfahrensvorschriften** (der Erlass eines Vorbescheides statt eines Urteils – BFHE 119, 227 =

BStBl II 1976, 627; bestätigt durch BVerfG HFR 1977, 157) **beanstandet** wird. In diesen Fällen **fehlt** es schon an einer ausreichenden **Substantiierung** (Rz 32);

– wenn die Ablehnung für „**alle weiteren und zukünftigen Verfahren**" erfolgt (BFH/NV 1986, 633) und wenn es dem Beteiligten nicht um die Unvoreingenommenheit des Richters geht, sondern ausschließlich darum, die Entscheidung zu verhindern oder erheblich hinauszuschieben (**Prozessverschleppung** – vgl BFH/NV 1989, 704; 1994, 325; 1995, 905, 906 betr die verspätete Geltendmachung lange bekannter Tatsachen; BFH/NV 1998, 1362; 2003, 485: Antragstellung am Tag vor der mündlichen Verhandlung; *Günther* NJW 1986, 281, 286). In diesen Fällen **fehlen** im Allgemeinen das **Rechtsschutzbedürfnis** (Rz 29) sowie (auch) eine ausreichende **Substantiierung** (Rz 32). Im Falle der Wiederholung des Antrags kann eine bereits ergangene rechtskräftigen Entscheidung entgegenstehen (Rz 34); evtl ist das Ablehnungsrecht auch erloschen (Rz 41 ff);

– wenn das Ablehnungsgesuch einen ausschließlich **verunglimpfenden Inhalt** hat (vgl BFH/NV 1993, 108; 183; 1998, 1362; FG BaWü EFG 1994, 1007; s auch OLG Stuttgart NJW 1977, 112, das mit Recht entscheiden hat, dass ein aus anderen Gründen zulässiges Gesuch nicht „rechtsmissbräuchlich" ist, weil es auch Beleidigungen enthält; zur Abgrenzung s auch BFH/NV 1996, 826). In diesen Fällen **fehlen** in der Regel die ausreichende **Substantiierung** (Rz 32) und das Rechtsschutzbedürfnis (Rz 29);

– wenn ausschließlich **verfahrensfremde Zwecke** verfolgt werden, zB bei „Mangel an Ernsthaftigkeit" (vgl OLG Braunschweig NJW 1976, 2024, 2025), wenn das Ablehnungsgesuch der sonst wegen § 128 II nicht statthaften sachlichen Überprüfung eines Beweisbeschlusses dienen soll (BFHE 112, 457 = BStBl II 1974, 638), wenn der Beteiligte sich erkennbar vor einer für ihn möglicherweise ungünstigen Rechtsauffassung des Richters schützen (BFH/NV 1995, 400), wenn er über den Umweg der Richterablehnung die Unanfechtbarkeit von Entscheidungen umgehen (BFH/NV 1993, 609; 1999, 803) oder wenn er Druck auf das Gericht ausüben will, zB über Anträge in einer bestimmten Reihenfolge oder sogar in der Sache im gewünschten Sinn zu entscheiden (BFH/NV 1995, 687, 689). In diesen Fällen ist das Gesuch **mangels ausreichender Substantiierung** (Rz 32) oder **mangels Rechtsschutzbedürfnisse** (Rz 29) unzulässig.

gg) Es darf **kein Verlust des Ablehnungsrechts** eingetreten sein **38** (§ 51 I iVm §§ 43, 44 IV ZPO; vgl *T/P* § 42 ZPO Rz 4).

§ 43 ZPO Verlust des Ablehnungsrechts

Eine Partei kann einen Richter wegen Besorgnis der Befangenheit nicht mehr ablehnen, wenn sie sich bei ihm, ohne den ihr bekannten Ablehnungsgrund geltend zu machen, in eine Verhandlung eingelassen oder Anträge gestellt hat.

Ein Ablehnungsgesuch kann grundsätzlich bis zum Abschluss der Instanz **39** gestellt werden (Rz 29). Im Allgemeinen muss der Beteiligte den Ablehnungsgrund aber **bis zum Schluss der mündlichen Verhandlung** geltend machen (BFH/NV 1999, 57 mwN; 328, 329; 2003, 75: Ablehnungsgesuch im Verfahren über eine Gegenvorstellung nicht mehr möglich; s aber BFH/NV 2001, 1143: Antrag nach Schluss der mündlichen

Verhandlung möglich, wenn getroffene Entscheidung mangels Wirksamkeit des Urteils noch änderbar ist). Das Ablehnungsrecht geht nach § 43 ZPO aber schon vorher verloren, wenn der Beteiligte sich bei dem Richter (Spruchkörper) **auf** eine **Verhandlung eingelassen oder Anträge gestellt hat,** ohne den ihm bekannten Ablehnungsgrund (nach Maßgabe des § 44 I, II 1 ZPO) geltend zu machen. **Zweck** dieser Regelung ist es, die Frage, ob ein Richter am Verfahren mitwirken darf, umgehend zu klären (vgl BFH/NV 1994, 50; 498). – Die Begriffe „in eine Verhandlung eingelassen" und „Anträge gestellt" sind weit auszulegen (BFH/NV 1999, 803; 2000, 453; 1220, 1221).

40   Ein **Einlassen** ist jedes prozessuale und der Erledigung eines Streitpunktes dienende Handeln der Beteiligten unter Mitwirkung des betreffenden Richters. Ob die **Verhandlung** materiell-rechtliche oder nur verfahrensrechtliche Fragen betrifft, ist gleichgültig (vgl OLG Hamburg MDR 1961, 152). **„Anträge"** sind (auch schriftliche) Sachanträge (§§ 65 I 1, 92 III; vgl BFH/NV 1995, 122) und grundsätzlich auch Prozesserklärungen und sonstige Anträge, wie der Antrag auf mündliche Verhandlung nach Ergehen eines Gerichtsbescheides (BFH/NV 2000, 1130; 2001, 797) oder ein Fristverlängerungsantrag (BFH/NV 1996, 232), **nicht** aber Anträge auf Erteilung von Protokollabschriften, auf Akteneinsicht, Vertagung und Unterbrechung der Sitzung (FG BaWü EFG 1994, 1007; str; vgl zu diesem Fragenkreis BVerwG NJW 1964, 1870; *R/S,* 153; *Günther* NJW 1986, 281, 287 mwN). – Dies gilt auch in Verfahren ohne mündliche Verhandlung (§ 90 II) und in Beschlussverfahren (vgl BFH/NV 1988, 160).

41   Der **Verlust des Ablehnungsrechts** tritt danach ein, sobald der Beteiligte in Kenntnis des Ablehnungsgrundes, ohne ihn geltend zu machen (s auch Rz 44),

– die Klage begründet oder Anträge stellt (BFH/NV 1993, 318; 1994, 50, 51; 1995, 526; 905, 906; 2000, 1220, 1221; BFH/NV 1995, 122 betr Änderung der Sachanträge),

– sich rügelos auf die Sache einlässt (BFH/NV 1998, 184; 2002, 1310 zur rügelosen Teilnahme an der mündlichen Verhandlung nach Zurückweisung des Ablehnungsantrags),

– an der Erörterung der Sach- und Rechtslage teilnimmt (BFHE 149, 424 = BStBl II 1987, 577; BFH/NV 1988, 160; 1994, 185; 1995, 123; 1996, 801),

– die während der mündlichen Verhandlung oder eines Erörterungstermins entstehenden Ablehnungsgründe (unter Verweigerung der weiteren Teilnahme – BFH/NV 1996, 616) nicht bis zum Schluss des Termins geltend macht (BFH/NV 1994, 558; 1999, 476; 2000, 73, 74; 2001, 48 betr nicht vertretenen Beteiligten),

– auf mündliche Verhandlung verzichtet (§ 90 II – vgl OLG München MDR 1980, 146; *T/P* § 43 Rz 4),

– nach Erlass eines Gerichtsbescheides den Antrag auf mündliche Verhandlung (§ 90 a II) stellt (BFH/NV 2000, 984, 985; 1359),

– Beschwerde gegen die Entscheidung des abgelehnten Richters einlegt (BFH/NV 1997, 671, 672).

Geht die schädliche Handlung **gleichzeitig** mit dem Ablehnungsantrag beim Gericht ein, bleibt das Ablehnungsrecht erhalten (BFH/NV 1997, 671, 672). Ansonsten erstreckt sich der Verlust des Ablehnungsrechts auch auf ein **nachfolgendes Verfahren,** wenn beide Verfahren tatsächlich und rechtlich zusammenhängen (BFHE 149, 424 = BStBl II 1987, 577; BFH/NV 1988, 788; 1997, 684 betr 2. Rechtsgang). Entsprechendes gilt für **Parallelverfahren** (BFH/NV 1994, 877).

Das **Ablehnungsrecht** geht jedoch **nicht verloren,** wenn ein **Aus-**   **43** **schließungsgrund** (§ 51 I iVm § 41 ZPO – Rz 6 ff) vorliegt. Auch **Selbstablehnung** (§ 51 I iVm § 48 ZPO – Rz 65 f) bleibt möglich.

Eine **weitere Ausnahme** regelt § 44 IV ZPO. Danach ist ein nach § 43   **44** ZPO verspätetes, aber noch vor Abschluss der Instanz gestelltes Ablehnungsgesuch zulässig, wenn der **Ablehnungsgrund** erst **später entstanden oder** dem Beteiligten **nachträglich bekannt geworden** ist (s hierzu im Einzelnen *Günther* NJW 1986, 281, 288). – Für die Glaubhaftmachung gilt die Beschränkung des § 44 II 1 Halbsatz 2 ZPO (keine eidesstattliche Versicherung der Beteiligten – Rz 32, 67) nicht (*T/P* § 44 Rz 4).

b) Ablehnungsgründe

aa) § 42 ZPO

§ 42 ZPO Ablehnung eines Richters   **45**

(1) Ein Richter kann sowohl in den Fällen, in denen er von der Ausübung des Richteramts kraft Gesetzes ausgeschlossen ist, als auch wegen Besorgnis der Befangenheit abgelehnt werden.

(2) Wegen Besorgnis der Befangenheit findet die Ablehnung statt, wenn ein Grund vorliegt, der geeignet ist, Mißtrauen gegen die Unparteilichkeit eines Richters zu rechtfertigen.

(3) Das Ablehnungsrecht steht in jedem Falle beiden Parteien zu.

Nach § 42 I ZPO kann ein Richter sowohl bei Vorliegen von Aus-   **46** schließungsgründen (Rz 6 ff) als auch wegen Besorgnis der Befangenheit abgelehnt werden (zur Ablehnung eines ehrenamtlichen Richters s BFH/NV 2000, 1207, 1208). – Liegen **Ausschließungsgründe** vor, bedarf es keines besonderen Ablehnungsgrundes. Der Richter ist von Amts wegen ausgeschlossen. Ein etwaiger Ablehnungsantrag hat deshalb lediglich die Bedeutung eines Hinweises auf einen Sachverhalt, der die Ausschließung begründet.

Der **Begriff der Befangenheit** ist in § 42 II ZPO definiert. Mit dieser   **47** sehr allgemein gehaltenen Definition soll die **Unparteilichkeit** des mit der Sache befassten Richters **sichergestellt** werden. Es geht nicht darum, die Beteiligten vor unrichtigen Rechtsansichten sowie unzutreffenden Sachverhaltsermittlungen oder -darstellungen des Richters schützen (zB BFH/NV 1993, 300; 1994, 637; 1995, 526, 527; 1997, 830). **Fehlerhafte Entscheidungen** rechtfertigen daher keine Richterablehnung. Die Überprüfung richterlicher Entscheidungen hat allein im Rechtsmittelweg zu erfolgen (st Rspr zB BFH/NV 1990, 713; 1993, 300; 1994, 106; 325; 1995, 131; 2004, 363; vgl auch BFH/NV 1996, 225 u 1997, 830 zum *Fehler bei der Sachverhaltsbeurteilung* sowie BFH/NV 1986, 415, 417 zu Missverständnissen, unangebracht erscheinenden Schlussfolgerungen oder Ungenauigkeiten einer Entscheidung). Etwas anderes gilt nur dann, wenn Anhaltspunkte für eine **unsachliche Einstellung** des Richters oder für **Willkür** vorliegen (Rz 53).

48   Entscheidend ist für die Frage der Befangenheit, ob ein Beteiligter von seinem Standpunkt aus, **bei objektiver und vernünftiger Betrachtung** davon ausgehen darf, dass der Richter nicht unvoreingenommen, sondern unsachlich oder willkürlich entscheiden wird. Unerheblich ist dabei, ob ein solcher Grund wirklich vorliegt (st Rspr zB BFHE 125, 12 = BStBl II 1978, 404, 407; BFHE 144, 144 = BStBl II 1985, 555, 557; BFH/NV 1994, 325; 1995, 526; 2000, 337; s auch BVerfGE 32, 288; 35, 253; 43, 127; 46, 38). Es kommt ausschließlich auf den Eindruck an, der sich entweder aus einem besonderen Umstand oder aus einer **Gesamtschau** mehrerer Umstände ergeben kann (BFH/NV 1992, 526; 1994, 487; 1995, 131; 526; 2000, 459; 2003, 45; 58; 73; 2005, 234). Dabei darf – weil es eben auf den Eindruck des Beteiligten ankommt – kein allzu strenger Maßstab angelegt werden (*Spindler* in H/H/Sp Rz 52; *Brandis* in T/K Rz 17; *Zöller/Vollkommer* § 42 Rz 10). – Die Beurteilung der Voreingenommenheit ist eine **Rechtsfrage** (BFH/NV 1997, 503).

49   Ablehnungsgründe können sich ergeben aus **persönlichen Beziehungen** (Freundschaften, Verlöbnis, Verwandtschaft, Schwägerschaft, Feindschaften; BFH/NV 2000, 738 betr Verbundenheit mit dem Kläger; BFH/NV 2003, 73: Verwandtschaftsverhältnis zu dem Prozessbevollmächtigten, mE müssen in diesen Fällen aber weiter Umstände hinzutreten, die die Besorgnis der Befangenheit dokumentieren; wie hier auch *Stein/Jonas* § 42 Rz 4; s auch BGH NJW 1957, 1400; OLG Hamm MDR 1978, 583 u OLG Nürnberg MDR 1967, 407: Besorgnis der Befangenheit, wenn ein dem zuständigen Spruchkörper angehörender – nicht mit dem konkreten Streitfall befasster – **Richter Beteiligter** ist), engen **geschäftlichen Beziehungen** (*Zöller/Vollkommer* § 42 Rz 12), **Äußerungen** (zB in der mündlichen Verhandlung, dazu Rz 57 f und im privaten Kreis) oder durch **sonstiges Verhalten** des Richters (s hierzu im einzelnen die Übersicht bei *Baumbach ua* § 42 Rz 14 ff). Gleiches gilt, wenn der Richter **an der klagenden Gesellschaft beteiligt** ist (*Zöller/Vollkommer* § 42 Rz 11). Ob sich daraus tatsächlich eine Voreingenommenheit des Richters ergibt, hängt vom Einzelfall ab (ablehnend für „einfachen" Aktionär BayObLG ZIP 2002, 1039). – Die Ablehnungsgründe müssen sich grundsätzlich **auf den Beteiligten** beziehen (Rz 27; s aber *Zöller/Vollkommer* § 42 Rz 2: zum Schutz vor dem Makel der Bevorzugung steht das Ablehnungsrecht einem Beteiligten auch dann zu, wenn der Ablehnungsgrund nur den anderen Beteiligten betrifft). Gründe, die in der **Person eines Dritten** Anlass geben könnten, an der Unvoreingenommenheit des Richters zu zweifeln, können eine Ablehnung nur ausnahmsweise rechtfertigen, wenn das Verhältnis zu dem Dritten die Einstellung des Richters zu einem Beteiligten oder zum Gegenstand des Verfahrens iS einer Voreingenommenheit beeinflussen kann (BFH/NV 1990, 445; 514; 1994, 378; 2005, 234 betr enge Freundschaft zwischen Richter und Prozessbevollmächtigtem; KG NJW-RR 2000, 1164 betr Schwägerschaft des Richters mit dem Prozessbevollmächtigten; zu starken Spannungen zwischen Prozessbevollmächtigtem und Richter s Rz 57).

50   Immer muss es sich aber um einen für den betroffenen Richter **individuell** geltenden Grund handeln (Rz 27). Allgemeine Umstände (Geschlecht, Zugehörigkeit zu einer Partei, einer Konfession, Mitgliedschaft in einem Verein oä) genügen nicht (BVerfGE 11, 1; 43, 126, 128; BVerfG

NJW 1984, 1874; 1993, 1379; bedenklich großzügig BVerfG NJW 1993, 2230; s auch BFHE 90, 160 = BStBl II 1968, 12; BFHE 112, 25 = BStBl II 1974, 385; BFH/NV 1992, 673; *Krekeler* NJW 1981, 1633, 1636). – Kein Ablehnungsgrund ist ohne weitere Anhaltspunkte für eine unsachliche Einstellung auch die **frühere Tätigkeit bei der FinVerw** (BVerfG HFR 1989, 272; BFHE 112, 25 = BStBl II 1974, 385; BFH/NV 1987, 307; 1990, 240; 2001, 783), selbst wenn der jetzige Richter in dieser Funktion Anträge des Klägers, die mit der zu entscheidenden Streitsache in keinem Zusammenhang stehen, negativ beschieden hat (BFH/NV 1995, 523; s auch BFH/NV 1999, 624: keine Befangenheit der Richter, weil die Absendung der versandfertigen Post eines FG durch die Poststelle der OFD erfolgt). – Die **Äußerung allgemeiner politischer oder religiöser Ansichten** rechtfertigt die Ablehnung im allgemeinen ebenso wenig (VGH Kassel NJW 1985, 1105; *Göbel* NJW 1985, 1057) wie die **literarische** oder sonstige wissenschaftliche **Äußerung** einer Rechtsansicht (vgl BVerfGE 37, 265, 268; zur Abgrenzung s BFH/NV 1998, 595; s aber auch BVerfG JZ 1966, 312 mit Anm *Sarstedt*; BVerfGE 102, 122 betr Erstellung eines der Begründung der Klage/Verfassungsbeschwerde dienenden Gutachtens) oder eine frühere **politische Tätigkeit** (vgl VfGH Wien EuGRZ 1994, 181). – Zur Frage, ob und inwieweit sich Ablehnungsgründe aus Äußerungen des Richters in einer anderen Streitsache ergeben können, vgl BFH/NV 1988, 160.

Im Allgemeinen lassen die von dem Richter vorgenommenen **Verfah-** **51** **renshandlungen** dann keinen Schluss auf dessen Befangenheit zu, wenn er von den ihm kraft Gesetzes zustehenden Befugnissen im Rahmen des Gesetzeszwecks **sachbezogen und nachvollziehbar** Gebrauch macht (vgl BFH/NV 1994, 34; 487; 1995, 526, 527; 1997, 126, 127; 1998, 599; 1999, 944, 945). Die Grenze zur Voreingenommenheit des Richters ist erst dann überschritten, wenn durch sein Verhalten der Eindruck entsteht, ein Beteiligter solle **ungerechtfertigt unter Druck gesetzt** und zum Verzicht auf die Wahrnehmung seiner prozessualen Rechte veranlasst werden (BFH/NV 1997, 872 zum Hinweis auf die Möglichkeit der Anordnung der Bestellung eines Bevollmächtigten iS des § 62 I 2).

Das Setzen **kurzer Fristen** zur Stellungnahme (BFH/NV 1999, 58, 59) **52** oder das Setzen von **Ausschlussfristen** (§§ 62 III, 65 II, 79b) kann daher grundsätzlich eine Besorgnis der Befangenheit nicht rechtfertigen, wenn und soweit der Gesetzeszweck gewahrt wird (BFH/NV 1996, 761; 1998, 34; 1999, 1349; 2000, 73, 74; 1472, 1473). Ein Befangenheitsgrund liegt insbesondere nicht vor, wenn diese Ausschlussfristen nach §§ 62 III, 65, soweit sie zulässig sind, sogleich **nach Klageeingang** gesetzt werden (vgl § 62 Rz 85 ff; § 65 Rz 61). – Auch die aus der Sicht eines Beteiligten zB wegen zu geringer Vorbereitungszeit oder später Aktenvorlage nicht gerechtfertigte Durchführung eines Termins (BFH/NV 1997, 671, 673; 1998, 599) oder die Verweigerung der Terminsverlegung (BFH/NV 1995, 410; 2003, 45; 2005, 218), das Verlangen, die Gründe für die beantragte Verlegung des Termins glaubhaft zu machen (BFH/NV 1998, 1495) oder die **zu rasche Terminierung** rechtfertigt **nicht ohne weiteres** die Besorgnis der Befangenheit. Grundsätzlich ist es Sache der Senatsvorsitzenden oder des Einzelrichters, die Reihenfolge der Behandlung der anhängigen Klageverfahren zu bestimmen (BFH/NV 1993, 174; 300; 1994, 106; 487;

1995, 526, 527). Entsprechendes soll für eine **Terminierung in kurzen zeitlichen Abständen** („Fünfminutentakt") gelten (BFH/NV 1994, 729; 1995, 122); entscheidend dürfte insoweit sein, ob eine solche Verfahrensweise sachgerecht ist. – Befangenheit kann sich bei Vorliegen sachlicher Gründe für die Verzögerung im Allgemeinen auch nicht aus einer **langen Verfahrensdauer** (BFH/NV 1994, 185; s aber auch BFH/NV 1997, 357; 2000, 981) oder daraus ergeben, dass der Richter der Frage nachgeht, ob die **Prozessvollmacht wirksam** ist (BFH/NV 1988, 245), Zweifel an der **Wirksamkeit der Prozessvollmacht** äußert (BFH/NV 1996, 145; 1999, 198), **sachbezogene Fragen** stellt (BFH/NV 2000, 1607, 1608), **sachbezogene Hinweise** gibt (BFH/NV 1988, 572; 1992, 394; 1993, 41, 44; 738; 1995, 123; 1999, 480; 2000, 1229 betr Hinweis auf ein in einer Parallelsache ergangenes Urteil), den Kläger **auffordert,** zum Sachvortrag des Beklagten **Stellung zu nehmen** und für eine ggf abweichende Sachverhaltsdarstellung **Nachweise zu erbringen** (BFH/NV 1998, 1500), auf die Möglichkeit der **Saldierung** hinweist (BFH/NV 1995, 998), **anregt, die Steuer** bis zur Entscheidung des BVerfG **vorläufig festzusetzen** (BFH/NV 1999, 624) oder die gebotene **Sachaufklärung** – ggf auch mit Nachdruck – betreibt (BFH/NV 1995, 514; 629; 1997, 503; 1998, 599; 1500; 1999, 46; 1466, 1467; 2000, 1114). Entsprechendes gilt, wenn der Richter dem **Tatsachenvortrag** eines Beteiligten nicht folgt (BFH/NV 1996, 225; 1997, 671) oder wenn er in der Entscheidung über eine NZB auf Presseberichte eingeht, die für die Nichtabhilfe von Bedeutung sind (BFH/NV 1994, 556). – Ebenso ist es, wenn ein Richter den Prozessbevollmächtigten auf die **Möglichkeit** der Auferlegung einer **Verzögerungsgebühr** hinweist (BFHE 121, 295 = BStBl II 1977, 350), wenn in einer weiteren Ladung **nicht auf** die Möglichkeit der **Verhandlung in Abwesenheit** des Beteiligten hingewiesen wird (FG Hbg EFG 1995, 754), wenn der Richter die **Presse** ohne weitere Äußerungen zum Verfahren lediglich **über** den **Zeitpunkt der** mündlichen **Verhandlung informiert** (BFH/NV 1986, 102), wenn er die Anregung, einen Erörterungstermin durchzuführen, unbeantwortet lässt (BFH/NV 1998, 599), die beantragte **Akteneinsicht ablehnt** (BFH/NV 1994, 639; 888), die **Übersendung** von Akten zur Einsichtnahme verweigert (BFH/NV 1987, 308; 1991, 755; 1999, 327, 328; s aber BFH/NV 1996, 424), **Akteneinsicht** nicht beim nahegelegenen Amtsgericht, sondern **beim** weiter **entfernten Finanzamt** gewährt (BFH/NV 1990, 717, 718; s auch BFH/NV 1999, 58, 59), wenn die Akteneinsicht trotz Terminabsprache scheitert (BFH/NV 2000, 337), wenn der Richter den Antrag auf **Einsichtnahme in** nicht dem FG vorliegende **Akten Dritter ablehnt** (BFH/NV 1995, 604), wenn er darauf hinweist, dass die **Verweigerung der Mitwirkung** an der Sachaufklärung **im Rahmen der Beweiswürdigung nachteilige Folgen** haben könne (BFH/NV 1987, 382), wenn er **von der Aufnahme** von Vorgängen und Äußerungen **in das Protokoll absieht,** auf die es nicht ankommt (BFH/NV 1996, 235; FG D'dorf EFG 2005, 1454), wenn er einen Antrag (angeblich) fehlerhaft protokolliert (BFH/NV 1996, 759), wenn er einem Beteiligten im Erörterungstermin das **Wort entzieht** (BFH/NV 1998, 338), wenn er von der dienstlichen Äußerung eines wegen Befangenheit abgelehnten Senatskollegen Kenntnis nimmt (BFH/NV 2000, 2488), wenn er sonst mit dem Gesetz im Einklang stehende **verfahrensmäßige An-**

ordnungen trifft, die einem Beteiligten missfallen (BFH/NV 1986, 543, 544; 1987, 36, 37; 248, 249, 250; 1988, 571; 587; 1993, 244, 246; 1998, 599; BFH/NV 1994, 34 betr Ablehnung der Unterbrechung der Verhandlung zur weiteren Vorbereitung oder wegen angeblicher Erschöpfung; BFH/NV 1994, 327; FG Nds EFG 1990, 436 betr die Ablehnung der Aussetzung des Verfahrens im Hinblick auf eine anhängige Verfassungsbeschwerde; BFH/NV 1992, 480 betr Ablehnung einer Fristverlängerung; BFH/NV 1995, 410 betr Urteilserlass vor Bescheidung des Ablehnungsgesuchs; BFH/NV 2001, 164, 165 betr Fristsetzung gem § 79 b). Gleiches gilt bei **Verstoß** des Richters **gegen Formvorschriften** (BFH/NV 1993, 318 betr Ablehnung eines Protokollierungsantrags; s aber BFH/NV 1996, 424). – Ein Ablehnungsgrund liegt ferner nicht vor, wenn der Richter eine vom Kläger zur Stützung seines Begehrens erwähnte Entscheidung in der mündlichen Verhandlung nicht erörtert (BFH/NV 1988, 89) oder sonst eine von den Prozessbeteiligten vertretene Rechtsmeinung aus deren Sicht nicht in der gebotenen Weise berücksichtigt (BFH/NV 1995, 894), wenn er einen **Verständigungsvorschlag** unterbreitet (BFH/NV 1997, 684), es ablehnt, ein **Rechtsgespräch** über materiell-rechtliche Fragen zu führen, auf die es wegen Unzulässigkeit der Klage nicht ankommen kann (BFH/NV 1993, 731), oder wenn er in seiner **dienstlichen Äußerung** (Rz 68) lediglich Entscheidungen des BFH benennt (BFH/NV 1995, 414) oder ausschließlich in den Ablauf der Sitzung fallende Ereignisse wiedergibt (BFH/NV 1994, 558; s aber auch Rz 57). – **Zur Gesamtwürdigung** des beanstandeten richterlichen Verhaltens s Rz 48.

Rechtsfehler (Verstöße gegen das materielle Recht oder das Verfahrensrecht) eines Richters in einem früheren Verfahrensabschnitt oder in Parallelverfahren können die Besorgnis der Befangenheit ausnahmsweise begründen, wenn die (mögliche) Fehlerhaftigkeit auf einer **unsachlichen Einstellung** des Richters gegenüber den ablehnenden Beteiligten oder auf **Willkür** beruht (zB BFH/NV 1996, 752; 826; 1997, 243; 687; 1998, 1504; 1999, 328, 329; 2000, 202; 335, 336; 956, 957; 2001, 331; 2003, 1433). Das ist **zu verneinen**, wenn die **Rechtsansicht** des Richters zwar (möglicherweise) fehlerhaft, aber **vertretbar** ist (BFH/NV 1995, 526, 528; 1997, 122). Eine unsachliche Einstellung kann deshalb zB nicht daraus hergeleitet werden, dass das Gericht in einer früheren Entscheidung irrtümlich von einer Darstellung der Gründe (§ 105 V) abgesehen hat (BFH/NV 1995, 414, 415; zur Ausnahme s BFH/NV 1993, 112) oder bei der Entscheidung über einen Befangenheitsantrag **unrichtig besetzt** war (BFH V B 233/91 BFH/NV 1993, 661). Gleiches gilt, wenn der Richter in den von einem bestimmten Prozessbevollmächtigten vertretenen Fällen die **Mitteilung über den Klageeingang** stets auch dem Kläger selbst übersendet (BFH/NV 1995, 223). **Befangenheit** ist aber zu bejahen **bei gravierenden Rechtsverstößen** oder einer **Häufung** von Verfahrensfehlern (zB BFH/NV 1992, 526; 1995, 629; 1997, 684; 687; 2003, 45; 640; OLG Schleswig NJW 1994, 1227). – S insgesamt auch Rz 51 f.

53

Die **Mitteilung einer Rechtsansicht** dient, wenn sie in rechter Weise geschieht, dazu, den Beteiligten die Möglichkeit der Stellungnahme zu eröffnen. Der die Rechtsansicht äußernde Richter kann daher nicht als befangen angesehen werden und zwar auch nicht, wenn die (für den Beteiligten ungünstige) Rechtsauffassung falsch ist. Derartige aus der Prozessför-

55

derungspflicht (§§ 76–79) sich ergebende Meinungsäußerungen sprechen nicht gegen die Objektivität des Richters; gegen falsche Ansichten sind allein die Rechtsmittel gegeben (zB BFHE 101, 207 = BStBl II 1971, 243; BFHE 144, 144 = BStBl II 1985, 555, 557 f; BFH/NV 1995, 526, 528; 894; 1996, 561; 1997, 122; 2000, 459 und öfter; BVerfG HFR 1977, 157; s aber für den Fall der Äußerung **völlig falscher** Ansichten BVerwG DÖV 1976, 747; BayObLG DRiZ 1977, 244). Das gilt auch dann, wenn der Richter anregt, die Erfolgsaussichten der Klage zu überdenken (BFH/NV 1995, 410; 1998, 718), es sei denn, der Eindruck der Befangenheit ergibt sich aus Art und Inhalt der sachleitenden Verfügung (BFH/NV 1987, 308; 1998, 592, 594). Das ist zB der Fall bei **evident unsachlichen, unangemessenen** oder gar **beleidigenden Äußerungen, nicht** aber schon bei einer deutlichen, pointierten und **freimütigen Ausdrucksweise,** solange sie sachlich angemessen ist (BFH/NV 1987, 656; 1989, 169; 1990, 39; 45; 1992, 476; 1996, 561; 1997, 671, 673; 2000, 724; 2003, 640; 1218: wenn sich der Eindruck aufdrängt, dass der Richter mit dem Hinweis auf die Rücknahme der Klage um jeden Preis die Erledigung des Rechtsstreits erreichen will und zweifelhaft ist, ob er Argumenten gegen seine Rechtsauffassung noch zugänglich ist). – Bei der Würdigung darf die **Prozessgeschichte** (zB auf Prozessverschleppung hindeutendes Verhalten des Beteiligten) nicht außer Acht bleiben (BFH/NV 1987, 656; 1990, 175; 1995, 526, 528). Die Erwägung, das Ablehnungsgesuch könne gestellt worden sein, um eine (weitere) Verfahrensverzögerung zu erreichen, bietet deshalb allein keinen Anhaltspunkt für eine Voreingenommenheit (BFH/NV 1998, 1495; 2003, 640). – Besorgnis der Befangenheit besteht aber, wenn Gründe dargelegt werden, die dafür sprechen, dass der Richter sich **schon festgelegt** hat (BFH/NV 1999, 661) oder dass die Meinungsäußerung auf einer unsachlichen Einstellung gegenüber dem Beteiligten oder auf Willkür beruht (BFH/NV 1989, 708; 1990, 240; 2003, 640: Äußerungen ohne Sachbezug). – Befangenheit ist zB auch anzunehmen, wenn der Richter schon vor der mündlichen Verhandlung einen bestimmten **Sachverhalt** als richtig **unterstellt,** obwohl weitere Sachaufklärung geboten wäre, und er den Kläger in einer Weise auf die nach seiner Ansicht mangelnden Erfolgsaussichten der Klage hinweist, dass der Kläger Grund zur Befürchtung hat, der Richter habe sich schon eine abschließende Meinung gebildet (BFHE 144, 144 = BStBl II 1985, 555, 558; BFH/NV 1988, 251; s auch BFH/NV 1997, 369). Dasselbe gilt, wenn der Richter bei gleichzeitiger knapper Fristsetzung mit eindeutiger Gewissheit zum Ausdruck bringt, eine Klage sei mangels Begründung unzulässig (BFH/NV 1988, 794) oder wenn er den Kläger zur Klagerücknahme drängt (BFH/NV 1989, 638). Andererseits kann ein Richter jedoch nicht allein deshalb mit Erfolg abgelehnt werden, weil er bei einem Beteiligten angefragt hat, ob die Klage (zB im Hinblick auf eine Entscheidung des BVerfG) zurückgenommen werden solle (BFHE 102, 10 = BStBl II 1971, 527). Auch sonst besteht keine Befangenheitsbesorgnis, wenn die Äußerung des Richters bei objektiver und vernünftiger Betrachtung erkennen lässt, dass sie auf einer lediglich **vorläufigen** (persönlichen) **Meinungsbildung** beruht und dass eine anderweitige Entscheidung (des Senats) nicht ausgeschlossen ist (vgl BFHE 144, 144 = BStBl II 1985, 555; BFH/NV 1992, 479; 1996, 235; 1997, 369; 1998, 462; 1999, 661; 2000, 462, 463; großzügig BFH/

NV 1993, 256; 1996, 561). – Zur **Abgrenzung** s *Kopp* DStR 1986, 320 und die Anm in HFR 1986, 17.

Kein Ablehnungsgrund ist regelmäßig, dass der Richter schon einen **56** **anderen Rechtsstreit** zuungunsten des Beteiligten **entschieden** hat (BFH/NV 1986, 415 betr **PKH;** 1987, 656, 658 f; 1997, 791; 1999, 480; 2001, 176; 621; zum **AdV−Verfahren:** BFHE 101, 352 = BStBl II 1971, 333; BFH/NV 1995, 528; 1999, 1113; 2001, 202, 203; vgl auch BFH/NV 1989, 238, 239 zum Hinweis, der Kläger hätte, weil schon ein AdV-Beschluss ergangen war, die Klagebegründung kurzfristig erstellen können; zur Abgrenzung s BFH/NV 1997, 353) und zwar auch nicht, wenn es sich um eine gleichliegende Sache (Parallelverfahren) handelt (BFH/NV 1989, 639; 1997, 369; 1998, 714; 2003, 1342; 1433; BVerwG HFR 1977, 298) oder wenn die Entscheidung fehlerhaft gewesen sein sollte (BFH/NV 1999, 480; 2003, 58; s auch BFH/NV 1997, 789; dazu auch Rz 47). Das gilt auch, wenn zunächst versehentlich nur über einen Teil des Streitgegenstandes entschieden worden ist (vgl BFH/NV 1994, 388).

Voreingenommen ist ein Richter nicht allein deshalb, weil er an einem **Beweisschluss** einschließlich Erweiterung (BFH/NV 1987, 248, 249 f) und Durchführung (BFH/NV 1989, 170, 171), an einem **Gerichtsbescheid** in derselben Sache (BFHE 110, 479 = BStBl II 1974, 142; BFHE 119, 227 = BStBl II 1976, 627; BFH/NV 1995, 131; BVerfG HFR 1977, 157), an einer Entscheidung, die im **Wiederaufnahmeverfahren** angegriffen wird (BFH/NV 1991, 172), an einer Entscheidung über einen **Befangenheitsantrag** (BFH/NV 1992, 674; 1995, 33; 2000, 457; s auch BFH/NV 1998, 1362) oder an einer **sonstigen früheren Entscheidung** in demselben Rechtsstreit (der erneut in die höhere Instanz gelangt ist) mitgewirkt hat (BVerwG Buchholz 310 § 54 VwGO Nr 15). Befangenheit ist aber anzunehmen, wenn der Richter weiterhin an seiner vom Rechtsmittelgericht nicht gebilligten Ansicht festhält (OLG Frankfurt MDR 1984, 408). Ein Ablehnungsgrund liegt ohne konkrete Anhaltspunkte für eine unsachliche Einstellung oder Willkür auch nicht vor, wenn zur Vorbereitung der mündlichen Verhandlung ein im Urteilsstil verfasster Entscheidungsvorschlag (**Votum**) angefertigt wird, der in die richterliche Überzeugungsbildung einfließt (BFH/NV 1992, 394; BFHE 177, 344 = BStBl II 1995, 604), oder wenn der Senatsvorsitzende den Beteiligten (und den ehrenamtlichen Richtern – § 16 Rz 2) vor der mündlichen Verhandlung einen Urteilstatbestand („Wesentlichen Inhalt der Akten") übersendet und den Beteiligten ausdrücklich Gelegenheit gibt, die Richtigkeit und Vollständigkeit der Darstellung zu überprüfen und Wünsche auf Änderung und Ergänzung des „Tatbestandes" zu äußern (BFH/NV 1995, 1065; FG BaWü EFG 1994, 1007). – **Ausführungen im Urteil** können im Allgemeinen die Besorgnis der Befangenheit nicht nachträglich begründen (BFH/NV 1998, 61; s aber auch Rz 53).

Zweifel an der Unvoreingenommenheit eines Richters können sich **57** nicht allein daraus ergeben, dass er den **Prozessbevollmächtigten** vor der Verhandlung **begrüßt** (BFHE 85, 54 = BStBl III 1966, 231), wohl aber daraus, dass zwischen dem Kläger oder dessen Prozessbevollmächtigten und dem Richter ein **gespanntes Verhältnis** besteht (BFHE 123, 305 = BStBl II 1978, 12; BFH/NV 1990, 445; 1991, 696; 1992, 395, 396; 524; 1998, 1360; 1999, 786, 787; zur Abgrenzung s BFH/NV 2001, 625; 1126;

OLG Bdbg MDR 2000, 47; vgl Rz 48). Dies kann auch in der **dienstlichen Äußerung** deutlich werden, zB durch Unmutsäußerungen des abgelehnten Richters. Für die Befangenheit ist dabei unerheblich, dass der Ablehnende oder dessen Prozessbevollmächtigter selbst zu dem gespannten Verhältnis beigetragen hat und dass die Befangenheit des Richters nicht erwiesen ist (BFH/NV 1992, 526, 528; 1995, 634; s auch Rz 48). Hat der Kläger gegen den Richter eine **Strafanzeige** erstattet (zB wegen Rechtsbeugung) so begründet dies nicht ohne weiteres ein gespanntes Verhältnis und damit die Besorgnis der Befangenheit (BFH/NV 1999, 480; 2000, 594, 595; s auch BFH/NV 1998, 595 zu dem Fall, dass einem **Richter** auf Veranlassung des Klägers die Möglichkeit abgeschnitten worden ist, bestimmte **Nebeneinkünfte** zu erzielen).

58   Ein **Ablehnungsgrund** ist jedoch **gegeben,** wenn der Richter einen Beteiligten bevorzugt behandelt (Verstoß gegen den Gleichbehandlungsgrundsatz; s *Zöller/Vollkommer* § 42 Rz 21: einseitige Protokollierung, einseitige Informationen), in der Sitzung **unbeherrscht reagiert** (BFH/NV 1998, 1359 betr Erörterungstermin; s auch BFH/NV 1994, 325: **Lachen** eines Richters **beim Vortrag des Beteiligten** deutet als natürliche Reaktion auf ein erheiterndes, überraschendes oder abwegiges Vorbringen eines Beteiligten noch nicht auf Voreingenommenheit hin), beim Vortrag eines Beteiligten **gequält zur Decke schaut** (OVG Lüneburg AnwBl 1974, 132), wenn er sich beharrlich **abwertend über die Fachkenntnisse** des Prozessbevollmächtigten des Klägers **äußert** (BFH/NV 1986, 551; vgl auch BFH/NV 1988, 794; 1990, 45 und allg zu **kritischen Äußerungen** zur Prozessführung BFH/NV 1992, 476), wenn er sich **weigert,** den vom Prozessbevollmächtigten in der mündlichen Verhandlung handschriftlich verfassten **Antrag entgegenzunehmen** (BFH/NV 1994, 565), wenn er **gegen den Willen** des Beteiligten **Einsicht in** die **Scheidungsakten** nimmt (BFH/NV 1995, 629), wenn er einen **PKH-Antrag** ohne sachlichen Grund trotz mehrfacher Erinnerungen **nicht bearbeitet** (BFH/NV 1995, 410, 411 f), wenn sonst das prozessuale Vorgehen des Richters einer ausreichenden gesetzlichen Grundlage entbehrt und sich dem betroffenen Beteiligten der Eindruck der Voreingenommenheit aufdrängt (BFH/NV 1994, 489). Das ist zB der Fall, wenn ein Vorsitzender Richter während einer Sitzungspause in Abwesenheit des Klägers äußert, „man sei ja nun ganz unter sich" und mit dem Vertreter des FA Fragen des Rechtsstreits erörtert, ohne den Kläger nach Fortsetzung der mündlichen Verhandlung darüber zu unterrichten (BFH/NV 1990, 240, 242; zur **einseitigen Kontaktaufnahme** im Übrigen s BFH/NV 1992, 394; 1994, 874; 1996, 145; 1997, 369; zur Abgrenzung s BFH/NV 2001, 316).

Wegen weiterer Einzelfälle s *Baumbach ua* § 42 Rz 14 ff.

bb) §§ 51 III, 51 I 2

60   **§ 51 III** erweitert nicht die Ausschließungsgründe des § 41 ZPO. Die betroffene Gerichtsperson (Rz 2) ist also nicht automatisch ausgeschlossen, es ist vielmehr ein **Ablehnungsgesuch** (oder eine Selbstablehnung) **erforderlich** (BFHE 112, 25 = BStBl II 1974, 385). Der Beteiligte muss geltend machen, dass die von ihm abgelehnte Gerichtsperson der Vertretung einer Körperschaft angehört oder angehört hat, deren Interessen durch das Verfahren berührt werden.

Unter „**Vertretung**" ist bei einer Körperschaft, wie auch sonst bei ju-   **61**
ristischen Personen, nach der Gesetzessprache das Organ zu verstehen, das
die Körperschaft nach außen vertritt, also mit rechtsverbindlicher Wirkung
für die Körperschaft zu handeln befugt ist. Eine Person kann regelmäßig
nur dann als befangen angesehen werden, wenn sie einen **maßgeblichen
Einfluss** innerhalb der beteiligten Körperschaft ausübt oder ausübte. Daher
fallen unter § 51 III nur solche Richter, die (zB als Minister) den Bund
oder ein Land vertreten oder eine entsprechende Funktion innerhalb einer
Gemeinde ausgeübt haben oder die zum Vorstand einer an dem Rechtsstreit interessierten Aktiengesellschaft oä gehört haben (BFHE 112, 25 =
BStBl II 1974, 385). Die Tätigkeit als Ratsherr hindert die Mitwirkung bei
einem Streit gegen die Stadt hingegen nicht (BVerwG HFR 1977, 590 =
Buchholz 310 § 133 VwGO Nr 16).

Es genügt nicht, dass der Richter irgendwann einmal der **FinVerw an-   62
gehört** hat. Ansonsten wäre die Vorschrift des § 51 II unverständlich, die
einen Richter von der Ausübung eines Amtes nur dann ausschließt, wenn
er bei dem vorausgegangenen Verwaltungsverfahren mitgewirkt hatte, und
die damit eine allg Tätigkeit bei der Verwaltung gerade nicht genügen lässt
(BFHE 112, 25 = BStBl II 1974, 385; s auch Rz 16, 50).

§ 51 I 2 schafft für das finanzgerichtliche Verfahren den zusätzlichen Ab-   **63**
lehnungsgrund der **Besorgnis der Verletzung eines Geschäfts- oder
Betriebsgeheimnisses** oder der **Schädigung der geschäftlichen Tätigkeit** eines Beteiligten. Die Ablehnung wird in aller Regel begründet sein,
wenn die Gerichtsperson ein gleiches oder ein ähnliches Geschäft betreibt
wie der StPfl oder wenn sie an einer Gesellschaft beteiligt oder von ihr angestellt ist, die ein gleiches oder ähnliches Geschäft betreibt.

3. Selbstablehnung (§ 48 ZPO)

§ 48 ZPO Selbstablehnung; Ablehnung von Amts wegen   65

Das für die Erledigung eines Ablehnungsgesuchs zuständige Gericht hat
auch dann zu entscheiden, wenn ein solches Gesuch nicht angebracht ist,
ein Richter aber von einem Verhältnis Anzeige macht, das seine Ablehnung
rechtfertigen könnte, oder wenn aus anderer Veranlassung Zweifel darüber
entstehen, ob ein Richter kraft Gesetzes ausgeschlossen sei.

Wegen des Anwendungsbereichs s Rz 2. – § 48 ZPO regelt einerseits
den Fall der **eigentlichen Selbstablehnung** (§ 48 Halbsatz 1 ZPO –
Rz 66) und andererseits den Fall, dass „aus anderer Veranlassung", dh nicht
auf Grund richterlicher Anzeige, „Zweifel darüber entstehen, ob ein
Richter kraft Gesetzes ausgeschlossen sei" (§ 48 Halbsatz 2 ZPO – Rz 20).
Zum Verfahren s Rz 79.

Im Wege der Selbstablehnung (§ 48 Halbsatz 1 ZPO) können sowohl   **66**
Ausschließungs- (Rz 6 ff) als auch **Ablehnungsgründe** (Rz 46 ff) angezeigt werden. Hinsichtlich der Ablehnungsgründe (§ 42 II ZPO) gelten die
Ausführungen zu Rz 46 ff entsprechend, dh es kommt allein darauf an, ob
aus der Sicht eines Beteiligten die Annahme gerechtfertigt ist, der Richter
sei voreingenommen. Liegt eine solche Situation – für den Richter erkennbar – vor, ist er zur Anzeige verpflichtet (*T/P* § 48 Rz 1).

4. Verfahren

a) Verfahren bei Ablehnung durch einen Beteiligten

67   **aa)** Der Ablehnungsgrund ist **substantiiert (nachvollziehbar) darzulegen** (Rz 32) und **glaubhaft zu machen** (§ 44 II ZPO – Wortlaut Rz 26), andernfalls ist der **Antrag unzulässig** (st Rspr zB BFH/NV 1998, 326; 1999, 952; 2001, 625). – Zur Glaubhaftmachung s § 294 ZPO (§ 56 Rz 35, 42, 45). Die **eidesstattliche Versicherung** eines Beteiligten **genügt** grundsätzlich **nicht** (§ 44 II 1 Halbsatz 2 ZPO); eine Ausnahme gilt im Fall des § 44 IV ZPO (Rz 44). Es kann auch auf das **Zeugnis des abgelehnten Richters** Bezug genommen werden (§ 44 II 2 ZPO; BFH/NV 1993, 251); ein **Ausforschungsbeweis** ist jedoch unzulässig (BFH/NV 1995, 523). Im Übrigen können nur sog **präsente Beweismittel** berücksichtigt werden (BFH/NV 1987, 656, 658 f; 1999, 1607, 1608). – Der **Grundsatz rechtlichen Gehörs** gebietet es, dem Beteiligten eine angemessene Zeit zur Begründung des Ablehnungsgesuchs einzuräumen (BFH/NV 2000, 192; 1607, 1608). Dem anderen Beteiligten ist **rechtliches Gehör** zu gewähren, weil es auch für ihn um den gesetzlichen Richter (Rz 1) geht.

68   **bb)** Der abgelehnte Richter hat sich über den Ablehnungsgrund **dienstlich zu äußern** (§ 44 III ZPO). Dies kann auch in der mündlichen Verhandlung erfolgen (BFH/NV 2003, 45) Durch die dienstliche Äußerung soll die tatsächliche Grundlage für die Entscheidung über das Ablehnungsgesuch erweitert werden. Inhalt und Umfang der dienstlichen Äußerung stehen zwar grundsätzlich im **Ermessen** des abgelehnten Richters (BFH/NV 1997, 780; 1998, 861), gleichwohl hat sie sich nach dem geltend gemachten Ablehnungsgrund zu richten (BFH/NV 1989, 587; 1998, 861). Erforderlich ist eine Äußerung nur zu den für das Ablehnungsgesuch **entscheidungserheblichen Tatsachen** (BFH/NV 1995, 414, 416; 1997, 780; 1998, 861; 2000, 53, 54). Folglich **erübrigt sich die dienstliche Äußerung,** wenn die entscheidungserheblichen Tatsachen feststehen oder das Ablehnungsrecht untergegangen ist (s Rz 41 ff; BFH/NV 1995, 131; 1998, 861; 2000, 480; 2001, 176; 621, 622). Gleiches gilt nach ganz hM auch in den Fällen, in denen das Ablehnungsgesuch **„missbräuchlich"** (Rz 35 ff) oder (nach Maßgabe der Ausführungen zu Rz 27–44) **offenbar unzulässig** ist (BVerfGE 11, 1, 3; BFHE 112, 457 = BStBl II 1974, 638; BFH/NV 1987, 653; 1996, 489; 1999, 952; 2000, 244, 245; 331, 332; 594, 595; 1130; 2002, 1050; 2003, 58; 485; 714; 1285; 1342; BVerwG Buchholz 310 § 54 VwGO Nr 7, 30; s auch Rz 71, 73). Hiervon sollte nur in krassen „Missbrauchsfällen" Gebrauch gemacht werden. Bei Zweifeln ist im Interesse des Zwecks der Ablehnungsvorschriften die dienstliche Äußerung einzuholen. – **Suspendiert** ist die grundsätzliche Verpflichtung zur dienstlichen Äußerung mE, bis ein aufgrund einer Anzeige des Ablehnenden gegen den Richter eingeleitetes Ermittlungs- oder Strafverfahren abgeschlossen ist. Andernfalls würde das Recht des Richters unterlaufen, sich im Ermittlungs- oder Strafverfahren nicht zu äußern.

Die dienstliche Äußerung muss dem Ablehnenden wegen des ansonsten bestehenden Verwertungsverbots jedenfalls dann zur **Stellungnahme** übersandt werden, wenn sie Tatsachen oder Beweisergebnisse enthält, die in der Entscheidung über das Ablehnungsgesuch verwertet werden sollen (**rechtliches Gehör;** vgl BVerfGE 24, 56; BFHE 105, 337 = BStBl II 1972, 576; BFH/NV 1986, 543, 544; 1999, 1500; zur Abgrenzung vgl BFH/NV 1996, 45; 1999, 1466, 1467; 2000, 2488; 2001, 316; 2005, 218; s auch BFH/NV 2003, 45: keine Übersendung erforderlich, wenn dienstliche Äußerung in der mündlichen Verhandlung erfolgt). Das Recht auf Gehör wird nicht dadurch beeinträchtigt, dass der abgelehnte Richter nach Abgabe der Stellungnahme keine weitere (erneut bekannt zu gebende) dienstliche Äußerung abgibt (BFH/NV 1995, 414).

cc) Für die **Entscheidung über das Ablehnungsgesuch,** auf die der   **69**
Ablehnende einen Rechtsanspruch hat, gelten die §§ 45, 46 ZPO (§ 51 I).

§ 45 ZPO Entscheidung über das Ablehnungsgesuch

(1) Über das Ablehnungsgesuch entscheidet das Gericht, dem der Abgelehnte angehört, ohne dessen Mitwirkung.

(2) ... (nur für Ablehnung von Richtern am Amtsgericht) ...

(3) Wird das zur Entscheidung berufene Gericht durch Ausscheiden des abgelehnten Mitglieds beschlussunfähig, so entscheidet das im Rechtszug zunächst höhere Gericht.

§ 46 ZPO Entscheidung und Rechtsmittel

(1) Die Entscheidung über das Ablehnungsgesuch ergeht durch Beschluss.

(2) Gegen den Beschluß, durch den das Gesuch für begründet erklärt wird, findet kein Rechtsmittel, gegen den Beschluß, durch den das Gesuch für unbegründet erklärt wird, findet sofortige Beschwerde statt.

Zuständig für die Entscheidung über das Ablehnungsgesuch ist das Ge-   **70**
richt, dh der **Senat,** dem der abgelehnte Richter angehört (§ 45 ZPO; vgl BFH/NV 1989, 238, 239; 1998, 38; 2004, 55). Das gilt **auch** in den Fällen, in denen der **Einzelrichter** (§ 6) abgelehnt worden ist (BFH/NV 1998, 463; 1999, 201; die Verfassungsbeschwerde gegen die BFH-Rspr wurde nicht zur Entscheidung genommen – BVerfG Beschluss v 2. 12. 1998 1 BvR 1895/98, StE 1999, 100).

Der abgelehnte Richter selbst **wirkt** bei der Entscheidung über das   **71**
Ablehnungsgesuch **nicht mit** (§ 45 I ZPO; vgl auch § 47 ZPO – Wortlaut Rz 82). Es tritt sein **geschäftsplanmäßiger Vertreter** ein, der nur über das Ablehnungsgesuch zu entscheiden hat (BFH/NV 1994, 379). Entsprechendes gilt bei zulässiger Ablehnung aller Richter eines Senats. – Von diesem Grundsatz lassen jedoch alle obersten Gerichte für den Fall eine **Ausnahme** zu, dass die **Ablehnung „missbräuchlich"** (Rz 35 ff) oder (nach Maßgabe der Ausführungen zu Rz 27–44) **offenbar unzulässig** ist (vgl BVerfGE 11, 1, 3; 46, 200; BFHE 119, 227 = BStBl II 1976, 627; BFH/NV 1995, 122; 1996, 489; 801; 1997, 869, 870; 1998, 61; 475; 2000, 331, 332; 594, 595; 1130; 2003, 1342). Dem ist in krassen „Missbrauchsfällen" zuzustimmen. Bei Zweifeln ist hiervon im Interesse des Zwecks der Ablehnungsvorschriften kein Gebrauch zu machen (vgl Rz 68, 73).

An Stelle des § 45 III ZPO gilt im finanzgerichtlichen Verfahren § 39 I   **72**
Nr 1.

73   Die **Entscheidung** über das Ablehnungsgesuch erfolgt **durch** (gesonderten) **Beschluss** (§ 46 I ZPO; zur Rechtslage bis zum 31. 12. 2001 vgl BFH/NV 1998, 38). Ein **Ablehnungsgesuch darf** auch dann **nicht unentschieden bleiben,** wenn das Gericht die Streitsache in einem neuen Termin ohne Mitwirkung des abgelehnten Richters entschieden hat (BFH/NV 1995, 410, 412; s auch BFH/NV 2002, 1164: Nichtbescheidung eines gestellten Befangenheitsantrags ist mit der NZB zu rügen). – In **„Missbrauchsfällen"** (Rz 35 ff) oder in Fällen **offenbarer Unzulässigkeit** (Rz 27–44) braucht nach der höchstrichterlichen Rspr kein Beschluss zu ergehen; die Qualifizierung des Gesuchs als unzulässig kann dann in den Gründen der Hauptsacheentscheidung (unter Mitwirkung des abgelehnten Richters – Rz 71) erfolgen (vgl BFHE 105, 316 = BStBl II 1972, 570; BFH/NV 1997, 38; 1999, 316; 2000, 244, 245; 2003, 485; 714; BVerwGE 50, 36, 37). Auch von dieser Möglichkeit sollte (nur) mit Zurückhaltung Gebrauch gemacht werden (vgl §§ 26 a II 1, 2, 28 II 1 StPO). Über **Gesamtablehnungen** (Rz 27) ist gleichzeitig **durch einheitlichen Beschluss** zu entscheiden (OLG Hamburg MDR 1984, 512; LG Münster NVwZ 1984, 525; aA OLG Schleswig NStZ 1981, 489: Einzelentscheidungen). – Zum **Inhalt** der Entscheidung vgl BFH/NV 1994, 637. – Es ist **keine Kostenentscheidung** zu treffen, weil es sich um ein unselbständiges Zwischenverfahren handelt.

75   **Mündliche Verhandlung** ist **möglich** (§ 46 I ZPO – BFH BStBl II 1992, 845; zur Entscheidung ohne mündliche Verhandlung: BFH/NV 1996, 489). Ergeht der Beschluss nach mündlicher Verhandlung unter Mitwirkung der ehrenamtlichen Richter (§ 5 III; s § 5 Rz 4; BFH/NV 1993, 661), ist er zu verkünden oder zuzustellen (§ 104 Rz 1); ergeht er ohne mündliche Verhandlung, genügt bei Stattgabe die formlose Mitteilung; bei Ablehnung ist Zustellung erforderlich (vgl § 329 II ZPO).

76   **dd) Rechtsmittel.** – **Beschlüsse über die Ablehnung** von Gerichtspersonen, Sachverständigen und Dolmetschern, **die nach dem 31. 12. 2000 verkündet** oder von Amts wegen anstelle einer Verkündung zugestellt **worden sind, können** nach § 128 II **nicht** (mehr) **mit der Beschwerde angefochten werden** (zur bis zum 31. 12. 2000 geltenden Rechtslage s Vorauflage Rz 76 ff u BFH/NV 2002, 1032: kein Nachschieben von Ablehnungsgründen im Beschwerdeverfahren). Auch eine **NZB** kann wegen § 124 II grundsätzlich nicht auf die Ablehnung eines Befangenheitsantrags gestützt werden, es sei denn, es wird ein Verstoß gegen das Willkürverbot oder gegen ein Verfahrensgrundrecht geltend gemacht. In Betracht kommt dabei insbesondere ein Verstoß gegen das Recht auf den gesetzlichen Richter iS von Art 101 I 2 GG, sofern der zu Recht abgelehnte Richter an der Entscheidung gleichwohl mitgewirkt hat (s auch Rz 1). Es ist eine **Verfahrensrüge** nach §§ 115 II Nr 3; 119 Nr 1 zu erheben. Diese hat allerdings nur dann Aussicht auf Erfolg, wenn sich dem Vorbringen entnehmen lässt, dass der Beschluss über die Zurückweisung des Ablehnungsgesuchs nicht nur fehlerhaft, sondern greifbar gesetzeswidrig und damit willkürlich ist (BFH/NV 2003, 640; 1218; 2005, 218 jeweils mwN).

b) Verfahren bei Selbstablehnung

Die Entscheidung ergeht **nach Anhörung** der Beteiligten (BVerfG **79**
NJW 1993, 2229) **durch Beschluss** (FG Bremen FG EFG 1992, 208, 209
mwN). Hinsichtlich der **Zuständigkeit** gelten die Ausführungen in Rz 70
entsprechend. Der anzeigende Richter wirkt an der Entscheidung nicht
mit (vgl Rz 71). Der Senat hat zu prüfen, ob ein Ablehnungsgrund vorliegt
(Amtsermittlung, Freibeweis). Die Entscheidung braucht dem Beteiligten
nicht mitgeteilt zu werden. Es wird **keine Kostenentscheidung** getroffen. Rechtsmittel sind nicht gegeben (vgl OLG Bremen FamRZ 1976,
112).

5. Wirkung und Umfang der Ablehnung (§ 47 ZPO)

Die **Wirkung** der Ablehnung ergibt sich aus § 47 ZPO (§ 51 I).   **82**

§ 47 ZPO Unaufschiebbare Amtshandlungen

(1) Ein abgelehnter Richter hat vor Erledigung des Ablehnungsgesuchs
nur solche Handlungen vorzunehmen, die keinen Aufschub gestatten.

(2) [1] Wird ein Richter während der Verhandlung abgelehnt und würde die
Entscheidung über die Ablehnung eine Vertagung der Verhandlung erfordern, so kann der Termin unter Mitwirkung des abgelehnten Richters fortgesetzt werden. [2] Wird die Ablehnung für begründet erklärt, so ist der nach
Anbringung des Ablehnungsgesuchs liegende Teil der Verhandlung zu wiederholen.

§ 47 I ZPO gilt für **Handlungen,** die der abgelehnte Richter in dem **83**
Zeitraum vom Eingang bis zur Erledigung des Ablehnungsgesuchs vornehmen will. Zulässig sind nur **unaufschiebbare Amtshandlungen** (zB
Beweissicherungsverfahren durchführen oder sitzungspolizeiliche Anordnungen treffen; BFH/NV 1995, 414, 416; 2000, 337 offen, ob Schriftsatz-
austausch iS von § 77 I 4 zulässig ist).

Bei Verstoß gilt folgendes: Wird das Ablehnungsgesuch von den dazu **85**
berufenen Richtern rechtskräftig zurückgewiesen, ist der Verstoß gegen
§ 47 ZPO unbeachtlich (BFH/NV 1998, 596). – Wird dem Ablehnungsgesuch stattgegeben, sind die bisher erfolgten Amtshandlungen unwirksam
und müssen (ggf mit verändertem Inhalt) wiederholt werden. Dies lässt sich
auch aus § 47 II ZPO ableiten. Ist dies nicht mehr möglich (vgl Rz 21),
können die unter Mitwirkung des erfolgreich abgelehnten Richters ergangenen Urteile und Beschlüsse angefochten werden (§§ 115 II Nr 3, 116,
119 Nr 2). Bei Urteilen ist auch Nichtigkeitsklage möglich (§ 134 iVm
§ 579 Nr 2 ZPO). Zur bis zum 31. 12. 2000 geltenden Rechtslage s Vorauflage Rz 86.

§ 47 II ZPO stellt klar, dass die Verhandlung, in der das Ablehnungs- **86**
gesuch erstmals angebracht wird, mit dem abgelehnten Richter fortgeführt
werden kann, wenn ansonsten eine Vertagung notwendig wäre. Wird dem
Ablehnungsgesucht stattgegeben, muss die Verhandlung aber ab dem Zeitpunkt der Geltendmachung der Ablehnung wiederholt werden.

Wird das **Ablehnungsgesuch als nicht begründet** oder rechtsmiss- **87**
bräuchlich (unzulässig) **zurückgewiesen,** ist es „erledigt" und der erfolglos abgelehnte Richter zur weiteren Mitwirkung am Verfahren berechtigt

und verpflichtet (zur bis zum 31. 12. 2000 geltenden Rechtslage bei Einlegung der Beschwerde s Vorauflage Rz 83 mwN).

88   Ist die **Ablehnung erfolgreich,** so erstreckt sie sich auch auf Nebenstreitpunkte und **Nebenverfahren,** und zwar auch dann, wenn sie unter einem anderen Aktenzeichen geführt werden und streitgegenständlich nicht identisch sind (BFH/NV 1994, 567). Die Besorgnis der Befangenheit erfasst jedoch nicht alle anderen bei dem jeweiligen Senat anhängigen oder erst später anhängig werdenden (Hauptsache-)Verfahren des betroffenen Beteiligten. Insoweit müssen besondere Befangenheitsgründe vorliegen (BFH/NV 1994, 567).

§ 52 [Sitzungspolizei usw.]

(1) Die §§ 169, 171 b bis 197 des Gerichtsverfassungsgesetzes über die Öffentlichkeit, Sitzungspolizei, Gerichtssprache, Beratung und Abstimmung gelten sinngemäß.

(2) Die Öffentlichkeit ist auch auszuschließen, wenn ein Beteiligter, der nicht Finanzbehörde ist, es beantragt.

(3) Bei der Abstimmung und Beratung dürfen auch die zu ihrer steuerrechtlichen Ausbildung beschäftigten Personen zugegen sein, soweit sie die Befähigung zum Richteramt besitzen und soweit der Vorsitzende ihre Anwesenheit gestattet.

Vgl § 55 VwGO; § 61 SGG

Übersicht

Literatur:
Zur Öffentlichkeit des Verfahrens: *Ernst,* Informations- oder bloßes Illustrationsinteresse? Zur Fernsehöffentlichkeit von Gerichtsverfahren, FS Herrmann (2002), 73; *Kretzschmar,* Die Verletzung der Vorschriften über die Öffentlichkeit des Verfahrens, DStZ 1992, 625 ff; *Staff,* Öffentlichkeit als Verfassungsprinzip, ZRP 1992, 384; *Strauch,* Die Öffentlichkeit und Mündlichkeit des Verwaltungsverfahrens, in: FS Mallmann (1979), 345; *Wolff,* Die Gesetzwidrigkeit von Fernsehübertragungen aus Gerichtsverhandlungen, NJW 1994, 681.
Zur Sitzungspolizei: *Pardey,* Versachlichung durch erzwungene Achtungsbezeugungen?, DRiZ 1990, 132; *Seibert,* Maßnahmen gegen Sitzungsstörer, NJW 1973, 127.
Zur Gerichtssprache: *Deibel,* Neue Rechtsprechung des BVerwG zum Ausländerrecht, DÖV 1980, 21, 33; *Jessnitzer,* Dolmetscher, 2. Aufl., Köln 1992; *Kirschner,* Fremdsprachige Schriftsätze im Verfahren der Sozialgerichtsbar-

keit, SGb 1989, 545; *Meyer,* Die Gerichtssprache ist deutsch – auch für Ausländer?, ZStW 1981, 507.

I. Vorbemerkung

Die FGO enthält keine eigenständige Regelung über die technischen **1** Verfahrensfragen der **Öffentlichkeit,** der **Sitzungspolizei,** der **Gerichtssprache,** der **Beratung** und der **Abstimmung.** § 52 verweist insoweit – ebenso wie § 55 VwGO und § 61 SGG – auf die einschlägigen Bestimmungen des GVG, die damit (von einigen Besonderheiten abgesehen – vgl Rz 9, 41) für alle Gerichtszweige einheitlich gelten. – Mit Rücksicht darauf beschränkt sich die Kommentierung vor allem auf praxisrelevante Fragen. Im Übrigen wird auf die Spezialkommentare verwiesen (zB *Baumbach ua; Thomas/Putzo; Zöller; Löwe/Rosenberg; Kissel*).

II. Öffentlichkeit

1. Grundsatz der Öffentlichkeit

Nach § 52 I sind die §§ 169 und 175 GVG anzuwenden. **2**

§ 169 GVG [Öffentlichkeit]

[1] Die Verhandlung vor dem erkennenden Gericht einschließlich der Verkündung der Urteile und Beschlüsse ist öffentlich. [2] Ton- und Fernseh-Rundfunkaufnahmen sowie Ton- und Filmaufnahmen zum Zwecke der öffentlichen Vorführung oder Veröffentlichung ihres Inhalts sind unzulässig.

§ 175 GVG [Versagung des Zutritts]

(1) Der Zutritt zu öffentlichen Verhandlungen kann unerwachsenen und solchen Personen versagt werden, die in einer der Würde des Gerichts nicht entsprechenden Weise erscheinen.

(2) [1] Zu nicht öffentlichen Verhandlungen kann der Zutritt einzelnen Personen vom Gericht gestattet werden. [2] In Strafsachen soll dem Verletzten der Zutritt gestattet werden. [3] Einer Anhörung der Beteiligten bedarf es nicht.

(3) Die Ausschließung der Öffentlichkeit steht der Anwesenheit der die Dienstaufsicht führenden Beamten der Justizverwaltung bei den Verhandlungen vor dem erkennenden Gericht nicht entgegen.

Der **Grundsatz der Öffentlichkeit** der Verhandlung (§ 52 iVm **3** §§ 169–175 GVG) hat zwar keinen Verfassungsrang (BVerfGE 15, 307), ist aber ein wesentlicher Leitgedanke gerichtlicher Verfahren im demokratischen Rechtsstaat. Er gilt für die mündliche Verhandlung vor dem erkennenden Gericht (§ 90 I), für die Beweisaufnahme (§ 81 I – BFHE 121, 392 = BStBl II 1977, 431), soweit sie nicht durch den beauftragten Richter erfolgt (BVerwG DÖV 1989, 40), und für die Urteilsverkündung (§ 104 I), nicht aber für die Beratung und Abstimmung (§ 193 GVG). – Gewährleistet ist die Öffentlichkeit des Verfahrens außerdem durch Art 6 I EMRK (vgl EGMR NJW 1979, 477; offen BVerwG NVwZ 1989, 1168). – **Nichtöffentlich** sind Entscheidungen ohne mündliche Verhandlung (§§ 79a II, IV, 90 II, 90a, 104 III), vorbereitende Erörterungen und Beweiserhebun-

gen (§§ 79 I Nr 1, III, 81 II, 82 iVm 375 ZPO – vgl BVerwG DVBl 2001,
726) sowie die Beweisaufnahme durch den ersuchten Richter (§§ 13, 82
iVm § 362 ZPO). – Zur Verfassungsmäßigkeit des Verbots von **Ton- und
Fernseh-/Rundfunkaufnahmen** in Gerichtsverhandlungen s BVerfGE
103, 44 u NJW 1999, 1951; zum **Fotografierverbot** s BVerfG NJW
1996, 310. Zur Verhandlung mittels **Videokonferenz** s § 91 a.

4   Die **Öffentlichkeit ist gewahrt,** wenn ein unbestimmter Personenkreis die Möglichkeit hat, die Verhandlung an Ort und Stelle zu verfolgen
(BFH/NV 1990, 654, 655; 1995, 416, 418; 1998, 719; zur Entfernung eines Zuhörers aus dem Sitzungssaal s BGH JZ 1988, 983 und für den Fall,
dass er als Zeuge in Betracht kommt, s BAG BB 1988, 1330). Eine Begrenzung aufgrund der vorhandenen Plätze ist zulässig, es muss aber eine
Mindestzahl von Sitz- und Stehplätzen vorhanden (BFH/NV 1998, 340
mwN) und für alle Interessierten zugänglich sein. Im Übrigen genügt
es, dass der Raum, in dem die Verhandlung stattfindet, grundsätzlich für
jedermann (ggf auch nach Betätigung einer Klingel – BVerwG NJW 1990,
1249) zugänglich ist (BFHE 121, 392 = BStBl II 1977, 431 – entgegen
dieser Entscheidung trifft das für ein **Hotel** aber nicht zu; vgl auch
BFHE 143, 487 = BStBl II 1985, 551, 552; zur Verhandlung auf einem
privaten Anwesen und zur Einschränkung des Öffentlichkeitsgrundsatzes
durch das **Hausrecht** und die Privatsphäre s BVerwG Buchholz 300 § 169
GVG Nr 5; BGHSt 40, 191; zu tatsächlichen Zugangsbeschränkungen
durch **verschlossene Türen** s BVerwG NJW 1990, 1249; BFHE 143,
487 = BStBl II 1985, 551). Bei Verhandlung mittels **Videokonferenz**
(§ 91 a) gelten diese Anforderungen nur für den Sitzungssaal, nicht aber
auch für die Aufzeichnungsräume (*Schultzky* NJW 2003, 313). – Die allg
Bekanntgabe des Ortes, an dem der Termin stattfindet, ist ebenso wenig
erforderlich (BFH/NV 1995, 416, 418; 1996, 223; 416; BVerwG Buchholz 310 § 138 Nr 5 VwGO Nr 1) wie ein **Aushang am Sitzungssaal**
(BFH/NV 1993, 543 mwN). Die Öffentlichkeit ist aber nur gewährleistet,
wenn sich jeder Interessierte ohne Schwierigkeiten rechtzeitig Kenntnis
über Ort und Zeit der Verhandlung verschaffen kann (BVerwG Buchholz
310 § 55 VwGO Nr 5; § 133 VwGO Nr 74 betr Konferenzraum im Gerichtsgebäude; zur Saaländerung: VGH München NVwZ-RR 2002, 799).
– Der Grundsatz der Öffentlichkeit ist **nicht schon dann verletzt,** wenn
die Zuhörer nicht lückenlos über den Sach- und Streitstand der verhan-
delten Verfahren unterrichtet werden (BFH/NV 1990, 654, 655), wenn
sämtliche Sitzplätze des Saales (durch eine einzige geschlossene Gruppe)
besetzt sind (BFH/NV 1994, 656) oder wenn eine Sache **nicht ordnungsgemäß aufgerufen** wird (BFH/NV 1995, 416, 418; 1996, 223); in
dem zuletzt genannten Fall kann aber das **rechtliche Gehör** beeinträchtigt
sein (BVerfGE 42, 364, 370). Ein **Verstoß** gegen den Grundsatz der **Öffentlichkeit** des Verfahrens **liegt** hingegen **vor,** wenn die Justizwacht-
meister Besucher beim Betreten des Gebäudes ansprechen (BVerwGE 111,
61), der gesetzliche Vertreter eines Beteiligten mit den Zeugen während
des Sachvortrags des Berichterstatters kurzfristig aus dem Gerichtssaal ge-
wiesen wird (BFH/NV 1994, 381), wenn der Sitzungssaal durch einen
Richter des Senats abgeschlossen wird, obwohl eine öffentliche Verhandlung stattfindet (BFHE 166, 524 = BStBl II 1992, 411) oder wenn
die Verhandlung beginnt, obwohl rechtzeitig anwesende Zuhörer den Sit-

zungssaal aufgrund von Einlasskontrollen noch nicht betreten konnten (BGH NJW 1995, 3196).

Beeinträchtigungen der Öffentlichkeit stellen nur dann Verfahrens- 6 mängel dar (vgl §§ 115 II Nr 3, 116, 119 Nr 5), wenn sie durch das Gericht **schuldhaft,** dh mit Wissen und Wollen verursacht worden sind (BFHE 143, 487 = BStBl II 1985, 551, 552; BFH/NV 1989, 541; BVerwG HFR 1983, 76; 1985, 47; s auch *Kretzschmar* DStZ 1992, 625, 626 ff). Dabei muss sich der Spruchkörper jedenfalls das Verhalten der ihm angehörenden Berufsrichter zurechnen lassen (BFHE 166, 524 = BStBl II 1992, 411). Keine schuldhafte Verursachung liegt dabei dann vor, wenn die Eingangstür zum Verhandlungsgebäude versehentlich und für das Gericht nicht bemerkbar verschlossen oder die Leuchtschrift „Nicht öffentliche Sitzung" versehentlich eingeschaltet wird (*Zöller/Gummer* § 169 GVG Rz 11 mwN). – Die Beteiligten können auf die Einhaltung der Vorschriften über die Öffentlichkeit **verzichten** (BFHE 161, 427 = BStBl II 1990, 1032).

2. Ausschluss der Öffentlichkeit

a) Ausschließungsgründe

Nach § 52 I sind die §§ 171 b bis 173 GVG anzuwenden.   8

§ 171 b GVG [Ausschluß der Öffentlichkeit zum Schutz der Privatsphäre]

(1) [1] Die Öffentlichkeit kann ausgeschlossen werden, soweit Umstände aus dem persönlichen Lebensbereich eines Prozeßbeteiligten, Zeugen oder durch eine rechtswidrige Tat (§ 11 Abs. 1 Nr. 5 des Strafgesetzbuches) Verletzten zur Sprache kommen, deren öffentliche Erörterung schutzwürdige Interessen verletzen würde, soweit nicht das Interesse an der öffentlichen Erörterung dieser Umstände überwiegt. [2] Dies gilt nicht, soweit die Personen, deren Lebensbereiche betroffen sind, in der Hauptverhandlung dem Ausschluß der Öffentlichkeit widersprechen.

(2) Die Öffentlichkeit ist auszuschließen, wenn die Voraussetzungen des Absatzes 1 Satz 1 vorliegen und der Ausschluß von der Peson, deren Lebensbereich betroffen ist, beantragt wird.

(3) Die Entscheidungen nach den Absätzen 1 und 2 sind unanfechtbar.

§ 172 GVG [Gründe für Ausschluß der Öffentlichkeit]

Das Gericht kann für die Verhandlung oder für einen Teil davon die Öffentlichkeit ausschließen, wenn

1. eine Gefährdung der Staatssicherheit, der öffentlichen Ordnung oder der Sittlichkeit zu besorgen ist,
1 a. eine Gefährdung des Lebens, des Leibes oder der Freiheit eines Zeugen oder einer anderen Person zu besorgen ist,
2. ein wichtiges Geschäfts-, Betriebs-, Erfindungs- oder Steuergeheimnis zur Sprache kommt, durch dessen öffentliche Erörterung überwiegende schutzwürdige Interessen verletzt würden,
3. ein privates Geheimnis erörtert wird, dessen unbefugte Offenbarung durch den Zeugen oder Sachverständigen mit Strafe bedroht ist,
4. eine Person unter sechzehn Jahren vernommen wird.

§ 173 GVG [Öffentliche Urteilsverkündung]

(1) Die Verkündung des Urteils erfolgt in jedem Falle öffentlich.

(2) Durch einen besonderen Beschluß des Gerichts kann unter den Voraussetzungen der §§ 171 b und 172 auch für die Verkündung der Urteilsgründe oder eines Teiles davon die Öffentlichkeit ausgeschlossen werden.

9   Im finanzgerichtlichen Verfahren haben die §§ 171 b, 172 GVG kaum eine Bedeutung. Denn abgesehen von den dort genannten Gründen **muss** nach **§ 52 II** der **Ausschluss der Öffentlichkeit** erfolgen, wenn ein anderer Beteiligter (§ 57 Nr 1, 3) als die Finanzbehörde es **beantragt**. In den übrigen Fällen hat das Gericht über den Antrag nach pflichtgemäßem **Ermessen** zu befinden (s dazu BFH/NV 2005, 1799; Ausnahme: § 171 b II GVG). – Zu **§ 52 II** s auch Rz 12, 13; zur Rüge des unterbliebenen Ausschlusses der Öffentlichkeit s BFH/NV 2005, 350.

10   Die **Urteilsverkündung** ist (von dem Ausnahmefall des § 173 II GVG abgesehen) in jedem Fall **öffentlich.** Vor der Verkündung muss deshalb die Öffentlichkeit wiederhergestellt werden. Entsprechende **Protokollierung** ist erforderlich. – Zum **Nachweis** der Einhaltung des Grundsatzes der Öffentlichkeit **durch** das **Protokoll** s BVerwG HFR 1979, 112; zum **Gegenbeweis** s BFH/NV 1989, 541.

b) Ausschließungsverfahren und Wirkung der Ausschließung

11   Nach § 52 I gelten die §§ 174 und 175 GVG.

§ 174 GVG [Verhandlung über Ausschluß der Öffentlichkeit; Schweigepflicht]

(1) [1] Über die Ausschließung der Öffentlichkeit ist in nicht öffentlicher Sitzung zu verhandeln, wenn ein Beteiligter es beantragt oder das Gericht es für angemessen erachtet. [2] Der Beschluß, der die Öffentlichkeit ausschließt, muß öffentlich verkündet werden; er kann in nicht öffentlicher Sitzung verkündet werden, wenn zu befürchten ist, daß seine öffentliche Verkündung eine erhebliche Störung der Ordnung in der Sitzung zur Folge haben würde. [3] Bei der Verkündung ist in den Fällen der §§ 171 b, 172 und 173 anzugeben, aus welchem Grund die Öffentlichkeit ausgeschlossen worden ist.

(2) Soweit die Öffentlichkeit wegen Gefährdung der Staatssicherheit ausgeschlossen wird, dürfen Presse, Rundfunk und Fernsehen keine Berichte über die Verhandlung und den Inhalt eines die Sache betreffenden amtlichen Schriftstücks veröffentlichen.

(3) [1] Ist die Öffentlichkeit wegen Gefährdung der Staatssicherheit oder aus den in §§ 171 b und 172 Nr. 2 und 3 bezeichneten Gründen ausgeschlossen, so kann das Gericht den anwesenden Personen die Geheimhaltung von Tatsachen, die durch die Verhandlung oder durch ein die Sache betreffendes amtliches Schriftstück zu ihrer Kenntnis gelangen, zur Pflicht machen. [2] Der Beschluß ist in das Sitzungsprotokoll aufzunehmen. [3] Er ist anfechtbar. [4] Die Beschwerde hat keine aufschiebende Wirkung.

Der Wortlaut des **§ 175 GVG** ist bei Rz 2 abgedruckt.

12   Zur **Ausschließung der Öffentlichkeit** nach § 52 II s Rz 9. – Eine **Verhandlung** ist nur in den Fällen des **§ 172 GVG** (Rz 8) erforderlich;

den Beteiligten (§ 57) ist **rechtliches Gehör** zu gewähren. – Die Entscheidung erfolgt durch **Beschluss,** der zu begründen ist (Ausnahme: Beschluss nach § 52 II) und grundsätzlich öffentlich verkündet werden muss.

Zu § 175 II und III GVG: Die Beteiligten (§ 57), ihre Prozessbevollmächtigten und die Dienstaufsicht über das Gericht ausübenden Personen (Präsident, Staatssekretär und Justizminister) dürfen an der Sitzung teilnehmen. Das Gericht kann auch einzelnen anderen Personen – nach § 175 II 3 GVG ohne Anhörung der Beteiligten (sehr zweifelhaft; vgl BVerfG NJW 1993, 2229) – den Zutritt gestatten. In den Fällen des **§ 52 II** ist jedoch die **Zustimmung des Beteiligten** erforderlich, der den Antrag gestellt hatte. – Zur **Verpflichtung** der Anwesenden zur **Geheimhaltung** s § 174 III GVG und FG Hbg EFG 1998, 1113. – Die **Urteilsverkündung** ist grundsätzlich **öffentlich** (Rz 10). – **Verletzung** des Grundsatzes der Öffentlichkeit kann gem §§ 115 II Nr 3, 116, 119 Nr 5 gerügt werden (s auch Rz 6). 13

c) Zutrittsbeschränkung

Nach § 52 I gilt § 175 I GVG (Rz 2). – Für die Beteiligten (§ 57) gibt es keine Zutrittsbeschränkung. – Der Würde des Gerichts widerspricht zB die Anwesenheit betrunkener oder verwahrloster Personen. 15

III. Sitzungspolizei

Nach § 52 I gelten die §§ 176–183 GVG. 16

§ 176 GVG [Sitzungspolizei]

Die Aufrechterhaltung der Ordnung in der Sitzung obliegt dem Vorsitzenden.

§ 177 GVG [Maßnahmen zur Aufrechterhaltung der Ordnung]

[1] Parteien, Beschuldigte, Zeugen, Sachverständige oder bei der Verhandlung nicht beteiligte Personen, die den zur Aufrechterhaltung der Ordnung getroffenen Anordnungen nicht Folge leisten, können aus dem Sitzungszimmer entfernt sowie zur Ordnungshaft abgeführt und während einer zu bestimmenden Zeit, die vierundzwanzig Stunden nicht übersteigen darf, festgehalten werden. [2] Über Maßnahmen nach Satz 1 entscheidet gegenüber Personen, die bei der Verhandlung nicht beteiligt sind, der Vorsitzende, in den übrigen Fällen das Gericht.

§ 178 GVG [Ordnungsmittel wegen Ungebühr]

(1) [1] Gegen Parteien, Beschuldigte, Zeugen, Sachverständige oder bei der Verhandlung nicht beteiligte Personen, die sich in der Sitzung einer Ungebühr schuldig machen, kann vorbehaltlich der strafgerichtlichen Verfolgung ein Ordnungsgeld bis zu eintausend Euro oder Ordnungshaft bis zu einer Woche festgesetzt und sofort vollstreckt werden. [2] Bei der Festsetzung von Ordnungsgeld ist zugleich für den Fall, daß dieses nicht beigetrieben werden kann, zu bestimmen, in welchem Maße Ordnungshaft an seine Stelle tritt.

(2) Über die Festsetzung von Ordnungsmitteln entscheidet gegenüber Personen, die bei der Verhandlung nicht beteiligt sind, der Vorsitzende, in den übrigen Fällen das Gericht.

(3) Wird wegen derselben Tat später auf Strafe erkannt, so sind das Ordnungsgeld oder die Ordnungshaft auf die Strafe anzurechnen.

§ 179 GVG [Vollstreckung der Ordnungsmittel]

Die Vollstreckung der vorstehend bezeichneten Ordnungsmittel hat der Vorsitzende unmittelbar zu veranlassen.

§ 180 GVG [Befugnisse außerhalb der Sitzung]

Die in den §§ 176 bis 179 bezeichneten Befugnisse stehen auch einem einzelnen Richter bei der Vornahme von Amtshandlungen außerhalb der Sitzung zu.

§ 181 GVG [Beschwerde gegen Ordnungsmittel]

(1) Ist in den Fällen der §§ 178, 180 ein Ordnungsmittel festgesetzt, so kann gegen die Entscheidung binnen der Frist von einer Woche nach ihrer Bekanntmachung Beschwerde eingelegt werden, sofern sie nicht von dem Bundesgerichtshof oder einem Oberlandesgericht getroffen ist.

(2) Die Beschwerde hat in dem Falle des § 178 keine aufschiebende Wirkung, in dem Falle des § 180 aufschiebende Wirkung.

(3) Über die Beschwerde entscheidet das Oberlandesgericht.

§ 182 GVG [Protokollierung]

Ist ein Ordnungsmittel wegen Ungebühr festgesetzt oder eine Person zur Ordnungshaft abgeführt oder eine bei der Verhandlung beteiligte Person entfernt worden, so ist der Beschluß des Gerichts und dessen Veranlassung in das Protokoll aufzunehmen.

§ 183 GVG [Straftaten in der Sitzung]

[1] Wird eine Straftat in der Sitzung begangen, so hat das Gericht den Tatbestand festzustellen und der zuständigen Behörde das darüber aufgenommene Protokoll mitzuteilen. [2] In geeigneten Fällen ist die vorläufige Festnahme des Täters zu verfügen.

24   Nach §§ 176–182 GVG hat das Gericht für die **äußere Ordnung** im Sitzungssaal während der Verhandlung und für den ordnungsgemäßen (äußeren) Ablauf des Verfahrens grundsätzlich selbst zu sorgen. – Die Verwirklichung dieser Aufgabe obliegt dem Vorsitzenden, ggf auch dem Einzelrichter (§§ 6, 79 a III, IV), dem beauftragten oder dem ersuchten Richter oder dem Berichterstatter, falls er einen Termin (zB Erörterungstermin) durchführt (§ 180 GVG). – §§ 176 ff GVG räumen die dort genannten Befugnisse nur zur Aufrechterhaltung der Ordnung **in der Sitzung** ein. Dies betrifft die richterliche Verhandlungstätigkeit, nicht aber auch die richterliche Bürotätigkeit (hier ggf Hausrecht des Präsidenten gegen Störer). Räumlich erfasst werden alle Orte, an denen die Verhandlung stattfindet. Das gilt insbesondere für auswärtige Verhandlungen (zB auch Augenscheinseinnahme), aber auch für die Aufzeichnungsräume im Falle der Verhandlung mittels **Videokonferenz** (ausführlich *Zöller/Gummer* § 176 GVG Rz 4).

Der Vorsitzende kann – unter **Beachtung des Übermaßverbots** – alle 25 Maßnahmen ergreifen, die geeignet und erforderlich sind, um die äußere Ordnung der Verhandlung und des Verfahrens zu gewährleisten (zB Verbot von Fernsehaufnahmen – BVerwG DVBl 1991, 490 = DÖV 1991, 72; Ermahnung der Zuhörer zur Ruhe; Hinweis auf bestehende Rauchverbote; Entfernung von Beteiligten, Zeugen, Sachverständigen und Zuhörern aus dem Saal, die den Ablauf der Sitzung stören – § 177 GVG; nicht aber Verbot zur Anfertigung von **Aufzeichnungen durch Zuhörer,** s *Zöller/Gummer* § 176 GVG Rz 5). – **Gegen** Rechtsanwälte oder Angehörige der steuerberatenden Berufe als **Prozessbevollmächtigte** sind sitzungspolizeiliche Maßnahmen jedoch allenfalls **in** besonderen **Ausnahmefällen** zulässig (BGH NJW 1977, 309 = BayVBl 1977, 349 zweifelhaft; vgl OLG D'dorf MDR 1994, 297).

Anordnungen des Vorsitzenden nach § 176 GVG sind **unanfechtbar** (OLG Hamburg NJW 1976, 1987; OLG Zweibrücken NStZ 1987, 477; vgl auch *Kopp/Schenke* § 55 Rz 8; **aA** *Krekeler* NJW 1979, 188: Beschwerde analog § 181 GVG).

Zwangsmaßnahmen zur Durchsetzung der sitzungspolizeilichen An- 26 ordnungen des Vorsitzenden usw (§ 177, 178 GVG) müssen **durch Beschluss** des Senats oder des Vorsitzenden (§ 177 S 2 GVG) oder durch Beschluss des Einzelrichters (§§ 6, 79a III, IV) oder des beauftragten oder ersuchten Richters – **nach Anhörung** des Betroffenen und der Beteiligten – angeordnet und sofort vollstreckt werden. – **Ordnungsgeld** kann zwischen 5 und 1000 Euro und **Ordnungshaft** zwischen einem Tag und einer Woche festgesetzt werden (§ 178 I GVG iVm Art 6 EGStGB). – Die Festsetzung von Zwangsmitteln **gegenüber Zuhörern** obliegt dem Vorsitzenden allein (§ 17 S 2 GVG). – **Ungebühr** iS der §§ 178 I 1, 182 GVG ist die vorsätzliche grob unangemessene Missachtung der Aufgaben des Gerichts, dh ein Verhalten, das geeignet ist, die Rechtspflege und die Ordnung der Verhandlung empfindlich zu stören (zB LSG Schleswig MDR 1984, 260; OLG D'dorf NJW 1986, 1505; 2516; 1989, 241; OLG Köln NJW 1986, 2515; *Zöller/Gummer* § 178 GVG Rz 3 mw Bsp). – Zur Protokollierungspflicht (§ 182 GVG) s OLG Karlsruhe MDR 1997, 687.

Die **Vollstreckung der Ordnungsmittel** (Zwangsmaßnahmen) hat 27 der Vorsitzende (Rz 25) unmittelbar zu veranlassen (s hierzu *Baumbach ua* § 179 GVG Rz 1 mwN).

Gegen die Anordnung von Zwangsmitteln ist die **Beschwerde** an den 28 BFH gegeben (§§ 128 I, 129). – § 181 I GVG gilt nicht.

Wird in der Sitzung (Rz 24) eine **Straftat** iS des StGB begangen, hat 29 das Gericht (ggf der Einzelrichter oder der Berichterstatter – Rz 25) den Sachverhalt festzustellen, zu protokollieren und das Protokoll der Strafverfolgungsbehörde mitzuteilen. Ggf kommt auch eine **vorläufige Festnahme** (§ 127 StPO) in Betracht. Der Erlass eines Haftbefehls ist unzulässig (*Baumbach ua* § 183 GVG Rz 1).

IV. Gerichtssprache

30   Nach § 52 I gelten die §§ 184–191 GVG.

§ 184 GVG [Deutsche Sprache]

Die Gerichtssprache ist deutsch.

Die **Sorben** haben das Recht, in den Heimatkreisen der sorbischen Bevölkerung vor Gericht sorbisch zu sprechen (Art 1 EinVertrG/Art 8 EinVertr Anl I Kap III Sachgeb A Abschn III Nr 1 r).

§ 185 GVG [Dolmetscher]

(1) [1] Wird unter Beteiligung von Personen verhandelt, die der deutschen Sprache nicht mächtig sind, so ist ein Dolmetscher zuzuziehen. [2] Ein Nebenprotokoll in der fremden Sprache wird nicht geführt; jedoch sollen Aussagen und Erklärungen in fremder Sprache, wenn und soweit der Richter dies mit Rücksicht auf die Wichtigkeit der Sache für erforderlich erachtet, auch in der fremden Sprache in das Protokoll oder in eine Anlage niedergeschrieben werden. [3] In den dazu geeigneten Fällen soll dem Protokoll eine durch den Dolmetscher zu beglaubigende Übersetzung beigefügt werden.

(2) Die Zuziehung eines Dolmetschers kann unterbleiben, wenn die beteiligten Personen sämtlich der fremden Sprache mächtig sind.

§ 186 GVG [Verständigung mit hör- oder sprachbehinderter Person]

(1) [1] Die Verständigung mit einer hör- oder sprachbehinderten Person in der Verhandlung erfolgt nach ihrer Wahl mündlich, schriftlich oder mit Hilfe einer die Verständigung ermöglichenden Person, die vom Gericht hinzuzuziehen ist. [2] Für die mündliche und schriftliche Verständigung hat das Gericht die geeigneten technischen Hilfsmittel bereit zu stellen. [3] Die hör- oder sprachbehinderte Person ist auf ihr Wahlrecht hinzuweisen.

(2) Das Gericht kann eine schriftliche Verständigung verlangen oder die Hinzuziehung einer Person als Dolmetscher anordnen, wenn die hör- oder sprachbehinderte Person von ihrem Wahlrecht nach Absatz 1 keinen Gebrauch gemacht hat oder eine ausreichende Verständigung in der nach Absatz 1 gewählten Form nicht oder nur mit unverhältnismäßigem Aufwand möglich ist.

§ 187 GVG [. . . betrifft Straf- und Bußgeldverfahren]

§ 188 GVG [Eide Fremdsprachiger]

Personen, die der deutschen Sprache nicht mächtig sind, leisten Eide in der ihnen geläufigen Sprache.

§ 189 GVG [Dolmetschereid]

(1) [1] Der Dolmetscher hat einen Eid dahin zu leisten: daß er treu und gewissenhaft übertragen werde. [2] Gibt der Dolmetscher an, daß er aus Glaubens- oder Gewissensgründen keinen Eid leisten wolle, so hat er eine Bekräftigung abzugeben. [3] Diese Bekräftigung steht dem Eid gleich; hierauf ist der Dolmetscher hinzuweisen.

(2) Ist der Dolmetscher für Übertragungen der betreffenden Art im allgemeinen beeidigt, so genügt die Berufung auf den geleisteten Eid.

§ 190 GVG [Urkundsbeamter als Dolmetscher]

[1] Der Dienst des Dolmetschers kann von dem Urkundsbeamten der Geschäftsstelle wahrgenommen werden. [2] Einer besonderen Beeidigung bedarf es nicht.

§ 191 GVG [Ausschließung und Ablehnung des Dolmetschers]

[1] Auf den Dolmetscher sind die Vorschriften über Ausschließung und Ablehnung der Sachverständigen entsprechend anzuwenden. [2] Es entscheidet das Gericht oder der Richter, von dem der Dolmetscher zugezogen ist.

§ 191 a GVG [Zugänglichmachung von Schriftstücken für blinde oder sehbehinderte Person]

(1) [1] Eine blinde oder sehbehinderte Person kann nach Maßgabe der Rechtsverordnung nach Absatz 2 verlangen, dass ihr die für sie bestimmten gerichtlichen Dokumente auch in einer für sie wahrnehmbaren Form zugänglich gemacht werden, soweit dies zur Wahrnehmung ihrer Rechte im Verfahren erforderlich ist. [2] Hierfür werden Auslagen nicht erhoben.

(2) Das Bundesministerium der Justiz bestimmt durch Rechtsverordnung, die der Zustimmung des Bundesrates bedarf, unter welchen Voraussetzungen und in welcher Weise die in Absatz 1 genannten Dokumente und Dokumente, die von den Parteien zur Akte gereicht werden, einer blinden oder sehbehinderten Person zugänglich gemacht werden, sowie ob und wie diese Person bei der Wahrnehmung ihrer Rechte mitzuwirken hat.

Prozesshandlungen müssen grundsätzlich **in deutscher Sprache (§ 184 GVG)** vorgenommen werden (BGH MDR 1981, 949; KG JR 1977, 400; BVerwG DVBl 1990, 495; aA OLG Hamburg WM 1980, 1156). Sind sie in fremder Sprache abgefasst, sind sie im Allgemeinen nicht fristwahrend. Das Gericht kann die Beifügung einer Übersetzung verlangen (§ 155 iVm § 142 III ZPO). – Für das Gericht kann sich aber aus Art 103 I GG (rechtliches Gehör) die Pflicht ergeben, von Amts wegen Übersetzungen einzuholen, wenn der Ausländer dartut, dass er aufgrund seiner finanziellen Situation hierzu nicht in der Lage ist und dass die fremdsprachigen Schriftstücke für das Verfahren bedeutsam sind (BVerfG NVwZ 1987, 785; *Kopp/Schenke* § 55 Rz 10; s auch BVerwG NJW 1996, 1553 u § 76 Rz 20). – Bei **Fristversäumnis** aufgrund von Sprachschwierigkeiten ist **Wiedereinsetzung** in den vorigen Stand zu gewähren (BVerfGE 40, 95, 100; 42, 120, 125; 86, 280 = DVBl 1992, 1157). – Zur Verpflichtung des Gerichts, in der mündlichen Verhandlung einen **Dolmetscher** hinzuzuziehen, s BFH/NV 2000, 983; BVerwG NJW 1990, 3102. Die Zuziehung ist **für den Beteiligten kostenfrei** (OLG Frankfurt/Main NJW 1980, 1328; *Kopp/Schenke* § 55 Rz 11). – Ein **Ausländer** hat keinen Anspruch darauf, dass das Gericht das Urteil übersetzen lässt (OLG Hamburg JZ 1978, 135; OLG Frankfurt MDR 1980, 339). Die Kosten der Übersetzung muss der Beteiligte selbst tragen (*Kopp/Schenke* § 55 Rz 11 aE).

V. Beratung und Abstimmung

40   Nach § 52 I gelten die §§ 192–197 GVG.

§ 192 GVG [Mitwirkende Richter und Schöffen]

(1) Bei Entscheidungen dürfen Richter nur in der gesetzlich bestimmten Anzahl mitwirken.

(2) Bei Verhandlungen von längerer Dauer kann der Vorsitzende die Zuziehung von Ergänzungsrichtern anordnen, die der Verhandlung beizuwohnen und im Falle der Verhinderung eines Richters für ihn einzutreten haben.

(3) Diese Vorschriften sind auch auf Schöffen anzuwenden.

41   Diejenigen Richter, die an der Entscheidung mitgewirkt haben, müssen nicht notwendigerweise mit denjenigen identisch sein, die die Entscheidung verkünden (BFH/NV 2003, 797 mwN). § 192 GVG gilt auch für die **ehrenamtlichen Richter** der Finanzgerichtsbarkeit. Sie stehen den Schöffen (§ 192 III GVG) gleich.

§ 193 GVG [Anwesenheit von auszubildenden Personen und ausländischen Juristen; Verpflichtung zur Geheimhaltung]

(1) Bei der Beratung und Abstimmung dürfen außer den zur Entscheidung berufenen Richtern nur die bei demselben Gericht zu ihrer juristischen Ausbildung beschäftigten Personen und die dort beschäftigten wissenschaftlichen Hilfskräfte zugegen sein, soweit der Vorsitzende deren Anwesenheit gestattet.

(2) [1] Ausländische Berufsrichter, Staatsanwälte und Anwälte, die einem Gericht zur Ableistung eines Studienaufenthaltes zugewiesen worden sind, können bei demselben Gericht bei der Beratung und Abstimmung zugegen sein, soweit der Vorsitzende deren Anwesenheit gestattet und sie gemäß den Absätzen 3 und 4 verpflichtet sind. [2] Satz 1 gilt entsprechend für ausländische Juristen, die im Entsendestaat in einem Ausbildungsverhältnis stehen.

(3) [1] Die in Absatz 2 genannten Personen sind auf ihren Antrag zur Geheimhaltung besonders zu verpflichten. [2] § 1 Abs. 2 und 3 des Verpflichtungsgesetzes vom 2. März 1974 (BGBl. I S. 469, 547 – Artikel 42) gilt entsprechend. [3] Personen, die nach Satz 1 besonders verpflichtet worden sind, stehen für die Anwendung der Vorschriften des Strafgesetzbuches über die Verletzung von Privatgeheimnissen (§ 203 Abs. 2 Satz 1 Nr. 2, Satz 2, Abs. 4 und 5, § 205), Verwertung fremder Geheimnisse (§§ 204, 205), Verletzung des Dienstgeheimnisses (§ 353 b Abs. 1 Satz 1 Nr. 2, Satz 2, Abs. 3 und 4) sowie Verletzung des Steuergeheimnisses (§ 355) den für den öffentlichen Dienst besonders Verpflichteten gleich.

(4) [1] Die Verpflichtung wird vom Präsidenten oder vom aufsichtsführenden Richter des Gerichts vorgenommen. [2] Er kann diese Befugnis auf den Vorsitzenden des Spruchkörpers oder auf den Richter übertragen, dem die in Absatz 2 genannten Personen zugewiesen sind. [3] Einer erneuten Verpflichtung bedarf es während der Dauer des Studienaufenthaltes nicht. [4] In den Fällen des § 355 des Strafgesetzbuches ist der Richter, der die Verpflichtung vorgenommen hat, neben dem Verletzten antragsberechtigt.

§ 193 GVG soll jede Beeinflussung des Gerichts durch die unbefugte **42** Anwesenheit Dritter bei der jeder Entscheidung vorausgehenden Beratung und Abstimmung verhindern.

Nach **§ 193 I GVG** dürfen bei der Beratung und Abstimmung ausschließlich folgende Personen zugegen sein: **1. die beteiligten Richter;** Ergänzungsrichter (§ 192 II GVG) erst, wenn sie für einen verhinderten Richter eingetreten sind, **2. die zur „juristischen Ausbildung" beschäftigten** Personen, dh die Referendare oder – entsprechend – die im Rahmen der einstufigen Juristenausbildung Auszubildenden (vgl § 5 b DRiG), **nicht** jedoch **Studenten,** die ein gerichtliches Praktikum ableisten (BGH NJW 1995, 2645), **3.** die bei dem Gericht beschäftigten **wissenschaftlichen Hilfskräfte** (früher str). – Die zur juristischen Ausbildung und als wissenschaftliche Hilfskräfte Beschäftigten dürfen bei der Beratung und Abstimmung nur zugegen sein, wenn der Vorsitzende ihre Anwesenheit gestattet; in Übereinstimmung mit dem Zweck der Tätigkeit ist grundsätzlich ihre aktive Teilnahme an der Beratung gestattet. Der Vorsitzende kann die Anwesenheit aber im Einzelfall auf eine passive Teilnahme beschränken (*Baumbach ua* § 193 GVG Rz 2 mwN).

§ 193 I GVG wird ergänzt durch § 52 III. – Die Vorschrift gestattet **43** bei Einverständnis des Vorsitzenden die Teilnahme der zu ihrer **„steuerrechtlichen" Ausbildung** bei dem Gericht beschäftigten Personen, soweit sie die Befähigung zum Richteramt besitzen (zB Steuerbeamte des höheren Dienstes, die das zweite jur. Staatsexamen abgelegt haben). Zur Beschränkung auf eine passive Teilnahme s Rz 42 aE.

Nach § 193 II GVG kann der Vorsitzende auch **ausländischen Berufsrichtern, Staatsanwälten und Anwälten,** die dem Gericht zur Ableistung eines Studienaufenthaltes zugewiesen worden sind, **auf** ihren **Antrag** die Anwesenheit bei der Beratung und Abstimmung gestatten, soweit sie nach **§ 193 III und IV GVG** verpflichtet worden sind. – Entsprechendes gilt für **ausländische Juristen,** die im Entsendestaat in einem **Ausbildungsverhältnis** stehen.

Die Hospitanten (§ 193 II GVG) sind gem **§ 193 III, IV GVG** zu verpflichten, sobald sie den Antrag auf Anwesenheit bei der Beratung und Abstimmung gestellt haben. Der Wortlaut des § 193 II 1 GVG (… „sind auf ihren Antrag zur Geheimhaltung … zu verpflichten" …) ist missverständlich (vgl RegEntw BT-Drucks 12/6243 Begründung S 10).

Die Nichtbeachtung des § 193 GVG ist ein **Verfahrensfehler,** der im **45** Revisionsverfahren zur Aufhebung des Urteils führt, wenn das Urteil auf der Verletzung des § 193 GVG beruht. – **Str** ist, **ob** die **unbefugte Anwesenheit** Dritter während der Beratung und Abstimmung **unschädlich** ist, wenn eine Beeinflussung im konkreten Fall ausgeschlossen, der Zweck des § 193 GVG (Rz 42) also erfüllt ist (wegen der Abgrenzungsschwierigkeiten zutreffend verneinend: VGH Kassel NJW 1981, 599; *Kissel* § 193 Rz 30; **aA:** keine Verletzung des § 193 GVG – BAG NJW 1967, 1581; *Baumbach ua* § 193 GVG Rz 3). – Erfolgen **Beratung und Abstimmung im Gerichtssaal,** was zulässig ist, wenn die anderen Anwesenden nichts davon vernehmen können (BVerwG Buchholz 300 § 193 GVG Nr 1; BGH NJW 1992, 3181; **aA** *Kissel* § 193 Rz 24), scheidet eine Beeinflussung des Gerichts aus, so dass ein Verfahrensfehler nicht vorliegt.

§ 194 GVG [Gang der Beratung]

(1) Der Vorsitzende leitet die Beratung, stellt die Fragen und sammelt die Stimmen.

(2) Meinungsverschiedenheiten über den Gegenstand, die Fassung und die Reihenfolge der Fragen oder über das Ergebnis der Abstimmung entscheidet das Gericht.

§ 195 GVG [Keine Verweigerung der Abstimmung]

Kein Richter oder Schöffe darf die Abstimmung über eine Frage verweigern, weil er bei der Abstimmung über eine vorhergegangene Frage in der Minderheit geblieben ist.

§ 196 GVG [Absolute Mehrheit; Meinungsmehrheit]

(1) Das Gericht entscheidet, soweit das Gesetz nicht ein anderes bestimmt, mit der absoluten Mehrheit der Stimmen.

(2) Bilden sich in Beziehung auf Summen, über die zu entscheiden ist, mehr als zwei Meinungen, deren keine die Mehrheit für sich hat, so werden die für die größte Summe abgegebenen Stimmen den für die zunächst geringere abgegebenen so lange hinzugerechnet, bis sich eine Mehrheit ergibt.

(3), (4) ...

§ 197 GVG [Reihenfolge der Stimmabgabe]

[1] Die Richter stimmen nach dem Dienstalter, bei gleichem Dienstalter nach dem Lebensalter, ehrenamtliche Richter und Schöffen nach dem Lebensalter; der jüngere stimmt vor dem älteren. [2] Die Schöffen stimmen vor den Richtern. [3] Wenn ein Berichterstatter ernannt ist, so stimmt er zuerst. [4] Zuletzt stimmt der Vorsitzende.

50   **Zu § 197 GVG:** Ist der Vorsitzende Berichterstatter, so stimmt er nach § 197 Satz 3 GVG ebenfalls zuerst.

§ 52 a [Übermittlung elektronischer Dokumente]

(1) [1] Die Beteiligten können dem Gericht elektronische Dokumente übermitteln, soweit dies für die jeweiligen Zuständigkeitsbereich durch Rechtsverordnung der Bundesregierung oder der Landesregierungen zugelassen worden ist. [2] Die Rechtsverordnung bestimmt den Zeitpunkt, von dem an Dokumente an ein Gericht elektronisch übermittelt werden können, sowie die Art und Weise, in der elektronische Dokumente einzureichen sind. [3] Für Dokumente, die einem schriftlich zu unterzeichnenden Schriftstück gleichstehen, ist eine qualifizierte elektronische Signatur nach § 2 Nr. 3 des Signaturgesetzes vorzuschreiben. [4] Neben der qualifizierten elektronischen Signatur kann auch ein anderes sicheres Verfahren zugelassen werden, das die Authentizität und die Integrität des übermittelten elektronischen Dokuments sicherstellt. [5] Die Landesregierungen können die Ermächtigung auf die für die Finanzgerichtsbarkeit zuständigen obersten Landesbe-

hörden übertragen. [6] Die Zulassung der elektronischen Übermittlung kann auf einzelne Gerichte oder Verfahren beschränkt werden. [7] Die Rechtsverordnung der Bundesregierung bedarf nicht der Zustimmung des Bundesrates.

(2) [1] Ein elektronisches Dokument ist dem Gericht zugegangen, wenn es in der nach Absatz 1 Satz 1 bestimmten Art und Weise übermittelt worden ist und wenn die für den Empfang bestimmte Einrichtung es aufgezeichnet hat. [2] Die Vorschriften dieses Gesetzes über die Beifügung von Abschriften für die übrigen Beteiligten finden keine Anwendung. [3] Genügt das Dokument nicht den Anforderungen, ist dies dem Absender unter Angabe der für das Gericht geltenden technischen Rahmenbedingungen unverzüglich mitzuteilen.

(3) Soweit eine handschriftliche Unterzeichnung durch den Richter oder den Urkundsbeamten der Geschäftsstelle vorgeschrieben ist, genügt dieser Form die Aufzeichnung als elektronisches Dokument, wenn die verantwortenden Personen am Ende des Dokuments ihren Namen hinzufügen und das Dokument mit einer qualifizierten elektronischen Signatur nach § 2 Nr. 3 des Signaturgesetzes versehen.

Vgl § 65a SGG; § 55a VwGO; § 130a ZPO

Literatur: *Brandis,* Elektronische Kommunikation im Steuerverfahren und im Steuerprozess, StuW 2003, 349; *Fischer,* Justiz – Kommunikation – „Reform der Form"?, DRiZ 2005, 90; *Häfner,* eGovernment in der Justiz – Sachstand und Ausblick, DRiZ 2005, 151; *Viefhues,* Das Gesetz über die Verwendung elektronischer Kommunikationsformen in der Justiz, NJW 2005, 1009; *ders,* Verwendung elektronischer Kommunikationsformen in der Justiz, NWB Fach 19, 3315.

§ 52a wurde eingeführt durch Art 3 des Ges über die Verwendung **1** elektronischer Kommunikationsformen in der Justiz (Justizkommunikationsgesetz) v 22. 3. 2005 (BGBl I, 837). **Ziel der Regelung** ist es, den elektronischen Rechtsverkehr zwischen den Beteiligten und Gericht zu ermöglichen (§ 52a I u II) sowie die Anforderungen an die Bearbeitung der elektronischen Akte festzulegen (§ 52a III; s BR-Drucks 609/04, 86). Voraussetzung ist jedoch nach § 52a I 1 eine entsprechende **Rechtsverordnung,** die die technischen Anforderungen und den Zeitpunkt des Beginns des elektronischen Rechtsverkehrs bestimmt. Die Rechtsverordnung ist zu erlassen von der Bundesregierung für den elektronischen Rechtsverkehr mit dem **BFH** sowie von den Landesregierungen für den elektronischen Rechtsverkehr mit den **FG,** die in ihren Ländern ihren Sitz haben. Die Landesregierungen können die Ermächtigung zum Erlass einer Rechtsverordnung nach § 52a I 5 auf die für die Finanzgerichtsbarkeit zuständigen **obersten Landesbehörden** übertragen. Das sind in der Regel die Justizministerien und im Ausnahmefall das Finanzministerium (Bayern). Bezogen auf die Finanzgerichtsbarkeit liegen **derzeit folgende Rechtsverordnungen** vor (zum aktuellen Rechtsstand s unter www.klagenperemail.de oder unter www.edv-gerichtstag.de): Bund (v 26. 11. 2004, BGBl I, 3091), Brdbg (v 1. 8. 2003, GVBl II, 463), Hbg (v 9. 4. 2002, HmbGVBl, 41), NRW (v 9. 12. 2003, GVBl, 759).

2   In den Rechtsverordnungen wird genau **festgelegt, auf welche Art und Weise** die Dokumente übermittelt werden können (vgl dazu die Vorgaben in den in Rz 1 aE genannten Rechtsverordnungen). Da somit eine **Festlegung auf eine bestimmte Zugangsart** und damit auch auf die Zugangssoftware eines bestimmten Anbieters erfolgt, ist wegen des damit verbundenen Ausschlusses anderer Anbieter umstritten, ob die jeweilige **Rechtsverordnung** aufgrund der Richtlinie 98/34/EG des Europäischen Parlaments und des Rates v 22. 6. 1998 (ABl EG Nr L 204, 37) **durch die Europäische Kommission notifiziert** werden muss.

3   Wird ein Dokument **auf andere Art und Weise übermittelt,** als durch die jeweilige Rechtsverordnung zugelassen, so entfaltet es **keine Rechtswirkung** (vgl auch BR-Drucks 609/04, 87). Denn die auf § 52 a I 1 basierenden Rechtsverordnungen sind insoweit abschließend. Folglich ist die **Übersendung von Schriftsätzen per E-mail** nur dann rechtswirksam, wenn die einschlägige Rechtsverordnung dies vorsieht (zur fehlenden Signatur s aber Rz 5).

4   § 52 a I 3 verlangt für Dokumente, die einem schriftlich zu unterzeichnenden Schriftstück gleichstehen, eine **qualifizierte elektronische Signatur** nach § 2 Nr. 3 des Signaturgesetzes. Diese lässt zum einen die Authentizität des Absenders erkennen und stellt zum anderen sicher, dass der Inhalt des Dokuments während der Übersendung nicht verändert worden ist. Vorgenommen wird die qualifizierte elektronische Signatur mittels der von Trust-Centern ausgegebenen Signaturkarten. Zulässig ist darüber hinaus nach § 52 a I 4 die Übersendung mittels eines **ähnlich sicheren Verfahrens.** Es handelt sich dabei um eine „Vorhalteregelung", da ähnlich sichere Verfahren momentan noch nicht existieren, ihre Entwicklung aber nicht ausgeschlossen werden kann (zu den Anforderungen s BR-Drucks 609/04, 87).

5   Schriftlich zu unterzeichnen und damit nach § 52 a I 3 elektronisch zu signieren sind alle Dokumente, für die Schriftform vorgeschrieben ist. Das sind in erster Linie die Klage (§ 64 I 1; zur Klagerücknahme s § 72 Rz 6), die Beschwerde (§ 129 I), die Revision (§ 120 I 1) und die NZB (§ 116, s dort Rz 11). **Genügt das Dokument den an die elektronische Signatur gestellten Anforderungen nicht,** so muss das Gericht den Absender nach **§ 52 a II 3** hierauf **hinweisen.** § 52 a II 3 erweitert damit die allg richterlichen Hinweispflichten des § 76 II. Der Hinweis muss **unverzüglich,** dh spätestens mit der Eingangsbestätigung erfolgen, um dem Absender so die Möglichkeit zu geben, fristwahrend ein neues Dokument einzureichen, welches den gesetzlichen Anforderungen entspricht. Andernfalls ist ggf Wiedereinsetzung in den vorigen Stand zu gewähren (BR-Drucks 609/04, 88).

6   Nach BFH/NV 2006, 104 entfaltet ein Dokument, das **keine qualifizierte elektronische Signatur** aufweist und dessen Übermittlung auch **nicht mittels eines ähnlich sicheren Verfahrens** erfolgt, keine Rechtswirkung (unklar BR-Drucks 609/04, 87 f). ME kann für diese Dokumente aber nichts anderes gelten, als für in Papierform übersandte Schriftstücke, die keine eigenhändige Unterschrift aufweisen, wie dies insb beim **Computerfax** der Fall ist. Nach der stRspr genügen diese Schriftstücke dem Schriftformerfordernis dann, wenn sich aus dem Schriftsatz allein oder in Verbindung mit den ihn begleitenden Umständen die Urheberschaft und

der Wille, das Schreiben in den Verkehr zu bringen, hinreichend sicher ergeben, ohne dass darüber Beweis erhoben werden müsste (BFH/NV 1998,
604; 2003, 646; GmSOBG NJW 2000, 2340, jew mwN). Bezogen auf
elektronische Dokumente bedeutet das mE, dass diese trotz fehlender Signatur oder Übermittlung mittels eines ähnlich sicheren Verfahrens dann
Rechtswirkung entfalten, wenn aufgrund der Umstände des Einzelfalls an
Urheberschaft und Wille der Absendung nicht zu zweifeln ist.

§ 52a II 1 regelt den **Zeitpunkt des Zugangs** der elektronischen 7
Dokumente beim Gericht. Danach kommt es auf die **Aufzeichnung** des
Dokuments beim Gericht an. Da das Dokument entweder elektronisch
weiter versendet oder beliebig oft ausgedruckt werden kann (s dazu § 52b
IV 2 u V; dort Rz 3), ist es nach § 52a II 2 nicht erforderlich, **Abschriften**
für die übrigen Beteiligten beizufügen.

§ 52a III ist missverständlich. Die Norm soll nicht die Bearbeitung des 8
im Wege des elektronischen Rechtsverkehrs eingegangenen Dokuments
beim Gericht regeln, sondern die Anforderungen an die Bearbeitung der
elektronischen Akte festlegen (BRDrucks 609/04, 86 u 88 f). Dies geschieht durch die Gleichstellung von Unterschrift und qualifizierter elektronischer Signatur. Wann Richter und Urkundsbeamter ein Schriftstück
handschriftlich zu unterzeichnen haben, ergibt sich dabei aus den allg Vorschriften (s auch BR-Drucks 609/04, 89). Zum **Ausdruck elektronischer Dokumente** s § 52b IV 2 u V.

§ 52b [Elektronische Prozessakten]

**(1) [1]Die Prozessakten können elektronisch geführt werden. [2]Die
Bundesregierung und die Landesregierungen bestimmen jeweils für
ihren Bereich durch Rechtsverordnung den Zeitpunkt, von dem an
die Prozessakten elektronisch geführt werden. [3]In der Rechtsverordnung sind die organisatorisch-technischen Rahmenbedingungen für
die Bildung, Führung und Verwahrung der elektronischen Akten
festzulegen. [4]Die Landesregierungen können die Ermächtigung auf
die für die Finanzgerichtsbarkeit zuständigen obersten Landesbehörden übertragen. [5]Die Zulassung der elektronischen Akte kann auf einzelne Gerichte oder Verfahren beschränkt werden. [6]Die Rechtsverordnung der Bundesregierung bedarf nicht der Zustimmung des
Bundesrates.**

**(2) Dokumente, die nicht der Form entsprechen, in der die Akte
geführt wird, sind in die entsprechende Form zu übertragen und in
dieser Form zur Akte zu nehmen, soweit die Rechtsverordnung nach
Absatz 1 nichts anderes bestimmt.**

**(3) Die Originaldokumente sind mindestens bis zum rechtskräftigen
Abschluss des Verfahrens aufzubewahren.**

**(4) [1]Ist ein in Papierform eingereichtes Dokument in ein elektroni-
sches Dokument übertragen worden, muss dieses den Vermerk enthalten, wann und durch wen die Übertragung vorgenommen worden
ist. [2]Ist ein elektronisches Dokument in die Papierform überführt
worden, muss der Ausdruck den Vermerk enthalten, welches Ergebnis
die Integritätsprüfung des Dokuments ausweist, wen die Signaturprü-**

fung als Inhaber der Signatur ausweist und welchen Zeitpunkt die Signaturprüfung für die Anbringung der Signatur ausweist.

(5) Dokumente, die nach Absatz 2 hergestellt sind, sind für das Verfahren zugrunde zu legen, soweit kein Anlass besteht, an der Übereinstimmung mit dem eingereichten Dokument zu zweifeln.

Vgl § 65b SGG; § 55b VwGO; § 298a ZPO

Literatur: s zu § 52a.

1   § 52b wurde eingeführt durch Art 3 des Gesetzes über die Verwendung elektronischer Kommunikationsformen in der Justiz (Justizkommunikationsgesetz) v 22. 3. 2005 (BGBl I, 837). **Ziel der Regelung** ist es, die elektronische Aktenführung zu ermöglichen. Die nähere Ausgestaltung überlässt die Norm den **Rechtsverordnungen** der Bundesregierung und der Landesregierungen, wobei letztere die Ermächtigung nach S 3 auch auf die für die Finanzgerichtsbarkeit zuständigen obersten Landesbehörden übertragen kann (s dazu § 52a Rz 1). Rechtsverordnungen zur elektronischen Aktenführung liegen bislang noch nicht vor.

2   § 52b II regelt die Übertragung von Dokumenten, die nicht der durch die Rechtsverordnung vorgeschriebenen Form entsprechen. Das können entweder **Dokumente** sein, die **in Papierform** eingereicht worden sind (s zu deren Übertragung auch Rz 3) oder **elektronische Dokumente,** die nicht den technischen Vorgaben der Rechtsverordnung entsprechen. Dass diese Dokumente in die entsprechende Form zu übertragen sind, hat den **Zweck,** die **Vollständigkeit der elektronischen Akte** zu erreichen, wobei die Rechtsverordnungen insbesondere aus Wirtschaftlichkeitsgründen vorsehen können, dass nicht alle zu den Akten gereichten Papierdokumente in elektronische Dokumente übertragen werden (BR-Drucks 609/04, 90 zu umfangreichen Anlagen). Darüber hinaus soll durch die Übertragung eine **Kompatibilität** der einzelnen Daten gewährleistet und sichergestellt werden, dass die übertragenen Dokumente diejenigen **Sicherheitsstandards** erfüllen, die die jeweilige Rechtsverordnung vorschreibt. Dies gilt insbesondere im Hinblick auf die **nachträgliche Unveränderbarkeit der Dokumente,** die die von der Rechtsverordnung zugelassenen Dokumenten-Management-Systeme aus Gründen der Rechtssicherheit zwingend gewährleisten müssen (BR-Drucks 609/04, 89). Darauf basiert auch **§ 52a V,** wonach die übertragenen Dokumente nur dann nicht für das Verfahren zugrunde zu legen sind, wenn **Zweifel an der Übereinstimmung** mit dem eingereichten Dokument bestehen. Damit diese auch im Nachhinein dokumentierbar ist, sind nach **§ 52a III** die Originaldokumente mindestens bis zum rechtskräftigen Abschluss des Verfahrens aufzubewahren (BR-Drucks 609/04, 90).

3   § 52b IV regelt das Verfahren bei der Übertragung von Papierdokumenten in elektronische Dokumente und umgekehrt. Durch die vorzunehmenden Vermerke sollen insbesondere die Übereinstimmung mit dem Originaldokument (bei Übertragung Papierdokument in elektronisches Dokument) sowie die Übereinstimmung von abgesendetem und angekommenem Dokument (sogenannte Integrität) und die Authentizität des Absenders (bei Übertragung elektronisches Dokument in Papierdokument) dokumentiert werden.

§ 53 [Zustellung]

(1) **Anordnungen und Entscheidungen, durch die eine Frist in Lauf gesetzt wird, sowie Terminbestimmungen und Ladungen sind den Beteiligten zuzustellen, bei Verkündung jedoch nur, wenn es ausdrücklich vorgeschrieben ist.**

(2) **Zugestellt wird von Amts wegen nach den Vorschriften der Zivilprozessordnung.**

(3) ¹**Wer seinen Wohnsitz oder seinen Sitz nicht im Geltungsbereich dieses Gesetzes hat, hat auf Verlangen einen Zustellungsbevollmächtigten zu bestellen.** ²**Geschieht dies nicht, so gilt eine Sendung mit der Aufgabe zur Post als zugestellt, selbst wenn sie als unbestellbar zurückkommt.**

Vgl § 56 VwGO; § 63 SGG

Übersicht

Literatur: *Allesch,* Zustellungsmängel und Wirksamkeit von Verwaltungsakten, NVwZ 1993, 544; *Binnewies/Fraedrich,* Typische Fehler bei der Zustellung mittels Postzustellungsurkunde DStZ 2003, 692; *Brandis,* Elektronische Kommunikation im Steuerverfahren und Steuerprozess, StuW 2003, 349; *Dübbers,* Das neue „Einwurf Einschreiben" der Deutschen Post AG und seine juristische Einordnung, NJW 1997, 2503; *Ewer/Schürmann,* Die Zustellung verwaltungsrechtlicher Entscheidungen im Telekommunikationsweg, NVwZ 1990, 337;

Haurand, Bekanntgabe und Zustellung von Schriftstücken, NWB Fach 29, 1583; *B. Heß,* Die Zustellung von Schriftstücken im europäischen Justizraum, NJW 2001, 15; *Reichert,* Der Zugangsnachweis beim Einwurf-Einschreiben, NJW 2001, 2523; *Rößler,* Die Wirksamkeit von Ersatzzustellungen durch Niederlegung bei der Postanstalt im Anschluss an die Postreform, DStZ 1998, 288; *Schumann,* Zustellfehler im Steuerverfahren, NWB Fach 2, 8619; *Schwarz* Zustellungen im finanzgerichtlichen Verfahren, AO-StB 2002, 188; *Seltmann,* Zustellung durch die privatisierte Post – Kann die Firma Deutsche Post AG Postzustellungsaufträge nach der ZPO erledigen und dabei die erfolgte Zustellung wirksam öffentlich beurkunden?, AnwBl 1996, 403; *Späth,* Die Tücke des Objekts oder warum alle Zustellungen mit Postzustellungsurkunde seit dem 1. 1. 1995 unwirksam sind, DStR 1996, 1723; *ders,* Nochmals: Zur Zustellung durch die Deutsche Post AG, DStZ 1997, 847; *ders,* Nochmals: Wirksamkeit der Zustellung durch die Post, NJW 1997, 2155; *Steiner/Steiner,* Beweisprobleme durch das neue Zustellungsreformgesetz, NVwZ 2002, 437; *Weinbörner,* Der Zugang von Willenserklärungen nach Einführung des Einwurf-Einschreibens durch die Deutsche Post AG, Inf 1997, 691.

A. Vorbemerkungen

1   Die Zustellung von Schriftstücken soll gewährleisten, dass der Zustellungsadressat Kenntnis von diesen nehmen kann. Die Zustellungsvorschriften dienen dabei der Verwirklichung des **Grundsatzes des rechtlichen Gehörs.** Dies ist bei der Auslegung der Vorschriften betreffend die Zustellung zu berücksichtigen (BFH/NV 2002, 1472). **Zustellungsmängel** sind aus diesem Grunde von Amts wegen zu prüfen und auch im **Revisionsverfahren** zu berücksichtigen (BFHE 100, 179 = BStBl II 1971, 9; BFHE 115, 170 = BStBl II 1975, 592). Ein **Rügeverzicht** (§ 295 ZPO) ist **ausgeschlossen** (BFH/NV 1998, 1101). Aus diesem Grunde ist die Einhaltung der Vorschriften über die Zustellung von Schriftstücken von besonderer Bedeutung. – Das Zustellungsrecht ist durch das **Zustellungsreformgesetz** v 25. 6. 2001 (BGBl I S 1206) – ZustRG – reformiert worden. Dies betrifft auch die Zustellungen im finanzgerichtlichen Verfahren, die **ab dem 1. 7. 2002** nicht mehr nach den Vorschriften des VwZG, sondern nach den durch das ZustRG neugefassten Vorschriften der ZPO vorzunehmen sind. **Zweck der Änderung des Zustellungsrechts** ist zum einen die Vereinfachung des Verfahrens und zum anderen die Erweiterung der Möglichkeiten der Geschäftsstelle, zwischen mehreren Zustellungsformen zu wählen. Insbesondere soll die kostenaufwendige und für den Zustellungsadressaten oftmals umständliche beurkundete Zustellung durch Niederlegung, soweit wie vertretbar, vermieden und der zunehmende Einsatz elektronischer Kommunikationsmittel berücksichtigt werden (BT-Drucks 14/4554 S 13 – II 1). – Zur **bis zum 30. 6. 2002 geltenden Rechtslage** der Zustellung nach dem VwZG s Vorauflage.

B. Zustellungsgebot (§ 53 I)

I. Gegenstand der Zustellung

§ 53 I bestimmt, dass **Anordnungen** und **Entscheidungen,** durch die 2 eine richterliche oder gesetzliche **Frist** (vgl § 54 Rz 5, 8 ff) **in Lauf gesetzt** wird, sowie **Terminbestimmungen** und **Ladungen** den Beteiligten zuzustellen sind. – § 53 erfasst nur gerichtliche Anordnungen und Entscheidungen (für das Verwaltungsvorverfahren gelten die Bestimmungen der AO). Eine begrifflich scharfe Trennung zwischen „Anordnungen" und „Entscheidungen" ist nicht erforderlich, weil jeder richterliche bzw gerichtliche Akt entweder eine (zB prozessleitende) Anordnung oder eine (den Streitgegenstand betreffende) Entscheidung enthält.

Über § 53 I hinaus sind kraft besonderer Anordnung **auch Klage-** 3 **schriften** (§ 71 I 1), **Urteile** (§ 104), **Gerichtsbescheide** (§§ 79 a II, IV, 90 a iVm §§ 106, 104) und **Beiladungsbeschlüsse** (§ 60 IV 1) zuzustellen. – Für andere **Beschlüsse** fehlt eine spezielle Regelung zur Zustellung, da § 113 I nicht auf § 104 verweist. Sie müssen nach der allg Vorschrift des § 53 I nur dann zugestellt werden, wenn durch sie eine Frist in Gang gesetzt wird. Andernfalls genügt die formlose Mitteilung des Beschlusses (BFH/NV 1990, 168).

Bei Verkündung (auch der Bestimmung eines neuen Termins oder der 4 Ladung eines – anwesenden – Zeugen zu einem neuen Termin) ist eine Zustellung nur erforderlich, wenn dies ausdrücklich vorgeschrieben ist (vgl BVerwG HFR 1987, 477), wie zB hinsichtlich der Zustellung eines Urteils (§ 104 I 2 Halbsatz 2) oder bei Anordnung des persönlichen Erscheinens zum Termin (§ 155 iVm § 218 ZPO).

II. Adressaten der Zustellung

Adressaten der Zustellung sind in erster Linie die **Verfahrensbeteilig-** 5 **ten** (§ 57). – Wegen der Zustellung **nach dem Tode** eines Beteiligten s Vor § 74 Rz 4; § 74 Rz 27 ff. – Für die Zustellung von Ladungen an **Zeugen** und **Sachverständige** gilt § 82 iVm § 377 ZPO bzw §§ 402, 377 I, II, IV ZPO. – Wegen der Zustellung bei **mehreren** Beteiligten, insbesondere Eheleuten, s Rz 40.

Ist ein **Prozessbevollmächtigter** bestellt, muss diesem zugestellt wer- 6 den (§ 62 III 5; s dort Rz 105 ff u hier Rz 43 ff); eine Zustellung an den Beteiligten selbst ist in diesem Falle unwirksam (BFHE 109, 221 = BStBl II 1975, 596 mwN). – Zur Frage, ob eine Zustellung an den Beteiligten selbst gem § 155 iVm § 177 ZPO zulässig ist, wenn der **Aufenthalt** des Prozessbevollmächtigten **unbekannt** ist, s § 62 Rz 107.

C. Zustellung (§ 53 II iVm §§ 166–190 ZPO)

I. Begriff der Zustellung (§ 166 ZPO)

10 § 166 ZPO Zustellung

(1) Zustellung ist die Bekanntgabe eines Dokuments an eine Person in der in diesem Titel bestimmten Form.

(2) Dokumente, deren Zustellung vorgeschrieben oder vom Gericht angeordnet ist, sind von Amts wegen zuzustellen, soweit nicht anderes bestimmt ist.

§ 166 I ZPO definiert den **Begriff der Zustellung.** Begrifflich handelt es sich dabei um eine **besondere,** durch hoheitliche Rechtshandlungen bewirkte und von der **Zustellungsabsicht** getragene **Art der Bekanntgabe,** die von der schlichten Bekanntgabe (zB § 122 AO) zu unterscheiden und ihr gegenüber artverschieden ist (BFHE 173, 213 = BStBl II 1994, 603; BFHE 178, 105 = BStBl II 1995, 681). Sie ist insbesondere dann **geboten,** wenn durch die Bekanntgabe Rechte begründet werden (zB bei empfangsbedürftigen Willenserklärungen), ein gerichtliches Verfahren oder Fristen in Gang gesetzt werden (zB bei Klageerhebung oder Ausschlussfristen) oder die Wirksamkeit oder Bestandskraft gerichtlicher Entscheidungen begründet wird (zB bei Zustellung von Urteilen und Beschlüssen; vgl weiter *Zöller/Stöber* Vor § 165 Rz 1). – Die **Zustellung erfordert** eine erkennbare **Zustellungsabsicht** (BGH VersR 2001, 606). Diese fehlt bei der bloßen Übersendung zu Informationszwecken. – **Kein notwendiger (konstitutiver) Bestandteil der Zustellung** ist hingegen deren **Beurkundung.** Sie dient **nur** dem **Nachweis der Zustellung** (BT-Drucks 14/4554, 15; zur **Beweiskraft der Zustellungsurkunde** als öffentliche Urkunde s Rz 110 und § 82 Rz 40).

11   **§ 166 II ZPO** legt fest, dass Dokumente, deren Zustellung vorgeschrieben oder vom Gericht angeordnet ist, grundsätzlich von Amts wegen zuzustellen sind. Die Vorschrift hat im finanzgerichtlichen Verfahren keine Bedeutung. **Nach § 53 II sind** (gesetzlich vorgeschriebene oder richterlich angeordnete) **Zustellungen stets von Amts wegen** vorzunehmen.

12   **In welchen Fällen und in welcher Form** das Dokument zuzustellen ist, regelt § 166 II ZPO nicht. Maßgebend sind insoweit die jeweiligen gesetzlichen Vorschriften. Da in der Regel **nicht die Urschrift des Dokuments** zugestellt wird, erfolgt entweder die Zustellung einer beglaubigten Abschrift oder einer Ausfertigung (BFH/NV 2003, 1344). Eine **beglaubigte Abschrift** ist eine Zweitschrift oder Fotokopie des Dokuments, deren Gleichlaut mit der Urschrift der Urkundsbeamte (s Rz 15) oder der einreichende Rechtsanwalt nach § 169 II mit seiner Unterschrift beglaubigt (s im Einzelnen zur Beglaubigung Rz 26). Die zu beglaubigende Abschrift darf nicht von der Urschrift abweichen, etwa durch das Fehlen einzelner Seiten oder Anlagen. Die **Vollständigkeit der Abschrift** und deren **Beglaubigung** sind **Wirksamkeitsvoraussetzung für die Zustellung.** Ist die Abschrift unvollständig oder die Beglaubigung fehlerhaft, so ist die Zustellung unwirksam und kann auch nicht dadurch geheilt werden, dass der Zustellungsempfänger auf andere Weise die Gelegenheit erhält, sich von der Vollständigkeit und dem Gleichlaut von Urschrift und Abschrift zu überzeugen (BGHZ 24, 116; BGH NJW 1995, 2230, 2231).

Eine **Ausfertigung** tritt demgegenüber im Rechtsverkehr an die Stelle 13 der Urschrift des Urteils oder Beschlusses (grundlegend BGH NJW 1959, 2117, 2119; 1981, 2345, 2346; BFH/NV 2003, 1344). Sie besteht daher aus einer mit einem Ausfertigungsvermerk versehenen richtigen und vollständigen Abschrift oder Fotokopie der Urschrift (BGH NJW 1981, 2345, 2346; zur Unwirksamkeit der Zustellung von unvollständigen Abschriften: BFH NJW 1998, 1959; zur Unleserlichkeit einzelner Stellen: OLG Naumburg MDR 2000, 601). Die Ausfertigung muss nicht als solche überschrieben sein. Sie trägt auch weder die Unterschriften der Richter im Original noch im Fotokopie. Zum Beleg dafür, dass die Richter aber die Urschrift des Urteils oder Beschlusses unterschrieben haben, muss die Ausfertigung deren Namen an der Stelle abschriftlich wiedergeben, an der in der Urschrift die Unterschriftsleistung erfolgt ist (zu den einzelnen Anforderungen an die Wiedergabe der Namen s *Zöller/Stöber* § 169 Rz 15 mwN). Der **Ausfertigungsvermerk** besteht üblicherweise aus der Formulierung „Für den Gleichlaut der Ausfertigung mit der Urschrift“. Es genügt aber auch der Vermerk „Ausgefertigt“ (BGH NJW 1963, 1307, 1309; VersR 1994, 1495, 1496). – Besteht das auszufertigende Schriftstück aus mehreren Seiten, so muss sich der Ausfertigungsvermerk ersichtlich auf alle Seiten beziehen. Dies setzt voraus, dass die einzelnen Blätter miteinander verbunden (zusammengeheftet) sind, und dass sich der Vermerk ausdrücklich auf alle Seiten bezieht oder er durch sein Anbringen auf der letzten Seite zum Ausdruck bringt, dass er erst nach der Verbindung aller Blätter angebracht wurde und alle vorstehenden Seiten mitumfasst (vgl. zur beglaubigten Abschrift: BGH NJW 2004, 506, 507). – Der Ausfertigungsvermerk ist nach § 317 III ZPO vom Urkundsbeamten der Geschäftsstelle (Rz 15) mit dem **Dienstsiegel** zu versehen und **zu unterschreiben,** wobei erkennbar werden muss, dass es sich bei dem Ausfertigenden um den Urkundsbeamten handelt (zB durch den Zusatz „als Urkundsbeamter der Geschäftsstelle“; s im Einzelnen *Zöller/Stöber* § 169 Rz 15).

§ 167 ZPO Rückwirkung der Zustellung 14

Soll durch die Zustellung eine Frist gewahrt werden oder die Verjährung neu beginnen oder nach § 204 des Bürgerlichen Gesetzbuchs gehemmt werden, tritt diese Wirkung bereits mit Eingang des Antrags oder der Erklärung ein, wenn die Zustellung demnächst erfolgt.

Die Vorschrift des § 167 ZPO hat im finanzgerichtlichen Verfahren keine Bedeutung.

II. Aufgaben der Geschäftsstelle (§§ 168, 169 ZPO)

§ 168 ZPO Aufgaben der Geschäftsstelle 15

(1) [1] Die Geschäftsstelle führt die Zustellung nach §§ 173 bis 175 aus. [2] Sie kann einen nach § 33 Abs. 1 des Postgesetzes beliehenen Unternehmer (Post) oder einen Justizbediensteten mit der Ausführung der Zustellung beauftragen. [3] Den Auftrag an die Post erteilt die Geschäftsstelle auf dem dafür vorgesehenen Vordruck.

(2) Der Vorsitzende des Prozessgerichts oder ein von ihm bestimmtes Mitglied können einen Gerichtsvollzieher oder eine andere Behörde mit der Ausführung der Zustellung beauftragen, wenn eine Zustellung nach Absatz 1 keinen Erfolg verspricht.

Nach § 168 ZPO ist die **Geschäftsstelle für** die **Durchführung der Zustellungen nach §§ 173–175 ZPO zuständig.** Die Aufgaben der Geschäftsstelle nimmt der **Urkundsbeamte** vor (§ 153 GVG). Er hat die Zustellungsbedürftigkeit zu prüfen und nimmt die Zustellung grundsätzlich in eigener Verantwortung vor. Er hat zu veranlassen, dass fehlgeschlagene Zustellungsversuche wiederholt werden (BGH NJW 1990, 176). Die **Art der Zustellung** steht in seinem **Ermessen.** Dabei hat er den einfachsten und kostengünstigsten Weg zu wählen, der die besten Erfolgsaussichten ermöglicht und damit als am sichersten erscheint (*Zöller/Stöber* § 168 Rz 2). An **richterliche Weisungen** ist der Urkundsbeamte gebunden (BT-Drucks 14/4554, 16). Tätig werden muss das **Gericht** nur in den Fällen der §§ 168 II, 183 I Nr 2 u 3, 186 I ZPO (s Rz 18, 117 u 126).

16   **Zu § 168 I ZPO:** Der Urkundsbeamte (Rz 15) kann dem Adressaten das zuzustellende Schriftstück **an Amtsstelle aushändigen** (§ 173 ZPO) oder **gegen Empfangsbekenntnis** oder **elektronisch** oder durch **Einschreiben mit Rückschein übermitteln** (§§ 174, 175 ZPO). Alternativ kann er – unter Verwendung des dafür vorgesehenen Vordrucks (**§ 168 I 3 ZPO**) – nach § 168 I 2 die nach § 33 I PostG beliehenen Unternehmer (Post) mit der Ausführung der Zustellung **beauftragen.** Gemeint ist damit die **Zustellung mittels Zustellungsurkunde** (§§ 176–182, s Rz 73 ff). Diese ist – wie der Wortlaut des § 168 I 2 ZPO nunmehr im Unterschied zu der bis zum 30. 6. 2002 geltenden Regelung des § 3 VwZG klarstellt, die nur von „Post" sprach – durch die **nach § 33 I PostG beliehenen Unternehmer** durchzuführen. Dazu gehört nicht nur die **Deutsche Post AG.** Die Zustellung iS des § 168 I 2 ZPO kann vielmehr auch durch **Lizenzunternehmen** erfolgen, die nach § 33 I 1 PostG verpflichtet sind, Schriftstücke förmlich zuzustellen und die gem § 33 I 2 PostG insoweit mit Hoheitsbefugnissen ausgestattet sind und damit zu beliehenen Unternehmern werden.

17   Der Urkundsbeamte (Rz 15) kann die Zustellung nach § 168 I 2 außerdem jedem geeignet erscheinenden **Bediensteten des Gerichts** übertragen. Es kann sich auch um einen Bediensteten eines anderen Gerichts, der Staatsanwaltschaft oder einer Justizvollzugsanstalt handeln (*Zöller/Stöber* § 168 Rz 3).

18   **Zu § 168 II ZPO:** Erscheint die Zustellung nach § 168 I ZPO als nicht erfolgversprechend, so steht es im **Ermessen** („kann") des Vorsitzenden des zuständigen Senats oder eines von ihm bestimmten Mitglieds (Berichterstatter), einem **Gerichtsvollzieher** den Zustellungsauftrag zu erteilen **oder** eine **andere Behörde** um die Ausführung der Zustellung zu ersuchen (§ 177 ZPO). Bei Übertragung des Rechtsstreits auf den **Einzelrichter** tritt dieser an die Stelle des Vorsitzenden. – Die **Zustellung nach § 168 I ZPO** ist nur dann **nicht erfolgversprechend,** wenn sie nicht ausführbar ist und nicht schon, wenn sie schwieriger ist als die Zustellung nach § 168 II ZPO (*Zöller/Stöber* § 168 Rz 6). – Die Verfügung des Vorsitzenden, Einzelrichters oder Berichterstatters hat der Urkundsbeamte der

Geschäftsstelle (Rz 15) umzusetzen (zum **Zustellungsauftrag** s § 176 I ZPO, Rz 73; wegen der **Vordrucke** s § 190 ZPO, Rz 142). – Der Gerichtsvollzieher oder die andere Behörde führen die Zustellung nach §§ 177 ff. ZPO durch (s Rz 74 ff).

§ 169 ZPO Bescheinigung des Zeitpunktes der Zustellung; Beglaubigung 25

(1) Die Geschäftsstelle bescheinigt auf Antrag den Zeitpunkt der Zustellung.

(2) ¹Die Beglaubigung der zuzustellenden Schriftstücke wird von der Geschäftsstelle vorgenommen. ²Dies gilt auch, soweit von einem Anwalt eingereichte Schriftstücke nicht bereits von diesem beglaubigt wurden.

Zu § 169 I ZPO: Da sich der Zeitpunkt der Zustellung bei der für das finanzgerichtliche Verfahren durch § 53 II vorgeschriebenen Zustellung von Amts wegen nur aus den Akten ergibt, hat der Urkundsbeamte der Geschäftsstelle (s Rz 15) diesen auf Antrag zu bescheinigen. Die Bescheinigung wird für die **Vollstreckung** benötigt, da diese nach § 151 iVm §§ 750, 798 ZPO die Zustellung des Titels voraussetzt. – Die Bescheinigung wird nur auf **Antrag** erteilt, der aber konkludent im Antrag auf Erteilung einer vollstreckbaren Ausfertigung oder Erlass eines Vollstreckungsbescheides enthalten ist (*Zöller/Stöber* § 169 Rz 2). Sie kann **selbständig erteilt** werden, wird aber üblicher Weise **auf dem Vollstreckungstitel angebracht.** Der Urkundsbeamte hat die Bescheinigung handschriftlich zu unterzeichnen und mit seiner Dienstbezeichnung zu versehen (zur maschinellen Bearbeitung s § 703b ZPO). Die Erteilung der Bescheinigung ist in der Akte zu vermerken. Die Bescheinigung ist **öffentliche Urkunde** und entfaltet nach § 418 I ZPO **vollen Beweis** der darin bezeugten Tatsachen, wobei der Gegenbeweis nach § 418 II ZPO zulässig ist (*Zöller/Stöber* § 169 Rz 3).

Zu § 169 II ZPO: Zugestellt werden grundsätzlich **beglaubigte Ab-** 26 **schriften** oder Ausfertigungen eines Schriftstücks (s auch zu den Begriffen Rz 12 f). Soll eine beglaubigte Abschrift zugestellt werden, so ergibt sich aus **§ 169 II 1,** dass die **Geschäftsstelle,** dh der Urkundsbeamte der Geschäftsstelle (s Rz 15), grundsätzlich diese Beglaubigung vorzunehmen hat, es sei denn, dass der das Schriftstück einreichende Anwalt dieses bereits beglaubigt hat (**§ 169 II 2;** zu den Rechtsfolgen fehlerhafter Beglaubigung s Rz 12 aE). – Die beglaubigte Abschrift muss nicht als solche überschrieben sein. Wesentlich ist der **Beglaubigungsvermerk,** aus dem sich ergeben muss, dass der Gleichlaut der Abschrift mit der Urschrift bestätigt wird. Dafür ist kein bestimmter Wortlaut vorgeschrieben (BGH NJW 2004, 506, 507), so dass grundsätzlich auch der Vermerk „Beglaubigt" ausreicht (im Einzelnen *T/P* § 169 Rz 6). Der Beglaubigungsvermerk muss sich bei einer **mehrseitigen Abschrift** ersichtlich auf alle Seiten beziehen. Dies setzt voraus, dass die einzelnen Blätter miteinander verbunden (zusammengeheftet) sind, und dass sich der Vermerk entweder ausdrücklich auf alle Seiten bezieht oder er durch sein Anbringen auf der letzten Seite zum Ausdruck bringt, dass er erst nach der Verbindung aller Blätter angebracht wurde und alle vorstehenden Seiten mitumfasst (BGH NJW 2004, 506, 507). – Der Beglaubigungsvermerk ist handschriftlich zu unterschreiben.

Ort und Datum sind entbehrlich. Erfolgt die **Beglaubigung durch den Urkundsbeamten** (nicht durch den Anwalt), so muss dies deutlich werden, und zwar üblicherweise durch den Zusatz „als Urkundsbeamter der Geschäftsstelle". Die Anbringung eines **Dienstsiegels** ist – anders als bei der Ausfertigung (s Rz 13) – nicht erforderlich (*Zöller/Stöber* § 169 Rz 3 aE).

III. Zustellung an Vertreter, Bevollmächtigte und Prozessbevollmächtigte (§§ 170–172 ZPO)

27   **§ 170 ZPO Zustellung an Vertreter**

(1) ¹ Bei nicht prozessfähigen Personen ist an ihren gesetzlichen Vertreter zuzustellen. ² Die Zustellung an die nicht prozessfähige Person ist unwirksam.

(2) Ist der Zustellungsadressat keine natürliche Person, genügt die Zustellung an den Leiter.

(3) Bei mehreren gesetzlichen Vertretern oder Leitern genügt die Zustellung an einen von ihnen.

§ 170 ZPO regelt die Zustellung an Vertreter (zur Verfassungsmäßigkeit s BVerfGE 67, 208, 211).

Zu § 170 I ZPO: Prozessfähigkeit ist die Fähigkeit, Verfahrenshandlungen wirksam vorzunehmen oder entgegenzunehmen (§ 58 Rz 1). **Prozessfähig** sind im finanzgerichtlichen Verfahren nach § 58 I Personen, die entweder nach dem Bürgerlichen Recht geschäftsfähig sind oder die nach dem Bürgerlichen Recht in ihrer Geschäftsfähigkeit beschränkt sind, soweit sie durch Vorschriften des Bürgerlichen Rechts oder des Öffentlichen Rechts für den Gegenstand des Verfahrens als geschäftsfähig anerkannt sind (ausführlich § 58 Rz 8 ff). **Prozessunfähig** sind im finanzgerichtlichen Verfahren danach alle **natürlichen Personen,** die diese Voraussetzungen nicht erfüllen sowie alle **rechtsfähigen und nichtrechtsfähigen Personenvereinigungen, juristischen Personen** des privaten und des öffentlichen Rechts und **Zweckvermögen,** weil diesen ebenfalls keine Geschäftsfähigkeit iS der Vorschriften Bürgerlichen Rechts zukommt, da die einschlägigen §§ 104 ff BGB ausschließlich auf natürliche Personen zugeschnitten sind (s § 58 Rz 10 auch zum insoweit abweichenden Zivilprozessrecht).

28   Für nicht prozessfähige Personen handelt nach § 58 II 1 deren **gesetzlicher Vertreter** (ausführlich § 58 Rz 11 ff). An diesen ist nach § 170 I 1 ZPO **zuzustellen.** Dabei muss der Vertreter in der **Anschrift** weder namentlich noch mit der Wendung „zu Händen des Vertreters, Geschäftsführers, Vorstands usw" genannt werden (vgl BFHE 100, 71 = BStBl II 1970, 814; BFHE 142, 547 = BStBl II 1985, 307; FG Köln EFG 1981, 221; vgl auch FG D'dorf EFG 1984, 218). Denn er ist zwar Zustellungsadressat, nicht aber Inhaltsadressat des zuzustellenden Schriftstücks. Umgekehrt ist die Zustellung aber auch dann wirksam, wenn die zuzustellende Sendung **nur an den Vertreter adressiert** ist (*Zöller/Stöber* § 170 Rz 5). Damit das zugestellte Schriftstück Rechtswirkungen entfalten kann, muss sich daraus aber zweifelsfrei ersehen lassen, wer Inhaltsadressat ist. – **Fehlt**

ein gesetzlicher Vertreter (und liegen die Voraussetzungen des § 56 II ZPO nicht vor), so muss uU nach § 58 I 2 iVm § 57 ZPO ein *Prozesspfleger* bestellt werden (§ 58 Rz 16; s auch BFHE 100, 171 = BStBl II 1970, 839: **Zustellungsbevollmächtigter** ist kein Vertreter).

Erfolgt die **Zustellung gleichwohl an die nicht prozessfähige** **29** **Person,** so ist diese Zustellung nach § 170 I 2 ZPO **unwirksam** und kann grundsätzlich **nicht nach § 189 ZPO geheilt** werden (*T/P* § 170 Rz 3; *Kopp/Schenke* § 56 Rz 10; **aA** zu § 7 I 1 VwZG u § 171 I ZPO aF, die eine dem § 170 I 2 ZPO vergleichbare Regelung nicht enthielten: BVerwG NJW 1970, 962 f; RGZ 121, 63, 64; 162, 223, 225; BGHZ 104, 109). Etwas anderes gilt **ausnahmsweise** mit Wirkung ex nunc nur dann, wenn der gesetzliche Vertreter oder der nachträglich handlungsfähig gewordene Beteiligte selbst die (unwirksame) **Zustellung genehmigt** (*T/P* u *Kopp/Schenke* aaO).

Zu § 170 II ZPO: Zustellungen an **nicht natürliche Personen** kön- **30** nen nicht nur gegenüber dem Vertreter erfolgen (s Rz 27 f), sondern es genügt die Zustellung an den Leiter der nicht natürlichen Person (vgl BT-Drucks 14/4554, 16 f). – Zugeschnitten ist die Regelung auf die **Zustellung an Behörden,** bei der es nicht darauf ankommen soll, ob deren Leiter auch gesetzlicher Vertreter der Behörde ist. Im Unterschied zu der bis zum 30. 6. 2002 (s Rz 1) anzuwendenden Regelung des § 7 II VwZG verwendet § 170 II ZPO nicht den Begriff **Vorsteher,** sondern Leiter, ohne dass darin ein Unterschied liegt (*Kopp/Schenke* § 56 Rz 11). **Leiter** ist eine Person, die auf Grund ihrer Stellung (zB als Behördenleiter) zum Handeln für die juristische Person, Personengesellschaft, Behörde oder das Zweckvermögen berufen ist und nach außen hin Repräsentationsaufgaben wahrnimmt (so *Zöller/Stöber* § 170 Rz 4). Diese Voraussetzungen erfüllt ein Vorsteher eines FA. – Bei der Zustellung an den Leiter muss dieser in der Adresse nicht genannt sein; umgekehrt ist die Zustellung auch bei bloßer Adressierung an den Leiter wirksam (s Rz 28 zum vergleichbaren Fall der Zustellung an den Vertreter).

Lässt sich eine **Behörde** wegen des Vertretungszwangs (§ 62 a) durch **31** einen Bevollmächtigten (Rechtsanwalt, Steuerberater oder Wirtschaftsprüfer) **vertreten,** ist trotz § 170 II ZPO an den Bevollmächtigten zuzustellen. Insoweit geht § 62 III 5 vor. – Hat die Behörde einen Beamten oder Angestellten mit Befähigung zum Richteramt oder einen Diplomjuristen im höheren Dienst als Vertreter gewählt (§ 62 a I 3), müssen die Zustellungen jedoch an den Leiter der Behörde (Vorsteher) erfolgen, weil der benannte Bedienstete kein Bevollmächtigter iS des § 62 ist (BFHE 142, 547 = BStBl II 1985, 307; s § 62 a Rz 13).

Zu § 170 III ZPO: Die **Zustellung an einen von mehreren ge-** **32** **setzlichen Vertretern oder Leitern** genügt (s auch BVerfGE 67, 208, 211: keine verfassungsrechtlichen Bedenken). Das gilt auch dann, wenn die mehreren Vertreter ihre Vertretungsbefugnisse nur gemeinschaftlich ausüben können, wie zB Vater und Mutter als gesetzliche Vertreter des Kindes (BFHE 113, 1 = BStBl II 1974, 640; BFHE 120, 148 = BStBl II 1976, 762; BFHE 132, 9 = BStBl II 1981, 186) oder die nur gemeinschaftlich zur Geschäftsführung befugten Gesellschafter einer BGB-Gesellschaft (BFHE 149, 12 = BStBl II 1987, 325). § 170 III ZPO gilt aber nicht, wenn eine juristische Person notwendig durch zwei mehrgliedrige Organe

(Vorstand neben Aufsichtsrat) vertreten wird, weil sonst der Zweck der Doppelvertretung vereitelt würde (BGHZ 70, 384, 386; BGH NJW 1992, 2099; *Zöller/Stöber* § 170 Rz 6 aE mwN).

36 **§ 171 ZPO Zustellung an Bevollmächtigte**

¹ An den rechtsgeschäftlich bestellten Vertreter kann mit gleicher Wirkung wie an den Vertretenen zugestellt werden. ² Der Vertreter hat eine schriftliche Vollmacht vorzulegen.

§ 171 ZPO regelt die Zustellung an rechtsgeschäftlich bestellte Vertreter, die **nicht Prozessbevollmächtigte** sind (zur Zustellung an Prozessbevollmächtigte s Rz 43). Der Gesetzgeber hat die Norm sehr weit gefasst. § 171 ZPO meint sowohl die Fälle, in denen dem **Gericht** die Bevollmächtigung bekannt ist, so dass der Urkundsbeamte (s Rz 15) die Zustellung unmittelbar an den Vertreter verfügen kann als denjenigen, der die verfahrensrechtlichen Belange wahrnimmt (vgl BFHE 100, 171 = BStBl II 1970, 839, 841 mwN). § 171 erfasst aber auch die Fälle, in denen erstmals der **Zusteller bei der Ausführung der Zustellung** von der Bevollmächtigung erfährt. Dieser kann die Zustellung dann ersatzweise an den Vertreter vornehmen (BT-Drucks 14/4554, 17), worüber nach § 182 ZPO eine **Zustellungsurkunde** zu erstellen ist. Dies kann im Hinblick auf die sich aus einer fehlerhaften Entscheidung des Zustellers ergebenden Rechtsfolgen in der Praxis zT problematisch sein. – **§ 171 ZPO greift nicht ein,** wenn ein **Prozessbevollmächtigter bestellt** ist. § 172 ZPO hat dann Vorrang (*Zöller/Stöber* § 171 Rz 2).

37   Ob ein Vertreter rechtsgeschäftlich wirksam bestellt ist, richtet sich nach den Vorschriften des Zivilrechts. Der **Vertreter** kann auch **für mehrere Beteiligte** bestellt sein; er kann auch zugleich selbst Beteiligter sein. – Der Zusteller (oder auch der Urkundsbeamte, s Rz 36) muss **keine Ermittlungen** darüber anstellen, ob ein Dritter bevollmächtigt ist (BT-Drucks 14/4554, 17). Es obliegt nach **§ 171 S 2 ZPO** vielmehr dem Vertreter, seine Bevollmächtigung durch die Vorlage einer **schriftlichen Vollmacht** nachzuweisen. Dabei kann es sich zB um eine Zustellungsvollmacht, eine Einzelvollmacht, eine Generalvollmacht oder – zumindest nach der Intention des Gesetzgebers (BT-Drucks aaO) – eine bloße **Vollmacht zur Entgegennahme von Postsendungen** handeln (str, s *Zöller/Stöber* § 171 Rz 3). Die Vollmacht muss dem Zusteller **spätestens zum Zeitpunkt der Ausführung der Zustellung vorgelegt** werden (s Rz 36). Er ist nach den Vorstellungen des Gesetzgebers (BT-Drucks aaO) nicht verpflichtet, diese auf ihre Ordnungsmäßigkeit hin zu überprüfen. Das kann mE aber nicht bei offensichtlichen Mängeln der Vollmacht gelten.

38   Ist ein Vertreter bestellt, so räumt **§ 171 S 1 ZPO** einen **Ermessensspielraum** ein („kann"), an wen die Zustellung vorzunehmen ist. Dieses Ermessen ist jedoch in der Regel dahingehend auszuüben, dass b**ei Vorlage einer** schriftlichen **Vollmacht** an den Bevollmächtigten zugestellt werden **muss** (BT-Drucks aaO; vgl auch BFHE 155, 472 = BStBl II 1989, 346, 347; BFH/NV 1987, 482; BVerwG NJW 1988, 1612. Eine **unmittelbare Zustellung an den Vertretenen** kann aber bei Zweifeln an der Wirksamkeit oder am Fortbestand der Vollmacht ermessensgerecht sein (s BFH/NV 1996, 907). Ebenso ist bei **unbekanntem Aufenthalt**

des Bevollmächtigten die Zustellung an den Vertretenen geboten (vgl § 62 Rz 107).

Wird das **Ermessen fehlerhaft ausgeübt,** ist die Zustellung unwirksam **39** (BFHE 132, 380 = BStBl II 1981, 450, 451; FG D'dorf EFG 1979, 205; FG Bln EFG 1981, 116; zur Heilung s Rz 135 ff; zur Frage, ob die Zustellung wirksam ist, wenn fehlerhaft an den Beteiligten zugestellt worden ist und er die **Sendung an den Prozessbevollmächtigten weiterleitet** s einerseits – bejahend – BFHE 155, 472 = BStBl II 1989, 346; BFH/NV 1990, 686; 1991, 215; 1992, 81 und andererseits – verneinend – FG Bln EFG 1982, 216). Unwirksam ist die Zustellung auch dann, wenn derjenige, an den zugestellt wird, **tatsächlich nicht bevollmächtigt** war (BT-Drucks 14/4554, 17).

Ist **kein Vertreter bestellt,** muss jedem Beteiligten eine Ausfertigung **40** der Entscheidung zugestellt werden. Das gilt auch für (zusammenveranlagte) **Eheleute,** falls sie sich nicht gegenseitig zur Empfangnahme bevollmächtigt haben (vgl BFHE 143, 491 = BStBl II 1985, 603; VGH Mannheim NVwZ 1984, 249; OVG Koblenz NVwZ 1987, 899).

§ 172 ZPO Zustellung an Prozessbevollmächtigte **43**

(1) [1] In einem anhängigen Verfahren hat die Zustellung an den für den Rechtszug bestellten Prozessbevollmächtigten zu erfolgen. [2] Das gilt auch für die Prozesshandlungen, die das Verfahren vor diesem Gericht infolge eines Einspruchs, einer Aufhebung des Urteils dieses Gerichts, einer Wiederaufnahme des Verfahrens, einer Rüge nach § 321 a oder eines neuen Vorbringens in dem Verfahren der Zwangsvollstreckung betreffen. [3] Das Verfahren vor dem Vollstreckungsgericht gehört zum ersten Rechtszug.

(2) [1] Ein Schriftsatz, durch den ein Rechtsmittel eingelegt wird, ist dem Prozessbevollmächtigten des Rechtszuges zuzustellen, dessen Entscheidung angefochten wird. [2] Wenn bereits ein Prozessbevollmächtigter für den höheren Rechtszug bestellt ist, ist der Schriftsatz diesem zuzustellen. [3] Der Partei ist selbst zuzustellen, wenn sie einen Prozessbevollmächtigten nicht bestellt hat.

Zu § 172 I ZPO: Dass Zustellungen an einen bestellten Prozessbevollmächtigten zu erfolgen haben, ergibt sich für das finanzgerichtliche Verfahren bereits aus **§ 62 III 5** (BFH/NV 2003, 788; s daher dort Rz 105 ff; zur Ladung unter der Büroanschrift s BFH/NV 2004, 205). **§ 172 I 2 ZPO** stellt klar, dass die Zustellung an den Prozessbevollmächtigten auch in den dort genannten besonderen Fällen vorzunehmen ist. Unabhängig von der Frage, ob diese Konstellationen ebenfalls bereits von § 62 III 5 abgedeckt werden, sind für das **finanzgerichtliche Verfahren** nur von Bedeutung die Aufhebung des Urteils durch den BFH und Zurückverweisung der Sache an das FG, das Wiederaufnahmeverfahren (§ 134 iVm §§ 578 ff ZPO) und das mit neuem Vorbringen in der Zwangsvollstreckung eingeleitete Verfahren, das die Vollstreckungsabwehrklagen nach § 151 iVm §§ 767–770 ZPO umfasst (vgl zu den weiteren Anwendungsfällen, die im finanzgerichtlichen Verfahren nicht vorkommen *Zöller/Stöber* § 172 Rz 16). Auch in diesen Verfahren ist an den für das Hauptverfahren bestellten Prozessbevollmächtigten zuzustellen. Gleiches gilt nach **§ 172 I 3 ZPO** für Verfahren vor dem **Vollstre-**

ckungsgericht. Dies ist im finanzgerichtlichen Verfahren nach § 151 I 2 das FG (s dort u § 152).

44   **Zu § 172 II ZPO:** Geregelt wird die Zustellung eines **Rechtsmittel-schriftsatzes.** Die vorgegebene Reihenfolge ist einzuhalten, wobei es eher unwahrscheinlich ist, dass vor der Zustellung der Rechtsmittelschrift bereits ein Prozessbevollmächtigter für den höheren Rechtszug bestellt ist (§ 172 II 2 ZPO).

45   Bei **Verstoß** gegen § 172 ZPO ist die Zustellung **unwirksam** (BGH NJW 1984, 926; zur **Heilung** s § 189 ZPO, Rz 135 ff).

IV. Zustellung durch Aushändigung an Amtsstelle (§ 173 ZPO)

48   **§ 173 ZPO Zustellung durch Aushändigung an der Amtsstelle**

[1] Ein Schriftstück kann dem Adressaten oder seinem rechtsgeschäftlich bestellten Vertreter durch Aushändigung an der Amtsstelle zugestellt werden. [2] Zum Nachweis der Zustellung ist auf dem Schriftstück und in den Akten zu vermerken, dass es zum Zwecke der Zustellung ausgehändigt wurde und wann das geschehen ist; bei Aushändigung an den Vertreter ist dies mit dem Zusatz zu vermerken, an wen das Schriftstück ausgehändigt wurde und dass die Vollmacht nach § 171 Satz 2 vorgelegt wurde. [3] Der Vermerk ist von dem Bediensteten zu unterschreiben, der die Aushändigung vorgenommen hat.

Die Zustellung durch Aushändigung an Amtsstelle war bis zum 30. 6. 2002 (s Rz 1) im finanzgerichtlichen Verfahren nicht vorgesehen. – Die **Übergabe** kann nicht nur in der Geschäftsstelle, sondern in jedem Dienstraum des Gerichts, aber auch **an** solchen **Orten** erfolgen, **an denen gerichtliche Tätigkeiten ausgeübt werden können** (zB bei *Ortstermin*). Der Zustellungsadressat kann zum Zwecke der Aushändigung des Schriftstücks zur Amtsstelle gebeten werden (aber keine Pflicht zum Erscheinen). – Aushändigen kann ein der Richter, der Urkundsbeamte der Geschäftsstelle oder der von dem Urkundsbeamten mit der Ausführung der Zustellung beauftragte Bedienstete, zu dessen Aufgaben üblicherweise die Bearbeitung von Verfahren gehört. – Ausgehändigt werden kann das Schriftstück allen Zustellungsadressaten unter Beachtung der für diese geltenden Vorschriften (§§ 170, 171, 172 ZPO). **Verweigert der Adressat die Annahme,** so ist die Zustellung nicht bewirkt (*Zöller/Stöber* § 173 Rz 2). – Wird die Übergabe in das gerichtliche Protokoll aufgenommen, so ersetzt diese höherwertige Form der Beurkundung den in § 173 S 2 ZPO vorgesehenen Vermerk.

V. Zustellung gegen Empfangsbekenntnis (§ 174 ZPO)

49   **§ 174 ZPO Zustellung gegen Empfangsbekenntnis**

(1) [1] Ein Schriftstück kann an einen Anwalt, einen Notar, einen Gerichtsvollzieher, einen Steuerberater oder an eine sonstige Person, bei der aufgrund ihres Berufes von einer erhöhten Zuverlässigkeit ausgegangen werden kann, eine Behörde, eine Körperschaft oder eine Anstalt des öffentlichen Rechts gegen Empfangsbekenntnis zugestellt werden.

(2) ¹An die in Absatz 1 Genannten kann das Schriftstück auch durch Telekopie zugestellt werden. ²Die Übermittlung soll mit dem Hinweis „Zustellung gegen Empfangsbekenntnis" eingeleitet werden und die absendende Stelle, den Namen und die Anschrift des Zustellungsadressaten sowie den Namen des Justizbediensteten erkennen lassen, der das Dokument zur Übermittlung aufgegeben hat.

(3) ¹An die in Absatz 1 Genannten kann auch ein elektronisches Dokument zugestellt werden. ²Gleiches gilt für andere Verfahrensbeteiligte, wenn sie der Übermittlung elektronischer Dokumente ausdrücklich zugestimmt haben. ³Für die Übermittlung ist das Dokument mit einer elektronischen Signatur zu versehen und gegen unbefugte Kenntnisnahme Dritter zu schützen.

(4) ¹Zum Nachweis der Zustellung genügt das mit Datum und Unterschrift des Adressaten versehene Empfangsbekenntnis, das an das Gericht zurückzusenden ist. ²Das Empfangsbekenntnis kann schriftlich, durch Telekopie oder als elektronisches Dokument (§ 130 a) zurückgesandt werden. ³Wird es als elektronisches Dokument erteilt, soll es mit einer qualifizierten elektronischen Signatur nach dem Signaturgesetz versehen werden.

Zu § 174 I ZPO: An den in § 174 I ZPO genannten Personenkreis kann auch gegen Empfangsbekenntnis zugestellt werden (zur **Zustellungsabsicht** s. Rz 10). Unerheblich ist dabei, ob die aufgeführten Personen als **Prozessbevollmächtigte, in eigener Sache** oder in einer **sonstigen Funktion** handeln (zB Insolvenzverwalter, Testamentsvollstrecker, gesetzlicher Vertreter; vgl *Zöller/Stöber* § 174 Rz 2; zur Ladung unter der Büroanschrift s BFH/NV 2004, 205). Neben den ausdrücklich genannten Berufsgruppen gehören zu dem erfassten Personenkreis auch **sonstige Personen**, bei denen aufgrund ihres Berufes von einer erhöhten Zuverlässigkeit ausgegangen werden kann. Die **Zuverlässigkeit** muss sich **aufgrund des Berufes** ergeben. Eine Zustellung gegen Empfangsbekenntnis an allg zuverlässige Personen ist somit nicht möglich. Von einer durch den Beruf vermittelten Zuverlässigkeit kann vor allem bei Personen ausgegangen werden, die – ähnlich wie die aufgeführten Anwälte, Notare oder Steuerberater – standesrechtlich gebunden oder – wie der Gerichtsvollzieher – in den Organismus der Justiz eingebunden sind. Wegen der standesrechtlichen Bindung ist eine Zustellung gegen Empfangsbekenntnis jedenfalls an **Wirtschaftsprüfer** möglich.

Für eine **wirksame Zustellung** nach § 174 I ZPO muss der **Anwalt** 50 usw **nicht in dem zuzustellenden Schriftstück** oder dem Empfangsbekenntnis **genannt sein** (BFH/NV 2003, 1072). Abgesehen davon setzt die wirksame Zustellung nach § 174 I ZPO aber nicht nur voraus, dass das Schriftstück bei dem Adressaten eingeht, sondern dass dieser auch **von der Zustellung** (nicht dem Inhalt) **Kenntnis nimmt** und – mittels des Empfangsbekenntnisses (BGHZ 30, 299, 303 u BGH NJW 1979, 2566) – die Bereitschaft bekundet, die **Zustellung entgegenzunehmen** (BFHE 97, 57 = BStBl II 1970, 31; BFHE 102, 457 = BStBl II 1971, 723; BFHE 159, 425 = BStBl II 1990, 477; BFH/NV 1987, 103; 1997, 459; 1999, 1475, 1476; 2005, 1014; 1572: **Zustelltag** ist nicht zwingend der Tag, an dem das Empfangsbekenntnis unterschrieben worden ist; vgl auch BGH VersR 1979, 258; BGH HFR 1979, 543; BB 1990, 2074; BVerwG HFR 1980,

158; 1986, 150, 151; 1987, 97; 98). Daran fehlt es, wenn im Rahmen des **elektronischen Rechtsverkehrs** (§ 52 a) bei Übermittlung von Schreiben an die Beteiligten **automatisch Zugangsbestätigungen elektronisch generiert** werden. Es handelt sich nicht um ein Empfangsbekenntnis; eine Zustellung kann auf diesem Wege nicht wirksam bewirkt werden. Es ist vielmehr erforderlich, dass mit dem elektronisch übermittelten Dokument ein Empfangsbekenntnis mitgeschickt wird, welches der Zustellungsadressat ausgefüllt und unterzeichnet an das Gericht zurücksenden muss (ggf elektronisch nach § 52 a; s aber auch Rz 55 zum fehlenden Empfangsbekenntnis). – Diese **Bereitschaft, die Zustellung entgegenzunehmen** kann auch **konkludent erklärt** werden, zB durch schriftsätzliches Einlassen auf das zugestellte Schriftstück, nicht aber durch bloßes Behalten (BGHZ 30, 299). Der Wille, die Zustellung anzuerkennen, ist nicht erforderlich. – Die in § 174 I ZPO genannten Personen sind **verfahrensrechtlich nicht verpflichtet,** die Zustellung entgegenzunehmen. Ggf besteht allerdings eine standesrechtliche Pflicht. – Es ist nicht erforderlich, dass bei der Übermittlung zum Ausdruck gebracht wird, sie erfolge zum Zwecke der Zustellung (BSG HFR 1972, 90; BVerwG HFR 1979, 209; s aber zur Zustellungsabsicht Rz 10). – Zur **mehrfachen Zustellung** desselben Schriftstücks s BFHE 149, 146 = BStBl II 1987, 441.

51   Voraussetzung für die Wirksamkeit der Zustellung gegen Empfangsbekenntnis ist weiter, dass die in § 174 I ZPO bezeichneten **Zustellungsadressaten** (Rechtsanwalt, Steuerberater usw) das zuzustellende Schriftstück **persönlich als zugestellt entgegennehmen.** Es genügt deshalb für eine wirksame Zustellung nicht, dass das Schriftstück in die Kanzlei gelangt und dort von einer Büroangestellten entgegengenommen worden ist (zB BFH/NV 1997, 459; 1999, 1475, 1476; 2005, 1014; 1572: **Zustelltag** ist nicht zwingend der Tag, an dem das Empfangsbekenntnis unterschrieben worden ist; vgl auch BVerwGE 97, 316; OVG Hamburg NJW 1999, 965; BGH VersR 1982, 273). – Wirksam ist die Zustellung aber, wenn sich der Zustellungsadressat bei der Entgegennahme des Schriftstücks und der Unterzeichnung des Empfangsbekenntnisses **durch** einen (zur Entgegennahme von Zustellungen nach § 174 I ZPO besonders ermächtigten) **Zustellungsbevollmächtigten,** zB den Bürovorsteher, vertreten lässt (BFH/NV 1989, 646; 1999, 1475, 1476; 2005, 1014; BGHZ 67, 10; BGH HFR 1978, 500 betr Anwaltskollegen). Dies muss auch in Verfahren mit Vertretungszwang gelten, insbesondere im Revisionsverfahren vor dem BFH (offen BFH/NV 1989, 646).

52   § 174 I ZPO sieht für das **Empfangsbekenntnis keine besondere Form** vor. Es kann auch im Rahmen eines Schriftsatzes abgegeben werden (BT-Drucks 14/4554, 18). Üblicherweise sendet das Gericht ein bereits mit den Daten des zuzustellenden Schriftstücks versehenes Empfangsbekenntnis mit. Aus diesem muss **zweifelsfrei ersichtlich** sein, **welche Schriftstücke** mit dem Empfangsbekenntnis **zugestellt** worden sind. Neben der Angabe des Aktenzeichens empfiehlt sich eine Kurzbezeichnung (zB Ladung zum Termin am, Urteil/Beschluss vom, Ausschlussfrist vom). Das ist insbesondere dann von Bedeutung, wenn mit einer Sendung mehrere Schriftstücke zugestellt werden sollen (zur Wirksamkeit der Zustellung nur der eindeutig bezeichneten Schriftstücke vgl BFH/NV 1999, 186). – Der Zustellungsempfänger hat das Empfangbekenntnis mit dem **Zustell-**

datum zu versehen. Das ist der Tag, an dem der Zustellungsadressat von der Zustellung Kenntnis erlangt und die Zustellung akzeptiert (s Rz 50 u *Zöller/Stöber* § 174 Rz 14 mwN). Er muss das Empfangsbekenntnis **persönlich unterschreiben** (zur Vertretung s Rz 51 u zur elektronischen Signatur Rz 61). Für eine **Behörde** unterschreibt der Vorsteher (als Leiter iS von § 170 II ZPO, Rz 30) oder der nach der Aufgabenverteilung zuständige Bedienstete. Anschließend hat der Zustellungsadressat das Empfangsbekenntnis **auf seine Kosten dem Gericht zu übermitteln** (*Zöller/Stöber* § 174 Rz 13). Auf welche Weise die Übermittlung erfolgt, bleibt dem Zustellungsadressaten überlassen (auch durch Telefax oder elektronisches Dokument, s § 174 IV ZPO, dazu Rz 62).

Das von dem Zustelladressaten iS des § 174 I ZPO unterzeichnete **Empfangsbekenntnis erbringt den vollen Beweis** für das Datum der Zustellung (BFH/NV 1997, 459; 500; 1998, 330; 1999, 500, 501; BGH NJW 1990, 2125; NJW-RR 1997, 769). Str ist dabei allerdings, ob es sich um eine öffentliche Urkunde iS von § 418 ZPO handelt (so BGH NJW 1987, 1335 u BVerwG NJW 1994, 535) oder um eine Privaturkunde iS von § 416 ZPO (so *Zöller/Stöber* § 174 Rz 20). – Der **Gegenbeweis** der Unrichtigkeit des Datums ist zulässig (BFH/NV 1997, 500; 2001, 1140; BGH NJW-RR 1997, 769; 2002, 3027; 2003, 2460); es sind aber strenge Anforderungen zu stellen (BVerfG NJW 2001, 1563; BFH/NV 1997, 459; 500; 1999, 500, 501; BGH NJW 1990, 2125; NJW 2000, 814; BVerwG NJW 1994, 535; 2001, 1563). Der Gegenbeweis kann noch im **Beschwerdeverfahren** angetreten werden (BGH HFR 1981, 37; 1987, 371). **53**

Sollten nach dem vorbereiteten Empfangsbekenntnis **zwei Entscheidungen** zugestellt werden, wurde aber nur bestätigt, dass „obiges Schriftstück" empfangen wurde, so ist nur das Schriftstück zugegangen, dessen Zugang nach der (nachträglichen) Erklärung des Zustellungsempfängers bestätigt werden sollte (BFHE 117, 434 = BStBl II 1976, 218; s aber Rz 72). In dem Empfangsbekenntnis enthaltene **Ungenauigkeiten der Bezeichnung** des zuzustellenden Schriftstücks, etwa hinsichtlich des Aktenzeichens oder des Datums der Entscheidung, machen die Zustellung nicht unwirksam, wenn dem Zusammenhang nach kein Zweifel darüber bestehen kann, welches Schriftstück in dem Empfangsbekenntnis gemeint ist (BGH VersR 1976, 1155; s aber zur fehlenden Angabe des Zustellungsdatums in dem Empfangsbekenntnis Rz 56 aE). **54**

Das **Empfangsbekenntnis** kann auch **nachträglich erteilt** werden; **Datum** und/oder **Unterschrift** können **nachgeholt oder berichtigt** werden (BFHE 136, 348, 350 = BStBl II 1983, 63; BFH/NV 1987, 523, 524; BGHZ 35, 236; BGH AnwBl 1990, 628; BayObLG AnwBl 1998, 99). – Da für das Empfangsbekenntnis keine besondere Form (außer der Schriftform) vorgesehen ist, kann die **Nachholung auch in** einem **Schriftsatz** erfolgen (BFH/NV 1987, 523, 524; BGH HFR 1981, 337 = NJW 1981, 462; VersR 1990, 402; BVerwG HFR 1987, 97). – Das später erstellte Empfangsbekenntnis **wirkt** auf den Tag des Empfangs **zurück** (BFH/NV 1987, 523; FG BaWü EFG 1990, 604; BGH NJW 1974, 1469; HFR 1987, 370; BayObLG AnwBl 1998, 99), weil es einen tatsächlichen früheren Vorgang beurkundet. **55**

Umstritten ist die Wirksamkeit der Zustellung dann, wenn der Zustellungsadressat das **Empfangsbekenntnis nicht oder nicht vollständig** **56**

ausfüllt und an das Gericht **zurücksendet. Der BFH** geht davon aus, dass das ausgefüllte und zurückgesandte **Empfangsbekenntnisses kein Wirksamkeitserfordernis** der Zustellung ist. Es genüge, dass der Empfänger das Schriftstück in Kenntnis der Zustellungsabsicht entgegengenommen habe (BFHE 159, 425 = BStBl II 1990, 477; vgl auch BFHE 136, 348 = BStBl II 1983, 63; ähnlich auch BVerwG HFR 1973, 39; die gegenteiligen Entscheidungen BFH/NV 1987, 378, 379; 523, 524 sind damit überholt; anders nun aber ausdrücklich BT-Drucks 14/4554, 18). Weigert sich der Empfänger, den Tag der Entgegennahme des zuzustellenden Schriftstücks mitzuteilen, ist nach der Rspr des BFH der Tag als Zustellungstag anzusehen, an dem das zuzustellende Schriftstück nach dem normalen Lauf der Dinge erstmals in die Hände des Empfängers gelangt sein konnte (BFHE 159, 425 = BStBl II 1990, 477). Ob dies auch dann gilt, wenn das in dem Empfangsbekenntnis **angegebene Zustellungsdatum nachweislich falsch ist,** ist bislang noch nicht geklärt (für die Unwirksam der Zustellung in diesen Fällen: BGHZ 30, 229; vgl auch BGH VersR 1981, 354 u WM 1991, 2008: Ist zweifelhaft, wie das Datum lautet, ist für den Beginn der Rechtsmittelfrist von dem möglichen späteren Datum auszugehen).

57   Nach der Ansicht des BGH ist das **Empfangsbekenntnis** hingegen **notwendiges Zustellungserfordernis.** Fehlt es, so ist die Zustellung unwirksam (BGHZ 30, 299; 35, 236; ebenso BAG DB 1976, 778 u nunmehr auch BT-Drucks 14/4554, 18; s auch BSG NVwZ 1998, 1332). – Das Empfangsbekenntnis muss nach der Rspr des BGH ferner das **Empfangsdatum** enthalten (BGHZ 30, 299; BGH HFR 1987, 271; **aA** *Zöller/Stöber* § 174 Rz 14) sowie mit dem vollen Namen des Zustellungsempfängers unterzeichnet (BGH NJW 1972, 50; VersR 1974, 1223; 1981, 57; JZ 1989, 155; zur Verweigerung der Unterschrift s BGH NJW-RR 1989, 57) und **leserlich** sein (BGHZ 35, 236; BGH HFR 1987, 271); der Urheber muss sich zumindest aus weiteren in den Akten befindlichen Unterschriften ergeben (BGH HFR 1990, 389).

58   **ME** ist das **Empfangsbekenntnis notwendiges Zustellungserfordernis** (so auch der Wille des Gesetzgebers, s BT-Drucks 14/4554, 18). Denn auch nach der Rspr des BFH ist die Zustellung nur dann wirksam, wenn der Zustellungsadressat die Bereitschaft bekundet, die Zustellung entgegenzunehmen (s Rz 50). Den diesbezüglichen Beleg erbringt grundsätzlich das Empfangsbekenntnis. Ergibt sich aus einem Schriftsatz des Zustellungsadressaten, dass er das zuzustellende Schriftstück erhalten hat, so ist dieser Schriftsatz möglicherweise als Empfangsbekenntnis zu werten (s Rz 52). Die bloße **telefonische Mitteilung** des Zustellungsadressaten, dass er das Schriftstück erhalten habe, lässt seinen Willen zur Entgegennahme der Zustellung indes noch nicht erkennen und reicht daher für eine wirksame Zustellung nicht aus. Problematisch ist es mE aus den genannten Gründen ferner, wenn der BFH bei fehlendem Empfangsbekenntnis als **Zustellungsdatum** denjenigen Tag annehmen will, an dem das zuzustellende Schriftstück nach dem normalen Lauf der Dinge erstmals in die Hände des Empfängers gelangt sein kann. Unumgänglich dürfte es aber in jedem Fall sein, den Zustellungsadressaten hierauf hinzuweisen, um ihm rechtliches Gehör zu gewähren.

59   § 174 II ZPO ermöglicht die Zustellung von Schriftstücken gegen Empfangsbekenntnis durch **Telekopie** (Telefax) an den in § 174 I ZPO

genannten Personenkreis. Die Vorschrift dient der **Verfahrensvereinfachung** und unterstellt in zulässiger Weise, dass die in § 174 I ZPO genannten Personen bei der Zustellung mitwirken, und zwar unabhängig
davon, ob die Zustellung per Post oder per Telefax erfolgt. Um die Bedeutung der Zustellung deutlich zu machen, ist der in § 174 II ZPO genannte Hinweis anzubringen und sind die dort beschriebenen Förmlichkeiten zu beachten (BT-Drucks 14/4554, 18; dazu auch BFH/
NV 2004, 531). Der Empfänger kann die Annahme nicht mit der Begründung verweigern, der für die Übermittlung gewählte Faxanschluss sei
nicht zum Empfang zuzustellender Schriftstücke bestimmt (BFH/NV
2003, 1426).

§ **174 III ZPO** betrifft die Zustellung **elektronischer Dokumente.** **60**
Nach dem Wortlaut ist unklar, ob es dabei auch um die Zustellung gegen
Empfangsbekenntnis geht. Denn zum einen wird das Empfangsbekenntnis in § 170 III ZPO **nicht ausdrücklich genannt** und zum anderen lässt
§ **174 III 2 ZPO** die Zustellung elektronischer Dokumente auch **an**
Verfahrensbeteiligte zu, die nicht zum Personenkreis des § 174 I ZPO
gehören und an die eigentlich nicht gegen Empfangsbekenntnis zugestellt
werden darf (s Rz 49). Gleichwohl soll nach dem Willen des Gesetzgebers
die **Zustellung** in diesen Fällen **bewirkt** sein, sobald der Zustellungsempfänger bestätigt, die Datei erhalten und zu einem bestimmten Zeitpunkt als zugestellt entgegengenommen zu haben (BT-Drucks 14/4554,
19; für die Übermittlung dieses Empfangsbekenntnisses gilt § 174 IV 2
ZPO). Auf die Problematik der Erweiterung des Personenkreises, an den
gegen Empfangsbekenntnis zugestellt werden kann, geht der Gesetzgeber
dabei nicht ein.

Ob das Gericht Zustellungen an die in § 174 I ZPO genannten Perso- **61**
nen auf elektronischem Wege vornimmt, steht nach § 174 III 1 ZPO in
seinem **Ermessen.** Der **Zustimmung des Zustellungsadressaten** bedarf es dabei nicht. Diese ist nach § 174 III 2 ZPO nur für Zustellungen an
nicht zu diesem Personenkreis gehörende Verfahrensbeteiligte erforderlich.
Gleichwohl ist die Zustellung elektronischer Dokumente **ermessensfehlerhaft,** wenn der Zustellungsempfänger dem **widerspricht.** – Erforderlich und nach dem Wortlaut für die Wirksamkeit der Zustellung **unverzichtbar** sind die **Verschlüsselung** und die **elektronische Signatur** des
zuzustellenden elektronischen Dokuments, wobei es im Ermessen des Gerichts steht, ob es einer einfachen oder einer qualifizierten Signatur bedarf
(BT-Drucks 14/4554, 19; s auch § 52a Rz 4).

Wird ein **Empfangsbekenntnis als elektronisches Dokument** er- **62**
teilt, so soll es nach § **174 IV 3 ZPO** mit einer qualifizierten elektronischen Signatur nach dem Signaturgesetz versehen werden (s dazu § 52a
Rz 4). Der Wortlaut der Norm („soll") deutet darauf hin, dass von der
Beifügung einer qualifizierten elektronischen Signatur auch abgesehen
werden kann. Dem ist mE angesichts der Bedeutung und der Wirkung
einer Zustellung nicht so, zumal die Authentizität des das Empfangsbekenntnis abgebenden Zustellungsempfängers sehr wesentlich ist (s Rz 52).

VI. Zustellung durch Einschreiben mit Rückschein (§ 175 ZPO)

68 **§ 175 ZPO Zustellung durch Einschreiben mit Rückschein**

[1] Ein Schriftstück kann durch Einschreiben mit Rückschein zugestellt werden. [2] Zum Nachweis der Zustellung genügt der Rückschein.

§ 175 ZPO ermöglicht die **unmittelbare Zustellung durch die Post** (zum Begriff s Rz 16) und kommt damit Art 14 der EG-Zustellungsverordnung Nr 1348/2000 v 29. 5. 2000 (s dazu Rz 116) nach. – Die **Zustellung durch Einschreiben mit Rückschein** ist eine eigenständige Form der Zustellung. Es steht im **Ermessen** der Geschäftsstelle, ob sie sie als Zustellungsart wählt (s Rz 15). – Die von den einzelnen Postdienstleistungsunternehmen angebotene Leistungsart **„Einwurf-Einschreiben"** erfasst § 175 ZPO nicht, weil dabei zum einen keine Übergabe an den Adressaten erfolgt und es zum anderen an einem Zugangsnachweis in Form des Rückscheins fehlt. Ein „Einwurf-Einschreiben" kommt daher für die förmliche Zustellung nicht in Betracht (vgl BVerwG NJW 2001, 458; *Dübbers* NJW 1997, 2503). – Zustellungen an eine **Postfachadresse** mittels Einschreiben mit Rückschein sind zulässig (FG Köln EFG 2004, 1237).

69   Ist eine **Übergabe** an den Adressaten, seinen Ehepartner oder Postbevollmächtigten **nicht möglich**, kann zB nach den allg Geschäftsbedingungen (AGB) der Deutschen Post AG der eingeschriebene Brief einem **Ersatzempfänger** ausgehändigt werden. Als Ersatzempfänger sehen diese AGB die Familienangehörigen des Adressaten, eine in der Wohnung oder in dem Betrieb des Adressaten regelmäßig beschäftigte Person, von der angenommen werden kann, dass sie zur Entgegennahme berechtigt ist und den Postbevollmächtigten des Adressaten sowie an Ersatzempfänger ist ausgeschlossen, wenn der eingeschriebene Brief den **Vermerk „Eigenhändig"** trägt.

70   **Wirksam vollzogen** ist die Zustellung **mit der Übergabe** des Einschreibebriefes an den Adressaten. **Verweigert der Adressat** oder der Ersatzempfänger **die Annahme** der Einschreibesendung oder **holt er diese im Falle der Niederlegung** innerhalb der Abholfrist **nicht ab,** so wird sie an den Absender als unzustellbar zurückgeschickt. Die **Zustellung** ist damit **nicht bewirkt** und muss erneut vorgenommen werden (zur abweichenden Rechtslage bei Zustellung mit Zustellungsurkunde s Rz 95 u 100 ff). – Ansonsten wird der **Zugang** des zuzustellenden Schriftstücks an den Adressaten oder an einen Ersatzempfänger **durch** den **Rückschein nachgewiesen** (vgl zu der von der Geschäftsstelle auf dem Rückschein anzubringenden **Bezeichnung des zuzustellenden Schriftstücks** Rz 52). Dieser ist im Gegensatz zu der Zustellungsurkunde (§ 182 I ZPO) keine öffentliche Urkunde, sondern eine Privaturkunde mit der Beweiskraftwirkung des § 416 ZPO (zum Gegenbeweis in diesen Fällen s Rz 53).

VII. Zustellung mit Zustellungsurkunde (§§ 176–182 ZPO)

73 **§ 176 ZPO Zustellungsauftrag**

(1) Wird der Post, einem Justizbediensteten oder einem Gerichtsvollzieher ein Zustellungsauftrag erteilt oder wird eine andere Behörde um die Ausführung der Zustellung ersucht, übergibt die Geschäftsstelle das zuzustel-

lende Schriftstück in einem verschlossenen Umschlag und einen vorbereiteten Formular einer Zustellungsurkunde.

(2) Die Ausführung der Zustellung erfolgt nach den §§ 177 bis 181.

Die Vorschrift regelt die Modalitäten der **Erteilung des Zustellungs-
auftrags** bzw des Zustellungsersuchens (vgl § 168 ZPO), falls eine Zustellung nach §§ 173–175 ZPO nicht möglich oder nicht zweckmäßig
ist. – Das zuzustellende Schriftstück ist wegen der Wahrung des Persön-
lichkeitsrechts des Inhaltsadressaten **in einem verschlossenen Umschlag**
und mit einem vorbereiteten Vordruck einer Zustellungsurkunde an den
Zusteller zu übergeben (vgl zu der von der Geschäftsstelle auf der Zustellungsurkunde anzubringenden **Bezeichnung des zuzustellenden Schriftstücks** Rz 52). – Wie der Umschlag zu beschriften ist, regelt § 176 ZPO
(im Unterschied zu der früher anzuwendenden Regelung des § 3 I VwZG)
nicht (vgl aber BFHE 138, 401 = BStBl II 1983, 698; BFHE 139, 401: als
Empfängeranschrift reicht die Postfachangabe aus; BFH/NV 1986, 644,
645: Kurzbezeichnung des zuzustellenden Schriftstücks auf dem Umschlag
ist nicht erforderlich). – Soll der Zusteller auf der Zustellungsurkunde nicht
nur das Datum, sondern auch die **Uhrzeit der Zustellung** vermerken,
sollte auf dem zum Zwecke der Zustellung übergebenen Umschlag ein
entsprechender Vermerk angebracht werden. – Die **Ausführung der
Zustellung** obliegt dem Zustellungsorgan in eigener Zuständigkeit und
Verantwortung (BGH MDR 2003, 178). Die Zustellung selbst richtet sich
dabei aber nach **§§ 177–181 ZPO** (§ 176 II ZPO). – Wegen des vorbereiteten Vordrucks der Zustellungsurkunde s § 190 ZPO.

§ 177 ZPO Ort der Zustellung 74

Das Schriftstück kann der Person, der zugestellt werden soll, an jedem
Ort übergeben werden, an dem sie angetroffen wird.

Der Anwendungsbereich des § 177 ZPO ist begrenzt, weil der Zusteller
den Zustellungsadressaten oft nicht persönlich kennt. – Im Übrigen erlaubt
die Vorschrift keine Zustellung bei unangemessenen Gelegenheiten und zu
allg unpassenden Zeiten. – Bei Verweigerung der Annahme gilt § 179
ZPO (Rz 95).

§ 178 ZPO Ersatzzustellung in der Wohnung, in Geschäftsräumen und 75 Einrichtungen

(1) Wird die Person, der zugestellt werden soll, in ihrer Wohnung, in dem
Geschäftsraum oder in einer Gemeinschaftseinrichtung, in der sie wohnt,
nicht angetroffen, kann das Schriftstück zugestellt werden

1. in der Wohnung einem erwachsenen Familienangehörigen, einer in der
Familie beschäftigten Person oder einem erwachsenen ständigen Mitbewohner,

2. in Geschäftsräumen einer dort beschäftigten Person,

3. in Gemeinschaftseinrichtungen dem Leiter der Einrichtung oder einem
dazu ermächtigten Vertreter.

(2) Die Zustellung an eine der in Absatz 1 bezeichneten Personen ist unwirksam, wenn diese an dem Rechtsstreit als Gegner der Person, der zugestellt werden soll, beteiligt ist.

§ 178 ZPO enthält eine Ausnahme von dem Grundsatz, dass das zuzustellende Schriftstück dem Zustellungsempfänger persönlich zu übergeben
ist (zur **Verfassungsmäßigkeit** von Ersatzzustellungen s BVerfGE 40, 88,
92 u 67, 208, 211). Voraussetzung für die Ersatzzustellung nach § 178 ZPO
ist, dass der Zustellungsadressat in seiner Wohnung, seinem Geschäftsraum
oder in der Gemeinschaftseinrichtung, in der er wohnt, **nicht angetroffen**
wird.

76   Der Begriff **Wohnung** ist weiter als der des Wohnsitzes. Gemeint **ist
der regelmäßige tatsächliche Aufenthaltsort,** also diejenigen Räume
(oder derjenige Raum), in denen der Zustellungsempfänger tatsächlich lebt
und schläft (vgl BFHE 151, 24 = BStBl II 1988, 97; BFH/NV 1986, 711;
1989, 384, 385; 523, 524; 1992, 474; BGH HFR 1987, 314; zur **Täuschung** s BFH/NV 1990, 749; FG Mchn EFG 1987, 333; LG Berlin
AnwBl 1999, 237), **nicht** jedoch ein Raum zur gelegentlichen Übernach-
tung (FG SachsAnh EFG 1998, 989; s aber BFH/NV 1992, 474; 1999,
938; Ersatzzustellung zulässig, wenn der Zustellungsadressat die unter der
von ihm angegebenen Anschrift vorhandenen Räume selbst als seine
Wohnung bezeichnet; OLG Nürnberg MDR 2000, 102: Ersatzzustellung
zulässig, wenn der Zustellungsadressat den Anschein erweckt hat, unter
einer bestimmten Anschrift zu wohnen). Auf die **polizeiliche Meldung**
kommt es nicht an. – Eine **vorübergehende,** auch längere **Abwesenheit**
(zB durch einen zweimonatigen freiwilligen Klinikaufenthalt – BGH HFR
1985, 91 oder durch mehrmonatige Abwesenheit aus beruflichen Gründen
– BFHE 150, 305 = BStBl II 1988, 392; vgl auch BVerwG Buchholz 303
§ 181 ZPO Nr 4) ist unschädlich. Die ursprüngliche Wohnung kommt für
eine Zustellung jedoch nicht mehr in Betracht, wenn der Zustellungsempfänger diese **aufgegeben** hat. Dafür bedarf es des objektiv erkennbaren
Willens, dass er die Wohnung endgültig oder zumindest für längere Zeit
nicht mehr nutzen wird. Das kann auch bei **Inhaftierung** der Fall sein,
wenn die Haftzeit nicht nur geringfügig ist (BFHE 151, 24 = BStBl II
1988, 97; BFH/NV 1986, 545; LAG Halle MDR 1998, 924; s zur Justizvollzugsanstalt als Gemeinschaftseinrichtung Rz 78; zum **Auslandsaufent-
halt** s FG D'dorf EFG 1980, 523. – Im Falle eines **Wohnungswechsels**
ist an dem neuen Wohnort eine Wohnung vorhanden, wenn der Zustellungsadressat einen großen Teil seines Hausrats in die beziehbaren Räumlichkeiten geschafft, sein Namensschild an der Wohnungstür angebracht
und die Schlüssel zum Hausbriefkasten erhalten hat (BFHE 117, 344 =
BStBl II 1976, 137). – Zur **Aufgabe der Wohnung** s BFH StRK VwZG
§ 3 R 8; FG Mchn EFG 1987, 333. – Hat der Zustellungsempfänger
mehrere Wohnungen, so ist in jeder dieser Wohnungen eine Zustellung
möglich, und zwar auch in Nebenwohnungen (vgl OVG Münster DVBl
1993, 903). Die Ersatzzustellung nach § 178 ZPO ist auch dann zulässig,
wenn sich der Zustellungsempfänger in seiner Zweitwohnung aufhält
(BGH NJW-RR 1994, 564). – Zum **Postnachsendeauftrag** vgl BFHE
150, 392 = BStBl II 1988, 392; BGH NJW 1988, 1999.

77   **Geschäftsraum** ist der Raum, in dem der Zustellungsempfänger seine
gewerbliche, berufliche oder amtliche Tätigkeit ausübt. Aus dem Begriff
des Geschäftsraums lässt sich entnehmen, dass es sich um einen Raum handeln muss, an dem **Publikumsverkehr** stattfindet und zu dem daher auch
der Zusteller ohne besondere Erlaubnis des Zustellungsempfängers oder

dessen Bediensteter Zutritt hat. Das kann zur Folge haben, dass von mehreren gewerblich oder beruflich genutzten zusammenhängenden Räumen nur ein Raum als Geschäftsraum anzusehen ist, weil nur dieser für Publikum zugänglich ist (BFH/NV 1994, 217 zur Kanzlei eines Rechtsanwalts; vgl auch BFHE 139, 232 = BStBl II 1984, 167 zu einer ständig in Anspruch genommenen fremden Poststelle). Kein Geschäftsraum ist ein bloßes **Arbeitszimmer** des Zustellungsempfängers, in dem kein Publikumsverkehr stattfindet. – Es muss sich um einen **Geschäftsraum des Zustellungsadressaten** handeln. Der Zustellungsadressat muss von dort aus seiner eigenen selbständigen Erwerbstätigkeit nachgehen. Eine Ersatzzustellung nach § 178 ZPO ist damit nicht möglich, wenn der Zustellungsempfänger in dem Geschäftsraum lediglich als **Angestellter** oder auch als **selbständiger Auftragnehmer des Inhabers des Geschäftsraums** (zB dort vorübergehend arbeitender Maler) tätig ist (s aber zum insoweit gesetzten **Rechtsschein** BGH MDR 1993, 900: Zustellung möglich). Das gilt auch für die Zustellung an den **Geschäftsführer** einer Gesellschaft, selbst wenn die Zustellung an ihn als Vertreter der Gesellschaft iS des § 170 ZPO (s Rz 27 ff) erfolgen soll. In den Geschäftsräumen der Gesellschaft kann der Zusteller nur dann eine Zustellung an den Geschäftsführer vornehmen, wenn er ihn persönlich antrifft (s **§ 177 ZPO,** Rz 74). Ist das nicht der Fall, darf er in den Geschäftsräumen der Gesellschaft keine Ersatzzustellung vornehmen.

Gemeinschaftseinrichtung ist zB ein Senioren-, Lehrlings- oder Ar- **78** beiterwohnheim, aber auch ein Krankenhaus, ein Frauenhaus, eine Kaserne und eine Justizvollzugsanstalt (*Zöller/Stöber* § 178 Rz 20). – Der Zustellungsempfänger muss dort **wohnen,** dh zumindest vorübergehend leben und schlafen (*Zöller/Stöber* aaO). Ist dies nicht mehr der Fall, scheidet eine Zustellung in der Gemeinschaftseinrichtung aus (zum **Auslandseinsatz von Soldaten** s OLG D'dorf NJW 1999, 1441).

Nicht angetroffen wird der Zustellungsempfänger in der Wohnung, dem **79** Geschäftsraum oder der Gemeinschaftseinrichtung, wenn er sich dort für den Zusteller nicht erkennbar aufhält. Tatsächliche Abwesenheit ist dafür nicht erforderlich. Es reicht aus, wenn ein Angehöriger auf Nachfrage versichert, dass der Zustellungsempfänger nicht anwesend ist (BFHE 173, 213, 215 = BStBl II 1994, 603) oder wenn der Zustellungsempfänger das zuzustellende Schriftstück zB wegen Erkrankung oder sonstiger Verhinderung nicht persönlich entgegen nehmen kann. Gleiches gilt, wenn sich der Zustellungsempfänger verleugnen lässt oder ein Angehöriger oder Bediensteter des Zustellungsempfängers dem Zusteller den Zutritt zu der Wohnung, dem Geschäftsraum oder der Gemeinschaftseinrichtung verweigert (BFH/NV 1994, 217). – Unzulässig ist die Ersatzzustellung allerdings, wenn der Zustellungsempfänger verstorben ist oder der Zustellversuch zur Unzeit erfolgt (*Zöller/Stöber* § 178 Rz 2 mwN).

Zur Wirksamkeit der Ersatzzustellung ist es erforderlich, dass das **Nicht-** **80** **antreffen** gem § 191 Nr 4 ZPO **beurkundet** wird (BFHE 119, 41 = BStBl II 1976, 573; BFHE 126, 359 = BStBl II 1979, 209; BSG StRK VwZG § 3 R 36; s hierzu und zur Heilung des Mangels Rz 135 ff).

Die **Ersatzzustellung** kann **in der Wohnung** (s dazu auch Rz 86) an **81** einen erwachsenen Familienangehörigen, eine in der Familie beschäftigte Person oder einen erwachsenen ständigen Mitbewohner erfolgen. **Fami-**

lienangehörige sind alle zur Familie gehörenden Personen. Dazu gehören neben dem Ehepartner, Verwandten und (nahe) Verschwägerten auch solche Personen, bei denen das zu dem Zustellungsadressaten bestehende Vertrauensverhältnis die Weitergabe der Sendung an diesen erwarten lässt (BFHZ 111, 1; vgl auch BT-Drucks 14/4554, 20). Das ist zB bei Pflegeeltern und -kindern der Fall. – Der Familienangehörige muss **erwachsen** sein. Das setzt weder Volljährigkeit noch Geschäftsfähigkeit voraus. Erwachsen iS des § 178 I ZPO ist vielmehr derjenige, der nach seinem Alter und seiner geistigen Entwicklung erkennbar in der Lage ist, den Zweck einer Zustellung und die Verpflichtung, die Sendung dem Adressaten auszuhändigen, erkennen kann (BGH NJW 1981, 1614; VersR 1973, 156). Es kommt auf die Umstände des Einzelfalls an; allg dürfte die Grenze bei cirka 14 Jahren liegen (vgl LG Köln MDR 1999, 889 u LG Konstanz NJW-RR 1999, 1508). – Der Familienangehörige, an den die Ersatzzustellung bewirkt werden soll, muss mit dem Zustellungsadressaten **nicht in häuslicher Gemeinschaft leben** (anders früher § 181 ZPO aF). Aufgrund die durch die Familienangehörigkeit begründeten Vertrauensverhältnisses ist auch dann davon auszugehen, dass der Angehörige das Schriftstück an den Zustellungsadressaten weiterleitet, wenn keine häusliche Gemeinschaft besteht (BT-Drucks 14/4554, 20). – Der Familienangehörige muss **keine Zustellungsvollmacht** haben (BFH/NV 2003, 180).

82 An eine **in der Familie beschäftigte Person** kann die Ersatzzustellung ebenfalls vorgenommen werden, weil aufgrund des Tätigkeitsverhältnisses von einer Weiterleitung des Schriftstücks an den Zustellungsadressaten auszugehen ist. Maßgeblich sind die tatsächlichen Gegebenheiten. Auf eine arbeits- oder dienstvertragliche Bindung kommt es ebenso wenig an, wie auf den Umfang der Tätigkeit oder deren Entlohnung (FG D'dorf EFG 1980, 154; FG BIn EFG 1985, 319: Ersatzzustellung an nur stundenweise beschäftigte **Raumpflegerin** möglich). Die Tätigkeit muss aber **auf eine gewisse Dauer angelegt** sein (ablehnend daher für Tagelöhner: *Zöller/Stöber* § 178 Rz 11 u für einen **Handwerker:** BFH v 1. 8. 1974 VIII B 8/74 nv). Tätigkeiten aus Gefälligkeit können genügen (FG BIn EFG 1985, 319; OLG Hamm NJW 1983, 694), nicht aber, wenn sich die Tätigkeit auf die Entgegennahme der Post beschränkt (OLG Nürnberg NJW-RR 1998, 495). – Die Beschäftigung muss „**in der Familie**" erfolgen; eine Beschäftigung im Gewerbebetrieb reicht nicht aus. Es genügt, wenn das Beschäftigungsverhältnis nur zu einem Familienangehörigen besteht, selbst wenn dieser nicht der Zustellungsadressat ist (vgl auch BFH/NV 1994, 291). – Die beschäftigte Person muss **erwachsen** sein. § 178 I Nr 1 ZPO unterstellt dies als selbstverständlich und schreibt dies daher nicht ausdrücklich vor (*Zöller/Stöber* aaO).

83 Zulässig ist die Ersatzzustellung auch an einen **ständigen Mitbewohner.** Er muss mit dem Zustellungsadressaten in einer gemeinsamen Wohnung wohnen (nicht erfüllt bei Untermieter, der nur einen Raum der Wohnung bewohnt). Eine gemeinsame Haushaltsführung mit dem Zustellungsadressaten ist aber nicht erforderlich (*Zöller/Stöber* § 178 Rz 12). In Betracht kommen **nichteheliche Lebenspartner,** soweit diese nicht schon als Familienangehörige anzusehen sind (dazu BGHZ 111, 1; aA BFHE 136, 179 = BStBl 1982, 715) und Mitglieder einer **Wohngemeinschaft** (vgl auch BGH NJW 2001, 1946).

In den Geschäftsräumen (dazu auch Rz 77) kann die Ersatzzustellung 84
an eine **dort beschäftigte Person** erfolgen. Dies setzt eine Tätigkeit für
den Zustellungsempfänger in dessen Geschäftsräumen voraus (BGH NJW
1998, 1958). Eines Arbeits- oder Dienstvertrages bedarf es dabei ebenso
wenig wie einer Entlohnung (zB mitarbeitender Ehegatte, nicht aber,
wenn dieser nur zufällig anwesend ist und üblicher Weise nicht mitarbei-
tet). – Die Ersatzzustellung ist nur an Personen möglich, die **in den Geschäftsräumen beschäftigt** sind, also dort, wo auch der Publikumsverkehr stattfindet (Rz 77). An Personen, die in anderen Räumen arbeiten,
kann selbst dann nicht zugestellt werden, wenn diese Räume mit dem Geschäftsraum verbunden sind. – Die Ersatzzustellung in den Geschäftsräumen setzt nicht voraus, dass das zuzustellende Schriftstück mit der von dem
Zustellungsadressaten dort ausgeübten Tätigkeit zusammenhängt.

Die Ersatzzustellung ist schließlich auch an den **Leiter einer Gemein-** 85
schaftseinrichtung oder einen dazu ermächtigten Vertreter zulässig.
Die Bevollmächtigung des Vertreters für diese Fälle muss erkennbar sein.

Die Ersatzzustellung an die in § 178 I Nr 1–3 genannten Personen muss 86
in der Wohnung, in den Geschäftsräumen oder **in der Gemein-**
schaftseinrichtung erfolgen. Außerhalb dieser Räumlichkeiten kann die
Ersatzzustellung nicht bewirkt werden (*Zöller/Stöber* § 178 Rz 14 zu an
anderer Stelle angetroffenen Familienangehörigen oder Bediensteten). Erforderlich ist ein **räumlicher Zusammenhang** mit der Wohnung, dem
Geschäftsraum oder der Gemeinschaftseinrichtung, damit zum einen die
Abwesenheit des Zustellungsadressaten festgestellt werden kann und zum
anderen sichergestellt ist, dass die zuzustellende Sendung an den Zustellungsempfänger nach dessen Rückkehr weitergeleitet wird.

Trifft der Zusteller den Zustellungsadressaten dort, wo er den Zu- 87
stellversuch unternimmt, **nicht an,** so liegt es in seinem **Ermessen,** ob er
eine Ersatzzustellung vornimmt. Er muss keinen anderen Ort ermitteln, wo
sich der Zustellungsadressat aufhalten könnte. Er muss auch dann **nicht** an
einem anderen Ort **einen weiteren Zustellversuch** unternehmen, wenn
er bei dem ersten Zustellversuch erfährt, wo sich der Zustelladressat aufhält.
Das gilt zB dann, wenn ein Familienangehöriger dem Zusteller bei dessen
Zustellversuch in der Wohnung mitteilt, dass sich der Zustellungsadressat in
seinen Geschäftsräumen aufhält. Der Zusteller kann gleichwohl in der Wohnung die Ersatzzustellung an den Familienangehörigen wirksam vornehmen
(s auch BFHE 113, 423 = BStBl II 1975, 213: Eine in der Wohnung ver-
suchte Zustellung genügt auch dann, wenn der Adressat gebeten hatte,
während seiner Urlaubsabwesenheit im Geschäftslokal zuzustellen; ggf aber
Wiedereinsetzung in den vorigen Stand zu gewähren). Ebenso kann er aber
auch versuchen, den Zustellungsadressaten in dessen Geschäftsräumen anzutreffen. Gleiches gilt im umgekehrten Fall. – Soll an einen **Vertreter einer**
nicht prozessfähigen Person (s Rz 27 ff, zB **Geschäftsführer**) zugestellt
werden, gelten die vorstehenden Grundsätze entsprechend.

§ 178 II ZPO hat im finanzgerichtlichen Verfahren keine Bedeutung. 88

Wird eine **Ersatzzustellung fehlerhaft** vorgenommen, weil entweder 89
die Voraussetzungen hierfür nicht vorlagen oder die Ersatzzustellung an
eine falsche Person bewirkt wurde, so ist die Zustellung **unwirksam** (s zur
Widerlegung der Beweiskraft der Zustellungsurkunde Rz 110). **Heilung**
ist nach § 189 ZPO möglich (Rz 135 ff).

95 **§ 179 ZPO Zustellung bei verweigerter Annahme**

[1] Wird die Annahme des zuzustellenden Schriftstücks unberechtigt verweigert, so ist das Schriftstück in der Wohnung oder in dem Geschäftsraum zurückzulassen. [2] Hat der Zustellungsadressat keine Wohnung oder ist kein Geschäftsraum vorhanden, ist das zuzustellende Schriftstück zurückzusenden. [3] Mit der Annahmeverweigerung gilt das Schriftstück als zugestellt.

Die **Annahmeverweigerung** ist zB **berechtigt,** wenn Zweifel über die Identität der als Zustellungsadressat in Anspruch genommenen Person mit dem auf dem Brief angegebenen Adressaten bestehen, wenn die Ersatzzustellung an eine Person erfolgen soll, die nicht zu dem in § 178 I Nr 1–3 ZPO genannten Personenkreis gehört oder wenn zu allg unpassender Zeit oder bei unangemessenen Gelegenheiten zugestellt werden soll. Bei berechtigter Annahmeverweigerung ist die Zustellung **unwirksam.** – Bei **unberechtigter Annahmeverweigerung** gilt das Schriftstück als zugestellt **(§ 179 S 3 ZPO).** – Es ist bei Zustellung in der Wohnung oder im Geschäftsraum dort zurückzulassen (zB durch Einlegen in den Briefkasten oder Anbringung an der Tür). Der Zustellungsadressat soll dadurch die Möglichkeit erhalten, doch von dem Inhalt der Sendung Kenntnis zu nehmen (BT-Drucks 14/4554, 21). Eine Übergabe an Dritte, wie zB Nachbarn ist aber unzulässig. – Bei **Zustellung an anderen Orten** (auch in Gemeinschaftseinrichtungen, s § 178 I ZPO, Rz 78) ist das Schriftstück im Falle der unberechtigten Annahmeverweigerung nach **§ 179 S 2 ZPO** an die absendende Stelle zurückzusenden, damit es keinem unberechtigten Zugriff preisgegeben wird. – Zur Beurkundung s § 182 II Nr 5 ZPO.

96 **§ 180 ZPO Ersatzzustellung durch Einlegen in den Briefkasten**

[1] Ist die Zustellung nach § 178 Abs. 1 Nr. 1 oder 2 nicht ausführbar, kann das Schriftstück in einen zu der Wohnung oder dem Geschäftsraum gehörenden Briefkasten oder in eine ähnliche Vorrichtung eingelegt werden, die der Adressat für den Postempfang eingerichtet hat und die in der allgemein üblichen Art für eine sichere Aufbewahrung geeignet ist. [2] Mit der Einlegung gilt das Schriftstück als zugestellt. [3] Der Zusteller vermerkt auf dem Umschlag des zuzustellenden Schriftstücks das Datum der Zustellung.

§ 180 ZPO bezweckt die **Vereinfachung und Beschleunigung** der Zustellung und will insbesondere die Niederlegung iS des § 181 ZPO verhindern (BT-Drucks 14/4554, 21; zur **Verfassungsmäßigkeit** von Ersatzzustellungen s BVerfGE 40, 88, 92 u 67, 208, 211). **Voraussetzung** ist, dass das Schriftstück dem Zustellungsempfänger nicht persönlich zugestellt werden konnte und auch eine Ersatzzustellung in der Wohnung oder in den Geschäftsräumen fehlgeschlagen ist. Letzteres gilt alternativ. Ist ein Versuch der Ersatzzustellung fehlgeschlagen (zB in der Wohnung), muss der Zusteller keinen zweiten Versuch unternehmen (zB in den Geschäftsräumen, s Rz 87). – Eine Ersatzzustellung durch Einlegen in den Briefkasten einer **Gemeinschaftseinrichtung** (§ 178 I ZPO, Rz 78) ist nicht möglich. Bei Fehlschlagen der Ersatzzustellung nach § 178 I Nr 3 ZPO ist das Schriftstück nach § 181 ZPO niederzulegen.

97   Ob der **Briefkasten zur Wohnung oder dem Geschäftsraum gehört,** hängt von den örtlichen Gegebenheiten, wie zB dem Ort der Anbringung und der Beschriftung ab (s zum **Begriff der Wohnung** iSd § 180 ZPO BFH/NV 2005, 716). Mitbenutzung durch die in § 178 I Nr 1 ZPO genannten Personen ist unschädlich. Nicht zur Wohnung gehört der Briefkasten dann, wenn der Wohnungsinhaber ihn erkennbar nicht benutzt (Indiz: zugeklebt oder seit langer Zeit nicht mehr geleert; vgl *Zöller/Stöber* § 180 Rz 3). – Eine **ähnliche Vorrichtung** kann ein Briefschlitz in der Tür sein, ebenso ein **Postfach** (BFH/NV 2005, 229).

Bei fehlerhafter Annahme der Voraussetzungen des § 180 ZPO oder **98** fehlerhafter Durchführung der Ersatzzustellung durch Einlegen in den Briefkasten (zB in nicht zur Wohnung gehörenden Briefkasten) ist die Zustellung **unwirksam.** Zur **Heilung** s § 189 ZPO (Rz 135 ff); zur **Beurkundung** s § 182 II Nr 4 ZPO (Rz 111).

§ 181 ZPO Ersatzzustellung durch Niederlegung　　　　　　**100**

(1) [1] Ist die Zustellung nach § 178 Abs. 1 Nr. 3 oder § 180 nicht ausführbar, kann das zuzustellende Schriftstück auf der Geschäftsstelle des Amtsgerichts, in dessen Bezirk der Ort der Zustellung liegt, niedergelegt werden. [2] Wird die Post mit der Ausführung der Zustellung beauftragt, ist das zuzustellende Schriftstück am Ort der Zustellung oder am Ort des Amtsgerichts bei einer von der Post dafür bestimmten Stelle niederzulegen. [3] Über die Niederlegung ist eine schriftliche Mitteilung auf dem vorgesehenen Formular unter der Anschrift der Person, der zugestellt werden soll, in der bei gewöhnlichen Briefen üblichen Weise abzugeben oder, wenn das nicht möglich ist, an der Tür der Wohnung, des Geschäftsraums oder der Gemeinschaftseinrichtung anzuheften. [4] Das Schriftstück gilt mit der Abgabe der schriftlichen Mitteilung als zugestellt. [5] Der Zusteller vermerkt auf dem Umschlag des zuzustellenden Schriftstücks das Datum der Zustellung.

(2) [1] Das niedergelegte Schriftstück ist drei Monate zur Abholung bereitzuhalten. [2] Nicht abgeholte Schriftstücke sind danach an den Absender zurückzusenden.

Ersatzzustellung durch Niederlegung kann nach § 181 I 1 ZPO erst erfolgen,
– wenn das Schriftstück dem Zustellungsadressaten nicht persönlich hat zugestellt werden können und
– bei Zustellung in einer Gemeinschaftseinrichtung: die Ersatzzustellung nach § 178 I Nr 3 ZPO (s Rz 85) nicht möglich oder erfolglos war oder
– bei Zustellung in der Wohnung oder einem Geschäftsraum: die Ersatzzustellungen nach § 178 I Nr 1 u 2 ZPO *und* nach § 180 ZPO nicht möglich oder erfolglos waren (s Rz 96; zur unberechtigten Annahmeverweigerung s § 179 ZPO, Rz 95; vgl auch BFH/NV 1986, 545, 546: Zustelladressat muss unter der Anschrift, unter der die Ersatzzustellung versucht worden ist, auch tatsächlich wohnen; zur **Verfassungsmäßigkeit** von Ersatzzustellungen s BVerfGE 40, 88, 92 u 67, 208, 211).

Die **Niederlegung** erfolgt entweder auf der **Geschäftsstelle des 101 Amtsgerichts** (§ 181 I 1 ZPO) oder – was im finanzgerichtlichen Verfahren die Regel ist – bei Ausführung der Zustellung durch die Post (zum Begriff s Rz 16) bei einer **von der Post** generell (nicht erst durch den Zusteller) dafür **bestimmten Stelle** (§ 181 I 2 ZPO). Diese Stelle kann ein Postamt, aber auch eine Postagentur sein (vgl BGH JZ 2001, 44). Sie muss sich entweder am Ort der Zustellung oder am Ort des nach § 181 I 1 ZPO zuständigen Amtsgerichts befinden. – **Niedergelegt ist das Schriftstück**, sobald der Zusteller es beim Amtsgericht oder der von der Post bestimmten Stelle abgeliefert hat. Das kann auch nach Ende der Öffnungszeit geschehen (BAG DB 1970, 1792; BFH/NV 1986, 644, 645).

102   Der Zustellungsempfänger ist in der durch § 181 I 3 ZPO vorgeschriebenen Art und Weise über die Niederlegung zu unterrichten (zum Vordruck s § 190 ZPO, Rz 142). Die **Mitteilung über die Niederlegung** ist in der bei gewöhnlichen Briefen **üblichen Weise** abzugeben. Hat der Zustellungsadressat an seiner Wohnung oder seinem Geschäftsraum einen **Briefkasten,** so **scheidet eine Ersatzzustellung nach § 181 ZPO** allerdings **aus,** weil in diesem Fall die vorrangige (Rz 100) Ersatzzustellung durch Einlegen in den Briefkasten nach § 180 ZPO durchzuführen ist (allerdings nicht bei fehlgeschlagener Ersatzzustellung in Gemeinschaftseinrichtungen, s § 180 ZPO, Rz 96 u 100; bei ihr kann die Mitteilung über die Niederlegung in einen eventuell vorhandenen Briefkasten eingelegt werden). – **Fehlt ein Briefkasten,** so ist mit der Mitteilung über die Niederlegung ebenso zu verfahren, wie mit gewöhnlichen Sendungen. Dabei ist unerheblich, ob die Behandlung den Vorschriften und Dienstanweisungen der Post entspricht. Ein *Hindurchschieben der Benachrichtigung unter der Haustür* kann deshalb genügen (BVerwG HFR 1982, 84; vgl auch OLG Karlsruhe MDR 1999, 497; OLG München AnwBl 2000, 141). Es reicht auch aus, wenn der Postbote die Mitteilung auf den *Küchentisch* des Adressaten legt, wenn dies im konkreten Fall üblicherweise mit den Briefsendungen geschieht (**aA** BVerwG HFR 1973, 510). Da sich die Üblichkeit nur anhand der konkreten Umstände des einzelnen Falles bestimmen lässt (BFHE 142, 102 = BStBl II 1985, 110; BVerwG HFR 1986, 385), kann die Mitteilung notfalls auch in einen *Gemeinschaftsbriefkasten* oder einen *nicht verschließbaren Briefkasten* eingeworfen, an der *Tür der Wohnung befestigt* oder (äußerstenfalls) einer in der *Nachbarschaft* wohnenden Person ausgehändigt werden. – Unterhält der Empfänger ein **Postfach,** kann die Mitteilung jedenfalls dann auch in den Hausbriefkasten eingeworfen werden, wenn in der Anschrift ein Hinweis auf das Postfach fehlt (BVerwG HFR 1971, 364). – Ob die Nachricht überhaupt in das Postfach gelegt werden darf, ist str (verneinend mit mE zu formalistischer Begründung: BFHE 137, 563 = BStBl II 1983, 528; BFH/NV 1996, 567, 568; BSG NJW 1967, 903; bejahend: BVerwG HFR 1971, 364; FG D'dorf EFG 1977, 517 mwN). – Zur Abgabe der Mitteilung bei **Postnachsendeaufträgen** s Rz 76 aE und im Übrigen BayObLG MDR 1981, 60.

103   Kann die **Mitteilung über die Niederlegung nicht in der** bei gewöhnlichen Briefen **üblichen Weise abgegeben** werden, so ist sie an der Tür der Wohnung, des Geschäftsraums oder der Gemeinschaftseinrichtung anzuheften, dh mittels Klebeband, Schnur oder Reißzwecken mit dieser zu verbinden. Ein Einschieben in den seitlichen Türspalt genügt nicht (BFHE 131, 434 = BStBl II 1981, 115), ebenso auch nicht die Befestigung der Nachricht am Gartentor (BVerwG NJW 1988, 817).

104   Nach **§ 181 I 4 ZPO** gilt das Schriftstück **mit der Abgabe** (dem Anheften) **der Mitteilung** über die Niederlegung als zugestellt (anders bei Zustellung durch Einschreiben mit Rückschein, s Rz 70). Ob und wann der Empfänger die Mitteilung zur Kenntnis nimmt, ist dabei ohne Bedeu-

tung (keine Wirksamkeitsvoraussetzung: BFHE 117, 344 = BStBl II 1976, 137, 139; BFH/NV 1989, 191, 192; 1995, 615; 1996, 193; 567; zum Zeitpunkt der Kenntnisnahme: BFH/NV 1993, 744; BVerwG Buchholz 340 § 3 VwZG Nr 17), und zwar auch dann, wenn die Niederlegung an einem Sonnabend erfolgt (BFH/NV 1994, 183). Rechtlich unerheblich ist auch, ob der Empfänger einen **Nachsendeantrag** gestellt hat (BFHE 150, 305 = BStBl II 1988, 392; BFH/NV 1989, 384, 385; BVerwG NJW 1991, 1904). – Auf den **Zeitpunkt der Niederlegung** kommt es für den Zeitpunkt der Zustellung nach § 181 I 4 ZPO nicht an (anders die frühere Rechtslage). – Zu dem auf dem Umschlag **anzubringenden Vermerk** s § 181 I 5 ZPO.

Zur **Aufbewahrungsfrist** und zum **weiteren Verfahren** s § 181 II **105** ZPO. – Nimmt der Zusteller **fehlerhaft** die Voraussetzungen des § 181 ZPO an oder ist die Mitteilung über die Niederlegung nicht ordnungsgemäß, so ist die Zustellung unwirksam (vgl BFHE 64, 234 = BStBl III 1957, 89; BFHE 110, 174; BFH/NV 1986, 545, 546; BVerwG NJW 1973, 1945). Zur **Heilung** s § 189 ZPO (Rz 135 ff). Eine **fehlerhafte Niederlegung** berührt die Wirksamkeit der Zustellung nicht, weil sie keine Wirksamkeitsvoraussetzung für das Bewirken der Zustellung ist (s Rz 104; *Zöller/Stöber* § 181 Rz 10).

§ 182 ZPO Zustellungsurkunde **109**

(1) [1] Zum Nachweis der Zustellung nach den §§ 171, 177 bis 181 ist eine Urkunde auf dem hierfür vorgesehenen Formular anzufertigen. [2] Für diese Zustellungsurkunde gilt § 418.

(2) Die Zustellungsurkunde muss enthalten:

1. die Bezeichnung der Person, der zugestellt werden soll,
2. die Bezeichnung der Person, an die der Brief oder das Schriftstück übergeben wurde,
3. im Falle des § 171 die Angabe, dass die Vollmachtsurkunde vorgelegen hat,
4. im Falle der §§ 178, 180 die Angabe des Grundes, der diese Zustellung rechtfertigt und wenn nach § 181 verfahren wurde, die Bemerkung, wie die schriftliche Mitteilung abgegeben wurde,
5. im Falle des § 179 die Erwähnung, wer die Annahme verweigert hat und dass der Brief am Ort der Zustellung zurückgelassen oder an den Absender zurückgesandt wurde,
6. die Bemerkung, dass der Tag der Zustellung auf dem Umschlag, der das zuzustellende Schriftstück enthält, vermerkt ist,
7. den Ort, das Datum und auf Anordnung der Geschäftsstelle auch die Uhrzeit der Zustellung,
8. Name, Vorname und Unterschrift des Zustellers sowie die Angabe des beauftragten Unternehmens oder der ersuchten Behörde.

(3) Die Zustellungsurkunde ist der Geschäftsstelle unverzüglich zurückzuleiten.

Zu § 182 I ZPO: Die **Zustellungsurkunde** (zum Vordruck s § 190 ZPO) ist nur in den Fällen der Zustellung an Bevollmächtigte (§ 171 ZPO) und der zu beurkundenden Zustellung iS der §§ 177–181 ZPO auszustellen.

110   Die Zustellungsurkunde hat keine konstitutive Wirkung. Sie ist nicht Teil der Zustellung, sondern **dient lediglich dem Nachweis der Zustellung. § 182 I 2 ZPO** verweist insoweit auf § 418 ZPO. Das bedeutet, dass die Zustellungsurkunde als öffentliche Urkunde den **vollen Beweis für die in ihr bezeugten Tatsachen** erbringt (s auch Rz 73 zur Bezeichnung des zuzustellenden Schriftstücks). Das gilt auch nach der Privatisierung der Deutschen Bundespost (vgl BFH/NV 2000, 844, 845; OLG D'dorf NJW 2000, 2831) und für den Fall, dass die Zustellungsurkunde von einem nach § 33 I PostG beliehenen Unternehmer erstellt worden ist (*Zöller/Stöber* § 182 Rz 14). Die **Beweiskraft** erstreckt sich sowohl auf die Übergabe des Schriftstücks an die in der Zustellungsurkunde genannte Person (BFH/NV 2005, 1869) als auch auf die in der Urkunde bezeugten Umstände über die Art und Weise der Benachrichtigung des Empfängers (BFH/NV 1992, 580; 1995, 278; 1996, 567, 568; FG Köln EFG 1997, 848; FG D'dorf EFG 2000, 53; OLG D'dorf NJW 2000, 2831; BGH HFR 1987, 315), **nicht** aber auf Verhältnisse, die sich der Wahrnehmung des Zustellers entziehen, zB nicht darauf, dass der Empfänger unter der Zustellungsanschrift wohnt (BVerfG NJW 1992, 224; OLG Hamm VersR 1995, 1509; FG Köln EFG 1997, 848), und auch nicht auf die Erklärung des Postbediensteten, die Mitteilung sei in der „bei gewöhnlichen Briefen üblichen Weise" abgegeben worden (BFHE 142, 102 = BStBl II 1985, 110, 111) sowie die Tatsache, dass im Falle der Ersatzzustellung nach § 178 ZPO der Empfänger der Sendung die Voraussetzungen des § 178 I ZPO erfüllt (BFH/NV 1995, 278; zur **Indizwirkung** derartiger Feststellungen des Zustellers und deren Entkräftung s BFH/NV 1995, 138 mwN). – **Gegenbeweis** kann nur durch den vollen Nachweis eines anderen Geschehensablaufs oder den Beweis der Unrichtigkeit der in der Zustellungsurkunde bezeugten Tatsachen erbracht werden (§ 418 II ZPO – BFHE 173, 213 = BStBl II 1994, 603, 604 f; BFHE 183, 3 = BStBl II 1997, 638; BFH/NV 1986, 644, 645; 1989, 481; 523, 524; 1993, 300; 1998, 343; 431; 734; 1497; 1999, 961; 2000, 844, 845; 2001, 1034; 2004, 509; FG D'dorf EFG 2000, 53), aber **nicht durch Parteivernehmung** (§ 445 II ZPO – BFH/NV 1998, 431; **aA** FG D'dorf EFG 1977, 623) und **nicht durch eidesstattliche Versicherung** (BFHE 124, 5 = BStBl II 1978, 156; BFH/NV 1998, 431; BVerwG HFR 1984, 179); ggf ist Gelegenheit zum Beweisantritt zu geben (vgl BGH NJW 2000, 815). Ein **bloßes Bestreiten** genügt nicht (BFHE 183, 3 = BStBl II 1997, 638; BFH/NV 1991, 322; 1995, 278; 1998, 343; 431; 734; 1999, 961; 2004, 497 zum Bestreiten des Vorhandenseins eines Briefkastens).

111   **Zu § 182 II ZPO:** Die in der Zustellungsurkunde **zu machenden Angaben** (s im Einzelnen § 182 II Nr 1–8 ZPO) müssen **eindeutig** sein (s zu Rechtsfolgen einer fehlerhaften Zustellungsurkunde Rz 112). **§ 182 II Nr 4 ZPO** erfordert keine Angaben in der Zustellungsurkunde, aus welchen Grund eine Ersatzzustellung an eine gem § 178 I ZPO zum Empfang berechtigte Person nicht möglich war, und in welchen Briefkasten oder in welche ähnliche Vorrichtung das Schriftstück eingelegt wurde (BFH/NV 2004, 497). Die **Uhrzeit** der Zustellung muss der Zusteller nach § 182 II Nr 7 ZPO nur eintragen, wenn die Geschäftsstelle dies in dem Zustellungsauftrag ausdrücklich angeordnet hatte (s Rz 73). Die Unterschrift des Zustellers (§ 182 II Nr 8 ZPO) ist nachholbar; **Berichtigungen** der Urkunde sind möglich (BFH/NV 1986, 224, 225; *Zöller/Stöber* § 182 Rz 20). – Zu **Durchstreichungen und Radierungen** s § 419 ZPO.

Zu § 182 III ZPO: Die Zustellungsurkunde ist unverzüglich der Geschäftsstelle zuzuleiten.

Da die Zustellungsurkunde keine Voraussetzung für die Zustellung ist (s **112** Rz 110), ist die Zustellung auch dann wirksam, wenn die **Zustellungsurkunde nicht auffindbar** ist (BGH VersR 1981, 447; zur **Heilung:** s § 189 ZPO, Rz 135 ff u BFH/NV 1987, 211). Der Nachweis der Zustellung muss dann auf andere Art und Weise geführt werden (*Zöller/Stöber* § 182 Rz 17). Ist die **Zustellungsurkunde fehlerhaft, unvollständig oder widersprüchlich,** so entscheidet das Gericht nach § 419 ZPO, ob deren Beweiskraft dadurch ganz oder teilweise aufgehoben oder gemindert wird. Es kommt auf die Art des Mangels an. Ist gleichwohl eindeutig ersichtlich, welche Erklärung der Zusteller abgeben wollte, behält die Zustellungsurkunde ihre Beweiskraft (sog offensichtliche Fehler, zB Schreibfehler, auch bei Eintrag einer falschen Jahreszahl oder Nichtberücksichtigung der Namensänderung des Zustellungsempfängers in Folge Eheschließung; Einzelfälle bei *Zöller/Stöber* § 182 Rz 19; zu **unwirksamen Zustellungen** s auch BFH/NV 2000, 466: fehlende Unterschrift; FG D'dorf EFG 1999, 533 falsche Geschäftsnummer; FG D'dorf 1989, 443: fehlende Angabe, an wen Ersatzzustellung bewirkt wurde; VGH Kassel NJW 1998, 920: fehlende Angabe des gesetzlichen Vertreters bei Zustellung an juristische Person). **Fehlt das Zustellungsdatum** oder ist es **falsch** – und handelt es sich nicht um einen offensichtlichen Fehler –, so ist die Zustellung wirksam, setzt aber keine Fristen in Gang (vgl GmS BFHE 121, 1 = BStBl II 1977, 275; BFHE 109, 526 = BStBl II 1973, 781; BFH/NV 1989, 174, 175; BVerwG HFR 1984, 182; zur abweichenden Datumsangabe auf der zuzustellenden Sendung und der Postzustellungsurkunde: BFHE 148, 404 = BStBl II 1987, 223, 224; BFHE 148, 542 = BStBl II 1987, 272, 273; BFH/NV 1998, 28; 459, 460; s auch BFH/NV 2004, 497: als Zustellungstag ist spätestens der Tag anzunehmen, an dem die *Zustellungsurkunde beim FG eingegangen* ist; zT abweichend FG RhPf EFG 1994, 906).

VIII. Zustellung im Ausland (§§ 183, 184 ZPO)

§ 183 ZPO Zustellung im Ausland　　　　　　　　　　　　　　**115**

(1) Eine Zustellung im Ausland erfolgt

1. durch Einschreiben mit Rückschein, soweit aufgrund völkerrechtlicher Vereinbarungen Schriftstücke unmittelbar durch die Post übersandt werden dürfen,
2. auf Ersuchen des Vorsitzenden des Prozessgerichts durch die Behörden des fremden Staates oder durch die diplomatische oder konsularische Vertretung des Bundes, die in diesem Staat residiert, oder
3. auf Ersuchen des Vorsitzenden des Prozessgerichts durch das Auswärtige Amt an einen Deutschen, der das Recht der Immunität genießt und zu einer Vertretung der Bundesrepublik Deutschland im Ausland gehört.

(2) [1] Zum Nachweis der Zustellung nach Absatz 1 Nr. 1 genügt der Rückschein. [2] Die Zustellung nach den Nummern 2 und 3 wird durch ein Zeugnis der ersuchten Behörde nachgewiesen.

(3) [1] Die Vorschriften der Verordnung (EG) Nr. 1348/2000 des Rates vom 29. Mai 2000 über die Zustellung gerichtlicher und außergerichtlicher Schriftstücke in Zivil- oder Handelssachen in den Mitgliedstaaten (ABl. EG Nr. L 160 S. 37) bleiben unberührt. [2] Für die Durchführung gelten § 1068 Abs. 1 und § 1069 Abs. 1.

Die Vorschrift hat im finanzgerichtlichen Verfahren eine nur untergeordnete Bedeutung. Zum einen müssen Personen, die ihren Wohnsitz oder gewöhnlichen Aufenthalt nicht im Geltungsbereich der FGO haben, nach **§ 53 III** auf Verlangen einen **Zustellungsbevollmächtigten** bestellen, der seinen Wohnsitz oder Sitz im Inland hat (s Rz 143 f). Zustellungen können an diesen nach den allg Vorschriften vorgenommen werden. Wird kein Zustellungsbevollmächtigter bestimmt, so greift die Zustellungsfiktion des § 53 III 2 ein (Rz 144). – Zum anderen muss das Gericht **im Ausland lebende Zeugen,** die für die Aufklärung eines Auslandssachverhalts benötigt werden, dort nicht laden, sondern derjenige Beteiligte, der die Darlegungs- und Feststellungslast trägt, hat für das Erscheinen des Zeugen in der mündlichen Verhandlung Sorge zu tragen (s § 76 Rz 42). – Will das Gericht gleichwohl eine Zustellung im Ausland vornehmen, so ist § 183 ZPO zu beachten.

116   **Zu § 183 I Nr 1 ZPO:** Die Zustellung im Ausland ist grundsätzlich durch **Einschreiben mit Rückschein** möglich (zur Wirkung s § 182 II 2 ZPO u Rz 68 ff). Der Weltpostvertrag, den alle Mitgliedstaaten der Europäischen Union unterzeichnet haben, sieht derartige Sendungen ausdrücklich vor. – Zulässig ist diese Art der Zustellung aber nur, wenn entsprechende **völkerrechtliche Vereinbarungen** bestehen. Nach Art 14 der in § 183 III ZPO zitierten **EG-ZustellungsVO** Nr 1348/2000 können die EU-Mitgliedstaaten (derzeit aber noch mit Ausnahme von Dänemark) der Direktzustellung durch die Post nicht widersprechen, sondern nur Bedingungen für die Übermittlung festlegen, die nach § 183 III 1 ZPO zu beachten sind (zu diesen Bedingungen ABl EG C 151 v 22. 5. 2001, 4; C 202 v 18. 7. 2001, 10; C 282 v 6. 10. 2001, 2; C 013 v 17. 1. 2002 mit fortlaufenden Aktualisierungen sowie das Glossar ABl EG Nr L 298 v 15. 11. 2001 mit Änderungen in Nr L 125 v 13. 6. 2002; zu Zweifeln hinsichtlich der Anwendbarkeit der EG-ZustellungsVO im Verwaltungsprozess wegen deren Ausrichtung auf Zivil- und Handelssachen: *Kopp/Schenke* § 56 Rz 36; mE unproblematisch wegen der direkten Einbeziehung durch § 53 II FGO iVm § 183 III ZPO). Die Durchführung richtet sich nach §§ 1068 I und 1069 ZPO (§ 183 III 2 ZPO). – **Außerhalb der EU** (und in Dänemark) muss eine völkerrechtliche Vereinbarung die Zustellung durch Einschreiben mit Rückschein zulassen. Das können vor allem **bilaterale Rechtshilfeabkommen** sein (vgl hierzu die Übersicht bei *Bülow/Böckstiegel/Geimer/Schütze,* Der Internationale Rechtsverkehr, 100 ff). Darüber hinaus ist nach Art 10 des **Haager Übereinkommens** über die Zustellung gerichtlicher und außergerichtlicher Schriftstücke im Ausland in Zivil- und Handelssachen – HÜK – (v 15. 11. 1965 BGBl II 1977, 1453) die Zustellung im Ausland durch die Post grundsätzlich zulässig. Den Bestimmungsstaaten steht jedoch ein nach Art 21 HÜK zu notifizierendes generelles Widerspruchsrecht zu, von dem einige Staaten auch Gebrauch gemacht haben (Einzelheiten bei *Bülow/Böckstiegel/Geimer/Schütze* aaO, 664; zur Subsidiarität des HÜK gegenüber anderen Rechtshilfeabkommen s Art 25 HÜK).

Zu § 183 I Nr 2 u 3 ZPO: Geregelt werden weitere Arten der Zustellung im Ausland. Diese kommen in der Regel erst dann in Betracht, wenn eine Zustellung durch Einschreiben mit Rückschein (Nr 1) nicht möglich ist (zu Einzelheiten *Zöller/Stöber* § 183 Rz 46 ff). Fehlen völkerrechtliche Vereinbarungen, kommt im Rahmen der Zustellmöglichkeiten des § 183 I Nr 2 u 3 ZPO nur eine **formlose Übergabe** des zuzustellenden Schriftstücks in Betracht. Zu beachten ist das **Europäische Zustellungsübereinkommen** v 24. 11. 1977 (Ausführungsgesetz v 20. 7. 1981 BGBl I 665; für die Bundesrepublik in Kraft seit dem 1. 1. 1983). – Die Zustellung wird nach **§ 183 II 2 ZPO** durch ein Zeugnis der zur Zustellung ersuchten Behörde nachgewiesen. Dieses muss nicht nur angeben, an wen und in welcher Form zugestellt wurde, sondern es muss auch den **Nämlichkeitsnachweis** erbringen, dh die zugestellte Sendung so konkretisieren, dass Verwechslungen ausgeschlossen sind. Dazu gehört auch die Angabe des Datums des Bescheides. Fehlt es an dem Nämlichkeitsnachweis, so ist die Zustellung unwirksam (BFH BStBl II 1996, 301; s auch BVerwG NJW 2000, 683).

§ 184 ZPO Zustellungsbevollmächtigter; Zustellung durch Aufgabe zur   120 Post

(1) [1]Das Gericht kann bei der Zustellung nach § 183 Abs. 1 Nr. 2 und 3 anordnen, dass die Partei innerhalb einer angemessenen Frist einen Zustellungsbevollmächtigten benennt, der im Inland wohnt oder dort einen Geschäftsraum hat, falls sie nicht einen Prozessbevollmächtigten bestellt hat. [2]Wird kein Zustellungsbevollmächtigter benannt, so können spätere Zustellungen bis zur nachträglichen Benennung dadurch bewirkt werden, dass das Schriftstück unter der Anschrift der Partei zur Post gegeben wird.

(2) [1]Das Schriftstück gilt zwei Wochen nach Aufgabe zur Post als zugestellt. [2]Das Gericht kann eine längere Frist bestimmen. [3]In der Anordnung nach Absatz 1 ist auf diese Rechtsfolgen hinzuweisen. [4]Zum Nachweis der Zustellung ist in den Akten zu vermerken, zu welcher Zeit und unter welcher Anschrift das Schriftstück zur Post gegeben wurde.

Die Vorschrift ist im finanzgerichtlichen Verfahren wegen der spezialgesetzlichen Regelung in § 53 III (Rz 143 f) nicht anzuwenden.

IX. Öffentliche Zustellung (§§ 185–188 ZPO)

§ 185 ZPO Öffentliche Zustellung   121

Die Zustellung kann durch öffentliche Bekanntmachung (öffentliche Zustellung) erfolgen, wenn

1. der Aufenthaltsort einer Person unbekannt und eine Zustellung an einen Vertreter oder Zustellungsbevollmächtigten nicht möglich ist,
2. eine Zustellung im Ausland nicht möglich ist oder keinen Erfolg verspricht oder
3. die Zustellung nicht erfolgen kann, weil der Ort der Zustellung die Wohnung einer Person ist, die nach den §§ 18 bis 20 des Gerichtsverfassungsgesetzes der Gerichtsbarkeit nicht unterliegt.

Die **öffentliche Zustellung** (§ 15 VwZG) ist als letztes Mittel der Bekanntgabe nur nach Ausschöpfung aller anderen zumutbaren Möglichkeiten der Bekanntgabe zulässig (BVerfG NJW 1988, 2361; BFHE 102, 20 = BStBl II 1971, 555; BFHE 109, 213 = BStBl II 1973, 644; BFH/NV 1986, 576, 577; 1991, 13; 1992, 610; 2002, 1167; 2005, 830; BGHZ 118, 45; BayObLG NJW-RR 2000, 1452; OLG Frankfurt aM MDR 1999, 1402). – Ist ein **Prozessbevollmächtigter** bestellt, so ist ihm das Schriftstück zuzustellen (s auch FG Köln EFG 1998, 988 zur Prüfung, ob eine Mandatsniederlegung wirksam ist).

122   **Zu § 185 Nr 1 ZPO:** Der **Aufenthalt** ist **unbekannt,** wenn die vom Gericht durchzuführenden (§ 76 I) Nachforschungen bei dem zuständigen Einwohnermeldeamt (der Polizei) und der Post (LG Berlin NJW-RR 1991, 1152) und ggf bei einem (früheren) Bevollmächtigten (BFH/NV 1992, 81, 83 f) ergebnislos verlaufen sind (BFH/NV 1993, 701). – Zur Intensität der Bemühungen um die Aufklärung des tatsächlichen Aufenthaltsortes s BFH/NV 2001, 802; 2002, 1167; 2005, 830; BVerwG Buchholz 340 § 15 VwZG Nr 2. – Dabei ist es unschädlich, wenn das Gericht durch unrichtige Auskünfte Dritter zu der Annahme verleitet wird, der Aufenthaltsort des Zustellungsempfängers sei unbekannt (BFHE 201, 425 = BStBl II 2003, 609; s auch Rz 132). Die bloße Vermutung, dass die Adresse, an die sich der Stpfl bei der Meldebehörde abgemeldet hat, eine Scheinadresse ist, rechtfertigt die öffentliche Zustellung allerdings nicht (BFHE 192, 200 = BStBl II 2000, 560). Gleiches gilt bei einmaligem Fehlschlagen eines Zustellungsversuchs (BFH/NV 2002, 1167; BFHE 201, 425 = BStBl II 2003, 609).

123   **Zu § 185 Nr 2 ZPO:** Ob eine **Zustellung im Ausland** möglich ist, richtet sich nach § 183 ZPO (s Rz 115 ff). Bevor öffentlich zugestellt werden kann, muss uU zunächst die Bestellung eines inländischen Zustellungsbevollmächtigten verlangt worden sein (BFHE 109, 213 = BStBl II 1973, 644).

     Zu § 185 Nr 3 ZPO: Erfasst werden Zustellungen an Repräsentanten anderer Staaten und deren Begleitung sowie Mitglieder diplomatischer Missionen und konsularischer Vertretungen.

     Zu den **Rechtsfolgen** der öffentlichen Zustellung s Rz 131 f.

126   **§ 186 ZPO Bewilligung und Ausführung der öffentlichen Zustellung**

     (1) [1] Über die Bewilligung der öffentlichen Zustellung entscheidet das Prozessgericht. [2] Die Entscheidung kann ohne mündliche Verhandlung ergehen.

     (2) [1] Die öffentliche Zustellung erfolgt durch Aushang einer Benachrichtigung an der Gerichtstafel oder durch Einstellung in ein elektronisches Informationssystem, das im Gericht öffentlich zugänglich ist. [2] Die Benachrichtigung kann zusätzlich in einem von dem Gericht für Bekanntmachungen bestimmten elektronischen Informations- und Kommunikationssystem veröffentlicht werden. [3] Die Benachrichtigung muss erkennen lassen

1. die Person, für die zugestellt wird,
2. den Namen und die letzte bekannte Anschrift des Zustellungsadressaten,
3. das Datum, das Aktenzeichen des Schriftstücks und die Bezeichnung des Prozessgegenstandes sowie
4. die Stelle, wo das Schriftstück eingesehen werden kann.

⁴Die Benachrichtigung muss den Hinweis enthalten, dass ein Schriftstück öffentlich zugestellt wird und Fristen in Gang gesetzt werden können, nach deren Ablauf Rechtsverluste drohen können. ⁵Bei der Zustellung einer Ladung muss die Benachrichtigung den Hinweis enthalten, dass das Schriftstück eine Ladung zu einem Termin enthält, dessen Versäumung Rechtsnachteile zur Folge haben kann.

(3) In den Akten ist zu vermerken, wann die Benachrichtigung ausgehängt und wann sie abgenommen wurde.

Zu § 186 I ZPO: Zuständig für die **Bewilligung** der öffentlichen Zustellung **ist das Prozessgericht,** dh der Senat in Beschlussbesetzung oder der Einzelrichter. Die Bewilligung steht im **Ermessen** des Gerichts und erfolgt **durch nicht beschwerdefähigen Beschluss** (BFH/NV 1991, 335). Die Bekanntmachung dieses Beschlusses an den Zustellungsadressaten wird durch den Aushang iS des § 186 II ZPO bewirkt. Die **Ausführung** besorgt der Urkundsbeamte der Geschäftsstelle nach Maßgabe des § 186 II, III ZPO.

Zu § 186 II ZPO: Die Regelung dient dem **Schutz der Persönlichkeitssphäre des Zustellungsadressaten.** Die Vorschrift sieht nicht vor, das zuzustellende Schriftstück oder einen Auszug aus diesem Schriftstück an der Gerichtstafel öffentlich auszuhängen oder in ein öffentlich zugängliches Informationssystem einzustellen (so noch § 15 III VwZG – s Rz 1). Stattdessen wird eine **Benachrichtigung über die öffentliche Zustellung** ausgehängt oder in das elektronische Informationssystem eingestellt, aus der sich die in § 186 II Nr 1–4 ZPO aufgezählten Angaben ergeben müssen. Um die Bedeutung der öffentlichen Zustellung hervorzuheben, muss die ausgehängte Benachrichtigung zudem die in § 186 II 3 u 4 ZPO vorgeschriebenen Hinweise enthalten. – Zur **Einhaltung der Aushangsfrist** s BVerwG NJW 1998, 2377. **127**

Zu § 186 III ZPO: Der für die Berechnung der Fristen maßgebende **Tag des Aushangs** muss beurkundet werden (VGH München BayVBl 1989, 662). – Zur **Beurkundung der Dauer des Aushangs** s BVerwG Buchholz 401.0 § 191 AO Nr 7. – Der Vermerk dient dem **Nachweis,** dass die öffentliche Zustellung durch Aushang erfolgt und wann die Zustellungswirkung eingetreten ist. Er ist keine Wirksamkeitsvoraussetzung für die öffentliche Zustellung (BT-Drucks 14/4554, 24). Der Vermerk ist mit dem vollen Namenszug (nicht nur einer Paraphe) zu unterzeichnen (BGH HFR 1981, 435 = BGHZ 80, 320; BFHE 143, 220 = BStBl II 1985, 597, 598 = HFR 1985, 378). – Zur **Heilung** dieses Mangels s Rz 135 ff. – Zur **Wirkung der öffentlichen Zustellung** s Rz 131 f. **128**

§ 187 ZPO Veröffentlichung der Benachrichtigung 130

Das Prozessgericht kann zusätzlich anordnen, dass die Benachrichtigung einmal oder mehrfach im elektronischen Bundesanzeiger oder in anderen Blättern zu veröffentlichen ist.

Die **Veröffentlichung** der Benachrichtigung **steht im Ermessen des Prozessgerichts** (Rz 126). Sie kommt dann in Betracht, wenn durch die Veröffentlichung eine größere Wahrscheinlichkeit dafür besteht, dass der Zustellungsadressat von der öffentlichen Zustellung Kenntnis erlangt. Die veröffentlichte Benachrichtigung muss den inhaltlichen Mindestanforderungen des § 186 II 2 und 3 ZPO genügen. Die **Veröffentlichung** ist **keine Wirksamkeitsvoraussetzungen** für die Zustellung. Die Frist des § 188 ZPO wird von der Veröffentlichung nicht berührt.

131 § 188 ZPO Zeitpunkt der öffentlichen Zustellung

[1] Das Schriftstück gilt als zugestellt, wenn seit dem Aushang der Benachrichtigung ein Monat vergangen ist. [2] Das Prozessgericht kann eine längere Frist bestimmen.

Sofern das Prozessgericht keine längere Frist bestimmt (Ermessen), gilt das Schriftstück als zugestellt, wenn seit dem Aushang der Benachrichtigung ein Monat vergangen ist. Diese **Zustellungsfiktion** tritt unabhängig davon ein, ob der Zustellungsadressat von der Benachrichtigung oder von dem zuzustellenden Schriftstück tatsächlich Kenntnis nimmt. Wird der Aushang unbefugt vor Ablauf der (vom Gesetz oder durch das Gericht) angeordneten Frist entfernt, so beseitigt dies die Zustellungsfiktion nicht (*Zöller/Stöber* § 188 Rz 4; mE muss das Gericht aber Vorkehrungen hiergegen treffen).

132 Lagen die **Voraussetzungen des § 185 ZPO objektiv nicht vor** (zB wegen falscher Auskunft des Einwohnermeldeamtes), so ist die (öffentliche) Zustellung selbst dann wirksam, wenn sich dies nachträglich herausstellt (vgl BFHE 201, 425 = BStBl II 2003, 609 u Rz 122). Hat der Zustellungsadressat ohne Verschulden keine Kenntnis von der öffentlichen Zustellung erlangt, so ist **Wiedereinsetzung in den vorigen Stand** zu bewilligen (BGH NJW 1992, 2280 zur vom Prozessgegner erschlichenen öffentlichen Zustellung). – **Unwirksam** ist die (öffentliche) Zustellung allerdings dann, wenn das anordnende Prozessgericht hätte erkennen können, dass die Voraussetzungen hierfür nicht vorgelegen haben (BGH NJW 2002, 827; *Kopp/Schenke* § 56 Rz 40; aA *Gaul* JZ 2003, 1088, 1091; *Zöller/Stöber* § 186 Rz 9). Der Grundsatz der **Gewährung rechtlichen Gehörs** ist in diesem Fall verletzt (BVerfG MDR 1988, 832; s auch BFH/NV 2002, 1472).

X. Heilung von Zustellungsmängeln (§ 189 ZPO)

135 § 189 ZPO Heilung von Zustellungsmängeln

Lässt sich die formgerechte Zustellung eines Dokuments nicht nachweisen oder ist das Dokument unter Verletzung zwingender Zustellungsvorschriften zugegangen, so gilt es in dem Zeitpunkt als zugestellt, in dem das Dokument der Person, an die die Zustellung dem Gesetz gemäß gerichtet war oder gerichtet werden konnte, tatsächlich zugegangen ist.

Zustellungsmängel sind von Amts wegen zu prüfen und auch im **Revisionsverfahren** zu berücksichtigen (BFHE 100, 179 = BStBl II 1971, 9; BFHE 115, 170 = BStBl II 1975, 592). Ein **Rügeverzicht** (§ 295 ZPO) ist **ausgeschlossen** (BFH/NV 1998, 1101). Zur Milderung der Rechtsfolgen legt § 189 ZPO aber fest, dass **Fehler, die bei der Ausführung der Zustellung** unterlaufen sind, von Gesetzes wegen geheilt werden, wenn der Zustellungszweck erreicht ist. Dies gilt für alle Zustellungsarten (zur fehlerhaften **öffentlichen Zustellung:** BFHE 143, 220 = BStBl II 1985, 597, 598 = HFR 1985, 378; BFH/NV 2000, 1252; VGH Mannheim NJW 1992, 526; zur **fehlerhaften Zustellung im Ausland:** FG Nds EFG 1981, 425; aA FG Köln EFG 1981, 210).

Voraussetzung für die Anwendung des § 189 ZPO ist zunächst, dass das **136** zugegangene Dokument zugestellt werden sollte (sog **Zustellungswille;** vgl BVerwGE 16, 165; 29, 322; 85, 215; BVerwG NJW 1988, 1612; s auch Rz 10), die Zustellung aber nicht nachgewiesen werden kann oder dabei zwingende Zustellungsvorschriften verletzt wurden. Letzteres kann vorliegen bei der Wahl der falschen Zustellungsart oder bei einem Verstoß gegen Formvorschriften, die den Zustellungsakt betreffen (*Zöller/Stöber* § 189 Rz 6).

Das zuzustellende **Dokument** muss dem Empfangsberechtigten **tat-** **137** **sächlich zugegangen** sein, was mit **allen Beweismitteln** bewiesen werden kann. Eine bloße Unterrichtung über den Inhalt reicht nicht (BGH NJW 1978, 1325 u 1992, 2099). **Empfangsberechtigter** ist der, an den die Zustellung nach dem Gesetz auszuführen ist. Das ist der Zustellungsadressat, im finanzgerichtlichen Verfahren also im Allgemeinen der Beteiligte (§ 57), bei vorgeschriebener Zustellung an den gesetzlichen Vertreter (§ 170 ZPO, Rz 27 ff) oder den Bevollmächtigten (§ 172 ZPO, Rz 43 ff) jedoch nur diese (BFHE 155, 472 = BStBl II 1989, 346, 347; BFHE 173, 213 = BStBl II 1994, 603, 605; BFH/NV 1987, 483, 485; BVerwG NJW 1988, 1612; FG BIn EFG 1982, 216; s auch § 62 Rz 105 ff; zur **Weiterleitung** des Dokuments durch den Zustellungsadressaten **an den** allein empfangsberechtigten **Bevollmächtigten** s Rz 39). Personen, an die ersatzweise zugestellt werden kann, sind keine Empfangsberechtigten. − Der Empfangsberechtigte muss **empfangsbereit** sein (vgl BGH NJW 1989, 1154; WM 1989, 238: keine Heilung einer Zustellung gegen Empfangsbekenntnis bei fehlender Empfangsbereitschaft). − Dem Empfangsberechtigten muss nicht das zuzustellende Dokument als solches zugehen. Der Empfang einer einwandfreien **Zweitschrift, Abschrift oder Kopie genügt** (BFHE 119, 219 = BStBl II 1976, 785; BFHE 192, 200 = BStBl II 2000, 560 betr § 15 VwZG; BFH/NV 1991, 215; 1992, 81, 83 f; 2000, 1252; BVerwG Buchholz 401.0 § 191 AO Nr 7; **aA** OLG Hamm MDR 1992, 78 zu inhaltsgleichem anderen Dokument; OLG Karlsruhe OLGR 2004, 361 zu Telefax; OLG Nbg MDR 1982, 238 zu bei Akteneinsicht angefertigter Fotokopie).

Das Dokument gilt in dem **Zeitpunkt** als zugestellt, in dem es dem **138** Empfangsberechtigten tatsächlich zugegangen ist. Erst zu diesem Zeitpunkt **beginnen etwaige Fristen** zu laufen (zB BFH/NV 1994, 357). − **Heilbar sind** dabei **Zustellungsmängel,** die zur Unwirksamkeit der Zustellung führen, **nicht** aber **inhaltliche Mängel** (BFHE 99, 96 = BStBl II 1970, 598; BFH/NV 1992, 51). **Heilbare Zustellungsmängel** sind zB das Fehlen der Zustellungsurkunde (BFH/NV 1987, 211), das Niederlegen des Schriftstücks ohne vorherigen Zustellungsversuch (FG BIn EFG 1984, 567), nicht ordnungsgemäßes Zurücklassen eines Benachrichtigungsscheins über die Niederlegung der Sendung durch spätere Auffinden (BFH/NV 2002, 1124) oder die fehlerhafte öffentliche Zustellung (BFHE 143, 220 = BStBl II 1985, 597; BFH/NV 1992, 81; VGH Mannheim NJW 1992, 526). **Keine heilbaren Zustellungsmängel** sind der Ausweis eines of-

fensichtlich unzutreffenden Zustellungsjahres (BFH/NV 1998, 28 mwN),
Mängel der Ausfertigung (BGH NJW 1987, 2868; BGH BB 1998, 1232
betr unvollständige Urteilsausfertigung) oder Fehler in der Adressierung
(zB BFH/NV 1992, 51; FG Bln EFG 1982, 216; FG Mchn EFG 1990,
46). – Eine Umdeutung einer fehlerhaften förmlichen Zustellung in eine
schlichte Bekanntgabe scheidet aus (BFHE 173, 213 = BStBl II 1994, 603;
BFHE 178, 105 = BStBl II 1995, 681). – Über die nach § 189 ZPO eingetretene Heilung von Zustellungsmängeln ergeht **kein eigener gerichtlicher Beschluss.** Das Gericht entscheidet hierüber ggf inzidenter im
Rahmen der zu treffenden Entscheidung (Urteil oder Beschluss).

XI. Einheitliche Zustellungsformulare (§ 190 ZPO)

142   **§ 190 ZPO Einheitliche Zustellungsformulare**

     Das Bundesministerium der Justiz wird ermächtigt, durch Rechtsverord-
nung mit Zustimmung des Bundesrates zur Vereinfachung und Vereinheitlichung der Zustellung Formulare einzuführen.

     Durch die Ermächtigung soll die Verwendung einheitlicher Vordrucke
sichergestellt werden. Die Regelung betrifft den Vordruck für den Zustellungsauftrag (§ 168 I 2 ZPO), die Zustellungsurkunde (§ 182 ZPO),
die schriftliche Mitteilung über eine Zustellung durch Niederlegung (§ 181
I 2 ZPO) und den für den Versand vorgeschriebenen Umschlag nach
§ 176 I 1 ZPO. Eingeführt worden sind die einheitlichen Vordrucke
durch die **ZustellungsvordruckVO** v 12. 2. 2002 (BGBl I 671, berichtigt BGBl I 1019 mit Änderung v 23. 4. 2004 BGBl I 619 zur Zustellungsurkunde).

D. Bestellung eines Zustellungsbevollmächtigten (§ 53 III)

143   Einen Zustellungsbevollmächtigten hat **auf Verlangen** zu bestellen,
wer seinen Wohnsitz (§ 8 AO) oder seinen Sitz (§§ 10, 11 AO) nicht im
Geltungsbereich des GG hat (§ 15 III 1). – Das „Verlangen" des Senatsvorsitzenden reicht aus (*Kopp/Schenke* § 56 Rz 15). Entsprechendes muss
für den von ihm bestimmten Richter (§ 79: Berichterstatter) und den Einzelrichter (§§ 6, 79 a III, IV) gelten. – Der Zustellungsbevollmächtigte
muss seinen Wohnsitz oder Sitz innerhalb des Geltungsbereichs der FGO
haben (BFH/NV 1986, 755; FG Bln EFG 1979, 503). – Eine **Ansche ins-
vollmacht** genügt (*Kopp/Schenke* § 56 Rz 15; offen VGH München NJW
1991, 1249), eine **„Deckadresse"** jedoch nicht (BVerwGE 12, 75).

144   Die **Zustellungsfiktion des § 53 III 2** ist verfassungsrechtlich unbedenklich (vgl BVerfG NJW 1997, 1772; FG Hbg EFG 1974, 338). – Als
„Aufgabe zur Post" ist schon der Einwurf eines (gewöhnlichen) Briefes in
den Briefkasten anzusehen. – Die Zustellung nach § 53 III 2 ist eine In-
landszustellung, obwohl der Empfänger im Ausland wohnt (RGZ 57, 334;
s auch BFH/NV 2004, 1668).

§ 54 [Beginn des Laufs von Fristen]

(1) **Der Lauf einer Frist beginnt, soweit nichts anderes bestimmt ist, mit der Bekanntgabe des Verwaltungsakts oder der Entscheidung oder mit dem Zeitpunkt, an dem die Bekanntgabe als bewirkt gilt.**

(2) **Für die Fristen gelten die Vorschriften der §§ 222, 224 Abs. 2 und 3, §§ 225 und 226 der Zivilprozessordnung.**

Vgl § 57 VwGO; §§ 64, 65 SGG

Übersicht

Literatur: *Gersch,* Fristen für Prozesshandlungen, AO-StB 2002, 313; *Linhorst,* Fristen und Termine im Verwaltungsrecht, 1984; *Woring,* Die Zivilprozessordnung im FG-Verfahren, AO-StB 2002, 381; *Ziegltrum,* Grundfälle zur Berechnung von Fristen und Terminen gem §§ 187 ff BGB, JuS 1986, 705 und 784.

I. Allgemeines

§ 54 gilt nur für die Fristen **im finanzgerichtlichen Verfahren** 1 (einschließlich der Klagefrist); für die Fristen im Verwaltungs(vor)verfahren sind die §§ 108 ff, 355 AO maßgebend (BFHE 111, 230 = BStBl II 1974, 226; FG Hbg EFG 2004, 577).

§ 54 II verweist auf die einschlägigen Bestimmungen der ZPO, die ih- 2 rerseits hinsichtlich der Fristberechnung die Vorschriften des BGB für anwendbar erklären.

II. Begriff und Arten der Fristen

Frist im Rechtssinne ist ein **bestimmt abgegrenzter** oder zumindest 3 bestimmbarer **Zeitraum,** dessen Einhaltung oder Versäumung verschiedenartige Rechtsvorteile oder Rechtsnachteile nach sich zieht. – Zu unterscheiden sind:

– **Eigentliche und uneigentliche Fristen:** Eigentliche Fristen sind sol- 4 che, innerhalb derer ein Beteiligter prozessual bedeutsame Handlungen vorzunehmen hat oder jedenfalls vornehmen darf oder soll (RGZ 120, 355, 362). Uneigentliche Fristen sind die Zeiträume zur Vornahme richterlicher Handlungen (zB § 105 IV 1) und die Zeitabschnitte, innerhalb derer das Gesetz keine Handlung erwartet. Für die uneigentlichen Fristen gelten die Normen über Fristen nicht.

– **Gesetzliche und richterliche Fristen:** Gesetzliche Fristen werden im 5 Gesetz selbst bestimmt (zB §§ 47, 55 II, 56 II und III, 90a II, 108 I, 116 III, 120 I, 129 I, 133 I). Richterliche Fristen werden demgegenüber

durch das Gericht, den Vorsitzenden oder den Berichterstatter gesetzt
(zB §§ 60 a, 62 III 3, 65 II, 71 I 3, 77 I 2, 79 b I, II).

6   – **Verlängerungsfähige und nicht verlängerungsfähige Fristen:**
Richterliche Fristen sind – nach Maßgabe des § 224 II ZPO (Rz 13) –
stets verlängerungsfähig (vgl zur Verlängerung von Ausschlussfristen § 62
Rz 89 u § 65 Rz 63). Gesetzliche Fristen sind einer Verlängerung grds
nicht zugänglich, es sei denn, das Gesetz sieht die Möglichkeit einer
Fristverlängerung ausdrücklich vor. Im finanzgerichtlichen Verfahren ist
die Revisionsbegründungsfrist als einzige gesetzliche Frist – uU auch
mehrfach – verlängerungsfähig (§ 120 I 2; BFH/NV 1990, 303).

7   **Wiedereinsetzung** in den vorigen Stand (§ 56) kommt vor allem bei
der Versäumung gesetzlicher Fristen in Betracht (vgl § 56 Rz 2, 3).

III. Berechnung von Fristen

1. Fristbeginn

8   Nach § 54 I beginnt der Lauf einer Frist mit der Bekanntgabe des VA,
der Bekanntgabe oder der Zustellung der Entscheidung oder in dem Zeitpunkt, in dem die Bekanntgabe als bewirkt gilt (BGH NJW 1984, 1358
mwN). – Wann ein **Verwaltungsakt** (insbesondere die Einspruchsentscheidung, s Rz 1) bekanntgegeben ist, welche Form für die Bekanntgabe
zu wählen ist und welche Wirkung diese Bekanntgabe hat, richtet sich
nach der AO, ggf iVm dem VwZG (dazu FG Hbg EFG 1984, 577). Geht
es um die Bekanntgabe von **Entscheidungen im gerichtlichen Verfahren,** gilt § 53, so dass es für den Fristbeginn auf den Zeitpunkt der Zustellung ankommt (vgl für die **Revisionsfrist** §§ 104 I 2, 120 I). Grundsätzlich ist im finanzgerichtlichen Verfahren (im Gegensatz zu §§ 182 II,
183 I 5 AO) **Bekanntgabe an alle Beteiligten** erforderlich (Ausnahme:
§ 60 a S 1, 5–7). – Zur Bekanntgabe von Entscheidungen an **Bevollmächtigte** s § 53 Rz 37 ff; § 62 Rz 105 ff. – Zum Fristbeginn bei Zustellung einer Entscheidung an einen von **mehreren Bevollmächtigten** s
§ 62 Rz 108. – Zur Bekanntgabefiktion nach § 181 ZPO s § 53 Rz 100 ff.
– Zum **Hinausschieben des Fristbeginns** bei fehlender oder unrichtiger
Rechtsbehelfsbelehrung s § 55 Rz 27 ff.

9   § 54 I gilt **nicht** für **richterliche Fristen.** Sie beginnen (sofern bei ihrer
Festsetzung nichts anderes bestimmt wird) mit der Zustellung oder der
formlosen Bekanntgabe des Schriftstücks, in dem die Frist bestimmt ist, bei
Verkündung mit dieser (§ 155 iVm § 221 ZPO).

2. Fristberechnung

10   § 54 II verweist wegen der Fristberechnung auf § 222 ZPO.

§ 222 ZPO Fristberechnung

(1) Für die Berechnung der Fristen gelten die Vorschriften des Bürgerlichen Gesetzbuchs.

(2) Fällt das Ende einer Frist auf einen Sonntag, einen allgemeinen Feiertag oder einen Sonnabend, so endet die Frist mit Ablauf des nächsten
Werktages.

(3) Bei der Berechnung einer Frist, die nach Stunden bestimmt ist, werden Sonntage, allgemeine Feiertage und Sonnabende nicht mitgerechnet.

Die in § 222 I ZPO in Bezug genommenen §§ 186–192 BGB – statt **11** § 193 BGB gelten die Sondervorschriften des § 222 II ZPO – lauten:

§ 186 BGB Geltungsbereich

Für die in Gesetzen, gerichtlichen Verfügungen und Rechtsgeschäften enthaltenen Frist- und Terminsbestimmungen gelten die Auslegungsvorschriften der §§ 187 bis 193.

§ 187 BGB Fristbeginn

(1) Ist für den Anfang einer Frist ein Ereignis oder ein in den Lauf eines Tages fallender Zeitpunkt maßgebend, so wird bei der Berechnung der Frist der Tag nicht mitgerechnet, in welchen das Ereignis oder der Zeitpunkt fällt.

(2) [1] Ist der Beginn eines Tages der für den Anfang einer Frist maßgebende Zeitpunkt, so wird dieser Tag bei der Berechnung der Frist mitgerechnet. [2] Das Gleiche gilt von dem Tage der Geburt bei der Berechnung des Lebensalters.

§ 188 BGB Fristende

(1) Eine nach Tagen bestimmte Frist endigt mit dem Ablauf des letzten Tages der Frist.

(2) Eine Frist, die nach Wochen, nach Monaten oder nach einem mehrere Monate umfassenden Zeitraum – Jahr, halbes Jahr, Vierteljahr – bestimmt ist, endigt im Falle des § 187 Abs. 1 mit dem Ablauf desjenigen Tages der letzten Woche oder des letzten Monats, welcher durch seine Benennung oder seine Zahl dem Tage entspricht, in den das Ereignis oder der Zeitpunkt fällt, im Falle des § 187 Abs. 2 mit dem Ablauf desjenigen Tages der letzten Woche oder des letzten Monats, welcher dem Tage vorhergeht, der durch seine Benennung oder seine Zahl dem Anfangstag der Frist entspricht.

(3) Fehlt bei einer nach Monaten bestimmten Frist in dem letzten Monat der für ihren Ablauf maßgebende Tag, so endigt die Frist mit dem Ablauf des letzten Tages dieses Monats.

§ 189 BGB Berechnung einzelner Fristen

(1) Unter einem halben Jahr wird eine Frist von sechs Monaten, unter einem Vierteljahr eine Frist von drei Monaten, unter einem halben Monat eine Frist von 15 Tagen verstanden.

(2) Ist eine Frist auf einen oder mehrere ganze Monate und einen halben Monat gestellt, so sind die 15 Tage zuletzt zu zählen.

§ 190 BGB Fristverlängerung

Im Falle der Verlängerung einer Frist wird die neue Frist von dem Ablauf der vorigen Frist an berechnet.

§ 191 BGB Berechnung von Zeiträumen

Ist ein Zeitraum nach Monaten oder nach Jahren in dem Sinne bestimmt, dass er nicht zusammenhängend zu verlaufen braucht, so wird der Monat zu 30, das Jahr zu 365 Tagen gerechnet.

§ 192 BGB Anfang, Mitte, Ende des Monats

Unter Anfang des Monats wird der erste, unter Mitte des Monats der 15., unter Ende des Monats der letzte Tag des Monats verstanden.

12 Nach § 187 I BGB wird bei der **Berechnung der gesetzlichen Fristen** iS des § 54 I der Anfangstag nicht mitgerechnet. – Anders bei richterlichen Fristen, falls sie von einem bestimmten Kalendertag an gesetzt werden, zB „... ab 10. März ...“ (§ 187 II BGB). – Für das Fristende gelten die §§ 188 BGB, 222 II, III ZPO. – Zur Fristwahrung bei Rechtsmitteleinlegung per Telefax s BFH/NV 1992, 532. – Zur Fristberechnung vgl zB BFH/NV 1990, 110, 111; 2002, 869 zur Zweiwochenfrist des § 56 II; 2004, 1560; BGH NJW 1984, 1358.

Beispiele:

– Zustellung (nicht bloße Bekanntgabe durch Übermittlung durch die Post, s dazu unten) der Einspruchsentscheidung am 12. 6. 2005. Die einmonatige Frist für die Erhebung der Anfechtungsklage (§ 47 I) beginnt am 13. 6. 2005 (§ 187 I BGB) und endet mit Ablauf des 12. 7. 2005 (§ 188 II BGB).
Fällt das Ende der Frist jedoch auf einen Sonntag, einen allg Feiertag oder einen Sonnabend, endet die Frist erst mit Ablauf des nächsten Werktages (§ 222 II ZPO). Dabei ist für die Frage, ob der letzte Tag der Frist ein Feiertag ist, der Ort maßgebend, an dem die Prozesshandlung, zB die Einlegung eines Rechtsmittels (Rechtsbehelfs), vorzunehmen ist (BAG HFR 1977, 37; NJW 1989, 1181; aA *Brandis* in T/K § 54 Rz 17: Ort des Absenders ist entscheidend). Vgl aber zur Berechnung des Fristbeginns bei Bekanntgabe eines VA (Einspruchsentscheidung) durch bloße Übermittlung durch die Post § 122 II AO sowie BFHE 203, 26 = BStBl II 2003, 898 u BFH/NV 2004, 1498 zu dem Fall, dass der nach § 122 II AO vermutete Tag der Bekanntgabe auf einen Sonnabend, Sonntag oder gesetzlichen Feiertag fällt.
– Zustellung des Urteils am 30. 1. 2006. Die einmonatige Frist für die Einlegung der Revision (§ 120 I) beginnt am 31. 1. 2006 und endet am 28. 2. 2006 (§ 188 II BGB). – Die dadurch (und auch bei Fristen zwischen Februar und März) eintretende Verkürzung der Fristen ist nicht verfassungswidrig (BVerfG – Dreierausschuss – HFR 1978, 383).

IV. Verkürzung und Verlängerung von Fristen

13 § 54 II verweist auf §§ 224 II und III, 225, 226 ZPO.

§ 224 ZPO Fristkürzung; Fristverlängerung

(1) ...

(2) Auf Antrag können richterliche und gesetzliche Fristen abgekürzt oder verlängert werden, wenn erhebliche Gründe glaubhaft gemacht sind, gesetzliche Fristen jedoch nur in den besonders bestimmten Fällen.

(3) Im Falle der Verlängerung wird die neue Frist von dem Ablauf der vorigen Frist an berechnet, wenn nicht im einzelnen Falle ein anderes bestimmt ist.

§ 225 ZPO Verfahren bei Friständerung

(1) Über das Gesuch um Abkürzung oder Verlängerung einer Frist kann ohne mündliche Verhandlung entschieden werden.

(2) Die Abkürzung oder wiederholte Verlängerung darf nur nach Anhörung des Gegners bewilligt werden.

(3) Eine Anfechtung des Beschlusses, durch den das Gesuch um Verlängerung einer Frist zurückgewiesen ist, findet nicht statt.

§ 226 ZPO Abkürzung von Zwischenfristen

(1) Einlassungsfristen, Ladungsfristen sowie diejenigen Fristen, die für die Zustellung vorbereitender Schriftsätze bestimmt sind, können auf Antrag abgekürzt werden.

(2) Die Abkürzung der Einlassungs- und der Ladungsfristen wird dadurch nicht ausgeschlossen, daß infolge der Abkürzung die mündliche Verhandlung durch Schriftsätze nicht vorbereitet werden kann.

(3) Der Vorsitzende kann bei Bestimmung des Termins die Abkürzung ohne Anhörung des Gegners und des sonst Beteiligten verfügen; diese Verfügung ist dem Beteiligten abschriftlich mitzuteilen.

Zu § 224 ZPO: Der **Antrag** muss **vor Fristablauf** gestellt sein und **14** wenigstens andeutungsweise den Zeitraum erkennen lassen, um den die Frist verlängert werden soll (BFH/NV 2003, 1602). – Entscheidung zur Hauptsache vor Entscheidung über den Fristverlängerungsantrag führt zur Verletzung des Anspruchs auf rechtliches Gehör (BVerwG NJW 1988, 1280).

Zu § 225 ZPO: Die **Entscheidung über den Antrag** trifft bei rich- **15** terlichen Fristen das Gericht oder der Richter (Vorsitzende), das (der) für die Fristsetzung zuständig war. Bei der einzigen verlängerungsfähigen gesetzlichen Frist der FGO, nämlich der des § 120 II 3, trifft sie kraft ausdrücklicher gesetzlicher Vorschrift der Vorsitzende. Gegen Entscheidungen nach § 225 I ZPO ist **keine Beschwerde** gegeben (§ 128 II). – Ein Verstoß gegen **§ 225 II ZPO** macht die Entscheidung wegen Verletzung des rechtlichen Gehörs unwirksam.

Zu § 226 ZPO: Gegen die Entscheidungen ist **keine Beschwerde 16** gegeben (§ 128 II).

§ 55 [Rechtsbehelfsbelehrung]

(1) Die Frist für einen Rechtsbehelf beginnt nur zu laufen, wenn der Beteiligte über den Rechtsbehelf, die Behörde oder das Gericht, bei denen der Rechtsbehelf anzubringen ist, den Sitz und die einzuhaltende Frist schriftlich oder elektronisch belehrt worden ist.

(2) ¹Ist die Belehrung unterblieben oder unrichtig erteilt, so ist die Einlegung des Rechtsbehelfs nur innerhalb eines Jahres seit Bekannt-

gabe im Sinne des § 54 Abs. 1 zulässig, es sei denn, dass die Einlegung vor Ablauf der Jahresfrist infolge höherer Gewalt unmöglich war oder eine schriftliche oder elektronische Belehrung dahin erfolgt ist, dass ein Rechtsbehelf nicht gegeben sei. [2]§ 56 Abs. 2 gilt für den Fall höherer Gewalt sinngemäß.

Vgl §§ 58, 59 VwGO; § 66 SGG; vgl auch § 9 V ArbGG

Übersicht

Literatur: *Leber,* Rechtsbehelfsbelehrung, Streitgegenstand und Klagebegehren, NVwZ 1996, 668; *Rößler,* Muss die Rechtsbehelfsbelehrung die Telefax-Nummer des FG angeben?, DStZ 1995, 563; *Stollmann,* Die neuere Rechtsprechung zur fehlerhaften Rechtsmittelbelehrung gem § 58 VwGO, BayVBl 1993, 200; *Stumm,* Die Rechtsbehelfsbelehrung bei öffentlichrechtlichem Verwaltungshandeln, DVP 1991, 395.

I. Vorbemerkungen

1   § 55 regelt die Folgen einer unterlassenen oder fehlerhaften Rechtsbehelfsbelehrung **für das finanzgerichtliche Verfahren** (vgl auch §§ 105 II Nr 6, 113 I; zur Parallelregelung für das Einspruchsverfahren s § 356 AO), statuiert selbst aber keine Pflicht zur Erteilung einer solchen Belehrung (*Kopp/Schenke* § 58 Rz 2).

2   Die Norm soll gewährleisten, dass niemand aus prozessualer Unkenntnis von der Erhebung einer Klage oder der Einlegung von Rechtsmitteln absieht. In Übereinstimmung damit legt § 55 I fest, dass Klage- und Rechtsmittelfristen nur zu laufen beginnen, wenn eine ordnungsgemäße Rechtsbehelfsbelehrung erteilt worden ist. Das gilt unabhängig davon, ob die **Belehrung gesetzlich vorgeschrieben** ist oder nicht. – Liegt keine ordnungsgemäße Belehrung vor, so ist die Erhebung der Klage oder die Einlegung des Rechtsmittels allerdings nicht ohne jede zeitliche Beschränkung zulässig. Im Interesse der Rechtssicherheit bestimmt § 55 II vielmehr, dass der Rechtsbehelf grundsätzlich nur innerhalb eines Jahres seit der Bekanntgabe des VAes oder der Entscheidung eingelegt werden kann (zur Ausnahme s Rz 29 f).

3   § 55 wurde durch Art 3 JustizkommunikationsG v 22. 3. 2005 (BGBl I 837) an § 58 VwGO und den elektronischen Rechtsverkehr angepasst. S im Übrigen zur **Entstehungsgeschichte** der Vorschrift BFHE 130, 233 = BStBl II 1980, 459, 462.

II. Anwendungsbereich des § 55

Der Grundsatz, dass eine **ordnungsgemäße schriftliche Rechtsbe-** **4**
helfsbelehrung Voraussetzung für den Beginn der Rechtsbehelfsfrist ist,
gilt nach dem durch das JustizkommunikationsG neu gefassten Wortlaut
des § 55 I 1 (s Rz 3) für **alle Rechtsbehelfe.**

Rechtsbehelfe sind ausgerichtet auf eine formelle oder materielle Über- **5**
prüfung einer ergangenen behördlichen oder gerichtlichen Entscheidung
(*Kopp/Schenke* § 58 Rz 4). Dazu gehören zunächst die gerichtlichen
Rechtsbehelfe der ersten Instanz, also neben der Klage alle sonsti-
gen Anträge auf erstinstanzliche gerichtliche Entscheidung (auch Antrag auf
mündliche Verhandlung nach § 90 a II 1, s dazu BFHE 187, 415 =
BStBl II 1999, 302). – Darüber hinaus gehören zu den Rechtsbehelfen die
Rechtsmittel, die auf die Überprüfung gerichtlicher Entscheidungen zie-
len (Revision, NZB, Beschwerde; Vor § 1 Rz 10 u Rz 15). – **Keine**
Rechtsbehelfe iS des § 55 sind demgegenüber solche Rechtsschutzbegehren, die nicht auf Überprüfung einer behördlichen oder gerichtlichen
Entscheidung ausgerichtet sind, sondern bei denen es um den Erlass einer
eigenständigen gerichtlichen Entscheidung geht (sog **außerordentliche**
Rechtsbehelfe, vgl. *Kopp/Schenke* § 58 Rz 5; zB Anhörungsrüge nach
§ 133 a; Antrag auf Wiedereinsetzung in den vorigen Stand nach § 56;
Antrag auf AdV nach § 69 III; Antrag auf Urteilsberichtigung, Tatbestandsberichtigung oder Urteilsergänzung nach §§ 107–109; Antrag auf einstweilige Anordnung nach § 114; Nichtigkeits- und Restitutionsklage nach
§ 134; differenzierend zum Antrag auf AdV für das verwaltungsgerichtliche
Verfahren *Kopp/Schenke* aaO).

Die Rechtsbehelfsbelehrung muss nach § 55 I schriftlich oder elektronisch **6**
erteilt werden (s Rz 19). Daraus folgt, dass § 55 nur auf solche zu überprüfenden behördlichen oder gerichtlichen **Entscheidungen** anzuwenden ist,
die **schriftlich ergangen** sind (zB BFHE 173, 298 = BStBl II 1994, 358
mwN; FG Bremen EFG 1975, 134; **aA** FG M'ster EFG 1977, 618; FG
D'dorf EFG 1980, 97; *Tipke* in T/K § 55 Rz 2; vgl auch BFH/NV 2003, 45
zum Fristlauf ab Zustellung der zuvor verkündeten Entscheidung). Für die
Einlegung eines Rechtsbehelfs gegen **formlose (mündliche) Entschei-**
dungen (insbesondere VAe) gilt deshalb nicht die Jahresfrist des § 55 II,
sondern die mit der Bekanntgabe beginnende einmonatige Rechtsbehelfsfrist
des § 355 AO bzw der § 45 (Sprungklage). – Schriftlich ergangen ist eine
Entscheidung auch dann, wenn sie nach den gesetzlichen Bestimmungen
nicht schriftlich hätte ergehen müssen (ebenso *Tipke* in T/K § 55 Rz 2; vgl
auch § 356 I AO; offen BFHE 130, 233 = BStBl II 1980, 459, 462).

Beispiele: **7**
– Mündliche Bekanntgabe der Entscheidung über das Bestehen der **Über-**
  gangsprüfung für Steuerbevollmächtigte **zum Steuerberater** (§ 5 V 2
  DVO zu § 157 StBerG – früher § 118b StBerG). Die **Anfechtungsfrist**
  beginnt mit der Bekanntgabe, da die spätere schriftliche Benachrichtigung nur deklaratorische Bedeutung hat (BFHE 173, 298 = BStBl II 1994,
  358, 359 mwN; **aA** FG M'ster EFG 1977, 618; FG D'dorf EFG 1980, 97;
  zur Verfassungsmäßigkeit BVerfG Beschluss v 14. 7. 1980 2 BvR 780/79,
  StRK StBG, DVStB aF § 22 R 3).

– Das von einer Zollstelle ausgefüllte und dem Beteiligten übergebene **Zoll-antrags- und -anmeldeformular ist kein schriftlicher Steuerbescheid** (BFHE 129, 100 = BStBl II 1980, 81; Nichtannahme der Verfassungsbe-schwerde durch BVerfG Beschluss v 23. 7. 1980 2 BvR 63/80, nv).

III. Rechtsbehelfsbelehrung – Inhalt und Form

1. Inhalt der Belehrung

a) Belehrung über den Rechtsbehelf

10   Belehrt werden muss über den jeweils **nächsten statthaften Rechts-behelf** (Klage, Antrag auf mündliche Verhandlung nach Gerichtsbescheid, Beschwerde, Revision, NZB).

11   Die **Belehrung über die Klage** braucht sich **nicht** auf die Möglichkeit einer **Sprungklage** nach § 45 (vgl BVerwGE 18, 53; BVerwG DÖV 1979, 303; FG Bln EFG 1972, 127) oder auf die Möglichkeit einer **Untä-tigkeitsklage** nach § 46 (OVG Münster DVBl 1957, 653; aA BVerw-GE 1, 88) zu erstrecken. Ebensowenig ist eine Belehrung über die Anzahl der in der Einspruchsentscheidung erfassten VAe (BFH/NV 1991, 726) oder die Möglichkeit einer **Wiedereinsetzung** (§ 56) erforderlich. Hin-weise auf die **Form** der Klageerhebung, die Möglichkeit der Klageerhe-bung durch einen Bevollmächtigten (BFH/NV 1997, 784) und den **Inhalt der Klageschrift** sind ebenfalls entbehrlich (zur Form der Klage s BVerwGE 50, 248 = NJW 1976, 1332; BVerwG HFR 1980, 31; zum In-halt s BSG BB 1978, 157; *Tipke* in T/K § 55 Rz 5).

12   Bei der **in gerichtlichen Entscheidungen** vorzunehmenden Beleh-rung über Rechtsmittel muss erkennbar sein, **welches Rechtsmittel** in-nerhalb **welcher Frist** im konkreten Fall **statthaft** ist. Gegen **Urteile** kommt als Rechtsmittel sowohl die Revision als auch die NZB in Be-tracht. Es muss deshalb im Falle der Zulassung der Revision (§ 115 II) über deren Voraussetzungen (§ 120) und im Falle der Nichtzulassung der Revi-sion über die Voraussetzungen der NZB (§ 116) und die Fortsetzung des Beschwerdeverfahrens als Revisionsverfahren bei Stattgabe der Beschwerde (§ 116 VII) belehrt werden. – Gegen **Gerichtsbescheide** (§ 90 a, § 79 a II, IV iVm § 90 a) kommt als Rechtsmittel der Antrag auf mündliche Ver-handlung und bei Zulassung der Revision die Revision in Betracht. Hie-rüber und über den Vorrang des Antrags auf mündliche Verhandlung, wenn von beiden Rechtsmitteln Gebrauch gemacht wird, ist nach Maßga-be des § 90 a II zu belehren. – Im Übrigen reicht es aus, wenn sich das im konkreten Fall zulässige Rechtsmittel aus dem Zusammenhang mit den Entscheidungsgründen ergibt (BFH/NV 1988, 787; 1996, 755). Ein Hin-weis auf das im konkreten Einzelfall erfolgversprechende Rechtsmittel ist nicht erforderlich (BFH/NV 1996, 829).

13   **Bedarf ein Rechtsmittel zwingend der Begründung,** wie die Re-vision, muss auch hierüber belehrt werden, und zwar einschließlich der für die Begründung bestehenden weiteren Frist (BFHE 86, 543 = BStBl III 1966, 595; BFHE 149, 120 = BStBl II 1987, 438; BVerwGE 5, 178 = NJW 1957, 1571; *Gräber* DStZA 1967, 310 f – unter III mwN; s aber BFH/NV 2002, 794 u 2003, 482: keine Belehrung über die Möglichkeit der Verlängerung der Begründungsfrist erforderlich). – Das muss mE auch für die **NZB** gelten, dh es ist darüber zu belehren, dass bei der Einlegung der NZB die Gründe für eine Zulassung angegeben werden müssen (vgl *Kopp/Schenke* § 58 Rz 10; *Tipke* in T/K § 55 Rz 11; **aA** BFHE 93, 410 = BStBl II 1968, 824 mwN; s auch BVerwG HFR 1966, 568; Buchholz 310 § 58 VwGO Nr 32). – Wird über die **Begründungsfrist** nicht belehrt, beginnt auch die Einlegungsfrist nicht (BFHE 86, 543 = BStBl III 1966, 595; BVerwGE 5, 178). – Auch über einen ggf bestehenden **Vertretungszwang** muss belehrt werden (BFH/NV 2005, 718: aber keine Belehrung darüber erforderlich, unter welchen Voraussetzungen nur im Ausland zugelassene Anwälte vertretungsbefugt sind; **aA** BVerwG HFR 1978, 34 = NJW 1978, 1278).

Nicht belehrt werden muss in gerichtlichen Rechtsmittelbeleh- 14 rungen darüber, dass mit der Revision nur Rechtsverletzungen gerügt werden können (BFHE 92, 307 = BStBl II 1968, 535), oder dass Verfahrensmängel nur innerhalb der Revisionsfrist gerügt werden können (BFHE 81, 651 = BStBl III 1965, 234). Ebensowenig erforderlich ist eine Belehrung über die Möglichkeit einer Wiederaufnahmeklage (§ 134; BFH/NV 2003, 1436), einer Wiedereinsetzung (§ 56), über die Voraussetzungen einer Wiedereinsetzung im Falle eines Antrags auf PKH (BFH/NV 1991, 621, 622; vgl § 56 Rz 20 „Armut (PKH)"), eines Antrags auf Urteilsberichtigung oder -ergänzung (§§ 108, 109), einer Dienstaufsichtsbeschwerde oder einer Verfassungsbeschwerde.

Zu **falschen und irreführenden Rechtsbehelfsbelehrungen** s Rz 23 ff.

b) Belehrung über die Behörde oder das Gericht.

Zu belehren ist über die Behörde oder das Gericht, bei denen der 15 Rechtsbehelf anzubringen ist. **Notwendig ist** die **Bezeichnung des** (für die Klage zuständigen) **Gerichts** und die **Angabe** seines **Sitzes.** Eine Belehrung über die Möglichkeit, die Klage bei der **Behörde** anzubringen (§ 47 II, III), ist nicht erforderlich (BVerwGE 1, 192; BSG HFR 1977, 396 = BlStSozArbR 1977, 111; OVG Münster NJW 1974, 879). Der nach dem Wortlaut des § 55 I vorgesehenen Belehrung über „die Behörde" kommt damit im finanzgerichtlichen Verfahren keine Bedeutung zu.

Die **exakte postalische Anschrift** braucht **nicht** angegeben zu wer- 16 den (BVerwG HFR 1967, 219; BSG BlStSozArbR 1978, 237; BayVGH VerwRspr 17, 1014; glA zur Belehrung über den Einspruch BFHE 118, 417 = BStBl II 1976, 477; offen aber BFHE 92, 307 = BStBl II 1968, 535; BFH/NV 1995, 686, 687). Die Rechtsmittelbelehrung soll die Rechtsunkenntnis des Beteiligten beseitigen, ihm aber nicht postalisch erforderliche Tätigkeiten abnehmen. Jedoch muss der Sitz des Gerichts in der Rechtsmittelbelehrung oder der Entscheidung so genau bezeichnet sein, dass keine Schwierigkeiten bei der postalischen Übermittlung einer Klageschrift auftreten können (BFHE 92, 307 = BStBl II 1968, 535; BFHE 124, 487 = BStBl II 1978, 390; BFH/NV 1995, 686; BVerwG Buchholz 310 § 58 VwGO Nr 36). In der Praxis wird deshalb in den Rechtsmittelbelehrungen auch die postalische Adresse des Gerichts einschließlich der Postleitzahl angegeben.

Sachdienlich ist auch die Angabe der **Telefax-Nummer** des Gerichts 17 und ggf der Hinweis auf die **Möglichkeit der elektronischen Über-**

mittlung von Rechtsbehelfen (s § 52 a). Die Aufnahme dieser Angaben in die Rechtsmittelbelehrung fordert das Gesetz jedoch nicht (aA zur Telefax-Nummer: *Rößler* DStZ 1995, 563; *Tipke* in T/K § 55 Rz 19).

Zu **falschen und irreführenden Rechtsbehelfsbelehrungen** s Rz 23 ff.

c) Belehrung über die einzuhaltende Frist

18   Nur über die **Länge der Frist** und die allg Merkmale des Fristbeginns ist zu belehren, **nicht** über die **Berechnung** (BFHE 131, 443 = BStBl II 1981, 70; BVerwG JR 1969, 156 = HFR 1969, 515) und auch nicht über die Voraussetzungen, unter denen die Frist nicht zu laufen beginnt (BFH/NV 1996, 106). – Zu belehren ist auch nicht darüber, dass sich die Frist bei Feiertagen verlängert (BVerfGE 31, 388, 390 = NJW 1971, 2217 = HFR 1972, 89), dass nach § 188 III BGB bei kürzeren Monaten Besonderheiten bestehen (BVerwG HFR 1976, 219 = NJW 1976, 865; FG BaWü EFG 1975, 22), oder wann die Zustellung als bewirkt gilt, also die Frist zu laufen beginnt (BSG NJW 1970, 583 = HFR 1970, 303; BVerwG HFR 1974, 310). Deshalb ist in der Belehrung auch nicht anzugeben, wann die entsprechende Entscheidung zur Post gegeben wurde (BFHE 114, 5 = BStBl II 1975, 155). Die Belehrung darf allerdings, wenn sie schon etwas über den Tag der Zustellung besagt, auch **nicht irreführend** sein (vgl Rz 25).

2. Form der Belehrung

19   Die Belehrung hat **schriftlich oder elektronisch** zu erfolgen. Die durch das JustizkommunikationsG v 22. 3. 2005 (BGBl I, 837) vorgenommene Erweiterung auf die **elektronische Belehrung** ist überflüssig, weil im Rahmen des elektronischen Rechtsverkehrs, der hiermit einbezogen werden soll, lediglich schriftliche Dokumente auf elektronischem Wege übermittelt werden (s § 52 a und 52 b).

20   Die Rechtsbehelfsbelehrung ist Teil des Urteils, Gerichtsbescheids und Beschlusses (§ 105 II Nr 6 iVm § 106 u § 113 I) und muss daher von den Richtern (bzw dem Einzelrichter) mit **unterschrieben** sein (BFHE 120, 7 = BStBl II 1976, 787; BAG BB 1980, 890; zur Verwendung von durch Ziffern gekennzeichneten Textbausteinen und zur Berichtigung einer fehlerhaften Rechtsmittelbelehrung nach § 107 s BFH/NV 2003, 643). – Die Belehrung muss (nur) **in deutscher Sprache** erfolgen. Das gilt auch dann, wenn der Beteiligte Ausländer ist und die deutsche Sprache nicht hinreichend beherrscht (BVerfGE 42, 120, 125; BFHE 118, 294 = BStBl II 1976, 440; BVerwG HFR 1979, 112 = NJW 1978, 1988). Ggf kommt aber Wiedereinsetzung in Betracht (BVerfGE 40, 95, 100; 42, 120, 125; § 56 Rz 20 „Ausländer").

21   Wird dem **Bevollmächtigten** eine Ausfertigung mit Rechtsmittelbelehrung und zugleich (für seinen Mandanten) eine solche ohne Rechtsmittelbelehrung zugestellt, so ist eine Belehrung erfolgt (BFHE 108, 18 = BStBl II 1973, 246; zur Nichtannahme der Verfassungsbeschwerde: BVerfG Beschluss v 25. 7. 1973 2 BvR 194/73, nv).

22   Die Belehrung kann auch **nachträglich** erfolgen. Bei Urteilen oder Beschlüssen ist dies allerdings nur unter den Voraussetzungen des § 107 möglich (s dort Rz 4). Um die Frist in Gang zu setzen, ist das ergänzte Urteil oder der ergänzte Beschluss erneut zuzustellen (BVerwG NVwZ 2000, 192). – Die Nachholung der Belehrung wirkt nur für die Zukunft, dh die Frist beginnt erst mit Bekanntmachung der nachgeholten Belehrung (*Kopp/Schenke* § 58 Rz 8; vgl auch BFH/NV 2003, 45). Nicht mehr nachgeholt werden kann die Belehrung, wenn die Jahresfrist des § 55 II abgelaufen ist oder die Nachholung der Belehrung zur Folge hätte, dass Rechtsbehelfe über die Jahresfrist des § 55 II hinaus zulässig würden (*Kopp/Schenke* aaO).

IV. Unrichtigkeit der Belehrung

Unrichtig ist die Rechtsmittelbelehrung, wenn die durch § 55 I vorge- **23** schriebenen Angaben entweder ganz oder teilweise fehlen oder falsch sind. Letzteres ist insbesondere der Fall, wenn in der Rechtsbehelfsbelehrung der **falsche** oder ein **unzulässiger Rechtsbehelf** bezeichnet worden ist (BFH/ NV 1987, 666; 1999, 1617, 1618 betr Gerichtsbescheid gem § 79 a II, IV; BGH NJW 1999, 1113), und zwar auch dann, wenn für den richtigen Rechtsbehelf dieselbe Frist gilt (BFHE 91, 479 = BStBl II 1968, 400). Zur Rechtsfolge in diesen Fällen s Rz 30. – Unrichtig ist die Belehrung entgegen BFHE 56, 415 = BStBl III 1952, 162 auch dann, wenn eine **zu lange Frist** angegeben wurde. Die falsche Angabe in der Rechtsbehelfsbelehrung kann nicht, wie der BFH anzunehmen scheint, die Frist verlängern (offen gelassen von BFH/NV 2004, 1284). Denn die Angabe einer zu langen Frist verleitet den Stpfl nämlich gerade erst, einen Rechtsbehelf verspätet einzulegen. Es ist dem Stpfl zuzumuten, ihn auf die Wiedereinsetzung zu verweisen (kritisch auch *Tipke* in T/K § 55 Rz 24 mwN).

Unrichtig ist eine Rechtsmittelbelehrung auch, wenn sie die **Voraus-** **24** **setzungen für eine Revision** fehlerhaft bezeichnet (BFHE 122, 434 = BStBl II 1977, 698) oder wenn sie angibt, die **NZB** sei beim FG zu erheben (BFH/NV 2003, 322). – Ebenso war es bei **vor dem 1. 1. 2001 er-** **gangenen Änderungsbescheiden iS des § 68 aF,** wenn in der Rechtsbehelfsbelehrung entgegen § 68 S 3 aF nicht auf die in § 68 S 2 aF vorgeschriebene **Monatsfrist für den Antrag,** den neuen VA zum Gegenstand des Verfahrens zu machen, hingewiesen worden war (BFHE 176, 315 = BStBl II 1995, 328, 329; BFH/NV 1998, 479; 592; FG Bln EFG 1995, 281); der Hinweis **im Erläuterungsteil** des Steuerbescheides reichte nicht aus (BFH/NV 1996, 444; 900). – Aufgrund der **Neufassung** **des § 68** durch das 2. FGOÄndG ist dies bei Änderungsbescheiden, die **nach dem 31. 12. 2000** ergangen sind, entschärft. Da der Änderungsbescheid nunmehr automatisch zum Gegenstand des gerichtlichen Verfahrens wird, löst die Rechtsbehelfsbelehrung keine einzuhaltende Rechtsbehelfsfrist mehr aus. Gleichwohl ist sie falsch, wenn sie hinsichtlich des Änderungsbescheids auf die Möglichkeit des Einspruchs verweist. – Zum Fall der unzutreffenden Belehrung, ein **Rechtsmittel sei nicht gegeben,** s Rz 30.

Die Rechtsbehelfsbelehrung ist ferner auch dann falsch, wenn sie **irre-** **25** **führend** oder **missverständlich** ist und dadurch bei objektiver Betrachtung die Möglichkeit der Fristwahrung gefährdet erscheint (BFHE 186, 324 = BStBl II 1998, 742; BVerwG HFR 1980, 31). Das ist zB der Fall, wenn die Rechtsmittelbelehrung angibt, dass in der Klageschrift die erfor-

derlichen **Beweismittel zu benennen** sind (BGH MDR 1973, 757),
oder der Eindruck erweckt wird, die Klage müsse **innerhalb der Klagefrist begründet** werden (BVerwG HFR 1968, 381 = DÖV 1968, 506),
nicht aber, wenn die Rechtsmitelbelehrung besagt, der Klage seien **mehrere Abschriften** beizufügen (BVerwG Buchholz 310 § 58 VwGO
Nr 56; **aA** noch BVerwG BayVBl 1980, 305). – Irreführend ist es auch,
wenn – was an sich nicht erforderlich wäre (vgl Rz 18) – darauf hingewiesen ist, dass ein nach **§ 122 II AO** zugestellter Bescheid als am dritten
Tag nach der Aufgabe zur Post als bekanntgemacht gilt, wenn aber der
Hinweis fehlt, dass die Zustellung dann nicht als am dritten Tage nach der
Absendung bewirkt gilt, wenn das Schriftstück nicht oder später zugegangen ist (BFHE 87, 203 = BStBl III 1967, 99; BFHE 107, 409 = BStBl II
1973, 187).

26   Eine Rechtsbehelfsbelehrung ist **nicht unrichtig und nicht irreführ-
rend,** wenn sie nicht auf die neueste Fassung des BFHEntlG hinweist
(BFH/NV 1998, 735) oder wenn es in ihr heißt, die Frist beginne „mit
Ablauf des Tages der Bekanntgabe der Entscheidung" statt – vgl § 47 I 1 –
„mit der Bekanntgabe der Entscheidung" (BFHE 131, 443 = BStBl II
1981, 70). Ebenso ist die Belehrung unschädlich, der Rechtsbehelf sei
schriftlich „bzw" zur Niederschrift bei der Behörde einzulegen (BVerwG
DÖV 1981, 635). – S auch BFHE 192, 15 = BStBl II 2000, 539.

V. Rechtsfolgen fehlender oder unrichtiger Belehrung

27   Ist ein **schriftlicher VA** (zur Anwendbarkeit des § 55 auf formlose und
mündlich ergangene VAe s Rz 6 f) oder eine gerichtliche Entscheidung
ohne Rechtsbehelfsbelehrung ergangen **oder** ist die Rechtsbehelfsbelehrung **unrichtig** oder unvollständig, hat dies auf die Wirksamkeit
(Rechtsgültigkeit) des VAes oder der Entscheidung keinen Einfluss. Folge
derartiger Fehler ist (nur), dass die **Rechtsmittelfrist nicht in Lauf gesetzt** wird (§ 55 I – zB BFH/NV 1998, 479 mwN). – Ob die **unrichtige
Belehrung** für die Fristversäumnis **ursächlich** war, ist dabei unerheblich
(BFHE 149, 120 = BStBl II 1987, 438; BVerwG BayVBl 1987, 628; FG
D'dorf EFG 1980, 92). Ebensowenig kommt es darauf an, ob der Berechtigte den richtigen Rechtsbehelf und die Dauer der Frist kennt oder ob für
den richtigen Rechtsbehelf dieselbe Frist gilt, wie für den in der Rechtsbehelfsbelehrung genannten falschen Rechtsbehelf (BFHE 91, 479 = BStBl II
1968, 400). – Eine fehlerhafte Rechtsbehelfsbelehrung kann in keinem Fall
bewirken, dass ein in ihr angegebenes **falsches FG** zuständig wird (FG
Saarl Beschluss v 3. 6. 1996 1 K 78/96, NWB F 1 S 185) oder ein in ihr
angegebener **falscher Rechtsweg** (BFH/NV 1998, 186 mwN; BVerw-
GE 63, 198, 200) oder ein in ihr genanntes nach dem Gesetz unzulässiges
Rechtsmittel **zulässig** wird (BFH/NV 1987, 66; 1990, 384, 385; 504,
505; 1993, 423; 1994, 571, 572; 1998, 733; 737; 1999, 1617, 1618; 2000,
342; 1489; 1617; 2002, 1322). – **Zur analogen Anwendung des § 55 II**
in den Fällen, in denen die in **§ 68 S 3** aF vorgeschriebene Rechtsbehelfsbelehrung unterblieben war (Rz 24 aE), s BFHE 176, 315 = BStBl II
1995, 328, 329; BFH/NV 1996, 444; FG BInn EFG 1995, 281.

28   Die **Einlegung** des Rechtsbehelfs ist grundsätzlich (zu den Ausnahmen s
Rz 29, 30) **nur innerhalb eines Jahres seit Bekanntgabe** des VA bzw

der Entscheidung zulässig (Höchstfrist – § 55 II 1; zur Verfassungsmäßigkeit: BVerwG HFR 1980, 204 = DVBl 1979, 821). Diese Frist ist nicht von einer Belehrung iS des § 55 I abhängig und kann als sog Ausschlussfrist **nicht verlängert** werden. Wiedereinsetzung ist nur nach Maßgabe des § 55 II 2 möglich (s Rz 29), nicht aber unmittelbar nach § 56 (BFH/NV 2004, 971; *Kopp/Schenke* § 58 Rz 16). – Die **Nichtigkeit eines VA** kann auch noch nach Ablauf der Jahresfrist durch Feststellungsklage geltend gemacht werden (OVG Berlin JR 1969, 114; s auch FG Hbg EFG 2003, 252 zur Unanwendbarkeit der Frist des § 55 II auf Fortsetzungsfeststellungsklagen).

Die **Jahresfrist greift** ausnahmsweise **nicht ein,** wenn die Einlegung **29** des Rechtsbehelfs vor Ablauf der Jahresfrist **infolge höherer Gewalt unmöglich** war. Höhere Gewalt ist ein außergewöhnliches Ereignis, das unter den gegebenen Umständen auch durch die äußerste nach Lage der Sache von dem Betroffenen zu erwartende Sorgfalt nicht verhindert werden konnte (st Rspr zB BFHE 129, 1 = BStBl II 1980, 47; BFHE 155, 94 = BStBl II 1989, 196, 197; BFH/NV 2005, 1817). Das ist zB der Fall, wenn die Ursache der Säumnis in der Sphäre des Gerichts liegt (BFH/NV 2005, 374 betr. eine unklare Rechtsbehelfsbelehrung). – Fällt der Hinderungsgrund der höheren Gewalt (nach Ablauf der Jahresfrist) weg, kann Wiedereinsetzung (§ 56) erfolgreich beantragt werden (§ 55 II 2). Dabei muss die Frist des § 56 II 1 eingehalten werden.

Eine **weitere Ausnahme** gilt, wenn der Betroffene zu Unrecht schrift- **30** lich dahin belehrt worden ist, dass ein Rechtsbehelf nicht gegeben sei. In diesem Falle besteht überhaupt keine zeitliche Begrenzung für die Einlegung des Rechtsbehelfs. Die Grundsätze der **Verwirkung** müssen aber auch hier gelten (BFHE 85, 337 = BStBl III 1966, 330; *Redeker/v Oertzen* § 58 Rz 18 f). – Dem in § 55 II 1 geregelten Fall der Belehrung darüber, dass ein Rechtsbehelf nicht gegeben ist, soll nach BFHE 208, 350 der Fall gleichzusetzen sein, dass in der Rechtsbehelfsbelehrung auf einen nicht statthaften Rechtsbehelf hingewiesen wird, obwohl tatsächlich ein anderer Rechtsbehelf gegeben wäre (glA BVerwGE 71, 359; 77, 181; *Kopp/Schenke* § 59 Rz 21 zudem für den Fall, dass auf einen falschen Rechtsweg verwiesen wird). Dem ist mE nicht zuzustimmen. Denn wenn der Betroffene zu Unrecht darüber belehrt wird, dass kein Rechtsbehelf gegeben ist – wie § 55 II 1 Hs 2 Fall 2 dies ausdrücklich vorsieht –, dann wird er daran gehindert, einen Rechtsbehelf einzulegen und darf folglich nicht auf die Jahresfrist des § 55 II 1 verwiesen werden. Anders ist die Situation aber, wenn die Rechtsbehelfsbelehrung (nur) den falschen Rechtsbehelf oder einen falschen Rechtsweg angibt. In diesem Fall wird der Betroffene in die Lage versetzt, einen Rechtsbehelf einzulegen, wenn auch einen tatsächlich nicht statthaften. Tut er dies nicht, muss es bei der grds Regelung bleiben, dass der Rechtsbehelf nur innerhalb eines Jahres zulässig ist, zumal diese Rechtsfolge auch eingetreten wäre, wenn die Belehrung gänzlich unterblieben wäre.

§ 56 [Wiedereinsetzung in den vorigen Stand]

(1) Wenn jemand ohne Verschulden verhindert war, eine gesetzliche Frist einzuhalten, so ist ihm auf Antrag Wiedereinsetzung in den vorigen Stand zu gewähren.

(2) [1]Der Antrag ist binnen zwei Wochen nach Wegfall des Hindernisses zu stellen; bei Versäumung der Frist zur Begründung der Revision oder der Nichtzulassungsbeschwerde beträgt die Frist einen Monat. [2]Die Tatsachen zur Begründung des Antrags sind bei der Antragstellung oder im Verfahren über den Antrag glaubhaft zu machen. [3]Innerhalb der Antragsfrist ist die versäumte Rechtshandlung nachzuholen. [4]Ist dies geschehen, so kann Wiedereinsetzung auch ohne Antrag gewährt werden.

(3) Nach einem Jahr seit dem Ende der versäumten Frist kann Wiedereinsetzung nicht mehr beantragt oder ohne Antrag bewilligt werden, außer wenn der Antrag vor Ablauf der Jahresfrist infolge höherer Gewalt unmöglich war.

(4) Über den Antrag auf Wiedereinsetzung entscheidet das Gericht, das über die versäumte Rechtshandlung zu befinden hat.

(5) Die Wiedereinsetzung ist unanfechtbar.

Vgl § 60 VwGO; § 67 SGG; §§ 233–238 ZPO

Übersicht

Literatur: *Gersch,* Fristen für Prozesshandlungen, AO-StB 2002, 313; *Gräber,* Wiedereinsetzung auch bei Formmängeln, insbesondere bei der Einlegung der Revision durch eine Steuerberatungsgesellschaft?, DStR 1980, 311; *Hagen,* Fristenkalender, AnwBl 1994, 463; *Haunhorst,* Die verunglückte Übermittlung eines fristwahrenden Schriftsatzes per Telefax, DStR 2001, 8; *Heiß,* Wiedereinsetzung in den vorigen Stand bei Verschulden von Behördenbediensteten,

BayVBl 1984, 646; *Heß,* Die Wiedereinsetzung in den vorigen Stand in der höchstrichterlichen Rechtsprechung, DStR 1999, 41; *Hoppmann,* Telefax: Sorgfalts- und Beratungspflicht, VersR 1992, 1068; *Klos,* Irrtum über den Beginn der Rechtsbehelfsfrist und Wiedereinsetzung in den vorigen Stand, Inf 1995, 100; *Lange,* Die Neufassung des § 56 Abs. 2 Satz 1 FGO, DB 2004, 2125; *Leibner/Pump,* Einhalten von Fristen im Büroalltag, AO-StB 2002, 352; *Leisner,* Die Wiedereinsetzung in den vorigen Stand (§§ 44 ff StPO), Jura 1990, 120; *Lintz,* Wiedereinsetzung in den vorigen Stand ohne Anhörung, JR 1987, 94; *Müller,* Typische Fehler bei der Wiedereinsetzung in den vorigen Stand, NJW 1993, 681; *dies,* Die Rechtsprechung des BGH zur Wiedereinsetzung in den vorigen Stand, NJW 1995, 3224; NJW 1998, 497; NJW 2000, 322; *Niehues,* Effektive Fristenkontrolle ohne Postausgangsbuch, Stbg 2002, 534; *Pape/Notthoff,* Prozessrechtliche Probleme bei der Verwendung von Telefax, NJW 1996, 417; *Peter/Schmittmann,* Telefax im Prozessrecht, JA 1995, 516; *Späth,* Die Wahrung von Fristen in der Steuerkanzlei, NWB Fach 30 S 981; *Stöcker,* Wiedereinsetzung gibt's nicht, AO-StB 2005, 242; *Streck/Mack/Schwedhelm,* Die Führung eines Postausgangsbuchs ist nicht länger zwingende Voraussetzung für eine Wiedereinsetzung in den vorigen Stand, Stbg 2001, 461; *Weyand,* Rechtsfragen zum Telefaxeinsatz in der Steuerberaterkanzlei, Inf 1993, 435; *Zuck,* Die Wiedereinsetzung in den vorigen Stand im Verfassungsbeschwerdeverfahren, ZRP 1985, 299.

A. Vorbemerkung

Der Beteiligte eines gerichtlichen Verfahrens darf **Fristen bis zum** **1** **letzten Tag ausnutzen** (st Rspr: BVerfGE 41, 323; 52, 203 mwN). Er muss aber Sorge dafür tragen, dass die betreffende Sendung innerhalb der laufenden Frist dem Empfänger zugeht (vgl BVerwG Buchholz 310 § 60 VwGO Nr 154; BFHE 148, 422 = BStBl II 1987, 303; BFH/NV 1997, 34, 35; 2003, 175 zur gesteigerten Sorgfaltspflicht). Kann er dem nicht nachkommen oder kommt die Sendung gleichwohl nicht innerhalb der Frist beim Empfänger an, so ist Wiedereinsetzung zu gewähren, wenn den Beteiligten kein Verschulden an der Fristversäumnis trifft. Dies dient unter Beachtung der verfassungsrechtlichen Grundsätze des Art 19 IV GG (Rechtsweggarantie) und des Art 103 I GG (Gewährung rechtlichen Gehörs) der Verwirklichung der **Einzelfallgerechtigkeit** (vgl BVerfGE 40, 46; 40, 88, 91; 41, 332; BVerfG NJW 1991, 2208) und des sich aus Art 2 I GG in Verbindung mit dem Rechtsstaatsprinzip (Art 20 III GG) ergebenden Gebots einer **rechtsstaatlichen Verfahrensgestaltung** (vgl BVerfGE 69, 381, 385 mwN). Angesichts dessen dürfen die Anforderungen daran, was der Betroffene veranlasst haben und vorbringen muss, um Wiedereinsetzung zu erhalten, nicht überspannt werden (BFH/NV 2005, 1591; s auch Rz 35 ff). – **Begrifflich** ist die Wiedereinsetzung in den vorigen Stand eine gerichtliche Entscheidung, aufgrund derer eine zunächst versäumte und verspätet nachgeholte fristgebundene Prozesshandlung als rechtzeitig vorgenommen gilt (vgl *R/S,* 449).

B. Die Regelungen des § 56

I. Voraussetzungen der Wiedereinsetzung

1. Fristversäumnis

a) Versäumung gesetzlicher Fristen

2   § 56 bezieht sich auf **gesetzliche Fristen** (§ 54 Rz 5) **innerhalb des finanzgerichtlichen Verfahrens.** Die Wiedereinsetzung („Nachsicht") bei Fristen im Verwaltungs(vor)verfahren regelt der gleichlautende § 110 AO. − § 56 gilt für jede in der FGO vorgesehene gesetzliche Frist. Er ist also weiter gefasst als § 233 ZPO, der die Wiedereinsetzung nur bei der Versäumung von Notfristen oder Rechtsmittelbegründungsfristen oder der Frist des § 234 I ZPO kennt. − Gesetzliche Fristen bestehen für die **Klageerhebung** (§ 47 I), den **Antrag auf Wiedereinsetzung** (§ 56 II 1 − BFH/NV 1996, 694; 2003, 173; BVerfG HFR 1967, 414), den **Antrag auf mündliche Verhandlung** (§§ 79 a II 2, IV, 90 a II Nr 2, 3), den **Antrag auf Urteilsberichtigung** (§ 108 I) und **Urteilsergänzung** (§ 109 II 1 − BFH/NV 1998, 37), die **Einlegung** (und Begründung) der **NZB** (§ 116; vgl BFHE 91, 303 = BStBl II 1968, 312; BFHE 93, 512), für die **Einlegung und Begründung der Revision** (§ 120 I, II) − auch die verlängerte Frist zur Begründung der Revision ist eine gesetzliche Frist (BFHE 99, 298 = BStBl II 1970, 642), die Einlegung der **Beschwerde** (§ 129 I) und die **Erhebung der Wiederaufnahmeklage** (§ 134 iVm § 586 I ZPO). − **Keine gesetzliche Frist** ist jedoch die Frist zur Stellung des Antrags auf **Verlängerung der Revisionsbegründungsfrist** (§ 120 I 3 − GrS BFHE 148, 414 = BStBl II 1987, 264, 267 mwN; BFH/NV 1997, 251, 252; 1999, 482; s auch Rz 20 „Revisionsbegründungsfrist") oder der **Beschwerdebegründungsfrist** (BFH/NV 2002, 1480), die Frist nach § 1 I 1 ZStAnmG (BFHE 182, 527 = BStBl II 1997, 358), die Frist zur **Nachreichung der Vollmacht** ohne ausschließende Wirkung (§ 62 Rz 85 ff; vgl BFHE 95, 430 = BStBl II 1969, 438; s aber Rz 3) und die Frist für die **Zustimmung zur Sprungklage** (§ 45 Rz 13 f; vgl FG D'dorf EFG 1966, 571). − Bei Versäumung von **Terminen** ist § 56 gleichfalls nicht anwendbar (BFHE 154, 17 = BStBl II 1988, 948, 951; BFH/NV 1995, 913, 914; 1996, 567, 568; BFH/NV 2001, 1130 betr Termin zur mündlichen Verhandlung; **aA** *Kopp/Schenke* § 60 Rz 5 für den Fall des Eintritts einer gesetzlichen Fiktion nach Ablauf einer richterlichen Frist).

b) Ausnahmsweise Anwendung des § 56 auf richterliche Fristen

3   § 56 bezieht sich ausdrücklich nur auf gesetzliche Fristen. Wegen dieser klaren Regelung **scheidet auch eine analoge Anwendung grundsätzlich aus** (*Kopp/Schenke* § 60 Rz 5; offen gelassen durch BFH/NV 2003, 175). − Nach § 62 III 4 gilt § 56 aber für die Versäumung richterlicher Fristen und **Ausschlussfristen zur Vorlage der Prozessvollmacht** sinngemäß (vgl § 62 Rz 85 ff, 102; Rz 20 „Rechtsirrtum über Verfahrensfragen"). Entsprechendes ist für die **Antragsfrist** nach **§ 60 a** und die **Ausschlussfrist** nach **§ 65 II 2** gesetzlich angeordnet (§§ 60 a Satz 7, 65

II 3), **nicht** aber für die **Fristsetzung nach § 79 b;** insoweit bedarf es keiner sinngemäßen Anwendung des § 56, weil nach § 79 b III 1 Nr 2 die Versäumung dieser Frist ohne zeitliche Begrenzung bis zum Schluss der mündlichen Verhandlung entschuldigt werden kann (BFHE 177, 201 = BStBl II 1995, 417).

c) Wiedereinsetzung bei sonstigen Zulässigkeitsmängeln, Form- und Inhaltsfehlern?

Wiedereinsetzung kommt nach dem Gesetzeswortlaut nur bei Fristver-   **4** säumnis in Betracht. – **Sonstige Zulässigkeitsmängel** (dazu BFH/NV 2003, 652 u 653) und **inhaltliche Mängel** einer Revisionsbegründungs- schrift sind deshalb **nicht** nach § 56 **heilbar** (BFHE 122, 32 = BStBl II 1977, 613; BFH/NV 1990, 47). Das wird man generell für inhaltliche Fehler in Rechtsmittelschriften annehmen müssen. – Reine **Formfehler** sind je- doch zumindest dann im Wege der Wiedereinsetzung **heilbar,** wenn eine Prozesshandlung wegen Nichtbeachtung des Vertretungszwangs (§ 62 a Rz 1 ff) unwirksam ist (BFH/NV 1997, 185, 186; 1998, 1512, 1513; vgl BFHE 129, 1 = BStBl II 1980, 47), wenn die Klage-, Revisions- oder Revi- sionsbegründungsschrift nicht unterzeichnet war (BGH HFR 1980, 300) oder wenn das angefochtene Urteil in der Revisionsschrift nicht bezeich- net wurde (zu diesem Fragenkreis s *Gräber,* DStR 1980, 311; für weiter- gehende Wiedereinsetzung zB *Tipke* in T/K § 56 Rz 8). Problematisch ist in diesen Fällen aber vielfach das Erfordernis der Schuldlosigkeit (s dazu Rz 7), und zwar insbesondere dann, wenn in der Rechtsmittelbelehrung auf die jeweiligen Mindestanforderungen hingewiesen worden war.

d) Feststellung der Fristversäumnis

§ 56 greift nur ein, wenn der Beteiligte die **Frist tatsächlich versäumt**   **5** hat. Behauptet der Kläger zB, er habe die Klageschrift innerhalb der Kla- gefrist in den Briefkasten des Gerichts eingeworfen, liegt die Klageschrift dort aber nicht vor, so ist der Sachverhalt gem § 76 I **von Amts wegen** aufzuklären, und zwar ohne Beschränkung auf präsente Beweismittel (vgl BVerfG NJW 1995, 2544). Gelingt der Nachweis des rechtzeitigen Ein- wurfs der Klageschrift, so ist die Klagefrist auch dann gewahrt, wenn dem Gericht der fragliche Schriftsatz nicht vorliegt; für eine Wiedereinsetzung ist mangels einer Fristversäumnis kein Raum (vgl BFH/NV 2004, 1284). Gelingt der Nachweis des rechtzeitigen Einwurfs der Klageschrift nicht, so scheidet eine Wiedereinsetzung grundsätzlich ebenfalls aus. Denn der Kläger kann sich in der Regel nur entweder darauf berufen, er habe die Frist eingehalten – dann keine Wiedereinsetzung – oder er habe die Frist (schuldlos) versäumt – dann Wiedereinsetzung – (**aA** aber wohl BGHZ 4, 389 = NJW 1952, 469: Wiedereinsetzung auch möglich, wenn schwierig zu ermitteln, ob die Frist versäumt wurde; dies widerspricht dem klaren Wortlaut des § 56). – Etwas anderes gilt ausnahmsweise nur dann, wenn sich bei der Beweisaufnahme über den rechtzeitigen Einwurf der Klage- schrift herausstellt, dass etwa die mit dem Einwurf betraute und ansonsten zuverlässige Büroangestellte den Einwurf unterlassen oder verspätet vorge- nommen hat (s Rz 20 „Büroorganisation", „Büroversehen", „Prozessbe- vollmächtigter"). In diesem Fall ist § 56 anwendbar.

2. Verhinderung an der Einhaltung der Frist und Kausalität

6   Die Bewilligung der Wiedereinsetzung ist zunächst davon abhängig, dass „jemand verhindert" war, die Frist einzuhalten (§ 56 I; zur Schuldlosigkeit der Verhinderung s Rz 7). **Abzustellen** ist dabei in erster Linie **auf den Prozessbeteiligten** (§ 57) selbst (zur Zurechnung des Verschuldens von Vertretern und Bevollmächtigten s Rz 8 ff). − **Verhindert** an der Einhaltung der Frist ist der Beteiligte dann, wenn er objektiv zurückgehalten wird, das zur Fristwahrung Notwendige zu tun. Diese Voraussetzung ist nicht schon deshalb erfüllt, weil der Beteiligte bei Zugang der Einspruchsentscheidung nicht steuerlich beraten war (vgl BFH/NV 1990, 8). − Eine Verhinderung liegt zudem dann nicht vor, wenn das Hindernis für die Fristversäumnis **nicht ursächlich** war. Das ist der Fall, wenn es noch vor Fristablauf weggefallen war und die fristgebundene Handlung in zumutbarer Weise noch innerhalb der verbliebenen Frist hätte vorgenommen werden können (BFHE 113, 423 = BStBl II 1975, 213; BFHE 148, 422 = BStBl II 1987, 303; BFH/NV 1999, 1313; FG BaWü EFG 1998, 1139; OLG München AnwBl 2000, 141). Ausnahmsweise kommt Wiedereinsetzung aber in Betracht, wenn angesichts der Schwierigkeit der Sache die Überlegungsfrist zu kurz war (FG D'dorf EFG 1981, 459).

3. Schuldlosigkeit der Verhinderung

a) Beurteilungsmaßstab

7   Ob der Beteiligte die Frist schuldlos versäumt hat, richtet sich nach den besonderen **Umständen des Einzelfalles** und den **persönlichen Verhältnissen** des Beteiligten und nicht nach dem im Verkehr Üblichen (§ 276 BGB gilt also nicht − vgl BFHE 87, 331 = BStBl III 1967, 142). Abzustellen ist auf die dem Säumigen nach seinen individuellen Fähigkeiten (nach seiner Lage, seinen Kenntnissen und Erfahrungen) **zumutbare Sorgfalt** (BVerwGE 49, 255; BVerwG NJW 1977, 262; BSG GrS SozR 1500 § 67 Nr 1; FG Mchn EFG 1995, 296; vgl auch BGH NJW 1976, 626; VersR 1979, 961). Die **Gegenansicht,** die von einem objektivierten Verschuldensbegriff ausgeht (maßgebend soll die „einem gewissenhaften Beteiligten nach den Umständen zuzumutende Sorgfalt" sein − zB BFHE 125, 493 = BStBl II 1978, 667, 669; BFH/NV 1988, 659, 660; 1994, 440; 1996, 837; BVerwG DÖV 1956, 125; BGH HFR 1976, 439), überzeugt nicht. Sie ist nicht nur unpraktikabel, weil die Bestimmung des „gewissenhaften" Beteiligten und des ihm „Zumutbaren" nur schwer möglich ist, sondern sie benachteiligt außerdem den rechtsunkundigen und ungewandten Säumigen. − Verschuldet ist die Fristversäumnis schon bei **leichter Fahrlässigkeit** (BFHE 123, 14 = BStBl II 1977, 769; vgl auch BFHE 103, 138 = BStBl II 1971, 812; BFHE 109, 297 = BStBl II 1973, 663; BFH/NV 1994, 553; 2002, 1461; 2004, 526; 2005, 1821). Der Säumige muss jedoch nicht die „äußerste, den Umständen des Falles angemessene und vernünftigerweise zu erwartende Sorgfalt" beobachten (so aber BFHE 119, 208 = BStBl II 1976, 624; BFHE 121, 171 = BStBl II 1977, 291; BFHE 125, 107 = BStBl II 1978, 467; BFHE 134, 388 = BStBl II 1982, 165, 166; BFH/NV 1987, 170; 1990, 244, 245; 2002, 1461). Diese Formel geht über den Begriff der (leichten) Fahrlässigkeit

hinaus. Sie ist fast schon eine Definition des „unabwendbaren Zufalls". –
Auch sonst dürfen die **Anforderungen nicht zu hoch gesteckt werden**
(zB BVerfGE 40, 44; 41, 359; 54, 80; 67, 208). – Zu **Einzelfällen** s Rz 20
„Fehler des Beteiligten" – Zum Verschulden des **Prozessbevollmächtigten** s Rz 20 „Prozessbevollmächtigter".

b) Zurechnung des Verschuldens

Der Beteiligte (s Rz 6) muss sich nach § 155 iVm § 85 II ZPO das   **8**
Verschulden seines gesetzlichen **Vertreters** (zur KG: BFH/NV 2002,
1048) und seines **Bevollmächtigten** wie eigenes Verschulden **zurechnen**
lassen (st Rspr zB BVerfGE 35, 41, 46; 60, 266; BFHE 123, 14 = BStBl II
1977, 769; BFH/NV 1994, 328; 423; 1995, 37; 1997, 790; 2000, 78;
2005, 1574 u öfter; BVerwG NVwZ 2000, 65; zur Zurechnung des Verschuldens eines sich weisungswidrig verhaltenden Prozessbevollmächtigten
s BFH/NV 2005, 331; ausführlich zu den Sorgfaltspflichten des Prozessbevollmächtigten Rz 20 „Prozessbevollmächtigter"). Das gilt nach Erteilung
der Vollmacht auch für das Verschulden eines vom Gericht **beigeordneten Prozessbevollmächtigten** (aA BSG MDR 1978, 347) und ebenso
für das Verschulden eines **Unterbevollmächtigten** (BFH/NV 1989, 311,
312; BGH VersR 1984, 239) oder eines **Generalbevollmächtigten**
(BGH HFR 1987, 270) und – bei Beauftragung einer **Sozietät** – eines ihr
angehörenden Vertreters (BFHE 140, 158 = BStBl II 1984, 320; BGH
HFR 1987, 270; 584). – Bevollmächtigter ist auch der nach § 53 BRAO
amtlich bestellte Vertreter des bevollmächtigten Anwalts (BGH VersR
1975, 1029; 1150; 1976, 92; 1984, 586), aber nicht, wenn er in der fraglichen Sache wie eine bloße Bürohilfskraft eingesetzt war (BFH/NV 1997,
773), und nicht mehr nach dem Tode des Anwalts (BGH VersR 1982,
191; 365). – Ebenso muss der **Gesellschafter** einer BGB-Gesellschaft im
Falle der Gesamtvertretung für das Verschulden eines Mitgesellschafters
einstehen (BFHE 157, 308 = BStBl II 1989, 850, 851). – Nicht zurechnen
lassen muss sich der Gemeinschuldner das Verschulden des **Insolvenzverwalters** (BFH/NV 2004, 376).

Voraussetzung für die Zurechnung des Verschuldens ist stets, dass das   **9**
Vertretungsverhältnis wirksam begründet ist und (auch im Innenverhältnis) noch fortbesteht (BHF/NV 2002, 869; BGH HFR 1987, 270;
584; § 62 Rz 4 ff). Davon ist auch auszugehen, wenn der **vollmachtlose
Vertreter** die Prozessvollmacht nach Ablauf der Ausschlussfrist (§ 62 III 3)
nachreicht (BFHE 102, 442 = BStBl II 1971, 689; BFH/NV 1990, 252,
253).

Ist in der Praxis eines berufsmäßigen Prozessbevollmächtigten ein **juris**   **10**
tischer Mitarbeiter (Assessor, Rechtsanwalt, Steuerberater) als Angestellter (nicht als Sozius) tätig und ist er **mit der selbständigen** und eigenverantwortlichen **Bearbeitung von Sachen betraut**, muss sich der
Prozessbevollmächtigte und damit auch der Beteiligte selbst dessen Verschulden zurechnen lassen (BGH VersR 1982, 71; 770; 848; 1984, 87;
240; 443; 1990, 874; MDR 2003, 891; BVerwG NVwZ 2004, 1007; BAG
NJW 1987, 1355). – **Keine Vertreter**, und zwar weder des Beteiligten
noch des Prozessbevollmächtigten, sind hingegen Personen, die **Weisungen unterworfen** sind. Das können zB **Angestellte** oder **Boten** des Be

teiligten oder des Prozessbevollmächtigten sein (ggf auch Familienangehörige und ein weisungsabhängiger Sachbearbeiter; s Rz 20 „Boten"). Folglich kann sich der Beteiligte oder der Bevollmächtigte **exculpieren,** wenn
es sich um Aufgaben gehandelt hat, die er selbst nicht hätte wahrnehmen
müssen (BFH/NV 1987, 325, 326; BGH VersR 1974, 365; 1978, 669;
1979, 960; BVerwG NJW 1977, 773; HFR 1982, 29; im Übrigen s Rz 20
„Büroorganisation"; „Büroversehen"; „Fristberechnung"; „Fristenkontrolle"; „Postausgangskontrolle"; „Prozessbevollmächtigter"). Dies gilt auch,
wenn ein **nicht bevollmächtigter Sozius** mit einer untergeordneten
Tätigkeit (Übermittlung der Revisionsbegründungsschrift) betraut wurde
(vgl BGH VersR 1979, 232; für den Fall, dass dieser ebenfalls bevollmächtigt war s Rz 11). Dabei ist aber – ebenso wie bei Büropersonal – eine
Überwachung nötig, weil die Zuverlässigkeit nicht allein durch die Ausbildung bestimmt wird. – **Keine Exculpation** ist demgegenüber möglich,
wenn der Prozessbevollmächtigte einem anderen Anwalt usw die Fertigung
der Rechtsmittelbegründungsschrift überträgt, also keine untergeordnete
Tätigkeit (BGH HFR 1981, 240).

11   Sind **mehrere Anwälte** usw (auch Korrespondenzanwälte) beteiligt,
darf keinem von ihnen ein Verschulden zur Last fallen (BGH VersR 1975,
89; 1977, 720; 1978, 521; NJW 1982, 2447; HFR 1983, 174). Das gilt
auch bei einer **Anwaltssozietät,** bei der im Innenverhältnis die Sachbearbeitung nur einem Anwalt obliegt (BGH VersR 1975, 1028; 1977, 81;
1978, 669), und zwar auch für einen Sozius, der erst nach Auftragserteilung
in die Sozietät eingetreten ist (BGH VersR 1978, 669). Auch wenn ein
Sozius eine Sache nicht selbst bearbeitet hat, muss sich die Sozietät sein
Verschulden anrechnen lassen (BGH VersR 1978, 669; BFHE 140, 158 =
BStBl II 1984, 320, 321; BFH/NV 1986, 743, 744). – Zur Fristenkontrolle
bei einer **überörtlichen Sozietät** s BGH NJW 1994, 1878.

12   Ist ein **Nichtanwalt zwischengeschaltet,** der für den Beteiligten die
Korrespondenz mit dem Prozessbevollmächtigten führt, so muss sich der
Beteiligte auch dessen Verschulden zurechnen lassen (BGH VersR 1981,
79; VersR 1983, 1083; vgl auch BVerwG Buchholz 303 § 85 VwGO
Nr 2).

13   Für die **Finanzbehörde** gelten diese Grundsätze in gleicher Weise (s
auch Rz 20 „Finanzbehörden").

4. ABC der Wiedereinsetzungsgründe

Abwesenheit (Urlaub, Geschäfts-, Dienstreise)

20   Eine **unverschuldete Verhinderung** ist im Allgemeinen anzunehmen, wenn die Nichteinhaltung der First darauf zurückzuführen ist, dass der
Säumige sich wegen Urlaubs oder einer beruflich veranlassten Reise **vorübergehend aus seiner ständigen Wohnung entfernt** hat, ohne Vorkehrungen zu treffen, dass ihn Zustellungen erreichen (vgl BVerfGE 26,
315 – maximal 4 Wochen; BVerfGE 35, 296; BVerfG MDR 1974, 822 =
StRK GG Art 103 I R133; HFR 1976, 28 = JZ 1975, 571; BVerfGE 41,
332 = HFR 1976, 331 – maximal 6 Wochen; BSG HFR 1977, 203 =
BlStSozArbR 1977, 112; FG Hbg EFG 1981, 110; FG D'dorf EFG 1979,
29; EFG 1981, 4: 7 Wochen Heimaturlaub eines Gastarbeiters; vgl auch
BGH HFR 1977, 515 = VersR 1977, 433; HFR 1979, 255 = VersR 1979,

231; HFR 1980, 34 = VersR 1979, 573; **aA** – Vorkehrungen erforderlich – RFHE 14, 83; RFH RStBl 1937, 331; BFHE 64, 237 = BStBl III 1957, 90; BFHE 76, 452 = BStBl III 1963, 165; BFHE 100, 490 = BStBl II 1971, 143, 144; FG Köln EFG 1983, 32; zweifelnd BVerwG HFR 1975, 507). Das gilt aber nicht, wenn ihm ein anderes Verschulden zur Last gelegt werden kann (vgl BFH/NV 1987, 749, 750; 2003, 1438: zur Notwendigkeit, **Fristverlängerungsanträge** zu stellen). – Bei **längerer Abwesenheit** (mehr als zwei Monate; vgl FG BaWü EFG 1989, 48 zu dreimonatiger Urlaubsreise) entspricht es dem Gebot prozessualer Sorgfalt, durch geeignete Maßnahmen (zB Nachsendeauftrag oder Bestellung eines Zustellungsbevollmächtigten) sicherzustellen, dass man von Zustellungen Kenntnis erlangt und Fristen gewahrt werden (BFH/NV 1998, 617; BGH NJW 2003, 903 betr Hinterlassen einer **Mobilfunknummer**). Dies gilt insbesondere für Personen, die sich **oft oder länger auf Geschäfts- oder Dienstreisen** befinden und bei denen die Abwesenheit von der Wohnung zur Regel wird (BVerfGE 41, 332, 336; BFHE 134, 388 = BStBl II 1982, 165, 167; BFH/NV 1987, 18, 19). **Ungeeignete Maßnahmen** – wie zB die Erteilung einer einfachen Postvollmacht, wenn mit fristauslösenden Zustellungen gerechnet werden muss – entschuldigen die Säumnis in keinem Fall (BFH/NV 1988, 89, 90 f; 1990, 584; großzügiger BFH HFR 1987, 210). – Unabhängig davon können in den Fällen, in denen während einer mehrwöchigen Abwesenheit von der Wohnung mit fristauslösenden **Zustellungen konkret zu rechnen** ist, zumutbare Vorkehrungen zur Einhaltung prozessualer Fristen erwartet werden (BFH HFR 1990, 151; VersR 1992, 1373; BVerwG Buchholz 310 § 60 VwGO Nr 152; DÖV 1988, 1069; BFHE 134, 388 = BStBl II 1982, 165, 167; BFH/NV 1998, 617; **aA** – keine Vorkehrungen erforderlich – BSG HFR 1977, 203 = BlStSozArbR 1977, 112). Das gilt vor allem für (berufsmäßige) **Prozessbevollmächtigte** und sonstige Vertreter, zB GmbH-Geschäftsführer (BFH/NV 1987, 18, 19; 1990, 781; 1992, 146, 147 f; BFH HFR 1984, 241; 1985, 195; 1987, 316; 480; BVerwG Buchholz 310 § 60 VwGO Nr 195).

Arbeitsüberlastung

Arbeitsüberlastung stellt regelmäßig **keinen entschuldbaren Hinderungsgrund** dar (BFH/NV 1997, 695; 2002, 1480; 2004, 358: selbst wenn diese zu unkontrolliertem Einschlafen führt). Dies gilt insbesondere, wenn die Möglichkeit besteht, eine Fristverlängerung zu beantragen (BFHE 91, 303 = BStBl II 1968, 312; BFHE 93, 30 = BStBl II 1968, 659; BFHE 93, 512; BFHE 110, 102 = BStBl II 1973, 825; BFHE 113, 423 = BStBl II 1975, 213; BFH/NV 2003, 1438). Ebenso ist es bei Arbeitsüberlastung durch **Ehrenämter** (FG M'ster EFG 1958, 213) oder bei Arbeitsüberlastung eines Landwirts während der **Ernte** (RFH StuW 1925 Nr 659) oder der Frühjahrsbestellung (RFH StuW 1930 Nr 654).

Armut (Prozesskostenhilfe)

Der mittellose Steuerpflichtige ist bis zur Entscheidung über seinen PKH-Antrag unverschuldet verhindert, Rechtsmittel einzulegen. Nach Entscheidung über das PKH-Gesuch (Bewilligung oder Ablehnung) ist ihm Wiedereinsetzung in den vorigen Stand zu gewähren, wenn er vernünftigerweise nicht mit einer Ablehnung wegen fehlender Bedürftigkeit oder

Mutwilligkeit (§ 114 ZPO) rechnen musste (BVerwG NJW 1995, 2121; BGH NJW 1994, 2098; BGH VersR 2000, 383; NJW-RR 2000, 879) und wenn er **bis zum Ablauf der Rechtsmittelfrist** alles Zumutbare getan hat, um das Hindernis der Mittellosigkeit zu beseitigen (s Rz 29 mwN). Das erforderte nach der **bislang st Rspr,** dass er innerhalb der Rechtsmittelfrist beim zuständigen Gericht (BGH HFR 1987, 584) ein **vollständiges PKH-Gesuch** zusammen mit der Erklärung über seine persönlichen und wirtschaftlichen Verhältnisse nebst den entsprechenden Belegen (§ 117 ZPO) eingereicht (BVerfG NJW 2000, 3344; BFHE 138, 526 = BStBl II 1983, 644; BFHE 148, 13 = BStBl II 1987, 62; BFHE 149, 409 = BStBl II 1987, 573; BFH/NV 1989, 452; 1993, 681, 682; 1995, 61; 724; 1996, 254; 496; 500; 1997, 610; 703; 1998, 1000; 1999, 623, 624; 1470; 2000, 193, 194; 345; 726; 1113; 2001, 62; 479, 480 betr **juristische Person;** 2002, 1483; 2003, 173; 923; 1089; 2005, 1616) und sein **Begehren** zumindest laienhaft **substantiiert** haben musste (BFH/NV 1988, 728; 1989, 191, 192; 1993, 568; 1995, 225; 257; 1996, 501; 2000, 345; 2003, 54; 1089; 2004, 346 u öfter). Dies zieht BFH/NV 2004, 221 nunmehr aber im Hinblick auf BVerfG NJW 2003, 3190 in **Zweifel,** weil danach die Rechtsschutzgleichheit für Bemittelte und Unbemittelte gewährleistet werden müsse. ME steht dies der Forderung nach einer laienhaften Substantiierung aber nicht entgegen, weil man auch von einem nicht vertretenen Stpfl verlangen können muss, dass er sein Begehren begründet. Allzu hohe Anforderungen sind hieran aber nicht zu stellen. Auf die rechtzeitige Vorlage der notwendigen Unterlagen ist der Antragsteller aber hinzuweisen, ggf ist insoweit Wiedereinsetzung zu gewähren.

Hatte der Beteiligte bereits **zuvor eine Erklärung eingereicht,** muss er spätestens am letzten Tag der Rechtsmittelfrist (BFH/NV 2000, 866, 867) versichern, dass die darin angegebenen Verhältnisse „unverändert" sind (BFHE 148, 13 = BStBl II 1987, 62; BFH/NV 1997, 196, 197; 2000, 193, 194). Die Versicherung, dass die in einem früheren Antrag gemachten Angaben noch „im Wesentlichen" zuträfen (BFH/NV 1991, 613) genügt ebenso wenig wie die Vorlage von Kopien der in einem früheren Verfahren vorgelegten Unterlagen (BFH/NV 1991, 474) oder die Bezugnahme hierauf (BFH/NV 1995, 542) oder auf eine angeblich vor dem Amtsgericht abgegebene eidesstattliche Versicherung (BFH/NV 1998, 1371). – Ist der Antragsteller an der Erfüllung dieser Voraussetzungen ohne sein Verschulden gehindert, so ist auch insoweit – unter den Voraussetzungen des § 56 II 1 (Rz 23 ff) – Wiedereinsetzung zu gewähren (BFHE 149, 409 = BStBl II 1987, 573; BFH/NV 1988, 593, 594; 1989, 251, 252; 1991, 621, 622; 1997, 702) – **Wiedereinsetzung ist ausgeschlossen,** wenn der Beteiligte nicht alles Zumutbare getan hat, um das Hindernis der Mittellosigkeit zu beseitigen, wenn er vernünftigerweise mit der Ablehnung seines Antrags rechnen musste (s auch BFH BB 1999, 1895) oder wenn er wegen der Vielzahl der von ihm betriebenen Verfahren nicht in der Lage war, den Verwaltungsaufwand zu bewältigen (BFH/NV 1990, 55). Das Verschulden wird auch nicht dadurch ausgeschlossen, dass eine Belehrung über die Notwendigkeit der Abgabe der Erklärung gem § 117 II, IV ZPO innerhalb der Rechtsmittelfrist unterblieben ist (BVerfG StRK FGO § 142 Rz 33; HFR 1992, 426; BFH/NV 1985, 47; 1990, 316, 317; 1991, 621, 622; 1996, 496; 498; 500; 1997, 800). Anders aber, falls die Rechtsmittelbelehrung (§ 55) unvollständig oder fehlerhaft ist (vgl BFH/NV 1992, 121). – **Nicht mehr anwenden** ist die Rspr einiger Senate des BFH, wonach bei Versäumung der Klagefrist Wiedereinsetzung wegen Mittellosigkeit dann nicht in Betracht kommen sollte, wenn der Beteiligte nicht durch einen Prozessbevollmächtigten (Rechtsanwalt usw) vertreten war (BFHE 149, 409 = BStBl II 1987, 573; BFH/NV 1994, 191). Dies beruhte auf dem Gedanken, dass die Mittellosigkeit der Klageerhebung nicht entgegen stehe, weil im finanzgerichtlichen Verfahren ein Kostenvorschuss nicht erhoben werde und eine Rücknahme der Klage bis eine Woche vor der mündlichen Verhandlung gerichtsgebührenfrei möglich sei (BFH/NV 1985, 99; 1988, 461, 462; zur Kritik hieran s Vorauflage Rz 20 „Armut" aE). Dies ist durch die ab dem 1. 7. 2004 geltende Neufassung des GKG überholt (s Vor § 135 Rz 2 u 7). – Zum **Irrtum** des Beteiligten **über die vermögensmäßigen Voraussetzungen der PKH** s BGH VersR 2000, 383. – Im Übrigen s Rz 23, 29 ff.

Ausländer

Ob Wiedereinsetzung gewährt werden muss, wenn einem Ausländer eine **Entscheidung ohne Übersetzung** in seine Sprache zugestellt wurde, hängt vom Einzelfall ab. Mangelnde deutsche Sprachkenntnisse sind bei der Entscheidung angemessen zu berücksichtigen (vgl BVerfGE 31, 388, 390; 40, 95; BVerfG NVwZ-RR 1996, 120; BFHE 118, 294 = BStBl II 1976, 440; BFH/NV 1997, 634; BGH VersR 1977, 646; BVerwG HFR 1979, 112; BSG NJW 1989, 680; § 52 Rz 30 aE). – Zur **Sorgfaltspflicht eines Ausländers** gehört es aber auch, sich eine Übersetzung zu beschaffen oder einen sprachkundigen Bevollmächtigten einzuschalten (BFH/NV 1997, 634) und sich über die Möglichkeiten der Fristwahrung zu informieren (s BVerfG NJW 1991, 2208; NVwZ-RR 1992, 262; 1996, 120; BGH HFR 1983, 380; BFH HFR 1965, 37; BFH/NV 1986, 103. Das gilt auch für Staatsangehörige der EU; eine Verletzung der durch den EG-Vertrag gewährleisteten Grundfreiheiten liegt insoweit nicht vor.

Beauftragung eines anderen Bevollmächtigten

Beauftragt der bisherige Prozessbevollmächtigte einen anderen Bevollmächtigten zur Durchführung des Verfahrens in der nächsten Instanz, so muss der bisherige Bevollmächtigte innerhalb der Rechtsmittelfrist die **Übernahme des Mandats sicherstellen** (zur **Kontrolle des Rechtsmittelauftrags** s Rz 20 „Prozessbevollmächtigter" aE) und den nunmehr beauftragten Prozessvertreter darüber informieren, für wen in welcher Sache das Rechtsmittel eingelegt werden soll (vgl BGH MDR 1998, 866). Außerdem muss er ihn nach eigenverantwortlicher Prüfung über die zu beachtenden **Fristen,** zumindest aber über den Fristbeginn (das Zustellungsdatum) **unterrichten** (BFHE 146, 206 = BStBl II 1986, 547, 549 f; BFHE 152, 423 = BStBl II 1988, 546; BFH/NV 1986, 472, 473 f; BFH HFR 1986, 263; 481; 1987, 367; 1988, 81; BGH BB 2000, 1859), eventuell **noch an ihn zugestellte Schriftstücke** muss er unverzüglich an den neuen Bevollmächtigten weiterleiten (BFH/NV 2002, 1468). Bei mündlicher Auftragserteilung ist im Allgemeinen eine schriftliche Bestätigung nachzureichen (BGH AnwBl 1991, 52). – Bei sorgfältiger Kontrolle darf der Prozessbevollmächtigte die **Überwachung** der Mandatsübernahme

geschultem **Büropersonal** oder einem zuverlässigen Referendar überlassen
(BGH HFR 1980, 33; großzügig BGH VersR 1979, 569). – **Überwachung** der Übernahme des Rechtsmittelauftrags ist jedoch **nicht erforderlich,** wenn zwischen dem erst- und dem zweitinstanzlichen Prozessbevollmächtigten die Absprache besteht, dass dieser Rechtsmittelaufträge
ausnahmslos annehmen, prüfen und ausführen wird (BGH AnwBl 1988,
537; MDR 2000, 237; weitergehend BGH BB 1991, 2042). – Die **weitere Sachbehandlung** liegt ausschließlich in dem Verantwortungsbereich
des neuen Prozessvertreters (BFHE 146, 206 = BStBl II 1986, 547, 550;
BGH HFR 1985, 131; AnwBl 1991, 52; s aber auch BGH HFR 1983, 33;
zur Pflicht, sich über den Zeitpunkt der Zustellung der erstinstanzlichen
Entscheidung zu vergewissern s BFH/NV 1999, 192 u BGH BB 2000,
1859). Der bisherige Bevollmächtigte darf grundsätzlich darauf vertrauen,
dass der neue Prozessbevollmächtigte seine Pflichten erfüllt (BGH NJW-
RR 1988, 508).

Beauftragt der **Mandant selbst** einen anderen Prozessbevollmächtigten für die höhere Instanz und soll dieser das Rechtsmittel einlegen, sobald
ihm die (abweisende) erstinstanzliche Entscheidung zugegangen ist, beschränkt sich die Verantwortlichkeit des bisherigen Prozessbevollmächtigten auf die rechtzeitige Übermittlung der anzufechtenden Entscheidung
(BFHE 146, 206 = BStBl II 1986, 547, 550; BGH VersR 1982, 655).

Boten und sonstige Hilfspersonen

Beruht das Fristversäumnis auf dem Fehlverhalten eines von dem Beteiligten oder seinem Prozessbevollmächtigten beauftragten Boten oder einer
sonstigen Hilfsperson, so hat der Auftraggeber (Beteiligter oder Bevollmächtigter) das Fristversäumnis nur dann zu vertreten, wenn er selbst bei
der **Auswahl** oder **Beaufsichtigung** schuldhaft gehandelt hat (vgl
BFHE 137, 399 = BStBl II 1983, 334; BFH/NV 1986, 622, 624; FG Nbg
EFG 1992, 572), insbesondere wenn er die – zB wegen altersbedingter
Vergesslichkeit – gebotene Kontrolle unterlassen hat (BFH/NV 1990, 104;
1994, 639). – Auf eine eventuelle **besondere Eilbedürftigkeit** oder
sonstige Fehlerquellen ist hinzuweisen (BFHE 155, 275 = BStBl II
1989, 266; BFH/NV 1986, 622, 624; 1987, 138, 139; 1990, 714; 1994,
423; 1995, 51; FG Saarl EFG 1995, 294; s auch BGH VersR 1997, 83;
NJW-RR 1994, 510; 1998, 1140; zu streng FG BIn EFG 1995, 295;
großzügiger für die in der Kanzlei tätige Ehefrau des Prozessbevollmächtigten BFH HFR 1987, 424). – Zu den Hinweispflichten bei Beauftragung
eines **Botendienstes** s BFH/NV 1997, 670. – S auch Rz 20 „Kurierdienst".

Büroorganisation

Angehörige der rechts- und steuerberatenden Berufe müssen durch klare
Anweisungen, Organisation des Bürobetriebes und Überwachung der Angestellten insbesondere auch für den Fall ihrer Abwesenheit sicherstellen,
dass Fristversäumnisse vermieden werden (BFH/NV 1991, 167; 1993, 427;
1994, 328, 329 f; 1997, 141, 142 u öfter). Für den Fall der **Erkrankung**
(oder der **Abwesenheit** aus anderen Gründen) des Prozessbevollmächtigten oder seiner Mitarbeiter muss außerdem durch organisatorische Maßnahmen die Weiterbearbeitung, zumindest aber die Einhaltung von Fristen

sichergestellt werden (zB BFH/NV 1993, 427; 578; 1994, 331; 1995, 121; 1997, 141, 142; 2001, 468; 2002, 794; 2003, 58; 482; 2004, 48; 68; 657; 2005, 1341 zur Pflicht eines allein tätigen Prozessbevollmächtigten, dafür Vorkehrung zu treffen, dass ein Vertreter vorhanden ist; s auch BFH/NV 2003, 185 u 2005, 1349 zur Pflicht der übrigen **Sozietätsmitglieder,** tätig zu werden u 2003, 78 zum eingeschränkt arbeitsfähigen Bevollmächtigten; BGH AnwBl 1999, 227; BGH BB 1999, 2216; s auch Rz 20 „Krankheit"). Der Prozessbevollmächtigte muss auch Vorkehrungen treffen, die gewährleisten, dass er über den Fristbeginn nach Beendigung der Unterbrechung des Verfahrens (Vor § 74 Rz 4) informiert wird (BGH WM 1989, 1868; AnwBl 1990, 274) und sicherstellen, dass eingetragene Fristen nicht nachträglich eigenmächtig vom Büropersonal geändert werden (BGH VersR 1989, 1316). Das gilt auch bei „personellem Notstand" (FG Hessen EFG 1991, 624). – Zur **Organisation des Telefondienstes** vgl BGH HFR 1987, 481. Zur Büroorganisation, wenn **Kanzlei- und Privatadresse** des Prozessbevollmächtigten **identisch** sind, s BFH/NV 1990, 649 und zur Büroorganisation bei Führung **unterschiedlicher Verfahren namensgleicher Beteiligter** s BGH DStR 1995, 1397. – Zur Organisation der **Bekanntgabe** von Entscheidungen an den Mandanten **während der Urlaubszeit** s BFH/NV 1996, 414 und zu den organisatorischen Anforderungen bei Übermittlung fristwahrender Schriftsätze per **Telefax** s Rz 20 „Telefax". – Die allg Sorgfaltspflichten gelten auch dann, wenn den Prozessbevollmächtigten **persönlich betreffende Angelegenheiten** in seinem Büro bearbeitet werden (BFH/NV 1997, 40, 41; FG Hbg EFG 1994, 550). – **Mechanische Tätigkeiten untergeordneter Art** darf der Prozessbevollmächtigte einer **zuverlässigen Bürokraft** überlassen. Hierzu gehört die **Berechnung einfacher Fristen** (Rz 20 „Fristberechnung"), die Eintragung in das Fristenkontrollbuch und die weitere **Kontrolle der Fristen** (Rz 20 „Fristenkontrolle"; „Postausgangskontrolle"). Unerlässlich ist vor allem eine eindeutige **Abgrenzung der** den Büroangestellten übertragenen **Zuständigkeitsbereiche** (BGH VersR 1993, 206), wobei für die Notierung und Überwachung der Fristen eine bestimmte Fachkraft verantwortlich sein muss (BGH/NV 1994, 328, 330). Der Prozessbevollmächtigte muss durch entsprechende Anweisungen dafür sorgen, dass ihm gerichtliche Zustellungen (BFH/NV 1997, 773) und alle Fälle, in denen die **Fristberechnung zweifelhaft oder ungewöhnlich** ist, zur Kontrolle vorgelegt werden (BFH/NV 1991, 174; 1994, 328, 330; 1999, 1221; BSG NJW 1998, 1886). Entsprechendes gilt für die Löschung von Fristen (BFH/NV 1997, 773). Im Übrigen muss der Prozessbevollmächtigte durch **regelmäßige Belehrung und Überwachung** seiner Bürokräfte dafür Sorge tragen, dass seine Anordnungen befolgt werden (BFHE 137, 399 = BStBl II 1983, 334; BFH/NV 1991, 760; 1995, 37; 2005, 1352; BGH HFR 1990, 393). Der Prozessbevollmächtigte darf sich dann darauf verlassen, dass sein (sonst zuverlässiges) Personal seine Weisungen befolgt (Rz 20 „Büroversehen"). – Bei **erkanntem Fehlverhalten,** noch nicht eingearbeiteten Angestellten oder Wechsel des Büropersonals ist besondere Aufmerksamkeit geboten (BFH/NV 1990, 248; BGH VersR 1988, 157; AnwBl 1989, 99), nicht aber bei einer langjährig fehlerfrei tätigen Mitarbeiterin (BGH VersR 1988, 1141). Sorgfältige Auswahl und Überwachung der Büroangestellten genügt zur Entschuldigung aber dann nicht, wenn sich **organisatorische Fehlleistungen häufen** (BFH/NV 2001, 312) oder wenn ein **Organisationsmangel** vorliegt, der für die Firstversäumnis ursächlich ist (BFHE 155, 275 = BStBl II 1989, 266, 268). Ein **Mangel** der Fristen- und Postausgangskontrolle ist im Allgemeinen aber **nicht ursächlich** für die Fristversäumnis, wenn der Prozessbevollmächtigte eine den Mangel ausgleichende konkrete Einzelanweisung an Bürobedienstete erteilt hatte, die unbeachtet geblieben ist (BFH/NV 2000, 546, 547; BGH NJW 2000, 2823). – Vgl auch Rz 20 „Büroversehen", „Beauftragung eines anderen Bevollmächtigten"; „Prozessbevollmächtigter" u Rz 36 ff zur Darlegung.

Büroversehen

Bei Fristversäumung infolge eines Büroversehens ist Wiedereinsetzung zu gewähren, sofern kein Mangel in der Büroorganisation vorliegt (zB BFH/NV 1987, 523, 524; 775, 776; 785; 1988, 158; 1989, 520; 1993, 251; 1994, 423; 1995, 51; 2000, 524 betr Postlaufzeitverzögerung wegen falscher Postleitzahl; 2003, 1589; 2004, 1036; BGH HFR 1991, 306; 1998, 687; MDR 2000, 235; BVerwG NJW 1988, 2814; s zur Übertragung von Pflichten auf Angestellte des Beteiligten BFH/NV 2002, 1048 u Rz 20 „Büroorganisation"). – Mängel in der Büroorganisation schließen die Gewährung von Wiedereinsetzung wegen eines Büroversehens aber aus. Zu den Anforderungen an eine ordnungsgemäße Büroorganisation s Rz 20 „Büroorganisation"; „Fristberechnung"; „Fristenkontrolle"; „Telefax". – Zum Büroversehen bei **Finanzbehörden** s Rz 20 „Finanzbehörden".

Der Prozessbevollmächtigte darf sich bei ordnungsgemäßer Büroorganisation darauf verlassen, dass ihm Fristensachen rechtzeitig vorgelegt (vgl BFH/NV 1989, 520, 521; 2003, 924) und **Anweisungen** befolgt werden (BFH/NV 1990, 120; 231, 232; 1994, 328, 330; 1997, 43, 44; BGH NJW 1991, 1179; VersR 1996, 779); zur **besonderen Kontrolle** bei Wechsel des für die Fristenkontrolle zuständigen Mitarbeiters s BFH/NV 2003, 645; zu **mündlichen Anweisungen** und deren Überwachung s BFH/NV 1995, 798, 800; BAG BB 1995, 50; MDR 1995, 965. Das gilt auch dann, wenn er einer zuverlässigen Bürokraft eine von der bestehenden Büroorganisation **abweichende Einzelanweisung** erteilt (BGH VersR 1996, 779). Der Prozessbevollmächtigte darf sich auch darauf verlassen, dass ihm ein zur Korrektur eines Fehlers zurückgegebener Schriftsatz in Übereinstimmung mit den bestehenden Anweisungen erneut zur Unterschrift vorgelegt wird (BGH NJW 1989, 589) und dass das ansonsten zuverlässig arbeitende Kanzleipersonal die Anschrift des Gerichts korrekt übernimmt (BFH/NV 2003, 757). Ein Büroversehen ist jedoch nicht ursächlich für die Fristversäumnis, wenn der Prozessbevollmächtigte sie, zB durch telegrafische Einlegung des Rechtsmittels, selbst hätte verhindern können (BFH/NV 1987, 310, 311).

Ehegatten (Zusammenveranlagung)

Nach BFHE 86, 813 = BStBl III 1967, 4 ist eine Wiedereinsetzung nicht zu gewähren, wenn bei **zusammenveranlagten Eheleuten,** die beide Rechtsmittelkläger sind, nur **ein Ehegatte verhindert** ist, die Revision rechtzeitig zu begründen.

Fehler des Beteiligten

Schuldhaft handelt der Beteiligte, wenn er die Erhebung der **Klage zurückgestellt** hat, **weil** zu ihrer Begründung noch **Unterlagen fehlten** (BVerwG HFR 1977, 345 = MDR 1977, 75; s aber auch BFH/NV 1994, 247: Wiedereinsetzung grundsätzlich möglich, wenn dem Beteiligten für die Rechtsverfolgung notwendige Unterlagen erst nach Ablauf der Klagefrist ausgehändigt werden; s auch Rz 20 „Zweifel"), wenn er im Falle der **Ortsabwesenheit** nicht dafür sorgt, erreichbar zu sein (BGH VersR 1993, 205; Rz 20 „Abwesenheit"), wenn er bei der Zustellung **mehrerer Urteile** nicht prüft, gegen welches ein Rechtsmittel eingelegt werden soll (BFH/NV 1989, 787, 788). Schuldhaft handelt weiter, wer sich über **Fristbestimmungen** nicht informiert (BFHE 100, 490 = BStBl II 1971, 143; 2003, 501), **Rechtsmittelbelehrungen** nicht beachtet (BFH/NV 1996, 241; Rz 20 „Rechtsirrtum über Verfahrensfragen") und deshalb zB **ohne Vertreter beim BFH** auftritt (BFHE 121, 171 = BStBl II 1977, 291; BFH/NV 1994, 894; 1995, 47; 1997, 185; 1999, 634, 635; vgl auch § 62 a Rz 25) oder sich in den Fällen des **Vertretungszwangs** nicht um einen Prozessbevollmächtigten bemüht (vgl BFH/NV 1995, 239) oder nicht rechtzeitig beantragt, ihm einen Vertreter (§ 78 b ZPO) zu bestellen (BFH/NV 1993, 118). Schuldhaft handelt ebenso, wer Postsendungen **falsch oder unvollständig adressiert** (BFHE 116, 252 = BStBl II 1975, 762; BFH/NV 1987, 648; 1988, 381; BVerwG NJW 1990, 1747; BayVBl 1990, 378; s aber BVerwG NJW 1990, 2639), **nicht rechtzeitig zur Post** gibt (vgl BFH/NV 1987, 554) oder **sonstige Fehler beim Anbringen von Rechtsmitteln** macht, zB Briefkästen verwechselt (BFHE 108, 141 = BStBl II 1973, 271), das richtig adressierte Schriftstück bei der unzuständigen Behörde einwirft (BFHE 125, 493 = BStBl II 1978, 667) oder sich nicht hinreichend bemüht, das **Gericht oder den Gerichtsbriefkasten aufzufinden.** Schuldhaft handelt ferner, wer mögliche **Fristverlängerungsanträge** nicht stellt (Rz 20 „Prozessbevollmächtigter"), im Falle der Bekanntgabe einer Entscheidung durch PZU die **Mitteilung über die Niederlegung beim Postamt** übersieht (BFH/NV 1996, 193, 194) oder sonst schuldhaft nicht zur Kenntnis nimmt (vgl BFH/NV 1988, 790, 791; 1996, 193, 194), nicht die nötigen **Vorkehrungen für den Zugang** von Postsendungen trifft (BGH NJW 1991, 109 betr unzureichende Beschriftung des Briefkastens; BFH/NV 1995, 278 betr Zustand des Briefkastens und unsorgfältige Behandlung der in den Briefkasten eingelegten Sendungen) oder im Falle des **Wohnungswechsels** den Postzusteller angewiesen hat, Sendungen noch unter der früheren Anschrift zuzustellen und er in Folge dessen nicht rechtzeitig von der Zustellung einer Einspruchsentscheidung oder eines Urteils Kenntnis erlangt (FG Saarl EFG 1991, 207, 208). – **Verschulden liegt** jedoch **nicht vor,** wenn der Beteiligte keinen eigenen Briefkasten hat und ein Mitbewohner des Hauses die **Mitteilung über die Niederlegung** einer Sendung beim zuständigen Postamt versehentlich an sich genommen hat (BVerwG Buchholz 340 § 5 VwZG Nr 14; aA bei ungetrennter Entgegennahme von Postsendungen für verschiedene Mitbewohner des Hauses – BFH/NV 1991, 716; FG Köln EFG 1999, 751) oder wenn die Mitteilung in eine Zeitung oder Zeitschrift gerutscht ist und infolgedessen erst nach Fristablauf entdeckt wird (FG Köln EFG 1994, 183; **aA** für den Fall, dass der Empfänger mit der Zustellung rechnen muss: BFH/NV 1995, 615, 616). Der Beteiligte darf auch darauf vertrauen, dass ein **Nachsendeauftrag** von der Post ausgeführt wird (BGH VersR 1988, 1162) und dass die Zustellung nicht vor dem Ausfertigungsdatum erfolgt ist (FG Köln EFG 1989, 588). – **Verschulden** ist anzunehmen, wenn der Steuerpflichtige nach der Niederlegung eines Schriftstücks zwar die Post um erneute Übermittlung der Sendung bittet, die Angelegenheit aber nicht weiter verfolgt, wenn die Sendung ausbleibt (BFH/NV 1999, 51). – **Beauftragt der Beteiligte einen Prozessbevollmächtigten** (Rechtsanwalt usw), so entbindet ihn dies nicht von der Verpflichtung, diesen gewissenhaft und **sorgfältig zu unterrichten** und durch klare **Anweisungen** die Vornahme der notwendigen (fristwahrenden) Prozesshandlungen sicherzustellen (BFHE 103, 307 = BStBl II 1972, 91; BFH/NV 1991, 467, 468; vgl BFH/NV 1998, 1056, 1057). Das gilt auch, wenn der Beteiligte **mehrere Berater** hat; ggf muss der Beteiligte sich mit einem der Berater ins Benehmen setzen, um die zur Fristwahrung erforderlichen Schritte einzuleiten (BFH/NV 1994, 440). Schuldhaft handelt der Beteiligte daher, wenn der Prozessbevollmächtigte ihm die Klageschrift nebst Vollmachtsvordruck übersendet, damit dieser die Klage bei Gericht einreicht, und der Beteiligte sich trotz Ablaufs der ihm bekannten Klagefrist **nicht bei dem Prozessbevollmächtigten** nach dem Verbleib der Klageschrift **erkundigt** (FG RhPf EFG 1994, 934), wenn die Partei ihren Bevollmächtigten lediglich mit der Fertigung des PKH-Antrags beauftragt, ohne ihm für den Fall der Gewährung der PKH Vollmacht zur Führung des Rechtsmittels zu erteilen und sie die Rechtsmittelfrist versäumt, weil sie **ortsabwesend** ist und ihr Bevollmächtigter sie nicht erreichen kann (BGH VersR 1989, 104; Rz 20 „Abwesenheit"). Erteilt ein Beteiligter seinem Prozessbevollmächtigten den **Auftrag** zur Einlegung des Rechtsmittels wissentlich **so spät,** dass die **Frist nicht gewahrt werden kann,** so muss er den Prozessbevollmächtigten gleichzeitig über die Gründe für die Verzögerung unterrichten. Geschieht dies nicht, hat er die Fristversäumnis selbst verschuldet (BGH HFR 1986, 321). Ebenso ist es, wenn ein Beteiligter seinen Steuerberater usw erst nach Ablauf der Revisionsfrist von der Zustellung des Urteils in Kenntnis setzt (BFH/NV 1990, 167; vgl auch BFH/NV 2001, 410). Schuldhaft handelt der Beteiligte ferner, wenn er nach der ihm bekannten **Mandatsniederlegung** durch den **Prozessbevollmächtigten** weder selbst tätig wird noch einen neuen Bevollmächtigten beauftragt (BFHE 91, 303 = BStBl II 1968, 312; BFH/NV 2002, 1314; BGH HFR 1984, 76; zur Zustellung eines Urteils beim Prozessbevollmächtigten s BGH VersR 1991, 123 und zur **Erkundigungspflicht** beim Ausbleiben einer Nachricht über eine erwartete Zustellung **nach Mandatsniederlegung** durch den Prozessbevollmächtigten s BGH VersR 1988, 835). – S auch Rz 20 „Rechtsirrtum"; „Rechtsirrtum über Verfahrensfragen"; „Prozessbevollmächtigter".

Finanzbehörden

Die Verantwortlichkeit von Finanzbehörden ist nicht auf Auswahl-, Aufsichts- und Organisationsverschulden (zB Fehlen einer Vertretungsregelung für die Zeit des Urlaubs) beschränkt (BFHE 87, 331 = BStBl III 1967, 142, BFHE 90, 93 = BStBl III 1967, 785; BFHE 94, 569 = BStBl II

1969, 263; BFHE 134, 220 = BStBl II 1982, 131). Sie muss sich das Verschulden eines Behördenvertreters (BVerwG Buchholz 310 § 67 VwGO Nr 89), ggf auch das Verschulden eines OFD-Bediensteten (BFHE 134, 220 = BStBl II 1982, 181; BFH/NV 1994, 553) zurechnen lassen. Fehler der als **Boten** in der Poststelle tätigen Bediensteten können der Finanzbehörde jedoch nicht angelastet werden (BFHE 96, 85 = BStBl II 1969, 548; BFHE 113, 209 = BStBl II 1974, 736; BFHE 137, 221 = BStBl II 1983, 229; BFH/NV 1989, 180, 181); sie müssen aber unterwiesen und überwacht werden, wobei die Anforderungen nicht geringer sind als bei Prozessbevollmächtigten (BFH/NV 1989, 180, 181; 1991, 616, 617 zur Versäumung der Revisionsbegründungsfrist infolge fehlender Unterschrift; BFH/NV 1995, 134 betr ungenaue Anweisungen des Vorstehers). **Im Übrigen** ist die Behörde nicht anders zu behandeln als jeder andere Beteiligte (BFHE 88, 75 = BStBl III 1967, 291; BFHE 97, 238 = BStBl II 1970, 95; BFH/NV 1990, 289, 290; 1993, 614; 1997, 34, 36 betr Postlaufzeit; 1997, 670; 1998, 709; 1115, 1118; 2000, 1117; BVerwG DVBl 1995, 937), wobei dies entgegen BFHE 96, 85 = BStBl II 1969, 548, 549 ebenso für **Büroversehen** gelten muss (vgl BFHE 175, 302 = BStBl II 1994, 946 betr Versäumung der **Revisionsbegründungsfrist;** BFH/NV 1993, 6; 746). In jedem Fall wird man die Führung eines **Fristenkontrollbuchs** oder einer vergleichbaren Einrichtung verlangen müssen (vgl BFH/NV 1993, 6; 1997, 47, 48; 1998, 70; 1999, 73; 2000, 1117; BFHE 175, 302 = BStBl II 1994, 946). – Zur **Postausgangskontrolle** s BFHE 134, 220 = BStBl II 1982, 131; BFHE 156, 79 = BStBl II 1989, 569; BFHE 175, 302 = BStBl II 1994, 946; BFH/NV 1987, 588, 589; 1993, 614; 1997, 47, 48; 1998, 70; 868; 1115, 1118; 2000, 1117; 2003, 1440: **Poststelle muss** auf die laufende Frist und die Wichtigkeit des Schriftstücks **hingewiesen werden;** im Übrigen s Rz 20 „Postausgangskontrolle". – Zu **Kontroll- und Überwachungspflichten** (Erkundigungspflicht) bezüglich des rechtzeitigen Eingangs einer Sache s BFH/NV 1998, 1115, 1118. – Zur Verantwortlichkeit bei **behördeneigener Postbeförderung** s BFH/NV 1999, 73; 670; vgl auch BVerfG NJW 1999, 3701.

Fristberechnung durch Angestellte des Prozessbevollmächtigten

Der Prozessbevollmächtigte darf die Berechnung der üblichen, häufig vorkommenden und einfach zu berechnenden Fristen zuverlässigen Angestellten übertragen (BFHE 94, 433 = BStBl II 1969, 190; BFH/NV 1992, 533; 1994, 328, 330; 1996, 336; BGHZ 43, 148; zur Abgrenzung vgl BSG NJW 1998, 1886, s zur Übertragung der Fristenkontrolle auf Angestellte des nicht vertretenen Beteiligten BFH/NV 2002, 1048), nicht aber einer Auszubildenden im ersten Lehrjahr (BGH AnwBl 1989, 99). – S auch Rz 20 „Revisionsbegründungsfrist"; „Fristenkontrolle"; „Prozessbevollmächtigter".

Fristenkontrolle

Angehörige der rechts- und steuerberatenden Berufe müssen für eine zuverlässige Fristenkontrolle sorgen (s zur Übertragung der Fristenkontrolle auf Angestellte des nicht vertretenen Beteiligten BFH/NV 2002, 1048). Erforderlich ist die Einrichtung eines **Fristenkontrollbuchs** oder eines vergleichbaren Kontrollsystems (BFH/NV 2003, 1193). Fehlt es, ist die

Fristversäumnis im Allgemeinen verschuldet. – Wegen der **Anforderungen** an die Führung eines Fristenkontrollbuchs s BFHE 155, 275 = BStBl II 1989, 266, 268 f; BFH/NV 1994, 328; 1999, 941; BGH VersR 1991, 123; 1996, 1561 und zur **Vertretungsregelung** s BGH HFR 1986, 207; NJW 1989, 1157; BB 1989, 108; VersR 1991, 1271. – Zur Fristenkontrolle mittels **EDV** s FG Bdbg EFG 1998, 980; FG Saarl EFG 1999, 1194; 2000, 961; BGH NJW 1995, 1756, BGH DB 1999, 93; BGH BB 2000, 2440; *Hagen* AnwBl 1994, 463; *Späth* NWB Fach 30 S 984, 985; zur **Fristenkartei** s BFHE 122, 251 = BStBl II 1977, 643. – Ungenügend ist das Anlegen einer **Terminmappe** (BFHE 87, 51 = BStBl III 1966, 681; BFHE 121, 164 = BStBl II 1977, 290), das Führen eines **Terminkalenders** (FG Hbg EFG 1994, 550) oder die Vorlage eines **Portobuchs** (BFH/NV 1987, 720; zur Ausnahme s BFH/NV 1997, 253, 254). – Der Fristablauf ist für jede einzelne Sache **unverzüglich** in das Fristenkontrollbuch **einzutragen** (BFHE 121, 164 = BStBl II 1977, 290; BFH/NV 1988, 673; 2002, 807; 1467 betr Revisions- und Revisionsbegründungsfrist; 2003, 199; BGH NJW 1999, 1412). Die Eintragung von **Wiedervorlagefristen** (BFHE 107, 486 = BStBl II 1973, 169; BFH/NV 1990, 248, 249; 1992, 615; 2002, 1490; BGH BB 1987, 2399) oder Einlassungsfristen (BGH VersR 1989, 104) genügt **nicht.** Nicht **ausreichend** ist auch die nachträgliche Berechnung der Frist anhand des Eingangsstempels der Kanzlei (BFH/NV 1988, 444; BGH HFR 1985, 193). Bei Zustellung gegen Empfangsbekenntnis oder PZU ist für die Fristberechnung der Tag der Zustellung zu Grunde zu legen (BFH/NV 1994, 183; 1995, 465); der Umschlag mit dem Zustellungsvermerk ist aufzubewahren (BFH/NV 1988, 250; Fg Hbg EFG 2004, 1471: zur Handakte zu nehmen); der Tag der Zustellung ist auf dem Schriftstück zu vermerken (BFHE 129, 232 = BStBl II 1980, 154). – Zur Fristnotierung in der Handakte (Mandantenakte) s BFH/NV 1992, 533; BGH VersR 1983, 559. – Zur Fristberechnung durch den Prozessbevollmächtigten selbst s Rz 20 „Prozessbevollmächtigter". – S auch Rz 20 „Revisionsbegründungsfrist". – Durch organisatorische Maßnahmen (Vorfrist) muss die **rechtzeitige Wiedervorlage** der Sache gewährleistet sein (BFHE 89, 330 = BStBl III 1967, 613; BFH/NV 1988, 250; 2991, 167; BGH NJW 1991, 1178; BSG MDR 1995, 964; zum Verzicht auf Vorfristen s BFH/NV 1988, 673, 674); zum **Vorfristtermin** muss die Frist noch einmal überprüft werden (BFH/NV 1998, 866 mwN; 2000, 1482, 1483). – Werden Fristen nicht in das Fristenkontrollbuch eingetragen, weil der Vorgang „sofort bearbeitet" werden soll, muss unmissverständlich geregelt sein, unter welchen Voraussetzungen die Fristnotierung unterbleiben kann (BFH/NV 1994, 328). Es muss auch sichergestellt sein, dass die vorgemerkten Fristen auf Grund einer schriftlichen Eingangsbestätigung des Gerichts ggf berichtigt werden (BGH BB 1997, 1332; OLG Frankfurt MDR 1998, 995). Ist es mangels entsprechender Büroorganisation versäumt worden, das mutmaßliche Ende der Rechtsmittelfrist zu vermerken, so entlastet es den Prozessbevollmächtigten gleichwohl nicht, wenn ihm die gerichtliche Eingangsbestätigung nicht zugegangen ist (BGH VersR 1998, 7). – Der Prozessbevollmächtigte muss Vorkehrungen treffen, um die **Fertigung und Absendung von Schriftsätzen** zu **überwachen** (BVerwG Buchholz 310 § 60 VwGO Nr 72; BGH HFR 1981, 240; 1990, 394; VersR 1981, 282; 1988, 942; s auch

Rz 20 „Postausgangskontrolle") oder um die sofortige Vorlage der Handakte bei vermuteter Fristversäumnis zu gewährleisten (BFHE 120, 137 = BStBl II 1977, 35). Er muss auch für eine **tägliche Fristenkontrolle** am Abend eines jeden Arbeitstages Sorge tragen (BFH/NV 1986, 430; 1988, 444; 1999, 621 mwN; FG D'dorf EFG 2004, 669; morgendliche Kontrolle soll nach BGH VersR 1999, 1303 nicht ausreichen) und sicherstellen, dass **Fristen** im Fristenkontrollbuch erst auf der Grundlage einer entsprechenden Eintragung im Postausgangsbuch **gelöscht** werden (BFH/NV 1999, 512; 2003, 1193), wenn das Schriftstück unterzeichnet und abgesandt oder postfertig gemacht worden ist (BFHE 107, 486 = BStBl II 1973, 169; BFHE 140, 146 = BStBl II 1984, 441; BFH/NV 1988, 317; 1999, 512; Rz 20 „Postausgangskontrolle"). – Es besteht aber grundsätzlich **keine** Verpflichtung, schon kurz nach Absendung der Rechtsmittelschrift oder eines sonstigen fristwahrenden Schriftsatzes **Erkundigungen über den Eingang** beim Empfänger einzuholen. Derartige Anforderungen würden den Zugang zum Gericht in unzumutbarer, sachlich nicht gerechtfertigter Weise erschweren und Art 19 IV, 103 I GG verletzen (BVerfG HFR 1991, 672 = NJW 1992, 38 unter Aufhebung des strengeren Beschlusses BFH/NV 1990, 581; vgl auch BVerfGE 79, 372, 375 f). Zur Ausnahme s Rz 24. – Eine **doppelte** Fristenkontrolle durch den Prozessbevollmächtigten ist nicht erforderlich (BGH BB 2000, 1964), andererseits führt sie nicht zur Verschärfung der Sorgfaltspflichten (BGH BB 1998, 1661). – Im Übrigen ist **trotz mangelhafter Fristenkontrolle** Wiedereinsetzung zu gewähren, wenn die Mängel für die Fristversäumnis nicht ursächlich waren. Das ist etwa der Fall, wenn das Schriftstück rechtzeitig abgesandt worden ist, es aber wegen Verzögerung bei der Postbeförderung erst nach Ablauf der Rechtsmittelfrist den Empfänger erreicht.

Fristverlängerungsantrag

Konnte ein Prozessbevollmächtigter nach der ständigen Gerichtspraxis damit rechnen, dass ein von ihm gestellter Fristverlängerungsantrag bewilligt werden wird, so ist er nicht verpflichtet, sich vor Ablauf der Frist nochmals nach der Entscheidung über den Fristverlängerungsantrag zu erkundigen (BVerfG StRK FGO § 56 R 378 = NJW 1989, 1147; BVerfG StRK FGO § 56 R 387 = NJW 1992, 38; BFH/NV 1995, 515; 2000, 1479; 2002, 1033; 2004, 168; BGH NJW 1983, 1741; 1991, 1359; BB 1997, 68; großzügiger: BFHE 114, 330 = BStBl II 1975, 338, BGH HFR 1983, 541; 1987, 424). Eine Erkundigungspflicht wird man aber nach Stellung eines ungewöhnlichen oder eines weiteren Verlängerungsantrags annehmen müssen (BFH/NV 2000, 1479; BGH VersR 1998, 737; s auch BGH VersR 1991, 121 betr Antragstellung am letzten Tag der Frist).

Gewerbebetriebe

Die für Finanzbehörden geltenden Grundsätze sind entsprechend anzuwenden (Rz 20 „Finanzbehörden"). – Zum Erfordernis einer **Vertretungsregelung** bei urlaubsbedingter Abwesenheit eines GmbH-Geschäftsführers s BFH/NV 1992, 146, 147 f (s auch Rz 20 „Abwesenheit"). – Zur **Überwachung** von Angestellten s BFH/NV 1992, 183; 2001, 292.

Irrtum

S Rz 20 „Rechtsirrtum" und „Rechtsirrtum über Verfahrensfragen"

Krankheit

Krankheit oder ein **schlechter Gesundheitszustand** entschuldigen die Fristversäumung nur bei plötzlichem und unvorhersehbarem Auftreten (Erkrankung am letzten Tage der Frist – BGH HFR 1973, 401) oder einem solchen Ausmaß, dass weder die Fristwahrung noch die Bestellung eines Vertreters möglich ist (BFHE 93, 512; BFHE 110, 102 = BStBl II 1973, 825; BFH/NV 1986, 620, 621; 742, 743; 1995, 228; 1998, 336; 1368; 1999, 1614, 1615; 2000, 583; 1614, 1615; 2002, 794; 2003, 173; 2004, 355 zu Unwohlsein; 2005, 1347; BGH NJW 1989, 931; FG M'ster EFG 1999, 722), zB bei **krankhafter Störung der Geistestätigkeit** (BFHE 105, 230 = BStBl II 1972, 541; BFH/NV 1987, 451; 1988, 784; 1989, 370; 1991, 245; 247 zur bettlägerigen Krankheit; 760 ua zum Alter), plötzlichem **Diabetesschock** (BFH/HFR 1975, 350), Schlaganfall (vgl BFH/NV 1987, 246), unter besonderen Umständen bei einem **Herzinfarkt** (FG Hessen EFG 1981, 266) oder bei akuten **schweren seelischen Belastungen** infolge familiärer Ereignisse (BFH/NV 1992, 257; 2005, 1591; BGH VersR 1981, 839; 1985, 550; BGH FamRZ 1994, 1520; FG D'dorf EFG 1991, 507). – Das gilt auch für **Prozessbevollmächtigte**. Sie müssen jedoch Vorsorge für den Fall einer Erkrankung treffen (Rz 20 „Büroorganisation"). Ist der Prozessbevollmächtigte auf Grund einer nicht vorhersehbaren Erkrankung ausnahmsweise nicht verpflichtet, das Rechtsmittel fristgerecht einzulegen, können ihm Fehler in einem gleichwohl abgesandten Schriftsatz (Einlegung des falschen Rechtsmittels) nicht angelastet werden (BGH NJW-RR 1998, 639; **aA** BFH/NV 1998, 992). – S zur Darlegung der Krankheit und der Vertretungsregelung Rz 38.

Kurierdienst

Für die regelwidrige Verzögerung bei der Beförderung fristgebundener Schriftsätze durch einen Kurierdienst sind Beteiligter und Prozessbevollmächtigter – wie bei regelwidrigen Verzögerungen der Postbeförderung – nicht verantwortlich (BVerfG MDR 2000, 966).

Nichtzulassungsbeschwerde

Wiedereinsetzung kann nur erlangt werden, wenn innerhalb der Antragsfrist (§ 56 II 3 – Rz 46 ff) nicht nur die NZB eingelegt, sondern auch begründet wird (BFH/NV 2000, 445, 446; 2003, 331; 1073). Wiedereinsetzung wegen Versäumung der Begründungsfrist ist zu versagen, wenn der Beschwerdeführer die Begründung nicht innerhalb der Monatsfrist des § 56 II 3 iVm Satz 1 Hs 2 nachholt (BFH/NV 2005, 1862). – Im Übrigen s Rz 20 „Prozessvollmacht", „Revisionsbegründungsfrist".

Notanwalt

Ein Beteiligter, der wegen Mittellosigkeit (Rz 20 „Armut") oder mangels eines postulationsfähigen Prozessbevollmächtigten (§ 62 a Rz 6 ff) die Rechtsmittelfrist versäumt, kann Wiedereinsetzung nur erlangen, wenn er bis zum Ablauf der Rechtsmittelfrist ein ordnungsgemäßes PKH-Gesuch

(Rz 20 „Armut") oder den Antrag stellt, ihm einen Notanwalt beizuordnen (BFH/NV 1997, 431; 1999, 436; 629). – Wegen des Inhalts des Antrags auf Beiordnung eines Prozessbevollmächtigten s BFH/NV 1999, 436 und § 62a Rz 21).

Postausgangskontrolle

Der Prozessbevollmächtigte handelt schuldhaft, wenn er nicht dafür sorgt, dass Fristen in seinem Büro erst gelöscht werden, wenn der fristwahrende Schriftsatz unterzeichnet und abgesandt oder postfertig gemacht worden ist (Rz 20 „Fristenkontrolle"). Erforderlich ist also eine wirksame Postausgangskontrolle (BFHE 155, 275 = BStBl II 1989, 266, 268; BFH/NV 1989, 116; 240, 241; 1993, 738; 1994, 328; 1995, 738, 739; 2002, 807; 1467; 2003, 199; BGH HFR 1986, 208; 1990, 394; 522; 1997, 34; VersR 1993, 207; 1996, 1298; BVerwG Buchholz Sonderlieferungen 310 § 60 VwGO; FG M'ster EFG 1989, 47; FG Hessen EFG 1989, 362). Dazu gehört grundsätzlich die Einrichtung eines **Postausgangsbuchs** (ein persönlich geführter Terminkalender genügt nicht – BVerwG Buchholz 310 § 60 VwGO Nr 156; vgl auch BGH VersR 1993, 207: Feststellung, dass der Postausgangskorb leer ist, reicht nicht; aA BGH NJW 2001, 1577 u NJW-RR 2003, 862 zum **Postausgangsfach**). Die Eintragungen müssen so genau sein, dass nachvollzogen werden kann, für wen, wann, welches Rechtsmittel das Büro verlassen hat (BFH/NV 1990, 248, 249; instruktiv FG Hbg EFG 1994, 550). Es genügt deshalb nicht, dass die Fristen erst mit dem Eingang der Empfangsbestätigung gelöscht werden (BGH VersR 2000, 1563; aA BGH BB 1991, 240). Da die Pflicht zur Ausgangskontrolle erst endet, wenn feststeht, dass der Schriftsatz wirklich übermittelt worden ist, darf die Frist bei Übermittlung eines fristwahrenden Schriftsatzes per **Telefax** erst gelöscht werden, wenn ein vom Telefaxgerät des Absenders ausgedruckter Einzelnachweis vorliegt, der die ordnungsgemäße Übermittlung belegt (BGH BB 1989, 2219; NJW 1998, 907). – Zu den Sorgfaltspflichten bei Benutzung eines **Telefaxgerätes** s Rz 20 „Telefax". – Zu **mündlichen Anweisungen** an das Büropersonal s BFH/NV 2000, 78 und Rz 20 „Prozessbevollmächtigter"; strenger BGH HFR 1990, 522. Zur **Unterschriftkontrolle** und deren **Übertragung** auf Büroangestellte s BVerfG NJW 1996, 309; BFHE 140, 146 = BStBl II 1984, 441; BFH/NV 1995, 798, 799; BGH VersR NJW 1994, 3235. – Zur **Überwachung** von Hilfspersonen s Rz 20 „Boten". – Zum **Eingang** beim Gericht s Rz 20 „Fristenkontrolle" aE. – Zur **Postausgangskontrolle durch die Finanzbehörde** s BFH/NV 1998, 70; 709; 1115, 1118; 2003, 1440 u Rz 20 „Finanzbehörden".

Postbeförderung

Der Beteiligte darf **Fristen bis zum letzten Moment ausnutzen** (s Rz 1). Das bedeutet aber nicht, dass es für die Wahrung der Frist oder eine zu gewährende Wiedereinsetzung ausreicht, wenn er das maßgebende Schriftstück **erst am Tag des Fristablaufs zur Post** gibt (vgl BFH/NV 1988, 578, 579; 2000, 1491). Der Beteiligte (oder sein Prozessbevollmächtigter) muss vielmehr alles unternehmen, was von ihm erwartet werden kann, damit die Sendung innerhalb der laufenden Frist dem Empfänger zugeht (vgl BVerwG Buchholz 310 § 60 VwGO Nr 154; BFHE 148, 422 =

BStBl II 1987, 303; BFH/NV 1997, 34, 35; 2003, 175 zur gesteigerten
Sorgfaltspflicht). Dazu gehört insbesondere die Übersendung durch **Eilzu-
stellung, Telegramm** (BFH/NV 1988, 378; 570, 571) oder **Telefax**
(Rz 20 „Telefax"). – **Telebriefe** scheiden jedoch aus, wenn die Auslieferung
im Wege der normalen Briefzustellung gewählt wird (BFHE 146, 220
= BStBl II 1986, 563). – S auch Rz 37. – Kommt der Beteiligte dem nach
und liefert er die Sendung so rechtzeitig ein, dass üblicherweise mit dem
fristgerechten Zugang zu rechnen ist, so hat er ein gleichwohl eingetretenes
Fristversäumnis nicht zu vertreten, sofern dieses ausschließlich auf
Verzögerungen bei der Postbeförderung oder -zustellung durch die
Deutsche Post AG oder Lizenzunternehmen (s § 53 Rz 16) beruht. Denn
der Absender darf **auf die normale** (gewöhnliche) **Laufzeit** einer ordnungsgemäß adressierten und frankierten Sendung vertrauen (BVerfGE 40,
42, 45; 41, 23; 341; 356; 42, 258; 43, 75; 151; 44, 302; 45, 360; 46, 404;
53, 25; 62, 334; BVerfG NJW 1995, 2546; BFHE 130, 361 = BStBl II
1980, 514; BFHE 132, 396 = BStBl II 1981, 390; BFH/NV 1987, 630;
751, 752; 1988, 26, 27; 1989, 304, 305; 1991, 131; 1992, 753; 763; 1997,
34, 35; 291, 292; 330; 1998, 988; 1999, 1098, 1099; 2002, 778; 2004, 83;
2005, 1582; zur **unvollständig adressierten Sendung:** BFH/NV 1997,
497; 595, 596; s dazu aber auch BVerwG NJW 1990, 2639: Wiedereinsetzung zu gewähren, wenn Einlieferung so rechtzeitig, dass gleichwohl mit
fristgerechtem Zugang zu rechnen war; s auch Rz 20 „Büroversehen"; „Fehler des Beteiligten"; „Prozessbevollmächtigter"). Wie lange
die übliche Laufzeit ist, bemisst sich nach den auf einem **gewöhnlichen
Betriebsablauf** beruhenden Angaben des Beförderungsunternehmens für
die jeweilige Art der Sendung (normaler Brief, Einschreibbrief, Eilbrief,
Telegramm, Telebrief, Paket usw). In Zweifelsfällen muss sich der Beteiligte hierüber schon vor Aufgabe der Sendung erkundigen (BVerfGE 41,
356; BVerfG NJW-RR 2000, 726; vgl BFH/NV 1997, 330; für den Fall
des **Poststreiks** s BGH BB 1993, 533; NJW 1993, 1332; ggf muss er sich
auch über die Leerungszeiten des Briefkastens informieren). **Differenzierungen** danach, ob die Verzögerung auf einer zeitweise besonders starken
Beanspruchung der Leistungsfähigkeit des Beförderungsunternehmens (zB
vor Feiertagen), auf einer zeitweilig herabgesetzten Leistungsfähigkeit (zB
an Wochenenden), auf Nachlässigkeit eines Postbediensteten (zB in der
Karnevalszeit), auf höherer Gewalt oder (zB bei Einschreibsendungen) auf
dem Verhalten des Empfängers beruht, sind **unzulässig** (BVerfG NJW-
RR 2000, 726; BFH/NV 1989, 304, 305; 351, 352; 452, 453; 1997, 34,
35; 2000, 1071; unklar BFH/NV 2004, 83; zu **Auslandsbeförderungen** s
aber BFH/NV 1996, 137). – Ob die Postsendung so rechtzeitig aufgegeben worden ist, dass unter Berücksichtigung der üblichen Laufzeiten mit
einem fristwahrenden Zugang zu rechnen war, ergibt sich regelmäßig aus
dem **Poststempel.** Der Briefumschlag mit dem Poststempel muss deshalb
bei den Akten aufbewahrt werden (vgl BVerfGE 41, 23, 28). Unterbleibt
dies, dürfen dem Beteiligten daraus keine Nachteile erwachsen (zB
BVerwG Buchholz 310 § 60 VwGO Nr 73). – Zum **Verlust** eines fristwahrenden Schriftsatzes **auf dem Postweg** s BFH/NV 1997, 253, 254;
1998, 1231.

Prozessbevollmächtigter (Rechtsanwalt, Steuerberater usw)

Der Prozessbevollmächtigte muss grundsätzlich selbst dafür sorgen, dass Fristen eingehalten werden (BFH/NV 1987, 306 zum persönlich beauftragten **Geschäftsführer** einer **Steuerberatungsgesellschaft mbH;** s auch BFH/NV 1987, 182, 183). Lediglich büromäßige Aufgaben (dazu gehört nicht die Anfertigung einer Rechtsmittelschrift – BFH/NV 1999, 663, 664), darf er auf Hilfskräfte übertragen. Bei den auf Bürokräfte übertragbaren Obliegenheiten beschränkt sich die Sorgfaltspflicht des Prozessbevollmächtigten auf die **Auswahl** und die **Überwachung** der Angestellten und auf die **Büroorganisation** (vgl BVerfG NJW 2004, 2583; BFHE 86, 219; BFHE 87, 51 = BStBl III 1966, 681; BFHE 89, 330 = BStBl III 1967, 613; BFH/NV 1986, 471, 472; 740, 741; 1991, 167; 1993, 251; BGH HFR 1987, 425; s hierzu Rz 20 „Abwesenheit"; „Beauftragung eines anderen"; „Büroversehen"; „Fristberechnung"; „Fristenkontrolle"; „Postausgangskontrolle"; s auch Rz 37 ff). Dabei darf er im Allgemeinen darauf vertrauen, dass die **seinem** zuverlässigem Büropersonal erteilten ausdrücklichen und eindeutigen (mündlichen) **Anweisungen** befolgt werden (BVerfG NJW 1996, 309; vgl BFH/NV 1995, 798, 799 mwN; 1996, 818; BGH NJW 1997, 1930; NJW-RR 1998, 787; HFR 1998, 686; OLG Bdbg NJW-RR 2000, 1147). – **Macht der Prozessbevollmächtigte selbst Fehler,** zB bei der Fristberechnung, kommt eine Wiedereinsetzung in der Regel nicht in Betracht (BFH/NV 2002, 1484; 2004, 526; 1663 zur Pflicht, die wenigen Fristakten durchzusehen), es sei denn, der Fehler hätte auch durch die den Umständen des Falles angemessene und vernünftigerweise zu erwartende Sorgfalt nicht verhindert werden können (BFH/NV 2005, 720; 1623). Ebenso werden übertragbare Angelegenheiten dann zu **eigenen Obliegenheiten** des Prozessbevollmächtigten, wenn ihm die Sache zur Fachbearbeitung (Vorfristtermin genügt – BFH/NV 1998, 866) vorgelegt worden ist. Auf ein entschuldbares Büroversehen (Rz 20 „Büroversehen") kann er sich dann nicht mehr berufen (BFH/NV 1999, 1614; 2000, 1614; 2003, 67; 181; 924; 933; 2005, 1574). – Ansonsten muss der Prozessbevollmächtigte **bei jeder** im Zusammenhang mit einer fristwahrenden Prozesshandlung erfolgenden **Vorlage der Handakten** selbst prüfen, wann die Rechtsmittelfrist abläuft, und für die rechtzeitige Bearbeitung Sorge tragen (BFH/NV 1989, 786, 787; 1995, 907; 1996, 336; 1999, 1614; 2000, 575; 1300; 1482, 1483; 2002, 1594; 2005, 1574; vgl BGH VersR 1988, 414; 1990, 544; HFR 1990, 652; BB 1998, 17); auf die Erinnerung durch sein Personal darf er sich nicht verlassen (BFHE 122, 251 = BStBl II 1977, 643; BGH VersR 1991, 119; NJW 1992, 841; BSG NJW 1988, 2822). Die Prüfung hat anhand des Zustellungsvermerks (bzw des Empfangsbekenntnisses), nicht des Eingangsstempels seines Büros (BFH/NV 1993, 552, 553; 1994, 183; BGH HFR 1985, 193) zu erfolgen; auf den von dem Mandanten mitgeteilten Zeitpunkt der Zustellung darf sich der Bevollmächtigte nicht verlassen (BFH/NV 2005, 720). Liegt eine **gerichtliche Eingangsmitteilung** vor, ist sie der Prüfung zu Grunde zu legen (BFHE 155, 282 = BStBl II 1989, 328; BGH HFR 1990, 392; zur Übertragung der Überprüfung auf Kanzleipersonal durch entsprechende Organisationsanweisung s OLG Frankfurt MDR 1998, 995). Ggf sind auch **Art und Zeitpunkt der Bekanntgabe** der Einspruchsentscheidung zu ermitteln (BFH/NV 1995, 465), und zwar insbesondere dann, wenn sich aus einer Mitteilung der Finanzbehörde Zweifel an der Fristwahrung ergeben (BFH/NV 1988, 780, 781). – Nimmt der Prozessbevollmächtigte die **Zustellung persönlich** entgegen, muss er selbst dafür Sorge tragen, dass die Frist ordnungsgemäß vermerkt und überwacht wird (BFH/NV 1995, 38; BVerwG HFR 1985, 91; BGH HFR 1988, 654). Eine mündliche Anweisung soll in diesen Fällen nicht ausreichen (BFH/NV 1986, 614; BGH NJW 1980, 1846; zweifelhaft, s weiter unten). Berechnet der Bevollmächtigte die Frist selbst, muss er die Berechnung in der Akte notieren, weil sonst nicht feststellbar ist, ob die Frist falsch berechnet oder vom Personal versehentlich falsch eingetragen wurde (BFH/NV 2005, 558: Klebezettel reicht nicht). – Zur **Fristberechnung** s Rz 20 „Fristberechnung". – Organisatorische Maßnahmen zur **Fristenkontrolle, die über das rechtlich gebotene Maß hinaus**gehen, führen nicht zu einer Verschärfung der Sorgfaltspflichten des Prozessbevollmächtigten (BFH/NV 1994, 328; BGH BB 1998, 1661).

Abgesehen von der allg Fristenkontrolle und –überwachung hat der Prozessbevollmächtigte während des laufenden Verfahrens folgende **Sorgfaltspflichten** zu beachten, **deren Verletzung eine Wiedereinsetzung grundsätzlich nicht rechtfertigen:** Bei der **Übernahme des Mandats** hat sich der Prozessbevollmächtigte über alle Umstände des Einzelfalls, insbesondere auch über **einzuhaltende Fristen zu informieren** (s aber BFH/NV 1996, 680: keine Pflicht, sich ohne konkreten Anlass bei dem bisherigen Bevollmächtigten oder der Finanzbehörde über etwaige noch laufende Rechtsbehelfsfristen zu erkundigen). Erkennt er, dass er sich **nicht** in dem erforderlichen Maße **um die Prozessführung** und die Einhaltung der Fristen **kümmern kann** (dazu BFH/NV 1996, 237) oder dass die Sache für ihn zu schwierig ist (dazu BFH/NV 1992, 315; 2004, 1668), muss er das **Mandat zurückgeben** (s auch BFH/NV 2003, 648: keine Wiedereinsetzung, weil sich Steuerberater erst Rat eines Rechtsanwalts einholen musste). – Er muss ggf – zB bei Unerreichbarkeit des Mandanten – rechtzeitig **Fristverlängerungsanträge** stellen (insbesondere bei **Ausschlussfristen** – BFH/NV 1989, 41; 1997, 871, 872; 2003, 1438 betr Urlaub; FG Saarl EFG 1997, 1446; zur Revisionsbegründungsfrist s Rz 20 „Revisionsbegründungsfrist") und zwar auch dann, wenn ihm das gerichtliche Aktenzeichen noch nicht bekannt ist (BFH/NV 2000, 207). – Der Prozessbevollmächtigte muss die normale **Postlaufzeit** (Rz 20 „Postbeförderung") beachten und die Rechtsbehelfsschrift – ggf auch ein **Telegramm** (BGH HFR 1974, 466), ein **Telefax** (Rz 20 „Telefax") und andere Schriftsätze (BGH NJW 1996, 853) – auf Richtigkeit und Vollständigkeit überprüfen. Er hat darauf zu achten, ob die Formalien eingehalten sind (BFH/NV 1990, 508, 509; 1997, 889; 1999, 663, 664; 1100; FG Bln EFG 1997, 246; s auch BGH HFR 1991, 307; VersR 1998, 868; BAG HFR 1974, 311). Dazu gehört vor allem die **richtige Adressierung** (BFHE 116, 352 = BStBl II 1975, 762; BFH/NV 1987, 648; 1988, 381; 1991, 393; 1999, 663, 664; 2005, 563 zur Einlegung der NZB beim BFH; BGH HFR 1980, 160; NJW 1989, 2396; BVerwG NJW 1990, 1747; s aber auch BGH BB 1999, 2479; BAG HFR 1988, 251; 1990, 802; BVerwG NJW 1990, 2639), nicht aber die Angabe der **Telefaxnummer** (BFH/NV 2003, 1122: keine Pflicht des Prozessbevollmächtigten, diese

selbst herauszusuchen und zu überprüfen). Die Überprüfungspflichten
greifen auch dann ein, wenn dem Prozessbevollmächtigten das Schriftstück
in einer „übervollen" Unterschriftsmappe vorgelegt wird (BGH HFR
1983, 493). Zumindest muss er durch organisatorische Vorkehrungen
sicherstellen, dass seine Mitarbeiter die für das Gericht bestimmten Sendungen vollständig adressieren (BGH BB 1999, 2479). Ist die Anschrift aus
den Akten übernommen worden, erübrigt sich eine Kontrolle (BFHE 101,
343 = BStBl II 1971, 332; BFH/NV 1988, 158; 2003, 757 zur Adressierung durch ansonsten zuverlässiges Kanzleipersonal; s auch Rz 20 „Büroorganisation" u „Büroversehen"). Stellt der Prozessbevollmächtigte eine
Fehladressierung fest, so genügt es, wenn er einen zuverlässigen Angestellten mit der Korrektur beauftragt (BFHE 151, 366 = BStBl II 1988,
143; BFH/NV 1988, 395; BGH NJW 1982, 2670; HFR 1983, 35);
ebenso für sonstige unwesentliche Korrekturen BayObLG AnwBl 1996,
341, anders aber bei **Schriftsatz mit mehreren relevanten Fehlern:**
BGH NJW-RR 2004, 711. ME überspannt: BFH/NV 2004, 1108: Erfährt
Bevollmächtigter, dass **Telefaxgerät** defekt war, muss er bei Empfängern
nachfragen, ob die Sendungen angekommen sind. – Soll der Mandant,
etwa nach Unterzeichnung der Prozessvollmacht, die Klage selbst an das
Gericht weiterleiten, so hat der Prozessbevollmächtigte auf die Fristgebundenheit und die besondere Eilbedürftigkeit hinzuweisen (BFH/NV 1995,
51; Rz 20 „Boten"; **aA** FG RhPf EFG 1994, 934; kein besonderer Hinweis erforderlich). – Zur Sorgfaltspflicht bei der Eintragung einer **Ter-
minsladung** s BGH BB 1998, 1867 und bei Ablehnung des Antrags auf
Terminaufhebung/-verlegung s BFH/NV 2000, 1353. – Ergeht ein
PKH-Beschluss, durch den der Prozessbevollmächtigte dem Kläger beigeordnet wird (Rz 20 „Nichtzulassungsbeschwerde"), so muss der Prozessbevollmächtigte eigenverantwortlich prüfen, ob durch die Zustellung die
Wiedereinsetzungsfrist für die Erhebung der Klage zu laufen beginnt
(BGH NJW-RR 1999, 1585; OLG Karlsruhe MDR 1998, 996). – Nach
erfolgloser Klage muss er seinen Mandanten umfassend und so rechtzeitig
über die Möglichkeit belehren, Rechtsmittel einzulegen, dass dem
Beteiligten eine ausreichende Überlegungszeit verbleibt und zwar auch
dann, wenn er das Rechtsmittel für aussichtslos hält (BFH/NV 1988, 784;
BGH HFR 1987, 480; MDR 1999, 961). Diese Aufgabe darf er nur gut
ausgebildetem und zuverlässigem Büropersonal übertragen, dem er präzise
Anweisungen erteilt hat (BGH HFR 1986, 386). Der Prozessbevollmächtigte muss sorgfältig prüfen, ob das zulässige **Rechtsmittel** auch **ohne
ausdrückliche Anweisung** des Mandanten eingelegt werden muss (vgl
OVG Koblenz NJW 1983, 1509; s auch BGH HFR 1982, 240; 1983, 492;
zu weitgehend BVerwG NVwZ 1984, 521; FG D'dorf EFG 1995, 533;
einschränkend BGH VersR 1989, 1167; 1992, 898; BFH/NV 1996, 680;
keine allg Nachfragepflicht). Erteilt der Beteiligte den **Rechtsmittelauf-
trag,** so muss der Prozessbevollmächtigte sorgfältig klären, für wen und
gegen wen das Rechtsmittel geführt werden soll (BGH HFR 1987, 369);
er muss außerdem den Lauf der Begründungsfrist prüfen (BGH HFR 1990,
369). Er muss die Vorschriften über den **Vertretungszwang** (BFH/NV
1999, 1605) und die **Rechtsmittelbelehrungen beachten** (BFH/NV
1995, 37; 48; 1996, 336; 1998, 870, 871; 1999, 1605, 1606; 2000, 879;
2004, 61; BVerwG Buchholz 310 § 60 VwGO Nr 208; s aber auch

BFH/NV 2000, 1234, 1235 betr missverstandene Rechtsmittelbelehrung) und muss insbesondere dafür Sorge tragen, dass das Rechtsmittel **beim richtigen Gericht** eingelegt wird (BFH/NV 2003, 67 u 2004, 72 zur Einlegung der NZB beim FG statt beim BFH). Die Rechtsmittelschrift muss er handschriftlich unterzeichnen; ein Beglaubigungsvermerk genügt nicht (BFH/NV 1990, 168; str – vgl § 64 Rz 7 ff, 28 ff). Die Prüfung, ob eine **Rechtsmittelschrift unterzeichnet** ist, darf er geschultem, zuverlässigem und gut überwachtem Personal überlassen (BGH NJW 1985, 1226; 1989, 589, 590; BVerwG Buchholz 310 § 60 VWGO Nr 175; s aber auch BGH HFR 1990, 159). – Zu den Sorgfaltspflichten **mehrerer Prozessbevollmächtigter** (gegenseitige Informations- und Kontrollpflichten) s BFH/NV 1991, 612; BGH NJW-RR 1997, 55; 824.

Kein Verschulden des Prozessbevollmächtigten liegt grundsätzlich vor, wenn die Fristversäumnis auf einer nicht vorhersehbaren **Verschärfung der Auslegung verfahrensrechtlicher Vorschriften** durch ein oberstes Bundesgericht beruht (BFHE 189, 1 = BStBl II 1999, 666, 667; BFH/NV 2000, 69; BVerwG NVwZ 2000, 66). – Im Übrigen s Rz 20 zu den einzelnen Stichworten, insbesondere „Abwesenheit"; „Beauftragung eines anderen"; „Krankheit", „Rechtsirrtum", „Prozessvollmacht".

Andere Bevollmächtigte, die nicht den rechts- und steuerberatenden Berufen angehören, haben die allg Sorgfaltspflichten zu beachten (BGH NJW 1988, 2672).

Prozesskostenhilfe s Armut.

Prozessvollmacht

Keine Wiedereinsetzung mit der Begründung, die Frist zur Begründung der NZB sei schuldlos versäumt worden, weil die Beschwerdeführer die Prozessvollmacht erst nachträglich erteilt hätten (BFH/NV 2005, 1609).

Rechtsirrtum über materielles Recht

Ein **Rechtsirrtum** ist in aller Regel **unbeachtlich,** wenn er das **materielle Recht** betrifft. Es ist nicht Aufgabe der Wiedereinsetzungsvorschriften, derartige Fehlbeurteilungen auszugleichen (BFHE 88, 541 = BStBl III 1967, 472; BFHE 100, 438 = BStBl II 1971, 110; FG Hbg EFG 1995, 51; s aber auch die **Ausnahmefälle** BFHE 123, 395 = BStBl II 1978, 45 betr Irrtum über die Antragsfrist nach § 32 Kohlegesetz sowie BVerfG BStBl II 1982, 234 betr Versäumung der LStJA-Antragsfrist nach altem Recht). Eine **Ausnahme** kann in Betracht kommen, wenn die **Rechtslage** in hohem Maße **unsicher** ist und die Frist versäumt wird, weil es der Betroffene aufgrund rechtlich vertretbarer Erwägungen unterlässt, einen Rechtsbehelf fristgerecht einzulegen (BFH/NV 1987, 343; 1996, 771; 2004, 376 zur falschen Auskunft eines Insolvenzverwalters) oder wenn eine irrige Rechtsauffassung vom Gericht veranlasst worden ist (BVerfG NJW 2004, 2887; zu den Anforderungen: BGH WM 2003, 2478). Daran fehlt es aber bei Irrtum über die Verfassungsmäßigkeit bestimmter einkommensteuerrechtlicher Vorschriften (FG BaWü EFG 1993, 626 f).

Rechtsirrtum über Verfahrensfragen

Wiedereinsetzung kommt in Betracht, wenn der **Beteiligte** über Verfahrensfragen **irrt,** wie zB **über** das **Zustellungsdatum** infolge Vordatierung (FG D'dorf EFG 1979, 403), über den **Vertretungszwang** (BFH/NV 1996, 241), über die Möglichkeit des **Nachweises der Prozessvollmacht per Telefax** (BFHE 179, 569 = BStBl II 1996, 319) oder bei Verkennung des Begriffs „Anbringen" is des § 47 (FG Hbg EFG 1982, 85; aA FG RhPf EFG 1985, 76), über die **Form** der Einlegung **des Rechtsbehelfs** oder über **Beginn und Dauer der Frist** (BFHE 59, 212 = BStBl III 1954, 290; BFH/NV 1986, 717, 718; 1996, 771; zur Versäumung der Revisionsfrist bei DDR-Urteilen s BGH VersR 1991, 1270), insbesondere, wenn die verfahrensrechtliche Lage in hohem Maße unsicher ist und die Frist versäumt wird, weil der Betroffene es aufgrund rechtlich vertretbarer Erwägungen unterlässt, einen Rechtsbehelf fristgerecht einzulegen (BFH/NV 1987, 343; 1996, 358).

Keine Wiedereinsetzung kommt in Betracht, wenn der **Beteiligte irrt über** den **Fristablauf an Sonnabenden, Sonn- und Feiertagen** bei eindeutiger Rechtsmittelbelehrung (FG BaWü 1994, 990), den **Fristbeginn bei postlagernden Sendungen** (FG Nbg EFG 1983, 434), die Zustellung durch **Niederlegung** (BFH/NV 1993, 744; BVerwG NJW 1970, 773; s aber auch BVerwG NJW 1983, 1923 für den Fall, dass die Behörde den Beteiligten in seinem Irrtum bestärkt hat), das Verhältnis mehrerer Verfahren zueinander (BFH/NV 1996, 771 betr Änderungsbescheid), den **Vertretungszwang** bei Einlegung der NZB (§ 62a Rz 14; BFH/NV 1993, 481, 482; 1996, 241; Rz 20 „Fehler des Beteiligten"), den Ablauf der Frist zur Einlegung der **NZB** (BFH/NV 2005, 1623; BVerwG Buchholz 310 § 60 VwGO Nr 160: gilt auch bei eingelegter Verfassungsbeschwerde u nach BFH/NV 2000, 67 trotz eines nach § 107 gestellten Berichtigungsantrags) oder der Begründung der NZB (BFH/NV 2005, 720), den **Ablauf der Revisionsbegründungsfrist** trotz gestellter Anträge nach §§ 107, 109 (BFHE 127, 133 = BStBl II 1979, 373) oder trotz fehlender Mitteilung des Aktenzeichens durch den BFH und Nichteingang der Beiakten (BFHE 88, 75 = BStBl III 1967, 291), die **Zurücknahme des Rechtsmittels** (BGH NJW 1991, 2839; NJW-RR 1998, 638).

Wurde eine **zutreffende (Rechtsmittel-)Belehrung** erteilt, scheidet eine Wiedereinsetzung allerdings auch dann aus, wenn der Beteiligte unerfahren ist (BFH/NV 1996, 771; 2001, 172; FG BaWü EFG 1994, 990). **Fehlt die Rechtsmittelbelehrung,** muss ein Rechtsunkundiger sich beraten lassen (BGH HFR 1980, 396). Auch sonst muss er Zweifel rechtzeitig klären (BFH/NV 2001, 1010).

Beruht das Fristversäumnis auf einem **Irrtum des Prozessbevollmächtigten über Verfahrensfragen,** kann Wiedereinsetzung im Allgemeinen nicht gewährt werden (§ 155 iVm § 85 II ZPO). Angehörige der rechts- und steuerberatenden Berufe **müssen** in aller Regel das Recht – und zwar auch **das Verfahrensrecht – kennen** (BFHE 136, 348 = BStBl II 1983, 63 u BFH/NV 1992, 120, 121 betr fehlerhafte Adressierung der NZB; BFHE 159, 573 = BStBl II 1990, 546, 548; BFH/NV 1989, 245; 311, 312; 1990, 781; 1991, 539; 1993, 110; 1993, 33 betr Ausschlussfristen; 1994, 104; 1997, 790; 1998, 616; 2001, 468 betr Irrtum über die Frist für die Begründung der NZB; 2002, 1461 betr Irrtum über die Notwendigkeit der Begründung der NZB; 2000, 879 betr Irrtum über Bedeutung der Revisionszulassung; 1994, 384; 1998, 922 betr Irrtum über das zulässige Rechtsmittel; 1995, 52; 1999, 326; 2004, 61 betr Irrtum über die

Revisionsbegründungsfrist; 1997, 193, 194; 2000, 443, 444 betr Irrtum über den Beginn der Wiederaufnahmefrist; 1999, 492 betr Irrtum über die Notwendigkeit des Antrags nach § 68; 1997, 251, 252 betr Irrtum über die Wirkung der Verlängerung der Revisionsbegründungsfrist für die Gegenseite; 1999, 326 betr Irrtum über die Auswirkungen der Sequestration auf den Lauf der Revisionsbegründungsfrist; 2003, 67 u 2004, 72 betr Einlegung der NZB beim BFH; 2005, 232 betr Begründung des Wiedereinsetzungsantrags innerhalb der Frist des § 56 II; BGH HFR 1987, 426; FG M'ster EFG 1995, 553 betr Irrtum über Ablauf der Klagefrist). Insbesondere müssen sie die **Rechtsmittelbelehrung beachten** (Rz 20 „Prozessbevollmächtigter"). Die Berufung auf eine Mitverantwortung des BFH ist ausgeschlossen (Rz 20 „Verantwortlichkeit der öffentlichen Hand"). – Eine **Ausnahme** gilt dann, wenn in Rspr und Literatur **Unklarheit über** den zu wählenden Rechtsmittelzug (BGH NJW 1978, 960) oder sonst über **das Verfahren** besteht (BFH/NV 1987, 246; 1997, 457; BGH NJW 1979, 109; VersR 1980, 191; 193; BVerwG Buchholz 310 § 60 VwGO Nr 108; 448.0 § 32 WehrPflG Nr 25), insbesondere, wenn der Prozessbevollmächtigte sich in einer schwierigen Verfahrensfrage auf den Rat eines mit der Sache befassten Richters verlässt (BGH HFR 1981, 338). Wiedereinsetzung ist auch im Falle einer nicht ohne weiteres vorhersehbaren Änderung der Rechtsprechung zu gewähren (BFH/NV 2000, 69 betr Nachweis der Prozessvollmacht durch Telefax; ablehnend BFHE 189, 1 = BStBl II 1999, 666, 667 betr mangelnde Vertretungsbefugnis von Partnerschaftsgesellschaften; s auch BVerwG NVwZ 2000, 66). Dabei ist aber zu beachten, dass der Prozessbevollmächtigte verpflichtet ist, sich über den neusten Stand von Gesetzgebung und Rechtsprechung – auch zum Verfahrensrecht – zu informieren (s auch BGH VersR 1979, 375; HFR 1979, 394).

Revisionsbegründungsfrist

Die Revisionsbegründungsfrist gehört – anders als die Revisionsfrist (BFH/NV 1991, 174) – nicht zu den üblichen, häufig vorkommenden und einfach zu berechnenden Fristen (Rz 20 „Fristberechnung"). Der Prozessbevollmächtigte muss deshalb dafür sorgen, dass die Begründungsfrist in das **Fristenkontrollbuch eingetragen** wird (vgl BGH NJW-RR 2000, 1366). Er ist zu besonderer Sorgfalt bei der Prüfung der rechtlichen Grundlagen (insbesondere der Fristberechnung) und der Überwachung des Personals verpflichtet (BFHE 140, 428 = BStBl II 1984, 446; BFHE 175, 388 = BStBl II 1995, 24; BFH/NV 1987, 523, 524; 589; 1988, 652; 1991, 254; 323; 1996, 343; 2000, 470; 471; 740; 1210; BGH NJW-RR 1998, 932; vgl auch BVerwG NJW 1992, 852). Dies gilt insbesondere, wenn nach Bewilligung von PKH ein Wiedereinsetzungsverfahren erfolgreich durchgeführt worden ist (BGH NJW 1991, 2082). – Der Prozessbevollmächtigte muss den Ablauf der Revisionsbegründungsfrist **eigenverantwortlich prüfen,** wenn ihm die Handakten zur Bearbeitung vorgelegt werden (BGH BB 1998, 766), und zwar auch dann, wenn die Sache versehentlich nicht als Fristensache kenntlich gemacht ist (BGH BB 1998, 17). Unterlässt er dies, ist die Frist schuldhaft versäumt. – Der Prozessbevollmächtigte muss die Revisionsbegründungsfrist auch dann einhalten, wenn die **Wahrung der Revisionsfrist zweifelhaft** (BFH/NV 1995, 52) oder über den Antrag auf Wiedereinsetzung wegen Versäumung der Revisionsfrist noch nicht entschieden ist (BFHE 175, 388 = BStBl II 1995, 24). Zum zu stellenden **Fristverlängerungsantrag:** BFH/NV 1987, 170; 1988, 99, 100; 1989, 704; 1991, 828; 1996, 237; zur Eintragung der Fristverlängerung und deren Löschung im Fristenkontrollbuch: BFH/NV 1993, 550; BGH NJW-RR 1999, 1663 u Rz 20 „Prozessbevollmächtigter"; zur Wiedereinsetzung bei schuldlos verspätet eingegangenem Fristverlängerungsantrag: BFH/NV 1989, 304 u 2003, 78. – Der Prozessbevollmächtigte ist nicht verpflichtet, sich vor Ablauf der Begründungsfrist **wegen der Verlängerung** zu erkundigen. Das gilt jedenfalls dann, wenn er nach der Gerichtspraxis mit der Bewilligung rechnen darf (BVerfG StRK FGO § 56 R 378 = NJW 1989, 1147; BVerfG StRK FGO § 56 R 387 = NJW 1992, 38; BFH/NV 1995, 515; 2000, 1479; 2002, 1033; 2004, 168; BGH NJW 1983, 1741; 1991, 1359; BB 1997, 68; großzügiger: BFHE 114, 330 = BStBl II 1975, 338, BGH HFR 1983, 541; 1987, 424). Eine Erkundigungspflicht wird man aber nach Stellung eines ungewöhnlichen oder eines weiteren Verlängerungsantrags annehmen müssen (BFH/NV 2000, 1479; BGH VersR 1998, 737; 1991, 121 betr Antragstellung am letzten Tag der Frist). – Ist die **Revisionsbegründungsfrist versäumt,** kann – ggf auch noch nach Verwerfung der Revision als unzulässig (BFH/NV 1994, 331; 2001, 63) – Wiedereinsetzung erlangt werden, wenn die Revisionsbegründung innerhalb der Antragsfrist (Rz 23 ff) eingereicht wird; die Stellung des Antrags auf Verlängerung der Begründungsfrist genügt dafür indes nicht (GrS BFHE 148, 414 = BStBl II 1987, 264; BFH/NV 1992, 398; 1994, 52; 1995, 515; 1998, 1104, 1105; 2001, 608, 609; vgl auch BFH/NV 2005, 1862 zur NZB u BGH HFR 1990, 583; DStR 1999, 1119; BVerwG Buchholz 310 § 60 VwGO Nr 221 S 1). Voraussetzung für die zu gewährende Wiedereinsetzung ist in diesen Fällen aber, dass der Prozessbevollmächtigte rechtzeitig – wenn auch erst kurz vor Ablauf der Frist – einen Fristverlängerungsantrag gestellt hatte. – Für **Finanzbehörden** gelten die gleichen Grundsätze (Rz 20 „Finanzbehörden"). – S auch Rz 20 „Büroversehen", „Prozessbevollmächtigter", „Prozessvollmacht".

Telefax

Gesetzliche Fristen und Ausschlussfristen sind bei Übermittlung fristwahrender Schriftsätze nur dann eingehalten, wenn auch die letzte Seite des Schriftsatzes, auf der sich die Unterschrift befindet, vor Ablauf der Frist beim (zuständigen) Gericht eingeht (vgl BFHE 163, 510 = BStBl II 1991, 463; BFH/NV 1995, 699, 700; 2000, 1344, 1345; BGH VersR 1991, 894; 1994, 578; AnwBl 1995, 156; OVG Münster NJW 1996, 334; KG Berlin NJW 1997, 1864). – Der **Ausdruck des vollständigen Textes vor Fristablauf** durch das Empfangsgerät ist mE nicht erforderlich (etwa bei Störung des Gerätes); die Speicherung reicht aus (so wohl auch BFH/NV 2004, 519; vgl auch LAG Hamm CUR 1990, 725; weitergehend BGH NJW 1994, 1881: Bei rechtzeitiger Übermittlung, aber unvollständigem Ausdruck in Folge einer technischen Störung, ist die Frist stets eingehalten, wenn der vollständige Inhalt des Schriftsatzes anderweitig einwandfrei ermittelbar ist; **aA** im Ergebnis anscheinend BFH/NV 1992, 532 u 2004, 358).

Liegt ein nach der Behauptung eines Beteiligten fristwahrend per Telefax übermittelter Schriftsatz bei Gericht nicht vor, so kann der **rechtzeiti-**

ge Zugang nicht durch die Vorlage des **Sendeprotokolls** (Sendeberichts) nachgewiesen werden, weil nicht alle technisch bedingten Übertragungsfehler im Sendeprotokoll dokumentiert werden (BGH NJW 1995, 665; MDR 1995, 99; OLG Köln BB 1995, 748; **aA** OLG München NJW 1994, 527; OLG Rostock DB 1996, 573; LG Hbg NJW-RR 1994, 1486) und die Rechtzeitigkeit der Übersendung aus dem Sendeprotokoll zudem deshalb nicht hervorgeht, weil der darin angegebene Zeitpunkt der Übertragung vom Empfängergerät erzeugt wird und bei diesem beliebig eingestellt werden kann. Eine **Indizwirkung** wird man dem Sendeprotokoll jedoch nicht absprechen können (vgl LG Darmstadt NJW 1993, 2448; ablehnend aber BFH/NV 2003, 786 für die Übersendung mehrerer nicht identifizierbarer Schriftstücke). – Möglich ist der Nachweis des Zugangs aber unter Einbeziehung des **Empfangsjournals** des gerichtlichen Telefaxgerätes. Weist dieses für den behaupteten Zeitpunkt und mit entsprechendem Umfang den Empfang eines Telefaxes des betroffenen Beteiligten auf, so ist der (fristwahrende) Zugang dieses Schriftstücks – ggf nach Vernehmung der absendenden Person als Zeuge – nachgewiesen. Für eine Wiedereinsetzung ist insoweit kein Raum mehr, weil die Frist gerade nicht verpasst wurde (aA wohl BFH/NV 1996, 324).

Wiedereinsetzung ist zu gewähren, wenn der Beteiligte/Prozessbevollmächtigte sein funktionsfähiges Sendegerät ordnungsgemäß genutzt, die Empfängernummer rechtzeitig und korrekt eingegeben hat und die fristgerechte Übermittlung nur daran gescheitert ist, dass die Übermittlungsleitungen oder das **Empfangsgerät** des Gerichts (zB durch Papierstau) **gestört** und eine anderweitige Übermittlung vor Ablauf der Frist unter den gegebenen Umständen weder möglich noch zumutbar war (BVerfG MDR 2000, 836; BFHE 182, 348 = BStBl II 1997, 496; BFH/NV 1996, 475; BSG MDR 1993, 904; BGH NJW 1995, 1431; 1992, 244; VersR 1994, 578 zur unvollständigen Wiedergabe des durch Telefax übermittelten Schriftsatzes; OVG Hbg NVwZ 2000, 822 zur Nutzung anderer Möglichkeiten der Übermittlung). Mit der korrekten Eingabe der Empfängernummer hat der Absender grundsätzlich das seinerseits Erforderliche getan (BVerfG NJW 1996, 2857). Dabei muss er aber so **rechtzeitig mit der Übermittlung beginnen,** dass diese unter normalen (gewöhnlichen) Umständen vor Fristablauf abgeschlossen werden kann, und zwar unter Berücksichtigung der Möglichkeit, dass das Empfangsgerät wegen anderer eingehender Sendungen zeitweise nicht erreichbar ist (ansonsten keine Wiedereinsetzung: BFH/NV 2004, 519; BVerfG MDR 2000, 168; zur Verpflichtung, nach mehreren Fehlversuchen die Richtigkeit der Telefaxnummer zu überprüfen: BGH DStR 1999, 77; zur Überprüfung der Ordnungsmäßigkeit der Übermittlung bei Fehlermeldung: OLG Bdbg MDR 1998, 932).

Technische Defekte des Telefaxgerätes des Absenders lassen die Fristversäumnis nur dann als verschuldet erscheinen, wenn sie **konkret vorhersehbar** waren, nicht aber, wenn sie zu einem Zeitpunkt aufgetreten sind, in dem die **rechtzeitige Beseitigung** des Fehlers oder die Übermittlung auf einem anderen Weg **weder möglich noch zumutbar** war (BSG MDR 1993, 904 = BB 1993, 1044).

Angehörige der rechts- und steuerberatenden Berufe dürfen geschulte und zuverlässige Büroangestellte mit der Übermittlung fristwahrender Schriftstücke per Telefax beauftragen (BFH/NV 1999, 1655, 1656; 2003, 1122: keine **Überprüfungspflicht** im Einzelnen, sondern nur im Rahmen der Büroorganisation, s Rz 20 „Büroorganisation" u „Büroversehen"; s aber auch BFH/NV 2002, 1338 mit der mE fragwürdigen Pflicht, diktierte Telefaxnummern bei Unterzeichnung des Schriftsatzes Zahl für Zahl auf ihre Richtigkeit zu überprüfen; s zudem BGH NJW 1994, 329; 1995, 1431). Sie müssen aber durch organisatorische Vorkehrungen – Anweisungen an das Büropersonal und entsprechende Kontrolle – sicherstellen, dass Fristen eingehalten werden (Rz 20 „Büroorganisation"). Erforderlich ist grundsätzlich eine **Ausgangskontrolle anhand des Sendeberichts** über die Telefax-Übermittlung (BFH/NV 1998, 192; mE überspannt: FG Nds EFG 2005, 800: Ausdruck eines Einzelnachweises erforderlich; vgl auch BGH NJW 1990, 187; HFR 1999, 120; VersR 1999, 996; NJW 2000, 1043 zur Kontrolle bei Übernahme einer gespeicherten Telefax-Nr; s auch BGH VersR 2000, 338; NJW-RR 2000, 1591; BSG MDR 1993, 904; OLG Bdbg NJW-RR 2000, 1147), die sich auf die richtige **Empfängernummer** (BGH NJW 1993, 732; 1998, 907; VersR 1997, 853; FG Hessen EFG 1994, 50; BAG NZA 1995, 805) und ggf auch die **Seitenzahl** (BFH/NV 2003, 639; BGH NJW 1996, 244; OLG Karlsruhe NJW-RR 1998, 859; OLG Frankfurt aM MDR 2000, 1344) erstrecken muss; dies gilt auch dann, wenn der Prozessbevollmächtigte der Bürokraft eine übersichtliche Liste der Telefax-Nummern übergeben hat (**aA** wohl BSG Urteil v 28. 6. 1994 13 RJ 11/94). Durch organisatorische Maßnahmen (Weisungen) muss außerdem sichergestellt werden, dass **Fristen** erst nach Durchführung dieser Kontrollmaßnahmen im Fristenkontrollbuch **gelöscht** (BFH/NV 1998, 192; BGH NJW 1994, 1879; VersR 1999, 996; LAG Hamm MDR 1997, 694) und dass **allg veröffentlichte Änderungen** der Rufnummer **des Fax-Anschlusses** berücksichtigt werden (BGH NJW 1994, 1660). – Kommt es trotz bestehender genereller Anweisungen und Überwachungen des Büropersonals zu einer Fristversäumnis oder beruht diese darauf, dass Einzelanweisungen nicht berücksichtigt werden, so kommt Wiedereinsetzung in Betracht (ausführlich dazu Rz 20 „Büroorganisation"; „Büroversehen"; „Prozessbevollmächtigter"). ME überspannt: BFH/NV 2004, 1108: Erfährt Bevollmächtigter, dass **Telefaxgerät** defekt war, muss er bei Empfängern nachfragen, ob die Sendungen angekommen sind, ansonsten keine Wiedereinsetzung.

Umzug

Ein Umzug ist kein unvorhersehbares Ereignis und rechtfertigt folglich keine Wiedereinsetzung (BFH/NV 2005, 1856).

Unterschrift

Rechtsmittel müssen innerhalb bestimmter Fristen **schriftlich** erhoben werden (§§ 116 II, 120 I, 129 I), dh eigenhändig unterschrieben sein. Ist die Unterschrift mangelhaft (§ 64 Rz 21 ff mwN) und wird der Mangel innerhalb der Rechtsmittelfrist nicht behoben, ist das Rechtsmittel unzulässig (§ 64 Rz 14). Wegen der Fristversäumnis kann ausnahmsweise Wiedereinsetzung in den vorigen Stand gewährt werden, wenn der Beteiligte oder der Prozessbevollmächtigte unwidersprochen vorträgt und glaubhaft macht, die mangelhafte Art der Unterzeichnung sei im Geschäftsverkehr, bei Behörden und in Gerichtsverfahren jahrelang nicht beanstandet worden. In derartigen Fällen liegt ein Vertrauenstatbestand vor, der den Unterschriftsmangel unter Beachtung des Anspruchs auf ein faires Verfahren als entschuldbar erscheinen lässt (BFH/NV 1999, 1429, 1430 f betr Unterzeichnung mit einer Paraphe; mE aber fraglich in Bezug auf Prozessbevollmächtigte).

Unvorhersehbare Ereignisse

Unvorhersehbare Ereignisse führen im Allgemeinen zur Wiedereinsetzung, wenn sie für die Fristversäumnis ursächlich sind (zB **Reifenpanne** auf dem Weg zum Nachtbriefkasten – BGH VersR 1988, 249; **Behinderung** durch ein verkehrswidrig abgestelltes Fahrzeug – BGH NJW 1989, 2393; **Verlust** von Sendungen **bei der Postbeförderung** – vgl BFH/NV 1994, 328; 644 u 813; **Störung des Telefaxgerätes** beim Absender – BSG MDR 1993, 904; Rz 20 „Telefax").

Urlaub s Abwesenheit

Verantwortlichkeit der öffentlichen Hand (des Gerichts)

Wiedereinsetzung ist zu gewähren, wenn die Fristversäumnis auf Ursachen zurückzuführen ist, die in den Verantwortungsbereich der öffentlichen Hand fallen (s hierzu allg BVerfGE 69, 381, 385 f mwN; 110, 339; BVerfG NJW 1991, 2076), zB wenn ein **Nachtbriefkasten fehlt** und die Sendung deshalb nicht eingeworfen werden kann (BFHE 92, 438 = BStBl II 1968, 589; BFHE 102, 207 = BStBl II 1971, 597), wenn Verzögerungen in der Entgegennahme der Sendung durch das Gericht eintreten (BVerfG NJW 1991, 2076; zum **defekten Telefaxgerät** usw s Rz 20 „Telefax") und wenn das **Gericht** die Weitersendung eines falsch adressierten fristwahrenden Schriftsatzes **schuldhaft verzögert** (vgl BVerfG BStBl II 2002, 835; BFH/NV 1999, 794, 795; 1100; 2003, 67; BGH DStR 1998, 351; BSG HFR 1975, 542; 1979, 111; s aber auch BVerwG HFR 1978, 298; BGH HFR 1979, 392; VersR 1981, 63); eine Sonderbehandlung des fehlgeleiteten Schriftsatzes kann der Absender allerdings nicht erwarten (BFH/NV 1995, 231; 1999, 1100; s auch BVerfGE 93, 99). Wiedereinsetzung in den vorigen Stand kommt auch in Betracht bei **fehlerhafter Weiterleitung** der Rechtsmittelschrift (BGH NJW-RR 1998, 354). Ebenso ist es, wenn das **Gesetz unklar** gefasst ist (BFHE 123, 395 = BStBl II 1978, 45), wenn die **Beschwerde gegen** die **Zurückweisung** des Gesuchs auf **Richterablehnung** nach Ablauf der Revisionseinlegungs- und -begründungsfrist Erfolg hat (BFHE 134, 525 = BStBl II 1982, 217) und die versäumte Rechtshandlung innerhalb der Antragsfrist (§ 56 II 3 – Rz 46 f) nachgeholt wird (BFH/NV 1999, 487; 2000, 584, 585), wenn nach Ablauf der Rechtsmittelfrist durch Ergänzungsurteil (§ 109) über einen bisher übergangenen Antrag entschieden wird (BVerwG Buchholz 310 § 120 VwGO Nr 6), wenn ein richterlicher Hinweis unzutreffend ist (BGH AnwBl 1989, 289), wenn die Behörde eine **falsche Auskunft** gibt (BFHE 68, 228 = BStBl III 1959, 87; BFH HFR 1964, 138; FG Hbg EFG 1986, 266, 267), insbesondere eine **falsche Telefaxnummer** mitteilt (BGH NJW 1989, 589), wenn der **Briefumschlag** mit dem für die Fristberechnung bedeutsamen Absendedatum **nicht** ordnungsgemäß **aufbewahrt** wird (BVerfG NJW 1997, 1770; BFHE 124, 487 = BStBl II 1978,

390, 393; einschränkend BFH/NV 1997, 545), wenn bei unvollständigem Einspruch die **Fürsorgepflicht** (Belehrungspflicht) **verletzt** wird (FG BaWü EFG 1981, 604), unter besonderen Voraussetzungen auch, wenn der **Steuerbescheid unvollständig** (FG Nds EFG 1982, 546; s aber auch FG BaWü EFG 1983, 586; zur fehlenden Begründung s § 126 III AO) oder inhaltlich unklar ist (FG D'dorf EFG 1989, 443), wenn die Fristversäumnis auf die **Beschlagnahme** von Akten des Steuerpflichtigen (vgl BFH/NV 1987, 516; 1999, 509) oder auf das **Fehlen** einer **Rechtsmittelbelehrung** (BVerfG NJW 1991, 2277), das **Fehlen des Hinweises nach § 68 S 3** aF (BFHE 174, 370 = BStBl II 1994, 706) zurückzuführen ist. – **Wiedereinsetzung** ist demgegenüber **nicht zu gewähren,** wenn ein Steuerberater vom FG nur auf die fehlende Unterschrift der per Telefax übermittelten Klage, nicht aber auf die Möglichkeit der Wiedereinsetzung hingewiesen wird (BFH/NV 2000, 1358: kein Verfahrensfehler). – S auch BFH/NV 1999, 1368.

Vergesslichkeit

Vergesslichkeit ist grundsätzlich **kein** Wiedereinsetzungsgrund (BFH/NV 1990, 682; BGH VersR 1975, 40; **aA** für den Fall altersbedingter Vergesslichkeit BGH HFR 1962, 86; s auch FG D'dorf EFG 1995, 297).

Vertretungszwang

Findet der Beteiligte innerhalb der Frist zur Einlegung der Revision oder NZB trotz umfangreicher Bemühungen keinen Rechtsanwalt usw, der bereit ist, ihn vor dem BFH zu vertreten, so ist Wiedereinsetzung zu gewähren (BFH/NV 2003, 77).

Vollmacht s Prozessvollmacht.

Zweifel

Zweifel an den Erfolgsaussichten eines Rechtsbehelfs können eine Fristversäumung nicht entschuldigen (BVerwG DVBl 1970, 279 = DÖV 1970, 649). Das gilt auch, wenn zur Beurteilung der Aussichten noch Unterlagen beschafft werden müssen (BVerwG HFR 1977, 345). – Zum **Auffinden von Beweismitteln** vgl BFH StRK RAO § 86 R 100; FG Bln EFG 1968, 585).

II. Verfahren

1. Wiedereinsetzung auf Antrag

a) Allgemeines

Die Gewährung der Wiedereinsetzung ist **grundsätzlich** (zur Ausnah- **21** me s § 56 II 4 – Rz 48 f) **antragsgebunden.** Der Antrag ist bei dem für die Entscheidung der Hauptsache zuständigen Gericht zu stellen (Rz 55). – Die Verwerfung der Revision als unzulässig steht der Wiedereinsetzung wegen Versäumnis der Revisionsfrist nicht entgegen (BFH/NV 1994, 805; 2001, 63). – Wiedereinsetzung kann auch **im Rahmen eines zulässigen Rechtsbehelfs** gegen die bereits ergangene Entscheidung beantragt werden (*Kopp/Schenke* § 60 Rz 24, 35). Ist der Rechtsbehelf unstatthaft, kommt Wiedereinsetzung jedoch nicht in Betracht (BFH/NV 1994, 884 betr unstatthafte Beschwerde).

b) Form des Antrags

22   Die Form des Antrags richtet sich nach den Vorschriften, die für die versäumte Handlung gelten (§ 155 iVm § 236 I ZPO). Bei Versäumung zB der Klagefrist ist also Schriftform erforderlich (Rz 20 „Unterschrift"); ein in der Sitzung **protokollierter Antrag genügt (aA** BAG BB 1969, 1040; JZ 1969, 156). – Der Antrag muss **inhaltlich klar** erkennen lassen, dass Wiedereinsetzung begehrt wird. Eine verspätet eingelegte Beschwerde (usw) kann grundsätzlich nicht in einen Antrag auf Wiedereinsetzung **umgedeutet** werden, wenn in ihr über die Verspätung nichts gesagt ist (BGH VersR 1975, 260). Ein **stillschweigender Antrag** kann **nicht** angenommen werden, wenn ein prozessunkundiger Beteiligter erkennbar gar nicht weiß, dass er eine Frist versäumt hat, und erkennbar zum Ausdruck bringt, er sei der Auffassung, die Frist laufe noch (BAG BlStSozArbR 1976, 10; vgl auch BGH VersR 1983, 559; HFR 1984, 77). Enthält dagegen die Rechtsmittelschrift oder ein sonstiges Schreiben alle eine Wiedereinsetzung begründenden Tatsachen, so kann darin zugleich ein Antrag auf Wiedereinsetzung zu erblicken sein (BGH JZ 1975, 257; NJW 1979, 110; BFH/NV 1996, 758 offen; s auch Rz 48 f). – Wird der **Antrag beim BFH** gestellt, ist § 62a (Vertretungszwang) zu beachten (§ 62a Rz 1, 14).

c) Antragsfrist

23   **aa)** Wiedereinsetzung kann nur gewährt werden, wenn der Antrag **binnen zwei Wochen nach Wegfall des Hindernisses** (Antragsfrist) gestellt wird (§ 56 II 1 Hs 1); bei Versäumung der **Frist zur Begründung** (nicht Einlegung!) **der Revision oder der NZB** beträgt die Frist **einen Monat** (§ 56 I 1 Hs 2). – Eine Verlängerung der Frist ist nicht möglich (vgl § 54 II und § 224 II ZPO). **bei Versäumung** der **Antragsfrist** kommt aber **Wiedereinsetzung** in Betracht (Rz 2), wenn die Fristversäumnis nicht verschuldet ist (BFH/NV 2000, 443, 444). Für diesen Antrag gilt gleichfalls die Frist des § 56 II 1 Hs 1 (vgl BFH/NV 1989, 705). – Zur **Fristberechnung** s § 54.

24   **bb)** Die **Antragsfrist beginnt** mit dem **Wegfall des Hindernisses,** dh mit dem Zeitpunkt, in dem die Ursache der Verhinderung behoben oder das Fortbestehen des Hindernisses nicht mehr unverschuldet ist (BFH/NV 1999, 1633, 1634; BGH NJW 1980, 1846; BGH NJW-RR 1998, 639). Das ist regelmäßig (wegen der Besonderheiten s Rz 29 ff, 34) der **Zeitpunkt,** in dem der Kläger oder sein Bevollmächtigter (§ 155 iVm § 85 II ZPO) von der Fristversäumung Kenntnis erlangt **und** in dem er somit unter Berücksichtigung der Umstände des Einzelfalls frühestens **den Antrag** bei Gericht **stellen kann** (vgl BVerfG NJW 1992, 38; BFHE 155, 282 = BStBl II 1989, 328; BFH/NV 1995, 698, 699; 1998, 56; 2000, 470; 1633, 1634; 2001, 481; 2002, 927; zum nicht fristgerechten Eingang der Rechtsmittelschrift bei Übersendung per Telefax: BFH/NV 2000, 1344, 1345; s auch BGH NJW-RR 2000, 1591). Das ist spätestens dann der Fall, wenn das **Gericht** (oder ein Beteiligter – BGH HFR 1975, 85) dem Säumigen **mitteilt,** die Frist sei nicht eingehalten worden (BFHE 155, 36 =

BStBl II 1989, 147, 148; BFH/NV 1988, 242; 712, 713; 2004, 1668) oder, bei Verwechslung von Rechtsmitteln, mit dem Zugang des verwerfenden Beschlusses (BFH/NV 1988, 31). – Bestand bereits zu einem **früheren Zeitpunkt Anlass zu Nachforschungen,** so beginnt die Antragsfrist bereits zu diesem Zeitpunkt, weil der Beteiligte/Bevollmächtigte bereits zu diesem Zeitpunkt hätte Kenntnis erlangen und den Antrag stellen können (BFH/NV 2004, 1108). Das ist zB der Fall, wenn sich aus einer gerichtlichen Mitteilung über den Eingang des Schriftstücks unzweideutig ergibt, dass etwas fehlgelaufen ist (BVerfG NJW1992, 38 unter Aufhebung des zu strengen Beschlusses BFH/NV 1990, 581; s auch BFHE 155, 282 = BStBl II 1989, 328, 329 mwN; BFH/NV 1994, 814; 1996, 842; 1998, 64; 2004, 1668; mE überspannt: BFH/NV 2004, 1108: Erfährt Bevollmächtigter, dass **Telefaxgerät** defekt war, muss er bei Empfängern nachfragen, ob die Sendungen angekommen sind). – Ist ein **Bevollmächtigter** vorhanden, kommt es auf dessen Kenntnis oder Kennenmüssen an (BFH/NV 1989, 512; 2003, 67 u 181: Frist beginnt, sobald die **Akte dem Bevollmächtigten** zur Bearbeitung **vorliegt;** vgl auch BGH VersR 1990, 544; NJW-RR 1990, 379), nicht auf die Kenntnis oder das Kennenmüssen des Korrespondenzanwalts (BFH/NV 1988, 717; 1989, 108 – betr Verwechslung von Rechtsmitteln) oder des Bürovorstehers des Bevollmächtigten oder anderer Angestellter (BGH HFR 1981, 37; BFH/NV 1997, 43, 44).

cc) Der säumige Beteiligte muss alles in seinen Kräften stehende tun, um **29** das der rechtzeitigen Einlegung des Rechtsmittels entgegenstehende **Hindernis** zu **beheben** (BFHE 136, 354 = BStBl II 1982, 737; BFH/NV 1987, 448; 1989, 705). Besteht das Hindernis in der Armut des Beteiligten (Rz 20 „Armut"), so muss er ggf frist- und formgerecht einen **PKH-Antrag** stellen (BFH/NV 1986, 486, 487; 2003, 54; 173; 923; 1089; 2004, 221; 2005, 1616). Das Hindernis entfällt dann mit der Entscheidung über diesen Antrag, selbst wenn diese erst nach Ablauf der Jahresfrist des § 56 III ergeht (BFH/NV 1996, 500; 2003, 54; 2005, 1350; BGH HFR 1976, 334 = MDR 1976, 569 mwN). Im Einzelnen:

(1) Wird die PKH **bewilligt** und ggf ein Prozessbevollmächtigter bei- **30** geordnet, beginnt die Wiedereinsetzungsfrist
– falls der Beteiligte **noch keinen Prozessbevollmächtigten** mit der Wahrnehmung seiner Interessen **beauftragt** hat, mit der Bekanntgabe (formlose Mitteilung genügt) der Bewilligung an den Beteiligten, seinen gesetzlichen Vertreter, den bisherigen Prozessbevollmächtigten der unteren Instanz oder denjenigen, der den Beteiligten im PKH-Verfahren vertreten hat (zB BGH VersR 1980, 86; HFR 1987, 211; 371; s auch BGH VersR 1991, 1196). Die Kenntnis des – von dem Beteiligten noch nicht bevollmächtigten – Beigeordneten setzt die Antragsfrist nicht in Gang (BGHZ 30, 226; BGH VersR 1973, 420 und 446; HFR 1978, 460 = NJW 1978, 1920), weil die bloße Beiordnung die Bevollmächtigung durch den Beteiligten nicht ersetzt.
– falls die **Vollmacht bereits erteilt** ist, mit der Bekanntgabe an den Bevollmächtigten (BGH NJW 1961, 1465; VersR 1977, 626; FamRZ 1981, 536). Str ist allerdings, ob dem Kläger noch bewilligter PKH (nochmals) eine einmonatige **Revisionseinlegungsfrist** zur Verfügung steht; ggf ist auch insoweit Wiedereinsetzung zu gewähren (BFH/NV 2003, 414). S auch

BFHE 201, 425 = BStBl II 2003, 609; BFH/NV 2004, 287; 1664: **Frist zur Begründung der NZB** beträgt nach gewährter PKH zwei Monate, beginnend mit Zustellung des PKH-Beschlusses.

31   (2) Wird die **PKH versagt,** fällt das Hindernis nach Auffassung der Rspr nach einer kurzen – etwa zwei- bis dreitägigen – Frist zur Überlegung weg, innerhalb derer der Beteiligte entscheiden soll, ob er den Rechtsbehelf auf eigene Kosten durchführt (BFH/NV 1992, 686; s auch BFH/NV 1995, 61, 62; BGHZ 4, 55; 26, 99 mwN; HFR 1977, 514 = VersR 1977, 432; VersR 1979, 444; 1982, 757; HFR 1983, 384). Damit ist aber unklar, wann die Frist begonnen hat. ME muss die Antragsfrist deshalb auch in diesem Fall mit der Bekanntgabe der Entscheidung (Rz 30) beginnen (BFH/NV 1987, 307). – Eine gegen die Ablehnung von PKH erhobene **Gegenvorstellung** ist auf den Ablauf der Frist ohne Einfluss, wenn der Antragsteller ohne begründete Aussicht auf Erfolg die Klageerhebung usw zurückstellt (BGH VersR 1980, 83 = HFR 1980, 393). – S auch BFH/NV 2003, 791: Nach Ablehnung eines durch einen nicht postulationsfähigen Beteiligten gestellten PKH-Antrags kommt eine Nachholung der Beschwerde durch einen postulationsfähigen Vertreter unter gleichzeitiger Beantragung der Wiedereinsetzung nicht mehr in Betracht.

32   (3) Kommt der Beteiligte einer im **PKH-Verfahren** gemachten **Auflage** schuldhaft innerhalb der ihm dafür gesetzten **Frist** nicht nach, so beginnt die Wiedereinsetzungsfrist mit dem erfolglosen Ablauf dieser Frist (BGH NJW 1971, 153 = LM § 234 – B – ZPO Nr 15; NJW 1971, 808 = LM § 234 – B – ZPO Nr 23; VersR 1981, 679; HFR 1982, 241). War für die Erfüllung der Auflage **keine Frist gesetzt** worden, so beginnt die Antragsfrist für die Wiedereinsetzung mit der Bekanntgabe der Entscheidung über das PKH-Gesuch (Rz 30; BGH NJW 1971, 808; vgl auch BGH HFR 1976, 268; **aA** – Nachfrist – BGH NJW 1971, 153).

33   (4) Ob die **Wiedereinsetzung** in die Klagefrist usw nach Bewilligung oder Versagung der PKH zu gewähren ist, richtet sich nach den allg Voraussetzungen (vgl Rz 20 „Armut"; § 120 Rz 30, 31).

34   **dd)** Fällt das **Hindernis bereits vor dem Ende der** einzuhaltenden **Frist** (§ 56 I) **weg,** so ist es nicht mehr **ursächlich** für eine eventuelle Fristversäumung. Die Zweiwochenfrist zur Stellung des Wiedereinsetzungsantrags läuft also gar nicht erst an; die Frist zur Einlegung des Rechtsbehelfs wird auch nicht etwa hinausgeschoben (BFHE 113, 270 = BStBl II 1975, 18; VGH Mannheim DÖV 1979, 303; VGH München NJW 1982, 251). Es kann aber ein neues Hindernis und damit eine neue unverschuldete Fristversäumung vorliegen, wenn die nach Wegfall des Hindernisses verbleibende Frist zu kurz ist (BVerwG NJW 1976, 74 = DÖV 1976, 168; BGH FamRZ 1987, 925; vgl auch BGH HFR 1981, 585); vgl auch *Kopp/Schenke* § 60 Rz 7: [analoge] Anwendung, wenn das Hindernis weniger als zwei Wochen vor dem Ende der Frist weggefallen ist; mE zweifelhaft, weil keine gesetzliche Regelungslücke besteht).

d) Begründung des Antrags

35   **aa)** Nach § 56 II 2 sind die **Tatsachen zur Begründung** des Antrags bei der Antragstellung oder im Verfahren über den Antrag **glaubhaft zu machen** (Rz 42 ff).

bb) Der Antrag kann nur Erfolg haben, wenn die Tatsachen, die eine **36** Wiedereinsetzung rechtfertigen können, soweit sie nicht offenkundig oder gerichtsbekannt sind (Rz 48), **schlüssig vorgetragen** werden. Der Vortrag von Schlussfolgerungen und Bewertungen genügt nicht (BGH NJW-RR 1990, 379). Erforderlich ist die exakte Beschreibung des Hindernisses, das der Fristwahrung entgegen gestanden und dessen Wegfall die Antragsfrist (Rz 23) in Gang gesetzt hat, und die vollständige Darlegung der Ereignisse, die die unverschuldete Säumnis belegen sollen (BFHE 159, 573 = BStBl II 1990, 546, 548; BFH/NV 1986, 417; 516; 1989, 240, 241; 1990, 303; 1992, 578; 1995, 422, 423; 1997, 497; 589; 592; 1998, 197; 711; 2000, 583; 1108; 2003, 1193 und öfter). Angesichts der verfassungsrechtlichen Vorgaben (Rz 1) dürfen die Anforderungen dabei allerdings nicht überspannt werden (BFH/NV 2005, 1591).

Vorzutragen sind zB im Falle des verspäteten Eingangs einer angeblich **37** fristgerecht abgesandten Rechtsmittelschrift oder bei Berufung auf einen Verlust oder eine Verzögerung bei der **Postbeförderung** die Tatsachen, aus denen sich die rechtzeitige Absendung, dh die Aufgabe des fristwahrenden Schriftsatzes zur Post ergibt (BFH/NV 1986, 30, 31; 1987, 373; 1988, 780, 781; 1995, 1069 mwN; 1997, 137, 138), wobei nicht nur die Versendungsart (BFH/NV 1992, 534) angegeben werden muss, sondern auch, wer den Schriftsatz wann in den Briefumschlag eingelegt und wer diesen nämlichen Briefumschlag wann in welchen Briefkasten eingeworfen hat (BFH/NV 1997, 137, 138; 674; 1998, 1231; 1493; 2002, 798; 2003, 567; 817; 1206; 1601; 2004, 655; 2005, 1115 u öfter; eine entsprechende eidesstattliche Versicherung genügt, wenn der Briefumschlag nicht zu den Akten genommen worden ist – BVerwG Buchholz 310 § 60 VwGO Nr 154). – Bei **Prozessbevollmächtigten** ist außerdem die Schilderung der **Fristenkontrolle** sowie der **Postausgangskontrolle** nach Art und Umfang erforderlich (BFH/NV 1988, 33; 1989, 116; 370; 1994, 644; 1996, 630; 1997, 137, 138; 2002, 669; 946; 1320; 2003, 60; 1193; 2005, 1115; 1312; s auch BFH/NV 2004, 1285: Behauptung, dass eine zuverlässige Angestellte eine Einzelanweisung nicht ausgeführt hat, reicht nicht aus). Es ist zudem darzulegen, woraus sich die Erfahrung des mit der Fristenüberwachung betrauten Mitarbeiters ergibt und wie diese angewiesen und überwacht worden sind (BFH/NV 2002, 1597; 1489; 2003, 801 zu den Anforderungen an die Darlegung). Letzteres muss auch bei Berufung auf **Arbeitsüberlastung** verlangt werden (BFH/NV 1990, 117; s auch BVerfG BB 2000, 1357).

Bei Fristversäumnis infolge einer **Störung des Telefaxgerätes beim** **38** **Absender** sind der Absendevorgang und die zur Fristwahrung im Faxbetrieb getroffenen organisatorischen Vorkehrungen (Rz 20 „Telefax") zu schildern (BFH/NV 1997, 592, 600); bei technischen Störungen ist darzulegen, dass der Fehler unvorhersehbar war und zu einem Zeitpunkt aufgetreten ist, in dem eine Übermittlung auf einem anderen Weg weder möglich noch zumutbar war (BSG MDR 1993, 904). Erfährt der Bevollmächtigte, dass das Telefaxgerät defekt war, muss er nach BFH/NV 2004, 1108 bei den Empfängern nachfragen, ob die Sendungen angekommen sind (mE überspannt). Auch hierzu ist bei der Begründung des Antrags Stellung zu nehmen. – Zum Vortrag bei Fristversäumung infolge eines Fehlers bei der **Bedienung des Faxgerätes** s BFH/NV 1995, 801; 1997,

600 mwN. – Wird geltend gemacht, die Frist sei infolge eines **Büroverse-hens** versäumt worden, muss im Einzelnen dargelegt werden, dass kein Organisationsmangel (Rz 20 „Büroorganisation") vorliegt und durch wes-sen Verschulden die Frist versäumt wurde (BFH/NV 1989, 711, 712; 1992, 329; 831; 1993, 738; 746; 1995, 37; 1996, 694; 1997, 358; 1999, 621; 941; 2000, 1108; 2002, 795; 2003, 1589; 2004, 963 zur falsch einge-tragenen Frist). – Bei Fristversäumnis infolge **Erkrankung** sind die Tatsa-chen anzugeben, aus denen sich Art und Schwere der Erkrankung des Säumigen ergibt (BFH/NV 1993, 308; 1995, 121; 1998, 336; 1368; 2000, 743; 2001, 918, 919; 2002, 1476; 2004, 355; 657; 2005, 1583; zur verfas-sungsrechtlichen Unbedenklichkeit der Auffassung des BFH s BVerfG HFR 1990, 447); bei **Erkrankung des Prozessbevollmächtigten** sind auch die für diesen Fall getroffenen organisatorischen Maßnahmen (Rz 20 „Büroorganisation"; „Krankheit" – Vertretungsregelung) darzulegen (BFH/ NV 1993, 750; 1994, 331; 1999, 1614, 1615; 2000, 1614, 1615; 2001, 468; 2003, 58; 2004, 68; 2005, 1381; 1583).

39   Vorzutragen sind auch die Tatsachen, die die Einhaltung der **Frist für den** Wiedereinsetzungsantrag belegen (BAG HFR 1973, 140; BGH HFR 1991, 238; BFH/NV 1991, 335, 336; 1993, 480). Ist eine Zustellung durch Niederlegung bei der Post bewirkt worden, so genügt es nicht, dass der Antragsteller vorträgt, er habe die **Mitteilung über die Niederle-gung nicht erhalten;** er muss vielmehr vortragen und glaubhaft machen, warum ihn keine Schuld daran trifft, dass er von der ihm nach der PZU gemachten Mitteilung keine Kenntnis erlangt hat (BFHE 91, 218 = BStBl II 1968, 295; BFH/NV 1995, 278; FG D'dorf 2000, 53). – Zur Fristversäumnis durch Fehler eines **Boten** s BFH/NV 1995, 51 und eines Botendienstes s BFH/NV 1997, 670. – Zur **Beiordnung eines sog Not-anwalts** (§ 62a Rz 21) s BFH/NV 1995, 239 und Rz 20 „Nichtzu-lassungsbeschwerde". – „**Alternativ vorgetragene Sachverhalte**" recht-fertigen die Wiedereinsetzung nicht, wenn bei einer Variante Verschulden vorliegt (BGH VersR 1982, 144). Ebensowenig kann bei widersprüch-lichem Tatsachenvortrag Wiedereinsetzung gewährt werden (BFH/NV 1990, 315).

40   **cc)** Die den Antrag begründenden **Tatsachen** (Rz 36) müssen **inner-halb der Antragsfrist** vorgetragen werden (vgl § 236 II 1 ZPO – BFHE 144, 1 = BStBl II 1985, 586, 587; BFHE 159, 573 = BStBl II 1990, 546, 548; BFH/NV 1989, 110; 1990, 42; 1995, 702; 1997, 40, 41; 592; BGH HFR 1991, 238; *Tipke* in T/K § 56 Rz 23; *Hermstädt* BB 1977, 587; zur Verfassungsmäßigkeit: BVerfG Beschluss v 14. 4. 1978 2 BvR 238/78, nv; zur Nachholung der Glaubhaftmachung s Rz 44).

41   Allerdings können **Gründe nachgeschoben** werden, soweit sie nur der Vervollständigung und Ergänzung des ursprünglichen Vortrags dienen (BFHE 144, 1 = BStBl II 1985, 586, 587; BFHE 159, 573 = BStBl II 1990, 546, 548; BFH/NV 1989, 110; 1997, 40, 41; 2000, 583; 2005, 1591; BGH NJW 1998, 2678 betr Darlegung der Rechtzeitigkeit des Wiedereinsetzungsantrags), oder wenn das Gericht sein Fragerecht hätte ausüben müssen (BAG HFR 1974, 425; BGH VersR 1976, 732; 1979, 1028; 1980, 851; 1982, 803). Enthält das Wiedereinsetzungsgesuch jedoch eine in sich geschlossene, nicht ergänzungsbedürftig erscheinende Sachdarstellung, kann neues Vorbringen nach **Ablauf der Frist des § 56 II 1** nicht mehr berücksichtigt werden (BFH/NV 1996, 833; 1998, 617, 618). – Ein **Nachschieben** des Tatsachenvortrags **in der Revisionsinstanz** ist **ausgeschlossen**. Das Revisionsgericht kann zwar den Sachverhalt erforschen (Rz 60; § 118 Rz 43 ff), dieser selbst ist aber durch die hierfür gesetzte Frist endgültig fixiert.

dd) Die schlüssig vorgetragenen Tatsachen (Rz 36) sind glaubhaft zu **42** machen (Rz 45). Zur **Glaubhaftmachung** kann sich der Beteiligte nach § 155 iVm § 294 I ZPO aller Beweismittel bedienen. Da nach § 294 II ZPO eine Beweisaufnahme über die glaubhaft zu machende Tatsache ausgeschlossen ist, findet insoweit allerdings eine Beschränkung auf **präsente Beweismittel** statt. Das sind solche, aufgrund derer der Beweis sofort und unmittelbar erbracht werden kann (§ 294 II ZPO; vgl BFH/NV 1995, 625; 1997, 137, 138; 674). Zu den präsenten Beweismitteln gehört auch die **Versicherung an Eides Statt** (§ 294 I ZPO), allerdings nur dann, wenn keine weiteren Mittel der Glaubhaftmachung zur Verfügung stehen (BFH/NV 2004, 219; 804). In der eidesstattlichen Versicherung sind die glaubhaft zu machenden Tatsachen zu schildern, eine pauschale Bezugnahme auf die Angaben im Wiedereinsetzungsantrag reichen nicht aus (BGH VersR 1988, 860; s auch Rz 45). Eine bloße **anwaltliche Versicherung** reicht zur Glaubhaftmachung nicht aus (BFH/NV 1996, 566; 1997, 420; 674; 2000, 546, 547; 2004, 524). – Geht es zB um den **Verlust einer Sendung** bei der Postbeförderung, so kann die Glaubhaftmachung erfolgen durch Vorlage einer Kopie des Fristenkontrollbuchs (BFH/NV 1988, 33; 1994, 644; 2005, 1115), einer Kopie des Postausgangsbuchs (BFH/NV 1994, 328; 2005, 1115; s auch BFH/NV 2003, 198: Vorlage der mit einem Abgangsvermerk versehenen Kopie des Schriftstücks reicht nicht) sowie einer eidesstattlichen Versicherung der Person, die an dem geschilderten Vorgang unmittelbar beteiligt war (BFH/NV 1990, 248; 1994, 644; 1996, 630; 1998, 1242; 2002, 798; 2005, 1115 mit Anforderungen an den Inhalt; BVerwG BB 1996, 132; zur Glaubwürdigkeit s BFH/NV 1993, 666; zu den Anforderungen an von Prozessbevollmächtigten gestellte Anträge s Rz 37 u BFH/NV 2002, 669). Die Beweismittel müssen dabei nach Möglichkeit kumulativ vorgelegt werden (s Rz 45; BFH/NV 2004, 219 u 804: eidesstattliche Versicherung reicht nicht, wenn auch andere Mittel zur Glaubhaftmachung bestehen; BFH/NV 2004, 655: bloße Vorlage der Kopie des Postausgangsbuchs genügt nicht). – Ist eine Sendung **nicht innerhalb der üblichen Postlaufzeiten angekommen** (Rz 20 „Postbeförderung"), reicht die Vorlage eines Auszugs aus dem Postausgangsbuch allein nicht aus, um den genauen Zeitpunkt der Aufgabe der Sendung zur Post glaubhaft zu machen (BFH/NV 1989, 447; 1999, 658; s auch FG Saarl EFG 1999, 1114: Aufdruck eines Freistemplers nicht ausreichend). – Bei Fristversäumnis in Folge von **Krankheit** kommt die Vorlage eines Privatgutachtens oder Gestellung eines Sachverständigen in Betracht (BFH/NV 1987, 451; 2000, 743; s auch BFH/NV 2001, 468). – Zur Glaubhaftmachung bei **Störung des Faxgerätes** s BFH/NV 1999, 810, s auch Rz 38.

Nach BFHE 94, 563 = BStBl II 1969, 272 müssen auch im Wiederein- **43** setzungsverfahren uU **von Amts wegen** Ermittlungen angestellt werden.

Dies ist **abzulehnen**. Das Verfahren über die Wiedereinsetzung ist ein formelle Fragen betreffendes, formstrenges Verfahren, in dem die maßgeblichen Tatsachen **vom Antragsteller** glaubhaft gemacht werden müssen, und zwar spätestens bis zum Ergehen der Entscheidung. Für Amtsermittlungen ist kein Raum (ebenso grundsätzlich BFH/NV 1989, 370, 371; 1995, 625; **aA** FG Hbg EFG 1994, 255). In besonderen Fällen besteht jedoch eine **Fragepflicht** des Gerichts (BGH VersR 1984, 82).

44   Glaubhaft zu machen ist entweder bei der Antragstellung oder **im Verfahren über den Antrag** (§ 56 II 2). Das bedeutet, dass die **Glaubhaftmachung** nicht innerhalb der Frist des § 56 II 1 erfolgen muss, sondern auch noch **nachgeholt** werden kann. – Die Nachholung ist entgegen BFHE 94, 563 = BStBl II 1969, 272 (Rz 43) auch noch **in der höheren Instanz** möglich. Die Versagung der Wiedereinsetzung (durch das FG nach § 56 oder die Finanzbehörde nach § 110 AO) kann im Rechtsbehelfsverfahren überprüft werden (vgl Rz 41, 60, 65). Der die Wiedereinsetzung nach Ansicht des Rechtsbehelfsführers rechtfertigende Sachverhalt ist auch festgelegt (Rz 40, 41). Die Aufklärung und damit ggf auch die weitere Aufklärung dieser Tatsachen wie auch die Neufeststellung und -würdigung vom FG bereits festgestellter und gewürdigter Tatsachen (beim BFH ohne Bindung nach § 118 II – vgl § 118 Rz 43 ff) kann und muss durch das Gericht erfolgen, weil es um die in jeder Lage des Verfahrens zu prüfende Frage der Zulässigkeit eines Rechtsbehelfs geht (ebenso BFHE 124, 487 = BStBl II 1978, 390; BGHZ 7, 280); im Ergebnis ebenso BVerfGE 43, 95.

45   **Glaubhaft gemacht** ist eine Tatsache nicht erst, wenn eine an Sicherheit grenzende Wahrscheinlichkeit für sie spricht, sondern es reicht eine überwiegende Wahrscheinlichkeit (vgl BVerfGE 38, 35; BFHE 113, 209 = BStBl II 1974, 736; BFHE 139, 15 = BStBl II 1983, 681, 682; BFH/NV 1987, 720; 1990, 648; 714; 1995, 625; s auch BGH HFR 1999, 671). UU genügt sogar die **schlichte Erklärung** des Beteiligten (BVerfG MDR 1969, 908; BVerfGE 41, 339), zB bei behaupteter Urlaubsabwesenheit während der allg Ferienzeit (BVerfGE 41, 339; vgl auch BGH VersR 1980, 90; 1983, 401). – Allein der Umstand, dass eine **eidesstattliche Versicherung** vorgelegt wurde, macht die in ihr enthaltenen Erklärungen nicht zwangsläufig glaubhaft (BFH/NV 1997, 545 mwN). Stehen weitere Mittel der Glaubhaftmachung zur Verfügung, reicht die eidesstattliche Versicherung **des Prozessbevollmächtigten** im Allgemeinen zur Glaubhaftmachung nicht aus (BFH/NV 1997, 420; 1999, 67; FG BIn EFG 1997, 246). Dass bei zwei entgegengesetzten Behauptungen diejenige glaubhaft gemacht ist, die die besseren Gründe für sich hat (so das FG D'dorf EFG 1978, 60), ist selbstverständlich und hat mit der Frage, welcher Wahrscheinlichkeitsgrad erforderlich ist, nichts zu tun (vgl § 96 Rz 20). – Zur Glaubhaftmachung durch **Indizien** s BGH NJW 1998, 1870.

e) Nachholung der versäumten Rechtshandlung

46   Der Beteiligte muss die versäumte Rechtshandlung spätestens **innerhalb der Antragsfrist** (Rz 23 ff) nachholen (§ 56 II 3). Nachholung vor Beginn der Antragsfrist (nach Ablauf der versäumten Frist) ist wirksam (vgl BFH/NV 1995, 121; BGH HFR 1978, 461; 1989, 571). – Ein **isolierter**

Wiedereinsetzungsantrag ist **unzulässig** (BGH VersR 1978, 88; vgl auch BAG NJW 1984, 941).

Nachzuholende (versäumte) Prozesshandlung ist zB die Erhebung **47** der **Klage** oder die Einlegung der **Revision** (BFH/NV 1994, 568; 805), bei Versäumung der Revisionsbegründungsfrist die den Anforderungen des § 120 III genügende **Revisionsbegründung** (BFH/NV 1990, 302; BGH DStR 1999, 1119) und bei Versäumung der Frist zur Einlegung der **NZB** die nach § 116 II vorgeschriebene **Begründung** der Beschwerde (BFHE 118, 147 = BStBl II 1976, 429; BFH/NV 1993, 480; 1994, 249; 561; 1998, 478; 1999, 1247; 2000, 445, 446; 2003, 331; 1073; Rz 20 „Nichtzulassungsbeschwerde"). Ein **Antrag auf Verlängerung der Begründungsfrist** genügt dem Erfordernis der Nachholung der versäumten Rechtshandlung **nicht** (BFH/NV 1996, 694 zur Revision; 2004, 220 zur NZB; s auch Rz 2, 20 „Revisionsbegründungsfrist"). – Bei der Nachholung sind auch die **Formalien der** betreffenden **Rechtshandlung zu beachten.**

2. Wiedereinsetzung ohne Antrag

Ein Wiedereinsetzungsantrag ist nach § 56 II 4 nicht erforderlich, wenn **48** die **versäumte Rechtshandlung** innerhalb der Antragsfrist **nachgeholt** worden ist. Das bedeutet nicht, dass die Wiedereinsetzung ohne jede Prüfung zu bewilligen ist; nach dem Gesetz ist ggf vielmehr lediglich das Fehlen eines formellen Antrags unschädlich (BFH/NV 1996, 758). – **Auch in diesem Fall** sind deshalb die **Tatsachen,** die eine Wiedereinsetzung begründen können, innerhalb der Antragsfrist **vorzutragen und glaubhaft zu machen** (BFH/NV 1997, 240; 1998, 197; 1999, 67; 1633, 1634; 2000, 1491). Geschieht dies nicht, kann Wiedereinsetzung – weil das Gericht nicht verpflichtet ist, von Amts wegen zu ermitteln (Rz 43) – nur gewährt werden, wenn die **präsenten und gerichtsbekannten Tatsachen** eine Wiedereinsetzung rechtfertigen (zB BFHE 121, 15 = BStBl II 1977, 246; BFH/NV 1995, 698, 699; instruktiv 1996, 137; 1998, 741 betr Wiedereinsetzung trotz fehlerhafter Rechtsmittelbelehrung – § 55 II – gewährt; 1998, 870, 871; 1999, 1633, 1634; 2000, 69 betr Änderung der Rechtsprechung; 2000, 1491; BVerwG StRK § 56 FGO R 290; BGHZ 63, 389; BGH NJW 2000, 77). Entscheidend kommt es dabei auf die Kenntnis des Gerichts oder auf die Erkennbarkeit für das Gericht an, das über den Wiedereinsetzungsantrag zu befinden hat (Rz 55; BFH/NV 1995, 422, 423; 891, 892; 1999, 1633, 1634). Die bloße Möglichkeit, dass ein Wiedereinsetzungsgrund besteht, genügt nicht (BFH/NV 1991, 140).

Eine Wiedereinsetzung ohne Antrag kommt nicht in Betracht, wenn **49** (ausnahmsweise) anzunehmen ist, dass der **Säumige eine Wiedereinsetzung nicht will** (BGHZ 7, 197; BGH NJW 1968, 1968; BAG BB 1975, 971; 1989, 1624; vgl aber auch BGHZ 61, 395). – Zur Frage der Zulässigkeit einer Wiedereinsetzung nach § 56 II 4 nach Ablauf der Jahresfrist des § 56 III s Rz 53.

3. Ausschluss der Wiedereinsetzung (§ 56 III)

Nach einem Jahr seit dem Ende der versäumten Frist kann gem § 56 III **52** Wiedereinsetzung nicht mehr beantragt oder ohne Antrag bewilligt werden (zur Verfassungsmäßigkeit: BVerwG NJW 1980, 1480 = HFR 1980,

204 = DVBl 1979, 821). Ziel der Regelung ist es, Prozessverschleppungen zu verhindern und den Bestand der Rechtskraft zu gewährleisten. Maßgebend für den **Beginn dieser Ausschlussfrist** ist nicht der Zeitpunkt des Wegfalls des Hindernisses, sondern des Endes der versäumten Frist.

53   Die **Ausschlussfrist ist gewahrt,** wenn innerhalb des Jahres der Antrag gestellt war oder die befasste Stelle über eine Wiedereinsetzung ohne Antrag hätte entscheiden können. Auf den Zeitpunkt der Entscheidung über die Wiedereinsetzung kommt es dann nicht mehr an (BFHE 75, 383 = BStBl III 1962, 405; BFHE 97, 508 = BStBl II 1970, 214; BFHE 124, 487 = BStBl II 1978, 390; BFH/NV 1996, 891, 892 betr Wiedereinsetzung von Amts wegen – Rz 48; BGH HFR 1973, 555 = NJW 1973, 1373). – Gegen die Versäumung der Jahresfrist gibt es **keine Wiedereinsetzung.** Allerdings greift die **Ausschlussfrist ausnahmsweise nicht** ein, wenn die Prüfung der Zulässigkeit der Klage (des Rechtsmittels) allein aus in der Sphäre des Gerichts liegenden Gründen nicht innerhalb der Jahresfrist erfolgt ist und beide Beteiligten aufgrund gerichtlicher Verfügungen der Ansicht waren, dass demnächst eine materiellrechtliche Entscheidung ergehen würde (BFH/NV 1997, 859; s auch FG Mchn EFG 2000, 30, 31; BAG HFR 1982, 240). Die Ausschlussfrist spielt auch dann keine Rolle, wenn über ein **PKH-Gesuch** erst nach Ablauf der Frist entschieden wurde (BFH/NV 1996, 500; BGH HFR 1976, 334 mwN; s auch Rz 29 ff). S zu diesen Ausnahmen auch FG Hbg DStRE 2004, 1370.

54   Der Ablauf der Jahresfrist ist nach § 56 III Hs 2 unschädlich, wenn der Antrag in Folge **höherer Gewalt** unmöglich rechtzeitig gestellt werden konnte. Ein solcher Fall liegt nicht vor, wenn mehr als zwei Jahre nach Zustellung des erstinstanzlichen Urteils geltend gemacht wird, die Revisionsschrift sei bei der Postbeförderung verlorengegangen, der Prozessbevollmächtigte des Klägers aber nicht bemerkt hat, dass er weder vom FG noch vom BFH eine Eingangsbestätigung erhalten hatte (BFH/NV 1993, 679; 2003, 326). – Im Übrigen s zum Begriff der „höheren Gewalt" § 55 Rz 29.

4. Die gerichtliche Entscheidung

a) Zuständigkeit, Form der Entscheidung, Besetzung des Gerichts

55   Über den Antrag auf Wiedereinsetzung (und auch über die Wiedereinsetzung von Amts wegen gem § 56 II 4 – vgl BGH NJW 1982, 1874 u Rz 48 f) entscheidet **das Gericht, das über die versäumte Rechtshandlung** (Rz 47) **zu befinden hat** (§ 56 IV). – Zur Notwendigkeit der Gewährung **rechtlichen Gehörs** s BVerfGE 34, 154 ff; 53, 109; 62, 249.

56   Das Gericht muss eine ausdrückliche Entscheidung treffen. **Stillschweigende Wiedereinsetzung gibt es nicht** (BFHE 124, 487 = BStBl II 1978, 390, 392; BVerwG NJW 1981, 698; NVwZ 1985, 484; FG Mchn EFG 2000, 30; *Kopp/Schenke* § 60 Rz 38; **aA** BFH StRK RAO § 86 R 29 a; FG RhPf EFG 1960, 277).

57   In der Regel wird über die Wiedereinsetzung **im Endurteil** mitentschieden (§ 155 iVm § 238 I 1 ZPO). Da es sich bei der Wiedereinsetzung um einen **Zwischenstreit** (vgl § 97 Rz 3) handelt, kann hierüber aber auch **vorab gesondert** entschieden werden (§ 155 iVm § 238 II 1 ZPO). Nach dem Wortlaut des § 238 II 1 ZPO gilt das sowohl für die Gewährung als auch für die Versagung der Wiedereinsetzung. Jedoch ist, wenn

die Wiedereinsetzung versagt wird, und der Rechtsbehelf deshalb unzulässig ist, der Streit zur Endentscheidung reif und eine Vorabentscheidung unangebracht (BGHZ 47, 289; BVerwG HFR 1987, 545). Eine Vorabentscheidung ist auch unangebracht, wenn das Rechtsmittel ohnehin unzulässig ist (BFHE 159, 573 = BStBl II 1990, 546, 547). – Die **vorgezogene Entscheidung,** die in aller Regel in der Gewährung der Wiedereinsetzung bestehen wird, muss in der **Form** ergehen, in der über die jeweils nachgeholte Rechtshandlung zu befinden ist (BFHE 95, 86 = BStBl II 1969, 320; *Tipke* in *T/K* § 56 Rz 29). Ist dies zB eine Klage, muss die vorgezogene Entscheidung als **Zwischenurteil** ergehen (§ 155 iVm § 303 ZPO; *Kopp/Schenke* § 109 Rz 9). Nach wohl überwiegender Ansicht kann die Entscheidung aber **auch durch Beschluss** erfolgen (BVerwGE 17, 207 = DVBl 1964, 191; Hess VGH DÖV 1966, 655; *Ule* S 221). Dem ist **nicht zu folgen.** Dagegen spricht nämlich, dass die Entscheidung über die Wiedereinsetzung als Entscheidung über eine Sachentscheidungsvoraussetzung Teil der Entscheidung über den Rechtsbehelf (Klage, Antrag, Beschwerde, Revision) selbst ist.

Das Gericht entscheidet – falls nicht der Einzelrichter zuständig ist (§§ 6, **58** 79a III, IV) – **in voller Besetzung** (OVG Lüneburg DVBl 1976, 947). – Zur **Kostenentscheidung** s § 136 Rz 10.

b) Zum Entscheidungsinhalt

Liegen die Voraussetzungen einer Wiedereinsetzung vor, so **muss** sie **60** gewährt werden. Es handelt sich nicht um eine Ermessensentscheidung, sondern um eine im Fall der Verweigerung der Wiedereinsetzung überprüfbare (Rz 65) **Rechtsentscheidung,** und zwar auch bei Entscheidung ohne Antrag nach § 56 II 4. Wiedereinsetzung kann deshalb grundsätzlich auch noch vom BFH während des Revisionsverfahrens gewährt werden (BFHE 97, 503 = BStBl II 1970, 214; BFHE 124, 287 = BStBl II 1978, 390; BFHE 137, 399 = BStBl II 1983, 334; **aA** – Entscheidungsbefugnis nur, wenn die Möglichkeit einer positiven Bescheidung von vornherein ausgeschlossen ist – BVerwG HFR 1987, 97). – Eine andere Frage ist, ob nicht die Zurückverweisung zweckmäßig ist, um dem Kläger die Chance zu erhalten, dass das FG mit bindender Wirkung für den BFH (Rz 65) Wiedereinsetzung gewährt (BFHE 138, 401 = BStBl II 1983, 698; BFHE 158, 273 = BStBl II 1989, 1024, 1027).

Nach allg Grundsätzen trägt derjenige die **Feststellungslast,** der Wie- **61** dereinsetzung begehrt (BFH/NV 1997, 670; 1999, 585; 1221, 1222).

Wiedereinsetzung kann noch gewährt werden, wenn schon ein Rechtsbe- **63** helf wegen Fristversäumung als unzulässig verworfen ist (vgl auch BFHE 88, 541 = BStBl III 1967, 472; BFH/NV 2001, 63; BSG BlStSozArbR 1977, 25; BAG BB 1977, 500). Ist der Rechtsbehelf aber unter Ablehnung des Wiedereinsetzungsantrags als unzulässig verworfen worden, kann der Antrag nicht mit derselben Begründung wiederholt werden, weil dem die auch bei Beschlüssen mögliche Rechtskraft entgegensteht (BFHE 89, 332 = BStBl III 1967, 615; BFHE 90, 454 = BStBl II 1968, 119).

Wird Wiedereinsetzung gewährt, nachdem wegen der Fristversäumung **64** schon eine Unzulässigkeitsentscheidung ergangen war, wird die Unzulässigkeitsentscheidung gegenstandslos (BGH VersR 1974, 365).

5. Rechtsmittel

65   Nach § 56 V ist nur die **gewährte Wiedereinsetzung unanfechtbar.** Das bedeutet, dass auch im Rahmen einer Revision die vom FG gewährte Wiedereinsetzung nicht überprüft werden darf (BFHE 155, 457 = BStBl II 1989, 460; BFH/NV 1994, 729; BVerwG NVwZ 1988, 531). – Die **Verweigerung** der Wiedereinsetzung gem § 56 ist, wenn sie zusammen mit der Verwerfung des Rechtsbehelfs wegen Fristversäumnis als unzulässig erfolgt, mit demselben Rechtsmittel anfechtbar, mit dem die Verwerfung angefochten werden kann (BFH/NV 1991, 140; vgl Rz 57, 64). Gegen die Ablehnung der Wiedereinsetzung durch Beschluss – falls man sie entgegen Rz 57 für zulässig hält – ist die Beschwerde gegeben (s hierzu BGH NJW 1999, 2284; NJW-RR 1998, 278). – Die zu Unrecht erfolgte Versagung ist ein Verfahrensmangel (§ 115 Rz 76 ff; *Kopp/Schenke* § 60 Rz 40; aA anscheinend BFHE 99, 6 = BStBl II 1970, 545). – Zur Wiederholung des Antrags auf Wiedereinsetzung im Revisionsverfahren s BFH/NV 1991, 467.

66   Entscheidungen der Finanzbehörde über die Wiedereinsetzung bei **Versäumung gesetzlicher Fristen im Verwaltungsverfahren** (§ 110 AO) sind uneingeschränkt gerichtlich überprüfbar, weil in § 110 AO eine dem § 56 V entsprechende Regelung fehlt (vgl zu diesem Fragenkreis BFHE 147, 303 = BStBl II 1986, 908, 909 f; BFHE 147, 407 = BStBl II 1987, 7; BFHE 151, 315 = BStBl II 1988, 111; BFHE 158, 273 = BStBl II 1989, 1024, 1027; BFH/NV 1988, 284, 287; 1993, 578; FG Nbg EFG 1976, 242).

§ 57 [Verfahrensbeteiligte]

Beteiligte am Verfahren sind

1. der Kläger,
2. der Beklagte,
3. der Beigeladene,
4. die Behörde, die dem Verfahren beigetreten ist (§ 122 Abs. 2).

Vgl §§ 61, 63 VwGO; §§ 69, 70 SGG; §§ 78, 359 AO; § 13 VwVfG; § 12 SGB

Übersicht

Literatur: (s auch vor § 48 und 4. Aufl.). *Bachof,* Teilrechtsfähige Verbände des öffentlichen Rechts, AöR 1958, 209; *Baumgärtel,* Die Kriterien zur Abgrenzung von Parteiberichtigung und Parteiwechsel, FS für Schnorr v Carolsfeld, 1972, 19; *Birkenfeld,* Beginn, Abwicklung und Ende des Unternehmens, UR 1992, 29; *Bokelmann,* Der Prozess gegen eine im Handelsregister gelöschte GmbH, NJW 1977, 1130; *Debatin,* Die Subjektfähigkeit ausländischer Wirtschaftsgebilde im deutschen Steuerrecht, BB 1998, 1155; *Dolde,* Die Beteiligungsfähigkeit im Verwaltungsprozess (§ 61 VwGO), Menger-FS S 423; *Döllerer,* Die atypische stille Gesellschaft – gelöste und ungelöste Probleme, DStR

1985, 295, 302 f; *Ebenroth/Auer,* Körperschaftssubjektivität ausländischer Gesellschaften mit inländischem Ort der Geschäftsleitung?, RiW 1992, 998; *Ehlers,*
Der Beklagte im Verwaltungsprozess, Menger-FS S 379; *D. Ehlers,* Die Lehre
von der Teilrechtsfähigkeit juristischer Personen des öffentlichen Rechts …,
2000; *Fabricius,* Relativität der Rechtsfähigkeit, 1963; *Grunewald,* Die Rechtsfähigkeit der Erbengemeinschaft, AcP 197 (1997), 305; *Gschwendtner,* Prüfungsanordnung an vollbeendete Gesellschaft bürgerlichen Rechts, DStZ 1995, 71;
Habersack, Zur Rechtsnatur der Gesellschaft bürgerlichen Rechts, JuS 1990,
179; *Heidner,* Die Beteiligungsfähigkeit von vermögenslosen Gesellschaften im
Besteuerungsverfahren, DB 1991, 569; *Jessen,* Besteht eine nach Privatrecht er-
loschene Gesellschaft nach dem Steuerrecht noch fort? NJW 1974, 2274; *Kopp,*
Der Beteiligtenbegriff des Verwaltungsverfahrensrechts, FS für Boorberg 1977,
S 159, *Kornblum,* Die Rechtsstellung der BGB-Gesellschaft und ihrer Gesell-
schafter im Zivilprozess, BB 1970, 1448; *J Lang,* Zur Subjektfähigkeit von Personengesellschaften im Einkommensteuerrecht, FS für L Schmidt (1993), S 291;
K Mayer, Privatrechtsgesellschaft und die Europäische Union, 1996; *v Mutius,*
Die Beteiligten im Verwaltungsprozessrecht, Jura 1988, 469; *Pump,* Die Gesell-
schaft bürgerlichen Rechts im steuerlichen Verfahrensrecht Inf 1994, 709;
R. Pinkernell, Einkünftezurechnung bei Personengesellschaften, Kölner Diss,
2000; *B. Rinne,* Zweigniederlassungen ausländischer Unternehmen im deutschen Kollisions- und Sachrecht, Diss 1998; *Ruban,* Beteiligtenfähigkeit und
Klagebefugnis der Gesellschaft bürgerlichen Rechts im Steuerrecht, FS für
Döllerer (1988), S 515; *Schön,* Der große Senat des BFH und die Personengesellschaft, StuW 1996, 275; *Stadie,* Der Begriff des „Beteiligten" im Sinne der
Abgabenordnung 1977, BB 1977, 1648; *Stettner,* Die Beteiligung im Verwaltungsprozess JA 1982, 394; *Timme/Hülk,* Rechts- und Parteifähigkeit der Gesellschaft bürgerlichen Rechts – BGH, NJW 2001, 1056, JuS 2001, 536.

I. Abgrenzung und Funktion

In § 57 ist nur gesagt, wer die Beteiligten am finanzgerichtlichen Ver- **1**
fahren sind, nicht aber (anders: §§ 61 VwGO, 70 SGG), wer rechtlich in
der Lage ist, diese Rolle zu übernehmen. Behandelt ist die **Beteiligteneigenschaft,** nicht die *Beteiligtenfähigkeit* (*Ule* S 99).

Durch die abschließende (§ 59 Rz 1) Aufzählung der Beteiligten ist ge- **2**
nerell und abstrakt (der „Rolle nach") festgelegt, wer am finanzgerichtlichen Verfahren (aktiv oder passiv) teilnimmt und wen dessen Folgen
treffen. Dh unmittelbar betrifft die Regelung nur das **Prozessrechtsverhältnis,** dh die Stellung eines Rechtssubjekts im Prozess (zB für den
Ausschluss der Vernehmung als Zeuge: BFHE 96, 2 = BStBl II 1969,
525; als **Bezugsperson für** einen **Befangenheitsgrund:** BFH/NV 2005,
234; für die Berechtigung zur **Akteneinsicht:** BFH/NV 2004, 1659, dazu
iü § 78 Rz 7), für die Urteilswirkung (§ 110; vgl dort auch für die Ausnahmeregelung des § 110 I 2), für die Kostenlast (§§ 135 ff; BFHE 89, 468 =
BStBl III 1967, 671; FG D'dorf und FG Nds EFG 1986, 202) sowie für die
Vollstreckung (§§ 150 ff).

Entsprechendes gilt für die **Beschlussverfahren** (vgl zB, ohne weitere **3**
Begründung: BFHE 128, 322 = BStBl II 1979, 780; BFHE 133, 331 =
BStBl II 1981, 696, 698; BFHE 139, 240 = BStBl II 1984, 185; BFHE
144, 395 = BStBl II 1986, 68 f; BFH/NV 1998, 55; 1999, 1630). Im

Rechtsmittelverfahren kommt es auf die *tatsächliche* Beteiligung in der vorherigen Instanz (vgl § 122 I 1; dort Rz 1 f; BFHE 177, 4 = BStBl II 1995, 488; BFH/NV 2000, 572; **maßgeblich** dabei ist die **wirkliche Betroffenheit:** BFHE 201, 287 = BFH/NV 2003, 868; für das Beschwerdeverfahren: BFH/NV 2003, 804; 2004, 355; Rz 22 vor § 115), im **Wiederaufnahmeverfahren** (§ 134 Rz 2) auf die Beteiligung am Vorprozess (BFH/NV 1997, 193, 194) an.

4   **Beteiligte** können demzufolge **nur** sein: Kläger und Beklagter (Antragsteller/Antragsgegner) als Hauptbeteiligte, der Beigeladene u die beigetretene Behörde; hinsichtlich der letztgenannten Tatbestandsvariante hat sich durch Streichung des § 61 eine Einschränkung ergeben: Seit 1. 1. 1996 kommt ein Beitritt nur noch unter den Voraussetzungen des § 122 II in Betracht (s auch Rz 32). Das kommt nunmehr auch in dem mit Wirkung ab 1. 1. 2001 durch das 2. FGOÄndG v 19. 12. 2000 (BGBl I 1757) geänderten Klammersatz zum Ausdruck (zum früheren Redaktionsversehen s 4. Aufl).

5   Negativ besagt § 57: Das finanzgerichtliche Verfahren kennt **keine Nebenintervention** iS des § 66 ZPO (BFHE 113, 350 = BStBl II 1975, 40; FG BaWü EFG 2004, 523) und **keine Streitverkündung** iS der §§ 72–74 ZPO (BFHE 98, 553 = BStBl II 1970, 484; BFH/NV 1986, 476; BFH/NV 1997, 792).

6   Dem **vollmachtlosen Vertreter fehlt** die **Beteiligteneigenschaft** (BFHE 134, 401 = BStBl II 1982, 167 f; BFH/NV 1986, 346 und 408; 1994, 334; hier § 62 Rz 70; zu seiner Rolle als „Veranlasser": § 62 Rz 61 ff; 80 ff) ebenso wie zB dem Liquidator einer GmbH (BFH/NV 1995, 332).

7   **Beteiligtenfähigkeit** iSd FGO ist nicht Parteifähigkeit iS des Zivilrechts (dazu BGHZ 146, 341; *Timme/Hülk,* JuS 2001, 536; *R/S* § 43; *Zöller* zu § 50; zum Einfluss des Gemeinschaftsrechts: BGH DB 2000, 1114; s iü Rz 8), sondern die Fähigkeit, Subjekt eines **finanzgerichtlichen Prozessverhältnisses** zu sein (vgl zum Phänomen der Grundrechtsfähigkeit: BVerfG NJW 1987, 2501; *Pestalozza,* Verfassungsprozessrecht, § 27 Rz 30). Diese Fähigkeit richtet sich, soweit **Rechtsschutz** in Frage steht (§ 57 Nr 1, Rz 11 ff, bzw Nr 3, Rz 31), gemäß den einschlägigen prozentualen Vorschriften (§§ 40 II, 60 I u III) **nach der Natur des materiellen Rechts, um dessen Durchsetzung es geht** (Rz 8, 13 ff), zum anderen nach der der Notwendigkeit, diesen Begriff (ebenso wie etwa den des Steuer-VA – s Rz 12 u 58 ff vor § 40) im Lichte des Art 19 IV GG auszufüllen (Beispiel: BFH/NV 1997, 10; s auch Rz 8). Im Hinblick auf die Rechtsschutzfunktion der Norm kann die Beteiligtenfähigkeit als *Kläger* oder *Beigeladener* ausnahmsweise auch rein formeller Natur sein (Rz 12 u 27). Wegen der unterschiedlichen Funktion und Zielsetzung beider Prozessarten passt auch das zivilrechtliche Begriffspaar **„Aktiv-/Passivlegitimation"** (dazu *R/S* § 46 I 1) für einen Prozess im Dienste des Art 19 IV GG (s auch Rz 8 und § 63 Rz 1) **nicht** (s Rz 10; übersehen in BFH/NV 1995, 732; vgl demgegenüber *Ule* § 18). Die Beteiligtenfähigkeit im finanzgerichtlichen Verfahren ist keine Frage der Begründetheit der Klage, sondern als **Sachentscheidungsvoraussetzung** (Rz 1 ff vor § 33) unter dem Gesichtspunkt der Zulässigkeit des Rechtsschutzbegehrens in jedem Stadium des Verfahrens von Amts wegen zu prüfen: Ihr Fehlen steht einer Sachprüfung und Sachentscheidung entgegen; die von einem Nichtbeteili-

gungsfähigen vorgenommenen **Prozesshandlungen** (Rz 4, 14 ff vor § 33) sind grundsätzlich (Ausnahme: Rz 27) unwirksam (vgl *R/S* § 43 IV 2).

Die **Beteiligtenfähigkeit unterscheidet sich von der Parteifähig-** **8** **keit** is des § 50 I ZPO ua **dadurch, dass sie nicht von** der **zivilrechtlichen Rechtsfähigkeit abhängt.** In der VwGO und im SGG erstreckt sich die Beteiligtenfähigkeit ausdrücklich auch auf „nichtrechtsfähige Personenvereinigungen" (§ 70 Nr 2 SGG) bzw auf „Vereinigungen, soweit ihnen ein Recht zustehen kann" (§ 61 Nr 1 VwGO). Indem die FGO auf eine ausdrückliche gesetzliche Regelung überhaupt verzichtet hat, gibt sie zu erkennen, dass die Beteiligtenfähigkeit im Steuerprozess noch **weiter** reicht. Im Hinblick auf Art 19 IV GG muss **jedem** der Zugang zum Verfahren eröffnet sein, **der als Träger steuerlicher Pflichten in Betracht kommt oder** als solcher **tatsächlich in Anspruch genommen wurde** (BT-Drucks IV/1446; FG Saarl EFG 1995, 491, 492). Für die Inanspruchnahme von Rechten gilt Entsprechendes. Im Rahmen der Rechtsverwirklichung besteht die Aufgabe der Beteiligtenfähigkeit im Geltungsbereich der FGO darin, das Prozessrechtsverhältnis in subjektiver Hinsicht dem jeweils maßgeblichen materiellen Steuerrecht und der konkreten verfahrensrechtlichen Situation anzupassen. Anders als im Zivilprozessrecht (s zB BGH DB 1988, 388 u OLG D'dorf DB 1988, 543; vgl aber auch BAG NJW 1988, 2637) kommt auch der Vermögenslosigkeit im finanzgerichtlichen Verfahren keine ausschlaggebende Bedeutung zu (s zB für nichtrechtsfähigen gemeinnützigen Verein: BFH/NV 2000, 65). Beteiligtenfähig ist hier vielmehr jeder, der **Träger** formeller oder materieller **abgabenrechtlicher Rechte und Pflichten** sein kann (BFHE 108, 486 = BStBl II 1973, 502; BFHE 129, 526 = BStBl II 1980, 301; BFHE 140, 22 = BStBl II 1984, 318 f; BFHE 143, 138 = BStBl II 1985, 657, 660; BFHE 145, 408 = BStBl II 1986, 311 f; BFH/NV 1989, 732, 733; zu § 37 II AO; BFH/NV 1997, 10 = HFR 1997, 96; zu §§ 193 ff AO: BFHE 169, 294 = BStBl II 1993, 82; BFHE 175, 231 = BStBl II 1995, 241; BFH/NV 1996, 660, 689 f u 686 f; ganz allgemein zur Steuerrechtsfähigkeit: *H/H/Sp/ Boeker* § 33 AO Rz 28 ff; *T/K* § 33 AO Rz 12 ff). Als eigenständiger Zurechnungsbegriff vorausgesetzt wird die **Steuerrechtsfähigkeit** auch in der Vertretungsregelung des § 34 II AO sowie in der Vollstreckungsregelung des § 267 AO (näher dazu *H/H/Sp/Müller-Eiselt* § 267 AO Rz 10 ff) die über § 150 S 1 (dort Rz 1) auch für die zwangsweise Durchsetzung finanzgerichtlicher Urteile gilt (s iü Rz 15 ff).

Näher fixiert und zu einer Teilrechtsfähigkeit (s *Fabricius* S 115 ff) **re-** **9** **lativiert** wird die Beteiligtenfähigkeit iSd FGO durch das materielle Steuererrecht (BFHE 150, 293 = BStBl II 1988, 316, 317; s iü Rz 13 ff), die zu seiner Konkretisierung erlassen oder beanspruchten Steuerverwaltungsakte (s Rz 26; Rz 7 ff und 58 ff vor § 40) und schließlich auch durch das Verfahren zur Realisierung der Rechte und Pflichten aus dem Steuerrechtsverhältnis (Rz 27 und Rz 11 f vor § 40).

Abzugrenzen (vgl ua BVerfG BStBl II 1984, 634, 642 f) ist der Begriff **10** der Beteiligtenfähigkeit **gegenüber**
– der **Prozessfähigkeit** (§ 58), dh der Fähigkeit, in eigener Person (für wen auch immer) Verfahrenshandlungen vorzunehmen;
– der **Klagebefugnis** (idR Einheit von Rechtsinhaberschaft und prozessualer Rechtsträgerschaft: § 40 Rz 55; § 48 Rz 1 und § 26 – und daher

die **Prozessführungsbefugnis** mit umfassend), dh der individuellen Befugnis zur Inanspruchnahme gerichtlichen Rechtsschutzes im konkreten Einzelfall (§ 40 II und III; §§ 41, 42 und 48) und

– der **Sachbefugnis** (Sachlegitimation, entsprechend der zivilrechtlichen Aktiv- oder Passivlegitimation, s auch Rz 7, 8), dh der allein unter dem Gesichtspunkt der *Begründetheit* der Klage bedeutsamen Frage danach, ob der Kläger wirklich Träger der streitigen Rechte oder Pflichten ist.

II. Der Kläger als Verfahrensbeteiligter (§ 57 Nr 1)

11   **Kläger (Antragsteller)** (§ 57 Nr. 1) im finanzgerichtlichen Verfahren ist derjenige, der vom Gericht **Rechtsschutz** begehrt oder, in Vertretungsfällen, derjenige, für den Rechtsschutz begehrt wird. Ob er dazu befugt ist, richtet sich nach anderen Kriterien (s Rz 10); wobei allerdings Verneinung der Klagebefugnis idR auch Verneinung der Beteiligtenfähigkeit bedeutet und umgekehrt (s § 48 Rz 23 ff; s aber § 40 Rz 67). Ob die behauptete Rechtsbeeinträchtigung in der Person tatsächlich vorliegt, ist eine Frage der Begründetheit der Klage (s auch Rz 13 ff). Im Rahmen des § 57 kommt es nur darauf an, ob demjenigen, der im finanzgerichtlichen Verfahren als Kläger auftritt, diese Rolle auch zusteht, er also beteiligtenfähig ist (s Rz 7 ff).

12   Dies allerdings braucht der Kläger, wie andere Zulässigkeitsvoraussetzungen auch, zunächst nur **geltend zu machen** (§ 40 Rz 61 ff). Hierzu genügt in diesem Zusammenhang die substantiierte, in sich schlüssige Behauptung, die Steuerrechtsfähigkeit sei zu Unrecht bejaht, der Kläger im angefochtenen Bescheid zu Unrecht in Anspruch genommen worden (BFHE 96, 335 = BStBl II 1969, 656; BFHE 140, 22 = BStBl II 1984, 318 f; BFH/NV 1994, 332; 1995, 815; ebenso ganz allgemein für andere Zulässigkeitsvoraussetzungen: BFHE 105, 230 = BStBl II 1972, 541; BFHE 134, 421 = BStBl II 1982, 186, 188; BFHE 147, 120 = BStBl II 1986, 820; zum Problem **des Zulassungsstreits** generell: Rz 27; *R/S* § 43 V 2; zur gleichen Frage bei Beigeladenen s Rz 58 s dort Rz 2).

13   Die Abhängigkeit der Beteiligungsfähigkeit von der Steuerrechtsfähigkeit (Rz 8) bedeutet idR, dass, zunächst unter dem Gesichtspunkt der Zulässigkeit der Klage, zu prüfen ist, **ob** der **Rechtsuchende** als derjenige in Betracht kommt, der den behaupteten steuerlich relevanten **Tatbestand verwirklicht hat** (vgl § 38 AO; BFHE 94, 488 = BStBl II 1969, 188; BFHE 143, 252 = BStBl II 1985, 330). Die Antwort ergibt sich je nach dem Standort der entscheidungserheblichen Zurechnungsvorschrift aus den Vorschriften des allgemeinen Steuerschuldrechts (§§ 3 I, 38 AO iVm den einschlägigen Normen des jeweiligen Einzelsteuergesetzes; zu § 37 II AO: BFH/NV 1997, 10; wegen der mit der Ap – §§ 193 ff AO – verbundenen Nebenpflichten aus dem Steuerrechtsverhältnis: BFHE 169, 294 = BStBl II 1993, 82; BFHE 175, 231 = BStBl II 1995, 241), regelmäßig aus denjenigen des besonderen Steuerschuldrechts (Rz 15 ff), ausnahmsweise aus denjenigen des Verfahrensrechts (der AO oder der FGO; vgl zB BFHE 150, 293 = BStBl II 1988, 316, 317; Rz 27). Auch ein **Dritter** kommt als Verfahrensbeteiligter in Betracht (BFH/NV 2003, 1142; § 40 Rz 111 u 122).

14   In den **Einzelsteuergesetzen** ist die subjektive Seite der Tatbestandsverwirklichung (vgl dazu: *v Groll* StuW 1995, 326, 328 ff) an unterschied-

liche Voraussetzungen geknüpft (s zB zur Antragsbefugnis in Kindergeldsachen: § 67 S 2 EStG; iü § 40 Rz 112; hier Rz 15 a ff). Die hieraus resultierende **Relativität** der Steuerrechtsfähigkeit wird besonders deutlich am Beispiel derjenigen, die im bürgerlichen Recht und im allgemeinen öffentlichen Recht uneingeschränkt rechtsfähig sind: an natürlichen Personen, die zB zwar einkommensteuerfähig, nicht aber körperschaftsteuerfähig sind, und an juristische Personen, die zwar körperschaftsteuerfähig, nicht aber einkommensteuerfähig sind (§ 1 EStG; § 1 KStG). Entsprechende Auswirkungen auf § 57 Nr 1 hat es, wenn das Einzelsteuergesetz eine vom Grundsatz der Tatbestandsverwirklichung (Rz 13) abweichende **Zurechnungsentscheidung** (§ 43 AO) getroffen hat (zB in **§ 34c III EStG aF:** BFH/NV 2001, 1541; oder in **§ 50 VII EStG:** BFH/NV 2005, 26, 27). Auch im Fall der **Rechtsnachfolge** bestimmt sich die Rolle im Steuerprozess nach materiellem Recht (vgl FG BaWü EFG 2003, 307; FG Nds EFG 2004, 1525). UU ergibt sich die Beteiligtenfähigkeit auch aus der Stellung als Rechtsnachfolger (FG BaWü aaO; FG Nds aaO).

Völlig uneinheitlich, von Steuerart zu Steuerart verschieden, ist die **Be-** **15** **handlung nichtrechtsfähiger Gebilde.** Deren Bedeutung für das Abgabenrecht trägt die **AO** durch besondere Vertretungs- (§ 34 I u II AO) und Vollstreckungsregelungen (§ 267 AO; uU iVm § 150 S 1 FGO) Rechnung. Iü ergibt sich die Beteiligtenfähigkeit nicht rechtsfähiger Gebilde für das **Steuerrechts-** wie für das **Steuerschuldverhältnis** entweder aus der rechtsformunabhängigen Anknüpfung im einschl Gesetzestatbestand (für die Ap zB durch die nicht weiter konkretisierte Festlegung auf den **„Steuerpflichtigen"** iSd § 33 AO als möglichen Adressaten von Prüfungsmaßnahmen – zB in §§ 193 I, 194 I u 197 I 1 AO) oder aber durch eine entsprechende ausdrückliche Regelung (zB mit der ausdrücklichen Einbeziehung der **Personengesellschaft** als solcher in den Gesetzestatbestand) wie etwa in
– § 1 I 2 InvZulG (BFHE 194, 294 = BStBl II 2001, 316; s aber BFH/NV 2000, 747 u 844; zur atypischen stillen Gesellschaft: BFH/NV 2000, 888);
– § 1 I 2 FördG (BFH/NV 2001, 1650; BFHE 206, 444 = BFH/NV 2004, 1473, 1475).

Vielfach aber vernachlässigt das Gesetz die Ausgestaltung der subjektiven Seite des Gesetzestatbestands, so dass sie durch **Auslegung** zu ermitteln ist (wie zB im Fall der Organschaft im Körperschaftsteuerrecht – §§ 14 ff KStG, s v *Groll* DStR 2004, 1193, 1198). Für die wichtigsten **Steuerarten** ergibt sich für den Anwendungsbereich des § 57 Nr 1 u 3 Folgendes:

Der **ESt** unterliegen nur natürliche Personen (§ 1 I u IV EStG). Bei be- **15a** sonderer Gestaltung des Steuerrechtsverhältnisses jedoch kommt auch hier Teilrechtsfähigkeit und damit Beteiligtenfähigkeit (Rz 7) für andere Rechtssubjekte in Betracht – je nachdem, inwieweit sie mit materiell-rechtlichen oder verfahrensrechtlichen (Rz 27) abgabenrechtlichen Pflichten belegt werden, so zB für **Personengesellschaften** (s auch Rz 26; § 48 Rz 12)
– im Bereich der **einheitlichen Feststellungen,** und zwar **unabhängig von der Einkunftsart** (vgl dazu grundlegend: Rz 26; zur st BFH-Rspr vor allem die GrS-Beschlüsse BFHE 141, 405 = BStBl II 1984, 751 zu C III 3, u BFHE 178, 86 = BStBl II 1995, 617 zu C IV 2 b aa; ferner BFHE 105, 449 = BStBl II 1972, 672; BFHE 161, 404 = BStBl II 1990, 1068; BFH/NV 1989, 304, 305; 1993, 457, 458; 1995, 84, 85; so nun-

mehr ausdrücklich auch für die Einkünfte aus **VuV**: BFHE 206, 162 = BStBl II 2004, 898; BFH/NV 2004, 1371; 2005, 168; BFHE 207, 24 = BFH/NV 2005, 131, 132; zur Qualifizierung der Einkunftsart bei einer Personengesellschaft, die als **beliehener Unternehmer** fungiert: BFH/NV 1996, 325; zur **Arbeitgebereigenschaft** einer Personengesellschaft: BFHE 177, 105 = BStBl II 1995, 309; FG Köln EFG 1994, 59; zur Tatbestandsverwirklichung nach **§ 23 EStG**: BFH/NV 1995, 303; für **Bruchteilsgemeinschaften**: BFHE 152, 471, 475 = BStBl II 1988, 577; BFHE 206, 168 = BStBl II 2004, 929; vgl auch *v Groll* StuW 1995, 326, 331 mwN; s iü Rz 24 ff u § 48 Rz 42): Es hängt allein von der jeweiligen Fallgestaltung ab, ob der **Tatbestand der Gewinn-/Überschusserzielung** (dh der **Einkünfteerzielung** – § 2 I 1 EStG – und der **Einkünfteermittlung** – § 2 II EStG) von der Gesellschaft (bzw, was auf dasselbe hinausläuft, den Gesellschaftern in ihrer Verbundenheit) verwirklicht wird (s auch Rz 26); das Gesetz differenziert insoweit weder in § 2 I u II EStG (oder in den für die verschiedenen Einkunftsarten geltenden Spezialvorschriften) noch in den §§ 179 ff AO; für das Prozessrecht findet die Gleichwertigkeit der Einkunftsarten inzwischen ihre Bestätigung in § 48 I nF (s dort Rz 1 ff);

– wenn sie als **Haftungsschuldner** in Anspruch genommen werden (zB nach § 50 V EStG: BFHE 154, 495 = BStBl II 1989, 87; auch nach § 42 d EStG, wenn die Gesellschaft Arbeitgeber ist; aM BFH/NV 1988, 615, 517; wN bei *Schmidt/Drenseck*, § 19 Rz 12 u § 42 d Rz 35 ff; zur Steuerschuldnerschaft bei der *pauschalen LSt:* BFHE 159, 82 = BStBl II 1990, 993; *Schmidt/Drenseck,* § 40 Rz 1; s auch BFHE 177, 105 = BStBl II 1995, 309; FG Köln, EFG 1994, 59).

16　Im Bereich der **KSt** (§§ 1, 3 KStG) sind zB neben den juristischen Personen (deren KSt-Subjektfähigkeit sich nach Zivilrecht richtet: BFHE 148, 153 u 158 = BStBl II 1987, 308 u 310; BFHE 159, 452 = BStBl II 1990, 468; BFH/NV 1987, 266, 267); *Vereine* vor Eintragung: BFH v 24. 1. 01 I R 33/00; auch *nichtrechtsfähige Vereine* (vgl zum Fall einer *Ritterschaft:* BFHE 177, 86 = BStBl II 1995, 552; s auch BFH/NV 2000, 65) Steuersubjekte, nicht dagegen OHG, KG und BGB-Gesellschaft (vgl zum Beginn der Körperschaftsteuerfähigkeit: BFHE 109, 190 = BStBl II 1973, 568; BFHE 125, 212 = BStBl II 1978, 486; BFHE 137, 265 = BStBl II 1983, 247 f; FG RhPf EFG 1984, 318; zum Ende der Steuerrechtsfähigkeit in diesem Bereich des Abgabenrechts im Falle einer Umwandlung: BFHE 143, 444 = BStBl II 1985, 541; BFH/NV 1991, 415; zur KSt-Pflicht *ausländischer juristischer Personen:* BFHE 153, 14 = BStBl II 1988, 588, 590; *Debatin* aaO; zur Verneinung der KSt-Pflicht im Falle der Publikums-GmbH & 38; Co KG: BFHE 141, 405 = BStBl II 1984, 751, 757 f; zur Organschaft: *v Groll* DStR 2004, 1193, 1198).

17　Für die **VSt**, die in subjektiver Hinsicht im wesentlichen der KSt folgte (§ 1 VStG; BFHE 133, 306 = BStBl II 1981, 600; zur *beschränkten* VSt-Pflicht: BFHE 177, 497 = BStBl II 1995, 653), galten zB inländische *Betriebsstätten* ausländischer Gesellschaften als steuerrechtsfähig (RFH RStBl 1940, 539).

17 a　Bei der **ErbSt** (oder deren Erstattung) sind Steuersubjekte die Erben, nicht etwa die Miterbengemeinschaft (BFHE 153, 504 = BStBl II 1988, 946; BFHE 176, 44 = BStBl II 1995, 81).

Zu den Steuersubjekten bei der **GrESt** zählt grundsätzlich auch die **18** *BGB-Gesellschaft* (BFHE 149, 12 = BStBl II 1987, 325; BFHE 152, 200 = BStBl II 1988, 377; BFHE 200, 426 = BStBl II 2003, 358; BFH/NV 2004, 203; 2005, 1867; zur Abgrenzung *Schuld/Haftung:* BFHE 173, 306 = BStBl II 1995, 300). Mit der Begründung, diese werde nur durch ihre Gesellschafter „bezeichnet", hat der BFH (BFHE 148, 331 = BStBl 1987, 183) Beteiligtenfähigkeit im Verfahren um die Rechtmäßigkeit gegen einen an die Gesellschaft gerichteten GrESt-Bescheid nur allen Gesellschaftern gemeinschaftlich zugesprochen (vgl andererseits: FG D'dorf EFG 1986, 202 und zur GrESt-Fähigkeit einer *Erbengemeinschaft:* BFHE 198, 261 = BStBl II 1973, 370).

Am weitesten in diese Richtung geht die **USt,** in der die Steuerrechtsfä- **19** higkeit des Gebildes unabhängig von der Rechtsform ausschließlich an die **Unternehmereigenschaft** (§ 2 I UStG) geknüpft ist – mit der Folge, dass hier nicht nur die *BGB-Gesellschaft* (zB eine Anwaltsozietät: BFHE 140, 121 = BFHE 145, 13 = BStBl II 1986, 156 f; s auch BFHE 157, 308 = BStBl II 1989, 850; BFHE 171, 114 = BStBl II 1993, 529; BFHE 171, 122 = BStBl II 1993, 530; BFHE 171, 400 = BStBl II 1993, 817; BFHE 172, 137 = BStBl II 1993, 734; BFHE 173, 458 = BStBl II 1994, 483; BFHE 176, 63 = BStBl II 1995, 84; BFHE 187, 78 = HFR 1999, 207; BFH/NV 1994, 221; 1996, 690 f; 1997, 815 u 862; FG Mchn EFG 2004, 1707), sondern auch *nichtrechtsfähige Vereine, Zweckvermögen* usw als Steuersubjekte in Betracht kommen (vgl dazu grundlegend: BFHE 63, 202 = BStBl III 1956, 275 mwN; speziell zur Unbeachtlichkeit der Mitunternehmereigenschaft der Gesellschafter einer Personengesellschaft: BFHE 132, 497 = BStBl II 1981, 408 f), andererseits im Falle der *Organschaft* (§ 2 II Nr 2 UStG), juristische Personen (zum Fall einer *ausländischen* Kapitalgesellschaft: BFHE 174, 469 = BStBl II 1994, 671; BFH/NV 2000, 1505) diese Eigenschaft verlieren (BFHE 139, 240 = BStBl II 1984, 185 f, allerdings einen Fall der formellen Steuerschuldnerschaft – s dazu Rz 27 – betreffend).

Auch für die **GewSt** kommt es nicht entscheidend auf die Rechtsfähig- **20** keit an. Maßgeblich ist das **Bestehen eines Gewerbebetriebs** (§ 2 I GewStG, §§ 1 ff GewStDV; BFHE 145, 495 = BStBl II 1986, 408; BFHE 150, 390 = BStBl II 1987, 768 f. Zur Unternehmereigenschaft von Personengesellschaften (§ 5 I 3 GewStG; *Außengesellschaften*): BFHE 156, 502 = BStBl II 1989, 664, 665; BFH/NV 2000, 198, 199 u 1104, 1105; zum Beginn der Steuerrechtsfähigkeit allgemein: BFHE 176, 138 = BStBl II 1995, 900; bei einer *KG:* BFHE 143, 368 = BStBl II 1985, 433 f; bei einer *Kapitalgesellschaft* – § 2 II 1 GewStG: BFHE 142, 130 = BStBl II 1977, 561; iü BFHE 143, 135 = BStBl II 1985, 334 f; BFHE 143, 280 = BStBl II 1985, 372; für den *Erbfall:* BFHE 121, 302 = BStBl II 1977, 481; BFHE 143, 138 = BStBl II 1985, 657, 660; zur GewSt-Pflicht einer *Laborgemeinschaft:* BFH/NV 2005, 352; zur Verneinung der Gewerbesteuerpflicht einer *Bruchteilsgemeinschaft:* BFH/NV 1994, 266; einer *atypischen stillen Gesellschaft:* BFHE 185, 408 = BStBl II 1986, 311; BFHE 178, 448 = BStBl II 1995, 794; BFH/NV 1996, 798). Zu den Besonderheiten bei der früheren **Lohnsummensteuer:** BFHE 105, 449 = BStBl II 1972, 672; BFH/NV 1990, 6).

Zur Verneinung der **GrSt**-Pflicht einer atypischen stillen Gesellschaft: BFHE 149, 262 = BStBl II 1987, 451.

21   Die Beteiligtenfähigkeit wurde verneint (durch BFHE 129, 526 = BStBl II 1980, 301) bei einer BGB-Gesellschaft zur Geltendmachung eines **Erstattungsanspruchs** (s aber BFH/NV 1997, 10; zur grundsätzlichen Berechtigung dessen, *für dessen Rechnung* geleistet wurde: BFHE 177, 224 = BStBl II 1995, 492; BFHE 177, 257 = HFR 1995, 507) wegen angeblich unrechtmäßiger Pfändungen, wobei allerdings die Wechselbeziehung Steueranspruch/Erstattungsanspruch (*H/H/Sp/Becker* § 37 AO Rz 22; *T/K* § 37 A Rz 19) offensichtlich keine Beachtung fand. Im InvZul-Recht kommt die GbR als Anspruchsberechtigte in Betracht (FG Köln EFG 1987, 370) und ist als Zulagensubjekt von den einzelnen Gesellschaftern zu unterscheiden (BFHE 148, 331 = BStBl II 1987, 183).

22   Bei natürlichen Personen beginnt die Steuerrechtsfähigkeit mit der Geburt (§ 1 BGB). Sie endet mit dem Tod. Die Steuerschuld geht nach hM (vgl aber *Kruse,* DStJG 10, 6 ff; *Meincke* ebenda S 31 ff u *Ruppe* ebenda S 53 ff; *v Groll* in *K/S* § 10 d Anm B 190 ff mwN) grundsätzlich im Wege der **Gesamtrechtsnachfolge** (§§ 1922 I BGB, 45 I 1 AO) auf den Erben über (differenzierend BFH – GrS – E 161, 332, 341 f = BStBl II 1990, 837, 841 f unter C I 2 a; zu den Auswirkungen des Erbfalls auf den laufenden Prozess s § 74 Rz 27 ff). Er ist (für die durch den Rechtsvorgänger verwirklichten Tatbestandsmerkmale: BFHE 109, 123 = BStBl II 1973; 544; BFHE 133, 494 = BStBl II 1981, 729) Steuersubjekt, nicht etwa der Testamentsvollstrecker (BFHE 100, 56 = BStBl II 1970, 826; BFHE 153, 504 = BStBl II 1988, 946; für die ErbSt; BFHE 100, 346 = BStBl II 1971, 119; BFHE 110, 514 = BStBl II 1974, 100; BFH/NV 1992, 223, 224; für die ESt; BFHE 121, 302 = BStBl II 1977, 481; BFHE 161, 332, 341 f = BStBl II 1990, 837, 841 f; für die GewSt; BFHE 125, 112 = BStBl II 1978, 491 für das Feststellungsverfahren nach den §§ 179 ff AO; s iü § 48 Rz 24 ff).

23   Wegen der Frage der **Klageänderung im Falle eines Beteiligtenwechsels** wird auf die Erläuterungen zu § 67 (dort Rz 8) verwiesen.

24   Besondere Eigenständigkeit zeigt die Steuerrechtsfähigkeit und damit die Beteiligtenfähigkeit in dem von der Rechtsprechung für Personen- und Kapitalgesellschaften entwickelten Grundsatz, daß die **Gesellschaft** (unabhängig von der Löschung im Handelsregister und auch von der Abwicklung (zum entsprechenden Phänomen im Zivilprozess: BGH VersR 1991, 121; vgl auch BFHE 150, 293 = BStBl II 1988, 316) solange **als fortbestehend angesehen** wird (zu den evtl Konsequenzen für die Klagebefugnis s § 48 Rz 22 ff und für die Prozessfähigkeit s § 58 Rz 13; zur Kritik *Jessen* aaO; *Kempermann* DStR 1979, 783; *T/K* § 33 AO Rz 23), als sie noch steuerrechtliche Pflichten zu erfüllen hat und gegen sie gerichtete Bescheide angreift (BFHE 90, 336 = BStBl II 1968, 95; BFHE 96, 335 = BStBl II 1969, 656; BFHE 112, 449 = BStBl II 1974, 620; BFHE 122, 389 = BStBl II 1977, 683; BFHE 126, 107 = BStBl II 1978, 467 f; BFHE 130, 477 = BStBl II 1980, 587 f; BFHE 139, 1 = BStBl II 1984, 15; BFHE 146, 492 = BStBl II 1986, 589 f; BFHE 150, 293 = BStBl II 1988, 316; BFHE 152, 556 = BStBl II 1988, 557; BFHE 164, 219 = BStBl II 1991, 729; BFHE 168, 343 = BStBl II 1992, 741; BFH/NV 1986, 384 f; 1989, 615 u 657; 1990, 386; 2000, 1074; zum Fortbestand einer Personengesellschaft im Hinblick auf eine *Außenprüfung,* §§ 193 f AO: BFHE 169, 294 = BStBl II 1993, 82; BFHE 175, 231 = BStBl II 1995, 241). Eingeschränkt wird dieser Grundsatz für Personengesellschaften **gegenüber Feststellungsbescheiden** (BFHE 120, 129 = BStBl II 1977, 221; BFHE 155, 250 = BStBl II 1989, 326; BFHE 155, 255 = BStBl II 1989, 312; BFHE 155, 322 = BStBl II 1989, 359; BFHE 159, 15 = BStBl II 1990, 333; 167, 5 = BStBl II 1992, 559; BFHE 179, 335 = BStBl II 1996, 219; BFH/NV 1993, 457; 2002, 796; 2003, 742; HessFG EFG 2004, 129; s aber Rz 27). Dabei wird allerdings nicht hinreichend beachtet, dass sich der Feststellungsbescheid in solchen Fällen zumindest *auch* gegen die (ehem) Gesellschaft richtet (Rz 26; § 48 Rz 24; aM: *Gschwendtner* DStZ 1995, 71) und dass mit der Vollbeendigung regelmäßig nur die Rechtfertigung für die Prozessstandschaft des § 48 I Nr 1 nF (Nr 3 aF) entfällt, nicht aber die Fähigkeit, Träger abgabenrechtlicher Rechte und Pflichten zu sein (§ 48 Rz 24; so auch für die *atypische stille Gesellschaft:* BFH/NV 2003, 1028, 1029; anders: BFHE 141, 498 = BStBl II 1984, 820; zur Vollbeendigung in Fällen der *Anwachsung:* BFH/NV 1994, 41, 354 u 355; s auch Rz 25; zur Vollbeendigung in Fällen der *Umwandlung:* BFHE 174, 451 = BStBl II 1994, 856; bei einer vermögenslosen *Innengesellschaft:* BFH/NV 1991, 429).

Nicht berührt wird der Fortbestand der Gesellschaft **durch das** **25** **Ausscheiden eines Gesellschafters aus einer zweigliedrigen Personengesellschaft** (BFHE 121, 116 = BStBl II 1978, 503; BFHE 132, 348 = BStBl II 1981, 293 f; BFHE/NV 1986, 171). Soweit die Gesellschaft als solche Steuerrechtssubjekt ist (Rz 14 ff), ist ihre **Identität** losgelöst vom jeweiligen Gesellschafterbestand zu sehen (s auch BFHE 135, 386 = BStBl II 1982, 506, 508; BFHE 139, 1 = BStBl II 1984, 15 f; BFHE 144, 395 = BStBl 1986, 68 f; aM für die Zeit ab Vollbeendigung: BFHE 159, 15 = BStBl II 1990, 333; s iü Rz 24 u § 48 Rz 24).

Dies entspricht nicht nur der besonderen Funktion des Begriffs der Be- **26** teiligtenfähigkeit (s Rz 8), sondern auch dem Umstand, dass die Fähigkeit, Träger steuerrechtlicher Rechte und Pflichten zu sein, konkretisiert und maßgeblich geprägt wird durch die **Art der Hoheitsmaßnahme,** die zur Regelung eines bestimmten Einzelfalls erlassen wird (Rz 9 und Rz 7 ff und 58 ff vor § 40). Kennzeichnend hierfür ist die besondere Teilrechtsfähigkeit (Rz 8) von **Personengesellschaften** im Regelungsbereich von Bescheiden über die gesonderte und einheitliche Feststellung von Einkünften **(einheitlichen Feststellungsbescheiden)** die sich nach neuerer BFH − Rspr (vgl vor allem GrS in BFHE 141, 405 = BStBl II 1984, 751; BFHE 209, 399 = BStBl II 2005, 679; s ferner: BFHE 178, 86 = BStBl II 1995, 617; BFHE 163, 1 = BStBl II 1991, 691, 699 f; ferner BFHE 152, 471 = BStBl II 1988, 577; BFH/NV 1989, 732, 733) auf die Tatbestandsverwirklichung **(Gewinnerzielung, Überschusserzielung)** bei ESt u KSt erstreckt (s Rz 15 a), obgleich diese Gebilde insoweit nicht Steuerschuldner sein können. Dieser Ansicht ist iE beizupflichten. Die Gegenmeinung (*Ruban,* FS für Döllerer, 515, 523 ff u *Meßmer* ebenda, S 429, 437 ff − jew mwN; in die gleiche Richtung gehend wohl auch BFHE 150, 300 = BStBl II 1987, 764, 765 sowie BFHE 167, 5 = BStBl II 1992, 559) wird weder der Eigentümlichkeit der in Frage stehenden Steuer-VAe noch dem Phänomen der Teilrechtsfähigkeit gerecht. In dem Maße, in dem das Gesetz in § 179 I iVm mit § 179 II 2 AO (nicht einschlägig ist insoweit − entgegen *Ruban* aaO s § 523 − § 179 II 1 AO, der nur die *gesonderte* Feststellung betrifft) und § 180 I 2 a AO die Möglichkeit eröffnet, bestimmte Besteuerungsgrundlagen in einem gestuften Entscheidungsprozess vorab, gleichsam „vor die Klammer gezogen", gesondert und *einheitlich* mit bindender Wirkung für die Folgebescheide und deren Adressaten zu regeln (vgl dazu näher Rz 64 f vor § 40, § 40 Rz 92 ff; § 42 Rz 32 ff), werden (gem § 118 S 1 u dem Nachsatz des § 157 II AO) abgabenrechtliche Rechte und Pflichten abweichend vom Regelfall des § 157 II AO sachlich gegliedert und entsprechend zugeordnet. **Soweit** hierbei die maßgebliche **Entscheidung** auch die Einheit (dh die **Gesellschaft oder Gemeinschaft** bzw die Gesellschafter oder Gemeinschafter in ihrer Verbundenheit) **betrifft**, wird dieses Gebilde nicht nur verpflichtet, sondern **gem Art 19 IV GG iVm § 40 II FGO** auch **berechtigt** (s Rz 8; zur Prüfungsanordnung gegenüber einer Personengesellschaft: BFH/NV 1996, 660). Da die einheitliche Basisentscheidung außerdem inhaltlich Besteuerungsgrundlagen der ESt- (bzw KSt-)Schuld betrifft (die unverändert in die einzelnen Folgebescheide zu übernehmen sind), ist es durchaus zutreffend, eine Personengesellschaft insoweit in einer auf Einkünfteerzielung und Einkünfteermittlung beschränkten Weise (Rz 15 a) als Subjekt der ESt (bzw KSt) anzusehen. Bestätigt wird dieses Gesetzesverständnis auch durch § 48 Nr 1 nF (Nr 3 aF), der Rechtsinhaberschaft der Gesellschaft (Gemeinschaft; bzw der darin zusammengeschlossenen Personen) voraussetzt (§ 48 Rz 8, 15 u 19). Die hiermit verbundenen Beschränkungen individueller Rechtsschutzbefugnisse der einzelnen Gesellschafter/Gemeinschafter (§§ 42, 351 II AO und 48 I Nr 1) allerdings sind nur gerechtfertigt, sofern die Basis für eine solche Prozessstandschaft rechtswirksam zustandegekommen ist und nur so lange, als sie Bestand hat (§ 48 Rz 24 ff). Aus diesem Grunde ist es durchaus zutreffend,

– als **Inhaltsadressaten** (dazu auch § 40 Rz 110) eines einheitlichen Feststellungsbescheids in jedem Fall **auch** die Gesellschaft anzusehen (BFHE 131, 278 = BStBl II 1981, 33), und zwar unabhängig davon, ob sie ausdrücklich als solche bezeichnet ist;

– insoweit von einer **Klagebefugnis** der Gesellschaft zu sprechen (die allerdings in § 48 I Nr 1 nF – Nr 3 aF – vorausgesetzt, nicht selbst geregelt wird – § 48 Rz 1, 8, 19 u 24; vgl auch BFH/NV 1989, 511), und zwar auch, soweit Fragen des *Sonderbetriebsvermögens* streitig sind (§ 48 Rz 15 mwN: Mängel in der gesetzlichen und systematischen Absicherung von Kunstgebilden wie dem Betriebsvermögen I u II lassen sich jedenfalls nicht durch „positivistische Akribie" im Bereich des Rechtsschutzes „ausbügeln". Dort genügt – wegen Art 19 IV GG – tatsächliche Inanspruchnahme, um entsprechende Abwehrrechte auszulösen; vgl auch Rz 27);

– die **Buchführungspflicht** (selbst für den Bereich des Sonderbetriebsvermögens) der Gesellschaft zuzurechnen (BFHE 162, 99 = BStBl II 1991, 401);

– in Fällen des § 48 I Nr 1 nF (Nr 3 aF) weder dem **Eintritt** oder dem **Ausscheiden von Gesellschaftern** (BFHE 163, 438 = BStBl II 1991, 882) noch der **formwechselnden Umwandlung** einer Personengesellschaft (BFHE 163, 431 = BStBl II 1991, 581) Bedeutung für deren Klagebefugnis beizumessen (s auch BFHE 174, 451 = BStBl II 1994, 856);

– einer **Schein-KG** mit Einkünften aus Vermietung und Verpachtung Beteiligtenfähigkeit und Klagebefugnis gegenüber einem einheitlichen Feststellungsbescheid zuzusprechen (BFHE 143, 496 = BStBl II 1985, 519; BFHE 148, 229 = BStBl II 1987, 197 – allerdings allein nach den §§ 40 II, 57 und ohne Rückgriff auf § 48 I 3 aF bzw I 1 nF; abw FG Köln EFG 1989, 418; vgl auch BFHE 134, 421 = BStBl II 1982, 186, 188; BFHE 145, 308 = BStBl II 1986, 239; vgl iü § 48 Rz 12);
– eine Personengesellschaft im Rahmen des **§ 50 a V EStG** als beteiligtenfähig und klagebefugt („*Gläubiger*") anzusehen (BFHE 154, 495 = BStBl II 1989, 87).

(Vgl in diesem Zusammenhang außerdem BFHE 115, 488 = BStBl II 1975, 603; BFHE 132, 244 = BStBl II 1981, 164, 167; BFHE 133, 285 = BStBl II 1981, 574, 576; BFHE 138, 337 = BStBl II 1983, 598, 600; BFHE 143, 68 = BStBl II 1985, 291: BFHE 144, 432 = BStBl II 1986, 10; BFHE 165, 398 = BStBl II 1992, 375; *Beierl* aaO; *Schmidt* § 15 Rz 163 ff; *Best* DStR 1991, 1545; vgl auch *Bodden* DStZ 1996, 73; *Schön* StuW 1996, 275; *Esch* BB 1996, 1621; speziell für eine BGB-Gesellschaft mit Einkünften aus Vermietung und Verpachtung: BFHE 140, 22 = BStBl II 1984, 318; für eine „Schein-KG": BFHE 143, 496 = BStBl II 1985, 519 f; vgl für eine BGB-Gesellschaft auch: BFH/NV 1986, 109; für eine Bruchteilsgemeinschaft: BFH/NV 1986, 265 f; BFHE 152, 471, 475 = BStBl II 1988, 577; GrS BFHE 178, 86 = BStBl II 1995, 617 – zu C IV 2 b, aa; für eine atypische stille Gesellschaft: BFHE 145, 408 = BStBl II 1996, 311; zur Problematik der **„Zebragesellschaft":** § 40 Rz 92).

Dass die Beteiligtenfähigkeit auch **rein formeller Natur** sein kann (s **27** auch Rz 8 u 12; BFH/NV 1994, 332; 1995, 815; iE ebenso: BFH/NV 2005, 162, 163; vgl auch § 58 Rz 2), zeigt sich, wenn die streitigen Rechte oder Pflichten ausschließlich im Verfahrensrecht begründet sind. Das ist zB der Fall, wenn um die *Rechtsfähigkeit* gestritten wird (Rz 13; Rz 26 „Schein-KG") oder wenn die Finanzbehörde aus einem *früheren* Prozessrechtsverhältnis auf Kostenerstattung und Zinszahlung klagt (BFHE 108, 486 = BStBl II 1973, 502). Treffend spricht für den umgekehrten Fall der Geltendmachung von Prozesszinsen BFHE 139, 240 (= BStBl II 1984, 185 f) von einem „formellen Steuerschuldner" (zu den Besonderheiten bei der Prozesskostenhilfe – § 116 Nr 2 ZPO: BFH/NV 1989, 657). Für das **Revisionsverfahren** kommt es auf die *tatsächliche* Beteiligung am finanzgerichtlichen Verfahren an (BFH/NV 1991, 545; vgl auch § 122 Rz 1). Für das **Beschwerdeverfahren** gilt dasselbe (BFH/NV 2000, 589). Ein (möglicherweise zu unrecht) nicht Beigeladener erfüllt diese Voraussetzung nicht (BFH/NV 1991, 689).

Im Hinblick darauf, dass Einzelheiten der Beteiligtenfähigkeit noch un- **28** geklärt und str sind, empfiehlt es sich für die Praxis, im Zweifelsfall stets im Klage- wie im Urteilsrubrum die **natürlichen Personen (mit)** zu **benennen,** die eine Gesellschaft bilden oder die „hinter" einem Zweckvermögen stehen (zB: „Die X-Gesellschaft …, bestehend aus …"), damit notfalls im Wege der Auslegung geholfen werden kann (BFHE 135, 267 = BStBl II 1982, 385; BFHE 140, 22 = BStBl II 1984, 318, 320; BFH/NV 1986, 171 und 265; 1995, 859, 860).

III. Die anderen Verfahrensbeteiligten (§ 57 Nrn 2–4)

29   **Beklagter** (§ 57 Nr 2) im finanzgerichtlichen Verfahren ist derjenige, dem gegenüber (gem der Bezeichnung in der Klageschrift – § 65 I 1), Rechtsschutz begehrt wird.

30   Wer der **richtige Beklagte** ist, ergibt sich aus § 63 (s dort; speziell zum Zuständigkeitswechsel gem § 17 FVG während eines Gerichtsverfahrens: Rz 6; ferner BFHE 177, 4 = BStBl II 1995, 488; BFHE 184, 203 = BStBl II 1998, 118; FG Hbg EFG 1998, 1245).

31   Zur **Beiladung** (§ 57 Nr 3; dazu: BFH/NV 2002, 1609; für den Fall der atypischen stillen Gesellschaft: BFH/NV 2002, 1477: des anderen Elternteils – § 32 VI EStG: BFH/NV 2005, 1456) kann es nur durch Gerichtsbeschluss, nicht durch entsprechende Prozesserklärung kommen (BFHE 113, 350 = BStBl II 1975, 40). Wegen der Einzelheiten wird auf die Erläuterungen zu § 60 verwiesen.

32   Der **Beitritt** einer vorgesetzten Behörde (§ 57 Nr 4) ist ab 1. 1. 1996 nur noch nach § 122 II möglich (Aufhebung des § 61 durch Art 6 Nr. 4 des Gesetzes v 24. 61994, BGBl I S 1395, 1403), auch wenn § 57 Nr 4 an die neue Rechtslage versehentlich nicht angepasst wurde; vgl iü die Erläuterungen zu § 61 aF – 3. Aufl – und zu § 122 II.

§ 58 [Prozess- und Verfahrenshandlungsfähigkeit]

(1) Fähig zur Vornahme von Verfahrenshandlungen sind

1. die nach dem bürgerlichen Recht Geschäftsfähigen,

2. die nach dem bürgerlichen Recht in der Geschäftsfähigkeit Beschränkten, soweit sie durch Vorschriften des bürgerlichen oder öffentlichen Rechts für den Gegenstand des Verfahrens als geschäftsfähig anerkannt sind.

(2) [1]**Für rechtsfähige und nichtrechtsfähige Personenvereinigungen, für Personen, die geschäftsunfähig oder in der Geschäftsfähigkeit beschränkt sind, für alle Fälle der Vermögensverwaltung und für andere einer juristischen Person ähnliche Gebilde, die als solche der Besteuerung unterliegen, sowie bei Wegfall eines Steuerpflichtigen handeln die nach dem bürgerlichen Recht dazu befugten Personen.** [2]**Die §§ 53 bis 58 der Zivilprozessordnung gelten sinngemäß.**

(3) Betrifft ein Einwilligungsvorbehalt nach § 1903 des Bürgerlichen Gesetzbuchs den Gegenstand des Verfahrens, so ist ein geschäftsfähiger Betreuter nur insoweit zur Vornahme von Verfahrenshandlungen fähig, als er nach den Vorschriften des bürgerlichen Rechts ohne Einwilligung des Betreuers handeln kann oder durch Vorschriften des öffentlichen Rechts als handlungsfähig anerkannt ist.

Vgl § 62 VwGO; §§ 71, 72 SGG; § 79 AO; § 12 VwVfG

Übersicht

Literatur: (s iÜ 4. Aufl). *Bork,* Die Prozessfähigkeit nach neuem Recht, MDR 1991, 97; *Engisch,* Prozessfähigkeit und Verhandlungsfähigkeit, Festg für Rosenberg, 1949, 101; *Jürgens,* Betreuungsrecht, 1995; *Laubinger,* Prozessfähige und Handlungsfähigkeit, FS für Ule, 1987, S 161; *Laubinger/Repkewitz,* Der Betreute im Verwaltungsverfahren und Verwaltungsprozess, VerwA 85 (1994), 86; *Schwab,* Das neue Betreuungsrecht, FamRZ 1990, 681; *Tsukasa,* Die Prozessfähigkeit als Voraussetzung und Gegenstand des Verfahrens, 1997; *Zimmermann,* Das neue Verfahren in Betreuungssachen, FamRZ 1991, 270.

I. Allgemeines

Die **Prozessfähigkeit** ist die Fähigkeit, alle Prozesshandlungen wirksam **1** vorzunehmen und entgegenzunehmen, und zwar *selbst* oder durch selbstge-wählte Vertreter (*R/S* § 44 I; vgl auch BVerG BayVBl 1984, 57). Sie ist (ebenso wie die in § 57 vorausgesetzte Beteiligtenfähigkeit, s dort Rz 7 ff) **Prozessvoraussetzung** (Sachentscheidungsvoraussetzung: s Rz 1 ff vor § 33; BFHE 82, 344 = BStBl III 1965, 370; BFHE 90, 336 = BStBl II 1968, 95; BFHE 105, 230 = BStBl II 1972, 541; BFH/NV 1985, 88 f; 1999, 1628) **und Prozesshandlungsvoraussetzung** (*R/S* § 44 III 1 b; s auch BFH v 14. 12. 2004 III B 115/03 nv). Das bedeutet: Die von einem Prozessunfähi-gen erhobene Klage ist unzulässig; die von oder gegenüber einem Prozess-unfähigen vorgenommene Prozesshandlung ist unwirksam (BFHE 105, 230 = BStBl II 1972, 541; BFHE 121, 385 = BStBl II 1977, 434; BFH/HFR 2000, 555; 2003, 1197; FG Mchn EFG 2000, 245; zur begrenzten Anwend-barkeit des **§ 57 ZPO:** BFH/NV 1999, 1631). – Entsprechendes, allerdings mit rückwirkender Heilungsmöglichkeit (s demgegenüber hier Rz 3), gilt gem § 79 AO für die *Handlungsfähigkeit* im *Verwaltungsverfahren* (vgl BFHE 174, 484 = BStBl II 1994, 787; BFH/NV 1993, 453; 1996, 289, 290; zu § 81 I Nr 4 AO u dessen Begrenzung: BFH/NV 1996, 289).

Im Streit um die Frage der Prozessfähigkeit (**Zulassungsstreit;** nicht, **2** wenn Prozessunfähigkeit feststeht: BFH/NV 1999, 1631) ist der Betroffene zur Klärung dieser Frage als prozessfähig zu behandeln (BFHE 96, 335 = BStBl II 1969, 656; BFHE 105, 230 = BStBl II 1972, 541; BFH/NV 1989, 183; BFH/NV 1990, 386; BGHE 86, 184 = NJW 1983, 996; BGH NJW-RR 1986, 1119; BGH MDR 1990, 610; BAG NJW 1988, 2637; BVerfGE 65, 317, 321; *R/S,* § 44 IV 2; *Bur* in *Schoch ua* § 62 Rz 19; *H/H/Sp/Spindler* Rz 21; *T/K* Rz 13; s auch § 57 Rz 12).

Der Mangel der Prozessfähigkeit kann durch **Genehmigung des ge- 3 setzlichen Vertreters** des Prozessunfähigen geheilt werden (BGH JR 1969, 262; BVerwG Buchholz 237.2 § 79 LBG Berlin Nr. 2; Buchholz 402.24 § 10 AuslG Nr 27; *T/K* § 58 Rz 2). Das ist für **fristgebundene** Prozesshandlungen zweifelhaft (BFHE 129, 1 = BStBl II 1980, 47; vgl iü Rz 10 ff vor § 33; § 47 Rz 2).

Geht die **Prozessfähigkeit während des Verfahrens verloren,** wird **4** dieses unterbrochen, falls der Beteiligte nicht wirksam vertreten ist (§ 155

FGO, §§ 241, 246 ZPO; BFHE 90, 336 = BStBl II 1968, 95; s auch *H/H/Sp/Spindler* Rz 28; vgl außerdem Rz 13).

5   Wird Prozessunfähigkeit erst **im Revisionsverfahren festgestellt,** ist nach § 126 III Nr 2 zu verfahren (BFHE 105, 230 = BStBl II 1972, 541; BFH/NV 2000, 1074 vgl iü zur eigenen Prüfungskompetenz des Revisionsgerichts in diesem Zusammenhang: BGH BB 1967, 98; BGH JR 1971, 159).

6   Tritt der Mangel erst **nach Eintritt der Rechtskraft** des Urteils zutage, ist Nichtigkeitsklage nach § 134 FGO iVm § 579 I 4 ZPO eröffnet (BFHE 82, 344 = BStBl III 1965, 370; BSG MDR 1970, 710).

7   Zu unterscheiden ist die Prozessfähigkeit von der **Beteiligtenfähigkeit** (s § 57 Rz 7 ff; BVerfG BStBl II 1984, 634, 642 f) und von der **Postulationsfähigkeit,** dh von der in bestimmten Fällen gesetzlich geforderten qualifizierten Fähigkeit, vor einem Gericht selbst aufzutreten und bestimmte Verfahrenshandlungen selbst vorzunehmen. Die Postulationsfähigkeit fehlt dem prozessfähigen Beteiligten in Fällen des Vertretungszwangs (dh im Steuerprozess nur im Regelungsbereich des Art 1 Nr. 1 BFHEntlG; vgl zB BFH/NV 1990, 315; 2000, 1112; s iü § 62 Rz 3 ff).

II. Zu § 58 I

8   **Uneingeschränkt prozessfähig** sind (§ 58 I Nr 1) alle nach bürgerlichem Recht Geschäftsfähigen, dh alle volljährigen oder für volljährig erklärten natürlichen Personen, sofern sie nicht unter Pflegschaft stehen und durch den Pfleger auch *tatsächlich* vertreten werden (zu letzterem: BFHE 129, 244 = BStBl II 1980, 192 f; vgl zur *negativen* Abgrenzung dieses Personenkreises: §§ 104–115 BGB; § 53 ZPO iVm §§ 1910 f; 1913 f und 1960 BGB; zur positiven Begriffsbestimmung: §§ 2 ff BGB, 52 ZPO; zur Bedeutung einer *Depression* in diesem Zusammenhang: FG Mchn EFG 2000, 245).

9   **Eingeschränkt prozessfähig** (§ 58 I Nr 2) sind die nach bürgerlichem Recht beschränkt Geschäftsfähigen, dh Minderjährige iS der §§ 2, 106 BGB (über 7, aber unter 18 Jahren) und Volljährige, die nach § 114 BGB entmündigt oder unter vorläufige Vormundschaft (§ 1906 BGB) gestellt sind. Sie sind prozessfähig nur, wenn sie durch Vorschriften des bürgerlichen Rechts (§§ 112, 113 BGB) als geschäftsfähig oder durch Vorschriften des öffentlichen Rechts als handlungsfähig anerkannt sind, *und* nur in dem durch dieses Anerkenntnis und den Gegenstand des Verfahrens begrenzten Umfang. Die Beschränkungen, denen ein Strafgefangener durch den *Strafvollzug* unterworfen ist, lassen die (uneingeschränkte) Prozessfähigkeit *unberührt* (BFH/NV 1994, 820; 1995, 28; zur Bedeutung eines zur Feststellung strafrechtlicher Schuldfähigkeit erstellten Gutachtens: FG BaWü EFG 2000, 1024).

10   Für die **Nichtprozessfähigen** gilt § 58 II (Rz 11 ff). Nichtprozessfähig sind
– die nach bürgerlichem Recht **Geschäftsunfähigen** (§ 104 Nr 1 und 2 BGB; zu einem Fall vorübergehender Störung der Geistestätigkeit iS des § 104 Nr 2 vgl BFHE 121, 385 = BStBl II 1977, 434; s auch FG Nds EFG 2003, 404; zur eigenen Beurteilungsfähigkeit des Gerichts in diesem Zusammenhang: BVerwG Buchholz 310 § 62 VwGO Nr 14); zur **Betreuung** s Rz 16;

– die nach bürgerlichem Recht oder kraft öffentlichem Rechts (vgl *Schoch
ua* § 62 Rz 10 mwN) **beschränkt Geschäftsfähigen,** denen die Anerkennung iS des § 58 I Nr 2 fehlt;
– rechtsfähige und nichtrechtsfähige **Personenvereinigungen, juristische Personen** des privaten und des öffentlichen Rechts, **Zweckvermögen** usw. Anders als im Zivilrecht, § 52 ZPO, kommt es auf die
„Vertragsverpflichtungsfähigkeit" nicht an (*R/S* § 44 II 1; vgl auch
§§ 79 AO, 12 VwVfG; s auch *H/H/Sp/Spindler* Rz 59 ff; *Kopp/Schenke*
§ 62 Rz 14 ff).

III. Zu § 58 II

1. Zu § 58 II 1

Für die nach § 58 I **Prozessunfähigen** handeln gem § 58 II 1 deren   **11**
gesetzliche Vertreter (zB nach § 81 I Nr 4 AO; BFH/NV 1996, 289; zB
im Fall der Vollstreckung gegenüber einer *parlamentarischen Gruppe:* FG
Bremen EFG 2000, 1268), die ihrerseits prozessfähig sein müssen (zB für
eine wirksame Vollmachterteilung: BFH/NV 1994, 890; zur Abgrenzung
von der Beteiligtenfähigkeit im Erbfall: BFHE 153, 504 = BStBl II 1988,
946; § 57 Rz 10 u 22; zu den Auswirkungen für den Fall rechtsgeschäftlicher Vertretung durch juristische Personen im Steuerprozess vgl § 62
Rz 25 mwN; zu § 24 I GenG: BFH/NV 2005, 1322; zur Auswirkung eines Berufsverbots des gesetzlichen Vertreters auf dessen Prozesshandlungen:
BFHE 154, 422 = BStBl II 1989, 43). In Fällen fehlender Sonderregelung
bei einer **GbR** bedeutet dies (§§ 709 I, 714 BGB), dass alle Gesellschafter
nur *gemeinschaftlich* vertretungsberechtigt sind, und zwar auch bei schika-
nöser Zustimmungsverweigerung (BFH/NV 1996, 155) oder bei Streit
unter allen Gesellschaftern über die Existenz der Gesellschaft (FG M'ster
EFG 1995, 755; zur **Gesamtvertretung** iü § 48 Rz 28).

Das Gericht muss die Prozessfähigkeit **von Amts wegen** in jedem Sta-   **12**
dium des Verfahrens prüfen (BFHE 82, 344 = BStBl III 1965, 370; BFHE
105, 230 = BStBl II 1972, 541; auch in der Revisionsinstanz: BGH NJW
1983, 997 mwN) und im Rahmen seiner allgemeinen **Prozessförderungspflicht** (§ 76 II) uU von sich aus für die Beseitigung des Mangels
sorgen (s zB BVerwGE 23, 15 u 25, 36; wN *bei T/K* Rz 8; s auch *Kopp/
Schenke* § 62 Rz 12 f und 16).

Bei Personenhandelsgesellschaften und juristischen Personen berühren   **13**
Liquidation und Löschung im Handelsregister zwar regelmäßig nicht
die Beteiligtenfähigkeit (s § 57 Rz 24), wohl aber die Prozessfähigkeit, weil
den bis dahin geltenden Vertretungsregelungen die Rechtsgrundlage entzogen ist und nunmehr als Vertreter (ggf nach Verfahrensunterbrechung,
§§ 155 FGO, 241, 246 ZPO; s Rz 4) nur die (Nachtrags-)Liquidation in
Betracht kommen (zu den Einzelheiten vgl BFHE 90, 336 = BStBl II
1968, 95; BFHE 130, 477 = BStBl II 1980, 587 f; BFHE 135, 386 =
BStBl II 1982, 506, 508; BFHE 142, 106 = BStBl II 1985, 60 f; BFHE
146, 225 = BStBl II 1986, 477 f; BFHE 146, 492 = BStBl II 1986, 589 f;
BFHE/NV 1985, 88 ff; BFH/NV 1986, 384; BFH/NV 1987, 515;
BFH/NV 1988, 508; BFH/NV 1990, 796; BFHE 191, 494 = BStBl II
2000, 500; zur Prozessführungsbefugnis des **Konkursverwalters/Insol-
venzverwalters:** BFH/NV 1995, 663; 2000, 1134 – näher § 40 Rz 55;

zur *Vollbeendigung durch Umwandlung:* BFH/NV 1989, 499; durch *Auflösung*
einer *zweigliedrigen Personengesellschaft:* BFH/NV 1989, 228).

14   **Für den Praktiker empfiehlt sich** auch hier (wie bei der Kläger-
bezeichnung, s § 57 Rz 28), äußerste Sorgfalt auf die Gestaltung des
Klage- bzw Urteilsrubrums zu verwenden, dh im Hinblick auf das zu
Rz 10 f Gesagte: genaue und vollständige Darlegung der gesetzlichen Ver-
tretungsverhältnisse der beteiligten Gesellschaft bis hin zu einer natürlichen
Person (zB: „X-GmbH & Co KG ..., gesetzlich vertreten durch die Y-
GmbH ..., diese gesetzlich vertreten durch Herrn A ...").

2. Zu § 58 II 2

15   **Ergänzend verweist § 58 II 2 auf die §§ 53–58 ZPO** (zu den Einzelheiten s *Zöller/Vollkommer* zu §§ 53–58):

§ 53 ZPO Prozessunfähigkeit bei Betreuung oder Pflegschaft

Wird in einem Rechtsstreit eine prozeßfähige Person durch einen Betreuer
oder Pfleger vertreten, so steht sie für den Rechtsstreit einer nicht prozeßfähigen Person gleich.

Die **Pflegschaft** (zur Nachlasspflegschaft: BFH/NV 1994, 247) hindert
die Prozessfähigkeit nur für die Zeit des tatsächlichen Auftretens des Pfle-
gers im Prozess (BFHE 129, 244 = BStBl II 1980, 192 f; BFHE 137, 3 =
BStBl II 1983, 239 f).

§ 53 a ZPO Vertretung eines Kindes durch Beistand

Wird in einem Rechtsstreit ein Kind durch einen Beistand vertreten, so ist
die Vertretung durch den sorgeberechtigten Elternteil ausgeschlossen.

§ 54 ZPO Besondere Ermächtigung zu Prozesshandlungen

Einzelne Prozesshandlungen, zu denen nach den Vorschriften des bürgerlichen Rechts eine besondere Ermächtigung erforderlich ist, sind ohne sie
gültig, wenn die Ermächtigung zur Prozessführung im allgemeinen erteilt
oder die Prozessführung auch ohne eine solche Ermächtigung im allgemeinen statthaft ist.

§ 55 ZPO Prozessfähigkeit von Ausländern

Ein Ausländer, dem nach dem Recht seines Landes die Prozeßfähigkeit
mangelt, gilt als prozeßfähig, wenn ihm nach dem Recht des Prozeßgerichts
die Prozeßfähigkeit zusteht.

§ 56 ZPO Prüfung von Amts wegen

(1) Das Gericht hat den Mangel der Parteifähigkeit, der Prozeßfähigkeit,
der Legitimation eines gesetzlichen Vertreters und der erforderlichen Ermächtigung zur Prozeßführung von Amts wegen zu berücksichtigen.

(2) [1] Die Partei oder deren gesetzlicher Vertreter kann zur Prozeßführung
mit Vorbehalt der Beseitigung des Mangels zugelassen werden, wenn mit
dem Verzuge Gefahr für die Partei verbunden ist. [2] Das Endurteil darf erst
erlassen werden, nachdem die für die Beseitigung des Mangels zu bestimmende Frist abgelaufen ist.

§ 57 ZPO Prozesspfleger

(1) Soll eine nicht prozeßfähige Partei verklagt werden, die ohne gesetzlichen Vertreter ist, so hat ihr der Vorsitzende des Prozeßgerichts, falls mit dem Verzuge Gefahr verbunden ist, auf Antrag bis zu dem Eintritt des gesetzlichen Vertreters einen besonderen Vertreter zu bestellen.

(2) Der Vorsitzende kann einen solchen Vertreter auch bestellen, wenn in den Fällen des § 20 eine nicht prozeßfähige Person bei dem Gericht ihres Aufenthaltsortes verklagt werden soll.

§ 58 ZPO Prozesspfleger bei herrenlosem Grundstück oder Schiff

(1) Soll ein Recht an einem Grundstück, das von dem bisherigen Eigentümer nach § 928 des Bürgerlichen Gesetzbuchs aufgegeben und von dem Aneignungsberechtigten noch nicht erworben worden ist, im Wege der Klage geltend gemacht werden, so hat der Vorsitzende des Prozeßgerichts auf Antrag einen Vertreter zu bestellen, dem bis zur Eintragung eines neuen Eigentümers die Wahrnehmung der sich aus dem Eigentum ergebenden Rechte und Verpflichtungen im Rechtsstreit obliegt.

(2) Absatz 1 gilt entsprechend, wenn im Wege der Klage ein Recht an einem eingetragenen Schiff oder Schiffsbauwerk geltend gemacht werden soll, das von dem bisherigen Eigentümer nach § 7 des Gesetzes über Rechte an eingetragenen Schiffen und Schiffsbauwerken vom 15. November 1940 (Reichsgesetzbl. I S. 1499) aufgegeben und von dem Aneignungsberechtigten noch nicht erworben worden ist.

IV. Zu § 58 III

Mit Inkrafttreten des Betreuungsgesetzes v. 12. 9. 1990 (BGBl I, 2002) **16** zum 1. 1. 1992 sind Entmündigung (§§ 6, 104 Nr 3 und 114 BGB aF) und Gebrechlichkeitspflegschaft (§ 1910 BGB aF) durch das neue Rechtsinstitut der **Betreuung** ersetzt worden, das in den §§ 1896–1908 BGB geregelt ist (zu Entstehungsgeschichte und Zielsetzung vgl BT-Drucks 11/4528 u 11/6949; BR-Drucks 316/90). Im Rahmen seines Aufgabenkreises vertritt der Betreuer den Betreuten gerichtlich und außergerichtlich (§ 1902 BGB), die betreute Person gilt insoweit im Zivilprozess als *prozessunfähig* (§ 53 ZPO). Außerdem ordnet, soweit dies zur Abwendung einer erheblichen Gefahr für das Vermögen oder die Person des Betreuten erforderlich ist, das Gericht an, dass der Betreute zu einer Willenserklärung, die den Aufgabenkreis des Betreuers betrifft, dessen Einwilligung bedarf (**Einwilligungsvorbehalt;** § 1903 BGB; dazu: BFH/NV 2002, 1492, 1493); in diesem Fall gelten die §§ 108–113, 131 II u 206 BGB entsprechend (§ 1903 I 2 BGB). In dem Maße, in dem ein solcher Einwilligungsvorbehalt den **Streitgegenstand** eines finanzgerichtlichen Verfahrens betrifft (§ 65 Rz 35 ff; die Formulierung „Verfahrensgegenstand" – dazu § 44 Rz 31 ff, § 65 Rz 37 – fällt wohl unter die nicht nur im Abgabenrecht nachgerade alltäglichen gesetzgeberischen Nachlässigkeiten), ist der Betreute für das finanzgerichtliche Verfahren nach § 58 III nur insoweit prozessfähig, als er nach den Vorschriften des bürgerlichen Rechts ohne Einwilligung des Betreuers handeln kann oder nach den Vorschriften des öffentlichen Rechts als handlungsfähig anerkannt ist. Dadurch wird der Betreute zwar nicht beschränkt geschäftsfähig, er wird aber wie ein beschränkt Geschäftsfähiger behandelt, so dass man insoweit iE von einer **beschränkten Prozessfähigkeit** sprechen kann (s auch *H/H/ Sp/Spindler* Rz 48 ff; vgl iü zum neueren Recht insgesamt: *Schwab* FamRZ 1990, 684; *Bork* MDR 1991, 97; *Zimmermann* FamRZ 1991, 270; *Jürgens* Betreuungsrecht, 1995; speziell im *Verwaltungsverfahren* u *Verwaltungsprozess:* *Laubinger/Repkewitz,* VerwA 85, S 86).

§ 59 [Streitgenossenschaft]

Die Vorschriften der §§ 59 bis 63 der Zivilprozessordnung über die Streitgenossenschaft sind sinngemäß anzuwenden.

Vgl § 64 VwGO; § 74 SGG; §§ 59–63 ZPO.

Übersicht

Literatur: *Bettermann,* Streitgenossenschaft, Beiladung, Nebenintervention und Streitverkündung, ZZP 90 (1977), 121; *Lindacher,* Die Streitgenossenschaft, JuS 1986, 379 und 540; *Schneider,* Der Streitgenosse als Zeuge, MDR 1982, 372; *Stettner,* Das Verhältnis der notwendigen Beiladung zur notwendigen Streitgenossenschaft im Verwaltungsprozess, Berlin 1974; *Schumann,* Das Versäumen von Rechtsbehelfen durch einzelne notwendige Streitgenossen, ZZP 89 (1976), 381; *Winte,* Die Rechtsfolgen der notwendigen Streitgenossenschaft unter besonderer Berücksichtigung der unterschiedlichen Grundlagen ihrer beiden Alternativen, 1988 (Diss Göttingen 1986).

I. Allgemeines

1   § 59 erklärt die §§ 59–63 ZPO, in denen die einfache und die notwendige Streitgenossenschaft geregelt ist, für sinngemäß anwendbar. – Die Vorschriften der §§ 64–77 ZPO über die Beteiligung Dritter am Rechtsstreit (Haupt- und Nebenintervention, Streitverkündung) gelten im finanzgerichtlichen Verfahren nicht (vgl für die Streitverkündung BFH/NV 1986, 476; 745; 1990, 787, 788); insoweit sind die Sonderregelungen der FGO über die Beiladung (§ 60) und den Beitritt (§§ 61, 122 II) maßgebend (vgl BFHE 98, 553 = BStBl II 1970, 484; BFHE 113, 350 = BStBl II 1975, 40; BFH/NV 1990, 787, 788).

2   Die Vorschriften der §§ 59–63 ZPO lauten:

§ 59 ZPO Streitgenossenschaft bei Rechtsgemeinschaft oder Identität des Grundes

Mehrere Personen können als Streitgenossen gemeinschaftlich klagen oder verklagt werden, wenn sie hinsichtlich des Streitgegenstandes in Rechtsgemeinschaft stehen oder wenn sie aus demselben tatsächlichen und rechtlichen Grunde berechtigt oder verpflichtet sind.

§ 60 ZPO Streitgenossenschaft bei Gleichartigkeit der Ansprüche

Mehrere Personen können auch dann als Streitgenossen gemeinschaftlich klagen oder verklagt werden, wenn gleichartige und auf einem im wesentlichen gleichartigen tatsächlichen und rechtlichen Grunde beruhende Ansprüche oder Verpflichtungen den Gegenstand des Rechtsstreits bilden.

§ 61 ZPO Wirkung der Streitgenossenschaft

Streitgenossen stehen, soweit nicht aus den Vorschriften des bürgerlichen Rechts oder dieses Gesetzes sich ein anderes ergibt, dem Gegner dergestalt als einzelne gegenüber, daß die Handlungen des einen Streitgenossen dem anderen weder zum Vorteil noch zum Nachteil gereichen.

§ 62 ZPO Notwendige Streitgenossenschaft

(1) Kann das streitige Rechtsverhältnis allen Streitgenossen gegenüber nur einheitlich festgestellt werden oder ist die Streitgenossenschaft aus einem sonstigen Grunde eine notwendige, so werden, wenn ein Termin oder eine Frist nur von einzelnen Streitgenossen versäumt wird, die säumigen Streitgenossen als durch die nicht säumigen vertreten angesehen.

(2) Die säumigen Streitgenossen sind auch in dem späteren Verfahren zuzuziehen.

§ 63 ZPO Prozessbetrieb; Ladungen

Das Recht zur Betreibung des Prozesses steht jedem Streitgenossen zu; zu allen Terminen sind sämtliche Streitgenossen zu laden.

II. Begriffliche Abgrenzung, Voraussetzungen der Streitgenossenschaft

1. Streitgenossenschaft liegt in den Fällen der **subjektiven Klagenhäufung** vor, also dann, wenn an dem Verfahren mehrere Personen auf der Kläger- und/oder Beklagtenseite beteiligt sind. Beigeladene können – auch zusammen mit Klägern (Beklagten) – keine Streitgenossen sein. Die Verfahren behalten – mit Einschränkungen auch bei der notwendigen Streitgenossenschaft (Rz 12) – im Wesentlichen ihre Selbstständigkeit **(Trennungsprinzip)**.   **3**

2. Zu unterscheiden sind die **einfache** und die **notwendige Streitgenossenschaft.**

a) Einfache Streitgenossenschaft ist (auf der Aktiv- oder Passivseite) möglich   **4**
– wenn die mehreren Kläger und/oder Beklagten hinsichtlich des Streitgegenstandes in Rechtsgemeinschaft stehen oder aus demselben tatsächlichen oder rechtlichen Grunde berechtigt oder verpflichtet sind (§ 59 ZPO), oder
– wenn gleichartige oder auf einem im Wesentlichen gleichartigen tatsächlichen und rechtlichen Grunde beruhende Ansprüche oder Verpflichtungen den Gegenstand des Rechtsstreits bilden (§ 60 ZPO).
Gemeinsames Kennzeichen der in §§ 59, 60 ZPO genannten Fallgruppen ist die **Zweckmäßigkeit** gemeinsamer Verhandlung, Beweisaufnah-

me und/oder Entscheidung unter prozessökonomischen Gesichtspunkten (zB *Schumann* NJW 1981, 1718; *Lindacher* JuS 1986, 379, 380).

5   **Zulässig** ist die einfache Streitgenossenschaft (§§ 59, 60 ZPO), wenn **jeder** der mehreren Kläger und/oder Beklagten (nach materiellem Recht) **allein handeln** kann und – weil in den Fällen der subjektiven Klagenhäufung zugleich auch eine objektive Klagenhäufung vorliegt – die Voraussetzungen des § 43 erfüllt sind, dh es muss für die Verfahren **dasselbe Gericht zuständig** sein (*T/K* § 59 FGO Rz 4; vgl § 73 Rz 6). Außerdem muss für die lediglich äußerlich zusammengefassten Verfahren **die gleiche Prozessart** gelten (vgl § 73 Rz 7).

6   **Beispiele (einfache Streitgenossenschaft):**

Mehrere **Gesamtschuldner** (zB zusammenveranlagte Ehegatten – BFH/NV 1995, 225, 226/227 mwN; FG RhPf EFG 1991, 739) erheben gemeinsam Anfechtungs- oder Leistungsklage; **Nachlassverwalter und Erbe** klagen gegen Steuerbescheide, die gegen den Erblasser ergangen sind (BFHE 121, 381 = BStBl II 1977, 428); **Mitberechtigte iS des § 48** fechten einen einheitlichen Feststellungsbescheid (zB einen Einheitswertbescheid) an; **Miterwerber eines Grundstücks** iS des GrEStG greifen die ihnen gegenüber ergangenen GrESt-Bescheide an; **Miterben,** soweit sie einen Anspruch einzeln geltend machen können (Rz 8). – Zur **Mehrheit von Beklagten** (Bundes- und Landesfinanzminister) s BFHE 74, 144 = BStBl III 1962, 55.

7   **b) Notwendig ist die Streitgenossenschaft,** wenn die Voraussetzungen der einfachen Streitgenossenschaft (Rz 5) erfüllt sind und
– wenn das streitige Rechtsverhältnis allen Streitgenossen gegenüber (aus prozessualen Gründen) nur einheitlich festgestellt werden kann (notwendige Streitgenossenschaft **aus prozessualen Gründen** – § 62 I Alternative 1 ZPO) oder
– wenn die Streitgenossenschaft aus einem sonstigen (materiellrechtlichen) Grunde eine notwendige ist (notwendige Streitgenossenschaft **aus materiellrechtlichen Gründen** – § 62 I Alternative 2 ZPO).
Beide Fallgruppen werden durch einen gegenüber der einfachen Streitgenossenschaft engeren Zusammenhang zwischen den Klagen, insbesondere durch das **Erfordernis einer einheitlichen Sachenentscheidung,** charakterisiert. Sie unterscheiden sich vor allem dadurch, dass in den Fällen der notwendigen Streitgenossenschaft aus prozessualen Gründen die Durchführung selbständiger Verfahren rechtlich möglich ist (erst die gemeinsame Prozessführung hat die Verknüpfung ihres rechtlichen Schicksals zur Folge), während in den Fällen der notwendigen Streitgenossenschaft aus materiellrechtlichen Gründen Einzelverfahren unzulässig sind.

8   **Beispiele:**

– notwendige **Streitgenossenschaft aus prozessualen Gründen:** Anfechtung eines einheitlichen Feststellungsbescheides durch mehrere gem § 48 I Klagebefugte, ggf auch nach Verbindung (§ 73 I 1) der Klagen (zB BFHE 122, 437 = BStBl II 1977, 696; BFH/NV 1989, 173; 1991, 240); Klagen der Gesellschafter einer abgewickelten Personengesellschaft (BFHE 125, 116 = BStBl II 1978, 503; BFHE 151, 237 = BStBl II 1988, 92); Klage des Rechtsnachfolgers und des Rechtsvorgängers in den Fällen der §§ 182, 184 I 4 AO; **nicht** aber, soweit Miterben Ansprüche einklagen, die jeder Ein-

zelne geltend machen kann (§ 2039 Satz 1 BGB – BFHE 156, 8 = BStBl II 1990, 360);
- notwendige **Streitgenossenschaft aus materiell-rechtlichen Gründen:** Klagen von Miterben in ungeteilter Erbengemeinschaft, zB im Falle der Anfechtung von Steuerbescheiden, **nicht** aber, soweit alle Miterben den Anspruch einzeln geltend machen können (§ 2039 Satz 1 BGB), zB bei Geltendmachung eines Anspruchs auf Erlass von Säumniszuschlägen aus in der Person des Erblassers liegenden Billigkeitsgründen (BFHE 156, 8 = BStBl II 1990, 360).

III. Verfahren, Wirkung der Streitgenossenschaft

Zur Streitgenossenschaft kommt es durch gemeinsame Klageerhebung **9** oder durch Klage gegen mehrere Personen, durch Verbindung mehrerer Verfahren (§ 73), durch Beitritt (§§ 61, 122 II) und uU durch Gesamtrechtsnachfolge, wenn an die Stelle des Klägers bzw des Beklagten mehrere Personen treten. – **Erheben nicht alle notwendigen Streitgenossen Klage,** sind sie (notwendig) **beizuladen** (§ 60 III – vgl BFHE 122, 437 = BStBl II 1977, 696, 697; BFHE 147, 224 = BStBl II 1986, 910, 911, 912; s auch § 60 Rz 50 ff) bzw – falls eine gemeinsame Klageerhebung erforderlich ist (notwendige Streitgenossenschaft aus materiell-rechtlichen Gründen – Rz 7) nach § 62 II ZPO **hinzuzuziehen** (vgl BFHE 147, 224 = BStBl II 1986, 910, 911, 912). – Die (notwendigen) Streitgenossen, deren Klage das FG als unzulässig abgewiesen hat, können im Revisionsverfahren (mangels Vorliegens einer Streitgenossenschaft) allerdings nicht mehr hinzugezogen werden (BFHE 147, 120 = BStBl II 1986, 820, 821). Insoweit muss eine notwendige Beiladung erfolgen (§ 60 Rz 65 „Unzulässigkeit der Klage“).

Das Gericht hat zu prüfen, ob die Streitgenossenschaft (subjektive Kla- **10** genhäufung) zulässig ist. Die Erfüllung der Merkmale der §§ 60–62 ZPO ist jedoch **keine Sachentscheidungsvoraussetzung** (zB *T/K* § 59 FGO Rz 5; *Lindacher* JuS 1986, 379, 380; s auch Rz 11; **aA** BVerwGE 3, 208), vielmehr sind die (mehreren) Verfahren im Falle der Unzulässigkeit der Streitgenossenschaft zu trennen (§ 73 I; vgl die vorstehenden Nachw; s auch § 73 Rz 20 ff).

Die mehreren (lediglich äußerlich zusammengefassten) **Verfahren be- 11 halten** sowohl bei der einfachen als auch bei der notwendigen Streitgenossenschaft ihre rechtliche **Selbstständigkeit** (zu den Besonderheiten bei der notwendigen Streitgenossenschaft s Rz 12). – Die Sachentscheidungsvoraussetzungen sind für jedes Verfahren (jeden Streitgenossen) gesondert zu prüfen (*Kopp/Schenke* § 64 Rz 1). Jeder Streitgenosse muss zum Termin geladen werden; auch Zustellungen sind getrennt vorzunehmen; Fristen laufen für jeden Streitgenossen gesondert. Jeder Streitgenosse kann seine Rechte unabhängig von dem anderen ausüben, insbesondere über den Streitgegenstand verfügen, also zB seine Klage zurücknehmen (BFH/NV 1990, 379, 380) oder den Rechtsstreit in der Hauptsache für erledigt erklären, und sich durch einen selbstgewählten Bevollmächtigten vertreten lassen. Die Handlungen des einen Streitgenossen gereichen dem anderen weder zum Nachteil noch zum Vorteil (§ 61 ZPO). **Unterschiedlichen Sachvortrag** der Streitgenossen hat das Gericht aufzuklären (§ 76), ggf frei zu würdigen (§ 96). – Im Falle der einfachen Streitgenossenschaft können (evtl müssen) gegen die Streitgenossen **unterschiedliche** gerichtliche **Entscheidungen** ergehen.

12   Auch **bei der notwendigen Streitgenossenschaft** gilt **grundsätzlich** das **Trennungsprinzip** (BFH/NV 1995, 225, 226/227). Es wird lediglich dadurch eingeschränkt, dass eine einheitliche Entscheidung erforderlich ist. Im Übrigen ergeben sich für das finanzgerichtliche Verfahren, das – anders als der Zivilprozess – keine Anerkenntnis- und Verzichtsurteile kennt, keine wesentlichen Abweichungen, so dass auf die Ausführungen zu Rz 11 grundsätzlich verwiesen werden kann. Folgende **Besonderheiten** sind jedoch zu beachten: Ist die Klage eines (notwendigen) Streitgenossen unzulässig, nimmt er die Klage zurück oder erklärt er in Übereinstimmung mit dem Prozessgegner den Rechtsstreit in der Hauptsache für erledigt, ist er im Falle der notwendigen Streitgenossenschaft aus prozessualen Gründen (Rz 7) **notwendig beizuladen** (§ 60 III) bzw im Fall einer notwendigen Streitgenossenschaft aus materiellrechtlichen Gründen (Rz 7) gem § 59 iVm § 62 II ZPO **hinzuzuziehen** (vgl BFHE 147, 224 = BStBl II 1986, 910; s auch BFHE 122, 437 = BStBl II 1977, 696). – Zu den Folgen der **Klagerücknahme in der Revisionsinstanz** durch den notwendigen Streitgenossen, der allein Revision eingelegt hatte, s BFHE 122, 437 = BStBl II 1977, 697. – Eine **einseitige Erledigungserklärung** kann nur von allen Streitgenossen gemeinsam abgegeben werden, weil das Erledigungsurteil allen Streitgenossen gegenüber einheitlich ergehen muss. – Im Falle der notwendigen Streitgenossenschaft aus materiellrechtlichen Gründen (Rz 7) gelten bei **Frist- und Terminsversäumnis** die säumigen durch die nicht säumigen Streitgenossen als **vertreten** (**Vertretungsfiktion** – BFHE 147, 224 = BStBl II 1986, 910, 911, 912; BFHE 156, 8 = BStBl II 1990, 360); hat also nur ein notwendiger Streitgenosse (aus materiell-rechtlichen Gründen) Rechtsmittel eingelegt, kann der andere (säumige) nach seiner – gem § 62 II ZPO vorgeschriebenen – Hinzuziehung uneingeschränkt am Verfahren mitwirken.

13   **Ein** (einfacher oder notwendiger) **Streitgenosse kann** wegen der sachlichen Selbstständigkeit der Verfahren (Trennungsprinzip – vgl Rz 3, 11, 12) **Zeuge im Rechtsstreit des anderen Streitgenossen** sein (*Kopp/ Schenke* § 64 Rz 10; *Grunsky,* Grundlagen S 275; *Holzhammer* S 116; *Lindacher* JuS 1986, 379, 381 – mwN; **aA** – ein Streitgenosse könne als Verfahrensbeteiligter nur ausnahmsweise Zeuge sein, soweit ihn das Beweisthema nicht persönlich berühre – BGH MDR 1984, 47; *Baumbach ua* § 61 ZPO Rz 9; *Schneider* MDR 1982, 372; das ist jedoch lediglich eine Frage der Glaubwürdigkeit des Zeugen).

14   Der Streitgenosse kann (solange er Streitgenosse ist) nicht zu dem Verfahren des anderen Streitgenossen beigeladen werden.

§ 60 [Beiladungen]

(1) [1]**Das Finanzgericht kann von Amts wegen oder auf Antrag andere beiladen, deren rechtliche Interessen nach den Steuergesetzen durch die Entscheidung berührt werden, insbesondere solche, die nach den Steuergesetzen neben dem Steuerpflichtigen haften.** [2]**Vor der Beiladung ist der Steuerpflichtige zu hören, wenn er am Verfahren beteiligt ist.**

(2) Wird eine Abgabe für einen anderen Abgabenberechtigten verwaltet, so kann dieser nicht deshalb beigeladen werden, weil seine Interessen als Abgabenberechtigter durch die Entscheidung berührt werden.

(3) ¹Sind an dem streitigen Rechtsverhältnis Dritte derart beteiligt, daß die Entscheidung auch ihnen gegenüber nur einheitlich ergehen kann, so sind sie beizuladen (notwendige Beiladung). ²Dies gilt nicht für Mitberechtigte, die nach § 48 nicht klagebefugt sind.

(4) ¹Der Beiladungsbeschluss ist allen Beteiligten zuzustellen. ²Dabei sollen der Stand der Sache und der Grund der Beiladung angegeben werden.

(5) Die als Mitberechtigte Beigeladenen können aufgefordert werden, einen gemeinsamen Zustellungsbevollmächtigten zu benennen.

(6) ¹Der Beigeladene kann innerhalb der Anträge eines als Kläger oder Beklagter Beteiligten selbständig Angriffs- und Verteidigungsmittel geltend machen und alle Verfahrenshandlungen wirksam vornehmen. ²Abweichende Sachanträge kann er nur stellen, wenn eine notwendige Beiladung vorliegt.

Vgl §§ 65, 66 VwGO; § 75 SGG

Übersicht

Literatur: *Benkel,* Die Verfahrensbeteiligung Dritter, 1996; *ders,* Gedanken zu den rechtsdogmatischen Grundlagen der Beiladung, NZS 1997, 254; *Fichtelmann,* Zuziehung/Beiladung zum Verfahren, wenn nur einer der Ehegatten im Falle der Zusammenveranlagung zur ESt die Steuerfestsetzung angefochten hat, FR 1971, 260; *Gruber,* Kostenrechtliche Betrachtungen zur Beiladung, StB 2003, 16; *Jestädt,* Notwendige Beiladung von Treugebern in Fällen der Liebhaberei und deren Klagebefugnis, BB 1993, 53; *Konrad,* Die Notwendigkeit der Beiladung im Verwaltungsprozess, BayVBl 1982, 481; *Kraft/Hofmeister,* Verbesserungsbedürftige Rechtsschutzverbesserung, DStR 1988, 672; *Lippross,* Verfahrensrechtliche Folgen der Zusammenveranlagung zur Einkommensteuer, DB 1984, 1850; *Marotzke,* Urteilswirkungen gegen Dritte und rechtliches Gehör, ZZP 1987, 165; *A Meyer,* Die Hinzuziehung (Beiladung) zusammenveranlagter Ehegatten im Rechtsbehelfsverfahren, DStZ 1993, 401; *R Meyer,* Zur Frage der Hinzuziehung bzw Beiladung bei zur Einkommensteuer zusammenveranlagten Ehegatten, FR 1984, 30; *Rößler,* Einkommensteuerbescheide bei Zusammenveranlagung von Ehegatten, BB 1983, 626; *ders,* Zweifelsfragen bei Einkommensteuerbescheiden gegen Ehegatten, DStR 1984, 359; *ders,* Nochmals: Notwendige Beiladung bei Personengesellschaften mit Publikumsbeteiligung, DStZ 1986, 435; *Seeliger,* Die Beteiligung Dritter am Steuerprozess, DStR 1966, 406, 459; *Stahl,* Beiladung und Nebenintervention, Berlin 1972; *Stettner,* Das Verhältnis der notwendigen Beiladung zur notwendigen Streitgenossenschaft im Verwaltungsprozess, Berlin 1974; *Stober,* Beiladung im Verwaltungsprozess, in FS Menger, Köln 1985, 401; *Szymczak,* Das außergerichtliche Rechtsbehelfsverfahren ab 1996, DB 1994, 2254; *Völker,* Notwendige Beiladung bei Personengesellschaften mit Publikumsbeteiligung, DStZ 1986, 297; *ders,* Nochmals: Verzicht auf notwendige Beiladung wegen Undurchführbarkeit innerhalb angemessener Zeit, DStZ 1987, 97; *Wilde,* Unterschiedliche Ansichten oberster Gerichtshöfe des Bundes zur unterlassenen notwendigen Beiladung, NJW 1972, 1262; *ders,* Nochmals: Unterschiedliche Ansichten oberster Gerichtshöfe des Bundes zur unterlassenen notwendigen Beiladung, NJW 1972, 1653; *Wüllenkemper,* Bedeutung der Neuregelung der Klagebefugnis (§ 48 FGO) für die notwendige Beiladung in vor dem 1. Januar 1996 anhängig gewordenen Verfahren, DStZ 1997, 133.

A. Vorbemerkungen

I. Begriff und Bedeutung der Beiladung

1   Die Beiladung ist ein Rechtsinstitut, das die **Beteiligung Dritter am Verfahren** regelt, die nicht Hauptbeteiligte (Kläger oder Beklagte) sind. – Im Zivilprozess kommt der Beiladung eine nur untergeordnete Bedeutung zu (vgl §§ 640 e, 666 III, 856 III ZPO); die Beteiligung Dritter am Rechtsstreit erfolgt dort im Allgemeinen durch Nebenintervention (§§ 66 ff ZPO) und Streitverkündung (§§ 72 ff ZPO; zur Streitgenossenschaft s Rz 7). In allen verwaltungsgerichtlichen Verfahren iwS, also im Anwendungsbereich der FGO, der VwGO und des SGG, kann die Beteiligung Dritter nur durch Beiladung herbeigeführt werden (zur **Unzulässigkeit der Nebenintervention** s BFH/NV 1990, 787, 788; 1997, 792; zur **Unzulässigkeit der Streitverkündung** s BFHE 98, 553 = BStBl II 1970, 484; BFH/NV 1990, 787, 788). – Haben mehrere Beteiligte selbständig Klage erhoben, wird die

Beiladung durch die **Verbindung der Klagen** ersetzt, **wenn** die Klagen **zulässig** sind (§ 73 II – § 73 Rz 13). Unter bestimmten Voraussetzungen hat auch die Verbindung selbständiger Verfahren in der **Revisionsinstanz** diese Wirkung (BFHE 151, 237 = BStBl II 1988, 92).

Zu unterscheiden ist zwischen der **einfachen Beiladung** (§ 60 I, II – Rz 13 ff), für die prozessökonomische Gesichtspunkte (Vermeidung weiterer streitiger Verfahren und widersprüchlicher Entscheidungen) maßgebend sind, und der **notwendigen Beiladung** (§ 60 III – Rz 23 ff), deren Anordnung aus Rechtsgründen geboten ist.

Durch die Beiladung soll im Interesse der Prozessökonomie ermöglicht **2** (einfache Beiladung) bzw sichergestellt (notwendige Beiladung) werden, dass streitige Rechtsverhältnisse nicht nur zwischen den Hauptbeteiligten, sondern auch gegenüber Dritten, deren rechtliche Interessen durch die Entscheidung berührt werden, einheitlich geordnet und widersprüchliche Entscheidungen vermieden werden. Dieses Ziel wird durch die **Bindungswirkung der Beiladung** (§ 110 I 1) erreicht (Rz 145). – Gleichzeitig dient die Beiladung der Wahrung der Interessen des Beizuladenden, indem ihm (durch die Beiladung) die Möglichkeit eingeräumt wird, auf das Verfahren Einfluss zu nehmen und dadurch seine Rechte zu wahren. – Darüber hinaus soll durch die Beiladung eine umfassende Aufklärung des Streitstoffs und damit eine Förderung des zwischen den Hauptbeteiligten schwebenden Streits erreicht werden (zum **Zweck der Beiladung** s näher *Stober,* FS Menger, 401, 406 ff mwN). Das **Steuergeheimnis** wird durch die Beiladung nicht verletzt, soweit die Offenbarung der Verhältnisse des StPfl der Durchführung des Verfahrens dient (§ 30 IV Nr 1 AO; s aber zur Berücksichtigung der Interessen des Klägers bei der Ermessensentscheidung zur einfachen Beiladung Rz 30). – Zur **verfassungsrechtlichen Bedeutung** der Beiladung s *Stober,* FS Menger, 401, 416 ff. Zur notwendigen Beiladung in **Massenverfahren** s § 60 a. **3**

II. Anwendungsbereich

§ 60 III ist nach seinem Zweck auf solche Verfahren anzuwenden, die **4** einen Rechtsstreit zumindest für eine Instanz endgültig zum Abschluss bringen. Diese Voraussetzung liegt vor, wenn das Verfahren regelmäßig mit einer **Entscheidung** endet, die in **materielle Rechtskraft** erwächst (vgl BFHE 125, 356 = BStBl II 1978, 584, 587 rSp mwN; s auch FG Hbg EFG 1980, 608). Das ist stets bei **Urteilen,** vereinzelt aber auch bei **Beschlüssen** der Fall, soweit sie für das Verfahren eine selbständige und abschließende Entscheidung treffen (s § 110 Rz 1). Diese Wirkung haben Beschlüsse über Anträge auf **Aussetzung der Vollziehung** nach § 69 III nicht (§ 69 Rz 201); eine notwendige Beiladung ist daher **nicht erforderlich** (BFHE 125, 356 = BStBl II 1978, 584; BFHE 131, 455 = BStBl II 1981, 99; BFHE 133, 285 = BStBl II 1981, 574; BFH/NV 1994, 151). Außerdem bedarf es wegen des vorläufigen Charakters der AdV keiner einheitlichen Entscheidung. – Entsprechendes gilt für die einfache Beiladung (§ 60 I) und das Verfahren der **einstweiligen Anordnung** (BFHE 125, 356 = BStBl II 1978, 584, 588). Beschlüsse im Verfahren nach § 114 können zwar in materielle Rechtskraft erwachsen, sie sind unter bestimmten Voraussetzungen aber änderbar (§ 114 Rz 102 ff).

5   Notwendige Beiladungen können auch im **Revisionsverfahren** vorgenommen werden (anders die bis zum 31. 12. 2000 geltende Rechtslage).

6   Im Falle der **Beiladung nach § 174 V 2 AO** sind lediglich die Vorschriften über das Verfahren (§ 60 IV–VI) anwendbar. Die tatbestandsmäßigen Voraussetzungen des § 60 I oder III sind nicht zu prüfen, weil § 174 V 2 AO einen selbständigen Beiladungsgrund enthält (BFH/NV 2005, 835). Voraussetzung für die Beiladung nach § 174 V 2 AO ist, dass das beklagte FA (nicht das für den Beigeladenen zuständige FA – BFH/NV 1991, 16, 18) sie beantragt oder veranlasst hat (zB BFHE 134, 537 = BStBl II 1982, 239; BFHE 155, 286 = BStBl II 1989, 314; BFH/NV 1994, 297; 1996, 589; 1999, 442). Das bedeutet, dass das Gericht nicht von sich aus, also ohne Antrag des FA, nach § 174 V 2 AO beiladen darf, weil es im Ermessen des FA steht, ob es die Wirkungen des § 174 V AO herbeiführen will oder nicht (*Loose* in T/K § 174 AO Rz 55). – Im Übrigen genügt es für die Beiladung nach § 174 V 2 AO, dass ein Steuerbescheid möglicherweise wegen irriger Beurteilung eines bestimmten Sachverhalts aufzuheben oder zu ändern ist und dass sich hieraus steuerrechtliche Folgerungen – auch bezüglich einer anderen Steuerart (BFH/NV 2000, 679) – für einen Dritten ergeben (zur korrespondierenden Besteuerung s zB BFHE 156, 389 = BStBl II 1989, 539; BFH/NV 1989, 482; 1994, 297; 342; 1996, 382; 1997, 333; 639; 1998, 148; 1056; 1999, 156; 446; 2001, 422; 573; 2005, 835); dabei ist grundsätzlich nicht zu prüfen, ob gegenüber dem Dritten ergangene Bescheide geändert werden können oder ob eine etwaige Folgeänderung Bestand haben wird (zB BFHE 148, 444 = BStBl II 1987, 267; BFHE 151, 506 = BStBl II 1988, 344, 346; BFHE 156, 389 = BStBl II 1989, 539; BFH/NV 1987, 479, 480; 695; 1988, 69, 70; 1991, 724; 1996, 524; 589; 1997, 659). Die Beiladung des Dritten nach § 174 V 2 AO ist auch nicht entbehrlich, wenn der möglicherweise zu ändernde Steuerbescheid gem § 165 AO vorläufig ergangen ist (BFH/NV 1997, 659). Eine **Beiladung nach § 174 V 2 AO scheidet jedoch aus,** wenn Interessen des Dritten eindeutig nicht berührt sein können, wie zB nach Eintritt der Festsetzungsverjährung (BFH/NV 1994, 216; 523; 841; 1999, 1443, 1444; 2001, 1005) oder bei Anfechtung eines Haftungsbescheides (§ 191 AO); denn die Änderung des gegenüber dem Dritten ergangenen Steuerbescheides ist dann in keinem Fall gerechtfertigt (BFH/NV 1997, 212). Nach Ansicht des FG M'ster (EFG 1991, 446) soll die Beiladung des möglicherweise betroffenen Dritten auch dann nicht zulässig sein, wenn der Sachverhalt selbst streitig ist. Das ist mE nicht zutreffend, weil § 174 V 2 AO keinen unstreitigen Sachverhalt verlangt. – Zur **Aufhebung der Beiladung** s BFH/NV 1995, 858 mwN.

    Nach Auffassung des BFH sollen dem nach § 174 V 2 AO Beigeladenen im Verfahren die **Befugnisse** eines notwendig Beigeladenen (Rz 141 ff) zustehen (BFHE 151, 506 = BStBl II 1988, 344, 346; BFHE 156, 389 = BStBl II 1989, 539; BFH/NV 1996, 453; 589; 1999, 156). Das Argument, die Interessenlage des gem § 174 V 2 AO zum Verfahren Beigeladenen sei mit der eines notwendig Beigeladenen vergleichbar, überzeugt jedoch nicht. Anders als beim notwendig Beigeladenen berührt die Entscheidung die Rechtsstellung des nach § 174 V 2 AO Beigeladenen nur insofern, als sie eine etwaige Folgeänderung ihm gegenüber ermöglicht. Ob der Erlass eines (Folge-)Änderungsbescheides gerechtfertigt ist, kann der Beigeladene jedoch ohne jede Einschränkung im Rechtsbehelfsverfahren gegen den Änderungsbescheid klären lassen (vgl BFHE 148, 444 = BStBl II 1987, 267). Es ist deshalb sachgerecht, dem nach § 174 V 2 AO Beigeladenen lediglich die Befugnisse **eines einfach Beigeladenen** (§ 60 I) einzuräumen.

Liegen die Voraussetzungen für eine Beiladung nach § 174 V 2 AO vor und hat das FG die Beiladung auf § 60 I gestützt, kann der BFH im Beschwerdeverfahren klarstellen, dass die Beigeladenen die Stellung von Beteiligten iS des § 174 V 2 AO (nach Ansicht des BFH also von notwendig Beigeladenen) haben (BFH/NV 1995, 87).

Die **unterlassene Beiladung** ist Verfahrensmangel (BFH/NV 1999, 442), stellt aber keinen Verstoß gegen die Grundordnung des Verfahrens (Rz 151) dar (BFH/NV 1997, 659).

III. Abgrenzung zur Streitgenossenschaft (§ 59)

Streitgenossenschaft und Beiladung haben im Wesentlichen die gleichen **7** Wirkungen (die materielle Rechtskraft der Entscheidung trifft sowohl die Streitgenossen als auch die Beigeladenen). Sie unterscheiden sich vor allem durch die **Stellung im Verfahren:** Der Streitgenosse ist Hauptbeteiligter (Kläger oder Beklagter) und infolgedessen befugt, über den Streitgegenstand zu verfügen, während dem Beigeladenen dieses Recht nicht zusteht. – Beiladung ist ausgeschlossen, wenn und solange eine Streitgenossenschaft vorliegt (vgl Rz 8). – Zur Abgrenzung der notwendigen Streitgenossenschaft von der notwendigen Beiladung s § 59 Rz 9, 12.

IV. Beiladungsfähige Personen

Beigeladen werden kann grundsätzlich jeder Beteiligte – (§ 57 Rz 7 ff) **8** und Prozessfähige (§ 58), der **nicht Kläger oder Beklagter** (Hauptbeteiligter) ist (sog Beiladungsfähigkeit).

Beigeladen werden können auch **Behörden,** wenn die Voraussetzungen **9** des § 60 I vorliegen (s aber § 60 II – Rz 21). – **Finanzbehörden** können **nicht** beigeladen werden (BFHE 108, 10 = BStBl II 1973, 198); zum **Beitritt** des BMF und der obersten Landesfinanzbehörden s § 122 II. – Zur „Beiladung" einer Finanzbehörde gem **§ 86 III 2** s § 86 Rz 15 a.

Mitberechtigte usw (vgl § 48) können **nicht** nach § 60 I **einfach bei-** **10** **geladen** werden. Für sie sieht § 60 III nämlich ausdrücklich die notwendige Beiladung vor, sofern sie selbst nach § 48 klagebefugt sind (§ 60 III 2; s hierzu § 48 Rz 17 ff; BFH/NV 2000, 1638). Fehlt es an der Klagebefugnis und ist die Beiladung damit nicht notwendig, so scheidet eine einfache Beiladung des Mitgesellschafters nach § 60 I gleichwohl aus, weil seine Interessen nicht berührt werden können (§ 60 I 1); anderenfalls wäre er nämlich nach § 48 I Nr 4 oder 5 klagebefugt und müsste folglich gem § 60 III notwendig beigeladen werden (BFHE 161, 429 = BStBl II 1990, 1072, 1073; offen BFHE 123, 17 = BStBl II 1977, 770).

B. Voraussetzungen der Beiladung

I. Anhängigkeit des Verfahrens als gemeinsame Voraussetzung der einfachen und der notwendigen Beiladung

11   Die Beiladung kann nur zu einem bereits anhängigen Verfahren erfolgen. Damit kann **erst nach Klageerhebung** beigeladen werden. – Die Möglichkeit der Beiladung **entfällt,** wenn die die Instanz abschließende Entscheidung in **Rechtskraft** erwächst **oder** gegen diese Entscheidung ein **Rechtsmittel** eingelegt wird (BFHE 129, 310 = BStBl II 1980, 210; BFHE 139, 134 = BStBl II 1983, 762; BFH/NV 1994, 380). Damit ist die Beiladung auch nach dem Erlass des erstinstanzlichen Endurteils möglich. Eine solche **nachträgliche Beiladung** ermöglicht dem Beigeladenen zwar die Einlegung von Rechtsmitteln (zB § 115 I iVm § 57 Nr 3), sie macht aber nicht ungeschehen, dass der Beigeladene auf das Ergebnis des Verfahrens keinen Einfluss nehmen konnte. Dies führt gleichwohl nicht zur Aufhebung des erstinstanzlichen Urteils; die Beiladung ist vielmehr im **Revisionsverfahren** nachzuholen (Rz 148, 151; anders zur früheren Rechtslage – Rz 5 – BFHE 139, 134 = BStBl II 1983, 762; s aber auch BFHE 163, 438 = BStBl II 1991, 882: Zurückverweisung nur in Härtefällen). – **Nach Erledigung der Hauptsache** ist eine Beiladung ebenfalls **nicht mehr möglich,** weil nur noch über die Kosten zu entscheiden ist (FG Bln EFG 1968, 311).

12   Die **Erfolgsaussichten der Klage** (bzw des Antrags) haben bei der Entscheidung über die Beiladung grundsätzlich außer Betracht zu bleiben (BFHE 132, 186 = BStBl II 1981, 272, 275; BFH/NV 1988, 161; 1991, 692; 2003, 195). S aber zum Absehen von der Beiladung bei voraussichtlicher Unzulässigkeit der Klage/des Antrags Rz 30, 32.

II. Besondere Voraussetzungen der einfachen Beiladung (§ 60 Abs 1 Satz 1, Abs 2)

13   **1.** Beigeladen werden kann derjenige (zur Beiladungsfähigkeit s Rz 8 ff), dessen rechtliche Interessen nach den Steuergesetzen durch die Entscheidung berührt werden.

14   **a)** Der Begriff des **„rechtlichen Interesses"** ist enger als der des „berechtigten Interesses" (vgl hierzu § 41 Rz 29). Es genügt also weder ein wirtschaftliches noch ein persönliches noch ein sonstiges nichtrechtliches Interesse. Vielmehr muss die Rechtsposition des Beizuladenden durch die zu erwartende Entscheidung berührt sein. Seine Lage braucht dabei nicht notwendigerweise „verbessert" zu werden (so aber BFHE 86, 327 = BStBl III 1966, 466).

15   **b)** Das rechtliche Interesse muss sich (im Gegensatz zum verwaltungs- und sozialgerichtlichen Verfahren) **„nach den Steuergesetzen"** ergeben, es muss sich also um „steuerliches Interesse" handeln (BFHE 86, 327 = BStBl III 1966, 466; BFHE 115, 5 = BStBl II 1975, 388; BFH/NV 1999, 815). Diese Einschränkung ist mit dem allg Gleichheitssatz (Art 3 I GG) vereinbar, weil im Steuerprozess insofern eine besondere Lage gegeben ist, als wegen des zu wahrenden Steuergeheimnisses (§ 30 AO) der Kreis

der Verfahrensbeteiligten möglichst klein zu halten ist (BFHE 115, 5 = BStBl II 1975, 388; s auch BVerfG HFR 1975, 463). – **Nicht** aus den Steuergesetzen ergibt sich zB das Interesse eines Bürgen am Ausgang des Rechtsstreits; er kann als Bürge nur auf zivilrechtlicher Grundlage in Anspruch genommen werden. Entsprechendes gilt für den Fall, dass die Beiladung zur Vorbereitung eines Schadensersatzprozesses beantragt wird (BFH/NV 1988, 455) oder bei Streit zwischen der OFD und einem LSt-Hilfeverein über die Bestellung eines Beratungsstellenleiters (offengelassen durch BFHE 153, 472 = BStBl II 1988, 789, 790).

Das rechtliche Interesse kann sich auch auf einen **Teil der Streit-** **16** **punkte** beschränken (zB bei objektiver Klagenhäufung). Nach BSG BlStSozArbR 1980, 364 = HFR 1981, 432 soll dann die Beiladung zu beschränken sein. Das erscheint einleuchtend; unklar ist jedoch, wie das praktisch (außer durch Trennung der Verfahren, die nicht immer möglich ist) durchgeführt werden soll.

c) Nach der Rspr reicht es für die Beiladung aus, wenn **rechtliche In-** **17** **teressen eines anderen berührt sein können;** dies muss nicht gewiss oder auch nur wahrscheinlich sein (BFHE 86, 327 = BStBl III 1966, 466 und BFH/NV 1999, 815). Dem ist nur eingeschränkt zuzustimmen. Zwar wird vielfach erst durch die Entscheidung endgültige Klarheit über das steuerliche Interesse des möglicherweise Beizuladenden gewonnen. Angesichts der Bedeutung der Beteiligung eines Dritten am Verfahren muss mE aber gleichwohl eine **gewisse Wahrscheinlichkeit** dafür sprechen, dass die rechtlichen Interessen dieses Dritten durch die Entscheidung berührt werden (glA *Brandis* in T/K § 60 Rz 17; offen gelassen durch BFHE 134, 537 = BStBl II 1982, 239). **Ausgeschlossen** ist die Beiladung jedenfalls, wenn Interessen des Dritten eindeutig **nicht berührt sein können** (BFHE 134, 537 = BStBl II 1982, 239; BFH/NV 1988, 101, 102; BVerwG Buchholz 310 § 65 VwGO Nr. 130; s auch Rz 32, 65 „Nichtbetroffensein").

d) Die rechtlichen (steuerlichen) Interessen des Beizuladenden müssen **18** **durch die** in dem anhängigen Verfahren zu treffende **gerichtliche Entscheidung** – und zwar durch den Tenor, nicht etwa die Begründung – berührt sein.

e) Der Beigeladene muss kein **Rechtsschutzbedürfnis** haben, weil **19** § 60 I insoweit eine Sonderregelung trifft (aA FG Saarl EFG 1977, 227). Wer (einfach) beigeladen werden will, sollte aber schlüssig darlegen, inwiefern seine rechtlichen Interessen durch die gerichtliche Entscheidung berührt werden.

f) Die einfache Beiladung steht im **Ermessen** des Gerichts (Rz 30). – **20** Zur Beiladung nach **§ 174 V AO** s Rz 6.

2. Nach § 60 II ist in den Fällen, in denen die Verwaltungshoheit und **21** die Ertragshoheit bezüglich der Steuern auseinanderfallen (wie zB bei der GewSt und der KiSt), die **Beiladung des Abgabenberechtigten** allein mit der Begründung **ausgeschlossen,** dass seine Interessen durch die Entscheidung berührt werden. Denn die Interessen des Abgabenberechtigten werden durch die beteiligte Behörde vertreten (zB RFH StuW 1930 Nr 456; s auch BFHE 69, 569 = BStBl III 1959, 471, 472). **Ebensowenig**

kommt eine **notwendige Beiladung** der abgabenberechtigten Körperschaft in Betracht (BFH/NV 1996, 155). – Zur Verfassungsmäßigkeit des § 60 II vgl die Rechtsprechung zu § 40 III (vgl BFHE 118, 285 = BStBl II 1976, 426; BVerfG HFR 1976, 536). – Zur „Beiladung" im Falle des **§ 86 III 2** bei Streit um die Verpflichtung zur Vorlage von Akten usw s § 86 Rz 15 a.

22   **3.** Wegen der **Einzelfälle der Beiladung** s Rz 50 ff.

III. Besondere Voraussetzungen der notwendigen Beiladung (§ 60 Abs 3)

23   Notwendig ist die Beiladung, wenn an dem streitigen Rechtsverhältnis Dritte derart beteiligt sind, dass die **Entscheidung** auch ihnen gegenüber **einheitlich ergehen muss** (§ 60 III 1). Das ist der Fall, wenn die Entscheidung nach Maßgabe des materiellen Steuerrechts notwendigerweise und unmittelbar Rechte oder Rechtsbeziehungen des Dritten (Beizuladenden) gestaltet, bestätigt, verändert oder zum Erlöschen bringt, insbesondere also in den Fällen in denen das, was den einen Prozessbeteiligten begünstigt oder benachteiligt, notwendigerweise umgekehrt den Dritten benachteiligen oder begünstigen muss (so grundlegend unter eingehender Darlegung der Entstehungsgeschichte und des Zwecks der Vorschrift BFHE 95, 148 = BStBl II 1969, 343; BFHE 129, 536 = BStBl II 1980, 303; BFH/NV 2002, 502; 2003, 780).

24   Zu § 60 III 2 s Rz 10.

25   Wegen der **Einzelfälle der Beiladung** s Rz. 50 ff.

C. Entscheidung über die Beiladung

26   **1.** Die **einfache** Beiladung (§ 60 I) erfolgt **von Amts wegen oder auf Antrag,** die **notwendige** Beiladung (§ 60 III) kann **nur von Amts wegen** angeordnet werden; ein Antrag hat insoweit lediglich die Bedeutung einer Anregung. – Den Antrag kann nicht nur derjenige stellen, der beigeladen werden möchte (vgl FG Hbg EFG 1970, 83), sondern auch ein Hauptbeteiligter, der die Beiladung des Dritten wünscht.

27   **2.** Vor der Beiladung ist der **Stpfl** nach § 60 I 2 zu **hören,** wenn er am Verfahren beteiligt ist. Das ist regelmäßig der Fall (Kläger/Antragsteller). Ist er nicht beteiligt, steht der Anhörung vor der Beiladung idR das Steuergeheimnis entgegen. – Hören bedeutet, dass dem StPfl Gelegenheit zur Äußerung zu geben ist.

28   Die **Anhörung des Gegners** (Behörde) ist **nicht** vorgeschrieben, weil es insbesondere um die steuerlichen Belange des StPfl und die **Wahrung des Steuergeheimnisses** mit Bezug auf ihn geht (vgl BFHE 126, 7 = BStBl II 1979, 25, 26). Auch eine **Anhörung des Beizuladenden ist nicht notwendig** (BFH/NV 1996, 49), im Rahmen der Sachverhaltsaufklärung (§ 76) aber zweckmäßig und uU geboten.

29   **3.** Die Entscheidung über die **einfache Beiladung** (§ 60 I) steht im pflichtgemäßen **Ermessen** des Gerichts (vgl BFHE 97, 290 = BStBl II 1970, 98; BFHE 126, 7 = BStBl II 1979, 25; BFH/NV 1988, 454, 455; 1989, 113; 1991, 246; T/K § 60 FGO Rz 91; **aA** *Grunsky,* Grundlagen,

287, 288: Anspruch auf einfache Beiladung). Lässt die Entscheidung des FG nicht erkennen, ob und wie es das Ermessen ausgeübt hat, so kann auch der BFH als Beschwerdegericht die Ermessensentscheidung treffen (BFH/NV 1989, 113). Die **notwendige Beiladung** (§ 60 III) **muss erfolgen,** wenn ihre Voraussetzungen vorliegen. – Für die Feststellung der Voraussetzungen der einfachen und der notwendigen Beiladung gilt der **Untersuchungsgrundsatz** (§ 76).

a) Die **einfache Beiladung** (§ 60 I) kann nur **angeordnet** werden, **30** wenn einerseits die allg Voraussetzungen der Beiladung (Rz 8 ff, 11 f) erfüllt sind und andererseits die besonderen Voraussetzungen (der einfachen Beiladung – Rz 13 ff) nach der Überzeugung des Gerichts zumindest wahrscheinlich vorliegen (vgl Rz 17). – Das Gericht hat im Rahmen seiner **Ermessensentscheidung** Gesichtspunkte der Prozessökonomie und der Rechtssicherheit zu berücksichtigen, um widersprechende Entscheidungen über denselben Gegenstand zu vermeiden. Außerdem ist das Interesse des Beizuladenden zu bedenken, etwaige seine Rechtsstellung nachteilig berührende Entscheidungen zu verhindern. Schließlich ist der Schutz der Interessen des Klägers in Betracht zu ziehen, insbesondere das **Steuergeheimnis** zu berücksichtigen (auch wenn es der Beiladung grundsätzlich nicht entgegensteht – Rz 2). – In aller Regel ist es nicht ermessenswidrig, die einfache Beiladung desjenigen abzulehnen, der ein den Belangen des anderen Beteiligten **entgegengesetztes Interesse** am Ausgang des Rechtsstreits hat (BFHE 126, 7 = BStBl II 1979, 25; BFH/NV 1991, 246; BFH/NV 2004, 795; 1659; s aber auch BFH/NV 1999, 815). Das FG darf die Beiladung im Allgemeinen auch ablehnen, wenn die **Klage unzulässig** ist. Die (einfache) Beiladung erscheint dann sinnlos (BFHE 97, 290 = BStBl II 1970, 98). Das gilt auch, wenn **steuerliche Interessen** des Beizuladenden durch die Entscheidung eindeutig **nicht berührt** sein können (Rz 18, 65 „Nichtbetroffensein").

b) Die **notwendige Beiladung** (§ 60 III) **muss angeordnet** werden, **31** wenn nach der Überzeugung des Gerichts neben den allg Voraussetzungen der Beiladung (Rz 8 ff, 11 f) auch die besonderen Voraussetzungen der notwendigen Beiladung (Rz 23 f) vorliegen. Dies gilt auch dann, wenn sich die Klage gegen einen unter dem **Vorbehalt der Nachprüfung** (§ 164 I AO) erlassenen Bescheid richtet (BFH/NV 1993, 296) oder wenn der Kläger den Beizuladenden **als Zeugen benannt** hat (BFH/NV 1996, 56).

Die (notwendige) Beiladung kann **nicht vom Erfolg** des Rechtsbehelfs **32** **abhängig** gemacht werden (vgl Rz 12), also auch nicht unterbleiben, wenn die begehrte einheitliche Gewinnfeststellung nach Ansicht des FG offenbar nicht in Betracht kommt (BFHE 88, 445 = BStBl III 1967, 435; vgl auch BFH/NV 1988, 161; 1991, 692). Ebensowenig ist entscheidend, ob die Beiladung **für den Beteiligten nachteilig** sein könnte (BFHE 102, 460 = BStBl II 1971, 714; BFHE 132, 186 = BStBl II 1981, 272, 275). Sie darf grundsätzlich auch nicht unterbleiben, wenn das Gericht die **Klage** für **unzulässig** hält (BFHE 128, 142 = BStBl II 1979, 632; BFH/NV 1986, 411, 412; zur Ausnahme s BFH/NV 2001, 1133). Etwas anderes gilt nur dann, wenn die Klage **„offensichtlich" unzulässig** ist und die Rechtsposition des Beizuladenden unter keinen Umständen berührt sein kann (**aA** *von Groll* § 48 Rz 4). Das ist der Fall, wenn ein Folgebescheid ausschließlich mit Einwendungen gegen den Grundlagenbescheid angegriffen wird (s § 42 Rz 29 ff, 35 ff), jedenfalls aber, wenn die streitige Rechtsfrage bestandskräftig entschieden worden ist (BFH/NV 1995, 996; 1997, 663), wenn die Klagebefugnis fehlt (BFH/NV 1998, 345; 1105, 1106; 1999, 1270, 1271; 2005, 1073), wenn das Feststellungsinteresse fehlt (BFH/NV 2004, 965) oder wenn sich mangels Bezeichnung des Streitgegenstandes bei Anfechtung eines Gewinnfeststellungsbescheides (vgl § 65 Rz 45) nicht feststellen lässt, wer zu dem Verfahren beizuladen wäre (BFHE 122, 2 = BStBl II 1977, 509; BFHE 128, 142 = BStBl II 1979, 632, 634; BFH/NV 1986, 411, 412; 1991, 692; 1992, 324; FG Hbg EFG 1994, 843) oder wenn die Klage nach Ablauf der Jahresfrist des § 56 III erhoben worden ist (BFHE 128, 142 = BStBl II 1979, 632, 634; BFH/NV 1986, 411, 412). Entsprechendes gilt, wenn die Klage aus formellen Gründen **offensichtlich unbegründet** ist. Das ist etwa der Fall, wenn eine nicht rechtsbehelfsbefugte Person Einspruch gegen einen Steuerbescheid eingelegt hat (vgl FG Hbg EFG 1994, 842) oder wenn der Einspruch erst nach Ablauf der Jahresfrist (§ 110 III AO) eingelegt worden ist. – S auch FG Hbg EFG 2000, 140.

33   Der notwendige Beizuladende kann und muss auch **gegen seinen Willen** beigeladen werden; er kann also nicht etwa auf die notwendige Beiladung verzichten (BFH/NV 1997, 331) oder vortragen, das Hauptsacheverfahren sei ohne oder gegen seinen Willen angestrengt worden oder der Kläger sei nicht klagebefugt (BFHE 94, 204 = BStBl II 1969, 112; im letzteren Fall aber möglicherweise keine Beiladung wegen offensichtlicher Unzulässigkeit der Klage, s Rz 32).

34   **4.** Eine **formlose oder** gar **konkludente** Beiladung scheidet angesichts der Bedeutung für den Beigeladenen (Bindungswirkung – § 110 iVm § 57 Nr 3) und die Beteiligten (Anfechtungsmöglichkeit) aus. Die Beiladung erfolgt daher grundsätzlich durch einen besonderen **Beiladungsbeschluss** (§ 60 IV; vgl BFHE 90, 428 = BStBl II 1968, 122; BFHE 91, 406 = BStBl II 1968, 396; BFH/NV 1994, 334). Lediglich die **Ablehnung** der Beiladung darf **im Urteil** ausgesprochen werden (BFH/NV 1989, 113; 1994, 523; 841). – In dem Beiladungsbeschluss ist der Beizuladende genau zu bezeichnen. Bei Beiladung einer Gesellschaft/Gemeinschaft sollten die Vertreter (Geschäftsführer oder – sofern nicht vorhanden – die Gesellschafter/Gemeinschafter) angegeben werden.

36   **Zuständig** für die Entscheidung ist der **Senat oder** der **Einzelrichter** (§§ 6, 79 a III, IV).

37   Der Beiladungsbeschluss ist zu **begründen.** Das ergibt sich für eine die Beiladung aussprechende Entscheidung aus § 60 IV 2, für einen ablehnenden Beschluss aus § 113 II 1.

38   **Kosten** werden nicht gesondert erhoben, sie sind Teil der Kosten des Hauptsacheverfahrens.

39   Der Beiladungsbeschluss ist allen Beteiligten (§ 57) zuzustellen. Die **Zustellung** muss auch bei verkündeten Beiladungsbeschlüssen nach § 53 I erfolgen (§ 60 IV 1). Sie ist kein Wirksamkeitserfordernis, sondern nur für den Beginn der Beschwerdefrist maßgebend, wenn alle Beteiligten einschließlich der Beizuladenden bei der Verkündung anwesend oder vertreten sind (BFHE 148, 420 = BStBl II 1987, 302; BFH/NV 1993, 116).

Zur Bestellung eines **gemeinsamen Zustellungsbevollmächtigten** 40
im Falle der Beiladung von Mitberechtigten s § 60 V; die Benennung ist
jedoch nicht erzwingbar (*Brandis* in T/K § 60 Rz 96).

D. Einzelfälle (ABC der Beiladung)

Abrechnungsbescheid

Bei Klage eines Ehegatten gegen die Höhe der angerechneten ESt-Vo- 50
rauszahlungen ist der andere Ehegatte nicht notwendig beizuladen
(BFHE 173, 207 = BStBl II 1994, 405); die einfache Beiladung ist aber in
Betracht zu ziehen. – Die Beiladung des Liquidators einer GmbH als Haftungsschuldner für die USt-Schulden der GmbH zu einem Klageverfahren
der GmbH wegen eines Abrechnungsbescheides über USt ist gleichfalls
nicht notwendig (BFH/NV 1997, 867, 868).

Abtretung

Bei Klage des Abtretenden oder des Abtretungsempfängers ist der andere 53
Abtretungsbeteiligte nicht notwendig beizuladen. Eine einheitliche Entscheidung ist insoweit rechtlich nicht geboten (vgl BFH/NV 1991, 246 zur
Abtretung eines Vorsteuerüberschusses; Rz 122). Es kommt aber eine einfache Beiladung in Betracht (FG BaWü EFG 1985, 252).

Atypisch stille Gesellschaft

Klagt eine stille Gesellschaft gegen die Höhe der festgesetzten USt, so 54
scheidet eine einfache Beiladung des atypisch stillen Gesellschafters aus,
weil dieser nicht für die USt-Schulden der stillen Gesellschaft haftet
(BFH/NV 1999, 1363, 1364). S auch Rz 80 und zur einheitlichen und
gesonderten Feststellung von Einkünften Rz 65 „Atypisch stille Gesellschaft" u „Unterbeteiligung".

Aufteilungsbescheid

Die Aufteilung einer Gesamtschuld (§§ 268 ff AO) erfolgt gem § 279 I 1 56
AO durch einheitlichen Bescheid. Die Beiladung des nicht klagenden Gesamtschuldners ist deshalb „notwendig" (BFH/NV 2003, 195 zu Ehegatten; *Brandis* in T/K § 60 Rz 54). – S auch Rz 137.

Auskunftsverlangen

Begehrt jemand von der Finbeh Auskunft darüber, ob ein Dritter zu 57
einer Steuer herangezogen wird, so ist der Dritte zu dem Verfahren notwendig beizuladen (BFH/NV 2004, 808).

Berufsrechtliche Streitigkeiten

In berufsrechtlichen Streitigkeiten sind seit dem 1. 1. 2001 die zuständi- 58
gen Kammern (Steuerberaterkammer usw) Beteiligte und nicht mehr die
obersten Landesfinanzbehörden. Aus diesem Grunde scheidet die bis dahin
erforderliche notwendige Beiladung zu derartigen Verfahren aus (zur
Rechtslage bis zum 31. 12. 2000 s Vorauflage).

Duldungspflicht (§ 77 AO)

Die einfache Beiladung eines nach § 77 AO zur Duldung der Zwangs- 59
vollstreckung in sein Vermögen Verpflichteten ist zulässig (*Brandis* in T/K

§ 60 Rz 15, 56). Die Ausführungen zur Haftung gelten sinngemäß (Rz 83 „Haftung"). – Ficht der Duldungsverpflichtete den Duldungsbescheid an, mit dem das FA die Duldung der Zwangsvollstreckung in eine an den Duldungsverpflichteten abgetretene Forderung erreichen will, so ist ein Dritter, der diese Forderung ebenfalls gepfändet hat, nicht notwendig beizuladen (BFH/NV 2004, 1659).

Ehegatten

62   Ist in einem Verfahren die einkommensteuerliche Behandlung von Unterhaltszahlungen an den geschiedenen Ehegatten streitig (§§ 10 I Nr 1, 22 Nr 1 a EStG), so kann dieser nach § 60 I „einfach" beigeladen werden (BFH/NV 1988, 454, 455; zweifelhaft – s Rz 125). S auch Rz 56 zum Aufteilungsbescheid; Rz 74 zur Gesamtschuld; Rz 89 zum Kinderfreibetrag; Rz 125 zu „Unterhaltsaufwendungen u Rz 137 zur Zusammenveranlagung.

Einheitliche und gesonderte Feststellung von Einkünften

65   **Notwendig beizuladen sind** im Falle der einheitlichen und gesonderten Feststellung von Einkünften grundsätzlich (zur Ausnahme s Rz 32, 65 „Nichtbetroffensein") **alle nach § 48 Klagebefugten** (Umkehrschluss aus **§ 60 III 2**), die den Feststellungsbescheid nicht angefochten haben (zB BFHE 114, 167 = BStBl II 1975, 209; BFH/NV 1986, 414 = BStBl II 1986, 525; BFH/NV 1999, 1638; BFHE 201, 6 = BStBl II 2003, 335) und die iS des § 40 II betroffen sind (Rz 65 „Nichtbetroffensein"; § 48 Rz 8). Das gilt auch dann, wenn sie erst nachträglich durch Ergänzungsbescheid in das Feststellungsverfahren einbezogen worden sind (BFH/NV 1991, 47), wenn der Feststellungsbescheid ihnen gegenüber **bestandskräftig** geworden ist (BFHE 171, 392 = BStBl II 1994, 3) oder wenn eine gesonderte **Feststellung nicht notwendig** gewesen wäre (BFH/NV 1999, 48). – Der **sachliche Anwendungsbereich** des § 48 erstreckt sich auf **alle** einheitlichen und gesonderten **Feststellungsbescheide** iS des § 179 II 2 AO (§ 48 Rz 1), ohne dass dabei **Differenzierungen nach der Einkunftsart vorzunehmen** sind. – Fehlt es an der Klagebefugnis nach § 48, so scheidet regelmäßig auch eine **einfache Beiladung** aus (BFH/NV 2002, 1609).

Einzelheiten:

– Atypisch stille Gesellschaft

Klagt bei einer **atypisch stillen Gesellschaft** der Inhaber des Handelsgeschäfts (§ 48 I Nr 2, 4), ist der atypisch stille Gesellschafter nur beizuladen, wenn er nach § 48 I Nr 4 oder 5 klagebefugt ist (vgl BFHE 159, 410 = BStBl II 1990, 561, 562). – Klagt der atypisch stille Gesellschafter (§ 48 I Nr 4, 5), ist nach der Rechtsprechung des BFH (mangels Klagebefugnis) **nicht** die atypisch stille Gesellschaft (BFHE 145, 408 = BStBl II 1986, 311; BFHE 170, 345 = BStBl II 1994, 702; BFHE 175, 375 = BStBl II 1995, 171), sondern **der Inhaber** des Handelsgeschäfts beizuladen, sofern dieser nach § 48 I Nr 2, 4 oder 5 klagebefugt ist (BFH/NV 2002, 1477 mwN); ansonsten Beiladung des Klagebevollmächtigten iS von § 48 II (vgl auch BFHE 185, 131 = BStBl II 1998, 401). – Diese Rechtsprechung ist nicht widerspruchsfrei, weil die atypisch stille Gesellschaft materiellrechtlich als solche gewerblich tätig wird (BFHE 182, 101 =

BStBl II 1998, 328). – S auch Rz 54 u Rz 65 „Nichtbetroffensein" u „Streit über gemeinsame Einkunftserzielung".

– Anteilsbewertung

Bei Streit über die Feststellung des gemeinen Wertes von Anteilen sind die Gesellschaft und diejenigen Gesellschafter notwendig beizuladen, deren Wert der Anteile von dem Verfahren gleichsam betroffen ist (BFH BStBl II 1970, 304; BFH/NV 1995, 54; 2005, 1360). Klagt die Gesellschaft/Gemeinschaft nach § 48 I Nr 1 (s BFHE 209, 353 = BStBl II 2005, 598 u § 48 Rz 11 ff, 15), sind grds alle Anteilseigner notwendig beizuladen (vgl auch BFH/NV 1997, 187). S auch Rz 65 „Rechtsnachfolge".

– Atypische Unterbeteiligung

Zur einheitlichen und gesonderten Feststellung von Einkünften kann es nicht bei der einfachen Unterbeteiligung, sondern nur bei der atypischen (mitunternehmerischen) Unterbeteiligung kommen (*Brandis* in T/K § 179 AO Rz 16 ff). Insoweit gelten für die Beiladung die gleichen Regeln wie für die Treuhand (Rz 65 „Treuhand"). Der atypisch Unterbeteiligte ist also nur klagebefugt (§ 48 Nr 4) und beizuladen, soweit um die Aufteilung des auf den Hauptbeteiligten entfallenden Anteils an den Einkünften gestritten wird. Dies gilt unabhängig davon, ob für die Unterbeteiligung ein besonderes Feststellungsverfahren (§ 179 II 3 AO) durchgeführt oder ob die Unterbeteiligung im Feststellungsverfahren der Hauptgesellschaft/-gemeinschaft berücksichtigt worden ist. S auch Rz 65 „Unterbeteiligung".

– Ausgeschiedene Gesellschafter/Gemeinschafter

Ausgeschiedene Gesellschafter/Gemeinschafter sind nach § 48 I Nr 3 klagebefugt, wenn sie vom Ausgang des Verfahrens iS des § 40 II betroffen sind (*Brandis* in T/K § 48 Rz 26; zum Umfang der Klagebefugnis s § 48 Rz 33; *Brandis* aaO). Ist diese Voraussetzung erfüllt, sind sie notwendig beizuladen, und zwar unabhängig davon, welche Fragen im Streit sind. Auf den Zeitpunkt des Ausscheidens kommt es nicht an (BFHE 161, 404 = BStBl II 1990, 1068; BFH/NV 1993, 81; 1995, 613). – Die notwendige Beiladung hat jedoch zu unterbleiben, wenn die rechtliche oder wirtschaftliche Stellung des Ausgeschiedenen nicht berührt ist (BFHE 201, 6 = BStBl II 2003, 335; Rz 13 ff, 65 „Nichtbetroffensein"). – Zur **Vollbeendigung** s Rz 65 „Vollbeendigung". Zur Klage durch ausgeschiedene Gesellschafter/Gemeinschafter s Rz 65 „Gesellschafter/Gemeinschafter".

– Ausländische Gesellschaft

Die ausländische Gesellschaft ist nicht notwendig beizuladen, wenn eine Feststellung nach § 180 V Nr 1 AO durch einen inländischen Gesellschafter angefochten wird (FG Hbg EFG 1993, 165 rkr).

– Bauherrengemeinschaft

Zur Beiladung der nicht klagenden Feststellungsbeteiligten s BFH/NV 1998, 1113; 1999, 48, 49; s auch Rz 65 „Treuhand".

– Bedarfsbewertung, s FG D'dorf EFG 2001, 1099.

– Doppelstöckige Personengesellschaft

Bei Klage der Untergesellschaft und Streit über die Gewährung einer Steuervergünstigung für einen Gesellschafter der Obergesellschaft ist der betroffene Gesellschafter gem § 48 I Nr 5 klagebefugt und beizuladen (s § 15 I 1 Nr 2 Satz 2 EStG; ebenso *Brandis* in T/K § 60 Rz 32). – Bei Streit über die Höhe des Anteils der Obergesellschaft an den Einkünften der Untergesellschaft sind unter den Voraussetzungen des § 15 I Nr 2 Satz 2 EStG (*Schmidt* § 15 Rz 610 ff) gleichfalls die Gesellschafter aus der Obergesellschaft als Klagebefugte (§ 48 I Nr 5) beizuladen (ebenso *Brandis* in T/K § 60 Rz 32).

– Einkünfte aus Vermietung und Verpachtung
Ist nach den einleitenden Ausführungen zu Rz 65 nur noch der Geschäftsführer oder der Klagebevollmächtigte klagebefugt (§ 48 I Nr 1, II), so sind wegen des Zusammenhangs zwischen Klagebefugnis und notwendiger Beiladung (§ 60 III 2) bei Klage eines Gesellschafters/Gemeinschafters nur noch diese Personen, nicht aber die übrigen Gesellschafter/Gemeinschafter gem § 60 III notwendig beizuladen (BFHE 180, 223 = BFH BStBl II 1996, 606, 608). – Klagt der Geschäftsführer (Klagebevollmächtigte) für die Gesellschaft/Gemeinschaft (s dazu BFHE 209, 353 = BStBl II 2005, 598; § 48 Rz 11 ff, 15), erübrigt sich die Beiladung der Gesellschafter/Gemeinschafter. – Ist ein Geschäftsführer/Klagebevollmächtigter (§ 48 I Nr 1) nicht vorhanden, sind alle nach § 48 Klagebefugten notwendig beizuladen, die den Feststellungsbescheid nicht angefochten haben (BFH/NV 1999, 64, 65).

– Empfangsbevollmächtigter/Klagebevollmächtigter
Zur Klage des Empfangs- oder Klagebevollmächtigten (§ 48 I Nr 2, II) ist ein Feststellungsbevollmächtigter, der in einem gesonderten Verfahren Einwendungen gegen die Klagebefugnis des Empfangs- oder Klagebevollmächtigten erhebt, notwendig beizuladen. Das gilt auch für den umgekehrten Fall (*Szymczak* DB 1994, 2257, 2264; *Brandis* in T/K § 60 Rz 33). – Zum Fehlen eines zur Vertretung berufenen Geschäftsführers (§ 48 I Nr 1) bei Publikumsgesellschaften in der Form einer GbR s BFH/NV 1998, 994, 996.

– Erbfall s Rz 65 „Rechtsnachfolge".

– Fehlen eines Geschäftsführers/Klagebevollmächtigten
Sind weder Geschäftsführer noch Klagebevollmächtigte vorhanden, so sind alle Beteiligten/Mitberechtigten klagebefugt (§ 48 I Nr 2 – s dort Rz 28) und beizuladen, soweit sie nicht schon Klage erhoben haben. – S auch Rz 65 „Einkünfte aus Vermietung und Verpachtung"; „Klage des Gesellschafters/Gemeinschafters".

– Gesellschaft/Gemeinschaft
Zum Umfang der Klagebefugnis der Gesellschaft/Gemeinschaft s § 48 Rz 11 ff, 27 ff; *Brandis* in T/K § 48 Rz 7 ff.

– Gesellschafter/Gemeinschafter
Ergibt sich die **Klagebefugnis** des klagenden Gesellschafters oder Gemeinschafters aus **§ 48 I Nr 4 oder 5** (zum Umfang der Klagebefugnis s § 48 Rz 32 ff; *Brandis* in T/K § 48 Rz 26 ff), so ist die Gesellschaft/Gemeinschaft nach § 48 I Nr 1 notwendig beizuladen (vgl BFHE 167, 5 = BStBl II 1992, 559, 560; zur Klagebefugnis der Gesellschaft/Gemeinschaft nach § 48 I 1 s BFHE 209, 353 = BStBl II 2005, 598; § 48 Rz 11 ff, 15; s auch Rz 34 aE). Gleiches gilt für einen ausgeschiedenen Gesellschafter/Gemeinschafter (§ 48 I Nr 3; Rz 65 „Ausgeschiedene Gesellschafter/Gemeinschafter"). – Ist ein zur Vertretung berufener Geschäftsführer oder

Klagebevollmächtigter nicht vorhanden, so sind alle Gesellschafter/Gemeinschafter klagebefugt (§ 48 I Nr 2); beizuladen sind diejenigen, die nicht selbst Klage erhoben haben.

Klagt ein **ausgeschiedener Gesellschafter**/Gemeinschafter (§ 48 I Nr 3; Rz 65 „Ausgeschiedene Gesellschafter/Gemeinschafter"), so ist nicht nur die Gesellschaft/Gemeinschaft beizuladen (zu ihrer Klagebefugnis nach § 48 I Nr 1 s BFHE 209, 353 = BStBl II 2005, 598 u § 48 Rz 11 ff, 15; s zu deren Beiladung auch Rz 34 aE), sondern auch jeder andere gem § 48 I Nr 3–5 klagebefugte Gesellschafter/Gemeinschafter. Ist ein Geschäftsführer/Klagebevollmächtigter nicht vorhanden, sind alle Gesellschafter/Gemeinschafter klagebefugt (§ 48 I Nr 2) und beizuladen.

– Gesellschaftszugehörigkeit

Geht der Streit darum, **ob mehrere** den Tatbestand der **Einkunftserzielung gemeinsam verwirklichen,** so ist die Beiladung aller angeblich Beteiligten erforderlich (§ 48 I Nr 2, 4), soweit sie nicht selbst Klage erhoben haben (vgl BFHE 89, 328 = BStBl II 1967, 612 zur gewerblich tätigen Mitunternehmerschaft). Das gilt auch bei Streit über das Bestehen einer **Mitunternehmerschaft** im Rahmen einer **atypisch stillen Gesellschaft** (BFH/NV 1995, 234, 236; s auch Rz 65 „Atypisch stille Gesellschaft". – Ist streitig, **wer** an den Einkünften **beteiligt** ist, so ist bei Klage des oder der gem § 48 I Nr 1 Klagebefugten stets derjenige notwendig beizuladen, dessen Beteiligung fraglich ist (§ 48 I Nr 4); die Gesellschafter/Gemeinschafter, deren Beteiligung nicht im Streit ist und die keine Klage erhoben haben, sind nur dann klagebefugt (§ 48 I Nr 4) und beizuladen, wenn sie von der Feststellung der Einkünfte (der Beteiligung an den Einkünften) iS der §§ 48 I Nr 4, 5; 40 II selbst berührt sind. Entsprechendes gilt bei Klage desjenigen, um dessen Beteiligung es geht: Beizuladen sind dann nach § 48 I Nr 1 klagebefugte Gesellschaft/Gemeinschaft (s BFHE 209, 353 = BStBl II 2005, 598; § 48 Rz 11 ff, 15; s auch hier Rz 34) oder die nach § 48 I Nr 2 klagebefugten, die übrigen Gesellschafter oder Gemeinschafter nur in den Fällen des § 48 I Nr 4, 5 (vgl BFHE 149, 523 = BStBl II 1987, 601, 602; BFH/NV 1989, 502; 1990, 299, 300 zur gewerblich tätigen Personengesellschaft; BFH/NV 1994, 798 zur Beiladung einer inzwischen gelöschten GmbH). – Zur Klagebefugnis und Beiladung bei Fehlen eines Geschäftsführers bzw Klagebevollmächtigten s Rz 65 „Fehlen eines Geschäftsführers/Klagebevollmächtigten".

– Gewerbesteuermessbescheid

Keine Beiladung eines Gesellschafters zum Rechtsstreit der Gesellschaft (BFH/NV 2000, 1104).

– Gewinnverteilung s Rz 65 „Verteilung der Einkünfte".

– Hinzurechnungsbesteuerung

Bei Klage gegen einen Feststellungsbescheid iS des § 18 AStG sind alle unbeschränkt steuerpflichtigen Feststellungsbeteiligten notwendig beizuladen (BFHE 156, 86 = BStBl II 1990, 696).

– Insolvenz

Wird über das Vermögen einer Personengesellschaft das Insolvenzverfahren eröffnet (§ 11 II Nr 1 InsO), ist die Gesellschaft aufgelöst (§§ 728 I BGB, 131 Nr 3 HGB). Da der Betrieb der Gesellschaft damit eingestellt ist, sind die für die Beiladung im Falle der „Vollbeendigung" einer Gesellschaft geltenden Grundsätze (Rz 65 „Vollbeendigung") maßgebend (ebenso *Brandis* in T/K § 60 Rz 36).

Ist ein Gesellschafter an einer in Insolvenz gefallenen Personengesellschaft beteiligt und klagt er gegen die einheitliche Gewinnfeststellung, so ist der **Insolvenzverwalter** nicht notwendig beizuladen, weil die einheitliche Gewinnfeststellung nicht den Vermögensbereich der Personengesellschaft betrifft und der Insolvenzverwalter damit nicht klagebefugt ist (BFHE 128, 322 = BStBl II 1979, 780, 781; BFH/NV 1989, 441). – Die Beiladung eines Insolvenzverwalters kommt jedoch in Betracht, wenn nicht die Personengesellschaft in Insolvenz gefallen ist, sondern ein ansonsten nach § 48 I Nr 2–5 klagebefugter und damit notwendig beizuladender Mitgesellschafter. Der Insolvenzverwalter tritt insoweit an seine Stelle (vgl BFH/NV 2002, 1477 zur Klage eines atypisch stillen Gesellschafters bei Insolvenz des Inhabers des Handelsgeschäfts).

Zur **Aufhebung der Beiladung** des Insolvenzverwalters nach Einstellung des Insolvenzverfahrens s BFH/NV 1995, 858, 859; 2003, 1006 u allg Rz 154 ff.

– Klagebefugter
Im Falle des § 48 I Nr 1 (s § 48 Rz 11 ff, 15) sind ausgeschiedene Gesellschafter oder Gemeinschafter (§ 48 I Nr 3) und persönlich betroffene Gesellschafter oder Gemeinschafter (§ 48 I Nr 4, 5) notwendig beizuladen. Ist die Klage durch einen von **mehreren vertretungsberechtigten Geschäftsführern** erhoben worden, so sind die anderen Geschäftsführer nicht beizuladen (BFHE 109, 373 = BStBl II 1973, 676). – S auch Rz 65 „Mehrfache Klagebefugnis"; „Mitberechtigter"; „Nichtbetroffensein".

– Liquidation
Die Liquidation einer Gesellschaft oder (Bruchteils-)Gemeinschaft **ändert grundsätzlich nichts an** der durch § 48 I Nr 1 begründeten **Klagebefugnis** (§ 48 Rz 25; *Brandis* in T/K § 60 Rz 40). – Ist die Klage für die Gesellschaft/Gemeinschaft (§ 48 I Nr 1; zu deren Klagebefugnis s BFHE 209, 353 = BStBl II 2005, 598; § 48 Rz 11 ff, 15) – ggf durch die nach § 48 I Nr 1 klagebefugten Liquidatoren – erhoben worden, so sind die nach §§ 48 I Nr 3–5, 40 II klagebefugten Gesellschafter oder Gemeinschafter beizuladen. – Klagen Gesellschafter oder Gemeinschafter, so ist die nach § 48 I Nr 1 klagebefugte Gesellschaft/Gemeinschaft (s o), ggf vertreten durch die Liquidatoren, beizuladen (s auch Rz 34 aE u vgl BFHE 135, 386 = BStBl II 1982, 506; BFHE 159, 15 = BStBl II 1990, 333; BFH/NV 1986, 404 – jeweils zur gewerblich tätigen Personengesellschaft nach altem Recht). **Ausnahmsweise kann** – wie in den Fällen der Vollbeendigung (Rz 65 „Vollbeendigung") – **von der Beiladung abgesehen werden**, wenn über den Fortbestand der Gesellschaft/Gemeinschaft Ungewissheit besteht und wenn sie nach den äußeren Umständen (tatsächliche Einstellung des Betriebs, völlige Vermögenslosigkeit) **faktisch beendet** ist (vgl zur gewerblich tätigen Personengesellschaft nach altem Recht zB BFHE 132, 9 = BStBl II 1981, 186; BFHE 157, 181 = BStBl II 1989, 1018; BFHE 159, 15 = BStBl II 1990, 333; BFH/NV 1986, 404, 405; 1989, 304, 305; 1995, 84; 318). Dabei ist der Tag der Löschung der Gesellschaft im Handelsregister als gewichtiges Indiz für die „faktische Been-

digung" der Gesellschaft anzusehen (vgl FG Bln EFG 1990, 642; s auch Rz 65 „Vollbeendigung").

– Mehrfache Klagebefugnis
Ist der nicht eindeutig für die Gesellschaft/Gemeinschaft klagende **Geschäftsführer** oder Klagebevollmächtigte (§ 48 I Nr 1) **persönlich klagebefugt** (§ 48 I Nr 3–5), muss das FG notfalls durch Rückfrage klären, ob er nur persönlich oder auch in seiner Eigenschaft als Geschäftsführer oder Klagebevollmächtigter für die Gesellschaft/Gemeinschaft Klage erhoben hat; ggf muss er beigeladen werden (vgl BFHE 131, 1 = BStBl II 1980, 586; BFH/NV 1987, 583; 1993, 476; 1996, 52; **aA** BFHE 114, 167 = BStBl II 1975, 209: im Allgemeinen ist anzunehmen, dass er zugleich im eigenen Namen Klage erhoben hat). – Entgegen BFHE 131, 1 = BStBl II 1980, 586 ist die **Klärung** dieser Frage **auch im Revisionsverfahren** möglich, weil es um die Auslegung prozessualer Willenserklärungen geht (BGHZ 4, 328, 335; zustimmend *Brandis* in T/K § 60 Rz 37). – Klagen alle persönlich klagebefugten Gesellschafter einer **GbR,** soll im Allgemeinen davon auszugehen sein, dass sie sowohl im Namen der Gesellschaft als auch im eigenen Namen klagen (BFHE 190, 11 = BStBl II 2000, 85).

Wird die Klage bei einer **GmbH & Co KG** durch den **Geschäftsführer** der Komplementär-GmbH erhoben, der **gleichzeitig** als **Kommanditist** klagebefugt ist, so ist die Klage als für die Gesellschaft erhoben anzusehen, wenn der Klageschrift auch durch Auslegung nicht entnommen werden kann, dass der Geschäftsführer zugleich im eigenen Namen klagt. Eine Aufklärung durch das FG ist nicht erforderlich (BFH/NV 1991, 219).

Für „mittelbare" Gesellschafter-Geschäftsführer soll das nicht gelten (BFHE 154, 201 = BStBl II 1988, 1008).

– Mitberechtigte
Ist ein Mitberechtigter iS des § 48 I Nr 2 u 3 **nicht klagebefugt,** so scheidet seine einfache Beiladung aus. Denn wären seine Interessen berührt, müsste er nach § 60 III notwendig beigeladen werden (BFHE 161, 429 = BStBl II 1990, 1072, 1073; BFHE 179, 216 = BStBl II 1996, 297; vgl auch BFH/NV 1994, 482; offen BFHE 123, 17 = BStBl II 1977, 770; ausführlich dazu Rz 10).

– Miterben s Rz 65 „Rechtsnachfolge"; 74; 104.

– Mitunternehmerschaft
s Rz 65 „Gesellschaftszugehörigkeit", „Verteilung der Einkünfte".

– Nachtragsliquidation, Prozesspflegschaft
Zur Bestellung eines Nachtragsliquidators oder Prozesspflegers im Falle der **Beiladung einer im Handelsregister gelöschten GmbH** s BFHE 130, 477 = BStBl II 1980, 587; BFH/NV 1994, 798, 799 mwN; BGHZ 105, 259).

– Negativer Feststellungsbescheid
Richtet sich die Klage gegen einen negativen Feststellungsbescheid, sind **alle** an der angeblichen Gesellschaft/Gemeinschaft **Beteiligten,** die nicht selbst Klage erhoben haben, und – im Falle eines partiell negativen Feststellungsbescheides – auch die gem § 48 I Nr 1 klagebefugte Gesellschaft/Gemeinschaft (dazu BFHE 209, 353 = BStBl II 2005, 598; § 48 Rz 11 ff,

15; s auch hier Rz 34 aE) **beizuladen**. – S auch Rz 65 „Gesellschaftszu-gehörigkeit".

– Negatives Kapitalkonto, Auflösung
    Wendet sich ein Kommanditist **nach Auflösung und Vollbeendi-gung** der KG (Rz 65 „Vollbeendigung"; „Liquidation") gegen die **Höhe** des durch den Wegfall seines negativen Kapitalkontos entstandenen **Ver-äußerungsgewinns**, so ist der (frühere) persönlich haftende Gesellschafter – weil ihm in Höhe des beim Kommanditisten zu erfassenden Gewinns ein Verlustanteil zuzurechnen ist (zB GrS BFHE 132, 244 = BStBl II 1981, 164; BFHE 167, 331 = BStBl II 1992, 650; BFHE 168, 30 = BStBl II 1992, 881) – vom Ausgang des Verfahrens betroffen (§§ 48 I Nr 4, 5, 40 II) und notwendig beizuladen (BFH/NV 1993, 315; 1994, 183). Bei-zuladen ist ggf auch die Komplementär-GmbH, es sei denn, sie existiert nicht mehr (Rz 65 „Nichtbetroffensein"). Die übrigen (ehemaligen) Ge-sellschafter sind trotz grundsätzlicher Klagebefugnis (§ 48 I Nr 3) nicht bei-zuladen, weil der Ausgang des Verfahrens ihre Rechtsposition regelmäßig nicht berührt (Rz 65 „Nichtbetroffensein"; vgl auch BFH/NV 1995, 1078, 1079).
    Klagt ein aus einer **aktiv tätigen Gesellschaft** ausgeschiedener Kom-manditist, dessen Kapitalkonto negativ ist, gegen die Höhe des ihm zuge-rechneten Veräußerungsgewinns, sind die Gesellschaft und die Gesell-schafter beizuladen, die den Anteil übernommen haben (s BFH/NV 2003, 916; vgl Rz 65 „Veräußerungsgewinn"). – Im Übrigen s Rz 65 „Ver-rechenbarer Verlust".

– Nichtbetroffensein
    Die nach **§ 48 I Nr 1** klagebefugte Gesellschaft/Gemeinschaft (s dazu BFHE 209, 353 = BStBl II 2005, 598; § 48 Rz 11 ff, 15) ist im Falle der Klage eines – ggf auch ehemaligen – Gesellschafters/Gemeinschafters **stets** notwendig **beizuladen** (vgl auch Rz 34 aE u BFHE 167, 5 = BStBl II 1992, 559), solange die Gesellschaft/Gemeinschaft noch nicht vollbeendet ist (Rz 65 „Vollbeendigung") oder als vollbeendet zu behandeln ist (Rz 65 „Liquidation"). Demgegenüber sind **die nach § 48 I Nr 2–5 klagebe-fugten Personen nicht** notwendig beizuladen, **wenn** sie vom Ausgang des Verfahrens **unter keinem** denkbaren **Gesichtspunkt** steuerrechtlich **betroffen** sind (BFH/NV 1991, 692; 1995, 318, 319; 1997, 639; 1999, 1483, 1484; 2002, 1609; BFHE 201, 6 = BStBl II 2003, 335 zum ausge-schiedenen Gesellschafter).
    Das ist zB bei einer inzwischen aufgelösten und im Handelsregister ge-löschten Komplementär-GmbH der Fall, wenn Streit über die Verteilung des Gesamtverlustes einer GmbH & Co KG oder über die Auflösung des negativen Kapitalkontos des Kommanditisten einer GmbH & Co KG be-steht und die erstmalige Zurechnung oder Erhöhung des Verlustanteils sich bei der Komplementär-GmbH nicht mehr auswirken kann, weil sie nicht mehr existiert (BFHE 135, 271 = BStBl II 1982, 474; BFH/NV 1986, 404, 405), oder weil sich bis zur Vollbeendigung der GmbH & Co KG keine steuerlichen Auswirkungen ergeben (BFH/NV 1987, 312, 313). – Zur Notwendigkeit der **Beiladung einer** im Handelsregister **gelöschten GmbH** bei Streit um die Verteilung positiver Gewinne der KG s BFH/NV 1994, 798; Rz 65 „Nachtragsliquidation".

Eine **weder vermögens- noch gewinnmäßig an der GmbH & Co KG beteiligte Komplementär-GmbH** braucht nach Vollbeendigung der Gesellschaft (Rz 65 „Liquidation"; „Vollbeendigung") zur Klage eines ehemaligen Gesellschafters gleichfalls nicht notwendig beigeladen zu werden, weil sie vom Ausgang des Verfahrens unter keinem denkbaren Gesichtspunkt steuerrechtlich betroffen ist (BFHE 160, 140 = BStBl II 1990, 558, 559 betr Streit über Sondervergütung iS des § 15 I Nr 2 EStG; BFHE 160, 558 = BStBl II 1990, 780; BFH/NV 1995, 84 betr Streit über Aufgabe- oder Veräußerungsgewinne).

Ebenso ist es in anderen Fällen der Vollbeendigung der Gesellschaft oder Gemeinschaft und in den Fällen, in denen ein Gesellschafter oder Gemeinschafter aus der Gesellschaft oder Gemeinschaft ausgeschieden ist, wenn der Streit lediglich andere **Sonderbetriebseinnahmen oder -ausgaben** (BFH/NV 1999, 1483, 1484), den nach **§ 15 a EStG** festzustellenden Verlustanteil (BFHE 157, 181 = BStBl II 1989, 1018; Rz 65 „Verrechenbarer Verlust") oder **Sonderwerbungskosten** des Klägers betrifft, wenn die **Zurechnung** des Gewinnanteils **zwischen Dritten** streitig ist (BFHE 163, 517 = BStBl II 1991, 809), wenn lediglich streitig ist, unter welche **Einkunftsart** die von einer GbR erzielten Einkünfte fallen (BFH/NV 2002, 1609: auch keine einfache Beiladung der Gesellschafter) oder ob der vom Veräußerer eines Gesellschaftsanteils erzielte Gewinn als laufender oder tarifbegünstigter Gewinn zu qualifizieren ist (BFH/NV 2001, 548), oder wenn es um Fragen geht, die ausschließlich andere Gesellschafter/Gemeinschafter **persönlich** betreffen (vgl BFHE 113, 428 = BStBl II 1975, 236; BFH/NV 1987, 584).

Nach Vollbeendigung der KG ist die Beiladung der Gesellschaft (zu ihrer Klagebefugnis nach § 48 I Nr 1 s BFHE 209, 353 = BStBl II 2005, 598; § 48 Rz 11 ff, 15) oder der ehemaligen Gesellschafter zum Klageverfahren des (ehemaligen) atypisch stillen Gesellschafters auch dann **nicht notwendig, wenn** die Klage auf Feststellung höherer Verlustanteile der atypisch stillen Gesellschaft und des Klägers gerichtet ist, die Anteile der KG an der atypisch stillen Gesellschaft auf 0 DM festgesetzt waren und wenn hinsichtlich der Gewinn- und Verlustverteilung **Teilbestandskraft** (§ 47 Rz 4; BFHE 152, 414 = BStBl II 1988, 544; BFHE 159, 4 = BStBl II 1990, 327) eingetreten ist, weil der Feststellungsbescheid insoweit nicht angefochten ist (BFH/NV 1988, 101, 102).

S auch Rz 65 „Negatives Kapitalkonto", „Rechtsnachfolge" aE. – Zur **Abgrenzung** s BFH/NV 1989, 707; 1991, 330, 331; 629: 1993, 185; 1994, 114.

– Nichtgesellschafter

Die **Witwe eines Kommanditisten,** die nicht selbst Gesellschafterin der KG ist, muss zum Klageverfahren der KG notwendig beigeladen werden, wenn der Rechtsstreit auch die Frage betrifft, ob der Witwe die **Pensionsleistungen** gem § 15 I Nr 2 zugerechnet werden durften (BFH/NV 1995, 212). – S auch Rz 68.

– Rechtsnachfolge

Gesamtrechtsnachfolger sind an Stelle des Rechtsvorgängers beizuladen, wenn die Voraussetzungen der notwendigen Beiladung in der Person des Rechtsvorgängers erfüllt waren (BFH/NV 2003, 927; 2005, 1360: notwendige Beiladung einer zu mindestens 5 vH am Nennkapital einer Kapitalgesellschaft beteiligten ungeteilten Erbengemeinschaft, wenn die Kapitalgesellschaft gegen den Bescheid über die Feststellung des gemeinen Werts ihrer Anteile klagt; *Brandis* in T/K § 60 Rz 43). Das gilt auch dann, wenn nicht eine natürliche Person, sondern eine Gesellschaft beteiligt war, die in eine andere Rechtsform umgewandelt worden ist (BFH/NV 2003, 916). – Beizuladen sind auch die **Erben** eines Gesellschafters oder Gemeinschafters, wenn der klagebefugte Erblasser weder Klage erhoben hatte noch beigeladen worden war (BFH/NV 1999, 1270, 1271); sind die Erben unbekannt, ist ein **Prozesspfleger** zu bestellen.

Wird die **Gesellschaft** oder Gemeinschaft **ohne** die **Erben** oder nur mit einem oder mehreren Erben **fortgesetzt,** so sind die nicht in die Gesellschaft oder Gemeinschaft aufgenommenen **Miterben** – wie ausgeschiedene Gesellschafter (Rz 65 „Ausgeschiedener Gesellschafter/Gemeinschafter") – notwendig beizuladen, wenn der Streit über die Feststellung der Einkünfte den Zeitraum bis zum Erbfall betrifft (BFHE 110, 1 = BStBl II 1973, 746; BFH/NV 1985, 89; 1986, 474; 1989, 502; s auch BFH/NV 2005, 1360: Bei Verfahren betr die Feststellung des gemeinen Werts von Anteilen an Kapitalgesellschaften ist ein zu weniger als 5 vH über eine Erbengemeinschaft an der Kapitalgesellschaft beteiligter Miterbe auch dann notwendig beizuladen, er nach dem Bewertungsstichtag aus der Erbengemeinschaft ausgeschieden ist). Die Beiladung der übrigen („ausgeschiedenen") Miterben ist aber **nicht** erforderlich, wenn sie vom Ausgang des Verfahrens unter keinem denkbaren Gesichtspunkt steuerrechtlich **betroffen** sind (Rz 65 „Nachtragsliquidation"). Das ist zB der Fall, wenn bei unstreitiger Mitunternehmerschaft lediglich die Höhe der zu berücksichtigenden Sonderbetriebsausgaben streitig ist. In diesem Fall kann sich zwar die Höhe der (Gesamt-)Einkünfte verändern, nicht aber der Anteil der („ausgeschiedenen") Erben an den Einkünften (BFHE 152, 414 = BStBl II 1988, 544). – Klagt der Rechtsnachfolger in den Fällen des **§ 353 AO** (iVm § 184 I AO), ist der Rechtsvorgänger, klagt der Rechtsvorgänger, ist der Rechtsnachfolger notwendig beizuladen, wenn Einzelrechtsnachfolge vorliegt. Die Entscheidung muss einheitlich ergehen (RFH RStBl 1938, 529; *Brandis* in T/K § 60 Rz 79 mwN; **aA** BFHE 200, 397 = BStBl II 2003, 228: keine notwendige Beiladung eines Grundstückserwerbers zum von dem Rechtsvorgänger geführten Klageverfahren gegen den Einheitswertbescheid, wenn der Erwerb erst nach Klageerhebung erfolgt ist; s auch *Tipke* in T/K § 353 AO Rz 9: einfache Beiladung). – S auch Rz 65 „Vollbeendigung"; 113.

– Reinvestitionsrücklage

Klagt die Gesellschaft/Gemeinschaft nach § 48 I Nr 1 (zur Klagebefugnis s BFHE 209, 353 = BStBl II 2005, 598; § 48 Rz 11 ff, 15) gegen die Nichtanerkennung der in den Sonderbilanzen der Gesellschafter der KG gebildeten steuerfreien Reinvestitionsrücklage (§ 6 b EStG), ist der Gesellschafter klagebefugt (§ 48 I Nr 5) und notwendig beizuladen, dessen Rücklage gewinnerhöhend aufgelöst worden ist (BFH/NV 1995, 214, 215).

– Schein-KG

Für die Beiladung bei einer ausschließlich Einkünfte aus Vermietung und Verpachtung erzielenden KG gelten die allg Regeln. Zu dem von ihr

schafter oder Gemeinschafter Klage und ist die **Klage eines Mitberechtigten unzulässig,** muss er (nach Abweisung seiner Klage) zu dem Feststellungsverfahren beigeladen werden. Seine Klagebefugnis wird durch die Unzulässigkeit seiner Klage nicht ausgeschlossen (BFHE 147, 120 = BStBl II 1986, 820, 821; BFHE 161, 404 = BStBl II 1990, 1068; BFH/NV 1999, 1468; s auch § 59 Rz 9).

– Veräußerungsgewinn

Ist bei einer Personengesellschaft mit Einkünften aus Land- und Forstwirtschaft, Gewerbebetrieb oder selbstständiger Arbeit die Höhe des Veräußerungsgewinns streitig, den ein aus der Gesellschaft ausgeschiedener Gesellschafter erzielt hat, sind im Falle einer **Klage des ausgeschiedenen Gesellschafters** (§ 48 I Nr 3 oder § 48 I Nr 5 – Rz 65 „Ausgeschiedene Gesellschafter/Gemeinschafter") die nach § 48 I Nr 1 klagebefugte Gesellschaft (dazu BFHE 209, 353 = BStBl II 2005, 598; § 48 Rz 11 ff, 15) stets beizuladen, solange die Gesellschaft noch nicht vollbeendet (Rz 65 „Vollbeendigung") oder faktisch beendet (Rz 65 „Nichtbetroffensein"; „Liquidation") ist (BFH/NV 1999, 1468, 1469; s auch Rz 34 aE). Dies gilt auch dann, wenn gleichzeitig mit dem Ausscheiden des klagenden Gesellschafters ein vollständiger Gesellschafterwechsel stattgefunden hat (BFH/NV 1999, 1468, 1469). – Im Falle einer **Klage nach § 48 I Nr 1** ist der ausgeschiedene Gesellschafter notwendig beizuladen (§ 48 I Nr 3); die **Beiladung des Erwerbers** (neuen Gesellschafters) ist mangels Zwangs zur Einheitlichkeit **nicht notwendig** (vgl BFHE 130, 1 = BStBl II 1980, 314; FG Hbg EFG 1992, 81; s aber auch BFHE 185, 422 = BStBl II 1998, 383; BFH/NV 1990, 31; 1999, 1232). – Zur Beiladung bei Streit über Veräußerungsgewinne, die durch die Auflösung des negativen Kapitalkontos eines Kommanditisten entstehen, s Rz 65 „Negatives Kapitalkonto"). – Ist lediglich der **Anteil** des ausgeschiedenen Gesellschafters oder des Erwerbers **am Veräußerungsgewinn** streitig, ist bei einer Klage des Veräußerers lediglich der Erwerber und im Falle der Klage des Erwerbers lediglich der Veräußerer beizuladen. Die nach § 48 I Nr 1 klagebefugte Gesellschaft (s o) ist nicht notwendig beizuladen, weil sie insoweit nicht betroffen ist (vgl zu allem BFHE 121, 129 = BStBl II 1977, 309; BFHE 131, 1 = BStBl II 1980, 586; BFH/NV 1989, 281, 282; 304, 305; 1990, 31, 32; 782). Die Beiladung des Erwerbers eines Gesellschaftsanteils ist auch nicht notwendig, wenn lediglich streitig ist, ob der vom Veräußerer erzielte Gewinn als laufender oder tarifbegünstigter Gewinn zu qualifizieren ist (BFH/NV 2001, 548). – S auch Rz 65 „Nichtbetroffensein".

– Verdeckte Gewinnausschüttung

Ist bei einer GmbH & Co KG ein Gesellschafter an der Komplementär-GmbH beteiligt und ist streitig, ob eine verdeckte Gewinnausschüttung an den Gesellschafter vorliegt, muss der Gesellschafter im Falle einer Klage nach § 48 I Nr 1 beigeladen werden (BFH/NV 1988, 761, 762).

Klagt der Gesellschafter, sind die Komplementär-GmbH und die nach § 48 I Nr 1 klagebefugte Gesellschaft (BFHE 209, 353 = BStBl II 2005, 598; § 48 Rz 11 ff, 15) beizuladen, weil eine verdeckte Gewinnausschüttung die Höhe des Gesamtgewinns beeinflusst (s auch Rz 34 aE).

– Verdeckte Einlage

Ist streitig, ob ein Ehegatte zugunsten des anderen Ehegatten gegenüber einer Kapitalgesellschaft auf Arbeitslohn verzichtet hat und ob deshalb eine verdeckte Einlage vorliegt, so ist der verzichtende Ehegatte nicht notwendig zum Verfahren beizuladen (BFH/NV 2003, 1433).

– Verdeckte Entnahme

Im Falle einer verdeckten Entnahme aus einer Personengesellschaft ist der betroffene Gesellschafter notwendig zum Verfahren beizuladen (BFH/NV 2004, 46).

– Verrechenbarer Verlust (§ 15 a EStG)

Wird die gesonderte Feststellung des verrechenbaren Verlustes des Kommanditisten (§ 15 a IV iVm II, III 4 EStG) mit der Gewinnfeststellung der KG verbunden (§ 15 a IV 5, 6 EStG) und klagt der Kommanditist gegen die Feststellung des verrechenbaren Verlustes (§ 48 I Nr 4, 5), so ist die nach § 48 I Nr 1 klagebefugte Gesellschaft (BFHE 209, 353 = BStBl II 2005, 598; § 48 Rz 11 ff, 15) beizuladen (BFHE 150, 514 = BStBl II 1988, 5; BFH/NV 1990, 638; 1991, 781, 782; 1996, 767; 1997, 795; 874; 1998, 1358; 1363; dazu auch Rz 34 aE). Beizuladen sind außerdem alle anderen betroffenen Gesellschafter (BFH/NV 1998, 1358). – Die Beiladung der nach § 48 I Nr 1 klagebefugten Gesellschaft (s o) ist aber nicht notwendig, wenn die verrechenbaren Verluste (Werbungskosten-Überschüsse) für jeden Gesellschafter unabhängig von der gesonderten und einheitlichen Feststellung der Einkünfte festgestellt worden sind (BFHE 181, 462 = BStBl II 1997, 250). – Andererseits ist jeder iS des § 48 I Nr 4, 5 betroffene Gesellschafter beizuladen, wenn die KG selbst (s o) wegen der Feststellung des verrechenbaren Verlustes eines Kommanditisten (§ 15 a IV EStG) klagt (BFH/NV 1997, 795; 875; 1998, 1363; 2001, 10, 11; s aber auch BFHE 181, 462 = BStBl II 1997, 250). – Zur Beiladung des Gesellschafters bei Klage der Personengesellschaft s BFH/NV 2001, 1133 f. – Wird geltend gemacht, der für die Vorjahre festgestellte verrechenbare Verlust sei aufgrund eines identitätswahrenden Rechtsformwechsels der KG in eine OHG als ausgleichsfähiger Verlust zu qualifizieren, so ist die OHG selbst dann notwendig zum Verfahren beizuladen, wenn am Vermögen nur der bisherige Kommanditist beteiligt ist (BFH/NV 2003, 916).

– Verteilung der Einkünfte

Bei Streit über die Verteilung der Einkünfte ist bei Klage der gem § 48 I Nr 1 klagebefugten Gesellschaft/Gemeinschaft (BFHE 209, 353 = BStBl II 2005, 598; § 48 Rz 11 ff, 15) jeder Gesellschafter oder Gemeinschafter notwendig beizuladen, dessen Anteil an den Einkünften sich bei Erfolg der Klage ändern würde (§ 48 I Nr 4). Nicht beizuladen sind folglich die Gesellschafter/Gemeinschafter, deren Anteile an den Einkünften unstreitig nicht betroffen sind (BFHE 149, 523 = BStBl II 1987, 601). – Entsprechendes gilt bei Klage eines (betroffenen) Gesellschafters/Gemeinschafters: Beizuladen sind neben der nach § 48 I Nr 1 klagebefugten Gesellschaft (s dazu auch Rz 34 aE; zur Vollbeendigung s Rz 65 „Vollbeendigung") die anderen nach § 48 I Nr 4 klagebefugten Gesellschafter/Gemeinschafter (zB BFH/NV 1993, 476), und zwar auch dann, wenn die Klage eines der Gesellschafter/Gemeinschafter als unzulässig abgewiesen worden ist (BFH/NV 1999, 1468).

– Vollbeendigung

Tritt Vollbeendigung einer Gesellschaft/Gemeinschaft ein, **entfällt** einerseits ihre **Beteiligtenfähigkeit** (BFHE 162, 99 = BStBl II 1991, 401, 402; BFHE 179, 239 = BStBl II 1996, 426; BFH/NV 1994, 159, 161; 2002, 796), andererseits ist von diesem Zeitpunkt an eine Vertretung der Beteiligten im Wege der **Prozessstandschaft** (§ 48 Rz 12) **nach § 48 I Nr 1 ausgeschlossen** (vgl BFH/NV 1994, 159, 161; *Ruban* in FS Döllerer, 535 f; vgl auch *Brandis* in T/K § 48 Rz 15; § 183 AO Rz 23).

Sofortige Vollbeendigung tritt mangels Notwendigkeit einer Liquidation zB ein

– mit der Umwandlung einer gewerblich tätigen Personengesellschaft in eine GmbH (BFHE 146, 32 = BStBl II 1986, 520; BFHE 153, 208 = II 1998, 681; BFHE 155, 250 = BStBl II 1989, 326);

– mit dem Ausscheiden der Gesellschafter aus einer Personengesellschaft bis auf einen Gesellschafter (BFHE 179, 239 = BStBl II 1996, 426 betr Ausscheiden sämtlicher Kommanditisten);

– mit der Auflösung einer GbR (BFH/NV 1999, 471, 472) oder einer typisch oder atypisch stillen Gesellschaft (BFHE 141, 498 = BStBl II 1984, 820) und der Auflösung einer typischen oder atypischen Unterbeteiligung, wenn eine Abwicklung nicht erforderlich ist; s auch Rz 65 „Insolvenz";

– mit der Beendigung der Einkunftserzielung durch eine Bruchteilsgemeinschaft.

In den Fällen, in denen im Zeitpunkt der Einstellung der Tätigkeit **gemeinschaftliches Aktiv- oder Passivvermögen vorhanden** ist, tritt die **Vollbeendigung** grundsätzlich erst mit **Abwicklung** der Liquidation ein (BFHE 125, 116 = BStBl II 1978, 503; BFHE 146, 549 = BStBl II 1986, 672; BFHE 159, 15 = BStBl II 1990, 333; BFH/NV 1987, 312; 1988, 102; 1992, 324; 1993, 457). Hat die Gesellschaft durch ihre geschäftliche Betätigung jedoch ihr **Aktivvermögen** bereits **verloren** und sind Nachschüsse der Gesellschafter zur Begleichung der Schulden im Rahmen der Abwicklung nicht mehr zu erlangen, ist die Gesellschaft bereits in diesem Zeitpunkt vollbeendet (BFHE 173, 204 = BStBl II 1994, 403, 404; BFH/NV 1993, 457; 1994, 159, 161; 1997, 639). – Die **Löschung im Handelsregister** ist lediglich ein **Indiz** für die Vollbeendigung (BFHE 159, 15 = BStBl II 1990, 333; BFH/NV 1991, 692; 1993, 457; 1995, 84; s auch Rz 65 „Liquidation"). – Die Rspr, wonach eine Personengesellschaft bis zur Abwicklung aller gemeinsamen Rechtsbeziehungen als existent zu behandeln ist (s zB BFHE 169, 294 = BStBl II 1993, 82 u *von Groll* § 48 Rz 24), ist unanwendbar (BFH/NV 1993, 674).

Die Vollbeendigung einer Gesellschaft/Gemeinschaft hat folgende **Konsequenzen für die Beiladung:**

Klagebefugt (§§ 48 I Nr 3, 40 II) sind die ehemaligen Gesellschafter oder Gemeinschafter (BFHE 146, 549 = BStBl II 1986, 672; BFH/NV 1992, 324, 325; 1993, 457; 674, 675; 1995, 318; 1997, 331; 639; 1999, 291; 2002, 796), **nicht** die GmbH als **Rechtsnachfolgerin** der Personengesellschaft im Falle der liquidationslosen Umwandlung (BFHE 146, 32 = BStBl II 1986,

520; vgl auch FG BaWü EFG 2002, 1309) und nicht der verbleibende Gesellschafter im Falle des Ausscheidens aller anderen Gesellschafter aus der Personengesellschaft (BFHE 179, 239 = BStBl II 1996, 426).

Die **Beiladung der nach § 48 I Nr 1 klagebefugten Gesellschaft/ Gemeinschaft** (BFHE 209, 353 = BStBl II 2005, 598; § 48 Rz 11 ff, 15) zum Klageverfahren eines Gesellschafters/Gemeinschafters **ist** mangels Beteiligtenfähigkeit und Klagebefugnis **ausgeschlossen** (vgl BFHE 108, 111 = BStBl II 1973, 219; BFHE 159, 15 = BStBl II 1990, 333; BFHE 160, 140 = BStBl II 1990, 558; BFH/NV 1993, 674; 1994, 159, 161; 1995, 318). Auch der Klagebevollmächtigte (Empfangsbevollmächtigte) kann nach Vollbeendigung der Gesellschaft/Gemeinschaft nicht mehr für sie tätig werden, weil ein intaktes Gesellschafts- oder Gemeinschaftsverhältnis (*Brandis* in T/K § 183 AO Rz 23) dann nicht mehr besteht. Auf die Kenntnis des Gerichts von der Vollbeendigung kommt es nicht an, weil eine dem § 183 II 1 AO entsprechende Regelung in § 48 I Nr 1, II fehlt. − **Beizuladen sind** deshalb **alle ehemaligen Gesellschafter oder Gemeinschafter**, die nicht selbst Klage erhoben haben (vgl BFHE 160, 140 = BStBl II 1990, 558; BFH/NV 1993, 457; 674; 1995, 318; 2002, 796; 2005, 162; FG BaWü EFG 2002, 1309).

Klagen die nach § 48 I Nr 1 für die Gesellschaft/Gemeinschaft **Klagebefugten nach Vollbeendigung der Gesellschaft/Gemeinschaft** (§ 48 I Nr 1, II), ist die Klage mangels Beteiligtenfähigkeit und Klagebefugnis grundsätzlich unzulässig (BFHE 159, 15 = BStBl II 1990, 333). Die Klage kann jedoch − selbst bei unzutreffender Bezeichnung in der Klageschrift − im Wege der **Auslegung** als Klage der nunmehr klagebefugten (ehemaligen) Gesellschafter/Gemeinschafter auszulegen sein (vgl BFHE 140, 22 = BStBl II 1984, 318; BFH/NV 1992, 797; s aber auch BFHE 159, 15 = BStBl II 1990, 333; BFH/NV 1992, 324; FG Mchn EFG 1994, 760).

Tritt die **Vollbeendigung** der Gesellschaft/Gemeinschaft **nach Klageerhebung** ein, wird das Verfahren im Falle der Vertretung durch einen Prozessbevollmächtigten mit den ehemaligen Gesellschaftern/Gemeinschaftern fortgesetzt (vgl § 74 Rz 42 ff); andernfalls wird es analog § 239 ZPO unterbrochen. Die nunmehr gem § 48 I Nr 2 klagebefugten Gesellschafter/Gemeinschafter können das Verfahren fortsetzen (vgl BFHE 155, 322 = BStBl II 1989, 359; BFHE 162, 99 = BStBl II 1991, 401, 402; BFHE 179, 239 = BStBl II 1996, 426; *Ruban* in FS Döllerer, 336; s auch BFHE 141, 498 = BStBl II 1984, 820 zur atypisch stillen Gesellschaft; abweichend *von Groll* § 48 Rz 24: Fortsetzung ohne Unterbrechung; **aA** BFHE 139, 1 = BStBl II 1984, 15). Die Beiladung der Gesellschafter/ Gemeinschafter erübrigt sich dann.

Im Übrigen ist die Beiladung eines ehemaligen Gesellschafters/Gemeinschafters nicht notwendig, wenn er vom Ausgang des Rechtsstreits **nicht betroffen** ist (FG BaWü EFG 2002, 1309; Rz 65 „Nachtragsliquidation").

68   **Einheitliche und gesonderte Feststellung von Einheitswerten (§ 180 I Nr 1 AO iVm § 19 BewG) und des Wertes der vermögensteuerpflichtigen Wirtschaftsgüter usw (§ 180 I Nr 3 AO iVm §§ 114−117a, 118 BewG)**

Für die Beiladung der Mitberechtigten gelten die für die Beiladung bei der einheitlichen und gesonderten Feststellung von Einkünften geltenden Regeln sinngemäß (Rz 65).

– Einzelheiten:

Klagt der Grundstückseigentümer gegen die **(Art-)Feststellung,** dass das Grundstück als Betriebsgrundstück zum Betrieb seiner Ehefrau gehört **(§ 19 III Nr 1 b BewG),** so ist die Ehefrau des Klägers notwendig beizuladen. Die Entscheidung über die Rechtmäßigkeit der Artfeststellung kann gegenüber dem Kläger und seiner Ehefrau nur einheitlich getroffen werden, weil die Artfeststellung Grundlagenbescheid für den Bescheid über den Einheitswert des Betriebsvermögens der Ehefrau ist (BFH/NV 1994, 772). – Rechnet das FA ein Grundstück sowohl dem Eigentümer als auch einem Dritten zu (sog **Doppelbewertung),** so ist der Dritte zum Klageverfahren des Eigentümers nicht notwendig beizuladen (FG BaWü EFG 2004, 523). – Zur notwendigen Beiladung bei **Zurechnungsfortschreibung** s BFH/NV 2004, 528.

Bei Streit über die **Aufteilung des Einheitswerts des Betriebsvermögens** auf die einzelnen Gesellschafter und bei Streit über die **Höhe des Einheitswerts** sind im Falle der **Klage der Gesellschaft** alle übrigen Gesellschafter beizuladen. Sie sind vom Ausgang des Verfahrens wegen der Auswirkung auf die Höhe ihres Anteils am Einheitswert betroffen (§ 40 II) und nach § 48 I Nr 4 (ggf auch Nr 5) klagebefugt (BFH/NV 1994, 385 und 493 betr Aufteilung des Einheitswerts; BFH/NV 1994, 223 betr Höhe des Einheitswerts). – Geht der Streit darum, ob **Sonderbetriebsschulden** eines Gesellschafters bei der Feststellung des Einheitswerts des Betriebsvermögens zu berücksichtigen sind, so ist dieser Gesellschafter klagebefugt (§ 48 I Nr 5) und notwendig beizuladen (BFH/NV 2000, 446, 447). – Im Falle der **Klage eines oder mehrerer Gesellschafter** sind sowohl die Gesellschafter, die keine Klage erhoben haben, als auch die Gesellschaft (§ 48 I Nr 1; BFHE 209, 353 = BStBl II 2005, 598; § 48 Rz 11 ff, 15) notwendig beizuladen (dazu auch Rz 34 aE). Die Gesellschaft ist jedoch nicht beizuladen, wenn geltend gemacht wird, die festgestellte Kapitalforderung sei in Wahrheit eine Beteiligung an einer Personengesellschaft (BFH/NV 1997, 498). – Geht der Streit darum, ob **Pensionsverpflichtungen** gegenüber der (nicht an der Gesellschaft beteiligten) Witwe eines verstorbenen Gesellschafters (Geschäftsführers) bei der Einheitsbewertung des Betriebsvermögens als **Betriebsschuld** abzuziehen sind, kommt eine notwendige Beiladung der Witwe nicht in Betracht. Der Ausgang des Verfahrens berührt ausschließlich die Gesellschaft (BFH/NV 1995, 613; zur Beiladung bei der Feststellung von Einkünften s Rz 65 „Nichtgesellschafter").

Zur Beiladung eines **ausgeschiedenen Gesellschafters** s BFH/NV 1995, 613; 1996, 146 und Rz 65 „Ausgeschiedener Gesellschafter/Gemeinschafter".

Im Verfahren der einheitlichen und gesonderten **Feststellung des gemeinen Wertes von GmbH-Anteilen** sind im Falle der Klage eines Gesellschafters der GmbH die GmbH und alle Gesellschafter der GmbH notwendig beizuladen, deren Gesellschaftsanteile wegen gleicher Ausstattung in gleicher Weise durch das Klagebegehren berührt werden (vgl

Stapperfend

BFHE 98, 122 = BStBl II 1970, 304; BFHE 141, 209 = BStBl II 1984, 670; BFH II R 66/91 BFH/NV 1995, 54; 2004, 965); das gilt auch, wenn das Betriebsfinanzamt den anderen Gesellschaftern und der GmbH den angefochtenen Feststellungsbescheid noch nicht bekannt gegeben hat (BFHE 171, 392 = BStBl II 1994, 3; BFH II R 66/91 BFH/NV 1995, 54). – Bei Klage der GmbH sind alle betroffenen Anteilseigner notwendig beizuladen, die am Stichtag (zu mehr als 5%) am Stammkapital beteiligt waren (BFH/NV 1997, 18; zweifelhaft) und zwar auch dann, wenn sie zur Vertretung der klagenden Gesellschaft befugt sind, weil sonst das Urteil nicht gegen sie persönlich wirken würde (BFHE 95, 523; BFHE 101, 28 = BStBl II 1971, 272; BFHE 141, 209 = BStBl II 1984, 670, 671; BFH II R 66/91 BFH/NV 1995, 54; FG Köln EFG 1999, 342). – Zur **Ausnahme** s Rz 65 „Nachtragsliquidation"; vgl auch FG Mchn EFG 1990, 481.

Klagt der **Insolvenzverwalter einer GmbH & Co KG** gegen die Feststellung des **Einheitswerts des Betriebsvermögens,** sind die Liquidatoren beizuladen, weil der Einheitswert einheitlich mit Wirkung für und gegen das insolvenzbefangene und das insolvenzfreie Vermögen festgestellt wird (BFHE 145, 495 = BStBl II 1986, 408, 409; BFHE 175, 309 = BStBl II 1995, 194).

Einspruchsführer

71   Bei Klage des im Einspruchsverfahren Hinzugezogenen (§ 360 AO) ist der Einspruchsführer notwendig beizuladen (FG RhPf EFG 1982, 229). Bei Klage der Einspruchsführer gegen eine Hinzuziehung iS von § 360 AO, ist der Hinzugezogene uU einfach beizuladen (BFH/NV 2002, 1477).

Gesamtschuld

74   Bei Klage eines durch die Finanzbehörde in Anspruch genommenen Gesamtschuldners (§§ 44, 45 AO, 26 b EStG, 13 Nr 1 GrEStG, 2058 BGB) ist der andere Gesamtschuldner grundsätzlich nicht notwendig beizuladen (vgl BFHE 91, 434 = BStBl II 1968, 376 zu § 13 Nr 1 GrEStG; BFHE 173, 207 = BStBl II 1994, 405, 407; BFH/NV 1992, 516; 1998, 701). Eine **einfache Beiladung** des anderen Gemeinschuldners kommt in diesen Fällen aber in Betracht, und zwar unabhängig davon, ob gegen die Gesamtschuldner ein einheitlicher Bescheid (§ 155 II AO) ergangen ist und nur einer der Gesamtschuldner Klage erhebt (zB im Falle der **Zusammenveranlagung von Ehegatten** nach § 26 b EStG – str: s Rz 137, im Falle der Heranziehung des Veräußerers und des Erwerbers zur **GrESt** nach § 13 Nr 1 GrEStG 1983, im Falle der Inanspruchnahme von **Miterben** wegen der Steuerschulden des Erblassers – s § 45 AO u FG Hbg EFG 1991, 695) oder ob nur einer der **Gesamtschuldner durch Einzelsteuerbescheid** in Anspruch genommen worden ist und (nur) er den Steuerbescheid angreift (FG Mchn EFG 1998, 685; *Brandis* in T/K § 60 Rz 62; für den Fall des § 13 Nr 1 GrEStG 1983 s *Boruttau* § 13 Rz 54). Dies gilt jedoch nicht, wenn zB der **GrESt-Bescheid** nicht von dem Adressaten, sondern dem anderen Gesamtschuldner angefochten wird (FG D'dorf EFG 1982, 582).

Gesonderte Feststellung

77   Zur Beiladung in den Fällen, in denen ein Feststellungsbescheid gem § **15 a IV EStG** ergangen ist, s Rz 65 „Verrechenbarer Verlust". – Besteht

Streit über die Frage, ob die Verlustanteile bestimmter Kommanditisten wegen angeblichen Bestehens eines negativen Kapitalkontos zu kürzen sind, so sind die betroffenen Kommanditisten notwendig beizuladen (BFH/NV 1991, 824). – Zur Beiladung in den Fällen des § 18 AStG s Rz 65 „Hinzurechnungsbesteuerung.“

Gewerbesteuer

Steuerschuldner und Adressat des GewSt-Messbescheides ist die Perso- **80** nengesellschaft (§ 5 I 3 GewStG). Der Kommanditist ist deshalb weder klagebefugt noch notwendig beizuladen (BFH/NV 2000, 1104). – Bei einer **atypisch stillen Gesellschaft** ist der tätige Gesellschafter als Inhaber des Handelsgeschäfts (vgl §§ 157 I 2, 184 I 3 AO) Steuerschuldner und Adressat des GewSt-Messbescheides. Klagt der tätige Gesellschafter (zB die GmbH bei einer GmbH & Still), sind deshalb weder die atypisch stille Gesellschaft noch die stillen Gesellschafter beizuladen (vgl BFHE 145, 408 = BStBl II 1986, 311; BFHE 155, 32 = BStBl II 1989, 145; BFH/NV 1999, 355; 2000, 420). – S auch Rz 54 u 65 „Atypisch stille Gesellschaft“.

Zur **GewSt-Zerlegung** s Rz 134.

Grunderwerbsteuer s Rz 74 zur Gesamtschuld.   **81**

Haftung

Haftungsschuldner sind zum Verfahren betr die Rechtmäßigkeit der **83** Steuerfestsetzung **nicht notwendig** beizuladen (BFH/NV 1997, 867; 1998, 48). Werden durch die Inanspruchnahme des Klägers aber die steuerlichen Interessen der Haftungsschuldner berührt (insbesondere bei Haftung nach §§ 69, 71 ff AO), so kommt deren **einfache Beiladung** (§ 60 I) dann in Betracht, wenn sich dadurch ein weiteres finanzgerichtliches Verfahren erübrigt (vgl hierzu zB BFH/NV 1989, 113; 1996, 828; 1998, 345; s auch BFH/NV 1997, 867: Beiladung des **Liquidators** einer GmbH als möglicher Haftungsschuldner zu einem Klageverfahren der GmbH gegen einen Abrechnungsbescheid). Das gilt auch dann, wenn die Haftung nicht auf steuerrechtlichen Normen beruht. – Gehört der Haftungsschuldner allerdings zu den in **§ 166 AO** genannten Personen, so ist die Ablehnung der einfachen Beiladung regelmäßig ermessensgerecht (BFH/NV 1998, 48; 2002, 672; s aber auch BFH/NV 1997, 867, 868). – Führt ein **Arbeitnehmer** gegen das FA einen Rechtsstreit wegen nicht abgeführter LSt, so ist der **Arbeitgeber** nicht notwendig beizuladen (BFH/NV 2004, 1547), sondern allenfalls einfach, weil er als Haftender in Anspruch genommen werden kann. Greift der Arbeitnehmer den an den Arbeitgeber gerichteten LSt-Haftungsbescheid an, ist der Arbeitgeber (als Adressat des Haftungsbescheides) jedoch notwendig beizuladen (BFHE 109, 502 = BStBl II 1973, 780). Umgekehrt ist jedoch der **Arbeitnehmer** nicht notwendig beizuladen, wenn der Arbeitgeber einen Rechtsstreit gegen einen LSt-Haftungsbescheid führt (BFHE 129, 310 = BStBl II 1980, 210; BFH/NV 1989, 113). Es kommt jedoch eine einfache Beiladung in Betracht (BFHE 55, 192 = BStBl III 1951, 73; so wohl auch – beiläufig – BFHE 129, 310 = BStBl II 1980, 210; offengelassen durch BFHE 91, 306 = BStBl II 1968, 324). – Werden **mehrere Haftungsschuldner** durch gesonderte Haftungsbescheide in Anspruch genommen, scheidet im Klageverfahren eine notwendige Beiladung der jeweils anderen

Haftungsschuldner aus (BFH/NV 2004, 795 zugleich auch zum Ausschluss der einfachen Beiladung in diesen Fällen).

Hinzuziehung

84   Im Klageverfahren gegen eine Hinzuziehung nach § 360 III AO ist die einfache Beiladung des Hinzugezogenen ermessensgerecht (BFH/NV 2002, 1477).

Kinderfreibetrag

89   Verlangt ein (geschiedener oder getrennt lebender) Elternteil gem § 32 VI 6 EStG die Übertragung des dem anderen Elternteil zustehenden Kinderfreibetrags, so ist der andere (nicht klagende) Elternteil **nicht notwendig beizuladen,** weil die Entscheidung nach dem Gesetz nicht einheitlich ergehen muss (BFHE 195, 50 = BStBl II 2001, 729 m Anm *Kanzler,* FR 2001, 1074; aA noch BFHE 171, 5 = BStBl II 1993, 513; BFH/NV 1998, 1486). Erhebt aber der im Einspruchsverfahren hinzugezogene Elternteil Klage gegen die Übertragung des Kinderfreibetrags auf den anderen Elternteil, so ist dieser andere Elternteil notwendig beilzuladen (BFHE 209, 101 = BFH/NV 2005, 1456).

Kindergeld

92   Erhebt ein Elternteil Klage mit dem Ziel, ihm Kindergeld zu gewähren, so ist der andere Elternteil selbst dann nicht notwendig beizuladen, wenn er bei Stattgabe der Klage das bislang zu seinen Gunsten festgesetzte Kindergeld verliert (BFHE 198, 300 = BStBl II 2002, 578; BFH/NV 2004, 324). – Bei Klage gegen einen **Kindergeld-Rückforderungsbescheid** sind weder ein möglicherweise anspruchsberechtigter Dritter (Pflegemutter) noch der andere – von dem Rückforderungsanspruch nicht betroffene – Elternteil notwendig beizuladen (BFH/NV 2004, 934; 2005, 494; FG Köln EFG 2002, 1183). – Greift aber ein iS des § 67 I 2 EStG „Leistungsinteressierter" die Kindergeldfestsetzung an, kann die Frage der Kindergeldberechtigung nur einheitlich entschieden werden, so dass der durch den Kindergeldbescheid Begünstigte notwendig beizuladen ist (*Brandis* in T/K § 60 Rz 68). – Derjenige, zu dessen Gunsten das Kindergeld bisher festgesetzt war, ist auch dann notwendig beizuladen, wenn der **Sozialleistungsträger** gegen den die Kindergeldfestsetzung aufhebenden Bescheid klagt (BFH BStBl II 2001, 246 = BFH/NV 2001, 864; BFH/NV 2001, 812) oder die Auszahlung des Kindergeldes an sich beansprucht (BFH/NV 2004, 662, 2005, 692).

Körperschaft des öffentlichen Rechts

93   Klagt der **gesetzliche Vertreter** einer Körperschaft des öffentlichen Rechts (oder einer sonstigen steuerrechtsfähigen Gemeinschaft – § 57 Rz 11 ff, 15 ff) im eigenen Namen, muss die Körperschaft usw gleichwohl formell beigeladen werden, wenn die Voraussetzungen des § 60 I oder III erfüllt sind (BFHE 109, 502 = BStBl II 1973, 780).

Leasing

95   Wendet sich der Leasingnehmer gegen die Versagung des Vorsteuerabzugs aus den ihm vom Leasinggeber (nach Kündigung des Leasingvertrags) mit **USt**-Ausweis erteilten Rechnungen, muss der Leasinggeber nicht notwendig beigeladen werden. Die Entscheidung gegenüber dem Leasinggeber gestaltet nicht notwendigerweise und unmittelbar Rechte des Leasinggebers. Es handelt sich vielmehr um **zwei unterschiedliche Steuerrechtsverhältnisse,** in denen die Entscheidung nicht einheitlich ergehen muss (BFH/NV 1994, 803). Das gilt generell für die Beiladung von Leasinggeber oder Leasingnehmer, wenn es um die steuerrechtliche Würdigung des Leasingverhältnisses geht.

Lohnsteuer-Voranmeldung

Die Beiladung des Arbeitnehmers ist nicht notwendig, wenn der Arbeit- **98** geber die **Herabsetzung der angemeldeten LSt** begehrt (FG Bremen EFG 1995, 484, 485). Zur **LSt-Haftung** s Rz 83.

Milchquote (Milch-Referenzmenge)

Klagt der Inhaber einer Milch-Referenzmenge (Nichtvermarkter), der **101** das Recht zur abgabenfreien Milchlieferung in eine Vermarktungsgesellschaft eingebracht hat, gegen die Zurücknahme der Referenzmenge, so sind die Mitgesellschafter der Vermarktungsgesellschaft zu diesem Verfahren nicht notwendig beizuladen (BFH/NV 2000, 467, 468). – Die einfache Beiladung (§ 60 I) scheidet gleichfalls aus, weil steuerliche Interessen des Mitgesellschafters nicht berührt sind (vgl Rz 15). Ebenso wenig sind die Voraussetzungen des § 174 V 2 erfüllt (Rz 6). – S auch BFH/NV 2001, 182, 183.

Miterben

Bei Klage eines Miterben gegen die **ESt-Festsetzung** oder die Festset- **104** zung des **GewSt-Messbetrages** gegenüber dem Erblasser, sind die anderen Miterben grundsätzlich nicht notwendig beizuladen (BFH/NV 1992, 516). Sind sich die Miterben allerdings über die Ausübung des Veranlagungswahlrechts (§ 26 EStG) für den Erblasser uneinig, sind die Miterben, die keine Klage erhoben haben, notwendig beizuladen; denn das Veranlagungswahlrecht kann nur einheitlich ausgeübt werden (BFH/NV 1998, 701). – Ein Fall notwendiger Beiladung liegt jedoch nicht vor, wenn ein Miterbe geltend macht, **Säumniszuschläge** seien aus in der Person des Erblassers liegenden Gründen zu erlassen (BFHE 156, 8 = BStBl II 1990, 360). – S auch Rz 77.

Organschaftsverhältnis

Bei Streit über das Bestehen eines Organschaftsverhältnisses kommt die **107** Beiladung des anderen (angeblich) an dem Organverhältnis beteiligten Unternehmens (nur) nach Maßgabe des § 174 V AO (Rz 6) in Betracht (BFH/NV 1996, 524 betr gewerbe- und körperschaftsteuerliches Organschaftsverhältnis).

Prüfungsanordnung bei Personengesellschaften

Wird die gegenüber einer Personengesellschaft ergangene Prüfungsan- **110** ordnung angefochten, so sind die Gesellschafter grundsätzlich selbst dann nicht notwendig beizuladen, wenn sich die Prüfung auf die **gesonderte und einheitliche Gewinnfeststellung oder die Einheitsbewertung** des Betriebsvermögens erstrecken soll. Inhaltlich betroffen von der Prüfungsanordnung ist (iS des § 40 II) allein die Personengesellschaft als Prüfungssubjekt; eine einheitliche Entscheidung gegenüber den Gesellschaftern ist nach dem Regelungsinhalt der Prüfungsanordnung nicht sicherzustellen (zB BFH/NV 1995, 481, 484; 1996, 660; 685, 686 jeweils mwN). Etwas anderes kann jedoch dann gelten, wenn sich die Prüfungsanordnung auf die Gewinnfeststellung bezieht und die Gesellschafter im Falle einer Klage gegen den diesbezüglichen Gewinnfeststellungsbescheid nach § 48 I Nr 4, 5 klagebefugt sind (glA *Brandis* in T/K § 60 Rz 53). Das gilt auch für den **ausgeschiedenen Gesellschafter,** dessen Klagebefugnis aus § 48 I Nr 3 folgt (Rz 65 „Ausgeschiedener Gesellschafter"); zur **Liquidation** und zur **Vollbeendigung** s dort.

Ergeht die **Prüfungsanordnung nach § 193 II AO,** ist nicht die – zB Einkünfte aus Vermietung und Verpachtung oder Kapitalvermögen erzielende – Gesellschaft (GbR) Prüfungssubjekt, sondern jeder einzelne Gesellschafter. In diesen Fällen kommt eine Beiladung grundsätzlich nicht in Betracht, soweit die Klage durch alle Gesellschafter erhoben werden muss (vgl § 58 Rz 11; § 62 Rz 65). Ist Gegenstand der Prüfungsanordnung die gesonderte und einheitliche Feststellung der Einkünfte, sind mE die Regeln des § 48 I entsprechend heranzuziehen. Klagebefugt und damit beiladungsfähig sind die Gesellschaft/Gemeinschaft nach § 48 I Nr 1 (BFHE 209, 353 = BStBl II 2005, 598; § 48 Rz 11 ff, 15; s auch hier Rz 34 aE) und die Gesellschafter, sofern die Voraussetzungen des § 48 I Nr 3–5 vorliegen (s auch BFH/NV 1995, 481: Notwendige Beiladung der **ehemaligen Treuhand-Gesellschafterin** zu einem Verfahren, in dem über die Rechtmäßigkeit einer gegen die GbR erlassenen Prüfungsanordnung gestritten wird; BFH/NV 1995, 517 zur Beiladung ehemaliger Gesellschafter).

Rechtsnachfolge

113   Einer Beiladung der ehemaligen Mitglieder einer Sozietät (GbR) bedarf es nicht, wenn der gegen die Festsetzung der **USt** gegenüber der Sozietät klagende Gesellschafter das Gesamthandsvermögen ohne Liquidation übernommen hat. In diesem Fall ist der übernehmende Gesellschafter klagebefugt (BFH/NV 1994, 636). – Im Verfahren gegen einen Einheitswertbescheid kann der Rechtsnachfolger iS des § 182 II AO, auf den das Grundstück nach dem Feststellungszeitpunkt übergegangen ist, nach § 60 I **einfach beigeladen** werden (BFH/NV 2001, 619).

Steuerabzug bei beschränkt Steuerpflichtigen

116   Zur Beiladung des Vergütungsschuldners vgl BFHE 184, 92 = BStBl II 1997, 700.

Steuererstattung

120   Zur einfachen Beiladung zu einem Verfahren wegen **Rückforderung** einer Steuererstattung s BFH/NV 1999, 815.

Umsatzsteuer

122   Der Leistungsempfänger ist zum **USt-Verfahren des Leistenden** (Zahlungsempfängers) nicht notwendig beizuladen, weil die Steuerschuldverhältnisse nicht materiell im Sinne einer gegenseitigen Abhängigkeit verknüpft sind (BFHE 165, 15 = BStBl II 1991, 888; BFH/NV 1999, 987, 989). Gleiches gilt im umgekehrten Fall (vgl BFH/NV 2003, 780). In Betracht kommt aber eine einfache Beiladung. Das gilt insbesondere bei

einem Streit über die Umsatzsteuerbarkeit und die Umsatzsteuerpflicht einer Leistung. Die rechtlichen Interessen des den Vorsteuerabzug in Anspruch nehmende Leistungsempfängers sind wegen der wirtschaftlichen Verknüpfung zwischen Umsatzsteuerschuld und Vorsteuerabzug berührt (BFH BStBl II 2001, 418 = BFH/NV 2001, 864, 865; aA noch BFHE 165, 15 = BStBl II 1991, 888; BFH/NV 1992, 181 betr gewerbliche Zwischenvermietung). Entsprechendes muss im Falle **der Abtretung eines Vorsteuerüberschusses** für den Abtretungsempfänger (neuen Gläubiger) gelten (s aber BFH/NV 1991, 246). – Unterbleibt die einfache Beiladung, liegt gleichwohl kein Verfahrensfehler vor (BFH/NV 2003, 780 u Rz 153). – S auch Rz 54 u 65 „Atypisch stille Gesellschaft".

Klagt eine **Personengesellschaft** wegen USt, sind ihre Gesellschafter mangels Klagebefugnis nicht notwendig beizuladen (BFH/NV 1993, 303; 1998, 345); die einfache Beiladung (§ 60 I) ist aber möglich, wenn der Gesellschafter als Haftender für die USt-Schuld der Gesellschaft in Betracht kommt (BFH/NV 1998, 324). – Bei Streit, ob der Kläger oder ein Dritter die steuerpflichtigen Umsätze ausgeführt hat, ist eine Beiladung nach § 174 V 2 AO (Rz 6) möglich (BFH/NV 1994, 297); ebenso ist es bei Streit darüber, ob eine zur USt veranlagte Gesellschaft in das Unternehmen eines **Organträgers** eingegliedert war (BFH/NV 1998, 148). – Im Übrigen s Rz 65 „Abtretung"; 95; 113.

Unterhaltsaufwendungen

Bei Streit um den Abzug von Unterhaltsaufwendungen gem § 10 I Nr 1 **125** EStG kann der geschiedene oder getrennt lebende Ehegatte, der die Leistungen (angeblich) erhalten hat, nach Maßgabe des § 174 V AO (Rz 6) beigeladen werden (BFH/NV 1996, 589).

Veräußerungsgeschäfte

Klagt der Erwerber gegen die **Höhe der** vom FA berücksichtigten **An- 128 schaffungskosten**, ist der Veräußerer nicht notwendig beizuladen; beigeladen werden kann aber nach § 174 V 2 AO (BFH/NV 1994, 681 – Rz 6). – Bei Streit darüber, ob es sich bei der Übertragung einer **wesentlichen Beteiligung** (§ 17 EStG) um ein in vollem Umfang entgeltliches Rechtsgeschäft handelt, ist der Erwerber zum Klageverfahren des Veräußerers nicht notwendig beizuladen; über die steuerliche Behandlung des Erwerbers ist in einem selbständigen ESt-Bescheid zu entscheiden (BFH/NV 1999, 1232); Beiladung nach § 174 V 2 AO (Rz 6) ist jedoch in Betracht zu ziehen.

Verträge

Bei Streit über die steuerrechtliche Anerkennung schuldrechtlicher Ver- **131** träge ist die Beiladung des Vertragspartners nicht notwendig (§ 60 III); die Steuerschuldverhältnisse sind nicht materiell iS einer gegenseitigen Abhängigkeit miteinander verknüpft (BFH/NV 2002, 802 zum Mietvertrag; *Brandis* in T/K § 60 Rz 52; s auch Rz 122). Einfache Beiladung ist aber in Betracht zu ziehen.

Zerlegung

Die an einem **Zerlegungsverfahren** Beteiligten (§ 186 AO) sind not- **134** wendig beizuladen, soweit sie nicht schon Klage erhoben haben (BFHE 102, 460 = BStBl II 1971, 714; BFHE 134, 227 = BStBl II 1982, 130;

BFH/NV 2003, 636). Das gilt jedoch nur hinsichtlich der Beteiligten, deren Belange durch das Klageverfahren berührt sind. Das ist der Fall, wenn ein Erfolg der Klage sich auf die Höhe des der Gemeinde zugeteilten oder des von ihr beanspruchten Zerlegungsanteils auswirken würde (BFHE 113, 123 = BStBl II 1975, 42; BFHE 123, 356 = BStBl II 1978, 140; BFH/NV 2000, 579; FG M'ster EFG 1998, 226). – Wird in einem die Zerlegung eines GewSt-Meßbescheides betreffenden Verfahren um die Frage gestritten, **ob** eine **mehrgemeindliche Betriebsstätte** vorliegt, sind alle Gemeinden, auf die sich die Betriebsstätte angeblich erstreckt, notwendig beizuladen (BFHE 116, 382 = BStBl II 1975, 828; BFHE 134, 227 = BStBl II 1982, 130). – **Nicht notwendig** ist die Beiladung einer Gemeinde, die an dem bisherigen Zerlegungsverfahren nicht beteiligt ist und die auch keinen Anteil an dem Steuermessbetrag beansprucht hat (BFH/NV 2003, 636) oder die **wegen Ablaufs der Antragsfrist** des § 189 S 3 AO von der Teilnahme am Zerlegungsverfahren **ausgeschlossen** ist (BFHE 123, 500 = BStBl II 1978, 111; BFH/NV 1993, 191).

Zurechnung von Einkünften

135   Ein Fall notwendiger Beiladung (§ 60 III) liegt nicht vor, wenn der Kläger geltend macht, die ihm zugerechneten Einkünfte habe ein anderer erzielt; die Fallgestaltung liegt vielmehr im typischen Anwendungsbereich des § 174 V 2 AO (BFH/NV 1994, 297; 1997, 659; Rz 6).

Zusammenveranlagung

137   Die Frage, ob bei **zusammenveranlagten Ehegatten** derjenige, der den Steuerbescheid nicht angefochten hat, zum Verfahren des anderen (anfechtenden) Ehegatten notwendig beigeladen werden muss ist str (vgl auch Rz 74). – Da der Zusammenveranlagungsbescheid kein einheitlicher Verwaltungsakt ist, sondern – rechtlich – mehrere selbständige Verwaltungsakte vorliegen (vgl BFHE 104, 45 = BStBl II 1972, 287; BFHE 121, 142 = BStBl II 1977, 321; BFHE 123, 172 = BStBl II 1977, 870) und sich folglich – obwohl die Steuer den Ehegatten gegenüber im Falle der Zusammenveranlagung grundsätzlich nur einheitlich festgesetzt werden darf (BFHE 131, 46 = BStBl II 1980, 645) – durch Divergenzen in der Bestands- und Rechtskraft unterschiedliche Steuerfestsetzungen ergeben können (vgl BFHE 117, 205 = BStBl II 1976, 136; BFHE 139, 69 = BStBl II 1983, 674), liegt **grundsätzlich** auch dann, wenn beide Ehegatten Einkünfte haben oder entgegengesetzte Interessen verfolgen, **kein Fall einer notwendigen Beiladung** vor. Die Entscheidung muss nicht einheitlich ergehen (vgl BFHE 104, 45 = BStBl II 1972, 287; BFHE 139, 509 = BStBl II 1984, 196; BFH/NV 1987, 784; 1992, 793 betr **Erbfall;** 2005, 1222 betr Erstattungsanspruch; zweifelnd BFH/NV 1989, 690, 691; *Brandis* in T/K § 60 Rz 57; **aA** *Schmidt/Seeger* § 26 b Rz 25; *Rößler* FR 1985, 400; *Lipross* DB 1984, 1854; *Meyer* FR 1984, 30; s zur Ausnahme bei entgegengesetzten Interessen BFH/NV 2005, 71).

     Ein Fall notwendiger Beiladung liegt auch nicht vor, wenn über **Vorauszahlungen** gestritten wird (BFHE 134, 319 = BStBl II 1982, 123, 126) oder wenn geschiedene oder getrennt lebende Ehegatten über die Frage streiten, ob eine getrennte Veranlagung oder eine Einzelveranlagung durchzuführen ist (FG Bln EFG 1990, 34).

Werden Ehegatten getrennt veranlagt und ficht einer der Ehegatten den ihm gegenüber ergangenen Bescheid mit dem Ziel an, eine **Zusammenveranlagung** zu erreichen, so ist der andere Ehegatte zu diesem Verfahren nach BFH/NV 2005, 1083 nicht notwendig beizuladen, weil der zusammenveranlagende Bescheid keinen einheitlichen Bescheid darstelle, sondern einen zusammengefassten Bescheid. Demgegenüber soll die Beiladung notwendig sein, wenn ein Ehegatte die **getrennte Veranlagung** begehrt (BFH aaO; vgl auch BFHE 168, 215 = BStBl II 1992, 916). Diese Unterscheidung ist sehr fragwürdig, weil § 26 I EStG mE nur einheitlich angewendet werden kann (so auch ausdrücklich BFHE 168, 215 = BStBl II 1992, 916; BFH/NV 2005, 351; glA *Brandis* in T/K § 60 Rz 57).

Zur Beiladung bei Streit wegen der **Übertragung des halben Kinderfreibetrages** s Rz 89.

E. Wirkung der Beiladung

I. Stellung des Beigeladenen im Verfahren

Der Beigeladene wird (auch im Falle des § 174 V AO – Rz 6) durch die **140** Zustellung des Beiladungsbeschlusses (Rz 39 f; vgl auch BFH/NV 1988, 376) **Verfahrensbeteiligter** (§ 57 Nr 3). Er hat in dem von den Hauptbeteiligten in Gang gesetzten Verfahren die Stellung eines **selbständigen** Dritten, muss allerdings grundsätzlich den im Zeitpunkt der Beiladung vorhandenen Verfahrensstand übernehmen (BVerwGE 1, 127 ff; *Brandis* in T/K § 60 Rz 101). Ausnahmen kommen in Betracht, wenn anderenfalls eine Verletzung des Rechts auf Gehör eintreten würde.

Der (einfach oder notwendig) Beigeladene hat **grundsätzlich alle** **141** **Rechte eines Verfahrensbeteiligten** (s aber Rz 142 f). Er kann insbesondere Prozesshandlungen vornehmen, an der Sachaufklärung mitwirken, Beweisanträge stellen, Akten einsehen, an Terminen teilnehmen, der Beweisaufnahme beiwohnen, Fragen stellen, Erklärungen abgeben, sich schriftsätzlich in rechtlicher und tatsächlicher Hinsicht äußern (BFHE 188, 273 = BStBl II 1999, 531), Gerichtspersonen und Sachverständige ablehnen, sich eines Bevollmächtigten oder Beistandes bedienen, auf mündliche Verhandlung verzichten und PKH beantragen. Er hat Anspruch auf Ladung zu allen das Verfahren betreffenden Terminen und Zustellung sämtlicher gerichtlicher Verfügungen und Entscheidungen.

Der Beigeladene kann **innerhalb der Anträge der Hauptbeteiligten** **142** vor allem **selbständig** Angriffs- und Verteidigungsmittel geltend machen. **Abweichende Sachanträge** kann jedoch nur der notwendig Beigeladene stellen (§ 60 VI 2), nicht der einfach Beigeladene (§ 60 VI 1). Die abweichenden Anträge der notwendig Beigeladenen müssen sich im Rahmen des Verfahrens – und Streitgegenstandes halten (*Brandis* in T/K § 60 Rz 104; vgl BFH/NV 1990, 782). – Eine **förmliche Entscheidung** des Gerichts **über** den **Sachantrag** des Beigeladenen ist nur erforderlich, wenn er mit den Anträgen des Klägers (oder des Beklagten) nicht übereinstimmt (BFHE 91, 406 = BStBl II 1968, 396). – Der **notwendig Beigeladene** genießt **nicht** den **Schutz des Verböserungsverbots** oder des Verbots der Schlechterstellung (BFH/NV 1994, 25, 26).

143 Über den Streitgegenstand kann der Beigeladene – im Unterschied zu den Hauptbeteiligten – nicht verfügen. Die diesbezügliche **Dispositions-befugnis verbleibt** bei **den Hauptbeteiligten.** Der Beigeladene kann weder verhindern, dass der Kläger die Klage zurücknimmt, noch sich erfolgreich gegen eine Klaglosstellung des Klägers durch den Beklagten (Erledigung der Hauptsache) zur Wehr setzen. Das gilt auch für den **notwendig** Beigeladenen (BFH/NV 1989, 240; 1991, 246; 1993, 422; 672; BVerwG Buchholz 310 § 161 VwGO Nr 90; FG Mchn EFG 1986, 245; *Brandis* in T/K § 60 Rz 105; **aA** *Grunsky,* Grundlagen S 295 mwN). – In beiden Fällen wird die **Beiladung wirkungslos** (BFH/NV 1989, 240; RFH RStBl 1930, 225; 1938, 1085; *Brandis* in T/K § 60 Rz 105; für den Fall der Hauptsacheerledigung in der Revisionsinstanz s BVerwG NJW 1960, 594).

144 Der Beigeladene kann gegen gerichtliche Entscheidungen **selbstständig Rechtsmittel** einlegen und auch die Wiederaufnahme des Verfahrens beantragen (vgl BVerwG NJW 1963, 1325). Insoweit müssen die allg Voraussetzungen (ua Beschwer des Beigeladenen) erfüllt sein. – Nimmt ein Hauptbeteiligter die Revision zurück, bleibt die (auch) vom Beigeladenen eingelegte Revision zulässig (BSG NJW 1963, 1943). – Die Beschränkungen des § 60 VI (Rz 142) gelten auch im **zweitinstanzlichen Verfahren.** Hat der (nicht notwendig) Beigeladene allein Revision eingelegt, bleibt er im Rahmen der Anträge, wenn sein Revisionsantrag dem des Klägers oder des Beklagten in erster Instanz entspricht (BFHE 131, 429 = BStBl II 1981, 101).– Zur **Hauptsacheerledigung in der Revisionsinstanz** s Rz 143. – Der Beigeladene wird ohne weiteres Beteiligter eines Wieder-aufnahmeverfahrens (BFH/NV 1991, 751).

II. Bindungswirkung

145 Das (rechtskräftige) **Urteil erwächst** – soweit über den Streitgegenstand entschieden worden ist – **auch dem Beigeladenen gegenüber in Rechtskraft** (§ 110 I 1 Nr 1). Entsprechendes gilt im Falle des § 48 I Nr 1 für die nicht klagebefugten Gesellschafter oder Gemeinschafter (§ 110 I Nr 2). – Zur Bindungswirkung s auch Rz 152 f u § 60 a Rz 33.

III. „Heilungswirkung"

147 Die **Unterlassung einer notwendigen Hinzuziehung im Vorver-fahren** (vgl § 360 III AO) wird durch die Beiladung (§ 60) geheilt (vgl BFHE 122, 398 = BStBl II 1977, 783; BFHE 136, 445 = BStBl II 1983, 21; BFHE 144, 155 = BStBl II 1985, 675, 676 mwN; BFHE 155, 322 = BStBl II 1989, 359; BFH/NV 1995, 318; 1999, 179 zugleich zu den Folgen der Ablehnung der Heilungsmöglichkeit durch das FG; aA FG RhPf EFG 1980, 535; 1984, 58; FG D'dorf EFG 1981, 490), und zwar auch dann, wenn die notwendige Hinzuziehung bewusst unterlassen worden ist (BFH/NV 2000, 579, 580). Die **nachträgliche Bekanntgabe der Ein-spruchsentscheidung kann** dabei jedenfalls dann **unterbleiben,** wenn der Regelungsgehalt des angefochtenen Verwaltungsaktes inhaltlich durch die Einspruchsentscheidung unverändert geblieben und durch die Ein-spruchsentscheidung kein Fehler iS des § 126 AO geheilt worden ist (BFHE 155, 322 = BStBl II 1989, 359, 360; BFHE 157, 321 = BStBl II

1989, 851, 852; **aA** mit der Forderung der Nachholung der Bekanntgabe der Einspruchsentscheidung: BFHE 125, 116 = BStBl II 1978, 503; BFHE 144, 155 = BStBl II 1985, 675, 676; BFHE 148, 420 = BStBl II 1987, 302; BFH/NV 1989, 208, 209; 1995, 318). – Zur **Aussetzung des Verfahrens** aus diesem Grunde s § 74 Rz 13.

Durch die **nachträgliche (notwendige) Beiladung im Revisions-** **148** **verfahren** (§ 123 I 2– Rz 5) wird die Unterlassung der notwendigen Beiladung im erstinstanzlichen Verfahren geheilt (s auch Rz 151), es sei denn, der nachträglich Beigeladene rügt den Verfahrensmangel innerhalb einer (verlängerungsfähigen) Frist von 2 Monaten (§ 123 II). Die Heilungswirkung tritt außerdem nicht ein, wenn der Beigeladene ein berechtigtes Interesse an der Fortsetzung des Verfahrens in der ersten Instanz hat, weil er sich zB zu dem festgestellten Sachverhalt noch äußern möchte, (§ 126 III 2).

IV. Kosten

Wegen der Beteiligung des Beigeladenen an den **Kosten** des Klagever- **149** fahrens s § 135 III, IV und wegen der **Kostenerstattung** s § 139 IV u dort Rz 135 ff. Zur **Streitwertfestsetzung** s BFH/NV 2004, 1413.

F. Beendigung der Beiladung

Die Beiladung endet mit der Zurücknahme der Klage (§ 72), der Erledi- **150** gung des Rechtsstreits in der Hauptsache (§ 138), dem Eintritt der Rechtskraft der Hauptsacheentscheidung, mit der Klageerhebung durch den Beigeladenen (Rz 1, 8) und mit der Aufhebung des Beiladungsbeschlusses (Rz 154). – Ein **Verzicht** des Beigeladenen ist **nicht möglich** (Rz 33). Die Beiladung wirkt im Revisions- und Wiederaufnahmeverfahren fort.

G. Folgen unterlassener Beiladung

Unterbleibt die **notwendige Beiladung,** so liegt ein **Verstoß gegen** **151** **die Grundordnung des Verfahrens** vor (st Rspr, vgl zB BFH/NV 1996, 42; 1997, 187; 791; 1998, 1362; 1486; 2000, 579; 2005, 1083). Das gilt auch trotz der seit dem 1. 1. 2001 bestehenden Möglichkeit der Beiladung im Revisionsverfahren (BFH/NV 2003, 1539). – Rügt ein Beteiligter die in der ersten Instanz unterlassene notwendige Beiladung mit der **NZB** (§§ 116 III 3, 115 II Nr 3; zu den Anforderungen an die Rüge s BFH/NV 2005, 994), so kann der BFH das erstinstanzliche Urteil nach § 116 VI aufheben und den Rechtsstreit zur anderweitigen Verhandlung und Entscheidung an das FG zurückverweisen, weil die Möglichkeit der **Nachholung der Beiladung** mit heilender Wirkung nach § 123 I 2 **nur für das Revisionsverfahren,** nicht aber für das Verfahren betreffend die NZB besteht (BFH/NV 2003, 195). Damit wird der Zweck der Verfahrensökonomie und der Verfahrensbeschleunigung des § 123 I 2 (dazu § 123 Rz 5) unterlaufen. – **Im Revisionsverfahren** kann der BFH das erstinstanzliche Urteil demgegenüber nur dann wegen des Verstoßes gegen die Grundordnung des Verfahrens nach §§ 123, 126 III 2 aufheben und die

Sache an das FG zurückverweisen, wenn er selbst von der Möglichkeit der notwendigen Beiladung im Revisionsverfahren (§ 123 I 2) keinen Gebrauch macht (s § 123 Rz 5: Ermessen, s dazu BFH/NV 2005, 1360) oder wenn er die notwendige Beiladung zwar nachholt, der Beigeladene den Verfahrensmangel aber innerhalb der – ggf verlängerten – Frist des § 123 II rügt oder wenn der nach § 123 I 2 Beigeladene ein berechtigtes Interesse an der Aufhebung des erstinstanzlichen Urteils und der Zurückverweisung des Verfahrens hat (§ 126 III 2; Rz 148). – Diese Grundsätze gelten jedoch nicht für die gem § 174 V 2 AO unterlassene Beiladung (BFH/NV 1997, 659). – Zur **bis zum 31. 12. 2000 geltenden Rechtslage** s Vorauflage.

152   **Unterbleibt die notwendige Beiladung sowohl durch das FG als auch durch den BFH,** so soll das in dem Verfahren ergangene Urteil nach einer zT vertretenen Ansicht unwirksam sein (zum Streitstand s zB *Brandis* in T/K § 60 Rz 109). Dies widerspricht mE allen prozessualen Regeln (so auch *Bettermann* MDR 1967, 950; FG Bln EFG 1977, 75). Die Entscheidung ist formell rechtskräftig und damit gegen die am Verfahren Beteiligten vollstreckbar (davon geht auch BFH/NV 1987, 659 stillschweigend aus). Sie erwächst allerdings gegenüber dem (übergangenen) notwendig Beizuladenden nicht in materielle Rechtskraft und entfaltet daher ihm gegenüber **keine Bindungswirkung.** Das hat weiter zur Folge, dass bei einer Klage des nicht Beigeladenen – nunmehr unter notwendiger Beiladung der an dem früheren Verfahren Beteiligten – die frühere Entscheidung (zB hinsichtlich der Gewinnverteilung bei einer einheitlichen Gewinnfeststellung) abgeändert werden kann (*Brandis* in T/K § 60 Rz 109; s auch *Martens,* Die Praxis des Verwaltungsprozesses, 59 ff; *Sendler,* 147 ff, 159 ff; aA *Seeliger,* DStR 1966, 411; *Stahl,* 155 ff; *Grunsky,* Grundlagen, 296: Wiederaufnahmeklage nach § 134 iVm § 579 Nr 4 ZPO möglich).

153   Ist die **einfache** Beiladung zu Unrecht abgelehnt worden oder unterblieben, ist das Urteil uneingeschränkt wirksam (BFHE 129, 310 = BStBl II 1980, 210, 211). Dem Urteil kommt jedoch gegenüber dem an sich Beizuladenden **keine Bindungswirkung** (Rz 145) zu. – Ob beim Unterlassen der einfachen Beiladung ein Verfahrensmangel iS des § 115 II Nr 3 vorliegt (verneinend BFH/NV 2003, 780 zur unterlassenen Beiladung im Umsatzsteuerrecht), ist mangels Rechtserheblichkeit ohne Bedeutung (*Kopp/Schenke* § 65 Rz 42 mwN; § 142 Rz 6; *Brandis* in T/K § 60 Rz 108). Keinesfalls kann der Mangel nach Eintritt der Unanfechtbarkeit des Urteils mit Erfolg gerügt werden (BFHE 129, 310 = BStBl II 1980, 210, 211).

H. Aufhebung/Änderung der Beiladung, Rechtsmittel

154   Der Beiladungsbeschluss kann aufgehoben oder geändert werden, wenn sich herausstellt, dass die Voraussetzungen des § 60 I oder des § 60 III nicht vorgelegen haben oder entfallen sind (BFHE 133, 526 = BStBl II 1982, 192).

155   Gegen den Beiladungsbeschluss und die Ablehnung der Beiladung ist grundsätzlich die **Beschwerde** nach § 128 zulässig (vgl BFHE 94, 204 = BStBl II 1969, 112; BFHE 148, 444 = BStBl II 1987, 267; s auch BFH/

NV 2003, 1006: unselbständiges Nebenverfahren mit der Folge der Unterbrechung bei **Insolvenz** des Klägers). – Die Beschwerde ist mangels Rechtsschutzinteresses **unzulässig,** wenn sie **nach Rechtskraft** des erstinstanzlichen Urteils (BFH/NV 1994, 380), **nach Erledigung** des Rechtsstreits in **der Hauptsache** (BFH/NV 1988, 574; 1993, 672) oder **nach Zurücknahme der Klage** und (rkr) Einstellung des Verfahrens eingelegt wird. – Ist die Entscheidung über die **Ablehnung** der Beiladung, was zulässig ist (Rz 34), **im Endurteil** getroffen worden, so ist die Beschwerde der am Verfahren Beteiligten, die NZB oder Revision einlegen können, mangels Rechtsschutzinteresses gleichfalls unzulässig; lediglich die Beschwerde des (noch) nicht am Verfahren beteiligten Dritten (des durch die Ablehnung Betroffenen) ist zulässig (BFHE 174, 310 = BStBl II 1994, 681). – Zur Möglichkeit des übergangenen Beizuladenden, erfolgreich **Beschwerde** gegen die Ablehnung der Beiladung einzulegen, wenn die Rechtskraft des FG-Urteils durch **Revisionseinlegung** gehemmt ist, s BFHE 161, 429 = BStBl II 1990, 1072; BFH/NV 1994, 380. – Zur Überprüfung des Beiladungsbeschlusses (nach Nichtabhilfe durch das FG – § 130 I) durch den BFH s BFHE 129, 310 = BStBl II 1980, 210; BFH/NV 1989, 1113; 1998, 345. – S auch BFH/NV 2002, 898: Hebt der BFH die Beiladung nach § 60 III auf, kann das FG ohne Verstoß gegen § 126 V (erneut) nach § 174 V 2 AO beiladen. – Bei Aufhebung eines Beiladungsbeschlusses im Beschwerdeverfahren hat der BFH keine Kostenentscheidung zu treffen (zB BFH/NV 1999, 1483, 1484 mwN).

§ 60 a [Begrenzung der notwendigen Beiladung in Massenverfahren]

[1]Kommt nach § 60 Abs. 3 die Beiladung von mehr als 50 Personen in Betracht, kann das Gericht durch Beschluss anordnen, dass nur solche Personen beigeladen werden, die dies innerhalb einer bestimmten Frist beantragen. [2]Der Beschluss ist unanfechtbar. [3]Er ist im elektronischen Bundesanzeiger bekanntzumachen. [4]Er muss außerdem in Tageszeitungen veröffentlicht werden, die in dem Bereich verbreitet sind, in dem sich die Entscheidung voraussichtlich auswirken wird. [5]Die Bekanntmachung kann zusätzlich in einem von dem Gericht für Bekanntmachungen bestimmten Informations- und Kommunikationssystem erfolgen. [6]Die Frist muss mindestens drei Monate seit Veröffentlichung im elektronischen Bundesanzeiger betragen. [7]In der Veröffentlichung in Tageszeitungen ist mitzuteilen, an welchem Tage die Frist abläuft. [8]Für die Wiedereinsetzung in den vorigen Stand wegen Versäumung der Frist gilt § 56 entsprechend. [9]Das Gericht soll Personen, die von der Entscheidung erkennbar in besonderem Maße betroffen werden, auch ohne Antrag beiladen.

Vgl §§ 65 III, 56 a VwGO; §§ 67 I 3, 72 II, 73 VI, 74 V VwVfG; § 360 V AO

Übersicht

Literatur: *Bilsdorfer,* Das FGO-Änderungsgesetz, BB 1993, 109; *Kopp,* Änderungen der VwGO zum 1. 1. 1991, NJW 1991, 521; *Kraft/Hofmeister,* Verbesserungsbedürftige Rechtsschutzverbesserung, DStR 1988, 672; *Offerhaus,* Was die FGO-Novelle bringt und was sie nicht bringt, BB 1988, 2074; *Rößler,* Nochmals: Notwendige Beiladung bei Personengesellschaften mit Publikumsbeteiligung, DStZ 1986, 435; *Schmieszek,* Die Novelle zur Verwaltungsgerichtsordnung – Ein Versuch, mit den Mitteln des Verfahrensrechts die Ressource Mensch besser zu nutzen, NVwZ 1991, 529; *ders,* Änderungen im finanzgerichtlichen Verfahren zum 1. 1. 1993, DB 1993, 12; *Stelkens,* Das Gesetz zur Neuregelung des verwaltungsgerichtlichen Verfahrens (4. VwGO-ÄndG) – das Ende einer Reform?, NVwZ 1991, 209.

A. Vorbemerkungen

1   Das Gebot der notwendigen Beiladung (§ 60 III) kann das Gericht bei einer großen Zahl von klagebefugten Gesellschaftern, Gemeinschaftern oder Mitberechtigten **(Massenverfahren)** vor unlösbare praktische Schwierigkeiten stellen, die den Rechtsstreit erheblich verzögern, wenn nicht gar undurchführbar machen. Das gilt insbesondere das Verfahren betreffend die Gewinnfeststellung von Personengesellschaften mit Publikumsbeteiligung, zu denen mitunter mehrere hundert Gesellschafter beigeladen werden müssen und von denen oftmals einige bereits ausgeschieden, verstorben oder unauffindbar sein können. Noch schwieriger wird die Situation, wenn die Gesellschaft ihre Tätigkeit schon vor Jahren eingestellt hatte und dadurch eine lückenlose Übersicht über die Beteiligungsverhältnisse nicht mehr gewährleistet ist oder wenn sich die Beteiligungsverhältnisse im laufenden Verfahren ständig ändern.

2   Um auch in diesen Fällen den durch Art 19 IV GG gebotenen effizienten gerichtlichen Rechtsschutz innerhalb angemessener Zeit zu gewährleisten **(Justizgewährungsanspruch** – BVerfGE 60, 253, 269; 63, 349, 369), gibt § 60 a dem Gericht die Möglichkeit, das Beiladungsverfahren

dadurch zu straffen, dass die notwendige Beiladung abweichend von § 60 III unter bestimmten Voraussetzungen (Rz 5 ff) auf die Personen beschränkt wird, die ihre Beiladung beantragt haben (vgl BT-Drucks 12/1061, 13; BFH/NV 2000, 334; zu Alternativvorschlägen vgl *Schmieszek* DStR 1991, 963; *Völker* DStZ 1986, 297; 1987, 97; *Rößler* DStZ 1986, 435). Gleichzeitig bestimmt § 110 I 1 Nr 3, dass sich die **Bindungswirkung** des Urteils (§ 60 Rz 145) auch auf die Personen erstreckt, die einen solchen Antrag nicht oder nicht rechtzeitig gestellt haben.

§ 60a ist wegen der Erstreckung der materiellen Rechtskraft des Urteils **3** auf nicht am Verfahren beteiligte Personen verfassungsrechtlich nicht unbedenklich (zB *Kopp* DVBl 1980, 325; *Offerhaus* BB 1988, 2074, 2078; s auch *Schmieszek* NVwZ 1991, 529). In Betracht zu ziehen ist vor allem ein Verstoß gegen den Anspruch auf rechtliches Gehör (Art 103 I GG) und gegen die auch Drittbetroffene einschließende Rechtsschutzgarantie des Art 19 IV GG. ME muss die durch § 60a vorgesehene Einschränkung dieser Grundrechte jedoch im Hinblick auf den kollidierenden Justizgewährungsanspruch der schon am Verfahren Beteiligten (Rz 2) hingenommen werden, sofern dieser auf andere Weise nicht verwirklicht werden kann (dazu Rz 11; vgl auch *Schmidt-Aßmann* in Maunz/Dürig Art 103 I Anm 44 mwN). Mit dieser Maßgabe ist die **Verfassungsmäßigkeit** der Neuregelung auch dann zu bejahen, wenn der Beizuladende von der Antragsmöglichkeit (§ 60a S 1) unverschuldet erst nach Eintritt der Rechtskraft des Urteils Kenntnis erlangt und wegen Versäumung der Antragsfrist eine Wiedereinsetzung (Rz 13) nicht mehr gewährt werden kann, weil die Jahresfrist inzwischen verstrichen ist. Macht der Beizuladende von seinem Beteiligungsrecht in Kenntnis der Antragsmöglichkeit keinen Gebrauch und ist er mit der Rechtskraftwirkung einverstanden, kann von einer Grundrechtsverletzung ohnehin nicht gesprochen werden. – Im Übrigen findet eine Erstreckung der materiellen Rechtskraft von Urteilen auf nicht am Prozess Beteiligte auch in anderen Fällen statt, ohne dass die Regelung deshalb als verfassungswidrig angesehen wird (zB in den Fällen der Anfechtung von Hauptversammlungsbeschlüssen – §§ 246, 248 AktG – und Jahresabschlüssen – §§ 257, 248 AktG).

Angesichts der verfassungsrechtlichen Relevanz des § 60a sowie dessen **4** nicht ganz einfacher Anwendung sollte man von der Norm nur dann Gebrauch machen, wenn die Beiladungen nicht oder nur mit kaum zumutbaren Schwierigkeiten oder Verzögerungen vorgenommen werden können (zu Einzelheiten s Rz 11).

B. Die Regelungen des § 60a

I. Voraussetzungen der Beschränkung der notwendigen Beiladung

§ 60a ist anwendbar, wenn die notwendige Beiladung (§ 60 Rz 11 f, **5** 23–25) **„von mehr als fünfzig Personen in Betracht"** kommt (§ 60a S 1). Das ist der Fall, wenn sich aus den Akten der Finanzbehörde oder aus den im Gerichtsverfahren bekannt gewordene Tatsachen bei vernünftiger Betrachtung ergibt, dass mindestens 51 – **natürliche oder juristische –** **Personen** oder deren Rechtsnachfolger (Rz 21) notwendig beizuladen sind. Dies muss feststehen. Vermutungen über die Zahl der Beizuladenden genügen nicht. Darüber hinaus ist es aber nicht erforderlich, die Zahl exakt zu ermitteln (*Brandis* in T/K § 60a Rz 3). – Für die Ermittlung der maßgebenden Personenzahl ist es unerheblich, ob und wieviele der Betroffenen sich durch einen gemeinsamen Bevollmächtigten vertreten lassen (*Kopp/Schenke* § 65 Rz 29).

II. Verfahren

1. Form der Anordnung, Zuständigkeit

8   Die Anordnung nach § 60a erfolgt **durch Beschluss des Gerichts** (§ 60a S 1). Dies ist der für das Verfahren zuständige **Senat,** der ohne Mitwirkung der ehrenamtlichen Richter entscheidet (§ 5 III 2), oder der nach Übertragung des Rechtsstreits (§ 6) zuständige **Einzelrichter** (*Brandis* in T/K § 60a Rz 4; s aber zur Fehlerhaftigkeit der Übertragung derartiger Verfahren auf den Einzelrichter § 6 Rz 11 sowie zur Bindung dieser Übertragung § 6 Rz 30). – Der **konsentierte Einzelrichter** (§§ 79a III, IV) ist für den Beschluss nach § 60a nicht zuständig, weil er Dritte betrifft, die ihr Einverständnis mit der Entscheidung durch den Einzelrichter nicht erklärt haben (*Brandis* in T/K § 60a Rz 4).

2. Rechtliches Gehör

10   Den schon am Verfahren Beteiligten ist vor der Anordnung rechtliches Gehör (Art 103 I GG) zu gewähren (*Kopp/Schenke* § 65 Rz 31 aE).

3. Ermessen

11   Die Entscheidung, **ob** die notwendige Beiladung durch eine Anordnung nach § 60a S 1 begrenzt werden soll, steht im **Ermessen** des Gerichts („kann"). – Bei der **Ermessensausübung** sind die Interessen der schon am Verfahren Beteiligten und der notwendig Beizuladenden gegeneinander abzuwägen. Dem Justizgewährungsanspruch der am Verfahren Beteiligten kann mE nur dann der Vorrang eingeräumt werden, wenn die Beizuladenden und deren Anschriften gar nicht oder nur unter erheblichen Schwierigkeiten zu ermitteln sind, wenn diese Ermittlungen zu einer unverhältnismäßigen Verzögerung des Rechtsstreits führen würden (ultima ratio) oder wenn die Beiladung wegen der großen Anzahl der Beizuladenden das Verfahren nicht mehr handhabbar erscheinen lässt (ähnlich *Brandis* in T/K § 60a Rz 2). Dies gilt um so mehr, als nicht gewährleistet ist, dass alle notwendig Beizuladenden von der Anordnung nach § 60a S 1 und damit von der Möglichkeit der Antragstellung Kenntnis erlangen (Rz 13).

4. Veröffentlichung

13   Nach § 60a S 3 ist der Beschluss **im elektronischen Bundesanzeiger bekannt zu machen.** Erforderlich ist mE die Veröffentlichung des **vollen Wortlauts** des Beschlusses und nicht nur des Tenors, weil nur so der Beizuladende in die Lage versetzt wird, seine Interessen wahrzunehmen (vgl Rz 3; einschränkend *Brandis* in T/K § 60a Rz 7); dabei ist das **Steuergeheimnis** zu beachten (Rz 18, 19; *Brandis* in T/K § 60a Rz 7).

Zur Wahrung der Rechte des Betroffenen ist der Beschluss außerdem in den **Tageszeitungen** zu veröffentlichen, die in dem Bereich verbreitet sind, in dem sich die Entscheidung voraussichtlich auswirken wird (§ 60 a S 4). In der Veröffentlichung in den Tageszeitungen muss **auf den Tag des Ablaufs der** (mindestens dreimonatigen) **Frist** für die Stellung des Beiladungsantrags hingewiesen werden (§ 60 a S 7). Bei der **Auswahl der Tageszeitungen** muss sich das Gericht am Zweck der Veröffentlichung orientieren. Wohnen die von der Entscheidung des FG betroffenen Personen klar erkennbar in einem eng begrenzten Gebiet, so ist die Veröffentlichung des Beschlusses **in regionalen Tageszeitungen** ausreichend. Geboten ist sie (ggf als zusätzliche Veröffentlichung), wenn in diesem Gebiet überregionale Tageszeitungen nach Kenntnis des FG nicht verbreitet sind; die Veröffentlichung des Beschlusses nur in überregionalen Tageszeitungen reicht dann nicht aus (BFH/NV 2000, 334). – Ansonsten reicht die Veröffentlichung **in zwei oder drei auflagenstarken überregionalen Tageszeitungen** aus (BFH/NV 2000, 334; *Brandis* in T/K § 60 a Rz 8). Das gilt insbesondere dann, wenn die Beizuladenden weit verstreut wohnen, zB bei Publikumspersonengesellschaften. – Halten sich die Betroffenen **im Ausland** auf, ist die Informationsmöglichkeit ohnehin eingeschränkt; eine Veröffentlichung in ausländischen Zeitungen ist nicht geboten. – Ggf kann durch **Wiedereinsetzung** in den vorigen Stand (Rz 26) geholfen werden.

Die Veröffentlichung kann nach § 60 a S 5 zusätzlich in einem von dem Gericht für die Bekanntmachungen bestimmten **Informations- und Kommunikationssystem** erfolgen. Dies dient der Einbeziehung der elektronischen Medien. Die Veröffentlichung im elektronischen Bundesanzeiger und den Tageszeitungen kann dadurch nicht ersetzt werden (**„zusätzlich"**).

5. Ermittlung der Antragsfrist

Da der **Beiladungsantrag** innerhalb einer **Frist** von mindestens **16** drei Monaten nach der Veröffentlichung im Bundesanzeiger gestellt werden muss (§ 60 a S 1, 6) und diese Frist durch den Beschluss gesetzt und entsprechend publiziert werden muss, hat das Gericht (Rz 8) den **Zeitpunkt der Veröffentlichung im Bundesanzeiger** vor der Veröffentlichung des Beschlusses zu **ermitteln** und die Frist entsprechend zu bemessen. – Zur **Fristsetzung** s Rz 18.

III. Beschluss über die Anordnung nach § 60 a

1. Zeitpunkt und Inhalt

Die Anordnung nach § 60 a erfolgt durch Beschluss, der grundsätzlich **18** **in jeder Lage des erstinstanzlichen Verfahrens** möglich ist (vgl § 60 Rz 5). Zu beachten sind aber die **zeitlichen Grenzen** der Beiladung (§ 60 Rz 11).

Im **Rubrum** des Beschlusses ist die Gesellschaft oder Gemeinschaft zu bezeichnen, um deren Einkünfte oder Besteuerungsgrundlagen gestritten wird. Klagt ein (ehemaliger) Gesellschafter/Gemeinschafter, darf seine Identität wegen des Steuergeheimnisses (§ 30 AO) mE nicht preisgegeben werden, zumal der Beschluss nach § 60a S 4 in den Tageszeitungen zu veröffentlichen ist. In Übereinstimmung mit dem Zweck des § 60a (Rz 2) genügt es, wenn der Kläger als „ein (ehemaliger) Gesellschafter (Gemeinschafter)" genannt und die Gesellschaft/Gemeinschaft bezeichnet wird, an der er beteiligt ist oder war.

Der Beschluss muss nach § 60a S 1 – **im Tenor** – die **Anordnung** enthalten, dass nur die Personen zu dem (sich aus dem Rubrum ergebenden) Verfahren beigeladen werden, die dies beantragen. Außerdem ist die **Antragsfrist** (§ 60a S 6; Rz 16) im Tenor anzugeben. Der Tenor muss **keine Kostenentscheidung** enthalten. Die Kosten sind – wie bei der Beiladung (§ 60 Rz 38 u 149) – Teil der Kosten des Hauptsacheverfahrens. – Zur **Rechtsmittelbelehrung** s Rz 34 f. – Im Übrigen sollte ein Hinweis auf die Möglichkeit, bei Fristversäumnis Wiedereinsetzung in den vorigen Stand zu erlangen (Rz 26) nicht fehlen (*Brandis* in T/K § 60a Rz 5).

19   Zum Inhalt der **Begründung des Beschlusses** sagt § 60a nichts. Nach dem Zweck der Regelung (Rz 2) muss die Begründung so umfassend sein, dass den Personen, die notwendig beizuladen sind, ermöglicht wird, den Antrag auf Beiladung rechtzeitig zu stellen. Insoweit ist die Offenbarung der Verhältnisse der Beteiligten gerechtfertigt und das **Steuergeheimnis** nicht verletzt (§ 30 IV Nr 1, 2 AO). Weitergehende Angaben über die Verhältnisse der Beteiligten oder Beizuladenden darf der Beschluss jedoch nicht enthalten, weil anderenfalls das Steuergeheimnis beeinträchtigt wäre, insbesondere im Hinblick auf die durch § 60a S 4 vorgeschriebene Veröffentlichung des Beschlusses in Tageszeitungen.

Notwendig ist die **Kennzeichnung des Gegenstandes des anhängigen Verfahrens** iS des § 65 I. Dargelegt werden muss außerdem, aus welchen Gründen die notwendige Beiladung der bisher nicht am Verfahren Beteiligten als geboten erscheint. Erforderlich ist auch die Bezeichnung der Gesellschaft oder Gemeinschaft, um deren Einkünfte gestritten wird, sofern sich dies nicht schon aus dem Rubrum ergibt. Außerdem muss sich aus dem Beschluss ergeben, dass die Beiladung von mehr als 50 Personen in Betracht kommt und welche Gründe für die Anordnung nach § 60a S 1 maßgeblich waren (Ermessensausübung; Rz 11). – Bei der Darstellung des Sach- und Streitstandes ist im Hinblick auf das Steuergeheimnis jedoch Zurückhaltung geboten. Insoweit darf der Beschluss im Hinblick auf die Veröffentlichung in den Tageszeitungen (§ 60a S 4) nur die Angaben enthalten, die der Gesellschafter/Gemeinschafter benötigt, um den Antrag auf Beiladung stellen zu können.

2. Wirkung

21   Der Beschluss nach § 60a S 1 bewirkt die **Begrenzung der Zahl der** notwendig **Beizuladenden.** Das gilt auch, wenn an Stelle der ursprünglichen Mitberechtigten (Gesellschafter/Gemeinschafter) an sich deren **Rechtsnachfolger** beizuladen wären. Durch **Beiladungsbeschluss** nach § 60 III (Rz 30) sind dann grundsätzlich nur diejenigen beizuladen, die ihre Beiladung innerhalb der hierfür bestimmten Frist (von mindestens drei Monaten) beantragt haben (Rz 16).

22   Die **Präklusionswirkung** tritt **nicht** ein, wenn der **Beschluss fehlerhaft** ist oder seine **Veröffentlichung nicht dem Gesetz entspricht.**

Das ist zB der Fall, wenn die Zahl der notwendig Beizuladenden infolge einer groben Fehleinschätzung gar nicht mehr als 50 Personen umfasst, wenn die Antragsfrist zu kurz bemessen worden ist oder wenn die Veröffentlichung nach Art und Umfang nicht den Erfordernissen des konkreten Falls entsprochen hat. In diesen Fällen sind alle Mitberechtigten, in deren Person die Voraussetzungen des § 60 III erfüllt sind, notwendig beizuladen. Zweckmäßigerweise ist der Beschluss nach § 60a S 1 dann aufzuheben (Rz 23). Unterbleibt dies, ist das Urteil im Revisionsverfahren aufzuheben (§ 60 Rz 151).

IV. Aufhebung des Anordnungsbeschlusses

Der Beschluss nach § 60a S 1 sollte auf Antrag oder von Amts wegen **23** durch Beschluss aufgehoben werden, wenn sein Zweck, die Erstreckung der Rechtskraft gem § 110 I Nr 3 (Rz 2, 33), wegen fehlerhafter Anwendung des § 60a (Rz 22) nicht erreicht werden kann. – Die Aufhebung des Beschlusses stellt klar, dass keine Rechtskrafterstreckung stattfindet. Sie dient außerdem insofern der Verfahrensbeschleunigung, als die entsprechenden Feststellungen nicht erst durch die Revisionsinstanz getroffen werden müssen (Rz 22). Darüber hinaus wird durch die Aufhebung des Beschlusses die Möglichkeit eröffnet, durch einen erneuten Beschluss nach § 60a S 1 bei gleichzeitiger Vermeidung früherer Fehler die Begrenzung der Beiladung herbeizuführen.

V. Beiladung auf Antrag und ohne Antrag, Wiedereinsetzung

1. Beiladung auf Antrag, Wiedereinsetzung

Der Antrag auf Beiladung (§ 60a S 1) muss innerhalb der Antragsfrist **24** (Rz 16) gestellt werden. Da es sich um eine Prozesshandlung (bestimmende Prozesserklärung) handelt, muss die **Form** des § 64 eingehalten werden (*Brandis* in T/K § 60a Rz 9).

Wird der **Beiladungsantrag verspätet** gestellt, ist er zurückzuweisen **25** (aA – Ermessen des Gerichts – zB *Kopp/Schenke* § 65 Rz 33; ähnlich *Brandis* in T/K § 60a Rz 11). Für die Annahme, die Zurückweisung des Beiladungsantrags stünde im Ermessen des Gerichts, ist jedoch kein Raum, weil nach § 60a S 8 bei Versäumung der Antragsfrist die Regeln des § 56 (Wiedereinsetzung) ohne jede Einschränkung anzuwenden sind.

Bei unverschuldeter Versäumung der Antragsfrist (§ 60a S 5, 7) kann **26** **Wiedereinsetzung in den vorigen Stand** nach Maßgabe des § 56 gewährt werden. Wiedereinsetzung kommt insbesondere in Betracht, wenn der notwendig Beizuladende vorträgt, er habe von dem Beschluss nach § 60a S 1 nicht rechtzeitig Kenntnis erlangt, weil er sich bei Veröffentlichung des Beschlusses im Ausland aufgehalten habe oder weil der Beschluss lediglich in Tageszeitungen veröffentlicht worden sei, zu denen er keinen Zugang gehabt habe. Wiedereinsetzung ist auch zu gewähren, wenn der notwendig Beizuladende sich zu Recht darauf beruft, dass er dem Beschluss nach § 60a S 1 nicht habe entnehmen können, dass er von dem Verfahren betroffen sei.

2. Beiladung ohne Antrag

28   Von dem Grundsatz, dass nur diejenigen notwendig beigeladen werden müssen, die ihre Beiladung fristgerecht beantragen, macht **§ 60 a S 9** eine **Ausnahme.** Danach sollen Personen auch ohne Antrag beigeladen werden, die von der Entscheidung **erkennbar in besonderem Maße betroffen** werden. Wann dies der Fall ist, besagt § 60 a nicht. Die absolute Höhe der steuerlichen Auswirkung kann kein Maßstab sein (aA *Brandis* in T/K § 60 a Rz 13). Sie ist in Feststellungsverfahren, um die es hier geht, nicht ohne weiteres erkennbar; gegen eine solche Differenzierung bestünden auch verfassungsrechtliche Bedenken (Art 3 I GG). Die Größe oder der Wert des Anteils ist gleichfalls kein geeigneter Maßstab. Man wird deshalb davon ausgehen müssen, dass eine besondere Betroffenheit schon dann erkennbar ist, wenn ein Feststellungsbeteiligter **möglicherweise** mehr als andere Feststellungsbeteiligte durch die steuerlichen Auswirkungen der Entscheidung tangiert wird (ähnlich *Brandis* in T/K § 60 a Rz 13). In diesem Fall **muss** das Gericht die Betroffenen beiladen, dem Gericht kommt trotz des Wortlauts des § 60 a S 9 („soll") kein Ermessensspielraum zu (*Brandis* aaO mwN).

29   Da § 60 a S 9 eine Pflicht (s Rz 28) zur Beiladung ohne Antrag nur dann vorsieht, wenn eine Person von der Entscheidung erkennbar in besonderem Maße betroffen wird, scheidet in allen übrigen Fällen eine Beiladung ohne Antrag aus. Das gilt insbesondere dann, wenn hinsichtlich einzelner Beizuladender der **Ermittlungsaufwand des Gerichts entfällt,** weil zB deren Anschriften bekannt sind. Stellen diese Personen keinen Antrag auf Beiladung, sind sie nur unter den genannten Voraussetzungen des § 60 a S 9 beizuladen. Erfüllen sie diese nicht, sind sie ebenso zu behandeln, wie diejenigen Beizuladenden, bei denen Ermittlungsaufwand besteht (BFH/NV 2000, 334; *Brandis* in T/K § 60 a Rz 13). Allerdings ist es sachgerecht, denjenigen Beizuladenden, deren Anschriften bekannt sind, den Beschluss iS des § 60 a S 1 zuzustellen, um so zu verhindern, dass diese von der Veröffentlichung des Beschlusses im elektronischen Bundesanzeiger oder den Tageszeitungen keine Kenntnis nehmen.

VI. Beiladungsbeschluss

30   Für die Entscheidung über den Beiladungsantrag oder die Beiladung ohne Antrag (Rz 28) durch **Beiladungsbeschluss** gelten die allg Vorschriften. – Die **„Heilungswirkung"** (§ 60 Rz 147) tritt – sofern § 110 I Nr 3 zur Anwendung kommt (Rz 23) – auch gegenüber demjenigen ein, der nicht notwendig beizuladen ist (s auch *Klein/Brockmeyer* § 360 AO Rz 27).

VII. Folgen nachträglicher Aufhebung des Beschlusses (§ 60 a S 1), nachträgliche Wiedereinsetzung

31   Zweifelhaft ist, was in den Fällen zu geschehen hat, in denen das Verfahren nach erfolgter Beiladung seinen Fortgang genommen hat und in denen der Beschluss nach § 60 a nachträglich aufgehoben oder in denen bei Versäumung der Antragsfrist (Rz 16, 24) nachträglich Wiedereinsetzung in den vorigen Stand gewährt wird. ME ist wie folgt zu verfahren:

Ist der Rechtsstreit noch in der ersten Instanz anhängig, muss die notwendige Beiladung, soweit sie bisher noch nicht erfolgt ist, nachgeholt werden. Ist die Revisionsinstanz mit der Sache befasst, muss das Urteil uU aufgehoben und der Rechtsstreit an das FG zurückverwiesen werden (§ 60 Rz 151).

Ist das Verfahren schon (formell) rechtskräftig abgeschlossen, liegt ein Fall unterlassener Beiladung vor. Wegen der Folgen s § 60 Rz 152.

Wegen dieser Schwierigkeiten sollte die **Aussetzung des Verfahrens** analog § 74 bis zum Ablauf der Jahresfrist des § 56 III (§ 56 Rz 52 ff) in Betracht gezogen werden (zustimmend *Brandis* in T/K § 60 a Rz 12 aE).

VIII. Bindungswirkung

Die **Bindungswirkung des Urteils** erstreckt sich nicht nur auf die tatsächlich Beigeladenen, sondern auch auf die notwendig Beizuladenden, die den Antrag nicht gestellt haben und folglich am Verfahren nicht beteiligt waren (§ 110 I Nr 3; vgl FG Hbg EFG 2005, 447 zu atypisch stillen Gesellschaftern). Voraussetzung ist jedoch, dass das Verfahren nach § 60 a **fehlerfrei** durchgeführt (Rz 22; vgl *Kopp/Schenke* § 65 Rz 32) und der Beschluss nicht nachträglich aufgehoben worden ist (Rz 23). **33**

IX. Rechtsbehelfe

Der **Anordnungsbeschluss (§ 60 a S 1)** ist unanfechtbar (§ 60 a S 2) und deshalb im Revisionsverfahren an sich nicht überprüfbar (§ 124 II). – Ist § 60 a im erstinstanzlichen Verfahren aber fehlerhaft angewandt worden (Rz 22, 23), hat dies nicht nur zur Folge, dass die Wirkungen des Anordnungsbeschlusses nicht eintreten (Rz 22, 33), sondern es steht gleichzeitig fest, dass eine notwendige Beiladung zu Unrecht unterblieben ist, dass deshalb uU ein im Revisionsverfahren zu beachtender **Verstoß gegen die Grundordnung des Verfahrens** vorliegt, der auf Rüge zur Aufhebung des erstinstanzlichen Urteils und zur Zurückverweisung des Verfahrens führen kann (§ 60 Rz 151). – Eine entsprechende Rüge der bereits am Verfahren Beteiligten ist deshalb zu empfehlen (*Brandis* in T/K § 60 a Rz 15). **34**

Wegen der Rechtsmittel gegen den **Beiladungsbeschluss** s § 60 Rz 155. **35**

§ 61 (weggefallen)

Aufgehoben mit Wirkung vom 1. 1. 1996 durch Gesetz v. 24. 6. 1994 (BGBl I S 1395, 1403).

Zum **Beitritt oberster Finanzbehörden** im Revisionsverfahren s § 122 II.

§ 62 [Bevollmächtigte und Beistände]

(1) ¹Die Beteiligten können sich durch Bevollmächtigte vertreten lassen und sich in der mündlichen Verhandlung eines Beistands bedienen. ²Durch Beschluss kann angeordnet werden, dass ein Bevollmächtigter bestellt oder ein Beistand hinzugezogen werden muss.

(2) [1]Bevollmächtigte oder Beistände, denen die Fähigkeit zum geeigneten schriftlichen, elektronischen oder mündlichen Vortrag fehlt,
oder die zur geschäftsmäßigen Hilfeleistung in Steuersachen fachlich
nicht geeignet sind, können zurückgewiesen werden; dies gilt nicht
für die in § 3 Nr. 1 und in § 4 Nr. 1 und 2 des Steuerberatungsgesetzes bezeichneten natürlichen Personen. [2]Bevollmächtigte und Beistände, die geschäftsmäßig Hilfe in Steuersachen leisten, ohne dazu
nach den Vorschriften des Steuerberatungsgesetzes befugt zu sein,
sind zurückzuweisen. [3]Soweit eine Vertretung durch Gesellschaften
im Sinne von § 3 Nr. 2 und 3 des Steuerberatungsgesetzes erfolgt,
können diese zurückgewiesen werden, wenn sie nicht durch Personen
im Sinne von § 3 Nr. 1 des Steuerberatungsgesetzes tätig werden.

(3) [1]Die Bevollmächtigung ist durch eine schriftliche Vollmacht
nachzuweisen. [2]Das Gericht hat den Mangel der Vollmacht von Amts
wegen zu berücksichtigen. [3]Die Vollmacht kann nachgereicht werden;
hierfür kann der Vorsitzende oder der Berichterstatter eine Frist mit
ausschließender Wirkung setzen. [4]Für die Wiedereinsetzung in den
vorigen Stand wegen Versäumung der Frist gilt § 56 entsprechend.
[5]Ist ein Bevollmächtigter bestellt, sind die Zustellungen oder Mitteilungen des Gerichts an ihn zu richten. [6]Tritt als Bevollmächtigter eine
Person im Sinne des § 3 Nr. 1 bis 3 des Steuerberatungsgesetzes auf,
braucht das Gericht den Mangel der Vollmacht nicht von Amts wegen
zu berücksichtigen.

*Vgl § 67 VwGO; §§ 72, 73 SGG; §§ 78, 79–81, 84–87, 90, 157, 158 ZPO;
§ 11 ArbGG.*

§ 3 StBerG Befugnis zu unbeschränkter Hilfeleistung in Steuersachen

Zur geschäftsmäßigen Hilfeleistung in Steuersachen sind befugt:

1. Steuerberater, Steuerbevollmächtigte, Rechtsanwälte, niedergelassene
   europäische Rechtsanwälte, Wirtschaftsprüfer und vereidigte Buchprüfer,
2. Partnerschaftsgesellschaften, deren Partner ausschließlich die in Nummer 1 und 4 genannten Personen sind,
3. Steuerberatungsgesellschaften, Rechtsanwaltsgesellschaften, Wirtschaftsprüfungsgesellschaften und Buchprüfungsgesellschaften,
4. Personen oder Vereinigungen, die in einem anderen Mitgliedstaat der
   Europäischen Union als Deutschland oder in der Schweiz beruflich niedergelassen sind und dort befugt geschäftsmäßig Hilfe in Steuersachen
   nach dem Recht des Niederlassungsstaates leisten, soweit sie mit der
   Hilfeleistung in Steuersachen eine Dienstleistung nach Artikel 50 EG-
   Vertrag erbringen. [2]Sie dürfen dabei nur unter der Berufsbezeichnung
   in den Amtssprachen des Niederlassungsstaates tätig werden, unter der
   sie ihre Dienste im Niederlassungsstaat anbieten. [3]Wer danach berechtigt
   ist, die Berufsbezeichnung „Steuerberater", „Steuerbevollmächtigter"
   oder „Steuerberatungsgesellschaft" zu führen, hat zusätzlich die Berufs-
   organisation, der er im Niederlassungsstaat angehört, sowie den Niederlassungsstaat anzugeben. [4]Der Umfang der Befugnis zur Hilfeleistung in
   Steuersachen im Inland richtet sich nach dem Umfang dieser Befugnis im
   Niederlassungsstaat.

§ 4 StBerG Befugnis zu beschränkter Hilfeleistung in Steuersachen

Zur geschäftsmäßigen Hilfeleistung in Steuersachen sind ferner befugt:

1. Notare im Rahmen ihrer Befugnisse nach der Bundesnotarordnung,
2. Patentanwälte und Patentanwaltsgesellschaften im Rahmen ihrer Befugnisse nach der Patentanwaltsordnung,

...

Übersicht

Literatur: *Bilsdorfer,* Vom Primat des Steuerprozeßrechts: Wem sind geänderte Steuerbescheide während eines gerichtlichen Verfahrens bekanntzugeben?, Inf 1993, 431; *Böttrich,* Das Finanzgericht als prozessuales Kindermädchen – Zur Stellung des vollmachtlosen Vertreters im finanzgerichtlichen Verfahren – Anmerkung zum BFH-Urteil vom 27. 4. 1994, XI R 29/93, DStR 1994, 1118 und 1880; *Brandis,* Elektronische Kommunikation im Steuerverfahren und im Steuerprozess, StuW 2003, 349; *Brandt,* Die Vollmacht im finanzgerichtlichen Verfahren, NWB F 2 S 6825 ff; *Busl,* Vorlage der schriftlichen Vollmacht im finanzgerichtlichen Verfahren, AO-StB 2004, 66; *Drüen/Thulfaut,* Zur Europäisierung der Steuerberatung, IStR 2004, 499; *Dürr,* Die Reform des Finanzgerichtsprozesses zum 1. 1. 2001, Inf 2001, 65; *Deumeland,* Das Gewohnheitsrecht der Rechtslehrer an wissenschaftlichen Hochschulen zur Rechtsberatung und Prozeßvertretung, RiA 1988, 118; *Eyermann,* Rechtslehrer und Rechtsvertreter?, BayVBl 1988, 555; *Haunhorst,* Die Vollmacht im finanzgerichtlichen Verfahren – eine „zweifelhafte" Angelegenheit?, DStZ 2004, 110; *Herden,* Gesetzentwurf zur Änderung des finanzgerichtlichen Revisionsverfahrens – einige kritische Anmerkungen, DStZ 2000, 394, 395; *Horn,* Die Steuerberatungsgesellschaft als Prozeßbevollmächtigter im Klageverfahren, BB 1986, 1622; *Jäger,* Der Nachweis der Bevollmächtigung und die Formstrenge des BFH, DStZ 2003, 880; *dies,* Nachweis der Bevollmächtigung, HFR 2003, 1065; *Ketter,* Die Bedeutung der Vollmacht in Steuersachen, DStR 1989, 309; *Lange,* Bekanntgabe eines während eines finanzgerichtlichen Verfahrens erlassenen Änderungsbescheides an den Prozeßbevollmächtigten, DStZ 1994, 417; *Mittelbach,* Probleme mit der Vollmacht bei Verfahren vor den Finanzgerichten, DStR 1980, 128; *Noack,* Können juristische Personen und Behörden Prozeßbevollmächtigte im Verwaltungsprozeß sein?, DVBl 1962, 850; *Pump,* Die Bedeutung der Vollmacht im finanzgerichtlichen Verfahren, Inf 1992, 49; *ders,* Die Mandatsniederlegung im Besteuerungsverfahren und im Rechtsstreit vor dem Finanzgericht und dem Bundesfinanzhof, Inf 1993, 483; *Rößler,* Zur Diskussion – Ist die Frist nach Art 3 § 1 FGEntlG verlängerbar?, DStZA 1978, 333; *ders,* Schriftsatz- und Vollmachtsübermittlung per Telefax, DStZ 1991, 693; *Rüggeberg,* Behörden und juristische Personen als Prozeßbevollmächtigte, NJW 1970, 309; *Schenke,* Die Vertretungsbefugnis von Rechtslehrern an einer deutschen Hochschule im verwaltungsgerichtlichen Verfahren, DVBl 1990, 1151; *Seer,* Defizite im finanzgerichtlichen Rechtsschutz – zugleich eine kritische Auseinandersetzung mit dem 2. FGO-Änderungsgesetz vom 19. 12. 2000, StuW 2001, 3, 13 f; *Späth,* Nochmals: Zur Vertretungsbefugnis des Lohnsteuerhilfevereins im Verfahren vor dem Finanzgericht, DStZ 1989, 538; *Willms,* Die Besorgung fremder Rechtsangelegenheiten durch Rechtslehrer an Deutschen Hochschulen, NJW 1987, 1302; *Zärban,* Schriftlichkeit der Prozeßvollmacht und Telekommunikation, BB 1994, 2252; *Zuck,* Postulationsfähigkeit und Anwaltszwang, JZ 1993, 500.

A. Vorbemerkungen

1   Die (rechtzeitige) Vorlage einer ordnungsgemäßen Prozessvollmacht beim Gericht ist zum einen positive **Sachentscheidungsvoraussetzung** (Vor § 33 Rz 4; GmS NJW 1984, 2149 = HFR 1984, 389 = BGHZ 91, 111 = BVerwGE 69, 381; BFHE 151, 1 = BStBl II 1988, 280, 281; BFHE 153, 195 = BStBl II 1988, 731; BFHE 156, 1 = BStBl II 1989, 514; BFH/NV 1994, 891; 1998, 728 und 992). Fehlt es hieran, muss die **Klage** grundsätzlich als **unzulässig** abgewiesen werden, und zwar unabhängig davon, ob eine Ausschlussfrist (Rz 85 ff) gesetzt war oder nicht (BFH/NV 1990, 792, 793; BVerwG HFR 1986, 650). Zum anderen ist die Vorlage der Vollmacht **Prozesshandlungsvoraussetzung.**

Einen eventuellen Mangel der Vollmacht muss das Gericht grundsätzlich **2**
in jeder Lage des Verfahrens von Amts wegen berücksichtigen (**§ 62 III 2**
– Rz 53 ff). Das gilt **seit dem 1. 1. 2001** allerdings dann nicht (mehr),
wenn als Bevollmächtigter eine Person oder Gesellschaft iS des § 3 Nr 1–3
StBerG auftritt (**§ 62 III 6**). In diesen Fällen muss das Gericht die Vollmacht nur dann anfordern und überprüfen, wenn Zweifel an der Bevollmächtigung bestehen (Rz 44 ff). Damit besteht nunmehr eine ähnliche Regelung wie im Zivilprozess (s § 88 II ZPO). Folge dieser Regelung ist eine
erhebliche Vereinfachung des Verfahrens, allerdings verbunden mit einem
Bedeutungsverlust des § 62 für den Finanzprozess.

B. Gesetzliche Regelungen zur Vollmacht

I. § 62 I

1. Wahlrecht, Vertretungszwang

Nach § 62 I 1 steht es den Beteiligten (§ 57) grundsätzlich frei, sich in **3**
Verfahren vor dem FG durch selbstgewählte Bevollmächtigte (Rz 4 ff)
vertreten zu lassen („können"; zur Vertretung einer Behörde s Rz 70;
zur Anordnung der Hinzuziehung eines Bevollmächtigten s Rz 21 ff). Für
Verfahren vor dem BFH besteht nach **§ 62 a** ein **Vertretungszwang** (s
dort).

2. Wesen und Wirkung der Vollmacht, Person des Bevollmächtig-
ten

Bevollmächtigte sind **rechtsgeschäftlich bestellte** (gewillkürte) **Ver-** **4**
treter des Verfahrensbeteiligten. Der gem § 62 a I 3 benannte Beamte
oder Angestellte (vgl Rz 70 u § 62 a Rz 13) und der amtlich bestellte Vertreter eines Rechtsanwalts (BGH HFR 1982, 380) sind deshalb keine Bevollmächtigten. – Das **Wesen der Vollmacht** besteht darin, dass der Bevollmächtigte bindend für den Vollmachtgeber handelt (§ 85 I 1 ZPO),
insbesondere Prozesshandlungen mit unmittelbarer Wirkung für und gegen den Beteiligten vornimmt. Trotz bestehender Bevollmächtigung kann der
Beteiligte **tatsächliche Erklärungen** des Bevollmächtigten widerrufen
oder berichtigen (§ 85 I 2 ZPO) und auch eigene tatsächliche Erklärungen
abgeben. Es gilt dann das von dem Beteiligten selbst Erklärte, und zwar
auch bei Vertretungszwang oder angeordneter Vertretung (Rz 21 ff; zum
Äußerungsrecht des Beteiligten s BVerwG HFR 1985, 45). Für **Prozess-**
handlungen gilt dies jedoch nur dann, wenn kein Vertretungszwang besteht – Zur **Vollmachtserteilung** s Rz 42; zur **Vertretung ohne Voll-**
macht s Rz 70 f; zur **Rückwirkung** einer erst nachträglich erteilten
Vollmacht s FG Hbg EFG 2004, 954 u 1003.

Bevollmächtigter kann nur sein, wer **prozessfähig** iS des § 58 ist (§ 155 **5**
iVm § 79 ZPO). Dies ist insbesondere nicht der Fall bei rechtsfähigen und
nicht rechtsfähigen **Personenvereinigungen** sowie **juristischen Per-**
sonen (§ 58 Rz 10 mit weiteren Beispielen). Abweichend hiervon lässt
§ 62 II 3 (seit dem 1. 1. 2001) aber eine Vertretung durch Partnerschaftsgesellschaften (§ 3 I Nr 2 StBerG), Steuerberatungsgesellschaften, Rechtsanwaltsgesellschaften, Wirtschaftsprüfungsgesellschaften und Buchprüfungs-

gesellschaften in der Form der KG, OHG, GmbH oder AG (§ 3 I Nr 3 StBerG) zu, wenn und soweit sie durch Personen vertreten werden, die gem § 3 Nr 1 StBerG zur unbeschränkten Hilfeleistung in Steuersachen befugt sind (zur Rechtsanwalts-AG s BFHE 205, 22 = BStBl II 2004, 566; BFH/NV 2004, 224; 1290; FG Köln EFG 2004, 914 u 1242; ähnlich schon zuvor die st Rspr des BFH – zB BFHE 126, 366 = BStBl II 1979, 173; BFHE 133, 338 = BStBl II 1981, 651, 652; dies galt aber nicht für die **Vertretung vor dem BFH,** vgl BFHE 155, 23 = BStBl II 1989, 109 mwN; zur heutigen Rechtslage s **§ 62 a**). – Zur Vertretung durch einen **im Ausland niedergelassenen Bevollmächtigten** s § 62 a Rz 8 f.

6   Lautet die von einem Mandanten ausgestellte Vollmacht auf eine **Sozietät,** so gelten alle beteiligten Socii als bevollmächtigt (BFH HFR 1973, 308; BFH/NV 1994, 650; 1995, 535; 2004, 1282; 2005, 1349; vgl auch BGH StRK StBerG 1975 § 33 R 28). Klagt ein **Sozius in eigener Sache,** muss er eine Prozessvollmacht vorlegen, wenn er sich durch ein anders Mitglied der Sozietät vertreten lassen will (BFH/NV 1999, 930); lautet die Vollmacht auf die Sozietät, sind alle Mitglieder mit Ausnahme des Klägers bevollmächtigt. Vertritt er sich selbst, bedarf es keiner Vollmachtsvorlage.

7   Nach st Rspr des BFH kann auch eine **Behörde bevollmächtigt** werden (GrS BFHE 95, 366 = BStBl II 1969, 435 u BFHE 97, 576 = BStBl II 1970, 231 betr Bevollmächtigung der OFD; BFHE 184, 203 = BStBl II 1998, 118 u BFH/NV 2002, 939 betr Bevollmächtigung des Landesarbeitsamts durch das Arbeitsamt – Familienkasse – in Kindergeldsachen; aA BFHE 92, 426 = BStBl II 1968, 586: nur natürliche Person kann Fähigkeit zum sachgemäßen schriftlichen und mündlichen Vortrag haben).

9   Ausgeschlossen als Bevollmächtigte sind Personen, die **unbefugt geschäftsmäßige Hilfe in Steuersachen** leisten (Rz 37 ff).

3. Umfang und Dauer der Vollmacht

12   **a)** Der **Umfang der Vollmacht** ergibt sich aus den (gem § 155 entsprechend anzuwendenden) §§ 81–84 ZPO:

§ 81 ZPO Umfang der Prozessvollmacht

Die Prozessvollmacht ermächtigt zu allen den Rechtsstreit betreffenden Prozesshandlungen, einschließlich derjenigen, die durch eine Widerklage, eine Wiederaufnahme des Verfahrens, eine Rüge nach § 321 a und die Zwangsvollstreckung veranlaßt werden; zur Bestellung eines Vertreters sowie eines Bevollmächtigten für die höheren Instanzen; zur Beseitigung des Rechtsstreits durch Vergleich, Verzichtleistung auf den Streitgegenstand oder Anerkennung des von dem Gegner geltend gemachten Anspruchs; zur Empfangnahme der von dem Gegner oder aus der Staatskasse zu erstattenden Kosten.

§ 82 ZPO Geltung für Nebenverfahren

Die Vollmacht für den Hauptprozeß umfaßt die Vollmacht für das eine Hauptintervention, einen Arrest oder eine einstweilige Verfügung betreffende Verfahren.

§ 83 ZPO Beschränkung der Prozessvollmacht

(1) Eine Beschränkung des gesetzlichen Umfanges der Vollmacht hat dem Gegner gegenüber nur insoweit rechtliche Wirkung, als diese Beschränkung die Beseitigung des Rechtsstreits durch Vergleich, Verzichtleistung auf den Streitgegenstand oder Anerkennung des von dem Gegner geltend gemachten Anspruchs betrifft.

(2) Insoweit eine Vertretung durch Anwälte nicht geboten ist, kann eine Vollmacht für einzelne Prozeßhandlungen erteilt werden.

§ 84 ZPO Mehrere Prozessbevollmächtigte

[1] Mehrere Bevollmächtigte sind berechtigt, sowohl gemeinschaftlich als einzeln die Partei zu vertreten. [2] Eine abweichende Bestimmung der Vollmacht hat dem Gegner gegenüber keine rechtliche Wirkung.

Zu § 81 ZPO: Die (unbeschränkte – Rz 15) Prozessvollmacht ermäch- **13** tigt zur Vornahme aller das Verfahren betreffenden Prozesshandlungen, auch zur Einlegung der **Revision** und Erhebung der **Wiederaufnahme- klage.** Sie umfasst die Zustellung und **Bekanntgabe** von Verwaltungs- akten, die den Klagegegenstand betreffen, insbesondere von **Änderungs- bescheiden** gem § 68 (BFHE 174, 208 = BStBl II 1994, 806; BFHE 184, 232 = BStBl II 1998, 266; BFH/NV 1994, 769; 1995, 596; FG BaWü EFG 1994, 437; FG D'dorf EFG 1994, 665; FG M'ster EFG 1994, 1074; **aA** FG RhPf EFG 1994, 231). Die Prozessvollmacht schließt das Recht ein, **Untervollmachten** zu erteilen, insbesondere für das Verfahren vor dem BFH (§ 62 a ist zu beachten; vgl BFHE 128, 30 = BStBl II 1979, 711; BFH/NV 1989, 382; zum Erlöschen dieses Rechts nach Widerruf der Bestellung zum Steuerberater s BFH/NV 2003, 1335). – Die Befugnis des Prozessbevollmächtigten, die vom Gegner zu erstattenden **Kosten in Empfang zu nehmen,** erstreckt sich nicht auf Vergütungs- oder Ab- gabenerstattungsansprüche (RFHE 47, 168). – Der Umfang einer im **Ausland** erteilten Vollmacht richtet sich grundsätzlich nach dem sog **Wir- kungsstatut,** dh nach dem Recht des Landes, in dem die Vollmacht wir- ken soll (Rz 19 aE).

Zu § 82 ZPO: Die Prozessvollmacht für das Hauptsacheverfahren um- **14** fasst die Vollmacht für die **Nebenverfahren,** insbesondere den Antrag auf AdV (§ 69) und Erlass einer einstweiligen Anordnung (§ 114).

Zu § 83 ZPO: In **Verfahren vor dem FG** ist eine nach außen wirk- **15** same **Beschränkung des** gesetzlichen **Umfangs der Prozessvollmacht** grundsätzlich möglich (vgl BFHE 138, 529 = BStBl II 1983, 644, 645; BVerwG NJW 1985, 1178). So kann die Bevollmächtigung beschränkt werden auf einzelne Prozesshandlungen (§ 83 II ZPO – zB Terminsvoll- macht BFH/NV 1990, 644), auf die Vertretung nur in einer Instanz (zB auf das Verfahren vor dem FG ohne NZB und Revisionsverfahren – BFH/NV 1994, 890; 1998, 876) oder auf bestimmte Steuerarten und Streitjahre (vgl FG M'ster EFG 1977, 550). Auch eine Beschränkung in zeitlicher Hinsicht ist möglich. Im **Außenverhältnis** wirksam ist die Ein- schränkung der Vollmacht, wenn sie sich aus der Vollmachtsurkunde selbst oder ausdrücklich aus einer anderen schriftlichen Erklärung des Vollmacht- gebers ergibt (BFHE 175, 507 = BStBl II 1995, 64; BFH/NV 1998, 470;

876). Ist dies der Fall, sind Prozesshandlungen des Bevollmächtigten, die den Rahmen seiner Vertretungsmacht überschreiten, wegen Fehlens einer Prozesshandlungsvoraussetzung unbeachtlich. Der Bevollmächtigte handelt insoweit als vollmachtloser Vertreter. – Im **Innenverhältnis** sind Beschränkungen der Vollmacht ohne weiteres wirksam (bei Nichtbeachtung ggf Schadenersatzpflicht). – In **Verfahren vor dem BFH** ist eine Beschränkung des gesetzlichen Umfangs der Prozessvollmacht wegen des nach § 62a bestehenden Vertretungszwangs **unzulässig** (BFHE 138, 529 = BStBl II 1983, 644, 645).

16   **Zu § 84 ZPO:** Wird ein Beteiligter durch **mehrere Bevollmächtigte** vertreten, kann jeder einzeln mit Wirkung für und gegen den Vertretenen handeln. Eine Einschränkung (Gesamtvertretung) ist nicht zulässig (§ 84 Satz 2 ZPO). – Bindende Erklärungen eines Prozessbevollmächtigten (zB Klagerücknahme, -verzicht) sind wirksam und können durch den Widerspruch des anderen nicht beseitigt werden (vgl BFH/NV 1988, 453). Bei anderen sich widersprechenden Prozesshandlungen und widersprüchlichen tatsächlichen Behauptungen gilt die jeweils letzte, gleichzeitige heben sich auf (*R/S* 342).

17   **b)** Hinsichtlich der **Dauer der Vollmacht** gelten nach § 155 die §§ 86, 87 ZPO.

§ 86 ZPO Fortbestand der Prozessvollmacht

Die Vollmacht wird weder durch den Tod des Vollmachtgebers noch durch eine Veränderung in seiner Prozeßfähigkeit oder seiner gesetzlichen Vertretung aufgehoben; der Bevollmächtigte hat jedoch, wenn er nach Aussetzung des Rechtsstreits für den Nachfolger im Rechtsstreit auftritt, dessen Vollmacht beizubringen.

§ 87 ZPO Erlöschen der Vollmacht

(1) Dem Gegner gegenüber erlangt die Kündigung des Vollmachtvertrags erst durch die Anzeige des Erlöschens der Vollmacht, in Anwaltsprozessen erst durch die Anzeige der Bestellung eines anderen Anwalts rechtliche Wirksamkeit.

(2) Der Bevollmächtigte wird durch die von seiner Seite erfolgte Kündigung nicht gehindert, für den Vollmachtgeber so lange zu handeln, bis dieser für Wahrnehmung seiner Rechte in anderer Weise gesorgt hat.

18   Die **Vollmacht erlischt** mit dem Tod des Bevollmächtigten, Zweckerreichung, Eröffnung des Insolvenzverfahrens über das Vermögen des Beteiligten (§ 117 InsO; BFH/NV 2003, 1434: Bestellung eines vorläufigen Insolvenzverwalters ausreichend), Mandatsniederlegung (Kündigung des Vollmachtsvertrages – § 87 ZPO; vgl BFH/NV 1994, 643; FG Köln EFG 1995, 985) und **Widerruf** (mit Wirkung ex nunc: BFH/NV 2003, 1434). An den Widerruf sind keine höheren Anforderung zu stellen als an die Vollmachterteilung (BFH/NV 2003, 1434: wirksamer Widerruf durch nicht unterschriebenes Faxschreiben; s auch BFH/NV 1990, 788: Widerruf anzunehmen, wenn die Kläger auf Anfrage erklären, sie beabsichtigten nicht, Klage zu erheben). Durch einen Wechsel in der gesetzlichen Vertretung des Vollmachtgebers wird die Vollmacht ebensowenig berührt

(Rz 65) wie durch den Tod des Vollmachtgebers (BFH/NV 1995, 225, 227; 2002, 1035) oder dadurch, dass der Vollmachtgeber nach Erteilung der Vollmacht seine Prozessfähigkeit verliert (BGH NJW 1993, 1654); das gilt auch dann, wenn wegen § 62 III 6 (dazu Rz 44 ff) keine schriftliche Vollmacht vorgelegt worden war (BFH/NV 2002, 1035. Auch in der Bestellung eines anderen Bevollmächtigten ist noch kein Widerruf der Vollmacht des zunächst Bestellten zu sehen, da ein Beteiligter sich auch durch **mehrere Bevollmächtigte** vertreten lassen kann (BGH HFR 1981, 89; vgl Rz 16; aA anscheinend BSG DVBl 1990, 216).

Gegenüber dem Gericht entfaltet das Erlöschen der Prozessvollmacht in den Fällen des **Widerrufs** und der **Mandatsniederlegung** erst dann **Wirkung,** wenn ihm diese Umstände angezeigt werden (vgl § 87 I ZPO; BFHE 101, 469 = BStBl II 1971, 403; BFH/NV 1991, 74, 75; 1993, 307; 1995, 148; 1998, 470; BGH AnwBl 1991, 51; VGH Kassel NVwZ 1998, 1313). Bei Vertretungszwang (§ 62 a) setzt die Wirksamkeit der Mandatsniederlegung zudem die Bestellung eines neuen postulationsfähigen Bevollmächtigten voraus (BFH/NV 2003, 1070) – Nimmt das Gericht bis zu diesem Zeitpunkt Prozesshandlungen gegenüber dem bisherigen Bevollmächtigten vor, so bleiben diese auch dann wirksam, wenn es später von der bereits zuvor erfolgten Niederlegung des Mandats erfährt (zur **Ladung:** BFH/NV 1994, 499, 500; 1996, 144; VGH Kassel NVwZ 1998, 1313; zum Zugang der Mitteilung über die Mandatsniederlegung beim Gericht vor Zustellung, aber nach Absendung der Ladung: BSG HFR 1975, 582). Trotz Mandatsniederlegung kann der Bevollmächtigte so lange für den Beteiligten handeln, bis dieser in anderer Weise für die Wahrnehmung seiner Rechte gesorgt hat (§ 87 II ZPO). – Zum Nachweis der Vertretungsbefugnis nach Mandatsniederlegung s FG Nds EFG 1985, 355; 1988, 425.

In **Verfahren vor dem BFH** entfalten der Widerruf der Bevollmächtigung und die Mandatsniederlegung wegen des Vertretungszwangs (§ 62 a Rz 1 ff) erst mit der Anzeige der Bestellung eines anderen Bevollmächtigten Wirkung (BFHE 121, 20 = BStBl II 1977, 238; BFH/NV 1997, 368; 1998, 617, 618; 1237; 1242; 1370; 1999, 953; 2000, 59; 63 und öfter). Bis zu diesem Zeitpunkt wirkt die ursprüngliche Bevollmächtigung fort (BFH/NV 1998, 1237). Die Prozesshandlungen des ehemaligen Bevollmächtigten bleiben auch dann wirksam, wenn dieser sein Mandat niederlegt (BFHE 126, 506 = BStBl II 1979, 265). **19**

Soll der bisherige Bevollmächtigte wieder für den Vollmachtgeber tätig werden, ist die **Vorlage einer neuen Vollmachtsurkunde** erforderlich (BFH/NV 2000, 59). – Bei **ausländischen Vollmachten** ist auch hinsichtlich ihres Bestandes das Recht des Staates maßgebend, in dem sie Wirkung entfalten sollen (BFHE 123, 406 = BStBl II 1978, 56; BGH LM § 325 ZPO Nr 10). Die Vertretungsmacht desjenigen Ausländers, der die Prozessvollmacht erteilt hat, ist jedoch nach dem auswärtigen Recht zu beurteilen (BGH NJW 1990, 3088).

4. Beistände

Anders als Bevollmächtigte handelt der Beistand nicht für den Beteiligten, sondern – unterstützend – neben ihm. Als Beistand kommt jede beliebige, **prozessfähige** Person in Betracht (§ 155 iVm § 90 I ZPO; Rz 5), **20**

sofern sie nicht unerlaubt geschäftsmäßig Hilfe in Steuersachen leistet (§ 62
II 2). Sie wird durch Benennung legitimiert (vgl BFH/NV 1996, 426). –
Der Beistand darf keine eigenständigen Handlungen vornehmen. Er ist insbesondere nicht befugt, Schriftsätze einzureichen (vor allem bestimmende)
oder andere Prozesshandlungen vorzunehmen. Dies ist dem Beteiligten
vorbehalten; eventuelle von dem Beistand verfasste vorbereitende Schriftsätze muss der Beteiligte unterzeichnen. In der **mündlichen Verhandlung** darf der Beistand nur gemeinsam mit dem Beteiligten auftreten. Erklärungen des Beistands in der mündlichen Verhandlung gelten als von
dem Beteiligten vorgetragen, es sei denn, der Beteiligte widerspricht sofort
(§ 155 iVm § 90 II ZPO). – Auch die **beklagte Finanzbehörde** kann
sich in der mündlichen Verhandlung **vor dem FG** eines Beistandes bedienen (BFHE 95, 366 = BStBl II 1969, 435); das gilt auch dann, wenn es
sich um den in der Streitsache tätig gewesenen Betriebsprüfer handelt, der
inzwischen Steuerberater ist (BFH/NV 1994, 715). – **In Verfahren vor
dem BFH** ist die Hinzuziehung eines Beistandes wegen des Vertretungszwangs (Rz 3; § 62 a Rz 1 ff) **ausgeschlossen.**

**5. Anordnung zur Bestellung eines Bevollmächtigten oder zur
Hinzuziehung eines Beistands (§ 62 I 2)**

21   § 62 I 2 dient zum einen dem Beteiligten, der nicht in der Lage ist, seine
Interessen gehörig wahrzunehmen, und zum anderen dem sachgerechten
und beschleunigten Fortgang des Verfahrens (BFH/NV 1989, 515, 516).

22   Die Anordnung ist **unzulässig,** wenn der Beteiligte prozessunfähig
(§ 58 Rz 1, 8 ff) ist, weil ein Prozessunfähiger die Anordnung nicht befolgen könnte (vgl BayVGH BayVBl 1974, 503). – Ansonsten steht die Anordnung im **Ermessen** des Gerichts. Sie ist **nur gerechtfertigt,** wenn
feststeht, dass der Beteiligte seine Rechte nicht selbst sachgerecht wahrnehmen kann (BFHE 115, 185 = BStBl II 1975, 489, 491; BFH/NV
1989, 796; 2001, 335; FG BaWü EFG 1995, 331) oder will (vgl BFH/NV
1989, 515, 516) und Hinweise gem § 76 II erfolglos geblieben sind
(BFH/NV 1992, 681; zur Ausnahme s BFH/NV 2001, 474). Sie ist insbesondere angebracht, wenn der Beteiligte weder zum sachgemäßen Tatsachenvortrag noch zur Stellung sachdienlicher Anträge fähig ist (BFHE 88,
72 = BStBl III 1967, 289; BFHE 88, 24 = BStBl III 1967, 258; BFH/NV
1996, 498), weil er (geistig) die entscheidungserheblichen Umstände nicht
erkennen oder nicht erfassen kann, welche Prozesshandlungen nach Lage
des Falles geboten sind, oder wenn er unverständliche, verworrene, weit-
schweifige oder unsachlich (beleidigende) Ausführungen macht oder sinn-
lose Anträge stellt, die die Rechtsverfolgung als mutwillig erscheinen lassen
(BFHE 101, 357 = BStBl II 1971, 370; BFHE 113, 267 = BStBl II 1975,
17; BFH/NV 1992, 522; 1995, 900; 1996, 766). Dasselbe gilt, wenn sich
der Beteiligte nicht artikulieren kann, oder wenn eine zügige Abwicklung
des Rechtsstreits daran scheitert, dass der Beteiligte (zB infolge einer
schweren Erkrankung oder wegen erheblicher beruflicher Inanspruchnahme) auf längere Zeit verhindert ist, Termine wahrzunehmen (BFHE 88, 24
= BStBl II 1967, 258; BFHE 113, 267 = BStBl II 1975, 17; BFHE 142,
355 = BStBl II 1985, 215; BFH/NV 2001, 335 betr berufliche Überlastung). – Andererseits kann die Anordnung nicht schon deshalb erfolgen,

weil sich der Beteiligte prozessfördernden Empfehlungen des Gerichts versagt (BFHE 113, 267 = BStBl II 1975, 17) oder weil er sich selbstschädigend oder ungeschickt verhält. – Bei der Entscheidung ist die Kompliziertheit des Abgabenrechts zu berücksichtigen. – Das Gericht kann anstelle der Anordnung nach § 62 I 2 auch eine Ausschlussfrist nach §§ 65 II, 79b setzen, um das Verfahren zu beschleunigen (BFH/NV 2001, 335 betr § 65 II).

Die Anordnung nach § 62 I 2, einen Bevollmächtigten zu bestellen, **23** kann auch ergehen, wenn der **Beteiligte** selbst **Rechtsanwalt** oder ein anderer Angehöriger der in §§ 3, 4 Nr 1 und 2 StBerG genannten Berufsgruppen ist und sich selbst vertritt, ihm aber die Fähigkeit hierzu fehlt (BFH/NV 1986, 616, 617; 1989, 796; 1996, 481 betr Erkrankung; offen BFHE 128, 489 = BStBl II 1979, 778). § 62 II 1 Hs 2 steht dem nicht entgegen, weil § 62 II nur die Prozessführung für andere betrifft, nicht aber die Prozessführung in eigener Sache.

Die **Anordnung** erfolgt **durch Beschluss** des Gerichts (§ 5 III 2) oder **24** des Einzelrichters (§§ 6, 79 a III, IV). Der Beschluss ist gem § 128 I mit der **Beschwerde** anfechtbar (BFHE 88, 24 = BStBl III 1967, 258; BFHE 113, 267 = BStBl II 1975, 17). Bei der Einlegung der Beschwerde muss sich der Beteiligte wegen des **Vertretungszwangs** (§ 62a I 2 – § 62a Rz 14) vertreten lassen (BFH/NV 1986, 616; 1991, 471). – Zur Zulässigkeit einer **Gegenvorstellung** s BFH/NV 2000, 67, 68; aA – Gegenvorstellung unzulässig – FG Hbg EFG 1981, 98. – Die Anordnung kann wegen veränderter Umstände durch Beschluss **aufgehoben** werden; die Rechtskraftwirkung des Beschlusses ist durch den Zweck des § 62 I 2 (Rz 21) begrenzt (BFH/NV 1989, 515, 516). – Zum **Rechtsschutzinteresse** für einen Aufhebungsantrag s BFH/NV 1995, 311.

Das Gericht (Rz 24) kann nur anordnen, dass ein Bevollmächtigter oder **25** Beistand zu bestellen ist, nicht etwa, dass ein Rechtsanwalt, Steuerberater oder ein Steuerbevollmächtigter hinzuzuziehen ist. Ebensowenig kann das Gericht die Bestellung eines bestimmten Rechtsanwalts usw oder Beistandes anordnen (BFH/NV 1996, 289). Der Beteiligte kann vielmehr **irgendeinen Bevollmächtigten wählen,** den das Gericht jedoch ggf nach § 62 II als ungeeignet zurückweisen kann (BFHE 88, 72 = BStBl III 1967, 289). – Findet der Beteiligte jedoch keinen Bevollmächtigten oder Beistand, kann das Gericht ihm auf Antrag nach § 155 iVm §§ 78b, c ZPO durch Beschluss einen bestimmten Bevollmächtigten oder Beistand beiordnen (BFH/NV 1989, 381; zu weitgehend FG D'dorf EFG 1994, 436, 437). Wegen der **Einzelheiten** s § 62a Rz 21. Die dort genannten Grundsätze sind – mit Ausnahme der Beschränkung auf den vertretungsbefugten Personenkreis – entsprechend anwendbar. – Ist der Beteiligte mittellos und ist die Vertretung durch qualifizierte Kräfte geboten, so kann ihm stattdessen auch im Wege der **PKH** ein Vertreter beigeordnet werden (§ 142 Rz 92). Eine Bestellung zum Prozessbevollmächtigten wird hierdurch nicht bewirkt (BGH VersR 1991, 936).

Der **Beteiligte verliert** mit der Anordnung nach § 62 I 2 die **Postu- 26 lationsfähigkeit** für das gesamte Verfahren vor dem FG (BFH/NV 1996, 481). Er kann also selbst weder Prozesshandlungen wirksam vornehmen noch Erklärungen abgeben. – **Kommt der Beteiligte der Anordnung, einen Bevollmächtigten zu bestellen nicht nach,** sind seine Äußerun-

gen und Prozesserklärungen auch in der mündlichen Verhandlung unbeachtlich, so dass **nach Aktenlage** zu **entscheiden** ist (BFHE 101, 357 =
BStBl II 1971, 370; BFH/NV 1986, 751; 1990, 707 betr Richterablehnung; BayVGH VerwRspr 18, 381; **aA** – Handlungen und Vortrag des
Beteiligten können, soweit sie verständlich sind, berücksichtigt werden –
Becker/Riewald/Koch § 62 Rz 2; offengelassen durch BFHE 115, 423 =
BStBl II 1975, 672; vgl auch die Anm HFR 1975, 380). – Die **Ausnahmefälle,** in denen selbst bei Vertretungszwang dem Beteiligten die Befugnis zur Vornahme gewisser Prozesshandlungen vorbehalten bleibt (vgl
§ 62a Rz 15 ff), gelten nach dem Sinn des § 62 I 2 nur dann, wenn und
soweit sich der Beteiligte verständlich machen kann. Es ist zB sinnlos,
ihm das Recht einzuräumen, einen Richter abzulehnen oder PKH oder
die Sicherung eines Beweises zu beantragen, wenn man aus seinen Anträgen und deren Begründung keine Klarheit zu gewinnen vermag. Es
geschieht ihm in diesem Fall auch kein Unrecht, da er jede beliebige
Person, nicht nur einen berufsmäßigen, nur gegen Honorar tätigen Bevollmächtigten beauftragen kann (**aA** *Kopp/Schenke* § 67 Rz 49: uneingeschränkte Geltung der Ausnahmen). – Die Wirkung der Anordnung erstreckt sich nicht auf **Anträge,** die unmittelbar **beim BFH** zu stellen sind
(BFH/NV 1996, 786 betr PKH-Antrag); zum Vertretungszwang vor dem
BFH s § 62a Rz 15.

27   Die **Postulationsfähigkeit** des Beteiligten wird durch die **Anordnung, einen Beistand hinzuziehen,** prinzipiell **nicht beeinträchtigt.**
Denn der Beistand steht dem Beteiligten lediglich (insbesondere in der
mündlichen Verhandlung) zur Seite (Rz 20). Lässt der Beteiligte die Anordnung unbeachtet, ist seine Postulationsfähigkeit nur insofern eingeschränkt, als das Gericht ihn in der mündlichen Verhandlung daran hindern
kann, Ausführungen zu machen (*Kopp/Schenke* § 67 Rz 49; strenger
BayVGH VerwRspr 18 Nr 381); Anträge kann er jedoch weiterhin stellen
(VGH BaWü NJW 1974, 764; BayVGH VerwRspr 18 Nr 101).

II. § 62 II – Zurückweisung von Bevollmächtigten und Beiständen

1. Zurückweisung gem § 62 II 1

a) Mangelnde Fähigkeit zum sachgemäßen Vortrag (§ 62 II 1 Hs 1 1. Fall)

31   § 62 II 1 Hs 1 1. Fall regelt, unter welchen Voraussetzungen Bevollmächtigte oder Beistände zurückgewiesen werden können. Durch Art 3
JustizkommunikationsG v 22. 3. 2005 (BGBl I, 837) ist als weiterer alternativer („oder") Grund für die Zurückweisung die Unfähigkeit zum
elektronischen Vortrag aufgenommen worden. Es handelt sich dabei um
einen gesetzgeberischen Fehlgriff. Denn abgesehen davon, dass auch der
elektronische Vortrag – gemeint ist wohl derjenige, der im Rahmen des
elektronischen Rechtsverkehrs übermittelt wird – ein schriftlicher Vortrag
ist, kann es – entgegen des insoweit klaren Wortlauts des § 62 II 1 Hs 1
1. Fall – nicht angehen, dass das Gericht einen schriftlich und mündlich
hervorragend vortragenden Bevollmächtigten nur deshalb zurückweisen
darf, weil er – zB aufgrund fehlender technischer Möglichkeiten oder auch

Fähigkeiten – nicht in der Lage ist, mit dem Gericht auf elektronischem Wege zu kommunizieren. Dies verdeutlicht die Sinnlosigkeit des neuen Zurückweisungsgrundes, dem deshalb **keine Bedeutung** zukommen kann.

Zur Frage, in welchen Fällen die Fähigkeit zum geeigneten schriftlichen **32** (bei Bevollmächtigten) oder (bei Bevollmächtigten und Beiständen) mündlichen Vortrag fehlt (§ 62 II 1 Hs 1 1. Fall), s die Ausführungen zu Rz 22. Die dort genannten subjektiven (geistigen und körperlichen) und objektiven (Verhinderung auf unabsehbare Zeit) Gründe gelten hier sinngemäß (vgl BFH/NV 2001, 335).

Ein **Behördenvertreter** (vgl § 80 III), dem es an der Fähigkeit zum ge- **33** eigneten Vortrag fehlt, kann nur dann zurückgewiesen werden, wenn er als Bevollmächtigter auftritt, also nicht, wenn er nach der Behördenorganisation zur Vertretung befugt ist, wie zB der Vorsteher oder der zeichnungsberechtigte Sachgebietsleiter eines Finanzamts (*Loose* in T/K § 62 Rz 27).

Die in §§ 3 Nr 1, 4 Nr 1 und 2 StBerG genannten **Angehörigen der 34 rechts- und steuerberatenden Berufe** (natürliche Personen) **dürfen** – auch wenn die Voraussetzungen des § 62 II 1 Hs 1 1. Fall vorliegen (zB BFHE 88, 79 = BStBl III 1967, 295; unzutreffend FG Hessen BB 1992, 126) – in ihrer Eigenschaft **als Prozessbevollmächtigte nicht zurückgewiesen werden** (§ 62 II 1 Hs 2), solange sie zur Hilfeleistung in Steuersachen befugt sind (BFH/NV 1986, 616; 1994, 32). Zu diesem (abschließend festgelegten – vgl § 5 Satz 1 StBerG) Personenkreis gehören nur Steuerberater, Steuerbevollmächtigte, Rechtsanwälte, niedergelassene europäische Rechtsanwälte (§ 62a Rz 8), Wirtschaftsprüfer, vereidigte Buchprüfer sowie (mit Einschränkungen) Notare und Patentanwälte, nicht aber zB Hochschullehrer, es sei denn, sie sind als Steuerberater usw zugelassen (zB §§ 35 I, 38 I StBerG), und nicht Prozessagenten und EG-Steuerberater (§ 3 Nr 4 StBerG).

b) Mangelnde fachliche Eignung zur geschäftsmäßigen Hilfeleistung in Steuersachen (§ 62 II 1 Hs 1 2. Fall)

Ein an sich nach §§ 3 Nr 4, 4 Nr 3 ff StBerG zur geschäftsmäßigen Hil- **35** feleistung in Steuersachen befugter Bevollmächtigter kann (nur) zurückgewiesen werden, wenn sich seine mangelnde fachliche Qualifikation durch die Art der Prozessführung offenbart (s auch Rz 22). – Im Übrigen s Rz 33, 34.

c) Ermessen

Die **Zurückweisung** eines Bevollmächtigten oder Beistandes wegen **36** fehlender Fähigkeit zum geeigneten schriftlichen oder mündlichen Vortrag (zum elektronischen Vortrag s Rz 31) oder wegen fehlender fachlicher Qualifikation (§ 62 II 1) steht im **Ermessen** des Gerichts (BFHE 142, 355 = BStBl II 1985, 215, 216; Senat oder Einzelrichter); zur Ermessensausübung vgl BFH/NV 1995, 889. Die Zurückweisung kann für das gesamte Verfahren oder, wenn der Mangel nur vorübergehend besteht (zB betrunkener Bevollmächtigter), auch nur für einen bestimmten Termin ausgesprochen werden.

2. Zurückweisung gem § 62 II 2

37   In den Fällen, in denen Bevollmächtigte und Beistände geschäftsmäßig Hilfe in Steuersachen leisten, ohne hierzu (gem §§ 3, 4 StBerG) befugt zu sein, besteht eine **Zurückweisungspflicht (§ 62 II 2).**

38   **Geschäftsmäßig** ist die Hilfe in steuerlichen Angelegenheiten, wenn sie selbständig, dh in eigener Verantwortung und auf eigene Rechnung, wiederholt (häufig) oder mit Wiederholungsabsicht geleistet wird. Gewerbsmäßigkeit ist nicht erforderlich, ebensowenig muss die Tätigkeit hauptberuflich, mit Gewinnerzielungsabsicht oder entgeltlich ausgeübt werden (vgl BFH StRK RAO § 107a R 40; BFHE 110, 7 = BStBl II 1973, 743, 745; RGSt 61, 47, 51; FG D'dorf EFG 1966, 467; FG Nds EFG 1978, 346; FG Hbg EFG 2003, 253). – **Nicht geschäftsmäßig** ist danach die unselbständige steuerliche Hilfeleistung des (bevollmächtigten) Angestellten eines Beteiligten oder des (unterbevollmächtigten) Angestellten eines Angehörigen der rechts- und steuerberatenden Berufe oder die nur gelegentliche Hilfeleistung aus Gefälligkeit (ohne Wiederholungsabsicht).

39   **Befugt zur Hilfeleistung** in Steuersachen sind (nur) die in §§ 3, 4 StBerG genannten Personen und Vereinigungen (zu einem in der Schweiz niedergelassenen Rechtsanwalt s FG Hbg EFG 2003, 253, zwischenzeitlich aber überholt durch Neufassung des § 3 Nr 4 StBerG). Zu diesem abschließend festgelegten Personenkreis (§ 5 Satz 1 StBerG; vgl Rz 34) gehören zB auch die **Einzelgewerkschaften** (BFHE 127, 136 = BStBl II 1979, 341) und der **DGB** (BFHE 134, 515 = BStBl II 1982, 221). – Zur Beratungsbefugnis eines **LSt-Hilfevereins** (§ 4 Nr 11 Satz 2 StBerG) bei schädlichen Einkünften des StPfl s BFH/NV 1989, 670, 671; bestätigt durch BVerfG Beschluss v 22. 6. 1989 1 BvR 508/89, StRK StBerG 1975 § 4 Rz 14a; BFHE 176, 193 = BFH/R 1995, 12; zur Vertretungsbefugnis nach Beendigung der Mitgliedschaft s *Späth* DStZ 1989, 538. – Zur Vertretungsbefugnis der **Kreishandwerkerschaft** s BGH BB 1990, 2068 und zur Vertretungsbefugnis eines **Rechtsanwalts**, der als Insolvenzverwalter die Praxis eines in Insolvenz gefallenen Steuerberaters fortführt, s BFH/NV 1995, 7. Zur Vertretung des Arbeitsamtes – Familienkasse – durch Angehörige des Landesarbeitsamtes in Kindergeldsachen (§ 4 Nr 3 StBerG) s Rz 7. – **Rechtslehrer** an wissenschaftlichen deutschen Hochschulen sind im Katalog der §§ 3, 4 StBerG nicht erwähnt. Sie sind deshalb nur dann zur Hilfeleistung in Steuersachen befugt, wenn sie gleichzeitig als Rechtsanwalt, Steuerberater usw zugelassen sind. Ein Gewohnheitsrecht zur Prozessvertretung besteht für sie jedenfalls im finanzgerichtlichen Verfahren entgegen *Deumeland* (RiA 1988, 118, 119) nicht (vgl BVerwG NJW 1988, 220; s auch § 62a Rz 6). – Im Übrigen vgl die Kommentierungen zum StBerG und *Kruse* in T/K § 80 AO Rz 69ff; *Klein/Brockmeyer* § 80 Rz 17ff. – **Nicht befugt** zur Hilfeleistung sind **Botschaftsangehörige** in Rechtsstreitigkeiten ihrer Staatsangehörigen (FG Bln EFG 1978, 99) und **Gewerkschaftssekretäre** (FG Bln EFG 1978, 406; FG D'dorf EFG 1981, 153; **aA** BFHE 134, 515 = BStBl II 1982, 221). Sie dürfen aber als Angestellte der Gewerkschaft Hilfe in Steuersachen leisten. – Ist die **Zulassung** eines Rechtsanwalts usw **erloschen** (vgl § 34 BRAO), so verliert er die Befugnis zur Hilfeleistung in Steuersachen (vgl zu einem Steuerberater, dessen Bestellung widerrufen worden ist: BFH/NV 2003, 714; 1094; 1222;

1335; 1341; 1452; 2004, 92; 94; 671). Zuvor vorgenommene Prozesshandlungen bleiben gem § 36 II BRAO wirksam (BFHE 115, 201 = BStBl II 1975, 713; BVerwG BayVBl 1978, 123).

Liegt keine unbefugte oder keine geschäftsmäßige Hilfeleistung in Steuersachen vor, können Bevollmächtigte und Beistände nur nach Maßgabe des § 62 II 1 zurückgewiesen werden (Rz 35).

3. Zurückweisung gem § 62 II 3

Gesellschaften iS des § 3 Nr 2 und 3 StBerG können zurückgewiesen **40** werden, wenn sie nicht durch natürliche, zur unbeschränkten Hilfeleistung in Steuersachen befugte, Personen iS des § 3 Nr 1 StBerG tätig werden. – Die Zurückweisung steht im **Ermessen** des Gerichts (Senat oder Einzelrichter). Sie ist jedenfalls dann gerechtfertigt, wenn der für die Gesellschaft Handelnde nicht zu den Personen iS des § 3 Nr 1 StBerG gehört und wenn konkrete Anhaltspunkte dafür bestehen, dass ihm die Fähigkeit und/oder die fachliche Qualifikation zur Prozessführung fehlt (vgl Rz 22, 32).

4. Entscheidung durch Beschluss und Wirkung des Beschlusses

Die Zurückweisung erfolgt durch **Beschluss** des Senats oder des Ein- **41** zelrichters (§§ 6, 79 a III, IV). Da es sich um ein unselbständiges Zwischenverfahren handelt, ist **keine Kostenentscheidung** zu treffen (BFH/NV 1998, 874). – Die **Befugnis,** als Bevollmächtigter oder als Beistand aufzutreten, **entfällt erst mit** dem **Beschluss.** Die Zurückweisung hat zur **Folge,** dass der Bevollmächtigte keine wirksamen Prozesshandlungen mehr vornehmen kann (zur nachträglichen Erteilung einer Untervollmacht: BFHE 142, 355 = BStBl II 1985, 215, 216; BFH/NV 2003, 1335). Prozesshandlungen, die der Bevollmächtigte vor der Zurückweisung vorgenommen hat, bleiben wirksam (*Kopp/Schenke* § 67 Rz 47 mwN). – Der Beteiligte und der Bevollmächtigte selbst können gegen den Beschluss **Beschwerde** einlegen (BFHE 127, 136 = BStBl II 1979, 341; BFHE 134, 515 = BStBl II 1982, 221; BFH/NV 1990, 447; 1998, 347; 998: im Zweifel Einlegung der Beschwerde durch den Bevollmächtigten im eigenen Namen). – Die Voraussetzungen der §§ 115 II Nr 3, 119 Nr 4 sind im Falle der Zurückweisung des Bevollmächtigten nicht erfüllt (vgl BFH/NV 2000, 326). – Zum **Streitwert** s BFHE 134, 515 = BStBl II 1982, 221 (1/10 des Wertes der Hauptsache).

III. § 62 III – Erteilung und Nachweis der Vollmacht, Fristsetzung

1. Vollmachtserteilung

Die Prozessvollmacht wird durch einseitige empfangsbedürftige Erklä- **42** rung gegenüber dem Bevollmächtigten, dem Gericht oder dem Prozessgegner erteilt. Die Erklärung wird mit dem Zugang (§ 130 BGB) wirksam. Die Erteilung der Prozessvollmacht durch den Kläger (s auch Rz 65) ist **Prozesshandlung** (BFHE 142, 355 = BStBl II 1985, 215, 216; FG SchlHol EFG 1976, 94; *Loose* in T/K § 62 Rz 7; **aA** *R/S* 338). Wirksame Erteilung setzt also **Prozess- und Beteiligtenfähigkeit** (§§ 57, 58) voraus (Rz 65). Die Vollmachtserteilung kann als Prozesshandlung nicht wegen eines Willensmangels (§§ 119, 123 BGB) angefochten werden (zum Widerruf s Rz 17 f). – Die **Schriftform** ist kein wesentliches Wirksamkeitserfordernis für die Vollmachterteilung. § 62 III 1 bestimmt, dass die Vorlage der schriftlichen Prozessvollmacht – wie im Zivilprozess (§ 80 I ZPO) – lediglich dem **Nachweis der Bevollmächtigung** dient (anders zur früheren Rechtslage: BFHE 133, 344 = BStBl II 1981, 678, 679). – Zum Inhalt der Vollmacht s Rz 63. – Zur Bestellung eines Prozessvertreters für einen prozessunfähigen Kläger s BFH/NV 1999, 1631.

2. Nachweis der Vollmacht (§ 62 III 1, 2, 6)

a) § 62 III 6

44   Die Bevollmächtigung ist gem § 62 III 1 durch eine schriftliche Vollmacht nachzuweisen. Den **Mangel der Vollmacht** hat das Gericht nach § 62 III 2 von Amts wegen zu berücksichtigen. Das gilt nach der durch das 2. FGOÄndG mit Wirkung ab dem 1. 1. 2001 eingeführten und sowohl für Verfahren vor den **FG** als auch vor dem **BFH** geltenden Regelung des § 62 III 6 aber dann nicht, wenn als **Bevollmächtigter** eine Person oder Personenvereinigung iS des **§ 3 Nr 1–3 StBerG** auftritt. In diesen Fällen braucht das Gericht den Mangel der Vollmacht nämlich nicht von Amts wegen zu berücksichtigen. Diese ungewöhnliche Formulierung soll besagen, dass es im **Ermessen des Gerichts** steht, ob es den **Nachweis der Vollmacht** fordert oder nicht (glA *Loose* in T/K § 62 Rz 32; zur bis zum 31. 12. 2000 geltenden Rechtslage, nach der die Bevollmächtigung ohne jede Ausnahme dem Gericht gegenüber nachzuweisen war und nach der das Gericht in jeder Lage des Verfahrens von Amts prüfen musste, ob die Vollmacht wirksam erteilt worden war und fortdauerte, s Vorauflage).

45   Bei der **Ausübung des Ermessens** hat der mit dem Verfahren befasste Richter (Vorsitzender oder Berichterstatter, s § 79) abzuwägen zwischen dem Zweck des § 62 III 6, eine **Vereinfachung des Verfahrens** herbeizuführen (BT-Drucks 14/4061, 8), und der Pflicht, das **Steuergeheimnis** zu wahren (§§ 30 AO, 355 StGB). Ermessensgerecht ist die Anforderung der Prozessvollmacht dabei nur dann, wenn **begründete Zweifel** an der Bevollmächtigung der als Vertreter aufgetretenen Person bestehen (BFHE 201, 409 = BStBl II 2003, 606; BFH/NV 2001, 813; 2002, 211; 1602; 1603; 2003, 1208; 2004, 523; s auch BT-Drucks 14/4061). Dies gilt entgegen § 88 II ZPO nicht nur, wenn der Mangel gerügt wird (vgl zum Zivilprozess *Zöller/Vollkommer* § 88 Rz 2).

46   Begründete Zweifel an der Bevollmächtigung bestehen dabei nur dann, wenn **konkrete Anhaltspunkte** dafür vorliegen, dass der vermeintliche Bevollmächtigte tatsächlich nicht oder nicht wirksam bevollmächtigt ist. Abstrakte Mutmaßungen reichen insoweit nicht aus (BFHE 201, 409 = BStBl II 2003, 606 mwN; BFH/NV 2004, 523). Derartige konkrete Anhaltspunkte liegen zB vor, wenn der als Bevollmächtigter Auftretende sich in der **Vergangenheit** bereits (mehrfach) nicht hat legitimieren können, wenn in anderen Verfahren die angeblich von dem Bevollmächtigten vertretenen **Kläger nichts von den Klagen wussten** (vgl BFH/NV 2004, 344), wenn die auf dem Briefbogen einer Steuerberatungssozietät gefertigte Klage mit dem Zusatz „**iA**" unterschrieben ist (FG Hbg 2004, 1626), wenn der Kläger nach Erhalt der **Vorschussrechnung** mitteilt, er wisse nichts von einer Klageerhebung oder wenn die von dem angeblichen Bevollmächtigten vorgelegte **Vollmachtsurkunde unvollständig oder fehlerhaft** ist (BFH/NV 2002, 1603 zu einer nur von einem Gesellschafter unterzeichneten Vollmacht; BFH/NV 2002, 1602 zu einer von einem Nichtvertretungsberechtigten unterzeichneten Vollmacht; s auch BFH/NV 2001, 813: Zweifel an Bevollmächtigung bei Fortführung des Verfahrens nach Mandatsniederlegung; FG MeVo EFG 2004, 1311: Zweifel an Bevollmächtigung, weil Einspruchsentscheidung an einen anderen Bevollmächtigten gerichtet war und es sich um einen Fall der Vollschätzung handelt; mE aber sehr zweifelhaft).

Darüber hinaus ist die Anforderung einer Vollmacht vielfach auch dann **47** geboten, wenn der (angebliche) Bevollmächtigte **Klage für eine nicht-rechtsfähige,** aber steuerrechts- und beteiligtenfähige **Personenvereinigung** erhebt, da oftmals zweifelhaft ist, ob er tatsächlich von allen Geschäftsführern (sofern keine Einzelvertretungsbefugnis besteht) oder (wenn solche nicht bestellt sind) von allen Gesellschaftern/Gemeinschaftern bevollmächtigt worden ist (s auch Rz 65). Das gilt mE nicht nur dann, wenn der Bevollmächtigte mit der Klageerhebung eine nur von einem Gesellschafter unterzeichnete (und damit unzureichende) Vollmacht (dazu BFH/ NV 2002, 1603 u Rz 46) einreicht (**aA** aber wohl wegen der erforderlichen konkreten Anhaltspunkte: BFHE 201, 409 = BStBl II 2003, 606; s Rz 46).

Keine Zweifel an der Bevollmächtigung ergeben sich allein aus der **48** Tatsache, dass der Bevollmächtigte trotz Aufforderung keine Klagebegründung einreicht, so dass sich der Eindruck aufdrängt, die Klage sei nur fristwahrend erhoben worden, oder die angekündigte Vollmacht nicht vorlegt (BFHE 201, 409 = BStBl II 2003, 606). Gleiches gilt mE im Falle einer ungewöhnlichen (missbräuchlichen) Prozessführung (aA BFHE 180, 520 = BStBl II 1997, 75; BFH/NV 1995, 713) oder bei mangelnder Sachkenntnis des Bevollmächtigten (so aber BFH/NV 1999, 1358; FG Köln EFG 2001, 702, 703; offengelassen durch BFHE 201, 409 = BStBl II 2003, 606). Diese Umstände stehen mit einer eventuell fehlenden Bevollmächtigung in keinem Zusammenhang. Zudem dient die ansonsten bestehende Pflicht zur Vollmachtsvorlage nicht dem Schutz des Klägers vor unfähigen Bevollmächtigten.

Abgesehen von den Fällen, in denen Zweifel an der Bevollmächtigung **49** bestehen, sollte das Gericht auch dann den **Nachweis der Bevollmächtigung** fordern, wenn der (vermeintliche) Bevollmächtigte **Akteneinsicht** beantragt. Dies ist aus Gründen des Steuergeheimnisses geboten, weil durch die Akteneinsicht in weitaus größerem Umfang die Verhältnisse des Stpfl offenbart werden können, als dies im Rahmen des bloßen finanzgerichtlichen Verfahrens der Fall ist, dessen Hintergründe der (angebliche) Bevollmächtigte idR ohnehin kennt, zumal er ohne diese Kenntnisse nicht in der Lage wäre, die Klage zu begründen (**aA** aber möglicherweise die Rspr, s Rz 46).

Um die getroffene Ermessensentscheidung (s Rz 44 f) für die Beteiligten **50** (und ggf den BFH) nachvollziehbar zu machen, sollte das Gericht seine diesbezüglichen Erwägungen entweder durch Aktenvermerk oder besser noch durch Angabe der **Gründe in der Fristsetzung** selbst **angeben.**

b) § 62 III 1, 2

53   Gehört der als Prozessbevollmächtigter Auftretende **nicht** zu den Personen oder Personenvereinigungen iS des **§ 3 Nr 1–3 StBerG oder** ergibt die iR des § 62 III 6 durchzuführende Interessenabwägung, dass der **Mangel** der Vollmacht gleichwohl **von Amts wegen zu berücksichtigen** ist (Rz 46), **muss** die **Vollmacht weiterhin** nach den bisher geltenden Grundsätzen **nachgewiesen werden.** Das Gericht hat sie gem § 62 III 2 (auch im Revisionsverfahren bei bestehenden Vertretungszwang) **von Amts wegen anzufordern.** Auf die prozessualen Folgen der Nichtvorlage muss das Gericht nicht hinweisen (BFH/NV 1999, 45).

54   **aa)** § 62 III 1 verlangt, dass die Bevollmächtigung **durch Vorlage einer** schriftlichen **Prozessvollmacht nachgewiesen** wird. Die **Schriftform** ist grundsätzlich nur gewahrt, wenn die Urkunde **eigenhändig** durch Namensunterschrift oder mittels notariell beglaubigten Handzeichens **unterzeichnet** ist (§ 126 I BGB; vgl § 64 Rz 18 ff; s auch BFHE 166, 103 = BStBl II 1992, 309). Nachgewiesen werden kann die Bevollmächtigung nur durch **Vorlage einer handschriftlich unterzeichneten Vollmacht im Original** (st Rspr BFHE 179, 5 = BStBl II 1996, 105; BFH/NV 1996, 919; 1997, 871, 872; 876; 1998, 58; 1999, 324; 625; 1370; 1604, 1605; 2000, 51; 69; 2001, 457; 2003, 341; 2004, 489; s auch FG Mchn EFG 2002, 853: daran ändert auch § 62 III 6 nichts; überholt: BFHE 156, 350 = BStBl II 1989, 567; BFHE 174, 394 = BStBl II 1994, 763; BFH/NV 1995, 535). Das ergibt sich zwar nicht aus dem Erfordernis der Vorlage einer „schriftlichen" Prozessvollmacht, wohl aber aus der **Funktion** und dem Zweck **des Nachweises,** da nur durch die Vorlage einer handschriftlich unterzeichneten Originalvollmacht für den gesamten Prozessverlauf sichergestellt werden kann, dass die von Amts wegen zu prüfende Sachentscheidungsvoraussetzung der ordnungsgemäßen Bevollmächtigung (s Rz 1) erfüllt ist (BGH BB 1994, 1525 = NJW 1994, 2298; FG BaWü EFG 1994, 438; 630; 1995, 579; FG Hessen EFG 1995, 129; 331; FG RhPf EFG 1995, 580; FG Köln EFG 1997, 247; *Baumbach ua* § 80, Rz 11; *Zärban* BB 1994, 2252; BB 1996, 519; s auch BFHE 149, 19 = BStBl II 1987, 392; FG M'ster EFG 1994, 216). – Zu beachten ist allerdings, dass **BFH/NV 2004, 489** es ausdrücklich **offen gelassen** hat, ob die **Anforderungen** an den Nachweis der Bevollmächtigung **nach Einfügung des Satzes 6** in § 62 III zu erleichtern sind und/oder das Ermessen des Gerichts, eine Ausschlussfrist zur Vorlage der Vollmacht zu setzen, einzuschränken ist (zu Letzterem Rz 44 ff; für die Beibehaltung der bisherigen Grundsätze FG MeVo EFG 2004, 1311).

55   Entsprechend seiner bisherigen Rspr (Rz 54) **lässt** der **BFH** den Nachweis der Bevollmächtigung durch die Vorlage einer **Fotokopie** (BFHE 149, 19 = BStBl II 1987, 392; BFH/NV 1988, 648, 649; 1995, 126; BFH/NV 1995, 534 betr die Vorlage einer Kopie der dem Prozessbevollmächtigten durch Telekopie erteilten Prozessvollmacht) oder die Übermittlung eines **Telefaxes durch den Prozessbevollmächtigten** (BFH/NV 1997, 876; 1998, 171; 1229; 1999, 324) **nicht zu,** und zwar auch dann nicht, wenn das Original kurze Zeit nach Fristablauf eingeht (BFH/NV 2004, 489 mwN, zugleich mit einer Darstellung der Entwicklung der Rspr). Demgegenüber **zulässig** soll aber der Nachweis durch ein

vom Kläger übermitteltes Telefax (BFH/NV 1999, 1604, 1605), durch **Computer-Telefax** (BFH/NV 1998, 604) oder – in Übereinstimmung mit der Rspr zu § 64 (s dort Rz 18 ff) – durch ein fernmündlich aufgegebenes **Telegramm** (BFHE 150, 309 = BStBl II 1987, 717) sein, wobei das Gericht allerdings die Befugnis haben soll, bei berechtigten Zweifeln an der Bevollmächtigung gleichwohl die Vorlage einer Originalvollmacht zu verlangen (BFH/NV 1995, 42; BFHE 180, 520 = BStBl II 1997, 75; BFHE 185, 126 = BStBl II 1998, 445; BFH/NV 1996, 299; 1999, 211).

Der Rspr des **BFH ist nicht zu folgen.** Sie ist nicht nur in sich widersprüchlich, sondern wird auch der Nachweisfunktion des § 62 III 1 (Rz 42) nicht gerecht. Der BFH lässt zutreffend den Nachweis der Bevollmächtigung durch die Vorlage einer **Fotokopie** nicht zu. Denn eine Fotokopie bietet schon wegen der Möglichkeit der Manipulation nicht die erforderliche Sicherheit dafür, dass der angebliche Aussteller der Vollmacht den vermeintlichen Bevollmächtigten gerade für das betreffende Verfahren bevollmächtigt hat. Darüber hinaus kann man einer Kopie nicht ansehen, ob sie vom Original oder von der Kopie einer (möglicherweise für andere Zwecke erteilten) Prozessvollmacht angefertigt worden ist. Diese Überlegungen müssen mE aber auch für solche Vollmachten gelten, die per **Telefax** oder **Computer-Telefax** übermittelt werden. Denn auch insoweit handelt es sich um vom Telefaxgerät des Empfängers gefertigte Kopien, die der Möglichkeit der Manipulation unterliegen. – Die Bevollmächtigung kann mE auch nicht durch **Telegramm** nachgewiesen werden. Denn auch bei einem Telegramm steht nicht mit hinreichender Sicherheit fest, wer die Erklärung abgegeben hat, da die Identität des Absenders bei der Aufgabe des Telegramms nicht überprüft wird. – Zusammenfassend bedeutet dies, dass der Nachweis der Bevollmächtigung nur durch Vorlage einer handschriftlich unterzeichneten Vollmacht im Original möglich ist und Ausnahmen hiervon – wie sie etwa auch für die Einlegung von Rechtsmitteln und die Abgabe bestimmender Schriftsätze in Bezug auf das Schriftformerfordernis anerkannt werden (vgl hierzu § 64 Rz 18 ff sowie BFH/NV 2004, 489) – nicht zuzulassen sind (aA *Seer* StuW 2001, 3, 13 f, der auch die per Telefax usw übermittelte Prozessvollmacht als formgerecht anerkennen will).

Die **Erklärung zur Niederschrift** des Gerichts (auch des Einzelrichters) in der mündlichen Verhandlung ersetzt die Schriftform (BFHE 103, 408 = BStBl II 1972, 95). Ein **blanko** – ohne Angabe des Prozessbevollmächtigten des Klägers, des Rechtsstreits, des Ortes oder des Datums – unterschriebene und später vom Prozessbevollmächtigten abredegemäß vervollständigte Vollmachtsurkunde ist iS des § 62 III 1 schriftlich erteilt und wirksam (BFHE 185, 126 = BStBl II 1998, 445; BFH/NV 1999, 620; 1098, 1099; 1352; 2000, 52; vgl auch BVerwG HFR 1984, 493); das gilt mE auch für die (nicht erkennbar) abredewidrig ausgefüllte Blankovollmacht. Ebenso kann eine **unvollständige Vollmachtsurkunde** nach Maßgabe des Vollmachtsauftrags (Innenverhältnisses) noch nachträglich vervollständigt werden (BFH/NV 1997, 235). Die Vollmacht braucht nicht auf dem üblichen **Vordruck** erteilt zu werden. Sie kann sich auch aus dem **Schriftwechsel** zwischen den Beteiligten und dem zu Bevollmächtigenden (FG Hessen EFG 1967, 244; FG RhPf EFG 1972, 295) oder aus einem **Schriftsatz an das Gericht** (BFH/NV 1995, 889; 2001, 1129, 1130; aA für Telefax-Schriftsatz FG Hessen EFG 1999, 244 sowie BFH/NV 1999, 333 betr Mitteilung des Klägers, er werde seinen Anwalt veranlassen, das Verfahren zu beenden) ergeben. – Fehlt auf der Urkunde das Datum, die Angabe des Prozessbevollmächtigten oder des Verfahrens, genügt es, wenn die Prozessvollmacht einem Schriftsatz **beigeheftet** ist, in dem sich der Rechtsanwalt, Steuerberater usw zum Prozessbevollmächtigten bestellt (BFHE 183, 169 = BStBl II 1997, 823; BFHE 185, 126 = BStBl II 1998, 445; BFH/NV 1990, 792, 793; 1998, 129; 2000, 201; zur Abgrenzung s BFH/NV 2000, 51). – **Berechtigten Zweifeln** an der Bevollmächtigung des Prozessvertreters zur Führung des Rechtsstreits oder an der Weitergeltung der Vollmacht muss das Gericht nachgehen (zB BFH/NV 1992, 520; 521; 1999, 1358). Die Zurückweisung der Vollmacht darf aber nicht auf bloße Mutmaßungen gestützt werden (BFHE 185, 126 = BStBl II 1998, 445; BFH/NV 1999, 1352; 1471); erforderlich sind vielmehr konkrete Beweisanzeichen, die den Schluss zulassen, dass die Vollmacht missbraucht wird, weil sie nicht wirksam erteilt oder im Innenverhältnis eingeschränkt oder widerrufen worden ist (zB BFH/NV 1998, 129; 1999, 317, 318; 485; 635, 636). – Ggf kann das Gericht die erneute Vorlage einer (vollständigen) Vollmachtsurkunde verlangen (BFHE 164, 210 = BStBl II 1991, 726; BFHE 180, 520 = BStBl II 1997, 75; BFH/NV 1992, 608; 1996, 823; 845; 1997, 129; FG Hessen EFG 1998, 383). – Auf Antrag des Gegners kann das Gericht die **öffentliche Beglaubigung** einer privatschriftlichen Vollmacht anordnen (§ 155 iVm § 80 II ZPO – vgl BVerwG HFR 1984, 494).

61   **bb)** Der **Nachweis** der Bevollmächtigung muss **dem Gericht** (dem Senat oder dem Einzelrichter) **gegenüber** erfolgen (§ 60 III 1–3). Es genügt deshalb nicht, dass der Bevollmächtigte im Besitz der Vollmacht ist, sie aber nicht zu den Gerichtsakten gibt (BFHE 92, 551 = BStBl II 1968, 660; BFHE 102, 442 = BStBl II 1971, 689; FG SchlHol EFG 1976, 94; 1980, 609), oder dass er sie dem FA vorlegt (FG BaWü EFG 1988, 190).

62   Die Prozessvollmacht muss sich auf das konkrete **gerichtliche Verfahren** beziehen (Ausnahme: Generalvollmacht); eine für das Verwaltungs-(vor)verfahren erteilte Vollmacht reicht nicht aus (FG M'ster EFG 1973, 441; FG Mchn EFG 1986, 572; FG Bln EFG 1991, 694). – Die Prozessvollmacht muss **grundsätzlich für jedes Verfahren** gesondert durch Vorlage des Originals nachgewiesen werden (BFHE 165, 22 = BStBl II 1991, 848; BFH/NV 1991, 178; 762; großzügiger BFHE 166, 518 = BStBl II 1992, 496). Sind **mehrere Verfahren** desselben Klägers bei demselben Senat oder verschiedenen Senaten des Gerichts **anhängig**, braucht der (für alle Verfahren) Bevollmächtigte die Vollmacht nur in einem der Verfahren vorzulegen; die **Bezugnahme** auf diese Vollmacht **genügt** (ist aber auch erforderlich), wenn das Gericht in diese Vollmachtsurkunde ohne weiteres Einsicht nehmen kann und die Prozessvollmacht sich **auf das Verfahren erstreckt**, in dem die Bezugnahme erfolgt ist (BFHE 165, 22 = BStBl II 1991, 848; BFH/NV 1993, 618; 1998, 58; 1364; 1487; 1999, 485; 640; s auch FG BaWü EFG 1991, 33; FG Mchn EFG 1998, 384; FG Hessen EFG 1998, 1211; zur Abgrenzung s BFH/NV 2001, 324; aA FG

Hessen EFG 1983, 33; FG Bln EFG 1985, 31; offen BFH/NV 1991, 178).
Dasselbe gilt, wenn der als Prozessbevollmächtigter Auftretende auf eine **in
den Steuerakten** befindliche Vollmacht (zB durch Vorlage einer Fotokopie – BFHE 166, 518 = BStBl II 1992, 496) Bezug nimmt und die Steuerakten rechtzeitig (ggf innerhalb der Ausschlussfrist – Rz 85 ff) beim Gericht
eingehen (BFH/NV 1993, 618; s auch BFH/NV 1996, 924) oder wenn
die Finanzbehörde die Vollmacht auf Bitte des Klägers dem FG vorlegt
(BFH/NV 2001, 171). Das Gericht ist jedoch nicht verpflichtet, eine in
den Steuerakten des Klägers abgeheftete Vollmacht selbst ausfindig zu machen (BFH/NV 1993, 618) – Die Bezugnahme auf eine in einem abgeschlossenen Verfahren eingereichte Vollmacht genügt als Nachweis der
Bevollmächtigung im Allgemeinen nicht (BFH/NV 1999, 1370).

cc) Der Nachweis der Bevollmächtigung kann nur durch eine Prozess- **63**
vollmacht erbracht werden, die keine wesentlichen inhaltlichen **Mängel**
aufweist. Eine ordnungsgemäße Vollmacht muss **leserlich** (FG Nds EFG
1994, 630), grundsätzlich in **deutscher Sprache** abgefasst sein (FG Köln
EFG 1997, 818) und jedenfalls im Wege der Auslegung erkennen lassen,
wer bevollmächtigt **hat, wer** bevollmächtigt **ist** und **wozu** er **bevollmächtigt wurde** (BFHE 153, 195 = BStBl II 1988, 731; BFHE 185, 126
= BStBl II 1998, 445; BFH/NV 1988, 509, 510; 1992, 671; 2000, 51, 52;
2003, 341). – Zur **Blankovollmacht** s Rz 57. Die Feststellungen hierzu
sind Sache des Tatsachengerichts und daher vom Revisionsgericht nur
beschränkt (vgl § 118 II 2) nachprüfbar (BFHE 141, 463 = BStBl II 1984,
802; BFH/NV 1995, 225, 227). Lassen sich etwaige inhaltliche Mängel
nicht durch Auslegung beheben, kann der Vorsitzende, Berichterstatter
oder Einzelrichter den Beteiligten analog § 62 III 3 unter **Fristsetzung
zur Klarstellung** auffordern.

Wegen der **Erstreckung** der für das Verfahren vor dem FG erteilten Voll- **64**
macht **auf das Revisionsverfahren** vgl Rz 13; im Übrigen s Rz 12 ff.

dd) Die Vollmacht muss auch sonst wirksam erteilt worden sein. Der **65**
Vollmachtgeber muss **prozess- und beteiligtenfähig** sein (Rz 42). Deshalb kann eine noch nicht errichtete und noch nicht ins Handelsregister
eingetragene GmbH keine wirksame Vollmacht erteilen (FG Mchn EFG
1975, 375). Andererseits bleibt eine **vor dem Erlöschen einer Kapitalgesellschaft** erteilte Prozessvollmacht wirksam (BFH/NV 1992, 614). –
Eine aufgelöste und im Handelsregister gelöschte Kapitalgesellschaft kann
durch den **Nachtragsliquidator** wirksam Prozessvollmacht erteilen (vgl
BFHE 172, 19 = BStBl II 1993, 864; BFH/NV 1992, 177). – Im Übrigen
muss die Vollmacht bei juristischen Personen durch deren gesetzliche Vertreter unterschrieben sein. – Eine **nichtrechtsfähige,** aber steuerrechts-
und beteiligtenfähige **Personenvereinigung** (zB eine BGB-Gesellschaft in
GewSt-, USt- oder GrESt-Sachen) wird durch alle Gesellschafter/Gemein-
schafter vertreten, sofern nicht einzelne vertretungsbefugt oder von den
anderen bevollmächtigt sind (zur Notwendigkeit der Vollmachtserteilung
durch den geschäftsführenden Gesellschafter einer BGB-Gesellschaft s
BFH/NV 1994, 890). Von den genannten Ausnahmefällen abgesehen muss
die Prozessvollmacht deshalb **von allen Gesellschaftern**/Gemeinschaftern
erteilt werden (BFHE 157, 308 = BStBl II 1989, 850, 851; BFH/NV
1996, 155; 1997, 605; 770; 2004, 360). – Entsprechendes gilt in anderen

Fällen gesellschaftsrechtlicher Gesamtvertretung (BFH/NV 1989, 183, 184). – Im Falle einer Streitgenossenschaft muss die Bevollmächtigung für jeden **Streitgenossen** nachgewiesen werden (BFH/NV 1987, 183, 184; 2003, 341); zu **Ehegatten** s BFH/NV 2003, 341. – Bei **Minderjährigen** muss die Prozessvollmacht ggf von beiden Elternteilen unterzeichnet werden (BFH/NV 1986, 747).

66   ee) Wird ein Beteiligter durch einen **Unterbevollmächtigten** vertreten, ist die Klage nicht schon dann zulässig, wenn die vorstehend (Rz 61 ff) erläuterten Voraussetzungen hinsichtlich der Prozessvollmacht erfüllt sind. Vielmehr muss zusätzlich die wirksame Erteilung der Untervollmacht nachgewiesen werden. Auch insoweit müssen die strengen Regeln des Verfahrensrechts eingehalten werden (BFH/NV 1999, 625). – Anders ist es jedoch, wenn ein **Vertreter** – etwa ein Angestellter – im Namen **des Prozessbevollmächtigten** auftritt. In diesen Fällen richtet sich die Wirksamkeit der Vertretung nach den Vorschriften der §§ 164 ff BGB und ist folglich nicht von der Wahrung einer bestimmten Form abhängig. Allerdings darf der Vertreter nicht nach § 62 II 2 ausgeschlossen sein (Rz 37 f). Die Vertretung des Prozessbevollmächtigten kann durch Vorlage einer schriftlichen Urkunde, aber auch auf jede andere Weise nachgewiesen werden (vgl BFH/NV 1989, 594, 595). – Entsprechendes gilt für andere Fälle einer abgeleiteten Vollmacht, wie zB die Vollmachtserteilung durch einen **sachlich-rechtlich Vertretungsbefugten** (Rz 71). Bei zunächst zweifelhafter sachlich-rechtlicher Vertretungsbefugnis kann die Prozessführung uU genehmigt werden (Rz 79 u 98). – Die **Amtsermittlungspflicht** des Gerichts (Rz 44 ff) erstreckt sich ggf auf den Nachweis der Untervollmacht, der Vertretungsbefugnis des Prozessbevollmächtigten und der sachlich-rechtlichen Vertretungsbefugnis (aA FG Bln EFG 1981, 189). – Zur **Fristsetzung nach § 79 b II** in den Fällen der sachlich-rechtlichen Vertretungsbefugnis s Rz 87.

67   ff) Wird dem Gericht die schriftliche Prozessvollmacht nicht oder nicht rechtzeitig (Rz 79 ff u 98 ff) vorgelegt oder wird der inhaltliche Mangel der Vollmacht (Rz 63) nicht oder nicht rechtzeitig behoben, ist die **Klage** (der Antrag) als **unzulässig** abzuweisen (Rz 81 u 101). – Zur **Heilung** des Mangels s Rz 82 u 102.

3. Entbehrlichkeit einer Vollmacht

70   a) **Behörden** bedürfen, wenn sie durch den im Rahmen der Behördenorganisation hierzu Befugten vertreten werden, keiner Vollmacht, sie brauchen also auch eine solche nicht einzureichen, sondern müssen allenfalls die Postulationsfähigkeit des Vertreters nachweisen (BFHE 127, 3 = BStBl II 1979, 283; enger BFH/NV 1992, 41; die Vorlage einer „Generalvollmacht" kann verlangt werden). Sie müssen aber, wenn sie eine sonstige Person als Bevollmächtigten bestellen (etwa einen Rechtsanwalt oder einen Beamten einer anderen Behörde), ebenfalls eine **schriftliche Vollmacht** einreichen. § 80 III, der es in das Ermessen des Gerichts stellt, ob es einen schriftlichen Nachweis verlangt, gilt hier nicht. Diese Vorschrift betrifft nur den Sonderfall der mündlichen Verhandlung.

71   b) Der Erteilung einer besonderen Prozessvollmacht bedarf es auch dann nicht, wenn eine **sachlich-rechtliche Vertretungsmacht** besteht, die

die Befugnis zur Prozessführung einschließt. Gesetzliche Vertreter, geschäftsführende (vertretungsberechtigte) Gesellschafter (§§ 705, 714 BGB), Geschäftsführer (§ 35 GmbHG), Handlungs- und Generalbevollmächtigte, Prokuristen und Verwalter fremden Vermögens (§ 34 III AO) benötigen daher keine Prozessvollmacht (BFHE 176, 212 = BStBl II 1995, 204; BFHE 142, 106 = BStBl II 1985, 60, 61 betr Liquidator einer KG). Der **Nachweis** der sachlich-rechtlichen Vertretungsbefugnis erfolgt durch Vorlage der Urkunde, aus denen sich die Vertretungsmacht ergibt (Handelsregisterauszug, Bestallung, Gesellschaftsvertrag, Satzung usw) oder durch Auskunft der zuständigen Stelle (vgl BFH/NV 1994, 891; zur Fristsetzung nach § 79 b II in diesen Fällen s Rz 87). Zum Verlust der Vertretungsbefugnis infolge Löschung der GmbH im Handelsregister s BFH/NV 1992, 397. – Der gem § 55 BRAO zum **Abwickler einer Rechtsanwaltkanzlei** bestellte Rechtsanwalt braucht nur eine auf den früheren Rechtsanwalt lautende Prozessvollmacht vorzulegen. Im Übrigen ergibt sich seine Vertretungsbefugnis aus der Bestellung. Das gilt auch für zulässigerweise (§ 55 II BRAO; vgl BGH NJW 1980, 1050) übernommene Neuaufträge (BFHE 156, 399 = BStBl II 1989, 624). Dasselbe wird man für den **amtlich bestellten Vertreter** eines Rechtsanwalts (§ 53 BRAO) annehmen müssen (vgl BGH BB 1999, 129). – Zur Frage der **Amtsermittlungspflicht** s Rz 66.

4. Nachreichen der Vollmacht, Fristsetzung (§ 62 III 3)

a) Handeln ohne Vollmachtsvorlage

Tritt jemand als Bevollmächtigter auf, ohne sich durch Vorlage einer **75** schriftlichen Vollmacht zu legitimieren, wird er grundsätzlich (zur Ausnahme s Rz 44 ff) als **Vertreter ohne Vertretungsmacht** behandelt. **Beteiligter** ist derjenige, für den der (angeblich) Bevollmächtigte zu handeln vorgibt. Denn der Bevollmächtigte, der erklärt, für einen anderen zu handeln, kann nicht deshalb Beteiligter werden, weil ihm die Vollmacht fehlt (st Rspr zB BFHE 111, 221 = BStBl II 1974, 218; BFHE 134, 401 = BStBl II 1982, 167, 168; BFH/NV 1986, 408, 409; 1988, 48; 1989, 117; 594; 1996, 845; 846; 1998, 193; vgl auch BVerfG Beschluss v 23. 2. 1971 2 BvR 84/71 nv: Verfassungsbeschwerde gegen die st Rspr nicht zur Entscheidung angenommen; **aA** – Partei ist der vollmachtlose Vertreter – FG Mchn EFG 1966, 467; 1971, 236; FG Bln EFG 1966, 514).

Nach § 62 III 3 kann der vollmachtlose Vertreter die Vollmacht **nach-** **76** **reichen.** Bis dahin kann er – nach freiem Ermessen des Gerichts (zu weitgehend FG SchlHol EFG 1991, 335) – (auch konkludent) **einstweilen** **zugelassen** werden (§ 155 iVm § 89 ZPO); bei Widerspruch des Gegners ist ein Beschluss erforderlich. – Die einstweilige Zulassung erübrigt sich, wenn der Mangel der Vollmacht gem § 62 III 6 unberücksichtigt bleibt. – Ist der vollmachtlose Vertreter einstweilen zugelassen worden, darf das Endurteil erst ergehen, nachdem eine für die Beibringung der Vollmacht gesetzte Frist abgelaufen ist (§ 89 I 2 ZPO; BFHE 158, 203 = BStBl II 1989, 1021). – Zur **Genehmigung der Prozessführung** durch den vollmachtlos Vertretenen s Rz 81, 98 ff.

Der **vollmachtlose Vertreter** kann – selbst wenn er nicht einstweilen **77** zum Verfahren zugelassen ist (Rz 76) – die (unzulässige) **Klage,** die NZB, die Revision oder den (unzulässigen) Antrag **zurücknehmen** (BFHE 128, 24 = BStBl II 1979, 564; BFH/NV 89, 514, 515; 1990, 384; 574; 1991, 469; 1993, 428; 1995, 1008; 1996, 496). Er kann das Verfahren auch **in der Hauptsache für erledigt** erklären (BFHE 108, 477 = BStBl II 1973, 532; FG Bln EFG 1970, 401; FG D'dorf EFG 1971, 142). – S auch § 62a Rz 26. – Zur Frage, wer **Adressat des Beschlusses** ist, s Rz 75.

b) Fristsetzung ohne ausschließende Wirkung

78   Legt der vollmachtlose Vertreter keine Vollmacht vor, so kann das Gericht (Vorsitzender, Berichterstatter oder Einzelrichter) diesem (zunächst) nach § 79 I 1 eine einfache **Frist,** dh **ohne ausschließende Wirkung,** setzen, innerhalb derer er die Vollmacht einzureichen hat. Das Setzen einer solchen Frist steht im Ermessen des Gerichts; besondere Förmlichkeiten sind nicht vorgeschrieben. – Die Anforderung ist als prozessleitende Verfügung **nicht** mit der Beschwerde **anfechtbar** (BFH/NV 2003, 1443).

c) Rechtsfolgen der Fristsetzung ohne ausschließende Wirkung

79   War **keine Ausschlussfrist gesetzt** (s Rz 78), können die Prozesshandlungen des vollmachtlosen Vertreters bis zum Ergehen eines Prozessurteils **nachträglich genehmigt** werden (GmS HFR 1984, 389 = NJW 1984, 2149; BFHE 156, 1 = BStBl II 1989, 514, 515; BFH/NV 1992, 363). Das gilt jedoch nur, soweit der vollmachtlose Vertreter zum Zeitpunkt der Vornahme der Prozesshandlung grundsätzlich befähigt war, Bevollmächtigter sein zu können (s Rz 5u FG Saarl EFG 1976, 240: keine Genehmigung der von einem Minderjährigen erhobenen Klage, selbst wenn dieser während des Verfahrens volljährig wird).

80   Die Genehmigung der Prozesshandlungen des vollmachtlosen Vertreters ist durch **Nachreichen einer mangelfreien Vollmacht** (54ff) möglich (vgl § 155 iVm § 89 II ZPO; FG Hbg EFG 2004, 954u 1003). Sie kann aber auch auf andere Weise erfolgen (BFH/NV 2000, 982), insbesondere durch rügeloses Fortführen des Verfahrens durch den Beteiligten selbst (§ 155 iVm § 89 II ZPO – vgl BFHE 103, 408 = BStBl II 1972, 95; BFHE 103, 537 = BStBl II 1972, 180). In der **Rücknahme** der Klage durch den (vollmachtlos vertretenen) Beteiligten liegt jedoch **keine Genehmigung** (FG Köln EFG 1984, 132).

81   Genehmigt der Beteiligte die Prozesshandlungen des vollmachtlosen Vertreters **nicht** und wird insbesondere bis zur mündlichen Verhandlung keine Prozessvollmacht eingereicht, ist die Klage (der Antrag) wegen Fehlens einer **Sachentscheidungsvoraussetzung** als unzulässig abzuweisen (BFH/NV 1998, 728; 1999, 52; 2003, 814: kein diesbezüglicher Hinweis erforderlich). Dabei ist gleichgültig, ob dem Bevollmächtigten von dem Beteiligten keine Vollmacht ausgestellt worden war oder ob er eine ausgestellte Vollmacht lediglich nicht vorgelegt hat (BFHE 102, 442 = BStBl II 1971, 689). – Hinsichtlich der **Kostenfolge** gelten die Ausführungen zu Rz 100f entsprechend. – Diese Grundsätze gelten auch für das **Beschlussverfahren** (BFHE 92, 173 = BStBl II 1968, 473).

82   Der Mangel der fehlenden Bevollmächtigung kann (nach Klageabweisung wegen Fehlens der Vollmacht und unzulässiger Einlegung der Revision/NZB) **auch noch während des Revisionsverfahrens** wirksam behoben werden, jedoch nur, **wenn** die (wirksame) Prozessvollmacht bei Erlass des erstinstanzlichen (Prozess-)Urteils bereits ausgestellt war (GmS HFR 1984, 389 = NJW 1984, 2149; BFHE 142, 3 = BStBl II 1984, 831, 832 mwN; BFH/NV 1994, 645; 1997, 135, 136), **nicht** aber, wenn die Bevollmächtigung erst für die Zeit nach Ergehen des Prozessurteils nachgewiesen wird (BFHE 142, 3 = BStBl II 1984, 831; BFHE 151, 1 = BStBl II 1988, 280, 281; BFH/NV 1994, 891; 1997, 446; 1998, 473; durch diese neuere Rspr überholt: zB BFHE 106, 257 = BStBl II 1972, 792).

d) Fristsetzung mit ausschließender Wirkung

aa) Kommt § 62 III 6 nicht zur Anwendung (Rz 44 ff), kann der **85** Vorsitzende, der Berichterstatter (§ 79 I 1) oder der Einzelrichter für das Nachreichen der ordnungsgemäßen (wirksamen) Vollmacht eine **Frist mit ausschließender Wirkung** setzen (§ 62 III 3; zum Ermessen des Gericht s Rz 45). Dies dient der Verfahrensbeschleunigung und soll verhindern, dass ein mangels Vollmachtsnachweises ergangenes Prozessurteil des FG allein deshalb aufgehoben werden muss, weil die Vollmacht im Revisionsverfahren nachgewiesen wird (BTDrucks 12/1061, 14; zur Verfassungsmäßigkeit der Regelung s BVerfG Beschluss v 14. 4. 1988 1 BvR 1580/87, StRK VGFGEntlG Rz 42; BFH/NV 1999, 317, 318).

Zuständig für das Setzen der Ausschlussfrist ist der Vorsitzende oder **86** der Berichterstatter des zuständigen Senats des FG, ggf aber auch der Einzelrichter nach §§ 6, 79 a III, IV. Auch der **BFH** kann eine Ausschlussfrist nach § 62 III 3 setzen, und zwar in solchen zweitinstanzlichen Verfahren, in denen wegen des Vertretungszwangs erstmalig das Bedürfnis nach Vertretung und damit nach dem Nachweis der Vollmacht auftritt (BFH/NV 1989, 247, 248).

Zulässig ist das Setzen einer Ausschlussfrist nach § 62 III 3 nur für das **87** Nachreichen der Prozessvollmacht, **nicht** aber zur Erbringung des **Nachweises der sachlich-rechtlichen Vertretungsmacht** (Rz 71; BFHE 176, 212 = BStBl II 1995, 204, 205; BFHE 176, 219 = BStBl II 1995, 267; offen BFHE 156, 1 = BStBl II 1989, 514; BFH/NV 1995, 329; 2003, 341; **aA** FG M'ster EFG 1991, 339); insoweit kommt nur eine **Ausschlussfrist nach § 79 b II** in Betracht, und zwar idR nach § 79 b II Nr 2, etwa zur Vorlage der Bestellung als Geschäftsführer (s auch FG Thür EFG 2000, 230: Fristsetzung nach § 79 b II Nr 1; **aA** *von Groll* § 79 b Rz 5 u 12: § 79 b II betrifft nur die Begründetheit der Klage, nicht deren Zulässigkeit). – Für den **Nachweis der Unterbevollmächtigung** (Rz 66) kann jedoch (ausdrücklich) eine Ausschlussfrist nach § 62 III gesetzt werden (BFHE 160, 387 = BStBl II 1990, 746; BFHE 163, 404 = BStBl II 1991, 524; BFH/NV 1991, 179; 2002, 1605; offen BFHE 176, 219 = BStBl II 1995, 267).

bb) Ob der zuständige Richter (Vorsitzender, Berichterstatter, Einzel- **88** richter) eine Frist mit ausschließender Wirkung setzt, steht in seinem **Ermessen** („kann"). – Tritt als Bevollmächtigter eine **Person iS des § 3 Nr 1–3 StBerG** auf, so ist es idR ermessensfehlerhaft, wenn der Richter die Ausschlussfrist bereits mit der Eingangsverfügung setzt (vgl BFH/NV 2004, 523). Denn er muss zunächst prüfen, ob es gerechtfertigt ist, den

Mangel der Vollmacht entgegen § 62 III 6 zu berücksichtigen (Rz 44 ff).
Etwas anderes kann ausnahmsweise dann gelten, wenn sich aus anderen
Verfahren ergibt, dass der vermeintliche Bevollmächtigte des öfteren Klage
erhebt, ohne bevollmächtigt zu sein (s auch Rz 46). – In den **übrigen
Fällen** kann die Frist **sogleich,** dh ohne vorherige Mahnung oder Erinnerung und ohne vorherige formlose Fristsetzung gesetzt werden (BFHE
149, 19 = BStBl II 1987, 392; BFH/NV 1989, 41; 716; 1990, 315; 1993,
618; 1999, 1109; 2003, 501; FG BaWü EFG 1994, 895; FG Nds EFG
1995, 581).

89   Ermessensfehlerfrei ist nur das Setzen einer **angemessen langen Frist,**
weil ansonsten der Anspruch auf Gewährung rechtlichen Gehörs verletzt ist
(vgl BFHE 130, 240 = BStBl II 1980, 457). Angemessen ist idR eine Frist
von **etwa vier Wochen** (BFH/NV 1990, 315; 1993, 618; 1995, 328
mwN; zur Angemessenheit einer dreiwöchigen Frist: BFH/NV 1999,
1109; FG SchlHol EFG 1998, 771; FG MeVo EFG 2004, 1311; Frist von
15 Tagen zu kurz: BFH AO-StB 2005, 132; Frist von 13 Tagen zu kurz:
FG BaWü EFG 1994, 895; FG Nds EFG 1995, 581). – Die Ausschlussfrist
ist als richterliche Frist grundsätzlich nach § 54 II iVm § 224 II ZPO auf
Antrag **verlängerbar.** Auch die Verlängerung steht im Ermessen des Gerichts. Die Verlängerung setzt allerdings voraus, dass der Antrag rechtzeitig
vor Fristablauf gestellt wird (BFH/NV 1996, 756) und dass „erhebliche
Gründe" glaubhaft gemacht werden (BFHE 130, 240 = BStBl II 1980,
457, 459; BFH/NV 1986, 423, 424; 1987, 526, 527; 1989, 41; 1990, 48;
FG Mchn EFG 2000, 30). Diese liegen idR nur dann vor, wenn sie auch
eine Wiedereinsetzung in den vorigen Stand rechtfertigen würden (s
Rz 102). – Auf die ausschließende Wirkung der Frist braucht im Falle ihrer
Verlängerung nicht noch einmal hingewiesen zu werden.

90   **bb)** Die **Fristsetzung** erfolgt **gegenüber dem vollmachtlosen Vertreter** (BFHE 129, 305 = BStBl II 1980, 229, 230; BFH/NV 1994, 651,
652; 2000, 1478; 2001, 55; 2002, 1605; FG Saarl EFG 1992, 680) oder gegenüber dem angeblich Unterbevollmächtigten (vgl BFH/NV 1991, 179;
2002, 1605; FG BaWü EFG 1984, 186; s auch Rz 66 u 87 zur Untervollmacht), die dadurch (konkludent) einstweilen zur Prozessführung zugelassen werden (vgl Rz 76). – Existieren **mehrere vollmachtlose Vertreter,**
so muss die Ausschlussfrist gegenüber jedem gesetzt werden; wird sie nur
gegenüber einem der vollmachtlosen Vertreter gesetzt, so entfaltet sie gegenüber den weiteren vollmachtlosen Vertretern keine Wirkung (BFH/NV
1995, 249). – Kommt es nach Klageerhebung durch einen vollmachtlosen
Vertreter zu einem **Wechsel des Prozessbevollmächtigten,** hat die
Fristsetzung gegenüber dem vollmachtlosen Vertreter zu erfolgen; die Fristsetzung gegenüber dem neuen Prozessbevollmächtigten führt nicht zur Unzulässigkeit der Klage (aA FG Bln EFG 2000, 281, das allerdings zu Unrecht
einen Wechsel des Prozessbevollmächtigten angenommen hat). Der neue
Prozessbevollmächtigte kann allerdings die Handlungen des vollmachtlosen
Vertreters genehmigen. – Die Fristsetzung gegenüber einem **Mitarbeiter**
des Prozessbevollmächtigten (GmbH) genügt nicht (BFH/NV 2000, 1478).
Zur Fristsetzung gegenüber einer **Sozietät** s BFH/NV 1994, 650; FG Hbg
EFG 2004, 1626; durch die Einführung von § 62 III 6 zwischenzeitlich
überholt: BFH/NV 2000, 59 zur uneingeschränkten Möglichkeit der Frist-

setzung gegenüber einem **Rechtsanwalt,** weil § 88 II ZPO im finanzgerichtlichen Verfahren keine Wirkung entfaltet.

Die Fristsetzung ist nur dann **wirksam,** wenn der ohne Vollmacht Vertretene (Beteiligter; vgl Rz 75) prozess- und beteiligtenfähig (Rz 42) ist (vgl BFH/NV 1989, 447 betr vollbeendete KG). **91**

cc) Weitere Voraussetzung für die Wirksamkeit der Ausschlussfrist ist, dass die **Aktenverfügung** von dem zuständigen Richter (Vorsitzender, Berichterstatter, Einzelrichter) mit vollem Namen **unterschrieben** ist und den **Text der Fristsetzung** enthält (BFHE 138, 21 = BStBl II 1983, 421; BFHE 153, 388 = BStBl II 1988, 836, 838; BFH/NV 1994, 393; 1997, 135; 1998, 48; 869; 1999, 1109, 1110; s zu Ausnahmen aber auch Rz 93). Die Anordnung muss ferner den Hinweis enthalten, dass die Klage bei erfolglosem Fristablauf als unzulässig abgewiesen wird. Belehrungen über die Möglichkeit der Wiedereinsetzung in den vorigen Stand und die Kostenfolge (Rz 100 ff) sind jedoch nicht erforderlich (BFHE 153, 388 = BStBl II 1988, 836, 838). **92**

Die Anordnung der Frist mit ausschließender Wirkung ist gem § 53 iVm §§ 173 ff ZPO an den vollmachtlosen Vertreter zuzustellen (BFH/NV 1993, 618). **Zustellungsmängel** sind **nicht heilbar** (BFHE 178, 546 = BStBl II 1995, 898; BFH/NV 1998, 1101, 1102). – Wird dem Adressaten die von dem Richter unterschriebene Verfügung in **Urschrift** bekanntgegeben – was in der Praxis allerdings kaum vorkommen wird –, so ist die Fristsetzung auch wirksam, wenn der Richter das bei den FG-Akten verbleibende Exemplar der richterlichen Verfügung lediglich mittels Handzeichens (Namenszeichen, Paraphe) abgezeichnet hat (BFHE 141, 455 = BStBl II 1984, 841, 842; BFH/NV 1997, 135, 136). Wird an Stelle der Urschrift der Verfügung eine **Ausfertigung** (§ 53 Rz 13) zugestellt, so muss diese mit dem Beglaubigungsvermerk des Urkundsbeamten der Geschäftsstelle versehen sein (BFH/NV 1989, 716; 1994, 393, 394; 1998, 48; 869). Ausfertigung oder beglaubigte Abschrift (§ 53 Rz 13) und Aktenverfügung müssen **inhaltlich übereinstimmen** (BFHE 136, 351 = BStBl II 1983, 23; BFHE 138, 21 = BStBl II 1983, 421; BFH/NV 1986, 687, 688; 1989, 716; 1998, 48; 869; großzügiger bei Abweichungen zwischen Urschrift und Ausfertigung infolge Verwendung eines EDV-Gerichtsverwaltungsprogramms FG Hbg EFG 1998, 831; zweifelhaft). **93**

e) Rechtsfolgen der Fristsetzung mit ausschließender Wirkung

War eine **Ausschlussfrist § 62 III 3** wirksam gesetzt und **reicht** der (bislang vermeintliche) Bevollmächtigte als Verfügungsadressat (s Rz 90) **innerhalb der Ausschlussfrist** eine mangelfreie (Rz 54 ff) Prozessvollmacht **nach,** so ist die Prozessführung genehmigt (vgl FG Hbg EFG 2004, 954 u 1003). Ist im Falle einer Untervollmacht (Rz 66 u 87) die Ausschlussfrist gewahrt, kann ein etwaiger, bei Unterzeichnung der Vollmacht bestehender Mangel der sachlich-rechtlichen Vertretungsbefugnis dadurch geheilt werden, dass der (nunmehr) sachlich-rechtlich Vertretungsbefugte die Prozessführung genehmigt (BFHE 156, 1 = BStBl II 1989, 514). **98**

Reicht der vermeintliche Bevollmächtigte die vom Gericht angeforderte Vollmacht **innerhalb der gesetzten Frist nicht** oder nicht im Original (s Rz 54 ff) **nach,** so ist die Klage (der Antrag) wegen des Fehlens **99**

einer Sachentscheidungsvoraussetzung (s auch Rz 1 u 54) **unzulässig.** Wegen der **ausschließenden Wirkung** der Fristsetzung kann der vermeintliche Bevollmächtigte den prozesszualen Mangel **nicht mehr** dadurch **heilen,** dass er die Original-Vollmacht nach Ablauf der Frist vorlegt (vgl BFHE 129, 306 = BStBl II 1980, 229, 230; BFHE 136, 351 = BStBl II 1983, 23; BFHE 138, 21 = BStBl II 1983, 421; BFHE 141, 455 = BStBl II 1984, 841; BFHE 142, 3 = BStBl II 1984, 831, 833; BFH/NV 1986, 689; 1989, 117; 247, 248; 1993, 320; 1995, 150; 2000, 51, 52; 2003, 341 u öfter). Ebenso wenig reicht es aus, dass der Prozessbevollmächtigte sich zum Zustellungsbevollmächtigten bestellt (BFH/NV 1997, 516). Der Mangel kann nach Fristablauf auch nicht etwa durch Mandatsniederlegung oder Bestellung eines neuen Prozessbevollmächtigten behoben werden (BFH/NV 1987, 451; FG Nds EFG 1979, 350).

100   Gleichwohl ist das **Nachreichen der Vollmacht nach Fristablauf,** aber noch vor Abschluss des Verfahrens **nicht ohne prozessuale Wirkung.** Zum einen kann der Bevollmächtigte nach Vollmachtsvorlage nicht mehr als vollmachtloser Vertreter angesehen werden (BFHE 129, 305 = BStBl II 1980, 229; BFH/NV 1986, 689; 1990, 252, 253) und zum anderen steht mit Einreichen der Vollmacht fest, dass der Vertretene der Prozessführung entweder nachträglich zugestimmt oder in diese schon vor Klageerhebung eingewilligt hat (§ 89 II ZPO iVm § 155 – BFH/NV 1990, 252, 253). Dies muss bei der **Kostenentscheidung** berücksichtigt werden (vgl BFH/NV 2001, 477, 478). Da davon auszugehen ist, dass der Beteiligte das Verfahren veranlasst hat, hat dieser die Kosten zu tragen und nicht der vollmachtlose Vertreter (vgl BFHE 95, 430 = BStBl II 1968, 438; BFHE 102, 442 = BStBl II 1978, 689; BFHE 129, 305 = BStBl II 1980, 229, 231; BFHE 142, 3 = BStBl II 1984, 831, 833; BFH/NV 1986, 679; 1988, 725; FG Hessen EFG 1979, 351; 613; FG SchlHol EFG 1980, 460; FG M'ster EFG 1979, 505; FG D'dorf EFG 1979, 505; 1980, 90; aA – Kostentragungspflicht des vollmachtlosen Vertreters – FG D'dorf EFG 1979, 190, 191 und 459; 1981, 304; FG Hbg EFG 1979, 192; FG Nds EFG 1979, 350; FG SchlHol EFG 1980, 609; FG Bln EFG 1981, 101).

101   Wird die **Vollmacht nicht** oder nicht in ordnungsgemäßer Form (s Rz 54 ff) **nachgereicht,** sind die **Verfahrenskosten** nach dem Veranlassungsprinzip (s Rz 100) idR dem **vollmachtlosen Vertreter aufzuerlegen** (BFHE 92, 173 = BStBl II 1968, 473; BFHE 95, 430 = BStBl II 1969, 438; BFHE 138, 529 = BStBl II 1983, 644, 645; BFH/NV 1991, 469; 833, 834; 1994, 117; 1995, 44; 1996, 496; 1997, 433; 1999, 212; 649; 1358; 2000, 59; 529; 2003, 1433 zur NZB; 2004, 360 zur Vorlage einer nur von einem Gesellschafter unterschriebenen Vollmacht; BGH MDR 1997, 1065 u öfter), und zwar auch dann, wenn er sein Mandat niederlegt (BFHE 116, 110 = BStBl II 1975, 714; BFH/NV 1997, 892; 1999, 52; 1367) oder wenn der Beteiligte die Klage selbst zurücknimmt (BFH/NV 1996, 845; FG Köln EFG 1984, 132). Verfassungsrechtliche Bedenken gegen diese Rspr bestehen nicht (BVerfG – 3. Kammer – Beschluss v 12. 10. 1999 2 BvR 1189/99). Nimmt der vollmachtlose Vertreter die Klage zurück (zur Befugnis s Rz 77), so muss das Gericht ihm die Kosten des Verfahrens durch **Beschluss** auferlegen (BFHE 128, 24 = BStBl II 1979, 564; BFH/NV 1990, 384; 1991, 833, 834; FG Bln EFG 1970, 401). Eine Beschwerde des vollmachtlosen Vertreters hiergegen ist nicht statthaft

(§ 128 IV; BFH/NV 1997, 865; 1999, 1504; 1630, 1631). – Ausnahmsweise sind die **Kosten** des Verfahrens dann dem **Beteiligten aufzuerlegen,** wenn auch ohne das Nachreichen der Vollmacht feststeht, dass der vollmachtlose Vertreter im Auftrag des Beteiligten tätig geworden ist oder der Beteiligte die Prozessführung durch Fortführung des Prozesses genehmigt (BFHE 129, 30 = BStBl II 1980, 229, 231; BFHE 142, 3 = BStBl II 1984, 831, 833; BFH/NV 1995, 426; 1086; zur Genehmigung s Rz 100).

f) Wiedereinsetzung in den vorigen Stand

Um die Wirkung der Ausschlussfrist abzumildern, bestimmt § 62 III 4, **102** dass für die **Wiedereinsetzung** in den vorigen Stand wegen Versäumung der Frist § 56 entsprechend gilt, obwohl eine Wiedereinsetzung üblicherweise nur bei gesetzlichen Fristen vorgesehen ist (vgl zB BFH/NV 1995, 328; zur Entscheidung durch Zwischen-Gerichtsbescheid s FG Hbg EFG 2004, 411).

5. Zustellungen an den Bevollmächtigten (§ 62 III 5)

Nach § 62 III 5 sind **Zustellungen** oder Mitteilungen **des Gerichts** **105** (zur **Bekanntgabe von Änderungsbescheiden durch die Finanzbehörde** s Rz 13) einschließlich der **Kostenrechnung** (BFH/NV 1999, 46) an den Bevollmächtigten zu richten (zum **Gebrechlichkeitspfleger** s BFHE 137, 3 = BStBl II 1983, 239; zur Zustellung an die Büro- oder die Privatanschrift s BFH/NV 2004, 205). Die Vorschrift soll verhindern, dass Bevollmächtigte „übergangen" werden. – **Bestellt** ist ein Bevollmächtigter bereits dann, wenn er durch ausdrückliche oder schlüssige Handlung dem Gericht gegenüber als Bevollmächtigter gekennzeichnet worden ist (BFH/NV 2003, 788; FG BaWü EFG 1998, 1024; *Loose* in T/K § 62 Rz 46; damit ist die frühere Rspr überholt, nach der die schriftlich wirksam erteilte Vollmacht dem Gericht vorliegen musste: vgl BFHE 134, 216 = BStBl II 1982, 128; BFHE 143, 2 = BStBl II 1984, 831, 832; BFHE 174, 304 = BStBl II 1994, 661, 662). Diese Bestellung kann auch bereits erfolgt sein, bevor der Vertretene Beteiligter eines finanzgerichtlichen Verfahrens geworden ist (BFH/NV 2002, 898). – Zur Rückwirkung einer erst nachträglich erteilten Vollmacht: FG Hbg EFG 2004, 954 u 1003.

Bis zur Bestellung eines Bevollmächtigten können wirksame Zustel- **106** lungen sowohl an den vollmachtlosen Vertreter als auch an den Beteiligten erfolgen. Die an den Beteiligten erfolgte Zustellung bleibt auch dann wirksam, wenn er später einen Bevollmächtigten benennt (BFH/NV 2002, 1309 zur **Ladung;** s dazu auch Rz 18 u § 91 Rz 14). Unterbleibt die Zustellung an den Beteiligten (Rz 75), werden Rechtsmittelfristen ihm gegenüber nicht in Lauf gesetzt (BFHE 174, 304 = BStBl II 1994, 661; BFH/NV 1994, 651, 652). – Die nachträgliche Bestellung des Bevollmächtigten heilt etwaige Zustellungsmängel, soweit sie durch die rückwirkende Genehmigung entstehen.

Nach der Bestellung eines Bevollmächtigten sind gleichwohl nur an **107** den Beteiligten gerichtete Mitteilungen unbeachtlich; ausschließlich an den Beteiligten erfolgende Zustellungen sind unwirksam (s aber § 80 Rz 7). Die **Rechtmittelfrist beginnt nicht zu laufen** (BFHE 107, 163 = BStBl II 1973, 84; FG D'dorf EFG 1967, 413; vgl auch § 53 Rz 135 ff). –

Dies gilt jedoch nicht, wenn der **Aufenthalt des Prozessbevollmäch-**
tigten unbekannt ist und alle Möglichkeiten ausgeschöpft sind, den Aufenthaltsort zu ermitteln (§ 155 iVm § 177 ZPO; vgl FG BaWü EFG 1993,
458; s auch BFHE 122, 241 = BStBl II 1977, 665) oder wenn das Gericht
die **Zustellungen** sowohl **an** den **Beteiligten** selbst als auch an den **Pro-**
zessbevollmächtigten vornimmt (BFH/NV 1997, 680). − Zur Zustellung an den Beteiligten **bei Zweifeln am Umfang der Vollmacht** s
BFH/NV 1996, 907 und zur Frage, an wen die Zustellung zu erfolgen hat,
wenn sich die **Behörde** vertreten lässt s Rz 70; s auch § 53 Rz 27 ff.

108   Sind **mehrere Bevollmächtigte** bestellt oder ist eine **Sozietät** bevollmächtigt (s Rz 6), genügt die Zustellung an **einen** der Bevollmächtigten
(BFH/NV 1999, 191; 2003, 489; 2004, 1282). Wird mehreren Prozessbevollmächtigten zugestellt, ist für den Beginn der Rechtsmittelfrist die zeitlich erste maßgeblich. Die spätere Zustellung setzt keine neue Rechtsmittelfrist in Lauf (BFH/NV 1988, 371; 1991, 612; BVerwG NJW 1975,
1795; HFR 1985, 45).

109   **Nach Widerruf oder Erlöschen der Vollmacht** (Rz 17 f) dürfen
Zustellungen nicht mehr an den Bevollmächtigten erfolgen (BFH/NV
2003, 1434). − Bis zum Erlöschen der Vollmacht an den Bevollmächtigten
erfolgte Zustellungen bleiben demgegenüber wirksam (s dazu und insbesondere zur **Ladung** Rz 18).

§ 62 a [Vertretungszwang im Verfahren vor dem BFH]

(1) [1]Vor dem Bundesfinanzhof muss sich jeder Beteiligte durch eine
Person im Sinne des § 3 Nr. 1 des Steuerberatungsgesetzes als Be-
vollmächtigten vertreten lassen. [2]Das gilt auch für die Einlegung der
Beschwerde. [3]Juristische Personen des öffentlichen Rechts und Behör-
den können sich auch durch Beamte oder Angestellte mit Befähigung
zum Richteramt sowie durch Diplomjuristen im höheren Dienst ver-
treten lassen.

(2) Zur Vertretung berechtigt sind auch Gesellschaften im Sinne des
§ 3 Nr. 2 und 3 des Steuerberatungsgesetzes, die durch Personen ge-
mäß Absatz 1 Satz 1 tätig werden.

Vgl § 67 VwGO; §§ 78 f ZPO; § 11 ArbGG; § 166 SGG.
Wortlaut des § 3 Nr 1 bis 3 StBerG siehe abgedruckt bei § 62 im Anschluss an den
Gesetzestext.

Übersicht

Literatur (s auch zu § 62): *K. Franz,* Neues Niederlassungsrecht für europäische Rechtsanwälte, BB 2000, 989; *Pluskat,* Prozessvertretung vor dem BFH durch eine Rechtsanwalts-AG, AnwBl 2005, 174.

I. Vorbemerkungen

§ 62a hat den **Zweck**, „die Überlastung des BFH insoweit zu beseitigen, als sie darauf zurückzuführen ist, dass die Beteiligten nach ihrer Vorbildung häufig nicht in der Lage sind, die Aussichten eine Rechtsbehelfs – Nichtzulassungsbeschwerde, Revision, Beschwerde – selbst richtig einzuschätzen und das Verfahren vor dem BFH sachgerecht zu führen" (GrS BFHE 140, 408 = BStBl II 1984, 439, 440 mwN). Darüber hinaus soll die Norm auch eine sachgerechte und wirksame Wahrnehmung der Rechte des Bürgers gewährleisten (vgl BT-Drucks 14/4061, 8). **1**

Die gesetzliche Normierung des Vertretungszwangs für **Verfahren vor dem BFH** hat zur Folge, dass den Beteiligten (ebenso wie im Falle des § 62 I 2 – § 62 Rz 21 ff, 26) die **Postulationsfähigkeit** fehlt (BFH/NV 1987, 316, 317; 1999, 634, 635; 953). Das bedeutet, dass sie mangels einer Prozesshandlungsvoraussetzung nicht in der Lage sind, ihrem prozessualen Handeln eine rechtserhebliche Erscheinungsform zu geben (*R/S* 269 f). Sie können also selbst weder Prozesshandlungen wirksam vornehmen noch vor Gericht verhandeln. Gleichwohl haben sie das Recht, neben ihrem Bevollmächtigten in der mündlichen Verhandlung **gehört zu werden** (§ 155 iVm § 137 IV ZPO; vgl BVerwG HFR 1985, 45). **2**

Der Vertretungszwang gilt für die gesamte Dauer des Verfahrens; Ausnahmen wegen besonderer Umstände sind nicht möglich (BFH/NV 2005, 1616). Verliert der Prozessbevollmächtigte seine Postulationfähigkeit, bleiben die bis zu diesem Zeitpunkt vorgenommenen Prozesshandlungen wirksam (BFH/NV 2003, 485; vgl auch BGH VersR 1990, 65: maßgebend ist der Zeitpunkt der Entäußerung des Schriftstücks). – Zur Mandatsniederlegung nach ordnungsgemäßer Einlegung und Begründung der Revision s BFH/NV 1997, 203; 1999, 953; 1223 u § 62 Rz 17 f. **3**

Da § 62a lex specialis zu § 62 ist, sind die Regelungen des **§ 62** einschließlich der in Bezug genommenen Vorschriften der ZPO über Form, Umfang, Beendigung und Nachweis der Vollmacht bei der Auslegung des § 62a **ergänzend heranzuziehen.** Auf das zu § 62 Rz 4 ff Ausgeführte wird verwiesen. **4**

Zur **Verfassungsmäßigkeit** des Vertretungszwangs s BVerfG HFR 1977, 33; StRK BFHEntlG R 38; Beschluss v 12. 1. 1978 1 BvR 1101/77, StRK BFH-EntlG Rz 43; BFH/NV 1989, 40; 1999, 1612; 2000, 1612; 2002, 930; 2005, 1616 und zur Verfassungsmäßigkeit der Beschränkung auf den Personenkreis des § 3 Nr 1: BFH/NV 2003, 1427. **5**

II. Die Regelung des Vertretungszwangs (§ 62a)

1. Grundsatz des Vertretungszwangs, Vertretungsbefugnis

a) § 62a I 1

Nach § 62a I 1 muss sich jeder Beteiligte vor dem BFH durch eine Person iS des § 3 Nr 1 StBerG als Bevollmächtigten vertreten lassen; eine Entbindung hiervon ist nicht möglich (BFH/NV 2002, 930). Dies bedeu- **6** tet, dass **der Beteiligte selbst** vor dem BFH grundsätzlich **nicht postulationsfähig** ist (zu den Ausnahmen s Rz 15 ff), dass seine Prozesserklärungen also unbeachtlich sind (vgl § 62 Rz 26). Das gilt auch dann, wenn der Beteiligte die von ihm persönlich vorgenommene Prozesshandlung mit seinem Bevollmächtigten abgestimmt hat (BFH/NV 2005, 1351). – **Vertretungsberechtigt** und postulationsfähig **sind** nur **Personen iS von § 3 Nr 1 StBerG.** Die Aufzählung ist abschließend. Andere Personen sind (auch in eigener Sache) von der Vertretung ausgeschlossen, so zB auch Angehörige der rechts- und steuerberatenden Berufe (BFH/NV 1995, 537; 2003, 1427 betr Rechtsbeistände; 2004, 79 betr Diplom-Finanzwirt; 1993, 430 betr Wirtschaftsprüfer der ehemaligen DDR, soweit sie nicht nach § 134a WPO die Berechtigung zur Führung der Berufsbezeichnung „Wirtschaftsprüfer" erworben haben), **Professoren,** soweit sie nicht als Steuerberater usw zugelassen sind (BFH/NV 1990, 251, 252; § 62 Rz 39), **Prozessagenten** (BFH/NV 1987, 177), **ehemalige Steuerberater** (BFH/NV 1986, 36; 1989, 381; 1998, 347; 998; 1999, 1492, 1493; 2000, 338), mit Berufsverbot belegte Berater (BFH/NV 1990, 447) oder Mitarbeiter diplomatischer oder konsularischer Vertretungen (vgl BFH/NV 2001, 329).

7   Die bevollmächtigte Person muss als Rechtsanwalt, Steuerberater usw **zugelassen sein** (BFH/NV 1998, 71). Es genügt nicht, dass sie die Qualifikationsmerkmale erfüllt (BFH/NV 1989, 311; 1990, 119; 1994, 570; 2001, 607). – Da der Vertretungszwang grundsätzlich (BFH/NV 1996, 240; zu den Ausnahmen s Rz 15 ff) für das gesamte Verfahren vor dem BFH gilt (BFHE 125, 148 = BStBl II 1978, 464; BFH/NV 2001, 56 betr erstinstanzliche Zuständigkeit des BFH), bedeutet dies, dass nur die als Bevollmächtigten zugelassenen Personen die **Schriftsätze unterzeichnen** dürfen (BFH/NV 1997, 142). Eine von einem Anwaltsassessor unterzeichnete Revisionsbegründungsschrift genügt deshalb nur dann den prozessrechtlichen Formerfordernissen, wenn der Assessor gem § 53 BRAO von der Landesjustizverwaltung zum Vertreter des Rechtsanwalts bestellt worden ist (BFHE 136, 199 = BStBl II 1982, 641, 642) und dies in der Rechtsmittelschrift hinreichend deutlich wird (vgl BGH BB 1999, 129; s auch § 62 Rz 71). – Zur Unterzeichnung des Antrags auf Verlängerung der Revisionsbegründungsfrist s BFHE 136, 575 = BStBl II 1983, 134, 135. – Zum **Nachweis der Vertretungsbefugnis** des Prozessvertreters durch den Vertretenen s BFH/NV 1997, 602. – Zur **Untervollmacht** s § 62 Rz 13. – Zum **Umfang des Vertretungszwangs** s Rz 14 ff.

8   Neben den in der Bundesrepublik Deutschland zugelassenen Bevollmächtigten (Rz 7) kann die Vertretung vor dem BFH nach § 62 I 1 iVm § 3 Nr 1 StBerG (abgedruckt bei § 62) ohne Einschränkungen auch durch **niedergelassene europäische Rechtsanwälte** erfolgen. Niedergelassene europäische Rechtsanwälte sind Staatsangehörige eines Mitgliedstaates der Europäischen Union oder eines anderen Vertragsstaates des Abkommens über den europäischen Wirtschaftsraum, die in ihrem Herkunftsstaat berechtigt sind, als Rechtanwalt tätig zu sein und die auf Antrag in die für den Ort ihrer Niederlassung zuständige (inländische) Rechtsanwaltskammer aufgenommen worden sind (§§ 1–4 EuRAG). **Dienstleistende europäische Rechtsanwälte,** dh europäische Rechtsanwälte, die ohne Aufnahme in eine inländische Rechtsanwaltskammer nur vorübergehend in der

Bundesrepublik Deutschland tätig sind (§ 25 EuRAG), **sind von der Vertretung vor dem BFH ausgeschlossen** (vgl zu einem in Österreich zugelassenen Anwalt BFH/NV 2005, 718). Sie können aber im schriftlich nachzuweisenden Einvernehmen mit einem inländischen Rechtsanwalt ohne dessen Bevollmächtigung vor den (erstinstanzlichen) Finanzgerichten als Prozessbevollmächtigte auftreten (§§ 25–29 EuRAG; so auch die bis zum 31. 12. 2000 geltende Rechtslage zur Vertretung vor dem BFH, vgl zB EuGH NJW 1988, 887; BFHE 189, 42 = BStBl II 1999, 637; BFH/NV 2000, 874; 1698, 1699 sowie die 5. Auflage). Für niedergelassene europäische Rechtsanwälte gilt diese Einschränkung nicht. – Ob die Regelungen von § 62a I 1 iVm § 3 Nr 1 StBerG und §§ 1 ff, 25 ff EuRAG mit dem Grundsatz der Dienstleistungsfreiheit (Art 49, 50 EGV) und der Richtlinie 98/5/EG des Europäischen Parlaments und des Rates v 16. 2. 1998 zur Erleichterung der ständigen Ausübung des Rechtsanwaltsberufs in einem andern Mitgliedstaat als dem, in dem die Qualifikation erworben wurde (ABlEG Nr L 77 S 36) im Einklang stehen, ist zweifelhaft.

Personen oder Vereinigungen, die in einem anderen Mitgliedstaat der **9** Europäischen Union als Deutschland beruflich niedergelassen sind und dort befugt Hilfe in Steuersachen nach dem Recht des Niederlassungsstaates leisten (**EG-Steuerberater** usw) sind gem § 62a I 1 **nicht zur Vertretung vor dem BFH befugt.** § 3 Nr 4 StBerG, der diesem Personenkreis die Befugnis zur unbeschränkten Hilfeleistung in Steuersachen einräumt, ist in § 62a I 1 nicht in Bezug genommen (vgl hierzu zB BFH/NV 2000, 577; 874; 876; 1348; 2001, 192; die Verfassungsbeschwerde gegen den Beschluss BFH/NV 2000, 874 wurde nicht zur Entscheidung angenommen – BVerfG Beschluss v 26. 6. 2000 1 BvR 832/00, nv). EG-Steuerberater usw können **aber** nach näherer Maßgabe des § 3 Nr 4 StBerG **vor den** (erstinstanzlichen) **Finanzgerichten** als Prozessbevollmächtigte auftreten, sofern es um eine grenzüberschreitende Hilfeleistung in Steuersachen geht (BFH/NV 2004, 94; 671; FG D'dorf EFG 2004, 1469, jeweils zum niederländischen Belasting-Adviseur). – Auch diese Regelung erweist sich unter dem Aspekt der Dienstleistungsfreiheit (Rz 8 aE) als zweifelhaft. Darüber hinaus ist die unterschiedliche Behandlung von EG-Rechtsanwälten und EG-Steuerberatern für eine Betätigung auf steuerrechtlichem Gebiet diskriminierend, da sachlich nicht gerechtfertigt (vgl auch *Clausnitzer* KFR F 14 Art 59 EG-Vertrag 1/95).

b) § 62a II

Gem § 62a II sind zur Vertretung vor dem BFH unter bestimmten Vor- **10** aussetzungen auch Gesellschaften iS des § 3 Nr 2 und 3 StBerG **berechtigt** (zur bis zum 31. 12. 2000 geltenden abweichenden Rechtslage s 4. Aufl § 62 Rz 82 f). Gesellschaften iS des § 3 Nr 2 StBerG sind **Partnerschaftsgesellschaften** iS des PartGG, deren Partner ausschließlich die in § 3 Nr 1 und 4 StBerG genannten Personen sind. – Gesellschaften iS des § 3 Nr 2 StBerG sind **Steuerberatungs-, Rechtsanwalts-, Wirtschaftsprüfungs- und Buchprüfungsgesellschaften,** wobei es gleichgültig ist, ob es sich um eine GmbH, AG, GbR, KG oder OHG handelt (zur **Rechtsanwalts-AG** s BFHE 205, 22 = BStBl II 2004, 566; BFH/NV 2004, 224; 1290; FG Köln EFG 2004, 914 u 1242). Zur Vertretung vor dem BFH sind diese Gesellschaften (§ 3 Nr 2, 3 StBerG) befugt, **wenn** eine gem § 62a I 1 iVm § 3 Nr 1 StBerG **zur unbeschränkten Hilfeleistung in Steuersachen berechtigte Person** (Rz 7–9) im Auftrag oder als Organ für die Gesellschaft **tätig wird** (vgl für die Vertretung durch eine Sozietät BFH/NV 1998, 73, 74) und wenn die **Gesellschaft** als solche nach deutschem Recht **zugelassen** ist (BFH/NV 2004, 1290; 1661; 2005, 570 u 573 zur Zulassung zum Zeitpunkt der Prozesshandlung). In der Praxis bedeutet dies, dass eine natürliche Person iS des § 3 Nr 1 StBerG (Rz 7) alle Schriftsätze im Namen der Gesellschaft unterzeichnen und alle Prozesshandlungen für die Gesellschaft vornehmen muss. Ist diese Person kein Organ der Gesellschaft, muss sie sich ggf durch Vorlage einer **Untervollmacht** legitimieren (vgl BFH/NV 1999, 625).

11   Geht aus den eingereichten Schriftsätzen (insbesondere Klage- und Rechtsmittelschrift) oder auch aus einer eingereichten Vollmacht nicht eindeutig hervor, ob die Gesellschaft selbst oder eine für diese Gesellschaft tätige natürliche Person bevollmächtigt sein soll, so ist dies zu klären. Auswirkungen auf die Zulässigkeit des Rechtsmittels hat dies indes nicht (anders die bis zum 31. 12. 2000 geltende Rechtslage, s dazu 4. Aufl § 62 Rz 82 f). Ein etwaiger Mangel der Vollmacht kann zudem uU nach § 62 III 6 unberücksichtigt bleiben (§ 62 Rz 44 ff).

12   Von der Vertretung **ausgeschlossen** sind alle gem § 4 StBerG zur beschränkten Hilfeleistung in Steuersachen befugten (Berufs-)Vereinigungen, insbesondere **Lohnsteuerhilfevereine** (vgl BFHE 131, 193 = BStBl II 1980, 686; BFH/NV 2001, 329), **Sparkassenverbände** (vgl BFHE 126, 366 = BStBl II 1979, 173) und **Gewerkschaften.** Die Interessen ihrer Mitglieder können vor dem BFH nur durch Bevollmächtigung einer vertretungsberechtigten Person iS des § 3 Nr 1 StBerG wahrgenommen werden. Ist ein Steuerberater usw Geschäftsführer der Vereinigung, kann er bevollmächtigt werden; er muss in der Rechtsmittelschrift aber hinreichend deutlich machen, dass er als persönlich Bevollmächtigter und nicht als Organ der Vereinigung auftreten will (vgl BFH/NV 1997, 372; 695; 1998, 72).

c) § 62a I 3

13   § 62a I 3 nimmt **juristische Personen des öffentlichen Rechts und Behörden** vom Vertretungszwang iS des § 62a I 1 aus. Sie müssen keinen Rechtsvertreter iS des § 62a I 1 iVm § 3 Nr 1–3 StBerG beauftragen, sondern können sich, auch wenn sie Kläger sind (BFHE 131, 527 = BStBl II 1981, 105, 106 f), durch Beamte oder Angestellte mit Befähigung zum Richteramt oder durch Diplomjuristen im höheren Dienst vertreten lassen (§ 62a I 3) – sog **Behördenprivileg.** Eine Erweiterung dieses Personenkreises ist ausgeschlossen (zB BFHE 131, 193 = BStBl II 1980, 686; BFHE 136, 199 = BStBl II 1982, 641; BFH/NV 1998, 456). Insbesondere sind Beamte des höheren Dienstes, die weder die Befähigung zum Richteramt haben noch Diplomjuristen sind, nicht vertretungsbefugt (BFHE 122, 32 = BStBl II 1977, 593, 594). Der benannte Beamte oder Angestellte ist kein Bevollmächtigter iS des § 62, weil er durch seine Dienststellung von Amts wegen organisatorisch bestimmt wird (BFHE 142, 547 = BStBl II 1985, 307; BFH/NV 1998, 456). Gehört der Behörde keine solche Person an, muss eine andere geeignete Person, etwa ein zum Richteramt befähigter Beamter der übergeordneten Behörde, sie vertreten (ebenso *Haarmann* DStZA 1975, 459). Ist der Leiter der Behörde selbst zum Richteramt befähigt, kann er die Behörde vertreten. Er bedarf dazu keiner besonderen Vollmacht, seine Befugnis ergibt sich aus der Behördenorganisation; dasselbe gilt für seine bestellten Vertreter (BFHE 127, 3 = BStBl II 1979, 283). Die Vertretung nach § 62a I 3 ist nur wirksam, wenn der Behördenvertreter die **Schriftsätze** unter Hinweis auf die Prozessvertretung (BVerwG BayVBl 1992, 667) **selbst unterschreibt;** die Unterzeichnung durch einen anderen, nicht zum Richteramt befähigten Beamten genügt auch dann nicht, wenn dabei vermerkt ist, das Schriftstück sei im Entwurf von einem vertretungsberechtigten Beamten unterzeichnet worden. Der Mangel wird auch nicht dadurch geheilt, dass die nachfolgenden Schriftsätze von einem vertretungsbefugten Beamten oder Angestellten unterzeichnet werden (BFHE 125, 148 = BStBl II 1978, 464; BFH/NV 1995, 246, 247).

2. Sachlicher Umfang des Vertretungszwangs

Der **Vertretungszwang** gilt nach § 62a I 1 nicht nur für die gem **14** §§ 120 I, 116 II beim BFH einzulegenden Rechtsmittel der Revision und der NZB, sondern nach dem Sinn der Vorschrift auch für die **Begründung der Revision** (BFH/NV 2001, 63, 64; *Haarmann* DStZA 1975, 460; *Offerhaus* FR 1975, 410) und der **NZB** (§ 116 III; BFH/NV 1994, 502; 1996, 495; 1997, 56) sowie für den **Antrag auf Verlängerung der Revisionsbegründungsfrist** (BFHE 136, 575 = BStBl II 1983, 134, 135; BFH/NV 1986, 751). Nach § 62a I 2 gilt der Vertretungszwang außerdem für die **Einlegung der Beschwerde** gegen einen Beschluss des FG, insbesondere für die Beschwerde **gegen** die **Versagung der Akteneinsicht** (BFH/NV 2000, 1351), gegen die **Beiladung** (BFH/NV 1989, 189; 1990, 49), gegen den **Beschluss nach § 62 I 2** (BFH/NV 1999, 813; v 17. 8. 2005 X B 81/05, nv), gegen den **Kostenansatz,** gegen die **Streitwertfestsetzung** durch das Gericht (BFH/NV 1996, 701; zum Antrag auf Streitwertfestsetzung oder auf Änderung der Streitwertfestsetzung s aber Rz 15), gegen die **Zurückweisung** eines Bevollmächtigten (BFH/NV 2003, 1222) sowie für die **Erinnerung** gegen den **Kostenansatz durch** die Geschäftsstelle des BFH. Der Vertretungszwang gilt ferner für die **Beschwerde eines Zeugen** oder **Sachverständigen** gegen die Verhängung von Ordnungsmitteln nach § 82 iVm § 380 I ZPO (GrS BFHE 140, 408 = BStBl II 1984, 439; BFH/NV 1989, 447; 1994, 652; 1995, 632; 1996, 575; 2002, 1307; 1476; 2004, 806; BFH/NV 2001, 177 betr Sachverständigen – mE zweifelhaft, weil Zeugen und Sachverständige keine Beteiligten sind). – Auch in allen weiteren Verfahren „vor dem Bundesfinanzhof" ist der Vertretungszwang zu beachten, also zB bei **Anträgen** auf **Wiederaufnahme des Verfahrens** (BFHE 122, 1 = BStBl II 1977, 501; BFH/NV 1987, 179, 180; BFH/NV 1994, 254; 1996, 925; 2002, 1314; 2003, 1436; zur Wiederaufnahme eines PKH-Verfahrens vor dem BFH: BFH/NV 1998, 1248; 2003, 1191), auf **Bestimmung des zuständigen FG** nach § 39 I Nr 1 (BFH/NV 1999, 62, 63; 2002, 1477), auf **Tatbestandsberichtigung** durch den BFH (BFH/NV 1990, 181; 2002, 1341; 2004, 663), auf **Wiedereinsetzung** nach § 56 (BFHE 125, 248 = BStBl II 1978,

523; BFH/NV 1986, 553; 1999, 503; 2005, 232), auf **mündliche Verhandlung** gegen einen Gerichtsbescheid (§§ 79a II, IV, 90a II Nr 1 – vgl BFHE 122, 26 = BStBl II 1977, 502; BFH/NV 1996, 776; 2003, 505), auf **Kostenentscheidung** nach § 144 (vgl § 144 Rz 3) und auf **AdV** nach § 69 III, wenn der BFH Gericht der Hauptsache ist (BFHE 118, 552 = BStBl II 1976, 504; BFH/NV 1988, 655; 1996, 349). – Der Vertretungszwang erfasst grundsätzlich **das gesamte Verfahren** und alle Prozesshandlungen (vgl BFHE 125, 148 = BStBl II 1978, 464; BFHE 164, 114 = BStBl II 1991, 541 betr den Verzicht auf mündliche Verhandlung), so zB auch die **Anhörungsrüge nach § 133a FGO** (BFH/NV 2005, 1848) sowie **außerordentliche Beschwerden** (BFH/NV 2004, 647), wie zB **Gegenvorstellungen** gegen Beschlüsse des BFH (BFH/NV 1997, 888; 1999, 182; 210; 641, 642; 1120; 1368; 1618, 1619; 2000, 206, 207; 726; 876; 1112, 1113; 1368; 1618, 1619; 2001, 328; 2003, 332; 343; 498; 2005, 1848; und öfter), es sei denn, die Gegenvorstellung bezieht sich auf die Ablehnung eines Antrags, der persönlich gestellt (Rz 15) werden kann (BFH/NV 2000, 1066; 2001, 810, 811; 2002, 1050; 1611; 2003, 1597; 2005, 366; 898).

15   **Vertretungszwang besteht** insoweit **nicht,** als einzelne Prozesshandlungen nach entsprechend anwendbaren Vorschriften der ZPO von den Beteiligten selbst vorgenommen werden können, es sei denn, Wortlaut oder Sinn des § 62a stehen dem entgegen. – Selbst auftreten kann ein Beteiligter nach § 78 II ZPO bei Verfahren **vor einem beauftragten oder ersuchten Richter** (die beim BFH kaum vorkommen werden – vgl auch § 133 Rz 2) und bei solchen **Prozesshandlungen,** die **vor einem Urkundsbeamten** der Geschäftsstelle vorgenommen werden können, also zB dem Gesuch auf **Ablehnung eines Richters** (§ 51 I FGO, § 44 I ZPO), wenn in dem zu Grunde liegenden Verfahren vor dem BFH kein Vertretungszwang besteht (BFH/NV 1995, 247; 2000, 478, 479), dem **Antrag auf PKH** für die NZB oder die Revision (§ 142 FGO, § 117 I 1 Halbs 2 ZPO – BFHE 117, 223 = BStBl II 1976, 62; BFHE 118, 300 = BStBl II 1976, 386; GrS BFHE 140, 408 = BStBl II 1984, 439; BFH/NV 1999, 68; 338, 339; 1212; 2000, 193, 194; 1134; 2002, 1483; 2003, 793; 1339; 2004, 356u öfter), dem Antrag auf **Beiordnung eines** sog **Notanwalts** (§§ 78b, 129a ZPO – vgl BFHE 123, 433 = BStBl II 1978, 57; GrS BFHE 140, 408 = BStBl II 1984, 439; BFH/NV 1999, 810; 944; 2000, 870; 1134; 2001, 607), dem Gesuch auf **Beweissicherung** (§ 82 FGO, § 486 I ZPO) und dem Antrag auf **Streitwertfestsetzung** oder Änderung der Streitwertfestsetzung (BFH/NV 2003, 938; zur Beschwerde s aber Rz 14). Außerdem kann der Beteiligte den Antrag auf gerichtliche Entscheidung gegen Entscheidungen des beauftragten oder ersuchten Richters oder des Urkundsbeamten der Geschäftsstelle selbst stellen (vgl § 133 Rz 2). Zum Äußerungsrecht des Beteiligten nach § 137 IV ZPO s BVerwG HFR 1985, 45.

16   Darüber hinaus besteht nach der Rspr des BFH dann kein **Vertretungszwang,** wenn es weiterer Prozesshandlungen nicht bedarf (zB GrS BFHE 140, 408 = BStBl II 1984, 439, 441). Prozesserklärungen des Beteiligten selbst werden zB als wirksam anerkannt im Falle des **Widerrufs der Vollmacht** oder der **Mandatsniederlegung** bei Entscheidungsreife der Revision (BFHE 126, 506 = BStBl II 1979, 265; BFH/NV 1999, 72); wenn die Prozesshandlung zur Beendigung des Verfahrens führt wie im Falle der **Rücknahme der Revision** – sogar gegen den Willen des Bevollmächtigten (BFHE 132, 400 = BStBl II 1981, 395; BFH/NV 1997, 696; 1999, 1244; 2001, 329; 2005, 1819); im Falle der **Erklärung,** das Verfahren sei in der **Hauptsache erledigt** (BFHE 128, 327 = BStBl II 1979, 707; BFHE 136, 448 = BStBl II 1983, 25); wenn eine Erklärung auch zu Protokoll des Urkundsbeamten der Geschäftsstelle abgegeben werden kann (BFHE 140, 408 = BStBl II 1984, 439); für die Rücknahme eines **Wiederaufnahmeantrags** trotz Vertretung durch einen postulationsfähigen Bevollmächtigten (BFH/NV 1997, 373).

Diese Rspr ist abzulehnen. Sie widerspricht nicht nur dem Wortlaut **17** des § 62 a, sondern auch dessen Zweck. Da die Regelung auch dem Schutz des Beteiligten dienen soll (Rz 1; vgl BVerwG HFR 1985, 45), gebietet es der Gesetzeszweck in den vom BFH entschiedenen Fällen, an dem Erfordernis der Vertretung des Beteiligten für die Dauer des **gesamten** Verfahrens festzuhalten (vgl BVerwG Buchholz 310 § 67 VwGO Nr 42; s aber auch BVerwG HFR 1978, 388 – wie der BFH).

Nach dem Wortlaut des § 62 a I 1 muss sich **jeder Beteiligte** vertreten **18** lassen. Das gilt allerdings nicht für die nach § 62 a I 1 iVm § 3 Nr 1 StBerG **vertretungsbefugten Personen** (Rz 7). Sie können sich finanzgerichtlichen Verfahren (analog § 78 III ZPO) **selbst vertreten** (BFHE 118, 290 = BStBl II 1976, 449; BFHE 142, 106 = BStBl II 1985, 60). Das gilt auch dann, wenn sie **kraft Amtes** handeln, also zB als Insolvenzverwalter, Testamentsvollstrecker, Zwangsverwalter oder Liquidator (BFHE 142, 106 = BStBl II 1985, 60; s aber zum Rechtsanspruch des Insolvenzverwalters auf Beiordnung eines Bevollmächtigten bei Gewährung von PKH: BFH/NV 2005, 380).

Der **Beigeladene** (§ 57 Nr 3) muss sich grundsätzlich auch vertreten **19** lassen. Das gilt mE nach dem Gesetzeszweck des § 62 a (Rz 1) aber dann nicht, wenn der **Beigeladene, keine Anträge stellen und keine Ausführungen abgeben will** (*Haarmann* DStZA 1975, 457; *Gräber* DStR 1978, 549; nunmehr glA auch *Loose* in T/K § 62 Rz 6). Für den Vertretungszwang ist in diesen Fällen kein Raum (vgl BVerwG HFR 1981, 85). – Zum Vertretungszwang betr **Zeugen und Sachverständigen,** die sich (mit der Beschwerde) gegen die Verhängung von Ordnungsmitteln (§ 82 iVm § 380 I ZPO – § 82 Rz 21) wenden, s Rz 14.

Der Bevollmächtigte muss nicht nur der Form nach, sondern auch in **20** Wirklichkeit **tätig werden,** dh es muss erkennbar sein, dass er selbst den Prozessstoff überprüft und die volle Verantwortung für ihren Inhalt übernommen hat (BFH/NV 2005, 232). Das ist nicht der Fall, wenn er lediglich auf einen beigehefteten Schriftsatz des Beteiligten verweist (BFH/NV 2002, 1441; 2003, 629; 2004, 348; zur Revisionsbegründung s § 120 Rz 39 f) oder lediglich einen von dem Beteiligten gefertigten Schriftsatz unterzeichnet (BFH/NV 2003, 817; 1214). – Erst recht darf er natürlich nicht einer nichtvertretungsberechtigten Person „Untervollmacht" erteilen (BFHE 128, 350 = BStBl II 1974, 741).

3. Bestellung eines Bevollmächtigten durch den BFH

Auf Antrag, der innerhalb der Rechtsmittelfrist zu stellen ist (BFH/NV **21** 1997, 431; 2000, 479; 1373), muss das zuständige Prozessgericht (der BFH) dem nicht gemäß § 62 a vertretenen Beteiligten nach § 155 iVm §§ 78 b,

78 c ZPO einen **Bevollmächtigten bestellen,** wenn die Rechtsverfol-
gung nicht mutwillig oder aussichtslos erscheint (BFHE 123, 433 =
BStBl II 1978, 57; BFH/NV 1988, 98; 1990, 503; 519; 1992, 252; 1994,
485; 1995, 247; 424, 425; 1996, 923; 2000, 870; 2003, 332) und wenn der
Beteiligte keine zur Übernahme des Mandats bereite vertretungsbefugte
Person (§ 62 Rz 5 ff; vgl auch BFHE 122, 433 = BStBl II 1978, 57; BFH/
NV 2003, 322) findet. Letzteres kann nur angenommen werden, wenn der
Beteiligte für das konkrete Verfahren (BFH/NV 1997, 788) zumindest
eine gewisse Zahl von namentlich bezeichneten (BFH/NV 1999, 810)
Rechtsanwälten, Steuerberatern usw nachweisbar vergeblich um die
Übernahme des Mandats ersucht hat (BFH/NV 1993, 750; 1996, 216;
240; 322; 1998, 465; 731; 876; 1999, 353; 655; 1246; 1247; 1373;
2000, 1122; 1133; 1373; 2001, 194; 2003, 1597; 2005, 1107 u öfter; zu
weitgehend BFH/NV 1988, 987: Einschaltung der zuständigen Kammern
erforderlich). – Die **Auswahl** des beizuordnenden Bevollmächtigten
(BFH/NV 1998, 617) erfolgt durch den Vorsitzenden (§ 155 iVm § 78 c I
ZPO). – Über das Gesuch ist durch **Beschluss** zu entscheiden, gegen den
– nur **bei Ablehnung** – die **Beschwerde** (§ 128 I) gegeben ist (BFH/NV
1988, 441, 442; s auch BFH/NV 2003, 1597: bei Gegenvorstellung gilt
kein Vertretungszwang). – Da es sich um ein unselbständiges Zwischenverfahren handelt, hat **keine Kostenentscheidung** zu ergehen (BFH/NV
1999, 655). Die Entscheidung über den Antrag ergeht gerichtsgebührenfrei (BFH/NV 1999, 944; 945). – Die Entscheidung der Hauptsache
braucht nicht bis zur Rechtskraft des Beschlusses zurückgestellt zu werden (BFH/NV 1988, 441, 442). – Auch im Falle der Beiordnung muss
eine schriftliche Prozessvollmacht vorgelegt werden. Durch die Beiordnung wird eine Bestellung zum Prozessbevollmächtigten nicht bewirkt.
– Der beim FG eingereichte Antrag auf Beiordnung eines Bevollmächtigten („Notanwalts") ist **formlos an den BFH abzugeben** (BFH/NV
1996, 627).

III. Rechtsfolgen

23   Ein **ohne** ordnungsgemäße **Vertretung eingelegter Rechtsbehelf** ist
nicht unbeachtlich, sondern zu bearbeiten und als **unzulässig** zu verwerfen (BFHE 120, 335 = BStBl II 1977, 121; BFHE 121, 171 = BStBl II
1977, 291; BFHE 126, 366 = BStBl II 1979, 173; BFH/NV 1989, 119;
1998, 736; 823, 824; 2002, 943).

24   Eine **Heilung** der mangelnden Vertretung durch **nachträgliche Genehmigung** der Prozessführung durch einen zugelassenen Vertreter ist nur
innerhalb der Rechtsmittelfrist möglich, weil die Genehmigung nur für
die Zukunft wirkt (BFH/NV 1994, 651; 2003, 321; 2004, 649). **Nach
Ablauf der Rechtsbehelfsfrist** ist sie **ausgeschlossen** (BFHE 121, 171
= BStBl II 1977, 291; BFHE 126, 366 = BStBl II 1979, 173; BFH/NV
1994, 333; 1997, 373; 1998, 1367; 1368; 1999, 634; 2004, 1668 und öfter;
zur Nichtannahme einer gegen diese Rspr gerichteten Verfassungsbeschwerde s BVerfG Beschluss v 1. 8. 1977 2 BvR 284/77 nv; zum Nich-
tigkeitsantrag s BFH/NV 2003, 175). Gleiches gilt für die Wiederholung
der Prozesshandlung (BFH/NV 1999, 634, 635). – Dagegen ist es nicht
erforderlich, dass für einen zugelassenen Vertreter, der tätig wurde, bereits

vor Ablauf der Revisions(begründungs)frist eine **Vollmacht** erteilt war (vgl für den Fall der Verfassungsbeschwerde den Beschluss des BVerfGE 50, 381). – Zur **Fristsetzung für die Nachreichung der Vollmacht** s § 62 Rz 78 ff.

Wird im Falle der Einlegung des Rechtsmittels durch eine nicht postulationsfähige Person die Rechtsmittelfrist versäumt, kommt eine **Wiedereinsetzung** jedenfalls dann nicht in Betracht, wenn die Rechtsmittelbelehrung fehlerfrei und eindeutig war; die **Nichteinhaltung der Frist** ist dann **verschuldet** (BFHE 121, 171 = BStBl II 1977, 291; § 56 Rz 20 „Prozessbevollmächtigter"). – Macht der Beteiligte geltend, er habe keine vertretungsberechtigte Person gefunden, so kann Wiedereinsetzung nur dann gewährt werden, wenn der Beteiligte darlegt, dass er zumindest eine gewisse Anzahl von zur Vertretung vor dem BFH befugten Personen schriftlich oder mündlich vergeblich um die Übernahme des Mandats ersucht hat (BFH/NV 2003, 77; 1089). **25**

Ein nicht durch einen nach § 62a postulationsfähigen Bevollmächtigten vertretener Beteiligter kann das von ihm eingelegte Rechtsmittel selbst und ohne Zustimmung des Gegners **zurücknehmen** (BFH/NV 2003, 1089). Ebenso kann ein Prozessbevollmächtigter die Revision oder Beschwerde trotz gleichzeitig ausgesprochenen Widerrufs der Vollmacht wirksam zurücknehmen (BFH/NV 1999, 72; s allg zur Rücknahme von Klagen und Rechtsmitteln durch vollmachtlose Vertreter: § 62 Rz 77). **26**

Ist das Rechtsmittel von einer vollmachtlosen Person eingelegt worden, die nicht zur Vertretung vor dem BFH befugt ist, so trägt sie die **Kosten** des Verfahrens (BFH/NV 1988, 655; 1997, 605; 1998, 878; 1999, 52; 2002, 1608). – Zum Absehen von einer Kostenentscheidung s BFH/NV 1999, 318. – Im Übrigen s § 62 Rz 101. **27**

Abschnitt III. Verfahren im ersten Rechtszug

§ 63 [Beklagter]

(1) Die Klage ist gegen die Behörde zu richten,

1. die den ursprünglichen Verwaltungsakt erlassen oder
2. die den beantragten Verwaltungsakt oder die andere Leistung unterlassen oder abgelehnt hat oder
3. der gegenüber die Feststellung des Bestehens oder Nichtbestehens eines Rechtsverhältnisses oder der Nichtigkeit eines Verwaltungsakts begehrt wird.

(2) Ist vor Erlass der Entscheidung über den Einspruch eine andere als die ursprünglich zuständige Behörde für den Steuerfall örtlich zuständig geworden, so ist die Klage zu richten

1. gegen die Behörde, welche die Einspruchsentscheidung erlassen hat,
2. wenn über einen Einspruch ohne Mitteilung eines zureichenden Grundes in angemessener Frist sachlich nicht entschieden worden ist (§ 46), gegen die Behörde, die im Zeitpunkt der Klageerhebung für den Steuerfall örtlich zuständig ist.

(3) Hat eine Behörde, die auf Grund gesetzlicher Vorschrift berechtigt ist, für die zuständige Behörde zu handeln, den ursprünglichen Verwaltungsakt erlassen oder den beantragten Verwaltungsakt oder die andere Leistung unterlassen oder abgelehnt, so ist die Klage gegen die zuständige Behörde zu richten.

Vgl § 78 VwGO

Übersicht

Literatur: *Beckmann,* Die Wahl des Beklagten beim Folgebeseitigungsanspruch iS von § 113 I 2 VwGO, DVBl 1994, 1342; *Besendorfer,* Die Zuständigkeit der Finanzverwaltung unter besonderer Berücksichtigung der Zuständigkeitsänderung, Erlangen-Nürnberger Diss 1975; *Ehlers,* Der Beklagte im Verwaltungsprozess, FS Menger S. 401; *Gräber,* Beklagtenrolle des FA bei Wechsel der Zuständigkeit, StuW 1974, 57 ff.

I. Allgemeines

1   Die Vorschrift, neu gefasst durch Gesetz v 14. 12. 1976 (BGBl I, 3341) und redaktionell verändert durch das GrenzpendlerG Vor § 1 Rz 16 f, bestimmt nach Zuständigkeitsgesichtspunkten, **welche Behörde** (durch Bezeichnung in der Klageschrift, §§ 64, 65 I 1) am finanzgerichtlichen Verfahren als **Beklagte** zu beteiligen ist (§ 57 I Nr 2; vgl FG Bremen EFG 1990, 255). Der häufig in der Gesetzesüberschrift verwendete, dem Zivilrecht entlehnte Begriff der *Passivlegitimation* (s zB BFH/NV 2002, 934; *T/K* Rz 5) ist irreführend: Hier geht es nicht vorrangig um die – zudem der Begründetheitsprüfung zugeordnete (*Greger* in Zöller Rz 25 vor § 253) – Frage materiell-rechtlicher Befugnis, sondern um Wahrung der **Sachentscheidungsvoraussetzung** (s zB BFH/NV 2000, 1112 u 1116; 2002, 934; FG Bremen EFG 1999, 1092, iÜ Rz 5 und § 57 Rz 7) der zutreffenden Beklagtenbezeichnung nach leicht erkennbaren äußeren Merkmalen (Rz 8; vgl zum Meinungsstreit im Rahmen der VwGO: *Meissner* in Schoch ua § 78 Rz 4 ff mwN; wie hier auch *Kopp/Schenke* § 78 Rz 1). Der **Begriff der Behörde** ist demgemäss nicht zuletzt im Hinblick auf Art 19 IV GG) rein **funktional** zu verstehen (bezogen auf den äußeren Geschehensablauf – Rz 8 f; s auch § 6 I AO). Er umfasst zB nicht nur juristische Personen des öffentlichen Rechts, die das Gesetz (s § 70 I S 1 u S 2 u § 72 I S 2 EStG) zum Zwecke der Festsetzung und Auszahlung des *Kindergelds* zur „Familienkasse" erklärt, sondern auch solche des Privatrechts, die nach § 72 II EStG nF in gleicher Weise tätig werden (s auch § 5 I Nr 11 S 4 FVG; iÜ § 33 Rz 27 a; Rz 80 vor § 40). – Im Zweifel genügt der *Rechtsschein.* Verwaltungsinterna, subtile Organisationsfragen usw sind aus der maßgeblichen Sicht des Rechtsuchenden (s auch Rz 8) unbeachtlich (aM:

BFH/NV 1995, 279, 280 u die dort Zitierten; vgl zur ähnlichen Problemlage bei § 173 AO: *H/H/Sp/v Groll* § 173 AO Rz 197 ff).

Die Regelung des § 63 wurde in bewusster Abkehr von dem in der **2** VwGO und im SGG geltenden *Rechtsträgerprinzip* getroffen, wonach zum Zwecke des Rechtsschutzes gegenüber Hoheitsmaßnahmen grundsätzlich die juristische Person des öffentlichen Rechts (Bund, Land) zu verklagen ist, die „hinter" der Erlassbehörde steht (BFH/NV 2003, 804; s. iÜ *Kopp/Schenke* § 78 Rz 1; *Meyer-Ladewig* § 70 Rz 4; zu den gesetzgeberischen Motiven für diese Abweichung vgl BT-Drucks IV/1446 S 49 zu § 56 FGO E; zur unverständlichen Kritik am bürgerfreundlichen **„Behördenprinzip":** *T/K* § 63 Rz 1). Für den Rechtsuchenden liegt darin eine erhebliche Vereinfachung, die auch hinsichtlich der **Rechtskraftwirkung** dank der in § 110 I 2 angeordneten Rechtskrafterstreckung (§ 110 Rz 11) keinerlei Nachteile mit sich bringt (s zB BFH/NV 1998, 729, 730).

Geregelt ist in § 63, wer der **„richtige" Beklagte** ist (Rz 1, 8; für *Antragsgegner* gilt Entsprechendes: BFHE 120, 452 = BStBl II 1977, 161; **3** BFH/NV 1993, 151; hier § 114 Rz 14; zur modifizierten Geltung im **Rechtsmittelverfahren:** BFH/NV 2003, 804). Die Beantwortung dieser Frage ist der **Disposition** der Beteiligten **entzogen** (BFHE 209, 29 = BFH/NV 2005, 1454).

Unvollständige oder *unrichtige Bezeichnung* schadet nicht, sofern die **4** **Identität des Beklagten** fixiert ist (zu den Grenzen der Auslegungsmöglichkeiten FG Nds EFG 1995, 170; iÜ zu den Einzelheiten der Korrekturmöglichkeiten vgl § 65 Rz 19 ff und 51 ff).

Eine **Änderung** der Beklagtenbezeichnung dagegen ist grundsätzlich **5** **Klageänderung** (§ 67 Rz 8 ff) und *bei fristgebundenen Klagen nur innerhalb der Klagefrist* zulässig (BFHE 130, 12 = BStBl II 1980, 31 f; BFHE 155, 457 = BStBl II 1989, 460; BezG Erfurt EFG 1992, 299; Rz 10 ff vor § 33; § 47 Rz 2; § 65 Rz 4). Ist die falsche Behörde verklagt und lässt sich dies nach dem zuvor Gesagten nicht mehr (rechtzeitig) ändern, muss die Klage durch Prozessurteil abgewiesen werden (Rz 1; s auch FG SchlHol EFG 1975, 375 und 1979, 188; FG RhPf EFG 1986, 134; sehr großzügig: FG Saarl EFG 1989, 129; FG Bremen EFG 1990, 255; FG BaWü EFG 1990, 538; zur Auslegung: FG Hbg EFG 1997, 24; allgemein Rz 14 ff vor § 33).

Ausgenommen hiervon ist der Fall des **gesetzlichen Parteiwechsels, 6** dh des Zuständigkeitswechsels durch Organisationsakt (BFHE 104, 524 = BStBl II 1972, 438; BFHE 124, 299 = BStBl II 1978, 310; BFHE 126, 292 = BStBl II 1979, 169, 170; BFHE 128, 251 = BStBl II 1979, 714, 715; BFH/NV 1987, 283; BVerwGE 44, 148; zT abweichend: BFHE 200, 522 = BFH/NV 2003, 336; s iÜ OFD Frankfurt/Main, DStR 2003, 1928; zum Beklagtenwechsel im Fall des **§ 68:** BFH DStRE 2005, 119). Beim gesetzlichen Parteiwechsel wird die nunmehr zuständige Behörde (ohne Verfahrensunterbrechung) Beklagter.

Ohne jeden Einfluss auf den anhängigen Steuerprozess bleibt es dagegen, **7** wenn die bisher zuständige Behörde das **Verfahren** gem § 26 S 2 AO **fortführt** (BFH/NV 1998, 420; s auch Rz 8; zu sonstigen Fällen des Zuständigkeitswechsels s Rz 10).

II. Zu § 63 I

8   Im Interesse effektiven Rechtsschutzes (s auch Rz 1) kommt es grundsätzlich auf die nach außen hin erkennbaren, **tatsächlichen Verhältnisse,**
nicht darauf an, welche Behörde von Rechts wegen hätte tätig werden
müssen (vgl BFH/NV 1993, 151; zur Bedeutung gesetzlicher Zuständigkeitsregelungen für die Rechtsmäßigkeit hoheitlicher Maßnahmen: BFHE
171, 15 = BStBl II 1993, 649). Nach dem Kriterium der „Veranlassung"
bestimmt § 63 I als **„richtigen" Beklagten** für die
- **Anfechtungsklage** die Behörde (Rz 1), die den ursprünglichen VA erlassen hat (§ 63 I Nr 1; dabei ist ein Wechsel der örtlichen Zuständigkeit
  im Lauf des Verfahrens grundsätzlich unbeachtlich: BFH/NV 1987, 281;
  zum Verhältnis AdV-/Hauptsacheverfahren: BFH/NV 2005, 1109; s
  aber Rz 6),
- **Verpflichtungsklage** und die *sonstige Leistungsklage* diejenige, die den
  beantragten VA oder die andere Leistung unterlassen oder abgelehnt hat
  (§ 63 I Nr 2; BFHE 152, 146 = BStBl II 1988, 309; BFHE 163, 478 =
  BStBl II 1991, 610; FG Saarl EFG 1989, 215 u 1991, 208; FG Bremen
  EFG 1991, 492; BezG Erfurt EFG 1992, 299; zu den Grenzen der Auslegung hierbei: FG Nds EFG 1995, 170) und für die
- **Feststellungsklage** diejenige Behörde, der gegenüber die Feststellung
  des Bestehens oder Nichtbestehens des Rechtsverhältnisses oder die
  Nichtigkeit eines VA begehrt wird (§ 63 I Nr 3; zur Nichtigkeitsfeststellungsklage: BFH/NV 2000, 1112 u 1116; s auch BFH/NV 2002,
  943, 944 u § 41 Rz 35).

9   Wird ein **Änderungsbescheid** angefochten, ist die Klage gegen das FA
zu richten, das den Änderungsbescheid erlassen hat (BFHE 96, 89 =
BStBl II 1969, 593). Entsprechendes gilt, wenn ein unzuständiges FA eine
Einspruchsentscheidung erlassen hat (BFHE 108, 10 = BStBl II 1973, 108).

III. Zu § 63 II

10   Für den Fall des **Zuständigkeitswechsels** (zB nach § 17 II 3 FVG;
BFHE 171, 15 = BStBl II 1993, 649; BFH/NV 1995, 517 f; 2002, 934;
FG Bln EFG 1996, 606) **vor Erlass der Einspruchsentscheidung** (nach
altem Recht auch der Beschwerdeentscheidung) trifft § 63 II eine Sonderregelung (zu sonstigen Fällen des Zuständigkeitswechsels s Rz 6 f). Danach
ist die Klage zu richten:
- regelmäßig, wenn zuvor ein **Einspruch** ergangen ist, gegen die Behörde, welche die Einspruchsentscheidung erlassen hat (Nr 1; BFHE 155,
  457 = BStBl II 1989, 460; BFHE 168, 226 = BStBl II 1992, 784); und
  zwar auch dann, wenn die nunmehr zuständige Behörde **in einem anderen Bundesland** liegt (BFH/NV 2005, 1579);
- für den bis 1995 denkbaren Fall, dass das außergerichtliche Rechtsbehelfsverfahren durch **Beschwerde** abgeschlossen wurde (§ 63 II Nr 2
  aF), gegen die der Beschwerdebehörde unmittelbar nachgeordnete und
  zum Zeitpunkt des Erlasses der Beschwerdeentscheidung örtlich zuständige Behörde und
- in **Fällen des § 46** (§ 63 II Nr 2 nF; Nr 3 aF) gegen die Behörde, die
  im Zeitpunkt der Klageerhebung für den Steuerfall örtlich zuständig ist.

IV. Zu § 63 III

Die Bestimmung betrifft die **besondere Zuständigkeitsregelung des** 11
§ 18 FVG, derzufolge Zollstellen und Grenzkontrollstellen bei der Verwaltung der USt und der Kraftfahrzeugsteuer mitwirken und hierbei für das FA handeln, das jeweils für die Besteuerung örtlich zuständig ist. Die letztgenannte Behörde ist der „richtige" Beklagte iS der §§ 57 Nr 2, 63. – Nicht erfasst werden Fälle, in denen die zuständige Behörde im Einzelfall eine andere Behörde beauftragt, hoheitlich tätig zu werden (BFH/NV 1988, 417, 418).

§ **64** [Klageerhebung]

(1) Die Klage ist bei dem Gericht schriftlich oder zur Niederschrift des Urkundsbeamten der Geschäftsstelle zu erheben.

(2) Der Klage sollen Abschriften für die übrigen Beteiligten beigefügt werden; § 77 Abs. 2 gilt sinngemäß.

Vgl § 81 VwGO; §§ 90, 92 SGG

Übersicht

Literatur (s auch 4. Aufl) *Bachofer,* Die Rechtsgültigkeit der elektronischen Unterschrift NJW-RR 1993, 25; *Beckemper,* Die Urkundenqualität von Telefaxen, JuS 2000, 123; *Broß,* Probleme des Schriftformerfordernisses im Prozessrecht, VerwA 81 (1990), 451; *Bröhl/Tettenborn,* Das neue Recht der elektronischen Signaturen, 2001; *Burgard,* Das Wirksamwerden empfangsbedürftiger Willenserklärungen im Zeitalter moderner Telekommunikation; AcP 195 (1995), S 74; *Ebnet,* Rechtsprobleme bei der Verwendung von Telefax, NJW 1992, 2985; *Jestädt,* Klageerhebung per telefax, Stb 1993, 90; *Liwinska,* Übersendung von Schriftsätzen per Telefax, MDR 2000, 500; *Nothoff,* Telefax, Computerfax und elektronische Medien – Der aktuelle Stand zum Schriftformerfordernis im Verfahrensrecht DStR 1999, 1076; *E. Schneider,* Über gekrümmte Linien, Bogen, Striche, Haken und Unterschriften, NJW 1998, 1844; *Schoenfeld,* Klageeinreichung in elektronischer Form, DB 2002, 1629; *Schwachheim,* Abschied vom Telefax im gerichtlichen Verfahren? NJW 1999, 621; *Skrobotz,* Das elektronische Verwaltungsverfahren: die elektronische Signatur im E-Government, Regensburger Diss 2004; *W. Späth,* Ist die handschriftliche Unterzeichnung eines bestimmenden Schriftsatzes zwingendes Formerfordernis der Schriftlichkeit?, DStZ 1996, 323;

Vollkommer, Formstrenge und prozessuale Billigkeit, dargestellt am Beispiel der prozessualen Schriftform, München 1973; *ders,* FS Hagen (1999), 49; *Weyand,* Aktuelle Entscheidungen zum Einsatz moderner Kommunikationsmittel in der Beraterpraxis, StW 1996, 118; *ders,* zum gleichen Thema, Inf 1997, 86 und 1998, 149; *Wilhelm,* Eigenhändige Unterschrift bei Übermittlung der Klageschrift per Computer-Fax?, DStZ 2002, 217.

A. Allgemeines

1   Geregelt ist in § 64 nur (s auch BFH/NV 2000, 61, 62) die **äußere Form der Klageerhebung** im finanzgerichtlichen Verfahren. Aus dem Zusammenwirken mit § 65 (s Rz 1) ergibt sich, welche Anforderungen an eine ordnungsgemäße Klage im Steuerprozess zu stellen sind (BFHE 97, 226 = BStBl II 1970, 89, 92; BFHE 123, 437 = BStBl II 1978, 70 f; BFHE 129, 117 = BStBl II 1980, 99, 102).

2   In **Beschlusssachen,** vor allem für Anträge nach den §§ 69, 114 gilt § 64 entsprechend (s auch *Kopp/Schenke* § 81 Rz 1 mwN). Für **Rechtsmittel** ist die Schriftform jeweils ausdrücklich vorgeschrieben (§§ 116 III 3, 120 I 1, 129 I; BFH/NV 1993, 186 u 241; 1995, 312 für die *Revision;* BFH/NV 1994, 387; 1997, 893, 2002, 669 u 1597 für die *Beschwerde*).

3   Der **Kern der** (durch das FGOÄndG – Rz 5 ff – in Abs 1 neugefassten) **Regelung** (reine Folgeänderung aus der Streichung des § 37) findet sich **in § 64 I 1. Alternative,** während in § 64 I 2. Alternative eine Variante zum äußeren Ablauf des Vorgangs der Klageerhebung (neben den in § 47 II und III geregelten Möglichkeiten der Anbringung der Klage bei bestimmten Behörden, s § 47 Rz 18 ff) und in § 64 II eine reine Ordnungsvorschrift enthalten ist.

B. Zu § 64 I
1. Fall – Schriftsätzliche Klageerhebung bei Gericht

I. Funktion und Bedeutung der Vorschrift

4   Die Vorschrift ordnet *für alle Klagearten* des Steuerprozesses (s § 40 Rz 10) **zwingend Schriftform** an, eine Regelung, die auch sonst im Verfahrensrecht kennzeichnend ist für sogenannte **bestimmende Schriftsätze.** Das sind im Gegensatz zu nur vorbereitenden (§ 77, § 129 ZPO; *R/S* § 81 IV) solche Schriftsätze, durch die das Verfahren bestimmende Prozesshandlungen *vollzogen* werden (*R/S* § 65 II 2 b; *Zöller/Greger* § 129 Rz 3; *Kopp/Schenke* § 81 Rz 1; BGHZ NJW 1985, 2650; BVerfG NJW 1993, 51; BVerwGE 59, 302, 304; BFHE 97, 226 = BStBl II 1970, 89, 91; BFHE 111, 278 = BStBl II 1974, 242, 245; BFH/NV 1994, 387; 1995, 699 u 702; 2002, 1597, 1998; GmSOGB NJW 1980, 172, 173; 2000, 2340; zur **Begrenzung der Auslegung** schriftgebundener Prozesshandlungen; BFHE 133, 151 = BStBl II 1981, 532; BFHE 155, 12 = BStBl II 1989, 107, 108; Rz 11; Rz 16 vor § 33).

5   **Schriftformabhängige Prozesshandlungen** sind solche, die ein Verfahren oder einen Verfahrensabschnitt eröffnen oder beenden (vgl *T/P* § 129 Rz 5). Das sind im Bereich der FGO neben der Klageerhebung

(§ 64 I 1) Anträge nach den §§ 69, 114, ferner die Rechtsmittelbegehren (§§ 115 ff; vgl § 120 I 1, § 129 I). Nichtigkeits- und Restitutionsklagen (§ 134 iVm §§ 585 ff ZPO) sowie hierauf bezogene Rücknahme- oder Erledigungserklärungen (§§ 72, 138 iVm § 121 bzw § 134 iVm § 585 ZPO).

R/S (aaO § 65 II 2 b und 2 c aE) kennzeichnen die Funktion der Schrift- **6** form für bestimmte Schriftsätze als **„Wirkform"** (im Gegensatz zu *Vollkommer* aaO, dessen Kritik an der hM von der These ausgeht, es handle sich nur um eine reine „Zweckform", so iE Rz 1 ff). Bezogen auf die Klageerhebung bedeutet dies gem § 64 I 1 (wie auch sonst in der Rechtsordnung, wenn Formerfordernisse als gesetzliche Tatbestandsmerkmale fungieren), dass die Einhaltung der Schriftform (gleichermaßen wie ihr eindeutiger, unbedingter Inhalt) **Voraussetzung für die Wirksamkeit dieser Prozesshandlung** ist. Das gilt umsomehr, als es auf die *Zustellung* der Klageschrift für die Klageerhebung im finanzgerichtlichen Verfahren (anders § 253 I ZPO) *nicht* ankommt. **Klage erheben** bedeutet nach dem Rechtsgedanken des **§ 130 I BGB:** die Klageschrift (zum notwendigen Inhalt: § 40 Rz 3 ff; § 65 Rz 11 ff; zum Formerfordernis: Rz 18 ff) derart in die **Verfügungsgewalt des Gerichts** (ausnahmsweise einer gesetzlich – § 47 II u III – bestimmten Behörde) bringen, dass dieses davon Kenntnis nehmen kann (s § 47 Rz 13 ff); dh nach der für empfangsbedürftige Willensbekundungen generell geltenden Abgrenzungen der Risikosphären (*Burgard* AcP 195, 74, 94 ff u 134; BB 1995, 222, 223 f) für das **Zugehen** (zur Abgrenzung von der *Zustellung:* § 53 Rz 7; FG Hbg EFG 1996, 511) einer Klage per **Telefax** (s dazu BVerfG HFR 1996, 759): die Sendung vollständig derart in den Aufnahmebereich des Gerichts (der Behörde) bringen, dass diese bei Annahme gewöhnlicher Verhältnisse die **Möglichkeit** hat, die Erklärung **zu speichern** (*Burgard* aaO; vgl auch BGHZ 105, 40, 44 – BB 1994, 1457 – NJW 1994, 2097; *R/S* § 65 II 2 d); offen für privatrechtliche Erklärungen: BGH BB 1995, 221). Weitergehend wird in diesem Zusammenhang vollständige **Aufzeichnung** durch das Empfangsgerät (BAG BB 1999, 2034) bzw vollständiger Ausdruck verlangt (BFHE 186, 491 = BStBl II 1999, 48 mwN; s auch Rechtunsicherheit bei der Konkretisierung BGHZ 101, 276, 280; *Ebnet* NJW 1992, 2985, 2987 jew mwN; zur Möglichkeit der Wiedereinsetzung in solchen Fällen: BGH NJW 1992, 244; 1995, 1431; FG Köln EFG 1996, 1039). Wichtigste Konsequenz dieser Meinungsverschiedenheit für die **„Empfangstheorie"** bei der Klageerhebung: Hindern Mängel des Empfangsgeräts den Zugang (so diejenigen, die auf **erfolgreiche** Übermittlung abstellen und offenbar auch BFH/NV 1994, 483, 484; 1995, 699, 700) oder nicht (so diejenigen, die auf die bloße *Möglichkeit* des Empfangs abstellen)? Völlig ungeklärt ist in jedem Fall ist die **Beweislage** (vgl *Burgard* AcP 195, 74, 124 ff mwN). Dem typischen Geschehensablauf und der vorgegebenen Risikoverteilung entspricht es am besten, einen an die ordnungsgemäße Absendung (s BFH/NV 1995, 702) anknüpfenden *Anscheinsbeweis* zuzulassen, der durch die Empfangsaufzeichnungen des Gerichts (der Behörde iS des § 47 II/III) entkräftet werden kann (*Burgard* aaO S 129 ff, 135 f u BB 1995, 222, 224 f. – AM für Postsendungen: BVerfG NJW 1991, 2757; BGHZ 24, 308; wN bei *Burgard* aaO). Bis zur dringend notwendigen Klärung dieser grundlegenden Frage kann dem Absender in solchen Fällen (auch unter dem Gesichtspunkt des § 56)

praktisch nur empfohlen werden, sich nach Möglichkeit des Eingangs seiner Sendung beim Empfänger durch Anruf zu vergewissern und diese „Vorsichtsmaßnahme" beweisfähig zu gestalten (deutlicher Beleg für die Systemwidrigkeit einer Problemlösung, welche die **Risikoverteilung** in solchen Fällen **unberücksichtigt** lässt – genau dies gehört ja zu den Situationen, die durch konsequente Anwendung der Empfangstheorie vermieden werden).

7   Der GmSOGB hat in seinen Beschlüssen v 30. 4. 1979 (NJW 1980, 172, 173) und 5. 4. 2000 (NJW 2000, 2340 m Anm in BB 2000, 1640 u in DStR 2000, 1362; vgl außerdem BFHE 136, 38 = BStBl II 1982, 573; BFH/NV 1985, 93; BGHZ 75, 340, 343; BVerwG NJW 1989, 1175; DÖV 1990, 26) den **Zweck** der Schriftform wie folgt umschrieben:

„Die Schriftlichkeit soll gewährleisten, dass aus dem Schriftstück der Inhalt der Erklärung, die abgegeben werden soll, und die Person, von der sie ausgeht., hinreichend zuverlässig entnommen werden können. Außerdem muss feststehen, dass es sich bei dem Schriftstück nicht nur um einen Entwurf handelt, sondern dass es mit Wissen und Willen des Berechtigten dem Gericht zugeleitet worden ist."

Die neuerliche Bekräftigung dieser Zielsetzung im zuvor zitierten 2. Beschluss des GmSOGB kann allerdings bedauerlicherweise trotz fortschrittlichen Resultats nicht wirklich als Fortschritt gewertet werden – hat sie doch folgenden Rechtssatz gezeigt:

„In Prozessen mit Vertretungszwang können bestimmende Schriftsätze formwirksam durch elektronische Übertragung einer Textdatei mit eingescannter Unterschrift auf ein Faxgerät des Gerichts übermittelt werden."

Damit ist das Dilemma, dem sich der Rechtsanwender (gewiss nicht ohne eigenes Zutun) seit Jahren gegenübersieht, wenn er die Wahrung der Schriftform zu prüfen hat, sowie die hieraus resultierende **Rechtsunsicherheit** und **Ungleichbehandlung** (s dazu vor allem den BFH-Beschluss in BFHE 179, 233 = BStBl II 1996, 140) letztlich nur verstärkt worden:

– Der Unterschied zwischen „traditionell" und „modern" übermittelten Schriftsätzen (mit akribischen Abgrenzungsbemühungen zum Thema „Paraphe"/Unterschrift – Rz 18 ff – einerseits und dem Verzicht auf jegliche Form der „Unterzeichnung" – Rz 28 ff – andererseits) erfuhr Vertiefung durch Anerkennung einer weiteren Fallgruppe, die keinerlei Authentizität mehr gewährleistet (Rz 29).

– Statt mit einem systematischen Konzept wurde das Ergebnis letztlich (nach Einordnung in die „Ausnahme-Rspr" (Rz 28 f) mit *„Gewohnheitsrecht"* begründet (ohne erkennbaren Ansatz einer Herleitung, dh einer Verprobung an den für diese Rechtsquelle geltenden Kriterien – s zB *T/K* § 4 AO Rz 29 ff).

– Vor allem aber sieht die interessierte Öffentlichkeit die Palette der Kasuistik verwundert um eine weitere Differenzierung angereichert: Verfahren mit Vertretungszwang (für die das „Einscannen" die Eigenhändigkeit wirksam ersetzt) und Verfahren ohne Vertretungszwang (die dieser „Vergünstigung" offenbar – aus welchen Gründen auch immer – weiterhin entraten müssen).

Angemessene Abhilfe verspricht da (dem unerschütterlichen Optimisten) wohl nur der **Gesetzgeber** (s auch Rz 12) etwa mit einer Regelung, die zur Fristwahrung selbst *jede Art* der Schriftlichkeit genügen lässt, sofern innerhalb einer weiteren (Ausschluss-)Frist, die Originalunterschrift nachgereicht wird. Bis dahin signalisiert die Rspr für die Gruppe der Rechtsuchenden, die sich noch immer (wie im sonstigen Rechtsverkehr auch und mit allen Kriterien des Gewohnheitsrechts auf ihrer Seite) des traditionellen Mittels der Unterzeichnung bedienen, auf zweifache Weise „Entkrampfung":

– Das „Buchstabenzählen" steht nicht mehr zu befürchten (seit BFHE 189, 37 = BStBl II 1999, 668 mwN; s iÜ Rz 20, 22).

– Die **Grundsätze des fairen Verfahrens** (BVerfGE 78, 123, 126 f; NJW 1998, 1853 u 2044; s auch BFH/NV 1996, 683; BGH NJW 1999, 60; BAG DB 1997, 2336) können es dem Richter verbieten, die Wahrung der Schriftform an einer bestimmten Art der Unterschriftsleistung scheitern zu lassen: zB weil er sie zuvor (in diesem oder einem anderen Verfahren) schon akzeptiert hat oder weil sich der Unterzeichner glaubhaft und unwidersprochen darauf berufen kann, sie sei jahrelang im Geschäftsverkehr unbeanstandet geblieben (BFHE 188, 528 = BStBl II 1999, 313 mwN). Unabhängig hiervon kann aber für die derzeitige **Praxis** jedem, der sich – mit welchem Begehren auch immer – an das Gericht wendet, nur dringend empfohlen werden, seine Schriftsätze mit **vollem Namen** zu unterschreiben und, wenn er sich moderner Telekommunikationsmittel bedient, den **Originalschriftsatz** alsbald per Post hinterherzuschicken (s iÜ auch Rz 12 u 30).

Entscheidende Bedeutung kommt der Schriftform zu, wenn es um **8** Fristwahrung (zur Bedeutung der Klagefrist für die Bestandskraft von VAen grundlegend: BVerfGE 60, 253, 269 ff) geht. **Bei fristgebundenen Rechtsbehelfen** und Rechtsmitteln muss den Erfordernissen der Schriftform (was immer im Einzelnen hierunter zu verstehen ist – Rz 15 ff) **spätestens mit Fristablauf** genügt sein, ist rückwirkende Heilung ausgeschlossen BGH NJW 1976, 966; BGH VersR 1980, 331; 1983, 271; BGH E 65, 10; BAG NJW 1976, 1285 u 1982, 903; BVerwGE 13, 141; BVerwGE 58, 359, 360 f; HFR 1966, 331; BFHE 97, 226 = BStBl II 1970, 89, BFHE 106, 4 = HFR 1972, 530; BFHE 146, 220 = BStBl II 1986, 563 f; BFH/NV 1994, 483, 484; 2002, 1597, 1598; *Kopp/Schenke* § 81 Rz 4 u 8; inkonsequent BFHE 145, 299 = BStBl II 1986, 268 f, wo für das inhaltliche Erfordernis der Bedingungsfeindlichkeit nicht auf den Ablauf der Klagefrist, sondern auf den Eintritt der Rechtshängigkeit abgestellt wird; s dazu § 66 Rz 4; aM, unter Aufgabe seiner bisherigen Rspr: BAG MDR 1986, 1053. Vgl außerdem: Rz 1 vor § 33; § 40 Rz 60; § 47 Rz 2; § 65 Rz 4).

Für Anfechtungs- und Verpflichtungsklagen (§ 47 I 1 und 2) folgt diese **9** Auswirkung auf die Fristwahrung daraus, dass die **Schriftform** gem § 64 I **gesetzliches Tatbestandsmerkmal** der Prozesshandlung **„Klageerhebung"** (s Rz 6) ist, diese also oder erst durch Erfüllung des Formerfordernisses nicht wirksam vollzogen ist (*R/S* § 65 II 2).

Die **inhaltlichen Voraussetzungen** einer Klage werden in § 64 I vor- **10** ausgesetzt (vgl dazu § 40 Rz 3 ff; zur Bedeutung des Mindestinhalts für die Wahrung der Klagefrist iÜ Rz 11 vor § 33; § 40 Rz 60; § 47 Rz 2; § 65 Rz 4).

Die schriftliche Fixierung der Prozesserklärung bewirkt eine **Begren-** **11** **zung ihrer Auslegungsmöglichkeit** (Rz 4; so auch BFH/NV 1997,

363). Die Berücksichtigung von Umständen außerhalb der Klageschrift hat dort ihre Grenze, wo sie zur Annahme eines Erklärungsinhalts führen würde, für den sich in der verkörperten Erklärung keine Anhaltspunkte mehr finden lassen (BFHE 133, 151 = BStBl II 1981, 532, 533 mwN; BFH/NV 1986, 675 und 1989, 525, 526; Rz 16 vor § 33; § 65 Rz 14 ff).

12 Angesichts einer solchen systematischen Ausgangslage gibt es für die These, es seien an die Erfüllung der Schriftform **unterschiedliche Anforderungen** nicht nur in den verschiedenen Verfahrensordnungen zu stellen, sondern auch in den verschiedenen Verfahrensabschnitten ein und desselben Gerichtszweigs (s auch Rz 7; vgl iÜ BVerfGE 15, 288, 291 f; BGH VersR 1973, 636; BFHE 97, 226 = BStBl II 1970, 89, 91; BFHE 138, 403 = BStBl II 1983, 579; BFHE 148, 205 = BStBl II 1987, 131; FG Nds EFG 1984, 507 f), keine dogmatische, sondern nur eine pragmatische Erklärung (gegen solche Differenzierung mit Recht auch *Kopp/Schenke* § 81 Rz 1; zu dem hierdurch tangierten verfassungsrechtlichen Prinzip, dass der Zugang zu Gericht nicht in unzumutbarer, aus Sachgründen nicht mehr zu rechtfertigender Weise erschwert werden darf: BVerfG E 69, 381, 385 u DRiZ 1988, 61). Besonders grotesk in diesem Zusammenhang wirkt die „Caprice" der neueren Rspr. Schriftform iS des § 62 III (s dort Rz 27 ff) anders zu verstehen als im Rahmen des § 64 und hierbei auch noch zu differenzieren – je nach dem, ob es um **Erteilung** oder **Nachweis der Vollmacht** geht (vgl zur *Beweisführung* durch das *Original:* BFHE 179, 5 u 569 = BStBl II 1996, 105 u 319; BFH/NV 1995, 534; FG Hessen EFG 1995, 129 u 331; zur Unzulänglichkeit der *Fotokopie:* BFH/NV 1995, 534, 535 mwN; FG BaWü EFG 1995, 579; FG RhPf EFG 1995, 580; im Gegensatz zum *Telegramm:* BFHE 179, 242 = BStBl II 1996, 299 u zur *Telekopie:* BFHE 174, 394 = BStBl II 1994, 763 (zur Kritik: *Zärban* BB 1994, 2252 u 1996, 519). Es steht zu hoffen, dass dies möglichst rasch von Rspr (Rz 7) und/oder Gesetzgeber als überflüssiges Beispiel juristischen „Glasperlenspiels" entlarvt wird – mit dem Ergebnis, zu der so **einfachen** Grundidee des **§ 126 I BGB** zurückzufinden und die Kriterien der Schriftform für das gesamte Rechtsleben **einheitlich** festzulegen.

13 Dieselbe Hoffnung gilt im unmittelbaren Regelungsbereich des § 64 dem baldigen Abschied von den mir für Rechtsuchende wie Rechtsanwender gleichermaßen unzumutbaren Folgerungen, die in der Spruchpraxis fortwährend aus dem unüberbrückbaren **Gegensatz zwischen „Tradition"** (Rz 18 ff) **und „Fortschritt"** (Rz 28 ff) im Einzelnen gezogen wurden und gezogen werden.

14 Ein Verstoß gegen § 64 I macht die Klage **unzulässig.** Für eine Heilung des Wirksamkeitsmangels (in entsprechender Anwendung des § 65 II 2) gibt es keine Rechtsgrundlage (BVerwGE 13, 141; BFHE 97, 226 = BStBl II 1970, 89). Geholfen werden kann bei Fristversäumnissen allenfalls im Rahmen des § 56 (s auch Rz 29). Die Wahrung der Schriftform ist noch im Revisionsverfahren nachprüfbar (BFH/NV 2005, 1120; generell hierzu: Vor § 33 Rz 3).

II. Zu den einzelnen Voraussetzungen

1. Klageerhebung bei Gericht

Einzureichen (Rz 6) ist die Klageschrift **bei Gericht.** Zur Fristwahrung **15** (Rz 8) genügt unter gewissen Voraussetzungen auch Anbringung der Klage bei bestimmten Behörden (§ 47 II u III; s § 47 Rz 18 ff). Maßgeblich für den Eintritt der *Rechtshängigkeit* ist aber auch in diesen Fällen das Zugehen der Klage bei Gericht (§ 66; s dort Rz 3 sowie § 47 Rz 12 ff).

Die Zustellung der Klage an den Beklagten (§ 71 I 1) gehört (anders als **16** nach § 253 I ZPO) nicht zum Tatbestand der Klageerhebung (vgl zum gleichen Phänomen in der VwGO: *Kopp/Schenke* § 81 Rz 3). Bei Gericht **zugegangen** ist die Klage, wenn sie so in dessen Verfügungsbereich gelangt ist, dass sie dort zur Kenntnis genommen werden kann (zu den Einzelheiten: Rz 6 u § 47 Rz 13 ff).

Erhoben werden muss die Klage beim sachlich und örtlich **zuständigen 17 Gericht** (§§ 35 f). Ein Verstoß hiergegen ist allerdings für die Fristwahrung unschädlich (BVerwG DÖV 1964, 64; hier § 70 Rz 27). Gleiches gilt für den Eintritt der Rechtshängigkeit, sofern es zur Verweisung nach § 70 iVm § 17 b GVG kommt (Anh § 33 Rz 27 f). *Unzulässigkeit des Rechtswegs* (Anrufung des Gerichts der „falschen" Gerichtsbarkeit) ist, sofern verwiesen wird, ebenfalls ohne Einfluss auf Fristwahrung und Rechtshängigkeit (vgl Anh § 33 Rz 15 ff).

2. Schriftform

Die in § 64 I vorgesehene schriftliche Form der Klageerhebung bedeutet **18** zunächst (wie in den entsprechenden Regelungen der anderen Verfahrensordnungen auch), dass das Rechtsschutzbegehren **in einem Schriftstück,** der Klageschrift, **verkörpert** und *in deutscher Sprache* abgefasst (Rz 4 vor § 33; § 52 Rz 12) sein muss. Einzureichen ist grundsätzlich das **Original** der Klageschrift, Fotokopie genügt nicht (BGH NJW 1962, 1505; FG BaWü EFG 1994, 630. – AM: FG BaWü EFG 1993, 384; s iÜ Rz 26; zu den Ausnahmen Rz 28 ff).

Außerdem verlangt die hM (für alle Gerichtszweige) – idR unter Beru- **19** fung auf § 126 I BGB – grundsätzlich **eigenhändige** (handschriftliche) **Unterschrift** (RGZE 151, 82; GmSOGB NJW 1980, 172; BGH NJW 1984, 2890; 1985, 329; BVerwGE NJW 1989, 1175; BFHE 189, 37 = BStBl II 1999, 668; BFH/NV 2002, 669 u 1597, 1598; 2005, 1824; s auch die Zusammenstellungen in BFHE 188, 182 = BStBl I 1999, 313 u BFH/NV 1999, 967, 969 – jeweils zum InvZulG u unter II.2), wobei Unterzeichnung durch Bevollmächtigten mit „**i.A.**" genügt (BFH/NV 1991, 100; 1992, 180; 1993, 241); maschinengeschriebene „Unterzeichnung" dagegen nicht (BFH/NV 1994, 387, s aber BVerwG NJW 1979, 120 u 1989, 1175; insgesamt großzügiger: BFHE 148, 205 = BStBl II 1987, 131; BFH/NV 1990, 586; FG HbG EFG 1990, 434; enger zur „Oberschrift": BGH JZ 1991, 406 und zur „Nebenschrift": BGH NJW 1992, 829; zum Unterschrifts- und Vollständigkeitserfordernis bei *Telekopie:* BFH/NV 1992, 532; 1994, 483; 484; 1995, 312, 699 u 702; krit vor allem: *Vollkommer* aaO; *T/K* Rz 2 ff; vgl auch *Martens* NJW 1976, 1991; *Felix* DStZ (1) 1983, 327; *List* BB 1986, 1672; BFHE 179, 233 = BStBl II 1996, 140 = HFR 1996, 255

= BB 1996, 520 – jew m Anm; Rz 7 aE; s auch BFH/NV 1996, 840; zum
Erfordernis der *Echtheit* der Unterschrift: BGH WM 1988, 957; zum Risiko
einer **„Blankounterschrift"**: BGH NJW 2005, 2709. – AM: FG Nds EFG
2000, 385 sowie grundlegend: *T/K* Rz 11 ff; vgl auch *Tipke/Lang* § 23
Rz 147 f – allerdings unter Berufung auf die insoweit keineswegs eindeutige
„Aussage" in § 357 I 2 AO, der vor allem im Hinblick auf das Gebot **einheitlicher prozentualer „Spielregeln"** für das Gerichtsverfahren keinerlei Bedeutung beizumessen ist.). Bei **Doppelnamen** genügt zwar Unterzeichnung mit einem Teil des Nachnamens, nicht aber allein mit dem
Vornamen (OLG Karlsruhe NJW-RR 2000, 948).

19 a Durch das am 1. 8. 2001 in Kraft getretene G v 13. 7. 2001 (BGBl I,
1542; s auch BT-Drucks 14/4987) ist die Schriftform generell um die
elektronische Form erweitert worden (s auch § 130 a ZPO): Dieselbe
allgemeine, für alle Teilrechtsordnungen einschließlich der FGO maßgebliche Geltungsanordnung, die man durchweg dem § 126 I BGB zugestanden hat (Rz 4 ff, 12 u 19) muss man auch der Ergänzung dieser Vorschrift
in **§ 126 III BGB** (und ihre Konkretisierung in **§ 126 a BGB**) beimessen,
wonach die schriftliche Form „durch die elektronische Form ersetzt werden" kann, weil sich aus dem Gesetz (der FGO) nicht „ein anderes ergibt".
Im Gegenteil: Dieses Normverständnis wird in den durch das JKomG v
23. 3. 2005 neu eingefügten §§ 52 a und 52 b sowie dadurch bestätigt, dass
gleichzeitig der überflüssige und (in seiner Beschränkung auf *vorbereitende*
Schriftsätze) missverständliche § 77 a (s dazu 4. Aufl) aufgehoben wurde
(zur Möglichkeit elektronischer **Klageerhebung** im finanzgerichtlichen
Verfahren näher: *Schoenfeld* DB 2002, 1629).

20 Die Anforderungen, die von der Rechtsprechung gem **§ 126 I BGB** im
Allgemeinen an die Unterschrift gestellt werden, lassen sich dahin zusam-
menfassen, dass unter Berufung auf den Normzweck und zur Abgrenzung von einem „Entwurf" (s Rz 7) zwar *nicht Lesbarkeit* verlangt wird
(BFH/NV 1989, 505; 1995, 222; auch Flüchtigkeit allein schadet nicht:
BGH VersR 1991, 177; s aber für **Telefax**übermittlung BFH/NV 1996,
824; dazu auch FG Köln EFG 1996, 1039; zum **Computerfax:** BGH
NJW 2005, 2086; s iÜ Rz 29), wohl aber ein die Identität des Unter-
schreibenden ausreichend kennzeichnender individueller **Schriftzug**
(BGH HFR 1989, 570; BFH/NV 1995, 222; FG Köln EFG 1996, 715),
der charakteristische Merkmale aufweist und sich nach dem gesamten
Schriftbild als Unterschrift eines Namens (zu den Erfordernissen bei *Dop-
pelnamen:* BFHE 166, 103 = BStBl II 1992, 300; BAG DB 1988, 920;
OLG Frankfurt NJW 1989, 3030) darstellt (BGH VersR 1987, 386). Die
Forderung, es müssten zumindest einzelne Buchstaben erkennbar sein
(BFHE 141, 221 = BStBl II 1984, 668, 669 mwN) kann als überholt gel-
ten (s auch Rz 7). Nach neuerer höchstrichterlicher Rspr (s BFHE 189, 37
=BStBl II 1999, 668 mwN) reicht es aus, wenn

– gewährleistet ist, dass das Schriftstück **vom Unterzeichner** stammt,
– ein dessen **Identität** kennzeichnender **individuell** gestalteter Namenszug vorliegt, der,
– selbst wenn nur **flüchtig** geschrieben, die Absicht einer vollen Unterschrift erkennen lässt (vgl auch BFH/NV 1995, 222 f; 1997, 764). Weitere Lockerung verspricht die zunehmende Aufmerksamkeit welche die
  Grundsätze des *fairen Verfahrens* in der Rspr erlangt haben (s Rz 7).

Als **nicht ausreichend** müssen vorerst grundsätzlich (s aber Rz 7 und **21** 20) weiterhin angesehen werden:

– Schriftzeichen, die **keinen Buchstaben** erkennen lassen bzw aus *will-* **22** *kürlichen Linien und Strichen* oder wahllosen langen Linien bestehen (BGH VersR 1982, 973; VersR 1983, 555; BAG BB 1977, 899; BFHE 141, 223 = BStBl II 1984, 669; anders dagegen die Unterzeichnung in einer gebräuchlichen fremden Schrift, OLG München NJW 1978, 511);

– die Abkürzung des Namens (**Paraphe;** BGH NJW 1967, 2310; 1982, **23** 1467; 1985, 1227; 1994, 55; 1995, 533; NJW-RR 1996, 1015; BFHE 104, 497 = BStBl II 1972, 427; BFHE 140, 424 = BStBl II 1984, 445 f; BFH/NV 1986, 409; 1989, 238 u 505; 1992, 50; BFHE 187, 525 = BStBl II 1999, 565; s aber BFHE 179, 233 = BStBl II 1996, 140 = HFR 1996, 255 = BB 1996, 520; BAG BB 1996, 1892; außerdem Rz 7, 20);

– ein maschinengeschriebener Text mit maschinengeschriebener Unter- **24** schrift, und zwar auch nicht, wenn mit **Beglaubigungsvermerk** verse-hen (BFHE 138, 403 = BStBl II 1983, 579; vgl iÜ BFHE 98, 223 = BStBl II 1970, 329; BFHE 106, 4 – Verfassungsbeschwerde hiergegen nicht angenommen: HFR 1973, 194; BVerwGE 13, 141; BSG 1, 243; s aber BVerwG NJW 1979, 120 u 1989, 1175; Ausnahme: für Behör-den, Körperschaften oder Anstalten des öffentlichen Rechts genügt ma-schinenschriftliche Unterzeichnung mit handschriftlichem Beglaubi-gungsvermerk, auch ohne Dienstsiegel: GmSOGB NJW 1980, 172; vgl außerdem BFHE 75, 348 mwN; BVerwGE 10, 1; BFHE 116, 142 = BStBl II 1975, 715; BFH/NV 1994, 38);

– ein **Faksimile** (BFHE 97, 226 = BStBl II 1970, 89; BFHE 113, 490 **25** = BStBl II 1975, 194; BGH NJW 1962, 1505; VersR 1970; 184; kri-tisch hierzu: *Späth* StRK Anm § 64 FGO R28);

– eine **vervielfältigte Unterschrift** (Fotokopie oder Matrizenabzug; **26** BGH NJW 1962, 150; BFHE 149, 19 = BStBl II 1987, 392 FG SchlHol EFG 1974, 157; FG D'dorf EFG 1979, 142. AM: BFHE 113, 416 = BStBl II 1975, 199; BVerwGE 36, 296 = HFR 1971, 495; HFR 1974, 174).

Telefonische Klageerhebung genügt den Anforderungen des § 64 I **27** **nicht,** und zwar auch dann nicht, wenn das Gespräch vom Urkundsbeam-ten der Geschäftsstelle aufgezeichnet wird (BFHE 58, 298 = BStBl III 1954, 27; BFHE 80, 325 = BStBl III 1964, 590; BVerwGE 1, 103 = NJW 1954, 1135; E 17, 166 = HFR 1966, 280; *T/K* § 64 Tz 1 S 12; *Kopp/Schenke* § 81 Rz 10 mwN).

Traditionell anders behandelt wird (inkonsequenterweise) die **telegra-** **28** **fische Klageerhebung.** Sie ist inzwischen von allen Gerichtszweigen als (gewohnheitsrechtlich begründete) Ausnahme vom Erfordernis der eigenhändigen Unterschrift **anerkannt** (s die umfassenden Nachweise bei GmSOGB NJW 2000, 2340, 2341), und zwar auch bei telefonischer Tele-grammaufgabe (BVerfGE 36, 304; BGH NJW 1980, 291; BGHE 87, 64; BAG DB 1984, 1688).

Hieran haben sich inzwischen im Zuge des technischen Fortschritts (s da- **29** zu auch Rz 6 f u 20 sowie *Vollkommer* FS Hagen, 49, 55 ff) **weitere Aus-** **nahmen** angeschlossen (GmSOGB NJW 2000, 2340, 2341 mwN): So genügt nach neuerer Rspr der Schriftform auch die *Übermittlung durch* **Fernschreiber** (BGH NJW 1983, 1498) und durch **Telebrief** (Telekopie,

Telefax; BGH HFR 2004, 271; BFH/NV 1996, 824; 2000, 1224; 2003, 1426; BVerfG NJW 1996, 2857; HFR 2000, 302; OLG Zweibrücken NJW 1998, 2918; wobei grundsätzlich Unterschrift verlangt wird, aber noch ungeklärt ist, welche Anforderungen an **Art und Weise des Empfangs** zu stellen sind (s Rz 6; vgl außerdem BFHE 163, 510 = BStBl II 1991, 463; BGH 79, 314; BFHE 179, 5 = BStBl II 1996, 105 u BFH/NV 1997, 893, 894 verlangen **Lesbarkeit** der Kopiervorlage; OVG M'ster NJW 1991, 1197 verlangt Originalunterschrift vor Fristablauf; vgl auch FG Bln EFG 1992, 150; aM FG M'ster EFG 2004, 1239; ferner allgemein: Vor § 33 Rz 14; BGH NJW 1994, 2097 u NJW-RR 1996, 1275; s auch *Zöller/Greger* § 270 Rz 6 ff; *Kopp/Schenke* § 81 Rz 9 ff mwN). In jedem Fall muss Telegramm, Fernschreiben oder Telekopie den *Verfasser* (und zwar eine *natürliche Person,* s § 58 Rz 10 und 14) mit vollständigem Namen erkennen lassen (vgl zu den Einzelheiten der Fristwahrung iÜ BGHE 65, 11; VGH Mannheim DVBl 1989, 883; OVG M'ster 1991, 1197). Nachdem der GmSOGB (NJW 2000, 2340 m Anm BB 2000, 1640 u DStR 2000, 1362; s auch den Vorlage-Beschl BGH NJW 1998, 3649 m Anm NJW 1999, 621; BFH/NV 2002, 669 u 1597, 1598; FG Hbg EFG 2001, 302; vgl zuvor schon zur Übermittlung durch **Btx:** BVerwG 1995, 2121) die **Übertragung einer Textdatei mit eingescannter Unterschrift** „abgesegnet" hat (allerdings nur **für Verfahren mit Vertretungszwang**), ist nicht nur das Erfordernis der eigenhändigen Unterschrift in Frage gestellt, sondern auch die (aber weiterhin unverdrossen propagierte) Sicherungsfunktion der Schriftform (s zu alledem Rz 7). Mehr Sinn für (den zur Argumentationserleichterung immer wieder „verteufelten" (so auch GmSOGB aaO S 2341) Selbstzweck des Schriftformerfordernisses (s auch § 47 Rz 9) iS teleologischer Auslegungsbemühungen (*T/K* § 4 Rz 82 u 94 ff) hätte vielleicht doch für mehr Klarheit sorgen können – eine Hoffnung, die sich nun wohl endgültig auf den Gesetzgeber konzentrieren muss (auch dazu Rz 7), zumal sich die **Widersprüchlichkeiten mit** der Erweiterung auf die elektronische Form (Rz 19 a) und die damit verbundene **Anerkennung der elektronischen Signatur** (§ 126 a I BGB) **weiter verstärkt** haben. Zu beachten bleibt für die **Praxis,** ungeachtet der Unterschriftsproblematik (Rz 7 aE), in allen Fällen der technischen Übermittlung weiterhin, dass die **Ausnahmen,** welche die Rechtsprechung insoweit anerkennt, **nur** die **Eigenhändigkeit der Unterschrift, nicht** aber die **übrigen** formellen und vor allem die inhaltlichen **Erfordernisse der Klageerhebung** betreffen.

30   Ganz allgemein hat die Rspr außerdem **Formerleichterungen** zugelassen oder sich mit weniger strengen Anforderungen begnügt, wenn sich aus der Klageschrift oder einer ihr beigefügten **Anlage** (zB der eigenhändig unterschriebenen Kopie der Klageschrift oder auch der Vollmacht; zum Begriff der Anlage im Rahmen des § 126 BGB: BGZ 136, 357) eindeutig und *ohne* das deswegen *Rücksprache* gehalten werden müsste, ergibt, dass die Klage **vom Kläger herrührt** und mit dessen Willen an das Gericht gelangt ist (BVerwGE 30, 274; Buchholz 310 § 81 VwGO; BFHE 101, 349 = BStBl II 1971, 329; BFHE 101, 475 = BStBl II 1971; 397; insbesondere auch BFHE 148, 205 = BStBl II 1987, 131, wobei der handschriftlichen Abfassung des Textes auf dem *Briefumschlag* besondere Bedeutung beigemessen wurde; vgl auch BFH/NV 1990, 586; wN bei *Kopp/Schenke* § 81 Rz 6; hiernach und nach BFH – GrS – E 111,

278 = BStBl II 1974, 242 kann BFHE 96, 381 = BStBl II 1969, 659 wohl endgültig als überholt angesehen werden: zur „Heilung" der fehlenden Unterschrift durch Beifügung einer eigenhändig unterschriebenen **Vollmacht:** BFHE 161, 379 = BStBl II 1990, 1088; BFH/NV 1996, 332; FG Hessen EFG 2003, 1480. – AM: FG D'dorf EFG 1995, 35; zur Heilung durch beigefügten, formgerechten **AdV-Antrag:** FG D'dorf EFG 1995, 815). Da die Anforderungen im Einzelnen weiterhin unklar sind (vgl auch *Broß* VerwA 81, 451 ff), kann für die Praxis nur abermals (s auch Rz 7 aE) empfohlen werden, bei Unterzeichnung bestimmender Schriftsätze (Rz 4) mit gleicher Sorgfalt vorzugehen wie etwa im Bankverkehr und beim Notar.

C. Zu § 64 I 2. Fall – Klageerhebung zu Protokoll

Der Schriftform genügt gem § 64 I 2. Alternative auch die **Erklärung** 31 **zur Niederschrift** (zur rein *formellen Bedeutung* eines solchen Vorgangs: BFH/NV 2000, 61, 62; zur Einlegung von Revisionen: § 120 I 1; von Beschwerden: § 129 I). Zuständig für die Entgegennahme einer solchen Erklärung ist der Urkundsbeamte der Geschäftsstelle. Protokollierung durch einen Richter des Gerichts ist aber ebenfalls wirksam (BVerwGE 39, 316). Für Protokollierung vor einem *zuständigen* Gericht gilt das zu § 64 I Gesagte (s Rz 17). IÜ ergeben sich für eine zur Niederschrift erhobene Klage weder in formeller noch in materieller Hinsicht irgendwelche Besonderheiten gegenüber dem zu A und B (Rz 1 bis 30) Gesagten.

D. Zu § 64 II

Zur Vereinfachung und Beschleunigung des Verfahrensablaufs sollen der 32 Klageschrift Abschriften für die übrigen Beteiligten beigefügt werden (dazu FG Köln EFG 2002, 785). Es handelt sich um eine reine **Ordnungsvorschrift.** Verstöße berühren die Wirksamkeit der Klageerhebung nicht, können allenfalls zu Kostennachteilen führen (§ 137; § 56 Satz 2 GKG; 1 b zu Nr 1900 des Kostenverzeichnisses; vgl iÜ Erläuterungen zu § 77).

§ 65 [Inhalt der Klageschrift]

(1) ¹Die Klage muss den Kläger, den Beklagten, den Gegenstand des Klagebegehrens, bei Anfechtungsklagen auch den Verwaltungsakt und die Entscheidung über den außergerichtlichen Rechtsbehelf bezeichnen. ²Sie soll einen bestimmten Antrag enthalten. ³Die zur Begründung dienenden Tatsachen und Beweismittel sollen angegeben werden. ⁴Der Klage soll die Urschrift oder eine Abschrift des angefochtenen Verwaltungsakts und der Einspruchsentscheidung beigefügt werden.

(2) ¹Entspricht die Klage diesen Anforderungen nicht, hat der Vorsitzende oder der nach § 21 g des Gerichtsverfassungsgesetzes zuständige Berufsrichter (Berichterstatter) den Kläger zu der erforderlichen Ergänzung innerhalb einer bestimmten Frist aufzufordern. ²Er kann

dem Kläger für die Ergänzung eine Frist mit ausschließender Wirkung setzen, wenn es an einem der in Absatz 1 Satz 1 genannten Erfordernisse fehlt. [3]**Für die Wiedereinsetzung in den vorigen Stand wegen Versäumung der Frist gilt § 56 entsprechend.**

Vgl §§ 82 VwGO, 92 SGG, 253 II ZPO

Übersicht

Literatur (s auch 4. Aufl): **Zur Neufassung s auch vor § 1 u zu § 79 b.** *Baltzer,* Prozessgegenstand, Streitgegenstand und Klagebegehren im Steuerprozess. NJW 1966, 1337; *Baumgärtel,* Zur Lehre vom Streitgegenstand, JuS 1974, 69; *Bettermann,* Wesen und Streitgegenstand der verwaltungsgerichtlichen Anfechtungsklage, DVBl 1953, 163 und 202; *Borbey,* Bemerkungen zum Streitgegenstand im Verwaltungsprozess, *Menger,* FS S 177; *Cöster,* Kassation, Teilkassation und Reformation von Verwaltungsakten durch die Verwaltungs- und Finanzgerichte, Berlin 1979; *Detterbeck,* Streitgegenstand und Entscheidungswirkungen im öffentlichen Recht, 1995; *Gorski,* Der Streitgegenstand der Anfechtungsklage gegen Steuerbescheide, Berlin 1974; *v Groll,* „Gefestigte" BFH-Rechtsprechung zu § 65 Abs. 2 FGO?, DStR 1973, 683; *ders,* Zu den Grenzen des Saldierens im Steuerrecht, StuW 1993, 312; *ders,* Das Handeln der Finanzverwaltung als Gegenstand des Rechtsschutzbegehrens, DStJG 18 (1995), 47, 68 ff; *Jauernig,* Verhandlungsmaxime, Inquisitionsmaxime und Streitgegenstand, 1962; *Jessen,* Die Bezeichnung des Streitgegenstandes in der Klageschrift, FR

1971, 522; *Koenig,* Klageerweiterung nach Ablauf der Klagefrist im finanzgerichtlichen Verfahren, DStR 1990, 512; *Kopp,* Zur Zulässigkeit einer Saldierung
im Erschließungsbeitragsrecht, BayVBl 1970, 281; *Martens,* Streitgegenstand und
Urteilsgegenstand der Anfechtungsklage, DöV 1964, 365; *ders,* Der Streitgegenstand im Steuerprozess, StuW 1966; *ders,* Die Funktion von Besteuerungsgrundlagen, StuW 1993, 335; *Menger* S 158 ff; *Mösbauer,* Der Streitgegenstand
im Steuerprozess, Berlin 1975; *Müffelmann,* Die objektiven Grenzen der materiellen Rechtskraft steuergerichtlicher Urteile, Berlin 1965, S 59 ff; *Pust,* Über-
höhte Anforderungen an die Bezeichnung des Gegenstands des Klagebegehrens
durch die Finanzgerichtsbarkeit?, DStR 2002, 1119; *Rößler,* Die unzulässige
Klage bei fehlender Bezeichnung des angefochtenen VA, DStZ (A) 1992, 317;
Schaumburg, Richterliche Ausschlussfristen für Klagebegehren und Tatsachenvortrag, DStZ 1995, 545; *Schwab,* Der Streitgegenstand im Zivilprozess 1954;
ders, Der Stand der Lehre vom Streitgegenstand im Zivilprozess, JuS 1965, 81;
Söhn, Teilbarkeit von Verwaltungsakten, die auf eine Geldleistung gerichtet
sind, VerwA 60, 64, 83 ff; *Spanner,* Probleme des Streitgegenstandes im finanzgerichtlichen Verfahren, JbFfSt 1967/68, 173 ff; *Uhländer,* Richterliche Ausschlussfristen im finanzgerichtlichen Klageverfahren, Inf 1996, 644.

A. Allgemeines

I. Zur Rechtsentwicklung

Die Vorschrift wurde durch Art 11 FGOÄndG (Rz 5 f vor § 1) neu ge- **1**
fasst. Den Kern der **Neuregelung** enthält **§ 65 II 2** mit der nunmehr ausdrücklich geregelten Möglichkeit, zur Klageergänzung eine richterliche
Ausschlussfrist zu setzen (BT-Drucks 12/1061 S. 14; zur Entstehungsgeschichte auch BT-Drucks 3/1092 S 9 u IV 1446; BFHE 169, 507, 510 =
BStBl II 1993, 306; zum Meinungsstreit wegen der bisherigen Gesetzesfassung: Rz 58 u 2. Aufl Rz 54 ff). – Die Gesetzesänderung betrifft zwar
die Zulässigkeit der Klage (Rz 7 ff u Rz 4 vor § 33); doch handelt es sich
hierbei nur um eine *mittelbare* Auswirkung auf die Prozesssituation iS des
Überleitungsrechts (BVerfG DVBl 1992, 1531 = NVwZ 1992, 1182;
Rz 11 vor § 1; s auch Rz 2 u 11 f). Soweit sich aus § 65 Rückschlüsse auf
den notwendigen **Inhalt der Klageschrift** ergeben (Rz 7), hat sich die
Rechtslage durch das FGOÄndG **nicht** geändert (s auch Rz 31), neu ist
nur die genaue gesetzliche Fixierung der richterlichen Befugnisse zur Män-
gelbeseitigung auf diesem Gebiet: Dh die zeitliche Geltung der **Neufassung** richtet sich nicht nach Art 7, sondern **nach Art 9 FGOÄndG**
(Rz 8 vor § 1); § 65 nF gilt also **insgesamt ab 1. 1. 1993** – mit der Folge, dass von da an Fristen nach § 65 II 2 (Rz 60 ff) auch in solchen Fällen
gesetzt werden dürfen, in denen der rechtsbeeinträchtigende VA (die rechtsbeeinträchtigende außergerichtliche Rechtsbehelfsentscheidung – Rz 52)
vor diesem Stichtag bekannt gegeben wurde (s auch BFH/NV 1998, 1099,
1100).

Weil die Möglichkeiten des FG, auf Klageergänzung hinzuwirken, bis- **2**
her begrenzt waren (Rz 1 u Rz 58; 2. Aufl Rz 51 ff), ist ihm nun in
§ 65 II 2 „eine Regelung an die Hand gegeben worden, mit der die bestehende Verpflichtung zur Vervollständigung des Klageinhalts wirksam
durchgesetzt werden kann" (BT-Drucks 12/1061 S 15). Damit ist nur die

rechtstechnische Wirkung der Neufassung angesprochen. Systematisch enthält
§ 65 nunmehr zwei grundlegende Aussagen zum finanzgerichtlichen Verfahren:

- in § 65 I 1 – wie bisher – die Konkretisierung der §§ 40, 41 (dazu
  Rz 4 ff, 11) Festlegung des Mindestinhalts für die **Prozesshandlung
  Klageerhebung** (s auch Rz 12) im Steuerprozess;
- in § 65 II 2 – jetzt ausdrücklich – die **fristgebundene Heilungsmöglichkeit** für den Säumigen (Rz 56 ff; auch die Klageergänzung ist Sache
  des Klägers: *v Groll* DStJG 18, 47, 69), allerdings unter Anleitung des
  Vorsitzenden/Berichterstatters, gelingt diese nicht, ist die Klage (vom
  Ausnahmefall des § 56 abgesehen) endgültig unzulässig (Rz 8, 65; Rz 4 ff
  vor § 33).

3   Besondere Bedeutung hat diese spezielle Prozesshandlungsregelung
(Rz 2, 12 f, s auch Rz 11 vor § 33) für verwaltungsaktbezogene Klagen (s
auch Rz 7), vor allem für die in § 65 I 1 vornehmlich angesprochenen
Anfechtungsklagen (Rz 46 ff; § 40 Rz 12 ff): Nur ordnungsgemäß erhobene Klagen sind geeignet, die **Klagefrist** (§ 47 I) zu wahren und damit
zugleich den Eintritt der **Bestandskraft** (dazu näher: BVerfG 60, 253,
269 ff; § 47 Rz 1 ff; zur *Teilbestandskraft: H/H/Sp/v Groll* Rz 66, 119 vor
§ 172 AO) hinauszuschieben. Weil es nicht nur – wie etwa im Zivilprozess
– um prozessuale Klarheit, sondern dem Grunde bzw der Höhe nach um
Maßgeblichkeit der getroffenen Einzelfallregelung geht, muss bei **Teilanfechtung** (typischerweise von Steuer- oder Feststellungsbescheiden; zur
Voraussetzung der *Teilbarkeit* von SteuerVAen: § 47 Rz 3; § 98 Rz 1;
§ 100 Rz 20 u 24 ff) auf Grund der nach § 65 I 1 erforderlichen Inhalts-
angaben prinzipiell bei Ablauf der Klagefrist feststehen, **inwieweit** der in
Frage stehende VA maßgeblich geworden, oder inwieweit die abschließende Entscheidung hierüber „vertagt" (§ 47 Rz 1) worden ist (s auch
§ 171 III AO aF; dazu *H/H/Sp/Ruban* § 171 AO Rz 32; *T/K* § 171 AO
Rz 28; zu der ab 30. 12. 99 durch § 171 III a 1 AO nF geschaffenen neuen
Rechtslage: *T/K* aaO Rz 29 a). Dem besonderen Bedürfnis nach **Rechtsklarheit** im Regelungsbereich von VAen hat das FGOÄndG in § 65 II 2
Rechnung getragen (s Rz 60 ff): Nunmehr steht fest, dass **jeglicher
Rechtsschutz gegenüber VAen fristgebunden** ist. Vor diesem Hintergrund erweist sich die in **§ 65 II 2** eröffnete Nachbesserungsmöglichkeit
(deutlicher noch als bisher) als **Rechtswohltat** für den säumigen Rechtsuchenden (*T/K* § 65 Rz 3, 7; s auch Rz 60 ff; *v Groll* DStR 1973, 683,
686 f; s auch Rz 2) und eine **Klageerweiterung nach Ablauf der Klagefrist bzw der nach § 65 II 2** gesetzten Ausschlussfrist als **ausgeschlossen.** Die abweichende BFH-Rspr (GrS BFHE 159, 4 = BStBl II 1990,
327; s auch BFHE 178, 549 = BStBl II 1996, 16) ist mit dem Begriff der
Prozesshandlung und dem Inhalt der maßgeblichen Gesetzesvorschriften
unvereinbar (s auch Rz 12 f; Rz 17 vor § 33; § 47 Rz 3 f; FG Nds
EFG 1996, 185; *Beermann/v Beckerath* § 47 FGO Rz 126; *v Groll* DStJG
18, 47, 68 ff; *H/H/Sp/Steinhauff* § 47 Rz 123 ff; *K/H* § 67 Rz 3 b; *Koenig*
DStR 1990, 512). Für eine mehr oder weniger unbeschränkte Möglichkeit
der Klageerweiterung fehlt auch jede praktische Notwendigkeit, nachdem
der Gesetzgeber (durch § 165 I Nr 2 u Nr 3 AO nF sowie durch § 363 II
AO nF – s dazu Vor § 33 Rz 4 a, § 74 Rz 12) dafür gesorgt hat, dass kein
schützenswertes Interesse mehr daran besteht, ein Klageverfahren entgegen

den Intentionen des Art 19 IV GG u des § 79 II 1 BVerfGG (teilweise) wegen eines sog Musterverfahrens „offenzuhalten". Speziell dem **BFH-Urteil v 12. 9.** 95 (BFHE 178, 549 = BStBl II 1996, 16) ist, abgesehen von dem generellen Einwand, dass die Begründung bar aller grundsätzlichen Erwägungen ist, im Einzelnen folgendes entgegenzuhalten:
- Die Ausschlussfrist dient nicht „lediglich" dazu, die nach § 65 I 1 erforderlichen Angaben für die Zulässigkeit zu „bewirken" (s o);
- Art 19 IV GG ist unter gar keinen Umständen tangiert, wenn ein Rechtsuchender, dem schon im Vorfeld des Prozesses Erklärungs- u Mitwirkungspflichten unvergleichlichen Ausmaßes auferlegt sind, im Klageverfahren gehalten ist, bezogen auf einen von ihm selbst von Anfang an maßgeblich mitverantworteten Streitstoff, fristgebunden – in laienhafter Weise – zu sagen, „wo ihn der Schuh drückt";
- der Hinweis auf andere Mittel der Verfahrensbeschleunigung trifft nur einen typischen Nebeneffekt aller Zulässigkeitsvoraussetzungen und ist schon deshalb von vornherein ungeeignet, zum Verständnis des § 65 I 1 u II 2 beizutragen;
- das Verbot der Klageerweiterung (jedenfalls) nach Ablauf der Ausschlussfrist kann als Schlechterstellung nur aus der Sicht des GrS begriffen werden; die aber wird von der Gegenmeinung gerade als verfehlt angesehen (s o).

II. Normzweck und Funktion

Die Regelung befasst sich in Ergänzung des § 64 I mit der *inhaltlichen* **4** Gestaltung der Klageschrift. Unter dem Gesichtspunkt der **Ordnungsmäßigkeit** der Klageerhebung führt sie näher aus, **was** dem Grundsatz nach in **§ 40 II bzw § 41 vom Kläger inhaltlich verlangt wird,** wenn er eine Sachprüfung und Sachentscheidung durch das Gericht erreichen will (s auch Rz 35; allgemein dazu Rz 13 vor § 33). Nichts anderes gilt im Grunde **bei anderen Rechtsschutzbegehren** (BFHE 156, 401 = BStBl II 1989, 626; für die **Revision:** BFH/NV 2004, 1361). Dort allerdings gilt § 65 nur **entsprechend** (der Eigenart des jeweiligen Rechtsschutzbegehrens **angepasst**): Streitgegenstand bei der **Nichtzulassungsbeschwerde** zB ist (iÜ zum Klage-/Revisionsverfahren; entgegen der Gleichsetzung in BFHE 173, 506 = BStBl II 1994, 473 f; BFH/NV 1995, 145) die substantiierte, in sich schlüssige Behauptung des Beschwerdeführers, der geltendgemachte **Zulassungsgrund** sei gegeben (s auch § 116 Rz 25 ff; BFH/NV 1995, 240; 2000, 430; 730 f; 1492, 1493), verfehlt daher auch die Kostenerwägungen in BFHE 173, 494 u 498 = BStBl II 1994, 520 u 522).

Der Gesetzgeber stellt in § 65 erneut (s auch Rz 9; § 40 Rz 55 ff) klar, **5** dass es Sache des *Klägers* ist, mit bindender Wirkung für Gericht und Prozessgegner das **„Streitprogramm"** abzustecken (*Lüke* JuS 1961, 41, 43), und zwar auch zu dem Zweck, den Rahmen für die Antwort zu fixieren, die das Gericht auf dieses Begehren hin zu erteilen hat (§§ 100 bis 102; s auch Rz 9). Diese Rollenverteilung gilt auch im Fall der *Klageergänzung* (Rz 56 ff; s *v Groll* DStJG 18, 47, 69).

Zur Bestimmung des notwendigen Inhalts der Prozesshandlung „Klage- **6** erhebung" (Rz 2, 12) zählt § 65 I 1 zunächst solche Punkte auf, die in der

Klageschrift unbedingt enthalten sein müssen. (**„Muss-Erfordernisse"**) und stellt ihnen unmittelbar (in § 65 I 2 u 3) solche gegenüber, die in ihr darüber hinaus enthalten sein sollen (**„Soll-Erfordernisse"**).

7   Vervollständigt wird diese Inhaltsbeschreibung der Klageschrift durch die in § 65 II 2 vorgesehene Möglichkeit und Notwendigkeit der Ergänzung (Rz 56 ff) für den Fall, dass das Vorbringen den in § 65 I 1 genannten Anforderungen nicht (sogleich) in vollem Umfang entspricht. Das setzt die Existenz einer Willensbekundung voraus, die schon als **Klage** qualifizierbar, zwar ergänzungsbedürftig, aber eben auch *ergänzungsfähig* ist (s Rz 60). Für fristgebundene Klagen (§ 47 I 1 u 2) bestätigt sich somit, dass außer der Schriftlichkeit (§ 64 I; s dort Rz 8 f), auch bestimmte **inhaltliche Minimalvoraussetzungen** (für die Feststellung, dass, eindeutig und unbedingt, überhaupt eine Klage vorliegt, wie auch für die Fixierung ihres Gegenstandes und der Beteiligten) spätestens mit Ablauf der Klagefrist erfüllt sein müssen (Rz 3; Rz 11 f vor § 33; § 40 Rz 3 ff und 60; § 47 Rz 2; vgl auch BFHE 157, 296 = BStBl II 1989, 846; BFH/NV 1986, 171 und 675 f; BFH/NV 1990, 580; zur **Zielsetzung:** BFH/NV 1999, 1109; 2000, 1359, 1362; s auch *Kopp/Schenke* § 82 Rz 2), Nachholung insoweit also nicht nach § 65 II 2, sondern nur unter den Voraussetzungen des § 56 möglich ist. Wegen der Wechselwirkung zwischen Wahrung der Klagefrist (notfalls in ihrer Verlängerung gem § 65 II 2) und Eintritt der Bestandskraft (s auch Rz 3) kommt es insoweit auf das alsbald fixierte Klagebegehren, **nicht** auf **Ankündigungen** (s auch Rz 13) oder auf die **Antragstellung** in der **mündlichen Verhandlung** an (Rz 2 f; 11 f; 18 ff; 48, 53; § 96 Rz 2 f; s auch FG RhPf EFG 1997, 85. – AM: BFHE 171, 412, 416 = BStBl II 1993, 797, 798; BFH/NV 1995, 218 u 481, 483).

8   Die unterschiedliche Gewichtung dieser verschiedenen in § 65 angesprochenen Klageelemente signalisiert unterschiedliche Konsequenzen: **Mängel** im Bereich **der unerlässlichen Erfordernisse** ordnungsgemäßer Klageerhebung führen bei Unheilbarkeit zur Klageabweisung durch **Prozessurteil** (Rz 65; BFHE 153, 290 = BStBl II 1988, 895), Mängel im Bereich der „Soll-Erfordernisse" allenfalls unter dem Gesichtspunkt der Verletzung prozessualer Mitwirkungspflichten (§ 76 Rz 28 ff; § 79 b Rz 11 ff) zu einer nachteiligen Sachentscheidung oder aber, trotz Obsiegens, zu Kostennachteilen (§ 137; vgl auch Rz 49). Der **ungerechtfertigte Erlass** eines Prozessurteils ist als **Verfahrensmangel** iSd § 115 II Nr 3 (BFH/NV 2003, 1007; 2004, 1417, 1418), das (dem Grunde oder der Bemessung nach) **ungerechtfertigte Setzen einer Ausschlussfrist** nach § 65 II 2 (Rz 60 ff) als **Verletzung rechtlichen Gehörs** zu qualifizieren. Generell zu beachten bei der Anwendung der Regelung allerdings sind die **Schranken** des **§ 56** (Rz 64) sowie diejenigen, die sich aus der Geltung der **Grundsätze des fairen Verfahrens** ergeben (BFH/NV 2002, 1591, 1592; allgemein hierzu BFH/NV 2000, 439; s auch Rz 12; Rz 19 Vor § 33; § 64 Rz 7; Rz 7 u 10 Vor § 76; § 76 Rz 54).

9   Sichtbar wird damit auch, wo im finanzgerichtlichen Verfahren die Trennlinie für den Wirkungsbereich der **Dispositionsmaxime** (s auch Rz 16 u 35; § 40 Rz 7; § 47 Rz 4; BFH/NV 1993, 46; 1995, 481, 483 u 703, 704; vgl auch BFH/NV 1999, 1603, 1604; BFHE 86, 309 = BStBl II 1998, 628; BFHE 198, 1 = BStBl II 2002, 306; BFHE 201, 409 = BStBl II 2003, 606; BFHE 204, 44 = BStBl II 2004, 44; BFH/NV 2004,

1417; 2005, 2036; FG Hbg EFG 1996, 147; inkonsequent: BFHE 169, 507 = BStBl II 1993, 306) einerseits und des *Untersuchungsgrundsatzes* andererseits verläuft: nämlich genau zwischen dem, was der Kläger unter dem Gesichtspunkt ordnungsgemäßer Klageerhebung nach § 65 I 1 vorbringen *muss,* und dem, was er nach § 65 I 2 und I 3 vorbringen *soll.* In Übereinstimmung damit sind in **§ 96 I 2** die **Einflusssphären für das Gericht** abgesteckt (s auch dort Rz 2 ff): Die **Äußerung des Klagebegehrens** und seine Artikulierung sind – im Gegensatz zur Fassung des *Klageantrags* – seiner **Einwirkung entzogen.** Das bedeutet zwar nicht, dass nicht auch der vom Kläger selbst formulierte Antrag zum Verständnis des *Klageziels* (Rz 30 ff) herangezogen werden könnte (s zB BFHE 86, 309 = BStBl II 1998, 628, 629; BFHE 198, 1 = BStBl II 2002, 306; s auch Rz 13), **markiert** aber eine **Grenze für** die **Auslegung** (dazu auch Rz 14 ff): Was den eigentlichen Kern des Begehrens angeht, darf das Gesicht nur vom *Kläger* bzw seinen Bevollmächtigten stammende Willensbekundungen heranziehen, vermeintliche Lücken oder Mängel nicht durch „fürsorgliche" eigene Überlegungen substituieren (s auch Rz 32). Mit den erstgenannten Erfordernissen ist der Beitrag umschrieben, den der **Kläger** zu leisten *hat,* um die **Basis für** eine **sinnvolle Ermittlungstätigkeit des Gerichts und für** eine **Sachentscheidung** zu schaffen, mit den Anforderungen der letztgenannten Art derjenige, den er darüber hinaus im eigenen Interesse zur Erreichung einer positiven Sachentscheidung bzw zur Minderung des Prozess-(Kosten-)Risikos tunlichst leisten *soll* (s auch Rz 53 ff).

In § 65 II 1 schließlich findet sich die praktisch überflüssige und systematisch „irritierende" Verpflichtung des Vorsitzenden bzw des Berichterstatters, zur Klageergänzung eine **„einfache" Frist** zu setzen (Rz 58 f). **10**

B. Zu § 65 I – Inhalt der Klageschrift

I. § 65 I 1 – die unerlässlichen Voraussetzungen ordnungsgemäßer Klageerhebung („Muss-Erfordernisse")

Das in § 40 II (s dort Rz 61 ff) ausgesprochene Gebot zur **Konkretisierung der „Klage"** (§ 40 Rz 3) wird in § 65 I 1 aufgegriffen und dadurch näher ausgestaltet, dass die Mindestvoraussetzungen festgelegt werden, die der Rechtsuchende in objektiver und subjektiver Hinsicht durch die Bezeichnung der Beteiligten des Prozessrechtsverhältnisses einerseits und des Streitgegenstandes bzw der angefochtenen Hoheitsmaßnahmen andererseits zu schaffen hat (s auch Rz 4 u 9): **Aus der Klageschrift** (§ 64 I; Rz 12; s auch Rz 16 vor § 33) **oder** dem angerufenen Spruchkörper **verfügbaren anderen** schriftlichen **Unterlagen** (Anlagen, präsenten Akten usw) muss sich nach den Auslegungsgrundsätzen der **§ 133 BGB** (Rz 14 ff vor § 33; BFH/NV 1997, 232 f; 1999, 187 f; 2000, 196 f und 198) ergeben, wem gegenüber, aus welchem Grunde gerichtlichen Rechtsschutz begehrt (BFHE 123, 437 = BStBl II 1978, 70; zur Möglichkeit der Bezugnahme s Rz 20; iÜ s Rz 14 ff). **Aus** einem **Telefongespräch** kann zur *Bestimmung des Mindestinhalts* die Prozesshandlung Klageerhebung **nichts** entnommen werden (s auch Rz 2 f, 12 u 55 a. – AM, ohne Herleitung: BFHE **11**

169, 507 = BStBl II 1993, 306; BFH/NV 1995, 279). Ebensowenig aus Schriftstücken, die *nur dem FA* vorliegen (Rz 12, 27, 65).

12   Es wird immer wieder übersehen, dass mit dem Tatbestandsmerkmal „Klage" nicht nur der notwendige **inhaltliche Kern** dieser Prozesshandlung fixiert (Rz 2 f), sondern iVm § 64 I insoweit auch **Schriftform** vorgeschrieben ist. Für die Willensbekundung insgesamt sind die gleichen Formerfordernisse zu beobachten wie für ihre einzelnen Elemente: Dh die Klageschrift (bzw ein entsprechendes Protokoll der Geschäftsstelle – § 64 I 2. Fall) oder ein zu ihrer Ergänzung eingereichter *bestimmender Schriftsatz* muss die geforderten Mindestangaben enthalten. Es geht um den **formbedürftigen Vollzug einer Prozesshandlung** (zu den Einzelheiten *R/S* §§ 63–65; § 91 I; s außerdem hier vor § 33 Rz 3; § 40 Rz 4; § 64 Rz 4 ff). Weil die **dem Gericht gegenüber** vorzunehmen ist, kommt es auf Erklärungen gegenüber dem **FA** oder Umstände die nur diesem bekannt sind, **nicht** an (s auch Rz 2 f, Rz 19 ff und 55 a; BFH/NV 1995, 896; 1998, 1245; 1999, 1501; 2000, 1354, 1355; FG Hbg EFG 1994, 160; FG Köln EFG 1994 303; FG BaWü EFG 1994, 844; FG D'dorf EFG 1999, 853; FG Nds 2000, 972; *R/S* § 65 III; *T/P* Einl III Rz 16; unklar: *T/K* Rz 1 a ff; zur Bedeutung von Bezugnahmen s Rz 20).

Die neuere BFH-Rspr (seit BFHE 153, 290 = BStBl II 1988, 895; BFH/NV 1995, 896; 2000, 972 mwN) betont zwar ausdrücklich, dass die Konkretisierung des Begehrens, auch wenn sie im Hinweis auf eine *Steuererklärung* besteht (dazu Rz 20 f; s auch Rz 25), „gegenüber dem FG" geschehen müsse, gegenüber dem FA allein nicht ausreiche, lässt es dann aber immer wieder auch in Fällen des § 65 II 2 (Rz 60 ff) letztlich, unter Hinweis auf § 71 II (dazu dort Rz 5 ff), doch genügen, wenn die Erklärung – bei Ablauf der Ausschlussfrist – ausschließlich bei der Behörde vorliegt. Dies ist ungenau und nicht konsequent. Im Hinblick darauf, dass es allein um die Bewirkung und das Verständnis einer Prozesshandlung geht, die durch folgende Elemente gekennzeichnet ist (s iÜ Rz 14 ff):

– inhaltliche Ausgestaltung ausschließlich **Sache des Klägers** (Rz 9; s auch Rz 16),

– **alleiniger Adressat** das **FG,** (s auch Rz 20) und zwar auch in Fällen des § 47 II (dort Rz 18; s auch BFH HFR 2000, 363 = BFH/NV 2000, 439),

– zwingend vorgeschriebene **Schriftform** (§ 64 Rz 18 ff; hier Rz 11, 17 ff),

müssen alle hierfür unerlässlichen Willensbekundungen des Rechtsuchenden spätestens mit Ablauf der nach § 65 II 2 wirksam gesetzten Ausschlussfrist **in schriftlicher Verkörperung beim Empfänger,** eben dem Gericht, **präsent** sein (dazu auch Rz 55 a). Das ist nicht nur systemgerecht, sondern auch praktisch, klar, einfach, und selbst für Laien (nach entsprechender Belehrung, zunächst in der Einspruchsentscheidung, § 55, dann im Rahmen der richterlichen Fristsetzung) verständlich (s auch Rz 20). In der Praxis sind es ohnedies typischerweise nicht sie, sondern bestimmte „rechtskundige" Vertreter, die (vorgeblich) auf die Idee kommen, nach Klageerhebung gebe es noch einen anderen maßgeblichen Ansprechpartner als das Gericht. Die Verpflichtung der „beteiligten Finanzbehörde", die den „Streitfall betreffenden" Akten an das Gericht zu übersenden (§ 71 II), hat mit alledem nichts zu tun – allenfalls in der Weise, dass im Zweifel erst *nach* ordnungsgemäßer Klageerhebung genau feststeht, *wer was* vorzulegen hat. Trotz alledem noch verbleibende **Härtefälle** können ihre adäquate Lösung in **§ 56** (Rz 64) oder in der Anwendung der **Grundsätze eines fairen Verfahrens** (Rz 7 f u 10 Vor § 76; § 76 Rz 54) finden (vgl zB BFH HFR 2000, 363 = BFH/NV 2000, 439).

„Bezeichnen" heißt „unbedingt" (Rz 11, 14 vor § 33) und „genau **13** beschreiben" (BFHE 110, 493 = BStBl II 1974, 219; BFHE 138, 152 = BStBl II 1983, 479, 480; FG Mchn EFG 1996, 388) – so genau, dass die in Frage stehenden **Klageelemente unverwechselbar festgelegt** sind, jeder Irrtum ausgeschlossen ist (s zB BFHE 180, 247 = BStBl II 1996, 483; BFH/NV 2003, 1186). Das ist vor allem bei fristgebundenen Klagen unerlässlich, und zwar deshalb, weil prinzipiell mit Fristablauf aus Gründen der Rechtssicherheit feststehen muss (s auch Rz 25), welche Regelung in welchem Umfang Bestandskraft hat und welche, in welchem Umfang nicht (BFHE 133, 151 = BStBl II 1981, 532, 534; s auch Rz 2 f). Bei Anfechtungs- und Verpflichtungsklagen (§ 47 I 1 und 2; s dazu näher § 47 Rz 1 ff) müssen daher Kläger, Beklagter und Streitgegenstand, bei Anfechtungsklagen außerdem die angefochtene Hoheitsmaßnahme **vor Ablauf der Klagefrist** den Anforderungen der §§ 64 I, 65 I 1 entsprechend festgelegt sein (BVerwGE 40, 25 = HFR 1973, 36 u BStBl II 1975, 317; BAG HFR 1973, 556; BGH VersR 1974, 1098; 1977, 1101 und MDR 1977, 224; BFHE 120, 341 = BStBl II 1977, 163; BFHE 135, 154 = BStBl II 1982, 358, 359; BFH/NV 1988, 758, 759; zum entsprechenden Erfordernis im Rahmen des § 120 I 1: BFHE 153, 1 = BStBl II 1988, 585). Es gelten die **allgemeinen Auslegungsregeln** für Prozesserklärungen (Rz 11; Rz 14 ff Vor § 133; BFH/NV 2000, 198, 199; 2003, 190; 2004, 792, 793; FG BaWü EFG 2003, 849; s auch Rz 17). Auf die **Wortwahl** kommt es, vor allem bei Laien, **nicht entscheidend** an. Bei *Geldbescheiden* (Rz 42 vor § 40, § 40 Rz 15 ff; § 100 Rz 24 ff) kann (muss nicht: BFH/NV 2000, 1103, 1104; s auch Rz 48 f) zur Fixierung des Klagebegehrens seine **Bezifferung** ausreichen (s auch Rz 43, 47 ff), allerdings nur, wenn darin (zB durch Bezugnahme auf die beigefügte Einspruchsentscheidung; näher dazu Rz 20 f) eine Bezeichnung des Streitgegenstands (Rz 46) liegt, dh der **Streitpunkt** (die Streitpunkte), um den (die) es nach Meinung des Klägers gehen soll, so umrissen ist (sind), dass er (sie) von anderen denkbaren Streitpunkten **abgrenzbar** ist (sind; Rz 18; BFHE 180, 247 = BStBl II 1996, 483, unter 2; BFH/NV 1999, 486 u 1501; 2000, 878; 2005, 1591). Zahlenangaben ohne jeden Aussagewert genügen den Anforderungen des § 65 I 1 ebensowenig (FG Mchn EFG 2000, 128) wie die pauschale Behauptung, die Besteuerungsgrundlagen (BFHE 178, 549 = BStBl II 1996, 16) seien zu hoch (zu weitgehend: BFHE 182, 273 = BStBl II 1997, 462; BFH/NV 1998, 37, 38; BFHE 186, 309 = BStBl II 1998, 628, wonach hiernach Bezifferung stets, selbst gegenüber *Schätzungsbescheiden,* ausreichen soll; dazu auch Rz 49). Einerseits kann die **Bezeichnung des ein beziffertes Änderungsbegehren ablehnenden VA** im Klageantrag ausreichen (BFHE 198, 1 = BStBl II 2002, 306), andererseits aber genügen Angaben zum angefochtenen VA grundsätzlich nicht (BFH/NV 2003, 788; s aber BFH/NV 2003, 782). Das **Klageziel** (Rz 32) muss rechtzeitig **unverwechselbar** feststehen (s auch Rz 23). Bloße „Ankündigungen" jedenfalls sind **unzureichend** (BFH/NV 1995, 703 f, 886 f; BFHE 186, 309 =

BStBl II 1998, 628, 629 mwN; BFH/NV 1998, 1575, 1576; 1999, 1603, 1604; 2004, 1414; 2005, 1124 u 2239. – AM BFH/NV 1995, 481, 483; 1996, 53). Aus dem gleichen Grunde sind bei fristgebundenen Klagen **nach Ablauf** der Klagefrist sowohl **Klageerweiterung** (§ 47 Rz 3 f; BFHE 135, 154 = BStBl II 1982, 358, 359; BVerwGE 40, 25 = HFR 1973, 36 und BStBl II 1975, 317; FG Hessen EFG 1983, 245; FG Mchn EFG 1984, 242; FG Nds EFG 1996, 185; aM FG Bln EFG 1985, 28 und FG BaWü EFG 1985, 134) als auch **Klageänderung** (§ 67; s dort Rz 10 f sowie BVerwG HFR 1982, 537; BFHE 130, 12 = BStBl II 1980, 331, 332; BFHE 139, 1 = BStBl II 1984, 15, 16; BFH/NV 1985, 119 f; BFH/NV 1988, 791, 792; FG Nds EFG 1976, 615 und 1977, 27) **unzulässig** (aM für die Anfechtung von Einkommensteuerbescheiden: BFHE 159, 4 = BStBl II 1990, 327; BFH HFR 1996, 138 = BStBl II 1996, 16 zur Kritik hieran: Rz 3; § 47 Rz 4 u Rz 17 vor § 33).

14 Soweit es um den Mindestinhalt der Klage geht, ist der Grundsatz, dass auch Prozesshandlungen der **Auslegung** durch das Gericht zugänglich sind (*R/S* § 65 III; BFH BB 1979, 362; BFH/NV 1986, 171; großzügiger: BFHE 157, 296 = BStBl II 1989, 846 FG BaWü EFG 1984, 562; FG Hbg EFG 1997, 24) durch folgende Faktoren **begrenzt** (s auch Rz 11 f u 27; Rz 14 ff vor § 33 u § 64 Rz 11):

15 – durch den Umstand, dass es um Rechtsschutz im öffentlichen Recht geht, infolgedessen zwar die Frage, ob und in welchem Umfang ein gerichtliches Verfahren anhängig wird und bleibt, in die Hand des Klägers gegeben ist, nicht aber die Art und Weise der Rechtsschutzgewährung, weil insoweit, anders als etwa im Zivilprozess, ein **öffentliches Interesse** an der Rechtsfindung zu beachten ist – nicht der Konsequenz, dass in verstärktem Maße für klare Verhältnisse, für gleiche Bedingungen und für **Rechtssicherheit** gesorgt werden muss, vor allem wenn, wie gesagt, fristgebundene Klagen und damit Rechtmäßigkeit wie **Bestandskraft** förmlicher Hoheitsakte (Rz 3; § 47 Rz 1 ff) in Frage stehen. Demgemäß ist die Ordnungsmäßigkeit der Klageerhebung iS des § 65 I 1 anders als im Zivilprozess **von Amts wegen** zu beachten und *unverzichtbar* (§§ 155 FGO, 295 II ZPO; vgl dazu grundsätzlich: BGHZ 65, 46, 48; *T/P* § 295 Rz 1 b; *Zöller/Greger* § 295 Rz 4; *R/S* § 68; zT abw BGH 22, 255, 257 f; für die Schriftform im Anwaltsprozess: BGH 65 aaO);

16 – durch den Umstand, dass die **Initiative** für das Tätigwerden des Gerichts überhaupt **beim Kläger** liegt (Rz 2, 9) und er in ganz entscheidender Weise durch Inhalt und Umfang seines Begehrens (mittelbar auch durch die Wahl der Klageart) auf die Modalitäten der gerichtlichen Überprüfung wie auch der Entscheidung Einfluss nimmt – ihm jedenfalls die Konkretisierung seines Begehrens bis zum Minimalinhalt der Klage nicht abgenommen werden darf (im Regelungsbereich des § 65 I 1) ist **§ 76 II verdrängt** durch § 65 II (BFH/NV 1995, 703); der Gebrauch dieser Spezialvorschrift allerdings kann, auch wenn man ihr Ermessenscharakter beimisst (Rz 61), unter dem **Gesichtspunkt des rechtlichen Gehörs** (§ 96 II) zur richterlichen Pflicht werden (BFH/NV 2001, 627 = HFR 2001, 591).

17 – durch die für die Klage insgesamt und damit auch für ihre unerlässlichen Bestandteile geforderte **Schriftlichkeit** (§ 64 I), derzufolge für alle unerlässlichen Minimalangaben die Urheberschaft des Klägers schriftlich dargetan sein muss (BFHE 98, 233 = BStBl II 1970, 329, 330 und BFHE 113, 490 = BStBl II 1975, 194, 195; im Falle der Vertretung mit entsprechenden zusätzlichen Wirksamkeitserfordernissen der Zurechnung: BFHE 143, 196 = BStBl II 1985, 470, 471); das bedeutet, dass es entscheidend auf den in dem Schriftstück **verkörperten objektiven Erklärungswert** der Willensbekundung ankommt (s auch Rz 12, 13 u 19 ff; vor § 33 Rz 14 ff), Umstände von außerhalb allenfalls ergänzend, klarstellend, nicht aber konstitutiv und „stellvertretend für den Kläger" durch das Gericht herangezogen bzw geschaffen werden dürfen (Rz 12; BGHZ 93, 82, 84; BFHE 117, 1 = BStBl II 1976, 41, 42; BFHE 127, 135 = BStBl II 1979, 374; BHE 133, 151 = BStBl II 1981, 532, 533; BVerwG Buchholz 310 § 88 VwGO Nr 17; zum Revisionsrecht; BFHE 133, 247 = BStBl II 1981, 578, 579; BHE 143, 196 = BStBl II 1985, 470, 471; BHE 144, 137 = BStBl II 1985, 625; FG SchlHol EFG 1972, 448; § 64 Rz 11; weniger eng; BFHE 157, 296 = BStBl II 1989, 846).

Bezeichnet ist demnach eine unerlässliche Komponente der Klage iSd **18** § 65 I 1 nur, wenn sie (erforderlichenfalls innerhalb der Klagefrist, s Rz 13; BAG NJW 1979, 200; zur evtl Heilung Rz 51 ff) seitens des Klägers **schriftlich** (§ 64 Rz 18 ff) unbedingt und so genau **fixiert** ist, dass Irrtum, Zweifel oder Verwechslungen ausgeschlossen sind (BFHE 109, 422 = BStBl II 1973, 684; (näher dazu Rz 13) und das Gericht das Verfahren (mit Zustellungen usw) ohne weiteres von sich auch weiterbetreiben kann. Das heißt **im Einzelnen:**

– Die **„Andeutung"** in der Klageschrift (dazu allgemein: Vor § 33 **19** Rz 16; RGZ 154, 44; BGHZ 63, 359, 362; E 74, 116, 119; E 80, 245, 250; E 87, 150, 154) genügt nur, wenn die unerlässliche ergänzende Information für das Gericht rechtzeitig aus den mit eingereichten sonstigen Unterlagen (Anlagen) oder sonst ohne weiteres zugänglichen Umständen (zB früheren Verfahren oder Parallelverfahren) ersichtlich ist (BGHZE 21, 168, 173 f; E 65, 114, 115; BGH VersR 1971, 1145; BGH VersR 1982, 769; BGH VersR 1984, 1093; BGH NJW 1984, 2650; BFHE 120, 341 = BStBl II 1977, 163; BFHE 130, 480 = BStBl II 1980, 588, 589 f; BFHE 131, 527 = BStBl II 1981, 105, 106/107; FG SchlHol EFG 1975, 375; aM FG BaWü EFG 1974, 480); schon wegen Formmangels sind **telefonische Auskünfte** zum erforderlichen Mindestinhalt der Klage **unbeachtlich** (aM: BFHE 169, 507 = BStBl II 1993, 306; BFH/NV 1995, 279).

– Zwar sind **Bezugnahmen** auf Umstände außerhalb der Klageschrift (An- **20** lagen, Steuerakten, außergewöhnliches Vorverfahren usw) damit auch im Bereich der Zulässigkeitsvoraussetzungen des § 65 I 1 zur Ergänzung, Präzisierung und Klarstellung nicht von vornherein ausgeschlossen, jedoch zur – rechtzeitigen (Rz 23) – Fixierung der Prozesshandlung „Klage" (Rz 11 ff) iS der §§ 64 I, 65 I 1 nur geeignet, soweit sie **Schriftstücke** betreffen, **die** (spätestens bei Ablauf der Klagefrist bzw der nach § 65 II 2 gesetzten Ausschlussfrist – Rz 60 ff) dem **FG vorliegen** (Rz 12; BFH/NV 1998, 1245; 1999, 1501; 2000, 1354 f; BFHE 198, 1 = BStBl II 2002, 306; BFHE 201, 409 = BStBl II 2003, 606; BFH/NV 2003, 190, 790 u 1186; FG Nds EFG 2000, 1270 – jew mwN; unklar: BFH/NV 2000, 196 f und 198 f) bzw bekannt sind (aM: BFH/NV 1999, 1603 f). Unzureichend sind auch hier pauschale Verweisungen (so zB

mangels **Bestimmtheit** auf die Steuererklärung, zusätzlich wegen fehlerhafter „Adressierung" untauglich der (alternative) Hinweis auf angeblich *beim* FA eingereichte Steuererklärungen (BFHE 180, 247 = BStBl II
1996, 483; BFH/NV 1995, 896; 1997, 232; 1998, 175; 2000, 444 f und
972 mwN), desgleichen die formelhafte Bezugnahme auf das „bisher
Vorgebrachte" (FG SchlHol EFG 1972, 84, oder der Hinweis auf „streitige Positionen", FG BaWü EFG 1995, 816; großzügiger: BFHE 153,
290 = BStBl II 1988, 895; FG Bremen EFG 1994, 260; FG BaWü
EFG 1994, 844; ungenau: BFHE 180, 247 = BStBl II 1996, 483 u
BFH/NV 1994, 717; vgl iÜ zum *Revisionsrecht:* BSG MDR 1987, 260;
BFHE 143, 196 = BStBl II 1985, 470, 471; BFHE 150, 406 = BStBl II
1987, 814 f; § 115 Rz 57; § 120 Rz 28, 34 ff). Unproblematisch hiergegen ist die Bezugnahme auf die der Klageschrift **beigefügte** Einspruchsentscheidung (s auch Rz 55 a) oder auf einen gleichzeitig beim gleichen
Spruchkörper gestellten **AdV-Antrag** (BFH/NV 1997, 232, 233;
s auch BFH/NV 2000, 196, 197; ebenso wohl auch BFHE 186, 309 =
BStBl II 1998, 628, unter II 3; ohne Festlegung auf einen bestimmten
Zeitpunkt: BFH/NV 2001, 170 = HFR 2001, 250; unklar: BFHE 182,
273 = BStBl II 1997, 462; BFH/NV 1997, 415, 416). Wenig hilfreich
ist auch hier die so überaus „gängige" Warnung vor dem „Selbstzweck"
prozessualer Vorschriften (s dagegen: BFHE 120, 341 = BStBl II 1977,
163, 164 und Rz 15 vor § 33).
Auch geht es nicht um „*Richterbequemlichkeit*", sondern
– im Interesse der Rechtssicherheit der Gleichbehandlung aller Rechtsuchenden – nicht zuletzt auch zur Vermeidung von „*Richterwillkür*", um
das Auffinden möglichst klarer, einfacher, einleuchtender und einheitlicher „Spielregeln", und zwar auf einem Minimalniveau, das weit
unter dem liegt, was dem Einzelnen zB beim Ausfüllen seiner Steuererklärung oder im privaten Leben beim Umgang mit Banken oder Versicherungen abverlangt wird (s auch Rz 12). Der Kläger soll, durchaus
nicht „unvorbereitet"), (idR aus einem „Dauerrechtsverhältnis" heraus
im Anschluss an ein Verwaltungsverfahren und an ein außergerichtliches Vorverfahren, mit *seinen* Worten sagen, was genau wer von wem
bei Gericht erreichen will und er muss dies **rechtzeitig** tun (Rz 2 f, 7;
23, 60).

21 – Die **Grenzen der Verweisungsmöglichkeiten,** vor allem in der Start-
phase des finanzgerichtlichen Verfahrens werden auch deutlich, wenn
man sich vergegenwärtigt, dass zB die Bezugnahme auf Steuerakten in
Fällen vollmachtloser Vertretungen schon an **§ 30 AO** scheitern muss,
§ 65 andererseits insoweit keine Differenzierung zulässt (BFHE 109, 472
= BStBl II 1973, 684 aE). Einerlei, ob im eigenen oder fremden Namen
geklagt wird: Jedes Rechtsschutzbegehren muss idR (Ausnahmen
Rz 20), **aus sich selbst heraus verständlich,** für Gericht und Gegenseite erkennbar, den Mindestanforderungen des § 65 I 1 genügen
(RGZE 144, 314; BGHZE 21, 168; BAG NJW 1973, 1949; BAG HFR
1973; 555 und 556; sowie HFR 1974, 125; BFHE 120, 341 = BStBl II
1977, 163 f; unzureichend idR – s Rz 13, 49 – Einreichung der **Steuererklärung** o unsubstantiierte Bezugnahme auf dieselbe: FG Köln EFG
1996, 1170 u 1171; s auch FG BaWü EFG 1996, 597. – AM offenbar
FG Hessen EFG 1996, 325; s auch Rz 30 ff).

Was den **Beitrag des Richters** zur Fixierung des Klagebegehrens anlangt, so geht es nicht – wie (überaus „hilfreich") gemutmaßt wird (*Tipke* in T/K Rz 17 ff u StuW 2004, 3, 18 f) – darum, was er *möchte,* sondern allein darum, was er *lege artis* (Rz 13), von Verfassungs und Gesetzes wegen, *darf.* Was hierbei zählt, sind also Argumente, nicht Wünsche (und schon gar nicht Emotionen).

1. Die subjektiven Elemente

Wenn § 65 I 1 von seinem Normzweck und aus dem Gesetzeszusammenhang (mit den §§ 47 I, 64 I) heraus (s Rz 1 und 4) verlangt, dass für das finanzgerichtliche Verfahren sichergestellt sein soll, dass möglichst von Anfang an Klarheit darüber herrscht, wer wen (zur Frage „weswegen" s Rz 27 ff) verklagt, und § 65 II 2 insoweit nur unter gewissen Voraussetzungen die Beseitigung von Unvollständigkeiten zulässt (Rz 60 ff), so heißt dies für die **Bezeichnung von Kläger und Beklagtem:**   **22**

– **Bei fristgebundenen Klagen** (s § 47 Rz 6) muss spätestens mit Ablauf der Klagefrist die Identität der Beteiligten auf Grund entsprechender schriftlicher Angaben seitens des Klägers für das Gericht eindeutig und unverwechselbar feststehen (Rz 13; BAG NJW 1979, 2000). Beteiligtenwechsel ist Klageänderung (§ 67 Rz 8). Darum kommt insoweit auch § 65 II 2 nicht in Betracht (s auch Rz 26). Nach Fristablauf ist nur noch Raum für Vervollständigung nach § 65 II 2 innerhalb des zuvor rechtzeitig fixierten Rahmens (vgl auch BFH/NV 1986, 171; BFHE 177, 201 = BStBl II 1995, 417; Rz 10 vor § 33; § 40 Rz 60 hier Rz 3, 7 u 60 ff).   **23**

– **Bei allen anderen Klagen** (schlichten Leistungsklagen u Feststellungsklagen) muss in entsprechender Weise spätestens zum Zeitpunkt der letzten mündlichen Verhandlung (oder Beschlussfassung) bzw mit Ablauf der nach § 65 II 2 gesetzten Frist Klarheit über die Beteiligten geschaffen sein.   **24**

Gefordert ist **Bestimmtheit, nicht** nur **Bestimmbarkeit** (Rz 13; 19 ff; BFHE 164, 219 = BStBl II 1991, 729; BFH/NV 1994, 330 str bzw uneinheitlich: s Rz 13 ff und 18 ff). Das bedeutet für die **Klägerbezeichnung** bei natürlichen Personen die (schriftliche) Mitteilung von Namen, Vornamen und Adresse (zur Angabe der ladungsfähigen Anschrift: BFH/NV 2002, 800; FG Köln EFG 2004, 1237; s iÜ NJW 1999, 2608; BFH/NV 1997, 585; FG Hessen EFG 1996, 387; FG Thür EFG 2000, 230; zum Verzicht auf Angabe einer ladungsfähigen Anschrift bei Verhaftungsgefahr: BFH/HFR 2001, 257; weitergehend: FG BaWü EFG 2001, 225; insgesamt zu vage dagegen: BFHE 157, 296 = BStBl II 1989, 846; BFH/NV 1999, 146, 184, die Bestimmbarkeit genügen lassen; desgleichen, auf den weiteren Prozessverlauf abstellend: FG BaWü EFG 2001, 225). Das erfordert bei Gesellschaften entsprechend genaues Dartun der gesetzlichen Vertretungsverhältnisse (FG Mchn EFG 1994; 760; vgl zB für den Fall einer „Schein-KG" BFHE 143, 496 = BStBl II 1985, 519, 520 aE); bei juristischen Personen bis hin zur maßgeblichen natürlichen Person (§ 58 Rz 10 und 14) – all dies wie gesagt (Rz 10) bei Anfechtungs- und Verpflichtungsklage mit Ergänzungsmöglichkeit nur bis zum Fristablauf. Erhöhte Anforderungen gelten auch insoweit in Fällen der **Drittbetroffenheit**   **25**

(FG Sachs Anh EFG 2003, 910; s iÜ § 40 Rz 111 u 122). Ein **Irrtum** ist nur insoweit unbeachtlich bzw korrigierbar, als er zum maßgeblichen Zeitpunkt für das Gericht aus den von Klägerseite vorgelegten Unterlagen ohne weiteres erkennbar ist (s zB FG MeVo ZfZ 2003, 242; entsprechend den für § 107 FGO geltenden Grundsätzen, s dort Rz 3; so im Ergebnis mit Recht für einen Fall unrichtiger **Beklagtenbezeichnung** BFHE 130, 12 = BStBl II 1980, 331, 332; FG Nds EFG 1995, 170: s aber FG Mchn EFG 2003, 942; zur Bedeutung der Beklagtenbezeichnung für die Identität einer klagenden Gesellschaft: BFHE 139, 1 = BStBl II 1984, 15, 16; großzügiger: BFHE 148, 212 = BStBl II 1987, 178; BFHE 152, 200 = BStBl II 1988, 377, 378; BFHE 162, 99 = BStBl II 1991, 401; BFH/NV 1995, 279; 2004, 792; zur Berichtigung mit Hilfe beigefügter Unterlagen: FG Bremen EFG 1990, 255; sehr großzügig FG BaWü EFG 1990, 538, zur mangelnden Aussagekraft einer Vollmachturkunde in diesem Zusammenhang: FG Hbg EFG 1991, 694).

26   Die Mitteilung, dass nicht „*Herr* X", sondern „*Frau* X" Kläger sein soll (BGH HFR 1978, 122, 123), kann für den Steuerprozess idR nicht als bloße **Berichtigung** einer offensichtlich fehlerhaften Bezeichnung gewertet werden; anders eine **offensichtliche Verwechslung** in der Behördenbezeichnung (VerwG HFR 1983, 172; BVerwG Buchholz 410, 71 AFWoG Nr 3; strenger zur Vertauschung der Parteibezeichnung in der Revision: BGH NJW-RR 1998, 1528; zur Korrektur durch Auslegung: BFH HFR 1993, 256; BGH HFR 1990, 652; allgemein: Rz 14 ff vor § 33) oder die Benennung des unrichtigen FA, bei gleichzeitiger Angabe der richtigen Steuernummer (FG Nds EFG 1981, 460).

27   Die Gegenmeinung, die insoweit grundsätzlich **Bestimmbarkeit** ausreichen lässt (BFHE 157, 296 = BStBl II 1989, 846; BFHE 168, 343 = BStBl II 1992, 741; *T/K* Rz 3; FG Hbg EFG 1986, 589 mwN) übersieht, dass die wirksame Vornahme der **Prozesshandlung „Klage"** in Frage steht (Rz 2 f, 12), für deren Elemente nichts anderes gelten kann als für die Willensbekundung insgesamt (s Rz 9), weswegen ein „Versehen" (sofern nicht offenkundig) volle Rechtswirkung entfaltet (anderenfalls auch ein Normwiderspruch zu § 56 entstünde; vgl allgemein zur „versehentlich" erhobenen Klagen, zu Willensmängeln bei Prozesshandlungen überhaupt: *R/S* § 65 V). Hinzuzufügen ist, dass es im Rahmen des § 65 I 1 auf Rüge und Rügeverzicht nicht ankommt (s Rz 12).

28   Es genügt also nicht, wenn sich der Kläger auf **allgemeine Angaben** beschränkt und die notwendige Ergänzung dem Gericht überlässt (so BGH NJW 1977, 686 für die Klage gegen eine nur der Adresse nach benannte *Wohngemeinschaft* oder BVerwG DÖV 1982, 827 für einen Fall, in dem die Frage nach dem Kläger offenbar nur „der Höchstzahl nach" mit Hilfe der bisherigen Beschwer zu beantworten war; ähnlich BFHE 157, 296 = BStBl II 1989, 846 u auch BFH/NV 1995, 279, wonach „telefonische Klärung" durch den Berichterstatter zur Bestimmung der beklagten Behörde genügen soll, ähnlich *T/K* Rz 3 sowie FG BaWü EFG 1974, 480 für den Fall der „Verwechslung" zweier ähnlich heißender Gesellschaften; noch weitergehend BaWü VGH DÖV 1982, 750, der aus dem Wortlaut des § 82 II VwGO folgert, auch eine Klage ohne jede Beklagtenbezeichnung sei zur Fristwahrung geeignet; ebenso für „Klagen gegen unbekannt", *Lisken* NJW 1982, 1136; demgegenüber mit Recht FG RhPf EFG 1985,

509; OLG Krefeld NJW 1982, 289, OLG Köln NJW 1982, 1888 und insoweit auch *Kopp/Schenke* § 82 Rz 3 mwN).

Die Fixierung muss vielmehr so weit gehen, dass jeder **Zweifel** an Person oder Rolle der Prozessbeteiligten **ausgeschlossen** ist (BFHE 164, 219 = BStBl II 1991, 729; zur Bedeutung der Adresse hierbei: BGH Inf 1988, 238; FG Hessen EFG 1996, 387 mwN). Welche Angaben hierzu erforderlich sind, hängt letztlich von den Umständen des konkreten Einzelfalls ab (Faustregel: „je größer die Verwechslungsgefahr, umso detaillierter die Angaben", zB im Fall ähnlich lautender Gesellschaftsnamen, womöglich noch mit gleicher Adresse; vgl zu alledem näher: BGH HFR 1978, 123; NJW 1985, 2650 und 2651; BFHE 130, 12 = BStBl II 1980, 331; FG RhPf EFG 1985, 509 und 1986, 134; FG Saarl EFG 1983, 619, 620; FG Hessen EFG 1985, 621). **29**

2. Die objektiven Elemente

a) Allgemeines

In objektiver Hinsicht verlangt § 65 I 1, dass der **Kläger** in der Klageschrift **inhaltlich festlegt, was er** mit seinem Begehren **erreichen will,** und **bei Anfechtungsklagen außerdem, gegen welche hoheitlichen Maßnahmen** er sich wendet. Die Gesetzesfassung ist insoweit durch das **FGOÄndG** (Rz 1) in zweifacher Hinsicht geändert worden: Danach betrifft die Darlegungspflicht des Klägers (Rz 13 vor § 33) **30**
– der Sache nach den **„Gegenstand des Klagebegehrens"** statt bisher den **„Streitgegenstand";**
– bezogen auf Anfechtungsklagen außerdem, der Form nach, den „Verwaltungsakt und die Entscheidung über den außergerichtlichen Rechtsbehelf", statt bisher den „angefochtenen Verwaltungsakt *oder* die angefochtene Entscheidung".

Die Umformulierung, mit der **keine sachliche Änderung** beabsichtigt war (RegEntw, BT-Drucks 12/1061 S 14; s auch BT-Drucks 11/2386 S 14; BT-Drucks 11/7030 S 25; BFHE 178, 549 = BStBl II 1996, 16; BFHE 186, 324 = BStBl II 1998, 742 aE; BFH/NV 2000, 196, 197 u 198, 199; BFHE 198, 1 = BStBl II 2002, 306; zur Zielsetzung allgemein: BFH/NV 1999, 1109; 2000, 1359, 1362), hat keine Verbesserung gebracht: **31**
– Dass es unmöglich ist, eine Prozessordnung „von dem Meinungsstreit über den Streitgegenstandsbegriff freizuhalten" (RegEntw aaO), belegt die Neufassung selbst sehr anschaulich: Man hat nur mit anderen Worten dieselbe Sache umschrieben: **„Gegenstand des Klagebegehrens"** nämlich bedeutet – ebenso wie **„Ziel der Klage"** (BFH GrS E 129, 117 = BStBl II 1980, 99) – in Wahrheit nichts anderes als **„Streitgegenstand"** (Rz 35 ff; § 96 Rz 2: FG Mchn EFG 1996, 388). Ein **unbestimmter Rechtsbegriff** wurde durch einen (scheinbar) anderen ausgetauscht. Seine Konkretisierung richtet sich nach den Umständen des Einzelfalles (BFHE 198, 1 = BStBl II 2002, 306; BFHE 201, 409 = BStBl II 2003, 606; BFHE 204, 44 = BStBl II 2004, 239; BFH/NV 2004, 1541). Dass man grundsätzlich weder Theorie noch Praxis „par ordre du mufti" von dem Bemühen darum entbinden kann (darf), herauszufinden, worum es (inhaltlich) in einer bestimmten Verfahrensart generell und in einem bestimmten Prozess konkret geht, bedarf eigent- **32**

lich keiner weiteren Erwähnung. Die Untauglichkeit eines solchen gesetzgeberischen Versuchs manifestiert sich recht eindrucksvoll in der immer wieder zu beobachtenden **Vermengung der Begriffe „Klagebegehren" und „Klageantrag"** (vgl zB BFHE 145, 125 = BStBl II 1986, 187; BFH/NV 1988, 35, 36; BFHE 162, 634 = BStBl II 1991, 242; BFH/NV 1995, 980; inkonsequent, trotz erkannten Unterschieds allein auf den in der mündlichen Verhandlung gestellten Antrag abstellend: BFH/NV 1995, 481, 483; problematische Herleitung eines bestimmten Klagebegehrens allein aus *Absichtsbekundungen:* BFH/NV 1996, 53; ungenau: BFH/NV 1995, 218, 219; 2004, 802, 803; s auch *Kopp/ Schenke* § 82 Rz 7, die meinen, der Kläger müsse nicht den Streitgegenstand „im prozessrechtlichen Sinne" – als wenn es einen anderen gäbe – bezeichnen, sondern lediglich angeben, was er mit seiner Klage begehre, als wenn dies etwas anderes wäre; s dagegen zur **deutlichen Abgrenzung** Klagebegehren/Klageantrag: Rz 9, 53; § 96 Rz 3; BFHE 155, 521, 526 = BStBl II 1989, 376, 379 BFH/NV 1995, 886, 887; 1996, 818, 820; 2001, 627, 628 – jew mwN; FG RhPf EFG 1987, 363; FG Hessen EFG 1990, 369; FG BaWü EFG 1994, 1010; FG Mchn EFG 1996, 388; Rz 48; vgl auch BFH/NV 1995, 703). Dh nicht, dass nicht – je nach Fallgestaltung – ein Tatbestandsmerkmal durch das andere (zB das Klagebegehren durch den Klageantrag – Rz 13) oder zugleich mit diesem (und „in einem Satz") festgelegt werden könnte.

33 – Worauf sich bei Anfechtungsklagen das Klagebegehren der Form nach zu beziehen hat (Rz 52), war bisher insofern präziser ausgedrückt, als mit der alternativen Formulierung dem Umstand Rechnung getragen war, dass es sich bei dem angefochtenen **VA und** der hierzu ergangenen **Rechtsbehelfsentscheidung** um **zwei VAe** handelt (auch wenn im konkreten Fall *tatsächlich* mit der Bezeichnung des einen zugleich auch der andere fixiert sein (BFHE 169, 507 = BStBl II 1993, 306; BFH/NV 1993, 31; 1994, 45) und die Rechtsbeeinträchtigung auch allein in der letztgenannten Hoheitsmaßnahme liegen kann (§ 44 Rz 34; § 100 Rz 15; vgl iÜ hier Rz 52).

34 An die objektiven Elemente der Prozesshandlung „Klageerhebung" sind prinzipiell die gleichen Anforderungen zu stellen wie an die subjektiven der **Bezeichnung** von Kläger und Beklagten (Rz 13 ff; BFHE 133, 151 = BStBl II 1981, 532, 533 – allerdings mit missverständlichem Leitsatz: Die Bezeichnung von Streitgegenstand und angefochtener Hoheitsmaßnahme ist – wie auch die Begründung des Urteils bestätigt – nur nachholbar, soweit die zur Identifizierung des Klagegegenstands unerlässlichen Mindestangaben vor Ablauf der Klagefrist bei Gericht in eindeutiger Weise schriftlich fixiert sind; Rz 3, 12, 23; § 64 Rz 8; ebenso BFHE 157, 296 = BStBl II 1989, 846; BAG NJW 1973, 1949 u 1982, 903; FG SchlHol EFG 1979, 188, 189; *Kopp/Schenke* § 82 Rz 2, 13).

b) Gegenstand des Klagebegehrens (Streitgegenstand)

35 Die dem **Kläger** auferlegte prozessuale **Verpflichtung** (Rz 2 u 9), den Gegenstand des Klagebegehrens (bzw seines sonstigen Rechtsschutzbegehrens – Rz 1) zu bezeichnen, bedeutet, wie bisher (Rz 32), das **Ziel** seiner Klage, also den Streitgegenstand zu **bestimmen.** Das Gericht muss in die

Lage versetzt werden, zu erkennen, **worin** die vom Kläger geltend gemachte **Verletzung eigener Rechte** (§ 40 II; dort Rz 55 ff) **liegt** (BFHE
129, 117 = BStBl II 1980, 99; BFHE 198, 1 = BStBl II 2002, 306; BFHE
201, 409 = BStBl II 2003, 606; BFHE 204, 44 = BStBl II 2004, 239;
BFH/NV 2004, 1417; s auch Rz 4 u 46). Das erfordert ein substantiiertes,
in sich schlüssiges Vorbringen idS, dass Richtigkeit unterstellt, der Rechtssuchende mit seinem Begehren Erfolg hat (s § 40 Rz 61 ff; vgl auch die
zuvor zitierte Rspr – aM *Pust* DStR 2002, 1119). – Der **Begriff des
Streitgegenstands** kann für das finanzgerichtliche Verfahren (vgl zum
Problem in anderen Prozessordnungen: *Baumgärtel* JuS 1974, 69; *Habscheid*
FS Schwab, 1990, 181; *Lüke* ebenda S 309; *R/S* § 96 *Borbey* FS Menger,
S 379) in theoretischer und praktischer Hinsicht im Wesentlichen als geklärt angesehen werden (auch von daher also kein Bedarf für gesetzgeberische Aktivitäten in diesem Bereich – Rz 1 ff, 30 ff; *H/H/Sp/Schallmoser*
Rz 61 ff).

Für die gleichwohl in Grenzfällen noch immer schwierige (durch den **36**
wohlgemeinten gesetzgeberischen „Kniff" nicht erleichterte – Rz 30 ff)
richterliche Aufgabe im konkreten Einzelfall durch **Auslegung** (Rz 14 ff;
s auch Rz 14 ff vor § 33) zu ermitteln, was genau der Rechtsuchende mit
seinem Begehren erreichen will und nach dem Regelwerk der FGO
(§§ 40, 41 einerseits – §§ 100, 101 andererseits) erreichen kann, erweisen
sich immer wieder folgende Erkenntnisse als hilfreich:

– Im **Gegensatz zu** dem in § 44 II (dort Rz 31 ff) u § 68 (dort Rz 2) an **37**
  gesprochenen Verfahrensgegenstand meint Streitgegenstand – wie auch
  die zusätzlichen Formerfordernisse bei der Anfechtungsklage (Rz 30 ff;
  52) bestätigen – die **inhaltliche** Komponente des Klagebegehrens (s auch
  K/H Rz 2; *T/K* Rz 4).
– Erkenntnisse zum Streitgegenstandsbegriff anderer Prozessordnungen **38**
  lassen sich wegen der jeweils unterschiedlichen Ausgangslage, vor allem
  aber wegen der engen **Verzahnung von materiellem und formellem Recht** (Rz 39), nur sehr bedingt für die FGO nutzbar machen.
– Vor dem Hintergrund dieser Besonderheiten, die dadurch gekennzeich **39**
  net sind, dass die mit dem Rechtsschutzbegehren geltendgemachte
  Rechtsposition materiell-rechtlich einem Steuerrechtsverhältnis zugeordnet werden muss (§ 33 Rz 10 u 19 ff) und darum (grundsätzlich anders
  als sonst im öffentlichen Recht) idR ein **vielschichtiger Sachverhaltskomplex** mit einer **Vielzahl rechtlicher Einzelentscheidungen** (Vorentscheidungen) prozessual zur **Bestimmung des „Streitprogramm"**
  als Grundlage für das Ermittlungs- und Entscheidungsprogramm – § 96
  Rz 13) abzustecken und unter Berücksichtigung entsprechend vieler
  Rechtsvorschriften zu bewältigen ist, haben sich die dogmatischen Bemühungen um den Streitgegenstandsbegriff der FGO von Anfang an im
  Wesentlichen auf **zwei Theorien** konzentriert:
– – auf die **Individualisierungstheorie,** derzufolge mit dem Klagebe **40**
  gehren dem Gericht nur ein „Ausschnitt aus dem Gesamtsachverhalt"
  zur Prüfung und Entscheidung unterbreitet und bei Steuerbescheiden
  im Falle einer Abänderungsklage nur ein einzelne (durch den Kläger
  zu individualisierende) *Besteuerungsgrundlagen* gestritten wird (vgl vor
  allem *Müfflemann* S 149 ff, 174 ff; *Berger* DStR 1966, 38: *Spanner*
  S 180 ff; *ders* StuW 1969, 1222 ff; *Hüppertz* S 312; *Martens* FR 1968,

361 sowie *Gräber* FR 1968, 492; FG Bln EFG 1969, 246; ähnlich für den allgemeinen Verwaltungsprozess auch *Kopp* Bay VBl 1970, 281, 282);

41 – – auf die **Saldierungstheorie,** die unter Hinweis auf die Unselbstständigkeit der Besteuerungsgrundlagen auf das *Resultat* der Steuerfestsetzung abstellt und es dadurch ermöglicht, dass unrichtige Würdigungen einzelner Besteuerungsgrundlagen mit zutreffenden „saldiert" werden, und zwar (unter Berufung auf den Untersuchungsgrundsatz – § 76) unabhängig vom Vorbringen der Beteiligten – mit der Folge, dass es zu einem Klageerfolg nur kommen kann, soweit sich der angefochtene VA *im Ergebnis* als rechtswidrig und rechtsbeeinträchtigend iS der §§ 40 II, 100 I 1 erweist (s zB *Baltzer* NJW 1966, 1337, 1339; *Döllerer* StbJb 1966/67, 451, 464 f; *Woerner* BB 1968, 1030; *Gorski* S 62 ff; 72 f).

42   Die zuletzt skizzierte Ansicht wird in nunmehr ständiger Rechtsprechung vom BFH vertreten (vgl vor allem die Entscheidungen des GrS E 91, 393 = BStBl II 1968, 344, 346 ff; E 129, 117 = BStBl II 1980, 99, 102; außerdem: BFHE 110, 452 = BStBl II 1974, 121, 124; BFHE 135, 154 = BStBl II 1982, 358, 359; BFHE 153, 290 = BStBl II 1988, 895; BFHE 157, 296 = BStBl II 1989, 846, 847; speziell für KSt-Bescheide: BFHE 156, 452 = BStBl II 1989, 633, wo allerdings ungenau von „Verfahrensgegenstand" – § 44 II; zur Unterscheidung: Rz 29 – die Rede ist; vgl außerdem zur Saldierungstheorie: BFH/NV 1986, 343, 344 und BVerwG BStBl II 1975, 317, 318).

43   Der **Saldierungstheorie** (dazu generell auch *H/H/Sp/v Groll* § 177 AO Rz 5; zur Wirkungsweise: BFHE 202, 711 = BStBl II 2003, 785; BFHE 202, 438 = BStBl II 2003, 798; bei der Zusammenveranlagung von Ehegatten: BFH/NV 2004, 19) ist im Prinzip **mit** der in der Ausgangsentscheidung des BFH (BStBl 1968 aaO S 348, 2. Abs, Parenthese) angedeuteten, auch vielfältig praktizierten, aber systematisch bislang noch nicht überzeugend abgesicherten **Modifizierung** zuzustimmen, dass Saldierung nur dort gilt, wo die Regelung iSd § 118 AO (der Tenor, Ausspruch eines VA) in einem Zahlenwert (in der Regel in der Bezifferung einer Steuerschuld), dh in einer **saldierungsfähigen Aussage** (s auch § 100 Rz 25 ff) besteht. Der Grund dafür liegt nicht etwa im Untersuchungsgrundsatz (der nicht für die bis zum Ende eines Prozesses beim Kläger liegende Bestimmung des Streitprogramms, sondern nur für dessen Behandlung durch das Gericht im Rahmen des Ermittlungs- und Entscheidungsprogramms – Rz 39 – bedeutsam sein kann; so auch BFHE 129, 117 = BStBl II 1980, 99, 102 unter II 2, in Abgrenzung zu BFHE 91, 393 = BStBl II 1968, 344 ff), vielmehr darin, dass jede **Klage** im Bereich des öffentlichen Rechts als Reaktion auf ein hoheitliches Verhalten zu begreifen, insofern **objektbezogen** und damit nicht nur äußerlich (§ 44 II), sondern auch inhaltlich von der Art solchen Verhaltens abhängig ist. Darum hilft auch an diesem Punkt der begrifflichen Klärung der Blick auf andere Verfahrensordnungen (vor allem auf die VwGO; BFH BStBl 1968 aaO S 346 f) nicht weiter. Nur vom materiellen Abgabenrecht und vom allgemeinen abgabenrechtlichen Verfahrensrecht her ist Verdeutlichung zu erwarten (vgl dazu speziell FG SchlHol EFG 1984, 322, 324; *v Groll* JDStJG 9, 431, 432; vgl auch Rz 7 ff und 58 ff vor § 40 mwN).

Für den Hauptfall finanzgerichtlicher Klagen liefert **§ 157 II AO** das **44** Abgrenzungskriterium, und zwar mit der Aussage, dass die Besteuerungsgrundlagen bei Steuerbescheiden (§§ 155 I, 157 I AO) als unselbstständiger, bei gesonderten Feststellungen (§ 179 I AO) dagegen als selbstständiger, auch selbstständig anfechtbarer Teil der Regelung anzusehen sind (dazu näher: Rz 58 ff vor § 40; § 40 Rz 72 ff und 92 ff; § 42 Rz 29; völlig unbeachtet geblieben in BFHE 182, 273 = BStBl II 1997, 462; krit dazu: *Rößler* DStZ 1997, 764). Der **Regelungsgehalt** des angefochtenen bzw erstrebten VA entscheidet bei Anfechtungs- und Verpflichtungsklagen insofern mit über den Inhalt des Streitgegenstands (BFHE 129, 117 = BStBl II 1980, 99, 102), als **nur innerhalb ein und derselben verselbstständigten Aussage** (sofern saldierungsfähige Aussagen vorliegen) saldiert werden darf (s ausführlich hierzu auch *H/H/Sp/Schallmoser* Rz 68 ff).

Zur **Saldierung** kommen kann es daher zB **nur:** **45**
– beim **Steuerbescheid** innerhalb des durch das Klagebegehren (zu unterscheiden vom *Klageantrag* § 96 Rz 2 ff; nicht beachtet in BFHE 159, 4 = BStBl II 1990, 327 u in BFHE 162, 534 = BStBl II 1991, 242) fixierten Rahmens und grundsätzlich nur im Ergebnis (ziffermäßig) begrenzt (wenn also Herabsetzung einer Steuerschuld von 1000 DM auf 500 DM begehrt wird, bis zur Grenze von 500 DM);
– beim **Sammelbescheid** in gleicher Weise, allerdings nur innerhalb des jeweils angefochtenen VA (unabhängig von den nur der äußeren Form nach miterfassten, inhaltlich aber weiterhin selbstständigen übrigen Regelungen);
– beim **Feststellungsbescheid** nur innerhalb der Besteuerungsgrundlage, die Gegenstand der Klage ist (vgl dazu vor allem: BFHE 110, 453 = BStBl II 1974, 121, 124; BFHE 113, 428 = BStBl II 1975, 236, 348; BFHE 121, 129 = BStBl II 1977, 309, 310; BFHE 122, 2 = BStBl II 1977, 509, 510; BFHE 152, 414 = BStBl II 1988, 544; BFH/NV 1988, 794; BFH/NV 2000, 1517 = HFR 2001, 5; insoweit zutreffend auch BFHE 159, 4 = BStBl II 1990, 327, 330, zu C II 3; nicht beachtet in BFHE 182, 273, = BStBl II 1997, 462; wie hier auch: FG SchlHol EFG 1979, 88; 1981, 218, 219; 1985, 325; FG Mchn EFG 1996, 388; *Seitrich* FR 1983, 551, 555; *v Groll* DStR 1973, 683, 685 FN 28 und StuW 1979, 172, 176 ff). Eine **Ausnahme** gilt **in den Fällen des Sachzusammenhangs** (BFH/NV 2005, 1523). Entsprechendes gilt für *EW-Bescheide* (BFHE 157, 217 = BStBl II 1989, 822; BFH/NV 1988, 690; für Bescheide gem § 55 V EStG: FG SchlHol EFG 1979, 88; iE auch BFH/NV 1988, 483, 485 aE; ebenso für Feststellungsbescheide nach *§ 251 III AO:* BFHE 151, 345 = BStBl II 1988, 199; s iÜ § 40 Rz 92 ff).

Den **Streitgegenstand bezeichnen** heißt demzufolge (**wie „geltend 46 machen" in § 40 II** – s dort Rz 61; hier Rz 12, 13, 32 u 35), unter Berücksichtigung des Gesetzes- und Funktionszusammenhangs mit den §§ 40 I u II, 41, 100 I 1, 101 und 110 sowie in Abgrenzung zu den §§ 76 I, 96 I 2 (BFHE 129, 117 = BStBl II 1980, 99, 102; BFH/NV 1995, 886; 1996, 421, 564 u 818 ff; 1997, 232; 1999, 187 f u 486; 2000, 1967; s auch FG BaWü EFG 1994, 1010; *Lüke* AöR 81, 185, 202 ff und JuS 1961, 41, 43 ff. – AM *T/K* Rz 4; s iÜ § 40 Rz 61 ff u § 42 Rz 32 ff) für den Kläger: **substantiiert und in sich schlüssig dartun,**

- bei der **Anfechtungsklage:** der angefochtene VA sei (teilweise; zur Teil-
barkeit s näher Rz 41 vor § 40, § 47 Rz 3; für Fälle der Klagenhäufung:
FG Hbg EFG 1991, 694; hier Rz 46; § 43 Rz 8) rechtswidrig (zur An-
fechtungsbegrenzung bei Feststellungsbescheiden § 42 Rz 35 ff; FG
Mchn EFG 1996, 388) und verletze ihn in seinen Rechten (BFH/
NV 2005, 2036; zur zeitlichen Begrenzung beim **Kindergeld:** FG Saarl
EFG 1997, 34; FG Köln EFG 2000, 389 f);
- bei der **Verpflichtungsklage:** die (teilweise) Versagung des begehrten
VA sei rechtswidrig und verletze ihn in seinen Rechten (zur umfangreichen Prüfungspflicht der Gerichte speziell auch bei diesem Klagetyp
BFHE 141, 118 = BStBl II 1984, 593, 594);
- bei der (anderen oder sonstigen, schlichten) **Leistungsklage:** das Vorenthalten einer bestimmten Leistung (im Fall der Unterlassungsklage ein
bestimmtes Verhalten) sei rechtswidrig und verletze ihn in seinen
Rechten;
- bei der **Feststellungsklage:** ein bestimmtes Rechtsverhältnis bestehe/
bestehe nicht oder ein bestimmter VA sei nichtig.

47   Die Beantwortung der Frage, welche Angaben genau die Klageschrift
zur Konkretisierung des Begehrens enthalten muss, hängt wie bei den subjektiven Elementen vom **Einzelfall** ab (BFHE 180, 247 = BStBl II 1996,
483; BFHE 186, 309 = BStBl II 1998, 628, 629; BFH/NV 1998, 182
u 1575 f; 1999, 1603 f; 2000, 1480; gegenüber einem **Haftungsbescheid:**
BFH/NV 1996, 818, 820; s außerdem FG BaWü EFG 1994, 1010;
FG Mchn EFG 1996, 388; FG Bln EFG 2004, 826; für Fall der **Dritt-
klage:** FG Bdbg EFG 1995, 991; FG Sachs Anh EFG 2003, 910; s auch
Rz 25), wobei wiederum der Normzweck den **Maßstab** setzt: Das Gericht
muss in die Lage versetzt werden, die Grenzen seiner Entscheidungsbefugnis zu bestimmen (**§ 96 I 2;** Rz 9; BFHE 129, 117 = BStBl II 1980, 99,
102) und innerhalb dieser Grenzen das Verfahren in der Sache voranzutreiben (erforderlichenfalls, nach den Regeln der Untersuchungsmaxime, mit
seiner Ermittlungstätigkeit zu beginnen usw; *Lüke* aaO; *v Groll* DStR 1973,
683, 684 ff mwN; abw *T/K* Rz 4). Hierzu kann es bei der Anfechtung von
Steuerbescheiden genügen, wenn die str Besteuerungsgrundlagen dem Be-
trage nach festgelegt sind (s auch Rz 13; BFHE 162, 534 = BStBl II 1991,
242; BFHE 178, 549 = BStBl II 1996, 16; BFHE 186, 309 = BStBl II
1998, 628; BFH/NV 1998, 1575 f; FG Hmbg EFG 2000, 231 f; instruktiv:
Rößler DStZ (A) 1993, 172, 173). Bloße **Bezifferung** (dazu allgemein
Rz 13) genügt keinesfalls, wenn die genannten Zahlen unter den gegebenen Umständen keinerlei Sachaussagen enthalten, vor allem in **Schätzungsfällen** (BFHE 178, 549 = BStBl II 1996, 16; BFH/NV 2005, 1124 u
2239; FG Hbg. EFG 2000, 231 f. – AM, sich mit Zahlen als *„Lehrformeln"*
begnügend: BFHE 182, 273 = BStBl 1997, 462; BFH/NV 1997, 232,
233; vgl auch FG Köln EFG 2000, 1400; strenger: BFH/NV 2005, 2036).
Andererseits kann die Bezifferung (zusammen mit anderen präsenten Unterlagen) Konkretisierung des Anfechtungsbegehrens bedeuten (FG Bln
EFG 2003, 53).

48   Nicht gemeint ist mit Bezeichnung des Streitgegenstands:
- bei Anfechtungsklagen die (in § 65 I 1 zusätzlich geforderte) bloße **Benennung des** angefochtenen **VA** (s Rz 47), und zwar auch dann
nicht, wenn Aufhebung begehrt wird (BFH aaO; *v Groll* aaO; aM noch

BFHE 108, 276 = BStBl II 1973, 498; BFHE 110, 105 = BStBl II 1973, 820);

– ein **Sachverhaltsvortrag** (der gehört zur Klagebegründung und unterfällt der Sollvorschrift des § 65 I 2; insoweit zutr *T/K* Rz 4);

– die **Formulierung eines** (in § 65 I 2 ebenfalls nur anempfohlenen) **bestimmten Klageantrags** (Rz 32; BFHE 129, 117 = BStBl II 1980, 99, 101; BVerwG Buchholz § 88 VwGO Nr 3; *T/K* Rz 5; *Kopp/ Schenke* § 82 Rz 10), die allerdings als „Auslegungshilfe" (Rz 9), überhaupt unter dem Gesichtspunkt sinnvoller Prozessführung (aber eben nicht kraft gesetzlicher Regelung) zur Begrenzung des Prozessrisikos (Verminderung der „Verböserungsgefahr" einerseits, keine Korrekturmöglichkeiten durch spätere Klageerweiterung andererseits) und vor allem des Kostenrisikos idR durchaus geboten ist.

Als **unzureichend** erweist sich demgegenüber **formelhaftes,** auf Ergänzung durch gerichtliche Ermittlungstätigkeit abzielendes bzw auf die Zukunft vertröstendes **Vorbringen** (wie zB die schlichte Erklärung „ich erhebe Klage …", „ich fechte an …") oder die allgemein gehaltene Behauptung, eine Schätzung (§ 162 AO) sei zu hoch (so auch BFHE 178, 549 = BStBl II 1996, 16; BFH/NV 1996, 57; vgl auch FG Bremen EFG 1994, 159; FG Hbg EFG 1994, 160; FG BaWü EFG 1994, 161; FG Köln EFG 1994, 303; FG Hbg EFG 1996, 147; FG Mchn EFG 1996, 388; FG Hbg EFG 2000, 231 f). – Unvereinbar damit sind (s außerdem Rz 12 f u 20) Entscheidungen, die in **Schätzungsfällen,** die Einreichung der Steuererklärung genügen lassen, wie zB BFHE 153, 290 = BStBl II 1988, 895; vgl auch BFH/NV 1996, 900; 1999, 1603 f; BFHE 186, 309 = BStBl II 1998, 628; enger: BFHE 180, 247 = BStBl II 1996, 483; auch BFH/NV 2005, 1124 u 2239; zutreffend demgegenüber FG Mchn EFG 1996, 388; FG Köln EFG 1999, 302; s auch FG Hbg EFG 2000, 231). **49**

Wird ein Bescheid über die gesonderte (und einheitliche) Feststellung von Besteuerungsgrundlagen **(Feststellungsbescheid)** angefochten oder erstrebt, so muss substantiiert und in sich schlüssig dargetan werden, *welche Besteuerungsgrundlage,* inwiefern rechtswidrig und für den Kläger mit einer Verletzung eigener Rechte verbunden sein soll (BFHE 122, 2 = BStBl II 1977, 509; vgl iÜ BFHE 152, 414 = BStBl II 1988, 544; zur **Begrenzung der Saldierung** in solchen Fällen: BFHE 198, 425 = BStBl II 2002, 796; ohne Begründung abw: BFHE 182, 273 = BStBl II 1997, 462; dazu auch Rz 13; zum Sonderfall der Anfechtung eines Bescheides nach § 251 III AO: BFHE 151, 345 = BStBl II 1988, 199; s auch Rz 45, § 40 Rz 92 ff; § 42 Rz 29 ff). **50**

Bei zusammengefassten VAen (zB nach § 155 III AO; vgl Rz 37 ff vor § 40; § 40 Rz 115) bezieht sich die prozessuale Pflicht des Klägers zur Konkretisierung auf *jede einzelne Regelung* (Rz 26 ff vor § 40; § 40 Rz 75 ff), bei zusammengefassten Klagen auf jedes einzelne Begehren (§ 43 Rz 8), weil in beiden Fällen die inhaltliche Selbstständigkeit des Zusammengefassten unberührt bleibt. **51**

c) Angefochtener Verwaltungsakt/angefochtene Entscheidung

Für die finanzgerichtliche Anfechtungsklage sind, anders als im allgemeinen Verwaltungsprozess (§ 82 I 3 *VwGO* enthält insoweit *nur* eine *Sollvorschrift)* zur ordnungsgemäßen Klageerhebung neben den inhaltlichen **52**

(Rz 35 ff) auch **formelle Angaben** unerlässlich: Die **Bezeichnung** (Rz 13) **des (angefochtenen) VA und der (angefochtenen) Entscheidung über** den (dagegen erfolglos eingelegten − § 44 I) **außergerichtlichen Rechtsbehelf.** Die Gesetzesfassung ist ungenau (Rz 33). Sie ignoriert den Fall, dass die behauptete Rechtsverletzung ausschließlich in der Rechtsbehelfsentscheidung liegt und daher diese den alleinigen Verfahrensgegenstand (§ 44 II) bildet (§ 44 Rz 36). Welche Hoheitsmaßnahme(n) gem § 65 I 1 zur formellen Fixierung des Anfechtungsbegehrens bezeichnet werden muss (müssen), hängt von dem Inhalt dieses Begehrens (Rz 35 ff) ab. In beiderlei Hinsicht muss der **Gegenstand des Anfechtungsbegehrens** bei Ablauf der Klagefrist unverwechselbar **feststehen** (Rz 7, 13; BFH/NV 1990, 580; vgl auch FG Nds EFG 1992, 21; FG BaWü EFG 1994, 580; großzügiger BFHE 133, 151 = BStBl II 1981, 532; BFHE 157, 296 = BStBl II 1989, 846, 847 f; BFHE 169, 507 = BStBl II 1993, 306; FG RhPf EFG 1996, 454). Die prozessuale Verpflichtung zur Bezeichnung des **VA und/oder** der hierzu ergangenen **außergerichtlichen Rechtsbehelfsentscheidung** besteht unabhängig von der derjenigen zur Bezeichnung des Streitgegenstands (Rz 35 ff), auch wenn tatsächlich mit der Erfüllung der einen prozessualen Verpflichtung zugleich auch der anderen genügt sein kann (vgl BFHE 169, 507 = BStBl II 1993, 306; BFH/NV 1993, 31; 1994, 45; zur Notwendigkeit beide VAe prinzipiell gleichwohl auseinanderzuhalten: FG RhPf EFG 1994, 360; FG Nds EFG 1996, 326; § 44 Rz 37 ff), wie überhaupt der Umstand, dass sich die Auswirkungen der verschiedenen Erfordernisse des § 65 I in der Rechtswirklichkeit häufig überschneiden (auch wechselweise zur Auslegung − Rz 14 ff − dienen) und „in einem" erfüllt werden können, die Notwendigkeit ihrer theoretischen Unterscheidung (ihre Selbstständigkeit als Kriterium) nicht in Frage stellt.

II. § 65 I 2, 3 und 4 − weitere Komponenten („Soll-Erfordernisse")

1. Bestimmter Antrag (§ 65 I 2)

53   Im unmittelbaren Gegensatz zu dem, was nach § 65 I 1 eine Klage (-schrift) notwendigerweise enthalten *muss,* beginnt in § 65 I 2 die Aufzählung dessen, was sie außerdem noch aufweisen *soll* (s auch Rz 32, 48), nämlich vor allem einen **bestimmten Klageantrag.** Der in dieser unmittelbaren Gegenüberstellung deutlich ausgedrückte Normzweck erfährt seine unmissverständliche Bestätigung in § 96 I 2: Der *Inhalt* und Umfang des Klagebegehrens wird vom *Kläger* fixiert (§§ 40 II, 41, 65 I 1; „Muss-Erfordernisse"). Erst bei der Antrags*fassung* kann und soll das *Gericht* eingreifen (s auch Rz 9; vgl FG Hessen EFG 1990, 369). Weil es bei der Stellung eines bestimmten Klageantrags allein um textliche Fixierung, um Formgebung (Formulierung), geht und diese auch vom Gericht besorgt werden kann, ist es denkgesetzlich ausgeschlossen, in diesem Punkt eine prozessuale Klägerpflicht anzunehmen (ebenso BFHE 129, 117 = BStBl II 1980, 99, 100 f).

54   Das bedeutet *nicht,*
  − dass nicht Fälle denkbar sind, in denen das Erfordernis, Streitgegenstand bzw angefochtene Hoheitsmaßnahme zu bezeichnen, **praktisch** darauf

hinausläuft, einen bestimmten (bezifferten) Klageantrag zu stellen (dazu
Rz 13; s aber FG Mchn EFG 1996, 388 und EFG 2000, 128 mwN);
– dass es nicht zur allseitigen inhaltlichen Kontrolle, zur genauen Fixierung
und Begrenzung des Streitstoffes sowie vor allem zur Begrenzung des
Prozessrisikos (im Hinblick auf **Verböserungsverbot** und **Kosten;** vgl
§ 47 Rz 3 f) geboten sein kann, auf eine präzise Antragstellung hinzuwirken;
– dass die Unterlassung der Stellung eines bestimmten Klageantrags nicht
als *Verletzung prozessualer* **Mitwirkungspflichten** gewertet werden kann, mit
der Konsequenz der Einengung richterlicher Ermittlungspflichten
(§ 76 Rz 28 ff) oder sonstiger Nachteile für den Ausgang des Verfahrens
im Rahmen der Feststellungslast (§ 96 Rz 22 ff) bzw bei den Kosten
(§ 137; dort Rz 3; vgl auch Rz 50).

2. Tatsachenvortrag und Beweisantritt (§ 65 I 3)

Dem Umstand Rechnung tragend, dass in einem vom Untersuchungs-   **55**
grundsatz beherrschten Verfahren eine **Begründung des Rechtsschutzbegehrens** (in formeller wie in materieller Hinsicht) nicht erzwingbar ist,
enthält § 65 I 3 auch zu dieser Komponente ordnungsgemäßer Klageerhebung nur eine *„Soll-Vorschrift".* Dass dem Kläger ausdrücklich anempfohlen
wird, die zur Begründung dienenden, dh die aus Klägersicht entscheidungserheblichen Tatsachen und Beweismittel anzugeben, ist allerdings als
Hinweis auf die prozessualen Mitwirkungspflichten zu verstehen, deren
Verletzung ähnliche Folgen zeitigt wie im Falle der unterlassenen Stellung
eines bestimmten Klageantrags (s Rz 54). Eine deutliche Akzentuierung hat
diese Empfehlung nunmehr in § 79 b (dort Rz 10 ff) erfahren.

3. Anlagen (§ 65 I 4)

Der durch das 2. FGOÄndG v 19. 12. 2000 neu eingefügte § 65 I 4   **55 a**
enthält eine **reine Ordnungsvorschrift für verwaltungsaktbezogene
Klagen** (§ 40 Rz 10; § 47 Rz 6; § 100 Rz 13, 56): Ihnen *sollen* – jeweils
im Original oder in Kopie – ein Exemplar des angefochtenen VA sowie
grundsätzlich (Ausnahmen: Fälle der §§ 45, 46) der Einspruchsentscheidung beigefügt werden (Rz 33, 35). Von dieser Regelung, die auf eine
Anregung der „Praxis" zurückgehen soll (BT-Drucks 14/4061, S 8), verspricht sich der Gesetzgeber „Verfahrensbeschleunigung" (BT-Drucks aaO).
Diesen Optimismus zu teilen, fällt schwer: „Sorgfältige" Rechtsuchende
bzw. Prozessbevollmächtigte haben einen solchen „Service" auch schon
bisher geleistet, die übrige „Kundschaft" wird sich auch künftig durch bloße Empfehlungen schwerlich beeindrucken lassen. Ein mittelbares Einwirken der Neuregelung auf das Prozessgeschehen ist denkbar: Die zu erwartende Aufnahme in die **Rechtsbehelfsbelehrung** (§ 55) führt dazu, dass
sich der Kläger Kenntnis wie Nichtbeachtung dieser Ordnungsvorschrift
künftig wird zurechnen lassen müssen. Hierdurch modifizieren sich die
prozessualen Mitwirkungspflichten, und es entfällt für die (BFH-)Rspr
jegliche Veranlassung, in der immer wieder anzutreffenden, systematisch
ohnedies nicht gerechtfertigten „Großzügigkeit" fortzufahren, sich hinsichtlich der Anforderungen an das **„Bezeichnen" iS des § 65 I 1** (Rz 11 ff)
mit Ungefährem (nichtssagenden Zahlen), mit „Bestimmbarkeit" (statt Be-

stimmtheit – Rz 11), mit Bezugnahmen auf Umstände, die nur dem FA bekannt sind (Rz 12 und 20 f) oder gar mit Angaben in Telefongesprächen (Rz 19) zu begnügen.

C. Zu § 65 II – Klageergänzung

I. Allgemeines

56   In § 65 II ist die Möglichkeit geregelt, die Klage zu **ergänzen**. Hierunter ist – ebenso wie im Anwendungsbereich des § 102 S 2 (dort Rz 20) – **etwas anderes** zu verstehen als unter „**nachholen**". Es kann also keine Rede davon sein, die in § 65 I aufgezählten Essentialien einer Klage könnten auch „gänzlich fehlen" (so aber *T/K* Rz 9). Ein solches Normverständnis verbietet sich nach möglichem Wortsinn, systematischem Zusammenhang und Zielsetzung der Regelung (Rz 1 ff, 11 ff u 30 ff; näher zum eigentlichen Auslegungsproblem: Rz 60). Die **Klageergänzung** ist wie die Klageerhebung selbst (Rz 2 f, 12 ff) **Prozesshandlung** (BFH/NV 1995, 896; s auch Rz 32). – Daran ändert auch die in § 65 II vorgesehene richterliche Initiative nichts (*v Groll* DStJG 18, 47, 69). – Das FGOÄndG (Rz 5 ff vor § 1) hat mit der ausdrücklichen Regelung in § 65 II 2 (Rz 60 ff) **zwei Streitfragen** (ohne sie *systematisch* zu lösen) die **praktische Bedeutung genommen:**
– dem Streit um den **Charakter der Fristsetzung** nach altem Recht (§ 65 II aF; Rz 58; 4. Aufl Rz 54 ff);
– der Auseinandersetzung um die **Möglichkeit der Klageerweiterung** (generell str – s Rz 3).

57   Infolgedessen kann sich die **Fristsetzung nach § 65 II 2** angesichts des verbreiteten Hangs zum Ungefähren und Beliebigen beim Prozessieren vor dem FG als ein besonders **wirksames Instrument der Verfahrensstraffung** und Rechtsvereinfachung erweisen und eine effektive Handhabe dagegen bieten, dass „Prozessverderberei" sich weiterhin „auszahlt" (Rz 6). Daran werden auch die Hindernisse, die der BFH (BFHE 178, 549 = BStBl II 1996, 16) in seinen Bemühungen um die „Klageerweiterung" ein weiteres Mal – völlig unnötigerweise (Rz 3) – in den Weg gelegt hat, nicht ändern: Eine wirksam zugestellte und formgerecht abgefasste (Rz 60) richterliche Verfügung wird idR dazu führen, dass der Kläger zu erkennen gibt, „dass er von einem weitergehenden Klagebegehren absieht" (GrS BFHE 159, 4 = BStBl II 1990, 327). Angesichts solcher „Entschlackungswirkung" der Neuregelung wird sich ihre systematische Schwäche verschmerzen lassen, die in einer Missachtung von Gesetzeszusammenhang und Normzweck begründet liegt, sich in einer **unzureichenden Abstimmung von S 1 und S 2** offenbart und darin kulminiert, dass hinsichtlich essentieller Mängel nur eine „Kannvorschrift" (§ 65 II 2 – Rz 61), bezogen auf „Sollerfordernisse" (zur Abgrenzung: BFH/NV 1992, 752) hingegen eine richterliche *Verpflichtung* formuliert wurde (§ 65 II 1 – Rz 59).

II. § 65 II 1 – „einfache" Fristsetzung

58   Die Regelung enthält, im Wesentlichen unverändert, die **bisher** einzige Möglichkeit der Fristsetzung zur Klagergänzung (nach **§ 65 II aF**), die praktisch dadurch zur Bedeutungslosigkeit verurteilt war, dass die von der

BFH-Rspr angeführte hM (vgl ua BFHE 104, 309 = BStBl II 1972, 348; BFHE 159, 4 = BStBl II 1990, 327, 331. – AM vor allem die überwiegende FG-Rspr; *v Groll* DStR 1973, 683, 686 f; 2. Aufl Rz 55 ff mwN) insoweit eine jederzeit verlängerungsfähige richterliche Frist und Unzulässigkeit der Klage nur dann annahm, wenn die erforderliche Ergänzung nicht bis zur mündlichen Verhandlung (bzw im schriftlichen Verfahren bis zum Zeitpunkt der Urteilsfindung) nachgeholt war. Hinzu kam, dass insoweit auch Präklusion nach Art 3 § 3 VGFGEntlG dem BFH zufolge (zB BFHE 146, 573 = BStBl II 1986, 753, 755; BFH/NV 1988, 255, 256 u 1990, 294, 295. – AM zB FG Bremen EFG 1983, 510, 511; FG Köln EFG 1989, 130; 2. Aufl Rz 56 u § 76 Rz 45) nicht in Betracht kam. An diesen Unzulänglichkeiten hat sich in der nunmehr in § 65 II 1 enthaltenen Regelung nichts geändert – im Gegenteil: Sie ist (wie sich aus § 65 II 2 ergibt – Rz 60 ff) **unnötigerweise auf** die **Sollerfordernisse** des § 65 I 2 u I 3 **erstreckt** worden (vgl auch *Kopp/Schenke* § 82 Rz 13) ungeachtet dessen, dass weiterhin von der **„erforderlichen" Ergänzung** und einer richterlichen Verpflichtung („... **hat** ...") die Rede ist. – Da außerdem nunmehr (Umkehrschluss aus § 65 II 2) feststeht, das der erfolglose Ablauf einer nach § 65 II 1 gesetzten „einfachen" Frist **keine prozessualen Folgen** nach sich zieht, fragt man sich, was sich der Gesetzgeber von diesem „Wechselbalg" eigentlich versprochen hat, zumal er der Vorschrift noch mit einer (überaus „dringlichen") **Legaldefinition des Berichterstatters** (als eines vom Vorsitzenden bestimmten Richters), einer redaktionellen Veränderung (Streichung der für überflüssig gehaltenen Worte „in vollem Umfang – BT-Drucks 12/1061 S 14/15) und schließlich mit der Anpassung an § 21 g GVG (durch das JKomG; Rz 24 Vor § 1) besondere Aufmerksamkeit hat angedeihen lassen. Für die Befugnis des Richters, Aufklärungsverfügungen mit sanktionslosen Fristen zu versehen, bedarf es keiner gesetzlichen Grundlage. Eine entsprechende Verpflichtung geht ins Leere. – Der auf Prozessförderung bedachte Praktiker (Vorsitzende/Berichterstatter) jedenfalls tut gut daran, sich solcher „Verpflichtung" zur Beseitigung von Mängeln der Klageschrift sogleich nach ihrem Eingang **in einem Arbeitsgang** durch die Setzung von Ausschlussfristen zu entledigen, und zwar

– soweit es um die Vervollständigung (Rz 7, 60) unerlässlicher Angaben iS des § 65 I 1 (Rz 11 ff) geht, gestützt auf **§ 65 II 2** (Rz 60 ff);

– soweit Begründung und/oder Beweisangebote fehlen (§ 65 I 3 – Rz 65), unter Berufung auf **§ 79 b I 1** (s dort Rz 8 ff; zur Kombinationsmöglichkeit beider Fristsetzungen: § 79 b I 2 – s dort Rz 9).

Verbunden werden können derartige Beschleunigungsmaßnahmen erforderlichenfalls außerdem mit „qualifizierter" Fristsetzung nach **§ 62 III 3** (s dort Rz 70 ff; s aber auch § 60 Rz 42 ff). Die vom BFH in einem obiter dictum angedeuteten Bedenken (BFH/NV 1995, 526, 528) lassen unberücksichtigt, dass § 65 II 2 als Verlängerung der Klagefrist zu begreifen ist (Rz 2 f), und findet auch sonst im Gesetz keine Bestätigung (s auch Rz 61; FG Nds EFG 1995, 581).

Raum für die „einfache" Fristsetzung nach § 65 II 1 bleibt somit **letztlich nur für** die **Antragstellung** (§ 65 I 2) – ein eher **theoretischer Anwendungsbereich,** wenn man bedenkt, dass es ich um ein reines „Soll-Erfordernis" handelt, die Antragsfassung im Zweifel ohnedies Sache des **59**

Richters ist (§ 96 I 2 – Nachs) und bei ordnungsgemäßer Bezeichnung des Klagebegehrens (Rz 30, 35 ff; s zur Unterscheidung Klageantrag/Klagebegehren auch § 96 Rz 2 f) kaum praktische Schwierigkeiten bereitet.

III. § 65 II 2 und 3 – qualifizierte Fristsetzung (Ausschlussfrist und Wiedereinsetzung)

60   Eine Fristsetzung (zur **Schriftform:** BFH/NV 2000, 1359, 1361; zur **Zustellung** der zugrundeliegenden richterlichen **Verfügung:** BFH/NV 2000, 844 zur Geltung des **§ 9 II VwZG:** BFHE 178, 546 = BStBl 1995, 898; generell zur **Wirksamkeit** der Fristsetzung: FG Nds EFG 2004, 1382) nach § 65 II 2 (der eine solche nach § 65 II 1 – Rz 58 f – nicht vorausgegangen sein muss: BFHE 186, 309 = BStBl II 1998, 628, unter II 2 c) setzt voraus, dass

– eine der in § 65 I 1 (abschließend) aufgezählten unerlässlichen Voraussetzungen ordnungsgemäßer Klageerhebung (Rz 11 ff) nicht erfüllt ist (**Ergänzungsbedürftigkeit;** s auch Rz 56; *H/H/Sp/Schallmoser* Rz 109) – zB unklar ist, inwieweit gegenüber einem ESt-Bescheid Aufhebung oder Abänderung begehrt wird (BFHE 159, 4 = BStBl II 1990, 327; dazu Rz 11 u 14 vor § 33; § 47 Rz 2 f mwN);

– **bei einer fristgebundenen Klage** iS des § 47 I (s dort Rz 6) außerdem, dass die eingereichte Klageschrift den fristwahrenden Mindestanforderungen genügt (**Ergänzungsfähigkeit;** dazu auch Rz 7, 23 u 56; Rz 11 u 14 vor § 33; § 40 Rz 3 f; § 47 Rz 12; speziell zur Schriftform: § 64 Rz 8; vgl auch RGZE 132, 284; BGHZ 22, 254; BGH LM Nr 16 zu § 253 ZPO; BGH WM 1987, 228; BAG NJW 1973, 1949 u 1982, 903; BFHE 120, 341 = BStBl II 1977, 163; BFHE 139, 1 = BStBl II 1984, 15, 16; BFH/NV 1992, 752 u 1999, 486; *v Groll* DStR 1973, 683, 686). – Dabei ist die Prüfung der Frage, ob das klägerische vorbringen überhaupt ein **ergänzungsfähiges Minimum** (BFHE 133, 151 = BStBl II 1981, 532, 534; BFH/NV 1998, 175 u 1235, 1236; vgl auch FG Bln EFG 2003, 53) enthält, **für jedes Element der Klage** iS des § 65 I 1 **gesondert** vorzunehmen (FG Hbg EFG 1996, 147; *Kopp/Schenke* § 82 Rz 2 u 13): Kläger, Beklagte und Gegenstand des Klagebegehrens (Streitgegenstand), bei Anfechtungsklagen außerdem der/die rechtsbeeinträchtigende(n) VAe, müssen je für sich bis zu einem ergänzungsfähigen Minimum schon angegeben und unverwechselbar festgelegt sein, damit (wirksame) Ergänzung überhaupt rechtlich möglich ist. Ein **Beteiligtenwechsel** (Rz 23) ist Klageänderung (§ 67 Rz 8) und kommt nach Ablauf der Klagefrist ohnehin nicht mehr in Betracht. Insoweit scheidet auch Klageergänzung gem § 65 II 2 aus (BFH/NV 1997, 588; 1999, 1226, 1227; s auch § 63 Rz 5). Mangelt es bei einer Anfechtungs- oder Verpflichtungsklage auch nur in einem der nach § 65 I 1 essentiellen Punkte, so ist diese (sofern nicht § 56 eingreift oder die Grundsätze des fairen Verfahrens verletzt sind – Rz 8 u 12; vgl auch BFH/NV 2004, 212) **unheilbar unzulässig** und nicht geeignet, den Eintritt der Bestandskraft (zur Wechselwirkung: § 47 Rz 2 f) zu verhindern.

61   Dem **Wortlaut** nach ist es in das pflichtgemäße **Ermessen** des Vorsitzenden oder Berichterstatters gestellt (s dazu BFH/NV 1998, 200; 2000,

1354 f und 1359, 1362; vgl auch BVerwG NJW 1999, 2608 = HFR 2000, 382), ob er in Fällen der Ergänzungsbedürftigkeit und Ergänzungsfähigkeit (Rz 60) eine Ausschlussfrist setzt („... kann ...", geknüpft an **unbestimmte Rechtsbegriffe** – daher Koppelungsvorschrift: § 102 Rz 9). Das steht im Widerspruch zu der für wesentlich weniger gravierende Mängel statuierten „Verpflichtung zur Fristsetzung" nach § 65 II 1 (Rz 58) und mag für nicht fristgebundene Klagen hingenommen werden. – **Bei fristgebundenen Klagen** (Rz 3, 7) allerdings **reduziert sich** – wegen der Bedeutung klarer Verhältnisse für die Rechtssicherheit (Bestandskraft – Rz 15) – der **Ermessensspielraum** des zuständigen Richters **hinsichtlich der Frage, ob** eine **Ausschlussfrist** (zur *Berechnung:* § 54; zur *Bemessung:* BFH/NV 1996, 348) gesetzt werden soll, **auf Null** (ebenso *K/H* § 65 FGO Rz 4 c; s iÜ § 102 Rz 2 aE. – AM: *H/H/Sp/Schallmoser* Rz 125): Dh er **muss** (sofern der Mangel iS des § 65 I 1 überhaupt noch heilbar ist – Rz 7, 23 u 60) nach § 65 II 2 verfahren. Insoweit nämlich wirkt die Ergänzungsmöglichkeit nach § 65 I 1 u II 2 als **Verlängerung der gesetzlichen Klagefrist** (§ 47 I 1 – s Rz 1 f, 7, 12; vgl auch *T/K* Rz 3 u 7; *v Groll* DStR 1973, 683, 686 f – jew mwN), die richterlicher Disposition generell entzogen ist. Seinem pflichtgemäßen **Ermessen** (konkretisiert durch allgemeine Rechtsgrundsätze der Angemessenheit, Verhältnismäßigkeit usw – begrenzt durch das Willkürverbot) anvertraut bleibt in solchen Fällen **nur** das **„Wie"**, dh die **Bemessung** der Frist (dazu: BFH/NV 1996, 348; 1997, 415 f; BFHE 186, 309 = BStBl II 1998, 628; BFH/NV 2003, 71; FG Nds EFG 1995, 581).

Versehen werden sollten richterliche Maßnahmen nach § 65 II 2 stets – **62** wie alle richterlichen Verfügungen dieser Art – mit einer **Belehrung** über die einschneidenden Folgen der Fristversäumnis (zu den sonstigen Anforderungen: Rz 60). Unterbleibt ein solcher Hinweis, kann dies Wiedereinsetzung rechtfertigen (Rz 64).

Im Hinblick darauf, dass die Dauer der Ausschlussfrist nicht vom Gesetz **63** festgelegt, sondern letztlich vom Richter bestimmt wird (Rz 61), ist sie zwar gem § 54 iVm § 224 II ZPO **grundsätzlich verlängerbar** (§ 54 Rz 4 f; *Kopp/Schenke* § 82 Rz 15; BT-Drucks 12/1061); doch müssen hierfür (**rechtzeitig** vor Fristablauf – § 120 Rz 25; BFH/NV 1997, 131; 2004, 348; BAG NJW 1980, 309; BGH 83, 217) **erhebliche Gründe glaubhaft** (§ 155 iVm § 294 ZPO) gemacht werden (vgl auch BFH/NV 1996, 50; 1997, 131). Daran wird eine Verlängerung regelmäßig scheitern: Denn für die Nachholung von Angaben, die auch dem Laien keine Schwierigkeiten bereiten (Rz 12 f, 20) und die ordnungsgemäß abgefasste Klageschriften von Anfang enthalten, sind, zumal bei fristgebundenen Klagen (Rz 7, 60), erhebliche Gründe (ein Begriff, der wegen unterschiedlicher Normsituation **enger** zu sehen ist **als** im Rahmen des **§ 227 I ZPO** – dazu § 91 Rz 4), die eine (abermalige) Verlängerung der (Klage-)Frist (Rz 61) rechtfertigen könnten, nur vorstellbar bei Fallgestaltungen, die bei Fristversäumung Wiedereinsetzung (Rz 64) rechtfertigen würden (insoweit ähnlich *Stöber* in Zöller § 227 Rz 5 ff; zT abw: FG BaWü EFG 1994, 1010, 1011). – Auch hinsichtlich der Verlängerungsbefugnis ist das **richterliche Ermessen** erheblich **eingeschränkt**.

Bei Nichteinhaltung der Ausschlussfrist kommt (sofern die Klage nicht **64** ohnedies wegen fehlender Ergänzungsfähigkeit – Rz 61 – oder aus sonstigen Gründen – Rz 4 ff vor § 33 – unheilbar unzulässig ist) **Wiederein-**

setzung in den vorigen Stand in Betracht (§ 65 II 3; FG Köln EFG 2001, 34; BFH/NV 2005, 1132). **§ 56** FGO gilt – wohl wegen des Charakters der Frist (Rz 12 u 63; so auch *Kopp/Schenke* § 82 Rz 15 – nur **entsprechend.** – Dh angesichts dessen, was dem Rechtsuchenden nach § 65 I 1 abverlangt wird (Rz 63), aber nicht, dass die Anforderungen hier – selbst unter Berücksichtigung eines individuellen Verschuldensmaßstabs (§ 56 Rz 11) – geringer wären als sonst im finanzgerichtlichen Verfahren (vgl BFH/HFR 2001, 582). – Soweit (rechtzeitig) glaubhaft gemachte Wiedereinsetzungsgründe gegeben sind, führt dies dazu, dass sich die Ausschlussfrist (und insoweit auch die Klagefrist Rz 61) im Ergebnis nach den Modalitäten des § 56 II verlängert.

65   **Mit Ablauf der** (wirksam – zur wirksamen **Zustellung** der richterlichen Verfügung: BFH HFR 1996, 82 = BStBl II 1995, 898 – gesetzten, ausnahmsweise wirksam verlängerten; Rz 61 u Rz 63f) **Ausschlussfrist steht** (auch bei nicht fristgebundenen Klagen) **fest, inwieweit ordnungemäß Klage erhoben** wurde, dh
- **soweit** die Klage **weiterhin** an einem **Mangel** iS des § 65 I 1 leidet, ist sie (endgültig: § 54 II iVm § 230 ZPO) **unzulässig** und durch Prozessurteil abzuweisen (Rz 8; BFH/NV 1999, 486);
- **soweit** der **Mangel wirksam geheilt** wurde, ist das **Klage**begehren nunmehr **endgültig fixiert** – spätestens **von nun an** eine „**Klageerweiterung**" (Rz 3) **ausgeschlossen;**
- das **Verbot einer Sachprüfung und -entscheidung** (Rz 7f Vor § 33) hat ua zur Folge, dass **insoweit keine Verletzung rechtlichen Gehörs** in Betracht kommt (BFH/NV 2004, 973) und **§ 68 nicht** anwendbar ist (FG Bln EFG 2003, 53; § 68 Rz 40ff).

66   **D. Muster einer ordnungsgemäßen Klageschrift**

X-GmbH, Wirtschaftsprüfungsgesellschaft ...   O., den ...
gesetzlich vertreten
durch ...

An das
Finanzgericht ...

                                Klage

der Y-OHG,
gesetzlich vertreten
durch ihren
Geschäftsführer A,
...,

                                                        Klägerin,

gegen
das Finanzamt P,
vertreten durch
den Vorsteher,

                                                        Beklagten,

wegen Feststellung von
Einkünften aus Gewerbebetrieb 2004

Unter Berufung auf die beigefügte Vollmacht (Anl 1) erhebe ich Klage dagegen, daß der Beklagte im Bescheid vom ..., bestätigt durch Einspruchsentscheidung vom ... (mir zugestellt am ...), einen Betrag von ... € nicht als ... anerkannt hat, mit dem

Antrag,

den Gewinn der Klägerin aus Gewerbebetrieb für 1995 unter Abänderung des Bescheids vom ... und der hierzu ergangenen Einspruchsentscheidung vom ... auf ... € herabzusetzen.

Begründung

...

(Unterschrift)

§ 66 [Rechtshängigkeit]

Durch Erhebung der Klage wird die Streitsache rechtshängig.

Vgl § 90 VwGO; § 94 SGG; § 261 ZPO

Literatur: *Bettermann,* Rechtshängigkeit und Rechtsschutzform, 1949; *Gäthgen,* Wirkungen der Rechtshängigkeit zwischen verschiedenen Gerichtsbarkeiten, DRiZ 1964, 233; *Geimer,* Beachtung ausländischer Rechtshängigkeit und Justizgewährungsanspruch, NJW 1984, 527; *ders,* Anerkennung ausländischer Entscheidungen in Deutschland, 1995, S 213 ff; *Herrmann;* Die Grundstruktur der Rechtshängigkeit, 1988; *Kerameus,* Rechtsvergleichende Bemerkungen zur internationalen Rechtshängigkeit, FS Schwab (1990), S 257; *Kleinfeller,* Das Wesen der Rechtshängigkeit, ZZP, 55, 193 und 56, 129; *Leipold,* Internationale Rechtshängigkeit Streitgegenstand und Rechtsschutzinteresse, GS für Arens (1993), S 227; *v Olshausen,* Der Schutz des guten Glaubens an die Nicht-Rechtshängigkeit, JZ 1988, 584; *Schieken,* Zur Bedeutung der Rechtshängigkeit im Zivilprozess JR 84, 446; *Schumann* Internationale Rechtshängigkeit, FS Kralik (1986), S 301; *ders,* Die Relativität des Begriffs der Rechtshängigkeit, FS Lüke (1997), S 767; *Schütze,* Die Wirkungen ausländischer Rechtshängigkeit in inländischen Verfahren, ZZP 104 (1991) 136; *Temming,* Der Einfluss der Erledigungserklärung auf die Rechtshängigkeit, Frankfurter Diss 1971.

Unter **Rechtshängigkeit** versteht man die tatsächliche Existenz eines **1** Urteilsverfahrens über einen prozessualen Anspruch – als *eine* Folge der Klageerhebung (*R/S* § 100 I), während mit *Anhängigkeit* das Schweben jeglichen anderen gerichtlichen Verfahrens bezeichnet wird (s auch *Kopp/ Schenke* § 90 Rz 1). Das bedeutet entsprechende Anwendung des § 66 auf selbstständige Antragsverfahren (*Kopp/Schenke* aaO).

Die Rechtshängigkeit beginnt mit **Klageerhebung** (für den Fall der **2** Verweisung nach § 34 a F – jetzt §§ 17, 17 a GVG – s Anh § 33 – vgl BFHE 146, 7 = BStBl II 1986, 410; *Kopp/Schenke* § 90 Rz 3; hier Rz 7), dh mit Eingang der Klage bei Gericht, weil in § 64 I 1 (anders als in § 253 I ZPO) die Zustellung nicht gesetzliches Tatbestandsmerkmal ist (s § 64 Rz 16). In der Entscheidung über eine nicht rechtshängig gewordene Klage liegt ein im Revisionsverfahren von Amts wegen zu beachtender Verfahrensfehler (BFH/NV 1988, 32; 1996, 347). Die Rechtshängigkeit **endet** mit

- Rechtskraft des Urteils (§ 110)
- Rücknahme des Rechtsschutzbegehrens (§ 72; BFHE 175, 496 = BStBl II 1995, 37; BFH/NV 2000, 476)
- Abgabe übereinstimmender Erledigungserklärungen (§ 138).

3 Der **Zugang bei Gericht** (s § 47 Rz 12 ff) löst auch in den Fällen Rechtshängigkeit aus, in denen von der (allein zum Zweck der Fristwahrung eröffneten) Möglichkeit Gebrauch gemacht wird, die Klage bei einer Behörde anzubringen (§ 47 II und III; s § 47 Rz 18 ff und § 64 Rz 15).

4 Der Umfang der Rechtshängigkeit richtet sich nach der Streitsache, das ist der **Streitgegenstand,** dh nach dem vom Kläger bezeichneten *Gegenstand des Klagebegehrens* (§ 65 Rz 30 f), iS des § 65 I 1 (s dort Rz 35 ff; *Kopp/Schenke* § 90 Rz 7 ff; BFH/NV 1986, 343, 344). Dieser ist, was den für die Fristwahrung nach § 47 maßgeblichen (Mindest-)Inhalt der Klageschrift bei **fristgebundenen Klagen** (§ 47 I 1 und 2; Anfechtungs- und Verpflichtungsklagen) angeht, **mit Ablauf der Klagefrist** und nicht mit Eintritt der Rechtshängigkeit fixiert (Rz 11 vor § 33; § 40 Rz 3 ff und 60; § 47 Rz 2; § 64 Rz 8 f; § 65 Rz 4). Das übersieht das Urteil BFHE 145, 299 (= BStBl II 1986, 268, 269), das für das Erfordernis der Bedingungsfeindlichkeit des Klagebegehrens (im Fall der Klageanbringung nach § 47 II) auf den Eintritt der Rechtshängigkeit abstellt (vgl dagegen BFHE 124, 494 = BStBl II 1978, 376 f).

5 Im Fall der **Klageänderung** (§ 67) ändert sich der Streitgegenstand (§ 67 Rz 2) und damit auch die Streitsache iS des § 66 (zum besonders geregelten Fall des § 68 s dort Rz 1 ff).

Die Rechtshängigkeit wird **beendet** durch rechtskräftiges Urteil (§ 110), durch Klagerücknahme (§ 72; dazu BFHE 175, 496 = BStBl II 1995, 37; BFH/NV 2000, 476), durch Klagerücknahme (str: FG D'dorf EFG 2001, 453 einer-; FG SchlHol EFG 1997, 548 andererseits oder durch Abgabe übereinstimmender Erledigungserklärungen (§ 138; dazu *Lange* StuW 1996, 137, 138), nicht etwa durch den nur deklaratorischen Einstellungsbeschluss oder durch den Kostenbeschluss (§ 72 Rz 29 ff; § 138 Rz 11; *Kopp/Schenke* § 90 Rz 4).

6 Die Vorschrift des § 66 soll im Interesse der Rechtsklarheit doppelte Rechtshängigkeit verhindern (§ 17 I 2 GVG; dazu *Zöller/Grummer* § 17 GVG Rz 3; *Kopp/Schenke* § 90 Rz 15; s auch BFHE 186, 324 = BStBl II 1998, 742; FG SchlHol EFG 1997, 548; vgl iÜ BFH/NV 1987, 517; 1999, 1585, 1586; FG Berlin EFG 1998, 860; s auch § 68); ihr Eingreifen bewirkt demgemäss Unzulässigkeit einer neuen Klage in derselben Sache (BFHE 145, 106 = BStBl II 1986, 302, 303 aE; *Kopp/Schenke* § 90 Rz 1 mwN), und zwar unabhängig davon, ob die 1. Klage zulässig ist (FG D'dorf EFG 2001, 453). Insoweit handelt es sich um eine **(negative) Sachentscheidungsvoraussetzung** (Rz 5 vor § 33; BFH/NV 2000, 476; *Kopp/Schenke* § 90 Rz 15). Diese prozessuale Wirkung setzt **Identität** des Streitgegenstands voraus. Auch bei fehlender Identität der Streitgegenstände kann die später erhobene Klage unzulässig sein, dann allerdings wegen fehlenden Rechtsschutzbedürfnisses (FG BaWü EFG 1986, 243 f; allgemein zum Rechtsschutzinteresse; Rz 4 vor § 33). Entscheidet das FG über eine Klage, die nicht erhoben wurde, so liegt darin ein Verstoß gegen § 66, den der BFH von Amts wegen zu berücksichtigen hat (BFH/NV 1988, 32).

Im Interesse der Beteiligten bestimmte § 66 III aF und regelt ab 1. 1. **7**
1991 § 17 I GVG (iVm § 155 FGO; s Anh § 33 Rz 5) die **Fortdauer der
Zuständigkeit** des Gerichts („**perpetuatio fori**") in örtlicher u sachlicher
Hinsicht wie auch bezüglich der Zulässigkeit des Rechtswegs für den Fall,
dass sich die hierfür maßgeblichen Umstände nach Eintritt der Rechtshängigkeit ändern (vgl hierzu BFHE 146, 7 = BStBl II 1986, 410; *Kopp/
Schenke* § 90 Rz 17 ff; für den Fall, dass nachträglich ein neuer Rechtsweg
begründet wird: BFHE 132, 329 = BStBl II 1981, 136; näher zu alledem:
Anh § 33 Rz 5 ff; s auch *H/H/Sp/Schallmoser* Rz 10 u 26 ff).

Außer der Sperre für ein anderes Verfahren in derselben Sache (s Rz 6) **8**
bewirkt § 66 uU ein Hinausschieben des Eintritts der Bestandskraft (§ 47
Rz 1; BFH/NV 2000, 476) und im materiellen Abgabenrecht ein **Ablauf-
hemmung** der Festsetzungsfrist (**§ 171 III a AO;** BFHE 135; 234 =
BStBl II 1982, 524; BFH/NV 2004, 1361; Voraussetzung allerdings: *Wirksamkeit* des angefochtenen Bescheids – vgl BFH/NV 1996, 196; BFH/NV
1997, 388; 2004, 1066, 1067; zur Anfechtung im *Einspruchsverfahren:*
BFHE 175, 481 = BStBl II 1995, 165; allgemein zur Wirkungsweise dieser
Vorschrift: *H/H/Sp/Ruban* § 171 AO Rz 25 ff) und löst außerdem für die
Dauer des Verfahrens gem § 236 AO einen **Zinsanspruch** aus (BFHE
102, 14 = BStBl II 1971, 529 f; BFHE 114, 397 = BStBl II 1975, 370;
BFHE 175, 496 = BStBl II 1995, 37; BFHE 179, 236 = BStBl II 1996,
260; BFH/NV 1986, 343 f; 1995, 849).

§ 67 [Klageänderung]

(1) **Eine Änderung der Klage ist zulässig, wenn die übrigen Beteiligten einwilligen oder das Gericht die Änderung für sachdienlich hält;
§ 68 bleibt unberührt.**

(2) **Die Einwilligung des Beklagten in die Änderung der Klage ist
anzunehmen, wenn er sich, ohne ihr zu widersprechen, in einem Schriftsatz oder in einer mündlichen Verhandlung auf die geänderte Klage
eingelassen hat.**

(3) **Die Entscheidung, dass eine Änderung der Klage nicht vorliegt
oder zuzulassen ist, ist nicht selbständig anfechtbar.**

Vgl § 91 VwGO; § 99 SGG; §§ 263 f ZPO

Übersicht

Literatur: *Altmeppen,* Klageänderung in der Rechtsmittelinstanz, ZIP 1992, 449; *Baumgärtel,* Die Kriterien zur Abgrenzung von Parteiberichtigung und Parteiwechsel, FS Schnorr v Carolsfeld, 1973, 19; *ders,* zum gleichen Thema JB 1973, 169; *Blomeyer,* Die Klageänderung und ihre prozessuale Behandlung, JuS 1970, 123 und 229; *Fliegauf,* Zur Klageänderung durch Parteiwechsel im Verwaltungsprozess, DVBl 1963, 664; *Franz,* Zur Behandlung des gewillkürten Parteiwechsels im Prozess, NJW 1972, 1743; *ders,* zum gleichen Thema NJW 1982, 15; *Grollhoffer,* Die Ermäßigung des Klageantrags, 1986; *Grube,* Der Beklagte im Verwaltungsrechtsstreit bei Wechsel der behördlichen Zuständigkeit, BayVBl 1963, 236; *Heinrich,* Der gewillkürte Parteiwechsel, 1990; *Jaekel,* Klagefrist bei Klageänderung durch Beklagtenwechsel, DÖV 1985, 484; *Kammer,* Zur Änderung der beklagten Partei im Verwaltungsstreitverfahren, DVBl 1950, 100; *Kohler,* Die gewillkürte Parteiänderung, JuS 1993, 315; *König,* Klageerweiterung nach Ablauf der Klagefrist im finanzgerichtlichen Verfahren, DStR 1990, 512; *Richter,* Klageänderung bei Verweisung und bei Parteiwechsel im Verwaltungsstreitverfahren, NJW 1961, 1610; *Schneider,* Zulässigkeit und Zulassungsfragen und Klageerweiterung in zweiter Instanz, MDR 1982, 626; *Sieveking,* Klageänderung bei Verweisung und bei Parteiwechsel im Verwaltungsstreitverfahren, NJW 1961, 1660; *Vollkommer,* Unzulässige „Berichtigung" des Rubrums, MDR 1992, 642; *Walther,* Klageänderung und Klagerücknahme, 1969; *ders,* Klageänderung und Klagerücknahme, NJW 1994, 423; *Wilke,* Der Wechsel der Beklagten im finanzgerichtlichen Verfahren, DStZ 1995, 499; *Wilkens,* Grenzen der Klageänderung durch Parteiwechsel, MDR 1957, 207.

I. Allgemeines

1   Aus verfahrensökonomischen Gründen (BVerwGE 40, 26, 32; BFHE 130, 12 = BStBl II 1980, 331, 332) lässt § 67 (entsprechend den Parallelvorschriften der anderen Verfahrensordnungen) die nachträgliche Änderung des Klagebegehrens unter bestimmten Voraussetzungen zu, sorgt aber gleichzeitig für eine vor allem in Hinblick auf **verwaltungsaktbezogene Klagen** (Rz 4) gebotene (s auch § 47 Rz 1; § 66 Rz 4) Beschränkung dieser Möglichkeit. Bei der Abgrenzung der Klageänderung von sonstigen Veränderungen des Klagebegehrens ist nicht nur der Schutz der übrigen Beteiligten vor willkürlichem Prozessverhalten des Klägers (*Kopp/Schenke* § 91 Rz 1) zu beachten, sondern auch die Eigenart des finanzgerichtlichen Verfahrens, die hauptsächlich in der **Wechselwirkung von materiellem und formellem Recht** begründet ist (s auch Rz 1, 3 Vor § 1; § 65 Rz 38 f; § 155 Rz 2). Die Vorschrift ist auf **andere Rechtsschutzbegehren** (zB §§ 69, 114) **entsprechend** anwendbar (vgl FG BaWü EFG 1990, 324).

2   Klageänderung ist **Änderung des Streitgegenstandes während der Rechtshängigkeit** (§§ 64 I 1, 66; *T/K* Rz 2; *Kopp/Schenke* § 91 Rz 2). Maßgeblich ist der **Streitgegenstandsbegriff des finanzgerichtlichen Verfahrens** (vgl § 65 Rz 31 ff, 35 ff), keine Klageänderung daher, wenn *andere Besteuerungsgrundlagen* eines ESt-Bescheids (zum Begriff: Vor § 40 Rz 61; § 40 Rz 72) angegriffen werden als bisher (BFH/NV 1996, 481). Der an einer anderen Begriffsbestimmung orientierte **§ 264 ZPO** ist in diesem Zusammenhang **nicht** aussagefähig (s auch Rz 3; aM, allerdings ohne jede Herleitung: BFHE 159, 4 = BStBl II 1990, 327). Streitgegenstand

(bzw – § 65 Rz 30 f – der vom Kläger bezeichnete **Gegenstand des Klagebegehrens**) im Steuerprozess (s auch § 65 Rz 35 ff) ist das substantiierte, in sich schlüssige Dartun individueller Rechtsbeeinträchtigung, dh entweder, im Falle des § 40 II, die Rechtsbehauptung des Klägers, der angefochtene VA oder seine Versagung oder aber das Vorenthalten einer bestimmten Leistung sei rechtswidrig und verletze ihn, den Kläger, in seinen Rechten, oder aber, im Falle der Feststellungsklage (§ 41), die Rechtsbehauptung des Klägers, ein bestimmtes Rechtsverhältnis bestehe/bestehe nicht oder ein bestimmter VA sei nichtig. Ob die Veränderung eines solchen Begehrens als Klageänderung zu qualifizieren ist, hängt somit entscheidend von der *Klageart* ab (dazu auch § 41 Rz 36; § 100 Rz 1 ff).

Keine Klageänderung liegt vor, wenn der Kläger sein Begehren nur ergänzt, klarstellt, lediglich die *Bezeichnung* des Beklagten, der in Frage stehenden Hoheitsmaßnahme oder des Streitgegenstands (jeweils bei **Wahrung der Identität** der bisherigen Angaben hierzu s § 65 Rz 10; 15 ff, 22 ff und 27) *richtig stellt* (s FG BaWü EFG 1993, 387), die Klagebegründung auswechselt (BFH/NV 1996, 481, 483), neue Tatsachen „nachschiebt" usw. **3**

Die **Klageerweiterung** (ebenso die Klageermäßigung) fällt nach hM (BFHE 159, 4 = BStBl II 1990, 327; iE ebenso *T/K* Rz 2; krit *K/H* § 67 Rz 1 d mwN), nicht unter § 67. Diese ungeprüft aus dem Zivilrecht (§ 264 Nr 2 ZPO; § 155 FGO wird zumeist gar nicht erst bemüht; s auch Rz 3) übernommene These übersieht, dass **im Anwendungsbereich der ZPO** von einer **nur „quantitativen Änderung des Klageantrags"** ohne Änderung des Klagegrundes" (*Zöller/Greger* § 264 Rz 3 a) nur in Fällen der rein ziffermäßigen Veränderung bei einer **Leistungsklage** oder einer **Feststellungsklage** gesprochen werden kann, also bei für den Zivilprozess typischen, für das finanzgerichtliche Verfahren aber untypischen Begehren: wenn der aus einer bestimmten Forderung oder der aus einem bestimmten Schadensfall erstrebte Betrag erhöht oder vermindert, ein bestimmtes Auskunftsbegehren auf einen anderen Zeitraum bezogen wird (vgl die Beispielsfälle bei *Zöller/Greger* aaO u *R/S* § 101 I 3 b). Diese Situation ist **bei verwaltungsaktbezogenen Klagen** (dazu § 47 Rz 6; § 96 Rz 2; § 98 Rz 2; § 100 Rz 13, 56), vor allem bei gegen Steuer- oder Feststellungsbescheide gerichteten **Abänderungsklagen** (§ 100 Rz 24 ff), schon deshalb eine grundlegend **andere,** weil damit in jedem Fall notwendigerweise der **Umfang des Rechtsschutzbegehrens ausgedehnt** und die Regelung des § 47 berührt wird. Hier bedeutet substantiierte (zu diesem Erfordernis: § 40 Rz 61 ff; § 65 Rz 46 ff; allgemein, selbst für den Zivilprozess; *Zöller/Greger* § 253 Rz) quantitative Veränderung des Klagebegehrens (nicht des insoweit unbeachtlichen Klageantrags – dazu § 65 Rz 7, 32, 53; § 96 Rz 3) **immer auch Veränderung des Klagegrundes,** dh (*R/S* § 104 II 1; *Zöller/Greger* § 253 Rz 12) des entscheidungserheblichen Sachverhalts; eine solche Veränderung wirkt sich zwar gem § 157 II nur gegenüber **Feststellungsbescheiden** unmittelbar auf den Streitgegenstand aus (s BFH/ NV 1998, 282 f; 1999, 1449 f; Rz 64 vor § 40; § 40 Rz 74 ff u 92 ff; § 65 Rz 45 u Rz 50), beeinflusst aber mittelbar, ungeachtet der Saldierungstheorie (§ 42 Rz 36; § 47 Rz 4; § 65 Rz 41 ff), auch bei **Steuerbescheiden** den Prozessstoff (§ 76 Rz 10 ff; § 96 Rz 8 ff) und ist vor allem maßgeblich für den **Umfang,** in dem Rechtshängigkeit einerseits und **Bestandskraft** andererseits (Vor § 40 Rz 75; § 47 Rz 1; § 65 Rz 60) eintritt **4** (s auch § 67 I 2. Hs; zu den prozessualen Folgen bei Veränderung des Regelungsgehalts des angefochtenen VA u seiner Bestandskraft im laufenden Verfahren: § 68 Rz 80 ff). Auch dies spricht dafür, die **Klageerweiterung bei fristgebundenen Klagen** (§ 47 Rz 6; § 65 Rz 23) **nicht unbegrenzt** zuzulassen (aM BFHE 163, 387 = BStBl II 1991, 471; *H/H/Sp/ Schallmoser* Rz 39; unklar *T/K* Rz 3; s iÜ zum Streit hierüber: Rz 17 Vor § 33; § 47 Rz 3 f; § 65 Rz 3, 65).

5   Der Anwendungsbereich des § 67 ist außerdem durch § 123 I 1 begrenzt, wonach die Klageänderung **im Revisionsverfahren unzulässig** ist (BFH/NV 2004, 203, 204).

II. Arten der Klageänderung

1. Objektive Klageänderung

6   **In objektiver Hinsicht** liegt eine Klageänderung zB vor, wenn der Kläger nach Eintritt der Rechtshängigkeit
- die **Klageart wechselt** (str; vgl BFHE 158, 11 = BStBl II 1989, 981; BVerwG Buchholz 310 § 142 VwGO Nr 10; BSG DVBl 1989, 468; FG BaWü EFG 1979, 316, 317; FG SchlHol EFG 1981, 403 FG Köln EFG 1991, 512; FG M'ster EFG 1996, 413), was indirekt durch die Sonderregelung des § 100 I 4 (s dort Rz 36 ff) bestätigt wird (§ 41 Rz 36 und die dortigen wN; ebenso *T/K* Rz 2; aM *Kopp/Schenke* § 91 Rz 9); zB wenn der Kläger zunächst den Steuerbescheid anficht und dann Erlass aus Billigkeitsgründen (§ 163 AO) begehrt (vgl BFH/NV 1995, 36); eine Klageänderung liegt dagegen **nicht** vor, **wenn** das **Klageziel unverändert** bleibt (zB Übergang von der Feststellungs- zur Aufhebungsklage gegenüber einem unwirksamen/nichtigen VA; BFH/NV 1986, 379; zur Anfechtung trotz Nichtigkeit: § 41 Rz 22);
- (bei der Anfechtungsklage) vom Sonderfall des § 68 abgesehen, anstelle der angefochtenen Hoheitsmaßnahme oder neben ihr (§ 43) einen **anderen VA** (FG BaWü EFG 1983, 620, 621; FG RhPf EFG 1991, 269; *Kopp/Schenke* § 91 Rz 5 mwN), **bei Feststellungsbescheiden andere Besteuerungsgrundlagen** angreift (BFH/NV 1998, 282, 283; 1999, 1449) oder anstelle der ursprünglich begehrten Regelung Erlass einer anderen erstrebt (zu dem auch insoweit gem § 157 II AO bedeutsamen Unterschied Steuerbescheid/Feststellungsbescheid: s Rz 58 ff vor § 40; § 40 Rz 70 ff u 86 ff; § 65 Rz 45; § 100 Rz 11 ff; zu dem auch hier relevanten Problem der **Teilbarkeit** eines VA: Rz 41 f vor § 40; § 100 Rz 20 ff; zu dem der **Nebenbestimmungen:** § 40 Rz 85);
- einen **anderen** abgabenrechtlichen **Anspruch** verfolgt (BFHE 158, 11 = BStBl II 1989, 981; BFH/NV 1992, 267, 270; zu einem Fall nachträglicher Klagenhäufung: FG BaWü EFG 1989, 67; FG Bdbg EFG 1995, 808; vgl auch § 43 Rz 1 ff).

7   Die rein ziffernmäßige **Erweiterung oder Ermäßigung** des Klagebegehrens bei der Teilanfechtung von Steuerbescheiden ist zwar nicht unter dem Gesichtspunkt der Klageänderung, wohl aber im Hinblick auf die Fristgebundenheit der Klage (und auf die damit korrespondierende Unanfechtbarkeit des VA) von Bedeutung (s Rz 4; str – dazu § 47 Rz 3 f und die dortigen Nachw zum Streitstand).

2. Subjektive Klageänderung

Klageänderung ist auch der **Beteiligtenwechsel** auf Kläger- und/oder **8** auf Beklagtenseite (BGHZE 17, 340 0 NJW 1955, 1393 und NJW 1962, 347; BVerwGE 3, 150, 155; BFHE 130, 12 = BStBl II 1980, 331; BFHE 139, 1 = BStBl II 1984, 15 f; BFHE 155, 457 = BStBl II 1989, 460; BFHE 199, 489 = BStBl II 2003, 835; BFH/NV 2004, 316; 2005, 819, 822; FG Hbg EFG 2004, 358; *T/K* Rz 3; *Kopp/Schenke* § 91 Rz 7; Zur subjektiven Klageänderung im Falle eines Konkurses wendet BFHE 182, 269 = BStBl II 1997, 464, ebenfalls § 67 an – s aber Rz 9; s iÜ FG Nds EFG 1976, 240 und 1977, 27; zur Abgrenzung von der irrtümlich falschen Beklagtenbezeichnung: BFH/NV 2004, 792).

Ausgenommen von der Regelung des § 67 sind die in § 155 FGO iVm **9** §§ 239 ff ZPO geregelten Fälle der Verfahrensunterbrechung und Aufnahme des Verfahrens im Fall der **Rechtsnachfolge** oder des Konkurses bzw der **Insolvenz** (s auch *Kopp/Schenke* § 91 Rz 13).

III. Voraussetzungen der Klageänderung

1. Allgemeine Voraussetzungen

Ausdrücklich ist die Zulassung der Klageänderung in § 67 I nur an die **10** Einwilligung der übrigen Beteiligten oder an die Auffassung des Gerichts über die Sachdienlichkeit geknüpft. Diese Regelung ist insofern unvollständig, als sie die Frage der **Zulässigkeit der Klage** unberührt lässt. Deren Beantwortung aber ist der Disposition der Beteiligten wie auch derjenigen des Gerichts entzogen (Rz 7 f vor § 33), kann also nicht nach § 67 I entschieden werden. Diese allein auf Verfahrensvereinfachung gerichtete Regelung kann nicht dazu dienen, zwingende Verfahrensvorschriften zu unterlaufen. Hieraus folgt, dass eine Klageänderung, unabhängig von den sonstigen Voraussetzungen des § 67 I, nur zulässig („statthaft") ist, wenn sowohl das ursprüngliche als auch das geänderte Klagebegehren die einschlägigen **Sachentscheidungsvoraussetzungen** erfüllt (so iE auch BFHE 106, 8 = BStBl II 1972, 703, 705; BFHE 130, 12 = BStBl II 1980, 331, 333; BFH/NV 1998, 282, 283; 1999, 149; unter dem Gesichtspunkt der Sachdienlichkeit – dazu Rz 14 – gelangen zu diesem Ergebnis: BFHE 100, 353 = BStBl II 1971, 26; BFHE 129, 526 = BStBl II 1980, 301, 302; BFH/NV 1995, 36; BFHE 206, 201 = BStBl II 2004, 980 mit Anm *Heger* BFH-RR 2004, 490 u *Steinhauff* HFR 2004, 1109; BFH/NV 2005, 60, 61; BFHE 209, 29 = BFH/NV 2005, 1454; für den Übergang von einer Anfechtungsklage zu einer auf Billigkeitserlass gerichteten Verpflichtungsklage, obgleich insoweit § 44 I verletzt war: FG Bremen EFG 1995, 332. – AM *T/K* Rz 5 – unter Berufung auf „Prozessökonomie" – s demgegenüber Rz 1; zT abw *Kopp/Schenke* § 91 Rz 15; s aber Rz 31 f).

Daraus folgt weiter, dass objektive wie subjektive Klageänderung bei **11** fristgebundenen (Anfechtungs- und Verpflichtungsklagen; Rz 4 aE) **nur innerhalb der Klagefrist** zulässig ist (BFHE 130, 12 = BStBl II 1980, 331, 332 f; BFHE 139, 1 = BStBl II 1984, 15 f; BFHE 155, 457 = BStBl II 1989, 460; BFHE 206, 201 = BStBl II 2004, 980; BFH/NV 1988, 690 u 791, 792; BFH/NV 1987, 67; BFH/NV 1991, 429; 2004, 316; 2005, 60, 61, 819, 822 u 1454; FG Nds EFG 1976, 240, 1977, 27; FG D'dorf

EFG 1979, 297; FG Saarl EFG 1983, 619; FG RhPf EFG 1986, 134 f; FG Hbg EFG 2004, 358).

2. Besondere Voraussetzungen

12   Zulässig ist die Klageänderung iÜ (dh wenn die zuvor genannten allgemeinen Voraussetzungen – Rz 10 f – erfüllt sind) nach § 67 I nur, wenn die übrigen Beteiligten einwilligen oder das Gericht die Klageänderung für sachdienlich hält.

a) Einwilligung der übrigen Beteiligten

13   Erforderlich ist die Einwilligung *aller* übrigen Beteiligten iS des § 57, also nicht nur des Beklagten, sondern ggf auch des Beigeladenen oder der beigetretenen Behörde. Als **Prozesshandlung** ist die Einwilligung unwiderruflich und unanfechtbar (s auch *Kopp/Schenke* § 91 Rz 17 mwN). Sie ist nicht protokollierungspflichtig (BVerwG Buchholz 406.19 Nachbarschutz Nr 72). Die rügelose Einlassung genügt gem **§ 67 II** ausdrücklich zwar nur als Einwilligungserklärung des **Beklagten;** dasselbe muss aber nach dem Sinn der Regelung auch für die **übrigen Beteiligten** gelten (*T/K* Rz 7; *Kopp/Schenke* § 91 Rz 17).

b) Sachdienlichkeit

14   Streitig ist, ob Sachdienlichkeit ein Rechtsbegriff (mit Beurteilungsspielraum) oder aber ein Ermessensbegriff ist (s dazu die Nachw bei *Kopp/Schenke* § 91 Rz 18; *T/K* Rz 8). Die Unterscheidung ist ohne praktische Bedeutung, wenn man, dem systematischen Gesetzeszusammenhang gemäß, die Frage der Zulässigkeit ausgrenzt (Rz 1 und 10 f) und iÜ, dem Wortlaut der Vorschrift folgend, auf die **Beurteilung durch** das **Gericht** abstellt und die revisionsrechtliche Prüfung auf Plausibilität beschränkt (so überzeugend *Kopp/Schenke* aaO mwN).

15   **Sachdienlich** ist eine Klageänderung dem prozesswirtschaftlichen Normzweck entsprechend, wenn und soweit ihre Zulassung bei objektiver Beurteilung der zügigen Erledigung des Verfahrens dient (FG Bdbg EFG 1995, 808), vor allem den sachlichen Streitstoff im Rahmen des anhängigen Rechtsstreits ausräumt und einem andernfalls zu gewärtigenden weiteren Rechtsstreit vorbeugt (BGH WM 1986, 1200, FG RhPf EFG 1991, 269; FG Köln EFG 1991, 512). Das setzt voraus, dass der Streitstoff im Wesentlichen unverändert bleibt (BVerwG DVBl 1980, 590; DÖV 1984, 300; vgl auch BGH NJW 1985, 1842 und *Kopp/Schenke* aaO 19 f, jew mwN) und dass auch die geänderte Klage zulässig ist (BFH/NV 1989, 32; 1995, 36; FG RhPf EFG 1991, 269; s iÜ auch *Kopp/Schenke* § 91 Rz 19 f; *T/K* Rz 5).

IV. Verfahren

16   Eine Prozesserklärung, die als Klageänderung zu qualifizieren ist (generell hierzu: Rz 14 ff Vor § 33), beeinflusst den Fortgang des Verfahrens auf unterschiedliche Weise. Dabei sind folgende **Fälle** denkbar:
– Eine **Klageänderung liegt nicht vor.** Dann kann bei Streit hierüber ein Zwischenurteil ergehen (§ 155 iVm § 303 ZPO; § 97 Rz 3), an-

sonsten aber auch im Endurteil über die Frage mitentschieden werden.

– Ein **Klageänderung liegt vor:**
– – Es *fehlen* aber die allgemeinen *Sachentscheidungsvoraussetzungen* (s Rz 10; 14), dann kann weder die Einwilligung des Beklagten noch die Zulassung durch das Gericht als sachdienlich helfen. Vielmehr *muss* die (geänderte) Klage durch **Prozessurteil** (Endurteil) als unzulässig abgewiesen werden, sofern die ursprüngliche Klage nicht hilfsweise aufrechterhalten wurde (*Kopp/Schenke* § 91 Rz 24);
– – Die *Klageänderung* ist *zulässig:* Dann kann bei Einwilligung der Beteiligten (da kein Streit herrscht) im Endurteil mitentschieden werden (*Kopp/Schenke* § 91 Rz 23); fehlt es an der Einwilligung, hält das Gericht aber die Klageänderung für sachdienlich, kann durch Zwischenurteil oder aber durch Endurteil mitentschieden werden.

Die Entscheidung, dass Klageänderung nicht vorliegt oder zuzulassen ist, **17** kann gem **§ 67 III** nicht selbstständig angefochten, sondern allenfalls im Rahmen einer mit sonstigen Rügen begründeten Revision überprüft werden (vgl BFHE 155, 280 = BStBl II 1989, 369). Dies gilt text- und sinngemäß für alle Arten der gerichtlichen Entscheidung zu § 67 (Rz 16; unklar: *H/H/Sp/Schallmoser* Rz 62 f).

§ 68 [Änderung des angefochtenen Verwaltungsakts]

[1] **Wird der angefochtene Verwaltungsakt nach Bekanntgabe der Einspruchsentscheidung geändert oder ersetzt, so wird der neue Verwaltungsakt Gegenstand des Verfahrens.** [2] **Ein Einspruch gegen den neuen Verwaltungsakt ist insoweit ausgeschlossen.** [3] **Die Finanzbehörde hat dem Gericht, bei dem das Verfahren anhängig ist, eine Abschrift des neuen Verwaltungsakts zu übermitteln.** [4] **Satz 1 gilt entsprechend, wenn**

1. **ein Verwaltungsakt nach § 129 der Abgabenordnung berichtigt wird oder**

2. **ein Verwaltungsakt an die Stelle eines angefochtenen unwirksamen Verwaltungsaktes tritt.**

[Bis einschl. 2000 geltende Fassung (Rz 10)]:

[1] *Wird der angefochtene Verwaltungsakt nach Klageerhebung durch einen anderen Verwaltungsakt geändert oder ersetzt, so wird dieser auf Antrag des Klägers Gegenstand des Verfahrens.* [2] *Der Antrag ist innerhalb eines Monats nach Bekanntgabe des neuen Verwaltungsaktes zu stellen.* [3] *Hierauf ist in der Rechtsbehelfsbelehrung hinzuweisen.*

Vgl § 96 SGG: § 365 III AO

Übersicht

Literatur zur alten Fassung (s iÜ 4. Aufl): *Albert,* Fortsetzungsfeststellungsklage nach Erledigung eines Vorauszahlungsbescheides durch Erlass eines Jahressteuerbescheides, DStZ 1999, 205; *W Becker,* Fristwahrung nach § 68 Satz 2 FGO nur bei rechtzeitigem Eingang des Antrags bei Gericht, StW 2000, 44; *ders,* § 68 FGO – Verfahrenserleichterung oder Steuerfalle?, Inf 2000, 394; *Bettermann,* Verwaltungsakt und Rechtsmittelbescheid als Gegenstand der Anfechtungsklage, NJW 1958, 31; *Brune,* Erfordernis eines Antrags nach § 68 bei der Korrektur von Haftungsbescheiden während des finanzgerichtlichen Verfahrens, BB 1996, 2174; *Buciek,* Praxisfragen zu § 68 Satz 2 FGO, DB 1994, 1442; *v Groll,* § 68 nF – eine „Falle" für den Rechtsuchenden?, DStR 1994, 117 u 158; *Jesse,* Problemfelder des § 68 FGO, DStZ 2005, 139; *Leingang-Ludolph/ Wiese,* Automatische Klageänderung bei Änderungs- und Ersetzungsbescheiden durch § 68 FGO nF, DStR 2001, 775; *Preusche,* Zum Ändern und Ersetzen angefochtener Verwaltungsakte, DVBl 1992, 797; *R. Schmidt,* Korrektur von Verwaltungsakten im Steuerprozess, Kölner Diss, 1999; *Tiedchen,* Änderung eines Steuerbescheides während des finanzgerichtlichen Verfahrens nach § 68 FGO, BB 1996, 1138; *Wüllenkemper,* Auswirkungen der Bekanntgabe eines Jahressteuerbescheides auf einen Rechtsstreit um einen Vorauszahlungsbescheid, DStZ 1998, 458.

I. Funktion und Bedeutung

1   Die Vorschrift soll dem Rechtsuchenden vor allem umfassenden **Rechtsschutz** sichern. Die auch während des Gerichtsverfahrens andauernde Befugnis bzw Verpflichtung der beklagten Finanzbehörde, die streitbefangene Hoheitsmaßnahme zu korrigieren, soll dem Rechtsuchenden nicht zum Nachteil gereichen: dem von ihm zur Prüfung eines VA angestrengten Prozess nicht nachträglich die Grundlage entzogen (BFHE 115, 301 = BStBl II 1975, 514, 515; s auch BFHE 191, 1 = BStBl II 2000, 300), vielmehr das laufende Verfahren für den **„neuen" VA** geöffnet werden, und zwar mit letzterem als **Verfahrensgegenstand.** Vorausgesetzt wird insoweit, dass sich die Ausgangssituation (§ 44 II: Anfechtung des ursprünglichen VA in Gestalt der hierzu ergangenen Einspruchsentscheidung; hierzu dort Rz 10 ff; § 65 Rz 37 ff; s auch hier Rz 80) dadurch grundlegend gewandelt hat, dass das Objekt des Rechtsschutzbegehrens (§ 40 Rz 86 ff) geändert oder ersetzt wurde (Rz 60 ff). Im Umfang der hierdurch ausgelösten Veränderung der Prozesslage **dispensiert § 68 von der erneuten Durchführung eines außergerichtlichen Vorverfahrens** (§ 44 I). Dabei **dient** die Regelung allerdings **ausschließlich dem Fortgang, nicht der Eröffnung eines gerichtlichen Verfahrens** (BFHE 189, 319 = BStBl II 1999, 662 unter 1 a, aE). Mit Rücksicht auf die besonders „korrekturanfällige" Materie des Steuerrechts soll die prozessuale Reaktion auf solche Situationsveränderungen nicht wie in der VwGO (s dazu zB BVerwGE 23, 175, 176; *Kopp/Schenke* § 79 Rz 16 f; § 90 Rz 8; § 91 Rz 12; *Pietzcker* in Schoch ua § 79 Rz 7) der allgemeinen Regelung der Klageänderung (§ 67) überlassen und von den dafür vorgesehenen besonderen Voraussetzungen befreit sein (s auch **§ 67 I 2. Hs**). Die Fortsetzung des Verfahrens mit verändertem Verfahrensgegenstand ist nunmehr, **seit 1. Januar 2001** (s Rz 10), dadurch stark vereinfacht worden, dass der neue VA jetzt **kraft Gesetzes** zum neuen Verfahrensgegenstand wird (s dazu Rz 80 ff). – Allerdings ist die Regelung weiterhin **rein prozessualer Natur** (dazu auch Rz 2): Sie beschränkt sich darauf, verfahrensrechtliche Konsequenzen aus Korrekturvorgängen zu ziehen, die anderwärts legitimiert sein müssen (so auch *Leingang-Ludolph/Wiese* aaO; zu den Folgen für die Sachprüfung und -entscheidung: Rz 85). Da die **Regelung** nur die formelle Seite des Geschehens erfasst, den **Inhalt des Klagebegehrens** (§ 40 II, § 65 I 1, § 96 I 2) aber **unberührt** lässt, bedarf es insoweit der Neubestimmung (Rz 2 und 40 ff). Da § 68 nF außerdem nicht danach unterscheidet, inwieweit der neue VA den Betroffenen schlechter stellt als der bisherige, andererseits aber uneingeschränkt in das Gesamtsystem der FGO eingegliedert ist, gilt zwar das **Verbot der „reformatio in peius"** (§ 65 Rz 54; § 96 Rz 5; § 100 Rz 29), aber **mit** den aus § 68 notwendigerweise abzuleitenden **Modifikationen** (Rz 85, 87).

Der Erkenntnis, dass § 68 unmittelbar **nur** den **Verfahrensgegenstand** **2** betrifft (Rz 1; s iÜ zu § 44 II: § 44 Rz 31 ff, 4. Aufl Rz 2), kommt für das neue Recht (Rz 10) besondere Bedeutung zu: Konnte früher das Erfordernis der (fristgebundenen) Antragstellung als „Signal" dafür gewertet werden, dass die neue Prozesssituation eine **inhaltliche Anpassung** erforderte, damit es zu einer vereinfachten besonderen Klageänderung kommen konnte (4. Aufl Rz 2 mwN), so scheint sich dies nun zu erübrigen. Dieser Schein trügt. Ob und inwieweit das Verfahren zulässigerweise gegenüber dem neuen VA fortgesetzt werden darf und mit welchem Begehren, hängt grundsätzlich (Ausnahme s Rz 48) von entsprechenden **Prozesserklärungen** des Klägers ab (Rz 45 ff). Hierin wird deutlich, dass die Charakterisierung des § 68 als „Fall gesetzlicher *Klageänderung*" (*T/K/Seer* Rz 5; *Spindler* DB 2001, 61, 65; *Leingang-Ludolph/Wiese* aaO, S 775 und 776) ungenau ist. Klageänderung bedeutet *Änderung des Streitgegenstands* (§ 67 Rz 2), also des *Gegenstands des Klagebegehrens* iSd § 65 Abs 1 S 1 (§ 65 Rz 31 f). Das hierfür **maßgebliche Vorbringen des Klägers** aber (im Fall der Anfechtungsklage etwa: der angefochtene VA sei rechtswidrig und verletze den Kläger in seinen Rechten – § 65 Rz 46) wird durch die in § 68 angeordnete Auswechslung des Verfahrensgegenstands (Rz 1) zunächst, unmittelbar **nicht,** sondern nur mittelbar, „äußerlich", berührt –

hinsichtlich der „Hülle", nicht im Inhalt (dazu § 44 Rz 31; § 65 Rz 37). Dieser Veränderung der Prozesssituation muss in einem weiteren Schritt Rechnung getragen werden. Dabei gelten die allgemeinen Regeln des Steuerprozesses: Die **(neue) inhaltliche Bestimmung des Klagebegehrens** ist weiterhin, nach den Grundsätzen der (schon mangels anderer gesetzlicher Regelung auch § 68 beherrschenden) **Dispositionsmaxime,** allein **Sache des Klägers** (so der Sache nach auch die amtl Begründung, BT-Drucks 14/4061, S 8, s iÜ hier Rz 45, 48 ff).

II. Entwicklung der Vorschrift

5   Die Regelung ist im Laufe der Zeit in drei Schritten vereinfacht worden:

– **Bis** einschließlich **1992** war ein **Antrag** erforderlich, der aber an **keine Frist** gebunden war (s 2. Aufl Rz 6 ff).

– **Ab 1. 1. 1993** war ein solcher Antrag **fristgebunden** (s *v Groll* DStR 1994, 117 u 158; iÜ 3. u 4. Aufl Rz 6 ff u 21 ff). In beiden Fällen galten für den Antrag als **Prozesshandlung** die allgemeinen Regeln (Rz 14 ff Vor § 33). Dh er war der **Auslegung,** grundsätzlich aber **nicht** der **Umdeutung** fähig (Rz 16 aE Vor § 33; zum Unterschied: *Palandt/Heinrich* BGB § 140 Rz 4; *Zöller/Greger* Rz 25 Vor § 128; nicht beachtet in BFHE 203, 135 = BStBl II 2004, 616; m Anm *Pezzer* FR 2004, 30; s iÜ zum alten Recht: BFH DStRE 2002, 829; BFH/NV 2002, 672 u 1409; 2003, 803 u 895; 2004, 198, 645 u 971; BFHE 204, 166 = BFH/NV 2004, 567; BFH/NV 2005, 1062 u 1817; FG Mchn EFG 2003, 538; FG Saarl EFG 2004, 1060).

– **Nunmehr,** ab 1. 1. 2001 (zu den Einzelheiten: Rz 10), wird die erstrebte Wirkung unmittelbar **kraft Gesetzes** (Rz 80) erreicht. Diese Vereinfachung ist außerdem von folgenden weiteren Neuerungen begleitet:

– Erstreckung des sachlichen Geltungsbereichs auf die Zeit **ab Bekanntgabe der Einspruchsentscheidung;** nach altem Recht war Antragstellung *vor Klageerhebung* unzulässig (BFHE 148, 104 = BStBl II 1987, 435; BFH/NV 1991, 604, 605; 4. Aufl Rz 4);

– Klarstellung in S 2, dass, soweit die Auswechslung des Verfahrensgegenstands reicht, ein **Einspruch ausgeschlossen** ist (Rz 90; so auch schon zum bisherigen Recht, im Gegensatz zur BFH-Rspr, 4. Aufl Rz 25 ff);

– Ergänzung der Regelung durch die (bislang in § 77 III enthaltene) **Ordnungsvorschrift** des **§ 68 S 3** (Rz 100);

– Ergänzung bzw Klarstellung in **§ 68 S 4 Nrn 1 und 2,** wonach auch Berichtigungen gem § 129 AO und das Ersetzen eines unwirksamen VA zur Auswechslung des Verfahrensgegenstands nach § 68 S 1 führen (dazu Rz 80 ff; vgl zum bisherigen Rechtszustand 4. Aufl Rz 13 ff und 19).

III. Geltungsbereich

1. Zeitlicher Geltungsbereich

10   Gem Art 6 des 2. FGOÄndG gilt die Neuregelung grundsätzlich **ab 1. 1. 2001** (vgl hierzu: *Dißars* StB 2002, 4; *Pump* Inf 2002, 457; BFH/NV 2002, 1038; 2003, 448; 2004, 971). Für § 68, der an das Wirksamwerden

des neuen VA anknüpft (§ 124 Abs 1 iVm § 122 AO), bedeutet dies: Wurde der ändernde oder ersetzende **VA** vor dem 31. 12. 2000 **bekanntgegeben,** gilt altes Recht, bedarf es also fristgemäßer Antragstellung (dazu 4. Aufl Rz 6 u 22 mwN), geschieht dies nach diesem Zeitpunkt, ist neues Recht maßgeblich (ebenso *T/K/Seer* Rz 2; s auch BFHE 204, 35 = BStBl II 2004, 237; BFH/NV 2005, 1857) – mit der Folge, dass es kraft Gesetzes unmittelbar zur Auswechslung des Verfahrensgegenstands (Rz 1 f; 80 ff) kommt (so auch *Spindler* DB 2001, 61, 66; s iU auch Rz 9 u Rz 13 Vor § 1; 4. Aufl § 68 Rz 3 a). Soweit es in der Übergangszeit zu Unklarheiten über die prozessuale Lage kommt, kann dem mit § 56 bzw nach den Grundsätzen des fairen Verfahrens (dazu Rz 19 Vor § 33; § 64 Rz 7; § 65 Rz 8 u 12; Rz 7 u 10 Vor § 76; § 76 Rz 54; BFH HFR 2000, 363 = BFH/NV 2000, 439; BFH/NV 2002, 1591; vgl auch BFH/NV 2003, 895) begegnet werden.

2. Sachlicher Geltungsbereich

a) Unmittelbarer Anwendungsbereich

In dem durch den Gesetzestatbestand konkretisierten Rahmen greift **20** § 68 – nach altem wie nach neuem Recht – auch im **Revisionsverfahren** ein. Dass das Gesetz dies nicht mehr ausdrücklich erwähnt (wie in § 123 S 2 aF), ist unbeachtlich (s § 121 S 1, s auch *T/K/Seer* Rz 3 u die amtl Begründung in BT-Drucks zu § 123; zu den Einzelheiten: BFHE 106, 576 = BStBl II 1972, 958; BFHE 160, 395 = BStBl II 1990, 747; BFHE 186, 299 = BStBl II 1999, 28; BFHE 189, 537 = BStBl II 1999, 789; BFH/NV 1999, 1113; BFHE 203, 143 = BStBl II 2004, 10; BFHE 204, 35 = BStBl II 237; BFHE 204, 166 = BFH/NV 2004, 567; BFHE 205, 422 = BStBl II 2004, 715; BFH/NV 2003, 1065 u 1495; 2004, 656 u 1514; 2005, 1062 u 1327); § 123 I 1, wonach Klageänderungen im Revisionsverfahren ausgeschlossen sind, spricht nur scheinbar gegen diese Auslegung (aM *Leingang-Ludolph/Wiese,* aaO, S 779). Gesetzeszusammenhang, Systematik und Zielsetzung sprechen dafür:

– Die unverändert gebliebene Revisionsvorschrift des **§ 127** setzt, soweit er weiterhin auf § 68 verweist, in Übereinstimmung mit der amtlichen Begründung dessen Fortgeltung im Revisionsverfahren voraus (zu dem inzwischen beseitigten *Redaktionsversehen* s 5. Aufl Rz 20).

– Systematisch beschränkt sich die Rechtsfolgeanordnung in § 68 nF auf die **Auswechslung des Verfahrensgegenstands** (Rz 1). Das unterscheidet ihn von der in § 67 geregelten Klageänderung, auf die sich § 123 I 1 demzufolge allein bezieht.

– Vor allem aber gebietet es der **Gesetzeszweck** umfassender Rechtsschutzgewährung (Rz 1), § 68 auch weiterhin im Revisionsverfahren gelten zu lassen: Der Gedanke, den Rechtsuchenden von verfahrensrechtlichen Nachteilen zu bewahren (s auch Rz 44), die sich sonst aus einer Korrektur des streitbefangenen VA ergeben könnten (Rz 1) gilt verstärkt, wenn er mit seinem Rechtsschutzbegehren schließlich bis in die Revisionsinstanz gelangt ist.

Auch die Neuregelung des § 68 gilt **selbst dann, wenn allein** das **FA Revision eingelegt hat** (BFHE 155, 245 = BStBl II 1989, 370; BFH/

NV 2002, 672 u 1409, 1410; 2004, 1066, 1408 u 1643; 2005, 609). Die in diesem Verfahrensstadium auf das **Revisionsbegehren** zu beziehende **Anpassungspflicht** (Rz 1 f, 45, 48 ff) richtet sich nach der durch die Korrektur des VA geschaffenen neuen Prozesssituation (s iÜ Rz 40 ff; zur entsprechenden Anwendung im **NZB-Verfahren:** BFHE 204, 35 = BStBl II 2004, 237; BFH/NV 2005, 1832). Ob dann zum Abschluss des Revisionsverfahrens der BFH von der Möglichkeit der **Zurückverweisung** nach **§ 127** Gebrauch macht (s zB BFH/NV 2005, 2202; iÜ auch Rz 105), hängt davon ab, ob die Sache trotz der von der Vorinstanz noch nicht geprüften Neuregelung spruchreif ist, dh vor allem davon, ob die festgestellten Tatsachen (§ 118 II) eine eigenständige Revisionsentscheidung (§ 126 I, II oder III Nr 1) erlauben (BFHE 186, 299 = BStBl II 1999, 28; BFHE 189, 537 = BStBl II 1999, 789; BFH/NV 1999, 1113, 1114; 2000, 955; BFHE 203, 143 = BStBl II 2004, 10; BFHE 204, 35 = BStBl II 2004, 237; BFHE 205, 422 = BStBl II 2004, 715).

b) Entsprechende Anwendung

25 Entsprechend anwendbar ist § 68:
  – nach hM uneingeschränkt bei **Verpflichtungsklagen** (BFHE 165, 143 = BStBl II 1991, 854; BFH/NV 1996, 304; 2005, 1817); dem ist im Grundsatz beizupflichten, die Ausdehnung sollte allerdings – aus den gleichen Gründen wie bei der Sprungklage (§ 45 Rz 4) – **nicht** gegenüber Ermessensentscheidungen der Verwaltung gelten – wegen des hiermit verbundenen Verlusts der Möglichkeit erneuter **Ermessensprüfung** durch die Finanzbehörde, vor allem wegen des Verzichts auf die hierzu erforderliche aktualisierte Sachverhaltsprüfung (vgl auch BSG SozR 3–2500 § 116 SGB V Nr 12). Die darin liegenden Mängel werden durch den Automatismus der Neuregelung noch verstärkt (s iÜ § 102 Rz 13 ff; s auch § 40 Rz 25 ff; ebenso FG Hessen EFG 1993, 92. – AM für *Verspätungszuschläge:* BFHE 175, 3 = BStBl II 1994, 836; BFH/NV 1995, 304 f; unklar für *Haftungsbescheide:* BFH/NV 1993, 153 einerseits, BFH/NV 1994, 42 andererseits; s iÜ: BFHE 181, 107 = BStBl II 1997, 79; BFH/NV 1998, 1140, 1141; *Brune* BB 1996, 2174 = jeweils mwN; s auch Rz 61);
  – auf **Sprungklagen nicht,** weil § 45 insoweit eine Spezialregelung enthält (aM FG Mchn EFG 2004, 828);
  – auf **Nichtigkeitsfeststellungsklagen** (§ 41 I 2. Fall; dort Rz 22 ff), wegen der Gleichwertigkeit dieser Klagearten, die auch in der Möglichkeit der Anfechtung trotz Nichtigkeit (§ 41 Rz 22 mwN) ihren Ausdruck findet (so im Ergebnis auch: BFH/NV 1999, 1117, 1118);
  – in **Beschlusssachen,** vor allem im AdV-Verfahren (§ 69 Rz 137; BFHE 102, 429 = BStBl II 1971, 632; BFH/NV 1988, 312; 1989, 380; 1998, 1489, v 27. 4. 2000 I B 114/99 nv; FG Hbg EFG 1997, 593); desgleichen im **NZB-Verfahren** (BFH/NV 1989, 380; 1991, 834; 2000, 604; 2003, 1065; 2004, 1514; 2005, 566; BFHE 204, 166 = BFH/NV 2004, 567; BFH/NV 2005, 566, 567).

26 Im Wege der Rechtsanalogie zu § 68 u § 100 I 4 zu helfen war nach bisherigem Recht in dem Fall, dass das FA seine in der mündlichen Verhandlung vor dem FG zu Protokoll gegebene **Zusage,** den angefochtenen

Steuerbescheid entsprechend dem Klagebegehren zu ändern, nicht einhält
(Übergang zur Verpflichtungsklage: BFHE 151, 118 = BStBl II 1988, 121;
FG Saarl EFG 1991, 140). Nach neuem Recht fehlt die hierfür erforder-
liche Rechtsähnlichkeit.

c) Ausgrenzungen

Nicht von § 68 **erfasst** werden folgende Fallgestaltungen: **30**
– grundsätzlich (Ausnahme: Rz 66) die **Betragsberechnung** nach § 100
  II 2 (BFH/NV 1993, 126: 1009. 965, 967; zum früheren Meinungsstreit: 4. Aufl Rz 4 mwN), weil insoweit ein VA weder geändert noch
  ersetzt, überhaupt eine Regelung iSd § 118 AO nicht getroffen wird
  (s auch § 100 Rz 38 ff);
– ein während des Klageverfahrens erlassener **Ergänzungsbescheid** iSd
  § 179 III AO (BFH/NV 1989, 141);
– die „Ablösung" von **Vorauszahlungsbescheiden** durch die **Jahressteuerbescheide** (ebenso: *Wüllenkemper* DStZ 1998, 458; FG Saarl EFG
  2002, 853; vgl auch FG Nds EFG 2003, 555. – AM BFH in st Rspr,
  s zB BFHE 190, 67 = BStBl II 2000, 454; BFH/NV 1999, 1487; zur
  ESt: BFHE 154, 93 = BStBl II 1988, 942; BFH/NV 1988, 312; FG
  RhPf EFG 2005, 1084; für die *GewSt:* BFHE 147, 463 = BStBl II 1987,
  28; für die *USt:* BFHE 163, 408 = BStBl II 1991, 465; BFHE 174, 268
  = BStBl II 1994, 538; BFH/NV 1994, 246; 2003, 600; 2004, 502 m
  Anm *Birkenfeld* HFR 2004, 143 u *Martin* BFH-RR 2004, 112; BFH/
  NV 2004, 1287; 2005, 1725; vgl auch *Becker* DStZ 2004, 1238; *Jesse*
  DStZ 2005, 139, 141; unklar: BFH/NV 1995, 52), weil schon ein Fall
  des Änderns oder Ersetzens iS des § 68 S 1 nicht vorliegt, der erstere
  wird durch letzteren weder aufgehoben noch ersetzt; er **erledigt sich**
  vielmehr **durch Zeitablauf oder auf andere Weise** (§ 124 Abs 2
  AO; BFHE 172, 9 = BStBl II 1994, 38; BFHE 178, 11 = BStBl II 1995,
  730); außerdem fehlt der notwendige sachliche Zusammenhang (s auch
  Rz 75; ebenso ganz allgemein: BFH/NV 1992, 94 u 716; für das Verhältnis *Steuerfestsetzung/Abrechnungsbescheid:* BFH/NV 1990, 619, 620;
  s auch Rz 35 Vor § 40; § 40 Rz 80; § 100 Rz 58).
Die tatbestandsmäßige Ausgrenzung, die in der bis einschließlich 2000   **31**
geltenden Gesetzesfassung (§ 68 S 1 aF) darin lag, dass die Korrektur „nach
Klageerhebung" vorgenommen worden sein musste (4. Aufl Rz 4), ist entfallen (dazu näher Rz 5).

IV. Voraussetzungen

1. Zulässigkeitsvoraussetzungen

Die **gegen den ursprünglichen VA** gerichtete (bzw nach Bekannt-   **40**
gabe der Einspruchsentscheidung zu richtende – Rz 5, 31) Klage muss
zulässig (gewesen) sein, dh **alle Sachentscheidungsvoraussetzungen**
(Rz 1 ff Vor § 33) erfüllen (erfüllt haben). **Dasselbe gilt hinsichtlich des
neuen Klagebegehrens** (Rz 45 ff). Für das bisherige Recht ergab sich
dies im wesentlichen allein aus der Tatsache, dass § 68 als lex specialis zu
§ 67 anzusehen war (4. Aufl Rz 5 u 9 f). Für das neue Recht folgt dies daraus, dass durch die kraft Gesetzes ausgelöste Auswechslung des Verfahrens-

gegenstands (Rz 80 ff) einerseits und die – im Regelfall – nachfolgende Anpassung des Klagebegehrens (Rz 45, 48, 77 ff) andererseits i Erg dasselbe erreicht werden soll wie nach bisherigem Recht: Dem Rechtsuchenden soll ein **erneutes außergerichtliches Vorverfahren erspart** werden (§ 44 I) – nicht mehr und nicht weniger. Er soll durch die von der beklagten Finanzbehörde veranlasste Korrektur verfahrensrechtlich nicht schlechter gestellt werden als zuvor, aber auch nicht besser: Dh eine zuvor unzulässige Klage kann durch Auswechslung des Verfahrensgegenstands nicht geheilt werden (Rz 1 f; 45 ff; ebenso *T/K/Seer* Rz 16; BFHE 191, 491 = BStBl II 2000, 490; BFH/NV 2003, 1065, 1066; FG Hbg EFG 1997, 1404; FG Bln 2003, 53; zum früheren Recht: FG M'ster EFG 2002, 1243; vgl auch BVerwGE 105, 288 = NVwZ 1998, 1292. – AM *Jesse* DStZ 2005, 139, 142 ff; für § 365 III AO: FG Nds EFG 1999, 1210). Darum scheitert die Anwendung des § 68 zB von vornherein, wenn es sich bei der ursprünglichen Klage um eine **Teilanfechtung** handelt (§ 47 Rz 3) und die Korrektur den nicht angefochtenen (bestandskräftigen) Teil des VA betrifft (BFH/NV 2003, 927; ebenso zu § 96 SGG: BSG SozR 3-1500 § 96 Nr 9).

45   **Beurteilungszeitpunkt** für das Vorliegen der Zulässigkeitsvoraussetzungen ist und bleibt grundsätzlich derjenige der letzten mündlichen Verhandlung (zu den Einzelheiten: Rz 10 ff Vor § 33). Bezogen auf § 68 heißt dies auch: Eine zunächst zulässige Klage kann infolge der Auswechslung des Verfahrensgegenstands unzulässig werden, zB wenn das Rechtsschutzinteresse entfällt, weil dem **Rechtsschutzbegehren** dadurch in vollem Umfang **entsprochen** wird, dass der angefochtene VA auf das Rechtsschutzbegehren hin geändert oder aufgehoben wird, so dass diesem **kein schützenswertes Interesse mehr** zur Seite steht (s auch Rz 50; zum alten Recht: BFH/NV 1997, 234 und 430; 2000, 564; 2005, 1575; für den Fall des Eintritts der Bestandskraft: BFH/NV 2005, 1846; s iÜ 4. Aufl Rz 5 ff u 9 f mwN). Andererseits kann der neue VA eine **neue, andersgeartete Beschwer** bedeuten, die es nach den allgemeinen Regeln (§ 40 II) nunmehr **geltend zu machen** gilt (Rz 1, 85; s zur insoweit unveränderten Rechtslage bis einschließlich 2000: BFHE 191, 1 = BStBl II 2000, 300, speziell zur Klagebefugnis iSd *§ 48;* s iÜ zum alten Recht: BFHE 148, 422 = BStBl II 1987, 303, 304; BFH/NV 1990, 635 f; 1991, 37 f u 604; 1993, 552 f; für die *Revisionsinstanz:* BFHE 121, 305 = BStBl II 1977, 352; BFHE 161, 307 = BStBl II 1991, 462; s iÜ auch DStRE 2002, 829, 830; BFH/NV 2003, 895; BFHE 203, 135 = BStBl II 2004, 616; BFH/NV 2004, 645 u 971; FG Mchn EFG 2003, 538; s auch BFHE 204, 166 = BFH/NV 2004, 567; s iÜ Rz 5).

46   Indem der Gesetzgeber bei der Neufassung des § 68 auf jegliche Sonderregelung für die Beurteilung der Klage vor und nach Auswechslung des Verfahrensgegenstands verzichtet hat (Rz 1 f), verweist er den Rechtsanwender auf die allgemeinen Vorschriften und Grundsätze des Prozessrechts. Dies bedeutet zB, dass vorher wie nachher ein **wirksames** (eindeutiges, unbedingtes) **Klagebegehren** (Rz 2, 45) vorliegen muss (§ 40 Rz 3 ff). Eine unwirksame bzw unzulässige Klage schließt eine Sachprüfung und Sachentscheidung in jedem Fall aus. Die Anwendung des § 68 lässt einen solchen Befund unberührt (s auch BFH/NV 1993, 552 f; FG Hbg EFG 1995, 465).

Es bedarf in Fällen des § 68 also nach wie vor einer **doppelten Zuläs-** **48** **sigkeitsprüfung:** Damit es zu einer wirksamen Auswechslung des Verfahrensgegenstands kommen kann, muss das ursprüngliche Klagebegehren zulässig sein (Rz 40 ff), damit die Klage nach Auswechslung des Verfahrensgegenstands (Rz 2, 80 ff) zu einer Sachprüfung und Sachentscheidung führen kann, muss sie weiterhin alle Sachentscheidungsvoraussetzungen (Rz 1 ff Vor § 33) erfüllen (Rz 40, 45), und zwar zum **Zeitpunkt der Entscheidung** (§ 100 Rz 10). Dies setzt im Fall des § 68 idR (Ausnahme: Rz 50) voraus, dass das **Klagebegehren** (oder das sonstige von der Auswechslung des Verfahrensgegenstands betroffene Rechtsschutzbegehren – Rz 20, 25) dem veränderten Verhältnissen **angepasst** wird. Dies ist nach den auch im Anwendungsbereich des § 68 maßgeblichen Grundsätzen der **Dispositionsmaxime** (§ 40 Rz 7, Rz 3 Vor § 76; BFHE 191, 1 = BStBl II 2000, 300, unter II. a) allein Sache des Rechtsuchenden: Er muss das **Klageziel,** bezogen auf den neuen Verfahrensgegenstand, **neu bestimmen** (§ 96 Abs 1 S 2); nur hinsichtlich der *Antragsfassung* kann er gerichtliche Hilfe in Anspruch nehmen (§ 96 I 2, § 76 II; näher dazu § 96 Rz 2 ff mwN). Bleibt die nach Auswechslung des Verfahrensgegenstands (Rz 1 f u 60 ff) erforderliche **Prozesshandlung** (Rz 14 ff vor § 33) aus, liegt regelmäßig ein Fall notwendiger **Klageergänzung iS des § 65 I 1 und II 2** vor (so schon zum bisherigen Recht: 4. Aufl Rz 23; s iÜ näher dazu: § 65 Rz 60 ff). **Ausnahmsweise allein durch Auslegung** (Rz 14 ff Vor § 33) lösen ist nur der Fall, dass der neue VA (und Verfahrensgegenstand – Rz 60 ff) den **Streitstoff** inhaltlich **unberührt** lässt (vgl BFHE 201, 269 = BStBl II 2004, 43 m Anm *Stögbaur* HFR 2003, 680; s auch Rz 66). In allen anderen Fällen bedarf es einer aktuellen, *inhaltlich* auf den neuen Verfahrensgegenstand hin ausgerichteten Prozesserklärung.

Hierbei sind folgende **Varianten** denkbar: **50**
– dem ursprünglichen Rechtsschutzbegehren wird **uneingeschränkt entsprochen.** Die einzig „passende" Antwort des Rechtsuchenden hierauf ist die **Erledigungserklärung** (§ 138). Ein weiteres Festhalten am ursprünglichen Begehren macht dieses *unzulässig,* weil mit der Korrektur des angefochtenen VA das Rechtsschutzinteresse entfallen ist (Rz 45; zum alten Recht: BFHE 162, 215 = BStBl II 1991, 102; BFH/NV 1997, 430, 431).
– Wird dem ursprünglichen Begehren **nur teilweise** entsprochen, so muss der Kläger sein **Klageziel neu bestimmen – ebenso** in dem Fall, dass der den angefochtenen VA korrigierende VA eine **neue** (erstmalige) **Beschwer** enthält. § 68 gibt dem Gericht keine Legitimation, abweichend von **§ 96 I 2** (dazu dort Rz 2 ff), die Entscheidung über das „Ob" und das „Wie" des Verfahrensfortgangs zu substituieren (aM, ohne überzeugende Begründung: *T/K/Seer* Rz 5).

Weitere formelle **Schranken** für eine Fortsetzung des Verfahrens können- **55** nen sich zB aus **§ 351 I und II AO iVm § 42** ergeben (ebenso FG BaWü EFG 1998, 713; *T/K/Seer* Rz 9; s iÜ § 42 Rz 7 ff und 29 ff mwN): Das neue Klagebegehren darf nicht weiterreichen als die Änderung und es muss (ausschließlich) dem für die Rechtsbeeinträchtigung maßgeblichen VA gelten. Letzteres heißt zB für den häufigen Fall, dass der streitbefangene Steuerbescheid im Wege einer reinen **Folgeänderung nach § 175 I 1 Nr 1 AO** korrigiert und insoweit nach § 68 nF (zum bisherigen Recht:

4. Aufl Rz 12, 17 und 20) zum Verfahrensgegenstand wird, dass sich (weil der Grundlagenbescheid im anhängigen Verfahren nicht angegriffen werden darf) die **Anpassungsbefugnis der Sache nach auf das bisherige Begehren beschränkt,** sich nur dessen quantitative Auswirkung auf die erstrebte Steuerfestsetzung (und demgemäss auch die „Saldierungsmasse") verändert (näher dazu: BFHE 208, 194 = BFH/NV 2005, 609; zum bisherigen Recht: BFHE 167, 1 = BStBl II 1992, 504; BFHE 168, 213 = BStBl II 1992, 1040; s aber BFH/NV 1995, 613, 614).

56 Besonders wegen der unerlässlichen Neubestimmung des Klageziels (Rz 45) erweist es sich als in sich widersprüchlich, wenn in diesem Zusammenhang zur Parallelvorschrift des § 96 SGG einerseits gesagt wird, es handle sich um einen Fall gesetzlicher Klageänderung (BSGE 11, 146; 18, 234; 77, 279; *Pawlak* in Hennig SGG, § 96 Rz 84 ff; *Meyer-Ladewig,* SGG, 6. Aufl, 1998 § 96 Rz 11) und andererseits betont wird, es gelte auch dem neuen Verfahrensgegenstand gegenüber die Dispositionsbefugnis (BSGE 47, 171; *Meyer-Ladewig* aaO Rz 11 a; *Pawlak* aaO Rz 95 mwN; s iÜ auch Rz 2, 48, 81, 85 und 87).

2. Sachliche Voraussetzungen

a) Ändern, Ersetzen

60 Wann der angefochtene VA „geändert" oder „ersetzt" wird, ist auch in § 68 nF nicht erläutert. Dem vorrangigen Gesetzeszweck der Rechtsschutzgewährung entspricht es, diese Tatbestandsmerkmale – wie bisher – möglichst **weit auszulegen** (so im wesentlichen auch BFHE 111, 13 = BStBl II 1974, 113; BFHE 163, 408 = BStBl II 1991, 465; BFHE 164, 11 = BStBl II 1991, 527; BFH/NV 1993, 279, 281; 1995, 520; 1997, 41; *T/K/Seer* Rz 11; 4. Aufl Rz 13 f; s auch Rz 70).

61 Nach wie vor in jedem Fall erfasst werden die Fälle, in denen sich der Regelungsgehalt des angefochtenen VA **inhaltlich verändert.** Ändern bedeutet partielle inhaltliche Umgestaltung, unter Wahrung der Identität der Einzelfallregelung (vgl auch BFH BStBl II 2001, 471; *H/H/Sp/v Groll* Rz 113 Vor § 172 AO; § 175 AO Rz 172; *Kruse,* Lehrbuch, § 15 II 3; *T/K/Seer* Rz 8). Nach st Rspr des BFH dagegen nimmt der Änderungsbescheid den ursprünglichen Bescheid in seinen Regelungsinhalt mit auf, suspendiert ihn insoweit für die Dauer seiner Existenz; der ursprüngliche Bescheid tritt jedoch wieder in Kraft, wenn der Änderungsbescheid aufgehoben wird (BFH GrS E 108, 1 = BStBl II 1973, 231; BFHE 168, 213 = BStBl II 1992, 1040; BFH/NV 1995, 982, 983; 1999, 1121; 2002, 1045 u 1409, 1410; 2005, 136 = BStBl II 2005, 99). Auf diesen Meinungsunterschied kommt es – im Anwendungsbereich des § 68 jedenfalls – nicht mehr an, nachdem es zu der vom BFH infolge dieses Gesetzesverständnisses begründeten doppelten Rechtshängigkeit nicht mehr kommen kann (Rz 90) und die für die Teilrücknahme von Haftungsbescheiden nach der BFH-Rspr (BFHE 181, 107 = BStBl II 1997, 79; BFH/NV 1998, 1140, 1141; s iÜ Rz 25) entwickelte Sonderregelung, derzufolge es in solchen Fällen (mangels „Änderung" und im Hinblick auf die Fortgeltung des Bescheids in Höhe des verbleibenden Haftungsbetrages), eines Antrags nach § 68 aF nicht bedurfte, durch die Neuregelung dieser Vorschrift überflüssig geworden ist.

Unabhängig davon war schon nach der bisherigen Rechtslage klar, dass § 68 **auch** eingreift, **wenn** eine **Nebenbestimmung** (§ 120 AO) zum VA **hinzugefügt, aufgehoben,** oder **geändert** wird (s auch § 40 Rz 85; § 100 Rz 21; BFHE 176, 435 = BStBl II 1995, 415; BFH/NV 1993, 711; 1995, 520; zu § 164 II AO: FG Bremen EFG 1998, 891; zu § 164 III 1 AO: FG BaWü EFG 2000, 31; zu § 165 II 2 AO: BFHE 189, 537 = BStBl II 1999, 789). Hieran hat sich nichts geändert (vgl auch BSG E 81, 213).

Darüber hinaus aber werden in Hinblick auf die **Rechtsschutzfunk** **66** **tion** auch Korrekturfälle erfasst, die den Regelungsgehalt des angefochtenen VA unberührt lassen (BFH/NV 1988, 82, 1999, 1117 f), dh vor allem **auch wiederholende Verfügungen** (BFH/NV 2000, 586; FG BaWü EFG 2000, 31; FG Bdbg EFG 2001, 154 s iÜ zum Begriff: Rz 33 Vor § 40), oder **auch solche, die nur** den **Rechtsschein** einer Korrektur **aus** **lösen** (BFH/NV 1999, 1117, 1118 mwN; s auch § 42 Rz 17; ferner § 40 Rz 67; § 110 Rz 23). In einem solchen Fall ist **ausnahmsweise keine** **Anpassung** des Klagebegehrens erforderlich (Rz 50; iE ebenso: BFHE 201, 86 = BStBl II 2003, 350). Eine ganz andere Frage ist es, inwieweit eine solche Klage *begründet* ist. Die in § 100 II 2 vorgesehene Betragsberechnung (§ 100 Rz 38 ff) fällt nur ausnahmsweise unter § 68, wenn nämlich ein Fall der Regelungsanmaßung vorliegt (§ 100 Rz 41; vgl BFH/NV 1993, 126; s iÜ Rz 30).

b) Erweiterung bzw Klarstellung (S 4 Nrn 1 und 2)

Dass § 68 möglichst weit gefasst verstanden werden soll (Rz 60), wird **70** bestätigt durch § 68 S 4 nF mit der ausdrücklichen Erweiterung auf **Be** **richtigungen nach § 129 AO (Nr 1;** zur früheren Problematik: 4. Aufl Rz 19) und der ausdrücklichen Klarstellung in **Nr 2,** dass ein VA **an die** **Stelle eines** angefochtenen **unwirksamen VA,** dh auch eines nichtigen VA (§ 124 III iVm § 125 AO) tritt. Beides liegt ganz im Rahmen der gesetzgeberischen Zielsetzung (Rz 1, 40): Ob etwa der neue VA zur Beseitigung einer offenbaren Unrichtigkeit oder aber eines Rechtsfehlers erlassen wurde, ist mit der für das Verfahrensrecht erforderlichen Eindeutigkeit häufig ebenso wenig verlässlich zu beantworten wie die Frage, ob der Rechtsmangel, der dem rechtsbeeinträchtigenden VA anhaftet, nur Anfechtbarkeit oder aber Nichtigkeit nach sich zieht (s auch § 41 Rz 22; § 96 Rz 4). – Die Neuregelung bewirkt nunmehr unmissverständlich auch in diesen Fällen „automatische" **Verfahrensfortsetzung** gegenüber dem neuen VA, ohne besondere Zulässigkeitshürden. Inwieweit die Berichtigung bzw Ersetzung tatsächlich als rechtswidrig anzusehen sind und zu einer Rechtsbeeinträchtigung beim Rechtsuchenden geführt haben, entscheidet sich – wie sonst auch im Anwendungsbereich § 68 – nach entsprechender Anpassung des Klagebegehrens (Rz 2, 40 ff, 85, 87) im Rahmen der Begründetheitsprüfung.

c) Verhältnis angefochtener/neuer VA

Geändert oder ersetzt wird der angefochtene VA durch einen neuen VA **75** nur, wenn zwischen beiden Einzelfallregelungen eine **sachliche Bezie** **hung** besteht (BFH/NV 1993, 279; HFR 2001, 785). Der neue VA muss zwar, was die Anwendung des § 68 angeht (zur Bedeutung für die Rechtmäßigkeitsprüfung: Rz 85, 87), keine inhaltliche Änderung bewirken (Rz 64, 66), er muss aber **dieselbe Steuersache** betreffen (BFHE 164, 11 = BStBl II 1991, 527; BFH/NV 1991, 604, 605; 1999, 1117, 1118; vgl auch BFH/NV 1994, 244; unscharf: BFH/NV 1993, 279, 281; sehr anschaulich FG Mchn EFG 2004, 956). Dh die **Regelungsbereiche** der beiden VAe (Rz 36 ff Vor § 40; § 40 Rz 71 ff) müssen (zumindest teilweise) **identisch** sein, damit es zu einem Austausch des Verfahrensgegenstands nach § 68 (mit den in Rz 80 ff genannten Rechtsfolgen) kommen kann (BFHE 209, 571 = BFH/NV 2005, 1939; vgl auch BSG SozR 3–5425 § 25 Nr 11 KSVG). Es muss sich um **dieselben Beteiligten** und **denselben Besteuerungsgegenstand** handeln (BFH/NV 1999, 1117, 1118). Ein solcher **Regelungszusammenhang** besteht zB nicht zwischen *Steuerfestsetzung* und der *Festsetzung* von *Säumniszuschlägen* (BFH/NV 1999, 1058). Bei zusammengefassten Bescheiden (§ 155 III AO) kommen nur die Einzelfallregelungen für eine Auswechslung des Verfahrensgegenstands in Betracht, die zumindest äußerlich von der Änderung oder Ersetzung betroffen sind (s auch *Pawlak* in Hennig, SGG, § 96 Rz 208 mwN). An dieser Voraussetzung fehlt es im Verhältnis *Steuerbescheid/Zinsbescheid* (BFHE 179, 236 = BStBl II 1996, 260; desgleichen im Verhältnis *Steuerfestsetzung/Abrechnungsbescheid* (BFH/NV 1990, 619, 620) oder im Verhältnis *Steuerfestsetzung/Billigkeitsentscheidung*, auch wenn beide VAe äußerlich wie zB im Fall des § 163 AO verbunden sind. Nichts anderes gilt, wenn **Vorauszahlungsbescheide** durch **Jahressteuerbescheide** „abgelöst" werden (s auch Rz 30; ebenso *T/K/Seer* Rz 13; *Wüllenkemper* DStZ 1998, 458, 473. – AM BFH in st Rspr, zuletzt: BFHE 190, 67 = BStBl II 2000, 454; BFHE 190, 67 = BStBl II 2000, 454; *Stöcker* in Beermann Rz 12). Der Wortlaut der Neufassung ist insoweit deutlicher, weil er statt – wie bisher – vom „anderen" VA, vom **„neuen" VA** spricht.

76   Geändert oder ersetzt ist der angefochtene VA erst, wenn der neue VA **bekanntgegeben** und damit wirksam geworden ist (§§ 122, 124 AO; ebenso *Pawlak* in Hennig § 96 Rz 31 mwN). Dieser Vorgang muss außerdem zeitlich nach Bekanntgabe der Einspruchsentscheidung (zum früheren VA) liegen (Rz 5).

V. Rechtsfolgen

1. „Automatische" Auswechslung des Verfahrensgegenstands

80   Die wichtigste Vereinfachung der Neuregelung liegt darin, dass die Änderung oder Ersetzung des angefochtenen VA unmittelbar **kraft Gesetzes,** bewirkt, dass nunmehr der neue anstelle des bisher angefochtenen VA zum Verfahrensgegenstand wird. Eine Prozesshandlung ist *insoweit* zunächst (Rz 85) nicht mehr erforderlich. Es entfallen damit künftig alle mit der rechtzeitigen Antragstellung (§ 68 S 2 aF, s zB BFHE 189, 319 = BStBl 1999, 662; FG/Nds EFG 2000, 818) verbundenen Probleme (4. Aufl Rz 22; außerdem BFH/NV 2000, 499; BFH/NV 2000, 602 u 785), auch solche der Auslegung (s zB BFHE 187, 503 = BStBl II 1999, 227; BFH/ NV 1999, 1113, 1114). Für den Fall allerdings, dass der **neue VA** (Rz 75) infolge Zuständigkeitswechsels **von einem anderen FA** erlassen ist, ist der dadurch ausgelöste Beklagtenwechsel zu beachten; falls sich hierdurch außerdem die **örtliche Zuständigkeit** ändert (§ 38 FGO), greift § 70 iVm § 17 I 1 GVG ein (BFHE 207, 511 = BStBl II 2005, 101).

Ergehen innerhalb ein und desselben Verfahrens nach einander **mehrere** **81** **Änderungsbescheide** wird schließlich jeweils der letzte zum Verfahrensgegenstand (BFH/NV 2000, 680).

Nach wie vor **unerlässlich** zur Beantwortung der Frage, ob, inwieweit **85** u auf welche Weise das Verfahren seinen Fortgang nimmt, ist die **Anpassung** des Klagebegehrens (Rz 2, 45, 48). Hierdurch erst (Rz 2) ändern sich der **Streitgegenstand** (§ 65 Rz 35 ff) u dann entsprechend auch der **Entscheidungsgegenstand** (§ 96 I 2; § 100 Rz 10 ff; § 110 Rz 13 ff). Das zeigt sich vor allem darin, dass es bei der Prüfung der Rechtsbeeinträchtigung (§ 40 II; § 100 I 1) nunmehr – immer in den Grenzen des Klagebegehrens (§ 96 I 2) – vorrangig um die **Befugnis** der beklagten Behörde geht, den **korrigierenden VA zu erlassen** und erst dann, wenn diese formelle Rechtmäßigkeitsprüfung zu einem positiven Ergebnis geführt hat, um die **inhaltliche Richtigkeit** des ändernden bzw ersetzenden (neuen) VA.

Bedeutsam wird diese Unterscheidung in formelle/materielle Rechtmä- **87** ßigkeitsprüfung vor allem auch, wenn das FA mit der Änderung oder Ersetzung gegen das **„Verböserungsverbot"** (§ 65 Rz 54; § 96 Rz 5; § 100 Rz 29) verstoßen hat. Dieses Verbot, das richtigerweise aus der Rechtsschutzfunktion des finanzgerichtlichen Verfahrens abzuleiten ist (§ 96 Rz 5), gilt zwar prinzipiell – anders als gem § 365 III AO im Einspruchsverfahren (wegen § 367 II 1 und 2 AO) – auch im Anwendungsbereich des § 68, allerdings mit einer aus der Zwecksetzung dieser Regelung (Rz 17) folgenden **Modifikation:** Grundsätzlich ergibt sich der **Maßstab** für die Beurteilung der Schlechterstellung **aus dem neuen VA** (Rz 60 ff) einerseits **und** dem **neuen Klagebegehren** (Rz 4 u 48 ff) andererseits; alleiniger Garant für die mit Beginn des Prozesses erlangte Minimalstellung des Rechtsuchenden ist die gesetzliche **Legitimation der Korrektur.** Dies zeigt sich, wenn in einem Fall der zunächst, formell, gem § 68 zu akzeptierenden Schlechterstellung (Rz 1) – etwa bei einer Änderung nach § 173 I Nr 1 AO – der erste Teil der Rechtmäßigkeitsprüfung ergibt, dass die Korrekturvoraussetzungen nicht gegeben sind und der Klage allein aus diesem Grund, ungeachtet der inhaltlichen Richtigkeit des neuen VA, stattgegeben werden muss. **Nichtbeachtung** oder fehlerhafte Anwendung des § 68 ist ein **Verfahrensfehler** (BFH/NV 2006, 99).

2. Keine doppelte Rechtshängigkeit mehr – Klarstellung S 2

Ein weiterer Beitrag zur Verfahrensvereinfachung und zu mehr Rechts- **90** klarheit liegt darin, dass es nunmehr zu dem leidigen **Nebeneinander von Einspruchs- und Klageverfahren nicht mehr** kommen kann (s zum alten Recht: BFHE 191, 1 = BStBl II 2000, 300; BFH/NV 1999, 1611; 2000, 586, 983 u 1235; FG Nds EFG 2000, 1402 und 2001, 153; zur Kritik: 4. Aufl Rz 25 ff mwN). Der Annahme eines „Wahlrechts" zwischen Klage- und Einspruchsverfahren und einer **Verfahrensaussetzung** nach § 74 bedarf es nun **nicht** mehr (s zB zum alten Recht: BFHE 191, 1 = BStBl 2000, 300; BFH/NV 2000, 983). Die Möglichkeit, den neuen VA (auch) mit dem Einspruch anzufechten, ist nach dem neu (auf Vorschlag des Rechtsausschusses des Deutschen Bundestages, BT-Drucks 14/4549,

S 7, 25) eingefügten S 2 im Umfang der Auswechslung des Verfahrensgegenstands nach S 1 („insoweit") ausdrücklich ausgeschlossen.

3. Entscheidung über den „falschen" VA

a) S 3 reine Ordnungsvorschrift

100   Der verstärkten Gefahr, dass die durch die „automatische" Auswechslung des Verfahrensgegenstands geschaffene veränderte Prozesslage dem Gericht unbekannt bleibt, soll durch § 68 S 3 begegnet werden, der (wie bisher der nunmehr gestrichene § 77 III aF) die beklagte **Finanzbehörde** dazu **verpflichtet,** dem zuständigen Spruchkörper eine Abschrift des **neuen VA zu übermitteln.** An die Verletzung dieser prozessualen Pflicht (die nach entsprechender Änderung des § 68 S 3 durch das JKombG auch auf elektronischem Wege erfüllt werden kann) sind indessen **keine Sanktionen** geknüpft (s auch BFH/NV 2005, 1817, 1819). Es handelt sich um eine reine Ordnungsvorschrift. Für die **Praxis** kann nur empfohlen werden, dass in solchen Fällen stets der Kläger bzw sein Prozessbevollmächtigter das Gericht von sich aus durch Übersendung einer Kopie informiert. Auch dadurch allerdings kann **nicht mit** letzter **Sicherheit verhindert werden, dass** das **FG** (bzw der BFH – Rz 20, 25) **über den ursprünglichen VA entscheidet,** obwohl dieser kraft Gesetzes nicht mehr Verfahrensgegenstand ist. Die Lösung in einem solchen Fall erfordert eine genauere Beurteilung der prozessualen Gegebenheiten (dazu mit im wesentlichen gleichen Ergebnissen *Leingang-Ludolph/Wiese,* aaO, S 777 f).

b) Prozesssituation

105   Die **Rechtskraftwirkung** eines den **ursprünglichen VA** betreffenden Urteils **kann nur** diesen (den **ursprünglichen VA) erfassen,** weil nur dieser Entscheidungsgegenstand war (§ 110 Rz 13, 17). Dieser Ausspruch würde also einer (neuerlichen) Änderung nicht entgegenstehen (§ 110 II; dazu: § 110 Rz 19 ff). Der eigentliche **„Defekt" eines solchen Urteilsspruchs** aber liegt **darin, dass er** einen (so) **nicht mehr existenten VA betrifft,** der für eine Rechtsbeeinträchtigung iS der §§ 40 II, 100 I 1 nicht (mehr) in Betracht kommt. Allein darin liegt ein Rechtsverstoß (vgl insoweit BFHE 163, 218 = BStBl II 1991, 556; BFHE 164, 448 = BStBl II 1991, 620; BFHE 189, 537 = BStBl II 1999, 789 – für das entsprechende Problem in Fällen des § 123 S 2 aF, in denen eine Aufhebung des vorinstanzlichen Urteils nach § 127 – Rz 20 – allein deshalb als notwendig erachtet wurde, weil die Vorentscheidung einen nicht mehr existierenden Bescheid betraf).

106   Zur **Beseitigung dieses Mangels** (s dazu auch *Spindler* DB 2001, 61, 65; *Meyer-Ladewig* § 96 Rz 12 mwN) scheidet *§ 107* schon allein deshalb aus, weil die Möglichkeit eines nicht rein „mechanischen" Fehlers *nicht* ausgeschlossen werden kann (§ 107 Rz 4). Ausnahmsweise durch formlose Berichtigung im Beschwerdeverfahren geschaffen werden kann in solchen Fällen, wenn der (versehentlich nicht beachtete) neue VA keinen neuen Streitpunkt enthält (BFHE 203, 174 = BStBl II 2003, 944; s auch Rz 50 u 66). Mit § 108 kann nicht geholfen werden, weil es mit einer Berichtigung des Tatbestands allein nicht getan ist. In Betracht kommt dagegen ein **An-**

trag zur nachträglichen Urteilsergänzung **gem § 109** (vgl auch BFH/NV 1999, 644; *Spindler* aaO; *Meyer-Ladewig* aaO), der allerdings gem § 109 II nur binnen zwei Wochen nach Zustellung des Urteils gestellt werden kann und seinerseits einen im Urteil übergangenen Antrag voraussetzt (§ 109 Rz 2); es kommt also allenfalls analoge Anwendung des § 109 in Betracht. In jedem Fall aber handelt es sich um einen **Verfahrensfehler**, der im Wege der **Nichtzulassungsbeschwerde** (§ 115 Abs 2 Nr 3, § 116 nF) geltend gemacht werden kann. Außerdem kann der Umstand, dass die Finanzbehörde die ihr in § 68 S 3 auferlegte prozessuale Pflicht verletzt hat, bei der **Kostenentscheidung** berücksichtigt werden (§ 137).

§ 69 [Aussetzung der Vollziehung]

(1) [1]Durch Erhebung der Klage wird die Vollziehung des ange-fochtenen Verwaltungsakts vorbehaltlich des Absatzes 5 nicht ge-hemmt, insbesondere die Erhebung einer Abgabe nicht aufgehalten. [2]Entsprechendes gilt bei Anfechtung von Grundlagenbescheiden für die darauf beruhenden Folgebescheide.

(2) [1]Die zuständige Finanzbehörde kann die Vollziehung ganz oder teilweise aussetzen. [2]Auf Antrag soll die Aussetzung erfolgen, wenn ernstliche Zweifel an der Rechtmäßigkeit des angefochtenen Verwal-tungsakts bestehen oder wenn die Vollziehung für den Betroffenen eine unbillige, nicht durch überwiegende öffentliche Interessen gebotene Härte zur Folge hätte. [3]Die Aussetzung kann von einer Sicherheitsleis-tung abhängig gemacht werden. [4]Soweit die Vollziehung eines Grund-lagenbescheides ausgesetzt wird, ist auch die Vollziehung eines Fol-gebescheides auszusetzen. [5]Der Erlass eines Folgebescheides bleibt zulässig. [6]Über eine Sicherheitsleistung ist bei der Aussetzung eines Folgebescheides zu entscheiden, es sei denn, dass bei der Aussetzung der Vollziehung des Grundlagenbescheides die Sicherheitsleistung aus-drücklich ausgeschlossen worden ist. [7]Ist der Verwaltungsakt schon vollzogen, tritt an die Stelle der Aussetzung der Vollziehung die Auf-hebung der Vollziehung. [8]Bei Steuerbescheiden sind die Aussetzung und die Aufhebung der Vollziehung auf die festgesetzte Steuer, vermindert um die anzurechnenden Steuerabzugsbeträge, um die anzurechnende Körperschaftsteuer und um die festgesetzten Vorauszahlungen, be-schränkt; dies gilt nicht, wenn die Aussetzung oder Aufhebung der Vollziehung zur Abwendung wesentlicher Nachteile nötig erscheint.

(3) [1]Auf Antrag kann das Gericht der Hauptsache die Vollziehung ganz oder teilweise aussetzen; Absatz 2 Satz 2 bis 6 und § 100 Abs. 2 Satz 2 gelten sinngemäß. [2]Der Antrag kann schon vor Erhebung der Klage gestellt werden. [3]Ist der Verwaltungsakt im Zeitpunkt der Ent-scheidung schon vollzogen, kann das Gericht ganz oder teilweise die Aufhebung der Vollziehung, auch gegen Sicherheit, anordnen. [4]Ab-satz 2 Satz 8 gilt entsprechend. [5]In dringenden Fällen kann der Vor-sitzende entscheiden.

(4) [1]Der Antrag nach Absatz 3 ist nur zulässig, wenn die Behörde einen Antrag auf Aussetzung der Vollziehung ganz oder zum Teil ab-gelehnt hat. [2]Das gilt nicht, wenn

1. die Finanzbehörde über den Antrag ohne Mitteilung eines zureichenden Grundes in angemessener Frist sachlich nicht entschieden hat oder
2. eine Vollstreckung droht.

(5) [1]Durch Erhebung der Klage gegen die Untersagung des Gewerbebetriebes oder der Berufsausübung wird die Vollziehung des angefochtenen Verwaltungsakts gehemmt. [2]Die Behörde, die den Verwaltungsakt erlassen hat, kann die hemmende Wirkung durch besondere Anordnung ganz oder zum Teil beseitigen, wenn sie es im öffentlichen Interesse für geboten hält; sie hat das öffentliche Interesse schriftlich zu begründen. [3]Auf Antrag kann das Gericht der Hauptsache die hemmende Wirkung wiederherstellen, wenn ernstliche Zweifel an der Rechtmäßigkeit des Verwaltungsakts bestehen. [4]In dringenden Fällen kann der Vorsitzende entscheiden.

(6) [1]Das Gericht der Hauptsache kann Beschlüsse über Anträge nach den Absätzen 3 und 5 Satz 3 jederzeit ändern oder aufheben. [2]Jeder Beteiligte kann die Änderung oder Aufhebung wegen veränderter oder im ursprünglichen Verfahren ohne Verschulden nicht geltend gemachter Umstände beantragen.

(7) Lehnt die Behörde die Aussetzung der Vollziehung ab, kann das Gericht nur nach den Absätzen 3 und 5 Satz 3 angerufen werden.

Vgl § 80 VwGO; § 97 SGG

Übersicht

Literatur: *Bäcker,* Vorläufiger Rechtsschutz „zweiten Grades"?, DStZ 1990, 532; *Becker/Bur,* Aussetzungen der Vollziehung: § 69 Abs 4 Satz 1 FGO – Ein Stolperstein für den Rechtssuchenden?, Inf 1998, 453; *Beermann,* Wandlungen im vorläufigen (gerichtlichen) Rechtsschutz gegen Steuerverwaltungsakte, DStR 1986, 252; *Berrang,* Vorbeugender Rechtsschutz im Recht der Europäischen Gemeinschaften, Baden-Baden 1994, zugleich Dissertation Saarbrücken 1994; *Beul/Beul,* Vorläufiger Rechtsschutz nach §§ 69 FGO, 361 AO, 32 BVerfGG wegen behaupteter Verfassungswidrigkeit eines Steuergesetzes – zugleich zur umstrittenen Verfassungsmäßigkeit des Investitionshilfe-Gesetzes, DB 1984, 1493; *Bilsdorfer,* Das FGO-Änderungsgesetz, BB 1993, 109; *ders,* Vollstreckungs-schutz während eines laufenden Aussetzungsverfahrens, FR 2000, 708; *Birk,* Verfassungsfragen bei der Gewährung vorläufigen Rechtsschutzes im finanzge-richtlichen Verfahren, Festschrift für Menger, Köln 1985, S 169; *Birkenfeld,* Die Beschränkung der Aussetzung und Aufhebung der Vollziehung, DStZ 1999, 349; *Bühler,* Keine Beschwerdemöglichkeit des Steuerpflichtigen gegen die Ab-lehnung der Aussetzung der Vollziehung während eines Klageverfahrens, BB 1991, 2346; *Buciek,* Der vorläufige Rechtsschutz in Steuersachen, DStJG Bd 18, S 149; *Carl,* Vorläufiger Rechtsschutz im Steuerrecht, DB 1991, 2615; *Dänzer-Vanotti,* Der Gerichtshof der Europäischen Gemeinschaften beschränkt vorläu-figen Rechtsschutz, BB 1991, 1015; *Drüen,* Haushaltsvorbehalt bei der Verwer-fung verfassungswidriger Steuergesetze? – Budgetärer Dispositionsschutz durch Aussetzung der Vollziehung nach den Beschlüssen des BVerfG zum Kinderlas-tenausgleich, FR 1999, 289; *Goertz/Kleinbielen,* Zur Vorteilhaftigkeit des An-trags auf Aussetzung der Vollziehung von Steuerbescheiden, DB 1984, 1943; *Grams,* Der Widerrufsvorbehalt und der gerichtliche Antrag auf Aussetzung der Vollziehung, DStZ 1998, 855; *von Groll,* Zum vorläufigen Rechtsschutz im Bereich von Feststellungsbescheiden, StuW 1979, 172; *ders,* Zur Rechtsverwirk-lichung im Lohnsteuerverfahren, DStJG Bd 9, S 431; *Haunhorst,* Das gerichtliche Verfahren zur Aussetzung der Vollziehung von Steuerbescheiden bei nach-folgender Einspruchsentscheidung, DStZ 2000, 325; *Hoffmann-Fölkersamb,* Wann ist eine Aussetzung der Vollziehung wirtschaftlich sinnvoll?, BB 1988, 112; *R. Hofmann,* Umsatzsteuer und Abgabenordnung, UStKongBer 1982/1983 S 189; *A. Jannasch,* Einwirkungen des Gemeinschaftsrechts auf den vorläufigen Rechtsschutz, NVwZ 1999, 495; *Klauser,* Rückwirkung oder Aussetzung bzw Aufhebung der Vollziehung?, FG 1983, 188; *Leonard,* Ist § 69 Abs 2 Satz 8 FGO verfassungsgemäß?, DB 1999, 2280; *Lindwurm,* Rechtsschutz des Vollstre-ckungsschuldners gegen Anträge des Finanzamts an das Amtsgericht, DStZ 2002, 135; *Luttermann,* Rechtsschutz im Steuerverfahren – Die „summarische" Prü-fung und „ernstliche Zweifel" im Sinne von § 69 FGO, FR 1998, 1084; *Mack,* Neues zur Aussetzung der Vollziehung – Anmerkungen zur Neuregelung im

Anwendungserlass zur Abgabenordnung, DStR 1997, 395; *Oehler und Weiß,* Einstweiliger Rechtsschutz vor nationalen Gerichten und Gemeinschaftsrecht, NJW 1997, 2221; *Papier,* Einstweiliger Rechtsschutz bei Abgaben, StuW 1978, 332; *Renck,* Ernsthafte Zweifel an der Rechtmäßigkeit des angefochtenen Verwaltungsakts, NVwZ 1992, 338; *ders,* Verwaltungsaktwirkungen, Rechtsmittelwirkungen und vorläufiger Rechtsschutz, BayVBl 1994, 161; *Renz,* Vorläufiger Rechtsschutz bei Ablehnung eines Lohnsteuer-Freibetrags, DStZ 1988, 153; *Roggan,* Der vorläufige Rechtsschutz gegen Feststellungs- und Folgebescheide, Göttinger Diss 1981; *Schoch,* Grundfragen des verwaltungsgerichtlichen vorläufigen Rechtsschutzes. VerwArch 82, 145; *Schrömbges,* Kann die Finanzbehörde die Aussetzung der Vollziehung des Steuerbescheides jederzeit aufheben oder ändern?, DB 1988, 77; *ders,* Der Begriff der „ernstlichen Zweifel" im abgabenrechtlichen Aussetzungsverfahren, DB 1988, 1418; *Seer,* Defizite im finanzgerichtlichen Rechtsschutz – zugleich eine kritische Auseinandersetzung mit dem 2. FGO-Änderungsgesetz v 19. 12. 2000, StuW 2001, 3, 13 f; *Seikel,* Vorläufiger Rechtsschutz bei Vollstreckungsmaßnahmen, BB 1991, 1165; *Söhn,* Verfassungswidrige Steuergesetze und Aussetzung der Vollziehung, NJW 1970, 315; *Spindler,* Vorläufiger finanzgerichtlicher Rechtsschutz bei behaupteter Verfassungswidrigkeit von Steuergesetzen, DB 1989, 596; *Stöcker,* Verfahrensrechtliche Konsequenzen für den Kläger aus der überlangen Dauer von Steuerprozessen, DStZ 1989, 367; *Streck,* Höhe der Aussetzung der Vollziehung von Einkommensteuerbescheiden, Stbg 1999, 61; *ders,* Argumente für die verschiedenen Verfahrenswege der Aussetzung der Vollziehung, Stbg 1989, 134; *Stuhldreier,* Vorläufiger Rechtsschutz im Verfahren über Lohnsteuerermäßigung, FR 1983, 479; *ders,* Nochmals: Aussetzung der Vollziehung im Verfahren über Lohnsteuerermäßigung, FR 1984, 359; *Szymczak,* Die Anfechtung von behördlichen Entscheidungen über die Aussetzung der Vollziehung nach der Neufassung des § 69 FGO, DB 1993, 1746; *Triantafyllou,* Zur Europäisierung des vorläufigen Rechtsschutzes, NVwZ 1992, 129; *Trossen,* Vorläufiger Rechtsschutz gegen Insolvenzanträge der Finanzbehörden, DStZ 2001, 877; *Woerner,* Beschränkung des vorläufigen Rechtsschutzes durch den Gesetzgeber des Jahressteuergesetzes 1997?, BB 1996, 2649; *Wüllenkemper,* Vorläufiger Rechtsschutz gegen Aufteilungsbescheide, DStZ 1991, 36.

A. Vorbemerkungen

I. Allgemeines zum vorläufigen Rechtsschutz in Abgabenangelegenheiten

Rechtsbehelfe (Rechtsmittel) haben im Abgabenrecht – mit Ausnahme **1** der praktisch wenig bedeutsamen Sonderfälle der §§ 361 IV AO, 69 V (Rz 206 ff) – **keine aufschiebende Wirkung** (§§ 361 I AO, 69 I). Dadurch soll sichergestellt werden, dass dem Staat die zur Erfüllung seiner Aufgaben erforderlichen Mittel laufend zufließen (vgl hierzu BT-Drucks IV/1446 zu § 65; s auch *Rönitz* StKongRep 1978, 61; *Roggan* S 4; *Birk* FS Menger S 163).

Die **sofortige Vollziehbarkeit** von VAen **muss** – das folgt aus **2** **Art 19 IV GG,** der einen umfassenden und effektiven Rechtsschutz gewährleistet (BVerfGE 46, 166), – auch im Bereich des Abgabenrechts **beseitigt werden können** (vgl BVerfGE 51, 268, 285; BVerfG NJW 1989,

827). Der Verwirklichung dieses Verfassungsgebots dienen vor allem die in §§ 361 II, III AO, 69 II, III enthaltenen Regelungen, indem sie unter bestimmten Voraussetzungen, bei deren Vorliegen das Individualinteresse des Betroffenen dem staatlichen Interesse vorgeht, die AdV – ggf in der besonderen Form der Aufhebung der Vollziehung (§ 69 III 3 – Rz 39 ff) – ermöglichen.

3   §§ 361 AO, 69 erfassen die Fälle, in denen **vollziehbare VAe einer Finanzbehörde** (nicht jedoch Justiz-VAe; vgl BFH/NV 1990, 448) angefochten sind und die **Herbeiführung des Suspensiveffekts** angestrebt wird (Rz 33 ff). In Übereinstimmung mit dem verfassungsrechtlichen Gebot des **Art. 19 IV GG,** einen möglichst lückenlosen und umfassenden einstweiligen Rechtsschutz zur Verfügung zu stellen, muss **vorläufiger Rechtsschutz** aber auch gewährt werden, **wenn** der **Erlass eines VA,** eine **Feststellung** oder eine **sonstige Leistung** begehrt wird. Das gilt jedenfalls dann, wenn ohne vorläufigen Rechtsschutz „schwere und unzumutbare, anders nicht abwendbare Nachteile entstünden, zu deren nachträglicher Beseitigung die Entscheidung in der Hauptsache nicht mehr in der Lage wäre" (BVerfGE 46, 166; vgl auch BVerfGE 51, 268 ff; BVerfG NJW 1989, 827). Die FGO trägt diesem Gebot Rechnung, indem sie dem Betroffenen die Möglichkeit gibt, seine Rechtsposition im Wege einer **einstweiligen Anordnung** (§ 114) vorläufig zu sichern, soweit dieses Ziel nicht durch AdV bzw Aufhebung der Vollziehung erreichbar ist (**Subsidiarität** der einstweiligen Anordnung – § 114 V; § 114 Rz 17 ff).

4   Beide Verfahren (§§ 69, 114) dienen der vorläufigen Sicherung der Rechte des Betroffenen. Die **Ausgestaltung des vorläufigen Rechtsschutzes** ist jedoch unterschiedlich. Während die AdV bzw Aufhebung der Vollziehung schon bei ernstlichen Zweifeln an der Rechtmäßigkeit des angefochtenen VA erreichbar ist, kommt der Erlass einer einstweiligen Anordnung nur in Betracht, wenn neben dem Anordnungsanspruch ein Anordnungsgrund vorliegt. Da die Anforderungen für die zuletzt genannte Voraussetzung sehr streng sind – nötig iSd § 114 I 2 ist eine vorläufige Regelung nur, wenn der Betroffene ohne die beantragte Maßnahme Nachteile erleidet, die über diejenigen hinausgehen, die üblicherweise mit der Steuerzahlung verbunden sind (§ 114 Rz 49) – haben Anträge auf Erlass einer einstweiligen Anordnung nur selten Erfolg. Der Frage, ob vorläufiger Rechtsschutz durch AdV/Aufhebung der Vollziehung oder durch einstweilige Anordnung zu gewähren ist, kommt deshalb eine besondere Bedeutung zu.

5   Nach Gesetzeswortlaut und -systematik sowie in Übereinstimmung mit dem Grundsatz, dass es von Verfassungs wegen Sache der FGe ist, Hoheitsmaßnahmen der Finanzbehörden zu überprüfen, nicht aber selbst (erstmals) Hoheitsmaßnahmen zu erlassen, die den Finanzbehörden zugewiesen sind (*von Groll* StuW 1979, 175; *Roggan* S 32 ff mwN), ist die **Abgrenzung** danach zu treffen, ob es sich im Hauptsacheverfahren um ein Anfechtungs- oder ein Verpflichtungs-, Feststellungs- bzw ein sonstiges Leistungsbegehren handelt. **Im Anwendungsbereich der Anfechtungsklage** (einschließlich der Anfechtungsänderungsklage) kann **vorläufiger Rechtsschutz durch AdV** bzw Aufhebung der Vollziehung gewährt werden, soweit Gegenstand des Hauptsacheverfahrens ein vollziehbarer VA ist und das Rechtsschutzbegehren lediglich auf Aussetzung bzw Aufhebung der

Vollziehung gerichtet ist (zB BFHE 123, 413 = BStBl II 1978, 15, 18; BFHE 125, 356 = BStBl II 1978, 584, 586; BFHE 128, 164 = BStBl II 1979, 567; *Holbeck* DStR 1979, 156, 157/158; Rz 33 ff). Im **Anwendungsbereich der anderen Klagearten** kann nach der Konzeption der FGO **vorläufiger Rechtsschutz** nur **durch einstweilige Anordnung** (§ 114) erreicht werden (**Zweigleisigkeit** des vorläufigen Rechtsschutzes; vgl BFHE 123, 412 = BStBl II 1978, 15; BFHE 129, 289 = BStBl II 1980, 212; BFHE 132, 542 = BStBl II 1981, 424; BFH/NV 1998, 615; s auch Rz 33 ff und § 114 Rz 19 ff). – **Demgegenüber** ist § 69 nach Ansicht des **GrS** (BFHE 149, 493 = BStBl II 1987, 637) **auch im Rahmen von Verpflichtungsbegehren** anwendbar, soweit vorläufiger Rechtsschutz gegen negative Gewinnfeststellungsbescheide (§ 180 I Nr 2 a AO) begehrt wird. Diese Ansicht überzeugt nicht, weil sie der Konzeption des Gesetzes nicht entspricht (s auch Rz 55 „Grundlagenbescheide").

Wegen der erheblichen praktischen Bedeutung der Entscheidung des GrS wird der Kommentierung **im Folgenden** die **BFH-Rechtsprechung** zugrunde gelegt.

Im Interesse der Rechtssicherheit und der Gewährung effektiven Rechtsschutzes sollte die Zweigleisigkeit beseitigt und der vorläufige Rechtsschutz in Abgabensachen (§ 33 Rz 14 ff) insgesamt den §§ 361 AO, 69 unterstellt werden.

II. Abgrenzungen

1. Verhältnis § 361 AO zu § 69

a) Konkurrenzen

aa) Die Anfechtung beginnt im Allgemeinen (vgl § 44) mit einem außergerichtlichen Rechtsbehelf (§§ 347 ff AO). In diesem Stadium gilt für die AdV durch die Finanzbehörde nicht § 69 II, sondern der gleichlautende **§ 361 AO** (BFHE 98, 386 = BStBl II 1970, 408). **§ 69 II** lässt eine AdV durch die Verwaltung erst während des erst- und zweitinstanzlichen gerichtlichen Verfahrens zu und zwar bis zu dessen rechtskräftigem Abschluss (*T/K* § 69 FGO Rz 125). – Gegen die Ablehnung der AdV durch die Finanzbehörde kann Einspruch (§ 347 AO) erhoben werden. Bleibt der Einspruch erfolglos, ist eine auf Gewährung der AdV gerichtete (Verpflichtungs-)**Klage ausgeschlossen (§ 69 VII).** Wird gleichwohl Klage (gegen den Widerruf der Aussetzungsverfügung) erhoben, ist die Klage als gerichtlicher AdV-Antrag gem § 69 III iVm II 2 zu werten (BFH/NV 2003, 492, 493 mwN). Dem Bedürfnis nach vorläufiger Rechtsschutzgewährung ist durch § 69 III (Rz 15, 25 f, 56 ff) hinreichend Rechnung getragen. **10**

bb) Nach **§ 69 III** kann der Steuerpflichtige die AdV/Aufhebung der Vollziehung des angefochtenen VA bis zum rechtskräftigen Abschluss des Hauptsacheverfahrens – auch **schon vor Erhebung der Klage** im Hauptsacheverfahren (§ 69 III 2) – unmittelbar beim Gericht beantragen (zB FG Hessen EFG 2002, 1628; wegen der **Zugangsbeschränkungen** s Rz 70 ff). **11**

cc) Ein **Konkurrenzverhältnis** kann daher nur zwischen den Verfahren nach §§ 361 AO, 69 II und dem Antragsverfahren nach § 69 III beste- **12**

hen. Beide Verfahren stehen nach Wortlaut, Systematik und Entstehungsgeschichte des § 69 sowie wegen ihrer unterschiedlichen Ausgestaltungen und Folgen gleichwertig nebeneinander (s hierzu im Einzelnen GrS BFHE 144, 124 = BStBl II 1985, 587, 590/591 mwN; vgl auch GrS BFHE 90, 461 = BStBl II 1968, 199; BFH/NV 1986, 607; 1988, 24, 25). Der Steuerpflichtige hat deshalb bei schwebendem Vorverfahren, aber auch nach Klageerhebung in der Hauptsache die Wahl, ob er vorläufigen Rechtsschutz nach § 361 AO/§ 69 II oder nach § 69 III begehren will. Er kann außerdem **neben** einem in der **Verwaltungsinstanz** anhängigen AdV-Verfahren vorläufigen gerichtlichen **Rechtsschutz nach § 69 III** beantragen (hM zB BFHE 87, 340 = BStBl III 1967, 144; BFHE 91, 328; BFHE 144, 395 = BStBl II 1986, 68, 69; BFH/NV 1993, 375; *Gräber* DStR 1966, 747, 748 mwN Fn 12; *Szymczak* DB 1993, 1746). Bedenken hinsichtlich des Rechtsschutzbedürfnisses bestehen insoweit nicht (*Gräber* DStR 1966, 747, 749).

13   **dd)** Der Steuerpflichtige hat auch die Wahl, ob er – wenn die Finanzbehörde nur gegen Sicherheitsleistung ausgesetzt hat – einen Änderungsantrag (§§ 130, 131 AO) stellen will, ohne Sicherheitsleistung anzubieten, oder ob er dieses Ziel durch einen Antrag nach § 69 III verfolgen will (BFHE 134, 239 = BStBl II 1982, 135, 136).

b) AdV von Amts wegen/AdV auf Antrag

14   **aa)** Die **Finanzbehörde** kann die AdV jederzeit – ab Einlegung des Einspruchs und auch noch während des (erst- und zweitinstanzlichen) gerichtlichen Verfahrens – bis zum Eintritt der Unanfechtbarkeit des VA **von Amts wegen** anordnen (§ 69 II 1). Entsprechendes gilt für die Aufhebung der Vollziehung, wenn der VA schon vollzogen ist (§§ 361 II 3 AO, 69 II 7 – vgl Rz 39 ff).

Da die Finanzbehörden von der Möglichkeit der AdV von Amts wegen nur zurückhaltend Gebrauch machen, ist ein entsprechender **Antrag** zu empfehlen. Der Antrag bedeutet nicht nur eine Anregung, tätig zu werden. Die Behörde muss dann vielmehr über die AdV entscheiden. Der Antrag erfasst im Allgemeinen auch die Aufhebung der Vollziehung als Unterfall der AdV, es sei denn, der Steuerpflichtige beschränkt sein Begehren ausdrücklich auf die AdV (BFH/NV 2005, 625, 627). – Zur Frage, ob bei Vorliegen der Voraussetzungen AdV gewährt werden „soll" oder „muss", s Rz 110 ff.

15   **bb)** Das **Gericht** kann die AdV/Aufhebung der Vollziehung **nur auf Antrag** (§ 69 III) aussprechen (BFHE 94, 120 = BStBl II 1969, 85). – Zur **Auslegung** des Antrags s BFH/NV 2005, 2020.

2. Verhältnis §§ 361 AO, 69 zu Art 244 ZK

16   Seit dem 1. Januar 1994 sind die **materiellen Voraussetzungen** für die AdV zollrechtlicher Entscheidungen iS des Art 1 ZK und für die AdV von Entscheidungen über Ein- und Ausfuhrabgaben in **Art 244** ZK (VO EWG Nr 2913/92, ABl 1992 Nr L 302/1) geregelt (zB BFH/NV 2000, 1512, 1513). Für das **Verfahren** gelten nach Art 245 ZK die nationalen Vorschriften, in Deutschland also die §§ 361 AO und 69 FGO (zB BFH/NV

1997, 723; BFH ZfZ 2000, 376, 377; *Witte/Alexander* Art 244 Rz 9; im
Ergebnis ebenso: EuGH BFH/NV Beilage 2001, 200, 201). Art 244 ZK
hat folgenden Wortlaut:

Art 244 ZK [Aussetzung der Vollziehung]

Durch die Einlegung des Rechtsbehelfs wird die Vollziehung der angefochtenen Entscheidung nicht ausgesetzt.

Die Zollbehörden setzen jedoch die Vollziehung der Entscheidung ganz oder
teilweise aus, wenn sie begründete Zweifel an der Rechtmäßigkeit der angefochtenen Entscheidung haben oder wenn dem Beteiligten ein unersetzbarer Schaden entstehen könnte.

Bewirkt die angefochtene Entscheidung die Erhebung von Einfuhr- oder
Ausfuhrabgaben, so wird die Aussetzung der Vollziehung von einer Sicherheitsleistung abhängig gemacht. Diese Sicherheitsleistung braucht jedoch
nicht gefordert zu werden, wenn eine derartige Forderung aufgrund der
Lage des Schuldners zu ernsten Schwierigkeiten wirtschaftlicher oder so-
zialer Art führen könnte.

Art 244 II ZK erfasst nach seinem Wortlaut lediglich die AdV, nicht **17**
aber die **Aufhebung der Vollziehung.** Gleichwohl können sowohl die
Zollbehörden als auch die Finanzgerichte die Aufhebung der Vollziehung
anordnen (zB BFH ZfZ 1999, 89, 90; FG D'dorf EFG 1995, 729 f; FG Hbg
ZfZ 1996, 55; *Witte/Alexander* Art 244 Rz 11). **Art 244 ZK** ist außerdem sinngemäß anzuwenden, soweit die AdV/Aufhebung der Vollziehung
der Bescheide über die Festsetzung der **Einfuhrumsatzsteuer** (§ 21 II
UStG; FG Hbg EFG 1995, 446; FG D'dorf EFG 1995, 729; *Witte/Alexan-
der* Art 244 Rz 3; offen BFH/NV 1997, 588) und der **besonderen Verbrauchsteuern** (§ 23 MinöStG; § 21 TabStG, § 147 I BranntwMonG;
§ 13 I BierStG; § 17 I SchaumwStG; § 13 I KaffeeStG; *Witte/Alexander*
Art 244 Rz 3). – Wegen des Anwendungsbereichs im Übrigen s Rz 55
„Zollbescheide".

Anders als bei der AdV/Aufhebung der Vollziehung nach §§ 361 AO, **18**
69 besteht eine **Pflicht zur AdV,** wenn die gesetzlichen Voraussetzungen
(Rz 91 und 109) erfüllt sind (Rz 114). – Zur Sicherheitsleistung s Rz 55
„Zollbescheide".

3. Vorläufiger Rechtsschutz nach Gemeinschaftsrecht

Die Finanzgerichte sind grundsätzlich auch befugt, vorläufigen Rechts- **19**
schutz durch AdV gegen einen auf einer EG-VO beruhenden nationalen
VA zu gewähren. Art 249 EWGV lässt es zu, dass die nationalen Gerichte
in Bezug auf einen nationalen VA, der auf einer Gemeinschaftsverordnung
beruht, einstweilige Regelungen zur vorläufigen Gestaltung oder Regelung
der streitigen Rechtspositionen oder -verhältnisse zu treffen. Nach der
Rspr des EuGH ist das nationale Gericht im Interesse der einheitlichen
Anwendung des Gemeinschaftsrechts jedoch nur unter bestimmten Voraussetzungen befugt, die Vollziehung eines solchen VA auszusetzen. Anzuwenden sind die Regeln, nach denen der EuGH zur Gewährung vorläufigen Rechtsschutzes (Art 242 EWGV) berechtigt ist (zB EuGHE I 1995,
3761 = NJW 1996, 1333; EuGHE I 1996, 6065, 6102). Das nationale Ge-

richt kann die AdV eines auf einer EG-VO beruhenden VA deshalb nur anordnen,

– wenn es **erhebliche Zweifel** an der Gültigkeit der Handlung der Gemeinschaft hat und diese Gültigkeitsfrage, sofern der **EuGH** mit ihr noch nicht befasst ist, diesem selbst **vorlegt,**
– wenn die Entscheidung **dringlich** in dem Sinne ist, dass die einstweiligen Anordnungen erforderlich sind, um zu vermeiden, dass die sie beantragende Partei einen schweren und nicht wieder gutzumachenden Schaden (s hierzu EuGHE I 1995, 3792; EuGH, Urteil v 12. 7. 2002 T – 163/02 R) erleidet,
– wenn es das **Interesse der EG** angemessen berücksichtigt **und**
– wenn es bei der Prüfung aller dieser Voraussetzungen die **Entscheidungen des EuGH** oder des Gerichts erster Instanz über die Rechtmäßigkeit der Verordnung oder einen Beschluss im Verfahren des vorläufigen Rechtsschutzes betreffend gleichartige einstweilige Anordnungen auf Gemeinschaftsebene **beachtet** (vgl EuGH I 1996, 6102).

20   Entsprechendes muss gelten, wenn ernstliche **Zweifel an der** Richtigkeit der **Auslegung einer EG-VO** durch die Verwaltung bestehen. – Zur Einholung einer **Vorabentscheidung** des EuGH s Rz 122. – Zum Verhältnis des vorläufigen Rechtsschutzes nach der Rspr des EuGH zu Art **244 ZK** (Rz 16) s FG Hbg ZfZ 1996, 52, 54 (Vorrang des ZK).

4. Verhältnis §§ 361 AO, 69 zu § 114

21   AdV/Aufhebung der Vollziehung sind gegenüber der einstweiligen Anordnung grundsätzlich vorrangig (§ 114 V). Der Antrag auf **AdV** nach § 69 II **und** auf **einstweilige Einstellung der Zwangsvollstreckung** (§ 258 AO) schließen sich aber nicht aus (Rz 55 „Vollstreckungsmaßnahmen").

III. Allgemeines zu § 69

1. Überblick über die gesetzliche Regelung

25   § 69 I 1 regelt den Ausschluss des Suspensiveffekts (Rz 1); entsprechendes gilt für das zweitinstanzliche Verfahren (§ 121). Richtet sich die Klage gegen einen Grundlagenbescheid (§ 171 X AO), ist die Vollziehung der Folgebescheide ebenfalls nicht gehemmt (§§ 69 I 2, 121). – **§ 69 II** enthält unverändert Bestimmungen über die AdV durch die Finanzbehörde (nach Abschluss des Verwaltungsvorverfahrens) von Amts wegen (§ 69 II 1) oder auf Antrag (§ 69 II 2). Die neu angefügten Sätze 7 und 8 enthalten Regelungen über die Aufhebung der Vollziehung und deren Einschränkung. – In **§ 69 III** ist festgelegt, unter welchen Voraussetzungen der Senat (ggf der Senatsvorsitzende) oder der Einzelrichter (§§ 6, 79 a III, IV) die Vollziehung eines angefochten VA aussetzen oder aufheben kann (zur Aufhebung der Vollziehung s Rz 39 ff). In § 69 III 1 wird nunmehr ausdrücklich § 100 II 2 für sinngemäß anwendbar erklärt, wonach das Gericht unter bestimmten Voraussetzungen die Neuberechnung des Steuerbetrages der Finanzbehörde übertragen kann. Zur Einschränkung des vorläufigen Rechtsschutzes durch § 69 III 4 s Rz 42 ff. – **§ 69 IV** regelt die Zugangsvoraussetzungen für den Antrag nach § 69 III. – **§ 69 V** nennt die Aus-

nahmefälle, in denen der Klageerhebung ausnahmsweise aufschiebende Wirkung zukommt (§ 69 V 1), und enthält Regelungen über die Beseitigung der hemmenden Wirkung durch die Behörde (§ 69 V 2) sowie über die Wiederherstellung der hemmenden Wirkung durch den Senat bzw den Senatsvorsitzenden oder den Einzelrichter (§ 69 V 3, 4). – **§ 69 VI** 1 enthält Bestimmungen über die Änderung von Beschlüssen nach § 69 III und erstreckt den Anwendungsbereich der Vorschrift auf die Fälle des § 69 V. § 69 VI 2 regelt die Änderung oder Aufhebung einer Entscheidung nach § 69 III auf Antrag eines Beteiligten. – **§ 69 VII** beseitigt das Nebeneinander von Klagen und Anträgen auf AdV.

2. Verhältnis zum Hauptsacheverfahren

Das Antragsverfahren nach § 69 III ist ein **Nebenverfahren** zu dem **26** den „angefochtenen" VA betreffenden Hauptsacheverfahren. Das wird vor allem daran deutlich, dass der vorläufige Rechtsschutz nicht über das Klagebegehren im Hauptsacheverfahren hinausgehen darf (Rz 36), zeigt sich aber auch an der Abhängigkeit der AdV-Verfahren von dem Schicksal des Anfechtungsbegehrens im Hauptsacheverfahren (Rz 98–101, 175).

3. Zur Anwendung des § 69

§ 69 hat nicht zuletzt deshalb, weil er dem Interessenausgleich dient, **27** eine erhebliche **praktische Bedeutung.** Daran hat sich durch die Einführung der Zinspflicht (§§ 236–238 AO – 6% pa) nichts geändert (zur Zweckmäßigkeit eines AdV-Begehrens *s Görtz/Kleinbielen* DB 1984, 1943; *P Hoffmann-Fölkersamb* BB 1988, 112).

B. Gewährung vorläufigen Rechtsschutzes durch AdV/Aufhebung der Vollziehung

Durch die Anordnung der AdV wird die Vollziehbarkeit des VA mit **30** sofortiger Wirkung (ex nunc) beseitigt, durch die Anordnung der Aufhebung der Vollziehung kann die Vollziehung eines VA mit Wirkung für die Vergangenheit (ex tunc) beseitigt werden (zB BFHE 101, 494 = BStBl II 1971, 402; BFH/NV 2004, 183, 184; s auch Rz 39 ff; Rz 55 „Säumniszuschläge", 150, 175). Die **Voraussetzungen der AdV und der Aufhebung der Vollziehung stimmen im Wesentlichen überein** (zB BFHE 92, 472 = BStBl II 1968, 610; BFHE 101, 489 = BStBl II 1971, 366; BFHE 155, 503 = BStBl II 1989, 396). Anstelle der zunächst begehrten AdV kann daher jederzeit die Aufhebung der Vollziehung – und umgekehrt – beantragt werden (BFHE 155, 503 = BStBl II 1989, 396). – Die folgenden Ausführungen gelten deshalb für beide Rechtsinstitute, soweit nicht im Einzelfall auf Besonderheiten der Aufhebung der Vollziehung hingewiesen wird.

Entsprechendes gilt für die **AdV von Amts wegen** (§ 69 II 1) und die **31** **AdV auf Antrag** (§ 69 II 2, III 1).

I. Allgemeine Zulässigkeitsvoraussetzungen

32   AdV/Aufhebung der Vollziehung nach §§ 361 AO, 69 II, III kann nur gewährt werden, wenn **vorläufiger Rechtsschutz auf diese Weise erreichbar** ist (vgl BFHE 114, 171 = BStBl II 1975, 240; BFHE 137, 232 = BStBl II 1983, 232, 233; *von Groll* StuW 1979, 172, 175; *R Hofmann* UStKongBer 1982/1983, 189, 190–194; allgemein zum besonderen Rechtsschutzbedürfnis *Rosenberg/Schwab* S 548). Erforderlich ist also eine Bestimmung der Grenzen, innerhalb derer vorläufiger Rechtsschutz durch AdV in Betracht kommt.

1. Allgemeine Abgrenzungskriterien

33   Vorläufiger Rechtsschutz durch AdV/Aufhebung der Vollziehung ist grundsätzlich nur erreichbar, wenn es sich **im Hauptsacheverfahren** um ein **Anfechtungsbegehren** handelt (zu den Ausnahmen und zur abweichenden Rspr des BFH s Rz 5, 55 „Grundlagenbescheide") **und wenn**
– die **AdV des** im Hauptsacheverfahren **„angefochtenen" VA begehrt** wird (Rz 34, 35),
– das auf AdV gerichtete Rechtsschutzbegehren im Übrigen **mit** dem **Rechtsschutzbegehren im Hauptsacheverfahren übereinstimmt** (Rz 36),
– sich das AdV-Begehren auf die **Herstellung des Suspensiveffekts** (Rz 1 ff) beschränkt (Rz 37) und
– das Rechtsschutzbegehren das mögliche **Ergebnis des Hauptsacheverfahrens nicht vorwegnimmt,** also nur vorläufigen Charakter hat (Rz 38).
Zu den **Besonderheiten der Aufhebung der Vollziehung** s Rz 39 ff. Sind diese Voraussetzungen nicht erfüllt, ist zu prüfen, ob vorläufiger Rechtsschutz im Wege einer einstweiligen Anordnung (§ 114) gewährt werden kann. – Zur Umdeutung von Anträgen s § 114 Rz 84.

34   **a)** Das Gesetz fordert, dass der VA, dessen Vollziehung ausgesetzt werden soll, durch außergerichtlichen Rechtsbehelf oder durch Klage „angefochten" sein muss. Das bedeutet, dass die AdV eines nicht angefochtenen VA nicht begehrt werden kann (vgl BFHE 123, 127 = BStBl II 1977, 798, 802; BFH/NV 1987, 142; s auch FG BaWü EFG 2004, 829 zur Unzulässigkeit eines isolierten Antrags auf Aufhebung der Vollziehung von Säumniszuschlägen; Rz 55 „Säumniszuschläge"), dass das Hauptsacheverfahren noch nicht rechtskräftig abgeschlossen sein darf (Rz 67, 98 ff, 151, 175) und noch im Finanzrechtsweg anhängig sein muss (zB BFH/NV 2002, 67; 2003, 1445). Anhängigkeit einer Verfassungsbeschwerde genügt nicht (BFHE 148, 491 = BStBl II 1987, 320; FG Hessen EFG 1991, 302). Außerdem folgt daraus, dass der im Hauptsacheverfahren angegriffene VA mit demjenigen identisch sein muss, um dessen AdV es geht **(Identitäts-erfordernis)**. MaW: Es genügt – mit Ausnahme der Sonderfälle des § 69 II 4 (Rz 55 „Folgebescheide") – nicht, dass irgendeine Beziehung zu einem (anderen) angefochtenen VA besteht (vgl BFHE 121, 289 = BStBl II 1977, 367, 369; BFHE 122, 18 = BStBl II 1977, 612; FG SchlHol EFG 1977, 336; *von Groll* StuW 1979, 172, 176; *R Hofmann* UStKongBer 1982/1983, 189, 191).

Beispiele: 35

Die Vollziehung nicht angefochtener VAe, die **andere Veranlagungszeit-räume** betreffen, kann auch dann nicht ausgesetzt werden, wenn ein Bescheid angefochten ist, in dem ein auch für diese anderen Veranlagungszeiträume bedeutsames Problem behandelt ist (BFHE 93, 300 = BStBl II 1968, 781). Ebenso wenig kann die Vollziehung eines mit Einwendungen gegen die Höhe der Steuerfestsetzung angefochtenen ESt-Bescheides ausgesetzt werden, wenn der AdV-Antrag mit Einwendungen gegen den Abrechnungsteil (das Leistungsgebot) begründet wird. Sind auf einen Vorauszahlungsbescheid fällig gewordene Beträge noch nicht gezahlt und ergeht inzwischen ein Jahressteuerbescheid, so kann bei Anfechtung des Steuerbescheides auch die Vorauszahlungsschuld ausgesetzt werden, weil nunmehr der Steuerbescheid an die Stelle des Vorauszahlungsbescheides getreten ist (BFHE 133, 267 = BStBl II 1981, 767, 769). – Zur Aufhebung der Vollziehung s Rz 42 ff.

b) Aus dem oben (Rz 34) erläuterten Identitätserfordernis ergibt sich 36
außerdem, dass der vorläufige Rechtsschutz nach § 69 nicht weiter reichen, nicht umfassender sein darf als derjenige im Hauptsacheverfahren (**Identität der Rechtsschutzbegehren** – vgl BFHE 98, 458 = BStBl II 1970, 461, 462; BFHE 110, 177 = BStBl II 1973, 854; BFHE 123, 412 = BStBl II 1978, 15, 17; BFHE 125, 423 = BStBl II 1978, 579, 580; BFHE 188, 128 = BStBl II 1999, 335; BFH/NV 1997, 601; 1999, 1160; 1506; 2000, 1100, 1101; *von Groll* StuW 1979, 172, 176; *R Hofmann* UStKong-Ber 1982/1983, 189, 191).

c) Auch in den Fällen, in denen die Anfechtungsklage die richtige Klageart im Hauptsacheverfahren ist (vgl Rz 5, 33; § 40 Rz 12 ff), kann vorläufiger Rechtsschutz im Wege der AdV nur gewährt werden, soweit das Rechtsschutzbegehren lediglich auf die Herbeiführung der aufschiebenden Wirkung des gegen den angefochtenen VA eingelegten Rechtsbehelfs (Herstellung des Suspensiveffekts) abzielt, nicht aber dann, wenn der Regelungsinhalt des VA geändert oder ersetzt werden soll (vgl BFHE 114, 171 = BStBl II 1975, 240; BFHE 134, 402 = BStBl II 1982, 149; BFHE 146, 392 = BStBl II 1986, 677, 678; *Roggan* S 39 ff; *R Hofmann* UStKong-Ber 1982/1983, 189, 191/192), – neben der aufschiebenden Wirkung – eine einstweilige Regelung begehrt wird (aA anscheinend FG Mchn EFG 1989, 485; vgl § 114 Rz 19, 21) oder wenn die Finanzbehörde (vorläufig) verpflichtet werden soll, über einen AdV-Antrag zu entscheiden (BFH/NV 2004, 531). – Möglich ist die Herstellung des Suspensiveffektes nur bei **vollziehbaren VAen,** dh bei VAen, die ihrem Inhalt nach begrifflich einer Vollziehung fähig sind. **Es muss sich um einen VA handeln, von dessen Inhalt (Wirkungen) in irgendeiner Weise Gebrauch gemacht werden kann** (BFH/NV 1996, 232; *Rönitz* StKongRep 1978, 61, 62 f; *von Groll* StuW 1979, 172, 173; *Roggan* S 40 ff; *T/K* § 69 FGO Rz 22). Diese Eigenschaft haben nicht nur VAe, die dem Adressaten eine Leistungspflicht auferlegen, sondern auch Grundlagenbescheide (Rz 55 „Grundlagenbescheide"). Ihre Bindungswirkung führt zum Erlass oder der Änderung des Folgebescheides. – Sind die VAe schon (im vorstehend beschriebenen Sinne) **„vollzogen",** kommt Aufhebung der Vollziehung in Betracht (Rz 39 ff).

38   **d)** Durch AdV erreichbar sind **nur vorläufige Maßnahmen.** Die AdV (zB bereits vollzogener Vollstreckungsmaßnahmen) darf das mögliche Ergebnis des Hauptsacheverfahrens (zB den Verlust des Pfändungspfandrechts) nicht vorwegnehmen (BFHE 123, 427 = BStBl II 1978, 69; BFHE 131, 15 = BStBl II 1980, 592; BFHE 136, 186 = BStBl II 1982, 657; BFH/NV 1991, 607; 2004, 815, 816; Rz 148). – Zur Bewilligung der **Löschung** einer vor Anordnung der AdV eingetragenen **Sicherungshypothek** s BFH/NV 1987, 219; 222; zur **Arrestanordnung** vgl FG Köln EFG 1988, 524.

2. Besonderheiten der Aufhebung der Vollziehung (§ 69 III 3)

39   Die Anordnung der Aufhebung der Vollziehung (Rz 30) ist von der Erfüllung zusätzlicher Voraussetzungen abhängig. Erreichbar ist vorläufiger Rechtsschutz durch Aufhebung der Vollziehung nur, wenn die vorstehend (Rz 33 ff) erläuterten Merkmale vorliegen, die Aufhebung der Vollziehung nicht schon aus verfahrensrechtlichen Gründen ausgeschlossen ist (BFH/NV 2005, 1498, 1499) und außerdem
– der angefochtenen **VA schon vollzogen** (Rz 40) und
– die **Vollziehung auf Grund** des angefochtenen VA erfolgt ist (Rz 41, 42).

40   **a) Vollzogen** ist ein VA, wenn sein Regelungsinhalt in irgendeiner Weise verwirklicht bzw von seinen Wirkungen in irgendeiner Weise Gebrauch gemacht worden ist (s die Nachweise zu Rz 37). Als Vollziehung gilt auch der Anfall von **Säumniszuschlägen** (BFH/NV 2004, 183, 184). Dass der VA „unter Zwang" verwirklicht worden ist, verlangt das Gesetz nicht (so aber zB noch BFHE 94, 571 = BStBl II 1969, 264 f; BFHE 96, 465 = BStBl II 1969, 685, 686 f). Im Wege der Aufhebung der Vollziehung kann vielmehr auch die vorläufige Rückzahlung der in „freiwilliger Befolgung" des angefochtenen VA erbrachten Geldleistungen erreicht werden (so – unter Aufgabe der früheren Rspr – zB BFHE 123, 112 = BStBl II 1977, 838; BFH/NV 1989, 36; 38; 1994, 113; 1999, 1205, 1208). – Zur **Umbuchung** von Überzahlungen als Vollziehung s BFHE 121, 289 = BStBl II 1977, 367; FG BaWü EFG 1976, 605.

41   **b)** Aufhebung der Vollziehung kann nur angeordnet werden, wenn die Vollziehung **„auf Grund"** des angefochtenen VA erfolgt war (vgl Rz 34; s auch BFHE 96, 44 = BStBl II 1969, 527; BFHE 121, 289 = BStBl II 1977, 367; FG D'dorf EFG 1984, 370; unrichtig insoweit FG BaWü EFG 1976, 605).

42   **c)** Diese **Voraussetzung** war **bis zum Inkrafttreten des Jahressteuergesetzes 1997** am 28. 12. 1996 (Rz 43) auch erfüllt, wenn aufgrund von LSt-, USt- und KapESt-(Vor)Anmeldungen und Vorauszahlungsbescheiden Vorleistungen (LSt-Abzugsbeträge, KapESt, Vorauszahlungen zur ESt, KSt, USt oder VSt) erbracht worden, an die Stelle dieser VAe aber inzwischen Jahressteuerbescheide getreten waren, die das Steuerschuldverhältnis abschließend regelten. Bei Anfechtung des Jahressteuerbescheides (zB ESt-Bescheides) konnte auch die (vorläufige) Erstattung der Vorauszahlungen und Abzugsbeträge durch Aufhebung der Vollziehung angeordnet werden (Beschluss des GrS v 3. 7. 1995, BFHE 178, 11 = BStBl II 1995, 730). Der

GrS hatte – der Kritik an der bisherigen Rspr folgend – entschieden, dass die Vollziehung eines ESt-Bescheides auch insoweit aufgehoben werden darf, als sie zu einer (vorläufigen) Erstattung festgesetzter und entrichteter ESt-Vorauszahlungen führt (ebenso BFH/NV 1996, 232). Die Änderung der Rspr betraf nicht nur Vorauszahlungen aller Art, sondern auch Abzugsbeträge und die gemäß § 36 II Nr 3 EStG anzurechnende KSt (BFH/NV 1996, 340 = BStBl II 1996, 316; BFH/NV 1996, 548; 674; ebenso schon der Vorlagebeschluss BFHE 172, 9 = BStBl II 1994, 38; s auch FG Bdbg EFG 1994, 414; FG D'dorf EFG 1994, 1105; FG M'ster EFG 1996, 242; aA für die anzurechnende KSt noch BFHE 148, 129 = BStBl II 1987, 179).

d) Demgegenüber bestimmen **§ 361 II 4 AO und § 69 III 4 iVm 43 § 69 II 8 idF des Jahressteuergesetzes 1997,** dass die Aufhebung der Vollziehung eines Steuerbescheides entgegen der früheren Rechtslage (Rz 42) grundsätzlich **nicht zur vorläufigen Erstattung der festgesetzten Vorauszahlungen,** einbehalteten Steuerabzugsbeträgen und anrechenbaren KSt führen darf. Damit ist der Beschluss des GrS v 3. 7. 1995 (Rz 42) nur noch Makulatur. Daran ändert auch der Umstand nichts, dass der Gesetzgeber „in letzter Sekunde" (abweichend vom Gesetzentwurf) durch Einfügung des Hs 2 in § 69 II 8 die AdV/Aufhebung der Vollziehung im bisherigen Umfang (Rz 42) in den Fällen ermöglicht hat, in denen sie „zur Abwendung wesentlicher Nachteile nötig erscheint".

Die **Einschränkung des vorläufigen Rechtsschutzes** durch das JStG **44** 1997 ist ein weiteres Beispiel für die unter dem Gesichtspunkt der Gewaltenteilung **bedenkliche Tendenz des Gesetzgebers,** grundlegende Entscheidungen der Rechtsprechung von einer gewissen Breitenwirkung nur dann zu akzeptieren, wenn sie mit den Vorstellungen der Exekutive im Einklang stehen (vgl zB die Einfügung des § 15 II Nr 2 S 2 EStG nach Aufgabe der „Gepräge-Rechtsprechung" – *Schmidt/Wacker* § 15 Rz 211, 212; die Neuregelung des § 23 II 2 EStG zum Rangverhältnis zwischen § 22 Nr 2 EStG und § 17 EStG – *Schmidt/Weber-Grellet* § 22 Rz 2; die Neuregelung der §§ 4 V Nr 8, 12 Nr 4 zur Abzugsfähigkeit von Geldstrafen und Geldbußen – *Schmidt/Heinicke* § 4 Rz 520 Stichwort „Strafen/ Geldbußen"; kritisch insoweit auch *Woerner* BB 1996, 2649; *T/K* § 69 FGO Rz 183; *Beermann/Gosch* § 69 FGO Rz 198.3). – Die **rein fiskalische Begründung** der Gesetzesänderung überzeugt jedenfalls nicht. Der angebliche Gefahr von Steuerausfällen (BT-Drucks 13/5359) kann ggf durch Anordnung einer Sicherheitsleistung (Rz 153 ff) begegnet werden. Der in der Gesetzesvorlage als weiterer Grund angegebene Personalmehrbedarf von 500 Beamten bzw Angestellten ist mangels Angabe der Schätzungsgrundlagen nicht nachvollziehbar. Die angebliche Mehrbelastung dürfte eher gegen 0 tendieren. Zum einen machen die Finanzbehörden von der Möglichkeit der AdV/Aufhebung der Vollziehung nur zurückhaltend Gebrauch; zum anderen stehen der Finanzbehörde die anzurechnenden Beträge „auf Abruf" zur Verfügung. Außerdem muss nach der Neuregelung der Kürzungsbetrag berechnet werden, was jedenfalls nicht weniger arbeitsintensiv sein dürfte als die Berechnung des nach der früheren Rechtslage (Rz 42) auszukehrenden Betrages. Darüber hinaus kann es zu einer zusätzlichen Arbeitsbelastung nur in den Fällen kommen, in denen die Klage in der Hauptsache trotz Bejahung ernstlicher Zweifel an der Rechtmäßigkeit der Verwaltungsentscheidungen keinen Erfolg hat; in einer nicht unerheblichen Zahl von Fällen wird der (Hauptsache-)Klage jedoch stattzugeben sein, so dass die anzurechnenden Beträge ohnehin erstattet werden müssen.

45   e) Nach § 361 II 4 AO, § 69 III 4 iVm § 69 II 8 ist die AdV/**Aufhebung der Vollziehung** grundsätzlich (zu den Ausnahmen s Rz 47) **auf die Differenz zwischen der festgesetzten (Jahres-)Steuer und den** anzurechnenden Abzugsbeträgen (insbesondere LSt), der anzurechnenden KSt und den **festgesetzten Vorauszahlungen beschränkt.** Der Differenzbetrag bemisst sich bei den Vorauszahlungen (ESt, USt) nach der **Soll-Differenz;** unerheblich ist deshalb, ob und in welcher Höhe Zahlungen auf die festgesetzten Vorauszahlungen geleistet worden sind (BFHE 190, 59 = BStBl II 2000, 57; BFH/NV 2002, 519, 520; die hiergegen erhobene Verfassungsbeschwerde hat das BVerfG nicht zur Entscheidung angenommen: BVerfG, Beschluss v 30. 1. 2002 1 BvR 66/02 nv); unerheblich ist auch, ob das FA die Vollziehung der Vorauszahlungen ausgesetzt hatte (BFH/NV 2000, 1559, 1560). – Wegen der Berechnung und verschiedener Beispiele wird auf den Anwendungserlass zur AO zu § 361 AO Nr 4, 4.5 – BStBl I 1998, 630; 802, 805 – verwiesen. – Zur Aufhebung der Vollziehung schon verwirkter **Säumniszuschläge** s Rz 55 „Säumniszuschläge".

46   Da nach dem Zweck der gesetzlichen Regelung lediglich eine vorläufige Erstattung von Vorauszahlungen, einbehaltenen Steuerabzugsbeträgen und anrechenbarer KSt ausgeschlossen werden soll, ist die **AdV**/Aufhebung der Vollziehung **eines Änderungsbescheides** jedenfalls dann nicht beschränkt, wenn die angerechneten Steuerabzugsbeträge und die angerechnete KSt unverändert bleiben und deshalb in Höhe der Differenz zwischen der geänderten und der vorhergehenden Steuerfestsetzung ein Nachforderungsanspruch des FA besteht oder – vor Zahlung auf den Nachforderungsanspruch bzw Aufrechnung mit anderen Steuerguthaben – bestand (BFH/NV 1999, 1205; 1207/1208). – Die Beschränkungen der §§ 361 II 4 AO, 69 III 4 iVm 69 II 8 greifen außerdem bei einem auf § 164 II AO gestützten USt-Änderungsbescheid nicht ein, wenn in den Vorauszahlungsbescheiden keine positive USt festgesetzt worden war (Rz 55 „Umsatzsteuerbescheide"). – Zu Änderungsbescheiden im Übrigen s *Birkenfeld* DStZ 1999, 349, 352.

47   **Ausnahmsweise** kann AdV gewährt werden, wenn sie zur Abwendung wesentlicher Nachteile nötig erscheint (§§ 361 II 4 AO, 69 III 4 iVm 69 II 8). Der Begriff **„wesentliche Nachteile"** ist iS der Rechtsprechung zu § 114 zu verstehen (BFHE 190, 59 = BStBl II 2000, 57; 60; BFHE 204, 39 = BStBl II 2004, 367; *Beermann/Gosch* § 69 FGO Rz 198.6; aA FG Nds EFG 1999, 1243 – verfassungskonforme Auslegung: wesentlicher Nachteil auch bei ernstlichen Zweifeln an der Rechtmäßigkeit des angefochtenen VA; großzügiger auch FG Bln EFG 1999, 1195; *T/K* § 69 FGO Rz 188). Die vorläufige (einstweilige) Erstattung der nach der gesetzlichen Regelung an sich anzurechnenden Beträge kommt danach im Allgemeinen nur in Betracht, wenn die wirtschaftliche oder persönliche Existenz des Antragstellers bedroht ist, nicht jedoch, wenn es sich lediglich um

Nachteile handelt, die typischerweise mit der Pflicht zur Steuerzahlung und ggf auch der Vollstreckung verbunden sind (BFHE 190, 59 = BStBl II 2000, 57, 60; BFH/NV 2001, 1223; 2002, 519; § 114 Rz 48, 49). Die Anwendung der strengen Voraussetzungen des § 114 führt im Ergebnis dazu, dass die Ausnahmeregelung keine nennenswerte praktische Bedeutung hat. Das widerspricht dem Gebot der Gewährung effektiven vorläufigen Rechtsschutzes (Rz 2, 40). Die Ausnahmeregelung sollte deshalb so verstanden werden, dass sie schon dann eingreift, wenn andernfalls unzumutbare Nachteile für den Antragsteller zu erwarten sind, die trotz Obsiegens im Hauptsacheverfahren bestehen bleiben würden und wenn außerdem eine hohe Wahrscheinlichkeit für einen Erfolg auch in der Hauptsache spricht (vgl BVerfG DVBl 1999, 1206). – **Aufhebung der Vollziehung** ist allerdings nicht schon bei einem Überwiegen der Erfolgsaussichten des Rechtsbehelfs in der Hauptsache zur Vermeidung wesentlicher Nachteile gerechtfertigt (BFHE 190, 59 = BStBl II 2000, 57; BFH/NV 2002, 519). Dies gilt auch im Falle schwerwiegender Zweifel an der Verfassungsmäßigkeit der angewandten Steuerrechtsvorschriften. Die Erfolgsaussichten in der Hauptsache können jedoch zur Bejahung wesentlicher Nachteile führen, wenn die Rechtslage klar und eindeutig für die begehrte Regelung spricht und eine abweichende Beurteilung in einem noch durchzuführenden Hauptsacheverfahren zweifelsfrei auszuschließen ist (BFHE 201, 80 = BStBl II 2003, 716). – In Übereinstimmung mit dem Gebot der Gewährung effektiven Rechtsschutzes darf nach der neueren Rechtsprechung (zB BFHE 204, 39 = BStBl II 2004, 367) von den allgemeinen Grundsätzen außerdem abgewichen werden, wenn ein unabweisbares Interesse des StPfl dies gebietet, um eine erhebliche, über Randbereiche hinausgehende Verletzung von Grundrechten zu vermeiden, die durch eine Entscheidung in der Hauptsache nicht mehr beseitigt werden kann (vgl BVerfG NJW 2002, 3691; BVerfGE 93, 1, 14). Die Aufhebung der Vollziehung eines Steuerbescheides erscheint danach jedenfalls dann zur Abwendung wesentlicher Nachteile iS des § 69 II 8 Hs 2, III 4 nötig, wenn das zuständige Gericht von der Verfassungswidrigkeit einer streitentscheidenden Vorschrift überzeugt ist und diese deshalb gem Art 100 I GG dem BVerfG zur Prüfung vorgelegt hat (BFHE 204, 39 = BStBl II 2004, 367). Der BFH-Beschluss ist zu begrüßen. Er korrigiert die bisher einseitige Belastung des StPfl mit den Folgen einer unter Verfassungsaspekten riskanten Steuergesetzgebung.

f) Nach der Rechtsprechung des BFH bestehen **gegen** die **Beschränkung** des vorläufigen Rechtsschutzes (§§ 361 II 4 AO, 69 III 4 iVm 69 II 8 idF des JStG 1997) **keine verfassungsrechtlichen Bedenken** (BFHE 190, 59 = BStBl II 2000, 57; BFHE 192, 197 = BStBl II 2000, 559; BFH/NV 2000, 1559). Das verfassungsrechtliche Gebot der Gewährung effektiven, dh lückenlosen und wirksamen Rechtsschutzes (Art 19 IV GG; BVerfGE 53, 115, 127; 78; 88, 99) wird jedoch nur unvollkommen verwirklicht. Entsprechen die festgesetzten Vorauszahlungen (USt-Voranmeldungen) der später im Jahressteuerbescheid festgesetzten ESt oder USt, bleibt dem Steuerpflichtigen der vorläufige Rechtsschutz regelmäßig verschlossen, weil die AdV/Aufhebung der Vollziehung des Jahressteuerbescheides nur schwer zu erreichen ist (Rz 45 ff; kritisch auch *Leonard* DB 1999, 2280). **48**

49   **g)** Die Beschränkung der Aufhebung der Vollziehung ist nicht nur auf alle seit dem Inkrafttreten des JStG 1997 (am 28. 12. 1996) gestellten Anträge **anzuwenden,** sondern auch auf alle bei Inkrafttreten des JStG 1997 bereits anhängigen Verfahren (vgl BFHE 173, 40 = BStBl II 1994, 250; Art 97 § 1 VI EGAO analog). Verfassungsrechtliche Bedenken hiergegen (Art 20 III GG) bestehen nicht, weil es sich um eine sog unechte Rückanknüpfung handelt (vgl BVerfGE 30, 250, 258; 392, 404; 31, 222, 226; 77, 370, 377).

3. ABC der aussetzungsfähigen/nicht aussetzungsfähigen Verwaltungsakte

55   **Ablehnende Verwaltungsakte**

VAe, deren Inhalt sich auf eine Negation beschränkt, **sind nicht vollziehbar** und damit nicht aussetzungsfähig. Vorläufiger Rechtsschutz kann insoweit allenfalls durch einstweilige Anordnung (§ 114) gewährt werden. Dies gilt grundsätzlich für alle VAe, durch die der Erlass oder die Änderung eines VA ganz oder teilweise abgelehnt wird, zB die **Ablehnung des Antrags auf**

– **Anpassung** (Herabsetzung) **von Vorauszahlungen** (BFHE 164, 173 = BStBl II 1991, 643; BFH/NV 2000, 451; FG Bremen EFG 1977, 273; FG Nds EFG 1978, 492; FG BaWü EFG 1998, 1143; **aA** – obiter dictum – BFHE 96, 465 = BStBl II 1969, 685; FG Bln EFG 1978, 438; FG Köln EFG 1991, 152; *Schmidt/Drenseck* § 37 Rz 17; im Übrigen s „Vorauszahlungsbescheide");
– **Änderung oder Aufhebung** eines bestandskräftigen Steuerbescheides nach §§ 164 II 2, 172 II AO (BFHE 164, 173 = BStBl II 1991, 643; BFH/NV 1995, 409; 1997, 601) oder nach § 175 I Nr 2 AO (BFHE 100, 438 = BStBl II 1971, 110; BFHE 101, 346 = BStBl II 1971, 334);
– **Bewilligung eines Mineralölsteuerlagers** (FG Mchn EFG 1981, 316, 317);
– **Billigkeitserlass** (BFHE 100, 83 = BStBl II 1970, 813), auch nach § 163 AO(BFH/NV 1996, 232; 692), zu § 163 AO s aber auch „Grundlagenbescheide";
– **Festsetzung von Kindergeld** (BFH/NV 2000, 1491);
– **Freistellung vom Steuerabzug** gem § 50 a IV EStG bzw § 50 d EStG 1989 ff (aA FG Köln EFG 1994, 255);
– Erteilung einer **Freistellungsbescheinigung** nach § 44 a V 2 EStG (BFHE 175, 205 = BStBl II 1994, 899; BFH/NV 1995, 975; FG Hbg EFG 1994, 1106) und
– **Stundung** (BFHE 136, 67 = BStBl II 1982, 608; FG RhPf EFG 1979, 610).

Wegen der **Ablehnung** der **Eintragung eines Freibetrags auf der LSt-Karte** s „Freibetrag auf der Lohnsteuerkarte" und wegen der Ablehnung der **Festsetzung einer negativen USt** s „Umsatzsteuer". – Zum **Widerruf und** zur **Rücknahme eines begünstigenden VA** s „Rücknahme und Widerruf eines begünstigenden Verwaltungsaktes".

Abrechnungsbescheide (§ 218 II AO)

Abrechnungsbescheide sind **vollziehbar, soweit** in ihnen **das Bestehen eines Anspruchs** gegen den Steuerpflichtigen **festgestellt wird** (zB BFHE

151, 128 = BStBl II 1988, 43; BFH/NV 1988, 617; 1992, 633; FG Hessen EFG 1997, 896; FG D'dorf EFG 2000, 51), **nicht** aber, wenn festgestellt wird, dass die Steuerschuld noch nicht erloschen ist (BFH/NV 1997, 547; 2005, 492; FG Bln EFG 1981, 328) oder wenn ein vom Steuerpflichtigen geltend gemachter Erstattungsanspruch verneint wird (FG D'dorf EFG 2000, 51). – Entscheidend kommt es auf den Inhalt des Abrechnungsbescheides an. – S auch „Rückforderungsbescheide".

Abzugsanordnung nach § 50 a VII EStG

Die Abzugsanordnung ist ein vollziehbarer und aussetzungsfähiger VA. Antragsbefugt sind der Vergütungsschuldner und der Vergütungsgläubiger (*Schmidt/Heinicke* § 50 a Rz 19; FG Hbg EFG 1997, 593 mwN). Beantragt der Vergütungsgläubiger die AdV/Aufhebung der Vollziehung einer gegen den Vergütungsschuldner erlassenen Abzugsanordnung (§ 50 a VII EStG), kann er (bei Vorliegen der materiellrechtlichen Voraussetzungen der AdV) die vorläufige Auszahlung des an das FA abgeführten Steuerbetrags regelmäßig **nur gegen Sicherheitsleistung** erreichen. Auszahlung ohne Sicherheitsleistung kommt ausnahmsweise in Betracht, wenn der Vergütungsschuldner zustimmt, die Existenz des Vergütungsgläubigers nur auf diesem Wege gerettet werden kann oder wenn die Abzugsanordnung ohne jeden Zweifel und ohne Heilungsmöglichkeit rechtswidrig ist (BFH/NV 1999, 1314, 1315 mwN). – Im Interesse des Vergütungsgläubigers wird man eine entsprechende inhaltliche Begrenzung des AdV-Anspruchs für den Fall annehmen müssen, dass der Vergütungsschuldner die vorläufige Auszahlung des abgeführten Steuerbetrages an sich selbst durchsetzen will. – Zum **Steuerabzug gem § 50 a IV EStG** s „Steueranmeldungen".

Amtshilfeersuchen

Nicht vollziehbar sind als Amtshilfeersuchen zu qualifizierende (verwaltungsinterne) Anträge der Finanzbehörden, also zB **Antrag auf Eintragung einer Sicherungshypothek** oder **auf Anordnung der Zwangsversteigerung** und zwar auch dann nicht, wenn er die nach § 322 III 2 AO erforderliche Bestätigung über das Vorliegen der gesetzlichen Voraussetzungen der Vollstreckung enthält (*T/K* § 322 AO Rz 34 unter Berufung auf BVerwG NJW 1961, 322; FG Hessen EFG 1982, 419; FG Mchn EFG 1989, 237; *Gaul* JZ 1979, 501; *Urban* DStR 1987, 613; *Grune* StWa 1989, 27; **aA** zB BFHE 145, 17 = BStBl II 1986, 236, 237/238; BFHE 158, 310 = BStBl II 1990, 44; BFH/NV 1987, 663; 1988, 762, 763; 1989, 620, 622; 1991, 608; 1992, 4; FG Hbg EFG 1985, 57; FG M'ster EFG 1986, 4; FG D'dorf EFG 1988, 394; 1989, 334; 1992, 711; 1993, 460; FG Hessen EFG 1990, 51).

Änderungsbescheide

Änderungsbescheide sind grundsätzlich vollziehbar und aussetzungsfähig. Durch AdV des Änderungsbescheides können insbesondere die Wirkungen des Erstbescheides vorläufig wieder hergestellt werden (vgl BFH/NV 1992, 683). – Wird ein **bestandskräftiger Erstbescheid** geändert, sind die Beschränkungen der §§ 351 I AO, 42 FGO zu beachten, weil im AdV-Verfahren nicht mehr erreicht werden kann als im Hauptsacheverfahren (Rz 26,

36; FG Köln EFG 1983, 8; *T/K* § 69 FGO Rz 24 „Änderungsbescheid";
Beermann/Gosch § 69 FGO Rz 33). Im Ergebnis kommt deshalb im Falle
der Bestandskraft des Erstbescheides die AdV des Änderungsbescheides nur
in Betracht, soweit die Änderung zu Ungunsten des Adressaten erfolgt
ist (zB FG Köln EFG 1983, 8; FG M'ster EFG 1992, 605; FG Mchn
EFG 1998, 1479; vgl auch FG RhPf EFG 1973, 29; s auch „Umsatzsteuerbescheide"). – Ergeht der **Änderungsbescheid nach Anfechtung des
Erstbescheides,** kommt eine AdV bzw Aufhebung der Vollziehung auch
des Erstbescheides in den Grenzen des § 69 II 8 (Rz 43 ff) in Betracht (zur
Abgrenzung s BFH/NV 1999, 1205; vgl auch BFHE 138, 422 = BStBl II
1983, 622 betr Aufhebung des Vorbehaltes der Nachprüfung – § 164 II
AO). – Während eines den Erstbescheid betreffenden AdV-Verfahrens er-
gangene Änderungsbescheide werden analog § 68 (Rz 137) Gegenstand des
AdV-Verfahrens (vgl FG Hbg EFG 1997, 593).

Androhung von Zwangsmitteln

Die Androhung von Zwangsmitteln (§ 332 iVm §§ 328 ff AO) ist ein
vollziehbarer und aussetzungsfähiger VA, weil die Androhung Voraussetzung
für die Festsetzung der Zwangsmittel ist (*T/K* § 69 FGO Rz 34; *Klein/
Brockmeyer* § 332 Rz 3, 5; *Beermann/Gosch* § 69 FGO Rz 73; aA BFHE 127,
160 = BStBl II 1979, 381, 382). – Im Übrigen s „Vollstreckungsmaßnahmen".

Ankündigung (Androhung) der Vollstreckung

Die Ankündigung (Androhung) der Vollstreckung ist mangels einer Regelung weder vollziehbar noch aussetzungsfähig (BFH/NV 1989, 75; 1997,
462, 463; FG Saarl EFG 1979, 241; *T/K* § 69 FGO Rz 34; *Beermann/
Gosch* § 69 FGO Rz 73).

Ankündigung des Widerrufs/der Rücknahme eines begünstigenden Verwaltungsaktes

Die Ankündigung ist mangels einer Regelung kein vollziehbarer und
aussetzungsfähiger VA (s „Ankündigung der Vollstreckung").

Anrechnungsverfügungen

Die einem Steuerbescheid beigefügte Anrechnungsverfügung ist **hinsichtlich des** ausgewiesenen **Leistungsgebots** (§ 254 I 1 AO) oder Erstattungsanspruchs (§ 37 II AO) ein **vollziehbarer** und aussetzungsfähiger **VA**
(BFH/NV 1992, 683, 685; str). – Ist jedoch bereits ein **Abrechnungsbescheid** (§ 218 II AO) ergangen, so ist dieser **vorrangig** (BFHE 171, 397
= BStBl II 1993, 836; BFHE 170, 573 = BStBl II 1994, 147; BFHE 171,
515 = BStBl II 1994, 182, 184). Vorläufiger Rechtsschutz ist dann nur im
Wege der AdV des Abrechnungsbescheides erreichbar. – Zum **Vorrang
des Steuerbescheides** im Falle der Anrechnung einer Steuervergütung
(zB eines KSt-Anrechnungsguthabens) s BFHE 175, 101 = BStBl II 1995,
65. – Im Übrigen ist § 69 II 8 zu beachten (Rz 43 ff).

Arrestanordnungen

Arrestanordnungen (§ 324 AO) sind vollziehbare und aussetzungsfähige
VAe (BFHE 95, 317 = BStBl II 1969, 399; BFH/NV 1988, 380 betr Aufhebung der Vollziehung). AdV kommt allerdings im Allgemeinen nur ge-

gen Sicherheitsleistung in Betracht (BFH/NV 1988, 374, 376; FG Mchn EFG 1980, 110; FG Köln EFG 1988, 524; *T/K* § 324 AO Rz 48).

Aufhebungsbescheide

S „Rücknahme und Widerruf eines begünstigenden Verwaltungsaktes" und „Vorbehalt der Nachprüfung, Vorläufigkeitsvermerk".

Aufrechnung

Mangels VA-Qualität ist die **Aufrechnungserklärung** der Finanzbehörde nicht vollziehbar und **nicht aussetzungsfähig** (BFHE 149, 482 = BStBl II 1987, 536; BFHE 151, 304 = BStBl II 1988, 366). – Vorläufiger Rechtsschutz kann aber gegen einen vom StPfl beantragten **Abrechnungsbescheid** (§ 218 II AO) gewährt werden (s „Abrechnungsbescheid" und § 33 Rz 30 „Aufrechnung"). – Die Wirkungen der Aufrechnung können auch durch **AdV des VA** beseitigt werden, **auf dem die Gegenforderung** (Steuerforderung) der Finanzbehörde **beruht.** Die Finanzbehörde ist dann infolge der AdV des Steuerbescheides nicht befugt, mit der Steuerforderung (Gegenforderung) aufzurechnen (BFHE 178, 306 = BStBl II 1996, 55; BFH/NV 1997, 257, 258; vgl BFH/NV 2000, 880; 2001, 508, 510; FG Hbg EFG 1994, 732; 2000, 32; FG Bln EFG 1994, 950; aA noch BFHE 151, 304 = BStBl II 1988, 366); wird die AdV nach Aufrechnung angeordnet, bleiben die Wirkungen der Aufrechnung bestehen (BFH/NV 1997, 257). – Im Übrigen kann der StPfl die Erstattung der Hauptforderung nur durch einstweilige Anordnung (§ 114) erreichen (vgl BFH/NV 1991, 172; 1995, 244).

Hat die Finanzbehörde die **Aufrechnung zu Unrecht durch VA** vorgenommen, kann vorläufiger Rechtsschutz ausnahmsweise im Wege der AdV gewährt werden (§ 33 Rz 30 „Aufrechnung").

Aufsichtsprüfung

Die Anordnung einer Aufsichtsprüfung nach dem **StBerG** ist ein vollziehbarer und aussetzungsfähiger VA (FG D'dorf EFG 1979, 362).

Aufteilungsbescheide (§ 279 AO)

Durch einen Aufteilungsbescheid wird die Höhe des auf den einzelnen Gesamtschuldner entfallenden Steueranteils festgestellt (*Klein/Brockmeyer* § 279 AO Rz 1) und gleichzeitig die Vollstreckung in das Vermögen der Gesamtschuldner nach Maßgabe des § 278 AO beschränkt. Wegen der die Vollstreckung beschränkenden Wirkung und in diesem Umfang ist der Aufteilungsbescheid **vollziehbar und aussetzungsfähig.** Es können deshalb im AdV-Verfahren in Übereinstimmung mit dem Rechtsschutzbegehren im Hauptsacheverfahren ernstliche Zweifel an der Rechtmäßigkeit der Art der Aufteilung, insbesondere an der Höhe der auf den Antragsteller entfallenden anteiligen Steuer geltend gemacht werden (FG Hessen EFG 1997, 90; *Wüllenkemper* DStZ 1991, 36; *Klein/Brockmeyer* § 279 AO Rz 2). Nach **aA** ist der vorläufige Rechtsschutz in § 277 AO (Durchführung von Vollstreckungsmaßnahmen bis zur Unanfechtbarkeit der Entscheidung über den Aufteilungsantrag nur zur Sicherung des Steueranspruchs) abschließend geregelt, so dass für die Anwendung der §§ 361 AO, 69 und 114 FGO kein Raum ist (FG Nds EFG 1997, 897; FG Bln EFG 1992, 150; *T/K* § 69 FGO Rz 24 aE); der BFH folgt grundsätzlich der Gegenmeinung, lässt aber die AdV im Aufteilungsverfahren zu, wenn sich die Finanzbehörde nicht an die Vollstreckungsbeschränkung des § 277 AO hält, also zB irreparable Vollstreckungsmaßnahmen ergreift (BFH/NV 2002, 476, 477).

Ausfuhrerstattung

Die Rückforderung einer Ausfuhrerstattung ist vollziehbar und aussetzungsfähig. AdV ist nach Maßgabe der §§ 361 AO, 69 FGO zu gewähren. Art 244 ZK ist nicht einschlägig (BFH/NV 2001, 75, 76).

Außenprüfung, Betriebsprüfung

Vollziehbar und aussetzungsfähig sind grundsätzlich alle Maßnahmen mit VA-Qualität, gegen die Rechtsschutz im Wege der Anfechtungsklage erreichbar ist. Dies gilt insbesondere für die **Prüfungsanordnung** (BFHE 113, 411 = BStBl II 1975, 197; BFH/NV 2003, 296; zur **Auslegung** eines Antrags auf AdV der Prüfungsanordnung s BFH/NV 2003, 1234, 1235), die **Festlegung des Beginns** der Außenprüfung (BFHE 149, 104 = BStBl II 1987, 408; BFH/NV 1989, 13) und die **Bestimmung des Prüfungsortes** (BFHE 156, 18 = BStBl II 1989, 483; BFH/NV 1989, 13). Ist die **Prüfung bereits abgeschlossen**, ist vorläufiger Rechtsschutz nur im Wege der AdV der aufgrund der Prüfung ergangenen Steuerbescheide erreichbar (BFHE 113, 411 = BStBl II 1975, 197; ebenso *T/K* § 69 FGO Rz 31; *Beermann/Gosch* § 69 FGO Rz 63). – Zur Frage der unbilligen Härte der Vollziehung s Rz 105. – **Nicht vollziehbar** sind VAe, deren Inhalt sich auf eine Negation beschränkt (s „Ablehnende Verwaltungsakte"), wie zB die **Ablehnung des Antrags auf Verlegung des Prüfungstermins oder des Prüfungsortes.** Insoweit kann, weil es sich um ein Verpflichtungsbegehren handelt, vorläufiger Rechtsschutz nur durch einstweilige Anordnung gewährt werden (§ 114 Rz 19). Nicht vollziehbar sind auch Maßnahmen ohne VA-Qualität (Realakte), wie zB die Anforderung bestimmter prüfungsrelevanter Unterlagen (BFHE 187, 386 = BStBl II 1999, 199).

Beitreibungsersuchen an ausländische Finanzbehörden

Vorläufiger Rechtsschutz kann durch AdV gewährt werden (FG D'dorf EFG 1989, 626).

Benennungsverlangen (§ 160 AO, § 16 AStG)

Das Benennungsverlangen nach § 160 AO/§ 16 AStG ist eine bloße Vorbereitungshandlung für den Erlass eines Steuerbescheides (BFHE 146, 99 = BStBl II 1986, 537; BFHE 154, 5 = BStBl II 1988, 927). Vorläufiger Rechtsschutz ist deshalb nur im Wege der einstweiligen Anordnung (§ 114) erreichbar. – Im Übrigen ist die Rechtmäßigkeit des Benennungsverlangens im Verfahren gegen den anschließend ergangenen Steuerbescheid überprüfbar.

Billigkeitsentscheidungen

S „Ablehnende Verwaltungsakte" und „Rücknahme und Widerruf eines begünstigenden Verwaltungsaktes".

Buchführungspflicht

S „Finanzbefehle".

Duldungsbescheide

Duldungsbescheide (§ 191 I AO) sind vollziehbare und aussetzungsfähige VAe.

Eidesstattliche Versicherungen

Die Aufforderung zur Abgabe der eidesstattlichen Versicherung nach § 95 I AO ist ebenso wie die Aufforderung zur Vorlage eines Vermögensverzeichnisses und Abgabe der eidesstattlichen Versicherung im Vollstreckungsverfahren (§ 284 AO) ein vollziehbarer und aussetzungsfähiger VA. Vorläufiger Rechtsschutz ist deshalb an sich im Wege der AdV zu gewähren (BFHE 184, 248 = BStBl II 1998, 227). Da der **Einspruch** gegen die Anordnung der Abgabe der eidesstattlichen Versicherung im Vollstreckungsverfahren jedoch **aufschiebende Wirkung** hat, wenn der Einspruch begründet wird (§ 284 VI 2 AO), ist der **AdV-Antrag regelmäßig** mangels Rechtsschutzinteresses **unzulässig,** soweit § 284 VI 2 AO eingreift (vgl zum alten Recht BFH/NV 1992, 321; 1993, 460). Nach Einlegung und Begründung des Einspruchs kann AdV deshalb nur gewährt werden, wenn die Finanzbehörde die aufschiebende Wirkung des Einspruchs bestreitet (BFHE 184, 248 = BStBl II 1998, 227; FG Nds EFG 2001, 1411).

Einheitswertbescheide

Einheitswertbescheide (§ 180 I Nr 1 AO; § 19 BewG) sind als Grundlagenbescheide nach den allgemeinen Grundsätzen vollziehbar und aussetzungsfähig (BFH/NV 1999, 340; s auch „Grundlagenbescheide"). AdV kommt insbesondere hinsichtlich der zum jeweiligen Stichtag angefochtenen Feststellungen in Betracht. – Vorläufiger Rechtsschutz ist nach der Rspr des BFH auch dann durch AdV zu gewähren, wenn der Antrag auf Art- oder Wertfortschreibung abgelehnt (BFHE 164, 101 = BStBl II 1991, 549; BFH/NV 1991, 697) oder wenn für den Gesellschafter einer Personengesellschaft anstelle eines Anteils von 0 DM am Einheitswert des Betriebsvermögens ein negativer Anteil begehrt wird (BFH/NV 1994, 151 und 298).

Einkommensteuerbescheide

ESt-Bescheide **sind vollziehbar** und aussetzungsfähig, soweit im Hauptsacheverfahren die betragsmäßige Herabsetzung der festgesetzten ESt begehrt wird. Auf die Höhe der einzelnen Besteuerungsmerkmale kommt es dabei nicht an; **gleichgültig** ist deshalb auch, **ob der Ansatz niedrigerer positiver oder höherer negativer Einkünfte** durchgesetzt werden soll (vgl BFH/NV 2004, 183, 184). – Einwände gegen die Richtigkeit der Abrechnung können jedoch in dem die Steuerfestsetzung betreffenden AdV-Verfahren nicht berücksichtigt werden (BFH/NV 1999, 492; s auch „Abrechnungsbescheide").

Erstreckt sich das Aussetzungsbegehren nicht nur auf die Abschlusszahlungen, sondern auch auf schon geleistete **Vorauszahlungen, Steuerabzugsbeträge** (LSt, KapESt) **und Steuervergütungen** (zB anzurechnende KSt), müsste vorläufiger Rechtsschutz nach der Systematik des § 69 an sich durch Aufhebung der Vollziehung gewährt werden (Beschluss des GrS v 3. 7. 1995 – BFHE 178, 11 = BStBl II 1995, 730). Die durch das Jahressteuergesetz 1997 aus fiskalischen Gründen eingefügte Vorschrift des **§ 69 II 8** (ebenso § 361 II 4 AO) **beseitigt** die **Möglichkeit der Aufhebung der Vollziehung** jedoch weitgehend (s im Einzelnen Rz 43 ff).

ESt-Bescheide, in denen die **Steuer auf 0 Euro** festgesetzt worden ist und bei denen der Steuerpflichtige die Festsetzung einer negativen Steuer (Steuererstattung) begehrt, sind weder vollziehbar noch aussetzungsfähig. Vorläufiger Rechtsschutz ist insoweit allenfalls durch einstweilige Anordnung (§ 114) erreichbar.

Zur Beschränkung der AdV in den Fällen, in denen **einzelne Besteuerungsmerkmale durch** einen **Grundlagenbescheid festgestellt** oder festgesetzt worden sind, s „Folgebescheide". – Zu **Änderungsbescheiden** s dort. – Zum Umfang der AdV, falls ernstliche Zweifel an der Rechtmäßigkeit des ESt-Bescheides bestehen, die ESt im Ergebnis aber wegen **widerstreitender Steuerfestsetzung** (§ 174 AO) zu Ungunsten des StPfl zu ändern ist, s BFHE 176, 303 = BStBl II 1995, 814: keine Begrenzung der AdV.

Erstattungsbeträge

Im Wege der AdV kann die Erstattung eines höheren als des festgesetzten Erstattungsbetrages nicht erreicht werden. Ein solches Begehren würde über die Herstellung der aufschiebenden Wirkung hinausgehen (vgl BFHE 114, 169 = BStBl II 1975, 239; BFHE 114, 171 = BStBl II 1975, 240; BFHE 134, 402 = BStBl II 1982, 149; BFH/NV 1987, 42; *Kwasek* StuW 1976, 132; 1980, 86, 87).

Feststellungsbescheide

Feststellungsbescheide sind jedenfalls dann vollziehbar und aussetzungsfähig, wenn ihr Regelungsinhalt so gestaltet ist, dass die bloße AdV einen wirksamen Rechtsschutz bietet (BFHE 145, 17 = BStBl II 1986, 236; 238 mwN). Das ist immer der Fall, wenn es sich bei dem Feststellungsbescheid um einen Grundlagenbescheid handelt (s „Grundlagenbescheid", „Folgebescheid"). – Für andere feststellende VAe gilt dies ebenso, wenn sich ihr Regelungsinhalt nicht in der Feststellung erschöpft, sondern weitere Vollziehungsmaßnahmen rechtfertigt (so BFHE 145, 17 = BStBl II 1986, 236 betr Feststellung der gesetzlichen Voraussetzungen für die Vollstreckung durch den Antrag auf Eintragung einer Sicherungshypothek; s aber „Amtshilfe").

Finanzbefehle

Finanzbefehle sind VAe, die nicht auf eine Geldleistung, sondern auf Vornahme einer sonstigen Handlung, Duldung oder Unterlassung gerichtet sind (vgl § 328 I AO). Finanzbefehle sind zB die Aufforderung zur Abgabe von Steuererklärungen (BFH/NV 1996, 13) oder Jahresabschlüssen (BFH/NV 1994, 447) und die Mitteilung über die Buchführungspflicht nach § 141 II AO (s hierzu *Klein/Brockmeyer* § 328 Rz 3). – Finanzbefehle **sind vollziehbar und aussetzungsfähig** (zB BFHE 129, 300 = BStBl II 1980, 427; BFH/NV 1989, 13; 1991, 645).

Folgebescheide

Folgebescheide sind zwar vollziehbar, **hinsichtlich der in** einem bereits ergangenen **Grundlagenbescheid** (Feststellungsbescheid) verbindlich **ge-**

troffenen Entscheidungen über die Feststellung von Besteuerungsgrundlagen (§§ 171 X, 175 I 1 Nr 1 AO) **ist** die **AdV** aber **regelmäßig ausgeschlossen** (zB BFHE 151, 319 = BStBl II 1988, 240). Denn die Vollziehung des Folgebescheides ist von Amts wegen auszusetzen, wenn die AdV des Grundlagenbescheides angeordnet wird (§ 69 II 4; § 361 III 1 AO), und zwar unabhängig davon, ob der Folgebescheid angefochten worden ist. Ein Antrag auf AdV des Folgebescheides ist deshalb, falls er nicht im Wege der **Auslegung** als Antrag auf AdV des Grundlagenbescheides verstanden werden (BFH/NV 2002, 1445, 1446) oder in einen Antrag auf AdV des Grundlagenbescheides **umgedeutet** werden kann (BFHE 93, 543 = BStBl II 1969, 40; BFH/NV 1987, 796, 797), unzulässig und zwar entweder mangels Beschwer (§ 42 iVm § 351 II AO; vgl BFHE 124, 147 = BStBl II 1978, 227, 228; Rz 62) oder mangels allgemeinen Rechtsschutzinteresses (BFHE 151, 319 = BStBl II 1988, 240; BFH/NV 1988, 146; 2001, 630; FG Hbg EFG 1990, 282; 285; Rz 66). Das gilt im Allgemeinen auch, wenn der **Antrag** auf AdV des Grundlagenbescheides **noch nicht beschieden** ist (vgl BFHE 122, 18 = BStBl II 1977, 612; BFHE 139, 508 = BStBl II 1984, 210; BFH/NV 1986, 476, 477; FG RhPf EFG 1978, 599; Rz 66) oder wenn sich der Abschluss des Verfahrens zur Erlangung vorläufigen Rechtsschutzes verzögert (BFH/NV 1986, 167, 168; FG M'ster EFG 1983, 537; FG Bremen EFG 1983, 332; FG Köln EFG 1984, 267; aA FG Hbg EFG 1983, 104). Die AdV des Folgebescheides kommt **außerdem nicht** in Betracht, **wenn** die AdV des Grundlagenbescheides **keine steuerlichen Auswirkungen** auf die Höhe der im Folgebescheid festgesetzten Steuer hat (vgl BFH/NV 1986, 357). Ist der Grundlagenbescheid bereits bestandskräftig oder die AdV des Grundlagenbescheides abgelehnt worden, ist die AdV des Folgebescheides ausgeschlossen, soweit die Bindungswirkung des Grundlagenbescheides reicht.

Die **isolierte AdV des Folgebescheides** kommt **ausnahmsweise** in Betracht,
- wenn die **Finanzbehörde sich weigert,** die Vollziehung des Folgebescheides auszusetzen, obwohl die AdV des Grundlagenbescheides angeordnet ist (vgl BFHE 136, 190 = BStBl II 1982, 660; BFH/NV 1986, 476, 477; 1987, 725, 726; 1991, 723; 1996, 232; FG RhPf EFG 1992, 151);
- wenn die Finanzbehörde die noch gesondert festzustellenden oder festzusetzenden Besteuerungsgrundlagen schätzt und den **Folgebescheid nach § 155 II AO** erlässt, bevor der Grundlagenbescheid ergangen ist (vgl BFHE 110, 177 = BStBl II 1973, 854; BFHE 125, 510 = BStBl II 1978, 632; BFHE 126, 37 = BStBl II 1979, 46; BFH/NV 2000, 713 zugleich zum Inhalt der zulässigen Einwendungen; *T/K* § 69 FGO Rz 27; aA *Roggan* S 106 ff). Ergeht der Grundlagenbescheid vor Abschluss des AdV-Verfahrens, wird der Antrag unzulässig (§ 69 II 4; § 361 III 1 AO; *Beermann/Gosch* § 69 FGO Rz 44);
- wenn im Verfahren gegen den Folgebescheid die **Unwirksamkeit des Grundlagenbescheides** geltend gemacht wird (BFHE 146, 225 = BStBl II 1986, 477; BFHE 153, 98 = BStBl II 1988, 660; FG Mchn EFG 1995, 458). Denn die Bindungswirkung des Grundlagenbescheides erstreckt sich nicht auf dessen Wirksamkeit (BFHE 146, 225 = BStBl II 1986, 477, 478; s auch BFH/NV 1991, 602, 603). – Außerdem kommt

die AdV des möglicherweise **nichtigen Grundlagenbescheides** in Betracht (s „Nichtige Bescheide");

– wenn im Verfahren gegen den Folgebescheid **Einwendungen** gegen Besteuerungsgrundlagen erhoben werden, **die nicht** mit bindender Wirkung im Grundlagenbescheid **festgestellt** worden bzw festzustellen **sind.**

Ist die Finanzbehörde durch einstweilige Anordnung (§ 114) zum Erlass des begehrten Grundlagenbescheides verpflichtet worden und weigert sich die Finanzbehörde, die Folgeänderung gemäß § 175 I 1 Nr 1 AO vorzunehmen, soll vorläufiger Rechtsschutz auf der Ebene des Folgebescheides nur im Wege der einstweiligen Anordnung (§ 114) gewährt werden können, weil es sich um ein Verpflichtungsbegehren handelt (vgl BFH/NV 1986, 476, 477; *Beermann/Gosch* § 69 FGO Rz 44; zweifelhaft).

Bei **mehrstufigen Grundlagen- und Folgebescheiden** (zB Feststellung des Einheitswertes des Betriebsvermögens – GewSt-Messbescheid – GewSt-Bescheid) kann die AdV des letzten Folgebescheides nur ausgesprochen werden, wenn die Vollziehung des Grundlagen-/Folgebescheides der vorhergehenden Stufe ausgesetzt ist (vgl FG Bln EFG 1992, 312; *T/K* § 69 FGO Rz 27).

Diese Grundsätze gelten nicht nur für die auf der Grundlage von Feststellungsbescheiden nach §§ 179, 180 AO ergangenen Folgebescheide, sondern auch für sonstige Folgebescheide, zB die **Festsetzung** der **Milchgarantiemengenabgabe** nach Maßgabe der festgesetzten Referenzmenge (BFHE 143, 523 = BStBl II 1985, 553; BFH/NV 1987, 180, 181), den **ESt-Bescheid** als Folgebescheid einer Billigkeitsentscheidung nach § 163 AO (offen BFH/NV 1988, 174, 175) und den **Zinsbescheid** als Folgebescheid des Steuerbescheides (§§ 233 a V, 239 AO). – Folgebescheid ist auch der **GewSt-Messbescheid** im Verhältnis zum Bescheid über die Feststellung des Einheitswertes des Betriebsvermögens, nicht aber im Verhältnis zum Gewinnfeststellungs- oder ESt-Bescheid (BFHE 173, 158 = BStBl II 1994, 300; s auch „Gewerbesteuer-Messbescheide").

Freibetrag auf der Lohnsteuerkarte

Die Eintragung eines Freibetrags auf der LSt-Karte ist die gesonderte Feststellung einer Besteuerungsgrundlage iS des § 179 I AO (§ 39a IV 1 EStG). Sie ist Grundlagenbescheid für die LSt-Anmeldung. Demgemäß ist die Ablehnung bzw die teilweise Ablehnung des Antrags auf Eintragung eines Freibetrags auf der LSt-Karte ein **negativer** bzw **partiell negativer Feststellungsbescheid,** der nach den Regeln über die Gewährung vorläufigen Rechtsschutzes gegen (partiell) negative Feststellungsbescheide (s „Grundlagenbescheide") **vollziehbar und aussetzungsfähig** ist (BFHE 148, 533 = BStBl II 1987, 344; BFHE 167, 152 = BStBl II 1992, 752; BFHE 173, 554 = BStBl II 1994, 567; FG Bln EFG 1987, 54; FG Mchn EFG 1995, 268; *Stuhldreier* FR 1983, 479; 1984, 359; *Renz* DStZ 1988, 153; aA – AdV nur bei teilweiser Ablehnung – *von Groll* DStJG 9 (1986), 431, 453 f).

Das **Rechtsschutzinteresse** für den AdV-Antrag **entfällt** (mit der Folge, dass das Rechtsschutzbegehren unzulässig wird), wenn sich die (vorläufige) Eintragung eines Freibetrags auf der LSt-Karte wegen Zeitablaufs beim LSt-Abzug **nicht mehr auswirken kann** (BFH/NV 1994, 783).

Freistellungsbescheide

Ablehnende Bescheide sind weder vollziehbar noch aussetzungsfähig (s „Ablehnende Verwaltungsakte"). – Zum vorläufigen Rechtsschutz im Übrigen s BFHE 178, 59 = BStBl II 1995, 781; BFHE 174, 389 = BStBl II 1994, 835; s auch „Steueranmeldungen".

Gewerbesteuerbescheide

GewSt-Bescheide sind Folgebescheide im Verhältnis zu den GewSt-Messbescheiden. Sie sind nicht selbstständig aussetzungsfähig, soweit die im GewSt-Messbescheid festzusetzenden Besteuerungsgrundlagen streitig sind (s „Folgebescheide").

Gewerbesteuer-Messbescheide

Ein GewSt-Messbescheid ist Folgebescheid im Verhältnis zum Bescheid über die Feststellung des Einheitswertes des Betriebsvermögens und insoweit **nicht selbstständig aussetzungsfähig** (s „Folgebescheide"). – Im Hinblick auf **§ 35 b GewStG** besteht ein vergleichbares Verhältnis auch zu ESt-, KSt- und Feststellungsbescheiden, wenn der GewSt-Messbescheid **nicht angefochten** worden **oder** bereits **bestandskräftig** ist: Wird die AdV des ESt-, KSt- oder Feststellungsbescheides ausgesetzt, ist auch die Vollziehung des GewSt-Messbescheides auszusetzen (BFHE 173, 158 = BStBl II 1994, 300; *Glanegger/Peuker* § 35 b Rz 2 mwN). Im Übrigen ist der GewSt-Messbescheid selbstständig aussetzungsfähig (BFHE 173, 158 = BStBl II 1994, 300).

Gewerbeuntersagung

Der **Antrag** der Finanzbehörde auf Gewerbeuntersagung **ist nicht vollziehbar** und nicht aussetzungsfähig (vgl FG BaWü EFG 1981, 67; FG Köln Beschluss v 25. 7. 1991 6 V 331/91 – juris CD; s aber „Insolvenzverfahren").

Vorläufiger Rechtsschutz gegen die Gewerbeuntersagung selbst ist durch die allgemeinen Verwaltungsgerichte zu gewähren (Rz 207).

Grundlagenbescheide, insbesondere Gewinn- und Verlustfeststellungsbescheide

Grundlagenbescheide (§ 42 Rz 33) sind vollziehbar und aussetzungsfähig (vgl § 69 I 2, II 4). Die AdV erfolgt prinzipiell nach den allgemeinen Regeln.

Vorläufiger Rechtsschutz gegen **Gewinn- und Verlustfeststellungsbescheide** iS des § 180 I Nr 2 a AO ist nach der inzwischen gefestigten Rechtsprechung des BFH **ausnahmslos durch AdV** zu gewähren. Dies gilt insbesondere,
– wenn ein bereits ergangener, dh **positiver Gewinnfeststellungsbescheid mit dem Ziel** des Ansatzes **eines niedrigeren Gewinns** angefochten wird (unstr);
– wenn ein **positiver Gewinnfeststellungsbescheid durch** einen **negativen Gewinnfeststellungsbescheid** (dh einen Bescheid, durch den der Erlass eines Gewinnfeststellungsbescheides abgelehnt wird) **aufgehoben** und letzterer angefochten wird (unstr; zB BFHE 119, 9 = BStBl II 1976, 598);

– wenn ein positiver Verlustfeststellungsbescheid ergangen ist, anschließend durch Änderungsbescheid ein **geringerer Verlust festgestellt
und** das Verfahren gegen den **Änderungsbescheid fortgesetzt** wird
(vgl „Änderungsbescheide" und BFHE 110, 506 = BStBl II 1974, 220;
BFHE 123, 412 = BStBl II 1978, 15);
– wenn vor **Erlass des angefochtenen Gewinn-** oder Verlust**feststellungsbescheides schon Folgebescheide ergangen** waren, in denen
die (gesondert festzustellenden) Gewinne bzw Verluste schon mit niedrigeren bzw höheren Beträgen berücksichtigt worden waren (vgl BFHE
110, 506 = BStBl II 1974, 220; BFHE 123, 412 = BStBl II 1978, 16);
– wenn ein **positiver Gewinn-** oder Verlustfeststellungsbescheid mit
dem Ziel angefochten wird, die **erstmalige Feststellung eines Verlustes** oder die Feststellung eines **höheren Verlustes** durchzusetzen
(§ 69 analog: BFHE 128, 164 = BStBl II 1979, 567, 569/570; BFHE
129, 47 = BStBl II 1980, 66; BFHE 131, 455 = BStBl II 1981, 99, 100/
101; GrS BFHE 149, 493 = BStBl II 1987, 637; BFH/NV 1988, 24, 25;
1989, 86);
– wenn ein **partiell negativer Gewinn-** oder Verlustfeststellungsbe-
scheid (dh ein Bescheid, durch den die Mitunternehmereigenschaft einzelner Gesellschafter/Gemeinschafter verneint wird) mit dem Ziel angegriffen wird, die vorläufige Einbeziehung der bisher aus der Gewinn-
und Verlustverteilung ausgeklammerten Personen zu erreichen (§ 69
analog: BFHE 131, 184 = BStBl II 1980, 697, 698; BFH/NV 1994,
298; s auch FG Hbg EFG 1981, 460) und
– wenn ein **negativer Gewinn- und Verlustfeststellungsbescheid** mit
dem Ziel angegriffen wird, die **vorläufige Berücksichtigung der** erklärten und nach Ansicht des Antragstellers gesondert und einheitlich festzustellenden **Besteuerungsgrundlagen** durchzusetzen (§ 69 analog: GrS
BFHE 149, 493 = BStBl II 1987, 637; speziell zu Einkünften aus Vermietung und Verpachtung BFH/NV 1988, 715; 1989, 504; 585; 1990, 435,
436; 1991, 535); dabei kommt eine vorläufige Regelung nur in Betracht,
wenn gegen den (auch partiell) negativen Gewinn- und Verlustfeststellungsbescheid materielle Bedenken bestehen (BFH/NV 2002, 1447: bei
ausschließlich formellen Bedenken lediglich AdV; s auch Rz 167).

Die Ausdehnung des Anwendungsbereichs des § 69 auf die beiden zuletzt genannten Fallgruppen (partiell negative und negative Gewinn- und
Verlustfeststellungsbescheide) ist zwar praktikabel, widerspricht aber zumindest der Systematik des Gesetzes, weil den Anträgen in beiden Fällen
ein Verpflichtungsbegehren zugrunde liegt und hierfür die Rechtsschutzgewährung durch einstweilige Anordnung (§ 114) vorgesehen ist (wie hier
Beermann/Gosch § 69 FGO Rz 51; aA *T/K* § 69 FGO Rz 40). – Im Übrigen s zur Kritik 4. Aufl § 69 Rz 40–42. – Zur Frage, ob de lege ferenda
eine andere Lösung wünschenswert ist, s Rz 5 aE.

Die von der Rechtsprechung entwickelten und für die Praxis relevanten
Grundsätze zur Gewährung vorläufigen Rechtsschutzes bei Gewinn- und
Verlustfeststellungsbescheiden sind **auf andere Grundlagenbescheide
übertragbar.** Sie gelten insbesondere für **Feststellungsbescheide nach
§ 180 I Nr 1 iVm § 19 BewG** (s „Einheitswertbescheide"), nach **§ 180 I
Nr 2 b AO** (BFH/NV 1990, 435, 436) und **§ 180 I Nr 3 AO** und zwar
auch, soweit ausländische Verluste (§ 2 AIG bzw § 2 a I EStG) festgestellt

worden sind (BFH/NV 1990, 570; FG Hessen EFG 1989, 579), Feststellungsbescheide nach der **VO zu § 180 II AO** (BFH/NV 1993, 242), nach **§ 17 II, III GrEStG** (BFH/NV 1990, 59, 60), nach **§ 47 KStG,** nach **§ 55 V EStG** (BFH/NV 1988, 442, 443), für **GewSt-Messbescheide** und **GrSt-Messbescheide,** für die **Ablehnung von Billigkeitsmaßnahmen nach § 163 AO** (BFHE 149, 493 = BStBl II 1987, 637, 642; FG D'dorf EFG 1986, 372; *T/K* § 114 FGO Rz 5; aA – vorläufiger Rechtsschutz durch einstweilige Anordnung – FG Mchn EFG 1991, 208; *Beermann/Gosch* § 69 FGO Rz 49 und § 114 FGO Rz 14; s auch hier § 114 Rz 45), für die Feststellung eines **verrechenbaren Verlustes nach § 15 a IV EStG** (BFHE 150, 514 = BStBl II 1988, 5; BFHE 152, 522 = BStBl II 1988, 617; BFH/NV 1997, 406; *Schmidt* § 15 a Rz 190, 191) und für Feststellungsbescheide nach der **MGVO** (zB bei negativem Referenzmengen-Feststellungsbescheid – BFH/NV 1992, 429; 1998, 1395; FG Bremen EFG 1991, 491 – wie GrS; bei Ablehnung, eine höhere Referenzmenge festzusetzen – BFHE 146, 1; BFH/NV 1987, 180; 188; 1988, 66; 1992, 429; FG Bremen EFG 1991, 491; bei Rücknahme des Bescheides über die Anlieferungs-Referenzmenge – BFH/NV 1994, 435), **nicht aber,** soweit eine **Härtefallbescheinigung** erforderlich ist (BFHE 145, 289; BFH/NV 1987, 197; § 33 Rz 40).

Zur **Tenorierung** s BFHE 128, 164 = BStBl II 1979, 567, 568; BFHE 149, 493 = BStBl II 1987, 637, 643 (betr negative Gewinnfeststellungsbescheide).

Haftungsbescheide

Haftungsbescheide sind vollziehbare und aussetzungsfähige VAe.

Insolvenzverfahren

Vorläufiger Rechtsschutz **gegen den Insolvenzantrag** ist nicht durch AdV, sondern durch einstweilige Anordnung (§ 114) zu gewähren (s § 33 Rz 30 „Insolvenz (Konkurs)"; s auch BFH/NV 1990, 710; FG M'ster EFG 2000, 634).

Ein Antrag des Insolvenzschuldners auf AdV von Steuerbescheiden bzw Aufhebung der Vollziehung ist wegen der mit Eröffnung des Insolvenzverfahrens (§ 27 InsO) eintretenden Beschränkungen der Vollstreckung (§§ 87 ff InsO) regelmäßig mangels Rechtsschutzinteresses unzulässig (vgl BFHE 114, 164 = BStBl II 1975, 208).

Die Feststellung einer Steuerforderung als Insolvenzforderung gemäß § 251 III AO ist wegen der Wirkungen der Insolvenzeröffnung kein vollziehbarer VA (vgl FG RhPf EFG 1982, 503).

Kindergeldangelegenheiten

Wird **Kindergeld als Steuervergütung** durch die Familienkassen gezahlt, ist der Finanzrechtsweg eröffnet (§ 33 Rz 30 „Kindergeldangelegenheiten"). Vorläufiger Rechtsschutz ist dann nach den Vorschriften der §§ 361 AO, § 69 FGO zu gewähren. – **Nicht vollziehbar ist** nach allgemeinen Grundsätzen **ein Bescheid, durch den** ein **Antrag** auf Gewährung von Kindergeld ganz oder teilweise **abgelehnt worden ist** (s „Ablehnende Verwaltungsakte"). – **Vollziehbarkeit ist** aber **zu bejahen,** wenn eine schon gesicherte Rechtsposition rückwirkend oder mit Wirkung für die Zukunft beeinträchtigt oder entzogen wird (s „Rücknahme und Widerruf begünstigender Verwaltungsakte"). AdV kommt deshalb in Betracht, **wenn** die **Kindergeld-Bewilligung** wegen Änderung der Verhältnisse gemäß § 70 II EStG oder aus anderen Gründen gemäß §§ 172 ff AO **aufgehoben** (BFH/NV 1998, 963; 1999, 30) oder das Kindergeld gemäß §§ 70 II EStG, 172 ff AO **nachträglich auf 0 DM herabgesetzt wird** (BFHE 187, 266 = BStBl II 1999, 136). – Zur Möglichkeit der Gewährung vorläufigen Rechtsschutzes durch AdV im Falle der **Aufrechnung der Familienkasse** mit einem Rückforderungsanspruch (§ 75 EStG) s „Aufrechnung" (zur Aufrechnungslage s FG Bln EFG 1999, 850). – Zur AdV eines **Rückforderungsbescheides** s „Rückforderungsbescheide" und zur AdV bei **Pfändung** von Kindergeldansprüchen (§ 76 EStG) s „Vollstreckungsmaßnahmen".

Antragsbefugt sind die Anspruchsberechtigten (§ 62 EStG), uU auch der Sozialhilfeträger (vgl FG M'ster EFG 1997, 1475; 1998, 1209; FG SchlHol EFG 1998, 495 und 1211; FG Bdbg EFG 1998, 887; s die Nachweise bei *Schmidt/Weber-Grellet* § 74 Rz 2,4).

AdV gemäß §§ 361 AO, 69 FGO kann jedoch **nicht** gewährt werden, soweit Streitigkeiten über Kindergeld im **Sozialrechtsweg** zu verfolgen sind. Das ist der Fall, wenn Kindergeld als Sozialleistung gezahlt wird (§ 33 Rz 30 „Kindergeldangelegenheiten"). Der Sozialrechtsweg ist auch gegeben bei Erstattungsansprüchen der Träger von Sozialleistungen gemäß § 75 III EStG bzw deren nachträglicher Änderung (FG Bremen EFG 1997, 991, 992; aA FG Nds EFG 1997, 1213; FG D'dorf EFG 2000, 225).

Kirchensteuerbescheide

Die KiSt ist in allen Bundesländern als Annexsteuer zur ESt und LSt ausgestaltet: ESt-Bescheide/LSt-Anmeldungen sind Grundlagenbescheide für die Festsetzung der KiSt. Die Frage des Rechtswegs ist in den einzelnen Bundesländern jedoch unterschiedlich geregelt (§ 33 Rz 42 ff). – Nach allgemeinen Grundsätzen (§ 69 III 1 iVm § 69 II 4 ist ein Antrag auf AdV des KiSt-Bescheides **mangels Rechtsschutzinteresses unzulässig** (s „Folgebescheide"; Rz 66). **Demgegenüber** hält der **BFH** ohne Rücksicht darauf, ob überhaupt der Finanzrechtsweg eröffnet ist, § 69 II 4 für analog anwendbar und setzt die Vollziehung des KiSt-Bescheides gleichzeitig mit der Vollziehung des ESt-Bescheides (Grundlagenbescheides) aus (zB BFH/ NV 1995, 680; 2000, 827; 2003, 187, 188; s auch BFHE 186, 236 = BStBl II 1998, 721).

Kontrollmitteilungen

Vorläufiger Rechtsschutz mit dem Ziel, die Weiterleitung der besteuerungsrelevanten Daten zu unterbinden, kann nur durch einstweilige Anordnung (§ 114) gewährt werden, weil es sich um ein allgemeines Leistungsbegehren (Unterlassungsbegehren) handelt (vgl *Klein/Rüsken* § 195 Rz 33 f; FG Köln EFG 2000, 599; s auch FG D'dorf EFG 1991, 711 betr Kontrollmitteilung an ausländische Steuerverwaltung).

Körperschaftsteuerbescheide

KSt-Bescheide sind wie ESt-Bescheide vollziehbar und aussetzungsfähig. Die für die AdV von ESt-Bescheiden geltenden Grundsätze (s „Einkommensteuerbescheide") sind entsprechend anzuwenden.

Vorläufiger Rechtsschutz kann grundsätzlich auch dann durch AdV des an den Gesellschafter einer Kapitalgesellschaft gerichteten KSt-Bescheides gewährt werden, wenn die Erfassung von Einnahmen iS des § 20 I Nr 1–3, II Nr 2a EStG aF mit dem Ziel der Anrechnung der auf diese Einnahmen entfallenden KSt (§ 51 KStG iVm § 36 II Nr 3 EStG aF) streitig ist (BFHE 175, 101 = BStBl II 1995, 65; s auch „Anrechnungsverfügungen"). Die Einschränkungen des § 69 II 8 (Rz 43 ff) müssen aber beachtet werden.

Leistungsgebote (§ 254 AO)

Leistungsgebote sind vollziehbar und aussetzungsfähig (BFHE 117, 215 = BStBl II 1976, 258).

Lohnsteuer-Anmeldung

S „Steueranmeldungen".

Milchreferenzmenge

S „Grundlagenbescheide".

Nichtige Bescheide

Werden nichtige Steuerbescheide **angefochten** (zur Anfechtbarkeit s § 41 Rz 22; Vor § 40 Rz 56), kann ihre scheinbare Wirkung durch Anordnung der **AdV** außer Kraft gesetzt werden (vgl BFH/NV 1989, 36; FG D'dorf EFG 1978, 360). Ist aber die Rechtsbehelfsfrist abgelaufen und im Hauptsacheverfahren Klage auf Feststellung der Nichtigkeit des Steuerbescheides erhoben worden, kann vorläufiger Rechtsschutz nur durch einstweilige Anordnung (§ 114) gewährt werden (zB BFHE 134, 223 = BStBl II 1982, 133; BFH/NV 1989, 36; 1993, 349; s auch FG Saarl EFG 1998, 125).

Prüfungsanordnungen, Prüfungsmaßnahmen

S „Außenprüfung, Betriebsprüfung".

Rechtsgestaltende Verwaltungsakte

S „Rücknahme und Widerruf eines begünstigenden Verwaltungsaktes".

Rückforderungsbescheide

Rückforderungsansprüche (*Klein/Brockmeyer* § 37 AO Rz 22 ff) ergeben sich daraus, dass von vornherein ohne rechtlichen Grund gezahlt worden ist oder dass der die Grundlage der Auszahlung bildende Bescheid ersatzlos aufgehoben wird. Eines besonderen Festsetzungsbescheides bedarf es im Allgemeinen nicht. Besteht jedoch Streit über die Berechtigung der Rückforderung, wird der **Rückforderungsanspruch durch** Abrechnungsbescheid gemäß § 218 II 2 AO festgestellt (BFH/NV 1989, 146). Der in die Form des Abrechnungsbescheides gekleidete **Rückforderungsbescheid** ist dann vollziehbar und aussetzungsfähig (BFH StRK AO § 218 R 5; FG Bdbg EFG 2004, 4). Ein solcher Bescheid ist auch zulässig und erforderlich, wenn erstmals ein Rückforderungsanspruch (eine Leistungsverpflichtung) **gegenüber einem Dritten** begründet wird. Das ist zB der Fall, wenn dem Steuergläubiger aufgrund einer Doppel- oder Überzahlung ein Rückforderungsanspruch gegen den Pfändungsgläubiger oder Zessionar zusteht (zB BFHE 155, 40 = BStBl II 1989, 223; BFHE 160, 197 = BStBl II 1990, 671; BFHE 180, 1 = BStBl II 1996, 436; BFH/NV 1993,

344; 1996, 5). Auch dieser Rückforderungsbescheid ist vollziehbar und aussetzungsfähig (vgl BFHE 174, 8 = BStBl II 1995, 817 betr Inanspruchnahme des Pfändungsgläubigers wegen der Auszahlung negativer USt-Vorauszahlungen).

Rücknahme und Widerruf begünstigender Verwaltungsakte

Durch die Rücknahme bzw den Widerruf eines begünstigenden VA wird dem Steuerpflichtigen eine Rechtsposition genommen. Rücknahme und Widerruf eines begünstigenden VA sind deshalb vollziehbar und aussetzungsfähig (zB BFHE 136, 67 = BStBl II 1982, 608). Wird die AdV angeordnet, bleiben die Wirkungen des begünstigenden VA vorläufig bestehen. – S auch BFH/NV 1990, 473 betr Widerruf einer zollrechtlichen Lagerbewilligung.

Sach- und Forderungspfändungen

S „Vollstreckungsmaßnahmen".

Säumniszuschläge

Säumniszuschläge entstehen kraft Gesetzes (§ 240 AO), so dass **AdV mangels** eines **anfechtbaren VA nicht** gewährt werden kann. – Wird allerdings die Vollziehung des Steuerbescheides ausgesetzt, entstehen während der Dauer der AdV keine Säumniszuschläge (zB BFHE 178, 306 = BStBl II 1996, 55; BFH/NV 1994, 4). Als Folgewirkung der AdV des Steuerbescheides ist auch dessen Vollziehung durch Verwirkung von Säumniszuschlägen (mit Wirkung ab AdV) auszusetzen (BFH/NV 2003, 187, 188 mwN). – Bei Gewährung der AdV nach Eintritt der Fälligkeit der Steuer bleiben die in der Zwischenzeit verwirkten Säumniszuschläge bestehen (BFH/NV 1990, 670; 1994, 4, 6). Zur Frage, ob die Säumniszuschläge insoweit zu erlassen sind, s BFHE 165, 178 = BStBl II 1991, 906. – Schon **verwirkte Säumniszuschläge** können (im Zusammenhang mit der AdV des Steuerbescheides) ab dem Zeitpunkt, ab dem objektiv ernstliche Zweifel an der Rechtmäßigkeit des Bescheides bestanden haben, rückwirkend durch **Aufhebung der Vollziehung** beseitigt werden (zB BFHE 165, 178 = BStBl II 1991, 906; BFHE 181, 511 = BStBl II 1997, 466; BFH/NV 1990, 670; 1992, 341; 2002, 1125, 1127; 2003, 12, 14/15; 2004, 183, 184; 2005, 625, 627; aA FG BaWü EFG 1986, 542, 543; *Klauser* FR 1983, 188, 189/190; s auch Rz 150). Die Anordnung der Aufhebung der Vollziehung ist jedenfalls dann gerechtfertigt, wenn die AdV des Steuerbescheides vor Fälligkeit der zu zahlenden Steuer beantragt worden ist. – Zur Entstehung von Säumniszuschlägen während des AdV-Verfahrens bis zur Anordnung der AdV s BFH/NV 1992, 431; FG Hbg EFG 1994, 731. – Zur Unzulässigkeit eines isolierten Antrags auf Aufhebung der Vollziehung von Säumniszuschlägen s FG BaWü EFG 2004, 829.

Sicherheitsleistung

Das Verlangen nach einer Sicherheit (§ 221 II AO) ist ein vollziehbarer und aussetzungsfähiger VA (BFHE 150, 400 = BStBl II 1987, 830; BFH/NV 1988, 145). – S auch BFHE 127, 160 = BStBl II 1979, 831.

Steueranmeldungen

Steueranmeldungen stehen einer Steuerfestsetzung unter dem Vorbehalt der Nachprüfung gleich (§ 168 S 1 AO). Sie sind deshalb grundsätzlich vollziehbar und aussetzungsfähig. Das **Rechtsschutzinteresse** für den Antrag auf AdV einer Steueranmeldung **entfällt** (wie bei der USt – s dort) **mit** dem **Erlass des Jahressteuerbescheides** (vgl BFHE 163, 408 = BStBl II 1991, 465; BFH/NV 2000, 451). Vorläufiger Rechtsschutz kann dann nur noch durch AdV des Jahressteuerbescheides gewährt werden. § 69 III 4 iVm § 69 II 8 (Rz 43 ff) ist zu beachten. – **Besonderheiten** bestehen für **Steueranmeldungen nach §§ 50 a IV EStG, 73 e EStDV und § 41 a EStG** (LSt-Anmeldung). AdV kann sowohl der (zur Anmeldung verpflichtete) Vergütungsschuldner als auch der Vergütungsgläubiger beantragen (*Schmidt/Drenseck* § 41 a Rz 4, 5; *Schmidt/Heinicke* § 50 a Rz 19). – In den Fällen der **§§ 50 a IV EStG, 73 e EStDV** sollen bei **Antrag des Vergütungsgläubigers** auf AdV/Aufhebung der Vollziehung der Steueranmeldung lediglich Einwendungen gegen die Berechtigung der Steueranmeldung, nicht aber gegen die sachliche Steuerpflicht, erhoben werden können (st Rspr; zB BFH BStBl II 1997, 700; 2003, 189; BFH/NV 2004, 869; zweifelhaft). In jedem Fall ist zu berücksichtigen, dass **der Vergütungsschuldner** zur Vermeidung des eigenen Haftungsrisikos (§ 50 a V S 5 EStG) schon dann **zur Steueranmeldung berechtigt** ist, wenn Zweifel an der sachlichen Steuerpflicht des Vergütungsgläubigers bestehen (zB BFH BStBl II 1997, 700; 2003, 189; BFH/NV 2004, 869). Bestehen derartige Zweifel, ist nach st Rspr die Erstattung der einbehaltenen und an die Finanzbehörde abgeführten Abzugsbeträge an den Vergütungsgläubiger im Wege der AdV/Aufhebung der Vollziehung nicht erreichbar (zB BFH BStBl II 1997, 700; vgl BFH/NV 2000, 547). In den Fällen des **§ 41 a EStG** kommt die **AdV der LSt-Anmeldung** auf Antrag des Arbeitnehmers (Vergütungsgläubigers) nur bis zum Erlass des ESt-Bescheides in Betracht (BFHE 179, 91 = BStBl II 1996, 87). Außerdem wird man, ebenso wie bei den Steueranmeldungen nach § 73 e EStDV (vgl BFH/NV 2000, 1314, 1315 mwN), davon ausgehen müssen, dass der vom Vergütungsschuldner an die Finanzbehörde abgeführte Steuerbetrag im Wege der AdV grundsätzlich nur gegen Sicherheitsleistung vorläufig an den Vergütungsgläubiger bzw an den Vergütungsschuldner ausgezahlt werden darf (vgl BFHE 184, 92 = BStBl II 1997, 700; BFH/NV 2000, 1314, 1315; „Abzugsanordnung nach § 50 a VII EStG 1997"; s auch *Beermann/Gosch* § 69 FGO Rz 66).

Umsatzsteuerbescheide

USt-Voranmeldungen (§§ 18 I, IV a UStG, 168 AO) und Jahresumsatzsteueranmeldungen (§§ 18 III 1 UStG, 168 AO) bzw die hiervon abweichenden Jahresumsatzsteuerbescheide (§ 18 IV 2 UStG) **sind prinzipiell vollziehbar** und aussetzungsfähig, soweit die durch die USt-Festsetzung auferlegte Leistungspflicht vorläufig außer Kraft gesetzt und damit die aufschiebende Wirkung des Rechtsbehelfs herbeigeführt werden soll. Besonderheiten ergeben sich daraus, dass sowohl eine **positive Zahlungsschuld** (USt-Zahllast) als auch eine **negative Zahlungsschuld** (USt-Erstattungsbetrag) festgesetzt werden kann. Zu beachten ist außerdem, dass sich die USt-Voranmeldungen mit der Jahresumsatzsteueranmeldung bzw dem Jahresumsatzsteuerbescheid erledigen (§ 124 II AO – zB BFHE 169, 117 = BStBl II 1993, 120; BFHE 174, 268 = BStBl II 1994, 538) und dass seit dem 28. 12. 1996 sowohl die AdV als auch die Aufhebung der Vollziehung grundsätzlich **auf die Differenz** zwischen der Jahressteuerschuld und den (durch die USt-Voranmeldungen) **festgesetzten** Vorauszahlungen **beschränkt** ist (§ 361 II 4 AO, § 69 II 8 iVm § 69 III 4 – Rz 43 ff).

Vorläufiger Rechtsschutz gegen Voranmeldungen ist danach bis zur Abgabe der Jahresumsatzsteueranmeldung bzw bis zum Erlass des abweichenden Jahresumsatzsteuerbescheides **durch AdV** zu gewähren, soweit eine positive Zahlungsschuld festgesetzt worden ist und die **Herabsetzung der Zahlungsschuld bis auf 0 DM** begehrt wird. – Ist eine negative Zahlungsschuld festgesetzt worden und begehrt der StPfl die **Festsetzung einer höheren USt-Erstattung,** kann vorläufiger Rechtsschutz **nur durch einstweilige Anordnung** (§ 114) gewährt werden, weil das Begehren über die Herstellung der aufschiebenden Wirkung hinausgeht (Rz 33, 37); ebenso ist es, wenn an Stelle der Festsetzung einer positiven Zahlungsschuld die Festsetzung einer Erstattung begehrt wird. – Das **Rechtsschutzinteresse für** den Antrag auf **AdV** der **USt-Voranmeldung entfällt,** sobald die Jahresumsatzsteueranmeldung abgegeben bzw der Jahresumsatzsteuerbescheid bekannt gegeben wird (vgl BFHE 163, 408 = BStBl II 1991, 465; s auch „Steueranmeldungen"). – Ist der Jahresumsatzsteuerbescheid jedoch gemäß § 68 zum Gegenstand des Verfahrens geworden, ist zu prüfen, ob die Voraussetzungen des § 69 III hinsichtlich des Jahressteuerbescheides vorliegen (vgl BFH/NV 2000, 244 – zu § 68 aF – weitergehend FG M'ster EFG 1998, 681).

Der **vorläufige Rechtsschutz gegen die Jahresumsatzsteueranmeldung** bzw den Jahresumsatzsteuerbescheid **ist** gleichfalls **zweigleisig.** – AdV kommt in Betracht, soweit das Begehren des StPfl auf die Herstellung der aufschiebenden Wirkung des angefochtenen Steuerbescheides (Rz 33, 37) gerichtet ist. Das ist der Fall,

– wenn durch die Jahresumsatzsteueranmeldung/den Jahresumsatzsteuerbescheid eine **positive Zahlungsschuld** festgesetzt worden ist und die Herabsetzung der Zahlungsschuld **bis auf 0 DM** begehrt wird (BFHE 118, 149 = BStBl II 1976, 435; BFH/NV 1997, 1495);

– wenn durch einen **Änderungsbescheid** eine höhere positive Zahlungsschuld oder eine niedrigere negative Steuerschuld (Erstattung) festgesetzt worden ist und die **Aufhebung des Änderungsbescheides** begehrt wird (BFHE 150, 196 = BStBl II 1987, 795; BFHE 155, 303 = BStBl II 1989, 396; FG Hbg EFG 1997, 508);

– wenn durch einen Änderungsbescheid anstelle einer negativen Steuerschuld eine positive Zahlungsschuld festgesetzt worden ist und die Aufhebung des Änderungsbescheides oder die Herabsetzung der Zahlungsschuld bis auf 0 DM begehrt wird.

Die einschränkenden Regelungen des § 69 III 4 iVm § 69 II 8 sind zu beachten (Rz 43 ff). – Die Vollziehung eines auf § 164 II AO gestützten Änderungsbescheides kann jedoch in vollem Umfang ausgesetzt oder aufgehoben werden, wenn in den USt-Voranmeldungen (Vorauszahlungsbescheiden) keine positive Zahlungsschuld festgesetzt worden ist. Die Einschränkungen der AdV/Aufhebung der Vollziehung durch § 69 III 4 iVm § 69 II 8 sind dann nicht einschlägig (BFHE 188, 128 = BStBl II 1999, 335; BFH/NV 1999, 1160; s auch FG Mchn EFG 1998, 1479).

In den übrigen Fällen, dh **soweit** die **Erhöhung des** durch die Jahresumsatzsteueranmeldung/den Jahressteuerbescheid oder einen Änderungsbescheid festgesetzten **Erstattungsbetrages begehrt wird,** kann vorläufiger Rechtsschutz **nur** im Wege der **einstweiligen Anordnung** (§ 114) erreicht werden. Ebenso ist es, wenn anstelle der in der Jahresumsatzsteueranmeldung/dem Jahressteuerbescheid oder einem Änderungsbescheid festgesetzten positiven Zahlungsschuld die Festsetzung einer negativen Steuerschuld (eines Erstattungsbetrages) begehrt wird (BFH/NV 1987, 42; FG Hbg EFG 1997, 508; FG Köln EFG 1998, 1605; FG BaWü EFG 2000, 592; aA *T/K* § 69 FGO Rz 33). Da durch einstweilige Anordnung (§ 114) das Ergebnis der Hauptsache nicht vorweg genommen werden darf (§ 114 Rz 24, 66 ff), ist regelmäßig eine Stundung nicht erreichbar (*Beermann/Gosch* § 69 FGO Rz 68).

Die Zersplitterung des vorläufigen Rechtsschutzes ist rechtspolitisch verfehlt (Rz 5 aE).

Zu den Besonderheiten bei der AdV von **Einfuhrumsatzsteuer-Bescheiden** s Rz 17.

Untersagungsverfügungen

Die Untersagung der Berufsausübung nach dem StBerG (Rz 207) ist an sich ein vollziehbarer und aussetzungsfähiger VA. Ein Antrag auf AdV der Untersagungsverfügung ist aber mangels Rechtsschutzinteresses unzulässig, weil die aufschiebende Wirkung bereits kraft Gesetzes mit der Einlegung eines Rechtsbehelfs gegen die Untersagungsverfügung eintritt (§ 69 V 1 – Rz 206–208). – Wegen der Gewerbeuntersagung s dort.

Verlustabzug (Verlustvortrag, Verlustrücktrag)

Die gesonderte Feststellung des verbleibenden Verlustvortrags (§ 10 d III EStG) ist Grundlagenbescheid für den ESt-Bescheid des Folgejahres und den nächsten Feststellungsbescheid nach § 10 d III EStG (vgl BFHE 189, 148 = BStBl II 1999, 731; BFH/NV 2000, 948; FG D'dorf EFG 1996, 129; *Schmidt/Heinicke* § 10 d Rz 56). Vorläufiger Rechtsschutz mit dem Ziel der vorläufigen **Berücksichtigung eines höheren Verlustvortrags** ist **durch** Anfechtung und **AdV des Feststellungsbescheides** erreichbar (§ 42 iVm § 351 II AO). Ist für das Vorjahr bereits ein Feststellungsbescheid nach § 10 d III EStG ergangen, ist die AdV im Umfang der Bindungswirkung des Feststellungsbescheides für das Vorjahr ausgeschlossen (s „Folgebescheide"). – Entsprechendes gilt für die Feststellung der vortragsfähigen Fehlbeträge (des vortragsfähigen Verlustes) nach § 10 a S 2 GewStG (vgl *Glanegger/Güroff* § 10 a Rz 25).

Demgegenüber ist über die **Höhe eines Verlustrücktrags** ohne gesonderte Feststellung bei der ESt-Veranlagung für das Abzugsjahr zu entscheiden (BFH/NV 2000, 564; 2003, 1305; FG Bln EFG 1997, 20; FG M'ster EFG 1997, 625; FG Köln EFG 1999, 1077; FG Mchn DStRE 1999, 625; *Schmidt/Heinicke* § 10 d Rz 50; offen BFHE 186, 379 = BFH/NV 1998, 1582; zweifelhaft s *K/S/von Groll* § 10 d EStG Rz D 72; *T/K* § 69 FGO Rz 34). – Wird die Berücksichtigung eines höheren Verlustrücktrags begehrt, kann **vorläufiger Rechtsschutz** nur **durch** Anfechtung und **AdV des ESt-Bescheides** des Verlustabzugsjahrs gewährt werden (FG Bln EFG 1997, 20). Die Einschränkungen des § 69 III 4 iVm II 8 (Rz 43 ff) sind zu beachten.

Vermögensteuer

Verfassungsrechtliche Bedenken gegen das VStG rechtfertigen keine AdV von VSt-Bescheiden für die Jahre 1995 und 1996 (BFH/NV 1997, 270).

Vermögensverzeichnis

S „Eidesstattliche Versicherungen".

Verrechenbarer Verlust (§ 15 a II EStG)

S „Grundlagenbescheide".

Verspätungszuschlag (§ 152 AO)

Die Festsetzung eines Verspätungszuschlags ist ein vollziehbarer und aussetzungsfähiger VA.

Vollstreckungsmaßnahmen

Vollstreckungsmaßnahmen **mit VA-Qualität sind vollziehbar** und aussetzungsfähig, soweit ernstliche Zweifel an der Rechtmäßigkeit der einzelnen Vollstreckungsmaßnahmen, der Anordnung und Aufrechterhaltung sowie der Art und Weise der Durchführung der Vollstreckung bestehen; Einwendungen gegen die Rechtmäßigkeit des zu vollstreckenden VA können nicht berücksichtigt werden (§ 256 AO – BFH/NV 1989, 114; FG Bln EFG 1997, 24).

Die AdV darf nicht zur Vorwegnahme der Entscheidung in der Hauptsache führen (Rz 39). Ist die **Vollstreckungsmaßnahme** bereits **vollzogen,** kommt eine AdV nicht mehr in Betracht; in diesen Fällen kann die Vollziehung auch nicht aufgehoben werden, wenn die Aufhebung der Vollziehung dazu führen würde, dass eine spätere Entscheidung in der Hauptsache ins Leere ginge (BFHE 123, 427 = BStBl II 1978, 69; BFH/NV 1991, 607; zur Abgrenzung s BFH/NV 2001, 425; FG Hessen EFG 1997, 898: allenfalls Aufhebung der Vollziehung gegen Sicherheitsleistung). – S auch Rz 39 ff.

Vollziehbare VAe sind zB die **Arrestanordnung** (s dort), die **Pfändung beweglicher Gegenstände und Forderungen** einschließlich der Einziehung (BFHE 123, 427 = BStBl II 1978, 69; BFH/NV 1990, 718; 1991, 393, 394; 1992, 789; 1993, 664, 708; 1994, 719; 2001, 425; FG Bremen EFG 1998, 1024 betr AdV wegen unbilliger Härte), die **Androhung und Festsetzung von Zwangsgeld** (§§ 329, 332 AO – s auch „Androhung von Zwangsmitteln"), **nicht aber** bloße **Mahnungen** (§ 259 AO – FG Saarl EFG 1979, 241) oder die **Ankündigung** oder Androhung der Erzwingung einer Sicherheitsleistung (BFHE 127, 160 = BStBl II 1979, 381; s auch „Ankündigung der Vollstreckung"). – Zum Antrag auf Eintragung einer Sicherungshypothek oder auf Anordnung der Zwangsversteigerung s „Amtshilfe". – Zum Antrag auf Eröffnung des Insolvenzverfahrens s „Insolvenzverfahren".

Vorläufiger Rechtsschutz gegen Vollstreckungsmaßnahmen kann nicht nur im Wege der AdV/Aufhebung der Vollziehung, sondern wegen der unterschiedlichen Zielrichtungen der Rechtsschutzbegehren trotz § 114 V (§ 114 Rz 17 ff) **gleichzeitig** auch **durch einstweilige Anordnung** (§ 114) gewährt werden. Ein solcher Antrag kann zB auf § 258 AO (einstweilige Einstellung oder Beschränkung der Zwangsvollstreckung,

Aufhebung einzelner Vollstreckungsmaßnahmen – zB BFH/NV 1989, 114; 1991, 393, 394; 1992, 156; 1994, 719; FG BaWü EFG 1999, 1147) oder § 297 AO (zeitweilige Aussetzung der Verwertung) gestützt werden (s auch § 114 Rz 45 ff).

Vorauszahlungsbescheide

Vorauszahlungsbescheide sind wie Steueranmeldungen bis zum Ergehen des Jahressteuerbescheides vollziehbar und aussetzungsfähig (s „Steueranmeldungen"). – Die **Ablehnung** eines Antrags auf Anpassung (Herabsetzung) von Vorauszahlungen **ist nicht vollziehbar** (FG BaWü EFG 1998, 1143 und „Ablehnende Verwaltungsakte"). – S auch Rz 35.

Vorbehalt der Nachprüfung, Vorläufigkeitsvermerk

Vorbehalt der Nachprüfung (§ 164 AO) und Vorläufigkeitsvermerk sind als unselbstständige Nebenbestimmungen eines Steuerbescheides weder selbstständig anfechtbar noch aussetzungsfähig. – Die **Aufhebung des Vorbehaltes der Nachprüfung** (§ 164 III 2 AO) **ist** demgegenüber als Steuerbescheid vollziehbar und **aussetzungsfähig** (zB BFHE 138, 422 = BStBl II 1983, 622; *T/K* § 69 FGO Rz 34; aA FG Hbg EFG 1983, 8; *Buciek* DStJG 18 (1995), 149, 154 ff).

Widerruf eines begünstigenden Verwaltungsaktes

S „Rücknahme und Widerruf begünstigender Verwaltungsakte".

Zerlegungsbescheide, Zuteilungsbescheide

Zerlegungs- und Zuteilungsbescheide sind als Grundlagenbescheide für die GewSt-Bescheide vollziehbar und aussetzungsfähig (s „Gewerbesteuer-Messbescheide", „Grundlagenbescheide"). Gleichzeitig sind sie Folgebescheide der GewSt-Messbescheide; zur Möglichkeit der AdV insoweit s „Folgebescheide"; s auch FG Bln EFG 2000, 634.

Zinsbescheide

Zinsbescheide (§ 239 AO) sind vollziehbar und aussetzungsfähig. Ihre Vollziehung ist nach der Rspr des BFH ohne weiteres auszusetzen, wenn die Vollziehung der Grundlagenbescheide (zB ESt-, KSt- oder USt-Bescheide) ausgesetzt wird (s BFHE 186, 236 = BStBl II 1998, 721; BFH/NV 2000, 827, 2003, 187, 188; s auch „Kirchensteuerbescheide" und „Säumniszuschläge").

Zollbescheide

Von den Zollbehörden **auf der Grundlage des** am 1. 1. 1994 in Kraft getretenen **ZK** (VO EG Nr 2193/92 v 12. 10. 1992, ABl Nr L 302, VSF 0200) **erlassene** vollziehbare **Bescheide** (zB Festsetzung von Zöllen, Einfuhr- und Ausfuhrabgaben, Tabak- und Mineralölsteuer) **sind aussetzungsfähig**. Für das Verfahren gelten die Vorschriften der §§ 361 AO, 69 FGO (Art 245 ZK; Rz 16); die materiellen Voraussetzungen für die Gewährung der AdV richten sich jedoch **nach** dem die nationalen Vorschriften überlagernden **Art 244 ZK** (zB BFH/NV 2000, 1512, 1513; allgemein zum Vorrang des ZK s zB *Klein/Brockmeyer* § 1 Rz 15; im Übrigen s Rz 16 ff, 91, 105, 114). Dies gilt nicht nur für die Gewährung der AdV durch die Zollbehörde, sondern **auch** für die **gerichtliche AdV** (BFHE

176, 170 = BFH ZfZ 1995, 110; BFH/NV 1997, 723; 1999, 691; EuGH BFH/NV Beilage 2001, 200, 201; *Witte/Alexander* Art 244 Rz 7). Im Falle eines auf **Aufhebung der Vollziehung** gerichteten Begehrens ist Art 244 ZK entsprechend anzuwenden (BFH/NV 1999, 691, 692; *Witte/Alexander* Art 244 Rz 11, 17; zweifelnd FG Hessen EFG 1995, 576). – Nach Art 244 (3) ZK kann AdV/Aufhebung der Vollziehung **grundsätzlich** nur **gegen Sicherheitsleistung** gewährt werden (zB EGH ZfZ 1997, 335, 338; FG Hbg EFG 1995, 446; 576; 1059; 1996, 104; FG D'dorf EFG 1994, 1062; 1995, 446, 447; 729; FG Bremen EFG 1994, 1062; FG Saarl EFG 1994, 759, 760; *Witte/Alexander* Art 244 Rz 40 ff). – Zu den **Ausnahmen** s EuGH ZfZ 1997, 335, 338; BFH ZfZ 1996, 88; 90; FG Hbg EFG 1996, 104, 105; *Witte/Alexander* Art 244 Rz 43 ff). – Im Übrigen s Rz 16 ff, 91, 105, 114.

Für die AdV/Aufhebung der Vollziehung von **außerhalb des Regelungsbereichs des ZK** durch die Zollbehörden auf der Grundlage nationaler Vorschriften (zB bei Vollstreckungsmaßnamen) erlassenen Bescheiden sind formell und materiell ausschließlich die Regelungen der **§§ 361 AO, 69 FGO maßgebend** (vgl zB FG Hessen EFG 1998, 1478). – Beruht der Bescheid auf Gemeinschaftsrecht und ist die Gültigkeit der Regelung im Streit, ist vorläufiger Rechtsschutz nach den vom EGH entwickelten Regeln zu gewähren (Rz 19, 20). Geht es nicht um die Gültigkeit von Gemeinschaftsrecht und ist der ZK nicht einschlägig, gelten die §§ 361 AO, 69 FGO uneingeschränkt (zB BFH/NV 2001, 75 betr **Rückforderung** einer **Ausfuhrerstattung**).

II. Besondere Zulässigkeitsvoraussetzungen bei Antrag nach § 69 III

1. Sachentscheidungsvoraussetzungen

56 Es müssen die allgemeinen Sachentscheidungsvoraussetzungen (Vor § 33 Rz 4–5) vorliegen. Ggf muss dem Antragsteller Gelegenheit gegeben werden, behebbare Mängel zu beseitigen (§ 76 II). – Hinzuweisen ist insbesondere auf folgende Sachentscheidungsvoraussetzungen:

57 **a)** AdV kann nur gewährt werden, wenn für die Hauptsache der **Finanzrechtsweg** (§ 33) eröffnet ist (§ 33 Rz 9 ff). – Zur **Verweisung** des Verfahrens an das (erstinstanzlich örtlich und sachlich zuständige) Gericht eines anderen Gerichtszweigs s Anhang § 33 Rz 17 ff.

58 **b)** Der Antrag nach § 69 III muss beim **örtlich und sachlich zuständigen Gericht** erhoben bzw gestellt werden (Vor §§ 35–39 Rz 1, 2; Rz 131 ff). Das im Hauptsacheverfahren prozessführungsbefugte FA bleibt auch nach einer Änderung der örtlichen Zuständigkeit Antragsgegner im AdV-Verfahren (§ 70 Rz 6; vgl BFH/NV 2005, 1109, 1110). – Zur Verweisung s § 70. – Der Antrag schließt die Aufhebung der Vollziehung ein (Rz 30).

59 **c)** Der Antrag muss gegen die zur Verfügung über die beanstandete Maßnahme befugte Behörde gerichtet werden (vgl FG Hbg EFG 1989, 127). – Hinsichtlich der **Form** und des Inhalts des Antrags (§ 69 III) gelten §§ 64, 65 sinngemäß. Auch §§ 65 II, 67 gelten entsprechend (FG BaWü EFG 1992, 614).

d) Der Antrag (§ 69 III) darf als Prozesshandlung **nicht unter** einer **60**
Bedingung gestellt werden (FG Nbg EFG 1966, 572; FG Hessen EFG
1978, 134, 136; FG D'dorf EFG 1983, 418, 419; vgl auch BFHE 130, 70
= BStBl II 1982, 603, 604).

e) Antragsbefugnis und Beteiligtenfähigkeit. Hinsichtlich der An- **61**
tragsbefugnis gelten die §§ 40 II, 48 entsprechend. Antragsbefugt ist deshalb, wer im Hauptsacheverfahren klagebefugt ist oder wäre (BFH/NV
1991, 430; 1994, 684; 1998, 994, 996; 1999, 1314, 1315; BFHE 173, 492
= BStBl II 1994, 519 zur Antragsbefugnis bei Gewinnfeststellungsbescheiden; BFH/NV 2002, 1447, 1450 zur Antragsbefugnis bei negativen Gewinnfeststellungsbescheiden; BFHE 179, 222 = BStBl II 1996, 322 zur
Antragsbefugnis des Testamentsvollstreckers; BFHE 185, 131 = BStBl II
1998, 401 zur Antragsbefugnis bei Gewinnfeststellungsbescheiden, die eine
atypisch stille Gesellschaft betreffen; FG Mchn EFG 1994, 762 zur Antragsbefugnis eines BGB-Gesellschafters bei USt-Bescheiden). Antragsbefugt kann auch der Liquidator und der Insolvenzverwalter sein. – Zur **Be-**
teiligtenfähigkeit s § 57.

f) Darlegung der Beschwer. Der Antragsteller muss in Übereinstim- **62**
mung mit den Regelungen der §§ 357 III 3 AO, 40 II, 65 I 2, 120 **schlüssig**
darlegen, dass er AdV (bzw Aufhebung der Vollziehung) beanspruchen kann
bzw dass die Nichtgewährung des vorläufigen Rechtsschutzes nach § 69
durch die Finanzbehörde rechtswidrig und er dadurch in seinen Rechten
verletzt ist. Der Antragsteller muss insbesondere den **VA bezeichnen,** der
Gegenstand des Rechtsschutzbegehrens ist (BFH/NV 1986, 447), und geltend machen, dass dieser **VA angefochten und noch nicht bestands-**
kräftig ist und dass entweder ernstliche Zweifel an der Rechtmäßigkeit des
angefochtenen VA bestehen oder dass seine Vollziehung eine unbillige Härte
zur Folge hätte (vgl BFHE 87, 600 = BStBl III 1967, 255; BFHE 96, 115 =
BStBl II 1969, 546; BFH/NV 1987, 457, 458; 1990, 97; FG BaWü
EFG 1993, 393; 1994, 116; 275; 1995, 534; FG Köln EFG 1999, 127 und
zur AdV/Aufhebung der Vollziehung ohne Sicherheitsleistung BFH/NV
1990, 310). – Liegt schon eine Einspruchs-, Klage- oder Revisionsbegründung vor, kann hierauf Bezug genommen werden (vgl BFHE 89, 120 =
BStBl III 1967, 531; einschränkend FG Bremen EFG 1996, 148). – Unabhängig davon liegt es wegen des **summarischen** Charakters des **Verfah-**
rens, bei dem das Gericht keine tiefgreifenden eigenen Nachprüfungen anstellt (Rz 120 ff) im Interesse der Betroffenen selbst, seinen Antrag zu
begründen. Insbesondere in den Fällen einer angeblich **unbilligen Härte** ist
es unerlässlich, dass die Vermögenslage des Abgabenschuldners eingehend
dargelegt wird. – An der **Darlegung der Beschwer fehlt** es zB, wenn der
Antrag auf AdV des Folgebescheides ausschließlich mit Einwendungen gegen den Grundlagenbescheid begründet wird (§ 42 iVm § 351 II AO; § 42
Rz 29 ff, 34 ff; vgl Rz 55 „Folgebescheide").

g) Im Falle des § 69 III ist bei Vertretung ggf die Vorlage einer schrift- **63**
lichen **Vollmacht** erforderlich (§ 62 Rz 2, 44 ff).

h) Allgemeines Rechtsschutzbedürfnis

Der Antrag auf AdV/Aufhebung der Vollziehung nach § 69 III ist **64**
nur zulässig, wenn neben den allgemeinen Zulässigkeitsvoraussetzungen

(Rz 30 ff) ein Rechtsschutzbedürfnis vorliegt (BFHE 92, 164 = BStBl II 1968, 470; BFHE 142, 423 = BStBl II 1985, 197, 198; BFH/NV 1986, 357, 358; 1988, 236; **aA** FG RhPf EFG 1967, 316). Das ist der Fall, wenn Antrag bzw Klage **zweckmäßig** und außerdem **nicht mutwillig oder rechtsmissbräuchlich** sind (*R/S* S 548 mwN). Die Zweckmäßigkeit der Rechtsverfolgung ist zu verneinen, wenn ein anderer Weg einfacher, billiger und schneller zum selben Ziel führt (GrS BFHE 144, 124 = BStBl II 1985, 587, 591; *R/S* S 548).

Einzelfälle

65   Das allgemeine **Rechtsschutzbedürfnis** ist zB **gegeben,**
– wenn der Antragsteller im Hauptsacheverfahren den zu seinen Gunsten ergangenen Änderungsbescheid angreift, um eine noch **weitergehende Besserstellung** durchzusetzen (aA BFHE 113, 272 = BStBl II 1975, 112);
– wenn das FA den Steuerbetrag gestundet hat (aA FG RhPf EFG 1990, 483);
– wenn die **Finanzbehörde sich weigert,** die Vollziehung des Folgebescheides auszusetzen (§§ 69 II 4, § 361 III 1 AO), obwohl die AdV des Grundlagenbescheides angeordnet ist (Rz 55 „Folgebescheide");
– wenn der Antrag auf AdV des Folgebescheides mit **ernstlichen Zweifeln an der Wirksamkeit** der Bekanntgabe **des** (geänderten) **Grundlagenbescheides** begründet wird (Rz 55 „Folgebescheide");
– wenn Aufhebung der Vollziehung hinsichtlich etwaiger **Säumniszuschläge** beantragt wird, wenn der Steuerbescheid bestandskräftig geworden ist oder AdV aus anderen Gründen nicht gewährt werden kann (zB BFH/NV 1991, 172; Rz 66) oder
– wenn der Vergütungsgläubiger im Falle des § 50 a VII EStG (Rz 55 „Abzugsanordnung nach § 50 a EStG 1997") AdV beantragt, der Vergütungsschuldner (= Adressat des VA) nach AdV-Gewährung die festgesetzte Sicherheitsleistung erbringt, den hierfür erforderlichen Betrag jedoch vom Vergütungsgläubiger einbehalten hat (BFH/NV 1999, 1314).

66   Das allgemeine Rechtsschutzbedürfnis fehlt zB.
– wenn der **Antrag** innerhalb angemessener Zeit (3–6 Monate) nicht begründet wird (FG D'dorf EFG 1984, 299: 1³/₄ Jahre; FG D'dorf EFG 1990, 482: 6 Monate; zu kurz FG BaWü EFG 1998, 1143 = StE 1998, 423 und FG Köln EFG 1999, 127: 8 Wochen);
– wenn der Antrag **rechtsmissbräuchlich** wiederholt wird (Rz 199);
– wenn die Finanzbehörde die **AdV** bei Antragstellung **schon** von sich aus **gewährt** hatte. nicht aber, wenn AdV nur gegen Sicherheitsleistung bewilligt worden war und der StPfl nunmehr AdV ohne Sicherheitsleistung begehrt – (vgl BFHE 134, 239 = BStBl II 1982, 135, 136; BFH/NV 1999, 1314);
– wenn die Finanzbehörde während des gerichtlichen Verfahrens **durch VA zusichert,** sie werde bis zur gerichtlichen Entscheidung **keine Vollziehungsmaßnahmen durchführen** (BFHE 92, 164 = BStBl II 1968, 470) oder die Verwertung zurückstellen (BFHE 123, 427 = BStBl II 1978, 89);
– wenn die **Zwangsvollstreckung schon** einstweilen **eingestellt** ist (vgl FG D'dorf EFG 1989, 334);

- wenn Aufhebung der Vollziehung ohne Inanspruchnahme des Gerichts erreicht werden kann (§ 324 I 3 AO – FG Köln EFG 1988, 524);
- wenn der Antrag auf AdV der festgesetzten **KiSt** gerichtet ist, wenn der ESt-Bescheid angefochten ist und sich die KiSt nach Maßgabe des Landesrechts nach der festgesetzten ESt oder KSt richtet (Rz 55 „Kirchensteuerbescheide");
- wenn der Antrag auf AdV der festgesetzten Zinsen gerichtet ist (vgl Rz 55 „Zinsbescheide");
- wenn wegen eines schwebenden **Insolvenzverfahrens ohnehin keine Zwangsvollstreckung** stattfinden könnte (BFHE 114, 164 = BStBl II 1975, 208; BFH/NV 2002, 940, 941) oder wenn der Konkursverwalter hinsichtlich einer Steuerschuld die Masseunzulänglichkeit (§ 60 I 1 KO) erklärt hat (FG M'ster EFG 1988, 427 betr USt);
- wenn der Antrag auf AdV des **Solidaritätszuschlags** gerichtet ist (§ 69 III 1 iVm § 69 II 4 und § 3 SolZG 1995);
- wenn das FA mit einer (bestrittenen) **Steuerforderung** (Gegenforderung) gegen einen Erstattungsanspruch (Hauptforderung) **aufgerechnet** hat und die AdV des Steuerbescheides beantragt wird, auf dem die Gegenforderung beruht. Das FA kann wegen der Wirkungen der Aufrechnung (§ 47 AO – Rz 55 „Aufrechnung") nach der Aufrechnung keinen weiteren Gebrauch von der Steuerforderung machen (BFH/NV 1991, 172; 1995, 244, 245). – Wegen der möglicherweise entstehenden **Säumniszuschläge** (§ 240 I 4 AO) ist aber für einen Antrag auf Aufhebung der Vollziehung des Steuerbescheides insoweit das Rechtsschutzbedürfnis gegeben (Rz 65);
- wenn der Antragsteller von dem angefochtenen VA **inhaltlich nicht betroffen** ist (wie im Falle des gem § 174 V 2 AO Beigeladenen – BFH/NV 1991, 430; Rz 61);
- für die AdV von VAen, die eine Ausfuhrerstattung widerrufen, wenn die Zollverwaltungen die **Vollziehung** der darauf ergangenen Abschöpfungsbescheide **schon ausgesetzt** hat (BFHE 101, 489 = BStBl II 1971, 366; BFHE 101, 494 = BStBl II 1971, 402);
- für die AdV eines VA, durch den ein **Mineralölsteuerlager nur unter** der aufschiebenden **Bedingung einer Sicherheitsleistung bewilligt** worden ist (FG Mchn EFG 1981, 316, 317; vgl auch FG Hbg EFG 1978, 145);
- für einen **neuen AdV-Antrag** während noch eine Beschwerde über einen früheren Antrag schwebt; denn im Beschwerdeverfahren vor dem BFH können auch neue Tatsachen berücksichtigt werden (FG Hessen EFG 1975, 430; ebenso BFH/NV 1995, 1064 für den Fall, dass die Möglichkeit besteht, im Revisionsverfahren gegen ein AdV-Urteil nach altem Recht neue Gesichtspunkte geltend zu machen;
- wenn AdV eines vorläufigen **VA** beantragt ist, der inzwischen durch einen endgültigen **ersetzt** wurde (FG BaWü EFG 1977, 551, 552);
- wenn **Vorauszahlungsbescheide**, hinsichtlich derer AdV beantragt war, **durch die Jahresveranlagung überholt** sind (BFH/NV 1987, 174 betr USt), es sei denn, dass Säumniszuschläge erhoben waren (FG D'dorf EFG 1979, 259);
- wenn der **Einspruch** gegen einen VA (wie im Falle des **§ 284 V 2, 3 AO) aufschiebende Wirkung** hat (BFHE 142, 423 = BStBl II 1985,

197, 198); nach Übergang in das Haftverfahren ist das nicht mehr der Fall (BFHE 159, 1 = BStBl II 1990, 146);
– wenn die AdV eines **Folgebescheides** beantragt wird, obwohl sie **hinsichtlich des Grundlagenbescheides** schon **ausgesprochen** ist (§ 69 II 4, § 361 III 1 AO – vgl BFHE 139, 508 = BStBl II 1984, 210; BFH/NV 1986, 476, 477; zum Ausnahmefall der Weigerung der Finanzbehörde s Rz 65);
– wenn die **AdV des Folgebescheides** beantragt wird und schon ein entsprechende **Antrag hinsichtlich des Grundlagenbescheides gestellt** worden ist (Rz 55 „Folgebescheide");
– wenn die beantragte AdV eines Grundlagenbescheides **keinerlei steuerliche Auswirkungen** haben kann (BFH/NV 1986, 357, 358);
– wenn die hebeberechtigte Gemeinde die AdV des von ihr angefochtenen GewSt-Messbescheides begehrt, den das FA zugunsten des StPfl geändert hat (BFH/R 1997, 56).

67   Das **Rechtsschutzbedürfnis entfällt** (mit der Folge, dass das Rechtsschutzbegehren unzulässig wird), wenn nach Stellung des AdV-Antrags das **Insolvenzverfahren** über das Vermögen des Antragstellers **eröffnet** wird (Rz 66), wenn das FA den wegen **verfassungsrechtlicher Bedenken** gegen ein Steuergesetz angefochtenen VA in diesem Punkt gem **§ 165 I Nr 3 AO** für vorläufig erklärt (FG Mchn EFG 2002, 1317), wenn sich die **vorläufige Eintragung eines Freibetrags auf der LSt-Karte** (Rz 55 „Freibetrag auf der Lohnsteuerkarte") wegen Zeitablaufs beim LSt-Abzug nicht mehr auswirken kann (BFH/NV 1994, 783) oder wenn die Zwangsvollstreckung auf Bewilligung des FA eingestellt wird, auch wenn die Beschlagnahme bestehen bleibt (FG D'dorf EFG 1989, 334). Dasselbe gilt, wenn der Antragsteller sein Begehren weiterverfolgt, obwohl die Finanzbehörde dem **AdV-Begehren entsprochen** und sich der Antrag dadurch erledigt hat (BFH/NV 1986, 684; vgl BFH/NV 1987, 457, 458), **nicht** aber, wenn die Finanzbehörde die AdV lediglich **gegen Sicherheitsleistung** gewährt und der Antragsteller durch die Anordnung der Sicherheitsleistung beschwert ist (BFH/NV 1999, 926; 1314) oder wenn die AdV **unter Widerrufsvorbehalt** bewilligt wird (BFHE 98, 330 = BStBl II 1970, 385; BFH/NV 1986, 682, 683; 684; 1992, 192, 193; 2000, 1411, 1413; vgl auch BFHE 142, 564 = BStBl II 1985, 302; **aA** – Unzulässigkeit auch bei AdV unter Widerrufsvorbehalt – FG Hessen EFG 1977, 445; FG D'dorf EFG 1978, 451; 1979, 144). Gibt das FG der **Klage in der Hauptsache statt,** entfällt das Rechtsschutzbedürfnis **erst** mit der **Rechtskraft** des den VA aufhebenden oder abändernden FG-Urteils; bis dahin besteht die Möglichkeit der Vollziehung des VA und damit das Interesse an einer AdV fort (BFHE 93, 412 = BStBl II 1968, 825; BFHE 131, 158 = BStBl II 1980, 632; BFH/NV 1987, 457). – Hat das FG die **Klage zur Hauptsache abgewiesen,** gilt das Gleiche (vgl BFHE 120, 428 = BStBl II 1972, 82; BFHE 123, 127 = BStBl II 1977, 798; BFH/NV 2002, 67).

68   Ist das Rechtsschutzbedürfnis nachträglich entfallen, ist ein Übergang zu einem Antrag auf Feststellung der Rechtswidrigkeit des VA analog **§ 100 I 4 nicht statthaft** (BFHE 142, 564 = BStBl II 1985, 302; BFH/NV 1991, 746; 1994, 324).

2. Zugangsvoraussetzungen (§ 69 IV)

a) Ablehnung eines AdV-Antrags durch die Behörde (§ 69 IV 1)

Nach § 69 IV 1 muss sich der Steuerpflichtige **zunächst** an die **Verwaltung** wenden. Erst wenn diese einen AdV-Antrag (bzw einen Antrag auf Aufhebung der Vollziehung) **ganz oder teilweise abgelehnt** hat, kann er (von den Ausnahmefällen des § 69 IV 2 Nr 1, 2 abgesehen) bei Gericht den Antrag nach § 69 III stellen. Das gilt auch für AdV-Anträge beim BFH (BFH/NV 1992, 189; 1999, 210). – Im Falle eines **Zuständigkeitswechsels** (§ 367 I 2 Hs 1 AO) genügt sowohl die Ablehnung durch die nunmehr zuständig gewordene Finanzbehörde (BFH/NV 2005, 1109, 1110) als auch die Ablehnung durch die bisher zuständig gewesene Finanzbehörde (FG Hessen EFG 1997, 90). – Aus dem Zweck der Entlastungsregelung ergibt sich, dass die tatbestandsmäßigen **Voraussetzungen** des § 69 IV **vor der Antragstellung bei Gericht** erfüllt sein müssen. Es handelt sich nicht um Sachentscheidungsvoraussetzungen, sondern um **besondere Zugangsvoraussetzungen.** Liegen sie im Zeitpunkt der Antragstellung (noch) nicht vor, ist der Antrag unzulässig (ganz hM – vgl BFHE 129, 8 = BStBl II 1980, 49; BFH/NV 1995, 413 mwN; 537; 1999, 210; 2001, 317; 2004, 650 und öfter). **70**

§ 69 IV 1 verlangt, dass die Finanzbehörde vor der Stellung des Antrags nach § 69 III einen entsprechenden (Rz 74) AdV-Antrag nach § 69 II oder § 361 AO (vgl Rz 10) ganz oder zum Teil abgelehnt hat. Dies gilt auch bei offensichtlich mangelnder Erfolgsaussicht des bei der Behörde gestellten AdV-Antrags (BFH/NV 1998, 1395). Es reicht aus, dass die Behörde den Antrag mangels Begründung durch den Antragsteller ohne weitere Sachprüfung abgelehnt hat (BFHE 186, 341 = BStBl II 1998, 744; s auch Rz 74). In jedem Fall muss die Ablehnung ausdrücklich erfolgt sein. Die **Mitteilung** der Finanzbehörde **über** den **Ablauf der AdV** nach Erlass der Einspruchsentscheidung ist deshalb nicht als Ablehnung der AdV zu verstehen (vgl BFHE 143, 414 = BStBl II 1985, 469; BFH/NV 2001, 317; 2004, 1413; 2005, 2014). Das Gleiche gilt für die Mitteilung, eine befristete AdV sei abgelaufen (BFH/NV 2000, 1129; 2005, 2014). – Zur **Form der Ablehnung** s Rz 75. **71**

Nach dem Sinn der Entlastungsregelung darf das Gericht nur dann angerufen werden, wenn die Verwaltung vorher Gelegenheit hatte, sich nochmals mit der Sache zu befassen. Daraus folgt, dass nicht jede irgendwann im Laufe des Verfahrens erfolgte Ablehnung genügt. Die Ablehnung muss vielmehr **innerhalb des Verfahrensabschnitts** (zB während des Einspruchsverfahrens – FG D'dorf EFG 1980, 138; FG Nds Beschluss v 7. 5. 1990 VI 449/89 V, iuris CD) geschehen sein, **für dessen Dauer das Gericht um AdV ersucht wird.** Wird zB AdV für das gerichtliche Verfahren begehrt, muss die Ablehnung nach Ergehen der Einspruchsentscheidung erfolgt sein (FG Nds EFG 1979, 193; FG D'dorf EFG 1980, 138; FG Saarl EFG 1992, 482; FG Bln EFG 1994, 937; *Gräber* DStR 1981, 369); wird AdV für das Verfahren vor dem BFH beantragt, muss die AdV nach Ergehen des erstinstanzlichen Urteils abgelehnt worden sein (ebenso *Lohse* DStR 1978, 429, 430). – Nicht zugestimmt werden kann der **herrschenden Meinung,** nach der eine einmalige Ablehnung durch die Finanzbehörde genügt, auch wenn sie in einem vorangegangenen (schon **72** abgeschlossenen) Verfahrensabschnitt erfolgt ist (BFHE 131, 455 = BStBl II 1981, 99; BFHE 133, 285 = BStBl II 1981, 574; BFHE 139, 229 = BStBl II 1984, 210; BFH/NV 1999, 926; 2001, 658; 2003, 187, 188; 2005, 2014 und öfter; *T/K* § 69 FGO Rz 71). Sie widerspricht dem Gesetzeszweck, weil sie im Ergebnis dazu führt, dass nicht alle Möglichkeiten zur Entlastung der Gerichte genutzt werden. Insbesondere in den Fällen. in denen im Hauptsacheverfahren schon Klage erhoben worden ist, sollte der Finanzbehörde Gelegenheit gegeben werden, ihren (bisher ablehnenden) Standpunkt unter dem Eindruck der Klage erneut zu überdenken. Nur auf diese Weise können überflüssige Verfahren vor den Gerichten vermieden werden. – In keinem Fall kommt es auf die Gründe an, aus denen die Finanzbehörde den AdV-Antrag abgelehnt hat (vgl FG BaWü EFG 1996, 994; *aa* FG Nds EFG 1997, 26). – Zur Frage, ob die Zugangsvoraussetzung hinsichtlich des zwischenzeitlich ergangenen Jahressteuerbescheides erfüllt ist, wenn das FA die **AdV der Vorauszahlungsbescheide abgelehnt** hatte, s BFH/NV 2001, 658.

73   Die Zugangsvoraussetzung ist auch erfüllt, wenn die Finanzbehörden den **AdV-Antrag zum Teil abgelehnt** hat (BFH/NV 1994, 884; s auch FG Mchn EFG 1999, 245). Das ist zB der Fall, wenn AdV ohne Sicherheitsleistung beantragt, aber nur gegen **Sicherheitsleistung** bewilligt (vgl BFHE 134, 239 = BStBl II 1982, 135, 136/137) oder in Aussicht gestellt worden war (BFH/NV 2003, 12, 14/15). Eine teilweise Ablehnung liegt jedoch **nicht** vor, wenn die Finanzbehörde die AdV mit Einverständnis der StPfl nur gegen Sicherheitsleistung (FG BaWü EFG 1981, 115) oder zeitlich befristet (FG Saarl EFG 1989, 29; FG BaWü Beschluss v 16. 12. 1996 6 V 44/95 nv) gewährt hatte. In der Bewilligung der **AdV unter Widerrufsvorbehalt** liegt gleichfalls keine teilweise Ablehnung des AdV-Antrags (BFH/NV 2000, 1411: Teilablehnung erst mit Widerruf; FG M'ster EFG 1998, 1478; *aA Grams* DStZ 1998, 855).

74   Die vorherige (Teil-)Ablehnung eines AdV-Begehrens durch die Finanzbehörde genügt als Zugangsvoraussetzung für den Antrag nach § 69 III nur dann, wenn mit dem Antrag im Wesentlichen dieselben Gründe vorgebracht werden wie mit dem zuvor abgelehnten Antrag. Erforderlich ist also eine **prinzipielle Identität der Verfahrensgegenstände** (BFH/NV 1994, 684, 685; FG Hbg EFG 1982, 360). Dementsprechend ist die Zugangsvoraussetzung des § 69 IV 1 nicht erfüllt, wenn dem Gericht ein **völlig neuer Problembereich** unterbreitet wird, der zuvor nicht Gegenstand der Prüfung durch die Finanzbehörde gewesen ist (BFH/NV 2000, 827; s auch FG Saarl Beschluss v 22. 3. 2001 I V 67/01). – Im Übrigen hat das FG generell die Möglichkeit, die Behörde zur Überprüfung ihrer ablehnenden Entscheidung aufzufordern (vgl BFHE 186, 341 = BStBl II 1998, 744).

75   Das Gesetz fordert **nicht,** dass nach der Ablehnung durch die Verwaltung auch noch ein **Einspruchsverfahren** durchgeführt sein müsste (BFHE 132, 516 = BStBl II 1981, 440, 441). – Eine bestimmte **Form** der Ablehnung schreibt das Gesetz nicht vor (BFH/NV 1991, 459; 2003, 187, 188). Die **mündliche Ablehnung** durch den entscheidungsbefugten Beamten oder Angestellten der Behörde genügt (BFH/NV 1998, 866; s auch BFH/ NV 2003, 12, 14/15). Aus Gründen der Rechtsklarheit und -sicherheit sollte die ablehnende Entscheidung der Behörde aber durch VA erfolgen (vgl FG Bremen EFG 1994, 936).

b) Die Ausnahmetatbestände des § 69 IV 2 Nr 1, 2

Nach § 69 IV 2 ist die Zugangsvoraussetzung (Rz 70 ff) in bestimmten **76** Fällen auch ohne vorherige erfolglose Antragstellung bei der Finanzbehörde erfüllt.

Auch wenn eine unmittelbare Anrufung des Gerichts ausnahmsweise **77** zulässig ist, ist ein AdV-Antrag an die Verwaltung nicht unzulässig; wird er gestellt, kann entgegen FG D'dorf (EFG 1981, 190) gleichwohl beim Gericht ein AdV-Antrag (§ 69 III) gestellt werden (Rz 10 ff, 12).

aa) § 69 IV 2 Nr 1 bestimmt, dass der Antrag nach § 69 III auch ohne **78** vorherige erfolglose Antragstellung (Rz 70 ff) zulässig ist, wenn die Finanzbehörde über den Antrag **ohne Mitteilung** eines zureichenden Grundes in **angemessener Frist** sachlich **nicht entschieden** hat. Welche **Frist angemessen** ist, kann nur unter Berücksichtigung aller Umstände des Einzelfalls entschieden werden. Dabei wird es vor allem darauf ankommen, ob und in welchem Umfang Sachverhaltsermittlungen anzustellen sind und ob der StPfl seine Mitwirkungspflichten erfüllt (vgl FG BaWü EFG 1994, 632: Bearbeitungsdauer von 6 Wochen nicht „unangemessen"; s auch FG Hbg EFG 1994, 937).

Ein **zureichender Grund** für die Überschreitung der Frist liegt jeden- **79** falls dann vor, wenn der StPfl trotz entsprechender Aufforderung nicht an der Sachaufklärung mitwirkt. Eine besondere **Mitteilung** des Grundes für die Verzögerung erübrigt sich dann, weil er dem StPfl bekannt ist.

Die Voraussetzungen des § 69 IV Nr 1 sind erfüllt, wenn die Finanzbe- **80** hörde eine die Steuerfestsetzung betreffende Einspruchsentscheidung erlassen, den gleichzeitig mit der Einlegung des Einspruchs gestellten **AdV-Antrag** aber **ohne Angabe von Gründen nicht beschieden** hat (BFH/NV 2001, 1237/1238; FG Hbg EFG 1981, 251; FG Saarl EFG 1984, 566; s auch FG BaWü EFG 2002, 1052). Das gilt jedoch nicht, wenn der Einspruch oder der AdV-Antrag nicht näher begründet worden ist (FG Saarl EFG 1989, 130; FG Hessen EFG 1994, 116).

bb) Nach **§ 69 IV 2 Nr 2** ist die Zugangsvoraussetzung auch ohne **81** vorherige Ablehnung eines AdV-Antrags durch die Finanzbehörde (Rz 70 ff) erfüllt, wenn eine **Vollstreckung droht.** Die Vollstreckung droht nicht schon dann, wenn die Voraussetzungen für eine zwangsweise Beitreibung der Schuld (§ 254 AO) vorliegen, sondern erst dann, wenn die Finanzbehörde mit der Vollstreckung begonnen hat (BFHE 145, 17 = BStBl II 1986, 236) oder wenn die Zwangsvollstreckungsmaßnahmen aus der Sicht eines objektiven Betrachters zumindest unmittelbar bevorstehen (BFH/NV 2001, 314). Letzteres ist der Fall, wenn die Finanzbehörde **konkrete Schritte zur** Durchführung der **Vollstreckung** ankündigt (BFH/NV 1994, 893; 2001, 620) oder ergriffen hat (BFHE 143, 414 = BStBl II 1985, 469, 470; FG Saarl EFG 1982, 89; FG BaWü EFG 1993, 671; 1998, 1144) oder wenn derartige Schritte zu erwarten sind (vgl FG Saarl EFG 1990, 327). Schon die Vollstreckungsankündigung kann uU als Drohen der Vollstreckung iS des § 69 IV 2 Nr 2 angesehen werden (BFH/NV 2001, 620; FG SachsAnh EFG 2004, 743; s aber FG BaWü EFG 1997, 547 und FG SachsAnh EFG 2004, 278); ebenso die **Vollziehung einer Arrestanordnung** iS des § 324 AO durch Pfändung von Gegenständen (BFH/NV 2004, 1414; aA FG Köln EFG 1998, 1610). Die Festsetzung eines Zwangsgeldes reicht aber nicht aus. Auch die Ankündigung bzw die Erklärung der **Aufrechnung** rechtfertigt nicht die Annahme, dass die Vollstreckung droht (FG BaWü EFG 1998, 1610; 1999, 1145; FG M'ster EFG 2000, 91; aA FG D'dorf EFG 1998, 965). – Geht es um die AdV eines **Grundlagenbescheides,** liegen die Voraussetzungen des § 69 IV 2 Nr 2 vor, wenn die Vollstreckung des Folgebescheides droht (FG M'ster EFG 1995, 756).

III. Materiellrechtliche Voraussetzungen der AdV (Aussetzungsgründe)

85   Nach § 69 II 2 und § 69 III 1 iVm II 2 soll (zum **Ermessen** s Rz 110 ff) die AdV angeordnet werden, wenn und soweit entweder ernstliche Zweifel an der Rechtmäßigkeit des angefochtenen VA bestehen oder die Vollziehung für den Betroffenen eine unbillige, nicht durch überwiegende öffentliche Interessen gebotene Härte zur Folge hätte.

1. Ernstliche Zweifel an der Rechtmäßigkeit

86   Nach der inzwischen von allen Senaten des BFH anerkannten Formel bestehen **ernstliche Zweifel,** wenn bei der (überschlägigen – Rz 120 ff) Prüfung des angefochtenen VA im AdV-Verfahren neben den für die Rechtmäßigkeit sprechenden Umständen gewichtige gegen die Rechtmäßigkeit sprechende Grunde zutage treten, die Unsicherheit oder Unentschiedenheit in der Beurteilung von Rechtsfragen oder Unklarheiten in der Beurteilung von Tatfragen bewirken (zB BFHE 87, 447 = BStBl III 1967, 182; BFHE 125, 423, 426 = BStBl II 1978, 579; BFHE 146, 508 = BStBl II 1986, 656). Bei der notwendigen Abwägung der im Einzelfall entscheidungsrelevanten Umstände und Gründe sind die **Erfolgsaussichten** des Rechtsbehelfs (Rechtsmittels) zu berücksichtigen (st Rspr zB BFHE 87, 447 = BStBl III 1967, 182; BFHE 126, 370 = BStBl II 1979, 167; BFHE 131, 455 = BStBl II 1980, 697; BFHE 170, 106 = BStBl II 1993, 263; BFH/NV 1992, 341). Irgendeine vage Erfolgsaussicht genügt jedoch nicht (BFHE 92, 545 = BStBl II 1968, 657). Es muss die ernsthafte Möglichkeit bestehen, dass der Antragsteller im Hauptsacheverfahren mit seinem Begehren obsiegt (zB BFH/NV 2003, 1217 mwN). Andererseits ist nicht erforderlich, dass die für die Rechtswidrigkeit des angefochtenen VA sprechenden Gründe überwiegen (BFH/NV 1989, 314; 444; 445; 1990, 279, 280; 670; 2005, 9; aA *Schrömbges* DB 1988, 1418). Die AdV kann sogar dann zu gewähren sein, wenn die Rechtmäßigkeit des angefochtenen Bescheides später im Hauptsacheverfahren bestätigt werden sollte (BFH/ NV 2003, 187, 188 mwN; 2005, 9). – Zu den bei einer **Steueranmeldung** zu berücksichtigenden Besonderheiten s Rz 55 „Steueranmeldungen".

a) Ernstliche Zweifel in rechtlicher Hinsicht

87   Ernstlich zweifelhaft ist eine **Rechtsfrage** wenn sie von zwei obersten Bundesgerichten unterschiedlich beurteilt worden ist (BFHE 94, 206 = BStBl II 1969, 145). Das Gleiche muss man annehmen, wenn zwei Senate des BFH dieselbe (oder auch eine ähnlich gelagerte) Rechtsfrage verschieden beantwortet haben (BFHE 146, 105 = BStBl II 1986, 490; s auch

FG BaWü EFG 1995, 941). Ernstliche Zweifel können auch bestehen, wenn der BFH die streitige Rechtsfrage noch nicht entschieden hat und in der Rspr der FG'e und in der Fachliteratur (insoweit) unterschiedliche Auffassungen vertreten werden (BFHE 92, 472 = BStBl II 1968, 610; BFHE 150, 400 = BStBl II 1987, 830; BFH/NV 2000, 1147). Ernstliche Zweifel liegen ferner vor, wenn die angegriffene Entscheidung von der Rspr des BFH abweicht (BFH/NV 1987, 539); das gilt auch dann, wenn sich das FA auf einen „**Nichtanwendungserlass**" beruft (BFH/NV 1994, 869). Andererseits werden ernstliche Zweifel nicht immer schon ausgeschlossen, wenn der VA mit der Rspr (insbes des BFH) oder der hM im Einklang steht (GrS BFHE 124, 130 = BStBl II 1978, 229; BFHE 132, 273 = BStBl II 1981, 266; vgl auch *Beermann* DStR 1986, 252, 255). Allein aus der **Zulassung der Revision** (BFH/NV 1997, 871; s aber auch BFH/NV 1995, 532) oder einer **überlangen Verfahrensdauer** können sich ernstliche Zweifel an der Rechtmäßigkeit eines Steuerbescheides, (wegen Verwirkung des Steueranspruchs) jedoch nicht ergeben. Die Verfahrensdauer hat keine Auswirkungen auf die Existenz des Steueranspruchs (BFH/NV 1994, 605 = DStZ 1994, 511 unter Hinweis auf die einschlägige Rspr des BVerfG; ebenso BFH/NV 1995, 803; der gegenteilige Beschluss BFH/NV 1994, 494 ist überholt; **aA** FG Köln EFG 1993, 672; 1995, 170). – Im Übrigen s Rz 94 ff.

Ernstliche Zweifel an der Rechtmäßigkeit des VA können sich nicht nur **88** aus einem möglichen **Verstoß** des Steuergesetzes **gegen eine EG-Richtlinie** (BFH/NV 2001, 657; FG Hessen EFG 2002, 1627) oder gegen den EG-Vertrag (BFH/NV 2005, 1778; 1782), sondern vor allem aus der möglichen **Verfassungswidrigkeit** der im konkreten Streitfall einschlägigen Rechtsnorm ergeben. – Diese früher streitige Frage (verneinend zB BFHE 68, 361 = BStBl III 1959, 140; BFHE 71, 385 = BStBl III 1960, 393; FG BaWü EFG 1959, 422; aA OVG Münster MDR 1958, 122; zum Meinungsstreit s insb *Felix* aaO) ist durch das BVerfG geklärt: Da die vollziehende Gewalt und die Gerichte an Gesetz und Recht gebunden sind (Art 1 III, 20 III GG), muss die Vollziehung eines VA ausgesetzt werden, wenn **ernstliche verfassungsrechtliche Bedenken** gegen die Rechtsnorm bestehen, auf die der VA gestützt worden ist, es sei denn, der AdV stehen schwerwiegende öffentliche Interessen entgegen (BVerfGE 12, 180, 186; BFHE 204, 39 = BStBl II 2004, 367; Rz 110 f; aA *Birk* FS Menger S 161, 169 ff). Im AdV-Verfahren sind jedoch regelmäßig **keine weitergehenden Entscheidungen** zu treffen **als vom BVerfG zu erwarten** sind (BFH/NV 1997, 270). In Übereinstimmung damit gewährt der BFH in st Rspr bei Vorliegen ernstlicher Zweifel an der Verfassungsmäßigkeit eines Gesetzes grundsätzlich vorläufigen Rechtsschutz durch AdV/Aufhebung der Vollziehung, wenn ein **berechtigtes Interesse** des Antragstellers besteht (zB BFHE 146, 474 = BStBl II 1986, 782; BFH/NV 1994, 324; 2001, 1031, 1032; 2002, 508, 509; 2004, 105; 2005, 613 und 625; **im Einzelnen s Rz 112–114;** s auch Rz 55 „Vermögensteuerbescheide").

Ernstliche Zweifel an der Rechtmäßigkeit des angefochtenen VA beste- **89** hen immer, wenn er aufgrund eines Gesetzes ergangen ist, das vom **BVerfG für nichtig erklärt** worden ist. Ebenso ist es grundsätzlich, wenn das BVerfG das Gesetz **für unvereinbar mit dem GG erklärt** hat (vgl zB den Beschluss des BVerfG zur Verfassungswidrigkeit der Kinderfreibeträge 1983–

1985 – BVerfG BStBl II 1990, 664 = DB 1990, 1498). In beiden Fällen dürfen Gerichte und Behörden die als verfassungswidrig erkannte Norm ihren Entscheidungen nicht mehr zugrunde legen (BVerfGE 73, 40, 101). Eine **Ausnahme** gilt jedoch in den Fällen, in denen das BVerfG sich nicht auf die Unvereinbarerklärung beschränkt, sondern gleichzeitig angeordnet hat, dass das verfassungswidrige Gesetz **für eine Übergangszeit** bis zur Neuregelung **weiter anwendbar** bleibt (s den Beschluss des BVerfG zur Verfassungswidrigkeit des Grundfreibetrags – BVerfGE 87, 153 = BStBl II 1993, 413 und die Beschlüsse des BVerfG zur Verfassungswidrigkeit der steuerlichen Berücksichtigung des einheitsbewerteten Vermögens – BVerfG BStBl II 1995, 655 = DB 1995, 1740; BVerfG BStBl II 1995, 671 = DB 1995, 1745). In diesen Fällen lassen sich aus der Verfassungswidrigkeit des dem angefochtenen VA (Steuerbescheid) zugrundeliegenden Gesetzes keine ernstlichen Zweifel an seiner Rechtmäßigkeit herleiten, sofern er im zeitlichen Anwendungsbereich des (verfassungswidrigen, aber für eine Übergangszeit weitergeltenden) Gesetzes ergangen ist.

90   Im Übrigen können ernstliche Zweifel an der Rechtmäßigkeit im Hinblick auf die **mögliche Verfassungswidrigkeit** der dem angefochtenen VA zugrundeliegenden Gesetzesbestimmung nur aufgrund einer eigenständigen Prüfung der Verfassungsmäßigkeit (ohne Vorlagepflicht an das BVerfG – Rz 122) des jeweils zu beurteilenden Gesetzes (vgl FG Hessen EFG 1984, 136) unter Anwendung der Prüfungsmaßstäbe des BVerfG (BFH/NV 1997, 270; 2001, 543) bejaht werden. Das ist etwa der Fall, wenn sich aus einer Nichtig- oder Unvereinbarerklärung des BVerfG ernstliche verfassungsrechtliche Bedenken auch für andere steuerrechtliche Vorschriften oder für die entsprechenden in den Folgejahren geltenden Regelungen ergeben (vgl BFH/NV 1991, 243: Bedenken gegen die Verfassungsmäßigkeit der Bewertung des Wertpapiervermögens zutreffend verneint; FG Nds EFG 1992, 366: AdV wegen verfassungsrechtlicher Bedenken gegen die Nichtberücksichtigung von Verlusten aus Vermietung und Verpachtung im LSt-Ermäßigungsverfahren zu Recht gewährt; vgl BVerfG DB 1991, 2522). – Die bloße Behauptung des Betroffenen, das ihn belastende Gesetz sei verfassungswidrig, reicht ebensowenig aus wie der Umstand, dass die Verfassungswidrigkeit im Wege der Verfassungsbeschwerde vor dem BVerfG geltend gemacht worden ist (BVerfGE 12, 180, 186). Ernstliche Zweifel können andererseits aber nicht schon deshalb verneint werden, weil das BVerfG, oberste Bundesgerichte oder andere Gerichte die Norm angewandt und damit (stillschweigend) ihre Verfassungsmäßigkeit bejaht haben. Hat ein oberstes Bundesgericht die Verfassungsmäßigkeit ausdrücklich bejaht, liegen ernstliche Zweifel im Allgemeinen nicht vor (BVerfGE 12, 180; 186; BFH/NV 1989, 271). Hat umgekehrt ein oberstes Bundesgericht schon ernstliche verfassungsrechtliche Bedenken geäußert, sind sie im Allgemeinen zu bejahen (BFH/NV 2004, 105; BFHE 204, 39 = BStBl II 2004, 367; vgl *Söhn* NJW 1970, 315, 317). Entsprechendes gilt, wenn einzelne FG'e ein Normenkontrollverfahren (Art 100 GG) in Gang gebracht haben, jedenfalls solange, bis der BFH die Verfassungsmäßigkeit bestätigt hat (vgl FG Hessen EFG 1964, 337; FG M'ster EFG 1964, 338; FG RhPf EFG 1965, 199; s auch FG Hbg EFG 1966, 36; verneinend für den Fall, dass die Ansicht des FG in Rspr und Literatur nicht geteilt wird BFHE 84, 219 = BStBl III 1966, 79; 81).

Der Begriff der „**begründeten Zweifel** an der Rechtmäßigkeit der an- **91** gefochtenen Entscheidung" **(Art 244 (2) ZK) entspricht dem Begriff der ernstlichen Zweifel** iS der §§ 361 II 2 AO, 69 III 1 iVm § 69 II 2 (BFH/NV 2000, 1512, 1513; FG Hbg EFG 1994, 1059, 1060; FG D'dorf EFG 1995, 446, 447; *Witte/Alexander* Art 244 Rz 17 ff). Auf die Ausführungen zu Rz 86 ff, 92 ff kann deshalb verwiesen werden. – Im Übrigen s zu Art 244 ZK Rz 16 ff, 55 „Zollbescheide", 109, 114.

b) Ernstliche Zweifel in tatsächlicher Hinsicht

Sie sind zu bejahen, wenn in Bezug auf die im Einzelfall entscheidungs- **92** erheblichen Tatsachen Unklarheiten bestehen, die anhand der vorliegenden Unterlagen (insb der Akten) und der präsenten Beweismittel nicht beseitigt werden können (zum Umfang der **Aufklärungspflicht des Gerichts** – s Rz 120 ff) und wenn die vom StPfl behauptete Rechtsfolge unter den gegebenen Umständen als möglich erscheint (vgl BFHE 86, 316 = BStBl III 1966, 467; BFHE 92, 326 = BStBl II 1968, 540; BFHE 112, 74; BFH/NV 1986, 259, 260; s auch *Beermann* DStR 1986, 252, 255–257 mwN). Trägt der StPfl im AdV-Verfahren erstmals ihm günstige „**neue**" (entscheidungserhebliche) **Tatsachen** vor, können ernstliche Zweifel nur dann bejaht werden, wenn er die Tatsachen glaubhaft macht (*Beermann* DStR 1986, 252, 255–257 mwN; s auch unten Rz 121 f).

Ernstliche Zweifel in tatsächlicher Hinsicht können zB vorliegen, **93**
– wenn die Finanzbehörde eine **Entscheidung** getroffen hat, **ohne** den maßgeblichen **Sachverhalt aufzuklären** oder wenn sie von einem unrichtigen Sachverhalt ausgegangen ist (nicht aber, wenn der StPfl seine Mitwirkungspflicht verletzt hat – vgl BFH/NV 1986, 638; 640),
– wenn die Finanzbehörde den **Besteuerungssachverhalt** nur **unvollständig und verworren darstellt** und den Steueranspruch nicht schlüssig begründet hat (BFHE 140, 153 = BStBl II 1984, 443, 444; FG Hbg DStRE 2004, 922), insbesondere,
– wenn der **Außenprüfungsbericht nicht** aus sich heraus **verständlich** ist (FG D'dorf EFG 1982, 393, 394) oder
– wenn dem StPfl die **Besteuerungsgrundlagen nicht mitgeteilt** worden sind (vgl BFHE 125, 20 = BStBl II 1978, 402) oder das FA die für die Überprüfung benötigten Akten nicht vorlegt (FG Hbg Beschluss v 30. 1. 1992 I 207/91 – NWB F 1 S 259).

c) Zum Gegenstand der Prüfung

Die ernstlichen Zweifel müssen die **Rechtmäßigkeit des angefochte-** **94** **nen VA** betreffen. Deshalb kann zB die AdV eines GrESt-Bescheides nicht mit der Begründung verlangt werden, der besteuerte Erwerbsvorgang werde wahrscheinlich alsbald rückgängig gemacht werden (vgl BFHE 97, 296 = BStBl II 1970, 132). Im Übrigen hat sich die Prüfung auf alle rechtlichen und tatsächlichen Gesichtspunkte zu erstrecken. Auch formelle Aspekte sind zu berücksichtigen, wie zB die Wirksamkeit des angefochtenen VA (BFHE 145, 17 = BStBl II 1986, 236; BFH/NV 1988, 145).

Wird die **AdV einer Ermessensentscheidung** beantragt, ist nur zu prü- **95** fen, ob ernstliche Zweifel bestehen, dass das Ermessen fehlerfrei ausgeübt worden ist (BFHE 119, 232 = BStBl II 1976, 628; BFH/NV 1990, 473, 475).

96   Geht es im Hauptsacheverfahren darum, ob jemand eine **Steuerhinterziehung** oder **Steuerhehlerei** begangen hat, ist zu prüfen, ob ernstliche Zweifel an der Verwirklichung des Straftatbestandes bestehen; § 203 StPO ist nicht anwendbar (GrS BFHE 127, 140 = BStBl II 1979, 570, 572/573; vgl auch BFHE 123, 319 = BStBl II 1978, 21). – Zur Anwendung des **§ 42 AO** im AdV-Verfahren s zB BFHE 146, 105 = BStBl II 1986, 490; BFHE 155, 503 = BStBl II 1989, 396 und zur **verdeckten Gewinnausschüttung** s zB BFH/NV 1987, 811; 1988, 145.

97   Ob ernstliche Zweifel vorliegen, ist bei einem schon in der **Revisionsinstanz** schwebenden Rechtsstreit nach revisionsrechtlichen Grundsätzen zu beurteilen. Ernstliche Zweifel am Bestand des angefochtenen VA können deshalb nur dann vorliegen, wenn unter Beachtung der **eingeschränkten Prüfungsmöglichkeiten** des Revisionsgerichts, insbesondere seiner grundsätzlichen Bindung an die tatsächlichen Feststellungen der Vorinstanz, ernstlich mit der Aufhebung oder Änderung des angefochtenen VA zu rechnen ist. Das bedeutet, dass bei vermutlichem Durcherkennen des BFH die Erfolgsaussichten des Revisionsverfahrens zu prüfen sind, bei vermutlicher Zurückverweisung die Erfolgsaussichten des dann fortgesetzten Klageverfahrens (st Rspr zB BFHE 131, 455 = BStBl II 1981, 99; BStBl II 1988, 702, 705; BFH/NV 1995, 222; 694; 1996, 420; 915; 1997, 588; 1998, 178; 1999, 926; 2001, 314; 806, 807). Ebenso ist es, wenn der AdV-Antrag während der Anhängigkeit einer **Nichtzulassungsbeschwerde** beim BFH gestellt wird. Ernstliche Zweifel können dann nur bestehen, wenn ernstlich mit der Zulassung der Revision und der Aufhebung des Bescheides zu rechnen ist (BFH/NV 1996, 915; 1997, 276; 421; 510; 2002, 1340; 2003, 72; 2004, 793, 794 und 978; 2006, 114). – S auch Rz 101.

98   Zur Prüfung, ob ernstliche Zweifel an der Rechtmäßigkeit des VA bestehen, kommt es nicht mehr, wenn der VA bestandskräftig ist bzw die gegen ihn gerichtete Klage rechtskräftig abgewiesen wurde oder wenn nicht ernstlich zweifelhaft sein kann, dass ein **Rechtsbehelf unzulässig** ist, der VA also Bestand haben wird. Der Antrag auf AdV ist dann unzulässig (Rz 34; s auch BFH/NV 1986, 747; 1990, 168; 1997, 601; 2000, 1477; 1493; 1494, 1495; 2001, 181; 2003, 1590; 2004, 802, 80; 2005, 1348; **aA** – Unbegründetheit des Antrags mangels Überprüfbarkeit des VA BFHE 88, 541 = BStBl III 1967, 472; BFHE 91, 219 = BStBl II 1968, 278; BFHE 113, 1 = BStBl II 1974, 640; BFHE 115, 12 = BStBl II 1975, 465; BFHE 134, 223 = BStBl II 1982, 133, 134; BFH/NV 1987, 701; 1989, 444; 1990, 784; 791; 1992, 48; 124; 1996, 227; 336; 343; 1997, 192; 462; 463; 1998, 52; 65; 597; 1241; 1366; 1999, 345; 347; 2000, 1628; 2003, 1445 und 1608; 2004, 81, 82; 522; zur verfassungsrechtlichen Unbedenklichkeit dieser Auffassung s BVerfG StRK FGO § 69 R 170).

99   Das gilt in allen Fällen. In denen der Rechtsbehelf (die Klage) aller Voraussicht nach unzulässig ist, also zB auch dann, wenn statt des Grundlagenbescheids der **Folgebescheid** (§ 42 Rz 35 f) oder umgekehrt statt des Folgebescheides der **Grundlagenbescheid** angefochten wird (§ 42 Rz 30; s auch Rz 55 „Folgebescheid" und „Grundlagenbescheid"). – Entsprechendes muss auch gelten, wenn nicht ernstlich zweifelhaft ist, dass der **VA nicht mehr geändert oder aufgehoben** werden kann (BFH/NV 1989, 642).

Ist jedoch die Rechtmäßigkeit der **Verwerfung eines Rechtsbehelfs** **100** als unzulässig **ernstlich zweifelhaft,** muss weiter geprüft werden, ob in sachlichrechtlicher Hinsicht ernste Zweifel an der Rechtmäßigkeit des VA bestehen (BFHE 115, 12 = BStBl II 1975, 465; s auch BFH/NV 1996, 238). Dasselbe gilt für den Fall, dass eine Revision verspätet eingelegt ist, aber der gestellte **Wiedereinsetzungsantrag wahrscheinlich Erfolg** haben wird (BFHE 110, 236 = BStBl II 1973, 854).

Wird der angefochtene **VA vor Abschluss des AdV-Verfahrens** durch **101** Zurückweisung der Nichtzulassungsbeschwerde, Rücknahme des Rechtsbehelfs oder durch rechtskräftige Klagabweisung bzw durch Zurückweisung des Einspruchs gegen die Steuerfestsetzung **unanfechtbar,** entfällt das (besondere) Rechtsschutzbedürfnis (Rz 34, 98; vgl BFH/NV 1990, 168; 1994, 486, 487; 1995, 186; 409; 2002, 67; **aA** – Unbegründetheit des Antrags mangels ernstlicher Zweifel an der Rechtmäßigkeit – BFHE 112, 239 = BStBl II 1974, 463; BFH/NV 1995, 246; 398; 601; 632; 1996, 688; 2004, 978 und öfter; offen BFH/NV 1995, 121; 537; 605; 1999, 1628; 2000, 329; 330; 481).

Ist der ESt-Bescheid (Folgebescheid) schon vor Erlass des Feststellungs- **102** bescheides ergangen und sind in ihm die (einheitlich und) gesondert festzustellenden Verluste nicht berücksichtigt worden (§ 155 II – s Rz 55 „Folgebescheide"), kann der StPfl die AdV des ESt-Bescheides in Höhe der sich bei Ansatz der Verluste ergebenden Steuerersparnis wegen ernstlicher Zweifel an der Rechtmäßigkeit des ESt-Bescheides jedenfalls dann erreichen, wenn dem Betriebs-FA eine entsprechende Feststellungserklärung nebst Jahresabschluss vorliegt (zB BFHE 125, 510 = BStBl II 1978, 632).

Entsprechendes muss gelten, wenn der Verlust(-anteil) auf andere Weise **103** glaubhaft gemacht ist (vgl *Gorski* DB 1977, 1721). – Zu diesem Fragenkreis s auch *Eggesiecker* BB 1978, 1557).

Geht es im Hauptsacheverfahren um die Erlangung einer **Steuerver-** **104** **günstigung,** kommt eine AdV des angefochtenen VA nicht in Betracht, wenn völlig offen ist, ob die tatsächlichen Voraussetzungen für die Erlangung der Vergünstigung erfüllt sind (BFHE 143, 499 = BStBl II 1985, 520, 521; BFH/NV 1987, 519).

2. Unbillige Härte

Eine unbillige nicht durch überwiegende öffentliche Interessen gebotene **105** Härte liegt vor, wenn dem StPfl durch die Vollziehung des angefochtenen VA **wirtschaftliche Nachteile** drohen, die nicht oder nur schwer wieder gutzumachen sind, oder wenn die Vollziehung zu einer **Gefährdung** seiner wirtschaftlichen Existenz führen würde (BFHE 92, 314 = BStBl II 1968, 538; BFH/NV 1987, 277; 1988, 335, 338; 1991, 645; 1994, 864; 2005, 490, 492; 1778, 1781; 1834, 1836; FG Hbg EFG 1994, 755; 799). Entscheidend ist, ob die sofortige Vollziehung (vor Unanfechtbarkeit des VA) als unbillig erscheint (BFHE 94, 352 = BStBl II 1969, 170). – Die Unbilligkeit kann sich auch aus einem (noch nicht abgelehnten) Antrag auf abweichende Steuerfestsetzung nach **§ 163 AO** (FG D'dorf EFG 1986, 372, 373) oder aus **überlanger Verfahrensdauer** (mehr als 3 Jahre pro Instanz) ergeben (BFHE 163, 313 = BStBl II 1991, 498; BFH 165, 469 =

BStBl II 1992, 148, 151; vgl auch BVerfG DStZ 1990, 437). Das Vorliegen einer erheblichen Härte iS des § 222 AO (Stundung) genügt jedoch nicht (BFH/NV 2000, 885, 887/888) Die Vollziehung einer **Prüfungsanordnung** kann nicht zu einer unbilligen Härte führen, weil die Prüfungsergebnisse im Falle des Obsiegens des StPfl im Hauptsacheverfahren nicht verwertet werden können (BFH/NV 2003, 296). – Der Steuerpflichtige muss die Umstände, aus denen sich die unbillige Härte nach seiner Ansicht ergibt, konkret vortragen (FG Hbg StE 1997, 432).

106 Geht es um die **AdV** eines **Grundlagenbescheides,** ist auf die Vollziehung des Folgebescheides abzustellen (BFHE 96, 117 = BStBl II 1969, 547).

107 Die **Erfolgsaussichten** des Rechtsbehelfs im Hauptsacheverfahren sind auch im Falle der AdV wegen unbilliger Härte zu berücksichtigen (zB BFH/NV 1999, 826). Vertretbar ist die AdV nur, wenn Zweifel an der Rechtmäßigkeit des angefochtenen VA bestehen. Sind Rechtmäßigkeitszweifel fast ausgeschlossen, ist die AdV selbst dann zu versagen, wenn die Vollziehung eine unbillige Härte zur Folge hätte (BFHE 90, 318 = BStBl II 1968, 84; BFH/NV 1988, 174, 175; 1989, 28; 444; 1990, 295; 1994, 788; 2000, 885, 887/888; 2005, 1834, 1836; s auch *Papier* StuW 1978, 332, 340). Das gilt insbesondere, wenn der Steuerbescheid unanfechtbar geworden ist (BFH/NV 1995, 805, 806; 2000, 1237).

108 Der Aussetzungsgrund der unbilligen Härte ist vor allem bei **nicht auf Geldleistungen** gerichteten Steuer-VAen (insb Finanzbefehlen – § 328 AO; Rz 55 „Finanzbefehle") von Bedeutung (vgl *Papier* StuW 1978, 332, 340), – **Zur Glaubhaftmachung** der tatsächlichen Umstände aus denen sich nach Ansicht des Betroffenen eine unbillige Härte ergibt, s Rz 121 f.

109 Der **Begriff des „unersetzbaren Schadens" (Art 244 ZK)** ist enger als derjenige der unbilligen Härte iS der §§ 361 II 2 AO, 69 III 1 iVm 69 II 2 (Rz 105 ff). – Zur Abgrenzung s EGH ZfZ 1997, 335, 337 f; EGH HFR 1997, 616 f; FG D'dorf EFG 1995, 446, 448; *Witte/Alexander* Art 244 Rz 25 ff). – Im Übrigen s Rz 55 „Zollbescheide" und Rz 16 ff, 91, 114.

C. Entscheidungsgrundsätze

I. Ermessen

110 **1.** Bewilligung und Ablehnung der AdV sind **Ermessensentscheidungen.** Die Regelungen der §§ 69 III 1 iVm II 2, 69 II 1, 2 sind als sog **Koppelungsvorschriften** zu verstehen, bei denen unbestimmte Rechtsbegriffe auf der Tatbestandsseite („ernstliche Zweifel …" und „unbillige … Härte") mit einem Entscheidungsspielraum auf der Rechtsfolgeseite (die AdV „kann" gewährt werden) verknüpft sind (**aA** GrS BFHE 90, 461 = BStBl II 1968, 199; *Messmer* BB 1966, 697); die Gegenansicht steht jedoch in einem eklatanten Widerspruch zur BFH-Rspr zu § 227 AO bzw § 131 RAO und ist mit den Grundsätzen der zu § 131 RAO ergangenen Entscheidung des GmS – StRK RAO § 131 nF R 205 = BStBl II 1972, 603; 605 ff unvereinbar.

111 Zur Ausübung des Ermessens kommt es nicht, wenn weder „ernstliche Zweifel" (Rz 86 ff) vorliegen (wie zB im Fall der Unvereinbarerklärung mit gleichzeitiger Anordnung der Weitergeltung des verfassungswidrigen

Gesetzes – Rz 88) noch eine „unbillige Härte" (Rz 105 ff) gegeben ist. In allen anderen Fällen ist der **Ermessensspielraum** dadurch **reduziert,** dass die AdV erfolgen „soll", wenn ernstliche Zweifel an der Rechtmäßigkeit des angefochtenen VA bestehen oder die Vollziehung für den Betroffenen eine unbillige Härte zur Folge hätte (§ 69 II 2, § 69 III 1). Das bedeutet, dass die AdV bei Vorliegen der genannten Merkmale im Regelfall auch erfolgen muss (zB GrS BFHE 90, 461 = BStBl II 1968, 199; GrS BFHE 140, 396 = BStBl II 1984, 454, 457; zur Bedeutung von Sollvorschriften s *Tipke* BB 1967, 365; *Wolff/Bachof* I S 196; *Kopp/Schenke* § 114 Rz 21).

2. Ein Entscheidungsspielraum besteht demnach **nur in Ausnah-** **112** **mefällen.** Da die sofortige Vollziehbarkeit von Abgabenbescheiden (§ 69 I) in aller Regel durchbrochen werden „soll", kann es sich nur um Fallgestaltungen handeln, in denen auf Grund einer besonderen Situation eine **zusätzliche Interessenabwägung geboten** ist. Hierher gehören die Fälle, in denen das Interesse des StPfl an der AdV – abweichend von der typisierenden gesetzlichen Regelung – nicht ohne weiteres höherrangig ist als das staatliche Interesse an der sofortigen Vollziehung. Eine Interessenabwägung ist also vorzunehmen, wenn Umstände vorliegen, die bei Gewährung der AdV (ausnahmsweise) so **schwerwiegende Nachteile für den Staat** befürchten lassen, dass die Interesse des Bürgers an der AdV zurücktreten muss (Rz 113). Zum anderen ist eine Interessenabwägung geboten, wenn das **Interesse des StPfl** an der AdV (atypischer- oder auch typischerweise – vgl BFHE 146, 514 = BStBl II 1986, 717, 718/719) als **ungewöhnlich gering** erscheint (Rz 114). – Das gilt gleichermaßen für die AdV wie für die Aufhebung der Vollziehung (für einen größeren Ermessensspielraum bei der Aufhebung der Vollziehung BFHE 101, 489 = BStBl II 1971, 366; zur Interessenabwägung s *Leipold* S 302).

Eine Interessenabwägung findet in der Praxis vor allem in den Fällen **113** statt, in denen zur Begründung des AdV-Antrags geltend gemacht wird, ernstliche Zweifel an der Rechtmäßigkeit des angefochtenen Steuerbescheides ergäben sich aus der **Verfassungswidrigkeit** des angewendeten Gesetzes. Nach ständiger (vom BVerfG bestätigter) Rspr des BFH ist in diesen Fällen im Hinblick auf den Geltungsanspruch eines jeden formell verfassungsmäßig zustande gekommenen Gesetzes zusätzlich ein **berechtigtes Interesse** des StPfl an der Gewährung vorläufigen Rechtsschutzes erforderlich, das im Rahmen einer Interessenabwägung festzustellen ist (BFH/NV 2002, 508, 509 mwN). Dabei ging der BFH regelmäßig davon aus, dass das **öffentliche Interesse an einer geordneten** und verlässlichen **Haushaltsführung** im Allgemeinen so gewichtig ist, dass das Interesse des StPfl an einer (teilweisen) AdV des angefochtenen Steuerbescheides dahinter zurückzutreten hat (zB BFHE 140, 396 = BStBl II 1984, 454; BFHE 146, 474 = BStBl II 1986, 782; BFHE 161, 109 = BStBl II 1990, 969; BFHE 167, 152 = BStBl II 1992, 752; BFHE 168, 174 = BStBl II 1992, 729; BFH/NV 1992, 246; 595; 598; 1993, 165; 1994, 324; 1995, 143 mwN; 201; 2001, 1031, 1032; FG Mchn EFG 2002, 1317; BVerfG StRK FGO § 69 R 283 und 298). – Der Gesichtspunkt hoher Steuerausfälle hat jedoch mit der Folge der Gewährung der AdV unberücksichtigt zu bleiben, wenn der Fiskus – wie bei der Erfassung von Spekulationsgewinnen (§ 23 I 1 Nr 1 b und Nr 2 EStG 1997) – die Durchsetzung des Steueranspruchs und damit die Steuerausfälle durch strukturell gegenläufige Normen und tatsächliches Nichtvollziehen selbst verursacht (BFHE 202, 53 = BStBl II 2003, 663; BFH/NV 2005, 613 und 701; zum Verhältnis zu § 17 EStG s BFH/NV 2005, 1105; **aA** FG D'dorf EFG 2003, 557). In Übereinstimmung damit bestehen auch ernstliche Zweifel an der Rechtmäßigkeit eines auf Aufdeckung und Ermittlung noch unbekannter Spekulationsgewinne gerichteten Sammelauskunftsersuchens an ein Kreditinstitut (BFH/NV 2004, 105). Das öffentliche Interesse an einer geordneten Haushaltsführung muss außerdem zurücktreten, wenn das Steuergesetz, wie im Falle der Verlängerung der Spekulationsfrist des § 23 I Nr 1 S 1 EStG von zwei auf zehn Jahre, mit hoher Wahrscheinlichkeit verfassungswidrig ist und nicht damit gerechnet werden kann, dass das BVerfG die Weitergeltung des Gesetzes anordnen wird (BFHE 204, 39 = BStBl II 2004, 367). Im Übrigen ist dem Interesse des StPfl an der Gewährung vorläufigen Rechtsschutzes ausnahmsweise Vorrang einzuräumen, wenn das Vertrauen des StPfl in den Fortbestand gesetzlicher Regelungen schwerer wiegt als das Interesse des Gesetzgebers an der Änderung (zB BFH/NV 2005, 625, 626/627) oder wenn ihm durch die vorläufige Vollziehung **irreparable Nachteile** drohen, die den Rechtsschutz hinfällig werden lassen, oder wenn das zu versteuernde Einkommen des StPfl abzüglich der darauf zu entrichtenden Steuer unter dem sozialhilferechtlich garantierten **Existenzminimum** liegt (zB BFHE 164, 570 = BStBl II 1991, 876; BFH/NV 1992, 246).

Nach BFH/NV 1991, 459 soll die AdV wegen überwiegenden öffentlichen Interesses regelmäßig auch in den Fällen zu versagen sein, in denen das BVerfG die **Verfassungswidrigkeit** der dem angefochtenen VA zugrundeliegenden Norm **schon festgestellt,** aber von einer Nichtigerklärung abgesehen und sich auf eine ex nunc wirkende Unvereinbarerklärung (ohne gleichzeitige Anordnung der Weitergeltung – vgl Rz 88) beschränkt hat (**aA** FG D'dorf EFG 1991, 258; FG SchlHol EFG 1991, 541). Das ist vor allem im Hinblick auf die jüngere Rechtsprechung nicht unbedenklich. Auch im Falle einer schlichten Unvereinbarerklärung ist das Gesetz verfassungswidrig. Der angefochtene Steuerbescheid ist also ohne Rechtsgrundlage ergangen. Es ist nicht ohne Weiteres einzusehen, dass die Vollziehung eines solchen VA „dem rechtsstaatlichen Anliegen eines allgemeinen Normenvollzugs" (BVerfG StRK FGO § 69 R 298) oder „dem öffentlichen Interesse an einer geordneten öffentlichen Haushaltswirtschaft" (BVerfG StRK FGO § 69 R 283) entspricht. – Jedenfalls bei Nichtigerklärung einer steuerrechtlichen Norm wird man den vorläufigen Rechtsschutz nicht verweigern können.

Die jüngere Rechtsprechung des BFH seit 2003 **ist zu begrüßen.** Sie berücksichtigt im Ergebnis die Kritik an den älteren Entscheidungen (vgl die abweichenden Entscheidungen verschiedener Finanzgerichte, zB FG D'dorf EFG 1991, 258; FG Hessen EFG 1991, 88; FG Nds EFG 1992, 139; 366; FG Nbg EFG 1994, 433). Es kann nicht richtig sein (Art 19 IV GG), dass vorläufiger Rechtsschutz bei ernstlichen Zweifeln an der Verfassungsmäßigkeit des im konkreten Fall einschlägigen Gesetzes nur in Ausnahmefällen gewährt wird. Das öffentliche Interesse an einer geordneten Haushaltsführung kann die grundsätzliche Versagung der AdV in den Fällen, in denen ernstliche Zweifel an der Verfassungsmäßigkeit des angewendeten Gesetzes bestehen, nicht rechtfertigen. Durch die Verplanung bzw Verausgabung (möglicherweise) verfassungswidriger Steuern eintretende **Risiken** für die öffentliche Haushaltswirtschaft **werden** in diesen Fällen **durch** Gewährung der **AdV** geradezu **vermieden** (*Seer* StuW 2001, 3, 17 f mwN). Im Übrigen entspricht die Gewährung der AdV dem Gebot der Beachtung der verfassungsmäßigen Ordnung durch den Staat. Allenfalls in den Fällen, in denen eine die Erfüllung der staatlichen Aufgaben gefährdende „Breitenwirkung" zu erwarten ist, kann das öffentliche Interesse an einer geordneten Haushaltsführung vorrangig sein. Einzelfälle können die Versagung der AdV jedoch nicht rechtfertigen.

Eine **Interessenabwägung** (Rz 112) fand **bis zum Inkrafttreten des** **114** **ZK** (Rz 16) auch statt, wenn es um die Festsetzung von **Eingangsabgaben** ging, die eine ganz bestimmte Ware als solche belasten und in den Preis eingehen (BFHE 87, 414 = BStBl III 1967, 123; GrS BFHE 90, 461 = BStBl II 1968, 199; BFHE 96, 8 = BStBl II 1969, 528; BFHE 146, 514 = BStBl II 1986, 717, 718).

Da der Steuerpflichtige die Eingangsabgaben ohnehin auf die Abnehmer überwälzt, wurde das Interesse des Staates an der sofortigen Vollziehung der Abgabenbescheide grundsätzlich als vorrangig angesehen (zu den Ausnahmefällen s BFHE 99, 104 = BStBl II 1970, 572; BFHE 107, 412; BFHE 146, 514 = BStBl II 1986, 717, 719).

Nach Art 244 (2) ZK entfällt die Interessenabwägung, weil die Vollziehung zollbehördlicher Entscheidungen **stets auszusetzen** ist, wenn begründete Zweifel an der Rechtmäßigkeit der angefochtenen Entscheidung (Rz 91) bestehen oder dem Beteiligten ein unersetzbarer Schaden (Rz 109) entstehen könnte. Dies gilt auch dann, wenn im AdV-Verfahren die Verfassungswidrigkeit einer einzelstaatlichen (nationalen) Vorschrift geltend gemacht wird (*Witte/Alexander* Art 244 ZK Rz 20). – Zum ZK im Übrigen s Rz 55 „Zollbescheide"; Rz 16 ff, 91, 109.

Eine **Interessenabwägung entfällt** außerdem, wenn der AdV-Antrag **115** auf die Verletzung des EWGV gestützt wird (BFH/NV 1995, 368; BFHE 185, 467 = BFH/NV 1998, 1172 betr Art 39 EWGV = Art 48 EWGV aF).

II. Summarisches Verfahren

1. Das AdV-Verfahren ist wegen seiner Eilbedürftigkeit und seines vor- **120** läufigen Charakters ein **summarisches Verfahren.** – Zu unterscheiden ist zwischen der Überprüfung des Prozessstoffs (Sachverhalts) und der rechtlichen Würdigung (BFHE 92, 440 = BStBl II 1968, 589).

Hinsichtlich des Prozessstoffs findet eine **Beschränkung** auf die **121** dem Gericht vorliegenden Unterlagen (insbesondere die Akten der Finanzbehörde) sowie **auf die sog präsenten Beweismittel** statt (zB – falls mündlich verhandelt wird – einen in der Verhandlung gestellten Zeugen – BFHE 123, 3 = BStBl II 1977, 765). Das FG darf sich bei der Erforschung des Sachverhalts auch auf die tatsächlichen Feststellungen in einem **Strafurteil** stützen (BFH/NV 1990, 54; 1995, 116); zur Indizwirkung eines Geständnisses im Strafverfahren s BFH/NV 1999, 1496. Es ist Sache des Beteiligten, die entscheidungserheblichen Tatsachen darzulegen (Rz 62) und **glaubhaft zu machen** (§§ 155, 294 ZPO), soweit seine Mitwirkungspflicht reicht (BFHE 123, 3 = BStBl II 1977, 765; BFH/NV 1988, 174, 175; 466, 467; 1990, 97; 1995, 171; 1996, 491; 1999, 1489, 1490), Notfalls kann Beweis durch präsente Beweismittel verlangt werden. Mittel der Glaubhaftmachung ist zB die Vorlage einer Versicherung an Eides Statt oder die Vorlage eines Privatgutachtens (vgl § 56 Rz 42 ff, 45). Die Regeln über die **Feststellungslast** gelten auch im AdV-Verfahren (BFHE 145, 375 = BStBl II 1986, 289; BFH/NV 1994, 133; 1995, 171; 1996, 895; 1998, 994, 997). Allerdings kann unter Berücksichtigung der Umstände des Einzelfalls – abweichend von den Regeln über die Feststellungslast – die AdV gerechtfertigt oder abzulehnen sein (zB BFH BStBl II 1988, 702; BFH/NV 1988, 675; 1994, 133, 135).

122   **Weitergehende Sachverhaltsermittlungen** durch das Gericht sind **nicht erforderlich** (zB BFHE 156, 167 = BStBl II 1989, 516, 517; BFH/NV 1990, 133; FG Hessen EFG 2004, 1001). Es nicht Aufgabe des Gerichts, aus **umfangreichen Akten** Feststellungen zu treffen; zu berücksichtigen sind in einem solchen Fall nur Tatsachen, die sich aus dem angefochtenen VA oder dem glaubhaft gemachten Vortrag der Beteiligten ergeben (BFHE 94, 472, 477; s auch *Beermann* DStR 1986, 252, 256). Es ist auch nicht Aufgabe des Gerichts, im AdV-Verfahren auf ungesicherter Tatsachengrundlage Rechtsfragen zu klären, die sich nach weiterer Aufklärung des Sachverhalts möglicherweise nicht stellen (BFH/NV 1999, 1495). – Eine **Vorlage an das BVerfG** (Normenkontrollverfahren) braucht im AdV-Verfahren ebenfalls nicht zu erfolgen (BFHE 140, 396 = BStBl II 1984, 454; BFH/NV 1990, 570). Auch eine Vorabentscheidung des **EuGH** über die in Art 234 EWGV genannten Fragen muss im AdV-Verfahren nicht eingeholt werden (BVerfG BayVBl 1992, 238; BFHE 185, 30 = BStBl II 1998, 558; vgl auch EGHE 77, 957; 78, 1453; EuGH NJW 1977, 1585; 1983, 2751 für andere summarische Verfahren; aA FG Hbg EFG 1989, 125 – Rz 81). – **Zur Bindung des BFH** an die Feststellungen des FG vgl *Beermann* DStR 1986, 252, 256 mwN über die nv BFH-Rspr zu dieser Frage; vgl auch Rz 97.

123   Die **rechtliche Prüfung** dagegen kann nicht in dem Sinne „summarisch" sein, dass nur eine oberflächliche Prüfung erfolgen muss. Ob die Voraussetzungen für eine AdV in rechtlicher Hinsicht vorliegen, ist vielmehr eindeutig festzustellen (BFHE 92, 440 = BStBl II 1968, 589). Bloß summarisch kann auch nicht die Frage behandelt werden, ob § 69 überhaupt anwendbar ist (BFHE 102, 446 = BStBl II 1971, 702). – Eine endgültige Klärung der Streitfrage braucht jedoch nicht zu erfolgen (BFHE 123, 3 = BStBl II 1977, 765; aA FG Bln EFG 1970, 236).

124   Str ist, ob die Prüfung **über die Frage, ob ernstliche Zweifel vorliegen, hinausgehen** darf. Das ist vom BFH (BFHE 87, 447; BFHE 88, 537 = BStBl III 1967, 469; BFHE 90, 253 = BStBl II 1968, 37; s auch BFHE 91, 328) mit der Begründung verneint worden, eine abschließende Entscheidung der erst im Hauptverfahren zu klärenden Rechtsfrage greife der Entscheidung im Hauptsacheverfahren vor (s auch BFH/NV 2000, 1147). Dem kann in dieser Allgemeinheit nicht gefolgt werden (ebenso *Kraft* Anm StRK FGO § 69 R 41). Es gibt Fälle, in denen sich ohne weiteres sagen lässt, dass der angefochtene VA rechtswidrig oder rechtmäßig ist. Es ist nicht einzusehen, weshalb sich dann das Gericht im AdV-Verfahren auf die Feststellung „ernstlicher" Zweifel an der Rechtmäßigkeit

des VA beschränken muss. Aber auch in nicht so eindeutigen Fällen kann es nicht von Schaden sein, wenn eine sorgfältige Klärung erfolgt, zumal die Zweifel am stärksten sind, wenn schon feststeht, dass der VA rechtlich nicht zu halten ist. Eine Präjudizierung für das Hauptsacheverfahren findet ebensowenig statt wie etwa bei der Vorprüfung im Prozesskostenhilfeverfahren.

2. Ob die Finanzbehörde oder das FG ernstliche Zweifel bzw eine unbillige Härte zutreffend bejaht oder verneint haben, kann (vom FG oder vom BFH) **uneingeschränkt überprüft** werden, weil es sich um die Anwendung unbestimmter Rechtsbegriffe handelt (s Rz 110 und BFHE 89, 82 = BStBl III 1967, 513; BFHE 89, 92 = BStBl III 1967, 533; GrS BFHE 90, 461 = BStBl II 1968, 199; BFHE 92, 314 = BStBl II 1968, 538; BFHE 123, 3 = BStBl II 1977, 765). **125**

Anders liegt der Fall jedoch, wenn der auszusetzende VA selbst eine **Ermessensentscheidung** enthält. Es gelten dann die allgemeinen Grundsätze für die Überprüfung von Ermessensentscheidungen (§ 102). **126**

3. Auch im summarischen Verfahren des § 69 muss **rechtliches Gehör** gewährt werden (BFHE 118, 291 = BStBl II 1976, 437; BVerfG HFR 1979, 108). **127**

D. Verfahrensgrundsätze

I. Die zur Entscheidung berufene Stelle

1. Zuständige Finanzbehörde ist nicht notwendig die Behörde, die den VA erlassen hat; es kann auch eine inzwischen zuständig gewordene andere Behörde sein. **130**

2. Im Antragsverfahren nach § 69 III ist **Gericht der Hauptsache** grundsätzlich das Gericht, das mit der Entscheidung über die Rechtmäßigkeit des VA befasst ist, also das **FG** für die Zeit von der Erhebung der Klage bis zum Erlass der Entscheidung (§ 69 III 1); § 69 III 2 erweitert die Zuständigkeit des FG: Der AdV-Antrag kann beim Gericht schon während des Einspruchsverfahrens gestellt werden. Gericht der Hauptsache ist das FG außerdem nach Aufhebung des erstinstanzlichen Urteils und Zurückverweisung des Verfahrens (BFH/NV 1998, 335). Ggf ist der **Einzelrichter** zuständig (§§ 6, 79a III, IV). Nach § 121 iVm § 69 III ist der **BFH als Gericht der Hauptsache** zuständig von der Einlegung der Revision bis zum Erlass der Revisionsentscheidung; § 69 III 2 ist im Revisionsverfahren nicht anwendbar (BFHE 93, 300 = BStBl II 1978, 781; BFH/NV 1986, 291; 1991, 535; 1992, 314, 315; 1997, 426; 1998, 68; 178; 335; 2000, 451; 970, 971). Gericht der Hauptsache ist der BFH also nur, **soweit er** – nach abschließender Entscheidung des FG – im konkreten Verfahren (Zuständigkeit des BFH in einem Parallelverfahren genügt nicht: BFH/NV 2001, 56; 2004, 290, 291; 522) **als Revisionsgericht zu entscheiden hat,** also nicht nach Zurückverweisung an das FG (BFH/NV 2006, 95), nicht nach Bejahung der Zulässigkeit des Finanzrechtswegs durch Zwischenentscheidung des FG (BFH/NV 2000, 481) und nicht nach Einlegung einer Beschwerde wegen Nichtzulassung der Beschwerde gegen einen AdV-Beschluss des FG (BFH/NV 1998, 716, 717). Ist der BFH für die AdV eines **131**

Grundlagenbescheides zuständig, ist er auch für die Adv des Folgebescheides instanziell zuständig (BFH/NV 2000, 1350, 1351) nicht aber, wenn weder gegen den Grundlagen- noch ein gegen den Folgebescheid gerichtetes Verfahren beim BFH anhängig ist (BFH/NV 2003, 492, 493 betr Antrag auf AdV eines GewSt-Messbescheides). – Bei Einlegung der **Beschwerde wegen Nichtzulassung der Revision** ist der BFH Gericht der Hauptsache, sobald das FG beschlossen hat, der Beschwerde nicht abzuhelfen (BFHE 155, 501 = BStBl II 1989, 424, 425; BFH/NV 1987, 811; 1991, 829; 1995, 224; 413; 1997, 244, 245; 1998, 561, 562; 2000, 330; 589; 1350, 1351; 2002, 41, 42; **aA** – Zuständigkeit des schon mit Einlegung der Nichtzulassungsbeschwerde – BFHE 89, 114 = BStBl III 1967, 530; BFH/NV 1990, 791; 1995, 1081; 1996, 238; 915; **offen** BFH/NV 1996, 773). – Wird der AdV-Antrag an das FG gerichtet, obwohl der BFH Gericht der Hauptsache ist, darf der Antrag nicht formlos an den BFH weitergeleitet werden. Erforderlich ist vielmehr die **Verweisung durch Beschluss** nach § 70 iVm §§ 17–17 b GVG (vgl BFH/NV 1987, 452; 1996, 61; 473; zur Ausnahme s BFH/NV 2002, 41, 42). Das gilt mE auch, wenn die Zugangsvoraussetzungen des § 69 IV (Rz 70 ff) nicht erfüllt sind (so auch BFH/NV 2004, 290, 291). Demgegenüber hält der BFH, wenn mangels Anhängigkeit der Hauptsache (Revision) seine Zuständigkeit nicht gegeben ist, die Verweisung eines wegen Nichterfüllung der Zugangsvoraussetzungen unzulässigen AdV-Antrages an das zuständige FG für nicht erforderlich (BFH/NV 1998, 1395). – Zur Verweisung eines zu Unrecht beim BFH gestellten Antrags an das zuständige FG s BFH/NV 2003, 492, 493; 2004, 531.

132   Fraglich ist, ob das FG oder der BFH in der Zeit vom Erlass der erstinstanzlichen Hauptsacheentscheidung bis zur Einlegung des Rechtsmittels, also **„zwischen den Instanzen",** zuständig ist. Das FG Bln (EFG 1967, 572) und *T/K* (§ 69 FGO Rz 135) sind der Auffassung, dass bis zur Anrufung des BFH das FG für die AdV zuständig bleibt. Der IV. Senat des BFH ist dem für den Fall gefolgt, dass der AdV-Antrag schon vor Erlass der Hauptsachentscheidung des FG gestellt war (BFHE 100, 17 = BStBl II 1970, 786 mwN); von derselben Auffassung gehen auch der VII. und VIII. Senat des BFH aus (BFHE 113, 91 = BStBl II 1974, 515; BFH/NV 1989, 448). Dem ist zuzustimmen, weil anderenfalls eine Rechtsschutzlücke entstehen würde (aA *Gräber* DStR 1966, 750: AdV nur durch die Finanzbehörde).

133   **3. In dringenden,** dh besonders eilbedürftigen **Fällen,** zB wenn dem Antragsteller die Vollstreckung droht (BFH/NV 1995, 532; s auch Rz 81), kann der **Vorsitzende** des (geschäftsplanmäßig) zuständigen Senats allein über den Antrag auf AdV/Aufhebung der Vollziehung entscheiden (§ 69 III 4). Dies gilt allerdings nicht, wenn schon ein anderes Mitglied des Senats als Einzelrichter (gesetzlicher Richter) zur Entscheidung berufen ist (§§ 6, 79 a III, IV). In diesem Fall ist der Einzelrichter zuständig. – Zum Recht des Steuerpflichtigen auf ungestörte Durchführung des AdV-Verfahrens s FG Saarl EFG 2000, 216; § 114 Rz 20, 40).

II. Form der Entscheidung

135   **1.** Die **Finanzbehörde** entscheidet über die AdV (sowie die Aufhebung der Vollziehung) **durch VA** (§ 118 AO), der mit der Bekanntgabe wirksam wird (§ 122 AO) und – im Falle der Stattgabe – als begünstigender VA

lediglich nach Maßgabe der §§ 130 II, 131 II AO zurückgenommen oder geändert werden kann.

2. Das **Gericht** (ggf der Senatsvorsitzende oder der Einzelrichter – **136** Rz 133) entscheidet über den Antrag (§ 69 III) im Regelfall ohne mündliche Verhandlung (§ 90 I 2) **durch Beschluss** (§ 113).

Der Beschluss ist – auch bei Nichtzulassung der Beschwerde (Rz 187 ff) zu **begründen** (§ 113 II 2), dh es sind die tatsächlichen und rechtlichen Erwägungen anzugeben, auf denen die Entscheidung beruht (BFHE 87, 502 = BStBl III 1967, 181).

Da der Beschluss ein selbstständiges Verfahren abschließt, muss er eine **Kostenentscheidung** enthalten (BFHE 88, 195 = BStBl III 1967, 321; OVG Hamburg NJW 1968 174). – Wegen der übrigen Formalien des Beschlusses wird auf § 113 und die dortige Kommentierung Bezug genommen.

III. Verfahren bei Änderung des angefochtenen VA

Im Falle der **Änderung** des angefochtenen VA durch die Finanzbehör- **137** de **während des Aussetzungsstreits** ist § 68 idF des 2. FGOÄndG analog anwendbar (vgl zu § 68 aF BFHE 102, 429 = BStBl II 1971, 632; BFHE 103, 546 = BStBl II 1972, 218; BFHE 120, 139 = BStBl II 1977, 37, 38; BFH/NV 1995, 611; BFH/NV 2001, 703). Der geänderte VA **wird ohne weiteres Gegenstand des Verfahrens. Bis zum** Inkrafttreten des 2. FGOÄndG am 1. 1. 2001 war § 68 FGO aF jedenfalls dann analog anzuwenden, wenn gegen den Änderungsbescheid Einspruch eingelegt worden war (BFHE 102, 429 = BStBl II 1971, 632; Rz 34). Ausnahmsweise konnte auf das Erfordernis der Einspruchseinlegung verzichtet werden, wenn das Hauptsacheverfahren schon beim Gericht anhängig war und der Änderungsbescheid innerhalb der Monatsfrist des § 68 Satz 2 aF – ggf nach Wiedereinsetzung (§ 56 Rz 2) – zum Gegenstand des Hauptsacheverfahrens und – entsprechend – des AdV-Verfahrens gemacht worden war (vgl BFH/NV 1988, 312). War kein Einspruch gegen den Änderungsbescheid eingelegt worden, war der Antrag nach § 68 aF im Hauptsache- oder AdV-Verfahren nicht oder erst nach Ablauf der Antragsfrist (§ 68 Satz 2) gestellt worden und war auch Wiedereinsetzung (§ 56) voraussichtlich nicht zu gewähren, so war der AdV-Antrag unzulässig (Rz 34, 98, 99, 101). – War der Änderungsbescheid mit dem Einspruch angefochten worden, war aber der Antrag nach § 68 aF nicht oder nicht rechtzeitig (§ 68 Satz 2 aF) gestellt worden, so war das Verfahren analog **§ 74 auszusetzen,** weil die Vollziehung nach Ergehen des Änderungsbescheides nicht mehr auf der Grundlage des ursprünglichen VA, sondern des Änderungsbescheides erfolgte (GrS BFHE 108, 1 = BStBl II 1973, 231, 233; BFH/NV 1989, 380, 381; 1994, 386).

Ist (mangels Kenntnis von der Änderung) ein den ursprünglichen (geänderten) Bescheid betreffender AdV-Beschluss ergangen, so ist ein **neuer Antrag auf AdV des Änderungsbescheides** unter den Voraussetzungen des § 69 VI (Rz 195 ff) zulässig (BFH/NV 1995, 611).

Ändert das FG einen VA, kann der BFH die Vollziehung des VA in **138** der Fassung des finanzgerichtlichen Urteils aussetzen, wenn das Urteil noch nicht rechtskräftig ist (BFHE 124, 147 = BStBl II 1978, 227, 228).

IV. Ablehnung nach Abschluss der Instanz

139 Auch **nach Erlass einer** (stattgebenden oder abweisenden) **Endentscheidung in der Hauptsache** kann die AdV/Aufhebung der Vollziehung **durch das FG** noch mit der Begründung abgelehnt werden, an der Rechtmäßigkeit des angefochtenen VA bestünden keine ernstlichen Zweifel (vgl Rz 132). Eine Sachentscheidung ist allerdings nur **bis zur Rechtskraft des Urteils**/Gerichtsbescheides in der Hauptsache möglich. Von diesem Zeitpunkt an entfällt das (besondere) Rechtsschutzbedürfnis für die Entscheidung über die AdV (Rz 34, 98, 101). Den Beteiligten ist deshalb nach Eintritt der Rechtskraft Gelegenheit zur Äußerung zu geben. Erklären sie das Verfahren in der Hauptsache für erledigt, ist nur noch über die Kosten zu entscheiden; hält der StPfl sein Begehren aufrecht, ist es mangels Rechtsschutzbedürfnisses als unzulässig abzuweisen. – Kann noch sachlich über die AdV entschieden werden, darf sich das FG, falls es in der Hauptsache eine zweifelhafte Rechtsfrage entschieden hat oder von der Rspr des BFH abgewichen ist (BFHE 113, 91 = BStBl II 1974, 715), nicht allein darauf berufen, dass es entschieden habe und dass folglich ernstliche Zweifel nicht mehr bestünden. Es muss vielmehr in Rechnung stellen, dass der BFH möglicherweise bei seiner abweichenden Entscheidung verbleibt und daher ernstliche Zweifel an der Rechtmäßigkeit des VA vorliegen.

140 **Hat der BFH** (im positiven oder negativen Sinne) abschließend durch Urteil **entschieden,** ist die Sache rkr, **besteht** also **kein Rechtsschutzbedürfnis** (Rz 34, 98, 101) mehr für einen AdV-Antrag (BFHE 123, 127 = BStBl II 1977, 798 für den Fall einer für den Kläger günstigen Entscheidung). Den Beteiligten ist Gelegenheit zur Äußerung zu geben (vgl Rz 139). Hat der BFH jedoch einen **Gerichtsbescheid** erlassen, besteht das (besondere) Rechtsschutzbedürfnis wegen der Möglichkeit, mündliche Verhandlung zu beantragen (§ 90 a II 1, III), bis zu dem Zeitpunkt fort, in dem der Gerichtsbescheid Urteilswirkung erlangt oder – nach Antrag auf mündliche Verhandlung – ein Urteil ergangen ist (vgl Rz 139; BFHE 123, 127 = BStBl II 1977, 798).

V. Zur Beiladung

141 **Notwendige Beiladung** kommt im AdV-Verfahren nach § 69 III nicht in Betracht, weil § 60 III auf endgültigen Rechtsschutz zugeschnitten ist (§ 60 Rz 4).
Entsprechendes muss für die **einfache Beiladung** (§ 60 I) gelten.

E. Zum Entscheidungsinhalt

I. Entscheidung über die AdV/Aufhebung der Vollziehung

145 **1.** Bewilligung und Ablehnung der AdV (ggf auch die teilweise) sind **Ermessensentscheidungen** (Rz 110 ff). – Zu den Ausnahmen s Rz 114.

146 War die AdV beim FG beantragt worden und hat es sie abgelehnt, kann der BFH im **Beschwerdeverfahren** (Rz 186 ff) sein Ermessen an die Stelle des Ermessens des FG setzen und die FG-Entscheidung ggf abändern und selbst AdV (Aufhebung der Vollziehung) gewähren (BFHE 89, 92 = BStBl III 1967, 533 mwN).

Dem **Umfange** nach ist die AdV/Aufhebung der Vollziehung auszu- **147** sprechen, **soweit** in Übereinstimmung mit dem Rechtsschutzbegehren im Hauptsacheverfahren (Rz 36) **ernstliche Zweifel** an der Rechtmäßigkeit des angefochtenen VA **bestehen** bzw soweit die Vollziehung des angefochtenen VA eine **unbillige Härte** bedeuten würde. In diesem Umfang kann AdV auch aus einem anderen als dem in Hauptsacheverfahren geltend gemachten Rechtsgrund gewährt werden (BFH/NV 2000, 1100, 1101). – **Mittelbare Auswirkungen** auf andere Steuerbescheide sind **nicht zu berücksichtigen** (BFHE 176, 303 = BStBl II 1995, 814).

2. Grundsätzlich dürfen im Wege der AdV nur **vorläufige Maßnahmen** getroffen werden (Rz 38), nicht solche, die vollendete Tatsachen schaffen und damit das Ergebnis des in der Hauptsache schwebenden Rechtsstreits vorwegnehmen. Das ist zB der Fall, wenn dem Antrag auf Aufhebung der Vollziehung einer Beschlagnahmeverfügung entsprochen würde (vgl BFHE 176, 303 = BStBl II 1995, 814) oder wenn die Aufhebung der Vollziehung eines Steuerbescheides dazu führen würde, dass das FA eine bereits vereinnahmte Steuer wieder auskehren müsste und mit dem dadurch erneut aufgelebten Steueranspruch nur Insolvenzgläubiger wäre (BFH/NV 2004, 815, 816). Die zu § 114 entwickelten Grundsätze gelten entsprechend (BFHE 131, 15 = BStBl II 1980, 592; BFHE 136, 186 = BStBl II 1982, 657; vgl § 114 Rz 24, 66 ff).

3. Die Finanzbehörde kann die Vollziehung trotz der Korrekturmög- **149** lichkeiten nach §§ 130 II, 131 II AO unter **Widerrufsvorbehalt** aussetzen bzw aufheben. Der Widerruf ist auch in diesem Fall nur eingeschränkt möglich (*T/K* § 120 AO Rz 17; § 131 AO Rz 15).

4. AdV kann ab Eingang des Antrags bei Gericht, im Übrigen aber **150** **grundsätzlich nicht rückwirkend**, sondern nur mit Wirkung für die Zukunft (ex nunc) angeordnet werden (BFHE 122, 258 = BStBl II 1977, 645, 646; *Klauser* FR 1983, 188 ff). Demgegenüber kommt der **Aufhebung der Vollziehung Rückwirkung** zu. Für die Bestimmung des Zeitpunkts, ab welchem die Wirkungen der Vollziehung aufzuheben sind, kommt es darauf an, ab wann objektiv ernstliche Zweifel an der Rechtmäßigkeit des VA bestanden haben (BFH/NV 2005, 1778, 1781; 1782, 1783). Unerheblich ist, ab wann die ernstlichen Zweifel für das FA erkennbar waren oder sich „greifbar" abgezeichnet haben (BFH/NV 2004, 183, 184; s auch BFHE 149, 6 = BStBl II 1987, 389; BFH/NV 1989, 176). Entsprechendes muss für den Fall der unbilligen Härte gelten. Aufhebung der Vollziehung mit Rückwirkung (ex tunc) ist auch anzuordnen, wenn das AdV-Begehren zurückliegende Zeiträume erfasst, tatsächlich also Aufhebung der Vollziehung beantragt wird (Rz 30). Dies gilt auch dann, wenn die zunächst an der Rechtmäßigkeit des angefochtenen VA bestehenden Zweifel während des Rechtsbehelfsverfahrens weggefallen sind. In diesen Fällen ist die Aufhebung der Vollziehung auf den Zeitraum zu beschränken, in dem die ernstlichen Zweifel bestanden (im Ergebnis zutreffend FG Mchn EFG 1990, 119).

5. Die zuständige Stelle hat ggf über die **Dauer der AdV** zu befinden. **151** Bei der Entscheidung, die auch insoweit eine Ermessensentscheidung ist (vgl BFH StRK RAO § 251 R 10; BFHE 73, 143 = BStBl III 1961, 320), ist zu beachten, dass die AdV **längstens** (vgl BFH/NV 2001, 1445) bis zum rechtskräftigen Abschluss des Hauptsacheverfahrens angeordnet werden kann (Rz 34, 98, 101). – Im Übrigen gelten folgende Grundsätze: Die **Finanzbehörde** kann die AdV bis zum rechtskräftigen Abschluss des Revisionsverfahrens über die Hauptsache anordnen. Das **FG** (der Senatsvorsitzende oder der Einzelrichter) kann die Vollziehung grundsätzlich nur für seine Instanz aussetzen, also längstens bis einen Monat nach Zustellung des Urteils im Hauptsacheverfahren. Ist das außergerichtliche Vorverfahren noch nicht abgeschlossen, ist die AdV im Allgemeinen nur bis zum Ergehen der Rechtsbehelfsentscheidung in der Hauptsache zu gewähren (FG BaWü EFG 1984, 564). – Der **BFH** kann die AdV bei Aufhebung des FG-Urteils und Zurückverweisung der Hauptsache auch auf die Zeit nach der Zustellung des Revisionsurteils erstrecken (BFHE 92, 326 = BStBl II 1968, 540; BFHE 108, 152 = BStBl II 1973, 456; BFH/NV 1997, 588: 6 Wochen nach Zustellung des Revisionsurteils). Das FG kann im Falle des § 69 III frei über die Aufhebung oder Änderung der AdV entscheiden, weil dem Beschluss des BFH keine materielle Rechtskraftwirkung zukommt (Rz 195 ff, 202).

Enthält die Entscheidung keine Angaben über die Dauer der **AdV,** gilt sie regelmäßig **nur für den jeweiligen Verfahrensabschnitt** (BFHE 124, 22 = BStBl II 1978, 157, 158; BFHE 130, 248 = BStBl II 1980, 517; BFH/NV 1986, 183, 184; **aA** FG Hbg EFG 1977, 553). – Zur **Auslegung** einer Verfügung über die AdV (§§ 133, 157 BGB) s BFHE 182, 282 = BStBl II 1997, 339; BFH/NV 1998, 1322; FG Bln EFG 1997, 386. – Zur Dauer der AdV bei Folgebescheiden s BFH/NV 1999, 7.

152 **6.** Fraglich ist, ob die **AdV**/Aufhebung der Vollziehung für die Zeit von der Antragstellung **bis zur Entscheidung über den Antrag einstweilen** (ungeprüft) gewährt werden kann. Der BFH hat das mangels gesetzlicher Grundlage mE zu Recht abgelehnt (BFHE 93, 217 = BStBl II 1968, 744; BFH/NV 1989, 510; vgl auch FG BaWü EFG 1977, 336; FG Nds EFG 1977, 438; FG Hessen EFG 1978, 134; FG Bln EFG 1990, 404, zur verfassungsrechtlichen Unbedenklichkeit dieser Rspr s BVerfG HFR 1981, 182). – Dem verfassungsrechtlichen Gebot der Gewährung effektiven (vorläufigen) Rechtsschutzes ist dadurch Genüge geleistet, dass in dringenden Fällen der Vorsitzende die erforderlichen Maßnahmen ergreifen kann und muss (§§ 69 III 4, 114 II 3; vgl FG Bln EFG 1990, 404; **aA** – vorläufiger Rechtsschutz gem § 114 iVm § 258 AO: *Bäcker* DStZ 1990, 532; s auch *Bilsdorfer* FR 2000, 708, 710; FG Saarl EFG 2000, 449).

7. Sicherheitsleistung

153 Sicherheit (§ 155 iVm §§ 108 ff ZPO) kann sowohl bei einer AdV wegen ernstlicher Zweifel als auch bei einer AdV wegen unbilliger Härte verlangt werden (BFHE 92, 164 = BStBl II 1968, 470; s auch Rz 158). – Sind jedoch keine konkreten Anhaltspunkte dafür vorhanden, dass die Durchsetzung des Steueranspruchs im Falle des Unterliegens des StPfl im Hauptsacheverfahren gefährdet wäre, ist die Vollziehung des VA regelmäßig ohne Sicherheitsleistung auszusetzen (BFH/NV 2005, 625, 626/627) – Es ist **Sache des FA,** die für die Gefährdung des Steueranspruchs sprechenden Gesichtspunkte vorzutragen und glaubhaft zu machen (BFH/

NV 2002, 809; 2003, 12, 14/15). **Dem StPfl obliegt es** ggf, die Umstände, die ein dargelegtes Sicherungsbedürfnis der Behörde entfallen oder als unangemessen erscheinen zu lassen, entgegenzuhalten und glaubhaft zu machen (BFH/NV 2002, 809; 2003, 12, 14/15: s auch BFH/NV 1997, 512; 1998, 987 und Rz 121).

Die Entscheidung über die Sicherheitsleistung ist ein nicht selbstständig **154** anfechtbarer Teil (unselbstständige Nebenbestimmung) der Entscheidung über die AdV; sie wird im Rahmen einer **einheitlichen Ermessensentscheidung** getroffen (BFHE 128, 306 = BStBl II 1979, 666, 667; FG Nds EFG 1982, 4; FG Mchn EFG 1988, 155) und zwar aufgrund des Sachverhalts, der sich bei der im AdV-Verfahren gebotenen summarischen Prüfung aus dem Vortrag der Beteiligten und der Aktenlage ergibt (BFH/NV 2002, 809). – Die Ermessensentscheidung muss sich am Zweck der Sicherheitsleistung orientieren, Steuerausfälle bei einem für den StPfl ungünstigen Verfahrensausgang zu vermeiden (vgl BFHE 97, 240 = BStBl II 1970, 127; im Ansatz unzutreffend FG M'ster EFG 1989, 363: im Regelfall AdV nur gegen Sicherheitsleistung).

Grundsätzlich ist die Anordnung einer Sicherheitsleistung möglich, wenn **155** die **spätere Vollstreckung** der Steuerforderung infolge der AdV **gefährdet** oder erschwert erscheint (BFHE 122, 516 = BStBl II 1977, 726; BFHE 179, 222 = BStBl II 1996, 322; BFH/NV 1997, 512; 2005, 1782, 1783). Das ist zB der Fall, wenn die Vollstreckung nach Gewährung der AdV möglicherweise im Ausland erfolgen müsste (vgl BFHE 100, 291 = BStBl II 1971, 1; großzügiger FG BaWü EFG 1995, 941), nicht aber, wenn es sich um einen EG-Staat handelt, in dem die Vollstreckbarkeit der betreffenden Forderung aufgrund der sog EG-Beitreibungsrichtlinie ebenso wie im Inland gewährleistet ist (BFH/NV 2003, 12, 14/15). – Die Festsetzung einer Sicherheitsleistung kommt aber in Betracht, wenn die wirtschaftliche Lage des StPfl die **Steuerforderung** als **gefährdet** erscheinen lässt (BFHE 88, 78 = BStBl III 1967, 294; BFHE 92, 89 = BStBl II 1968, 456; BFHE 117, 14 = BStBl II 1976, 53; BFH/NV 1989, 329, 330/331 betr Konkursgefahr; 1996, 232). – Im Einzelnen gilt Folgendes:

Ist der **StPfl in der Lage Sicherheit zu leisten,** kann sie in aller Regel **156** bei Vorliegen ernstlicher Zweifel gefordert werden, wenn die spätere Vollstreckung als gefährdet erscheint (ebenso *T/K* § 69 FGO Rz 110). Davon muss aber eine **Ausnahme** gemacht werden, wenn der angefochtene VA mit Sicherheit oder großer Wahrscheinlichkeit rechtswidrig ist (BFHE 97, 240 = BStBl II 1970, 127; BFHE 154, 532 = BStBl II 1989, 39; BFH/NV 1996, 491; 1997, 512; 2000, 827; 2005, 1782, 1783) oder wenn es sich um einen rechtlich schwierigen Fall handelt und die Sachverhaltsdarstellung in den Akten der Finanzbehörde so verworren ist, dass die rechtliche Subsumtion Schwierigkeiten bereitet (BFHE 140, 153 = BStBl II 1984, 443; BFH/NV 1989, 329, 330/331; 403, 405; s auch FG Hbg EFG 1985, 133).

Problematisch sind die Fälle, in denen zwar ernstliche Zweifel (Rz 86) **157** vorliegen und die Vollstreckung als gefährdet erscheint, in denen der **StPfl** aber ohne **Gefährdung seiner wirtschaftlichen Lage nicht imstande** ist, **Sicherheit zu leisten.** Steht dies zuverlässig fest, ist abzuwägen, ob die Interessen des StPfl oder die des Staates stärker sind. Entsteht dem StPfl durch die Vollziehung ein unkorrigierbarer Schaden oder wird sogar seine

Existenz vernichtet, müssen die Interessen des Staates zurücktreten: Es ist die Vollziehung auch ohne Sicherheitsleistung auszusetzen (BFH/NV 1989, 329; 331; 403, 405; vgl auch BVerfG NVwZ-RR 1999, 638; großzügig BFH/NV 1993, 488). Das muss auch gelten, wenn **schon feststeht, dass der Steueranspruch** (wegen schlechter Vermögenslage) trotz zumutbarer Anstrengungen überhaupt **nicht beitreibbar** ist, weil dann die Beitreibung durch AdV nicht gefährdet werden kann (BFH/NV 1997, 512; 2003, 1217/1218; FG RhPf EFG 1968, 364; *T/K* § 69 FGO Rz 111).

158   Auch in den Fällen, in denen keine für eine AdV ausreichenden ernstlichen Zweifel vorliegen, die Vollziehung aber für den StPfl eine **unbillige Härte** bedeuten würde, ist eine Interessenabwägung durchzuführen: Kann der StPfl keine Sicherheit leisten, wird man berücksichtigen müssen, wie stark etwaige (wenn auch nicht ernstliche) Zweifel an der Rechtmäßigkeit des angefochtenen VA sind. Bestehen solche Zweifel überhaupt nicht, ist auf keinen Fall auszusetzen (Rz 107); das Problem der Sicherheitsleistung entsteht also nicht. Bestehen gewisse Zweifel, wird man den dem StPfl und den dem Staat drohenden Schaden unter Berücksichtigung des Gewichts der Zweifel gegeneinander abwägen müssen. Die Entscheidung über die Sicherheitsleistung wird vom **Grundsatz der Verhältnismäßigkeit** beherrscht (vgl BVerfG HFR 1976, 30 = StRK FGO § 69 R 171; BVerfG NVwZ-RR 1999, 638; BFHE 122, 516 = BStBl II 1977, 726).

159   Die **Anordnung einer Sicherheitsleistung** kommt nicht in Betracht bei der AdV eines Grundlagenbescheides **(§ 69 II 6)**; über die Frage der Sicherheitsleistung ist vielmehr **bei der AdV der Folgebescheide** (ggf durch eine andere Stelle) zu befinden, weil die Entscheidung eine Auseinandersetzung mit den wirtschaftlichen Verhältnissen des StPfl und eine Abschätzung der Zugriffsmöglichkeiten und der Risiken im Falle einer zwangsweisen Durchsetzung des Anspruchs erfordert, die am besten durch die Behörde erfolgen kann, die den Folgebescheid erlässt und die Steuerschuld ggf beizutreiben hat (BFHE 110, 3 = BStBl II 1973, 782). – Allerdings kann eine Sicherheitsleistung **durch den Grundlagenbescheid ausgeschlossen** werden (§ 69 II 6; s hierzu BFH/NV 1998, 186). Wurde von dieser Möglichkeit kein Gebrauch gemacht, kann diese Entscheidung nicht selbstständig, sondern nur im Rahmen des gegen die Entscheidung über die AdV gerichteten Rechtsschutzbegehrens angegriffen werden (BFHE 128, 306 = BStBl II 1979, 666; vgl auch Rz 154). – Zum **Ausschluss der Sicherheitsleistung kraft Gesetzes** in den Fällen, in denen die aufschiebende Wirkung eines Grundlagenbescheides (Bescheid über die Rücknahme der Bescheinigung nach § 9 II MGV) gem **§ 80 I VwGO** hergestellt worden ist, s BFH/NV 1994, 435.

160   Für die Anordnung der Sicherheitsleistung durch die Finanzbehörde gelten die §§ 241 ff AO, für das Gericht die in § 155 iVm §§ 108 ff ZPO enthaltenen Regelungen (FG RhPf EFG 1985, 187; FG Hbg EFG 1997, 895: § 241 AO kann ergänzend herangezogen werden). – Maßstab für die Bestimmung der Höhe der Sicherheitsleistung ist der Steuerbetrag, dessen Ausfall vermieden werden soll. Im Falle der AdV eines dinglichen Arrestes richtet sich die Höhe der Sicherheitsleistung nach dem Wert der durch den Arrest erfolgten Sicherung (BFH/NV 1988, 374, 376).

161   War AdV ohne Sicherheitsleistung beantragt, wird sie aber nur gegen **Sicherheitsleistung** gewährt, liegt – für die Kostenentscheidung – **kein**

Teilunterliegen vor (BFH/NV 1989, 403; FG BaWü EFG 1991, 337; FG Hbg EFG 1997, 593, 594, 621; § 136 Rz 1; aA FG BaWü EFG 2001, 1061).

8. Weitere Einzelheiten

Die AdV bzw Aufhebung der Vollziehung ist im Rahmen des Begeh- **165** rens des Antragstellers (§ 96 I 2) der Höhe nach – unter Berücksichtigung des **Verböserungsverbots** (BFH-Beschluss v 7. 11. 2001 I S 6/01, Haufe-Index 713 611; s auch § 96 Rz 5) – anzuordnen, soweit ernstliche Zweifel an der Rechtmäßigkeit des, angefochtenen VA bestehen bzw soweit eine unbillige Härte vorliegt (Rz 147). – Zur Berücksichtigung von **Vorauszahlungen, Steuerabzugsbeträgen** usw s Rz 42 ff.

Die Berechnung der auszusetzenden Beträge bzw der Beträge, in deren **166** Höhe die Vollziehung aufzuheben ist sowie ggf auch die Berechnung des Betrages, in dessen Höhe Sicherheit zu leisten ist, kann das Gericht gem § 69 III 1 iVm **§ 100 II 2** der Finanzbehörde übertragen (§ 100 Rz 32 ff).

Bei der AdV bzw Aufhebung der Vollziehung von **Gewinnfeststel- 167 lungsbescheiden** müssen die Besteuerungsgrundlagen, deren Vollziehung ausgesetzt bzw aufgehoben werden soll, auf die einzelnen Beteiligten aufgeteilt werden, wenn alle Beteiligten AdV bzw Aufhebung der Vollziehung beantragt haben und materielle Bedenken gegen den angefochtenen Gewinnfeststellungsbescheid bestehen (vgl BFHE 125, 356 = BStBl II 1978, 598; BFH/NV 2002, 1447). Haben nur einzelne Gesellschafter/Gemeinschafter AdV bzw Aufhebung der Vollziehung begehrt, ist die vorläufige Berücksichtigung eines höheren Verlust- oder niedrigeren Gewinnanteils auf diese Feststellungsbeteiligten zu beschränken (BFHE 94, 120 = BStBl II 1969, 85; BFHE 131, 455 = BStBl II 1981, 99, 101; BFHE 133, 285 = BStBl II 1981, 574). – Zur **Tenorierung** s BFHE 128, 164 = BStBl II 1979, 567, 568. – Dies gilt – folgt man dem GrS (Rz 5, 55 „Grundlagenbescheide") – grundsätzlich auch bei negativen Gewinnfeststellungsbescheiden; zur Tenorierung s GrS BFHE 149, 493 = BStBl II 1987, 637, 643. Bei lediglich **formellen Fehlern** ist jedoch die vorläufige Berücksichtigung eines Verlustes ausgeschlossen (BFH/NV 2002, 1447). Es darf von dem negativen Gewinnfeststellungsbescheid nur kein Gebrauch gemacht werden.

Die AdV von **Einheitswertbescheiden** ist auf die Stichtage zu be- **168** schränken, an denen in materiellrechtlicher Hinsicht ernstliche Zweifel an der Rechtmäßigkeit der Feststellung bestehen (BFHE 148, 537 = BStBl II 1987, 326). Entsprechendes muss für die Fälle gelten, in denen die AdV wegen unbilliger Härte ausgesprochen wird.

Sind Steuerbescheide zu einem mehrere Jahre betreffenden **Sammel- 169 bescheid** zusammengefasst, ist die (teilweise) AdV **für jedes Jahr einzeln** auszusprechen (BFHE 88, 234 = BStBl III 1967, 344).

II. Entscheidung im Falle der Rücknahme des Antrags/ der Erledigung in der Hauptsache

Der AdV-Antrag kann **zurückgenommen** werden. Geschieht das, ist **170** das Verfahren (§ 69 III) analog § 72 II einzustellen (BFHE 90, 10 = BStBl III 1967, 730; BFHE 92, 166 = BStBl II 1968, 471; BFH/NV 1987, 665).

171 Eine **Kostenentscheidung** muss nur dann ergehen, wenn der Antrag durch einen vollmachtlosen Vertreter gestellt und zurückgenommen worden ist (§ 62 Rz 101).

172 Das gerichtliche Verfahren kann sich zwar nicht durch Aufrechnung gegen den strittigen Steueranspruch (BFHE 88, 513 = BStBl III 1967, 483), wohl aber dadurch **in der Hauptsache erledigen,** dass die Finanzbehörde dem Antrag entspricht. Ein solcher Fall liegt aber nicht vor bei Bewilligung der AdV unter **Widerrufsvorbehalt** (BFHE 192, 1 = BStBl II 2000, 536; BFH/NV 1986, 682, 683; 1992, 192; 314; 2002, 1487, 1488; FG Bremen EFG 1998, 127; FG Hessen EFG 2001, 1308; aA FG D'dorf EFG 1979, 144; FG Hessen EFG 1997, 445). Gleichwohl kommt es zur Hauptsacheerledigung, wenn die Beteiligten das Verfahren übereinstimmend für erledigt erklären. In der Erledigungserklärung des Antragstellers ist eine entsprechende Einschränkung seines Antragsbegehrens zu sehen. Entsprechendes muss für den Fall der Gewährung der AdV gegen **Sicherheitsleistung** angenommen werden (vgl BFH/NV 1999, 926; 2000, 1411, 1413). Im Übrigen gelten die allgemeinen Grundsätze (§ 138 Rz 2 ff, 19 f). – In einem **unzulässigen Antragsverfahren** kann die Hauptsache jedoch **nicht einseitig** für erledigt erklärt werden (BFH/NV 2000, 1129). Bei übereinstimmenden Erklärungen der Beteiligten tritt die Hauptsacheerledigung auch dann ein, wenn der Antrag unzulässig gewesen wäre (BFH/NV 1987, 174; aA BFH/NV 1992, 328). – Ein Antrag nach **§ 100 I 4** ist im Falle der Hauptsacheerledigung eines Verfahrens gem § 69 III nicht statthaft (Rz 68).

173 Die **Kostenentscheidung** ist **bei Hauptsacheerledigung** nach § 138 I unter Berücksichtigung des Veranlassungsprinzips nach billigem Ermessen zu treffen. § 138 II ist nicht einschlägig, weil ein VA, der zurückgenommen oder geändert werden könnte, nicht vorhanden ist (vgl § 138 Rz 7).

F. Wirkung der AdV

175 **I.** Durch Anordnung der AdV wird die **aufschiebende Wirkung** des Rechtsbehelfs (der Suspensiveffekt) herbeigeführt, dh die Verwirklichung seines Regelungsinhalts unterbunden (vgl Rz 1, 37). Ist AdV gegen Sicherheitsleistung gewährt worden, tritt die aufschiebende Wirkung grundsätzlich erst mit Beibringung der Sicherheitsleistung (Eintritt der Bedingung) ein (vgl BFH/NV 1989, 403, 406; 1991, 3; zur Ausnahme s BFHE 134, 97 = BStBl II 1982, 34). – **Aufhebung der Vollziehung** bedeutet, dass die Verwirklichung des Regelungsinhalts des VA (Rz 40) durch gerichtliche (behördliche) Anordnung rückgängig gemacht wird (vgl BFHE 90, 250 = BStBl II 1968, 36; BFHE 145, 17 = BStBl II 1986, 236, 238). Die Wirkungen der **AdV** treten **ex nunc,** also mit Ergehen des Beschlusses (vgl BFHE 121, 289 = BStBl II 1977, 367; BFHE 122, 258 = BStBl II 1977, 645, 646; BFH/NV 1994, 4) bzw mit Beibringung der angeforderten Sicherheitsleistung ein, nicht erst mit dessen Rechtskraft (BFHE 147, 482 = BStBl II 1987, 10, 12). Der **Aufhebung der Vollziehung** kommt demgegenüber **Rückwirkung** zu (Rz 30, 55 „Folgebescheide" und „Säumniszuschläge", 150). Die Wirkungen bleiben **für die Dauer der Anordnung** bestehen, **längstens** jedoch bis zum Abschluss des Hauptsacheverfahrens (BFHE 146, 218 = BStBl II 1986, 475; Rz 34, 98, 151). – AdV und Aufhebung der Vollziehung lassen die **Wirksamkeit des angefochtenen VA** selbst **unberührt** (BVerwGE 13, 1, 5; BFHE 101, 94 = BStBl II 1971, 402; BFHE 122, 258 = BStBl II 1977, 645, 646; BFHE 129, 300, 303 = BStBl II 1980, 427). Demgemäss wird auch die **Fälligkeit** der durch den VA festgesetzten Forderung nicht beeinträchtigt (BFHE 151, 304 = BStBl II 1988, 752; BFH/NV 1988, 752, 754; 2004, 1123). Trotz AdV kann deshalb das Anfechtungsrecht nach **§ 2 AnfG** ausgeübt werden (BFH/NV 1988, 752). – Zur **Aufrechnung** durch die Finanzbehörde mit einer durch AdV in der Vollziehung gehemmten Forderung s Rz 55 „Aufrechnung". – Zur Aufhebung der Vollziehung von Vollstreckungsmaßnahmen s Rz 55 „Vollstreckungsmaßnahmen".

Zur Beseitigung von **Säumniszuschlägen** durch AdV/Aufhebung der **176** Vollziehung s Rz 55 „Säumniszuschläge".

Hat der Rechtsbehelf im Hauptsacheverfahren endgültig keinen Erfolg, **177** sind **Aussetzungszinsen** nach Maßgabe der §§ 237, 238 AO zu zahlen (vgl BFHE 175, 294 = BStBl II 1995, 4; BFH/NV 1992, 506; FG M'ster EFG 1985, 10; zum Verzicht aus Billigkeitsgründen – § 237 V AO – s BFHE 152, 310 = BStBl II 1988, 402; FG Bln EFG 1986, 270; FG Nds EFG 1986, 271); für die Bemessung der Zinsen ist mE der tatsächlich ausgesetzte Betrag maßgebend. Die Verzinsung gilt auch für die Aufhebung der Vollziehung als Unterfall der AdV. – Zum **Zinslauf** und zur Zinsberechnung s BFH/NV 1995, 563; 1999, 844; FG Mchn EFG 1997, 855; FG RhPf EFG 1998, 1111.

Wegen der Möglichkeit, die **Rückzahlung angerechneter Steuerab- 178 zugsbeträge** durch Aufhebung der Vollziehung zu erreichen, s Rz 41 ff.

II. Ist die **Vollziehung eines Grundlagenbescheides ausgesetzt,** ist **180 auch die** Vollziehung **des Folgebescheides** auszusetzen (§ 69 II 4, III 1). – S hierzu im Einzelnen Rz 55 „Folgebescheide". – Zur AdV des GewSt-Messbescheides als Folgebescheid eines ESt-, KSt- oder Gewinnfeststellungsbescheides s Rz 55 „Gewerbesteuer-Messbescheide".

Die Aussetzungsautomatik greift zB auch hinsichtlich eines **Abschöp- 181 fungsbescheides** ein, wenn die Festsetzung eines Abschöpfungssatzes in einer Einfuhrlizenz (Grundlagenbescheid) angefochten und ausgesetzt wird. Es besteht Abhängigkeit von einem Grundlagenbescheid (§ 171 X AO), die zur Änderung des Folgebescheides führen muss (einschränkend noch zur RAO BFHE 94, 472).

G. Rechtsbehelfe

I. Gegen die **Versagung** der AdV **durch die Behörde** (§§ 361 AO, **185** 69 II) ist der Einspruch (§ 347 AO) gegeben. Die Möglichkeit, das Aussetzungsbegehren bei Erfolglosigkeit des Einspruchs im Klagewege weiterzuverfolgen, ist ausgeschlossen (§ 69 VII; Rz 10).

II. Gegen den Gerichtsbeschluss (des Vorsitzenden, des Einzelrich- **186** ters und des Senats) ist die **Beschwerde** an den BFH nur gegeben, **wenn** sie im Entscheidungssatz (Tenor) oder in den Entscheidungsgründen **ausdrücklich zugelassen** worden ist (§ 128 III; zB BFH/NV 1994, 647 mwN; 2002, 524; 673; 2003, 495; 813; 2004, 71, 72; 1538, 1539; 2005,

1613; 1837 und öfter). Die Beschwerdezulassung kann sich ausnahmsweise auch aus der Rechtsmittelbelehrung ergeben, wenn sie eine unmissverständliche Entscheidung über die Zulassung enthält (zB BFH/NV 2002, 673; 2003, 69, 70). Die Zulassung der Beschwerde kann auf einen von mehreren im Hauptsacheverfahren angefochtenen Verwaltungsakte beschränkt werden (zB BFH/NV 2002, 554, 555; 938, 939). Dies alles gilt ebenso für die Aufhebung der Vollziehung (BFH/NV 2000, 1622) und für AdV-Entscheidungen des FG nach Maßgabe des **Art 244 ZK** (BFH/NV 1997, 723). Die Zulassung kann nachträglich erfolgen (BFHE 165, 565 = BStBl II 1992, 301; 1999, 1606, 1607), die Beschwerde wird aber nicht dadurch statthaft, dass der Beschwerdeführer zunächst die Änderung des Beschlusses nach § 69 VI beantragt (BFH/NV 1998, 345; 1115; 1999, 594) und auch nicht durch einen nachfolgenden Änderungsbeschluss, der sich ausschließlich auf die Kostenentscheidung bezieht (BFH/NV 1995, 144). Die Berichtigung des Beschlusses nach § 107 bleibt möglich. – Die Beifügung einer unrichtigen Rechtsmittelbelehrung („Beschwerde") genügt nicht (BFH/NV 1994, 647 mwN; 2000, 77; 342; 2003, 1601; ebenso, wenn eine Rechtsmittelbelehrung überhaupt fehlt, BFH/NV 1989, 594; 1997, 694; 1999, 648).

187   Eine **Nichtzulassungsbeschwerde** (§ 116) ist grundsätzlich **nicht statthaft.** Die Zulassung der Beschwerde gegen den Beschluss, mit dem das FG die AdV abgelehnt hat, ist im Gesetz nicht vorgesehen (zB BFH/NV 2000, 1222, 1223; 2001, 332; 2002, 524; 1318; 2003, 61; 495; 813; 1431; 1601; 2004, 71, 72 und öfter). Das gilt auch für den Fall, dass die Verletzung des rechtlichen Gehörs gerügt wird (BFH/NV 1995, 47; ebenso zum alten Recht BFHE 122, 256 = BStBl II 1977, 628; BFH/NV 1990, 381, 382). – Zur **Kostentragungspflicht des Prozessbevollmächtigten** s BFH/NV 1996, 846.

188   Die **Möglichkeit,** bei schwerwiegender Verletzung von Verfahrensvorschriften eine **außerordentliche (Nichtzulassungs-)Beschwerde** einzulegen (vgl hierzu zB BFH/NV 2001, 332; 1441/1442; 2002, 930; 1318; 1447; 1460) besteht seit Inkrafttreten des über § 155 auch im finanzgerichtlichen Verfahren anwendbaren § 321 a ZPO aF am 28. 7. 2001 nicht mehr; daran hat sich durch die Einfügung des die **Anhörungsrüge** regelnden § 133 a ab 1. 1. 2005 nichts geändert (§ 128 Rz 16 mwN). – In Verfahren des vorläufigen Rechtsschutzes ist die Anhörungsrüge (§ 133 a) nicht statthaft (§ 133 a Rz 7 mwN; BFH/NV 2005, 1837).

189   Gegen die Einschränkung des Rechtsschutzes bestehen keine verfassungsrechtlichen Bedenken (zB BVerfG HFR 1976, 271; 1977, 32; 1986, 597; BFH/NV 1998, 818; 1999, 1622; 2002, 1477; 2003, 61; 2005, 2020).

190   Die **Zurückweisung** der nicht statthaften Nichtzulassungsbeschwerde durch das FG soll **nicht erforderlich** sein (BFHE 141, 116 = BStBl II 1984, 562, 563; zweifelhaft).

191   Die **Beschwerde** ist wegen grundsätzlicher Bedeutung, zur Fortbildung des Rechts, zur Sicherung der Einheitlichkeit der Rechtsprechung oder wegen eines Verfahrensmangels zuzulassen (§ 128 III 2 iVm § 115 II Nr 1– 3; s § 115 Rz 23 ff). Die **Zulassung** nach § 115 II Nr 1, 2 hat nicht nur zu erfolgen, wenn sich die maßgeblichen Rechtsfragen auf die Auslegung des § 69 selbst beziehen, sondern auch dann, wenn sie das materielle Recht betreffen, aus dem ernstliche Zweifel an der Rechtmäßigkeit des angefochtenen VA hergeleitet werden (GrS BFHE 124, 130 = BStBl II 1978, 229; BFH/NV 1987, 813; 1990, 473, 475; FG SchlHol EFG 1978, 3; die gegenteilige Ansicht des V. Senats des BFH – BFHE 121, 125 = BStBl II 1977, 314; BFHE 121, 126 = BStBl II 1977, 333 – ist damit überholt).

Der BFH ist an die Zulassung **gebunden** (vgl § 115 Rz 115 f). – Zur **192** **Zurückverweisung** an das FG s BFH/NV 2002, 1487 mwN.

Zur **Unstatthaftigkeit** eines **Wiederaufnahmeantrags** s Rz 203.   **193**

H. Änderung/Wiederholung eines Antrags

Das **Gericht der Hauptsache** (Rz 131, 202) kann seinen in derselben **197** Angelegenheit ergangenen AdV-Beschluss gem § 69 VI 1 jederzeit (auch schon vor Klageerhebung – FG Nds EFG 1983, 465, aber nur bis zum Eintritt der Bestandskraft des VA) **von Amts wegen** ändern oder aufheben (BFH/NV 1995, 611). Jeder Beteiligte kann die Änderung oder Aufhebung des AdV-Beschlusses unter den Voraussetzungen des § 69 VI 2 beantragen (Rz 199). § 69 VI erfasst nicht nur Beschlüsse über die AdV, sondern auch über die Aufhebung der Vollziehung und Beschlüsse nach § 69 II 3 (Rz 206 ff). Änderung und Aufhebung sind nach Eintritt der Bestandskraft des im Hauptsacheverfahren angefochtenen Verwaltungsaktes ausgeschlossen (Rz 34, 98).

Die **Behörde** kann die AdV nur unter den Voraussetzungen der §§ 130, **198** 131 AO (ganz oder teilweise) beseitigen (FG Hessen EFG 1977, 445). – Liegt eine gerichtliche Entscheidung über die AdV vor, kommt eine Änderung wegen rechtlicher Gründe nicht in Betracht. Ändern sich die tatsächlichen Umstände, ist die Änderung der Entscheidung über die AdV jedoch möglich.

Die Beteiligten können die **Änderung oder Aufhebung des Be-** **199** **schlusses** (§ 69 III) jederzeit wegen veränderter oder im ursprünglichen Verfahren ohne Verschulden nicht geltend gemachter Umstände beantragen **(§ 69 VI 2).** Nach dem Zweck der Regelung (BFHE 190, 34 = BStBl II 2000, 86) rechtfertigen bisher nicht berücksichtigte rechtliche Gesichtspunkte die Änderung bzw Aufhebung des Beschlusses nicht (BFH/NV 1995, 611; FG D'dorf EFG 2000, 696 betr nachträgliche Klageerweiterung); anders allerdings bei neuer Gesetzeslage (FG Hessen EFG 1991, 141). Ein Änderungsantrag ist aber zulässig, wenn die vorgetragenen Tatsachen oder Beweismittel entscheidungserheblich und nach Ergehen des AdV-Beschlusses entstanden oder bekannt geworden sind (zB BFH/NV 1997, 247, 248 betr nachträgliche Erteilung einer Prozessvollmacht; BFH/NV 2002, 930, 931 betr Ablehnung des AdV-Antrags vor Ablauf der zugesagten Verlängerung einer Ausschlussfrist; BFH/NV 2005, 1834, 1836); entsprechendes gilt, wenn eine entscheidungserhebliche Frage (auch eine Verfassungsfrage) inzwischen höchstrichterlich (anders) entschieden worden ist und der Antragsteller die veränderten Umstände im Einzelnen darlegt (BFHE 93, 543 = BStBl II 1969, 40; BFHE 95, 84 = BStBl II 1969, 318; BFHE 131, 455 = BStBl II 1981, 99, 101; BFH/NV 1991, 535; 1995, 611; 2005, 1834, 1836). – Sind die Voraussetzungen des § 69 VI 2 nicht schlüssig dargelegt, ist der **Antrag unzulässig.** Dasselbe gilt, wenn der Antrag erst **nach Ablauf des AdV-Zeitraums** gestellt wird (BFH/NV

2005, 310 = BFH BStBl II 2005, 297), oder **rechtsmissbräuchlich** ist; das ist zB der Fall, wenn ein schon abgelehnter Antrag bei gleichem Sachverhalt mit der gleichen Begründung wiederholt wird (BFHE 93, 543 = BStBl II 1969, 40; FG M'ster EFG 1978, 91). Rechtsmissbrauch ist aber nicht schon deshalb anzunehmen, weil der Antrag in der Revisionsinstanz gestellt wird (BFH/NV 1991, 535; s aber BFH/NV 2000, 1601). – Zum **Verschulden** s BFH/NV 1999, 1348. – Diese Grundsätze gelten entsprechend, wenn nach unanfechtbarer Ablehnung eines AdV-Antrags in derselben Angelegenheit (ggf auch in der Revisionsinstanz) ein **neuer (wiederholter) AdV-Antrag** gestellt wird (BFHE 190, 34 = BStBl II 2000, 86; BFH/NV 1997, 247, 248; 1999, 1601; 2000, 1348; 2005, 1328; 1605; 1834, 1835; FG Bremen EFG 1998, 891; FG Mchn EFG 2004, 279).

200   Ist der VA, über dessen AdV durch (rkr) Beschluss entschieden worden ist, dadurch in Fortfall gekommen, dass ein **Änderungsbescheid** ergangen ist, kann der AdV-Beschluss nach Maßgabe der Ausführungen zu Rz 137 durch das Gericht analog § 68 nach § 69 VI 1 geändert werden. Das Beschlussverfahren kann, weil die Änderung „jederzeit" möglich ist, trotz formeller Bestandskraft des Beschlusses noch nicht als abgeschlossen angesehen werden (**aA** FG BaWü EFG 1982, 313; 1998, 126: Begrenzung durch § 69 VI 2).

201   Die Änderungsbefugnis nach § 69 VI steht dem **Gericht der Hauptsache** zu. Das **ist** im Allgemeinen **das FG, das den AdV-Beschluss erlassen hat** (BFHE 171, 197 = BStBl II 1993, 515; BFH/NV 1986, 691; 1998, 712). Funktionell zuständig ist grds die Stelle, die die vorausgegangene Anordnung erlassen hat (BFHE 108, 152 = BStBl II 1973, 456). Für die Änderung zuständig ist auch dann das Gericht, das den AdV-Beschluss erlassen hat, wenn gegen den Beschluss (§ 69 III) Beschwerde eingelegt worden ist und wenn der BFH über die Beschwerde sachlich – ggf auch abweichend vom FG – entschieden hat. Die Änderung bzw Aufhebung des AdV-Beschlusses – ggf in der Gestalt der Beschwerdeentscheidung – fällt in die ausschließliche Kompetenz des Gerichts der Hauptsache (BFHE 171, 197 = BStBl II 1993, 515). Hat der Einzelrichter den ihm übertragenen Antrag (§ 69 III) abgelehnt, ist für die Entscheidung über einen erneuten AdV-Antrag jedoch der Senat zuständig (BFH/NV 2005, 1328, 1329). – Hat der BFH die Aussetzung bei Zurückverweisung in der Hauptsache bis zur Rechtskraft verfügt (vgl Rz 151), steht während des nun eröffneten erstinstanzlichen Verfahrens die Änderungsbefugnis gleichfalls dem FG zu und zwar ohne Bindung an die Rechtsauffassung des BFH, weil es im AdV-Verfahren **keine materielle Rechtskraft** gibt (BFHE 108, 152 = BStBl II 1973, 456; BFHE 116, 528 = BStBl II 1976, 21; BFHE 125, 356 = BStBl II 1978, 584). – **Ausnahmsweise** ist der **BFH** als Gericht der Hauptsache für die Entscheidung über den Antrag nach § 69 VI 2 zuständig, wenn das Hauptsacheverfahren inzwischen dort anhängig ist; auch in diesem Fall ist der Antrag nur zulässig, wenn die Voraussetzungen des § 69 VI 2 erfüllt sind (BFHE 190, 34 = BStBl II 2000, 86; BFH/NV 2000, 218; 2003, 1446; 2004, 516).

202   Die **Entscheidung über** den **Änderungsantrag** kann nach den allgemein geltenden Grundsätzen (Rz 150) **mit Rückwirkung** erfolgen. Der **Leitsatz** des BFH-Beschlusses v 23. 11 2004 IX B 88/04 (BFH/NV 2005,

310 = BStBl II 2005, 297), wonach der Änderungs- oder Aufhebungsbe-
schluss grundsätzlich nur für die Zukunft wirkt und für die Vergangenheit
die Wirkungen des ursprünglichen Beschlusses bestehen bleiben, **ist missverständlich.** Die Aussage bezieht sich ausschließlich auf die Zulässigkeit
des im Streitfall gestellten Änderungsantrags (Rz 199).

Für **Rechtsbehelfe** gegen den Aufhebungs- oder Änderungsbeschluss **203**
gilt das oben Rz 185 ff Gesagte entsprechend (BFH/NV 1999, 340). Ein
Antrag auf **Wiederaufnahme** des Beschlussverfahrens ist mangels materieller Rechtskraftwirkung (Rz 202) **nicht statthaft** (BFH/NV 1992, 253;
1998, 990; 2005, 2032).

Wird nicht versucht, eine Änderung zu erreichen, ist eine **Verfas- 204
sungsbeschwerde** unzulässig, weil der Rechtsweg nicht erschöpft ist
(BVerfG HFR 1979, 108). Reagiert das FG allerdings nicht auf Anregungen, die Entscheidung zu ändern, ist die Verfassungsbeschwerde zulässig
(BVerfG HFR 1979, 108).

Kostenmäßig gelten mehrere Verfahren innerhalb eines Rechtszugs als **205**
ein Verfahren (Vorbem 6.2 vor Nrn 210, 6211 des Kostenverzeichnisses –
Anlage 1 zu § 3 II GKG).

J. § 69 V – Ausnahmsweise Hemmung der Vollziehung

I. Anders als im Bereich der allgemeinen Verwaltungsgerichtsbarkeit **206**
(§ 80 VwGO) haben (außergerichtliche und gerichtliche) Rechtsbehelfe im
Bereich der Finanzgerichtsbarkeit nur ausnahmsweise hemmende Wirkung.
Das Gesetz sieht sie für die Fälle der Klageerhebung gegen die Untersagung
des Gewerbebetriebs oder der Berufsausübung vor (§ 69 V 1); entsprechendes gilt für außergerichtliche Rechtsbehelfe (§ 361 IV AO).

Praktische Bedeutung hat die Vorschrift – weil die Untersagung des **207**
Gewerbebetriebs seit der Aufhebung des § 198 RAO (BGBl I 1965, 1477)
nicht mehr in den Zuständigkeitsbereich der Finanzbehörden fällt – vor
allem für Maßnahmen, durch die die **Berufsausübung nach dem StBerG
untersagt** wird. – Hierher gehören zB die Untersagung der unbefugten
Hilfeleistung in Steuersachen (§ 7 StBerG), die Untersagung der Tätigkeit
als Obmann eines LSt-Hilfevereins (FG Nds EFG 1974, 379, das allerdings
vorläufigen Rechtsschutz nach § 114 gewährt hat), der Widerruf der Anerkennung als LSt-Hilfeverein (§ 20 II Nr 2, 3 StBerG – FG Mchn EFG
1981, 406), der Widerruf der Bestellung als Steuerberater (§ 46 II StBerG –
BFHE 188, 498 = BStBl II 1999, 571; BFH/NV 2002, 955) und der
Widerruf der Anerkennung als Steuerberatungsgesellschaft (§ 55 StBerG). –
Außerdem ist § 69 V anzuwenden bei Untersagung der Tätigkeit in einer
Freizone oder einem Freilager (Art 172 III ZK – s *Witte* Art 172 Rz 7 f),
bei Untersagung der Tätigkeit als Fiskalvertreter (§ 22 e UStG – s *Bunjes/
Geist* § 22 e Rz 3–5) und Untersagung der Branntweinherstellung (§ 51 a
BranntwMonG).

Die hemmende Wirkung wird auch durch Erhebung einer **unzuläs- 208
sigen Klage** (eines unzulässigen Rechtsbehelfs) herbeigeführt (BVerwGE
13, 1, 8; *Messmer* BB 1966, 655).

II. Die Finanzbehörde kann die hemmende Wirkung des Rechtsbehelfs **209**
(der Klage) durch **Anordnung der sofortigen Vollziehung** wieder beseitigen, wenn sie das im öffentlichen Interesse für geboten hält; das öffent-

liche Interesse ist schriftlich zu begründen (§ 69 V 2). Die Frage, ob ernstliche Zweifel an der Rechtmäßigkeit des angefochtenen VA bestehen, ist dabei nicht entscheidend. Die Bejahung des öffentlichen Interesses erfordert vielmehr eine Abwägung aller im konkreten Fall bedeutsamen Umstände (BVerwG NJW 1974, 1294; *Kopp/Schenke* § 80 Rz 84 ff, 90 ff mwN). – Wegen der Einzelheiten wird auf die Kommentierungen zu § 80 II Nr 4, III VwGO und wgen der Einschränkung der Möglichkeit, Rechtsbehelfe einzulegen, auf Rz 185 ff verwiesen (s auch BFH/NV 1997, 429).

210   **III.** Auf Antrag kann das Gericht der Hauptsache (§ 69 V 3 – Rz 131 f) oder – in dringenden Fällen (Rz 133) – der Vorsitzende (§ 69 V 4) die **hemmende Wirkung wiederherstellen,** wenn ernstliche Zweifel an der Rechtmäßigkeit (Rz 86 ff) bestehen (§ 69 V 3). – Da die Anordnung der sofortigen Vollziehung praktisch den „Normalzustand" nach § 69 I 1 herbeiführt, muss der **Antrag** – ebenso wie dort – **schon vor Klageerhebung** gestellt werden können (im Ergebnis ebenso FG Mchn EFG 1981, 406): andererseits kommt die Wiederherstellung der aufschiebenden Wirkung nicht mehr in Betracht, wenn der **VA,** dessen aufschiebende Wirkung wieder hergestellt werden soll, **unanfechtbar** geworden ist (BFH/NV 1995, 230). Im Übrigen s BFH/NV 2002, 955. – Wegen der Rechtsbehelfe wird auf Rz 185 ff verwiesen.

211   **IV.** Für die **Änderung und Aufhebung von Beschlüssen** über die Wiederherstellung der hemmenden Wirkung (§ 69 VI) gelten die Ausführungen zu Rz 195 ff entsprechend.

212   **V.** Die **Finanzbehörde** kann die Anordnung der sofortigen Vollziehung nach Maßgabe des § 131 AO **korrigieren,** solange das Gericht noch nicht entschieden hat. Liegt schon eine gerichtliche Entscheidung vor, kann die Behörde deren Änderung nur durch Antrag nach § 69 VI 2 (Rz 199) erreichen (vgl OVG Hamburg DÖV 1965, 824).

§ 70 [Verweisung bei Unzuständigkeit des Gerichts]

[1] **Für die sachliche und örtliche Zuständigkeit gelten die §§ 17 bis 17 b des Gerichtsverfassungsgesetzes entsprechend.** [2] **Beschlüsse entsprechend § 17 a Abs. 2 und 3 des Gerichtsverfassungsgesetzes sind unanfechtbar.**

Vgl § 83 VwGO; § 98 SGG; § 281 ZPO

Übersicht

Literatur: *Fischer,* Willkürliche Verweisungsbeschlüsse – Aktuelle Rechtsprechung zur Bindungswirkung, MDR 2002, 1401; *Holzheuser,* Die Rechtswegverweisung in den verwaltungsgerichtlichen Eilverfahren, DÖV 1994, 807; *Sennekamp,* Die Verweisung summarischer Verfahren an das zuständige Gericht, NVwZ 1997, 642; *Tombrink,* Was ist „Willkür"? – Die „willkürliche" Verweisung des Rechtsstreits an ein anderes Gericht, NJW 2003, 2364.

Seit der Neufassung der Vorschrift durch das 4. VwGOÄndG v 17. 12. **1**
1990 (BGBl I S 2809) gelten im Falle **sachlicher** oder **örtlicher Unzuständigkeit** des angerufenen FG (zur instanziellen Unzuständigkeit s Rz 4) die Vorschriften der §§ 17–17 b GVG über die Zulässigkeit des Rechtswegs (abgedruckt im Anhang zu § 33) entsprechend. Auf die Kommentierung dieser Vorschriften (Anhang zu § 33) kann deshalb grundsätzlich verwiesen werden. Zur Klarstellung sei Folgendes angemerkt:

I. Anwendungsbereich

§ 70 enthält durch die Verweisung auf die §§ 17–17 b GVG Regelungen **2**
über
– die Fortdauer der Zuständigkeit (§ 17 I 1 GVG),
– die Klagesperre (§ 17 I 2 GVG),
– die Entscheidung bei Zuständigkeit bzw Unzuständigkeit (§ 17 a II–IV GVG),
– die bindende Wirkung der Entscheidung über die Zuständigkeit (§ 17 a I, II 3, V GVG) und
– die Folgen der Verweisung (§ 17 b GVG).

§ 70 gilt nicht nur für das Klageverfahren, sondern (jedenfalls entspre- **3**
chend) auch für **alle** sonstigen **Verfahrensarten.** Zu nennen sind insbesondere die Verfahren des vorläufigen Rechtsschutzes (§§ 69, 114 – BFH/NV 1995, 800, 801 mwN; 2003, 492; 2004, 522), das Prozesskostenhilfeverfahren (§ 142) und das Beweissicherungsverfahren (§ 82 iVm §§ 485 ff ZPO; vgl BFH/NV 1987, 379).

§ 70 gilt entsprechend für die **Verweisung wegen instanzieller Un- 4**
zuständigkeit (BFH/NV 1995, 800 mwN; 1997, 244, 245; 252; 1998, 1239; 1999, 654; 2000, 474, 475; 600; 1350, 1351) und ist auch anwendbar in den Fällen, in denen ein Gericht (nicht ein Senat) für besondere Sachfragen (§ 3 I Nr 4) oder ein FG für mehrere Länder (§ 3 II) errichtet ist. – Zur Zurückverweisung eines AdV-Verfahrens durch den BFH an das FG s BFHE 203, 415 = BStBl II 2004, 84,85; § 69 Rz 131 und zur Zurückverweisung eines Antrags auf Erlass einer einstweiligen Anordnung (§ 114 Rz 7) s zB BFH/NV 2002, 1486; 2004, 81/82.

§ 70 greift nicht ein **5**
– wenn es um die Frage des Rechtswegs geht (Anhang § 33);
– wenn eine Sache wegen funktioneller Unzuständigkeit (Vor §§ 35–39 Rz 2) einem anderen Rechtspflegeorgan übertragen ist, es sei denn, die Verweisung erfolgt wegen instanzieller Unzuständigkeit (Rz 4);

– wenn der mit der Sache befasste Senat das Verfahren nach Maßgabe des
Geschäftsverteilungsplans (§ 4 Rz 25 ff) an einen anderen (auch detachier-
ten – § 3 Rz 4) Senat desselben Gerichts abgibt (vgl BFHE 121, 161 =
BStBl II 1977, 312; BVerwGE 18, 53; BGHZ 71, 264, 272).
In den beiden zuletzt genannten Fallgruppen erfolgt die Abgabe formlos
und ohne Anhörung der Beteiligten (vgl RGZ 119, 379; BGHZ 6, 178;
BVerwG NJW 1959, 2134).

II. Überblick

6   **1.** Die örtliche und sachliche Zuständigkeit ist **Sachentscheidungsvoraussetzung** (Vor § 33 Rz 4; Vor §§ 35–39 Rz 1). Die Zuständigkeit
des im konkreten Fall angerufenen FG wird durch eine nach Rechtshängigkeit eintretende Veränderung der sie begründenden Umstände nicht
berührt (**perpetuatio fori;** § 17 I 1 GVG; Anhang § 33 Rz 10; BFH/
NV 2005, 1198). Bei Änderung des Streitgegenstandes kommt es jedoch
zu einem **Beteiligtenwechsel** (§ 38 Rz 5).

7   **2.** Nach Eintritt der Rechtshängigkeit ist eine neue Klage in derselben
Sache bei einem anderen FG unzulässig (**Klagesperre;** § 17 I 2 GVG; Anhang § 33 Rz 11).

8   **3. Entscheidung bei Zuständigkeit** des FG. Das FG (der Senat bzw
der Einzelrichter – §§ 6, 79 a III, IV) kann seine Zuständigkeit nach pflichtgemäßem Ermessen entweder (stillschweigend) in der Endentscheidung zur
Hauptsache bejahen oder von Amts wegen **vorab** aussprechen. **Bei Rüge**
der Zuständigkeit durch einen Beteiligten ist die **Vorabentscheidung
zwingend** vorgeschrieben (§ 17 a III 1 GVG; Anhang § 33 Rz 18).

9   **4. Bei Unzuständigkeit** hat das FG (der Senat bzw der Einzelrichter –
§§ 6, 79 a III, IV) von Amts wegen seine Unzuständigkeit auszusprechen
und den Rechtsstreit zugleich von Amts wegen an das zuständige FG zu
verweisen (§ 17 a II 1 GVG; Anhang § 33 Rz 22). – Im Rahmen der Entscheidung über die Verweisung kann das FG ggf auch über die Sachdienlichkeit einer Klageänderung (Auswechslung des Beklagten) oder über die
Gewährung der Wiedereinsetzung in den vorigen Stand entscheiden
(BFHE 155, 457 = BStBl II 1989, 460). – Eine **Verweisung** des Rechtsstreits durch den BFH an das örtlich und sachlich zuständige FG wegen instanzieller Unzuständigkeit (§ 70 iVm § 17 a II 1 GVG) kommt jedoch
nicht in Betracht, wenn ein zu Unrecht beim BFH angebrachter AdV-
Antrag nicht wirksam gestellt worden ist (BFH/NV 2001, 56; 2003, 492,
493; 2004, 531; s auch BVerwG DVBl 2002, 1050 und Rz 4). – Zur
fristwahrenden Wirkung der Klageerhebung beim unzuständigen Gericht s § 64 Rz 17; Anh § 33 Rz 43.

10   **5.** Die **Vorabentscheidung** (Rz 8, 9) erfolgt **nach Anhörung** der
Beteiligten, die in Eilverfahren (§§ 69, 114) auch telefonisch erfolgen kann
(vgl BFHE 203, 415 = BStBl II 2004, 84, 85), durch Beschluss (§ 17 a
IV 1, 2 GVG; Anhang § 33 Rz 19, 26, 44). Der Beschluss ist **unanfechtbar** (Rz 12).

11   **6.** Wegen der **bindenden Wirkung** der Entscheidung über die
Zuständigkeit und der Verweisung s § 17 a I, II 3 GVG (Anhang § 33
Rz 28–33). Da die Entscheidungen über die Zuständigkeit unanfechtbar

sind, braucht ihre Rechtskraft grundsätzlich (zur Ausnahme s Rz 12) nicht abgewartet zu werden.

Hinsichtlich des **Umfangs der Bindungswirkung** im Falle der Verweisung ist Folgendes zu beachten: Erfolgt die Verweisung nur mangels örtlicher Zuständigkeit, kann das Gericht, an das verwiesen worden ist, die sachliche Zuständigkeit noch verneinen und weiter verweisen (*Kopp/Schenke* § 83 Rz 14; aA OLG Hamburg NJW 1959, 2973; differenzierend BVerwGE 18, 202). – Erfolgt die Verweisung mangels sachlicher Zuständigkeit, tritt regelmäßig eine Bindung sowohl für die sachliche als auch für die örtliche Zuständigkeit ein, weil letztere notwendig mitgeprüft worden ist (*Redeker/von Oertzen* § 83 Rz 9; vgl auch BGHZ 63, 216; BGH NJW-RR 1998, 1219; aA *Kopp/Schenke* § 83 Rz 14: keine Bindung). – Bei **offensichtlicher und schwerwiegender Fehlerhaftigkeit (Willkür)** wird man eine Bindung wegen Verletzung des Rechts auf den gesetzlichen Richter (Art 101 I 2 GG; BVerfGE 29, 45) verneinen müssen (BFH/NV 1993, 676; 1995, 907 mwN; BFH/NV 2000, 1350, 1351; 2003, 1337 betr Zurückverweisung; BFH/NV 2005, 1196, 1197 betr Verstoß gegen den Grundsatz der perpetuatio fori; s auch OLG Köln NJW-RR 2002, 426). – Zur Bindung des Rechtsmittelgerichts s Rz 13.

7. Beschlüsse nach § 17a II und III GVG (Rz 8–10) sind **unanfechtbar** **12** (§ 70 Satz 2; BFH/NV 2001, 60; 473; 2002, 513/514). Bei willkürlicher Entscheidung bleibt nur die **Verfassungsbeschwerde** wegen Verletzung des Rechts auf den gesetzlichen Richter (Art 101 I 1 GG; BVerfGE 29, 45).

8. Entscheidungen über die Zuständigkeit können im Rahmen eines **13** Rechtsmittelverfahrens gegen die Hauptsacheentscheidung des FG nicht überprüft werden (§ 17a V GVG; Anhang § 33 Rz 40).

9. Der Verweisungsbeschluss ergeht **ohne Kostenentscheidung.** Das **14** Verfahren vor dem verweisenden Gericht bildet mit dem Verfahren vor dem FG, an das der Rechtsstreit verwiesen wird, **auch kostenrechtlich** eine **Einheit** (§ 17b GVG; Anhang § 33 Rz 42–44; BFH/NV 2002, 1486; 2004, 81; 522; 600). – Wegen etwaiger **Mehrkosten** s § 70 iVm § 17b II GVG.

10. Kompetenzkonflikte sind nach der Konzeption der Neuregelung **15** an sich ausgeschlossen. Kommt es doch dazu, ist nach § 39 Nr 3, 4 zu verfahren.

§ 71 [Zustellung der Klage, Aktenübersendung]

(1) ¹Die Klageschrift ist dem Beklagten von Amts wegen zuzustellen. ²Zugleich mit der Zustellung der Klage ist der Beklagte aufzufordern, sich schriftlich oder zur Niederschrift des Urkundsbeamten der Geschäftsstelle zu äußern. ³Hierfür kann eine Frist gesetzt werden.

(2) Die beteiligte Finanzbehörde hat die den Streitfall betreffenden Akten nach Empfang der Klageschrift an das Gericht zu übermitteln.

Vgl § 85 VwGO; § 104 SGG; §§ 271, 276f ZPO

Vgl § 86 Rz 1–3.   **1**

Die **Zustellung der Klageschrift** (§ 71 I) hat stets **von Amts wegen** **2** zu erfolgen, also auch dann, wenn die Klage bei der beklagten Behörde angebracht (§ 47 II, III) und anschließend dem Gericht zugeleitet worden ist.

3   Die Zustellung der Klageschrift ist, wenn auch für die Durchführung der Zustellung die Geschäftsstelle zuständig ist (§ 155 iVm § 209 ZPO), vom **Vorsitzenden** (bzw dem von ihm bestimmten Richter – § 79 Satz 1 oder dem Einzelrichter – §§ 6, 79a III, IV) zu verfügen. Das ist in § 71 I 1 (anders als in § 85 Satz 1 VwGO) zwar nicht ausdrücklich gesagt, ergibt sich aber daraus, dass sie mit richterlichen Handlungen, nämlich der Aufforderung nach § 71 I 2 und ggf einer Fristsetzung nach § 71 I 3 zu verbinden ist (aA *H/H/Sp* § 71 FGO Rz 2).

4   Die in § 71 I 3 genannte Frist ist eine (verlängerungsfähige) **richterliche Frist** (vgl § 54 Rz 5, 6, 13 ff).

5   Übersandt werden müssen die den „**Streitfall betreffenden**" Akten (§ 71 II). Das sind (nur) die Akten, deren **Inhalt entscheidungserheblich** ist (BFH/NV 1994, 639; 1995, 604). Aus Gründen der Prozessökonomie (Möglichkeit der Unzulässigkeit der Klage) genügt es im Allgemeinen, dass die Akten erst nach Eingang der Klageerwiderung vorgelegt werden (BFH/NV 1999, 62). – Wegen der Verpflichtung zur **Übersendung der vollständigen Akten** (§ 71 II) s § 86 Rz 4; BFH/NV 2000, 733. – Bei unvollständiger Aktenvorlage ist das FG verpflichtet, die fehlenden Akten anzufordern (BFH/NV 2004, 511). – Einer Benachrichtigung der Beteiligten bedarf es nicht (vgl BFH/NV 1999, 180; 1229). – Werden jedoch andere als die (unmittelbar) den Streitfall betreffenden **Akten beigezogen** oder (zulässigerweise) vom FA übersandt (vgl BFH/NV 1990, 378, 379), sind die Beteiligten (ua wegen § 79 II) zu benachrichtigen (s § 79 Rz 13). – Der Eingang der (vollständigen) Akten bei Gericht ist Anknüpfungspunkt für bestimmte Fristen (§§ 45 II 1, 100 III 5); s hierzu § 45 Rz 28; § 100 Rz 48.

6   Zur Frage, wie im Falle der **Verweigerung der Aktenvorlage** zu verfahren ist, s BFHE 107, 560 = BStBl II 1973, 253, 254 und § 86 Rz 15 ff.

7   Gegen den Beschluss, durch den das FG es abgelehnt hat, die Finanzbehörde zur Vorlage bestimmter Akten zu verurteilen, ist die Beschwerde gegeben (BFH/NV 1999, 62; s aber auch die Ausnahmefälle BFHE 101, 209 = BStBl II 1971, 306; BFHE 109, 12 = BStBl II 1973, 504).

§ 72 [Zurücknahme der Klage]

(1) [1] **Der Kläger kann seine Klage bis zur Rechtskraft des Urteils zurücknehmen.** [2] **Nach Schluss der mündlichen Verhandlung, bei Verzicht auf die mündliche Verhandlung und nach Ergehen eines Gerichtsbescheides ist die Rücknahme nur mit Einwilligung des Beklagten möglich.** [3] **Die Einwilligung gilt als erteilt, wenn der Klagerücknahme nicht innerhalb von zwei Wochen seit Zustellung des die Rücknahme enthaltenden Schriftsatzes widersprochen wird; das Gericht hat auf diese Folge hinzuweisen.**

(1 a) [1] **Soweit Besteuerungsgrundlagen für ein Verständigungs- oder ein Schiedsverfahren nach einem Vertrag im Sinne des § 2 der Abgabenordnung von Bedeutung sein können, kann die Klage hierauf begrenzt zurückgenommen werden.** [2] **§ 50 Abs. 1 a Satz 2 gilt entsprechend.**

(2) [1] **Die Rücknahme hat bei Klagen, deren Erhebung an eine Frist gebunden ist, den Verlust der Klage zur Folge.** [2] **Wird die Klage zu-**

rückgenommen, so stellt das Gericht das Verfahren durch Beschluss ein. [3] Wird nachträglich die Unwirksamkeit der Klagerücknahme geltend gemacht, so gilt § 56 Abs. 3 sinngemäß.

Vgl § 92 VwGO; § 102 SGG; § 269 ZPO

Übersicht

Literatur: *Albert,* Unwirksamkeit der Klagerücknahme wegen unzulässiger Beeinflussung des Klägers im Steuerprozess, DStZ 1999, 732; *Gräber,* Konkurrenz von Klagerücknahme und Rechtsmittelrücknahme, DStR 1967, 176; *ders,* Die Bedeutung der Entscheidung des Großen Senats des Bundesfinanzhofs zur Frage des Streitgegenstandes bei der Anfechtungsklage, DStR 1968, 491; *Gross,* Das Verhältnis der Klageänderung zur Klagerücknahme, ZZP 75, 93; *Nieland,* Einwilligungsfiktion zur Klagerücknahme im Verwaltungsprozess, NVwZ 2003, 925; *Oswald,* Zur Frage der Unwirksamkeit der Klagerücknahme im Steuerprozess, DStR 1980, 619; *Schifferdecker,* Einwilligungsfiktion zur Klagerücknahme im Verwaltungsprozess, NVwZ 2003, 925; *Spindler,* Das 2. FGO-Änderungsgesetz, DB 2001, 61, 63; *Walther,* Klageänderung und Klagerücknahme, 1969; *ders,* Klageänderung und Klagerücknahme, NJW 1994, 423; *Wüllenkemper,* Änderung von Steuerbescheiden nach Klagerücknahme?, DStR 1989, 702.

A. Vorbemerkungen

I. Begriff, Wesen und Bedeutung der Klagerücknahme

1 Durch die Klagerücknahme nimmt der Kläger von der gerichtlichen Durchsetzung seines Rechtsschutzbegehrens Abstand. Die Klagerücknahme ist **Prozesshandlung**, der – ggf nach Einwilligung des Beklagten (§ 72 I 2 – Rz 22 ff) und bei Erfüllung der sonstigen Voraussetzungen – unmittelbare **Gestaltungswirkung** für das anhängige Verfahren zukommt (vgl hierzu BFHE 96, 552 = BStBl II 1969, 733; BGH HFR 1981, 540; *Rosenberg/ Schwab* S 804 f) und zwar unabhängig davon, ob die Klage zulässig ist oder nicht. Die Klagerücknahme ist Ausfluss des das finanzgerichtliche Verfahren beherrschenden **Dispositionsgrundsatzes** (Verfügungsgrundsatzes). Er besagt, dass die Entscheidung, ob ein Verfahren stattfindet und worüber prozessiert wird, den Beteiligten (Parteien) überlassen ist. Die Zurücknahme der Klage ist **keine materiell-rechtliche Verfügung** des Klägers über das geltend gemachte Recht. – § 72 gilt – mit Ausnahme von § 72 I 2 und 3 – für die Zurücknahme von Anträgen in selbstständigen **Beschluss- verfahren** (§§ 69 III, 114, 142, 149 II, 152 I) entsprechend (vgl § 69 Rz 170; FG M'ster EFG 1978, 339; FG Bremen EFG 1994, 581, 582). – S aber auch BFH/NV 2000, 475, 476 betr Antrag auf einstweilige Einstellung der Zwangsvollstreckung.

II. Abgrenzung

2 Die Klagerücknahme ist **zu unterscheiden von**
– der **Rücknahme der Revision** (§ 125). Die Rücknahme des Rechtsmittels bewirkt dessen Verlust, lässt aber das angefochtene Urteil bestehen; die Rücknahme der Klage dagegen bewirkt den Verlust der Klage und lässt damit auch das (noch nicht rechtskräftige) finanzgerichtliche Urteil wegfallen (BFH/NV 1990, 448). Wegen dieser weitergehenden Wirkung ist, wenn gleichzeitig Rücknahme der Klage und des Rechtsmittels erklärt werden, in aller Regel anzunehmen, dass die Klage zurückgenommen werden soll (BFHE 87, 50 = BStBl III 1966, 681; BFHE 87, 559 = BStBl III 1967, 225; BFHE 98, 325 = BStBl II 1970, 327). Bestehen Zweifel, sind diese durch Rückfrage zu klären, anderenfalls liegt ein Verfahrensverstoß vor (BVerwG HFR 1966, 438; s hierzu *Gräber* DStR 1967, 176). – Zum Verhältnis zwischen Klagerücknahme und Rücknahme des Rechtsmittels in den Fällen, in denen zur Wirksamkeit der Klagerücknahme die **Einwilligung des Beklagten** erforderlich ist (Rz 22 ff) s BFHE 87, 559 = BStBl III 1967, 225; BFH/NV 1999, 318 und 333; vgl auch *Gräber* DStR 1967, 176, 177 ff;
– dem **Klageverzicht** (§ 50), bei dem von vornherein auf das Recht zur Erhebung der Klage verzichtet wird;
– der **Erledigung** des Verfahrens **in der Hauptsache,** bei der der Streit zwischen den Beteiligten durch ein nach Rechtshängigkeit eingetretenes Ereignis gegenstandslos wird (§ 138 Rz 1) und
– von der **Klageänderung** (§ 67), bei der das ursprüngliche Klagebegehren modifiziert wird.

Die Anordnung der **Löschung des Verfahrens im Prozessregister** 3 (vgl § 79a Rz 11) ist eine nicht beschwerdefähige prozessleitende Verfügung (§ 128 II) und zwar auch dann, wenn sie durch Beschluss getroffen wird (zB BFH/NV 1993, 369; 1994, 186 und 251; 1995, 61). Sie kommt in Betracht,

– bei unklaren oder widersprüchlichen Prozesserklärungen des Klägers (BFH/NV 1996, 699; 2000, 745) bzw wenn die Auslegung der Prozesserklärung ergibt, dass keine Klage erhoben bzw keine Revision eingelegt werden sollte (vgl BFH/NV 1997, 881),
– wenn das Verfahren vom Rechtsmittelführer länger als 6 Monate nicht betrieben worden ist (BFH/NV 1986, 12; 1988, 648),
– wenn die Fortsetzung des durch Konkurs (Insolvenz) unterbrochenen Verfahrens ungewiss ist (BFH/NV 1990, 104, 106; 1992, 400; 1994, 251; 2004, 966; 2005, 237) oder
– wenn nach dem Tod des Klägers mit der Aufnahme des Verfahrens durch die Erben nicht zu rechnen ist, insbesondere wenn die Erben nicht feststellbar sind (vgl BFH/NV 1994, 251; 1995, 61).

Die **Löschung bedeutet** lediglich die (faktische) **Unterbrechung** des Verfahrens. Die spätere Fortführung nach Fortfall der Hinderungsgründe steht den Beteiligten frei (BFH/NV 2004, 966; 1285; 2005, 1360); zur Aufnahme eines wegen Insolvenz unterbrochenen Verfahrens s BFH/NV 2005, 1360 und § 74 Rz 36.

III. Außergerichtliche Vereinbarungen

Vereinbarungen über die Zurücknahme der Klage sind möglich. Hat 4 sich der Kläger zur Zurücknahme der Klage verpflichtet und weigert er sich, die Klage zurückzunehmen, liegt in der Prozessfortsetzung eine unzulässige Rechtsausübung, so dass die Klage als unzulässig abzuweisen ist (BFH/NV 1999, 937; vgl BGHZ 41, 3, 5; BVerwG Buchholz 310 § 92 Nr 6; BSG SozR § 102 SGG Nr 7; kritisch *Grunsky,* Grundlagen S 78). – Ist jedoch auf den Kläger **unzulässiger Druck** ausgeübt worden, so ist er an die Zusage der Klagerücknahme nicht gebunden (BFH/NV 1995, 944; 1997, 765; 1999, 937; s auch Rz 21).

B. Die Regelungen des § 72

I. Voraussetzungen der Rücknahme

1. Zurücknahmeerklärung

Voraussetzung für eine wirksame Zurücknahme der Klage (des Antrags) 5 ist, dass der Kläger (bzw sein Prozessbevollmächtigter – vgl § 62 Rz 42 ff), uU auch der vollmachtlose Vertreter (§ 62 Rz 77) eine entsprechende Erklärung abgibt. Mit der Abgabe der mündlichen oder dem **Zugang** der schriftlichen Erklärung bei dem zuständigen Gericht (Rz 6) kann die Rücknahme (falls eine Einwilligung des Beklagten nicht erforderlich ist – Rz 22) **frühestens wirksam** werden (vgl *Gräber* DStR 1967, 176, 177). Das gilt auch, wenn die (schriftliche) Erklärung gegenüber einem unzuständigen Gericht abgegeben und von dort weitergeleitet wird, es sei denn, die Rücknahme sollte nur gegenüber dem unzuständigen Gericht ausge-

sprochen werden (BGH MDR 1991, 668). – Zur Rücknahme durch einen
von **mehreren Prozessbevollmächtigten** s § 62 Rz 16. – Zur Zurücknahme durch den Prozessbevollmächtigten nach **Niederlegung des Mandats** s § 62 Rz 18, 19.

a) Form der Erklärung

6   Nach § 72 I 1 ist die Zurücknahmeerklärung **nicht formgebunden.**
Sie kann schriftlich oder (in der mündlichen Verhandlung) auch mündlich
abgegeben werden (§ 155 iVm § 269 II ZPO – BFHE 101, 483 = BStBl II
1971, 461; BFHE 125, 498 = BStBl II 1978, 649). Wird die Zurücknahme
in der mündlichen Verhandlung erklärt, ist ihre Wirksamkeit nicht
davon abhängig, dass die Vorschriften der §§ 160 III Nr 8, 162 I ZPO
über die ordnungsgemäße Protokollierung beachtet worden sind (BSG
MDR 1981, 612 = HFR 1982, 82). Die Zurücknahmeerklärung kann
(trotz Fehlens einer ausdrücklichen Regelung) auch **zur Niederschrift
des Urkundsbeamten** der Geschäftsstelle abgegeben werden (vgl § 64 I 2
– BFHE 119, 233 = BStBl II 1976, 630, 631).

7   Eine **stillschweigende** Zurücknahme der Klage (des Antrags) gibt es
nicht (vgl BFHE 125, 498 = BStBl II 1978, 649; BFH/NV 1988, 258,
259; FG D'dorf EFG 1963, 577; **aA** BGHZ 4, 328; BGH MDR 1989,
987; BAG NJW 1961, 2371). Ggf ist ein Hinweis nach § 76 II erforderlich.

b) Inhalt der Erklärung

8   Die Rücknahmeerklärung muss **eindeutig** sein (BFH/NV 1995, 220).
Zur **Auslegung** – hinreichende Deutlichkeit genügt – s BFH/NV 2000,
149; 982; FG BaWü EFG 1997, 360. Ggf muss aufgeklärt werden, was der
Kläger beabsichtigt (§ 76 II). Er könnte zB die Absicht haben, nicht die
Klage zurückzunehmen mit der Folge, dass er die Kosten zu tragen hätte
(§ 136 II), sondern die Hauptsache für erledigt zu erklären mit der Folge,
dass die Kostenentscheidung nach § 138 nach Ermessen erginge (vgl hierzu
den die Rücknahme der Revision betreffenden Beschluss BFHE 91, 20 =
BStBl II 1968, 203; s auch BFH/NV 1988, 258, 259; BSG HFR 1981,
433; Rz 2). – Zur **Umdeutung** einer Erledigungserklärung in eine Klagerücknahme s BFH/NV 1996, 218; BVerwG Buchholz 451.54 MStG
Nr 11.

9   Zum Verhältnis der **Rechtsmittelrücknahme** zur Klagerücknahme
s Rz 2.

10   Die Zurücknahmeerklärung darf als Prozesshandlung (Rz 1) **nicht unter** einer (außerprozessualen) **Bedingung** abgegeben werden (BFHE 96,
522 = BStBl II 1969, 733; BFHE 104, 291 = BStBl II 1972, 352; BSG
HFR 1981, 433; BVerwG JZ 2002, 9).

11   Die Zurücknahmeerklärung muss sich auf das **Verfahren** beziehen, **in
dem sie wirken soll** (BGH HFR 1981, 540).

12   Eine „**Teilrücknahme**" ist grundsätzlich (**Ausnahme** s Rz 14) nur
möglich, wenn der Streitgegenstand (§ 65 Rz 35 ff) teilbar ist, also ein
Teilurteil (§ 98) ergehen könnte. Das ist der Fall bei der **objektiven Klagehäufung** (§ 43): Der Kläger kann eine der mehreren (wenn auch miteinander verbundenen) Klagen zurücknehmen, also zB einen von mehre-

ren angefochtenen VAen der Beurteilung des Gerichts entziehen (BFHE 106, 286 = BStBl II 1972, 793; BFHE 147, 323 = BStBl II 1986, 921 betr mehrere voneinander unabhängige Haftungsfälle; BFH/NV 1989, 623, 624 betr verschiedene Veranlagungszeiträume; BFHE 189, 252 = BFH BStBl II 2000, 33 betr mehrere selbstständig zu beurteilende Einfuhrfälle). Entsprechendes gilt für die **subjektive Klagenhäufung** (§§ 59, 73): Jeder der Streitgenossen kann seine Klage selbstständig zurücknehmen: notwendige Streitgenossen sind anschließend ggf beizuladen (§ 59 Rz 12). – Vgl auch BFHE 122, 437 = BStBl II 1977, 696 zur **Zurücknahme** der Klage im Revisionsverfahren **durch** einen **notwendigen Streitgenossen.**

Die „Zurücknahme" **einzelner Streitpunkte** einer Klage ist keine   **13** Rücknahme iS des § 72. Nach der Definition, die der GrS für den Begriff des Streitgegenstandes gefunden hat (GrS BFHE 91, 393 = BStBl II 1968, 344; GrS BFHE 129, 117 = BStBl II 1980, 99, 102; ebenso BFHE 141, 569 = BStBl II 1984, 840; § 65 Rz 41 ff), hat die teilweise „Rücknahme" (auch in den Fällen, in denen nach § 72 I 2 die Einwilligung des Beklagten erforderlich wäre – Rz 22 ff) **lediglich** die Bedeutung einer vom Kläger allein bestimmbaren (vgl § 67 Rz 3 f, 7) **Antragsbeschränkung** (ebenso BFHE 96, 510 = BStBl II 1970, 15; FG Hbg EFG 1968, 469; 1970, 567). Der dem Gericht zur Entscheidung vorliegende Sachverhalt kann dadurch nicht eingegrenzt werden. Im Rahmen des nunmehr anhängigen Antrags muss also auch ein Komplex, den der Kläger fallen lassen wollte, ggf geprüft werden (ausführlich *Gräber* DStR 1968, 491, 496).

Eine „teilweise Klagerücknahme" liegt ferner nicht vor, wenn die **Klage zum Teil erledigt** ist und im Übrigen zurückgenommen wird; dann wird vielmehr die ganze restliche Klage zurückgenommen (vgl hierzu – im Ergebnis zutreffend – BFHE 90, 367 = BStBl II 1968, 98).

§ 72 I a lässt ausnahmsweise (Rz 12, 13) eine **Teilrücknahme bezüg-**   **14** **lich bestimmter Besteuerungsgrundlagen** zu, die für ein zwischenstaatliches Verständigungs- oder Schiedsverfahren (§ 2 AO) von Bedeutung sein können. – Die Vorschrift soll – ebenso wie § 50 I a und §§ 354 I a, 362 I a AO – vermeiden, dass Beginn und Durchführung eines zwischenstaatlichen Verständigungs- oder Schiedsverfahrens insbesondere in den Fällen unnötig verzögert werden, in denen der Rechtsstreit wegen anderer Punkte geführt wird. Ohne die Neuregelung müsste der rkr Abschluss des Rechtsstreits abgewartet werden, weil Beginn und Durchführung der zwischenstaatlichen Verhandlungen nach den getroffenen internationalen Vereinbarungen (DBA, sonstige zwischenstaatliche Verträge) bzw der gewachsenen Übung die Unanfechtbarkeit des Steuerbescheides (Bestandskraft des VA, Rechtskraft des Urteils) voraussetzen.

Die wirksame Teilrücknahme hat zur **Folge,** dass der VA hinsichtlich der Besteuerungsgrundlagen, auf die sich die Rücknahme bezieht, in **Teilbestandskraft** erwächst. Mit Rücksicht darauf verlangt § 72 I a 2 iVm § 50 I a 2 die **genaue Bezeichnung** der durch die Teilrücknahme erfassten **Besteuerungsgrundlagen.** Solange diese Voraussetzung nicht erfüllt ist, bleibt die Teilrücknahme unwirksam (*Klein/Brockmeyer* § 362 Rz 2; zweifelnd *Helmschrott/Eberhart* DStR 1994, 525). – Im Übrigen gelten für die Teilrücknahme die allgemeinen Regeln (Rz 5 ff).

c) Adressat der Rücknahmeerklärung

15 Die Rücknahme hat **gegenüber dem Gericht** (dem Senat bzw dem Einzelrichter – §§ 6, 79 a III, IV), nicht gegenüber der Finanzbehörde zu erfolgen (vgl § 155 iVm § 269 II 1 ZPO); die gegenüber der Verwaltung abgegebene Erklärung (vgl § 47 II, III) ist aber als Klagerücknahme anzuerkennen, wenn sie von der Behörde mit Wissen und Willen des Klägers dem Gericht vorgelegt wurde (BFHE 101, 45 = BStBl II 1971, 204; BFHE 101, 483 = BStBl II 1971, 461; BFHE 125, 498 = BStBl II 1978, 649). **Zeitpunkt der Rücknahme** ist der Eingang bei Gericht (vgl Rz 5, 22). Auch der nach § 79 beauftragte Richter ist (insbesondere im Erörterungstermin – § 79 Rz 5) zur Entgegennahme der Erklärung berechtigt. – Die Rücknahme muss **bei dem mit der Sache befassten Gericht** erfolgen, ggf auch bei dem Revisionsgericht (BVerfG HFR 1967, 516; BFHE 101, 483 = BStBl II 1971, 461; BFHE 125, 498 = BStBl II 1978, 649). **Zwischen den Instanzen** (vgl § 69 Rz 132) ist sie gegenüber dem Gericht der unteren Instanz zu erklären (*Rosenberg/Schwab* S 804).

d) Frist

16 Die Klage kann vom Eintritt der Rechtshängigkeit (§§ 64 I, 66 I) **bis zur** Abgabe übereinstimmender Erledigungserklärungen (§ 138 Rz 11; FG Mchn EFG 1990, 183; FG Bremen EFG 1991, 24; FG BaWü EFG 1994, 51; s aber Rz 17) bzw bis zur **Rechtskraft des Urteils** (§ 110 Rz 2) zurückgenommen werden, also auch noch während des Rechtsmittelverfahrens, insbesondere während des Revisionsverfahrens (BFHE 98, 325 = BStBl II 1970, 327; BFHE 122, 437 = BStBl II 1977, 696; zur Abgrenzung s BFH/NV 1999, 820, 821). Ist ein an sich statthaftes und rechtzeitig eingelegtes Rechtsmittel unzulässig oder (zB wegen Nichteinhaltung der Revisionsbegründungsfrist oder Wegfalls des Rechtsschutzinteresses) unzulässig geworden, tritt die Rechtskraft des Urteils erst mit der Rechtskraft der Verwerfungsentscheidung ein. Bis zu diesem Zeitpunkt kann die Klage – mit Einwilligung des Beklagten (Rz 25) – also noch zurückgenommen werden (vgl GmS OGB BGHZ 88, 353 = NJW 1984, 1027; BFH/NV 1997, 252). – Die Rechtskraft tritt jedoch mit Ablauf der Rechtsmittelfrist ein, wenn bis dahin lediglich eine nicht statthafte Kostenbeschwerde eingelegt worden ist (BFH/NV 1995, 126) oder wenn das Rechtsmittel nicht statthaft ist oder verspätet eingelegt wurde. Die schon eingetretene Rechtskraft kann durch ein solches Rechtsmittel nicht beseitigt werden. Die Klage kann auch **nicht mehr** zurückgenommen werden, **nachdem** die **Revision zurückgenommen** (§ 125) worden ist. Denn mit der Zurücknahme der Revision wird das Urteil des FG rechtskräftig. – Zum Erfordernis der **Einwilligung des Beklagten** s Rz 22 ff.

17 Die Klage soll auch noch (während des Rechtsmittelverfahrens) zurückgenommen werden können, wenn die Beteiligten vor dem FG erklärt hatten, die **Hauptsache** sei **erledigt** und der daraufhin ergangene Kostenbeschluss des FG (§ 138 II) mit der Beschwerde angefochten worden war (BFHE 91, 18 = BStBl II 1968, 202; zweifelhaft). – **Zur Kostenfolge** in diesen Fällen s FG D'dorf EFG 1964, 561.

2. Wirksamkeit der Erklärung, Anfechtung, Widerruf

a) Die Klagerücknahme kann wirksam nur von einem **Prozessfähigen** **18** (§ 58) erklärt werden (BFHE 96, 552 = BStBl II 1969, 733; BFH/NV 1991, 337, 338; vgl auch BFHE 121, 385 = BStBl II 1977, 434, 436; aA OVG Lüneburg OVGE 8, 446 f).

b) Die Rücknahme kann als Prozesshandlung **nicht** nach bürgerlich- **19** rechtlichen Regeln wegen Irrtums **angefochten** und grundsätzlich auch **nicht widerrufen** werden (vgl BFHE 96, 552 = BStBl II 1969, 733; BFHE 104, 291 = BStBl II 1972, 352; BFH/NV 1991, 337, 338; BSG MDR 1972, 1067; 1975, 349; BVerwG DÖV 1979, 760; *Birkenfeld* StuW 1977, 31 ff, 44; s auch *Schwab* JuS 1976, 69, 70 f; aA *Krauß* S 100 ff). – Ein Widerruf kann **auch nicht bis zur** (ggf erforderlichen – Rz 22 ff) **Einwilligung** des Beklagten erfolgen (BFHE 125, 498 = BStBl II 1978, 649; *Gräber* DStR 1967, 176, 178; aA FG MeVo EFG 1997, 1031, 1032). – Zur **Geltendmachung der Unwirksamkeit** der Klagerücknahme s Rz 37 ff.

Ein **Widerruf** der Rücknahmeerklärung ist **zulässig,** wenn ein **Wie-** **20** **deraufnahmegrund** (§§ 579, 580 ZPO) gegeben ist (BFH/NV 1992, 49; 2002, 52; BGHZ 12, 284 betr den Fall des Prozessbetruges; vgl auch BVerwG Buchholz 310 § 92 VwGO Nr 3; NJW 1980, 135, 136; HFR 1983, 77; BSG SozR § 102 SGG Nr 2; BGHZ 33, 73, 75; FG SchlHol EFG 1998, 578, 579; *Arens* S 60–84). Er soll auch dann möglich sein, wenn der Prozessbevollmächtigte **weisungswidrig gehandelt** hat und der Irrtum des Prozessbevollmächtigten für den Gegner und das Gericht offensichtlich war (BGH VersR 1988, 526).

c) § 72 II 3 spricht dafür, dass der Gesetzgeber entsprechend der Rspr **21** des BFH vor Inkrafttreten der FGO (vgl BFHE 68, 296 = BStBl III 1959, 116; BFHE 69, 88 = BStBl III 1959, 294; BFHE 74, 284 = BStBl III 1962, 107) die Möglichkeit offen halten wollte, eine **Klagerücknahme bei unzulässiger Einwirkung** (Drohung, Druck, Täuschung, auch unbewusster Irreführung) der Behörde oder des Gerichts als **unwirksam** zu behandeln (vgl BFHE 104, 291 = BStBl II 1972, 352; BFH/NV 1997, 190; 2005, 1943 = BStBl II 2005, 644; FG Saarl EFG 2004, 578; s auch *T/K* § 72 FGO Rz 30; offen BFHE 96, 552 = BStBl II 1969, 733; vgl auch BGH NJW 1999, 2449 und Rz 4; aA *Albert* DStZ 1999, 732). Die gegenteilige Rspr des BVerwG (zB Buchholz 310 § 92 VwGO Nr 5; HFR 1983, 77) ist nicht einschlägig, weil § 92 VwGO keine dem § 72 II 3 entsprechende Regelung enthält. – Nach der finanzgerichtlichen Rspr gelten für die Bejahung einer Ausnahmesituation jedoch **strenge Maßstäbe** (vgl die oben zitierten BFH-Entscheidungen und FG Mchn EFG 1958, 217; FG SchlHol EFG 1960, 199; 1998, 578; FG Nbg EFG 1962, 37; FG Hbg EFG 1983, 622; FG BaWü EFG 1994, 1107). – Zur **Frist** für die Geltendmachung der Unwirksamkeit s Rz 43, 44.

3. Einwilligung des Beklagten

Nach Schluss der mündlichen Verhandlung (Rz 23), bei Verzicht auf **22** mündliche Verhandlung (Rz 24) und nach Erlass eines Gerichtsbescheides (Rz 25) ist die Rücknahme der Klage (nicht der Nichtzulassungsbeschwerde – BFH/NV 1990, 105) **nur mit Einwilligung des Beklagten** möglich (§ 72 I 2). Die Einwilligung anderer Beteiligter ist nicht erforderlich (BFHE 122, 437 = BStBl II 1977, 696; BFH/NV 1989, 240). Bei „teilweiser" Rücknahme der Klage (Rz 13) bedarf es keiner Einwilligung des Beklagten. Die Einwilligung erfolgt entweder **durch Erklärung** des Beklagten (§ 72 I 2) **oder** durch **Fiktion** der Einwilligung gem § 72 I 3 (Rz 26). – Ist die Einwilligung des Beklagten erforderlich, erlangt die Rücknahmeerklärung nicht schon mit ihrem Zugang bei Gericht (vgl Rz 5), sondern erst mit dem Wirksamwerden der Einwilligung, dh mit der mündlichen Erklärung bzw mit dem Zugang der schriftlichen Erklärung bei Gericht oder mit der Verwirklichung der Einwilligungsfiktion rechtliche Bedeutung (allg Ansicht – vgl BVerwG HFR 1970, 44; s ferner *Gräber* DStR 1967, 176, 177 mwN). § 72 I 2, 3 trägt dem Interesse des Beklagten an einer rechtskräftigen gerichtlichen Entscheidung Rechnung (vgl zu § 269 I ZPO, der eine entsprechende – allerdings weniger einschneidende – Beschränkung des Rechts der Klagerücknahme enthält, *Groß* ZZP 75, 93, 99; *Walther* S 39 ff).

a) Erteilung der Einwilligung ist erforderlich

23   – nach Schluss der mündlichen Verhandlung (vgl § 93 III 1). – Wird die mündliche Verhandlung jedoch wiedereröffnet (§ 93 III 2), so kann der Kläger die Klage nunmehr wieder ohne Einwilligung des Beklagten zurücknehmen (T/K § 72 FGO Rz 21; FG BaWü EFG 1997, 1031). Die Einwilligung bleibt aber notwendig, wenn nach Schluss der mündlichen Verhandlung für das weitere Verfahren auf mündliche Verhandlung verzichtet wird. In der Revisionsinstanz ist sie immer erforderlich und zwar entweder, weil schon mündlich verhandelt worden ist (BFHE 88, 111 = BStBl III 1967, 294) oder weil bereits ein Urteil vorliegt (Rz 25 aE).

24   – **bei Verzicht auf mündliche Verhandlung** (§ 90 II), dh wenn **alle Beteiligten** verzichtet haben. – In den Fällen, in denen **trotz Verzichts** eine **mündliche Verhandlung** stattfindet (also auf Anordnung des Gerichts oder bei Antrag auf mündliche Verhandlung nach Gerichtsbescheid), kann die Klage wieder ohne Einwilligung zurückgenommen werden. Der Beklagte hat – anders als im Falle des § 90 a (Rz 25) – noch keine schutzwürdige Position erreicht. – Ebenso ist es, wenn zwar im 1. Rechtsgang, nicht jedoch im 2. Rechtsgang auf mündliche Verhandlung verzichtet worden ist (FG BaWü EFG 1971, 547).

25   – **nach wirksamer Bekanntgabe eines Gerichtsbescheides** (§§ 90 a, 79 a II, IV) und zwar auch dann, wenn mündliche Verhandlung beantragt wird (§§ 79 a II, IV; 90 a II Nr 3; vgl BFHE 160, 304 = BStBl II 1990, 695; BFH/NV 1992, 564; FG BaWü EFG 1982, 315; 1989, 419; **aA** BFHE 101, 501 = BStBl II 1971, 408; *T/K* § 72 FGO Rz 21). – Dem Gerichtsbescheid ist ein Urteil gleichzustellen. Das bedeutet, dass in der **Revisionsinstanz** die **Einwilligung immer erforderlich** ist (BFHE 96, 552 = BStBl II 1969, 733; BFHE 105, 447 = BStBl II 1972, 625, 626; vgl hierzu *Gräber* DStR 1967, 176, 177).

b) Erteilung der Einwilligung, Fiktion der Einwilligung

Die Einwilligungserklärung (§ 72 I 2) ist **Prozesshandlung** und zwar 26 auch dann, wenn sie innerhalb der 14tägigen Äußerungsfrist des § 72 I 3 abgegeben wird. Die Einwilligung muss **dem Gericht gegenüber** (vor oder nach Rücknahme der Klage) erklärt werden. Sie bedarf keiner besonderen Form; **schlüssiges Verhalten genügt** (*T/K* § 72 FGO Rz 22). – Was hinsichtlich der Bedingungsfeindlichkeit, Nichtanfechtbarkeit und Unwiderruflichkeit für die Klagerücknahme gesagt ist (Rz 10, 19, 20), gilt für die Einwilligungserklärung entsprechend. Die **Einwilligung wird** gem § 72 I 3 **fingiert,** wenn der Beklagte der Klagerücknahme nicht innerhalb von 2 Wochen nach Zustellung des die Rücknahme enthaltenden Schriftsatzes widerspricht und das Gericht auf diese Folge hingewiesen hat. – Der Beklagte kann **frei** darüber **entscheiden,** ob er die Einwilligung erklären oder der Rücknahme widersprechen will. Das Gericht muss dem Beklagten auch in den Fällen des § 72 I 2 Gelegenheit zur Äußerung geben (BFHE 87, 559 = BStBl III 1967, 225).

c) Folgen der Nichterteilung bzw der verspäteten Erteilung der Einwilligung

Erteilt der Beklagte die erforderliche **Einwilligung nicht** und gilt die 28 Einwilligung – (zB) mangels des in § 72 I 3 Hs 2 vorgeschriebenen gerichtlichen Hinweises – auch nicht als erteilt, ist die **Klagerücknahme unwirksam** (BFH/NV 1999, 318; BVerwGE 31, 221), das Verfahren also **fortzusetzen** und über die Klage zu entscheiden (zB BFHE 168, 161 = BStBl II 1992, 969). Stellt der Kläger einen neuen Sachantrag, ist hierüber zu befinden (vgl BFHE 168, 161 = BStBl II 1992, 969). Äußert sich der Kläger nicht, wird also kein Sachantrag mehr gestellt, ist seine Klage (mangels Rechtsschutzinteresses) als unzulässig abzuweisen (BFH/NV 1991, 829, 830; *T/K* § 72 FGO Rz 22). – War im Zeitpunkt der Klagerücknahme **schon** ein **Urteil ergangen** (Rz 16), wird es mit Ablauf der Rechtsmittelfrist rechtskräftig. Entsprechendes gilt, wenn die Einwilligung erst nach Ablauf der Rechtsmittelfrist erteilt wird. Legt der Kläger Rechtsmittel ein, ist das Verfahren fortzuführen. – Zur Frage, ob die Weigerung des Beklagten, die erforderliche Einwilligung zu erteilen, rechtsmissbräuchlich und deshalb unbeachtlich ist, s *Kopp/Schenke* § 92 VwGO Rz 13 mwN; *T/K* § 72 FGO Rz 22 aE).

II. Wirkungen der Klagerücknahme

Die wirksame Rücknahme der Klage führt zur **Beendigung des Ver-** 29 **fahrens** ohne rechtskräftige Entscheidung über das geltend gemacht Recht. Sie hat folgende Wirkungen:

1. Mit der Klagerücknahme gilt das Verfahren als **nicht anhängig ge-** 30 **worden.** Die Wirkungen der Rechtshängigkeit (§ 66 Rz 4 ff) werden rückwirkend beseitigt. Ein bereits ergangenes, noch nicht rechtskräftiges **Urteil wird** (durch wirksame Klagerücknahme im Revisionsverfahren – § 125) **wirkungslos,** ohne dass es aufgehoben werden müsste (BFH/NV 1990, 448). Dasselbe gilt für andere im Verlaufe des Verfahrens getroffene gerichtliche Entscheidungen. Auch eine vom Kläger gegen das erstinstanzliche Urteil eingelegte **Revision** wird **gegenstandslos** (BFH/NV 1993, 488). **Nebenverfahren** (zB §§ 69 III, 114, 142) werden **unzulässig** (§ 69 Rz 34, 35).

31   **2.** Die Rücknahme der Klage hindert den Kläger grundsätzlich nicht, bezüglich desselben Streitgegenstandes eine **neue Klage** zu erheben. Anders als im Zivil- und Verwaltungsprozessrecht hat die Rücknahme einer fristgebundenen Klage (Anfechtungs- und Verpflichtungsklage – vgl § 47 Rz 6) im finanzgerichtlichen Verfahren jedoch den **Verlust des Klagerechts** zur Folge (§ 72 II 1). Die **fristgebundene Klage** kann auch dann **nicht erneut** erhoben werden, wenn die Klagefrist noch läuft; geschieht dies trotzdem, ist sie als unzulässig abzuweisen (vgl FG Hessen EFG 1974, 435; *T/K* § 72 FGO Rz 21).

32   **3.** Das Verfahren ist im Regelfall ohne Kostenentscheidung durch Beschluss **einzustellen** (§ 72 II 2). – S Rz 34 ff.

33   **4.** Der Kläger trägt die **Kosten** des Verfahrens (§ 136 II; vgl Rz 34).

III. Verfahrensfragen
1. Entscheidung über die Rücknahme (Beschluss/Urteil)

34   Nach § 72 II 2 stellt das mit der Sache befasste Gericht (das kann auch der BFH im Rahmen eines bei ihm anhängigen Revisionsverfahren sein – BFHE 106, 286 = BStBl II 1972, 793) das Verfahren durch **Beschluss** ein (zu den Besonderheiten bei der Zurücknahme der Revision – Beschluss nicht zwingend erforderlich – s BFH/NV 1996, 775; 1998, 1231). Wird die Klage nach Rechtskraft des Urteils (in Antragsverfahren des Beschlusses) bzw nach Abgabe übereinstimmender Hauptsacheerledigungserklärungen zurückgenommen, ist ein **Beschluss über die Unwirksamkeit der Rücknahme** erforderlich. Der Beschluss wird beim FG im vorbereitenden Verfahren (§ 79a Rz 5) durch den Vorsitzenden oder den Berichterstatter (§ 79a I Nr 2, IV), im Übrigen durch den Senat (§ 5 III) oder – ohne jede Einschränkung – durch den Einzelrichter (§§ 6, 79a III, IV) beim BFH in Beschlussbesetzung (§ 10 III) gefasst. – Über die **Kosten** des Verfahrens wird grundsätzlich **nur auf Antrag** entschieden (§ 144; weitergehend FG Bremen EFG 1994, 581, 582). Eine Ausnahme gilt für den Fall der Zurücknahme der Klage usw durch den **vollmachtlosen Vertreter** (§ 62 Rz 77). – Ggf ist eine Entscheidung durch **Urteil** erforderlich (Rz 37 ff). Folgende Fallgestaltungen sind zu unterscheiden:

35   **a)** Besteht **kein Streit über die Wirksamkeit der Klage-** bzw Antrags**rücknahme,** darf das Gericht (Rz 34) den Einstellungsbeschluss erlassen, wenn es der Ansicht ist, die Rücknahme sei wirksam erfolgt. Die Prüfung ist insoweit zunächst auf den Akteninhalt und sonstige gerichtsbekannte Umstände zu beschränken. Die Unwirksamkeit der Rücknahme kann noch innerhalb der Jahresfrist des § 72 II 3 iVm § 56 III geltend gemacht werden (Rz 42 f). Der nach Abgabe der Rücknahmeerklärung ergangene Einstellungsbeschluss hat deshalb lediglich **deklaratorische Bedeutung.** Er stellt die Klage- bzw Antragsrücknahme fest, ohne eine Entscheidung über das Vorliegen einer Klagerücknahme oder ihre Wirksamkeit zu treffen (so mit Recht die hM – zB BFHE 105, 246 = BStBl II

§ 73 [Verbindung und Trennung]

(1) ¹Das Gericht kann durch Beschluss mehrere bei ihm anhängige Verfahren zu gemeinsamer Verhandlung und Entscheidung verbinden und wieder trennen. ²Es kann anordnen, dass mehrere in einem Verfahren zusammengefasste Klagegegenstände in getrennten Verfahren verhandelt und entschieden werden.

(2) Ist die Klage von jemandem erhoben, der wegen dieses Klagegegenstands nach § 60 Abs. 3 zu einem anderen Verfahren beizuladen wäre, so wird die notwendige Beiladung des Klägers dadurch ersetzt, dass die beiden Verfahren zu gemeinsamer Verhandlung und einheitlicher Entscheidung verbunden werden.

Vgl § 93 VwGO; § 113 SGG; §§ 145, 147 ZPO

Übersicht

Literatur: *Albert,* Zuständigkeit des gesetzlichen Einzelrichters gem. § 79 a Abs. 1, 4 FGO zur Trennung von Verfahren nach teilweiser Verfahrensbeendigung, DStZ 2000, 727; *E. Schneider,* Verfahrensverbindung (§ 147 ZPO) und Verfahrenstrennung (§ 145 ZPO), MDR 1974, 7; *Seeliger,* Die Beteiligung Dritter am Steuerprozess, DStR 1966, 409.

I. Vorbemerkungen

Nach § 43 kann der Kläger mehrere Klagebegehren in einer Klage zu- **1** sammenfassen; nach § 59 iVm §§ 59 ff ZPO können mehrere Beteiligte gemeinschaftlich klagen oder verklagt werden. Die von den Beteiligten gewählte Verbindung und Trennung von Verfahren kann zu einer überflüssigen Mehrarbeit für das Gericht führen, die unter dem Gesichtspunkt der Prozessökonomie als nicht vertretbar erscheint. § 73 ermöglicht es deshalb dem Gericht, seinerseits mehrere (zunächst selbstständige) **Klage- oder Antragsverfahren** (§§ 69, 114 – BFH/NV 1999, 1111, 1112) miteinander zu verbinden und umgekehrt die von den Beteiligten (oder auch von dem Gericht selbst) geschaffene Verbindung zu lösen.

Die Voraussetzungen, unter denen eine **Verbindung und Trennung** **2** **nach § 73 I** erfolgen kann, sind für das finanzgerichtliche Verfahren ebenso wenig geregelt wie in § 93 VwGO für den allgemeinen Verwaltungsprozess und in §§ 145, 147 ZPO für den Zivilprozess (für das Sozialgerichtsverfahren gibt § 113 SGG einige knappe Erläuterungen). Das Gericht ist infolgedessen in seiner Entscheidung frei, dh es hat sie **nach pflichtgemäßem Ermessen** zu treffen. Die dabei erforderliche Interessenabwägung (Zweckmäßigkeitsprüfung) hat das Gericht nach Maßgabe des Gesetzeszwecks (Rz 1) vorzunehmen (zB BFH/NV 2000, 202, 203). Bei einer Verbindung von Verfahren ist das **Steuergeheimnis** zu berücksichtigen, wenn es auch eine Verbindung nicht von vornherein ausschließt (Rz 14).

3   Eine Ausnahme gilt für die in § 73 II genannten Fälle. Insoweit hat das Gericht eine **Rechtsentscheidung** zu treffen (Rz 19).

4   Von der Verbindung von Verfahren ist die lediglich **gleichzeitige Verhandlung mehrerer selbstständiger Verfahren** zu unterscheiden, die das Gericht als „zur tatsächlichen Vereinfachung dienliche vorübergehende Maßnahme" anordnet (zur Abgrenzung s BGH NJW 1957, 183; BFHE 129, 111 = BStBl II 1980, 105, 106; s auch Rz 12).

5   Zur Auswahl von **Musterverfahren** s BVerfGE 54, 39.

II. Verbindung von Verfahren (§ 73 I 1 Hs 1, § 73 II)

1. Voraussetzungen für die Verbindung von Verfahren

a) Verbindung nach § 73 I 1 Hs 1

Zulässig ist die Verbindung

6   – wenn die (mehreren) Verfahren **bei demselben Gericht anhängig** sind (§ 73 I 1), und zwar auch dann, wenn verschiedene Senate dieses Gerichts mit den Verfahren befasst sind. Voraussetzung für eine **„senatsübergreifende" Verbindung** mehrerer Verfahren ist aber eine entsprechende Regelung im Geschäftsverteilungsplan des Gerichts (*T/K* § 73 FGO Rz 4);

7   – wenn für die (mehreren) Verfahren **die gleiche Verfahrensart** gilt. Beide Verfahren müssen mit einer einheitlichen Entscheidung (Urteil oder Beschluss) abgeschlossen werden können und mit demselben Rechtsmittel anfechtbar sein (BFHE 119, 41 = BStBl II 1976, 578; BGH NJW 1978, 44). Die Verbindung eines Verfahrens zur Hauptsache mit dem entsprechenden Verfahren über die Aussetzung der Vollziehung ist daher nicht möglich (BFHE 119, 41 = BStBl II 1976, 573);

8   – wenn sich die (mehreren) Verfahren **im gleichen Verfahrensstadium** befinden (das FG kann ein erstinstanzliches Verfahren nicht mit einer im zweiten Rechtsgang anhängigen Sache verbinden).

9   Es braucht sich nicht um mehrere selbstständige Verwaltungsverfahren desselben Beteiligten zu handeln. Auch mehrere **selbstständige Verfahren unterschiedlicher Kläger** bzw Antragsteller können verbunden werden und zwar auch dann, wenn den Verfahren **verschiedene Klagearten** (vgl §§ 40, 41) zugrunde liegen. – Allerdings muss das **Steuergeheimnis** (§ 30 AO) gewahrt werden. Die Verbindung von Verfahren unterschiedlicher Kläger/Antragsteller kommt deshalb im Allgemeinen nur in Betracht, wenn die Voraussetzungen einer Streitgenossenschaft (§ 59 iVm §§ 59 ff ZPO) erfüllt sind (BFHE 183, 36 = BStBl II 1997, 626; BFH/NV 2002, 1036). Das ist nicht der Fall, wenn es sich um unterschiedliche Steuerrechtsverhältnisse und unterschiedliche Rechtsvorgänge handelt, an denen jeweils nur ein einzelner Kläger beteiligt ist (BFH/NV 2002, 1610).

Der Verbindung mehrerer Verfahren steht nicht entgegen, dass sie nach   **10**
der Verbindung im Verhältnis von Haupt- und Hilfsantrag (Eventualverhältnis) zueinander stehen.

§ 73 I 1 Hs 1 verlangt (anders als § 93 VwGO) **nicht,** dass die (mehre-   **11**
ren) Verfahren **den gleichen Gegenstand** betreffen. Es genügt, dass die
Verbindung unter dem Gesichtspunkt der Verfahrensvereinfachung als
zweckmäßig erscheint (Rz 14 ff).

In der **Revisionsinstanz** ist eine Verbindung statthaft, wenn vor dem   **12**
FG rechtliches Gehör gewährt worden ist (vgl BFHE 151, 237 = BStBl II
1988, 92). Auch dann kommt aus Gründen der Prozessökonomie eine
Verbindung in der Revisionsinstanz aber nur in Betracht, wenn in jedem
Verfahren die Revision zulässig ist (BFHE 129, 111 = BStBl II 1980, 105,
106; BFH/NV 1992, 189 unter Berufung auf BGH HFR 1977, 514 =
NJW 1977, 1152). – Der Verbindung mehrerer Verfahren **durch den GrS**
steht nicht entgegen, dass die eine Anrufung wegen Divergenz, die andere
wegen grundsätzlicher Bedeutung erfolgte (BFHE 124, 43 = BStBl II 1978,
105).

b) Verbindung nach § 73 II

Die Verbindung mehrerer Verfahren ist unter den oben (Rz 6–8) ge-   **13**
nannten allgemeinen Voraussetzungen insbesondere in den Fällen vorzunehmen, in denen der **notwendig Beizuladende** (vgl § 60 Rz 23, 50 ff)
selbst eine **zulässige** (vgl BFHE 147, 120 = BStBl II 1986, 820, 821;
BFH/NV 1996, 42; 1999, 471; 473) **Klage** erhoben hat (§ 73 II). – **Klagegegenstand iS des § 73 II** ist nicht der Streitgegenstand, sondern das
Rechtsverhältnis, an dem mehrere beteiligt sind und hinsichtlich dessen
nur eine einheitliche Entscheidung ergehen kann (§ 60 III – § 60 Rz 23,
50 ff).

2. Entscheidungsgrundsätze, Inhalt der Entscheidung

a) Die Verbindung von Verfahren **gem § 73 I 1 Hs 1** zur gemeinsamen   **14**
Verhandlung und Entscheidung steht im **Ermessen** des Gerichts, das seine
Anordnung unter Beachtung des § 30 AO (Steuergeheimnis) nach prozess-
ökonomischen Gesichtspunkten zu treffen hat (Rz 2).

Ermessensgerecht ist die Verbindung regelmäßig,   **15**
– wenn die **gleiche Rechtsfrage** oder ein Sachverhalt vorliegt, der eine
umfangreiche **einheitliche Beweisaufnahme** erfordert (*Ziemer/Birkholz*
§ 73 Rz 4, 11) oder
– wenn die Voraussetzungen einer **objektiven** (§ 43) oder **subjektiven
Klagenhäufung** (§ 59 iVm §§ 59 ff ZPO) vorliegen, so dass der (bzw
die) Kläger von vornherein eine einheitliche Klage hätten erheben können (Rz 9).

Die **Verbindung ist** zB **geboten** (Ermessensreduzierung), wenn der   **16**
Kläger den ihn belastenden VA zunächst mit der Untätigkeitsklage (§ 46)
angefochten und nach Ergehen der Einspruchsentscheidung erneut Klage
erhoben hatte. – **§ 30 AO** hindert die Verbindung bei notwendiger Streitgenossenschaft (§ 59 iVm § 62 ZPO) nicht (zB BFHE 183, 36 = BStBl II
1997, 626; *Seeliger* DStR 1966, 459; *T/K* § 73 FGO Rz 7 mwN).

17   **Ermessenfehlerhaft** ist die Verbindung, wenn sie auf **sachfremde Erwägungen** gestützt wird. Das ist zB der Fall, wenn sie im Hinblick darauf ausgesprochen wird, dass bei einer Verbindung die Rechtsmittelmöglichkeiten verbessert werden (BSG HFR 1974, 68 = MDR 1973, 967) oder dass die Beteiligten kostenmäßige Vorteile haben (BVerwG Buchholz 310 § 93 VwGO Nr 5).

18   Zulässig ist auch eine **Verbindung nur zur gemeinsamen Entscheidung** (BVerwG Buchholz 451.55 Subventionsrecht Nr 40; Buchholz 310 § 93 VwGO Nr 2; **aA** BGH NJW 1957, 183). Auch der BFH verfährt in ständiger Praxis so. Ob eine Verbindung (nur) **zur „gemeinsamen Verhandlung"** eine solche iS des § 73 ist, ist eine Auslegungsfrage (vgl BFHE 129, 111 = BStBl II 1980, 105; BFH/NV 1996, 153; s auch Rz 4). – Den Beteiligten ist vor der Verbindung der Verfahren **rechtliches Gehör** zu gewähren (aA BVerwG Buchholz 451512 MGVO Nr 100).

19   **b)** Die Verbindung von Verfahren nach **§ 73 II** (s auch Rz 13) ist keine Ermessens-, sondern eine **Rechtsentscheidung.** Sie muss erfolgen, wenn mehrere Klagen erhoben worden sind von Klägern, denen gegenüber der Rechtsstreit nur einheitlich entschieden werden kann (BFHE 134, 227 = BStBl II 1982, 130; BFHE 151, 237 = BStBl II 1988, 92). – Eine (Wieder-)Trennung der nach § 73 II obligatorisch verbundenen Verfahren ist nicht möglich.

III. Trennung von Verfahren (§ 73 I 1 Hs 2, § 73 I 2)

1. Voraussetzungen der Trennung

20   Die Trennung ist grundsätzlich in jedem Verfahrensstadium möglich, aber nur insoweit, als der **Streitgegenstand** („Klagegegenstand") des Verfahrens **teilbar** ist, also ein Teilurteil (§ 98) ergehen könnte (insbesondere in den Fällen der objektiven Klagenhäufung; vgl § 98 Rz 1, 2; vgl auch § 72 Rz 12). Es kann nicht abgetrennt werden, was auf den endgültigen Ausgang des Verfahrens (zB den Steuerbetrag) Einfluss haben könnte. Zur **Ausnahme** s § 72 Rz 14. – Bei der **Wiedertrennung** (§ 73 I 1 Hs 2) ist diese Voraussetzung unproblematisch, weil es sich vor der Verbindung um selbstständige Verfahren gehandelt hat.

21   Eine (erneute) **Trennung** zuvor **nach § 73 II verbundener Verfahren** ist **ausgeschlossen** (Rz 19). Entsprechendes muss gelten, wenn die Verbindung mehrerer Verfahren nach § 73 I 1 Hs 1 geboten war (Ermessensreduzierung auf Null – vgl Rz 16).

2. Entscheidungsgrundsätze, Inhalt der Entscheidung

22   Die Trennung (§ 73 I 1 Hs 2, I 2) steht im pflichtgemäßen **Ermessen** des Gerichts (Rz 2). Auch insoweit hat sich das Gericht von prozessökonomischen (nicht etwa statistischen) Gesichtspunkten leiten zu lassen (vgl auch Rz 2, 14).

23 Beispiele:
Die **Trennung ist regelmäßig geboten,**
– in den Fällen der **subjektiven Klagenhäufung** (§ 59 Rz 3), wenn die Voraussetzungen einer Streitgenossenschaft nicht vorliegen (§ 59 Rz 10);

– wenn ein (einfacher) Streitgenosse verstorben ist, die Erben unbekannt sind und das Verfahren des anderen Streitgenossen entscheidungsreif ist (BFH/NV 1990, 722 für den Fall, dass einer der gegen den ESt-Bescheid klagenden Ehegatten verstorben ist);

Trennung ist zB **zweckmäßig,**

– wenn **nur eines der** mehreren **Verfahren entscheidungsreif** ist (BFH/NV 2000, 202, 203; 2004, 348 betr Trennung im Revisionsverfahren nach Änderung des angefochtenen Steuerbescheides), wobei allerdings auch ein Teilurteil (§ 98) in Betracht kommt, soweit nach der Streitgegenstandstheorie des BFH (vgl § 65 Rz 35, 41 ff) überhaupt noch ein Teilurteil möglich ist (vgl § 98 Rz 2; s auch Rz 20);

– wenn sich herausstellt, dass wegen rechtlicher und/oder tatsächlicher Abweichungen **unterschiedliche Entscheidungen** mit unterschiedlicher Kostenfolge getroffen werden müssen (vgl BFH/NV 1988, 508; 724; 1994, 647; 727);

– wenn sich wegen umfangreichen Streitstoffs und unterschiedlichen Streitpunkten (BFH/NV 1999, 329) oder aus anderen Gründen **prozessuale Schwierigkeiten** ergeben, die durch Trennung vermieden werden können oder

– wenn (nach Änderung der Geschäftsverteilung) ein **anderer Senat zuständig** geworden ist.

Sind **alle Klagegegenstände entscheidungsreif,** darf eine Trennung **24** nicht mehr erfolgen (BGH LM § 147 ZPO Nr 1). Wird dennoch getrennt, sind die Entscheidungen **kostenmäßig** als einheitliche Entscheidung anzusehen (BAG HFR 1972, 132). – Ist bei mehreren im Streit befindlichen Veranlagungszeiträumen nur ein Teil zur Entscheidung reif, kann (insoweit) auch dann abgetrennt werden, wenn für die noch übrig bleibenden Veranlagungszeiträume derselbe Streitpunkt ebenfalls zu behandeln sein wird (BFHE 91, 67 = BStBl II 1968, 289). – Eine Trennung von **Haupt- und Hilfsantrag** ist nicht möglich, weil Voraussetzung einer Entscheidung über den Hilfsantrag die Abweisung des Hauptantrags ist, beide Fragen also in unlösbarem Zusammenhang stehen.

IV. Form der Entscheidung bei Verbindung und Trennung

Die Entscheidung über die Verbindung und Trennung trifft, obwohl es **25** sich im Grunde um eine prozessleitende Anordnung handelt (vgl BFHE 91, 67 = BStBl II 1968, 289) nicht der Vorsitzende, sondern grundsätzlich der Senat und zwar durch **Beschluss** (§§ 5 III 2, 10 III). Ist der **Einzelrichter** (§§ 6, 79 a III, IV) für beide Verfahren zuständig, entscheidet er allein. – Zur Zuständigkeit des Vorsitzenden bzw Berichterstatters gem § 79 a I, IV bei „Teilrücknahme" s § 79 a Rz 12. **Mündliche Verhandlung** ist nicht erforderlich (§ 90 I 2), aber möglich. Die Beteiligten müssen **gehört** werden (OVG Münster NJW 1978, 720).

Da die Verbindung oder Trennung prozessuale Folgen für die Beteilig- **26** ten mit sich bringt, kann sie **nicht stillschweigend** erfolgen (BFHE 110, 465 = BStBl II 1974, 137; *T/K* § 73 FGO Rz 11; **aA** FG SchlHol EFG 1970, 455; Bay VGH BayVBl 1976, 18; 1977, 29; *Kopp/Schenke* § 93 Rz 6). – Der Beschluss bedarf **keiner Begründung** (§ 113 II 1 – BFH/NV 2000, 454, 455; zweifelhaft).

V. Wirkungen der Verbindung und Trennung

27   Nach der **Verbindung** mehrerer Verfahren zur gemeinsamen Verhandlung und Entscheidung liegt ein **einheitliches Verfahren** vor. Mehrere Kläger oder Beklagte werden **Streitgenossen** (§ 59 – s § 59 Rz 9 ff). Eine notwendige Beiladung (§ 60 III) erübrigt sich, wenn der Beizuladende infolge der Verbindung als Kläger auftritt (vgl Rz 13, 19). Es ist ein **einheitlicher Streitwert** festzusetzen; dieser gilt allerdings erst **vom Zeitpunkt der Verbindung an;** die vorher erwachsenen Gebühren sind nach den Einzelstreitwerten, die nachher erwachsenen nach dem Gesamtstreitwert zu berechnen (BFHE 93, 266 = BStBl II 1968, 778; vgl auch BFHE 118, 157 = BStBl II 1976, 434, 435). Die **Kostenentscheidung** ergeht bei Verbindung von Verfahren mehrerer Beteiligter nach § 135 V – § 135 Rz 10.

28   Im Falle der Verbindung mehrerer Verfahren lediglich **zur gemeinsamen Entscheidung oder** lediglich zur gemeinsamen **Verhandlung** (Rz 18) treten diese Wirkungen nur soweit und solange ein, wie die Einheitlichkeit des Verfahrens gegeben ist.

29   Die **Trennung** bewirkt, dass nunmehr mehrere **selbstständige Verfahren** gegeben sind. Die bis zur Trennung vorgenommenen Prozesshandlungen bleiben wirksam, müssen also nicht wiederholt werden (BFHE 170, 308 = BStBl II 1993, 514). Vom Zeitpunkt der Trennung an ist für jedes Verfahren ein (selbstständiger) Streitwert zu ermitteln (zur Kostenfolge s *Schall* KFR F 2 § 73 FGO 1/93).

30   Zu den Folgen einer **willkürlichen Trennung** s Rz 24, 31 und BGH LM § 147 ZPO Nr 1 (die mehreren Urteile sind im Revisionsverfahren als Teile eines einheitlichen Urteils anzusehen).

VI. Rechtsmittel

31   Der **Beschluss** ist nach der ausdrücklichen Vorschrift des § 128 II **unanfechtbar** (BFH/NV 2000, 454, 455). Er kann aber im Rahmen eines Rechtsmittelverfahrens dahin überprüft werden, ob er **willkürlich** erfolgte oder ob durch einen Verfahrensfehler Rechte eines Beteiligten verletzt wurden (BFHE 91, 67 = BStBl II 1968, 289; BFHE 119, 36 = BStBl II 1976, 606; BVerwGE 39, 319; *Kopp/Schenke* § 93 Rz 7). – Zur Anhörungsrüge s § 133 a; vgl auch § 69 Rz 188.

Vor § 74: Stillstand und Aussetzung des Verfahrens

Übersicht

Literatur: *Dänzer-Vanotti,* Richtlinienkonforme Auslegung und Rechtsfortbildung, StVj 1991, 1; *Eiffler,* Der Grundrechtschutz durch BVerfG, EGMR und EuGH, JuS 1999, 1068; *Erichsen,* Die konkrete Normenkontrolle – Art 100 Abs 1 GG –, Jura 1982, 88; *Everling,* Aktuelle Fragen der europäischen Steuergerichtsbarkeit, Stbg 1988, 281; *W Meilicke,* Hindernislauf zum gesetzlichen Richter, BB 2000, 17; *Pescatore,* Das Vorabentscheidungsverfahren nach Art 177 EWG-Vertrag und die Zusammenarbeit zwischen dem Gerichtshof und den nationalen Gerichten, BayVBl 1987, 33, 68; *Schiefer,* Auswirkungen der Rechtsprechung des Europäischen Gerichtshofs auf das nationale Arbeitsrecht, DB 1993, 38; *Schiller,* Unterlassene Vorlagepflicht nach Art 177 Abs 3 EWG-V an den EuGH als Verletzung des Anspruchs auf den gesetzlichen Richter, NJW 1983, 2736; *Voß,* Erfahrungen und Probleme bei der Anwendung des Vorabentscheidungsverfahrens nach Art 177 EWG, EuR 1986, 95; *Wilke,* Der „neue" gesetzliche Richter, BayVBl 1987, 586.

I. Stillstand des Verfahrens

1. Arten und gesetzliche Grundlage des (rechtlichen) Stillstandes des Verfahrens

Die ZPO unterscheidet die Unterbrechung, die Aussetzung und das **1** Ruhen des Verfahrens als Erscheinungsformen des (rechtlichen) Verfahrensstillstandes. Die FGO behandelt in § 74 lediglich den Sonderfall der **Verfahrensaussetzung wegen Vorgreiflichkeiten** (§ 74 Rz 1 ff). Im Übrigen gelten über § 155 die Vorschriften der ZPO sinngemäß, soweit nicht grundlegende Unterschiede zwischen der ZPO und der FGO eine Anwendung ausschließen. – Zum **Ruhen des Verfahrens** (§ 155 iVm § 251 ZPO) s § 74 Rz 21 ff und zur **Unterbrechung** (§ 155 iVm §§ 239–250 ZPO) s § 74 Rz 27 ff.

2. Anwendungsbereich

Die Regelungen über den Stillstand des Verfahrens gelten im Finanz- **2** gerichtsprozess prinzipiell nicht nur in Urteils-, sondern **grundsätzlich auch in** (verselbstständigten) **Beschlussverfahren** und zwar in beiden Rechtszügen (BFH/NV 2000, 212, 213; für das Prozesskostenhilfeverfahren – § 142 – ist das zweifelhaft; vgl OLG Frankfurt Rpfleger 1975, 493). Eine Aussetzung der Verfahren nach § 69 III (Aussetzung der Vollziehung) und nach § 114 (einstweilige Anordnung) dürfte allerdings regelmäßig wegen der Eilbedürftigkeit nicht in Betracht kommen (vgl BFH/NV 1988, 146, 147; 174, 176), ausgeschlossen ist sie aber nicht (BFHE 109, 305 = BStBl II 1973, 666). – Im **Revisionsverfahren** kommt eine Verfahrensaussetzung nach § 74 im Allgemeinen nicht in Frage, sei es, dass die anderweitige Rechtsverfolgung als neue Tatsache nicht berücksichtigt werden darf (vgl BVerwG NJW 1965, 832), oder dass sie zu sonstigen Tatsachenfeststellungen führt, die im Revisionsverfahren unberücksichtigt bleiben müssen (vgl BFH/NV 1989, 309, 310).

3. Begriffliche Abgrenzung

Die **Unterbrechung** des Verfahrens tritt ohne Antrag und gerichtliche **3** Anordnung **kraft Gesetzes** ein. Auf die Kenntnis des Gerichts oder der

Beteiligten von dem Eintritt eines Unterbrechungsgrundes (§ 155 iVm §§ 239–245 ZPO) kommt es nicht an. Ein Beschluss, durch den das FG ein Verfahren für unterbrochen erklärt, ist als prozessleitende Verfügung iS des § 128 II nicht mit der **Beschwerde** anfechtbar (BFH/ NV 1995, 324; 2003, 1432). – Zur **Aussetzung** des Verfahrens kommt es **nur durch gerichtliche Anordnung** (durch Beschluss von Amts wegen oder auf Antrag). Die Anordnung steht nach näherer Maßgabe der gesetzlichen Bestimmungen im Ermessen des Gerichts (§ 74, § 155 iVm §§ 246, 247 ZPO). – Das **Ruhen des Verfahrens** ist ein Sonderfall der Aussetzung des Verfahrens (BFHE 176, 435 = BStBl II 1995, 415). Es muss also ebenfalls durch ausdrücklichen gerichtlichen **Beschluss** angeordnet werden.

4. Wesen und Wirkungen des Verfahrensstillstandes

4   Der Stillstand des Verfahrens (durch Unterbrechung, Aussetzung oder Ruhen) kann nur **während der Rechtshängigkeit** (§ 66 I) bzw – in Beschlussverfahren – der Anhängigkeit eintreten.

Unterbrechung, Aussetzung oder Ruhen des Verfahrens haben folgende **Wirkungen:**
– Der **Lauf prozessualer Fristen** (auch gesetzlicher) hört auf und beginnt nach Ende des Stillstandes von neuem (§ 155 iVm § 249 I ZPO). Dies gilt jedoch nur für die Unterbrechung und die Aussetzung des Verfahrens uneingeschränkt. Im Falle des Ruhens des Verfahrens laufen die Rechtsbehelfs-, die Rechtsmittel- und die Rechtsmittelbegründungsfristen weiter (§ 155 iVm § 251 I 2 ZPO; vgl BFHE 143, 411 = BStBl II 1985, 552).
– **Handlungen des Gerichts mit Außenwirkung** sind **grundsätzlich unzulässig** und entweder absolut (vgl für Zustellungen BFHE 124, 6 = BStBl II 1978, 165) oder – wie gerichtliche Entscheidungen (zB Urteile, Gerichtsbescheide) – nur den Beteiligten gegenüber unwirksam (BFHE 162, 208 = BStBl II 1991, 101; BFH/NV 1987, 515; 1989, 238; 1990, 707; BGHZ 66, 59, 61; BVerwG HFR 1978, 390; offen BFHE 148, 184 = BStBl II 1987, 147; vgl auch BSG NJW 1991, 1909). Gerichtsentscheidungen sind schon deshalb anfechtbar, weil sie nach Eintritt des Verfahrensstillstands ergangen sind; werden sie angefochten, kann über diese Frage trotz des Verfahrensstillstandes verhandelt und entschieden werden (s zu diesem Fragenkreis BGH/NV 1989, 309, 310; RGZ 141, 306; BGHZ 66, 59). – Die **Verkündung** von Entscheidungen bleibt jedoch uU zulässig (§ 155 iVm § 249 II ZPO; s hierzu BGHZ 43, 135). – Zur Entscheidung im schriftlichen Verfahren bei Unterbrechung nach Verzicht auf mündliche Verhandlung s § 74 Rz 49.
– **Prozesshandlungen** eines Beteiligten sind dem (den) anderen Beteiligten gegenüber unwirksam (§ 155 iVm § 249 II ZPO; BFHE 162, 208 = BStBl II 1991, 101); Heilung (§ 155 iVm § 295 I ZPO) ist möglich (BGHZ 4, 314, 320).

5   **II. Aussetzung des Verfahrens nach Art 100 I, II GG** (konkretes Normenkontrollverfahren) führt ebenfalls zum Verfahrensstillstand. Art 100 I, II GG geht § 74 vor (vgl hierzu BGH NJW 1983, 1313; einschränkend

BAG BB 1988, 1260; zur Anwendbarkeit des Art 100 I GG in Eilverfahren
s BVerfGE 63, 146). – Zur Aussetzung **bei vorläufiger Steuerfestsetzung**
s § 74 Rz 12.

III. Eine **Aussetzung** des Verfahrens ist auch **ohne ausdrückliche** **6**
gesetzliche Grundlage analog § 74 auszusprechen, wenn das BVerfG ein
Gesetz für ungültig (nichtig) erklärt oder die Unvereinbarkeit des Gesetzes
mit dem GG festgestellt hat, ohne die Weitergeltung des verfassungswidrigen Gesetzes anzuordnen (vgl § 69 Rz 88, 113; s auch § 74 Rz 14). In
diesen Fällen muss – weil die verfassungswidrige Norm nicht mehr angewandt werden darf und mehrere gesetzgeberische Möglichkeiten zur Beseitigung des Verfassungsverstoßes bestehen – abgewartet werden, bis der Gesetzgeber die verfassungswidrige Regelung durch eine verfassungsmäßige
ersetzt hat (BVerfGE 22, 349, 350 ff; 23, 1, 10 ff; 25, 101, 110 ff; 32, 365,
372 f; 47, 1, 33; BVerfG AP § 622 BGB Nr 28; BGH HFR 1981, 28). –
Zur **Auswirkung der Vorläufigkeitserklärung** (§ 165 I 2 Nr 3 AO) auf
die Aussetzung des Verfahrens s § 74 Rz 12.

IV. Nach **Art 234 III EWGV** müssen ua Gerichte der Finanzgerichts- **7**
barkeit in schwebenden Verfahren Fragen iS des Art 234 I EWGV, dh
Fragen der Auslegung des EWGV, der Gültigkeit und Auslegung der
Handlungen der Organe der Gemeinschaft und der Auslegung der Satzungen der durch den Rat geschaffenen Einrichtungen, soweit diese Satzungen dies vorsehen, dem EuGH unter bestimmten Voraussetzungen zur
Vorabentscheidung vorlegen. Die **Vorlagepflicht** gilt grundsätzlich für
die Gerichte der Finanzgerichtsbarkeit, deren Entscheidungen nicht mehr
mit Rechtsmitteln des innerstaatlichen Rechts angefochten werden können (letztinstanzliche Gerichte; vgl BFH/NV 1993, 70; 2001, 947; 2004,
68, 69; EuGH NJW 1983, 1257). Das wird in der Praxis mangels Erzwingbarkeit der Vorlage nicht immer beachtet (*Meilicke* BB 2000, 17). Entscheidend ist, ob im konkreten Einzelfall ein Rechtsmittel gegeben ist;
dabei schließt schon die Möglichkeit der Beschwerde gegen die Nichtzulassung der Revision die Vorlagepflicht aus (BFHE 148, 489; BGH/
NV 1996, 652; BVerfG HFR 1990, 446; BVerfG Beschluss v 18. 1. 1991 2
BvR 289/88 nv; BVerwG NJW 1987, 601; Buchholz 451.20 § 33 a GewO
Nr 8). Andererseits ist ein außerordentlicher (außergewöhnlicher) Rechtsbehelf wie die Verfassungsbeschwerde an das BVerfG kein Rechtsmittel
iS des Art 234 III EWGV (vgl BVerfGE 52, 187 ff). – Der **BFH** ist auch
dann zur Vorlage verpflichtet, wenn er unter Verneinung der Bindungswirkung der in demselben Ausgangsverfahren (auf Vorlage des FG) ergangenen Vorabentscheidung des EuGH nicht folgen will (BVerfG BB
1987, 2111; NJW 1988, 2173). – Die letztinstanzlichen Gerichte sind **zur**
Vorlage jedoch **nicht verpflichtet,** soweit die Frage streitig ist, **ob** eine
Verpflichtung zur Vorlage besteht (BFHE 187, 215 = BStBl II 1999, 129
– zweifelhaft), wenn die gestellte Frage nicht entscheidungserheblich ist
(EGHE 1982, 3415, 3430; BVerfG NJW 1988, 1456; 1992, 678; HFR
1988, 119; BVerwG DVBl 1970, 630), wenn die richtige Anwendung
des Gemeinschaftsrechts derart offenkundig ist, dass für einen vernünftigen Zweifel keinerlei Raum bleibt (EuGH aaO; BVerfG aaO und BVerfG
RIW 1989, 823; HFR 1989, 396; BFHE 145, 266; BFH/NV 1991, 635,
637; 639, 640; BVerwGE 31, 279; 36, 33; BSGE 21, 271) oder wenn die

betreffende gemeinschaftsrechtliche Frage bereits Gegenstand einer Auslegung durch den EuGH war (BVerwG Buchholz 451.90 EWG-Recht Nr 77; s auch BVerfG aaO). – Nach **EuGH** NJW 1988, 1451 = Slg 1987, 4199 besteht eine **Vorlagepflicht** für alle Gerichte (Instanzgerichte und letztinstanzliche Gerichte), wenn sie die **Gültigkeit einer Gemeinschaftshandlung** in Frage stellen. Unabhängig davon sind **Instanzgerichte,** dh Gerichte der Finanzgerichtsbarkeit, gegen deren Entscheidung Rechtsmittel zugelassen sind, nach **Art 234 II EWGV** jederzeit **berechtigt,** eine **Vorabentscheidung des EuGH einzuholen,** wenn es für ihre Entscheidung auf Fragen iS des Art 234 I EWGV ankommt; das gilt trotz der Bindungswirkung auch im Falle einer Zurückverweisung gem § 126 V (EGHE 1974, 33; 139; **aA** FG RhPf EFG 1995, 378). – Die Verpflichtung bzw Berechtigung zur Vorlage an den EuGH wird nicht dadurch ausgeschlossen, dass das Gericht ein nationales Gesetz für verfassungswidrig hält (EuGH Urteil v 27. 6. 91 C-348/89 EuGH-Tätigk 1991 Nr 13, 5). – Zur **Prüfungsbefugnis des EuGH** (keine Kompetenz zur Entscheidung über die Vereinbarkeit innerstaatlichen Rechts mit dem EWGV) s EuGH RIW/AWD 1989, 319; s auch EuGH BayVBl 1998, 19. – Zur **Bindungswirkung der Vorabentscheidung** des EuGH s EuGH IWB F 1 S 151–14/88; *Schiefer* DB 1993, 38 ff. – Die im Falle der Vorlage notwendige **Aussetzung des Verfahrens** analog § 74 (vgl BFH/NV 1996, 48 mwN; 1998, 1400) erfolgt ebenso durch **Beschluss** vor der Vorlage. Zur **Dauer der Aussetzung** des Verfahrens s BFH/NV 1997, 139. Der Beschluss über die Aussetzung des Verfahrens ist – wie beim Vorlagebeschluss nach Art 100 I GG (§ 5 Rz 4) – **in voller Besetzung** zu fassen. Beschwerde ist ausgeschlossen (BFHE 132, 217; *Eyermann* Anh § 40; str). Die **pflichtwidrige** (BFH/NV 2000, 999) **Nichtvorlage** einer Frage an den EuGH **verletzt Art 101 I 2 GG** (§ 33 Rz 6; vgl BVerfG Beschluss v 23. 10. 1991 2 BvR 776/90 nv; einschränkend – Verstoß nur bei Willkür – BVerfG NJW 1988, 1456). – Die Vorabentscheidungsfrage ist auf die Auslegung oder die Gültigkeit einer Gemeinschaftsnorm zu beschränken, weil die Auslegung des nationalen Rechts und die Prüfung seiner Gültigkeit nicht in die Zuständigkeit des EGH fällt. – Zur **Begründung der Vorlage** s EuGH Slg 1993 I-393. – Die **Vorlage** ist vom innerstaatlichen Gericht per Einschreiben **unmittelbar** an den EuGH (Kanzlei des Gerichtshofs der Europäischen Gemeinschaften, L-2925 Luxemburg) zu senden. – Zum **vorläufigen Rechtsschutz** s § 69 Rz 19 f.

§ 74 [Aussetzung des Verfahrens]

Das Gericht kann, wenn die Entscheidung des Rechtsstreits ganz oder zum Teil von dem Bestehen oder Nichtbestehen eines Rechtsverhältnisses abhängt, das den Gegenstand eines anderen anhängigen Rechtsstreits bildet oder von einer Verwaltungsbehörde festzustellen ist, anordnen, dass die Verhandlung bis zur Erledigung des anderen Rechtsstreits oder bis zur Entscheidung der Verwaltungsbehörde auszusetzen sei.

Vgl § 94 VwGO; § 114 II SGG; §§ 148, 239–251 ZPO

Übersicht

Literatur: *Bokelmann,* Der Prozess gegen eine im Handelsregister gelöschte GmbH, NJW 1977, 1130; *Brockmeyer,* Rechtsmittel wegen Streits über die Verfassungsmäßigkeit einer Norm, DStR 1992, 1222; *Dabitz,* Aussetzung des Verfahrens (§ 74 FGO), StVj 1993, 108 ff; *Lück,* Verfassungsbeschwerden erfordern Aussetzung des Finanzrechtsstreits, DStZ 1994, 142; *Mittenzwei,* Die Aussetzung des Prozesses zur Klärung von Vorfragen, Berlin 1971; *Offerhaus,* Zur Unterbrechung des Finanzgerichtsverfahrens bei Konkurs des Steuerschuldners, BB 1971, 809; *Skouris,* Die schwebende Rechtssatzprüfung als Aussetzungsgrund gerichtlicher Verfahren, NJW 1975, 713; *Söhn,* Die Anfechtung von Folgebescheiden, StuW 1974, 50; *Spanner,* Zur Normenkontrolle durch das BVerfG und den BFH, FR 1968, 425, 427.

A. Aussetzung des Verfahrens nach § 74

I. Voraussetzungen

1. Vorgreiflichkeit (Abhängigkeit)

Nach § 74 kann ein Verfahren (Vor § 74 Rz 2) ausgesetzt werden, wenn **1** die in ihm zu treffende Entscheidung (ganz oder zum Teil) von dem Bestehen oder Nichtbestehen eines Rechtsverhältnisses abhängig ist, das den Gegenstand eines anderen anhängigen Rechtsstreits bildet (Rz 4, 5) oder von einer Verwaltungsbehörde festzustellen ist (Rz 4, 6).

Die **vorgreifliche Entscheidung** bzw Feststellung braucht für das aus- **2** zusetzende Verfahren **nicht bindend** zu sein. **Es genügt,** dass das andere Verfahren in irgendeiner Weise für die Entscheidung vorgreiflich (präjudiziell) ist, dass es **irgendeinen rechtlichen Einfluss** auf das auszusetzende Verfahren hat (BFHE 164, 194 = BStBl II 1991, 641, 642; BFHE 166, 418 = BStBl II 1992, 408, 409; BFH/NV 1996, 149; *T/K* § 74 FGO Rz 8). – Nach dem Wortlaut des § 74 und dem Gesetzeszweck (Rz 3) wird man nicht verlangen können, dass die Entscheidung in dem anhängigen Verfahren dasselbe Rechtsverhältnis betreffen und kraft Gesetzes oder rechtslogisch (ggf auch nur als Beweisgrund) von dem Bestehen oder

Nichtbestehen des in dem anderen Verfahren anhängigen Rechtsverhältnisses abhängen muss (so aber BFHE 161, 1 = BStBl II 1990, 944; BFH StB 1979, 38; BFH/NV 1987, 43; *Kopp/Schenke* § 94 Rz 4; offen BFH/NV 1994, 726). Die Auswirkungen müssen sich nicht unbedingt für die Sachentscheidung ergeben. Es reicht zB aus, wenn das vorgreifliche Verfahren die Sachentscheidungsvoraussetzung betrifft, etwa die Prozessfähigkeit eines Beteiligten. Eine lediglich wirtschaftliche Abhängigkeit genügt jedoch ebenso wenig (BFH/NV 1987, 172) wie die bloße Identität von Rechtsfragen (BFHE 136, 521 = BStBl II 1983, 48; BFH/NV 1995, 43). Erst recht fehlt es an der Vorgreiflichkeit, wenn in dem anderen (vermeintlich vorgreiflichen) Verfahren andere Rechtsfragen von Bedeutung sind (BFH/NV 2000, 875) oder wenn es um schlichte Rechtsanwendung geht (BFH/NV 2003, 497, 498; 921 ff).

3   Der **Begriff des Rechtsverhältnisses** (§ 41 Rz 12 f) ist in Übereinstimmung mit dem Zweck der Vorschrift, dem Gericht ein prozessökonomisches Vorgehen zu ermöglichen, **weit zu fassen.** Das Rechtsverhältnis, das in dem anderen Verfahren festzustellen ist, braucht nicht zwischen den Beteiligten des auszusetzenden Verfahrens zu bestehen (BFHE 144, 207 = BStBl II 1985, 672, 675). Es kann sich aus verwaltungsrechtlichen, zivilrechtlichen, handelsrechtlichen ua Bestimmungen ergeben. Auch das Verhältnis zwischen dem Staat und den Beteiligten (Straftat!) wird man als ein solches Rechtsverhältnis einordnen können, zumal sich gerade aus einem Strafverfahren Beweishinweise auch für das auszusetzende Verfahren ergeben können (Rz 15). – Im Übrigen s Rz 16.

2. Anhängigkeit des Rechtsstreits über das vorgreifliche Rechtsverhältnis bzw Feststellungskompetenz einer Verwaltungsbehörde

4   Die Aussetzung des Verfahrens darf nur ausgesprochen werden, wenn das vorgreifliche Rechtsverhältnis entweder den Gegenstand eines bereits bei einem **anderen Gericht** (dh grundsätzlich nicht bei demselben Senat – BFH/NV 1996, 219; 1999, 1352, 1353; Rz 5) anhängigen Rechtsstreit bildet; zur Ausnahme s Rz 13. Ebenso ist es, wenn das vorgreifliche Rechtsverhältnis durch eine Verwaltungsbehörde festzustellen ist. Eine Aussetzung des Verfahrens kommt jedoch nicht in Betracht, wenn das vom Kläger als vorgreiflich erachtete Verfahren **nicht mehr „anhängig"** (BFH/ NV 2001, 321 mwN; 2003, 810) oder das auszusetzende Verfahren unzulässig ist (Rz 7, 17).

5   **a)** Nach dem Wortlaut des § 74 muss der Rechtsstreit **bei dem anderen Gericht** (Rz 4) **schon anhängig** sein, wobei gleichgültig ist, welcher Gerichtsbarkeit es angehört (auch ein Schiedsgericht ist Gericht in diesem Sinne). Im Interesse der Prozessökonomie und zur Vermeidung widerstreitender Entscheidungen kann dem in Frage kommenden Beteiligten jedoch **unter Fristsetzung** auch aufgegeben werden, den Rechtsstreit bei dem anderen Gericht **anhängig zu machen.** Kommt der Beteiligte dieser (nicht erzwingbaren) Aufforderung nach, kann bzw muss das Verfahren ausgesetzt werden (BFHE 144, 207 = BStBl II 1985, 672, 674; BFHE 152, 317 = BStBl II 1988, 500; BFH/NV 1994, 724; BVerwGE 77, 27; BGHZ 16, 124, 140; BSG NJW 1963, 1844; aA *Redeker/von Oertzen* § 94 Rz 2; vgl Rz 12). Anderenfalls ist die Aussetzung des Verfahrens ausgeschlossen

und das Gericht muss über die Vorfrage selbst entscheiden (vgl § 17 II GVG nF – Anh § 33 Rz 14, 15; BFH/NV 1994, 724). – Fehlt dem Gericht ausnahmsweise die Entscheidungskompetenz, muss es seine Entscheidung unter Anwendung der Regeln über die Feststellungslast (objektive Beweislast) treffen.

b) Ist eine **Verwaltungsbehörde** für die Feststellung des Bestehens **6** oder Nichtbestehens des vorgreiflichen Rechtsverhältnisses zuständig (auch das Verfahren nach dem FGG gehört hierher – BGHZ 41, 310), kann die Aussetzung des Verfahrens nach § 74 ausgesprochen werden, **bevor das Verwaltungsverfahren in Gang gebracht** ist. Auch in diesen Fällen wird es für zulässig gehalten, dem Beteiligten unter Fristsetzung aufzugeben, das Verfahren anhängig zu machen (*Kopp/Schenke* § 94 Rz 5). Da das Gesetz kein anhängiges Verfahren verlangt, genügt es für die Aussetzung, dass die begründete Aussicht besteht, dass ein solches Verfahren eingeleitet wird (BFHE 131, 216 = BStBl II 1980, 732, 733 verlangt anscheinend entgegen der gesetzlichen Regelung, dass das Verwaltungsverfahren bereits läuft). Geschieht dies nicht, hilft die Aufhebung der Aussetzung (vgl Rz 11).

II. Entscheidung über die Aussetzung

1. Entscheidungsgrundsätze, Inhalt der Entscheidung

Die Aussetzung des Verfahrens darf nur ausgesprochen werden, wenn **7** die **Sachentscheidungsvoraussetzungen** hinsichtlich des auszusetzenden Verfahrens erfüllt sind (zB BFH/NV 2002, 39). Sie darf außerdem nur von dem Gericht getroffen werden, bei dem das Verfahren anhängig ist, das ausgesetzt werden soll. Sie darf ferner nur ausgesprochen werden, wenn die gesetzlichen Voraussetzungen des § 74 (Rz 1–6) vorliegen (BFHE 90, 90 = BStBl III 1967, 783; BFHE 91, 67 = BStBl II 1968, 289). – Eine andere Frage ist es, ob das Verfahren ausgesetzt werden muss, wenn die Voraussetzungen an sich vorliegen. Das ist grundsätzlich zu verneinen, weil es sich um eine **Ermessensentscheidung** handelt (BFHE 164, 194 = BStBl II 1991, 641; BFH/NV 1988, 466, 469; 1989, 446; 1991, 649; 1995, 401, 402; 836, 839). Abzuwägen sind prozessökonomische Gesichtspunkte und die Interessen der Beteiligten (s hierzu zB BFH/NV 1995, 401, 402; OLG Düsseldorf NJW 1980, 2534). Fehlt dem Gericht jedoch die **Kompetenz zur Entscheidung der Vorfrage,** muss das Verfahren im Allgemeinen wegen Reduzierung des Ermessens auf Null ausgesetzt werden (vgl Rz 12, 13), es sei denn, das **Rechtsmittel** ist **unzulässig** (BFH/NV 2002, 39; Rz 17). – Bei ermessenswidriger **Unterlassung der Aussetzung** des Verfahrens liegt ein **Verstoß gegen die Grundordnung** des Verfahrens vor, der auch ohne Rüge im Revisionsverfahren zur Aufhebung des FG-Urteils führt (BFHE 189, 148 = BStBl II 1999, 731, 732; BFH/NV 1991, 649; 1994, 866; 868; 1995, 568; 1997, 574 und öfter). Außerdem kann das Recht auf den **gesetzlichen Richter** verletzt sein (BVerfG NJW 1996, 512). – Zur Aussetzung des Verfahrens trotz **überlanger Verfahrensdauer** s BFH/NV 1996, 924.

Die Beteiligten sind vor der Entscheidung über die Aussetzung zu **hö-** **8** **ren.**

9 Die Entscheidung über die **Dauer** der Aussetzung des Verfahrens steht im **Ermessen** des Gerichts. Das Verfahren kann **bis** zur Beseitigung der Unklarheit oder bis **zur Erledigung** des anderen Rechtsstreits bzw bis zur Entscheidung der Verwaltungsbehörde ausgesetzt werden. Es ist zulässig und uU zweckmäßig, die Aussetzung zu **befristen** (vgl *T/K* § 74 FGO Rz 23). Das einen **Folgebescheid** (Rz 12) betreffende Verfahren ist regelmäßig bis zum rechtskräftigen Abschluss des Verfahrens über den Grundlagenbescheid (vgl BFH/NV 1988, 167) auszusetzen. – **Bis zum 31. 12. 2000** galt dies **auch bei Änderung** des angefochtenen VA nach Klageerhebung (s auch Rz 13): Das den geänderten VA betreffende Verfahren war bei gesonderter Anfechtung des Änderungsbescheides bis zum rechtskräftigen Abschluss des den Änderungsbescheid betreffenden Verfahrens auszusetzen (BFHE 189, 148 = BStBl II 1999, 731, 732; BFH/NV 1997, 251; 1999, 214; 2000, 1611). Nach § 68 idF des 2. FGOÄndG kommt die Aussetzung des Verfahrens in diesen Fällen mangels eines vorgreiflichen Rechtsverhältnisses seit dem 1. 1. 2001 nicht mehr in Betracht. – Zur Aussetzung des Verfahrens im Hinblick auf Entscheidungen des EuGH s BFH/NV 1997, 139.

10 **Teilaussetzung** kommt in Betracht, wenn sich das Verfahren im Übrigen (mit dem selbstverständlichen Ziel, es zur Entscheidungsreife zu bringen) fortsetzen lässt, maW, wenn abtrennbare Teile iS des Streitgegenstandsbegriffs vorliegen (vgl § 73 Rz 20).

11 Die **befristete Aussetzung** des Verfahrens **endet** ohne Aufnahmeerklärung der Beteiligten im Zeitpunkt der Entscheidung des anderen Verfahrens (BFHE 162, 208 = BStBl II 1991, 101; BFH/NV 2004, 237) oder mit Fristablauf. Ein **Beschluss** ist dann nicht erforderlich (BFH/NV 1996, 149; 1999, 1225; 2005, 904), es sei denn, es besteht Streit über die Beendigung der Aussetzung (FG Bremen EFG, 1995, 346). Ein ohne Notwendigkeit ergangener Beschluss hat lediglich **deklaratorische** Bedeutung (BFH/NV 1999, 1225; 2005, 904). – Im Übrigen kann die Aussetzung im Rahmen pflichtgemäßen Ermessens – nach Anhörung der Beteiligten – jederzeit **wieder aufgehoben** werden (zur Form s Rz 18), wenn ihre Voraussetzungen nicht mehr vorliegen (§ 155 iVm § 150 ZPO). Ein Antrag, die Aussetzung des Verfahrens aufzuheben, muss die Tatsachen, aus denen sich der Wegfall der Voraussetzungen des § 74 ergibt, konkret bezeichnen (BFH/NV 2000, 213). Andernfalls kann die erforderliche Überprüfung nicht durchgeführt werden. – In keinem Fall steht die Aufnahme des Verfahrens zur Disposition der Beteiligten (BFHE 162, 208 = BStBl II 1991, 101, 102).

2. Einzelfälle

a) **Aussetzung** des Verfahrens **ist** im Allgemeinen **geboten**

12 **aa)** wegen Vorgreiflichkeit eines anderen anhängigen Rechtsstreits bzw **mangels Entscheidungskompetenz** des mit dem auszusetzenden Verfahren befassten Gerichts

– wenn die Entscheidung über die Vorfrage in die **Kompetenz einer allgemeinen Verwaltungsbehörde** fällt (BFHE 131, 261 = BStBl II 1980, 732, 733 betr die für § 19 BerlinFG maßgebende Umgruppierung eines Betriebes durch das Statistische Landesamt; zur Ausnahme s FG

Bln EFG 1988, 157) und/oder die Entscheidung der Verwaltungsbehörde nicht als Grundlagenbescheid iS des § 171 X AO anzusehen ist (Rz 17);

— wenn das **Wohnsitz-FA** bei Erlass eines ESt-Bescheides **eine dem Gewinnfeststellungsverfahren** (§§ 179 I, 180 I, 182 I AO) zugeordnete Frage **im ESt-Bescheid** entschieden hat und hierüber im Verfahren gegen den ESt-Bescheid gestritten wird (zB BFHE 155, 454 = BStBl II 1989, 343; BFHE 156, 383 = BStBl II 1989, 596; BFH/NV 1987, 549; 1988, 167; 1989, 446; 525; 1993, 745; 1996, 222; 1997, 254), es sei denn, es liegt ein Fall geringerer Bedeutung (§ 180 III Nr 2 AO) vor (BFH/NV 1990, 485; 1991, 11). Das ist zB der Fall, wenn zweifelhaft ist, ob überhaupt einkommensteuerpflichtige Einkünfte vorliegen, ob diese mehreren Personen zuzurechnen sind und wenn Art, Höhe und Zurechnung dieser Einkünfte streitig sind (BFHE 145, 308 = BStBl II 1986, 239; BFH/NV 1990, 485; 1994, 868; 1995, 565; 568). – Das gilt allgemein für Verfahren über die Rechtmäßigkeit eines Folgebescheides, wenn Besteuerungsgrundlagen streitig sind, deren abschließende Prüfung dem Verfahren über einen **noch ausstehenden Grundlagenbescheid,** über einen noch nicht bestandskräftigen Grundlagenbescheid oder einen Änderungsbescheid vorbehalten ist (zB BFH/NV 1997, 574 betr **Folgebescheid gem §§ 155 II, 162 III AO;** BFHE 189, 148 = BStBl II 1999, 731, 732 und BFH/NV 1998, 997 betr Feststellung vortragsfähiger Verluste gem § 10d EStG; BFH/NV 1999, 1383 betr KiSt-Bescheid – Bayern; BFH/NV 1987, 564 betr Feststellung des Einheitswerts des Betriebsvermögens; BFH/NV 1988, 174, 176; 1998, 201 betr **Billigkeitsentscheidung gem § 163 AO;** insoweit offen BFH BStBl II 1988, 702, 705; **einschränkend** BFH/NV 1995, 325; 836, 839; 1996, 571; 2001, 120; 979). Ggf muss das Verfahren bis zum Erlass eines negativen Grundlagenbescheides ausgesetzt werden (BFH/NV 1989, 87; 1990, 485; 1991, 498, 499). Ist der **Grundlagenbescheid schon ergangen** oder geändert worden, kann die Aussetzung des den Folgebescheid betreffenden Verfahrens abgelehnt werden, wenn eine materielle Entscheidung im Verfahren über den Grundlagenbescheid nicht zu erwarten ist (BFH/NV 1999, 1383). Ein Klageverfahren gegen den Folgebescheid ist außerdem nicht (weiter) auszusetzen, wenn gegen ein den Grundlagenbescheid betreffendes Urteil **Verfassungsbeschwerde** erhoben worden ist (BFH/NV 2002, 501, 502). Zur Ermessensausübung im Übrigen s BFHE 151, 104 = BStBl II 1988, 142; BFHE 163, 309 = BStBl II 1991, 368; BFH/NV 1988, 246; 1998, 869, 870; s auch Rz 17);

— wenn die Rechtmäßigkeit eines Rückforderungsbescheides streitig ist, ein entsprechender **Abrechnungsbescheid** (§ 218 II AO) aber noch aussteht (BFH/NV 1999, 440) oder wenn ein Abrechnungsbescheid **ergangen** ist, aber Streit über die vorrangige Frage der Wirksamkeit der Aufrechnung besteht (BFH/NV 2003, 444);

— wenn die **Korrektur eines unrichtigen Bilanzansatzes** streitig ist und sich die Frage nach der ersten Korrekturmöglichkeit auf Veranlagungszeiträume erstreckt, die nicht Gegenstand des anhängigen Verfahrens sind; in diesen Fällen muss abgewartet werden, ob die für die Vorjahre ergangenen Bescheide geändert werden (BFHE 161, 451 = BStBl II 1990, 1044, 1047);

– wenn der **EuGH** mit Fragen zur Auslegung des Gemeinschaftsrechts befasst ist, von deren Beantwortung die Entscheidung des Rechtsstreits abhängig ist (BFH/NV 2003, 645, 646);

– wenn der Kläger mit der Anfechtungsklage gegen den Bescheid über das **Nichtbestehen der Steuerberaterprüfung** substantiierte Einwendungen gegen die Bewertung seiner Prüfungsleistungen erhebt **und beantragt, das Verfahren** zur Durchführung eines verwaltungsinternen Kontrollverfahrens (Überdenken der Prüfungsentscheidung unter Beteiligung der ursprünglichen Prüfer) **auszusetzen** (BFHE 172, 273 = BStBl II 1994, 50; BFH/NV 1995, 1021; 1996, 180);

– wenn das beklagte FA **nach Klageerhebung** über einen **Antrag nach § 15 IV UStG** (Anwendung einer anderen Methode zur Aufteilung der Umsätze) entscheiden muss (BFHE 130, 107 = BStBl II 1980, 533, 534) **oder** der Kläger beim beklagten FA den Antrag nach **§ 19 IV UStG** (Optionserklärung) nach Klageerhebung stellt (vgl BFHE 142, 327 = BStBl II 1985, 173, 175);

– wenn während der **Anhängigkeit eines** Vorauszahlungen betreffenden **Revisionsverfahrens** der (vorrangige) **Jahressteuerbescheid** ergeht und dieser Bescheid angefochten wird (BFH/NV 1998, 602; 2003, 794);

– wenn die Unterhalt leistenden Elternteile sich nicht über die **Aufteilung des Ausbildungsfreibetrags** einigen können (§ 33a II 5 EStG 1981) und deshalb das Familiengericht angerufen werden muss (BFHE 146, 429 = BStBl II 1986, 561, 563);

– bis zur Entscheidung über einen Antrag auf Fortsetzung des Verfahrens gem § 72 II 3 (§ 72 Rz 40), wenn zugleich Klage gegen einen Zinsbescheid erhoben ist, dessen Aufrechterhaltung vom Erfolg oder Misserfolg des Fortsetzungsantrags abhängig ist (BFH/NV 2005, 836);

– wenn ein nicht als (offensichtlich) aussichtslos erscheinendes **Musterverfahren beim BVerfG** anhängig ist, dessen Gegenstand die **Verfassungsmäßigkeit einer** im Streitfall entscheidungserheblichen **gesetzlichen Regelung** und nicht die Verfassungsmäßigkeit der Auslegung und Anwendung an sich verfassungsgemäßer Normen ist (zB BFH/NV 1993, 310; 311; 1994, 714; 1995, 628; 1996, 215; s auch BGH WM 1998, 1302); weitere Voraussetzung für die Aussetzung des Verfahrens ist, dass den FG **zahlreiche Parallelverfahren** (Massenverfahren) vorliegen und die Beteiligten des (ggf auszusetzenden) Klageverfahrens **kein berechtigtes Interesse** an einer Entscheidung des FG über die Verfassungsmäßigkeit der umstrittenen gesetzlichen Regelung vor der Entscheidung des beim BVerfG anhängigen Verfahrens haben (st Rspr zB BFHE 175, 209 = BStBl II 1994, 949; BFHE 176, 435 = BStBl II 1995, 415; BFH/NV 1994, 548; 630; 1995, 628; 794; 1997, 254; 2004, 967, 968; 2005, 238; 1607, 1608 und öfter; zur Abgrenzung s BFH/NV 2005, 1199 und 1347; einschränkend BFH/NV 2005, 1984, 1985).

Der BFH stützt die Aussetzung des Verfahrens in den genannten Fällen zT (BFHE 174, 404 = BStBl II 1994, 758; BFHE 176, 435 = BStBl II 1995, 415; BFHE 177, 359 = BStBl II 1995, 582) auf eine entsprechende Anwendung des § 74 (ebenso *Dabitz* StVj 1993, 117 f). Im Hinblick auf die gebotene weite Auslegung des Begriffs „Rechtsverhältnis" (Rz 3) ist eine Regelungslücke jedoch nicht erkennbar, so dass die **unmittelbare Anwendung des § 74** gerechtfertigt ist (ebenso unter Hinweis auf die historische Entwicklung *T/K* § 74 FGO Rz 17 ff). – S auch Rz 14.Die **Aussetzung** des Klageverfahrens (wegen beim BVerfG anhängigen Musterverfahren) **hat ausnahmsweise zu unterbleiben, wenn** das **Rechtsmittel** wegen Fehlens einer Sachentscheidungsvoraussetzung **unzulässig** ist (BFH/NV 1997, 413), es sei denn, das Musterverfahren betrifft die Frage der Zulässigkeit des Rechtsmittels, oder wenn die Frage der Verfassungsmäßigkeit der Grundlagen des Steuerbescheides aus anderen Gründen für die Entscheidung des – ggf auszusetzenden – Klageverfahrens nicht rechtserheblich ist (zB BFH/NV 1996, 833; BFHE 172, 197 = BStBl II 1994, 119 für den Fall, dass der Einspruch zu Recht als unzulässig verworfen worden ist). – Die Aussetzung des Klageverfahrens kommt insbesondere nicht in Betracht, wenn die Finanzbehörde den angefochtenen **Steuerbescheid** im Hinblick auf ein beim BVerfG anhängiges Musterverfahren von **vornherein** oder **spätestens im Einspruchsverfahren** gem § 165 I 2 Nr 3 AO für **vorläufig** erklärt hatte und allein die im Musterverfahren zu klärende Frage streitig ist; die Klage ist dann mangels Rechtsschutzbedürfnisses unzulässig (zB BFHE 174, 498 = BStBl II 1994, 803; BFH/NV 1994, 548; 1995, 569). Nach der Rspr des BFH soll die Aussetzung des Klageverfahrens – weil der Kläger anderenfalls entgegen der Intention des § 68 aus dem Verfahren gedrängt würde – jedoch nicht ausgeschlossen sein, wenn die Finanzbehörde den angefochtenen Steuerbescheid erst im Verlaufe des Klageverfahrens für vorläufig erklärt (zB BFHE 176, 435 = BStBl II 1995, 415; BFH/NV 1998, 560; aA FG Bln EFG 1994, 1065). Diese Differenzierung überzeugt nicht. – Richtig ist jedenfalls, dass die Verfahrensaussetzung im Hinblick auf ein beim BVerfG anhängiges Musterverfahren unterbleiben kann, wenn der angefochtene Steuerbescheid wegen der möglichen Verfassungswidrigkeit seiner Grundlagen für vorläufig erklärt worden ist, die Beteiligten aber über einen anderen Punkt streiten (vgl BFH/NV 1996, 158, 159 mwN).

Die Aussetzung des Verfahrens ist (wegen § 79 II 1 BVerfGG) außerdem nicht gerechtfertigt, wenn der angefochtene **Steuerbescheid bestandskräftig** geworden und zu erwarten ist, dass das BVerfG die entscheidungserhebliche Norm nur für die Zukunft aufheben wird (*Söhn* JDStJG Bd 18 S 39 f; vgl auch BFHE 175, 318 = BStBl II 1995, 385; FG Nbg EFG 1992, 617).

– Die Entscheidungskompetenz des angerufenen Gerichts fehlt nach der Neufassung des § 17 II GVG nicht mehr bei **Aufrechnung mit (bestrittenen) rechtswegfremden Gegenforderungen** (ebenso *T/K* § 74 FGO Rz 9; **str** s Anhang § 33 Rz 14). Aussetzung des Verfahrens kommt deshalb grundsätzlich nicht in Betracht, es sei denn, der Rechtsstreit über das Bestehen der Aufrechnungsgegenforderung ist bereits vor dem anderen Gericht anhängig (BFHE 184, 242 = BStBl II 1998, 200; **aA** – Aussetzung des Verfahrens: BFHE 198, 55 = BStBl II 2002, 509; BFH/NV 2005, 711 und 1759).

13   **bb) In entsprechender Anwendung des § 74**

– hinsichtlich des den ursprünglichen VA betreffenden Verfahrens, wenn **nach Klageerhebung,** nach Einlegung der Revision oder der Nichtzulassungsbeschwerde ein **geänderter Gewinnfeststellungsbescheid** gem § 68 S 1 nF Gegenstand des Verfahrens wird, ein **Beigeladener** aber gegen den Änderungsbescheid **Einspruch** einlegt (vgl BFH/NV 2000, 926); zu § 68 aF s BFH/NV 2002, 349.

– um der Finanzbehörde Gelegenheit zu geben, die Bekanntgabe nachzuholen, wenn der angefochtene **Gewinnfeststellungsbescheid nicht allen** von ihm betroffenen (früheren) **Gesellschaften bekannt gegeben** worden war (BFHE 125, 116 = BStBl II 1978, 503, 505; s auch § 60 Rz 147); das soll ausnahmsweise nicht gelten, wenn die Personen, denen der Bescheid nicht bekannt gegeben wurde, vom Ausgang des Rechtsstreits steuerlich nicht berührt sein können (BFH/NV 1991, 507);

– um der Finanzbehörde Gelegenheit zu geben, die Einspruchsentscheidung den notwendig Hinzuziehenden – unter Anordnung der Hinzuziehung – zur **Herstellung der einheitlichen Wirkung der Einspruchsentscheidung** (vgl § 360 IV AO) zuzustellen, wenn der wirksam bekannt gegebene einheitliche Feststellungsbescheid nicht von allen Betroffenen angefochten worden ist und die Finanzbehörde die notwendige Hinzuziehung (§ 360 III AO) der anderen Beteiligten unterlassen hatte (BFHE 144, 155 = BStBl II 1985, 675, 676; BFHE 148, 420 = BStBl II 1987, 302; BFH/NV 1992, 46, 47; s aber § 60 Rz 147).

14   **cc)**

– in den Sonderfällen, in denen das BVerfG ein **verfassungswidriges Gesetz für nichtig** oder **für unvereinbar** mit dem GG **erklärt** hat (Vor § 74 Rz 6), nicht aber, wenn das BVerfG gleichzeitig mit der Unvereinbarerklärung die Weitergeltung des verfassungswidrigen Gesetzes bis zur gesetzlichen Neuregelung (vgl § 69 Rz 88) angeordnet hat (BFH/NV 1996, 423).

– Die analoge Anwendung des § 74 kommt auch in Betracht, wenn gem Art 234 III EWGV eine Vorlage an den EuGH erfolgt ist (Vor § 74 Rz 7) und die beim EuGH anhängige Rechtsfrage vorgreiflich ist (BFH/NV 1998, 1400).

15   **b)** Im Übrigen **kann** das Verfahren **ausgesetzt** werden, wenn die Voraussetzungen des § 74 (Rz 1–6) erfüllt sind, zB im Hinblick auf ein einschlägiges **Strafverfahren** (BFH/NV 1996, 149; FG RhPf EFG 1991, 741; FG BaWü EFG 1993, 458; einschränkend BFH/NV 1998, 601; 2001, 198; 2003, 1081; 2005, 503, 504; **aA** BFH/NV 1995, 40), ein bereits anhängiges **Ordnungswidrigkeitsverfahren** (BFH/NV 2005, 898, 899), im Hinblick auf ein **Musterverfahren** (zum Musterverfahren vor dem BVerfG s Rz 12); entsprechendes muss auch für andere, insbesondere beim BFH anhängige Musterverfahren gelten (ebenso *T/K* § 74 FGO Rz 21; **aA** BFHE 178, 559 = BStBl II 1996, 20; BFH/NV 1996, 158; 222; 342; 1997, 785; 2003, 189, 190; 2004, 915, 916; 2005, 1607, 1608) oder im Hinblick auf die Anhängigkeit **abstrakter** oder **konkreter Normenkon-**

trollverfahren (Rz 12; *Kopp/Schenke* § 94 Rz 9; **aA** BFH/NV 1987, 173).
– **Zur Aufrechnung** des Beklagten **mit** einer (bestrittenen) **rechtsweg-fremden Forderung** s Rz 12 aE.

c) Die **Aussetzung hat im Allgemeinen zu unterbleiben,**

aa) wenn die vorgreifliche Frage sich nicht auf ein Rechtsverhältnis be-   **16**
zieht. **Kein Rechtsverhältnis ist**
– **die Möglichkeit einer Rechtsänderung** (s aber Rz 14 und Vor § 74
 Rz 6);
– **das Schweben eines Verständigungsverfahrens** (BFHE 88, 545 =
 BStBl III 1967, 495; BFH/NV 2003, 497, 498).
In den vorstehend genannten Fällen kann jedoch das **Ruhen des Ver-fahrens** (Rz 21 ff) angeordnet werden.

bb) wenn das **Rechtsverhältnis nicht vorgreiflich** ist, zB   **17**
– wenn das Bestehen bzw das Nichtbestehen des Rechtsverhältnisses
 zwar für die Sachentscheidung vorgreiflich war, **das Rechtsschutz-begehren** aber **ohnehin keinen Erfolg haben kann,** weil es an
 einer **Sachentscheidungsvoraussetzung fehlt** (BFHE 158, 205 =
 BStBl II 1990, 177; BFH/NV 1991, 469; 759; 832; 1995, 120;
 1997, 413; 1999, 1383; 1623; 2000, 322; 2001, 197; 2002, 39; 2003,
 931) oder weil es aus anderen Gründen nicht zu einer Sachprüfung
 kommen kann; das ist etwa der Fall, wenn das FA den Einspruch zu
 Recht als unzulässig verworfen hat (BFH/NV 1990, 659) oder wenn
 der BFH die **Nichtzulassungsbeschwerde** gegen ein finanzge-richtliches Urteil **bereits zurückgewiesen** hat (BFH/NV 2003, 628). –
 Zur Unzulässigkeit der **Aussetzung** des Verfahrens **bei vorläufiger
 Festsetzung** der verfassungsrechtlich umstrittenen Besteuerungsgrund-lagen s Rz 12. – Zur Aussetzung des Verfahrens über eine **Nichtzu-lassungsbeschwerde** s BFHE 175, 318 = BStBl II 1995, 385; BFH/
 NV 1993, 736, 737;
– hinsichtlich eines **Billigkeitsverfahrens** nach **§§ 163, 227 AO,** wenn
 der Antrag auf Verfahrensaussetzung im Wesentlichen auf Gründe ge-stützt wird, die im Anfechtungsverfahren zu klären sind (BFHE 183, 465
 = BStBl II 1998, 38; BFH/NV 1998, 1253; FG Saarl EFG 1995, 817; s
 auch BFH/NV 2003, 189, 190);
– hinsichtlich noch nicht beschiedener Anträge auf Aussetzung der Voll-ziehung (§ 69 III) oder Gewährung einer **Verrechnungsstundung**
 (BFH/NV 2001, 313);
– wenn in einem anderen Rechtsstreit **(Parallelverfahren)** lediglich die-selbe Rechtsfrage streitig ist (BFH/NV 1995, 43; 1997, 365; 2003, 650;
 s auch BFHE 91, 67 = BStBl II 1968, 289);
– hinsichtlich eines (mit Klage und Revision angefochtenen) Steuerbe-scheides, wenn dieser nach Klageerhebung **durch einen endgültigen
 ersetzt** worden ist, der seinerseits mit Einspruch und Klage angefochten
 wird; in diesem Fall ist nur noch der endgültige Bescheid von Bedeu-tung, so dass das ihn betreffende Verfahren nicht ausgesetzt werden kann
 (BFHE 113, 493 = BStBl II 1975, 211); dies gilt auch, wenn weitere
 Änderungen aufgrund einer laufenden Betriebsprüfung möglich sind
 (BFH/NV 2002, 925);

- hinsichtlich der Einholung einer Entscheidung der **EG-Kommission** (BFH/NV 1998, 670);
- bei **staatsanwaltschaftlichen Ermittlungen** (BFH/NV 1998, 601; 1506; 2003, 485, 487 betr Rechtsbeugung) oder wenn es allein darum geht, ob das Zeugnisverweigerungsrecht eines Zeugen mit Abschluss des gegen ihn laufenden Strafverfahrens entfällt (BFH/NV 1992, 87, 88, 89; vgl auch BFH/NV 2001, 198).

3. Form der Entscheidung, zuständiges Gericht

18   Die Entscheidung trifft der Senat – ggf (im vorbereitenden Verfahren) der Vorsitzende bzw der Berichterstatter (§ 79 a I Nr 1, IV) oder der Einzelrichter (§§ 6, 79 a III, IV) – grundsätzlich durch ausdrücklichen **Beschluss** (BFHE 90, 393 = BStBl II 1968, 118; BFHE 136, 521 = BStBl II 1983, 48; BFH/NV 1989, 784). Das gilt auch für die **Aufhebung** der Aussetzung (BFH/NV 1994, 497; 1995, 806; Rz 11). – Zur automatischen Beendigung der Verfahrensaussetzung s Rz 11. Mündliche Verhandlung ist nicht erforderlich (§ 90 I 2). Der Beschluss muss begründet werden (§ 113 II). Die **Ablehnung** eines Antrags auf Aussetzung (s Vor § 74 Rz 3) kann **auch im Endurteil** erfolgen (zweifelhaft; bejahend zB BFHE 136, 521 = BStBl II 1983, 48; BFH/NV 1989, 784; 1994, 253; 643; 836, 839). – Auch das **Revisionsgericht** kann das Verfahren aussetzen (vgl BFHE 86, 248 = BStBl III 1966, 402), allerdings nur, soweit die Entscheidung über das vorgreifliche Rechtsverhältnis nach revisionsrechtlichen Gesichtspunkten noch berücksichtigt werden kann (*Ziemer/Birkholz* § 74 Rz 13 mwN; vgl auch Vor § 74 Rz 2). Die Entscheidung über einen Antrag auf Aussetzung des Verfahrens kann nicht mit der Beschwerde erzwungen werden (BFH/NV 1990, 305). – Eine **Kostenentscheidung** hat nicht zu ergehen, weil es sich um ein unselbstständiges Nebenverfahren handelt (vgl BFHE 154, 15 = BStBl II 1988, 947).

III. Wirkungen der Aussetzung

19   Zu den **Wirkungen der Aussetzung** s Vor § 74 Rz 4. – Zur **Wiederaufnahme** des Verfahrens s Rz 11.

IV. Rechtsmittel

20   **Gegen die Anordnung** der Aussetzung ist – auch bei lediglich formeller Beschwer (BFH/NV 1999, 1225) – die **Beschwerde** gegeben (§ 128 I), weil es sich nicht um eine prozessleitende Verfügung iS des § 128 II handelt (BFH/NV 2005, 711; VGH Mannheim DVBl 1997, 1330). Sie wird nach Ergehen eines Urteils gegenstandslos und damit unzulässig, sobald das Hauptsacheverfahren durch ein Urteil abgeschlossen wird oder sich gem § 138 erledigt (vgl BFH/NV 1989, 447; 1997, 595); zur Bindung des BFH an die von ihm im ersten Rechtszug angeordnete Verfahrensaussetzung s BFH/NV 1986, 618. Zur Geltendmachung des Wegfalls der Voraussetzungen der Aussetzung des Verfahrens s BFH/NV 2000, 213 und Rz 11. – **Gegen die Ablehnung** ist ebenfalls Beschwerde zulässig, wenn die Ablehnung durch gesonderten Beschluss erfolgt war (BFH/NV 2003, 77); wird gegen die Ablehnung keine Beschwerde eingelegt, ist die auf eine

Verfahrensrüge gestützte **Nichtzulassungsbeschwerde** nicht statthaft (BFH/NV 2003, 77). Die Beschwerde wird unzulässig, sobald der Rechtsstreit durch Urteil abgeschlossen worden ist (BFH/NV 1993, 426). Wurde die Ablehnung im Urteil ausgesprochen (Rz 18), kann die Ablehnung nur mit dem gegen das Urteil gegebenen Rechtsmittel (Revision bzw Nichtzulassungsbeschwerde) angegriffen werden (BFHE 164, 194 = BStBl II 1991, 641; BFH/NV 1994, 253; 643; 1996, 229; 1999, 1106). Gegen die **Aufhebung** des Aussetzungsbeschlusses (Rz 11) ist gleichfalls die Beschwerde gegeben. – Zur **Anhörungsrüge** s § 133 a.

B. Ruhen des Verfahrens

Anstelle der Aussetzung des Verfahrens (§ 74) ist nach Maßgabe des **21** (gem § 155 anwendbaren) § 251 ZPO die **Anordnung des Ruhens des Verfahrens** möglich (BFHE 91, 261 = BStBl II 1968, 302; BFHE 143, 411 = BStBl II 1985, 552; FG Mchn EFG 1967, 541; BSG BlStSozArbR 1977, 110).

§ 251 ZPO Ruhen des Verfahrens

[1] Das Gericht hat das Ruhen des Verfahrens anzuordnen, wenn beide Parteien dies beantragen und anzunehmen ist, daß wegen Schwebens von Vergleichsverhandlungen oder aus sonstigen wichtigen Gründen diese Anordnung zweckmäßig ist. [2] Die Anordnung hat auf den Lauf der im § 233 bezeichneten Fristen keinen Einfluß.

Zum **Begriff des Ruhens** des Verfahrens s Vor § 74 Rz 3 f.   **22**

Erforderlich sind **übereinstimmende Anträge** des Klägers und des **23** Beklagten (BFH/NV 1992, 610; 1994, 726; **aA** – Antrag aller Beteiligten erforderlich – OVG Münster DVBl 1960, 780; *Redeker/von Oertzen* § 94 Rz 14); Zustimmung genügt. Es steht im **Ermessen des FA,** ob es das Ruhen des Verfahrens beantragt oder dem Antrag des Klägers zustimmt (BFHE 175, 506 = BStBl II 1994, 473 betr Musterverfahren vor dem BFH; s auch BFH/NV 1995, 145, 147). – Zur Frage, ob bei **rechtsmissbräuchlicher Verweigerung** die Zustimmung durch das Gericht ersetzt werden könnte, s BFH/NV 1990, 375, 376 (ablehnend) sowie BFHE 161, 1 = BStBl II 1990, 944, 946 und BFH/NV 1994, 726, 727 (offen gelassen). Zum **Widerruf** der Zustimmungserklärung s FG BaWü EFG 1998, 221. – Das **Gericht ist** an den übereinstimmenden Antrag **gebunden,** darf das Ruhen des Verfahrens nach pflichtgemäßem **Ermessen** aber nur anordnen, wenn anzunehmen ist, dass dies **aus wichtigen Gründen** (vgl Rz 16) **zweckmäßig** ist. Das ist jedenfalls nicht der Fall, wenn die Klage unzulässig ist (BFH/NV 2000, 1623 mwN). Auch die Erklärung des Klägers, er wolle weitere Beweismittel beschaffen, ist kein Grund, das Ruhen des Verfahrens anzuordnen (BFHE 90, 90 = BStBl III 1967, 783, 784). Das „Schweben von Vergleichsverhandlungen" scheidet gleichfalls als Anordnungsgrund aus, weil der Abschluss eines Vergleichs im finanzgerichtlichen Verfahren ausgeschlossen ist (vgl § 33 Rz 12; 76 Rz 4 f). Andererseits kann eine zu erwartende Billigkeitsmaßnahme der vorgesetzten Behörde die Anordnung des Ruhens des Verfahrens rechtfertigen; eine

Billigkeitsmaßnahme kann aber nicht erwartet werden, wenn sie – wie im Falle des § 20 II BewG – kraft Gesetzes ausgeschlossen ist (BFH/NV 1989, 589). – Fehlt es an übereinstimmenden Anträgen der Beteiligten, darf das Verfahren auch nicht „faktisch" zum Ruhen gebracht werden (BFH/NV 2005, 1361).

24   Zur **Form der gerichtlichen Entscheidung und zur Zuständigkeit** s Rz 18; zu den Verfahrensgrundsätzen vgl Rz 7 ff.

25   Wegen der **Wirkung** der Anordnung s Vor § 74 Rz 4 und wegen der **Rechtsmittel** s Rz 20 und BFH/NV 1995, 59, 60; 1999, 341.

26   Die **Wiederaufnahme** des Verfahrens erfolgt durch **jederzeit möglichen Gerichtsbeschluss** und zwar entweder von Amts wegen, wenn die Anordnung nicht schon zeitlich begrenzt war, nach Wegfall der Gründe für die Anordnung des Ruhens des Verfahrens im Rahmen pflichtgemäßen Ermessens (zB BFH/NV 1994, 389; 1995, 802; 1997, 51) oder auf Antrag eines Beteiligten; das Gericht muss dem Antrag entsprechen, wenn der Grund für die Verfahrensruhe weggefallen ist (BFH/NV 1996, 148; 2003, 189, 190). Die Aufnahme des Verfahrens durch das FA steht in seinem Ermessen. Ein besonderer Grund hierfür muss nicht vorliegen (BFH/NV 1992, 610). – Zur Gewährung **rechtlichen Gehörs** s BFH/NV 1997, 51. – Im Übrigen s § 250 ZPO (Rz 50, 51).

C. Unterbrechung und Aussetzung nach §§ 239 ff ZPO

27   Ein Verfahren kann **bei Vorliegen der Sachentscheidungsvoraussetzungen** (BFH/NV 1997, 869) auch nach § 155 iVm §§ 239–250 ZPO **unterbrochen oder ausgesetzt** werden (zur Begriffsbestimmung s Vor § 74 Rz 3). Dabei sind wegen der Besonderheiten des finanzgerichtlichen Verfahrens gewisse Abweichungen zu beachten. – Die §§ 239–250 ZPO, die hier nur grundsätzlich kommentiert werden sollen, lauten:

28   **§ 239 ZPO Unterbrechung durch Tod der Partei**

(1) Im Falle des Todes einer Partei tritt eine Unterbrechung des Verfahrens bis zu dessen Aufnahme durch die Rechtsnachfolger ein.

(2) Wird die Aufnahme verzögert, so sind auf Antrag des Gegners die Rechtsnachfolger zur Aufnahme und zugleich zur Verhandlung der Hauptsache zu laden.

(3) [1] Die Ladung ist mit dem den Antrag enthaltenden Schriftsatz den Rechtsnachfolgern selbst zuzustellen. [2] Die Ladungsfrist wird von dem Vorsitzenden bestimmt.

(4) Erscheinen die Rechtsnachfolger in dem Termin nicht, so ist auf Antrag die behauptete Rechtsnachfolge als zugestanden anzunehmen und zur Hauptsache zu verhandeln.

(5) Der Erbe ist vor der Annahme der Erbschaft zur Fortsetzung des Rechtsstreits nicht verpflichtet.

29   **§ 239 I ZPO** ist uneingeschränkt anwendbar. – Die Unterbrechung des Verfahrens bis zur Aufnahme durch den Rechtsnachfolger (zur **Weigerung** s BFHE 148, 184 = BStBl II 1987, 147; zur Löschung im Prozessregister bei Nichtaufnahme s BFH/NV 1987, 248) tritt mit dem Tode eines Hauptbeteiligten oder des notwendig Beigeladenen (§ 60 III) ein (BVerwG MDR 1982, 80; Buchholz 310 § 65 VwGO Nr 129; aA BSGE 50, 196), nicht jedoch im Falle des Ablebens des einfach (§ 60 I) Beigeladenen (BSG HFR 1975, 401 = MDR 1975, 434; aA *Sojka* MDR 1982, 13; kritisch auch *T/K* § 74 FGO Rz 31 zu § 239 ZPO). – Zum Ausnahmefall der **Vertretung** s § 246 ZPO (Rz 42 ff). – Zur Frage, wer im Falle der Umwandlung einer Personengesellschaft auf eine GmbH zur Aufnahme des Verfahrens berechtigt ist, s BFHE 153, 208 = BStBl II 1988, 681; BFHE 155, 250 = BStBl II 1989, 326.

Hat eine (nicht durch Prozessbevollmächtigte vertretene) **OHG** (oder **30** KG) ein Rechtsmittel eingelegt und wird sie dann **aufgelöst** und/oder im Handelsregister gelöscht, so tritt im Allgemeinen **keine Unterbrechung** des Verfahrens ein (BFHE 112, 449 = BStBl II 1974, 620; BFH/NV 1985, 88; 1987, 515; 1989, 187; aA BAG BlStSozArbR 1975, 292). Erlischt jedoch eine (nicht durch Prozessbevollmächtigte vertretene) parteifähige Personenvereinigung (GmbH & Co KG) ohne Liquidation durch Umwandlung (auf eine GmbH), wird das Verfahren analog § 239 ZPO unterbrochen (BFHE 153, 208 = BStBl II 1988, 681; BFHE 155, 250 = BStBl II 1989, 326).

Ein **Vermächtnisnehmer** ist kein Rechtsnachfolger; er kann also auch **31** dann nicht das Verfahren aufnehmen, wenn ihm der in Streit befangene Gegenstand vermacht worden ist (BFHE 116, 254 = BStBl II 1975, 739).

War Gegenstand des Verfahrens ein **höchstpersönliches Recht** (zB **32** Anfechtung einer Prüfungsentscheidung oder des Entzugs der Zulassung als Steuerberater), ist das Verfahren mit dem Tode des Klägers in der Hauptsache erledigt, anschließend nur noch wegen der Kosten anhängig und infolgedessen von dem Rechtsnachfolger auch nur insoweit aufzunehmen (OVG Lüneburg OVGE 11, 50; *Kopp/Schenke* § 61 Rz 16).

§ 239 III und V ZPO sind ebenfalls uneingeschränkt anwendbar; **§ 239 33 IV ZPO** ist wegen des Untersuchungsgrundsatzes unanwendbar (BFHE 116, 254 = BStBl II 1975, 739, 741; BFHE 148, 184 = BStBl II 1987, 147); **§ 239 II ZPO** ist mit der Maßgabe (Amtsbetrieb) anwendbar, dass der Antrag des Gegners nicht abgewartet werden muss (s auch Rz 51). – Zur Anfechtbarkeit eines Beschlusses, durch den das FG das Verfahren für unterbrochen erklärt hat, s Vor § 74 Rz 3.

Erlässt das Gericht in Unkenntnis der Unterbrechung ein Urteil, kann **34** dieser Verfahrensfehler im Revisionsverfahren, ggf auch mit der Nichtzulassungsbeschwerde geltend gemacht werden. Es kann auch Nichtigkeitsklage (§ 134 iVm § 579 I Nr 4 ZPO) erhoben werden (vgl BGH ZIP 1988, 446; offen: BFHE 148, 184 = BStBl II 1987, 147, 148; BFH/NV 1995, 225; 227; ablehnend: BGH NJW-RR 1990, 342). Wird wegen dieses Verfahrensmangels Nichtzulassungsbeschwerde erhoben, ist das Urteil im Beschwerdeverfahren aufzuheben (zB BFH/NV 2005, 365, 366).

§ 240 ZPO Unterbrechung durch Insolvenzverfahren 35

[1] Im Falle der Eröffnung des Insolvenzverfahrens über das Vermögen einer Partei wird das Verfahren, wenn es die Insolvenzmasse betrifft, unterbrochen, bis es nach den für das Insolvenzverfahren geltenden Vorschriften

aufgenommen oder das Insolvenzverfahren beendet wird. ²Entsprechendes
gilt, wenn die Verwaltungs- und Verfügungsbefugnis über das Vermögen
des Schuldners auf einen vorläufigen Insolvenzverwalter übergeht.

36   § 240 ZPO gilt im finanzgerichtlichen Verfahren uneingeschränkt. –
Nicht schon der Insolvenzantrag (BFH/NV 2000, 1087), sondern erst die
Eröffnung eines **Insolvenzverfahrens** (§§ 11 ff, 27 InsO) **unterbricht**
ein Verfahren, soweit es die Insolvenzmasse (§ 35 InsO) betrifft, regelmäßig in dem im Eröffnungsbeschluss genannten **Zeitpunkt** (§§ 27 II Ziff 3,
III InsO). Die **von Amts wegen** zu beachtende Unterbrechung des Verfahrens tritt schon vorher ein, falls ein **vorläufiger Insolvenzverwalter**
bestellt und ihm die Verwaltungs- und Verfügungsbefugnis über das Vermögen des Schuldners übertragen wird (§ 21 II Nr 2 Alt 1 InsO; § 240 I 2
ZPO; s hierzu BFH/NV 2000, 734, 735; 1087; 2003, 645, 646; 2005,
331; 365, 366). Entsprechendes muss für das **Verbraucherinsolvenzver-
fahren** (§ 304 InsO) gelten, sobald der an die Stelle des Insolvenzverwalters tretende Treuhänder bestellt worden ist (§§ 313 I, 292, 80-82, 21 II
InsO; BGH WM 2003, 1948 = NJW-RR 2004, 48; vgl auch BGH
NJW 2005, 1279). – Die Neuregelung des Insolvenzrechts ab 1. 1. 1999 (s
Art 103, 104 EGInsO) hat – abgesehen von § 240 I 2 ZPO – keine Auswirkungen auf die Unterbrechung des Verfahrens. – Sequestration allein
genügt nicht. Sie steht der Bestellung eines vorläufigen Insolvenzverwalters
nicht gleich (vgl zum alten Recht BFH/NV 1999, 326). – Das Verfahren
wird auch im Falle der Eröffnung des Insolvenzverfahrens über das Vermögen des notwendig Beigeladenen unterbrochen, wenn es die Insolvenzmasse betrifft (vgl BFHE 151, 15 = BStBl II 1988, 23, 24). – Das Verfahren „betrifft" nicht die Insolvenzmasse, wenn der Rechtsstreit um die
Rücknahme des Insolvenzantrags geht (vgl BFHE 124, 311 = BStBl II
1978, 313) oder wenn die gerichtliche Entscheidung – so wie sie nach dem
materiellen Recht zu treffen ist – keine unmittelbaren Auswirkungen auf
das Insolvenzverfahren hat (vgl BFHE 151, 15 = BStBl II 1988, 23, 24). –
Zur Unterbrechung des Beschwerdeverfahrens des Beigeladenen durch die
Insolvenz des Klägers s BFH/NV 2003, 1006. – Zur Unterbrechung des
Klageverfahrens gegen einen **Gewinnfeststellungsbescheid** durch Eröffnung des (vorläufigen) Insolvenzverfahrens über das Vermögen eines Gesellschafters s BFH/NV 2005, 365, 366. – Zur Unterbrechung des Verfahrens bei Eröffnung des Insolvenz- bzw Konkursverfahrens durch ein
ausländisches Gericht s BFHE 123, 406 = BStBl II 1978, 56; BFH/NV
1998, 980. – Das Verfahren kann durch die Beteiligten aufgenommen werden, wenn der Insolvenzverwalter die Aufnahme des Rechtsstreits (§ 85 II
InsO) abgelehnt hat (vgl BFH/NV 1988, 586; 2004, 349). – Zur **Aufnahme** eines durch Eröffnung des Insolvenzverfahrens unterbrochenen Verfahrens vgl BFHE 99, 348 = BStBl II 1970, 665; BFHE 118, 412 =
BStBl II 1976, 506; BFHE 124, 6 = BStBl II 1978, 165; BFH/NV 1994,
293; 2004, 349 betr unselbstständige Nebenverfahren. – Zur Unterbrechung des Verfahrens gem **§ 13 II 1 AnfG** s BFHE 174, 295 = HFR
1994, 578 (unzutreffend FG Nds EFG 1994, 1066, das eine Aussetzung des
unterbrochenen Verfahrens gem § 74 für möglich hält). – Die **Unterbrechung dauert** bis zur Aufnahme des Verfahrens, längstens bis zur Beendigung des Insolvenzverfahrens (BFH/NV 2004, 349; 2005, 1360). – Eine

trotz Unterbrechung des Verfahrens ergangene **gerichtliche Entscheidung** ist wirkungslos und aus Gründen der Rechtsklarheit aufzuheben (BFH/NV 2004, 366) – Im Übrigen s Vor § 74 Rz 3.

§ 241 ZPO Unterbrechung durch Prozessunfähigkeit

37

(1) Verliert eine Partei die Prozeßfähigkeit oder stirbt der gesetzliche Vertreter einer Partei oder hört seine Vertretungsbefugnis auf, ohne daß die Partei prozeßfähig geworden ist, so wird das Verfahren unterbrochen, bis der gesetzliche Vertreter oder der neue gesetzliche Vertreter von seiner Bestellung dem Gericht Anzeige macht oder der Gegner seine Absicht, das Verfahren fortzusetzen, dem Gericht angezeigt und das Gericht diese Anzeige von Amts wegen zugestellt hat.

(2) Die Anzeige des gesetzlichen Vertreters ist dem Gegner der durch ihn vertretenen Partei, die Anzeige des Gegners ist dem Vertreter zuzustellen.

(3) Diese Vorschriften sind entsprechend anzuwenden, wenn eine Nachlaßverwaltung angeordnet wird.

§ 241 ZPO gilt im finanzgerichtlichen Verfahren uneingeschränkt. – Im   38
Falle der **Vertretung** (§ 246 ZPO) tritt **keine Unterbrechung** ein (Rz 42 ff). – Zum **Verlust der Prozessfähigkeit einer GmbH** durch Löschung im Handelsregister s BFHE 90, 336 = BStBl II 1968, 95; BFHE 130, 477 = BStBl II 1980, 587; BFHE 146, 492 = BStBl II 1986, 589, 590; BFH/NV 1987, 515; 1988, 648; 1991, 415; 1992, 177 und durch Niederlegung des Liquidatorenamts s OLG Hamm NJW-RR 1998, 470. – Zur Unterbrechung des Verfahrens wegen **Inhaftierung** eines Verfahrensbeteiligten s BFH/NV 1995, 401. – Im Übrigen s Vor § 74 Rz 3.

§ 242 ZPO Unterbrechung durch Nacherbfolge

39

Tritt während des Rechtsstreits zwischen einem Vorerben und einem Dritten über einen der Nacherbfolge unterliegenden Gegenstand der Fall der Nacherbfolge ein, so gelten, sofern der Vorerbe befugt war, ohne Zustimmung des Nacherben über den Gegenstand zu verfügen, hinsichtlich der Unterbrechung und der Aufnahme des Verfahrens die Vorschriften des § 239 entsprechend.

§ 243 ZPO Aufnahme bei Nachlasspflegschaft und Testamentsvollstreckung

Wird im Falle der Unterbrechung des Verfahrens durch den Tod einer Partei ein Nachlaßpfleger bestellt oder ist ein zur Führung des Rechtsstreits berechtigter Testamentsvollstrecker vorhanden, so sind die Vorschriften des § 241 und, wenn über den Nachlaß das Insolvenzverfahren eröffnet wird, die Vorschriften des § 240 bei der Aufnahme des Verfahrens anzuwenden.

§ 244 ZPO Unterbrechung durch Anwaltsverlust

(1) Stirbt in Anwaltsprozessen der Anwalt einer Partei oder wird er unfähig, die Vertretung der Partei fortzuführen, so tritt eine Unterbrechung des Verfahrens ein, bis der bestellte neue Anwalt seine Bestellung dem Gericht angezeigt und das Gericht die Anzeige dem Gegner von Amts wegen zugestellt hat.

(2) [1] Wird diese Anzeige verzögert, so ist auf Antrag des Gegners die Partei selbst zur Verhandlung der Hauptsache zu laden oder zur Bestellung eines neuen Anwalts binnen einer von dem Vorsitzenden zu bestimmenden Frist aufzufordern. [2] Wird dieser Aufforderung nicht Folge geleistet, so ist das Verfahren als aufgenommen anzusehen. [3] Bis zur nachträglichen Anzeige der Bestellung eines neuen Anwalts erfolgen alle Zustellungen an die zur Anzeige verpflichtete Partei.

40 §§ 242, 243 ZPO sind uneingeschränkt anwendbar (zur Aufnahme des Verfahrens bei Testamentsvollstreckung s BGH BB 1988, 800). § 244 ZPO kann im finanzgerichtlichen Verfahren nur herangezogen werden, soweit aufgrund einer Anordnung nach § 62 I 2 oder nach Maßgabe des § 62a Vertretungszwang besteht, im Übrigen aber nicht (vgl BFH/NV 1986, 542; BAGE 28, 46; *T/K* § 74 FGO Rz 36). – Im Anwaltsprozess, dh in den Fällen, in denen Vertretungszwang besteht, unterbricht der Tod des Anwalts das Verfahren nicht, wenn ein Vertreter (§ 54 BRAO) bestellt ist (BGH HFR 1974, 26 = BGHZ 61, 84). – Zum Verlust der Postulationsfähigkeit eines Anwalts s BGH HFR 1977, 38; VersR 1981, 679. – Zum Berufsverbot für den Anwalt s BGH NJW 1990, 1854. – Im Übrigen s Vor § 74 Rz 3. – Im Verfahren vor dem FG, in dem grundsätzlich (Ausnahme § 62 I 2) kein Vertretungszwang besteht, tritt der Kläger ohne Unterbrechung des Verfahrens an die Stelle des Prozessbevollmächtigten (BFH/NV 1996, 567, 568).

41 **§ 245 ZPO Unterbrechung durch Stillstand der Rechtspflege**

Hört infolge eines Krieges oder eines anderen Ereignisses die Tätigkeit des Gerichts auf, so wird für die Dauer dieses Zustandes das Verfahren unterbrochen.

S Vor § 74 Rz 3.

§ 246 ZPO Aussetzung bei Vertretung durch Prozessbevollmächtigten

(1) Fand in den Fällen des Todes, des Verlustes der Prozeßfähigkeit, des Wegfalls des gesetzlichen Vertreters, der Anordnung einer Nachlaßverwaltung oder des Eintritts der Nacherbfolge (§§ 239, 241, 242) eine Vertretung durch einen Prozeßbevollmächtigten statt, so tritt eine Unterbrechung des Verfahrens nicht ein; das Prozeßgericht hat jedoch auf Antrag des Bevollmächtigten, in den Fällen des Todes und der Nacherbfolge auch auf Antrag des Gegners die Aussetzung des Verfahrens anzuordnen.

(2) Die Dauer der Aussetzung und die Aufnahme des Verfahrens richten sich nach den Vorschriften der §§ 239, 241 bis 243; in den Fällen des Todes und der Nacherbfolge ist die Ladung mit dem Schriftsatz, in dem sie beantragt ist, auch dem Bevollmächtigten zuzustellen.

42 **§§ 245, 246 ZPO** sind uneingeschränkt anwendbar (§ 246 ZPO, weil die Prozessvollmacht auch im finanzgerichtlichen Verfahren über den Tod hinaus gilt (§ 62 Rz 17 zu § 86 ZPO). – §§ 245, 246 ZPO gelten auch im Falle der **Löschung einer GmbH** (BFH/NV 1988, 648; 1991, 415; s auch Rz 38) und im Falle des liquidationslosen Erlöschens einer KG durch Umwandlung in eine GmbH (BFHE 162, 99 = BStBl II 1991, 401, 402). –

Zur Aussetzung des Verfahrens bei **Tod des** amtlichen **Betreuers** s BFH/ NV 2005, 574.

Zu § 246 I ZPO: Prozessbevollmächtigter kann auch ein **Ehegatte** sein **43** (BFH/NV 1995, 225, 227 betr Klage gegen Zusammenveranlagungsbescheid). – Zur **Vertretung in der Revisionsinstanz** s BFH/NV 1994, 159, 160; 1998, 851; 2000, 212, 213 und zur Vertretung im Beschwerdeverfahren s BFH/NV 2002, 506, 507. – Eine Vertretung fand auch statt, wenn der als Bevollmächtigter Aufgetretene seine **Vollmacht nicht nachgewiesen** hatte (BFHE 100, 433 = BStBl II 1971, 105; BFH/NV 1990, 796). – Zur Unterbrechung/Aussetzung des Verfahrens bei Tod eines Beteiligten „**zwischen den Instanzen**" s BFH/NV 2004, 1665.

§ 246 I Hs 1 ZPO findet auch dann Anwendung, dh eine Unterbre- **44** chung des Verfahrens erfolgt nicht, wenn bei einer **Anwaltssozietät** nur einer der Anwälte wegfällt; auch § 244 I ZPO greift hier nicht ein (BAG HFR 1973, 140). Die Unterbrechung ist aber nicht durch § 246 I ZPO ausgeschlossen, wenn ein Rechtsanwalt usw stirbt, der in eigener Sache aufgetreten war (BFHE 148, 184 = BStBl II 1987, 147).

Der Antrag (**§ 246 I Hs 2 ZPO**) kann auch noch gestellt werden, wenn der Bevollmächtigte zunächst weiterverhandelt hatte, und sogar dann, wenn er einen zunächst gestellten Antrag wieder zurückgenommen hatte (BFHE 103, 118 = BStBl II 1971, 774; vgl auch BFH/NV 1987, 798; 2004, 72, 73).

Dem **Antrag, das Verfahren auszusetzen**, ist im Falle des Todes des **45** Beteiligten insbesondere zu entsprechen, wenn seine **Erben** (noch) **unbekannt** sind (BFH/NV 1990, 582). – Bei Ableben eines von mehreren Beteiligten ist das Verfahren für alle Beteiligten nur auszusetzen, wenn sie notwendige Streitgenossen (§ 59 Rz 7, 8) sind (BFH/NV 1990, 722). Da Ehegatten, die gemeinsam einen ESt-Zusammenveranlagungsbescheid angreifen, keine notwendigen Streitgenossen sind (§ 59 Rz 6), kann nur das Verfahren des verstorbenen Ehegatten ausgesetzt werden; das Verfahren des überlebenden Ehegatten ist – nach Abtrennung (§ 73 Rz 23) – fortzuführen.

§ 247 ZPO Aussetzung bei abgeschnittenem Verkehr **46**

Hält sich eine Partei an einem Ort auf, der durch obrigkeitliche Anordnung oder durch Krieg oder durch andere Zufälle von dem Verkehr mit dem Prozeßgericht abgeschnitten ist, so kann das Gericht auch von Amts wegen die Aussetzung des Verfahrens bis zur Beseitigung des Hindernisses anordnen.

§ 248 ZPO Verfahren bei Aussetzung

(1) Das Gesuch um Aussetzung des Verfahrens ist bei dem Prozeßgericht anzubringen; es kann vor der Geschäftsstelle zu Protokoll erklärt werden.

(2) Die Entscheidung kann ohne mündliche Verhandlung ergehen.

§§ 247, 248 ZPO gelten uneingeschränkt (§ 155). – § 247 ZPO ist **47** nicht anwendbar, wenn der Verfahrensbeteiligte aus in seiner Person liegenden Gründen (zB Inhaftierung) in der Ausübung seiner prozessualen

Rechte beeinträchtigt ist (BFH/NV 1995, 401, 402). – § 248 ZPO bezieht sich auf die **Aussetzungsgesuche** nach §§ 246, 247 ZPO. Die Entscheidung hat durch **Beschluss** zu erfolgen, gegen den die Beschwerde gegeben ist (§ 128 II).

48 **§ 249 ZPO Wirkung der Unterbrechung und Aussetzung**

(1) Die Unterbrechung und Aussetzung des Verfahrens hat die Wirkung, daß der Lauf einer jeden Frist aufhört und nach Beendigung der Unterbrechung oder Aussetzung die volle Frist von neuem zu laufen beginnt.

(2) Die während der Unterbrechung oder Aussetzung von einer Partei in Ansehung der Hauptsache vorgenommenen Prozeßhandlungen sind der anderen Partei gegenüber ohne rechtliche Wirkung.

(3) Durch die nach dem Schluß einer mündlichen Verhandlung eintretende Unterbrechung wird die Verkündung der auf Grund dieser Verhandlung zu erlassenden Entscheidung nicht gehindert.

49   **§ 249 ZPO** gilt uneingeschränkt. – § 249 III ZPO ist nicht anwendbar, wenn die **Unterbrechung** des Verfahrens **nach Verzicht auf mündliche Verhandlung** – aber bevor die Entscheidung beschlossen worden ist – eintritt (BSG NJW 1991, 1909; aA aus prozessökonomischen Gründen BFHE 163, 410 = BStBl II 1991, 466). – Wegen der **Wirkungen** der Unterbrechung und Aussetzung des Verfahrens s Vor § 74 Rz 4.

50 **§ 250 ZPO Form von Aufnahme und Anzeige**

Die Aufnahme eines unterbrochenen oder ausgesetzten Verfahrens und die in diesem Titel erwähnten Anzeigen erfolgen durch Zustellung eines bei Gericht einzureichenden Schriftsatzes.

51   **§ 250 ZPO** ist (wegen des Amtsbetriebs) im finanzgerichtlichen Verfahren mit der Maßgabe anwendbar, dass das **Gericht** das **Verfahren aufnehmen** muss, sobald der Grund für die Aussetzung des Verfahrens entfallen ist (BFH/NV 2000, 587; 2003, 189, 190). Im Übrigen kann das Gericht das Verfahren aufnehmen, wenn die Beteiligten die Aufnahme grundlos verzögern (FG Hessen EFG 1972, 498; OVG Lüneburg OVGE 2, 237; *T/K* § 74 FGO Rz 42; einschränkend *Offerhaus* BB 1971, 809; aA *Redeker/ v Oertzen* § 94 Rz 13).

§ 75 [Mitteilungen der Besteuerungsgrundlagen]

Den Beteiligten sind, soweit es noch nicht geschehen ist, die Unterlagen der Besteuerung auf Antrag oder, wenn der Inhalt der Klageschrift dazu Anlass gibt, von Amts wegen mitzuteilen.

§ 75 ist neben der weitergehenden Regelung des § 96 II überflüssig. – Die Vorschrift dient der Gewährung rechtlichen Gehörs.

Vor § 76: Verfahrensgrundsätze

Literatur (s auch Voraufl; außerdem zu § 65, zu § 76 und zu § 96):
Benda/Weber, Der Einfluss der Verfassung im Prozessrecht, 1984; *Berg,* Zur
Untersuchungsmaxime im Verwaltungsverfahren, Die Verwaltung 1976, 161;
ders, Grundsätze des verwaltungsgerichtlichen Verfahrens, FS Menger, 537;
W Breckmann, Die richtlinienkonforme Auslegung, 1994; *M Burgi,* Verwaltungsprozess und Europarecht, 1996; *Cahn,* Prozessuale Dispositionsfreiheit und
zwingendes materielles Recht, AcP 198 (1998), 35; *v Danwitz,* Verwaltungsrechtliches System und europäische Integration, 1996; *ders,* Zur Grundlegung
einer Theorie der subjektiv-öffentlichen Gemeinschaftsrechte, DÖV 1996, 481;
Dänzer-Vanotti, Der EuGH zwischen Rechtsprechung und Rechtsetzung,
FS Everling (1995), 205; *Degenhart,* Präklusion im Verwaltungsprozess, FS
Menger, 621; *Ehlers,* Die steuergerichtliche Untersuchungsmaxime, eine Untersuchung zur Inquisition, DStR 1962, 1963, 6; *ders,* Die Klagebefugnis nach
deutschem, europäischem Gemeinschafts- und US-amerikanischem Recht, VerwA 84 (1993), 139; *Everling,* Justiz im Europa von morgen, DRiZ 1993, 5; *ders,*
Zur Funktion des EuGH als Verwaltungsgericht, FS Redeker (1993), 293;
Gellermann, Auflösung von Normwidersprüchen zwischen europäischem und
nationalem Recht, DÖV 1996, 433; *Gilles,* Transnationales Prozessrecht, 1995;
v Groll, Zu den Grenzen des Saldierens im Steuerrecht, StuW 1993, 312, 314 f
u 319 f; *ders,* Das Handeln der Finanzverwaltung als Gegenstand des Rechtsschutzbegehrens, DStJG 18 (1995), 47, 68 ff; *ders,* Treu und Glauben im Steuerrecht, FR 1995, 814, 817 f; *Hakenberg,* Handbuch zum Verfahren vor dem
EuGH, 1996; *Heißenberg,* Europäischer Gerichtshof in Steuersachen, KÖSDI
9/96, 10 825; *Henckel,* Prozessrecht und materielles Recht, 1970; *Hutka,* Gemeinschaftsrechtbezogene Prüfungs- und Verwerfungskompetenz der deutschen
Verwaltung gegenüber Rechtsnormen nach europäischem Gemeinschaftsrecht
und nach deutschem Recht, 1997; *Iglesias/Riedenberg,* Zur richtlinienkonformen
Auslegung des nationalen Recht, FS Everling (1995), 1213; *Jarass,* Folgen der
innerstaatlichen Wirkung der EG-Richtlinien, NJW 1991, 2665; *Jauernig,* Verhandlungsmaxime, Inquisitionsmaxime und Streitgegenstand, 1967; *Kaufmann,*
Untersuchungsgrundsatz und Verwaltungsgerichtsbarkeit, 2002; *Klamaris,* Das
prozessuale Gewohnheitsrecht, FS Baumgärtel (1990), 229; *Lüke,* Grundsätze
des Verwaltungsprozesses 1961, 41; *Nettesheim,* Auslegung und Fortbildung nationalen Rechts im Lichte des Gemeinschaftsrechts, AöR 119 (1994), 261;
E Pfrang, Das Verhältnis zwischen Europäischem Gemeinschaftsrecht und deutschem Recht nach der Maastrichtentscheidung des Bundesverfassungsgerichts,
1997; *Prütting,* FS Schiedermair (2001), 445, Verfahrensgerechtigkeit; *Redeker,*
Verfahrensrechtliche Bindungen der Untersuchungsmaxime im Verwaltungsprozess, in Staatsbürger und Staatsgewalt II, 1963, 475; *ders,* Beweislast und Beweiswürdigung im Zivil- und Verwaltungsprozess, NJW 1966, 1777; *Rengeling/
Middeke/Gellermann,* Rechtsschutz in der EU, 1994; *H H Rupp,* Der Umgang
des BVerfG mit der Eigenbindung an Prozeßgrundrechte, FS Schiedermair
(2001), 431; *J-P Schneider,* Effektiver Rechtsschutz Privater gegen EG-Richtlinien nach dem Maastricht-Urteil des BVerfG, AöR 119 (1994), 294; *Schön,*
Die Auslegung europäischen Steuerrechts, 1993; *ders,* Gemeinschaftskonforme
Auslegung und Fortbildung des nationalen Steuerrechts – unter Einschluss des
Vorlageverfahrens nach Art 177 EGV, DStJG 19 (1996), 167; *Stadie,* Unmittelbare Wirkung von EG-Richtlinien und Bestandskraft von Verwaltungsakten,

NVwZ 1994, 435; *Stern,* Qualität und Bedeutung der Prozessgrundrechte für die Grundrechtsbindung der Rechtsprechung, FS Ule (1987), 359; *Trautwein,* Zur Rechtsprechungskompetenz des BVerfG auf dem Gebiet des Europäischen Gemeinschaftsrechts, JuS 1997, 893; *Voß,* Europäisches und nationales Steuerrecht, StuW 1993, 155.

1   Die allg, prinzipiellen gesetzgeberischen Entscheidungen zur Gestaltung eines Gerichtsverfahrens **(Verfahrensgrundsätze, Verfahrensmaxime)** werden traditionell einem System von *Gegensatzpaaren* zugeordnet. Hierbei werden unterschieden (*R/S* 481 ff):
   - hinsichtlich der Einleitung eines Verfahrens und der inhaltlichen Bestimmung des Prozessgegenstandes zwischen **Amtsgrundsatz** (Offizialmaxime) und **Verfügungsgrundsatz** (Dispositionsmaxime);
   - hinsichtlich der Sammlung des Prozessstoffs, der Tatsachen und Beweismittel, zwischen **Untersuchungsgrundsatz** (Inquisitionsmaxime) und **Verhandlungsgrundsatz** (Beibringungsgrundsatz);
   - hinsichtlich des äußeren Ablaufs des Verfahrens zwischen **Amtsbetrieb** und **Parteibetrieb.**

2   Keine Verfahrensordnung folgt starr ausschließlich den amtsbezogenen oder den parteibezogenen Verfahrensgrundsätzen. Daher werden diese zunehmend als **„Modelle"** angesehen, die als *Orientierungspunkte* insoweit Verständigungshilfe leisten können, als die Normen, um die es jeweils geht, dies erlauben, und zwar unter Berücksichtigung der Eigenart des materiellen Rechts, dessen Verwirklichung sie dienen (s dazu Vor § 1 Rz 1, 3; § 65 Rz 38 f; *Kaufmann* aaO, 344; *Seer* in T/K § 76 Tz 1 f).

3   **Im Steuerprozess** liegt die Herrschaft über den Prozessgegenstand (ähnlich wie im allg Verwaltungsprozess, vgl vor allem *Lüke* aaO u AöR 1984, 185 ff) weitgehend bei den Beteiligten **(Dispositionsmaxime;** dazu *Cahn* aaO, 571; *R/S* S 479 f; *Seer* in T/K § 76 Tz 7; *Nieland,* AO-StB 2004, 253):
   - Das Gericht muss **angerufen** werden, damit es überhaupt tätig wird (§§ 40 I und II, 41 I, 69, 114, 115 I und III, 134 iVm §§ 578 ff ZPO).
   - Der Rechtsuchende kann auf Rechtsschutzgewährung **verzichten** (§ 50 Rz 1).
   - Das Gericht muss seine Tätigkeit beenden, wenn das Rechtsschutzbegehren **zurückgenommen** wird (§ 72 I, 125 I) oder wenn die Beteiligten den Rechtsstreit in der Hauptsache für **erledigt erklären** (§ 138).
   - Der *Kläger* bestimmt durch die Gestaltung seines Begehrens das **„Streitprogramm"** (*Lüke* JuS 1961, 41, 43). Über sein Begehren darf nicht hinausgegangen werden (§ 96 I 2). Er kann die Klage ändern (§ 67). Er muss nach automatischer Auswechslung des Verfahrensgegenstands (§ 68) sein Rechtsschutzbegehren der neuen Prozesssituation anpassen (§ 68 Rz 1 f, 45 und 48 ff).
   - Die *beklagte Behörde* ihrerseits wirkt (mittelbar) durch Konkretisierung des zugrunde liegenden Steuerrechtsverhältnisses (Vor § 40 Rz 7), dh durch Erlass bzw Versagung einer **Hoheitsmaßnahme,** deren Umgestaltung oder Aufhebung auf den Streitgegenstand (§§ 40 II, 65 I 1, 100–102, 138 II) sowie auf den Verfahrensgegenstand (§§ 44 II, 68) ein.

4   Beschränkt ist die Verfügung über den Prozessgegenstand im finanzgerichtlichen Verfahren durch das materielle Abgabenrecht (Grundsatz der

Gesetzmäßigkeit der Besteuerung, Art 2 I, 14 III 2, 20 III GG; § 85 AO) und durch zwingende, im **materiellen Recht** wurzelnde Sachentscheidungsvoraussetzungen (Vor § 33 Rz 1 ff) wie die Klagebefugnis (§§ 40 II, s dort Rz 55 ff) und die Beteiligtenfähigkeit (§ 57; s dort Rz 7 ff).

Nach dem im finanzgerichtlichen Verfahren vorherrschenden **Untersu-** 5 **chungsgrundsatz** ist es Aufgabe des Gerichts, für die tatsächliche Grundlage der zu treffenden Entscheidung zu sorgen (anders bei der etwa im Zivilprozess geltenden Verhandlungsmaxime, nach der dies im Wesentlichen Sache der Parteien/Beteiligten ist). Folglich kennt die FGO auch den im Zivilprozess vorherrschenden Begriff der (subjektiven) Beweislast nicht (*Seer* in T/K § 76 Tz 19; § 96 Rz 20 ff; s auch *Loschelder,* AO-StB 2003, 25). Der Untersuchungsgrundsatz gilt nicht uneingeschränkt. Zwar ist die Sachaufklärung nach § 76 I 1 Sache des Gerichts (vgl auch § 76 I 5). Dass damit jedoch kein Dogma festgeschrieben, sondern nur ein *Grundsatz* ausgesprochen wird, der Ausnahmen zulässt, indizieren schon die im unmittelbaren Anschluss hieran (§ 76 I 2 bis 4) statuierten **Mitwirkungspflichten** der Beteiligten. Weitere Durchbrechungen des Grundsatzes der Amtsermittlung ergeben sich aus anderen prozessualen Regelungen, vor allem aus den *Präklusionsvorschriften* (§ 364 b AO iVm § 76 III – dazu § 76 Rz 60 ff; § 79 b – s dort Rz 16 ff), aber auch aus dem materiellen und formellen Abgabenrecht (s Rz 4; *Martin* BB 1986, 1021; *Seer* in T/K § 76 Tz 49 ff).

Die Gestaltung des äußeren Verfahrensablaufs (sog Prozessbetrieb, vgl 6 *R/S* 496) liegt im Steuerprozess weitgehend beim Gericht. Es herrscht **Amtsbetrieb:** Das *Gericht* beraumt Termine an, lädt, stellt zu, setzt Fristen, erlässt die Maßnahmen, die geeignet erscheinen, den Prozess voranzutreiben (vgl *Seer* in T/K § 76 Tz 10).

Gestaltet wird das Prozessrechtsverhältnis auch im finanzgerichtlichen 7 Verfahren ferner durch das **Verfassungsrecht** (generell zur Bedeutung für das Prozessrecht: BVerfGE 82, 286, 299), und zwar nicht nur durch die Gewährung subjektiver Prozessrechte oder bestimmter Garantien (zB in Art 19 IV, 97, 101, 103 I GG; s dazu auch § 96 Rz 27 ff sowie zum allg verfahrensrechtlichen Beschleunigungsgebot Rz 8), sondern vor allem durch die **Verpflichtung des Richters,** verfassungsrechtliche Wertentscheidungen zu verwirklichen (dazu allg *Dürig,* FS Nawiasky (1956), 157 ff, DÖV 1958, 194 u in *Maunz/Dürig* Art 1 GG Abs III Rz 132; BVerfGE 7, 198 u 57, 220; BVerfG NJW 1971, 1645), also zB
– für ein **faires Verfahren** zu sorgen (dazu BVerfGE 46, 334; BVerfG HFR 1999, 301; NJW 2001, 1343; *Vollkommer,* GS für Bruns (1980), 194; s auch § 76 Rz 54) und sich dabei am Prinzip der „Waffengleichheit" auszurichten;
– Hinweis- und Prozessförderungspflichten (§ 6 II) an der Maxime einer effektiven Rechtsschutzgewährung zu orientieren (§ 76 Rz 53 ff);
– Überraschungsmomente aus dem Prozessgeschehen fernzuhalten (s auch § 96 Rz 31);
– Vorschriften verfassungskonform auszulegen (dazu BVerfGE 35, 360; 40, 88 u 51, 156; BGH NJW 1978, 938, 939; *Bettermann,* Die verfassungskonforme Auslegung, 1986).

Die hM leitet aus Art 19 IV, 103 I GG das **Verbot überlanger Ver-** 8 **fahrensdauern von Steuerprozessen** ab (BVerfG DB 1987, 1722 u 1992,

1224; BVerfGE 55, 349, 369; zur Bedeutung des Art 6 I 1 MRK s Rz 10).
Ob eine überlange Verfahrensdauer vorliegt, beurteilt sich unabhängig von
der Rechtsgrundlage nach den *Umständen des Einzelfalls,* insbesondere nach
der Bedeutung der Sache für die Beteiligten, der Schwierigkeit der Sach-
materie sowie den gerichtlich nicht zu beeinflussenden Tätigkeiten Dritter
(vgl BVerfG NJW 2001, 214: 26 Jahre seit Klageerhebung unzulässig;
NJW 2004, 3320: 3 Jahre ohne Terminierung noch hinnehmbar, BVerfGE
55, 349, 369: 1,5 Jahre für Revisionsverfahren zulässig; BVerfG NJW
1997, 2811: 6,5 Jahre betr Umgangsrecht unzulässig; 1 BvR 1708/99 NJW
2000, 797: 15 Jahre seit erstinstanzlicher Antragstellung unzulässig; BFH/
NV 1992, 431: 12 Monate für AdV-Verfahren zulässig; BFH VII B 282/03
nv: zwölfmonatiger Verfahrensstillstand hinnehmbar; BFH/NV 2002, 53:
5 Jahre ohne Hinzutreten besonderer Umstände hinnehmbar; VerfG Brdbg
NVwZ 2003, 1379: 3,5 Jahre für Asylverfahren nicht hinnehmbar; s auch
Vor § 1 Rz 1). Auch das Alter des Klägers oder eines Zeugen ist von Bedeutung (zum Zeugen: BFHE 188, 264 = BStBl 1999, 407). Welche konkreten **Folgen** die überlange Verfahrensdauer für das einzelne Verfahren
hat, ist weitgehend unklar. Fest steht lediglich, dass eine überlange Verfahrensdauer *keinen unmittelbaren Einfluss auf die Sachentscheidung* hat (BVerfG
HFR 1993, 37; BFHE 188, 264 = BStBl II 1999, 407). Weder wird dadurch ein angefochtener VA rechtswidrig (BFHE 165, 469 = BStBl II
1992, 148) noch die Einziehung eines Anspruchs aus dem Steuerschuldverhältnis iS des § 227 AO unbillig (BFHE 163, 313 = BStBl II 1991, 498;
s aber zur zehnjährigen Untätigkeit der Finanzverwaltung FG Hessen 13 K
1697/02: teilweiser Erlass der Aussetzungszinsen, Rev Az BFH: X R
24/04; aM FG Hbg II 418/02 nv). Denn eine unangemessen lange Prozessdauer führt nicht zur Verwirkung des Steueranspruches (BFHE 200,
529 = BStBl 2003, 179 mwN; aM *Koepsell/Fischer-Tobies,* DB 1992, 1370,
1373), weil das FG nicht an dem Steuerschuldverhältnis beteiligt ist (*v Groll*
StuW 1991, 239, 242; FR 1995, 814, 817 f u *H/H/Sp* § 227 Rz 206 f und
270 ff mwN; allg zur Verwirkung: *Kruse/Drüen* in T/K § 4 Tz 169 ff). Aus
diesen Gründen ist auch ein vom FA eingelegtes Rechtsmittel selbst nach
überlanger erstinstanzlicher Prozessdauer grundsätzlich nicht rechtsmissbräuchlich (BFH/NV 1991, 537, 538). Darüber hinaus wirkt sich die
durch eine überlange Verfahrensdauer bedingte **unmögliche Sachaufklärung** jedenfalls dann nicht zu Gunsten des Klägers aus, wenn dieser
selbst nicht zur Prozessbeschleunigung beigetragen oder auf diese gedrun-
gen hat (BFH IV B 27/98 BFH/NV 1999, 499 u IV B 10/98 BFH/NV
1999, 655; 2001, 921; 2002, 1605 ua zur Berücksichtigung der langen
Verfahrensdauer bei der Beweiswürdigung; zur Beweisvereitlung s § 76
Rz 2 u 37 f; § 96 Rz 13 f; zur Feststellungslast § 96 Rz 23; vgl. auch
BFH/NV 2004, 52 mwN: Kläger hat darzulegen, worauf die überlange
Verfahrensdauer beruht und dass diese der Finanzverwaltung oder dem FG
anzulasten ist, sowie BFH/NV 2000, 1364: Entscheidungserheblichkeit ist
darzulegen). Hinsichtlich der **Kostenerhebung** kann bei überlanger Verfahrensdauer § 21 GKG anzuwenden sein.

9   Darüber hinaus beeinflussen **allg Rechtsgrundsätze** (s Vor § 33 Rz 5 u
18) das Prozessrechtsverhältnis, wie zB Treu und Glauben und das Verbot
des Rechtsmissbrauchs (vgl Vor § 33 Rz 18; *Baumgärtel,* ZZP 1969, 89 u
1986, 353; zu **Treu und Glauben:** BGH NJW 1978, 426; VII ZB 12/94

HFR 1995, 604; BFHE 169, 103 = BStBl II 1993, 174; zum Vertrauen in Bestand der Rspr: BFHE 173, 378 = BStBl II 1994, 333; BGH HFR 1994, 553; zum Vertrauen in Auslegung von Verfahrensvorschriften: BVerfG 2 BvR 871/92 NJW 1993, 720; zum **Rechtsmissbrauch:** BGH NJW 1987, 1947; BFHE 167, 303 = BStBl II 1992, 673; BFH/NV 1993, 244; 310 u 732; 1996, 412; s auch BFHE 175, 7 = BStBl II 1994, 859; BFHE 180, 520 = BStBl II 1997, 75 zum Vertretungsmissbrauch; FG RhPf EFG 1994, 115; BVerwG NJW 1989, 118; zum Rechtsmissbrauch bei *Richterablehnung:* BFH/NV 1995, 400 u 540; § 51 Rz 25 ff; s auch Vor § 33 Rz 5 u 18; zur *Verwirkung von Verfahrensrechten:* BVerwG Buchholz 310 § 132 Nr 298; BAG 2 AZR 55/81 NJW 1983, 1444; § 46 Rz 35).

Immer größere Bedeutung auch für das Prozessrechtsverhältnis bekommt das **supranationale Recht:** **10**

– Das **Gemeinschaftsrecht** erfordert bezogen auf das Prozessrecht, dass gemeinschaftsrechtliche und nationale *Rechtsschutzmöglichkeiten nebeneinander* bestehen (EuGH Slg 1987, 4097 Tz 14 u 1991, I-5357 Tz 43), dass Fälle mit Bezug zum Gemeinschaftsrecht prozessual nicht schlechter behandelt werden dürfen als solche mit nur nationalem Bezug (*Diskriminierungsverbot,* vgl Art 10 EGV) und dass Betroffene die Möglichkeit haben müssen, sich zur Wahrung ihrer Rechte auf zwingende *Vorschriften des Gemeinschaftsrechts zu beziehen* (EuGH Slg 1991, I-4983 Tz 14; *Kopp/Schenke* § 1 Rz 20 ff; *Schmidt-Aßmann* in Schoch ua Einl Rz 100 ff; s auch Conseil d'Etat, DVBl 1991, 324; EuGH 104/86 HFR 1989, 326 zu Beweisregeln; HFR 1993, 137 zu Klagefristen; s auch § 40 Rz 111). Hinzu kommt die Verpflichtung, nationales Recht *gemeinschaftskonform auszulegen* (dazu BAG BB 1996, 1332) und – zumindest für Gerichte, deren Entscheidungen nicht mehr mit Rechtsmitteln anfechtbar sind – ggf nach Art 234 EGV eine *Vorabentscheidung des EuGH* über die Auslegung von Gemeinschaftsrecht oder die Gültigkeit und die Auslegung von Handlungen der Organe der Gemeinschaft und der EZB einzuholen (s dazu BVerwG Buchholz 451, 20 § 33a GewO Nr 8; BVerfG HFR 1990, 446; *Everling,* Das Vorabentscheidungsverfahren vor dem EuGH, 1986; *Clausnitzer,* DStR 1987, 641 und Vor § 74 Rz 7).

– Das **Völkerrecht** wirkt sich insbesondere durch die MRK auf das nationale Prozessrecht aus, die über Art 25 GG in Deutschland den Rang eines einfachen Bundesgesetzes hat (vgl allg *Maunz/Dürig* Art 1 II Rz 57 ff; *Kopp/Schenke* § 1 Rz 16; *Schmidt-Aßmann* in Schoch ua Einl Rz 132 ff). **Art 6 I 1 MRK,** der ein faires Verfahren garantieren soll, gilt im Steuerprozess indes nicht (EuGHMR NJW 2002, 3453; BFHE 179, 353 = BStBl II 1996, 232; vgl auch BFHE 163, 313 = BStBl II 1991, 498 mwN; zur Fragwürdigkeit dieser Rspr: § 104 Rz 8; zur Unschuldsvermutung des Art 6 II MRK: BFHE 165, 330 = BStBl II 1992, 9 m Anm HFR 1992, 107). Gleichwohl wird auch für den Steuerprozess diskutiert, ob sich ein **allg verfahrensrechtliches Beschleunigungsgebot** aus Art 6 I 1 MRK, aus Art 19 IV GG oder aus Art 103 I GG ableiten lässt (vgl BFHE 163, 313 = BStBl II 1991, 498; BFHE 165, 469 = BStBl II 1992, 148, 149; BFH/NV 1992, 431; BFHE 179, 335 = BStBl II 1996, 219; *Stöcker,* DStZ (A) 1989, 367; *Neckels,* DStZ (A) 1990, 244; *Mössner,* StuW 1991, 226; *Koepsell/Fischer-Tobies,* DB 1992, 1370; *Tipke,* Steuerrechtsordnung III, 1993, 1387).

§ 76 [Untersuchungsgrundsatz, Mitwirkungspflichten]

(1) [1]Das Gericht erforscht den Sachverhalt von Amts wegen. [2]Die Beteiligten sind dabei heranzuziehen. [3]Sie haben ihre Erklärungen über tatsächliche Umstände vollständig und der Wahrheit gemäß abzugeben und sich auf Anforderung des Gerichts zu den von den anderen Beteiligten vorgebrachten Tatsachen zu erklären. [4]§ 90 Abs. 2, § 93 Abs. 3 Satz 2, § 97 Abs. 1 und 3, §§ 99, 100 der Abgabenordnung gelten sinngemäß. [5]Das Gericht ist an das Vorbringen und an die Beweisanträge der Beteiligten nicht gebunden.

(2) Der Vorsitzende hat darauf hinzuwirken, dass Formfehler beseitigt, sachdienliche Anträge gestellt, unklare Anträge erläutert, ungenügende tatsächliche Angaben ergänzt, ferner alle für die Feststellung und Beurteilung des Sachverhalts wesentlichen Erklärungen abgegeben werden.

(3) [1]Erklärungen und Beweismittel, die erst nach Ablauf der von der Finanzbehörde nach § 364b Abs. 1 der Abgabenordnung gesetzten Frist im Einspruchsverfahren oder im finanzgerichtlichen Verfahren vorgebracht werden, kann das Gericht zurückweisen und ohne weitere Ermittlungen entscheiden. [2]§ 79b Abs. 3 gilt entsprechend.

(4) Die Verpflichtung der Finanzbehörde zur Ermittlung des Sachverhalts (§§ 88, 89 der Abgabenordnung) wird durch das finanzgerichtliche Verfahren nicht berührt.

Vgl § 86 I und III VwGO; § 103 und § 106 I SGG

Übersicht

Literatur (s auch vor Rz 60 sowie zu § 65, Vor § 76, zu §§ 79 bis 81 und zu § 96): *Baltzer,* Grenzen der Sachaufklärung durch das Finanzgericht, NJW 1967, 1150; *Degenhart,* Präklusion im Verwaltungsprozess, FS Menger, 621; *Gusy,* „Antizipierte Sachverständigengutachten" im Verwaltungs- und Verwaltungsgerichtsverfahren, NuR 1987, 156; *Hagen,* Mitwirkungs- und Aufzeichnungspflichten des Steuerpflichtigen bei Sachverhalten mit Auslandsbezug und Rechtsfolgen bei Pflichtverletzung, StBp 2005, 33; *Haueisen,* Untersuchungsgrundsatz und Mitwirkungspflicht der Beteiligten, NJW 1966, 764; *Knauer,* Mitwirkungspflicht des Klägers im finanzgerichtlichen Verfahren, VerwA 60 (1969), 188; *Krapoth,* Die Rechtsfolgen der Beweisverteilung im Zivilprozess, Regensburger Diss 1995; *Loschelder,* Die Beweislast im finanzgerichtlichen Verfahren, AO-StB 2003, 25; *Lück,* Zurückweisung verspäteten Vorbringens, DStR 1987, 383; *Lüke,* Über die Beweislast im Zivil- und Verwaltungsprozess, JZ 1966, 587; *Manssen,* Untersuchungsgrundsatz, Aufklärungspflicht und Mitwirkungsobliegenheiten im Verwaltungsprozess, Festg f Haak (1997), 63; *Martin,* Wechselwirkungen zwischen Mitwirkungspflichten und Untersuchungspflicht im finanzgerichtlichen Verfahren, BB 1986, 1021; *Mösbauer,* Befugnisgrenzen finanzgerichtlicher Sachaufklärung, BB 1977, 505; *Mußgnug,* Sachverhaltsaufklärung und Beweiserhebung im Besteuerungsverfahren, JuS 1993, 48; *Paulus,* Die Beweisvereitelung in der Struktur des deutschen Zivilprozesses, AcP 197 (1997), 136; *Ruppel,* Beweismaß bei Schätzung aufgrund der Verletzung von Mitwirkungspflichten, DB 1995, 750; *Rüsken,* Beweis durch beigezogene Akten, BB 1994, 761; *Schick,* Steuerverfahrensrechtliche Aspekte der Bilanz, BB 1987, 133; *Seibel,* Der Beweisantritt im finanzgerichtlichen Verfahren, AO-StB 2002, 169; *Sommerfeld,* Die Sachverhaltsermittlung im Besteuerungsverfahren, 1997; *Stangl,* Die Präklusion der Anfechtung durch die Rechtskraft, Passauer Diss 1991; *Völlmeke,* Überlegungen zur tatsächlichen Vermutung und zum Anscheinsbeweis im finanzgerichtlichen Verfahren, DStR 1996, 1070; *Wolff,* Die Pflicht der Beteiligten im Verwaltungsprozess, BayVBl 1997, 585.

Zur tatsächlichen Verständigung im Steuerrecht (Rz 4): *B Bartscher,* Der Verwaltungsvertrag in der Behördenpraxis, 1997; *H J Bauer,* Der „Vergleich" im Steuerveranlagungsverfahren, Heidelberger Diss 1969; *Brosig,* Einvernehmliche „Beseitigung" von Erledigungserklärungen nach tatsächlicher Verständigung der Verfahrensbeteiligten, StB 1994, 354; *Buciek,* Grenzen des maßvollen Gesetzesvollzugs, DStZ 1995, 513; *Carl/Klos,* Tatsächliche Verständigung zwischen Finanzverwaltung und Steuerpflichtigem, AnwBl 1995, 338; *N Dose,* Die verhandelnde Verwaltung, 1997; *Eich,* Die tatsächliche Verständigung im Steuerverfahren und Steuerstrafverfahren, Diss Köln 1992; *Gosch,* Voraussetzungen einer tatsächlichen Verständigung bei einer Außenprüfung, StBp 1994, 195; *v Groll,* Treu und Glauben im Steuerrecht, FR 1995, 815, 817 f; *Hillenbrand,* Verhandlungen im Verständigungsverfahren mit der Finanzverwaltung auf exterritorialem Gebiet, BB 1994, 336; *Iwanek,* Aufhebung einer Bindungswirkung einer tatsächlichen Verständigung, DStR 1993, 1394; *Kirchhof,* Rechtsstaatliche Anforderungen an den Rechtsschutz in Steuersachen, DStJG 18 (1995), 17, 25 ff; *J Martens,* Vergleichsvertrag im Steuerrecht?, StuW 1986, 97; *Olbertz,* Tatsäch-

liche Verständigung im Steuerrecht, StW 1994, 201; *Rößler,* Zahlungsaner-
kenntnis und tatsächliche Verständigung, StB 1995, 11; *ders,* Verständigung im
Steuerrecht, DStZ 1998, 582; *Sangmeister,* Die Zulässigkeit des Tatsachenver-
gleichs im Steuerprozess und in anderen gerichtlichen Verfahren, BB 1988, 2289;
W Schick, Vergleiche und sonstige Vereinbarungen zwischen Staat und Bürger
im Steuerrecht, 1967; *Schmidt-Liebig,* Tatsächliche Verständigung über Schätzungsgrundlagen, DStZ 1996, 643; *Schuhmann,* Die tatsächliche Verständigung
im Steuerverfahren, DStZ 1995, 34; *Seer,* Verträge, Vergleiche und sonstige Verständigungen im deutschen Steuerrecht, StuW 1995, 213; *ders,* Verständigung im
Steuerverfahren, 1996; *ders,* Das Rechtsinstitut der sogenannten tatsächlichen
Verständigung im Steuerrecht, BB 1999, 78; *Sontheimer,* Der verwaltungsrechtliche Vertrag im Steuerrecht, 1987; *Streck,* Die „tatsächliche Verständigung" in
der Praxis, StuW 1993, 366; *Streck/Rainer/Mack/Schwedhelm,* Regeln für die tatsächliche Verständigung, Stbg 1994, 134; *Tiedtke/Wälzholz,* Vertrauensschutz im
Steuerrecht, DStZ 1998, 819, 820; *K Vogel,* Vergleich und Gesetzmäßigkeit der
Verwaltung im Steuerrecht, FS Döllerer (1988), 677; *Weber-Grellet,* Zu den
Voraussetzungen einer tatsächlichen Verständigung im Rahmen einer Außenprüfung, BB 1994, 997; *v Wedelstädt,* Tatsächliche Verständigung, DB 1991,
515; *Wiese,* Die Bindungswirkung der tatsächlichen Verständigung, BB 1994,
333; *H Wolf,* Verständigungen im Steuerverfahren, DStZ 1998, 267.

A. Bedeutung der Regelung

1   § 76 I 1 legt fest, dass es **Sache des Gerichts** (grundsätzlich des FG,
ausnahmsweise des BFH, s Rz 10) ist, den **Sachverhalt** von Amts wegen
aufzuklären (zum Untersuchungsgrundsatz: Vor § 76 Rz 5; zu Inhalt u
Umfang der Sachaufklärungspflicht: Rz 10 ff; zur Umsetzung: Rz 20 ff).
Dies beruht verfassungsrechtlich auf den Grundsätzen der **Belastungs-
gleichheit** (BVerfG BStBl II 1991, 654; HFR 1999, 44 u 292; BFH V B
13/94 BFH/NV 1995, 514; BFHE 189, 479 = BStBl II 2000, 131 mwN)
und der **Gewährung effektiven Rechtsschutzes** (Art 19 IV GG; vgl
Seer in T/K Tz 4). § 76 I 2–4 verknüpft diese Verpflichtung mit allg und
besonderen **Mitwirkungspflichten** der Beteiligten, die damit **Bestandteil der Sachaufklärungspflicht** im finanzgerichtlichen Verfahren werden (vgl BFH/NV 1995, 570, 571; 1999, 1481, 1482 und 2000, 1, 2:
Mitwirkungspflichten sind „Teil des Untersuchungsgrundsatzes"; *Kaufmann*
aaO, 432 ff: Amtsermittlung als Reservekompetenz; zur verfassungsrechtlichen Unbedenklichkeit von Mitwirkungspflichten im Rahmen des Untersuchungsgrundsatzes: BVerfG StRK EStG 1975 § 33 a Rz 29 u StRK
FGO § 56 Rz 361; BFH/NV 2005, 503; zur Verschärfung der Mitwirkungspflichten durch **Präklusionsvorschriften** s Rz 60 ff; § 79 b Rz 16 ff;
zum Verwaltungsverfahren und zum außergerichtlichen Vorverfahren
§§ 88 u 90 ff AO). *Seer* in T/K Tz 76 bezeichnet dies als *„Kooperations-
maxime".* Dieser Begriff trifft jedoch weder die Rechtswirklichkeit, in der
der Kläger oftmals nicht mitwirken will, noch hat er einen Erklärungswert
für das Spannungsverhältnis zwischen beiden Elementen der Sachaufklärung. Denn trotz der in § 76 I 2 ff normierten Mitwirkungspflichten bleiben nach dem Grundsatz des § 76 I 1 **Initiative und Herrschaft** der
Sachaufklärung beim **Gericht,** was sich auch durch § 76 I 5 bestätigt

(BFH/NV 2000, 184; Rz 10 ff, 20 ff). Zwecks dieser Sachaufklärung zieht das Gericht unter anderem die Beteiligten heran. Insoweit greifen richterliche Sachaufklärung und Mitwirkung der Beteiligten ineinander und überlagern sich (s zB BFHE 186, 299 = BStBl II 1999, 28 zu 6.; BFH/NV 2001, 789; zur *PC-Nutzung:* FG BaWü EFG 2001, 352). Das Gesamtergebnis liefert die Grundlage für die Meinungsbildung des Gerichts (§ 96 Rz 8 ff) und idR auch die Basis für das anschließende Revisionsverfahren (§ 118 II).

Die **Mitverantwortung der Beteiligten** für die Sachaufklärung (s dazu vor allem auch *Martin* BB 1986, 1021; vgl außerdem *Seer* in T/K Rz 3; sehr viel schwächer ausgeprägt in § 86 VwGO – dazu *Kopp/Schenke* § 86 Rz 5 d, 11 ff – und in § 103 SGG – dazu *Meyer-Ladewig* § 103 Rz 13 ff) folgt nicht nur aus § 76 I 2–4 und anderen Bestimmungen der FGO (§§ 65 I 2, 77, 80, 93 I, II, 137, 138 II), sondern auch aus sonstigen Vorschriften des formellen und materiellen Abgabenrechts (s Rz 40 ff). Diese prozessuale Inanspruchnahme findet hinsichtlich der Finanzbehörde ihre Rechtfertigung im Grundsatz der Gesetzmäßigkeit der Besteuerung (s Vor § 76 Rz 4) und hinsichtlich des klagenden Stpfl in dem Umstand, dass die Tatsachen, die es aufzuklären gilt, in der Regel seinem **Einfluss- oder Wissensbereich** entstammen, (s Rz 37 u 49; sehr anschaulich zur Bedeutung der aktiven Mitarbeit des Rechtsuchenden im Steuerprozess: BFHE 113, 540 = BStBl II 1975, 119, 121; vgl auch *Klingelmann,* BB 1989, 1167). Die **Verletzung** von Mitwirkungspflichten (Rz 50 ff) kann, unabhängig von der Möglichkeit, mit verspätetem Vorbringen nicht mehr gehört zu werden (Rz 64 ff), und den Folgen der Feststellungslast (§ 96 Rz 23), den Steuerprozess auf dreierlei Weise beeinflussen (s vor allem BFHE 156, 38 = BStBl II 1989, 462; außerdem BFH/NV 1993, 547; 1995, 662; 1997, 641; 2000, 551, 552; 2001, 789, 790):

– durch Begrenzung der gerichtlichen Sachaufklärungspflicht (Rz 10 ff u 50 ff),
– durch Reduktion des Beweismaßes (§ 96 Rz 16 ff) und
– durch nachteilige Schlussfolgerungen (§ 96 Rz 15).

Was die Rechtswirklichkeit angeht, so darf nicht außer acht gelassen werden, dass der Steuerprozess nicht der Durchsetzung eines (Steuer-)Anspruchs, sondern der **Rechtsschutzgewährung** dient (§ 40 Rz 8) und dass es vielfach durchaus nicht im Interesse des Rechtsuchenden liegt, die für die Sachaufklärung erforderlichen Tatsachen offen zu legen. Dadurch kann das Gericht der durch § 76 I 1 primär ihm (s Rz 1) auferlegten Pflicht, den Sachverhalt aufzuklären, oftmals nicht nachkommen, zumal sich die dem Gericht für die Sachaufklärung zur Verfügung stehenden Instrumentarien immer wieder als stumpf erweisen. Darin liegt (von anderen viel erörterten Besonderheiten abgesehen, dazu Vor § 1 Rz 1 mwN) die eigentliche Ursache für das Dilemma des Steuerprozesses.

Ziel des durch § 76 vorgegebenen Modells einer „Arbeitsteilung" zwischen Gericht und Beteiligten ist es, auf die **Beendigung des Rechtsstreits** hinzuwirken, die durch *Urteil* (§ 96), *Klagerücknahme* (§ 72) oder *Hauptsachenerledigung* (§ 138) erfolgen kann. Eine Prozessbeendigung durch **Vergleich** (§§ 794 I Nr 1 ZPO, 106 VwGO, 101 SGG) sieht die FGO **nicht** vor, weil sich die Beteiligten wegen des Grundsatzes der Gesetzmäßigkeit der Besteuerung nicht über den Steueranspruch vergleichen können. Das schließt eine **Verständigung im Tatsächlichen** aber nicht aus (s dazu die

Stapperfend   733

st Rspr seit BFHE 142, 549 = BStBl II 1985, 354; BFHE 162, 211 = BStBl II 1991, 45; BFHE 179, 353 = BStBl II 1996, 232; BFHE 181, 103 = BStBl II 1996, 625; BFH/NV 1998, 580; 2000, 328; 537 u 1073; FG Hessen EFG 2000, 562, 563; FG Bremen EFG 2000, 837; s auch *v Groll* FR 1995, 814, 817 f; *Kirchhof* DStJG 18, 17, 25 ff; weitergehend *Seer,* Verständigungen in Steuerverfahren, 1996, 206 ff; *ders* StuW 1995, 213 u BB 1999, 78; offenbar auch weitergehend – ohne überzeugende Herleitung: BFH/NV 1998, 498 – jew mwN). Danach sind Abreden über den entscheidungserheblichen *Sachverhalt* möglich, was insbesondere bei Schätzungen und in ähnlich gelagerten Fällen erschwerter Sachaufklärung in Betracht kommt. Eine Einigung über *Rechtsfragen* ist hingegen ausgeschlossen (s auch FinVerw FR 1993, 346; StEd 1994, 735 u WPg 1995, 350; zu den Voraussetzungen im einzelnen FG Saarl EFG 1993, 279 u 1996, 45; FG BaWü EFG 1993, 502 f; zur Anwendung bei *§ 14 III UStG:* BFHE 175, 463 = BStBl II 1995, 32; zur Bindungswirkung über Besteuerungsabschnitte hinaus: FG M'ster EFG 1995, 552). Insoweit besteht iSd § 115 II Nrn 1 und 2 (iVm § 116) idR **kein Klärungsbedarf** (BFH/NV 1998, 188; 2000, 1073). Eine tatsächliche Verständigung ist **kein Klageverzicht** (s § 50 Rz 6).

5   Ein **Anerkenntnisurteil** (§ 307 ZPO) kann im Steuerprozess nicht ergehen (s auch § 95 Rz 5; ebenso *Tipke* in T/K § 95 Tz 10. – aM FG Bln EFG 1968, 209; *Martens* StuW 1968, 615; nach *Kopp/Schenke* § 86 Rz 16 nur, soweit die Beteiligten über den zugrundeliegenden Streitpunkt verfügen können; s iÜ zum Meinungsstreit *H/H/S/Lange* § 95 Rz 53 ff mwN). Dies beruht wiederum auf den Grundsatz, dass der **Steueranspruch nicht zur Verfügung** der Beteiligten steht. Insofern ist die Dispositionsmaxime der beklagten Finanzbehörde, die aufgrund der prozessualen Rollenverteilung als einzige für ein Anerkenntnis in Betracht kommt (vgl § 63 I FGO; § 307 I ZPO), eingeschränkt. Ihr fehlt der erforderliche Entscheidungsspielraum (§§ 38, 85 AO). Darüber hinaus ist es bei allen verwaltungsaktbezogenen Klagen (§ 40 Rz 10; § 47 Rz 6) mit einer reinen Prozesserklärung ohnedies nicht getan. Es müssen SteuerVAe erlassen, aufgehoben oder geändert werden.

6   Die in § 76 II (s Rz 53 ff) geregelten Hinweis- und Belehrungspflichten des Vorsitzenden dienen ebenso wie Präklusionsregelungen (dazu Rz 60 ff) der in § 79 S 1 definierten **Konzentrationsmaxime** (s § 79 Rz 1 ff). § 76 III zieht die Folgerung aus der „halbherzigen" Präklusionsregelung des § 364 b AO. § 76 IV betont schließlich zur Klarstellung gegenüber früher herrschender Rechtsauffassung die Selbstständigkeit des finanzgerichtlichen Verfahrens (dazu Rz 83 f).

B. Zu § 76 I – Sachaufklärungspflicht des Gerichts und Mitwirkungspflichten der Beteiligten

I. Sachaufklärungspflicht des Gerichts

1. Inhalt und Umfang der Aufklärungspflicht

10   § 76 I 1 legt die Pflicht zur Erforschung des Sachverhalts dem **Gericht** auf. Das ist idR das *FG* (je nach Verfahrensstand Senat, Einzelrichter, Vorsitzender oder Berichterstatter). Ausnahmsweise ist auch der *BFH* zur Sach-

aufklärung verpflichtet, nämlich dann, wenn er Tatsacheninstanz ist (zB in *Beschwerdesachen:* BFHE 149, 437 = BStBl II 1987, 502; zur Tatsachenprüfung des BFH bei *Sachentscheidungsvoraussetzungen:* Vor § 33 Rz 20; Vor § 115 Rz 6 ff).

Das Gericht hat **den Sachverhalt** zu erforschen. Aus dieser Formulie- **11** rung des Gesetzes folgt bereits, dass sich die Aufklärungspflicht regelmäßig auf **Tatsachen** bezieht. Auf **Rechtsfragen** kann sie sich dann beziehen, wenn es um ausländisches Recht geht (§ 155 iVm § 293 ZPO; BGH FamRZ 1982, 263; MDR 1988, 123; HFR 1992, 206; BVerwG Buchholz § 98 VwGO Nr 41 u 402.240 § 48 AuslG 1990 Nr 7; BFH/NV 1986, 176, 177; zur Ermittlung der *Verkehrsauffassung:* BVerwG Buchholz 418.711 LMBG Nr 17).

Zu erforschen ist der **entscheidungserhebliche Sachverhalt** (zu un- **12** erheblichen Tatsachen s Rz 14 mwN; *Kopp/Schenke* § 86 Rz 4; die Parallelvorschriften des Verwaltungsverfahrensrechts sprechen insoweit von „allen für den *Einzelfall* bedeutsamen Umständen", s. § 88 II AO u § 24 II 2 VwVfG). Was entscheidungserheblich ist, hängt zunächst maßgeblich vom **Kläger** ab, da er im Rahmen der Dispositionsmaxime den Rahmen für das Verfahren absteckt (Vor § 76 Rz 3). Erhebt er zB eine unzulässige Klage, ist Sachaufklärung zur Frage der Begründetheit nicht nur überflüssig, sondern dem Gericht sogar verwehrt (s Vor § 33 Rz 7 f). Handelt es sich um eine zulässige Klage, nimmt er durch den **Inhalt seines Begehrens** (*nicht* notwendig durch dessen *Begründung* – § 76 I 5; dazu Rz 14; § 65 Rz 55; § 96 Rz 3) und durch die **Art der Klage oder des Antrags** (§ 65 Rz 48) bestimmenden Einfluss auf die Frage, worauf es im konkreten Fall für die Sachentscheidung ankommt (BFHE 142, 13 = BStBl II 1984, 834, 835 f; *Kopp/Schenke* § 86 Rz 4). So darf das Gericht nach § 96 I 2 nicht über das Begehren des Klägers hinausgehen und darf auch dessen Rechtsposition nicht verbösern (§ 96 Rz 5 ff; zur Saldierung s § 65 Rz 40 ff). Darüber hinaus kann das Gericht zB in **Schätzungsfällen** seine Sachprüfung auf die strittigen Punkte beschränken (BFHE 163, 471 = BStBl II 1991, 459; BFH/NV 1994, 766; 2000, 438 u 848, 849 mwN; FG BaWü EFG 1993, 502; s auch § 96 Rz 18; § 100 Rz 45 f). Im **summarischen Verfahren** (§§ 69 u 114) beschränkt sich die Sachaufklärungspflicht auf **präsente Beweismittel** (BFH/NV 1988, 370; 1995, 116; FG BaWü EFG 2000, 592; s auch FG Sachs EFG 2000, 46; § 69 Rz 121; § 114 Rz 55; zu § 324 AO: FG Sachs EFG 1993, 731). Sie kann sich uU noch weiter dadurch begrenzen, dass besondere Darlegungspflichten nicht wahrgenommen werden (BFH/NV 1988, 198; FG M'ster EFG 1989, 320, 323; zur Darlegungspflicht unter dem Gesichtspunkt der Zulässigkeit: Vor § 33 Rz 13).

Der entscheidungserhebliche Sachverhalt wird bei Anfechtungs- und **13** Verpflichtungsklagen (§ 40 I) zudem durch den **Regelungsgehalt des VA** bestimmt, der angegriffen oder erstrebt wird (Vor § 40 Rz 7 ff; § 40 Rz 86 ff; vgl zB BFHE 154, 12 = BStBl II 1989, 43; nicht beachtet in BFH/NV 1988, 158). Besonders deutlich wird dies dann, wenn Klagegegenstand eine **Ermessensentscheidung** ist (Haftungsbescheid, Prüfungsanordnung, Billigkeitsentscheidung nach §§ 163, 222, 227 AO), da dem Gericht insoweit nur eingeschränkte Überprüfungs- und Entscheidungsmöglichkeiten zustehen (s § 102; vgl auch BFHE 158, 306 =

Stapperfend

BStBl II 1990, 179; BFH/NV 1988, 695, 696; 1989, 274, 275; schief: FG
BaWü EFG 1990, 184, wonach das Gericht bei unzureichender Sachaufklärung durch das FA zu weiteren Ermittlungen „nicht verpflichtet" sei;
unzutr insoweit BFHE 158, 306 = BStBl II 1990, 179, 180 – dagegen:
H/H/Sp/v Groll § 227 Rz 394; vgl auch Vor § 40 Rz 66 ff; § 100 Rz 14,
27 f; § 102 Rz 13 ff). Weitere Einschränkungen hinsichtlich des entscheidungserheblichen Tatbestands ergeben sich im Verhältnis **Grundlagen-/
Folgebescheid** (Vor § 40 Rz 64 f; § 40 Rz 92 ff; § 42 Rz 25 ff; § 65
Rz 45; BFHE 144, 386 = BStBl II 1986, 17, 21; *v Groll,* StuW 1979,
172, 177; vgl wegen weiterer Bsp für unterschiedliche Regelungsgehalte
von Steuer-VAen, die – je nach Klagebegehren – auch Einschränkungen hinsichtlich der Sachaufklärungspflicht zur Folge haben können: § 40
Rz 78 ff). Die in diesem Zusammenhang interessierende Frage, ob der
Vorbehalt der Nachprüfung (§ 164 AO) eine Beschränkung der Sachaufklärungspflicht nach sich zieht, ist str (bejahend: BFH HFR 1996, 739;
FG RhPf EFG 1978, 109; FG Bln EFG 1980, 301; *H/H/Sp/Trzaskalik*
§ 164 AO Rz 50; *Tipke* in T/K § 164 AO Rz 32; *Rößler* Inf 1980, 303;
ders FR 1981, 37 – jew mwN; zu diesem Problem bei **§ 165 AO:** BFHE
161, 489 = BStBl II 1990, 104; BFH/NV 1998, 148; s auch BFHE 180,
217 = BStBl II 1996, 506; BFHE 180, 551 = HFR 1996, 739).

14   Innerhalb des sich durch das Klagebegehren, die Art der Klage und den
Regelungsinhalt des angefochtenen oder begehrten VA ergebenden Rahmens **bestimmt das Gericht, was aufzuklären ist.** Denn da das Gericht mit Hilfe der richterlichen Sachaufklärungspflicht idealtypischerweise
(s Rz 4) eine Basis dafür schaffen soll, dass es nach seiner freien, aus dem
Gesamtergebnis des Verfahrens gewonnenen Überzeugung entscheiden
kann (§ 96 I 1; vgl auch BFHE 158, 462 = BStBl II 1960, 188: *Wahr-
scheinlichkeitserwägungen* genügen nicht; zur Minderung des Beweismaßes s
Rz 2 u 50; § 96 Rz 16 ff), hat es zur **Herbeiführung der Spruchreife**
nur das aufzuklären, was **aus seiner Sicht entscheidungserheblich** ist
(BFH/NV 2003, 186 u 530; vgl auch *Martin* BB 1986, 1021, die vom
Entscheidungs- und Ermittlungsprogramm spricht; einschränkend und mE
mit § 76 I unvereinbar allerdings BFH BB 2005, 2230: Gericht ist darauf
beschränkt, die Rechtmäßigkeit der Entscheidung des FinBeh zu überprüfen und darf wegen des Grundsatzes der Gewaltenteilung nicht prüfen, ob die übrigen Voraussetzungen für die Gewährung von Kindergeld vorliegen; aA BVerwG NVwZ 1996, 175). Folglich muss das FG
nicht allen von den Beteiligten aufgeworfenen Fragen nachgehen (BFHE
92, 332 = BStBl II 1968, 589; BFHE 101, 73 = BStBl II 1971, 200;
BFHE 130, 265 = BStBl II 1980, 449, 450 aE; BFHE 142, 13 = BStBl II
1984, 834, 835; *Kopp/Schenke* § 86 Rz 5 ff mwN). Das können auch Umstände sein, über die die Beteiligten (bislang) nicht streiten (BFH/NV
1995, 1076). Maßgebend ist die **materiell-rechtliche Auffassung des
Gerichts** (BFH/NV 1988, 170; 1992, 199; 2000, 212 f; 328 f u 435; 2005,
1496; zur Entscheidungserheblichkeit: BFHE 177, 18 = BStBl II 1995,
473; BFHE 186, 259 = BStBl II 1998, 619 unter II.1.; s auch Rz 12), zumal das FG nach § 76 I 5 gerade nicht an das Beteiligtenvorbringen
gebunden ist (dazu BFH/NV 1991, 759: wegen § 76 I 5 kein Übergehen
eines Sachvortrags mit der bloßen Begründung, er sei widersprüchlich; s
auch Rz 26 ff).

Die Grundlage für die materiell-rechtliche Auffassung des Gerichts bildet **15** das **materielle Recht,** das sich damit auch auf die Ermittlungspflichten auswirkt. Dies kann der Fall sein durch die Eigenart und Systematik der in Frage stehenden **„Anspruchsgrundlage"** (vgl zum *GrEStRecht:* BFHE 166, 180 = BStBl II 1992, 202; zum *Haftungsanspruch:* BFH/NV 1993, 153 u 215; zum *Treuhandverhältnis:* FG Köln EFG 1993, 501; zum *Vorsteuerabzug:* BFH/NV 1995, 637), durch gesetzliche **Pauschalierungen oder Typisierungen** (BVerfGE 78, 214, 228; zur Bedeutung des *Fahrtenbuchs* nach § 6 I Nr 4 S 3 EStG: *Lück* Inf 1996, 579), durch gesetzliche **Vermutungen** (wie in § 122 II AO: BFHE 158, 297 = BStBl II 1990, 108; BGH BB 1992, 73) oder durch **besondere Verfahrensvorschriften** (s Rz 60 ff; § 79b Rz 10 ff; zu § 56: BFH/NV 1989, 370), durch § 142 AO (BFH/NV 1989, 122), aber auch durch **allg Rechtsgrundsätze** (Vor § 76 Rz 9; BFHE 156, 339 = BStBl II 1989, 585). Str ist die Rolle von **typisierenden Verwaltungsvorschriften** in diesem Zusammenhang (dazu allg: *Kruse/Drüen* in T/K § 4 AO Tz 37 ff; *K Vogel* StuW 1991, 254; Rspr-Beispiele: zur Berücksichtigung von *Dienstreisen:* BFHE 145, 151 = BStBl II 1986, 200; von *Umzugskosten:* BFHE 148, 283 = BStBl II 1987, 188; zur tatsächlichen Bedeutung für das *Kausalproblem bei § 173 AO:* BFHE 153, 296 = BStBl II 1988, 715; *H/H/Sp/v Groll* § 173 AO Rz 125 ff, 129 mwN).

Aufklärungsmaßnahmen muss das Gericht nur dann ergreifen, wenn ein **16 Anlass** hierzu besteht, der sich aus den beigezogenen Akten, dem Beteiligtenvorbringen oder sonstigen Umständen ergeben kann (BFH/NV 1995, 440 u 637; 1997, 139; 154; 1999, 1437; 2000, 175). Kein Anlass zur Sachaufklärung besteht, wenn die Tatsachen **offenkundig** oder **gerichtsbekannt** sind und weder Anlass zu Zweifeln besteht noch substantiierte Einwände hiergegen erhoben werden (*Kopp/Schenke* § 86 Rz 5 b). Gleiches gilt, wenn das Gericht über ausreichende **eigene Sachkunde** verfügt, um aus den ihm bekannten Umständen des Einzelfalls in tatsächlicher Hinsicht die richtigen Schlüsse zu ziehen (zB keine Hinzuziehung eines Sachverständigen zur Beurteilung der Frage, ob ein *Betrieb geeignet* ist, nachhaltig *Gewinne zu erwirtschaften,* es sei denn, hierzu sind spezielle Branchenkenntnisse erforderlich BFHE 145, 375 = BStBl II 1986, 289, 290; keine Einholung eines Sachverständigengutachtens zur Beurteilung von *Schätzungsgrundlagen:* BFH/NV 2005, 224; weitere Beispiele zum **„Bewertungsermessen"** bei *Kopp/Schenke* § 86 Rz 9; s auch BFH/NV 2000, 184).

Nicht bestrittene Tatsachen können **nicht** ohne weiteres als richtig **17** **unterstellt** werden (s aber Rz 37 ff). Doch kann den Beteiligten Glauben geschenkt werden, wenn sich Zweifel nicht aufdrängen (vgl BVerwG Buchholz 310 § 86 I VwGO Nr 83; HFR 1968, 670). Die unter dem Schlagwort des **„maßvollen Gesetzesvollzuges"** erörterten und praktizierten Modalitäten der Lockerung der Sachaufklärungspflicht sind schon für die Verwaltung problematisch (s *Seer* FR 1997, 553 zu den gleichlautenden Ländererlassen v 16. 11. 1996 BStBl I 1996, 1391), **für** die **Gerichte** entfalten sie **keinerlei Rechtswirkung.**

2. Durchführung der Sachaufklärung

20   **Wie das Gericht** den von ihm für entscheidungserheblich gehaltenen (Rz 14) Sachverhalt **aufklärt,** steht in seinem **Ermessen.** Dieses Ermessen wird aber bereits dadurch eingeschränkt, dass es den Sachverhalt **so vollständig wie möglich** aufklären muss (BFHE 153, 463 = HFR 1988, 558; BFH/NV 1997, 293 f; 1998, 174; 1999, 943 f; 2000, 1097, 1098; BFH DStRE 2004, 1187; zur Bedeutung der *Buchführung* nach § 158 AO s § 96 Rz 10; zur *Schätzungsbefugnis* der FG: BFH/NV 1994, 683; s auch § 96 Rz 13 ff; BFH/NV 1994, 766). Dazu gehört zunächst, dass es den Inhalt der den Streit betreffenden **Steuerakten** zur Kenntnis nimmt (grundlegend BFHE 146, 573 = BStBl 1986, 753; zum Verfahrensfehler bei Verstoß gegen dieses Gebot: BFH/NV 2000, 1186; 2002, 944; § 115 Rz 80 aE) und die **Beteiligten auffordert,** zu Tatsachen oder Beweismittel **Stellung zu nehmen,** die durch das Gericht oder einen anderen Beteiligten in das Verfahren eingeführt werden (BFH/NV 1986, 34; 1987, 187, 188; 1990, 688; vgl auch BFH/NV 2004, 973: Gericht muss den Kläger iR des § 76 II darauf hinweisen, dass seine Angaben zur Verwirklichung eines Steuertatbestandes nicht ausreichend substantiiert sind; das ist mE keine Frage des § 76 II, sondern des § 76 I 1). Darüber hinaus muss das Gericht unabhängig von eventuellen Beweisanträgen der Beteiligten (§ 76 I 5; s auch Rz 1, 12 u 14) **von sich aus Beweis erheben** (BFHE 177, 301 = BStBl II 1994, 660; BFH/NV 1989, 38; 2002, 1499; unklar 2003, 1192 unter Hinweis auf die Möglichkeit, auf Beweisanträge zu verzichten) und bestehende **Zweifel ausräumen** (BFH/NV 1997, 139 u 154; 2005, 232; BFH DStRE 2004, 1187; s auch Rz 14). Es muss dabei **alle verfügbaren Beweismittel** ausnutzen (stRspr vgl BFH/NV 2004, 207; 978; 1112; 1666 u BFH DStRE 2004, 1187: Beweismittel, die sich **aufdrängen;** s im Einzelnen die Erläuterungen zu §§ 81 ff; zur Pflicht, Akten beizuziehen: BFH/NV 2004, 511; zur Pflicht, fremdsprachige Urkunden übersetzen zu lassen: BVerwG NJW 1996, 1553). Das gilt auch dann, wenn die Beteiligten auf die **Durchführung einer mündlichen Verhandlung verzichtet** haben (BFH/NV 2002, 1179). Sind eventuelle Beweismittel weder aus den Akten noch aus dem Vortrag der Beteiligten ersichtlich und ergeben sich auch **keine weiteren Anhaltspunkte** dafür, wie der Sachverhalt weiter aufgeklärt werden könnte – zB auch deshalb, weil alle Beweismittel vernichtet sind – so entscheidet das Gericht aufgrund des bis dahin festgestellten Sachverhalts; gegebenenfalls ist eine Entscheidung nach *Feststellungslast* zu treffen (vgl BFH/NV 2002, 351; FG Köln EFG 2001, 368, 371).

21   Die Überzeugung, die das Gericht gem § 96 I 1 für seine Entscheidung gewinnen soll, erfordert regelmäßig eine **eigene Anschauung** von den entscheidungserheblichen Tatsachen und Beweismitteln (Grundsätze der Unmittelbarkeit der Beweiserhebung – § 81 I 1; dort Rz 2 ff; s außerdem zB: BFHE 124, 305 = BStBl II 1978, 311; BFHE 145, 549 = BStBl II 1986, 486, 487; BFHE 177, 217 = BStBl II 1995, 542; BFH/NV 2000, 49; 74 f u 215; § 96 Rz 16). Das gilt vor allem für die Glaubwürdigkeit eines Zeugen (vgl BFHE 177, 217 = BStBl II 1995, 542, 544; BAG HFR 1979, 395; BVerwG Buchholz 310 § 96 VwGO Nr 32), und zwar insbesondere dann, wenn ein Beteiligter gerade dies ausdrücklich zum Beweis-

thema macht (BGHZ 7, 116, BGH LM § 286 (E) ZPO Nr 7b; BVerwG HFR 1980, 255).

Etwas anderes gilt nur dann, wenn die Beteiligten mit der **Verwertung**   **22** **fremder Beweisergebnisse** einverstanden sind oder zumindest keine substantiierten Einwände dagegen erheben. Diese können dann gegebenenfalls im Wege des Urkundenbeweises in das Verfahren eingeführt werden (s § 81 Rz 11; zur Bedeutung eines *Erbscheins:* BFHE 179, 436 = BStBl II 1996, 242; zur Übernahme eines Gutachtens aus dem *Verwaltungsverfahren:* BVerwG HFR 1980, 157; 1986, 149; zur Verwertung eines Vermerks über eine *Ortsbesichtigung:* BFH/NV 2002, 667; zur Übernahme von tatsächlichen Feststellungen und/oder Beweiswürdigungen aus *Strafurteilen:* BFHE 105, 220 = BStBl II 1972, 544; BFHE 124, 305 = BStBl II 1978, 311; BFHE 175, 489 = BStBl II 1995, 198; BFH/NV 1998, 738; 2000, 74, 75; 215; 2004, 513; zur **Indizwirkung** eines Geständnisses im Strafverfahren: BFH/NV 1999, 1496; zu den Grenzen: BVerfG HFR 1990, 651; aus einem Scheidungsurteil: BFHE 91, 104 = BStBl II 1968, 239; vgl auch BFHE 164, 396 = BStBl II 1991, 806; aus einer Polizeiakte: BFHE 104, 409 = BStBl II 1972, 399; **zum Verwertungsverbot** bei Telefonüberwachung: BFH BStBl II 2001, 464 = HFR 2001, 651). Prinzipiell steht auch die Übernahme fremder Ermittlungsergebnisse im Ermessen des FG (BFH/NV 2000, 974), desgleichen die Beiziehung fremder Akten (BFH/NV 2000, 74, 75; s auch Rz 23). Unabhängig davon kommt Verwertung im Wege des Urkundsbeweises (§ 82 Rz 40) in Betracht (BGH LM § 286 (E) ZPO Nr 7b).

IÜ stehen die **Art und Weise der Beweiserhebung** und vor allem die   **23** **Auswahl der Beweismittel** grundsätzlich im pflichtgemäßen **Ermessen** des Gerichts (zu Kostenerwägungen in diesem Zusammenhang: BFHE 174, 301 = BStBl II 1994, 660 einerseits – FG RhPf EFG 1995, 1068 andererseits; zur Begrenzung des Ermessens bei der Auswahl von Beweismitteln: BVerwG DVBl 1988, 540 u NVwZ 1989, 1057; s außerdem *Kopp/Schenke* § 86 Rz 5 a; zur *Wahl einer eventuellen Schätzungsmethode:* BFH/NV 1999, 290; 2000, 848, 849). Eine allg gültige Rangfolge der Beweismittel gibt es nicht – desgleichen **keine feste Regel** für den Verzicht auf bestimmte Beweiserhebungen oder für die Gewichtung von Beweisanträgen der Beteiligten (s auch Rz 26 ff u zu den Besonderheiten im Verfahren nach billigem Ermessen: § 94 a Rz 4). Daher findet auch die generelle Differenzierung, die der BFH (BFHE 174, 301 = BStBl II 1994, 660 mwN) vornimmt, indem er das Unterlassen der Zeugenvernehmung durch das FG stets strenger beurteilt als die Nichteinholung eines Sachverständigengutachtens, im Gesetz keine Stütze (s iÜ Rz 25).

Wenngleich die Art und Weise der Beweiserhebung dem Gericht vor-   **24** behalten ist und die in § 76 I 2 ff normierten **Mitwirkungspflichten nicht erzwingbar** sind, empfiehlt es sich unter dem Gesichtspunkt der **Einwirkung auf die Beweislage** für die Beteiligten, über das ausdrücklich (etwa nach § 65 oder § 79 b) geforderte Minimum an prozessualer Mitwirkung hinaus, aktiv am Prozessgeschehen teilzunehmen und von sich aus entsprechenden Tatsachenvortrag und Beweismittel in das Verfahren einzuführen, um dadurch den *Anlass* dafür zu geben, dass sich das Gericht mit diesem Vorbringen befasst (s dazu *Seibel*, AO-StB 2002, 169, 170 u Rz 14 ff). Prozessuales „Mittun" und „Mitdenken" empfiehlt sich in der Praxis außerdem, weil sich in der Rechtsmittelinstanz selbst Unterlassen als Hürde erweisen kann (s dazu Rz 33).

25   **Sachverständige** muss das Gericht dann hinzuziehen, wenn ihm in tatsächlicher Hinsicht die eigene Sachkunde zur Aufklärung oder Beurteilung des Sachverhalts fehlt (BFH/NV 2004, 1533; s auch *Kopp/Schenke* § 86 Rz 9 u hier Rz 16). Insoweit wird die zwar grundsätzlich bestehende Ermessensfreiheit (BFH/NV 1999, 491; 2000, 729; BGH VersR 1988, 801) eingeschränkt (BGH WM 1987, 25; BVerwGE 68, 183 mwN; vgl auch BVerwG HFR 1986, 149 und *Kopp/Schenke* § 86 Rz 9; zur Einholung weiterer Gutachten oder ergänzender Stellungnahmen: BFH/NV 1991, 850, 852; 2004, 54; 1533; zur Aufklärungspflicht bei abweichenden und widersprüchlichen Gutachten: BGH VI ZR 234/91 BB 1992, 2464).

26   Das Gericht ist nach § 76 I 5 nicht an das Vorbringen und die Beweisanträge der Beteiligten gebunden. Gleichwohl darf es **substantiierten Vortrag und substantiierte Beweisanträge** (zu den Anforderungen an einen Beweisantrag: Rz 29), die den entscheidungserheblichen Sachverhalt betreffen (dazu Rz 14), grundsätzlich **weder ablehnen noch übergehen** (vgl dazu generell: BFHE 174, 301 = BStBl II 1994, 660; BFH/NV 1995, 286; 314; 717, 719; 1996, 757; 914; 1988, 711; 2000, 299; 2002, 45; 2003, 63; 2004, 1543 zum Zeugen vom Hörensagen; enger: BFH/NV 1995, 320; zum Übergehen von Beweisanträgen: BFH/NV 2001, 611, 612; 2005, 1339; 1848; 1850 mwN; s aber BFH/NV 2005, 1843 zur erforderlichen **Rüge** des Klägers; dazu Rz 33). Andernfalls setzt sich das Gericht dem Vorwurf einer gegen die Sachaufklärungspflicht verstoßenden **vorweggenommenen Beweiswürdigung** aus. Das ist insbesondere dann der Fall, wenn es eine Beweiserhebung mit der Begründung ablehnt, dass das zu erwartende Ergebnis die Überzeugung des Gerichts nicht ändern könne (BFHE 121, 152 = BStBl II 1977, 310, 311; BFH/NV 1995, 717; 1996, 906; 2000, 174; 2001, 181, 182; 2003, 502; 1340; 2005, 232; 1123; BVerwG NVwZ 1987, 405; *Kopp/Schenke* § 86 Rz 6a mwN). Etwas anderes gilt nach BFH/NV 2001, 181, 182; 789, 790; 2002, 45; 625; 1595; 2003, 63; 502; 787; 1340; 2004, 651; 2005, 1075 nur dann, wenn:

– das Beweismittel für die zu treffende Entscheidung **unerheblich** ist (Rz 14 f; BGH HFR 1970, 611; BVerwG Buchholz 310 § 86 I VwGO Nr 112; BVerwGE 61, 304; HFR 1980, 111; BFHE 89, 65 = BStBl III 1967, 520; BFHE 90, 485 = BStBl II 1968, 145; BFHE 124, 305 = BStBl II 1978, 311, 312; BFHE 174, 301 = BStBl II 1994, 660; BFH/NV 1986, 674 f; 1989, 38; 2002, 45);

– die in Frage stehende Tatsache zu Gunsten des Beweisführenden als **wahr unterstellt** werden kann (BFHE 155, 157 = BStBl II 1989, 150; BFHE 174, 301 = BStBl II 1994, 660; zu *Hilfstatsachen:* BFH/NV 2005, 1843; BVerwGE 61, 304; 71, 40);

– das Beweismittel **unerreichbar** ist (Rechtsgedanke des § 244 III 2 StPO; BFHE 112, 455 = BStBl II 1974, 612; BFHE 174, 301 = BStBl II 1994, 660; BFH/NV 1993, 32; 2001, 181 f; 2003, 1076; FG Hbg EFG 1991, 297; BFH HFR 1978, 423; NJW 1985, 984, zur Beteiligtenpflicht, **Auslandszeugen** selbst zu stellen s Rz 42; andererseits zu Beweiserleichterungen für ehem **DDR**-Bürger: BSG NWB Fach 1, 265, 35/96; zur Bewältigung von **Beweiserschwernissen im Beitrittsgebiet** 1993: BFH/NV 1997, 337), was auch dazu führen kann, dass man sich mit einer **schriftlichen Zeugenaussage** begnügen muss (BVerwG Buchholz 310 § 96 VwGO, 19; zum Grundsatz der Verhältnismäßigkeit der Beweiserhebung: BVerfGE 78, 214, 229; zu Beweiserleichterungen in *Kriegszeiten:* FG Hessen EFG 1994, 1051; FG Hbg EFG 1995, 823; s auch FG BaWü EFG 1996, 1224; s auch Rz 50);

– das Beweismittel oder die Beweiserhebung (zB wegen eines Zeugnisverweigerungsrechts) **unzulässig oder absolut untauglich** ist (BFH/NV 1995, 717, 719; 1996, 906 f; BGH NJW 1978, 1207; BVerwG DVBl 1983, 1001; NJW 1984, 2962; typischer Fall im Steuerrecht: **Zeugenaussage statt des** erforderlichen **Buchnachweises** iSv § 158 AO: BFH/NV 1986, 221; zum Beweiswert der Buchführung allg: BFHE 165, 326 = BStBl II 1992, 55 u § 96 Rz 10; zur Untauglichkeit des Zeugenbeweises in Schätzungsfällen: FG D'dorf EFG 1992, 209; zur prinzipiellen Untauglichkeit des Sachverständigenbeweises in diesem Bereich: BFH/NV 1999, 491; 657; zur prinzipiellen Unentbehrlichkeit der (Original-)Rechnung beim **Vorsteuerabzug:** BFHE 146, 596 = BStBl II 1986, 721; BFH/NV 2000, 1373; FG Nds UR 2001, 217; zur prinzipiellen Untauglichkeit der **Beteiligtenvernehmung** im Steuerprozess: BFHE 186, 209 = BStBl II 1999, 28 unter 5.b; BFH/NV 1999, 800; 2005, 1861 mwN u § 82 Rz 42; zur Problematik des Freibeweises im finanzgerichtlichen Verfahren s § 81 Rz 2; aM BFHE 149, 437 = BStBl II 1987, 502, 503. Wegen weiterer Sonderfälle und Rspr-Beispiele vgl *Kopp/Schenke* § 86 Rz 6).

Unsubstantiiertem Vortrag und unsubstantiierten Beweisan- 29 trägen muss das Gericht nicht nachgehen (BFH/NV 1986, 136 f; 1993, 656, 658; BFHE 177, 18 = BStBl II 1995, 473; BFH/NV 1996, 757; 914; 1998, 454, 455 mwN; 2004, 46; 2005, 1339; FG SchlHol EFG 1992, 88; BVerwG HFR 1974, 307; zu deren Protokollierung: BFHE 166, 574 = BStBl II 1992, 562; zu weitgehend aber BVerwG HFR 1977, 298, wonach die Aufklärungspflicht entfallen soll, wenn der Kläger nicht auf eine Aufklärungsverfügung reagiert. Das kann mE nur dann gelten, wenn keine andere Möglichkeit der Aufklärung besteht, s auch Rz 20). Unsubstantiiert sind Beweisanträge dann, wenn sie entweder das Beweisthema und das voraussichtliche Ergebnis der Beweisaufnahme in Bezug auf einzelne bestimmte Tatsachen nicht hinreichend konkretisieren, sie also nicht angeben, welche konkrete Tatsache durch welches Beweismittel nachgewiesen werden soll (dazu BFH/NV 2003, 63; 485; 787; 825 zur erforderlichen Konkretisierung; BFH/NV 2004, 980 zur Angabe, welche Tatsachen ein Zeuge bezeugen soll) oder wenn sie dazu dienen sollen, unsubstantiierte Behauptungen zu stützen, wie etwa solche, die ohne jegliche tatsächliche Grundlage aufgestellt werden (sog **„Behauptungen und Beweisanträge ins Blaue hinein"** oder **Ausforschungsbeweisanträge;** s BFH/NV 2002, 661; 2003, 1052 zur Berufskrankheit; BFH/NV 2003, 1086 zur angeblichen Fehlerhaftigkeit der Angaben im Mietspiegel; generell zum Bestimmtheitserfordernis: BGH NJW-RR 1987, 1469). Zwar darf eine Behauptung nicht schon dann als unerheblich behandelt werden, wenn sie nicht auf dem Wissen des Behauptenden beruht, sondern auf einer Vermutung (vgl auch BFH/NV 1999, 1369: keine zu hohen Anforderungen, wenn dem Kläger eine Konkretisierung wegen fehlender Unterlagen nicht möglich ist; zum nicht namentlich benannten, aber ermittelbaren Zeugen:

BFH/NV 2002, 1457). Wenn der gegnerische Prozessbeteiligte dieser Vermutung aber mit einer plausiblen Darstellung entgegen tritt, darf diese nicht einfach ignoriert werden. Es ist den Beteiligten zuzumuten, sich hiermit auseinander zu setzen und greifbare Anhaltspunkte zu benennen, die gegen die Sachdarstellung der Gegenseite sprechen. Jedenfalls ist es nicht Aufgabe eines Gerichts, sich mit Behauptungen zu befassen, die **„aus der Luft gegriffen"** sind und durch keine tatsächlichen Anhaltspunkte gestützt werden (BFH/NV 2002, 661; BVerwG NJW 1988, 1746 u FG Köln EFG 2001, 368, 370). Dies gilt auch für unsubstantiierte Behauptungen des FA, für die sich in den Akten keine Anhaltspunkte finden, zB in Form von Feststellungen des FA, und hinsichtlich derer das FA auch keine plausiblen Beweismittel benennen kann.

30   Ebenso ist es **nicht Aufgabe des Gerichts,** aus einem ungeordneten, umfangreichen **Anlagen- oder Aktenkonvolut** diejenigen Tatsachen herauszusuchen, die möglicherweise zur Darlegung des Begehrens eines Beteiligten dienen können. Die Beteiligten sind aufgrund der ihnen obliegenden Mitwirkungspflichten (s Rz 37 ff) vielmehr gehalten, dem Gericht Akten und sonstige Unterlagen derart **geordnet** zu überlassen, dass dieses ohne umfangreiche Prüfungen diejenigen Urkunden und Belege auffinden kann, auf die sich die Beteiligten beziehen. Dies trifft auch den Beklagten, der zB bei der Beanstandung einer Buchführung verpflichtet ist, die **Buchführungsunterlagen** aufzubereiten und dem Gericht die konkreten Fehler aufzuzeigen (ähnlich *Seer* in T/K Rz 42, der darauf hinweist, dass dem FG der notwendige Prüfungsapparat nicht zur Verfügung stehe).

3. Rechtsfolgen mangelhafter Sachaufklärung

33   Lässt das Gericht **Tatsachen oder Beweismittel außer Acht,** die sich ihm nach Lage der Akten **aufdrängen** müssen (vgl dazu sowie zur Anforderung an die diesbezügliche Rüge: BFH/NV 1993, 243; 1996, 698; 1997, 103; 139 f; 1999, 1437 f; 2000, 174 f; 2003, 1608; 2004, 207; 353; 978; 1112; 1666; 2005, 232; 1086; 1601; 1828; 1829; BFH DStRE 2004, 1187), so ergeben sich die revisionsrechtlichen Folgen aus

– **§ 115 II Nr 3** iVm § 116 (Verfahrensmangel; s § 115 Rz 73 ff u § 118 Rz 49; s auch BFH/NV 1995, 817; 1073; 1996, 138; 214; 289; 425; 2002, 33; 2005, 1956; zur ordnungsgemäßen Rüge: § 116 III 3 u dort Rz 25 f, 48 ff; zur Besonderheit der Zurückverweisung durch Beschluss nach § 116 VI nF: § 116 Rz 65 f);

– **§ 119 Nr. 3,** sofern der Aufklärungsmangel mit einer Verletzung rechtlichen Gehörs verbunden ist (s § 119 Rz 10 ff und § 96 Rz 27; BFHE 105, 515 = BStBl II 1972, 637, 638; BFH/NV 1986, 176, 178);

– **§ 126 III Nr 2** (dort Rz 17 ff; s auch BFHE 174, 301 = BStBl II 1994, 660; BFH/NV 1994, 766; 1995, 746; 895).

Allerdings kann sich derjenige Beteiligte, der **keine Beweisanträge stellt** und die **mangelnde Sachaufklärung** durch das Gericht in der mündlichen Verhandlung **nicht rügt** (sog Rügeverzicht, s § 155 iVm § 295 ZPO) zur Begründung von Revision oder NZB grundsätzlich nicht auf die Verletzung der Aufklärungspflicht berufen (stRspr: BFHE 115, 185 = BStBl II 1975, 489; BFHE 124, 105 = BStBl II 1978, 274; BFH/NV 1989, 475, 476; 728; 731; 1993, 137; BFHE 183, 518 = BStBl II 1998, unter II. 3. c bb; aus neuerer Zeit: BFH/NV 2004, 70; 365; 513; 519; 521; 651; 974; 978; 1063; 2005, 1132; 1354; 1843; 1848 s auch BFH/NV 2002, 1019 zur rügelosen Hinnahme der Vernehmung nur eines von mehreren Zeugen; zum Nichterscheinen zur mündlichen Verhandlung s BFH/NV 2000, 580, 581; 2002, 1499; 2005, 1576; zur Richtigstellung des Sachverhalts in der mündlichen Verhandlung: BFH/NV 2004, 196; s auch BVerwG HFR 1974, 308 u NJW 1989, 1233; ausführlich auch § 115 Rz 100 ff u § 120 Rz 66 ff). Gleiches gilt für denjenigen, der von der Möglichkeit, auf die Beweisaufnahme Einfluss zu nehmen, keinen Gebrauch macht (BFH/NV 1989, 728, 731). Dies gilt in besonderem Maße dann, wenn der Beteiligte rechtskundig vertreten war.

4. Verfahrensfragen

Gerichtliche **Maßnahmen** der Sachaufklärungen sind **unselbstständige** **Verfahrenshandlungen** und als solche nicht anfechtbar (§ 128 II; dort Rz 3 f, 6; zum entsprechenden Problem im *außergerichtlichen Verfahren:* Rz 65; Vor § 40 Rz 43; vgl auch BFH/NV 1996, 51; entgegen FG Bremen EFG 1995, 224 anders, wenn das FA isoliert, außerhalb eines zusammenhängenden, förmlichen Verfahrens, die „Bitte" äußert, der Stpfl möge künftig ein Fahrtenbuch führen). **35**

II. Mitwirkungspflichten der Beteiligten

1. Allgemeine prozessuale Mitwirkungspflichten (§ 76 I 2 und 3)

Die Beteiligten sind gem § 76 I 2 bei der Sachverhaltsaufklärung heranzuziehen. Der **Umfang der Mitwirkungspflichten** richtet sich dabei nach den Umständen des Einzelfalls. Je mehr die aufzuklärenden Tatsachen der Sphäre eines Beteiligten entstammen, um so größer ist seine Verpflichtung zur Mitwirkung (*Seer* in T/K Rz 69, der dies dem allg Rechtsgedanken des § 90 II AO entnimmt). **Mitwirkungsverweigerungsrechte** bestehen nicht. Allerdings ist der **Verhältnismäßigkeitsgrundsatz** zu berücksichtigen, die Verpflichtung zur Mitwirkung muss im Hinblick auf die Sachaufklärung geeignet, erforderlich und angemessen sein (vgl BFHE 87, 622 = BStBl 1967, 249; BFH/NV 1995, 629; 1999, 1369). **37**

Den Beteiligten obliegen damit zunächst die **allg prozessualen Mitwirkungspflichten,** die alle Verfahrensordnungen vorsehen (BFH/NV 1995, 570, 571; 1997, 116; 1999, 1481 f; *Kopp/Schenke* § 86 Rz 11 ff). Dazu gehören sowohl die speziell in § 65 I normierten Pflichten, die für die Klageerhebung notwendigen Angaben zu machen („Muss-Erfordernisse" nach § 65 I 1 und „Soll-Erfordernisse" nach § 65 I 2 u 3) als auch die nach anderen Verfahrensordnungen geltenden allg Pflichten, also insbesondere die allg **Prozessförderungspflicht** (BFH/NV 2003, 825; s auch *Kopp/Schenke* § 86 Rz 11), die **Wahrheitspflicht** (§ 138 I ZPO) und die Pflicht, **Anfragen des Gerichts vollständig zu beantworten** und Anordnungen nachzukommen (dazu BFH/NV 1997, 116; BVerfG StRK AO 1977 § 371 R 20). Dies stellt **§ 76 I 3** für das finanzgerichtliche Verfahren nochmals ausdrücklich klar (ähnlich *H/H/Sp/List* Rz 40). **Zu erfüllen sind die** (allg und besonderen) **Mitwirkungspflichten** jeweils von demjenigen Beteiligten, der über die erforderlichen Kenntnisse verfügt bzw in dessen **38**

Sphäre die Möglichkeit der Informationsbeschaffung fällt (BFHE 145, 502 = BStBl II 1986, 318).

2. Besondere Mitwirkungspflichten des formellen und materiellen Abgabenrechts (§ 76 I 4)

40   Abweichend von den übrigen Verfahrensordnungen legt § 76 I 4 Beteiligten im Steuerprozess weitere besondere Mitwirkungspflichten auf, die im formellen und materiellen Abgabenrecht wurzeln. Der Verweis auf die in § 76 I 4 angegebenen Normen ist dabei insoweit missverständlich, als diese Vorschriften Mitwirkungspflichten nicht nur für die Beteiligten iS des § 78 AO vorsehen (die zudem nicht mit den Beteiligten iS des § 57 übereinstimmen), sondern auch für andere Personen. Da sich § 76 I 2 ff aber **nur auf die Prozessbeteiligten** iS von § 57 bezieht, betreffen die durch § 76 I 4 in Bezug2genommenen besonderen Mitwirkungspflichten auch nur diese Prozessbeteiligten, allerdings einschließlich des FA (s auch § 86 Rz 2; aA *Seer* in T/K Rz 58: nur Kläger und Beigeladene). Zum **Umfang** der besonderen Mitwirkungspflichten gelten die Ausführungen in Rz 30 u 37 entsprechend.

41 **§ 90 AO   Mitwirkungspflichten der Beteiligten**

     (1) ...

     (2) ¹Ist ein Sachverhalt zu ermitteln und steuerrechtlich zu beurteilen, der sich auf Vorgänge außerhalb des Geltungsbereichs dieses Gesetzes bezieht, so haben die Beteiligten diesen Sachverhalt aufzuklären und die erforderlichen Beweismittel zu beschaffen. ²Sie haben dabei alle für sie bestehenden rechtlichen und tatsächlichen Möglichkeiten auszuschöpfen. ³Ein Beteiligter kann sich nicht darauf berufen, dass er Sachverhalte nicht aufklären oder Beweismittel nicht beschaffen kann, wenn er sich nach Lage des Falls bei der Gestaltung seiner Verhältnisse die Möglichkeit dazu hätte beschaffen oder einräumen lassen können.

Die Norm hat auch im finanzgerichtlichen Verfahren erhebliche Bedeutung (ausführlich *Hagen,* StBp 2005, 33, 35 f). Über den Verweis in § 76 I 4 bezieht sich der Begriff „Vorgänge außerhalb des Geltungsbereichs" auch auf solche Vorgänge, die außerhalb des Geltungsbereichs der FGO liegen. Die Beteiligten haben in diesem Fall den Sachverhalt aufzuklären und die erforderlichen Beweismittel zu beschaffen. Sie haben dabei alle für sie bestehenden **rechtlichen und tatsächlichen Möglichkeiten auszuschöpfen** (BFHE 165, 326 = BStBl II 1992, 55; vgl auch BFHE 151, 416 = BStBl II 1988, 438: Anwendung nur bei beweisbedürftigen Tatsachen). Diese Pflicht trifft mE grundsätzlich auch den Beklagten (s Rz 30), wobei auf Grund der Darlegungs- und Feststellungslast (§ 96 Rz 23) sowie der Beweisnähe in der Regel der Kläger gefordert sein wird.

§§ 75 I 4 FGO, 90 II AO finden ua dann Anwendung, wenn es um den **Geschäftsverkehr mit ausländischen Lieferanten** und insbesondere um **Zahlungen ins Ausland** geht (BFH/NV 1999, 1595; zu Zahlungen an ausländische Domizilgesellschaft: BFHE 149, 375 = BStBl II 1987, 487 u ähnlich BFH/NV 1995, 181; zur Benennung eines ausländischen Zahlungsempfängers: FG Hessen EFG 1996, 451; zu Unterhaltsleistungen von

Gastarbeitern an Angehörige in der Heimat: BFHE 124, 508 = BStBl II 1978, 338 m Anm BB 1978, 900; BFHE 150, 151 = BStBl II 1987, 675; zu Zahlungen in die DDR: FG BaWü EFG 1986, 402). Wer es insoweit ablehnt, nähere Einzelheiten mitzuteilen und damit eine einfache Sachverhaltserforschung vereitelt, **enthebt das FG von der Verpflichtung zur Erhebung weiterer, entfernt liegender Beweise** (BFHE 133, 19 = BStBl II 1981, 492; BFHE 145, 502 = BStBl II 1986, 318, 319; BFH/NV 1986, 249; 1987, 44; 1999, 1612; 2000, 1222; FG Saarl EFG 1995, 463 zur Ausübung eines inländischen Gewerbes durch eine ausländische juristische Person; FG M'ster EFG 2004, 1078: liegen Umstände in der Sphäre des Klägers, kann das Gericht bei der Beweiswürdigung für ihn nachteilige Schlüsse ziehen; BFH/NV 2003, 964 zur Zuordnung von Betriebseinnahmen und -ausgaben zu *ausländischen Betriebsstätten;* s aber auch BFHE 165, 326 = BStBl II 1992, 55: idR keine Anwendung der Regeln der objektiven Beweislast; vgl auch *Weber-Grellet* StuW 1981, 48, 54; *Brozat* DStR 1983, 76 u zur grundsätzlichen Bedeutung solcher Nachweispflichten: *Martin* aaO, 1028).

Muss zur **Aufklärung eines „Auslandssachverhalts"** iSd §§ 76 I 4   **42** FGO, 90 II AO ein **im Ausland ansässiger Zeuge** vernommen werden, so steht es im pflichtgemäßen **Ermessen des Gerichts,** ob es diesen Zeugen im Ausland lädt oder gar vernimmt. Eine Pflicht hierzu besteht jedenfalls nicht, zumal das Gericht oftmals nicht befugt ist, im Ausland hoheitlich tätig zu werden. Statt dessen hat derjenige Beteiligte, der die Darlegungs- und Feststellungslast trägt (s § 96 Rz 23), für das Erscheinen des Zeugen in der mündlichen Verhandlung Sorge zu tragen (BFH/NV 2001, 933, wonach dies aber nicht für die Aufklärung von Inlandssachverhalten durch Vernehmung eines im Ausland ansässigen Zeugen gilt; vgl auch BFH/NV 1999, 506; 2000, 452; 1222; 1370; 1450; 2004, 513; 964; 2005, 1088; s auch BFH/NV 2003, 627 zum erst in der mündlichen Verhandlung benannten Auslandszeugen). Darauf muss das Gericht einen durch Angehörige der steuerberatenden Berufe vertretenen Kläger nicht einmal hinweisen (BFH/NV 2000, 1450; s aber auch BFH/NV 2003, 627 zum erst in der mündlichen Verhandlung benannten Auslandszeugen).

§ 93 AO Auskunftspflicht der Beteiligten und anderer Personen   43

(1), (2) . . .

(3) . . . [2] Auskunftspflichtige, die nicht aus dem Gedächtnis Auskunft geben können, haben Bücher, Aufzeichnungen, Geschäftspapiere und andere Urkunden, die ihnen zur Verfügung stehen, einzusehen und, soweit nötig, Aufzeichnungen daraus zu entnehmen.

Grundsätzlich gelten auch hier die allg Regeln der Sachaufklärung (zur Begrenzung der Auskunftspflicht von **Banken:** FG Hbg EFG 2001, 246 mwN). Die durch § 93 AO eröffneten (eingeschränkten) Vernehmungsmöglichkeiten der Finanzbehörden (zum Zweck der Auskunftspflicht: BVerfG HFR 2001, 278) **erübrigen nicht** eine **gerichtliche Zeugenvernehmung** (zum **Unterschied:** BFHE 177, 217 = BStBl II 1995, 542; zur außergerichtlichen Auskunftserteilung allg: FG Saarl EFG 1996, 477; s auch BFH/NV 1995, 570; zum Beweiswert von Auskünften des Bundesamts für Finanzen: BFH/NV 2000, 677 mwN).

44   **§ 97 AO Vorlage von Urkunden**

(1) [1]Die Finanzbehörde kann von den Beteiligten und anderen Personen die Vorlage von Büchern, Aufzeichnungen, Geschäftspapieren und anderen Urkunden zur Einsicht und Prüfung verlangen. [2]Dabei ist anzugeben, ob die Urkunden für die Besteuerung des zur Vorlage Aufgeforderten oder für die Besteuerung anderer Personen benötigt werden. [3]§ 93 Abs. 1 Satz 2 gilt entsprechend.

(2) ...

(3) [1]Die Finanzbehörde kann die Vorlage der in Absatz 1 genannten Urkunden an Amtsstelle verlangen oder sie bei dem Vorlagepflichtigen einsehen, wenn dieser einverstanden ist oder die Urkunden für eine Vorlage an Amtsstelle ungeeignet sind. [2]§ 147 Abs. 5 gilt entsprechend.

45   **Zu § 97:** Die Urkunden sind **im Original** vorzulegen (BFH/NV 2004, 495; zur Pflicht, fremdsprachige Urkunden übersetzen zu lassen: BVerwG NJW 1996, 1553; s iÜ BFH/NV 1995, 467; 570.

Zu § 97 I 3 AO: Der Hinweis auf § 93 I 2 AO bedeutet Erstreckung dieser Pflicht auf nicht rechtsfähige Vereinigungen, Vermögensmassen, Behörden und Betriebe gewerblicher Art der Körperschaften des öffentlichen Rechts.

Zu § 97 III 2 AO: § 147 V AO verlangt von demjenigen, der sich im Rahmen der Buchführung der Erleichterungen für die Aufbewahrung mit Hilfe der Datenverarbeitung bedient, dass er auf seine Kosten diejenigen Hilfsmittel zur Verfügung stellt, mit denen die Unterlagen lesbar gemacht werden können.

46   **§ 99 AO Betreten von Grundstücken und Räumen**

(1) [1]Die von der Finanzbehörde mit der Einnahme des Augenscheins betrauten Amtsträger und die nach den §§ 96 und 98 zugezogenen Sachverständigen sind berechtigt, Grundstücke, Räume, Schiffe, umschlossene Betriebsvorrichtungen und ähnliche Einrichtungen während der üblichen Geschäfts- und Arbeitszeit zu betreten, soweit dies erforderlich ist, um im Besteuerungsinteresse Feststellungen zu treffen. [2]Die betroffenen Personen sollen angemessene Zeit vorher benachrichtigt werden. [3]Wohnräume dürfen gegen den Willen des Inhabers nur zur Verhütung dringender Gefahren für die öffentliche Sicherheit und Ordnung betreten werden.

(2) Maßnahmen nach Absatz 1 dürfen nicht zu dem Zweck angeordnet werden, nach unbekannten Gegenständen zu forschen.

47   **§ 100 AO Vorlage von Wertsachen**

(1) [1]Der Beteiligte und andere Personen haben der Finanzbehörde auf Verlangen Wertsachen (Geld, Wertpapiere, Kostbarkeiten) vorzulegen, soweit dies erforderlich ist, um im Besteuerungsinteresse Feststellungen über ihre Beschaffenheit und ihren Wert zu treffen. [2]§ 98 Abs. 2 ist anzuwenden.

(2) Die Vorlage von Wertsachen darf nicht angeordnet werden, um nach unbekannten Gegenständen zu forschen.

48   **Zu § 100 I 2:** § 98 II AO eröffnet die Möglichkeit, Sachverständige hinzuzuziehen.

Das allg und besondere Abgabenrecht sieht über die von § 76 I 4 in Be- **49** zug genommenen Normen hinaus **weitere Erklärungs- und Nachweispflichten** vor. Deren Verletzung kann insofern eine **Begrenzung der Sachaufklärungspflicht des Gerichts** zur Folge haben, als sie entweder über § 96 I 1 2. Hs in das finanzgerichtliche Verfahren hineinwirkt oder kraft entsprechender gesetzlicher Anordnung über den Regelungsgehalt des angefochtenen VA das steuerliche Ergebnis beeinflusst (zu den Einzelheiten *Martin* aaO, 1024, vgl auch BFH/NV 2005, 1114 zur Steuererklärungspflicht). Letzteres gilt vor allem für diverse **Aufzeichnungspflichten** des materiellen Steuerrechts (vgl zB für umsatzsteuerliche Vergünstigungen: BFHE 124, 94 = BStBl II 1978, 169; zum erschwerten Betriebsausgabenabzug nach dem EStG: FG Hbg EFG 1985, 547 mwN). Die Mitwirkungspflichten können **im materiellen Abgabenrecht** aber auch darauf beruhen, dass die aufzuklärenden Tatsachen der **Sphäre eines Beteiligten** entstammen (so etwa bei *Erlasssachen:* BFH/NV 1994, 757; 1996, 565; *H/H/Sp/v Groll* § 227 AO Rz 380; bei der Ausgrenzung der *Liebhaberei:* BFH/NV 1994, 858; bei der Abgrenzung *Erwerbsaufwendungen/Aufwendungen iS des § 12 EStG:* BFHE 184, 369 = BStBl II 1998, 149; BFH/NV 1999, 797; FG BaWü EFG 2001, 352, 353; bei der Beurteilung von *Angehörigenverträgen:* BVerfG BStBl II 1996, 34; BFHE 184, 369 = BStBl II 1998, 149; BFH/NV 2000, 176, 177; 1154; im *Haftungsrecht:* BFHE 157, 315 = BStBl II 1990, 357; bei *verdeckten Gewinnausschüttungen:* BFH/NV 1994, 268; zur Rechtsfolge bei Verletzung s Anm. 32). Ähnliche Mitwirkungspflichten können sich auch aus der **Eigenart des angefochtenen VA** ergeben (so zB für den Erlass eines *Abrechnungsbescheids* iS des § 218 II AO: BFHE 189, 331 = BStBl II 1999, 751 unter II.4.).

3. Rechtsfolgen bei Verletzung der Mitwirkungspflichten

Verletzt ein Beteiligter die ihm obliegenden Mitwirkungspflichten, so **50** führt dies regelmäßig zu einer Einschränkung der gerichtlichen Sachaufklärungspflicht (s BFH/NV 2005, 1605 sowie zu den Folgen eines Verstoßes gegen § 65 I dort Rz 7 ff u 53 ff). Ein „Automatismus", demzufolge sich die gerichtliche Sachaufklärungspflicht *stets* vermindert, wenn der Kläger seinen Mitwirkungspflichten nicht nachkommt, besteht allerdings nicht (glA *Seer* in T/K Rz 79, 84; aA wohl BFH/NV 2004, 201: nur dann keine Einschränkung der richterlichen Sachaufklärungspflicht, wenn sich entscheidungserhebliche Tatsachen aus den Steuerakten ergeben). **Wie weit die Einschränkung der richterlichen Sachaufklärungspflicht reicht,** richtet sich vielmehr insbesondere nach folgenden Umständen (vgl BFHE 156, 38, 42 = BStBl II 1989, 462, 466):

– **Grad der Pflichtverletzung;**
– **Verhältnismäßigkeit** der Mitwirkung des Beteiligten einerseits und der weiteren Aufklärung durch das Gericht andererseits;
– **Zumutbarkeit sowie tatsächliche und rechtliche Möglichkeit** der Mitwirkung des Beteiligten einerseits und der weiteren Aufklärung durch das Gericht andererseits (BFHE 173, 107 = BStBl II 1994, 591, 593; BFH/NV 1999, 800; s auch BFH/NV 1995, 570: keine Verpflichtung des Haftungsschuldners, die beim Insolvenzverwalter befindlichen Buchführungsunterlagen einzusehen; s auch BFH/NV 1989, 507);

– **Beweisnähe** (BFHE 156, 38, 42 = BStBl II 1989, 462, 466; BFH/NV
1989, 769, 770; 1997, 730; 2000, 184; 2001, 789; 2002, 351; s auch
BFH/NV 1999, 1481, 1482; Rz 37 f u 41). Sie ist immer dann von Bedeutung, wenn die aufzuklärenden Tatsachen der **Sphäre eines Beteiligten** entstammen. Zu Einschränkungen der gerichtlichen Aufklärungspflicht kann es dabei schon dann kommen, wenn der Sachverhalt zwar
auch auf anderem Wege aufgeklärt werden könnte, dies aber nur mit
einem außer Verhältnis stehenden größeren Aufwand möglich ist (vgl
speziell zu *Schätzungen:* BFHE 156, 38 = BStBl II 1989, 462; BFH/NV
1991, 646; 1997, 641; 1998, 1125; FG D'dorf EFG 1992, 209; zur *Ge-
schäftsführerhaftung:* BFH/NV 2000, 551; zu *Straftaten:* BFHE 186, 299 =
BStBl II 1999, 28 unter 6; zu persönlichen *Kenntnissen und Fähigkeiten:*
BFH/NV 2002, 644; 1522; 2004, 56; zur *Vorlage von Unterlagen:* BFH/
NV 2003, 1076; 2004, 649; zur Verstärkung der Mitwirkungspflichten
in Fällen des *§ 160 AO:* BFH NV 1998, 1331; s iÜ § 96 Rz 11 f). Gleiches gilt, wenn ein Beteiligter einen vom Üblichen **abweichenden
Geschehensablauf** behauptet (BFH/NV 1994, 109; 268; FG Saarl EFG
1996, 477; zu *Zwischenvermietungen:* BFHE 151, 247 = BStBl II 1988,
96; BFH/NV 1989, 203; 1991, 563; 1992, 702; 1994, 423; zur Erläuterung besonderer Vertragsgestaltung im Rahmen des *§ 42 AO:* BFHE
166, 180 = BStBl II 1992, 202; zu *verdeckten Gewinnausschüttungen:*
BFH/NV 1994, 268) oder einen völlig **unübersichtlich gestalteten
Sachverhalt** schildert (FG RhPf EFG 1996, 662 zur Zuordnung
von Zinsen). Zum Teil muss sich ein Beteiligter aber auch an seinem
vorangegangenen Tun oder Unterlassen festhalten lassen (zur Zurechnung einer gewerblichen Tätigkeit bei behaupteter Strohmannei-
genschaft: einerseits BFH/NV 1991, 163; andererseits aber BFH/NV
1991, 759).

C. Zu § 76 II – Einwirkungen des Vorsitzenden auf das Prozessgeschehen

Literatur: *Drüen,* Das Verbot überraschender Rechtsanwendung im FG-
Prozess, AO-StB 2002, 196; *Kottke,* Die Prozessfürsorgepflicht-Vorschrift – ein
Mauerblümchen?, DStR 1996, 1720; *Nieland,* Richterliche- Hinweis- und Fürsorgepflichten im finanzgerichtlichen Verfahren, AO-StB 2004, 253; *Pieken-
brock,* Umfang und Bedeutung der richterlichen Hinweispflicht, NJW 1999,
1360.

53   § 76 II normiert die Pflichten, die der **Vorsitzende** während des Verfahrens zu erfüllen hat (vgl zB BFH/NV 1991, 210; zu den Grenzen:
BFH/NV 1992, 48; 1996, 683 f; vgl auch § 86 III VwGO mit einer identischen und § 139 ZPO mit einer ähnlichen Regelung). In der Praxis werden sie, vor allem außerhalb der mündlichen Verhandlung, weitgehend
vom **Berichterstatter** wahrgenommen (s §§ 6, 79 a u 79 b). Ist der Rechtsstreit dem **Einzelrichter** übertragen, hat dieser die Pflichten nach § 76 II
wahrzunehmen.

54   **Ziel** der Regelung ist es, dem Rechtsuchenden bei der Verwirklichung
seines Rechtsschutzbegehrens behilflich zu sein (**Prozessfürsorgepflicht;**
BFH/NV 2000, 205; 2003, 186; 2004, 760: dadurch aber **keine Vermin-**

derung der Eigenverantwortlichkeit; s auch Rz 55 u zur Begrenzung richterlicher Einwirkung im Anwendungsbereich des § 96 I 2: dort Rz 3). Es soll „**Waffengleichheit**" hergestellt werden, um ein **faires Verfahren zu** gewährleisten (Vor § 76 Rz 7; dazu auch BFH/NV 1994, 790; BFHE 187, 528 = BStBl II 1999, 565), bei dem der Anspruch auf **rechtliches Gehör** gewahrt wird und es nicht zu **Überraschungsentscheidungen** kommt (BFH/NV 2004, 645). Die Rechtsverwirklichung soll nicht an Unkenntnis, Unerfahrenheit oder Unbeholfenheit des Rechtsuchenden scheitern (BVerwG NVwZ 1985, 36). Dem kommt im finanzgerichtlichen Verfahren wegen der Unübersichtlichkeit der Materie besondere Bedeutung zu. Darüber hinaus soll § 76 II für eine sachgerechte und zügige Behandlung der Sache sorgen, so dass der Rechtsstreit möglichst in *einer* mündlichen Verhandlung erledigt werden kann (**Prozessförderungspflicht;** BFHE 188, 264 = BStBl II 1999, 407; zur Abgrenzung: BFH/NV 1999, 496; s auch BFH/NV 2001, 627). Die Erfüllung der richterlichen **Sachaufklärungspflicht** steht demgegenüber bei § 76 II nicht im Vordergrund (BFH/NV 1999, 496).

Inhalt und Umfang der Hinweis- und Aufklärungspflichten sind **55** zunächst von der Sach- und Rechtslage des einzelnen Falles abhängig (BFH/NV 2003, 1570: einmaliger Hinweis im Erörterungstermin ausreichend; BFH/NV 1992, 48: keine gerichtliche Pflicht, Schriftsätze gleich nach dem Eingang auf Fehler zu überprüfen; krit dazu *Kottke,* DStR 1996, 1720, 1722; mE bedenklich BFHE 143, 431 = BStBl II 1985; 690, 692: geringeres Maß an Vorsorgepflicht für Verfahren, die Vorbehaltsbescheide iS des § 164 AO betreffen). Darüber hinaus kommt es auf die **individuellen Kenntnisse und Fähigkeiten der Beteiligten** an. Je rechtskundiger diese sind, um so geringer ist die Hinweis- und Fürsorgepflicht des Gerichts. Sind die Beteiligten **fachkundig vertreten,** so muss das Gericht insbesondere auf **offenkundige Umstände** nicht hinweisen (BFH/NV 1994, 790; 1996, 416; 1999, 1609, 1610; 2000, 204, 205; 1229; 2002, 900; 944; 2003, 182; 1209; 2004, 357; 800; 2005, 1483; s auch BFH/NV 1999, 1105: kein Hinweis erforderlich auf Rechtslage nach Versäumung einer **Ausschlussfrist;** BFH/NV 2003, 186 u 2005, 1817: regelmäßig *kein Verfahrensfehler* bei unterlassenem Hinweis; glA BFH/NV 2004, 645: Ausnahme aber bei besonderen Umständen; vgl auch BFH/NV 2003, 1287: keine Pflicht, einen rechtskundigen Bevollmächtigten auf eine erkennbar fehlende Substantiierung hinzuweisen; aA wohl BFH/NV 2004, 973; speziell zu verfahrensrechtlichen Vorschriften: BFH/NV 2003, 501; s auch BFH/NV 1999, 800 einerseits u BFH/NV 2001, 627 andererseits; gegen eine Einschränkung der Fürsorgepflicht bei Rechtskunde der Beteiligten und fachkundiger Vertretung: *Seer* in T/K Rz 104 u *Nieland,* AO-StB 1994, 253, 258 die damit mE die Anforderungen an das Gericht überspannen und insbesondere die Aufgabe unterbewerten, die rechtskundigen Bevollmächtigten im Verfahren zukommt). IÜ hängt die Hinweis- und Fürsorgepflicht auch von der **Mitwirkung** der Beteiligten ab: Wer zB zur mündlichen Verhandlung trotz ordnungsgemäßer Ladung unentschuldigt nicht erscheint, kann idR später nicht Verletzung des § 76 II rügen (BFH/NV 2000, 580, 581; 2001, 63; s auch Rz 33).

Die Hinweispflicht des § 76 II beschränkt sich nicht auf diejenigen Fälle, **56** in denen die **Sach- oder Prozessanträge** der Beteiligten in Folge der

Verkennung der Rechtslage nicht oder **nicht richtig vorgebracht** worden sind. Sie umfasst vielmehr auch solche **Anträge,** die ein Prozessbeteiligter **aus Versehen** nicht oder **nicht richtig gestellt** hat, ohne dass ihm der an sich erkennbare Mangel bewusst geworden ist (BFH/NV 2003, 1212; zur Notwendigkeit, uU auch über die *Beweissituation* zu informieren: BFH/NV 1999, 433; zur Konkretisierung eines *Beweisantrags:* BFH/NV 2002, 1457; 2003, 787; zum Hinweis darauf, dass die *Klageschrift* nur *unvollständig* per Fax übermittelt worden ist: BFH/NV 2004, 212; s aber auch BFH/NV 1999, 800; 1105). Die **Grenze richterlicher Hilfe** verläuft – wie § 96 I 2 verdeutlicht – dort, wo der Richter, statt auf die äußere „Fassung" des Antrags hinzuwirken, über das Klagebegehren inhaltlich disponiert (s auch § 65 Rz 16 u 30 ff; sehr anschaulich zur Abgrenzung für das Verhältnis Abänderungs-/Aufhebungsklage: BFHE 155, 521 = BStBl II 1989, 376, 379; s auch BFH/NV 2002, 1163; 2004, 339; 2005, 1078; *Nieland,* AO-StB 2004, 253, 258). Darüber hinaus sieht § 76 II aber **keine allg Hinweispflicht** vor, und zwar auch dann nicht, wenn das Gericht den Sachverhalt anders beurteilt als ein Beteiligter (BFH/NV 2003, 1437; 2005, 1596). Es ist weder verpflichtet, die maßgebenden **Rechtsfragen** umfassend mit den Beteiligten **zu erörtern** (BFH/NV 2002, 916; 944; 2003, 293; 1209) noch seine vorläufige Beweiswürdigung oder das Ergebnis einer Gesamtwürdigung zahlreicher Einzelumstände offen zu legen (BFH/NV 2004, 495; 534; 2005, 1840 betr Wertermittlungsmethode). Ganz allg gilt der Grundsatz, dass **Rechtsberatung nicht** Aufgabe des Richters ist (zu generell und daher zu eng allerdings BFHE 176, 289 = BStBl II 1995, 353, 356 u BFH/NV 1995, 722, wonach keine richterliche Pflicht besteht, auf **Bedenken** gegen die **Zulässigkeit** eines Rechtsschutzbegehrens hinzuweisen, um dem Kläger so die Möglichkeit einer kostengünstigeren Rücknahme zu ermöglichen; dagegen: *Seer* in T/K Rz 106; zur **Hinweispflicht beim elektronischen Rechtsverkehr** s aber § 52 a Abs 2 S 3; s auch *Kopp/Schenke* § 86 Rz 22 ff sowie die Kommentierungen zu § 139 ZPO). Eine **Verletzung** des § 76 II bedeutet regelmäßig eine Verletzung des Rechts auf Gehör (s dazu § 96 Rz 27 ff; § 119 Rz 10 ff; zu den Rügeerfordernissen: BFH/NV 1999, 797; 2003, 1191; 1607; 2004, 339; 371; 760; 2005, 1236 u 1325: auf eine Verletzung des § 76 II kann sich nicht berufen, wer trotz ordnungsgemäßer Ladung nicht zur mündlichen Verhandlung erscheint).

D. Zurückweisung verspäteten Vorbringens (§ 76 III)

Literatur zu § 76 III bzw § 364 b AO (s auch Vor § 76 u zu § 79 b): *A Bay,* Begleitende Verwaltungskontrolle, Bonner Diss, 1994, 123 ff; *Bilsdorfer,* Löst der Antrag auf schlichte Änderung das Problem der Präklusionsfrist nach § 364 b AO in Schätzungsfällen?, Inf 1997, 648; *Birkenfeld/Daumke,* Das außergerichtliche Rechtsbehelfsverfahren, 2. Aufl, 1996, 127 ff; *Ehmcke,* Neuregelungen zum Verfahren vor den Finanzgerichten, Stbg 2002, 49, 60 f; *v Groll,* Bestandskraft im Fall der Präklusion nach § 364 b AO, FS Offerhaus (1999), 837; *Grune,* Präklusion im Zwielicht, DStZ 1995, 463; *Johannemann,* Das Präklusionsrecht, Stbg 1995, 360; *Kerath,* Kostentragung durch den Kläger bei nicht gewahrter Ausschlussfrist im Vorverfahren?, BB 2003, 937; *F Lange,* Zurückweisung einer erst im Klageverfahren eingereichten Steuererklärung durch das Finanzgericht, DStZ 1998, 544; *B Lieber,* Präklusionen im Steuerverfahren, 1998; *Linssen,* Problembereich der Präklusion nach § 364 b AO, Inf 1996, 100; *Müller,* Die Präklusionsregelungen der §§ 364 b AO, 76 Abs 3 FGO − ein „zahnloser Tiger", AO-StB 2005, 176; *Rößler,* Die Neuordnung des außergerichtlichen Rechtsbehelfsverfahrens durch das Grenzpendlergesetz vom 24. 6. 1994, DStZ 1995, 270; *Sangmeister,* Verkürzung des Rechtsschutzes im Finanzrechtsstreit durch den Steuergesetzgeber, BB 1994, 1679; *H P Schneider,* Der Abbau des Rechtsschutzes in Steuersachen durch § 364 b AO und die Folgen für Steuerpflichtige und deren Steuerberater, Inf 1994, 748; *Siegert,* Die Abgabenordnung im Wandel: Das neue Einspruchsverfahren, DStZ 1995, 25; *ders,* Das Arbeiten mit der Präklusion: Wie verfahren im Verfahren, wenn es um die Fristen geht?, DStZ 1995, 517; *Spaeth,* Grenzpendlergesetz; Auswirkungen der Präklusion nach § 364 b AO, DStZ 1995, 175; *Späth,* Ist die Ausschlussfrist nach § 364 b Abs. 1 AO nF auf Antrag verlängerbar?, DStZ 1995, 363; *ders,* Die Neuordnung des außergerichtlichen Rechtsbehelfsverfahrens durch das Grenzpendlergesetz vom 24. 6. 1994, DStZ 1995, 465; *Stolterfoht,* Die Verwirklichung des Rechtsschutzes im außergerichtlichen Rechtsbehelfsverfahren, DStJG 18 (1995), 77, 108 ff; *Große,* Die Fristsetzung nach § 364 b AO, DB 1996, 60; *Streck,* Abwehrstrategien zur Ausschlussfrist nach § 364 b AO, StuW 1996, 183; *Szymczak,* Reformvorschläge der Arbeitsgruppe „Außergerichtliches Rechtsbehelfsverfahren nach der AO", DB 1989, 2092; *ders,* Das außergerichtliche Rechtsbehelfsverfahren ab 1996, DB 1994, 2254; *Tiedchen,* Änderung des außergerichtlichen Rechtsbehelfsverfahrens durch das Grenzpendlergesetz, BB 1996, 1033; *K J Wagner,* Die Ausschlussfrist nach § 364 b AO − Segen oder Last?, StuW 1996, 169; *v Wedelstädt,* Grenzpendlergesetz: Änderungen der Abgabenordnung; DB 1994, 1260; *ders,* Präklusion nach § 364 b AO und anschließende Korrektur des Steuerbescheids mit präkludiertem Vortrag, DB 1996, 113, *ders,* Die Ausschlussfrist nach § 364 b AO − Segen oder Last für die Finanzbehörde, StuW 1996, 186; *ders,* Quo vadis praeclusio − Die Rechtsprechung der Finanzgerichte zu § 364 b AO, DB 1998, 2188; *ders,* Die präkludierende Fristsetzung durch die Finanzbehörde, AO-StB 2002, 200; *Wefers,* Das außergerichtliche Rechtsbehelfsverfahren nach der Abgabenordnung in der Fassung des Grenzpendlergesetzes vom 24. 6. 1994, NJW 1995, 1321; *Wiese/Leingang-Ludolph,* Präklusion und Kosten, BB 2003, 25; *Woring,* Rechtsbehelfe gegen Ausschlussfristen?, Stbg 1996, 106.

I. Allgemeines

§ 364 b AO Fristsetzung   60

(1) Die Finanzbehörde kann dem Einspruchsführer eine Frist setzen

1. zur Angabe der Tatsachen, durch deren Berücksichtigung oder Nichtberücksichtigung er sich beschwert fühlt,
2. zur Erklärung über bestimmte klärungsbedürftige Punkte,
3. zur Bezeichnung von Beweismitteln oder zur Vorlage von Urkunden, soweit er dazu verpflichtet ist.

(2) [1] Erklärungen und Beweismittel, die erst nach Ablauf der nach Absatz 1 gesetzten Frist vorgebracht werden, sind nicht zu berücksichtigen. [2] § 367 Abs. 2 Satz 2 bleibt unberührt. [3] Bei Überschreitung der Frist gilt § 110 entsprechend.

(3) Der Einspruchsführer ist mit der Fristsetzung über die Rechtsfolgen nach Absatz 2 zu belehren.

Einen weiteren unglücklichen Beitrag zur **Verfahrensstraffung** hat der Gesetzgeber durch den mit Ges v 24. 6. 1994 (BGBl I 1994, 1395) und Wirkung ab 1. 1. 1996 eingefügten § 76 III geleistet, der den Fortbestand einer für das Einspruchsverfahren schon verwirkten Präklusion nach § 364 b AO für das gerichtliche Verfahren wieder insoweit zur Disposition stellt, als es – unter Anwendung des § 79 b III – im Ermessen des Gerichts (s dazu Rz 69 ff) steht, ob es die betroffenen Erklärungen und Beweismittel zurückweist (zur Vorgeschichte: AO-Bericht, 6 ff; BT-Drucks 12/1061, 17 und 12/7427, 19 u 37; s auch *Wagner* StuW 1996, 169, 170). Dies beruht auf verfassungsrechtlichen Bedenken, denen zu Folge es gegen Art 19 IV u 103 I GG verstoßen soll, einer durch das FA gesetzten Ausschlussfrist auch eine Wirkung für das anschließende gerichtliche Verfahren beizumessen (zur gebotenen Trennung zwischen Verwaltungsverfahren und Gerichtsverfahren: BFHE 185, 21 = BStBl 1998, 269; vgl auch BFHE 185, 21 = BStBl 1998, 269 u BFH/NV 2005, 63: § 76 III dient nicht den Interessen der Finbeh, sondern der Effizienz des gerichtlichen Verfahrens; zur gescheiterten Änderung iR des StÄndG 2001 s BR-Drucks 399/01, 26 zu Art 9 u BT-Drucks 14/7471, 9 zu Art 3 b u *Ehmcke,* Stbg 2002, 49, 60 f). Dies überzeugt nicht. ME ist es viel **bedenklich,** als § 76 III insofern einen **Systembruch** zulässt, als eine rechtmäßige (!) Einspruchsentscheidung, nämlich diejenige, in der die Finbeh zutreffend auf § 364 b AO beruft, zur Disposition des Gerichts gestellt wird. Dies steht im Widerspruch zu Art 19 IV GG und den hierauf gestützten Normen des einfachen Prozessrechts (hier vor allem § 40 II u § 100 I 1; vgl auch *v Groll* in FS Offerhaus (1999), 837, 843 ff; vgl auch *H/H/Sp/Birkenfeld* § 364 b Rz 87 – jew mwN auch zur Gegenmeinung). Auch die gegen **§ 364 b AO** vorgebrachten **verfassungsrechtlichen Bedenken** (vgl *Felix* KÖSDI 1994, 9903 f, *Sangmeister* BB 1994, 1679) **überzeugen nicht.** Es ist in einer schon im einfachen Verwaltungsverfahren von einschneidenden Mitwirkungspflichten (§§ 90, 149 ff AO) und Duldungspflichten (§§ 193 ff AO) geprägten Teilrechtsordnung (s auch Rz 2 und 37 ff; § 96 Rz 9 ff) weder unangemessen noch unzumutbar (BVerfGE 60, 253, 269), wenn dem Steuerpflichtigen schließlich im Einspruchsverfahren etwas abverlangt wird, was er schon im Rahmen seiner Steuererklärungen zu leisten gehabt hätte, auch wenn dies mit Präklusionsfolgen verbunden ist. Hinsichtlich solcher Konsequenzen ist er nicht schlechter gestellt, als wenn er zu seinem Nachteil gar nichts unternimmt (§ 355 AO). IÜ ist für hinreichende gerichtliche Kontrolle des Verwaltungshandelns gesorgt (s auch *H/H/Sp/Birkenfeld* § 364 b AO Rz 130 ff).

61   Abgesehen davon hat sich § 76 III **in der Praxis** als völlig **untaugliches Mittel** zur Verfahrensstraffung erwiesen. Denn die Regelung schafft mehr Streitpunkte als sie zu klären vermag (sehr anschaulich *Lange* DStZ 1998, 544 u die dort zitierte Rspr; vgl auch *Seer* in T/K Rz 116; zur Kritik außerdem *Stolterfoht* DStJG 18 [1995], 77, 108 ff; *Johannemann* Stbg 1995, 360; *Wagner* StuW 1996, 169; *v Wedelstädt* StuW 1996, 186; *Linssen* Inf 1996, 100; *Tiedchen* BB 1996, 1033, 1043 – jeweils mwN). Dies ist ua auf die doppelte Verweisung auf zwei ihrerseits überspannte Regelungen zurück zu führen (§ 364b AO einerseits – s Rz 64 ff; § 79b andererseits – Rz 72 ff). Hauptkritikpunkt ist dabei der durch § 76 III 2 normierte Verweis auf § 76b III. Dieser Verweis hat zum einen zur Folge, dass sich das Ermessen, welches § 76 III 1 dem Gericht grundsätzlich bei der Zurückweisung von verspätet vorgebrachten Erklärungen und Beweismitteln einräumt, letztendlich auf Null reduziert (s Rz 72). Zum anderen lässt die Anwendbarkeit von § 79b III 1 Nr 1 das **Setzen einer Frist nach § 364b AO als Farce** erscheinen. Denn danach kann das Gericht nachträglich vorgebrachte Erklärungen und Beweismittel (nur) zurückweisen, wenn deren Zulassung nach seiner freien Überzeugung die Erledigung des Rechtsstreits verzögern würde, was aber nur selten der Fall ist (s Rz 73). Das hat zur Folge, dass die FÄ auch in Schätzungsfällen, für die das Ganze vornehmlich gedacht war (AO-Bericht, 6 ff), kaum noch Fristen nach § 364b AO setzen. Tun sie es doch, so wird die vollumfängliche Prüfung der nachträglich eingereichten Erklärungen und Beweismittel (und damit in Schätzungsfällen nahezu die gesamte **Veranlagungsarbeit**) weitgehend **auf das Gericht verlagert,** was bei diesem selbst dann zu einer erheblichen Mehrarbeit führt, wenn das FA mitwirken muss.

II. Fristsetzung nach § 364b AO (§ 76 III 1)

Das Eingreifen der gerichtlichen **Präklusionsregelung** setzt voraus (vgl **64** BFHE 189, 3 = BStBl 1999, 664),
– dass das FA eine **Frist nach § 364b AO tatsächlich gesetzt** hat,
– dass dies **rechtsfehlerfrei** geschah (s Rz 65 f; vgl auch FG Brdbg EFG 1997, 178; zu den Einzelheiten *H/H/Sp/Birkenfeld* § 364b AO Rz 31 ff; zur Anwendung nach Ergehen eines Korrekturbescheids: FG Mchn EFG 2001, 156) und
– dass die wirksam gesetzte Ausschlussfrist **erfolglos und unheilbar** (dh ohne Wiedereinsetzungsmöglichkeit, §§ 364b II 3, 110 AO) **verstrichen** ist, dh der Einspruchsführer hat die Tatsachen, Erklärungen, Beweismittel oder Urkunden nicht innerhalb der gesetzten Frist angegeben oder vorgelegt.
Die Fristsetzung muss zunächst die folgenden allg Wirksamkeitsvoraus- **65** setzungen erfüllen:
– **ordnungsgemäße Bekanntgabe der Fristsetzung.** § 122 AO ist insoweit analog anzuwenden, weil die Fristsetzung nach § 364b AO mangels eigenständigen Regelungscharakters iS des § 118 S 1 AO als **unselbstständige Verfahrenshandlung** und **nicht als VA** anzusehen ist (Vor § 40 Rz 31, 43; iE ebenso: *Linssen* Inf 1996, 100, 102; *Woring* Stbg 1996, 106; kein selbstständig anfechtbarer VA: *Birkenfeld/Daumke* IV Rz 65 f; *H/H/Sp/Birkenfeld* § 364b AO Rz 70; *Tipke* in T/K § 364b AO Rz 38 ff; *Rößler* DStZ 1995, 270, 372; *Tiedchen* BB 1996, 1033, 1041; s auch BMF BStBl I 1995, 666. – AM: *K/H* § 364b AO Rz 6; *Große* DB 1996, 60, 61; *Grune* DB 1996, 60, 65; *Spaeth* DStZ 1995, 175, 176; *Siegert* DStZ 1995, 25, 29 u 517, 519; *Wagner* StuW 1996, 174 ff; *v Wedelstädt* StuW 1996, 186, 187). Damit ist wegen der iR des § 76 III bestehenden **uneingeschränkten gerichtlichen Nachprüfungspflicht** (Rz 72 aE) keine Rechtsschutzverkürzung verbunden;

- **pflichtgemäße Ermessensausübung bei der Fristsetzung** (*H/H/Sp/ Birkenfeld* § 364b AO Rz 49 ff mwN). Der *Verhältnismäßigkeitsgrundsatz* muss gewahrt sein. Es muss insbesondere eine **angemessenen Frist** gesetzt werden (zur Maßgeblichkeit der konkreten Umstände für deren Bemessung: *Tiedchen* BB 1996, 1033, 1040; *Wagner* StuW 1996, 169, 173 f), die **auf rechtzeitig gestellten Antrag** hin **nach § 109 I 1 AO verlängerbar** ist, *nicht* aber *nachträglich mit Rückwirkung. § 109 I 2 AO* ist im Hinblick auf die gesetzgeberische Entscheidung für die Wiedereinsetzungsmöglichkeit in § 364b II 3 AO *nicht anwendbar* (die weiterreichende gesetzgeberische Absicht, *jede* Verlängerungsmöglichkeit auszuschließen – BT-Drucks 12/7427, 37; ebenso *Spaeth* DStZ 1995, 175 – ist im Gesetz nicht hinreichend zum Ausdruck gekommen; iE ebenso *H/H/ Sp/Birkenfeld* § 364b Rz 64; *Birkenfeld/Daumke* IV 62; *Linssen* Inf 1996, 100, 101 f; *Tiedchen* BB 1996, 1033, 1040 f; aM: *Große* DB 1996, 60, 66 – jeweils mwN);
- **inhaltliche Bestimmtheit** hinsichtlich der Fristsetzung und der von dem Einspruchsführer innerhalb dieser Frist vorzunehmenden Handlungen (analog § 119 I AO);
- **Belehrung** über die Rechtsfolgen einer Fristversäumnis (§ 364b III AO), die notwendigerweise eine aus Empfängersicht ausreichende Erläuterung der gesamten Maßnahme, dh auch des Inhalts der Aufklärungsverfügung, voraussetzt (iE ebenso *Birkenfeld/Daumke* IV Rz 61).

66   Inhaltlich muss die Frist nach § 364b I AO gesetzt werden (zu den Einzelheiten: *Wagner* StuW 1996, 169, 171 ff; *Tiedchen* BB 1996, 1033, 1040, *H/H/Sp/Birkenfeld* § 364b Rz 31 ff):
- zur Angabe der **Tatsachen,** durch deren Berücksichtigung oder Nichtberücksichtigung sich der Einspruchsführer **beschwert** fühlt (s §§ 350– 353 AO u § 79b I 1; s dort Rz 8; vgl auch BFHE 177, 201 = BStBl II 1995, 417). Dies soll die geeignete Waffe des FA vor allem in den Fällen sein, in denen mangels der Abgabe einer Steuererklärung nach § 162 AO geschätzt wurde (kritisch dazu mit Recht *Linssen* Inf 1996, 100, 101);
- zur **Erklärung über bestimmte** klärungsbedürftige **Punkte** (zur Substantiierung einer solchen Aufklärungsverfügung: BFHE 177, 233 = BStBl II 1995, 545; zur Problematik iÜ § 79b Rz 10 ff);
- zur **Bezeichnung von Beweismitteln** (§ 92 AO) oder zur **Vorlage von Urkunden,** soweit der Einspruchsführer dazu verpflichtet ist (§ 365 I iVm §§ 97, 149 AO; s auch Rz 44), was notwendigerweise auch eine genaue Fixierung des Beweisthemas erfordert (s zu den inhaltlichen Anforderungen auch Rz 29).

III. Ermessen des Gerichts (§§ 76 III, 76b III)

69   Das Gericht *kann* nach § 76 I 1 die erst nach Ablauf der nach § 364b AO gesetzten Frist vorgebrachten Erklärungen und Beweismittel zurückweisen und ohne weitere Ermittlungen entscheiden. Daraus schließt die hM auf ein **Ermessen des Gerichts** (s vor allem BFHE 185, 21 = BStBl II 1998, 269; BFHE 185, 134 = BStBl II 1998, 399; BFHE 189, 3 = BStBl II 1999, 664; BFH/NV 1999, 619; 633; 1556, 1557; 2005, 63; was nach BFH/NV 1999, 67 als grundsätzlich *geklärt* gelten kann; *Seer* in T/K Tz 132; zur Kritik s Rz 72), womit sich die von § 364b AO für das Einspruchsverfahren zwingend vorgesehene Rechtsfolge der **Präklusion mit Klageerhebung relativiert** (zu den Auswirkungen der Präklusion auf die Bestandskraft: § 172 I Nr 2a AO; dazu *v Groll* in FS Offerhaus (1999), 837 einerseits, *Lieber,* Präklusion im Steuerverfahren, 1998, 166, andererseits – jew mwN; zur Situation nach Änderung des § 172 I AO durch Einführung von S 3 durch das StBereinG: FG Mchn EFG 2000, 60).

Zu der von der hM angenommenen (s Rz 69) **Ermessensentschei-** **70** **dung des Gerichts** kann es allerdings **erst dann** kommen, **wenn**
– die **Klage zulässig** ist und
– das FA die **Frist nach § 364b AO wirksam gesetzt** hat (s Rz 64 ff). Ist das nicht der Fall, so muss das Gericht unabhängig von den §§ 76 III, 79b III alle vorgebrachten Erklärungen und Beweismittel berücksichtigen und den Sachverhalt nach § 76 I 1 von Amts wegen ermitteln (so iE auch *H/H/Sp/Birkenfeld* § 364b AO Rz 130ff; *Wagner* StuW 1996, 169, 178f). Darüber hinaus ist das Gericht verpflichtet, alle **während der** wirksam gesetzten **Frist** beim FA **eingereichten Erklärungen und Beweismittel** zu berücksichtigen. Auch insoweit steht ihm kein Ermessen zu. **Reichen diese Erklärungen und Beweismittel** allerdings **nicht aus, um den Sachverhalt** vollständig **aufzuklären,** so richtet es sich gleichwohl wieder nach den §§ 76 III, 79b III, ob das Gericht ohne weitere Ermittlungen entscheidet (dazu Rz 73).

Kein Ermessen steht dem Gericht auch dann zu, **wenn die außerge-** **71** **richtliche Präklusion die Beschwer betrifft** (§ 364b I Nr 1 AO; Rz 66; glA *v Wedelstädt,* AO-StB 2002, 200, 203). Denn es ist nicht Sache des Gerichts, für Heilung zu sorgen, wenn das FA den Einspruch mangels ausreichenden Sachvortrags zu Recht als unzulässig verworfen hat. Der Rechtsschutzcharakter, den das außergerichtliche Rechtsbehelfsverfahren zumindest auch hat (*K/H* Vor § 347 AO Rz 1; *H/H/Sp/Birkenfeld* Vor § 347 Rz 6; *Tipke* in T/K Vor § 347 AO Rz 10), folgt (entgegen *Stolterfoht* DStJG 18, 77, 85ff) aus der rechtsförmlichen Ausgestaltung des Verfahrens, vor allem aber daraus, dass die Initiative insoweit allein beim Rechtsuchenden liegt (§§ 355, 357 AO; s auch §§ 354, 362 AO) und dass eine Sachprüfung und Sachentscheidung maßgeblich davon abhängt, dass *er* eine Beschwer *geltend macht* (§§ 350–353 AO).

Ist die vom FA wirksam nach § 364b AO gesetzte Frist fruchtlos ver- **72** strichen und betrifft diese nicht die Beschwer (Rz 64 u 71), so deutet nach § 76 III 1 in der Tat alles darauf hin, dass es im **Ermessen des Gerichts** steht, ob es die erst nachträglich vorgebrachten Erklärungen und Beweismittel zurückweist und ohne weitere Ermittlungen entscheidet (s zur hM Rz 69). Dieser Schein trügt jedoch. Denn dieses dem Gericht zustehende Ermessen **reduziert § 76 III 2 durch den Verweis auf § 79b III** **auf Null** (aA ohne nähere Begründung *Seer* in T/K Rz 132). Zum einen **gibt § 79b III** nämlich genau **vor, in welchen Fällen eine Zurück-** **weisung** der nachträglich vorgebrachten Erklärungen und Beweismittel **in Betracht kommt,** so dass über die dort genannten Fälle hinaus eine Zurückweisung der Erklärungen und Beweismittel – und damit eine Ermessensentscheidung des Gerichts – nicht möglich ist. Zum anderen **hat das Gericht auch iRd § 79b III kein wirkliches Ermessen.** Denn § 79b III verwendet ausnahmslos unbestimmte Rechtsbegriffe, die revisionsrechtlich uneingeschränkt überprüfbar sind (vgl § 79b Rz 26 mwN;

dies verkennt BFH/NV 2005, 63). Eine wirkliche Ermessensentscheidung des Gerichts ist damit nur insoweit denkbar, als es die nachträglich vorgebrachten Erklärungen und Beweismittel nicht zurückweist, obwohl die Voraussetzungen des § 79b III erfüllt sind. Auch dies setzt wegen der Ausgrenzung von Willkürakten allerdings einen Sachgrund voraus. Da dieser vor allem in Schätzungsfällen, derentwegen die Regelung vornehmlich geschaffen wurde (Rz 61) in der Regel fehlt, reduziert sich insoweit das Ermessen des Gerichts auf Null (§ 102 Rz 2; s auch § 79b Rz 16 ff).

73   Die **Verweisung auf § 79 b III** ist eine reine **Rechtsfolgeverweisung** und bedeutet, dass im Rahmen des § 76 III **weder § 79 b I noch § 79 b II anwendbar** sind. Insbesondere bedarf es keiner weiteren Fristsetzung im Steuerprozess, um die Präklusionswirkung auch hier greifen zu lassen. Die **im Einspruchsverfahren eingetretene Präklusion wirkt** allerdings nur **dann fort,** wenn die Voraussetzungen des § 79 b III erfüllt sind (vgl dazu auch § 79 b Rz 16 ff sowie hier Rz 72: Ermessensreduzierung auf Null). Das setzt nach § 79 b III 3 u III 1 Nr 1 (zu § 79 b III 1 Nr 2 u 3 s Rz 76) insb voraus, dass
– **es** dem **Gericht nicht mit geringem Aufwand möglich** ist, den (von der Präklusion nach § 364 b AO betroffenen) Sachverhalt auch **ohne Mitwirkung** der Beteiligten **zu ermitteln** (§ 79 b III 3; s dort Rz 18 ff; vgl auch FG Brdbg EFG 1997, 178) **und**
– die **Zulassung** der nach § 364 b AO ausgeschlossenen Erklärungen oder Beweismittel die **Erledigung** des Rechtsstreits **verzögern würde** (§ 79 b III 1 Nr 1; der Zusatz *„nach der freien Überzeugung des Gerichts“* erweist sich angesichts der die gesamte Urteilsbildung umfassenden Regelung des § 96 I 1 – s dort Rz 15 ff – als *überflüssige* „Aufblähung“ des Gesetzestatbestands). Maßgeblich ist dabei, ob der Rechtsstreit **bei Zulassung** der erst nachträglich vorgebrachten Erklärungen und Beweismittel **länger dauert als bei Zurückweisung** (sog absoluter Verzögerungsbegriff; s § 79 b Rz 24). Dies ist nach der Rspr des BFH nicht der Fall, wenn eine Erledigung in der ersten vom FG nach pflichtgemäßem Ermessen terminierten **mündlichen Verhandlung** möglich ist (BFHE 189, 3 = BStBl II 1999, 664 mwN; aA *Große* DB 1996, 60, 65). Dabei hat das FG schon vor der mündlichen Verhandlung geeignete **vorbereitende Maßnahmen** gem § 79 I zu ergreifen, um entscheidungserhebliche Fragen, die nach der Einreichung der Erklärungen (insbesondere bei Vollschätzungen) oder Benennung von Beweismitteln (noch) bestehen, aufzuklären (BFHE 186, 511 = BStBl II 1999, 26; BFHE 189, 3 = BStBl II 1999, 664; BFHE 191, 207 = BStBl II 2000, 354; s auch *v Wedelstädt,* AO-StB 2002, 200, 204 mwN). Das ist **mE zweifelhaft.** Denn zum einen greift der BFH damit in unzulässiger Weise in das (nach seiner Auffassung bestehende – s Rz 69) Ermessen des Tatrichters ein und zum anderen geht er nicht auf die Frage ein, ob es nicht (gerade oder auch) die Konsequenz von Präklusionsregelungen ist, dass sich weitere Aufklärungsmaßnahmen erübrigen, die gerade im Fall von nachgereichten Steuererklärungen in der Regel erforderlich sind (mit diesem ebenso systemgerechten wie wirklichkeitsnahen Befund: BFHE 185, 134 = BStBl II 1998, 399; glA *H/H/Sp/Birkenfeld*

§ 364 b AO Rz 139 ff; s iÜ auch *Lange* DStZ 1998, 544; *Buciek* DStZ 1999, 149; zur Verunsicherung: FG Nds EFG 1999, 443 einerseits und FG Nds EFG 1999, 881 andererseits sowie auch FG Thür EFG 1998, 220; FG Brdbg EFG 1998, 387; 389; FG Saarl EFG 1997, 651; 1999, 1065). Folgt man dem BFH und verlangt man Aufklärungsmaßnahmen des Gerichts bis zur mündlichen Verhandlung, so **muss das FA dabei** nach § 76 I 2 **mitwirken** und gegebenenfalls einen Änderungsbescheid erlassen, wenngleich der Kläger mit den erst nach Ablauf der nach § 364 b AO vorgebrachten Erklärungen und Beweismitteln im Einspruchsverfahren präkludiert war (BFHE 206, 194 = BStBl II 2004, 833 zugleich zur grundsätzlichen **Kostentragung** durch den Kläger; s dazu Rz 79). **Lassen sich** die noch bestehenden **Fragen** trotz einer vorbereitenden Verfügung des Gerichts vor oder in der mündlichen Verhandlung **nicht klären,** so tritt **insoweit** (aber auch nur insoweit, s Rz 79) auch für das finanzgerichtliche Verfahren eine **Präklusion** ein, weil die weitere Aufklärung eine Vertagung erfordern und damit eine Verzögerung des Rechtsstreits mit sich bringen würde (s zu **nachgereichten Steuererklärungen:** FG Mchn EFG 1998, 800; 2001, 60; FG BaWü EFG 2000, 1043; 1403).

Da **§ 79 b III nur entsprechend anwendbar** ist, ergeben sich aus **76** § 79 b III 1 Nr 2 u 3 **keine zusätzlichen Präklusionsvoraussetzungen.** Denn das Gericht muss im Rahmen der Prüfung, ob das FA die Frist nach § 364 b AO wirksam gesetzt hat und ob diese fruchtlos verstrichen ist (s Rz 64 f), sowohl die Frage der **Entschuldbarkeit der Fristversäumung** als auch die der hinreichenden **Belehrung von Amts wegen** beachten (s § 364 b II 3 iVm § 110 AO u § 364 b III AO). Soweit *Seer* (in T/K Tz 127 mwN) aus § 79 b III 1 Nr 3 ableiten will, dass der Beteiligte auch über die mögliche Präklusion im anschließenden Gerichtsverfahren belehrt worden sein muss, ist dem nicht zu folgen. Zum einen ist § 79 b III nur entsprechend anzuwenden. Das bedeutet, dass § 79 b III 1 Nr 3 auf das in § 364 b III AO aufgestellte Belehrungserfordernis Bezug nimmt (glA FG Brdbg EFG 1997, 178 mwN). Zum anderen überspannt *Seer* (aaO) die zu stellenden Anforderungen, zumal es für jeden Stpfl auf der Hand liegen dürfte, dass die Präklusion nach § 364 b II AO, über die er nach § 364 b III AO zu belehren ist, auch eine Auswirkung auf das anschließende gerichtliche Verfahren hat.

IV. Rechtsfolge

Ist eine vom FA **nach § 364 b I Nr 1 AO wirksam gesetzte Frist 78** fruchtlos verstrichen und hat das FA den Einspruch als unzulässig verworfen (§ 358 AO), so ist die **Klage ohne weitere Sachprüfung als unbegründet abzuweisen** (s auch Rz 71). Die **Rechtskraftwirkung** des Urteils (dazu § 110 Rz 6, 14 ff) erschöpft sich in diesem Fall in einer *Bestätigung der Bestandskraft* des angefochtenen VA (zu deren Grenzen: § 172 I 2 AO; vgl auch *Wagner* StuW 1996, 169, 180 ff, *v Wedelstädt* StuW 1996, 186, 189 ff).

Ist eine vom FA **nach § 364 b I Nr 2 oder 3 AO wirksam gesetzte 79 Frist** fruchtlos verstrichen (Rz 64 ff) und ist es nicht möglich, den Sachverhalt auch ohne Mitwirkung des Beteiligten mit geringem Aufwand zu

ermitteln und würde die Berücksichtigung der nachträglich vorgebrachten
Erklärungen und Beweismittel den Rechtsstreit verzögern (Rz 73; zur Bedeutung von § 79 b III 1 Nr 1 u 2 s Rz 76) und kommt auch eine Wiedereinsetzung in den vorigen Stand nicht in Betracht (§ 364 b II 3 AO), so
führt dies zu einer **Begrenzung des gerichtlichen Ermittlungs- und
Entscheidungsprogramms** (§ 96 I 1; s dort Rz 8 ff). Der **Umfang** der
Beschränkung richtet sich dabei nach dem Umfang der Präklusion (s dazu
v Groll StuW 1993, 312, 320 u DStJG 18, 47, 70 ff; ausdrücklich auch
BFHE 185, 134 = BStBl II 1998, 399). Ist der Kläger mit seinem nachträglichen Vortrag in vollen Umfang präkludiert, was angesichts der dem
FG vom BFH auferlegten Aufklärungspflichten aber kaum der Fall sein
wird (s Rz 73), so ist die Klage insgesamt als unbegründet abzuweisen. Betrifft die Präklusion hingegen nur Teilaspekte, weil deren weitere Aufklärung den Rechtsstreit verzögern würde (Rz 73), so ist die Klage nur
insoweit abzuweisen, als diese Teilaspekte sich auswirken. Im Übrigen ist
dem klägerischen Begehren zu entsprechen und gegebenenfalls ein geänderter VA zu erlassen (zur grundsätzlichen **Kostentragung** durch den Kläger, selbst wenn sich das FA weigert, einen Abhilfebescheid zu erlassen:
BFHE 206, 194 = BStBl II 2004, 833; FG BaWü EFG 2003, 178; FG
Köln EFG 2003, 1490 m Anm *Valentin;* aA FG Mchn EFG 1998, 800;
2001, 60; FG BaWü EFG 2000, 1403; 2003, 178 mit Anm *Hoffmann;* FG
Köln EFG 2002, 50 m Anm *Fumi;* 2003, 1490; aA FG Mchn EFG 1998,
800; 2001, 60; FG BaWü EFG 2000, 1403; s auch *Wiese/Leingang-Ludolph,*
BB 2003, 25; *Kerath,* BB 2003, 937 u **nunmehr als Reaktion auf die
Rspr § 137 S 3**). Eine (beantragte) **isolierte Aufhebung der Einspruchsentscheidung** kommt demgegenüber nur dann in Betracht, wenn
das FA die Ausschlussfrist nach § 364 b AO rechtsfehlerhaft gesetzt hatte
oder der Stpfl den Anforderungen des FA innerhalb der gesetzten Frist
(oder in den Fällen der Wiedereinsetzung in den vorigen Stand auch nachträglich) nachgekommen war (s Rz 64). Liegen diese Umstände nicht vor,
scheidet eine isolierte Aufhebung der Einspruchsentscheidung aus, weil
sich die Finbeh darin schließlich zu Recht auf die Präklusion des § 364 b II
AO berufen hat (s Rz 60).

80   Für die **Rechtskraft** des ergehenden Urteils (§ 110; s dort Rz 1 ff) bedeutet dies Folgendes: **Im Umfang der Präklusion** nebst den hieraus gezogenen rechtlichen Folgerungen (Entscheidungsgegenstand: § 110 Rz 12 ff) hat
der streitbefangene VA als **rechtmäßig** zu gelten und ist ungeachtet der
Richtigkeit der Entscheidung innerhalb der Rechtskraftgrenzen (§ 110
Rz 7 ff) als **eindeutig verbindlich** anzusehen (BVerfGE 60, 253, 268).
Speziell für evtl spätere Korrekturen (§ 110 II) heißt dies:
– dass insoweit ein Widerspruch zwischen der durch VA geregelten (§ 118
  S 1 AO) und der wirklichen Rechtslage (§ 38 AO) bestehen darf und
– dass **desgleichen** ein **Rechtsfehler** iS des § 177 III AO (uU iVm § 181
  I 1 AO) **nicht** mehr angenommen werden kann (s auch *v Groll* StuW
  1993, 312, 319 ff u FS Offerhaus aaO, 847).

81   **Revisionsrechtlich** ist zu unterscheiden nach der im angefochtenen
Urteil enthaltenen Art der Rechtsverletzung (§ 118 I 1):
– Liegt diese in einer fehlerhaften **Beurteilung** des § 364 b AO und damit
  der Rechtmäßigkeit **der Einspruchsentscheidung,** so handelt es sich
  um einen **materiell-rechtlichen Mangel;**

– hat das FG **§ 76 III 2 iVm § 79 b III falsch angewandt** (dazu Rz 69 ff),
so ist das ein **Verfahrensfehler** (dazu näher § 115 Rz 73 ff; § 116
Rz 48 ff).

E. Zu § 76 IV – Ermittlungspflicht der Behörde

In § 76 IV (früher III) wird klargestellt, dass die Finbeh während des ge-   **83**
richtlichen Verfahrens berechtigt und nach dem Grundsatz der Gesetzmäßigkeit der Verwaltung auch verpflichtet bleibt, sich selbst (weiter) um
die Sache zu kümmern, und, wenn nötig, hieraus die entsprechenden
Konsequenzen der Abänderung oder Aufhebung der streitbefangenen Hoheitsmaßnahme (zu den verfahrensrechtlichen Folgen: § 68) zu ziehen (FG
Mchn EFG 2001, 156, 157; *Mösbauer* aaO, 508).

Die §§ 88, 89 AO, auf die § 76 IV verweist, haben folgenden Wortlaut: **84**

§ 88 AO   Untersuchungsgrundsatz

(1) [1]Die Finanzbehörde ermittelt den Sachverhalt von Amts wegen. [2]Sie
bestimmt Art und Umfang der Ermittlungen; an das Vorbringen und an die
Beweisanträge der Beteiligten ist sie nicht gebunden. [3]Der Umfang dieser
Pflichten richtet sich nach den Umständen des Einzelfalls.

(2) Die Finanzbehörde hat alle für den Einzelfall bedeutsamen, auch die für
die Beteiligten günstigen Umstände zu berücksichtigen.

§ 89 AO   Beratung, Auskunft

[1]Die Finanzbehörde soll die Abgabe von Erklärungen, die Stellung von
Anträgen oder die Berichtigung von Erklärungen oder Anträgen anregen,
wenn diese offensichtlich nur versehentlich oder aus Unkenntnis unterblieben oder unrichtig abgegeben oder gestellt worden sind. [2]Sie erteilt, soweit
erforderlich, Auskunft über die den Beteiligten im Verwaltungsverfahren zustehenden Rechte und die ihnen obliegenden Pflichten.

§ 77   [Schriftsätze]

(1) [1]**Die Beteiligten sollen zur Vorbereitung der mündlichen Verhandlung Schriftsätze einreichen.** [2]**Hierzu kann der Vorsitzende sie
unter Fristsetzung auffordern.** [3]**Den Schriftsätzen sollen Abschriften
für die übrigen Beteiligten beigefügt werden.** [4]**Die Schriftsätze sind
den Beteiligten von Amts wegen zu übermitteln.**

(2) [1]**Den Schriftsätzen sind die Urkunden, auf die Bezug genommen wird, in Urschrift oder in Abschrift ganz oder im Auszug beizufügen.** [2]**Sind die Urkunden dem Gegner bereits bekannt oder sehr
umfangreich, so genügt die genaue Bezeichnung mit dem Anerbieten,
Einsicht bei Gericht zu gewähren.**

Vgl § 86 IV, V VwGO; § 108 SGG; §§ 139, 273 ZPO

Nach § 79 I 1 hat das Gericht alle Maßnahmen zu treffen, die notwendig sind, um den Rechtsstreit möglichst in einer mündlichen Verhandlung
zu erledigen **(Konzentrationsmaxime).** Dieses Ziel lässt sich nur er-

reichen, wenn die Beteiligten mitwirken. Deshalb bestimmt § 77 I 1, dass sie **vorbereitende Schriftsätze** (mit Abschriften für die übrigen Beteiligten – § 77 I 3) einreichen sollen. Die vorbereitenden Schriftsätze sollen vom Beteiligten (bzw seinem Prozessbevollmächtigten) eigenhändig unterschrieben sein (vgl § 130 Nr 6 ZPO). Handelt es sich um einen **bestimmenden Schriftsatz**, enthält er also eine Prozesshandlung (vgl § 64 Rz 4), besteht **Unterschriftszwang** (§ 64 Rz 18 ff). – S aber § 77 a.

2   Grundsätzlich sind die in Bezug genommenen **Urkunden** den Schriftsätzen – in Ur- oder Abschrift, ggf auszugsweise – **beizufügen** (§ 77 II 1). Sind sie dem Gegner bereits bekannt oder sehr umfangreich, genügt die genaue Bezeichnung und das Anerbieten, Einsicht bei Gericht zu gewähren (§ 77 II 2).

3   Der Senatsvorsitzende (oder der Berichterstatter – § 79; ggf auch der Einzelrichter – §§ 6, 79 a III, IV) **kann** für die Einreichung vorbereitender Schriftsätze eine (verlängerungsfähige – vgl § 54 Rz 6, 7) Frist setzen (zur Fristberechnung s § 54 Rz 8 ff). Dabei darf er seine vorläufige Meinung über die Sache äußern (vgl BVerfGE 4, 143; BVerwGE 73, 339). Sieht er von einer Fristsetzung ab, liegt hierin keine Beeinträchtigung des rechtlichen Gehörs (BFH/NV 1988, 310); § 128 II ZPO ist unanwendbar (§ 90 Rz 21). Die **Fristsetzung** (sowie die Verlängerung, die Abkürzung und die Ablehnung der Verlängerung und Abkürzung der Frist) ist als prozessleitende Verfügung iS des § 128 II **nicht selbstständig** mit der Beschwerde **anfechtbar.** Verfahrensrüge im Rahmen der Revision ist jedoch möglich (vgl BFHE 100, 160 = BStBl II 1970, 853; BFHE 130, 240 = BStBl II 1980, 457). – Durch die Fristsetzung nach § 77 I 2 wird der säumige Beteiligte nicht etwa mit weiterem Vorbringen ausgeschlossen (*T/K* § 77 FGO Rz 1). Bis zur Wirksamkeit der Entscheidung eingehende Schriftsätze sind vielmehr zu berücksichtigen (zu **„nachgereichten"** **Schriftsätzen** s § 155 iVm § 283 ZPO; § 93 Rz 7; § 90 Rz 19, 20) und zwar unabhängig davon, ob eine Frist gesetzt wurde oder nicht. Anderenfalls kann das Recht auf Gehör verletzt sein oder die Rüge mangelnder Sachaufklärung erhoben werden (vgl aber auch BFH/NV 1995, 326; 2002, 511, 512). Voraussetzung hierfür ist aber, dass der Schriftsatz beim Gericht eingeht; insoweit trägt der Absender die Feststellungslast (BFH/NV 1988, 310). – Im Übrigen kann das Verhalten des Beteiligten im Rahmen der richterlichen Überzeugungsbildung (§ 96) gewürdigt werden. Evtl können sich kostenmäßige Nachteile für den Säumigen ergeben (§ 137). – Zur **Fristsetzung mit ausschließender Wirkung** s §§ 62 III, 65 II, 79 b.

4   **§ 77 I 4** ist durch Art 3 Nr 7 des JKomG v 22. 3. 2005 (BGBl I S 837, 845) den Gegebenheiten des elektronischen Rechtsverkehr angepasst worden. Durch die Ersetzung des Wortes „übersenden" durch das Verb „übermitteln" erfasst § 77 I 4 nunmehr auch die Übermittlung elektronischer Dokumente. – Für die **Übermittlung** der Schriftsätze (§ 77 I 4) ist die Geschäftsstelle zuständig (§ 155 iVm § 209 ZPO). – Das Recht auf **Übermittlung** der Schriftsätze erstreckt sich **bei Verbindung** mehrerer Klagen (§ 73 I 1) lediglich auf die Schriftstücke, die dem Gericht nach Ergehen des Verbindungsbeschlusses eingereicht werden. Erst von diesem Zeitpunkt an wird die Rechtsstellung eines Beteiligten iS des § 77 I erlangt (BFH/NV 1989, 173). – Rechtsnachteile entstehen hierdurch nicht, weil Akteneinsicht (§ 78) verlangt werden kann.

Unterbleibt die Übermittlung der Schriftsätze an den Prozessgegner 5
und kann er infolgedessen vor Ergehen der gerichtlichen Entscheidung zu
dem Vorbringen des anderen Beteiligten nicht mehr Stellung nehmen,
liegt in dem Verstoß gegen § 77 I 4 zugleich die – vom Rechtsmittelgericht zu beachtende (§ 119 Nr 3) – Verweigerung des rechtlichen Gehörs
(BFH/NV 1986, 166; s aber auch BFH/NV 2002, 1460).

§ 77a [aufgehoben]

Aufgehoben durch Art 3 Nr 8 JKomG v 22. 3. 2005 (BGBl I S 837,
845). An die Stelle des § 77a sind die §§ 52a, 52b getreten.

§ 78 [Akteneinsicht]

(1) **Die Beteiligten können die Gerichtsakte und die dem Gericht
vorgelegten Akten einsehen.**

(2) **¹Beteiligte können sich auf ihre Kosten durch die Geschäftsstelle
Ausfertigungen, Auszüge, Ausdrucke und Abschriften erteilen lassen.
²Nach dem Ermessen des Vorsitzenden kann Bevollmächtigten, die zu
den in § 3 Nr. 1 und § 4 Nr. 1 und 2 des Steuerberatungsgesetzes bezeichneten natürlichen Personen gehören, der elektronische Zugriff
auf den Inhalt der Akten gestattet oder der Inhalt der Akten elektronisch übermittelt werden. ³§ 79a Abs. 4 gilt entsprechend. ⁴Bei einem
elektronischen Zugriff auf den Inhalt der Akten ist sicherzustellen,
dass der Zugriff nur durch den Bevollmächtigten erfolgt. ⁵Für die
Übermittlung von elektronischen Dokumenten ist die Gesamtheit der
Dokumente mit einer qualifizierten elektronischen Signatur nach § 2
Nr. 3 des Signaturgesetzes zu versehen und gegen unbefugte Kenntnisnahme zu schützen.**

(3) **Die Entwürfe zu Urteilen, Beschlüssen und Verfügungen, die
Arbeiten zu ihrer Vorbereitung, ferner die Dokumente, die Abstimmungen oder Ordnungsstrafen des Gerichts betreffen, werden weder
vorgelegt noch abschriftlich mitgeteilt.**

*Vgl § 100 VwGO; § 120 SGG; § 299a ZPO; vgl auch § 29 VwVfG; §§ 8, 25
SGB-AT*

Übersicht

Literatur: *Felix,* Aktenübersendung in das Büro des Prozessbevollmächtigten als Gebot der Waffengleichheit, KÖSDI 1992 S 9051 ff; *Gräber,* Akteneinsicht durch Beteiligte und ihre Bevollmächtigten im finanzgerichtlichen Verfahren, DStZA 1980, 443; *Hellmann,* Der Rechtsweg gegen die Versagung der Akteneinsicht durch die Finanzbehörde nach Abschluss des steuerstrafrechtlichen Ermittlungsverfahrens, DStZ 1994, 371; *Pawlita,* Die Wahrnehmung des Akteneinsichtsrechts im gerichtlichen und behördlichen Verfahren durch Überlassung der Akten in die Rechtsanwaltskanzlei, AnwBl 1986, 1; *Pentz,* Keine Akteneinsicht im Prozesskostenhilfeverfahren, NJW 1982, 2507; *Schoenemann,* Akteneinsicht und Persönlichkeitsschutz, DVBl 1988, 520; *Streck,* Akteneinsicht in die Betriebsprüfungshandakte, Stbg 1995, 135.

I. Vorbemerkungen

1   **§ 78** ist durch das JKomG v 22. 3. 2005 (BGBl I S 837, 845) mit Wirkung **ab 1. 4. 2005 neu gefasst** worden. In § 78 I wurden Satz 1 Hs 2 und Satz 2 gestrichen. Gleichzeitig ist ein neuer Absatz 2 eingefügt worden (Rz 3, 8, 11, 14). Der bisherige Absatz 1 Satz 1 Hs 2 ist nunmehr Satz 1 des Absatzes 2. Der bisherige Absatz 2 ist jetzt Absatz 3. In Absatz 3 ist das Wort „Schriftstücke" durch das Wort „Dokumente ersetzt worden. Die Streichung des bisherigen Satzes 2 des Absatzes 1 bedeutet keine inhaltliche Änderung. § 299 a ZPO ist über § 155 weiterhin anzuwenden (Rz 11).

1 a   Der verfassungsrechtlich garantierte Anspruch auf Gewährung rechtlichen Gehörs vor Gericht (Art 103 I GG) wird für das finanzgerichtliche Verfahren vor allem durch § 96 II verwirklicht, wonach das Urteil nur auf Tatsachen und Beweisergebnisse gestützt werden darf, zu denen die Beteiligten sich äußern konnten (§ 96 Rz 27 ff). – Das **Recht auf Akteneinsicht** usw (§ 78) **ist** insofern **Ausfluss des Anspruchs auf rechtliches Gehör,** als es gewährleisten soll, dass die Beteiligten zu den in den vorgelegten (bzw beigezogenen) Akten dokumentierten Tatsachen Stellung nehmen können, bevor das Gericht sie zur Grundlage seiner Entscheidung macht (zB BFH/NV 2002, 1168; 2003, 1356). Gleichzeitig dient das Recht auf Akteneinsicht der Verwirklichung des Gebots eines möglichst umfassenden und ungehinderten gerichtlichen Rechtsschutzes (Art 19 IV GG). – Das Recht auf Akteneinsicht gibt den Beteiligten die Möglichkeit, sich über den Inhalt der Gerichtsakten sowie der dem Gericht vorliegenden Akten (ggf auch der beigezogenen Akten einer nicht unmittelbar am Verfahren beteiligten Behörde – vgl §§ 71 II, 86) umfassend zu informieren und dadurch wertvolle Erkenntnisse für die Rechtsverfolgung zu gewinnen. Dies gilt insbesondere für den Abgabepflichtigen, der – weil die Gewährung von **Akteneinsicht im Verwaltungs(vor)verfahren** im Ermessen der Finanzbehörde steht (vgl zB BFHE 143, 503 = BStBl II 1985, 571; *Klein/Brockmeyer* § 89 Rz 6) – häufig erst im finanzgerichtlichen Verfahren Gelegenheit hat, Einblick in die Akten der Finanzbehörde zu nehmen. Um so verwunderlicher ist es, dass in der Praxis von dem Recht der Akteneinsicht nicht allzu häufig Gebrauch gemacht wird, zumal derjenige, der auf sein Akteneinsichtsrecht verzichtet, im Falle der Verwertung des Akteninhalts durch das Gericht im Revisionsverfahren grundsätzlich nicht mit Erfolg geltend machen kann, ihm sei das rechtliche Gehör verweigert worden (BFHE 98, 412 = BStBl II 1970, 422, 423; vgl auch BFH/NV 1989, 172; 1992, 111). – Zur Akteneinsicht im Zusammenhang mit steuerstrafrechtlichen Ermittlungsverfahren s *Hellmann*, DStZ 1994, 371. – Zur Einsicht in die **Aufzeichnung** einer per **Videokonferenz** durchgeführten Zeugen- oder Sachverständigenvernehmung s § 93 a Rz 6.

Hat das FG den **Antrag** eines Beteiligten auf Gewährung von Akten- **2** einsicht usw **zu Unrecht abgelehnt,** stützt es aber sein Urteil gleichwohl auf den Inhalt der ihm vorgelegten (beigezogenen) Akten, ist das Urteil wegen Verletzung des Anspruchs auf Gewährung rechtlichen Gehörs auf die Revision des Betroffenen hin aufzuheben (§§ 115 II Nr 3, 119 Nr 3 – vgl BVerwGE 13, 187, 190; 19, 179; BFH/NV 1991, 826, 827; 2000, 218, 219; 2004, 210, 211; 2005, 2222; Rz 1 aE). – Zum **Inhalt der Rüge** s BFH/NV 1998, 1498.

II. Das Recht auf Akteneinsicht, elektronischen Zugriff und elektronische Übermittlung

1. Inhaltliche Ausgestaltung des Rechts auf Akteneinsicht

a) Gegenständliche Abgrenzung

Das Recht auf Akteneinsicht erstreckt sich auf sämtliche Akten, die dem **3** Gericht in der konkreten Streitsache vorliegen. Es besteht jedoch kein Anspruch darauf, dass sich das Gericht zum Zwecke der Gewährung von Akteneinsicht Akten vorlegen lässt, die es für seine Entscheidung nicht benötigt (BFH/NV 2004, 499, 450). – **Einblick genommen werden darf** – **in die Gerichtsakten** einschließlich der Beiakten (BFH/NV 1999, 61 – § 78 I) **mit Ausnahme der** (richterlichen) **Entwürfe** zu Urteilen, Beschlüssen und Verfügungen, der Arbeitsunterlagen zur Vorbereitung dieser Entscheidungen sowie der Schriftstücke, die Abstimmungen oder Ordnungsstrafen des Gerichts betreffen (§ 78 III nF – vgl hierzu BFHE 107, 560 = BStBl II 1973, 253, 255; *P Fischer* DRiZ 1979, 203, 205/ 206). Andere gerichtsinterne Vorgänge dürfen den Beteiligten jedoch nicht vorenthalten werden. Das gilt zB für das Selbstablehnungsgesuch eines Richters (vgl OVG Koblenz NVwZ 1984, 526) und für die Vorgänge, die die Ausschließung eines Richters vom Richteramt betreffen (FG Bremen EFG 1992, 208, 209);

– **in die dem Gericht vorgelegten Akten** (§ 78 I). Das sind zunächst die den Streitfall betreffenden Akten (ggf auch in der Form von ungeordneten Loseblatt-Sammlungen) der beteiligten Behörde (zB Steuer-, Zoll-, Außenprüfungsakten und Kindergeldakten – BFH/NV 2000, 855), die dem Gericht gem **§ 71 II** tatsächlich vorgelegt worden sind (BFH/NV 1997, 671, 673; 2000, 78; 2001, 622; § 71 Rz 5), also auch die Steuerbevollmächtigten- oder Steuerberaterprüfungsakten (BFHE 89, 370 = BStBl III 1967, 579; BFHE 107, 560 = BStBl II 1973, 253, 254/255; BFH/NV 1992, 403). – Zu den dem Gericht vorgelegten Akten gehören ebenso die gem § 86 **beigezogenen Akten** einer nicht am Rechtsstreit beteiligten Behörde (*T/K* § 78 FGO Rz 3, 8) und die gem § 13, Art 35 GG hinzugezogenen Akten eines anderen Gerichts (BFH/NV 1999, 61; 2000, 738). – Zur Verpflichtung des Gerichts, die Akten anderer Gerichte beizuziehen s BFH/NV 1999, 61; Rz 3. – Zur Informationspflicht s Rz 6.

Die durch das JKomG eingefügten Vorschriften des § 78 II 2–4 nF regeln die Akteneinsicht in den Fällen, in denen die Prozessakten elektronisch geführt werden. Ermöglicht wird unter bestimmten Voraussetzungen der **elektronische Zugriff** auf den Inhalt der Prozessakten (Gerichtsakten und der dem Gericht vorgelegten Akten) oder die **elektronische Übermittlung** dieser Akten (Rz 8, 11, 14 f).

b) Inhaltliche Abgrenzung

4   Das Recht auf Akteneinsicht erfasst **den gesamten Inhalt** der Gerichtsakten (Ausnahme: § 78 III nF – Rz 3) und der dem Gericht vorgelegten Akten (Rz 3). – Soweit dem Gericht **Steuerakten Dritter** vorliegen oder soweit in den Steuerakten Angaben über Dritte enthalten sind, ist jedoch **§ 30 AO** (Steuergeheimnis) zu beachten (BFH/NV 2002, 134, 136/137). Von Fall zu Fall ist zu entscheiden, ob eine Preisgabe „unbefugt" wäre (vgl BFHE 143, 503 = BStBl II 1985, 571, 572; FG Nbg EFG 1982, 392; s auch Rz 7); ggf sind die durch das Steuergeheimnis geschützten Vorgänge zu entnehmen (vgl BFHE 84, 268 = BStBl III 1966, 97) bzw die Akten zurückzuhalten. – Die Akteneinsicht muss unter **zumutbaren Bedingungen** gewährt werden (BFH/NV 2000, 218, 219). – Die **Behörde,** deren Akten dem Gericht vorliegen, darf das Akteneinsichtsrecht in keiner Weise beschränken (vgl OVG Münster NJW 1993, 1797; s aber *Kopp/Schenke* § 100 Rz 3 a zu höchstpersönlichen Unterlagen). Sie kann den Einblick in ihre Akten nur dann erfolgreich verhindern, wenn sie berechtigt ist, die **Aktenvorlage** zu **verweigern.** Die beteiligte Behörde darf dies hinsichtlich der den Streitfall betreffenden Akten überhaupt nicht (§ 71 II), die nicht beteiligte Behörde nur nach Maßgabe des § 86 (§ 86 Rz 6 ff).

5   Akteneinsicht kann der hierzu Berechtigte (Rz 7) **bis zum** rechtskräftigen **Abschluss des Verfahrens** verlangen (BFH/NV 1999, 112; 2000, 883; 2006, 201, 202; vgl OVG Bremen NVwZ 1984, 527; s auch Rz 17 aE). Bis zu diesem Zeitpunkt besteht das Recht auf Akteneinsicht auch dann, wenn der Inhalt der (vorgelegten) Akten nach Ansicht des Gerichts nicht (mehr) rechtserheblich ist (BVerwGE 13, 187). Anspruch auf Akteneinsicht besteht jedoch **nicht bei Rechtsmissbrauch** (BFH/NV 1991, 475, 476), nicht, wenn die Klage (bzw der Antrag – §§ 69, 114) oder das Rechtsmittel (Beschwerde, Revision) **unzulässig** ist und nicht, wenn die Akten und Unterlagen unter keinem Gesichtspunkt geeignet sind, der Verwirklichung des Rechtsschutzes zu dienen (vgl BFH/NV 1996, 51, 52; 834; 1997, 306; 430; 431; 433; 585; 884; 1999, 510; 1370, 1371; 2000, 1363; 2001, 1446/1447; 2003, 186; 500/501; 2004, 1120 und öfter). Ebenso ist es, wenn das Gericht – wie im Falle der zutreffenden Verwerfung des Einspruchs als unzulässig oder nach Hauptsacheerledigung (§ 138) – aus anderen Gründen an einer Entscheidung in der Sache gehindert ist (BFH/NV 2000, 67, 68/69; 2005, 2013 betr erfolglosen PKH-Antrag).

c) Gerichtliche Hinweispflicht?

Aus dem Recht auf Akteneinsicht ergibt sich **grundsätzlich keine** 6 entsprechende **Hinweispflicht des Gerichts** und **keine Verpflichtung,** einen steuerlich beratenen Beteiligten **aufzufordern** Akteneinsicht zu beantragen. Denn es ist Sache der Beteiligten, ihre sich aus § 78 ergebenden Rechte selbst wahrzunehmen. Dies gilt insbesondere hinsichtlich der Möglichkeit, die den Streitfall betreffenden Akten einzusehen; denn diese sind von der (beteiligten) Finanzbehörde immer vorzulegen (§ 71 II – vgl BFHE 91, 338 = BStBl II 1968, 349; BFH/NV 1998, 1200; 2004, 645, 647). – Das Gericht muss die Beteiligten jedoch **über die Beiziehung von Akten** einer nicht am Verfahren beteiligten Behörde oder die Beiziehung der Akten anderer gerichtlicher Verfahren (BFH/NV 1999, 1229; 2000, 738) **informieren;** andernfalls kann der Anspruch auf rechtliches Gehör verletzt sein. Entsprechendes gilt, wenn die Finanzbehörde Akten vorlegt, die zwar für das anhängige Verfahren von Bedeutung sind, aber eine andere Steuerart betreffen (vgl *Gräber* DStR 1969, 486). – Auf eine Verletzung des rechtlichen Gehörs kann sich jedoch **nicht** mit Erfolg **berufen,** wer sich nicht in ausreichendem Maße um Akteneinsicht **bemüht** (BFH/NV 2004, 652). – Unabhängig davon besteht die Verpflichtung des Gerichts, den Beteiligten die in den Akten enthaltenen **wesentlichen Umstände zur Kenntnis** zu **bringen** und sie zur Stellungnahme aufzufordern (§ 76 II).

2. Der zur Akteneinsicht Berechtigte

Das Recht zur Akteneinsicht haben grundsätzlich (zur Ausnahme s Rz 8) 7 die (prozessfähigen – vgl § 58 Rz 8 ff) **Beteiligten** (§ 57) – ein Zeuge ist jedoch kein Beteiligter (BFH/NV 1998, 711) – sowie die **Prozessbevollmächtigten** (§ 62), wenn ihre Bevollmächtigung iS des § 62 III feststeht (BFH/NV 1998, 459, 460), ggf auch der **Insolvenzverwalter** (BFHE 191, 247 = BStBl II 2000, 431; BFH/NV 2000, 1134) schon **vor Aufnahme des Rechtsstreits** (BFH/NV 2004, 642, 643) und der Vermögensverwalter (BFH/NV 2001, 53), **nicht aber der vollmachtlose** Prozessvertreter (BFH/NV 1998, 459, 460; FG BaWü EFG 1994, 217; 666). **Akteneinsicht durch Dritte** ist in § 78 (ebenso wie in § 100 VwGO und § 120 SGG, aber anders als in § 299 II ZPO) nicht vorgesehen (BFH/NV 2006, 76, 77 betr Beiladungsprätendenten; weitergehend noch BFH/NV 1998, 614). Das schließt nicht schon deshalb die Gestattung der Einsicht durch den Präsidenten aus (offen BFH/NV 1998, 614). Allerdings ist im Finanzprozess das **Steuergeheimnis** (§ 30 AO) hinsichtlich der Beteiligten zu wahren. Obschon das für das allgemeine Verwaltungsverfahren nicht gilt (s aber § 203 StGB), ist auch dort umstritten, ob die Einsicht gestattet werden darf (vgl *Kopp/Schenke* § 100 Rz 2 mwN). Im finanzgerichtlichen Verfahren ist Dritten jedenfalls dann Akteneinsicht **zu gewähren,** wenn alle betroffenen Beteiligten zustimmen. ME kann der Vorsitzende aber auch dann die Einsicht gestatten, wenn ein dringendes, sonst nicht zu befriedigendes Interesse des Dritten dies erfordert (vgl BVerwGE 30, 154; 67, 288; *Kopp/Schenke* § 100 Rz 2; vgl § 299 II ZPO; offen BFH/NV 2001, 1271) und wenn bei pflichtgemäßer Abwägung das Interesse des StPfl an der Geheimhaltung seiner steuerlichen Verhältnisse zurücktritt; es liegt dann keine „unbefugte" Offenbarung iS des § 30 AO vor; Gesamtschuldnerschaft soll nicht genügen (BFH/NV 2001, 1271). – **Behörden** (iS des Art 35 GG) ist unter Wahrung des Steuergeheimnisses (§ 30 AO) im Wege der Rechts- oder Amtshilfe auf Anforderung Akteneinsicht zu gewähren. Sie **sind nicht „Dritte"** iS der vorstehenden Ausführungen. Die Verpflichtung zur gegenseitigen Rechts- und Amtshilfe (Art 35 I GG) geht § 78 vor. In keinem Fall ist das Gericht gehindert, Dritten auch ohne Zustimmung der Beteiligten auf Verlangen **Urteilsabschriften** zur Verfügung zu stellen. Die Abschriften müssen (wegen § 30 AO und § 203 StGB) allerdings **neutralisiert** sein, dh Angaben über die Person des Beteiligten, seine persönlichen Verhältnisse, müssen unkenntlich gemacht werden.

8   In den Fällen **elektronischer Akteneinsicht (§ 78 II 2–4)** ist der Kreis derjenigen, denen der elektronische Zugriff auf die Prozessakten (Rz 3 aE) gestattet oder der Inhalt der Akten elektronisch übermittelt werden kann (Rz 15), auf die Bevollmächtigten beschränkt, die zu den in § 3 Nr 1 und § 4 Nr 1 und 2 StBerG bezeichneten natürlichen Personen (Steuerberater, Steuerbevollmächtigte, Rechtsanwälte, niedergelassene europäische Rechtsanwälte, Wirtschaftsprüfer, vereidigte Buchprüfer, Notare im Rahmen ihrer Befugnisse nach der BNotO und Patentanwälte) gehören (§ 78 II 2). Diesen Personen darf der elektronische Zugriff auf den Inhalt der Akten allerdings nur dann gewährt werden, wenn sichergestellt ist, dass der Zugriff nur durch den Bevollmächtigten selbst erfolgt (§ 78 II 3). Außerdem darf die Übermittlung von elektronischen Dokumenten nur erfolgen, wenn die Gesamtheit der Dokumente mit einer qualifizierten elektronischen Signatur nach § 2 Nr 3 des Signaturgesetzes versehen und gegen unbefugte Kenntnisnahme geschützt ist (§ 78 II 4).

3. Ort der Einsichtnahme

S zunächst Rz 5. – In den Fällen der elektronischen Akteneinsicht gem § 78 II 2–4 nF (Rz 3, 8) ist Ort der Einsichtnahme das Büro des Bevollmächtigten. Im Übrigen regelt § 78 nicht ausdrücklich, wo die Akteneinsicht zu gewähren ist.

9   **a)** Einigkeit besteht darüber, dass nach § 78 I regelmäßig Anspruch auf **Akteneinsicht auf der Geschäftsstelle** des mit der Streitsache befassten Gerichts besteht (vgl BFHE 90, 312 = BStBl II 1968, 82; BFHE 114, 173 = BStBl II 1975, 235; s auch BFHE 133, 8 = BStBl II 1981, 475, 477/478; BFH/NV 1991, 697; 1997, 787; 2005, 569).

10   **b)** Str ist, ob der zur Akteneinsicht Berechtigte die **Versendung** der Akten an ein Gericht (oder eine Behörde) an seinem Wohnsitz (am Ort seines Büros) zur dortigen Akteneinsicht, die **Aushändigung** der Akten zur Mitnahme in seine Wohnung oder sein Büro bzw die **Übersendung der Akten** in seine Wohnung oder sein Büro verlangen kann. Nach der gesetzlichen Regelung besteht im finanzgerichtlichen Verfahren darauf kein Rechtsanspruch. Die Versendung bzw Aushändigung der Akten steht jedoch **im pflichtgemäßen Ermessen** des Gerichts (zB BFHE 133, 8 = BStBl II 1981, 475, 477 mwN; BFH/NV; 1995, 519; 524; 812; 2003, 59; 2004, 210, 211; 2005, 569 und öfter; *Gräber* DStZ 1980, 443, 444). Eine

dem § 100 II 3 VwGO entsprechende Vorschrift hat der Gesetzgeber bewusst nicht in die FGO aufgenommen (BFH/NV 1995, 519, 520 mwN). Bei der **Ermessensausübung** (Interessenabwägung) ist deshalb davon auszugehen, dass die **Einsichtnahme** in die Akten nach der gesetzlichen Grundentscheidung (wegen der Gefahr des Verlustes der Akten und im Interesse ihrer ständigen Verfügbarkeit) trotz der möglicherweise beim Gericht anfallenden Fotokopierkosten (BFH/NV 1991, 325) **im Regelfall bei** (dem mit der Streitsache befassten) **Gericht** erfolgen soll und dass die dadurch bedingten „normalen" Unbequemlichkeiten (Zeitverluste, arbeitsmäßige Mehrbelastung, größere Entfernung zwischen Gericht und Kanzlei, sonstige Erschwerung der Arbeitsbedingungen) grundsätzlich hingenommen werden müssen (BFHE 133, 8 = BStBl II 1981, 475, 477/478; BFH/NV 1995, 524; 1996, 51, 52; 1996, 834 mwN; 1997, 128; 1999, 1375; 2002, 674; 1464, 1465; 2003, 59; 484, 485; 2005, 1820; grundlegend aA *Felix* KÖSDI 1992, 9051 ff unter Berufung auf *Woring* DStZ 1985, 544). Auch die **Arbeitsüberlastung** des Prozessbevollmächtigten ist kein Grund für die Übersendung der Akten in sein Büro (BFH/NV 1991, 696, 697; 1995, 524); dasselbe gilt für den Fall, dass sich der Prozessbevollmächtigte auf seine **Pflicht zur Verschwiegenheit** beruft (BFH/NV 2003, 1595, 1596), für den Fall, dass in den Akten keine oder nur wenige Urkunden oder Vorgänge zu finden sind, die mit dem Streitgegenstand zusammenhängen (BFH/NV 1997, 787) und für den Fall, dass der Ablauf einer Rechtsmittelfrist droht: Akteneinsicht kann auch noch nach Einlegung des Rechtsmittels beantragt werden (BFH/NV 1995, 533). Die **Aktenversendung** oder -aushändigung zur Mitnahme ist also **auf Sonderfälle beschränkt,** in denen das Interesse des Berechtigten an einer Erleichterung der Akteneinsicht überwiegt (BFH/NV 1997, 787; 1999, 649, 650; 2000, 855 betr **Kindergeldsachen;** BFH/NV 1999, 1375; so auch BVerfG HFR 1982, 77). Hierher gehören etwa die Fälle, in denen der zur Akteneinsicht Berechtigte in größerer Entfernung vom Sitz des Gerichts wohnt (bzw sein Büro hat), sofern nicht die Möglichkeit besteht, die Akten an ein Gericht oder eine Behörde am Sitz des Prozessbevollmächtigten zu übersenden (BFH/NV 2002, 1464, 1465), oder die Fälle, in denen er infolge körperlichen Gebrechens (vgl BFH/NV 1987, 796) nicht in der Lage ist, die Geschäftsstelle aufzusuchen, bzw in denen eine störungsfreie Akteneinsicht bei der Geschäftsstelle innerhalb angemessener Zeit nicht möglich ist, weil es sich um außergewöhnlich umfangreiche und unübersichtliche Akten handelt (BFH/NV 1995, 524). Auch in diesen Fällen kann die Aktenübersendung aber ausgeschlossen sein, wenn sie auf praktische Schwierigkeiten (zB Versand wegen des Umfangs der Akten nur durch Spedition möglich) stößt (vgl BFH/NV 1995, 519) oder wenn der Antragsteller seine prozessualen Mitwirkungspflichten nicht erfüllt hat (BFH/NV 1996, 429). – Im Übrigen ist in den Fällen, in denen der zur Akteneinsicht Berechtigte nicht am Sitz des Gerichts wohnt bzw sein Büro in einem anderen Ort hat, im Allgemeinen die **Versendung** der Akten **an das** dem Wohnsitz (Büro) **am nächsten gelegene Gericht** bzw die am nächsten gelegene Finanzbehörde sachgerecht, sofern die Akten nicht zur Bearbeitung bei Gericht benötigt werden (BFH/NV 1993, 106; 244, 247; 732, 734; 742; 1995, 525; 2002, 1464, 1465 und öfter; geringfügige Reisekosten müssen hingenommen werden – BFH/NV 1986, 227; 1991, 332; 1992, 184, 185). – Die **Be-**

schränkung des Akteneinsichtsrechts ist **verfassungsrechtlich unbedenklich** (BVerfG HFR 1982, 77; StRK FGO § 78 R 10; BVerfG Beschluss v 8. 10. 2002 1 BvR 1503/02 nv; BFH/NV 2003, 59; zur **Abgrenzung** s BVerfG NJW 2000, 1175 = BVerfGE 101, 106).

III. Das Recht auf Erteilung von Abschriften

11   Die zur Akteneinsicht Berechtigten (Rz 5, 7) können sich nach **§ 78 II 1** nF anstelle eigener Abschriften und Auszüge auf ihre Kosten durch die Geschäftsstelle auch **Ausfertigungen** (beglaubigte Abschriften, die von der Behörde angefertigt werden, von der die Urschrift stammt, und die im Verkehr die Urschrift ersetzen – vgl BFH/NV 1994, 246; 393), beglaubigte oder unbeglaubigte **Auszüge** und **Abschriften** (von Urkunden, die nicht vom FG stammen) erteilen lassen. Ein Anspruch auf Überlassung von Fotokopien der gesamten Gerichtsakten besteht jedoch nicht (BFH/NV 2003, 800; 2004, 351). – Der Antrag auf Erteilung von Ausfertigungen usw kann abgelehnt werden, wenn der zur Akteneinsicht Berechtigte die für die Prozessführung notwendigen Auszüge und Abschriften selbst ohne Schwierigkeiten herstellen kann. – Die **Streichung** des **§ 78 I 2 aF,** der die Archivierung auf Bild- oder (elektronischen) Datenträgern in sinngemäßer Anwendung des § 299 a ZPO regelte, ist ohne Bedeutung, weil § 299 a ZPO über § 155 weiter anzuwenden ist:

§ 299 a ZPO Datenträgerarchiv

[1] Sind die Prozessakten nach ordnungsgemäßen Grundsätzen zur Ersetzung der Urschrift auf einen Bild- oder anderen Datenträger übertragen worden und liegt der schriftliche Nachweis darüber vor, dass die Wiedergabe mit der Urschrift übereinstimmt, so können Ausfertigungen, Auszüge und Abschriften von dem Bild- oder dem Datenträger erteilt werden. [2] Auf der Urschrift anzubringende Vermerke werden in diesem Fall bei dem Nachweis angebracht.

Liegt ein schriftlicher Nachweis darüber vor, dass die Wiedergabe mit dem Original übereinstimmt, können Ausfertigungen usw von der Mikroverfilmung oder von dem elektronischen Datenträger erteilt werden (zB *T/P* § 299 a Rz 1).

IV. Verfahren

1. Antrag

12   Begehrt ein zur Akteneinsicht Berechtigter (Rz 7, 8) Einsicht in „die Gerichtsakten", ist dieser Antrag auch auf die Steuerakten zu beziehen (BFHE 90, 312 = BStBl II 1968, 82). Ein ohne Bezug auf ein bestimmtes Verfahren gestellter Antrag auf Akteneinsicht ist mangels Substantiierung jedoch unbeachtlich (BFH/NV 1994, 729).

2. Die für die Entscheidung zuständige Stelle

13   **a)** Die Entscheidung über die Gewährung von **Akteneinsicht auf der Geschäftsstelle** und über die Erteilung von Ausfertigungen, Abschriften usw trifft der Urkundsbeamte der Geschäftsstelle (vgl *Kopp/Schenke* § 100

Rz 8; *Gräber* DStR 1980, 443, 445; BFH/NV 2006, 201, 202: auch nach Abschluss des Verfahrens). An seiner Stelle kann der Vorsitzende oder der Senat in voller Besetzung tätig werden (vgl Rz 14).

b) Die Entscheidung über die **Versendung, Aushändigung** oder **14 Übersendung** der Akten trifft im Allgemeinen der Vorsitzende, sie kann aber auch vom Gericht (als Kollegium – insoweit aA FG Bln EFG 1967, 616) oder dem Einzelrichter (§§ 6, 79 a III, IV), nicht aber vom Berichterstatter getroffen werden (BFHE 114, 173 = BStBl II 1975, 235; aA – Zuständigkeit des Urkundsbeamten, aber Zustimmung des Vorsitzenden erforderlich: *Kopp/Schenke* § 100 Rz 8); nach Abschluss des Verfahrens ist die Geschäftsstelle zuständig (BFH/NV 2006, 201, 202; Rz 13). – Über den **elektronischen Zugriff** auf den Inhalt der Akten und die Übermittlung von elektronischen Dokumenten (Rz 8) entscheidet **allein der Vorsitzende** (§ 78 II 2).

c) Die Entscheidung über die Gewährung der Akteneinsicht ist eine **15 Ermessensentscheidung** (vgl Rz 10). Dies gilt auch in den Fällen des § 78 II 2 – 4. Der Vorsitzende kann den elektronischen Zugriff auf die Prozessakten und die elektronische Übermittlung von Dokumenten (Rz 8) unter den Voraussetzungen des § 78 II (Rz 8) gestatten. Sind diese Voraussetzungen erfüllt, kann der elektronische Zugriff bzw die elektronische Übermittlung regelmäßig nicht verweigert werden. Der Kreis der Berechtigten (Rz 8) ist von Berufs wegen vertrauenswürdig.

V. Rechtsbehelfe

1. Gegen die **Verweigerung** der Akteneinsicht usw **durch den Ur- 16 kundsbeamten** der Geschäftsstelle (Rz 13) ist die Erinnerung (§ 133) gegeben (*Gräber* DStZ 1980, 443, 445; *Kopp/Schenke* § 100 Rz 9 mwN). Die anschließende Entscheidung des FG ist mit der Beschwerde (§ 128 I) anfechtbar (str – s die vorstehende Nachweise und Rz 17).

2. Gegen die **Verweigerung** der Akteneinsicht usw **durch den Vor- 17 sitzenden** (bzw den Senat in voller Besetzung) oder den Einzelrichter (§§ 6, 79 a III, IV), sowie gegen die Ablehnung der Aktenversendung, -aushändigung oder -übersendung ist die **Beschwerde** (§ 128 I) gegeben. Es handelt sich nicht um eine (unanfechtbare) prozessleitende Verfügung iS des § 128 II, sondern um eine Entscheidung in einem Zwischenstreit (vgl – mit eingehender Begründung und Literaturangaben – BFHE 133, 8 – BStBl II 1981, 475, 476/477; BFH/NV 1989, 645; 1991, 99; 1997, 599; 2001, 53; 2003, 800; 2004, 207; **aA** – prozessleitende Verfügung – OVG Münster NJW 1988, 221; *Kopp/Schenke* § 100 Rz 9 mwN). – Die (erstinstanzlichen) Entscheidungen sind im Beschwerdeverfahren voll überprüfbar, der BFH trifft eine eigene Ermessensentscheidung (BFHE 133, 8 = BStBl II 1981, 475, 477; BFH/NV 1992, 403). – Der **Beschwerde fehlt** das **Rechtsschutzbedürfnis,** wenn die Akten nach Abschluss der ersten Instanz und Einlegung eines Rechtsmittels gegen die Entscheidung des FG bereits dem BFH vorliegen (BFH/NV 1999, 209; 2004, 207; 2006, 110) oder wenn die Akteneinsicht (versehentlich) für ein anderes Verfahren begehrt wird (BFH/NV 1999, 60; 61). – Die Beschwerde wird wegen Wegfalls des Rechtsschutzbedürfnisses unzulässig, wenn der Kläger die Akten noch vor der mündlichen Verhandlung – ggf auch in einem anderen Verfahren – eingesehen hat (BFH/NV 1991, 833; 1992, 49; 402), wenn er von der ihm im Beschwerdeverfahren eingeräumten Möglichkeit der Akteneinsicht aus von ihm zu vertretenden Gründen keinen Gebrauch macht (BFH/NV 1993, 370; 665) oder wenn das FG die Klage abgewiesen hat und das Urteil rechtskräftig geworden ist (BFH/NV 1997, 599; 770; 2000, 883; aA BFH/NV 2006, 201, 202). – Die **Beschwerde hat** zB **Erfolg,** wenn das FG bei seiner ablehnenden Entscheidung zu Unrecht von einer umfassenden Hauptsacheerledigung ausgegangen ist (BFH/NV 1997, 879). – Zur **Anhörungsrüge** s § 133 a.

18   Die bloße **Mitteilung des Berichterstatters,** dass die begehrte Akteneinsicht nicht gewährt werden könne, ist noch **keine beschwerdefähige** gerichtliche **Entscheidung** (BFHE 113, 94 = BStBl II 1974, 716; BFH/NV 1986, 35).

19   **3.** Beschwerdebefugt ist bei Versagung der Akteneinsicht in der Kanzlei auch **der Prozessbevollmächtigte im eigenen Namen** (BFHE 90, 312 = BStBl II 1968, 82; BFH/NV 1991, 696, 697; 1997, 787; 2004, 207).

§ 79 [Vorbereitung der mündlichen Verhandlung]

(1) [1]Der Vorsitzende oder der Berichterstatter hat schon vor der mündlichen Verhandlung alle Anordnungen zu treffen, die notwendig sind, um den Rechtsstreit möglichst in einer mündlichen Verhandlung zu erledigen. [2]Er kann insbesondere

1. die Beteiligten zur Erörterung des Sach- und Streitstandes und zur gütlichen Beilegung des Rechtsstreits laden;
2. den Beteiligten die Ergänzung oder Erläuterung ihrer vorbereitenden Schriftsätze, die Vorlegung von Urkunden, die Übermittlung von elektronischen Dokumenten und die Vorlegung von anderen zur Niederlegung bei Gericht geeigneten Gegenständen aufgeben, insbesondere eine Frist zur Erklärung über bestimmte klärungsbedürftige Punkte setzen;
3. Auskünfte einholen;
4. die Vorlage von Urkunden oder die Übermittlung von elektronischen Dokumenten anordnen;
5. das persönliche Erscheinen der Beteiligten anordnen; § 80 gilt entsprechend;
6. Zeugen und Sachverständige zur mündlichen Verhandlung laden.

(2) Die Beteiligten sind von jeder Anordnung zu benachrichtigen.

(3) [1]Der Vorsitzende oder der Berichterstatter kann einzelne Beweise erheben. [2]Dies darf nur insoweit geschehen, als es zur Vereinfachung der Verhandlung vor dem Gericht sachdienlich und von vornherein anzunehmen ist, dass das Gericht das Beweisergebnis auch ohne unmittelbaren Eindruck von dem Verlauf der Beweisaufnahme sachgemäß zu würdigen vermag.

Vgl § 87 VwGO; § 106 II, III SGG, § 273 ZPO; §§ 56, 57 ArbGG

Übersicht

Literatur: *Leipold,* Prozessförderungspflicht der Parteien und richterliche Verantwortung, ZZP 93 (1980), 237; *Pantle,* Revisionsrechtliche Risiken der Einzelrichterbeweisaufnahme gem § 524 Abs 2 S 2 ZPO, NJW 1991, 1279; *Scheuerle,* Vierzehn Tugenden für Vorsitzende Richter, 1983; *Seer,* Der Einsatz von Prüfungsbeamten durch das Finanzgericht – Zulässigkeit und Grenzen der Delegation richterlicher Sachaufklärung auf nichtrichterliche Personen, Dissertation Köln 1992; *Wassermeyer,* Rechtsschutz des Steuerbürgers, DStZ 1985, 159, 161; *Vonderau,* Anordnung des persönlichen Erscheinens von juristischen Personen, NZA 1991, 336.

I. Allgemeines

§ 79 I 2 Nr 2 und 4 sind durch Art 3 Nr 10 des JKomG v 22. 3. 2005 **1** (BGBl I S 837, 845) **mit Wirkung ab 1. 4. 2005 geändert** worden. Die Ergänzungen berücksichtigen die Möglichkeit des elektronischen Rechtsverkehrs. § 79 dient – wie auch §§ 76 II, 77 – der Verwirklichung der **Konzentrationsmaxime:** Der Finanzgerichtsprozess soll nach Möglichkeit in einer einzigen mündlichen Verhandlung bzw (bei Entscheidung ohne mündliche Verhandlung – § 90 II) in einem Beratungstermin entschieden werden (§ 79 Satz 1). Zu erreichen ist dieses Ziel nur durch sorgfältige Vorbereitung des Termins. Vor allem aber sind die prozessleitenden Anordnungen rechtzeitig vor der Verhandlung (Beratung) zu treffen. Ist der Vortrag der Beteiligten in rechtlicher oder tatsächlicher Hinsicht unvollständig, sind sie zu entsprechenden Ergänzungen schon im Verlaufe des vorbereitenden Schriftwechsels aufzufordern und zwar so bald als möglich (vgl BGH NJW 1980, 1102).

II. Zuständiger Richter –
Rechtsstellung und Anordnungskompetenz

§ 79 überträgt die Vorbereitung der mündlichen Verhandlung dem **2** Vorsitzenden oder einem von ihm zu bestimmenden Richter des Senats. Der Berichterstatter (das kann auch der Vorsitzende sein) ist weder beauftragter Richter iS des § 81 II noch Einzelrichter, er wird vielmehr als Mitglied des Senats tätig. Im **Erörterungstermin** (Rz 5) stehen ihm die sitzungspolizeilichen Befugnisse der §§ 176–179 GVG zu (§ 52 I iVm § 180 GVG; § 52 Rz 16 ff). – Ggf sind die vorbereitenden Maßnahmen durch den Einzelrichter (§§ 6, 79 a III, IV) zu treffen. – Die Entscheidung über die prozessleitenden Anordnungen steht im **Ermessen** des jeweils zuständigen Richters (*Kopp/Schenke* § 87 Rz 2).

§ 79 enthält **keine abschließende Regelung** der möglichen prozess- **3** leitenden Anordnungen. Zulässig sind neben den in § 79 I 2 Nr. 1–6, III genannten Maßnahmen „alle Anordnungen .. , die notwendig sind, um den Rechtsstreit möglichst in einer ... Verhandlung zu erledigen" (§ 79 I 1; Rz 12). Es dürfen im Zuge der Vorbereitung der Verhandlung (Beratung) jedoch **keine Maßnahmen** getroffen werden, **die dem Senat vorbehalten** sind. Der Vorsitzende bzw Berichterstatter ist deshalb nicht befugt, die Erhebung von Beweisen gem §§ 81 II, 82 iVm § 358a ZPO vor der mündlichen Verhandlung anzuordnen, es sei denn, er wird als Einzelrichter (§§ 6, 79a III, IV) tätig. – Im Übrigen s Rz 11.

III. Die einzelnen Vorbereitungsmaßnahmen (§ 79 I 2 Nr 1–6, III)

1. Die zulässigen Maßnahmen

4   Vorsitzender, Berichterstatter und Einzelrichter (Rz 2) können „insbesondere" (vgl Rz 3) die in § 79 I 2 Nr 1–6 genannten Maßnahmen ergreifen.

5   **a) § 79 I 2 Nr 1:** Zur Klärung offener Fragen, zur Vorbereitung der mündlichen Verhandlung oder zur gütlichen Beilegung des Rechtsstreits kann (nach Ermessen des Vorsitzenden, Berichterstatters oder Einzelrichters – vgl BFH/NV 1998, 599; 1500) die Durchführung eines **Erörterungstermins** angeordnet werden. Der Erörterungstermin ist ein besonders geeignetes Mittel zur Vorbereitung der mündlichen Verhandlung. Die Erörterung der Streitsache ermöglicht es dem Vorsitzenden, dem Berichterstatter oder dem Einzelrichter (Rz 3) nicht nur, im Gespräch mit den Beteiligten (Rz 8) zuverlässiger als durch das Aktenstudium die streitentscheidenden (rechtserheblichen) Punkte herauszuarbeiten, sondern gibt ihnen auch Gelegenheit, Hinweise auf die noch aufklärungsbedürftigen Punkte zu geben und die erforderlichen vorbereitenden Maßnahmen festzulegen, so dass der Rechtsstreit voraussichtlich in einer mündlichen Verhandlung entschieden werden kann. Darüber hinaus haben Erörterungstermine schon wegen der Möglichkeit einer eingehenden Aussprache eine nicht zu unterschätzende **Befriedungsfunktion.** In etlichen Fällen erledigt sich der Rechtsstreit nach eingehender Erörterung der Sach- und Rechtslage durch Rücknahme der Klage oder durch Zusage der Abhilfe seitens der Finanzbehörde. – Die Einstellung des Verfahrens (§ 72) und die Entscheidung über die Kosten (§ 138) ist Sache des Vorsitzenden/Berichterstatters (§ 79a I Nr 2, 3), wenn der Senat noch nicht mit der Angelegenheit befasst war (§ 79a Rz 5), sonst des Senats. – Der Erörterungstermin ist **nicht öffentlich** (vgl BFHE 146, 357 = BStBl II 1986, 568). – Für das **Protokoll** gilt § 159 II ZPO (§ 94 Rz 2 ff) analog (§ 155). – Die **Ladung** zu einem Erörterungstermin kann **formlos** erfolgen. Die Einhaltung der Frist des § 91 I ist im Regelfall zweckmäßig. – Zur Durchführung eines Erörterungstermins per **Videokonferenz** s § 91 a.

6   **b) § 79 I 2 Nr 2** steht in engem Zusammenhang mit der **Mitwirkungspflicht** der Beteiligten (s § 76 Rz 28 ff). Der Vorsitzende usw darf im Interesse einer effektiven Prozessvorbereitung seine vorläufige Meinung über die Erfolgsaussichten der Klage äußern (vgl BVerfGE 4, 143; BFH/NV 1988, 251; BVerwGE 73, 339). – Kommt ein Beteiligter einer **Aufklärungsverfügung** nicht nach, kann er sich nicht auf eine Verletzung des rechtlichen Gehörs berufen, wenn ihm die Stellungnahme des Prozessgeg-

ners nicht vor Erlass des Urteils bekannt gegeben wird (BFH/NV 1995, 326). – Im Übrigen s § 76 II und § 79 b.

c) § 79 I 2 Nr 3 und 4: Die Vorschriften erfassen nicht nur die Ein- **7** holung **amtlicher Auskünfte** (s zB BVerfGE 31, 212, 216; BVerwG Buchholz 310 § 133 VwGO Nr 6; BGH NJW 1979, 266, 268; vgl auch § 86 Rz 4, 5) und die **Vorlage von Urkunden** oder die Übermittlung von elektronischen Dokumenten durch die Beteiligten oder Behörden (§§ 71 II, 86). Ihr Anwendungsbereich erstreckt sich auf **Auskünfte jeglicher Art** und die **Vorlage von Urkunden durch sonstige** natürliche oder juristische **Personen.** Hierdurch wird dem Untersuchungsgrundsatz besser Rechnung getragen (BT-Drucks 12/1061 S 16). – § 79 I Nr 3 und 4 dienen der Aufarbeitung des Prozessstoffs (Beschaffung von Informationen zur Ergänzung des nicht bestrittenen Sachvortrags, Beweisvorbereitung) **im vorbereitenden Verfahren.** – Zur förmlichen Beweiserhebung s § 82 iVm §§ 358 a, 377 III, 378 bzw 402 ff ZPO (§ 82 Rz 4 ff, 20 ff, 31 ff).

d) § 79 I 2 Nr 5: Die **Anordnung des persönlichen Erscheinens** ist **8** insbesondere im Zusammenhang mit der Durchführung eines **Erörterungstermins** (Rz 5) zweckmäßig (s auch § 80 I 1). Für Behörden gilt § 80 III; bei juristischen Personen ist § 80 II zu beachten. – Gem § 155 iVm § 141 I 2 ZPO soll von der Anordnung abgesehen werden, wenn dem Beteiligten die persönliche Wahrnehmung des Termins „wegen großer Entfernung oder aus sonstigen wichtigen Gründen" nicht zuzumuten ist. – Da § 80 für entsprechend anwendbar erklärt ist, darf der vorbereitende Richter ein **Ordnungsgeld** androhen und festsetzen (§ 80 Rz 10, 14). – Für die Ladung gilt § 53 I (§ 141 II ZPO ist nicht in Bezug genommen).

e) § 79 I 2 Nr 6: Die Vorschrift ermöglicht die **vorsorgliche Ladung** **9** von Zeugen oder Sachverständigen zur mündlichen Verhandlung und den Erlass von Anordnungen nach § 378 ZPO (§ 82 Rz 20). Die Beschränkungen des § 273 III 1 ZPO gelten dabei nicht, weil sie mit dem im finanzgerichtlichen Verfahren geltenden Untersuchungsgrundsatz (s § 76 Rz 1 ff, 10 ff) nicht vereinbar sind (*Redeker/von Oertzen* § 87 Rz 2). Die Themen, zu denen der Zeuge oder der Sachverständige gehört werden soll (in der Ladung ist das Beweisthema anzugeben – OLG Frankfurt MDR 1979, 236), müssen nach der Wertung des Vorsitzenden, des Berichterstatters oder des Einzelrichters **beweiserheblich** sein.

§ 79 I 2 Nr 6 gestattet es dem vorbereitenden Richter nicht, den Zeu- **10** gen oder den Sachverständigen schon vor der Verhandlung zu vernehmen oder schriftliche Auskünfte bzw Gutachten von ihnen einzuholen. – Zur **Vorwegerhebung von Beweisen** s § 79 III (Rz 11) und § 81 II. – Die Vernehmung des Zeugen oder Sachverständigen in der mündlichen Verhandlung setzt einen entsprechenden **(Beweis-)Beschluss des Senats** voraus (§ 82 iVm §§ 358 ff ZPO; s § 82 Rz 3 ff). Wird ein solcher Beschluss nicht gefasst, erweist sich die vorsorgliche Ladung nachträglich als überflüssig. Die dadurch für den Zeugen oder Sachverständigen eintretenden Nachteile müssen zwar im Hinblick auf den Zweck des § 79 (Rz 1) von Rechts wegen hingenommen werden (vgl BFH NJW 1975, 1744), das Ergebnis bleibt aber unbefriedigend. Es ist deshalb sorgfältig zu prüfen, ob die vorsorgliche Ladung wirklich erforderlich ist. In den meisten Fällen wird vor der mündlichen Verhandlung schon ein Beweisbeschluss herbeigeführt werden können.

11   **f)** **§ 79 III** gibt dem zuständigen Richter die Möglichkeit, die mündliche Verhandlung durch **Vorwegerhebung einzelner** (nicht aller) **Beweise** vorzubereiten; die Vorschrift soll verhindern, dass die Beweiserhebung als Mittel der Sachaufklärung in das vorbereitende Verfahren verlagert wird (BVerwG NVwZ-RR 1998, 524). § 79 III unterscheidet sich von § 81 IV vor allem durch die Einschränkung des Umfangs der Beweiserhebung. Außerdem muss – anders als bei § 81 II – **kein besonderer Beweisbeschluss** ergehen (vgl *Kopp/Schenke* § 87 Rz 5a). Von der eidlichen Vernehmung von Zeugen usw, die nach dem Gesetz nicht von vornherein ausgeschlossen ist, sollte der vorbereitende Richter absehen. Die **Eidesabnahme** sollte wegen ihrer Bedeutung **dem Senat** oder dem abschließend entscheidenden Einzelrichter **vorbehalten** bleiben. – Zur Frage, wann anzunehmen ist, dass das Gericht das Beweisergebnis auch ohne unmittelbaren Eindruck von dem Verlauf der Beweisaufnahme sachgemäß zu würdigen vermag (§ 79 III 2), s § 81 Rz 15 und BGH NJW 1991, 1302; *Pantle* NJW 1991, 1280. – Zur **Benachrichtigung** der Beteiligten von dem Beweistermin s § 83 Rz 3.

12   **g)** Als **sonstige** nach § 79 I 1 zulässige (Rz 3) **Anordnungen** kommen zB in Betracht die **Augenscheinseinnahme** zur Information des Gerichts, das Setzen von **Ausschlussfristen** und die Sichtung und Aufbereitung von Prüfungsberichten und Buchführungsunterlagen usw durch einen gerichtlichen **Prüfungsbeamten** (s im Einzelnen *Seer* S 112 ff, 119; zum Prüfungsbeamten im Übrigen s § 81 Rz 13, 19; § 82 Rz 34).

13   **2. Alle Beteiligten sind** von jeder Anordnung **zu benachrichtigen** (§ 79 II), damit sie Kenntnis von der möglichen Verwertung der Akten im Verfahren erhalten (BFH/NV 2000, 214). Unterlassen der Benachrichtigung ist grundsätzlich wesentlicher Verfahrensfehler und Verletzung des Anspruchs auf rechtliches Gehör, sofern die Beteiligten den Mangel rechtzeitig gerügt und nicht auf die Rüge verzichtet haben (§ 155 iVm § 295 ZPO – *Kopp/Schenke* § 87 Rz 8). Eine Verletzung des rechtlichen Gehörs liegt allerdings nicht vor, wenn die ohne Benachrichtigung der Beteiligten beigezogenen Akten zum Gegenstand der mündlichen Verhandlung gemacht werden (BFH/NV 2000, 214). Nach *Baumbach ua* § 273 ZPO Rz 29 führt ein Verstoß gegen § 79 II zu einem **Verwertungsverbot,** sofern nicht § 295 ZPO eingreift. – Die Beteiligten sind unter dem Gesichtspunkt der Gewährung rechtlichen Gehörs auch über das Ergebnis der jeweiligen Maßnahme zu unterrichten (Schutz vor Überraschungsentscheidungen).

14   **3. Die Nichtbefolgung der Anordnungen** hat – mit Ausnahme der Androhung und Festsetzung eines Ordnungsgeldes im Falle des § 79 I 2 Nr 5 (Rz 8) – keine unmittelbaren prozessualen Folgen. Es können sich für den Säumigen aber Nachteile bei der Sachaufklärung (Verstoß gegen die Mitwirkungspflicht) oder Kostenfolgen (§ 137 S 2) ergeben.

IV. Rechtsmittel

Die vorbereitenden Maßnahmen gem § 79 sind als prozessleitende Ver-   **15**
fügungen **unanfechtbar** (§ 128 II). Mängel können nur im Rahmen der
in der Hauptsache gegebenen Rechtsmittel gerügt werden, falls das Rügerecht nicht untergegangen ist (§ 155 iVm § 295 ZPO).

§ 79 a [Entscheidung durch den Vorsitzenden oder den Berichterstat-
ter]

**(1) Der Vorsitzende entscheidet, wenn die Entscheidung im vorbe-
reitenden Verfahren ergeht,**
1. **über die Aussetzung und das Ruhen des Verfahrens;**
2. **bei Zurücknahme der Klage, auch über einen Antrag auf Prozesskostenhilfe;**
3. **bei Erledigung des Rechtsstreits in der Hauptsache, auch über einen
Antrag auf Prozesskostenhilfe;**
4. **über den Streitwert;**
5. **über Kosten;**
6. **über die Beiladung.**

**(2) [1]Der Vorsitzende kann ohne mündliche Verhandlung durch Ge-
richtsbescheid (§ 90 a) entscheiden. [2]Dagegen ist nur der Antrag auf
mündliche Verhandlung innerhalb eines Monats nach Zustellung des
Gerichtsbescheids gegeben.**

**(3) Im Einverständnis der Beteiligten kann der Vorsitzende auch
sonst anstelle des Senats entscheiden.**

**(4) Ist ein Berichterstatter bestellt, so entscheidet dieser anstelle des
Vorsitzenden.**

Vgl § 87 a VwGO; §§ 349, 524 ZPO

Übersicht

Literatur: *Albert,* Zur Besetzung des Gerichts bei Wiederaufnahmeklagen gemäß § 134 FGO, §§ 578 ff ZPO gegen Urteile des Einzelrichters, DStZ 1998, 239; *Bilsdorfer,* Das FGO-Änderungsgesetz, BB 1993, 109; *Buciek,* Das FGO-Änderungsgesetz (Teil II), DStR 1993, 152; *Gramich,* Der Einzelrichter nach dem Gesetz zur Änderung der Finanzgerichtsordnung, DStR 1993, 6; *Kopp,* Zur Entscheidung des Vorsitzenden oder des Berichterstatters nach § 87 a VwGO idF des 4. VwGO-Änderungsgesetzes, NJW 1991, 1264; *Kretzschmar,* Finanzgerichtsurteile durch einen einzelnen Richter, BB 1993, 545; *Pahlke,* Vorlagebeschlüsse an das BVerfG durch konsentierten Einzelrichter?, DB 1997, 2454; *Rößler,* Der Kompetenzkonflikt zwischen Senat und Einzelrichter im Rahmen des § 79 a FGO, DStZ 1995, 404; *Schmieszek,* Die Novelle zur Verwaltungsgerichtsordnung – Ein Versuch, mit den Mitteln des Verfahrensrechts die Ressource Mensch besser zu nutzen, NVwZ 1991, 522; *ders,* Änderungen im finanzgerichtlichen Verfahren zum 1. 1. 1993, DB 1993, 12; *Selder,* Rechtsbehelfe gegen Gerichtsbescheide des Einzelrichters – Urteil des BFH v 8. 3. 1994 IX R 58/93 –, DStZ 1994, 549; *Stelkens,* Das Gesetz zur Neuregelung des verwaltungsgerichtlichen Verfahrens (4. VwGOÄndG) – das Ende der Reform?, NVwZ 1991, 209.

A. Allgemeines

I. Regelungsinhalt, Zweck des § 79 a

1 § 79 a I ist durch das 1. JustModG v 24. 8. 2004 (BGBl I S 2198) mit Wirkung **ab 1. 9. 2004 geändert** worden (Rz 12, 13). – § 79 a ergänzt § 79 und gibt in Anlehnung an die ähnliche Bestimmung in § 87 a VwGO dem Vorsitzenden bzw dem Berichterstatter die Befugnis, in bestimmten Fällen allein oder als Einzelrichter zu entscheiden. § 79 a tritt in Konkurrenz zu § 6, durch den der „fakultative" Einzelrichter eingeführt worden ist (zur Abgrenzung s Rz 2). – Die Vorschrift überträgt bestimmte **Nebenentscheidungen** im „vorbereitenden Verfahren" (Rz 5) dem Vorsitzenden bzw dem Berichterstatter (§ 79 a I, IV – Rz 10 ff), ermöglicht es dem Vorsitzenden bzw dem Berichterstatter, stets allein durch **Gerichtsbescheid** (§ 90 a) zu entscheiden (§ 79 a II, IV – Rz 20 ff) und räumt dem Vorsitzenden bzw dem Berichterstatter die Befugnis ein, **im Einverständnis** der Beteiligten **auch sonst anstelle des Senats** als Einzelrichter zu entscheiden (§ 79 a III, IV – Rz 25 ff). – Hierdurch sollen – ebenso wie durch § 6 (§ 6 Rz 1) – die Senate der Finanzgerichte entlastet und die finanzgerichtlichen Verfahren gestrafft werden (BT-Drucks 12/1061 S 16).

II. Abgrenzung zu § 6, Anwendungsbereich

§ 6 gibt dem Senat die Möglichkeit, den Rechtsstreit einem seiner Mit-   **2**
glieder unter bestimmten Voraussetzungen zur Entscheidung zu übertragen. Demgegenüber weist § 79a I, IV dem Vorsitzenden bzw dem Berichterstatter die in § 79a I Nr 1–6 genannten Nebenentscheidungen zu
und stellt es in das Ermessen des Vorsitzenden bzw Berichterstatters, das
Verfahren – unabhängig von den Einschränkungen des § 6 (§ 6 Rz 10 ff) –
allein als Einzelrichter durch Gerichtsbescheid (§§ 79a II, IV, 90a) oder
– bei Einverständnis der Beteiligten – auch sonst als Einzelrichter anstelle
des Senats zu entscheiden (§ 79a III, IV). – § 79a ist nicht anwendbar,
wenn der Senat eines seiner Mitglieder gem § 6 zum Einzelrichter bestellt
hat. Für die Anwendung des § 79a ist dann kein Raum, weil der nach § 6
bestellte Einzelrichter für alle Entscheidungen zuständig ist (§ 6 Rz 22).

§ 79a ist nicht nur in Verfahren **mit** mündlicher Verhandlung, sondern   **3**
auch in Verfahren **ohne mündliche Verhandlung** (§§ 90 II, 90a) und in
selbstständigen **Beschlussverfahren** (zB §§ 69, 114) anwendbar (FG Bremen EFG 1994, 581, 582; 1995, 171). Die Vorschrift gilt jedoch **nicht im
Revisionsverfahren** (§ 121 S 2) und **in den Fällen des § 6** (Rz 2).

III. Gesetzlicher Richter

Vorsitzender bzw Berichterstatter werden im Rahmen des § 79a – als   **4**
Einzelrichter (Rz 1, 2) – anstelle des zum gesetzlichen Richter berufenen
Senats tätig. **Zur Gewährleistung des gesetzlichen Richters** (Art 101
I 2 GG – § 4 Rz 26, 50, 53) ist deshalb die Vorwegbestellung des Vorsitzenden oder Berichterstatters zum allein entscheidenden Richter durch
einen **Mitwirkungsplan** (senatsinternen Geschäftsverteilungsplan) **erforderlich** (§ 4 Rz 53), wobei dem Vorsitzenden alle Entscheidungen nach
§ 79a zugewiesen werden können (§ 4 Rz 49). Die Bestimmung des Berichterstatters durch den Vorsitzenden ad hoc für den jeweils zu entscheidenden Fall genügt den Anforderungen an den gesetzlichen Richter nicht
(vgl *Kopp/Schenke* § 87a Rz 10 mwN; aA VGH München NVwZ 1991,
897). – Zu **Kompetenzkonflikten** s *Rößler* DStZ 1995, 404.

Gegen die Vorschrift des § 79a I bestehen **keine verfassungsrecht-
lichen** Bedenken (BFH/NV 1995, 1021; 1998, 485, 486; FG Bremen
EFG 1994, 258; vgl auch BVerfG NJW 1997, 1497, 1498 f; aA FG RhPf
EFG 1993, 807). – Eine andere Frage ist, ob es **de lege ferenda** im Inte-
resse der Rechtsklarheit wünschenswert wäre, die in § 79a I enthaltene
Einschränkung der Zuständigkeit des Berichterstatters bzw des Vorsitzen-
den auf Entscheidungen „im vorbereitenden Verfahren" zu beseitigen.
Diese Frage ist mit *T/K* (§ 79a FGO Rz 2) uneingeschränkt zu bejahen.

B. Die Regelungen des § 79a

I. Nebenentscheidungen (§ 79a I, IV)

1. Der Vorsitzende bzw der Berichterstatter (Rz 4) trifft die in § 79a I   **5**
Nr 1–6 aufgezählten Entscheidungen anstelle des Senats (Rz 1). Voraus-
setzung ist, dass die Entscheidung **im vorbereitenden Verfahren** ergeht.
Nach dem Zweck des Gesetzes soll durch die Beschränkung des An-

wendungsbereichs des § 79 a I, IV klargestellt werden, dass die in § 79 a I Nr 1–6 genannten Entscheidungen wie bisher vom Senat getroffen werden, soweit sie in oder aufgrund einer mündlichen Verhandlung vor dem Senat oder im Zusammenhang mit einem vom Senat erlassenen Gerichtsbescheid ergehen (BT-Drucks 12/1061 S 16). Darüber hinaus ergibt sich aus dem Entlastungszweck des § 79 a (Rz 1), dass der **Begriff** „vorbereitendes Verfahren" nicht eng zu verstehen ist. Mit *Kopp/Schenke* § 87 a Rz 4 ist davon auszugehen, dass nur **solche Entscheidungen weiterhin dem Senat vorbehalten** bzw von der Erledigung durch den Vorsitzenden bzw den Berichterstatter ausgeschlossen sind, **die zu treffen sind, nachdem der Senat bereits mit der Klage, dem Antrag oder dem (sonstigen) Rechtsmittel befasst worden ist,** und wenn er das Verfahren bei normalem Fortgang unmittelbar abschließend durch Endurteil, Gerichtsbescheid oder – in selbstständigen Antragsverfahren – durch Beschluss entschieden hätte, wenn nicht ein Ereignis eingetreten wäre, das nur noch eine Entscheidung der in § 79 a I Nr 1–6 genannten Art erfordert (s hierzu auch VGH München NVwZ 1991, 896). Entsprechendes muss für das schriftliche Verfahren gelten. Auch insoweit kommt es darauf an, ob der Senat schon im vorstehend beschriebenen Sinne mit der Sache befasst worden ist. **MaW:** Tritt **nach Beginn der mündlichen Verhandlung, nach Erlass eines Gerichtsbescheides** (§ 90 a) oder **nach Beginn der** abschließenden **Beratung im schriftlichen Verfahren** (§ 90 II) ein Ereignis ein, das nur noch eine Entscheidung nach § 79 a I Nr 1–6 erfordert, ist die Entscheidung durch den Senat zu treffen (ebenso BFHE 174, 107 = BStBl II 1994, 571; FG BaWü EFG 1994, 578; 896; 897; 1067; FG Bremen EFG 1994, 581, 583; 1995, 81; **aA** FG RhPf EFG 1993, 674: Zeitpunkt der Terminierung maßgeblich; FG RhPf EFG 1994, 52: Zeitpunkt der Entscheidungsreife maßgeblich; weitergehend FG Saarl EFG 1995, 379; s Rz 15). Anders ist es, wenn die mündliche Verhandlung vor dem Senat – bzw im schriftlichen Verfahren die Beratung – zur Vertagung bzw zur Absetzung der Sache oder zu einem Beweisbeschluss geführt hat. In diesen Fällen ist der Weg für eine Entscheidung des Vorsitzenden bzw Berichterstatters nach § 79 a I Nr 1–6 wieder frei: Das Verfahren wird in das Vorbereitungsstadium zurückversetzt (BFH/NV 1995, 1021; FG M'ster EFG 1994, 258; FG Bremen EFG 1995, 91; FG BaWü EFG 1996, 389; *Kopp/Schenke* § 87 a Rz 5).

10   **2. § 79 a I Nr 1–6** enthalten eine grundsätzlich abschließende Aufzählung der durch den Vorsitzenden bzw den Berichterstatter zu treffenden Entscheidungen.

11   **§ 79 a I Nr 1** erfasst die Anordnung der **Aussetzung** (§ 74 Rz 1 ff; vgl BFH/NV 2000, 875) und des **Ruhens des Verfahrens** (§ 74 Rz 21 ff) im „vorbereitenden Verfahren" (Rz 5). Der Vorsitzende bzw der Berichterstatter als Einzelrichter hat insbesondere über die Aussetzung bzw das Ruhen des Verfahrens **bis zum Beginn der mündlichen Verhandlung bzw der Beratung** (§ 90 II) zu entscheiden (zB FG BaWü EFG 1994, 1067 betr Aussetzung des Verfahrens im Fall des § 68 aF – § 74 Rz 13; s auch FG Bremen EFG 1994, 258). Das gleiche gilt für die Entscheidungen, die im Zusammenhang mit der **Aufnahme des Verfahrens** nach Beendigung der Aussetzung bzw des Ruhens des Verfahrens stehen (vgl

FG Bremen EFG 1995, 346), sowie für die Anordnung der **Löschung** des Verfahrens im **Prozessregister** (FG BaWü EFG 1994, 1108, 1109), weil sie gleichfalls zur (faktischen) Unterbrechung des Verfahrens führt (§ 72 Rz 3). – Zum „faktischen" Zum-Ruhen-Bringen eines Verfahrens durch Verfügung als Entscheidung iS des § 79a I Nr 1 s BFH/NV 2005, 1361. – Die Entscheidungsbefugnis des Vorsitzenden bzw des Berichterstatters erstreckt sich mE **auch** auf die Fälle des **§ 46 I 3.**

§ 79a I Nr 2 weist Entscheidungen **„bei Zurücknahme"** der Klage   **12** und – seit dem 1. 9. 2004 (Rz 1) – auch über noch nicht beschiedene **Prozesskostenhilfeanträge** in den Fällen der Klagerücknahme dem Vorsitzenden oder dem Berichterstatter als Einzelrichter zu, soweit sie im „vorbereitenden Verfahren" (Rz 5) ergehen. Die Vorschrift ist auf **selbstständige Beschlussverfahren** analog anzuwenden (Rz 3; FG Bremen EFG 1994, 581; FG BaWü EFG 1994, 896). – Im Falle der Zurücknahme einer Klage, eines Antrags oder einer Beschwerde bis zum Beginn der mündlichen Verhandlung oder der (abschließenden) Beratung der ohne mündliche Verhandlung zu entscheidenden Verfahren ist der Einstellungsbeschluss durch den Vorsitzenden bzw den Berichterstatter als Einzelrichter zu erlassen (Rz 5; ebenso zB FG BaWü EFG 1993, 673; 1994 578; **aA** FG RhPf EFG 1993, 674; 1994, 52, das zu Unrecht auf den Zeitpunkt der Entscheidungsreife abstellt; FG Bremen EFG 1995. 171, das mE unzutreffend davon ausgeht, dass es im Beschwerdeverfahren kein Vorbereitungsstadium gibt – vgl Rz 15).

Aus der Verwendung der unbestimmten Präposition „bei" (… Zurücknahme der Klage usw …) und dem Gesetzeszweck folgt, dass nicht nur der Einstellungsbeschluss (§ 72 II 2) und ggf ein Beschluss über die Gewährung von Prozesskostenhilfe, sondern auch andere mit der Zurücknahme der Klage zusammenhängende Entscheidungen dem Vorsitzenden bzw Berichterstatter als Einzelrichter zugewiesen sind, wie zB die Entscheidung über die Zulässigkeit und Wirksamkeit der Klagerücknahme, soweit nicht das Verfahren fortzusetzen und durch Urteil zu entscheiden ist (§ 72 Rz 28, 34 ff), und – entgegen FG RhPf EFG 1993, 532 – die Entscheidung über die Abtrennung (§ 73) und Einstellung des Verfahrens im Falle der Teilrücknahme (§ 72 Rz 12, 14; vgl FG M'ster EFG 1996, 389) sowie die Entscheidung über die Kosten bei Zurücknahme der Klage durch den vollmachtlosen Vertreter.

§ 79a I Nr 3 betrifft Entscheidungen **„bei Erledigung des Rechts-**   **13** **streits in der Hauptsache"** nach Abgabe übereinstimmender Erledigungserklärungen (§ 138 Rz 11 ff) und – ab 1. 9. 2004 (Rz 1) – auch über noch nicht beschiedene Prozesskostenhilfeanträge in den Fällen der Hauptsacheerledigung. – Im Falle einseitiger Erledigungserklärungen des Klägers oder des Beklagten ist § 79a I Nr 3 nicht anwendbar, weil der Senat dann immer durch Urteil oder Beschluss entscheiden muss (§ 138 Rz 20 f, 25; vgl auch *Stelkens* NVwZ 1991, 209, 215). – Im Übrigen ist die Abgrenzung der Aufgabenverteilung zwischen dem Senat und dem Vorsitzenden bzw Berichterstatter als Einzelrichter nach den gleichen Grundsätzen vorzunehmen wie im Falle des § 79a I Nr 2 (Rz 12, 5). § 79a I Nr 3 erfasst **insbesondere die** nach § 138 zu treffende **Kostenentscheidung,** wenn die übereinstimmenden Erledigungserklärungen bis zum Beginn der mündlichen Verhandlung oder (bei Entscheidungen ohne mündliche Verhandlung) der Beratung (FG BaWü EFG 1993, 673; 1994, 258) oder nach Aufhebung des Termins in der mündlichen Verhandlung bzw nach Absetzung des Beratungstermins (FG BaWü EFG 1994, 897) abgegeben worden sind, **nicht** aber, wenn die Beteiligten die Hauptsache in der mündlichen Verhandlung für erledigt erklärt haben (Rz 5; **aA** FG M'ster EFG 1994, 258) oder wenn die Erledigung der Hauptsache durch Urteil festgestellt worden ist (vgl FG RhPf EFG 1993, 674). Die Entscheidungsbefugnis erstreckt sich auf die **Abtrennung** (§ 73), wenn bei objektiver Klagenhäufung nur einzelne Teile des Verfahrens erledigt sind (Rz 12; FG M'ster EFG 1996, 389). – Zur Hauptsacheerledigung eines Kostenerinnerungsverfahrens s FG BaWü EFG 1994, 668.

14   **§ 79a I Nr 4** überträgt die Entscheidung **„über den Streitwert"** dem Vorsitzenden bzw dem Berichterstatter als Einzelrichter, soweit sie „im vorbereitenden Verfahren" (Rz 5) getroffen wird. Der Streitwert wird im finanzgerichtlichen Verfahren in den Fällen, in denen eine Entscheidung über den gesamten Streitgegenstand ergeht oder sich das Verfahren anderweitig erledigt, nur dann durch das Prozessgericht festgesetzt, wenn ein Beteiligter oder die Staatskasse dies beantragt oder das Gericht die Streitwertfestsetzung für angemessen erachtet (§ 63 II 2 GKG idF des 1. JustModG; Vor § 135 Rz 38). Eine Entscheidung gem § 79a I Nr 4 kann danach im Wesentlichen nur in den Fällen erfolgen, in denen sich der Rechtsstreit „im vorbereitenden Verfahren" (Rz 5; vgl auch FG BaWü EFG 1994, 714) in der Hauptsache erledigt (vgl FG BaWü EFG 1995, 943) oder in denen nach Zurücknahme der Klage bzw des Antrags „im vorbereitenden Verfahren" ausnahmsweise eine Kostenentscheidung zu ergehen hat (§ 62 Rz 101; § 72 Rz 34; Vor § 135 Rz 37, 42 Gebührentatbestand 6110).

15   **§ 79a I Nr 5** weist Entscheidungen **„über Kosten"** (§§ 138, 143, 144) dem Vorsitzenden bzw Berichterstatter zu, soweit sie „im vorbereitenden Verfahren" (Rz 5) zu ergehen haben. Mit dieser Maßgabe erfasst die Vorschrift grundsätzlich alle erstinstanzlichen Entscheidungen über Kosten, die nicht in der abschließenden Entscheidung über die Klage usw getroffen worden sind. Das gilt, wenn die Kostenentscheidung im vorbereitenden Verfahren ergangen ist, auch für die Entscheidung gemäß § 139 III 3 (FG BaWü EFG 1994, 846) und den Antrag, die aufschiebende Wirkung der Kostenanforderung herzustellen (FG BaWü EFG 1995, 228).

Der Anwendungsbereich des § 79a I Nr 5 schließt entgegen FG BaWü EFG 1994, 52; 669; 765; 897; 1995, 227; FG M'ster EFG 1994, 668 **Kostenerinnerungen** nach §§ 66 I GKG, 149 II **nicht** ein. Die zitierten Entscheidungen gehen zwar zutreffend davon aus, dass der **Kostenbegriff des § 79a I Nr 5** (mangels gegenteiliger Anhaltspunkte im Gesetz) mit demjenigen des § 139 I übereinstimmt und dass die Prüfung der Frage, ob eine Entscheidung „im vorbereitenden Verfahren" zu ergehen hat, auf das jeweils anhängige Verfahren, ggf auch ein selbstständiges Neben- oder Folgeverfahren – wie das Erinnerungsverfahren – zu beziehen ist, die Entscheidung über die Erinnerung bereitet aber nicht die Entscheidung des selbstständigen Erinnerungsverfahrens vor, sondern beendet diese (ebenso FG Bremen EFG 1994, 162; 305; 1995, 381; FG SachsAnh EFG 1996, 149). Der weitergehenden Ansicht des FG Saarl EFG 1995, 379 kann nicht zugestimmt werden. Die vom FG Saarl vertretene Auffassung, Entscheidungen „im vorbereitenden Verfahren" seien alle Entscheidungen, die nach Maßgabe des § 79a I Nr 1–6 in einem Nebenverfahren zum steuerlichen Hauptsachverfahren vor und nach einer mündlichen Verhandlung oder vor und nach einer gerichtlichen Hauptsacheentscheidung ohne mündliche Verhandlung bzw anstelle einer Hauptsacheentscheidung zu ergehen hätten, findet im Wortlaut der gesetzlichen Regelung keine Stütze und überschreitet damit die Grenze einer möglichen Auslegung. – Über die Erinnerung entscheidet in jedem Fall der Senat und nicht allein der Vorsitzende oder der Berichterstatter, wenn der Senat mit dem Fall sachlich befasst war (vgl Rz 5; FG BaWü EFG 1996, 559; FG Hbg EFG 1997, 1447 mwN).

§ 79a I Nr 5 ist **einschlägig für** die Erklärung, die **Hinzuziehung eines Bevollmächtigten** zum Vorverfahren sei notwendig gewesen (§ 139 III), wenn die Kostenentscheidung im vorbereitenden Verfahren ergangen ist (FG BaWü EFG 1994, 846; s auch FG BaWü EFG 1994, 1067). Ebenso ist es, wenn der Kostenschuldner beantragt, die **aufschiebende Wirkung einer Kostenanforderung** anzuordnen (vgl FG BaWü EFG 1995, 228). Die Entscheidung über die Gewährung von **Prozesskostenhilfe** ist jedoch keine Entscheidung „über Kosten" iS des § 79a I Nr 5 (vgl VGH Kassel NJW 1991, 594; VG Frankfurt/M NJW 1992, 643; *Kopp/Schenke* § 87a Rz 7). Im Übrigen s Rz 12, 13.

§ 79a I Nr 6 ist durch das 1. JustModG mit Wirkung ab 1. 9. 2004   **16** eingefügt worden. Die Neuregelung überträgt die Entscheidung über die **Beiladung (§§ 60, 60a und § 174 V 2 AO) im vorbereitenden Verfahren** (Rz 5) dem Vorsitzenden bzw dem Berichterstatter.

3. Hinsichtlich der **Form** und des **Inhalts** der Entscheidung des Vorsit-   **17** zenden bzw Berichterstatters gelten die allgemeinen Vorschriften.

4. Die **Wirkungen** der Entscheidungen des Vorsitzenden bzw Bericht-   **18** erstatters unterscheiden sich nicht von den entsprechenden Entscheidungen des Senats. Vorsitzender bzw Berichterstatter werden anstelle des Senats als Einzelrichter tätig.

5. Gegen die Entscheidungen des Vorsitzenden bzw des Berichterstatters   **19** nach § 79a I, IV sind dieselben **Rechtsmittel** gegeben wie gegen die entsprechenden Entscheidungen des Senats. – Mit der Beschwerde kann ggf gerügt werden, der Vorsitzende bzw Berichterstatter sei zu Unrecht anstelle des Senats tätig geworden (Verfahrensrüge – vgl § 6 Rz 24). – Nach Ansicht des VGH München (NVwZ 1991, 1199) soll ein etwaiger „Besetzungsmangel" durch die Abhilfe – oder Nichtabhilfeentscheidung des Senats geheilt werden können (zweifelhaft). – Im Falle der Zurückverweisung des Verfahrens hat der dann nach dem Geschäftsverteilungs- und Mitwirkungsplan zuständige Richter erneut zu entscheiden.

II. Entscheidung durch Gerichtsbescheid
(§ 79a II, IV)

1. Voraussetzungen, Umfang der Entscheidungsbefugnis

§ 79a II, IV stellt es in das **Ermessen** des Vorsitzenden bzw Bericht-   **20** erstatters, den Rechtsstreit ohne mündliche Verhandlung durch Gerichtsbescheid (§ 90a) zu entscheiden. Die Entscheidungsbefugnis erstreckt sich abweichend von § 79 a I auf die Hauptsacheentscheidung. Die Beschränkungen des § 6 I gelten nach dem Wortlaut des § 79 a II, IV nicht. Die Entscheidung von Fällen grundsätzlicher Bedeutung oder besonders schwieriger Sachen wäre wohl im Allgemeinen ermessensfehlerhaft. Die Ermessensentscheidung hat sich am Zweck des Gesetzes (Rz 1) und am Rechtsschutzinteresse der Beteiligten zu orientieren. In den Fällen, in denen der Gerichtsbescheid voraussichtlich mit dem Antrag auf mündliche Verhandlung angegriffen wird, sollte von der Möglichkeit abgesehen werden, durch Gerichtsbescheid zu entscheiden. Ein Gerichtsbescheid soll nur in **„geeigneten Fällen"** ergehen (§ 90 a Rz 5). Der Erlass eines Gerichtsbescheides durch den Vorsitzenden oder den Berichterstatter wird danach vor allem in einfach gelagerten Streitsachen oder nach erfolglosem Ablauf von Ausschlussfristen (§§ 62 III, 65 II, 79 b) in Betracht kommen.

21   **2.** Hinsichtlich der **Form** und des **Inhalts** des Gerichtsbescheides wird auf § 90 a Rz 8 verwiesen.

22   **3.** Als **Rechtsbehelf** steht den Beteiligten – anders als gegen den Gerichtsbescheid des Senats (§ 90 a Rz 15 ff) – nach **§ 79 a II** nur der **Antrag auf mündliche Verhandlung** innerhalb eines Monats nach Zustellung des Gerichtsbescheides zur Verfügung (BFHE 172, 319 = BStBl II 1994, 118, 119; BFH/NV 1994, 811; 1999, 1624; 2000, 1624). Dies gilt auch dann, wenn der von dem Einzelrichter (§ 6) erlassene Gerichtsbescheid unmissverständlich erkennen lässt, dass er gem § 79 a II 2 im vorbereitenden Verfahren ergangen ist (BFHE 187, 415 = BStBl II 1999, 302; BFH/NV 1999, 1617, 1618; 2000, 1617). Lässt der **Gerichtsbescheid** jedoch **nicht eindeutig** erkennen, auf welcher verfahrensrechtlichen Grundlage der Richter entschieden hat, (eine dem § 79 a II entsprechende Rechtsmittelbelehrung genügt nicht), kommen im Hinblick auf Art 19 IV GG auch die sonst gegen Gerichtsbescheide (§ 90 a) gegebenen Rechtsbehelfe (§ 90 a Rz 15 ff) in Betracht (BFHE 174, 107 = BStBl II 1994, 571; BFH/NV 1999, 320).

23   **4.** Wird der Antrag auf mündliche Verhandlung nicht rechtzeitig gestellt und ist auch keine Wiedereinsetzung in den vorigen Stand zu gewähren (§ 56), wirkt der Gerichtsbescheid als Urteil (§ 90 a III). – Wird der Antrag auf mündliche Verhandlung rechtzeitig gestellt, gilt der Gerichtsbescheid als nicht ergangen (§ 90 a III). In diesem Fall kann der Senat in dem abschließenden Urteil von einer weiteren **Darstellung des Tatbestandes und der Entscheidungsgründe absehen,** soweit er der Begründung des Gerichtsbescheides folgt und dies in seiner Entscheidung feststellt (§ 90 a IV).

III. Sonstige Entscheidungen im Einverständnis der Beteiligten (§ 79 a III, IV)

1. Voraussetzungen

25   Vorsitzender bzw Berichterstatter können den Rechtsstreit auch sonst anstelle des Senats als Einzelrichter entscheiden, wenn die Beteiligten (auch der Beigeladene) ihr Einverständnis erklären **(konsentierter Einzelrichter).** Ein Gerichtsbescheid mit Revisionszulassung darf aber nicht ergehen, wenn der Kläger ersichtlich auf eine mündliche Verhandlung nicht verzichten will (BFH BStBl II 2001, 31 = BFH/NV 2001, 119).

Die **Einverständniserklärung** ist wie bei § 90 II Prozesshandlung (zu **26** den Wirksamkeitsvoraussetzungen s BFHE 187, 404 = BStBl II 1999, 300; BFH/NV 2002, 357, 358; 2005, 1352, 1353, 1592; § 90 Rz 9). Sie kann auch nach vorheriger Verweigerung des Einverständnisses noch wirksam erklärt werden (BFH/NV 2005, 1352, 1353). – Zur Form s § 90 Rz 10, zur Anfechtung bzw zum Widerruf s § 90 Rz 13 f. Die Einverständniserklärung bezieht sich, falls sie sich nach ihrem **Inhalt** nicht auch auf Neben- oder Folgeverfahren erstreckt, nur auf das Verfahren, in dem sie abgegeben wird (**aA** FG Bremen EFG 1995, 535: Einverständniserklärung im Hauptsacheverfahren ermächtigt auch zur Entscheidung über AdV-Antrag). Die Einverständniserklärung schließt den Verzicht auf mündliche Verhandlung (§ 90 II) nicht ein (BVerwG NVwZ-RR 1998, 525). Haben die Beteiligten ihr Einverständnis mit einer Entscheidung des Rechtsstreits durch den Berichterstatter erklärt, bezieht sich diese prozessuale Willenserklärung auf den im Zeitpunkt der Entscheidung gemäß der senatsinternen Geschäftsverteilung (§ 4 Rz 53) zuständigen Berichterstatter (BFH/NV 2002, 357, 358); das kann auch der Senatsvorsitzende sein, der die Berichterstattung übernommen hat (BFH/NV 2002, 357, 358; aA BSG NJW 1996, 2181). Zu beachten ist dabei, dass ein bestellter Berichterstatter den Vorsitzenden gemäß § 79a IV verdrängt (BFH/NV 2004, 620). – Die Einverständniserklärung **kann widerrufen werden,** wenn sich die Prozesslage bei objektiver Betrachtung nachträglich wesentlich geändert hat (*Stelkens* NVwZ 1991, 209, 215; *Schmieszek* NVwZ 1991, 522, 525; offen BFH/NV 2005, 1592), **nicht aber,** wenn auf Grund einer Änderung des Geschäftsverteilungsplanes ein anderer Spruchkörper oder Berichterstatter zuständig wird oder wenn der Einzelrichter eine von der bisherigen Auffassung des Senats abweichende Meinung vertritt (*Schmieszek* NVwZ 1991, 522, 525; *Kopp/Schenke* § 87a Rz 9; offen BFH/NV 2002, 357, 358). Eine Beschränkung der Wirksamkeit der Einverständniserklärung bis zur nächsten Sachentscheidung (§ 90 Rz 15) kommt nicht in Betracht, weil die Übertragung des gesamten Verfahrens auf den Einzelrichter bis zur Endentscheidung gewollt ist (**aA** anscheinend *Stelkens* NVwZ 1991, 209, 215). – **Nach** Aufhebung des Urteils bzw Gerichtsbescheides im Revisionsverfahren und **Zurückverweisung** des Verfahrens kann im 2. Rechtsgang eine Einzelrichterentscheidung nach § 79a III, IV nur ergehen, wenn die Beteiligten ihr Einverständnis erneuern (vgl § 90 Rz 15 f).

Das Einverständnis mit der Entscheidung des Rechtsstreits durch den **27** Einzelrichter muss bis zum Schluss der mündlichen Verhandlung bzw – bei Verfahren ohne mündliche Verhandlung – bis zum Ergehen der Entscheidung wirksam erklärt sein. – Die Bekanntgabe der Einverständniserklärungen an die Beteiligten ist keine Wirksamkeitsvoraussetzung (BFH/NV 2000, 963, 964).

Der Vorsitzende bzw der Berichterstatter ist an die Einverständniserklärungen der Beteiligten nicht gebunden. Es steht vielmehr in seinem **28** **Ermessen, ob** er von der Möglichkeit Gebrauch machen will, als Einzelrichter zu entscheiden (aA FG Nds Urt v 31. 3. 2004 7 K 393/99 nv: freies, uneingeschränktes Wahlrecht). Die Ermessensentscheidung hat sich am Zweck des Gesetzes (Rz 1) und am Rechtsschutzinteresse der Beteiligten zu orientieren. Dabei ist zu berücksichtigen, dass eine Einzelrichterentscheidung im Einverständnis der Beteiligten auch dann in Betracht kommt,

wenn die Sache grundsätzliche Bedeutung hat oder besondere Schwierigkeiten tatsächlicher oder rechtlicher Art aufweist. Die Beschränkungen des
§ 6 I gelten im Rahmen des § 79a III, IV nicht (*Gramich* DStR 1993, 6, 9).
Im Regelfall wird es deshalb ermessensgerecht sein, bei Einverständnis der
Beteiligten von der Möglichkeit der Entscheidung als Einzelrichter
Gebrauch zu machen. – Zur Frage, wann bzw wodurch sich der Vorsitzende oder Berichterstatter zum konsentierten Einzelrichter bestellt, s BFHE
202, 408 = BStBl II 2003, 858.

2. Umfang der Entscheidungsbefugnis

30   Macht der Vorsitzende bzw der Berichterstatter von der Möglichkeit
Gebrauch, als Einzelrichter zu entscheiden, tritt er in jeder Hinsicht an die
Stelle des Senats. Ihm stehen deshalb auch die gleichen Befugnisse
zu. Auch eine Entscheidung durch Gerichtsbescheid (§ 90a) ist möglich.
– Eine **Rückübertragung** auf den Senat ist anders als in § 6 III **nicht
vorgesehen.** – Mangels Beschränkung der Entscheidungsbefugnis des konsentierten Einzelrichters ist der Einzelrichter als „Gericht" nicht nur befugt,
Sachen von grds Bedeutung zu entscheiden, sondern auch nach Art 100
GG befugt, das Verfahren auszusetzen und die Entscheidung des BVerfG
darüber einzuholen, ob die von ihm für verfassungswidrig erachteten Vorschriften mit dem GG vereinbar sind (FG Nds EFG 1997, 1456; 1526;
2004, 746; aA BVerfG HFR 1998, 680 = NJW 1999, 274; BVerfG HFR
1998, 682 = DStR 1998, 722; *Pahlke* DB 1997, 2454).

31   **3.** Hinsichtlich der **Form** und der **Wirkungen** der Entscheidungen des
Vorsitzenden bzw des Berichterstatters gelten die allgemeinen Regeln.

32   **4. Gegen das Urteil** des Vorsitzenden bzw Berichterstatters sind **die
allgemeinen Rechtsmittel** (Revision, Nichtzulassungsbeschwerde) gegeben. Eine **Besetzungsrüge** (§§ 115 II Nr 3, 116, 119 Nr 1) kann nur Erfolg haben, wenn der Vorsitzende bzw Berichterstatter erkennbar rechtsmissbräuchlich (willkürlich) anstelle des Senats tätig geworden ist (vgl § 6
Rz 26). Das wird man nur annehmen können, wenn die Entscheidungen
ohne die erforderlichen Einverständniserklärungen beider Beteiligten ergangen sind (vgl BFH/NV 1999, 1485; Rz 25 f). Ermessensfehler bei der
Übernahme des Verfahrens als Einzelrichter werden im Allgemeinen nicht
ausreichen. – Im Falle der erfolgreichen Anfechtung des Urteils wird – jedenfalls bis zur Erneuerung der Einverständniserklärungen (Rz 26 aE) –
wieder der Senat zuständig.

33   **Gegen den Gerichtsbescheid** (§ 90a) des Vorsitzenden bzw Berichterstatters (§ 79a III, IV) sind die allgemeinen Rechtsbehelfe und Rechtsmittel gegeben (§ 90a Rz 15 ff).

34   **5.** Im **Wiederaufnahmeverfahren** (§ 134) entscheidet der Vollsenat
auch dann, wenn die Entscheidung, um deren Korrektur es geht, vom
konsentierten Einzelrichter (§ 79a III, IV) erlassen wurde (BFHE 188, 1 –
BStBl II 1999, 412; aA *Albert* DStZ 1998, 239).

§ 79 b [Fristsetzung zur Angabe der Tatsachen]

(1) [1]Der Vorsitzende oder der Berichterstatter kann dem Kläger eine Frist setzen zur Angabe der Tatsachen, durch deren Berücksichtigung oder Nichtberücksichtigung im Verwaltungsverfahren er sich beschwert fühlt. [2]Die Fristsetzung nach Satz 1 kann mit der Fristsetzung nach § 65 Abs. 2 Satz 2 verbunden werden.

(2) Der Vorsitzende oder der Berichterstatter kann einem Beteiligten unter Fristsetzung aufgeben, zu bestimmten Vorgängen

1. Tatsachen anzugeben oder Beweismittel zu bezeichnen,
2. Urkunden oder andere bewegliche Sachen vorzulegen oder elekronische Dokumente zu übermitteln, soweit der Beteiligte dazu verpflichtet ist.

(3) [1]Das Gericht kann Erklärungen und Beweismittel, die erst nach Ablauf einer nach den Absätzen 1 und 2 gesetzten Frist vorgebracht werden, zurückweisen und ohne weitere Ermittlungen entscheiden, wenn

1. ihre Zulassung nach der freien Überzeugung des Gerichts die Erledigung des Rechtsstreits verzögern würde und
2. der Beteiligte die Verspätung nicht genügend entschuldigt und
3. der Beteiligte über die Folgen einer Fristversäumnis belehrt worden ist.

[2]Der Entschuldigungsgrund ist auf Verlangen des Gerichts glaubhaft zu machen. [3]Satz 1 gilt nicht, wenn es mit geringem Aufwand möglich ist, den Sachverhalt auch ohne Mitwirkung des Beteiligten zu ermitteln.

Vgl § 87b VwGO, § 273 II Nr 1, § 275 I 1, III u IV sowie § 276 I 2, III u § 277 ZPO

Übersicht

Literatur (s auch vor § 1 u Vor § 76 und zu § 76 Rz 42): *Baur,* Wege zur Konzentration der mündlichen Verhandlung im Prozess, 1966; *Bruns,* Die Frist als gesetzgeberisches Mittel der deutschen Prozessreform zur Beschleunigung der Verfahren, FS für Liebmann (1978), 123; *Degenhart,* Präklusion im Verwaltungsprozess, Menger-FS (1985), 621; *Franke,* Rechtliches Gehör und Präklusion – Zur Rspr des BVerfG, NJW 1986, 3049; *Fuhrmann,* Die Zurückweisung schuldhaft verspäteter und verzögernder Angriffs- und Verteidigungsmittel im Zivilprozess, 1987; *Kreitl,* Präklusion verspäteten Vorbringens im Verwaltungsprozess?, Passauer Diss 1987; *Lück,* Zur Zurückweisung verspäteten Vorbringens,

DStR 1987, 383; *Schaumburg,* Richterliche Ausschlussfristen für Klagebegehren und Tatsachenvortrag, DStZ 1995, 545; *Unländer,* Richterliche Ausschlussfristen im finanzgerichtlichen Verfahren, Inf 1996, 644; *Weth,* Die Zurückweisung verspäteten Vorbringens im Zivilprozess, 1988; *Woring,* Die Ermessensausübung bei der Zurückweisung verspäteten Vorbringens im Steuerprozess, DStZ (A) 1984, 427.

I. Allgemeines

1   Die **Präklusionsvorschrift** ist hervorgegangen aus Art 3 § 3 VGFG EntlG (s 2. Aufl § 76 Rz 44 ff), dessen Effektivität unter seiner umständlichen, unpräzisen Fassung, vor allem aber auch unter seiner einschränkenden Auslegung durch den BFH (vgl zB BFHE 132, 508 = BStBl II 1981, 443; BFHE 162, 536 = BStBl II 1991, 242; aM FG RhPf EFG 1979, 192 u 1987, 363; FG Köln EFG 1989, 130; zur *Bedeutungslosigkeit* der früheren Rspr: BFHE 117, 201 = BStBl II 1995, 417) beträchtlich gelitten hatte. Diesem letztgenannten Hindernis hat der Gesetzgeber bei der modifizierten Eingliederung der Regelung in die FGO (durch das FGOÄndG – Rz 5 ff vor § 1; unter ausdrücklicher Bezugnahme auf BFHE 146, 573 = BStBl II 1986, 753 in der amtlichen Begründung, BT-Drucks 12/1061 S 17; vgl zur Entstehungsgeschichte iÜ: BT-Drucks 11/2386 S 17; BT-Drucks 301/91 S 43–45; Bericht S 24–27; § 90 VwPOE BT-Drucks 10/3437 S 25 u 115; zur Parallelvorschrift des § 87 b VwGO: BT-Drucks 11/7030 S 28) die Grundlage im wesentlichen dadurch entzogen, dass er den zuständigen Richter (Rz 6) nunmehr grundsätzlich (Ausnahme Rz 10 ff) in zweierlei **Stufen** (aM BFHE 178, 549 = BStBl II 1996, 16, der „3 Schritte" unterscheidet – allerdings ohne § 79 b I auch nur andeutungsweise von § 65 I 1 iVm § 65 II 2 abzugrenzen; dazu Rz 8 f) **zur Fristsetzung** ermächtigt (anders als § 366 RegEntw AOÄG):

– zunächst (**§ 79 b I 1**) für die Angabe von Tatsachen zur **Beschwer** (Rz 8 f); **Adressat** einer solchen Verfügung: allein der **Kläger;**

– sodann, im weiteren Verfahrensverlauf, **zur punktuellen Sachaufklärung (§ 79 b II** – Rz 10 ff); als **Adressat** in diesem Fall kommt **jeder Beteiligte** (§ 57) in Betracht.

Da es in beiden Fällen um die **Konkretisierung prozessualer Mitwirkungspflichten** geht, ist zB der Inhalt der Steuerakten zunächst einmal (s Rz 8 aber auch Rz 16 ff) grundsätzlich unbeachtlich (vgl BFHE 177, 201 = BStBl II 1995, 417; FG BaWü EFG 1993, 805).

2   Mit der **Gliederung in zwei Tatbestandsvarianten** soll (BT-Drucks 12/1061 S 17) klargestellt sein, dass das Gericht „**zunächst** den Kläger zum Tatsachenvortrag veranlassen kann, **ohne** hierbei zur **Bezeichnung bestimmter** aufklärungsbedürftiger **Tatsachen** verpflichtet zu sein", was (nicht nur in Schätzungsfällen – Rz 12 ff) häufig anfangs gar nicht möglich sei. Im weiteren Verlauf könne dann „**nach** vorbereitender **Bearbeitung** des Falles" jedem Verfahrensbeteiligten aufgegeben werden, **Angaben zu bestimmten Vorgängen** zu ergänzen oder Beweismittel beizubringen. Bedenken, ob die Anwendung von Präklusionsbestimmungen zum Zwecke der Sachaufklärung zulässig sei, bevor der Kläger den Gegenstand des Klagebegehrens bezeichnet und damit die Klage wirksam erhoben habe, seien nunmehr durch die Klarstellung in § 79b I 2 ausgeräumt (dazu Rz 9).

An der umständlichen Formulierung der unzureichend aufeinander ab- **3** gestimmten und systematisch nicht geordneten Rechtsfolgen der Säumnis (Präklusion – § 79b III – bisher Art 3 § 3 II VGFGEntlG – Rz 16 ff) wurde unter dem unerklärlichen Eindruck, dieses „Beschleunigungsinstrument" habe sich „bewährt" (BT-Drucks aaO; ähnlich schon Bericht S 27), bewusst festgehalten, um die Wahrung der „berechtigten Interessen auch weniger gewandter Rechtsuchender" zu gewährleisten. Die überaus mühsame Darlegung solcher Zwecksetzung schließt mit der Erwartung, das Gericht werde „regelmäßig aus prozessökonomischen Gründen von einer Zurückweisung absehen, wenn die Prüfung der Präklusionsvoraussetzungen erheblichen Ermittlungsaufwand mit sich bringen würde" – ein beredtes Zeugnis für die „Vertrautheit" mit der Rollenverteilung im Steuerrechtsverhältnis und der Verfahrenswirklichkeit ebenso wie für die Intensität der Entlastungsbestrebungen (vgl iÜ Rz 17 ff).

1. Sachlicher Geltungsbereich und Normzusammenhang

Die Vorschrift steht in äußerem Zusammenhang mit den übrigen Vor- **4** schriften, die, beginnend mit (dem gleichzeitig neugefassten) § 79 (vgl auch die Neuregelung in § 79a), der **Vorbereitung** der mündlichen Verhandlung dienen, dh dafür sorgen sollen, dass der Rechtsstreit möglichst in *einem* Termin erledigt werden kann (völlig ungeklärt lassen das Verhältnis der Präklusionsregelung zu § 79 I, obwohl sie sich ausdrücklich auf diese Vorschrift berufen: BFHE 186, 511 = BStBl II 1999, 26 u BFHE 189, 3 = BStBl II 1999, 664; dazu auch § 76 Rz 57). Mit einer solchen Zielsetzung (§ 79 I 1) ist nur (modellhaft) der Maßstab für diese Phase des Verfahrens, nicht etwa ein gesetzliches Tatbestandsmerkmal umschrieben: Die **Konzentrationsmaxime** und die ihrer Konkretisierung dienenden **Spezialvorschriften** sind in gleicher Weise auch im schriftlichen Verfahren (§§ 90, 90a) anwendbar (§ 79 Rz 1; ebenso *Kopp/Schenke* § 87 Rz 1). § 79b gilt ferner für **Beschlusssachen** (ebenso *Kopp/Schenke* aaO; s auch § 11 Rz 2) und im **Revisionsverfahren** (bzw **Beschwerdeverfahren** – § 132 Rz 4) entsprechend (§ 121 S 1; arg e contrario § 121 S 2; von *Kopp* aaO bezüglich des gleichlautenden § 141 VwGO offenbar missverstanden). In **§ 121 S 3** ist außerdem klargestellt, dass auf § 79b III beruhende **Präklusionen** (mit der Folge der **Beschränkung des Rechts auf Gehör** – § 69 II: BFH/NV 2005, 2038) aus der ersten Instanz **im Revisionsverfahren** (bzw Beschwerdeverfahren) **fortwirken**. Ein weiterer (allerdings begrenzter) Anwendungsbereich ist der Vorschrift durch die Verweisung in **§ 79 III** eröffnet (s dort Rz 44 ff).

Während **§ 79b I** (in Ergänzung des § 65 I 1) die **Zulässigkeit der** **5** **Klage** betrifft (auf vollständige Verwirklichung der prozessualen Darlegungspflicht abzielt – Rz 8 f; Rz 13 vor § 33; § 40 Rz 55 ff; § 41 Rz 1; § 65 Rz 13 ff u 30 ff; iE ebenso: BFHE 177, 201, 203 = BStBl II 1995, 417; BFH/NV 1999, 205, 206; vgl auch BFH/NV 1999, 1105; unklar: BFH/NV 1998, 37, 38. – AM, ohne überzeugende Begründung: FG Thür EFG 2000, 230 – noch dazu in einem Fall, der tatsächlich die Zulässigkeit der Klage betrifft; s auch Rz 8 f, 19; zur Abgrenzung I/II: BFH/NV 2003, 1198, 1199) und dafür sorgt, dass zunächst der äußere Rahmen des Streitprogramms auch in tatsächlicher Hinsicht abgesteckt wird, betrifft **§ 79b**

II die **Begründetheit der Klage,** indem er die Sachaufklärungspflicht des Gerichts einerseits (§ 76 Rz 1 u 10 ff) und die Mitwirkungspflichten der Beteiligten andererseits (§ 76 Rz 2 u 28 ff; § 96 Rz 9 ff) konkretisiert (Trennung von § 79 b I und II überhaupt nicht beachtet in BFHE 191, 207 = BStBl II 2000, 354) und hierdurch sowohl das **Ermittlungsprogramm** als auch das **Entscheidungsprogramm** (§ 76 Rz 12; § 96 Rz 2, 8 u 12) gestaltet. – Mit Wirkung ab 1. 4. 2005 (Vor § 1 Rz 24) wird die in **§ 79 b II Nr 2** zur näheren Klagebegründung statuierte Pflicht zur Vorlage von Urkunden oder anderen beweglichen Sachen auf die Übermittlung elektronischer Dokumente erstreckt (zur damit korrespondierenden *elektronischen Akteneinsicht:* § 78 Rz 3, 8, 11 u 14 f).

6　　　**Gemeinsam** ist den Beschleunigungsmaßnahmen nach § 79 b I und die nach § 79 b II (die nach § 6 I auch vom **Einzelrichter** verfügt werden können – BFH/NV 2004, 1669, 1670)

– die Zuständigkeitsregelung: In beiden Fällen können die Verfügungen vom **Vorsitzenden oder Berichterstatter** (§ 65 Rz 58) erlassen werden;

– die sonstigen allgemeinen, vor allem formellen **Wirksamkeitsvoraussetzungen** (Rz 15, 22);

– die **Unanfechtbarkeit** solcher richterlichen Maßnahmen (Aufklärungsanordnungen iS des § 128 II – so dort Rz 6 f; BFH/NV 1998, 608; 2003, 1444; vgl auch BFH/NV 1996, 51; unklar BT-Drucks 12/1061, S 24, wonach nur für *§ 79 a* etwas anderes gelten soll – dort Rz 9; zur allgemeinen revisionsrechtlichen Kontrolle: Rz 26);

– die Maßgeblichkeit des § 54 für die **Fristberechnung** (s dort Rz 1 ff; zur *Fristbemessung:* BFH/NV 1996, 348; 2004 1063, 1064);

– die **Rechtsfolgeregelung** des § 79 b III (Rz 16 ff; s aber Rz 19 u 20);

– die kostenrechtlichen Konsequenzen (str – Rz 25).

Beide Vorschriften lösen je nach Fallgestaltung uU auch eine **partielle Präklusion** nach § 79 b III (Rz 16 ff) aus: **Soweit** die Voraussetzungen erfüllt sind, kommt es jeweils zum Ausschluss (ebenso für § 79 b II: BFHE 185, 134 = BStBl II 1998, 399). Praktisch allerdings dürfte dies in Fällen des § 79 b I, im Unterschied zu solchen des § 79 b II (iÜ dazu: Rz 10 ff), die Ausnahme sein.

2. Zeitlicher Geltungsbereich

7　　　Die **Gesamtregelung gilt** für alle Stadien und Arten des Verfahrens (Rz 4) **ab 1. 1. 1993** (Art 9 FGOÄndG; Rz 8 vor § 1), und zwar auch für Maßnahmen iS des § 79 b I, die zwar eine richterliche Entscheidung über die Zulässigkeit der Klage ermöglichen, nicht aber unmittelbar selbst Zulässigkeitsvoraussetzungen (Rz 1 ff vor § 33) iS des Art 7 FGOÄndG betreffen (vgl auch BFHE 177, 201 = BStBl II 1995, 417; s außerdem § 65 Rz 1 u Rz 11 vor § 1).

II. Fristsetzung nach § 79 b I

8　　　Die Vorschrift, die sich allein an den **Kläger** richtet (Rz 1), soll § 65 I 1 und § 65 II ergänzen (Rz 1 f). Inwieweit ihr neben § 65 II 2 (zur Bedeutungslosigkeit des § 65 II 1 so dort Rz 58 f) ein **eigener Regelungsbereich** verbleibt, ist insofern unklar, als ein substantiiertes und in sich schlüssiges Vorbringen zur Fixierung von Kläger, Beklagtem und Gegenstand des Klagebegehrens (Streitgegenstand – § 65 Rz 30 ff) im allgemeinen auch die notwendigen Angaben **zur Beschwer** (§ 40 Rz 55 ff; § 41 Rz 11; § 65 Rz 35 ff, 46) enthält (s zB BFH/NV 2001, 170). Hierzu gehört (entgegen FG Thür EFG 2000, 230; s auch Rz 5) zB in Fällen einer klagenden GmbH auch die präzise Benennung der *gesetzlichen Vertretung:* zur Darlegung nämlich inwieweit es sich in derartigen Fällen um die **Geltendmachung der Verletzung eigener Rechte** (§ 40 Rz 55; § 48 Rz 1) handelt. Zusätzlicher Aufklärungsbedarf für eine Fristsetzung nach § 79 b I 1 kann sich allenfalls ganz allgemein aus dem Umstand ergeben, dass str ist, inwieweit sich die prozessuale Verpflichtung des Rechtsuchenden (**Dispositionsmaxime:** Rz 3 vor § 76, § 40 Rz 59 ff) zum Dartun der Beschwer (Verletzung eigener Rechte durch den angefochtenen oder vorenthaltenen VA, die vorenthaltene sonstige Leistung oder die unterlassene Feststellung) auf **Vorbringen tatsächlicher Art** erstreckt (§ 65 Rz 48, 55), und unabhängig davon speziell aus besonderen Fallgestaltungen, bei denen die Rechtsbeeinträchtigung des Klägers (Antragstellers) nicht ohne weiteres erkennbar ist, also zB in Fällen des **§ 42** iVm § 351 II AO (s § 42 Rz 29 ff), des **§ 48** (dort Rz 8 u 24 ff) oder der **Drittbetroffenheit** (vor allem bei Konkurrentenklagen – § 40 Rz 57, 111 u 122). Erforderlich ist jedenfalls zur Erfüllung einer Aufforderung nach § 79 b I ein **substantiiertes Vorbringen** (vgl BFHE 177, 201 – BStBl II 1995, 417; BFH/NV 2001, 170, 171; 2003, 1198, 1199). Bezugnahmen auf die Finanzamtsakten oder pauschale Hinweise auf Steuererklärungen (FG Köln EFG 1996, 1170) genügen auch in diesem Zusammenhang grundsätzlich nicht (s iÜ Rz 1 und 16 ff sowie § 76 Rz 51).

Die Überschneidung der Anwendungsbereiche von **§ 65 II 2** und § 79 b **9** I 1 (vgl auch BFH/NV 2000, 196 f und 198 f) sollte in der **Praxis** für den Richter ein weiterer Grund dafür sein, von der in **§ 79 b I 2** (in klarstellender Weise) ausdrücklich vorgesehenen Möglichkeit Gebrauch zu machen, diese beiden Arten der Fristsetzung miteinander zu **verbinden** (insoweit ebenso: BFHE 178, 549 = BStBl II 1996, 16; offenbar nicht beachtet: FG Thür EFG 2000, 230), und zwar vorsorglich in allen Fällen der **Ergänzungsbedürftigkeit und Ergänzungsfähigkeit des Rechtsschutzbegehrens** (§ 65 Rz 13, 60 ff; s iÜ § 65 Rz 58 f). Eine solche Aufklärungsverfügung sollte außerdem mit einer ausführlichen Belehrung (Rz 22) über die Rechtsfolgen der Präklusion (§ 79 b III 3 S 129;1 Nr 3; Rz 16 ff) versehen werden (s iÜ Rz 6). Die **Fristsetzung** ist **nicht beschwerdefähig** (BFH/NV 2005, 1319). **Erfolgloser Ablauf** einer wirksam gesetzten Ausschlussfrist macht jeden weiteren Vortrag zur Beschwer unbeachtlich (Rz 12, 19, 24). Das gilt bei *Abänderungsklagen* (§ 100 Rz 25) auch für den *Umfang* des Klagebegehrens (nicht des Klageantrags; § 96 Rz 3; aM BFHE 178, 549 = BStBl II 1996, 16; s zur *Klageerweiterung* iÜ Vor § 33 Rz 11; § 41 Rz 36; § 65 Rz 3, 65; § 67 Rz 4). Rechtsfolge solcher Säumnis: **Prozessurteil,** und zwar auch in Fällen, in denen Unterlagen durch die Steufa beschlagnahmt sind (BFH/NV 2000, 1103; s in § 65 Rz 65; § 95 Rz 4; zu den Folgen fehlerhafter Anwendung der Regelung: Rz 26).

III. Fristsetzung nach § 79 b II

10   Die Fristsetzung nach § 79 b II – die, anders als die nach § 79 b I, **allen Beteiligten gegenüber** in Betracht kommt (Rz 1, 8) – **konkretisiert,** im Unterschied zu der nach § 79 b I (Rz 1 u Rz 8 f) den **Untersuchungsgrundsatz** (§ 76 I 1; Rz 1 u 5 vor § 76; § 76 Rz 1 u 7 ff) und ist Ausdruck der **Mitverantwortung** der Beteiligten für die Sachaufklärung (§ 76 Rz 2). Sie ist gegenüber der Aufklärungsmaßnahme nach § 79 b I idR für eine **zweite Phase des Verfahrens** vorgesehen (Rz 1). Das schießt aber nicht aus, dass es, je nach Fallgestaltung, auch hier zu einer Verbindung beider Fristsetzungen kommen kann: nämlich dann, wenn einerseits ein ergänzungsfähiges, ergänzungsbedürftiges Klagebegehren vorliegt (Rz 9; § 65 Rz 13, 60 ff), andererseits aber das Vorbringen zur Begründetheit des Rechtsschutzbegehrens (Rz 11) schon so weit gediehen ist, dass eine **gezielte Aufklärungsverfügung** (Rz 1, 15) **möglich** ist. Das insoweit bestehende richterliche Ermessen ist nicht prinzipiell eingeschränkt, auch wenn eine (im Grunde überflüssige – Rz 16) ausdrückliche gesetzliche „Erlaubnis" hierzu (im Unterschied zu § 79 b I 2) fehlt. Zu beachten ist in jedem Fall der **Unterschied zwischen** einer **Fristsetzung nach § 79 b I und** einer solchen nach **§ 79 b II** (BFH/NV 2003, 1198, 1199; s iÜ Rz 11).

11   **Inhaltlich** erfordert speziell eine Anordnung nach § 79 b II (zu den allgemeinen und formellen Voraussetzungen Rz 6, 22) zunächst einmal nach dem Wortlaut der Vorschrift, dass sich aus den Akten und/oder aus dem Vorbringen der Beteiligten ein Sachverhalt ergibt, der **bestimmte Vorgänge** erkennen lässt, die eine substantiierte Aufklärungsverfügung (Maßstab hierfür: Erfüllbarkeit durch den Adressaten; vgl BFHE 177, 233 = BStBl II 1995, 545; s auch Rz 13) der in § 79 b II Nrn 1 u 2 genannten Art erlauben. Das erscheint nunmehr, nach der deutlichen **Trennung der Prozessförderungsmaßnahmen im Bereich der Zulässigkeitsprüfung** (Rz 1, 5, 8 f) **von denen der Begründetheitsprüfung** (Rz 10), im Gegensatz zur bisherigen Rechtslage (Rz 1), idR sachgerecht und trägt dem Umstand Rechnung, dass das **Dartun der Beschwer** grundsätzlich **Sache des Klägers** ist (§ 40 Rz 55 ff; § 65 Rz 9), während die **Sachaufklärung** im Steuerprozess grundsätzlich **vorrangig bei Gericht** liegt (§ 76 Rz 1 ff). Darum ist eine inhaltlich auf § 79 b I gestützte Fristsetzung nicht geeignet, den Anforderungen des § 79 b II zu genügen (BFH/NV 2003, 1198, 1199). Von dieser Grundregel gelten aber schon nach allgemeinen Vorschriften Ausnahmen, soweit die Beteiligten ihre **Mitwirkungspflichten verletzen** (§ 76 Rz 28 ff; s auch FG Bremen EFG 1994, 260). Als **Spezialfall** einer solchen Pflichtverletzung ist es nicht nur anzusehen, wenn ein Prozessbeteiligter einer besonderen Aufklärungsanordnung (schuldhaft – Rz 17, 23) nicht (vollständig und rechtzeitig – Rz 6, 19 f) nachkommt, sondern auch, wenn er von Anfang an seine Mitwirkung im Verfahren so gestaltet, dass ein Ansatz für eine präzise gerichtliche Aufklärungsmaßnahme iS des § 79 b II nicht gegeben ist – wie typischerweise in **Schätzungsfällen** (s auch § 96 Rz 18 f und § 100 Rz 45 f). Für sie ergibt sich unabhängig vom Zulässigkeitsproblem (Rz 8 f; nicht beachtet in BFHE 191, 207 = BStBl II 2000, 354; dazu auch Rz 19 f) grundsätzlich (entgegen BFHE 186, 511 = BStBl II 1999, 26; BFHE 189, 3 = BStBl II

1999, 664; BFH/NV 1999, 619, 633, 1556 f; 2000, 1481 = HFR 2001, 45 m Anm; dagegen auch § 76 Rz 51) folgendes:

– Wird ein Schätzungsbescheid vor dem FG (so wie auch zuvor im außer- **12** gerichtlichen Vorverfahren) allein mit der **nicht** weiter **substantiierten Behauptung** angegriffen, die Schätzung sei zu hoch, ist die Klage, sofern es hierbei (uU nach Setzung einer Ausschlussfrist gem § 65 II 2 – s dort Rz 49, 60 ff) bleibt, (endgültig) **unzulässig** (s auch Rz 9; BFH/ NV 2000, 1103; s allerdings BFH/NV 2003, 1434, wonach eine **Aufforderung zur Vorlage von Steuererklärungen** durch § 79b II nicht gedeckt sei; s aber Rz 20). – Eine Frist nach § 79b II darf, wie auch sonst bei unzulässigen Rechtsschutzbegehren, nicht gesetzt werden (Rz 1, 8 vor § 33).

– Erhebt der StPfl (erstmals) im Klageverfahren (in einer nachgereichten **13** Steuererklärung oder noch immer ohne eine solche) **konkrete Einwände** gegen die Schätzung, so liefert er entsprechende Ansätze für die weitere Sachaufklärung nach § 79b II. Hieraus erhellt für das Zusammenwirken von Gericht und Prozessbeteiligten im Rahmen dieser Prozessbeschleunigungsregelung, dass die (ermessenseinengende) **Verpflichtung** des Richters **zur Präzisierung** seiner Aufklärungsanordnung in ihrem Ausmaß **von der Qualität des Beteiligtenvorbringens** zum entscheidungserheblichen Sachverhalt **abhängt** (Formel: „Je genauer die Darlegungen, desto detaillierter die Aufklärungsverfügung"; s auch Rz 11).

Gerade **in Schätzungsfällen** erweist sich die Regelung in der Praxis **14** dann als **unzureichend,** wenn zwar genügend zur Beschwer vorgetragen ist, aber zu wenig, um eine konkrete richterliche Maßnahme nach § 79b II (Rz 11) zu erlauben (übergangen in BFH/NV 2000, 1481; 2003, 1434; s iÜ zu den prozessualen Besonderheiten beim Rechtsschutz gegenüber Schätzungsbescheiden: § 65 Rz 49; § 76 Rz 4, 10, 28 f; § 96 Rz 13, 18 f; § 100 Rz 45 f).

Die inhaltlich möglichst genauen (Rz 1 f; 10 f) **Aufklärungsverfügun** **15** **gen** sind nicht selbstständig anfechtbar (BFH/NV 1998, 608; 2003, 1444; Rz 6; s iÜ Rz 26). Sie müssen neben der Fristsetzung (zum Fristenlauf Rz 6) eine ausführliche Belehrung über die Folgen der Säumnis (§ 79b III S 1 Nr 3 – Rz 9, 22; zu den übrigen Formalien Rz 22) enthalten und sollten vorsorglich auch schon gleich mit der Aufforderung verbunden sein, bei Säumnis einen evtl Entschuldigungsgrund glaubhaft zu machen (§ 79b III S 2 – s auch Rz 23). Weder das Gesetz noch allgemeine prozessrechtliche Grundsätze rechtfertigen die Forderung nach irgendwelchen „Karenz-Zeiten": Grundsätzlich sind richterliche Maßnahmen nach § 79b (in der gebotenen *Reihenfolge* – Rz 1) **sogleich nach Klageerhebung** zulässig (so auch FG Nds EFG, 1995, 581; zu Verlängerbarkeit und Wiedereinsetzung: BFH/NV 1998, 1362, 1363; s iÜ Rz 10, 22).

IV. Die Präklusion (§ 79b III)

Für den Fall der Versäumung einer nach § 79b I oder II (wirksam – **16** Rz 22) gesetzten Frist sieht § 79b III unter bestimmten weiteren Voraussetzungen die **Nichtberücksichtigung** verspäteten Vorbringens bzw verspätet beigebrachter Beweismittel bei der Entscheidungsfindung vor.

Erweitert ist der Anwendungsbereich dieser Präklusionsvorschrift durch die **Rechtsfolgenverweisung** (§ 76 Rz 73) in **§ 76 III** (dazu FG Köln EFG 2004, 282; FG Bln EFG 2004, 744; iÜ näher § 76 Rz 69 ff). – In der unterschiedslosen Gleichbehandlung von § 79 b I und II in § 79 b III (Rz 5 f und 11 f), vor allem aber in den § 79 b III 1 Nrn 1 bis 3 aufgezählten zusätzlichen **Anforderungen** an die Präklusion (Rz 18 ff), liegen die eigentlichen **Schwachstellen der Regelung** (s auch Rz 3): Sie erschweren die Handhabung solcher Beschleunigungsmaßnahmen, ohne dass dies mit einem erkennbaren Nutzen für die Prozessbeteiligten, vor allem für den Rechtsuchenden, verbunden wäre. Zur Wahrung der Interessen eines unkundigen Laien zB hätte es angesichts der relativ strengen allgemeinen (Form-) Erfordernisse (Rz 22) und der selbstverständlichen Notwendigkeit, Fristen generell, vor allem aber Ausschlussfristen, in einer dem konkreten Fall gerecht werdenden Weise zu bemessen (Rz 22; BFH/NV 2004, 1063, 1064; *Kopp/Schenke* § 87 b Rz 7), hätte es genügt, die Wirksamkeit solcher richterlicher Aufklärungsanordnungen außerdem an eine entsprechende **Belehrungspflicht** zu knüpfen (so wie dies in § 79 b III S 1 Nr 3 geschehen ist – Rz 22) und die Heilung von Härtefällen der allgemeinen Wiedereinsetzungsregelung zu überlassen.

17   Statt dessen (**§ 56** ist durch § 79 b III Nr 2–5 Rz 23 – als lex specialis **verdrängt**) muss nun das Gericht (der Senat oder der Einzelrichter – § 6 Rz 18) im Falle der **Fristversäumung** in seine, die Instanz abschließende Entscheidung und deren Begründung (Rz 6, 26; ebenso *Kopp/Schenke* § 87 b Rz 10) die Prüfung und Beurteilung folgender spezieller **Präklusionsvoraussetzungen** (dazu FG Brdbg EFG 1997, 178) einbeziehen (in einer auch systematisch verfehlten Reihenfolge – Rz 3, 18, 24):

18   – Prozessökonomische **Gewichtung des Aufklärungsmangels:** Beantwortung der Frage, ob es „mit geringem Aufwand möglich ist, den Sachverhalt auch ohne Mitwirkung der Beteiligten zu ermitteln" (§ 79 b III 3; was voraussetzt, dass die Aufklärungsmaßnahme zu einem Teilerfolg geführt oder sich als überflüssig erwiesen hat). – Dabei ist zu **differenzieren:**

19   – – **Soweit** es um Fristsetzung nach **§ 79 b I** (iVm § 65 II 2) geht und der Rechtsuchende seiner prozessualen Darlegungspflicht (Rz 8, 13 vor § 33) nicht nachgekommen, die Klage also *unzulässig* ist, sind eigene **Ermittlungen des Gerichts aus Rechtsgründen unmöglich** (s Rz 5 f; 8 f und § 76 Rz 50 f; § 65 Rz 9, 3 vor § 76).

20   – – **Soweit** die *Begründetheit* des Rechtsschutzbegehrens in Frage steht (Fristsetzung nach **§ 79 b II** – Rz 10 ff), kommt (unter den weiteren Voraussetzungen des § 79 b III 1 Nrn 1–3) Präklusion nur in Betracht, wenn das Gericht nicht imstande ist, das „Aufklärungsdefizit" mit **geringem Aufwand** (BFH/NV 2005, 1225; anderer Maßstab als in § 45 II 1 – s dort Rz 24 – u in § 100 III 1 – s dort Rz 49) zu beseitigen. Generell zu verneinen ist das zB bei Umständen, die in den *Wissensbereich* eines Prozessbeteiligten fallen, und im übrigen von den Umständen des Falles abhängig. Umstritten ist dies **in Schätzungsfällen** (s BFHE 185, 134 = BStBl II 1998, 399; FG Saarl EFG 1997, 657 u 1999, 1065; *H/H/Sp/Birkenfeld* § 364 b AO Rz 139 ff mit der Ansicht, dass die nachgereichte **Steuererklärung** grundsätzlich nicht nur geringfügigen weiteren Aufklärungsaufwand des FG erfordert und

damit auch Verzögerungen – Rz 24 – bedeutet; s aber Rz 12 und die
neuere BFH–Rspr: § 76 Rz 73; differenzierend FG Brdbg EFG 1998,
387; generell „großzügiger": BFHE 186, 511 = BStBl II 1999, 26;
BFHE 189, 3 = BStBl II 1999, 664; FG Brdbg EFG 1998, 389; Nds
FG EFG 1999, 881).

Nur wenn dem Gericht somit eigene Sachaufklärung nicht oder nicht **21**
mit geringem Aufwand möglich ist, kommt **Präklusion** in Betracht, **wenn
zusätzlich** die **weiteren Voraussetzungen (kumulativ) erfüllt sind** (allgemein dazu: BFHE 189, 3 = BStBl II 1999, 664; BFH/NV 2002, 801;
2004, 1415, 1416; 2005, 2038):

– **Wirksamkeit der Fristsetzung** (Einhaltung der **Formalien:** zur *Unter-* **22**
zeichnung der Aktenverfügung mit vollem Namen: BFHE 138, 143 =
BStBl II 1983, 476, 478; zur förmlichen *Zustellung* (§ 53 I) BFH aaO;
BFH/NV 1999, 1616 mwN; zur Übermittlung einer wortgleichen **Ausfertigung** an den Empfänger: BFHE 138, 21 = BStBl II 1983, 421,
422; vgl auch BFH/NV 1986, 229 f; zur deutlichen inhaltlichen *Trennung* von anderen Fristsetzungen: BFH/NV 1991, 549; zur *Angemessenheit* der Frist: BFHE 130, 240 = BStBl II 1980, 457; BFH/NV
1996, 348: 4 Wochen idR ermessensfehlerfrei; s auch Rz 16; die Fristsetzung muss außerdem mit einer ordnungsgemäßen – dh auf die jeweilige Person des Adressaten – je nachdem, ob Rechtskundiger oder Laie –
zugeschnittenen *Belehrung* – § 79 b III 1 Nr 3 – Rz 15 versehen worden
sein);

– **Fehlen eines** auf entsprechendes Verlangen hin (§ 79 b III 2) glaubhaft **23**
gemachten (§ 155 FGO iVm § 294 ZPO; s auch § 96 Rz 20) **Ent-
schuldigungsgrundes** (§ 79 b III 1 Nr 2; BFH/NV 1995, 977; dazu
auch BFHE 177, 201 = BStBl II 1995, 417; zum Entschuldigungsgrund
des **Auslandsaufenthalts:** BFH/NV 2002, 1459 u 1591, 1592); auch
hier gelten die Grundsätze des **fairen Verfahrens** (Vor § 76 Rz 7; § 76
Rz 54; § 96 Rz 30), allerdings auch zugunsten des FA (aM offenbar FG
Nds EFG 1999, 881, 882);

– **erneute** (Rz 18) prozessökonomische **Gewichtung** des Aufklärungs- **24**
mangels unter dem Gesichtspunkt, ob nach der freien Überzeugung des
Gerichts (§ 96 I 1 – dort Rz 15) die Zulassung der verspätet vorgebrachten Erklärung oder Beweismittel die Erledigung des Rechtsstreits **verzögern** würde (§ 79 b III 1 Nr 1; dazu BFH/NV 1995, 977; 2004,
1415, 1416 u 1669, 1670; FG Nds EFG 2003, 789; s auch die Zitate zu
Rz 20). Eine Verzögerung liegt nach überzeugender hM (BVerfG 75,
302, 316; BFHZ 75, 138; BFHE 189, 3 = BStBl II 1999, 664; *Kopp/
Schenke* § 87 b Rz 11 – jew mwN) vor, wenn der Rechtsstreit **bei Zulassung länger** dauert **als bei Zurückweisung** („absoluter" Verzögerungsbegriff). Keine Verzögerung bedeutet grundsätzlich die Vernehmung eines **präsenten Zeugen** (BFH/NV 1995, 717, 719 mwN), im
Gegensatz zur Auswertung von Steuererklärungen in Schätzungssachen
(FG Köln EFG 1996, 117; dazu auch Rz 20) oder zur **Aufklärung** eines
in sich widersprüchlichen Sachvortrags (FG BaWü EFG 1999,
756).

Jedenfalls die Anordnung nach § 79 b II ist als **Anordnung iS des § 79** **25**
anzusehen (s dort Rz 6), die – typisierend – eine **Sachbearbeitung** voraussetzt (s auch BT-Drucks 12/1061 S 17). Die festgestellte kostenrecht-

liche Bedeutung dieser Erkenntnis im Fall späterer Klagerücknahme (§ 11 I GKG iVm Nr 3110 der Anl zum Kostenverzeichnis; s 4. Aufl) hat nach der nunmehr maßgeblichen Fassung der Kostenvorschriften keine Bedeutung mehr (s iÜ auch § 137 FGO; dazu FG Mchn EFG 2001, 156). Trotz Präklusion kann in der **Ablehnung eines Vertagungsantrags** eine Verletzung rechtlichen Gehörs liegen (BFH/NV 2002, 198).

26   Weist das Gericht ein Vorbringen **zu Unrecht** als verspätet zurück, so ist das keine (isolierte) „Entscheidung" iS des § 124 II (s dort), die der revisionsrechtlichen Prüfung entzogen wäre. Vielmehr liegt darin ein **Verfahrensmangel,** und zwar auch, weil idR dadurch rechtliches Gehör verletzt wird (BVerfG VersR 1991, 1268 u NJW 1982, 679 sowie 680; BFH/NV 2003, 1198; 2004, 1415; zum **Verlust des Rügerechts** BFH/NV 2003, 1055), ein solcher iS des § 119 Nr 3 (dort Rz 10 ff; § 96 Rz 27 ff; BFHE 136, 515 = BStBl II 1983, 42; BFHE 138, 143 = BStBl II 1983, 477; BFH/NV 1991, 549; 1992, 51 f; 1995, 218; zur Unanfechtbarkeit der einzelnen Anordnung: Rz 6).

§ 80 [Anordnung des persönlichen Erscheinens]

(1) ¹**Das Gericht kann das persönliche Erscheinen eines Beteiligten anordnen.** ²**Für den Fall des Ausbleibens kann es Ordnungsgeld wie gegen einen im Vernehmungstermin nicht erschienenen Zeugen androhen.** ³**Bei schuldhaftem Ausbleiben setzt das Gericht durch Beschluss das angedrohte Ordnungsgeld fest.** ⁴**Androhung und Festsetzung des Ordnungsgelds können wiederholt werden.**

(2) Ist Beteiligter eine juristische Person oder eine Vereinigung, so ist das Ordnungsgeld dem nach Gesetz oder Satzung Vertretungsberechtigten anzudrohen und gegen ihn festzusetzen.

(3) Das Gericht kann einer beteiligten öffentlich-rechtlichen Körperschaft oder Behörde aufgeben, zur mündlichen Verhandlung einen Beamten oder Angestellten zu entsenden, der mit einem schriftlichen Nachweis über die Vertretungsbefugnis versehen und über die Sach- und Rechtslage ausreichend unterrichtet ist.

Vgl § 95 VwGO; § 111 SGG; § 141 ZPO; § 51 ArbGG.

Übersicht

Literatur: *Mittelbach,* Zur Zulässigkeit der Anordnung des persönlichen Erscheinens vor den Finanzgerichten, DStZA 1997, 468; *E Schneider,* Anordnung des persönlichen Erscheinens einer Partei und Säumnisstrafe, MDR 1975, 185; *Vonderau,* Anordnung des persönlichen Erscheinens von juristischen Personen, NZA 1991, 336.

I. Allgemeines

Während in § 79 die **Anordnung** des persönlichen Erscheinens eines **1** Beteiligten durch den Vorsitzenden oder den Berichterstatter im vorbereitenden Verfahren behandelt ist (vgl § 79 Rz 8), gibt § 80 dem Gericht die Möglichkeit, das persönliche **Erscheinen** eines Beteiligten (insbesondere) **zur mündlichen Verhandlung** anzuordnen. – Zur Durchsetzung der Anordnung s Rz 4, 6, 10, 14. – Die Anordnung nach § 80 ist im Hinblick darauf, dass die Ladung zum Termin nicht auch zum Erscheinen verpflichtet (§ 91 II), vor allem in den Fällen geboten, in denen das Gericht im Interesse der Beschleunigung des Verfahrens **(Konzentrationsmaxime)** eine mündliche Erläuterung und ggf Ergänzung des Vorbringens durch den Beteiligten selbst (Anhörung) für notwendig erachtet. § 80 ist deshalb eine Vorschrift, die es dem Gericht ermöglicht, die Beteiligten zur Erfüllung ihrer Mitwirkungspflichten (§ 76 I 2–4) anzuhalten. Die **Abgabe von Erklärungen** seitens des Beteiligten **kann** jedoch **nicht durchgesetzt** werden (*Kopp/Schenke* § 95 Rz 1).

Die Anordnung des persönlichen Erscheinens eines Beteiligten erfolgt **2** zum Zwecke seiner **Anhörung.** Von ihm abgegebene Erklärungen (Erläuterungen und Ergänzungen seines schriftlichen Vortrags) sind daher lediglich als **Parteivorbringen** zu werten (BVerwGE 14, 146; 17, 127; *Redeker/v Oertzen* § 95 Rz 1 mwN). – Will das Gericht ihn als **Beteiligten vernehmen,** bedarf es eines förmlichen Beweisbeschlusses (§ 82 iVm § 450 ZPO – § 82 Rz 42).

II. Die Anordnung des persönlichen Erscheinens (§ 80 I, II)

1. Adressaten der Anordnung

Angeordnet werden kann das persönliche Erscheinen natürlicher Perso- **3** nen, soweit sie **Beteiligte** sind (§ 80 I 1) oder soweit sie gesetzliche oder satzungsmäßige Vertreter einer am Verfahren beteiligten juristischen Person oder einer am Verfahren beteiligten Vereinigung sind (§ 80 II). – Wer Beteiligter ist, ergibt sich aus § 57. Prozessbevollmächtigte der Beteiligten gehören nicht dazu, wohl aber Prozessunfähige und deren gesetzliche Vertreter. – § 80 II erfasst **juristische Personen** des privaten und des öffentlichen Rechts (auch als Beklagte – vgl *Kopp/Schenke* § 95 Rz 2; *Redeker/v Oertzen* § 95 Rz 2) sowie **nichtrechtsfähige Personenvereinigungen.** Die Anordnung ist an die vertretungsberechtigten natürlichen Personen zu richten (bei mehreren zur Alleinvertretung Berechtigten kann das Gericht auswählen, bei mehreren nur zur gemeinsamen Vertretung Berechtigten muss sich die Anordnung auf alle erstrecken – *Redeker/v Oertzen* § 95 Rz 2).

2. Die Anordnung (Form und Inhalt, Bekanntgabe)

4 **a)** Die Anordnung des persönlichen Erscheinens steht im **Ermessen** des Gerichts. Es bedarf also einer Interessenabwägung im Einzelfall. Die Anordnung muss durch förmlichen **Beschluss** des Senats (Besetzung: § 5 III 2 bzw § 10 III) oder des Einzelrichters (§§ 6, 79 a III, IV) erfolgen. Sie kann für den Fall des Ausbleibens mit der **Androhung eines Ordnungsgeldes** verbunden werden (zur kostenrechtlichen Behandlung vgl FG Nbg EFG 1980, 308). – Die **Nichtanordnung des persönlichen Erscheinens** ist kein wesentlicher Verfahrensmangel (BFH/NV 1994, 637).

5 Für die **einfache Anordnung** des persönlichen Erscheinens gilt (auch im Falle des § 81 II) § 79 I 2 Nr 5.

6 **b)** Die Androhung muss bereits einen **bestimmten Betrag** nennen (§ 80 I 3 erlaubt nur die Festsetzung des „angedrohten" Ordnungsgeldes), andernfalls ist sie unwirksam und folglich als Grundlage zur Festsetzung eines Ordnungsgeldes (Rz 14) nicht ausreichend (BFHE 91, 563 = BStBl II 1968, 443). – Zur **Höhe des Ordnungsgeldes** s Rz 10.

7 **c)** Der Beschluss ist dem **Beteiligten persönlich zuzustellen** (§ 53 I), auch wenn er durch einen Prozessbevollmächtigten vertreten ist. § 62 III 5 greift hier nicht ein, weil von dem Beteiligten selbst ein bestimmtes Verhalten verlangt wird. Der **Prozessbevollmächtigte** ist von der Anordnung aber in Kenntnis zu setzen (*T/K* § 80 FGO Tz 2). – **Zum Termin** sind sowohl der Beteiligte selbst als (ggf) auch der Prozessbevollmächtigte zu **laden.**

8 **d)** Der **Anordnungsbeschluss** ist als prozessleitende Verfügung **unanfechtbar** (§ 128 II – BFHE 182, 299 = BStBl II 1997, 411). Die Versagung der Beschwerdemöglichkeit ist gerechtfertigt, weil der Beschluss, durch den das Ordnungsgeld festgesetzt wird (Rz 14), anfechtbar ist und dabei die Rechtmäßigkeit der Anordnung mitgeprüft werden kann und muss.

3. Folgen des Ausbleibens

9 **a)** Der Beteiligte bzw der oder die gesetzlichen oder satzungsmäßigen Vertreter einer am Verfahren beteiligten juristischen Person bzw nichtrechtsfähigen Vereinigung müssen die Anordnung im Allgemeinen persönlich befolgen. Mit Zustimmung des Gerichts (ggf des Einzelrichters) kann im Einzelfall die **Entsendung eines sachkundigen Vertreters** genügen (*Redeker/v Oertzen* § 95 Rz 5; aA *T/K* § 80 Rz 2).

10 – Bleibt der Beteiligte usw **unentschuldigt** aus, hat das Gericht (ggf der Einzelrichter) das Ordnungsgeld grundsätzlich – sofern es zuvor angedroht worden ist (Rz 6) – „wie gegen einen im Vernehmungstermin nicht erschienenen Zeugen" **betragsmäßig festzusetzen.** Das Ordnungsgeld beträgt mindestens 5 Euro, höchstens 1000 Euro (§§ 80 I 2, 3, 82 iVm §§ 380, 381 ZPO und Art 6 I 1 EGStGB idF des ÄndG v 13. 12. 2001, BGBl I, 3574). – Die Festsetzung kann – nach erneuter Androhung und Ladung – so oft **wiederholt** werden, bis der Beteiligte erscheint (§ 80 I 4). Die **zwangsweise Vorführung** des Beteiligten usw oder die Verhängung von **Erzwingungshaft** sind mangels einer gesetzlichen Grundlage **unzulässig.** – Trotz unentschuldigten Ausbleibens des Beteiligten usw kann von der Festsetzung des Ordnungsgeldes abgesehen werden, wenn sich in der Verhandlung (im Termin) herausstellt, dass die Anordnung des persönlichen Erscheinens überflüssig war.

– Das Nichterscheinen des Beteiligten usw kann bei der Entscheidung des **11** Rechtsstreits als **Verletzung der Mitwirkungspflicht** gewertet werden (BFHE 107, 1 = BStBl II 1972, 952), wenn sein Verschulden feststeht. Dies ist im Allgemeinen beim erstmaligen Ausbleiben noch nicht der Fall. Erst wenn der Beteiligte nach erneuter Ladung und Androhung eines Ordnungsgeldes den Termin versäumt, kann ein schuldhaftes Verhalten angenommen werden. Entscheidet das Gericht den Streitfall schon im ersten Termin und würdigt es dabei das Ausbleiben des Beteiligten als Verletzung der Mitwirkungspflicht, ohne ihm zuvor Gelegenheit gegeben zu haben, die Gründe für sein Ausbleiben (schriftlich oder mündlich) zu erläutern, ist der Anspruch auf **rechtliches Gehör** verletzt (BVerwGE 36, 265; 50, 275; *Redeker/v Oertzen* § 95 Rz 5; aA *Kopp/ Schenke* § 95 Rz 4).

– Bei der Prüfung, ob einem **Vertagungsantrag** des Beteiligten (§ 155 **12** iVm § 227 ZPO – § 91 Rz 2 ff) entsprochen werden muss, ist zu berücksichtigen, dass das Gericht seine persönliche Anhörung für notwendig erachtet hat.

– Die durch das Ausbleiben verursachten **Verfahrenskosten** sind ggf dem **13** Beteiligten aufzuerlegen (§ 29 Nr 1 GKG und § 137 S 2).

b) Das Ordnungsgeld ist **durch Beschluss** des Senats bzw des Einzel- **14** richters (§§ 6, 79 a, III, IV) **festzusetzen.** Der Beschluss muss begründet werden (§ 113 II). Er ist dem betroffenen Beteiligten zuzustellen (§ 53 I). Der Beschluss ist im Gegensatz zum Anordnungsbeschluss (Rz 4) mit der **Beschwerde** (§ 128 I) anfechtbar (*T/K* § 80 FGO Rz 3). Weist der Beteiligte im Beschwerdeverfahren nach, dass er den **Termin schuldlos versäumt** hat, muss der Festsetzungsbeschluss aufgehoben werden (*T/K* § 80 Rz 3).

III. Die Anordnung der Entsendung eines Beamten oder Angestellten (§ 80 III)

1. Bedeutung der Vorschrift, Adressat der Anordnung

Nach § 80 III kann das Gericht einer am Verfahren beteiligten öffent- **15** lich-rechtlichen Körperschaft oder Behörde aufgeben, zur mündlichen Verhandlung einen Beamten oder Angestellten zu entsenden, der mit einem schriftlichen Nachweis über die Vertretungsbefugnis versehen und über die Sach- und Rechtslage ausreichend unterrichtet ist. – Die **Entsendung eines sachkundigen Vertreters** soll der besseren Klärung der Sache dienen. Der Vertreter braucht nicht die Qualifikation der Person zu haben, die nach § 62 a I 3 die Behörde vor dem BFH vertreten muss (§ 62 a Rz 13). Ist der sachkundige Vertreter nicht gleichzeitig der Vertreter iS des § 62 a, kann die Behörde – falls ein solcher Vertreter nicht zusätzlich erschienen ist – (vor dem BFH) keine Anträge stellen und keine prozessualen Erklärungen abgeben; sie gilt als nicht erschienen.

Die Anordnung, die ggf neben einer Anordnung nach § 80 II ergehen **16** kann (*Redeker/v Oertzen* § 95 Rz 3), richtet sich ausnahmslos an die Behörde bzw an die Körperschaft, nicht an einen bestimmten Beamten.

2. Zuständige Stelle, Form der Anordnung

17   Die Anordnung muss, weil sie nicht mit der Androhung eines Ordnungsgeldes verbunden werden kann (Rz 18), **nicht notwendig durch Beschluss** des Senats (Einzelrichters) erfolgen. Sie kann gem § 79 I 2 Nr 5 auch durch den Vorsitzenden oder den von ihm bestimmten Richter (Berichterstatter) zur Vorbereitung der mündlichen Verhandlung getroffen werden. Ergeht ein Beschluss, gelten die Ausführungen zu Rz 7, 8 entsprechend. Bei Anordnung ohne Beschluss ist die Behörde bzw Körperschaft zu benachrichtigen (vgl § 79 Rz 11); die Anordnung ist (als prozessleitende Verfügung) **unanfechtbar** (§ 128 II). Für die Ladung gilt § 53 I.

3. Folgen des Ausbleibens

18   § 80 III gibt dem Gericht **nicht** die Möglichkeit, die Anordnung zu **erzwingen.** Weder die Androhung noch die Festsetzung von Ordnungsgeld sind zulässig. Lediglich eine Dienstaufsichtsbeschwerde kann erhoben werden (*T/K* § 80 FGO Rz 4; *Kopp/Schenke* § 95 Rz 5). – Ggf muss ein bestimmter Beamter **als Zeuge geladen** werden (§ 82 Rz 17 ff).

§ 81 [Unmittelbarkeit der Beweisaufnahme]

(1) [1]Das Gericht erhebt Beweis in der mündlichen Verhandlung. [2]Es kann insbesondere Augenschein einnehmen, Zeugen, Sachverständige und Beteiligte vernehmen und Urkunden heranziehen.

(2) Das Gericht kann in geeigneten Fällen schon vor der mündlichen Verhandlung durch eines seiner Mitglieder als beauftragten Richter Beweis erheben lassen oder durch Bezeichnung der einzelnen Beweisfragen ein anderes Gericht um die Beweisaufnahme ersuchen.

Vgl § 96 VwGO; § 117 SGG; § 58 ArbGG; §§ 355, 361, 362 ZPO

Übersicht

Literatur: *Birkenfeld,* Beweis und Beweiswürdigkeit im Steuerrecht, Dissertation Köln 1973; *Gauter,* Der ersuchte Richter in der Verwaltungsgerichtsbarkeit, NVwZ 1985, 173; *Geisler,* Zur Ermittlung ausländischen Rechts durch Beweis im Prozess, ZZP 91(1978), 176; *Grimm,* Zur Zulässigkeit des Einsatzes von Prüfungsbeamten beim FG, BB 1975, 1528; *Grube,* Zur Unmittelbarkeit der Beweisaufnahme im Steuerprozess, DStR 1972, 522; *Grunsky,* Grundlagen des Verfahrensrechts, 2. Aufl, Bielefeld 1974; *Gusy,* Rechtliches Gehör durch abwesende Richter? – BVerwG, NJW 1986, 3154, JuS 1990, 712; *Haueisen,* Der Freibeweis in der Sozialgerichtsbarkeit, NJW 1969, 1049; *Heißenberg,* Beweiserhebung in der mündlichen Verhandlung, KÖSDI 1990, 7929; *Rüping,* Beweisverbote als Schranken der Aufklärung im Steuerrecht, Köln 1981; *E Schneider,* Beweis und Beweiswürdigung, 4. Aufl, München 1987; *Seeliger,* Beweislast, Beweisverfahren, Beweisarten und Beweiswürdigung im Steuerprozess, Berlin 1981; *Seer,* Der Einsatz von Prüfungsbeamten durch das Finanzgericht – Zulässigkeit und Grenzen der Delegation richterlicher Sachaufklärung auf nichtrichterliche Personen, Dissertation Köln 1992; *Weth,* Der Grundsatz der Unmittelbarkeit der Beweisaufnahme, JuS 1991, 34.

I. Vorbemerkungen

1. Beweisbegriffe und Beweisregeln

Ausgangspunkt jeder Rechtsanwendung ist ein bestimmter Lebenssachverhalt. Seine Feststellung ist Voraussetzung für die Auswahl der im konkreten Streitfall entscheidungsrelevanten Rechtsnormen und die Prüfung, ob das Klagebegehren nach Maßgabe dieser Normen begründet ist oder nicht. Sind sich die Beteiligten über den Sachverhalt nicht einig oder bestehen sonst Unklarheiten über den tatsächlichen Geschehensablauf, hat der Richter zunächst entsprechende Ermittlungen anzustellen (§§ 76, 79, 71 II, 86) und – soweit dies erforderlich ist, um ihm die Überzeugung zu verschaffen, dass die streitigen (zweifelhaften) Tatsachen vorliegen (§ 96) – Beweis zu erheben. Die Regeln, nach denen er dabei vorzugehen hat, sind für das finanzgerichtliche Verfahren in den §§ 81 ff (Beweisverfahren) niedergelegt (sog **Strengbeweis** – Rz 2).

In der Literatur wird die Ansicht vertreten, dass die den sog Strengbeweis kennzeichnenden Grundsätze der **Unmittelbarkeit der Beweisaufnahme** (Rz 8 ff) und der Partei- bzw **Beteiligtenöffentlichkeit** (§ 83 Rz 1–3) nicht beachtet zu werden brauchen, soweit Tatsachen von Amts wegen zu berücksichtigen sind, insbesondere soweit es um das Vorliegen oder Fehlen von Sachentscheidungsvoraussetzungen geht (sog **Freibeweis;** für das allgemeine verwaltungsgerichtliche Verfahren s *Ule* S 258/259; *Haueisen* NJW 1969, 1049; s auch *Willms* in Ehrengabe für Bruno Heusinger, 1968, S 393 ff). Diese Auffassung ist abzulehnen. Weder lassen die Vorschriften über das Beweisverfahren eine solche Ausnahme zu noch besteht ein Bedürfnis, die mit dem Strengbeweis verbundenen, dem Anspruch auf Gewährung rechtlichen Gehörs Rechnung tragenden Rechtsschutzgarantien einzuschränken (s hierzu *Grunsky,* Grundlagen S 438 ff mwN; *T/K* § 81 FGO Rz 4 aE).

2. Gegenstand des Beweises

Gegenstand des Beweises sind vor allem Tatsachen, gelegentlich Erfahrungssätze und nur ausnahmsweise Rechtsnormen (s hierzu vor allem *Rosenberg/Schwab* S 701–705; *Ule* 256/257; *Seeliger* S 40, 41).

a) Beweiserhebliche Tatsachen

3   **Tatsachen** sind sinnlich wahrnehmbare äußere oder innere Vorgänge.
Letztere lassen sich (als innere Tatsachen) im Allgemeinen nur mittelbar
durch den Beweis von Hilfstatsachen (Indizien) – ggf unter Anwendung
von Erfahrungssätzen – feststellen. Keine Tatsachen sind Tatsachenbewer-
tungen (Werturteile oder Urteile über Tatsachen) sowie rechtliche Schlussfolgerungen aus Tatsachen. Allgemein bekannte einfache Rechtsbegriffe
können als Tatsachen behandelt werden, wenn keine Zweifel an ihrer zutreffenden Verwendung bestehen, es sei denn, dass in dem Rechtsstreit gerade dieser Rechtsbegriff geklärt werden muss. – **Beweisbedürftig** können
nur entscheidungserhebliche Tatsachen sein. Das sind die Tatsachen,
auf die es im konkreten Streitfall ankommt. Ist der Richter von ihrem Vorliegen noch nicht überzeugt, sind sie grundsätzlich **beweiserheblich.** Auf
das Verhalten der Beteiligten kommt es insoweit (wegen des Untersuchungsgrundsatzes – vgl § 76 Rz 1 ff, 7 ff) nicht an. **Geständnisse** eines Beteiligten oder **Nichtbestreiten** des gegnerischen Vorbringens haben grundsätzlich nur **indizielle Wirkung.** Zu beachten ist jedoch, dass nicht alle
entscheidungserheblichen Tatsachen auch beweisbedürftig sind. Keines Beweises bedürfen gem § 155 iVm § 291 ZPO **offenkundige Tatsachen**
(BVerwG Buchholz 310 § 108 VwGO Nr 97; 303 § 291 ZPO Nr 2), dh allgemein oder dem Gericht in seiner offiziellen Funktion bekannte
(gerichtskundige) Tatsachen (vgl hierzu BVerfGE 10, 177 ff, 183; BFH/NV
1994, 326; *Rosenberg/Schwab* S 710 ff). **Privates Wissen** des Richters scheidet aus. Zu den Voraussetzungen unter denen sonst von einer Beweisaufnahme abgesehen werden kann, s § 76 Rz 26, 29 und BVerfG NJW 1993,
254. – Das Gericht muss in der Entscheidung ggf zum Ausdruck bringen,
welche Tatsachen es als offenkundig (gerichtskundig) oder sonst als nicht
beweisbedürftig angesehen hat (BVerwG HFR 1978, 386 = Buchholz 310
§ 108 VwGO Nr 97). Außerdem muss es auch insoweit **rechtliches Gehör**
gewähren (BVerfGE 48, 206; BFH/NV 1994, 326; BGHZ 31, 43, 45).

4   **b) Erfahrungssätze** sind aus der allgemeinen Lebenserfahrung, der
Berufserfahrung oder aus der wissenschaftlichen Forschung abgeleitete Regeln, die entweder der Beurteilung (Subsumtion) oder der Feststellung von
Tatsachen dienen (*Rosenberg/Schwab* S 703). – Der Richter kann entweder
aus eigener Sachkunde die erforderlichen Schlüsse ziehen oder – falls sie
ihm fehlt – den im konkreten Streitfall in Rede stehenden Erfahrungssatz
zum Gegenstand des Beweises durch Sachverständige machen (BFH/NV
1991, 850, 853; vgl auch BFH/NV 1995, 299, 301). – Entsprechendes gilt
für die **Verkehrsanschauung.**

5   **c) Rechtsnormen** können nur ausnahmsweise Gegenstand des Beweises sein. **Inländisches Gesetzesrecht** (Bundesrecht und das Recht des
Landes, dem das Gericht angehört) muss der Richter kennen. Ist dies nicht
der Fall, muss er sich die erforderlichen Kenntnisse aneignen. Für **ausländisches Recht** (dazu gehört auch das Recht der EG, soweit es nicht nationales Recht ist) und **inländisches Gewohnheitsrecht** (ebenso kommu-
nales Satzungsrecht) gilt dies jedoch nicht. Ist es dem Gericht unbekannt,
kann durch Einholung von Auskünften und Gutachten Beweis erhoben
werden. Dabei muss das Gericht weder ein bestimmtes Beweisverfahren
einhalten noch ist es auf bestimmte Beweismittel beschränkt (§ 155 iVm

§ 293 ZPO). Vor allem bei der Feststellung **ausländischen Rechts** sind die Beteiligten verpflichtet, im Rahmen des Zumutbaren **mitzuwirken,** insbesondere wenn sie sich ohne nennenswerte Schwierigkeiten Zugang zu dem fremden Rechtskreis verschaffen können (BGH HFR 1976, 480). **Grundsätzlich** bleibt es aber bei der **Amtsermittlungspflicht** (BVerwG Buchholz 427 207 § 1 7. FeststellDV Nr. 36; BGH NJW 1980, 2022; 1987, 591; MDR 1988, 123). Ist das anzuwendende ausländische Recht nicht oder nur mit unverhältnismäßigem Aufwand und erheblichen Verfahrensverzögerungen feststellbar, so kann jedenfalls bei wesentlichen (starken) Inlandsbeziehungen und mangelndem Widerspruch der Beteiligten deutsches Recht zugrunde gelegt werden (BGH NJW 1978, 496; BGH FamRZ 1982, 265).

3. Hinweis auf weitere Fragen des Beweisrechts

Zur **Sachaufklärung** und zum **Umfang der Beweiserhebungspflicht** 6 s § 76 Rz 10 ff; zum **Beweisantrag** s § 76 Rz 20 ff und BFH/NV 2000, 49, 50; zur **Ablehnung eines Beweisantrags** s § 76 Rz 26 und BFH/ NV 1997, 767; 2003, 1340; zur **Feststellungslast** (Beweislast) s § 96 Rz 22 ff; zur **Beweiswürdigung** s § 96 Rz 26; § 118 Rz 30; zur **Vorwegnahme** einer **Beweiswürdigung** s § 76 Rz 26 und BFH/NV 1997, 511; 2000, 174, 176; zur **Rüge mangelnder Sachaufklärung** s § 120 Rz 69 f; zur **Durchführung der Beweisaufnahme** s § 82 Rz 2 ff und zu den **Beweismitteln** s Rz 17–19.

II. Der Grundsatz der Unmittelbarkeit der Beweisaufnahme

§ 81 enthält – wie auch § 83 – einige grundsätzliche das Beweisverfah- 7 ren betreffende Vorschriften. Das eigentliche Beweisverfahren ist in § 82 durch Bezugnahme auf die einschlägigen Vorschriften der ZPO sowie durch die ergänzenden Bestimmungen der §§ 84–89 geregelt. – Zum Beweisbeschluss s § 82 Rz 3 ff.

Nach § 81 I 1 erhebt das Gericht (den notwendigen) Beweis in der 8 mündlichen Verhandlung und zwar in voller Besetzung. Das Gesetz betont damit den für den Strengbeweis (Rz 1, 2) geltenden Grundsatz der Unmittelbarkeit der Beweisaufnahme (zum Grundsatz der **Beteiligtenöffentlichkeit** bzw der Parteiöffentlichkeit s § 83). Er besagt, dass die Richter das Urteil fällen sollen, die auch einen unmittelbaren persönlichen Eindruck von der Beweisaufnahme vermittelt bekommen haben (*Zeiss* § 355 ZPO Rz 189). Bei der Entscheidung darf das Gericht nur das berücksichtigen, was auf der Wahrnehmung aller beteiligten Richter beruht oder aktenkundig ist und wozu die Beteiligten sich zu erklären Gelegenheit hatten (BGH NJW 1991, 1302). Die schriftliche Bestätigung eines Zeugen reicht deshalb im Allgemeinen nicht aus. – Zur Verwertung **mittelbarer Beweise** s Rz 11. – Zur Vernehmung von Zeugen und Sachverständigen per **Videokonferenz** s § 93 a.

Der Grundsatz der **Unmittelbarkeit** der Beweisaufnahme wird durch 9 § 81 II **durchbrochen** (s dazu Rz 14–16). Daneben lässt die hM weitere Ausnahmen zu. So soll es in den Fällen, in denen die mündliche Verhandlung nach Durchführung und Protokollierung der Beweisaufnahme **vertagt** worden ist (zur **Unterbrechung** der mündlichen Verhandlung s Rz 9 aE), trotz eines bis zum Erlass des Urteils eingetretenen Wechsels in **der Besetzung der Richterbank** grundsätzlich nicht erforderlich sein, die Beweiserhebung zu wiederholen (BFHE 90, 82 = BStBl III 1967, 794; BFHE 143, 117 = BStBl II 1985, 305, 306; BFH/NV 1992, 115, 116/ 117; 1998, 468, 724; 2005, 509, 510; BGHZ 53, 245, 256 f; BVerwG HFR 1972, 131; einschränkend BVerwG DÖV 1988, 977; BGH NJW 1991, 1180 und BFH/NV 2003, 1587: keine Verwertung von Eindrücken, die nicht in das Protokoll aufgenommen worden sind). Entsprechendes soll gelten, wenn **der mit der Zeugenvernehmung beauftragte Richter nicht bei der Urteilsfällung mitwirkt,** die Aussagen aber protokolliert sind (zB BVerwG Buchholz 310 § 86 I VwGO Nr 78). **Diese Auffassung** ist mE **mit dem Gesetz nicht vereinbar.** Die Durchbrechung des Grundsatzes der Unmittelbarkeit der Beweisaufnahme ist nur in bestimmten im Gesetz geregelten Einzelfällen zulässig (§§ 79 III, 81 II, § 82 iVm §§ 375, 377 III, IV oder 485 ff ZPO). Außerdem geht die hM von der unrichtigen Annahme aus, dass mehrere in einer Streitsache durchgeführten Termine auch mehrere mündliche Verhandlungen sind. Nach zutreffender Ansicht bilden **mehrere** zur Erledigung eines Verfahrens erforderliche **Verhandlungstage** jedoch **eine Einheit** (*Grunsky,* Grundlagen S 214; *v Groll* § 103 Rz 4, 5; *T/K* § 103 FGO Rz 4), so dass im Falle des Richterwechsels die Wiederholung der Beweisaufnahme schon deshalb geboten ist, weil das Urteil nur von den Richtern gefällt werden darf, die an der dem Urteil zugrunde liegenden Verhandlung (einschließlich der Beweisaufnahme) teilgenommen haben (§ 103). Das gilt auch dann, wenn die Beteiligten nach der Beweisaufnahme für das weitere Verfahren auf mündliche Verhandlung verzichten (*T/K* § 103 FGO Rz 5; zum Richterwechsel nach Vertagung ohne vorherige Beweisaufnahme s § 90 Rz 18). Schließlich wird die hM auch dem Zweck des Unmittelbarkeitsgrundsatzes nicht gerecht: Da sie die protokollierte Zeugenaussage im Wege des Urkundenbeweises in den Prozess einführt, darf nur das verwertet werden, was im Protokoll festgehalten ist (BFHE 85, 229 = BStBl III 1966, 293; BFHE 90, 82 = BStBl III 1967, 794; BVerwGE 18, 19 f; BGHZ 53, 245, 247); die für die Beweiswürdigung wesentlichen persönlichen Eindrücke (zB die Glaubwürdigkeit des Zeugen) müssen außer Betracht bleiben. Diesen Mangel kann die hM auch dadurch nicht vollständig beheben, dass sie in den Fällen, in denen es nach dem Ermessen des Gerichts auf diese Gesichtspunkte ankommt, die **Wiederholung der Beweisaufnahme** vor dem erkennenden Gericht fordert (vgl BGHZ 32, 233, 237; 53, 245, 257 f; BGH LM ZPO § 648 Nr 2; NJW 1991, 1180; s auch BVerwG NVwZ 1990, 58). – Anders als im Falle der **Vertagung** (s oben) geht das BFH bei **Unterbrechung einer mündlichen Verhandlung** von der Einheit der mündlichen Verhandlung und der Unzulässigkeit des Richterwechsels aus (vgl BFHE 121, 392 = BStBl II 1977, 431, 432; BFH/NV 1994, 495 und 880; 1998, 468; 2005, 509, 511).

10   Die Beteiligten können jedoch (vgl § 155 iVm § 295 ZPO) auf die Unmittelbarkeit der Beweisaufnahme **verzichten** (BFHE 104, 409 = BStBl II 1972, 399; BFH NV 1991, 356; 1992, 115, 116, 117; BVerwGE 41, 174; aA zB OLG Köln NJW 1976, 1102).

11   Beweisergebnisse aus anderen Verfahren (insbesondere Zeugenaussagen), dürfen – soweit sie protokolliert sind – im Wege des Urkundenbeweises als

mittelbare Beweise verwertet werden, sofern die Verfahrensbeteiligten einverstanden sind oder die Erhebung des unmittelbaren Beweises unmöglich, unzulässig oder unzumutbar erscheint (zur Unerreichbarkeit eines Zeugen s BFH/NV 2002, 1470). Ist das unmittelbare Beweismittel erreichbar, muss jedoch auf Antrag eines Beteiligten – oder wenn sich dem Gericht die unmittelbare Beweiserhebung aus anderen Gründen aufdrängen muss – vor dem erkennenden Gericht Beweis erhoben werden (zB BVerfG HFR 1980, 255; BFHE 164, 396 = BStBl II 1991, 806, 807; BFH/NV 1989, 38, 40; 2000, 49, 50; 2005, 1613, 1614; BVerwG Buchholz 310 § 96 VwGO Nr 19; 32; 42); das gilt auch, wenn das Gericht die Aussage des Zeugen für zu vage oder seine Glaubwürdigkeit für klärungsbedürftig hält bzw wenn es von den in dem vorangegangenen Verfahren gezogenen Schlüssen hinsichtlich der Glaubwürdigkeit des Zeugen oder von der bisherigen Deutung der Aussage abweichen will (BGH NJW 1982, 1052; 1984, 2629; 1987, 3205; BayVerfGH BayVBl 1988, 204). – Zur **Verwertung von Feststellungen in Strafurteilen** s BFHE 124, 305 = BStBl II 1978, 311; BFHE 153, 393 = BStBl II 1988, 841; BFHE 175, 489 = BStBl II 1995, 198, 199; BFH/NV 1988, 722; 1992, 612; 2004, 345; in **Polizei-** bzw **Steuerfahndungsakten** s BFHE 104, 409 = BStBl II 1972, 399; BFH/NV 1986, 674, 675 und in **Scheidungsakten** s BFHE 164, 396 = BStBl II 1991, 806, 807. – S auch BFH/NV 2002, 1470 und § 76 Rz 22).

Schriftliche Zeugenaussagen dürfen (nur) in den Fällen des § 82 iVm **12** § 377 III ZPO wie Zeugenaussagen vor dem Prozessgericht gewertet werden (BFHE 104, 109 = BStBl II 1972, 399; BFHE 115, 202 = BStBl II 1975, 526, 529; BFH/NV 1997, 580). – S § 82 Rz 20.

Von der Einschaltung eines **gerichtlichen Prüfungsbeamten** als **13** Richtergehilfe (§ 79 Rz 12) sind die Beteiligten in Kenntnis zu setzen. – S auch Rz 19; § 82 Rz 34.

III. Der „verordnete" Richter

§ 81 II erklärt (unter Durchbrechung des Grundsatzes der Unmittelbar- **14** keit) in geeigneten Fällen die **Beweisaufnahme durch einen beauftragten oder ersuchten Richter** (sog verordneten Richter) schon vor der mündlichen Verhandlung (aber auch nach Durchführung eines Termins – vgl *Redeker/v Oertzen* § 96 Rz 2 mwN) für zulässig. Die Beweiserhebung gem § 81 II muss durch **Beweisbeschluss** angeordnet werden (§ 82 iVm §§ 358 ff, 359 ZPO). – Dem **ersuchten** Gericht müssen die einzelnen Beweisfragen vorgelegt werden. Es kann eines seiner Mitglieder durch Beschluss mit der Beweiserhebung **beauftragen** (*Kopp/Schenke* § 96 Rz 11 aE; *Gauter* NVwZ 1985, 173). – Im Übrigen kann der Senat einen ihm angehörenden Richter mit der Beweisaufnahme beauftragen, falls dadurch zuverlässige Erkenntnisse zu erwarten sind (BVerwG NJW 1963, 2043; *Redeker/v Oertzen* § 96 Rz 2 mwN; *T/K* § 81 FGO Rz 32; aA BVerwGE 41, 174); s hierzu § 82 Rz 5. – Zur **Vorwegerhebung** einzelner Beweise durch den Vorsitzenden oder den Berichterstatter s § 79 III (§ 79 Rz 11). – Zur Zeugenvernehmung per **Videokonferenz** s § 93 a.

Die Frage, wann ein Fall iS des § 81 II **„geeignet"** ist, kann noch nicht **15** als endgültig geklärt angesehen werden. Einigkeit besteht darüber, dass die

Beweisaufnahme durch den verordneten Richter nicht zur Regel werden darf und dass dem Gericht ein Ermessensspielraum eingeräumt ist, der über die in § 82 iVm § 375 I a ZPO (§ 82 Rz 18) genannten Ausnahmen (Zweckmäßigkeit der Zeugenvernehmung an Ort und Stelle; Zeuge ist am Erscheinen verhindert oder wohnt weit entfernt) hinausgeht. Eine Beweisaufnahme durch den verordneten Richter dürfte nur dann angemessen sein, wenn **persönliche Eindrücke** im Rahmen der Beweiswürdigung **voraussichtlich keine Rolle spielen** (vgl OLG Düsseldorf NJW 1992, 187). – Hält der Senat die Beweiserhebung durch den verordneten Richter nachträglich für unzureichend, ist der Beweisbeschluss zu ergänzen und die **Beweisaufnahme** vor dem vollbesetzten Gericht zu **wiederholen.**

16   Zum Verhältnis der § 81 II zu § 82 iVm § 358 a ZPO s § 82 Rz 4; zur **Beeidigung des Zeugen durch den verordneten Richter** s § 82 Rz 46 zu § 479 ZPO; zum **rechtlichen Gehör** s § 83. – Im Übrigen s zum verordneten Richter § 82 iVm §§ 361, 362, 365, 366, 434, 479 ZPO (§ 82 Rz 7 ff, 11, 46).

IV. Beweismittel

17   § 81 I 2 enthält eine nicht abschließende Aufzählung der Beweismittel: **Augenschein** (§ 82 iVm §§ 371, 372 ZPO – § 82 Rz 15), **Zeugen** (§§ 84, 85, 87 und § 82 iVm §§ 373–401 ZPO – § 82 Rz 17 ff), **Sachverständige** (§ 88 und § 82 iVm §§ 402–414 ZPO – § 82 Rz 31 ff), **Beteiligte** (§ 82 iVm §§ 450–455 ZPO – § 82 Rz 41 ff) und **Urkunden** (vgl § 82 Rz 40 und §§ 85, 86, 89, 76 I 4 iVm § 97 I, III AO).

18   Nicht erwähnt ist die Einholung einer **amtlichen Auskunft** (vgl §§ 86, 79 I 2 Nr 3). Sie kann, soweit es um die **Feststellung streitiger Tatsachen** geht (zur Einholung einer amtlichen Auskunft im Rahmen der Prozessvorbereitung s § 79 Rz 7), uU den Zeugen- oder Sachverständigenbeweis ersetzen, muss aber durch **Beweisbeschluss** angeordnet sein (§ 79 Rz 7). Zur grundsätzlichen Anerkennung der amtlichen Auskunft als Beweismittel vgl BVerwG NJW 1960, 737 = DÖV 1960, 386; BVerwGE 73, 1; DÖV 1983, 647; BGH LM § 402 ZPO Nr 16; NJW 1979, 266, 268 mwN). – Die amtliche Auskunft kann jedoch nicht an die Stelle einer Zeugenaussage treten, wenn ein bestimmter Beamter, der an dem dem Rechtsstreit zugrunde liegenden Verwaltungsverfahren mitgewirkt hat, als Zeuge vernommen werden kann. In diesem Fall ist die Verwertung des **unmittelbaren Beweismittels vorrangig** (ähnlich *Redeker/v Oertzen* § 98 Rz 19). An die Stelle eines Sachverständigengutachtens kann die amtliche Auskunft nur dann treten, wenn sie von bestimmten Personen abgegeben wird, die in der mündlichen Verhandlung wie Sachverständige von den Beteiligten befragt werden können (*Redeker/v Oertzen* § 98 Rz 20; *Redeker* S 486 f). Das ist der Fall, soweit Wertgutachten der zuständigen **Gutachterausschüsse** (§§ 192 ff BauGB) eingeholt werden (vgl BGHZ 62, 93; KG NJW 1971, 1848).

19   Der **gerichtliche Prüfungsbeamte** (Rz 13) kommt ebenfalls als Beweismittel in Betracht. Er kann aufgrund eines Beweisbeschlusses (§ 82 iVm §§ 358, 358 a ZPO) als **Buchsachverständiger** (§§ 81 I 2, 82 iVm §§ 402 ff ZPO – vgl BFH/NV 1996, 344; 2005, 2224, 2226) oder als **Augenscheinsgehilfe** des Gerichts eingesetzt werden (*Seer* aaO S 158 ff,

167 ff). Im zuletzt genannten Fall ist der Prüfungsbeamte gem § 82 iVm § 394 ZPO in der mündlichen Verhandlung über seine Wahrnehmungen zu vernehmen (*Seer* aaO S 171).

V. Hinweise zur Durchführung der Beweisaufnahme

Über die Beweisaufnahme ist ein **Protokoll** aufzunehmen (vgl § 94 **20** Rz 2 ff).

Zum **Beweisbeschluss** s § 82 Rz 3. **21**

VI. Verstoß gegen § 81

Ein Verstoß gegen § 81 kann als Verfahrensmangel gerügt werden (Nicht- **22** zulassungsbeschwerde, Revision). Es kann aber ein **Verlust des Rüge-rechts** eintreten, weil auf die Unmittelbarkeit der Beweisaufnahme verzichtet werden kann (Rz 10; vgl auch BVerwG VerwRspr 31, 506).

§ 82 [Verfahren bei der Beweisaufnahme]

Soweit die §§ 83 bis 89 nicht abweichende Vorschriften enthalten, sind auf die Beweisaufnahme die §§ 358 bis 371, 372 bis 377, 380 bis 382, 386 bis 414 und 450 bis 494 der Zivilprozessordnung sinngemäß anzuwenden.

Vgl § 98 VwGO; § 118 SGG.

Übersicht

Literatur: *Frieling,* Der gerichtliche Sachverständige, 10. Aufl, Köln/Bonn/München 1992; *Geppert,* Zeugenbeweis, Jura 1991, 136; *ders,* Der Zeuge vom Hörensagen, Jura 1991, 538; *Jessnitzer,* Sachverständigentätigkeit im innerstaatlichen und internationalen Rechtshilfeverkehr, Rpfl 1975, 344; *K Müller,* Der Sachverständige im gerichtlichen Verfahren, 3. Aufl, Kronberg/Taunus 1988; *ders,* Die Funktion des Sachverständigen im deutschen Prozessrecht, SGb 1987, 351; *Rüping,* Beweisverbote als Schranken der Aufklärung im Steuerrecht, Köln 1981; *Schilken,* Grundlagen des Beweissicherungsverfahrens, ZZP 92 (1979) S 238 ff; *Schnapp,* Parteiöffentlichkeit bei Tatsachenfeststellungen durch den Sachverständigen?, FS Menger, Köln 1985, S 557; *Schulte,* (In-)Kompetenzen des Verwaltungsrichters bei der örtlichen Augenscheinseinnahme, NJW 1988, 1006; *Seibel,* Der Beweisantritt im finanzgerichtlichen Verfahren, AO-StB 2002,

169; *Skouris,* Grundfragen des Sachverständigenbeweises im Verwaltungsverfahren und im Verwaltungsprozess, AöR 1982, 215; *Wellmann/Schneider/Hütte-*
mann/Weidhaas, Der Sachverständige in der Praxis, 4. Aufl, Düsseldorf 1981.

I. Vorbemerkung

1   § 82 ist durch Art 3 Nr 12 des JKomG v 22. 3. 2005 (BGBl I, 837, 845)
mit Wirkung ab 1. 4. 2005 modifiziert worden; auf § 321 a ZPO ist nicht
mehr Bezug genommen, weil die Vorschriften der ZPO über den Ur-
kundsbeweis im finanzgerichtlichen Verfahren keine Anwendung finden
(Rz 40). – § 82 regelt den **Ablauf der Beweisaufnahme.** Dabei verweist § 82 auf die entsprechenden Vorschriften der ZPO. Besonderheiten
des finanzgerichtlichen Verfahrens sind in §§ 83–89 geregelt. – In den
folgenden Anmerkungen wird weitgehend auf eine im Hinblick auf die
zahlreichen Kommentare zur ZPO entbehrlich erscheinende Erläuterung
verzichtet. Im Wesentlichen werden nur Stellungnahmen der obersten
Verwaltungsgerichte wiedergegeben.

II. Allgemeine Vorschriften der ZPO

2   Die für anwendbar erklärten §§ 358–370 ZPO sind dem Titel „Allgemeine Vorschriften über die Beweisaufnahme" entnommen. Die §§ 355–
357 ZPO sind nicht in Bezug genommen. § 355 ZPO ist durch § 81 ersetzt; wegen des Untersuchungsgrundsatzes fehlt eine § 356 ZPO entsprechende Vorschrift in der FGO; an die Stelle von § 357 ZPO tritt § 83.

3   § 358 ZPO Notwendigkeit eines Beweisbeschlusses

Erfordert die Beweisaufnahme ein besonderes Verfahren, so ist es durch
Beweisbeschluß anzuordnen.

Ein **förmlicher Beweisbeschluss** mit dem Inhalt des § 359 ZPO (die
Beschlussfassung des Senats bzw des Einzelrichters §§ 6, 79a III, IV –
§ 5 III 2 kann gem §§ 113, 90 I 2 ohne mündliche Verhandlung erfolgen)
ist zwar stets zulässig, vorgeschrieben ist er aber nur, wenn die Beweisaufnahme ein besonderes Verfahren (einen besonderen Termin) erfordert (vgl
BFHE 155, 498 = BStBl II 1989, 372, 374), also im Falle des § 81 II (§ 81
Rz 14), des § 358a ZPO, der Parteivernehmung (§ 450 I ZPO) und in
den Fällen, in denen die Beweisaufnahme nach Vertagung in einem neuen
Termin erfolgen soll (s dazu auch § 81 Rz 9). – Zur **Vorwegerhebung**
einzelner Beweise gem § 79 III s § 79 Rz 11. – Kann die Beweisaufnahme
sogleich in der mündlichen Verhandlung durchgeführt werden, weil das
Beweismittel präsent ist (zB im Falle der vorsorglichen Ladung eines
Zeugen oder Sachverständigen gem § 79 I 2 Nr 6 – § 79 Rz 9f) genügt
eine **prozessleitende Beweisanordnung** durch formlosen Beschluss des
Senats bzw des Einzelrichters (zur **Protokollierungspflicht** s § 94 IVm
§ 160 III Nr 6 ZPO). – Die Zurückweisung des Beweisantrags (§ 76
Rz 24 ff) bedarf keines besonderen Beschlusses. Die Begründung kann im
Urteil selbst erfolgen (BFHE 155, 498 = BStBl II 1989, 372, 374; BFH/
NV 1992, 603). – Zur **Aufhebung bzw Änderung** von Beweisbe-
schlüssen s Rz 6 zu § 360 ZPO. – Beweisbeschlüsse – und deren Aufhebung, Änderung oder Berichtigung – sind **unanfechtbar** (§ 128 II – BFH/

NV 1998, 737). Auch der formelle Beweisbeschluss (§ 359 ZPO) bedarf keiner Begründung (§ 113 II).

§ 358a ZPO Beweisbeschluß und Beweisaufnahme vor mündlicher Verhandlung 4

¹Das Gericht kann schon vor der mündlichen Verhandlung einen Beweisbeschluß erlassen. ²Der Beschluß kann vor der mündlichen Verhandlung ausgeführt werden, soweit er anordnet

1. eine Beweisaufnahme vor dem beauftragten oder ersuchten Richter,
2. die Einholung amtlicher Auskünfte,
3. eine schriftliche Beantwortung der Beweisfrage nach § 377 Abs. 3,
4. die Begutachtung durch Sachverständige,
5. die Einnahme eines Augenscheins.

§ 358a Satz 2 Nr 1 ZPO ist im finanzgerichtlichen Verfahren **nicht anwendbar**; es gilt die speziellere Vorschrift des § 81 II, die inhaltlich mit § 358a S 2 Nr 1 ZPO übereinstimmt (aA – nicht verdrängende Gesetzeskonkurrenz – *T/K* § 82 FGO Rz 9). – Die Regelungen des **§ 358a Satz 2 Nr 2–5 ZPO** sind dagegen auch im finanzgerichtlichen Verfahren **anwendbar**. Sie ermöglichen – für die genannten Beweisarten – schon vor der mündlichen Verhandlung eine Beweiserhebung durch den Senat; s auch § 79 III. – Zur **amtlichen Auskunft** s § 79 Rz 7; § 81 Rz 18.

§ 359 ZPO Inhalt des Beweisbeschlusses 5

Der Beweisbeschluß enthält:

1. die Bezeichnung der streitigen Tatsachen, über die der Beweis zu erheben ist;
2. die Bezeichnung der Beweismittel unter Benennung der zu vernehmenden Zeugen und Sachverständigen oder der zu vernehmenden Partei;
3. die Bezeichnung der Partei, die sich auf das Beweismittel berufen hat.

Erforderlich ist die **Konkretisierung des Beweisthemas** durch Angabe der entscheidungserheblichen und beweisbedürftigen Tatsachen (vgl § 76 Rz 26, 29) sowie die Bezeichnung der Beweismittel (§ 359 Nr 1, 2 ZPO). Das BVerwG (Buchholz 310 § 98 VwGO Nr 32) lässt es für den Fall der Beweisaufnahme durch den beauftragten Richter (Rz 7, 11 ff, 46; § 81 Rz 14 ff) genügen, dass der Beweisbeschluss die Richtung der Beweisaufnahme erkennen lässt (zweifelhaft). – **§ 359 Nr 3 ZPO ist** im finanzgerichtlichen Verfahren wegen des Untersuchungsgrundsatzes (§ 76 I 1) **ohne Bedeutung** (vgl BVerwG BayVBl 1984, 88).

§ 360 ZPO Änderung des Beweisbeschlusses 6

¹Vor der Erledigung des Beweisbeschlusses kann keine Partei dessen Änderung auf Grund der früheren Verhandlungen verlangen. ²Das Gericht kann jedoch auf Antrag einer Partei oder von Amts wegen den Beweisbeschluß auch ohne erneute mündliche Verhandlung insoweit ändern, als der Gegner zustimmt oder es sich nur um die Berichtigung oder Ergänzung der im Beschluß angegebenen Beweistatsachen oder um die Vernehmung anderer als der im Beschluß angegebenen Zeugen oder Sachverständigen

handelt. [3] Die gleiche Befugnis hat der beauftragte oder ersuchte Richter. [4] Die Parteien sind tunlichst vorher zu hören und in jedem Falle von der Änderung unverzüglich zu benachrichtigen.

Beweisbeschlüsse (formlose und formelle – Rz 3) können jederzeit (auch konkludent) **aufgehoben** werden. Die **Änderung formloser Beweisbeschlüsse** kann durch formlosen Beschluss erfolgen. **Förmliche Beweisbeschlüsse** können außerhalb der mündlichen Verhandlung (vgl Rz 4) nur nach Maßgabe des § 360 ZPO geändert werden; in der mündlichen Verhandlung kann ein formloser Änderungsbeschluss ergehen (BFH/ NV 1987, 248, 249). Zustimmung der Beteiligten ist nicht erforderlich, nur **Anhörung** ist geboten (BVerwGE 17, 172; BVerwG DVBl 1984, 832); die unverzügliche Benachrichtigung der Beteiligten ist unverzichtbar. Bei Nichtbenachrichtigung ist das rechtliche Gehör nicht gewahrt (BGH HFR 1979, 115 = NJW 1978, 2602; vgl auch BVerwG Buchholz 310 § 86 I VwGO Nr 128).

7 § 361 ZPO Beweisaufnahme durch beauftragten Richter

(1) Soll die Beweisaufnahme durch ein Mitglied des Prozeßgerichts erfolgen, so wird bei der Verkündung des Beweisbeschlusses durch den Vorsitzenden der beauftragte Richter bezeichnet und der Termin zur Beweisaufnahme bestimmt.

(2) Ist die Terminsbestimmung unterblieben, so erfolgt sie durch den beauftragten Richter; wird er verhindert, den Auftrag zu vollziehen, so ernennt der Vorsitzende ein anderes Mitglied.

Vgl § 81 Rz 14 ff. – Zur Ladungsfrist s § 91 I 1.

8 § 362 ZPO Beweisaufnahme durch ersuchten Richter

(1) Soll die Beweisaufnahme durch ein anderes Gericht erfolgen, so ist das Ersuchungsschreiben von dem Vorsitzenden zu erlassen.

(2) Die auf die Beweisaufnahme sich beziehenden Verhandlungen übermittelt der ersuchte Richter der Geschäftsstelle des Prozeßgerichts in Urschrift; die Geschäftsstelle benachrichtigt die Parteien von dem Eingang.

Vgl § 13 Rz 2; § 155 iVm §§ 158 ff GVG.

9 § 363 ZPO Beweisaufnahme im Ausland

(1) Soll die Beweisaufnahme im Ausland erfolgen, so hat der Vorsitzende die zuständige Behörde um Aufnahme des Beweises zu ersuchen.

(2) Kann die Beweisaufnahme durch einen Bundeskonsul erfolgen, so ist das Ersuchen an diesen zu richten.

(3) [1] Die Vorschriften der Verordnung (EG) Nr. 1206/2001 des Rates vom 28. Mai 2001 über die Zusammenarbeit zwischen den Gerichten der Mitgliedstaaten auf dem Gebiet der Beweisaufnahme in Zivil- oder Handelssachen (ABl. EG Nr. L 174 S. 1) bleiben unberührt. [2] Für die Durchführung gelten die §§ 1072 und 1073.

§ 363 III ZPO ist durch Art 1 Nr 3 des Gesetzes v 4. 11. 2003 (BGBl I, 2166) angefügt worden und seit dem 1. 1. 2004 in Kraft. Die Vorschrift hat im Wesentlichen klarstellende Bedeutung (Hinweis auf §§ 1072, 1073 ZPO). Im Übrigen s BVerwG NJW 1984, 574; *Baumbach ua* § 363 ZPO Rz 1 ff; Anhang nach § 363 ZPO; Einführung §§ 1072, 1073. − Zur Vernehmung eines im **Ausland lebenden Zeugen** s Rz 17.

§ 364 ZPO Parteimitwirkung bei Beweisaufnahme im Ausland   10

(1) Wird eine ausländische Behörde ersucht, den Beweis aufzunehmen, so kann das Gericht anordnen, daß der Beweisführer das Ersuchungsschreiben zu besorgen und die Erledigung des Ersuchens zu betreiben habe.

(2) Das Gericht kann sich auch auf die Anordnung beschränken, daß der Beweisführer eine den Gesetzen des fremden Staates entsprechende öffentliche Urkunde über die Beweisaufnahme beizubringen habe.

(3) [1] In beiden Fällen ist in dem Beweisbeschluß eine Frist zu bestimmen, binnen der von dem Beweisführer die Urkunde auf der Geschäftsstelle niederzulegen ist. [2] Nach fruchtlosem Ablauf dieser Frist kann die Urkunde nur benutzt werden, wenn dadurch das Verfahren nicht verzögert wird.

(4) [1] Der Beweisführer hat den Gegner, wenn möglich, von dem Ort und der Zeit der Beweisaufnahme so zeitig in Kenntnis zu setzen, daß dieser seine Rechte in geeigneter Weise wahrzunehmen vermag. [2] Ist die Benachrichtigung unterblieben, so hat das Gericht zu ermessen, ob und inwieweit der Beweisführer zur Benutzung der Beweisverhandlung berechtigt ist.

Es ist str, ob § 364 ZPO in Verfahren, in denen der Untersuchungsgrundsatz gilt, anwendbar ist (verneinend zB *Redeker/v Oertzen* § 98 Rz 2; *Kopp/Schenke* § 98 Rz 1; bejahend − mE zu Recht − *T/K* § 82 FGO Rz 22).

§ 365 ZPO Abgabe durch beauftragten oder ersuchten Richter   11

[1] Der beauftragte oder ersuchte Richter ist ermächtigt, falls sich später Gründe ergeben, welche die Beweisaufnahme durch ein anderes Gericht sachgemäß erscheinen lassen, dieses Gericht um die Aufnahme des Beweises zu ersuchen. [2] Die Parteien sind von dieser Verfügung in Kenntnis zu setzen.

§ 365 ZPO soll verhindern, dass erst die Entscheidung durch das Prozessgericht abgewartet werden muss, wenn zB bei einem Wohnungswechsel des Zeugen ein anderes Gericht zuständig ist.

§ 366 ZPO Zwischenstreit

(1) Erhebt sich bei der Beweisaufnahme vor einem beauftragten oder ersuchten Richter ein Streit, von dessen Erledigung die Fortsetzung der Beweisaufnahme abhängig und zu dessen Entscheidung der Richter nicht berechtigt ist, so erfolgt die Erledigung durch das Prozeßgericht.

(2) Der Termin zur mündlichen Verhandlung über den Zwischenstreit ist von Amts wegen zu bestimmen und den Parteien bekanntzumachen.

§ 366 ZPO betrifft vor allem Streitigkeiten über die Beeidigung und die Verweigerung des Zeugnisses; die Entscheidung − durch Zwischenurteil (§ 97) − steht insoweit dem Prozessgericht zu.

12 **§ 367 ZPO Ausbleiben der Partei**

(1) Erscheint eine Partei oder erscheinen beide Parteien in dem Termin zur Beweisaufnahme nicht, so ist die Beweisaufnahme gleichwohl insoweit zu bewirken, als dies nach Lage der Sache geschehen kann.

(2) Eine nachträgliche Beweisaufnahme oder eine Vervollständigung der Beweisaufnahme ist bis zum Schluß derjenigen mündlichen Verhandlung, auf die das Urteil ergeht, auf Antrag anzuordnen, wenn das Verfahren dadurch nicht verzögert wird oder wenn die Partei glaubhaft macht, daß sie ohne ihr Verschulden außerstande gewesen sei, in dem früheren Termin zu erscheinen, und im Falle des Antrags auf Vervollständigung, daß durch ihr Nichterscheinen eine wesentliche Unvollständigkeit der Beweisaufnahme veranlaßt sei.

S zunächst § 83. – § 367 ZPO bestimmt, dass eine **Beweisaufnahme** unter bestimmten Voraussetzungen **auf Antrag** zu **wiederholen** ist.

13 **§ 368 ZPO Neuer Beweistermin**

Wird ein neuer Termin zur Beweisaufnahme oder zu ihrer Fortsetzung erforderlich, so ist dieser Termin, auch wenn der Beweisführer oder beide Parteien in dem früheren Termin nicht erschienen waren, von Amts wegen zu bestimmen.

Vgl § 83 Satz 1.

14 **§ 369 ZPO Ausländische Beweisaufnahme**

Entspricht die von einer ausländischen Behörde vorgenommene Beweisaufnahme den für das Prozeßgericht geltenden Gesetzen, so kann daraus, daß sie nach den ausländischen Gesetzen mangelhaft ist, kein Einwand entnommen werden.

§ 370 ZPO Fortsetzung der mündlichen Verhandlung

(1) Erfolgt die Beweisaufnahme vor dem Prozeßgericht, so ist der Termin, in dem die Beweisaufnahme stattfindet, zugleich zur Fortsetzung der mündlichen Verhandlung bestimmt.

(2) [1] In dem Beweisbeschluß, der anordnet, daß die Beweisaufnahme vor einem beauftragten oder ersuchten Richter erfolgen solle, kann zugleich der Termin zur Fortsetzung der mündlichen Verhandlung vor dem Prozeßgericht bestimmt werden. [2] Ist dies nicht geschehen, so wird nach Beendigung der Beweisaufnahme dieser Termin von Amts wegen bestimmt und den Parteien bekanntgemacht.

§ 370 I ZPO hat für das finanzgerichtliche Verfahren keine Bedeutung (§ 81 I 1).

III. Beweis durch Augenschein

15 **§ 371 ZPO Beweis durch Augenschein**

(1) [1] Der Beweis durch Augenschein wird durch Bezeichnung des Gegenstandes des Augenscheins und durch die Angabe der zu beweisenden Tatsachen angetreten. [2] Ist ein elektronisches Dokument Gegenstand des

Beweises, wird der Beweis durch Vorlegung oder Übermittlung der Datei angetreten.

(2) [1] Befindet sich der Gegenstand nach der Behauptung des Beweisführers nicht in seinem Besitz, so wird der Beweis außerdem durch den Antrag angetreten, zur Herbeischaffung des Gegenstandes eine Frist zu setzen oder eine Anordnung nach § 144 zu erlassen. [2] Die §§ 422 bis 432 gelten entsprechend.

(3) Vereitelt eine Partei die ihr zumutbare Einnahme des Augenscheins, so können die Behauptungen des Gegners über die Beschaffenheit des Gegenstandes als bewiesen angesehen werden.

§ 371 Abs 2 u 3 sind durch das Gesetz zur Reform des Zivilprozesses (ZPO-RG) v 27. 7. 2001 (BGBl I, 1887) mit Wirkung v 1. 1. 2002 eingefügt worden. – Zu § 371 I ZPO: Wegen des Untersuchungsgrundsatzes gibt es im finanzgerichtlichen Verfahren keinen förmlichen Beweisantritt. Eine Verpflichtung des Gerichts zur Beweiserhebung wird durch einen „Beweisantrag" nur dann ausgelöst, wenn das Beweisthema hinreichend konkretisiert wird. Pauschale Angaben genügen nicht (§ 76 Rz 26, 29; vgl BVerwG HFR 1987, 147; BGH NJW-RR 1987, 1469). – Im Übrigen ist § 371 ZPO unter dem Gesichtspunkt der **Mitwirkungspflicht** von Bedeutung.

§ 371 a ZPO Beweiskraft elektronischer Dokumente

(1) [1] Auf private elektronische Dokumente, die mit einer qualifizierten elektronischen Signatur versehen sind, finden die Vorschriften über die Beweiskraft privater Urkunden entsprechende Anwendung. [2] Der Anschein der Echtheit einer in elektronischer Form vorliegenden Erklärung, der sich auf Grund der Prüfung nach dem Signaturgesetz ergibt, kann nur durch Tatsachen erschüttert werden, die ernstliche Zweifel daran begründen, dass die Erklärung vom Signaturschlüssel-Inhaber abgegeben worden ist.

(2) [1] Auf elektronische Dokumente, die von einer öffentlichen Behörde innerhalb der Grenzen ihrer Amtsbefugnisse oder von einer mit öffentlichem Glauben versehenen Person innerhalb des ihr zugewiesenen Geschäftskreises in der vorgeschriebenen Form erstellt worden sind (öffentliche elektronische Dokumente), finden die Vorschriften über die Beweiskraft öffentlicher Urkunden entsprechende Anwendung. [2] Ist das Dokument mit einer qualifizierten elektronischen Signatur versehen, gilt § 437 entsprechend.

§ 372 ZPO Beweisaufnahme 16

(1) Das Prozeßgericht kann anordnen, daß bei der Einnahme des Augenscheins ein oder mehrere Sachverständige zuzuziehen seien.

(2) Es kann einem Mitglied des Prozeßgerichts oder einem anderen Gericht die Einnahme des Augenscheins übertragen, auch die Ernennung des zuzuziehenden Sachverständigen überlassen.

§ 372 a **ZPO** (betr Untersuchungen zur Feststellung der Abstammung) ist für das finanzgerichtliche Verfahren **ohne Bedeutung.**

IV. Zeugenbeweis

Die für anwendbar erklärten §§ 373–377, 380–382 und 386–401 ZPO werden ergänzt durch die §§ 85 und 87.

17 § 373 ZPO Beweisantritt

Der Zeugenbeweis wird durch die Benennung der Zeugen und die Bezeichnung der Tatsachen, über welche die Vernehmung der Zeugen stattfinden soll, angetreten.

Zeuge ist jede natürliche Person, die nicht selbst Beteiligter des Verfahrens oder gesetzlicher Vertreter eines am Verfahren Beteiligten ist und die Beweise durch Aussage über Tatsachen oder tatsächliche Vorgänge bringen soll (zB BFHE 182, 269 = BStBl II 1997, 464; zur Abgrenzung s BFH/NV 2002, 528). – Das Gericht muss dem Antrag auf Zeugenvernehmung nur dann folgen, wenn die Tatsachen, die der Zeuge bekunden soll, **in substantiierter Form** bezeichnet (§ 76 Rz 26, 29; BFH/NV 2002, 1457; 2003, 485, 487; s auch BVerwG Buchholz 310 § 86 I VwGO Nr 286 und 318; BVerwG DVBl 1999, 100), der Zeuge namhaft gemacht (bei hinreichender Individualisierbarkeit ist Fristsetzung zur Beibringung des Namens geboten – BGH MDR 1998, 855) und die ladungsfähige Anschrift angegeben worden ist. – Zu den Voraussetzungen, unter denen auf die **Beweisaufnahme verzichtet** werden kann (Wahrunterstellung, Unerreichbarkeit, Unzulässigkeit oder absolute Untauglichkeit des Beweismittels) s zB BFH/NV 2002, 1595, 1596; 2003, 1340). – Zu **Auslandszeugen** s Rz 20 und BFH/NV 2003, 627, 628 betr Verletzung des rechtlichen Gehörs bei Verzicht auf Vernehmung eines Auslandszeugen, wenn der Beweisantrag in der mündlichen Verhandlung gestellt wird. – Zur wiederholten Zeugenvernehmung s BGH WM 1988, 1654. – Im Übrigen s Rz 15.

18 § 375 ZPO Beweisaufnahme durch beauftragten oder ersuchten Richter

(1) Die Aufnahme des Zeugenbeweises darf einem Mitglied des Prozeßgerichts oder einem anderen Gericht nur übertragen werden, wenn von vornherein anzunehmen ist, daß das Prozeßgericht das Beweisergebnis auch ohne unmittelbaren Eindruck von dem Verlauf der Beweisaufnahme sachgemäß zu würdigen vermag, und

1. wenn zur Ausmittlung der Wahrheit die Vernehmung des Zeugen an Ort und Stelle dienlich erscheint oder nach gesetzlicher Vorschrift der Zeuge nicht an der Gerichtsstelle, sondern an einem anderen Ort zu vernehmen ist;

2. wenn der Zeuge verhindert ist, vor dem Prozeßgericht zu erscheinen und eine Zeugenvernehmung nach § 128a Abs. 2 nicht stattfindet;

3. wenn dem Zeugen das Erscheinen vor dem Prozeßgericht wegen großer Entfernung unter Berücksichtigung der Bedeutung seiner Aussage nicht zugemutet werden kann und eine Zeugenvernehmung nach § 128a Abs. 2 nicht stattfindet.

(1 a) Einem Mitglied des Prozeßgerichts darf die Aufnahme des Zeugenbeweises auch dann übertragen werden, wenn dies zur Vereinfachung der Verhandlung vor dem Prozeßgericht zweckmäßig erscheint und wenn von

vornherein anzunehmen ist, daß das Prozeßgericht das Beweisergebnis auch ohne unmittelbaren Eindruck von dem Verlauf der Beweisaufnahme sachgemäß zu würdigen vermag.

(2) Der Bundespräsident ist in seiner Wohnung zu vernehmen.

Vgl § 81 Rz 14–16. – Im finanzgerichtlichen Verfahren tritt § 93 I 1, 2 an die Stelle des § 128 a II ZPO.

§ 376 ZPO Vernehmung bei Amtsverschwiegenheit　　　19

(1) Für die Vernehmung von Richtern, Beamten und anderen Personen des öffentlichen Dienstes als Zeugen über Umstände, auf die sich ihre Pflicht zur Amtsverschwiegenheit bezieht, und für die Genehmigung zur Aussage gelten die besonderen beamtenrechtlichen Vorschriften.

(2) Für die Mitglieder des Bundestages, eines Landtages, der Bundes- oder einer Landesregierung sowie für die Angestellten einer Fraktion des Bundestages oder eines Landtages gelten die für sie maßgebenden besonderen Vorschriften.

(3) Eine Genehmigung in den Fällen der Absätze 1, 2 ist durch das Prozeßgericht einzuholen und dem Zeugen bekanntzumachen.

(4) Der Bundespräsident kann das Zeugnis verweigern, wenn die Ablegung des Zeugnisses dem Wohl des Bundes oder eines deutschen Landes Nachteile bereiten würde.

(5) Diese Vorschriften gelten auch, wenn die vorgenannten Personen nicht mehr im öffentlichen Dienst oder Angestellte einer Fraktion sind oder ihre Mandate beendet sind, soweit es sich um Tatsachen handelt, die sich während ihrer Dienst-, Beschäftigungs- oder Mandatszeit ereignet haben oder ihnen während ihrer Dienst-, Beschäftigungs- oder Mandatszeit zur Kenntnis gelangt sind.

Zu § 376 I ZPO vgl §§ 61, 62 BBG, 39 BRRG; zu § 376 II ZPO vgl Art 62 GG und §§ 6, 7 Bundesministergesetz (BGBl I 1971, 1166, zuletzt geändert durch Gesetz v 20. 12. 2001 – BGBl I, 1166). – **Verweigerung der Genehmigung** ist VA, der (nur) vom Betroffenen angefochten werden kann (BVerwGE 18, 58; 46, 305; 66, 41).

§ 377 ZPO Zeugenladung　　　20

(1) [1]Die Ladung der Zeugen ist von der Geschäftsstelle unter Bezugnahme auf den Beweisbeschluß auszufertigen und von Amts wegen mitzuteilen. [2]Sie wird, sofern nicht das Gericht die Zustellung anordnet, formlos übermittelt.

(2) Die Ladung muß enthalten:

1. die Bezeichnung der Parteien;
2. den Gegenstand der Vernehmung;
3. die Anweisung, zur Ablegung des Zeugnisses bei Vermeidung der durch das Gesetz angedrohten Ordnungsmittel in dem nach Zeit und Ort zu bezeichnenden Termin zu erscheinen.

(3) [1]Das Gericht kann eine schriftliche Beantwortung der Beweisfrage anordnen, wenn es dies im Hinblick auf den Inhalt der Beweisfrage und die

Person des Zeugen für ausreichend erachtet. [2] Der Zeuge ist darauf hinzuweisen, daß er zur Vernehmung geladen werden kann. [3] Das Gericht ordnet die Ladung des Zeugen an, wenn es dies zur weiteren Klärung der Beweisfrage für notwendig erachtet.

Auslandszeugen müssen nicht von Amts wegen geladen, sondern von den Beteiligten im Termin gestellt werden (zB BFH/NV 2004, 513 und 964; 2005, 568; 1088).

Die **schriftliche Beantwortung einer Beweisfrage (§ 377 III ZPO)** ist Zeugenbeweis (§ 358a S 2 Nr 3 ZPO – Rz 4). Es ist also ein förmlicher **Beweisbeschluss erforderlich**. Die Anordnung steht im Ermessen des Gerichts. Bei der Entscheidung ist der Schwierigkeitsgrad der Beweisfrage und die Person des Zeugen (Bildung, Ausdrucksfähigkeit) zu berücksichtigen. Außerdem wird es darauf ankommen, ob der persönliche Eindruck verzichtbar erscheint. Schließlich muss sichergestellt sein, dass die Erklärung auch tatsächlich von dem Zeugen selbst stammt. – Der Zeuge muss nicht nur davon in Kenntnis gesetzt werden, dass er zur Vernehmung vorgeladen werden kann (§ 377 III 2 ZPO), er muss auch über ein etwaiges **Zeugnisverweigerungsrecht** (§ 84 iVm §§ 101–103 AO) belehrt und auf die Wahrheitspflicht (§ 395 ZPO – Rz 27), die Möglichkeit der Beeidigung (Rz 26, 27) und die Strafbarkeit eines Meineides bzw vorsätzlicher uneidlicher Falschaussagen hingewiesen werden. – Reicht die schriftliche Antwort nicht aus, ist der Zeuge vorzuladen und zu vernehmen (§ 398 ZPO). – Die schriftliche Beantwortung der Beweisfrage ist nicht erzwingbar. Unterbleibt die Antwort, muss der Zeuge vorgeladen und vernommen werden. – Verstoß gegen § 377 III ZPO ist heilbar (§ 295 ZPO), im Übrigen aber Verfahrensfehler. – Zur Pflicht des (persönlich aussagenden wie auch des schriftlich sich erklärenden) Zeugen, sich vor seiner Bekundung **aus Geschäftsunterlagen** zu **informieren** s § 85 und § 378 ZPO. – Ausführlich zu § 377 III ZPO s zB *Baumbach ua* § 377 ZPO Rz 6 ff.

§ 378 ZPO Aussageerleichternde Unterlagen

(1) [1] Soweit es die Aussage über seine Wahrnehmungen erleichtert, hat der Zeuge Aufzeichnungen und andere Unterlagen einzusehen und zu dem Termin mitzubringen, wenn ihm dies gestattet und zumutbar ist. [2] Die §§ 142 und 429 bleiben unberührt.

(2) Kommt der Zeuge auf eine bestimmte Anordnung des Gerichts der Verpflichtung nach Absatz 1 nicht nach, so kann das Gericht die in § 390 bezeichneten Maßnahmen treffen; hierauf ist der Zeuge vorher hinzuweisen.

§ 378 ZPO gilt auch im finanzgerichtlichen Verfahren (§ 79 Rz 9). Lediglich durch ein redaktionelles Versehen des Gesetzgebers ist sie in § 82 nicht erwähnt.

21 § 380 ZPO Folgen des Ausbleibens des Zeugen

(1) [1] Einem ordnungsgemäß geladenen Zeugen, der nicht erscheint, werden, ohne daß es eines Antrages bedarf, die durch das Ausbleiben verursachten Kosten auferlegt. [2] Zugleich wird gegen ihn ein Ordnungsgeld und für den Fall, daß dieses nicht beigetrieben werden kann, Ordnungshaft festgesetzt.

(2) Im Falle wiederholten Ausbleibens wird das Ordnungsmittel noch einmal festgesetzt; auch kann die zwangsweise Vorführung des Zeugen angeordnet werden.

(3) Gegen diese Beschlüsse findet die sofortige Beschwerde statt.

Das Ordnungsgeld (in Höhe von 5 bis 1000 Euro – § 80 Rz 10) **muss** festgesetzt werden, wenn die gesetzlichen Voraussetzungen (§ 380 I 1 ZPO; vgl Rz 22) erfüllt sind und zwar auch noch nach Abschluss des Verfahrens und grundsätzlich auch dann, wenn die Beweiserheblichkeit oder die Notwendigkeit der Beweiserhebung weggefallen ist (BFHE 153, 310 = BStBl II 1988, 838, 839 mwN; BFH/NV 1994, 640 betr Verzicht auf Vernehmung des nicht erschienenen Zeugen). Von der Festsetzung des Ordnungsgeldes kann auch nicht (analog §§ 153 StPO, 47 II OWiG) abgesehen werden, wenn die Verhandlung wegen des Ausbleibens des Zeugen vertagt werden muss (BFH/NV 1987, 381). – Wird ein Zeuge jedoch zum Termin über den Prozessbevollmächtigten des Klägers geladen, obwohl bis dahin keine Bevollmächtigung durch den Zeugen vorliegt, können bei Nichterscheinen des Zeugen mangels ordnungsgemäßer Ladung keine Ordnungsmittel angeordnet werden (BFH/NV 2005, 370, 372). – Die Wirksamkeit der Auferlegung eines **Ordnungsgeldes** wird nicht dadurch beeinträchtigt, dass die **(Ersatz-)Ordnungshaft** (zwischen 1 Tag und 6 Wochen – Art 6 II EGStGB) nicht sogleich angeordnet wird (vgl Art 8 EGStGB – BFHE 123, 120 = BStBl II 1977, 842). – **Die Höhe des Ordnungsgeldes** bestimmt das Gericht (ggf der Einzelrichter) nach pflichtgemäßem Ermessen. Maßgebend sind dabei insbesondere die Bedeutung der Rechtssache sowie die Bedeutung der Aussage für die Entscheidung, die Schwere der Pflichtverletzung (zB wiederholtes Ausbleiben – BFH/NV 1998, 864, 865), die wirtschaftlichen Verhältnisse des Zeugen und das Ausmaß des durch das Ausbleiben des Zeugen verursachten zusätzlichen Zeitaufwands (vgl auch BFH/NV 1995, 1004; 1998, 1369 betr Eintritt der Hauptsacheerledigung). Eine besondere Begründung ist nur dann erforderlich, wenn das Gericht die Höhe des Ordnungsgeldes dem oberen Betragsrahmen (§ 80 Rz 10) entnimmt (BFHE 153, 310 = BStBl II 1988, 839; vgl auch BFH/NV 1990, 237; 1991, 255; 1993, 555; 1994, 733; 1995, 615, 616). – Zur **Verjährung** des Ordnungsgeldes s BFH/NV 1995, 1004. – Für die **Beschwerde** (§ 380 ZPO) gilt die Frist des § 129, weil die FGO keine sofortige Beschwerde kennt; auch die Entschuldigung des Zeugen (§ 381 ZPO) muss vor Ablauf der Frist eingehen (BFHE 96, 17 = BStBl II 1969, 526). Gegen Beschlüsse des **beauftragten** oder ersuchten **Richters** (§ 380 I, II ZPO), ist die (unmittelbare) **Beschwerde nicht gegeben;** § 133 geht § 380 III ZPO vor (BFH/NV 1997, 299). – Da das Beschwerdeverfahren ein selbstständiges Zwischenverfahren ist, muss eine **Kostenentscheidung** getroffen werden. Bei erfolgreicher Beschwerde entfällt eine Entscheidung über die Gerichtskosten. Die außergerichtlichen Kosten sind in diesem Fall von der Staatskasse zu tragen (BFHE 145, 314 = BStBl II 1986, 270; BFH/NV 1994, 640; 733). – Zur Notwendigkeit der Vertretung eines Zeugen nach § 62a s § 62a Rz 14, 19. – Zur **Vollstreckung des Ordnungsgeldes** s § 150 Rz 2, 3; vgl auch BFH/NV 1994, 807.

22 § 381 ZPO Genügende Entschuldigung des Ausbleibens

(1) [1] Die Auferlegung der Kosten und die Festsetzung eines Ordnungsmittels unterbleiben, wenn das Ausbleiben des Zeugen rechtzeitig genügend entschuldigt wird. [2] Erfolgt die Entschuldigung nach Satz 1 nicht rechtzeitig, so unterbleiben die Auferlegung der Kosten und die Festsetzung eines Ordnungsmittels nur dann, wenn glaubhaft gemacht wird, dass den Zeugen an der Verspätung der Entschuldigung kein Verschulden trifft. [3] Erfolgt die genügende Entschuldigung oder die Glaubhaftmachung nachträglich, so werden die getroffenen Anordnungen unter den Voraussetzungen des Satzes 2 aufgehoben.

(2) Die Anzeigen und Gesuche des Zeugen können schriftlich oder zum Protokoll der Geschäftsstelle oder mündlich in dem zur Vernehmung bestimmten neuen Termin angebracht werden.

Der ausgebliebene und mit einem Ordnungsgeld belegte Zeuge kann sich **nachträglich entschuldigen** und zwar entweder bei dem Gericht, das das Ordnungsgeld festgesetzt hat, oder im Beschwerdewege (BFH/NV 1996, 697). Zu den dabei zu beachtenden Fristen s Rz 21. – Die Versäumung eines Beweistermins durch einen ordnungsgemäß geladenen Zeugen ist nur bei Vorliegen **schwerwiegender Gründe** genügend entschuldigt. Es müssen äußere Ereignisse vorliegen, die das Ausbleiben des Zeugen als nicht pflichtwidrig erscheinen lassen (zB bei eigener schwerer Erkrankung, einer erheblichen Verkehrsstörung, bei schwerer Erkrankung oder Tod eines nahen Angehörigen; BFH/NV 2002, 1335). – Zur **Dauererkrankung** s BFH/NV 1998, 864, 865. – Gleichgültigkeit, Nachlässigkeit und Vergesslichkeit sind keine ausreichenden Entschuldigungsgründe (vgl BFH/NV 1993, 479; 1995, 615, 616; 1998, 1369 betr Verlust der Ladung und dadurch verursachte Verspätung). Ebenso wenig kann sich der vergeblich als Zeuge geladene Notar darauf berufen, dass die Vertragsparteien ihn (noch) nicht von seiner Verschwiegenheitspflicht entbunden hätten (BFH/NV 1994, 640). Auch ein unklares amtsärztliches Zeugnis oder die Aufhebung des Termins reichen zur Entschuldigung nicht aus (BFH/NV 1993, 555). – Erforderlich ist eine ausführliche Schilderung der Ereignisse durch den Zeugen. Allgemeine Hinweise genügen nicht (vgl BFHE 123, 120 = BStBl II 1977, 842; BFH/NV 1987, 381; 1988, 166; 388, 389; 651). – Ein Rechtsanwalt ist ausreichend entschuldigt, wenn er seine Verpflichtung, Termine wahrzunehmen, mitgeteilt und das Gericht daraufhin nicht versucht hat, einen anderen Termin festzusetzen (BFHE 114, 404 = BStBl II 1975, 305).

23 § 382 ZPO Vernehmung an bestimmten Orten

(1) Die Mitglieder der Bundesregierung oder einer Landesregierung sind an ihrem Amtssitz oder, wenn sie sich außerhalb ihres Amtssitzes aufhalten, an ihrem Aufenthaltsort zu vernehmen.

(2) Die Mitglieder des Bundestages, des Bundesrates, eines Landtages oder einer zweiten Kammer sind während ihres Aufenthaltes am Sitz der Versammlung dort zu vernehmen.

(3) Zu einer Abweichung von den vorstehenden Vorschriften bedarf es:

für die Mitglieder der Bundesregierung der Genehmigung der Bundesregierung, für die Mitglieder einer Landesregierung der Genehmigung der Landesregierung,

für die Mitglieder einer der im Absatz 2 genannten Versammlungen der Genehmigung dieser Versammlung.

§ 386 ZPO Erklärung der Zeugnisverweigerung 24

(1) Der Zeuge, der das Zeugnis verweigert, hat vor dem zu seiner Vernehmung bestimmten Termin schriftlich oder zum Protokoll der Geschäftsstelle oder in diesem Termin die Tatsachen, auf die er die Weigerung gründet, anzugeben und glaubhaft zu machen.

(2) Zur Glaubhaftmachung genügt in den Fällen des § 383 Nr. 4, 6 die mit Berufung auf einen geleisteten Diensteid abgegebene Versicherung.

(3) Hat der Zeuge seine Weigerung schriftlich oder zum Protokoll der Geschäftsstelle erklärt, so ist er nicht verpflichtet, in dem zu seiner Vernehmung bestimmten Termin zu erscheinen.

(4) Von dem Eingang einer Erklärung des Zeugen oder von der Aufnahme einer solchen zum Protokoll hat die Geschäftsstelle die Parteien zu benachrichtigen.

Zum **Zeugnisverweigerungsrecht** s § 84 iVm §§ 101–103 AO (§ 84 Rz 4). Der Zeuge braucht nicht zum Termin zu erscheinen, wenn er ein das ganze Beweisthema abdeckendes Zeugnisverweigerungsrecht nach Maßgabe des § 386 I ZPO geltend macht (die fernmündlich erklärte Zeugnisverweigerung ist unwirksam: BFH/NV 2004, 1535, 1536) und die hierfür erforderlichen Tatsachen schlüssig vorträgt und glaubhaft macht (§ 384 I ZPO; vgl BFH/NV 1997, 9; 736; 2004, 658, 659; s auch § 84 Rz 5). Zur **Glaubhaftmachung** s § 155 iVm § 294 ZPO; vgl auch BFHE 103, 121 = BStBl II 1971, 808 zur Entbehrlichkeit der Glaubhaftmachung in besonderen Fällen. Die Verpflichtung, den Termin wahrzunehmen, entfällt unabhängig davon, ob sich die Zeugnisverweigerung im Ergebnis als gerechtfertigt erweist oder nicht (BFH/NV 1989, 82, 84 mwN; 2004, 658, 659). Bei Streit über das Zeugnisverweigerungsrecht ist durch Zwischenurteil zu entscheiden (Rz 25). – Das Recht, eine Entscheidung über die Berechtigung der Zeugnisverweigerung zu verlangen, geht nicht nur durch **Anerkennung des Zeugnisverweigerungsrechts,** sondern auch durch **rügelose Einlassung** zur Sache (§ 295 ZPO) verloren (BFH/NV 1996, 699, 700).

§ 387 ZPO Zwischenstreit über Zeugnisverweigerung 25

(1) Über die Rechtmäßigkeit der Weigerung wird von dem Prozeßgericht nach Anhörung der Parteien entschieden.

(2) Der Zeuge ist nicht verpflichtet, sich durch einen Anwalt vertreten zu lassen.

(3) Gegen das Zwischenurteil findet sofortige Beschwerde statt.

Beteiligte in dem Zwischenstreit (§ 387 ZPO) sind die Parteien des Hauptprozesses, der Zeuge wird nur Nebenbeteiligter (BFH/NV 1997, 736). – Grundsätzlich muss mündlich verhandelt werden (BFH/NV 1990,

793, 794). – Eine Entscheidung durch **Zwischenurteil** ist nur geboten, wenn das Gericht die Zeugnisverweigerung für unbegründet hält (BFH/ NV 2003, 192–194; s auch BFHE 103, 121 = BStBl II 1971, 808; BFHE 111, 460 = BStBl II 1974, 359; BFH/NV 1989, 82, 84; 761, 762; Rz 24). Es muss eine **Kostenentscheidung** ergehen, weil es sich um ein selbst-ständiges Zwischenverfahren handelt (BFHE 103, 121 = BStBl II 1971, 808, 811; BFH/NV 1997, 638). – Gegen das Zwischenurteil ist analog § 387 III ZPO die **Beschwerde** an den BFH gegeben (BFH/NV 1997, 638; 736).

26 § 388 ZPO Zwischenstreit über schriftliche Zeugnisverweigerung

Hat der Zeuge seine Weigerung schriftlich oder zum Protokoll der Ge-schäftsstelle erklärt und ist er in dem Termin nicht erschienen, so hat auf Grund seiner Erklärungen ein Mitglied des Prozeßgerichts Bericht zu er-statten.

§ 389 ZPO Zeugnisverweigerung vor beauftragtem oder ersuchtem Richter

(1) Erfolgt die Weigerung vor einem beauftragten oder ersuchten Richter, so sind die Erklärungen des Zeugen, wenn sie nicht schriftlich oder zum Protokoll der Geschäftsstelle abgegeben sind, nebst den Erklärungen der Parteien in das Protokoll aufzunehmen.

(2) Zur mündlichen Verhandlung vor dem Prozeßgericht werden der Zeuge und die Parteien von Amts wegen geladen.

(3) [1] Auf Grund der von dem Zeugen und den Parteien abgegebenen Er-klärungen hat ein Mitglied des Prozeßgerichts Bericht zu erstatten. [2] Nach dem Vortrag des Berichterstatters können der Zeuge und die Parteien zur Begründung ihrer Anträge das Wort nehmen; neue Tatsachen oder Be-weismittel dürfen nicht geltend gemacht werden.

§ 390 ZPO Folgen der Zeugnisverweigerung

(1) [1] Wird das Zeugnis oder die Eidesleistung ohne Angabe eines Grundes oder aus einem rechtskräftig für unerheblich erklärten Grund verweigert, so werden dem Zeugen, ohne daß es eines Antrages bedarf, die durch die Weigerung verursachten Kosten auferlegt. [2] Zugleich wird gegen ihn ein Ordnungsgeld und für den Fall, daß dieses nicht beigetrieben werden kann, Ordnungshaft festgesetzt.

(2) [1] Im Falle wiederholter Weigerung ist auf Antrag zur Erzwingung des Zeugnisses die Haft anzuordnen, jedoch nicht über den Zeitpunkt der Be-endigung des Prozesses in dem Rechtszuge hinaus. [2] Die Vorschriften über die Haft im Zwangsvollstreckungsverfahren gelten entsprechend.

(3) Gegen die Beschlüsse findet die sofortige Beschwerde statt.

Zu § 390 I 2 ZPO und § 390 III ZPO s Rz 21.

§ 391 ZPO Zeugenbeeidigung

Ein Zeuge ist, vorbehaltlich der sich aus § 393 ergebenden Ausnahmen, zu beeidigen, wenn das Gericht dies mit Rücksicht auf die Bedeutung der

Aussage oder zur Herbeiführung einer wahrheitsgemäßen Aussage für geboten erachtet und die Parteien auf die Beeidigung nicht verzichten.

Die **Beeidigung** steht im Ermessen des Gerichts bzw des Einzelrichters (vgl BGHZ 43, 468; BVerwGE 25, 336; 52, 11, 16; BFH/NV 1995, 906). Zum **Verfahren** s §§ 478 ff ZPO (Rz 46 f).

§ 392 ZPO Nacheid; Eidesnorm   27

[1] Die Beeidigung erfolgt nach der Vernehmung. [2] Mehrere Zeugen können gleichzeitig beeidigt werden. [3] Die Eidesnorm geht dahin, daß der Zeuge nach bestem Wissen die reine Wahrheit gesagt und nichts verschwiegen habe.

§ 393 ZPO Uneidliche Vernehmung

Personen, die zur Zeit der Vernehmung das sechzehnte Lebensjahr noch nicht vollendet oder wegen mangelnder Verstandesreife oder wegen Verstandesschwäche von dem Wesen und der Bedeutung des Eides keine genügende Vorstellung haben, sind unbeeidigt zu vernehmen.

§ 394 ZPO Einzelvernehmung

(1) Jeder Zeuge ist einzeln und in Abwesenheit der später abzuhörenden Zeugen zu vernehmen.

(2) Zeugen, deren Aussagen sich widersprechen, können einander gegenübergestellt werden.

§ 395 ZPO Wahrheitsermahnung; Vernehmung zur Person

(1) Vor der Vernehmung wird der Zeuge zur Wahrheit ermahnt und darauf hingewiesen, daß er in den vom Gesetz vorgesehenen Fällen unter Umständen seine Aussage zu beeidigen habe.

(2) [1] Die Vernehmung beginnt damit, daß der Zeuge über Vornamen und Zunamen, Alter, Stand oder Gewerbe und Wohnort befragt wird. [2] Erforderlichenfalls sind ihm Fragen über solche Umstände, die seine Glaubwürdigkeit in der vorliegenden Sache betreffen, insbesondere über seine Beziehungen zu den Parteien vorzulegen.

§ 396 ZPO Vernehmung zur Sache

(1) Der Zeuge ist zu veranlassen, dasjenige, was ihm von dem Gegenstand seiner Vernehmung bekannt ist, im Zusammenhang anzugeben.

(2) Zur Aufklärung und zur Vervollständigung der Aussage sowie zur Erforschung des Grundes, auf dem die Wissenschaft des Zeugen beruht, sind nötigenfalls weitere Fragen zu stellen.

(3) Der Vorsitzende hat jedem Mitglied des Gerichts auf Verlangen zu gestatten, Fragen zu stellen.

Zu § 396 III ZPO vgl § 83.

§ 397 ZPO Fragerecht der Parteien   28

(1) Die Parteien sind berechtigt, dem Zeugen diejenigen Fragen vorlegen zu lassen, die sie zur Aufklärung der Sache oder der Verhältnisse des Zeugen für dienlich erachten.

(2) Der Vorsitzende kann den Parteien gestatten und hat ihren Anwälten auf Verlangen zu gestatten, an den Zeugen unmittelbar Fragen zu richten.

(3) Zweifel über die Zulässigkeit einer Frage entscheidet das Gericht.

§ 397 ZPO hat gegenüber § 83 keine eigenständige Bedeutung.

§ 398 ZPO Wiederholte und nachträgliche Vernehmung

(1) Das Prozeßgericht kann nach seinem Ermessen die wiederholte Vernehmung eines Zeugen anordnen.

(2) Hat ein beauftragter oder ersuchter Richter bei der Vernehmung die Stellung der von einer Partei angeregten Frage verweigert, so kann das Prozeßgericht die nachträgliche Vernehmung des Zeugen über diese Frage anordnen.

(3) Bei der wiederholten oder der nachträglichen Vernehmung kann der Richter statt der nochmaligen Beeidigung den Zeugen die Richtigkeit seiner Aussage unter Berufung auf den früher geleisteten Eid versichern lassen.

Die Anordnung (§ 398 I ZPO) steht **grundsätzlich** im pflichtgemäßen **Ermessen** des Gerichts. **Wiederholte Vernehmung ist geboten** in den Fällen des § 367 II ZPO (Rz 12), wenn die erste Vernehmung verfahrensrechtlich fehlerhaft war und der Mangel nicht gem § 295 ZPO geheilt worden ist (*T/K* § 82 Rz 51), wenn es in den Fällen des § 377 III ZPO (Rz 20) oder nach Beweisaufnahme durch den beauftragten oder ersuchten Richter (§ 375 ZPO – Rz 18; § 81 Rz 14 ff) auf die Glaubwürdigkeit bzw den persönlichen Eindruck ankommt, wenn das Gericht die Glaubwürdigkeit des Zeugen anders beurteilen will als der beauftragte oder ersuchte Richter oder wenn es die Aussage des Zeugen – nach Vernehmung weiterer Zeugen – anders als nach der ersten Vernehmung beurteilen will (vgl BGH HFR 1977, 38).

29 § 399 ZPO Verzicht auf Zeugen

Die Partei kann auf einen Zeugen, den sie vorgeschlagen hat, verzichten; der Gegner kann aber verlangen, daß der erschienene Zeuge vernommen werde und, wenn die Vernehmung bereits begonnen hat, daß sie fortgesetzt werde.

§ 399 ZPO **ist** im finanzgerichtlichen Verfahren wegen des Untersuchungsgrundsatzes **unanwendbar** (vgl Rz 15, 17). Verzicht auf die beantragte Beweisaufnahme ist aber möglich; ein solcher Verzicht ist zB in der widerspruchslosen Hinnahme der Vernehmung nur eines von mehreren benannten Zeugen zu sehen (BFH/NV 2002, 1019).

30 § 400 ZPO Befugnisse des mit der Beweisaufnahme betrauten Richters

Der mit der Beweisaufnahme betraute Richter ist ermächtigt, im Falle des Nichterscheinens oder der Zeugnisverweigerung die gesetzlichen Verfügungen zu treffen, auch sie, soweit dies überhaupt zulässig ist, selbst nach Erledigung des Auftrages wieder aufzuheben, über die Zulässigkeit einer dem Zeugen vorgelegten Frage vorläufig zu entscheiden und die nochmalige Vernehmung eines Zeugen vorzunehmen.

§ 401 ZPO Zeugenentschädigung

Der Zeuge wird nach dem Justizvergütungs- und -entschädigungsgesetz entschädigt.

Das am 1. 7. 2004 in Kraft getretene JVEG löst das ZSEG ab, das für eine Übergangszeit weiter anzuwenden ist (§§ 24, 25 JVEG). Die Kosten der Beschwerde eines Zeugen gegen die Auferlegung der durch sein Ausbleiben verursachten Kosten und gegen die Festsetzung des Ordnungsgeldes (Rz 21) sind nicht nach § 7 JVEG (§ 11 ZSEG) erstattungsfähig (BFHE 145, 314 = BStBl II 1986, 270). – Zeugen in den neuen Bundesländern erhielten nach dem ZSEG grundsätzlich eine um 10 vH ermäßigte Entschädigung für den Verdienstausfall (Art 1 EinVertrG/Art 8 EinVertr Anl I Kap III Sachgeb A Abschn III Nr 25 iVm § 1 Ermäßigungs-AnpassungsVO v 15. 4. 1996 – BGBl I, 604). Die unterschiedliche Behandlung ist durch § 22 JVEG beseitigt worden.

V. Beweis durch Sachverständige

Die §§ 402–414 ZPO sind im finanzgerichtlichen Verfahren anwendbar. Eine Ergänzung zu § 406 ZPO (Ablehnung eines Sachverständigen) enthält § 88. – Zum Sachverständigen als Beweismittel s § 81 Rz 4. – Zur Ablehnung eines Beweisantrags auf Einholung eines Sachverständigengutachtens bei ausreichender Sachkunde des Gerichts s BFH/NV 2004, 64, 65; im Übrigen s BFH/NV 1998, 467; 2004, 1533; BVerwG DVBl 1999, 1206.

31

§ 402 ZPO Anwendbarkeit der Vorschriften für Zeugen

32

Für den Beweis durch Sachverständige gelten die Vorschriften über den Beweis durch Zeugen entsprechend, insoweit nicht in den nachfolgenden Paragraphen abweichende Vorschriften enthalten sind.

Vgl §§ 375, 376, 377 I, II, IV, 380, 382, 386–389, 391, 394–398 ZPO.

§ 403 ZPO Beweisantritt

33

Der Beweis wird durch die Bezeichnung der zu begutachtenden Punkte angetreten.

Zur Anwendbarkeit des § 403 ZPO s Rz 15. – Dem Antrag auf Einholung eines Sachverständigengutachtens muss das Gericht nur dann folgen, wenn die zu begutachtenden Punkte wenigstens summarisch bezeichnet werden. Der Antrag muss zumindest in Umrissen Ziel und Inhalt der vom Gutachter zu beantwortenden Fragen deutlich machen, damit das Gericht entscheiden kann, ob – aus seiner materiellrechtlichen Sicht – die Einholung eines Gutachtens erforderlich ist (BVerwG HFR 1987, 147). – Zur Ablehnung des Beweisantrags s Rz 31.

§ 404 ZPO Sachverständigenauswahl

34

(1) [1] Die Auswahl der zuzuziehenden Sachverständigen und die Bestimmung ihrer Anzahl erfolgt durch das Prozeßgericht. [2] Es kann sich auf die Ernennung eines einzigen Sachverständigen beschränken. [3] An Stelle der zuerst ernannten Sachverständigen kann es andere ernennen.

(2) Sind für gewisse Arten von Gutachten Sachverständige öffentlich bestellt, so sollen andere Personen nur dann gewählt werden, wenn besondere Umstände es erfordern.

(3) Das Gericht kann die Parteien auffordern, Personen zu bezeichnen, die geeignet sind, als Sachverständige vernommen zu werden.

(4) Einigen sich die Parteien über bestimmte Personen als Sachverständige, so hat das Gericht dieser Einigung Folge zu geben; das Gericht kann jedoch die Wahl der Parteien auf eine bestimmte Anzahl beschränken.

Auch Angehörige von Behörden können zu Sachverständigen bestellt werden (vgl zB BFHE 121, 410 = BStBl II 1977, 474, 477; BFH/NV 2005, 2224, 2226 betr gerichtlichen Prüfungsbeamten: s auch § 81 Rz 18 aE betr Gutachterausschüsse). – **§ 404 IV ZPO gilt** wegen des Untersuchungsgrundsatzes im finanzgerichtlichen Verfahren **nicht.**

§ 404 a ZPO Leitung der Tätigkeit des Sachverständigen

(1) Das Gericht hat die Tätigkeit des Sachverständigen zu leiten und kann ihm für Art und Umfang seiner Tätigkeit Weisungen erteilen.

(2) Soweit es die Besonderheit des Falles erfordert, soll das Gericht den Sachverständigen vor Abfassung der Beweisfrage hören, ihn in seine Aufgabe einweisen und ihm auf Verlangen den Auftrag erläutern.

(3) Bei streitigem Sachverhalt bestimmt das Gericht, welche Tatsachen der Sachverständige der Begutachtung zugrunde legen soll.

(4) Soweit es erforderlich ist, bestimmt das Gericht, in welchem Umfang der Sachverständige zur Aufklärung der Beweisfrage befugt ist, inwieweit er mit den Parteien in Verbindung treten darf und wann er ihnen die Teilnahme an seinen Ermittlungen zu gestatten hat.

(5) [1] Weisungen an den Sachverständigen sind den Parteien mitzuteilen. [2] Findet ein besonderer Termin zur Einweisung des Sachverständigen statt, so ist den Parteien die Teilnahme zu gestatten.

Zu § 404 a I ZPO s OLG Frankfurt/Main NJW 1998, 2834.

35   ### § 405 ZPO Auswahl durch den mit der Beweisaufnahme betrauten Richter

[1] Das Prozeßgericht kann den mit der Beweisaufnahme betrauten Richter zur Ernennung des Sachverständigen ermächtigen. [2] Er hat in diesem Falle die Befugnisse und Pflichten des Prozeßgerichts nach den §§ 404, 404 a.

§ 406 ZPO Ablehnung eines Sachverständigen

(1) [1] Ein Sachverständiger kann aus denselben Gründen, die zur Ablehnung eines Richters berechtigen, abgelehnt werden. [2] Ein Ablehnungsgrund kann jedoch nicht daraus entnommen werden, daß der Sachverständige als Zeuge vernommen worden ist.

(2) [1] Der Ablehnungsantrag ist bei dem Gericht oder Richter, von dem der Sachverständige ernannt ist, vor seiner Vernehmung zu stellen, spätestens jedoch binnen zwei Wochen nach Verkündung oder Zustellung des Beschlusses über die Ernennung. [2] Zu einem späteren Zeitpunkt ist die Ableh-

nung nur zulässig, wenn der Antragsteller glaubhaft macht, daß er ohne sein Verschulden verhindert war, den Ablehnungsgrund früher geltend zu machen. ³ Der Antrag kann vor der Geschäftsstelle zu Protokoll erklärt werden.

(3) Der Ablehnungsgrund ist glaubhaft zu machen; zur Versicherung an Eides Statt darf die Partei nicht zugelassen werden.

(4) Die Entscheidung ergeht von dem im zweiten Absatz bezeichneten Gericht oder Richter durch Beschluss.

(5) Gegen den Beschluß, durch den die Ablehnung für begründet erklärt wird, findet kein Rechtsmittel, gegen den Beschluß, durch den sie für unbegründet erklärt wird, findet sofortige Beschwerde statt.

S zunächst § 51 Rz 25 ff; vgl auch BFH/NV 1987, 513; 1996, 344. – Der **Gutachterausschuss für Grundstückswerte** kann als solcher nicht wegen Besorgnis der Befangenheit abgelehnt werden (BFH/NV 1997, 236). – Mangelnde Sachkunde allein ist kein Ablehnungsgrund (BFH/NV 1988, 167, 168; 1990, 304, 305; vgl auch BGH NJW-RR 1998, 1117). Eine Besorgnis der Befangenheit des Sachverständigen lässt sich auch nicht daraus herleiten, dass das Gericht ihm die Steuerakten des FA übersandt hat (BFH/NV 1990, 378). Befangenheit ist aber im Allgemeinen anzunehmen, wenn der Sachverständige zu einem der Beteiligten in einem Abhängigkeitsverhältnis steht (BFH/NV 1989, 121; BVerwG NVwZ 1999, 184; s aber BVerwG Buchholz 451.171 § 6 AtG) oder wenn er unsachliche Kritik an einem (angekündigten) privaten Gegengutachten übt (OLG Zweibrücken NJW 1998, 912). – Zur **Ablehnung eines Prüfungsbeamten** beim FG s BFH/NV 2000, 341, 342. – Wegen eines **weiteren Ablehnungsgrundes** s § 88. – Zur **Zweiwochenfrist für die Antragstellung** s § 406 II ZPO. Die Frist gilt entgegen BFH/NV 1999, 1241, 1242 auch für den Fall, dass eine schriftliche Begutachtung (§ 411 ZPO – Rz 37) angeordnet worden ist; ist der Ablehnungsgrund später entstanden oder dem Antragsteller erst später bekannt geworden, kann er auch nach Ablauf der Antragsfrist noch gestellt werden (§ 406 II 2 ZPO). Die Ablehnung muss in diesem Fall unverzüglich nach Wegfall des Hindernisses beantragt werden (§ 121 BGB analog); Wiedereinsetzung (§ 56) soll ausgeschlossen sein (T/K § 82 FGO Rz 68; zweifelhaft). – Wegen des **Verfahrens** s § 406 II–V ZPO. – Die Entscheidung über die Ablehnung erfolgt durch gesonderten **Beschluss** (BGH HFR 1979, 545 = NJW 1979, 720). Vor der Entscheidung über den Befangenheitsantrag darf das Gutachten nicht verwertet werden (BSG MDR 1993, 907). Unterbleibt die Beschlussfassung, führt dieser Fehler grundsätzlich zur Aufhebung des erstinstanzlichen Urteils und zur Zurückverweisung (BFHE 149, 397 = BStBl II 1987, 501). Der **Beschluss** über die Ablehnung des Sachverständigen **ist** (abweichend von § 406 V ZPO) **unanfechtbar** (§ 128 II; § 51 Rz 76). – Wird die Entscheidung im Urteil selbst getroffen, ist sie revisionsrechtlich nicht überprüfbar (BGH HFR 1979, 545 = NJW 1979, 720).

§ 407 ZPO Pflicht zur Erstattung des Gutachtens   36

(1) Der zum Sachverständigen Ernannte hat der Ernennung Folge zu leisten, wenn er zur Erstattung von Gutachten der erforderten Art öffentlich bestellt ist oder wenn er die Wissenschaft, die Kunst oder das Gewerbe, deren

Kenntnis Voraussetzung der Begutachtung ist, öffentlich zum Erwerb ausübt oder wenn er zur Ausübung derselben öffentlich bestellt oder ermächtigt ist.

(2) Zur Erstattung des Gutachtens ist auch derjenige verpflichtet, der sich hierzu vor Gericht bereit erklärt hat.

§ 407 a ZPO   Weitere Pflichten des Sachverständigen

(1) [1] Der Sachverständige hat unverzüglich zu prüfen, ob der Auftrag in sein Fachgebiet fällt und ohne die Hinzuziehung weiterer Sachverständiger erledigt werden kann. [2] Ist das nicht der Fall, so hat der Sachverständige das Gericht unverzüglich zu verständigen.

(2) [1] Der Sachverständige ist nicht befugt, den Auftrag auf einen anderen zu übertragen. [2] Soweit er sich der Mitarbeit einer anderen Person bedient, hat er diese namhaft zu machen und den Umfang ihrer Tätigkeit anzugeben, falls es sich nicht um Hilfsdienste von untergeordneter Bedeutung handelt.

(3) [1] Hat der Sachverständige Zweifel an Inhalt und Umfang des Auftrages, so hat er unverzüglich eine Klärung durch das Gericht herbeizuführen. [2] Erwachsen voraussichtlich Kosten, die erkennbar außer Verhältnis zum Wert des Streitgegenstandes stehen oder einen angeforderten Kostenvorschuß erheblich übersteigen, so hat der Sachverständige rechtzeitig hierauf hinzuweisen.

(4) [1] Der Sachverständige hat auf Verlangen des Gerichts die Akten und sonstige für die Begutachtung beigezogene Unterlagen sowie Untersuchungsergebnisse unverzüglich herauszugeben oder mitzuteilen. [2] Kommt er dieser Pflicht nicht nach, so ordnet das Gericht die Herausgabe an.

(5) Das Gericht soll den Sachverständigen auf seine Pflichten hinweisen.

§ 408 ZPO   Gutachtenverweigerungsrecht

(1) [1] Dieselben Gründe, die einen Zeugen berechtigen, das Zeugnis zu verweigern, berechtigen einen Sachverständigen zur Verweigerung des Gutachtens. [2] Das Gericht kann auch aus anderen Gründen einen Sachverständigen von der Verpflichtung zur Erstattung des Gutachtens entbinden.

(2) [1] Für die Vernehmung eines Richters, Beamten oder einer anderen Person des öffentlichen Dienstes als Sachverständigen gelten die besonderen beamtenrechtlichen Vorschriften. [2] Für die Mitglieder der Bundes- oder einer Landesregierung gelten die für sie maßgebenden besonderen Vorschriften.

(3) Wer bei einer richterlichen Entscheidung mitgewirkt hat, soll über Fragen, die den Gegenstand der Entscheidung gebildet haben, nicht als Sachverständiger vernommen werden.

Die Entscheidung über die **Entbindung des Sachverständigen** ergeht durch (nicht selbstständig anfechtbaren – § 128 II) Beschluss. – Zu den **Verweigerungsgründen** s §§ 84 iVm §§ 101–103 AO – § 84 Rz 4; zum Verfahren s §§ 386–390 ZPO (Rz 24 ff).

37   § 409 ZPO   Folgen des Ausbleibens oder der Gutachtenverweigerung

(1) [1] Wenn ein Sachverständiger nicht erscheint oder sich weigert, ein Gutachten zu erstatten, obgleich er dazu verpflichtet ist, oder wenn er Akten oder sonstige Unterlagen zurückbehält, werden ihm die dadurch verur-

sachten Kosten auferlegt. ²Zugleich wird gegen ihn ein Ordnungsgeld festgesetzt. ³Im Falle wiederholten Ungehorsams kann das Ordnungsgeld noch einmal festgesetzt werden.

(2) Gegen den Beschluß findet sofortige Beschwerde statt.

Zu § 409 II ZPO s Rz 21.

§ 410 ZPO Sachverständigenbeeidigung

(1) ¹Der Sachverständige wird vor oder nach Erstattung des Gutachtens beeidigt. ²Die Eidesnorm geht dahin, daß der Sachverständige das von ihm erforderte Gutachten unparteiisch und nach bestem Wissen und Gewissen erstatten werde oder erstattet habe.

(2) Ist der Sachverständige für die Erstattung von Gutachten der betreffenden Art im allgemeinen beeidigt, so genügt die Berufung auf den geleisteten Eid; sie kann auch in einem schriftlichen Gutachten erklärt werden.

Beeidigung kommt im Allgemeinen nur mit Rücksicht auf die Bedeutung des Gutachtens in Betracht (vgl § 391 ZPO – Rz 26). – S auch BGH MDR 1999, 112.

§ 411 ZPO Schriftliches Gutachten

(1) ¹Wird schriftliche Begutachtung angeordnet, so hat der Sachverständige das von ihm unterschriebene Gutachten der Geschäftsstelle zu übermitteln. ²Das Gericht kann ihm hierzu eine Frist bestimmen.

(2) ¹Versäumt ein zur Erstattung des Gutachtens verpflichteter Sachverständiger die Frist, so kann gegen ihn ein Ordnungsgeld festgesetzt werden. ²Das Ordnungsgeld muß vorher unter Setzung einer Nachfrist angedroht werden. ³Im Falle wiederholter Fristversäumnis kann das Ordnungsgeld in der gleichen Weise noch einmal festgesetzt werden. ⁴§ 409 Abs. 2 gilt entsprechend.

(3) Das Gericht kann das Erscheinen des Sachverständigen anordnen, damit er das schriftliche Gutachten erläutere.

(4) ¹Die Parteien haben dem Gericht innerhalb eines angemessenen Zeitraums ihre Einwendungen gegen das Gutachten, die Begutachtung betreffende Anträge und Ergänzungsfragen zu dem schriftlichen Gutachten mitzuteilen. ²Das Gericht kann ihnen hierfür eine Frist setzen; § 296 Abs. 1, 4 gilt entsprechend.

Eine **fernmündliche Erstattung** des Gutachtens ist **unzulässig** (BSG HFR 1980, 254; BVerwG Buchholz 303 § 295 ZPO Nr 4). Verlust des Rügerechts (§ 155 iVm § 295 ZPO) ist möglich (BVerwG Buchholz 303 § 295 ZPO Nr 4). – **Auf Antrag** (zum Inhalt des Antrags usw s BVerwG Buchholz 310 § 98 VwGO Nr 57; BGHZ 24, 9) eines Beteiligten **muss** (vgl § 83) das **Erscheinen des Sachverständigen** angeordnet werden (BVerfG NJW 1998, 2273; BFHE 98, 467 = BStBl II 1970, 460; BFHE 130, 366 = BStBl II 1980, 515, 516; BVerwG Buchholz 310 § 98 VwGO Nr 57; BGH VersR 2003, 926). Der Antrag muss aber so rechtzeitig vor der mündlichen Verhandlung gestellt werden, dass der Sachverständige geladen werden kann (BFH/NV 1998, 1505). Die Beteiligten sind von der

Anordnung (§ 411 III ZPO) in Kenntnis zu setzen (BFHE 126, 569 = BStBl II 1979, 254, 255). Von der Anordnung der mündlichen Erläuterung des Gutachtens kann trotz Antrags eines Beteiligten abgesehen werden, wenn die Befragung des Sachverständigen offensichtlich weder zu weiteren Ermittlungen noch zu einer anderen Beurteilung führen kann und wenn das Gericht in diesem Sinne zu dem Antrag Stellung genommen hat (BVerwG HFR 1987, 149; s auch § 83 Rz 3). – Zu den Voraussetzungen der **Gegenüberstellung von Sachverständigen** s BFH/NV 1996, 622. – Zur Festsetzung eines Ordnungsgeldes bei Versäumung der Frist zur Erstattung des Gutachtens s BFH/NV 2001, 177; zur **Höhe des Ordnungsgeldes** s Rz 21 und § 80 Rz 10.

37 a   **§ 411 a ZPO Verwertung von gerichtlichen Sachverständigengutachten**

Die schriftliche Begutachtung kann durch die Verwertung eines gerichtlich eingeholten Sachverständigengutachtens aus einem anderen Verfahren ersetzt werden.

§ 411 a ZPO ist durch das 1. Justizmodernisierungsgesetz mit Wirkung ab 1. 9. 2004 in die ZPO eingefügt worden. Anwendbar ist die Vorschrift nach § 29 Nr 3 EGZPO idF des Art 2 Nr 2 des 1. Justizmodernisierungsgesetz allerdings nur auf nach dem 1. 9. 2004 anhängig gewordene bzw anhängig werdende Verfahren. – Die Neuregelung schränkt den Grundsatz der Unmittelbarkeit der Beweisaufnahme (§ 81 Rz 7 ff) zugunsten der Prozessökonomie ein. – Die Verwertung eines gerichtlich eingeholten Sachverständigengutachtens aus (irgend-) einem anderen Verfahren steht im **Ermessen** des Gerichts (Senats oder Einzelrichters). Entscheidet sich das Gericht für die Verwertung, ist das Gutachten als vollwertiger Sachverständigenbeweis zu behandeln. Die §§ 402 ff ZPO (Rz 32 ff) bleiben anwendbar. – Die Entscheidung des Gerichts ist wie ein Beweisbeschluss unanfechtbar (§ 128 II).

38   **§ 412 ZPO Neues Gutachten**

(1) Das Gericht kann eine neue Begutachtung durch dieselben oder durch andere Sachverständige anordnen, wenn es das Gutachten für ungenügend erachtet.

(2) Das Gericht kann die Begutachtung durch einen anderen Sachverständigen anordnen, wenn ein Sachverständiger nach Erstattung des Gutachtens mit Erfolg abgelehnt ist.

Die **Einholung eines weiteren Gutachtens** bzw eines Obergutachtens kommt in Betracht, wenn sich das Gericht auf der Grundlage des vorliegenden Gutachtens – ggf auch nach Ergänzung und mündlicher Erläuterung – keine sichere Überzeugung bilden kann. Die Entscheidung steht grundsätzlich im pflichtgemäßen Ermessen des Gerichts. **Geboten** ist die Einholung eines weiteren Gutachtens bzw Obergutachtens insbesondere, wenn das vorliegende Gutachten nicht zu überzeugen vermag, weil es von **unzutreffenden Voraussetzungen** ausgeht, **grobe Mängel** oder **unlösbare Widersprüche** aufweist. Entsprechendes gilt, wenn an der Sachkunde oder **Unvoreingenommenheit** des bisherigen Gutachters **Zweifel** bestehen, wenn es sich um besonders schwierige noch **nicht** hinreichend

geklärte Fachfragen handelt oder wenn ein anderer Sachverständiger **überlegene Erkenntnismittel** einsetzen kann; die Meinung eines Beteiligten, das bereits vorliegende Gutachten sei keine ausreichende Erkenntnisquelle, reicht jedoch nicht aus (vgl zu allem BFHE 121, 410 = BStBl II 1977, 474, 477; BFH/NV 1996, 773; 2003, 626; 2004, 54, 55, 1533; 2005, 2237; BVerwG Buchholz 310 § 98 VwGO Nr 25; 31; 48; BVerwG HFR 1987, 149; BGH HFR 1987, 372). Man wird dies auch annehmen müssen, wenn zwei sich widersprechende Gutachten vorliegen, es sei denn, das Gericht ist aufgrund eigener Sachkunde in der Lage, die abschließende Beurteilung vorzunehmen (vgl BFH/NV 1988, 788, 789) oder es ist im Einzelfall davon auszugehen, dass ein weiteres Gutachten keine besseren Erkenntnisse bringen würde (BFH/NV 2004, 657). – Von der Einholung eines weiteren Gutachtens kann im Hinblick auf die zusätzlichen Kosten und die weitere Verzögerung des Rechtsstreits abgesehen werden, wenn das vorliegende Gutachten ohne erkennbare Fehler und im Übrigen überzeugend erstattet ist (vgl BFH/NV 2004, 1533; BGH BB 1980, 863; VersR 1988, 801). – Im **Unterlassen** der (gebotenen) **Heranziehung eines weiteren Gutachters** liegt ein verzichtbarer Mangel iS des § 295 I ZPO; das Unterlassen muss deshalb grundsätzlich spätestens in der auf die Beweisaufnahme folgenden mündlichen Verhandlung gerügt werden (BFH/NV 2003, 56; 2004, 657).

§ 413 ZPO Sachverständigenvergütung   39

Der Sachverständige erhält eine Vergütung nach dem Justizvergütungs- und -entschädigungsgesetz.

Zur Ablösung des ZSEG durch das JVEG s Rz 30.

§ 414 ZPO Sachverständige Zeugen

Insoweit zum Beweise vergangener Tatsachen oder Zustände, zu deren Wahrnehmung eine besondere Sachkunde erforderlich war, sachkundige Personen zu vernehmen sind, kommen die Vorschriften über den Zeugenbeweis zur Anwendung.

Ist die sachkundige Person unersetzbar, kommen die Vorschriften über den Zeugenbeweis (Rz 17 ff) zur Anwendung; bei Ersetzbarkeit gelten die Vorschriften über den Beweis durch Sachverständige (Rz 31 ff).

VI. Beweis durch Urkunden

Die **§§ 371 a, 415–444 ZPO**, die den Urkundenbeweis regeln, **sind** 40 **nicht in Bezug genommen.** – Der BFH hat in dem Urteil BFHE 95, 395 = BStBl II 1969, 444 mit Recht ausdrücklich ausgesprochen, dass diese Vorschriften (auch über § 155) keine sinngemäße Anwendung finden, weil die richterliche Beweiswürdigung im finanzgerichtlichen Verfahren bewusst nicht habe eingeengt werden sollen (ebenso FG Köln EFG 1982, 144; aA *Redeker/v Oertzen* § 98 Rz 13). Das bedeutet natürlich nicht (vgl auch § 81 I), dass es am finanzgerichtlichen Verfahren keinen Urkundenbeweis gibt; lediglich die sehr formalen Vorschriften der ZPO, die auch zum Teil auf dem Beibringungsgrundsatz (Verhandlungsgrundsatz) beruhen und daher dem Untersuchungsgrundsatz zuwiderlaufen, sind nicht anwendbar. Es ist unbedenklich, wenn das BVerwG (HFR 1970, 133; VerwRspr 29, 1021) **§ 418 ZPO** als einen allgemeinen Rechtsgedanken voll für **anwendbar** hält. Ebenso der BFH für das Verwaltungsverfahren und für das gerichtliche Verfahren (BFHE 108, 141 = BStBl II 1973, 271; BFHE 124, 5 = BStBl II 1978, 156; BFH/NV 1999, 1460, 1461; 2000, 844, 845; 2001, 1034; 2003, 1207, 1441, 1442; 2004, 1532, 1533; 1548 und öfter). – Zur **Entkräftung der Beweiswirkung** einer öffentlichen Urkunde s § 53 Rz 110 und BFH/NV 2002, 204; 2003, 1207, 1441, 1442; 2004, 1548. – Die FGO enthält Vorschriften über den Beweis durch Urkunden in den §§ 81 I, 85, 86 und 89 sowie in § 76 I 4 iVm § 97 I, III AO.

VII. Beweis durch Parteivernehmung

41   Die **§§ 445–449 ZPO** aus dem Titel „Beweis durch Parteivernehmung" sind nicht in Bezug genommen. Sie enthalten speziell für den Zivilprozess bestimmte, sehr formalisierte Bestimmungen, die **durch** die weit gefasste Generalklausel des **§ 81 I ersetzt** sind. Dagegen sind die ebenfalls dem Titel „Beweis durch Parteivernehmung" angehörenden **§§ 450–455 ZPO anwendbar.**

42 § 450 ZPO Beweisbeschluss

(1) [1] Die Vernehmung einer Partei wird durch Beweisbeschluss angeordnet. [2] Die Partei ist, wenn sie bei der Verkündung des Beschlusses nicht persönlich anwesend ist, zu der Vernehmung unter Mitteilung des Beweisbeschlusses von Amts wegen zu laden. [3] Die Ladung ist der Partei selbst mitzuteilen, auch wenn sie einen Prozeßbevollmächtigten bestellt hat; der Zustellung bedarf die Ladung nicht.

(2) [1] Die Ausführung des Beschlusses kann ausgesetzt werden, wenn nach seinem Erlaß über die zu beweisende Tatsache neue Beweismittel vorgebracht werden. [2] Nach Erhebung der neuen Beweise ist von der Parteivernehmung abzusehen, wenn das Gericht die Beweisfrage für geklärt erachtet.

S zunächst Rz 3 und § 80 Rz 1, 2. – § 450 ZPO betrifft die Vernehmung des Beteiligten (§ 57) im Rahmen der Beweiserhebung, nicht seine Anhörung (§ 80 Rz 2). Auch andere Beteiligte als der Kläger und der Beklagte gelten iS der Beweiserhebung als „Beteiligte"; sie **können nicht Zeugen sein.** – Wer jedoch nur als **Haftender** in Frage kommt (und am Verfahren nicht beteiligt ist), kann nicht als Beteiligter, sondern nur als **Zeuge** vernommen werden (BFH 96, 2 = BStBl II 1969, 525). – Wie auch im Zivilprozess ist die Vernehmung eines Beteiligten **letztes Hilfsmittel** (BFH/NV 1999, 800; BVerwG DÖV 1963, 517 und 1980, 650; s auch BGH NJW-RR 1994, 636). Sie kann unterbleiben, wenn nichts an Wahrscheinlichkeit für die Behauptung des Beteiligten erbracht ist (BFH/NV 1995, 793; BVerwG HFR 1975, 508 = Buchholz 310 § 96 VwGO Nr 17; DÖV 1980, 650). – Zur **Bekanntgabe** des Beweisbeschlusses an den Beteiligten s § 450 I 2 ZPO.

§ 451 ZPO Ausführung der Vernehmung   43

Für die Vernehmung einer Partei gelten die Vorschriften der §§ 375, 376, 395 Abs. 1, Abs. 2 Satz 1 und der §§ 396, 397, 398 entsprechend.

Zur **Protokollierung** der Aussage s § 94 iVm § 160 III Nr 4 ZPO (§ 94 Rz 8). – § 377 III ZPO (Rz 20) ist nicht anwendbar (*T/K* § 82 FGO Rz 83).

§ 452 ZPO Beeidigung der Partei

(1) [1]Reicht das Ergebnis der unbeeidigten Aussage einer Partei nicht aus, um das Gericht von der Wahrheit oder Unwahrheit der zu erweisenden Tatsache zu überzeugen, so kann es anordnen, daß die Partei ihre Aussage zu beeidigen habe. [2]Waren beide Parteien vernommen, so kann die Beeidigung der Aussage über dieselben Tatsachen nur von einer Partei gefordert werden.

(2) Die Eidesnorm geht dahin, daß die Partei nach bestem Wissen die reine Wahrheit gesagt und nichts verschwiegen habe.

(3) Der Gegner kann auf die Beeidigung verzichten.

(4) Die Beeidigung einer Partei, die wegen wissentlicher Verletzung der Eidespflicht rechtskräftig verurteilt ist, ist unzulässig.

Die **Beeidigung** muss auch bei anderweitiger Unaufklärbarkeit nicht angeordnet werden; sie **steht** vielmehr **im Ermessen des Gerichts** (BFHE 120, 229 = BStBl II 1976, 767; BVerwG Buchholz 310 § 96 VwGO Nr 14). – Der den Beeidigungsantrag zurückweisende Beschluss muss nicht begründet werden (BFH/NV 2004, 976; BVerwG Buchholz 310 § 96 VwGO Nr 14).

§ 453 ZPO Beweiswürdigung bei Parteivernehmung   44

(1) Das Gericht hat die Aussage der Partei nach § 286 frei zu würdigen.

(2) Verweigert die Partei die Aussage oder den Eid, so gilt § 446 entsprechend.

Sowohl die Aussage als auch die Verweigerung der Aussage ist nach § 96 I 1 (frei) zu würdigen.

§ 454 ZPO Ausbleiben der Partei   45

(1) Bleibt die Partei in dem zu ihrer Vernehmung oder Beeidigung bestimmten Termin aus, so entscheidet das Gericht unter Berücksichtigung aller Umstände, insbesondere auch etwaiger von der Partei für ihr Ausbleiben angegebener Gründe, nach freiem Ermessen, ob die Aussage als verweigert anzusehen ist.

(2) War der Termin zur Vernehmung oder Beeidigung der Partei vor dem Prozeßgericht bestimmt, so ist im Falle ihres Ausbleibens, wenn nicht das Gericht die Anberaumung eines neuen Vernehmungstermins für geboten erachtet, zur Hauptsache zu verhandeln.

§ 455 ZPO Prozessunfähige

(1) [1]Ist eine Partei nicht prozeßfähig, so ist vorbehaltlich der Vorschrift im Absatz 2 ihr gesetzlicher Vertreter zu vernehmen. [2]Sind mehrere gesetzliche Vertreter vorhanden, so gilt § 449 entsprechend.

(2) [1]Minderjährige, die das sechzehnte Lebensjahr vollendet haben, können über Tatsachen, die in ihren eigenen Handlungen bestehen oder Gegenstand ihrer Wahrnehmung gewesen sind, vernommen und auch nach § 452 beeidigt werden, wenn das Gericht dies nach den Umständen des Falles für angemessen erachtet. [2]Das gleiche gilt von einer prozeßfähigen Person, die in dem Rechtsstreit durch einen Betreuer oder Pfleger vertreten wird.

VIII. Eidesabnahme

46 ### § 478 ZPO Eidesleistung in Person

Der Eid muß von dem Schwurpflichtigen in Person geleistet werden.

§ 479 ZPO Eidesleistung vor beauftragtem oder ersuchtem Richter

(1) Das Prozeßgericht kann anordnen, daß der Eid vor einem seiner Mitglieder oder vor einem anderen Gericht geleistet werde, wenn der Schwurpflichtige am Erscheinen vor dem Prozeßgericht verhindert ist oder sich in großer Entfernung von dessen Sitz aufhält und die Leistung des Eides nach § 128a Abs. 2 nicht stattfindet.

(2) Der Bundespräsident leistet den Eid in seiner Wohnung vor einem Mitglied des Prozeßgerichts oder vor einem anderen Gericht.

Der **verordnete Richter** (§ 81 Rz 14 ff) kann den Eid grundsätzlich nur im Falle einer Ermächtigung durch das Prozeßgericht (den Senat) abnehmen. Er kann den Beweisbeschluss aber ausnahmsweise entsprechend ergänzen (§ 360 ZPO), wenn die Voraussetzungen des § 391 ZPO vorliegen (*T/K* § 82 FGO Rz 11, 90). – Im finanzgerichtlichen Verfahren tritt § 93 a I 1, 2 an die Stelle des § 128a II ZPO.

47 ### § 480 ZPO Eidesbelehrung

Vor der Leistung des Eides hat der Richter den Schwurpflichtigen in angemessener Weise über die Bedeutung des Eides sowie darüber zu belehren, daß er den Eid mit religiöser oder ohne religiöse Beteuerung leisten kann.

§ 481 ZPO Eidesleistung; Eidesformel

(1) Der Eid mit religiöser Beteuerung wird in der Weise geleistet, daß der Richter die Eidesnorm mit der Eingangsformel:

„Sie schwören bei Gott dem Allmächtigen und Allwissenden" vorspricht und der Schwurpflichtige darauf die Worte spricht (Eidesformel):

„Ich schwöre es, so wahr mir Gott helfe."

(2) Der Eid ohne religiöse Beteuerung wird in der Weise geleistet, daß der Richter die Eidesnorm mit der Eingangsformel:

„Sie schwören"

vorspricht und der Schwurpflichtige darauf die Worte spricht (Eidesformel):

„Ich schwöre es."

(3) Gibt der Schwurpflichtige an, daß er als Mitglied einer Religions- oder Bekenntnisgemeinschaft eine Beteuerungsformel dieser Gemeinschaft verwenden wolle, so kann er diese dem Eid anfügen.

(4) Der Schwörende soll bei der Eidesleistung die rechte Hand erheben.

(5) Sollen mehrere Personen gleichzeitig einen Eid leisten, so wird die Eidesformel von jedem Schwurpflichtigen einzeln gesprochen.

§ 482 ZPO (weggefallen)

§ 483 ZPO Eidesleistung sprach- und hörbehinderter Personen

(1) [1] Eine hör- oder sprachbehinderte Person leistet den Eid nach ihrer Wahl mittels Nachsprechens der Eidesformel, mittels Abschreibens und Unterschreibens der Eidesformel oder mit Hilfe einer die Verständigung ermöglichenden Person, die vom Gericht hinzuzuziehen ist. [2] Das Gericht hat die geeigneten technischen Hilfsmittel bereit zu stellen. [3] Die hör- oder sprachbehinderte Person ist auf ihr Wahlrecht hinzuweisen.

(2) Das Gericht kann eine schriftliche Eidesleistung verlangen oder die Hinzuziehung einer die Verständigung ermöglichenden Person anordnen, wenn die hör- oder sprachbehinderte Person von ihrem Wahlrecht nach Absatz 1 keinen Gebrauch gemacht hat oder eine Eidesleistung in der nach Absatz 1 gewählten Form nicht oder nur mit unverhältnismäßigem Aufwand möglich ist.

§ 484 ZPO Eidesgleiche Bekräftigung

(1) [1] Gibt der Schwurpflichtige an, daß er aus Glaubens- oder Gewissensgründen keinen Eid leisten wolle, so hat er eine Bekräftigung abzugeben. [2] Diese Bekräftigung steht dem Eid gleich; hierauf ist der Verpflichtete hinzuweisen.

(2) Die Bekräftigung wird in der Weise abgegeben, daß der Richter die Eidesnorm als Bekräftigungsnorm mit der Eingangsformel:

„Sie bekräftigen im Bewußtsein Ihrer Verantwortung vor Gericht"
vorspricht und der Verpflichtete darauf spricht:
„Ja".

(3) § 481 Abs. 3, 5, § 483 gelten entsprechend.

IX. Selbstständiges Beweisverfahren

§ 485 ZPO Zulässigkeit   48

(1) Während oder außerhalb eines Streitverfahrens kann auf Antrag einer Partei die Einnahme des Augenscheins, die Vernehmung von Zeugen oder die Begutachtung durch einen Sachverständigen angeordnet werden, wenn der Gegner zustimmt oder zu besorgen ist, daß das Beweismittel verloren geht oder seine Benutzung erschwert wird.

(2) ¹Ist ein Rechtsstreit noch nicht anhängig, kann eine Partei die schriftliche Begutachtung durch einen Sachverständigen beantragen, wenn sie ein rechtliches Interesse daran hat, daß

1. der Zustand einer Person oder der Zustand oder Wert einer Sache,
2. die Ursache eines Personenschadens, Sachschadens oder Sachmangels,
3. der Aufwand für die Beseitigung eines Personenschadens, Sachschadens oder Sachmangels

festgestellt wird. ²Ein rechtliches Interesse ist anzunehmen, wenn die Feststellung der Vermeidung eines Rechtsstreits dienen kann.

(3) Soweit eine Begutachtung bereits gerichtlich angeordnet worden ist, findet eine neue Begutachtung nur statt, wenn die Voraussetzungen des § 412 erfüllt sind.

An die Stelle des früheren Beweissicherungsverfahrens ist durch die Neuregelung der §§ 485 ff ZPO seit dem 1. 4. 1991 das weitergehende selbstständige **Beweisverfahren** getreten. Die gesetzlichen Voraussetzungen der Anordnung (§§ 485–487 ZPO) gelten auch im finanzgerichtlichen Verfahren (BFHE 97, 288 = BStBl II 1970, 96; BFH/NV 1987, 379; vgl auch BFHE 130, 54 = BStBl II 1980, 295, 297 zur Feststellung der Kurbedürftigkeit vor Antritt der Kur).

49 § 486 ZPO Zuständiges Gericht

(1) Ist ein Rechtsstreit anhängig, so ist der Antrag bei dem Prozeßgericht zu stellen.

(2) ¹Ist ein Rechtsstreit noch nicht anhängig, so ist der Antrag bei dem Gericht zu stellen, das nach dem Vortrag des Antragstellers zur Entscheidung in der Hauptsache berufen wäre. ²In dem nachfolgenden Streitverfahren kann sich der Antragsteller auf die Unzuständigkeit des Gerichts nicht berufen.

(3) In Fällen dringender Gefahr kann der Antrag auch bei dem Amtsgericht gestellt werden, in dessen Bezirk die zu vernehmende oder zu begutachtende Person sich aufhält oder die in Augenschein zu nehmende oder zu begutachtende Sache sich befindet.

(4) Der Antrag kann vor der Geschäftsstelle zu Protokoll erklärt werden.

Der Antrag ist bei dem FG zu stellen, bei dem das Verfahren anhängig ist (§ 486 I ZPO) oder das nach dem Vortrag des Antragstellers zuständig sein würde (§ 486 II ZPO). In Fällen **dringender Gefahr** ist das FG zuständig, in dessen Bezirk sich der Zeuge aufhält oder der in Augenschein zu nehmende oder zu begutachtende Gegenstand sich befindet (§ 486 III ZPO). – Dringende Gefahr liegt vor, wenn der Verlust des Beweismittels droht. Das ist nicht schon allein deshalb der Fall, weil der Zeuge ein hohes Alter hat (BFH/NV 1987, 379).

§ 487 ZPO Inhalt des Antrags

¹Der Antrag muß enthalten:

1. die Bezeichnung des Gegners;
2. die Bezeichnung der Tatsachen, über die Beweis erhoben werden soll;

3. die Benennung der Zeugen oder die Bezeichnung der übrigen nach § 485 zulässigen Beweismittel;
4. die Glaubhaftmachung der Tatsachen, die die Zulässigkeit des selbständigen Beweisverfahrens und die Zuständigkeit des Gerichts begründen sollen.

Fehlen diese Angaben, ist der Antrag unzulässig (s aber § 65 II).

§§ 488, 489 ZPO (weggefallen)

§ 490 ZPO Entscheidung über den Antrag

(1) Über den Antrag entscheidet das Gericht durch Beschluss.

(2) [1] In dem Beschluß, durch welchen dem Antrag stattgegeben wird, sind die Tatsachen, über die der Beweis zu erheben ist, und die Beweismittel unter Benennung der zu vernehmenden Zeugen und Sachverständigen zu bezeichnen. [2] Der Beschluß ist nicht anfechtbar.

§ 491 ZPO Ladung des Gegners

(1) Der Gegner ist, sofern es nach den Umständen des Falles geschehen kann, unter Zustellung des Beschlusses und einer Abschrift des Antrags zu dem für die Beweisaufnahme bestimmten Termin so zeitig zu laden, daß er in diesem Termin seine Rechte wahrzunehmen vermag.

(2) Die Nichtbefolgung dieser Vorschrift steht der Beweisaufnahme nicht entgegen.

§ 492 ZPO Beweisaufnahme

(1) Die Beweisaufnahme erfolgt nach den für die Aufnahme des betreffenden Beweismittels überhaupt geltenden Vorschriften.

(2) Das Protokoll über die Beweisaufnahme ist bei dem Gericht, das sie angeordnet hat, aufzubewahren.

(3) Das Gericht kann die Parteien zur mündlichen Erörterung laden, wenn eine Einigung zu erwarten ist; ein Vergleich ist zu gerichtlichem Protokoll zu nehmen.

§ 493 ZPO Benutzung im Prozeß

(1) Beruft sich eine Partei im Prozeß auf Tatsachen, über die selbständig Beweis erhoben worden ist, so steht die selbständige Beweiserhebung einer Beweisaufnahme vor dem Prozeßgericht gleich.

(2) War der Gegner in einem Termin im selbständigen Beweisverfahren nicht erschienen, so kann das Ergebnis nur benutzt werden, wenn der Gegner rechtzeitig geladen war.

§ 494 ZPO Unbekannter Gegner

(1) Wird von dem Beweisführer ein Gegner nicht bezeichnet, so ist der Antrag nur dann zulässig, wenn der Beweisführer glaubhaft macht, daß er ohne sein Verschulden außerstande sei, den Gegner zu bezeichnen.

(2) Wird dem Antrag stattgegeben, so kann das Gericht dem unbekannten Gegner zur Wahrnehmung seiner Rechte bei der Beweisaufnahme einen Vertreter bestellen.

§ 494 a ZPO Frist zur Klageerhebung

(1) Ist ein Rechtsstreit nicht anhängig, hat das Gericht nach Beendigung der Beweiserhebung auf Antrag ohne mündliche Verhandlung anzuordnen, daß der Antragsteller binnen einer zu bestimmenden Frist Klage zu erheben hat.

(2) [1]Kommt der Antragsteller dieser Anordnung nicht nach, hat das Gericht auf Antrag durch Beschluß auszusprechen, daß er die dem Gegner entstandenen Kosten zu tragen hat. [2]Die Entscheidung unterliegt der sofortigen Beschwerde.

§ 494 a ZPO ist in § 82 nicht ausdrücklich in Bezug genommen, im finanzgerichtlichen Verfahren über § 155 aber anwendbar, soweit es um nicht fristgebundene Klagen geht (aA – Unanwendbarkeit des § 494 a ZPO – *T/K* § 82 FGO Rz 104). – Zu § 494 a II 2 ZPO s Rz 21.

§ 83 [Beteiligtenöffentlichkeit der Beweisaufnahme]

[1]**Die Beteiligten werden von allen Beweisterminen benachrichtigt und können der Beweisaufnahme beiwohnen.** [2]**Sie können an Zeugen und Sachverständige sachdienliche Fragen richten.** [3]**Wird eine Frage beanstandet, so entscheidet das Gericht.**

Vgl § 97 VwGO; § 116 SGG; § 357 ZPO.

Übersicht

Literatur: Vgl zu § 81.

I. Allgemeines

1   § 83 legt fest, dass der (neben dem Grundsatz der Unmittelbarkeit der Beweisaufnahme – § 81 Rz 8–13) den Strengbeweis (§ 81 Rz 1) kennzeichnende Grundsatz der **Beteiligtenöffentlichkeit** (Parteiöffentlichkeit) auch im finanzgerichtlichen Verfahren gilt. Er ist Ausdruck des Anspruchs auf rechtliches Gehör (Art 103 I GG) und besagt, dass die Beteiligten das Recht haben, der Beweisaufnahme beizuwohnen.

II. Beteiligtenöffentlichkeit

2   Nach § 83 Satz 1 dürfen die Beteiligten (§ 57) jeder **Beweisaufnahme** (auch einer Beweisaufnahme im Ausland – BVerwGE 25, 88) **beiwohnen** (eine Verpflichtung hierzu besteht nur im Falle des § 80 I 1) und zwar

auch dann, wenn der Sachverständige einen Ortstermin durchführt, um die
für sein Gutachten notwendigen tatsächlichen Feststellungen zu treffen
(§ 83 gilt insoweit analog – vgl BFHE 130, 366 = BStBl II 1980, 515, 517;
zur Abgrenzung s BFH/NV 1994, 381).

Die Beteiligten sind von allen gerichtlichen Beweisterminen zu **be-**   **3**
nachrichtigen (§ 81 I 1; BFH/NV 2004, 50, 51). Das Beweisthema ist
dabei bekannt zu geben (vgl FG Bln EFG 1966, 418; s auch BVerwG
NJW 1980, 900). Da es sich um eine Terminbestimmung handelt, ist sie
den Beteiligten (ggf den Bevollmächtigten – § 62 III 5) zuzustellen
(§ 53 I). Das gilt ebenso für den Beweistermin im **vorbereitenden Ver-**
fahren (§ 79 III – § 79 Rz 11) und vor dem **beauftragten oder er-**
suchten Richter. § 357 II 1 ZPO ist in § 82 nicht für anwendbar erklärt
(vgl § 82 Rz 2). Die Benachrichtigung ist auch erforderlich, wenn ein
Sachverständiger sein schriftliches Gutachten in der mündlichen Verhandlung erläutern soll, denn es liegt ein Beweistermin vor (BFHE 126,
569 = BStBl II 1979, 254; § 82 Rz 37). – § 83 ist entsprechend anzuwenden, wenn der gerichtliche Sachverständige im Rahmen seines Auftrags
Sachverhaltsermittlungen durchführt (BFHE 130, 366 = BStBl II 1980,
515, 517; vgl § 404 a IV ZPO – § 82 Rz 34).

III. Fragerecht

Die Beteiligten (§ 57) dürfen an Zeugen und Sachverständige (bei   **4**
schriftlicher Erstattung des Gutachtens, wenn der Sachverständige das Gutachten in der mündlichen Verhandlung erläutert – § 82 Rz 37) **sachdien-**
liche Fragen stellen (§ 83 S 2). – Befragt werden darf auch der gem
§ 82 iVm §§ 450 ff ZPO (§ 82 Rz 42 ff) vernommene Beteiligte (§ 83 S 2
analog). – Zum **Fragerecht der Richter** s § 93 II. – Sachdienlich ist eine
Frage, die geeignet ist, die Sachaufklärung im Rahmen des Beweisthemas
unmittelbar oder mittelbar zu fördern (*Kopp/Schenke* § 97 Rz 3).

Die Beteiligten, der Zeuge, der Sachverständige oder das Gericht (auch   **5**
der einzelne Richter) haben das Recht, eine **Frage** zu **beanstanden.** Geschieht das, entscheidet das Gericht, dh das Kollegium oder der Einzelrichter (§§ 6, 79 a III, IV) durch Beschluss über die Zulässigkeit (Sachdienlichkeit) der Frage (§ 83 S 3). Im Falle der Beweisaufnahme vor dem
verordneten Richter (§ 81 Rz 14 ff) ist – bis zur Verhandlung vor dem Senat – dieser (vorläufig) für die Entscheidung zuständig (vgl § 82 iVm
§§ 398 II, 400 ZPO). – Die Entscheidung über die Zulässigkeit der Frage
ist als prozessleitende Verfügung nicht selbstständig anfechtbar (§ 128 II).
Zur Rüge im Revisionsverfahren s Rz 7.

IV. Folgen eines Verstoßes gegen § 83

Ist ein Beteiligter nicht oder verspätet benachrichtigt (geladen) worden   **6**
oder wird ihm der Zutritt verwehrt, ist die gleichwohl durchgeführte **Be-**
weisaufnahme unwirksam und muss grundsätzlich wiederholt werden,
wenn das Beweisergebnis bei der Urteilsfindung berücksichtigt werden soll
(BVerwG NJW 1980, 900; *Kopp/Schenke* § 97 Rz 4). Geschieht dies nicht
und wird das Urteil auf die Beweisaufnahme gestützt, liegt ein Verfahrensmangel vor, der mit der Nichtzulassungsbeschwerde bzw der Revision erfolgreich gerügt werden kann (§§ 115 II Nr 3, 116, 119 Nr 3), und zwar

auch dann, wenn der Beteiligte den Nachweis, dass das Beweisergebnis im Falle seiner Anwesenheit für ihn günstiger ausgefallen wäre, nicht erbringen kann. – **Verzichten die Beteiligten** ausdrücklich oder stillschweigend auf die Einhaltung des Grundsatzes der Beteiligtenöffentlichkeit (**Verlust des Rügerechts** – s § 155 iVm § 295 I ZPO; vgl BFH/NV 2004, 50, 51; BVerwGE 8, 149 f; 25, 88; BVerwG NJW 1984, 251; *Kopp/Schenke* § 97 Rz 4), **darf** das **Beweisergebnis** ausnahmsweise **verwertet werden.**

7   Der Beteiligte kann die **Revision** auch darauf stützen, dass eine Frage zu Unrecht nicht zugelassen worden sei (§§ 115 II Nr 3, 116, 119 Nr 3). Wegen des Verlusts des Rügerechts gelten die Ausführungen zu Rz 6 entsprechend (vgl BFH/NV 1994, 108).

§ 84 [Zeugnisverweigerungsrecht]

(1) **Für das Recht zur Verweigerung des Zeugnisses und die Pflicht zur Belehrung über das Zeugnisverweigerungsrecht gelten die §§ 101 bis 103 der Abgabenordnung sinngemäß.**

(2) **Wer als Angehöriger zur Verweigerung des Zeugnisses berechtigt ist, kann die Ableistung des Eides verweigern.**

Übersicht

Literatur: *Lohmeyer,* Das Auskunftsverweigerungsrecht zum Schutz bestimmter Berufsgeheimnisse, Stbg 1983, 316; *ders,* die Auskunftspflicht der Beteiligten im Besteuerungsverfahren, KStZ 1985, 124; *ders,* Das Auskunftsverweigerungsrecht des Steuerberaters, StB 1989, 289; *Löffler,* Lücken und Mängel im neuen Zeugnisverweigerungs- und Beschlagnahmerecht von Presse und Rundfunk, NJW 1978, 913; *Pietsch,* Berufliche Privilegien und Zeugnisverweigerungsrechte, Dissertation Göttingen 1974; *Pinne,* Steuerrechtliches Verwertungsverbot für Aussagen eines Angehörigen aus einem (Steuer-)Strafverfahren, ZfZ 1987, 126; *Vogelbruch,* Die Auskunftspflicht der einer gesetzlichen Verschwiegenheitspflicht unterliegenden rechts- und steuerberatenden Berufe gegenüber der Finanzbehörde, DStZA 1978, 340.

I. Allgemeines

1   **Inhalt und Umfang des Zeugnisverweigerungsrechts** richten sich im finanzgerichtlichen Verfahren nicht nach den Vorschriften der §§ 383–385 ZPO, sondern nach §§ 101–103 AO. Dadurch wird sichergestellt, dass die Sachaufklärung in diesem Bereich den gleichen Regeln folgt wie im Verwaltungs-(Besteuerungs-)verfahren.

2   Für das **Verfahren bei der Zeugnisverweigerung** gelten die Vorschriften der §§ 386–390 ZPO (§ 82 Rz 24 ff).

Im Folgenden werden neben der Wiedergabe des Textes der einschlägi- **3**
gen Bestimmungen der AO lediglich einige Grundsätze des Zeugnisverweigerungsrechts herausgearbeitet. Wegen der Einzelheiten wird auf die
Kommentierung zur AO verwiesen.

II. Gesetzliche Grundlagen

Die Vorschriften der §§ 101–103 AO lauten: **4**

§ 101 AO Auskunfts- und Eidesverweigerungsrecht der Angehörigen

(1) [1] Die Angehörigen (§ 15) eines Beteiligten können die Auskunft verweigern, soweit sie nicht selbst als Beteiligte über ihre eigenen steuerlichen Verhältnisse auskunftspflichtig sind oder die Auskunftspflicht für
einen Beteiligten zu erfüllen haben. [2] Die Angehörigen sind über das Auskunftsverweigerungsrecht zu belehren. [3] Die Belehrung ist aktenkundig zu
machen.

(2) [1] Die in Absatz 1 genannten Personen haben ferner das Recht, die Beeidigung ihrer Auskunft zu verweigern. [2] Absatz 1 Sätze 2 und 3 gelten entsprechend.

§ 102 AO Auskunftsverweigerungsrecht zum Schutz bestimmter Be-
rufsgeheimnisse

(1) Die Auskunft können ferner verweigern:

1. Geistliche über das, was ihnen in ihrer Eigenschaft als Seelsorger anvertraut worden oder bekannt geworden ist,
2. Mitglieder des Bundestages, eines Landtages oder einer zweiten Kammer über Personen, die ihnen in ihrer Eigenschaft als Mitglieder dieser
Organe oder denen sie in dieser Eigenschaft Tatsachen anvertraut haben,
sowie über diese Tatsachen selbst,
3. a) Verteidiger,
   b) Rechtsanwälte, Patentanwälte, Notare, Steuerberater, Wirtschaftsprüfer, Steuerbevollmächtigte, vereidigte Buchprüfer,
   c) Ärzte, Zahnärzte, Psychologische Psychotherapeuten, Kinder- und Ju-
   gendlichenpsychotherapeuten, Apotheker und Hebammen,
über das, was ihnen in dieser Eigenschaft anvertraut worden oder bekannt geworden ist,
4. Personen, die bei der Vorbereitung, Herstellung oder Verbreitung von
periodischen Druckwerken oder Rundfunksendungen berufsmäßig mitwirken oder mitgewirkt haben, über die Person des Verfassers, Einsen-
ders oder Gewährsmanns von Beiträgen und Unterlagen sowie über die
ihnen im Hinblick auf ihre Tätigkeit gemachten Mitteilungen, soweit es
sich um Beiträge, Unterlagen und Mitteilungen für den redaktionellen Teil
handelt; § 160 bleibt unberührt.

(2) [1] Den im Absatz 1 Nr. 1 bis 3 genannten Personen stehen ihre Gehilfen
und die Personen gleich, die zur Vorbereitung auf den Beruf an der berufsmäßigen Tätigkeit teilnehmen. [2] Über die Ausübung des Rechts dieser Hilfspersonen, die Auskunft zu verweigern, entscheiden die im Absatz 1 Nr. 1 bis
3 genannten Personen, es sei denn, dass diese Entscheidung in absehbarer
Zeit nicht herbeigeführt werden kann.

(3) ¹Die in Absatz 1 Nr. 3 genannten Personen dürfen die Auskunft nicht verweigern, wenn sie von der Verpflichtung zur Verschwiegenheit entbunden sind. ²Die Entbindung von der Verpflichtung zur Verschwiegenheit gilt auch für die Hilfspersonen.

(4) ¹Die gesetzlichen Anzeigepflichten der Notare bleiben unberührt. ²Soweit die Anzeigepflichten bestehen, sind die Notare auch zur Vorlage von Urkunden und zur Erteilung weiterer Auskünfte verpflichtet.

§ 103 AO Auskunftsverweigerungsrecht bei Gefahr der Verfolgung wegen einer Straftat oder einer Ordnungswidrigkeit

¹Personen, die nicht Beteiligte und nicht für einen Beteiligten auskunftspflichtig sind, können die Auskunft auf solche Fragen verweigern, deren Beantwortung sie selbst oder einen ihrer Angehörigen (§ 15) der Gefahr strafgerichtlicher Verfolgung oder eines Verfahrens nach dem Gesetz über Ordnungswidrigkeiten aussetzen würde. ²Über das Recht, die Auskunft zu verweigern, sind sie zu belehren. ³Die Belehrung ist aktenkundig zu machen.

III. Grundsätze

1. Zeugnisverweigerungsrecht

5   Es ist zu unterscheiden zwischen dem **Zeugnisverweigerungsrecht im Ganzen,** dh dem Recht, zu erklären, man wolle überhaupt nicht aussagen, und dem durch die Bezugnahme auf §§ 102 und 103 AO ebenfalls behandelten Zeugnisverweigerungsrecht **in einzelnen Punkten,** dh dem Recht, einzelne Fragen nicht zu beantworten. – Die Berufung auf das Zeugnisverweigerungsrecht im Ganzen bedarf keiner Begründung; die Beweggründe für die Zeugnisverweigerung unterliegen nicht der gerichtlichen Überprüfung (BFH/NV 1997, 638; 2004, 64, 65 betr Zeugnisverweigerung **geschiedener Ehegatten** – § 15 II Nr 1 AO). – In den Fällen der Zeugnisverweigerung in einzelnen Punkten (§§ 102, 103 AO) müssen die Tatsachen, aus denen sich das Zeugnisverweigerungsrecht ergibt, angegeben und glaubhaft gemacht werden, es sei denn, die zur Zeugnisverweigerung berechtigenden Umstände sind gerichtsbekannt (BFH/NV 1997, 736).

6   **a)** Das Zeugnisverweigerungsrecht **im Ganzen** steht **Angehörigen** zu, soweit sie als Dritte auskunftspflichtig sind (§ 84 I iVm § 101 I 1 AO). Wer zu den Angehörigen zählt, ist in § 15 AO geregelt:

§ 15 AO Angehörige

(1) Angehörige sind:

1. der Verlobte,
2. der Ehegatte,
3. Verwandte und Verschwägerte gerader Linie,
4. Geschwister,
5. Kinder der Geschwister,
6. Ehegatten der Geschwister und Geschwister der Ehegatten,
7. Geschwister der Eltern,
8. Personen, die durch ein auf längere Dauer angelegtes Pflegeverhältnis mit häuslicher Gemeinschaft wie Eltern und Kind miteinander verbunden sind (Pflegeeltern und Pflegekinder).

(2) Angehörige sind die in Absatz 1 aufgeführten Personen auch dann, wenn

1. in den Fällen der Nummern 2, 3 und 6 die die Beziehung begründende Ehe nicht mehr besteht;
2. in den Fällen der Nummern 3 bis 7 die Verwandtschaft oder Schwägerschaft durch Annahme als Kind erloschen ist;
3. im Fall der Nummer 8 die häusliche Gemeinschaft nicht mehr besteht, sofern die Personen weiterhin wie Eltern und Kind miteinander verbunden sind.

Der in § 15 AO verwendete Begriff des **Verwandten** ist in § 1589 BGB, der des **Verschwägerten** in § 1590 BGB definiert. Wegen des Begriffs des **Pflegekindschaftsverhältnisses** vgl GrS BFHE 101, 247 = BStBl II 1971, 274. – Zum Zeugnisverweigerungsrecht des Ehegatten s BFH/NV 2003, 640, 641/642.

b) Ein Zeugnisverweigerungsrecht **in einzelnen Punkten** (§ 102 AO) **7** steht gewissen **Berufsträgern** (Geistlichen, Ärzten, Rechtsanwälten usw) hinsichtlich dessen zu, was ihnen in ihrer beruflichen Eigenschaft anvertraut (BFH/NV 1989, 761, 762) und nicht nur (ohne Bezug zur beruflichen Tätigkeit) bei Gelegenheit der Berufsausübung bekannt geworden ist (vgl BFH/NV 1989, 541, 542). – Zum Umfang des Zeugnisverweigerungsrechts eines **Steuerberaters** s BFH/NV 2002, 1255, 1256/1257. – Die zur Zeugnisverweigerung berechtigten Personengruppen sind in § 102 AO **abschließend aufgezählt** (BFH 170, 15 = BStBl II 1993, 451: Bank- und Sparkassenangestellte gehören nicht dazu). – Nach dem Schutzzweck des § 102 AO besteht ein **Verwertungsverbot,** wenn ein zeugnisverweigerungsberechtigter Berufsträger freiwillig aussagt, obwohl er zur Verschwiegenheit verpflichtet (§ 57 I StBerG) und nicht von der Schweigepflicht entbunden ist und sich möglicherweise nach § 203 StGB strafbar macht (zB *T/K* § 102 AO Rz 21 mwN; aA BFH/NV 2001, 811). Ein Zeugnisverweigerungsrecht in einzelnen Punkten haben ferner nach § 103 AO **Zeugen,** wenn sie sich oder einen ihrer Angehörigen durch die Beantwortung der Beweisfrage der Gefahr aussetzen würden, wegen einer Straftat oder einer Ordnungswidrigkeit verfolgt zu werden (vgl hierzu BFH/NV 1989, 82; 761, 762; Rz 5). Aus den übrigen in dem entsprechenden § 384 ZPO genannten Gründen (vermögensrechtliche Nachteile, Unehre, Offenlegung von Berufs- und Geschäftsgeheimnissen) kann im finanzgerichtlichen Verfahren kein Zeugnisverweigerungsrecht hergeleitet werden.

2. Belehrungspflicht

Über das Zeugnisverweigerungsrecht der Angehörigen, also das **Zeug- 8 nisverweigerungsrecht insgesamt** (Rz 6), ist zu belehren (§ 84 I iVm § 101 I 2 AO). Unterbleibt die Belehrung, darf die **Aussage nicht verwertet** werden; wird sie dennoch verwertet, liegt ein Revisionsgrund (Verfahrensmangel) vor. Hat allerdings der Angehörige vor dem beauftragten Richter nach ordnungsmäßiger Belehrung über sein Zeugnisverweigerungsrecht ausgesagt, so kann seine Aussage, wenn er in der mündlichen Verhandlung erneut vernommen werden sollte, er aber nunmehr die

Aussage verweigert, in der mündlichen Verhandlung verlesen werden
(BFHE 88, 12 = BStBl III 1967, 273). Das gilt entsprechend in vergleichbaren Fällen (zB BFH/NV 1991, 461 betr die Verwertung der protokollierten Aussage eines StPfl im Besteuerungsverfahren eines Dritten). – Eine
Belehrungspflicht besteht **nicht hinsichtlich des partiellen Zeugnisverweigerungsrechts** im Falle des § 102 AO (vgl Rz 7; BFHE 88, 12 =
BStBl III 1967, 273). Eine Belehrung ist auch bei den in § 102 AO aufgeführten Berufsgruppen nicht erforderlich. **Bei** den unter § 103 AO fallenden **Zeugen** dagegen ist die **Belehrung** in § 103 S 2 AO vorgeschrieben,
wenn durch die Auskunft die objektive Gefahr eines Straf- oder Bußgeldverfahrens gegeben ist (BFH/NV 2005, 221).

3. Eidesleistung

9   Die **Beeidigung der Zeugen** regelt § 82 iVm §§ 391 ff ZPO (s § 82
Rz 26 f). – **Angehörige** (und nur sie) haben das Recht, die **Eidesleistung**
zu **verweigern** und zwar auch dann, wenn sie von ihrem Zeugnisverweigerungsrecht (Rz 6) keinen Gebrauch gemacht haben (§ 84 II). Sie sind
darüber zu belehren (§ 84 iVm § 101 II 2 AO).

§ 85 [Pflichten der Zeugen]

[1] Zeugen, die nicht aus dem Gedächtnis aussagen können, haben Dokumente und Geschäftsbücher, die ihnen zur Verfügung stehen, einzusehen und, soweit nötig, Aufzeichnungen daraus zu entnehmen.
[2] Die Vorschriften der § 97 Abs. 1 und 3, §§ 99, 100, 104 der Abgabenordnung gelten sinngemäß.

1   Durch Art 3 Nr 12 des JKomG v 22. 3. 2005 (BGBl I, 837, 845) ist das
Wort „Schriftstücke" ab 1. 4. 2005 durch das Wort „Dokumente" ersetzt
und dadurch die Hilfspflicht der Zeugen auf die Einsichtnahme in elektronische Dokumente erweitert worden. – § 85 ergänzt § 82 iVm §§ 373–
377, 380–382 und 386–401 ZPO (s § 82 Rz 17 ff). Die Vorschrift dient –
wie § 84 – der notwendigen **Koordinierung** des finanzgerichtlichen Verfahrens **mit dem Verwaltungsverfahren** (§ 84 Rz 1). Die Änderung des
§ 85 entsprechenden § 93 III 2 AO ist allerdings unterblieben. Auf die zu
dieser Vorschrift vorliegenden Kommentierungen wird verwiesen.

2   Die durch § 85 in Bezug genommenen Vorschriften der AO lauten:

§ 97 AO Vorlage von Urkunden

(1) [1] Die Finanzbehörde kann von den Beteiligten und anderen Personen
die Vorlage von Büchern, Aufzeichnungen, Geschäftspapieren und anderen
Urkunden zur Einsicht und Prüfung verlangen. [2] Dabei ist anzugeben, ob die
Urkunden für die Besteuerung des zur Vorlage Aufgeforderten oder für die
Besteuerung anderer Personen benötigt werden. [3] § 93 Abs. 1 Satz 2 gilt
entsprechend.

(2) ...

(3) [1] Die Finanzbehörde kann die Vorlage der in Absatz 1 genannten Urkunden an Amtsstelle verlangen oder sie bei dem Vorlagepflichtigen einsehen, wenn dieser einverstanden ist oder die Urkunden für eine Vorlage an
Amtsstelle ungeeignet sind. [2] § 147 Abs. 5 gilt entsprechend.

§ 99 AO Betreten von Grundstücken und Räumen

(1) ¹Die von der Finanzbehörde mit der Einnahme des Augenscheins betrauten Amtsträger und die nach den §§ 96 und 98 zugezogenen Sachverständigen sind berechtigt, Grundstücke, Räume, Schiffe, umschlossene Betriebsvorrichtungen und ähnliche Einrichtungen während der üblichen Geschäfts- und Arbeitszeit zu betreten, soweit dies erforderlich ist, um im Besteuerungsinteresse Feststellungen zu treffen. ²Die betroffenen Personen sollen angemessene Zeit vorher benachrichtigt werden. ³Wohnräume dürfen gegen den Willen des Inhabers nur zur Verhütung dringender Gefahren für die öffentliche Sicherheit und Ordnung betreten werden.

(2) Maßnahmen nach Absatz 1 dürfen nicht zu dem Zweck angeordnet werden, nach unbekannten Gegenständen zu forschen.

§ 100 AO Vorlage von Wertsachen

(1) ¹Der Beteiligte und andere Personen haben der Finanzbehörde auf Verlangen Wertsachen (Geld, Wertpapiere, Kostbarkeiten) vorzulegen, soweit dies erforderlich ist, um im Besteuerungsinteresse Feststellungen über ihre Beschaffenheit und ihren Wert zu treffen. ²§ 98 Abs. 2 ist anzuwenden.

(2) Die Vorlage von Wertsachen darf nicht angeordnet werden, um nach unbekannten Gegenständen zu forschen.

§ 104 AO Verweigerung der Erstattung eines Gutachtens und der Vorlage von Urkunden

(1) ¹Soweit die Auskunft verweigert werden darf, kann auch die Erstattung eines Gutachtens und die Vorlage von Urkunden oder Wertsachen verweigert werden. ²§ 102 Abs. 4 Satz 2 bleibt unberührt.

(2) ¹Nicht verweigert werden kann die Vorlage von Urkunden und Wertsachen, die für den Beteiligten aufbewahrt werden, soweit der Beteiligte bei eigenem Gewahrsam zur Vorlage verpflichtet wäre. ²Für den Beteiligten aufbewahrt werden auch die für ihn geführten Geschäftsbücher und sonstigen Aufzeichnungen.

§ 86 [Aktenvorlage und Auskunftserteilung]

(1) Behörden sind zur Vorlage von Urkunden und Akten, zur Übermittlung elektronischer Dokumente und zu Auskünften verpflichtet, soweit nicht durch das Steuergeheimnis (§ 30 der Abgabenordnung) geschützte Verhältnisse Dritter unbefugt offenbart werden.

(2) Wenn das Bekanntwerden von Urkunden, elektronischer Dokumente oder Akten oder von Auskünften dem Wohle des Bundes oder eines deutschen Landes Nachteile bereiten würde oder wenn die Vorgänge aus anderen Gründen als nach Absatz 1 nach einem Gesetz oder ihrem Wesen nach geheim gehalten werden müssen, kann die zuständige oberste Aufsichtsbehörde die Vorlage von Urkunden oder Akten, die Übermittlung elektronischer Dokumente und die Erteilung der Auskünfte verweigern.

(3) ¹Auf Antrag eines Beteiligten stellt der Bundesfinanzhof in den Fällen der Absätze 1 und 2 ohne mündliche Verhandlung durch Be-

schluss fest, ob die Verweigerung der Vorlage der Urkunden oder Akten, der Übermittlung elektronischer Dokumente oder die Verweigerung der Erteilung von Auskünften rechtmäßig ist. [2]Der Antrag ist bei dem für die Hauptsache zuständigen Gericht zu stellen. [3]Auf Aufforderung des Bundesfinanzhofs hat die oberste Aufsichtsbehörde die verweigerten Dokumente oder Akten vorzulegen oder zu übermitteln oder ihm die verweigerten Auskünfte zu erteilen. [4]Sie ist zu diesem Verfahren beizuladen. [5]Das Verfahren unterliegt den Vorschriften des materiellen Geheimschutzes. [6]Können diese nicht eingehalten werden oder macht die zuständige oberste Aufsichtsbehörde geltend, dass besondere Gründe der Geheimhaltung oder des Geheimschutzes einer Übergabe oder Übermittlung der Dokumente oder der Akten an den Bundesfinanzhof entgegenstehen, wird die Vorlage nach Satz 3 dadurch bewirkt, dass die Dokumente oder Akten dem Bundesfinanzhof in von der obersten Aufsichtsbehörde bestimmten Räumlichkeiten zur Verfügung gestellt werden. [7]Für die nach Satz 3 vorgelegten oder übermittelten Dokumente oder Akten und für die gemäß Satz 6 geltend gemachten besonderen Gründe gilt § 78 nicht. [8]Die Mitglieder des Bundesfinanzhofs sind zur Geheimhaltung verpflichtet; die Entscheidungsgründe dürfen Art und Inhalt der geheim gehaltenen Dokumente oder Akten und Auskünfte nicht erkennen lassen. [9]Für das nichtrichterliche Personal gelten die Regelungen des personellen Geheimschutzes.

Vgl § 99 VwGO; § 119 SGG; § 420ff ZPO; § 168 GVG.

Übersicht

Literatur: *Beutling,* Neue Wege im Verwaltungsprozeß – das „in camera" – Verfahren, DVBl 2001, 1252; *Cosack/Tomerius,* Betrieblicher Geheimnisschutz im Interesse des Bürgers an Umweltinformationen bei der Aktenvorlage im Verwaltungsprozess, NVwZ 1993, 841; *Flümann,* Die Vorlage von Akten nach § 99 VwGO im Rahmen von Auskunftsverlangen aus Kriminalakten, NJW 1985, 1452; *Kalmes,* Arbeitsbogen des Außenprüfers, Einsichtsrecht des Steuerpflichtigen und Vorlagepflicht beim Finanzgericht, StBP 1986, 40; *Margedant,* Das „in camera" – Verfahren, NVwZ 2001, 759; *Meyer-Teschendorf,* Die Amtshilfe, JuS 1981, 187; *Nastf,* Die Aktenvorlage und Akteneinsicht nach der VwGO, Dissertation Frankfurt/Main 1973; *Podlech,* Die Bedeutung des Sozialgeheimnisses für das sozialgerichtliche Verfahren, ZfSH/SGB 1985, 1; *Rößler,* Sachverhaltsermittlung und Beweiserhebung durch Beiziehung von Ehescheidungsakten im Finanzgerichtsprozess, BB 1981, 2060; *Schatzschneider,* Die Neuregelung des Schutzes von Sozialdaten im Sozialgesetzbuch – Verwaltungsverfahren –, MDR 1982, 6; *Schmidt-Liebig,* Die Vorlage von Akten der Außenprüfung vor dem FG, StBP 1983, 217; *Schnapp,* Amtshilfe, behördliche Mitteilungspflichten und Geheimhaltung, NJW 1980, 2165; *Seibert,* Änderungen der VwGO durch das Gesetz zur Bereinigung des Rechtsmittelrechts im Verwaltungsprozess, NVwZ 2002, 265, 269 f; *Wohlgemuth,* Datenschutz im Arbeitsgerichtsverfahren, in: FS – 100 Jahre Deutscher Arbeitsgerichtsverband, 1993, S 393; *Ziekow,* Die Pflicht der Behörden zur Gewährung von Informationen an die Verwaltungsgerichtsbarkeit, BayVBl 1992, 132.

I. Allgemeines

§ 86 ist durch Art 3 Nr 12 des JKomG v 22. 3. 2005 (BGBl I, 837, 845) **1** mit Wirkung ab 1. 4. 2005 geändert worden. In § 86 I sind die Wörter „zur Übermittlung elektronischer Dokumente" und in § 86 II die Wörter „elektronischer Dokumente" und die Wörter „die Übermittlung elektronischer Dokumente" eingefügt worden. § 86 III ist in Anlehnung an § 99 II VwGO neu gefasst worden (Rz 15 ff).

§ 86 konkretisiert den **Grundsatz der Amtshilfe** (§ 13) und gibt den **2** Gerichten ein bedeutsames Mittel zur Erforschung des Sachverhalts (§ 76) an die Hand. – Die Verpflichtung zur Amtshilfe gem § 86 trifft ausnahmslos alle **Behörden,** also nicht nur die (am Verfahren beteiligten oder unbeteiligten) Finanzbehörden. – Für die **beteiligte Behörde** gilt hinsichtlich der Pflicht zur Aktenvorlage die Sondervorschrift des § 71 II. Daneben ist die beteiligte Behörde ebenso wie der am Verfahren beteiligte StPfl nach § 76 I 3, 4 iVm §§ 90 II, 93 III 2, 97 I, III AO zur Auskunft und Urkundenvorlage verpflichtet. **Zeugen** haben Urkunden nach Maßgabe des § 85 iVm § 97 I, III AO (§ 85 Rz 2) vorzulegen.

Zur Anforderung von Urkunden und Auskünften im Rahmen der Vor- **3** bereitung der Entscheidung s § 79 Rz 7.

II. Grundsatz der Amtshilfe (Inhalt und Umfang)

Nach § 86 I Hs 1 sind sämtliche Behörden (Rz 2) grundsätzlich (zu den **4** Ausnahmen s Rz 6 ff) zur **Vorlage von Urkunden und Akten** sowie zur **Auskunftserteilung** verpflichtet, soweit durch die Akten (Urkunden) und Auskünfte eine Sachaufklärung erwartet werden kann (vgl BVerwG DVBl 1963, 218 = NJW 1963, 538; BVerwGE 15, 132). Erforderlichenfalls hat das Gericht den konkreten Zusammenhang mit dem Streitfall darzulegen. Werden **Akten** angefordert, sind sie **vollständig** vorzulegen, also einschließlich etwaiger interner Unterlagen, also mit Entwürfen, Gutachten, Betriebsprüfungs-Handakten zur Arbeitsbogen der Betriebsprüfers (BFHE 174, 491 = BStBl II 1994, 802); die Beschränkungen des § 78 II gelten nur für gerichtliche Entwürfe (FG M'ster EFG 1989, 28; FG RhPf EFG 1990, 182, 183; 1992, 175; FG D'dorf EFG 1990, 614, 615; *Schmidt-Liebig* StBP 1983, 217, 219 mwN; aA *Kalmes* StBP 1986, 40 f). – **Vertrauliche Mitteilungen** von Hinweisgebern bzw Anzeigeerstattern braucht das FA jedoch **nicht** vorzulegen (BFHE 174, 491 = BStBl II 1994, 802).

Über die konkrete Auskunfts- bzw Vorlagepflicht hat das Gericht (der **5** Senat bzw die Einzelrichter – §§ 6, 79 a III, IV) – sofern nicht eine prozessleitende Anordnung gem § 79 I 2 Nr 3 in Betracht kommt (§ 79 Rz 7) – im Rahmen seiner **Aufklärungspflicht** (§ 76) durch **(Beweis-)Beschluss** zu befinden; **Unterlassen der Beiziehung** von Akten, die Informationen für die Entscheidung des Rechtsstreits enthalten können, **ist**

Verfahrensfehler (BFH/NV 1997, 293, 294/295; 2004, 511). – Die Behörde kann nur darüber entscheiden, ob sie befugt ist, Akten und Urkunden zurückzuhalten. – Weigert sich das Gericht, einen solchen auf Vorlage oder Auskunft gerichteten Beschluss zu erlassen, so ist dagegen nach der ausdrücklichen Vorschrift des § 128 II **keine Beschwerde** gegeben (BFHE 109, 12 = BStBl II 1973, 504; BVerwG BayVBl 1972, 54). – Auch die Behörde hat keine Beschwerdemöglichkeit (BFHE 109, 12 = BStBl II 1973, 504).

III. Verweigerung der Amtshilfe

1. Verweigerungsgründe

6   In § 86 I Hs 2 und § 86 II werden vier Fallgruppen genannt, in denen uU keine Verpflichtung zur Auskunftserteilung bzw Vorlage von Akten (Urkunden) besteht.

7   **a)** § 86 I Hs 2 verneint eine Verpflichtung zur Amtshilfe in den Fällen, in denen sie zu einer unbefugten Offenbarung der durch das **Steuergeheimnis** geschützten Verhältnisse (nicht am Verfahren beteiligter) Dritter führen würde (§ 30 AO; vgl FG Hbg EFG 1976, 301; BFHE 120, 270 = BStBl II 1977, 196; s auch BFH/NV 2002, 134, 136/137; im Übrigen s die Kommentierungen zu § 30 AO – zB *Klein/Rüsken* § 30 AO Rz 18 ff, 70 ff; *T/K* § 30 AO Rz 5 ff, 50 ff).

8   **b)** Nach § 86 II kann die zuständige **oberste Aufsichtsbehörde** die Vorlage von Akten (Urkunden) und die Erteilung von Auskünften in folgenden Fällen verweigern:

9   – wenn das Bekannt werden des Inhalts der Akten (Urkunden) oder die Erteilung der Auskunft dem **Wohle des Bundes oder eines deutschen Landes Nachteile** bereiten würde. – Zum Inhalt dieser unbestimmten Rechtsbegriffe s die Kommentierungen zu §§ 106 AO, 376 IV ZPO, 54 III, 96 StPO. – Die Nachteile müssen mit an Sicherheit grenzender Wahrscheinlichkeit eintreten. Finanzielle Nachteile oder die Möglichkeit des Prozessverlustes genügen nicht;

10   – wenn die Vorgänge **kraft Gesetzes geheim zu halten** sind. ZB § 35 SGB AllgTeil (Sozialgeheimnis) iVm §§ 67–78 SGB-X (vgl OVG Hamburg DVBl 1980, 887, 889; *Schatzschneider* MDR 1982, 6; OVG Hamburg DVBl 1980, 887, 889); § 30 VwVfG; Art 2 I GG – Schutz der Privatsphäre – Vorlage der Ehescheidungsakten nur mit Einverständnis beider (ehemaliger) Ehegatten – BVerfGE 27, 344, 350; BFHE 164, 396 = BStBl II 1991, 806; FG Köln EFG 1994, 278; s auch BVerwGE 50, 255, 264; aA *Rößler* BB 1981, 2060, 2062; Art 14 GG – Schutz von Betriebsgeheimnissen – VGH München BayVBl 1978, 870; §§ 61 ff BBG, § 39 BRRG. Geschützt wird das Amtsgeheimnis im materiellen Sinne (*T/K* § 86 FGO Rz 10). Die grundsätzliche Verpflichtung zur Amtsverschwiegenheit berechtigt nicht zur Weigerung (*Kopp/Schenke* § 99 Rz 11). – Die Amtshilfe wird durch das BDSG nicht eingeschränkt (§ 1 IV 1 BDSG);

11   – wenn die Vorgänge **ihrem Wesen nach geheim zu halten** sind. Gründe zur Geheimhaltung können sich aus der „Natur der Sache" oder aus dem berechtigten Schutzbedürfnis unbeteiligter Dritter ergeben. Die

Entscheidung erfordert in besonderem Maße eine Güterabwägung. – Aus sachlichen Gründen kann die Vorlage von **Akten des Verfassungsschutzes** (VGH Kassel NJW 1977, 1844; 1978, 237; kritisch hierzu *Evers* ZRP 1980, 110, 113; s auch BVerwGE 74, 116) und der **Nachrichtendienste** (BVerwGE 46, 302, 308 f) verweigert werden. – Aus Gründen des Schutzes unbeteiligter Dritter ist es im Allgemeinen geboten, **vertrauliche Hinweise und Auskünfte** gegenüber Behörden geheim zu halten (OVG Berlin NJW 1971, 1378; OVG Koblenz NJW 1977, 266; BayVGH BayVBl 1979, 721; vgl auch BVerwG Buchholz 310 § 99 VwGO Nr 14). Dies gilt grundsätzlich auch für **Personalakten** (zB BVerwGE 35, 225, 227; 49, 89, 93; zum Begriff „Personalakte" s BVerwG ZBR 1979, 52). – **Prüfungsakten** (-unterlagen) hingegen sind **nicht** geheimhaltungsbedürftig (BFHE 89, 370 = BStBl III 1967, 579, 580; s auch BFHE 107, 560 = BStBl II 1973, 253; BVerwG NVwZ 1993, 680 = DÖV 1993, 481; OVG Münster NJW 1972, 2243; OVG Lüneburg NJW 1973, 638; VGH München DÖV 1978, 336; *Redeker/v Oertzen* § 99 Rz 6 mwN; **aA** noch BVerwGE 7, 153; 14, 31; 18, 352). – Zum Schutz der **verwaltungsinternen Willensbildung** s *P Fischer* DRiZ 1979, 203, 205 f, 208 und *Düwel, Das Amtsgeheimnis,* Berlin 1965.

c) Die Amtshilfe kann nicht mit der Begründung verweigert werden, **12** die Klage sei unzulässig bzw offensichtlich nicht begründet oder die Aktenvorlage (Auskunftserteilung) sei für die Entscheidung des Klageverfahrens bedeutungslos. Nach § 86 besteht die Verpflichtung zur **Amtshilfe unabhängig von den Erfolgsaussichten** der Klage (vgl VGH München MDR 1975, 873; *Redeker/v Oertzen* § 99 Rz 9; aA BVerwG Buchholz 310 § 99 VwGO Nr 18 und – teilweise – *Lepper* DÖV 1962, 815; *Ule* DVBl 1962, 23).

2. Verfahren

a) Behördliche Entscheidung

Zuständig für die **Entscheidung über die Verweigerung der Amts-** **13** **hilfe** ist im Falle des § 86 I Hs 2 (Steuergeheimnis – Rz 18) die ersuchte Behörde. – In den Fällen des § 86 II kann nur die zuständige oberste Aufsichtsbehörde die Weigerung aussprechen (*T/K* § 86 FGO Rz 10). Sie hat die Entscheidung nach pflichtgemäßem Ermessen zu treffen und dabei abzuwägen, ob im Einzelfall das Interesse an der Geheimhaltung oder das Interesse des Betroffenen an der Sachaufklärung überwiegt (vgl BVerfGE 57, 250; BVerwGE 46, 303; 66, 39; 233; 75, 15; *Kopp/Schenke* § 99 Rz 17).

Das **Gericht muss** die **Weigerung zunächst hinnehmen** (s aber **14** Rz 15), kann sie also nicht von Amts wegen überprüfen (*T/K* § 86 FGO Rz 19; aA BFHE 174, 491 = BStBl II 1994, 802). Im Falle des § 86 I Hs 2 hat das Gericht jedoch die Möglichkeit, sich an die Dienstaufsichtsbehörde zu wenden.

b) Gerichtliche Überprüfung der Weigerung

Das Gericht der Hauptsache hat seit dem Inkrafttreten des neu gefassten **15** § 86 III (Rz 1) keine Möglichkeit mehr, die Berechtigung der Verweigerung der Amtshilfe selbst zu überprüfen, obwohl es nach § 76 verpflichtet ist, den Sachverhalt von Amts wegen aufzuklären. Nach § 86 III 1 nF stellt nunmehr **ausnahmslos** der **BFH** auf Antrag eines Beteiligten ohne mündliche Verhandlung durch Beschluss fest, **ob** die **Verweigerung** der Amtshilfe in den Fällen des § 86 I und II **rechtmäßig** ist oder nicht. Der Beschluss ergeht in einem **Zwischenstreit** (Zwischenverfahren), nachdem das Gericht der Hauptsache die Vorlage von Urkunden, Akten usw durch (Beweis-)Beschluss angeordnet (Rz 5) und die Behörde die Amtshilfe verweigert hat.

    Der Antrag eines Beteiligten, das Zwischenverfahren durchzuführen, kann nicht nur gestellt werden, wenn Streitgegenstand des Hauptsacheverfahrens die Aktenvorlage usw ist, sondern auch dann, wenn diese Frage im Rahmen eines beliebig anderen Streitgegenstandes incidenter zu klären ist (zB *Kopp/Schenke* § 99 Rz 18). Der **Antrag** ist **beim Gericht der Hauptsache** zu stellen (§ 86 III 2), das den Antrag an den BFH weiter leiten muss. Der Antrag ist **nicht fristgebunden,** muss aber bis zum Schluss der (letzten) mündlichen Verhandlung in der Tatsacheninstanz gestellt werden. Der Antragsteller muss außerdem ein Rechtsschutzinteresse haben, dh er muss sich aufgrund der Vorlage der Urkunden, Akten usw Rechtsvorteile versprechen können.

15 a   Im **Zwischenverfahren** (Beschlussverfahren) **hat die oberste Aufsichtsbehörde** auf Aufforderung durch den BFH die verweigerten Dokumente oder Akten vorzulegen oder zu übermitteln oder die verweigerten Auskünfte zu erteilen (§ 86 III 3). Die oberste Dienstaufsichtsbehörde ist zu dem Beschlussverfahren vor dem BFH „**beizuladen**" (§ 86 III 4). Dabei handelt es sich nicht um eine Beiladung iS des § 60. Die oberste Dienstaufsichtsbehörde ist in dem Zwischenverfahren – wie der Zeuge beim Streit über das Zeugnisverweigerungsrecht (§ 82 Rz 25) – Nebenbeteiligter (*Kopp/Schenke* § 99 Rz 20; aA – zum alten Recht – OVG Koblenz NJW 1977, 266; VGH Kassel NJW 1985, 216: Behörde ist unmittelbar Beteiligter).

15 b   Das Zwischenverfahren vor dem BFH unterliegt den Vorschriften des materiellen Geheimschutzes (§ 86 III 5 – Rz 8–11). Können diese nicht eingehalten werden oder macht die zuständige oberste Aufsichtsbehörde **besondere Gründe des Geheimschutzes** geltend, findet das Zwischenverfahren „**in camera**" statt (s *Kopp/Schenke* § 99 Rz 2 f, 20 mwN). Die Vorlage nach Satz 3 wird dann dadurch bewirkt, dass die Dokumente oder Akten dem BFH in von der obersten Aufsichtsbehörde bestimmten Räumlichkeiten zur Verfügung gestellt werden (§ 86 III 6). Gleichzeitig ist das Recht der Beteiligten auf Akteneinsicht (§ 78) hinsichtlich der gemäß Satz 3 und 6 zur Verfügung gestellten Dokumente, Akten usw und hinsichtlich der besonderen Gründe nach Satz 6 ausgeschlossen (§ 86 III 7). Die Mitglieder des Gerichts sind zur Geheimhaltung verpflichtet (§ 86 III 8 Hs 1). Die Pflicht zur **Geheimhaltung** ist auch **bei der Abfassung des Beschlusses** zu beachten: Die Entscheidungsgründe dürfen Art und Inhalt der geheim gehaltenen Dokumente oder Akten und Auskünfte nicht erkennen lassen (§ 86 III 8 Hs 2). Diese Vorschrift macht nur Sinn, wenn und soweit der BFH die Verweigerung der Vorlage der Urkunden, Akten usw für rechtmäßig hält; andernfalls besteht kein Grund zur Geheimhaltung. – Für das nichtrichterliche Personal gelten gemäß § 86 III 9 die Regeln des personellen Geheimschutzes (Sicherheitsüberprüfungsgesetze). –

Der Zwischenstreit (§ 86 III) ist ein **selbstständiges Nebenverfahren,** so dass der Beschluss eine Kostenentscheidung enthalten muss.

c) Rechtsmittel

Gegen den Beschluss des BFH ist kein Rechtsmittel gegeben.   **16**

3. Wirkungen der gerichtlichen Entscheidung

Das Zwischenverfahren nach § 86 III dient ausschließlich der Klärung   **17** der Frage, ob die Weigerung der Behörde, Urkunden, Akten und Dokumente zur Verfügung zu stellen, berechtigt ist. – Hält der BFH die Weigerung für gerechtfertigt, ist das Gericht der Hauptsache daran gebunden. Es darf dann aus der Weigerung keine für die Behörde nachteiligen Schlüsse ziehen; es gilt § 96 I 1 (vgl § 82 Rz 40; *T/K* § 86 FGO Rz 20). – Stellt der BFH in seinem Beschluss fest, dass die Weigerung ungerechtfertigt ist, wird die Behörde den Beschluss in aller Regel respektieren und dem Gericht der Hauptsache die Akten, Urkunden usw vorlegen. Weigert sich die Behörde jedoch weiterhin, kann sie mangels einer ausdrücklichen Regelung nicht durch Zwangsmittel dazu angehalten werden, dem Amtshilfeantrag des Gerichts der Hauptsache zu entsprechen (vgl § 89 Rz 3). Das Gericht der Hauptsache kann die andauernde Verweigerung aber im Rahmen der richterlichen Überzeugungsbildung (§ 96 I 1) unter dem Gesichtspunkt der Beweisvereitelung würdigen (vgl *T/K* § 86 FGO Rz 20).

§ 87 [Zeugnis von Behörden]

Wenn von Behörden, von Verbänden und Vertretungen von Betriebs- oder Berufszweigen, von geschäftlichen oder gewerblichen Unternehmungen, Gesellschaften oder Anstalten Zeugnis begehrt wird, ist das Ersuchen, falls nicht bestimmte Personen als Zeugen in Betracht kommen, an den Vorstand oder an die Geschäfts- oder Betriebsleitung zu richten.

§ 87 ergänzt (ebenso wie § 85) **die** in § 82 iVm §§ 373–377, 380–382   **1** und 386–401 ZPO enthaltenen **Regelungen über den Zeugenbeweis** (§ 82 Rz 17 ff).

§ 87 erleichtert die Beweiserhebung in den Fällen, in denen das Gericht   **2** im Bereich von Behörden usw eingetretene Ereignisse tatsächlicher Art für beweiserheblich hält. Ist dem Gericht nicht bekannt, welcher Angehörige oder Mitarbeiter der Behörde usw das erforderliche Wissen hat, kann es **das Ersuchen** an den Vorstand (gesetzlichen Vertreter) usw richten; es **gilt für den als Zeugen in Betracht Kommenden.** – Eine Zeugnispflicht der Behörde als solcher wird durch § 87 nicht begründet (*T/K* zu § 87 FGO).

§ 88 [Weiterer Grund für Ablehnung von Sachverständigen]

Die Beteiligten können Sachverständige auch ablehnen, wenn von deren Heranziehung eine Verletzung eines Geschäfts- oder Betriebsgeheimnisses oder Schaden für ihre geschäftliche Tätigkeit zu befürchten ist.

§ 88 ergänzt § 82 iVm § 406 ZPO (§ 82 Rz 35), indem er den Betei-   **1** ligten das Recht einräumt, einen Sachverständigen – möglichst bevor er seine Tätigkeit aufnimmt – abzulehnen, wenn bestimmte **Beeinträchtigungen ihrer betrieblichen bzw geschäftlichen Sphäre** zu befürchten sind. Eine entsprechende Regelung gilt gem § 96 II 1 AO für das Verwaltungsverfahren. – Zur **Ablehnungsfrist** s § 82 Rz 35.

2   Wegen des **Verfahrens** bei der Ablehnung vgl § 82 iVm § 406 II–V ZPO (s § 82 Rz 35). Bei Streit über die Ablehnung wird durch Beschluss entschieden (§ 406 IV ZPO). – Der Beschluss ist unanfechtbar (§ 128 II; § 51 Rz 76; § 82 Rz 35).

§ 89 [Erzwingung der Vorlage von Urkunden]

Für die Erzwingung einer gesetzlich vorgeschriebenen Vorlage von Urkunden und elektronischen Dokumenten gelten § 380 der Zivilprozessordnung und § 255 der Abgabenordnung sinngemäß.

1   § 89 ist durch Art 3 Nr 15 des JKomG v 22. 3. 2005 (BGBl I, 837, 846) mit Wirkung ab 1. 4. 2005 durch Einfügen der Wörter „elektronischen Dokumenten" ergänzt worden. Die Änderung berücksichtigt die Möglichkeit des elektronischen Rechtsverkehrs.

2   Wegen der **Pflicht zur Vorlage** von Urkunden durch Beteiligte, Zeugen und Behörden vgl § 86 Rz 2. – Die **Vorlage** von Urkunden **durch Privatpersonen ist** entsprechend § 380 ZPO **erzwingbar** (s § 82 Rz 21).

3   § 255 AO lautet:

§ 255 AO Vollstreckung gegen juristische Personen des öffentlichen Rechts

(1) [1] Gegen den Bund oder ein Land ist die Vollstreckung nicht zulässig. [2] Im Übrigen ist die Vollstreckung gegen juristische Personen des öffentlichen Rechts, die der Staatsaufsicht unterliegen, nur mit Zustimmung der betreffenden Aufsichtsbehörde zulässig. [3] Die Aufsichtsbehörde bestimmt den Zeitpunkt der Vollstreckung und die Vermögensgegenstände, in die vollstreckt werden kann.

(2) Gegenüber öffentlich-rechtlichen Kreditinstituten gelten die Beschränkungen des Absatzes 1 nicht.

Nach § 255 AO kann die **Vorlage** von Akten **durch Behörden des Bundes und der Länder** auch dann **nicht erzwungen** werden, wenn die Weigerung vom Gericht als nicht begründet befunden wird (vgl § 86 Rz 17). – Im Übrigen ist die Vorlage von Akten und anderen Urkunden grundsätzlich nur mit Zustimmung der Aufsichtsbehörde erzwingbar (Ausnahme: § 255 II AO).

§ 90 [Entscheidung auf Grund mündlicher Verhandlung]

(1) [1] Das Gericht entscheidet, soweit nichts anderes bestimmt ist, auf Grund mündlicher Verhandlung. [2] Entscheidungen des Gerichts, die nicht Urteile sind, können ohne mündliche Verhandlung ergehen.

(2) Mit Einverständnis der Beteiligten kann das Gericht ohne mündliche Verhandlung entscheiden.

Vgl § 101 VwGO; §§ 105, 124 SGG; § 128 I, II ZPO; § 126 a nF (Rz 22).

Übersicht

Literatur: *Dolderer,* Das schriftliche Verfahren im Verwaltungsprozess, DVBl 1999, 1019; *Gräber,* Die Behandlung eines unzulässigen Antrags auf mündliche Verhandlung, DStZA 1981, 296; *Krause,* Gesetzlicher Richter und schriftliches Verfahren, MDR 1982, 184; *Kreitl,* Der Widerruf des Verzichts auf mündliche Verhandlung – Anwendbarkeit des § 128 S 1 ZPO im Verwaltungsprozess?, BayVBl 1982, 679; *Renz,* Zur Zulässigkeit eines Antrags auf mündliche Verhandlung nach § 90 Abs 3 Satz 2 FGO, DStZ 1986, 166; *Rudloff,* Die mündliche Verhandlung im Steuerprozess, DStR 1984, 392 ff; *Sangmeister,* Die Entscheidung über die Wiedereröffnung der mündlichen Verhandlung und ihre Prüfung durch das Rechtsmittelgericht, DStZ 1989, 25.

I. Überblick

§ 90 legt in Übereinstimmung mit § 101 I, III VwGO und § 124 I, III **1** SGG fest, dass der **Grundsatz der Mündlichkeit** der gerichtlichen Verhandlung auch im finanzgerichtlichen Verfahren (in beiden Instanzen) prinzipiell für Entscheidungen durch Urteil gilt (§ 90 I 1), für andere Entscheidungen jedoch grundsätzlich nicht (§ 90 I 2 – Rz 5). **Ausnahmen** vom Mündlichkeitsgrundsatz sind in § 90 II (Rz 9 ff), in §§ 79 a II, IV, 90 a, 94 a und in § 126 a (Rz 22) geregelt. – Weder Art 103 GG (rechtliches Gehör) noch Art 6 MRK vermitteln ein Recht auf mündliche Verhandlung (BVerfGE 15, 303, 307; BVerwG NJW 1986, 1368 betr Art 103 GG und FG Hessen EFG 1999, 486 betr Art 6 I MRK).

Der Grundsatz der Mündlichkeit steht in engem Zusammenhang mit **2** den Verfahrensgrundsätzen der **Unmittelbarkeit** (§ 81 Rz 8 ff), der **Öffentlichkeit** (§ 52 Rz 2 ff; § 83 Rz 1 ff) und der Gewährung **rechtlichen Gehörs** (Art 103 I GG – § 96 Rz 27 ff) – Zum **Ablauf der mündlichen Verhandlung** s §§ 92–94.

II. Der Grundsatz der mündlichen Verhandlung

1. Allgemeines

Die mündliche Erörterung der Streitsache durch die Beteiligten vor dem **3** Gericht und unter dessen Leitung (mündliche Verhandlung) dient vor allem der **Gewährung rechtlichen Gehörs.** Darüber hinaus gibt sie den Richtern die Möglichkeit, durch den unmittelbaren Kontakt mit den Beteiligten die für das Verständnis des Rechtsstreits maßgeblichen Hinter-

gründe zu erforschen, die wesentlichen Streitpunkte zuverlässig herauszuarbeiten und den entscheidungserheblichen Sachverhalt erforderlichenfalls weiter aufzuklären. Die Beteiligten haben in der mündlichen Verhandlung vor allem Gelegenheit, ihr Vorbringen zu ergänzen und etwaige
Missverständnisse auszuräumen.

2. Geltungsbereich des Mündlichkeitsgrundsatzes

4   Der Grundsatz der Mündlichkeit der Verhandlung gilt – in beiden
Rechtszügen – für das Verfahren **vor dem erkennenden Gericht** (also
zB nicht für das Verfahren vor dem beauftragten Richter – §§ 79, 81 II),
soweit durch **Urteil** zu entscheiden ist (§ 90 I 1, 2), und zwar auch, wenn
auf Grund einer schon durchgeführten mündlichen Verhandlung kein Urteil, sondern (zB) lediglich ein Vorlagebeschluss ergangen ist (vgl BFH/NV
1986, 536, 537/538).

5   Andere Entscheidungen können nach § 90 I 2 grundsätzlich **ohne
mündliche Verhandlung** ergehen. Hierzu gehören alle gerichtlichen
Beschlüsse einschließlich der Beweisbeschlüsse und zwar auch, wenn an
sich ein Urteilsverfahren vorliegt, aber – wie bei der Unzulässigkeit der
Revision (§ 126 I) – durch Beschluss zu entscheiden ist (BFHE 95, 86 =
BStBl II 1969, 320; BFHE 100, 71 = BStBl II 1970, 814). Entsprechendes
gilt für den Antrag auf Wiederaufnahme des Verfahrens gegen einen rkr
Beschluss (vgl BFHE 128, 349 = BStBl II 1979, 710; BFH/NV 1995, 795)
und für **gerichtliche Verfügungen,** insbesondere prozessleitende Anordnungen. – Auch in Beschlussverfahren ist aber eine **mündliche Verhandlung möglich** und zur Aufhellung des Sachverhalts uU geboten.

3. Bedeutung des Mündlichkeitsgrundsatzes

7   Der Grundsatz der Mündlichkeit besagt nicht nur, dass vor Abschluss des
Verfahrens überhaupt eine mündliche Verhandlung durchgeführt und den
Beteiligten (durch ordnungsgemäße Ladung – § 91) Gelegenheit gegeben
werden muss, ihre Belange in der mündlichen Verhandlung wahrzunehmen (vgl BFH/NV 1994, 716), sondern vor allem, dass die **Entscheidungs-
grundlagen Gegenstand der mündlichen Verhandlung** (vgl § 92 II;
§ 155 iVm § 137 ZPO) gewesen sein müssen (*Rosenberg/Schwab* S 468;
Grunsky, Grundlagen S 213). Das bedeutet allerdings nicht, dass die Beteiligten stets an der mündlichen Verhandlung teilnehmen müssen. Nach
§ 91 II kann das Verfahren auch abgeschlossen werden, wenn die Beteiligten den Termin nicht wahrnehmen. In diesen Fällen ist der Grundsatz
der Mündlichkeit (§ 90 I) gewahrt, wenn der wesentliche Inhalt der Akten
in der mündlichen Verhandlung vorgetragen (§ 92 II) und festgestellt wird,
dass die Beteiligten ordnungsgemäß geladen worden sind (§ 91 Rz 16). Ggf
kann auch eine Beweisaufnahme stattfinden (§§ 81 I 1, 83).

8   **4. Nachgereichte Schriftsätze** dürfen grundsätzlich nicht mehr berücksichtigt werden (§ 93 Rz 7; s auch Rz 19, 20).

III. Ausnahmen vom Grundsatz der Mündlichkeit

1. Verzicht auf mündliche Verhandlung (§ 90 II)

Nach § 90 II kann das Gericht mit Einverständnis der Beteiligten (§ 57) ohne mündliche Verhandlung entscheiden.

a) Die Verzichts-(Einverständnis-)Erklärung ist einseitige (gestaltende) **9** **Prozesshandlung.** Sie muss **dem Gericht gegenüber** abgegeben werden (BFHE 101, 61 = BStBl II 1971, 241) und zwar (übereinstimmend) **von allen Beteiligte** iS des § 57. Nur eine **ausdrückliche, klare, eindeutige** und **vorbehaltlose** Einverständniserklärung ist wirksam (zB BFH/ NV 1990, 794; 1998, 183; 2005, 1352, 1353 betr Zeitpunkt der Wirksamkeit; 2005, 1592; BFHE 166, 145 = BStBl II 1992, 425 betr Widerrufsvorbehalt; BVerwGE 6, 18; s auch BVerwG NJW 1983, 189). Schweigen auf eine gerichtliche Anfrage genügt deshalb nicht. – Die Einverständniserklärung darf **nicht an eine** außerprozessuale (echte) **Bedingung geknüpft** sein (BFHE 90, 82 = BStBl III 1967, 794; BFH/NV 2005, 1352, 1353; FG D'dorf EFG 1968, 135). Es ist deshalb auch nicht möglich, das Einverständnis für den Fall zu erklären, dass der Klage stattgegeben wird. Das Einverständnis kann jedoch davon abhängig gemacht werden, dass auch die anderen Beteiligten auf mündliche Verhandlung verzichten **(unechte Bedingung).** – In Zweifelsfällen ist der Inhalt der Erklärung unter Berücksichtigung der dem Gericht bekannten (Begleit-)Umstände durch **Auslegung** (§ 133 BGB analog) zu ermitteln (BFH/NV 2005, 1352, 1353). Wird gleichzeitig mit der Erklärung des Verzichts auf mündliche Verhandlung zum Ausdruck gebracht, dass ein Gerichtsbescheid erlassen werden soll, liegt eine Verzichtserklärung in Wirklichkeit nicht vor (BFHE 100, 432 = BStBl II 1971, 113); ist die Verzichtserklärung jedoch so zu verstehen, dass der Erlass eines Gerichtsbescheides lediglich angeregt wird, ist die Verzichtserklärung wirksam (BFH/NV 1996, 698). Hat ein anwaltlich vertreteter Kläger auf mündliche Verhandlung verzichtet, kann die gleichzeitige Bemerkung, es werde auf Terminierung gedrängt, als Aufforderung zur schnellen Entscheidung im schriftlichen Verfahren zu verstehen sein (BFH/NV 2002, 525, 526), Wird der Verzicht unter der Voraussetzung erklärt, dass das Gericht eine Beweiserhebung nicht für erforderlich hält, gleichzeitig aber Beweis angeboten, ist der Verzicht nicht eindeutig und damit unwirksam (BFH/NV 1998, 183). Dasselbe gilt für die von einem Rechtsanwalt, Steuerberater usw abgegebene Erklärung des Einverständnisses „mit einer schriftlichen Entscheidung" (BFH/NV 1987, 189, 192), für die Erklärung, „nach derzeitigem Verfahrensstand" mit einer Entscheidung ohne mündliche Verhandlung einverstanden zu sein (BFH/NV 1999, 497) und bei Verzicht des Klägers auf mündliche Verhandlung unter der Voraussetzung, dass der von ihm dargestellte Sachverhalt der Entscheidung zugrunde gelegt wird (BFH/NV 2002, 1330, 1331). – S auch Rz 12. – Lässt sich auch durch Auslegung keine Klarheit gewinnen, ist die Verzichtserklärung mangels Eindeutigkeit unwirksam. – Im Übrigen lassen sich Auslegungsprobleme häufig durch Rückfragen (§ 76 II) lösen. – Die Gewährung **rechtlichen Gehörs (Art 103 I GG)** verlangt, dass das Gericht die anderen Beteiligten über die Abgabe einer Verzichtserklärung informiert.

Eine bestimmte **Form** ist für die Einverständniserklärung nicht vorge- **10** schrieben. Sie kann schriftsätzlich (auch telegrafisch und per **Telefax),** zu

Protokoll des Urkundsbeamten der Geschäftsstelle und in der mündlichen Verhandlung und im Erörterungstermin (§ 79 I 2 Nr 1) auch mündlich zu Protokoll (für das weitere Verfahren) abgegeben werden. Eine **fernmündliche Verzichtserklärung** halte ich für **unwirksam,** weil sie die für die Prozesshandlungen erforderliche Rechtssicherheit (Eindeutigkeit und Klarheit der Erklärung, Feststellung der Identität des Anrufers) nicht gewährleistet (ebenso *T/K* § 90 FGO Rz 7; einschränkend *Kopp/Schenke* § 101 Rz 5 – wie BAG NZA 1994, 382; Rz 10 aE). Das BVerwG, das schon mehrfach mit dieser Frage befasst worden ist, hat sich noch nicht endgültig festgelegt. Die Entscheidungen machen aber deutlich, dass telefonische Verzichtserklärungen zu Rechtsunsicherheiten führen (s hierzu zB BVerwGE 62, 6 = DÖV 1981, 582 = HFR 1981, 536; HFR 1982, 329; 1984, 180). – Das BAG (NZA 1994, 382) hält eine fernmündliche Verzichtserklärung für wirksam, wenn die Identität des Anrufers feststeht, der Urkundsbeamte ein Protokoll über das Gespräch anfertigt und der Anrufer das Protokoll genehmigt.

11   Der Verzicht auf mündliche Verhandlung ist an **keine Frist** gebunden. Die Erklärung kann jederzeit bis zum Abschluss des Verfahrens abgegeben werden. Sie ist auch noch – etwa nach Durchführung einer Beweisaufnahme – in der mündlichen Verhandlung **für das weitere Verfahren** möglich.

12   Die **Einverständniserklärung kann** auf einen (abtrennbaren) Teil des Verfahrens **beschränkt** werden, zB auf eine Vorabentscheidung über die Zulässigkeit des Rechtsbehelfs oder auf ein Teilurteil bei einem Rechtsstreit, der mehrere Veranlagungszeiträume betrifft (BFHE 101, 22 = BStBl II 1971, 181; aA FG M'ster EFG 1971, 142). – Der Verzicht auf mündliche Verhandlung kann auch auf die Entscheidung des Rechtsstreits durch den Senat oder den Einzelrichter begrenzt werden (zur **Auslegung** der Erklärung s BFHE 178, 301 = BStBl II 1995, 842; eine zu beachtende Modifizierung des Verzichts liegt jedenfalls vor, wenn der Kläger erklärt, er verzichte im Falle der Entscheidung des Berichterstatters an Stelle des Senats (§ 79 a II–IV) **insoweit** auf mündliche Verhandlung (BFH/NV 1999, 1464, 1465). – Das Einverständnis mit einer Entscheidung ohne mündliche Verhandlung bezieht sich nicht auf die Entscheidung durch den **Einzelrichter,** wenn sie vor der Übertragung des Rechtsstreits auf den Einzelrichter (§ 6) erklärt worden ist (BFHE 181, 115 = BStBl II 1997, 77; BFHE 187, 404 = BStBl II 1999, 300, 301). – Zur Frage, ob der Verzicht auf mündliche Verhandlung nur für das Verfahren vor dem Spruchkörper gilt, dem gegenüber er erklärt worden ist, s BFH/NV 1996, 614; eine entsprechende ausdrückliche Einschränkung der Einverständniserklärung ist möglich.

b) Zur Bindung der Beteiligten an die Verzichtserklärung

13   In Übereinstimmung mit dem Zweck der Vorschrift, die Gerichte zu entlasten und das Verfahren zu beschleunigen, und wegen der Notwendigkeit klarer prozessualer Verhältnisse kann die Einverständniserklärung **nicht wegen Irrtums** (wohl aber wegen Täuschung und Drohung usw – BFH/NV 2004, 1634) **angefochten** (BFHE 90, 82 = BStBl III 1967, 794) und **grundsätzlich auch nicht widerrufen** werden (BFHE 101, 49

= BStBl II 1971, 201; BFHE 166, 145 = BStBl II 1992, 425; BFH/NV 1991, 402; 1995, 129; 2001, 462; 487, 489; 2002, 517; 2005, 1592 und öfter; BGHZ 28, 278; BVerwG Buchholz 310 § 101 VwGO Nr 16). Das gilt – weil die Erklärung mit Zugang bei Gericht wirksam wird – auch schon, bevor sich noch die übrigen Beteiligten geäußert haben (BFH/NV 1995, 129; *T/K* § 90 FGO Rz 13; **aA** BVerwG DÖV 1956, 411; VerwRSpr 16, 1008; BGH BB 1962, 1176; BGHZ 28, 278; BSG SGb 1967, 215). Das Einverständnis mit einer Entscheidung ohne mündliche Verhandlung bleibt auch dann wirksam, wenn der Kläger einen weiteren Prozessbevollmächtigten bestellt (BFH/NV 1989, 187) oder wenn in der Besetzung des Gerichts ein Wechsel eintritt (BFH/NV 2004, 350), nicht aber, wenn das Gericht nach einem Wechsel des Prozessbevollmächtigten erneut anfragt, ob auf mündliche Verhandlung verzichtet werden soll (BFH/NV 1999, 1480). – Die Erklärung, **nicht** auf mündliche Verhandlung **zu verzichten,** ist frei widerruflich (BFH/NV 1991, 402; 2005, 1352, 1353).

Der Verzicht auf mündliche Verhandlung kann **ausnahmsweise widerrufen** werden, wenn sich die **Prozesslage** nach Abgabe der Einverständniserklärung **wesentlich geändert** hat (BFH/NV 1990, 353, 354; 2001, 330; 462; 2004, 350; BFH/NV 1999, 1480 betr Wechsel des Prozessbevollmächtigten; vgl BFH/NV 1997, 292 betr Wechsel in der Zuständigkeit des Spruchkörpers; BGHZ 11, 28, 32; BGH NJW 1970, 1458; *T/K* § 90 FGO Rz 13, 14; *Kopp/Schenke* § 101 Rz 7, 8; BFHE 160, 405 = BStBl II 1990, 744; BFH/NV 1999, 1480; BFH/NV 1995, 129 offen), wobei der Widerruf – ebenso wie der Verzicht (Rz 9) – **klar, eindeutig und vorbehaltlos** erklärt werden muss (BFH/NV 1995, 129 und 2002, 517 hinsichtlich der Zulässigkeit des Widerrufs offen). – Die Gegenansicht (BFHE 112, 316 = BStBl II 1974, 532) übersieht, dass ein Widerruf von Prozesshandlungen weder generell (vgl *Rosenberg/Schwab* S 388, 389) noch in dem besonderen Fall des § 90 II ausgeschlossen ist und dass der Verzicht in der selbstverständlichen Erwartung ausgesprochen wurde, die Streitsache könne durch eine mündliche Verhandlung nicht gefördert werden, dass die Notwendigkeit einer mündlichen Erörterung der Streitsache aber bei einer wesentlichen Änderung der Prozesslage in einem völlig anderen Licht erscheinen kann.

Nach der hM zu § 128 II ZPO, § 101 II VwGO und § 124 II SGG bezieht sich der Verzicht auf mündliche Verhandlung nur auf die **jeweils nächste Sachentscheidung** (BFH/NV 2005, 1068). – Die **Verzichtserklärung wird** danach **„verbraucht"** durch den Erlass eines Beweis- oder Auflagenbeschlusses (BFH/NV 1987, 651; BFHE 178, 301 = BStBl II 1995, 842 offen; BVerwGE 14, 17; BVerwG NJW 1969, 252 = HFR 1969, 353; HFR 1985, 46; BGHZ 31, 210, 214 f; BSG SozR 1500 Nr 2 zu § 124 SGG; MDR 1978, 348). – Sie soll auch durch Beiziehung von Akten zu Beweiszwecken (BVerwG NJW 1969, 252), uU sogar durch bloße Sachverhaltsermittlung (BSG SozR 1500 Nr 3 zu § 124 SGG) sowie durch den Erlass eines Teil- oder Zwischenurteils, **nicht** aber durch rein förmliche Maßnahmen des Gerichts (zB die Anfrage, ob das Verfahren ruhen solle – BVerwG HFR 1976, 539 = JZ 1976, 113 oder die Anberaumung und Aufhebung eines Termins – BFH/NV 1999, 332, 333; 2004, 350) und Gerichtsinterna (Wechsel in der Zuständigkeit des Spruchkörpers

– BVerwG Buchholz 310 § 101 VwGO Nr 10; BFH/NV 1995, 684; 1997, 292 oder Wechsel in der Besetzung der Richterbank – BFH/NV 1998, 67; 2004, 350) unwirksam werden. – **Diese Auffassung ist** – von den Ausnahmen (Rz 14) abgesehen – **abzulehnen.** Sie lässt sich weder aus dem Gesetz ableiten noch entspricht sie den Bedürfnissen der Praxis. Keine der genannten „Sachentscheidungen" ist im Allgemeinen so bedeutsam, dass sie den Verzicht auf mündliche Verhandlung ipso iure als hinfällig erscheinen lassen könnte. Die Beteiligten haben in diesen Fällen – sofern eine wesentliche Änderung der Prozesssituation eintritt – das Recht, ihre Einverständniserklärung zu widerrufen (Rz 14). Andererseits kann (oder muss) das Gericht von Amts wegen ggf eine mündliche Verhandlung durchführen (Rz 17 und § 81 I 1). Hierdurch wird in ausreichendem Maße gewährleistet, dass die Beteiligten sich (entsprechend der Zielsetzung des § 90 – Rz 7) vor Abschluss des Verfahrens zu allen wesentlichen Gesichtspunkten äußern können (kritisch auch *T/K* § 90 FGO Rz 12).

16   **Nach** Aufhebung des erstinstanzlichen Urteils und **Zurückverweisung** (§ 126 III Nr 1) kann allerdings im 2. Rechtsgang nur dann ohne mündliche Verhandlung entschieden werden, wenn der **Verzicht auf mündliche Verhandlung erneuert** wird (BFHE 105, 447 = BStBl II 1972, 625, 626; BFH/NV 2004, 504, 505; *T/K* § 90 FGO Rz 12 aE). Der Verzicht muss auch erneuert werden, wenn trotz Verzichts eine mündliche Verhandlung durchgeführt worden ist und (nach Vertagung) ohne mündliche Verhandlung entschieden werden soll (BFH/NV 2005, 1068).

c) Wirkungen des Verzichts auf mündliche Verhandlung

17   Der wirksame Verzicht aller Beteiligten (Rz 9 ff) hat zur Folge, dass das Gericht „ohne Weiteres" über den Rechtsstreit entscheiden kann (BFH/NV 1997, 298; 547, 548), ohne eine mündliche Verhandlung durchführen und ohne die Entscheidung verkünden zu müssen (BVerwG Buchholz 310 § 101 VwGO Nr 20). Der Verzicht bedeutet jedoch nicht, dass das Gericht von der gebotenen Sachverhaltsermittlung und Beweiserhebung absehen kann (BFH/NV 1994, 269, 273/274; 2002, 1179). Rechtliches Gehör (§ 93 Rz 1) muss gleichfalls gewährt werden. Insbesondere muss das Gericht die Beteiligten auf bisher nicht erörterte tatsächliche und rechtliche Gesichtspunkte hinweisen (vgl BVerwG NJW 1986, 445). Mit dieser Einschränkung darf der Vollsenat auch von einer unmissverständlich geäußerten Ansicht des Berichterstatters abweichen (BFH/NV 2004, 1634). – Die **Einverständniserklärungen binden das Gericht nicht** (BFH/NV 1995, 129; 1999, 1480). Es kann, bei erforderlicher Aufklärung des Sachverhalts (insbesondere zur Durchführung einer Beweisaufnahme) muss es mündliche Verhandlung anberaumen (BFHE 127, 275 = BStBl II 1979, 392; BFH/NV 1992, 358; 1997, 547, 548 zum Ermessen; ähnlich BSG HFR 1966, 474; ausführlich *Sangmeister* DStZ 1989, 25, 29/30, 32).

18   Ist der **Verzicht** in der mündlichen Verhandlung **für das weitere Verfahren** ausgesprochen worden (Rz 11), braucht das Gericht nicht im Anschluss an die (abgebrochene) mündliche Verhandlung zu entscheiden. Es kann die Entscheidung (auf Grund des Verzichts) vielmehr zu einem späteren Zeitpunkt fällen und zwar in der **Besetzung,** die nach dem Ge-

schäftsverteilungsplan für den Beratungstag maßgebend ist (BFH/NV 1998, 67; BVerwG DVBl 1960, 251; DÖV 1971, 711).

Im Falle des § 90 II tritt an die Stelle des Endes der mündlichen Ver-   **19** handlung, das außer im Falle der Wiedereröffnung der mündlichen Verhandlung die Möglichkeit der **Berücksichtigung nachträglichen Vorbringens** beendet (s § 93 Rz 7, 8), der Zeitpunkt des Absendens der Urteilsausfertigungen (BFHE 100, 351 = BStBl II 1971, 25; BFH/NV 2002, 356, 357; BVerwG DÖV 1977, 370; HFR 1980, 110; BGH NJW 1968, 49; NJW 1976, 1454; OLG Hamburg MDR 1976, 672; *T/K* § 90 FGO Rz 17) bzw der Zeitpunkt der Bekanntgabe des unterschriebenen Urteils an einen der Beteiligten durch die Geschäftsstelle (BSG SozR 1500 § 124 SGG Nr 15). – Bis zu diesem Zeitpunkt beim Gericht eingehende Schriftsätze der Beteiligten müssen noch verwertet werden, es sei denn, es handelt sich lediglich um eine Wiederholung oder Zusammenfassung früheren Vorbringens oder um offensichtlich unerhebliche Darlegungen (BFH/NV 2002, 356, 357; 2005, 376, 377). Ggf ist die Sache – nach Beschluss über die Wiedereröffnung des schriftlichen Verfahrens (FG Köln EFG 1991, 210; s auch § 93 Rz 12) – neu zu beraten und zwar in der Besetzung, die für den neuen Beratungstag maßgebend ist (*Sangmeister* DStZ 1989, 24, 29/30 mwN; vgl Rz 18 und § 93 Rz 7). – Eine erneute Beratung kommt auch in anderen Fällen in Betracht (zB wegen nachträglicher Bedenken gegen das schon beschlossene Urteil – BFHE 79, 294 = BStBl III 1964, 338; *Sangmeister* DStZ 1989, 25, 29).

Das Gericht ist weder verpflichtet, einen Zeitpunkt zu bestimmen, bis   **20** zu dem Schriftsätze eingereicht werden können, noch den Zeitpunkt seiner bevorstehenden Entscheidung bekannt zu geben; **§ 128 II 2 ZPO** ist **nicht** gem § 155 entsprechend **anzuwenden** (BFHE 125, 228 = BStBl II 1978, 511; BFH/NV 1995, 807, 808; BVerwG Buchholz 310 § 101 VwGO Nr 20). – **§ 128 II 3 ZPO** (**Dreimonatsfrist** für die Entscheidung ohne mündliche Verhandlung) ist im finanzgerichtlichen Verfahren gleichfalls **nicht** analog (§ 155) **anwendbar** (BFHE 125, 228 = BStBl II 1978, 511, 512; BFH/NV 1995, 807, 808; *T/K* § 90 FGO Rz 17; vgl BVerwG NJW 1980, 1482 = Buchholz 310 § 101 VwGO Nr 9; HFR 1981, 87).

Die **§§ 104 II und 105 IV** (Frist zur Übergabe von Urteil und Urteils-   **21** gründen an die Geschäftsstelle) gelten nicht, wenn das Gericht mit Einverständnis der Beteiligten ohne mündliche Verhandlung entscheidet (BFH/NV 2001, 1596).

2. Wegen der **übrigen Ausnahmen** wird auf §§ 90a, 91a, 94a und   **22** 126a (§ 126a Rz 1 ff) verwiesen.

IV. Folgen eines Verstoßes gegen den Mündlichkeitsgrundsatz

1. Erlässt das Gericht (der Senat bzw der Einzelrichter – §§ 6, 79a III,   **23** IV) ein Urteil ohne mündliche Verhandlung, obwohl hierauf nicht wirksam verzichtet war, ist das Recht auf Gewährung **rechtlichen Gehörs** (Art 103 I GG) verletzt (BVerwG DVBl 2003, 747), so dass das Urteil mit Nichtzulassungsbeschwerde und Revision (§§ 115 II Nr 3; 116, 119 Nr 3 – BFHE 146, 395 = BStBl II 1986, 679; BFHE 166, 415 = BStBl II 1992, 425; BFH/NV 1988, 452; 1994, 250; 2003, 1588; 2004, 504, 505) angefochten werden kann. Außerdem kann die Revision auf § 119 Nr 4 ge-stützt werden, weil der Beteiligte **nicht nach den Vorschriften des Ge-setzes** vertreten war (BFHE 151, 297 = BStBl II 1988, 141; BFH/NV 1997, 351; 1999, 1485; 2002, 1330, 1331; 2004, 201). Ggf kann das Urteil auch mit der Nichtigkeitsklage (§ 155 iVm § 579 Nr 4 ZPO – vgl OLG Braunschweig NJW 1981, 425; 1983, 1393) oder der Verfassungsbeschwer-de angegriffen werden. – Dieselben Folgen treten ein, wenn das Gericht trotz Verzichts auf mündliche Verhandlung eine solche durchführt, sich vertagt und anschließend ohne mündliche Verhandlung entscheidet, ob-wohl keine neuerlichen Verzichtserklärungen der Beteiligten vorliegen (BFH/NV 2005, 1068).

24   Der Verfahrensmangel kann **durch** einen nachträglichen **Verzicht** auf mündliche Verhandlung **nicht geheilt** werden (BSG MDR 1962, 340; *T/K* § 90 FGO Rz 20).

25   Das fehlerhafte Urteil kann nicht in einen Gerichtsbescheid umgedeutet werden (vgl *T/K* § 90 FGO Rz 20).

26   **2.** Die fehlerhafte Anwendung des § 126 a und des § 94 a führt ebenfalls zu Verstößen gegen Art 103 I GG, so dass die oben Rz 23 genannten Rechtsmittel gegeben sind.

§ 90a [Entscheidung durch Gerichtsbescheid]

(1) Das Gericht kann in geeigneten Fällen ohne mündliche Ver-handlung durch Gerichtsbescheid entscheiden.

(2) [1]Die Beteiligten können innerhalb eines Monats nach Zustellung des Gerichtsbescheides mündliche Verhandlung beantragen. [2]Hat das Finanzgericht in dem Gerichtsbescheid die Revision zugelassen, kön-nen sie auch Revision einlegen. [3]Wird von beiden Rechtsbehelfen Gebrauch gemacht, findet mündliche Verhandlung statt.

(3) Der Gerichtsbescheid wirkt als Urteil; wird rechtzeitig mündli-che Verhandlung beantragt, gilt er als nicht ergangen.

(4) Wird mündliche Verhandlung beantragt, kann das Gericht in dem Urteil von einer weiteren Darstellung des Tatbestands und der Entscheidungsgründe absehen, soweit es der Begründung des Gerichts-bescheides folgt und dies in seiner Entscheidung feststellt.

Vgl § 84 VwGO; § 105 SGG.

Übersicht

Literatur: *Bilsdorfer,* Das FGO-Änderungsgesetz, BB 1993, 109; *Buciek,* Das FGO-Änderungsgesetz (Teil II), DStR 1993, 152; *Roth,* Zur Unvereinbarkeit des Gerichtsbescheides (§ 84 VwGO) mit Art 6 I EMRK, NVwZ 1997, 656; *Rößler,* Der Gerichtsbescheid im finanzgerichtlichen Verfahren, DStZ 1994, 84; *Schmieszek,* Änderungen im finanzgerichtlichen Verfahren zum 1. 1. 1993, DB 1993, 12; *Selder,* Rechtsbehelfe gegen Gerichtsbescheide des Einzelrichters – Urteil des BFH v. 8. 3. 1994 IX R 58/93 –, DStZ 1994, 549.

A. Vorbemerkungen

I. Allgemeines

§ 90 a dient der Beschleunigung und Straffung des finanzgerichtlichen **1** Verfahrens. Die Vorschrift ermöglicht es den Finanzgerichten, in einem vereinfachten Verfahren zu entscheiden. – **Verfassungsrechtliche Bedenken** gegen die Neuregelung (Art 19 IV, 101, 103 I GG) sind nicht begründet (vgl BVerwGE 57, 273; 72, 61; VGH München BayVBl 1979, 214 f). – Zur Vereinbarkeit des § 90 a mit **Art 6 I 2 MRK** s FG Hessen EFG 1999, 486; BVerwGE 72, 61; BVerwG NJW 1986, 1386; NVwZ 1992, 890; Buchholz 310 § 84 VwGO Nr 3; s aber auch EGMR NJW 1991, 623). – Zu **rechtspolitischen Bedenken** vgl *Grahe* NJW 1978, 1789; *Kopp* NJW 1991, 522 f.

§ 90 a durchbricht den Grundsatz der Mündlichkeit (§ 90 Rz 4 ff, **2** 22). Aus Gründen der Prozessökonomie ist es dem Finanzgerichten und dem BFH gestattet, in Klagesachen – unabhängig von der Zustimmung der Beteiligten – ohne mündliche Verhandlung durch Gerichtsbescheid zu entscheiden. Das Mündlichkeitsprinzip wird allerdings auf Antrag eines der Beteiligten wiederhergestellt, wenn bestimmte Voraussetzungen erfüllt sind (Rz 15 ff). – Der Gerichtsbescheid setzt die Beteiligten von der Meinung des Gerichts verbindlich in Kenntnis und gibt ihnen dadurch die Möglichkeit, zu den ihnen angreifbar erscheinenden Punkten besonders Stellung zu nehmen.

II. Anwendungsbereich

§ 90 a regelt den Erlass eines Gerichtsbescheides durch den in erster **3** Instanz zuständigen **Senat des FG.** Die Vorschrift gilt gem § 121 S 1 **auch für den BFH** im Revisionsverfahren (zur Unanwendbarkeit im Beschwerdeverfahren s BFH/NV 1996, 333). Da der **Einzelrichter** in jeder Hinsicht an die Stelle des Senats tritt, ist § 90 a auch in den Fällen der **§§ 6, 79 a III, IV** anwendbar (vgl BT-Drucks 12/1061 S 18; *Schmieszek* DB 1993, 12, 13; BFHE 172, 319 = BStBl II 1994, 118 ebenso für § 6, offen hinsichtlich § 79 a III, IV); ebenso für § 31 AsylVerfG *Schmieszek* NVwZ 1991, 522, 525; *Stelkens* NVwZ 1991, 209, 216; ebenso für §§ 6, 87 a VwGO *Kopp/Schenke* § 84 Rz 3). – Zum Erlass eines Gerichtsbeschei-

des gem **§ 79 a II, IV** durch den Vorsitzenden bzw den Berichterstatter
s § 79 a Rz 20 ff.

4   Der **Gerichtsbescheid** kann grundsätzlich nur **an die Stelle eines** über
einen selbstständigen prozessualen Anspruch befindenden **Urteils,** nicht
eines Beschlusses treten. Selbstständige **Antragsverfahren** (zB §§ 69, 114)
können deshalb nicht durch Gerichtsbescheid abgeschlossen werden.
Andererseits braucht durch den Gerichtsbescheid nicht stets abschließend über die Klage entschieden zu werden. Möglich ist auch der Erlass
von Gerichtsbescheiden anstelle von **Zwischen-, Teil- oder Grundurteilen** (§§ 97–99; vgl *Kopp/Schenke* § 84 Rz 4; ebenso BFHE 172, 493 =
BStBl II 1994, 439; BFHE 186, 299 = BStBl II 1999, 28, 30 betr Zwischenurteil).

B. Die Regelungen des § 90 a

I. Voraussetzungen der Entscheidung durch Gerichtsbescheid (§ 90 a I)

5   § 90 a I gibt dem Gericht **in geeigneten Fällen** die Möglichkeit, ohne
mündliche Verhandlung durch Gerichtsbescheid zu entscheiden. Geeignet
sind alle Fälle, in denen der Erlass eines Gerichtsbescheides ohne Beeinträchtigung des Rechtsschutzes der Beteiligten möglich und vertretbar ist
(vgl § 84 Rz 7). Verfahren, in denen eine weitere Sachaufklärung erforderlich ist, können deshalb nicht durch Gerichtsbescheid entschieden werden
(vgl § 90 Rz 17). Die **Notwendigkeit weiterer Ermittlungen hindert den Erlass eines Gerichtsbescheides** jedoch nur solange, bis der
entscheidungserhebliche Sachverhalt zB durch Beweiserhebungen nach
§§ 79 III, 81 II oder Maßnahmen nach § 79 I Nr 2–4 geklärt ist. Das ist
der Fall, wenn das Gericht iS des § 96 I davon überzeugt ist, dass sich –
auch in einer mündlichen Verhandlung – keine neuen Gesichtspunkte
mehr ergeben können. – Aus dem Zweck des Gesetzes (Rz 1) ist außerdem zu entnehmen, dass der Erlass eines Gerichtsbescheides in Streitigkeiten, die **besondere Schwierigkeiten rechtlicher oder tatsächlicher
Art** aufweisen (§ 6 Rz 11), regelmäßig nicht in Betracht kommt (vgl BT-
Drucks 12/1061 S 18; s auch § 84 I 1 VwGO; großzügiger *Schmieszek* DB
1993, 12, 13). In diesen Fällen ist – falls nicht die Revision zugelassen worden ist (Rz 16) – mit einem Antrag auf mündliche Verhandlung (Rz 15 ff)
zu rechnen, der zu einer Verzögerung des Verfahrens führt. Im Einzelfall –
etwa bei Einverständnis der Beteiligten – kann der Erlass eines Gerichtsbescheides in den genannten Fällen gleichwohl zweckmäßig sein (vgl *Rößler*
DStZ 1994, 84). – Hat die Sache **grundsätzliche Bedeutung** (§ 6 Rz 12),
ist eine Entscheidung durch Gerichtsbescheid nach der gesetzlichen Regelung nicht von vornherein ausgeschlossen (*T/K* § 90 a FGO Rz 2; *Rößler*
DStZ 1994, 84; einschränkend *Kopp/Schenke* § 84 Rz 8). § 90 a II 2
(Rz 16) gibt den Beteiligten vielmehr in diesen Fällen die Möglichkeit,
den Gerichtsbescheid mit der Revision anzufechten. Ist der Sachverhalt
geklärt, kann es in Streitsachen von grundsätzlicher Bedeutung sogar im
Interesse der Beteiligten (Beschleunigung des Verfahrens) liegen, durch
Gerichtsbescheid zu entscheiden. – Entsprechendes wird man für den Fall
des § 115 II Nr 2 (Zulassung der Revision im Interesse der Fortbildung des

Rechts oder der Sicherung einer einheitlichen Rechtsprechung) annehmen müssen. – Zum **Erlass eines Gerichtsbescheides** durch den Vorsitzenden bzw den Einzelrichter **gem § 79 a II, IV** s § 79 a Rz 10 ff.

II. Verfahren

Den Beteiligten (§ 57) ist vor dem Erlass eines Gerichtsbescheides **6** **rechtliches Gehör** (Art 130 I GG) zu gewähren (BFHE 188, 273 = BStBl II 1999, 531 = BFH/NV 1999, 1282), und zwar auch zu der Frage, ob durch Gerichtsbescheid entschieden werden soll. Das entspricht, auch wenn es im Gesetz – anders als in § 84 I 2 VwGO – nicht ausdrücklich verlangt wird, dem verfassungsrechtlichen Gebot, gerichtliche Verfahren fair durchzuführen. Die Stellungnahme der Beteiligten ist außerdem von erheblicher Bedeutung für die Ermessensausübung (Rz 9).

Das **FG entscheidet** bei Erlass eines Gerichtsbescheides **ohne** die **ehren-** **7** **amtlichen Richter** (§ 5 III 2), ggf (§§ 6, 79 a III, IV) entscheidet der **Einzelrichter** allein. Der **BFH** entscheidet stets in voller Besetzung (§ 10 Rz 1).

Der Gerichtsbescheid ergeht als **Beschluss.** Hinsichtlich der **Form,** des **8** **Inhalts** und der **Zustellung** des Gerichtsbescheides gelten nach § 106 die für Urteile erlassenen Vorschriften der §§ 104, 105 sinngemäß. Der Gerichtsbescheid **muss begründet werden.** Dabei sind bestimmte **Besonderheiten** (Rz 10, 14, 26) zu beachten. Zur Frage, bis zu welchem Zeitpunkt beim Gericht eingehende Schriftsätze der Beteiligten noch berücksichtigt werden müssen, s § 90 Rz 19, 20 und BFH/NV 1998, 322. – Der Beschluss ist mit einer **Rechtsmittelbelehrung** zu versehen (§ 55 Rz 12).

III. Die **Entscheidung, ob** der Rechtsstreit **durch Gerichtsbescheid** **9** entschieden werden soll, **steht im Ermessen** des Gerichts. Bei der Ermessensentscheidung ist neben dem Zweck der Regelung (Rz 1) das Rechtsschutzinteresse der Beteiligten zu berücksichtigen. Insbesondere ist abzuwägen, ob nicht eine Entscheidung aufgrund mündlicher Verhandlung sachgerechter wäre (vgl Rz 5; s auch *Meyer-Ladewig* NJW 1978, 858). Außerdem muss sich das Gericht mit etwaigen Argumenten der Beteiligten (Rz 6) auseinandersetzen. – Die **Einwilligung** der Beteiligten verlangt das Gesetz jedoch **nicht.**

Die Entscheidung, dass der Erlass eines Gerichtsbescheides zweckmäßig **10** ist, trifft das Gericht (ggf der Einzelrichter – Rz 3) – nach Anhörung der Beteiligten (Rz 6) – mit einfacher Mehrheit, und zwar (das gilt für den Senat und den Einzelrichter gleichermaßen) **durch formlosen Beschluss.** Bekanntgabe des Beschlusses und der Gründe ist nicht erforderlich (*Kopp/Schenke* § 84 Rz 19). Spätestens in den Gründen des Gerichtsbescheides müssen aber die für seinen Erlass maßgebenden Gründe dargelegt werden; anderenfalls wäre eine Überprüfung der Ermessensentscheidung im Revisionsverfahren nicht möglich (vgl BVerwG NVwZ 1990, 963; Buchholz 312 § 1 EntlG Nr 25; s auch Rz 12).

Der Beschluss, durch Gerichtsbescheid zu entscheiden, kann – bis zu **11** seinem Erlass – jederzeit von Amts wegen oder auf Anregung eines Beteiligten **wieder aufgehoben** werden. Er muss korrigiert werden, wenn sich nachträglich herausstellt, dass die Streitsache für eine Entscheidung durch

Gerichtsbescheid „ungeeignet" ist (Rz 5), insbesondere, wenn deutlich wird, dass der Sachverhalt nicht geklärt ist.

12 Der Beschluss, durch Gerichtsbescheid zu entscheiden, ist als prozessleitende Verfügung **nicht gesondert anfechtbar** (§ 128 II; vgl § 128 Rz 6). Der Beschluss bindet grundsätzlich auch den BFH. Ein vom BFH zu berücksichtigender **Verfahrensfehler** iS der §§ 115 II Nr 3, 118 III, 119 Nr 3 liegt aber vor, wenn das erstinstanzliche Gericht die gesetzlichen Voraussetzungen des § 90 a I offensichtlich verkannt hat oder der Beschluss, nach § 90 a I zu entscheiden, offensichtlich gesetzeswidrig oder willkürlich ist (*Kopp/Schenke* § 84 Rz 41).

IV. Wirkungen des Gerichtsbescheides (§ 90 a III)

13 **Der Gerichtsbescheid** ersetzt die Entscheidung durch Urteil von Anfang an, wenn kein Antrag auf mündliche Verhandlung (Rz 15 ff) gestellt wird oder – falls die Revision zugelassen worden ist (Rz 16) – mündliche Verhandlung nicht beantragt wird (§ 90 a III). Legt keiner der Beteiligten Revision (Rz 16) ein und wird auch nicht rechtzeitig mündliche Verhandlung beantragt, **wirkt** der Gerichtsbescheid **als rechtskräftiges Urteil** (BFH/NV 1998, 70; s auch Rz 25). Ein Urteil, in dem die Urteilswirkung des Gerichtsbescheides festgestellt wird, hat lediglich die Entscheidung zum Gegenstand, dass die Antragsfrist versäumt worden und keine Wiedereinsetzung zu gewähren ist (BFH/NV 2003, 336, 337). Das gilt entsprechend, wenn der **Antrag** auf mündliche Verhandlung gegen einen Gerichtsbescheid des BFH **ohne Prozessvertreter** gestellt wird (BFH/NV 1996, 776; Rz 19).

14 **Wird rechtzeitig mündliche Verhandlung beantragt,** gilt der Gerichtsbescheid als nicht ergangen (§ 90 a III Hs 2). Das Gericht (der Senat bzw der Einzelrichter – §§ 6, 79 a III, IV) muss dann **erneut über den Rechtsstreit entscheiden,** und zwar durch Urteil (Rz 24 f). Erweist sich die durch den Gerichtsbescheid getroffene Entscheidung aufgrund der mündlichen Verhandlung als richtig, muss das Gericht im **Tenor** des Urteils den Tenor des Gerichtsbescheides wiederholen. Die Tenorierung: „Der Gerichtsbescheid vom ... wird aufrechterhalten ..." (so *Rößler* DStZ 1994, 84, 85) ist unzutreffend, weil der Gerichtsbescheid nicht mehr existiert und weil der Senat bzw der Einzelrichter in diesen Fällen nach dem Gesetz lediglich die Möglichkeit hat, in dem abschließenden Urteil von einer weiteren Darstellung des Tatbestands und der Entscheidungsgründe abzusehen, soweit er der Begründung des Gerichtsbescheides folgt und dies in seiner Entscheidung ausdrücklich feststellt (§ 90 a IV – Rz 27). – Zur **Beschränkung** des Antrags **auf** mündliche Verhandlung auf **abtrennbare Teile** des Gerichtsbescheides s Rz 22. – Zum **rechtsmissbräuchlichen Antrag** auf mündliche Verhandlung s FG Saarl EFG 2004, 743.

V. Rechtsbehelfe, Rechtsmittel (§ 90 a II)

15 **1.** Die Beteiligten können nach § 90 a II idF des 2. FGOÄndG gegen die **nach dem 31. 12. 2000** ergangenen bzw ergehenden Gerichtsbescheide **in jedem Fall** innerhalb eines Monats nach Zustellung des Gerichtsbescheides **mündliche Verhandlung beantragen** (§ 90 a II 1; Rz 19 ff). Dies gilt auch für den Erlass eines Gerichtsbescheides durch den

BFH (vgl BFH/NV 2001, 806; s auch Rz 16 aE). – Zur Rechtslage bis zum 1. 1. 2001 s 4. Auflage § 90a Rz 15 ff und BFH/NV 2001, 1190 = BFH BStBl II 2001, 31.

2. Hat das Finanzgericht in dem Gerichtsbescheid die **Revision zuge-** **16** **lassen,** haben die Beteiligten die **Wahl, ob** sie **mündliche Verhandlung** beantragen **oder Revision** einlegen (§ 90a II 2; s hierzu Rz 5). **Nicht-** **zulassungsbeschwerde** kann jedoch (abweichend von § 90a II Nr 2 Hs 1 aF) nicht mehr erhoben werden; durch eine unzutreffende Rechtsmittel-belehrung wird die Nichtzulassungsbeschwerde nicht statthaft (BFH/NV 2005, 374, 375); **Umdeutung** in einen Antrag auf mündliche Verhand-lung kommt nicht in Betracht, die Frist für einen Antrag auf mündliche Verhandlung verlängert sich aber gem § 55 II 1 auf 1 Jahr (BFH/NV 2005, 374, 375).

3. Legen die Beteiligten **unterschiedliche Rechtsbehelfe** ein, **hat** der **17** **Antrag auf mündliche Verhandlung Vorrang** (§ 90a II 3). Dies gilt auch, wenn mehrere Beteiligte auf der Klägerseite zT Revision einlegen und zT mündliche Verhandlung beantragen.

4. Einzelheiten zum Antrag auf mündliche Verhandlung

Der Antrag auf mündliche Verhandlung ist **innerhalb eines Monats** **19** nach Zustellung des Gerichtsbescheides (§ 90a II Hs 1) **schriftlich oder** **zu Protokoll** der Geschäftsstelle zu stellen (§ 64 I analog). Der Antrag ist als Prozesshandlung **bedingungsfeindlich** (vgl BFHE 132, 313 = BStBl II 1981, 322). – Fehlt die Rechtsmittelbelehrung oder ist sie unrichtig, be-ginnt die Antragsfrist nicht zu laufen (§ 55 Rz 27). – Bei Versäumung der Antragsfrist kommt **Wiedereinsetzung** in den vorigen Stand in Betracht (§ 56 Rz 2). – Zum **Vertretungszwang** s Rz 13; § 62a Rz 14 ff.

Der Antrag auf mündliche Verhandlung muss nicht begründet werden. **20** Er ist wie jeder andere Rechtsbehelf aber nur zulässig, wenn der An-tragsteller durch den Gerichtsbescheid **beschwert** ist; außerdem muss ein **Rechtsschutzinteresse** des Beteiligten (Antragstellers) bestehen (vgl Vor § 115 Rz 12 ff; s auch *Renz* DStZ 1986, 166, 167).

Der Antrag auf mündliche Verhandlung kann auch in der nach Erlass des **21** Gerichtsbescheides abgegebenen Erklärung zu sehen sein, der Rechtsstreit sei in der Hauptsache erledigt; eine mündliche Verhandlung braucht bei übereinstimmenden Erledigungserklärungen nicht durchgeführt zu werden, weil durch Beschluss entschieden werden kann (§ 90 I 2 iVm 138 I).

Der Antrag auf mündliche Verhandlung kann auf einzelne in dem Ge- **22** richtsbescheid behandelte streitige Veranlagungszeiträume oder einen sonst **abtrennbaren Streitpunkt** beschränkt werden (vgl BFHE 101, 22 = BStBl II 1971, 181; BFHE 128, 173 = BStBl II 1979, 652). Der Gerichts-bescheid gilt dann in diesem Umfang als nicht ergangen (vgl BFHE 128, 172 = BStBl II 1979, 652). Im Übrigen wirkt er als (rkr) Urteil.

Der Antrag auf mündliche Verhandlung kann **mit dem Verzicht auf** **23** **mündliche Verhandlung** (§ 90 II) **verbunden** werden (vgl BFHE 126, 384 = BStBl II 1979, 170; BFHE 132, 313 = BStBl II 1981, 322; BFH/ NV 1986, 33; VGH München DÖV 1981, 639). Dies kommt einem Ver-zicht auf das Recht gleich, die Verletzung des rechtlichen Gehörs zu rügen (§ 295 ZPO; BFH/NV 1998, 713). – Der Antrag kann – ggf auch teilweise (Rz 22) – **zurückgenommen** werden (vgl BFHE 103, 310 = BStBl II 1972, 93; BFH/NV 1989, 238), und zwar (aus Gründen der Prozessökonomie) auch noch in der mündlichen Verhandlung (vgl BFHE 160, 6 = BStBl II 1990, 548). Der Gerichtsbescheid lebt dann wieder auf. – Der Antrag auf mündliche Verhandlung kann jedoch nicht mehr wirksam zurückgenommen werden, wenn die Rücknahmeerklärung das Gericht bei normalem Geschäftsgang erst kurz vor Schluss der mündlichen Verhandlung erreichen kann und erreicht (BFHE 156, 121 = BStBl II 1989, 416). Prozessökonomische Gesichtspunkte sind dann nicht mehr von Bedeutung.

24 Wird der **Antrag auf mündliche Verhandlung rechtzeitig** gestellt (bzw Wiedereinsetzung gewährt) und nicht zurückgenommen (Rz 23), geht das Verfahren weiter, und zwar so, als ob kein Gerichtsbescheid ergangen wäre (Rz 14). Klagerücknahme ist wieder möglich (§ 72 Rz 25). Die Beteiligten können den Rechtsstreit auch in der Hauptsache für erledigt erklären. – Von diesen Sonderfällen abgesehen muss das Verfahren jedoch durch Urteil entschieden werden. **Ein weiterer Gerichtsbescheid ist unzulässig.** Das Gesetz geht davon aus, dass nach einem Antrag auf mündliche Verhandlung durch Urteil entschieden wird (§ 90a IV). Außerdem bestünde anderenfalls die Gefahr, dass der Abschluss des Verfahrens durch erneute Anträge auf mündliche Verhandlung nach Ergehen weiterer Gerichtsbescheide in nicht vertretbarer Weise hinausgezögert wird (vgl BFHE 141, 227 = BStBl II 1984, 720; BFH/NV 1998, 598, 599; **aA zum Vorbescheid** BFHE 57, 714 = BStBl III 1953, 272; BFHE 153, 507 = BStBl II 1988, 840; BFH/NV 1991, 248). Das **Wiederholungsverbot gilt** jedoch **nicht** für das Verhältnis von Zwischengerichtsbescheid zum Endgerichtsbescheid (BFHE 186, 299 = BStBl II 1999, 28, 30; vgl auch FG Köln EFG 1996, 72: kein Wiederholungsverbot bei wesentlicher Änderung der Prozesslage).

25 Wird der **Antrag auf mündliche Verhandlung verspätet** gestellt und macht der Beteiligte geltend, die Frist sei nicht versäumt worden oder es sei wegen der Fristversäumnis Wiedereinsetzung zu gewähren, muss das Gericht mündliche Verhandlung anberaumen. Kommt es zu der Überzeugung, dass die Frist nicht versäumt wurde oder dass Wiedereinsetzung zu gewähren ist, muss es das Verfahren zur Sache fortsetzen (§ 90a III Hs 2; Rz 24); anderenfalls muss es durch Urteil die Beendigung des Verfahrens aufgrund des Gerichtsbescheides bzw die Wirkung des Gerichtsbescheides als Urteil feststellen (Rz 13; Kopp/Schenke § 84 Rz 39; BFH/NV 1998, 70; vgl auch BFHE 134, 216 = BStBl II 1982, 128). Der BFH entscheidet in dem zuletzt genannten Fall durch Beschluss analog § 126 I (BFHE 103, 138 = BStBl II 1971, 812).

26 5. Zu den **Besonderheiten der Rechtsmittel gegen Gerichtsbescheide des Einzelrichters** s § 6 Rz 22, 27; § 79a Rz 22 f, 33.

27 **VI.** Wegen der **Begründungserleichterungen** (§ 90a IV) s Rz 14 aE. – Die Verweisung auf den Gerichtsbescheid ist jedoch im Allgemeinen nicht gerechtfertigt, wenn der Gerichtsbescheid, auf den verwiesen wird, seinerseits keine ausreichende Begründung enthält oder wenn nach Erlass des Gerichtsbescheides vorgetragene wesentliche neue Gesichtspunkte im Gerichtsbescheid nicht berücksichtigt worden sind (BFH/NV 1998, 1509 mwN).

§ 91 [Ladung der Beteiligten, Sitzungsort]

(1) ¹Sobald der Termin zur mündlichen Verhandlung bestimmt ist, sind die Beteiligten mit einer Ladungsfrist von mindestens zwei Wochen, beim Bundesfinanzhof von mindestens vier Wochen, zu laden. ²In dringenden Fällen kann der Vorsitzende die Frist abkürzen.

(2) Bei der Ladung ist darauf hinzuweisen, dass beim Ausbleiben eines Beteiligten auch ohne ihn verhandelt und entschieden werden kann.

(3) Das Gericht kann Sitzungen auch außerhalb des Gerichtssitzes abhalten, wenn dies zur sachdienlichen Erledigung notwendig ist.

(4) § 227 Abs 3 Satz 1 der Zivilprozessordnung ist nicht anzuwenden.

Vgl § 102 VwGO; § 110 SGG; §§ 216–219 ZPO; § 47 ArbGG.

Übersicht

Literatur: *Koepsell/Fischer-Tobies,* Verfahrensverstoß wegen überlanger Verfahrensdauer vor Steuergerichten, DB 1992, 370; *Lange,* Aufhebung oder Verlegung des Termins zur mündlichen Verhandlung vor dem Finanzgericht sowie Vertagung der Verhandlung, DStZ 1996, 577; *ders,* Auswärtige Sitzungen der Finanzgerichte und des Bundesfinanzhofs, DStZ 1998, 349; *Lützeler,* Abänderung eines Gerichtstermins gemäß § 227 Abs 3 ZPO, NJW 1973, 1447.

I. Bestimmung, Aufhebung, Verlegung und Vertagung des Termins

1. Der Termin zur mündlichen Verhandlung wird **durch den Vorsitzenden** bzw den **Einzelrichter** (§§ 6, 79a III, IV) ohne zeitliche Beschränkungen (Rz 5 aE) bestimmt (§ 155 iVm § 216 ZPO). Die Terminverfügung muss nach § 155 iVm §§ 329 I 2, 317 II 1, 315 I 1 ZPO mit der **vollen Unterschrift** versehen werden; eine Paraphe genügt nicht (BSG MDR 1990, 955; BVerwG NJW 1994, 746; OLG Köln NJW-RR 1997, 1292; *Baumbach ua* § 329 Rz 11; **aA** – Paraphe genügt – *Kopp/Schenke* § 102 Rz 4 unter Berufung auf BSG NJW 1990, 2083; ebenso OVG Münster NJW 1991, 1628; LAG Hamm MDR 1982, 612). Da der Rechtsstreit im finanzgerichtlichen Verfahren nach Möglichkeit in einer einzigen mündlichen Verhandlung entschieden werden soll (**Konzentrationsmaxime** – s § 79 Rz 1), wird der Termin im Allgemeinen erst dann an-

beraumt werden, wenn die Beteiligten (§ 57) sich vollständig und abschließend erklärt haben und die gerichtlichen Aufklärungsmaßnahmen (evtl
auch Beweisaufnahmen – § 79 Rz 11; § 81 Rz 14 ff) abgeschlossen sind; in
einfach gelagerten Fällen kann schon vorher terminiert werden (vgl
BVerwG NJW 1990, 1616). Einer **gesonderten Zustellung** der Terminbestimmung bedarf es nur dann, wenn – wie zB bei Beweisterminen (§ 93)
– keine Ladung zum Termin (Rz 9 ff) erforderlich ist (BFH/NV 1998,
459, 460; s auch FG BaWü EFG 1997, 818). Die Terminbestimmung ist
als prozessleitende Verfügung **unanfechtbar** (§ 128 II; BFH/NV 1997,
595; 2000, 1351).

2   **2.** Der **Vorsitzende** bzw der **Einzelrichter** kann nach § 155 iVm
§ 227 ZPO einen Termin – nach der Ladung (Rz 9 ff) – aus „erheblichen
Gründen" (Rz 4) vor seiner Durchführung (ohne gleichzeitig einen neuen
Termin zu bestimmen) **aufheben** oder (unter Bestimmung eines neuen
Termins) **verlegen** (vgl BFH/NV 1991, 756, 757). Der **Senat** bzw der
Einzelrichter kann den Termin nach § 155 iVm § 227 ZPO nach Beginn
seiner Durchführung **vertagen** (BFH/NV 2004, 66, 67). Eines formellen
Antrags bedarf es nicht, die **Gründe** müssen aber so genau **(substantiiert)**
dargelegt werden, dass sich das Gericht aufgrund der Schilderung ein Urteil über die Erheblichkeit bilden kann (BFH/NV 1998, 226, 227; 1999,
324; 631; 2003, 797; 2004, 962, 963; s auch BVerfG MDR 1981, 470).
Eine lediglich formelhafte Begründung rechtfertigt die Aufhebung, Verlegung oder Vertagung eines Termins nicht (BFH/NV 1996, 228; 1998,
226, 227; 2003, 795).

§ 227 ZPO Terminsänderung

(1) [1] Aus erheblichen Gründen kann ein Termin aufgehoben oder verlegt
sowie eine Verhandlung vertagt werden. [2] Erhebliche Gründe sind insbesondere nicht

1. das Ausbleiben einer Partei oder die Ankündigung, nicht zu erscheinen,
wenn nicht das Gericht dafür hält, daß die Partei ohne ihr Verschulden
am Erscheinen verhindert ist;
2. die mangelnde Vorbereitung einer Partei, wenn nicht die Partei dies genügend entschuldigt;
3. das Einvernehmen der Parteien allein.

(2) Die erheblichen Gründe sind auf Verlangen des Vorsitzenden, für eine
Vertagung auf Verlangen des Gerichts glaubhaft zu machen.

(3) ...

Abs 3 S 1 ist im finanzgerichtlichen Verfahren nicht anzuwenden –
§ 91 IV; Rz 5 aE.

(4) [1] Über die Aufhebung sowie Verlegung eines Termins entscheidet der
Vorsitzende ohne mündliche Verhandlung; über die Vertagung einer Verhandlung entscheidet das Gericht. [2] Die Entscheidung ist kurz zu begründen. [3] Sie ist unanfechtbar.

3   Die Entscheidung über die Aufhebung, Verlegung und Vertagung von
Terminen steht grundsätzlich im **Ermessen** des Vorsitzenden oder des
Einzelrichters (BFH/NV 1999, 1484, 1485). Bei der Ausübung des Er-

messens sind die geltend gemachten Gründe (Rz 2) unter Würdigung aller Umstände des Einzelfalls (Prozessstoff, persönliche Verhältnisse der Beteiligten und ihrer Prozessbevollmächtigten) sowie unter Berücksichtigung der Bedeutung der mündlichen Verhandlung für das Verfahren gegeneinander abzuwägen (BFHE 163, 115 = BStBl II 1991, 240; BFH/NV 1991, 464, 466; 1996, 43, 44; 1999, 317, 318). – Sind die geltend gemachten (Rz 2) Gründe iS des § 227 I 1 ZPO erheblich, besteht ein **Rechtsanspruch** (Ermessensreduzierung) auf Vertagung, Aufhebung oder Verlegung des Termins (Art 103 I GG – vgl BFHE 117, 19 = BStBl II 1976, 48; BFHE 121, 132 = BStBl II 1977, 293; BFH/NV 1998, 459, 461; 1999, 626; 2001, 1125, 1126; 2004, 66, 67; 506; 2005, 1373). **Erhebliche Gründe** sind einerseits solche, die (aus der Sicht des Gerichts) eine weitere Vorbereitung der Entscheidung sachlich gebieten, und zum anderen auch solche, die eine Terminsänderung wegen des Anspruchs auf rechtliches Gehör erforderlich machen (BFH/NV 1999, 1623, 1624; 2000, 1623, 1624). – Ob das Gericht die Sache für entscheidungsreif hält und die Erledigung des Rechtsstreits durch die Verlegung des Termins verzögert wird, ist für die Entscheidung unerheblich (BFH/NV 2001, 1125; 2002, 198); die mündliche Verhandlung hat schon für sich selbst einen eigenen Rechtswert (BFH/NV 1992, 526; *T/K* § 91 FGO Rz 9; vgl auch BVerwG HFR 1979, 162; aA BVerwG HFR 1979, 342 und 491). – Auf Verlangen des Vorsitzenden bzw des Einzelrichters sind die geltend gemachten Gründe **glaubhaft zu machen** (§ 227 II ZPO – zB BFH/NV 2004, 654, 655). Wird der **Antrag** so **kurzfristig** vor dem Termin gestellt, dass der Zeitraum für das Nachweisverlangen nicht ausreicht, kommt die Aufhebung usw des Termins nur in Betracht, wenn die Gründe substantiiert dargelegt und gleichzeitig glaubhaft gemacht worden sind (BFH/NV 1999, 799; 2000, 441, 442; 2003, 199; 629; 2004, 199, 200; 2005; 1578, 1579; 2036; 2037; 2219, 2220). – Trotz Geltendmachung erheblicher Gründe ist es uU nicht ermessensfehlerhaft, die mündliche Verhandlung durchzuführen und anschließend zu vertagen (BFH/NV 1998, 599, 601). – Wegen der Einzelfälle s Rz 4–6.

Erhebliche Gründe iS des § 227 I ZPO sind **zu bejahen** (mit der **4** Folge, dass regelmäßig ein Anspruch auf Vertagung usw besteht):

– **bei gleichzeitigem Stattfinden anderweitiger** (früher anberaumter) **Gerichtstermine,** die der Beteiligte selbst oder sein Bevollmächtigter wahrnehmen muss (zB BFHE 117, 19 = BStBl II 1976, 48; BFH/NV 2002, 1182, 1183; 2004, 654, 655; BVerwG HFR 1977, 347; BSGE 47, 35 = HFR 1980, 253; s hierzu *E Schneider* MDR 1977, 793, 794), insbesondere, wenn der gleichzeitige Verhandlungstermin ein **Eilverfahren** betrifft (BFHE 129, 297 = BStBl II 1980, 208, 209; BFH/NV 1988, 585); in jedem Fall muss dargelegt werden, dass eine nicht zu beseitigende Terminüberlagerung vorliegt (BFH/NV 1988, 585; 643, 646; 651, 652; 1999, 317, 318 zur Ermessensausübung; strenger BFH/NV 1992, 106; 1993, 105);

– **bei anderweitigen beruflichen Verpflichtungen** des Prozessbevollmächtigten, wenn nach den jeweiligen Verhältnissen des Einzelfalls der Aufschub der anderweitigen Aufgaben oder die Vertretung durch einen anderen Prozessbevollmächtigten nicht zumutbar ist (BFHE 121, 132 = BStBl II 1977, 293; BFH/NV 1993, 732; 2002, 515; 2000, 1219 betr

Sozietät; zur Wahrnehmung eines **Ehrenamtes** s VGH Mannheim NVwZ 2000, 213 großzügig; s aber auch BFH/NV 2004, 75);
– **bei unverschuldetem Wechsel des Bevollmächtigten** (BFHE 121, 286 = BStBl II 1978, 348; BFH/NV 1992, 679; 1996, 144; 2004, 66, 67; 2005, 1373; einschränkend BFH/NV 2005, 2249) oder Wechsel des Bevollmächtigten aus schutzwürdigen Gründen (*Kopp/Schenke* § 102 Rz 8 b); s hierzu auch BFH/NV 1993, 102; 2003, 795; 2004, 796;
– bei **fehlerhafter Ladung** (Rz 14);
– bei Vorliegen der Voraussetzungen für eine **Aussetzung des Verfahrens** gem § 74 (vgl BFH/NV 1996, 144);
– **bei Erkrankung** eines Beteiligten oder des Prozessbevollmächtigten (BFH/NV 1996, 228; 2005, 1596; BVerwG Buchholz 310 § 108 VwGO Nr 233, 285; § 227 ZPO Nr 13; 14; s auch BFH/NV 1991, 464, 466), wenn die Verhandlungs- oder Reiseunfähigkeit durch ärztliches (nicht notwendig amtsärztliches) Attest belegt wird (BFH/NV 2003, 80; 2004, 222, 223; 962, 963; BVerwG NVwZ-RR 1999, 408) und zwar grundsätzlich auch dann, wenn die Vollmacht noch nicht nachgewiesen ist (BFH/NV 1993, 29), **nicht aber,** wenn es sich um ein nicht aktuelles (BFH/NV 2002, 909) oder ein völlig unsubstantiiertes Attest handelt (BFH/NV 1995, 890; 2003, 629; 2005, 2219; s aber auch BFH/NV 2002, 30, s 31; 2005, 2041). Dies gilt insbesondere für einen Beteiligten, dessen persönliches Erscheinen angeordnet war (BFH/NV 2000, 194, 195; 2002, 938). – Zur Frage, wie zu verfahren ist, wenn der Antrag so spät gestellt wird, dass die Glaubhaftmachung nicht mehr verlangt werden kann, s Rz 3 aE und BFH/NV 1999, 799; 2002, 371; 2003, 929; 2004, 796, 797; 2005, 1578, 1579. – Bei Erkrankung eines vertretenen Klägers liegen erhebliche Gründe nur vor, wenn die für die Notwendigkeit seiner Anwesenheit sprechenden Gründe substantiiert dargelegt und ggf glaubhaft gemacht werden (BFH/NV 2004, 796, 797; BVerwG Buchholz 310 § 108 VwGO Nr 106; DÖV 1983, 247; ebenso jedenfalls für den Fall, dass ein Erörterungstermin stattgefunden hatte: BFHE 163, 115 = BStBl II 1991, 240). Zur **überraschenden Erkrankung des Prozessbevollmächtigten** s BFH/NV 2001, 1579, 1580; 2002, 520, 521; 2004, 506. Bei nur **vorübergehender Erkrankung** oder einer sonstigen vorübergehenden Verhinderung des Bevollmächtigten kann der Vertagungsantrag im Allgemeinen auch dann nicht abgelehnt werden, wenn der Beteiligte sich durch einen anderen Bevollmächtigten (Sozius) vertreten lassen kann und dies zumutbar ist (BFH/NV 2004, 1282; 2005, 218; BVerwG NJW 1984, 882; s aber BFH/NV 1999, 626); anders bei längerfristiger Erkrankung (zB BFH/NV 2002, 662, 663; 2003, 45, 48; 49; 2004, 506). Wegen der Erkrankung eines (nicht vertretenen) Klägers braucht der Termin nicht verlegt zu werden, wenn der Kläger den **Prozess verschleppt** (BFH/NV 1993, 186; 2000, 1353; s auch Rz 6) oder genügend Gelegenheit zur Stellungnahme (BFHE 113, 4 = BStBl II 1974, 637; FG Nbg EFG 1990, 439) oder zur Vorlage der Klagebegründung (BFH/NV 1988, 506, 507; 1995, 890) hatte. Ein Vertagungsgrund liegt auch dann nicht vor, wenn der Antrag von einem im Klageverfahren bisher nicht aufgetretenen Dritten (ohne Vollmachtsvorlage und Glaubhaftmachung) kurz vor Beginn der mündlichen Verhandlung gestellt wird (BFH/NV 1989, 234; FG BaWü EFG 1994, 580);

– bei sonstigen in der **persönlichen Lebenssphäre** des Klägers oder des Prozessbevollmächtigten liegenden Hinderungsgründen, zB bei Erkrankung eines Angehörigen (vgl BFH/NV 1995, 533), nicht aber, wenn es sich lediglich um untergeordnete wirtschaftliche Belange (BFH/NV 1995, 533) oder um die Erkrankung eines Mitarbeiters des Prozessbevollmächtigten handelt (BFH/NV 2003, 1059);

– **bei Ortsabwesenheit** eines Beteiligten oder seines Bevollmächtigten **infolge** eines schon lange geplanten **Urlaubs,** wenn eine Vertretung nicht in Betracht kommt oder als nicht zumutbar erscheint (BVerfGE 25, 158; 26, 315, 319; BFH/NV 2000, 209; 2005, 1596; BVerwG NJW 1989, 2486; Buchholz 310 § 108 VwGO Nr 259; s aber auch BVerfGE 14, 195; BVerwGE 14, 197); die urlaubsbedingte Abwesenheit eines von **mehreren Prozessbevollmächtigten** ist jedoch im Allgemeinen kein ausreichender Grund für die Aufhebung des Termins (BFH/NV 1999, 626 mwN);

– bei **unverschuldeter Verhinderung** an der Wahrnehmung des Termins (BFH/NV 1993, 177 betr Autounfall auf dem Weg zum Gericht; s auch BVerwG NJW 1992, 3185; 1995, 1441);

– bei erstmaligem Hinweis des Gerichts in der mündlichen Verhandlung auf **bisher nicht erörterte** entscheidungserhebliche **Gesichtspunkte,** wenn eine sofortige Stellungnahme nicht zumutbar ist und eine kurzfristige Unterbrechung (Sitzungspause) nicht ausreicht (vgl BVerwG Buchholz 310 § 108 Nr 124; *Sangmeister* DStZ 1988, 321, 322);

– bei Notwendigkeit einer angemessenen **Äußerungsfrist zum Beweisergebnis,** wenn die Stellungnahme nur nach sachkundiger Beratung abgegeben werden kann (BSG NJW 1991, 2310 betr Sachverständigengutachten in der mündlichen Verhandlung);

– **bei Mandatsniederlegung** durch den Bevollmächtigten (BSG MDR 1974, 611; BVerwG NJW 1993, 80; s aber BSG NJW 1975, 1384; FG M'ster EFG 1993, 94);

Kein erheblicher Grund iS des § 227 I Nr 1–3 ZPO ist **5**

– der Umstand, dass der BFH **noch nicht über** die Beschwerde gegen die Zurückweisung eines **Richterablehnungsgesuchs entschieden** hat (BFH/NV 1986, 676, 678; zur Rechtslage nach dem Inkrafttreten des 2. FGOÄndG s § 51 Rz 76);

– das **Ausbleiben eines Beteiligten** oder dessen Ankündigung, nicht zu erscheinen (BFH/NV 2005, 2243), es sei denn, dass die Verhinderung unverschuldet ist (vgl Rz 16); ein erheblicher Grund liegt aber nicht vor, wenn persönliche Erläuterungen des Klägers nicht entscheidungserheblich sind (BFH/NV 2002, 1041, 1042);

– die unentschuldigte **mangelnde Vorbereitung** eines Beteiligten (vgl BFHE 115, 185 = BStBl II 1975, 489; BFH/NV 1987, 160, 162; 2004, 217, 218, 800) oder Prozessbevollmächtigten (BFH/NV 1994, 802) und zwar auch dann, wenn die beklagte Behörde erst 9 Tage vor der mündlichen Verhandlung eine ausführliche Auswertung der einschlägigen Fachliteratur vorlegt (BVerwG Buchholz 310 § 108 VwGO Nr 283); anders jedoch, wenn die Vorbereitung unverschuldet unmöglich war (vgl BFH/NV 1994, 802) oder wenn das Gericht seine Entscheidung auf bisher nicht erörterte tatsächliche oder rechtliche Gesichtspunkte stützen will (Rz 4; s auch BVerwG HFR 1978, 505 = NJW 1979, 828); uU

kommt eine Vertagung nach Durchführung der mündlichen Verhandlung in Betracht (BFH/NV 1998, 599, 601);
- etwaige **Zustellungsmängel der Ladung,** wenn keine Anhaltspunkte dafür vorliegen, dass sich der Prozessbevollmächtigte deshalb nicht hinreichend auf den Termin hat vorbereiten können (BFH/NV 1993, 608);
- die **Nichtvorlage der Prozessvollmacht,** wenn der vollmachtlose Vertreter sich trotz mehrfacher vergeblicher Aufforderungen erst am Vortage des Termins vergeblich um die Beschaffung der Prozessvollmacht bemüht hat (FG BaWü EFG 1994, 579);
- allein der Umstand, dass die mündliche Verhandlung verspätet beginnt (BVerwG NJW 1999, 2131);
- das Einvernehmen der Beteiligten allein;
- anders als uU im Zivilprozess (§ 227 III ZPO) der Umstand, dass der **Termin in den Sommermonaten** (v 1. 7.–31. 8.) anberaumt worden ist. Durch **§ 91 IV,** eingefügt durch Gesetz v 18. 6. 1997 – BGBl I, 1430, ist klargestellt worden, dass § 227 III 1 ZPO im finanzgerichtlichen Verfahren nicht anzuwenden ist. – § 91 IV gilt nicht nur für **Termine zur mündlichen Verhandlung** (§ 91 I), sondern – entsprechend – auch für **Erörterungstermine** (§ 79 I 2 Nr 1) und **Beweistermine** (§§ 81 II, 83).

6   In § 227 I Nr 1–3 ZPO sind die Versagungsgründe nicht abschließend geregelt (... „insbesondere nicht ...“). **Ein Anspruch auf Vertagung** usw **besteht nicht,**
- wenn der Beteiligte Akteneinsicht begehrt, von der ihm gebotenen Möglichkeit der **Akteneinsicht keinen** oder schuldhaft nicht rechtzeitig **Gebrauch** gemacht hat (BFH/NV 1993, 732; FG BaWü EFG 1993, 457; BVerwG Buchholz 310 § 108 VwGO Nr 100) oder wenn der Beteiligte die Unmöglichkeit, Akteneinsicht zu nehmen, selbst zu vertreten hat (BFH/NV 1998, 459, 461 zu § 62 III aF: Vollmacht nicht vorgelegt);
- wenn eine **Prozessverschleppungsabsicht offenkundig** ist (BFHE 154, 17 = BStBl II 1988, 948 bei Desinteresse am Fortgang des Verfahrens; s auch BFH/NV 1998, 1104; 1999, 803; 2002, 520, 521; 2003, 178, 179) oder wenn die Mitwirkungspflicht in anderer Weise erheblich verletzt worden ist (BFH/NV 2004, 506). Besteht lediglich der Verdacht, muss der Termin bei Geltendmachung eines erheblichen Grundes zunächst aufgehoben, verlegt oder vertagt werden; dem Beteiligten kann jedoch gleichzeitig mit der Ladung zum neuen Termin vorsorglich die Glaubhaftmachung des Grundes auferlegt werden (§ 227 II ZPO).

7   Die **Entscheidung** erfolgt – je nach Zuständigkeit (Rz 2) – durch Verfügung des Vorsitzenden bzw Einzelrichters oder Beschluss des Senats bzw Einzelrichters. Die Entscheidungen sind zu begründen (§ 227 IV 2 ZPO) und werden bei Ablehnung formlos mitgeteilt (§ 329 II 1 ZPO); die Vertagung wird **verkündet** (§ 329 I 1 ZPO), die Verlegung (wegen der gleichzeitigen Ladung zum neuen Termin) **zugestellt** (§ 329 II 2 ZPO) und die Aufhebung **formlos mitgeteilt** (§ 329 II 1 ZPO). – **Bis zur Bekanntgabe** der Entscheidung über die Aufhebung usw des Termins muss der Antragsteller davon ausgehen, dass der **Termin stattfindet** (BFH/NV 1999, 647; 2005, 64, 65, 66).

Die Entscheidungen sind (gleichgültig, ob es sich um stattgebende oder **8** ablehnende handelt) **nicht selbstständig anfechtbar** (§ 128 II; § 227 IV 3 ZPO; vgl BFH/NV 1988, 382; 1990, 646; 1993, 372; 1995, 59, 60; 1996, 415; 1997, 683) und zwar auch dann nicht, wenn der Vorsitzende die Aufhebung des Termins in Beschlussform verfügt hat (BFH/NV 1994, 811). – In der ungerechtfertigten Ablehnung der Vertagung (Aufhebung oder Verlegung des Termins) liegt jedoch im Allgemeinen ein wesentlicher **Verfahrensmangel** (Verletzung des Anspruchs auf rechtliches Gehör – § 119 Nr 3), auf den die Anfechtung des Urteils gestützt werden kann, wenn die Gründe für die Terminverlegung dem FG bereits vorgetragen worden sind (BFHE 117, 19 = BStBl II 1976, 48; BFHE 121, 132 = BStBl II 1977, 293; BFH/NV 1998, 459, 461; 2000, 218, 219; 2004, 796, 797; 2005, 64–66; 373; s aber auch BFH/NV 2000, 194, 195 für den Fall, dass ein Beteiligter, dessen persönliches Erscheinen angeordnet war, durch einen Prozessbevollmächtigten vertreten war; zur Abgrenzung s BFH/NV 2004, 222, 223). Hat sich der Kläger **auf** die **mündliche Verhandlung eingelassen,** muss er die Verletzung seines Rechts auf Gehör jedoch in der mündlichen Verhandlung rügen (§ 119 Rz 12; BFH/NV 1995, 903). – Zur Einlegung einer **Verfassungsbeschwerde** wegen Verletzung des Rechts auf Gehör (Art 103 I GG) vgl BVerfGE 13, 132, 145; 52, 131, 152 f.

II. Ladung zur mündlichen Verhandlung

1. Form und Inhalt der Ladung

Die **Ladung** der Beteiligten (§ 57) wird – nach Bestimmung des Ter- **9** mins (Rz 1) – **von Amts wegen** durch die Geschäftsstelle veranlasst (BFH/NV 1998, 734). Die Ladung wird **durch Zustellung** nach dem VwZG (§ 53) bewirkt. Die Terminbestimmung muss wegen des Inhalts der Ladung (Rz 10) nicht gesondert zugestellt werden (Rz 1). **Nachforschungen** des Gerichts darüber, ob der Empfänger die Ladung im Falle der Zustellung durch Niederlegung rechtzeitig zur Kenntnis genommen hat, sind nicht erforderlich (BFHE 150, 305 = BStBl II 1988, 392; BFHE 154, 17 = BStBl II 1988, 948, 950; BFH/NV 1997, 582; einschränkend BVerwG Buchholz 448.0 § 25 WehrpflG Nr 128). Zustellung ist ausnahmsweise nicht erforderlich, wenn der **Termin** in mündlicher Verhandlung – zu der alle Beteiligten ordnungsgemäß geladen worden waren – **verkündet** worden ist (§ 53 I – s § 53 Rz 4; FG Hessen EFG 1991, 70; vgl auch § 155 iVm § 218 ZPO); war jedoch ein Beteiligter trotz Anordnung persönlichen Erscheinens (vgl § 79 Rz 8; § 80 Rz 4 ff) nicht anwesend, ist ihm die Ladung persönlich zuzustellen (§ 155 iVm §§ 218, 141 II ZPO) und zwar auch dann, wenn er durch einen Bevollmächtigten vertreten ist (hierzu und zur Notwendigkeit, den Bevollmächtigten zu benachrichtigen s § 80 Rz 7). – Im Übrigen gilt: Die Ladung muss dem Beteiligten (BFH/NV 2002, 1309, 1310), bei Vorhandensein eines Bevollmächtigtem diesem (§ 62 III 5; BFH/NV 2003, 1059) und bei Anordnung des persönlichen Erscheinens dem Betroffenen (§ 155 iVm §§ 218, 141 II ZPO) sowie ggf dessen Bevollmächtigten zugestellt werden. – Ist die **Bevollmächtigung nicht** nach Maßgabe des § 62 III **nachgewiesen,** ist der vollmachtlose Vertreter, nicht der als Kläger Bezeichnete zu laden

(FG Bln EFG 1995, 817; *Böttrich* DStR 1994, 1880; **aA** BFHE 174, 304 =
BStBl II 1994, 661, 662).

10   Die Ladung muss aus sich heraus verständlich sein (BFH/NV 1998, 459,
460), dh neben der Angabe der ladenden Stelle, der Bezeichnung des Adressaten, des Gerichts, des Terminorts, des Sitzungsraumes, des Termin-
zwecks und Terminzeitpunkts die Aufforderung enthalten, den Termin
wahrzunehmen (BFH/NV 1990, 379, 380 zum Terminzeitpunkt; im
Übrigen s *Baumbach ua* Übers § 214 ZPO Rz 4 ff). Außerdem ist der Hinweis erforderlich, dass beim Ausbleiben eines Beteiligten auch ohne ihn
verhandelt und entschieden werden kann (§ 91 II – s hierzu Rz 16 ff); dies
gilt aber nicht für den Fall der Terminsumladung, wenn die ursprüngliche
Ladung (Erstladung) diesen Hinweis enthalten hat (NFH/NV 2004, 531,
532).

2. Ladungsfrist

11   Bei der Ladung der Beteiligten ist eine Ladungsfrist von mindestens
zwei Wochen (beim BFH von mindestens vier Wochen) einzuhalten
(§ 91 I 1). Ladungsfrist ist der Zeitraum zwischen der Zustellung der Ladung (Rz 9) und dem Terminstag (§ 155 iVm § 217 ZPO). – Wegen der
Fristberechnung s § 54 Rz 10–12.

12   Die Ladungsfrist kann in dringenden Fällen (auf Antrag oder von Amts
wegen) vom Vorsitzenden bzw Einzelrichter **abgekürzt** werden (§ 91 I 2
– s § 226 ZPO, Wortlaut abgedruckt bei § 54 Rz 13). Eine Anhörung der
Beteiligten ist zweckmäßig, aber nicht vorgeschrieben (§ 226 III ZPO).
Die abgekürzte Frist muss so bemessen sein, dass die Beteiligten den Termin wahrnehmen können (*T/K* § 91 FGO Rz 3).

13   Abkürzung und Versagung der Abkürzung der Frist sind prozessleitende
Verfügungen und deshalb mit der Beschwerde nicht selbstständig anfechtbar
(§ 128 II) und auch im Revisionsverfahren nicht überprüfbar; auch eine
Nichtzulassungsbeschwerde kommt grundsätzlich nicht in Betracht (BFH/
NV 2000, 589). – Die Abkürzung der Ladungsfrist kann aber das Recht auf
Gehör berühren und unter diesem Gesichtspunkt zum Gegenstand einer
Nichtzulassungsbeschwerde gemacht werden (BFH/NV 2000, 589).

3. Folgen einer nicht ordnungsmäßigen Ladung

14   Ist ein Beteiligter bzw sein Bevollmächtigter nicht ordnungsgemäß zum
Termin geladen worden und deshalb auch nicht erschienen, **muss das
Gericht** den Termin (aufheben oder) **vertagen** (vgl BFHE 94, 304 =
BStBl II 1969, 168). Geschieht dies nicht, liegt darin eine Verletzung des
Grundsatzes des rechtlichen Gehörs (§ 119 Nr 3; vgl hierzu BFHE 132,
394 = BStBl II 1981, 401; BFH/NV 1990, 110, 111; 650 und öfter). Au-
ßerdem kann der Revisionsgrund der mangelnden Vertretung (§ 119 Nr 4)
gegeben sein (vgl BFH/NV 1998, 588). – Wiedereinsetzung in den vorigen
Stand kann trotz unverschuldeter Versäumung des Termins zur mündlichen Verhandlung nicht gewährt werden (Rz 15 aE).

15   Die Verletzung des § 91 kann nach Maßgabe des § 155 iVm § 295 ZPO
geheilt werden. **Heilung** tritt ein, wenn der Beteiligte auf die Einhaltung
des § 91 verzichtet oder wenn er in der nächsten mündlichen Verhandlung, die in dem betreffenden Verfahren stattgefunden hat, den Mangel

nicht gerügt hat, obwohl er erschienen ist und ihm der Mangel bekannt war oder bekannt sein musste (BFHE 132, 394 = BStBl II 1981, 401).

III. Entscheidung bei Ausbleiben

Sind einzelne oder alle Beteiligten **trotz ordnungsmäßiger Ladung** **16** (und Hinweis nach § 91 II – Rz 10) **nicht erschienen,** kann die mündliche Verhandlung grundsätzlich gleichwohl durchgeführt und zur Sache entschieden werden. Die Entscheidung darüber, ob die mündliche Verhandlung eröffnet oder noch eine gewisse Zeit abgewartet wird, liegt im **Ermessen des Vorsitzenden** (BFH/NV 1997, 773; 2004, 640, 641; 2005, 1364). Die pünktliche Eröffnung der mündlichen Verhandlung ist jedenfalls dann im Allgemeinen ermessensgerecht, wenn der Beteiligte sein Erscheinen oder eine mögliche Verspätung nicht vorher angekündigt hat (BFH/NV 1998, 63; die hiergegen gerichtete Verfassungsbeschwerde wurde nicht zur Entscheidung genommen – BVerfG StE 1998, 67). Darauf, ob der Termin schuldhaft oder schuldlos versäumt worden ist, kommt es nicht an (BVerwG Buchholz 310 § 102 VwGO Nr 16). – Zur Ermessensausübung s auch BFH/NV 1997, 773, 2005, 1364. – Ist aufgrund der dem Gericht bekannten Umstände anzunehmen, dass der Berechtigte sich lediglich verspäten wird, muss eine **angemessene Zeit** (etwa 10–15 Minuten) mit der Durchführung des Termins **gewartet werden** (vgl BFH/NV 1987, 649, 650; 1991, 397, 398, 399; 1993, 46; 2004, 640/641; BVerwG HFR 1986, 31; s auch BVerwG NJW 1995, 3402), ggf auch länger (VerfGH Bln JZ 2000, 425; JR 2002, 11: bei angezeigter Verspätung erheblich mehr als 15 Minuten). – Zur Fortführung der mündlichen Verhandlung, wenn der zunächst erschienene Beteiligte den Sitzungssaal verlassen hat, s BVerwG NJW 1990, 1616. – **Nachforschungen** über den Zugang der Ladung sind (abweichend von Rz 9) anzustellen, wenn das persönliche Erscheinen des Klägers angeordnet ist und seiner Anhörung eine besondere Bedeutung zukommt. Ggf muss der Termin vertagt werden (vgl BFHE 154, 17 = BStBl II 1988, 948, 950 ff). – Eine Vertagung wird auch erforderlich sein, wenn das Gericht seine Entscheidung auf bisher noch nicht erörterte rechtliche Gesichtspunkte stützen will (Rz 4; § 93 Rz 3). In diesem Fall muss dem Beteiligten zunächst schriftlich Gelegenheit zur Stellungnahme gegeben werden (vgl BVerwGE 36, 264; BVerwG Buchholz 310 § 108 Nr 25), nicht aber, wenn die erforderlichen Hinweise schon erfolgt waren (BFH/NV 1987, 649; BFHE 154, 17 = BStBl II 1988, 948). – Zur **Wiedereröffnung** der mündlichen Verhandlung s § 93 Rz 10 ff. – Eine **Wiedereinsetzung** kommt nicht in Betracht, und zwar entweder, weil keine Frist, sondern ein Termin versäumt wurde (§ 56 Rz 2; VG Stuttgart DÖV 1953, 94; *Redeker/v Oertzen* § 102 Rz 8), oder deshalb, weil in der FGO eine dem § 235 StPO vergleichbare Vorschrift fehlt (BFHE 154, 17 = BStBl II 1988, 948, 951). – Zur Frage, wie zu verfahren ist, wenn das Gericht das persönliche Erscheinen des Beteiligten angeordnet hatte, s § 80 Rz 10 ff.

Das Gericht kann sich, falls **weitere Sachaufklärung nötig** ist (das **17** Nichterscheinen ist nicht immer zugleich auch eine Verletzung der Mitwirkungspflicht – BFHE 107, 1 = BStBl II 1972, 952; vgl § 80 Rz 11), auch vertagen und ggf das persönliche Erscheinen anordnen (§ 80).

18   Ein **Versäumnisurteil** ist im finanzgerichtlichen Verfahren **nicht** vorgesehen. § 251 a ZPO ist nicht anwendbar (*T/K* § 92 FGO Rz 2).

19   Hinsichtlich etwaiger Verfahrensverstöße gelten die Ausführungen zu Rz 14, 15 entsprechend.

IV. Sitzungsort

20   **Grundsätzlich** sind mündliche Verhandlungen und Erörterungstermine im Gerichtsgebäude am **Sitz des Gerichts** durchzuführen. Das Gericht kann aber Sitzungen auch außerhalb des Gerichtssitzes abhalten, wenn dies zur sachdienlichen Erledigung notwendig ist (§ 91 III). Das ist der Fall, wenn durch den auswärtigen Termin eine wesentliche Beschleunigung oder Vereinfachung des Verfahrens oder eine erhebliche Kosteneinsparung zu erwarten ist (*Lange* DStZ 1998, 349). Die Einschränkungen des § 219 I ZPO gelten nicht (*T/K* § 91 FGO Rz 19). – Zur **Videokonferenz** s §§ 91 a, 93 a.

21   Die Entscheidung über die Abhaltung eines **auswärtigen Termins** trifft der Vorsitzende nach pflichtgemäßem Ermessen (OVG Lüneburg OVGE 22, 415; *Lange* DStZ 1998, 349, 353; *Ziemer/Birkholz* § 91 Rz 14). Sie ist (als prozessleitende Verfügung) unanfechtbar (§ 128 II).

22   Soll die Sitzung **in dem Bezirk eines anderen FG** durchgeführt werden, ist die Zustimmung des zuständigen FG-Präsidenten einzuholen (§ 155 iVm § 166 GVG), wenn nicht Gefahr im Verzug vorliegt. Verletzung des § 166 GVG bleibt folgenlos, weil es sich um eine reine Ordnungsvorschrift handelt (BFHE 119, 228).

23   § 219 II ZPO, wonach der **Bundespräsident** nicht persönlich vor Gericht erscheinen muss, sondern an seinem Dienstsitz zu vernehmen ist, gilt auch im finanzgerichtlichen Verfahren (*T/K* § 91 FGO Rz 19).

§ 91 a [Mündliche Verhandlung, Erörterungstermin per Videokonferenz]

(1) [1]**Den am Verfahren Beteiligten sowie ihren Bevollmächtigten und Beiständen kann auf Antrag gestattet werden, sich während einer mündlichen Verhandlung an einem anderen Ort aufzuhalten und dort Verfahrenshandlungen vorzunehmen. [2]Die mündliche Verhandlung wird zeitgleich in Bild und Ton an den Ort, an dem sich die Beteiligten, Bevollmächtigten und Beistände aufhalten, und in das Sitzungszimmer übertragen. [3]Eine Aufzeichnung findet nicht statt.**

(2) **Absatz 1 gilt entsprechend für Erörterungstermine (§ 79 Abs. 1 Satz 2 Nr. 1).**

Vgl § 128 a ZPO.

Literatur: *Burkhard,* § 91 a FGO: Mündliche Verhandlung per Videokonferenz, DStZ 2003, 639; *Ehmcke,* Neuregelungen zum Verfahren vor den Finanzgerichten, Stbg 2002, 49; *Schaumburg,* Mündliche Verhandlungen durch Videokonferenz, ZRP 2002, 313.

1   § 91 a ermöglicht es, **die mündliche Verhandlung** (§ 90) oder einen Erörterungstermin, die an sich die persönliche Anwesenheit der Verfahrensbeteiligten usw voraussetzen, unter Beteiligung eines **per Videokon-**

ferenz zugeschalteten Beteiligten bzw seines Prozessbevollmächtigten oder Beistandes **in rechtlich unangreifbarer Weise durchzuführen** (BR-Drucks 440/00 S 19 zu Nummer 9 – § 91a FGO). – Die Beteiligten, Prozessbevollmächtigten oder Beistände können sich dann während der mündlichen Verhandlung bzw während des Erörterungstermins an einem anderen Ort aufhalten (Rz 4). – Zur Vernehmung von Zeugen und Sachverständigen per Videokonferenz s § 93a.

§ 91a dient der Prozessökonomie, indem die Durchführung von mündlichen Verhandlungen und Erörterungsterminen erleichtert wird, wenn die persönliche Anwesenheit der Beteiligten oder ihrer Prozessbevollmächtigten unmöglich ist oder nur unter Schwierigkeiten möglich ist oder (zB wegen hoher Anreisekosten) als unwirtschaftlich erscheint. **2**

Voraussetzung für die Anwendung des § 91a ist, dass die Finanzgerichte und die Verfahrensbeteiligten bzw ihre Bevollmächtigten oder Beistände über die für die Durchführung einer mündlichen Verhandlung per Videokonferenz notwendigen technischen Einrichtungen verfügen. Ein Anspruch der Verfahrensbeteiligten auf entsprechende technische Ausstattung der Gerichte lässt sich aus § 91a nicht herleiten. **3**

Sind die technischen Voraussetzungen für die Durchführung einer mündlichen Verhandlung per Videokonferenz gegeben, kann das Gericht (der Senat bzw der Einzelrichter) einzelnen oder allen Verfahrensbeteiligten sowie ihren Bevollmächtigten und Beiständen **auf Antrag gestatten,** sich während der mündlichen Verhandlung an einem anderen Ort aufzuhalten, an der mündlichen Verhandlung bzw dem Erörterungstermin **per Videoübertragung teilzunehmen** und Verfahrenshandlungen vorzunehmen. Die **Zuschaltung aus dem Ausland** dürfte mangels entsprechender Rechtshilfeabkommen derzeit (noch) unzulässig sein (*T/K* § 91a FGO Rz 2; aA *Beermann/Schmieszek* § 91a Rz 7). Im Übrigen steht die (antragsgebundene) Entscheidung im **Ermessen** des Gerichts (des Senats bzw. des Einzelrichters). Bei der Ermessensausübung ist die Bedeutung des persönlichen Eindrucks von dem Verfahrensbeteiligten für die Hauptsacheentscheidung (zB im Falle ergänzender Ausführungen) zu berücksichtigen. Außerdem spielen allgemeine Gesichtspunkte (Verfahrensbeschleunigung, Erleichterung der Teilnahme aus Alters- und Gesundheitsgründen, Datensicherheit, Stabilität des Systems, Gefahr der Herstellung illegaler Kopien) eine Rolle. – Die **Ermessensentscheidung** des Gerichts (des Senats bzw des Einzelrichters) **ist** als prozessleitende Verfügung **unanfechtbar** (§ 128 II FGO; BFH/NV 2003, 818). – Die Ablehnung des Antrags nach § 91a kann als Verletzung des Anspruchs auf rechtliches Gehör mit der Revision gerügt werden (§ 119 Nr 3), wenn der Beteiligte usw am Erscheinen gehindert war, die technischen Voraussetzungen für die Durchführung einer Videokonferenz aber vorlagen (*T/K* § 91a Rz 11). **4**

Für die **Ladung** gelten die Vorschriften des § 91 I entsprechend. § 91 II ist gleichfalls anwendbar, weil § 91a nicht zur Teilnahme an einer Videokonferenz verpflichtet (*T/K* § 91a Rz 7). – Wird der Antrag (§ 91a I 1) nach Zustellung der Ladung zur mündlichen Verhandlung gestellt und wird dem Antrag entsprochen (Rz 4), kann der Termin zur mündlichen Verhandlung einvernehmlich in einen Termin zur Durchführung der mündlichen Verhandlung per Videokonferenz umgewandelt werden. **5**

6   Für die (mündliche) **Verhandlung** gelten die allgemeinen Regeln. Die **Beteiligtenöffentlichkeit** (§ 83 ; § 93a Rz 2) ist gewahrt, wenn die mündliche Verhandlung/der Erörterungstermin zeitgleich in Bild und Ton an den Aufenthaltsort der Verfahrensbeteiligten, Bevollmächtigten und Beistände und in das Sitzungszimmer des Gerichts übertragen wird (§ 91a I 2). Die nicht im Sitzungszimmer anwesenden Verfahrensbeteiligten können dann per Videokonferenz **wirksam Prozesshandlungen** vornehmen (§ 91a I 1). – Die allgemeinen Vorschriften über die **Protokollführung** (§ 94) sind zu beachten. – Kommt eine Verbindung nicht zustande, **stürzt das System ab** oder wird die Übertragung aus anderen technischen Gründen unterbrochen, muss sich das Gericht vertagen (§ 91 Rz 2). Die Vertagung ist den Beteiligten dann schriftlich bekannt zu geben.

7   Die per **Videokonferenz** durchgeführte mündliche Verhandlung **darf** wegen der Gefahr der Veröffentlichung (vgl § 52 iVm § 169 S 2 GVG – § 52 Rz 2) **nicht aufgezeichnet werden.** Wird hiergegen verstoßen, gilt ein **Verwertungsverbot** (*T/K* § 91a Rz 9). Andere Verfahrensfehler können im Revisionsverfahren gerügt werden, wenn sie entscheidungserheblich sind (*T/K* aaO).

8   § 91a I gilt entsprechend für **Erörterungstermine** (§ 91a II).

§ 92 [Gang der Verhandlung]

(1) Der Vorsitzende eröffnet und leitet die mündliche Verhandlung.

(2) Nach Aufruf der Sache trägt der Vorsitzende oder der Bericht-erstatter den wesentlichen Inhalt der Akten vor.

(3) Hierauf erhalten die Beteiligten das Wort, um ihre Anträge zu stellen und zu begründen.

Vgl § 103 VwGO; § 112 SGG; §§ 136ff ZPO.

Übersicht

Literatur: *Däubler,* Die Vorbereitung der mündlichen Verhandlung im Kollegialgericht – ein Rechtsproblem?, JZ 1984, 355; *Doehring,* Die Praxis der Vorbereitung mündlicher Verhandlungen durch Kollegialgerichte in verfassungsrechtlicher Sicht, NJW 1983, 851; *Dolde,* Zusammenarbeit zwischen Richter und Rechtsanwalt im verwaltungsgerichtlichen Verfahren, VBlBW 1985, 248; *Redeker,* Mündliche Verhandlung – Sinn und Wirklichkeit, NJW 2002, 192; *Schneider,* Verfassungsrechtliche Pflichtlektüre im Kollegium, DRiZ 1984, 361; *Wimmer,* Die Wahrung des Grundsatzes des rechtlichen Gehörs, DVBl 1985, 773.

I. Vorbemerkungen

Der Vorsitzende bzw der Einzelrichter (§§ 6, 79a III, IV) hat bei der **1** Leitung der mündlichen Verhandlung insbesondere folgende Verfahrensgrundsätze zu beachten:

den Grundsatz der **Öffentlichkeit** (§ 52 iVm §§ 169, 172 ff GVG – s § 52 Rz 2 ff),

den Grundsatz der **Unmittelbarkeit** der Beweisaufnahme (§ 81 Rz 8 ff) einschließlich der **Beteiligtenöffentlichkeit** (§ 83 Rz 2, 3),

den Grundsatz der **Mündlichkeit** (§ 90 Rz 1, 3 ff),

den **Untersuchungsgrundsatz** (§ 76 Rz 10 ff),

den Grundsatz der Gewährung **rechtlichen Gehörs** (Art 103 I GG; § 93 Rz 1 und § 96 Rz 27 ff) und

den Grundsatz **Einheitlichkeit** der mündlichen Verhandlung (§ 155 iVm § 278 ZPO; vgl § 81 Rz 9).

II. Verhandlungsleitung

Nach § 92 I eröffnet und leitet der Vorsitzende (ggf der Einzelrichter) **2** die mündliche Verhandlung. Ihm obliegt

1. Die formelle Leitung: Der Vorsitzende bzw der Einzelrichter ist **3** für den ordnungsmäßigen **äußeren Ablauf** der mündlichen Verhandlung verantwortlich. Zu seinen Aufgaben gehört die Eröffnung der Sitzung, die Feststellung, wer erschienen ist und ggf die Feststellung, ob die abwesenden Beteiligten ordnungsgemäß geladen worden sind. Er entscheidet auch darüber, ob die **Eröffnung** der mündlichen Verhandlung noch eine gewisse Zeit **zurückgestellt** wird, wenn nach Aufruf der Sache (noch) nicht alle Beteiligten anwesend sind (§ 91 Rz 16). Außerdem hat der Vorsitzende bzw der Einzelrichter dafür Sorge zu tragen, dass die Öffentlichkeit gewährleistet ist (Rz 1). Er erteilt den Mitgliedern des Gerichts und den Beteiligten das Wort (§§ 92, 93) und kann es ihnen wieder entziehen (§ 155 iVm § 136 II ZPO); er vernimmt Zeugen und Sachverständige (und vereidigt sie ggf), diktiert ihre Aussage, verkündet die Entscheidungen des Gerichts und schließt die Verhandlung (§ 93 III). – Die im Zusammenhang mit der formellen Verhandlungsleitung getroffenen Entscheidungen und Anordnungen sind als prozessleitende Verfügungen nicht selbstständig anfechtbar (§ 128 II).

2. Die Wahrnehmung sitzungspolizeilicher Aufgaben – s § 52 **4** Rz 16.

3. Die sachliche Leitung: Der Vorsitzende bzw der Einzelrichter hat **5** darauf hinzuwirken, dass Formfehler beseitigt, sachdienliche Anträge gestellt, unklare Anträge erläutert, ungenügende tatsächliche Angaben ergänzt und alle für die Feststellung und Beurteilung des Sachverhalts wesentlichen Erklärungen abgegeben werden (§ 76 II – s § 76 Rz 53 ff). Außerdem hat er die Streitsache in tatsächlicher und rechtlicher Hinsicht mit den Beteiligten zu erörtern (§ 93 I – § 93 Rz 2 ff).

III. Ablauf der Sitzung

6   1. Die mündliche Verhandlung beginnt mit dem **Aufruf der Sache.**
Der Aufruf wendet sich ausschließlich an die Beteiligten. Sind sie im Sitzungssaal anwesend, genügt es, wenn die Sache nur dort aufgerufen wird
(BFH/NV 1995, 233). **Unterbleibt der Aufruf,** ist nicht der Grundsatz
der Öffentlichkeit, sondern allenfalls der Anspruch auf rechtliches Gehör
verletzt (BVerfGE 42, 364, 370; BFH/NV 1995, 233, 986; 1996, 151; s
auch Rz 3).– Anschließend trägt der Vorsitzende oder der Berichterstatter
(das kann nach dem Gesetz auch ein ehrenamtlicher Richter – *Redeker/
v Oertzen* § 103 Rz 5, nicht aber ein Auszubildender oder wissenschaftlicher Mitarbeiter sein – *T/K* § 92 FGO Rz 6) den für die Entscheidung
wesentlichen Inhalt der Akten vor **(Sachvortrag).** Eine entsprechende
Verpflichtung besteht auch für den Einzelrichter (§§ 6, 79 a III, IV) und
zwar im Interesse der Beteiligten auch dann, wenn keine ehrenamtlichen
Richter mitwirken (§ 92 II analog). – Der Vortrag enthält eine Darstellung
des Sachverhalts und der rechtlichen Schlussfolgerungen der Beteiligten,
wobei letzte Vollständigkeit nicht erforderlich und häufig im Interesse der
Verständlichkeit auch nicht angebracht ist. Der **Vortrag dient der Unterrichtung der ehrenamtlichen Richter,** die im Allgemeinen keine
Aktenkenntnis haben (BFH/NV 2004, 232), **und** gleichzeitig der Unterrichtung **der Beteiligten.** Auf Grund des Vortrags können die Beteiligten
und die ehrenamtlichen Richter nicht nur erkennen, welche tatsächlichen
und rechtlichen Gesichtspunkte das Gericht für wesentlich erachtet, sondern sie erhalten dadurch auch die Möglichkeit, die ihnen erforderlich erscheinenden Ergänzungen oder Korrekturen anzubringen oder weitere
Aufklärung zu verlangen. – Der Sachvortrag ist grundsätzlich auch dann zu
halten, wenn **keiner** der Beteiligten zur mündlichen Verhandlung **erschienen** ist und wenn der wesentliche Akteninhalt zwar den Beteiligten,
nicht aber den ehrenamtlichen Richtern vor der mündlichen Verhandlung
bekannt geworden ist.

7   **Unterbleibt der Sachvortrag,** liegt darin zwar ein Verfahrensmangel,
auf dem das Urteil beruhen kann (BSG HFR 1967, 306; HFR 1968, 485
= NJW 1968, 1742; zu Unrecht einschränkend BVerwG NVwZ 1984,
169), der Beteiligte kann das Rügerecht aber verlieren (Rz 8 aE). Ein Verstoß gegen den Grundsatz der Öffentlichkeit ist in keinem Fall gegeben
(§ 52 Rz 4, 6).

8   Aus dem Zweck des Sachvortrags ergibt sich, dass darauf **verzichtet**
werden kann, wenn die Beteiligten und die ehrenamtlichen Richter vorab
über den Sachverhalt unterrichtet worden sind (BFH/NV 2001, 470;
Kopp/Schenke § 103 Rz 6). Das ist insbesondere der Fall, wenn den Beteiligten und den ehrenamtlichen Richtern zur Vorbereitung der Sitzung eine
schriftliche Zusammenfassung des Akteninhalts (§ 16 Rz 2) übersandt worden ist und sie deshalb mit der Sache vertraut sind.Dies gilt auch dann,
wenn die ehrenamtlichen Richter erst zu Beginn der Sitzung vereidigt
werden (BFH/NV 2001, 470). Die Beteiligten können sich dann darauf
beschränken, gegen einzelne Teile des Sachverhalts Einwände zu erheben.
– Unabhängig davon ist ein Verzicht der Beteiligten auf den Sachvortrag
möglich, weil sie jederzeit auf mündliche Verhandlung verzichten können
(BVerwG DVBl 1970, 284 = DÖV 1969, 401; Buchholz 310 § 103

VwGO Nr 4; NVwZ 1984, 169). Geschieht dies, darf der Sachvortrag nur unterbleiben, wenn die ehrenamtlichen Richter den Sachverhalt kennen (*T/K* § 91 FGO Rz 8; BVerwG NJW 1984, 251). – Da auf den Vortrag verzichtet werden kann, kommt § 295 ZPO zum Zuge, so dass die **rügelose Verhandlung** einer Geltendmachung des Verfahrensmangels im Revisionsverfahren entgegensteht (BSG NJW 1966, 223; HFR 1967, 306; BVerwG DVBl 1970, 284; NVwZ 1984, 169; Buchholz 310 § 103 VwGO Nr 9).

2. Vortrag der Beteiligten

Im Anschluss an den Sachvortrag (Rz 6–8) erhalten die Beteiligten das **9** Wort, um ihre **Anträge** zu stellen und zu begründen (§ 92 III).

Das Wort ist zunächst dem Kläger (Revisionskläger), dann dem Beklag- **10** ten (Revisionsbeklagten), anschließend dem Beigeladenen und zuletzt der beigetretenen Behörde zu erteilen. Repliken (Erwiderungen) sind zulässig. – Wird in der mündlichen Verhandlung eine **Beweisaufnahme** durchgeführt, sollte die Anhörung der Beteiligten usw (im Interesse der Vermeidung von Wiederholungen) zweckmäßigerweise zunächst zurückgestellt und mit der (notwendigen) Stellungnahme zum Ergebnis der Beweisaufnahme (§ 96 II) verbunden werden (*T/K* § 92 FGO Rz 9). – Für den **Vortrag der Beteiligten** gelten die in § 137 II–IV ZPO enthaltenen Regelungen (II: Vortrag in freier Rede; III: Bezugnahme auf Schriftstücke, Verlesung von Schriftstücken; IV: Worterteilung an den vertretenen Beteiligten auf Antrag) entsprechend.

Zur **Stellung der Anträge** s zunächst Rz 5. Bestimmte und eindeutige **11** Anträge sind schon wegen §§ 65 I 2, 96 I 2 erforderlich. Sie sind gem § 94 iVm §§ 160 III Nr 2, 162 ZPO zu protokollieren, zu verlesen und zu genehmigen (aA – entgegen § 105 VwGO – BVerwGE 45, 260 ff).

§ 137 I ZPO, wonach zuerst die Anträge zu protokollieren und an- **12** schließend den Beteiligten das Wort zu erteilen ist, gilt im finanzgerichtlichen Verfahren nicht (vgl *Redeker/v Oertzen* § 103 Rz 6).

Bei **nicht erschienenen** Beteiligten gelten die Anträge aus den Schrift- **13** sätzen als gestellt (*Kopp/Schenke* § 103 Rz 8 aE). – Zur **Verweigerung der Teilnahme** an der mündlichen Verhandlung trotz Anwesenheit vgl BFH/NV 1995, 233.

§ 93 [Erörterung der Streitsache]

(1) Der Vorsitzende hat die Streitsache mit den Beteiligten tatsächlich und rechtlich zu erörtern.

(2) ¹Der Vorsitzende hat jedem Mitglied des Gerichts auf Verlangen zu gestatten, Fragen zu stellen. ²Wird eine Frage beanstandet, so entscheidet das Gericht.

(3) ¹Nach Erörterung der Streitsache erklärt der Vorsitzende die mündliche Verhandlung für geschlossen. ²Das Gericht kann die Wiedereröffnung beschließen.

Vgl § 104 VwGO; § 112, 121 SGG; §§ 136, 139f, 156 ZPO.

Literatur: *Däubler,* Die Vorbereitung der mündlichen Verhandlung im Kollegialgericht ein Rechtsproblem?, JZ 1984, 355; *Doehring,* Die Praxis der Vorbereitung der mündlichen Verhandlungen durch Kollegialgerichte in verfassungsrechtlicher Sicht, NJW 1983, 851; *Dostmann,* Die Wiedereröffnung der mündlichen Verhandlung, DStR 1986, 705; *Drüen,* Die Verfahrensrüge der Überraschungsentscheidung, AO-StB 2002, 242; *Fischer,* Die Berücksichtigung „nachgereichter Schriftsätze" im Zivilprozess, NJW 1994, 1315; *Ortloff,* Rechtspsychologie und Verwaltungsgerichtsbarkeit: Das Rechtsgespräch in der mündlichen Verhandlung, NVwZ 1995, 28; *Sangmeister,* Richterliche Fürsorgepflichten und Wiedereröffnung der mündlichen Verhandlung, DStZ 1988, 320; *ders,* Die Entscheidung über die Wiedereröffnung der mündlichen Verhandlung und ihre Prüfung durch das Rechtsmittelgericht, DStZ 1989, 25; *ders,* Anspruch auf rechtliches Gehör auch nach Schluß der mündlichen Verhandlung?, BB 1992, 1535; *Walchshöfer,* Die Berücksichtigung nachgereichter Schriftsätze im Zivilprozess, NJW 1972, 1028.

I. Allgemeines

1 § 93 I steht im engen Zusammenhang mit Art 103 I GG: Das verfassungsrechtliche Gebot der **Gewährung rechtlichen Gehörs** gibt den Beteiligten das Recht, sich vor Erlass der gerichtlichen Entscheidung zu dem ihr zugrunde liegenden Sachverhalt zu äußern und dadurch Einfluss auf die Entscheidung zu nehmen (BVerfGE 22, 114 ff; 24, 213 ff; 47, 187 ff; 50, 384; 49, 212 ff; 55, 1 ff). Im Hinblick darauf und wegen des verfassungsrechtlich garantierten Rechts auf ein **faires Verfahren** (BVerfGE 54, 100, 116) ist das Gericht verpflichtet, die Ausführungen der Beteiligten zur Kenntnis zu nehmen und zu würdigen (*Jarras/Pieroth* Art 103 Rz 23 ff). Das Gericht darf in seiner Entscheidung außerdem nur die Tatsachen und Beweisergebnisse verwerten, zu denen die Beteiligten Stellung nehmen konnten (§ 96 II – vgl BVerfGE 29, 344; 46, 72 ff; 50, 284). – Art 103 I GG verpflichtet das Gericht jedoch nicht, mit den Beteiligten ein Rechtsgespräch zu führen, dh alle entscheidungserheblichen rechtlichen Gesichtspunkte mit den Beteiligten zu erörtern (BVerfGE 31, 364, 370; 42, 64 ff, 85; 54, 117; 86, 145; aA zB *Arndt* NJW 1959, 6 ff, 1297 ff; *Grunsky,* Grundlagen S 232, 233 mwN). Rechtliche Hinweise sind (unter dem Gesichtspunkt des Art 103 I GG) aber zur **Vermeidung von Überraschungsentscheidungen** geboten (s hierzu Rz 3; § 96 Rz 31; **aA** *Sangmeister* DStZ 1988, 320, 321 unter Berufung auf BVerfGE 74, 1). – Die durch § 93 I dem Gericht auferlegte **Verpflichtung zu einem Rechtsgespräch** (Rz 3) ist (von der vorstehend erwähnten Ausnahme abgesehen) **verfassungsrechtlich nicht geschützt** (BVerfGE 86, 133, 145; *Jarras/Pieroth* Art 103 Rz 16).

II. Erörterung der Streitsache

§ 93 I verpflichtet den Vorsitzenden bzw den Einzelrichter, die Streitsa- **2** che in tatsächlicher und rechtlicher Hinsicht mit den Beteiligten zu erörtern (vgl auch § 76 I, II). Die Vorschrift dient im besonderen Maße der Sachaufklärung. Das **Rechtsgespräch** vermittelt den Beteiligten (häufig erstmals) die für eine Erfolg versprechende Wahrnehmung ihrer Rechte unumgängliche Kenntnis der Umstände, die das Gericht als voraussichtlich entscheidungserheblich ansieht, und gibt ihnen dadurch Gelegenheit, ihren bisherigen Tatsachenvortrag erforderlichenfalls zu ergänzen, zu erläutern oder klarzustellen. § 93 I gehört damit – ebenso wie § 76 I, II – zu den Verfahrensvorschriften, die eine zutreffende Sachentscheidung gewährleisten sollen.

Aus § 93 I kann jedoch **keine Verpflichtung** des Vorsitzenden bzw des **3** Einzelrichters **zur erschöpfenden Erörterung** aller tatsächlichen und rechtlichen Gesichtspunkte hergeleitet werden (§ 96 Rz 32). So ist ein Hinweis auf offensichtlich erhebliche Rechtsfragen nicht erforderlich (BVerwG NJW 1972, 1435). Im Übrigen besteht die Verpflichtung nur, soweit die Erörterung der Entscheidungsfindung dienlich ist (vgl *Kopp/Schenke* § 104 Rz 3–5 mwN). Auch insoweit braucht sich das Gericht aber nicht festzulegen und zwar weder in tatsächlicher noch in rechtlicher Hinsicht (BFH/NV 1996, 919; BVerwG Buchholz 310 § 104 VwGO Nr 12; 20; § 108 VwGO Nr 87; 109; NVwZ 1991, 574). Die abschließende Entscheidung wird nicht in der mündlichen Verhandlung, sondern auf Grund der mündlichen Verhandlung in der Beratung getroffen (BFH/NV 1996, 919). Das ändert aber nichts daran, dass das Gericht **Hinweise** auf die wahrscheinlich entscheidungserheblichen Gesichtspunkte zu geben hat (BFH/NV 1987, 656, 659; *T/K* § 93 FGO Rz 3, 4; **aA** BFHE 103, 191 = BStBl II 1972, 14, 15; BFHE 118, 404 = BStBl II 1976, 365, 366). – Es ist jedoch nicht erforderlich, in den Akten der Finanzbehörde vorhandene Schriftstücke – wie Niederschriften über frühere Aussagen von Zeugen oder Strafurteile – in der mündlichen Verhandlung zu verlesen (zB BFHE 150, 459, 469 = BStBl II 1987, 746, 751; BFH/NV 2003, 192–194; 2004, 807, 808). – Auf jeden Fall muss das Gericht **Überraschungsentscheidungen vermeiden** (vgl BFHE 90, 82 = BStBl III 1967, 794, 796; BFHE 148, 507 = BStBl II 1987, 293, 294; BFH/NV 1994, 391; BVerwGE 51, 111, 113; BVerwG Buchholz 310 § 86 Abs 3 VwGO Nr 43; § 108 VwGO Nr 235; s auch § 96 Rz 31). – Wegen des Inhalts und der **Grenzen der Erörterungspflicht** s auch § 76 Rz 56.

Verstoß gegen § 93 I ist (wesentlicher) Verfahrensmangel (§ 119 Nr 3). **4**

III. Fragerecht

Der Vorsitzende muss jedem Mitglied des Gerichts (also den Berufs- **5** richtern und – bei den Finanzgerichten – auch den ehrenamtlichen Richtern) auf Verlangen gestatten, Fragen zu stellen (§ 93 II 1). Entsprechendes gilt für den Einzelrichter, falls ehrenamtliche Richter mitwirken (§ 5 IV). – Zur **Zeugenbefragung** s BFH/NV 2000, 719, 721. – Nicht sachdienliche Fragen können beanstandet werden (*T/K* § 93 FGO Rz 7). Das **Beanstandungsrecht** steht nur den „bei der Verhandlung beteiligten Personen" zu (§ 104 ZPO), nicht den Richtern, auch nicht dem Vorsitzenden (ebenso *Kopp/Schenke* § 104 Rz 7; *T/K* § 93 FGO Rz 7; aA – Beanstandungsrecht für alle Richter – *Redeker/v Oertzen* § 104 Rz 2). – Wird eine Frage beanstandet, entscheidet nicht der Vorsitzende, sondern das Gericht bzw der Einzelrichter (§ 93 II 2). Die Entscheidung des Gerichts ist nicht selbstständig anfechtbar (§ 128 II).

IV. Schluss/Wiedereröffnung der mündlichen Verhandlung

6   Nach Erörterung der Streitsache (Rz 2, 3) und Ausübung des Fragerechts (Rz 5) erklärt der Vorsitzende bzw der Einzelrichter die mündliche Verhandlung für geschlossen (§ 92 III 1). Ausdrückliche Erklärung ist nicht erforderlich, Protokollierung nicht vorgeschrieben, aber zweckmäßig. – **Vorzeitige Schließung** der mündlichen Verhandlung führt zu einem **Verfahrensmangel** (Verletzung des rechtlichen Gehörs, Verstoß gegen § 93), der mit der Revision gerügt werden kann.

7   **Nachgereichte Schriftsätze,** also Schriftsätze der Beteiligten, die zwischen dem Schluss der mündlichen Verhandlung und der (abschließenden) gerichtlichen Entscheidung beim Gericht eingehen, sind im Allgemeinen ebenso wenig zu berücksichtigen wie auf sonstige Weise nachträglich bekannt gewordene Umstände tatsächlicher Art (BFH/NV 2005, 1823). Die Verwertung rechtlicher Ausführungen und zusammenfassender Äußerungen ist jedoch im Allgemeinen geboten (vgl Rz 9; s auch BFHE 111, 21 = BStBl II 1974, 115; BFHE 115, 185 = BStBl II 1975, 489; BFHE 145, 125 = BStBl II 1986, 187, 189; BFH/NV 1994, 492; 2003, 77; *Rosenberg/ Schwab* S 471; *Walchshöfer* NJW 1972, 1028, 1029 mwN Fn 39). – Eine **Ausnahme** gilt, wenn das Gericht dem Beteiligten das Nachreichen des Schriftsatzes (unter Fristsetzung) gestattet hat (§ 155 iVm § 283 ZPO – BFHE 115, 185 = BStBl II 1975, 489) oder die Wiedereröffnung der mündlichen Verhandlung beschlossen oder geboten ist (vgl Rz 8 ff). – **Nach Verkündung** oder Zustellung des Urteils beim Gericht **eingereichte Schriftsätze** sind nicht mehr zu berücksichtigen (BFH/NV 2003, 1206, 1207).

8   Die **Wiedereröffnung der mündlichen Verhandlung** ist (nur) bis zur Verkündung (§ 104 I) oder Zustellung (§ 104 II) des Urteils möglich (BFH/NV 2000, 211, 715; 2001, 471). Sie kommt insbesondere in Betracht, wenn **Schriftsätze** mit verfahrensrechtlichem Inhalt **nachgereicht** werden (zB BFH/NV 1994, 492, 555; 2000, 1212) oder wenn aufgrund des Ergebnisses der (inzwischen geschlossenen) mündlichen Verhandlung zur Vermeidung einer Überraschungsentscheidung die weitere Aufbereitung des Streitstoffs in tatsächlicher oder rechtlicher Hinsicht notwendig erscheint (*Sangmeister* DStZ 1988, 320 mwN; BFHE 195, 9 = BStBl II 2001, 726, 728 = BFH/NV 2001, 1504). – Die Wiedereröffnung der mündlichen Verhandlung kann **auf Antrag** (zum Inhalt des Antrags s BFH/NV 1997, 679) **oder von Amts wegen** angeordnet werden. Geschieht dies, ist weiteres Vorbringen statthaft.

9   Die **Wiedereröffnung** steht grundsätzlich **im Ermessen des Gerichts** (BFHE 135, 149 = BStBl II 1982, 356; BFHE 145, 125 = BStBl II 1986, 187, 189; BFH/NV 1991, 531; 1994, 495; 1996, 563; 2004, 799, 800; 2005, 1823, BVerwG NVwZ 1989, 750). In bestimmten Fällen (Ermessensverdichtung) besteht ein Rechtsanspruch auf Wiedereröffnung der

mündlichen Verhandlung (*Sangmeister* DStZ 1988, 320). – Wegen der Einzelfälle s Rz 10.

Wiedereröffnung ist zB geboten 10
– wenn nachträglich Umstände bekannt werden, die (falls ein Urteil gefällt würde) eine Wiederaufnahme des Verfahrens rechtfertigen würden (BVerwGE 10, 354; *Rosenberg/Schwab* S 646; *T/K* § 93 FGO Rz 10; offen gelassen durch BGHZ 53, 262; aA BGHZ 30, 60);
– wenn der Prozessbevollmächtigte seine Verspätung ausreichend entschuldigt (*Sangmeister* DStZ 1988, 320 ff; BFH/NV 1997, 679) oder wenn er geringfügig verspätet zu einer nach kurzer Dauer geschlossenen mündlichen Verhandlung erscheint (BVerwG NVwZ 1989, 857);
– wenn der Beteiligte sein Ausbleiben im Termin (§ 91 II) noch rechtzeitig (Rz 8) entschuldigt (BFH/NV 2003, 808; BVerwG Buchholz 310 § 104 VwGO Nr 3) oder wenn er unentschuldigt fernbleibt und das Gericht ein Urteil zu seinen Ungunsten erlassen will, das auf bisher nicht erörterte Gesichtspunkte gestützt werden soll (BVerwGE 36, 264; Rz 8);
– wenn ein sachlich gerechtfertigter Anwaltswechsel stattgefunden hat (BVerwG NJW 1986, 339);
– wenn ein Richter, der an der mündlichen Verhandlung teilgenommen hatte, vor Abschluss der Beratung ausfällt (BSG NJW 1966, 1479);
– wenn das Gericht das Nachreichen eines Schriftsatzes gestattet hatte und der Beteiligte nunmehr (im Rahmen der Gewährung des nachträglichen Äußerungsrechts) neue Gesichtspunkte geltend macht (*Rosenberg/Schwab* S 646 mwN; vgl auch BVerwG NJW 1992, 327; BayVBl 2002, 342);
– wenn das Absehen von der Wiedereröffnung eine Verletzung wesentlicher Prozessgrundsätze (insb des Untersuchungsgrundsatzes und des Rechts auf Gehör) bedeuten würde, zB wenn sich in der Beratung herausstellt, dass die bereits vorgetragenen Tatsachen Veranlassung gegeben hätten, den **Sachverhalt** weiter **aufzuklären** (BFHE 111, 21 = BStBl II 1974, 215; BFHE 195, 9 = BStBl II 2001, 726, 728; BFH/NV 1989, 702, 703; 1994, 495; *Walchshöfer* NJW 1972, 1028, 1030; *Deubner* NJW 1980, 263, 264/265);
– wenn nach Schluss der mündlichen Verhandlung ein Beiladungsbeschluss ergeht (BFH/NV 1999, 497 betr notwendige Beiladung);
– wenn das BVerfG nach Schluss der mündlichen Verhandlung eine entscheidungserhebliche Norm für nichtig erklärt (BFH/NV 1999, 1213);
– wenn ein Antrag auf kurzfristige Unterbrechung der Sitzung, Vertagung (§ 91 Rz 2 ff) oder Gewährung einer Frist für das Nachreichen eines Schriftsatzes zu Unrecht abgelehnt worden ist oder wenn sonstige grundlegende Verfahrensfehler (zB nicht ordnungsgemäße Besetzung des Gerichts; Unterlassung notwendiger Beiladung – § 60 Rz 151; fehlerhafte Unterlassung der Verfahrensaussetzung – § 74 Rz 7) vorliegen (*Sangmeister* DStZ 1988, 320, 323).

Die mündliche Verhandlung braucht jedoch **nicht wiedereröffnet** zu 11
werden, wenn sich ein Beteiligter trotz ausreichender Gelegenheit nicht genügend auf die mündliche Verhandlung vorbereitet hatte (BFHE 115, 185 = BStBl II 1975, 489), wenn er sein Nichterscheinen nicht genügend entschuldigt (BFH/NV 1997, 679), wenn er seiner Mitwirkungspflicht nicht nachgekommen war (BVerwG Buchholz 310 § 104 VwGO Nr 25), insbesondere, wenn er nachträglich ihm geeignet erscheinende Beweis-

mittel bezeichnet, obwohl ihm die Beweisbedürftigkeit seines Vortrags schon seit langem bekannt war (vgl BFH/NV 1987, 160, 162), wenn er nachträglich nur solche Tatsachen vorträgt, die das Gericht ohnehin alternativ als möglich hätte annehmen und abhandeln müssen und die zu demselben Ergebnis geführt hätten (BFH/NV 1992, 81, 85), wenn er nach Durchführung der Beweisaufnahme und Verlust des Rügerechts (§ 295 ZPO) nachträglich zu Fragen Stellung nimmt, die Gegenstand der Beweisaufnahme und der mündlichen Verhandlung waren (BFH/NV 2002, 511, 512; 2004, 449), oder wenn er trotz schon länger andauernder Erkrankung erst am Tage der mündlichen Verhandlung oder nach Schluss der mündlichen Verhandlung (BFH/NV 2003, 806, 807) Terminverlegung beantragt (BFH/NV 1993, 186). – Gleiches muss gelten, wenn der Beteiligte eine Ausschlussfrist nach §§ 62 III, 65 II, 79b hat verstreichen lassen und er die Fristversäumnis nicht genügend entschuldigt.

12   Die Entscheidung über die Wiedereröffnung der mündlichen Verhandlung und die ihr vorhergehende Entscheidung über die Wiedereröffnung der Beratung erfolgt durch Beschluss des Einzelrichters bzw **Beschluss** des Senats in der Besetzung, in der die mündliche Verhandlung durchgeführt worden ist (ausführlich *Sangmeister* DStZ 1989, 25, 27, 28; vgl auch § 27 Rz 5; BFH/NV 2006, 98; **aA** BFHE 179, 245 = BFH BStBl II 1996, 318; BFH/NV 1996, 688 und FG Mchn EFG 1996, 239: Beschluss ohne ehrenamtliche Richter; s auch FG Hbg EFG 1994, 578; FG D'dorf EFG 1995, 1069). Im Falle der Ablehnung muss das Gericht die für die Entscheidung maßgeblichen Erwägungen (im Urteil) zum Ausdruck bringen, damit seine (Ermessens-)Entscheidung im Rahmen eines etwaigen Revisionsverfahrens überprüft werden kann (BFHE 145, 125 = BStBl II 1986, 187, 189; BFH/NV 1997, 4; 118; 2004, 449; 2006, 98).

Der Beschluss kann weder (selbstständig) angefochten werden (§ 128 II) noch durch das Gericht aufgehoben oder widerrufen werden (BFHE 137, 224 = BStBl II 1983, 230; BFH/NV 1988, 113; 1989, 655, 656; 1994, 380).

12 a   Wird die mündliche Verhandlung wiedereröffnet, ist das Verfahren mit den bisherigen Richtern fortzusetzen (vgl § 81 Rz 9; BFH/NV 1994, 495; 2006, 68).

13   Wird die Wiedereröffnung zu Unrecht verweigert (abgelehnt), liegt hierin ein wesentlicher Verfahrensmangel iS des § 119 Nr 3 (vgl BFH/NV 1994, 555; 730, 732; *Sangmeister* DStZ 1989, 25, 32, 33). – Zum Inhalt der Verfahrensrüge s BFH/NV 1997, 4; 118. – Ein Verfahrensmangel liegt jedoch nicht vor, wenn sich der Eingang eines nachgereichten Schriftsatzes beim Gericht nicht feststellen lässt (BFH/NV 1988, 310).

§ 93 a [Zeugen- und Sachverständigenvernehmung per Videokonferenz]

(1) [1] **Im Einverständnis mit den am Verfahren Beteiligten kann das Gericht anordnen, dass sich ein Zeuge oder ein Sachverständiger während der Vernehmung an einem anderen Ort aufhält.** [2] **Die Aussage wird zeitgleich in Bild und Ton in das Sitzungszimmer übertragen.** [3] **Ist Beteiligten, Bevollmächtigten und Beiständen nach § 91 a gestattet**

worden, sich an einem anderen Ort aufzuhalten, so wird die Aussage zeitgleich in Bild und Ton auch an diesen Ort übertragen. [4] Die Aussage soll aufgezeichnet werden, wenn zu besorgen ist, dass der Zeuge oder Sachverständige in einer weiteren mündlichen Verhandlung nicht vernommen werden kann und die Aufzeichnung zur Erforschung des Sachverhalts erforderlich ist.

(2) [1] Die Aufzeichnung darf nur innerhalb des Verfahrens verwendet werden, für das sie gefertigt worden ist. [2] Das Recht zur Verweigerung des Zeugnisses nach § 84 ist hierbei zu wahren. [3] § 78 Abs. 1 findet mit der Maßgabe entsprechende Anwendung, dass die Einsicht ausschließlich bei der Geschäftsstelle erfolgt; Kopien werden nicht erteilt. [4] Sobald die Aufzeichnung nicht mehr benötigt wird, spätestens nach rechtskräftigem Abschluss des Verfahrens, ist sie zu löschen.

Vgl § 128a ZPO; § 247a StPO.

§ 93a ermöglicht es, Zeugen und Sachverständige von der Pflicht zu entbinden, persönlich vor Gericht zu erscheinen (§ 82 iVm §§ 377 II Nr 3, 380, 409 ZPO) und sie per Videokonferenz zu vernehmen. Zur Bedeutung der Vorschrift s § 91a Rz 2 und zur technischen Ausstattung als Voraussetzung für die Anwendung des § 93a s § 91a Rz 3. **1**

Liegen die technischen Voraussetzungen für die Durchführung einer Videokonferenz vor, **kann das Gericht im Einverständnis mit** den **Verfahrensbeteiligten** (§ 57) anordnen, dass sich ein Zeuge oder Sachverständiger während der Vernehmung nicht im Sitzungszimmer, sondern an einem anderen Ort aufhält (§ 93a I 1). Trifft das Gericht diese Anordnung, wird die **Beteiligtenöffentlichkeit** (§ 83) **durch** die **zeitgleiche Übertragung der Aussage** in das Sitzungszimmer und in den Fällen des § 91a durch die gleichzeitige Übertragung an den Ort, an dem sich die Verfahrensbeteiligten und deren Bevollmächtigte und Beistände aufhalten, **hergestellt** (§ 93a I 2, 3). Dabei ist zu beachten, dass eine **Zuschaltung aus dem Ausland** mangels entsprechender Rechtshilfeabkommen derzeit (noch) unzulässig ist (*T/K* § 93a FGO Rz 2; *Beermann/Schmieszek* § 93a FGO Rz 4). **2**

Die Möglichkeit, Zeugen und Sachverständige per Videokonferenz zu vernehmen, gilt nicht nur für die Beweisaufnahme in der mündlichen Verhandlung (§§ 81 I, 82), sondern auch für die Beweiserhebung im vorbereitenden Verfahren (§ 79 III – § 79 Rz 11) und für die Beweisaufnahme durch den beauftragten oder den ersuchten Richter (§ 81 II – § 81 Rz 14 ff). **3**

Bei der **Ermessensausübung** ist zu berücksichtigen, dass die Videoübertragung die Aussage der zu vernehmenden Person verfremdet. Kommt es entscheidend auf die **Glaubwürdigkeit des Zeugen** an, sollte das Gericht von der Möglichkeit der Vernehmung per Videokonferenz im Allgemeinen absehen, es sei denn, die Voraussetzungen des § 82 iVm § 375 ZPO (§ 82 Rz 18, § 81 Rz 14 ff) sind erfüllt oder der Zeuge ist sonst nicht erreichbar (zB sog Auslandszeugen – § 82 Rz 17). – Bei der Entscheidung, ob ein **Sachverständiger** per Videokonferenz vernommen werden soll, ist eine großzügigere Betrachtung gerechtfertigt, weil der persönliche Eindruck regelmäßig von untergeordneter Bedeutung ist. – Im Übrigen sind die bei der Ermessensentscheidung zu § 91a Rz 4 genannten allgemeinen **4**

Gesichtspunkte zu berücksichtigen. – Die **Ermessensentscheidung des Gerichts** (des Senats bzw des Einzelrichters) **ist** als prozessleitende Verfügung **unanfechtbar** (§ 128 II).

5   Bei der an sich formlosen **Ladung** des Zeugen/Sachverständigen per Videokonferenz ist im Interesse der Verfahrensbeteiligten grundsätzlich die Frist des § 91 I 1 zu wahren. – Wird das **Einvernehmen** (§ 93 a I 1) **nach Ladung** des Zeugen oder Sachverständigen zur Vernehmung vor dem Gericht erzielt und hält das Gericht die Vernehmung per Videokonferenz für sachgerecht, kann der Termin zur Zeugen- bzw Sachverständigenvernehmung in einen Termin zur Vernehmung per Videokonferenz umgewandelt werden.

6   Für die **Vernehmung** selbst gelten die allgemeinen Regeln (zB § 94 Protokollierung; § 84 Zeugnisverweigerung; § 83 Beteiligtenöffentlichkeit; § 82 Rz 17 ff). Erscheint der Zeuge oder Sachverständige entgegen der Ladung persönlich, kann er im Sitzungstermin vernommen werden (*T/K* § 93 a FGO Rz 6).

7   Das Gericht (der Senat bzw der Einzelrichter) entscheidet nach seinem **Ermessen, ob** die **Aussage aufgezeichnet wird.** Unter den Voraussetzungen des § 93 a I 4 ist sie im Regelfall aufzuzeichnen; dasselbe wird man annehmen müssen, wenn ein Verfahrensbeteiligter (§ 57) die Aufzeichnung beantragt. – Die Entscheidung über die Aufzeichnung ist als prozessleitende Verfügung **unanfechtbar** (§ 128 II).

8   Die Aufzeichnung darf nur innerhalb des Verfahrens verwendet werden, für das sie gefertigt worden ist (§ 93 a II 1); zur Frage, wie zu verfahren ist, wenn der Zeuge sich nach ordnungsgemäßer Belehrung bei erneuter Vernehmung auf sein Zeugnisverweigerungsrecht beruft, vgl § 84 Rz 8. – **Einsicht in die Aufzeichnung** wird ausschließlich bei der Geschäftsstelle des Gerichts gewährt; Kopien dürfen nicht erteilt werden (§ 93 a II 3). **Die Aufzeichnung ist zu löschen,** sobald sie nicht mehr benötigt wird, spätestens nach rechtskräftigem Abschluss des Verfahrens (§ 93 a II 4).

§ 94 [Niederschrift]

Für die Niederschrift gelten die §§ 159 bis 165 der Zivilprozessordnung entsprechend.

Vgl § 105 VwGO; § 122 SGG; §§ 159 ff ZPO.

Übersicht

Literatur: *Franzki,* Die neuen Vorschriften für das Sitzungsprotokoll, DRiZ 1975, 97; *Holtgrave,* Das gerichtliche Protokoll, DB 1975, 821; *Sangmeister,* Aufnahme und Inhalt des gerichtlichen Protokolls unter Mitberücksichtigung des Finanzgerichtsprozesses – Teil I, StJ 1994, 43 ff; *H-J Schmidt,* Tonaufzeichnung des Protokollinhalts, NJW 1975, 1308.

I. Vorbemerkung

§ 94 erklärt für die **Niederschrift** die Bestimmungen der ZPO über das   **1** Protokoll für entsprechend anwendbar. Die Kommentierung beschränkt sich auf einige grundsätzliche Bemerkungen. Im Übrigen wird auf die Kommentare zur ZPO verwiesen.

II. Protokollaufnahme

§ 159 ZPO Protokollaufnahme   **2**

(1) [1] Über die Verhandlung und jede Beweisaufnahme ist ein Protokoll aufzunehmen. [2] Für die Protokollführung kann ein Urkundsbeamter der Geschäftsstelle zugezogen werden, wenn dies auf Grund des zu erwartenden Umfangs des Protokolls, in Anbetracht der besonderen Schwierigkeit der Sache oder aus einem sonstigen wichtigen Grund erforderlich ist.

(2) Absatz 1 gilt entsprechend für Verhandlungen, die außerhalb der Sitzung vor Richtern beim Amtsgericht oder vor beauftragten oder ersuchten Richtern stattfinden.

§ 159 I ZPO ist durch das 1. JustModG mit Wirkung ab 1. 9. 2004 neu gefasst worden. Die Neufassung hat keine Auswirkungen auf den Protokollierungszwang (§ 159 I 1 ZPO). Neu ist jedoch, dass die **Hinzuziehung** eines Urkundsbeamten der Geschäftsstelle für die Protokollführung nicht mehr die Regel, sondern die **Ausnahme** ist. Nach § 159 I 2 ZPO nF „**kann**" der Vorsitzende bzw. der Einzelrichter einen Protokollführer nur noch hinzuziehen, **wenn** dies wegen des zu erwartenden Umfangs des Protokolls, in Anbetracht der besonderen Schwierigkeiten der Sache oder aus einem sonstigen Grund **erforderlich** ist. – Die vom Sparwillen getragene Gesetzesänderung verkennt, dass die Übertragung der Protokollführung auf die Richter die vordringlichen Rechtsprechungsaufgaben behindert, indem sie die Konzentration auf die sachgerechte Entscheidung des Streitfalls beeinträchtigt.

Die Prüfung, ob der Senatsvorsitzende (zweckmäßigerweise nach Ab-   **3** stimmung im Senat) oder der Einzelrichter einen Urkundsbeamten als Protokollführer hinzuziehen will, kann in jeder Lage des Verfahrens erfolgen. Die Entscheidung wird **formlos** getroffen. Sie braucht nicht ins Protokoll aufgenommen zu werden (BFHE 98, 105 = BStBl II 1970, 255) und ist als prozessleitende Verfügung unanfechtbar (§ 128 II). Bei Schwierigkeiten mit der Verwaltung empfiehlt es sich, die maßgeblichen Erwägungen in einem Aktenvermerk festzuhalten. Die Entscheidung, einen Protokollführer hinzuzuziehen, ist jeglicher **Dienstaufsicht entzogen** (§ 26 I DRiG; vgl BGH NJW 1988, 417; *Baumbach ua* § 159 ZPO Rz 10). – Im Falle einer positiven Entscheidung nach § 159 I 2 ZPO nF muss die Verwaltung wegen ihrer Betriebssicherungspflicht einen geeigneten Protokollführer abstellen (BGH NJW 1988, 417). Sieht der Vorsitzende bzw

Einzelrichter davon ab, einen Protokollführer hinzuzuziehen, muss das Gericht das Protokoll selbst anfertigen. – Der Vorsitzende kann im Rahmen pflichtgemäßen Ermessens einen Beisitzer (ggf auch den Berichterstatter) anstelle des Urkundsbeamten zum Protokollführer bestimmen. In diesem Fall ist allein der Vorsitzende für die Protokollführung verantwortlich, er hat das Protokoll auch allein zu unterschreiben (vgl § 163 I 1 ZPO; *Baumbach ua* § 159 ZPO Rz 11 ff; vgl auch BVerwG NJW 1976, 1282).

4   Die **Bedeutung des Protokolls** liegt in seiner erhöhten **Beweiskraft** (§§ 165, 415, 418 ZPO – vgl BFH/NV 1989, 377; 1994, 722; 1995, 623; 2002, 204; 2003, 1085; 2005, 501; BGH NJW 1984, 1466; VersR 1989, 604; BVerwG Buchholz 406.19 Nachbarschutz Nr 72; BSG MDR 1981, 612; NJW 1991, 1909). – Zum **Zweck des Protokolls** s BFH/NV 2001, 1028, 1030.

5   § 159 ZPO gilt auch für **Erörterungstermine** (§ 159 II ZPO).

III. Inhalt des Protokolls

6 **§ 160 ZPO** **Inhalt des Protokolls**

(1) Das Protokoll enthält

1. den Ort und den Tag der Verhandlung;
2. die Namen der Richter, des Urkundsbeamten der Geschäftsstelle und des etwa zugezogenen Dolmetschers;
3. die Bezeichnung des Rechtsstreits;
4. die Namen der erschienenen Parteien, Nebenintervenienten, Vertreter, Bevollmächtigten, Beistände, Zeugen und Sachverständigen und im Falle des § 128 a den Ort, von dem aus sie an der Verhandlung teilnehmen;
5. die Angabe, daß öffentlich verhandelt oder die Öffentlichkeit ausgeschlossen worden ist.

(2) Die wesentlichen Vorgänge der Verhandlung sind aufzunehmen.

(3) Im Protokoll sind festzustellen

1. Anerkenntnis, Anspruchsverzicht und Vergleich;
2. die Anträge;
3. Geständnis und Erklärung über einen Antrag auf Parteivernehmung sowie sonstige Erklärungen, wenn ihre Feststellung vorgeschrieben ist;
4. die Aussagen der Zeugen, Sachverständigen und vernommenen Parteien; bei einer wiederholten Vernehmung braucht die Aussage nur insoweit in das Protokoll aufgenommen zu werden, als sie von der früheren abweicht;
5. das Ergebnis eines Augenscheins;
6. die Entscheidungen (Urteile, Beschlüsse und Verfügungen) des Gerichts;
7. die Verkündung der Entscheidungen;
8. die Zurücknahme der Klage oder eines Rechtsmittels;
9. der Verzicht auf Rechtsmittel;
10. das Ergebnis der Güteverhandlung.

(4) [1] Die Beteiligten können beantragen, daß bestimmte Vorgänge oder Äußerungen in das Protokoll aufgenommen werden. [2] Das Gericht kann von der Aufnahme absehen, wenn es auf die Feststellung des Vorgangs oder der Äußerung nicht ankommt. [3] Dieser Beschluß ist unanfechtbar; er ist in das Protokoll aufzunehmen.

(5) Der Aufnahme in das Protokoll steht die Aufnahme in eine Schrift gleich, die dem Protokoll als Anlage beigefügt und in ihm als solche bezeichnet ist.

Zu § 160 I Nr 4 ZPO s §§ 91 a, 93 a.   6 a

Zu § 160 II ZPO: 7

Die Vorschrift betrifft den **äußeren Hergang der Verhandlung**, zB die Beachtung der §§ 92, 93 oder den Ausschluss eines Beteiligten gem §§ 176 ff GVG (BFH/NV 1989, 378), das Stellen von Beweisanträgen (BFH/NV 1994, 111; 2003, 1191; 1207; BVerwG Buchholz 310 § 86 II VwGO Nr 32) oder eines Antrags auf Schriftsatzfrist (BFH/NV 2004, 212), die Beweisaufnahme, amtliche Auskünfte (BVerwG Buchholz 310 § 99 VwGO Nr 20), die Verhandlung der Beteiligten über das Ergebnis der Beweisaufnahme, die erneute Erörterung des Sach- und Streitstandes (§ 155 iVm §§ 285 I, 278 II 2 ZPO – vgl BGH MDR 1989, 972), die Rüge der Verletzung des rechtlichen Gehörs (BFH/NV 2002, 203, 204) und das Einverständnis der Beteiligten, Beweisergebnisse aus fremden Verfahren zu verwerten (BFH/NV 2005, 501). – **Nicht** zu den wesentlichen Vorgängen (Förmlichkeiten), die in das Protokoll aufgenommen werden müssen, gehört eine kurzfristige Unterbrechung der mündlichen Verhandlung (BFHE 195, 503 = BStBl II 2001, 764). Dasselbe gilt für die Tatsachenfeststellungen, die im Urteil getroffen werden (BFH/NV 1997, 510), den Inhalt bei den Akten befindlicher Urkunden, die das Gericht in seiner Entscheidung berücksichtigen möchte (BFH/NV 1998, 1503) oder die tatsächliche und rechtliche Erörterung der Streitsache mit den Beteiligten (BVerwG Buchholz 310 § 104 VwGO Nr 20). – Auch die Beratung gehört nicht zum Inhalt des Protokolls (BFH/NV 1995, 403, 404).

Zu § 160 III Nr 2 ZPO: 8

Gemeint sind die **Sachanträge** (§§ 137, 297 ZPO – BFHE 115, 185 = BStBl II 1975, 489; BFH/NV 1993, 667).

Zu § 160 III Nr 4 ZPO:

Zur Protokollierung der **Aussage eines Sachverständigen** s BGH VersR 1989, 189. – Erfolgt die Wiedergabe der Aussage nicht im Protokoll, sondern im Urteil selbst, so liegt ein Verfahrensfehler vor; allerdings muss in der Revisionsbegründung vorgetragen werden, inwiefern der Mangel für die Entscheidung ursächlich geworden ist (BVerwG HFR 1977, 159 = NJW 1976, 1705; HFR 1976, 160 = DÖV 1976, 749; Buchholz 310 § 139 VwGO Nr 46; § 105 VwGO Nr 41; 46). Der Mangel muss gerügt worden sein (§ 295 ZPO – vgl BVerwG HFR 1976, 540 = MDR 1976, 781; DÖV 1981, 536). Das gilt auch, wenn das Gericht in ständiger Praxis so (falsch) verfährt (BVerwG HFR 1977, 299 = DÖV 1976, 756).

Zu § 160 III Nr 5 ZPO:

Das Ergebnis eines Augenscheins muss nicht protokolliert werden, wenn sich die Augenscheinsobjekte in den Akten befinden (BFH/NV 1998, 1503).

Zu § 160 III Nr 7 ZPO:

Der **Gegenstand der Verkündung** muss entweder im Protokoll oder in einer Anlage zum Protokoll festgehalten werden (BGH VersR 1990, 637).

9   Zu § 160 IV ZPO:
Der **Protokollierungsantrag (Ergänzungsantrag – § 160 IV 1 ZPO)** muss **bis zum Schluss der mündlichen Verhandlung** gestellt werden. Ein späterer Antrag ist unzulässig (BFH/NV 1989, 24, 25; 2006, 109, 110). Der Antrag bezieht sich auf „Vorgänge" (zB ein bestimmtes Verhalten eines Beteiligten während der Verhandlung oder Beweisaufnahme) oder bestimmte Äußerungen eines Beteiligten. Die **Aufnahme ins Protokoll** wird durch den Vorsitzenden bzw den Einzelrichter (durch unanfechtbare prozessleitende Anordnung – § 128 II) verfügt (str; wie hier die hM – s die Nachweise bei *Sangmeister* StJ 1994, 43, 68). Die Ablehnung des Antrags muss grundsätzlich durch Gerichtsbeschluss erfolgen (§ 160 IV 2 ZPO); bei offensichtlicher Unzulässigkeit des Antrags kann der Vorsitzende auch allein (durch Beschluss) entscheiden (BFH/NV 1989, 24, 25); der Einzelrichter entscheidet ohnehin allein. Der Beschluss des Gerichts bzw des Vorsitzenden ist unanfechtbar; er muss in das Protokoll aufgenommen werden (§ 164 IV 3 ZPO). Die Ablehnung ist gerechtfertigt, wenn das Gericht den Vorgang bzw die Äußerung für unwesentlich hält. – Eine **gegen die Ablehnung** des Protokollierungsantrags erhobene **Beschwerde** kann allenfalls dann Erfolg haben, wenn die behauptete Verletzung der Protokollierungspflicht für ein fehlerhaftes Urteil ursächlich ist (vgl § 164 IV 2 ZPO; BFH/NV 1990, 309). – Ein **Rechtsmittel** gegen das Urteil kann nur mit Erfolg auf eine unterbliebene oder fehlerhafte Ablehnung der Protokollierung gestützt werden, wenn **zuvor** ein **Protokollberichtigungsantrag** (Rz 19 ff) gestellt worden ist (zB BFHE 166, 574 = BStBl II 1992, 562; BFH/NV 1997, 663; 1998, 52; 1999, 211).

IV. Vorläufige Aufzeichnung

10   § 160 a ZPO   Vorläufige Protokollaufzeichnung

(1) Der Inhalt des Protokolls kann in einer gebräuchlichen Kurzschrift, durch verständliche Abkürzungen oder auf einem Ton- oder Datenträger vorläufig aufgezeichnet werden.

(2) [1] Das Protokoll ist in diesem Fall unverzüglich nach der Sitzung herzustellen. [2] Soweit Feststellungen nach § 160 Abs. 3 Nr. 4 und 5 mit einem Tonaufnahmegerät vorläufig aufgezeichnet worden sind, braucht lediglich dies in dem Protokoll vermerkt zu werden. [3] Das Protokoll ist um die Feststellungen zu ergänzen, wenn eine Partei dies bis zum rechtskräftigen Abschluß des Verfahrens beantragt oder das Rechtsmittelgericht die Ergänzung anfordert. [4] Sind Feststellungen nach § 160 Abs. 3 Nr. 4 unmittelbar aufgenommen und ist zugleich das wesentliche Ergebnis der Aussagen vorläufig aufgezeichnet worden, so kann eine Ergänzung des Protokolls nur um das wesentliche Ergebnis der Aussagen verlangt werden.

(3) [1] Die vorläufigen Aufzeichnungen sind zu den Prozeßakten zu nehmen oder, wenn sie sich nicht dazu eignen, bei der Geschäftsstelle mit den Prozeßakten aufzubewahren. [2] Aufzeichnungen auf Ton- oder Datenträgern können gelöscht werden,

1. soweit das Protokoll nach der Sitzung hergestellt oder um die vorläufig aufgezeichneten Feststellungen ergänzt ist, wenn die Parteien innerhalb

eines Monats nach Mitteilung der Abschrift keine Einwendungen erhoben haben;

2. nach rechtskräftigem Abschluß des Verfahrens.

(4) Die endgültige Herstellung durch Aufzeichnung auf Datenträger in der Form des § 130 b ist möglich.

Die gesamte mündliche Verhandlung kann **wörtlich aufgenommen** 11 werden (s hierzu BVerwG NJW 1976, 1282, 1283; DVBl 1977, 201; DÖV 1983, 550 = BVerwGE 67, 44; Buchholz 310 § 105 VwGO Nr 42; s auch § 162 II 1 ZPO – Rz 14). Zulässig ist auch ein **Diktat** durch den Vorsitzenden bzw den Einzelrichter, ggf in der Form einer zusammenfassenden Darstellung des wesentlichen Inhalts der Aussage (BVerwG DÖV 1981, 537). – Zum notwendigen Inhalt des Protokolls bei vorläufiger **Aufzeichnung durch** ein **Tonaufnahmegerät** und zur Bedeutung der späteren Niederschrift s auch BFH/NV 1995, 572.

Zu § 160 a I ZPO: 12
Sind Teile der Aufnahme unverständlich, kann eine hierauf gestützte Revision nur Erfolg haben, wenn vorgetragen wird, dass die Entscheidung auf diesen Unklarheiten beruhen kann, es sei denn, dass die Aufzeichnung insgesamt kein klares Bild der Vernehmung ergibt (BVerwG DÖV 1976, 746 = MDR 1976, 1046; vgl auch BVerwG HFR 1977, 300). – Zum **Fehlen jeglicher Aufzeichnungen** s BFH/NV 2001, 1028, 1030.

V. Entbehrliche Feststellungen

§ 161 ZPO Entbehrliche Feststellungen 13

(1) Feststellungen nach § 160 Abs. 3 Nr. 4 und 5 brauchen nicht in das Protokoll aufgenommen zu werden,

1. wenn das Prozeßgericht die Vernehmung oder den Augenschein durchführt und das Endurteil der Berufung oder der Revision nicht unterliegt;

2. soweit die Klage zurückgenommen, der geltend gemachte Anspruch anerkannt oder auf ihn verzichtet wird, auf ein Rechtsmittel verzichtet oder der Rechtsstreit durch einen Vergleich beendet wird.

(2) [1] In dem Protokoll ist zu vermerken, daß die Vernehmung oder der Augenschein durchgeführt worden ist. [2] § 160 a Abs. 3 gilt entsprechend.

VI. Prüfung durch die Beteiligten

§ 162 ZPO Genehmigung des Protokolls 14

(1) [1] Das Protokoll ist insoweit, als es Feststellungen nach § 160 Abs. 3 Nr. 1, 3, 4, 5, 8, 9 oder zu Protokoll erklärte Anträge enthält, den Beteiligten vorzulesen oder zur Durchsicht vorzulegen. [2] Ist der Inhalt des Protokolls nur vorläufig aufgezeichnet worden, so genügt es, wenn die Aufzeichnungen vorgelesen oder abgespielt werden. [3] In dem Protokoll ist zu vermerken, daß dies geschehen und die Genehmigung erteilt ist oder welche Einwendungen erhoben worden sind.

(2) [1] Feststellungen nach § 160 Abs. 3 Nr. 4 brauchen nicht abgespielt zu werden, wenn sie in Gegenwart der Beteiligten unmittelbar aufgezeichnet worden sind; der Beteiligte, dessen Aussage aufgezeichnet ist, kann das

Abspielen verlangen. [2] Soweit Feststellungen nach § 160 Abs. 3 Nr. 4 und 5 in Gegenwart der Beteiligten diktiert worden sind, kann das Abspielen, das Vorlesen oder die Vorlage zur Durchsicht unterbleiben, wenn die Beteiligten nach der Aufzeichnung darauf verzichten; in dem Protokoll ist zu vermerken, daß der Verzicht ausgesprochen worden ist.

15   **Zu § 162 I 1 ZPO:**
Die **Nichtverlesung** oder Nichtvorlage muss, wenn sie im Revisions-verfahren gerügt werden soll, für das Urteil ursächlich geworden sein (BVerwG NJW 1976, 1283). Dazu kann bei einem noch am selben Tage, also unter dem frischen Eindruck der Verhandlung beschlossenen Urteil nur vorgetragen werden, der Eindruck der Urkundspersonen sei falsch ge-wesen und wäre – wäre die protokollierte Aussage verlesen oder vorgelegt worden – in einer (ganz bestimmten) Weise korrigiert worden (BFHE 115, 185 = BStBl II 1975, 489).

16   **Zu § 162 II ZPO:**
Wie sich aus dem Wortlaut ergibt, bezieht sich § 162 II 1 ZPO **nicht** auf ein in **Kurzschrift** aufgenommenes Protokoll (BVerwG HFR 1977, 158 = NJW 1976, 1283). – Stillschweigend (konkludenter) Verzicht ist möglich (§ 162 II 2 ZPO).

VII. Unterschrift

17   **§ 163 ZPO Unterschreiben des Protokolls**

(1) [1] Das Protokoll ist von dem Vorsitzenden und von dem Urkundsbeam-ten der Geschäftsstelle zu unterschreiben. [2] Ist der Inhalt des Protokolls ganz oder teilweise mit einem Tonaufnahmegerät vorläufig aufgezeichnet worden, so hat der Urkundsbeamte der Geschäftsstelle die Richtigkeit der Übertragung zu prüfen und durch seine Unterschrift zu bestätigen; dies gilt auch dann, wenn der Urkundsbeamte der Geschäftsstelle zur Sitzung nicht zugezogen war.

(2) [1] Ist der Vorsitzende verhindert, so unterschreibt für ihn der älteste beisit-zende Richter; war nur ein Richter tätig und ist dieser verhindert, so genügt die Unterschrift des zur Protokollführung zugezogenen Urkundsbeamten der Ge-schäftsstelle. [2] Ist dieser verhindert, so genügt die Unterschrift des Richters. [3] Der Grund der Verhinderung soll im Protokoll vermerkt werden.

18   Zur Mitverantwortung des Vorsitzenden (bzw des Einzelrichters) bei der Übertragung von Tonaufzeichnungen vgl BVerwG DVBl 1977, 200 = Buchholz 310 § 105 VwGO Nr 20. – Zur alleinigen Verantwortung des Vorsitzenden s Rz 3.

VIII. Berichtigung

19   **§ 164 ZPO Protokollberichtigung**

(1) Unrichtigkeiten des Protokolls können jederzeit berichtigt werden.

(2) Vor der Berichtigung sind die Parteien und, soweit es die in § 160 Abs. 3 Nr. 4 genannten Feststellungen betrifft, auch die anderen Beteiligten zu hören.

(3) [1] Die Berichtigung wird auf dem Protokoll vermerkt; dabei kann auf eine mit dem Protokoll zu verbindende Anlage verwiesen werden. [2] Der

Vermerk ist von dem Richter, der das Protokoll unterschrieben hat, oder von dem allein tätig gewesenen Richter, selbst wenn dieser an der Unterschrift verhindert war, und von dem Urkundsbeamten der Geschäftsstelle, soweit er zur Protokollführung zugezogen war, zu unterschreiben.

(4) [1] Erfolgt der Berichtigungsvermerk in der Form des § 130 b, ist er in einem gesonderten elektronischen Dokument festzuhalten. [2] Das Dokument ist mit dem Protokoll untrennbar zu verbinden.

§ 164 ZPO ermöglicht die **Korrektur** jeder (auch einer nicht offenba- **20** ren) Unrichtigkeit. Für die Berichtigung sind ausschließlich die erstinstanzlichen Finanzgerichte zuständig (BFH/NV 2003, 1604). Die Berichtigung kann – nach Anhörung der Beteiligten – **jederzeit** (auch nach Schluss der mündlichen Verhandlung) von Amts wegen oder auf Antrag erfolgen, auch nach Einlegung von Rechtsmitteln (BFH/NV 2005, 2224, 2226; BVerwG HFR 1982, 29); zur Notwendigkeit, einen Protokollberichtigungsantrag zu stellen, s Rz 9 aE. – Ein nach Schluss der mündlichen Verhandlung gestellter und deshalb unzulässiger (Rz 9) Antrag auf **Protokollergänzung** kann als Anregung zur Protokollberichtigung behandelt werden (BFH/NV 1993, 543). – Die Entscheidung über die Berichtigung steht allein dem Vorsitzenden oder dem Einzelrichter (BFH/NV 1998, 873; 2000, 211) bzw – falls ein Protokollführer (Urkundsbeamter) hinzugezogen wurde (§ 159 I 2 ZPO) – dem Vorsitzenden/Einzelrichter **und** dem Protokollführer zu (vgl BFH/NV 1997, 775; 1998, 873; 2006, 102, 103). Für die **Ablehnung der Berichtigung** kann – wegen der alleinigen Verantwortung des Vorsitzenden bzw Einzelrichters und des Protokollführers – nichts anderes gelten (BFH/NV 2002, 43 mwN; *Baumbach ua* § 164 ZPO Rz 13; **aA** – Zuständigkeit des Senats bzw des Einzelrichters – FG SchlHol EFG 1994, 161; FG D'dorf EFG 1995, 582). – Zur **Form** der Berichtigung s § 164 III ZPO.

Eine gegen die Entscheidung über die Protokollberichtigung erhobene **21 Beschwerde** ist **grundsätzlich** unzulässig, soweit der Beteiligte eine inhaltliche Berichtigung (bzw Rückgängigmachung der Berichtigung) des Protokolls begehrt (BFH/NV 1997, 775; 1998, 596; 2000, 211; 2001, 796, 797; 2003, 1079; 2006, 102, 103; 109, 110). Sie ist ausnahmsweise zulässig, wenn geltend gemacht wird, die Berichtigung sei zu Unrecht als (verfahrensrechtlich) unzulässig abgelehnt oder von einem hierzu nicht Befugten vorgenommen oder abgelehnt worden oder die Berichtigung bzw Ablehnung leide an sonstigen Verfahrensmängeln (BFH/NV 2002, 43; 206; offen BFH/NV 1989, 643; 1994, 388 – jeweils mwN). – Zur Zulässigkeit einer Nichtzulassungsbeschwerde s BFH/NV 1998, 478. – Das Rechtsschutzbedürfnis für eine Protokollberichtigung entfällt, sobald das FG-Urteil rechtskräftig geworden ist (BFH/NV 2002, 206).

IX. Beweis von Förmlichkeiten

§ 165 ZPO Beweiskraft des Protokolls   22

[1] Die Beachtung der für die Verhandlung vorgeschriebenen Förmlichkeiten kann nur durch das Protokoll bewiesen werden. [2] Gegen seinen diese Förmlichkeiten betreffenden Inhalt ist nur der Nachweis der Fälschung zulässig.

Zur **Beweiskraft** s Rz 3. – Gegen den die **Förmlichkeiten** der mündlichen Verhandlung betreffenden Inhalt des Protokolls ist nur der Nachweis der Fälschung zulässig. Solange dieser Nachweis nicht geführt und eine Protokollberichtigung unterblieben ist, muss davon ausgegangen werden, dass das Protokoll richtig ist (BFH/NV 1999, 1490, 1491; die hiergegen erhobene Verfassungsbeschwerde wurde nicht zur Entscheidung angenommen – BVerfG Beschluss v 7. 10. 1999 1 BvR 1195/99 nv; s auch BFH/NV 2002, 204; 2003, 1085; 2005, 501). – **Fälschung** des Protokolls liegt vor, wenn eine zu protokollierende Tatsache wissentlich falsch beurkundet oder nachträglich verfälscht worden ist (BFH/NV 1998, 873). – Die erhöhte Beweiskraft (§ 165 S 1 ZPO) gilt auch für ein berichtigtes Protokoll (BFH/NV 2003, 797). – Zur Frage, wie zu verfahren ist, wenn ein Vorgang nach § 160 II ZPO (Rz 7) unstreitig gegeben, aber kein Protokoll vorhanden ist, s BFH/NV 2005, 564.

§ 94 a [Verfahren nach billigem Ermessen]

[1] **Das Gericht kann sein Verfahren nach billigem Ermessen bestimmen, wenn der Streitwert bei einer Klage, die eine Geldleistung oder einen hierauf gerichteten Verwaltungsakt betrifft, fünfhundert Euro nicht übersteigt. [2] Auf Antrag eines Beteiligten muss mündlich verhandelt werden. [3] Das Gericht entscheidet über die Klage durch Urteil; § 76 über den Untersuchungsgrundsatz und § 79 a Abs. 2, § 90 a über den Gerichtsbescheid bleiben unberührt.**

Übersicht

Literatur: *Bilsdorfer,* Das FGO-Änderungsgesetz, BB 1993, 109; *Buciek,* Das FGO-Änderungsgesetz (Teil II), DStR 1993, 152; *Schmieszeck,* Änderungen im finanzgerichtlichen Verfahren zum 1. 1. 1993, DB 1993, 12.

I. Allgemeines, Anwendungsbereich

1 § 94 a soll zur Entlastung der Finanzgerichte und zur Beschleunigung des Verfahrens beitragen.

2 § 94 a durchbricht den Mündlichkeitsgrundsatz (§ 90 Rz 7). Die Regelung gilt **nur für das erstinstanzliche** finanzgerichtliche **Klageverfahren** (§ 94 a S 1, 3) und nur für die **Entscheidung durch Urteil** (§ 94 a S 3). Im **Revisionsverfahren** ist § 94 a nicht anwendbar (§ 121 S 2). – Zum **zeitlichen Anwendungsbereich** s BFH/NV 1995, 802, 803 (uneingeschränkte Anwendung im laufenden Verfahren).

II. Verfahren nach billigem Ermessen

3 § 94 a räumt dem erstinstanzlichen Gericht (dem Senat bzw dem Einzelrichter – §§ 6, 79 a III, IV) die Möglichkeit ein, das Verfahren „nach billigem Ermessen" zu bestimmen, wenn der **Streitwert** bei einer Klage, die

eine Geldleistung oder einen hierauf gerichteten Verwaltungsakt betrifft, **500 Euro nicht** übersteigt (§ 94 a S 1). § 94 a ist auch anzuwenden, wenn die Streitwertgrenze erst durch **Abtrennung** (§ 73) unterschritten wird (BFH/NV 1995, 705). Voraussetzung für die Bestimmung des Verfahrens nach billigem Ermessen ist aber, dass der Wert des Streitgegenstandes zuverlässig nach einer bestimmten Geldleistung bestimmt werden kann; **muss** der **Streitwert geschätzt werden, ist § 94 a nicht anwendbar** (BFH/NV 2000, 864; 2001, 1410; 1575). – Im Übrigen steht die Entscheidung, nach § 94 a zu verfahren, im **Ermessen** des (zuständigen) Senats bzw Einzelrichters. Die Ermessensentscheidung hat sich am Zweck der Neuregelung (Rz 1) und am Rechtsschutzinteresse der Beteiligten zu orientieren. Werden die Belange der Beteiligten durch ein Verfahren nach § 94 a voraussichtlich nicht gewahrt, ist das Verfahren nach den allgemeinen Regeln durchzuführen.

Nach § 94 a kann das Verfahren grundsätzlich ohne mündliche Ver- **4** handlung durchgeführt werden, auch wenn die Beteiligten sich hiermit nicht ausdrücklich einverstanden erklärt haben (s aber Rz 6). Außerdem ist das Gericht bei der Aufklärung des entscheidungserheblichen Sachverhalts nicht an die sonst geltenden strengen Vorschriften gebunden. – In jedem Fall aber muss das Gericht **rechtliches Gehör** (§ 96 II) gewähren (vgl BFHE 138, 19 = BStBl II 1983, 432) und gem § 94 a S 3 Hs 2 den **Untersuchungsgrundsatz** (§ 76) beachten (BFHE 174, 301 = BStBl II 1994, 660 betr unzulässige Ablehnung eines Beweisantrags).

Das FG ist grundsätzlich **nicht verpflichtet,** die Beteiligten vor Erlass des **5** Urteils darauf **hinzuweisen,** dass es gem § 94 a entscheiden wird (vgl BFHE 139, 22 = BStBl II 1983, 762; BFH/NV 2001, 1290; 2002, 1356; *Gräber* DStR 1981, 369, 371). Ein solcher Hinweis ist aber erforderlich, wenn der Kläger unter Vorlage eines ärztlichen Attestes darum bittet, mit Rücksicht auf seine Erkrankung zunächst keinen Termin anzuberaumen (vgl BFH/NV 1989, 117). Auch sonst sollte das Gericht den Eindruck vermeiden, es sei beabsichtigt, den Kläger zu „überfahren" (*T/K* § 94 a FGO Rz 6).

Die Beteiligten können die Durchführung einer **mündlichen Ver- 6 handlung durch** einen entsprechenden ausdrücklichen oder konkludenten **Antrag erzwingen** (§ 94 a S 2). Ein konkludenter Antrag ist in dem Antrag auf Erhebung eines (auch eines nicht erheblichen) Zeugenbeweises (BFHE 190, 17 = BStBl II 2000, 32; BFH/NV 2001, 462; 2003, 72), in dem Antrag, zwei Streitsachen in einem Termin zu verhandeln (BFH/NV 2001, 325), oder in der Erklärung eines Beteiligten oder seines Prozessbevollmächtigten zu sehen, Sachanträge in der mündlichen Verhandlung stellen oder konkretisieren zu wollen (vgl BFHE 146, 395 = BStBl II 1986, 679; BFHE 161, 409 = BStBl II 1990, 986; BFH/NV 1990, 794, 795; 1991, 251; einschränkend FG BaWü EFG 1994, 79). Dasselbe gilt für die Erklärung, (zunächst) nicht auf mündliche Verhandlung verzichten zu wollen (vgl BFHE 151, 297 = BStBl II 1988, 141; BFH/NV 1992, 53; 1994, 394). – Ein **konkludenter Antrag** auf mündliche Verhandlung liegt aber **nicht** vor, wenn sich der Beteiligte oder sein Prozessbevollmächtigter auf die Frage, ob auf mündliche Verhandlung verzichtet werde, überhaupt nicht äußert (BFH/NV 1995, 705; BFHE 190, 17 = BStBl II 2000, 32). – Der Antrag ist als **Prozesshandlung** weder frei widerruflich noch anfechtbar (vgl § 90 Rz 13; BFH/NV 1991, 402 offen). Der Antrag ist jedoch wirkungslos, wenn er gestellt wird, nachdem das FG abschließend entschieden hat.

7   Nach § 94 a S 3 Hs 2 bleiben die Bestimmungen über den Gerichtsbescheid (§§ 79 a II, IV, 90 a) „unberührt". Diese Formulierung besagt nicht, dass gegen das Urteil mündliche Verhandlung beantragt werden könnte. Vielmehr wird zum Ausdruck gebracht, dass **nach einem Antrag auf mündliche Verhandlung** (Rz 6) nicht zwingend mündlich verhandelt werden muss, sondern auch **durch Gerichtsbescheid entschieden werden kann** (vgl BFHE 139, 22 = BStBl II 1983, 762 unter Berufung auf *Gräber* DStR 1981, 369, 371; *Bilsdorfer* BB 1993, 109, 115; zweifelnd *T/K* § 94 a FGO Rz 8).

8   Für das nach § 94 a ergangene Urteil (§ 94 a S 3) gelten hinsichtlich **Form**, **Inhalt** und **Zustellung** keine Besonderheiten. § 105 V ist anwendbar. **Rechtsmittel** können nach Maßgabe der allgemeinen Vorschriften (Nichtzulassungsbeschwerde, Revision) eingelegt werden. Hat das Gericht ohne mündliche Verhandlung entschieden, obwohl mündliche Verhandlung beantragt worden war (Rz 6), liegt ein Verfahrensfehler iS des § 119 Nr 3 (BFH/NV 1995, 1062, 1063 mwN) und gleichzeitig ein Verfahrensmangel iS des § 119 Nr 4 vor, weil die Beteiligten nicht wirksam vertreten waren (zB BFH/NV 2001, 325 und 1575).

Abschnitt IV. Urteile und andere Entscheidungen

§ 95 [Urteil]

Über die Klage wird, soweit nichts anderes bestimmt ist, durch Urteil entschieden.

Vgl § 107 VwGO, 125 SGG, 300 ZPO.

Literatur (S auch 4. Aufl; außerdem zu § 100 und § 105 und bei den nachfolgenden Einzelvorschriften): *Eisenberg,* Urteile und andere Entscheidungen der Finanzgerichte nach der FGO, BB 1966, 400; *Jauernig,* Das fehlerhafte Zivilurteil, 1958; *Lücke,* Verfassungsbeschwerde gegen eine Nichtentscheidung, JuS 1985, 767; *Schloer,* Die Entscheidungen der Verwaltungsgerichte, JA 1988, 62; *Schulin,* Der Aufbau von Tatbestand, Gutachten und Entscheidungsgründen, 4. Aufl 1972; *Völker,* Kein Anerkenntnisurteil im finanzgerichtlichen Verfahren, DStZ (A) 1992, 207; *R/S,* §§ 57 ff; *Womelsdorf,* Die Fassung des Tenors im Zivilurteil, JuS 1983, 855.

1   Die Vorschrift behandelt die Entscheidungsform, die das Gesetz grundsätzlich für die **Klage** vorsieht. An dieser Stelle *nicht* geregelt sind die Entscheidungsvarianten, in denen im Antragsverfahren zu befinden ist (*Beschluss* – § 113; vgl vor allem §§ 69, 114), sowie die *unselbständigen* gerichtlichen *Entscheidungen* (Anordnungen, Verfügungen des Vorsitzenden oder Berichterstatters – zB §§ 76 II, 79 I, 128 II; vgl zu den verschiedenen Arten gerichtlicher Entscheidungen allgemein: *Ule* § 53; zum Sonderfall der Beschwerdefähigkeit einer prozessleitenden Verfügung in Abweichung von § 128 II: BFHE 137, 393 = BStBl II 1983, 332; s iÜ zu den unanfechtbaren Gerichtsentscheidungen dort Rz 6 ff).

2   Etwas **anderes bestimmt** ist hinsichtlich der Entscheidungsform über Klagen in § 90 a für **Gerichtsbescheide** (vgl auch § 5 III Abs 2; s § 90 a

Rz 9 ff). Weitere Ausnahmeregelungen enthalten § 72 II 2 für die *Klage-rücknahme* (Einstellungsbeschluss) und § 138 I für die *Erledigung* des Rechts-streits in der Hauptsache (zu der „Rückausnahme", wenn über die Wirk-samkeit dieser Prozesserklärungen gestritten wird, nunmehr eingeschränkt durch § 128 II nF: BFHE 104, 291 = BStBl II 1972, 352; BFHE 108, 150 = BStBl II 1973, 455; BFHE 137, 393 = BStBl II 1983, 332; *Kopp/Schenke* § 107 Rz 4; hier § 72 Rz 37 ff u 44; § 97 Rz 3, § 138 Rz 24).

Das **Urteil** unterscheidet sich vom Beschluss, der anderen Art kollegialer **3** gerichtlicher Entscheidungen, grundsätzlich (s aber §§ 6, 79 a) durch die äußere Form (vgl § 105 einerseits, § 113 andererseits), ferner dadurch, dass es idR auf Grund einer mündlichen Verhandlung (§ 90 I 1 und II) sowie in anderer Besetzung ergeht (§ 5 III 1 und 2), außerdem in der Anfecht-barkeit (§§ 115, 128) und in der Rechtskraft (vgl § 110 einerseits und zB § 69 VI 1 andererseits).

Für den **Steuerprozess** (zu den Abweichungen im Verwaltungsprozess **4** vgl *Ule* §§ 54 ff; *Kopp/Schenke* § 107 Rz 5; *Schoch ua/Clausing* § 107 Rz 3 und 6 ff, im Zivilprozess: *R/S* § 58 ff) sind folgende **Urteilsarten** zu un-terscheiden:

– **Gestaltungs-, Leistungs- und Feststellungsurteil.** *Gestaltungsurteile* bewirken eine Rechtsänderung; *Leistungsurteile* verurteilen zu einer Leistung; *Feststellungsurteile* stellen das Bestehen oder Nichtbestehen eines Rechtsverhältnisses oder die Nichtigkeit eines VA fest.

– **Sachurteile und Prozessurteile.** *Sachurteile* entscheiden in der Sache selbst (zB darüber, ob oder inwieweit ein VA rechtswidrig ist und den Kläger in seinen Rechten verletzt); *Prozessurteile* ergehen dann, wenn eine positive Sachentscheidungsvoraussetzung nicht vorliegt oder eine negative Sachentscheidungsvoraussetzung gegeben ist (Rz 3 ff vor § 33); sie beenden das Verfahren ohne Sachprüfung und Sachentscheidung: Die Klage wird als unzulässig abgewiesen.

– **End- und Zwischenurteile.** *Endurteile* beenden den Prozess für die jeweilige Instanz; *Zwischenurteile* entscheiden nur über prozessuale Fragen (vgl § 97) oder nur über einzelne Streitpunkte (§ 99 I und II);

– **Voll- und Teilurteile.** *Vollurteile* befinden über den gesamten Streit-stoff; *Teilurteile* (§ 98) nur über einen Teil des Streitgegenstandes. Auch Teilurteile sind Endurteile im zuvor gekennzeichneten Sinn; einem Teilurteil muss ein *Schlussurteil* folgen.

Verzichts- und Anerkenntnisurteile (§§ 306, 307 ZPO) sind im **5** finanzgerichtlichen Verfahren grundsätzlich **unzulässig** (s dazu auch **§ 79 a I Nr 2** einer- und **§ 87 a I Nr 2 VwGO** andererseits; näher dazu: § 76 Rz 5; ebenso *T/K* Rz 10; *Völker* DStZ 1992, 207; *v Wedel* in *Schwarz* Rz 3; offen: BFHE 138, 366 = BStBl II 1983, 566, 568 mwN. – AM: *H/H/Sp/Lange* Rz 52; *Beermann/Schmidt-Troje* Rz 11; für den Geltungs-bereich der VwGO – s *Ule* § 54 II; *Kopp/Schenke* § 86 Rz 16 u § 107 Rz 5; *Clausing* in *Schoch ua* § 107 Rz 8 – jew mwN). Dasselbe gilt für die Prozessbeendigung durch *Vergleich* (anders § 106 VwGO), was allerdings unter bestimmten Voraussetzungen die Anerkennung von Übereinkünften der Beteiligten im *Tatsächlichen* nicht ausschließt (zur tatsächlichen Verstän-digung § 76 Rz 4; BFHE 162, 211 = BStBl II 1991, 45; BFHE 164, 168 = BStBl II 1991, 673; näher BFHE 142, 549 = BStBl II 1985, 354, 357 f; *Martens* StuW 1986, S 97).

6   Auch **fehlerhafte Urteile** entfalten nach Eintritt der **Rechtskraft** (§ 110) volle Wirksamkeit (§ 110 Rz 3 und 19 ff). Ausnahmsweise können besonders schwerwiegende Mängel gem § 134 iVm §§ 578 ff ZPO zur *Wiederaufnahme* des Verfahrens führen. *Unwirksam* dagegen sind *nur* nichtige, *Nicht- oder Scheinurteile,* dh solche, die nicht einmal den äußeren Tatbestand eines Gerichtsurteils verwirklichen (Entscheidung eines „Nichtgerichts") und allenfalls wegen des Rechtsscheins, den sie erzeugen können, angreifbar sind (zu den Einzelheiten *R/S* § 61 III u IV; *Kopp/Schenke* Rz 20 vor § 124; vgl auch BVerfG NJW 1985, 788 m Anm von *Lüke* JuS 1985, 767 u *Jauernig* NJW 1986, 117).

§ 96 [Urteilsgrundlagen, Beweiswürdigung, rechtliches Gehör]

(1) ¹Das Gericht entscheidet nach seiner freien, aus dem Gesamtergebnis des Verfahrens gewonnenen Überzeugung; die §§ 158, 160, 162 der Abgabenordnung gelten sinngemäß. ²Das Gericht darf über das Klagebegehren nicht hinausgehen, ist aber an die Fassung der Anträge nicht gebunden. ³In dem Urteil sind die Gründe anzugeben, die für die richterliche Überzeugung leitend gewesen sind.

(2) Das Urteil darf nur auf Tatsachen und Beweisergebnisse gestützt werden, zu denen die Beteiligten sich äußern konnten.

Vgl §§ 88, 108 VwGO; 123, 128 SGG; 286, 287 ZPO.

Übersicht

Literatur: (Zur Begründungspflicht nach § 96 I 3 s zu § 105.)

I. Zur Überzeugungsbildung und Beweiswürdigung (s auch 4. Aufl; außerdem Vor § 76 und zu II)

Bender, Das Beweismaß, FS für Baur, 1981, S 247; *Bender/Nack,* Grundzüge einer allgemeinen Beweislehre, DRiZ 1980, 121; *Bender/Röder/Nack,*

Tatsachenfeststellung vor Gericht, Bd I und II, 1981; *Berg,* Die verwaltungsrechtliche Entscheidung bei ungewissem Sachverhalt, 1980; *Bilsdorfer,* Der steuerliche Fremdvergleich bei Vereinbarungen unter nahestehenden Personen, 1996; *Birkenfeld,* Beweis und Beweiswürdigung im Steuerrecht, Kölner Diss 1973; *Blomeyer,* Beweislast und Beweiswürdigung im Zivil- und Verwaltungsprozeß, Gutachten zum 46. DJT, 1966, Bd I (Gutachten): zum gleichen Thema: *Tietgen,* ebenda, Teil 23; *Englisch,* Bindende tatsächliche und rechtliche Verständigungen zwischen Finanzamt und Steuerpflichtigem, Bonner Diss 2004; *Habscheid,* Das Recht auf Beweis, ZZP 96 (1983), 306; *Henke,* Individualität und Anscheinsbeweis JR 1961, 48; *Hoyer,* Beweis und Wahrscheinlichkeit, DRiZ 1980, 69; *Isensee,* Die typisierende Verwaltung 1976; *Krapoth,* Die Rechtsfolgen der Beweisvereitelung im Zivilprozeß, Regensburger Diss 1995; *D M Krause,* Besonderheiten der Beweislast bei der Feststellung von Steuerdelikten im finanzgerichtlichen Verfahren, DStR 1998, 553; *Martens,* Verwaltungsvorschriften zur Beschränkung der Sachverhaltsvermittlung, 1980; *Martin,* Wechselwirkungen zwischen Mitwirkungspflichten und Untersuchungspflichten im finanzgerichtlichen Verfahren, BB 1986, 1021; *Marx,* Das Herbeiführen der Spruchreife im Verwaltungsprozeß, Freiburger Diss 1995; *Nierhaus,* Beweismaß und Beweislast- Untersuchungsgrundsatz und Beteiligtenmitwirkung im Verwaltungsprozeß, 1989; *L Osterloh,* Gesetzesbindung und Typisierungsspielräume bei der Anwendung der Steuergesetze, 1992; *Redeker,* Untersuchungsgrundsatz und Mitwirkung der Beteiligten im Verwaltungsprozeß, DVBl 1981, 83; *Reichel,* Beweiswürdigung und Beweislast bei der Schätzung, StB 1981, 165; *Rößler,* Zur Schätzung nach § 162 Abs 3 AO, DStR 1983, 78; *I Scherer,* Das Beweismaß bei der Glaubhaftmachung, 1996; *E Schneider,* Beweis und Beweiswürdigung, 5. Aufl 1994; *Schuhmann,* Schätzung der Besteuerungsgrundlagen unter dem Vorbehalt der Nachprüfung, DStZ (A) 1986, 161; *Spindler,* Zur Bedeutung der Indizien in der jüngeren Rechtsprechung des Bundesfinanzhofs, StbJb 2002/2003/61; *M Strahl,* Die typisierende Betrachtungsweise im Steuerrecht, Kölner Diss 1996; *Stümer,* Die Aufklärungspflicht der Parteien des Zivilprozesses, 1976; *Vieweg,* Antizipierte Sachverständigengutachten, NJW 1982, 2475; *Völlmeke,* Überlegungen zur tatsächlichen Vermutung und zum Anscheinsbeweis im finanzgerichtlichen Verfahren, DStR 1996, 1070; *K Vogel,* Zur Bindung der Steuergerichte an Bewertungs- und Pauschalisierungsrichtlinien StuW 1991, 254; *Volk,* Zur Schätzung im Steuerstrafrecht, FS Kohlmann (2003), 579.

II. Zu § 96 I 2 (s auch Vor § 40 und Vor § 65)

Scheerbarth, Die verwaltungsbehördliche reformatio in peius und ihre prozentuale Problematik, Kölner Diss 1995; *Ziegler,* zur Auslegung und Umdeutung von Anträgen in der öffentlichrechtlichen Assessorklausur, JuS 1999, 481.

III. Zur Beweislast (s auch Vor § 76 und zu I):

Baumgärtel, Handbuch der Beweislast im Privatrecht Bd I (1981), Bd II (1985); *ders,* Beweisrechtliche Studien, FS der Rechtswissenschaftlichen Fakultät zur 600-Jahr-Feier der Universität Köln (1988), 165; *Baumhof,* Die Beweislast im Verfahren vor dem EuGH, Münchener Diss 1995; *Baur,* Einige Bemerkungen zur Beweislastverteilung im Verwaltungsprozess, FS für Bachof 1984, 285; *Bettermann,* Zur Beweislast im Verwaltungsprozeß, DVBl 1957, 84; *ders,* Verhandlungen des 46. DJT (1966), Bd II (Sitzungsberichte) Teil E 26; *Bilsdorfer,* Ermittlungsrecht und Ermittlungspflicht im finanzgerichtlichen Verfahren, DStZ (A) 1989, 287; *Buss,* Beweislast und Beweiswürdigung im Verwaltungsprozess, DRiZ 1966, 291; *Dahlinger,* Die Beweislast im Verwaltungsprozess, NJW 1967, 7; *Diederichsen,* Zur Rechtsnatur und systematischen Stellung von Beweislast und Anscheinsbeweis, VersR 1966, 211; *Dubischar,* Grundsätze der Beweislastverteilung im Zivil- und Verwaltungsprozess, JuS 1971, 385; *Eppler,* Die Beweislast (Feststellungslast) bei der verdeckten Gewinnausschüttung, DStR 1988, 339; *Herter,* Beweislast und Beweiswürdigung im Besteuerungsverfahren, DB 1985, 1311; *E F Hey,* Beweislast und Vermutungen im deutschen internationalen Steuerrecht, 1992; *G Klein,* Die Auswirkungen der unterschiedlichen Beweislast im Steuerrecht und im Strafrecht, 1989; *Kottke,* Beweislast im Besteuerungsverfahren und im Steuerprozess, Inf 1993, 462; *Lüke,* Über die Beweislast im Zivil- und Verwaltungsprozess, JZ 1966, 587; *ders,* Wahrheit und Beweis im Zivilprozess, FS f Nakamura (1996), S 301; *Martens,* Die eigenartige Beweislast im Steuerrecht, StuW 1981, 322; *A R Michael,* Die Verteilung der objektiven Beweislast im Verwaltungsprozess, Heidelberger Diss 1976; *Ohlms,* Die Beweislast und die Verantwortung für die Aufklärung der Besteuerungsgrundlagen, Münster, Diss, 1968; *Reinhardt,* Die Umkehr der Beweislast aus verfassungsrechtlicher Sicht, NJW 1994, 93; *Reinisch,* Beweislast und Vermutung im Steuerrecht, BB 1963, 1107; *Reuß,* Grenzen steuerlicher Mitwirkungspflichten, Hamburg, Diss, 1979; *Rommè,* Der Anscheinsbeweis im Gefüge von Beweiswürdigung, Beweismaß und Beweislast, 1989; *Schlemmer-Schulte,* Beweislast und Grundgesetz, 1997; *M Schmidt,* Die Problematik der objektiven Beweislast im Steuerrecht, Würzburger Diss, 1998; *Schwab,* Zur Abkehr moderner Beweislastlehren von der Normentheorie, FS für Bruns, 1978, S 505; *Sonntag,* Beweislast bei Drittbetroffenenklagen, 1986; *Tenbrock,* Die Verteilung der objektiven Beweislast im Steuerrecht, Frankfurter Diss, 1997; *Tipke,* In dubio pro fisco?, StKongRep 1967, 39; *Vollkommer,* Beweiserleichterung für den Mandanten bei Verletzung von Aufklärungs- und Beratungspflichten durch den Anwalt?, FS für Baumgärtel (1990), S 585; *Wacke,* Die Beweislast der Familienunternehmen in Steuersachen, 1966; *Weber-Greller,* „in dubio pro quo?", Zur Beweislast im Steuerrecht, StuW 1981, 48; *Zapf,* Beweislast und Beweisführungslast im Steuerrecht, Würzburger Diss, 1976.

IV. Zum Recht auf Gehör (s auch § 119 vor Rz 10)

Arndt, Das rechtliche Gehör, NJW 1959, 6; *ders,* die Verfassungsbeschwerde wegen Verletzung rechtlichen Gehörs, NJW 1959, 1297; *Baur,* Der Anspruch auf rechtliches Gehör, AcP 153 (1954), 393; *Drüen,* Die Verfahrensrüge der Überraschungsentscheidung, AO-StB 2002, 196 und 242; *Henckel,* Sanktionen bei Verletzung des Anspruchs auf rechtliches Gehör, ZZP 77 (1964), 321; *Hom,* Das Anhörungsrecht des mit Drittwirkung Betroffenen nach § 28 VwVfG, DÖV 1987, 20; *Kopp,* Das rechtliche Gehör in der Rechtsprechung des BVerfG, AöR 106 (1981), 604; *ders,* Die Ablehnung von Beweisanträgen … als Verletzung des Rechts auf Gehör … NJW 1988, 1708; *Lerche,* Zum „Anspruch auf rechtliches Gehör" ZZP 78 (1965); *Sendler,* Anspruch auf Gehör und Effizienz richterlicher Tätigkeit, FS Lerche (1993), 833; *Schmidt-Aßmann,* Verfahrensfehler als Verletzung des Art 103 I GG, DÖV 1987, 1029; *H Schuhmann,* Die grundsätzliche Bedeutung und der Gesichtspunkt des rechtlichen Gehörs, Stbg 1998, 150; *Waldner,* Der Anspruch auf Gehör, 2. Aufl, 2000; *Weyreuther,* Einflussnahme durch Anhörung, FS für Sendler (1991), 167; *v Winterfeld,* Das Verfassungsprinzip des rechtlichen Gehörs, NJW 1961, 849; *Wimmer,* Die Wahrung des Grundsatzes des rechtlichen Gehörs, DVBl 1985, 773; *M Wolf,* Rechtliches Gehör und Beteiligung Dritter am Rechtsstreit, JZ 1971, 405; *Zeuner,* Der Anspruch auf rechtliches Gehör, FS für Nipperdey, 1965, 1013; *ders,* Rechtliches Gehör, materielles Recht und Urteilswirkungen, 1974.

A. Vorbemerkung

Die Vorschrift ist insofern systematisch unrichtig aufgebaut, als zunächst **1** das Gesamtergebnis des Verfahrens (§ 96 I 1) und dann das Klagebegehren (§ 96 I 2) angesprochen ist, obgleich Letzteres das Erstere beeinflusst (§ 65 Rz 9, 16, 32; Vor § 76 Rz 3 und § 76 Rz 12). Das bestätigen auch die Parallelvorschriften in den anderen Verfahrensordnungen des öffentlichen Rechts, in denen das **Klagebegehren** (zudem selbständig geregelt) den Vorschriften über die objektiven Urteilsgrundlagen **vorangestellt** ist (§§ 88, 108 VwGO; §§ 123, 128 SGG).

B. Zu § 96 I – Klagebegehren, Urteilsgrundlagen, Beweislast, Begründung

I. Bindung an das Klagebegehren (§ 96 I 2)

Die Vorschrift des § 96 I 2 wird, entgegen ihrer Stellung im Gesetzes- **2** text, vorab erläutert, weil sie die Entscheidungsgrundlage maßgeblich mitgestaltet (Rz 1). Der Kläger **bestimmt** durch sein **Klagebegehren den Streitgegenstand** (§§ 40 II, 41, 65 I Satz 1; zu den Anforderungen an die Substantiierung: § 65 Rz 13 ff, BFH/NV 2000, 1480) und damit die Basis für die Urteilsfindung (Rz 7 ff): Durch das Vorbringen des Rechtsuchenden, *in verwaltungsbezogenen Klagen* außerdem durch den Regelungsgehalt des angefochtenen oder des erstrebten *VA* (Rz 6), wird das *Streitprogramm* abgesteckt (zur **Saldierung** hierbei: FG Saarl EFG 1994, 710; § 65 Rz 41; zu den Besonderheiten bei **Feststellungsbescheiden:** BFH/NV 1994, 159, 161; FG Nds EFG 1996, 185; im Anwendungsbereich des *§ 18 I 1 AStG:* BFHE 177, 263 = BStBl II 1995, 502; *Kempermann* FR 1995, 480; s iÜ § 65 Rz 5, 35 ff; als Konsequenz der **Dispositionsmaxime:** § 40 Rz 7; § 65 Rz 9 u 16; Rz 3 Vor § 76) und überdies der für die Sachaufklärungspflicht des Gerichts maßgebliche Sachverhalt festgelegt (BFHE 144, 386 = BStBl II 1986, 17, 21; § 76 Rz 1). Damit ist auch für das „Entscheidungsprogramm" (*Martin* aaO und S 1023; zur Bedeutung der Entscheidungserheblichkeit iÜ Rz 8 f und 27) eine wesentliche Vorentscheidung getroffen, nämlich eingegrenzt worden, was als **Gesamtergebnis des Verfahrens** iS des § 96 I 1 (Rz 8) überhaupt in Betracht kommt (vgl dazu näher § 76 Rz 1 und 10 ff; sehr anschaulich zB für den Einfluss des Klagebegehrens auf die in Betracht kommende Schätzungsmethode: BFHE 135, 158 = BStBl II 1982, 409, 410/411; allgemein zu den Anforderungen in **Schätzungssachen:** § 65 Rz 49; „großzügiger": BFH/NV 1996, 900; zur *Auslegung* des Klagebegehrens: BFH/NV 1988, 158; 1989, 253; BSGE 63, 93; s auch Rz 14 ff vor § 33). Die Regelung des § 96 I 2 gilt **entsprechend in andere Verfahren** (BFH/NV 2000, 30; 166, 167), zB in **Beschlusssachen** (§ 113 I; BFHE 149, 437 = BStBl II 1987, 502; BFH/NV 1987, 254; 1995, 28; FG Köln EFG 1989, 240) und für das **Revisionsbegehren** (§ 121 S 1; BFHE 156, 566, 574 = BStBl II 1989, 733, 737; s auch BFH/NV 1999, 939 u 1515, 1516; 2004, 467).

3   Konsequenz der Verfügungsfreiheit des Klägers über den Streitgegenstand (§ 40 Rz 70) ist die in § 96 I 2 fixierte **Bindung** des Gerichts **an** den **Inhalt des Klagebegehrens** (dazu BFHE 203, 71 = BStBl II 2004, 425; BFH/NV 1988, 433; 1989, 233, 234; 1990, 807; 2002, 913; Nichtbeachtung = Verstoß gegen die **Grundordnung des Verfahrens:** BFHE 171, 515 = BStBl II 1994, 182 f; BFHE 174, 241 = BStBl II 1994, 813, 816; BFH/NV 1995, 697; so zB, wenn in Wirklichkeit über einen *Antrag des FA* – BFH/NV 2000, 166 – oder über einen ganz anderen *Sachverhalt* – BFH/NV 1998, 1572 f – entschieden wird) und die hieraus möglicherweise folgende Beschränkung seiner Einwirkungsmöglichkeit auf die äußere Fassung der Anträge (s § 65 Rz 53 f; § 76 Rz 12). *Klagebegehren* und *Klageantrag* (zur Unterscheidung: § 65 Rz 32, 53; BFHE 155, 521, 526 = BStBl II 1989, 376, 379; BFH/NV 1993, 31 f; 1995, 697; 703 f, 886 f; 1998, 1349, 1351; zum **Bestimmtheitserfordernis:** § 65 Rz 13, 25; BFHE 153, 290 = BStBl II 1988, 895; BFH/NV 1995, 886; 1996, 421; 2000, 1480; FG Hessen EFG 1990, 369; FG Bdbg EFG 2002, 1626) werden auch in der Rspr nicht immer mit der erforderlichen Deutlichkeit auseinandergehalten (vgl zB BFHE 145, 125 = BStBl II 1986, 187; BFHE 174, 241 = BStBl II 1994, 813, 816; BFH/NV 1988, 35 f; 1995, 218 u 980; 1996, 900; 1999, 939 u 1515 f; 2005, 1314 unklar auch der GrS in BFHE 159, 4 = BStBl II 1990, 327, der die unmissverständliche Beschränkung des Klagebegehrens auf Abänderung des angefochtenen VA übergeht und sich stattdessen mit der Feststellung begnügt, der Eintritt der Teilbestandskraft folge nicht aus § 96 I 2; zur *Wechselwirkung* von (Teil-)*Anfechtung* und (Teil-)*Bestandskraft:* § 47 Rz 3; zur Teilbarkeit: BFHE 160, 1 = BStBl II 1990, 587; FG Nbg 1987, 224; hier Rz 41 f vor § 40; § 47 Rz 3; zur Kritik der Entscheidung des GrS iÜ: § 33 Rz 11, 17; § 47 Rz 4; § 65 Rz 3; § 67 Rz 4; § 68 Rz 12). Die Bindung an den (notfalls im Wege der Auslegung zu ermittelnden) **wirklichen Inhalt des Klagebegehrens** (BFHE 152, 146 = BStBl II 1988, 309; zur **Auslegung:** FG Bdbg EFG 2002, 1626; s iÜ Rz 14 ff vor § 33) bedeutet gem § 96 I 2, dass es dem Gericht verwehrt ist, über das darin abgesteckte Klageziel hinauszugehen (**ne ultra petita;** BFHE 146, 279 = BStBl II 1986, 571; BFH/NV 1989, 233; 2000, 166, 167); auch dies ist **nicht nur im Klageverfahren** zu beachten (Rz 4 aE) und bedeutet, dass das Gericht dem Rechtsuchenden nicht mehr, aber auch **nichts anderes** zusprechen darf, als was er begehrt (BFH/NV 1995, 697; 2000, 166). Diese Beschränkung gilt prinzipiell auch in den Fällen, in denen ausnahmsweise allein die **Einspruchsentscheidung** angegriffen wird (§ 44 Rz 36 ff; § 100 Rz 19; BFH/NV 1999, 314), allerdings auch hier mit der unter dem Gesichtspunkt des *Ent-*

scheidungsnotstands (Rz 4) gebotenen Einschränkung (nicht beachtet in BFH/NV 1999, 314).

Eine **Ausnahme** hiervon gilt, wenn eine Klage nur auf Abänderung **4** (teilweise Umgestaltung des Regelungsgehalts) einer Hoheitsmaßnahme gerichtet ist, das Gericht aber feststellt, dass der **VA nichtig** (oder unwirksam) ist (§§ 125, 124 III AO; BFHE 85, 327 = BStBl III 1966, 327, 330; BFHE 130, 403; BFHE 146, 196 = BStBl II 1986, 474, 475 aE; BFH/NV 1989, 803; 1991, 805 f; 1994, 159, 161; 2004, 467). Hier muss das Bindungsgebot hinter dem vorrangigen Gesichtspunkt zurücktreten, dass nichtige Hoheitsmaßnahmen keinerlei Beachtung verdienen und ohne eine Nichtbeachtung des § 96 I 2 eine dem Gesetz entsprechende Entscheidung nicht möglich wäre (*„Entscheidungsnotstand“*: BFHE 100, 56 = BStBl II 1970, 826 mwN). In derartigen Fällen kann ausnahmsweise das **Revisionsbegehren** (Rz 2 aE) weiterreichen als das Klagebegehren (BFH/NV 2004, 467; s iÜ § 120 Rz 56).

Andererseits darf das Gericht durch seine Entscheidung die Rechts- **5** position des Klägers im Vergleich zum Zustand vor Klageerhebung nicht verschlechtern (Verbot der *reformatio in peius:* **„Verböserungsverbot“:** BFHE 184, 74 = BStBl II 1997, 727; BFH/NV 1998, 961, 962; 1559; 2000, 1560 = HFR 2001, 5 m Anm). Dies folgt allerdings nicht aus § 96 I 2, sondern aus der Rechtsschutzfunktion des finanzgerichtlichen Verfahrens (*T/K* Rz 101; s iÜ BFHE 86, 178 = BStBl III 1966, 415; BFHE 102, 202 = BStBl II 1971, 591, 593; BFH/NV 1992, 200, 201; *Kopp/Schenke* § 86 Rz 67). Auch dieser Grundsatz gilt für andere Rechtsschutzbegehren entsprechend (Rz 2 aE). Abweichendes gilt bei **Anfechtung eines Feststellungsbescheids** (näher dazu § 40 Rz 92 ff; § 65 Rz 45 u 50), soweit eine rechtssystematisch begründete Abhängigkeit zwischen einer angefochtenen und einer nicht angefochtenen Besteuerungsgrundlage besteht (BFHE 190, 150 = BStBl II 2000, 179; BFH DStR 2005, 822 = DB 2005, 1031).

Maßstab für die Grenzziehung in beiden Richtungen (sowohl für das **6** Überschreiten als auch für das Unterschreiten des Klagebegehrens) ist bei *Anfechtungsklagen* allein der **Regelungsgehalt** (*Tenor;* Vor § 40 Rz 45 und 61; § 40 Rz 70) **des** angefochtenen **VA** (nicht etwa seine Begründung; vgl BFHE 152, 146 = BStBl II 1988, 309; BFHE 154, 12 = BStBl II 1989, 43; BFH/NV 1989, 233; BFH/NV 2001, 673, 675 = HFR 2001, 571, 572; zur Steuerfestsetzung nach *§ 164* AO: FG M'ster EFG 1995, 791; zur Trennung *Steuerfestsetzung/Anrechnung:* BFHE 171, 515 = BStBl II 1994, 182, 184; **bei Feststellungsbescheiden:** BFH/NV 2000, 8, 10; s auch Rz 5 aE; bei der *InvZul:* BFH/NV 2000, 202, 204) einerseits und das Klagebegehren (Rz 3) andererseits (auf das Begehren oder die Antragstellung der beklagten Behörde kommt es nicht an).

II. Objektive Urteilsgrundlagen (§ 96 I 1)

In § 96 I 1 – ergänzt durch § 96 I 2 und § 96 II – ist idealtypisch das **7** **Gesamtergebnis des Verfahrens** festgelegt, das, **durch** das **Klagebegehren begrenzt** und als **entscheidungserheblich** ausgewiesen, die alleinige Basis für die zu treffende Entscheidung abgeben darf, sofern die Grundsätze der Gewährung rechtlichen Gehörs gewahrt wurden (s dazu Rz 27 ff). Zugleich ist außerdem der Maßstab für die (revisionsrechtlich bedeutsame) Frage gesetzt, ob die Entscheidung dieses Gesamtergebnis zutreffend und vollständig erfasst hat. **§ 96 I 3** (Rz 26) sorgt dafür, dass die **Überzeugungsbildung** förmlich **dargelegt** und damit nach außen hin nachvollziehbar gemacht wird. Zu diesem Zweck gilt die Regelung des § 96 I 1 vorrangig nicht den rechtlichen Erwägungen der Urteilsfindung, sondern deren *tatsächlichen* Grundlagen (*T/K* § 96 Rz 2). Die Grundregel des § 96 I 1 gilt sinngemäß auch (ebenso wie die des § 96 I 2 – Rz 2 aE) in **anderen Verfahrensarten** (BFH/NV 1996, 473).

1. Gesamtergebnis des Verfahrens

8   Das Gesamtergebnis des Verfahrens (Rz 2) bilden demnach alle **rechtserheblichen** Umstände (BFH/NV 1987, 187 f; 1998, 1559; zur Bedeutung der *Tatbestandsmäßigkeit* hierbei: BFHE 173, 107 = BStBl II 1994, 591; zur Maßgeblichkeit des Regelungsgehalts des streitbefangenen *VA:* s Rz 2 und 6) tatsächlicher Art, die Gegenstand der mündl Verhandlung (§ 90 I 1) oder, zB bei Verzicht auf mündl Verhandlung (§ 90 II), Gegenstand des schriftlichen Verfahrens waren (*T/K* Rz 9; *Kopp/Schenke* § 108 Rz 2). Das ist **der gesamte, durch das Klagebegehren begrenzte** (s Rz 2 ff), durch die Sachaufklärung des Gerichts (s § 76 Rz 10 ff) und die Mitverantwortung der Beteiligten (Rz 9; § 76 I 2–4; s § 76 Rz 28 ff u 44; § 79 f Rz 16 ff; vgl auch BFH/NV 1996, 830 u 906; 2000, 70; 2006, 202, 203) **zum „Entscheidungsprogramm"** (*Martin* S 1024 und 1029) **konkretisierte Prozessstoff** (BFH/NV 2000, 673, 675; 2003, 1031, 1032). Hierzu gehören der gesamte **Akteninhalt** (dh Gerichtsakten, FA-Akten, beigezogene Akten – vgl BFHE 174, 491 = BStBl II 1994, 802, BFH/NV 1987, 354, 356; 1997, 36; 1998, 195; 2000, 71, 184, 214, 215; 2003, 490; 2004, 1112; BFHE 204, 419 = BStBl II 2004, 408; zur richtigen *Zuordnung* von Akten zu einem bestimmten Verfahren: BFH/NV 1999, 640; zu den Folgen eines Verstoßes gegen den *„klaren Inhalt der Akten":* BFH/NV 1997, 246; 1998, 353 u 859 f; 1999, 42, 640, 970 u 1236; BFHE 206, 105 = BStBl II 2004, 1072; BFH/NV 2005, 1496, 1498 u 2023; s auch Rz 26; zur *Unvollständigkeit* – Fehlen wesentlicher Vertragsunterlagen: BFH/NV 2000, 1097, 1098; zur Unterrichtung über die Beziehung von Akten s Rz 28), ergänzt um das Ergebnis von **Beweiserhebungen** jeglicher Art (vgl zum Beweis durch *Augenschein:* § 82 Rz 15; zum *Zeugenbeweis:* BFHE 198, 319 = BStBl II 2002, 712; § 82 Rz 17 ff; BFHE 178, 303 = BStBl II 1996, 19; zum Beweis durch *Sachverständige:* BFHE 199, 367 = BStBl II 2002, 768; § 82 Rz 31 ff; zum *Kostenfaktor* hierbei: BFHE 174, 301 = BStBl II 1994, 660; FG RhPf EFG 1995, 1068; s auch *Rößler* StBp 1993, 215 u 1994, 145; *Weber-Blank* StBp 1994, 142; zum *Urkundenbeweis:* BFHE 173, 213 = BStBl II 1994, 603; BFH/NV 1989, 110, 172 u 523; FG Bremen EFG 1991, 492 f; FG Bdbg EFG 1995, 680; § 82 Rz 40; zur Bedeutung des **Protokolls:** BFH/NV 1990, 237; 1993, 658; 2005, 501 u 909; BFHE 204, 419 = BStBl II 2004, 408; BVerwG Buchholz 310 § 86 II VwGO Nr 32 – außerdem: Rz 26; § 94 Rz 3 u 22, § 105 Rz 22, § 108 Rz 1). Das durch § 96 I 1 vorgegebene Prozessziel der Ermittlung aller *entscheidungserheblicher* Umstände prägt den gesamten **Prozessverlauf** bis hin zur Bindungswirkung iSd **§ 118 II** (BFHE 203, 568 = BStBl II 2004, 250; s iÜ § 118 Rz 36 ff), zB das Recht auf **Akteneinsicht**

(BFHE 191, 247 = BStBl II 2000, 431); das **Recht auf Gehör** (BFH/NV 2000, 727; s iÜ Rz 27). Der in der zuvor beschriebenen Art fixierte Prozessstoff liefert ferner die maßgeblichen Kriterien für die Konkretisierung des Prozessrechtsverhältnisses im einzelnen Streitfall) und begründet schließlich auch die Maßstäbe für die **Urteilsbewertung** – nämlich dafür, ob die **Vermutung** Bestand hat, dass die in der **schriftlichen Urteilsbegründung** (im *Tatbestand* – § 105 Rz 11 – bzw in den *Entscheidungsgründen* – § 105 Rz 16) angesprochenen Umstände auch in die Gesamtwürdigung (Rz 15) eingegangen sind (BFH/NV 1999, 374, 376; s auch Rz 26; zu dieser *Indizwirkung* auch: BFH/NV 1999, 193) sowie dafür, inwieweit aus der Sicht der Rechtsmittelinstanz ein **Verfahrensfehler** unterlaufen ist, auf dem das Urteil beruhen kann (s zB BFH/NV 2000, 1458; zur Verletzung des Grundsatzes der **Mündlichkeit:** BFH/NV 2003, 1588; zur Abgrenzung ggü dem *materiellrechtlichen* Fehler: BFH/NV 2000, 1242, 1243; Rz 15 ff).

Für die Mitgestaltung der Urteilsgrundlagen des finanzgerichtlichen 9 Verfahrens kommt den **Mitwirkungspflichten** besondere Bedeutung zu, und zwar neben den allgemeinen prozessrechtlichen (zur Bedeutung beiderseitigen Vorbringens: BFH/NV 1996, 228) und den besonderen des Steuerprozessrechts (§ 76 Rz 29; § 79 b Rz 10 f) vor allem den durch die Verweisung in § 96 I 1 2. HS in den Steuerprozess hineinwirkenden besonderen Mitwirkungspflichten **des allgemeinen Abgabenrechts** (vgl dazu näher Rz 10 ff; § 76 Rz 16 ff u 28 ff; Rz 44; *Martin* aaO). Die Mitverantwortung der Beteiligten kann ganz allgemein die **Sachaufklärungspflicht** des Gerichts, und zwar grundsätzlich des **FG** (s auch BFH/NV 1993, 238 f; 2003, 586, 587; 2004, 46 u 201; BFHE 203, 568 = BStBl II 2004, 250; BFH/NV 2005, 1765; ausnahmsweise, zB in Beschwerdesachen, auch des *BFH* – str vgl FG SchlHol EFG 1980, 87 einerseits – BFHE 131, 12 = BStBl II 1980, 657; BFHE 149, 437 = BStBl II 1987, 502 andererseits; s auch BFH/NV 1992, 316, 317; § 76 Rz 10 ff; zur Sachaufklärungspflicht des **BFH** im Bereich der **Zulässigkeitsvoraussetzungen:** BFH/NV 1995, 522; § 118 Rz 32 ff) und das **Beweismaß** (Rz 16 ff) **begrenzen** (s auch § 79 b Rz 16) oder *(*nach dem *Rechtsgedanken des § 444 ZPO)* auch **Schlussfolgerungen zum Nachteil** des Verantwortlichen rechtfertigen (grundlegend dazu und zur Abgrenzung von der Feststellungslast: BFHE 156, 38 = BStBl II 1989, 462; s auch Rz 10 ff u 22 f; § 76 Rz 2; iÜ BFHE 159, 82 = BStBl II 1990, 993; BFHE 165, 458 = BStBl II 1992, 128; BFH/NV 1987, 105 f; 1993, 547; zur Möglichkeit der *Unterstellung:* BFHE 173, 107 = BStBl II 1994, 591, 593; zu den *Grenzen:* BFH/NV 1996, 554 f). **Grundsätzlich** kann diese Wechselwirkung bzw die **stufenweise Begrenzung** die Sachaufklärungspflicht durch die Verletzung von Mitwirkungspflichten als höchstrichterlich **geklärt** gelten (BFH/NV 1999, 741; 2000, 434; FG Nbg EFG 2003, 1356). Die konkrete Gewichtung solcher Verstöße richtet sich nach den **Umständen des Einzelfalles** (s zB zu § **122 II Nr 1 AO:** BFH/NV 2003, 586 u 1031; für das außergerichtliche Verfahren ausdrücklich § 88 I 3 AO – dazu: BFH/NV 1994, 766 f). Ausschlaggebend dabei ist vielfach der Gesichtspunkt der **Sachnähe** (Beweisnähe: BFHE 156, 38 = BStBl II 1989, 462; BFH/NV 1994, 109 f; 2005, 835; gesetzlich typisiert in **§ 90 II AO** für **Auslandssachverhalte:** § 76 Rz 40 ff; BFH/NV 1993, 32; 1994, 449; 1995, 181 f u 373; 1996, 555 f; BFHE 201, 447 = BFH/NV 2003, 964; BFH/NV 2005,

568, 569; BFHE 208, 531 = BStBl II 2005, 483) bzw folgende weitere **Zuordnungskriterien** (s auch Rz 25):

– **Einflusssphäre** (BFHE 149, 536 = BStBl II 1987, 679; BFHE 154, 232 = BStBl II 1988, 987; BFH/NV 1991, 796; 1992, 221 f; FG Nbg EFG 2003, 1356);

– **Wissenssphäre** (BFH/NV 1987, 105 f);

– **vorangegangenes Verhalten** (BFH/NV 1991, 35, 163 u 427; FG D'dorf EFG 1992, 209; zB „kein Vorteil für den **Beweisverderber**": BFHE 156, 38 = BStBl II 1989, 462; s § 444 ZPO; BFH/NV 2004, 1367; dazu auch *Krapoth,* aaO);

– **allgemeine Rechtsgrundsätze,** zB Treu und Glauben infolge einer tatsächlichen Verständigung (FG M'ster EFG 1996, 464; s dazu iÜ § 76 Rz 4) oder Rechtsmissbrauch (BFHE 167, 273 = BStBl II 1993, 84; FG Köln EFG 1988, 644).

Die gleiche Wirkung kann sich aus den in **§ 96 I 1 2. HS** genannten, nachstehend aufgeführten abgabenrechtlichen Spezialvorschriften ergeben. **Nicht verweisen** ist **auf** die Beweisregeln der **§§ 159 und 161 AO.** *T/K/ Seer* (Rz 53 u 61 f; ebenso FG Köln EFG 1993, 501; offen: BFH/NV 1993, 374. – AM: BFHE 182, 131 = BStBl II 1997, 404) werten das als Versehen. Eher ist es wohl so, dass sich angesichts der allgemeinen prozessualen Mitverantwortung des Rechtsuchenden (s auch § 76 Rz 2) und der diversen richterlichen Möglichkeiten, auf Mitwirkung hinzuwirken, starre spezialgesetzliche Regelungen solcher Art für das Gerichtsverfahren erübrigen.

10 § 158 AO Beweiskraft der Buchführung

Die Buchführung und die Aufzeichnungen des Steuerpflichtigen, die den Vorschriften der §§ 140 bis 148 entsprechen, sind der Besteuerung zugrunde zu legen, soweit nach den Umständen des Einzelfalls kein Anlass ist, ihre sachliche Richtigkeit zu beanstanden.

Die Vorschrift begründet für eine den Anforderungen der §§ 140–148 AO entsprechende, formell ordnungsmäßige Buchführung die **Vermutung** der sachlichen Richtigkeit. Diese ist nur durch *substantiierte* Einwände zu entkräften (BFHE 114, 1 = BStBl II 1975, 217). Das bedeutet: Sind die Voraussetzungen der §§ 140–148 erfüllt, und wird diese Vermutung nicht erschüttert, so sind die Ergebnisse der Buchführung auch für das Gericht verbindlich (zur Bedeutung der Buchführungsunterlagen für die *Tauglichkeit von Beweismitteln* vgl § 76 Rz 24). Besteht dagegen ein konkreter **Anlass,** die sachliche **Richtigkeit** der Buchführungsunterlagen **zu beanstanden,** oder wird die Vermutung des § 158 AO widerlegt, muss die Finanzbehörde bzw das FG die Besteuerungsgrundlagen **schätzen** (§ 162 AO; s dazu Rz 13 u 18 f; s auch BFH/NV 1995, 373 u 575; 1998, 369; 2000, 304 mwN).

11 § 160 AO Benennung von Gläubigern und Zahlungsempfängern

(1) [1]Schulden und andere Lasten, Betriebsausgaben, Werbungskosten und andere Ausgaben sind steuerlich regelmäßig nicht zu berücksichtigen, wenn der Steuerpflichtige dem Verlangen der Finanzbehörde nicht nachkommt, die Gläubiger oder die Empfänger genau zu benennen. [2]Das Recht der Finanzbehörde, den Sachverhalt zu ermitteln, bleibt unberührt.

(2) § 102 bleibt unberührt.

Die Vorschrift erlangt auf **zweifache Weise** Bedeutung im Steuerprozess:
– im Rahmen der allgemeinen Rechtmäßigkeitsprüfung, wenn die beklagte **Behörde** § 160 AO angewandt hat;
– als Rechtsgrundlage spezieller **gerichtlicher** Entscheidungsvorbereitung (sinngemäße Anwendung des § 160 AO iVm § 96 I 1 2. Hs: Das Gericht selbst verlangt Benennung: vgl BFH/NV 1996, 81 f; 1998, 1331; FG Köln EFG 2000, 460, 463).

Indem § 160 AO die Berücksichtigung bestimmter (steuermindernder) Besteuerungsgrundlagen von der Erfüllung einer bestimmten **Nachweispflicht** abhängig macht (zu den Voraussetzungen: BFH/NV 2002, 1 u 609; 2004, 4; speziell bei **Domizilgesellschaften:** BFH/NV 2002, 312, 609 u 1481; 2003, 738; bei ausländischen **Basisgesellschaften:** BFHE 202, 196 = BFH/NV 2003, 1241), verfolgt er einen doppelten **Zweck** (dazu auch BFHE 188, 280 = BStBl II 1999, 434): Beim Empfänger bestimmter Leistungen oder dem Gläubiger bestimmter Schulden soll die steuerliche Erfassung, beim Leistenden oder Schuldner die Tatbestandsmäßigkeit des geltend gemachten Steuerabzugs sichergestellt sein und damit insgesamt bestimmten Geschäftspraktiken in der Wirtschaft vorgebeugt werden (BFHE 132, 211 = BStBl II 1981, 333, 335 mwN). Die Entstehung dieser Nachweispflicht hängt im Einzelfall davon ab, ob das FA (bzw FG) von seinem (*in zwei Stufen* auszufüllenden: BFH/NV 1996, 267 mwN; FG Saarl EFG 1996, 44; speziell zur eigenen **Ermessensausübung** des FG: BFHE 183, 358 = BStBl II 1998, 51) Entscheidungsspielraum („regelmäßig") einen pflichtgemäßen Gebrauch macht (s zB BFHE 138, 317 = BStBl II 1983, 654; BFHE 149, 381 = BStBl II 1987, 481, 482; BFHE 158, 7 = BStBl II 1989, 995/996; BFH/NV 1994, 241; 1995, 2 u 181; 1996, 801, 802 u 891, 893; *T/K* Rz 54 ff; zur **Ermessensreduzierung:** BFH/NV 2004, 919; zur Rechtsnatur des Verlangens der Finanzbehörde nach § 160 I 1 s Vor § 40 Rz 31; zur Frage der *Rechtmäßigkeit;* BFH/NV 1994, 241; zur **Begrenzung** des Anwendungsbereichs: BFH/NV 1999, 1188; speziell unter dem Gesichtspunkt der **Zumutbarkeit:** BFH/NV 1994, 688; 1995, 181; BFH/NV 2003, 291; 2004, 1209; BFHE 205, 5 = BStBl II 2004, 582; BFH/NV 2005, 739 = HFR 2005, 427; BFH/NV 2005, 1209; FG Saarl EFG 1996, 44; FG Mchn EFG 1996, 659; s auch BFHE 148, 406 = BStBl II 1987, 286; BFH/NV 1987, 13 und 486; FG Köln EFG 1994, 506; zur Anwendung der Regelung allgemein: BFH/NV 2000, 299; zur entsprechenden Problemlage bei *§ 16 AstG:* BFHE 154, 5 = BStBl II 1988, 927).

Die Verletzung der **Nachweispflicht** (zu den Einzelheiten ihrer *Erfüllung:* BFHE 178, 99 = BStBl II 1996, 51; BFH/NV 1993, 633; 1996, 801 u 891, 893; zur **Überprüfbarkeit:** BFH/NV 2001, 424) hat zur Folge,   **12** dass die streitigen Ausgaben steuerlich nicht berücksichtigt werden können und **rechtfertigt** zB **keine Durchsuchung** der Wohnung (BVerfG BFH/NV Beil 2005, 354). Die Regelung wirkt materiell-rechtlich *unmittelbar* in das zugrundeliegende Steuerrechtsverhältnis und prozessual in das **Entscheidungsprogramm** (Rz 8) hinein. Liegt ein Verstoß gegen die Mitwirkungspflicht vor, kommt es auf die Frage, ob das FA oder das Gericht von der tatsächlichen Verausgabung überzeugt ist, nicht an (BFHE 132, 211 = BStBl II 1981, 333; BFHE 145, 502 = BStBl II 1986, 318, 320; vgl außerdem: BFH/NV 1999, 1181, 1182 mwN; *Martin* aaO; *Jüptner* FR 1985, 12).

13 § 162 AO Schätzung von Besteuerungsgrundlagen

(1) [1] Soweit die Finanzbehörde die Besteuerungsgrundlagen nicht ermitteln oder berechnen kann, hat sie sie zu schätzen. [2] Dabei sind alle Umstände zu berücksichtigen, die für die Schätzung von Bedeutung sind.

(2) [1] Zu schätzen ist insbesondere dann, wenn der Steuerpflichtige über seine Angaben keine ausreichenden Aufklärungen zu geben vermag oder weitere Auskunft oder eine Versicherung an Eides statt verweigert oder seine Mitwirkungspflicht nach § 90 Abs. 2 verletzt. [2] Das Gleiche gilt, wenn der Steuerpflichtige Bücher oder Aufzeichnungen, die er nach den Steuergesetzen zu führen hat, nicht vorlegen kann oder wenn die Buchführung oder die Aufzeichnungen der Besteuerung nicht nach § 158 zugrunde gelegt werden.

(3) [1] Verletzt ein Steuerpflichtiger seine Mitwirkungspflichten nach § 90 Abs. 3 dadurch, dass er die Aufzeichnungen nicht vorlegt, oder sind vorgelegte Aufzeichnungen im Wesentlichen unverwertbar oder wird festgestellt, dass der Steuerpflichtige Aufzeichnungen im Sinne des § 90 Abs. 3 Satz 3 nicht zeitnah erstellt hat, so wird widerlegbar vermutet, dass seine im Inland steuerpflichtigen Einkünfte, zu deren Ermittlung die Aufzeichnungen im Sinne des § 90 Abs. 3 dienen, höher als die von ihm erklärten Einkünfte sind. [2] Hat in solchen Fällen die Finanzbehörde eine Schätzung vorzunehmen und können diese Einkünfte nur innerhalb eines bestimmten Rahmens, insbesondere nur auf Grund von Preisspannen bestimmt werden, kann dieser Rahmen zu Lasten des Steuerpflichtigen ausgeschöpft werden.

(4) [1] Legt ein Steuerpflichtiger Aufzeichnungen im Sinne des § 90 Abs. 3 nicht vor oder sind vorgelegte Aufzeichnungen im Wesentlichen unverwertbar, ist ein Zuschlag von 5000 Euro festzusetzen. [2] Der Zuschlag beträgt mindestens 5 vom Hundert und höchstens 10 vom Hundert des Mehrbetrags der Einkünfte, der sich nach einer Berichtigung auf Grund der Anwendung des Absatzes 3 ergibt, wenn sich danach ein Zuschlag von mehr als 5000 Euro ergibt. [3] Bei verspäteter Vorlage von verwertbaren Aufzeichnungen beträgt der Zuschlag bis zu 1 000 000 Euro, mindestens jedoch 100 Euro für jeden vollen Tag der Fristüberschreitung. [4] Soweit den Finanzbehörden Ermessen hinsichtlich der Höhe des Zuschlags eingeräumt ist, sind neben dessen Zweck, den Steuerpflichtigen zur Erstellung und fristgerechten Vorlage der Aufzeichnungen im Sinne des § 90 Abs. 3 anzuhalten, insbesondere die von ihm gezogenen Vorteile und bei verspäteter Vorlage auch die Dauer der Fristüberschreitung zu berücksichtigen. [5] Von der Festsetzung eines Zuschlags ist abzusehen, wenn die Nichterfüllung der Pflichten nach § 90 Abs. 3 entschuldbar erscheint oder ein Verschulden nur geringfügig ist. [6] Das Verschulden eines gesetzlichen Vertreters oder eines Erfüllungsgehilfen steht dem eigenen Verschulden gleich. [7] Der Zuschlag ist regelmäßig nach Abschluss der Außenprüfung festzusetzen.

(5) In den Fällen des § 155 Abs. 2 können die in einem Grundlagenbescheid festzustellenden Besteuerungsgrundlagen geschätzt werden.

Es handelt sich um die praktisch bedeutsamste Norm, auf die in § 96 I 1 2. Halbsatz verwiesen und die durch das StVergAbG v 16. 3. 2003 (BGBl I 2003, 660) durch neue Abs 3 u 4 erweitert worden ist. Sie gestattet es sowohl der Finanzbehörde als auch dem Gericht (Rz 18 f; zu dessen eigenständiger Schätzungsbefugnis: BFHE 142, 588 = BStBl II 1986, 226, 229; BFHE 149, 121 = BStBl II 1987, 412, 413; 1999, 1488, 1489; 2000, 537, 538; zur Abhängigkeit der Schätzungsmethode vom Klagebegehren s Rz 2 aE), in bestimmten Fällen der Verletzung von Mitwirkungspflichten (Rz 9, 14), vor allem Erklärungs- oder Nachweispflichten des allgemeinen Abgabenrechts (§ 162 II 1 AO), auf eine vollständige Sachaufklärung zu verzichten (BFHE 145, 502 = BStBl II 1986, 318; **Begrenzung des Ermittlungsprogramms:** *Martin* S 1029) und sich für die Entscheidungsfindung mit einem geringeren Beweismaß (**Begrenzung des Entscheidungsprogramms:** *Martin* aaO) zu begnügen (s hierzu Rz 18 f). **Unmöglichkeit/Unzumutbarkeit weiterer** (vollständiger) **Sachaufklärung** ist die **Voraussetzung** (BFH/NV 1994, 176; vor allem *Zweifel* an der Richtigkeit der abgegebenen *Erklärungen:* BFH/NV 1994, 766; zur Schätzung bei der Feststellung von **Kassenfehlbeträgen:** BFH/NV 1999, 1448 mwN). Schätzungsbefugnis hängt ua auch ab vom **Typ des VA,** in dem die in Frage stehenden Besteuerungsgrundlagen zu regeln sind (zum Verhältnis Grundlagen-/Folgebescheid: BFH/NV 2004, 602). Modifiziert wird Schätzung durch die sachlichen und rechtlichen Gegebenheiten im **Einzelfall** (s zB zur **Richtsatzschätzung** bei Landwirten: BFH/NV 2001, 1058; allgemein: FG M'ster EFG 2001, 401; zu ungeklärten **Bareinzahlungen** auf *betriebliche* Konten: BFH/NV 2002, 476; 2004 1367; auf *gemischte* Konten: BFH/NV 2003, 1323; zur Ermittlung von **Verrechnungspreisen:** BFHE 197, 68 = BStBl II 2004, 171; zur Verwendung **statistischer Unterlagen:** BFH/NV 2003, 1027; zum Ansatz von **Durchschnittswerten:** BFH/NV 2004, 1618; zur Schätzung **nach Einleitung eines Strafverfahrens:** BFHE 196, 200 = BStBl II 2002, 4). Gewisse **Schranken** ergeben sich aus den Normen, deren Anwendung die Schätzung dient (zur Beachtung der maßgeblichen Grundsätze der **Gewinnermittlung:** BFHE 202, 395 = BStBl II 2003, 871; zur eingeschränkten Geltung der „**formellen Bilanzenzusammenhangs":** BFH/NV 2004, 1642, 1643, dazu iÜ: Vor § 40 Rz 5; § 40 Rz 90; problematisch der Rückgriff auf die **Lebenserfahrung** – Rz 17 – bei der Erfassung von **Trinkgeldern:** BFHE 169, 432 = BStBl II 1993, 117 oder von **Unterhaltsleistungen im Ausland:** BFHE 175, 932 = BStBl II 1995, 114; dagegen *Rößler* DStZ 1995, 662; s aber BFH/NV 2005, 739 = HFR 2005, 427; zu Zweifeln an der zugrundeliegenden **Buchführung:** BFH/NV 1995, 373 u 573; s auch Rz 10; Zweifel, die sich uU auch erst im Wege der **Verprobung** – zB durch Nachkalkulation; dazu: BFH/NV 1996, 747 – ergeben, vgl: FG Hbg EFG 1994, 731; FG Mchn EFG 1995, 866; zur Forderungsbewertung: FG Hbg EFG 1994, 737), die **Beseitigung eines** solchen **Ermittlungsmangels** zudem das **einzig legitime Ziel** jeder Schätzung (darum **keine „Strafschätzung":** BFH/NV 2003, 1323; *keine Schätzung zur Überwindung von „Subsumtionsnöten"* – zB bei der Anwendung des § 23 EStG auf Gewinne aus einem *Wertpapier-Sammeldepot:* BFHE 173, 107 = BStBl II 1994, 591 – oder zur *Wahrung der Festsetzungsfrist:* FG Nds EFG 1995, 408 u 553). IdR müssen außerdem zuvor die zu Gebote stehenden Druckmittel zur Erreichung der Mitwirkung ausgeschöpft worden

sein (vgl BFH/NV 1994, 176 u 766, 768). Liegen die Schätzungsvoraussetzungen vor, eröffnen sich zwei Varianten als **Rechtsfolge:**
– die *unmittelbar* aus dem Gesetz (§ 162 I AO – uU iVm § 96 I 1 FGO)
  abzuleitende der *einseitigen* Fixierung der Besteuerungsgrundlagen (zB
  auch **Begrenzung der Sachaufklärung auf strittige Punkte:** BFH/
  NV 1994, 766; 2000, 438) **mit vermindertem Beweismaß und
  Überzeugungsgrad** durch Finanzbehörde/FG (Rz 18 f);
– die durch *Treu und Glauben* gerechtfertigte der *Einigung* über die tatsächliche Basis für derartige Schlussfolgerungen (zur **„tatsächlichen Verständigung":** § 76 Rz 4; vgl auch BFH/NV 2000, 537, 538; 2004,
  1563; FG M'ster EFG 1996, 464).

Die **(tat-)richterliche Befugnis** (dazu näher: BFH/NV 1993, 351 u
573; 1994, 176, 683 u 766; 2003, 1612; zum Ermessen bei der Wahl der
Schätzungsmethode: BFH/NV 1995, 573) **zur Schätzung** gilt grundsätzlich uneingeschränkt im gesamten finanzgerichtlichen Verfahren, auch
im Vergütungsrecht (BFHE 137, 207 = BStBl II 1983, 226; zu den Ausnahmen s Rz 18; zur Aufgabenteilung FA/FG beim Schätzen: BFH/NV
1994, 176; *T/K* § 96 Rz 8; zur **Begrenzung revisionsrechtlicher Kontrolle** auf Plausibilität: BFHE 174, 301 = BStBl II 1994, 660; BFHE 208,
531 = BStBl II 2005, 483; FG M'ster EFG 2005, 1506; s auch BFH/
NV 1997, 157; Rz 19 aE).

14   Weitere Begrenzungen des entscheidungserheblichen Prozessstoffs mit
Folgen für die Sachaufklärung und die Entscheidungsfindung ergeben sich
aus der **Verletzung von sonstigen,** in § 96 I 1 nicht ausdrücklich genannten **Mitwirkungs- und Nachweispflichten** des allgemeinen und
besonderen Steuerrechts (zB aus § 159 AO: Rz 9 aE; aus **§ 4 VII EStG:**
BFHE 146, 241 = BStBl II 1986, 488; BFHE 161, 125 = BStBl II 1990,
903; aus **§ 33 b VII EStG** iVm § 65 EStDV: BFHE 114, 491 = BStBl II
1975, 394; BFHE 126, 556 = BStBl II 1979, 260; BFHE 152, 488 =
BStBl II 1988, 436; BFHE 158, 375 = BStBl II 1990, 60; FG Hbg EFG
1982, 412; bei Inanspruchnahme eines Haftungsschuldners: BFH/NV
2004, 1498; im Rahmen der **§§ 14, 15 UStG:** BFHE 154, 477 = BStBl II
1989, 120; BFHE 170, 283 = BStBl II 1993, 384; BFHE 173, 466 =
BStBl II 1994, 342; BFHE 176, 472 = BStBl II 1995, 395; vgl auch BFHE
205, 249 = BStBl II 2004, 599; zum *Markenverfahren* im **KraftStG:** BFHE
175, 456 = BStBl II 1995, 79; BFH/NV 1996, 709; FG MeVo EFG 1994,
848; FG Bdbg EFG 1996, 198 u 502; weitere Beispiele bei *Martin* S 1027
und 1029; s auch § 76 Rz 38; zum Nachweis besonderer Sachkunde iS des
§ 44 StBerG: BFH/NV 1990, 196). Überaus **problematisch** sind von der
Rspr erdachte Nachweispflichten (wie zB zur Behandlung von *Heilkuren* im Rahmen des *§ 33 I EStG,* vgl etwa BFHE 178, 81 = BStBl II 1995,
614; BFH/NV 1995, 24; 1998, 839; R 189 EStR; *Schmidt/Drenseck* § 33
Rz 35 „Heilkuren"; krit dazu *Rößler* DStZ 1996, 152 u *Paus* DStZ 1999,
39. – AM: FG Saarl EFG 2003, 1787).

2. Freie Würdigung der Gesamtergebnisse

15   Der **Grundsatz der freien Beweiswürdigung** (§ 96 I 1) bedeutet,
dass das Gericht (grundsätzlich das *FG* als Tatsacheninstanz; vgl BFH/NV
1995, 485 f; 1996, 182 f u 637; s auch Rz 9; zur Bedeutung des § 94 a hier-

bei: BFHE 174, 301 = BStBl II 1994, 660; zur Aufgabenteilung FA/FG: BFHE 177, 217 = BStBl II 1995, 542; krit dazu *Rößler* DStZ 1996, 127) bei der Feststellung und Gewichtung der entscheidungserheblichen Tatsachen und Beweisergebnisse (zB hinsichtlich des Beweiswerts von einander widersprechenden Urkunden − BVerwG Buchholz 451, 90 EWG-Recht Nr 69 − oder von Zeugenaussagen; bei **Sachverständigengutachten:** BFH/NV 1988, 37; 1990, 783; BFHE 199, 367 = BStBl II 2002, 768; zur Bedeutung des Vorbringens der Beteiligten: BFH/NV 1990, 196; 1996, 288; zum Begriff „Beweisaufnahme" − § 31 I Nr 3 BRAGO: FG Bremen EFG 2000, 289; zur tatsächlichen Vermutung − str − bei *§ 42 AO:* BFHE 167, 273 = BStBl II 1993, 84) nicht starren Regeln unterworfen, sondern an die **eigene innere Überzeugung** (des einzelnen Richters bzw der Mehrheit des Spruchkörpers) gebunden ist (BFHE 209, 416 = BFH/NV 2005, 1663; BFH/NV 2005, 2046, 2048; auch § 286 I 1 ZPO). Die subjektive **Gewissheit** (Rz 16) muss allerdings objektiviert werden: Der Überzeugungsgrad ist nur dann ausreichend (und nach § 118 II bindend), wenn er tatsächlich das **Gesamtergebnis** des Verfahrens (Rz 8) berücksichtigt (BFH/NV 2002, 1442; 2003, 1031; zum Erfordernis der **Gesamtwürdigung:** BFH/NV 2002, 1148 u 1563; BFHE 208, 531 = BStBl II 2005, 483), außerdem auf einer logischen, verstandesmäßig einsichtigen Beweiswürdigung beruht, deren nachvollziehbare Folgerungen anhand der Akten (Rz 8) überprüft werden können (Vertragsauslegung zB anhand der einschlägigen Vertragstexte: BFH/NV 2000, 1097), wenn er den Denkgesetzen entspricht und von den festgestellten Tatsachen getragen wird (BFHE 154, 7, 10 = BStBl II 1988, 944, 946; zum Erfordernis der **Plausibilität:** BFHE 174, 301 = BStBl II 1994, 606; BFHE 208, 531 = BStBl II 2005, 483; zum Erfordernis der **Darlegung:** Rz 26; s zB zu **§ 122 II Nr 1 AO:** BFH/NV 2003, 586 u 1031; Verstoß bedeutet Rechtsverletzung iS des § 118 I 1 − dazu: § 40 Rz 55 u 87 ff; § 118 Rz 6 ff; T/K Rz 65 ff; *Kopp/ Schenke* § 108 Rz 4). Bei der Bildung der Überzeugung kann − auch außerhalb des Präklusionsrechts (§ 76 Rz 60 ff; § 79 b Rz 1 ff) − zum Nachteil eines Beteiligten dessen mangelnde Mitwirkung bei der Sachaufklärung mitberücksichtigt werden (BFHE 156, 38 = BStBl II 1989, 462; BVerwG Buchholz 310 § 108 VwGO Nr 136; s auch Rz 9; zur Beurteilung strafbaren Verhaltens: BFHE 165, 458 = BStBl II 1992, 128 einerseits − BFHE 165, 330 = BStBl II 1992, 9 andererseits; ferner: BFHE 155, 232 = BStBl II 1989, 216; FG Hbg EFG 1992, 279; s auch Rz 16).

3. Beweismaß

a) Grundsatz: Überzeugung

Maßgebend für die Urteilsfindung ist gemäß § 96 I 1 die richterliche **16** **Überzeugung** (dazu BFHE 149, 437 = BStBl II 1987, 502, 503 aE; BFHE 149, 536 = BStBl II 1987, 679; BFHE 155, 232 = BStBl II 1989, 216; BFHE 208, 531 = BStBl II 2005, 483; FG Köln EFG 2003, 1450) vom Vorliegen oder Nichtvorliegen bestimmter Tatsachen. Das ist *weniger als* (kaum erreichbare) *Gewissheit,* aber *mehr als* nur ein *überwiegender Grad von Wahrscheinlichkeit* (BFHE 158, 462 = BStBl II 1990, 188; BFHE 154, 7, 10 = BStBl II 1988, 944, 946; BFH/NV 1987, 728, 730; 1988, 600; FG Bremen EFG 1991, 705, 706; grundsätzlich *keine Hypothesen:* BFH/NV

1987, 560; grds *keine Unterstellungen:* BFHE 162, 199 = BStBl II 1991, 100; s aber Rz 18), nämlich ein so hoher Grad von Wahrscheinlichkeit, dass er nach der Lebenserfahrung **praktisch** der **Gewissheit gleichkommt** (*Ule* S 139). Als erwiesen ist ein Sachverhalt nach der Grundregel des § 96 I 1 demzufolge anzusehen, wenn er sich *mit an Sicherheit grenzender Wahrscheinlichkeit* feststellen lässt (vgl BFH/NV 1997, 734; 1999, 1075, 1076; 2000, 974; ähnlich BGHZ 53, 245, 256; *T/K* Rz 66; *Kopp/Schenke* § 108 Rz 5). Hierzu bedarf es besonders im Steuerrecht häufig einer **Gesamtwürdigung** aller entscheidungserheblicher Umstände (zB zur Ermittlung der Gewinn-/Überschusserzielungsabsicht: BFHE 189, 428 = BStBl II 2000, 57; zum Problem der Gesamtprognose in diesem Zusammenhang: BFH/NV 2000, 1186). Für sogen **innere Tatsachen** (dazu FG Saarl EFG 2003, 328; *H/H/Sp/v Groll* § 173 AO Rz 118 ff u § 175 AO Rz 287 ff; unklar: BFH/NV 2002, 1563) bedeutet dies, dass, die **Indizien,** die Rückschlüsse auf die **Hilfstatsachen** und die **Haupttatsache** zulassen, **feststehen** müssen (BFHE 189, 428 = BStBl II 2000, 67; *H/H/Sp/Lange* Rz 106; *T/K* Rz 36; zum Erfordernis der **Beweiskraft** solcher Indizien: FG BaWü EFG 2000, 409; allgemein zur freien Beweiswürdigung in solchen Fällen: BFH/NV 1999, 1442; 78, 179). Besonderheiten ergeben sich bei der Beurteilung von **Straftatbeständen** im Rahmen eines Steuerprozesses: Soweit sie gestaltend auf den Steueranspruch einwirken (wie zB in § 71 oder § 169 II 2 AO), bestimmt sich (beschränkt auf das Vorliegen der objektiven und subjektiven Tatbestandsmerkmale) das Beweismaß nach dem Grundsatz **„in dubio pro reo"** (BFH/NV 2005, 1485; s auch *A. Müller,* AO-StB 2004, 156 ff). IÜ aber (dh hinsichtlich der sonstigen für den Streitgegenstand dem Grund oder der Höhe nach maßgeblichen Umstände) gelten auch insoweit die allg Regeln der AO/FGO (schon wegen des Grundsatzes der Gleichbehandlung: BVerfG HFR 1996, 597; vgl außerdem zum Problem: GrS BFHE 127, 140 = BStBl II 1979, 57, unter C.I.2.a); BFHE 156, 38 = BStBl II 1989, 462; BFHE 165, 458 = BStBl II 1992, 128; BFHE 168, 182 = BStBl II 1992, 9; BFH/NV 1994, 149; 1998, 1279; FG BaWü EFG 2000, 105; FG Mchn EFG 2000, 603; *Krause,* DStR 1998, 583; iE ebenso, unklar in der Begründung: BFH/NV 1999, 1188, 1189; 1556, 1557). Die Überzeugung muss grds auf **eigener Anschauung** beruhen (§ 76 Rz 21; BFH/NV 2000, 1097, 1098; zur Unmittelbarkeit der Beweisaufnahme: BFH/NV 1998, 590; HFR 2001, 776; in besonderem Maße bei der Gewichtung von *Zeugenaussagen:* BFHE 177, 217 = BStBl II 1995, 542; BGHZ NJW 1997, 1586; allgemein zur Bedeutung persönlicher Wahrnehmung: BGH DRiZ 1988, 99 u NJW 1992, 1966; zur Möglichkeit der **Übernahme fremder Beweisergebnisse:** BFH/NV 1998, 472; 2005, 501; speziell zur Übernahme von Erkenntnissen aus **Strafurteilen:** BFH/NV 1998, 738; 2000, 215; BFHE 204, 380 = BFH/NV 2004, 597; BFH/NV 2005, 2023; zur gleichwohl fortbestehenden richterlichen Verpflichtung, sich „ein eigenes Urteil" zu bilden: BFH/NV 2000, 974; s außerdem § 76 Rz 21 f; *Kopp/Schenke* § 108 Rz 9 f). Unerlässlich ist außerdem, dass die Überzeugungsbildung folgerichtig **dargelegt** wird (vgl auch BFHE 199, 367 = BStBl II 2002, 768; Rz 15 u 26). Die Kriterien für die Auswahl und Gewichtung der Tatsachen bei der Überzeugungsbildung liefert das „lege artis" gewonnene Normenverständnis des Richters (zur Herleitung von Nachweispflichten aus dem *Gesetz:* FG Saarl EFG 2003, 1787; s auch Rz 14 aE).

b) Ausnahmen, zulässige Verringerung des Beweismaßes

aa) Anscheinsbeweis

Dogmatisch nicht um Verringerung des Beweismaßes, auch nicht um eine 17 besondere Art von Beweismitteln, sondern um die Beachtung von Grenzen allgemeiner Lebenserfahrung im Rahmen der freien Beweiswürdigung greift es beim **Beweis des ersten Anscheins** (*Prima-facie-Beweis, Anscheinsbeweis,* s dazu näher: *Kopp/Schenke* § 108 Rz 18; Völlmeke, DStR 1996, 1070; *R/S* 114 II; BFHE 156, 66 = BStBl II 1989, 534; BFH/NV 1995, 221; BFHE 186, 491 = BStBl II 1999, 48: zur Bekanntgabe nach **§ 122 II Nr 1 AO:** BFH/NV 2003, 1031; 2004, 1498; per **Telefax;** außerdem: BFH/NV 1998, 1109; 1999, 1330, 1331; BVerwG Buchholz Art 21 EV Nr 22; BGH VersR 1996, 772; im Fall der *Liebhaberei:* FG Bln EFG 1994, 927). Er beruht auf der Erfahrung, dass gewisse typische Sachverhalte bestimmte Folgen auslösen oder umgekehrt bestimmte Folgen auf einen typischen Geschehensablauf hindeuten. Der zu Grunde liegende Erfahrungssatz muss geeignet sein, die volle Überzeugung des Gerichts vom Vorhandensein oder Nichtvorhandensein einer Tatsache zu begründen (vgl BVerwG VersR 1996, 724). Unbedenklich ist diese Form der Meinungsbildung im Rahmen des § 96 I 1, wenn sichergestellt ist, dass dem in Frage stehenden **Erfahrungssatz** ein gleichmäßiger, sich stets wiederholender Hergang zugrunde liegt **(typischer Geschehensablauf),** dass der Maßstab dem neuesten Erfahrensstand entspricht und sich eindeutig, in jeder Zeit überprüfbarer Weise formulieren lässt (*R/S* § 114 II 1; zur Gefahr des *Missbrauchs: Völlmeke* DStR 1996, 1070, 1071 f – speziell der *Typisierung: T/K* § 4 AO Rz 134 ff). Erschüttert wird der Anscheinsbeweis, wenn die Gegenseite **substantiierte Einwände** vorbringt, aus denen sich die ernsthafte **Möglichkeit eines atypischen Geschehensablaufs** ergibt (BGH NJW 1978, 2032; zum Anscheinsbeweis für die *Gewinnerzielungsabsicht* eines Großhandelsunternehmens: BFHE 145, 375 = BStBl II 1986, 289; zur Verneinung für den *Zugang eines Schriftstücks:* BFHE 156, 66 = BStBl II 1989, 534; BFH/NV 1993, 75 f; zur Problematik des Anscheinsbeweis im Einzelnen: *Völlmeke,* DStR 1996, 1070; BFHE 151, 420 = BStBl II 1988, 138; BFHE 156, 66 = BStBl II 1989, 534; BFHE 158, 297 = BStBl II 1990, 108; BFH/NV 1987, 27 u 728, 731; *R/S* aaO; *Kopp/Schenke* § 108 Rz 18; *Zöller/Greger* Rz 29 ff vor § 284; zur umstr *tatsächlichen Vermutung* bei **§ 42 AO:** BFHE 167, 273 = BStBl II 1993, 84; zur *gesetzlichen Vermutung,* die ein *Erbschein* im Steuerrecht begründet: BFHE 179, 436 = BStBl II 1996, 242; zur Bedeutung von *Indizien:* BFHE 167, 273 = BStBl II 1993, 84; BFH/NV 1996, 554 f; FG BaWü EFG 1995, 333). Einer exakten Einordnung in die Systematik der Urteilsfindung entzieht sich die Konstruktion des **Fremdvergleichs** zur steuerrechtlichen Bewältigung von Rechtsbeziehungen unter **Angehörigen** (s dazu *Bilsdorfer* aaO; iÜ zB BFHE 171, 452 = BStBl II 1993, 834; BFHE 164, 238 = BStBl II 1995, 449; BFHE 180, 377 = HFR 1996, 659; BFH/NV 1995, 382 u 964; 1996, 891, 893; 1998, 526, 527 mN; zur verfassungsrechtlichen Bestätigung und Begrenzung: BVerfG HFR 1996, 93; im Verhältnis Gesellschaft/Gesellschafter: BFHE 179, 322 = BStBl II 1996, 383; zur Problematik der Lebenserfahrung im Rahmen der *Schätzung:* BFH/NV 2004, 1498; iÜ Rz 13).

bb) Schätzung

18   Der praktisch häufigste Fall echter **Reduzierung des Beweismaßes** im Steuerprozess ist die Schätzung (§ 96 I 1 iVm § 162 AO). Sie führt nicht nur – wie schon erläutert (Rz 13) – zu einer sachlichen Begrenzung des Gesamtergebnisses des Verfahrens, das für die richterliche Überzeugung zur Verfügung steht, sondern auch zu geringeren Anforderungen an die Urteilsfindung: Statt der an Sicherheit grenzenden Wahrscheinlichkeit genügt die **größtmögliche Wahrscheinlichkeit** (BFHE 135, 158 = BStBl II 1982, 409; BFHE 145, 502 = BStBl II 1986, 318, 319; BFH/NV 1999, 812, 813; zu den allgemeinen Anforderungen: BFH/NV 1989, 698; 1991, 415 u 573; 1992, 415; FG Hessen EFG 1991, 35; zur Schätzung nach dem in den *neuen Bundesländern* geltenden Übergangsrecht: FG MeVo EFG 1994, 1112; von *KiSt:* BFHE 176, 382 = BStBl II 1995, 507; BFH/NV 1995, 827; der *Haftungsschuld:* BFHE 174, 89 = BStBl II 1994, 536; BFH/NV 1994, 683; 1995, 295 u 783; FG Saarl EFG 1994, 686; zur „Schlüssigkeit" der Schätzung: BFH/NV 1987, 698; 1996, 378; FG Köln BFG 1996, 571; s auch Rz 19; zur Schätzung bei ungeklärtem *Vermögensuwachs:* BFHE 159, 20 = BStBl II 1990, 268; BFH/NV 1991, 796; 1994, 766, 768; bei **gemischter Nutzung** von Gegenständen: BFHE 205, 220 = BStBl II 2004, 958; zur Wahl der **Schätzungsmethode:** BFH/NV 1995, 573; zum „Stuttgarter Verfahren": BFHE 163, 475 = BStBl II 1991, 459; BFH/NV 1991, 392; 1997, 157; zum **Betriebsvergleich:** BFH/NV 2004, 1618; § 79 b Rz 11 ff; § 100 Rz 45 f; *Martin* S 1029 f; *T/K* § 162 Rz 2 und Rz 6). **Beschränkt** ist auch die **Tauglichkeit der Beweismittel** (grundsätzlich *kein Sachverständigen-Gutachten:* BFH/NV 1998, 1200; *keine Zeugen:* FG D'dorf EFG 1992, 209; s auch § 76 Rz 20 ff).

19   Inhaltlich geht es beim **Schätzen** darum, aus einem **unvollständigen Sachverhalt** anhand der zugänglichen (gewissen) Tatsachen und Indizien (zu denen auch die verletzte Mitwirkungs- bzw Nachweispflicht gehört) *Schlussfolgerungen* zu ziehen und mit Hilfe dieser Schlussfolgerungen zu einem **Ergebnis größtmöglicher Wahrscheinlichkeit** zu gelangen (*Martin* S 1030). Im Einzelfall hängt auch der Grad der Wahrscheinlichkeit, dass eine Schätzung zutreffend ist, vor allem von der Mitwirkung der Beteiligten (BFHE 156, 38 = BStBl II 1989, 462; BFHE 158, 300 = BStBl II 990, 109; BFHE 159, 83 = BStBl II 1990, 993; BFHE 165, 458 = BStBl II 1992, 128; BFH/NV 1991, 392 u 427; Rz 9 u § 76 Rz 28) und davon ab, ob und in welchem Umfang Tatsachen des üblichen Gewissheitsgrads mitberücksichtigt werden können (BFHE 142, 558 = BStBl II 1986, 226, 228; zur *Hinzuschätzung* auch BFH/NV 1995, 373). Das FG kann seine Prüfung, obwohl grundsätzlich selbst zur eigenen Schätzung verpflichtet, auf die Punkte beschränken, die substantiiert bestritten werden (BFHE 163, 471 = BStBl II 1991, 459; BFH/NV 1991, 392; vgl auch BFH/NV 2000, 1119). Besondere Probleme ergeben sich für die **revisionsrechtliche Überprüfung** von Schätzungsergebnissen, die in der Regel auf Schlüssigkeit, wirtschaftliche Möglichkeit und Plausibilität begrenzt ist (BFHE 142, 558 = BStBl II 1986, 226, 229; BFHE 147, 105 = BStBl II 1986, 732, 733; vgl auch BFHE 156, 110 = BStBl II 1989, 549; BFHE 197, 68 = BStBl II 2004, 171; BFH/NV 1989, 300, 301 und 698; 2000, 537, 539; hier Rz 2 und 18; § 118 Rz 31). Selbst grobe **Schät-**

zungsfehler begründen idR nur die Anfechtbarkeit, *nicht die Nichtigkeit* des VA (BFHE 169, 503 = BStBl II 1993, 259; BFH/NV 1994, 70; 2000, 550; FG D'dorf EFG 1996, 83; Ausnahme: BFH/HFR 2001, 742; ebenso für *Haftungsbescheide:* BFH/NV 1995, 297).

cc) Glaubhaftmachung

Wenn nur Glaubhaftmachung verlangt wird (zB in § 79b III s dort   **20** Rz 23) – und im summarischen Verfahren der §§ 69, 114 (§ 69 Rz 121; § 114 Rz 57) – genügt es, dass ein Sachverhalt mit **überwiegender Wahrscheinlichkeit** festgestellt wird (*T/K* § 96 Rz 14; BFHE 113, 205 = BStBl II 1974, 736: ein Sachverhalt mit nicht geringer Wahrscheinlichkeit; zu § 56; BFH/NV 1989, 110; zu § 142: BFH/NV 1988, 731; *Zöller* § 294 Rz 1 verlangt in diesem Zusammenhang überzeugende Wahrscheinlichkeit; zur Begrenzung auf präsente Beweismittel vgl § 155 iVm § 294 II ZPO; BFH/NV 1987, 656, 659).

4. Fehlerhafte Beweiswürdigung

Fehlerhafte Beweiswürdigung betrifft idR die **Urteilsfindung,** nicht das   **21** Verfahren (BFH/NV 1998, 605, 1506; 1999, 963; 1999, 1478; 2000, 868; 974f; BFHE 208, 531 = BStBl II 2005, 483; BFH/NV 2006, 101; zur Rechtserheblichkeit in diesem Zusammenhang: BFH/NV 1998, 53; 1999, 1488, 1489, s iÜ § 115 Rz 76; § 120 Rz 66ff; zur Revisibilität im Allgemeinen: BFH/NV 2000, 727; speziell in Schätzungsfällen s Rz 19 aE).

III. Beweislast

Mit Hilfe der Beweislast wird verfahrensrechtlich die Frage gelöst, wem   **22** die Folgen unvollständiger Sachverhaltsaufklärung zuzurechnen sind. Diese Frage stellt sich **erst,** wenn entscheidungserhebliche Umstände unter **Ausschöpfung der** (unter Berücksichtigung evtl Präklusionen – § 76 Rz 42ff; § 79b Rz 16ff) zu Gebote stehenden **Beweismittel** (s § 76 Rz 10) nicht bis zu dem im Einzelfall erforderlichen Grad der Gewissheit (Rz 16) aufgeklärt werden können (zu der in diesem Zusammenhang zu beachtenden **Abstufung:** BFH/NV 1999, 741; 2000, 434; s iÜ Rz 9). Ist dieser Gewissheitsgrad durch Spezialnormen oder infolge der Verletzung von Mitwirkungspflichten herabgemindert, so rechtfertigt dies allein eine „unvollständige" Sachaufklärung (Rz 9ff u § 76 Rz 2, 10ff u 50ff), ist für die Anwendung einer Beweislastregel kein Raum (zur Abgrenzung vor allem: BFHE 156, 38 = BStBl II 1989, 462; *Martens* aaO u *Martin* aaO; vgl auch BFHE 158, 292 = BStBl II 1990, 108). In Literatur und Rspr wird beides immer wieder miteinander vermengt (vgl zB BFHE 130, 179 = BStBl II 1980, 402; BFHE 149, 536 = BStBl II 1987, 679; BFHE 154, 232 = BStBl II 1988, 987; BFH/NV 1987, 162, 163; FG Mchn EFG 1990, 406; s auch Rz 25).

Für den Steuerprozess fehlt eine gesetzliche Beweislastregelung. Die hM   **23** verneint unter Berufung auf den das finanzgerichtliche Verfahren beherrschenden **Untersuchungsgrundsatz** (s Rz 1 vor § 76 Rz 1 u 10) eine Beweislastregelung iS einer Behauptungs- und Beweisführungslast (vgl hierzu *T/K* Rz 78ff; *Kopp/Schenke* § 108 Rz 11ff), sondern löst das Problem der nichtbehebbaren Ungewissheit (BFHE 143, 71 = BStBl II 1985,

308) nach den Regeln der **objektiven Beweislast (Feststellungslast).** Danach trägt grundsätzlich jeder Beteiligte die Beweislast für das Vorhandensein aller Voraussetzungen derjenigen Normen, ohne deren Anwendung sein Prozessbegehren keinen Erfolg haben kann **(Normentheorie).** Für den Steuerprozess heißt dies: Für die *steuerbegründenden* Tatsachen liegt die Feststellungslast beim *Steuergläubiger,* für die *steuerbefreienden* oder - *mindernden* Tatsachen beim *Steuerschuldner* (vgl dazu vor allem BFHE 101, 156 = BStBl II 1971, 220, 224; BFHE 154, 232 = BStBl II 1988, 987; BFHE 198, 526 = BStBl II 2002, 417; BFH/NV 1987, 162; 1991, 777; 1993, 691; 1994, 180; 1995, 181 f; zur **vGA:** BFHE 197, 68 = BStBl II 2004, 171; BFH/NV 2003, 1221, 1222 u 1450, 1451; FG RhPf EFG 1994, 796 – zum Objektverbrauch bei **§ 10 e EStG;** zum *Vorkostenabzug:* BFHE 201, 256 = BStBl II 2003, 596; zur nicht mehr aufklärbaren Frage, ob – und mit welchem Inhalt – ein bestimmter **VA erlassen** wurde: BFH/NV 2000, 1560 = HFR 2001, 8; zur Frage seines *Zugangs:* BFH/NV 2003, 586 u 1031; zur Anwendung im Verfahrensrecht: BFHE 121, 142 = BStBl II 1977, 321, 324; BFHE 145, 299 = BStBl II 1986, 268, 269). Entsprechendes gilt auch für **verfahrensrechtliche Normen** (zB für die Anwendung des **§ 56:** BFHE 198, 319 = BStBl II 2002, 712).

24   Diese Beweislastregel ist als **Grundsatz** anzusehen, der von Fall zu Fall, je nach Zweckbestimmung der einschlägigen Rechtsnormen, für andere Lösungen offen ist (so schon BFHE 96, 129 = BStBl II 1969, 550, 552 f; BFHE 101, 156 = BStBl II 1971, 220, 223 f; vgl auch BFHE 127, 330 = BStBl II 1979, 482, 487; BFHE 138, 527 = BStBl II 1983, 760, 761; BFHE 149, 536 = BStBl II 1987, 679 f; BFH/NV 1986, 249 f, alle mit dem ausdrücklichen Hinweis darauf, dass es eine **starre,** gesetzlich fixierte **Beweislastregel** für den Steuerprozess **nicht** gibt; sehr anschaulich zur **Einkünfteerzielungsabsicht:** BFHE 197, 287 = BStBl II 2002, 861).

25   Dass es sich um eine Regel handelt, die nicht ohne **Ausnahmen** gilt, ist zB vom VII. Senat des BFH ausdrücklich betont worden (BFHE 147, 208 = BStBl II 1986, 857), der zur Beantwortung der zollrechtlichen Frage des Warenursprungs, ausgehend von einer im Verwaltungsverfahrensrecht normierten Beweisführungslast, auf den *Verantwortungsbereich* des Steuerpflichtigen geschlossen und hieraus eine entsprechende Beweislastverteilung hergeleitet hat (vgl ganz allgemein auch BFHE 149, 536 = BStBl II 1987, 679). In ähnliche Richtung gehen Entscheidungen, die auf die *Verantwortungssphäre* (BFHE 138, 527 = BStBl II 1983, 760, 761; BFHE 149, 375 = BStBl II 1987, 487, 489), auf die *Beweisnähe* (BFH/NV 1986, 249, 250) bzw ganz allgemein auf die *Einflusssphäre* des Steuerpflichtigen abstellen (BFH/NV 2003, 1031, 1032; sehr anschaulich: FG Hbg EFG 2005, 923; vgl auch BFHE 139, 97 = BStBl II 1982, 772, 773; BFHE 124, 508 = BStBl II 1978, 338, 339; BFHE 145, 502 = BStBl II 1986, 318; BFHE 147, 105 = BStBl II 1986, 732, 733 f; BFH/NV 1987, 105; *Martin* aaO S 1028 ff). Das darf allerdings nicht als eine „Beweislastumkehr" angesehen und behandelt werden (so aber praktisch BFHE 151, 247 = BStBl II 1988, 96, 97; vgl iÜ Rz 9 u 22 f; § 76 Rz 2 u 28).

IV. Überzeugungsbildung und Urteilsbegründung (§ 96 I 3)

Die in § 96 I 3 angesprochene Verpflichtung des Gerichts, die Gründe **26**
anzugeben, die für die richterliche Überzeugung maßgeblich gewesen sind,
bezieht sich (die Anknüpfung an § 96 I 1 verdeutlicht dies) auf den Teil
des Entscheidungsprozesses, der sich mit der **Beurteilung des Gesamtergebnisses des Verfahrens** (Rz 7 ff) befasst, also auch die **Beweiswürdigung** (BFHE 151, 425 = BStBl II 1988, 422; BFH/NV 1999, 52; 2005,
2046; zur Abgrenzung gegenüber § 116 aF: BFH/NV 1999, 1478; s iÜ
Rz 21), die **im Rahmen der Entscheidungsgründe** (§ 105 II Nr 5) zu
behandeln ist. Mitzuteilen sind die wesentlichen Erwägungen, die zu der
das Urteil tragenden Überzeugungsbildung des Gerichts geführt haben.
Dabei müssen vor allem wesentliche neue Erkenntnisse (zB aus einer Zeugenvernehmung) gewürdigt werden (BFHE 174, 391 = BStBl II 1994,
707; s auch BFH/NV 1996, 18, 20). Genügt wird der richterlichen **Darlegungspflicht** nicht durch formelhafte Wendungen, sondern nur durch
eine nachvollziehbare Wiedergabe der Gedanken, die für die Überzeugungsbildung maßgeblich („leitend") gewesen sind (zu den Anforderungen
näher: BFHE 154, 7, 10 f = BStBl II 1988, 944, 946; BFH/NV 1995, 572 u
690; 1996, 722 f; 2000, 673, 675; 2003, 1031, 1032; BFHE 208, 531 =
BStBl II 2005, 483; zu den **Grenzen** der Darlegungspflicht: BFH/NV 2003,
aaO; zu den Besonderheiten bei der Beurteilung von **Steuerdelikten** im
Steuerprozess: *Krause,* DStR 1998, 553, u Rz 16; zu den Grenzen: BVerfG
NJW 1996, 2785; s auch § 100 Rz 37; § 105 Rz 11 ff; zu den revisionsrechtlichen Folgen mangelhafter Begründung: BFHE 174, 391 = BStBl II 1994,
707; BFH/NV 1991, 325; § 119 Rz 23 ff; zur Bedeutung des Protokolls
hierbei: BFH/NV 1996, 157 f; s auch Rz 8 aE; zur Beweiswürdigung:
§ 115 Rz 76; BFH/NV 1997, 124).

C. Zu § 96 II – Zum Anspruch auf rechtliches Gehör

In § 96 II wird der in § 96 I 1 als Resultat eines vornehmlich tatsachen- **27**
bezogenen Geschehensablaufs dargestellte Begriff des Gesamtergebnisses des
Verfahrens ergänzt um ein rechtliches Tatbestandsmerkmal: Der Urteilsfindung *dürfen* nur solche Tatsachen und Beweisergebnisse zu Grunde gelegen
werden, zu denen die Beteiligten sich **vorher** haben **äußern können**
(BFH/NV 2004, 1114, 1116; s iÜ Rz 28). Die Vorschrift dient (zusammen
mit anderen Verfahrensregelungen, vor allem den §§ 76 II, 93 sowie 155
iVm § 139 ZPO und der seit 1. 1. 2005 – Vor § 1 Rz 24 – eingeführten
Anhörungsrüge nach § 133 a (dazu: § 133 a Rz 1 ff) der **Verwirklichung
des** in **Art 103 I GG** verfassungsrechtlich für jedermann garantierten Anspruchs auf rechtliches Gehör (dazu allgemein: BVerfG NVwZ 2005, 81;
speziell: BFH/NV 1987, 419; 1991, 752, 754; speziell zum Unterlassen einer **Aufforderung zur Klageergänzung** nach § 65 II 2: BFH/NV 2001,
627; grundsätzlich: BVerfG HFR 1996, 153 f, 211 f u 274). Die Vorschrift
gilt, obgleich in § 113 I nicht erwähnt (zu dessen Unvollständigkeit: § 113
Rz 2 f) **auch im Beschlussverfahren** (vgl BFH/NV 1988, 106; 1990,
382, 383; zur Heilung von Mängeln im Beschwerdeverfahren: BFH/NV
1988, 135 u 310; 1989, 522; 1991, 466, 467; zur eingeschränkten Anhörungspflicht im Prozesskostenhilfeverfahren: BVerfG NJW 1991, 2078). –

Auch der Anspruch auf rechtliches Gehör ist **begrenzt durch** die **Mitverantwortung** der Beteiligten (BFHE 158, 462 = BStBl II 1990, 188;
BFH/NV 1990, 450, 451; 1998, 15; s auch Rz 33). Anspruchsberechtigt
sind die jeweils **Prozessbeteiligten** (zum Erbfall: BFHE 165, 330 =
BStBl 1992, 9; s auch Rz 33). Sachlich eingegrenzt wird das Recht auf Gehör außerdem grundsätzlich durch den Gesichtspunkt der **Entscheidungserheblichkeit** (s iÜ Rz 7 ff; speziell zu § 96 II: BFH/NV 1994, 591;
1999, 1093, 1098; 1229; 2000, 232, 233; 857, 1454, 1457 und 1474; 2004,
1114, 1116; 2005, 1496, 1497; für den Fall der doppelten Begründung:
BFH/NV 1993, 563; zum Aspekt der *Verwendbarkeit* bestimmter Daten:
BFHE 174, 491 = BStBl II 1994, 802).

28   Den Beteiligten muss ausreichend Gelegenheit gegeben werden, sich
zum Vorbringen der Gegenseite (BVerwG DÖV 1988, 1069) sowie zu den
Tatsachen und Beweisergebnissen (zu den Rechtsfragen s Rz 32), die der
Entscheidung zu Grunde gelegt werden sollen, **vorher** zu äußern (Rz 27;
BVerfGE 20, 280, 282; 25, 40, 43 u NJW 1988, 817; BFH GrS BFHE
206, 58 = BFH/NV 2004, 1482; s auch BFH/NV 2001, 795; 2005, 932,
933). Das setzt zunächst voraus, dass das Gericht entscheidungserhebliche
Fakten, Unterlagen, Beweisangebote zur **Kenntnis nimmt** (BVerfG HFR
1996, 153 f; BFH/NV 2005, 1802, 1804, 2236 u 2247; zB vorgelegte
fremdsprachige Dokumente *übersetzen* lässt – vgl BVerwG NJW 1996,
1553; s auch BVerfG HFR 1996, 210 f; Rz 30), sowie entscheidungserhebliche feststehende Tatsachen auch berücksichtigt (BFH/NV 2004, 969,
970). Außerdem begründet der Anspruch auf rechtliches Gehör eine **Informationspflicht** des Gerichts, die erforderlichenfalls durch **konkrete
Hinweise** (BFH/NV 1998, 29, 31; 63; 468, 469), aber auch durch die
Zustellung der gegnerischen Schriftsätze erfüllt wird (§ 77 I; dazu: BFH/
NV 1988, 310; BVerwG Buchholz 310 § 108 VwGO Nr 191; BVerfG
MDR 1988, 832; uU, zB bei Zweifeln an der Vollmacht, auch an den –
angeblich – **Vertretenen** unmittelbar: BFH/NV 1995, 713) durch das
Recht auf Akteneinsicht (§ 78; BFH/NV 1990, 450, 451) sowie durch die
Mitteilung über die **Beiziehung von Akten,** auch solcher anderer Ge-
richte und Behörden (BFHE 102, 207 = BStBl II 1971, 597, 598; vgl auch
BFH/NV 1990, 296; 1991, 752, 754; 1994, 359; 2000, 214; 2004, 499,
500 u 511). Erforderlich sein kann nach § 96 II auch die Gewährung von
Akteneinsicht (BFH/NV 2000, 218; 2004, 499, 500) oder ein Hinweis
auf bisher noch nicht erörterte rechtliche Gesichtspunkte (BFHE 180, 316,
320; Rz 32). Nach BFHE 91, 338 (= BStBl II 1968, 349; vgl auch
BFHE 98, 412 = BStBl II 1970, 422; BFH/NV 1987, 219, 221) sind von
dieser Mitteilungspflicht die nach § 71 II vorzulegenden Steuerakten ausgenommen (differenzierend *Gräber* DStR 1969, 486 f). Mitgeteilt werden
müssen ferner die Ergebnisse der Beweisaufnahme und Auskünfte, die das
Gericht eingeholt hat (BFH/NV 1990, 382, 383).

29   All dies muss zeitlich so organisiert, Fristen müssen so bemessen sein, dass
der Beteiligte **Gelegenheit** hat, seinen eigenen **Standpunkt darzulegen,**
(allgemein hierzu: BFH/NV 1994, 280), dh sich zum Gegenstand des Verfahrens, zum Verfahren selbst, zum Vorbringen der Gegenseite und zu den
Beweisergebnissen (BGH WM 1991, 283; BSG NJW 1990, 407) sachgemäß,
zweckentsprechend und erschöpfend (grundsätzlich in **mündlicher Verhandlung:** BFH/NV 2005, 1364; Rz 30) **zu erklären** (zur rechtzeitigen

Übermittlung von Schriftsätzen: BVerwG NVwZ 1987, 1071; *Kopp/Schenke* § 108 Rz 19 mwN). Dabei muss auf **Gleichbehandlung** der Beteiligten geachtet (BVerfG StRK VGFGEntlG R 4; BFHE 145, 125 = BStBl II 1986, 187, 189) und notfalls die mündliche Verhandlung wiedereröffnet werden (§ 93 III 2; BFH/NV 1991, 82, 85; BVerwG NVwZ 1989, 857). In Vertretungsfällen genügt idR (Ausnahme zB: BFH/NV 1995, 713) Unterrichtung des Bevollmächtigten (BVerfGE 81, 123).

Der Anspruch auf Gewährung rechtlichen Gehörs beinhaltet andererseits **30** für das **Gericht** die Verpflichtung, die Ausführungen der Beteiligten zur Kenntnis zu nehmen (Rz 28; BVerfG HFR 1996, 153; BFH/NV 1995, 946 f; zu den Grenzen: BVerfG NJW 1987, 2219), in Erwägung zu ziehen (BVerfGE 36, 92, 97; BVerfGE 53, 219, 222; HFR 1996, 153; BFHE 136, 515 = BStBl II 1983, 42, 43; BFHE 138, 143 = BStBl II 1983, 477, 478; BFHE 145, 125 = BStBl II 1986, 187, 189; BFHE 153, 455 = BStBl II 1988, 792; BFH/NV 1995, 946 f; 2005, 2236 u 2247; zum maßgebl Zeitpunkt: BVerwG NVwZ 1989, 860), sich mit dem entscheidungserhebl Kern des Verbringens auseinanderzusetzen (BVerfG NJW 1992, 103 u 2217) und bei der **Begründung** zu berücksichtigen (BVerfGE 69, 141, 143 f; BFH/NV 2000, 730, 731; 2004, 534, 540 u 1544, 1545; 2005, 932, 933; s iÜ § 105 Rz 11; zur begrenzten **Aussagekraft der Entscheidungsgründe** in diesem Zusammenhang: BVerfG HFR 1996, 153; BFH/NV 1995, 131 f u 946 f; 1998, 726; 2000, 730 f; 2001, 631 f; BVerwG Buchholz 310 § 108 VwGO Nr 267; s auch § 119 Rz 23 ff). Der Wahrung des Rechts auf Gehör dient auch die einwandfreie **Handhabung des Verfahrensrechts** (vgl BFH/NV 1994, 730; 2001, 627; zur Wahrung des Grundsatzes der **Mündlichkeit** – s auch § 90 Rz 3; § 92 Rz 1: BFH/NV 2003, 1588; 2004, 504; s iÜ auch § 76 Rz 54; § 79 b Rz 23; zum Unterlassen einer **Zeugenvernehmung:** BFH/NV 2003, 627; zur **Ablehnung eines Vertagungsantrags:** BFH/NV 2000, 218, 219; 2004, 199, 216, 497 f, 506; 2005, 64, 359, 361 u 373; FG Bdbg EFG 2002, 1626; zur Nichtbeachtung eines Vertagungsgrundes: BFH/NV 2005, 1578; zur Bedeutung einer Äußerungsfrist: BVerwG Buchholz 310 § 138 Ziff 3 VwGO Nr 43).

Maßstab für Inhalt, Umfang und Modalität der Gewährung rechtlichen **31** Gehörs im Einzelfall ist das **Verbot von Überraschungsentscheidungen** (BFHE 162, 199 = BStBl II 1991, 100; BFH/NV 1998, 732, 1511; 1999, 1609; 2000, 416, 418; 710 und 978 f; 2002, 1567 f; 2003, 261; 2004, 1421 u 1666; 2005, 1796, 1798 u 1838 u 2025; BVerfG NJW-RR 1996, 205 u 253; NVwZ 1997, 158; BVerwG NVwZ-RR 2000, 396, zum Begriff: BFH/NV 2005, 1355). Darum kann zB der Anspruch auf rechtliches Gehör verletzt sein, wenn das Gericht vor Ablauf einer Schriftsatzfrist entscheidet (BVerwG BayVBl 1988, 635; BFH/NV 2005, 212; allgemein zur **Berücksichtigung von Schriftsätzen:** BFH/NV 1998, 1366; generell zur Beachtung von **Fristen:** BFH/NV 2002, 945; 2005, 376, 377), wenn sich das Urteil auf einen **zuvor nicht angesprochenen Gesichtspunkt** (BFHE 197, 314 = BStBl II 2002, 169) oder eine **nicht erörterte Schätzungsmethode** stützt (BFHE 135, 158 = BStBl II 1982, 408, 411; allgemein für Fälle gerichtlicher Schätzung: BFH/NV 2000, 448 f und 871), wenn im Fall des **§ 100 III 1** (dort Rz 43 ff) keine vorherige Gelegenheit zur Äußerung bestand (BFH/NV 2005, 376) oder wenn eine Entscheidung ergeht, ohne dass zuvor der von einem Verfahrensbeteiligten (rechtzeitig) gestellte Antrag auf Verlängerung einer Äußerungsfrist beschieden wurde (BVerwG NJW 1988, 1280); nicht aber, wenn das Ausbleiben einer amtlichen Auskunft nicht mitgeteilt wurde (BVerwG Buchholz 312 EntlG Nr 48). In der (im Interesse sorgfältiger Terminsvorbereitung üblichen) **Anfertigung eines Urteilsentwurfs** allein liegt grds **keine Verletzung** rechtlichen Gehörs (BFHE 206, 58 = BFH/NV 2004, 1482).

32   Nach dem Wortlaut des § 96 II kommt es nur auf Information, Äußerungsmöglichkeit und Anhörung in *tatsächlicher* Hinsicht an. In § 93 I ist klargestellt, dass der Anspruch auf Gewährung rechtlichen Gehörs auch die **Erörterung der** voraussichtlich **entscheidungserheblichen Rechtsfragen** (nicht Aussagen zum evtl Prozessausgang: BFH/NV 1998, 605; zum *Umfang* generell BFH/NV 2004, 709 u 1241; 2005, 1838) mit umfasst (§ 93 Rz 1 und 3). Gem § 155 FGO iVm § 139 II ZPO darf das Gericht seine Entscheidung auf einen rechtlichen Gesichtspunkt, den ein Beteiligter erkennbar übersehen oder für unerheblich gehalten hat, nur stützen, wenn es Gelegenheit zur Äußerung dazu gegeben hat (BFHE 133, 352 = BStBl II 1981, 720; BFHE 135, 158 = BStBl II 1982, 409, 410 f BVerwGE 78, 30; s auch BVerfG NVwZ 1997, 158; zur Heilungsmöglichkeit in der Revisionsinstanz: BVerfG HFR 1993, 91). Die Beteiligten sollen auch in rechtlicher Hinsicht vor Überraschungen bewahrt werden (BFHE 180, 316, 320; vgl auch BGH WM 1986, 1371). Eine **umfassende Erörterung** allerdings ist **nicht** erforderlich (BVerfG HFR 1993, 129; BFHE 141, 411 = BStBl II 1984, 697, 702; BFHE 185, 422 = BStBl II 1998, 383; BFH/NV 1998, 1025, 1026 mwN; 2000, 978 f und 1451, 1454; 2001, 631 f; zur grundsätzlichen Entbehrlichkeit von der Erörterung von *Zulässigkeitsfragen:* BVerfG HFR 1993, 90; BFH/NV 1996, 615 f). Das gilt vor allem in Fällen **fachkundiger Vertretung** (BFH/NV 2000, 978, 979) und für eine Erörterung, die auf *Vorwegnahme der Beweiswürdigung oder des Urteils* überhaupt hinausläuft (BGH NJW 1976, 104; BVerwG DÖV 1981, 839; BFHE 91, 338 = BStBl II 1968, 349; BFHE 135, 158 = BStBl II 1982, 409, 411; BFH/NV 1996, 906; 1997, 124 f).

33   Die Gewährung rechtl Gehörs besteht (wie im Wortlaut des § 96 II deutlich zum Ausdruck kommt) in der Verschaffung einer (ausreichenden) **Gelegenheit** zur Äußerung (zu allen entscheidungserhebl Tatsachen und Rechtsfragen: BFHE 195, 486 = BStBl II 2001, 747). Inwieweit diese Gelegenheit wahrgenommen wird, ist Sache der Beteiligten (BFH/NV 2000, 1107). Sie trifft auch im Rahmen des § 96 II eine besondere **Prozessverantwortung** (BFHE 113, 4 = BStBl II 1974, 737; BFHE 144, 139 = BStBl II 1985, 625 f; BFH/NV 1996, 216 f, 695 u 830 f; 2000, 580, 1233 f; 2001, 610; FG Mchn EFG 2001, 582, 583). Sie haben alles in ihren Kräften Stehende und nach Lage der Dinge Erforderliche zu tun, um ihr Recht auf Gehör zu verwirklichen (BVerwG NJW 1986, 1057 u NJW 1988, 577). Daran fehlt es zB, wenn ein Beteiligter durch sein Verhalten **Präklusion** – zB nach § 79 b III – auslöst (BFH/NV 2005, 2038); wenn er sich zu einem naheliegenden rechtl Gesichtspunkt nicht äußert (BFHE 158, 462 = BStBl II 1990, 188), auf eine verspätet zugegangene Ladung hin nichts unternimmt (BVerwG NJW 1987, 2694), wenn er trotz rechtzeitiger und ordnungsgemäßer Ladung zur mündl Verhandlung nicht erscheint (BFH/NV 2000, 580; BVerwG Buchholz 310 § 108 VwGO Nr 209) oder, wenn er es unterlässt, einen Verlegungsantrag durch Vorlage eines ärztlichen Zeug-

nisses zu untermauern (BVerwG Buchholz 303 § 227 ZPO u Nr 8; grds zur Geltung allg Rechtsgrundsätze im Prozessrechtsverhältnis: Rz 7 vor § 76; BFH/NV 2000, 1233 f; 2001, 610; speziell zum **Verlust des Rügerechts** – § 155 iVm § 295 ZPO: BFH/NV 1987, 419; 1996, 902; 1997, 143 f; 2004, 217; 2005, 2014, 2015; 2006, 66 u 101; s auch Rz 34 aE). Der Anspruch auf Gewährung rechtl Gehörs bedeutet ua auch, dass Mängel in der Kenntnis der deutschen Sprache behoben werden müssen (BVerfG NJW 1991, 2208; BVerwG NJW 1996, 1553; Rz 28; s aber Rz 4 vor § 33), bei Richterwechsel zwischen Zeugenvernehmung und Entscheidung besonders strenger Anforderungen an die Beweiswürdigung zu stellen sind (BGH BB 1991, 302), dass das entscheidungserhebl Vorbringen (BVerwG Buchholz 424.01 § 59 FlurBG Nr 10) und entscheidungserhebl Beweisanträge der Beteiligten (BVerfG EuGRZ 1989, 549) zu beachten sind. Der Anspruch besteht, mit unterschiedlicher Intensität, in allen Verfahrensarten (Rz 27), zB auch dann, wenn das Gericht gem § 94a nach billigem Ermessen verfährt (BFHE 138, 19 = BStBl II 1983, 432; vgl zum vorläufigen Rechtsschutzverfahren: BFHE 118, 291 = BStBl II 1976, 437 f; *T/K* § 96 Rz 22 mwN).

Verletzung des Anspruchs auf rechtl Gehör (zB durch unterlassene Unterrichtung über *Aktenbeiziehung:* BFH/NV 2000, 214; Versagung von *Akteneinsicht:* BFH/NV 2000, 218) ist ein Verfahrensmangel iSd **§ 119 Nr 3** (dort Rz 10 ff; zum Grundsatz der vermuteten **Kausalität** und seiner ausnahmsweisen Begrenzung: BFH-GrS BFHE 196, 39 = BStBl II 2001, 802 m Anm *List* DStR 2002, 1381; s auch BFH/NV 2002, 817 f; 2004, 354 u 973), aber kein Verstoß iSd § 116 aF (BFH/NV 1990, 313; s aber BFHE 170, 308 = BStBl II 1993, 514; zu den Besonderheiten in Schätzungsfällen s Rz 2, 19; zu den Anforderungen an entsprechende Rügen: BVerfG HFR 1993, 554; BFH/NV 1994, 111, 359 u 485; 1995, 130, 703 f u 903; 1996, 216 f, 330 u 335; 1997, 124; 2000, 194, 589 f, 1068 f, 1091 und 1132 f; 2001, 610). Außerdem kann die Verletzung rechtl Gehörs einen **Verfahrensmangel iSd § 115 II Nr 3** begründen (dort Rz 73 ff; s auch BFH/NV 2004, 40, 511; 2005, 899; zur besonderen *Darlegungspflicht:* BFH/NV 2004, 60, 312, 313 u 493, 494; 2005, 1861 u 2222; § 115 Rz 93 ff), sofern kein (stillschweigender) Rügeverzicht vorliegt (Rz 33; § 115 Rz 100 ff), sowie schließlich zu einer **Anhörungsrüge nach § 133 a** (dort Rz 1 ff) führen (BFH/NV 2005, 898, 1458, 2130, 2234; 2248 u 2332; 2006, 104 u 198 f; s iÜ § 133 a Rz 1 ff).

34

§ 97 [Vorabentscheidung über Zulässigkeit der Klage]

Über die Zulässigkeit der Klage kann durch Zwischenurteil vorab entschieden werden.

Vgl §§ 109 VwGO, 280 ZPO.

Literatur: *Bettermann,* Zwischenurteil über materiellrechtliche Vorfragen?, ZZP 79 (1996), 392; *Fritsch,* Das finanzgerichtliche Zwischenurteil, Wpg 1961, 157; *Oswald,* Vor-, Teil- und Zwischenentscheidungen im Steuerverfahren, StuW 1957, 649; *Reinicke,* Das Zwischenurteil in der Revisionsinstanz, NJW 1967, 513; *Rößler,* Teilurteile und Zwischenurteile im finanzgerichtlichen Verfahren, BB 1984, 204; *R/S* § 59 III; *Schiedermaier,* Die Wirkung der Anfechtung von Zwischenurteilen nach §§ 275, 304 ZPO auf das Endurteil, JuS 1961, 212; *Tiedtke,* Das unzulässige Zwischenurteil, ZZP 89 (1976), 64.

1   Im Verlauf eines gerichtlichen Verfahrens kann es sich als notwendig, zumindest als *zweckmäßig (prozessökonomisch)* erweisen, bestimmte Streitpunkte vorab zu klären. Diesem Zweck dienen die sogen **Zwischenentscheidungen** (zur Verfassungsbeschwerde gegen eine solche Entscheidung: BVerfGE 58, 1). Sie befinden nicht über den Streitgegenstand oder selbständige Teile desselben (BFH/NV 1990, 228), sondern über **Vorfragen zum Endurteil** (BFHE 119, 25 = BStBl II 1976, 545), um dieses dadurch zu entlasten. § 97 gilt auch für die **Revision** (§ 121; BFH/NV 1989, 516) und für **Beschlusssachen** entsprechend (*Kopp/Schenke* § 109 Rz 2).

2   Für den Steuerprozess kommen als **Zwischenurteile** (auch in der Form des Gerichtsbescheids, § 90a: BFHE 172, 493 = BStBl II 1994, 439; FG RhPf EFG 1994, 906) in Betracht
- das **selbständige** (nach § 115 selbständig anfechtbare) **Zwischenurteil gem § 97** über die Zulässigkeit der Klage (Rz 4 f);
- das ebenfalls selbständige *Zwischenurteil* über den Grund eines Anspruchs **nach § 99 I** (§ 99 II regelt unselbständige Vorabentscheidungen – s dort Rz 9);
- im *Zwischenstreit über prozessuale* **Verweigerungsrechte** (Zeugnis-, Gutachten-, Auskunfts- und Vorlageverweigerungsrechte – § 82 iVm §§ 387, 402 ZPO; § 84 iVm §§ 101, 103 AO) ein (mit der Beschwerde anfechtbares, ein ebenfalls selbständiges Zwischen-)*Urteil* (vgl zB BFHE 103, 121 = BStBl II 1971, 808; BFHE 111, 460 = BStBl II 1974, 359; s auch BFHE 135, 248 = BStBl II 1982, 5110; zur Abgrenzung vom Teilurteil – § 98: BVerwG BayVBl 1980, 444).

3   Fraglich und streitig ist, ob und inwieweit im Verwaltungsprozess daneben noch Raum ist für das **unselbständige Zwischenurteil** (§ 155 iVm § 303 ZPO), das nur zusammen mit dem Endurteil angefochten werden und Bindungswirkung für die Instanz nur über § 155 iVm § 318 ZPO erreichen kann (vgl dazu FG Hbg EFG 2004, 411; *T/K* Rz 2; *Kopp/Schenke* § 109 Rz 9; *Vollkommer/Zöller* § 303 Rz 6, 11). Im Hinblick darauf, dass der Begriff der Zulässigkeit in § 97 weit auszulegen ist (s Rz 4), bleibt für solche Entscheidungen **im Steuerprozess** nur folgender Anwendungsbereich (s dazu auch *H/H/Sp/Lange* Rz 5 ff):
- Streit um die Wirksamkeit von *Klagerücknahme* oder *Erledigungserklärung* (s dazu § 95 Rz 2);
- Streit um die *Wiedereinsetzung* in den vorigen Stand – § 56 V (s dazu dort Rz 65);
- Streit um die Zulässigkeit der *Klageänderung* (§ 67 III; vgl § 67 Rz 17; BFHE 155, 280 = BStBl II 1989, 369; *Kopp/Schenke* § 109 Rz 9);
- *Zurückweisung eines Bevollmächtigten* (§ 62 II; § 62 Rz 30 ff, 41; BFHE 142, 355 = BStBl II 1985, 215, 216; BFH/NV 1995, 889; s auch FG D'dorf EFG 1998, 65).

4   Einzig zulässiger Gegenstand eines Zwischenurteils nach § 97 ist die Frage der **Zulässigkeit der Klage,** dh deren Zulässigkeit insgesamt oder in einem einzigen Punkt (*Kopp/Schenke* § 109 Rz 4; zB zur Frage der Anwendbarkeit des § 48 I Nr 1: FG MeVo EFG 2000, 1009). Der Begriff ist *weit auszulegen* und erfasst alle für das jeweilige Verfahren oder die jeweilige Instanz maßgeblichen Sachentscheidungsvoraussetzungen (BVerwGE 14, 273; BFHE 104, 493 = BStBl II 1972, 425; BFHE 143, 223 = BStBl II 1985, 368, 369; zur *Beschwer* eines die Zulässigkeit bestätigenden Zwischenurteils: BFH/NV 2003, 1445), mit **Ausnahme** der gem **§ 17 a GVG** einem speziellen Verfahren (dazu Anh § 33 Rz 5 ff) zugewiesenen Fragen der Zulässigkeit des Finanzrechtswegs sowie der sachlichen und örtlichen Zuständigkeit (ebenso *Kopp/Schenke* § 109 Rz 3; zT auch *H/H/Sp/Lange* Rz 6). Die als möglicher Entscheidungsgegenstand eines Zwischenurteils nach § 97 verbleibenden Zulässigkeitsvoraussetzungen müssen aber nicht stets alle geprüft werden, damit eine solche Vorabentscheidung ergehen kann (BFHE 143, 223 aaO mwN; BVerwG NVwZ 1988, 913; vgl auch BFH/NV 1986, 631; *T/K* aaO; *Rößler* aaO).

Verneint allerdings das Gericht das Vorliegen auch nur einer Sachent- 5 scheidungsvoraussetzung, *muss* ein **Endurteil** ergehen (BVerwGE 60, 123; *Kopp/Schenke* § 109 Rz 4). Im übrigen steht, soweit die Voraussetzungen des § 97 gegeben sind, der Erlass eines Zwischenurteils im *Ermessen* des Gerichts (BFHE 127, 137 = BStBl II 1979, 338, 340; BFH/NV 1989, 516; 1997, 417). Zur Vorbereitung einer reinen Zulässigkeitsentscheidung beschränken sich Streitstoff (Vor § 33 Rz 8) und auch der Gegenstand der mündlichen Verhandlung entsprechend (FG BaWü EFG 1994, 217 u 895). Ein rechtskräftig gewordenes Zwischenurteil des FG bindet auch den BFH (BFH/NV 1990, 148, 150). Eine Kostenentscheidung kann im Zwischenurteil in der Regel nicht ergehen, weil noch nicht feststeht, wer der unterliegende Beteiligte iS des § 135 I ist (zur Streitwertfestsetzung für einen Zwischenstreit: BFH/NV 1986, 631).

§ 98 [Teilurteil]

Ist nur ein Teil des Streitgegenstands zur Entscheidung reif, so kann das Gericht ein Teilurteil erlassen.

Vgl § 110 VwGO; §§ 301, 302 ZPO.

Literatur: *de Lousanoff,* Die Zulässigkeit des Teilurteils gemäß § 301 ZPO, 1979; *Musielak,* Zum Teilurteil im Zivilprozess, FS Lüke (1997), S 561; *Prütting/ Weth,* Teilurteil zur Verhinderung der Flucht in die Widerklage?, ZZP 98 (1985), 131; *Rößler,* Teilurteile und Zwischenurteile im finanzgerichtlichen Verfahren, BB 1984, 204, 207 f; *Rosenberg/Schwab* § 59 II 2; *Schneider,* Die Zulässigkeit des Teilurteils, MDR 1976, 93; *Uerpmann,* Teilurteil, ergänzungsbedürftiges Urteil und fehlerhaftes Urteil im Asylrechtsstreit, NVwZ 1993, 743; *Ule* § 54 IV.

Das Teilurteil (die Abgrenzung zu § 99 richtet sich nach dem *Inhalt,* 1 *nicht* nach der *Bezeichnung* der Entscheidung: BFH/NV 1993, 316 f) ist ein **Endurteil,** das nur einen Teil des Rechtsstreits erledigt (§ 321 IV ZPO; *R/S* aaO, zur Abgrenzung vom Zwischenurteil vgl BVerwG BayVBl 1980, 443, 444). Das setzt ganz allgemein hinsichtlich des möglichen Gegenstands einer solchen Entscheidung **Entscheidungsreife** voraus (BFH/NV 2003, 749) und außerdem entweder (in subjektiver oder objektiver Hinsicht) eine **Zusammenfassung** *mehrerer Streitgegenstände* (s § 43 Rz 1 ff; § 59 Rz 1 ff; vgl auch BGHZ 63, 53) *oder* aber **Teilbarkeit** *des Streitgegenstandes* (§ 47 Rz 3; § 50 Rz 9; BFHE 173, 204 = BStBl II 1994, 403; BFH/NV 2004, 527, 528; BGHZ 20, 311; BVerwG Buchholz 310 § 132 VwGO Nr 124; BAG DB 1971, 344; *T/K* Rz 1; *Kopp/Schenke* § 110 Rz 2; zur Teilbarkeit bei *Haftungsbescheiden:* BFH/NV 1997, 594; ebenso zur Frage der Einbeziehung verschiedener Forderungen in eine **Pfändungs- und Einziehungsverfügung:** BFH/NV 2000, 1220; zur Teilbarkeit der in einem **Duldungsbescheid** – § 191 AO – getroffenen Regelung: BFH/ NV 2002, 896, 898; zu einem Fall evtl Klagenhäufung bei Exklusivität von Haupt- und Hilfsantrag: BFHE 94, 523 = BStBl II 1969, 260; generell zur Teilbarkeit von **Geldbescheiden:** BFHE 160, 1 = BStBl II 1990, 587 mwN; s auch FG Bremen ZfZ 1998, 280; Rz 41 vor § 40; § 47 Rz 3; § 100 Rz 16 ff). Eine Teilentscheidung verbietet sich, wenn die **Möglichkeit widersprüchlicher Entscheidungen** nicht ausgeschlossen werden kann (Rz 2) oder wenn eine solche Verfahrensweise nicht **sachdienlich** ist (weil zB insgesamt Entscheidungsreife gegeben ist; vgl auch BFHE 173, 204 = BStBl II 1994, 403; BFH/NV 1988, 46). Ob ein Teilurteil oder ein Endurteil ergangen ist, muss im Zweifel durch Auslegung ermittelt werden (BFH/NV 1989, 233, 234). Auch diese Vorschrift gilt für das **Rechtsmittelverfahren** (BFH/NV 1997, 594).

2   Zum **Begriff des Streitgegenstandes** in diesem Zusammenhang gilt nichts anderes als sonst im Steuerprozess (s § 40 Rz 61 ff und § 65 Rz 32, 35 ff). Für verwaltungsaktbezogene Klagen (Anfechtungs- und Verpflichtungsklagen – § 47 I 1 und 2) bedeutet dies, dass ein Teilurteil nur ergehen darf, wenn auch der angefochtene oder erstrebte **VA,** genauer gesagt sein **Regelungsgehalt, teilbar** ist (also nicht hinsichtlich unselbständiger Besteuerungsgrundlagen iSd § 157 II AO: BFH/NV 2004, 527, 528; zu den Besonderheiten bei *Ehegattenzusammenveranlagung* – § 26 b EStG: BFH/NV 2004, 527, 528; s iÜ Rz 1; BFHE 160, 1 = BStBl II 1990, 587; FG Mchn EFG 1985, 478; zum Teilbarkeitsproblem allgemein: BFHE 135, 154 = BStBl II 1982, 358; Rz 41 vor § 40; § 40 Rz 15; § 100 Rz 16 ff). Nur durch das Erfordernis eines *selbständigen* Streitgegenstandes oder eines *selbständigen Teils* desselben ist gewährleistet, dass **Teil- und Endurteil nicht in Widerspruch** zueinander geraten (vgl BFH/NV 1993, 316 f u die Rspr-Zitate zu Rz 1; vgl auch *Kopp/Schenke* § 110 Rz 3). Schon bei Gefahr widersprüchlicher Entscheidungen verbietet sich der Erlass eines Teilurteils (zB beim Streit um die Rechtmäßigkeit eines **Feststellungsbescheids,** soweit es um Fragen geht, die in tatsächlicher/rechtlicher Hinsicht die Gesellschaft als solche bzw alle Gesellschafter betrifft; vgl BFHE 173, 204 = BStBl II 1994, 403; s auch BFH NJW 1991, 570). Auf den **Verfahrensgegenstand** (§ 44 II) kommt es **nicht** an. Darum darf zB in Fällen isolierter Beschwer durch die außergerichtliche Rechtsbehelfsbelehrung (§ 44 Rz 36 ff) kein Teilurteil ergehen (aM FG BaWü EFG 1987, 88; *Kopp/Schenke* § 79 Rz 5). Ein Teilurteil kann **nicht** in ein Zwischenurteil (§ 99) **umgedeutet** werden (BFH/NV 2004, 527, 528).

3   Die **Kostenentscheidung** muss idR dem Schlussurteil vorbehalten bleiben, weil in der Regel erst dann die für die §§ 135, 136 maßgebliche Frage des Obsiegens/Unterliegens beantwortet werden kann (BFHE 110, 111 = BStBl II 1973, 823). **Teilurteil** wie Schlussurteil sind **selbständig** mit der Revision **anfechtbar** (BGHZE 30, 215; *T/K* Rz 3). Auch darin bestätigt sich die Selbständigkeit der Streitgegenstände bzw Streitgegenstandsurteile, für die ein Teilurteil in Betracht kommt, dessen (auch negative) **Bindungswirkung** darin liegt, dass sich das Rechtsmittelgericht mit dem nicht entschiedenen Teil nicht befassen darf (*Kopp/Schenke* § 110 Rz 7; *T/K* Rz 4).

§ 99 [Vorabentscheidung]

(1) Ist bei einer Leistungsklage oder einer Anfechtungsklage gegen einen Verwaltungsakt ein Anspruch nach Grund und Betrag strittig, so kann das Gericht durch Zwischenurteil über den Grund vorab entscheiden.

(2) Das Gericht kann durch Zwischenurteil über eine entscheidungserhebliche Sach- oder Rechtsfrage vorab entscheiden, wenn dies sachdienlich ist und nicht der Kläger oder der Beklagte widerspricht.

Vgl § 111 VwGO; § 130 SGG; § 304 ZPO.

Literatur: *Arnold,* Das Grundurteil, Passauer Diss, 1995; *Baltzer,* Ist nach § 99 FGO Zwischenurteil über einzelne Streitpunkte zulässig?, FR 1967, 95; *Bötticher,* Das Grundurteil gemäß § 304 ZPO mit Höchstgrenze, JZ 1960, 240; *Lohner,* Die Aufteilung eines einheitlichen Rechtsstreits durch ein Grundurteil nach § 304 ZPO bei einer Mehrheit von Klagegründen innerhalb eines Streitgegenstands, Regensburg, Diss. 1985; *Lohse,* Vorabentscheidung als Mittel zur Vereinfachung und Beschleunigung von Steuerprozessen, DStR 1980, 593; *Rößler,* Teilurteile und Zwischenurteile im finanzgerichtlichen Verfahren, BB 1984, 204, 208 f; *R/S* § 59 IV; *Schiedermaier,* Die Wirkung der Anfechtung von Zwischenurteilen nach §§ 275, 304 ZPO auf das Endurteil, JuW 1961, 212; *Schilken,* Die Abgrenzung zwischen Grund- und Betragsverfahren, ZZP 95 (1982), 45; *Schneider,* Probleme des Grundurteils in der Praxis, MDR 1978, 705 und 793; *Türpe,* Probleme des Grundurteils, insbesondere seine Tenorierung, MDR 1968, 453, 627; *Ule* § 54 II; *Wittmann,* Urteilsformel und Beschwer bei Grundurteilen, NJW 1967, 2387.

I. Allgemeines

Die Vorabentscheidung ist ein **Zwischenurteil** besonderer Art über 1 den Grund eines nach Grund und Betrag str Anspruchs (*R/S* § 59 IV zu § 304 ZPO; zur Abgrenzung zu § 98; BFH/NV 1993, 316 f; s auch § 98 Rz 1). Ein solches **Grundurteil** ist (anders als sonstige Zwischenurteile) selbständig anfechtbar (§ 155 iVm § 304 II ZPO; *R/S* § 59 IV 4 c, und § 135 I 2), auch wenn es **nicht** (auch nicht zT) **über den Streitgegenstand** (§ 65 Rz 30 ff) sondern **nur** – aus rein prozeßökonomischen Gründen – über **einzelne Streitpunkte** befindet (*R/S* § 59 IV). Nach Eintritt der Rechtskraft entfaltet es im Umfang des Entscheidungsgegenstands (§ 110 Rz 13) **Bindungswirkung.** – Seit Inkrafttreten des FGOÄndG (Rz 8 vor § 1) erlaubt die FGO solche **Vorabentscheidungen** in zwei Fällen (zum Verhältnis beider Vorschriften s BFH/NV 1998, 1197 einer-, BFH/NV 2001, 952 f andererseits):

– (wie bisher schon) im Rahmen bestimmter Klagearten beim Streit über **Grund und Höhe** eines Anspruchs (**§ 99 I** – Rz 2 ff);
– (seit 1. 1. 1993 neu – abweichend von der VwGO) im Einverständnis mit den Beteiligten über **sonstige Streitfragen** tatsächlicher und rechtlicher Art (**§ 99 II** – Rz 9).

II. Vorabentscheidung über den Grund – § 99 I

Die Regelung soll es in tatsächlich und rechtlich geeigneten Fällen er- 2 möglichen, eine Zwischenentscheidung über eine **materiellrechtliche Vorfrage** zu erlassen, wenn dies dem Gericht (Ermessensentscheidung,

Rz 8; anders als in § 99 II unabhängig vom Einverständnis der Beteiligten) sinnvoll erscheint. Die **Voraussetzungen** hierfür sind in zweifacher Weise **gegenständlich begrenzt:** zum einen (wie in § 304 I ZPO und § 111 VwGO) auf Streitigkeiten um Grund und Höhe eines Anspruchs und innerhalb eines solchen auf einen Ausspruch zum Anspruchsgrund, zum anderen auf bestimmte Anfechtungsklagen (insoweit weitergehend als § 111 VwGO) und auf Leistungsklagen. Die (ohnedies kaum bedeutsame) Ausgrenzung, die sich früher aus der Verweisung auf § 348 AO aF ergab, ist mit letzterem zusammen seit 1. 1. 1996 entfallen (Gesetz v 24. 6. 94, BGBl I, 1395). Seinem Wesen nach **ausgeschlossen** ist ein Zwischenurteil nach § 99 I, **wenn** der **Prozessausgang** insgesamt **gewiss** ist (zum Grundurteil auf „alternativer Grundlage": BGH WM 2000, 2437); in solchen Fällen muss ein Endurteil ergehen (hierzu und zur Abgrenzung beider Urteilsarten: BFH/NV 1998, 1197). Die Vorschrift ist auch im **Revisionsverfahren** (§ 121 S 1; BFH/NV 2001, 952, 953) und – entsprechend – in **Beschlusssachen** anwendbar (vgl auch *Kopp/Schenke* § 111 Rz 1).

3   Die Vorschrift dient – ebenso wie § 99 II (Rz 9) – der **Verfahrensvereinfachung.** Beteiligten und Gericht sollen notwendige Ermittlungen zur *Höhe* eines (Steuer-)Anspruchs erspart werden, wenn sich das durch eine Entscheidung zum Anspruchs*grund* vermeiden lässt (BGH VersR 1979, 281; BGH MDR 1980, 925; *T/K* Rz 2; ebenso wohl auch BFHE 136, 506 = BStBl II 1983, 25, 26; enger: BFHE 93, 365 = BStBl II 1968, 804, 807 und BFHE 97, 407 = BStBl II 1970, 188, 189, zudem in Verkennung des Streitgegenstands bei Feststellungsbescheiden; s dazu: § 40 Rz 92 ff; § 42 Rz 33 ff; nach BFH aaO soll ein Grundurteil nur dann vertretbar und sinnvoll sein, wenn die Vorabentscheidung über den Grund zu einer endgültigen Prozessbeendigung führt).

4   Die Vorschrift setzt (neben einem bestimmten Klagebegehren) voraus, dass ein Anspruch **dem Grunde und der Höhe nach** streitig ist. Insoweit ist allein auf die Möglichkeit abgestellt, im konkreten Einzelfall den Streit über den Grund eines Anspruchs und denjenigen über dessen Höhe auseinanderzuhalten **(**Tatbestandsmerkmal der *tatsächlichen* **Trennbarkeit).** Dadurch ist die Anwendbarkeit der Vorschrift von vornherein begrenzt auf Streitigkeiten, die einer numerischen Betrachtungsweise zugänglich sind. Auf den **Begriff des Streitgegenstandes** andererseits ist damit, im Gegensatz etwa zu § 98, **nicht** abgestellt (s auch Rz 1). Aus der für das finanzgerichtliche Verfahren nach hM geltenden Streitgegenstandstheorie (§ 65 Rz 43 ff) lässt sich daher (entgegen BFHE 93, 365 = BStBl II 1968, 804, 805; BFHE 97, 407 = BStBl II 1970, 188; BFH/NV 1989, 513; BFH/NV 2003, 183; *Gräber* DStR 1968, 491, 496) nicht mit zwingender Notwendigkeit eine Begrenzung des Anwendungsbereichs des § 99 herleiten (so mit Recht *T/K* Rz 6 f und iE wohl auch BFHE 136, 506 = BStBl II 1983, 25, 26). Bezeichnenderweise gibt diese Regelung in den Parallelvorschriften der anderen Verfahrensordnungen der Literatur keinen Anlass, das sonst so gern strapazierte Thema „Streitgegenstand" zu erörtern (vgl etwa *R/S* aaO und die VwGO-Kommentare zu § 111). Eine Begrenzung ergibt sich insoweit nur aus der prinzipiellen Erwägung, dass das selbständig anfechtbare und selbständiger Rechtskraft fähige (s § 97 Rz 2) Grundurteil **nicht in Widerspruch zum Endurteil** geraten darf (zur Abgrenzung beider Urteilsarten und zur Auslegung: BFH/NV 1997, 1197).

Um dies zu vermeiden aber genügt die folgerichtige Beantwortung der durch den gesetzlichen Tatbestand allein aufgeworfenen Frage nach der konkreten *Möglichkeit,* den Streit über einen Anspruch nach Grund und Höhe gesondert zu führen (so auch *T/K* Rz 3 und, allerdings ausdrücklich nur für die GrESt in ihrer Eigenschaft als „Einzelsteuer": BFHE 136, 506 = BStBl II 1983, 25, 26; vgl auch FG Köln EFG 1988, 195).

Die tatbestandsmäßige Begrenzung auf einen **Anspruch** bedeutet, dass **5** es auf einen materiellen Anspruch (nicht den Prozessanspruch) ankommt, dh auf den *materiellrechtlichen* Steueranspruch (BFHE 129, 443 = BStBl II 1980, 252f; BFHE 136, 506 = BStBl II 1983, 25, 26; BFH/NV 1987, 781; 1989, 513; 1990, 228), **nicht** auf einzelne **Besteuerungsgrundlagen** (BFH/NV 1993, 316f) bzw auf einen sonstigen Anspruch aus dem Steuerrechtsverhältnis (§§ 34ff AO). Aus der Beschränkung der Regelung auf den **Grund** des Anspruchs folgt, dass ein Zwischenurteil über die *Anspruchshöhe* unzulässig ist (BFHE 93, 365 = BStBl II 1968, 804; BFH/NV 1990, 228, 229; 1997, 1197; s auch Rz 6). Ein Streit um den Grund eines Steueranspruchs ist aber nicht begrenzt auf die objektiven Tatbestandsmerkmale des Steueranspruchs, sondern umfasst auch die Frage nach dem **Steuerschuldner** (dh danach, *wer* die Tatbestandsmerkmale des § 38 AO verwirklicht; so auch BFHE 136, 506 = BStBl II 1983, 25, 26; aM: BFHE 131, 194 = BStBl II 1980, 695). Außerdem passt § 99 I auch auf die Fälle, in denen in erster Linie **Unwirksamkeit** des angefochtenen Steuerbescheids (dh ungerechtfertigte **Inanspruchnahme** – etwa wegen eines Bestimmtheitsmangels) und in zweiter Linie Herabsetzung der Steuerschuld geltend gemacht wird. Eine Entscheidung, dass ein Stpfl nicht unbeschränkt, sondern **beschränkt steuerpflichtig** ist, ist eine Entscheidung (auch) über die **Höhe** des Steueranspruchs (BFH/NV 1997, 1197); anders, wenn die Höhe inländische Einkünfte von der Durchführung eines Verständigungsverfahrens nach **DBA** abhängt (FG BaWü EFG 1999, 726).

Auch die Frage, **ob** ein **Steueranspruch (noch) geltend gemacht 6 werden darf** oder Eintritt der *Bestandskraft* dem entgegensteht, also zB ein Streit um die *Änderungsbefugnis* des FA nach § 173 I 1 AO, ist mE ein Streit um den Steueranspruch, nämlich um seine Durchsetzbarkeit (ebenso *T/K* Rz 8, die allerdings unnötigerweise auf die amtliche Begründung, BT-Drucks IV 1446 S 55, rekurrieren; vgl auch § 218 I AO). Gleiches gilt für die *Verjährung* (BFHE 136, 506 = BStBl II 1983, 25, 26, aM *Lohse* DStR 1980, 593). Auch ist nicht erforderlich, dass unmittelbar um den Steueranspruch gestritten wird. Es kann also ein Grundurteil nach § 99 I (Trennbarkeit im Rz 4 umschriebenen Sinne vorausgesetzt) auch in den Fällen ergehen, in denen sich eine **Anfechtungsklage gegen** die Regelung einzelner Besteuerungsgrundlagen in einem **Feststellungsbescheid** iS der §§ 179ff AO richtet, weil eine solche Entscheidung für die dem Folgebescheid vorbehaltene Regelung des Steueranspruchs verbindlich, verselbständigt und abschließend ist (§ 175 I Nr 1; § 182 I AO; vgl § 42 Rz 33; ebenso *T/K* Rz 8; aM: BFHE 129, 443 = BStBl II 1980, 252f). Unerlässliche Voraussetzung in allen Fällen ist allerdings, dass (im Hinblick auf die Bindungswirkung des Grundurteils – § 155 iVm § 318 ZPO) **alle** den **Anspruchsgrund betreffenden Streitpunkte** erledigt werden (BFHE 136, 506 = BStBl II 1983, 25; BFH/NV 1987, 781; 2001, 952, 953). Darum darf durch ein Grundurteil nicht über einzelne Besteuerungsmerkmale entschieden werden (BFH/NV 1988, 786; 1989, 311; 1993, 316 f), zB auch nicht über die Gewinn-/Überschusserzielungsabsicht bei der „Liebhaberei" (BFH/NV 1989, 513). Darin liegt offenbar (beabsichtigt oder nicht) der wesentliche Unterschied zwischen § 99 I und § 99 II (zur Korrektur des Rechtfertigungsgrundes im Revisionsverfahren: BFH/NV 2001, 952, 953; s iÜ Rz 9).

7   Die ausdrückliche Beschränkung des Anwendungsbereichs der Vorschrift auf bestimmte **Anfechtungsklagen** und auf **Leistungsklagen** (s dazu § 40 Rz 12 ff und 28 ff) hat ihre Ursache mE allein in der noch immer unvollständigen Berücksichtigung der Verpflichtungsklage in der FGO (s dazu § 40 Rz 26 und § 45 Rz 1). Die frühere Bezugnahme auf § 348 AO deutete an, worum es hier eigentlich geht: um die Beschränkung auf solche Streitigkeiten, in denen sich (anders als bei Auseinandersetzungen um Ermessensentscheidungen) die Rechtmäßigkeit eines gerichtlichen Ausspruchs dem Grunde wie der Höhe nach allein *aus dem Gesetz* heraus beantwortet. Darum scheint eine **entsprechende Anwendung** des § 99 I **auf** solche **Verpflichtungsklagen** gerechtfertigt, **die gesetzesabhängige VAe** betreffen (ebenso für § 45: BFH – GrS – E 143, 112 = BStBl II 1985, 303; aM *Rößler* aaO).

8   Ob das Gericht ein Grundurteil erlässt, steht (sofern die Klage zulässig ist und die besonderen tatbestandlichen Voraussetzungen des § 99 erfüllt) im **Ermessen** des Gerichts (FG Nds EFG 1991, 47). *Wenn der Anspruch dem Grunde nach zu verneinen* ist, dann *muss ein Endurteil ergehen*. Der Erlass eines positiven (den Anspruchsgrund bejahenden) Grundurteils setzt voraus, dass er mit hoher Wahrscheinlichkeit in irgendeiner Höhe besteht (BGHZE 53, 17, 23; VersR 1979, 281; *T/K* § 99 Rz 3), und empfiehlt sich, wenn die Fixierung der Anspruchshöhe noch erheblicher Ermittlungen und/oder rechtlicher Überlegungen bedarf, die sich möglicherweise durch die Entscheidung der Rechtsmittelinstanz erübrigen. Die Zulässigkeit des Grundurteils (zum notwendigen **Inhalt:** BGH MDR 1996, 846; zum Umfang der **Bindung:** BGH NJW-RR 1997, 188) ist noch in der Revisionsinstanz von Amts wegen zu prüfen (BFHE 131, 194 = BStBl II 1980, 695; BFH/NV 1988, 786 f; 1993, 316 f; zum Bestimmtheitserfordernis: BGH NJW-RR 1987, 1277). Ein **unstatthaftes Grundurteil** ist als Verstoß gegen die Grundordnung des Verfahrens zu qualifizieren (BFH/NV 1997, 1197, 1198).

III. Vorabentscheidung über sonstige Streitpunkte – § 99 II

9   Die auf § 122 III EVwPO (BT-Drucks 9/1851 S 197) zurückgehende, ab 1. 1. 1993 anwendbare (Vor § 1 Rz 1 und 8 ff; verfrühte Anwendung kann gleichwohl unschädlich sein: BFHE 173, 40 = BStBl II 1994, 250; s dazu allgemein auch § 118 Rz 6) und anderen Prozessordnungen fremde Neuregelung soll die Möglichkeiten, im Interesse der Verfahrensbeschleunigung **vom Streitgegenstand unabhängige** (Rz 1, 4), gleichwohl **selbstständig anfechtbare** (Rz 1; BFHE 173, 40 = BStBl II 1994, 250; BFH/NV 1996, 603 f; 1999, 1029, 1030 – aM 4. Aufl Rz 9), andererseits auf **materiellrechtliche Fragen** beschränkte (so mit Recht: FG D'dorf EFG 1998, 65; offen: FG Hbg EFG 2004, 411, 412) **Vorabentscheidungen** zu treffen, inhaltlich erweitern (BT-Drucks 12/1061 S 18). – Es muss sich allerdings um Vorfragen handeln, die der **Entscheidung in einem**

Endurteil zugänglich sind (BFH/NV 1999, 1029; BFHE 187, 4/8 = BStBl II 2000, 418). Der Erlass eines solchen (ebenfalls richterlichem Ermessen anvertrauten – Rz 8) Zwischenurteils ist an folgende **Voraussetzungen** geknüpft:

– Es muss eine **entscheidungserhebliche Sach- oder Rechtsfrage** betreffen (BFH/NV 1999, 1029, FG D'dorf EFG 2002, 840, 842; s auch *T/K* Rz 20). Genauer gesagt: Auch hier gelten die durch Art 19 IV GG, **§ 40 II** gezogenen Grenzen (s § 40 Rz 55 ff). Es müssen Vorfragen sein, ohne deren Beantwortung ein Urteil über die geltend gemachte (notwendigerweise individuelle) **Rechtsbeeinträchtigung** nicht möglich ist (BFHE 187, 417 = BStBl II 2000, 139). Als „Hintertür" für richterliche Gutachtertätigkeit (zu deren Ausschluss: § 40 Rz 58) darf § 99 II nicht missverstanden werden.

– Eine Vorabentscheidung muss **sachdienlich** (dazu: FG D'dorf EFG 2002, 840, 842; FG Hbg EFG 2004, 353) sein (ein ebenso str – § 67 Rz 14; vgl aber FG Bremen EFG 1996, 949 – wie in diesem Zusammenhang wegen seiner Selbstverständlichkeit überflüssiges Tatbestandsmerkmal; s auch § 45 Rz 26 f, § 100 Rz 49).

– Es dürfen **weder** der **Kl noch Bekl widersprechen** (ein Erfordernis, zu dem sich der Gesetzgeber selbst – nur an anderer Stelle, bei der Neufassung des § 100 II 2, BT-Drucks 12/1061 S 19 – sehr treffend wie folgt geäußert hat:
„Es dient nicht der Effizienz der Rechtspflege, den Inhalt des gerichtlichen Ausspruchs vom Einverständnis der Beteiligten abhängig zu machen."
Das gilt gleichermaßen für die *Art* eines solchen Ausspruchs).
Nach BFH soll die Möglichkeit zum Widerspruch bei Vorabentscheidungen in Form von **Gerichtsbescheiden** (§ 90 a) in angemessener Weise durch § 90 a II gewährt sein (BFHE 172, 493 = BStBl II 1994, 439; BFHE 173, 40 = BStBl II 1994, 250; BFHE 186, 299 = BStBl II 1999, 28, 30; dazu: § 90 a Rz 15 ff).

Auch **mehrere** str **Vorfragen** können Gegenstand eines zusammenfas-   **10** senden Zwischenurteils oder mehrerer Zwischenurteile iS des § 99 II sein (BFHE 187, 417 = BStBl II 2000, 139 FG Hbg EFG 1996, 129). In Betracht kommen Vorabentscheidungen nach § 99 II zB zu folgenden **Streitpunkten:**

– zur Berücksichtigung bestimmter **Aufwendungen** (BFH/NV 2001, 952, 953);

– zu einer einzelnen **Bilanzierungsfrage** (zB Passivierbarkeit einer Rückzahlungsverpflichtung: BFHE 187, 418 = BStBl II 2000, 139);

– im Streit um **KiSt** zur Frage der Kirchenzugehörigkeit (FG Köln EFG 1998, 232);

– zu Voraussetzungen und Inhalt eines schlichten Änderungsantrags nach **§ 172 I Nr 2 a AO** (BFHE 172, 493 = BStBl II 1994, 439);

– zu den Einzelheiten eines **Gesellschafterwechsels** (BFH/NV 1995, 84; FG Hbg EFG 1993, 700);

– zur **Zugehörigkeit eines Wirtschaftsguts zum Betriebsvermögen** (Sonderbetriebsvermögen): BFHE 173, 40 = BStBl II 1994, 250);

– der Zuordnung zu **einer Einkunftsart** (wenn eine andere, ebenfalls str noch nicht entscheidungsreif; vgl FG Köln EFG 1995, 1052, 1054; FG

SachsAnh EFG 1999, 1183; ebenso zur Abgrenzung landwirtschaftlicher/gewerblicher **Tierhaltung:** FG M'ster EFG 1999, 954);
- Einzelheiten einer **Haftungsschuld** (Rechtsgrundlage, Korrekturbefugnis des FA, Festsetzungs- und Haftungsverjährung usw: FG Hbg EFG 1994, 1080).

Die Vorabentscheidung ist nur auf Grund eines Rechtsmittels korrigierbar (BFHE 202, 7 – BStBl II 2003, 552).

Die Vorschrift ist **rein technischer Natur** (zu den Auswirkungen auf die *Geschäftsverteilung:* BFH/NV 2003, 183), ohne systematischen Bezug zum sonstigen Inhalt der FGO und enthält daher keine über ihren unmittelbaren Anwendungsbereich hinausreichende Aussage (erlaubt zB zu einem anderen Urteilsausspruch keine auf bestimmte Sach- oder Rechtsfragen begrenzte Revisionszulassung; vgl BFH/NV 1995, 216; s iÜ § 115 Rz 44; zur Abgrenzung, § 99 I/§ 99 II: BFH/NV 1997, 1197).

§ 100 [Urteilsspruch bei Anfechtungsklage]

(1) [1]Soweit ein angefochtener Verwaltungsakt rechtswidrig und der Kläger dadurch in seinen Rechten verletzt ist, hebt das Gericht den Verwaltungsakt und die etwaige Entscheidung über den außergerichtlichen Rechtsbehelf auf; die Finanzbehörde ist an die rechtliche Beurteilung gebunden, die der Aufhebung zugrunde liegt, an die tatsächliche so weit, als nicht neu bekannt werdende Tatsachen und Beweismittel eine andere Beurteilung rechtfertigen. [2]Ist der Verwaltungsakt schon vollzogen, so kann das Gericht auf Antrag auch aussprechen, dass und wie die Finanzbehörde die Vollziehung rückgängig zu machen hat. [3]Dieser Ausspruch ist nur zulässig, wenn die Behörde dazu in der Lage und diese Frage spruchreif ist. [4]Hat sich der Verwaltungsakt vorher durch Zurücknahme oder anders erledigt, so spricht das Gericht auf Antrag durch Urteil aus, dass der Verwaltungsakt rechtswidrig gewesen ist, wenn der Kläger ein berechtigtes Interesse an dieser Feststellung hat.

(2) [1]Begehrt der Kläger die Änderung eines Verwaltungsakts, der einen Geldbetrag festsetzt oder eine darauf bezogene Feststellung trifft, kann das Gericht den Betrag in anderer Höhe festsetzen oder die Feststellung durch eine andere ersetzen. [2]Erfordert die Ermittlung des festzusetzenden oder festzustellenden Betrags einen nicht unerheblichen Aufwand, kann das Gericht die Änderung des Verwaltungsakts durch Angabe der zu Unrecht berücksichtigten oder nicht berücksichtigten tatsächlichen oder rechtlichen Verhältnisse so bestimmen, daß die Behörde den Betrag auf Grund der Entscheidung errechnen kann. [3]Die Behörde teilt den Beteiligten das Ergebnis der Neuberechnung unverzüglich formlos mit; nach Rechtskraft der Entscheidung ist der Verwaltungsakt mit dem geänderten Inhalt neu bekannt zu geben.

(3) [1]Hält das Gericht eine weitere Sachaufklärung für erforderlich, kann es, ohne in der Sache selbst zu entscheiden, den Verwaltungsakt und die Entscheidung über den außergerichtlichen Rechtsbehelf aufheben, soweit nach Art oder Umfang die noch erforderlichen Ermitt-

lungen erheblich sind und die Aufhebung auch unter Berücksichtigung der Belange der Beteiligten sachdienlich ist. [2] Satz 1 gilt nicht, soweit der Steuerpflichtige seiner Erklärungspflicht nicht nachgekommen ist und deshalb die Besteuerungsgrundlagen geschätzt worden sind. [3] Auf Antrag kann das Gericht bis zum Erlass des neuen Verwaltungsakts eine einstweilige Regelung treffen, insbesondere bestimmen, dass Sicherheiten geleistet werden oder ganz oder zum Teil bestehen bleiben und Leistungen zunächst nicht zurückgewährt werden müssen. [4] Der Beschluss kann jederzeit geändert oder aufgehoben werden. [5] Eine Entscheidung nach Satz 1 kann nur binnen sechs Monaten seit Eingang der Akten der Behörde bei Gericht ergehen.

(4) Kann neben der Aufhebung eines Verwaltungsakts eine Leistung verlangt werden, so ist im gleichen Verfahren auch die Verurteilung zur Leistung zulässig.

Vgl § 113 I–IV VwGO, § 131 I SGG, § 28 EGGVG.

Übersicht

Literatur (S 4. Aufl; außerdem zu § 40 und zu § 101; zu § 100 I 4 s vor Rz 54): *Albert,* Rechtsschutzbedürftnis und vorläufige Vollstreckbarkeit von Anträgen und Urteilen nach § 100 I 2 und § 100 IV FGO DStZ 1998, 503; *Axmann,* Das Nachschieben von Gründen im Verwaltungsrechtsstreit, 2001; *Bachof,* Vornahmeklage, S 113; *ders,* Der maßgebliche Zeitpunkt für die gerichtliche Beurteilung von Verwaltungsakten, JZ 1958, 301; *P Bähr,* Die maßgebliche Rechts- und Sachlage für die gerichtliche Beurteilung von Verwaltungsakten, 1967; *Bettermann,* Formen der gerichtlichen Anfechtung verwaltungsbehördlicher Entscheidungen, FS für Bötticher (1969), 13; *ders,* Teilanfechtung, Teilkassation und Reformation von Abgabenbescheiden, FS für Wacke (1972), 233; *ders,* Anfechtung und Kassation, ZZP 88 (1975), 365; *ders,* Die Anfechtung von Verwaltungsakten wegen Verfahrensfehlern, FS für H P Ipsen (1997), 271; *ders,* Anfechtbare und nichtanfechtbare Verfahrensmängel, Menger-FS S 709; *ders,* Reformation und Zurückverweisung im Finanzgerichtsprozess, StuW 1987, 139; *Brischke,* Heilung fehlerhafter Verwaltungsakte im verwaltungsgerichtlichen Verfahren, DVBl 2002, 429; *Cöster,* Kassation, Teilkassation und Reformation von Verwaltungsakten durch die Verwaltungs- und Finanzgerichte, 1979; *De Clerck,* Zur maßgeblichen Sach- und Rechtslage bei Anfechtungs- und Vornahmeklagen, NJW 1959, 968; *Demmel,* Das Verfahren nach § 113 Abs 3 VwGO, 1997; *Ehlers,* Die Fortsetzungsfeststellungsklage, Jura 2001, 415; *Geist/Schell,* Verfahrensfehler und Schutznormtheorie, 1988; *Gorski,* Zurückweisung einer Sache wegen Verletzung der amtlichen Ermittlungspflicht in Schätzungsfällen? BB 1975, 1339; *Hufen,* Heilung und Unbeachtlichkeit von Verfahrensfehlern, JuS 1999, 313; *Jarass,* Bindungswirkung von Verwaltungsvorschriften, JuS 1999, 105; *Kleinlein,* Der maßgebliche Zeitpunkt für die Beurteilung der Rechtmäßigkeit von Verwaltungsakten, VerwArch 81 (1990), 149; *Köhler,* Der maßgebliche Zeitpunkt für die Beurteilung der verwaltungsgerichtlichen Aufhebungsklage, DVBl 1959, 650; *Kopp,* Der für die Beurteilung der Sach- und Rechtslage maßgebliche Zeitpunkt bei verwaltungsgerichtlichen Anfechtungs- und Verpflichtungsklagen, Menger-FS S 693; *Lemke,* Zum entscheidungserheblichen Zeitpunkt der Beurteilung der Sach- und Rechtslage bei Anfechtungsklagen, JA 1999, 240; *Martens,* Teilkassation und Steuerfestsetzung, StVj 1993, 32; *Martin,* Entscheidungen nach Art 3 § 4 VGFGEntlG; Betragsberechnung durch das Finanzamt – Fehler und Folgen, DStR 1990, 337; *Marx,* Das Herbeiführen der Spruchreife im Verwaltungsprozess, Freiburger Diss 1995; *Roggan,* Der vorläufige Rechtsschutz gegen Feststellungs- und Folgebescheide, Göttinger Diss 1981, S 18 ff; *Schenke,* Folgenbeseitigung und mitwirkendes Verschulden, JuS 1990, 370; *ders,* Der maßgebliche Zeitpunkt für die gerichtliche Beurteilung von Verwaltungsakten im Rahmen der Anfechtungsklage, JA 1999, 580; *Schimmel,* Die Entscheidung des Finanzgerichts bei teilweiser Rechtswidrigkeit des Verwaltungsakts, FR 1967, 294; *Seitrich,* Die isolierte Anfechtung der Einspruchs- oder Beschwerdeentscheidung, BB 1984, 1935; *Sieger,* Die maßgebliche Sach- und Rechtslage für die Beurteilung der Rechtswidrigkeit des Verwaltungsaktes im verwaltungsrechtlichen Anfechtungsprozess, Kieler Diss 1994; *Söhn,* Teilbarkeit von Verwaltungsakten, die auf eine Geldleistung gerichtet sind, VerwA 60 (1969), 64; *Sudhoff,* Der Folgenbeseitigungsanspruch als Grundlage verwaltungsverfahrensrechtlicher Verwertungsverbote, Heidelberger Diss 1993; *Vahle,* Erledigung eines Verwaltungsakts in anderer Weise, DVP 2000, 127; *Wehr,* Abschied von der Fortsetzungsfeststellungsklage analog § 113 I 4 VwGO, DVBl 2001, 785; *Wendebourg,* Kassation oder

Festsetzung der Steuer durch die Finanzgerichte, DB 1968, 1831; *Weyreuther,* Die Rechtswidrigkeit eines Verwaltungsaktes und die „dadurch" bewirkte Verletzung „in … Rechten", Menger-FS S 681.

A. Allgemeines

Die Vorschrift (zur Entstehungsgeschichte *H/H/Sp/Lange* Rz 1 ff sowie **1** BT-Drucks III 155, § 114 VwGO; 12/1061 S 18 f, 11/7030 S 29 f u 46 – zu § 113 VwGO – sowie 10/3437 S 30 f u 132 ff – zu § 124 EVwPO) regelt Rechtsfindung und Urteilsinhalt bei **Anfechtungsklagen:** Sie umreißt die gesetzlichen Möglichkeiten der Beantwortung eines Aufhebungs- oder Abänderungsbegehrens und fixiert Regeln für den Weg dorthin. Auch nach der Umgestaltung des § 100 durch das FGOÄndG (Rz 5 u Rz 8 ff vor § 1) bleibt es, entgegen der statistischen Häufigkeit im Alltag des Steuerprozesses, beim **Prinzip der Kassation** (§ 100 I 1; Rz 17 ff), und zwar nicht nur für Aufhebungs-, sondern auch für Änderungsbegehren („soweit …"; so auch BT-Drucks 12/1061 S 18; zur Bedeutung der Unterscheidung: BFHE 155, 521 = BStBl II 1989, 376). Die Rechtswirkung von Aufhebung und Änderung ist in der **Bindungsanordnung des § 100 I 1 2. HS** angesprochen, kann sich aber erst mit Eintritt der **Rechtskraft** wirklich entfalten (§ 110 Rz 22 ff; s auch *T/K* Rz 25). Der Rechtswirklichkeit ist Rechnung getragen in der ausführlichen (durch das FGOÄndG umgestalteten) **Sonderregelung** des **§ 100 II,** ebenfalls gültig nur für Anfechtungsklagen, und zwar für solche, die zur Änderung bestimmter, in quantitative Aussagen mündender Steuerverwaltungsakte führen (Rz 24 ff u Rz 30 ff), und durch die ausdrückliche Bestätigung des Grundsatzes der kassatorischen Urteilswirkung in der für alle Anfechtungsklagen geltenden (im Wesentlichen neu geschaffenen) Spezialvorschrift des **§ 100 III** (Rz 43 ff). Insgesamt offenbart die detaillierte Regelung der Urteilsfindung in § 100 ein besonderes Ausmaß an **Kontrolldichte,** das sich im Laufe der Jahre vorwiegend am Modell der Anfechtung von Steuerverwaltungsakten entwickelt hat. Die Parallelvorschrift des § 113 VwGO ist zwar inzwischen im wesentlichen „gleichgeschaltet" – das ist aber wohl eher Ausdruck technokratischen Vereinheitlichungseifers als wirklich systematischer oder faktischer Gemeinsamkeiten (s auch Rz 44, 46; *Kopp/Schenke* § 113 Rz 149 ff und 163 ff; *Schoch ua/Gerhardt* § 113 Rz 36 ff und 46 ff; BT-Drucks 11/7030 S 29 f u 12/1061 S 18 f). Im Einzelfall richtet sich die Prüfungsintensität nach der **Art des** jeweiligen **Anfechtungsbegehrens** (§ 40 I u II; dort Rz 12 ff u 61 ff) und nach dem **Regelungsgehalt des** angefochtenen **VA** (BFHE 206, 488 = BFH/NV 2004, 1742; Rz 42, 44 u 58 ff vor § 40; § 40 Rz 86 ff; § 42 Rz 25 ff u 32 ff; § 68 Rz 16 ff).

Die Regelung gilt mit allen Varianten grundsätzlich **auch im Revi- 2 sionsverfahren** (§ 121; BFHE 154, 13 = BStBl II 1988, 955; BFH/NV 1998, 1141; s auch Rz 55); die **Neufassung** (weil nicht, jedenfalls nicht unmittelbar, die Zulässigkeit der Rechtsbehelfe/Rechtsmittel betreffend – Rz 11 vor § 1) für beide Instanzen **ab 1. 1. 1993** (so auch BFHE 173, 107 = BStBl II 1994, 591, 593; genauer: für alle zum Stichtag anhängigen Verfahren, BFH/HFR 1996, 514 = BStBl II 1996, 321) und schließlich auch, soweit im Einzelfall passend (s zB Rz 55 aE), für **Beschlüsse** entsprechend

(BFH/NV 1999, 1205, 1208). **Normadressat** des § 100 ist das **Gericht,** dh der Senat oder der Einzelrichter (§ 6 Rz 18).

3   Bestimmte **Ergänzungen** zur Hauptentscheidung sind vorgesehen für den Fall, dass
   – der angefochtene VA schon vollzogen ist (§ 100 I 2 u I 3 – Rz 53);
   – eine kassatorische Entscheidung nach § 100 III 1 eine provisorische Übergangsregelung seitens des Gerichts erfordert (§ 100 III 3 u 4; Rz 52);
   – neben der Aufhebung eines VA auch eine Leistung verlangt werden kann (§ 100 IV; Rz 66);

4   Eine **Ersatzregelung** enthält § 100 I 4 für den Fall, dass sich der angefochtene VA erledigt, bevor es zum Urteilsspruch kommt (Rz 54 ff). Die Gesamtregelung (einschließlich § 100 I 4 – s aber Rz 55) gilt grundsätzlich nur für Anfechtungsklagen (s auch Rz 1, 17 ff). – An anderer Stelle (abweichend vom Konzept der VwGO – § 113 VwGO), **in § 101,** abgehandelt ist die der **Verpflichtungsklage** zugeordnete Sachentscheidung.

5   Überhaupt **nicht** gesetzlich **geregelt** ist die Urteilsgestaltung bei
   – (teilweiser) **Klageabweisung** (hier lautet die in allen Verfahren und für alle Klagearten übliche Entscheidungsformel, auch bei Prozessurteilen: „Die Klage wird abgewiesen" – bei teilweiser Erfolglosigkeit, im Anschluss an den stattgebenden Ausspruch, zB, wenn ein Aufhebungsbegehren nur zur Abänderung führt – Rz: „Im Übrigen wird die Klage abgewiesen"); ferner bei
   – **Leistungsklagen** (§ 40 I letzter Fall) und
   – **Feststellungsklagen** (§ 41; im Unterschied zu diesen betrifft § 100 I 4 „ehemalige" Anfechtungs- bzw Verpflichtungsklagen, s Rz u § 41 Rz 5).

6   Bei diesen beiden letztgenannten Klagetypen muss die **passende Urteilsformel** (und demgemäß der passende *Klageantrag* – § 96 Rz 2 f) jeweils von Fall zu Fall entsprechend der wirklichen Natur des konkreten Klagebegehrens gefunden werden (bei **Leistungsklagen** etwa: „Der Beklagte wird verpflichtet, …"; „Dem Beklagten wird untersagt …"; bei **Feststellungsklagen:** „Es wird festgestellt, dass …").

B. Voraussetzungen einer erfolgreichen Anfechtungsklage

7   Die Voraussetzungen für den Erfolg einer Anfechtungsklage und die Kriterien für einen entsprechenden **Urteilsausspruch** sind in § 100 I 1 in Übereinstimmung mit § 40 II (s dort Rz 68 ff) in zweifacher Weise festgelegt: Dem **Anfechtungsbegehren** hat das Gericht zu entsprechen, **soweit** sich nach seiner freien, aus dem Gesamtergebnis des Verfahrens gewonnenen Überzeugung (§ 96 I 1; dort Rz 2, 8 ff, 15 ff) die Behauptung des Klägers als richtig erwiesen hat, dass der angefochtene VA rechtswidrig ist und er, der Kläger, hierdurch in seinen Rechten verletzt wird. **Rechtswidrig** ist ein Steuer-VA, wenn er gegen Verfassungsrecht, Gemeinschaftsrecht (Rz 7 vor § 76), förmliches Gesetzesrecht, allgemeine Rechtsgrundsätze (Rz 7 vor § 76), (wirksames) Verordnungsrecht oder geltendes Gewohnheitsrecht verstößt; auf **Verwaltungsvorschriften** kommt es *grundsätzlich* (von bestimmten Fällen der Selbstbindung im Bereich der Ermessensausübung abgesehen – § 102 Rz 4) **nicht** an (vgl BVerfGE 78, 214, 227;

allgemein zur Bindungswirkung von Verwaltungsvorschriften: *Jarass,* JuS 1999, 105; *H/H/Sp/Birk* § 4 AO Rz 85 ff; *T/K* § 4 AO Rz 32 ff).

Für die Beantwortung beider Fragen ist der **Tenor des** angefochtenen **8** **VA** maßgeblich (zur Auslegung: BFH/NV 1999, 954; zur Bedeutung für **§ 233 a V 1 AO:** FG Nds DStRE 2005, 62), das *Ergebnis* der Regelung für den Kläger (bei Anfechtung von *Steuerbescheiden* also grundsätzlich nach **Saldierung:** BFH/NV 1994, 112; s iÜ § 42 Rz 24; § 65 Rz 45). Insoweit gelten für die Prüfung der **Begründetheit** *der Klage* die gleichen rechtlichen Kriterien wie für die Zulässigkeitsprüfung im Rahmen des § 40 II (s dazu: § 40 Rz 70 ff), der Unterschied liegt einzig und allein in der Art der jeweils gebotenen Prüfung des Klagebegehrens. Unmaßgeblich ist daher, auf welche Rechtsgrundlage der angefochtene VA gestützt wurde (BFHE 141, 211 = BStBl II 1984, 697, 699 f; BVerwG KStZ 1988, 230; zum Erfordernis der Identität des VA im Klage- und Revisionsverfahren: BFHE 154, 13 = BStBl II 1988, 955; vgl iÜ § 127 iVm § 68; zum Regelungsgehalt des zusammengefassten Bescheids: FG Nds EFG 1991, 47).

Da der Erfolg der Anfechtungsklage allein am **Ergebnis** der angegriffe- **9** nen **Regelung** zu messen ist, erweist sich – soweit nicht Präklusionsregelungen eingreifen (§ 76 Rz 42 ff; § 79 b Rz 1 ff) – das **Nachschieben von Gründen** (BFHE 152, 289 = BStBl II 1988, 364; BFHE 206, 488 = BFH/NV 2004, 1742) bis zum Schluss der mündlichen Verhandlung als unproblematisch, solange der VA *keine wesentliche Änderung* (s auch Rz 10 ff) erfährt. Darum kann der angefochtene VA zB auch aus Gründen aufrechterhalten bleiben, die von der Finanzbehörde gar nicht berücksichtigt wurden (BFHE 141, 569 = BStBl II 1984, 840; zu den Grenzen: BFHE 113, 69 = BStBl II 1974, 697, 598 aE; BFHE 125, 397 = BStBl II 1978, 568, 569; BFHE 152, 289 = BStBl II 1988, 364, 365; BFHE 206, 488 = BFH/NV 2004, 1742; sehr instruktiv: BFHE 138, 16 = BStBl II 1983, 401; *kein Austausch des Arrestanspruchs:* weitere Nachweise bei *Kopp/Schenke* § 113 Rz 28, 59 ff und 63 ff; *T/K* Rz 4 f). Dem entspricht die gerichtliche Prüfungspflicht (BVerwG Buchholz 407.4 § 8 a FStrG). Kein Raum für „Nachbesserung" durch Verwaltung oder Gericht dagegen ist grundsätzlich im finanzgerichtlichen Verfahren weiterhin (anders für die *Behörde* im Verwaltungsprozess – s § 114 S 2 VwGO; dazu § 102 Rz 13, 15, 20) bei **Ermessensentscheidungen** der Verwaltung (vgl auch Rz 14, 27 aE u Rz 23) eröffnet.

Anders liegen die Dinge hinsichtlich des **Zeitpunkts,** auf den die **10** Rechtmäßigkeitsprüfung (für die *Entscheidungsform* kann anderes gelten, s zB Rz 45) zu beziehen ist: Während die Frage, ob die Klagebefugnis iS der §§ 40 II, 65 I 1 substantiiert und in sich schlüssig dargetan wurde, wegen der Fristgebundenheit der Anfechtungsklage (§ 47; s dort Rz 2 ff) grundsätzlich auf den Zeitpunkt des Ablaufs der Klagefrist bezogen beantwortet werden muss (Rz 12 Vor § 33; § 44 Rz 27 ff; § 47 Rz 2), ist für die Begründetheit, vor allem für die durch eine zulässige Klage eröffnete Sachprüfung (zu den sonstigen Faktoren Rz 7), der jeweilige **Inhalt des Klagebegehrens** (BFHE 155, 521 = BStBl II 1989, 376; bzw des Revisionsbegehrens: BFHE 154, 13 = BStBl II 1988, 955; in objektiver Hinsicht auf die Umstände, die bis zum Ergehen der Einspruchsentscheidung eingetreten sind: FG Nds DStRE 2005, 62; s iÜ Rz 10) entscheidend: Vom Ziel der Klage, vom jeweiligen Streitgegenstand her, ist der grundsätzliche zeitliche Rahmen für die Beurteilung durch das Gericht zu bestimmen (so zutreffend *Kopp*, Menger-FS aaO S 704/705 f; § 65 RKz 28 ff; § 96 Rz 2 ff; unscharf, allein auf das anzuwendende materielle Recht abstellend: BVerwG Buchholz 310 § 113 VwGO, 214; NVwZ 1991, 360; zum Einfluss einer Präklusion nach § 365 b AO: BFH/NV 2005, 63).

11   Nicht nur die zeitliche Ausrichtung (Rz 10), sondern auch der sonstige Inhalt des Urteilsausspruchs hängt entscheidend ab von dem Charakter und **Inhalt des angegriffenen VA** (vgl allgemein zum *Steuerbescheid:* BFH/NV 1994, 112; außerdem zB zu *§ 164 AO:* BFHE 161, 387 = BStBl II 1990, 1032; BFH/NV 1993, 296; s aber § 110 Rz 25; zu *§ 165 AO:* BFHE 159, 128 = BStBl II 1990, 278; FG RhPf EFG 1991, 485; zur Beschwer durch die Einspruchsentscheidung: FG Nds EFG 2005, 296; s iÜ § 44 Rz 36 ff; *Haftungsbescheid:* BFH/NV 1991, 795; 1994, 71, 74; FG Nbg EFG 1989, 46 f; *Abrechnungsbescheid:* BFH/NV 1988, 213 f; 1995, 616; FG Saarl EFG 1996, 46; *GewSt-Messbescheid:* BFHE 155, 521 = BStBl II 1989, 376; Gewährung von *Investitionszulage:* FG Köln EFG 1991, 336; *Vergütungsbescheid:* BFH/NV 1989, 14 f; Mitteilung nach *§ 13 a I 2 EStG:* FG Mchn EFG 1988, 371; s iÜ Rz 46 ff vor § 40; § 40 Rz 86 f; s auch *Kopp* Menger-FS S 700). Die differenzierende Frage nach der **Art** der angefochtenen Einzelfallregelung aber bedeutet, dass sich die im Allgemeinen Verwaltungsprozess überaus umstrittene Frage, inwieweit nachträgliche Sach- bzw. Rechtsänderungen zu berücksichtigen sind (*Kopp* Menger-FS S 695; *Kopp/Schenke* § 113 Rz 29 ff; *T/K* Rz 6 ff), für die Anfechtungsklage im Steuerprozess regelmäßig nicht stellt (so mit Recht *T/K* Rz 7; *H/H/Sp/Lange* Rz 20), weil Steuer-VAe überwiegend deklaratorischer Natur sind, über abgeschlossene Sachverhalte der Vergangenheit befinden (§ 38 AO; *v Groll* DStJG 18, 47, 61; vgl aber für *Prüfungsanordnungen:* BFHE 156, 18 = BStBl II 1989, 483; FG BaWü EFG 1991, 369; für die Anfechtung von *Ermessensentscheidungen allgemein:* BFHE 164, 7 = BStBl II 1991, 545; ferner Rz 14 aE – zum Verpflichtungsbegehren in solchen Fällen: Rz 55 und § 102 Rz 2 ff).

12   Zur **Rückwirkung** tatsächlicher oder rechtlicher Ereignisse kann es demzufolge nur ausnahmsweise kommen (BFH/NV 1989, 14, 15; 2006, 202, 203), wenn nämlich das materielle Steuerrecht in verfassungsrechtlich zulässiger Weise rückwirkend geändert wird oder selbst Rückwirkungen ausdrücklich gestattet. Ganz allgemein ist in **§ 175 I Nr 2 AO** die Berücksichtigung rückwirkender Ereignisse *nach* Eintritt der *Bestandskraft* in den Regelungsbereich eines selbständigen VA verwiesen (sehr anschaulich: BFHE 135, 224 = BStBl II 1982, 425; BFH/NV 2006, 202; s iÜ allgemein: *H/H/Sp/v Groll* § 175 Rz 220 ff) – mit der verfahrensrechtlichen Konsequenz, dass der Streitgegenstand eines bei Gericht schon anhängigen Verfahrens allenfalls über § 68 tangiert wird (s dort Rz 1 f und 45 ff; zum entsprechenden Phänomen im Falle des § 175 I Nr 1 AO: § 42 Rz 26). Auf andere Weise für Abgrenzung mit verfahrensrechtlichen Konsequenzen gesorgt ist zB in den Spezialvorschriften der §§ 15 a, 16 II 2 und 17 I 3, 18 I 2 UStG, denen zufolge **nachträgliche Änderungen der Bemessungsgrundlage** für die (Vor-)Steuern durch Korrekturen in späteren Voranmeldungs- bzw Veranlagungszeiträumen Rechnung zu tragen ist (BFHE 116, 201 = BStBl II 1975, 755).

Schließlich ist auch in diesem Zusammenhang zu bedenken, dass es **13** **nicht Sache des Gerichts** ist, selbständig **gestaltend oder korrigierend tätig zu werden** (Rz 17), sondern im Interesse des Rechtsschutzes fremdes (Verwaltungs-)Handeln zu überprüfen (BFHE 133, 5 = BStBl II 1981, 552, 553/554; BFHE 135, 396 = BStBl II 1982, 682, 683), und dies zudem bei verwaltungsaktbezogenen Klagen grundsätzlich erst nach vorheriger außergerichtlicher Prüfung seitens der Behörde, die den VA zu verantworten hat (§ 44 I). Darum ist es dem Gericht zB verwehrt, den angefochtenen endgültigen Bescheid mit einer Nebenbestimmung iS der §§ 164, 165 zu versehen (s FG Bremen EFG 1994, 886; vgl auch BFH/NV 1995, 723; s iÜ § 110 Rz 25). Besonders deutlich wird dies in der *Zurückhaltung,* die dem Gericht bei der Entscheidung über Verpflichtungsklagen auferlegt ist (§ 101; *Stüer,* Menger-FS S 779, 789/790 mwN FN 21). Schließlich darf auch bei der Einbeziehung nachträglicher Ereignisse in die Beurteilung von Anfechtungssachen (Rz 10) nicht (auch nicht unter dem Gesichtspunkt der richtigen Rechtsanwendung oder der Prozessökonomie) in die Eigenständigkeit der Verwaltung eingegriffen werden.

Andererseits macht die Regelung des § 100 I 4 (s Rz 54 ff) deutlich, dass **14** nur eine **aktuelle,** bei Entscheidungsfindung noch immer fortbestehende **Rechtsbeeinträchtigung** iS der § 40 II (dort Rz 55 ff; s auch § 68 Rz 3, 26) den Erlass eines aufhebenden oder abändernden Urteils rechtfertigt. **Einzelfragen** zum Thema der zeitlichen Begrenzung des Streitstoffes sind noch immer klärungsbedürftig, wie nachfolgende Beispielsübersicht veranschaulicht:

– Offengelassen wurde die Frage der zeitlichen Prüfungsgrenze im Rahmen der Überprüfung einer **Beitreibungsmaßnahme** (Aufforderung zur Abgabe einer eidesstattlichen Versicherung – §§ 332 RAO, 284 AO: BFHE 117, 430 = BStBl II 1976, 257).

– Als bis zum Schluss der mündlichen Verhandlung nachreichbar anerkannt wurden bestimmte Bestandteile des **Buchnachweises** (BFHE 130, 118 = BStBl II 1980, 415; BFHE 133, 103 = BStBl II 1981, 542).

– Nachträgliche **Zahlungen** des Steuerschuldners allein berühren nach der Rechtsprechung des BFH (E 129, 126 = BStBl II 1980, 103; BFHE 131, 449 = BStBl II 1981, 138; BFHE 144, 329 = BStBl II 1985, 702, 705) die im angefochtenen *Haftungsbescheid* festgesetzte Haftungssumme und damit den Streitgegenstand eines hierwegen geführten Steuerprozesses nicht.

– BFHE 134, 79 (= BStBl II 1981, 740) bestätigt zwar die hM, dass es bei der Überprüfung von **Ermessensentscheidungen** (hier des Widerrufs einer Bestellung zum Steuerbevollmächtigten) auf den Zeitpunkt der letzten Verwaltungsentscheidung ankommt (s § 102 Rz 13 ff), leitet aber aus der Möglichkeit der Ermessensschrumpfung die Verpflichtung des Finanzgerichts her, seine Prüfung auf die Rechtmäßigkeit der Aufrechterhaltung der in Frage stehenden Maßnahme zum Zeitpunkt der letzten mündlichen Verhandlung zu erstrecken (aaO S 745; vgl außerdem BFHE 152, 289 = BStBl II 1988, 364, 366; FG BaWü EFG 1987, 88).

C. Entscheidungstypen

I. Allgemeines

15   Der wie gesagt **prinzipiell allein für Anfechtungsklagen** (Rz 1, 4 u 7 ff; zur einzigen Ausnahme bei der Fortsetzungsfeststellungsklage; Rz 54 ff) geltende § 100 sieht für den Regelfall des (zumindest teilweisen) Klageerfolgs folgende **Urteilstypen** vor:
- (teilweise) **Kassation** (§ 100 I 1; Rz 17 ff);
- für Geldbescheide und Grundlagenbescheide hierzu: **abweichende Betragsfestsetzung** (§ 100 II 1; Rz 28 ff);
- für alle Anfechtungsklagen: **Kassation ohne Sachentscheidung** (§ 100 III 1 – Rz 47 ff).

In beiden Fällen tritt die **Urteilswirkung** erst mit Eintritt der formellen **Rechtskraft** ein (BFH/NV 2004, 805; s dazu iÜ § 110 Rz 2).

16   **Daneben** bzw stattdessen sind folgende **Sonderentscheidungen** geregelt:
- Rückgängigmachung der Vollziehung des angefochtenen VA (*Folgenbeseitigung* – § 100 I 2 u 3; Rz 53);
- *provisorische* Regelungen in Fällen des § 100 III (Rz 52);
- *Sachentscheidung trotz Erledigung* im Wege der Fortsetzungsfeststellungsklage (§ 100 I 4; Rz 54 ff);
- *Verbindung mit* einem *Leistungsurteil* (§ 100 IV; Rz 66).

II. Die drei (Haupt-)Entscheidungsvarianten

1. Die Kassation – § 100 I 1

a) Arten der Kassation

17   Die **regelmäßige Antwort** des Gerichts auf eine erfolgreiche Anfechtungsklage lautet (das machen Fassung und Aufbau der Regelung unmissverständlich deutlich) auf **Aufhebung** des rechtswidrigen VA (Rz 23; BFHE 137, 200 = BStBl II 1983, 278; BFHE 149, 362 = BStBl II 1987, 346; zur Abgrenzung von der Abänderung: BFHE 155, 521 = BStBl II 1989, 376; Unterscheidung nicht beachtet in BFHE 159, 4 = BStBl II 1990, 327 – dazu § 96 Rz 43. – AA *T/K* Rz 17 mwN), wobei es auch zur Teilaufhebung kommen kann (vgl dazu näher: Rz 20 ff und § 40 Rz 12 ff). Das bedeutet nach dem Prinzip, dass sich das Gericht selbständiger Gestaltung zu enthalten und nur im Rahmen der Rechtsschutzgewährung Verwaltungsmaßnahmen zu kontrollieren hat (Rz 13), jedenfalls grundsätzlich (gesetzlich geregelte Ausnahme: § 100 II; s Rz 24 ff) nicht selbst iS des § 118 AO regelnd tätig werden darf (Art 20 II GG; BFHE 132, 5 = BStBl II 1981, 150, 151; *Stüer* aaO mwN), dass sich das Urteil in Anfechtungssachen **prinzipiell** auf eine **reine Negation** beschränkt. Dabei sind rechtssystematisch zu unterscheiden (zu den Einzelheiten vgl *Cöster* S 68 ff; *T/K* Rz 12 ff; *Kopp/Schenke* § 113 Rz 3; unklar demgegenüber *Martens* StVj 1993, 32):
- die **echte Kassation:** Der angefochtene VA wird ersatzlos aufgehoben, die Sache in den ungeregelten Zustand vor Erlass der Hoheitsmaßnahme

„zurückversetzt" (BFH/NV 2000, 221; Kurzformel für das Verständnis des Urteilsspruchs: „nicht so – wie sonst, bleibt offen", s aber § 100 I 1 2. HS, dazu Rz 1 und BFHE 137, 200 = BStBl II 1983, 278; s auch FG Berlin EFG 1999, 82, 84; Beispiel: Aufhebung des angefochtenen Steuerbescheids wegen Unbestimmtheit der Regelung; auch die Entscheidung nach **§ 100 III 1** – Rz 47 ff – gehört hierher; zu den durch § 100 II 1 gebotenen Ausnahmen: Rz 28 ff); und

– die **unechte** (selbstentscheidende, meritorische) **Kassation,** bei der die Aufhebung durch das Gericht selbst regelnden Charakter hat, eine behördliche Neuregelung des Einzelfalls ausschließt (Kurzformel: „nicht so, sondern so"; Beispiel: Aufhebung des angefochtenen Steuerbescheids wegen Verneinung eines Steuerschuldverhältnisses oder wegen Annahme einer wesentlich anders gearteten Rechtsbeziehung, zB mit anderem Steuerobjekt bei der GewSt: BFHE 137, 200 = BStBl II 1983, 278; zur **Entscheidung** des Gerichts **über** das **Bestehen eines Anspruchs** auf ein Absehen von der nachträglichen buchmäßigen Erfassung iSd Art 220 II b ZK: BFH/NV 1998, 670, 671 f; s auch *T/K* Rz 14).

Welche Art der Kassation tatsächlich vorliegt, ergibt die *Urteilsbegründung,* welche Art der Kassation rechtlich geboten ist, folgt aus dem *Regelungsgehalt* der angegriffenen Hoheitsmaßnahme (Rz 7, 14) bzw aus den einschlägigen Gesetzesvorschriften. Im Ermessensbereich zB kommt eine selbstentscheidende Kassation nur ausnahmsweise im Fall der Ermessensschrumpfung (Ermessensreduktion auf Null, vgl § 102 Rz 2 und 14) in Frage (s aber auch Rz 27).

b) Gegenstand

Gegenstand der Aufhebung sind (im Rahmen des Klagebegehrens: **18** BFHE 136, 445 = BStBl II 1983, 21, 22; BFHE 140, 342 = BStBl II 1984, 342) **der angefochtene VA und** die evtl hierzu ergangene **Entscheidung über** den **außergerichtlichen Rechtsbehelf** (*T/K* Rz 19; BFH GrS E 94, 436 = BStBl II 1969, 192; BFHE 142, 42 = BStBl II 1985, 6, 8; BFHE 144, 155 = BStBl II 1985, 675; BFHE 144, 326 = BStBl II 1985, 711, 712; BFH/NV 1993, 712) oder auch der **VA der nach § 68 (zuletzt)** zum **Verfahrensgegenstand** wurde zum Objekt des Klagebegehrens geworden ist (§ 68 Rz 80 ff). Kassation kommt (wegen des Rechtsscheins) auch bei nichtigen (unwirksamen) VAen in Betracht (BFHE 145, 7 = BStBl II 1986, 42, s auch § 41 Rz 22; § 96 Rz 4; *Kopp/Schenke* § 113 Rz 4).

Ausnahmsweise kommt Aufhebung **allein** der **Rechtsbehelfsent- 19 scheidung** in Betracht (s auch § 44 Rz 36 ff), wenn (wie mit der Klage geltend gemacht) tatsächlich nur sie rechtswidrig ist und den Kläger in seinen Rechten verletzt (BFHE 144, 326 = BStBl II 1985, 711; BFH/NV 1990, 175; 1999, 314; 2000, 2, 3; 2001, 459; FG Nds EFG 2005, 296; *T/K* Rz 21).

c) Teilweise Aufhebung

Die vom Gericht auszusprechende Kassation reicht nach § 100 I 1 so **20** weit wie die festgestellte Rechtsverletzung. Von der damit vorausgesetzten **partiellen Rechtswidrigkeit** der angefochtenen Hoheitsmaßnahme (vgl

Rz 41 f vor § 40; § 40 Rz 15 f) kann nur bei deren Teilbarkeit gesprochen werden: dh, von Fällen der Zusammenfassung mehrerer Regelungen bzw der Kombination einer Regelung mit einer Nebenbestimmung (bei denen die Teilbarkeit nur dem äußeren Anschein nach problematisch ist) abgesehen, nur „**soweit**" von der in Frage stehenden Einzelfallregelung ein Teil abgetrennt werden kann, ohne dass sie dadurch ihre Existenzfähigkeit verliert oder in ihrem Wesen (zu einem „*aliud*") verändert wird (s Rz 42 vor § 40; § 40 Rz 15 f; *T/K* Rz 22 f; *Kopp/Schenke* § 113 Rz 16; dazu vor allem BFHE 155, 521 = BStBl II 1989, 376; BFHE 156, 18 = BStBl II 1989, 483; BFHE 160, 1 = BStBl II 1990, 587; insoweit zutreffend auch BFHE 159, 4 = BStBl II 1990, 327 – zur Kritik an dieser Entscheidung iÜ Rz 11 und 17 vor § 33; § 47 Rz 3 f; § 65 Rz 3, 65; § 67 Rz 4; § 96 Rz 3; zur Teilanfechtung ferner: FG München EFG 1988, 371; FG RhPf EFG 1981, 485).

21   Teilweise aufhebbar (für den Steuerprozess heißt das idR *abänderbar* – Rz 24 ff) sind im finanzgerichtlichen Verfahren demnach vor allem **Steuerbescheide** (BFHE 159, 4 = BStBl II 1990, 327; BFHE 160, 1 = BStBl II 1990, 587; für GewSt-Messbescheide: BFHE 155, 521 = BStBl II 1989, 376) *dem Endbetrag nach,* **Feststellungsbescheide** auch hinsichtlich einzelner *Besteuerungsgrundlagen* (§ 157 II AO; BFHE 152, 414 = BStBl II 1988, 544; BFH/NV 1988, 791; FG SchlHol EFG 1985, 325 mw Rspr-N; für EW-Bescheide: BFHE 157, 217 = BStBl II 1989, 822; BFH/NV 1988, 690; 1991, 169 f; s auch Rz 22) und innerhalb einzelner Besteuerungsgrundlagen, soweit es um *betragsmäßige Feststellungen* geht. Einer Teilkassation in diesem Bereich steht jedoch regelmäßig § 100 II 1 entgegen (Rz 20 ff; BFHE 94, 426 = BStBl II 1969, 192; Rz 24 ff). Gesondert angreifbar sind auch selbständige *Nebenbestimmungen* (BVerwGE 36, 145, 153 f; BFHE 128, 306 = BStBl II 1979, 666, 667; BFHE 132, 5 = BStBl II 1981, 150, 151; anders für unselbständige Nebenbestimmungen: BFHE 159, 128 = BStBl II 1990, 278; s auch § 40 Rz 85; § 41 Rz 33; zT abw *Kopp/Schenke* § 113 Rz 17).

22   Letztlich auf faktische Teilung, nicht auf rechtliche Teilbarkeit stellt § 110 I 1 ab, indem er die **Reichweite der Rechtskraft** vom *tatsächlichen* Entscheidungsumfang abhängig macht (BFH/NV 1990, 650, 651; § 110 Rz 13). Das hat seinen systematischen Grund: § 100 wirkt gestaltend in die Phase zwischen Urteilsfindung und Urteilsausspruch hinein, indem er dem Richter sagt, wie der Tenor eines Urteils (in Anfechtungssachen) richtigerweise auszusehen hat, während § 110, von der vollendeten Tatsache des Urteilsspruchs ausgehend, festlegt, ob und inwieweit ein einmal ergangenes Urteil seinem konkreten tatsächlichen (nicht seinem theoretisch richtigen) Inhalt nach zu berücksichtigen ist (§ 110 aaO).

d) Folgen der Aufhebung

23   Die (teilweise) **Kassation (s auch Rz 17) bedeutet**
– bei der *echten Kassation,* dass die Behörde den Fall in Übereinstimmung mit dem Gesetz *neu zu regeln* und alle weiteren *Folgerungen* aus dem Urteil zu ziehen hat (Erstattung, Zinszahlung usw);
– bei der *unechten* (meritorischen) *Kassation,* dass die Behörde sich *jeder Maßnahme zu enthalten* hat, *die* der vom Gericht getroffenen Einzelfallregelung *widerspricht:* Sie ist nach **§ 100 I 1 2. HS** einer systematisch

falsch placierten **Rechtskraftregelung** (*T/K* Rz 25; s auch hier Rz 1; § 110 Rz 13; FG Köln EFG 1999, 514; *H/H/Sp/v Groll* § 173 AO Rz 374) an die der Aufhebung zugrunde liegende **rechtliche Beurteilung** uneingeschränkt, an die **tatsächliche** insoweit gebunden, als nicht neu bekannt gewordene Tatsachen oder Beweismittel ein anderes Ergebnis rechtfertigen (s dazu FG Hbg 1999, 1146 f einerseits, FG BaWü EFG 2000, 512 – Rev IX R 10/00 – andererseits; außerdem § 110 Rz 12 ff u 18 ff; *T/K* Rz 25).

Diese Bindungswirkung entfaltet sich allerdings (Rz 1) erst mit Eintritt der formellen Rechtskraft (s § 110 Rz 2). Weitere Folgen ergeben sich zB aus **§ 171 III und III a AO** für das materielle Recht (s dazu BFHE 171, 10 = BStBl II 1993, 581, 584; BFH/NV 1994, 71, 74; FG D'dorf EFG 2003, 666 m Anm).

2. Die abändernde Betragsfestsetzung nach § 100 II

a) Allgemeines

Die **Festsetzung des Geldbetrages** oder eine **entsprechende Feststellung** gehört prinzipiell zum regelnden Teil eines *Steuerbescheides (§ 118 S 1 AO, § 155 I 1 AO)* bzw eines Bescheids, durch den Besteuerungsgrundlagen gesondert oder gesondert und einheitlich festgestellt werden *(Feststellungsbescheid; § 118 S 1; §§ 179 ff; § 181 I 1 iVm § 155 I 1 AO).* Der inneren Struktur nach indessen gliedert sich ein solcher Vorgang in zwei Schritte: in den der eigentlichen Entscheidung und den seiner **rein rechnerischen Auswertung,** wobei der erstere der **Urteilsfindung** (§ 103 Rz 2) letzterer der **Urteilsfassung** (§ 105 I 1) zuzuordnen ist (mit unterschiedlichen Folgerungen für die Mitwirkung: s § 16, § 103, § 109 I 4; näher dazu: BFH/NV 2001, 635). Nur diese letzte unselbständige Phase ist von **§ 100 II 1** betroffen: das reine Umsetzen einer Entscheidung in Quantität. Die bloße **Betragsfestsetzung** hat als reine Vollzugshandlung selbst **keinen regelnden Charakter,** und zwar weder, wenn sie nach den Vorgaben des Richterspruchs von der beklagten Behörde vorgenommen wird (Rz 26, 38 ff; § 68 Rz 30, 66), noch, wenn etwa der Spruchkörper seine Entscheidung der Sache nach getroffen hat und – außerhalb des Anwendungsbereichs des § 100 II 2 – die eigene Geschäftsstelle den hieraus resultierenden (dem Grunde nach schon festgesetzten bzw festgestellten) Betrag für die *Urteilsfassung* (zur Abgrenzung von der *Urteilsfindung:* § 103 Rz 2) ausrechnen lässt (BFH/NV 2001, 635). Nicht hierin liegt der Eingriff des Gerichts in reine **Verwaltungstätigkeit** (*Kopp/ Schenke* § 113 Rz 152; *T/K* Rz 26 ff) und die **Abweichung vom Kassationsprinzip** (Rz 1, 13, 17 ff), sondern in der sachlichen Befugnis, derartige „Geldbescheide" inhaltlich **abzuändern** (zur Beschränkung eines solchen Anspruchs auf die **Steuerfestsetzung:** BFH/NV 2004, 466; s iÜ § 110 Rz 12 ff). **Vorgesehen** ist ein solcher Richterspruch **für:**

– **Anfechtungsklagen** (zur Ausgrenzung von *Verpflichtungsklagen:* BFH/ NV 2005, 2118; zur Unbeachtlichkeit unrichtiger *Bezeichnung:* BFH/ NV 2004, 630),

– die gegen eine **bestimmte Art von VAen** gerichtet sind und

– deren Überprüfung (vom Klagebegehren gedeckt) eine **anderweitige Betragsfestsetzung** (§ 100 II 1 – Rz 28 ff) zur Folge hat, sofern dem nicht prozessökonomische Gründe (vorrangig § 100 III Rz 33, 45 – oder aber § 100 II 2 – Rz 30 ff) entgegenstehen.

25   Missverständlich gefasst ist § 100 II 1 insofern, als er nur für die Fälle zu gelten vorgibt, in denen das Begehren *von Anfang an* auf Abänderung gerichtet war (Abänderungsklage – Rz 1, 17), dem Gesetzeszweck und -zusammenhang nach jedoch auch die Regelung von Aufhebungsbegehren umfasst, die nur zum Teilerfolg (der Abänderung) führen (Rz 21, 42). – Ungenau umschrieben waren in § 100 II 1 aF die **änderungspflichtigen VAe.** Das ist durch das FGOÄndG (bewusst – BT-Drucks 12/1061 S 18) präzisiert worden. – Nunmehr ist deutlich zum Ausdruck gebracht, dass eine gerichtliche Betragsfestsetzung (Selbstfestsetzung Rz 24) nur in Betracht kommt bei Steuer-VAen, die

– einen **Geldbetrag festsetzen (Geldbescheide)** – das sind im wesentlichen Steuerbescheide (§§ 155 ff AO; BFH/NV 2004, 630; nicht notwendig ihnen in der AO gleichgestellte Bescheide; s zB zur Festsetzung der *Investitionszulage:* BFHE 198, 184 = BStBl II 2002, 184; dazu *H/H/ Sp/v Groll* Rz 45 Vor § 172 AO; *T/K* Rz 5 f vor § 172 AO; vielmehr zB auch *Abrechnungsbescheide* iS des § 218 II AO: BFH/NV 1995, 616; FG Saarl EFG 1996, 46) –
   oder die

– eine **darauf bezogene Feststellung** treffen – das sind Feststellungsbescheide iS der §§ 179 ff AO **(Grundlagenbescheide).**

26   Eine weitere, klarstellende Ergänzung ergibt sich aus der in § 100 II 1 vorgesehenen Begrenzung der Rechtsfolgen: Bescheide der genannten Art kommen als Gegenstand des § 100 II **nur insoweit** in Betracht, **als** es um **rein quantitative Aussagen** geht (Rz 24; wegen der eigenen Schätzungsbefugnis des FG gilt hierbei für **Schätzungs**bescheide grundsätzlich nichts Besonderes: BFH/NV 1999, 1492), also bei Steuerbescheiden zB *nicht* hinsichtlich der *Person des Steuerschuldners,* der *Steuerart* oder des *Veranlagungszeitraums* (§ 157 I 2 AO) und bei Feststellungsbescheiden nicht, soweit um die *Qualifikation eines Gewinns* als laufender oder als tarifbegünstigter Veräußerungsgewinn gestritten wird. – Ungenau und das Verständnis erschwerend schließlich ist die verkürzte **Umschreibung der Rechtsfolge** in § 100 II 2; **zutreffend** und vollständig müsste diese lauten: „...
kann das Gericht von einer Betragsfestsetzung **absehen** und **hat** dann die **Änderung ... so zu bestimmen, dass ...**" (s Rz 24, 36 ff). Erfasst werden von dieser Regelung also, wie sich auch im Kontrast zu § 100 II 2 (Rz 30 ff) erweist, nur **einfache Rechenvorgänge** (BFH/NV 1998, 1141, 1143; s auch Rz 24 und 35).

27   Einschränkender Auslegung schließlich bedarf die Gesamtregelung des § 100 II weiterhin insofern, als er **nicht für Ermessensakte** gilt (FG Ba-Wü EFG 1999, 80, 82; vgl auch BT-Drucks 12/1061 S 18 f), und zwar **auch** dann **nicht, wenn** diese **auf** eine **Geldleistung gerichtet** sind oder eine betragsmäßige Feststellung enthalten (vgl BFHE 108, 485 = BStBl II 1973, 513; *Kopp/Schenke* § 113 Rz 152; *T/K* Rz 28), *sofern nicht ausnahmsweise* eine *Ermessenseinengung* dahingehend vorliegt, dass nur eine Betragsfestsetzung als richtig in Betracht kommt. Weil es, von diesem Ausnahmefall abgesehen, dem Gericht verwehrt ist, sein Ermessen an die Stelle des Verwaltungsermessens zu setzen, gilt also **§ 100 II** zB grundsätzlich **nicht für Haftungs- und Duldungsbescheide** (§ 191 I AO; BFHE 171, 10 =

BStBl II 1993, 581, 583; s auch BFH/NV 1994, 71, 74. – Ohne Begründung aM: BFHE 174, 89 = BStBl II 1994, 536, 537; BFH/NV 1997, 386, 387) sowie für die (ausdrücklich ausgenommenen) VAe, die ein Zwangsgeld (§§ 328, 329 AO; BFHE 117, 426 = BStBl II 1976, 234, 236; BFHE 131, 425 = BStBl II 1981, 110, 111) oder einen Verspätungszuschlag (§ 152 AO; BFHE 128, 17 = BStBl II 1979, 641, 642; BFHE 133, 325 = BStBl II 1981, 720, 722) festsetzen. Stattgebende Urteile zu **Billigkeitsbegehren** lauten auf (Teil-)Kassation der ablehnenden Verwaltungsentscheidungen (§ 100 I 1) und Verpflichtung zum Erlass der begehrten Maßnahme bzw entsprechende Bescheidung (§ 101; § 40 Rz 21; § 101 Rz 3; § 102 Rz 10 f; *H/H/Sp/v Groll* § 163 AO Rz 147; § 227 AO Rz 385; s auch BFHE 176, 3 = BStBl II 1995, 297). Betragsfestsetzung nach § 100 II kommt in solchen Fällen nicht in Betracht.

b) Regelmäßige Rechtsfolge: Betragsfestsetzung – § 100 II 1

Soweit die unter a) genannten Voraussetzungen vorliegen, *kann* das **Gericht** den von ihm ermittelten anderen **Betrag selbst festsetzen bzw feststellen.** Das spricht für eine Ermessensentscheidung des Gerichts – desgleichen die gleichermaßen gefasste Ausnahmeregelung in § 100 II 2 (Rz 30 ff) sowie die Funktion der Vorschrift. Die nämlich betrifft bei den in Frage stehenden VA-Typen allein den Teil der jeweiligen Einzelfallregelung, der sich letztendlich als Quintessenz aus den in Frage stehenden Besteuerungsgrundlagen herleiten lässt, so dass sich dieser Teil der Abänderung in Wirklichkeit als eine rechtlich völlig unproblematische, rein rechentechnische Operation darstellt. Von daher erschiene es sachlich und rechtsdogmatisch unbedenklich, wenn das Gericht in solchen Abänderungsfällen den allerletzten Konkretisierungsakt – je nach Zweckmäßigkeit – bei der Urteilsfindung gleich „miterledigen" oder aber, wenn dies nicht ohne weiteres möglich ist (etwa weil eine GewSt-Rückstellung aufzulösen ist und hierzu die Hebesätze mehrerer Gemeinden zu ermitteln sind), den „gehorsamen Urteilsvollzug" der beklagten Behörde (§§ 100 I 1, 110) überlassen würde. Der Grundsatz der Amtsermittlung und damit die generelle Verpflichtung des Gerichts, (auch außerhalb des § 100 II) Spruchreife herbeizuführen, wäre hierdurch nicht tangiert (vgl auch *T/K* Rz 29; *Kopp/Schenke* § 113 Rz 154). Der GrS des BFH hat anders entschieden (BFHE 94, 436 = BStBl II 1969, 192; zur Abgrenzung: FG Bdbg EFG 1998, 1151) und für den **Regelfall** Einengung des Ermessens in der Weise angenommen, dass dessen pflichtgemäßer Gebrauch grundsätzlich nur zur **Betragsfestsetzung** durch das Gericht selbst führen könne, weil nur so dem Änderungsbegehren (auch bei Aufhebungsklage: BFHE 100, 20 = BStBl II 1970, 802, 803) und der Amtsermittlungspflicht voll genügt werde (ebenso: BFH 121, 135 = BStBl II 1977, 315; BFHE 155, 521 = BStBl II 1989, 376; BFHE 198, 184 = BStBl II 2002, 184; BFH/NV 2004, 630; für Feststellungsbescheide: BFH/NV 1991, 169, 170; vgl auch *Cöster* S 89 ff). Dem liegt eine Überschätzung der Betragsfestsetzung zu Grunde (s Rz 24, 26 und 38 ff). Außerdem muss inzwischen dieses ohnedies nicht unproblematische Gesetzesverständnis im Hinblick darauf überprüft werden, dass der **Gesetzeszweck** nunmehr einschneidend und deutlich **um rein prozessökonomische Erwägungen ergänzt** worden ist, wie dies vor allem in den neugestalteten Regelungen des § 100 II 2 (Rz 30 ff) und § 100 III (Rz 43 ff) dadurch zum Ausdruck gekommen ist, dass das Gericht nunmehr unter erleichterten Voraussetzungen befugt ist (Koppelungsermessen – vgl § 102 Rz 9), seiner „Verpflichtung" zur Beitragsfestsetzung eben nicht selbst nachzukommen.

29   Der **vom Gericht festzusetzende „andere" Betrag** muss allerdings *innerhalb des Regelungsbereichs des angefochtenen VA* liegen (darum lassen sich aus den zur KraftSt ergangenen BFH-Entscheidungen BFHE 118, 246 = BStBl II 1976, 390, 392; BFHE 142, 181 = BStBl II 1985, 109, 110 aE keine verallgemeinernden Schlüsse ziehen). Ausgeschlossen ist die gerichtliche Betragsfestsetzung außerdem soweit es sich um Ermessensakte der Verwaltung handelt (*Kopp/Schenke* § 113 Rz 152 mwN). Im Hinblick auf das **Verbot der Schlechterstellung** (§ 96 Rz 5) kommt nach § 100 II 1 schließlich immer nur die Festsetzung/Feststellung eines für den Kläger im Vergleich zum angefochtenen VA günstigeren (nicht immer niedrigeren) Betrages in Betracht (s auch *T/K* Rz 36 f).

c) Entscheidung ohne Betragsfestsetzung – § 100 II 2 und 3

aa) Allgemeines

30   **Von** dem in **§ 100 II 1** normierten Regelfall der abändernden Betragsfestsetzung durch das Gericht (Selbstfestsetzung) bei Steuer-VAen, die einer solchen „Ersatzmaßnahme" (Rz 24) zugänglich sind (Rz 25), sieht **§ 100 II 2** (vgl zB BFHE 173, 107 = BStBl II 1994, 591) eine in § 100 II 3 (Rz 38 ff) näher ausgestaltete **Ausnahme** vor, zu der es **allerdings nur** kommt, **sofern** die weiterreichende und daher vorrangige Sonderregelung des **§ 100 III** (Rz 33 u Rz 43 ff) **nicht** eingreift, also die Voraussetzungen für eine Aufhebung ohne Sachentscheidung nicht vorliegen. Anders als diese letztgenannte Sonderregelung bedeutet die Befugnis, von der Betragsfestsetzung abzusehen, keine (partielle – Rz 43) Rückkehr zum Kassationsprinzip (Rz 1 u 13; BT-Drucks 12/1061 S 18), weil sich das **Gericht** nicht auf Aufhebung beschränken darf, sondern die **Änderung des angefochtenen VA** inhaltlich **selbst vorzunehmen** hat, **nur** die reine **Berechnung** der beklagten **Behörde** überlassen darf (Rz 24; 34, 36 ff). Keine Rechtsfrage darf offen bleiben (BFH/NV 1997, 205, 207; 1999, 179; 2001, 757, 760 f). Dasselbe gilt für den entscheidungserheblichen Sachverhalt. **Entscheiden muss** das **Gericht,** delegiert werden darf nur das reine Rechenwerk (vgl auch BFH/NV 1997, 843 f; 1998, 965, 967; 2001, 635 und 757, 760 f; s auch Rz 34 und 38 ff). Es **darf keine** entscheidungserhebliche **Sach- und Rechtsfrage offen bleiben** (BFH/NV 2005, 1531). Die „Zurückweisung" an das FA ohne eigene Sachentscheidung ist ein Verfahrensfehler (BFH/NV 2004, 1111, 1112).

31   Die **Voraussetzungen** für eine Entscheidung nach § 100 II 2 sind bewusst (BT-Drucks aaO S 18 f) abweichend von dem bis 31. 12. 92 (Rz 8 vor § 1) maßgeblichen Art 3 § 4 VGFGEntlG (2. Aufl Rz 32 ff) gefasst worden. Erforderlich sind für das Abgehen von der Regel (Rz 28):

– **Fehlen der Voraussetzungen des § 100 III** (Rz 33 u Rz 43 ff);
– (teilweise) **Rechtswidrigkeit eines** (angefochtenen) Steuer-**VA iS des** § 100 II, 1 (Rz 25);
– nicht unerheblicher (Berechnungs-)**Aufwand** (Rz 35).

Die Vorschrift gilt für **Beschlusssachen** entsprechend (BFHE 140, 1 = **32** BStBl II 1984, 212; BFH/NV 1989, 165 u 1990, 454 f). Auch der **BFH** hat, wenn er von einer Betragsfestsetzung absieht, danach zu verfahren (BFH/NV 1989, 165; 1990, 454; 1998, 1141, 1143). – Nicht übernommen wurde die bisher geltende „Widerspruchs"-Regelung, die sich in der Praxis als überaus hinderlich erwiesen hatte (Voraufl Rz 32; BT-Drucks 12/1061 S 19; s auch § 99 Rz 9).

bb) Voraussetzungen

Innerhalb des durch § 100 I 1 (Rz 1 ff) und § 100 II 1 (Rz 24 ff) allge- **33** mein abgesteckten Regelungsbereichs setzt eine Entscheidung nach § 100 II 2, abweichend vom dem systemwidrigen Gesetzesaufbau zunächst voraus, dass die Sonderregelung des **§ 100 II nicht** eingreift, also
– entweder ein **Schätzungsfall** iS des § 100 III 2 (die Schätzung einer *Haftungsschuld* fällt nach FG Saarl EFG 1994, 800 nicht darunter; s auch Rz 45) gegeben ist (Rz 45)
oder
– die Anwendung des § 100 III an **§ 100 III 1** (Rz 47 ff) oder an **§ 100 III 5** (Rz 48) scheitert.

Außerdem muss das **Gericht** (Rz 2, 24; in der Revisionsinstanz **34** – Rz 32 – stets der Senat: § 6 Rz 4) zunächst in Erfüllung seiner Sachaufklärungspflicht (dazu und zu deren Begrenzung durch die Mitwirkungspflichten der Beteiligten § 76 Rz 7 u 28 ff; § 96 Rz 9; zu evtl Präklusionen § 76 Rz 44 ff; § 79 b Rz 16 ff) idR (§ 96 Rz 15) zu der **Überzeugung** (zu den Ausnahmen § 96 Rz 17 ff; zur Bedeutung der Feststellungslast § 96 Rz 22 ff) gelangt sein (insoweit Spruchreife herbeigeführt haben), **dass** das gegen einen VA iS des § 100 II 1 (Rz 25) gerichtete **Anfechtungsbegehren** (Rz 1; Aufhebungs- oder Änderungsbegehren – Rz 22) – **zumindest teilweise** (Rz 21) – **begründet** ist, **weil** dieser **VA** (teilweise) **dem Grunde nach mit Bestimmtheit** (dazu allgemein und zur revisionsrechtlichen Prüfung dieser Frage: BFHE 159, 555 = BStBl II 1990, 504; BFH/NV 1991, 14 u 1992, 273, 275) und **der Höhe** nach **in einem** nach allgemeinen Kriterien **bestimmbaren Umfang** (soweit, dass nur die Berechnung offen bleibt und durch die Behörde vorgenommen werden kann – Rz 24, 26 und 37 ff) **rechtswidrig** ist (Rz 7 ff). Entscheidungserhebliche Rechtsfragen dürfen nicht offen bleiben (BFHE 159, 555 = BStBl II 1990, 504; BFH/NV 1992, 273, 275; s auch Rz 30).

Außerdem muss (spezielle Voraussetzung nach § 100 II 2) die **weiter** **35** (**auf die Ermittlung des** festzusetzenden oder festzustellenden **Betrages begrenzte** – Rz 37 ff) **Sachaufklärung** durch das Gericht einen **nicht unerheblichen Aufwand** erfordern. Warum die Formulierung anders lautet als in § 100 III 1 (und auch anders als bisher in Art 3 § 4 VGFG-EntlG: „nicht ohne besonderen Aufwand") ist unerfindlich. Die Anforderungen sind jedenfalls hier erklärtermaßen deutlich geringer als dort (bestätigt wird dies auch durch die amtliche Begründung BT-Drucks 12/1061 S 19, wonach – **nur** – „**einfache Berechnungen**" Sache des Gerichts sind; s auch Rz 26). Dies entspricht auch der eigentlichen Struktur des Entscheidungsprozesses in solchen Fällen (Rz 24). Für eine derartige „Arbeitsteilung" sprechen vor allem aber auch praktische Gesichtspunkte: Nicht nur (wie zB bei den örtlichen Hebesätzen für die Bemessung der

Gewerbesteuer) die bisweilen größere *Sachnähe,* sondern (wie bei allen Veranlagungssteuern) auch die bessere *technische Ausstattung der Finanzbehörden* kann von ausschlaggebender Bedeutung für eine Übertragung des Rechenwerks (s Rz 38 f) an diese sein (vgl iÜ auch *T/K* Rz 31 f; *Kopp/ Schenke* § 113 Rz 155; *Schoch ua/Gerhardt* § 113 Rz 36 ff). Die Finanzverwaltung nämlich verfügt – iU zu den Gerichten – über die jeweiligen Berechnungsprogramme und setzt diese zudem idR ohnedies auch in Fällen der gerichtlichen Betragsfestsetzung nach § 100 II 1 zur Aktualisierung ihrer Datenbestände ein (um so unverständlicher, dass man die Abgabe „allein zur Berechnung" überhaupt an ein besonderes, noch dazu so wenig „griffiges" Kriterium geknüpft hat).

cc) Rechtsfolgen

36   Abweichend vom missverständlichen Wortlaut ist **nur** das **Absehen von** der **Betragsfestsetzung** (Rz 26) in das pflichtgemäße, durch die Anknüpfung an den unbestimmten Rechtsbegriff des „nicht unerheblichen Aufwands" nur unerheblich eingeschränkte (Rz 35) **Ermessen** des Gerichts gestellt, das insoweit nur sehr begrenzt der revisionsrechtlichen Überprüfung unterliegt (aM *Kopp/Schenke* § 113 Rz 157).

37   Sind die Voraussetzungen des § 100 II 2 gegeben (Rz 33 ff), so *„kann"* (darf) das Gericht von der Betragsfestsetzung **absehen, „hat" dann aber** (Rz 26) insoweit (im Unterschied zur prozessökonomisch bestimmten Einschätzung des Aufwands – Rz 35 – voll nachprüfbares Entscheidungselement), die **Änderung** des angefochtenen VA (der in § 100 II 1 genannten Art – Rz 25) in dem für rechtswidrig erachteten Umfang (Rz 34) durch Angabe der zu Unrecht berücksichtigten oder nicht berücksichtigten tatsächlichen oder rechtlichen Verhältnisse **so zu bestimmen, dass die Behörde in der Lage ist,** die allein noch ausstehende **Berechnung** (Rz 24, 26, 30, 35) der geänderten Festsetzung oder Feststellung **vorzunehmen.** Übertragbar ist nur die Berechnung, nicht die Entscheidung (BFH/NV 2001, 757, 760 mwN). Die Befugnis zur **Ermessensausübung** betrifft nach Gesetzeszusammenhang und Normzweck – entgegen der ungenauen Fassung (Rz 26) – **nur** den Verzicht auf die **rechnerische Ausführung,** nicht aber die **iÜ uneingeschränkt** fortbestehende **Verpflichtung** des Gerichts **zur Herbeiführung der Spruchreife und zur Entscheidung** (§ 100 I 1; Rz 1, 7, 11), vor allem also die Entscheidung, dass der angefochtene VA (die hierzu ergangene Einspruchsentscheidung – Rz 18 f) teilweise rechtswidrig, insoweit für den Rechtsuchenden rechtsbeeinträchtigend und daher in diesem und jenem Punkt (hinsichtlich dieser und jener Besteuerungsgrundlage) zu ändern ist (zur Urteilsformel Rz 42).

37a   Außerdem konkretisiert und **modifiziert** § 100 II 2 die **Begründungspflicht** iS des § 105 (dort Rz 1), indem er dem Gericht (Rz 2 aE) in der schriftlichen Urteilsbegründung neben den allgemein erforderlichen (Rz 31 ff) Bestandteilen einer solchen Entscheidung (§ 105 Rz 1 ff) für den im Urteil offengelassenen Ausspruch **zum Umfang der Abänderung** (Rz 26, 30, 34) – je nach Sach- und Rechtslage (zum maßgeblichen Zeitpunkt Rz 14 ff – **Angaben**
– **tatsächlicher Art** (im *Tatbestand* – § 105 II Nr 4; dort Rz 16 ff)
und

– **rechtlicher Art** (in den *Entscheidungsgründen* – § 105 II Nr 5 – dort Rz 23 ff) abverlangt, die **so präzise** sind, **dass** es der beklagten Behörde **möglich** ist, die zunächst nur **bestimmbare** quantitative **Aussage** des abgeänderten VA mit Hilfe der erforderlichen Rechenoperation **in** eine **bestimmte zu verwandeln** (Rz 26, 34).

Dass die von der beklagten Behörde nach den Vorgaben der Gerichts- **38** entscheidung vorzunehmende **Berechnung kein Steuerbescheid** ist, und zwar selbst dann nicht, wenn sie mit einer (nicht streitbefangenen) Korrektur nach den §§ 172 ff AO verbunden wurde, weil ihr der **Charakter einer selbständigen Regelung** iS der §§ 118, 155 ff AO **fehlt** (s Rz 24), ergab sich schon nach bisher geltendem Recht (vgl 2. Aufl Rz 24 u 33; *Martin* DStR 1990, 337; *Rößler* DStR 1985, 272 u 1990, 589; s auch § 68 Rz 4 ff, 17; *Schoch ua/Gerhardt* § 113 Rz 43; *Kopp/Schenke* § 113 Rz 160; vgl auch BFH/NV 1998, 965, 967; 2001, 757, 760; BFHE 208, 98 = BStBl II 2005, 217; offen in BFH/NV 2005, 526. – AM BFHE 156, 353 = BStBl II 1989, 620; BFHE 160, 395 = BStBl II 1990, 747; FG RhPf EFG 1993, 119; *Wassermeyer* DStR 1985, 76; *T/K* Rz 34; unklar FG RhPf EFG 1994, 406; Sonderfall: BFH/NV 1993, 126) und ist nunmehr zusätzlich auf zweifache Weise **klargestellt:**

– Nach § 100 II 2 ist es **Sache des Gerichts,** „die Änderung" mit bindender Wirkung für die Verfahrensbeteiligten (§ 100 I 1 2. Hs; § 100 I; s auch Rz 39) **zu „bestimmen"** (Rz 26, 34; zur Tenorierung Rz 42).

– Demgegenüber beschränkt sich die Tätigkeit der beklagten **Behörde** gem § 100 II 2 inhaltlich auf die **reine Ausführung der Berechnung** und gem § 100 II 3 nach außen hin auf die bloße förmliche **Mitteilung** des Rechenergebnisses sowie später auf die förmliche **Bekanntgabe** des **(durch das Gericht abgeänderten) VA.** Nichts anderes meint (was BFH/NV 2001, 461, 462 verkennt) § 100 II 3 (s auch BFH/NV 2001, 635, 636 und 757, 760 f; zT anders: BFHE 208, 98 = BStBl II 2005, 217; FG Köln EFG 2003, 1263; offen: BFH/NV 2005, 526; zu den Konsequenzen für den Rechtsschutz: Rz 41 f).

Dem **Verwaltungshandeln** fehlt also sowohl das **Merkmal einer** **39** **eigenständigen Einzelfallregelung** als auch dasjenige der insoweit erforderlichen **unmittelbaren Rechtswirkung nach außen** (§ 118 S 1 AO; ebenso BFH/NV 2001, 635, 636 und 757, 760 f; BFHE 208, 98 = BStBl II 2005, 217; offen in BFH/NV 2005, 526. – AM BFH/NV 2001, 461, 462; *T/K* Rz 34; *Beermann/Schmidt/Troje* Rz 77; s iÜ Rz 24, 26 und 41 ff). Demgegenüber bildet die vom Gericht vorgenommene Änderung den Entscheidungsgegenstand iS des § 110 (s dort Rz 13), den Maßstab für ein evtl Rechtsmittel (vgl. auch *Kopp/Schenke* § 113 Rz 160 ff).

Zur unverzüglichen Durchführung und Mitteilung der Berechnung **40** (**§ 100 II 3 1. Hs** – zum früheren Recht – BFHE 139, 119 = BStBl II 1983, 776, 777 u 160, 395 = BStBl II 1990, 747) und anschließend zur Bekanntgabe (**§ 100 II 3 2. Hs**) des (vom **Gericht** geänderten – Rz 34, 37 f) VA nach Rechtskraft (§ 110) mit geändertem Inhalt (gem § 122) ist die **Behörde kraft Gesetzes** (konkretisiert durch das Urteil – Rz 42) **verpflichtet.**

Hieraus ergeben sich für die Betragsberechnung folgende weitere **41** **Rechtsschutzmöglichkeiten:**

- Soweit ein Beteiligter **aus der gerichtlichen Entscheidung** selbst (einschließlich der Vorgaben für die Betragsberechnung) eine **Rechtsbeeinträchtigung** herleitet, ist diese mit Hilfe der gegen die gerichtliche Entscheidung allgemein eröffneten **Rechtsmittel** geltend zu machen.
- **Soweit** die **Behörde** von den Vorgaben des Urteils **abweicht** (wobei es auf die Bewusstseinslage der Behörde nicht ankommt: Vor § 40 Rz 20; § 44 Rz 13; *v Groll* DStJG 18, 47, 62 f) ist zu unterscheiden:
  - **Bleibt sie untätig**, so ist, weil nicht der Erlass eines VA aussteht (Rz 38 ff; s auch Rz 24, 26), die sonstige **Leistungsklage** (§ 40 Rz 28) eröffnet.
  - Erlässt sie einen „förmlichen Änderungsbescheid", dessen „Änderung" sich allerdings im Vollzug der gerichtlichen Entscheidung nach § 100 II 2 erschöpft, so liegt in Wahrheit kein abändernder VA vor (s Rz 38; **aM** BFHE 204, 166 = BFH/NV 2004, 567; BFHE 208, 98 = BStBl II 2005, 217); er kann aber – wegen des Rechtsscheins – gleichwohl zum Gegenstand eines (weiterhin anhängigen) Verfahrens werden (§ 68 Rz 60 ff, 66).
  - Erlässt sie einen den **Bestimmungen des Urteils widersprechenden VA**, so liegt darin – unabhängig vom Grund der Abweichung (auch wenn nur ein Rechenfehler iS des § 129 AO vorliegt) – **zumindest dem Rechtsschein nach** (vgl auch § 68 Rz 66) ein **neuer (rechtswidriger) VA** (Regelungsanmaßung), gegen den (idR nach erfolglosem außergerichtlichem Vorverfahren; ausnahmsweise nach § 68 – dort Rz 30, 66) die **Anfechtungsklage** (§ 40 Rz 12 ff), gerichtet auf Aufhebung (bzw urteilsgemäße Abänderung) des neuen VA, **verbunden mit** einem entsprechenden **Leistungsbegehren** (**§ 100 IV** – Rz 66: Durchführung der dem nicht beachteten Urteil entsprechenden Berechnung usw – Rz 38, 40) in Betracht kommt.

42   Für die **Tenorierung** eines Urteils nach **§ 100 II 2** bieten sich sonach zB folgende **Formeln** an:
- Für die **erste Instanz:** „Der ESt-Bescheid für 2000 ... vom ... in Gestalt der hierzu ergangenen Einspruchsentscheidung wird abgeändert. Dem Beklagten wird aufgegeben, die geänderte Steuerfestsetzung nach Maßgabe der Urteilsgründe zu errechnen, ferner dem Kläger das Ergebnis dieser Berechnung unverzüglich mitzuteilen und den Bescheid mit dem geänderten Inhalt nach Rechtskraft dieses Urteils neu bekanntzugeben ...".
- Im Falle eines – nur *teilweise* erfolgreichen – Aufhebungsbegehrens (Rz 20 ff) ist dieser Urteilsausspruch wie folgt zu ergänzen: „Im Übrigen wird die Klage abgewiesen".
- Zum Abschluss der **Revisionsinstanz** kommt folgende Tenorierung in Betracht (s auch Rz 32): „Auf die Revision des Klägers wird das Urteil des ... Finanzgerichts ... vom ... aufgehoben.
  Der ESt-Bescheid ..." (usw wie für die 1. Instanz).

3. Entscheidung nach § 100 III

a) Allgemeines

43   Die durch das FGOÄndG (Rz 5 ff vor § 1) mit Wirkung ab 1. 1. 1993 (Rz 2; BFHE 179, 571 = BStBl II 1996, 321) geltende, auf den bisherigen § 100 II 2 (dazu 2. Auflage Rz 26 ff; BFHE 176, 409 = BStBl II 1995,

628; BFHE 178, 116 = BStBl II 1995, 693; BFH/NV 1994, 594 f u 766 f)
und § 124 III EVwPO (BT-Drucks 10/3437 S 30/31 u 198) zurückgehende (BT-Drucks 12/1061 S 19) Neuregelung enthält eine **im Verhältnis zu § 100 II** sehr viel **weiter reichende** (nicht mehr – wie zuvor:
BFHE 178, 116 = BStBl II 1995, 693 mwN – an Verfahrensfehler im außergerichtlichen Vorverfahren geknüpfte: BFHE 180, 142 = BStBl II
1996, 310; FG Nds EFG 1994, 304 f; FG BaWü EFG 1996, 874; zum
Entlastungszweck der Neuregelung: BFH/NV 1996, 527) Regelung –
eine **vorrangige, partielle Rückkehr zum Kassationsprinzip** des
§ 100 I 1 (Rz 1, 13 u 30) insofern, als die Vorschrift
– **für alle Arten von VAen** gilt (Rz 1, 24 f, 47), und es (sofern nicht
§ 100 III 2 eingreift – Rz 45 f)
– in der Hauptsache bei der reinen **Aufhebung** bleibt (Rz 47),
uU verbunden mit einer zeitlich begrenzten, provisorischen Gestaltung
des Steuerrechtsverhältnisses (§ 100 III 3 u 4 – Rz 52).

Bevor das Gericht nach § 100 III 1 entscheidet, muss es den Beteiligten
rechtliches Gehör gewähren (BFH/NV 2005, 359; dazu iÜ § 96 Rz 27 ff).
Ob die Entscheidung nach § 100 III 1 gerechtfertigt ist, unterliegt der **revisionsrechtlichen Prüfung** (BFH/NV 2005, 359, 362 mwN). Für den Anwendungsbereich des § 100 III 2 kann nichts anderes gelten.

Die Vorschrift ist nicht nur **unsystematisch aufgebaut,** sondern auch **44**
trotz aller umständlicher Beredsamkeit letztlich vage gefasst (s auch *Kopp* in
Kopp/Schenke § 113, 68 u NJW 1991, 521, 525; *Stelkens* NVwZ 1991,
217), so dass ihr Einsatz zur Erreichung des gesetzgeberischen Ziels einer
„zügigen Erledigung des Rechtsstreits" (BT-Drucks 12/1061 S 19) in der
Praxis nur mit einiger (unnötiger) Mühe (Rz 48 f) möglich ist.

b) Begrenzung des Regelungsbereichs durch § 100 III 2

Negative Voraussetzung für die Anwendung der Gesamtregelung (§ 100 **45**
III 1 u § 100 III 3–5) ist, **dass § 100 III 2 nicht eingreift, der, soweit**
– der Stpfl seiner **Erklärungspflicht** (§§ 149 ff AO) **nicht** nachgekommen ist (allgemeine Verletzung von Mitwirkungspflichten – zB eines
Haftungsschuldners – genügt nicht: FG Saarl EFG 1994, 800; s auch
Rz 33) und
– deshalb die Besteuerungsgrundlagen **geschätzt** wurden (§ 162 AO),
vorschreibt, dass § 100 III 1 nicht gilt. Positiv gewendet heißt dies,
dass in solchen Fällen, je nach Fallgestaltung, eine **Entscheidung nach
§ 100 I 1 oder** nach **§ 100 II** ergeht. IÜ ist der Fassung des § 100 III 2 zu
entnehmen, dass
– der **Ausschluss** der besonderen Kassationsmöglichkeit nach § 100 III 1
durch § 100 III 2 **auch für Teilschätzungen** („... soweit ...") gilt,
und es insoweit außerdem
– (anders als grundsätzlich sonst für die Rechtmäßigkeitsprüfung im Rahmen des § 100 – Rz 9 ff) auf die **Verhältnisse bei Beginn des Rechtsstreits** ankommt (weil § 100 III 2 allein darauf abstellt, dass die Besteuerungsgrundlagen – tatsächlich – „geschätzt *worden sind*") – mit der Folge,
dass auch die in der Praxis sehr häufigen Fälle der Sonderregelung des
§ 100 III 2 unterfallen, in denen die Steuererklärung zusammen mit der
Klageschrift eingereicht wird.

46   Im Ergebnis erscheint eine derart weitreichende „**Sonderbehandlung**" **von Schätzungsfällen** sinnvoll und gerechtfertigt: Denn einerseits hat sich der Rechtsuchende dadurch, dass er sowohl im Veranlagungsverfahren als auch im außergerichtlichen Rechtsbehelfsverfahren unter Verletzung seiner gesetzlichen Mitwirkungspflichten (zumindest teilweise) untätig geblieben ist, selbst der Möglichkeiten, außerhalb eines Gerichtsverfahrens auf eine genauere und ausführlichere Regelung des in Frage stehenden Steuerschuldverhältnisses hinzuwirken, begeben, andererseits bietet die FGO nunmehr hinlängliche Instrumente für eine sachgerechte gerichtliche Erledigung – je nach Erfüllung der prozessualen Mitwirkungspflichten auch noch zugunsten des Rechtsuchenden (vgl iÜ § 65 Rz 49; § 76 Rz 28 ff, 44 ff; § 79 b Rz 11 ff; § 96 Rz 18 f).

c) Kassation ohne Sachentscheidung – § 100 III 1

47   Die **besondere Kassation** (dazu allgemein Rz 17; speziell Rz 43 und 50) gem § 100 III 1, die im allgemeinen Geltungsbereich des § 100 (Rz 1), also vor allem für alle Anfechtungsklagen eröffnet ist (zum Ausnahmecharakter der Vorschrift: BFH/NV 2001, 178, 179), **setzt speziell voraus, dass**
– **§ 100 III 2 nicht eingreift** (Rz 45 f);
– die Sechs-Monatsfrist des **§ 100 III 5** (Rz 48) noch nicht abgelaufen ist, ferner
– **weitere,** mit erheblichen Ermittlungen verbundene **Sachaufklärung** erforderlich (Rz 48) und
– die Aufhebung des angefochtenen VA (Rz 50) ohne Sachentscheidung (Rz 50) auch unter Berücksichtigung der Belange der Beteiligten **sachdienlich** ist (Rz 49).

48   Die **Effektivität** dieser Entlastungsregelung **leidet** zunächst **unter ihrer** zeitlich begrenzten, **auf sechs Monate** (zur Nichtbeachtung: BFH/NV 1997, 509) nach Akteneingang bei Gericht **befristeten Anwendbarkeit** (§ 100 III 5; zum Charakter und zum Lauf der Frist allgemein s § 45 Rz 28) – einer Einschränkung, an der trotz der Einwände des Bundesrats (BT-Drucks 10/3437 S 98 zu Nr 38) und im Bericht (allerdings nur eines Teils der Arbeitsgruppe) gegen die entsprechende Regelung in § 124 III EVwPO ohne Begründung festgehalten wurde (zur Kritik, allerdings ausschließlich für den Bereich der VwGO: *Schoch ua/Gerhardt* § 113 Rz 56). Vorsitzender oder Berichterstatter sehen sich also, soll ihnen durch diese Entscheidungserleichterung überhaupt Entlastung zuteil werden, genötigt, sämtliche Streitsachen, sogleich nach Akteneingang, auf die nicht gerade einfach gestalteten Voraussetzungen der Vorschrift (Rz 49) durchzuprüfen, um die „besonders gelagerten Fälle" herauszufinden, die dem Gesetzgeber als Objekt für eine solche Verfahrensweise vorgeschwebt haben könnten (BT-Drucks 12/1061 S 19). Die Bemessung der Frist wird angesichts der Arbeitslage bei den Steuergerichten kaum realitätsbezogener dadurch, dass ihr Beginn an die **Vorlage der Akten** (gemeint sind, wie in § 45 II 1 – dort Rz 28 –, **die den Rechtsstreit betreffenden Akten** der beklagten Behörde; ebenso: *Kopp/Schenke* § 113 Rz 168) geknüpft ist. Den ohnedies schon engen Anwendungsbereich der Regelung hat der BFH (BFHE 176,

409 = BStBl II 1995, 628) dadurch noch weiter eingeengt, dass er für den Fall der Zurückverweisung (s § 126 Rz 14 ff) entschied, es beginne damit keine neue Frist iS des § 100 II 5 (aM FG RhPf EFG 1995, 37) und die Vorschrift sei **im II. Rechtsgang nicht** anwendbar (BFHE 182, 287 = BStBl II 1997, 409; BFH/NV 1997, 385, 387). In dem damit abgesteckten Rahmen einigermaßen praktikabel wird die Regelung allenfalls, wenn man dem Normzweck (s Rz 44, 50) gemäß eine der Befristung angemessene **summarische richterliche Beurteilung** für die Sachprüfung im Rahmen des § 100 III 1 (Rz 49) genügen lässt.

Was die sachlichen Voraussetzungen des § 100 III 1 angeht, so ist im **49** Vergleich zur bisherigen Rechtslage (§ 100 II 2 aF) zwar eine gewisse Vereinfachung insofern zu verzeichnen, als es nunmehr *weder* auf die *Feststellung eines wesentlichen Verfahrensfehlers noch* auf die *Kosten* der weiteren Sachaufklärung ankommt (BT-Drucks 12/1061 S 19); diesen Effekt hat man jedoch sogleich dadurch wieder „kompensiert", dass das Gesetz neben dem jetzt allgemeiner umschriebenen Aufklärungsdefizit nunmehr eine zusätzliche (durchaus überflüssige – § 45 Rz 26 f; § 99 Rz 9) **Sachdienlichkeitsprüfung** verlangt. Unter beiden Gesichtspunkten wird dem Gericht (Rz 2) eine in sein pflichtgemäßes *Ermessen* (vgl BFHE 121, 142 = BStBl II 1977, 321, 324; BFH/NV 1988, 552 u 1989, 788) gestellte, gleichwohl revisionsrechtlich „voll nachprüfbare" (BFH/NV 1998, 590, 591; 2001, 178) auf seine materiell-rechtliche Sicht bezogene (BFHE 87, 128 = BStBl II 1967, 54; BFHE 141, 272 = BStBl II 1984, 661; BFHE 165, 307 = BStBl II 1991, 939; BFH/NV 1987, 223, 225; BFH/NV 1988, 76, 79; 717, 719 u 743; 1989, 84, 85, 323 u 788, 789; 1990, 10, 11; 1991, 646 f) **prozessökonomische Güterabwägung** abverlangt (BFH/NV 2001, 178, 179), die bei summarischer Prüfung (Rz 48) ergibt, dass

– **einerseits die** für die Entscheidungsreife noch **erforderlichen Ermittlungen** nach Art und Umfang **erheblich** (dazu BFHE 177, 217 = BStBl II 1994, 542; BFH/NV 1996, 527) sind (das Gesetz fordert – anders als BFH/NV 1996, 527 u FG BaWü EFG 1995, 652 – **objektive Ermittlungsdefizite,** die eine auf die Frage der Entscheidungserheblichkeit begrenzte, in ihrer Bindungswirkung gegenüber § 100 I 2. Hs entsprechend herabgeminderte Rechtmäßigkeitsprüfung auslösen; so kann auch **fehlerhafte Rechtsanwendung** Kassation nach § 100 III 1 rechtfertigen (BFHE 180, 142 = BStBl II 1996, 310; FG BaWü EFG 1996, 874; s aber Rz 50; s iÜ Rz 7 ff);

– **andererseits** eine **Aufhebung** des angefochtenen VA u/o der hierzu ergangenen Rechtsbehelfsentscheidung (vgl BFH/NV 1987, 743, 745; ferner Rz 18 f u § 44 Rz 3 ff) auch unter Berücksichtigung der Belange der Beteiligten ohne Sachentscheidung **sachdienlich** ist (dazu BT-Drucks 12/1061, S 18 f; BFHE 177, 217 = BStBl II 1994, 542; BFH/NV 2001, 178, 179; FG Nds EFG 1994, 304 f; § 45 Rz 25 ff; § 67 Rz 15; § 99 Rz 9). Dieser Gesichtspunkt wird häufig in unsachgemäßer Weise mit dem des Ermittlungsdefizits vermengt (wenn zB auf die Art des fehlenden **Sachverständigengutachtens** – BFHE 182, 300 = BStBl II 1997, 541 – oder, im Zusammenhang mit dem Erfordernis eines Zeugenbeweises, auf die **Unmittelbarkeit der Beweisaufnahme** abgestellt wird: BFH/NV 1998, 590, 591; 2001, 178).

von Groll

50 Die Rechtsfolgeanordnung des § 100 III 1 **ermächtigt** das Gericht (zur revisionsrechtlichen Prüfungsmöglichkeit: BFH/NV 1998, 590; 2001, 178, 179) einerseits (insoweit in Übereinstimmung mit § 100 I 1 u abweichend von § 100 II) **zur reinen Kassation** (Rz 17), **verbietet** ihm **aber** andererseits eine endgültige (mit der Bindungswirkung des § 100 I 1 2. Halbs u einer entsprechenden Rechtskraftwirkung – Rz 23 – ausgestattete) **Sachentscheidung.** – Dh vor allem: Eine **materielle Rechtmäßigkeitsprüfung** findet grundsätzlich, von summarischen Erwägungen zur Entscheidungserheblichkeit des zu beurteilenden Sachverhalts (FG Saarl EFG 1994, 800; s auch Rz 49) sowie provisorischen Überlegungen im Rahmen des § 100 III 3 u 4 (Rz 52) abgesehen, **nicht** statt (s aber BFHE 180, 142 = BStBl II 1996, 310; FG BaWü EFG 1996, 874; zum bisherigen § 100 II 2: BFH/NV 1989, 788, 789; zur revisionsrechtlichen Prüfung in diesem Zusammenhang: BFHE 160, 417 = BStBl II 1990, 767; BFHE 165, 307 = BStBl II 1991, 939; BFHE 166, 518 = BStBl II 1992, 496; BFH/NV 1988, 743 f; 1990, 10 u 646; 1991, 646 f; 2001, 178, 179; zur revisionsrechtlichen Qualifizierung einer Verletzung der Vorschrift: BFH/NV 1989, 709; BFHE 166, 518 = BStBl II 1992, 496; BFH/NV 2005, 359; vgl iÜ *Kopp/Schenke* § 113 Rz 167 ff; *T/K* Rz 38 ff).

51 Zusammen mit der Entscheidung nach § 100 III 1 ist auch über die **Kosten** zu befinden (§ 143 I), wobei einerseits der Klageerfolg zu berücksichtigen ist (Aufhebung: § 135 I), andererseits ggf auch (§ 137) der Umstand der **Verantwortlichkeit für** das **Aufklärungsdefizit** Rechnung getragen werden kann. Anschließend ist es Sache der Behörde, erneut regelnd iS der § 118 iVm §§ 155 ff bzw §§ 179 ff AO tätig zu werden. An die Rechtsauffassung des Gerichts ist sie dabei nur insoweit gebunden, als diese für die Kassationsentscheidung (s Rz 50) maßgeblich war (§ 100 I 1 2. Halbs, § 110; s Rz 1, 17 und § 110 Rz 22 f).

d) Provisorische Nebenentscheidungen – § 100 III 3 und 4

52 Die Möglichkeit, unter bestimmten Voraussetzungen die Kassation ohne Sachentscheidung durch vorläufige Maßnahmen zu ergänzen, ist neu (zur zeitlichen Geltung Rz 48). Im Hinblick auf die durch die Aufhebung der angefochtenen VAe ausgelöste Ungewissheit (zB auch mit Auswirkungen auf die Vollstreckung – § 257 I Nr 2 AO) soll das Gericht befugt sein, bis zum Erlass des neuen VA die „nach der Sachlage **zweckmäßigen** und erforderlichen **besonderen Regelungen** auszusprechen" (BT-Drucks 12/1061 S 19). Bei einer solchen Entscheidung, die auf Antrag hin **durch jederzeit korrigierbaren Beschluss** (§ 100 III 4) getroffen wird, ist sowohl die Entscheidung, ob das Gericht überhaupt tätig wird, als auch die, in welcher Art und Weise dies geschieht, in sein pflichtgemäßes, vor allem an Zweckmäßigkeitsgesichtspunkten auszurichtendes **Ermessen** gestellt; die in § 100 III 3 genannten Möglichkeiten (der Sicherheitsleistung und der vorläufigen Entbindung von der Rückgewähr von Leistungen) geben nur beispielhafte Hinweise (ebenso *Kopp/Schenke* § 113 Rz 170). Sachliche Einschränkungen ergeben sich aus dem **vorläufigen Charakter** der in Betracht kommenden Maßnahmen, die durch den Erlass des neuen VA obsolet werden, sowie daraus, dass der ausstehenden **Einzelfallregelung nicht vorgegriffen** werden darf (vgl insoweit auch § 114 Rz 63 ff).

III. Besondere Entscheidungsformen

1. Rückgängigmachen der Vollziehung – § 100 I 2 und 3

Zur vollständigen Rechtsschutzgewährung reicht die Kassation (Refor- **53** mation) nicht immer aus: Wenn zB auf den angefochtenen Steuerbescheid hin gezahlt wurde, muss das im Umfang von festgestellter Rechtswidrigkeit und Rechtsverletzung wieder rückgängig gemacht werden. Ein solcher **Folgenbeseitigungsanspruch** (dazu generell: *Schleeh* AöR 92, 58 ff; *Söhn* Steuerrechtliche Folgenbeseitigung durch Erstattung, 1973; BVerwG, BayVBl 1987, 541) betrifft nur die *unmittelbaren* Folgen der Vollziehung (s zB BFH/NV 2000, 221, 222; s iÜ zu diesem Begriff: § 69 Rz 147; *v Groll* JDStJG 9, 431, 455; vgl iÜ BVerwG Buchholz 310, § 113 VwGO Nr 160; FG BaWü EFG 1981, 114; *Kopp/Schenke* § 113 Rz 80 ff), im Steuerrecht also regelmäßig die Erstattung schon gezahlter Beträge (s zur Verfolgung des Anspruchs auf **Kindergeld:** BFH/NV 2005, 2118, 2120). Da dies im allgemeinen reibungslos funktioniert, fehlt einem entsprechenden förmlichen Klagebegehren idR das **Rechtsschutzinteresse** (BFHE 131, 158 = BStBl II 1980, 632; BFHE 146, 344 = BStBl II 1986, 565; vgl aber BFHE 158, 310 = BStBl II 1990, 44, 45; BFH/NV 1991, 72 f; zur Abgrenzung: BFH/NV 1188, 213, 214). Maßgeblich ist die **Sach- und Rechtslage zum Schluss der letzten mündlichen Verhandlung.** Zur Durchsetzung einer Verurteilung nach § 100 I 2 ist in **§ 154** die Androhung eines Zwangsgeldes vorgesehen. Spätere Entwicklungen sind iÜ in einem anderen Verfahren (zB im Wege der Vollstreckungsabwehrklage – s § 151 Rz 2; vgl aber § 150 Rz 3; zum Einwand unzulässiger Rechtsausübung in diesem Zusammenhang: BVerwG MDR 1990, 181; zur Mitverantwortung des Rechtsuchenden: BVerwG DVBl 1989, 876) zu berücksichtigen.

2. Fortsetzungsfeststellungsklage – § 100 I 4

Literatur (s auch 4. Aufl): *Albert,* Fortsetzungsfeststellungsklage nach Erledigung eines Vorauszahlungsbescheides durch Erlass des Jahressteuerbescheides, DStZ 1999, 205; *Fechner,* Die Rechtswidrigkeitsfeststellungsklage, NVwZ 2000, 121; *Göpfert,* Die Fortsetzungsfeststellungsklage – Versuch einer Neuorientierung, 1998; *Lück,* Zum Gegenstand der Klage gegen einen Vorauszahlungsbescheid nach Ergehen des Jahresbescheids, DStZ (A) 1990, 483; *Rozek,* Grundfälle zur Fortsetzungsfeststellungsklage, JuS 1995, 413, 598 u 697; *ders,* Neues zur Fortsetzungsfeststellungsklage: Fortsetzung folgt? – BVerwGE 109, 203, JuS 2000, 1162; *Ruppel,* Wie ist bei Rechtswidrigkeit einer Außenprüfung das Verwertungsverbot geltend zu machen? BB 1996, 1913; *Schenke,* Die Fortsetzungsfeststellungsklage, Menger-FS S 461; *ders,* Der Erledigungsrechtsstreit im Verwaltungsprozess, 1996; *Seitrich,* Verfahrensrechtliche Konsequenzen der Jahresveranlagung für einen Rechtsstreit über Vorauszahlungen, FR 1984, 439; *Schober,* Anfechtungsklage und erledigter Verwaltungsakt, DÖV 1966, 552; *Trzaskalik,* Die Rechtsschutzzone der Feststellungsklage im Zivil- und Verwaltungsprozess, 1978; *Chr Willmer,* Die sogenannte Fortsetzungsfeststellungsklage, Saarbr Diss 1994; *Wüllenkemper,* Auswirkungen der Bekanntgabe eines Jahressteuerbescheides auf einen Rechtsstreit um einen Vorauszahlungsbescheid, DStZ 1998, 458.

54   Praktisch große Bedeutung hat im finanzgerichtlichen Verfahren die zur Vervollkommnung des Rechtsschutzes in § 100 I 4 eröffnete Befugnis **bei verwaltungsaktbezogenen Rechtsschutzbegehren** (Rz 56; § 40 Rz 10; § 47 Rz 6), eine Hoheitsmaßnahme unter bestimmten Voraussetzungen auch dann noch bekämpfen zu können, wenn sie sich „durch Zurücknahme oder sonst erledigt" hat – allerdings (wegen des Fortfalls von Beschwer/ Rechtsschutzinteresse hinsichtlich des ursprünglichen Begehrens: BFHE 152, 217 = BStBl II 1988, 413; BFHE 156, 18 = BStBl II 1989, 483; BFHE 160, 409 = BStBl II 1990, 721; BFH/NV 1988, 604 f; 1989, 233; 1991, 396 u 746) nur noch mit einem der veränderten Situation angepassten Begehren, gerichtet auf **Feststellung früherer Rechtswidrigkeit** (zum Gesetzeszweck näher: BVerwG DVBl 1999, 896, 897).

55   Der **Übergang zur Fortsetzungsfeststellungsklage** (zur Abgrenzung von § 41 vgl BFHE 144, 333 = BStBl II 1986, 21, 23; *Schoch ua/Gerhardt* § 113 Rz 77; zur str dogmatischen Einordnung s auch Rz 14; § 41 Rz 36, § 67 Rz 6; § 68 Rz 4; BFH/NV 1988, 104; 1990, 710; FG Köln EFG 1991, 110; FG RhPf EFG 1992, 311) ist nicht nur während des Klageverfahrens, sondern auch zulässig, wenn sich der VA **vor Klageerhebung** (Rz 59), nach Erlass des FG-Urteils oder erst im **Revisionsverfahren** erledigt (s Rz 2, 59). Entsprechendes gilt jedoch **nicht im Beschwerdeverfahren** (BFH/NV 2004, 207; **anders** im Fall der **NZB**: Rz 59). Diese Möglichkeit ist in § 100 I 4 dem Wortlaut und dem Gesetzeszusammenhang nach zwar nur für die **Anfechtungsklage** vorgesehen (zur Anwendbarkeit nach Erledigung einer **Untätigkeitsklage** – §§ 46 FGO, 75 VwGO: BVerwG DVBl 1999, 896), mit Recht aber im Wege der Analogie auch für die **Verpflichtungsklage** eröffnet worden (BVerwGE 28, 233; 52, 313, 316; BFHE 118, 503 = BStBl II 1976, 459, 460; BFH/NV 1999, 86 f u 423 f; BFHE 192, 32 = BStBl II 2000, 514; BFH/NV 2001, 724, 725 = BStBl II 2001, 263; BFHE 201, 399 = BStBl II 2003, 550 mit Anm HFR 2003, 847; BFH/NV 2005, 677; FG Bdbg EFG 2005, 1151). Gerechtfertigt ist das, soweit nicht Ermessensentscheidungen in Frage stehen (BFH/NV 1988, 453 u 748; BVerwG NVwZ 1987, 229; Buchholz 310 § 113 VwGO Nr 216; Ausnahme: **Ermessensreduzierung auf Null:** BFHE 201, 399 = BStBl II 2003, 550), vor allem deshalb, weil das Verpflichtungsbegehren typischerweise ein Anfechtungsbegehren enthält (§ 40 Rz 19; zur Begrenzung durch die **Art des** angefochtenen **VA:** Rz 21; s iÜ § 45 Rz 4; BFH/NV 1995, 737 f; FG M'ster EFG 1996, 413; FG Hbg EFG 2003, 1365). Im Wege der *Rechtsanalogie* anwendbar ist der Gedanke des § 100 I 4 (zusammen *mit* dem des *§ 68*) in Fällen, in denen eine im Prozessverlauf abgegebene **Zusage** der Abhilfe von FA *nicht eingehalten* wird (BFHE 151, 118 = BStBl II 1988, 121; FG Saarl EFG 1991, 140). – **Im vorläufigen Rechtsschutzverfahren** dagegen gilt die Regelung **nicht** (BFHE 142, 564 = BStBl II 1985, 302; BFH/NV 1991, 50 f u 746; 1994, 783; zum Beschwerdeverfahren: BFH/NV 1992, 402). Eine entsprechende Anwendung **auf Gerichtsentscheidungen** kommt nicht in Betracht (BFH/NV 1998, 991).

56   Es handelt sich um eine **verwaltungsaktbezogene Klage** (BFHE 144, 339 = BStBl II 1986, 2; s auch BFH/NV 1995, 517, 519; Einzelheiten str: *Kopp/Schenke* § 113 Rz 97), die (auch gegenüber nichtigen VAen – BFHE 143, 506 = BStBl II 1985, 579, 580; *Kopp/Schenke* § 113 Rz 99) nur zulässig ist, wenn – außer der durch die Erledigung des VA entfallenden akuten Rechtsbeeinträchtigung (Rz 36) – **alle** übrigen **Sachurteilsvoraussetzungen** der **Anfechtungs- bzw Verpflichtungsklage** sowie außerdem das spezielle *Feststellungsinteresse* (Rz 42) gegeben sind (vgl BFHE 144, 333 = BStBl II 1986, 21, 23; BFH/NV 1988, 104; FG Köln EFG 1991, 110, 111). Eine Fortsetzungsfeststellungsklage ist **für folgende Klagetypen nicht** eröffnet:

– für **Leistungsklagen** (BFHE 144, 339 = BStBl II 1986, 2 – für den Fall der Ausdehnung eines Prüfungszeitraums ohne entsprechende Änderung der Prüfungsanordnung; ebenso für den Fall der *Unterlassungsklage:* BVerwG NVwZ 2000, 1411; vgl iÜ *Kopp/Schenke* § 113 Rz 97 ff);

– für **Feststellungsklagen** (BFHE 144, 339 = BStBl II 1986, 2; zur Abgrenzung: BFHE 173, 201 = BStBl II 1994, 356; unklar: BFHE 174, 268 = BStBl II 1994, 538; FG Saarl EFG 1995, 491).

Weitere Voraussetzung für den Übergang zur Fortsetzungsfeststellungs- **57** klage ist, dass sich der angefochtene (oder begehrte) **VA** (**nicht** etwa das **Verfahren** – § 138; dazu BFHE 192, 32 = BStBl II 2000, 514; vgl iÜ BFHE 151, 118 = BStBl II 1988, 121; BFHE 153, 94 = HFR 1988, 416; BFHE 153, 206 = BStBl II 1988, 735; BFHE 154, 290 = BStBl II 1988, 843; BFHE 161, 217 = BStBl II 1990, 990; nicht deutlich differenzierend: BFHE 133, 267 = BStBl II 1981, 767; BFHE 152, 212 = BStBl II 1988, 364; BFH/NV 1988, 104, 453 u 604 f) durch Zurücknahme oder anders **erledigt** hat. Auf andere Weise erledigt hat sich eine Hoheitsmaßnahme vor allem dann, wenn ihr **Regelungsgehalt** (§ 118 Satz 1 AO) **erschöpft** (BFHE 147, 14 = BStBl II 1986, 736, 737), dem Kläger infolgedessen mit der zunächst begehrten Aufhebung oder Änderung des angefochtenen bzw dem Erlass des abgelehnten VA nicht mehr gedient ist, weil die akute Rechtsbeeinträchtigung oder -bedrohung entfallen und sein ursprüngliches Rechtsschutzbegehren daher unzulässig geworden (BFH/NV 2000, 1109) ist (*Kopp/Schenke* § 113 Rz 98 ff mit Beispielen): Wenn zB die *Steuererklärungen,* für die Fristverlängerung erstrebt wurde, inzwischen *abgegeben* sind (BFHE 192, 32 = BStBl II 2000, 514) oder wenn die angeordnete **Außenprüfung durchgeführt** (FG MeVo EFG 2004, 157) oder die vom Destinatär angeforderte *Auskunft erteilt* wurde (BFHE 125, 144 = BStBl II 1978, 501, 502; BFHE 140, 518 = BStBl II 1984, 790; zur **Durchsetzung eines Verwertungsrechts** in solchen Fällen: FG M'ster EFG 2000, 319; zur Erledigung einer **Arrestanordnung:** BFH/NV 2001, 458, 459; zur Erledigung einer verbindlichen **Zollauskunft:** BFHE 182, 466 = BStBl II 1997, 481; BFH/NV 1998, 1401; 1999, 142 f). – Die Erledigung muss *tatsächlich* eingetreten sein, sonst ist auch die Fortsetzungsfeststellungsklage unzulässig (BVerwGE 20, 153, 34, 116; *Kopp/Schenke* § 113 Rz 99). Außerdem muss ein **unveränderter Sachverhalt** zu beurteilen sein (BVerwG Buchholz 310 § 113 VwGO Nr 7; FG Nds EFG 1995, 897).

Besondere Bedeutung kommt der Fortsetzungsfeststellungsklage **im Ver-** **58** **hältnis Vorauszahlungs-/Veranlagungsverfahren** (s dazu materiellrechtlich: *Kruse* FS für Tipke 1995, 227, 285 ff; verfahrensrechtlich: BFH – GrS – E 178.11 = BStBl II 1995, 730, 732) zu: Sowohl für die ESt- als auch für die USt-Vorauszahlungen (desgleichen für das **LSt-Ermäßigungsverfahren:** BFH/HFR 2001, 454) bietet § 100 I 4 die adäquate Lösung der verfahrensrechtlichen Situation, in die der Rechtsuchende gerät, wenn **der** angefochtene, **die vorläufige Zahlschuld regelnde Bescheid** dadurch **obsolet** wird, dass der Jahressteuerbescheid (mit entsprechender endgültiger Abrechnung) ergeht (BFHE 125, 336 = BStBl II 1978, 596; BFHE 152, 564 = BStBl II 1988, 622; BFHE 157, 370 = BStBl II 1989, 976; BFHE 172, 163 = BStBl II 1993, 779; BFH/NV 1991, 746; 1992, 174; *Wüllenkemper* DStZ 1998, 466; *v Groll* JDStJG 9, 431, 454 f und 458; s auch FG Thür EFG 1999, 92; FG D'dorf EFG 2000, 830). Die zur Regelung der Vorauszahlungen ergangenen Bescheide verlieren mit Erlass der Jahressteuerbescheide ihre Wirksamkeit (§ 124 II AO; BFH GrS BFHE 178, 11 = BStBl II 1995, 730; s auch § 68 Rz 30, und 75; im Bereich des LSt-Ermäßigungsverfahrens allein mit Zeitablauf: BFHE 137, 456 = BStBl II 1983, 315; BFH/NV 1987, 445; 2005, 677) und damit iS des § 100 I 4 ihre **Erledigung** finden (s auch BFHE 172, 163 = BStBl II 1993, 779). Dies entspricht dem von vornherein zeitlich begrenzten Regelungsgehalt und der fehlenden Bindungswirkung der Vorauszahlungsbescheide für das nachfolgende Veranlagungsverfahren (BFHE 130, 363 = BStBl II 1980, 520. Vgl auch die systematische Einordnung der funktionsgleichen **Steueranmeldungen**, zB von USt-Voranmeldungen: § 18 I UStG, § 150 I 2 AO, § 168 I 2 AO iVm § 164 AO; dazu: BFHE 196, 341 = BStBl II 2003, 208; zum entsprechenden Phänomen im LSt-Ermäßigungsverfahren: BFHE 173, 9 = BStBl II 1994, 305; allerdings nur, wenn *unveränderte Sachlage* zu erwarten: FG Nds EFG 1995, 897). Die (ohne Anrufung des GrS entwickelte!) Gegenmeinung (BFHE 147, 463 = BStBl II 1987, 28; BFHE 154, 93 = BStBl II 1988, 942; BFHE 163, 408 = BStBl II 1991, 465; BFHE 169, 117 = BStBl II 1993, 120; BFHE 174, 268 = BStBl II 1994, 538; BFH/NV 1988, 312; 1992, 63 f; 1993, 59 f; 1994, 246; *Lück* DStZ (A) 1990, 483; offen: BFHE 133, 267 = BStBl II 1981, 76; BFHE 152, 212 = BStBl II 1988, 484), die dem Rechtsuchenden mit **§ 68** zu helfen sucht, verkennt vor allem, dass diese Vorschrift, im Unterschied zu § 100 I 4, voraussetzt, dass die Regelungsbereiche des alten (wirkungslos gewordenen) und des neuen VA identisch sind (dazu § 68 Rz 30 und 75), hiervon im Verhältnis Vorauszahlungs-/Steuerbescheid **nicht** die Rede sein kann und eine Verfahrensfortsetzung in solchen Fällen keinesfalls (wie nach § 68 nF) „automatisch", sondern nur gerechtfertigt ist, wenn ein besonderes Rechtsschutzinteresse des § 100 I 4 (Rz 42) vorliegt.

59   Die **Erledigung** (zum maßgeblichen Zeitpunkt: BVerwG Buchholz 310 § 113 Nr 286) kann (entgegen BFH/NV 1987, 118, 119) **auch schon vor Klageerhebung** (BVerwGE 12, 87, 90; 87, 25 = NJW 1991, 581; BFHE 128, 346 = BStBl II 1979, 708, 709; BFHE 160, 409 = BStBl II 1990, 721; BFHE 161, 196 = BStBl II 1990, 804; BFH/NV 1987, 626; BFH/NV 1990, 710, 712; BFH/NV 2002, 1567; FG Hessen EFG 2003, 1426; FG M'ster EFG 2004, 56; *Kopp/Schenke* § 113 Rz 99; *Schoch ua/Gerhardt* § 113 Rz 81) und *nach Erlass des erstinstanzlichen Urteils* (§ 121: BFHE 118, 503 = BStBl II 1976, 459; BFHE 160, 409 = BStBl II 1990, 721; BFH/NV 1987, 446 u 754; 1989, 56; 1993, 46, 48) eingetreten sein („vorher" sagt nur: vor der abschließenden Entscheidung bzw vor Prozessbeendigung durch Klagerücknahme oder beiderseitige Erledigungserklärungen; zur Erledigung **vor Eintritt der Bestandskraft:** BVerwGE 109, 203; *Hufen* JuS 2000, 720; *Rozek* JuS 2000, 1162; *Schenke* NVwZ 2000, 1255). Dem Übergang zur Fortsetzungsfeststellungsklage **im Revisionsverfahren**

(BFH/NV 1999, 1344; BFH/NV 2001, 724, 725 = BStBl II 2001, 263; BFH/NV 2003, 653; besonders weitgehend: BFH/NV 1996, 873; zum Übergang im Verfahren der **Nichtzulassungsbeschwerde:** BVerwG NVwZ 1996, 122) steht auch nicht entgegen, dass das Rechtsmittel von der beklagten Behörde eingelegt wurde (BFHE 118, 503 = BStBl II 1976, 459; BFHE 160, 481 = BStBl II 1990, 815; BFH/NV 1989, 628, 629). Voraussetzung ist allerdings auch in diesem Fall, dass das Rechtsmittel vor der Erledigung (Rz 57) **zulässig** war (Rz 56; BFH/NV 1994, 114; unklar BFH/NV 1996, 873).

Der **Fortsetzungsfeststellungsantrag** muss idR **ausdrücklich** gestellt **60** werden (ebenso *Kopp/Schenke* § 113 Rz 119 ff; aM BFH/NV 1987, 445; 2004, 797, 798): das kann allerdings auch hilfsweise geschehen (BFHE 147, 14 = BStBl II 1986, 736, 737 f; anders noch BFHE 117, 4 = BStBl II 1976, 42; BVerwG Buchholz 310 § 113 VwGO Nr 216). Es bedarf jedenfalls einer eindeutigen, wirksamen **Prozesserklärung** (Rz 14 ff vor § 33), die auch in der **Umstellung** des Klageantrags gesehen werden kann (*Kopp/Schenke* § 113 Rz 122). Zusätzlich zu den allgemeinen Sachurteilsvoraussetzungen der Anfechtungs- bzw Verpflichtungsklage (BVerwG DÖV 1974, 855; VGH München BayVBl 1982, 151) erfordert die Zulässigkeit einer Fortsetzungsfeststellungsklage ein **berechtigtes Interesse** des Klägers an der begehrten Feststellung (ähnlich wie im Rahmen des § 41 – nur ohne das zusätzliche Moment des Interesses an einer *baldigen* Feststellung – s dort Rz 29). Es genügt jedes konkrete, vernünftigerweise anzuerkennende schutzwürdige Interesse rechtlicher, wirtschaftlicher oder ideeller Art (BVerwGE 61, 168 = DVBl 1981, 682; HFR 1984, 540; BFHE 116, 315 = BStBl II 1975, 860; BFHE 148, 426 = BStBl II 1987, 248; BFH/NV 1995, 322 f u 621; BFHE 192, 32 = BStBl II 2000, 514; BFH/NV 2002, 1317; 2004, 797, 798; *Kopp/Schenke* § 113 Rz 129 ff; *T/K* Rz 54 u 56 ff). Die begehrte Feststellung muss **geeignet** sein, in einem der genannten Bereiche zu einer Positionsverbesserung des Klägers zu führen (BFH/NV 2002, 1317; 2004, 797, 798; *Kopp/Schenke* § 113 Rz 130). Dabei muss es sich *nicht* um eine *Rechtsposition* handeln: Es genügt zB die Möglichkeit, dass das FA die Meinung, die das Gericht im (erledigten) LSt-Ermäßigungsverfahren bekundet, im anschließenden Veranlagungs- (früher auch LStJA-)Verfahren respektiert (Gesichtspunkt der **Prozessökonomie:** BFHE 128, 148 = BStBl II 1979, 650, 651; vgl auch BFHE 148, 226 = BStBl II 1987, 222, 223; BFHE 157, 370 = BStBl II 1989, 976 f; BFHE 173, 9 = BStBl II 1994, 305; sofern der *Sachverhalt unverändert* bleibt: BVerwG Buchholz 310 VwGO Nr 7). Erforderlich ist ein **gewisser** die Verfahrensfortsetzung aus prozessökonomischen Gründen rechtfertigender (aber weiter als in § 68 – dazu Rz 40 – gefasster) **Zusammenhang** (BFHE 153, 206 = BStBl II 1988, 735; BFH/NV 1995, 621). Dabei dürfen weder eine **Veränderung der Rechtslage** (BFH/NV 1998, 674, 675) noch **völlig verschiedene** VAe (BFH/NV 1999, 1471, 1472 f) in Frage stehen. Ganz allgemein wird Feststellungsinteresse iS des § 100 I 4 vor allem durch **Wiederholungsgefahr** indiziert, sofern diese als hinreichend konkret einzuschätzen ist (BVerwGE 54, 314, 316; DVBl 1981, 682; NJW 1980, 2426; 1982, 1410; Buchholz 310 § 86 I VwGO Nr 181; BFHE 103, 555 = BStBl II 1972, 182; BFHE 130, 568 = BStBl II 1980, 593; BFH/NV 1991, 396; 1995, 621; 1996, 873; BFHE 192, 32 = BStBl II 2000, 514; BFH/NV 2004, 1103). Das besondere Feststellungsinteresse muss **sub-**

stantiiert dargelegt werden (BFHE 130, 568 = BStBl II 1970, 593; BFH/NV 2000, 1229; 2001, 458, 459; 2003, 1080; 2004, 652 u 797; FG MeVO EFG 2004, 157).

61   Für die in der Praxis häufige Fallgestaltung, dass ein Urteilsausspruch über die Rechtswidrigkeit eines erlassenen VA zur Verfolgung von **Schadensersatzansprüchen** vor den Zivilgerichten (Amtshaftung) erstrebt wird, verlangt die Rechtsprechung (BFH/NV 2003, 643 u 1080; 2004, 652 u 797; Einschränkung: BFH/NV 2005, 218 s auch FG M'ster EFG 2004, 56; vgl iÜ auch *Kopp/Schenke* § 113 Rz 58; *T/K* § 100 Rz 19 f), dass
– ein Schadensersatzprozess, wenn nicht schon anhängig, so doch *mit hinreichender Sicherheit zu erwarten* ist,
– die Entscheidung nach § 100 I 4 (bzw § 113 I 4 VwGO) für den Schadensersatzprozess *nicht unerheblich* ist und
– der Schadensersatzprozess *nicht offenbar aussichtslos* (dh nicht nur wahrscheinlich erfolglos) ist
(BVerwG NJW 1980, 197; NVwZ 1987, 229; BFHE 116, 459 = BStBl II 1975, 857, 858; BFH/NV 1999, 322 f; 2000, 1229, 2001, 458, 459; FG Mchn EFG 1995, 984; FG Hessen EFG 1996, 414; *Kopp/Schenke* § 113 Rz 136 ff; zum **Streitwert** in solchen Fällen: FG Hessen EFG 1996, 725).

VAe mit diskriminierendem Inhalt (Vorwurf der Steuerhinterziehung zB) können ein Interesse an der **Rehabilitierung** begründen und eine Fortsetzungsfeststellungsklage rechtfertigen (vgl BFH/NV 1995, 322 f; 2001, 458, 459; 2004, 797, 798; 2005, 714; FG BaWü EFG 1995, 130 f).

62   **Bejaht** werden kann das besondere **Feststellungsinteresse** zB
– bei *unsicherer Rechtslage* im Bereich verbindlicher **Zolltarifauskünfte** (BFHE 130, 568 = BStBl II 1980, 593; BFHE 182, 466 = BStBl II 1997, 481; BFH/NV 1998, 1401; 1999, 142 f);
– im **LSt-Ermäßigungsverfahren:** BFHE 173, 9 = BStBl II 1994, 305; HFR 2001, 454; BFH/NV 2004, 1103; 2005, 677, 679; FG Hbg EFG 1999, 1227; FG D'dorf EFG 2003, 1104;
– nach **Erledigung eines Vorauszahlungsbescheides,** dessen Vollziehung ausgesetzt war, weil die Erhebung von *Aussetzungszinsen* (§ 237 AO) zu besorgen ist (BFHE 143, 101 = BStBl II 1985, 370, 371; BFHE 153, 454 = BStBl II 1988, 796; vgl auch BFHE 169, 117 = BStBl II 1993, 120; BFHE 172, 163 = BStBl II 1993, 779; BFH/NV 1989, 56 u 608; s iÜ Rz 40);
– nach Erledigung der Verfügung, mit der ein (wiederholter) *Antrag auf* **Fristverlängerung** *für* die *Abgabe der* **Jahressteuererklärung** *abgelehnt* wurde (BFHE 192, 32 = BStBl II 2000, 514);
– nach Erledigung einer **Arrestanordnung** (BFH/NV 1995, 322 f; s auch BFH/NV 2001, 458; FG Hessen EFG 1996, 414);
– nach Durchführung der angeordneten **Prüfungsmaßnahmen** zur *Rehabilitierung* (BFHE 176, 201 = BStBl II 1995, 210) bzw zur Verhinderung ihrer *Auswertung* (BFHE 136, 192 = BStBl II 1982, 659, 660; BFHE 139, 221 = BStBl II 1984, 285; BFHE 147, 14 = BStBl II 1986, 736, 738; BFHE 148, 426 = BStBl II 1987, 248, 249 f; BFHE 152, 217 = BStBl II 1988, 413; BFHE 177, 4 = BStBl II 1995, 488; BFH/NV 1995, 621; zur Begrenzung: BFHE 160, 409 = BStBl II 1990, 721; BFH/NV 1988, 104; FG Nbg EFG 1989, 589; FG Köln EFG 90, 8, 11), auch wenn hieraus schon Folgerungen in einem Bescheid gezogen

worden waren (BFHE 143, 506 = BStBl II 1985, 579, 580; s aber BFHE 160, 409 = BStBl II 1990, 721; wegen Einwirkung auf die **Verjährung:** FG BaWü EFG 2004, 15);
– zum Zwecke der Beseitigung von Folgen einer aufgehobenen **Pfändungsverfügung** (BFH/NV 1987, 780; vgl auch BFH/NV 1987, 663; FG BaWü EFG 1995, 130; FG Köln EFG 2003, 591; FG Hbg EFG 2003, 1365);
– bei Jahres-(Veranlagungs-)Steuern, wenn das gleiche Problem auch im **Folgejahr** zu klären ist (BFHE 103, 555 = BStBl II 1972, 182; zur Begrenzung: BFH/NV 1987, 714);
– für den Streit um die **Nichtzulassung zu einer Prüfung** (BFHE 176, 201 = BStBl II 1995, 210; BFH/NV 1986, 622, 623 f; 1995, 737; 1996, 79).

Verneint dagegen wurde das Feststellungsinteresse ua   **63**
– im Falle eines *offensichtlich aussichtslosen Schadensersatzprozesses* (BFHE 119, 26 = BStBl II 1976, 566; BFHE 130, 568 = BStBl II 1980, 593) oder bei einer nur theoretisch gegebenen Schadensersatzpflicht des FA (BFH vom 23. 2. 1984 IV R 150/81 nv);
– *nach Zurücknahme einer Prüfungsanordnung* (BFHE 143, 506 = BStBl II 1985, 579, 580; BFH/NV 1988, 104, 105);
– wenn etwas *rechtlich Unmögliches* begehrt wird – wenn zB die erstrebte Feststellung mit dem Inhalt eines nicht streitbefangenen VA (dessen Tatbestandswirkung) unvereinbar wäre (BFHE 135, 237 = BStBl II 1982, 405, 406);
– wenn *nur* ein *allgemeines Bedürfnis* nach Klärung einer Rechtsfrage erkennbar ist (BFH IV R 118/83 vom 22. 8. 1985 nv; s auch § 40 Rz 55 und § 41 Rz 17);
– wenn sich inzwischen die **Rechtslage geändert** hat (BFH/NV 1998, 674, 675; 2001, 476).

Es **fehlt** ein dem § 100 I 4 entsprechendes Antragsrecht **für andere** **64** **Prozessbeteiligte,** vor allem für den Beklagten. Der ist auf das Festhalten am Klageabweisungsantrag angewiesen (*Kopp/Schenke* § 113 Rz 50 mwN), kann aber bei Unterliegen im Fortsetzungsfeststellungsverfahren selbst Revision einlegen (BFHE 137, 456 = BStBl II 1983, 315, 316). **Fehlerhafte Beurteilung** des berechtigten Interesses ist ein **Verfahrensmangel** iSd § 115 II Nr 3 (BFH/NV 2002, 1317).

Im Beschlussverfahren nach § 69 oder § 114 ist ein Übergang zum **65** Fortsetzungsfeststellungsbegehren **nicht** statthaft (BFHE 142, 564 = BStBl II 1985, 302 f; s Rz 37). Der Streitwert wird durch den Übergang zur Fortsetzungsfeststellungsklage nicht verändert (BFH VII R 48/85 vom 30. 7. 1985 nv; FG M'ster EFG 1989, 370). Die **Rechtskraftwirkung** eines im Rahmen des § 100 I 4 ergehenden Urteils (§ 110) geht dahin, dass es dem Unterliegenden verwehrt ist, den Obsiegenden erneut in eine Verfahrenssituation zu bringen, in der dieselben Rechtsfragen zu beantworten sind (BVerwG BauR 2000, 1318; Einzelheiten str; vgl auch *Kopp/Schenke* § 113 Rz 148).

3. Verbindung mit einem Leistungsurteil – § 100 IV

Die in § 100 IV eröffnete Möglichkeit, zusammen mit der Aufhebung **66** des angefochtenen VA Verurteilung zu einer damit verbundenen sonstigen Leistung zu erstreiten (und zwar nur **neben** einem **Anfechtungsbegeh-**

ren − Rz 1, 5: BFH/NV 1987, 663 − oder **Verpflichtungsbegehren** −
Rz 55: vgl BFHE 103, 28 = BStBl II 1971, 740, 741; BFHE 111, 286 =
BStBl II 1974, 408, 409; BFHE 134, 245 = BStBl II 1982, 150, 154; aM −
für Anwendbarkeit des § 100 IV auch auf andere Klagearten, etwa iVm
einem *Leistungsbegehren:* FG Hbg EFG 1997, 28; mit einem *Feststellungsbegehren:* FG Bremen EFG 1994, 574; *T/K* Rz 60) hat im finanzgerichtlichen
Verfahren kaum praktische Bedeutung. − Erstattung der streitigen Steuern
oder Nebenleistungen kann notfalls über § 100 I 2 (s Rz 53) erreicht
werden. Wie dort **fehlt** auch dem zur Beseitigung mittelbarer Folgen gedachten **Leistungsbegehren** nach § 100 IV (zB auch Zahlung von Prozesszinsen oder Erstattung von Vollstreckungskosten: BFHE 114, 323 =
BStBl II 1975, 300, 302; BFHE 134 aaO; BFH/NV 1990, 247; FG BaWü
EFG 1981, 114; FG D'dorf EFG 1985, 399, 400/401: einschränkend FG
Nbg EFG 1987, 520 f) **regelmäßig** das **Rechtsschutzinteresse** (aM
Albert DStZ 1998, 504; *T/K* Rz 61), weil die unterliegende Finanzbehörde
in aller Regel aus dem Urteil auch die erforderlichen mittelbaren Konsequenzen ohne weiteres von sich aus zieht (so im Rahmen des § 100 I 2
ausdrücklich: BFHE 126, 399 = BStBl II 1979, 155, 157 aE; BFHE 131,
158 = BStBl II 1980, 632; s aber Rz 43!). Ausnahmsweise **anders** zu beurteilen sind die Fälle, in denen der **Durchsetzung eines Leistungsbegehrens** ein **ablehnender VA entgegensteht** (s zB § 40 Rz 28; iÜ *Kopp/
Schenke* § 113 Rz 172 ff).

§ 101 [Urteilsspruch bei Verpflichtungsklage]

[1] **Soweit die Ablehnung oder Unterlassung eines Verwaltungsakts
rechtswidrig und der Kläger dadurch in seinen Rechten verletzt ist,
spricht das Gericht die Verpflichtung der Finanzbehörde aus, den begehrten Verwaltungsakt zu erlassen, wenn die Sache spruchreif ist.**
[2] **Andernfalls spricht es die Verpflichtung aus, den Kläger unter Beachtung der Rechtsauffassung des Gerichts zu bescheiden.**

Vgl §§ 113 V VwGO, 131 II SGG.

Literatur: *Bachof,* Vornahmeklage, S 45 ff; *Hödl-Adick,* Die Bescheidungsklage als Erfordernis eines interessengerechten Rechtsschutzes, 2001; *Jacobj,*
Spruchreife und Entscheidungsgegenstand im Verwaltungsprozess, 2001; *Kopp,*
Der für die Beurteilung der Sach- und Rechtslage maßgebliche Zeitpunkt bei
verwaltungsgerichtlichen Anfechtungs- und Verpflichtungsklagen, Menger-FS
S 693; *Martens,* Die zeitliche Fixierung des materiellen Anspruchs im Verwaltungsprozess, DVBl 1970, 260; *Marx,* Das Herbeiführen der Spruchreife im
Verwaltungsprozeß 1996; *Menger,* Herstellung der Spruchreife, Grundsatz und
Grenzen, DVBl 1961, 75; *Ossenbühl,* Die maßgebliche Sach- und Rechtslage
für die Beurteilung von Ermessensentscheidungen, JZ 1970, 348; *Rößler,*
Kommt es im Rechtsstreit um einen abgelehnten Steuererlass auf die Sachlage
zur Zeit der Beschwerdeentscheidung oder auf die Sachlage zur Zeit des Urteils
an?, DStR 1968, 109; *ders,* Klage gegen ablehnende Stundungsverfügungen, Inf
1977, 1223; *Scholtz,* Die Reichweite einer Verpflichtungsklage, FR 1985, 155;
Schröder, Bescheidungsantrag und Bescheidungsurteil, Menger-FS S 487; *Schröer,*
Der maßgebliche Zeitpunkt für die Beurteilung der Rechtslage bei der Verpflichtungsklage, DVBl 1969, 241; *Stüer,* Zurückverweisung und Bescheidungs-

verpflichtung im Verwaltungsprozess, Menger-FS S 779; *Wilhelm,* Die maßgebliche Sach- und Rechtslage bei der Verpflichtungsklage, BayVBl 1964, 350.

Die Vorschrift (zur Entstehungsgeschichte *Lange* in *H/H/Sp* Rz 1) fi- **1** xiert den Inhalt des Urteilsausspruchs im Fall einer erfolgreichen **Verpflichtungsklage** (s zB zur Durchsetzung einer *Verlustfeststellung:* BFH/ NV 1994, 240; zur Feststellung einer *Mitunternehmerschaft* und *gewerblicher Einkünfte:* BFH/NV 1995, 866; zur Verwirklichung eines *Erlassbegehrens:* BFHE 176, 3 = BStBl II 1995, 297; auf Erlass eines **Ergänzungsbescheids:** BFHE 207, 55 = BStBl II 2005, 463; auf Erlass eines *Abrechnungsbescheids:* FG Hbg EFG 1996, 498; wegen der übrigen Klagearten vgl § 100 Rz 1 ff; zur Abgrenzung vom Anfechtungsbegehren: BFH/NV 1989, 788, 789) und korrespondiert infolgedessen mit § 40 I und II (s dort Rz 9 ff und 62 ff). Klagebegehren wie Urteilsausspruch sind in § 101 nach dessen unmissverständlichen Wortlaut **verwaltungsaktbezogen** (§ 47 I 1 und 2; dort Rz 6; s auch § 100 Rz 4 f; *T/K* Rz 1; *Schoch ua/Gerhardt* § 113 Rz 63). Geregelt ist nur die Verpflichtungsklage ieS (Vornahmeklage), **nicht** auch die **sonstige Leistungsklage** (zum Unterschied: § 40 Rz 18 ff u 28 ff; einfach ignoriert in BFH/NV 1995, 77). Ob es zu einem **Teilerfolg** kommen kann (**„soweit ...“**) hängt von der *Teilbarkeit* der erstrebten Regelung ab (vgl Rz 41 f vor § 40; § 47 Rz 3; § 98 Rz 1; § 100 Rz 20 ff; *Kopp/Schenke* § 113 Rz 77 f). Bei der Verpflichtungsklage ieS sollte das stattgebende Urteil aus Gründen der Rechtsklarheit mit der ausdrücklichen *Kassation* der entgegenstehenden Hoheitsmaßnahme verbunden werden („... Die Verfügung des ... vom ... wird aufgehoben, und ... verpflichtet ...“).

Ob das erfolgreiche Klagebegehren (das nach BFH/NV 1995, 77 von **2** Anfang an auf *Bescheidung* begrenzt sein kann) zu einer **Verpflichtung** der beklagten Behörde, dh nach § 101 Satz 1 **zum Erlass einer ganz bestimmten Hoheitsmaßnahme** iS des § 118 Satz 1 AO, oder (nur) zu einer entsprechenden Bescheidung (§ 101 Satz 2) führt, hängt von der **Spruchreife** ab (s Rz 7; *Schoch ua/Gerhardt* § 113 Rz 66). Mit Spruchreife ist der Grad der Sachaufklärung umschrieben, der erreicht sein muss, damit das Gericht in der Lage versetzt ist, nach seiner Überzeugung (§ 96 I 1; BFH/NV 2000, 755; s auch Rz 3) im Rahmen seiner Befugnisse über die Rechtswidrigkeit der in Frage stehenden Ablehnung oder Unterlassung und die hieraus resultierende Verletzung eigener Rechte des Klägers (s § 40 Rz 61 ff) zu befinden. Spruchreif ist eine Sache somit dann, wenn der Sachverhalt so weit aufgeklärt ist, dass das Gericht, wenn es denn selbst tätig werden dürfte (§ 100 Rz 13), den begehrten VA erlassen könnte.

Lücken in der Aufklärung des entscheidungserheblichen Sachverhalts **3** bedeuten, soweit ein **Ermessensspielraum** (im Fall des sogen *Beurteilungsspielraums* – § 102 Rz 8 – gilt Entsprechendes) der Finanzbehörde in Frage steht (s § 102 Rz 4 ff), grundsätzlich endgültiges Fehlen der Spruchreife, mit der Folge des § 101 Satz 2, wenn nicht ausnahmsweise ein Fall der **Ermessens- oder Beurteilungsreduzierung** auf Null vorliegt (BFHE 176, 3 = BStBl II 1995, 297 für einen Fall *sachlicher* Unbilligkeit; s auch BFHE 180, 524; BFH/NV 2004, 1212, 1213; FG Thür EFG 2000, 910, 911), der ohne Verletzung behördlicher Entscheidungskompetenzen ein abschließendes positives (verpflichtendes) oder negatives (klageabweisendes) Gerichtsurteil erlaubt, weil im konkreten Fall nur *eine* Entscheidung richtig sein kann (§ 102 Rz 14; *Kopp/Schenke* § 113 Rz 207). Zur *eigenen* Sachaufklärung jedoch ist das FG auch in Fällen der Ermessensreduzierung *nicht* befugt (aM: BFHE 158, 306 = BStBl II 1990, 179; s dagegen *H/H/Sp/v Groll* § 227 AO Rz 392 ff und hier Rz 5; § 102 Rz 15; s auch BFH/NV 1993, 511). Bei der gerichtlichen Kontrolle von **Prüfungsentscheidungen** kann sich die Notwendigkeit ergeben, dass das Verfahren nach § 74 angesetzt wird, um der Prüfungskommission Gelegenheit zum Überdenken ihrer Entscheidung zu geben (BFH/NV 2000, 755, 756; s ü BFHE 184, 157 = BStBl II 1998, 218 mwN und § 102 Rz 8).

4   In allen anderen Fällen dagegen, dh soweit das Verpflichtungsbegehren ausschließlich **gebundene VAe** betrifft, ist das **Gericht** grundsätzlich (Ausnahmen ergeben sich aus der Mitverantwortung der Prozessbeteiligten; § 76 Rz 2, 28 ff, 44 ff; § 79 b Rz 16 ff; § 6 Rz 8 ff) **verpflichtet,** im Rahmen des Klagebegehrens (§ 96 I 2) durch *eigene Sachaufklärung* (§ 76 I 1) **Spruchreife** (zum Begriff: BFH/NV 2005, 2118) selbst **herbeizuführen** – es sei denn das Gericht würde hiermit in unangemessener Weise in Verwaltungskompetenzen eingreifen (BVerwGE 10, 202; BVerwGE 12, 188; BVerwGE 64, 356; BVerwGE 66, 238; BVerwGE 69, 201; *Kopp/Schenke* § 113 Rz 193; *Schoch ua/Gerhardt* § 113 Rz 66 f). Für die Gegenmeinung (BFHE 139, 553 = BStBl II 1984, 200, 202; BFHE 150, 124 = BStBl II 1987, 707, 709; BFH/NV 2004, 1253, 1254; *T/K* Rz 2 f; *K/H* Rz 3; *H/H/Sp/Lange* Rz 16) spricht die Fassung des § 101 nur bedingt, weil **§ 101 S 1** gegenüber dem anschließenden S 2 auch so verstanden werden kann, dass ersterer den **Regelfall,** letzterer die Ausnahme betrifft – mit der Folge, dass die gerichtliche **Sachaufklärungspflicht** bis zur Herbeiführung der Spruchreife reicht, soweit der Kläger den Erlass eines gebundenen VA erstrebt, nur bis zur Erreichung der **Bescheidungsreife** (§ 101 S 2; BFH/NV 2005, 2118, 2120 f; s auch Rz 7 f) dagegen, soweit die begehrten Einzelfallregelungen einen Beurteilungs- oder Ermessensspielraum der beklagten Behörde voraussetzen (so iE auch BFHE 176, 3 = BStBl II 1995, 297, unter II.6; s auch § 102 Rz 13 ff). Damit ist den Anforderungen des § 76 (dort Rz 10 ff), dem Prinzip der Rechtsschutzgewährung (§ 40 Rz 8; § 76 Rz 3) und der Eigenart des jeweils in Frage stehenden VA-Typs besser Rechnung getragen als durch die vom BFH (und bis zur 4. Aufl – Rz 4 – auch hier) vertretene Gegenmeinung, ohne dass dies unverhältnismäßige Eingriffe in die Verteilung der Hoheitsaufgaben zwischen Exekutive und Judikative zur Folge hätte (iE ebenso *Beermann/Brandt* Rz 18). Das bedeutet allerdings **nicht,** dass **§ 100 III** auf Verpflichtungsklagen anwendbar wäre, auch nicht analog: Es fehlt schon an der Notwendigkeit hierfür (bzw an der Regelungslücke), weil § 101 in S 1 und S 2 alle erforderlichen Entscheidungsvarianten selbst vorsieht (unklar: BFHE 140, 13 = BStBl II 1984, 446; *T/K* Rz 3. – AM: *Beermann/Brandt* Rz 20 ff).

5   Keinesfalls – auch **nicht** nach hM – Sache des Gerichts ist es, zur Erreichung der Spruchreife etwa das gesamte **Verwaltungsverfahren** (Veranlagungsverfahren) nachzuholen oder zu „**ersetzen**" (BVerwGE 41, 278, 283; BFHE 110, 26 = BStBl II 1973, 784, 785; *Kopp/Schenke* § 113 Rz 197 ff mwN). Im Rahmen von Ermessensentscheidungen würde eine eigene Tatsachenermittlung durch das Gericht grundsätzlich ohnehin einen unangemessenen Eingriff in Verwaltungskompetenzen darstellen (vgl auch *Kopp/Schenke* § 113 Rz 194 f; *T/K* Rz 5; iÜ u § 102 Rz 15).

Wegen der Sach- und Rechtslage kommt es grundsätzlich auf den **Zeit-** 6 **punkt** der gerichtlichen Entscheidung an, wenn der Erlass eines *gebundenen VA* begehrt wird (BFHE 122, 376 = BStBl II 1997, 706, 707; § 100 Rz 10 ff), auf den Zeitpunkt der letzten Verwaltungsentscheidung dagegen, wenn der Erlass einer *Ermessensentscheidung* erstrebt wird (BVerwGE 20, 316; BFHE 105, 458 = BStBl II 1972, 649; BFHE 106, 489 = BStBl II 1972, 919; BFHE 129, 126 = BStBl II 1980, 103, 104; BFHE 134, 79 = BStBl II 1981, 740, 745; *T/K* Rz 8; *H/H/Sp/v Groll* § 227 AO Rz 379 und 395). Auch letzteres ist eine Konsequenz der Eigenständigkeit der Verwaltung, die gerade im Bereich der Ermessensausübung und gerade im Stadium der Gerichtskontrolle besonderen Respekt verdient.

Entsprechende Folgerungen ergeben sich für das **Nachschieben** von Gründen (s dazu § 100 Rz 9; § 102 Rz 13, 15, 20).

Mit dem mangels Spruchreife oder wegen entsprechender Begrenzung des 7 Klagebegehrens (FG Saarl EFG 2004, 1486) zu erlassenden **Bescheidungs- urteil** (§ 100 S 2) erzielt der Kläger gegenüber einem Verpflichtungsurteil (§ 100 S 1) nur einen Teilerfolg (BFHE 120, 97 = BStBl II 1976, 800, 803); Formel:

„Die Verfügung … und die hierzu ergangene Einspruchsentscheidung/ Beschwerdeentscheidung werden aufgehoben. – Das FA wird verpflichtet, den Kläger unter Beachtung der Rechtsauffassung des Gerichts (erneut) zu bescheiden. – Im Übrigen wird die Klage abgewiesen."

Auch der Erlass eines solchen Urteils (zur Tenorierung in Fällen, in denen nur *ein* Ehegatte klagt: BFH/NV 2003, 781) setzt eine entsprechende **Überzeugung** des Gerichts voraus (§ 96 I 1; § 96 Rz 16; BFH/NV 2000, 755).

Ob das teilweise Unterliegen des Klägers im Falle der Bescheidung **kos-** 8 **tenrechtliche Folgen** hat, hängt von den Umständen des Einzelfalles ab (s zB FG BaWü EFG 1994, 268 u 1995, 401):
– Hält der Kläger zB in einer Ermessenssache trotz Belehrung an einem Verpflichtungsantrag fest, kann Kostenteilung angemessen sein (ähnlich BFHE 120, 97 = BStBl II 1976, 800, 802; BFHE 120, 212 = BStBl II 1977, 127, 130; BFH/NV 1988, 695, 697 aE).
– Hat dagegen die Verwaltung mangelnde Spruchreife zu vertreten, ist es regelmäßig gerechtfertigt, der Behörde die gesamten Kosten aufzuerle- gen (s auch *T/K* Rz 9; *Kopp/Schenke* § 113 Rz 20 ff; *Schoch ua/Gerhardt* § 113 Rz 75).

Die **Bindungswirkung** (dazu auch BFH/NV 1998, 1106; *Kopp/Schenke* 9 § 113 Rz 212; zur Begrenzung nach § 110: BFH/NV 2005, 2082) für die Verwaltung folgt unmittelbar aus § 101 iVm § 110 und ist durch § 154 sanktioniert. Im Falle vorzeitiger Erledigung des Verpflichtungsbegeh- rens in der Hauptsache kommt in entsprechender Anwendung des § 100 I 4 Übergang zur **Fortsetzungsfeststellungsklage** in Betracht (§ 100 Rz 36 ff). Vorläufig **vollstreckbar** sind Verpflichtungsurteile nur hinsicht- lich der Kosten (§ 151 Rz 4; *T/K* Rz 10, § 151 Rz 8. – ZT aM: FG Hbg EFG 1999, 1146).

§ 102 [Prüfung von Ermessensentscheidungen]

¹Soweit die Finanzbehörde ermächtigt ist, nach ihrem Ermessen zu handeln oder zu entscheiden, prüft das Gericht auch, ob der Verwaltungsakt oder die Ablehnung oder Unterlassung des Verwaltungsakts rechtswidrig ist, weil die gesetzlichen Grenzen des Ermessens überschritten sind oder von dem Ermessen in einer dem Zweck der Ermächtigung nicht entsprechenden Weise Gebrauch gemacht ist. ²Die Finanzbehörde kann ihre Ermessenserwägungen hinsichtlich des Verwaltungsaktes bis zum Abschluss der Tatsacheninstanz eines finanzgerichtlichen Verfahrens ergänzen.

Vgl § 114 VwGO; § 54 Abs 2 S 2 SGG.

Literatur (s auch 4. Aufl und zu § **101**): **Zu Abs. 1:** *Adam,* Die Kontrolldichte-Konzeption des EuGH und deutscher Gerichte, 1993; *Alexy,* Ermessensfehler, JZ 1986, 701; *Bachof,* Beurteilungsspielraum, Ermessen und unbestimmter Rechtsbegriff, JZ 1955, 97; *ders,* Neue Tendenzen in der Rechtsprechung zum Ermessen und zum Beurteilungsspielraum, JZ 1972, 641; *Badura,* Das normative Ermessen beim Erlass von Rechtsverordnungen und Satzungen, GS für Martens (1987), S. 25; *A Bleckmann,* Ermessensfehlerlehre; *Böhm,* Die gerichtliche Kontrolle von Verwaltungsentscheidungen in Deutschland DÖV 2000, 990; *Borowski,* Intendiertes Ermessen, DVBl 2000, 149; *Bullinger,* Ermessen und Beurteilungsspielraum – Versuche einer Therapie, NJW 1974, 769; *ders,* Das Ermessen der öffentlichen Verwaltung, JZ 1984, 100; *ders* (Hrsg), Verwaltungsermessen im modernen Staat, 1986; *Cattepoel,* Ermessen und Beurteilungsspielraum, VerwA 71 (1980), 140; *Czermak,* Zum gerichtsfreien Beurteilungsspielraum im Verwaltungsrecht, JZ 1963, 276; *Erichsen,* Unbestimmter Rechtsbegriff und Beurteilungsspielraum, VerwA 1972, 337; *ders,* Die sogenannten unbestimmten Rechtsbegriffe als Steuerungs- und Kontrollmaßnahmen im Verhältnis zur Gesetzgebung, Verwaltung und Rechtsprechung, DVBl 1985, 22; *Di Fabio,* Risikoentscheidungen im Rechtsstaat, 1993; *ders,* Die Ermessensreduzierung, VerwA 86 (1995), 214; *Frank v Fürstenwerth,* Ermessensentscheidungen im Außenwirtschaftsrecht, Kölner Diss 1985; *Franssen,* (Un)Bestimmtes zum unbestimmten Rechtsbegriff, FS für Zeidler (1987), 429; *J A Frowein* (Hrsg), Die Kontrolldichte bei der gerichtlichen Überprüfung von Handlungen der Verwaltung, 1993; *Gern,* Die Ermessensreduzierung auf Null, DVBl 1987, 1199; *Gusy,* Prüfungsentscheidungen vor Gericht …, Jura 1991, 633; *Gruß,* Das Ermessen im Steuerrecht, Diss Münster 1957; *Hain/Schlette/Schmitz,* Ermessen und Ermessensreduktion, AöR 122 (1997), S 32; *Hill,* Verfahrensermessen der Verwaltung, NVwZ 1985, 449; *Isensee,* Das Billigkeitskorrektiv des Steuergesetzes, FS für Flume (1978) II, 129; *Jesch,* Unbestimmter Rechtsbegriff und Ermessen in rechtstheoretischer und verfassungsrechtlicher Sicht, AöR 82 (1957), 163; *Keppeler,* Die Grenzen des behördlichen Versagungsermessens: unter besonderer Berücksichtigung des Zwecks der Ermächtigung, 1989; *Kirchhof,* Gesetz und Billigkeit im Abgabenrecht, FS für Scupin, 1983; *Koenig,* Zur gerichtlichen Kontrolle sogen Beurteilungsspielräume im Prüfungsrecht, VerwA 83 (1992), 351; *Kopp,* Die Grenzen richterlicher Nachprüfung wertender Entscheidungen der Verwaltung, DÖV 1966, 317; *Kruse,* Über Billigkeit und Richtlinien, StuW 1960, 477; *ders,* Über Ermessen und Billigkeit, StuW 1962, 715; *Löwer,* Kontrolldichte im Prüfungsrecht nach dem Maßstab des BVerfG, FS

f Redeker, 1993, 515; *Maaßen,* Arten des steuerlichen Ermessens und Rechts-schutz gegen Ermessensentscheidungen, StbJb 53/54, 127; *Martens,* Beurtei-lungsspielraum zur Quantifizierung unbestimmter Rechtsbegriffe, JuS 1987, 103; *v Mutius,* Unbestimmter Rechtsbegriff und Ermessen im Verwaltungs-verfahren, Jura 1987, 92; *v Mutius/Sperlich,* Prüfungen auf dem Prüfstand, DÖV 1993, 45; *Nagel,* Die Rechtskonkretisierungsbefugnis der Exekutive: Ermes-senskategorien und verwaltungsgerichtliche Kontrolldichte, Konstanzer Diss 1993; *Ossenbühl,* Tendenzen und Gefahren der neueren Ermessenslehre, DÖV 1968, 618; *ders,* Ermessen, Verwaltungspolitik und unbestimmter Rechtsbegriff, DÖV 1970, 84; *ders,* Die maßgebliche Sach- und Rechtslage für die gericht-liche Beurteilung von Ermessensentscheidungen, JZ 1970, 348; *ders,* Zur Re-naissance der administrativen Beurteilungsermächtigung, DÖV 1972, 401; *ders,* Vom unbestimmten Gesetzesbegriff zur letztverbindlichen Verwaltungsentschei-dung, DVBl 1974, 309; *ders,* Die richterliche Kontrolle von Prognoseentschei-dungen der Verwaltung, Menger-Festschr (1985), S 731; *Papier,* Zur verwal-tungsgerichtlichen Kontrolldichte, DÖV 1986, 621; *Pernice,* Billigkeit und Härteklausel im öffentlichen Recht, 1991; *Pietzcker,* Der Anspruch auf ermes-sensfehlerfreie Entscheidung, JuS 1982, 106; *ders,* Zur gerichtlichen Kontrolle bei berufsbezogenen Prüfungsverfahren, JZ 1991, 1087; *Redeker,* Verfassungs-rechtliche Vorgaben zur Kontrolldichte verwaltungsgerichtlicher Rechtspre-chung, NVwZ 1992, 305; *R Rieger,* Ermessen und innerdienstliche Weisung, Kölner Diss, 1991; *Rößler,* Klage gegen ablehnende Stundungsverfügungen, Inf 1977, 223; *ders,* Ausübung des Verwaltungsermessens, DStZ 1997, 613; *Rozek,* Nebenbestimmung der Justiziabilität von Prüfungsentscheidungen, NVwZ 1992, S 343; *Rupp,* Ermessensspielraum und Rechtsstaatlichkeit, NJW 1969, 1273; *ders,* „Ermessen", „Unbestimmter Rechtsbegriff" und kein Ende, FS f Zeidler (1987), S 455; *Sangmeister,* Die Stundung von Steuerforderungen auf-grund nicht fälliger Gegenansprüche des Steuerschuldners, DStZ (A) 1984, 504; *Spitaler,* Das Ermessen der Finanzbehörden und seine richterliche Kontrolle, StbJb 1950, 75; *Starck,* Das Verwaltungsermessen und dessen gerichtliche Kon-trolle, FS für Sendler (1991), 167; *Ule,* Zur Anwendung unbestimmter Rechts-begriffe im Verwaltungsrecht, FS für W Jellinek, 1955, S 309; *Völlmeke,* Das Entschließungsermessen beim Haftungsbescheid, DStR 1991, 1001; *Waechter,* Polizeiliches Ermessen zwischen Planungsermessen und Auswahlermessen, VerwArch 88 (1997); *Weber,* Steuererlass und Steuerstundung als Subvention, 1980; *Wilke,* Die gerichtliche Kontrolle unbestimmter Rechtsbegriffe ..., Jura 1992, 186; *Wimmer,* Gibt es gerichtlich unkontrollierbare „prüfungsspezifische" Beurteilungsspielräume, FS f Redeker, 1993, 531; *Wolkewitz,* Anforderungen an die Bewertung von Habilitationsleistungen und an das Habilitationsverfahren, NVwZ 1999, 850; *Würkner,* BVerfG auf Abwegen? Gedanken zur Kontroll-dichte verwaltungsgerichtlicher Rechtsprechung, NVwZ 1992, 309.
Zu Satz 2: *Bader,* Die Ergänzung von Ermessenserwägungen im ver-waltungsgerichtlichen Verfahren, NVwZ 1999, 120; *Decker,* Die Nach-besserung von Ermessensentscheidungen im Verwaltungsprozessrecht und ihre verfahrensrechtliche Behandlung gem § 114 S 2 VwGO, JA 1999, 154; *Fendt,* Verpflichtungsklage und Nachschieben von Ermessenserwä-gungen, JA 2000, 883; *Kraus,* Die Ergänzung der Ermessenserwägungen im verwaltungsgerichtlichen und finanzgerichtlichen Verfahren, ThürVBl 2004, 205; *Lange,* Die Ergänzung von Ermessenserwägungen im finanzge-richtlichen Verfahren, DB 2001, 2680; *Pöcker/Barthelmann,* Der missglückte

§ 114 S 2 VwGO, DVBl 2002, 668; *Rößler,* Nachschieben von Ermessenserwägungen im finanzgerichtlichen Verfahren, Inf 2004, 863; *Schenke,* Das
Nachschieben von Ermessenserwägungen, JuS 2000, 230.

1   Die Vorschrift ergänzt die §§ 100, 101, indem sie die gerichtliche Prü-
fungs- und Entscheidungskompetenz gegenüber **Ermessensentscheidungen** der *Verwaltung* (nicht anwendbar auf *richterliche* Ermessensausübung:
BFH/NV 1994, 187) und spiegelbildlich hierzu das diesen gegenüber nach
§ 40 II zulässige Klagebegehren konkretisiert. Soweit Verwaltungsermessen
in Frage steht, erschöpfen sich gerichtliche Kontrolle und Rechtsschutzgewährung in der Nachprüfung auf fehlerfreie Ermessensausübung – ist die
Suche nach der zweckmäßigeren, sachgerechteren oder sonst besseren Lösungen verwehrt. **Nicht** unter § 102, sondern unter § 100 oder § 101 ein-
zuordnen sind die Fälle der **„Ermessensanmaßung"** (die Verwaltung übt
Ermessen aus, wo strikte Rechtsanwendung geboten ist – vgl zB BFHE
146, 569 = StRK UStG 1967, § 15 Rz 27).

2   Entgegen der irreführenden, offensichtlich verfehlten Wortfassung („auch")
werden also die **richterlichen Kompetenzen** der Rechtmäßigkeitsprüfung
iS der §§ 40 II, 100 I 1 und 101 bei Ermessensentscheidungen der Verwaltung im Vergleich zu gebundenen Verwaltungsakten nicht erweitert,
sondern **begrenzt** (s auch *T/K* Rz 2), und zwar auf die Frage, ob die gesetzlichen Grenzen des Ermessens nicht beachtet oder Ermessen fehlerhaft ausgeübt wurde (vgl zB BFHE 151, 14 = BStBl II 1988, 176, 177; BFHE 152,
289 = BStBl II 1988, 364; BFHE 164, 215 = BStBl II 1991, 552; BFHE 192,
32 = BStBl II 2000, 514, unter II.2.c); BFH/NV 1996, 254 u 873 f; 1999,
1592; BFHE 201, 399 = BStBl II 2003, 550; BFHE 204, 403 = BStBl II
2004, 439; BFHE 208, 398 = BStBl II 2005, 460; BFH/NV 2002, 889;
2004, 340 u 361). Der angefochtene VA, seine Ablehnung oder Unterlassung
kann im Ermessensbereich (§ 5 AO) vom Gericht nur als rechtswidrig und
den Kläger in seinen Rechten verletzend beurteilt werden, wenn es zu der
Überzeugung kommt (§ 96 Rz 16), dass die Behörde
– die gesetzlich gezogenen **Grenzen des Ermessens** nicht einhält *(äußerer
Ermessensfehler; Ermessensüberschreitung),* wozu auch der Fall zählt, dass die
Behörde von dem ihr zugebilligten Ermessen keinen Gebrauch macht
(Ermessensunterschreitung; vgl zB BFHE 151, 64 = BStBl II 1988, 20;
BFHE 155, 1 = BStBl II 1989, 118; speziell zur Ermessensunterschreitung: BFH/NV 1988, 217, 218; 2002, 747, 748; vgl auch BVerwG
Buchholz 316 § 40 VwVfG Nr 8);
– von dem ihr eingeräumten Ermessen **falschen,** vor allem einen dem gesetzlichen Ermächtigungszweck nicht entsprechenden **Gebrauch** macht
(innerer Ermessensfehler, Ermessensmissbrauch, Ermessensfehlgebrauch), wobei
dem im Gesetz genannten Fall der Zweckverfehlung nur beispielhafte
Bedeutung zukommt (BFHE 161, 486 = BStBl II 1990, 1008; *T/K* § 5
Rz 21 ff u § 102 FGO Rz 1);
– **unbeachtet lässt, dass** sich der an und für sich eröffnete **Ermessensspielraum** im konkreten Einzelfall derart **verengt** hat, dass nur *eine* bestimmte Entscheidung richtig sein kann *(Ermessenseinengung, Ermessensschrumpfung* oder *Ermessensreduzierung auf Null:* BFHE 106, 268 = BStBl II
1972, 806, 808; BFHE 185, 94 = BStBl II 1998, 550; BFH/NV 1999,
383; 2002, 747, 748; *T/K* Rz 1; *Kopp/Schenke* § 114 Rz 21 a).

Klargestellt ist damit zugleich, dass der Kläger idR, vom Fall der Ermes- **3**
sensreduzierung auf Null abgesehen, nicht die Verpflichtung zum Erlass
einer bestimmten Ermessensentscheidung beanspruchen kann, vielmehr
nur, dass die Behörde in eine einwandfreie Ermessensprüfung eintritt
(Recht auf fehlerfreien Ermessensgebrauch). Dieses Recht steht nur
dem vom fehlerhaften Ermessensgebrauch unmittelbar **Betroffenen** selbst
zu: § 102 betrifft keinen Ausnahme-, sondern einen Spezialfall des § 40 II
(s § 40 Rz 55). Dies kann allerdings im Einzelfall **auch** ein **Dritter** sein
(Rz 12).

Ob und inwieweit die **Finanzbehörde ermächtigt** ist, **nach** ihrem **4**
Ermessen zu handeln (und demgemäß die in § 102 umschriebene ver-
fahrensrechtliche Konsequenz eintritt), ist durch **Auslegung** nach dem
Zweck der einschlägigen Gesetzesbestimmungen zu ermitteln, wobei die
Wortfassung (*„kann"*, *„darf"*, *„soll"* usw) hilfreich sein kann, aber nicht
ausschlaggebend sein muss (GmS BStBl II 1972, 603, 606). Im Rahmen
der gesetzlichen Ermächtigung können – unter dem Gesichtspunkt der
Selbstbindung (dazu: *Kopp/Schenke* § 114 Rz 10a u 41; *T/K* § 4 AO
Rz 38 u 50 ff; *H/H/Sp/v Groll* § 227 AO Rz 183; BFHE 158, 182 =
HFR 1990, 14; BVerwG NJW 1996, 1766) – auch **Verwaltungsvor-**
schriften relevant werden (BFHE 135, 470 = BStBl II 1982, 518, 521;
BFHE 150, 546 = BStBl II 1987, 842; BFHE 170, 436 = BStBl II 1993,
479, 481; s auch – zur BpO(St) – BFH/NV 1994, 500 f, 669 f u 677; FG
Hessen EFG 2003, 823; vgl auch BFHE 153, 188 = BStBl II 1988, 653;
BFHE 175, 109 = HFR 1995, 21 – zu § 3 ZRFG – s aber Rz 11; zur Be-
grenzung: *H/H/Sp/v Groll* § 227 AO Rz 202 ff; generell für eine weiter-
reichende Bedeutung von Verwaltungsvorschriften: *K Vogel,* StuW 1991,
254; einschränkend: BVerfG HFR 1993, 592). Die in diesem Zusammen-
hang von der hM vertretene Ansicht, Ermessensrichtlinien dürften **„nicht**
wie Gesetze" ausgelegt werden (BFHE 168, 226 = BStBl II 1992, 784;
BFHE 208, 398 = BStBl II 2005, 460; BFH/NV 1999, 791; 2000, 691;
BVerwGE 58, 521; BVerwGE 86, 59; *Schoch ua/Gerhardt* § 114 Rz 22;
Kopp/Schenke § 114 Rz 42; *H/H/Sp/Lange* Rz 48; *Beermann/Brandt*
Rz 47; offen in BFHE 192, 32 = BStBl II 2000, 514), **überzeugt nicht.**
Zum einen widerspricht sie der Erkenntnis, dass für jegliche Art von Willensbekundungen dieselben Auslegungskriterien gelten (*v Groll,* Freundes-
gabe für Haas, 1996, 149, 154 f mwN), zum anderen eröffnet sie grundlos
einen durch Gesetz nicht gedeckten „Ermessensspielraum ohne Gerichtskontrolle" bzw mit verminderter gerichtlicher Nachprüfung. Richtigerweise kann für Ermessensrichtlinien **kein Sonderrecht** gelten. Hierauf
gestützte Verwaltungsentscheidungen unterliegen prinzipiell denselben
Kontrollregeln (Rz 2) wie solche, die sich unmittelbar aus dem Gesetz legitimieren.

Der im Gesetz (vgl auch die §§ 5 AO, 40 VwVfG) nicht definierte **5**
Begriff des Ermessens bedeutet inhaltlich wählendes Verhalten im Rahmen der Wertverwirklichung (BFHE 166, 105, 108 = BStBl II 1992, 220
mwN) und rechtsanwendungstechnisch gesetzesabhängige *Wahlfreiheit* der
Behörde *bei der Rechtsfolgebestimmung* (*T/K* § 5 AO Rz 5). – Verwaltungsermessen im Bereich der Feststellung des gesetzlichen Tatbestandes ist mit
dem Grundsatz der Gesetzmäßigkeit der Verwaltung unvereinbar (BFHE
120, 97 = BStBl II 1976, 800, 801; *T/K* § 5 AO Rz 7 mwN).

6   Demgemäß sind in der Struktur von Ermessensentscheidungen **zwei Stufen** zu unterscheiden (BFHE 125, 126 = BStBl II 1978, 508, 509; BFHE 139, 128 = BStBl II 1984, 321, 323; BFHE 148, 406 = BStBl II 1987, 286, 287; BFH/NV 1994, 359; s auch BFH/NV 1995, 941):

– Auf der ersten Stufe wird darüber befunden, ob die tatbestandsmäßigen **Voraussetzungen** für eine Ermessensentscheidung vorliegen (gerichtlich uneingeschränkt nachprüfbarer Gesetzesvollzug).

– Sind die gesetzlichen Voraussetzungen dafür erfüllt, so kommt es auf der zweiten Stufe zur eigentlichen, nur in den Grenzen des § 102 nachprüfbaren **Ermessensentscheidung** der Behörde.

Mehr Verwirrung als Einsicht wird durch die Begriffe „**intendiertes Ermessen**" (dazu: BVerwGE 72, 1, 6; 105, 55, 57; *Kopp/Schenke* § 114 Rz 21 b; *H/H/Sp/Birk* § 5 AO Rz 134 ff) bzw. „**vorgeprägtes Ermessen**" (BFHE 139, 128 = BStBl II 1984, 321; BFH/NV 1999, 216, 219; BFHE 205, 394 = BStBl II 2004, 919; HFR 2005, 293; BFH/NV 2005, 1217 u 2080; *Birk* aaO Rz 138 ff) vermittelt: In Wirklichkeit handelt es sich um den untauglichen, weil systematischer Rechtfertigung entbehrenden Versuch, der Verwaltung die Ermessenshandhabung zu erleichtern und der gerichtlichen Kontrolle (zumindest teilweise) zu entziehen (zur Kritik auch: *T/K* § 6 AO Rz 13; *Birk* aaO Rz 142; *Borowski* DVBl 2000, 149).

7   **Frei** ist das Ermessen insofern, als der Behörde im gesetzlich abgesteckten Rahmen der Spielraum gelassen ist, unter einer Mehrzahl von Rechtsfolgemöglichkeiten (Rz 5) zu wählen (BFHE 106, 489 = BStBl II 1972, 919, 920; BFHE 134, 335 = BStBl II 1982, 88, 89), pflichtgemäßer *Bindung* unterworfen insofern, als die Wahl zB **nicht** von **Willkür** bestimmt sein darf (BFH/NV 1994, 677, 679 f), sondern von sachlichen Erwägungen getragen sein und unter Beachtung bestimmter Verfahrensregeln verwirklicht werden muss (BFH/NV 1987, 595; 1991, 787, 788; zur **Konkretisierung durch** die **Wertentscheidungen** des **GG** sowie durch **allgemeine Rechtsgrundsätze:** *Kopp/Schenke* § 114 Rz 39 ff; *Schoch ua/Gerhardt* § 114 Rz 23 ff).

8   Das umstrittene Phänomen des unbestimmten Rechtsbegriffe mit **Beurteilungsspielraum** (*Schoch ua/Gerhardt* § 114 Rz 55; *Kopp/Schenke* § 114 Rz 23 ff mwN; BVerwGE 8, 272, 275; 39, 197; BVerwG DÖV 1986, 109; zur Begrenzung: BVerfGE 61, 82; BVerfGE 64, 279; BVerfGE 84, 49; BVerfGE 88, 56) erlangt im finanzgerichtlichen Verfahren praktisch nur Bedeutung, wenn es gem § 33 I 3 um Rechtsschutz gegenüber **Prüfungsentscheidungen** geht (BFHE 120, 97 = BStBl II 1976, 800, 801; BFHE 144, 516 = BStBl II 1986, 103, 104; BFH/NV 1987, 127, BFHE 184, 157 = BStBl II 1998, 218; BFH/NV 2000, 755 f; BVerwG JuS 1999, 924; s auch Rz 12; zur „**Kontrolldichte**" bei solchen Entscheidungen: BVerfG NVwZ 1992, 55; BVerfGE 88, 40; krit dazu *Pieroth/Kemm* JuS 1995, 780). In solchen Fällen gelten die in § 102 FGO angesprochenen Grundsätze entsprechend mit der Folge, dass sich die gerichtliche Nachprüfung im Wesentlichen auf die äußeren Bedingungen des Reglements zu beschränken hat (Einzelheiten: BFHE 184, 157 = BStBl II 1998, 218; BFH/NV 2000, 755 f; BVerwG JuS 1999, 924; *Kopp/Schenke* § 114 Rz 25; *Schoch ua/Gerhardt* § 114 Rz 72 ff; s auch § 101 Rz 3).

9   In der Praxis weit häufiger zu bewältigen sind von den FG, und im Falle des § 126 III Nr 1 auch vom BFH, sogen **Koppelungsvorschriften,** in denen unbestimmte Gesetzes- bzw Rechtsbegriffe (dazu *T/K* § 5 AO Rz 16 ff; *Kopp/Schenke* § 114 Rz 23 ff) mit Ermessenstatbeständen verbunden sind (s zB zur **Festsetzung von Verspätungszuschlägen** – § 152 AO: BFH HFR 2001, 9 = BStBL II 2001, 60; FG Mchn EFG 2002, 998 m Anm; näher hierzu: *T/K* § 5 AO Rz 25 ff; *H/H/Sp/v Groll* § 227 AO Rz 115; *Kopp/Schenke* § 114 Rz 33).

Für **Erlassentscheidungen nach §§ 163, 227 AO** hat der GmS OGB **10** (BFH BStBl II 1972, 603, 606 f) den Begriff „*unbillig*" zwar als unbestimmten Rechtsbegriff gekennzeichnet, wegen der unlösbaren Verknüpfung mit der tatbestandlichen Rechtsfolge „*können*" die Gesamtregelung aber gleichwohl als einheitliche Ermessensvorschrift angesehen (ebenso ua BFHE 106, 268 = BStBl II 1972, 806, 808; BFHE 176, 3 = BStBl II 1995, 297; BFHE 177, 246 = BStBl II 1995, 824; BFHE 208, 398 = BStBl II 2005, 460; BFH/NV 1993, 511; 1994, 562 f; 1998, 141; 2000, 161 f u 301; 2004, 340; zur **Ablehnung** eines Erlassantrags: FG BaWü EFG 2005, 497; s iÜ auch BVerfG HFR 1995, 220; zur Kritik: *T/K* § 227 Rz 18 ff; *H/H/Sp/v Groll* § 227 AO Rz 114 ff – jew mwN; zu den Einschränkungen durch das **EG-Recht:** ebenda Rz 70 ff; s aber auch EuGH HFR 1993, 618; vgl zur Konkretisierung des Billigkeitsbegriffs durch die Gerichte: BVerfG BStBl II 1984, 236, 243 f mwN; BVerwG BStBl II 1984, 244, 248). Ungeachtet dieses Widerspruchs haben sich die im Laufe der Zeit von Lehre und Rspr entwickelten **Grundsätze zur Konkretisierung des Billigkeitsbegriffs** inzwischen derart verfeinert und verfestigt (dazu: *H/H/Sp/v Groll* § 227 AO Rz 252 ff, 270 ff und 285 ff mwN), dass eine **Kontrolldichte** erreicht ist, die einen Entscheidungsraum der Verwaltung kaum mehr erkennen lässt (*H/H/Sp/v Groll* § 227 AO Rz 117 ff; zur Anwendung bei der Rückforderung von **Kindergeld:** BFH/NV 1999, 1592; 2000, 36).

Dem zum Verständnis der §§ 163, 227 AO geltenden Denkmuster folgend hat der BFH auch **andere Billigkeitsvorschriften** als einheitliche **11** Ermessensregelungen (zur Abgrenzung von anderen Gesetzesvorschriften: *H/H/Sp/v Groll* § 227 AO Rz 44 ff; zur Problematik der *Anpassungsregelungen:* ebenda Rz 202 ff mwN einerseits und BFH/NV 1989, 80 andererseits) qualifiziert:
– die *Stundung* nach § 222 I AO (BFHE 122, 28 = BStBl II 1977, 587; BFHE 138, 1 = BStBl II 1983, 397; BFH/NV 1996, 873; 1999, 12; 2000, 1066; krit: *H/H/Sp/v Groll* § 222 AO Rz 80; *T/K* § 222 AO Rz 4 – jew mwN);
– den *Erlass von Lastenausgleichsabgaben* (BFH/NV 1986, 141; *H/H/Sp/v Groll* § 227 AO Rz 365 mwN);
– die Vergünstigungsmaßnahmen nach dem *ZRFG* (BFHE 131, 356 = BStBl II 1980, 762; BFHE 134, 335 = BStBl II 1982, 88; BFHE 138, 396 = BStBl II 1983, 529; BFHE 153, 188 = BStBl II 1988, 653; BFHE 175, 109 = HFR 1995, 21; aM FG SchlHol EFG 1977, 279 u 1978, 513; *H/H/Sp/v Groll* § 227 AO Rz 48; zum Abbau dieser Vergünstigungsregelung: *Hoffmann* DB 1992, 1364).

Zu einer ähnlich einheitlichen Betrachtungsweise ist der BFH (BFHE 138, 508 = BStBl II 1983, 695 zu § 37 III 1 StBerG) auch im Bereich anderer „Koppelungsvorschriften" gelangt (vgl iÜ Rz 9).

Außer den zuvor (Rz 11) genannten Billigkeitsentscheidungen fallen vor **12** allem folgende **andere** abgabenrechtliche **Entscheidungen mit Ermes-**

sens- bzw Beurteilungsspielraum in den Anwendungsbereich des § 102:

- **korrigierende SteuerVA nach § 130 AO** (BFHE 164, 215 = BStBl II 1991, 552; BFH/NV 1992, 354; BFH/NV 1999, 1583) nach § 131 AO (BFH/NV 1997, 904, 905) sowie nach § 172 I Nr 2 a AO (BFH/NV 1997, 741 f; FG Köln EFG 2000, 1044. – AM: *H/H/Sp/ v Groll* § 172 Rz 56 f); zur Beifügung eines **Vorläufigkeitsvermerks** (§ 165 AO): FG BaWü EFG 2005, 497; zur Ausübung des Wahlrechts in **§ 8 I 1 VwZG:** BFHE 204, 403 = BStBl II 2004, 439;
- Entscheidungen über **Auskunftsbegehren** (dazu sowie zur Abgrenzung von der *Zusage* Vor § 40 Rz 32 u 78; speziell iRd **Drittbetroffenheit** – § 40 Rz 111 u 122: FG SachsAnh EFG 2003, 910, das allerdings die Ablehnung eines solchen Begehrens als *„Realakt"* qualifiziert);
- Entscheidungen über Anträge auf **Akteneinsicht** (BFHE 143, 503 = BStBl II 1985, 571; FG Köln EFG 2000, 903);
- **Auskunftsersuchen** (§ 93 AO; FG M'ster EFG 2000, 299; s iÜ Vor § 40 Rz 34);
- allgemeine *Maßnahmen* **zur Konkretisierung abgabenrechtlicher Mitwirkungspflichten:** zB zur Buchführung (§ 148 AO; BFHE 151, 64 = BStBl II 1988, 20) oder zur **Fixierung der Steuererklärungsfrist** (§ 149 I 2 AO; BFHE 192, 32 = BStBl II 2000, 514; BFHE 201; 399 = BStBl II 2003, 550; BFH/NV 1998, 14; FG Bremen EFG 2000, 1230; s auch FG SchlHol EFG 2001, 479; FG Nbg EFG 2001, 800);
- **Duldungs- und Haftungsbescheide** (§ 191 AO; s Rz 66 ff vor § 40; BFHE 125, 126 = BStBl II 1978, 508, 509; BFHE 205, 14 = BStBl II 2004, 579; BFHE 205, 394 = BStBl II 2004, 919; HFR 2005, 293; BFH/NV 1992, 87, 89 f; 1997, 386; 1998, 1193; 2000, 1442, 1443; FG Hbg EFG 2003, 124 u 2004, 74; FG Saarl EFG 2004, 1192; FG BaWü EFG 2005, 662);
- Entscheidungen über die **Durchführung einer Außenprüfung** (Prüfungsanordnungen – §§ 193, 196 AO; s Rz 70 ff vor § 40; BFHE 134, 395 = BStBl II 1982, 208; BFHE 166, 105 = BStBl II 1992, 220; BFH/NV 1995, 188; 1997, 276 u 545; 2000, 1447; 2002, 1013; 2004, 312 u 1501; FG Hessen EFG 2003, 1362);
- ganz allgemein die **Auswahl unter** mehreren **Gesamtschuldnern** iS des § 44 AO (BFHE 104, 294 = BStBl II 1972, 364; BFHE 207, 565 = BFH/NV 2005, 318 m Anm BFH-PR 2005, 119; BFH/NV 2000, 99 u 678 f; FG D'dorf ZfZ 2002, 270; *T/K* § 44 AO Rz 30 ff);
- die Festsetzung von **Verspätungszuschlägen** (§ 152 AO; BFHE 149, 429 = BStBl II 1987, 543; BFHE 183, 21 = BStBl II 1997, 642; BFHE 192, 213 = HFR 2001, 9; FG BaWü EFG 1998, 431);
- Anordnung von **Zwangsmitteln** (§§ 328 I, 333 AO; str – vgl BFH/NV 1995, 754 mwN; s außerdem: BFH/NV 1996, 530; 1997, 166; FG Nbg EFG 2001, 800; *T/K* § 328 AO Rz 38 ff);
- Maßnahmen der **Vollstreckung** (§§ 249 ff AO; BFHE 142, 418 = BStBl II 1985, 196; FG RhPf EFG 2003, 823; *T/K* § 249 AO Rz 13 ff; zur **Aufforderung nach § 284 AO:** BFHE 165, 477 = BStBl II 1992, 57; BFH/NV 1999, 1223; 2005, 2080, zur **Stellung eines Konkursantrags:** BFH/NV 1991, 787 f; zur Stellung eines **Insolvenzantrags:** FG Köln EFG 2005, 372);

– **Prüfungsentscheidungen** nach dem **StBerG** (BFHE 184, 157 =
BStBl II 1998, 218; BFH/NV 2000, 755; 2002, 955; FG Hbg EFG
2002, 1263; s auch Rz 8 u § 101 Rz 3);
– die Entscheidung der **Familienkasse** nach § 74 I EStG (BFH/NV
2005, 171).

Gegenstand gerichtlicher Überprüfung iS des § 102 ist die Ermessens- **13**
entscheidung der Verwaltung so, wie sie (regelmäßig, nach Abschluss des
außergerichtlichen Rechtsbehelfsverfahrens, in letzter Instanz) getroffen
wurde. Soweit das der Verwaltung vom Gesetzgeber zugestandene Ermessen reicht, ist daher für die gerichtliche Überprüfung nach hM maßgeblich
die Sach- und Rechtslage zum **Zeitpunkt der letzten Verwaltungsentscheidung** (BFHE 87, 113 = BStBl II 1967, 49; BFHE 183, 21 =
BStBl II 1997, 642; BFHE 192, 32 = BStBl II 2000, 514, unter II.2.c);
BFH/NV 1999, 1223 f; 2000, 952, 954 u 1223 f; 2004, 312; FG Mchn
EFG 2002, 998 m Anm; FG Hbg EFG 2003, 202; *H/H/Sp/Lange* Rz 35 f;
T/K Rz 7; unentschieden: BFHE 117, 430 = BStBl II 1976, 257, 258 zu
§ 332 AO; zu den *Ausnahmen* bei DauerVAen: BFHE 152, 289, 292 =
BStBl II 1988, 364, 365; zu den Ausnahmen bei § 227 AO *H/H/Sp/v
Groll* § 227 AO Rz 379; s iÜ Rz 15). Daraus erfolgt ua: Erweisen sich
neue Ermessenserwägungen der Einspruchsentscheidung als nicht tragfähig,
muss die Klage unabhängig davon Erfolg haben, ob der VA mit der ursprünglichen, nicht mehr aufrechterhaltenen Erwägungen rechtmäßig gewesen wäre (BVerwG Buchholz 310 § 68 VwGO Nr 297). Unbeachtlich
ist (selbst bei überlanger Verfahrensdauer) in diesem Zusammenhang die
Erwägung, ob womöglich ein **neuer Antrag** Erfolg haben würde (so aber
BFH/NV 1994, 562), weil ein neuer Antrag ein **neues Verfahren** auslöst
(dazu auch *H/H/Sp/v Groll* § 227 AO Rz 397 mwN).

Das **Gericht** ist im Ermessensbereich grundsätzlich weder zu eigenen **14**
Tatsachenermittlungen noch zur eigenen Ermessensausübung befugt, weil
es damit letztlich seine Erwägungen an die Stelle der hier allein maßgeblichen Ermessenserwägungen der Verwaltung setzen würde (BFHE 152, 299
= HFR 1988, 240; BFH/NV 1988, 518; BFHE 192, 32 = BStBl II 2000,
514).

Das rechtsstaatliche Gebot der Ermessenskontrolle, das Recht des Be- **15**
troffenen auf fehlerfreien Ermessensgebrauch (Rz 1 f), verbunden mit einer
entsprechenden Rechtsschutzgarantie, ebenso wie das Interesse der Verwaltung an einer effizienten Selbstkontrolle – all dies zusammen spricht für
verstärkte Anforderungen an die **Begründungspflicht** (§ 121 I AO; s
auch *T/K* § 5 AO Rz 66), und zwar in der Weise, *dass zugleich mit dem
Erlass* der Ermessensentscheidung (auch wenn sie – teilweise – *positiv* ausgefallen ist; wegen evtl *Drittbetroffenheit* s Rz 12) die für die Ermessensausübung maßgeblichen Gesichtspunkte tatsächlicher und rechtlicher Art mitgeteilt werden. Vor diesem Hintergrund sind schon die der Verwaltung bis
zu ihrer letzten Entscheidung eröffneten „Nachbesserungsmöglichkeiten"
(Rz 13) als überaus „großzügige" Konzession der Judikative an die Exekutive zu werten. Ein **Nachschieben von Gründen im Prozess** allerdings
würde das Begründungserfordernis zur reinen Farce werden lassen und ist
daher für Ermessensentscheidungen (anders als für gesetzesgebundene VA –
§ 100 Rz 9 f) **grundsätzlich nicht** zuzulassen (BFHE 192, 32, 43 f =
BStBl II 2000, 514; s auch Rz 16 u 20; *T/K* Rz 7 u § 5 AO Rz 67 ff; s

auch *Kopp/Schenke* § 114 Rz 48; unklar: *H/H/Sp/Birk* § 5 Rz 257 ff). Das gilt in besonderem Maße auch für die Sachaufklärung. Fehlerfreie Ermessensausübung setzt daher voraus, dass die Finanzbehörden ihre Ermessensentscheidung auf Grund einer **einwandfreien und erschöpfenden Ermittlung des entscheidungserheblichen Sachverhalts** getroffen (s § 101 Rz 3; BFHE 139, 146 = BStBl II 1983, 672, 673; BFHE 143, 512 = BStBl II 1985, 489, 490; BFH/NV 1986, 256; 1988, 695 f; 1989, 274 f u 428; 1991, 509, 510) und alle für die Ermessensausübung nach dem Zweck der Ermächtigungsnorm wesentlichen Gesichtspunkte tatsächlicher und rechtlicher Art spätestens zum Zeitpunkt der letzten Verwaltungsentscheidung berücksichtigt haben (BFHE 134, 79 = BStBl II 1981, 740, 744; BFHE 143, 512 = BStBl II 1985, 489, 490). In Fällen der Ermessensreduzierung auf Null (Rz 2 aE) gilt dies ebenfalls *(H/H/Sp/v Groll)* § 227 AO Rz 394. – AM: BFHE 158, 306 = BStBl II 1990, 179 f).

16   Außerdem müssen die für die Entscheidungsfindung maßgeblichen **rechtlichen Erwägungen** grundsätzlich spätestens bis zur letzten Verwaltungsentscheidung in überprüfbarer Form **mitgeteilt** sein (**§ 121 AO;** BFHE 120, 212 = BStBl II 1977, 127, 129; BFHE 134, 149 = BStBl II 1981, 801, 803; BFHE 192, 32 = BStBl II 2000, 514; *H/H/Sp/Lange* Rz 43 ff; einschränkend für Fälle begrenzter Ermessensausübung – § 193 I AO: BFHE 165, 105 = BStBl II 1992, 220). Die **Anforderungen** an die Erfüllung der Begründungspflicht in rechtlicher wie tatsächlicher Hinsicht (s auch Rz 15) sind **durch** den 2001 eingefügten **S 2** zwar verschleiert, aber letztlich **nicht verändert** worden (näher dazu Rz 20).

17   Entsprechende Grenzen gerichtlicher Nachprüfbarkeit gelten im **vorläufigen Rechtsschutzverfahren** (§§ 69, 114), soweit Ermessensentscheidungen der Verwaltung betroffen sind, weil die Kontrolle dort nicht weiter reichen kann als im Hauptsacheverfahren (BFHE 119, 232 = BStBl II 1976, 628).

18   Zum Abschluss solcher gerichtlichen Nachprüfung ergeben sich demnach folgende **Entscheidungsmöglichkeiten:**
- Wenn weder ein äußerer noch ein innerer Ermessensfehler festgestellt wird, *Klageabweisung* (Bestätigung der Verwaltungsentscheidung);
- wenn ein äußerer oder innerer Ermessensfehler festgestellt wird, *Aufhebung* (Kassation) der angefochtenen Entscheidung (ausnahmsweise – § 44 Rz 36 ff – der hierzu ergangenen außergerichtlichen Rechtsbehelfsentscheidung allein: BFH/NV 1990, 175; 1999, 314) und außerdem, im Falle eines Verpflichtungsbegehrens, idR *Bescheidung* nach § 101 Satz 2 (s dort Rz 7),
- ausnahmsweise, bei Spruchreife infolge Ermessensreduktion auf Null, antragsgemäß *Verpflichtung* der Behörde zum Erlass des erstrebten VA (§ 101 Satz 1; BFH/NV 1999, 383; vgl auch BFHE 185, 94 = BStBl II 1998, 550).

Im Anwendungsbereich des § 102 ist die **Überschreitung der richterlichen Prüfungskompetenz** (Rz 2) im revisionsrechtlichen Sinn als *materieller* Fehler, nicht als Verfahrensfehler zu werten (BFH/NV 2002, 1485); eine unabhängig hiervon (aus anderem Grund) erhobene *Verfahrensrüge* iSd § 115 II Nr. 3 (s dort Rz 73 ff) erfordert besondere Darlegungen zur *Erheblichkeit* des Verfahrensmangels (BFH/NV 2003, 1289; s iÜ § 115 Rz 96 ff).

20   Der mit Wirkung ab 23. 1. 2001 geltende **Satz 2** dient nach den Worten seiner „Erfinder" der „Angleichung" an § 114 S 2 VwGO (s auch Vor

§ 1 Rz 23; zur Problematik und Kritik an dieser gesetzgeberischen Maßnahme ausführlich: 5. Aufl Rz 20; zur Problematik des „Modells": *Kopp/
Schenke* § 114 Rz 49 ff; *Schoch ua/Gerhardt* § 114 Rz 12 a ff). Was die Anwendung der beiden gleichlautenden Vorschriften angeht, so besteht im
Wesentlichen Einigkeit darin, dass **„ergänzen"** (entgegen den verwal-
tungsfreundlichen Intentionen des Gesetzgebers) **einschränkend zu verstehen** ist (so vor allem: BFHE 205, 14 = BStBl II 2004, 579, unter
II.2.a), m Anm BFH-PR 2004, 284; s auch BFH/NV 2004, 1536, 1537;
2005, 318, 319 u 378; FG D'dorf ZfZ 2002, 270; FG RhPf 2003, 757;
BVerwG NJW 1999, 2912; *H/H/Sp/Lange* Rz 67 f; *T/K* Rz 12), und
zwar in dem Sinn, dass die Behörde im Prozess lediglich befugt sein soll,
ihre (zuvor angestellten und dargelegten – Rz 13 u 15 f) **„Ermessenserwägungen"** hinsichtlich des VA" **„zu vertiefen, zu verbreitern oder
zu verdeutlichen"**, nicht aber „erstmals anzustellen, Ermessensgründe
auszuwechseln oder vollständig nachzuholen" (BFHE 205, 14 aaO). Von
einer solchen Ergänzung kann also **nicht** die Rede sein, wenn das beklagte
FA im Klageverfahren

– die **Darstellung des Sachverhalts** (Rz 15) nachholt (FG RhPf 2003,
  823; s auch *T/K* Rz 12);
– **maßgebliche Ermessenserwägungen erstmals** vorbringt (FG RhPf
  EFG 2003, 823; ähnlich: FG BaWü EFG 2003, 64; FG Hbg EFG 2003,
  202; s auch *T/K* Rz 12; wovon nach FG M'ster, EFG 2002, 1628 auszugehen ist, wenn eine Ermessensausübung im Vorverfahren *nicht erkennbar* ist, bzw wenn bis zu dessen Abschluss eine *Begründung* für die
  Ermessensausübung völlig fehlt: FG D'dorf ZfZ 2002, 270).

Gleichwohl bleiben **Unklarheiten** – so, wenn die Rede ist von
– „bereits angestellten *oder* dargelegten" Ermessenserwägungen (BFHE
  205, 14 = BStBl II 2004, 579);
– einer „die bisherige Argumentation in ihrem Wesen verändernden Begründung" (BFH/NV 2004, 1536, 1537)
oder auch davon, dass die Behörde „überhaupt Ermessenserwägungen angestellt hat" (FG Saarl EFG 2004, 1192). Unsicherheit herrscht auch hinsichtlich der Bedeutung des zugleich mit § 102 S 2 eingefügten (auch dazu:
5. Aufl Rz 20) **§ 126 I Nr 2 iVm II AO.** Zwar scheint sich die Meinung
durchzusetzen, dass auch diese „Nachbesserungsmöglichkeit" durch § 102
S 2 *eingeschränkt* wird (BFH/NV 2004, 756, 757; *Klein/Brockmeyer* § 126
Rz 11 f; *P/K/Pahlke* § 126 Rz 12; *T/K* § 126 AO Rz 9 f). Übersehen wird
dabei, dass diese Regelung auf Ermessensentscheidungen von vornherein
deshalb **nicht** passt, weil dort das Fehlen der nach § 121 I AO erforderlichen Begründung (Rz 15 f) keineswegs als bloßer *„Form- oder Verfahrensfehler"* qualifiziert werden kann. IÜ muss mE nach dem Wortsinn des S 2,
nach systematischem Zusammenhang und Zielsetzung der Gesamtregelung
(Rz 1 ff und 15 f) „Ergänzen" noch enger als bisher iS reiner **Vervollstän-
digung/Erläuterung der spätestens bis zur letzten Verwaltungsentscheidung durch Begründung fixierten Ermessenserwägungen** verstanden werden. Dh *jede* im Prozess „nachgelieferte" Ermessenserwägung
muss sich, nach den allgemeinen Regeln objektiver **Auslegung** (s Vor
§ 40 Rz 20 u 44 f; *v Groll*, Festg 50 Jahre BVerwG, 2003, S 83, 88 f), zumindest *andeutungsweise* in der (zuletzt gegebenen) Begründung der in Frage stehenden Ermessensentscheidung wiederfinden lassen, damit sie bei der

gerichtlichen Prüfung (Rz 2 f) berücksichtigt werden darf. Da solcherlei Verdeutlichungen aber auch ohne § 102 S 2 im Prozess vorgebracht werden könnten, erweist sich die Bestimmung bei genauerem Hinsehen als überflüssig (s auch Rz 16 aE; vgl auch BFH/NV 2005, 318, 319).

21   Was die verfahrensrechtliche **Handhabung** der Vorschrift angeht, so ist inzwischen klargestellt, dass es nicht Sache des FG ist, das FA zur Ergänzung aufzufordern (BFH/NV 2003, 1202).

§ 103 [Am Urteil beteiligte Richter]

Das Urteil kann nur von den Richtern und ehrenamtlichen Richtern gefällt werden, die an der dem Urteil zugrunde liegenden Verhandlung teilgenommen haben.

Vgl §§ 112 VwGO, 129 SGG, 309 ZPO.

Literatur: *Auernhammer,* Der Richterwechsel vor Urteilsfällung im Aktenlage- bzw schriftlichen Verfahren, ZZP 67 (1954), 256; *Gusy,* Rechtliches Gehör durch abwesende Richter?, JuS 1990, 712; *Hürte,* „Richterwechsel" nach Urteilsverkündung, JR 1985, 138; *Jauernig,* Nichturteil bei Mitwirkung von Nicht(mehr)richtern?, DStZ 1993, 137; *Kirchner,* Erneute Antragstellung bei Richterwechsel?, NJW 1971, 2158; *W Krause,* Gesetzlicher Richter und schriftliches Verfahren, MDR 1982, 184; *Volmer,* Richterwechsel im schriftlichen Urteilsverfahren, NJW 1970, 1300; *Vollkommer,* Richterwechsel nach dem Schluss der mündlichen Verhandlung im Zivilprozess, NJW 1968, 1309.

1   Zur Wahrung der Verfahrensgrundsätze der **Mündlichkeit** (§ 90 I 1) und **Unmittelbarkeit** (§ 81 I 1) soll die Vorschrift dafür sorgen, dass die Richter, die an der mündlichen Verhandlung (hierunter versteht die hM im Zweifel die *letzte* – s Rz 5) teilgenommen haben aus deren Gesamtergebnis in freier Überzeugung die Grundlage für ihre Meinungsbildung schaffen sollen (§ 96 I 1), mit denen **identisch** sind, die durch Urteil über die Klage befinden (§§ 95, 96 I 1; BFHE 203, 523 = BStBl II 2004, 89; BFH/NV 1992, 115, 116; 1997, 31 f; vgl auch BFH/NV 1999, 933).

2   **Gefällt** (dazu grundlegend: BFHE 179, 8 = BStBl II 1996, 142; BFHE 203, 523 = BStBl II 2004, 89; s auch § 104 Rz 1) wird das Urteil durch *Abstimmung* und *Beratung* gem § 52 I FGO iVm §§ 192 ff GVG (zur Mitwirkung hieran im Unterschied zur bloßen Anwesenheit: §§ 52 III FGO, 193 GVG). Von der **Urteilsfindung** (die nicht Gegenstand der Protokollierung ist: BFH/NV 2001, 1287, 1288) zu unterscheiden ist der **Erlass** des Urteils gem § 104, insbesondere die Urteilsverkündung (§ 104 I, dort Rz 3 ff), die das Gericht auch in anderer Besetzung vornehmen kann (BFH/NV 2001, 635; 2003, 797; BGHZE 61, 370; BVerwGE 50, 79), und seine **Abfassung** (§ 105 I; dort Rz 6 f; zur Abgrenzung s BFH/NV 2001, 635; zur personellen Veränderung nach Verkündung, aber vor Unterzeichnung: § 104 Rz 10, § 105 Rz 27; *R/S* § 60; *Zöller/Vollkommer* § 309 Rz 2). Nicht zur Urteilsfindung zB gehört die reine **Betragsberechnung,** an der daher zB die ehrenamtlichen Richter auch nicht mitzuwirken haben (§ 109 I 2 und 4; BFH/NV 2001, 635, 636).

3   Die Vorschrift gilt entsprechend für **Beschlüsse,** die **auf Grund mündlicher Verhandlung** erlassen werden (§ 155 FGO iVm § 239 I 2 ZPO – *H/H/Sp/Lange* Rz 6; *Kopp/Schenke* Rz 1), *nicht aber für Entschei-*

dungen, die *ohne mündliche Verhandlung* getroffen werden (§§ 90 II, 90 a – zur Änderung solcher Entscheidungen vor Bekanntgabe: BFHE 79, 294 = BStBl III 1964, 338; vgl auch BFH NJW-RR 1987, 1148 mwN).

Hatte bereits eine mündliche Verhandlung stattgefunden, bevor im **4** schriftlichen Verfahren (nach § 90 II oder § 90 a) entschieden wird, so lässt es die hM für den Fall des **Richterwechsels** (nicht unbedingt beim Wechsel des Berichterstatters – vgl BFH/NV 1999, 1484) genügen, dass sich der neue Richter anhand der Akten informiert, sofern die anschließende Entscheidung ausschließlich auf Tatsachen und Beweismittel gestützt wird, die aus den Akten ersichtlich sind (BFHE 85, 231 = BStBl III 1966, 293; BFHE 90, 82 = BStBl III 1967, 794, 795; BFHE 143, 117 = BStBl II 1985, 305, 306; BFH/NV 1997, 31, 32; 1998, 468 u 724; BGHZ 32, 233; BGHZ 53, 245, 256 f; BVerwG DÖV 1971, 711 und DÖV 1985, 207; *Zöller/Vollkommer* § 309 Rz 1; *H/H/Sp/Lange* Rz 14; *Kopp/Schenke* § 112 Rz 6; offen in BFH/NV 1992, 115, 116 f). Das ist weder mit dem Wortlaut noch mit dem Sinn des § 103 vereinbar: Aktenstudium ist keine Teilnahme an der dem Urteil zu Grunde liegenden Verhandlung. Nur wenn der (frühere) mündliche Verhandlung laut Protokoll außer der Antragstellung der Beteiligten und der üblichen Zusammenfassung des bisher schriftlich Vorgetragenen bzw dessen Wiederholung nichts gebracht hat, was für die zu treffende Entscheidung von Bedeutung ist, kann in derartigen Fällen ein Richterwechsel hingenommen werden. Anderenfalls, vor allem wenn eine **Beweisaufnahme** mit Zeugenvernehmung stattgefunden hat, es also nicht nur auf den protokollierten Inhalt der Aussage, sondern auf den unmittelbaren Eindruck (Glaubwürdigkeit) ankommt, muss die mündliche Verhandlung notfalls (wenn nicht auch hierauf ausdrücklich verzichtet wird) wiederholt werden (ebenso *T/K* Rz 3 f; s auch § 81 Rz 9; unentschieden: BFH/NV 1998, 724). Jedenfalls dann ist § 103 verletzt, wenn der **Einzelrichter** (nach § 6 oder § 79 a) entscheidet, nachdem die mündliche Verhandlung vor dem **Senat** stattgefunden hat (BFHE 174, 107 = BStBl II 1994, 571, 573).

Entsprechendes gilt aus den nämlichen Gründen für den im Steuerpro-**5** zess allerdings seltenen Fall, dass, mit Unterbrechungen, in einer Sache **an mehreren Tagen verhandelt** wird (ebenso *T/K* Rz 4). Auf einem anderen Standpunkt steht auch hier die hM, die das Tatbestandsmerkmal der dem Urteil zu Grunde liegenden mündlichen Verhandlung in solchen Fällen immer nur auf den letzten Sitzungstag bezieht und einen Richterwechsel selbst nach Beweisaufnahme für unschädlich hält (BFH/NV 1994, 880, 881; 1997, 31, 32; 1998, 468; BGHZ 61, 369, 370; NJW 1981, 1273; BVerwG DÖV 1971, 711; einschränkend wohl: BFH/NV 2004, 350). Unschädlich ist der Richterwechsel nach **Vertagung** (BFH/NV aaO) – allerdings nur, sofern nicht schon verhandelt wurde (s Rz 4).

Wird gegen § 103 **verstoßen** (zu den Anforderungen an die Besetzungsrüge; BFH NV 2001, 197), so liegt darin ein (vgl auch *Zöller/Vollkommer* § 309 Rz 8)

– **Verfahrensmangel** iSd § 120 III Nr 2 b nF (nach altem Recht iSd § 116 I 1 aF; BFHE 174, 107 = BStBl II 1994, 571; BFH/NV 1994, 252), ein

– absoluter Revisionsgrund (§ 119 Nr 1)
und ein

– Wiederaufnahmegrund (§§ 134 FGO, 579 I 1 ZPO).

§ 104 [Verkündung und Zustellung des Urteils]

(1) [1]Das Urteil wird, wenn eine mündliche Verhandlung stattgefunden hat, in der Regel in dem Termin, in dem die mündliche Verhandlung geschlossen wird, verkündet, in besonderen Fällen in einem sofort anzuberaumenden Termin, der nicht über zwei Wochen hinaus angesetzt werden soll. [2]Das Urteil wird durch Verlesung der Formel verkündet; es ist den Beteiligten zuzustellen.

(2) Statt der Verkündung ist die Zustellung des Urteils zulässig; dann ist das Urteil binnen zwei Wochen nach der mündlichen Verhandlung der Geschäftsstelle zu übermitteln.

(3) Entscheidet das Gericht ohne mündliche Verhandlung, so wird die Verkündung durch Zustellung an die Beteiligten ersetzt.

Vgl §§ 116 VwGO, 132f SGG, 310ff ZPO.

Literatur: *Albert;* Der Zeitpunkt der Wirksamkeit einer finanzgerichtlichen Entscheidung, DStZ 2001, 418; *Dolderer,* Wann sind verwaltungsgerichtliche Entscheidungen „erlassen"?, VBlBW 2000, 417; *Dräger,* Probleme des nichtverkündeten Urteils, MDR 1963, 808; *Felix,* Konventionskonforme Bekanntgabe steuergerichtlicher Urteile, BB 1996, 1741; *Gräber,* Zeitpunkt der Abfassung und Bekanntgabe nicht im Anschluss an die mündliche Verhandlung verkündeter Urteile, DStR (A) 1972, 217; *Jauernig,* Abfassung der Urteilsformel, NJW 1986, 117; *Kah,* Die Urteilsverkündung im verwaltungsgerichtlichen Verfahren, DÖV 1957, 524; *Klamroth,* Mit welchem Datum sind Urteile der Verwaltungsgerichte zu bezeichnen, die ohne mündliche Verhandlung ergangen sind?, BB 1960, 573; *Lippold,* Grenzen der Zulässigkeit der Zustellung statt Verkündung von Urteilen – § 116 II VwGO und Art 6 I EMRK, NVwZ 1996, 137; *Schneider,* Probleme aus der Prozesspraxis, Revision bei verzögerter Urteilsabsetzung, MDR 1988, 646; *Wannagat,* Das nichtverkündete Urteil im sozialgerichtlichen Verfahren, SGG 1967, 481.

1. Bedeutung und Anwendungsbereich

1   Die Vorschrift befasst sich mit den beiden Formen der **Bekanntgabe,** welche die intern (ohne Protokollierung: BFH/NV 2001, 1287, 1288; § 103 Rz 2) beratene und beschlossene, (nach erneuter Beratung allerdings) noch immer abänderbare (BVerwGE 58, 146) Willensbekundung des Gerichts zu einer verbindlichen, nach außen hin wirksamen *Entscheidung* werden lassen (zur generellen Bedeutung der Bekanntgabe für das **Wirksamwerden** des Urteils: BFHE 179, 8 = BStBl II 1996, 142; BFHE 203, 523 = BStBl II 2004, 89; BFH/NV 1997, 582; 1999, 1343f; *R/S* § 60 I 2; *T/K* Rz 1 u 9; zT aM *Albert* DStZ 2001, 418 unter Vernachlässigung der in jedem Fall maßgeblichen Außenwirkung). Inhaltlich führt dies zur **Bindungswirkung** des Urteils (BFHE 179, 8 = BStBl II 1996, 142; *Kopp/Schenke* § 116 Rz 3), auch für das Gericht selbst, also zur **Unabänderlichkeit** (*Kopp/Schenke* aaO; s auch Rz 7). Nach Verkündung (§ 104 I) eingehende **Schriftsätze** sind unbeachtlich (§ 93 Rz 8; BFH/NV 2003, 1206, 1207). Bei Zustellung (§ 104 II) ist dies erst nach Zustellung (Rz 8) der Fall. Die Bekanntgabe markiert außerdem den **Beginn der Rechtsmittelfrist** (BFH/NV 1997, 864). Die ausdrücklich nur auf das Urteil bezoge-

ne Regelung gilt (§ 113 erweist sich auch insoweit als unvollständig) **für Beschlüsse sinngemäß** (zum Zeitmoment – Rz 9 f – dort: BGH MDR 1991, 855). IÜ gilt § 104 I und II nur für Entscheidungen, die auf Grund mündlicher Verhandlung, § 104 III nur für Entscheidungen, die ohne mündliche Verhandlung ergehen.

Ob nach § 104 I verfahren wird, **entscheidet** das **Gericht durch** 2 einen am Schluss einer jeden mündlichen Verhandlung zu verkündenden **Beschluss** (BFHE 161, 418 = BStBl II 1990, 987; Formel: „Eine Entscheidung wird am Schluss der Sitzung verkündet" oder: „Eine Entscheidung wird zugestellt"). Die Entscheidung für die eine oder andere Variante der Bekanntgabe steht im **Ermessen** des Gerichts (BFH/NV 1999, 935, 936; s iÜ Rz 8). Ist ein derartiger Beschluss versehentlich nicht ergangen, so kann er im schriftlichen Verfahren nachgeholt werden (BVerwG DÖV 1975, 641).

2. Verkündung – § 104 I

Die **Verkündung** braucht nicht unmittelbar im Anschluss an die 3 mündliche Verhandlung, sie kann auch am Schluss des Sitzungstages (in zusammengefasster Folge für mehrere Sachen) vorgenommen werden (BVerwG HFR 1966, 195). Von der **Möglichkeit** der Anberaumung eines **besonderen Verkündungstermins** (vgl zum Erfordernis des § 310 II ZPO in einem solchen Fall: BGH BB 1988, 936) wird im finanzgerichtlichen Verfahren relativ selten Gebrauch gemacht. Die für einen solchen Termin in § 104 I 1 vorgesehene **Frist** von 2 Wochen ist nicht zwingend angeordnet, deren Nichtbeachtung daher ohne Konsequenzen (BFH/NV 2001, 635, 636). Wegen der Komplexität der idR zu bewältigenden Sachverhalte und aus Gründen ökonomischer Arbeitseinteilung (Verschieben um zwei oder noch mehr Wochen bedeutet häufig völlig neues Einarbeiten in den Fall) besteht gerade hier ein besonderes Interesse daran, mit der Konzentrationsmaxime (§ 79 – **Erledigung** einer Sache **in einem Termin)** wirklich „ernst zu machen". Eine Aussage zu § 104 II (Rz 8 ff) ist damit (entgegen *Felix,* BB 1994, 1741) nicht verbunden (s auch § 103 Rz 2).

Aus den gleichen Gründen ist es im Steuerprozess auch selten erforder- 4 lich, die Urteilsverkündung durch **andere Richter** besorgen zu lassen als die Urteilsfällung (zur Zulässigkeit eines solchen Personenwechsels: BFH/ NV 2001, 635, 636; BGH HFR 1974, 125).

Durch **Verlesung** seiner **Formel** wird das Urteil verkündet (§ 104 I 2): 5 Dh die Urteilsformel (§ 105 II Nr 3) muss zuvor schriftlich fixiert sein (*Gräber* S 218). Dass auch die Gründe schon abgefasst sind, ist nicht erforderlich. – Unabhängig davon kann selbstverständlich zur Vorabinformation der evtl anwesenden Beteiligten eine kurze mündliche **Begründung** der Entscheidung gegeben werden (§§ 155 FGO, 311 III ZPO). Dann allerdings hat die nachfolgende Zustellung (§ 104 I 2 2. HS) Bedeutung nur noch für den Lauf der Rechtsmittelfrist (BFH/NV 1999, 495; s auch Rz 7).

Die Verkündung der Entscheidung geschieht **öffentlich** (§§ 52 I FGO, 6 173 I GVG) durch den Vorsitzenden (§§ 155 FGO, 136 IV ZPO), im Beisein der übrigen (nicht notwendig an der Fällung des Urteils beteiligten – s Rz 4) Richter. Auf die Anwesenheit der Beteiligten kommt es für die

Wirksamkeit des Verkündungsakts nicht an (§§ 155 FGO, 312 I 1 ZPO). **Formmängel** werden idR durch nachfolgende Zustellung des Urteils **geheilt** (BFHE 170, 308 = BStBl II 1993, 514; BFH/NV 2001, 635, 636).

7   Mit der Verkündung wird das Urteil **wirksam** (BFH/NV 1999, 1343 f, BFHE 203, 523 = BStBl II 2004, 89 – mit der Folge der Bindung – Rz 1 – und der Beschwer für den Unterliegenden: BFHE 154, 422 = BStBl II 1989, 43); es kann (von evtl Korrekturen durch die Revisionsinstanz abgesehen) nur noch unter den Voraussetzungen der §§ 107 bis 109 berechtigt bzw ergänzt werden. Eine Wiedereröffnung der mündlichen Verhandlung – § 93 III 2 – ist nicht mehr möglich (BFH/NV 1995, 221; 2000, 211; 2001, 471; § 93 Rz 9). Auch im Verkündungsfall **setzt** – sinnvoller- und gerechterweise – **erst** die **Zustellung** (§ 53 II und III) **einer Ausfertigung** (BFH/NV 2003, 1344) des vollständigen, unterschriebenen und mit ordnungsgemäßer Rechtsmittelbelehrung versehenen Urteils (BSG HFR 1982, 79) die *Rechtsmittelfrist* – für jeden Beteiligten gesondert – in Lauf (§ 120 I; zu den Folgen für die Verjährung: § 171 III a AO, für die Zinsfestsetzung nach § 237 AO: FG Hbg EFG 1999, 1005). Die Anknüpfung in der Überleitungsvorschrift des **Art 4 des 2. FGOÄnG** auch an die **Verkündung** des angefochtenen Urteils (Rz 32 Vor § 115) erweist sich daher als (unnötige Verwirrung stiftender) gesetzgeberischer Fehlgriff (s auch Rz 21 Vor § 1).

3. Fakultative Zustellung – § 104 II

8   Anstelle der Verkündung kann das Gericht (sofern kein Fall des § 90 II vorliegt: BFH/NV 2001, 1596; s dazu Rz 11) **Zustellung** (§ 53 II u III) beschließen (§ 104 II 1. HS). Für das **Wirksamwerden** genügt in diesem Fall die *formlose* Bekanntgabe an *einen* Beteiligten (BFH/NV 2001, 1143, 1144; BFHE 203, 523 = BStBl II 2004, 89). Der Beschluss hierzu ist am Schluss der mündlichen Verhandlung zu verkünden (s Rz 2). Bei Zustellung an mehrere Beteiligte wird die Rechtsmittelfrist jedem gegenüber gesondert in Lauf gesetzt (s auch § 53 Rz 68 f). Wirksam allerdings wird das Urteil (generell dazu: BFH/NV 1997, 582) in solchen Fällen schon, wenn es *einem* der Betroffen zugeht (*T/K* § 104 Rz 3). Die Wahl zwischen den nach dem Gesetz (s auch § 116 II VwGO, §§ 132, 133 SGG) vollständig **gleichwertigen Bekanntgabevarianten** ist Ermessenssache (s Rz 2). Die vielbeklagte Kompliziertheit des Steuerrechts, das besondere Gewicht des schriftlich Vorgetragenen und Bewiesenen, in der Revisionsinstanz zudem die erforderliche Abstimmung mit der Rspr anderer Senate sowie die Breitenwirkung vieler Entscheidungen erklären die deutliche „Vorherrschaft" des Verfahrens nach § 104 II in der Praxis. Sie ist auch im Interesse der Beteiligten unbedenklich, weil prinzipiell mit keinerlei Nachteil verbunden. **Durch Art 6 I EMRK** wird der richterliche **Ermessensspielraum** (entgegen *Lippold* NVwZ 1996, 137 und ihm folgend *Felix,* BB 1996, 1741; abgeschwächt, die Zustellungsvariante an das Einverständnis der Beteiligten knüpfend: *Kopp/Schenke* § 116 Rz 9; ähnlich *Clausing* in *Schoch ua* § 116 Rz 9) **nicht generell eingeschränkt:** Zwar mag die prinzipielle Verbannung dieser Vorschrift aus dem Steuerprozess (BFHE 179, 353 = BStBl II 1996, 232; BFHE 180, 316 = BStBl II 1996, 518) an einem Übersetzungsfehler scheitern (aus „droits et obligations de caractère

civil" bzw „civil rights and obligations" wurde im deutschen Text „zivilrechtliche Ansprüche und Verpflichtungen"; s *Lippold* aaO). Doch bleiben Text, Entstehungsgeschichte, Zusammenhang und Sinn der Konventionsnorm allzu verschwommen, als dass ihr nun plötzlich eine die nationale Spezialregelung des § 104 II FGO modifizierende Kraft zugestanden werden könnte: Worin etwa soll für den rechtsschutzsuchenden Steuerbürger hier der Vorteil liegen, wenn ihm als Alternative zur Verkündung, Niederlegung (statt bei der „guten alten Geschäftsstelle"; Rz 9) bei einer, dem deutschen Rechtskreis (leider?) noch unbekannten, „der Öffentlichkeit zugänglichen Kanzlei" (*Lippold* aaO S 138) offeriert wird (krit auch *Schoch ua/ Clausing* § 116 Rz 9; *T/K* Rz 2; vgl auch BFH/NV 1999, 208).

Wenn § 104 II 2. HS für den Fall der Bekanntgabe durch Zustellung **9** vorschreibt, dass das Urteil **binnen zwei Wochen** nach der mündlichen Verhandlung der Geschäftsstelle zu übermitteln ist (zur Neufassung im Hinblick auf die Öffnung für den elektronischen Rechtsverkehr: Vor § 1 Rz 24), so heißt das (in Abstimmung mit der Regelung für verkündete Urteile – § 105 IV Satz 2 und 3) idR (mangels elektronischer Aktenführung) weiterhin: fristgemäße Niederlegung der unterschriebenen Urteilsformel (nur der: BFH/NV 1999, 935 f; 2000, 1232) bei der Geschäftsstelle und alsbaldige Nachreichung der Begründung (BVerwGE 38, 220 = NJW 1971, 1854; BVerwGE 39, 51 = HFR 1972, 558; NVwZ 1998, 1176; BFHE 114, 85 = BStBl II 1975, 232; BFHE 145, 120 = BStBl II 1986, 175, 176; BFH/NV 1998, 469 f; zur Handhabung durch die Geschäftsstelle: BFH/NV 2001, 173 u 1287, 1288) – ergänzt durch formlose **Vorabinformation** der Beteiligten (die Bindungswirkung für das Gericht auslöst: BFH BStBl II 1986 aaO; s iÜ dazu auch BFH/NV 2001, 1287, 1288).

Im Wesentlichen geklärt ist inzwischen die Frage nach den Modalitäten **10** fristgerechter Übergabe und nach den Rechtsfolgen, die eine **Verletzung des § 104 II 2. Halbs** auslöst. Im Zuge der analogen Anwendung des § 105 IV (s hier Rz 9 und § 105 Rz 28) haben sich folgende Regeln entwickelt (vgl auch *Kopp/Schenke* § 116 Rz 12; *Schoch ua/Clausing* § 116 Rz 11; *T/K* Rz 7 ff):

– Bedeutet der Verstoß, dass innerhalb der Frist **überhaupt nicht** (abschließend) **beraten** wurde, so müssen mündliche Verhandlung und Beratung nachgeholt werden, sonst droht Aufhebung wegen eines wesentlichen Verfahrensmangels (BVerwGE 39 aaO);

– die **geringfügig verspätete Übergabe der Formel** (zu den Einzelheiten: BFH/NV 1995, 692, 694) allein bleibt idR ebenso ohne prozessuale Folgen (BFHE 130, 126 = BStBl II 1980, 398, 399; BFH/NV 1991, 49 f; 1999, 341 f; 1362 f u 1364; 2001, 57; s aber *Kopp/Schenke* § 116 Rz 12) wie grundsätzlich die verspätete Abfassung der Begründung (BFH/NV 1991, 49, 50; 1994, 252; 1995, 56 f u 118);

– wird die *Begründung* dagegen erst **unangemessen lange Zeit** (BFHE 151, 328 = BStBl II 1988, 283; BFH/NV 1989, 433) nach der mündlichen Verhandlung abgefasst, so garantiert sie nicht mit hinreichender Sicherheit die erforderliche Übereinstimmung von beratenen und wiedergegebenen Gründen: Das Urteil ist **als nicht mit Gründen versehen** (§ 119 Nr 6; § 116 I Nr 5 aF) zu qualifizieren (BFHE 151, 328 = BStBl II 1988, 283; BFHE 154, 422 = BStBl II 1989, 43; BFH/NV 1993, 35; BVerwG Buchholz 418, Ärzte Nr 69 u § 133 VwGO Nr 73).

Die zeitliche Grenze wurde in der Rspr uneinheitlich bemessen: Ein zeitlicher Abstand von *mehr als einem Jahr* war schon früher in jedem Fall als unangemessen lang angesehen worden (BFHE 151, 328 = BStBl II 1988, 283; BFHE 154, 422 = BStBl II 1989, 43; BFH/NV 1989, 354 f; BFH/NV 1990, 243; BVerwG DÖV 1989, 40). Eine Zeitspanne von weniger als einem Jahr sollte nach BFH (BFH/NV 1991, 49, 50) nur unangemessen lang sein, wenn *besondere Umstände* gegen eine zuverlässige Wiedergabe der Entscheidungsgründe sprachen (s auch BFH/NV 1993, 35; zur „Darlegungslast" in solchen Fällen: BFH/NV 1999, 1626; 2004, 527). Der strengeren *BVerwG-Rspr,* die für den Regelfall eine **Fünfmonatsgrenze** annahm (BVerwG NJW 1991, 213), hat sich der GmS OGB angeschlossen (HFR 1993, 674 = NJW 1993, 2603; s auch BFHE 172, 404 = BStBl II 1994, 187; BFH/NV 1998, 469 f u 589; 1999, 208 u 1364; 2001, 1596; 2003, 177, 178; 2004, 955, 956; BVerwGE 85, 273; NVwZ 1999, 1334; *Kopp/Schenke* § 116 Rz 12; *Schoch ua/Clausing* § 116 Rz 11). Maßgeblich für die **Bemessung** dieser Frist ist die tatsächliche Übergabe bzw der Ablauf des Tages, an dem nach § 104 II das Urteil hätte übergeben werden müssen (BFH/NV 1998, 589 f; 1999, 1626 f; 2004, 1115). Ein **Verstoß** (Fristüberschreitung) macht Wiederholung der mündlichen Verhandlung und der Beschlussfassung über das Urteil erforderlich (*Kopp/Schenke* § 116 Rz 12; *Schoch ua/Clausing* § 116 Rz 11; *H/H/Sp/Lange* Rz 41).

4. Obligatorische Zustellung – § 104 III

11   Falls **ohne mündliche Verhandlung** entschieden wird (§ 90 II oder § 90 a), kommt als Form der Bekanntgabe **nur** die **Zustellung** (§ 53 II und III) in Frage (BFH/NV 2001, 1596; *T/K* Rz 10; *Schoch ua/Clausing* Rz 13).

§ 105 [Form und Inhalt des Urteils]

(1) [1]**Das Urteil ergeht im Namen des Volkes.** [2]**Es ist schriftlich abzufassen und von den Richtern, die bei der Entscheidung mitgewirkt haben, zu unterzeichnen.** [3]**Ist ein Richter verhindert, seine Unterschrift beizufügen, so wird dies mit dem Hinderungsgrund vom Vorsitzenden oder, wenn er verhindert ist, vom dienstältesten beisitzenden Richter unter dem Urteil vermerkt.** [4]**Der Unterschrift der ehrenamtlichen Richter bedarf es nicht.**

(2) Das Urteil enthält

1. **die Bezeichnung der Beteiligten, ihrer gesetzlichen Vertreter und der Bevollmächtigten nach Namen, Beruf, Wohnort und ihrer Stellung im Verfahren,**
2. **die Bezeichnung des Gerichts und die Namen der Mitglieder, die bei der Entscheidung mitgewirkt haben,**
3. **die Urteilsformel,**
4. **den Tatbestand,**
5. **die Entscheidungsgründe,**
6. **die Rechtsmittelbelehrung.**

(3) ¹Im Tatbestand ist der Sach- und Streitstand unter Hervorhebung der gestellten Anträge seinem wesentlichen Inhalt nach gedrängt darzustellen. ²Wegen der Einzelheiten soll auf Schriftsätze, Protokolle und andere Unterlagen verwiesen werden, soweit sich aus ihnen der Sach- und Streitstand ausreichend ergibt.

(4) ¹Ein Urteil, das bei der Verkündung noch nicht vollständig abgefasst war, ist vor Ablauf von zwei Wochen, vom Tag der Verkündung an gerechnet, vollständig abgefasst der Geschäftsstelle zu übermitteln. ²Kann dies ausnahmsweise nicht geschehen, so ist innerhalb dieser zwei Wochen das von den Richtern unterschriebene Urteil ohne Tatbestand, Entscheidungsgründe und Rechtsmittelbelehrung der Geschäftsstelle zu übermitteln. ³Tatbestand, Entscheidungsgründe und Rechtsmittelbelehrung sind alsbald nachträglich niederzulegen, von den Richtern besonders zu unterschreiben und der Geschäftsstelle zu übermitteln.

(5) Das Gericht kann von einer weiteren Darstellung der Entscheidungsgründe absehen, soweit es der Begründung des Verwaltungsakts oder der Entscheidung über den außergerichtlichen Rechtsbehelf folgt und dies in seiner Entscheidung feststellt.

(6) ¹Der Urkundsbeamte der Geschäftsstelle hat auf dem Urteil den Tag der Zustellung und im Fall des § 104 Abs. 1 Satz 1 den Tag der Verkündung zu vermerken und diesen Vermerk zu unterschreiben. ²Werden die Akten elektronisch geführt, hat der Urkundsbeamte der Geschäftsstelle den Vermerk in einem gesonderten Dokument festzuhalten. ³Das Dokument ist mit dem Urteil untrennbar zu verbinden.

Vgl § 117 VwGO; §§ 132 ff SGG; §§ 311 I, 313 ff ZPO.

Übersicht

Literatur (S 4. Aufl; außerdem zu § 95 und zu § 100): – *Baader,* Vom richterlichen Urteil, 1989; *Bachof,* Urteile von der Stange? DÖV 1959, 564; *ders,* Der Richter als Gesetzgeber?, FS der Tübinger Juristenfakultät, 1977, S 176; *Balke,* Finanzrichter als Garanten für Steuergerechtigkeit?, Harzburger Steuerprotokoll 1993, 85; *Balzer/Schlanke,* Entscheidungen im Zivilprozess, NJW

1995, 2448; *Baring,* Urteile nach Maß, DÖV 1959, 161; *Birk/Jahndorf,* Zur Begründungspflicht des BFH bei der Zurückweisung von Revisionen, DB 1995, 1301; *K Blomeyer,* Zur Lehre vom Tatbestand im Zivilurteil, Die Reichsgerichtspraxis im Deutschen Rechtsleben, 1929 Bd VI S 309; *J Brüggemann,* Die richterliche Begründungspflicht, 1971; *Dechsling,* Begründungszwang im Verwaltungsrecht, DÖV 1985, 714; *Dolzer,* Zum Begründungsgebot im geltenden Verwaltungsrecht, DÖV 1985, 9; *Fischer,* Unterschriften der Richter und Verkündung des Urteils im Zivilprozess, DRiZ 1994, 95; *P Fischer,* Innere Unabhängigkeit und Fiskalinteresse, StuW 1992, 121; *ders,* Die richterliche Unabhängigkeit – ein Mythos?, DStZ 1996, 262; *R Fischer,* Das obiter dictum aus revisionsrechtlicher Sicht, FS für Mühl, 1981, 137; *Geiger,* Die Tenorierung verwaltungsgerichtlicher Entscheidungen, JuS 1998, 343; *v Groll,* Mehr Methode! – *Eine* Antwort auf die Misere der Steuerrechtsprechung, StuW 1977, 197; *Kastner,* Die gerichtliche Urteilsbegründung, 1980; *K H Klein,* Gutachten und Urteil im Verwaltungsprozess, 1976; *Köbl,* Obiter Dicta – Ansätze einer Rechtfertigung, JZ 1976, 752; *Kokert,* Der Begriff des Typus bei Karl Larenz, 1995; *Krebs,* Die Begründungslast, AcP 195 (1995), 171; *Lansnicker,* Richteramt in Deutschland im Spannungsfeld zwischen Recht und Politik, 1996; *D Looschelders,* Juristische Methodik im Prozess der Rechtsanwendung, 1996; *Lücke,* Begründungszwang und Verfassung, 1987; *Mattern,* Kürzere Urteile!, DRiZ 1960, 11; *Meyke,* Die fehlerhafte Begründung, DRiZ 1991, 363; *Müller-Graf,* Zur Geschichte der Formel „Im Namen des Volkes", ZZP 88 (1975), 442; *Müller-Ibold,* Die Begründungspflicht im europäischen Gemeinschaftsrecht und im deutschen Recht, 1990; *A. Rafi,* Kriterien für ein gutes Urteil, 2004 (Berliner Diss. 2003); *Saenger,* Verwaltungsgerichtliche Entscheidungen, Rechtsmittel und Rechtsbehelfe, JuS 1992, 779; *Sattelmacher/Sirp,* Bericht, Gutachten und Urteil, 31. Aufl 1989; *Scheder,* Ausgefertigte Entwürfe des BVerwG? NVwZ 1987, 303; *Schlüter,* Das obiter dictum, 1973; *Schumann,* Zur Beweiskraft des Tatbestands im Rechtsmittelverfahren, NJW 1993, 2786; *Siegburg,* Einführung in die Urteils- und Relationstechnik, 4. Aufl 1989; *Smid,* Richterliche Rechtserkenntnis: zum Zusammenhang von Recht, richtigem Urteil und Urteilsfolgen im pluralistischen Staat, 1989; *Sprung/Wahl* (Hrsg), Die Entscheidungsbegründung in europäischen Verfahrensrechten und im Verfahren vor internationalen Gerichten, 1974; *Weigell,* Entscheidungen des BFH ohne Begründung auf dem verfassungsrechtlichen Prüfstand, DStR 1995, 1334; *Weitzel,* Tatbestand und Entscheidungsqualität, 1990; *Winter,* Richterliche Willkür, FS für Merz (1992), 611; *E Wolf,* Das Wesen des gerichtlichen Urteils in GS für R Bruns, 1980, 221 ff; *Zippelius,* Die Verwendung von Typen in Normen und Prognosen, FS f Engisch (1969), S 224.

I. Funktion und Geltungsbereich der Norm

1   Die Vorschrift bestimmt die Form und iVm § 96 I 3 (s dort Rz 26) den prinzipiellen **Mindestinhalt** des Urteils. Sie gilt nicht nur für Gerichtsbescheide (§ 106), sondern sinngemäß auch für **Beschlüsse** (BFH/NV 1999, 1606; s auch Rz 29; die in § 113 nur unvollständig angesprochen sind; zur Lückenhaftigkeit der Aufzählung in § 113 s dort Rz 2 u BFHE 153, 310 = BStBl II 1988, 838; BFH/NV 1993, 112), **zur Nichtzulassung** allerdings nur **eingeschränkt** (§ 116 V 2; s Rz 4 u 11; § 116 Rz 59; BFH/NV 2005, 362, 863).

Die mit den inhaltlichen Anforderungen an die Urteilsbegründung (Tat- **2**
bestand: § 105 II Nr 4 und III – Entscheidungsgründe: § 105 I Nr 5) für
den Regelfall (s Rz 4 u 12 ff) statuierte **Begründungspflicht** (dazu näher
Rz 11) lässt in zweifacher Weise fundamentale rechtsstaatliche Komponen-
ten erkennen: Zum einen die Idee, dass in einem Rechtsstaat Überzeugung, nicht Zwang bzw reine Machtausübung das adäquate Mittel zur
Durchsetzung von Gerichtsurteilen darstellt, und zum anderen den Gedanken, dass richterliche Unabhängigkeit ihr idealtypisches Gegengewicht der
(Selbst-) Kontrolle im Begründungszwang findet.

Dieses an der **„Macht des Arguments"** orientierte Qualitätsprinzip ist **3**
allerdings in bedenklicher Weise mehr und mehr dem Alltagsdrang der
Quantität geopfert worden (s dazu Rz 4 und Rz 12 ff).

Außer mit der in § 105 V enthaltenen generellen, vor allem für die FG **4**
gedachten Lockerung des Begründungszwangs (Rz 29) hatte der Gesetzgeber der ständig wachsenden Überlastung der Finanzgerichtsbarkeit speziell
für die **Rechtsmittelinstanz** im BFHEntlG (dazu Vor § 1 Rz 4 u 19)
durch **Dispens** vom Begründungszwang (dazu näher: 4. Aufl Rz 4; allgemein hierzu: BVerfG HFR 1993, 90, 202, 466 und 467; s iÜ Rz 11) in
folgenden Fällen zu begegnen zu versucht:
- *generell bei Entscheidungen über eine* **NZB;**
- für **Revisionsentscheidungen:**
  - bei **Einstimmigkeit** hinsichtlich der **Unbegründetheit** und der
    fehlenden Erforderlichkeit einer mündlichen Verhandlung, nach ent-
    sprechender vorheriger Mitteilung und Gewährung rechtlichen Ge-
    hörs;
  - insoweit, als der BFH bestimmte **Verfahrensrügen** für nicht durch-
    greifend hielt.
Nunmehr, für alle **nach dem 1. 1. 2001 ergehende Rechtsmittelentscheidungen** (Vor § 1 Rz 19 f) gelten folgende **Begründungserleichterungen:**
- Der Beschluss über eine **NZB** (§ 116 V 1) *„soll"* kurz begründet werden; von einer Begründung kann abgesehen werden, wenn sie nicht geeignet ist, zu einer Klärung der Voraussetzungen beizutragen, unter denen eine Revision zuzulassen ist, oder wenn der Beschwerde stattgegeben wird (§ 116 V 2; s zB: BFH/NV 2005, 362 u 2006, 97).
- Für **Revisionsentscheidungen** bleibt es inhaltlich im Wesentlichen bei
  den bisherigen Regelungen: An die Stelle von Art 1 Nr 7 BFHEntlG ist
  § 126 a FGO nF, an die Stelle von Art 1 Nr 8 BFGEntlG § 126 VI FGO
  nF getreten.
Die insoweit in all diesen Fällen erforderliche Ermessensprüfung sollte
unverändert – wie bisher auch – bei negativen Entscheidungen, aus Gründen der Selbstkontrolle und der Befriedung, idR auf eine **Kurzbegründung** hinauslaufen (s iÜ auch Rz 11 ff und 29; § 116 Rz 59).

Warum der Gesetzgeber sich **nicht** zu einer entsprechenden **Verpflichtung** hat entschließen können, bleibt ohnehin unerfindlich, zumal die amtliche Begründung (BT-Drucks 14/4061, S 11: „. . . zu versehen ist") auf
eine entschiedenere Absicht schließen lässt.

II. Urteilsform (§ 105 I)

5   Wird die im mündlichen wie schriftlichen Verfahren gleichermaßen obligate **Eingangsformel (§ 105 I 1)** versehentlich weggelassen, so ist dies für die Wirksamkeit des Urteils unbeachtlich (ebenso *Kopp/Schenke* § 117 Rz 7).

6   Nach § **105 I 2** muss das Urteil nicht nur **schriftlich** abgefasst (in einem Schriftstück niedergelegt; zur Bedeutung der **Abfassung** im Unterschied zur *Urteilsfindung:* BFH/NV 2001, 635, 636), sondern auch von den Berufsrichtern (nicht notwendig von den ehrenamtlichen Richtern – BFH/NV 1992, 124 § 105 I 4) *eigenhändig unterschrieben* werden (BFH/NV 2002, 941; 2003, 1203; s auch Rz 7), die bei der Entscheidung mitgewirkt haben. Insoweit gilt prinzipiell dasselbe wie nach § 64 (KG NJW 1988, 2807), allerdings nur für die **Urschrift** (BFH/NV 1999, 1241; 2001, 62). Die Unterzeichnung durch die an der Urteilsfindung iS des § 103 beteiligten (Berufs-) Richter lässt das nicht verkündete (bis dahin nur als Entwurf zu qualifizierende – BGHZ NJW 1977, 765) Urteil wirksam werden (zum Austausch einer Unterschrift: BFH/NV 1989, 354). Bei **verkündeten** Urteilen dagegen kann die Unterschrift noch **nachgeholt** werden, und zwar nach hM auch noch nach Einlegung der Revision (vgl zB BFH/NV 1999, 1343 f; Einzelheiten str; vgl RGZE 150, 147; BGHZ 18, 350; NJW 1980, 1849; FamRZ 1982, 482; VersR 1983, 874; 1984, 287; BSG MDR 1981, 700; vgl außerdem: *Schoch ua/Clausing* § 117 Rz 6; *Kopp/Schenke* § 117 Rz 3). Durch die Zustellung (dazu: BFH/NV 2003, 1203; s auch § 104 Rz 7) eines nicht ordnungsgemäß unterschriebenen Urteils wird allerdings die Rechtsmittelfrist nicht in Lauf gesetzt.

7   Für den Fall der **Verhinderung** (zB durch Erkrankung, Dienstbefreiung, Urlaub oder infolge Ausscheidens: BFH/NV 1996, 631; BVerwG Buchholz 418.00 Ärzte Nr 69 u Buchholz 310 § 133 VwGO Nr 93) bestimmt **§ 105 I 3** die Reihenfolge der Vertretung bei der Unterzeichnung und schreibt außerdem vor, dass der Hinderungsgrund schriftlich zu vermerken ist (BVerwG BayBVl 1987, 373). Unterbleibt ein solcher **Vermerk,** so fehlt es an einer ordnungsgemäßen Unterschrift (s Rz 6), so dass die Rechtsmittelfrist nicht zu laufen beginnen kann (BGHZ NJW 1980, 1849; zur Nachholbarkeit des Vermerks: BFH/NV 1999, 134 f).

III. Regelmäßiger Mindestinhalt (§ 105 II und III)

1. Rubrum (§ 105 II Nr 1 und 2)

8   Die Bezeichnung der Beteiligten (§ 57), ihrer gesetzlichen und rechtsgeschäftlichen Vertreter sowie des Gerichts (einschließlich des erkennenden Spruchkörpers) und seiner am Erlass des Urteils beteiligten Richter im **Rubrum** *(Kopf)* muss so genau sein, dass Zweifel an der **Identität der Beteiligten** ausgeschlossen sind (für weiterreichende Anforderungen gibt das Gesetz, entgegen *Felix,* NJW 1996, 1723, nichts her; vgl iÜ auch § 65 Rz 19 ff), sonst ist das Urteil mangels Bestimmtheit unwirksam. Geringfügigere Mängel können nach § 107 beseitigt werden. Maßstab für das **Bestimmtheitserfordernis** (s dazu BFHE 173, 480 = BStBl II 1994, 469; BFH/NV 1992, 175; BGH WM 1992, 966) im Einzelnen ist die **Titelfunktion** des Urteils (ob diese die Bezeichnung des *Berufs* des Rechtsuchenden erfordert – vgl BFH/NV 1988, 245 –, erscheint zweifelhaft; Verzicht auf **ladungsfähige Anschriften** andererseits erscheint vor daher – auch *ausnahmsweise* – unproblematisch; s zum Problem: BFH/NV 1997, 585; BFHE 193, 52 = BStBl II 2001, 112; FGBaWüEFG 2001, 225; zur Berichtigung der **Bezeichnung des Prozessbevollmächtigten** und anschließend erneuter Zustellung: BFH/NV 1999, 1471, 1473), maßgeblicher Zeitpunkt der Schluss der letzten mündlichen Verhandlung bzw (im schriftlichen Verfahren) derjenige der Urteilsfällung (§ 103).

2. Tenor (Urteilsformel, Entscheidungssatz – § 105 II Nr 3)

Die **Urteilsformel** enthält – als Resultat des Prozesses – die zusammengefasste, in der äußeren Form hervorgehobene und von der Urteilsbegründung (Tatbestand und Entscheidungsgründe) getrennte Antwort des Gerichts auf das Klagebegehren („Die Klage wird abgewiesen"; „Unter Abänderung des … Bescheides vom … und der hierzu ergangenen Einspruchsentscheidung wird die … Steuerschuld des Klägers für … auf … DM herabgesetzt"; „Es wird festgestellt, dass …" (usw), verbunden mit den Nebenentscheidungen (vor allem: Kosten – § 143 I, ggf vorläufige Vollstreckbarkeit – § 151 – und Revisionszulassung – § 115 I und II).   **9**

Der Tenor soll möglichst knapp, deutlich und aus sich selbst heraus verständlich das Ergebnis des Rechtsstreits zum Ausdruck bringen. Für die Beseitigung von Unklarheiten im Wege der **Auslegung** (auch hier wie sonst bei Willensbekundungen **nach dem objektiven Erklärungswert aus Empfängersicht;** s auch § 110 Rz 14) steht auch der übrige Urteilsinhalt (Tatbestand und Entscheidungsgründe) zur Verfügung (BVerwGE 30, 146). Auf diese Weise kann die Urteilsformel klargestellt oder ergänzt (BAGE 52, 242 zur Revisionszulassung), nicht aber ersetzt oder korrigiert werden (BFH/NV 1993, 282 f u 316 f; zu den **Folgen einer unbestimmten Entscheidung:** BFHE 173, 480 = BStBl II 1994, 469; BFH/NV 1998, 585; 1999, 1521, 1522). Bei Widerspruch zwischen Urteilsformel und Urteilsbegründung geht die Formel vor (BFH/NV 1986, 515, 516; 1996, 760; 2005, 235, 236; *Kopp/Schenke* § 117 Rz 10), verbleibende Ungewissheit führt zur Nichtigkeit des Urteils (BFH/NV 1992, 175; s § 95 Rz 6). Nur offensichtliche Unrichtigkeiten können nach § 107 berichtigt werden. Lässt sich auch mit Hilfe der Auslegung nicht ermitteln, welche Entscheidung getroffen wurde, ist das Urteil **nichtig:** Es kann zwar mit Rechtsmitteln angegriffen werden, löst aber keinerlei Rechtswirkungen aus (BFHE 173, 480 = BStBl II 1994, 469; *Schoch ua/Clausing* § 117 Rz 14; *Kopp/Schenke* § 117 Rz 9 f).   **10**

3. Begründungszwang und Ausnahmen

Das prinzipielle gesetzliche Gebot, den Urteilsanspruch schriftlich zu begründen (**Begründungszwang** – § 96 I 3, s iÜ dort Rz 26), betrifft prinzipiell sowohl **Tatbestand** als auch **Entscheidungsgründe** (Rz 16 ff und 23 ff) und hat den Sinn (s auch BFH/NV 2005, 1594, 1595 u Rz 2):   **11**
– die Übereinstimmung des Ergebnisses der gerichtlichen Sachaufklärung sowie seiner rechtlichen Würdigung mit Gesetz und Recht (Art 20 II GG) auszuweisen (**Legitimationsfunktion;** vgl dazu vor allem *Brüggemann* S 110 ff, 121 f und 168 f; *Maunz/Dürig/Herzog,* Art 101 Rz 81;

T/K Rz 17; *Kopp/Schenke* § 108 Rz 30 ff; *Schoch ua/Dawin* § 108 Rz 118; *Lüke* S 37 ff);

– den Richter dazu zu zwingen, das gewonnene Ergebnis bis zuletzt kritisch zu überdenken (Funktion der **Selbstkontrolle**);

– die Prozessbeteiligten (auch unter dem Gesichtspunkt rechtlichen Gehörs – Rz 18; § 96 Rz 30) in die Lage zu versetzen, die Gründe zu bedenken, die „für die richterliche Überzeugung leitend gewesen sind" (§ 96 I 3), sich dadurch überzeugen zu lassen **(Befriedungsfunktion)** oder doch zumindest in die für eine Revisionsbegründung geforderte argumentative Auseinandersetzung mit dem Urteil (§ 120 Rz 32) eintreten und ihre **Rechte** entsprechend **wahren** zu **können** (Art 19 IV GG – BFHE 143, 325 = BStBl II 1985, 417, 418; BFHE 153, 310 = BStBl II 1988, 838; BFHE 168, 306 = BStBl II 1992, 1040); Maßstab: die **Möglichkeit**, die getroffene Entscheidung **auf** ihre **Rechtmäßigkeit** hin **zu überprüfen** (BFH/NV 2004, 1109 u 1665, 1666); maßgeblicher Zeitpunk: **Beginn der Rechtsmittelfrist** (BFH/NV 1989, 31 u 511; BFHE 162, 1 = BStBl II 1990, 1071);

– das Feld für eine evtl **revisionsrechtliche Prüfung** (die sich auf die vom FG festgestellten Tatsachen zu beschränken hat – § 118 II; zu den Ausnahmen s § 118 Rz 32 ff) abzustecken (BFHE 153, 310 = BStBl II 1988, 838; BFHE 158, 13 = BStBl II 1989, 979; BFHE 170, 129 = BStBl II 1993, 722; BFH/NV 1998, 482 f; 1999, 808; 2000, 968), und zwar möglichst so, dass eine Zurückverweisung (§ 126 (III Nr 2) vermieden wird.

12   Diese mehrfache Funktion der Urteilsbegründung liefert die Kriterien für die **Konkretisierung der Begründungspflicht im Einzelfall,** (erhöhte Anforderungen zB bei str Sachverhalt, nach Beweisaufnahmen, bei Abweichung vom Gesetzestext oder im Hinblick auf die einschneidenden Folgen bei der Anwendung von **Präklusionsvorschriften** – wie §§ 62 III 3, 65 II 2, 79b III 1: BVerfG NJW 1992, 2556; zur Modifizierung durch § 100 II 2: dort Rz 37a), die in beiden Instanzen des finanzgerichtlichen Verfahrens noch zusätzliche Akzentuierung durch das die Rechtswirklichkeit dominierende permanente Missverhältnis zwischen „Soll und Haben" auf dem Gebiet der Rechtssicherheit erfährt: Kaum irgendwo sonst im öffentlichen Recht fühlt sich eine vergleichbare große Zahl von Betroffenen selbst mit elementaren Grundfragen der alltäglichen Rechtsanwendungspraxis so „alleingelassen" wie im Steuerrecht (erinnert sei an solch elementare „Dauerthemen" wie die Abgrenzung der betrieblichen bzw beruflichen von der privaten Sphäre, vor allem im Einkommen- und Körperschaftsteuerrecht oder das allgemeine abgabenrechtliche Problem der Rechtsnachfolge). Diese Situation signalisiert einen **besonderen „Bedarf an Begründung",** macht eine Erwartungshaltung bei den Beteiligten und eine entsprechende Tendenz bei den Richtern verständlich, hin zum Musterfall, zur Aussage über die eigentliche Streitentscheidung hinaus.

13   Nicht nur zu dieser (einen echten Notstand im Umgang mit steuerrechtlichen Normen signalisierenden) akuten Bedarfslage, sondern auch zu den zuvor (Rz 11) genannten allgemeinen Funktionen der Begründungspflicht stehen die in **§ 105 V** (dazu Rz 29), § 116 V 2, in **§ 126 VI** und **§ 126a S 4 nF** (s Rz 4) normierten **Ausnahmen vom Begründungszwang** in Widerspruch, die ihre einzige Rechtfertigung aus dem Notstand

erfahren, in den die Finanzgerichtsbarkeit in beiden Instanzen geraten ist. –
Die Argumentation des **BVerfG** allerdings (zur Verfassungsmäßigkeit des
inzwischen nicht mehr geltenden Art 1 Nr 6 BFHEntlG und zu derjenigen
des ebenfalls außer Kraft getretenen Art 1 Nr 7 BFHEntlG: BVerfGE 50,
287, 289; HFR 1977, 252 u 1996, 827; NJW 1997, 1693 sowie HFR 1992,
728; 1993, 90 u 202, 466 u 467; 1996, 430 u 827), **die im allgemeinen
Verwaltungsrecht geltenden Grundsätze des Begründungszwangs**
(BVerfGE 22, 212, 217; 38, 191, 194; 40, 276, 286; BFHE 125, 20 =
BStBl II 1978, 403, 403; BFHE 140, 153 = BStBl II 1984, 443, 444; *Schick*
JuS 1971, 1 ff; *Scheffler* DÖV 1977, 767; *Hufen* NJW 1982, 2163 ff) seien **auf
letztinstanzliche Urteile nicht übertragbar,** weil es hier nicht mehr
darum gehen könne, dem Betroffenen die Wahrung seiner Rechte zu ermöglichen (vgl BVerfGE 50, 287, 289–71, 122, 135 u 81, 97, 106; HFR
1996, 827; s iE auch für Beschlüsse – § 113: BFHE 194, 38 = BStBl II
2001, 415), **greift zu kurz.** Sie lässt die übrigen Funktionen der Begründungspflicht (Rz 2 u 11; Legitimation, Selbstkontrolle und die für das
Steuerrecht besonders bedeutsame Orientierung des Betroffenen an Gerichtsurteilen) unberücksichtigt (krit auch *Birk/Jahndorf* DB 1995, 1301;
Tipke/Lang § 23 Rz 250; *T/K* § 96 FGO Rz 106). Immerhin wird die
Statthaftigkeit einer **Nichtzulassungsbeschwerde durch § 105 V nicht
beschränkt** (BFH/NV 1990, 107; s iÜ Rz 29).

Gleichwohl mögen angesichts der vielfach an Rechtsverweigerung gren- **14**
zenden Verfahrensdauer im finanzgerichtlichen Verfahren Ausnahmen von
Begründungszwang zumindest als vorübergehender Notbehelf unausweichlich sein. Doch erscheint de lege ferenda eine am Vorbild des § 105 V
(s Rz 29) orientierte (nur von Einstimmigkeit abhängig gemachte und an
keine Streitwertgrenze geknüpfte) **Vereinfachungsregelung** auch in der
Revisionsinstanz als ein ebenso effizienter, aber eben unbedenklicherer
Ausweg aus dem derzeitigen Dilemma (jedenfalls solange hinsichtlich des
eigentlichen Grundübels der Kompliziertheit, Unübersichtlichkeit und
Systemlosigkeit des materiellen Steuerrechts, keine Änderung zu gewärtigen ist). De lege lata bietet sich für das Gericht immerhin als akzeptabler
Ausweg die Variante an, auch in Fällen des **§ 126 VI** und des **§ 126 a nF**
(früher Art 1 Nr 7 und Nr 8 BFH EntlG) **stets** eine **Kurzbegründung**
im Stile des § 105 V zu geben (s auch Rz 4) und dadurch wenigstens skiz-
zenhaft mitzuteilen, warum ein Verfahren diesen und nicht jenen Ausgang
genommen hat (vgl zB BFHE 149, 23 = BStBl II 1987, 438 u BFH/NV
1990, 623).

Die Vereinfachungsregelungen der **§§ 313 II und 313 a ZPO** (iVm **15**
§ 155 FGO) gelten im finanzgerichtlichen Verfahren **nicht** (arg e contrario
§ 105 III und V; vgl auch BTDrucks 7/5250 S 18; BSG DRZ 1979, 316;
T/K Rz 5; anders zum früheren Rechtszustand: BFHE 122, 227 =
BStBl II 1977, 642, 643 mwN). Zu den Folgen der *Verletzung* der Begründungspflicht s Rz 21 u 26.

a) Tatbestand (§ 105 II Nr 4 und III)

Im Tatbestand eines finanzgerichtlichen Urteils, dessen Darstellung sich **16**
unmittelbar an den Tenor anschließt, soll in straffer, sachlich geordneter
und aus sich selbst heraus verständlicher Form der Sachverhalt dargestellt

werden, der Gegenstand und Grundlage der Entscheidung bildet (BFHE 158, 13 = BStBl II 1989, 979; BFH/NV 1992, 47, 48 u 348, 349; 2000, 459), zu dem Zweck, „ein **klares und vollständiges Bild des Streitstoffes",** einschließlich der „Verfahrensgeschichte", zu vermitteln (Negativbeispiele: BFH/NV 1993, 282 f; BFHE 174, 391 = BStBl II 1994, 707; vgl iÜ auch BGHZ 80, 64, 67; BFH/NV 1990, 11, 13 u 348, 350; 1995, 416, 418), die vom FG (uU mit Hilfe von Beweiserhebungen) festgestellten entscheidungserheblichen **Tatsachen** und, in gedanklicher Trennung hiervon sowie vom übrigen Text abgesetzt (BFHE 158, 13 = BStBl II 1989, 979), die **Anträge** der Beteiligten nebst dem wesentlichen **Vorbringen** hierzu (BFHE 133, 33 = BStBl II 1981, 517, 518; BFH/NV 1986, 719; 1987, 187, 188; 1992, 81, 85 u 348). Für die Revisionsinstanz gilt im Prinzip das Gleiche, nur mit den Besonderheiten des prinzipiellen Fehlens eigener Sachverhaltsermittlungen sowie den übrigen Abweichungen, die sich aus der Eigentümlichkeit des Revisionsrechts ergeben. Die **Bedeutung des Tatbestands** im finanzgerichtlichen Verfahren **ergibt sich vor allem aus § 96 I 1** (§ 96 Rz 7 ff) und aus **§ 118 II** (BFH/NV 1998, 1574 f; § 118 Rz 36 ff). Das Parteivorbringen dagegen ist hier von untergeordnetem Einfluss und demgemäss die insoweit in **§ 314 S 1 ZPO** angeordnete besondere Beweiskraft für die FGO **ohne Belang** (s auch § 108 Rz 1).

17   Zwar muss die **Trennung von Tatbestand und Entscheidungsgründen** (s oben) nur inhaltlich verwirklicht werden (BFHE 206, 58 = BFH/NV 2004, 1482; BGHZ NJW 1982, 447; BVerwG Buchholz 310 § 117 VwGO Nr 10; sehr anschaulich BFHE 158, 13 = BStBl II 1989, 979 u BFH/NV 1990, 348, 350), doch sollte dieses Element juristischen Denkens und Arbeitens auch äußerlich, im Urteilsaufbau (bei Beschlüssen gilt Entsprechendes), aus Gründen der Klarheit und des besseren Verständnisses möglichst deutlich zum Ausdruck gebracht werden (durch Zweiteilung mit Hilfe entsprechender Überschriften oder durch unterschiedliche Bezifferung). Entscheidend für die Geltung einer Entscheidung (Rz 26) ist die Einhaltung solcher Aufbauregeln allerdings nicht: Auch **bindende tatsächliche Feststellungen** iS des § 118 II können sich **aus den Entscheidungsgründen** ergeben (BFHE 206, 58 = BFH/NV 2004, 1482, 1483; s auch § 108 Rz 2; vgl. auch *Kopp/Schenke* § 117 Rz 12 und § 137 Rz 24 mwN).

18   Als besonders hilfreich für das bessere Verständnis der gerade im Steuerrecht besonders komplizierten Sachverhaltsgestaltungen hat es sich erwiesen, die Darstellung des Tatbestands mit einem einleitenden Satz zu eröffnen, der in zusammengefasster Form den Kern des Rechtsstreits skizziert („In dem Rechtsstreit geht es um …" oder dergl). Was den **Umfang** der Darstellung des Tatbestands (zum notwendigen Inhalt: BFH/NV 1994, 631 f; bedenklich großzügig mit nicht überzeugender Begründung: BFH/NV 2000, 459 f) angeht, so gilt vom „Modell" her folgende, **nach den Umständen des Einzelfalls** zu konkretisierende Regel: In den Entscheidungsgründen darf an Tatsachen nichts „verarbeitet" oder vorausgesetzt werden, was nicht zuvor im Tatbestand mitgeteilt wurde – umgekehrt sollte der Tatbestand keine Mitteilung enthalten, die in den Entscheidungsgründen nicht ihre Würdigung erfährt oder nicht wenigstens für das Verständnis der Rechtsausführungen bedeutsam ist. Es **muss erkennbar sein,**

dass das **Gericht alle wesentlichen Tatsachen und Beweismittel** (§ 96 I 3; s auch Rz 11; *T/K* Rz 8 ff; FG Hbg EFG 1996, 994 f) **berücksichtigt und rechtliches Gehör gewährt hat** (BVerfG NJW 1978, 987), wobei der *unstreitige* vom *streitigen* Sachverhalt sowie der allgemeine Geschehensablauf von der Schilderung der rechtlichen Behandlung (Umsetzung durch Verwaltungsakt, Verfahren – zB Erlass des Erstbescheids, Eintritt der Bestandskraft, Außenprüfung, Erlass des Änderungsbescheids, Einspruchs- und Klageverfahren) abzusetzen ist.

Keine feste Regel gibt es für die **Reihenfolge** der Sachdarstellung. In **19** der Regel ist der Gesichtspunkt zeitlicher Abfolge bestimmend. Abweichungen können sich auch hier unter dem übergeordneten Gesichtspunkt der sachlichen Zuordnung auf die Entscheidungsgründe hin als notwendig erweisen, sollten dann aber tunlichst durch entsprechende sprachliche Konsequenzen (Tempuswechsel usw) verdeutlicht werden.

Bezugnahmen auf Schriftstücke außerhalb des Urteilstextes sind gem **20** § 105 III 2 nur wegen der *Einzelheiten* zulässig: Dh das Wesentliche des Geschehensablaufs muss aus dem Tatbestand des Urteils selbst ersichtlich sein. Verweisungen dürfen **nur ergänzenden Charakter** haben (BFH/NV 1989, 65; 1992, 47, 48; 2005, 2099); sie müssen sich darauf beschränken, **Wiederholungen zu vermeiden,** sie dürfen aber entscheidungserhebliche tatsächliche Feststellungen im Urteil selbst nicht ersetzen (BFHE 168, 306 = BStBl II 1992, 1046; BFH/NV 1992, 47, 48; s auch 1993, 282 f) und das Verständnis der Entscheidung aus sich selbst heraus nicht stören (zum nichtersetzbaren Mindestinhalt: BVerwG DÖV 1989, 357). **Verweisungen** müssen so **präzise** gehalten sein, dass das Objekt, auf das verwiesen wird, unverwechselbar feststeht (BGH MDR 1977, 480; NJW 1983, 886; BAG NVwZ 1982, 527; BVerwGE 61, 367; DVBl 1984, 111; BFHE 133, 33 = BStBl II 1981, 517, 518; BFHE 139, 491 = BStBl II 1984, 183, 184; BFH/NV 1989, 511). IdR keine Verletzung der Begründungspflicht liegt in der Bezugnahme auf eine den Beteiligten bekannte Entscheidung (BFH/NV 1993, 112; BVerwG BayVBl 1988, 570; NJW 1989, 1627 u BVerwG Buchholz 310 § 117 VwGO Nr 3 u § 138 Ziff 6 Nr 30; s auch Rz 2). Als **wertlose Begründungserleichterung** erweist sich die Bezugnahme, wenn deren Gegenstand seinerseits in entscheidungserheblichen Punkten widersprüchlichen, unvollständige oder unzulänglich begründete Aussagen enthält (vgl BFH/NV 2003, 1335, 1336).

Bei **Verletzung des § 105 II Nr 4 u III** kommt zunächst Berichtigung **21** nach § 108 in Betracht. Unzulänglichkeiten in diesem Teil der Urteilsbegründung sind dagegen grundsätzlich nicht geeignet, eine Revision zu begründen (BFH/NV 1997, 295; 1998, 467 u 707 f; 1999, 479; *T/K* Rz 16; s auch § 108 Rz 6). Anders ist dies ausnahmsweise dann, wenn die mangelhafte Darstellung des Tatbestands (zB wegen *Bezugnahme* auf ein den Beteiligten unbekanntes Urteil oder fehlen auf für sie unzugängliche Schriftstücke; vgl zum Problem der Bezugnahme iÜ Rz 24) einen groben Fehler bei der Wiedergabe der Entscheidungsgründe nach sich zieht (vgl etwa BFHE 153, 14 = BStBl II 1988, 588; BFH/NV 1989, 511 u auch BFHE 174, 391 = BStBl II 1994, 707; BFH/NV 1993, 610). **Fehlt** dagegen der Tatbestand oder fehlen erhebliche Teile hiervon, so ist dies – je nach Ausmaß der hierdurch verursachten Verständnislücken – als ein **Verfahrensmangel** zu qualifizieren, der im Revisionsverfahren von Amts wegen zu berücksichtigen ist (s § 119 Rz 23) und gem § 126 III 1 Nr 2 zur Zurückverweisung der Sache führt (BFHE 92, 416 = BStBl II 1968, 610 f; BFHE 158, 13 = BStBl II 1989, 979; BGHZ NJW-RR 1994, 1340; *Schoch ua/Causing* § 117 Rz 17) oder die Revisionszulassung nach § 115 II Nr 3 (auch iVm § 116) rechtfertigt (s auch Rz 29). Ein solcher Fall ist gegeben, wenn der für das Verständnis des Urteils erforderliche Sach- und Streitstand in der Urteilsbegründung nicht wiedergegeben ist (BFH/NV 2004, 1543) bzw wenn die Ausführungen zum Tatbestand völlig unbrauchbar sind.

22   IÜ liefert der Tatbestand gem den §§ 155 FGO, 418 I ZPO **Beweis** für das mündliche Vorbringen der Beteiligten (§§ 155 FGO, 314 ZPO; s auch *Schoch ua/Causing* § 117 Rz 15), der nur durch ausdrückliche Feststellungen im Sitzungsprotokoll entkräftet werden kann (RGZ JW 1927, 1931; zu den Grenzen der *Protokollierungspflicht*: BVerwG Buchholz 406, 19 Nachbarschutz Nr 72). Für Urteile, die im schriftlichen Verfahren ergangen sind, fehlt es an einer solchen Beweiskraft (BFHE 137, 212 = BStBl II 1983, 227, 228 f; zur ungerechtfertigten Überbewertung dieses Gesichtspunkts im Bereich der FGO: Rz 16; § 108 Rz 1).

b) Entscheidungsgründe (§ 105 II Nr 5)

23   Entscheidungsgründe müssen, bezogen auf den zuvor fixierten Tatbestand einerseits und die einschlägigen Gesetzesvorschriften andererseits, die **rechtlichen Erwägungen und Wertungen offen legen,** die für das Urteil tragende rechtliche Überzeugung maßgebend gewesen sind (§ 96 I 3; BFHE 168, 306 = BStBl II 1992, 1040; BFH/NV 2005, 1825), wobei sich der gedankliche Aufbau nach den zwar in theoretischen Einzelheiten umstrittenen, in der praktischen Konsequenz für die Rechtsanwendung hingegen gefestigten Regeln der Methodenlehre (dazu auch *T/K* Rz 19 und *v Groll* S 198 ff mwN) Art und Umfang nach den Funktionen der Urteilsbegründung (s Rz 11; zu eng: BFH/NV 2000, 968, 869) sowie nach den Besonderheiten des Streitfalls richtet (vgl zB § 100 Rz 37 a).

24   Alle **wesentlichen Fragen** prozessualer und materiell-rechtlicher Art müssen – auch unter dem Gesichtspunkt rechtlichen Gehörs – behandelt sein (BVerfGE 22, 274; 54, 46; 58, 350; 60, 312; 68, 357; BFH/NV 1991, 832 f; 1992, 750; 1995, 416, 418). Erfasst werden müssen die **wesentlichen Streitpunkte** des jeweiligen Prozesses (BFHE 199, 124 = BStBl II 2002, 527; BFH/NV 2002, 348 u 810; 2004, 683, 843 u 1109, 1111). Was in eine Begründung an Rechtsausführungen hineingehört, bestimmt sich indes (entgegen der hM – sehr anschaulich: BFHE 170, 129 = BStBl II 1993, 722; s iÜ Rz 11 u 26) nicht allein nach dem Kriterium weiterer Rechtsschutzwahrung, sondern nach dem **Zweck** der Urteilsbegründung (Rz 11; speziell zur Funktion des *Nachweises der Rechtmäßigkeit*: BFHE 199, 124 = BStBl II 2002, 527). Eine Auseinandersetzung mit jedem einzelnen vorgetragenen Gesichtspunkt allerdings ist nicht erforderlich (BVerfGE 5, 22; 13, 149; 42, 368; 47, 187; 51, 129; 58, 350; 60, 312; 65, 295). Auch die Frage, inwieweit eine Auseinandersetzung mit abweichenden Meinungen geboten ist, beantwortet sich nach den verschiedenen Funktionen der Urteilsbegründung (Rz 11; *T/K* Rz 20; *v Groll* aaO; *Kapp* FR 1981, 257 gegen BFHE 132, 486 = BStBl II 1981, 411, 412 aE). Es muss aus dem Begründungstext erkennbar sein, warum das Gericht so und nicht an-

ders entschieden hat (BFHE 186, 120 = BStBl II 1998, 626; BFH/NV 1998, 977 f). Das gilt auch in diesem Zusammenhang für das Problem der **Bezugnahmen** (zum gleichen Problem im *Tatbestand:* Rz 20 f; vgl außerdem für Verweisungen auf unbekannte/unzugängliche *Schriftstücke:* BFHE 98, 525 = BStBl II 1970, 494; BFHE 141, 206 = BStBl II 1984, 666; BFHE 168, 306 = BStBl II 1992, 1046; BFH/NV 1989, 511; auf *Rspr/Literatur:* BFHE 170, 129 = BStBl II 1993, 722; BFH/NV 2004, 491, 493; auf den Beteiligten *bekannte Entscheidungen* desselben Spruchkörpers: BFHE 116, 540 = 1975, 885; BFHE 141, 206 = BStBl I 1984, 666; BFHE 153, 14 = BStBl II 1988, 588; BFH/NV 1989, 511; 1993, 112; auf ein anderes Urteil zwischen *denselben Beteiligten,* zu *demselben Sachverhalt* und *denselben Rechtsfragen:* BFH/NV 1997, 134; 1998, 482 f; auf andere ohne weiteres **zugängliche Entscheidungen:** BFH/NV 1992, 174 f; 1993, 112; zur „überflüssigen Verweisung": FG Hbg 1996, 994 f; vgl iÜ BVerwG Buchholz 310 § 138 Ziff 6 Nr 30; zur Verweisung auf die Einspruchsentscheidung trotz neuer Beweiserhebung: BFHE 170, 129 = BStBl II 1993, 722; zur Bedeutung von Zitaten: BFH/NV 2002, 1498, 1499; zu den Folgen unzureichender Begründung: Rz 26).

Auch die für die **Würdigung von Beweisen** (dazu auch § 96 Rz 21) **25** maßgeblichen Erwägungen müssen in den Entscheidungsgründen in einer Weise dargelegt werden, die es dem Leser erlaubt, diesen Teil der Urteilsbegründung nachzuvollziehen (BFHE 170, 129 = BStBl II 1993, 722; BGH NJW 1985, 1785; *T/K* Rz 19). Dazu gehört auch die Erörterung der Frage, *warum* bestimmte angebotene oder naheliegende Beweise *nicht* erhoben wurden (BGH NJW 1979, 1513).

Das **Fehlen** der Entscheidungsgründe (BVerwG, DÖV 1989, 357; **26** Buchholz 310 § 133 VwGO Nr 83; BFH/NV 1989, 506), und sei es auch nur zu einem entscheidungserheblichen Gesichtspunkt (zB zur Höhe des str Steueranspruchs: BFHE 186, 120 = BStBl II 1998, 626) oder deren unangemessen verspätete Abfassung (§ 104 Rz 10) ist (iU zur mangelhaften Wiedergabe des Tatbestands – dazu Rz 21) wesentlicher Verfahrensmangel und **absoluter Revisionsgrund** (§ 119 Nr 6; § 119 Rz 23 ff; BFHE 143, 325 = BStBl II 1985, 417; BFHE 153, 14 = BStBl II 1988, 588; BFHE 168, 306 = BStBl II 1992, 1040; BFH/NV 1992, 348 f; 1993, 35; 1995, 230 u 239; 1996, 832). – **Nicht mit Gründen** (zu einem **wesentlichen Streitpunkt:** BFH/NV 1994, 40; 1996, 823; s iÜ Rz 24) **versehen** ist eine Entscheidung, **wenn** eine **Prüfung ihrer Richtigkeit und Rechtmäßigkeit** anhand der gegebenen Begründung **nicht möglich** ist (BFH/NV 1994, 491; 2002, 348; 2004, 1109, 1111; zur Abgrenzung von unschädlicher *Lückenhaftigkeit:* BFHE 199, 124 = BStBl II 2002, 527; BFH/NV 2005, 1743, 1745; 1813, 1814) bzw wenn sie **aus sich selbst heraus nicht verständlich** ist (BGHZ BB 1991, 506; vgl auch BFHE 168, 306 = BStBl II 1992, 1040; BFHE 170, 129 = BStBl II 1993, 722; BFH/NV 1991, 698 u 832; 2001, 185, 186; § 119 Rz 23 ff), wenn sich also der Urteilsbegründung **zB nicht** entnehmen lässt (s auch § 119 Rz 23 ff):

– die maßgebliche **Anspruchsgrundlage** (§§ 3 I, 38 AO) sowie die Subsumtion hierunter (BFH/NV 2004, 1281, 1282; großzügiger: BFH/NV 2003, 445);

– ob und mit welchem Ergebnis **ein entscheidungserhebliches Tatbestandsmerkmal** geprüft wurde (BFH/NV 2005, 1594, 1595);

– ein Wort zu der begehrten **Feststellung einer Besteuerungsgrundlage** (etwa der Mitunternehmerschaft: BFH/NV 2004, 457);
– ein **Eingehen auf** die **Klagebegründung,** nämlich darauf, dass der Kl
mit seinem Begehren auf Abänderung des ESt-Bescheids nicht (mehr)
Werbungskosten-, sondern Sonderausgabenabzug erstrebt (BFH/NV
2002, 810);
– die **Berücksichtigung aller** rechtserheblichen **Einwände gegen** eine
Prüfungsentscheidung (BFH/NV 2002, 941; dazu iÜ § 102 Rz 12 aE).
In jedem Fall allein maßgeblich ist das **objektive Ergebnis; ob ein** *Versehen* zu Grunde liegt, ist unbeachtlich (insoweit unklar: BFH/NV 2002,
810). Das auch in diesem Zusammenhang übliche Abstellen darauf, ob ein
„selbstständiger prozessualer Anspruch" bzw ein *„selbstständiges Angriffs- oder
Verteidigungsmittel"* mit Stillschweigen *„übergangen"* wurde (s zB BFH/NV
2002, 1485, 1486; 2004, 491, 492, 1392, 1393, 1665, 1666; 2005, 1594,
1595; s auch § 119 Rz 25), erweist sich bei genauerem Hinsehen schon
deshalb als leere Floskel, weil weder das eine noch das andere „Kriterium"
im finanzgerichtlichen Verfahren (wie die vorgenannten Beispiele bestätigen) irgendeine Rolle spielt.

4. Rechtsmittelbelehrung (§ 105 II Nr 6)

27   Die **Belehrung** über das dem Urteil gegenüber eröffnete Rechtsmittel
ist zur Rechtswahrung unerlässlich (zu den Einzelheiten s BFH/NV 1999,
499 u 1112; § 55 Rz 10 ff). Da die Rechtsmittelbelehrung notwendiger
Urteilsbestandteil ist, muss sie durch die Unterschriften der Richter gedeckt sein (BFHE 120, 7 = BStBl II 1976, 787).

IV. Zur Abfassung des Urteils (§ 105 IV)

28   Die Regelung betrifft nur den Fall der Urteilsverkündung (§ 104 I), ansonsten gilt § 104 II. – Beide Vorschriften dienen dem gleichen Zweck,
eine möglichst **zeitnahe Abfassung** der schriftlichen Urteilsbegründung
zu sichern. Zu den Folgen der Verletzung gilt das zu § 104 (Rz 9 f) Ausgeführte entsprechend (vgl auch BFH HFR 1997, 95; BFH/NV 1990,
791 f; 1999, 935, 1364 u 1626; 2000, 1232; 2001, 57; 2004, 1646; 2005, 6;
zu § 105 IV 2; BFHE 172, 404 = BStBl II 1994, 187; BFH/NV 1995, 56;
zu § 105 IV 3: BFH/NV 2004, 1646; zum Unterschriftserfordernis: BFH/
NV 2005, 6; BGHZ VersR 1991, 326).

V. Begründungserleichterung (§ 105 V)

29   Die mit Wirkung ab 1. 1. 1993 (Rz 8 ff vor § 1) geltende Neufassung
des § 105 V (s auch Rz 2, 11 u 13) ist auf Art 2 § 2 VGFGEntlG zurückzuführen, der inzwischen durch § 117 V VwGO nF abgelöst wurde (BT-
Drucks 11/7030 S 30 u 12/1061 S 19 f; *Kopp/Schenke* § 117 Rz 23 ff). –
Gegenüber dem früher geltenden Recht ist die nunmehrige Regelung insofern weiter gefasst, als sie *keine Streitwertgrenze mehr* enthält und *nicht mehr
auf* (bestimmte) *Anfechtungsklagen beschränkt* ist. Erforderlich ist jetzt, **dass**
das **Gericht**
– **über** eine **verwaltungsbezogene Klage** (Anfechtungs- oder Verpflichtungsklage – § 47 Rz 7, § 101 Rz 1) **zu befinden** hat;
– **der Finanzbehörde** nicht nur im Ergebnis, sondern auch **in der Begründung** des angefochtenen (zu dessen Bedeutung bei Verpflichtungs-

klagen: § 40 Rz 21 f) VA (§ 121 AO) bzw, falls insoweit Abweichungen bestehen, der hierzu ergangenen außergerichtlichen Rechtsbehelfsentscheidung (§ 366 S 1 AO; maßgeblich insoweit also immer die zum **Zeitpunkt der letzten Verwaltungsentscheidung** bekundete Verwaltungsmeinung) **folgt** und

– diese Übereinstimmung in der Urteilsbegründung ausdrücklich **feststellt**.

Sind diese Voraussetzungen erfüllt, kann das Gericht von der „weiteren" **Darstellung der Entscheidungsgründe** (§ 105 II Nr 5 – Rz 23 ff; **nicht des Tatbestands** BFH/NV 2005, 2099) absehen (zur verfassungsrechtlichen Unbedenklichkeit: BVerfG HFR 1993, 79). Sein **Ermessen** (BFH/NV 2000, 71 f) ist **begrenzt** (s BFH/NV 2005, 1320, 1321, Rz 11); das gilt vor allem, soweit das FG dem FA nicht folgt (BFH/NV 1998, 1195). In der mit der erforderlichen Eindeutigkeit getroffenen ausdrücklichen **Feststellung** der (teilweisen) Übereinstimmung mit der **Einspruchsentscheidung** liegt eine **Bezugnahme auf deren** Begründung. Das bedeutet (s auch Rz 20 u 24), dass deren evtl **Mängel** zu Mängeln der Urteilsbegründung (mit den zu Rz 26 dargestellten Rechtsfolgen) werden (s BFH/NV 2003, 172 u 1335; 2004, 517). Wie weit die Befugnis zur **Kurzbegründung** (die sich nicht stets in einer Bezugnahme erschöpfen darf; zB nicht, wenn sich – zB durch **Beweisaufnahme** – die Sach- und Rechtslage verändert hat; BFHE 174, 391 = BStBl II 1994, 707; s auch BFHE 169, 1 = BStBl II 1992, 1043; zum Erfordernis der Auseinandersetzung mit **neuem Vorbringen:** BFHE 186, 120 = BStBl II 1998, 626; BFH/NV 1999, 50 f; 2000, 731; s aber BFH/NV 2005, 1320, 1321; zu den Anforderungen bei **Zusammenfassungen:** BFH/NV 1999, 63 f) jeweils reicht, hängt im Einzelfall davon ab, inwieweit der **Zweck der Urteilsbegründung** (Rz 2, 11 f) schon durch die dem Rechtsuchenden bekannten, vom Gericht bestätigten (schriftlichen) Ausführungen der Verwaltung erfüllt wird oder noch der Ergänzung bzw Klarstellung bedarf (BFHE 169, 1 = BStBl II 1992, 1043; BFHE 186, 120 = BStBl II 1998, 626; BFH/NV 1998, 1574 f; zu den Mindestanforderungen auch BFH/NV 1995, 548; s auch BVerfG HFR 1993, 79, 80). Den Maßstab hierfür liefern § 96 I 3 einerseits und § 96 II (iVm Art 103 I GG) andererseits (BFH/NV 2000, 71 f). Soweit § 105 V **zu Unrecht** angewandt wird, liegt ein **Verfahrensfehler** iS des § 119 Nr 6 bzw des § 115 II 3 iVm § 116 vor. Ein Argument für den Ausschluss solcher Fälle aus dem Zulassungsverfahren, zB wegen Fehlen des Rechtsschutzinteresses (s BFH/NV 2000, 698, 699), gibt es nach Fortfall der zulassungsfreien Revision nicht mehr. – Unerfindlich ist, warum entsprechende Begründungserleichterungen – anders als nach § 105 V aF – **hinsichtlich des Tatbestands** (§ 105 II 4; Rz 16 ff), dessen Darstellung häufig weitaus mehr Arbeitsaufwand erfordert, **nicht mehr** vorgesehen sind (vgl zB BFH/NV 1999, 833, 834). Die (auch vor der Gesetzesänderung schon eröffneten) Möglichkeiten des § 105 III (Rz 20 f) mögen im allgemeinen Verwaltungsprozess ausreichend Entlastung bieten (*Kopp/Schenke* § 117 Rz 23), für den Steuerprozess gelten (auch) da (wegen der typischerweise komplexen Gestaltung des entscheidungserheblichen Sachverhalts) andere Maßstäbe. Die Regelung gilt für **Beschlüsse** entsprechend (*Kopp/Schenke* § 117 Rz 24; s auch Rz 1). Normadressat ist das **Gericht** (§ 6 Rz 18). Zugeschnitten ist der Gesetzestatbestand auf erstinstanzliche Entscheidungen. Das besagt aber nicht, dass er (§ 121 S 1) nicht **entsprechend auch** vom **BFH** angewandt werden könnte, wenn dieser Verwaltung und FG in der Begründung folgt.

VI. Vermerk des Urkundsbeamten (§ 105 VI)

30   Der in **§ 105 VI 1** vorgeschriebene **Vermerk** beweist die Identität von gefälltem und bekannt gegebenem Urteil, nicht die Tatsache der Verkündung (BGHZ VersR 1989, 604), die Gegenstand der Protokollierung ist (§ 160 III Nr 7 ZPO; § 94 Rz 6; zur Bedeutung der Verkündung: § 104 Rz 5 ff). Die neu eingefügten S 2 u 3 ergänzen die reine **Ordnungsvorschrift** (*Kopp/Schenke* § 118 Rz 28) für den Fall der elektronischen Bekanntgabe (s auch Vor § 1 Rz 24). Ein Verstoß gegen diese Ordnungsvorschrift bleibt ohne prozessuale Folgen (BGHZ 8, 308).

§ 106 [Gerichtsbescheide]

Die §§ 104 und 105 gelten für Gerichtsbescheide sinngemäß.

Vgl auch § 84 I 4 iVm §§ 107 ff VwGO.

Literatur (s auch vor § 90 a): *Kretzschmar,* Der Gerichtsbescheid – das Chamäleon der FGO, DStZ 1993, 265; *Richter,* Der verwaltungsgerichtliche Vorbescheid, DVBl 1962, 204; *Rößler,* Der Gerichtsbescheid im finanzgerichtlichen Verfahren, DStZ 1994, 84; *Schnellenbach,* Der Gerichtsbescheid nach dem EntlG, DÖV 1981, 317.

Es kann nur eine *sinngemäße* Anwendung der §§ 104, 105 in Betracht kommen (s auch *Schoch ua/Clausing* § 117 Rz 29), weil dort mündliche Verhandlung vorausgesetzt wird, die im Gerichtsbescheid gerade fehlt (§ 90 a Rz 2), und weil in anderer Besetzung entschieden wird (§ 5 III 2). Anwendbar sind demnach nur: § 104 III, § 105 I 1 bis 3, II, III, V und VI 1. Alternative.

§ 107 [Berichtigung des Urteils]

(1) Schreibfehler, Rechenfehler und ähnliche offenbare Unrichtigkeiten im Urteil sind jederzeit vom Gericht zu berichtigen.

(2) [1]Über die Berichtigung kann ohne mündliche Verhandlung entschieden werden. [2]Der Berichtigungsbeschluss wird auf dem Urteil und den Ausfertigungen vermerkt. [3]Ist das Urteil elektronisch abgefasst, ist auch der Beschluss elektronisch abzufassen und mit dem Urteil untrennbar zu verbinden.

Vgl §§ 118 VwGO, 138 SGG, 319 ZPO; s auch §§ 42 VwVfG, 129 AO.

Literatur (vgl auch die Rspr und Literatur zu § 129 AO): *Baumgärtel,* Kriterium zur Abgrenzung von Parteiberichtigung und Parteiwechsel, FS für Schnorr von Carolsfeld (1973), 31; *Braun,* Verletzung des Rechts auf Gehör und Urteilskorrektur, NJW 1981, 425 und 1196; *Burkhardt,* Urteilsberichtigung, Tatbestandsberichtigung und Urteilsergänzung, JB 1960, 138; *Osterloh,* Die Berichtigung gerichtlicher Entscheidungen nach § 319 ZPO, Münchener Diss 1970; *Schmidt,* Der Richterwegfall im Tatbestandsberichtigungsverfahren, JR

1993, 457; *Schneider,* Problemfälle aus der Prozesspraxis. Der Beginn der Rechtsmittelfrist bei Urteilsberichtigung, MDR 1986, 377; *Schuhmacher,* Die unrichtige Wiedergabe des Parteivorbringens als offenbare berichtigungsfähige Unrichtigkeit, NJW 1969, 967; *Vollkommer,* Unzulässige „Berichtigung" des Rubrums, MDR 1992, 642; *Weitzel,* Tatbestand und Entscheidungsqualität, 1990, S 75 ff; *Wiesemann,* Die Berichtigung gerichtlicher Entscheidungen im Zivil-, Verwaltungs-, Finanz- und Sozialgerichtsprozess, Mainzer Diss 1974.

Nach Verkündung bzw Zustellung (§ 104) sind Urteile grundsätzlich **1** nur noch im Rechtsmittelverfahren abänderbar (§ 155 iVm § 138 ZPO). Ausnahmen von diesem Grundsatz regeln die §§ 107 bis 109 (zur Anwendbarkeit auf Beschlüsse s § 113 I). Danach sind unter bestimmten Voraussetzungen **Berichtigungen** (§§ 107, 108) oder **Ergänzungen** (§ 109) der schriftlichen Entscheidungserklärung zulässig (zur Abgrenzung s § 108 Rz 2 u § 109 Rz 1). Es muss aber sichergestellt sein, dass der im Urteil bekundete Wille unverändert bleibt (BFH/NV 2004, 663; *Kopp/Schenke* § 118 Rz 1; s auch Rz 2 f). Im Falle der Ergänzung nach § 109 muss dies zumindest im Wesentlichen gewährleistet sein. Haften die Unrichtigkeiten und Fehler *nur* der *Ausfertigung,* nicht aber der **Urschrift** an, so sind die §§ 107 bis 109 *nicht anwendbar.* Derartige Berichtigungen kann der Urkundsbeamte der Geschäftsstelle jeder Zeit im Verfahren nach § 317 ZPO (iVm § 155) vornehmen (sog **Kanzleiberichtigung;** s zB BFH/NV 1996, 754; 1999, 792; 2000, 1127). Das Berichtigungs- oder Ergänzungsbegehren ist nur zulässig, wenn eine entsprechende **Beschwer** dargetan ist, es also zumindest möglich erscheint, dass der Antragsteller durch den Fehler oder die Unrichtigkeit belastet wird (verneinend BFH/NV 1987, 786 für Tatbestandsberichtigung einer letztinstanzlichen Entscheidung; vgl auch BFH/NV 1997, 48; 1993, 479: kein Rechtsschutzbedürfnis bei unanfechtbaren Entscheidungen und erledigtem VA; s zum Verfahren: Rz 6). Die §§ 107 bis 109 gelten **für Beschlüsse entsprechend** (§ 113 I; BFH/NV 2004, 663). Das gilt allerdings nur, **soweit** diese **anfechtbar** sind (Rz 6).

Die Berichtigung setzt einen **Schreibfehler, Rechenfehler** oder eine **2** **ähnliche offenbare Unrichtigkeit** voraus. Ebenso wie bei der ähnlich formulierten Vorschrift des § 129 AO zur Berichtigung von VAen ist eine *unbeabsichtigte* Diskrepanz zwischen Gewolltem und Erklärtem erforderlich (falsa demonstratio; vgl. zur Unrichtigkeit: BFHE 120, 145 = BStBl II 1977, 38; BFH/NV 1987, 587; 1988, 31; BFH/NV 1992, 111; 477; 1996, 161; 2000, 66; 1127), die als Versehen ohne Weiteres erkennbar sein muss (*R/S,* 379; vgl auch BVerfGE 34, 1, 7; BFHE 120, 145 = BStBl II 1977, 38; BFH/NV 1993, 423; 1999, 46; 1107; 2000, 66; *Clausing* in *Schoch ua* § 118 Rz 2; *Kopp/Schenke* § 118 Rz 7; *Brandis* in T/K Rz 3). Der Fehler darf nicht auf der Ebene der Willensbildung eintreten, sondern er muss die Willensäußerung betreffen, wie dies bei einem Verschreiben, Verrechnen oder Vergreifen der Fall ist (vgl BFH/NV 2004, 663; 1998, 46). Negativ bedeutet das: Eine Berichtigung nach § 107 darf **nicht** erfolgen, wenn auch nur die **Möglichkeit einer sachlichen Änderung** (BGH MDR 1991, 362) besteht oder wenn nicht ausgeschlossen ist, dass dem Gericht der **Fehler oder die Unrichtigkeit bei der Sachverhaltsermittlung, Tatsachenwürdigung oder Rechtsanwendung** unterlaufen ist (BFH/NV 2004, 364 mwN zur Anwendung einer falschen Gesetzesfassung; 1999,

46; 2000, 1127; 2005, 1120) oder auf einem **Verfahrensverstoß** (BFH/ NV 1987, 723; 1994, 723; 1995, 902; 1998, 467) oder einem **Denkfehler** beruht (BFH/NV 1988, 165; 1992, 477; diese Abgrenzung wohl nicht beachtend: BFH/NV 1991, 249). Das gilt auch dann, wenn der Fehler oder die Unrichtigkeit offensichtlich ist (BFH/NV 1991, 609; 1996, 161).

3   Ein Rechenfehler setzt einen Fehler bei der Rechenoperation voraus. Nicht erfasst wird der Ansatz falscher Werte (BFH/NV 1994, 112; ggf aber offenbare Unrichtigkeit). Bei der **Unrichtigkeit** muss es sich inhaltlich, *ähnlich* wie bei einem Schreib- oder Rechenfehler, um einen **„mechanischen" Fehler** handeln, der ebenso mechanisch, dh ohne weitere Prüfung erkannt und korrigiert werden kann (BFHE 129, 5 = BStBl II 1980, 62; BFHE 141, 485 = BStBl II 1984, 785, 786 mwN; BFHE 142, 202 = BStBl II 1985, 32; BFHE 144, 118 = BStBl II 1985, 569, 770; BFH/NV 1991, 576; 609; 1992, 120; 1993, 423; 1996, 47; 682; 2004, 67; 515; 2005, 1336). **Offenbar ist die Unrichtigkeit,** wenn sie „auf der Hand liegt", dh wenn der Widerspruch zwischen Gewolltem und Erklärtem durchschaubar, eindeutig oder augenfällig und damit ohne weiteres von außen erkennbar ist (BFHE 142, 13 = BStBl II 1984, 834, 835 mwN; BFH/NV 1995, 140; 1996, 161; 1998, 46; 2000, 1127; mE zweifelhaft BFH V B 84/02 zur nachträglichen Korrektur eines Erbscheins). Die *Evidenz* für den Leser des Urteils (vor allem **für die Beteiligten** – s Rz 5) muss sich auch auf die Eigenschaft des Fehlers als Versehen beziehen (FG SchlHol EFG 1983, 587; s auch BFH/NV 1991, 609).

4   Der **Fehler** oder die **Unrichtigkeit** kann **alle Bestandteile des Urteils** betreffen (BFH/NV 1992, 111; 1998, 46), also insbesondere das **Rubrum** (BFH/NV 1992, 124; 2000, 1127; 2001, 197; 2004, 663), wobei die Auswechselung eines Beteiligten durch Berichtigungsbeschluss wegen der zu wahrenden Identität der Beteiligten nicht möglich ist (BFH/ NV 2002, 508; aA noch BFH/NV 1998, 206; vgl. aber zur versehentlich unzutreffenden *Parteibezeichnung:* BFH/NV 2002, 371; 2000, 844; zur falschen Benennung oder Auslassung des *Prozessbevollmächtigten:* BFH/NV 1993, 556; 1996, 47; 1999, 1471 sowie der *ehrenamtlichen Richter:* BFH/ NV 1992, 124; zur *Rechtsnachfolge:* BFH/NV 2004, 1114; 1990, 104; 1994, 355; 1995, 301; BFH V B 84/02 sowie zum Tod des Prozessbevollmächtigten: BFH/NV 1995, 915), den **Tenor** (BFH/NV 1990, 111; 306; 1992, 685; 760; BVerwGE 30, 146; BGH NJW 1990, 2390; selbst wenn sich durch die Berichtigung das *Ergebnis ändert:* BFH/NV 1996, 682; 760; 770; 1998, 46, 206; 1999, 1471; 2005, 1333 zur Kostenentscheidung; zur Nichtbeachtung der *Einschränkung eines Antrags:* BVerwG Buchholz § 118 VwGO Nr 3; zur versehentlichen Divergenz zwischen Tenor und Urteilsgründen: BFH/NV 1997, 893; 1998, 46; zur Abgrenzung: § 105 Rz 10), den **Tatbestand,** die **Entscheidungsgründe** (BFH/NV 1990, 111; 2002, 1032) oder die **Rechtsmittelbelehrung** (BFH/NV 2003, 643). Ist eine dem Urteil zu Grunde liegende **Steuerberechnung** falsch, so kann diese ebenfalls nach den allg Grundsätzen (s. Rz 2) berichtigt werden (vgl BFH/NV 1993, 426; 1995, 140; 2002, 1306).

5   Der Fehler oder die Unrichtigkeit kann sich zudem aus dem **Zusammenhang des Urteils** ergeben (BFH HFR 1984, 349; BFH/NV 1992, 760) und auch in einer **Auslassung** bestehen (zum Tenor: BFH/NV 1990, 306; zum Rubrum Rz 4). Dabei ist jedoch in besonderem Maße darauf zu

achten, dass es stets nur um die **„Verwirklichung einer erkennbar gewollten Aussage"** gehen darf (BFH/NV 1996, 682). Der **bekundete Wille** muss **unverändert** bleiben (BFH/NV 1998, 46; 1999, 1107; s Rz 2). Str ist (wie im Rahmen des § 129 AO), ob es genügt, dass der Fehler und die Unrichtigkeit *„aus den Vorgängen bei Erlass und bei Verkündung des Urteils"* zu ersehen sind (BGHZ 78, 22; BFHE 142, 13 = BStBl II 1984, 834, 835; *Kopp/Schenke* § 118 Rz 7; *Clausing* in *Schoch ua* § 118 Rz 5) oder ob sie **unmittelbar aus dem Urteil selbst** hervorgehen müssen (OLG Düsseldorf NJW 1973, 1132; FG SchlHol EFG 1983, 587; zum entsprechenden Problem bei § 129 AO: BFHE 149, 478 = BStBl II 1987, 588 mwN). ME ist der aus der Sicht des Empfängers zu beurteilende **objektive Erklärungswert des Urteils maßgeblich** (so auch *Clausing* in *Schoch ua* § 118 Rz 5. – aA: BFH/NV 1998, 46). Dies folgt aus dem Wortlaut der Norm („im Urteil"), ihrer Funktion, sicherzustellen, dass nur **im Rahmen des Erklärten** Korrekturen möglich sein sollen, nicht aber das Gewollte selbst inhaltlich nachträglich verändert werden darf und entspricht darüber hinaus den **allg Regeln** zum Inhalt von Willensbekundungen im Rechtsleben (Vor § 33 Rz 14 ff). Die für das weitherzigere Verständnis der Vorschrift regelmäßig ins Feld geführte „Prozesswirtschaftlichkeit" sollte für die Beantwortung der Frage, mit welchem Inhalt im Urteil wirksam oder gar rechtskräftig geworden ist, kein gewichtiges Kriterium sein (s iÜ auch Rz 2).

Die Berichtigung ist **weder antrags- noch fristgebunden.** Inhaltlich **6** ist sie darauf beschränkt, den erklärten offenbar unrichtigen Text mit der erkennbar gewollten Aussage in Einklang zu bringen (BFH/NV 1989, 26; 1990, 246; 1992, 477; 1999, 46). Wegen der Begrenzung des Gesetzestatbestands kann eine Berichtigung auch **nicht Gegenstand eines Revisionsbegehrens** (BFH/NV 1987, 667) **oder einer Nichtzulassungsbeschwerde** sein (unklar BFH/NV 1990, 246). Eine Berichtigung nach § 107 ist selbst **nach** Eintritt der **Rechtskraft** noch zulässig (107 I ... „jederzeit"; BFH NV 2000, 844; 1258; 2001, 197; 2004, 67). Voraussetzung ist allerdings eine **Beschwer,** die dann idR fehlt (BFH/NV 1997, 48; s auch BFHE 191, 83 = BStBl II 2000, 278; außerdem Rz 1). Die Berichtigung geschieht durch Beschluss, der auf die Zeit des Wirksamwerdens des Urteils zurückwirkt (BFH/NV 2002, 1019). **Zuständig** ist das Gericht, das die Entscheidung getroffen hat (Senat, Einzelrichter, Vorsitzender, Berichterstatter, vgl BFH/NV 2004, 67) in der zZt des Berichtigungsbeschlusses maßgebenden Besetzung. § 103 gilt nicht. Ehrenamtliche Richter wirken grds nicht mit (§ 5 III 2). Die Beteiligten sind grds zuvor **anzuhören** (Art. 103 I GG; vgl BVerfGE 34, 1). Ist Revision eingelegt, so ist der BFH für die Berichtigung des in dem FG-Urteil enthaltenen Fehlers oder der Unrichtigkeit zuständig (BFH/NV 2004, 1265 u 2005, 690; 1356 mwN; BFHE 191, 83 = BStBl II 2000, 278). Gleiches gilt im Falle der NZB (BFH/NV 2004, 1114), auch wenn diese unzulässig ist (BFH/NV 2002, 371). Die berichtigte Fassung ist für die Beurteilung der Zulässigkeit der Revision/NZB maßgeblich (BFH/NV 2004, 1265). Der **Berichtigungsbeschluss** wird nur auf dem Original und auf den Ausfertigungen **vermerkt** (**§ 107 II 2**; wegen des reinen Ordnungscharakters dieser Vorschrift bleibt Unterlassen ohne Rechtsfolgen: BFH/NV 1999, 792); bei **elektronischer Aktenführung** (§ 52b) gilt **§ 107 II 3**(dazu BR-Drucks 609/04, 78 zu § 319 ZPO). Es bedarf keiner erneuten Zustellung. Der

Berichtigungsbeschluss wie auch ein die Berichtigung ablehnender Beschluss ist grundsätzlich mit der **Beschwerde** angreifbar (§ 128 I; zur Beschwer durch einen Berichtigungsbeschluss: BFH/NV 1986, 621; 1997, 893). Das gilt allerdings nicht, wenn die Entscheidung, der die Berichtigung gilt, (nach § 128 II oder IV) ihrerseits unanfechtbar ist (BFH/NV 1998, 737; 1999, 636; 2000, 854; 2005, 374; zum Ausnahmefall greifbarer Gesetzwidrigkeit: BFH/NV 1999, 1107; s iÜ dazu: § 128 Rz 16). Ist die Beschwerde gegeben, so ist der Berichtigungsbeschluss **zu begründen** (§ 113 I 1). Die für die zu berichtigende Entscheidung geltende **Rechtsmittelfrist** wird durch das Berichtigungsverfahren **nicht beeinflusst,** es sei denn, dass die ursprüngliche Entscheidung keine klare Grundlage für das weitere Handeln der Beteiligten abgab (BFH/NV 1999, 65), was aber idR dagegen sprechen dürfte, dass es sich (nur) um eine offenbare Unrichtigkeit handelt. Auch stellt die Berichtigung keinen Wiederaufnahmegrund iSd § 134 iVm §§ 578 ff ZPO dar (BVerfGE 30, 58). Das Berichtigungsverfahren selbst ist **kostenfrei,** nicht aber das anschließende Beschwerdeverfahren (BFH/NV 1996, 415; 2000, 66; zum Streitwert: BFH/NV 2003, 339). § 21 GKG nF ist aber zu beachten.

§ 108 [Berichtigung des Tatbestands]

(1) Enthält der Tatbestand des Urteils andere Unrichtigkeiten oder Unklarheiten, so kann die Berichtigung binnen zwei Wochen nach Zustellung des Urteils beantragt werden.

(2) [1]Das Gericht entscheidet ohne Beweisaufnahme durch Beschluss. [2]Der Beschluss ist unanfechtbar. [3]Bei der Entscheidung wirken nur die Richter mit, die beim Urteil mitgewirkt haben. [4]Ist ein Richter verhindert, so gibt bei Stimmengleichheit die Stimme des Vorsitzenden den Ausschlag. [5]Der Berichtigungsbeschluss wird auf dem Urteil und den Ausfertigungen vermerkt. [6]Ist das Urteil elektronisch abgefasst, ist auch der Beschluss elektronisch abzufassen und mit dem Urteil untrennbar zu verbinden.

Vgl §§ 119 VwGO, 139 SGG, 320 ZPO.

Literatur: *Braun,* Verletzung des Rechts auf Gehör und Urteilskorrektur, NJW 1981, 425; *ders* und *Schneider* zum gleichen Thema NJW 1981, 1196; *Burkhardt,* Urteilsberichtigung, Tatbestandsberichtigung und Urteilsergänzung, JB 1960, 138; *Kapp,* Die Tatbestandsberichtigung nach § 108 der Finanzgerichtsordnung – Eine rechtsstaatlich vertretbare Gesetzesbestimmung?, BB 1983, 190; *Schmidt,* Der Richterwechsel im Tatbestandsberichtungsverfahren des Zivilprozesses, JR 1993, 457; *Weitzel,* Tatbestand und Entscheidungsqualität, 1990, 5, 79 ff; *Wiesemann,* Die Berichtigung gerichtlicher Entscheidungen im Zivil-, Verwaltungs-, Finanz- und Sozialgerichtsprozess, Mainzer Diss 1974.

1   Die Vorschrift gibt den Beteiligten die Möglichkeit, auf die **Fassung des Urteilstatbestands** (§ 105 II Nr 4) einzuwirken. Unklar ist der **Zweck** der Vorschrift. Die hM (vgl zB BFH/NV 1998, 710; 1999, 1609; 2003, 1081; *Clausing* in Schoch ua § 119 Rz 1; *Kopp/Schenke* § 119 Rz 1 – jew mwN) erläutert ihn unter Bezugnahme auf § 314 ZPO, wonach der Tatbestand des Urteils den Beweis für das mündliche Parteivorbringen lie-

fert. Das überzeugt schon für den Bereich der ZPO nicht (s dazu sowie zur Entstehungsgeschichte: *Weitzel* aaO S 80 ff), um so weniger für Teilrechtsordnungen wie die FGO, bei denen das *Parteivorbringen* und auch die *mündliche Verhandlung* keine dem Zivilprozessrecht vergleichbare zentrale Rolle spielen (s auch § 105 Rz 10). Es geht vielmehr (gerade wegen der eingeschränkten Kontrollmöglichkeiten der tatsächlichen Urteilsfeststellungen; § 105 Rz 21, 26) vor allem darum, in einem vereinfachten, summarischen Verfahren (*Weitzel* aaO S 81) für eine **korrekte Erfassung des Gesamtergebnisses des Verfahrens** (§ 96 I 1; dort Rz 7 ff) **und der tatsächlichen Feststellungen** zu sorgen (s BFH/NV 2004, 193), zumal der BFH im Revisionsverfahren an letztere gebunden ist (§ 118 II; s auch BFHE 202, 216 = BStBl II 2003, 809: urkundliche Beweiskraft des Urteils). Unrichtigkeiten im Tatbestand des Urteils sind daher nur mit einem Antrag nach § 108 I geltend zu machen und **nicht im Rechtsmittelverfahren** (zur Unzulässigkeit einer diesbezüglichen NZB zB BFH/NV 2000, 323; 1125; 2002, 909; 1273; 2003, 1575; 2004, 10; 57; 217; 2005, 1261; 1354; 1496; aA für den Fall, dass das Urteil ohne mündliche Verhandlung ergangen ist: BFH/NV 2004, 178: Verfahrensrüge). Darüber hinaus geht es bei § 108 um die **Durchsetzung des Begründungszwangs** mit seinen verschiedenen Funktionen (§ 105 Rz 11) sowie um die **Gewährung rechtlichen Gehörs** (§ 96 Rz 27 ff; § 119 Rz 10 ff). Hinsichtlich der Folgewirkungen ist nicht nur die anschließende Möglichkeit einer *Urteilsergänzung* (§ 109, dort Rz 2), einer *NZB* (§ 116 iVm § 115 II) oder einer *Revision* (§ 118 Rz 36 ff) zu bedenken, sondern auch einer *Verfassungsbeschwerde* (Vor § 33 Rz 1, 9 u 13; aA wegen fehlender Tatbestandsbindung in diesem Verfahren BFH AO-StB 2003, 112) und einer *Wiederaufnahme* des Verfahrens (§ 134 Rz 1 ff; s. dazu auch BFH v 2. 10. 2002 aaO). Zudem sind die *Tatbestandswirkung* (§ 110 Rz 9; *R/S,* 1049; *Clausing* in *Schoch* ua § 121 Rz 38; *Kopp/Schenke* § 121 Rz 5) sowie die *Präjudizwirkung* (§ 110 Rz 9; *R/S,* 1050; *Clausing* in *Schoch* ua § 121 Rz 24) eines Urteils zu beachten. Infolgedessen ist auch eine **Begrenzung des Anwendungsbereichs** der Vorschrift **auf Urteile, die auf Grund mündlicher Verhandlung ergangen sind** (BFH/NV 2000, 852; 2004, 178 mwN) **nicht** gerechtfertigt (ebenso *Brandis* in T/K Tz 2; *Clausing* in *Schoch* ua § 119 Rz 2). Zudem gilt § 108 schon wegen der generellen Bedeutung des Urteilstatbestands (§ 105 Rz 16 ff) und seiner weiten Zielsetzung auch für **Revisionsurteile** (§ 121; ebenso: *Clausing* in *Schoch* ua § 119 Rz 3; *Kopp/Schenke* § 119 Rz 3; aA BFH/NV 1993, 302; 2001, 467; BFHE 202, 216 = BStBl II 2003, 809; *Brandis* in T/K Tz 6). Im Berichtigungsverfahren vor dem BFH gilt **Vertretungszwang** (BFH/NV 1990, 181; 2002, 1341). § 108 ist auf **Beschlüsse** entsprechend anzuwenden (§ 113 I). Das gilt auch für § 108 II 2 (unverständlich daher BFH/NV 1988, 46; 656; 1992, 483). Der Antrag nach § 108 I eröffnet ein **Nebenverfahren** (vgl dazu und zum Verhältnis zwischen § 51 I u § 108 BFH/NV 1996, 904).

Die Abgrenzung zu § 107 ergibt sich daraus, dass § 108 Abs 1 **„andere"** **2** **Unrichtigkeiten oder Unklarheiten** voraussetzt. Das sind solche, die nicht unter § 107 fallen. Offenbare Versehen im Tatbestand rechtfertigen also keine Tatbestandsberichtigung iSd § 108. Ggf ist § 107 anzuwenden.

Die zu berichtigenden Unrichtigkeiten oder Unklarheiten müssen den **3** **Tatbestand des Urteils** betreffen (zur Anwendbarkeit auf Beschlüsse s

§ 113 I). Zum Tatbestand gehören dabei nicht nur diejenigen Ausführungen, die im Urteil unter der Überschrift „Tatbestand" stehen, sondern auch solche, die sich etwa in den Entscheidungsgründen finden, ihrer Funktion nach aber Feststellungen *tatsächlicher Art* enthalten (BFH/NV 2005, 894; zB Wiedergabe des Ergebnisses einer Beweisaufnahme in den Entscheidungsgründen; darum **in der Revisionsinstanz Begrenzung durch § 118 II;** BFH/NV 1995, 1063; BVerwG Buchholz 310 § 119 VwGO Nr 4; dies übersieht wohl BFHE 202, 216 = BStBl II 2003, 809; zur Problematik der in die Entscheidungsgründe **„verschobenen Tatsachen"** vor allem *Weitzel* aaO § 101 ff mwN). Umgekehrt zählen Rechtsausführungen oder auch wertende Feststellungen nicht deshalb zum Tatbestand, weil sie in diesem Teil des Urteils enthalten sind (BFHE 113, 181 = BStBl II 1974, 751, 752; BFH/NV 1991, 834; *Kopp/Schenke* § 119 Rz 2). Dem Tatbestand zuzuordnen (§ 105 III 1; dort Rz 16) sind unabhängig von der konkreten Urteilsfassung stets auch die Anträge der Beteiligten (BFH/NV 2004, 178 zum Übergehen eines Sachantrags), **nicht** aber die **Beweiswürdigung,** sonstige Wertungen und Rechtsausführungen (s auch *Clausing* in *Schoch ua* § 119 Rz 4; zur Abgrenzung auch BFH/NV 2001, 1413; vgl auch FG Hbg EFG 1996, 994). Korrekturbedürftig iS des § 108 I sind nur **entscheidungserhebliche Unklarheiten** (BFH/NV 1993, 259; 1997, 427; 2000, 1105, 1106).

4   **Unrichtig** ist der Tatbestand nur dann, wenn dieser im Widerspruch zu den tatsächlichen Feststellungen steht, die das Gericht bis zum Ende der mündlichen Verhandlung (BFH/NV 2002, 1166) oder bei Entscheidung ohne mündliche Verhandlung bis zum Zeitpunkt der Entscheidungsfindung getroffen hat. Denn sie bilden das Gesamtergebnis des Verfahrens (§ 96 Rz 8; *Seer* in T/K § 96 Tz 9), dessen korrekte Erfassung § 108 erreichen will (Rz 1). **Werden Tatsachen erst danach bekannt,** aus denen sich ergibt, dass der Tatbestand objektiv falsch ist, so rechtfertigt dies gleichwohl keine Tatbestandsberichtigung iS des § 108. Ggf ist die Wiederaufnahme des Verfahrens zu betreiben (§ 134).

5   Das **Berichtigungsverfahren** setzt einen **Antrag** voraus (zur Zulässigkeit und zur Antragsbefugnis s Vor § 33 Rz 13). Der Antrag muss binnen zwei Wochen nach Zustellung des Urteils schriftlich (entsprechend § 64 I) bei dem Gericht, dessen Entscheidung berichtigt werden soll, gestellt sein. Der Zeitpunkt der Zustellung ist auch bei verkündeten Urteilen für den Fristbeginn maßgebend. Die *Frist* ist nicht verlängerungsfähig (§ 54 II iVm § 224 II ZPO). Fristversäumnis ist nur nach § 56 heilbar. Durch die Antragstellung (beim FG) wird **keine Verlängerung der Rechtsmittelfrist** ausgelöst (BFH/NV 1998, 707, 708; 2005, 1856). Zulässig ist ein Antrag nach § 108 außerdem nur, wenn ein **Rechtsschutzinteresse** (zur Antragsbefugnis Vor § 33 Rz 13) an der begehrten Berichtigung besteht. Dies ist allerdings entgegen der BFH-Rspr (vgl zB BFH/NV 1993, 184; 429; 479; 1994, 189; 1996, 559; 1997, 427; 1998, 710; 2001, 328; 2002, 207; hinsichtlich einer Kostenentscheidung: BFH/NV 1994, 730) nicht schon allein wegen der Unanfechtbarkeit einer Entscheidung zu verneinen oder wegen Fehlens einer mündlichen Verhandlung (BFH/NV 1991, 615; dazu Rz 1). Angesichts des weitgefassten Normzwecks, der vielfältigen Bedeutung des Urteilstatbestands (Rz 1) und im Hinblick darauf, dass die konkrete Tragweite seiner Fehlerhaftigkeit zum Zeitpunkt der Entscheidung

nach § 108 II 1 häufig noch nicht abzuschätzen ist, ist das Rechtsschutzinteresse für einen Antrag nach § 108 I idR nur dann zu verneinen, wenn er Belanglosigkeiten zum Gegenstand hat, die **offensichtlich** mit **keinerlei Rechtsbeeinträchtigung** für den Antragsteller verbunden sind (s auch *Weitzel* aaO S 87 mwN; vgl auch BFH/NV 1993, 479; 1995, 310). Das ist zB bei eindeutig **nicht entscheidungserhebliche Tatsachen** (BFH/NV 1997, 427) der Fall.

Zuständig ist das Gericht, das das zu berichtigende Urteil erlassen hat **6** (BFH/NV 2003, 1196). Es entscheidet ohne Beweisaufnahme durch **Beschluss** (§ 108 II 1). Dh mündliche Verhandlung ist nicht erforderlich (§ 90 I 2; aA: *Kapp* S 191). Die Beteiligten sind jedoch zu hören (§§ 113 I, 96 II; s dazu: § 113 Rz 3). An der Entscheidung über den Berichtigungsantrag wirken nur die Richter mit, die beim Urteil mitgewirkt haben (§ 108 II 3); die ehrenamtlichen Richter nur, wenn auf Grund mündlicher Verhandlung über den Berichtigungsantrag entschieden wird (§ 5 III 2; BFHE 125, 490 = BStBl II 1978, 675, 676; BFHE 157, 494 = BStBl II 1989, 899; v 31. 5. 2000 IX R 79/98, nv). Vollzähligkeit des Spruchkörpers ist nicht erforderlich, für geschäftsplanmäßige Vertretung kein Raum. Notfalls, wenn alle übrigen Richter verhindert sind (§ 108 II 4), muss daher ein einziger Richter entscheiden (vgl dazu näher: BFHE 125, 490 = BStBl II 1978, 675, 676; *Brandis* in T/K Rz 8; zur Berichtigung eines solchen Beschlusses: BGH VersR 1988, 267; zum Fall des Wechsels eines Richters in einen anderen Senat: FG Hessen EFG 1989, 29 u BFHE 202, 216 = BStBl II 2003, 809; zur *Richterablehnung* im Korrekturverfahren: BFHE 157, 494 = BStBl II 1989, 899). Sind alle Richter verhindert, ist keine Berichtigung mehr möglich (BFHE 157, 494 = BStBl II 1989, 899). Dies setzt aber eine voraussichtlich längerfristige Verhinderung voraus (ebenso *Brandis* in T/K Rz 7; aA *H/H/Sp/Lange* Rz 21). – Der **Berichtigungsbeschluss** wird nur auf dem Original und auf den Ausfertigungen **vermerkt** (**§ 108 II 5**; wegen des reinen Ordnungscharakters dieser Vorschrift bleibt Unterlassen ohne Rechtsfolgen: vgl BFH/NV 1999, 792); bei **elektronischer Aktenführung** (§ 52b) gilt **§ 108 II 6** (dazu BR-Drucks 609/04, 78 zu § 320 ZPO).

Der (stattgebende wie der ablehnende) Beschluss ist **unanfechtbar 7** (§ 108 II 2). Diese Regelung darf auch mit Hilfe von Rechtsmitteln nicht unterlaufen werden (BFHE 96, 287 = BStBl II 1969, 640; BFH/NV 1995, 488; BVerwG Buchholz 310 § 119 VwGO Nr 5; zur **Abgrenzung gegenüber Revision und NZB** s BFH/NV 2003, 1196 u Rz 1). Das ist verfassungsrechtlich unbedenklich (BVerfG HFR 1983, 226; BFH/NV 1988, 780 mwN). Eine Ausnahme wurde bisher nach hM nur anerkannt, wenn geltend gemacht wird, der Berichtigungsantrag sei zu Unrecht als unzulässig abgelehnt worden oder leide an einem schweren Verfahrensmangel (zur **außerordentlichen Beschwerde:** BFH/NV 1997, 427; 1998, 710; 1999, 491; 2002, 207 mwN; zur Begrenzung dieser Möglichkeit: BFH/NV 1999, 504; s auch BFHE 90, 285 = BStBl II 1969, 6: Revisionsgericht darf nicht selbst entscheiden, sondern muss aufheben und zurückverweisen). Diese Fälle dürften nunmehr weitgehend von **§ 133a** erfasst werden (*Brandis* in *T/K* Rz 8). – Beschlüsse nach § 108 müssen gem § 108 II 2 iVm § 113 II **nicht begründet** werden (FG Hbg EFG 1996, 994 mwN). Der Beschluss ergeht gerichtsgebührenfrei, weil das Verfahren zum Hauptverfahren gehört (BFH/NV 1987, 786; 1990, 181; 1998, 607; 2001, 328 u 467).

§ 109 [Nachträgliche Ergänzung des Urteils]

(1) **Wenn ein nach dem Tatbestand von einem Beteiligten gestellter Antrag oder die Kostenfolge bei der Entscheidung ganz oder zum Teil übergangen ist, so ist auf Antrag das Urteil durch nachträgliche Entscheidung zu ergänzen.**

(2) [1] **Die Entscheidung muss binnen zwei Wochen nach Zustellung des Urteils beantragt werden.** [2] **Die mündliche Verhandlung hat nur den nicht erledigten Teil des Rechtsstreits zum Gegenstand.**

Vgl §§ 120 VwGO, 140 SGG, 321 ZPO.

Literatur: *Burkhardt,* Urteilsberichtigung, Tatbestandsberichtigung und Urteilsergänzung, JB 1960, 138; *Mittelbach,* Die Bedeutung der Urteilsergänzung, DB 1967, 1428; *Uerpmann,* Teilurteil, ergänzungsbedürftiges Urteil und fehlerhaftes Urteil im Asylrechtsstreit, NVwZ 1993, 743.

1   § 109 Abs 1 erlaubt den **Erlass eines Ergänzungsurteils** (zur Unerlässlichkeit der Urteilsform: BFH/NV 1992, 186), wenn ein gestellter Antrag oder die Kostenentscheidung ganz oder zum Teil übergangen ist. Ist dies nicht der Fall, trifft das Urteil also inhaltlich eine Entscheidung, fehlt es aber an dem entsprechenden Ausspruch, so ist das Urteil nicht nach § 109 zu ergänzen, sondern dann nach § 107 zu berichtigen, wenn dieser Fehler offenbar ist und einem Schreib- oder Rechenfehler ähnelt (vgl BFH/NV 1987, 667; 1990, 306, 308). § 109 ist auf alle Urteile anzuwenden, auch wenn sie ohne mündliche Verhandlung ergangen sind (anders nach hM bei § 108, s dort Rz 1). Die Norm gilt ferner im **Revisionsverfahren** (§ 121, BFHE 163, 125 = BStBl II 1991, 367; unklar BFH/NV 1990, 246, 247; zur Abgrenzung gegenüber einem Revisionsbegehren: BFH/NV 1998, 467; zum Vertretungszwang BFH/NV 1990, 181) und ist für **Beschlüsse** sinngemäß anzuwenden (§ 113 I; BFHE 125, 150 = BStBl II 1978, 434, 435; BFH/NV 1987, 257; 1989, 661; 1998, 620; 2000, 1473).

2   Bei dem ganz oder teilweise übergangenen Antrag muss es sich um einen **Sachantrag** handeln (Haupt-, Hilfs- oder Nebenantrag) handeln. Anträge zur Durchführung des Verfahrens werden nicht erfasst (BFH AO-StB 2003, 112 zum Beweisantrag; *Brandis* in T/K Rz 2). Der übergangene **Antrag** muss tatsächlich **gestellt** worden sein. Er muss ein bestimmtes Begehren erkennen lassen (BFH/NV 1990, 513; dazu allg Vor § 33 Rz 13). Übergangen (nicht beschieden: BFH/NV 1993, 423) ist er nur, wenn er **versehentlich unberücksichtigt** blieb, dh über ihn irrtümlich nicht entschieden wurde (zur entsprechenden Anwendung in Fällen des § 68, in denen das Urteil zu einem nicht mehr aktuellen VA erging, weil der an seine Stelle getretene neue unbekannt blieb: § 68 Rz 106). Ob dies der Fall ist, entscheidet sich nach dem **Tatbestand** des Urteils (nicht nach dem Sitzungsprotokoll), das ergänzt werden soll. Ist der Antrag danach **nicht unbeachtet geblieben,** zB weil er nicht gestellt, inzidenter abgelehnt oder rechtsirrtümlich bewusst nicht behandelt wurde (etwa bei Haupt- und Hilfsantrag), so greift § 109

nicht ein (BFHE 92, 422 = BStBl II 1968, 585, 586 u BFHE 125, 150 = BStBl II 1978, 434, 435 zum nicht gestellten Antrag auf Zulassung der Revision/Beschwerde; FG BaWü EFG 2004, 913 zum Hauptsacheerledigungsantrag; vgl. auch BVerwG Buchholz 130 § 120 VwGO Nr 7). Das gilt auch dann**, wenn** der Antrag **fehlerhaft** ausgelegt wurde (BFH/NV 2000, 66). Es liegt uU ein Fall des § 107 vor (zur Abgrenzung Rz 1). Ein gleichwohl ergehendes Ergänzungsurteil ist in einen Berichtigungsbeschluss umzudeuten (BGH JZ 1964, 591; aA für den umgekehrten Fall: BFH/NV 2003, 340). Enthält der Tatbestand keinen Hinweis auf einen übergangenen Antrag, ist § 109 nur anwendbar, wenn es zuvor zu einer entsprechenden *Tatbestandsberichtigung* nach § 108 gekommen ist (BFH/NV 2004, 178, wonach dies aber nur gelten soll, wenn das Urteil aufgrund mündlicher Verhandlung ergangen ist, s dazu § 108 Rz 1; zum Beginn der Frist des § 109 Abs 2 Satz 1 in diesem Fall: BFH BB 1982, 584). *Über* ein *Rechtsmittel* gegen das ergangene Urteil ist Ergänzung *nicht* zu erreichen, weil die hierfür erforderliche Beschwer nicht in dem ergangenen, sondern im unterlassenen Ausspruch liegt (BFH/NV 1991, 256; 1994, 246; 2004, 1305; BVerwG Buchholz 310 § 132 VwGO Nr 180; zum Verhältnis des § 109 zur *Revision:* BFH/NV 1998, 467; vgl auch BFH/NV 1991, 256: keine Umdeutung). Begehrt ein Beteiligter aber die Zulassung der Revision, so ist dies nur über eine NZB zu erreichen, nicht über einen Antrag nach § 109 (BFH/NV 996, 338).

Im Wege der Urteilsergänzung nachholbar ist auch die (nach § 143 I von **3** Amts wegen zu treffende) **Kostenentscheidung** (BFH/NV 1987, 257; 2000, 1473). Das gilt nicht für die Entscheidung nach § 139 III 3, weil diese in das Kostenfestsetzungsverfahren gehört (BFH – GrS – E 90, 150 = BStBl II 1968, 56). Sie kann selbständig durch Beschluss nachgeholt werden (BVerwGE 27, 39; *Brandis* in T/K Rz 3. – AM: *Kopp/Schenke* § 120 Rz 1). § 109 ist dagegen anwendbar, wenn ein Ausspruch nach §§ 135 III, 139 IV (BFHE 91, 559 = BStBl II 1968, 441; BFH/NV 1998, 620; 2000, 1473) oder über die Anwendungsbefugnis nach § 711 ZPO (BFHE 132, 407 = BStBl II 1981, 402, 403) unterbleibt. *Anzupassen* ist die Kostenentscheidung ggf dann, wenn sie durch eine nach § 109 vorgenommene Ergänzung der Entscheidung zur Hauptsache unrichtig wird (*Brandis* in T/K Rz 6; *H/H/Sp/Lange* Rz 20).

Nur auf **Antrag eines Beteiligten** kommt es zur Urteilsergänzung **4** (BFHE 152, 5 = BStBl II 1988, 287). Das gilt auch dann, wenn die unterbliebene Entscheidung von Amts wegen zu treffen gewesen wäre (BFHE 152, 5 = BStBl II 1988, 287: Kostenentscheidung). Antragsbefugt ist auch der Beteiligte, dessen Antrag nicht übergangen wurde, sofern er ein **Rechtsschutzbedürfnis** hat (s dazu § 108 Rz 5). Zu **Form** und **Frist** (§ 109 II) gilt das zu § 108 Gesagte (s dort Rz 5; speziell zur Wiedereinsetzung BFHE 106, 170 = BStBl II 1972, 770, 771; BFHE 152, 5 = BStBl II 1988, 287, 289; BFH/NV 1996, 414; 1998, 37). Entschieden wird über den Antrag (positiv wie negativ) durch **Urteil** (BFH/NV 1992, 186; 2003, 340; bei einem zu ergänzenden Beschluss durch Ergänzungsbeschluss, vgl BFH/NV 1998, 620) nach mündlicher Verhandlung, also unter Mitwirkung der ehrenamtlichen Richter. §§ 90 II, 90a sind anwendbar. Weil nur der nichterledigte Teil des Rechtsstreits Gegenstand des Ergänzungsverfahrens ist (*Clausing* in *Schoch* ua § 120 Rz 8; *Brandis* in T/K Rz 5), muss die Besetzung, die das Ergänzungsurteil erlässt, nicht mit derjenigen identisch sein, die über den erledigten Teil entschieden hat. Das Ergänzungsurteil ist ein Teilurteil (BFH X B 120/03, nv). Da es den Streit über die Ergänzung des Urteils abschließend entscheidet, ist es mit einer **Kostenentscheidung** zu versehen (*H/H/Sp/Lange* Rz 36; *Clausing* in *Schoch ua* § 120 Rz 8). **Gerichtsgebühren** fallen nicht an (BFH/NV 1996, 414; 2001, 1292). Gewährte **PKH** deckt auch die Kosten für die Ergänzung eines Urteils ab (BFH/NV 1991, 261). Als Teilurteil ist das Ergänzungsurteil **selbständig** mit Rechtsmitteln **angreifbar** (BFH/NV 1992, 670; BFH X B 120/03, nv). Für ein Ergänzungsurteil, das nur die Kostenentscheidung nachholt, gilt das allerdings nur, wenn auch das ergänzte Urteil angefochten wurde oder nunmehr angefochten wird (§ 145 I; BFHE 106, 170 = BStBl II 1972, 770). Wird das erstinstanzliche Urteil innerhalb der Revisionsfrist ergänzt, so beginnt mit der Zustellung des Ergänzungsurteils zugleich auch die Revisionsfrist gegen das ergänzte Urteil neu zu laufen (§ 155 iVm § 517 ZPO; BVerwG Buchholz 310 § 120 VwGO Nr 6, auch zur Frage der Wiedereinsetzung in solchen Fällen). Das gilt nicht bei Ablehnung des Ergänzungsantrags (BFHE 127, 133 = BStBl II 1979, 373).

§ 110 [Rechtskraftwirkung der Urteile]

(1) [1]**Rechtskräftige Urteile binden, soweit über den Streitgegenstand entschieden worden ist,**

1. **die Beteiligten und ihre Rechtsnachfolger,**
2. **in den Fällen des § 48 Abs. 1 Nr. 1 die nicht klageberechtigten Gesellschafter oder Gemeinschafter und**
3. **im Fall des § 60 a die Personen, die einen Antrag auf Beiladung nicht oder nicht fristgemäß gestellt haben.**

[2]**Die gegen eine Finanzbehörde ergangenen Urteile wirken auch gegenüber der öffentlich-rechtlichen Körperschaft, der die beteiligte Finanzbehörde angehört.**

(2) **Die Vorschriften der Abgabenordnung und anderer Steuergesetze über die Rücknahme, Widerruf, Aufhebung und Änderung von Verwaltungsakten sowie über die Nachforderung von Steuern bleiben unberührt, soweit sich aus Absatz 1 Satz 1 nichts anderes ergibt.**

Vgl §§ 121 VwGO, 141 I SGG, 322 ff ZPO.

Übersicht

Literatur (s 4. Aufl; vgl auch vor § 65): *Blomeyer,* Zum Streit über Natur und Wirkungsweise der materiellen Rechtskraft, JE 1968, 407; *Braun,* Rechtskraft und Restitution, Teil 1 (1959) u 2 (1985); *ders,* Die materielle Rechtskraft des Vollstreckungsbescheides, JuS 1992, 177; *Coester-Waltjen,* Die Bedeutung der EuGVÜ und des Luganer Abkommens für Drittstaaten, FS f Nakamura (1996), S 89; *Detterbeck,* Das Verwaltungsakt-Wiederholungsverbot, NVwZ 1994, 35; *ders,* Streitgegenstand und Entscheidungswirkungen im Öffentlichen Recht, 1995; *Ehlers,* Rechtsmittelverwerfung und formelle Rechtskraft, DStR 1972, 205; *Elzer,* Rechtskraft von Teilklagen – BGH NJW 1997, 1990; 3019, JuS 2001, 224; *Erfmeyer,* Die Befugnis der Behörde zum Erlass von Folgebescheiden nach rechtskräftigem Urteil über den Erstbescheid, DVBl 1997, 27; *Fichtelmann,* Berichtigung von Steuerverwaltungsakten nach rechtskräftiger Entscheidung durch ein Finanzgericht, DStR 1975, 390; *Gaul,* Rechtskraftlehre seit Savigny, FS für Flume 1978, 443; *Gotzen,* Das Verwaltungsakt-Wiederholungsverbot …, Bonner Diss 1997; *ders,* Die Grenzen der Rechtskraft verwaltungsgerichtlicher Urteile, VR 1998, 406; *Habscheid,* Urteilswirkungen und Gesetzesänderungen, ZZP 78 (1965), 401; *ders,* Die materielle Rechtskraft des die negative Feststellungsklage aus Beweislastgründen abweisenden Urteils, NJW 1988, 2641; *ders,* Zur materiellen Rechtskraft des Unzuständigkeitsentscheids, FS f Nakamura (1996), S 203; *Haueisen,* Die Bedeutung der Rechtskraft verwaltungsgerichtlicher Urteile, NJW 1960, 313; *H Hahn,* Der Bilanzenzusammenhang findet seine Grenze an der Rechtskraft und an der Verjährung, 1984; *Heil,* Die Bindung der Gerichte an Entscheidungen anderer Gerichte, Bochumer Diss 1983; *Hein,* Das wirkungslose Urteil, 1996; *W Henrich,* Zur Theorie der Rechtskraft, AöR 7 (1924), 329; *Klados,* § 826 BGB – ein legitimes Mittel zur Durchbrechung der Rechtskraft?, JuS 1997, 705; *Kopp/Kopp,* Grenzen der Rechtskraftwirkung von Urteilen aufgrund von Anfechtungsklagen, NVwZ 1994, 1; *Künzel,* Zur Rechtskraft von Urteilen über negative Feststellungsklagen, JR 1987, 57; *E H Lang,* Die Rechtskraft im Steuerrecht, Würzburger Diss 1975; *Leingärtner,* Die materielle Rechtskraft der Steuerentscheidungen und die Folgeänderung nach § 218 Abs 4 AO, DStR 1967, 591; *Lindacher,* Divergenzen zwischen Urteilstenor und Entscheidungsgründen, ZZP 88 (1975), 64; *Lüke,* Die Bindungswirkung der materiellen Rechtskraft, JuS 1996, 392; *Marotzke,* Urteilswirkungen gegen Dritte und rechtliches Gehör, ZZP 1987, 211; *Martens,* Rechtskraft und materielles Recht, ZZP 79 (1966), 404; *A Merkl,* Die Lehre von der Rechtskraft, 1923; *Müffelmann,* Die objektiven Grenzen der materiellen Rechtskraft steuergerichtlicher Urteile, 1965; *Musielak,* Zur Klage nach § 826 BGB gegen rechtskräftige Urteile, JA 1982, 7; *ders,* Einige Gedanken zur materiellen Rechtskraft, FS f Nakamura (1996), S 423; *Prütting/Weh,* Rechtskraftdurchbrechung bei unwichtigen Titeln, 2. Aufl, 1994; *Reischl,* Die objektiven Grenzen der Rechtskraft im Zivilprozess, 2002; *Schaarschmidt,* Wiederaufgreifen auf Antrag des Betroffenen, 1984; *Schack,* Drittwirkung der Rechtskraft?, NJW 1988, 865; *Spannowsky,* Probleme der Rechtsnachfolge im Verwaltungsverfahren und im Verwaltungsprozess, NVwZ 1992, 426; *Spitzer,* Die Bindung der Finanzbehörde an rechtskräftige finanzgerichtliche Entscheidungen, Erlangener-Nürnberger Diss 1973; *Stangl,* Die Präklusion der Anfechtung durch die Rechtskraft, Passauer Diss 1991; *Stockhausen,* Die sachliche Bindungswirkung rechtskräftiger Urteile des Finanzgerichts, FR 1967, 350; *Strassl,* Umfang und Wirkung der materiellen Rechte kraft steuergerichtlicher Entscheidungen, StuW 1964, 230; *Stucken,* Einseitige Rechtskraftwirkung von Urteilen im deutschen Zivilprozess, Hamburger Diss, 1990; *Tiedtke,* Die innerprozessuale Bindungswirkung von Urteilen der Obersten Bundesgerichte, 1976; *ders,* Zur Rechtskraftwirkung eines die negative Feststellungsklage abweisendes Urteils, NJW 1983, 2011; *Vogel,* Die Berichtigung von Steuerbescheiden nach Erlass eines rechtskräftigen Urteils, DStR 1966, 387; *Vollkommer,* Schlüssigkeitsprüfung und Rechtskraft, Erlanger FS f Schwab (1990), 229; *Wacke,* Gegenstand der Rechtskraft bei der verwaltungsgerichtlichen Klage, AöR (1953), 158 ff; *ders,* Drittwirkung und Rechtskraftgrenzen richterlicher Gemeinschaftsteilung, FS für Baumgärtel (1990), 603; *v Wallis,* Entstehen und Erlöschen der Steuerschuld durch Bestandskraft?, FS für Döllerer (1988), 693; *B Werner,* Rechtskraft und Innenbindung zivilprozessualer Beschlüsse im Erkenntnis- und summarischen Verfahren, 1983.

I. Funktion der Regelung

1   Im Spannungsfeld zur Rechtsrichtigkeit sorgt, im Dienst der **Rechtssicherheit** (zur *Gleichwertigkeit* beider Elemente der Gerechtigkeit BVerfGE 60, 268 ff), die **Rechtskraft** in allen Teilrechtsordnungen dafür, dass der Richterspruch am Ende eines Prozesses den Beteiligten Klarheit darüber verschafft, was „in ihrer Angelegenheit" für sie gelten soll (zur entsprechenden Bedeutung der *Bestandskraft* für den VA: § 47 Rz 1). Notwendige allgemeine Folge einer solchen Ausgangslage ist es, dass die Rechtskraftwirkung prinzipiell **unabhängig von der Richtigkeit des Urteils** eintritt (BVerfG aaO; BFH/NV 2003, 1422, 1423; Rz 3; vgl auch BVerfGE 72, 302, 327 f). Die **sachlichen Auswirkungen** eines finanzgerichtlichen Urteils im Einzelnen ergeben sich aus § 110. Bei **Beschlüssen** muss mangels ausdrücklicher allgemeiner Regelung *von Fall zu Fall* entsprechende Anwendung geprüft werden (§ 113 Rz 1; BFHE 89, 332 = BStBl III 1967, 615, 616; BFH/NV 1999, 182; vgl auch *Kopp/Schenke* § 121 Rz 4); sie sind der materiellen Rechtskraft fähig, **soweit** sie **selbständige und abschließende Entscheidungen** enthalten (BFH/NV 1988, 180, 181; 1991, 467 f u 547; 1995, 812; weitere Beispiele bei *R/S* § 153 I; *Schoch ua/Clausing* § 121 Rz 15 f; s auch BFHE 166, 114 = BStBl II 1992, 250; BFH/NV 1993, 120; 2002, 898, 899; hier § 69 Rz 195 ff, 202; § 113 Rz 1; § 114 Rz 92, § 134 Rz 2). Es geht um Beantwortung der Frage, in welchem Umfang die Entscheidung, mit der das Gerichtsverfahren typischerweise abschließt (§ 95), letztendlich **Rechtsfrieden** bewirken kann (BVerfGE 47, 146, 165). Für **Revisionsurteile** folgt die entsprechende Anwendung aus § 121 S 1. Zwar lösen prozessuale **Erledigungserklärungen** (Vor § 76 Rz 3) unmittelbar **keine** dem § 110 **vergleichbare Bindungswirkung** aus (insoweit zutr BFH/NV 2000, 937, 938); sie können aber mittelbar nach den **Grundsätzen des fairen Verfahrens** (Vor § 76 Rz 7, § 76 Rz 54) bzw nach **Treu und Glauben** praktisch denselben Effekt erzielen (nicht geprüft in BFH aaO).

2   Wenn § 110 I 1 **rechtskräftige** Urteile als Voraussetzung der zum Zwecke der Befriedung angeordneten Bindungswirkung benennt, so ist *formelle* Rechtskraft gemeint: Dh nur **unanfechtbare** bzw unanfechtbar gewordene (uns somit unabänderbare) Urteile interessieren in diesem Zusammenhang (zum Eintritt der formellen Rechtskraft mit der Folge der Verwerfung einer Nichtzulassungsbeschwerde: BFH/NV 1994, 556; im

Revisionsverfahren: § 125 Rz 1 ff; s iÜ Rz 19 ff). **Keine rechtskrafthemmende Wirkung** hat die **Verfassungsbeschwerde** (BVerfG NJW 1996, 1736).

Für formell rechtskräftige Urteile (Rz 2) geregelt wird in § 110 die **materielle Rechtskraft** in objektiver und subjektiver Hinsicht (Rz 11 und 12 ff): Es wird festgelegt, was, wem gegenüber, unter welchen Voraussetzungen im Interesse der Rechtssicherheit und des Rechtsfriedens (Rz 1) unabhängig davon gelten soll, ob es wirklich Rechtens ist (vgl dazu grundsätzlich: BVerfG aaO und BVerfGE 60, 253, 269; BVerwGE 14, 359, 363; s iÜ Rz 1). Über Wesen und Wirkungsweise der materiellen Rechtskraft herrscht noch immer Streit (zum Meinungsstand *Zöller/Vollkommer* Rz 14 ff vor § 323; *Schoch ua/Clausing* § 121 Rz 19; *Kopp/Schenke* § 121 Rz 2), dem zwar in der praktischen Auswirkung nur geringe Bedeutung zukommt, der aber für das Verständnis der Regelung wichtige Ansätze liefert, die im Ausgangspunkt für alle Verfahrensarten gleichermaßen von Bedeutung sind. 3

Nach der heute kaum noch vertretenen **materiell-rechtlichen Theorie** (vgl die Nachweise bei *R/S* § 152 II 1) beseitigt das zutreffende Urteil die bisherige Rechtslage, wohingegen das unrichtige Urteil – je nach Inhalt – materielles Recht zum Entstehen oder zum Erlöschen bringt. 4

Nach der herrschenden **prozessrechtlichen Theorie** stellt das Urteil immer nur fest, was ohnedies Rechtens ist, schafft aber selbst kein Recht – mit der Folge für die materielle Rechtskraft, dass deren Wesen sich in der Bindung von Gericht und Parteien an die rechtskräftige Entscheidung im Falle eines späteren Prozesses erschöpft. Diese **Bindung verbietet** (s auch Rz 19): 5

– nach einer Ansicht (s zB *Blomeyer,* JR 1969, 407, 410; *Detterbeck* NVwZ 1994, 35, 37) nur eine *abweichende Entscheidung;*
– nach anderer Auffassung **jede neue Entscheidung** (auch eine nur wiederholende, bestätigende) über die einmal rechtskräftig festgestellte Rechtsfolge (*„ne bis in idem“;* BFH/NV 1998, 60; BGHZ 34, 337–36, 365; *Lüke* JuS 1996, 392; *R/S* § 152 III; *H/H/Sp/Lange* Rz 32; *T/K* Rz 35; *Schoch ua/Clausing* § 121 Rz 20; *Kopp/Schenke* § 121 Rz 9).

Dieser letztgenannten Auffassung ist beizupflichten: Wenn dem Richter in einer rechtskräftig entschiedenen Sache erneute eigenständige Prüfung und Entscheidung verwehrt ist (wovon auch die Gegenmeinung ausgeht), so belegt dies nach allgemeinen Abgrenzungskriterien, dass sich seine Kompetenzen, soweit die materielle Rechtskraft einer anderen Entscheidung reicht, auf **Zulässigkeitserwägungen** beschränkten (in nichts anderem nämlich besteht die Funktion der Unterscheidung zwischen Zulässigkeits- und Begründetheitsfragen; ebenso *Schwab* JuS 1976, 69, 73). – Das gilt auch für den allgemeinen und besonderen Verwaltungsprozess, in dem vorwiegend um die Rechtmäßigkeit von **Verwaltungsakten** gestritten wird (dazu allgemein: *Detterbeck* aaO S 106 ff; *Schoch ua/Clausing* § 121 Rz 21 ff; s auch *Maurer* JZ 1993, 574), die ihrerseits besonderer Bestandskraft fähig sind. Der von der Gegenmeinung (*Detterbeck* NVwZ 1994, 35, 36 f und in Streitgegenstand ..., S 107) ins Feld geführte Fall, dass die beklagte Behörde nach rechtskräftiger Kassation des angefochtenen Verwaltungsakts dem Kläger gegenüber trotz unveränderter Sach- und Rechtslage einen inhaltsgleichen neuen VA erlässt, liefert kein stichhaltiges Argument gegen die 6 hier vertretene Meinung, weil dann über einen anderen **Streitgegenstand** zu befinden ist (ebenso *Schoch ua/Clausing* § 121 Rz 20; für die Fälle des § 100 II 2: dort Rz 41; vgl iÜ BFHE 97, 354 = BStBl II 1970, 180), über einen anderen VA, der die Bindungswirkung des ersten Urteils ignoriert (BFHE 118, 542 = BStBl II 1976, 501, 503; BFHE 142, 402 = BStBl II 1985, 191, 193 zu 3 Buchst a 2. Abs; vgl auch Rz 22 und für den Fall erneuter Ablehnung einer versagten Billigkeitsmaßnahme: BFHE 136, 449 = BStBl II 1983, 51 f) und infolgedessen rechtswidrig ist (s Rz 20 ff). Die Bindungswirkung ist prinzipiell **rechtswegübergreifend** (*Lüke* JuS 1996, 392; *Schoch ua/Clausing* Rz 29; unklar, aber iE ebenso BGH NJW 1995, 2993). Indirekt belegt wird dies durch die Bindungswirkungen, mit denen Rechtswegentscheidungen ausgestattet sind (§§ 17 a, 17 b GVG; s Anh § 33 Rz 12 ff u Rz 27 ff).

II. Die materielle Rechtskraft

1. Generelle Grenzen

7   Eine prinzipielle Begrenzung des durch die materielle Rechtskraft ausgelösten Befriedungseffekts resultiert daraus, dass die **Wirkungen gerichtlicher Entscheidungen** nach dem System unserer Rechtsordnung (im Unterschied etwa zum anglo-amerikanischen Rechtskreis) in objektiver wie subjektiver Hinsicht streng **einzelfallbezogen** sind, dh Gericht und unmittelbar Betroffene nur insoweit binden, als jeweils tatsächlich über den Streitfall entschieden wurde (§§ 322 I ZPO, 121 VwGO, 141 I SGG, 110 I FGO). Zur Bindung des Gerichts an bestimmte eigene Entscheidungen in demselben Verfahren: § 155 iVm § 318 ZPO (BVerwG Buchholz 310 § 130 VwGO Nr 11).

8   Das bedeutet vor allem negativ: Es gibt für einen bestimmten Urteilsspruch prinzipiell **keine über den konkreten Einzelfall hinausreichende rechtliche Bindung** (BFHE 164, 504 = BStBl Ii 1991, 813; Rz 10 ff) der Beteiligten (Rz 11), vor allem aber auch

– **des** nur an Gesetz und Recht gebundenen und im übrigen unabhängigen **Richters** (Art 20 III, 97 I GG, § 1 FGO; § 1 Rz 2; *Maunz/Dürig/Herzog* Art 97 Rz 4 ff; *T/K* § 1 Rz 2 ff; BFHE 105, 68 = BStBl II 1972, 431, 433; BFHE 137, 202 = BStBl II 1983, 280, 182; BFHE 145, 375 = BStBl II 1986, 289, 293; BFH/NV 1985, 62/63); das wird verdeutlicht durch Spezialvorschriften wie § 31 BVerfGG, § 115 II Nr 2 und § 126 V FGO);

– der **Finanzbehörden** (die in I 2 angeordnete Erstreckung ändert hieran – wegen der konkreten Begrenzung auf der Klägerseite und durch den Entscheidungsgegenstand – nichts Entscheidendes – Rz 11 ff).

9   Eine ganz andere Frage ist es, dass in einem derart von massenhaft, sich ständig wiederholenden Hoheitseingriffen und von unzuverlässiger Rechtslage gekennzeichneten Rechtsgebiet wie dem Steuerrecht praktisch fast jeder Gerichtsentscheidung notwendigerweise Signal- bzw **Orientierungswirkung** (häufig „Präjudizwirkung" genannt, s aber Rz 21 ff; iÜ § 108 Rz 1) zukommt und alle Beteiligten in besonderem Maße an einer *ständigen Rechtsprechung* ebenso interessiert sind wie an der Beachtung höchstrichterlicher Entscheidungen durch die Finanzgerichte und Finanzbehörden (vgl zu alledem näher: § 105 Rz 11 ff; *Schoch ua/Clausing* § 121 Rz 44;

T/K Rz 4; *Kruse,* Lehrbuch, § 19 II 1; FG BaWü EFG 1991, 57, 58 mwN). Zu bedenken ist schließlich, dass steuerrechtlichen Entscheidungen vielfach **Tatbestandswirkung** (dazu allgemein: *Schoch ua/Clausing* § 121 Rz 38; *Kopp/Schenke* § 121 Rz 5) in anderen Rechtsgebieten (vor allem im Sozialrecht) beigemessen wird (s auch § 108 Rz 1).

2. Konkrete Schranken

10   Konkrete Schranken ergeben sich allein aus der objektiven und subjektiven Tragweite eines jeden Urteils. Die ist vorrangig aus dem grundsätzlich allein rechtskraftfähigen **Entscheidungssatz** (Rz 14; *Zöller/Vollkommer* Rz 31 vor § 322; *Schoch ua/Clausing* § 121 Rz 45 ff), erforderlichenfalls mit Hilfe der **tragenden** Aussagen der Urteilsbegründung zu ermitteln (s aber Rz 12 u 18 ff; zur Auslegung Rz 14). *Obiter dicta* und *Leitsätze* sind – auch in „Kumulierung" („eindrucksvolles" Beispiel der 2. Leitsatz in BFHE 174, 397 = BStBl II 1994, 678) – unbeachtlich (BVerwG DVBl 1963, 64, 65; *Schoch ua/Clausing* § 121 Rz 56).

a) Subjektive Schranken

11   **In subjektiver Hinsicht** setzt die in § 110 I 1 Nrn 1–3 angeordnete Bindungswirkung **Identität** der Steuerrechtssubjekte voraus (BFH/NV 1999, 1599, 1600; FG Saarl EFG 1995, 491; vgl auch BFHE 173, 201 = BStBl II 1994, 356, wo allerdings die rechtswegübergreifende Tatbestandswirkung nicht hinreichend gewürdigt wurde, u BFHE 175, 500 = BStBl II 1995, 264, 266) und lässt grundsätzlich **Dritte,** nur mittelbar Betroffene, **unberührt** (vgl zB zum Verhältnis Arbeitgeber/Arbeitnehmer im Lohnsteuerrecht: BFHE 142, 402 = BStBl II 1985, 191, 192; zur Verneinung der Bindung des Testamentsvollstreckers an ein gegenüber dem Erben/Rechtsnachfolger ergangenes Urteil: FG BaWü EFG 2003, 307; zum gleichen Effekt bei der USt für das Verhältnis Leistender/Leistungsempfänger: BFHE 165, 15 = BStBl II 1991, 888), beschränkt sich vielmehr idR gem **§ 110 I Nr 1 iVm § 57** nach Maßgabe der Urteilsfassung (§ 105 II) auf
– den **Kläger** (§§ 57, Nr 1, 122 I; BFHE 165, 15 = BStBl II 1991, 888);
– den **Beklagten** (§§ 57 Nr 3, 122 I), dh auf die im Urteil genannte Behörde (§ 63 I; BFHE 118; 542 = BStBl II 1976, 501, 503), sowie, **kraft ausdrücklicher gesetzlicher Erstreckung (§ 110 I 2;** BFHE 163, 478 = BStBl II 1991, 610; FG RhPf EFG 1990, 184), **auf** die **Körperschaft,** der diese angehört (BFH/NV 2003, 804, 805; *H/H/Sp/Lange* Rz 87 ff; generell zum Behördenprinzip: § 63 Rz 1 f; zur gleichwohl begrenzten Bedeutung des § 110 I 2: Rz 8; BFHE 165, 15 = BStBl II 1991, 888; FG BaWü EFG 1991, 57, 58);
– die **Rechtsnachfolger** der Beteiligten, und zwar sowohl auf Einzel- wie auf Gesamtrechtsnachfolger; das gilt auch für andere Verfahren (BFHE 144, 207 = BStBl II 1985, 672, 674; nicht aber auf den *Testamentsvollstrecker:* FG BaWü EFG 2003, 307), sofern es nach Rechtshängigkeit (§ 66 I) zur Rechtsnachfolge gekommen ist (§ 325 I ZPO), und im Übrigen ohne ausdrückliche Benennung der Rechtsnachfolger im Urteil;
– den **Beigeladenen** (§§ 57, Nr 3, 60 I und III, § 122 I; vgl BFHE 147, 120 = BStBl II 1986, 820; BFHE 160, 123 = BStBl II 1990, 696;

BFH/NV 1991, 507, 508; 1998, 620, 621; 2002, 61, 62 u 361, 362; FG Nbg DStRE 2004, 231);

– die **beigetretene Behörde** (§§ 57 Nr 4, 61, 122 I und II);

11 a   **Ausnahmen vom Grundsatz der Beschränkung der Rechtskraft auf Beteiligte** bzw deren Rechtsnachfolger (§ 110 I Nr 1; Rz 11) regeln die durch das FGOÄndG ab 1. 1. 1993 (Rz 5 ff vor § 1) in § 110 I eingefügten Nrn 2 und 3:

– **§ 110 I Nr 2** mit der Einbeziehung nicht klagebefugter Gesellschafter oder Gemeinschafter in Fällen des **§ 48 I Nr 1** (und des § 60 III 2; dazu allgemein: § 48 Rz 11 ff u 27 ff) in die Rechtskraftwirkung, was als öffentlich-rechtliche Konsequenz (privat-)autonomer Entscheidungen des einzelnen Gesellschafters auch verfassungsrechtlich tolerabel erscheint (s auch § 48 Rz 7), solange das Gesellschaftsverhältnis, einschließlich der Vertretungsverhältnisse, „intakt" ist (s dazu auch BFHE 163, 438 = BStBl II 1991, 882); ist Letzteres nicht (mehr) der Fall, lebt die individuelle Klagebefugnis iSd § 40 II (wieder) auf und gilt § 48 I 1 nicht mehr (§ 48 Rz 32 ff) – mit der entsprechenden Konsequenz für § 110 I Nr 2;

– **§ 110 Nr 3** mit der Einbeziehung solcher Personen, die von der in Massenverfahren nach **§ 60 a** (zu den Einzelheiten dort Rz 24 ff u 33; sehr anschaulich: FG Hbg EFG 2005, 447) befristet eröffneten Möglichkeit einer Beteiligung als notwendig Beigeladener *keinen* (fristgerechten) Gebrauch gemacht haben; diese, mit der Notwendigkeit der *„Einheitlichkeit der Entscheidung"* (BT-Drucks 12/1061, S 20) schlicht wie unsensibel begründete gesetzgeberische Maßnahme ist mE **system- und verfassungswidrig,** weil sie jemandem einen Urteilsspruch aufzwingt, der die nach der Verfassung (Art 19 IV GG) wie nach dem geltenden, von der Dispositionsmaxime beherrschten Verfahrensrecht (§ 40 Rz 7, 59; § 65 Rz 9, 16; vor § 76 Rz 3; § 76 Rz 25; § 96 Rz 2 ff) für den Rechtsschutz (s auch § 79 II BVerfGG) **unerlässliche Initiative nicht** ergriffen hat und selbst ein mittelbarer Zurechnungsgrund wie im Fall des § 48 I Nr 1 fehlt (krit auch *Kopp/Schenke* § 65 Rz 26 u § 121 Rz 32. – AM: FG Hbg EFG 2005, 447 u StE 2005, 279; *H/H/Sp/Lange* Rz 85 f; *T/K* Rz 3 u § 60 a Rz 2).

b) Objektive Schranken

12   Für die **objektive Begrenzung** der Bindungswirkung zu beachten ist, dass sie nur **so weit** reicht, **wie** über den **Streitgegenstand** (§ 65 Rz 28 ff BFH/NV 1987, 604, 606; BFH/NV 1988, 600; den prozessualen Anspruch: *Detterbeck* aaO S 94 ff; s auch *Schoch ua/Clausing* § 121 Rz 54 ff) **tatsächlich entschieden** wurde (§ 110 I 1; s Rz 13; § 100 I 1 2. Hs – s dort Rz 23), dass die Korrekturvorschriften der AO wie anderer Steuergesetze grundsätzlich nicht tangiert werden (§ 110 II) und darin eine zusätzliche, anderen Verfahrensgesetzen – jedenfalls dem Umfang nach – unbekannte Einschränkung der materiellen Rechtskraft zu liegen scheint (s dazu Rz 18).

aa) Begrenzung durch den Entscheidungsgegentand

13   In § 110 I 1 („soweit" …) ist (ebenso wie in den Parallelvorschriften anderer Verfahrensgesetze) die materielle Rechtskraftwirkung auf den **Teil**

des Streitgegenstands begrenzt, über den jeweils entschieden worden ist. Mit Recht ist hieraus eine für das Verständnis des finanzgerichtlichen Verfahrens bedeutsame (auch aus § 100 I 1 2. Hs – dort Rz 23 – ersichtliche) begriffliche Unterscheidung zwischen Streitgegenstand und **Entscheidungsgegenstand** hergeleitet worden (*T/K* § 110 Rz 8 ff; BFH/NV 1990, 650, 651; 1998, 777, 779; 1999, 788, 790 u 878; 2003, 1422, 1423. – AM: *Schoch ua/Clausing* § 121 Rz 54), die es, den besonderen Gegebenheiten dieses Verfahrens Rechnung tragend, erlaubt, die materielle Rechtskraft von Fall zu Fall und im Zweifel unabhängig von dem durch das Rechtsschutzbegehren (§ 96 I 2) fixierten „*Soll*" (Streitgegenstand – s dazu: § 40 Rz 61 ff und § 65 Rz 28 ff, 41) nach dem jeweiligen „*Ist*", dh nach der *tatsächlich* hierzu getroffenen gerichtlichen Aussage, zu bestimmen (s § 100 Rz 18; s zB für den Fall des *Drittaufwands:* BFH/NV 1999, 788, 790; der *Verlustkompensation* nach § 10 a GewStG: BFH/NV 1999, 878; zur Bindungswirkung eines Urteils, in dem die Verpflichtung zur getrennten Ehegattenveranlagung ausgesprochen wird: BFH/NV 2005, 2082; FG Nbg DStRE 2004, 231). Aus **§ 100 I 1 2. Hs** (dort Rz 23) folgt eine wichtige **Konkretisierung** des Entscheidungsgegenstands (dazu auch *T/K* Rz 15 ff) für den Fall der (teilweisen) **Aufhebung** dahin, dass die Finanzbehörde durch das Urteil

– in **rechtlicher Hinsicht** an die den Urteilspruch *tragenden* (nicht etwa an „obiter dicta", *T/K* Rz 20) Erwägungen,
– in **tatsächlicher Hinsicht** nur an die zum dem FG zum Zeitpunkt des Erlasses des Urteils bekannten Umstände (*T/K* 21; aM FG BaWü EFG 2000, 512) gebunden ist. Maßstab hierfür ist idR der Inhalt der Urteilsbegründung (§ 105; Rz 14 f). Ausnahmen gelten in Fällen der Schätzung und der Präklusion (Verletzung von Mitwirkungspflichten – Rz 17).

Wieweit die Bindungswirkung im Einzelfall reicht, muss im Zweifel **14** durch **Auslegung** ermittelt werden (s auch BFH/NV 2004, 969, 970). Hierfür maßgeblich ist grundsätzlich die **Urteilsformel** (BFH/NV 2002, 898, 899; § 105 II Nr 3; dort Rz 9 f; s auch *Detterbeck* aaO S 94 ff; *Schoch ua/Clausing* § 121 Rz 45 ff). Zu deren Verständnis gilt prinzipiell nichts anderes als für die Deutung sonstiger Willensbekundungen im Rechtsverkehr (Rz 14 ff vor § 33; Rz 44 vor § 40: *Ermittlung des objektiven Erklärungsinhalts aus der Sicht des Empfängers* einer solchen Willensbekundung). Zum Verständnis heranzuziehen sind zwar notfalls Tatbestand und Entscheidungsgründe (§ 105 II Nrn 4 und 5 – BGHZ 20, 379; NJW 1983, 2033; BVerwGE 17, 299; BVerwGE 70, 171; BFH HFR 1963, 172; BFHE 83, 36 = BStBl III 1965, 514; BFH/NV 1996, 269; 1999, 878; FG BaWü EFG 2000, 512; speziell für ein *Revisionsurteil:* BFH/NV 2004, 969, 970), ohne Erfassung des zugrundeliegenden *Lebenssachverhalts* ist gerade im Steuerrecht das Verständnis des Urteilsausspruchs idR nicht möglich (s auch Rz 20, 22). Diese letztgenannten Bestandteile des Urteils jedoch sind nicht geeignet, den Urteilsanspruch inhaltlich zu verändern, und sie erwachsen selbst nicht in Rechtskraft (Rz 10).

Speziell für das **finanzgerichtliche Verfahren** ergibt sich hieraus im **15** einzelnen:

– **Prozessurteile** (als solche nur unter Heranziehung der Gründe von klagabweisenden Sachurteilen unterscheidbar; dazu auch BFHE 196, 12 = BStBl II 2002, 13) befinden **verbindlich nur über** bestimmte **Sach-**

urteilsvoraussetzungen (*H/H/Sp/Lange* Rz 47; *T/K* Rz 9; *Schoch ua/ Clausing* § 121 Rz 91; zu den Folgerungen hieraus für die *Beiladung:* BFHE 147, 20 = BStBl II 1986, 820; BFHE 160, 123 = BStBl II 1990, 696), wobei allerdings zu bedenken ist, dass die gerichtliche Feststellung formeller Mängel **bei fristgebundenen Klagen** (§ 47) in der Regel den Eintritt der **Bestandskraft** des angefochtenen Verwaltungsakts (infolge Fristablaufs) bedeutet (diese Wechselwirkung zwischen (Teil-)Anfechtung und Eintritt der (Teil-)Bestandskraft – § 47 Rz 2 ff; § 96 Rz 3 – verkennen GmS-OGB HFR 1984, 591 = NJW 1984, 1027 u BFH GrS BFHE 159, 4 = BStBl II 1990, 327; unbeachtet auch bei *Schoch ua/ Clausing* § 121 Rz 91).

– Bei **Sachentscheidungen** wird die Bindungswirkung nicht nur durch Klagebegehren (§ 96 I 2) und Verböserungsverbot (s § 96 Rz 2 ff), sondern auch durch den tatsächlich zu Grunde gelegten Sachverhalt und die tatsächlich hierzu angestellten rechtlichen Erwägungen auf den *Entscheidungsgegenstand* begrenzt (Rz 13). Es kommt also nicht darauf an, was vom Gericht hätte geprüft werden müssen, sondern allein darauf, **was tatsächlich geprüft** worden ist (vgl zB BFHE 141, 118 = BStBl II 1984, 593; BFHE 145, 99 = BStBl II 1986, 77). Das meint wohl auch BFHE 136, 449 (= BStBl II 1083, 51, 52), wenn dort vom *„konkreten Streitgegenstand"* der entschiedenen Sache die Rede ist. Dogmatisch bedeutet dies (in Abweichung von *Gräber,* DStR 1968, 493) weder Gleichsetzung von Sachverhalt und Streitgegenstand noch ein Infragestellen der Saldierungstheorie oder gar eine Verwendung unterschiedlicher Streitgegenstandsbegriffe in den §§ 65 und 110, sondern **Begrenzung der Urteilswirkung auf den wirklichen Erklärungswert** der Entscheidung (vgl zu alledem näher: *T/K* Rz 10 ff).

16   Bei der zur **Konkretisierung der Bindungswirkung** (§ 155 iVm § 318 ZPO; BFHE 179, 8 = BStBl II 1996, 142) erforderlichen Prüfung der Identität von Entscheidungsgegenstand im früheren Verfahren und Streitgegenstand der neuen Klage müssen der jeweils zugrunde liegende **Lebenssachverhalt** (Rz 14, 20), die **Klageart** (s zB BFH/NV 1998, 777, 779; *Detterbeck* aaO S 153 ff; *Schoch ua/Clausing* § 121 Rz 58 ff; s auch § 40 Rz 12 ff; § 65 Rz 46 f) und bei verwaltungsbezogenen Klagen der **Regelungsgehalt der** streitbefangenen **Verwaltungsakte** mit einander verglichen werden (s zB zur *Teilbarkeit* – Vor § 40 Rz 41; § 47 Rz 3; § 50 Rz 3; FG D'dorf EFG 1994, 898; speziell zu dem für Veranlagungssteuern geltenden Prinzip der **Abschnittsbesteuerung:** BFHE 163, 456 = BStBl II 1991, 477; BFHE 173, 285 = BStBl II 1994, 385, unter 3.; BFH/NV 1998, 578 und 777, 779; 2002, 185, 187; FG Köln EFG 1996, 638 u 2002, 886; zur entsprechenden Begrenzung der Bindungswirkung auf bestimmte **Feststellungszeiträume:** FG SchlHol EFG 2000, 1121, 1123; s auch § 40 Rz 87 ff, 89; **nicht beachtet** in BFHE 187, 409 = BStBl II 1999, 303; BFHE 205, 402 = BStBl II 2004, 763; BFH/NV 2003, 1339; generell zur **Teilrechtskraft:** *Schoch ua/Clausing* § 121 Rz 9; zum Erfordernis der Identität der *Streitjahre* bei Veranlagungssteuern: BFH/NV 1994, 788 f; zum Verhältnis *ESt/GewSt:* BFH/NV 1995, 373 f; s iÜ auch Rz 24 ff; zur Beantwortung der Frage, inwieweit die rechtskräftige Ablehnung bestimmter Billigkeitsmaßnahmen einer erneuten Verpflichtungsklage entgegensteht: BFHE 136, 449 = BStBl II 1983, 51, 52, oder inwieweit die rechtskräftige Aufhebung einer Prüfungsanordnung eine neuerliche Hoheitsmaßnahme dieser Art verbietet: BFHE 142, 402 = BStBl II 1985, 191, 193; entsprechend für das Verhältnis vorläufige/endgültige Regelung: BFHE 120, 1 = BStBl II 1977, 126 und für das Verhältnis zweier Änderungsbescheide: BFHE 126, 363 = BStBl II 1979, 196). Als systematisch notwendige Folge eines solchen Normverständnisses erweist sich die Erkenntnis, dass die aus formellen Gründen (rechtskräftig) ausgesprochene Aufhebung eines Verwaltungsakts (auch eines Änderungsbescheids) einer formgerechten Neuregelung nicht entgegensteht (BFHE 135, 234 = BStBl II 1982, 524; zur Bedeutung des der Entscheidung zu Grunde liegenden **Lebenssachverhalts:** BFH/NV 1998, 670, 671; zur Bindungswirkung **bei objektiver Klagehäufung:** BFH/NV 1999, 644; s auch § 43 Rz 8).

Wenn man sich vergegenwärtigt, dass es auf den **(tatsächlichen) Inhalt**   17 **und Umfang des Entscheidungsgegenstands,** nicht aber auf die Gründlichkeit der Sachprüfung ankommt, erweist sich auch die Erkenntnis des FG D'dorf (EFG 1980, 579, 580) als richtig, dass entscheidungserhebliche Tatsachen, die im früheren Verfahren nur deshalb ungeprüft blieben, weil Mitwirkungspflichten verletzt wurden (§ 76 I), ebenfalls zur *„res iudicata"* iS des § 110 I 1 zu zählen sind – eine vor allem für **Schätzungsfälle** (§§ 96 I 1 FGO, 162 AO) und Verfahren, in denen **Präklusionsvorschriften** zum Zug gekommen sind (§ 76 III, dort Rz 42 ff; § 79 b Rz 1 ff; s auch § 96 Rz 15), überaus wichtige Erkenntnis (s iÜ Rz 13 ff).

bb) Bedeutung des § 110 II

Dem ausgesprochen unglücklich gefassten **§ 110 II** (*Gräber* DStR 1968,   18 493) wird man wohl am ehesten gerecht, wenn man ihm nur **klarstellende Bedeutung** beimisst (wie die Situation bei **§ 121 VwGO** beweist, dem eine entspr Vorschrift fehlt, der aber gleichwohl Korrekturen zulässt, zB nach **§ 51 VwVfG;** dazu BVerwGE 70, 110, 112; NVwZ 1993, 672; *Schoch ua/Clausing* § 121 Rz 77 f; zum neuen Prozess in solchen Fällen: BVerwGE 82, 272; NVwZ 1993, 380; *Schoch ua/Clausing* aaO Rz 78; zum gleichen Problem bei **§ 48 VwVfG:** *Detterbeck* aaO S 235). Unberührt nämlich bleiben die Korrekturvorschriften ausdrücklich nur, **„soweit sich aus Absatz 1 Satz 1 nichts anderes ergibt".** Das bedeutet, dass steuerrechtliche Korrekturvorschriften durch ein früheres Verfahren insoweit nicht als „verbraucht" anzusehen sind, als seinerzeit über sie iS des § 110 I 1 noch nicht entschieden wurde (vgl iÜ dazu näher *H/H/Sp/v Groll* § 173 AO Rz 374; *T/K* Rz 22 ff), **Bindungswirkung** insoweit also **nur** in Betracht kommt, **als der Entscheidungsgegenstand sich auch auf** die **Korrekturregelung erstreckt** hat (zB die Änderungsbefugnis des FA nach § 173 AO betraf; in solchen Fällen dann aber auch hinsichtlich der Rechtsfehlerkompensation nach **§ 177 AO:** BFH/NV 1999, 788, 790; *v Groll* DStZ 2000, 882, 884; FG Bremen EFG 1993, 205; s auch Rz 22 ff; zu weiterreichenden Folgen, die sich aus **Treu und Glauben** – zB für einen anderen Veranlagungszeitraum – ergeben können: FG Köln EFG 1996, 638). Bekräftigt wird durch § 110 II letztlich nur, was ohnedies aus der Bedeutung der Rechtskraft für die Gerechtigkeit (Rz 1) folgt, dass einem durch Gerichtsurteil bestätigten VA die prinzipiell (von § 131 AO abgesehen) für jede Korrektur unerlässliche Voraussetzung der Rechtswidrigkeit des zu korrigierenden VA fehlt (s auch *H/H/Sp/v Groll* Vor § 172 AO Rz 100 f; § 173 AO Rz 374; § 174 AO Rz 36; iE auch *H/H/Sp/Lange* Rz 39; zT unklar: *T/K* Rz 26 ff; nicht beachtet in BFHE 187, 409 = BStBl II 1999, 303 u in BFHE 205, 402 = BStBl II 2004, 763).

3. Wirkung der materiellen Rechtskraft

19   Die **Bindungswirkung** (§ 155 iVm § 318 ZPO; BFHE 179, 8 = BStBl II 1996, 142) besteht einmal darin (s auch Rz 5), dass es den von einem formell rechtskräftigen Urteil Betroffenen (Rz 11) verwehrt ist, eine erneute (bzw abweichende) Entscheidung zu begehren (BFHE 89, 332 = BStBl III 1967, 615, 616) und zwar in der Regel auch bei Gerichten einer anderen Gerichtsbarkeit (BFH/NV 1998, 729, 730; BGHZ NJW 1984, 1174; BVerwG NJW 1983, 2231; NJW 1985, 2324; s iÜ *Kopp/Schenke* § 121 Rz 12); zu Sonderfragen der Aufrechnung mit rechtswegfremden Gegenforderungen – §§ 155 FGO, 322 II ZPO: BFHE 144, 207 = BStBl II 1985, 672), und zum anderen im Verbot jeder Abweichung vom Entscheidungsinhalt (BGHZ NJW 1979, 1047; BVerwG DVBl 1982, 953).

20   Hieraus folgt *bei Kongruenz von Entscheidungsgegenstand des alten Verfahrens* (was auch **Identität des Lebenssachverhalts** voraussetzt: *Lüke* JuS 1996, 392 f; *Detterbeck* aaO S 70 ff; s auch Rz 14 u 22) *und Streitgegenstand der neuen Klage* (die bei Erlass eines neuen VA nach gerichtlicher Kassation der inhaltsgleichen früheren Regelung zu verneinen ist – Rz 6) die **Unzulässigkeit** der letzteren. Die Rechtskraft des ersten Urteils erweist sich für das nachfolgende Verfahren als negative Sachentscheidungsvoraussetzung (BGHZE 34, 377; BGHZE 36, 365, s Rz 5 vor § 33; unscharf BFH/NV 1996, 499, demzufolge in solchen Fällen der zweiten Klage das *Rechtsschutzbedürfnis* fehlt; ähnlich auch *Detterbeck* aaO S 146 ff; wie hier *Schoch ua/Clausing* § 121 Rz 21).

21   Bildet die im ersten Prozess rechtskräftig festgestellte Rechtsfolge dagegen nur eine **präjudizielle** (vorgreifliche) **Voraussetzung** (zB für das Tatbestandsmerkmal eines anderen abgabenrechtlichen Anspruchs; Voraussetzung hierfür: Übereinstimmung beider Streitgegenstände in mindestens *einem Element – Lüke* JuS 1996, 392 f) für das im zweiten Verfahren verfolgte Klageziel, so ist der Richter dort in der Weise gebunden, dass er die vorausgegangene Entscheidung der seinigen zu Grunde legen muss (BFHE 142, 402 = BStBl II 1985, 191, 193; nach rechtskräftiger Aufhebung einer Prüfungsanordnung die Rechtswidrigkeit einer gleichlautenden erneuten Hoheitsmaßnahme dieser Art). Auch hier ist dem Richter im nachfolgenden Verfahren eigene Sachprüfung und Sachentscheidung im Umfang der präjudizierenden Aussage, also insoweit verwehrt, als der Entscheidungsgegenstand des rechtskräftigen Urteils entgegensteht, was allerdings – anders als im Fall vollständiger Kongruenz (Rz 20) – grundsätzlich unter dem Gesichtspunkt der **Begründetheit** zu entscheiden ist (Rz 22 f; s iÜ zu den Einzelheiten vgl *R/S* § 155 III; *Kopp/Schenke* § 121 Rz 9 ff).

22   Speziell **im Steuerrecht** ergeben sich hieraus **nur scheinbar Besonderheiten für den Fall, dass** die beklagte **Behörde** in Verletzung der in § 110 (bzw § 100 I 1 2. Halbs; Rz 13; § 100 Rz 23; *T/K* Rz 15 ff) angeordneten Bindungswirkung anstelle des rechtskräftig aufgehobenen einen **inhaltsgleichen neuen Verwaltungsakt** erlässt (s Rz 6): Die hiergegen

gerichtete Anfechtungsklage ist zulässig und, soweit die Verletzung der Bindungswirkung reicht, auch begründet (s auch Rz 21 im Unterschied zu Rz 20). Damit ist jedoch für das zweite Verfahren keine unbegrenzte Sachprüfung eröffnet. Die Bindungswirkung des früheren Urteils manifestiert sich vielmehr darin, dass Beteiligte und Gericht von der Rechtswidrigkeit des zweiten Verwaltungsakts auszugehen haben, soweit dieser inhaltlich im Widerspruch zum Entscheidungsgegenstand des früheren Urteils steht (BFHE 118, 542 = BStBl II 1976, 501, 503 aE), genauer gesagt zu der rechtlichen Beurteilung, die der im ersten Urteil ausgesprochenen Aufhebung „zu Grunde liegt", und zu der tatsächlichen, soweit der Lebenssachverhalt (Rz 14, 20) unverändert ist (§ 101 I 1 2. Halbs).

Es handelt sich also um einen Unterfall zur Präjudizialität (s Rz 21; aM **23** *Detterbeck* aaO S 108 f, ausgehend von einem zu engen, mit der Rechtskraft gleichgesetzten Begriff der Präjudizialität; s demgegenüber *Schoch ua/ Clausing* § 121 Rz 27 f). Die Situation ist dadurch gekennzeichnet, dass **jeder (Steuer-) Verwaltungsakt,** schon allein wegen des Rechtsscheins, den er begründet, und wegen des Vollstreckungsprivilegs, das er der Verwaltung eröffnet (s vor § 40 Rz 10), eine **selbstständige Regelung** und ein *selbständiges Verfahrensobjekt* bildet (s auch Rz 6 und § 40 Rz 6). **§ 100 I 1 2. Halbs** (der inhaltlich zu § 110 gehört: *T/K* § 100 Rz 25; s auch Rz 22) **stattet** (abweichend von den Parallelvorschriften § 113 I 1 VwGO u § 131 I SGG) mit Rücksicht hierauf Urteilssprüche zu finanzgerichtlichen **Anfechtungsklagen** mit einer besonderen, **erhöhten Bindungswirkung aus.** Dafür, dass dies (ausdrücklich) nur für den Fall der (teilweisen) Aufhebung so sein sollte, ist ein sachlicher Grund nicht erkennbar (vgl auch § 100 Rz 5 f), eine Differenzierung je nach Verfahrensausgang insoweit also nicht gerechtfertigt. Nicht nur im Fall der (teilweisen) Aufhebung, sondern auch in der (teilweisen) Bestätigung eines VA (durch – teilweise – Klageabweisung) und der abändernden Betragfestsetzung (§ 100 II 1; dazu dort Rz 24 ff) ist es der beklagten Behörde grundsätzlich (Ausnahme: § 110 II; s Rz 18) verwehrt, einen VA zu erlassen, der **inhaltlich** von dem **abweicht,** der dem in Frage stehenden Steuerrechtsverhältnis nach dem rechtskräftig gewordenen Urteil zugrunde zu legen ist (ähnlich, allerdings auf nicht einschlägigen, zudem auf rein rechtliche Bindung beschränkten § 565 II ZPO rekurrierend, *T/K* Rz 17; für den insoweit weniger aussagekräftigen § 121 VwGO: *Schoch ua/Clausing* § 121 Rz 27; *Kopp/Schenke* § 121 Rz 9 ff; aM *Detterbeck* aaO S 108 f). Klagen gegen verbotswidrig erlassene VAe sind also zulässig und – ohne weitere (über die Prüfung der Bindungswirkung hinausgehende) Sach- und Rechtsprüfung – begründet. Inwieweit eine verbotswidrige Abweichung vorliegt, richtet sich, auch in Korrekturfällen (§ 110 II; Rz 18), nach dem Entscheidungsgegenstand einerseits (Rz 13 f) und dem Regelungsgehalt des neuen VA andererseits (vgl auch BFHE 104, 411 = BStBl II 1972, 382; BFHE 126, 363 = BStBl II 1979, 196; BFHE 135, 234 = BStBl II 1982, 524).

Auch sonst ist die Wirkungsweise des § 110 geprägt durch den **Typ des 24 Verwaltungsakts** (s Rz 46 ff vor § 40), dessen Rechtswidrigkeit jeweils in Frage steht (sofern der Entscheidungsgegenstand dies entsprechend berücksichtigt):

– Die **Vorläufigkeit eines Steuerbescheids** (§ 164 I AO) zB gestattet **25** idR auch *nach* gerichtlicher Prüfung uneingeschränkte Korrektur

(§§ 110 II FGO, 164 II AO), allerdings nur, soweit der Entscheidungsgegenstand summarische Prüfung erkennen lässt (so mit Recht *T/K*
Rz 32; insoweit abweichend BFHE 120, 1 = BStBl II 1977, 126, 127; s
aber BFHE 161, 387 = BStBl II 1990, 1032). Wie diese Frage nach der
neuerdings vertretenen Auffassung, derartige VAe unterlägen trotz ihres
vorläufigen Charakters uneingeschränkter Sachaufklärungspflicht (BFHE
161, 387 = BStBl II 1990, 1032, 1034; BFH/NV 1993, 296 f), zu beurteilen ist, bleibt noch zu klären (s auch § 100 Rz 11, 37; *K/H* § 164 AO
Rz 6 a u § 110 FGO Rz 2; *T/K* § 164 AO Rz 10; allgemein Vor § 33
Rz 4 a).

26   – Bei **Feststellungsbescheiden** (FG SchlHol EFG 2000, 1121, 1122) gilt
es zu beachten, dass die Bindungswirkung durch Gegenüberstellung
bestimmter einzelner Besteuerungsgrundlagen (solcher, die im alten
Verfahren zum Entscheidungsgegenstand gehörten, und solcher, die
im neuen Verfahren den Streitgegenstand bilden) zu ermitteln ist
(s Rz 64 Vor § 40; § 40 Rz 74 ff und 92 ff; § 42 Rz 32 ff; § 65 Rz 39 f
und 45).

27   Aus dem Wesen der materiellen Rechtskraft (Rz 1 u 5 ff) und den **eng-
umgrenzten Möglichkeiten der Wiederaufnahme** des Verfahrens (nur
für echte – nicht vermeintliche, so aber BFHE 205, 402 = BStBl II 2004,
763 – **Rechtskraftkollision:** § 134 iVm § 580 Nr 7 ZPO; § 134 Rz 1 u 5)
folgt, dass grundsätzlich auch **sachlich unrichtige Urteile** Bindungswirkung entfalten (BVerfGE 54, 291, 293; BGHZ 89, 120 u NJW 1985,
2535; Rz 1 u 3). Str ist (bisher nur für andere Prozessordnungen), inwieweit die Rechtskraft nach dem Rechtsgedanken des **§ 826 BGB** durchbrochen werden darf, wenn sie durch unlautere Mittel eines Beteiligten
unter Verstoß gegen die guten Sitten herbeigeführt wurde (BGHZ 50,
115; NJW 1993, 3205; NJW-RR 1996, 827; *Cohn* AcP 198 (1998), 35,
68 f; *Zöller/Vollkommer* Rz 76 Vor § 322; *Schoch ua/Clausing* § 121
Rz 114 ff – jew mwN; kritisch dazu *Michaelis,* Die Deutschen und ihr
Rechtsstaat, 1980, S 35; ablehnend mit Recht *R/S* § 163 II; vgl auch
BGH NJW 1991, 1885 u BVerfG Rpfl 1991, 324).

28   Auch Urteile, die außerhalb des Geltungsbereichs der FGO erstritten
wurden, können in deren Anwendungsbereich Wirkung erlangen:
  – **ausländische Urteile** grundsätzlich durch **Anerkennung** kraft Gesetzes
(§ 155 iVm **§ 328 ZPO;** vgl auch Art 26 I GVÜ; dazu näher *R/S*
§ 157; *Zöller/Geimer* § 328 Rz 1 und in Anh I; *Schoch ua/Clausing* § 121
Rz 117 ff; *Lüke,* GS für Arens (1993), S 273; zum Inkrafttreten der
GVÜ; *Zöller/Geimer* Anh I Rz 1 f mwN), im Zweifelsfall durch entsprechende (inzidente) Vorfragenentscheidung des angerufenen Gerichts
(§ 155 iVm Art 26 II GVÜ; *R/S* § 157 I; *Bleckmann* JZ 1985, 1072);
  – vor dem 3. 10. 1990 ergangene **Urteile der ehem DDR** bleiben nach
Art 18 EinVertr idR wirksam, sofern sie nicht mit rechtsstaatlichen
Grundsätzen unvereinbar sind (vgl auch § 328 I Nr 4 ZPO; zum entspr
Problem bei der Fortgeltung von VAen nach Art 19 EinVertr:
BFHE 177, 317 = BStBl II 1995, 686; BFH/NV 1996, 874; FG Sachs
EFG 1993, 562; FG Thür EFG 1994, 384; FG MeVo EFG 1995, 322;
FG Berlin EFG 1995, 703; FG Bdbg EFG 1995, 485 u 1996, 50).

§§ 111, 112 (weggefallen)

Diese Vorschriften betrafen die Zahlung von Prozesszinsen, die inzwischen (ab 1. 1. 1977) in den §§ 236, 237 AO geregelt ist.

§ 113 [Beschlüsse]

(1) Für Beschlüsse gelten § 96 Abs. 1 Satz 1 und 2, § 105 Abs. 2 Nr. 6, §§ 107 bis 109 sinngemäß.

(2) [1] **Beschlüsse sind zu begründen, wenn sie durch Rechtsmittel angefochten werden können oder über einen Rechtsbehelf entscheiden.** [2] **Beschlüsse über die Aussetzung der Vollziehung (§ 69 Abs. 3 und 5) und über einstweilige Anordnungen (§ 114 Abs. 1), Beschlüsse nach Erledigung des Rechtsstreits in der Hauptsache (§ 138) sowie Beschlüsse, in denen ein Antrag auf Bewilligung von Prozesskostenhilfe zurückgewiesen wird (§ 142), sind stets zu begründen.** [3] **Beschlüsse, die über ein Rechtsmittel entscheiden, bedürfen keiner weiteren Begründung, soweit das Gericht das Rechtsmittel aus den Gründen der angefochtenen Entscheidung als unbegründet zurückweist.**

Vgl §§ 122 VwGO, 142 SGG, 329 ZPO.

Literatur: *Ewer/Schürmann,* Zur Zulässigkeit der Zustellung verwaltungsgerichtlicher Eilentscheidungen im Telekommunikationsweg, NVwZ 1990, 336; *R/S* § 59 III; *Werner,* Rechtskraft und Innenbindung zivilprozessualer Beschlüsse im Erkenntnis- und summarischen Verfahren, 1983.

Beschlüsse sind (Gerichts-)Entscheidungen, die (idR ohne mündliche 1 Verhandlung – § 90 I 2) nicht in der Form des Urteils (§ 105 I) und regelmäßig auch in anderer Besetzung als das Urteil (§ 5 III 1 und 2) ergehen, statt mit der Revision (§ 115) mit der Beschwerde (§ 128) anfechtbar sind und prinzipiell geringere Bindungswirkung entfalten (s § 95 Rz 3; vgl aber auch zur Fähigkeit bestimmter Beschlüsse, in materieller Rechtskraft zu erwachsen: BFHE 89, 332 = BStBl III 1967, 615; BFHE 128, 32 = BStBl II 1979, 574; § 110 Rz 21; zur Wiederaufnahme s Rz 6 aE § 134 Rz 2).

Die **Verweisung in § 113 I** (zB auf § 96 I 2 – dazu, allerdings ohne die 2 gebotene Unterscheidung zwischen *Begehren* und *Antrag,* § 96 Rz 3: BFH/NV 2000, 166) wird allgemein, ebenso wie in den Parallelvorschriften der anderen Verfahrensordnungen, **nicht** als **erschöpfend** angesehen (BFH/NV 1999, 1606 f; *H/H/Sp/Lange* Rz 2; *Schoch ua/Clausing* § 122 Rz 3; *Kopp/Schenke* § 122 Rz 3). Es **hängt von** der **Funktion des** jeweiligen **Beschlusses ab, ob** und in welchem Umfang neben den ausdrücklich in Bezug genommenen Gesetzesbestimmungen noch **andere Vorschriften des Urteilsverfahrens** auf Beschlüsse **sinngemäß anwendbar** sind (vgl zB BFHE 115, 424 = BStBl II 1975, 672, 673; zur **Beweiswürdigung:** BFHE 149, 437 = BStBl II 1987, 502, 503; zur **Schriftform** (§ 105 I 2): BFH/NV 1999, 1606; zur **Sachaufklärungspflicht** *im Beschwerdeverfahren:* § 76 Rz 10; zur Anwendbarkeit des **§ 105 II Nr 6** – dort Rz 27 – auf den Lauf der Beschwerdefrist: BFH/NV 2003, 45, 47; § 129 Rz 4; des **§ 108:** BFH/NV 1990, 582; 1992, 483, 484; 1993, 429; 1994, 189; 1995, 228; des **§ 109:** BFHE 152, 5 = BStBl II 1988, 287; BFH/NV

1989, 661; 1993, 429; 1995, 719; zur Anwendung des § 113 I auf **Nicht-abhilfebeschlüsse:** BFHE 90, 103 = BStBl III 1967, 788; auf **Zulas-sungsbeschlüsse:** BFH/NV 1999, 1606 f).

3   **Unvollständig** ist die Verweisung in § 113 I vor allem insofern, als § 96 II nicht erwähnt ist (BFH/NV 2002, 936; *T/K* Rz 2). Das gilt je-denfalls für streitentscheidende bzw selbständige Verfahren abschließende Beschlüsse, an die auch sonst im wesentlichen die gleichen Anforderungen zu stellen sind wie gemäß § 105 iVm § 113 II 1 u 2 (Rz 4) an Urteile; vor allem auch im Hinblick auf die *Vollstreckbarkeit* (§ 151 II) ist eine urteils-ähnliche Ausgestaltung solcher Beschlüsse geboten (s § 151 Rz 1).

4   Für Beschlüsse, die mit Rechtsmitteln (durch Beschwerde – § 128) an-gefochten werden können (BFHE 90, 284 = BStBl II 1968, 65; BFHE 91, 405 = BStBl II 1968, 353; BFH/NV 1994, 735; vgl aber außerdem auch §§ 56 V, 70 II 1; § 108 II 2) oder die über einen Rechtsbehelf entscheiden (§§ 132, 133), gilt grundsätzlich gem **§ 113 II 1** ein (unter dem Gesichts-punkt der Anfechtbarkeit und der Bedeutung für den Rechtsschutz) **ein-geschränkter Begründungszwang** (zu den Anforderungen: BFH/NV 1994, 735; 1995, 59; BFH/NV 2001, 1597; zur **Entbehrlichkeit bei Unanfechtbarkeit:** BFHE 194, 38 = BStBl II 2001, 415; s dagegen § 105 Rz 2, 11 u 13).

5   Eine **uneingeschränkte Begründungspflicht** dagegen schreibt der seit 1. 1. 2001 geltende (dazu Vor § 1 Rz 20 ff) **§ 113 II 3** vor, und zwar für Beschlüsse, die zu befinden haben über
– **vorläufigen Rechtsschutz** (§§ 69, 114);
– **Erledigung der Hauptsache** (§ 138);
– **Ablehnung eines PKH-Antrags** (§ 142).
Auf die Beschwerdefähigkeit kommt es in diesen Fällen nicht an. Beson-derheiten ergeben sich für Entscheidungen über NZB (§ 116 V 2; s § 105 Rz 4). Dagegen besteht grundsätzlich **keine Begründungspflicht** für **un-anfechtbare** Beschlüsse (s zB § 108 II 2; FG Hbg EFG 1996, 994 f mwN), vor allem solche, die in der mündlichen Verhandlung ergehen (BVerwG Buchholz 310 § 133 VwGO Nr 88). Zu den unanfechtbaren Beschlüssen gehören seit 1. 1. 2001 (Rz 20 ff Vor § 1) auch **Einstellungsbeschlüsse** (§ 128 II nF; zur Begründung: BT-Drucks 14/4450 S 3; s auch *Spindler* DB 2001, 61, 66; zum früheren Rechtszustand: BFH/NV 1998, 723).

6   **Gelockert** ist der **Begründungszwang** durch den seit 1. 1. 1993 gel-tende (Vor § 1 Rz 5 ff), dem § 105 V (dort Rz 29) sowie dem § 122 II 3 VwGO entsprechenden (dazu BT-Drucks 12/1061 S 20) **§ 113 II 3 für** die Vorentscheidung **bestätigende Rechtsmittelentscheidungen** einer-seits (s auch BFH/NV 1997, 69; 2000, 1216, 1217; 2001, 41 u 1222; s auch § 105 Rz 20 u 24) und durch die unanfechtbare (113 II 1) Ausge-staltung einschneidender Gerichtsentscheidungen (wie zB im Rahmen des § 6 – BFH/NV 2000, 578; 2001, 865; s iÜ § 6 Rz 19, 26) andererseits. Zu Inhalt und Umfang der erforderlichen Begründung in den übrigen, nicht ausdrücklich ausgenommenen Fällen ist zwar nicht auf § 105 verwiesen. Es gelten jedoch die zum Zweck der Urteilsbegründung entwickelten allge-meinen Grundsätze entsprechend (§ 105 Rz 2, 11 u 13; vgl auch BFHE 87, 502 = BStBl III 1967, 181; BFHE 104, 45 = BStBl II 1972, 287; BFHE 153, 310 = BStBl II 1988, 838; BFH/NV 2000, 335 u 585 f; **bei fehlendem neuen Vorbringen:** BFH/NV 2000, 1216 f; s auch *Kopp/*

Schenke § 122 Rz 6 u 8; *T/K* Rz 2). **Soweit** Beschlüsse **anfechtbar** sind, müssen sie mit **Rechtsmittelbelehrung** versehen sein (§§ 113 I, 105 II Nr 6) sonst beginnt die Beschwerdefrist (§ 129) nicht zu laufen (s auch Rz 2; § 55 I 2 und II; vgl zur Zustellung § 53 I). Auch *Wiederaufnahme* ist möglich (§ 134 Rz 2; dazu BFH/NV 2005, 362, 363).

§ 114 [Einstweilige Anordnungen]

(1) ¹Auf Antrag kann das Gericht, auch schon vor Klageerhebung, eine einstweilige Anordnung in Bezug auf den Streitgegenstand treffen, wenn die Gefahr besteht, dass durch eine Veränderung des bestehenden Zustands die Verwirklichung eines Rechts des Antragstellers vereitelt oder wesentlich erschwert werden könnte. ²Einstweilige Anordnungen sind auch zur Regelung eines vorläufigen Zustands in Bezug auf ein streitiges Rechtsverhältnis zulässig, wenn diese Regelung, vor allem bei dauernden Rechtsverhältnissen, um wesentliche Nachteile abzuwenden oder drohende Gewalt zu verhindern oder aus anderen Gründen nötig erscheint.

(2) ¹Für den Erlass einstweiliger Anordnungen ist das Gericht der Hauptsache zuständig. ²Dies ist das Gericht des ersten Rechtszugs. ³In dringenden Fällen kann der Vorsitzende entscheiden.

(3) Für den Erlass einstweiliger Anordnungen gelten die §§ 920, 921, 923, 926, 928 bis 932, 938, 939, 941 und 945 der Zivilprozessordnung sinngemäß.

(4) Das Gericht entscheidet durch Beschluss.

(5) Die Vorschriften der Absätze 1 bis 3 gelten nicht für die Fälle des § 69.

Vgl § 123 VwGO; §§ 916–945 ZPO.

§ 920 ZPO Arrestgesuch

(1) Das Gesuch soll die Bezeichnung des Anspruchs unter Angabe des Geldbetrages oder des Geldwertes sowie die Bezeichnung des Arrestgrundes enthalten.

(2) Der Anspruch und der Arrestgrund sind glaubhaft zu machen.

(3) Das Gesuch kann vor der Geschäftsstelle zu Protokoll erklärt werden.

§ 921 ZPO Entscheidung über das Arrestgesuch

¹Das Gericht kann, auch wenn der Anspruch oder der Arrestgrund nicht glaubhaft gemacht ist, den Arrest anordnen, sofern wegen der dem Gegner drohenden Nachteile Sicherheit geleistet wird. ²Es kann die Anordnung des Arrestes von einer Sicherheitsleistung abhängig machen, selbst wenn der Anspruch und der Arrestgrund glaubhaft gemacht sind.

§ 923 ZPO Abwendungsbefugnis

In dem Arrestbefehl ist ein Geldbetrag festzustellen, durch dessen Hinterlegung die Vollziehung des Arrestes gehemmt und der Schuldner zu dem Antrag auf Aufhebung des vollzogenen Arrestes berechtigt wird.

§ 926 ZPO Anordnung der Klageerhebung

(1) Ist die Hauptsache nicht anhängig, so hat das Arrestgericht auf Antrag ohne mündliche Verhandlung anzuordnen, daß die Partei, die den Arrestbefehl erwirkt hat, binnen einer zu bestimmenden Frist Klage zu erheben habe.

(2) Wird dieser Anordnung nicht Folge geleistet, so ist auf Antrag die Aufhebung des Arrestes durch Endurteil auszusprechen.

§ 928 ZPO Vollziehung des Arrestes

Auf die Vollziehung des Arrestes sind die Vorschriften über die Zwangsvollstreckung entsprechend anzuwenden, soweit nicht die nachfolgenden Paragraphen abweichende Vorschriften enthalten.

§ 929 ZPO Vollstreckungsklausel; Vollziehungsfrist

(1) Arrestbefehle bedürfen der Vollstreckungsklausel nur, wenn die Vollziehung für einen anderen als den in dem Befehl bezeichneten Gläubiger oder gegen einen anderen als den in dem Befehl bezeichneten Schuldner erfolgen soll.

(2) Die Vollziehung des Arrestbefehls ist unstatthaft, wenn seit dem Tage, an dem der Befehl verkündet oder der Partei, auf deren Gesuch er erging, zugestellt ist, ein Monat verstrichen ist.

(3) [1] Die Vollziehung ist vor der Zustellung des Arrestbefehls an den Schuldner zulässig. [2] Sie ist jedoch ohne Wirkung, wenn die Zustellung nicht innerhalb einer Woche nach der Vollziehung und vor Ablauf der für diese im vorhergehenden Absatz bestimmten Frist erfolgt.

§ 930 ZPO Vollziehung in bewegliches Vermögen und Forderungen

(1) [1] Die Vollziehung des Arrestes in bewegliches Vermögen wird durch Pfändung bewirkt. [2] Die Pfändung erfolgt nach denselben Grundsätzen wie jede andere Pfändung und begründet ein Pfandrecht mit den im § 804 bestimmten Wirkungen. [3] Für die Pfändung einer Forderung ist das Arrestgericht als Vollstreckungsgericht zuständig.

(2) Gepfändetes Geld und ein im Verteilungsverfahren auf den Gläubiger fallender Betrag des Erlöses werden hinterlegt.

(3) Das Vollstreckungsgericht kann auf Antrag anordnen, daß eine bewegliche körperliche Sache, wenn sie der Gefahr einer beträchtlichen Wertverringerung ausgesetzt ist oder wenn ihre Aufbewahrung unverhältnismäßige Kosten verursachen würde, versteigert und der Erlös hinterlegt werde.

§ 931 ZPO Vollziehung in eingetragenes Schiff oder Schiffsbauwerk

(1) Die Vollziehung des Arrestes in ein eingetragenes Schiff oder Schiffsbauwerk wird durch Pfändung nach den Vorschriften über die Pfändung beweglicher Sachen mit folgenden Abweichungen bewirkt:

(2) Die Pfändung begründet ein Pfandrecht an dem gepfändeten Schiff oder Schiffsbauwerk; das Pfandrecht gewährt dem Gläubiger im Verhältnis zu anderen Rechten dieselben Rechte wie eine Schiffshypothek.

(3) Die Pfändung wird auf Antrag des Gläubigers vom Arrestgericht als Vollstreckungsgericht angeordnet; das Gericht hat zugleich das Registergericht um die Eintragung einer Vormerkung zur Sicherung des Arrestpfandrechts in das Schiffsregister oder Schiffsbauregister zu ersuchen; die Vormerkung erlischt, wenn die Vollziehung des Arrestes unstatthaft wird.

(4) Der Gerichtsvollzieher hat bei der Vornahme der Pfändung das Schiff oder Schiffsbauwerk in Bewachung und Verwahrung zu nehmen.

(5) Ist zur Zeit der Arrestvollziehung die Zwangsversteigerung des Schiffes oder Schiffsbauwerks eingeleitet, so gilt die in diesem Verfahren erfolgte Beschlagnahme des Schiffes oder Schiffsbauwerks als erste Pfändung im Sinne des § 826; die Abschrift des Pfändungsprotokolls ist dem Vollstreckungsgericht einzureichen.

(6) [1] Das Arrestpfandrecht wird auf Antrag des Gläubigers in das Schiffsregister oder Schiffsbauregister eingetragen; der nach § 923 festgestellte Geldbetrag ist als der Höchstbetrag zu bezeichnen, für den das Schiff oder Schiffsbauwerk haftet. [2] Im übrigen gelten der § 867 Abs. 1 und 2 und der § 870 a Abs. 3 entsprechend, soweit nicht vorstehend etwas anderes bestimmt ist.

§ 932 ZPO Arresthypothek

(1) [1] Die Vollziehung des Arrestes in ein Grundstück oder in eine Berechtigung, für welche die sich auf Grundstücke beziehenden Vorschriften gelten, erfolgt durch Eintragung einer Sicherungshypothek für die Forderung; der nach § 923 festgestellte Geldbetrag ist als der Höchstbetrag zu bezeichnen, für den das Grundstück oder die Berechtigung haftet. [2] Ein Anspruch nach § 1179 a oder § 1179 b des Bürgerlichen Gesetzbuchs steht dem Gläubiger oder im Grundbuch eingetragenen Gläubiger der Sicherungshypothek nicht zu.

(2) Im übrigen gelten die Vorschriften des § 866 Abs. 3 Satz 1, des § 867 Abs. 1 und 2 und des § 868.

(3) Der Antrag auf Eintragung der Hypothek gilt im Sinne des § 929 Abs. 2, 3 als Vollziehung des Arrestbefehls.

§ 938 ZPO Inhalt der einstweiligen Verfügung

(1) Das Gericht bestimmt nach freiem Ermessen, welche Anordnungen zur Erreichung des Zweckes erforderlich sind.

(2) Die einstweilige Verfügung kann auch in einer Sequestration sowie darin bestehen, daß dem Gegner eine Handlung geboten oder verboten, insbesondere die Veräußerung, Belastung oder Verpfändung eines Grundstücks oder eines eingetragenen Schiffes oder Schiffsbauwerks untersagt wird.

§ 939 ZPO Aufhebung gegen Sicherheitsleistung

Nur unter besonderen Umständen kann die Aufhebung einer einstweiligen Verfügung gegen Sicherheitsleistung gestattet werden.

§ 941 ZPO Ersuchen um Eintragungen im Grundbuch usw.

Hat auf Grund der einstweiligen Verfügung eine Eintragung in das Grundbuch, das Schiffsregister oder das Schiffsbauregister zu erfolgen, so ist das

Gericht befugt, das Grundbuchamt oder die Registerbehörde um die Eintragung zu ersuchen.

§ 945 ZPO Schadensersatzpflicht

Erweist sich die Anordnung eines Arrestes oder einer einstweiligen Verfügung als von Anfang an ungerechtfertigt oder wird die angeordnete Maßregel auf Grund des § 926 Abs. 2 oder des § 942 Abs. 3 aufgehoben, so ist die Partei, welche die Anordnung erwirkt hat, verpflichtet, dem Gegner den Schaden zu ersetzen, der ihm aus der Vollziehung der angeordneten Maßregel oder dadurch entsteht, daß er Sicherheit leistet, um die Vollziehung abzuwenden oder die Aufhebung der Maßregel zu erwirken.

Übersicht

Literatur: *Baumdicker,* Einstweilige Anordnungen im Lohnsteuer-Abzugsverfahren, DStR 1981, 639; *Becker,* Vollstreckung trotz rechtshängigem AdV-Antrag – Was tun?, Inf 2002, 166; *Bilsdorfer,* Vollstreckungsschutz während eines laufenden Aussetzungsverfahrens, FR 2000, 708; *Buciek,* Der vorläufige Rechtsschutz in Steuersachen, DStJG 18 (1995), 149; *Carl,* Vorläufiger Rechtsschutz im Steuerrecht, DB 1991, 2615; *Fumi,* Rechtsschutzmöglichkeiten gegen Pfändungsmaßnahmen, Inf 1999, 97; *Geimer,* Die einstweilige Anordnung zum Zwecke der Vollstreckungsabwendung, FR 1983, 399; *Greite,* Kindergeld und einstweiliger Rechtsschutz, FR 2002, 397; *von Groll,* Zur Rechtsverwirklichung im Lohnsteuerverfahren, DStJG 1986, 431; *Grunsky,* Schadenersatzklage nach Aufhebung einer einstweiligen Anordnung im Verwaltungsprozess – BGHZ 78, 127, JuS 1982, 177; *Hild,* Eintragung eines Lohnsteuer-Freibetrags durch einstweilige Anordnung, DStR 1981, 249; *Leipold,* Grundlagen des einstweiligen Rechtsschutzes im zivil-, verfassungs- und verwaltungsrechtlichen Verfahren, München 1971, S 207 ff; *Lemaire,* Der vorläufige Rechtsschutz im Steuerrecht, Dissertation Köln/Aachen 1997; *Pöllath,* Anordnungsgrund bei einstweiliger Anordnung am Beispiel sogenannter negativer Feststellungsbescheide, BB 1983, 688; *Roggan,* Der vorläufige Rechtsschutz gegen Feststellungs- und Folgebescheide, Dissertation Göttingen 1981; *Schwarze,* Vorläufiger Rechtsschutz im Widerstreit von Gemeinschaftsrecht und nationalem Verwaltungsverfahrens- und Prozessrecht, Festschrift für Börner, 1992 S 289; *Triantafyllou,* Europäisierung des vorläufigen Rechtsschutzes, NVwZ 1992, 129; *Trossen,* Vorläufiger Rechtsschutz gegen Insolvenzanträge der Finanzbehörden, DStZ 2001, 877.

I. Vorbemerkungen

Die Anordnung dient – ebenso wie die AdV/Aufhebung der Vollzie- **1** hung – der Verwirklichung des vorläufigen Rechtsschutzes im Bereich des nationalen Abgabenrechts (zum Erlass einstweiliger Anordnungen durch den **EGH** vgl zB EGH HFR 1987, 317; EGH Urteil v 12. 7. 2002 T – 163/02 R; EGH Beschluss v 8. 8. 2002 T – 155/02 R). – Zum Verhältnis des § 114 zu § 69, insbesondere zur **Subsidiarität der einstweiligen Anordnung** (§ 114 V) und zur prinzipiellen **Abgrenzung der Anwendungsbereiche** der §§ 114 und 69 s Rz 18, 19 und § 69 Rz 1–5, 21 und 55. – Zum vorläufigen Rechtsschutz durch die nationalen Gerichte im Bereich des **EG-Rechts** s § 69 Rz 16 ff, 19 f.

2   Die einstweilige Anordnung (§ 114) kann (anders als die AdV/Aufhebung der Vollziehung) **nur auf Antrag** angeordnet werden. Ihre gesetzlichen Voraussetzungen stimmen im Wesentlichen mit denjenigen der einstweiligen Anordnung im verwaltungsgerichtlichen Verfahren (§ 123 VwGO) überein. Beide Vorschriften (§ 114 und § 123 VwGO) sind der Regelung über den Erlass von einstweiligen Verfügungen (§§ 935, 940 ZPO) nachgebildet, für die wiederum die Bestimmungen über die Anordnung von Arresten und über das Arrestverfahren gelten (§ 936 ZPO). Entsprechend ordnet § 114 III die sinngemäße Anwendung der einschlägigen Arrestvorschriften an.

3   Das auf Erlass einer einstweiligen Anordnung (§ 114) gerichtete Verfahren ist ein formell verselbstständigtes Prozessverfahren **neben oder vor dem Hauptsacheverfahren.** Es handelt sich um ein **summarisches Eilverfahren,** in dem lediglich über eine vorläufige Sicherung oder Regelung der Rechte des Antragstellers entschieden wird, während Gegenstand des Hauptsacheverfahrens der vom Antragsteller geltend gemachte bzw geltend zu machende Anspruch ist. Inhaltlich sind die Verfahren jedoch miteinander verknüpft (vgl zB Rz 66, 100).

4   Die einstweilige Anordnung hat gegenüber der AdV bzw der Aufhebung der Vollziehung eine nur untergeordnete praktische Bedeutung. Dies ist vor allem darauf zurückzuführen, dass die **Anfechtungsverfahren** im Bereich des Abgabenrechts zahlenmäßig weitaus **überwiegen,** so dass – weil vorläufiger Rechtsschutz insoweit im Wege der AdV zu gewähren ist (§ 69 Rz 5, 32 ff, 55 und unten Rz 17 ff) und die einstweilige Anordnung nur **subsidiär** zum Zuge kommt – der Anwendungsbereich des § 114 von vornherein beschränkt ist. Hinzu kommt, dass ein Anordnungsgesuch häufig schon deshalb unterbleibt, weil es wegen der strengen gesetzlichen Voraussetzungen der einstweiligen Anordnung (Rz 32 ff) als nicht aussichtsreich erscheint.

II. Sachentscheidungsvoraussetzungen

5   Die Gewährung vorläufigen Rechtsschutzes durch einstweilige Anordnung ist davon abhängig, dass die allgemeinen **Sachentscheidungsvoraussetzungen** (Vor § 33 Rz 4 ff) vorliegen. Ggf muss dem Antragsteller Gelegenheit gegeben werden, behebbare Mängel zu beseitigen (§ 114 III iVm § 920 I ZPO; § 76 II). – Insbesondere folgende Sachentscheidungsvoraussetzungen müssen erfüllt sein:

6   **1.** Das Gesuch auf Erlass einer einstweiligen Anordnung ist nur zulässig, wenn im Hauptsacheverfahren der **Rechtsweg zu den Finanzgerichten** (§ 33) führt (BFHE 103, 47 = BStBl II 1971, 813; BFHE 143, 523 = BStBl II 1985, 553; BFH/NV 1988, 94, 95). – Zur Möglichkeit der **Verweisung** s § 33 Rz 22 ff.

7   **2.** Das Gesuch muss beim **örtlich und sachlich zuständigen Gericht** gestellt werden (s Vor §§ 35–39 Rz 1, 2 und §§ 35–39; zur **Verweisung** s § 70). – Die örtliche Zuständigkeit richtet sich nach § 38. Sachlich zuständig ist das **Gericht der Hauptsache** (§ 114 II 1). Hauptsache ist im Falle des § 114 I 1 das abzusichernde Recht, im Falle des § 114 I 2 das streitige Rechtsverhältnis (Rz 39 ff, 44 ff). Gericht der Hauptsache **ist immer das FG** als Gericht des ersten Rechtszugs (§ 114 II 2) und zwar auch dann, wenn das Hauptsacheverfahren schon (in der Revisions- oder Beschwerdeinstanz) vor dem BFH schwebt (BFH/NV 1999, 654; 1368; 2000, 474; 600; 1495; 2002, 1486; 2004, 81, 82). Ggf kann auch der Einzelrichter als Gericht der Hauptsache zuständig sein (§§ 6, 79a III, IV).

Ist das **Hauptsacheverfahren noch nicht anhängig,** ist das für die **8** jeweilige Klage in erster Instanz zuständige FG auch für das Verfahren nach § 114 zuständig.

3. Das Gesuch muss **formell ordnungsmäßig** sein, dh schriftlich ge- **9** stellt oder vor (dem Urkundsbeamten) der Geschäftsstelle zu Protokoll erklärt werden (§ 114 III iVm § 920 III ZPO).

4. Das Gesuch ist **bedingungsfeindlich** (vgl § 69 Rz 60). **10**

5. Antragsbefugnis. Der Antragsteller muss schlüssig darlegen, dass er **11** eigene Rechte verfolgt (§ 40 II); eine **Gefährdung** seiner Rechtsstellung **genüg**t (BFHE 169, 490 = BStBl II 1993, 265; BFH/NV 1992, 254; s auch § 69 Rz 61). – Zur Antragsbefugnis einer Bank, die nach Auswertung bankinterner Konten anlässlich einer Außen- oder Steuerfahndungsprüfung den Versand von Kontrollmitteilungen an die Wohnsitzfinanzämter der Bankkunden verhindern will, s BFH/NV 1998, 424; 2000, 1384; FG Nds EFG 1998, 10; FG BaWü EFG 1999, 1063. – Zur **Beteiligtenfähigkeit** s § 57.

6. Darlegung der Antragsvoraussetzungen, Glaubhaftmachung 12 (§ 114 III, §§ 920 II, 294 ZPO). Der Antragsteller muss Anordnungsanspruch (Rz 39 ff, 44 ff) und Anordnungsgrund (Rz 42 ff, 48 ff) iS des § 114 I 1 und 2 schlüssig vortragen (BFHE 144, 404 = BStBl II 1986, 26, 27; BFHE 151, 18 = BStBl II 1988, 67; BFHE 153, 2 = BStBl II 1988, 585; BFH/NV 1994, 182; vgl auch § 69 Rz 62). Die Bezugnahme auf den bisherigen Schriftwechsel und die vorgelegten Akten genügt ebenso wenig (BFH/NV 1994, 554) wie die ausschließliche Berufung auf die Rechtswidrigkeit der Steuerfestsetzung (BFH/NV 1992, 156; 1994, 554). – Zur Möglichkeit, das Vorbringen zu ergänzen und zur entsprechenden Hinweispflicht des Gerichts s Rz 5. – Umstritten ist, ob die **Glaubhaftmachung** des Anordnungsanspruchs und -grundes – ohne dass deshalb die Ermittlungspflicht des Gerichts (§ 76) entfiele – Zulässigkeitsvoraussetzung für den Antrag ist (bejahend zB *Brühl* JuS 1995, 917, 918 – mwN; vgl auch BFH/NV 1994, 182). Da es um den Nachweis der Antragsvoraussetzungen geht, ist die Glaubhaftmachung jedoch der Begründetheit des Antrags (Rz 56 ff) zuzuordnen (*Kopp/Schenke* § 123 Rz 24; *Bender* Menger-FS S 668; *Erichsen* Jura 1984, 648).

7. Das Gesuch muss zwar **keinen bestimmten Antrag** (§ 65 I 1) ent- **13** halten (weil das Gericht über die Art und Weise des vorläufigen Rechtsschutzes nach seinem Ermessen entscheiden darf – Rz 63 ff), der Antragsteller muss aber **wenigstens** das von ihm angestrebte **Rechtsschutzziel konkretisieren,** dh es muss erkennbar sein, welcher einstweilige Rechtsschutz nach Art und Umfang begehrt wird (*Bender* Menger-Festschrift S 657, 667).

8. Das Gesuch ist nur zulässig, wenn Rechtsschutz gegenüber dem rich- **14** tigen **Antragsgegner** begehrt wird (§ 65 I 1). Antragsgegner ist regelmäßig die Behörde, die im Hauptsacheverfahren Beklagte ist oder sein wird

(§ 63 analog). Das ist zB bei beantragter Einstellung der Zwangsvollstreckung die für die Zwangsvollstreckung zuständige Finanzbehörde und nicht die Finanzbehörde, die den Steueranspruch festgesetzt hat (BFH/NV 1992, 478; 606). – Ausnahmsweise sollen **Antragsgegner** im Anordnungsverfahren und **Beklagter** im Hauptsacheverfahren **verschieden** sein können, wenn nach Rechtshängigkeit der Hauptsache ein örtlicher Zuständigkeitswechsel (§ 63) eintritt (BFHE 120, 452 = BStBl II 1977, 161; zweifelhaft; **aA** *T/K* § 114 Rz 54). – Eine **unbeteiligte Behörde** kann nie Antragsgegner sein (BFHE 120, 452 = BStBl II 1977, 161).

15   **9.** Bei Antragstellung durch einen Vertreter ist ggf die Vorlage einer schriftlichen **Vollmacht** erforderlich (§ 62 Rz 2, 53 ff).

16   **10. Besonderes Rechtsschutzbedürfnis** (Statthaftigkeit). Ein Gesuch auf Erlass einer einstweiligen Anordnung ist unzulässig, wenn **vorläufiger Rechtsschutz auf diese Weise nicht erreichbar** ist (vgl BFHE 139, 508 = BStBl II 1984, 210). Erforderlich ist also eine Bestimmung der Grenzen, innerhalb derer vorläufiger Rechtsschutz durch einstweilige Anordnung in Betracht kommt.

17   Das besondere Rechtsschutzbedürfnis für eine einstweilige Anordnung **fehlt,** soweit vorläufiger Rechtsschutz durch AdV/Aufhebung der Vollziehung (§ 69) erreicht werden kann **(§ 114 V).**

18   Schon die Möglichkeit, vorläufigen Rechtsschutz gem § 69 zu erreichen, führt zur Unanwendbarkeit des § 114 (BFHE 139, 508 = BStBl II 1984, 210; BFH/NV 1987, 180; 1988, 380; 422, 423; 1989, 114, 115; 1993, 349; 726 betr Stundungsbegehren mit der Begründung, der Steuerbescheid sei verfassungswidrig). Ebenso ist es grundsätzlich, wenn die Möglichkeit nicht genutzt und der VA inzwischen bestandskräftig (unanfechtbar) geworden ist (BFHE 124, 311 = BStBl II 1978, 313; FG Bln EFG 1966, 573). – S aber Rz 45.

19   Zur **Abgrenzung der Anwendungsbereiche** der §§ 69 und 114 s § 69 Rz 33 ff. – Vorläufiger Rechtsschutz durch **einstweilige Anordnung** kommt danach vor allem in Betracht, wenn das eigentliche Klageziel im Hauptsacheverfahren (BFHE 135, 413 = BStBl II 1982, 515) mit der **Verpflichtungs-, Feststellungs- oder sonstigen Leistungsklage** verfolgt wird oder verfolgt werden soll (vgl auch BFHE 92, 28 = BStBl II 1968, 443, 444/445; BFHE 95, 264 = BStBl II 1969, 379; BFHE 123, 412 = BStBl II 1978, 15, 17/18; BFHE 125, 356 = BStBl II 1978, 584; BFHE 128, 164 = BStBl II 1979, 567, 568/569; BFHE 134, 223 = BStBl II 1982, 133, 134; zur Klage auf Feststellung der Nichtigkeit eines VA s BFHE 156, 376 = BStBl II 1990, 351; BFH/NV 1989, 36; s auch § 69 Rz 55). Soweit die **Verfassungswidrigkeit** der Rechtsgrundlage gerügt wird, kann vorläufiger Rechtsschutz nur durch AdV (§ 69 III) gewährt werden (BFH/NV 1993, 726, 727). – Allgemein zur Verpflichtungsklage und deren Abgrenzung zur Anfechtungsklage s § 40 Rz 18 ff, zur Feststellungsklage s § 41 und zur sonstigen Leistungsklage s § 40 Rz 28 ff.

20   § 114 ist, weil es sich im Hauptsacheverfahren um ein Verpflichtungsbzw (vorbeugendes) Unterlassungsbegehren handelt, auch anwendbar,
– wenn die Finanzbehörde trotz bestehender AdV vollstrecken will (FG Hbg EFG 1977, 553);

- wenn sie eine Untersagungsverfügung nach § 7 StBerG zwangsweise durchsetzen will, ohne zuvor die hemmende Wirkung der gegen die Untersagungsverfügung eingelegten Beschwerde (§ 69 V 2) beseitigt zu haben (FG Nds EFG 1974, 379);
- wenn zwar ein AdV-Antrag statthaft ist, das Begehren aber auf einstweilige Einstellung der Zwangsvollstreckung (§ 258 AO) gerichtet ist (BFH/NV 1989, 565, 566; 1993, 460; 708; § 69 Rz 55 „Vollstreckungsmaßnahmen");
- wenn die Finanzbehörde Vollstreckungsmaßnahmen durchführen will, obwohl ein beim Gericht anhängiger AdV-Antrag (§ 69 III) noch nicht beschieden worden ist (FG D'dorf EFG 1984, 105; 1985, 10, 11; 452; FG Saarl EFG 2000, 449: Recht auf ungestörte Durchführung des AdV–Verfahrens);
- wenn und soweit das Rechtsschutzziel durch AdV/Aufhebung der Vollziehung nicht erreicht werden kann (vgl FG Mchn EFG 1989, 495; entgegen dieser Entscheidung kann eine einstweilige Regelung aber nur nach Maßgabe des § 114 getroffen werden – s § 69 Rz 37).

Handelt es sich im Hauptsacheverfahren um ein **Anfechtungsbegeh-**   **21**
ren, ist vorläufiger Rechtsschutz im Allgemeinen durch AdV/Aufhebung der Vollziehung zu gewähren. § 69 greift jedoch in bestimmten Fällen nicht ein (vgl § 69 Rz 33 ff). Die Möglichkeit, vorläufigen Rechtsschutz durch einstweilige Anordnung zu erlangen, besteht in diesen Fällen nur, wenn das Rechtsschutzbegehren (bei Anfechtungsänderungsklagen) über die Herstellung des Suspensiveffekts hinausgeht (s § 69 Rz 55).
- Zum vorläufigen Rechtsschutz gegenüber **Grundlagenbescheiden** s § 69 Rz 55 „Grundlagenbescheide", 65 und gegenüber **Folgebescheiden** s § 69 Rz 55 „Folgebescheide", 65, 66.
- Ist ein Feststellungsbescheid noch nicht ergangen, kommt auf der Ebene des Feststellungsbescheides vorläufiger Rechtsschutz durch einstweilige Anordnung in Betracht (vgl FG RhPf EFG 1986, 31).

Die der Erlangung vorläufigen Rechtsschutzes nach § 69 III entgegen-   **22**
stehenden Hindernisse des § 69 IV haben außer Betracht zu bleiben. Sie stellen die grundsätzliche Anwendbarkeit des § 69 nicht in Frage.

Vorläufiger Rechtsschutz durch **einstweilige Anordnung** ist **außerdem**   **23**
regelmäßig nicht erreichbar, soweit
- eine gesetzlich unzulässige Maßnahme begehrt wird (Rz 65),
- der Antrag auf eine die **Entscheidung** im Hauptsacheverfahren **vor-wegnehmende Maßnahme** gerichtet ist (Rz 66 ff; zu den **Ausnahmen** s Rz 68 ff) oder
- die begehrte Maßnahme **über das** im Hauptsacheverfahren **realisier-bare Ergebnis hinausgeht** (Rz 72 ff).

Das Gesuch ist in diesen Fällen jedoch **nicht ohne weiteres** im vollen Umfang als **unzulässig** zurückzuweisen. Da das Gericht in der Auswahl der in Betracht kommenden Maßnahmen frei ist (Rz 63), hat es – sofern zulässige Anordnungen denkbar sind – eine Sachentscheidung zu treffen vgl zB BFHE 135, 23 = BStBl II 1982, 307, 308 und – ohne Differenzierung – BFHE 122, 28 = BStBl II 1977, 587; s auch FG RhPf EFG 1979, 610).

11. Keine anderweitige Rechtshängigkeit; keine vorangegangene   **24**
rechtskräftige Entscheidung. Ist schon ein Antrag nach § 114 anhängig,

so ist jedes weitere Anordnungsverfahren in der gleichen Sache zwischen den gleichen Beteiligten unzulässig (vgl Anh § 33 Rz 11 „Klagesperre"; *Brühl* JuS 1995, 918).

Der Antrag auf Erlass einer einstweiligen Anordnung ist wegen der Rechtskraftwirkung (Rz 102) außerdem unzulässig, wenn nach rechtskräftiger Entscheidung über einen Anordnungsantrag ein erneuter Antrag in der gleichen Sache gestellt wird; eine Ausnahme gilt insbesondere für den Fall, dass sich die tatsächlichen oder rechtlichen Verhältnisse geändert haben (Rz 103; s auch *Brühl* JuS 1995, 918).

25 **12. Allgemeines Rechtsschutzbedürfnis.** Ein Antrag nach § 114 ist nur zulässig, wenn neben dem besonderen (Rz 16–23) ein allgemeines Rechtsschutzbedürfnis des Antragstellers zu erkennen ist. Es ist zu bejahen, wenn der **Antrag zweckmäßig, nicht mutwillig oder rechtsmissbräuchlich** ist (s § 69 Rz 64).

26 Das allgemeine **Rechtsschutzbedürfnis liegt vor,** wenn der Antragsgegner (Rz 14) schon einen Antrag abgelehnt oder ein bestimmtes Verhalten an den Tag gelegt hat, das die Anrufung des Gerichts erforderlich macht (vgl FG M'ster EFG 1966, 234; vgl auch FG Saarl EFG 1966, 576; FG BaWü EFG 1967, 297). Es kann nicht allein deshalb verneint werden, weil sich der Antragsteller zunächst mit der Bitte um eine vorläufige Regelung (zB Stundung) an die Verwaltung hätte wenden können (FG Bln EFG 1966, 573; FG RhPf EFG 1969, 133; aA FG BaWü EFG 1967, 297; 1983, 466) oder weil der Antragsteller gegen die ablehnende Entscheidung (noch) keinen außergerichtlichen Rechtsbehelf eingelegt oder – im Falle der Untätigkeit der Behörde – noch keinen Untätigkeitseinspruch (§ 347 I 2 AO) erhoben hat. Derartige Anforderungen würden dem Wesen der einstweiligen Anordnung als Eilverfahren widersprechen (aA FG Bremen EFG 1977, 386; FG Bln EFG 1979, 426; FG BaWü EFG 1986, 542, 543/544). Allenfalls kann die übereilte Anrufung des Gerichts Einfluss auf die Kostenentscheidung haben, falls nämlich die Verwaltung nach Antragstellung von sich aus vorläufigen Rechtsschutz gewährt (§ 138). Allerdings wird es in diesen Fällen durchweg an einem Anordnungsgrund (Rz 42 f, 48 ff) fehlen.

27 Das **Rechtsschutzbedürfnis entfällt** zB, wenn der Antragsteller die **Steuerschulden** nach Stellung des auf einstweilige Einstellung der Zwangsvollstreckung gerichteten Antrags (Rz 45) **tilgt** (BFH/NV 1989, 794; aA BFH/NV 1991, 50: Unbegründetheit des Antrags); wenn der Leistungsanspruch des FA auf andere Weise erloschen ist; wenn das Hauptsacheverfahren vor Entscheidung über den Antrag rechtskräftig beendet wird (BFH/NV 1990, 660; 1996, 457); wenn die Finanzbehörde von weiteren Vollstreckungsmaßnahmen absieht (BFH/NV 1992, 317); wenn die Zwangsvollstreckung nach Antragstellung abgeschlossen wird (BFH/NV 1990, 259; 1992, 319) oder wenn sich das **Antragsverfahren in der Hauptsache erledigt** (vgl BFHE 142, 564 = BStBl II 1985, 302; BFH/NV 1986, 11; 681, 682; 1987, 320, 321; 1988, 103; 162, 163; 1991, 242). Der Übergang zum Antrag auf Feststellung der Rechtswidrigkeit des VA entsprechend **§ 100 I 4** kommt dann wegen des vorläufigen Charakters des Anordnungsverfahrens nicht in Betracht (BFHE 137, 232 = BStBl II 1983, 232; BFHE 142, 564 = BStBl II 1985, 302; FG Saarl EFG 1997, 693).

Das **Rechtsschutzbedürfnis fehlt,** wenn – wie im Falle der Anord-   **28** nung zur Abgabe der eidesstattlichen Versicherung zur Bekräftigung des Vermögensverzeichnisses (§ 28 V 1 AO) – der Einspruch aufschiebende Wirkung hat **(§ 284 V 2, 3 AO)** und es deshalb vorläufigen Rechtsschutzes (nach § 257 I AO) durch das Gericht nicht bedarf (BFHE 142, 423 = BStBl II 1985, 197, 198; BFH/NV 1989, 564; 1993, 460, 461), es sei denn, das FA besteht trotz der aufschiebenden Wirkung auf der Abgabe der eidesstattlichen Versicherung (BFH/NV 1994, 69). Das Rechtsschutzbedürfnis fehlt auch, wenn die einstweilige Einstellung oder Aufhebung der Zwangsvollstreckung wegen Krankheit des Vollstreckungsschuldners begehrt wird und das FA nur Sicherungsmaßnahmen ergriffen hat und weitere Vollstreckungsmaßnahmen nicht zu erwarten sind (vgl BFH/NV 1992, 317, 318). Ebenso ist es, wenn die **Auswertung eines Betriebsprüfungsberichts** vorläufig untersagt werden soll: Denn eine Beeinträchtigung liegt noch nicht vor und etwaige Bescheide können angefochten werden (FG Bremen EEG 1977, 386; ebenso für eine Steuerfahndungsprüfung FG RhPf EFG 1979, 377; vgl auch BFH/NV 1987, 23).

Entsprechendes gilt, wenn die Untersagung einer Amtshandlung wegen   **29** Besorgnis ihrer rechtsmissbräuchlichen Verwertung verlangt wird; die Möglichkeit der Rechtsschutzgewährung gegen den Missbrauch genügt (BFH/NV 1989, 13, 14).

Ist das **Hauptsacheverfahren** im Zeitpunkt der Anbringung des Ge-   **30** suchs schon **rechtskräftig abgeschlossen,** fehlt (wegen der Rechtskraftwirkung – § 110; vgl auch Rz 102 ff) ebenfalls das Rechtsschutzbedürfnis (BFH/NV 1997, 371).

Das Rechtsschutzbedürfnis fehlt auch, wenn die **Klage** (im Hauptsache-   **31** verfahren) **offenkundig unzulässig** ist (FG Bln EFG 1968, 137; FG Hessen EFG 1968, 215; FG Saarl EFG 1971, 214; FG Bremen EFG 1977, 386).

III. Materiell-rechtliche Voraussetzungen der einstweiligen Anordnung

1. Allgemeines

Das Gesuch kann nur Erfolg haben, wenn neben den Zulässigkeitsvor-   **32** aussetzungen (Rz 5 ff) die in § 114 I genannten besonderen Voraussetzungen erfüllt sind.

Nach **§ 114 I 1** kann das Gericht eine einstweilige Anordnung in Bezug   **33** auf den Streitgegenstand treffen, wenn die Gefahr besteht, dass durch die Veränderung des bestehenden Zustands die Verwirklichung eines Rechts des Antragstellers vereitelt oder wesentlich erschwert werden könnte. Es soll also ein bestimmter, schon eingetretener Zustand im Interesse einer sonst gefährdeten Rechtsverwirklichung vorläufig erhalten bleiben bzw gesichert werden **(Sicherungsanordnung).** – § 114 I 2 lässt einstweilige Anordnungen auch zur Regelung eines vorläufigen Zustandes in Bezug auf ein streitiges Rechtsverhältnis zu, wenn eine solche Regelung aus bestimmten Gründen als nötig erscheint. Anders als S 1 eröffnet also S 2 die Möglichkeit, einen Zustand zur Beseitigung eines Interessenwiderstreits zugunsten des Antragstellers einstweilen neu zu regeln **(Regelungsanordnung).** – Die Grenze zwischen beiden Varianten ist fließend, so dass eine exakte Abgrenzung in der Praxis häufig nur schwer zu verwirklichen ist. Angesichts der gleichartigen Regelungsinhalte kann darauf auch weitgehend verzichtet werden. Zu beachten ist aber, dass **Antrag** und **Entscheidungstenor unterschiedlich** sind (*Klemp* DStR 1974, 569).

34   Das Gericht kann eine einstweilige Anordnung nur in Bezug auf den „**Streitgegenstand**" treffen. Gemeint ist damit (abweichend von § 65) rein gegenständlich das, was im Hauptsachestreit begehrt wird bzw begehrt werden wird (*Kopp/Schenke* § 123 Tz 7 aE; *T/K* § 114 FGO Rz 12).

35   Sicherungs- und Regelungsanordnung setzen voraus, dass der Antragsteller eine einstweilige Maßnahmen rechtfertigende Rechtsposition innehat **(Anordnungsanspruch)** und dass derartige Maßnahmen außerdem notwendig sind **(Anordnungsgrund).**

36   Der **Anordnungsanspruch** entspricht dem „Verfügungsanspruch" iS der §§ 935, 940 ZPO. – § 114 I kennzeichnet den Anordnungsanspruch als „Recht des Antragstellers" (§ 114 I 1) bzw als „streitiges Rechtsverhältnis" (§ 114 I 2). Gemeint ist damit das Recht oder Rechtsverhältnis, das im Hauptsacheverfahren Gegenstand des Klagebegehrens ist oder sein soll (BFHE 102, 238 = BStBl II 1971, 633; BFHE 107, 234 = BStBl II 1973, 123; BFHE 139, 501 = BStBl II 1984, 206, 208; FG Nds EFG 1981, 3).

37   Der **Anordnungsgrund** ist dem „Verfügungsgrund" iS der §§ 935, 940 ZPO nachgebildet. Er liegt vor, wenn ein Individualrecht des Antragstellers gefährdet (§ 114 I 1 – Rz 42, 43) oder die vorläufige Regelung eines Zustandes notwendig ist (§ 114 I 2 – Rz 48 ff).

2. Sicherungsanordnung (§ 114 I 1)

a) Anordnungsanspruch

39   Im Falle der **Sicherungsanordnung** ergibt sich der Anordnungsanspruch daraus, dass der im Hauptsacheverfahren geltend gemachte oder geltend zu machende Anspruch ohne die einstweilige Anordnung vereitelt oder seine Durchsetzung wesentlich erschwert werden könnte (vgl *Kopp/ Schenke* § 123 Rz 7 mwN). Der Antragsteller muss einen **Anspruch** darauf haben, dass der bestehende **Zustand nicht verändert** wird („Bestandsschutz"). Zur inhaltlichen Begrenzung des Anordnungsanspruchs s Rz 41. – Geht es in der Hauptsache um eine **Ermessensentscheidung der Behörde,** genügt es, wenn das Begehren bei sachgerechter Ermessensausübung als gerechtfertigt erscheint und die angestrebte vorläufige Regelung unter Berücksichtigung des Zwecks des vorläufigen Rechtsschutzes erforderlich ist (vgl BVerwG DVBl 1994, 120; OVG Lüneburg DVBl 1993, 959; *Kopp* JuS 1983, 678; *Kopp/Schenke* § 123 Rz 12 mwN; s auch Rz 75; aA – Anspruch nur bei Ermessensverdichtung „auf Null" – zB BVerfGE 63, 112).

40   Eine Sicherungsanordnung kommt im Anwendungsbereich der **Verpflichtungsklage** (§ 40 Rz 18 ff) und der **sonstigen Leistungsklage** (§ 40 Rz 28 ff) in Betracht. Ein Sicherungsanspruch kann sich zB aus **§ 258 AO** ergeben, wenn die Finanzbehörde Vollstreckungsmaßnahmen ergreift, obwohl sie über den Antrag auf AdV (§ 69 III) des **Grundlagenbescheids** noch nicht entschieden hat (FG D'dorf EFG 1985, 452). Ebenso ist es, wenn das Gericht über einen AdV-Antrag (§ 69 III) noch nicht entschieden hat (FG Bln EFG 1984, 299; vgl auch Rz 20), oder bei drohenden Vollstreckungsmaßnahmen, wenn das FA die Vollstreckung lediglich angekündigt hat, aber noch keine aussetzungsfähigen Vollstreckungs-VAe vorliegen (BFH/NV 1989, 75, 76; 1990, 687). § 114 I 1 ist auch einschlägig bei Anträgen auf vorläufigen Rechtsschutz gegen bevorstehende **rufgefährdende,** durch den Besteuerungszweck nicht mehr gedeckte **Mitteilungen** eines FA an Dritte (BFHE 147, 487 = BStBl II 1987, 30); gegen das Verlangen, **Vorstandsprotokolle** vorzulegen (FG RhPf EFG 1973, 499 – § 114 I 2 angewandt) oder **Einsicht** in die **Akten** eines Auskunftsverweigerungsberechtigten oder in die Geschäftsbücher eines Vollstreckungsschuldners zu gewähren; gegen das Verlangen, Akten an einen **parlamentarischen Untersuchungsausschuss** herauszugeben (BFH/NV 1993, 579); gegen die vom FA angekündigte Gewährung von Akteneinsicht (vgl BFHE 97, 285 = BStBl II 1970, 83, 84 – § 114 I 2 angewandt); gegen die in Aussicht genommene **Offenbarung steuergeheimnisgeschützter Verhältnisse** (BFHE 147, 487 = BStBl II 1987, 30; s auch BFH/NV 1996, 457 offen für den Fall des **§ 30 IV Nr 5 c AO;** FG Nds EFG 1991, 436 betr Offenbarung eines Subventionsbetruges gegenüber den Strafverfolgungs- und Subventionsbehörden); gegen die beabsichtigte **Versendung von Kontrollmitteilungen** nach Prüfung und Auswertung von bankinternen Konten anlässlich einer Außen- oder Steuerfahndungsprüfung (§ 30 a III AO – BFH/NV 1998, 424; 2000, 1384; FG Nds EFG 1998, 10; 1999, 149; FG BaWü EFG 1999, 1063); gegen die beabsichtigte Erteilung von **Auskünften** über steuerlich relevante Verhältnisse an Finanzbehörden eines EG-Mitgliedstaates (vgl BFHE 152, 50 = BStBl II 1988, 412; FG Hessen EFG 1995, 756 – § 114 I 2 angewandt); gegen das **beabsichtigte** Anfertigen und die beabsichtigte **Weiterleitung von Kontrollmaterial,** das anlässlich einer Außenprüfung bei einer inländischen Bank gewonnen wurde, **an ausländische Finanzbehörden** (FG Köln EFG 2000, 599) und gegen die beabsichtigte Weiterleitung eines Auskunftsersuchens an eine **ausländische Steuerbehörde** (BFHE 167, 11 = BStBl II 1992, 645; BFH/NV 1988, 313 – § 114 I 2 angewandt). In diesen Fällen ist ausnahmslos nicht § 114 I 2, sondern § 114 I 1 anzuwenden, weil der Antragsteller nicht eine ihm vom FA versagte Regelung erreichen, sondern die Veränderung des bestehenden Zustandes verhindern will. – Zur Darlegung und **Glaubhaftmachung** des Anordnungsanspruch s Rz 56 ff.

41 Ein **Sicherungsanspruch liegt** insbesondere **nicht vor,** soweit vorläufiger Rechtsschutz im Wege einer einstweiligen Anordnung aus den oben Rz 24 genannten Gründen nicht gewährt werden kann (aA BFH/NV 1986, 472, der in diesen Fällen einen Anordnungsgrund verneint). Das ist vor allem der Fall, wenn das (mögliche) Ergebnis der Hauptsache vorweggenommen werden würde (Rz 66). Zu den übrigen Fällen s Rz 64 ff. – Fällt das Rechtsschutzbegehren in den Anwendungsbereich des § 69 (zB der Antrag auf Aussetzung der Vollzugs einer Betriebsprüfungsanordnung – BFHE 113, 411 = BStBl II 1975, 197, 198; FG D'dorf EFG 1979, 362; s auch § 69 Rz 55 „Außenprüfung, Betriebsprüfung"), ist das Anordnungsgesuch unzulässig (Rz 16 ff), falls es nicht in einen AdV-Antrag **umgedeutet** werden kann (vgl Rz 84).

b) Anordnungsgrund

42   Im Falle der Sicherungsanordnung (§ 114 I 1) liegt ein Anordnungsgrund nur vor, wenn die Gefahr besteht, dass durch eine – vor Ergehen
einer vollziehbaren Endentscheidung im Hauptsacheverfahren eintretende
– Veränderung des bestehenden Zustandes die Verwirklichung des Indivi-
dualrechts des Antragstellers vereitelt oder wesentlich erschwert werden
könnte (zB *Bender* Menger-Festschrift S 657, 661; *T/K* § 114 FGO
Rz 21). Ob eine solche unmittelbare **Gefährdung der Rechtsposition
des Antragstellers** vorliegt, ist aus der Sicht eines unbefangenen (objektivierten) Betrachters zu beurteilen. Bejaht werden kann sie nur, wenn konkrete Umstände unmittelbar auf rechtserhebliche Veränderungen schließen
lassen (*T/K* § 114 FGO Rz 21). – In den Fällen des § 258 AO (Rz 40)
liegt ein Anordnungsgrund vor, wenn die persönliche oder wirtschaftliche
Existenz des Betroffenen konkret bedroht ist (BFH/NV 1989, 75, 76;
1990, 687; 1991, 104; wegen der Einzelheiten s Rz 49). – Zur Darlegung
und Glaubhaftmachung des Anordnungsgrundes s Rz 56 ff.

43   Ein **Anordnungsgrund liegt zB vor,** wenn die Finanzbehörde dem
Haftungsschuldner Einsicht in die Steuerakten des StPfl gewähren will
(BFHE 97, 285 = BStBl II 1970, 83) oder wenn die Herausgabe der
Steuerakten an einen parlamentarischen Untersuchungsausschuss das **Steuergeheimnis** (§ 30 AO) und das durch das GG geschützte Recht des Antragstellers auf informationelle Selbstbestimmung (BVerfGE 65, 1) endgültig und unheilbar verletzen würde (BFH/NV 1993, 579). Ebenso kann
einer Finanzbehörde einstweilen untersagt werden, einer anderen Finanzbehörde durch den Besteuerungszweck nicht gedeckte (rufgefährdende)
Mitteilungen zu machen (BFHE 117, 220 = BStBl II 1976, 118; BFHE
147, 487 = BStBl II 1987, 30, 32). – An einem **Anordnungsgrund fehlt**
es **zB,** wenn die Verwertung von Ergebnissen einer angeblich rechtswidrigen Außenprüfung untersagt werden soll; denn die Verwertung kann mit
Rechtsbehelfen gegen den später auf Grund der Prüfung evtl ergehenden
Steuerbescheid angefochten werden (BFHE 128, 170 = BStBl II 1979,
704; BFH/NV 1987, 23; s auch FG Hessen EFG 1999, 663 betr Berufung
auf ein Verwertungsverbot).

3. Regelungsanordnung (§ 114 I 2)

a) Anordnungsanspruch

44   Im Falle der Regelungsanordnung (einstweilige Anordnung zur Sicherung des Rechtsfriedens) muss sich der Anspruch, der beliebiger Art sein
kann, auch der Anspruch auf fehlerfreie Ermessensausübung (Rz 39 aE)
gehört hierher, aus einem „streitigen Rechtsverhältnis" (iS des § 41 – *von
Groll* § 41 Rz 12 ff; s auch *Kopp/Schenke* § 123 Rz 8) ergeben. Der Anordnungsanspruch muss sich aus dem (künftigen) Hauptsachebegehren zumindest ableiten lassen. – Auch der Regelungsanspruch ist inhaltlich begrenzt
(vgl Rz 41).

45   Die Regelungsanordnung erfasst insbesondere die Fälle, in denen im
Hauptsacheverfahren die **Verpflichtungsklage** die richtige Klageart ist. –
Zur Darlegung und Glaubhaftmachung des Anordnungsanspruch s Rz 56 ff.
– Ein Regelungsanspruch kann sich zB aus **§ 257 I AO** (zB BFH/NV

1986, 552, 553; 1988, 314; 423, 424), **§ 258 AO** (s dazu unten; zur Hauptsacheerledigung in solchen Fällen s BFH/NV 1986, 611), **§ 284 II AO** (BFH/NV 1992, 519), **§ 286 II AO, § 297 AO** (BFHE 142, 564 = BStBl II 1985, 302), **§ 165 AO, § 850 k ZPO** (FG BaWü EFG 1999, 1147) oder daraus ergeben, dass der Antragsteller im Hauptsacheverfahren die Erneuerung/Wiederherstellung seiner früheren Rechtsstellung (zB die erneute Erteilung eines Mineralölerlaubnisscheins) verlangen kann (vgl FG Bln EFG 1966, 573; BVerwG NJW 1961, 332). Ein Regelungsanspruch kann insbesondere bestehen, wenn die Finanzbehörde **an der Durchsetzung bestimmter Maßnahmen gehindert** werden soll, zB wenn das Gesuch gerichtet ist

– auf einstweilige **Einstellung oder Beschränkung der Zwangsvollstreckung** nach §§ 257, 258, 297 AO (BFH/NV 2000, 588), nach § 850 k ZPO (FG BaWü EFG 1999, 1147) oder Aufhebung einer Vollstreckungsmaßnahme zB wegen geltend gemachter Unpfändbarkeit gepfändeter Gegenstände (§ 295 AO; BFH/NV 1988, 316 – entgegen dieser Entscheidung ist aber nicht § 114 I 1 einschlägig); wegen angeblicher Rechtswidrigkeit von **Zwangsvollstreckungsmaßnahmen** (BFH/NV 1993, 460; 708; 1994, 719; 1995, 6; s auch Rz 20); im Hinblick darauf, dass das BVerfG die der Steuerfestsetzung zugrunde liegende Norm nach Eintritt der Bestandskraft des Steuerbescheides für nichtig oder für unvereinbar mit dem GG erklärt hat (§§ 257 I Nr 3 AO, 79 II 2 BVerfGG) oder wegen Unbilligkeit der Vollstreckung (§ 258 AO), zB im Hinblick auf einen beantragten **Steuererlass** oder eine Billigkeitsmaßnahme nach § 163 AO (vgl BFH/NV 1993, 726, 727; 1996, 692), wenn mit überwiegender Wahrscheinlichkeit mit dem Steuererlass gerechnet werden kann (zB BFH/NV 1987, 801, 802; 1988, 162, 163; 420; 1990, 281; 1991, 541; 1992, 42, 43; 1993, 425; 1994, 260); unter denselben Voraussetzungen im Hinblick auf Ratenzahlungen (BFH/NV 1992, 503), im Hinblick auf einen **Erstattungsanspruch** (vgl BFH/NV 1991, 633) und einen Antrag auf **AdV** (BFH/NV 1992, 156, 157; offen BFH/NV 1994, 323); im Hinblick auf einen **Stundungsantrag,** wenn mit der Gewährung der Stundung ernsthaft zu rechnen ist (BFHE 152, 407 = BStBl II 1988, 514; BFH/NV 1992, 317, 318; 2001, 313; 2003, 738); in anderen Fällen der Unbilligkeit der Vollstreckung, zB wenn die nachteiligen Folgen der Vollstreckung für den Vollstreckungsschuldner durch ein anderes Vorgehen vermieden werden können (BFH/NV 1987, 222, 223). Voraussetzung ist immer, dass sich die **Unbilligkeit** der Vollstreckung ausschließlich **aus vorübergehenden Umständen, nicht** aber solchen, die zu dauerhafter Einstellung der Zwangsvollstreckung Anlass geben (BFH/NV 1993, 513; 660; 708; 2002, 160, 161). Ein Anordnungsanspruch kann jedoch **nicht** aus **§ 258 AO** hergeleitet werden, soweit Einwände gegen die Rechtmäßigkeit des zu vollstreckenden VA erhoben werden (BFH/NV 1987, 222, 223; 801, 802; 1989, 284; vgl auch BFH/NV 1990, 152, 153) oder soweit die Unbilligkeit der Vollstreckung darauf gestützt wird, dass die Bescheide noch nicht unanfechtbar geworden oder angeblich rechtswidrig sind (BFH/NV 1987, 801, 802; 1989, 114, 115; Rz 18).

– auf **Untersagung der Steuereinziehung** aus einem nichtigen (BFHE 134, 223 = BStBl II 1982, 133, 134; BFH/NV 1989, 36; FG BaWü

EFG 1993, 703; Rz 19) bzw noch nicht wirksam bekannt gegebenen Steuerbescheid (BFH/NV 1995, 6); auf einstweilige Untersagung der Steuereinziehung **im Hinblick** auf einen beantragten **Steuererlass** (BFHE 87, 335 = BStBl III 1967, 142; BFHE 107, 234 = BStBl II 1973, 123, 125; BFHE 120, 452 = BStBl II 1977, 161, 162; BFH/NV 1988, 716 betr Erlass von Säumniszuschlägen) bzw im Hinblick auf einen **Stundungsantrag** (BFHE 95, 264 = BStBl II 1969, 379; BFHE 107, 234 = BStBl II 1973, 125; vgl zur Aufrechnungsstundung auch BFHE 142, 418 = BStBl II 1985, 194; BFH/NV 1987, 558; 1989, 269, 270), nicht aber wenn der Steueranspruch inzwischen durch Zahlung erloschen ist (entgegen BFH/NV 1988, 105, 106 fehlt hier aber das Rechtsschutzbedürfnis – Rz 27);

– auf **Untersagung** oder Rücknahme **eines Insolvenzantrags** bzw auf vorläufiges Nichtbetreiben des Insolvenzverfahrens (BFH/NV 1986, 41; 1988, 762; 1991, 787; FG D'dorf EFG 1993, 592; FG Bdbg EFG 1999, 875; FG Bremen EFG 1999, 1245; FG M'ster EFG 2000, 634; vgl BFH/NV 1992, 606; s auch § 69 Rz 55 „Insolvenzverfahren" und § 33 Rz 30 „Insolvenz (Konkurs)"). Ein solcher Antrag wird mangels Rechtsschutzinteresses unzulässig, sobald das Insolvenzverfahren eröffnet worden ist; denn das Verfahren würde trotz Rücknahme des Insolvenzantrags fortgesetzt werden (vgl BFHE 124, 311 = BStBl II 1978, 313; BFH/NV 1988, 762; FG Hbg EFG 1988, 525). – Zum Gesuch auf Erteilung der Zustimmung zur Einstellung des Konkursverfahrens (Insolvenzverfahrens) s BFH/NV 1990, 76, 77. – Im Übrigen s hierzu BFH/NV 1989, 529; 1990, 710; 787; 1991, 787; FG Hessen EFG 1982, 419; FG RhPf EFG 1987, 103; zu weitgehend FG M'ster EFG 1987, 516, 517;

– auf vorläufige Außerkraftsetzung von Vollstreckungsmaßnahmen nach Anordnung der Aufhebung der Vollziehung einer Pfändung (vgl BFH/NV 2001, 425);

– auf vorläufige **Außerkraftsetzung von Vollstreckungsmaßnahmen ohne VA-Qualität** (vgl § 69 Rz 55 „Vollstreckungsmaßnahmen"), zB von Anträgen der Finanzbehörde auf Eintragung einer Sicherungshypothek oder auf Durchführung der Zwangsversteigerung oder Zwangsverwaltung (§ 322 AO), der Androhung der Erzwingung einer Sicherheitsleistung nach § 336 II AO (BFHE 127, 160 = BStBl II 1979, 381, 382) sowie der Androhung, eine gepfändete Sache abzuholen oder zu versteigern (FG Saarl EFG 1979, 241) und des Verbots an den Drittschuldner, den gepfändeten Geldbetrag auszuzahlen (FG BaWü EFG 1981, 432);

– auf **Anordnung einstweiliger Verbote**, zB wenn die Finanzbehörde rufgefährdende – durch den Besteuerungszweck nicht mehr gedeckte – Mitteilungen an eine andere Finanzbehörde macht (BFHE 117, 220 = BStBl II 1976, 118, 119), wenn sie personenbezogene Daten an das Kirchensteueramt weitergibt (BFH/NV 1989, 313) oder wenn sie nach einer Außen- oder Steuerfahndungsprüfung beabsichtigt, Kontrollmitteilungen zu versenden oder Kontrollmaterial an ausländische Steuerbehörden weiterzuleiten (Rz 40).

46   Ein Regelungsanspruch kann auch auf **Vornahme bestimmter Handlungen** gerichtet sein. Hierher gehört zB der Antrag auf **Verlegung** der **Außenprüfung** auf einen anderen Zeitpunkt (§ 197 II AO; BFH/NV

1989, 13, 14); auf Erteilung eines **Abrechnungsbescheides** (§ 218 II 1 AO; BFH/NV 1987, 558); auf **Umbuchung** von Steuererstattungsansprüchen (vgl BFH/NV 1988, 201); auf Nichteinziehung von **Steuervorauszahlungen,** wenn ein Antrag auf Herabsetzung von Vorauszahlungen abgelehnt worden ist (BFHE 164, 173 = BStBl II 1991, 643; s auch § 69 Rz 55 „Vorauszahlungsbescheide"); auf Erteilung einer Bescheinigung über die **vorläufige Anerkennung als gemeinnützig** (BFHE 186, 433 = BFH/NV 1999, 105 ff; aA noch BFHE 127, 327 = BStBl II 1979, 481; BFHE 146, 392 = BStBl II 1986, 677, 678; BFH/NV 2001, 1223 zur Feststellungslast); auf vorläufige Erteilung einer **Freistellungsbescheinigung gem § 48 b EStG** (BFH/NV 2003, 166 und 313; BFHE 201, 80 = BStBl II 2003, 716 betr Erteilung der Freistellungsbescheinigung an den Insolvenzverwalter); der Antrag, das FA zum Erlass einer **Unbedenklichkeitsbescheinigung** iS des § 22 GrEStG **gegen Sicherheitsleistung** zu verpflichten (FG D'dorf EFG 1995, 758) oder der Antrag, die **Unbedenklichkeitsbescheinigung** zu erteilen, wenn die Finanzbehörde zwar die Vollziehung eines GrESt-Bescheides ausgesetzt, die Erteilung der Unbedenklichkeitsbescheinigung aber von einer Sicherheitsleistung abhängig gemacht hatte (BFHE 111, 228 = BStBl II 1974, 221; BFHE 148, 440 = BStBl II 1987, 269; Rz 78). – Zu sonstigen steuerlichen Unbedenklichkeitsbescheinigungen s BFH/NV 1986, 541, 542. – Zur vorläufigen Zulassung eines Bewerbers zur **Steuerberaterprüfung** und zur **Wiederbestellung** als Steuerbevollmächtigter s Rz 66. – Zum Rechtsschutz gegen die **Aufrechnungserklärung der Finanzbehörde** bis zum Erlass eines Abrechnungsbescheides s § 69 Rz 55 „Aufrechnung".

Ein **Regelungsanspruch besteht nicht,** soweit der Antragsteller den **47** **Ausschluss eines Amtsträgers wegen** Besorgnis der **Befangenheit** verlangt (BFHE 133, 340 = BStBl II 1981, 634, 635; FG Nds EFG 1981, 3), soweit der Antragsteller erreichen will, dass die angekündigte **Einspruchsentscheidung nicht erlassen** wird (FG Hbg EFG 1969, 129; FG Mchn EFG 1969, 252; FG BaWü EFG 1969, 308; aA FG D'dorf EFG 1969, 189; FG Bremen EFG 1969, 252) oder soweit er – in seinem Fall – die **Nichtanwendung einer Verwaltungsanweisung** (FG M'ster EFG 1970, 351) oder die **Aufhebung** einer **innerdienstlichen Maßnahme** (BFHE 133, 340 = BStBl II 1981, 634; FG M'ster EFG 1980, 469, 471) begehrt. Ein Regelungsanspruch fehlt mangels eines entsprechenden öffentlich-rechtlichen Anspruchs des Antragstellers auch, wenn der Gesellschafter einer in Konkurs gefallenen Personengesellschaft beantragt, dem FA im Wege der einstweiligen Anordnung aufzugeben, den **Konkursverwalter** (Insolvenzverwalter) mit Zwangsmitteln zur **Abgabe der Erklärung zur** einheitlichen und gesonderten **Gewinnfeststellung** der Personengesellschaft anzuhalten (BFHE 169, 490 = BStBl II 1993, 265). Ebenso wenig kann durch einstweilige Anordnung ein **Verbot** durchgesetzt werden, einen **Haftungsbescheid** zu erlassen (FG Bremen EFG 1991, 211) oder angeblich rechtswidrig sichergestellte **Akten auszuwerten** (FG D'dorf EFG 1975, 272; FG Bremen EFG 1977, 386, 387; FG RhPf EFG 1979, 377; vgl auch BFHE 128, 170 = BStBl II 1979, 704). Dasselbe gilt für die Erteilung einer **Verlustbescheinigung** durch das Betriebsfinanzamt, die der Antragsteller benötigt, um die Herabsetzung der ESt-Vorauszahlungen zu erreichen (BFHE 115, 17 = BStBl II 1975, 449,

450) und im Allgemeinen auch für die Erteilung einer **verbindlichen Zusage** (BFHE 153, 2 = BStBl II 1988, 585; BFH/NV 1990, 654). – Weitere Beispiele s bei Rz 65, 66.

48   **b) Ein Anordnungsgrund** ist in den Fällen des **§ 114 I 2** gegeben, wenn die **einstweilige Regelung** zur Abwendung wesentlicher Nachteile, zur Verhinderung drohender Gewalt oder aus anderen Gründen vor Abschluss des Hauptsacheverfahrens als „nötig" erscheint. Notwendig ist die Anordnung nur, wenn das private Interesse des Antragstellers an der einstweiligen Regelung das öffentliche Interesse an der Aufrechterhaltung des gegenwärtigen Zustands überwiegt und die vorläufige Maßnahme unumgänglich ist, um wesentliche Beeinträchtigungen der Rechtsposition des Antragstellers (durch die Finanzbehörde – BFH/NV 1988, 315) zu verhindern (BFHE 125, 351 = BStBl II 1978, 598; BFHE 137, 235 = BStBl II 1983, 233, 235/236; BFHE 140, 430 = BStBl II 1984, 492, 494; BFH/NV 1987, 42). Die Feststellung dieser Voraussetzungen erfordert eine Würdigung sämtlicher Umstände des Einzelfalls (Interessenabwägung – s hierzu zB *Kopp/Schenke* § 123 Rz 26 mwN). – Zur **Darlegung** und **Glaubhaftmachung** des Anordnungsgrundes s Rz 56 ff.

49   Bei der **Interessenabwägung** sind die Belange der Öffentlichkeit und die privaten Interessen des Antragstellers zu berücksichtigen, vor allem sind die Folgen für den Antragsteller bei Ablehnung seines Gesuchs und späterem Erfolg in der Hauptsache den Folgen für den Fiskus bei Erlass der einstweiligen Anordnung und späterem Misserfolg des Antragstellers im Hauptsacheverfahren gegenüberzustellen (*Bender* Menger-Festschrift S 657, 644). Die Gründe – auch die „anderen" (§ 114 I 2 letzter Hs) – müssen so schwerwiegend (wesentlich) sein, dass sie eine **einstweilige Anordnung unabweisbar** machen (BFHE 137, 235 = BStBl II 1983, 233; BFHE 140, 430 = BStBl II 1984, 492, 494; BFHE 151, 18 = BStBl II 1988, 67; BFHE 186, 433 = BStBl II 2000, 320; BFH/NV 1989, 243, 244; 522; 1999, 818). Das ist insbesondere der Fall, wenn die wirtschaftliche oder persönliche Existenz des Antragstellers bedroht ist (vgl BFH/NV 1995, 6; BFHE 201, 80 = BStBl II 2003, 716), **nicht** jedoch, wenn es sich lediglich um **Nachteile** handelt, **die typischerweise mit der Pflicht zur Steuerzahlung** und ggf auch der Vollstreckung (zB BFH/NV 1994, 104; 1997, 428, 429) **verbunden sind** (BFHE 135, 23 = BStBl II 1982, 307, 309; BFHE 137, 235 = BStBl II 1983, 233; BFHE 140, 430 = BStBl II 1984, 492, 494; BFH/NV 1988, 162, 163; 1989, 248, 249; 1990, 582, 583; 661, 662; 1991, 693; 695; 758; 1992, 321; 1993, 660; 1997, 428, 429 und öfter; abweichend: *Baumdicker* DStR 1981, 639, 640; *Pöllath* BB 1983, 688, 691). Ein Anordnungsgrund liegt in den Fällen des **§ 258 AO** insbesondere dann nicht vor, wenn die bei sofortiger Vollstreckung befürchtete Existenzgefährdung durch eine tragbare Ratenzahlung abgewendet werden kann und das FA sich mit dieser Verfahrensweise ausdrücklich einverstanden erklärt hat (BFH/NV 1994, 38). Ebenso ist es, wenn das Rechtsschutzbedürfnis fehlt, weil der Leistungsanspruch der Finanzbehörde inzwischen erloschen ist (BFH/NV 1990, 658; Rz 27). – Mangels eines wesentlichen Nachteils liegt **im Allgemeinen kein** Anordnungsgrund vor, – wenn dem StPfl **lediglich** ein **Zinsverlust** droht, der darauf beruht, dass bei Abwarten der Hauptsacheentscheidung im Lohnsteuerabzugs-

verfahren Freibeträge nicht mehr rechtzeitig eingetragen werden können, so dass sie sich erst bei der Veranlagung auswirken (BFHE 116, 106 = BStBl II 1975, 717; BFH/NV 1992, 118 ebenso bei verzögerter Auszahlung von Prozesszinsen);
– wenn der StPfl **zur Bezahlung der Steuern Kredite** aufnehmen, Vermögensgegenstände veräußern oder seinen gewohnten **Lebensstandard einschränken** muss (BFHE 140, 430 = BStBl II 1984, 492, 494; BFHE 148, 440 = BStBl II 1987, 269; BFH/NV 1994, 719);
– wenn infolge Fehlens einer vorläufigen Bescheinigung über die Gemeinnützigkeit das **Spendenaufkommen einstweilen gemindert** sein kann (BFHE 125, 351 = BStBl II 1978, 598; BFHE 146, 392 = BStBl II 1986, 677, 678; FG BaWü EFG 1978, 191; zur **Ausnahme** s BFHE 186, 433 = BFH/NV 1999, 105 ff);
– wenn der Antragsteller die **Zurückstellung** der Einspruchsentscheidung **bis zum Abschluss eines Musterverfahrens** durchsetzen will (FG Hbg EFG 1969, 129; aA FG RhPf EFG 1969, 133; FG Bremen EFG 1969, 309);
– wenn wegen eines **Auskunftsersuchen an** eine **ausländische Steuerbehörde** die Gefahr der Beeinträchtigung der Geschäftsbeziehungen des StPfl zu seinem ausländischen Geschäftspartner besteht; denn die mit dem Auskunftsersuchen erstrebte zutreffende Besteuerung des Antragstellers und seines Geschäftspartners entspricht dem Gesetzeszweck (BFH/NV 1988, 313);
– wenn ein **LSt-Hilfeverein** sich gegen die Geschäftspraktiken **(Vorfinanzierungspraxis)** eines konkurrierenden LSt-Hilfevereins wendet, die dieser seit 20 Jahren betreibt, ohne dass der Antragsteller in seiner Existenz gefährdet wäre (BFHE 151, 18 = BStBl II 1988, 67; BFH/NV 1989, 243, 244).

Ebenso wenig können Umstände, die zum **allgemeinen Geschäftsrisiko** gehören, als wesentliche Nachteile angesehen werden (BFHE 135, 413 = BStBl II 1982, 515, 516; BFHE 153, 2 = BStBl II 1988, 585).

Ist eine **KG Antragsteller,** sind auch etwaige Nachteile in der Person **50** der Kommanditisten zu berücksichtigen (BFHE 139, 501 = BStBl II 1984, 206, 209; kritisch FG Nds EFG 1984, 241).

Str ist, ob bei der Interessenabwägung die **Erfolgsaussichten in der** **51** **Hauptsache** außer acht bleiben dürfen. ME liegt (auch) kein Anordnungsgrund vor (weil die öffentlichen Belange dann höherrangig sind), wenn die Rechtslage **eindeutig** gegen den Antragsteller spricht (BFHE 125, 351 = BStBl II 1978, 598; FG Hbg EFG 1981, 651; 1983, 69; *Lemaire* S 236; ähnlich *Grunsky* JuS 1977, 217, 222 mwN, der eine summarische Prüfung der Erfolgsaussichten in der Hauptsache fordert; **aA** BFHE 139, 510 = BStBl II 1984, 206, 208; BFHE 140, 430 = BStBl II 1984, 492, 494; BFHE 148, 440 = BStBl II 1987, 269, 270; BFH/NV 1991, 77, 78; *T/K* § 114 Rz 31). Der Streit hat kaum praktische Bedeutung, weil es in diesen Fällen regelmäßig schon an dem Anordnungsanspruch fehlt.

**IV. Umfang der gerichtlichen Prüfung – Entscheidung über das
„Ob" der einstweiligen Anordnung**

52 Das Gericht hat nicht nur zu prüfen, ob die Sachentscheidungsvoraussetzungen (Rz 5 ff) erfüllt sind, sondern auch, ob die materiell-rechtlichen Voraussetzungen des § 114 I (Rz 32 ff) vorliegen.

1. Umfang der Prüfung

53 Das Gericht hat **von Amts wegen** zu ermitteln, ob Anordnungsanspruch und Anordnungsgrund gegeben sind. Es gilt der Untersuchungsgrundsatz (§ 76 I – vgl BFHE 137, 235 = BStBl II 1983, 233, 235/236; BFHE 139, 510 = BStBl II 1984, 206, 207; BFHE 140, 430 = BStBl II 1984, 492, 494).

54 Die Prüfung hat sich – summarisch, ggf unter Heranziehung der Regeln über die Feststellungslast – auf die **Erfolgsaussichten** des Antragstellers im Hauptsacheverfahren zu erstrecken (vgl *Kopp/Schenke* § 123 Rz 25, 26; *Bender* Menger-Festschrift S 657, 661, 663/664; s auch BVerwGE 50, 124, 134) und zwar bei der Regelungsanordnung hinsichtlich des Anordnungsanspruchs (Rz 44 ff) und des Anordnungsgrundes (Rz 51) und bei der Sicherungsanordnung hinsichtlich des Anordnungsanspruchs (Rz 39 ff). – Ist (oder wäre) die **Klage** im Hauptsacheverfahren **offensichtlich unzulässig,** fehlt schon ein das Rechtsschutzbedürfnis (Rz 30 f).

55 Die Pflicht des Gerichts zur **Sachverhaltsaufklärung** ist im Verfahren nach § 114 allerdings **beschränkt.** Das Gericht muss neben den Tatsachen, die der Antragsteller vorgetragen hat (§ 920 I, II ZPO – zum Umfang der **Darlegungslast** des Antragstellers s zB BFHE 142, 418 = BStBl II 1985, 194, 196; BFH/NV 2003, 166; 313; FG Hessen EFG 1981, 580), lediglich die Tatsachen berücksichtigen, von denen es sonst – zB durch Beiziehung behördlicher Akten, ggf auch unabhängig von den Beteiligten – (amtliche) Kenntnis hat. Eine weitergehende, zu Zeitverlusten führende Sachverhaltsermittlung würde dem Wesen des Anordnungsverfahrens als Eilverfahren widersprechen (so zutreffend *Grunsky* JuS 1977, 217, 221; *Bender* Menger-Festschrift S 657, 669; einschränkend *Finkelnburg/Jank* Tz 304). – Es braucht deshalb **weder** eine **Vorlage an** das **BVerfG** nach Art 100 I GG (§ 69 Rz 122) **noch an** den **EuGH** nach Art 234 EWGV (VGH Hessen ZfZ 1984, 183; § 69 Rz 122) zu erfolgen.

56 Der Untersuchungsgrundsatz gilt im Verfahren nach § 114 auch hinsichtlich des **Beweises** nur eingeschränkt. Das Gericht muss dem Antrag nicht erst dann stattgeben, wenn die entscheidungserheblichen Tatsachen zu seiner vollen Überzeugung vorliegen, es hat dem Antrag vielmehr schon zu entsprechen, wenn der Antragsteller Arrestanspruch und Arrestgrund **glaubhaft gemacht** hat (§ 114 III iVm § 920 II ZPO; zB BFH/NV 2002, 1491 und 1547).

57 **Glaubhaftmachung** (§ 294 ZPO) ist ein geringerer Grad der Beweisführung. – Während eine Tatsache nur dann bewiesen ist, wenn sie nach der aaÜberzeugung des Gerichts mit an Sicherheit grenzender Wahrscheinlichkeit vorliegt, genügt es für die Glaubhaftmachung, dass ein nicht nur geringes Maß an Wahrscheinlichkeit bzw eine überwiegende Wahrscheinlichkeit für die Existenz der Tatsache spricht (zB BVerfGE 38, 35,

39; BFHE 103, 390 = BStBl II 1972, 83, 84; BFHE 111, 228 = BStBl II 1974, 221; BFHE 113, 209 = BStBl II 1974, 736, 740; BFHE 139, 15 = BStBl II 1983, 681, 682; BFH/NV 1987, 20; 39). In diesem Sinne muss der Antragsteller das Gericht von dem Bestehen des Anordnungsanspruchs und des Anordnungsgrundes – und, falls er eine Entscheidung durch den Vorsitzenden begehrt, auch von der besonderen Dringlichkeit (Rz 86) – überzeugen.

Glaubhaftmachung setzt die **schlüssige Darlegung der tatsächlichen** **58** **Voraussetzungen des Arrestanspruchs und des Arrestgrundes** voraus. Dabei sind die Verhältnisse im Zeitpunkt der Entscheidung über das Anordnungsbegehren maßgebend (BFH/NV 1990, 658). Ein Vortrag, der den Arrestanspruch bzw den Arrestgrund lediglich als möglich erscheinen lässt, genügt nicht (st Rspr des BFH; zB BFHE 148, 440 = BStBl II 1987, 269 mwN; BFH/NV 1990, 47, 48; 586; 655; 720; 1993, 708; 1994, 103; 104; 378; 560; 719 und öfter); ebenso wenig reicht die Bezugnahme auf den bisherigen Schriftwechsel und die beigezogenen Akten aus (BFH/NV 1994, 554). – Bei Änderung der maßgebenden Verhältnisse im Beschwerdeverfahren sind weitere Ausführungen erforderlich (BFH/NV 1989, 592, 593). – Ist Gegenstand des Anordnungsanspruchs eine **Ermessensentscheidung der Finanzbehörde,** müssen auch die Umstände, aus denen sich der Anspruch ergeben soll, schlüssig dargelegt (und glaubhaft gemacht) werden (BFHE 152, 407 = BStBl II 1988, 514, 516; BFH/NV 1987, 555; 1988, 162, 163; 420; 1990, 654; s auch Rz 39).

Der Antragsteller darf sich zur Glaubhaftmachung aller **Beweismittel** **59** **der ZPO** bedienen, insbesondere auch der uneidlichen Parteivernehmung und der Versicherung an Eides Statt (vgl BFH/NV 1987, 184; 1990, 720; *Baumbach* ua § 294 ZPO Rz 6 ff). Die Beweiserhebung ist nicht an die Formen der ZPO gebunden (schriftliche Zeugenaussagen sind zulässig, ebenso andere der Überzeugungsbildung dienliche Mittel, wie zB unbeglaubigte Fotokopien von Urkunden), ist aber wegen der Eilbedürftigkeit des Verfahrens auf die **präsenten Beweismittel** beschränkt (§ 114 III iVm § 294 II ZPO; s die Nachweise zu Rz 58).

Eine **Bezugnahme auf Auskünfte Dritter** (auch von Behörden) **60** **reicht nicht** aus; der Antragsteller muss sich die Auskünfte erforderlichenfalls selbst beschaffen und dem Gericht vorlegen; etwaige Zeugen hat der Antragsteller zu „sistieren" (BFHE 132, 542 = BStBl II 1981, 424, 425; BGH NJW 1958, 712).

2. Die gerichtliche Entscheidung ist keine Ermessens-, sondern eine **61** **Rechtsentscheidung,** soweit sie die Frage betrifft, **ob** überhaupt eine einstweilige Anordnung zu erlassen ist oder nicht (BVerfG DVBl 1989, 37; VGH Mannheim NVwZ-RR 1995, 490 f; *Erichsen* Jura 1984, 644, 650, 652; *Bender* Menger-Festschrift S 657, 664; *Kopp/Schenke* § 123 Rz 23 mwN).

Demgemäß führt ein (zulässiges) Anordnungsgesuch zum Erlass einer **62** einstweiligen Anordnung, wenn der Antragsteller die materiell-rechtlichen Voraussetzungen (Anordnungsanspruch und Anordnungsgrund, ggf einschließlich der Erfolgsaussichten im Hauptsacheverfahren – Rz 54) nicht nur schlüssig dargelegt, sondern auch glaubhaft gemacht hat. Einer zusätzlichen Interessenabwägung bedarf es nicht.

V. Zum Inhalt der Entscheidung

1. Zulässige Maßnahmen

63   Das Gericht (der Senat, der Einzelrichter oder der Vorsitzende) bestimmt nach freiem Ermessen, welche Anordnungen zur Erreichung des Zwecks (zur Sicherung des bestehenden Zustands bzw zur vorläufigen Regelung eines Rechtsverhältnisses) erforderlich sind (§ 114 III iVm § 938 I ZPO). Es darf über das Antragsbegehren nicht hinausgehen (§ 96 I 2), ist im Übrigen an die gestellten Anträge aber nicht gebunden, – Das **Ermessen ist** in mehrfacher Hinsicht **beschränkt:**

64   **a)** Durch die einstweilige Anordnung darf **kein weitergehender Schutz** gewährt werden **als beantragt** (§ 96 I 2) und erforderlich ist (Grundsatz der **Verhältnismäßigkeit** – *T/P* § 938 ZPO Rz 2, 7).

65   **b)** Die einstweilige Anordnung muss ihrem Inhalt nach **gesetzlich zulässig** sein und sie muss ein Recht oder Rechtsverhältnis betreffen, das auch Gegenstand einer Klage (bzw des Hauptsacheverfahrens) sein kann (vgl FG Nds EFG 1981, 3). Es darf **keine einstweilige Anordnung** getroffen werden, **die dem Abgabenrecht fremd ist,** wie zB die **Senkung eines** noch anzuwendenden **Zollsatzes** (BFHE 178, 15 = BStBl II 1995, 645, 647; BFH/NV 1996, 491 betr Bananen-Marktordnung; s auch § 69 Rz 19) oder die Anordnung eines „vorläufigen" Steuererlasses (BFHE 103, 390 = BStBl II 1972, 83). In dem zuletzt genannten Fall kann die Finanzbehörde die Einziehung der Steuer einstweilen untersagt werden (BFHE 110, 392 = BStBl II 1974, 34 mwN). Ist dagegen eine **Stundung** beantragt, so kann die einstweilige Anordnung in einer „einstweiligen Stundung" bestehen (BFHE 95, 264 = BStBl II 1969, 379; BFHE 135, 23 = BStBl II 1982, 307; BFHE 152, 407 = BStBl II 1988, 514, 516; BFH/NV 1987, 558), allerdings ohne Zinspflicht. Zinsen entstehen nur nach Maßgabe der §§ 233–237 AO (*T/K* § 114 FGO Rz 35; aA FG Hbg EFG 1982, 102). – Zur Beschränkung der einstweiligen Anordnung in den Fällen des **§ 258 AO** auf **vorübergehende Maßnahmen** s Rz 45 (Beispiele zu §§ 257, 258).

66   **c)** Durch die einstweilige Anordnung darf **nicht** die **Entscheidung im Hauptsacheverfahren vorweggenommen** werden, zB der angestrebte Zustand schon hergestellt werden (BFHE 131, 15 = BStBl II 1980, 592; BFHE 140, 163 = BStBl II 1984, 449, 450; BFHE 151, 18 = BStBl II 1988, 67, 69; BFH/NV 1988, 111, 112; 1989, 243, 244; 1990, 77, 78). So kann zB **nicht** durch einstweilige Anordnung ausgesprochen werden, dass ein Bewerber (vorläufig) **zur Steuerberaterprüfung zuzulassen** (BFHE 97, 575 = BStBl II 1970, 222; BFHE 154, 31 = BStBl II 1988, 956, 957 mwN; aA FG Hessen DStR 1981, 352; FG RhPf EFG 1984, 203; *Tiedtke* DStR 1970, 653) – **oder** von ihr **zu befreien** sei (BFHE 102, 360 = BStBl II 1971, 635) oder auch, dass ein ehemaliger **Steuerbevollmächtigter** einstweilen **wiederzubestellen** sei (vgl BFH/NV 1990, 458). Grundsätzlich kann auch **nicht** angeordnet werden, dass eine **Unbedenklichkeitsbescheinigung** vorläufig zu erteilen sei (BFHE 111, 228 = BStBl II 1974, 221); eine Ausnahme gilt für den Fall, dass **Sicherheitsleistung** angeboten worden ist (BFHE 148, 440 = BStBl II 1987, 269; FG

D'dorf EFG 1995, 758; s auch Rz 68 f). – Das Ergebnis der Hauptsache würde auch vorweggenommen durch die vorläufige Erteilung einer **Freistellungsbescheinigung** gem § 44 a V 2 EStG (BFHE 175, 205 = BStBl II 1994, 899; aA FG SachsAnh EFG 1994, 844) oder **§ 39 a VI EStG** (FG M'ster EFG 1999, 971), die vorläufige Ausstellung einer **Ursprungsbescheinigung** nach dem BerlinFG (FG Bln EFG 1974, 408), im Allgemeinen durch die vorläufige **Anerkennung der Gemeinnützigkeit** (BFHE 146, 392 = BStBl II 1986, 677; zur Ausnahme s Rz 46), die vorläufige **Nichtberücksichtigung einer** bevorrechtigten **Konkursforderung** (FG RhPf EFG 1982, 503), die einstweilige **Rückgabe eines Mineralölerlaubnisscheins** (FG Hbg EFG 1969, 313), die vorläufige **Herabsetzung von ESt-Vorauszahlungen** (BFHE 116, 83 = BStBl II 1975, 778; BFHE 140, 430 = BStBl II 1984, 492, 493; aA FG SchlHol EFG 1977, 547), die vorläufige Gestattung, unversteuerten Zucker (FG Hbg EFG 1981, 651; aA FG Mchn EFG, 1981, 539) oder unversteuerte Schmierstoffe (FG Hbg EFG 1982, 102) zu beziehen. – Aus gleichem Grunde ist es grundsätzlich ausgeschlossen, die **Erstattung** bereits **gezahlter Steuern** anzuordnen (BFHE 110, 392 = BStBl II 1974, 34; BFHE 135, 413 = BStBl II 1982, 515, 516; FG BaWü EFG 1978, 6); zu den **Ausnahmen** s Rz 68 ff.

Zur Frage, ob das Gesuch in diesen Fällen unzulässig oder unbegründet **67** ist, s Rz 24.

Ausnahmsweise kann jedoch eine die endgültige Regelung **vorweg- 68 nehmende Anordnung** erfolgen, wenn Rechtsschutz auf andere Weise nicht zu erlangen ist und die Versagung vorläufigen Rechtsschutzes zu **unerträglichen Folgen** für den Antragsteller führen würde (BVerfGE 46, 166, 179; BFHE 148, 440 = BStBl II 1987, 269; BFHE 152, 407, 411 = BStBl II 1988, 514; BFH/NV 1990, 654; BFHE 186, 433 = BStBl II 2000, 320; BFH/NV 1999, 818; BVerwGE 63, 110, 111 f; FG Hbg EFG 1970, 180; FG Hessen EFG 1975, 579; FG Bln EFG 1977, 387; FG BaWü EFG 1978, 191; FG Hbg EFG 1984, 78; FG Bln EFG 1984, 299).

Zu diesen Ausnahmefällen gehören etwa die Fälle, in denen eine „be- **69** sondere Intensität" des Anordnungsgrundes vorliegt und ein **Misserfolg** des Antragstellers **in der Hauptsache so gut wie ausgeschlossen** ist (zB BFHE 178, 15 = BStBl II 1995, 645, 647; BFHE 201, 80 = BStBl II 2003, 716; BFH/NV 1986, 472; 1990, 76, 77; 77, 78; BVerwG NJW 2000, 160; FG Hbg EFG 1984, 78; FG BaWü EFG 1990, 324 betr Forderungspfändung; aA FG Hbg EFG 1988, 426), wobei die Erteilung der Unbedenklichkeitsbescheinigung (Rz 66) regelmäßig von der Gestellung einer Sicherheitsleistung abhängig zu machen ist (BFHE 148, 440 = BStBl II 1987, 269, 271). – Die Vorwegnahme der Hauptsache kommt auch in den Fällen in Betracht, in denen der Lebensunterhalt oder die Erwerbstätigkeit des Antragstellers nur durch eine (vorläufige) Steuererstattung gesichert werden kann (vgl zB *Wieseler* S 184 ff; vgl auch BFHE BStBl II 1982, 515, 516; FG BaWü EFG 1981, 432).

Zulässig sind generell alle Maßnahmen, die eine **„Interimsentschei- 71 dung"** treffen: zB vorübergehende Stundung bis zur Hauptsacheentscheidung (BFHE 135, 23 = BStBl II 1982, 307, 308; FG Mchn EFG 1981, 610; aA anscheinend FG RhPF EFG 1979, 610), einstweilige Stundung von Steuervorauszahlungen, deren Herabsetzung im Hauptsacheverfahren begehrt wird (vgl BFHE 116, 83 = BStBl II 1975, 778; BFHE 140, 430 = BStBl II 1984, 492, 493; FG Hessen BB 1983, 228), Stundung oder Vollstreckungsaufschub, falls in der Hauptsache Erlass begehrt wird (BFHE 92, 28 = BStBl II 1968, 443, 445; BFHE 102, 238 = BStBl II 1971, 633; BFHE 103, 390 = BStBl II 1972, 83; BFHE 110, 392 = BStBl II 1974, 34; BFHE 120, 452 = BStBl II 1977, 161; weitere Nachweise unter Rz 45).

72   **d)** Durch einstweilige Anordnung kann nur ein **im Hauptsacheverfahren realisierbarer Zustand** geschaffen werden (BFHE 178, 15 = BStBl II 1995, 645, 647; *Jauernig* ZZP 79, 332).

73   Wird beispielsweise die **Ablehnung eines Antrags auf Erlass eines bestimmten VA** nicht mit der Verpflichtungsklage angegriffen, sondern der Weg der (isolierten) **Anfechtungsklage** gewählt (§ 40 Rz 22), kann vorläufiger Rechtsschutz weder durch AdV (vgl § 69 Rz 55 „Ablehnende Verwaltungsakte") noch durch einstweilige Anordnung gewährt werden. § 114 versagt hier, weil mit einer einstweiligen Anordnung nicht mehr erreicht werden kann als mit der Klage selbst: Es kann keine vorläufige positive Regelung getroffen werden, wenn mit der Klage lediglich die Aufhebung einer ablehnenden Verwaltungsentscheidung erstrebt wird.

74   Wird in derartigen Fällen eine einstweilige Anordnung jedoch schon **vor Klageerhebung** beantragt (vgl Rz 82), ist zunächst davon auszugehen, dass eine Verpflichtungsklage erhoben werden wird, und die einstweilige Anordnung – bei Vorliegen der übrigen Voraussetzungen – zu erlassen. Erweist sich die Prognose später als unrichtig, wird also Anfechtungsklage erhoben, muss die einstweilige Anordnung aufgehoben werden (Rz 103). – Das gilt bei Unwirksamkeit/Nichtigkeit eines VA auch für das Verhältnis von Anfechtungs- und Feststellungsklage (FG Mchn EFG 1989, 194, 195).

75   Fraglich ist auch, ob eine einstweilige Anordnung da ergehen kann, wo vor ihrem Erlass eine Ermessensentscheidung zu treffen wäre, die grundsätzlich nur die Verwaltung treffen kann und die nur im Falle der Ermessenseinengung vom Gericht nachvollzogen werden darf (vgl § 102 Rz 2). Dennoch muss für das nur vorläufigen Rechtsschutz gewährende Verfahren, will man den Rechtsschutz nicht vereiteln, angenommen werden, dass das Gericht immer selbst eine Ermessensentscheidung (**„Interimsermessen"**) treffen kann (BFHE 102, 238 = BStBl II 1971, 633, 634; BFH/NV 1987, 20, 22; FG M'ster EFG 1974, 337; FG BaWü EFG 1981, 432; *T/K* § 114 FGO Rz 45; offen gelassen durch BFH/NV 1986, 472; 1988, 314; 1989, 114; 766; aA FG Hbg EFG 1974, 583; 1978, 145; *Redeker/von Oertzen* § 123 Tz 8). Dabei reicht die bloße Möglichkeit, dass die Finanzbehörde eine entsprechende Ermessensentscheidung trifft, nicht aus (BFHE 122, 28 = BStBl II 1977, 587; s auch BFH/NV 1986, 101; aA FG M'ster EFG 1974, 337).

76   Hat die **Verwaltung** ihr **Ermessen schon ausgeübt** (zB Bewilligung eines Steuerlagers nur gegen Sicherheitsleistung) und soll diese Entscheidung im Wege einer einstweiligen Anordnung korrigiert werden (einstweilige Bewilligung ohne Sicherheitsleistung), kann die Entscheidung der Verwaltung nur nach den für die Überprüfung von Ermessensentscheidungen geltenden Grundsätzen kontrolliert werden. Insoweit kann dem FG Hbg (EFG 1978, 145) im Ergebnis zugestimmt werden.

2. Zur **Dauer der einstweiligen Anordnung** vgl § 69 Rz 151 und   77
unten Rz 100.

3. Sicherheitsleistung

Die einstweilige Anordnung kann von einer, Sicherheitsleistung abhän-   78
gig gemacht werden (§ 114 III iVm §§ 938, 921 ZPO – vgl Rz 79, 80;
105; § 69 Rz 153 ff). Sie ist zB geboten, wenn die Gefahr besteht, dass der
Steuerschuldner bis zur Entscheidung in der Hauptsache sein Vermögen
verbrauchen und damit die Finanzbehörde auch bei Obsiegen jeder
Zugriffsmöglichkeit verlustig gehen wird (BFHE 107, 234 = BStBl II
1973, 123, 126) oder wenn die Beibringung einer Sicherheitsleistung nach
dem Zweck der begehrten Maßnahme erforderlich ist (zur Unbedenklichkeitsbescheinigung s Rz 66, 69).

4. Anordnung ohne Glaubhaftmachung

Nach § 114 III iVm **§ 921 S 1 ZPO** kann das Gericht eine einstweilige   79
Anordnung auch erlassen, wenn Anordnungsanspruch oder -grund nicht
glaubhaft gemacht sind, sofern wegen der dem Gegner drohenden
Nachteile Sicherheit geleistet wird. – Die Vorschrift dient nicht dazu, dem
Antragsteller in allen Fällen, in denen er Sicherheit anbietet, Darlegung
und Glaubhaftmachung von Anordnungsanspruch und -grund (Rz 56 ff) zu
ersparen; sie ist vielmehr nur für Eilfälle gedacht, in denen der Antragsteller
nicht in der Lage ist, die erforderlichen Tatsachen sofort glaubhaft zu machen (BFHE 102, 238 = BStBl II 1971, 633; BFHE 103, 390 = BStBl II
1972, 83).

Andererseits schließt die Glaubhaftmachung die Anordnung einer Si-   80
cherheitsleistung nicht aus (§ 114 III iVm § 921 S 2 ZPO; s BFHE 148,
440 = BStBl II 1987, 269; BFHE 177, 347 = BStBl II 1995, 605, 609;
s auch Rz 78).

5. Erlässt das FG eindeutig einen Beschluss nach § 114, während in   81
Wirklichkeit ein solcher nach § 69 in Frage gekommen wäre (und umgekehrt), so kann **keine Umdeutung des Beschlusses** erfolgen (BFHE
100, 83 = BStBl II 1970, 813; BFH/NV 1986, 32, 33; 1988, 377, 378;
1989, 585; 1990, 435, 436).

VI. Verfahrensgrundsätze

1. Zum Anordnungsgesuch

Das Verfahren auf Erlass einer einstweiligen Anordnung ist **antragsge-**   82
bunden. Das Gesuch kann schon **vor Klageerhebung** gestellt werden.
Es braucht noch nicht einmal ein außergerichtlicher Rechtsbehelf eingelegt
zu sein (bei Leistungs- und Feststellungsklagen ist ein solcher nicht einmal
möglich). – Zur **Form des Gesuchs** s Rz 9; zum **Inhalt** s Rz 12 (vgl
auch § 114 III iVm § 920 I ZPO); zum **Antragsgegner** s Rz 14 und zur
Glaubhaftmachung s Rz 56 ff.

Das Verfahren wird mit der Anbringung des Gesuchs **rechtshängig**   83
(§ 66).

Ein Gesuch ist stets dahin auszulegen, dass wirksamer Rechtsschutz er-   84
reicht wird. Kann mit **Auslegung** nicht geholfen werden, kommt **Um-**

deutung in Betracht. Das gilt insbesondere, wenn vorläufiger Rechtsschutz nur über den Weg des § 114 zu erreichen ist, der StPfl aber einen Antrag auf AdV gestellt hat. In diesen Fällen ist der Antrag im Allgemeinen in ein Anordnungsgesuch umzudeuten (BFHE 134, 223 = BStBl II 1982, 133, 134; FG Bln EFG 1979, 497; 1981, 328). Entsprechend ist im umgekehrten Fall zu verfahren (FG Bln EFG 1966, 573; FG BaWü EFG 1980, 8). – Eine Umdeutung ist aber **ausgeschlossen,** wenn das mit dem Antrag befasste Gericht für das andere Verfahren **nicht zuständig** ist (BFH/NV 1995, 409 betr Umdeutung eines beim BFH gestellten AdV-Antrags), wenn der (ggf umzudeutende) Antrag unzulässig ist oder wenn das Antragsbegehren weder durch AdV noch durch einstweilige Anordnung erreichbar ist (BFH/NV 1991, 607). Umdeutung kommt im Allgemeinen auch nicht in Betracht, wenn das von einem sachkundigen Prozessbevollmächtigten vorgebrachte Rechtsschutzbegehren ausdrücklich als Antrag auf AdV bzw als Gesuch auf Erlass einer einstweiligen Anordnung bezeichnet worden ist (BFHE 100, 83 = BStBl II 1970, 813; BFH/NV 1988, 762, 763; 1989, 75; 86; 529; 1990, 152, 153; 718, 719; 1994, 180; FG Hessen EFG 1978, 134; FG M'ster EFG 1989, 129; *T/K* § 114 FGO Rz 59; aA FG BaWü EFG 1979, 403, 404). Eine Ausnahme gilt, wenn der zunächst gestellte Antrag durch Änderung der Rechtsprechung unzulässig geworden ist (so für den Fall des vorläufigen Rechtsschutzes gegenüber negativen Gewinnfeststellungsbescheiden: § 69 Rz 5, 55 „Grundlagenbescheide, insbesondere Gewinn- und Verlustfeststellungsbescheide"; BFH/NV 1988, 165; 252, 253; 377, 378; 1990, 435, 436); ggf ist die Sache an das FG zurückzuverweisen (BFH/NV 1991, 697). – Abgesehen von dem Fall, dass vorläufiger Rechtsschutz weder nach § 69 noch nach § 114 erreichbar ist, hat der Antragsteller vor Abschluss des Verfahrens die Möglichkeit, sein **Antragsbegehren** analog § 67 zu **ändern.**

2. Die zur Entscheidung berufene Stelle

85   Zuständig ist nach § 114 II 1, 2 das **Gericht der Hauptsache** (Rz 7, 8) und zwar der geschäftsplanmäßig zur Entscheidung berufene Senat des örtlich und sachlich zuständigen Gerichts oder der nach dem Mitwirkungsplan (§ 4 Rz 50) zuständige **Einzelrichter** (§§ 6, 79 a III, IV).

86   **In dringenden Fällen,** dh in Fällen, in denen eine sofortige Entscheidung zur Vermeidung irreparabler Rechtsverluste unumgänglich ist (BFH/NV 2000, 1230; FG Bremen EFG 1995, 82), kann **der Senatsvorsitzende** allein über den Antrag befinden (§ 114 II 3).

87   **3.** Es gelten die allgemeinen **Verfahrensgrundsätze,** insbesondere
– der Untersuchungsgrundsatz (Rz 53 ff);
– der Grundsatz der (vorherigen) Gewährung rechtlichen Gehörs (§ 96 II; Art 103 I GG), soweit sich eine Einschränkung nicht aus der „Natur der Sache" (besondere Eilbedürftigkeit) ergibt;
– der Dispositions- oder Verfügungsgrundsatz (zB Gesuch – Rz 82; Möglichkeit der Zurücknahme des Gesuchs – § 72 Rz 3; Festlegung des Rahmens der gerichtlichen Prüfung durch den Antrag – Rz 63; Antrag auf Ruhen des Verfahrens – § 74 Rz 21 ff);
– der Grundsatz der Öffentlichkeit (§ 52 Rz 2 ff) im Falle mündlicher Verhandlung (Rz 88) und

– der Grundsatz der Unmittelbarkeit (§ 81 Rz 8 ff) im Falle der Beweiserhebung in mündlicher Verhandlung (Rz 88);
– **Verzicht** auf mündliche Verhandlung ist **möglich;** auch in diesem Fall muss **rechtliches Gehör** (Art 103 I GG) gewährt werden (vgl BVerfGE 65, 227, 233).

4. Die Durchführung einer **mündlichen Verhandlung** steht bei erst- **88**
maliger Entscheidung über das Gesuch im Ermessen des Gerichts (§ 114 IV, BFH/NV 1989, 75, 76).

5. Form der Entscheidung, Bekanntgabe

Das Gericht (Rz 85) entscheidet – auch wenn eine mündliche Ver- **89**
handlung stattgefunden hat – immer durch **Beschluss** (§ 114 IV).

Die **ehrenamtlichen Richter** wirken an dem Beschluss des Senats über **91**
den Antrag auf Erlass einer einstweiligen Anordnung mit, wenn eine mündliche Verhandlung durchgeführt worden ist (§ 5 III 1). Ergeht der Beschluss ohne mündliche Verhandlung, entscheiden die Berufsrichter allein (§ 5 III 2, § 144 II 3).

Die Entscheidung ist stets (sowohl bei Stattgabe als auch bei Ablehnung) **92**
zu **begründen** (§ 113 II 2).

Die **Zustellung** der Entscheidung muss von Amts wegen erfolgen und **93**
zwar auch, wenn sie (nach mündlicher Verhandlung) verkündet wurde (§ 53 I, § 104 I 2 Halbsatz 2).

6. Zur **Beiladung** s § 69 Rz 141; zur **Kostenentscheidung** s § 69 **94**
Rz 136, 173.

VII. Auflage der Rechtsbehelfseinlegung in der Hauptsache

Ergeht die einstweilige Anordnung vor Anhängigkeit der Hauptsache **96**
(vgl Rz 82), hat das Gericht dem Antragsteller auf Antrag des Antragsgegners ohne mündliche Verhandlung – **durch Beschluss** – aufzugeben, innerhalb einer (vom Gericht) zu bestimmenden Frist – von etwa einem Monat – **Klage zu erheben** (§ 114 III iVm § 926 I ZPO). Kann der Klageweg in Verpflichtungssachen noch nicht beschritten werden, muss ggf die Auflage gemacht werden, den zulässigen außergerichtlichen **Rechtsbehelf einzulegen** (*Kopp/Schenke* § 123 Rz 38; *Bender* Menger-Festschrift S 657, 670). Für den Antrag, die Auflage der Rechtsbehelfseinlegung auszusprechen, fehlt das **Rechtsschutzbedürfnis,** wenn die einmonatige Rechtsbehelfsfrist wirksam in Gang gesetzt ist; denn die einstweilige Anordnung endet ohnehin mit Unanfechtbarkeit der Ablehnung im Hauptsacheverfahren (Rz 100). – Gegen den (Auflage-)Beschluss ist die **Beschwerde** (§ 128 I) gegeben (*T/K* § 114 FGO Rz 83).

VIII. Wirkungen, Vollziehung und Dauer der einstweiligen Anordnung

Durch die einstweilige Anordnung wird der Antragsgegner im Allge- **97**
meinen vorläufig verpflichtet, konkrete (hoheitliche) Handlungen vorzunehmen bzw zu unterlassen oder ein bestimmtes Verhalten des Antragstellers zu dulden. Es bedarf also ggf einer **Vollziehung** der einstweiligen Anordnung. Für sie gelten die §§ 151 ff.

98   Die einstweilige Anordnung ist **ohne Vollstreckungsklausel** vollziehbar (§§ 153, 151 II Nr 2), allerdings nur **innerhalb eines Monats nach**
ihrer **Zustellung** (§ 114 III iVm § 929 II ZPO). Die Frist kann nicht verlängert werden; Vollstreckung nach Fristablauf ist unzulässig (FG Hessen
EFG 1987, 366). Wird die Frist versäumt, ist ein neuer Antrag nach § 114
möglich (*T/K* § 114 FGO Rz 92; *Kopp/Schenke* § 123 Rz 40). – Zum
Begriff der Vollziehung s *Bender* Menger-Festschrift S 657, 673.

99   Wird **wegen** einer **Geldforderung** vollstreckt, bedarf es weder der
Ankündigung der Vollstreckung noch der Einhaltung einer Wartefrist
(§ 152 V); **in anderen Fällen** ist vor der Vollstreckung Fristsetzung und
Androhung eines Zwangsgeldes erforderlich (§ 154). Im Übrigen gelten
die §§ 928–932, 941 ZPO sinngemäß (§ 114 III).

100   Die vorläufige Regelung gilt für die Dauer der Anordnung (FG Bremen
EFG 1970, 232), **längstens** jedoch **bis zum** (rkr) **Abschluss des Haupt-
sacheverfahrens** (BFHE 125, 356 = BStBl II 1978, 584, 587; s auch § 69
Rz 151, 175; *Kopp/Schenke* § 123 Rz 34 mwN).

IX. Rechtsbehelfe

101   Gegen den stattgebenden und den ablehnenden Beschluss (Rz 89) ist seit
dem 1. 1. 1993 nur noch die – zulassungsbedürftige – **Beschwerde** gegeben (§ 128 III). Das gilt gleichermaßen für die Beschlüsse des Senats, des
Vorsitzenden und des Einzelrichters. – Zur **Zulassung der Beschwerde**
und wegen der Unanwendbarkeit der Vorschriften über die Nichtzulassungsbeschwerde s § 69 Rz 186 ff und BFH/NV 1994, 652, 898; 1996,
778; 1997, 193; 1998, 49, 73, 606; 2000, 61, 1355, 1368, 1622; 2001, 425.
– Zur Unstatthaftigkeit der Rüge der **Verletzung des rechtlichen Gehörs** (§ 133 a) s § 69 Rz 188; § 133 a Rz 7 mwN.

X. Aufhebung/Änderung der einstweiligen Anordnung aus besonderen Gründen

102   **1.** Beschlüsse über eine einstweilige Anordnung erwachsen grundsätzlich
in **materielle Rechtskraft** (BFHE 166, 114 = BStBl II 1992, 250; OVG
Münster NJW 1975, 992; s dazu *Bähr* JuS 1975, 536 Nr 13; OVG Lüneburg DVBl 1982, 902; VGH Baden-Württemberg NVwZ 1983, 354;
VGH Kassel NJW 1984, 378; OVG Münster NJW 1984, 1577; *T/K* § 114
FGO Rz 80; aA *Eyermann* § 121 Rz 5, die eine materielle Rechtskraft für
ablehnende Beschlüsse verneinen).

103   Auch im finanzgerichtlichen Verfahren ist deshalb (auf Antrag) eine
Aufhebung oder Änderung der einstweiligen Anordnung nur nach
Maßgabe der Vorschriften über die **Wiederaufnahme** des Verfahrens
(§ 134 iVm §§ 578, 579 ZPO – vgl BFH/NV 1993, 428) oder nach Maßgabe des **§ 927 ZPO** zulässig, wenn sich die entscheidungserheblichen
Umstände nachträglich geändert haben (s hierzu BFHE 166, 114 =
BStBl II 1992, 250). Zwar ist die Vorschrift des § 927 ZPO, die diese
Möglichkeit für den Zivilprozess eröffnet, durch § 114 III nicht für entsprechend anwendbar erklärt worden, diese Entscheidung des Gesetzgebers
ist aber nicht sachgerecht. Insbesondere in den Fällen, in denen der Arrestgrund nachträglich entfallen ist, muss die einstweilige Anordnung in entsprechender Anwendung des § 927 ZPO (über § 155 bzw § 939 ZPO)

beseitigt werden können, zumal in derartigen Fällen nach den allgemeinen Grundsätzen über die zeitlichen Grenzen der Rechtskraft (vgl zB *Grunsky,* Grundlagen S 524 ff, 532) eine Bindung nicht besteht (ebenso BFHE 152, 314 = BStBl II 1988, 449; BFHE 166, 114 = BStBl II 1992, 250; vgl auch OVG Koblenz DÖV 1991, 388; VGH Kassel NJW 1987, 1354; VGH Kassel NVwZ 1990, 978; VGH München BayVBl 1978, 339; OVG Münster DVBl 1987, 699; DÖV 1990, 795; OVG Lüneburg NVwZ 1984, 185; FG Bln EFG 1986, 611; *T/K* § 114 FGO Rz 88; *Redeker/von Oertzen* § 123 Rz 29; **ähnlich** BFHE 125, 356 = BStBl II 1978, 584, 588; aA *Kopp/Schenke* § 123 Rz 35). Die Entscheidung über die Aufhebung oder Änderung der einstweiligen Anordnung ergeht durch **Beschluss** (§ 114 IV).

2. Die einstweilige Anordnung kann **auch** in folgenden Fällen **aufgehoben** werden:

a) Kommt der Antragsteller der **Auflage der Klageerhebung** (Rechts- **104** behelfseinlegung – vgl Rz 96) innerhalb der ihm gesetzten Frist nicht nach, ist die **einstweilige Anordnung** auf Antrag nach mündlicher Verhandlung **aufzuheben** (§ 114 III iVm § 926 II ZPO), allerdings nicht durch Endurteil (wie § 926 II ZPO vorschreibt), sondern gem § 114 IV **durch Beschluss** (*T/K* § 114 FGO Rz 86; *Baumbach ua* § 926 ZPO Rz 17). – Die Aufhebung erübrigt sich, wenn die einstweilige Anordnung (etwa durch Zeitablauf) nicht mehr wirksam ist (FG Bremen EFG 1970, 232) oder wenn Anordnungsanspruch oder Anordnungsgrund weggefallen sind.

b) Die **Aufhebung** einer einstweiligen Anordnung kann unter beson- **105** deren Umständen **gegen Sicherheitsleistung** gestattet werden § 114 III iVm § 939 ZPO). Ob derartige Umstände vorliegen, entscheidet das Gericht nach freiem Ermessen. Die gewöhnlichen Nachteile, die mit der Vollziehung der einstweiligen Anordnung verbunden sind, genügen nicht (vgl OLG Köln NJW 1975, 454; LG Hamburg MDR 1971, 851; vgl auch OLG Frankfurt MDR 1983, 586). – Die Aufhebung gegen Sicherheitsleistung kann (auch) im finanzgerichtlichen Verfahren nur auf Grund mündlicher Verhandlung im Verfahren nach § 924 oder § 927 ZPO erfolgen (vgl zB *Baumbach ua* § 939 ZPO Rz 5). – Die Entscheidung ergeht in jedem Fall durch Beschluss (§ 114 IV).

XI. Schadenersatzpflicht

1. Erweist sich die einstweilige Anordnung als ungerechtfertigt oder **106** wird sie nach § 926 II ZPO (vgl Rz 104) aufgehoben, ist der Antragsteller dem Antragsgegner – nicht jedoch dem notwendig Beigeladenen (BGHZ 78, 127 ff) – schadenersatzpflichtig und zwar unabhängig davon, ob der Antragsteller die Rechtswidrigkeit der einstweiligen Anordnung kannte und ob er irgendwie schuldhaft gehandelt hat (§ 114 III iVm § 945 ZPO; s hierzu *Bender* Menger-Festschrift S 657, 673 ff).

2. Der Schadenersatzanspruch ist vor den ordentlichen Gerichten gel- **107** tend zu machen (str; s § 33 Rz 30 „Schadenersatzansprüche wegen einstweiliger Anordnung und Steuerarrest").

3. Zur Schadenersatzpflicht des Gerichts s zB *Palandt/Thomas* § 839 **108** BGB Rz 11 ff, 63 ff.

Abschnitt V. Rechtsmittel und Wiederaufnahme des Verfahrens

Vor § 115: Zulässigkeit und Begründetheit der Rechtsmittel

Übersicht

I. Wesen und Wirkung der Rechtsmittel

1   Rechtsmittel sind Rechtsbehelfe, durch die ein Verfahrensbeteiligter die Aufhebung **(Kassation)** einer ihm nachteiligen noch nicht rechtskräftigen gerichtlichen Entscheidung durch ein höheres Gericht und eine anderweitige (günstigere) Entscheidung in der Sache **(Reformation)** durch das Rechtsmittelgericht begehrt (hM; vgl *T/P* § 511 Vorbem I; *Rosenberg/Schwab/Gottwald* § 134 I, *T/K* Vor § 115 Rz 4; *Bettermann* ZZP 88, 365; aA *Gilles* ZZP 91, 128) Wesensmerkmale jedes Rechtsmittel sind

1. der sog **Devolutiveffekt,** der bewirkt, dass das Verfahren bei der höheren Instanz anhängig und deren Zuständigkeit für die Entscheidung begründet wird. Bei der Beschwerde nach §§ 128 ff tritt der Devolutiveffekt allerdings (wegen möglicher Abhilfe nach § 130 Abs 1) erst mit der Vorlage an den BFH ein.

2. der sog **Suspensiveffekt,** der bewirkt, dass der Eintritt der formellen Rechtskraft (§ 110) hinausgeschoben wird (vgl § 116 Abs 4, § 155 iVm § 705 ZPO).

Hat das FG in einem Urteil über **mehrere Streitgegenstände** oder über einen **teilbaren Streitgegenstand** (vgl hierzu Vor § 40 Rz 41 f; § 47 Rz 3) entschieden und hat der Rechtsmittelführer nur hinsichtlich eines selbstständig anfechtbaren Teils (vgl hierzu § 115 Rz 6) Revision eingelegt, so wird dadurch der Eintritt der **Rechtskraft** grundsätzlich für das gesamte Urteil gehemmt (BFHE 156, 339, 343 = BStBl II 1989, 585; BFHE 160, 1 = BStBl II 1990, 587; BFH/NV 1986, 690; BGH NJW 1984, 2832; NJW 1989, 170; NJW 1991, 3162; *Grunsky* NJW 1966, 1393 und ZZP 88, 49); bis zum Ablauf der Revisionsbegründungsfrist kann der Rechtsmittelführer seinen Revisionsantrag noch erweitern, erst mit Ablauf dieser Frist wird das nur teilweise angefochtene Urteil hinsichtlich des nicht angefochtenen Teils rechtskräftig (vgl auch § 115 Rz 6 und § 120 Rz 57). Die Hemmungswirkung des Rechtsmittels ist nicht beschränkt auf den Teil des Urteils, der den Rechtsmittelkläger beschwert. Denn das (zulässige) Rechtsmittel eines Beteiligten eröffnet dem anderen die Möglichkeit, ein (unselbstständiges) Anschlussrechtsmittel einzulegen (vgl § 120 Rz 77 ff). Zum Zeitpunkt des Eintritts der formellen Rechtskraft bei Einlegung eines unstatthaften, verfristeten oder sonst unzulässigen Rechtsmittels vgl unten Rz 8.

Ausnahmsweise tritt Teilrechtskraft des Urteils schon mit Einlegung des Rechtsmittels ein, wenn mit der Beschränkung des Rechtsmittels zugleich ein eindeutiger **Rechtsmittelverzicht** bezüglich der nicht benannten Streitgegenstände verbunden ist (BFHE 156, 339 = BStBl II 1989, 585; zum Rechtsmittelverzicht vgl unten Rz 23).

Die **Revision** hat **aufschiebende Wirkung** auch hinsichtlich der **Vollstreckbarkeit** der angefochtenen Entscheidung, sofern diese nicht nach § 151 sofort vollstreckbar oder für vorläufig vollstreckbar erklärt worden ist. Dagegen hat die **Beschwerde** nur in Ausnahmefällen aufschiebende Wirkung hinsichtlich der Vollziehbarkeit des angefochtenen Beschlusses (§ 131). Die Suspensivwirkung des Rechtsmittels ist von der **Aussetzung der Vollziehung** des angefochtenen Verwaltungsakts nach § 69 zu unterscheiden. Durch die Einlegung eines Rechtsmittels wird die Vollziehung des angefochtenen Verwaltungsakts grundsätzlich nicht gehemmt (§ 69 Abs 1 iVm § 121).

Nach einer in der Literatur vertretenen Auffassung vom Wesen der **2** Rechtsmittel (vgl *Gilles* S 36 ff und ZZP 91, 128) ist unter dem Begriff des Rechtsmittels das prozessuale Begehren einer Partei nach Aufhebung einer bestimmten richterlichen Entscheidung zu verstehen. Streitgegenstand des Rechtsmittelverfahrens („Rechtsmittelgegenstand") sei nur dieses Begehren des Rechtsmittelführers und nicht etwa der Streitgegenstand des erstinstanzlichen Verfahrens (die „Sache" iS von § 126 Abs 3 Nr 1). Soweit das Revisionsgericht „in der Sache selbst" (§ 565 Abs 3 ZPO = § 126 Abs 3 Nr 1) zu entscheiden habe, handele es sich nicht mehr um eine Entscheidung über das Rechtsmittel, sondern um eine dem Revisionsgericht nur unter bestimmten Voraussetzungen übertragene Befugnis zur Entscheidung der Streitsache (*Gilles* S 96 ff). Die hM ist dieser Ansicht zu Recht nicht gefolgt. Kassatorische und reformatorische Funktion des Rechtsmittels können nicht voneinander getrennt werden. Entgegen der Ansicht von *Gilles* entscheidet das Revisionsgericht nicht nur nach vorheriger Aufhebung des angefochtenen Urteils in der Sache selbst – also in den Fällen des § 126 Abs 3 Nr 1 – sondern auch dann, wenn es die Revision nach § 126 Abs 4 (= § 563 ZPO) als unbegründet zurückweist, weil sich die Entscheidung des FG aus anderen Gründen als richtig darstellt (*Bettermann* ZZP 88, 365, 372; *Rosenberg/Schwab/Gottwald* § 134 I). Die Einlegung des Rechtsmittels bewirkt als solche keine Veränderung des Streitgegenstandes (BFHE 131, 429 = BStBl II 1981, 101).

II. Rechtsmittel der FGO

3   Rechtsmittel im Sinne der FGO sind nur die Revision (§ 115 Abs 1, § 118 bis § 127), die Nichtzulassungsbeschwerde (§ 116) und die Beschwerde gemäß §§ 128 ff. **Keine Rechtsmittel** sind der Antrag auf mündliche Verhandlung gegen Gerichtsbescheide (§ 90 a Abs 2 Nr 3), die unselbstständige Anschlussrevision (vgl § 120 Rz 82), die Wiederaufnahmeklage (§ 134 iVm §§ 578 ff ZPO; BFH/NV 2004, 1539), die Anhörungsrüge (§ 133 a), die Verfassungsbeschwerde (BVerfGE 93, 381, 385; 94, 166, 213), die Klage beim EuGH und die Gegenvorstellung (vgl unten Rz 26 ff und BFH/NV 2003, 1451 mwN).

1. Revision

Mit der Revision anfechtbar sind grundsätzlich **alle Arten von Urteilen**, also Endurteile, Teilurteile (§ 98), Grundurteile (§ 99 Abs 1) und die Zwischenurteile iS der §§ 97 und 99 Abs 2 (zum Zwischenurteil nach § 97 vgl abw die Einschränkung in § 67 Abs 3; BFH/NV 2005, 547 mwN). Die Revision ist auch gegen Gerichtsbescheide (§ 90 a Abs 1) statthaft, sofern das FG die Revision zugelassen hat (BFH/NV 2005, 374). Eine Ausnahme gilt für Gerichtsbescheide nach § 79 a Abs 2 iVm Abs 4; gegen diese ist grundsätzlich nur der Antrag auf mündliche Verhandlung zulässig (vgl § 79 a Abs 2 S 2; BFHE 172, 319 = BStBl II 1994, 118). Im Revisionsverfahren gegen das Endurteil sind auf eine entsprechende Verfahrensrüge auch diejenigen (unselbstständigen) Entscheidungen nachzuprüfen, die dem Endurteil vorausgegangen sind, wie zB die Entscheidung über ein Richterablehnungsgesuch oder die Ablehnung eines Beweisantrages. Wegen weiterer Einzelheiten wird auf § 115 Rz 4 f und § 124 Rz 2 f verwiesen.

Im Revisionsverfahren ist der BFH auf eine **rechtliche Nachprüfung** der angefochtenen Entscheidung beschränkt (§ 118 Abs 2). Neues tatsächliches Vorbringen und neue Beweismittel können grundsätzlich nicht berücksichtigt werden (s § 118 Rz 41).

2. Beschwerde

Das Rechtsmittel der Beschwerde ist gegen Beschlüsse des FG und gegen Entscheidungen des Vorsitzenden oder des Berichterstatters gegeben (§ 128 Abs 1), soweit nicht die Beschwerde ausdrücklich ausgeschlossen ist (vgl dazu § 128 Rz 3 ff). Die Nichtzulassung der Revision im Urteil des FG kann durch Nichtzulassungsbeschwerde (§ 116) angefochten werden.

Im Beschwerdeverfahren ist neues tatsächliches Vorbringen der Beteiligten zu berücksichtigen (§ 144 iVm § 570 ZPO) eine Ausnahme gilt für die NZB (vgl § 116 Rz 54).

III. Rechtsmittel gegen inkorrekte Entscheidungen

Von einer inkorrekten Entscheidung spricht man, wenn das FG für seine **4** Entscheidung eine **falsche Form** gewählt hat, wenn es also zB durch Urteil entschieden hat, wo es durch Beschluss hätte entscheiden müssen, oder wenn es einen Beschluss erlassen hat, wo die Form des Urteils geboten gewesen wäre. In diesen Fällen darf den Prozessbeteiligten durch die unrichtige Entscheidung des Gerichts kein Nachteil entstehen. Nach dem Grundsatz der sog. **Meistbegünstigung** ist deshalb sowohl der Rechtsbehelf zulässig, der gegen die gewählte (falsche) Entscheidungsform zulässig wäre, als auch der Rechtsbehelf, der gegen die richtige Entscheidungsform statthaft ist (hM, vgl BFHE 87, 335 = BStBl III 1967, 142; BFHE 134, 216 = BStBl II 1982, 128; BFH/NV 1988, 258 und 655; 1990, 247; 1995, 793; 1998, 598; BGHZ 98, 362; *T/P* § 511 Vorbem II 2; *Kopp/Schenke* Vorbem § 124 Rz 22 mwN).
Der Grundsatz der Meistbegünstigung gilt nicht, wenn nur die inkorrekte, nicht aber die richtige Entscheidung mit einem Rechtsmittel angefochten werden kann. Denn Zweck dieses Grundsatzes ist es nur, prozessuale Nachteile zu vermeiden, die sich für die Beteiligten aus einer unrichtigen Sachbehandlung des Gerichts ergeben können, nicht aber, den Beteiligten eine vom Gesetz nicht vorgesehene Instanz zu eröffnen (BFH HFR 1965, 73; BFHE 149, 280 = BStBl II 1987, 504; BGHZ 46, 112 und BGH DStZ 1991, 344; *Stein/Jonas/Grunsky* 3. Buch, Allg Einl III 1 b; *Rosenberg/Schwab/Gottwald* § 135 II 2 mwN). Der BFH entscheidet über die inkorrekte Entscheidung – gleichgültig, ob Beschwerde oder Revision eingelegt worden ist – immer in der **Form und Besetzung,** die **bei einem korrekten Verfahren** gegeben gewesen wären, also zB durch Urteil mit fünf Richtern, wenn das FG durch Urteil hätte entscheiden müssen (BFHE 134, 216 = BStBl II 1982, 128; BGH MDR 1966, 232).
Der BFH wendet die Grundsätze über die Anfechtung einer in falscher Form getroffenen Entscheidung sinngemäß an, wenn aus einer Entscheidung des Berichterstatters iS von § 79a Abs 2 iVm Abs 4 nicht eindeutig zu erkennen ist, auf welcher verfahrensrechtlichen Grundlage der Richter allein entschieden hat (BFHE 174, 107 = BStBl II 1994, 571).

IV. Zulässigkeit und Begründetheit der Rechtsmittel

1. Allgemeines

a) Verhältnis von Zulässigkeit und Begründetheit

Bei jedem Rechtsmittel ist – ebenso wie bei der Klage (vgl Rz 1 f Vor **5** § 33) – zwischen der Zulässigkeit und der Begründetheit zu unterscheiden. Nur wenn **sämtliche Zulässigkeitsvoraussetzungen** des Rechtsmittels erfüllt sind, darf das Revisionsgericht prüfen, ob das Rechtsmittel auch sachlich begründet ist. Fehlt es an einer Zulässigkeitsvoraussetzung, ist das Rechtsmittel durch Beschluss als unzulässig zu verwerfen (§§ 124 Abs 1, 126 Abs 1; § 574 ZPO iVm § 155).

Das Gericht darf die Frage der Zulässigkeit einer Revision auch dann nicht dahingestellt bleiben lassen, wenn das Rechtsmittel **offensichtlich unbegründet,** seine Zulässigkeit aber zweifelhaft ist (offen gelassen in BFHE 81, 192 = BStBl III 1965, 68). Das ergibt sich nicht nur aus dem klaren Wortlaut des § 124 Abs 1, sondern auch aus dem unterschiedlichen Gegenstand der materiellen Rechtskraft des Verwerfungsbeschlusses einerseits und der Zurückweisung der Revision andererseits (*Jauernig* in Festschrift für Schiedermair S 289, 293; **aA** *T/K* § 126 Rz 8 aE; *Kopp/Schenke* Vor § 124 Rz 30).

Auch im **Beschwerdeverfahren** ist grundsätzlich vorab festzustellen, ob sämtliche Zulässigkeitsvoraussetzungen gegeben sind (BFHE 97, 505 = BStBl II 1970, 217). Erwächst die Entscheidung über die Beschwerde aber nicht in materielle Rechtskraft, so kann bei einer offensichtlich unbegründeten Beschwerde die Frage der Zulässigkeit im Interesse der Prozessökonomie ausnahmsweise dahingestellt bleiben (BFHE 121, 174 = BStBl II 1970, 313; *Kopp/Schenke* Vor § 124 Tz 30; vgl ferner § 116 Rz 60; **aA** *T/P* Vorbem III § 511). Gleiches gilt, wenn die Entscheidung zwar in materielle Rechtskraft erwächst (wie die Verwerfung oder Zurückweisung einer NZB), aber die Rechtskraft in gleicher Weise und in gleichem Umfang bei der Verwerfung wie der Zurückweisung der Beschwerde eintritt (BFHE 148, 494 = BStBl II 1987, 344; § 116 Rz 60).

b) Zulässigkeitsvoraussetzungen der Rechtsmittel/Sachentscheidungsvoraussetzungen des Klageverfahrens

6   Die Zulässigkeitsvoraussetzungen des Rechtsmittelverfahrens sind nicht identisch mit den **Sachentscheidungsvoraussetzungen** des vorinstanzlichen Verfahrens (vgl zu letzteren Rz 1 ff Vor § 33).

Fehlt eine der unten (Rz 7 ff) aufgeführten Zulässigkeitsvoraussetzungen des Rechtsmittels, so ist dieses als unzulässig zu verwerfen, ohne dass der BFH prüfen kann, ob die Entscheidung des FG sachlich richtig ist; insofern ist es berechtigt, auch die Zulässigkeitsvoraussetzungen des Rechtsmittelverfahrens als Sachentscheidungsvoraussetzungen (Prozessvoraussetzungen) zu bezeichnen. Dabei ist aber zu beachten, dass die Zulässigkeitsvoraussetzungen des Rechtsmittelverfahrens auf einer **anderen Stufe** als die Sachentscheidungsvoraussetzungen des vorinstanzlichen Verfahrens stehen, sie sind **besondere Sachentscheidungsvoraussetzungen** im Gegensatz zu den allgemeinen Sachentscheidungsvoraussetzungen (*Pohle* ZZP 81, 161, 174).

Das Vorliegen der Sachentscheidungsvoraussetzungen des finanzgerichtlichen Verfahrens ist im Rechtsmittelverfahren **nicht** eine Frage der **Zulässigkeit,** sondern der **Begründetheit des Rechtsmittels** (BFHE 206, 201 = BStBl II 2004, 980; BFHE 160, 123 = BStBl II 1990, 696; BFH/NV 2005, 60, 553; 2002, 922; 1989, 183; BGH WM 1986, 145; BVerwGE 66, 268 = NJW 1983, 1133; *T/K* Rz 12; *T/P* Vorbem III Vor § 511; *H/H/Sp/Lange* Vor § 115 Rz 12; *Kopp/Schenke* Vorbem § 124 Tz 29).

Hat beispielsweise das FG über die Anfechtungsklage zugunsten des Klägers sachlich entschieden, weil es übersehen hat, dass die Klagefrist versäumt war, ist die Revision (bei Vorliegen der unten dargestellten Zulässigkeitsvoraussetzungen) zulässig und auch begründet: Der BFH wird in einem solchen Fall das Urteil des FG aufheben und die Klage als unzulässig abweisen (§ 126 Abs 3 Nr 1; vgl BFHE 176, 327 = BStBl II 1995, 306).

Ob die Sachentscheidungsvoraussetzungen des vorinstanzlichen Verfahrens gegeben sind, hat der BFH **von Amts wegen** zu prüfen; vgl hierzu § 118 Rz 45 und § 119 Rz 3. In der Rspr des BFH wird insbesondere bei der Prüfung der Beschwer nicht immer klar zwischen der Sachurteilsvoraussetzung des Klageverfahrens und der Zulässigkeitsvoraussetzung des Rechtsmittelverfahrens unterschieden (vgl zB BFHE 170, 145 = BStBl II 1993, 344; BFHE 177, 58 = BStBl II 1995, 410).

2. Zulässigkeit der Rechtsmittel

Die Voraussetzungen für die Zulässigkeit des Rechtsmittels sind vom BFH **von Amts wegen** zu prüfen (vgl § 118 Rz 44). Hinsichtlich der **Reihenfolge der Prüfung** der Zulässigkeitsvoraussetzungen gelten die Ausführungen zu den allgemeinen Sachentscheidungsvoraussetzungen entsprechend (Rz 6 ff Vor § 33).   **7**

Die Statthaftigkeit eines Rechtsmittels bestimmt sich im Fall einer Gesetzesänderung grundsätzlich nach der **Rechtslage im Zeitpunkt seiner Einlegung.** Aus dem Rechtsstaatsprinzip folgt, dass die (verfassungsrechtlich unbedenkliche) nachträgliche Abschaffung oder Einschränkung eines Rechtsmittels durch den Gesetzgeber (wie zB hinsichtlich der Beschwerde gegen PKH-Beschlüsse in § 128 Abs 2 durch das 2. FGO-ÄndG) grundsätzlich nicht Rechtsmittel unzulässig werden lässt, die noch nach altem Rechtszustand zulässig eingelegt wurden (BVerfG NJW 1993, 1123 = BVerfGE 87, 48). Zum maßgeblichen Zeitpunkt für die Statthaftigkeit im Übrigen vgl Rz 24.

Die Feststellungslast **(Beweislast)** für das Vorliegen der Zulässigkeitsvoraussetzungen trägt der Rechtsmittelführer (BFHE 121, 142 = BStBl II 1977, 321; *T/K* § 96 Rz 86 ff und Vor § 115 Rz 13; *H/H/Sp/Lange* Vor § 115 Rz 14). Dabei darf ihm aber nicht die Beweislast für Vorgänge im gerichtsinternen Bereich aufgebürdet werden, die er nicht aufklären kann und deren Aufklärbarkeit allein in den Verantwortungsbereich des Gerichts fällt (BFHE 151, 313 = BStBl II 1985, 111; BGH MDR 1981, 644; BVerwG Buchholz 310 § 86 Abs 1 VwGO Nr 181). Bei der Ermittlung, ob die Zulässigkeitsvoraussetzungen des Rechtsmittelverfahrens gegeben sind, kann das Revisionsgericht aus Gründen der Prozessökonomie nach den Grundsätzen des sog **Freibeweises** verfahren (hM, vgl zB BFH/NV 2002, 1601; 2003, 1571; BFHE 149, 437 = BStBl II 1987, 502; BGH NJW 1987, 2875 und NJW 1990, 3088 mwN; BVerwGE 48, 204; aA *Koch* § 81 Rz 2; *Kopp/Schenke* Vor § 40 Rz 16; vgl auch BFH/NV 2003, 1441; 2001, 1140). Das Rechtsmittel ist zulässig, wenn folgende Voraussetzungen erfüllt sind:

a) Statthaftigkeit

Das Rechtsmittel ist **statthaft** iS von § 124, § 155 iVm § 574 ZPO, wenn es nach der Verfahrensordnung für eine Entscheidung dieser Art überhaupt gegeben und von einer zum Gebrauch des Rechtsmittels befugten Person eingelegt ist (BFHE 163, 307 = BStBl II 1991, 462; BGHZ   **8**

88, 353; *Rosenberg/Schwab/Gottwald* § 136 II 1; *Stern* 3. Teil II 3; *T/P* Vorbem I Vor § 511).

Ein Rechtsmittel ist beispielsweise nicht statthaft gegen Entscheidungen
des BFH oder gegen Entscheidungen, durch die die Wiedereinsetzung in
den vorigen Stand gewährt wurde (§ 56 Abs 5).

Zur Einlegung eines Rechtsmittels berechtigt sind grundsätzlich nur
die *Beteiligten* (§ 57) des finanzgerichtlichen Verfahrens (vgl § 115 Abs 1,
§ 128 Abs 1). Rechtsmittelbefugt sind auch einfach Beigeladene (BFHE
131, 429 = BStBl II 1981, 101; BFH/NV 1994, 334; 1991, 468). Bei Beschlüssen und sonstigen Entscheidungen, die nicht Urteile oder Gerichtsbescheide sind, können außer den Beteiligten auch **„sonst von der Entscheidung Betroffene"** Beschwerde einlegen (§ 128 Abs 1).

Wegen der **Berechtigung zur Einlegung** der Revision vgl § 115
Rz 3, der Beschwerde vgl § 128 Rz 10. Zur Statthaftigkeit des von einem
nicht postulationsfähigen Kläger eingelegten Rechtsmittels vgl BFH/NV
2000, 1067.

Die Unterscheidung zwischen Statthaftigkeit und Zulässigkeit des
Rechtsmittels in weiterem Sinn ist vor allem im Hinblick auf den Zeitpunkt des **Eintritts der Rechtskraft** von praktischer Bedeutung (*Rosen-
berg/Schwab/Gottwald* § 136 II). Eine Entscheidung, gegen die ein Rechtsmittel nicht statthaft ist, wird bereits mit ihrem Erlass (Verkündung oder
Zustellung) rechtskräftig, während nach dem GemSOBG JZ 1984, 439
= BGHZ 88, 353, die Rechtskraft eines Urteils, gegen das innerhalb der
Rechtsmittelfrist ein zwar statthaftes, aber aus einem anderen Grund unzulässiges Rechtsmittel eingelegt wurde, erst mit der Rechtskraft der Verwerfungsentscheidung eintritt (st Rspr, vgl BFHE 148, 494 = BStBl II
1987, 344; BFH/NV 2004, 906). Fehlt es nach den Vorschriften der Verfahrensordnung an der Statthaftigkeit, ist ein außerordentlicher Rechtsbehelf auch bei greifbarer Gesetzwidrigkeit der angefochtenen Entscheidung
nicht statthaft (str, aber st Rspr seit Inkrafttreten des § 321 a ZPO iVm
§ 155; jetzt: § 133 a, vgl zB BFHE 200, 46 = BStBl II 2003, 270; BFHE
201, 11 = BStBl II 2003, 317; BFH/NV 2003, 633, 634, 1064, 1067
mwN; 2004, 211, 660, 1533; vgl dazu auch Rz 29 und § 128 Rz 16).

b) Zulassung

9   Diese Voraussetzung gilt für Rechtsmittel, für die eine **förmliche Zulassung** gesetzlich vorgeschrieben ist, wie zB für die Revision (§ 115
Abs 1) oder für die Beschwerde gegen den Beschluss über einen beim FG
gestellten Antrag auf Aussetzung der Vollziehung (§ 69 Abs 3, § 128
Abs 3).

c) Unbedingte Einlegung

10   Ebenso wie die Klage (vgl Rz 4 Vor § 33) kann auch das Rechtsmittel
nicht unter einer **Bedingung** oder unter einem **Vorbehalt** eingelegt werden; denn über das Schweben eines Rechtsmittels darf keine Unklarheit
bestehen (st Rspr vgl BFHE 136, 70 = BStBl II 1982, 603; BFH/NV
2004, 529; 2003, 1344; 2000, 1233, 984, 477; BVerwG Buchholz 310
§ 132 VwGO Nr 231). Vgl § 116 Rz 8; § 120 Rz 17. Unzulässig ist insbesondere die Einlegung einer Revision unter der Bedingung, dass dem

Antrag des Revisionsklägers auf Prozesskostenhilfe stattgegeben wird (§ 120 Rz 18 mwN; **aA** *Kornblum* Gedächtnisschrift für Arens, 211, 215, der die Zulässigkeit des bedingten Rechtsmittels bejaht, wenn der Prozesskostenhilfeantrag unbedingt gestellt wurde).

d) Form- und fristgerechte Einlegung und Begründung

Das Rechtsmittel muss innerhalb der vorgeschriebenen **Frist** (§ 116 **11** Abs 3, § 120 Abs 1, § 129 Abs 1 und in der gesetzlichen **Form** (§ 116 Abs 2, § 120 Abs 1 und 2, § 129 Abs 1) **eingelegt** und − soweit erforderlich − **begründet** (§ 116 Abs 3 S 2, § 120 Abs 1 und 2) werden. Die Einlegungsfrist ist auch dann zu beachten, wenn ein Verstoß gegen **Gemeinschaftsrecht** geltend gemacht wird (BFH/NV 2005, 229). Jede Rechtsmittelschrift muss als Mindestanforderung das Begehren **(Rechtsschutzziel)** des Rechtsmittelführers erkennen lassen (BFHE 156, 401 = BStBl II 1989, 626; BFH/NV 2003, 333; 2000, 219).

e) Beschwer

aa) Begriff

Voraussetzung für die Zulässigkeit eines Rechtsmittels ist ferner, dass der **12** Rechtsmittelführer durch die angefochtene Entscheidung **beschwert** ist. Denn wenn ein Prozessbeteiligter vor dem FG in vollem Umfang obsiegt, kann er kein berechtigtes Interesse an einer erneuten Entscheidung durch das Rechtsmittelgericht haben (BFHE 120, 348 = BStBl II 1977, 62; BFHE 135, 386 = BStBl II 1982, 506; BFH/NV 2005, 682; BGHZ 50, 261). Der Rechtsmittelführer muss durch die **Entscheidung des FG** beschwert sein. Maßgeblich für die Beschwer ist nur der Entscheidungssatz **(Tenor);** der Kläger ist deshalb nicht beschwert, wenn das FG seiner Klage aus einem anderen als dem von ihm geltend gemachten Rechtsgrund stattgegeben hat (*May* Kap IV Rz 28). Auch auf die Beschwer durch den VA, der Gegenstand des Rechtsstreits ist, kommt es für die Zulässigkeit des Rechtsmittels an. Die Beschwer durch den angefochtenen VA ist Sachentscheidungsvoraussetzung des Klageverfahrens und deshalb erst auf der Stufe der Begründetheit des Rechtsmittels zu prüfen (vgl oben Rz 6). Eine Beschwer lediglich im **Kostenausspruch** reicht wegen § 145 nicht aus.

Das **Rechtsschutzbedürfnis** fällt bei den Rechtsmitteln nicht immer mit der Beschwer zusammen. Das Bedürfnis für eine Anfechtung kann in Ausnahmefällen trotz vorhandener Beschwer fehlen (BGH WPM 1974, 665; *Bettermann* ZZP 82, 24, 28; unten Rz 21). Bei der Ermittlung der Beschwer ist zwischen **formeller** und **materieller Beschwer** zu unterscheiden. **Formell beschwert** ist ein Rechtsmittelführer dann, wenn seinem Begehren in der unteren Instanz nicht voll entsprochen wurde, wenn ihm also in der angegriffenen Entscheidung etwas versagt wurde, was er vor dem FG **beantragt** hatte (BFHE 120, 348 = BStBl II 1977, 62; BFHE 137, 6 = BStBl II 1983, 237; BFHE 147, 125 = BStBl II 1986, 880; BFHE 174, 328 = BStBl II 1994, 734; BFH/NV 1991, 611). Eine formelle Beschwer kann nicht wirksam durch eine Klageerweiterung im Rechtsmittelverfahren begründet werden (BFHE 178, 549 = BStBl II 1996, 16; BFH/

NV 2002, 526). **Materiell beschwert** ist ein Beteiligter, wenn der rechts-kraftfähige Inhalt der angefochtenen Entscheidung – ohne Rücksicht auf die in der Vorinstanz gestellten Anträge – für ihn nachteilig ist (BFH/NV 1991, 391; *T/P* Vorbem IV 2a) Vor § 511 und *Rosenberg/Schwab/Gottwald* § 136 II 3c).

13   Bei einer Revision oder Nichtzulassungsbeschwerde des **Klägers** oder einer Beschwerde des Antragstellers hängt die Zulässigkeit des Rechtsmit-tels davon ab, ob er **formell** beschwert ist, also durch die Entscheidung des FG nicht alles erlangt hat, was er beantragt hatte (st Rspr, vgl BFHE 120, 348 = BStBl II 1977, 62; BFHE 127, 254 = BStBl II 1979, 338; BFHE 138, 4 = BStBl II 1983, 534; BFHE 159, 486 = BStBl II 1990, 503; BFHE 191, 1 = BStBl II 2000, 300; BFH/NV 1991, 203, 611; 1999, 939; BVerwGE 4, 16 und 4, 283; BSGE 11, 27 und 43, 3). In dem Ausnahme-fall, in dem das FG (zB infolge einer Verwechselung) eine tatsächlich **nicht erhobene Klage** (oder einen Antrag) abgewiesen hat, genügt für die Rechtsmittelbefugnis des vermeintlichen Klägers eine materielle Beschwer (BFHE 146, 279 = BStBl II 1986, 571; BFH/NV 1996, 197, 729). Die Beschwer der im Rubrum der gerichtlichen Entscheidung zu Unrecht als Kläger oder Antragsteller bezeichneten Person ist in diesem Fall zu beja-hen, weil gegen sie ein Urteil ergangen ist (BFH/NV 1989, 560; BGH LM § 511 Nr 32; BGHZ 4, 328); der Betroffene muss dann die Möglichkeit haben, den Rechtsbehelf geltend zu machen, der zur Beseitigung der feh-lerhaften Gerichtsentscheidung gegeben ist. Die materielle Beschwer ist auch dann maßgeblich, wenn der Entscheidungssatz des FG nach gelten-dem Recht nicht erlassen werden durfte und deshalb keine Bindungswir-kung (§ 155 iVm § 318 ZPO) entfaltet, aber wegen des von ihm ausge-henden Rechtsscheins die Interessen des Klägers berührt (BFH/NV 2000, 564 mwN).

14   Dagegen kommt es nach zutreffender Ansicht des BFH beim **Beklagten** auf die **materielle Beschwer** an (BFHE 103, 456 = BStBl II 1972, 120; BFHE 127, 37 = BStBl II 1979, 338; BFHE 138, 366 = BStBl II 1983, 566; BFHE 157, 440 = BStBl II 1989, 814; BFH/NV 1991, 391; 1997, 484; 2004, 789). Der Grund für die abweichende Beurteilung der Beschwer des Beklagten liegt darin, dass im finanzgerichtlichen Ver-fahren der Steuerpflichtige mit seinem Klageantrag den Streitgegenstand bestimmt (§ 96 Abs 1). Die beklagte Behörde ist darauf beschränkt, die Angriffe des Steuerpflichtigen gegen den angefochtenen Verwaltungsakt abzuwehren. Es kommt deshalb für die Zulässigkeit eines vom FA einge-legten Rechtsmittels nicht darauf an, ob und mit welchen Ausführungen und Anträgen es seinen Verwaltungsakt im Verfahren vor dem FG vertei-digt hat. Die Behörde muss deshalb befugt sein, eine – wie sie meint – bessere rechtliche Erkenntnis auch dann durch Einlegung eines Rechts-mittels geltend zu machen, wenn sie ihre frühere Einlassung vor dem FG nicht mehr für richtig hält und eine durch das Urteil eingetretene Ver-schlechterung der materiellen Rechtslage hinsichtlich des angefochtenen Verwaltungsakts wieder rückgängig machen möchte (BFHE 103, 456 = BStBl II 1972, 120).

15   Auch für Rechtsmittel eines (einfach oder notwendig) **Beigeladenen** (§ 60) kommt es nicht auf das Vorhandensein einer formellen Beschwer an, weil der Beigeladene nicht verpflichtet ist, Anträge zu stellen (§ 135

Abs 3). Für die Zulässigkeit seiner Revision ist deshalb grundsätzlich die **materielle Beschwer** maßgeblich (BFHE 183, 288 = BStBl II 1997, 707; BVerwGE 47, 19 mwN; *Kopp/Schenke* Vorbem § 124 Rz 46). Der Beigeladene ist materiell beschwert, wenn er geltend machen kann, durch das Urteil des FG in seinen Rechten oder **rechtlichen Interessen** berührt zu sein (BFHE 131, 429 = BStBl II 1981, 101; BFHE 183, 288 = BStBl II 1997, 707; BVerwG DVBl 1969, 365; DVBl 1997, 1324). Die Rechtsverletzung ist allerdings für den Erfolg des Rechtsmittels nur insoweit von Bedeutung, als sie **steuerlicher Natur** ist (§ 60 Abs 1; BFHE 140, 136 = BStBl II 1984, 348). Der Beigeladene ist deshalb beschwert, wenn das FA aufgrund des FG-Urteils berechtigt ist, einen gegenüber dem Beigeladenen ergangenen Steuerbescheid gemäß § 174 Abs 4 und 5 AO zu seinen Ungunsten zu ändern (BFHE 131, 429 = BStBl II 1981, 101). Ist der Beigeladene nur formell beschwert, weil er mit seinen Anträgen im Verfahren vor dem FG nicht durchgedrungen ist, genügt dies für die Bejahung seiner Beschwer jedenfalls dann nicht, wenn die Voraussetzungen für eine Beiladung nicht erfüllt waren (BFHE 168, 572 = BStBl II 1993, 21, nv-Teil; vgl aber BVerwGE 37, 43; BVerwGE 47, 19; BFHE 135, 386 = BStBl II 1982, 506 und BFHE 160, 123 = BStBl II 1990, 696). Ausnahmsweise genügt eine formelle Beschwer, wenn eine im Klageverfahren gegen einen Gewinnfeststellungsbescheid beigeladene Personengesellschaft (§ 48 Abs 1 Nr 1) Revision einlegt; denn die Gesellschaft selbst kann nicht materiell beschwert sein, da sie in gesetzlicher Prozessstandschaft für die vom angefochtenen Feststellungsbescheid betroffenen Gesellschafter handelt (BFHE 191, 1 = BStBl II 2000, 300).

Vgl insb zur Beschwer eines **zu Unrecht Beigeladenen:** Rz 20.

Zur Beschwer des **Beigetretenen** vgl BFHE 159, 82, 90 = BStBl II 1990, 993.

Drittbetroffene iSv § 128 Abs 1 sind beschwert, wenn die angegriffene Entscheidung in ihre Rechte eingreift, sie also materiell beschwert sind (*Kopp/Schenke* Vorbem § 124 Rz 54); vgl hierzu auch § 128 Rz 17. Zum Erfordernis der **Beschwer bei der Anschlussrevision** vgl § 120 Rz 86.

bb) Einzelfälle zur Beschwer

Eine **Beschwer des Klägers** ist zu bejahen, wenn **16**
– die Klage ganz oder zum Teil abgewiesen wurde (BFH/NV 1998, 1356);
– das FG nur dem **Hilfsantrag,** nicht aber dem **Hauptantrag** stattgegeben hat (BVerwGE 29, 261; BGHZ 26, 295; Ule § 61 III 3);
– die Klage als **unbegründet statt als unzulässig** abgewiesen wurde. Die Beschwer liegt in der weitergehenden Rechtskraftwirkung des Sachurteils (BFH-Urteil vom 16. März 1983 IV R 186/81 nv; BGH LM § 511 ZPO Nr 8; *Rosenberg/Schwab/Gottwald* § 136 II 3 a; *T/P* Vorbem IV 2 c Vor § 511); denn bei nur prozessualer Abweisung kann der Kläger sein materielles Begehren mit einer erneuten (nun zulässig erhobenen) Klage weiter verfolgen, ohne dass ihm die Einrede des res iudicata entgegengehalten werden könnte. Sofern es sich – wie im Regelfall – um eine **fristgebundene Klage** handelt, dürfte einer Wiederholung der Klage allerdings regelmäßig der inzwischen eingetretene Fristablauf entgegenstehen.

17   Eine **Beschwer des Beklagten** ist zu bejahen, wenn
- das FG den angefochtenen Verwaltungsakt ganz oder zum Teil aufgehoben hat oder der Verpflichtungsklage oder Leistungsklage ganz oder zum Teil stattgegeben hat (BFH/NV 1998, 965);
- die Klage statt durch Sachurteil durch **Prozessurteil** abgewiesen wurde (BVerwGE 10, 148; 29, 210; *Ule* § 61 III 3; *Eyermann* § 124 Rz 4 mwN; *Rosenberg/Schwab/Gottwald* aaO); das gilt allerdings dann nicht, wenn der Beklagte nicht mehr mit einer neuen Klage überzogen werden kann, zB weil die Klagefrist bereits verstrichen ist und eine Wiedereinsetzung nicht in Betracht kommt (BVerwG DÖV 1968, 732; BSG MDR 1966, 542);
- wenn das FG zwar nicht die Höhe der vom FA festgesetzten Steuer geändert, aber im **Urteilsausspruch** von der Rechtsauffassung des FA abweichende Bilanzansätze angesetzt hat (BFHE 105, 1 = BStBl II 1972, 465 und BFHE 114, 226 = BStBl II 1975, 206);
- das FA geltend macht, die vom FA geänderte Feststellung des verwendbaren Eigenkapitals erfasse nicht mehr das gesamte verwendbare Eigenkapital (BFHE 169, 407 = BStBl II 1993, 369).

Der Beklagte bleibt beschwert, wenn nach Zustellung des angefochtenen Urteils und **vor Einlegung der Revision** ein Ereignis eintritt, das nach der vom Beklagten bestrittenen Auffassung des Klägers **die Hauptsache erledigt.** In diesem Fall bleibt weiterhin die Sachfrage zu klären, ob die Erledigung der Hauptsache eingetreten ist oder nicht (BFHE 138, 517 = BStBl II 1983, 680; BVerwG Buchholz 421.2 Hochschulrecht Nr 82; vgl aber das Urteil in BFHE 135, 21 = BStBl II 1982, 263, das sich für seine abweichende Auffassung zu Unrecht auf das BGH-Urteil in JR 1953, 385 beruft. In dem dort entscheidenden Fall hatten die Beteiligten vor Einlegung der Revision **übereinstimmend** die Hauptsache für erledigt erklärt).

18   An einer **Beschwer des Klägers fehlt** es, wenn
- die der Klage **stattgebende Entscheidung** auf **andere Gründe** gestützt ist, als er sie zur Rechtfertigung seines Klagebegehrens vorgebracht hatte (BFHE 138, 4 = BStBl II 1983, 534; BVerwGE 17, 352; BSGE 43, 3; *H/H/Sp/Lange* Vor § 115 Rz 16);
- der Kläger den zu **schätzenden** Umfang von Besteuerungsgrundlagen in das Ermessen des Gerichts gestellt und auch keinen Schätzungsrahmen angegeben hat, von dem das FG ersichtlich abgewichen ist (BFHE 130, 316 = BStBl II 1980, 450; BGHZ 45, 91).

19   An einer **Beschwer des Beklagten fehlt** es, wenn
- das FG die Klage statt durch Prozessurteil durch **Sachurteil** abgewiesen hat (BVerwG MDR 1977, 867 = HFR 1978, 212; *Redeker/v Oertzen* § 124 Rz 4; BFHE 119, 90 = BStBl II 1977, 524 aE; **aA:** *Stein/Jonas/Grunsky* 3. Buch, Allgem Einleitung V 2 b; *Ule* § 61 III 3);
- wenn die Klage aus einem anderen als dem vom FA vorgebrachten Grund als unbegründet abgewiesen worden ist;
- das FG die Steuer zu hoch festgesetzt hat, ohne dass dadurch eine Bindung für die Steuerfestsetzung in einem späteren Veranlagungszeitraum eintritt (BFH/NV 1991, 391).

20   An einer **Beschwer des Beigeladenen** fehlt es regelmäßig, wenn die Voraussetzungen der Beiladung (vgl § 60) nicht erfüllt waren. Zwar ist der

Beigeladene – auch wenn die Beiladung zu Unrecht erfolgt ist – Beteiligter iS von §§ 57, 115 Abs 1 und als solcher grundsätzlich befugt, Revision einzulegen. Aus der Stellung als Beteiligter ergibt sich aber nicht schon automatisch eine Beschwer; der Beigeladene ist auch nicht allein deshalb beschwert, weil die Rechtskraft des angefochtenen Urteils auch ihn bindet (§ 110 Abs 1; BFHE 183, 288 = BStBl II 1997, 707; BVerwGE 31, 233; BVerwGE 37, 43; BVerwGE 47, 19). Beteiligte deren rechtliche Interessen durch die Entscheidung des Rechtsstreits nicht berührt werden und die deshalb nicht beizuladen waren (vgl § 60), können nicht dadurch beschwert sein, dass das FG in bestimmter Weise über den Streitgegenstand entschieden hat.

f) Rechtsschutzbedürfnis

Für die Einlegung des Rechtsmittels muss ein **Rechtsschutzbedürf- 21 nis** bestehen (BFH/NV 1991, 325; *H/H/Sp/Lange* Vor § 115 Rz 28). Für die Revision ist ein Rechtsschutzbedürfnis zu bejahen, wenn der Revisionskläger ein berücksichtigungswertes Interesse daran hat, das Revisionsverfahren zu dem Zweck zu führen, eine Aufhebung des angefochtenen Urteils und seine Ersetzung durch eine ihm günstigere Entscheidung zu erreichen (BFHE 137, 6 = BStBl II 1983, 237; BFHE 174, 446 = BStBl III 1994, 756; BFHE 193, 254 = BStBl II 2001, 247). Das Rechtsschutzbedürfnis fehlt, wenn das vom Rechtsmittelführer angestrebte Ziel auf einem anderen (prozessual vorrangigen) Weg zu erreichen ist (BFHE 174, 310 = BStBl II 1994, 681; BFH/NV 2000, 793; 2004, 1118), wenn er es bereits auf andere Weise erreicht hat (vgl BFH/NV 1995, 809, 121 und 127; BFH-Beschluss v 15. 12. 2003 X B 118/03, juris) oder wenn er es mit dem eingelegten Rechtsmittel nicht (mehr) erreichen kann (BFHE 137, 6 = BStBl II 1983, 237; BFHE 167, 299 = BStBl II 1992, 675; BFHE 173, 9, 12 = BStBl II 1994, 305; BFHE 174, 446 = BStBl II 1994, 756; BFH/NV 2005, 529; 2004, 207, 433, 1103; 2000, 880).

Das abstrakte Interesse eines Beteiligten an der höchstrichterlichen Klärung einer Rechtsfrage begründet kein Rechtsschutzinteresse (BFH/NV 2000, 1363; 2002, 665). Dagegen hat der BFH das Rechtsschutzbedürfnis für die Beschwerde gegen einen Einstellungsbeschluss des FG bejaht, obwohl über die Wirksamkeit der Klagerücknahme nicht im Beschwerdeverfahren entschieden werden kann (BFHE 159, 486 = BStBl II 1990, 579; BFH/NV 1988, 646; 1990, 579.

Das Rechtsschutzbedürfnis kann **nachträglich entfallen** mit der Folge, 21 a dass das Rechtsmittel unzulässig wird (BFHE 174, 446 = BStBl II 1994, 756 mwN; str, vgl Rz 24).

Das Rechtsschutzbedürfnis entfällt zB dann nachträglich, wenn
– im Revisionsverfahren des Klägers der ursprünglich angefochtene Bescheid durch einen **Änderungsbescheid** ersetzt wird und der Kläger weder den Antrag nach § 68 aF stellt noch Einspruch einlegt (BFHE 137, 6 = BStBl II 1983, 257; BFH/NV 2004, 433; 2002, 1045); vgl aber zum Fortbestand des Rechtsschutzinteresses bei Ergehen eines verbösernden Änderungsbescheides im Revisionsverfahren des FA (BFHE 155, 245 = BStBl II 1989, 370);

– das FA im Rechtsmittelverfahren des Klägers den angefochtenen Steuerbescheid im Streitpunkt nach § 165 Abs 1 AO für vorläufig erklärt
(BFH/NV 1995, 127 mwN);
– wenn sich die **Hauptsache** während des Rechtsmittelverfahrens **materiell erledigt** und der Rechtsmittelführer gleichwohl seinen ursprünglichen Sachantrag aufrechterhält (BFHE 152, 217 = BStBl II 1988, 413;
BFHE 173, 9 = BStBl II 1994, 305; BFHE 174, 4 = BStBl II 1994, 599,
BFH/NV 1988, 574, 711; 1997, 242; 2000, 335; vgl auch § 138 Rz 22).
Erledigt sich die Hauptsache nach Erlass des finanzgerichtlichen Urteils
aber vor Einlegung der Revision, kann ein Rechtsschutzbedürfnis des im
Klageverfahren unterlegenen Beteiligten zu bejahen sein, wenn Streit
über die Erledigung der Hauptsache besteht (BFHE 138, 517 = BStBl II
1983, 680) oder wenn nur die Einlegung der Revision ihm die Möglichkeit verschafft, nach Abgabe der Erledigungserklärung eine ihm
günstigere Kostenentscheidung herbeizuführen (BFH/NV 1991, 611;
BFHE 173, 9 = BStBl II 1994, 305 aE).

g) Persönliche Zulässigkeitsvoraussetzungen

22   Zur Einlegung eines Rechtsmittels sind idR nur die **Beteiligten** (§ 57)
des erstinstanzlichen Verfahrens befugt (vgl § 115 Rz 8 und § 128 Rz 17).
Ist die Entscheidung des FG gegen einen falschen Beteiligten ergangen, ist
auch dieser zur Einlegung des Rechtsmittels befugt (BFHE 177, 4
= BStBl II 1995, 488; vgl auch Rz 13).
Revision und Beschwerde sind nur zulässig, wenn der Rechtsmittelführer **beteiligtenfähig (§ 57)** und **prozessfähig (§ 58)** ist. Für den Streit
um die Beteiligten- oder Prozessfähigkeit (sog Zulassungsstreit) ist der
betreffende Beteiligte als beteiligten- und prozessfähig anzusehen (BFHE
96, 335 = BStBl II 1969, 656; BFHE 105, 230 = BStBl II 1972, 541;
BFH/NV 1988, 96; 1990, 178 und 386; 2002, 651; BGHZ 24, 91; BGH
HFR 1977, 210; *T/P* § 511 Vorbem IV 5 mwN). Der Beteiligte ist für die
Einlegung des Rechtsmittels auch dann als beteiligten- und prozessfähig
anzusehen, wenn er mit dem Rechtsmittel die Aufhebung eines Sachurteils
wegen mangelnder Beteiligten- oder Prozessfähigkeit begehrt (BGH MDR
1972, 220; BFH/NV 1990, 178).
Die Grundsätze über den Zulassungsstreit gelten nicht für **die gewillkürte Vertretung** (BGH VersR 1990, 993; aA BFHE 96, 335 = BStBl II
1969, 656; BFH/NV 1990, 386 mwN).
Zum späteren Wegfall der Beteiligten- oder Prozessfähigkeit vgl unten
Rz 24.
Neben der Beteiligten- und Prozessfähigkeit muss die **Postulationsfähigkeit** gegeben sein. Postulationsfähig sind im Rechtsmittelverfahren vor
dem BFH nur die in § 62 a genannten Personen und Gesellschaften.
Zur Bedeutung der **Prozessvollmacht** für die Zulässigkeit des Rechtsmittels vgl § 62 Rz 42 ff.

h) Kein Rechtsmittelverzicht

23   Das Recht zur Einlegung des Rechtsmittels darf nicht durch **Verzicht**
verloren gegangen sein (§ 155 iVm §§ 566, 514 ZPO). Der Verzicht kann
wirksam nur **nach** Erlass der angefochtenen Entscheidung erklärt werden

(vgl § 354 AO; BFH/NV 1987, 774). Ein Rechtsmittelverzicht kann nur angenommen werden, wenn in der Erklärung des Beteiligten der klare, eindeutige und vorbehaltlose Wille zum Ausdruck kommt, er wolle sich ernsthaft und endgültig mit dem Urteil zufrieden geben und es nicht anfechten (BFHE 138, 517 = BStBl II 1983, 680; BFHE 151, 12 = BStBl II 1988, 281; BFHE 156, 339 = BStBl II 1989, 585; BGH NJW 1974, 1248). Der Verzicht kann **gegenüber dem Gericht oder gegenüber dem Beteiligten** erklärt werden (*T/K* Vorbem Vor § 115 Rz 31; *Eyermann* § 124 Rz 15; **aA** *Redeker/v Oertzen* § 126 Rz 8: Nur dem Gericht gegenüber; offen gelassen in BFHE 110, 544 = BStBl II 1974, 171). Dabei muss dem Verzichtenden die Bedeutung seiner Verzichtserklärung klar sein (BFHE 151, 12 = BStBl II 1988, 281 mwN). Der Verzicht kann nach Erlass der erstinstanzlichen Entscheidung auch gegenüber dem Rechtsmittelgericht erklärt werden (BGH NJW 1989, 295).

Im Zivilprozess kann der Rechtsmittelverzicht nach allgemeiner Meinung auch schon **vor** Urteilserlass durch **Vertrag** vereinbart werden (vgl *T/P* § 514 Rz 2). Für den Steuerprozess gilt dies nicht. Denn im finanzgerichtlichen Verfahren besteht für die an Recht und Gesetz gebundene Behörde keine Dispositionsbefugnis dahin, dass sie in erster Instanz endgültig und unwiderruflich bestimmen könnte, inwieweit der angefochtene Verwaltungsakt (noch) Gegenstand des Rechtsstreits sein soll.

Wird der Verzicht erst nach Einlegung der Revision durch Erklärung gegenüber dem Gericht ausgesprochen, so ist der **Vertretungszwang** (§ 62 a) zu beachten.

Der Rechtsmittelverzicht kann auf selbstständig anfechtbare Teile des Urteils beschränkt werden (*T/P* § 514 Rz 1; *T/K* Vor § 115 Rz 32). Wird ein Urteil **ausdrücklich** nur **teilweise angefochten,** so ist bezüglich der Streitgegenstände, die nicht als angefochten bezeichnet sind, ein Rechtsmittelverzicht anzunehmen (BGH BB 1990, 517); in der bloßen Nichtbenennung einzelner Streitgegenstände in der Revisionsschrift kann ein teilweiser Rechtsmittelverzicht nicht gesehen werden (BFHE 156, 339 = BStBl II 1989, 585; BGH FamRZ 1983, 685). Zur Teilanfechtung vgl auch § 115 Rz 6 f und § 120 Rz 56.

Der Rechtsmittelverzicht ist als Prozesshandlung grundsätzlich unwiderruflich (BGH NJW 1986, 1327) und unanfechtbar (BGH JR 1994, 21). In Ausnahmefällen kann er unwirksam sein (vgl BGH NJW 1995, 2568).

3. Maßgeblicher Zeitpunkt für das Vorliegen der Zulässigkeitsvoraussetzungen

Die Frage, zu welchem **Zeitpunkt** die Zulässigkeitsvoraussetzungen des **24** Rechtsmittelverfahrens gegeben sein müssen, ist – ebenso wie für die Sachentscheidungsvoraussetzungen des erstinstanzlichen Verfahrens (vgl Vor § 33 Rz 10) – **differenzierend** zu beantworten. Je nach Art und Zweck der einzelnen Zulässigkeitsvoraussetzung muss sie entweder bereits **bei Einlegung** des Rechtsmittels (unbedingte, form- und fristgerechte Einlegung durch einen postulationsfähigen Bevollmächtigten), **bei Ablauf der Rechtsmittelbegründungsfrist** (vgl die Formerfordernisse der §§ 116 Abs 2 und 3, 120 Abs 2), spätestens aber im **Zeitpunkt der Entschei-**

dung über das Rechtsmittel (zB die Zulassung der Revision, str) vorhanden sein.

Beschwer und Rechtsschutzbedürfnis müssen nach zutreffender hM bereits **bei Einlegung** des Rechtsmittels vorliegen (*Redeker/v Oertzen* § 124 Rz 5; *Schoch ua* Vor § 124 Rz 47; *May* Kap IV Rz 33; aA *Eyermann* § 143 Rz 2); eine Beschwer kann nicht erst durch Klageerweiterung im Revisionsverfahren begründet werden (BFHE 170, 1, 10 = BStBl II 1993, 569 mwN). Dagegen wird die Frage, ob der spätere **Wegfall des Rechtsschutzbedürfnisses** oder der Beschwer die Unzulässigkeit des Rechtsmittels zur Folge hat, unterschiedlich beantwortet. Nach der Rspr des BFH bewirkt der Wegfall des Rechtsschutzbedürfnisses während des Rechtsmittelverfahrens die Unzulässigkeit des Rechtsmittels (vgl BFHE 173, 9, 12 = BStBl II 1994, 305 mwN; BFH/NV 2000, 443 mwN und die Nachweise bei Rz 21 a; ebenso: *T/K* Vor § 115 Rz 25; *H/H/Sp/Lange* Vor § 115 Rz 31; *Kopp/Schenke* Vor § 124 Rz 39; *Eyermann* § 124 Rz 11; **aA** BGHZ 1, 29; *Redeker/v Oertzen* § 124 Rz 5; *Schoch ua* Vor § 124 Rz 47; *May* Kap IV Rz 3 und *Ule* § 61 III 3: Rechtsmittel wird unbegründet). Der Ansicht des BFH ist zu folgen; es kann nicht Aufgabe des Rechtsmittelgerichts sein, eine Sachentscheidung zu treffen, wenn ein schutzwürdiges Interesse des Rechtsmittelführers an einer Sachentscheidung über das Rechtsmittel nicht mehr besteht.

Die **persönlichen Zulässigkeitsvoraussetzungen** (Beteiligten-, Prozess- und subjektive Klagebefugnis) müssen bereits bei Einlegung des Rechtsmittels gegeben sein (aA *Schoch ua* Vor § 124 Rz 50: maßgeblich ist der Zeitpunkt der Entscheidung über das Rechtsmittel). Ihr späterer Wegfall während des Rechtsmittelverfahrens lässt dessen Zulässigkeit unberührt. Wegen des beim BFH bestehenden Vertretungszwangs kommt es in einem solchen Fall auch regelmäßig nicht zu einer Unterbrechung des Verfahrens (§ 155 iVm § 239 ff ZPO; BFHE 155, 250 = BStBl II 1989, 326; vgl § 74 Rz 42 ff). Für den Streit über das Vorliegen einer persönlichen Zulässigkeitsvoraussetzung (sog Zulassungsstreit) gilt der Beteiligte als beteiligungs- und prozessfähig (vgl Rz 22).

4. Begründetheit des Rechtsmittels

25   Das (zulässige) Rechtsmittel ist **begründet,** wenn die angefochtene Entscheidung aus Gründen des formellen oder des materiellen Rechts fehlerhaft ist, es sei denn, sie stellt sich trotz des Gesetzesverstoßes „aus anderen Gründen" als den fehlerhaften der Vorinstanz „als richtig dar" (§ 126 Abs 4). Das Rechtsmittelgericht ist also auch im Revisionsverfahren nicht auf eine bloße **Rechtmäßigkeitskontrolle** beschränkt; ihm obliegt vielmehr die weitere Prüfung, ob die angefochtene Entscheidung nicht trotz ihrer Fehlerhaftigkeit **im Ergebnis richtig** ist (vgl *Bettermann* ZZP 88, 365, 373). In den Fällen des § 126 Abs 4 wäre es an sich richtiger, von einer zwar begründeten, aber erfolglosen Revision zu sprechen; auch § 126 unterscheidet ausdrücklich zwischen der Zurückweisung der Revision wegen Unbegründetheit (§ 126 Abs 2) und wegen Ergebnisrichtigkeit (§ 126 Abs 4).

Ist das Rechtsmittel zulässig und begründet, so hebt der BFH die angefochtene Entscheidung auf.

Die weitere Entscheidung des BFH hängt davon ab, ob die Sache „spruchreif" ist (vgl § 126 Rz 9). Ist dies der Fall, hat der BFH „in der Sache" zu entscheiden (§ 126 Abs 3 Nr 1), anderenfalls verweist er die Sache zur anderweitigen Verhandlung und Entscheidung an das FG zurück (§ 126 Abs 3 Nr 2). Auch im Beschwerdeverfahren kommt eine Zurückverweisung an die Vorinstanz in Betracht (vgl § 132 Rz 10).

V. Gegenvorstellung, „Anhörungsrüge" und außerordentliche Beschwerde

Literatur: *Bauer,* Die Gegenvorstellung im Zivilprozess, 1990; *Bloching/Kettinger,* Verfahrensgrundrechte im Zivilprozess – Nun endlich das Comeback der außerordentlichen Beschwerde?, NJW 2005, 860; *G Kreft,* „Greifbare Gesetzwidrigkeit", Festgabe für Graßhof, 185 ff; *Kummer,* Die Gegenvorstellung, FS für Kraney, 1997, 277; *H.-F. Lange,* Der leise Wegfall der außerordentlichen Beschwerde zum BFH, DB 2002, 2396; *Lipp,* Beschwerden wegen „greifbarer Gesetzwidrigkeit" nach der ZPO-Reform 2002, NJW 2002, 1700; *H.-F. Müller,* Abhilfemöglichkeiten bei Verletzung des rechtlichen Gehörs nach der ZPO-Reform, NJW 2003, 1743; *Rüsken,* Rechtsbehelfe gegen willkürliche Gerichtsentscheidungen, DStZ 2000, 815; *Scherer,* Die Verordnung neuer Rechtsbehelfe im Zivilprozess durch das Bundesverfassungsgericht, DRiZ 2000, 490; *E Schumann,* Die Gegenvorstellung im Zivilprozessrecht, FS für Baumgärtel, 1990, 491 ff; *Seer,* Rechtsmittel und Rechtsschutz nach der FGO-Reform, StuW 2003, 193; vgl. ferner die Angaben vor § 133 a und in der Voraufl.

Die Rspr hat in der Vergangenheit neben den in den Prozessordnungen **26** vorgesehenen Rechtsmitteln und Rechtsbehelfen als außerordentliche Rechtsbehelfe die **Gegenvorstellung** und die **außerordentliche Beschwerde** entwickelt. Diese Rechtsbehelfe sollten bei **greifbarer Gesetzwidrigkeit** oder unter Verletzung von **Verfahrensgrundrechten** (zB Verstoß gegen Art 101 oder 103 GG) ergangener Gerichtsentscheidungen eingreifen, die nicht mit einem ordentlichen Rechtsmittel oder gesetzlichen Rechtsbehelf (zB Erinnerung, Wiederaufnahmeklage oder Antrag auf mündliche Verhandlung) angefochten werden können. Dazu gehören zB Entscheidungen der FG über ein Ablehnungsgesuch, isolierte Kostenentscheidungen der FG sowie Entscheidungen des BFH (vgl BFH/NV 1992, 509; 1995, 36, 791, 916; 2001, 332; 2005, 307). Das **BVerfG** hat diese Rspr in der Vergangenheit als verfassungsgemäß erachtet (vgl BVerfGE 9, 89, 101; 47, 182, 190 f; 49, 252, 256; 60, 96, 98; 70, 180, 187; 73, 322, 326 ff). Es hat sich dabei von der Erwägung leiten lassen, dass Verstöße gegen die Verfahrensgrundrechte oder gegen das Willkürverbot des Art 3 Abs 1 GG tunlichst durch **Selbstkontrolle der Fachgerichte,** insbesondere durch die **Gegenvorstellung** beim iudex a quo behoben werden sollen; dies ergebe sich aus dem in § 90 Abs 2 BVerfGG verankerten Prinzip der **Subsidiarität** der **Verfassungsbeschwerde** (BVerfGE 47, 182, 190; 73, 322, 327). Diese Auffassung hatte zur Folge, dass der Bürger, der gegen eine Gerichtsentscheidung Verfassungsbeschwerde einlegen wollte, für die von § 90 Abs 2 S 1 BVerfGG geforderte Erschöpfung des Rechtswegs vor den Fachgerichten erfolglos von dem außerordentlichen Rechtsbehelf der Gegenvorstellung oder der außerordentlichen Beschwerde Gebrauch gemacht haben musste.

Diese Rspr hat das BVerfG mit dem Plenarbeschluss vom 30. 4. 2003 (BVerfGE 107, 395 = DB 2003, 1570), der die Gewährleistung des fachgerichtlichen Rechtsschutzes bei **Verstößen gegen Art 103 Abs 1 GG** betrifft, aufgegeben. Das BVerfG hat zutreffend darauf hingewiesen, dass die von der Rspr außerhalb des geschriebenen Rechts geschaffenen Rechtsbehelfe der Gegenvorstellung und der außerordentlichen Beschwerde rechtsstaatlichen Anforderungen an die **Rechtsmittelklarheit** und **Rechtssicherheit** nicht genügen; die Rechtsbehelfe gegen gerichtliche Entscheidungen müssten in der **geschriebenen Rechtsordnung** geregelt und in ihren Zulässigkeitsvoraussetzungen für den Bürger erkennbar sein (BVerfGE 107, 395, 416 ff unter C.IV.2.). Es hat damit zugleich den in der Literatur erhobenen verfassungsrechtlichen Einwendungen gegen die von der Rspr entwickelten formlosen Rechtsbehelfe gegen materiell rechtskräftige Gerichtsentscheidungen Rechnung getragen (vgl zur Kritik an dieser Rspr die Nachweise in der Vorauflage bei Rz 28 vor § 115). Das BVerfG hat dem Gesetzgeber aufgegeben, diese rechtsstaatlichen Defizite bis zum 31. 12. 2004 zu beseitigen.

27 Dieser Forderung ist der Gesetzgeber – zumindest teilweise – mit dem **Anhörungsrügengesetz** (AnhRügG) v 9. 12. 2004, das am 1. 1. 2005 in Kraft getreten ist (Art 22 AnhRügG), nachgekommen. Verstöße der Gerichte aller Instanzen gegen den Anspruch auf rechtliches Gehör können nunmehr mit der **fristgebundenen Anhörungsrüge** nach § 133 a geltend gemacht werden, sofern gegen die Entscheidung des Gerichts kein anderes Rechtsmittel oder kein anderer gesetzlicher Rechtsbehelf statthaft ist (Grundsatz der Subsidiarität). Seit dem Inkrafttreten der AnhRügG kann eine Verletzung des rechtlichen Gehörs nur noch mit der Anhörungsrüge nach § 133 a geltend gemacht werden; eine formlose Gegenvorstellung iS der bisherigen Rspr ist seit dem 1. 1. 2005 bei Verletzung des rechtlichen Gehörs nicht mehr zulässig. Ein als Gegenvorstellung bezeichneter Rechtsbehelf, mit dem ein Verstoß gegen Art 103 GG gerügt wird, ist nunmehr als Anhörungsrüge zu behandeln und nur unter den in § 133 a genannten Voraussetzungen zulässig.

28 Eine **sinngemäße Anwendung des § 133 a** bei Verletzung **anderer Verfahrensgrundrechte** (zB Art 101 GG) oder bei greifbar gesetzwidrigen Gerichtsentscheidungen ist **nicht möglich** (hM, BFH/NV 2005, 1458, 1622; BGH StraFO 2005, 251; OVG Cottbus NVwZ 2005, 1213; FG BaWü EFG 2005, 885; OVG Berlin NVwZ 2005, 470; *Seer* in T/K Rz 43 und § 133 a Tz 2; vgl ferner die Nachweise bei § 133 a Rz 3). Die teilweise abweichende Rspr der Gerichte unter der Geltung des § 321 a ZPO aF (vgl zB BFHE 200, 46 = BStBl II 2003, 270; BFH/NV 2003, 1352, 1431; BGH NJW 2002, 1577; BVerwG NVwZ 2002, 1387; 2005, 232) ist nach Inkrafttreten des AnhRügG überholt.

Für eine sinngemäße Anwendung des § 133 a besteht ohnehin kein Bedürfnis, soweit nach anderen Vorschriften der FGO eine Abänderung rechtskräftiger Entscheidungen möglich ist. Das ist zB der Fall, wenn ein rechtskräftig abgeschlossenes Verfahren nach § 134 iVm §§ 578 ff ZPO wiederaufgenommen werden kann (vgl BFH/NV 1994, 486, 871; BFH/NV 1995, 36, 53). Verstöße gegen das **Gebot des gesetzlichen Richters (Art 101 GG)** können deshalb im Wege der **Nichtigkeitsklage,** die auch gegen rechtskräftige Beschlüsse statthaft ist (vgl BFHE 165, 569 = BStBl II

1992, 252), behoben werden; eines Rechtsbehelfs außerhalb der geschriebenen Verfahrensordnung bedarf es insoweit nicht (aA *Seer* in T/K Rz 43).

Auch für den von der Rspr außerhalb der geschriebenen Verfahrensord-   **29** nungen entwickelten formlosen Rechtsbehelf der **Gegenvorstellung** beim iudex a quo ist spätestens nach Inkrafttreten des AnhRügG kein Raum mehr. Das gilt jedenfalls für Gerichtsentscheidungen, die in **materielle Rechtskraft** erwachsen, wie zB die Verwerfung oder Zurückweisung einer NZB (str, wie hier: FG BaWü EFG 2005, 885; BGH wistra 2005, 316; BGH NJW 2004, 1351; LAG SchlHol v 31. 3. 2005 2 Ta 37/05, juris; OVG Lüneburg NJW 2005, 2171; VGH Mannheim NJW 2005, 920; OVG Berlin NVwZ 2005, 470; *Zöller/Vollkommer* § 321 a ZPO Rz 4 aE; *Guckelberger* NVwZ 2005, 11; **aA** BFH v 13. 10. 2005 IV S 10/05, juris; BFH/NV 2005, 898, 1349; BSG v 28. 7. 2005 B 13 RJ 178/05 B, juris; *Schenke,* NVwZ 2005, 732; *Schoenfeld* DB 2005, 850, 854; *Seer* in T/K Rz 43; offen gelassen in BT-Drucks 15/3706, 14; in BFH/NV 2005, 1838, 2019). Gegenvorstellungen kommen allenfalls noch bei gerichtlichen Entscheidungen in Betracht, die nicht in materielle Rechtskraft erwachsen und vom Gericht von Amts wegen oder auf Antrag abgeändert werden können, wie zB eine Streitwertfestsetzung oder der Beschluss über einen Antrag auf PKH (vgl BGH NJW-RR 2005, 651; BGH v 9. 6. 2005 III ZR 21/04, juris; ebenso zur Rechtslage vor Inkrafttreten des § 133 a: *Kummer* in FS Kraney, 1997, 277, 282 mwN).

Ausgeschlossen ist spätestens seit Inkrafttreten des § 133 a auch der Rechtsbehelf der **außerordentlichen Beschwerde** (str, aber hM: BFHE 200, 46 = BStBl II 2003, 270; BFHE 200, 42 = BStBl I, 2003, 269; BFH/NV 2003, 1064, 1601; BGH NJW 2002, 1577; BVerwG NJW 2002, 2657; DVBl 2005, 254; v 17. 2. 2005 9 B 9/05, juris; BAG NJW 2005, 3231; BSG v 7. 4. 2005 B 1 KR 5/04 S, juris; *Lange* DB 2002, 2396; *Lipp* NJW 2002, 1700; *Müller* NJW 2002, 2743; *Schoenfeld* DB 2005, 850, 854; *Seer* StuW 2003, 193, 194; vgl aber *ders* in T/K Rz 43; **aA** BFHE 206, 194 = BStBl II 2004, 833; BFH/NV 2005, 2130; *Bloching/Ketterer* NJW 2005, 860). Soweit der IV. Senat des BFH seine – von der Rspr der anderen BFH-Senate abweichende – Auffassung damit rechtfertigt, das Gebot der **Gewährung effektiven Rechtsschutzes** gebiete die Zulassung der außerordentlichen Beschwerde gegen bewusst getroffene und objektiv greifbar gesetzwidrige, mit förmlichen Rechtsbehelfen nicht anfechtbare Entscheidungen der FG, ist ihm entgegenzuhalten, dass der Gesetzgeber des AnhRügG einen außerordentlichen Rechtsbehelf bewusst nur für Verletzungen des Anspruchs auf rechtliches Gehör in die Prozessordnungen eingefügt hat.

Der Zulässigkeit von außerordentlichen Rechtsbehelfen, die in der Ver-   **30** fahrensordnung nicht ausdrücklich geregelt sind, steht der im Rechtsstaatsprinzip wurzelnde Grundsatz der **Rechtssicherheit** entgegen, der fordert, dass eine Durchbrechung der materiellen Rechtskraft klarer gesetzlicher Regelungen bedarf. Auch mit dem Grundsatz der **Rechtsmittelklarheit** ist es nicht vereinbar, wenn die Rspr praeter legem Rechtsbehelfe entwickelt, deren Zulässigkeitsvoraussetzungen für den Bürger nicht nachprüfbar sind (BVerfGE 107, 395, 416 ff unter C.IV.2.; BVerwG v 17. 2. 2005 8 B 9/05, juris). Die Rechtsunsicherheit, zu der die Zulassung von außerordentlichen Rechtsbehelfen insbesondere in den Fällen sog „greifbarer Gesetzwidrigkeit" geführt hat, wird nicht zuletzt in dem Streit darüber deutlich, ob in diesen Fällen die Gegenvorstellung (beim iudex a quo) oder die außerordentliche Beschwerde (beim iudex ad quem) der richtige Rechtsbehelf ist (vgl dazu zB *Seer* in T/K Rz 43, 45 ff; *Bloching/Ketterer* NJW 2005, 860; *Nassall* ZRP 2004, 164, 168). Unklar bleibt ferner, welche Zulässigkeitsvoraussetzungen für diese außerhalb des geschriebenen Prozessrechts entwickelten Rechtsbehelfe gelten sollen, insbesondere, ob sie innerhalb bestimmter Fristen zu erheben sind und – falls diese Frage zu bejahen sein sollte – ob für die Gegenvorstellung (analog § 133 a) eine Zwei-Wochen-Frist oder (wie bei der Verfassungsbeschwerde analog § 93 BVerfGG) eine Monatsfrist zu beachten ist (vgl BVerfG NJW 1995, 3248). Solange der Gesetzgeber diese Fragen nicht geregelt hat, bleibt dem Bürger als außerordentlicher Rechtsbehelf gegen greifbar gesetzwidrige Entscheidungen der Gerichte, die nicht mit einem Rechtsmittel oder einem gesetzlichen Rechtsbehelf innerhalb der Fachgerichtsbarkeit korrigiert werden können, nur der Weg der **Verfassungsbeschwerde** (BGH NJW 2004, 1531; FG BaWü EFG 2005, 885; VGH Mannheim NJW 2005, 920). Dem Rechtsuchenden kann nicht entgegengehalten werden, zur Erschöpfung des Rechtswegs (§ 90 Abs 2 S 1 BVerfGG) müsse eine außerordentliche Beschwerde oder eine Gegenvorstellung eingelegt werden (BVerfGE 107, 395 unter C.IV.3.).

VI. Neuordnung des Revisionsrechts zum 1. 1. 2001; Übergangsregelung

Literatur: *Beermann,* Neues Revisionsrecht für das finanzgerichtliche Verfahren ab 1. Januar 2001?, DStZ 2000, 773; *Bilsdorfer,* Das Zweite Gesetz zur Änderung der Finanzgerichtsordnung, BB 2001, 753; *Dürr,* Die Reform des Finanzgerichtsprozesses zum 1. 1. 2001, Inf 2001, 65; *Herden,* Gesetzentwurf zur Änderung des finanzgerichtlichen Revisionsverfahrens – einige kritische Anmerkungen, DStZ 2000, 394; *Lange,* Die Neuregelung des Zugangs zum BFH – Das Zweite FGO-Änderungsgesetz, NJW 2001, 1098; *List,* Die permanente Reform der finanzgerichtlichen Revision, DStR 2000, 1499; *ders,* Die Zulassung der Revision nach dem FGOÄndG-Entwurf, DB 2000, 2294; *Schaumburg,* Reform des finanzgerichtlichen Revisionsrechts, StuW 1999, 68; *Seer,* 2. FGO-Änderungsgesetz – Zweitinstanzlicher Rechtsschutz bleibt auf der Strecke!, BB 2000, 2387; *Spindler,* Das 2. FGO-Änderungsgesetz, DB 2001, 61; *Suhrbier-Hahn,* Die Reform der Finanzgerichtsordnung zum 1. 1. 2001, DStR 2001, 467.

31   Zum 31. 12. 2000 ist das BFHEntlG v 8. 7. 1975 außer Kraft getreten. Durch das 2. FGOÄndG v 19. 12. 2000 (BGBl I, 1757) hat der Gesetzgeber die Regelungen des BFHEntlG weitgehend in das Dauerrecht der FGO übernommen. Die **Streitwertrevision** ist nunmehr endgültig abgeschafft. Zugleich sind zur Verbesserung des Rechtsschutzes im finanzgerichtlichen Verfahren oder im Interesse der Prozessökonomie einige revisionsrechtliche Vorschriften der FGO geändert worden. Zu erwähnen ist hier vor allem die **Abschaffung der zulassungsfreien Verfahrensrevision** (§ 116 aF). Diese Vorschrift hatte die Verwirklichung des Rechtsschutzes in den Fällen schwerwiegender Verfahrensmängel eher behindert als gefördert, weil die Abgrenzung der in § 116 genannten Verfahrensmän-

gel von den mit der Nichtzulassungsbeschwerde zu rügenden Verfahrensfehlern oft zweifelhaft war; dies hatte zur Folge, dass wegen desselben Verfahrensfehlers oft beide Rechtsmittel nebeneinander eingelegt wurden, von
denen notwendig eines unzulässig war. Nunmehr sind die in § 116 aF genannten Verfahrensfehler nur noch mit der zugelassenen Revision oder der
Nichtzulassungsbeschwerde geltend zu machen. Die zulassungsfreie Revision bei **Zolltarifsachen** (§ 116 Abs 2 aF) wurde ebenfalls abgeschafft,
weil bei diesen Streitsachen nicht mehr von vornherein angenommen werden kann, dass sie grundsätzliche Bedeutung haben. Im Interesse einer Verminderung der hohen Zahl unzulässiger Nichtzulassungsbeschwerden hat
der Gesetzgeber in § 116 nF die Frist für die **Begründung der Beschwerde** auf zwei Monate verlängert mit der Möglichkeit, sie auf Antrag
um einen weiteren Monat zu verlängern. Diese Neuregelung entspricht
§ 133 Abs 3 VwGO idF des 4. VwGO-ÄndG und § 160a SGG. Die **Zulassungsgründe** wurden in § 115 neu formuliert. Die jetzige Fassung
entspricht § 74 Abs 2 GWB, § 100 PatG und § 80 OwiG. Eine mit § 115
Abs 2 Nr 1 und 2 nF übereinstimmende Regelung enthält § 543 ZPO idF
des ZPO-RG v 27. 7. 2001 (BGBl I, 1887). Mit der geänderten Fassung
des § 115 Abs 2 Nr 2 ist eine Erweiterung der Zulassungsgründe beabsichtigt (BT-Drucks 14/4061, 9 und 14/4549, 10f). Die Neufassung soll es
ermöglichen, die Revision bei „offensichtlichen Fehlern" der Vorentscheidung zuzulassen. Der Gesetzgeber hat es allerdings versäumt, diese Absicht
im Wortlaut des § 115 Abs 2 hinreichend deutlich zum Ausdruck zu bringen. BFH und BGH waren deshalb zunächst sehr zurückhaltend bei der
Zulassung von Revisionen aufgrund von NZB, mit denen geltend gemacht
wurde, das angefochtene Urteil sei offensichtlich rechtsfehlerhaft oder
greifbar gesetzwidrig. In letzter Zeit zeichnet sich jedoch – vor allem in der
Rspr des BGH, aber auch der des BFH – die Tendenz zu einer weniger
restriktiven Auslegung des Zulassungsgrundes „Sicherung einer einheitlichen Rspr" (§ 115 Abs 2 Nr 2, § 543 Abs 2 Nr 2 ZPO) ab (vgl hierzu näher § 115 Rz 21f). Der **Prozessökonomie** dienen die Regelungen in
§ 116 Abs 2 und § 120 Abs 1, nach denen Nichtzulassungsbeschwerde und
Revision – abweichend vom bisherigen Recht – nicht mehr beim FG,
sondern beim BFH einzulegen sind. Damit ist die Möglichkeit einer Abhilfe der Nichtzulassungsbeschwerde durch das FG entfallen. Eine Straffung
des Verfahrens bezwecken auch § 116 Abs 6 und 7; nach § 116 Abs 6 kann
der BFH bei Vorliegen eines Verfahrensmangels im Verfahren der Nichtzulassungsbeschwerde das angefochtene Urteil aufheben und die Sache an
das FG zurückverweisen (vgl dazu § 116 Rz 65). Hat die Beschwerde aus
anderen Gründen Erfolg, wird das Beschwerdeverfahren als Revisionsverfahren fortgesetzt, ohne dass es der Einlegung einer Revision bedarf (§ 116
Abs 7; s dort Rz 71). Eine Verfahrensbeschleunigung soll auch durch den
Ausschluss der Beschwerde gegen Beschlüsse über Ablehnungsgesuche
und Prozesskostenhilfesachen erreicht werden (vgl § 128 Rz 9, 11 und
§ 142 Rz 37). Der **Vertretungszwang** vor dem BFH wurde beibehalten.
Jedoch wurde der Kreis der vor dem BFH vertretungsberechtigten Personen erweitert (vgl § 62a).

Die Neuregelungen sind zum 1. 1. 2001 in Kraft getreten (Art 6 des **32**
2. FGOÄndG). Das geänderte Verfahrensrecht ist nach den Grundsätzen
des intertemporalen Prozessrechts mit seinem Inkrafttreten auch auf

schwebende Verfahren anzuwenden, soweit nicht gesetzlich etwas anderes bestimmt ist (BVerfGE 87, 48, 64; BVerwGE 106, 237; *W Lüke* in FS G Lüke, 391). Nach der **Überleitungsvorschrift** in Art 4 des 2. FGOÄndG richtet sich jedoch die Zulässigkeit eines Rechtsmittels nach den bis zum 31. 12. 2000 geltenden Vorschriften, wenn die Entscheidung vor dem 1. 1. 2001 verkündet oder anstelle einer Verkündung zugestellt worden ist (vgl dazu auch Vor § 1 Rz 10 ff). Nach dem Wortlaut des Art 4 des 2. FGOÄndG bedeutet dies, dass sich die **Zulässigkeit** einer NZB, die gegen ein vor dem 1. 1. 2001 bekanntgegebenes Urteil eingelegt wird, nach § 115 aF und Art 1 Nr 1 BFHEntlG bestimmt, während für die Begründetheit und das weitere Verfahren §§ 115, 116 nF maßgebend sind, wenn über die Beschwerde nach dem 1. 1. 2001 entschieden wird (vgl hierzu Rz 32 der Voraufl sowie BFH/NV 2002, 347, 1108).

Wegen der Zulässigkeit von Rechtsbehelfen gegen Entscheidungen des FG, durch die vor dem 1. 1. 2001 ein **Antrag auf PKH** abgelehnt oder ein **Richterablehnungsgesuch** zurückgewiesen wurde vgl § 142 Rz 100 f und § 128 Rz 9.

Unterabschnitt 1. Revision

§ 115 [Zulassung der Revision]

(1) Gegen das Urteil des Finanzgerichts (§ 36 Nr. 1) steht den Beteiligten die Revision an den Bundesfinanzhof zu, wenn das Finanzgericht oder auf Beschwerde gegen die Nichtzulassung der Bundesfinanzhof sie zugelassen hat.

(2) Die Revision ist nur zuzulassen, wenn

1. die Rechtssache grundsätzliche Bedeutung hat,
2. die Fortbildung des Rechts oder die Sicherung einer einheitlichen Rechtsprechung eine Entscheidung des Bundesfinanzhofs erfordert oder
3. ein Verfahrensmangel geltend gemacht wird und vorliegt, auf dem die Entscheidung beruhen kann.

(3) Der Bundesfinanzhof ist an die Zulassung gebunden.

Vgl § 132 VwGO; § 160 SGG; § 72 ArbGG; § 543 ZPO; § 74 Abs 2 GWB; § 80 OwiG; § 100 PatG.

Übersicht

Literatur: *Ahrens,* Voraussetzungen der Revisionszulassung im Zivilrecht, JR
2004, 336; *Ball,* Die Reform der ZPO – eine Wirkungskontrolle, Das neue
Revisionsrecht, Verhandlungen des 65. Deutschen Juristentags, 2004, Bd. I,
A 69 ff; *Beermann,* Neues Revisionsrecht für das finanzgerichtliche Verfahren ab
1. Januar 2001?, DStZ 2000, 773; *ders,* Neugestaltung der Revisionszulassung
nach der FGO, DStZ 2001, 155; *ders,* Probleme der Nichtzulassungsbeschwerde, DB 2003, 572; *ders,* Neugestaltung der Revisionsgründe und „Einzelfallgerechtigkeit" durch „Beseitigung von Fehlurteilen", DStR 2005, 450; *Bilsdorfer,* Das zweite Gesetz zur Änderung der Finanzgerichtsordnung, BB 2001,
753; *Brockmeyer,* Rechtsmittel wegen Streits um die Verfassungsmäßigkeit einer
Norm, DStR 1992, 1222; *Büttner,* Das neue Revisionsrecht, Verhandlungen des
65. Deutschen Juristentags, 2004, Bd. I, A 89 ff; *Dürr,* Die Reform des Finanzgerichtsprozesses zum 1. 1. 2001, Inf 2001, 65; *Göhler,* Ordnungswidrigkeiten-
gesetz, Kommentar, 12. Aufl, 1998; *Gaier,* Die Nichtzulassungsbeschwerde in

der Rechtsprechung des BGH, NJW-Sonderheft 2003, 18 ff; *Gierke/Seiler,* Die Nichtzulassungsbeschwerde in der Rechtsprechung des BGH, JZ 2003, 403; *Gottwald,* Die Reform der ZPO aus der Sicht der Wissenschaft, Verhandlungen des 65. Deutschen Juristentags, 2004, Bd. I, A 107 ff; *Hinz* in Gemeinschaftskommentar zum GWB und Europäischem Kartellrecht – GK –, 4. Aufl, 1981; *Kempermann,* Fehler von erheblichem Gewicht als Grund für die Zulassung der Revision, DStZ 2005, 772; *Kleier* in Frankfurter Kommentar zum Kartellrecht – FK – (Loseblatt); *Lange,* Neuregelung des Zugangs zum BFH – Das zweite FGO-Änderungsgesetz, NJW 2001, 1098; *ders,* Zulassung der Revision zur Sicherung einer einheitlichen Rechtsprechung wegen eines schwerwiegenden Rechtsfehlers, DStZ 2002, 782; *List,* Die permanente Reform der finanzgerichtlichen Revision, DStR 2000, 1499; *ders,* Die Zulassung der Revision zum Bundesfinanzhof nach dem FGOÄndG-Entwurf, DB 2000, 2294; *ders,* Nichtzulassungsbeschwerde gegen Fehlentscheidungen, INF 2004, 615; *May,* Die Revision in den zivil- und verwaltungsgerichtlichen Verfahren, 2. Aufl, 1997; *Musielak,* Der Zugang zur Revisionsinstanz im Zivilprozess, FS Gerhardt, 2004, 653; *Rätke,* Der Begriff des eror in iudicando im Verfahren über die Nichtzulassungsbeschwerde, DStZ 2000, 246; *Rebmann/Roth/Herrmann,* Kommentar zum OwiG – *Rebmann ua* – (Loseblatt); *Ruban,* Der qualifizierte Rechtsfehler als Revisionszulassungsgrund – unterschiedliche Tendenzen in der Rechtsprechung des BFH und des BGH, DStR 2005, 2033; *Rüsken,* Rechtsbehelfe gegen willkürliche Gerichtsentscheidungen, DStZ 2000, 815; *ders,* Bedarf das Revisionszulassungsrecht einer weiteren Novellierung?, DStZ 2004, 334; *Scheuch/Lindner,* Trendwende in der Zulassungspraxis des BGH?, NJW 2005, 112; *M. Schultz,* Revisionsverfahren – Verfahrensgrundrechte und Wiederholungsgefahr, MDR 2003, 1392; *Seer,* 2. FGO-Änderungsgesetz – Zweitinstanzlicher Rechtsschutz bleibt auf der Strecke, BB 2000, 2387; *ders,* Defizite im finanzgerichtlichen Rechtsschutz, StuW 2001, 3; *Seiler,* Neues zur Revisionszulassung? – Die aktuelle Rechtsprechung des BGH, MDR 2003, 785; *ders,* Nachträglicher Wegfall von Revisionszulassungsgründen, NJW 2003, 2290; *Jacoby,* Zur Zulassung der Revision, ZZP 116, 229 ff; *Spindler,* Das 2. FGO-Änderungsgesetz, DB 2001, 61; *Steindorf* in Karlsruher Kommentar zum OwiG – KKO –, 2. Aufl, 2000; *Suhrbier-Hahn,* Die Reform der Finanzgerichtsordnung zum 1. 1. 2001, DStR 2001, 467; *v Wedelstädt,* Der Weg zum Bundesfinanzhof, AO-StB 2005, 87 ff, 110 ff, 143 ff; *Wendt,* Revisionszulassung wegen schwerwiegender Fehler des FG, BFH-Pr 2004, 109; *Wenzel,* Das neue zivilprozessuale Revisionszulassungsrecht in der Bewährung, NJW 2002, 3353; *Weyreuther,* Revisionszulassung und Nichtzulassungsbeschwerde in der Rechtsprechung der obersten Bundesgerichte, 1971.

Vgl. ferner die Literaturangaben Vor § 115.

I. Allgemeines

1. Wesen und Zweck der Revision

1   Die Revision ist ein **echtes Rechtsmittel,** das nicht nur die Aufhebung des angefochtenen Urteils, sondern auch eine anderweitige Entscheidung des Revisionsgerichts in der Sache selbst ermöglicht (vgl Rz 1 Vor § 115). Die Einleitung des Revisionsverfahrens liegt – ebenso wie seine Beendigung durch Rücknahme des Rechtsmittels – in den Händen der Beteiligten. Die Zulässigkeit des Rechtsmittels ist von der Beschwer des

Rechtsmittelklägers abhängig. Die Beteiligten bestimmen auch den Gegenstand des Verfahrens: das Revisionsgericht kann nur innerhalb der Revisionsanträge der Beteiligten über den Rechtsstreit entscheiden. Auch die Entscheidung über die Revision bewirkt Rechtskraft nur zwischen den Beteiligten. Die Kosten der Revision sind Kosten des Rechtsstreits und als solche von dem unterliegenden Beteiligten zu tragen (§ 135).

Der **Zweck der Revision** ist gleichwohl nicht auf das Interesse der 2 Beteiligten an der richtigen Entscheidung ihres Einzelfalls beschränkt. Die Konzentrierung der funktionellen Zuständigkeit für Revisionen beim BFH, die Beschränkung des revisiblen Rechts (§ 118 Abs 1), die grundsätzliche Bindung des Revisionsgerichts an die tatsächlichen Feststellungen der FG (§ 118 Abs 2), die Bindung des BFH an die Revisionszulassung durch das FG (§ 115 Abs 3) und vor allem die Beschränkung des **Zugangs** zum Revisionsgericht durch die Zulassungsgründe des § 115 Abs 2 Nr 1 und 2 dienen dem **Allgemeininteresse** an der Einheitlichkeit der Rechtsprechung und der Rechtsfortbildung. Gleichwohl besteht heute weitgehend Einigkeit darüber, dass aus dieser Ausgestaltung der Revision nicht geschlossen werden kann, die Revision bezwecke nur in zweiter Linie die Wahrung der **Einzelfallgerechtigkeit.** Denn nachdem der Zugang zum BFH eröffnet ist, dient die Nachprüfung des erstinstanzlichen Urteils gerade auch dem Zweck, die richtige Entscheidung des Einzelfalls zu gewährleisten (BVerfGE 49, 148 = NJW 1979, 151; 54, 277 = NJW 1981, 39; *May* Kap I Rz 38 ff; *Pfeiffer* NJW 1999, 2617; *Rosenberg/Schwab/Gottwald* § 134 II 2; *T/K* § 115 Rz 1; *Musielak* NJW 2000, 2769, 2777; vgl auch BT-Drucks 14/4061, 6). Beide Revisionszwecke – Wahrung der Einzelfallgerechtigkeit und des Allgemeininteresses an der Rechtsfortbildung und Rechtseinheit – stehen gleichberechtigt nebeneinander (BVerfGE 49, 148; 54, 277).

2. Zugang zur Revision

Der Gesetzgeber hat den Zugang zum Revisionsgericht im finanzge- 3 richtlichen Verfahren eingeschränkt. Die schon bisher durch das BFH-EntlG suspendierte Streitwertrevision ist nunmehr durch das 2. FGOÄndG vom 19. 12. 2000 endgültig abgeschafft worden (zur Kritik vgl *Seer* StuW 2001, 3). Auch die zulassungsfreie Revision wegen schwerer Verfahrensmängel und in Zolltarifsachen (§ 116 aF) wurde beseitigt. Der Zugang zum BFH unterliegt nach geltendem Recht uneingeschränkt einer *richterlichen Zugangskontrolle.*

Bei der Regelung des **Zugangs** zum BFH durch § 115 Abs 2 steht das **Allgemeininteresse** an der einheitlichen Fortbildung des Rechts und an der Wahrung der Rechtseinheit deutlich **im Vordergrund** (vgl BT-Drucks 14/4061, 9 zu §§ 115, 116 und BT-Drucks 14/4722, 66 zur vergleichbaren Regelung in § 543 Abs 2 ZPO; BVerfG NJW 2004, 1371). Das **Einzelinteresse** des Rechtsmittelklägers an einer richtigen Entscheidung seines Streitfalls wird dagegen vor allem durch den Zulassungsgrund des § 115 Abs 2 Nr 3 (Verfahrensfehler) berücksichtigt. Darüber hinaus soll nach der Gesetzesbegründung ein allgemeines Interesse an einer korrigierenden Entscheidung des Revisionsgerichts auch dann bestehen, wenn dem FG Fehler von erheblichem Gewicht bei der Auslegung des revisiblen

Rechts unterlaufen sind, die geeignet sind, das Vertrauen in die Rspr zu beschädigen (BT-Drucks 14/4061, 9). Durch diese Beschränkung des Zugangs, die der Erhaltung der Funktionsfähigkeit des Rechtsmittelgerichts dient (BT-Drucks 14/4549, 11), wird das Bedürfnis der Beteiligten nach einer möglichst umfassenden Gewährleistung der Einzelfallgerechtigkeit im Interesse der Gewährleistung der allgemeinen Revisionszwecke vernachlässigt. Dies mag in einem Verfahren, das nur eine Tatsacheninstanz kennt, rechtspolitisch fragwürdig sein (zur Kritik vgl zB *T/K* § 115 Rz 3; *Seer,* BB 2000, 2387; *ders* StuW 2001, 3). Unter Berücksichtigung der durch § 116 Abs 3 nF verlängerten Frist für die Begründung der NZB und der Erweiterung des Zulassungsgrundes des § 115 Abs 2 Nr 2 erscheint die Einschränkung des Zugangs zur Revisionsinstanz aber auch unter Berücksichtigung des verfassungsrechtlich gewährleisteten Anspruchs auf **effekten Rechtsschutz** (Art 19 Abs 4 GG) vertretbar. Das Grundgesetz gibt keinen Anspruch auf die Überprüfung einer gerichtlichen Entscheidung durch eine weitere Instanz (BVerfGE 54, 277; 107, 395; NJW 2004, 1371; *Schoch ua* § 132 Rz 10; **aA** *Seer* StuW 2001, 3, 6, der aus Art 95 Abs 1 iVm Art 19 Abs 4 GG folgert, dass die Verfassung zumindest in bedeutsamen Verfahren ein zweistufiges Gerichtsverfahren garantiert). Es liegt in der Gestaltungsfreiheit des Gesetzgebers, ob er in steuerrechtlichen Streitigkeiten Rechtszüge einrichtet, welche Zwecke er damit verfolgt und wie er sie im Einzelnen regelt. Soweit allerdings die Verfahrensordnung eine weitere Instanz zur Verfügung stellt, darf der Zugang zu dieser Instanz nicht in unzumutbarer, sachlich ungerechtfertigter Weise erschwert und müssen die durch das Rechtsstaatsprinzip (Art 20 GG) gebotenen Forderungen der **Rechtsmittelklarheit** und **Rechtsmittelsicherheit** beachtet werden (BVerfGE 49, 148; 54, 277; BVerfGE 74, 228; 87, 48; 107, 395; *Kopp/Schenke* Vor § 124 Rz 3 b; *Schoch ua* § 132 Rz 10 f; vgl dazu auch Rz 19). Die Regelung des § 115 Abs 2 genügt diesen rechtsstaatlichen Anforderungen; das gilt auch, soweit sie unbestimmte Rechtsbegriffe wie „grundsätzliche Bedeutung", „Rechtsfortbildung" und „Sicherung einer einheitlichen Rechtsprechung" verwendet. Zum Teil handelt es sich hierbei – wie insbesondere bei dem Tatbestandsmerkmal „grundsätzliche Bedeutung" – um überkommene Begriffe, die durch eine umfangreiche Judikatur hinreichend konkretisiert sind (BVerfG in NJW 2004, 1371 zu der mit § 115 Abs 2 Nr 1 übereinstimmenden Regelung in § 543 Abs 2 Nr 1 ZPO nF; *Schoch ua* § 132 Rz 12). Auch soweit in § 115 Abs 2 Nr 2 der neue Zulassungsgrund „Sicherung einer einheitlichen Rspr" eingeführt wurde, bestehen gegen die Verwendung dieses unbestimmten Rechtsbegriffs keine verfassungsrechtlichen Bedenken, da dieser durch die Rspr der Revisionsgerichte konkretisiert werden kann (BVerfG NJW 2004, 1371; vgl dazu auch Rz 22). Verfassungsrechtliche Bedenken gegen die Bestimmtheit des § 115 Abs 2 Nr 2 ergeben sich jedoch dann, wenn es der Rspr innerhalb angemessener Zeit nicht gelingen sollte, die unbestimmten Rechtsbegriffe so zu konkretisieren, dass die Voraussetzungen für die Zulassung der Revision für den Rechtsuchenden erkennbar sind (BVerfG NJW 2004, 1371).

II. Gegenstand der Revision

In finanzgerichtlichen Verfahren ist der Gegenstand der Revision – an- **4** ders als in der ZPO (vgl § 542 nF/§ 545 aF) – nicht auf Endurteile und diesen ausdrücklich gleichgestellte Zwischenurteile (vgl § 304 Abs 2 ZPO) beschränkt. Nach § 115 Abs 1 können grundsätzlich **alle Arten von Urteilen** angefochten werden, also

- Endurteile,
- Teilurteile (§ 98; vgl BFHE 173, 204 = BStBl II 1994, 403; BFHE 106, 170 = BStBl II 1972, 770; BFH/NV 1992, 617),
- Ergänzungsurteile nach § 109 (BFH/NV 1992, 670),
- Zwischenurteile über die Zulässigkeit der Klage nach § 97 (BFHE 155, 280 = BStBl II 1989, 369),
- Zwischenurteile (Grundurteile) nach § 99 Abs 1 (BFH/NV 1993, 316; 1995, 1070),
- Zwischenurteile nach § 99 Abs 2 (BFHE 187, 418 = BStBl II 2000, 139; BFHE 176, 424 = BStBl II 1995, 460; BFHE 177, 71 = BStBl II 1995, 467; BFH/NV 1996, 603; aA *v Groll* § 99 Rz 9; *May* Kap IV Rz 25).

Nicht revisibel sind dagegen *unselbstständige Zwischenurteile* nach § 155 iVm § 303 ZPO; diese können nur zusammen mit dem Endurteil angefochten werden (vgl § 97 Rz 3). Unselbstständige Zwischenurteile sind zB Entscheidungen nach § 67 Abs 3 (vgl BFHE 155, 280 = BStBl II 1989, 369). Unanfechtbar sind auch Entscheidungen nach § 56 Abs 5, die in der Form eines Zwischenurteils ergehen (§ 56 Rz 57).

Mit der Revision anfechtbar sind ferner **Gerichtsbescheide** des Senats, **5** wenn dieser die Revision zugelassen hat (§ 90 a Abs 2 S 2); das gilt auch für selbstständige Zwischenentscheidungen, die als Gerichtsbescheid nach § 90 a ergehen (BFHE 172, 493 = BStBl II 1994, 439). Dagegen ist gegen Gerichtsbescheide des Vorsitzenden oder des bestellten Berichterstatters (§ 79 a Abs 2 iVm Abs 4, § 90 a) grundsätzlich nur der Rechtsbehelf des Antrags auf mündliche Verhandlung statthaft (BFHE 172, 319 = BStBl II 1994, 118); ausnahmsweise kann die Revision zulässig sein, wenn der Gerichtsbescheid nicht eindeutig erkennen lässt, auf welcher verfahrensrechtlichen Grundlage der Richter entschieden hat (BFHE 174, 107 = BStBl II 1994, 571; vgl Vor § 115 Rz 4).

Betrifft das FG-Urteil **mehrere selbstständige Streitgegenstände** (zB **6** mehrere Steuerbescheide) oder einen **teilbaren Streitgegenstand,** so kann die Revision auf einen Teil des angefochtenen Urteils beschränkt werden (BFHE 156, 339 = BStBl II 1989, 585; BFH/NV 1986, 690; BVerwGE 43, 147; BVerwG NJW 1957, 1572). Ein Streitgegenstand ist teilbar, wenn und soweit über einen selbstständigen Teil des Streitgegenstandes gesondert entschieden werden kann, dh soweit der Erlass eines Teilurteils in Betracht kommt (BFHE 166, 418 = BStBl II 1992, 408; BFH/NV 2000, 1220; BVerwGE 43, 147; § 98 Rz 2). Für die Teilanfechtung gelten insoweit die gleichen Grundsätze wie für die beschränkte Zulassung der Revision (vgl dazu unten Rz 112). An der Teilbarkeit des Streitgegenstandes fehlt es bei der Einkommensteuer hinsichtlich einzelner Besteuerungsgrundlagen (§ 157 Abs 1 AO) oder hinsichtlich eines bestimmten Steuerbetrages (BFHE 166,

418 = BStBl II 1992, 408). Denn der Einkommensteuerbescheid ist nicht teilbar, weil er keine Teileinkommensteuerschulden festsetzen darf; wird deshalb im Revisionsantrag ein bestimmter Betrag genannt, dient dieser idR nur der Erläuterung des Begehrens des Rechtsmittelführers (so zutreffend *Martens* in StuW 1990, 252 für den Klageantrag). Entsprechendes gilt für andere Steuerbescheide (vgl zB zur USt das Urteil vom 6. 5. 1971 V R 141/68 nv). Nicht gefolgt werden kann deshalb der Ansicht des II. Senats des BFH in BFHE 160, 1 = BStBl II 1990, 587, der eine Teilanfechtung und Teilbestandskraft eines Urteils in bezug auf einen bestimmten Steuerbetrag für möglich gehalten hat. Zur Teilbarkeit von *Feststellungsbescheiden* vgl BFHE 152, 101, 108; BFHE 157, 275 = BStBl II 1989, 697; BFHE 159, 4, 10 = BStBl II 1990, 327 mwN; Vor § 40 Rz 42.

7   Soweit nach diesen Grundsätzen eine Teilanfechtung in Betracht kommt, ist für den Umfang der Anfechtung und den Gegenstand der Revision der **Antrag** in der Revisionsbegründungsschrift maßgeblich. Bei einem Widerspruch zwischen dem Rubrum der Revisionsschrift oder der Revisionsbegründungsschrift und dem Revisionsantrag ist das (weitergehende) Rubrum für die Bestimmung des Gegenstands der Revision nicht maßgebend, wenn sich aus der Revisionsbegründung eindeutig ergibt, dass der Revisionskläger sich nur gegen die steuerrechtliche Beurteilung eines bestimmten Streitgegenstandes wenden will (BFHE 156, 218, 222 = BStBl II 1989, 572). Hat der Revisionskläger zunächst ohne weitere Ausführungen zum Ziel des Rechtsmittels Revision eingelegt und erklärt er erst in der Revisionsbegründung, das Urteil solle nur in beschränktem Umfang angefochten werden, so liegt darin weder eine **Teilrücknahme** des Rechtsmittels noch ein **Rechtsmittelverzicht** in Bezug auf den nicht angefochtenen Teil des Urteils; es wird lediglich der Umfang der Anfechtung konkretisiert (BFH v 24. 2. 2005 IV R 39/03, juris; BGH NJW 1991, 3162; BVerwG NJW 1992, 500). Wird umgekehrt in der Revisionsschrift das Urteil nur hinsichtlich eines selbstständig anfechtbaren Teils als angefochten bezeichnet, so ist der Revisionskläger dadurch nicht gehindert, seinen Revisionsantrag bis zum Ablauf der Revisionsbegründungsfrist auf den vollen Umfang der Beschwer zu erweitern; etwas anderes gilt nur, wenn der Revisionskläger mit Einlegung der Revision oder zu einem früheren Zeitpunkt auf die Einlegung eines Rechtsmittels (teilweise) verzichtet hat (vgl dazu Vor § 115 Rz 23). Zur **Teilanfechtung** vgl ferner Vor § 115 Rz 1 und 23; § 120 Rz 56.

Wegen der Nachprüfung von Entscheidungen des FG, die dem Urteil vorausgegangen sind, vgl § 124 Rz 2 ff.

Zur Anfechtung **inkorrekter Entscheidungen** vgl Rz 4 Vor § 115.

III. Revisionsbefugte

8   Zur Einlegung der Revision berechtigt sind **alle in der Vorinstanz am Verfahren Beteiligten** (§ 57; BFHE 177, 4 = BStBl II 1995, 488), also nicht diejenigen, die am Verfahren hätten beteiligt werden können oder müssen (BFHE 91, 460 = BStBl II 1968, 383; BFHE 191, 1 = BStBl II 2000, 300; BVerwG HFR 1978, 458; BVerwG Buchholz 310 § 133 VwGO Nr 36; *Eyermann* § 132 Rz 7). Wer beteiligt war, ergibt sich im Regelfall aus dem **Rubrum** des angefochtenen Urteils; ist ein Beteiligter im Rubrum erkennbar *falsch bezeichnet,* kann dies vom Revisionsgericht berichtigt werden (vgl § 122 Rz 1). Entscheidend für die Berechtigung zur Einlegung der Revision ist grundsätzlich die **tatsächliche Beteiligung;** berechtigt zur Einlegung der Revision kann in einem solchen Fall aber auch der falsch Bezeichnete sein, weil er die Möglichkeit haben muss, ein zu Unrecht gegen ihn ergangenes Urteil zu beseitigen (vgl Vor § 115 Rz 13). Gleiches gilt, wenn das FG einen während des finanzgerichtlichen Verfahrens eingetretenen gesetzlichen Parteiwechsel übersehen und das Urteil gegen den ursprünglich Beteiligten erlassen hat; befugt zur Einlegung der Revision sind in diesem Fall sowohl der irrtümlich als Beteiligter Behandelte als auch der richtige Beteiligte (BFHE 177, 4 = BStBl II 1995, 488). Von der Einlegung der Revision sind diejenigen Personen ausgeschlossen, die notwendigerweise am Verfahren erster Instanz hätten beteiligt werden müssen, aber tatsächlich nicht beteiligt worden sind (BFHE 113, 350 = BStBl II 1975, 40). Personen, die **zu Unrecht beigeladen** wurden, sind gleichwohl Beteiligte iS des § 115 und als solche zur Einlegung der Revision befugt (BFHE 135, 386 = BStBl II 1982, 506) ihr Rechtsmittel wird jedoch idR wegen **fehlender Beschwer** unzulässig sein (vgl hierzu Vor § 115 Rz 20 und BVerwGE 37, 43). In jedem Fall bleibt ein zu Unrecht Beigeladener Beteiligter des von einem der Hauptbeteiligten eingeleiteten Revisionsverfahrens (BFHE 133, 526). Im übrigen kann (auch wenn keiner der Hauptbeteiligten Revision eingelegt hat) der am Verfahren erster Instanz als Beigeladener Beteiligte selbst dann Revision einlegen, wenn die Beiladung keine notwendige war; er muss sich jedoch im Rahmen der vom Hauptbeteiligten in erster Instanz gestellten Anträge halten (vgl § 60 Rz 142; BFHE 131, 429 = BStBl II 1981, 101).

Zu den **Beteiligten des Revisionsverfahrens** vgl auch die Kommentierung zu § 122.

IV. Gründe für die Zulassung der Revision

1. Allgemeines

a) Nach Inkrafttreten des 2. FGOÄndG ab dem 1. 1. 2001 ist die Revision gegen ein Urteil des FG nur noch statthaft, wenn sie im Urteil des FG oder – auf NZB – durch Beschluss des BFH zugelassen worden ist. Es gilt uneingeschränkt der Grundsatz der gerichtlichen Zugangskontrolle. Die möglichen Gründe für die Zulassung der Revision sind in § 115 Abs 2 **abschließend geregelt** (*Gräber* DStR 1968, 173; *T/K* § 115 Rz 33); das ergibt sich schon aus dem Wortlaut des § 115 Abs 2 ("Die Revision ist **nur** zuzulassen, …"). Einer Erweiterung des Katalogs der Zulassungsgründe durch die Rspr im Wege der Analogie ist unzulässig. Dies folgt auch aus dem verfassungsrechtlichen Gebot der **Rechtsmittelklarheit** (vgl Rz 3 und 19). Die Zulassungsgründe des Abs 2 stehen – auch wenn sie sich nicht immer deutlich voneinander abgrenzen lassen – grundsätzlich selbstständig nebeneinander. Jeder der dort genannten Zulassungsgründe rechtfertigt für sich allein die Zulassung der Revision. Die Zulassungsgründe gelten in gleicher Weise für die Zulassung durch das **FG** wie für die Zulassung durch den **BFH** im Verfahren der NZB. Allerdings wird die Zulassung wegen eines Verfahrensmangels in der Praxis nur durch den BFH ausgesprochen. Liegt ein Zulassungsgrund iS des § 115 Abs 2 vor, **muss**

11

die Revision zugelassen werden; ein **Ermessen des Gerichts** besteht insoweit nicht (*Schoch ua* § 132 Rz 21).

12   b) Die Gründe für die Zulassung der Revision müssen sich auf die in der **Hauptsache getroffene Entscheidung** des FG beziehen. Mit der NZB kann deshalb nicht geltend gemacht werden, das FG habe verfahrensfehlerhaft die Zulassung der Revision versagt oder die negative Entscheidung über die Zulassung der Revision habe grundsätzliche Bedeutung (BFHE 148, 489 = BStBl II 1987, 305). Auch mit dem Vorbringen, die **Kostenentscheidung** des FG werfe eine Frage von grundsätzlicher Bedeutung auf oder beruhe auf einem Verfahrensfehler, kann die Zulassung der Revision nicht erreicht werden (BFH/NV 2000, 110, 345).

13   c) Gegenstand der Entscheidung über die Zulassung der Revision ist nur die Frage, ob einer der in § 115 Abs 2 genannten Zulassungsgründe vorliegt. Ob das FG den zugrundeliegenden Rechtsstreit richtig entschieden hat, dh die **Erfolgsaussicht** einer künftigen Revision, ist auch im Verfahren der NZB grundsätzlich nicht zu prüfen. Der bloße Umstand, dass eine zugelassene Revision voraussichtlich zur Aufhebung des vorinstanzlichen Urteils führen würde, kann die Zulassung der Revision nicht rechtfertigen. Aus der Entscheidung des BVerfG zu § 554b ZPO aF (BVerfGE 54, 277) ergibt sich nichts anderes, da die Regelung des § 554b ZPO aF mit § 115 Abs 2 nicht vergleichbar ist. Im Verfahren der NZB kann jedoch die *fehlende* Erfolgsaussicht der Revision von Bedeutung sein, soweit eine sinngemäße Anwendung des § 126 Abs 4 bei der Entscheidung über die NZB bejaht wird (vgl dazu § 116 Rz 56).

14   d) Bei der Prüfung, ob ein Zulassungsgrund iS von § 115 Abs 2 Nr 1 und 2 vorliegt, ist grds von den **Verhältnissen im Zeitpunkt der Entscheidung** über die Zulassung auszugehen (BFHE 111, 396 = BStBl II 1974, 321; BFH/NV 2000, 552; BFH/NV 1990, 165; BVerwG HFR 1966, 196; *H/H/Sp/Lange* § 115 Rz 21, 188, 258). Ist also ein Zulassungsgrund erst Erlass des angefochtenen Urteils und/oder nach Einlegung der NZB entstanden, kann er noch im Verfahren der NZB berücksichtigt werden (§ 116 Rz 55, 61). Zum Wegfall des Zulassungsgrundes nach Einlegung der NZB vgl § 116 Rz 61.

2. Zur Auslegung der Zulassungsvorschriften

18   a) Die Vorschriften über die Zulassung der Revision sind Teil des Abschnitts „Rechtsmittel und Wiederaufnahme des Verfahrens". Die Zulassung soll in Fällen von allgemeinem Interesse oder bei Vorliegen eines Verfahrensfehlers die Nachprüfung des angefochtenen Urteils im Revisionsverfahren ermöglichen. Die Zulassungsvoraussetzungen des § 115 Abs 2 können deshalb nicht losgelöst von den **revisionsrechtlichen Vorschriften** in §§ 118 ff ausgelegt werden. Eine Zulassung kann nur wegen solcher Rechtsfragen ausgesprochen werden, die Gegenstand einer revisionsgerichtlichen Prüfung sein können. So ist schon bei der Entscheidung über die Zulassung der Revision wegen grundsätzlicher Bedeutung zu prüfen, ob die als grundsätzlich angesehene Frage in einem künftigen Revisionsverfahren überhaupt geklärt werden kann. An dieser Voraussetzung der Klärungsfähigkeit fehlt es etwa dann, wenn die Entscheidung des Falls maßgeblich von einer Würdigung der festgestellten Tatsachen abhängt, die der Nachprüfung durch das Revisionsgericht grundsätzlich entzogen ist (§ 118 Abs 2), wenn die als grundsätzlich erachtete Rechtsfrage für das angefochtene Urteil nicht entscheidungserheblich war oder wenn der BFH – bei Verfahren im zweiten Rechtszug – die Rechtsfrage nicht mehr prüfen kann, weil er an seine im ersten Rechtszug vertretene Auffassung gebunden ist (§ 126 Abs 5).

b) Bei der Auslegung der Zulassungsvorschriften sind auch die **Vor-** **19** **gaben der Verfassung** zu beachten. Die revisionsrechtlichen Vorschriften sind so auszulegen, dass der Zugang zum BFH nicht in unzumutbarer, aus Sachgründen nicht zu rechtfertigender Weise erschwert wird (BVerfGE 78, 7; *Schoch* ua § 132 Rz 10; *Seer* StuW 2001, 7). Das rechtsstaatliche Postulat der **Rechtsmittelklarheit** (Art 20 Abs 3 GG) verlangt, dass die Auslegung dieser Vorschriften in besonderem Maße nach den Grundsätzen **der Gleichheit, Klarheit** und **inneren Logik** ausgerichtet wird (BVerfGE 49, 148; 74, 228; 87, 48; *Kopp/Schenke* Vor § 124 Rz 3 b). Aus diesem Grundsatz folgt mE auch, dass bei der Auslegung des § 115 Abs 2 idF des 2. FGOÄndG maßgeblich auf den **objektivierten Willen** des Gesetzgebers abzustellen ist. Die aus den Gesetzesmaterialien zu erschließenden Regelungsabsichten sind bei der Auslegung der Zugangsnorm nur zu berücksichtigen, soweit die Grundentscheidungen des Gesetzgebers in dieser Regelung erkennbar angelegt sind (BVerfGE 54, 277; vgl. auch *P. Fischer* in FS Tipke, 187, 208). Dem Gesetzgeber ist es grds nicht verwehrt, bei der Regelung des Zugangs zum Revisionsgericht unbestimmte Rechtsbegriffe zu verwenden (BVerfG NJW 2004, 1729 mwN). Das rechtsstaatliche **Bestimmtheitsgebot** ist erst dann verletzt, wenn den gesetzlichen Tatbeständen bei einer an den herkömmlichen juristischen Auslegungsmethoden orientierten Interpretation durch den BFH keine konkreten Beurteilungsmaßstäbe entnommen werden können. Für die Entwicklung solcher Maßstäbe ist dem BFH eine angemessene Zeit zuzugestehen (BVerfG NJW 2004, 1371 mwN).

3. Zur Änderung des § 115 Abs 2 durch das 2. FGOÄndG

Mit Wirkung ab 1. 1. 2001 gilt § 115 Abs 2 in einer veränderten Fas- **21** sung. Während die Zulassungsgründe des Abs 2 Nr 1 und 3 ihrem Wortlaut nach im wesentlichen unverändert geblieben sind, ist der bisherige Zulassungsgrund der **Divergenz** (Abs 2 Nr 2 aF), dessen Tatbestandsmerkmale klar umschrieben waren, durch eine an § **74 Abs 2 Nr 2 GWB** und § **80 OWiG** angeglichene Formulierung ersetzt worden, die mehrere unbestimmte Rechtsbegriffe enthält. Nach Abs 2 Nr 2 nF ist die Revision zuzulassen, „wenn die Fortbildung des Rechts oder die Sicherung einer einheitlichen Rechtsprechung eine Entscheidung des Bundesfinanzhofs erfordert." Diese Formulierung war im ursprünglichen Regierungsentwurf des 2. FGOÄndG nicht enthalten. Sie taucht erstmals in der BT-Drucks 14/4061 v 11. 9. 2000 auf und steht offenbar in Zusammenhang mit dem Entwurf der ZPO-Novelle, die in § 543 Abs 2 Nr 2 E-ZPO eine gleichlautende Formulierung enthält (vgl dazu BT-Drucks 14/3750, 75 ff und jetzt §§ 511 Abs 4, 543 Abs 2, 574 Abs 2 ZPO idF des ZPO-RG v 27. 7. 2001, BGBl I, 1887). In der amtlichen Begründung des § 115 Abs 2 nF (BT-Drucks 14/4061, 6, 9) heißt es dazu wörtlich: „Die Grundsatz-revison … beschränkt sich nicht auf Divergenzfälle und auf Fälle der Rechtsfortbildung und -vereinheitlichung, sondern bezieht alle Tatbestän-de ein, in denen über den Einzelfall hinaus ein allgemeines Interesse an einer korrigierenden Entscheidung des Rvisionsgerichts besteht. Fehler bei der Auslegung revisiblen Rechts können über den Einzelfall hinaus auch dann allgemeine Interessen nachhaltig berühren, wenn sie zum Beispiel von erheblichem Gewicht und geeignet sind, das Vertrauen in die Rspr zu beschädigen. In diesen Fällen kann es geboten sein, der Rechtspraxis auch dann eine höchstrichterliche Orientierungshilfe zu geben, wenn die engen Zulassungsgründe des bisherigen Rechts nicht vorliegen." (vgl auch die nahezu wortgleiche Gesetzesbegründung zu § 543 Abs 2 ZPO nF in BT-Drucks 14/4722, S 104 mit S 67 li Sp). Der Rechtsausschuss des Bundesta-ges vertritt in seiner Stellungnahme (BT-Drucks 14/4549, 10 f) ebenfalls die Auffassung, § 115 Abs 2 Nr 2 nF erlaube es dem BFH, aus Gründen der **Einzelfallgerechtigkeit** Zugriff auf ein Verfahren zu nehmen, dem kein Revisionsgericht könne dazu gezwungen werden, sehenden Auges ein Fehlurteil gut zu heißen. Es müsse die Möglichkeit haben, sich bei **offensichtlichen Fehlern** einer Sache auch dann anzunehmen, wenn es nur um den Einzelfall gehe. Der mit § 115 Abs 2 Nr 2 nF überein-stimmende **Wortlaut des § 11 Abs 4** stehe dieser Auffassung nicht entge-gen, da § 11 Abs 4 in einem anderen Normzusammenhang stehe und des-halb auch anders zu interpretieren sei als die Zulassungsvorschrift des § 115 Abs 2.

22 Dieser Auffassung ist zu Recht entgegengehalten worden, dass der Wille des Gesetzgebers, den **Individualrechtsschutz** durch eine Ausweitung der Zulassungsgründe zu verbessern, im Wortlaut des Gesetzes **keinen hinreichenden Ausdruck** gefunden hat (BVerfG NJW 2004, 1371 zu § 543 Abs 2 ZPO; *Spindler* DB 2001, 61; *Seer,* BB 2000, 2387; *List,* DB 2000, 2294; *Lange,* NJW 2001, 1098; zweifelnd auch *Beermann* DStZ 2000, 773, 776). Wenn der Gesetzgeber tatsächlich beabsichtigte, den In-dividualrechtsschutz durch einen erleichterten Zugang zum BFH spürbar zu verbessern, hätte er dies – wie von einer beim BFH gebildeten Arbeits-gruppe vorgeschlagen (vgl *Schaumburg* StuW 1999, 68) – durch Einführung eines weiteren Zulassungsgrundes, etwa nach dem Vorbild des § 124 Abs 2 VwGO („ernsthafte Zweifel an der Richtigkeit des Urteils") tun können. Dies ist nicht geschehen, offenbar deshalb, weil der Gesetzgeber einen erhöhten Geschäftsanfall beim BFH vermeiden wollte (so ausdrücklich BT-Drucks 14/4549, 12). Die jetzige Regelung des § 115 Abs 2 bringt die angestrebte Erweiterung des Zugangs zum BFH bei „offensichtlich fehler-haften Urteilen" der Vorinstanz nicht mit der durch den verfassungsrechtli-chen Grundsatz der Rechtsmittelklarheit gebotenen Deutlichkeit zum Aus-druck. Die im Gesetzgebungsverfahren von Mitgliedern des Bundestages oder Ministerialbeamten geäußerten Auffassungen über die Reichweite der Zulassungsnormen binden deshalb den BFH bei der Auslegung des § 115 Abs 2 nF nicht (s Rz 19). Zu der Frage, ob und in welchem Umfang § 115 Abs 2 die vom Gesetzgeber beabsichtigte Erweiterung der Zulassung zur Korrektur sog Fehlurteile ermöglicht vgl Rz 68 ff.

4. Grundsätzliche Bedeutung (Abs 2 Nr 1)

a) Begriff

Nach § 115 Abs 2 Nr 1 ist die Revision zuzulassen, wenn die Rechts- **23** sache grundsätzliche Bedeutung hat. Die Vorschrift stimmt insoweit wörtlich überein mit § 115 Abs 2 Nr 1 aF. Die ursprüngliche Fassung des Gesetzentwurfs, nach welcher die Revision zuzulassen war, „wenn eine Rechtsfrage von grundsätzlicher Bedeutung zu entscheiden ist", ist auf Vorschlag des Rechtsausschusses des Bundestages abgeändert worden. Damit soll deutlich gemacht werden, dass hinsichtlich dieses Zulassungsgrundes eine **Änderung des bisherigen Rechtszustandes nicht beabsichtigt ist** (BT-Drucks 14/4549, 10 f). Der zentrale Zulassungsgrund des Abs 2 Nr 1 (Grundsatzrevision) entspricht der **Hauptaufgabe des Revisionsgerichts,** das Recht fortzuentwickeln und eine einheitliche Rechtsprechung zu sichern (vgl die Definition der grundsätzlichen Bedeutung in § 11 Abs 4; *May* Kap IV Rz 50 ff, 68 ff; *Schoch ua* § 132 Rz 31). Er findet sich deshalb auch übereinstimmend in allen Verfahrensordnungen (vgl § 132 Abs 2 VwGO, § 543 Abs 2 Nr 1 ZPO, § 72 Abs 2 ArbGG, § 160 Abs 2 SGG). „Grundsätzliche Bedeutung" hat eine Rechtssache nach st Rspr des BFH zu § 115 Abs 2 Nr 1 aF, wenn die für die Beurteilung des Streitfalls maßgebliche Rechtsfrage das (abstrakte) **Interesse der Allgemeinheit** an der einheitlichen Entwicklung und Handhabung des Rechts berührt (vgl zB BFHE 86, 708 = BStBl III 1966, 628; BFHE 165, 287 = BStBl II 1991, 924; BFHE 165, 469 = BStBl II 1992, 148; BFHE 166, 302 = BStBl II 1992, 348; BFHE 182, 430 = BStBl II 1997, 443; BFHE 184, 118 = BStBl II 1998, 56). Nach einer anderen Formulierung hat eine Rechtsfrage grundsätzliche Bedeutung, wenn ihre Beantwortung durch den BFH aus Gründen der Rechtssicherheit, der Rechtseinheitlichkeit und/oder der Rechtsentwicklung im allgemeinen Interesse liegt (vgl zB BFHE 144, 137 = BStBl II 1985, 625; BFHE 189, 401 = BStBl II 1999, 760; BFHE 188, 372 = BStBl II 2000, 254). Darüberhinaus wird gefordert, es müsse sich um eine aus **rechtssystematischen Gründen bedeutsame Frage** handeln (BFHE 144, 137 = BStBl II 1985, 625; BFHE 163, 495 = BStBl II 1991, 465; BFHE 185, 497 = BStBl II 2000, 430; BFH/NV 1994, 873; 1995, 140; 2000, 1495, 1510; kritisch dazu *Seer* StuW 2001, 3). Die **wirtschaftlichen** und/oder **finanziellen Auswirkungen** der Entscheidung für die Allgemeinheit – mögen sie auch noch so gewichtig sein – geben der Rechtssache keine grundsätzliche Bedeutung (BFH/NV 1999, 1514; **aA** zu § 543 Abs 2 Nr 1 ZPO: BGH NJW 2003, 3765; *Wenzel* NJW 2002, 353). Auch Streitigkeiten, deren Entscheidung maßgeblich von der Beurteilung der tatsächlichen Besonderheiten des konkreten Sachverhalts abhängt, sind nicht grds bedeutsam (BFH/NV 1994, 433; 1999, 1514; 2000, 998, 1261). An dieser Rspr ist unter der Geltung des **§ 115 Abs 2 nF** grds festzuhalten (vgl zB BFHE 205, 416 = BStBl II 2004, 748; BFHE 199, 85; BFH/NV 2005, 783, 896, 910; 2004, 777; 2003, 303, 483, 909, 1082 mwN). Eine **Einschränkung** des Zulassungsgrundes in § 115 Abs 2 Nr 1 ergibt sich nur insoweit, als der Zulassungsgrund der **Rechtsfortbildung** nunmehr als spezieller Tatbestand in § 115 Abs 2 Nr 2, 1. Alt geregelt ist *H/H/Sp/Lange* Rz 84; vgl hierzu auch Rz 41).

24   Weitgehende Einigkeit besteht in Rspr und Literatur heute auch darüber, dass **Fehler** bei der Auslegung und **Anwendung des materiellen Rechts** im konkreten Einzelfall die Zulassung der Revision wegen grds Bedeutung nicht rechtfertigen (st Rspr zu § 115 Abs 2 aF, vgl zB BFHE 182, 430 = BStBl II 1997, 443; BFH/NV 2000, 343, 681, 1461; 1999, 210; 1998, 54). Insoweit ist auch durch die Neufassung des § 115 Abs 2 keine Änderung eingetreten. Die vom Gesetzgeber beabsichtigte Erweiterung des Zugangs zum Revisionsgericht kann deshalb nur durch eine weite Auslegung des Zulassungstatbestandes „Sicherung einer einheitlichen Rspr" in § 115 Abs 2 Nr 2, nicht aber durch eine Neubestimmung des § 115 Abs 2 Nr 1 erreicht werden (vgl die Nachweise bei Rz 26 und jetzt ausdrücklich auch die Gesetzesbegründung zum AnhRüG, Einzelbegründung zu § 321 a ZPO, BT-Drucks 15/3706, 16). Das gilt **unabhängig von der Schwere des Rechtsfehlers** (*May* Kap IV Rz 68 a; aA *Wenzel* in MüKo § 543 Rz 35, 40). Umgekehrt genügt der Umstand, dass von einer Rechtsfrage eine *Vielzahl von Steuerfällen* betroffen ist, für sich allein ebenfalls nicht, einer Sache grds Bedeutung zuzuerkennen (BFHE 97, 281 = BStBl II 1970, 133; BFH/NV 1995, 79, 530; 603, 927; BVerfGE 13, 90; *H/H/Sp/Lange* Rz 93; *T/K* Rz 45). Vielmehr kommt es auf die **Breitenwirkung** einer höchstrichterlichen Entscheidung über eine zweifelhafte und deshalb klärungsbedürftige Rechtsfrage an (*Kopp/Schenke* § 132 Rz 12; *May* Kap IV Rz 68).

b) Verhältnis der Zulassungsgründe in § 115 Abs 2

25   Allen Zulassungsgründen des § 115 Abs 2 – mit Ausnahme der Zulassung wegen eines entscheidungserheblichen Verfahrensmangels – ist gemeinsam, dass über das Einzelinteresse der Beteiligten an einer Korrektur des erstinstanzlichen Urteils hinaus ein **Interesse der Allgemeinheit** an einer Entscheidung des Revisionsgerichts bestehen muss (vgl die Gesetzesbegründung zu § 115, BT-Drucks 14/4061, 9 und BT-Drucks 14/4722, 66 zu der identischen Regelung in § 543 Abs 2 ZPO; vgl dazu auch Rz 2 f, 23). In diesen Formulierungen kommt zum Ausdruck, dass sich die Bedeutung der Sache nicht in der **Entscheidung des konkreten Einzelfalls** erschöpfen darf, sondern im Regelfall eine Vielzahl gleichartiger Fälle betreffen muss. Dieses Allgemeininteresse besteht zum einen, wenn es um die Klärung zweifelhafter und strittiger Rechtsfragen durch das Revisionsgericht geht, aber auch dann, wenn Gerichte bei der Auslegung derselben Rechtsnorm voneinander abweichen, vor allem dann, wenn sie in einer entscheidungserheblichen Rechtsfrage die Rspr des BFH nicht beachten. Die Zulassung ist in diesen Fällen zur Wahrung der Rechtseinheit geboten.

Die (wirtschaftlichen oder finanziellen) Auswirkungen einer Entscheidung für den Stpfl persönlich rechtfertigen für sich gesehen in keinem Fall die Zulassung der Revision. Auch an der Korrektur von **Fehlern** bei der Auslegung und **Anwendung des materiellen Rechts** im konkreten Einzelfall besteht im Regelfall kein Interesse der Allgemeinheit. Nach Ansicht des Gesetzgebers ist eine Ausnahme jedoch dann gegeben, wenn es sich um Rechtsfehler von erheblichem Gewicht handelt, die geeignet sind, das Vertrauen in die Rspr zu beschädigen (BT-Drucks 14/4061, 9; vgl dazu

Rz 21 f und im Einzelnen Rz 68 ff). Soweit nach den Vorstellungen des Gesetzgebers § 115 Abs 2 Nr 2 die Revision zur Korrektur von gravierenden Rechtsfehlern („Fehlurteilen") eröffnet ist, obwohl weder ein Fall der Divergenz vorliegt, noch eine Rechtsfrage von grundsätzlicher Bedeutung zu entscheiden ist, erweitert § 115 Abs 2 Nr 2 inhaltlich den bisherigen Anwendungsbereich dieser Zulassungsvorschrift (BT-Drucks 14/4061, 9). Demgegenüber wurde unter der Geltung des § 115 Abs 2 aF der Zulassungsgrund der Diverenz (Abs 2 Nr 2) lediglich als ein spezieller Fall der Grundsatzzulassung angesehen (vgl BVerfG NVwZ 1993, 465; Voraufl Rz 16 mwN), während der Grundsatztatbestand als Auffangtatbestand im Verhältnis zum Divergenztatbestand begriffen wurde. In den Fällen der Divergenz wurde die grds Bedeutung der Sache von Gesetzes wegen *unwiderlegbar indiziert* (BFHE 153, 213 = BStBl II 1988, 734 mwN), dh es kam bei Vorliegen der Voraussetzungen des § 115 Abs 2 Nr 2 aF nicht mehr darauf an, ob die Abweichung eine im allgemeinen Interesse klärungsbedürftige Rechtsfrage betraf. Daran hat sich auch unter der Geltung des § 115 Abs 2 nF grds nichts geändert (ebenso *Musielak* FS *Gerhardt,* 653, 655 zu § 543 Abs 2 ZPO). Soweit das Allgemeininteresse – über die Fälle der Divergenz hinaus – die Zulassung der Revision zur Korrektur bestimmter **Rechtsfehler** fordert, ist dieser Zulassungsgrund nicht als ein Anwendungsfall des § 115 Abs 2 Nr 1 (Grundsatzrevision), sondern des Abs 2 Nr 2 (Sicherung der Rechtseinheit) geltend zu machen (vgl die st Respr des BFH in BFH/NV 2002, 798; 2003, 1445; 2004, 829; 2005, 707, 853; und das BVerfG sowie das BGH zu § 543 ZPO nF: BVerfG NJW 2004, 1371; BGH NJW 2002, 2473; 2003, 1942; 2004, 2222; 2005, 153; ebenso zB *H/H/Sp/Lange* Rz 79 ff, 83, 200 und DStR 2001, 1098; *Gaier* in NJW-Sonderheft 2003, 1822; aA *Beermann* Rz 73; *ders* DStR 2005, 450, 455; *T/K* Tz 43, 51 ff; offen gelassen in BFHE 196, 30 = BStBl II 2001, 837).

Nach der Rspr des BGH und des BFH (NJW 2005, 152; BFH/NV **26** 2005, 1217, 1215; 2004, 1545) erfasst der Zulassungsgrund „Sicherung einer einheitlichen Rechtsprechung" auch den Fall einer Verletzung von **Verfahrensgrundrechten,** insb den Art 103 GG (rechtliches Gehör). Dieser Auffassung ist mE für die Auslegung des § 115 Abs 2 Nr 2 nicht zu folgen, da für die Geltendmachung von Verfahrensmängeln aller Art der spezielle Zulassungsgrund des § 115 Abs 2 Nr 3 gegeben ist, während die ZPO diesen Zulassungsgrund nicht kennt.

c) Klärungsbedürftigkeit einer Rechtsfrage

aa) Die grundsätzliche Bedeutung muss im Hinblick auf eine bestimmte **27** **Rechtsfrage** gegeben sein, denn im Revisionsverfahren können nur Rechtsfragen geklärt werden (§ 118 Abs 2); Fehler bei der Feststellung oder Würdigung von **Tatsachen** können allenfalls aufgrund einer Verfahrensrüge zur Zulassung der Revision nach § 115 Abs 2 Nr 3, nicht aber nach Abs 2 Nr 1 führen (BFH/NV 1993, 546; 1997, 459). Die Rechtsfrage kann dem materiellen oder dem **Verfahrensrecht** angehören (*Gräber* DStR 1968, 175; *Kopp/Schenke* § 132 Rz 9). Von den rechtsgrundsätzlichen Fragen über die Auslegung von Verfahrensnormen sind die Verfahrensfehler zu unterscheiden, bei denen es sich idR um unbewusste Verstöße gegen Verfahrensrecht handelt; diese können ggf nach § 115 Abs 2 Nr 3 zur Zulassung der Revision führen.

28   bb) Die Rechtsfrage muss **klärungsbedürftig** sein (st Rspr, vgl zB BFHE 2006, 358 = BStBl II 2004, 1000; BFHE 189, 401 = BStBl II 1999, 760; BFHE 188, 372 = BStBl II 2000, 254; BFHE 182, 430 = BStBl II 1997, 443; BAG NJW 1980, 1812; *Weyreuther* Rz 62 ff; *T/K* § 115 Rz 49); das ist sie nur, wenn ihre Beantwortung zu Zweifeln Anlass gibt, also mehrere Lösungen vertretbar sind (*Beermann* Rz 81; *May* Kap IV Rz 57; *Kleier* FK § 73 GWB Rz 51). Klärungsbedürftig ist eine Rechtsfrage auch dann, wenn die **Finanzverwaltung** nicht nach der höchstrichterlichen Rspr verfährt, zB weil ein Nichtanwendungserlass ergangen ist und das FG dem BFH gefolgt ist (BFHE 93, 267 = BStBl II 1968, 779; BFH/NV 1995, 992; differenzierend: *H/H/Sp/Lange* Rz 109; BFHE 155, 44 = BStBl II 1989, 566 und BFH/NV 2003, 1581: Keine Zulassung, wenn die Verwaltung keine beachtlichen Gesichtspunkte vorbringt, die der BFH noch nicht berücksichtigt hat). An der Klärungsbedürftigkeit fehlt es, wenn sich die Antwort auf die streitige Rechtsfrage ohne weiteres aus dem klaren Wortlaut und Sinngehalt des Gesetzes ergibt oder die Rechtsfrage offensichtlich so zu beantworten ist, wie es das FG getan hat, die **Rechtslage** also **eindeutig** ist (st Rspr, vgl zB BFHE 106, 276 = BStBl II 1972, 792; BFHE 165, 287 = BStBl II 1991, 924; BFHE 187, 559 = BStBl II 1999, 231; BFHE 191, 179; BFHE 205, 416 = BStBl II 2004, 748; BFH/NV 2000, 692, 948, 1461; 2004, 1221; BSGE 40, 159). Eine Rechtsfrage ist auch dann nicht klärungsbedürftig, wenn sie bereits durch die Rspr des BFH **hinreichend geklärt** ist und **keine neuen Gesichtspunkte** erkennbar sind, die eine erneute Prüfung und Entscheidung dieser Frage durch den BFH erforderlich machen (BFHE 113, 409 = BStBl II 1975, 196; BFHE 188, 395 = BStBl II 1999, 587; BFH/NV 2000, 320, 563, 490; 1999, 1651; *T/K* Rz 49). Sind jedoch einzelne FG der Rspr des BFH nicht gefolgt oder sind in der Literatur beachtliche Argumente gegen die Rspr vorgetragen worden, die der BFH noch nicht erwogen hat, so kann eine Zulassung wegen grundsätzlicher Bedeutung oder zur Rechtsfortbildung nach § 115 Abs 2 Nr 2 auch dann geboten sein, wenn zu der streitigen Rechtsfrage bereits eine gefestigte Rspr des BFH vorliegt (BFHE 123, 48 = BStBl II 1977, 760; BFHE 180, 450 = BStBl II 1997, 82; BFH/NV 1998, 29; *T/K* Rz 49; *Kopp/Schenke* § 132 Rz 10). Bloße Kritik an der vorliegenden BFH-Rspr, ohne dass ernst zu nehmende neue Argumente gegen sie vorgebracht werden, genügt aber nicht (BFHE 180, 450 = BStBl II 1997, 82; *May* Kap IV Rz 60). Das gilt erst recht, wenn die Argumente gegen die Rspr des BFH **abwegig** erscheinen oder wenn sich der BFH bereits eingehend mit den Argumenten gegen seine Rspr auseinandergesetzt hat (BFHE 106, 276 = BStBl II 1972, 792; BFHE 124, 527; BFHE 177, 451 = BStBl II 1995, 532). Ist eine Rechtsfrage bereits durch eine höchstrichterliche Rspr geklärt, wird sie nicht deshalb wieder klärungsbedürftig, weil das ihr zugrunde liegende **Gesetz geändert** wurde, sofern die Tatbestandsmerkmale, auf die sie sich bezieht, in das neue Gesetz unverändert übernommen wurden (BFHE 188, 395 = BStBl II 1999, 587). Erneuter Klärungsbedarf kann trotz vorhandener höchstrichterlicher Rspr bestehen, wenn eine **neue Fallgestaltung** in zahlreichen Fällen auftritt, die gegenüber den bisher entschiedenen Sachverhalten Besonderheiten aufweist, die eine erneute Entscheidung des BFH erforderlich machen (BFH/NV 2005, 355).

Unter der Geltung des § 115 Abs 2 aF wurde allgemein die Ansicht **29** vertreten, im Fall der **Abweichung** des FG-Urteils von einer Entscheidung des **EGH** oder eines anderen **obersten Bundesgerichts** (BGH, BAG, BVerwG, BSG) sei die Zulassung der Revision nach § 115 Abs 2 Nr 1 geboten, weil der eng formulierte Zulassungsgrund der Divergenz diese Fälle nicht erfasste (vgl die Nachweise in der Vorauflage bei Rz 9; *T/K* Rz 49). Nach § 115 Abs 2 nF greift in diesen Fällen der Zulassungsgrund des Abs 2 Nr 2 (Sicherung einer einheitlichen Rspr) ein (Rz 49).

d) Klärungsfähigkeit; Entscheidungserheblichkeit

Die Revision kann nur zugelassen werden, wenn die klärungsbedürftige **30** Rechtsfrage im künftigen Revisionsverfahren geklärt werden kann, wenn also eine Aussage zu dieser Rechtsfrage erforderlich ist, um das Entscheidungsergebnis zu begründen. Da es nicht Aufgabe des Revisionsgerichts ist, Rechtsfragen abstrakt zu klären, muss die zu klärende Rechtsfrage für die Entscheidung des Streitfalls **rechtserheblich** sein (vgl BFHE 105, 335 = BStBl II 1972, 575; BFH/NV 2004, 495, 1310; 1998, 729; *T/K* Rz 51; *May* Kap IV Rz 63). Der mit der Zulassung angestrebte Zweck kann nicht verwirklicht werden, wenn der BFH aus formell- oder materiellrechtlichen Gründen an einer Entscheidung über die klärungsbedürftige Rechtsfrage gehindert ist (st Rspr, vgl zB BFHE 101, 468 = BStBl II 1971, 401; BStBl II 2004, 429 = BFH/NV 2005, 749). An der Klärbarkeit einer Rechtsfrage fehlt es ua dann, wenn sie dem **irrevisiblen Recht** (vgl § 118 Abs 1) angehört (BFHE 141, 229 = BStBl II 1984, 721; BFH/NV 1997, 374; BVerwG NVwZ 1986, 739; *H/H/Sp/Lange* Rz 121) oder wenn nach § 118 Abs 2 bindende tatsächliche Feststellungen des FG unabhängig von der Beantwortung der aufgeworfenen Rechtsfrage zu dem vom FG vertretenen Ergebnis führen (BFH/NV 2004, 648). Die Zulassung kann auch nicht mit dem Vorbringen erreicht werden, das FG habe bei der Anwendung des irrevisiblen Rechts allgemeine Auslegungsgrundsätze verletzt (BFHE 141, 229 = BStBl II 1984, 271). Anderenfalls könnte jeder Fehler bei der Auslegung nicht revisiblen Rechts wegen dieses Mangels als Verletzung von Bundesrecht geltend gemacht werden. Rechtsfragen aus dem Bereich des **Europäischen Gemeinschaftsrechts** gehören dem revisiblen Bundesrecht iS des § 118 Abs 1 an (BFHE 119, 439; BVerwGE 35, 277). Sie sind auch dann klärungsfähig, wenn der BFH in einem künftigen Revisionsverfahren voraussichtlich eine Vorabentscheidung des EGH einholen muss. Eine Rechtsfrage kann nicht geklärt werden, wenn sie sich nur stellen kann, wenn von einem anderen als dem vom FG **festgestellten Sachverhalt** ausgegangen wird (§ 118 Abs 2; vgl BFH/NV 2000, 1238; 1995, 807; BFHE 105, 335 = BStBl II 1972, 575; BVerwG NVwZ 1997, 801; BAG MDR 1983, 349); etwas anderes gilt nur dann, wenn in Bezug auf den vom FG festgestellten Sachverhalt zulässige und begründete Verfahrensrügen erhoben wurden oder wenn die Bindung des BFH an den festgestellten Sachverhalt aus anderen Gründen entfällt (BFHE 187, 461 = BStBl II 1999, 291; BFH/NV 1994, 181; 1997, 127; *Schoch ua* § 132

Rz 44). Eine Rechtsfrage ist nicht klärbar, wenn der BFH über sie im Revisionsverfahren nicht entscheiden könnte, weil er – bei Verfahren im zweiten Rechtsgang – gemäß § 126 Abs 5 die **Selbstbindung des Revisionsgerichts** an seine im Verfahren des ersten Rechtsganges vertretene Rechtsauffassung beachten müsste (BFHE 91, 509 = BStBl II 1968, 382; *Schoch ua* § 132 Rz 46). Die Zulassung ist mangels Klärungsfähigkeit zu versagen, wenn die klärungsbedürftige Rechtsfrage sich nur bei der Prüfung der **Begründetheit** der Klage stellt, diese aber vom BFH wegen **Unzulässigkeit** der Klage nicht geprüft werden kann (BFHE 135, 156 = BStBl II 1982, 326; BFHE 152, 40 = BStBl II 1988, 286; BFH/NV 1995, 948; 1999, 1058; *Schoch ua* § 132 Rz 45 mwN).

31   Es genügt für die Zulassung nicht, dass die Klärung der Rechtsfrage theoretisch möglich ist, vielmehr muss zu erwarten sein, dass es tatsächlich zu einer Klärung der Grundsatzfrage kommen wird (BFH/NV 1995, 603, 842; 1996, 652; BFHE 154, 486 = BStBl II 1989, 104; *H/H/Sp/Lange* Rz 123 ff; *Weyreuther* Rz 75 ff; *Schoch ua* § 132 Rz 52). Daran fehlt es in den Fällen, in denen das FG seine Entscheidung kumulativ auf **mehrere Gründe** gestützt hat, von denen jeder für sich gesehen die Entscheidung trägt, jedoch nur zu der nicht allein entscheidungserheblichen Begründung eine Rechtsfrage von grundsätzlicher Bedeutung aufgeworfen wird (st Rspr vgl BFHE 112, 337 = BStBl II 1974, 524; BFH/NV 2005, 835; 2004, 978, 1524; 1996, 42; 1999, 1628; *Beermann* Rz 108; *H/H/Sp/Lange* Rz 123). Das gilt insbesondere dann, wenn lediglich in der **Hilfsbegründung** des finanzgerichtlichen Urteils eine Rechtsfrage von grundsätzlicher Bedeutung angesprochen wird (BFH/NV 1999, 1233; BVerwG Buchholz 310 § 132 VwGO Nr 134).

32   Zum Teil wird die Entscheidungserheblichkeit einer klärungsbedürftigen und klärungsfähigen Rechtsfrage auch dann verneint, wenn das FG-Urteil im Revisionsverfahren aus einem anderen Grund als **im Ergebnis richtig (§ 126 Abs 4)** zu bestätigen war (BFHE 152, 212 = BStBl II 1988, 484; BFH/NV 2000, 192; *H/H/Sp/Lange* Rz 125; *Schoch ua* § 132 Rz 13); mE ist dies nicht überzeugend, weil damit im Zulassungsverfahren eine Prüfung vorweggenommen wird, die dem Senat in den für Urteile geltenden Besetzung obliegt und für die besonderen Verfahrensvorschriften gelten (ebenso: *T/K* Rz 82; *May* Kap IV Rz 67; s auch § 116 Rz 56). Eine entsprechende Anwendung des § 126 Abs 4 bei der Entscheidung über die Zulassung der Revision kann nicht mit der Erwägung gerechtfertigt werden, die Zulassung sei sinnlos, wenn die Revision letztlich doch (wenn auch aus anderen Gründen als denen des angefochtenen Urteils) keinen Erfolg haben könne (vgl *Herrmann* Rz 170). Bei der Entscheidung über die Zulassung der Revision nach § 115 Abs 2 Nr 1 und 2 steht – anders als bei Nr 3 – nicht das Interesse des Beschwerdeführers an der Kassation des angefochtenen Urteils im Vordergrund, sondern das Allgemeininteresse an der der Rechtsfortbildung und der Sicherung der Rechtseinheit (BVerfGE 54, 227). Fehl geht auch das weitere Argument, im Fall der „Ergebnisrichtigkeit" iS des § 126 Abs 4 sei die Grundsatzfrage (oder im Fall des Abs 2 Nr 2 die abweichend entschiedene Rechtsfrage) nicht entscheidungserheblich (so *H/H/Sp/Lange* Rz 125). Denn für die Frage der Entscheidungserheblichkeit der Grundsatzfrage bzw des „Beruhens" auf der Abweichung ist – anders als für die Ergebnisrichtigkeit iS des § 126 Abs 4 – nicht die

Sicht des Revisionsgerichts maßgeblich, sondern die der Vorinstanz (so auch *Schoch ua* § 133 Rz 78). Eine Ausnahme gilt (im Verfahren der NZB) nur, wenn das FG offensichtlich das Fehlen einer **Sachentscheidungsvoraussetzung** übersehen und deshalb die Klage als unbegründet statt als unzulässig abgewiesen hat. Denn die Beachtung der Sachentscheidungsvoraussetzungen ist in jeder Lage des Verfahrens von Amts wegen zu prüfen. In einem solchen Fall fehlt es an der Klärungsfähigkeit der Grundsatzfrage.

Eine Klärung der streitigen Rechtsfrage ist nicht zu erwarten, wenn der **33** BFH – **ohne sich in bindender Weise** zu der grundsätzlichen Frage **äußern zu können** – voraussichtlich das FG-Urteil im Revisionsverfahren aufheben muss (BFHE 141, 229 = BStBl II 1984, 721; BFHE 154, 486 = BStBl II 1989, 104); es reicht nicht aus, dass der BGH die Rechtsfrage möglicherweise in einem zweiten Rechtsgang klären könnte (BVerwGE 12, 107; BVerwG DVBl 1997, 678). Dagegen ist es für die Zulassung nach Abs 2 Nr 1 nicht erforderlich, dass es im künftigen Revisionsverfahren voraussichtlich zu einer das Verfahren **abschließenden Sachentscheidung** des BFH kommt (ebenso: *H/H/Sp/Lange* Rz 124). Auch wenn die Sache zurückverwiesen werden muss, weil die tatsächlichen Feststellungen der Vorinstanz keine abschließende Entscheidung des Revisionsgerichts über den Streitfall erlauben, ist die Revision zuzulassen, wenn es dem BFH im Revisionsverfahren möglich ist, in bindender Weise zu der klärungsbedürftigen Frage Stellung zu nehmen (zum Umfang der Bindung des FG in den Fällen der Zurückweisung vgl § 126 Rz 21 ff).

Zur **Darlegung** der grundsätzlichen Bedeutung im **Verfahren der NZB** vgl § 116 Rz 31 ff.

e) Einzelfälle

aa) Grundsätzliche Bedeutung hat eine Rechtssache nur dann, wenn ihre **35** höchstrichterliche Entscheidung für die Zukunft richtungweisend sein kann. Daran fehlt es im Regelfall, wenn die zu klärende Rechtsfrage **ausgelaufenes oder auslaufendes Recht** (st Rspr, vgl BFHE 127, 81 = BStBl II 1979, 274; BFH/NV 2005, 906; 2004, 336; 2000, 748, 1080; BVerwG DVBl 1995, 568; BSG MDR 176, 348) oder eine **Übergangsvorschrift** (BVerwG NJW 1995, 741) betrifft. Ausnahmsweise kann auch bei auslaufendem Recht Klärungsbedarf bestehen, wenn sich die gleiche Rechtsfrage bei einer **Nachfolgeregelung** stellt (BVerwG NVwZ-RR 1996, 712) oder wenn die Rechtsfrage noch für eine **Vielzahl anhängiger Fälle** entscheidungserheblich ist (BFH/NV 1993, 620; 1994, 835; 1997, 312, 347; *Kopp/Schenke* § 132 Rz 11). Im letzteren Fall ist die höchstrichterliche Entscheidung zwar nicht zur Rechtsfortbildung, aber zur Wahrung der Rechtseinheit erforderlich (**aA** *T/K* Rz 59).

bb) Bei vernünftigen Zweifeln an der **Verfassungsmäßigkeit** einer für **36** die Entscheidung des Streitfalls maßgeblichen steuerrechtlichen Vorschrift ist idR die grundsätzliche Bedeutung der Rechtssache zu bejahen (BFHE 96, 41 = BStBl II 1969, 532; BFHE 148, 530 = BStBl II 1987, 339; BFHE 158, 544 = BStBl II 1990, 70; BFHE 168, 17). Die Zulassung kann nicht mit der Begründung abgelehnt werden, die Frage der Verfassungsmäßigkeit könne im Revisionsverfahren nicht abschließend geklärt werden, weil der BFH bei Bejahung der Verfassungswidrigkeit verpflichtet sei, die Sache nach **Art 100 Abs 1 GG** dem BVerfG zur Entscheidung vorzulegen (BFHE 175, 96 = BStBl II 1994, 795; BSGE 40, 158; *H/H/Sp/Lange* Rz 127; *Schoch ua* Rz 50; aA BGH RzW 1967, 378). Voraussetzung für die Zulassung ist aber, dass es für die künftige Entscheidung im Revisionsverfahren auf die Gültigkeit der betreffenden Norm ankommt. In der Rspr des BFH wird darüberhinaus für die Zulassung nach Abs 2 Nr 1 verlangt, dass im Fall der Verfassungswidrigkeit der Norm mit einer rückwirkenden Änderung des betreffenden Steuergesetzes zu rechnen ist (BFH/NV 1999, 590, 657; krit zu Recht: *T/K* Rz 54).

37   cc) Kommt es für die Entscheidung eines Falles auf die Auslegung oder die Gültigkeit einer Norm des **Europäischen Gemeinschaftsrechts** an, so haben die nationalen Gerichte von Amts wegen zu prüfen, ob eine Vorlage der Sache an den EGH nach Art 177 EGV in Betracht kommt (BFHE 148, 489 = BStBl II 1987, 305). Da das Gemeinschaftsrecht zum (revisiblen) Bundesrecht gehört (§ 118 Rz 13) ist die Zulassung der Revision nach Abs 2 Nr 1 bereits dann geboten, wenn die (nicht entfernte) **Möglichkeit** besteht, dass in einem künftigen Revisionsverfahren eine **Vorabentscheidung des EuGH** einzuholen sein wird (BVerfG HFR 1993, 203; BFH/NV 1995, 829; 1997, 272; 1998, 1091; BVerwG NJW 1996, 2945; *H/H/Sp/Lange* Rz 127; *Schoch ua* Rz 49). Das ist nicht der Fall, wenn keine vernünftigen Zweifel an der Auslegung oder der Gültigkeit einer Norm des Gemeinschaftsrecht bestehen können (BFHE 145, 266; BFH/NV 2000, 1510).

38   dd) In **Verfahren des vorläufigen Rechtsschutzes** (§§ 69, 114) wird nicht endgültig über die streitige Rechtsfrage entschieden. Gleichwohl kann auch gegen Beschlüsse der FG über die AdV die Beschwerde wegen grundsätzlicher Bedeutung der Rechtssache zugelassen werden (§ 128 Abs 3). Dabei kann sich die grundsätzliche Bedeutung auch auf die materielle Rechtsfrage beziehen, deretwegen ernstliche Zweifel an der Rechtmäßigkeit des VA geltend gemacht werden (BFHE 124, 130 = BStBl II 1978, 229; *T/K* Rz 60). Denn einer zweifelhaften Rechtsfrage kann die grundsätzliche Bedeutung nicht deswegen abgesprochen werden, weil sie im Verfahren des vorläufigen Rechtsschutzes nicht abschließend geklärt werden kann (aA BFHE 147, 222 = BStBl II 1986, 859). Davon abgesehen ist dem BFH auch in Verfahren des vorläufigen Rechtsschutzes eine gründliche Prüfung der streitigen Rechtsfrage keineswegs verwehrt (*T/K* Rz 60).

39   ee) Wird nach Ergehen des finanzgerichtlichen Urteils eine für die Entscheidung des Streitfalls erhebliche **Rechtsnorm rückwirkend geändert** oder steht eine solche Änderung unmittelbar bevor, rechtfertigt dieser Umstand nicht die Zulassung der Revision nach Abs 2 Nr 1. FG und BFH sind nicht verpflichtet, die Revision nur deshalb zuzulassen, damit die Gesetzesänderung im Revisionsverfahren noch berücksichtigt werden kann (BVerwGE 41, 230). Das gilt auch, wenn das BVerfG eine dem Streitfall zugrunde liegende Norm während des finanzgerichtlichen Verfahrens nicht für nichtig erklärt, sondern nur ihre Unvereinbarkeit mit der Verfassung festgestellt und mit einer **sog Appellentscheidung** dem Gesetzgeber aufgegeben hat, eine neue verfassungsgemäße Regelung zu treffen. In diesem Fall kommt allenfalls die Zulassung der Revision nach Abs 2 Nr 3 in Betracht, sofern man eine Verpflichtung des FG zur Aussetzung des Verfahrens nach § 74 annimmt (vgl dazu BFHE 168, 17 = BStBl II 1992, 842; BFHE 185, 46 = BStBl II 1998, 272; *Brockmeyer* DStR 1992, 1222; **aA** *T/K* Rz 62).

5. Rechtsfortbildung (Abs 2 Nr 2, 1. Alt)

Der Zulassungsgrund des Abs 2 Nr 2 1. Alt konkretisiert den Zulas- **41** sungsgrund der Nr 1. Eine Zulassung der Revision zur Fortbildung des Rechts ist erforderlich, wenn über bisher **ungeklärte** abstrakte **Rechtsfragen** zu entscheiden ist, insbesondere, wenn der Streitfall im allgemeinen Interesse Veranlassung gibt, **Leitsätze** für die Auslegung von Gesetzesbestimmungen des materiellen oder des Verfahrensrechts **aufzustellen** oder **Gesetzeslücken auszufüllen** (BFHE 206, 226 = BStBl II 2004, 896; BFH/NV 2002, 217; 2003, 197; 2004, 82, 829; 2005, 698, 1289; BGH NJW 2002, 3029; NJW-RR 2003, 132; *H/H/Sp/Lange* Rz 147; *Gaier,* NJW-Sonderheft 2003, 18, 20; vgl auch BT-Drucks 14/4722, 104). Dieser Zulassungsgrund ist auch dann gegeben, wenn gegen eine bestehende höchstrichterliche Rspr gewichtige Argumente vorgetragen worden sind, die der BFH noch nicht erwogen hat (BFH/NV 2003, 1082). Dabei genügt es nicht für die Zulassung, dass der BFH sich bisher noch nicht zu der Rechtsfrage geäußert hat (aA *Beermann* DStZ 2000, 773, 776). Denn „erfordert" wird die Zulassung der Revision nach Abs 2 Nr 2 nur dann, wenn die bisher nicht höchstrichterlich entschiedene Rechtsfrage zweifelhaft und deshalb klärungsbedürftig ist (*Göhler* OWiG § 80 Rz 3). Daran fehlt es, wenn die Rechtsfrage eindeutig in einem bestimmten Sinn zu beantworten ist (s Rz 28). Dabei ist der Begriff der „Rechtsfortbildung" nicht nur im engen Sinn der rechtsschöpferischen **Ausfüllung von** (offenen oder verdeckten) **Gesetzeslücken** im Wege der Analogie oder der teleologischen Reduktion zu verstehen; er umfasst auch die Erarbeitung oder Weiterentwicklung von Rechtsgrundsätzen zur **Auslegung** der im konkreten Fall anzuwendenden Rechtsnormen (BGH NJW 1971, 389; *H/H/Sp/Lange* Rz 147; *Gaier,* NJW-Sonderheft 2003, 18, 20; *Göhler* OWiG, § 80 Rz 3; *KKO/Steindorf* § 80 OWiG Rz 37; **aA** *Beermann* Rz 112). Ebenso wie der Zulassungsgrund des Abs 2 Nr 1 erfordert auch Abs 2 Nr 2, 1. Alternative ein **Allgemeininteresse** an der Klärung der Rechtsfrage. Die Rechtssache muss über den konkreten Einzelfall hinaus bedeutsam sein. Daran fehlt es, wenn die Entscheidung des Streitfalls maßgeblich von den tatsächlichen Besonderheiten des Einzelfalles abhängt. Für diesen Zulassungsgrund gilt ebenso wie für den des Abs 2 Nr 1, dass es sich um eine **klärungsbedürftige, entscheidungserhebliche und klärbare** Rechtsfrage handeln muss, deren Klärung in einem künftigen Revisionsverfahren auch zu erwarten ist (BFH/NV 2005, 698; 2004, 82; vgl auch *KKO/Steindorf* § 80 OWiG Rz 37). Insoweit kann auf die vorstehenden Ausführungen unter 4. verwiesen werden.

6. Sicherung der Rechtseinheit (Abs 2 Nr 2, 2. Alt)

a) Allgemeines; Übersicht

Die Zulassung nach Abs 2 Nr 2, 2. Alt dient vor allem der **Beseitigung 43 oder Verhinderung einer uneinheitlichen Rspr.** Dabei kommt es – ebenso wie bei dem Zulassungsgrund des Abs 2 Nr 1 – darauf an, ob ein

allgemeines Interesse an der Entscheidung des Revisionsgerichts besteht. Das Allgemeininteresse an der Zulassung der Revision ist stets gegeben, wenn ein Fall der **Divergenz** im herkömmlichen Sinn vorliegt (vgl Rz 24). Darüber hinaus soll nach den Ausführungen in den Gesetzesmaterialien zu § 115 nF (vgl Rz 21) ein Allgemeininteresse an der Zulassung der Revision auch dann bestehen, wenn der Fall zwar keine Veranlassung gibt, eine Rechtsfrage von grds Bedeutung zu entscheiden oder eine Divergenz zu beseitigen, das angefochtene Urteil aber an einem **Rechtsfehler** leidet, der geeignet ist, das Vertrauen in die Rspr zu beschädigen. Innerhalb dieser Fallgruppe kann differenziert werden zwischen Rechtsfehlern von verfassungsrechtlicher Relevanz (Verstoß gegen das **Willkürverbot** des Art 3 GG; vgl. dazu Rz 68 ff) und sonstigen schwerwiegenden Rechtsfehlern, die nach der Rspr des BFH zu einer **„greifbar gesetzwidrigen"** Entscheidung führen müssen (BFH/NV 2005, 707, 1632, 1354 mwN; 2004, 829; 2003, 237; vgl dazu Rz 70). Dabei wird die „greifbare Gesetzwidrigkeit" eines Urteils zum Teil mit der Willkürentscheidung gleichgesetzt (vgl BFH/NV 2003, 1218). Nach der teilweise abweichenden Rspr des BGH zu der insoweit identischen Regelung in § 543 Abs 2 Nr 2 ZPO ist die Revision zuzulassen, wenn die Gefahr einer **Wiederholung** des Fehlers besteht (BGH NJW 2003, 1943), insbesondere wenn es sich um einen **„symptomatischen"** Rechtsfehler handelt, der dann gegeben sein soll, wenn die fehlerhafte Begründung von konkreten Sachverhalt gelöst, also verallgemeinert und für die Entscheidung künftiger vergleichbarer Sachverhalte herangezogen werden kann (vgl Rz 71); der BGH spricht hier auch von **„Nachahmungsgefahr"** (vgl BGH NJW 2003, 754; NJW 2002, 3783).

44   Bei allen Zulassungstatbeständen des § 115 Abs 2 Nr 2 müssen – ebenso wie bei dem des Abs 2 Nr 1 – die allgemeinen Zulassungsvoraussetzungen der Entscheidungserheblichkeit, der **Klärungsfähigkeit** und der zu erwartenden Klärung der abweichend oder willkürlich fehlerhaft entschiedenen Rechtsfrage (Rz 30 ff) vorliegen (BFHE 154, 486 = BStBl II 1989, 104; *Schoch ua* § 132 Rz 61). Die Zulassung kommt auch im Fall des Abs 2 Nr 2 nur in Betracht, wenn der BFH nicht durch das Verfahrensrecht gehindert ist, die Einheitlichkeit der Rspr im künftigen Revisionsverfahren wiederherzustellen, etwa weil die Rechtsfrage irrevisibles Recht betrifft (BVerwG Buchholz 310 § 132 VwGO Nr 143) oder weil sie für das angefochtene Urteil nicht rechtserheblich war.

45   Ebenso wie bei der Auslegung des Abs 2 Nr 1 ist auch bei der Auslegung des Abs 2 Nr 2 der **Zweck** dieser Zulassungsnorm zu beachten. Bei einem nur wörtlichen Verständnis des Abs 2 Nr 2 wird die Einheitlichkeit der Rechtsanwendung durch jede unrichtige Entscheidung eines Einzelfalls gestört. Das hätte zur Folge, dass **jeder entscheidungserhebliche Rechtsfehler des FG** zur Zulassung nach Abs 2 Nr 2 führen müsste (so zB *Musielak* in FS *Gerhardt* S 677; *Piekenbrook/Schulze*, JZ 2002, 911 zu § 543 Abs 2 ZPO). Eine solche Auslegung wäre mit dem Zweck der Zugangsnorm (vgl Rz 2) unvereinbar; sie entspricht auch nicht dem Willen des Gesetzgebers. Ein Allgemeininteresse an der Wiederherstellung einer einheitlichen Rspr wird nicht schon durch **Subsumtionsfehler** des FG bei der Anwendung des materiellen oder formellen Rechts auf den konkreten Einzelfall begründet, sondern – abgesehen von den Fällen der

Divergenz – nur dann, wenn das angefochtene Urteil auf einem **qualifizierten Rechtsfehler** iS einer Willkürentscheidung oder – wenn man der Rspr des BGH folgt – eines symptomatischen Fehlers beruht (vgl dazu Rz 68 ff).

b) Zulassung wegen Abweichung

Eine Zulassung nach Abs 2 Nr 2 2. Altern wegen **Abweichung** setzt **48** voraus, dass
– das FG in einer *Rechtsfrage* von der Entscheidung eines *anderen Gerichts* abgewichen ist;
– im Urteil des FG *dieselbe Rechtsfrage* wie in der Divergenzentscheidung entschieden wurde;
– die Entscheidungen zu gleichen oder vergleichbaren Sachverhalten ergangen sind;
– die abweichend beantwortete Rechsfrage im Revisionsverfahren geklärt werden kann;
– die abweichend beantwortete Rechtsfrage für beide Entscheidungen *rechtserheblich* war;
– die Entscheidung des BFH zur Wahrung der Rechtseinheit *erforderlich* ist.

aa) Mögliche Divergenzentscheidungen

Anders als § 115 Abs 2 Nr 2 enthält der Zulassungstatbestand „Sicherung **49** der Rechtseinheit" keine Einschränkung der möglichen Divergenzentscheidungen. Dies lässt den Schluss zu, dass die Revision nicht nur im Fall einer Abweichung des FG von Entscheidungen des **BFH,** des **GmS** (§ 18 Abs 1 RsprEinhG) oder des **BVerfG,** sondern auch bei einer Abweichung von der Entscheidung eines **anderen obersten Bundesgerichts** (BGH, BVerwG, BAG, BSG), des **EGH** oder auch eines **anderen FG** nach Abs 2 Nr 2 zuzulassen ist, sofern die übrigen Voraussetzungen dieses Tatbestandes erfüllt sind. Dies folgt aus dem Grundsatz der Einheit der Rechtsordnung (*Kleier* in FK § 73 GWB Rz 59). Die Abweichung von Instanzgerichten anderer Gerichtszweige genügt mE nicht, denn § 115 soll primär die Einheitlichkeit innerhalb der Finanzgerichtsbarkeit gewährleisten; die Sicherung einer einheitlichen Rspr innerhalb der anderen Gerichtsbarkeiten ist die Aufgabe des für den jeweiligen Gerichtszweig zuständigen Revisionsgerichts. Nach der bis zum 31. 12. 2000 geltenden Fassung des § 115 Abs 2 wurde in den Fällen der Abweichung von Entscheidungen anderer als der dort ausdrücklich genannten obersten Bundesgerichte die Revision nach § 115 Abs 2 Nr 1 wegen grundsätzlicher Bedeutung zugelassen (vgl die Nachweise in der Vorauflage Rz 19). Die Abweichung von Entscheidungen des **RFH** rechtfertigt nicht die Zulassung nach Abs 2 Nr 2 (vgl § 184 Abs 2 Nr 5; BFHE 100, 184 = BStBl II 1971, 4; BFH/NV 1994, 641; **aA** T/K Rz 71).

Die Divergenzentscheidung kann ein Urteil oder ein **Beschluss** sein, **50** mit dem über eine revisible Rechtsfrage entschieden wird. Daran fehlt es bei einer **Kostenentscheidung** (§ 145) oder dem **Beschluss über die Zulassung** der Revision (BFHE 173, 196 = BStBl II 1994, 401; BVerwG Buchholz 310 § 132 VwGO Nr 262; *Schoch ua* § 132 Rz 63). Es kommt auch nicht darauf an, ob die Entscheidung amtlich veröffentlicht oder auf andere Weise bekanntgemacht worden ist (BFHE 93, 25 = BStBl II 1968, 685; *T/K* Rz 59). Streitig ist, ob bei Abweichung von einem **Vorlagebeschluss** (§ 11) nach Abs 2 Nr 2 zuzulassen ist. Die wohl hM verneint diese Frage mit der Begründung, mit der Vorlage entscheide der vorlegende Senat nicht in der Sache selbst, sondern wolle nur eine Entscheidung des GrS herbeiführen (BAGE 52, 394; BVerwG Buchholz 235.15 § 28 HessBesG Nr 2; *H/H/Sp/Lange* Rz 181; *Schoch ua* § 132 Rz 64; *Kopp/ Schenke* § 132 Rz 14). Gegen diese Auffassung spricht, dass sich der vorlegende Senat in der vorgelegten Rechtsfrage auf eine bestimmte Rechtsansicht festgelegt hat und der Zweck des Abs 2 Nr 2 die Zulassung der Revision fordert (so auch *T/K* Rz 59). Die hM lässt in diesem Fall nach Abs 2 Nr 1 zu (vgl zB *H/H/Sp/Lange* Rz 181). Auch die Abweichung von einem im **Verfahren der AdV** ergangenen Beschluss des BFH kann eine Divergenz iS des § 115 Abs 2 Nr 2 begründen, jedenfalls dann, wenn der BFH „ernstliche Zweifel" verneint hat (BFHE 188, 395 = BStBl II 1999, 587).

51   Maßgeblich für das Vorliegen einer Abweichung ist der Stand der Rspr im **Zeitpunkt der Entscheidung über die Zulassung.** Frühere Entscheidungen, die durch die neuere Rspr des jeweiligen Gerichts überholt sind, können eine Divergenz nicht begründen (BFHE 111, 396 = BStBl II 1974, 321; BFHE 129, 313 = BStBl II 1980, 211; BFH/NV 1994, 887; 1995, 489; BSG MDR 1987, 437; BAG DB 1974, 1536). Liegen jedoch voneinander abweichende Entscheidungen **verschiedener Senate** des BFH vor, ohne dass die Divergenz durch Zustimmung des Senats, der früher entschieden hat, ausgeräumt ist (vgl § 11 Abs 3), so darf das FG von keiner dieser Entscheidungen abweichen, ohne die Revision zuzulassen (*H/H/Sp/Lange* Rz 188; *T/K* Rz 72).

52   Nach zutreffender hM ist die Revision nicht wegen Divergenz, sondern wegen **Verfahrensmangels** zuzulassen, wenn ein FG nach Zurückverweisung der Sache durch den BFH im zweiten Rechtsgang bei der Beurteilung einer Rechtsfrage seine **Bindung** an die Rechtsauffassung des BFH **nach § 126 Abs 5** missachtet (BFHE 91, 509 = BStBl II 1968, 382; BFHE 148, 494 = BStBl II 1987, 344; BFH/NV 1992, 43; 1995, 396; 1998, 729; BVerwG Buchholz 310 § 144 VwGO Nr 57 und § 132 VwGO Nr 154, aA *T/K* Rz 78).

bb) Abweichung in einer Rechtsfrage; gleicher Sachverhalt

53   Eine die Rechtseinheit gefährdende Abweichung liegt nur vor, wenn das FG bei **gleichem oder vergleichbarem** festgestelltem **Sachverhalt** (BFHE 202, 231 = BStBl II 2003, 790; BFHE 192, 8 = BStBl II 2000, 541; BFH/NV 2003, 816; 2002, 36, 1275; 1999, 38) in einer entscheidungserheblichen **Rechsfrage** eine andere Rechtsauffassung vertritt als der BFH, der GmS, der EGH, ein anderes oberstes Bundesgericht oder ein anderes FG (vgl zu § 115 Abs 2 Nr 2 aF: BFHE 129, 313 = BStBl II 1980, 211; BFH/NV 1996, 74; 2000, 1180, 1239; *Schoch ua* § 132 Rz 71; *T/K* Rz 73). Eine Divergenz in der **Würdigung von Tatsachen** genügt nicht (BFH/NV 1994, 718; 2004, 5). Die Rechtsfrage kann dem materiellen oder dem Verfahrensrecht angehören.

54   Das FG muss seiner Entscheidung einen **abstrakten Rechtssatz** zugrunde gelegt haben, der mit den **tragenden Rechtsausführungen** in der

Divergenzentscheidung des anderen Gerichts nicht übereinstimmt (st Rspr, vgl zB BFHE 163, 204 = BStBl II 1991, 309; BFHE 138, BFH/NV 1990, 376, 716; 1999, 1477; 2000, 1477, 1201; BVerwG DVBl 1984, 93; BAGE 32, 136; **aA** *T/K* Rz 76). Die voneinander abweichenden Rechtssätze müssen sich aus dem Urteil des FG und der Divergenzentscheidung unmittelbar und mit hinreichender Deutlichkeit ergeben. Dabei ist es nicht erforderlich, dass das FG diesen Rechtssatz in den Urteilsgründen ausdrücklich – nach Art eines Leitsatzes – formuliert hat; er kann auch **konkludent** in scheinbar nur **fallbezogenen Rechtsausführungen** des FG ausgesprochen sein (BFHE 162, 483, 487 = BStBl II 1991, 106; BFH/NV 1998, 188, 1064; 1999, 14; *T/K* Rz 64). Eine Abweichung kann deshalb auch vorliegen, wenn das FG einem bestimmten Sachverhalt eine andere Rechtsfolge beigemessen hat, als sie der BFH zu einem im wesentlich gleichen Sachverhalt ausgesprochen hat (BFHE 162, 483 = BStBl II 1991, 106; BFH/NV 1999, 741). Auch in diesem Fall muss sich jedoch der vom FG aufgestellte Rechtssatz deutlich aus dem gedanklichen Zusammenhang der Entscheidungsgründe entnehmen lassen (BAG NJW 1983, 1510; MDR 1983, 524; MDR 2004, 1199; BFH/NV 1998, 27; 1999, 14). In jedem Fall muss das FG die Rechtsfrage aber **entschieden** und darf sie **nicht übersehen** haben (BFHE 167, 488 = BStBl II 1992, 671; BFH/NV 2004, 1642; 1998, 1064; 1999, 14; BVerwG Buchholz 310 § 132 VwGO Nr 147; *Schoch ua* Rz 72). Auch die nur beiläufige Äußerung einer von der Rspr des BFH abweichenden Rechtsansicht **(obiter dictum)** begründet keine Divergenz.

Keine Abweichung liegt vor, wenn das FG erkennbar von den 55 Rechtsgrundsätzen der BFH-Rspr ausgeht, diese aber fehlerhaft auf die Besonderheiten des Streitfalls anwendet (BFHE 178, 379 = BStBl II 1995, 890; BFH/NV 1995, 89, 124; 1999, 1634; 2000, 1203, 1352, 1482; BVerwG DVBl 1995, 1310; NVwZ-RR 1997, 191; BAG NJW 1983, 1510; *T/K* Rz 65). Nicht die Unrichtigkeit des Urteils im Einzelfall, sondern die **Nichtübereinstimmung im Grundsätzlichen** rechtfertigt die Zulassung nach Abs 2 Nr 2 (st Rspr vgl BFH/NV 2005, 1060, 1632; 2003, 495, 616; 2002, 1046; BSG SozR 1500 § 160a SGG Nr 67; *Schoch ua* § 132 Rz 71; ähnlich: BGH EWiR 1988, 799; BGH NJW 2004, 1167; BGHSt NJW 1971, 389). Bloße **Subsumtionsfehler** des Tatsachengerichts sind dagegen im Zulassungsverfahren grds unbeachtlich und zwar auch dann, wenn es sich um offensichtliche und schwerwiegende Rechtsfehler handelt (vgl zB BFHE 178, 379 = BStBl II 1995, 890; BFHE 167, 488 = BStBl II 1992, 671; BFH/NV 2004, 974; 2000, 1201; 1999, 1110, 1348; 1998, 1105; 1995, 89; zu § 80 OWiG: BFH NJW 1971, 389; **aA** *T/K* Rz 77: Divergenz kann sich auch auf das Entscheidungsergebnis beziehen; vgl aber zum Ausnahmefall der **Willkürentscheidung** Rz 68 f).

Eine Abweichung ist auch dann nicht gegeben, wenn das FG zum selben rechtlichen Ergebnis kommt wie die Divergenzentscheidung, dieses aber mit anderen rechtlichen Erwägungen begründet oder wenn in der Entscheidung des anderen Gerichts letztlich offen geblieben ist, wie die Rechtsfrage zu entscheiden ist (BFH/NV 1994, 470; *H/H/Sp/Lange* Rz 182).

Es genügt, wenn die Abweichung **objektiv** vorliegt (BFHE 98, 1 = 56 BStBl II 1970, 251; *T/K* Rz 65; *Schoch ua* § 132 Rz 74). Es ist nicht erforderlich, dass sich das FG bewusst von der Rspr des BFH etc abgewichen ist. Die Revision ist auch dann nach Abs 2 Nr 2 zuzulassen, wenn das FG eine divergierende Entscheidung übersehen hat oder wenn eine abweichende Entscheidung des BFH erst nach Erlass des finanzgerichtlichen Urteils ergangen oder veröffentlicht worden ist (BFHE 119, 380 = BStBl II 1976, 684; BVerwG HFR 1966, 196; BSG MDR 1977, 347). Denn der Sinn dieses Zulassungsgrundes ist es nicht, ein bewusstes Sich-Hinwegsetzen über die Rspr des BFH zu erfassen, sondern die gestörte Rechtseinheit wiederherzustellen. Soweit zu § 80 Abs 1 OWiG die Ansicht vertreten wird, bei einem **unbewussten Abweichen** des Gerichts von der höchstrichterlichen Rspr sei die Einheitlichkeit der Rspr nur gefährdet, wenn die Gefahr *wiederholter Abweichungen* in demselben Rechtsfrage bestehe (vgl *Rebmann ua* § 80 OWiG Rz 4 mwN; *Göhler* § 80 OWiG Rz 5; aA *KKO/Steindorf* § 80 OWiG Rz 15) kann dieser Auffassung für die Auslegung des § 115 Abs 2 Nr 2 nicht gefolgt werden (s Rz 65).

cc) Identität der Rechtsfrage

58   Divergenz liegt nur vor, wenn **dieselbe Rechtsfrage** im Urteil des FG und in der Divergenzentscheidung unterschiedlich beantwortet wurde. Das ist leicht festzustellen, wenn die zu vergleichenden Entscheidungen zu derselben Rechtsnorm ergangen sind. Eine die Zulassung nach Abs 2 Nr 2 rechtfertigende Divergenz kann aber auch gegeben sein, wenn die voneinander divergierenden Entscheidungen die gleiche Rechtsfrage in **verschiedenen Rechtsnormen** mit dem gleichen gesetzlichen Tatbestand unterschiedlich beantwortet haben (BFHE 101, 247 = BStBl II 1971, 274; BFHE 93, 25 = BStBl II 1968, 685; BFH/NV 2004, 1221; 2003, 833 mwN; BGHZ 25, 188; GmSOBG BFHE 109, 206 = BGHZ 100, 277; BAG NJW 1995, 1693; **aA** BVerwG DVBl 1960, 364; Buchholz 310 § 132 VwGO Nr 96, 184, 302; *Schoch ua* § 132 Rz 75). Bei der Prüfung der Divergenz ist in diesen Fällen aber immer zu beachten, dass der jeweilige **Normzweck** und der unterschiedliche **Bedeutungszusammenhang** der jeweiligen Vorschriften auch bei gleichem Wortlaut eine unterschiedliche Auslegung rechtfertigen kann; ist dies der Fall, liegt keine Abweichung vor (BVerwGE 30, 231; 36, 346; *H/H/Sp/Lange* Rz 186; *Kopp/Schenke* § 132 Rz 15; *T/K* Rz 63; *Kleier* in FK § 73 GWB Rz 57). Ist zweifelhaft, ob die zu verschiedenen Rechtsnormen mit gleichem Tatbestand ergangenen Entscheidungen tatsächlich dieselbe Rechtsfrage beurteilt haben, ist die Revision nicht wegen Divergenz, sondern nach Abs 2 Nr 1 zuzulassen (BVerwG Buchholz 310 § 132 VwGO Nr 230; *T/K* Rz 63).

dd) Erheblichkeit der Abweichung

59   Nach § 115 Abs 2 Nr 2 aF war für die Zulassung erforderlich, dass das Urteil des FG auf der Abweichung „beruhte". Dieses Merkmal ist in Abs 2 Nr 2 nF nicht mehr (ausdrücklich) enthalten. Gleichwohl ist es auch nach geltendem Recht ungeschriebenes Tatbestandsmerkmal des Abs 2 Nr 2, dass die abweichend entschiedene Rechtsfrage für das angefochtene Urteil **tragend** sein muss (ebenso: BVerwGE 1, 1 = NJW 1953, 1607 zu § 53 Abs 2 BVerwGG). Dies folgt aus dem Wesen und Zweck dieser Zulassungsvorschrift: Als Konkretisierung der Grundsatzzulassung setzt auch Abs 2 Nr 2 voraus, dass die divergierend beurteilte Rechtsfrage im künfti-

gen Revisionsverfahren beantwortet (**geklärt**) und die gestörte Rechtseinheit wiederhergestellt werden kann (BFHE 154, 486 = BStBl II 1989,
104). Es muss deshalb zumindest die *Möglichkeit* bestehen, dass das FG-Urteil bei Berücksichtigung der Rechtsgrundsätze des BFH-Urteils, von dem
es abgewichen ist, anders ausgefallen wäre (BFH/NV 1999, 925 mwN;
2000, 582, 1093). Dies ist zu bejahen, wenn ein **ursächlicher Zusammenhang** zwischen der Abweichung und dem Ergebnis der Entscheidung
nicht ausgeschlossen werden kann (st Rspr, BFH/NV 1988, 161; 1995,
1044; 1997, 506; 1998, 436; BVerwGE 1, 1; 45, 112; *Weyreuther* Rz 124
mwN; *T/K* Rz 68; *Kopp/Schenke* § 132 Rz 19; aA *Gräber* DStR 1968, 178
FN 45). Das Urteil beruht nur auf solchen Gründen, die nicht fortgedacht
werden können, wenn die Entscheidung Bestand haben soll (BFHE 112,
337 = BStBl II 1974, 524; BVerwG DVBl 1961, 930; BVerwGE 14, 342;
Schoch ua § 132 Rz 79). Maßgebend für die Ursächlichkeit der Rechtsauffassung für das Urteil ist der **Rechtsstandpunkt des FG** (BFHE 112, 337
= BStBl II 1974, 524; BFH/NV 1995, 602, 618).

    Eine Rechtsauffassung ist nicht entscheidungserheblich, wenn das FG le- **60**
diglich **beiläufig** (in einem obiter dictum) eine von der Rspr des BFH
abweichende Ansicht geäußert hat (BFH/NV 1998, 60; 2000, 582; *T/K*
Rz 67) oder wenn das angefochtene Urteil auf **mehrere selbstständig
tragende Gründe** gestützt ist und nur hinsichtlich einer dieser Begründungen Divergenz vorliegt (st Rspr, BFHE 112, 337 = BStBl II 1974, 524;
BFH/NV 1995, 602, 1044; BVerwG Buchholz 310 § 132 VwGO Nr 115,
158, 197; *Schoch ua* § 132 VwGO Rz 79; *H/H/Sp/Lange* Rz 184). Entsprechendes gilt, wenn das FG seiner Hauptbegründung eine Hilfsbegründung beigefügt hat (*Beermann* Rz 111). Anders liegt es, wenn das FG seine
Entscheidung **alternativ begründet** hat, dh wenn die mehreren Begründungen nur gemeinsam die Entscheidung tragen (*Weyreuther* Rz 130;
Schoch ua § 132 Rz 80; *T/K* Rz 69); in einem solchen Fall genügt es, wenn
hinsichtlich einer der alternativen Begründungen eine Abweichung von
einem Urteil des BFH, eines anderen FG oder eines anderen obersten
Bundesgerichts vorliegt.

    Weicht die Entscheidung des FG zwar von einer Entscheidung des **61**
BFH, eines anderen obersten Bundesgerichts oder eines anderen FG ab,
stellt sie sich aber aus der Sicht des BFH **aus anderen Gründen** als richtig
dar, so soll nach einer verbreiteten Meinung in **entsprechender Anwendung des § 126 Abs 4** die Zulassung der Revision zu versagen sein
(BVerwGE 54, 99; BVerwG DVBl 1993, 49; BFH/NV 1995, 315; *Herrmann* Rz 170; *H/H/Sp/Lange* Rz 185; *Schoch ua* § 132 VwGO Rz 13; **aA**
zu Recht: *Ule* § 63 III 1; *Kopp/Schenke* § 132 VwGO Rz 19; *differenzierend: T/K* Rz 82). Gegen diese Ansicht sprechen dieselben Erwägungen,
die oben (Rz 32) gegen die analoge Anwendung des § 126 Abs 4 im Bereich der Zulassung wegen grundsätzlicher Bedeutung vorgetragen wurden.

    Nicht nur das Urteil des FG, auch die damit zu vergleichende **Diver- 62
genzentscheidung** muss auf dem abweichend beurteilten abstrakten
Rechtssatz beruhen; dh dieser Rechtssatz muss der tragende Grund für die
Entscheidung des BFH gewesen sein; Abweichungen von **obiter dicta** des
BFH rechtfertigen nicht die Zulassung zur Sicherung der Rechtseinheit
(aA *Immenga/Mestmäcker/K Schmidt* GWB § 73 Rz 18); das gilt vor allem
für fallbezogene Hinweise an die Vorinstanz im Zusammenhang mit einer

Zurückverweisung nach § 126 Abs 3 Nr 2 (BGH NJW 1958, 1051; *Schoch ua* § 132 VwGO Rz 81). In einem solchen Fall kann aber die Zulassung nach § 115 Abs 2 Nr 1 wegen grundsätzlicher Bedeutung in Betracht kommen (BVerwG Buchholz 310 § 132 VwGO Nr 158).

ee) Erforderlichkeit einer Entscheidung des BFH

65   Nach § 115 Abs 2 Nr 2 ist die Revision nur zuzulassen, wenn dies zur Sicherung der Einheitlichkeit der Rspr **„erforderlich"** ist. Anders als nach § 115 Abs 2 Nr 2 aF wird also das Allgemeininteresse an einer Entscheidung des Revisionsgerichts bei einer vorliegenden Divergenz nicht kraft Gesetzes (unwiderlegbar) vermutet. Bei der Entscheidung über die Zulassung ist vielmehr zu prüfen, ob der Fall im allgemeinen Interesse eine höchstrichterliche Entscheidung unumgänglich macht. Im Regelfall, vor allem bei Abweichungen von der Rspr des BFH, wird ein solches Allgemeininteresse an der Beseitigung der Divergenz ohne weiteres anzunehmen sein. Das gilt nicht nur in den Fällen, in denen das FG bewusst von der Rspr des BFH abgewichen ist, sondern auch dann, wenn es eine **Entscheidung** des BFH **übersehen hat** oder sie nicht kennen konnte, weil sie erst nach der Zustellung des finanzgerichtlichen Urteils veröffentlicht worden ist. Zu der vergleichbaren Vorschrift in § 80 Abs 1 OWiG, die verlangt, dass die Nachprüfung „geboten" ist, wird überwiegend die Ansicht vertreten, bei dem Zulassungsgrund „Sicherung einer einheitlichen Rspr" komme es darauf an, ob nur eine fehlerhafte Entscheidung im **Einzelfall** vorliege oder ob aufgrund konkreter Anhaltspunkte mit weiteren Fehlentscheidungen zu der gleichen Rechtsfrage zu rechnen sei, also eine **Wiederholungsgefahr** bestehe; bei unbewussten Abweichungen des Tatsachengerichts wird eine solche Wiederholungsgefahr zT generell verneint (vgl die Nachweise bei *Rebmann ua* § 80 OWiG Rz 4; *Göhler* § 80 OWiG Rz 5). ME kann es für die Zulassung nach § 115 Abs 2 Nr 2 nicht auf das Merkmal der Wiederholungsgefahr ankommen. Die Senate der FG entscheiden in der Regel in der Besetzung mit drei Berufsrichtern und zwei ehrenamtlichen Richtern (§ 5); sie sind OLG gleichgestellt (§ 2). Auch dann, wenn das FG in seinem Urteil nicht absichtlich von der Rspr des BFH oder eines anderen obersten Bundesgerichts abgewichen ist, hat seine abweichende Rechtsauffassung erhebliches Gewicht und ist idR über den entschiedenen Fall hinaus für die Beurteilung der strittigen Rechtsfrage von Bedeutung. Grundsätzlich ist deshalb bei jeder entscheidungserheblichen Abweichung die Zulassung „erforderlich". Eine **Ausnahme** kommt in Betracht, wenn die abweichende Entscheidung eine ganz **einmalige Fallgestaltung** zum Gegenstand hat, es also ausgeschlossen werden kann, dass sich dieselbe Rechtsfrage in künftigen Streitfällen erneut stellen wird (*KKO/Steindorf* § 80 Rz 10 aE) oder wenn die entschiedene Rechtsfrage nur noch für sehr wenige Fälle von Bedeutung ist, weil sie **ausgelaufenes oder auslaufendes Recht** betrifft (zB die Auslegung einer Übergangsregelung). Insofern gelten dieselben Erwägungen wie für der Zulassung nach Abs 2 Nr 1 (vgl Rz 35). Die abweichende Rspr zu § 115 Abs 2 Nr 2 aF (vgl zum auslaufenden Recht BVerwG Buchholz 310 § 132 Abs 2 Ziff 1 VwGO Nr 15) ist durch die Neufassung der Vorschrift überholt.

Hat das FG keinen entscheidungserheblichen, von der Rspr des BFH abweichenden abstrakten Rechtssatz aufgestellt, sondern lediglich die von der Rspr entwickelten Rechtsgrundsätze fehlerhaft auf den Einzelfall angewendet, kann die Zulassung der Revision nach Abs 2 Nr 2 ausnahmsweise erforderlich sein, wenn das Urteil voraussichtlich wegen **Verstoßes gegen Art 3 GG (Willkürverbot)** auf eine Verfassungsbeschwerde vom BVerfG aufgehoben werden müsste.

c) Zulassung bei Rechtsfehlern

aa) Objektive Willkür

Nach der amtlichen Begründung zu § 115 idF des 2. FGOÄndG (vgl   **68** Rz 21) besteht ein Allgemeininteresse an einer korrigierenden Entscheidung des BFH auch dann, wenn das FG-Urteil auf einem Rechtsfehler beruht, der geeignet ist, das Vertrauen in die Rspr zu beschädigen (zustimmend: BFHE 206, 226 = BStBl II 2004, 896; BFH/NV 2004, 829 mwN; 2002, 798, 2002, 1479; BGH NJW 2003, 1943; NJW 2005, 153; BFHE 203, 404 = BStBl II 2004, 25). Klare und von allen Senaten akzeptierte Kriterien dazu, unter welchen Voraussetzungen die Revision zur Wahrung der Einheitlichkeit der Rspr – über die unstreitigen Fälle der Divergenz hinaus – zuzulassen ist, hat die Rspr bisher nicht entwickelt (so zutreffend BFHE 203, 404 = BStBl II 2004, 25; BFH/NV 2003, 1604). Einigkeit besteht nur darüber, dass die Revision jedenfalls dann zur Sicherung einer einheitlichen Rspr zuzulassen ist, wenn die Auslegung oder Anwendung des revisiblen Rechts durch das FG im Einzelfall **objektiv willkürlich** ist und den Beschwerdeführer in seinem **Grundrecht aus Art 3 Abs 1 GG** verletzt (vgl zB BFHE 2008, 404 = BStBl II 2005, 457; BFHE 203, 404 = BStBl II 2004, 25; BFH/NV 2005, 72, 224; 2004, 1418, 1545; 2003, 1336, 1604; 2002, 798, 1475; ebenso die Rspr des BGH zu § 543 ZPO, vgl zB BGH NJW 2002, 798, 2957; NJW 2003, 1943; so im Ergebnis auch *Rüsken* DStZ 2000, 815, 819 ff; *H/H/Sp/Lange* Rz 204 ff; *ders* DStZ 2000, 815). Denn die Korrektur willkürlich falscher Entscheidungen liegt nicht nur im Interesse der Beteiligten des konkreten Rechtsstreits, sondern auch im Allgemeininteresse an einer Recht und Gesetz verpflichteten Rspr (Art 20 Abs 3 GG; BFH/NV 2002, 798, 1474; BGH NJW 2002, 2957; 2003, 1943; *H/H/Sp/Lange* Rz 65; *Gaier* NJW-Sonderheft 2003, 18, 22; *Ruban* DStR 2005, 2033).

Die Zulassung ist in diesem Fall aber nicht nur im Hinblick auf das Gebot der verfassungskonformen Auslegung prozessualer Vorschriften, sondern auch mit Rücksicht auf die **Subsidiarität der Verfassungsbeschwerde** (§ 90 Abs 2, § 93 BVerfGG) geboten (BGH NJW 2003, 1943 BSG SozR 1500 § 150 Nr 27). Danach ist es zunächst Aufgabe der **Fachgerichtsbarkeit,** im Rahmen der jeweils maßgeblichen Verfahrensordnung die Grundrechte der Beteiligten zu wahren und durchzusetzen (BVerfG NJW 1979, 539; NJW 2003, 1924; BVerfGE 63, 77). § 115 Abs 2 Nr 2 ermöglicht die Auslegung, das gegen Urteile, die unter keinem denkbaren Gesichtspunkt zu rechtfertigen sind, im Interesse der Einheitlichkeit der Rspr die Revision zuzulassen. Diese Auslegung genügt auch den verfassungsrechtlichen Anforderungen an eine hinreichende **Bestimmtheit** der Zugangsvoraussetzungen, da die Orientierung an der Rspr des BVerfG zu Art 3 GG den Beteiligten eine ausreichend sichere Beurteilung der Zulässigkeit einer Revision ermöglicht (BGH JR 2004, 331,

334 und JZ 2003, 794 zu § 543 ZPO; vgl dazu oben Rz 19 mwN). Ein
Richterspruch ist allerdings nicht schon dann willkürlich, wenn er offensichtlich fehlerhaft ist (BFH/NV 1999, 630; 2003, 1059; BGH JR 2004,
331, 335). Es genügt auch nicht, dass das FG mit seiner Rechtsauffassung
von der ganz hM abweicht. Willkür liegt vielmehr erst dann vor, wenn die
Rechtslage in *krasser Weise* verkannt wird (BVerfG DVBl 1993, 1001). Das
ist erst dann der Fall, wenn der Richterspruch **unter keinem denkbaren
Aspekt rechtlich vertretbar** ist, und sich mithin der Schluss aufdrängt, er
beruhe auf sachfremden Erwägungen (BVerfGE 67, 90; 87, 273; BVerfG
NJW 2002, 2859; BFHE 208, 404 = BStBl II 2005, 457; BFHE 203, 404
= BStBl II 2004, 25; BFH/NV 2004, 343, 1220, 1310; BGH JZ 2003,
794). Dies ist anhand **objektiver Kriterien** festzustellen; nicht subjektive
Willkür iS schuldhaften Handelns des Richters führt zur Verfassungswidrigkeit, sondern die tatsächliche (objektive) und eindeutige Unangemes-
senheit einer Entscheidung im Verhältnis zu dem zu beurteilenden Sachverhalt (BVerfG MDR 2001, 103; BVerfG BStBl II 1996, 34). Die Fälle
objektiver Willkür dürften weitgehend mit den Fällen übereinstimmen, in
denen die Rspr bisher **„greifbare Gesetzwidrigkeit"** angenommen hat
(BGH JR 2004, 331, 335 mwN; BFH/NV 2003, 1604; *Lange,* DStZ
2002, 782, 785 f). Von Willkür kann nicht gesprochen werden, wenn das
Gericht sich mit der **Rechtslage eingehend auseinandergesetzt** hat
und seine Auffassung nicht jedes sachlichen Grundes entbehrt (BVerfGE
89, 1, 13; BVerfG 96, 189, 203; BFHE 196, 30 = BStBl II 2001, 837;
BFH/NV 2005, 560).

69   Die Rspr hat krasses Unrecht im Sinne objektiver Willkür nur in Ausnahmefällen bejaht, zB dann, wenn eine Gesetzesauslegung dem **Normzweck offensichtlich zuwiderläuft** (BH NJW 1993, 135) oder wenn
eine Entscheidung aus anderen Gründen mit der geltenden Rechtsordnung
schlechthin unvereinbar ist (so auch *Lange,* DStZ 2002, 782, 785). Dies hat
die Rspr angenommen, wenn das Gericht eine **offensichtlich einschlägige Rechtsnorm übersehen** und deshalb in der Sache falsch entschieden hat (BVerfGE 87, 273 mwN; BVerfG DVBl 1993, 1001; BFH/NV
2003, 1597; *Gailer* NJW-Sonderheft 2003, 18, 22; *einschränkend:* BFHE
206, 226 = BStBl II 2004, 896: keine Zulassung wegen Willkür, wenn die
Beteiligten selbst durch ihr Verhalten den Irrtum des Gerichts durch entsprechenden Vortrag hätten vermeiden und ein anderes Verfahrensergebnis
herbeiführen können); ferner dann, wenn es eine notwendige **Vertragsauslegung unterlassen** hat und die Entscheidung deshalb unverständlich
ist (BGH NJW 2005, 153) oder wenn das Gericht bei der Auslegung einer
Willenserklärung **anerkannte Auslegungsgrundsätze** in einem Maße
außer Acht lässt, dass seine Entscheidung nicht mehr nachvollziehbar ist
(BVerfG MDR 2001, 103; NJW 1998, 2810; EuGRZ 1999, 494). Objektive Willkür hat der BFH auch in Fällen bejaht, in dem ein **Schätzungs-
ergebnis** des FG **schlechthin unvertretbar** (wirtschaftlich unmöglich)
war (BFHE 2003, 404 = BStBl II 2004, 25) oder krass von den tatsächlichen Gegebenheiten abwich und in keiner Weise erkennbar war, dass
überhaupt Schätzungserwägungen angestellt worden waren (BFH/NV
2003, 1150). Dagegen führt ein Verstoß gegen die **Denkgesetze** im Rahmen einer Schätzung nicht zur Zulassung der Revision wegen willkürlich
falscher Rechtsanwendung, wenn sich das **Ergebnis der Schätzung** nicht

als offensichtlich realitätsfremd darstellt (BFH/NV 2004, 1112). Zur objektiv willkürlichen Entscheidung über die Klage gegen einen Abrechnungsbescheid, bei der das FG die im Steuerbescheid ausgewiesenen anrechenbaren Steuern nicht vollständig berücksichtigt hatte, vgl BFHE 208, 404 = BStBl II 2005, 457.

bb) Zulassung wegen greifbarer Gesetzwidrigkeit?

Der BFH hat in zahlreichen Entscheidungen die Auffassung vertreten, **70** die Revision sei auch bei **offensichtlichen** Rechtsfehlern zuzulassen, die zwar nicht zu einer objektiv willkürlichen, aber zu einer **greifbar gesetzwidrigen Entscheidung** geführt hätten (zB BFH/NV 2005, 1057, 1067, 1130, 1086, 1354, 1632; 2003, 495, 1087, 1403; 2002, 51, 119, 1474). Er hat allerdings – soweit ersichtlich – bisher in keinem Fall die Revision ausdrücklich wegen greifbarer Gesetzwidrigkeit zugelassen, sondern bei nicht mehr vertretbaren Entscheidungen stets den Zulassungsgrund der objektiven Willkür herangezogen (vgl die Nachweise bei Rz 68). Der BFH rechtfertigt diese Fallgruppe mit dem Hinweis auf die amtliche Begründung, in der ausgeführt ist, es bestehe ein allgemeines Interesse an der Korrektur offensichtlicher Fehlurteile durch das Revisionsgericht (vgl Rz 21). Diese Absicht des Gesetzgebers hat jedoch im Gesetzestext keinen hinreichenden Ausdruck gefunden (vgl BVerfG NJW 2004, 1371 zu der insoweit wortgleichen Regelung in § 543 Abs 2 ZPO). Weder die **Offensichtlichkeit** noch die **Schwere** des Rechtsfehlers sind geeignete Kriterien für die Zulassung der Revision zur Wahrung einer einheitlichen Rspr, soweit es sich nicht um verfassungsrechtlich relevante Verstöße iS einer objektiven Willkür handelt (so die st Rspr des BGH zu § 543 ZPO, vgl zB BGH JR 2004, 331; NJW 2003, 65, 754, 831; 2002, 2957; vgl auch *Gaier* NJW-Sonderheft 2003, 18, 22; aA *Lange* NJW 2001, 1098; *ders* Rz 210; *Kempermann* DStZ 2005, 772). Das BVerfG hat bereits in seiner Grundsatzentscheidung zur Verfassungswidrigkeit des § 554 b ZPO aF (NJW 1981, 39 ff) ausgeführt, die Schwere oder Vertretbarkeit eines Rechtsfehlers sei als Maßstab für die Annahme einer Revision von Verfassungs wegen nicht sachgerecht, weil dieses Kriterium gegen das Gebot der **Rechtsanwendungsgleichheit** verstoße. Diese Entscheidung ist zwar zu einer anderen Rechtsnorm ergangen. Ihr ist jedoch der Grundsatz zu entnehmen, dass bei der Regelung des Zugangs zum Revisionsgericht der Grundsatz der Rechtsanwendungsgleichheit im Rahmen des jeweiligen Normzwecks zu beachten ist. Die Einheitlichkeit der Rspr wird jedoch durch jedes Fehlurteil gestört, unabhängig vom Gewicht des Rechtsfehlers. Die **Offensichtlichkeit** im Sinne von Erkennbarkeit (Evidenz) eines Rechtsanwendungsfehlers ist ebenfalls kein brauchbarer Maßstab für das Allgemeininteresse an der Sicherung einer einheitlichen Rspr (*Wenzel* NJW 2002, 3353, 3355; *Gaier* NJW-Sonderheft 2003, 18, 22 und die st Rspr des BGH, vgl die Nachweise bei Rz 71). Zum einen ist unklar, ob sich die Offensichtlichkeit des Fehlers aus dem Blickwinkel eines in der Regel nicht rechtskundigen Betroffenen oder aus dem eines sach- und rechtskundigen Lesers bestimmen soll. Zum anderen ist nicht ersichtlich, weshalb das öffentliche Interesse an der Beseitigung eines leicht erkennbaren Rechtsfehlers größer sein soll als an der Korrektur eines Urteils, dessen Fehlerhaftigkeit sich nur einem Kenner der Materie erschließt.

cc) Zulassung bei Wiederholungsgefahr?

71   Der BGH lässt die Revision zur Wahrung einer einheitlichen Rspr – abgesehen von den Fallgruppen der Divergenz oder der Willkürentscheidung – unter Berufung auf die Rspr zu § 80 OWiG (vgl BGH NJW 1971, 389) zu, wenn ein Rechtsanwendungsfehler ausnahmsweise über den Einzelfall hinaus Bedeutung hat. Ein Allgemeininteresse an der Korrektur des Rechtsfehlers durch das Revisionsgericht sei gegeben, wenn im konkreten Fall die Gefahr der **Wiederholung** oder **Nachahmung** des Fehlers bestehe (st Rspr, vgl zB BH NJW 2002, 2957; NJW 2003, 65, 754, JR 2004, 331). Konkrete Anhaltspunkte für eine Wiederholungsgefahr oder einen Nachahmungseffekt sind nach Ansicht des BGH gegeben, wenn sich die rechtsfehlerhafte **Begründung** eines Urteils **verallgemeinern** lässt und überdies eine nicht unerhebliche Zahl künftiger Sachverhalte zu erwarten ist, auf die die fehlerhafte Argumentation übertragen werden kann, der Rechtsfehler also **symptomatische Bedeutung** hat (BGH NJW 2003, 65, 754; NJW 2002, 2473, 3783). Keine geeigneten Zulassungskriterien sind dagegen nach st Rspr des BGH – entgegen den missverständlichen Ausführungen in der Gesetzesbegründung (BT-Drucks 14/4722, 67, 104 zu § 543 ZPO und BT-Drucks 14/4549, 9 zu § 115) – die **Schwere** oder **Offensichtlichkeit** des Fehlers (BGH NJW 2002, 2473; 2003, 65; ebenso schon NJW 1971, 389; *Rüsken,* DStZ 2000, 815, 820; *Wenzel* NJW 2002, 3353, 3355; *Gaier* NJW-Sonderheft 2003, 18, 22).

Der BGH hat seine zunächst eher restriktive Zulassungspraxis bei der Rüge fehlerhafter Anwendung des formellen oder materiellen Rechts in letzter Zeit ausgeweitet und unter Berufung auf „verfassungsrechtlich abgesicherte Gerechtigkeitsanforderungen" die Revision auch zur Korrektur einzelfallbezogener Auslegungsfehler zugelassen (vgl dazu *Scheuch/Lindner* NJW 2005, 112; *v Gierke/Seiler* NJW 2004, 1497); so hat er ein Urteil als objektiv willkürlich beurteilt, in dem eine notwendige Vertragsauslegung durch das Gericht unterblieben und die Entscheidung deshalb nicht verständlich war (BGH NJW 2005, 153). Zur Sicherung einer einheitlichen Rspr soll die Revision (bei fehlender Divergenz oder Willkür) auch bei einem „grundlegenden Missverständnis der höchstrichterlichen Rspr" (NJW 2003, 754), bei falscher Anwendung der Rechtsgrundsätze des BGH (NJW 2003, 2824; vgl aber BGH NJW 2003, 3208) oder bei einer fehlerhaften Anwendung von Beweislastregeln zuzulassen sein (BGH NJW 2003, 754; 2005, 154). Die Rspr nutzt insoweit die Fallgruppe des symptomatischen Fehlers, um gegen solche Urteile die Revision zuzulassen, denen verdeckt (im Wege denknotwendiger Unterstellung) ein Rechtssatz zugrunde liegt, der ausdrücklich formuliert, die Zulassung wegen Divergenz gerechtfertigt hätte. Dieses Ergebnis kann allerdings nach der Rspr des BFH und des BAG bereits mit dem Divergenztatbestand erreicht werden, wenn der Begründung des FG-Urteils zu entnehmen ist, dass das FG konkludent einen abweichenden Rechtssatz zugrunde gelegt hat, zB deshalb, weil es die Rspr des BFH grundsätzlich falsch interpretiert hat (vgl Rz 54; ebenso *Jacoby* ZZP 116, 229, 232).

Gegen das Zulassungskriterium der Nachahmungs- oder Wiederholungsgefahr bzw des „symptomatischen" Fehlers ist zu Recht eingewandt worden, dass es nicht dem verfassungsrechtlichen Erfordernis der **Be-**

stimmtheit der Regelung über den Zugang zur Revisionsinstanz und dem rechtsstaatlichen Gebot der Rechtsmittelklarheit entspricht; für den Rechtsuchenden wird es jedenfalls kaum je möglich sein, eine ständige Fehlerpraxis des betreffenden FG nachzuweisen oder eine Nachahmungsgefahr schlüssig darzulegen (vgl zB die Kritik von *Ahrens* JR 2004, 336; *Musielak* in FS Gerhardt, 653, 671; *Rimmelspacher* JZ 2003, 797; *Scheuch/Lindner* NJW 2003, 729; *Schultz* MDR 2003, 1392, 1397; *Schneider* MDR 2003, 901, 904; *Ball* Verhandlungen des 65. Deutschen Juristentags, BD I, A 81 f; *Büttner* ebenda, A 89, 101; *Gottwald* ebenda A 121).

Der BFH hat deshalb in seiner bisherigen Rspr zu Recht den Zulassungsgrund des symptomatischen Rechtsfehlers nicht übernommen.

7. Zulassung wegen Verfahrensmangels (Abs 2 Nr 3)

a) Zweck der Verfahrensrevision; Verhältnis zu Abs 2 Nr 1 und 2

Der Zulassungsgrund des Abs 2 Nr 3 dient – anders als die Zulassung **73** zur Entscheidung von Grundsatzfragen oder zur Sicherung der Rechtseinheit – in besonderem Maße dem **Individualrechtsschutz** und der **Einzelfallgerechtigkeit** (*Schoch ua* § 132 VwGO Rz 83; *T/K* Rz 71). Den Beteiligten ist damit die Möglichkeit eröffnet, Verfahrensmängel, die möglicherweise das Ergebnis der Entscheidung beeinflusst haben, in einer weiteren Instanz zu rügen. Zugleich dient dieser Zulassungsgrund einer **Verfahrensaufsicht** über die Instanzgerichte (BVerwG NVwZ-RR 1996, 359; *Bettermann* NJW 1954, 1305; *T/K* Rz 71; *Kopp/Schenke* § 132 Rz 20; *Schoch ua* § 132 VwGO Rz 83; aA *Beermann* Rz 117) und damit dem **Allgemeininteresse** an einem fairen, gesetzmäßigen Gerichtsverfahren, das Voraussetzung für die Akzeptanz einer Gerichtsentscheidung und das Vertrauen in die Rspr ist. Der Zulassungsgrund des Abs 2 Nr 3 ist auch ein wichtiges Korrektiv für die fehlende zweite Tatsacheninstanz im finanzgerichtlichen Verfahren (ähnlich *T/K* Rz 71 f). Schließlich dient die Verfahrensrevision einer **Entlastung des BVerfG,** weil der Verstoß der FG gegen Verfahrensgrundrechte mit der NZB gerügt und ggf im Revisionsverfahren korrigiert werden kann (*T/K* Rz 71; *Beermann* Rz 118). Nach der Abschaffung der zulassungsfreien Verfahrensrevision sind nunmehr auch die **wesentlichen Verfahrensmängel** iS des § 116 aF mit der NZB als Zulassungsgrund iS des § 115 Abs 2 Nr 3 geltend zu machen.

Der Zulassungsgrund des Abs 2 Nr 3 schließt die **Grundsatz- und Di-** **74** **vergenzrevision** nicht aus: Auch die Auslegung einer Verfahrensvorschrift kann grundsätzliche Bedeutung haben oder Gegenstand einer Divergenz sein. Wird mit einer NZB geltend gemacht, das FG habe eine Vorschrift des Gerichtsverfahrensrechts unzutreffend ausgelegt oder angewendet und wird zugleich schlüssig vorgetragen, die Auslegung der betreffenden Verfahrensvorschrift habe grundsätzliche Bedeutung, so hat die **Zulassung nach Abs 2 Nr 1 Vorrang** vor der Zulassung nach Abs 2 Nr 3. Der BFH darf in diesem Fall nicht von der Regelung des § 116 Abs 6 Gebrauch machen (vgl § 116 Rz 65).

Zur Prüfung eines Verfahrensfehlers, wenn dieser erfolglos mit den Zulassungsgründen des § 115 Abs 2 Nr 1 oder 2 geltend gemacht wurde (§ 116 Rz 55 aE).

b) Begriff des Verfahrensmangels

76   aa) Verfahrensmängel iS des § 15 Abs 2 Nr 3 sind **Verstöße des FG**
gegen Vorschriften des **Gerichtsverfahrensrechts** (BFH/NV 2004, 339;
2000, 1493, 1355; 1999, 1099; *T/K* Rz 76 aE; *Schoch ua* § 132 VwGO
Rz 88). Eine Einschränkung gilt nur, wenn und soweit Normen des Ge-
richtsverfahrensrechts einen engen **sachlichen Bezug zum materiellen
Recht** haben, wie zB §§ 76, 96. Soweit mit der Revision oder NZB Verstöße gegen diese Vorschriften durch eine fehlerhafte **Sachverhalts-** oder
Beweiswürdigung gerügt werden, ist dieser Mangel revisionsrechtlich
dem materiellen Recht zuzuordnen (st Rspr, vgl die Nachweise bei
Rz 82 f; *Rätke* DStZ 2000, 246, 251; *Beermann* Rz 123; *Eyermann* § 132
VwGO Rz 15; *Kopp/Schenke* § 132 VwGO Rz 20; *Meyer-Ladewig* § 160
SGG Rz 16 a und § 144 Rz 32; zur Abgrenzung vgl ferner Rz 81); das gilt
nach der Rspr des BFH auch dann, wenn der behauptete Mangel (zB Verstoß gegen die Denkgesetze bei der Beweiswürdigung) sich nicht auf die
rechtliche Subsumtion, sondern nur auf die Würdigung von Tatsachen erstreckt (vgl BFH/NV 1999, 510; 2000, 848, 1458; str, aA BVerwG NJW
1990, 1681; BVerwG NVwZ 1997, 389; *Schoch ua* § 132 Rz 92, die Verfahrensverstoß annehmen, wenn die rechtliche Subsumtion von der fehlerhaften Beweiswürdigung nicht berührt ist). Dagegen kommt eine **Verfahrensrüge** (Verstoß gegen § 96 oder § 76) in Betracht, wenn das FG die
Beweiswürdigung vorweggenommen hat (BFH/NV 2000, 597; 2003, 502),
sich zu Unrecht an bestimmte **Beweisregeln gebunden** gefühlt oder
nicht alle Umstände berücksichtigt hat, die in die Beweiswürdigung hätten
einfließen müssen (BFH/NV 1987, 560; 1997, 246; 2000, 1458; *T/K*
Rz 92; *Beermann* Rz 124; *Schoch ua* § 132 VwGO Rz 92).

77   bb) Keine Verfahrensmängel iS des Revisionsrechts sind Fehler, die dem
FA im Besteuerungsverfahren oder im außergerichtlichen Vorverfahren
unterlaufen sind (BFHE 93, 209 = BStBl II 1968, 755; BFHE 96, 2 =
BStBl II 1969, 525; BFH/NV 2003, 1214; 1995, 610). Auch Fehler des
FG bei der Auslegung von Vorschriften der Abgabenordnung und anderer
das Besteuerungsverfahren regelnder Vorschriften sind keine Verfahrens-,
sondern materiell-rechtliche Mängel (allgemeine Ansicht: BFHE 135, 396,
399 = BStBl II 1982, 682; BFH/NV 1988, 448; 1999, 665; *T/K* Rz 77;
das gilt auch für eine fehlerhafte Beurteilung von Vorschriften der AO, die
die Zulässigkeit des **außergerichtlichen Vorverfahrens** regeln (str, aber
st Rspr des BFH, vgl BFHE 141, 470, 473 = BStBl II 1984, 791; BFH/
NV 1990, 790; 1995, 602; 2000, 571; 2002, 1473). Mängel, die dem Verwaltungsverfahren anhaften, sind nach dieser Rspr auch dann nicht
zugleich als Verfahrensmängel iS von § 115 Abs 2 Nr 3 anzusehen, wenn
als unmittelbare Folge dieses Mangels Grundsätze und Vorschriften des
Prozessrechts nicht mehr ihren Zweck erfüllen können, dh, wenn sich
Mängel des außergerichtlichen Vorverfahrens zugleich auf das gerichtliche
Verfahren auswirken (aA mit überzeugender Begründung BVerwG Buch-
holz 310 § 60 VwGO Nr 152; *Beermann* Rz 130; *T/K* Rz 77; *Kopp/
Schenke* § 132 Rz 21 a; vgl dazu auch Rz 80).

78   cc) Nach einer vor allem in der älteren Rspr und Lehre verbreiteten
Auffassung soll nicht jeder Verstoß des FG gegen Normen des Prozess-

rechts zu einem Verfahrensmangel führen. Im Anschluss an die Rspr des RG (vgl zB RGZ 102, 217; RGZ 123, 204; RGZ 132, 330; RGZ 156, 372) wird zwischen dem Gesetzesverstoß „in bezug auf das Verfahren" (vgl § 554 Abs 3 Nr 3 b ZPO), dem sog **error in procedendo,** und der Rechtsverletzung, die einen inhaltlichen Mangel des angefochtenen Urteils zur Folge hat, dem sog **error in iudicando,** unterschieden (vgl BFHE 99, 6 = BStBl II 1970, 545; BFHE 146, 204 = BStBl II 1986, 492; BFHE 165, 185 = BStBl II 1991, 930; BFH/NV 1993, 551; *H/H/Sp/Lange* Rz 59; *Herrmann* Rz 183; *May* Kap IV Rz 89; *Stein/Jonas/Grunsky* § 554 Anm III 3 b; *T/P* § 539 Rz 3; *Weyreuther* Rz 139 ff).

In der Praxis hat sich diese Unterscheidung als wenig brauchbar erwiesen. Es kann nicht überzeugen, dass selbst Verstöße gegen grundlegende Vorschriften des Prozessrechts, wie zB die fehlerhafte Beurteilung von Sachentscheidungsvoraussetzungen, die zur Folge haben, dass dem Kläger eine gerichtliche Nachprüfung des angefochtenen Verwaltungsakts zu Unrecht versagt wird, keine Verfahrensmängel iS der §§ 115, 120 begründen sollen, wenn die falsche Auslegung dieser Vorschriften den Inhalt des angefochtenen Urteils selbst bildet (so zutreffend *Ule* § 63 III 1; *ders* DVBl 1960, 553; ebenso *T/K* Rz 76; *Beermann* Rz 120; *Schoch ua* § 132 VwGO Rz 88; *Rätke* DStZ 2000, 246; *Ruban* StVj 1991, 142, 156). Der BGH hat gegen diese restriktive Definition des Verfahrensmangels zu Recht eingewandt, dass sie keine hinreichende Grundlage im Gesetz hat (BGHZ 27, 249). Wäre es richtig, dass jede Verletzung von Normen des Gerichtsverfahrensrechts, die erst mit der Urteilsfällung begangen wird, zu einem materiell-rechtlichen Mangel führt, würde der **Zweck des § 115 Abs 2 Nr 3,** der eine wirksame Verfahrensaufsicht über die FG ermöglichen soll, weitgehend verfehlt. Eine solche einengende Auslegung des Begriffs „Verfahrensmangel" in Abs 2 Nr 3 ist mE auch mit dem verfassungsrechtlichen Gebot einer **fairen Prozessgestaltung** (vgl hierzu BVerfG BB 1992, 644) und dem Anspruch auf **effektiven Rechtsschutz** gegen Akte der öffentlichen Gewalt (Art 19 Abs 4 GG; vgl hierzu auch BVerwG Buchholz 310 § 139 VwGO Nr 66) nicht zu vereinbaren. Es widerspricht dem Rechtsstaatsprinzip, das Verfahrensrecht so auszulegen und anzuwenden, dass den Beteiligten der Zugang zum Gericht unnötig erschwert wird (BVerfG NVW 1993, 1380; BVerfGE 77, 275; BVerwG BayVBl 1994, 90; BFHE 169, 507 = BStBl II 1994, 306).

In der neueren Rspr der obersten Bundesgerichte wird von der engen Definition des Verfahrensmangels iS eines error in procedendo regelmäßig kein Gebrauch gemacht; insbesondere wird die fehlerhafte Beurteilung von **Sachentscheidungsvoraussetzungen** durchweg als Verfahrensmangel behandelt (vgl BFHE 145, 299 = BStBl II 1986, 268; BFHE 153, 509 = BStBl II 1988, 897; BFHE 155, 12 = BStBl II 1989, 107; BFHE 169, 507 = BStBl II 1993, 306; BFH/NV 2004, 362, 1284, 1417 mwN; 2003, 737; 2002, 943, 1042, 1167; 1994, 891; BVerwGE 13, 141; BVerwGE 25, 357; BVerwGE 30, 111; BVerwG BayVBl 1980, 725; BVerwG Buchholz 310 § 60 VwGO Nr 152 und 310 § 132 Nr 238; BSG NJW 1960, 1491 und NJW 1994, 150; BGHZ 27, 249; vgl ferner die umfangreichen Nachweise bei *Rätke* DStZ 2000, 246 und *Schoch ua* § 132 VwGO Rz 89). Die ältere Rspr des BFH, in der die fehlerhafte Bearbeitung prozessualer Vorschriften im Urteil selbst als materieller Fehler beurteilt wurde (vgl BFHE 99, 6 = BStBl II 1970, 545; BFHE 146, 204 = BStBl II 1986, 492; BFH/NV

1989, 175; 1988, 448; 1994, 882), ist damit überholt. Als Verfahrensmangel kann deshalb auch die fehlerhafte Ablehnung einer Wiedereinsetzung in den vorigen Stand wegen Versäumung der Klagefrist gerügt werden (st Rspr des BVerwG, vgl BVerwGE 13, 141; Buchholz 310 § 60 VwGO Nr 152 und 310 § 139 VwGO Nr 66; **aA** noch BFHE 99, 6 = BStBl II 1970, 545) oder die fehlerhafte Ablehnung eines Antrags auf Aussetzung des Verfahrens nach § 74 (BFHE 161, 409 = BStBl II 1990, 986; BFHE 164, 194 = BStBl II 1991, 641; BFHE 165, 185 = BStBl II 1991, 930; vgl aber BFH/NV 2003, 77).

79   dd) Bei der Prüfung, ob ein Verfahrensfehler vorliegt, ist der **materiellrechtliche Standpunkt des FG** zugrunde zu legen (st Rspr, vgl BFHE 118, 546 = BStBl II 1976, 503; BFHE 119, 274 = BStBl II 1976, 621; BFHE 170, 88 = BStBl II 1993, 235; BFHE 198, 403 = BStBl II 2002, 714; BFH/NV 1999, 963; 2000, 681, 857, 1218; 2003, 71, 638, 1341; 2005, 712; BGHZ 18, 107; BGHZ 31, 362; BVerwG HFR 1981, 86). Das gilt jedenfalls dann, wenn dem FG ein Fehler bei der **Tatsachenermittlung oder -würdigung** unterlaufen ist. So kann dem FG nicht vorgeworfen werden, es habe vom Kläger angebotene Beweise nicht erhoben, wenn es nach dem materiell-rechtlichen Standpunkt des FG auf die damit zu beweisenden Tatsachen nicht ankam. Ob das Revisionsgericht den materiell-rechtlichen Standpunkt des FG für zutreffend hält, ist unerheblich (BFH/NV 1989, 32; BGH NJW 1993, 538; BVerwG NVwZ-RR 1996, 369; *Beermann* Rz 159; *Schoch ua* § 132 Rz 93 mwN). Auf den materiellrechtlichen Standpunkt des FG kann es dagegen nicht ankommen, wenn ein Verstoß des FG gegen die Grundordnung des Verfahrens oder die fehlerhafte Beurteilung einer Sachurteilsvoraussetzung in Betracht kommt (vgl auch § 116 Rz 52).

80   ee) Ein **Verfahrensmangel** ist insbesondere in folgenden Fällen anzunehmen:

Das FG weist die Klage als unzulässig ab, weil es zu Unrecht davon ausgeht, die **Klagefrist** sei **versäumt** (BFHE 145, 299 = BStBl II 1986, 268; BVerwGE 13, 141 und 13, 239; BVerwG Buchholz 310 § 132 VwGO Nr 216; vgl aber BFHE 99, 6 = BStBl II 1970, 545). Weitergehend soll nach der Ansicht des BVerwG ein Verfahrensmangel iS des § 115 Abs 2 Nr 3 auch dann vorliegen, wenn das Instanzgericht in Übereinstimmung mit der beklagten Behörde den **Einspruch** oder die Beschwerde gegen einen VA als **verspätet** (unzulässig) behandelt, weil es zu Unrecht die Voraussetzungen einer Wiedereinsetzung in den vorigen Stand verneint (BVerwG Buchholz 310 § 60 VwGO Nr 152; NVwZ 2003, 901; **aA** BFHE 99, 6 = BStBl II 1970, 545; offen gelassen in BFH/NV 2004, 1670 mwN).

Infolge fehlerhafter **Auslegung der Klageschrift** oder sonstiger Prozesserklärungen wird der Anspruch des Klägers auf effektiven Rechtsschutz verkürzt (BFHE 169, 507 = BStBl II 1993, 306; BFH/NV 1995, 980; BVerwG NJW 1992, 1940; **aA** BFH/NV 1994, 882).

Aufgrund fehlerhafter Auslegung der **Vorschriften,** die die **Zulässigkeit der Klage** regeln (zB die Klagebefugnis in § 40) weist das FG die Klage durch Prozessurteil ab (BVerwG BayVBl 1994, 90; *Kopp/Schenke* § 132 Rz 21).

Das FG verkennt das **Feststellungsinteresse** des Klägers iS von § 41, § 100 Abs 1 S 4 (BFHE 100, 288 = BStBl II 1970, 873; BFHE 116, 315 = BStBl II 1975, 860; NFH/NV 2005, 657; BSG DVBl 1960, 552; aA BVerwG MDR 1958, 53).

Erlass eines **Grund-, Teil- oder Zwischenurteils,** ohne dass dessen Zulässigkeitsvoraussetzungen erfüllt sind (*T/P* § 539 Rz 2 c mwN). Das FG entscheidet über ein **Richterablehnungsgesuch** nicht durch selbstständige Zwischenentscheidung, sondern im Endurteil (BFH/NV 1994, 883; BFHE 191, 235 = BStBl II 2000, 376; vgl aber jetzt § 128 Abs 2).

Verstoß des FG gegen § 96 Abs 1 S 2 (**Bindung an das Klagebegehren;** vgl BGH NJW 1979, 2250; BGH WM 1980, 343; BVerwGE 25, 357; *T/P* § 308 Rz 1 d; **aA** RGZ 156, 372, 376 und BAG NJW 1971, 1332, die Verstoß gegen „materielles Prozessrecht" annehmen; gegen diesen Begriff zu Recht *Rosenberg,* Lehrbuch des deutschen Zivilprozessrechts, 5. A § 1 IV 2).

Das FG verletzt die Verpflichtung zur **Aussetzung des Verfahrens nach § 74** (BFHE 145, 308 = BStBl II 1986, 239 mwn; BFHE 165, 185 = BStBl II 1991, 930; BFHE 173, 196 = BStBl II 1994, 401; BFHE 189, 148 = BStBl II 1999, 751).

Bei **Übergehen eines** (entscheidungserheblichen) **Beweisantrags** (BFHE 155, 498 = BStBl II 1989, 372; BFH/NV 2000, 1126; 2005, 564, 566; BVerwG NJW 1954, 1094; BGH NJW 1957, 714) und bei **vorweggenommener Beweiswürdigung** (BFH/NV 2005, 561; 2003, 502; 2000, 174; BVerwG Buchholz 310 § 108 VwGO Nr 181; BVerwG NVwZ 1987, 405; *Kopp/Schenke* § 86 Rz 6 mwN; *Meyer-Ladewig* § 103 Rz 8). FG verletzt den Grundsatz der **Unmittelbarkeit der Beweisaufnahme** (BFHE 164, 396 = BStBl II 1991, 806).

Bei **Verletzung des rechtlichen Gehörs,** insbesondere durch Erlass einer verbotenen **Überraschungsentscheidung** oder die ermessensfehlerhafte Ablehnung einer Wiedereröffnung der mündlichen Verhandlung (*T/K* § 115 Rz 81; vgl hierzu im Einzelnen § 96 Rz 27 ff und § 119 Rz 10 ff).

FG wendet **Präklusionsvorschriften** (zB § 79 b) unrichtig an (BFHE 162, 534 = BStBl II 1991, 242; BFHE 177, 233 = BStBl II 1995, 545; BFH/NV 2004, 523; 2000, 718; 1995, 886; 1989, 798; vgl dazu auch § 119 Rz 15).

FG unterlässt eine Sachprüfung, weil es sich zu Unrecht an die **Rechtskraft einer früheren Entscheidung** gebunden fühlt (BFH v 24. 8. 2005 VIII B 36/04, juris; BSGE 8, 284; BGHZ 27, 249).

FG unterlässt eine **notwendige Beiladung** (BFHE 89, 328 = BStBl II 1967, 612; BFH/NV 2005, 994; 2003, 1539; BVerwGE 2, 189); das gilt auch nach In-Kraft-Treten des § 123 Abs 1 S 2, der dem BFH die Möglichkeit eröffnet, eine vom FG unterlassene Beiladung im Revisionsverfahren nachzuholen.

Das FG legt seiner Entscheidung nicht das Gesamtergebnis der Verhandlung zugrunde (**Verstoß gegen § 96 Abs 1 S 1;** vgl BFHE 141, 221 = BStBl II 1984, 667; BFHE 126, 379 = BStBl II 1979, 162; BFH/NV 2000, 214; 1995, 900; BVerwGE 68, 338; BVerwG DVBl 1983, 1106; s auch § 96 Rz 7 ff).

FG bildet seine Überzeugung auf der Grundlage eines **unvollständig ermittelten Sachverhalts (Verstoß gegen § 76;** vgl zB BFHE 132, 508 = BStBl II 1981, 433; BFH/NV 1985, 45; 2000, 1458).

FG kommt seiner Verpflichtung zur **Ermittlung** entscheidungserheblichen **ausländischen Rechts** nicht nach (BVerwGE 45, 357, 365; BGH NJW 1988, 647; vgl auch § 118 Rz 45).

Bei einem **Verstoß gegen den klaren Inhalt der Akten.** Dieser früher in § 288 RAO enthaltene Revisionsgrund wurde nicht in die FGO übernommen. Der Sache nach beinhaltet er die Rüge, das FG habe seiner Entscheidung einen Sachverhalt zugrunde gelegt, der dem schriftlichen oder protokollierten Vorbringen der Beteiligten nicht entspricht, oder es habe eine nach den Akten klar feststehende Tatsache unberücksichtigt gelassen (BFHE 118, 546 = BStBl II 1976, 503; BFH/NV 1997, 246; 2000, 1458, 1355; 2004, 52, 493; 2005, 902). Diese Rüge ist im allgemeinen als **Rüge der Verletzung des § 96 Abs 1 S 1** aufzufassen. Das gilt jedenfalls dann, wenn schlüssig behauptet wird, das FG habe bei der Beweiswürdigung für die Entscheidung wesentliche Bestandteile der Akten nicht berücksichtigt (BFHE 126, 379 = BStBl II 1979, 310; BFH/NV 1986, 288; BFH/NV 1995, 883; BVerwG Buchholz 310 § 108 VwGO Nr 173). Die Rüge des Verstoßes gegen den Inhalt der Akten kann aber auch die **Rüge eines materiellen Rechtsfehlers** zum Inhalt haben (vgl unten Rz 81 f und *Klein/Ruban* Rz 110). In der **Nichtbeachtung der Bindungswirkung des Revisionsurteils** (§ 126 Abs 3) liegt nach hM auch dann kein materiell-rechtlicher Fehler, sondern ein Verfahrensmangel, wenn das FG bei der Anwendung materiellen Rechts von der Entscheidung des BFH im ersten Rechtszug abgewichen ist (BFHE 91, 509 = BStBl II 1968, 382; BFHE 148, 494 = BStBl II 1987, 344; BFH/NV 1992, 43; BVerwG StRK FGO § 115 R 178; vgl aber BAG BB 1981, 674). Gleiches muss gelten, wenn das FG die **Bindung an die Rechtskraft (§ 110)** eines früheren Urteils missachtet (BFH v 24. 8. 2005 VIII B 36/04, juris; offen gelassen in Buchholz BVerwG 310 § 121 BwGO Nr 87).

81 ff) **Kein Verfahrensmangel iS des Abs 2 Nr 3,** sondern ein **materiell-rechtlicher Fehler** liegt vor, wenn die vom FG ausgesprochene **Rechtsfolge nicht durch** ausreichende **tatsächliche Feststellungen gedeckt** ist oder wenn die Ausführungen des FG dem Revisionsgericht eine Überprüfung der im wesentlichen auf tatsächlichem Gebiet liegenden Würdigung anhand hierzu geeigneter tatsächlicher Feststellungen nicht ermöglichen (st Rspr vgl BFHE 92, 416 = BStBl II 1968, 610; BFHE 131, 475 = BStBl II 1981, 31; BFHE 134, 68; BFHE 151, 274; BFHE 153, 555 = BStBl II 1988, 883 mwN; BFHE 170, 1, 9 = BStBl II 1993, 569; BFHE 189, 255 = BStBl II 1999, 670; BGHZ 40, 84 = NW 1963, 2070; BAG NJW 1970, 1812). Das ist insbesondere auch der Fall, wenn der **Sachverhalt** vom FG **fehlerhaft** oder **widersprüchlich** dargestellt ist (BFH/NV 1989, 203, 372; 1988, 717; BAG NJW 1967, 459; *Eyermann* § 137 Rz 14). Fehler im Tatbestand können nicht mit der NZB, sondern nur mit dem fristgebundenen Antrag auf **Tatbestandsberichtigung** (§ 108) geltend gemacht werden (BFH/NV 2005, 568; 2004, 1543, 1310; 2001, 801). Zu widersprüchlichen Feststellungen kommt es zB, wenn eine im Tatbestand des FG-Urteils ausdrücklich festgestellte Tatsache in Widerspruch zu dem

Inhalt eines vom FG in Bezug genommenen Schriftsatzes oder einer sonstigen bei den Akten befindlichen Urkunde steht (vgl BFHE 109, 472 = BStBl II 1973, 707; BFH 135, 11 = BStBl II 1982, 430). Das **Übergehen** eines **Sachantrags** durch das FG ist nicht als Verfahrensfehler mit der NZB geltend zu machen, sondern nur mit einem Antrag auf Urteilsergänzung nach § 109 (BFH/NV 2004, 178). **Fehlt** der **Tatbestand völlig** oder entspricht er nicht den Mindestanforderungen des § 105 Abs 2 Nr 4 und Abs 3, ist dagegen ein im Revisionsverfahren von Amts wegen zu beachtender Verfahrensmangel anzunehmen (BGHZ 73, 148; BVerwG NJW 1983, 1901; so auch BFHE 158, 13 = BStBl II 1989, 979; BFH/NV 2004, 1543; 1992, 47 und 348; vgl auch § 105 Rz 21; *Kopp/Schenke* § 132 Rz 21).

Auch mit der Rüge, die **Beweiswürdigung** des FG sei **fehlerhaft,** **82** kann ein Verfahrensmangel regelmäßig nicht begründet werden. Die Grundsätze der Beweiswürdigung sind revisionsrechtlich dem **materiellen Recht** zuzuordnen und deshalb der Prüfung des BFH im Rahmen einer NZB entzogen (BFHE 137, 183 = BStBl II 1983, 182; BFHE 154, 395, 400 = BStBl II 1988, 1022; BFHE 161, 195 = BStBl II 1990, 1095; BFHE 167, 488 = BStBl II 1992, 671; BFHE 175, 40 = BStBl II 1994, 864; BFH/NV 2005, 568, 785; 2004, 1416; 1999, 499; BVerwG NJW 1983, 62; NVwZ 1997, 1209; NJW 1997, 3328; BVerwG Buchholz 402.24 § 2 AuslG Nr 8 und 427.6 § 16 BFG Nr 25 und 310 § 132 VwGO Nr 163; *Kopp/Schenke* § 137 Rz 25 a aE; einschränkend *Meyer-Ladewig* § 150 Rz 17).

Die Beweiswürdigung des FG kann im Revisionsverfahren ohnehin nur darauf überprüft werden, ob die Schlussfolgerungen des FG aus den (verfahrensrechtlich einwandfrei) festgestellten Tatsachen mit den allgemeinverbindlichen Grundsätzen der Beweiswürdigung, insbesondere den allgemeinen Erfahrungssätzen und den Denkgesetzen, vereinbar sind (vgl § 118 Rz 30, 54).

Die fehlerhafte Beurteilung der Grundsätze über die **Verteilung der Beweislast** ist ebenfalls ein materiell-rechtlicher Fehler (BFHE 101, 156 = BStBl II 1971, 220; BFH/NV 1995, 118; BVerwG Buchholz 310 § 132 VwGO Nr 100; *Kummer* NJW 1989, 1569, 1576; *Kopp/Schenke* § 132 Rz 21). Denn die Regeln über die Beweislast knüpfen in ihren Wertungen an die jeweils anzuwendenden Normen des sachlichen Rechts an und ergänzen sie. Fehler des FG bei der **Auslegung von Verträgen** stellen grundsätzlich Mängel bei der Anwendung sachlichen Rechts dar (BGH NJW 1993, 538).

Verstöße gegen Denkgesetze oder **Erfahrungssätze** sind idR **ma-** **83** **terielle Rechtsfehler** (BFHE 111, 312 = BStBl II 1974, 291; BFHE 134, 325 = BStBl II 1982, 69; BFHE 137, 183 = BStBl II 1983, 182; BFHE 176, 413 = BStBl II 1995, 419; BFH/NV 1999, 1612; 2002, 1336; 2004, 1112; 2003, 1068; BVerwG DÖV 1988, 977; BVerwG HFR 1975, 215; BVerwG Buchholz 310 § 132 VwGO Nr 117; BVerwG NVwZ 1984, 309) und zwar auch dann, wenn ein solcher Verstoß sich nicht auf die rechtliche Subsumtion, sondern auf die **Würdigung von Tatsachen** erstreckt (BFHE 145, 375 = BStBl II 1986, 289; BFH/NV 1986, 381; 1992, 668; 1995, 748; 1999, 1620; 2000, 1458; BVerwG Buchholz 310 § 132 VwGO Nr 155; Buchholz 237.5 § 14 LBG Hessen Nr 2; Buchholz 310

§ 108 VwGO Nr 101; *Kopp/Schenke* § 132 Rz 21; **aA** BSGE 2, 236; *Meyer-Ladewig* § 150 Rz 16 mwN; *Kuchinke* S 198; offen gelassen vom BVerwG in Buchholz 310 § 108 VwGO Nr 72 und NVwZ 1985, 36). Denn die Denkgesetze und allgemeinen Erfahrungssätze stehen revisionsrechtlich den Rechtsnormen gleich (BFHE 94, 116 = BStBl II 1969, 84; BFHE 156, 66 = BStBl II 1989, 534; BFHE 167, 488 = BStBl II 1992, 671; das BVerwG nimmt ausnahmsweise einen **Verfahrensfehler** an, wenn der Denkfehler ausschließlich einen **Indizienbeweis** betrifft und die rechtliche Subsumtion nicht berührt (NJW 1990, 1681; vgl auch BFH/NV 1995, 606). Zur **Rechtsnatur** der Denkgesetze und Erfahrungssätze vgl § 118 Rz 27 f.

84   Das **Unterlassen** einer **einfachen Beiladung** begründet keinen Verfahrensfehler iSv § 115 Abs 2 Nr 3 (BFH/NV 2003, 780).

Unterlässt das FG es, eine **Vorabentscheidung des EGH** einzuholen, so liegt darin kein Verfahrensmangel, weil nur letztinstanzliche Gerichte zur Vorlage verpflichtet sind (BFHE 148, 489 = BStBl II 1987, 305; BFHE 180, 231 = BB 1996, 1974; BFH/NV 2004, 68; BVerwG NVwZ 2005, 598). Gleiches gilt, wenn das FG eine **Vorlage** an das **BVerfG** unterlässt, weil es sich bei der Verfassungsfrage um eine Beurteilung des materiellen Rechts handelt (BFH/NV 2004, 639). Auch mit der Rüge einer **überlangen Dauer des Klageverfahrens** ist idR ein Zulassungsgrund iS des Abs 2 Nr 3 nicht dargetan (BGHE 165, 469 = BStBl II 1992, 148; BFH/NV 1995, 803; 1994, 814; BVerwG DVBl 2005, 859; vgl aber BFHE 188, 264 = BStBl II 1999, 407; BFH/NV 2000, 1364).

c) Nicht zu berücksichtigende Verfahrensmängel

86   Bestimmte Verfahrensmängel können im Zulassungsverfahren nicht berücksichtigt werden. Dazu gehörten **früher** (vor Inkrafttreten des 2. FGO-ÄndG) die in § 116 aF genannten **absoluten Revisionsgründe,** die mit der zulassungsfreien Verfahrensrevision zu rügen waren. Nach der Abschaffung der zulassungsfreien Revision sind alle in § 119 absoluten Revisionsgründe nur noch mit der NZB nach § 115 Abs 2 Nr 3 geltend zu machen.

aa) Ausgeschlossen ist eine Verfahrensrüge, die lediglich die **Nebenentscheidungen** des finanzgerichtlichen Urteils betrifft; insoweit gilt nichts anderes als für die Zulassungsgründe in § 115 Abs 2 Nr 1 und 2 (Rz 12). Unbeachtlich sind deshalb Verfahrensfehler, die nur die **Kostenentscheidung** (BFH/NV 2000, 345) oder die Entscheidung über die **Zulassung** der Revision berühren (BVerwG NJW 1991, 190; *Schoch ua* § 132 VwGO Rz 98; *T/K* 95). Auch Fehler in der **Rechtsmittelbelehrung** rechtfertigen nicht die Zulassung nach § 115 Abs 2 Nr 3 (BVerwG Buchholz 310 § 132 VwGO Nr 111).

87   bb) Ausgeschlossen ist der Bescherdeführer ferner mit solchen Verfahrensmängeln, auf deren **Rüge** er im finanzgerichtlichen Verfahren **wirksam verzichtet** hat (vgl hierzu ausführlich Rz 100 ff).

88   cc) Die Zulassung kommt auch nicht wegen solcher Verfahrensmängel in Betracht, die sich auf dem Endurteil vorausgegangene Entscheidungen des FG beziehen, sofern diese **Entscheidungen einer Nachprüfung im Revisionsverfahren entzogen** sind (vgl § 124 Abs 2; § 548 ZPO iVm

§ 155; *Meyer-Ladewig* § 160 SGG Rz 17; *Schoch ua* § 132 VwGO Rz 99). Das trifft zB für die nach den Vorschriften der FGO ausdrücklich für unanfechtbar erklärten Entscheidungen des FG zu, wie zB eine fehlerhafte Gewährung der Wiedereinsetzung in den vorigen Stand (§ 56 Abs 5), darüberhinaus aber auch für alle Verfügungen und Beschlüsse des FG, die nach § 128 Abs 2 und 3 nicht mit der Beschwerde angefochten werden können, also zB Beschlüsse über die AdV, soweit nicht die Beschwerde vom FG zugelassen wurde, Beschlüsse über **Prozesskostenhilfe** (§ 142), über die **Richterablehnung** (BFH/NV 2003, 631; BVerwG Buchholz 310 § 130 VwGO Nr 16; NVwZ-RR 2000, 260), über die Bestimmung einer Ausschlussfrist, über die Vertagung oder über die Einstellung des Verfahrens. Derartige Entscheidungen begründen nur dann einen im Verfahren der NZB nachprüfbaren Verfahrensmangel, wenn das FG sie **willkürlich,** also ohne ausreichenden sachlichen Grund getroffen hat (BFHE 208, 26 = BStBl II 2005, 139; BFH/NV 2005, 218, 221; 2003, 631; *T/K* Rz 88), oder wenn dem **gesamten weiteren Verfahren** und dem Urteil selbst infolge dieser (unmittelbar nicht anfechtbaren) Entscheidung ein **Mangel anhaftet,** zB weil einem Beteiligten das rechtliche Gehör versagt wurde oder ein befangener Richter an der Entscheidung mitgewirkt hat (vgl § 124 Rz 3; *Beermann* Rz 127; *Schoch ua* § 132 VwGO Rz 99 f). Die unberechtigte Ablehnung einer Terminverlegung (§ 155 iVm § 227 ZPO) kann deshalb nicht als Verfahrensmangel gerügt werden, wohl aber eine dadurch verursachte Verletzung des rechtlichen Gehörs (BFH/NV 2005, 64 mwN; BVerwG Buchholz § 132 VwGO Nr 266).

89 dd) Über den Wortlaut des § 124 Abs 2 hinaus sind auch solche Verfahrensmängel nicht mehr im Verfahren der NZB gegen das Endurteil zu berücksichtigen, die eine **selbstständig anfechtbare Entscheidung** des FG, wie zB ein Zwischenurteil nach § 97, betreffen (vgl § 155 iVm § 512 ZPO; s § 124 Rz 4).

90 ee) Verstöße gegen bloße **Ordnungsvorschriften,** wie zB das Überschreiten der Zweiwochenfrist des § 104 Abs 2, rechtfertigen die Zulassung wegen Verfahrensmangels ebensowenig (BFH/NV 2004, 527; 1995, 56, 118; 1991, 49 mwN), wie Schreibfehler, Rechenfehler und ähnliche **offenbare Unrichtigkeiten** des angefochtenen Urteils, die nach § 107 jederzeit vom FG berichtigt werden können (BFH/NV 1992, 685; *T/K* Rz 94). Auch Unrichtigkeiten im Tatbestand sind vorrangig im Wege der **Tatbestandsberichtigung** nach § 108 zu beseitigen (BFH/NV 2000, 1125; BVerwG DVBl 2001, 726; s auch Rz 81). Die Ablehnung des Antrags auf Tatbestandsberichtigung ist unanfechtbar (§ 108 Abs 2) und kann deshalb grundsätzlich nicht als Verfahrensmangel im Zulassungsverfahren berücksichtigt werden.

d) Geltendmachen und Vorliegen des Verfahrensmangels

93 § 115 Abs 2 nr 3 verlangt, dass der Verfahrensmangel „geltend gemacht", dh **schlüssig gerügt** wird (ebenso: *T/K* Rz 103; *Schoch ua* § 132 Rz 104; aA *Beermann* Rz 166: schlüssiges Vorbringen nicht erforderlich). Auch solche Verfahrensmängel müssen im Verfahren der NZB gerügt werden, die im Revisionsverfahren von Amts wegen berücksichtigt werden, wie zB Verstöße gegen die **Grundordnung des Verfahrens** (BFH/NV

2005, 994 zur unterlassenen notwendigen Beiladung; BFH/NV 2003, 935 zum Verstoß gegen § 96 Abs 2 S 2) oder die fehlerhafte Beurteilung von **Sachurteilsvoraussetzungen** (BFH/NV 1999, 635; BVerwG Buchholz 310 § 132 VwGO Nr 229; *Schoch ua* § 132 VwGO Rz 104).

94   Der geltend gemachte Verfahrensmangel muss, wie nunmehr in § 115 Abs 2 Nr 3 idF des 2. FGOÄndG ausdrücklich bestimmt, **tatsächlich vorliegen**. Zweck der Neuregelung ist es zu verhindern, dass sich ein Beteiligter durch die schlüssige Behauptung eines uU nur vorgeschobenen Verfahrensmangels den Zugang zum Revisionsgericht verschaffen und unter Umgehung der Zugangsvoraussetzungen des § 115 Abs 2 eine sachliche Überprüfung des finanzgerichtlichen Urteils herbeiführen kann. Die Neufassung des § 115 Abs 2 Nr 3 entspricht der schon bisher vom BFH und BSG vertretenen Rechtsauffassung (vgl BFHE 91, 348 = BStBl II 1968, 351; BFH/NV 1994, 642; BSG MDR 1975, 965).

Wegen der Anforderungen an die schlüssige **Begründung** eines Verfahrensmangels vgl § 116 Rz 48 ff und § 120 Rz 66 ff.

e) Erheblichkeit des Verfahrensmangels

96   Die Revision darf nur zugelassen werden, wenn das Urteil des FG auf dem Verfahrensmangel **beruhen** kann. Der Begriff des Beruhens in Abs 2 Nr 3 ist derselbe wie in Abs 2 Nr 2 (aA *Gräber* DStR 1968, 178). Diese Voraussetzung ist dann erfüllt, wenn die **Möglichkeit** besteht, dass das Urteil bei richtigem Verfahren anders ausgefallen wäre (BFH/NV 1995, 861; BVerwGE 1, 1; BVerwGE 14, 342; BVerwG NJW 1968, 1842; Buchholz 310 § 132 VwGO Nr 68; *T/P* § 549; *Eyermann* § 132 Rz 19). Dabei kommt es grds auf den **materiell-rechtlichen Standpunkt des FG** an, mag dieser richtig oder falsch sein (BFHE 170, 88 = BStBl II 1993, 235; BFH/NV 1995, 861; BVerwG NVwZ 1993, 576; 1997, 501; NVwZ-RR 1996, 369). Das gilt jedenfalls für solche Verfahrensfehler, die die Ermittlung oder Würdigung des maßgeblichen Sachverhalts betreffen (vgl Rz 79). Ob der Verfahrensmangel für die Entscheidung ursächlich war, kann nur dem Urteil selbst entnommen werden, nicht aber einer nachträglichen Äußerung der Richter, sie hätten ohne den Fehler auch nicht anders entschieden (BVerwG NJW 1968, 1842).

97   Ein Urteil beruht kraft gesetzlicher Fiktion immer auf einem Verfahrensmangel, wenn es sich um **Mängel iS des § 119,** also um die absoluten Revisionsgründe handelt (vgl aber § 119 Rz 11, 14 zur Durchbrechung dieses Grundsatzes). Auch bei anderen schweren Verfahrensverstößen (zB Verletzung der Vorschriften über die notwendige Beiladung und anderen Verstößen gegen die **Grundordnung des Verfahrens**) wird zT zu Recht ohne weiteres angenommen, dass das Urteil auf dem Verfahrensmangel beruht (BFHE 189, 144 = BStBl II 1999, 731; BFH/NV 1998, 997 betreffend Verstoß gegen § 74; aA BFH/NV 1996, 237). Derartige Mängel, die der BFH im Revisionsverfahren von Amts wegen prüft, machen das finanzgerichtliche Verfahren insgesamt fehlerhaft mit der Folge, dass das angefochtene Urteil aufzuheben ist, ohne dass es darauf ankommt, ob der Mangel das materiell-rechtliche Ergebnis des Urteils beeinflusst hat. Nach zutreffender Ansicht des BVerwG ist der Mangel der unterlassenen **notwendigen Beiladung** für das Urteil des FG jedoch nicht als kausal anzu-

sehen, wenn die Klage als unzulässig abgewiesen wurde (Buchholz 310 § 43 VwGO Nr 109; aA wohl BFHE 128, 142 = BStBl II 1979, 632 und *H/H/Sp/Lange* Rz 73).

Ist das Urteil des FG auf **zwei selbstständig tragende Begründungen** gestützt und nur eine davon durch einen Verfahrensfehler (zB die Versagung des rechtlichen Gehörs) beeinflusst, so beruht das Urteil nicht auf diesem Mangel (st Rspr, vgl zB BFH/NV 2005, 667, 224; 2004, 978, 347; 1988, 576; BVerwG Buchholz 310 § 138 Nr 3 VwGO Nr 33; *T/K* § 115 Rz 101).

Von der Frage der Erheblichkeit des Verfahrensmangels iSd § 115 Abs 2 **98** Nr 3, die aus der Sicht der Vorinstanz zu beurteilen ist, ist die Frage zu unterscheiden, ob in **entsprechender Anwendung des § 126 Abs 4** die Zulassung verweigert werden kann, wenn – aus der Sicht des BFH – der gerügte Verfahrensmangel zwar vorliegt, sich das Urteil des FG aber aus anderen Gründen als richtig erweist. Für die analoge Anwendung des § 126 Abs 4 bei der Entscheidung über die Zulassung nach Abs 2 Nr 3 spricht, dass bei diesem Zulassungsgrund – anders als bei den beiden anderen Zulassungsgründen – nicht das Allgemeininteresse an der Rechtsfortbildung und Rechtseinheit im Vordergrund steht, sondern das Parteiinteresse an der richtigen Entscheidung des Streitfalls. Es erscheint deshalb bei diesem Zulassungsgrund vertretbar, im Interesse der Prozessökonomie die Erfolgsaussichten einer künftigen Revision bereits bei der Entscheidung über die Zulassung zu berücksichtigen (st Rspr, vgl zB BFH/NV 1990, 107; 1992, 722; 1994, 321, 713, 882; 1995, 118; 2000, 194; 2005, 715; *Schoch ua* § 132 VwGO Rz 108; aA mit erwägenswerten Gründen; *T/K* § 115 Rz 102). Für die Zulassung nach Abs 2 Nr 1 und 2 kommt eine entspr Anwendung des § 126 Abs 4 mE nicht in Betracht, vgl oben Rz 32.

Das Urteil beruht nicht auf einem Verfahrensmangel, wenn nur die **99** **Rechtsmittelbelehrung** fehlerhaft war (BVerwG Buchholz 310 § 137 VwGO Nr 61 und 310 § 132 VwGO Nr 111) oder wenn nur eine **überlange Dauer** des FG-Verfahrens gerügt wird (BFHE 165, 469 = BStBl II 1992, 148). Es beruht auch dann nicht auf einem Verfahrensmangel, wenn nur die **Kostenentscheidung** auf einem solchen beruht (BFHE 91, 348 = BStBl II 1968, 351).

An der Kausalität eines Verfahrensverstoßes für das Urteil fehlt es ferner, wenn der Beteiligte wirksam auf die Beachtung der Verfahrensvorschrift verzichtet hat (vgl dazu im folgenden Rz 100 ff).

f) Verlust des Rügerechts

Ein Verfahrensmangel kann nicht mehr mit Erfolg geltend gemacht **100** werden, wenn er eine Verfahrensvorschrift betrifft, auf deren Beachtung die Prozessbeteiligten **verzichten** konnten und verzichtet haben (§ 155 iVm § 295 ZPO; BFHE 105, 325 = BStBl II 1972, 572; BFHE 154, 395 = BStBl II 1988, 1022; BFHE 155, 498 = BStBl II 1989, 372; BFHE 183, 518 = BStBl II 1998, 152; BFH/NV 2005, 907; 2000, 597, 860; BVerwGE 8, 149; BVerwG NJW 1961; 379; BVerwG HFR 1966, 102; BVerwG MDR 1966, 1024; vgl auch *Gräber* DStR 1968, 176 mwN in FN 22).

Zu den **verzichtbaren Mängeln** gehört die Verletzung des Grundsat- **101** zes der Unmittelbarkeit der Beweisaufnahme (BFH/NV 1993, 258; BFH

MDR 1979, 567); das Übergehen eines Beweisantrages (BFHE 157, 106 = BStBl II 1989, 727; BFHE 155, 498 = BStBl II 1989, 372; BFHE 174, 233 = BStBl II 1994, 764; BFHE 175, 40 = BStBl II 1994, 864; BFH/NV 2005, 921; BVerwG NJW 1989, 1233); die **Verletzung der Sachaufklärungspflicht** (§ 76; BFHE 176, 350, 357 = BStBl II 1995, 367; BFH/NV 2000, 1125; 1995, 238); die Verwertung einer Zeugenaussage trotz unterbliebener Belehrung über das Aussageverweigerungsrecht (BGH NJW 1985, 1470); das Unterlassen der Protokollierung bestimmter Vorgänge (BFH/NV 1998, 336; BVerwG Buchholz 310 § 105 VwGO Nr 28; vgl aber BVerwG NVwZ 1986, 748: Auf die Wiedergabe des wesentlichen Inhalts der Aussage einer vernommenen Partei kann nicht verzichtet werden). Verzichtet werden kann auch auf die Einhaltung der Vorschriften über die **Öffentlichkeit des Verfahrens** (BFHE 161, 427 = BStBl II 1990, 1032; BVerwG HFR 1978, 174; *Zöller* § 295 Rz 5), die Einhaltung der **Ladungsfrist** (BFH/NV 1999, 1093) und den **Grundsatz des rechtlichen Gehörs** (BFHE 102, 202 = BStBl II 1971, 591; BFHE 121, 286 = BStBl II 1977, 348; BFH/NV 1993, 34; 2000, 214; BVerwGE 19, 231).

102   **Unverzichtbar** ist dagegen die Beachtung der **Sachentscheidungsvoraussetzungen** (zB fehlerhafte Beurteilung von Beteiligtenfähigkeit, Prozessfähigkeit, Postulationsfähigkeit, der Klagebefugnis, des Finanzrechtswegs), der Vorschriften über die **Besetzung des Gerichts,** der Ausschließung von der Ausübung des Richteramts und der Vorschriften über die notwendige **Beiladung.** Die Einhaltung dieser Vorschriften liegt nicht nur im Interesse der Beteiligten, sondern im **öffentlichen Interesse;** auf ihre Befolgung kann deshalb nicht wirksam verzichtet werden (*Rosenberg/Schwab/Gottwald* § 68 I 2; *Schoch ua* Rz 103).

103   Bei den verzichtbaren Verfahrensmängeln geht das Rügerecht nicht nur durch eine ausdrückliche oder konkludente Verzichtserklärung gegenüber dem FG verloren, sondern auch durch das **bloße Unterlassen** einer rechtzeitige Rüge (BFHE 102, 202 = BStBl II 1971, 591; BFHE 155, 498 = BStBl II 1989, 372; BFHE 176, 350 = BStBl II 1995, 367; BFHE 183, 518 = BStBl II 1998, 152; BFH/NV 2004, 824; 2000, 762, 860; 1989, 112; BVerwG NJW 1989, 678); ein Verzichtswille ist nicht erforderlich (BFH/NV 1996, 333). Der Verfahrensmangel muss in der **nächsten mündlichen Verhandlung** gerügt werden, in der der Rügeberechtigte erschienen ist; verhandelt er in der Sache, ohne den Verfahrensmangel zu rügen, obwohl er den Mangel kannte oder kennen musste, verliert er das Rügerecht (BFHE 154, 395 = BStBl II 1988, 1027; BFH/NV 1999, 622; BVerwG 41, 174 und NJW 1998, 3369). Der Mangel gilt dann als geheilt und kann nicht mehr berücksichtigt werden. Die „nächste" mündliche Verhandlung kann auch die sich unmittelbar an die Beweisaufnahme oder den Verfahrensfehler anschließende Verhandlung sein (BFHE 183, 518 = BStBl II 1998, 152; BFHE 155, 498 = BStBl II 1989, 372; BFH/NV 2002, 793; 1992, 603 mwN; BVerwG NJW 1977, 313; NJW 1998, 3369). Das Übergehen eines Beweisantrags kann nicht mehr gerügt werden, wenn für den durch einen rechtskundigen Prozessbevollmächtigten vertretenen Beteiligten erkennbar war, dass das Gericht die beantragte Zeugenvernehmung nicht durchführen werde (BFH/NV 1996, 906). Ein Rügeverzicht ist jedoch nicht anzunehmen, wenn ein Beweisantrag erst in der mündlichen Verhandlung gestellt und nach den besonderen Umständen des Falles davon auszugehen ist, dass der Beteiligte an seinem Beweisantrag festhalten wollte (vgl BFH/NV 2005, 564 und BFH/NV 2002, 54). Wird auf die Vernehmung eines Zeugen, auf dessen Aussage es für die Entscheidung ankommt, erkennbar nur in der Annahme „verzichtet", dass schon aufgrund des bisherigen Verhandlungsstands der Klage stattzugeben sei, so kann in Erklärung, die Vernehmung dieses Zeugen sei nicht erforderlich, kein Rügeverzicht iS von § 295 ZPO gesehen werden (BFHE 150, 93). In der bloßen **Nichtteilnahme** an der mündlichen Verhandlung liegt kein Verzicht auf die Einhaltung der Verfahrensvorschriften (BFHE 153, 393 = BStBl II 1988, 841; BFH/NV 1999, 200). Auch der Verzicht des Klägers auf eine **mündliche Verhandlung** (§ 90 Abs 2) führt nicht zum Verlust des Rügerechts (BFH/NV 1993, 483; *Bischof* NJW 1985, 1143). Wird in einem **Gerichtsbescheid** die Revision zugelassen (§ 90a Abs 2), braucht der Beteiligte keinen Antrag auf mündliche Verhandlung zu stellen, um den Verlust seines Rügerechts zu vermeiden (BFHE 188, 273 = BStBl II 1999, 531; BFH/NV 1998, 220; **aA** wohl BFH/NV 1998, 609). Einen konkludenten Verzicht auf die Rüge einer unterlassenen Zeugenvernehmung hat der BFH in einem Fall angenommen, in dem der Kläger nach einem **Erörterungstermin** oder nach Ergehen eines Gerichtsbescheids auf eine mündliche Verhandlung verzichtet und auch keinen Beweisantrag gestellt hat (BFH/NV 1997, 414, 884; 2004, 1526). Die Rspr zum Rügeverlust ist nur in den Fällen uneingeschränkt anzuwenden, in denen der Beteiligte in der Tatsacheninstanz durch einen **rechtskundigen Prozessbevollmächtigten** vertreten war (BFH/NV 1999, 326, 1478; 1998, 875; 1996, 757). Tritt der Beteiligte ohne Rechtsbeistand auf, kann ihm die Unkenntnis solcher Verfahrensverstöße regelmäßig nicht zugerechnet werden, die einer entsprechenden Wertung („Parallelwertung") in der Laiensphäre normalerweise verschlossen sind (BVerwGE 51, 66, 69 zu Mängeln der Sitzungsniederschrift). Ein Rügeverzicht kommt nicht in Betracht, wenn sich der Verfahrensmangel erst aus den Urteilsgründen ergibt.

Zum Rügeverzicht bei den **absoluten Revisionsgründen** vgl § 119 Rz 8, 9, 12, 18, 22).

Zu den Anforderungen an die **Begründung des Verfahrensmangels** in der Nichtzulassungsbeschwerde im Hinblick auf den Rügeverlust vgl § 120 Rz 38 und Rz 40.

V. Entscheidung des FG über die Zulassung

1. Form und Verfahren

Das FG entscheidet über die Zulassung der Revision **von Amts wegen.** Es bedarf insoweit keines **Antrags** der Prozessbeteiligten (BFHE 99, 107 = BStBl II 1970, 573; *Eyermann* § 132 Rz 21; *Kopp/Schenke* § 132 Rz 32). Gleichwohl ist es zweckmäßig, bereits im finanzgerichtlichen Verfahren die Zulassung der Revision für den Fall anzuregen, dass dem Klageantrag nicht stattgegeben wird (*Lohse* DStR 1985, 491). Zuständig ist der Senat in der für die Entscheidung über die Hauptsache maßgeblichen Besetzung, also ggf auch der **Einzelrichter** (BGH NJW 2003, 2900).

Ergibt die Prüfung des FG, dass ein Zulassungsgrund iS des § 115 Abs 2 vorliegt, so **muss** es die Revision zulassen. Ein Ermessen des FG besteht insoweit nicht.

106

Die Entscheidung über die Zulassung muss **ausdrücklich** erfolgen. Sie gehört als prozessuale Nebenbestimmung kraft Sachzusammenhangs in das **Urteil** und kann nur zusammen mit diesem – also nicht durch einen gesonderten Beschluss – ausgesprochen werden (hM vgl BFHE 103, 305 = BStBl II 1971, 811 mwN; *Weyreuther* Rz 163; *Schoch ua* § 132 VwGO Rz 112; *Rönitz* BB 1968, 663; aA *Kopp/Schenke* § 132 Rz 32).

107   Die Zulassung sollte im Interesse der Klarheit in den **Urteilstenor** aufgenommen werden; sie ist aber auch wirksam, wenn sich aus den **Urteilsgründen** – in Ausnahmefällen auch aus der **Rechtsmittelbelehrung** – **klar und eindeutig** ergibt, dass das FG die Revision zugelassen hat (BFHE 103, 477 = BStBl II 1972, 139 mwN; BFH/NV 1988, 451; 1995, 915; BSG MDR 1988, 524 und BAGE 52, 242; BVerwG Buchholz 310 § 137 VwGO Nr 126; BGHZ 53, 155; BGH NJW 2005, 154). Die bloße Feststellung in der Rechtsmittelbelehrung, den Beteiligten stehe das Rechtsmittel der Revision (in den Fällen des § 128 Abs 3 der Beschwerde) zu, genügt allerdings nicht (BFHE 99, 107 = BStBl II 1970, 573; BFHE 150, 403 = BStBl II 1987, 786; E 150, 114 = BStBl II 1987, 635; BFHE 164, 5 = BStBl II 1991, 526; BFH/NV 1994, 594; BVerwG Buchholz 310 § 131 VwGO Nr 1; BAG BB 2001, 52). Hat das FG die Revision im Tenor oder in den Entscheidungsgründen zugelassen, wird die Zulassung durch eine ihr widersprechende Rechtsmittelbelehrung nicht beseitigt (BAG BB 1988, 1325). Bei einem Widerspruch zwischen Tenor und Begründung des Urteils hinsichtlich der Zulassung der Revision wird die Revisionsfrist erst mit der Bekanntgabe des Berichtigungsbeschlusses in Lauf gesetzt (vgl § 120 Rz 24).

Braucht die Zulassung nicht in der Urteilsformel ausgesprochen zu werden, so ist es auch unschädlich, wenn bei einem aufgrund mündlicher Verhandlung verkündeten Urteil die **Zulassungsentscheidung versehentlich nicht mit verkündet wurde** (BGH NJW 1956, 831; BGHZ 44, 395; *Linnenbaum* S 307; *Zöller* § 546 Rz 51; *Weyreuther* Rz 166). Soweit das BAG bisher mit Rücksicht auf § 60 BArbGG die Ansicht vertreten hat, dass die Zulassung der Revision zu ihrer Wirksamkeit der Verkündung im Urteil bedarf, hat es diese Auffassung inzwischen aufgegeben (vgl DB 1995, 884; anders noch in BAGE 2, 358; HFR 1973, 556).

Die Zulassungsentscheidung muss nicht in das **Sitzungsprotokoll** aufgenommen werden (*Stein/Jonas/Grunsky* § 546 Anm II 4 a; *Linnenbaum* S 107 FN 1).

In der bloßen Vorlage einer Revision an den BFH durch das FG liegt nicht deren Zulassung (BFHE 123, 117 = BStBl II 1977, 819).

108   Enthält die Entscheidung des FG **keinen Ausspruch über die Zulassung,** so ist sie versagt (BFHE 123, 117 = BStBl II 1977, 819; BFH/NV 1988, 108; BFH/NV 1995, 995; BAG BB 1981, 616; *Beermann* Rz 47; *Redeker/v Oertzen* § 132 Rz 19).

Die unterbliebene Zulassung kann **nicht** durch gesonderten Beschluss **nachgeholt** werden, da sonst Unsicherheiten über den Zeitpunkt des Eintritts der Rechtskraft bestünde (BFHE 103, 305 = BStBl II 1971, 811; BFHE 125, 150 = BStBl II 1978, 434; BFHE 150, 114 = BStBl II 1987, 635; BFHE 141, 116 = BStBl II 1984, 562; BGH MDR 2004, 465; *Kopp/Schenke* § 132 Rz 34). Die Nichtzulassung kann nur durch Nichtzulassungsbeschwerde korrigiert werden, die im Interesse der Rechtssicherheit befristet ist. Anderes gilt für die Zulassung der Beschwerde gegen Beschlüsse iS des § 69 Abs 3, da diese nicht in materielle Rechtskraft erwachsen (vgl BFHE 165, 565 = BStBl II 1992, 301).

Wurde zwar **über die Zulassung beschlossen, unterblieb** aber versehentlich ein **Ausspruch** hierüber im Urteil, so kommt eine Berichtigung wegen **offenbarer Unrichtigkeit** (§ 107) in Betracht (BGHZ 78, 22 mwN; BB 2004, 1415; BAG DB 1995, 844; *Kopp/Schenke* § 132 Rz 34; *T/K* § 115 Rz 110; *Beermann* Rz 49). Es ist jedoch zu beachten, dass die Unrichtigkeit eine „offenbare" sein muss; sie muss sich also aus der Entscheidung selbst oder aus den mit der Verkündung zusammenhängenden Vorgängen ergeben. Das kann der Fall sein, wenn die Zulassung zwar bei der Verkündung ausgesprochen und im Sitzungsprotokoll festgestellt wurde, aber aus dem schriftlichen Urteil nicht ersichtlich ist (BGH HFR 1981, 241; BSG MDR 1967, 344).

Das **Fehlen einer Entscheidung** über die Zulassung kann nicht im   **109**
Wege der **Urteilsergänzung** in analoger Anwendung des § 109 korrigiert werden (hM, vgl. BFHE 99, 107 = BStBl II 1970, 573; BFHE 103, 305 = BStBl II 1971, 811; BSGE 25, 202; BGHZ 44, 395; BGH NJW 1981, 616; *Prütting* S 268; *Weyreuther* Rz 174; *Eyermann* § 120 Rz 2; **aA** *Baumbach ua* § 546 Rz 2 C b; *Jauernig* § 74 II 3). Der hM ist zuzustimmen. Ein Antrag auf Urteilsergänzung ist schon deshalb unzulässig, weil die FGO mit der Nichtzulassungsbeschwerde einen **speziellen Rechtsbehelf** gegen die Nichtzulassung der Revision geschaffen hat, der dem des § 109 vorgeht. Vgl aber zur abweichenden Rechtslage hinsichtlich der **Zulassung der Beschwerde** nach § 128 Abs 3 gegen einen Beschluss über die AdV § 69 Rz 170 und BFHE 165, 565 = BStBl II 1992, 301.

Hat das FG über die Zulassung entschieden, so sollte es seine Entscheidung – wenn auch kurz – **begründen,** also zumindest angeben, auf welchen Grund es die Zulassung stützt. Eine fehlende Begründung hat allerdings keine praktischen Konsequenzen, sie stellt insbesondere die Wirksamkeit der Zulassung nicht in Frage (BFHE 128, 236 = BStBl II 1979, 660; *T/K* § 115 Rz 111; *Gräber* DStR 1969, 131).

Lehnt das FG die Zulassung ab, so muss es in der **Rechtsmittelbelehrung** des Urteils über die Nichtzulassungsbeschwerde belehren (BFH BStBl II 1987, 438). Lässt es die Revision zu, ist über ihre Einlegung zu belehren.

Die (positive) **Zulassungsentscheidung** selbst ist **unanfechtbar** (BFHE 90, 335 = BStBl II 1968, 94).

2. Beschränkung der Zulassung

Das FG kann und muss die Zulassung auf einen von **mehreren Streit-**   **112**
gegenständen (zB bei Steuerbescheiden mehrerer Streitjahre oder verschiedener Steuerarten) oder auf einen abtrennbaren prozessual **selbstständigen Teil des Streitgegenstandes** (vgl hierzu § 98 Rz 2) beschränken, wenn ein Zulassungsgrund nur hinsichtlich eines Streitgegenstandes oder eines abtrennbaren Teils des Rechtsstreits vorliegt (BFHE 144, 133 = BStBl II 1985, 605; BFHE 150, 224 = BStBl II 1987, 752; BFHE 133, 189 = BStBl II 1981, 470; BFHE 133, 450 = BStBl II 1981, 649; BFHE 162, 290 = BStBl II 1991, 86). Die Zulassung kann außer in den Fällen objekti-

ver oder subjektiver Klagenhäufung (§ 43) nur hinsichtlich solcher Teile des Streitgegenstands beschränkt werden, über die in einem abgetrennten Verfahren durch **Teilurteil** (§ 98) entschieden werden könnte (BGH BB 1987, 1628; BFHE 162, 290 = BStBl II 1991, 86; *Kopp/Schenke* § 132 Rz 32). Im Verfahren der Anfechtungsklage gegen einen Steuerbescheid sind Teilurteile (abgesehen von den Fällen objektiver oder subjektiver Klagenhäufung) idR nicht zulässig (vgl für den ESt-Bescheid: BFHE 166, 418 = BStBl II 1992, 408).

Dagegen ist es nicht zulässig, die Revision nur hinsichtlich einer **einzelnen Rechtsfrage** oder hinsichtlich eines der beiden Hauptbeteiligten zuzulassen (BFHE 133, 189 = BStBl II 1981, 470; BFHE 150, 224 = BStBl II 1987, 752; BFHE 162, 290 = BStBl II 1991, 86; BAG BB 1998, 1696; BVerwGE 50, 292). Bei subjektiver Klagenhäufung kommt eine subjektiv beschränkte Zulassung nur in den Fällen einfacher Streitgenossenschaft in Betracht (BFH/NV 1987, 784; *Beermann* Rz 54).

113 Die Beschränkung der Zulassung ist nur wirksam, wenn sie im Urteil **ausdrücklich** und **eindeutig** ausgesprochen wird (BFHE 186, 299 = BStBl II 1999, 28; BFHE 192, 405 = BFH/NV 2001, 86; 1990, 548; 1995, 687). Eine Beschränkung kann sich auch aus den Entscheidungsgründen ergeben (BGH NJW 2004, 3264). Aus einem in den Urteilsgründen genannten Zulassungsgrund ergibt sich jedoch eine solche eindeutige Beschränkung der Zulassung auf einzelne Streitgegenstände idR nicht (BFHE 192, 405). Im Zweifel ist die Revision unbeschränkt zugelassen (BGH NJW 1988, 1210; *Schoch ua* Rz 126).

Ist dem Zulassungsausspruch eine unzulässige Beschränkung beigefügt, so ist nur die Beschränkung wirkungslos, nicht aber die Zulassung. Die Zulassung ist in diesem Fall als unbeschränkte zu werten (BFHE 150, 224 = BStBl II 1987, 752; BFHE 162, 290 = BStBl II 1991, 86; BGH NJW 2003, 2529; BGH VersR 1980, 269; BGH WM 1982, 213; BGH NJW 1984, 615; *Beermann* Rz 56; *Tiedtke* WM 1977, 666).

3. Wirkung der Zulassung

115 a) Mit der positiven Entscheidung des FG über die Zulassung ist das Rechtsmittel der Revision eröffnet. Die übrigen Anforderungen an die Statthaftigkeit und Zulässigkeit der Revision bleiben bestehen (*Schoch ua* Rz 138).

Der für die Zulassung maßgebliche **Grund** ist **im Revisionsverfahren bedeutungslos.** Fällt er nach der Entscheidung des FG über die Zulassung weg (zB weil der BFH die vom FG als grundsätzlich erachtete Rechtsfrage zwischenzeitlich geklärt hat) wird die Zulassung dadurch nicht gegenstandslos. Denn das Zulassungsverfahren ist ein selbstständiges Verfahren, das mit der Zulassung beendet ist (BFHE 98, 314 = BStBl II 1970, 383; BVerwG NJW 1961, 1737; BGHZ 25, 96; *Eyermann* § 132 Rz 27; *Gräber* DStR 1969, 133 f).

Auch der Revisionskläger ist nicht an den Zulassungsgrund des FG gebunden. Die Zulassung gibt vielmehr das Rechtsmittel regelmäßig in vollem Umfang frei (Grundsatz der **Vollrevision;** vgl BGHZ 9, 357; BFHE 91, 348 = BStBl II 1968, 351; BFHE 98, 326 = BStBl II 1970, 383; BFHE 133, 189 = BStBl II 1981, 470; BFHE 139, 518 = BStBl II 1984, 110;

BFHE 171, 198 = BStBl II 1993, 637; BFHE 166, 329 = BStBl II 1992, 398; BVerwGE 14, 342; BVerwG NJW 1961, 1737), sofern nicht das FG bei einem teilbaren Streitgegenstand oder bei mehreren selbstständigen Streitgegenständen die Zulassung rechtsfehlerfrei beschränkt hat.

Auch bei einer auf **Verfahrensmängel** gestützten Zulassung, die allerdings wohl nur bei einer Zulassung durch den BFH im Verfahren der NZB in Betracht kommt, ist der Revisionskläger nicht auf die Rüge von Verfahrensfehlern beschränkt. Er kann mit der Revision auch materiellrechtliche Einwendungen gegen das Urteil vorbringen (BVerwGE 14, 342; BVerwG NJW 1983, 2042; *Weyreuther* Rz 38; *T/K* Rz 117; *Beermann* Rz 57). Davon zu unterscheiden ist die Frage, in welchem Umfang der BFH das angefochtene Urteil überprüfen kann, wenn sich der Revisionskläger auf die Rüge von Verfahrensmängeln beschränkt (vgl hierzu § 118 Rz 66 ff). Die Zulassung wirkt nicht nur zugunsten des Beschwerdeführers, sondern zugunsten **aller Verfahrensbeteiligten** (BVerwGE 65, 31; BFHE 150, 224 = BStBl II 1987, 752; *Meyer-Ladewig* § 160 SGG Rz 28).

b) Der BFH ist an die Zulassung **gebunden;** das ist nunmehr in § 115 **116** Abs 3 idF des 2. FGO-ÄndG eindeutig bestimmt (ebenso: § 132 Abs 3 VwGO, § 160 Abs 3 SGG). Diese Bindung ist ein Gebot der **Rechtsmittelklarheit** und **Rechtsmittelsicherheit** (ebenso bereits zum bisherigen Recht: 4. Aufl Rz 45; *Gräber* DStR 1969, 129). Der frühere Streit darüber, ob die Bindung ausnahmsweise dann entfällt, wenn die Zulassung offensichtlich gesetzwidrig ist, weil ein Zulassungsgrund nicht bestand (vgl die Nachweise in der 4. Aufl Rz 45), ist damit überholt (ebenso: *Meyer-Ladewig* § 160 SGG Rz 26; *Schoch ua* § 132 VwGO Rz 133).

Die Bindung des BFH an die Zulassungsentscheidung der Vorinstanz ändert nichts daran, dass der BFH bei der Prüfung der **Zulässigkeit der Revision** (§ 124) feststellen muss, ob überhaupt eine Zulassung ausgesprochen wurde und ob die Zulassung wirksam ist. Wurde zB die Zulassung der Revision nachträglich in einem gesonderten Beschluss ausgesprochen, ist sie wirkungslos (BFHE 125, 150 = BStBl II 1978, 434; BFHE 128, 236 = BStBl II 1979, 660; BFH/NV 1986, 106; BVerwG DVBl 1958, 471; *Gräber* DStR 1969, 129). Die Zulassung ist auch dann für das Revisionsgericht unbeachtlich, wenn die Revision wegen der Art der anzufechtenden Entscheidung nicht statthaft ist (zB bei Gerichtsbescheid eines Einzelrichters gemäß „§ 79 a Abs 2 und 4": BFHE 187, 415 = BStBl II 1999, 302; bei unselbstständigem Zwischenurteil: BSGE 13, 32, 140; bei Entscheidung durch Urteil statt durch Beschluss: *Meyer-Ladewig* § 160 SGG Rz 27; *T/K* Rz 113).

§ 116 [Nichtzulassungsbeschwerde]

(1) Die Nichtzulassung der Revision kann durch Beschwerde angefochten werden.

(2) [1]Die Beschwerde ist innerhalb eines Monats nach Zustellung des vollständigen Urteils bei dem Bundesfinanzhof einzulegen. [2]Sie muss das angefochtene Urteil bezeichnen. [3]Der Beschwerdeschrift soll eine Ausfertigung oder Abschrift des Urteils, gegen das Revision eingelegt werden soll, beigefügt werden.

(3) [1]Die Beschwerde ist innerhalb von zwei Monaten nach der Zustellung des vollständigen Urteils zu begründen. [2]Die Begründung ist bei dem Bundesfinanzhof einzureichen. [3]In der Begründung müssen die Voraussetzungen des § 115 Abs. 2 dargelegt werden. [4]Die Begründungsfrist kann von dem Vorsitzenden auf einen vor ihrem Ablauf gestellten Antrag um einen weiteren Monat verlängert werden.

(4) Die Einlegung der Beschwerde hemmt die Rechtskraft des Urteils.

(5) [1]Der Bundesfinanzhof entscheidet über die Beschwerde durch Beschluss. [2]Der Beschluss soll kurz begründet werden; von einer Begründung kann abgesehen werden, wenn sie nicht geeignet ist, zur Klärung der Voraussetzungen beizutragen, unter denen eine Revision zuzulassen ist, oder wenn der Beschwerde stattgegeben wird. [3]Mit der Ablehnung der Beschwerde durch den Bundesfinanzhof wird das Urteil rechtskräftig.

(6) Liegen die Voraussetzungen des § 115 Abs. 2 Nr. 3 vor, kann der Bundesfinanzhof in dem Beschluss das angefochtene Urteil aufheben und den Rechtsstreit zur anderweitigen Verhandlung und Entscheidung zurückverweisen.

(7) [1]Wird der Beschwerde gegen die Nichtzulassung der Revision stattgegeben, so wird das Beschwerdeverfahren als Revisionsverfahren fortgesetzt, wenn nicht der Bundesfinanzhof das angefochtene Urteil nach Absatz 6 aufhebt; der Einlegung einer Revision durch den Beschwerdeführer bedarf es nicht. [2]Mit der Zustellung der Entscheidung beginnt für den Beschwerdeführer die Revisionsbegründungsfrist, für die übrigen Beteiligten die Revisions- und die Revisionsbegründungsfrist. [3]Auf Satz 1 und 2 ist in dem Beschluss hinzuweisen.

Vgl § 133 VwGO; § 544 ZPO; § 160a SGG; §§ 72a, 92a ArbGG.

Übersicht

Literatur: *Beermann,* Begründung einer NZB nach § 116 FGO, DStZ 2001, 312; *Bilsdorfer,* Das Zweite Gesetz zur Änderung der Finanzgerichtsordnung, BB 2001, 753; *Dürr,* Die Reform des Finanzgerichtsprozesses zum 1. 1. 2001, Inf 2001, 65; *Ehmcke,* Neuregelungen zum Verfahren vor den Finanzgerichten, Stbg 2002, 49; *Lange,* Neuregelung des Zugangs zum BFH – Das Zweite FGO-Änderungsgesetz, NJW 2001, 1098; *ders,* Die Verlängerung der Begründungsfrist für eine Nichtzulassungsbeschwerde, DStZ 2003, 269; *List,* Probleme der Nichtzulassungsbeschwerde, DB 2003, 572; *Seer,* Rechtsmittel und Rechtsschutz nach der FGO-Reform, StuW 2003, 193; *Seiler,* Nachträglicher Wegfall von Revisionszulassungsgründen, NJW 2003, 2290; *Schimmele,* Erfolgreiche Einlegung der Nichtzulassungsbeschwerde, AO-StB 2002, 54; *Sendler,* „Kleine Revisionsurteile"?, DVBl 1992, 240; *Schmidt,* Zu den Risiken einer revisionsgerichtlichen Entscheidung nach § 133 Abs 5 VwGO, NVwZ 1993, 759; *Schuhmann,* Die „grundsätzliche Bedeutung" bei der Nichtzulassungsbeschwerde – Neuer Wein in alten Schläuchen?, Stbg 2002, 61; *Spindler,* Das 2. FGO-Änderungsgesetz, DB 2001, 61; *v Wedelstädt,* Der Weg zum Bundesfinanzhof, AO-StB 2005, 87 ff, 1001 ff, 143 ff; *Weyreuther,* Revisionszulassung und Nichtzulassungsbeschwerde in der Rechtsprechung der obersten Bundesgerichte, 1991.

Vgl ferner die Literaturangaben zu §§ 115, 119, 120 und in der Voraufl.

I. Allgemeines

1. § 116 wurde in seiner derzeitigen Fassung durch das **2. FGOÄndG** v **1**
19. 12. 2000 (BGBl I, 1757) nach dem Vorbild des § 133 VwGO idF des
4. VwGOÄndG in die FGO eingefügt. Einzelne Regelungen des § 116
waren schon bisher in § 115 Abs 3 bis 5 aF enthalten. § 116 weicht jedoch
in verschiedener Hinsicht vom bisherigen Rechtszustand ab. Nach geltendem Recht ist die NZB nicht mehr – wie bisher – beim FG, sondern
beim BFH einzulegen. Damit entfällt die Möglichkeit einer Abhilfe durch
das FG. Im Interesse eines verbesserten Rechtsschutzes wurde eine besondere **Frist zur Begründung** der Beschwerde von zwei Monaten eingeführt (Abs 3). Zusätzlich wurde dem Beschwerdeführer das Recht eingeräumt, eine **Verlängerung dieser Frist** um einen weiteren Monat zu
beantragen. Damit soll die große Zahl von unzulässigen Beschwerden beim
BFH verringert werden (BT-Drucks 14/4061, 10). Eine wesentliche Neuerung bringt auch § 116 Abs 7, der im Fall der erfolgreichen Nichtzulassungsbeschwerde (NZB) die **Überleitung des Beschwerdeverfahrens in
das Revisionsverfahren** anordnet, ohne dass der Beschwerdeführer Revision einlegen muss. Neu ist auch die Regelung in Abs 6, nach welcher

der BFH im Fall der Begründetheit einer auf Verfahrensmängel gestützten NZB das angefochtene FG-Urteil durch Beschluss aufheben kann. Die beiden letztgenannten Neuerungen dienen der Verfahrensbeschleunigung. Die **zulassungsfreie Verfahrensrevision** wurde durch das 2. FGO-ÄndG abgeschafft. Die wesentlichen Verfahrensmängel des § 116 Abs 1 aF, die im wesentlichen den absoluten Revisionsgründen des § 119 entsprechen, sind nunmehr mit der NZB geltend zu machen.

2   2. Die NZB ist nach zutreffender hM **Rechtsmittel**, da sie die allgemeinen Merkmale eines Rechtsmittels besitzt (BFHE 148, 489 = BStBl II 1987, 305; *T/K* § 115 Rz 121; *Schoch ua* § 133 VwGO Rz 7 ff; aA BAG BB 1980, 1106). Ihr kommt *Suspensivwirkung* zu, weil die Einlegung der Beschwerde die Rechtskraft des angefochtenen Urteils in vollem Umfang (nicht nur hinsichtlich der Entscheidung über die Nichtzulassung) hemmt (§ 116 Abs 3) und sie hat Devolutivwirkung, weil über die Beschwerde der BFH, also eine andere Instanz, zu entscheiden hat. Hat die NZB Erfolg, wird das Beschwerdeverfahren als Revisionsverfahren fortgeführt, mit der Folge, dass die Devolutiveffekt nicht nur die Frage der Zulassung der Revision, sondern die Hauptsache in vollem Umfang umfasst. Da die NZB Rechtsmittel ist, gelten für sie die **allgemeinen Zulässigkeitsvoraussetzungen jedes Rechtsmittels** (Rz 6 ff und Vor § 115 Rz 7 ff). Die besonderen Zulässigkeitsvoraussetzungen der NZB ergeben sich aus § 116 Abs 2 und 3).

3   Gegenstand des Verfahrens der NZB ist allein die **Nichtzulassung** der Revision (§ 116 Abs 1); Ziel der NZB ist es, diese Zugangsschranke zur Revisionsinstanz zu beseitigen (*Schoch ua* § 133 VwGO Rz 9). Soweit das FG die Zulassung ausgesprochen hat, ist die Entscheidung unanfechtbar (BFHE 90, 335 = BStBl II 1968, 94).

Nach § 128 Abs 3 steht den Beteiligten die Beschwerde gegen den **Beschluss des FG über die AdV** nach § 69 Abs 3 und 4 nur zu, wenn sie in dem Beschluss zugelassen worden ist; für die Zulassung gilt § 115 Abs 2 entsprechend. Eine Beschwerde gegen die Nichtzulassung des Rechtsmittels im AdV-Beschluss ist im Gesetz nicht vorgesehen und deshalb nicht statthaft (BFHE 117, 531 = BStBl II 1976, 241; BFH/NV 1995, 1081 mwN).

3. Im Verfahren der NZB ist eine **unselbstständige Anschlussbeschwerde** (vgl § 128 Rz 8) unzulässig (BVerwGE 34, 351; *Kopp/Schenke* § 133 Rz 1; *Schoch ua* § 133 VwGO Rz 17; *T/K* § 116 Rz 11).

II. Einlegung der NZB

1. Berechtigte

6   Die NZB kann von jedem am Verfahren **vor dem FG Beteiligten (§ 57)** eingelegt werden, der im Fall der Zulassung berechtigt wäre, Revision einzulegen (BFH/NV 2004, 362 mwN; vgl dazu auch § 115 Rz 8) also auch von einem Beigeladenen, nicht aber von einer Person, die am erstinstanzlichen Verfahren nicht beteiligt war, aber geltend macht, dass sie zum Verfahren hätte beigeladen werden müssen (BVerwG Buchholz 310 § 133 VwGO Nr 36). Zweifel an der Person des Beschwerdeführers sind ggf im Wege der Auslegung der Beschwerdeschrift zu beheben (BFH/NV

2000, 572). Auch als **Prozessbevollmächtigte** aufgetretene Personen sind nicht befugt, NZB einzulegen, da sie nicht zu den Beteiligten iSv § 57 gehören; das gilt auch dann, wenn ihnen Kosten auferlegt worden sind (BFHE 134, 401 = BStBl II 1982, 167; BFH/NV 1986, 408; 1994, 334; 2000, 1121). Sind mehrere Beteiligte durch das Urteil beschwert, kann jeder von ihnen im Rahmen seiner Beschwer selbstständig NZB einlegen (BFHE 150, 445 = BStBl II 1987, 785). Hat die Beschwerde eines Beteiligten Erfolg, wirkt die Zulassung auch für die übrigen Beteiligten. Zur Beteiligtenstellung von **Beigeladenen** im Verfahren der NZB vgl § 122 Rz 1. Zum Erfordernis einer **Beschwer** s Rz 18 und Vor § 115 Rz 12 ff.

2. Einlegung beim BFH

Die Beschwerde ist – abweichend von der Regelung in § 115 Abs 3 S 2 **7** aF – **beim BFH** einzulegen (§ 116 Abs 2 S 1), wenn das angefochtene Urteil nach dem 31. 12. 2000 bekanntgegeben wurde (Art 4 des 2. FGO-ÄndG). Eine entsprechende Regelung enthält § 160 a Abs 1 S 2 SGG. Damit entfällt zugleich – im Interesse einer Beschleunigung des Verfahrens – die Möglichkeit des FG, der NZB abzuhelfen. Die Einlegung der NZB beim FG oder beim FA wahrt die Beschwerdefrist nicht. Diese Regelung steht im Zusammenhang mit § 120 Abs 1 und 2 nF; danach sind auch die **Revision** und die Revisionsbegründung **beim BFH** einzureichen. Wird die Beschwerde entgegen § 116 Abs 2 beim FG eingereicht, trägt der Beschwerdeführer das Risiko, dass die Beschwerde noch rechtzeitig innerhalb der Monatsfrist beim BFH eingeht. Gehen innerhalb der Beschwerdefrist **mehrere NZB** desselben Beschwerdeführers gegen das finanzgerichtliche Urteil beim BFH ein, handelt es sich nur um ein einheitliches Rechtsmittel, über das einheitlich zu entscheiden ist (BFH/NV 1988, 453; BStBl II 1978, 376; BGH NJW 1993, 3141).

3. Unbedingte Einlegung

Die NZB darf nicht unter einer (außerprozessualen) Bedingung einge- **8** legt werden; sie ist anderenfalls unzulässig, da über das Schweben eines Rechtsmittels und damit über die Hemmung der Rechtskraft des angefochtenen Urteils (bzw der Bestandskraft eines angefochtenen VA) keine Unklarheit bestehen darf (BVerfGE 40, 272; BFHE 127, 135 = BStBl II 1979, 374; BFHE 136, 70 = BStBl II 1982, 603; BFH/NV 1996, 241, 344; 2000, 477; BVerwG NJW 1993, 1940). Unzulässig ist deshalb eine NZB, die für den Fall eingelegt wird, das einem gleichzeitig (unbedingt) gestellten Antrag auf **Prozesskostenhilfe** stattgegeben wird (BGH DB 1970, 297; BVerwGE 59, 302; BAG NJW 1969, 446; *Schoch ua* Rz 18; **aA:** *Kornblum* in Gedächtnisschrift für Arens, 211 und *T/K* § 116 Rz 19, die eine zulässige innerprozessuale Bedingung annehmen). Die unter der Geltung des § 116 aF häufig erörterte Frage der Zulässigkeit einer „hilfsweise" eingelegten NZB für den Fall, dass die gleichzeitig eingelegte zulassungsfreie Revision erfolglos sein sollte, ist nach Abschaffung der zulassungsfreien Verfahrensrevision obsolet. Ein als „NZB/Revision" bezeichnetes Rechtsmittel gegen ein klageabweisendes FG-Urteil ist als NZB anzusehen, sofern nicht das FG die Revision zugelassen hat (BFH/NV 2002, 1032). Wirksam ist eine „vorsorglich" eingelegte NZB, wenn sie dahingehend ausgelegt werden kann, dass sie zur Wahrung der Rechtsmittelfrist unbedingt eingelegt, aber unter bestimmten Umständen zurückgenommen werden soll (BVerwG Buchholz 310 § 132 VwGO Nr 231; *Schoch ua* § 133 VwGO Rz 18).

4. Auslegung; Form; Vertretungszwang

9   a) Die NZB muss als solche nicht ausdrücklich bezeichnet, aber **erkennbar** sein. Das Ziel des Beschwerdeführers ist aus seinem gesamten Vorbringen nach Maßgabe der §§ 133, 157 BGB zu ermitteln (BFH/NV 1998, 712; *T/K* § 116 Rz 20). Als Prozesserklärung ist eine Rechtsmittelschrift so auszulegen, dass im Zweifel dasjenige gewollt ist, was nach den Maßstäben der Rechtsordnung vernünftig ist und der recht verstandenen Interessenlage entspricht (BFH/NV 1986, 675; 1997, 363; 1998, 712; BGH NJW-RR 1996, 1210). Dabei ist allerdings zu berücksichtigen, dass bei dem in Verfahren vor dem BFH bestehenden **Vertretungszwang** (§ 62 a) durch rechtskundige Prozessbevollmächtigte der Auslegung oder Umdeutung von Prozesserklärungen gegen ihren Wortlaut enge Grenzen gesetzt sind (BFH/NV 2000, 341, 447, 872; 1997, 136; *Schoch ua* § 133 Rz 23; *Meyer-Ladewig* § 160 a SGG Rz 5). Ein eindeutig gestellter Antrag auf nachträgliche Zulassung der Revision im Wege der Urteilsergänzung (§ 109) kann nicht in eine NZB umgedeutet werden (BFHE 92, 422 = BStBl II 1968, 585).

10   b) Hat das FG im angefochtenen Urteil über **mehrere Streitgegenstände** (zB über mehrere Veranlagungszeiträume und/oder Steuerarten) entschieden, kann der Beschwerdeführer seinen Antrag auf Zulassung der Revision auf einen oder mehrere dieser Streitgegenstände beschränken.

11   c) Die Beschwerde muss – ebenso wie die Revision – **schriftlich** eingelegt werden. Wegen des beim BFH bestehenden Vertretungszwangs (Rz 12) ist die Einlegung zur Niederschrift des Urkundsbeamten der Geschäftsstelle (vgl §§ 569 Abs 2, 78 Abs 3 ZPO) im finanzgerichtlichen Verfahren ausgeschlossen (BFH/NV 1990, 252; *T/K* § 116 Tz 27). Die NZB kann wirksam durch **Telegramm, Telefax** oder **Telebrief** eingelegt werden. Zu den Anforderungen an die Schriftform im Einzelnen vgl § 64 Rz 18 ff. In der Beschwerdeschrift ist das angefochtene **Urteil zu bezeichnen** (§ 116 Abs 2 S 2), dh es ist mit der Bezeichnung des FG, das das Urteil erlassen hat, sowie mit Angabe der Beteiligten, des Datums und Aktenzeichens zu identifizieren (*Kopp/Schenke* § 133 Rz 4; § 124 a Rz 6); unvollständige oder falsche Angaben sind unschädlich, wenn das angefochtene Urteil gleichwohl zweifelsfrei identifiziert werden kann. Es genügt, wenn sich die erforderlichen Angaben aus einer beigefügten **Ausfertigung** oder **Abschrift des Urteils** (vgl die Sollvorschrift § 116 Abs 2 S 3) ergeben (BVerfG NJW 1991, 3140; *Kopp/Schenke* § 124 a Rz 6; *Meyer-Ladewig* § 160 a Rz 4 a).

12   d) Der Beschwerdeführer muss sich bei der Einlegung der NZB durch eine vor dem BFH **vertretungsberechtigte Person** iS des **§ 3 Nr 1 StBG** als Bevollmächtigten vertreten lassen (vgl dazu § 62 a); anderenfalls ist die Beschwerde unzulässig. Zur Vertretung berechtigt sind auch Gesellschaften iS des § 3 Nr 2 und 3 StBG, die durch Personen iS des § 62 a

Abs 1 tätig werden (§ 62 a Abs 2). Der Vertretungszwang dient nicht nur der Entlastung des BFH, sondern auch dem Interesse des Beteiligten an einer sachgerechten Vertretung im Verfahren. Damit unvereinbar ist die Rspr des BFH, der Beschwerdeführer könne persönlich wirksam die **Zurücknahme der NZB** oder die Erledigung der Hauptsache erklären (st Rspr, vgl BFHE 132, 400 = BStBl II 1981, 395; BFHE 136, 448 = BStBl II 1983, 25; **aA:** § 62 a Rz 17).

5. Frist

Die NZB ist **innerhalb eines Monats** nach **Zustellung** des vollständigen Urteils beim BFH einzulegen (§ 116 Abs 2 S 1). Der Zeitpunkt der Zustellung ist auch bei verkündeten Urteilen maßgeblich (vgl § 104 Abs 1 S 2). Für die Wahrung der Frist ist der Eingang beim BGH maßgebend. Wegen der Fristberechnung vgl § 54. Bei fehlender oder unrichtiger **Rechtsmittelbelehrung** läuft die Frist nicht (§ 55 Rz 27). Ein Antrag auf Ruhen des Verfahrens hemmt den Lauf der Monatsfrist nicht (BFHE 143, 411 = BStBl II 1985, 552). Bei verkündeten Urteilen kann die NZB wirksam auch schon **vor Zustellung** (aber erst nach der Verkündung) eingelegt werden (BVerwG NJW 1954, 854). Die Frist zur Einlegung der NZB kann – anders als die Begründungsfrist – **nicht verlängert** werden. Wird die Frist versäumt, ist die NZB unzulässig. Bei unverschuldeter **Versäumung der Frist** kann Wiedereinsetzung in den vorigen Stand beantragt werden (§ 56). Wiedereinsetzung kann auch noch gewährt werden, nachdem der BFH die NZB bereits wegen der Fristversäumnis verworfen hatte (BFHE 88, 541 = BStBl III 1967, 472; vgl § 56 Rz 63). Nach der Wiedereinsetzung wird der Beschluss über die Unzulässigkeit des Rechtsmittels gegenstandslos; das Verfahren ist fortzusetzen (BVerwG NJW 1990, 1806). **15**

Wird innerhalb der Beschwerdefrist nur ein **Antrag auf Prozesskostenhilfe** (§ 142) eingereicht, ist die Fristversäumnis nur dann unverschuldet, wenn innerhalb der Monatsfrist alle für die Entscheidung über den Antrag erforderlichen Unterlagen vorgelegt wurden (BFH/NV 2000, 61, 193, 1113; BGH VersR 1981, 61; vgl § 142 Rz 41). Der BFH verlangt darüberhinaus, dass der Antragsteller innerhalb der Beschwerdefrist darlegt, welcher Zulassungsgrund des § 115 Abs 2 geltend gemacht werden soll (BFH/NV 2000, 454, 962; str, aA BVerwG NJW 1965, 1038; vgl auch § 142 Rz 69). Hat der Beschwerdeführer alles Erforderliche getan, um eine Entscheidung über seinen Antrag zu ermöglichen, kann er nach der Bewilligung der Prozesskostenhilfe Wiedereinsetzung wegen Versäumung der Fristen des § 116 Abs 2 und 3 beantragen. **16**

6. Sonstige Zulässigkeitsvoraussetzungen

Die NZB ist nur zulässig, wenn der Beschwerdeführer durch das angefochtene Urteil **beschwert** ist (vgl dazu Vor § 115 Rz 12 ff). Es ist nicht erforderlich, dass der Beschwerdeführer gerade durch die Entscheidung über die zur Begründung der NZB angeführte Rechtsfrage beschwert ist; es genügt, dass die **Sachentscheidung** des FG für ihn eine Beschwer enthält (BVerwG Buchholz 421.2 Hochschulrecht Nr 42; *Weyreuther* Rz 197). **18**

Sind mehrere Beteiligte beschwert, können sie im Rahmen ihrer Beschwer selbstständig NZB einlegen (BFHE 150, 445 = BStBl II 1987, 785).

19   Für die NZB muss ferner – wie für jeden Rechtsbehelf – ein **Rechtsschutzbedürfnis** bestehen (vgl Vor § 115 Rz 21 ff). Das Rechtsschutzbedürfnis für eine NZB des Klägers entfällt, wenn dieser sein Klageziel während des Beschwerdeverfahrens erreicht hat (BFH/NV 2000, 335). Für die NZB müssen ferner alle übrigen Zulässigkeitsvoraussetzungen eines Rechtsmittels vorliegen, dazu gehören insbesondere die **Beteiligten-** und **Prozessfähigkeit** (Vor § 115 Rz 22).

III. Begründung der NZB

1. Einreichung beim BFH; Begründungsfrist

20   a) Die Begründung der NZB ist ebenso wie die Beschwerde **beim BFH** einzureichen (§ 116 Abs 3 S 2). Die Einreichung beim FG wahrt die Begründungsfrist nicht.

Nach § 115 Abs 3 aF war die Begründung innerhalb der Beschwerdefrist von einem Monat vorzulegen. Da die Begründung einer NZB im allgemeinen größere Schwierigkeiten bereitet als eine Revisionsbegründung, beim FG kein Vertretungszwang besteht und oft erst für die 2. Instanz ein Prozessbevollmächtigter bestellt wird, hat der Gesetzgeber mit dem 2. FGOÄndG eine besondere **Frist für die Begründung der NZB** von **zwei Monaten** eingeführt. Eine entsprechende Frist ist in § 133 Abs 3 VwGO und in § 160a Abs 2 SGG vorgesehen. Damit soll der Rechtsschutz für die Beteiligten verbessert und die große Zahl unzulässiger NZB beim BFH vermindert werden; außerdem ging der Gesetzgeber bei der Neuregelung davon aus, dass der BFH über eine sorgfältig begründete NZB leichter und schneller entscheiden könne (BT-Drucks 14/4061, 10). Die zweimonatige Begründungsfrist ist eine **selbstständige,** vom Lauf der Einlegungsfrist unabhängige **Frist,** die auch dann mit der Zustellung des vollständigen Urteils zu laufen beginnt, wenn wegen der Versäumung der Einlegungsfrist **Wiedereinsetzung** in den vorigen Stand beantragt worden ist (BFHE 203, 407; BFH/NV 2004, 1664; BVerwG NJW 1992, 2780; BAG NJW 1997, 2007; *Meyer-Ladewig* § 160a SGG Rz 11; *Schoch ua* § 133 VwGO Rz 61; vgl auch § 120 Abs 2 nF). Die Begründung muss deshalb auch dann innerhalb der Zweimonatsfrist des § 116 Abs 3 eingereicht werden, wenn das Wiedereinsetzungsgesuch bezüglich der versäumten Einlegungsfrist Erfolg hat, anderenfalls ist die NZB unzulässig (BVerwG NJW 1992, 2780). Ist jedoch dem Wiedereinsetzungsantrag ein erfolgreiches Verfahren auf **Bewilligung von PKH** vorausgegangen, steht dem Beschwerdeführer nach Gewährung der Wiedereinsetzung wegen der Versäumung der Einlegungsfrist für die Begründung der NZB eine **weitere Frist von einem Monat** zu. Diese Frist beginnt mit der Zustellung des die Wiedereinsetzung gewährenden Beschlusses zu laufen (BVerwG NJW 1992, 2307; DVBl 2002, 1050; BAGE 59, 174; BSG SozR 1500 § 164 SGG Nr 9; offen gelassen in BFHE 201, 425 = BStBl II 2003, 609). Diese Rspr beruht auf der Erwägung, dass anderenfalls der Verfahrensbeteiligte, der wegen des PKH-Verfahrens sowohl die Einlegungs- als auch die Begründungsfrist versäumt hat, seine NZB innerhalb einer Frist von zwei Wochen (§ 56 Abs 2 S 1 aF) nach Zustellung des die PKH gewährenden Beschlusses nicht nur einlegen, sondern auch begründen müsste. Eine derartige Begrenzung des der „armen Partei" verbleibenden Rechtsschutzes ist nicht gerechtfertigt. Ergeht **kein gesonderter Wiedereinsetzungsbeschluss,** steht dem Beschwerdeführer die volle Begründungsfrist von **zwei Monaten** für die Nachholung der Beschwerdebegründung zur Verfügung; sie beginnt mit der Zustellung des Beschlusses über die Gewährung von Prozesskostenhilfe (BFHE 201, 425 = BStBl II 2003, 609; BVerwG DVBl 2002, 1050). Hat der Beschwerdeführer die Begründungsfrist versäumt, kann ihm Wiedereinsetzung nur gewährt werden, wenn er die Beschwerdebegründung innerhalb der Wiedereinsetzungsfrist von einem Monat (§ 56 Abs 2 S 1 nF) nachholt (BFHE 200, 491 = BStBl II 2003, 316).

b) Die **Frist für die Begründung** der NZB kann von dem Vorsitzen- **21** den des zuständigen Senats auf einen vor ihrem Ablauf gestellten Antrag **um einen weiteren Monat verlängert** werden (§ 116 Abs 3 S 3). Die Vorschrift des § 116 Abs 3 S 3 entspricht § 160a Abs 2 S 2 SGG. Für die Revisionsbegründungsfrist enthält § 120 Abs 2 S 3 eine vergleichbare Regelung; insofern wird auf die Kommentierung bei § 120 Rz 48 ff verwiesen. Abweichend von § 120 Abs 2 S 3 kann die Begründungsfrist für die NZB nur **einmal** und **maximal um einen weiteren Monat** verlängert werden (§ 116 Abs 3 S 4; BFHE 196, 56 = BStBl II 2001, 768; *Beermann* Rz 52; *Dürr* Inf 2001, 65; **aA** *T/K* Rz 23). Das erscheint gerechtfertigt, weil das Verfahren der NZB nur ein Nebenverfahren mit dem einzigen Zweck ist, die Zugangsschranke zur Revisionsinstanz zu überwinden. In diesem Verfahren sollte deshalb möglichst schnell Klarheit darüber geschaffen werden, ob eine sachliche Überprüfung des finanzgerichtlichen Urteils in einem Revisionsverfahren möglich ist oder nicht. Die Ansicht von *T/K*, die unter Berufung auf § 54 iVm § 225 ZPO eine mehrfache Verlängerung der Begründungsfrist für zulässig halten (§ 116 Rz 23), steht in Widerspruch zum klaren Wortlaut des § 116 Abs 3 S 4; für eine wiederholte Verlängerung der gesetzlichen Frist des § 116 Abs 3 S 1 fehlt die nach § 54 iVm § 224 Abs 2 ZPO erforderliche gesetzliche Ermächtigung. Hat der Vorsitzende die Begründungsfrist irrtümlich für einen **längeren Zeitraum** als einen Monat bewilligt, ist dieser maßgebend (BSGE 11, 257). Der Antrag auf Verlängerung der Begründungsfrist muss **vor ihrem regulären Ablauf beim BFH** eingehen; der Eingang beim FG genügt nicht. Ist der Antrag rechtzeitig gestellt, kann über ihn auch noch nach Fristablauf entschieden werden (vgl die Nachweise bei § 120 Rz 48). Die Entscheidung über den Antrag kann formlos mitgeteilt werden. Die Fristverlängerung wirkt nur für den Beteiligten, der sie beantragt hat (BVerwGE 3, 233). Das BSG vertritt zu der gleichlautenden Vorschrift des § 160a SGG im Anschluss an *Meyer-Ladewig* (§ 160a Rz 12) die Ansicht, dem Antrag auf Fristverlängerung könne nur entsprochen werden, wenn **besondere Gründe** den Antrag rechtfertigten (vgl § 54 iVm § 224 Abs 2 ZPO); diese Gründe für die Notwendigkeit eine zeitlichen Aufschubs seien vom Antragsteller substantiiert vorzutragen (BSG v 13. 3. 1997 5 BJ 14/97, juris). ME sind an die Begründung eines Fristverlängerungsantrages im Rahmen des § 116 keine strengeren Anforderungen zu stellen als an die Begründung eines Antrags auf Verlängerung der Revisionsbegründungsfrist. Erstmaligen Anträgen auf Verlängerung der Revisionsbegründungsfrist wird beim BFH regelmäßig entsprochen.

Für die **Berechnung der verlängerten Begründungsfrist** gelten § 54 iVm § 222 ZPO und § 190 BGB. Wurde zB das Urteil des FG dem Bevollmächtigten des Klägers am 3. 1. zugestellt, endet die Begründungsfrist grundsätzlich am 3. 3. Fällt der 3. 3. auf einen Sonntag oder auf einen Tag, der am Sitz des Revisionsgerichts gesetzlicher Feiertag ist (BSG DÖV 1995, 955), endet die Frist erst mit Ablauf des 4. 3. (§ 54 iVm § 222 Abs 2 ZPO). Die neue Monatsfrist ist sodann vom Ablauf der vorigen Frist an zu berechnen (§ 190 BGB); im Beispielsfall beginnt sie deshalb erst mit Ablauf des 4. 3. (BGHZ 21, 43).

22   c) Die Gründe für die Zulassung der Revision müssen **innerhalb der Begründungsfrist** in der gebotenen Form dargelegt werden. Nach Ablauf der Begründungsfrist ist nur noch eine **Erläuterung** und **Vervollständigung** der fristgerecht „mit einem Mindestmaß an Klarheit und Verständlichkeit" geltend gemachten Zulassungsgründe möglich (BFH/NV 1999, 334, 993; 2000, 65, 437; 2002, 1339; 2005, 80; BVerwG BayVBl 1974, 52). Zulassungsgründe, die erst nach Ablauf der (ggf verlängerten) Begründungsfrist vorgetragen („nachgeschoben") werden, darf der BFH idR nicht berücksichtigen (BFHE 93, 503 = BStBl II 1969, 36; BFHE 168, 17 = BStBl II 1992, 842; BFH/NV 1997, 593; 1995, 491). Ausnahmen können sich aus dem Grundsatz ergeben, dass für das Vorliegen eines Zulassungsgrundes grds die **Verhältnisse im Zeitpunkt der Entscheidung** über die Zulassung maßgeblich sind. Unter bestimmten Voraussetzungen kann der BFH bei einer ausreichend begründeten Beschwerde die Revision aus einem anderen als dem mit der NZB geltend gemachten Grund zulassen (vgl Rz 55).

2. Darlegung des Zulassungsgrundes

a) Allgemeines

25   Die Begründung der Beschwerde muss inhaltlich den Anforderungen des § 116 Abs 3 S 3 genügen, dh der Beschwerdeführer muss die **Voraussetzungen des § 115 Abs 2 darlegen.** Eine nach § 116 Abs 3 S 3 ausreichende Begründung ist **Zulässigkeitsvoraussetzung** der NZB (BFHE 93, 503 = BStBl II 1969, 36; BFHE 93, 410 = BStBl II 1968, 824; BFHE 196, 30 = BStBl II 2001, 837; BFH/NV 2005, 1632). Die Anforderungen an die Begründung einer NZB in § 116 Abs 3 S 3 stimmen im Wesentlichen mit denen in § 115 Abs 3 S 3 aF überein. Die st Rspr des BFH zu § 115 Abs 3 aF forderte – ebenso wie das BVerwG zu der gleichlautenden Vorschrift des § 133 Abs 3 VwGO –, dass die Voraussetzungen der jeweiligen Zulassungsvorschrift vom Beschwerdeführer in der Begründung seiner NZB substantiiert und schlüssig vorzutragen sind (4. Aufl § 115 Rz 58).

26   Gleichwohl wird in der amtlichen **Begründung des** Entwurfs eines **2. FGOÄndG** (BT-Drucks 14/4061, 10) die Auffassung vertreten, eine Darlegung der grundsätzlichen Bedeutung oder der Divergenz in dem Umfang, wie sie bisher von der Rspr zu § 115 Abs 3 aF verlangt worden sei, werde nach § 116 Abs 3 nF nicht mehr gefordert, weil die Begründung der NZB durch die Anknüpfung an die erweiterten Zulassungsgründe in § 115 Abs 2 deutlich erleichtert werde. Diese Annahme ist – zumindest soweit sie sich auf den mit der früheren Fassung des § 115 Abs 2 wörtlich übereinstimmenden Zulassungsgrund der Nr 1 bezieht – nur dann gerechtfertigt, wenn man die Ansicht vertritt, der Zulassungsgrund des Abs 2 Nr 1 umfasse nicht nur Fälle, in denen eine streitige Rechtsfrage im allgemeinen Interesse höchstrichterlicher Klärung bedürfe, sondern auch solche, bei denen im Interesse der Einzelfallgerechtigkeit eine korrigierende Entscheidung des BFH erforderlich sei. Dieser Ansicht kann aus den bei § 115 Rz 22 genannten Gründen nicht gefolgt werden. Dies gilt grundsätzlich auch für den Zulassungsgrund des § 115 Abs 2 Nr 2 nF. Diese Vorschrift ist zwar im Vergleich zum früheren Divergenztatbestand weiter gefasst, daraus folgt aber nicht ohne weiteres, dass an die Begründung einer auf Abs 2 Nr 2 gestützten NZB wesentlich geringere Anforderungen zu stellen sind als bisher. Denn „**darlegen**" bedeutet schon nach allgemeinem Sprachgebrauch „**ausführlich erläutern**" oder „**in aller Deutlichkeit ausführen**" (Duden, Großes Wörterbuch der Deutschen Sprache). Mit allgemeinen Hinweisen oder bloßen Behauptungen ist ein Zulassungsgrund jedenfalls nicht dargelegt (BFHE 90, 369 = BStBl II 1968, 98; BFH/NV 2002, 1035; 2005, 1555; BGH NJW 2003, 65; BVerwGE 13, 90). Das bedeutet, dass **zumindest das Vorliegen der in § 115 Abs 2 ausdrücklich genannten Tatbestandsmerkmale** („Voraussetzungen") in der Beschwerdebegründung näher **erläutert werden** muss (BFH/NV 2003, 52; in diesem Sinne wohl auch BT-Drucks 14/4061, 10). Erforderlich sind deshalb bei den Zulassungsgründen des § 115 Abs 2 Nr 1 und 2 **substantielle und konkrete Angaben** darüber, weshalb eine Entscheidung des Revisionsgerichts über eine bestimmte Rechtsfrage aus Gründen der Rechtsklarheit, der Rechtsfortbildung oder der Einheitlichkeit der Rechtsprechung im allgemeinen Interesse liegt (BFHE 144, 137 = BStBl II 1985, 625; BFH/NV 1999, 1617; 1998, 1491). Bei dem Zulassungsgrund des § 115 Abs 2 Nr 3 (**Verfahrensmangel**) ist weitergehend eine konkrete und **schlüssige Bezeichnung der Tatsachen,** die den behaupteten **Verfahrensmangel ergeben** (vgl § 120 Abs 3 Nr 2 b), zu fordern. Formelhafte Wendungen, wie zB die nicht näher erläuterte Behauptung, eine bestimmte Rechtsfrage habe grundsätzliche Bedeutung, reichen im allgemeinen nicht aus (BFH/NV 2002, 51; BVerwG HFR 1981, 461; vgl aber Rz 32). Die Begründung einer NZB muss eine an den gesetzlichen Zulassungsgründen orientierte Sichtung und rechtliche Durchdringung des Streitstoffes durch den Prozessbevollmächtigten erkennen lassen (BVerwG NJW 1996, 1554 und NJW 1997, 3328; *Schoch ua* § 133 Rz 29) und ein **Mindestmaß an Klarheit, Geordnetheit und Verständlichkeit** des Vortrags aufweisen (BVerwG NJW 1996, 1554; NJW 1997, 3328; BFH/NV 1999, 334, 516, 1481; 1995, 610, 1071). Für die Darlegung eines Zulassungsgrundes reicht auch die pauschale Bezugnahme auf früheres Vorbringen im Klageverfahren grundsätzlich nicht aus (BFH/NV 1990, 105; 1998, 1491; BVerwG NJW 1961, 425). Denn der gesetzliche Begründungszwang bezweckt eine **Entlastung des Revisionsgerichts** (*Beermann* Rz 44; *T/K* Rz 31; *Schoch ua* § 133 VwGO Rz 29). Es ist nicht Aufgabe des BFH, selbst anhand der Akten mögliche Zulassungsgründe zu ermitteln (BFHE 144, 137 = BStBl II 1985, 625; BFH/NV 2005, 1014). Auch unter

Berücksichtigung dieses Zwecks ist es jedoch nicht zu beanstanden, wenn in der Begründungsschrift auf solche Schriftsätze des Klageverfahrens Bezug genommen wird, in denen ausschließlich die Gründe für eine schon beim FG beantragte Zulassung dargelegt werden (BFHE 89, 117 = BStBl III 1967, 531). Der Entlastungszweck lässt eine schlüssige Darlegung des Zulassungsgrundes iS des Abs 2 Nr 1 oder 2 entbehrlich erscheinen, wenn **offensichtlich** ist, dass die in der Beschwerdeschrift bezeichnete Rechtsfrage im Allgemeininteresse höchstrichterlicher Klärung bedarf (vgl Rz 32).

27 Bei der Begründung der NZB ist stets zu beachten, dass dieses Verfahren **eine andere Zielsetzung** hat **als das Revisionsverfahren** (BFHE 150, 156 = BStBl II 1987, 713): Es geht nicht darum, Rechtsfehler des angefochtenen Urteils aufzuzeigen, sondern allein darum, die Zulassungsschranke des § 115 zu überwinden. Eine Ausnahme kommt nur in Betracht, wenn mit der NZB geltend gemacht wird, das angefochtene Urteil missdeute in krasser Weise geltendes Recht und sei deshalb geeignet, das Vertrauen in die Rspr zu erschüttern (vgl § 115 Rz 68 und unten Rz 45). Die NZB ist deshalb nicht in zulässiger Weise begründet, wenn nur – nach Art einer Revisionsbegründung – vorgetragen wird, das angefochtene Urteil sei unter Verletzung von Bundesrecht ergangen (st Rspr, vgl zB BFH/NV 1997, 792, 490, 131; 1999, 658, 804, 929; 2000, 985). Aus demselben Grund reicht auch die Bezugnahme auf das Vorbringen im Klageverfahren (BFH/NV 1995, 709) oder in einer gleichzeitig eingereichten Revisionsbegründung nicht aus. Die NZB bedarf einer **eigenen Begründung.** Daran hat sich im Grundsatz auch nach Inkrafttreten des 2. FGOÄndG nichts geändert (BFHE 196, 30 = BStBl II 2001, 837; BFH/NV 2002, 51; *Lange* NJW 2001, 1098; *List* DB 2000, 2294).

28 Ist das Urteil des FG **kumulativ auf mehrere Gründe** gestützt, von denen jeder für sich das Entscheidungsergebnis trägt, muss hinsichtlich jeder dieser Begründungen ein Zulassungsgrund iS des § 115 Abs 2 geltend gemacht werden (st Rspr, vgl BFHE 112, 337 = BStBl II 1974, 524; BFH/NV 2000, 1334; 2004, 978; 2005, 667, 712; BVerwG NVwZ 1991, 376 und NJW 1997, 3328; BAG DB 1999, 492). Das gilt nicht für **alternative Begründungen,** wenn bei Wegfall einer Urteilsbegründung die andere keinen Bestand haben könnte (BVerwG NVwZ 1994, 269).

29 Nach der Rspr zu § 115 Abs 3 aF war die **Entscheidungserheblichkeit** (Klärungsfähigkeit) der vom Beschwerdeführer aufgeworfenen Rechtsfrage bei den Zulassungsgründen des Abs 2 Nr 1 und 2 jedenfalls dann darzulegen, wenn Umstände vorlagen, die Zweifel an der Klärungsfähigkeit begründeten (BFH/NV 1995, 807; 1999, 948, 974, 1220, 1313; 2000, 892; *Beermann* Rz 74 mwN der Rspr). Lag die Klärungsfähigkeit der Rechtsfrage auf der Hand, wurde es zT als formalistisch angesehen, Darlegungen zur Klärungsfähigkeit zu fordern (vgl 4. Aufl § 115 Rz 59; ebenso *T/K* Rz 46; *Schoch ua* § 133 VwGO Rz 32); denn auch bei offenkundiger Klärungsbedürftigkeit einer Rechtsfrage werden insoweit keine Darlegungen verlangt (s Rz 32). An dieser Rspr hat der BFH auch nach Inkrafttreten des 2. FGOÄndG festgehalten. Grundsätzlich muss der Beschwerdeführer deshalb in der Beschwerdebegründung auf die Klärungsfähigkeit der als grundsätzlich herausgestellten Rechtsfrage eingehen (BFH/NV 2004, 1625; 2005, 334, 1116).

Neues tatsächliches Vorbringen ist im Verfahren der NZB in glei- **30** chem Umfang **ausgeschlossen** wie im Revisionsverfahren. Seiner Berücksichtigung steht die Bindung des BFH an die vom FG festgestellten Tatsachen (§ 118 Abs 2) entgegen (st Rspr, BFH/NV 1995, 992; 1998, 29; 1999, 497; 2000, 844; *Weyreuther* Rz 216 mwN).

b) Grundsätzliche Bedeutung

aa) Hinsichtlich des Zulassungsgrundes „grundsätzliche Bedeutung" sind **31** die formellen Anforderungen an die Begründung der NZB im Grundsatz unverändert geblieben, denn schon nach § 115 Abs 3 S 3 aF war die grundsätzliche Bedeutung der Rechtssache vom Beschwerdeführer darzulegen. Es kann insofern weitgehend auf die Rspr des BFH zu § 115 Abs 3 S 3 zurückgegriffen werden. Die in der amtlichen Begründung zum Entwurf des 2. FGOÄndG vertretene abweichende Auffassung, die formellen Anforderungen an die Darlegung seien durch die Anknüpfung des § 116 Abs 3 an die durch § 115 Abs 2 nF neu gefassten Zulassungsgründe „deutlich erleichtert" (BT-Drucks 14/4061, 10), kann nicht überzeugen (vgl auch Rz 27). Der Zulassungsgrund des § 115 Abs 2 Nr 1 nF ist nach seinem Wortlaut gegenüber der bis zum 31. 12. 2000 geltenden Fassung unverändert geblieben; er ist allenfalls insoweit mittelbar durch die im Vergleich zum bisherigen Recht weitere Fassung des § 115 Abs 2 Nr 2 beeinflusst worden, als er nicht mehr wie bisher uneingeschränkt als „Auffangtatbestand" heranzuziehen ist (§ 115 Rz 25). Die Anforderungen, die nach § 116 Abs 3 an die Begründung einer NZB zu stellen sind, entsprechen denen des § 133 VwGO und des § 544 Abs 3 ZPO nF (vgl zB BGH NJW 2003, 65 mwN). Nach der Rspr des BGH und des BVerwG setzt eine ordnungsgemäße Beschwerdebegründung voraus, dass der Beschwerdeführer die Zulassungsgründe, auf die er die Beschwerde stützen will, benennt und zu deren Voraussetzungen so substantiiert vorträgt, dass das Revisionsgericht allein aufgrund der Lektüre der Beschwerdebegründung und des angefochtenen Urteils die Voraussetzungen der Zulassung prüfen kann (BGH NJW 2003, 65; BVerwG NJW 1996, 1554).

bb) Für die Darlegung des Zulassungsgrundes der grundsätzlichen Be- **32** deutung muss der Beschwerdeführer **konkret** auf die Rechtsfrage und ihre **Bedeutung für die Allgemeinheit** eingehen (BFHE 90, 369 = BStBl II 1968, 98; BFHE 138, 152 = BStBl II 1983, 479; BFHE 144, 137 = BStBl II 1985, 265; BFH/NV 2005, 1555). Er muss zunächst eine bestimmte für die Entscheidung des Streitfalls erhebliche **abstrakte Rechtsfrage herausstellen,** der grundsätzliche Bedeutung zukommen soll (BFH/NV 1996, 141; 2000, 1148). Erforderlich ist ferner ein **konkreter** und **substantiierter Vortrag,** aus welchen Gründen im Einzelnen die Klärung der Rechtsfrage durch die angestrebte Revisionsentscheidung aus Gründen der Rechtssicherheit, der Rechtseinheitlichkeit und/oder der Rechtsentwicklung im allgemeinen Interesse liegt, also ein Vortrag zur **Klärungsbedürftigkeit** (BFHE 144, 137 = BStBl II 1985, 625; BFHE 178, 379 = BStBl II 1995, 890; BFH/NV 1998, 29; 1999, 1220; **aA** zu § 116 Abs 3 nF: *Beermann* Rz 71; *T/K* Rz 47). Der Beschwerdeführer muss ggf darlegen, in welchem Umfang, von welcher Seite und aus welchen Gründen die Beantwortung der Rechtsfrage zweifelhaft und strittig ist

(BFH/NV 2000, 966, 1489; 2005, 1116, 1310, 1335, 1601); das erfordert eine Auseinandersetzung mit den in Rspr und Literatur zu dieser Frage vertretenen Auffassungen. Erfüllt die Begründung diese inhaltlichen Anforderungen, ist es unschädlich, wenn die Beschwerde nicht ausdrücklich auf den Zulassungsgrund der grundsätzlichen Bedeutung gestützt wird (BFHE 98, 372 = BStBl II 1970, 332; BFHE 138, 152 = BStBl II 1983, 479; BFH/NV 2005, 1335). Nach der Rspr des BFH kann in Ausnahmefällen auf die Darlegung der grundsätzlichen Bedeutung verzichtet werden, wenn diese **offenkundig** ist, zB weil die streitige Rechtsfrage seit längerer Zeit in der Literatur kontrovers diskutiert wird, für eine Vielzahl von Steuerfällen bedeutsam und vom BFH noch nicht geklärt ist (BFHE 153, 378 = BStBl II 1988, 724; BFH/NV 1993, 312; 1999, 1214; 2004, 187, 76; 2001, 34; *Beermann* Rz 73; *Schoch ua* § 133 VwGO Rz 32).

33   Hat der BFH bereits **früher über die Rechtsfrage entschieden,** muss der Beschwerdeführer begründen, weshalb er gleichwohl eine erneute Entscheidung des BFH zu dieser Frage im Interesse der Rechtseinheit oder Rechtsfortbildung für erforderlich hält (st Rspr, vgl zB BFHE 138, 152 = BStBl II 1983, 497; BFH/NV 2005, 1126, 1603; 2000, 472); hierzu muss er substantiiert vortragen, inwiefern und aus welchen Gründen die höchstrichterlich beantwortete Frage weiterhin umstritten ist, insbesondere, welche neuen und gewichtigen, vom BFH noch **nicht geprüften Argumente** in der Rspr der FG und/oder der Literatur gegen die Rechtsauffassung des BFH vorgebracht worden sind (st Rspr, vgl zB BFH/NV 1992, 676; 1998, 29; 2000, 966, 985). Der bloße Hinweis, die BFH-Rspr sei auf Kritik gestoßen, genügt nicht. Betrifft die grds bedeutsam aufgeworfene Rechtsfrage **ausgelaufenes Recht,** ist zusätzlich darzulegen, dass sich die Frage für einen nicht überschaubaren Personenkreis auch in Zukunft weiterhin stellen kann (BFH/NV 2005, 1343).

34   cc) Die grundsätzliche Bedeutung ist nicht ausreichend dargelegt mit dem Vorbringen,
– der BFH habe über **einen vergleichbaren Fall** oder über eine bestimmte **Rechtsfrage** noch **nicht entschieden,** denn daraus ergibt sich nicht, dass die zu entscheidende Rechtsfrage klärungsbedürftig ist (BFH/NV 2003, 62; 1995, 337, 910; **aA** zu § 115 Abs 2 Nr 1 nF: *Beermann* Rz 71);
– beim BFH sei in einem **ähnlich gelagerten Fall** bereits ein **Revisionsverfahren anhängig,** denn damit wird zunächst nur ein individuelles Interesse des Beschwerdeführers an einer Gleichbehandlung mit dem Stpfl in dem bereits anhängigen Verfahren dargelegt (BFHE 144, 137 = BStBl II 1985, 625; BFH/NV 2005, 1342; 2000, 959);
– eine Entscheidung des BFH über die bezeichnete Rechtsfrage sei für eine **größere Zahl von Fällen bedeutsam,** denn daraus ergibt sich nicht, dass die Rechsfrage inhaltlich klärungsbedürftig ist (BFH/NV 1995, 79, 530, 603);
– das angefochtene **Urteil verstoße gegen Bundesrecht** (BFHE 90, 369 = BStBl II 1968, 98; BFH/NV 2005, 1014, 1354) und zwar auch dann nicht, wenn der Rechtsfehler **offensichtlich** ist, denn damit wird nur ein individuelles Interesse an einer Entscheidung des BFH im Revisionsverfahren dargelegt. Wird jedoch schlüssig gerügt, das Urteil verlet-

ze das verfassungsrechtliche Willkürverbot, kommt Zulassung der Revision nach § 115 Abs 2 Nr 2 2. Alternative in Betracht (s § 115 Rz 68);
– eine vom FG angewendete Vorschrift sei **verfassungswidrig** (BFHE 148, 520 = BStBl II 1987, 339; BFHE 168, 17 = BStBl II 1992, 842; BFH/NV 1989, 27; 1999, 1618; BSGE 40, 158; BVerwG Buchholz 448.3 § 7 USG Nr 1); der Beschwerdeführer muss dann zumindest erläutern, gegen welche Verfassungsvorschrift die Norm seiner Ansicht nach verstößt und dies unter Berücksichtigung der Rspr des BVerfG näher begründen (BFH/NV 2005, 1081; 2000, 310); zT werden weitergehende Anforderungen an die Begründung bei behaupteter Verfassungswidrigkeit einer Norm gestellt: vgl zB BFHE 165, 172 = BStBl II 1991, 885; BFHE 168, 17 = BStBl II 1992, 842; BFH/NV 2003, 49; 2000, 1104, 1206; 1999, 590, 657, 1220; vgl auch BGH VersR 2005, 140.

Die Rspr verlangt ferner bei NZB, die auf § 115 Abs 2 Nr 1 gestützt **35** werden, Ausführungen zur **Klärungsfähigkeit** der Rechtsfrage (BFH/NV 2005, 1116; 2004, 493; **aA** BSG SozR 1500 § 160 Nr 53; *Meyer-Ladewig* § 160a Rz 14a).

c) Rechtsfortbildung

Bei diesem Zulassungsgrund handelt es sich um einen **speziellen Tat-** **38** **bestand der Grundsatzrevision** (§ 115 Rz 41). In den Fällen, in denen eine Entscheidung des Revisionsgerichts der Rechtsfortbildung dient, liegt deshalb immer auch eine Frage von grundsätzlicher Bedeutung vor. Wegen der Anforderungen an die Darlegung dieses Zulassungsgrundes kann deshalb auf die Ausführungen in Rz 31 ff verwiesen werden.

d) Sicherung einer einheitlichen Rechtsprechung

aa) Der Beschwerdeführer, der als Zulassungsgrund geltend macht, die **40** Einheitlichkeit der Rspr fordere eine Entscheidung des BFH, muss mit der Begründung der NZB darlegen, dh näher erläutern (Rz 26), inwiefern über eine entscheidungserhebliche Rechtsfrage unterschiedliche Auffassungen bei den Gerichten bestehen oder weshalb aus sonstigen Gründen eine Entscheidung des BFH zur Sicherung einer einheitlichen Rspr erforderlich ist. Der **Zulassungsgrund** des § 115 Abs 2 Nr 2, 2. Alternative nF ist im Vergleich zu § 115 Abs 2 Nr 2 aF (Divergenztatbestand) **weiter** und **unbestimmter gefasst.** Die von der Rspr entwickelten Grundsätze über die formellen Anforderungen an die Begründung einer Divergenz (vgl dazu 4. Aufl § 115 Rz 63) können jedoch auch für die Auslegung des § 116 Abs 3 S 3 iVm § 115 Abs 2 Nr 2, 2. Alternative herangezogen werden, soweit geltend gemacht wird, die Rechtseinheit sei durch unterschiedliche Entscheidungen verschiedener Gerichte über dieselbe Rechtsfrage (Divergenz) gefährdet (BFH/NV 2002, 663; 2003, 495 mwN; **aA** *T/K* Rz 52). Wegen der Anforderungen an die Darlegung des Zulassungsgrundes, wenn behauptet wird, das Urteil des FG verstoße in krasser Weise gegen geltendes Recht (Willkürentscheidung) vgl unten Rz 45.

bb) Soweit der Beschwerdeführer geltend macht, die Sicherung der Ein- **41** heitlichkeit der Rspr sei gestört, weil das **FG** im angefochtenen Urteil von der **Rechtsauffassung des BFH (oder eines anderen Gerichts) ab-**

gewichen sei, muss er – wie bisher – die Divergenzentscheidung des BFH etc so genau bezeichnen, dass die Identität des Urteils zweifelsfrei ermittelt werden kann. Das BFH-Urteil ist mit Datum und Aktenzeichen und/oder Fundstelle zu bezeichnen (BFHE 93, 503 = BStBl II 1969, 36; BFHE 99, 25 = BStBl II 1970; *Schoch ua* § 133 VwGO Rz 35). Diese Mindestvoraussetzung einer zulässigen Divergenzbeschwerde ergibt sich aus dem **Entlastungszweck** des § 116 Abs 3 S 3; es kann dem BFH nicht zugemutet werden, selbst das FG-Urteil auf mögliche Divergenzen zu untersuchen.

42   Darüber hinaus muss sich aus der Beschwerdebegründung ergeben, in welcher **konkreten Rechtsfrage** das FG nach Ansicht des Beschwerdeführers von der Rspr des BFH abgewichen ist; es genügt nicht die bloße Behauptung, das FG sei von einer (genau bezeichneten) Entscheidung des BFH abgewichen. Nach bisheriger Rspr des BFH zu § 115 Abs 3 S 3 (und der anderen obersten Bundesgerichte zu den entsprechenden Vorschriften in § 133 VwGO und § 160a SGG) wurde hierfür verlangt, dass der Beschwerdeführer rechtserhebliche (tragende) **abstrakte Rechtssätze** im Urteil des FG und in der Divergenzentscheidung des BFH so genau bezeichnet, dass die Abweichung erkennbar wird (st Rspr seit BFHE 138, 152 = BStBl II 1983, 479; BFHE 163, 204 = BStBl II 1991, 309; BFH/NV 2001, 626, 819). An diesem Erfordernis ist auch unter der Geltung des § 116 Abs 3 S 3 nF festzuhalten (BFH/NV 2005, 1618; 2003, 1067). Auch nach geltendem Recht reicht es für die Zulassung der Revision nicht aus, dass das angefochtene Urteil unter Verletzung von Bundesrecht ergangen ist (vgl § 115 Rz 46, 55). Mit dem Vorbringen, das FG habe den Sachverhalt falsch gewürdigt oder in seiner Entscheidung einen vom BFH oder einem anderen Gericht aufgestellten abstrakten Rechtssatz – ohne dessen Richtigkeit in Frage zu stellen – im Ergebnis falsch auf den konkreten Streitfall angewendet, also einen **Fehler bei der Subsumtion** begangen, ist der Zulassungsgrund des § 115 Abs 2 Nr 2 nicht schlüssig dargetan (BFH/NV 2002, 51, 1616; 2003, 497, 617, 1281; BVerwG DVBl 1995, 1310); die Rechtseinheit wird nicht schon durch jede rechtsfehlerhafte Entscheidung eines Einzelfalls gefährdet, sondern nur durch die **Nichtübereinstimmung** verschiedener Gerichte **im Grundsätzlichen** (§ 115 Rz 55). Aus der Beschwerdebegründung muss sich deshalb ergeben, dass eine solche Nichtübereinstimmung verschiedener Gerichte nicht nur hinsichtlich des Ergebnisses der Auslegung, sondern „im Grundsätzlichen", dh bei der Aufstellung abstrakter Rechtsgrundsätze, besteht (**aA** *T/K* § 116 Rz 52). Hat der Beschwerdeführer eine solche Abweichung schlüssig gerügt, erübrigen sich im Allgemeinen Ausführungen zur Erforderlichkeit einer Entscheidung des Revisionsgerichts, weil diese auf der Hand liegt. Darlegungen sind zu diesem Merkmal aber ausnahmsweise dann geboten, wenn zweifelhaft ist, ob ein Allgemeininteresse an der Klärung durch den BFH besteht, zB weil die unterschiedlich beantwortete Rechtsfrage ausgelaufenes Recht betrifft (vgl § 115 Rz 35).

43   Nach bisherigem Recht musste der Beschwerdeführer bei einer auf Divergenz gestützten NZB Ausführungen zur **Klärungsfähigkeit** (Entscheidungerheblichkeit) der Rechtsfrage jedenfalls dann machen, wenn nach den Umständen des Streitfalls Zweifel an der Entscheidungserheblichkeit bestanden (vgl dazu die Nachweise in der 4. Aufl § 115 Rz 64). An diesem

Erfordernis hat der BFH auch unter der Geltung des § 115 Abs 2 Nr 2 iVm § 116 Abs 3 nF festgehalten (BFH/NV 2005, 1116). Für eine Beibehaltung dieser formellen Voraussetzung im Anwendungsbereich des § 115 Abs 2 Nr 2 nF spricht, dass nach dieser Vorschrift die Zulassung der Revision zur Sicherung der Einheitlichkeit der Rspr **„erforderlich"** sein muss. An dieser Voraussetzung fehlt es, wenn die abweichende Rechtsauffassung des FG für dessen Urteil nicht tragend (entscheidungserheblich) war oder wenn die Divergenz im künftigen Revisionsverfahren nicht beseitigt werden kann, weil die streitige Rechtsfrage dem *irrevisiblen Recht* angehört. Gegen eine Erweiterung der Darlegungspflicht auf die Klärungsfähigkeit der abweichend entschiedenen Rechtsfrage spricht jedoch, dass sich die (ungeschriebene) Zulassungsvoraussetzung der Klärungsfähigkeit nicht ohne weiteres aus dem Tatbestandsmerkmal „erforderlich" in § 115 Abs 2 Nr 2 ergibt und dass der Gesetzgeber mit der Neufassung der Vorschrift das erklärte Ziel verfolgt hat, die formellen Hürden der Rspr für eine zulässige NZB herabzusetzen.

cc) Da die Zulassungsgründe in Nr 1 und 2 sich nicht klar voneinander **44** abgrenzen lassen, kann der BFH die Revision nach § 115 Abs 2 Nr 2 zulassen, auch wenn der Beschwerdeführer die Abweichung nicht dargelegt, sondern mit seiner NZB nur die grundsätzliche Bedeutung der (vom FG abweichend beantworteten) Rechtsfrage in zulässiger Weise dargelegt hat (str, wie hier *Meyer-Ladewig* § 160 a SGG Rz 19 a); das gilt jedenfalls dann, wenn der Zulassungsgrund des § 115 Abs 2 Nr 2 nachträglich entstanden ist (sog **nachträgliche Divergenz**) und deshalb vom Beschwerdeführer nicht dargelegt werden konnte (BFH/NV 1988, 312; 1996, 619; *Schoch ua* § 133 Rz 37).

dd) Macht der Beschwerdeführer mit der NZB geltend, die Sicherung **45** einer einheitlichen Rspr fordere die Zulassung der Revision, weil das angefochtene Urteil **willkürlich** und deshalb geeignet sei, das Vertrauen in die Rspr zu beschädigen (vgl § 115 Rz 68), muss er in der Beschwerdebegründung substantiiert darlegen, weshalb nach seiner Ansicht das FG-Urteil unter keinem denkbaren Aspekt rechtlich vertretbar ist (BFHE 202, 91; BFH/NV 2004, 1474; 2003, 177, 197; 2002, 1606). Es ist zu erläutern, inwiefern das Urteil gegen grundlegende Gerechtigkeitsanforderungen verstößt und deshalb von Verfassungs wegen einer Korrektur bedarf (BGH NJW 2003, 1943). Es genügt nicht, wenn nur schlüssig ausgeführt wird, das FG habe im konkreten Einzelfall offensichtlich falsch entschieden und dabei ggf eine vorhandene höchstrichterliche Rspr übersehen oder fehlerhaft umgesetzt (BFH/NV 2003, 488, 495, 810, 1604; 2004, 1662; 2005, 1, 707 mwN, vgl auch § 115 Rz 68). Auch mit der Rüge, das FG habe den Sachverhalt nicht richtig gewürdigt, wird kein qualifizierter Rechtsfehler dargetan, der im Allgemeininteresse die Zulassung der Revision zur Korrektur des Fehlers fordert (BFH/NV 2003, 810, 1445). Auf substantiierte Darlegungen kann verzichtet werden, wenn **offenkundig** ist, dass das angefochtene Urteil jeder gesetzlichen Grundlage entbehrt; ist dies der Fall oder ist die Verletzung des Willkürverbots (Art 3 GG) in der Beschwerdebegründung schlüssig dargetan, ergibt sich daraus zugleich ohne weitere Darlegungen, dass eine korrigierende Entscheidung des BFH erforderlich ist.

e) Verfahrensmangel

48   aa) Während nach § 115 Abs 3 S 3 aF der Verfahrensmangel in der Beschwerdeschrift zu „bezeichnen" war, verlangt § 116 Abs 3 S 3 für die zulässige Rüge eines Verfahrensmangels im Verfahren der NZB, dass die Voraussetzungen des § 115 Abs 2 Nr 3 **„darzulegen"** sind; eine sachliche Änderung ist damit nicht verbunden. Das ergibt sich schon aus § 120 Abs 3 Nr 2 b nF, der für die Rüge eines Verfahrensmangels im Revisionsverfahren – in Übereinstimmung mit der bisherigen Fassung des § 120 – die „Bezeichnung der Tatsachen, die den Mangel ergeben" verlangt. Für die formellen Anforderungen an die ordnungsgemäße Rüge eines Verfahrensmangels kann deshalb auf die bisherige Rspr des BFH zu § 115 Abs 3 S 3 aF und § 120 zurückgegriffen werden. Für die Darlegung eines Verfahrensmangels ist die ausdrückl Bezeichnung der angeblich verletzten Vorschrift des Gerichtsverfahrensrechts weder erforderl noch ausreichend. Der Verfahrensmangel ist nur dann in zulässiger Weise begründet, wenn innerhalb der Frist des § 116 Abs 3 die **Tatsachen genau angegeben** werden, **die den Mangel ergeben** (vgl § 120 Abs 3 Nr 2 b; *Beermann* Rz 82; *T/K* Rz 58; *Kopp/Schenke* § 133 VwGO Rz 17; *Schoch ua* § 133 VwGO Rz 38). Die Verfahrensrüge muss **schlüssig** geltend gemacht werden (st Rspr, vgl zB BFHE 165, 469 = BStBl II 1992, 148; BFH/NV 2000, 1102, 1492). Aus dem Vortrag muss erkennbar sein, welche Verfahrensvorschrift das FG nach Ansicht des Beschwerdeführers verletzt hat.

49   Erforderlich ist ferner der schlüssige Vortrag, inwiefern das angefochtene Urteil auf dem Verfahrensmangel **beruht,** es also ohne den Verfahrensfehler möglicherweise anders ausgefallen wäre (BFH/NV 2000, 1492, 1476, 1364; 2003, 1427; 2004, 345). Eine Ausnahme gilt für die Rüge **absoluter Revisionsgründe,** bei denen die Kausalität des Verfahrensfehlers für das Urteil idR von Gesetzes wegen vermutet wird (§ 119 Rz 2). Hat das FG seine Entscheidung kumulativ oder alternativ auf zwei Begründungen gestützt, kann das Urteil nur dann auf dem geltend gemachten Verfahrensmangel beruhen, wenn dieser beide Begründungen betrifft (BFH/NV 2005, 224). Da in vielen Fällen auf die Beachtung verfahrensrechtlicher Vorschriften wirksam **verzichtet** werden kann (§ 155 iVm § 295 ZPO; vgl dazu § 115 Rz 100), gehört nach st Rspr zur ordnungsgemäßen Rüge eines Verfahrensmangels auch der **Vortrag,** dass die Verletzung der betreffenden (verzichtbaren) Verfahrensvorschrift in der Vorinstanz ordnungsgemäß **gerügt** wurde, es sei denn, dass sich dies schon aus dem Urteil oder den in Bezug genommenen Unterlagen (zB Sitzungsniederschrift) ergibt (BFHE 157, 106 = BStBl II 1989, 727; BFH/NV 2000, 971, 1125, 1366; 2003, 1076; 2004, 1060).

50   Auch Verfahrensmängel, die im **Revisionsverfahren von Amts wegen** berücksichtigt werden, wie insb die Sachurteilsvoraussetzungen oder Verstöße gegen die Grundordnung des Verfahrens (vgl im Einzelnen § 118 Rz 68 f), müssen im Verfahren der NZB ausdrücklich und schlüssig geltend gemacht werden (BVerwG Buchholz 310 § 132 Nr 50 und 310 § 139 Nr 66; *T/K* Rz 59). Bei der Rüge der Verletzung von Sachentscheidungsvoraussetzungen und Verstößen gegen die Grundordnung des Verfahrens sind mE Darlegungen zur **Erheblichkeit** des Mangels für das angefochtene Urteil nicht erforderlich. Soweit die Verletzung von Sachentscheidungs-

voraussetzungen schlüssig dargetan wurde, liegt die Erheblichkeit des Mangels für das angefochtene Urteil auf der Hand, bedarf also keiner Begründung. Entsprechendes gilt für die Rüge von Verstößen gegen die **Grundordnung des Verfahrens**. Dabei handelt es sich idR um Verstöße, die die angefochtene Entscheidung ohne weiteres fehlerhaft machen (wie zB bei der Missachtung der Bindung des FG an den Klageantrag nach § 96), so dass Ausführungen zur Erheblichkeit entbehrlich erscheinen.

Die formellen Anforderungen an die Rüge eines Verfahrensmangels im **Revisionsverfahren** stimmen überein mit denen des Beschwerdeverfahrens gem § 116. Wegen der bei einzelnen Verfahrensrügen (Verstoß gegen die Pflicht zur Sachaufklärung gem § 76 Abs 1, die Pflicht zur Berücksichtigung des Gesamtergebnisses des Verfahrens nach § 96 Abs 1 oder der gerichtl Hinweispflicht nach § 76 Abs 2) zu beachtenden formellen Voraussetzungen wird deshalb auf die Ausführungen bei § 120 Rz 66 ff Bezug genommen. Wegen der **verminderten formellen Anforderungen** an die **Rüge von Verfahrensfehlern iSv § 119** (absolute Revisionsgründe) hinsichtlich der Ausführungen zur Ursächlichkeit vgl § 119 Rz 2.

IV. Entscheidung über die NZB

1. Allgemeines; Verfahrensgrundsätze

a) Da die NZB nach § 116 Abs 2 nF beim BFH einzulegen ist, **entfällt** **53** die sonst bei Beschwerden gegebene Möglichkeit (vgl § 130 Abs 1) einer **Abhilfe durch das FG** (vgl auch § 160 a Abs 4 S 1 SGG).

b) Für das Verfahren der NZB gelten die §§ 128 ff, sofern § 116 keine **54** eigenständigen Regelungen trifft oder der Zweck des NZB-Verfahrens Abweichungen rechtfertigt (BFHE 149, 437 = BStBl II 1987, 502). Wegen des sachlichen Zusammenhangs des Verfahrens der NZB mit dem Revisionsverfahren sind auch einige Vorschriften des Revisionsrechts (zB § 118) entsprechend anzuwenden. So kann der BFH bei der Entscheidung über die NZB – anders als im Verfahren nach §§ 128 ff (vgl § 132 Rz 6) – **neues tatsächliches Vorbringen** der Beteiligten grundsätzlich **nicht berücksichtigen**. Nur soweit der BFH auch im Revisionsverfahren zu eigenen tatsächlichen Ermittlungen befugt ist (vgl dazu § 118 Rz 37), kann er dies auch im Verfahren der NZB (BFHE 149, 437 = BStBl II 1987, 502). Der BFH muss deshalb ggf Ermittlungen darüber anstellen, ob ein ordnungsgemäß gerügter **Verfahrensmangel tatsächlich vorliegt** oder – wenn das Vorliegen einer Zulässigkeitsvoraussetzung der Beschwerde in tatsächlicher Hinsicht zweifelhaft ist – ob die Zulässigkeitsvoraussetzung erfüllt ist. Für die Tatsachenfeststellung durch den BFH gelten die Regeln des **Freibeweises** (BFHE 149, 537 = BStBl II 1987, 502; VerwG NVwZ 1992, 890; *Schoch ua* § 133 VwGO Rz 85). Zur **Beteiligtenstellung** eines Beigeladenen im Verfahren der NZB vgl § 122 Rz 3). Ergeht während des Verfahrens über eine zulässige aber unbegründete NZB ein **Änderungsbescheid (§ 68)** zu Lasten des Stpfl ist das FG-Urteil in entsprechender Anwendung des **§ 127** aufzuheben und die Sache an das FG zurückzuverweisen (BFH/NV 2005, 377, 566; 2004, 1514). Die Zurückverweisung ist in diesem Fall im Interesse der Gewährleistung eines effektiven Rechtsschutzes geboten, um dem Stpfl die Prüfung der durch den Änderungsbescheid aufgeworfenen Rechtsfragen in einer Tatsacheninstanz zu ermöglichen.

55   c) Gegenstand der Prüfung des BFH sind grundsätzlich nur die **ausdrücklich** und **ordnungsgemäß gerügten Zulassungsgründe.** Wird die NZB auf grundsätzliche Bedeutung gestützt, prüft der BFH diesen Zulassungsgrund nur in Bezug auf die in der Beschwerdebegründung bezeichneten Rechtsfragen. Ist die in der Begründung bezeichnete Rechtsfrage nicht klärungsbedürftig oder klärungsfähig, ergibt sich aber aus den Gründen des angefochtenen Urteils eine andere Rechtsfrage von grundsätzlicher Bedeutung, darf der BFH die Revision nicht wegen dieser Rechtsfrage zulassen. Bei der Beurteilung, ob ein Zulassungsgrund vorliegt, kann der BFH grundsätzlich nur die **innerhalb der Begründungsfrist** des § 116 Abs 3 ordnungsgemäß geltend gemachten Zulassungsgründe prüfen (vgl Rz 22). Dieser Grundsatz gilt jedoch nicht ausnahmslos. Wird die Zulassung nach § 115 Abs 2 Nr 2 beantragt, weil das FG von der Rspr des BFH abgewichen sei, so kann die Frage, ob eine Abweichung vorliegt und ob sie ausreichend begründet wurde, dahingestellt bleiben, wenn sich aus der Begründung der Divergenz jedenfalls schlüssig eine (klärungsbedürftige) Rechtsfrage von grundsätzlicher Bedeutung ergibt. Denn die Revision kann auch zur Fortentwicklung des Rechts ausgesprochen werden und dafür besteht auch in einem solchen Fall ein Bedürfnis (BFHE 89, 256 = BStBl II 1967, 611; BFHE 148, 436 = BStBl II 1987, 220; BFHE 153, 213 = BStBl II 1988, 734; BFH/NV 1995, 90; BVerwGE 24, 91; ebenso *Kopp/Schenke* § 133 VwGO Rz 19a). Umgekehrt kann wegen Abweichung (§ 115 Abs 2 Nr 2) zugelassen werden, wenn der Beschwerdeführer die Zulassung wegen grundsätzlicher Bedeutung beantragt und ausreichend begründet hatte, die grundsätzliche Bedeutung aber im Zeitpunkt der Entscheidung über die NZB nicht mehr besteht, weil der BFH die **Rechtsfrage inzwischen** (nach Einlegung und Begründung der NZB) **geklärt** hat, aber mit einem **anderen Ergebnis als das FG** (BFHE 101, 44 = BStBl II 1971, 246; BFH/NV 2002, 1322; 2003, 291, 1408; 2005, 1350; BGH in BGHReport 2005, 325 mwN; BVerwG BayVBl 1992, 538; BVerwG DÖV 1993, 876; *Kopp/Schenke* § 133 VwGO Rz 19a). In einem solchen Fall kann die **Zulassung zur Sicherung der Rechtseinheit** nicht an einer mangelnden Darlegung des Zulassungsgrundes in § 115 Abs 2 Nr 2 scheitern, weil die Divergenzentscheidung des BFH dem Beschwerdeführer bei Ablauf der Begründungsfrist noch nicht bekannt sein konnte. Der Zweck des § 115 Abs 2 Nr 2 (Sicherung der Rechtseinheit) gebietet es, in derartigen Fällen die Revision zuzulassen (BFHE 112, 342 = BStBl II 1974, 583; BFHE 119, 380 = BStBl II 1976, 684; BFH/NV 2003, 1408; BVerwG Buchholz 310 § 132 VwGO Nr 230; BVerwG NVwZ-RR 1993, 153; *Weyreuther* Rz 244; *Meyer-Ladewig* § 160a SGG Rz 19a; vgl auch BGH NJW 2004, 3188 und 2005, 154, der in diesen Fällen eine Ausnahme von dem Grundsatz zulässt, dass maßgeblicher Zeitpunkt für das Vorliegen eines Zulassungsgrundes der der Entscheidung des Revisionsgerichts ist). Die Zulassung ist in einem solchen Fall auch deshalb geboten, weil die Grenzen zwischen den einzelnen Zulassungsgründen des § 115 Abs 2 fließend sind. Voraussetzung für die Zulassung wegen eines anderen als des ausdrücklich geltend gemachten Zulassungsgrundes ist stets, dass die Beschwerdebegründung den formellen Anforderungen des § 116 Abs 3 S 3 genügt (BFH/NV 1995, 808). Eine Bindung an den geltend gemachten Zulassungsgrund besteht auch dann nicht, wenn die NZB auf

§ 115 Abs 2 Nr 2 (Abweichung) gestützt ist, der eingehend dargestellte Sachverhalt aber einen **Verfahrensmangel** ergibt. Die Zulassung kann dann nach § 115 Abs 2 Nr 3 ausgesprochen werden (BFH/NV 2005, 1111; 2003, 1208; BVerwG Buchholz 310 § 132 VwGO Nr 154).

d) Nach st Rspr des BFH ist die Revision nicht zuzulassen, wenn ein **56** Zulassungsgrund zwar schlüssig geltend gemacht ist und vorliegt, aber das angefochtene Urteil des FG sich aus anderen Gründen als richtig erweist (vgl zB BFH/NV 2005, 715; 2004, 362; 2000, 192, 229; 1997, 863). Der BFH wendet insoweit **§ 126 Abs 4 sinngemäß** an (ebenso: BVerwGE 54, 59; *H/H/Sp/Lange* Rz 125; *Schoch ua* § 133 VwGO Rz 76 ff). ME ist diese Rspr nicht überzeugend. Kommt das Revisionsgericht zu dem Ergebnis, dass ein Zulassungsgrund vorliegt, hat er die Revision **ohne Rücksicht auf ihre Erfolgsaussichten** zuzulassen, denn der Prüfungsgegenstand der NZB ist ein anderer als der der Revision (ebenso: *T/K* § 115 Rz 66, 82, 118; *Redeker/v Oertzen* § 133 Rz 12; *Meyer-Ladewig* § 160 a SGG Rz 18; *May* Kap IV, Rz 67; **aA** BVerwGE 54, 59; *H/H/Sp/Lange* § 115 Rz 125; § 116 Rz 252; *Weyreuther* Rz 234 ff; *Schoch ua* § 133 VwGO Rz 76 ff). Der BFH kann eine in der NZB schlüssig dargelegte Rechtsfrage von grds Bedeutung auch dann im Revisionsverfahren klären, wenn die Revision im Ergebnis keinen Erfolg hat. Im Verfahren der NZB kommt es deshalb nicht darauf an, ob das angefochtene Urteil aus anderen als den vom FG herangezogenen Gründen in einem künftigen Revisionsverfahren im Ergebnis zu bestätigen wäre (vgl aber zu der möglichen **Ausnahme** im Fall der Zulassung wegen Verfahrensfehlers § 115 Rz 98). Das kann zwar dazu führen, dass die Revision zuzulassen ist, obwohl die künftige Revision voraussichtlich keine Aussicht auf Erfolg hat. Dieses Ergebnis ist jedoch hinzunehmen (vgl § 115 Rz 32; *T/K* Rz 73). Dabei ist auch zu bedenken, dass über die künftige Revision und damit auch über die Frage, ob das FG-Urteil im Ergebnis zu bestätigen ist, der **Vollsenat** in der Besetzung mit fünf Richtern zu entscheiden hat und in dieser Besetzung möglicherweise zu einer anderen Auffassung kommt als die Beschlussbesetzung. Die analoge Anwendung des § 126 Abs 4 im Verfahren der NZB kann nicht mit der Begründung gerechtfertigt werden, dass es an der **Entscheidungserheblichkeit** einer rechtsgrundsätzlichen oder abweichend entschiedenen Rechtsfrage fehle, wenn das FG-Urteil aus anderen als den vom FG herangezogenen Gründen zu bestätigen sei (ebenso: *Schoch ua* § 133 VwGO Rz 78; **aA** *H/H/Sp/Lange* § 115 Rz 125; § 116 Rz 252 und *Meyer-Ladewig* § 160 a SGG Rz 18). Denn für die Frage der Entscheidungserheblichkeit oder Klärungsfähigkeit ist der **materiell-rechtliche Standpunkt des FG** maßgeblich, während die Voraussetzungen des § 126 Abs 4 aus der Sicht des Revisionsgerichts zu beurteilen sind. Soweit die Rspr § 126 Abs 4 im Verfahren der NZB entsprechend anwenden will, wird man zumindest verlangen müssen, dass sie dem Beschwerdeführer vor der Entscheidung Gelegenheit gibt, hierzu Stellung zu nehmen; anderenfalls wird dem Beschwerdeführer das **rechtliche Gehör** versagt, weil er diesen Grund für die Versagung der Revisionszulassung nicht vorhersehen und in seiner Beschwerdebegründung dazu Stellung nehmen konnte (*Schoch ua* § 133 VwGO Rz 79; *Sendler* DVBl 1992, 240, 243; *Eyermann* § 133 VwGO Rz 22).

2. Form, Inhalt, Begründung; nachträglicher Wegfall des Zulassungsgrundes

59   a) Der BFH entscheidet über die Beschwerde **ohne mündliche Verhandlung durch Beschluss** in der Besetzung mit drei Richtern (§ 116 Abs 5 S 1, § 10 Abs 3). Das gilt auch, wenn der BFH eine auf Verfahrensmängel gestützte NZB für begründet erachtet und von der in § 116 Abs 6 eingeräumten Möglichkeit Gebrauch macht, das angefochtene Urteil durch Beschluss aufzuheben. Der Beschluss soll kurz begründet werden (§ 116 Abs 5 S 2). Der BFH kann aber auch – abweichend von § 113 Abs 2 S 1 – von einer **Begründung** absehen, wenn sie nicht geeignet ist, zur Klärung der Voraussetzungen beizutragen, unter denen eine Revision zuzulassen ist, oder wenn der Beschwerde stattgegeben wird (§ 116 Abs 5 S 2, 2. Hs). Diese Regelung ist **verfassungsrechtlich unbedenklich** (BVerfG HFR 1977, 255; BVerfG DStZ/E 1987, 378). Der BFH gibt in aller Regel zumindest eine kurze rechtliche Begründung, wenn er die Beschwerde ablehnt. Beschlüsse, in denen die Revision zugelassen wird, ergehen regelmäßig ohne Begründung. Der BFH kann auch dann von einer Begründung gemäß § 116 Abs 5 S 2 absehen, wenn er nach § 116 Abs 6 verfährt und das Urteil durch Beschluss aufhebt (BFH/NV 2001, 808). In diesen Fällen wird es aber in aller Regel geboten sein, den Beschluss zu begründen, damit das FG erfährt, welcher Verfahrensmangel zur Aufhebung des Urteils geführt hat.

60   b) Der BFH prüft im allgemeinen zunächst die Zulässigkeit der Beschwerde; er ist aber nicht verpflichtet, die NZB vorrangig auf ihre Zulässigkeit zu prüfen. Die **Zulässigkeit kann offen** bleiben, wenn die Beschwerde jedenfalls unbegründet ist, da die Rechtskraft des angefochtenen Urteils sowohl bei Unzulässigkeit wie bei Unbegründetheit der Beschwerde erst mit Rechtskraft der Entscheidung über die NZB eintritt (st Rspr seit BFHE 148, 494 = BStBl II 1987, 344; BVerwG Buchholz 310 § 132 VwGO Nr 15; *Meyer-Ladewig* § 160 a SGG Rz 17 a).

61   c) Ist die Beschwerde zulässig, prüft der BFH, ob einer der in § 115 Abs 2 genannten, vom Beschwerdeführer form- und fristgerecht vorgetragenen Zulassungsgründe gegeben ist. Maßgebend hierfür sind grds die **Verhältnisse im Zeitpunkt der Entscheidung über die NZB** (BFHE 111, 396 = BStBl II 1974, 321; BFHE 173, 506 = BStBl II 1994, 473; BFH/NV 1988, 101; 2003, 1408; BGH JZ 2003, 320; NJW 2003, 1609; 2005, 154; BAG BB 1981, 674; aA *Seiler* NJW 2003, 1609). Eine auf § 115 Abs 2 Nr 1 gestützte NZB hat deshalb keinen Erfolg, wenn zwar im Zeitpunkt der Einlegung der Revision die grundsätzliche Bedeutung der bezeichneten Rechtsfrage zu bejahen war, diese aber später durch eine klärende Entscheidung, die mit der **Rechtsauffassung des FG übereinstimmt**, entfallen ist (BFH/NV 2001, 158; 1994, 712; ebenso: *H/H/Sp/ Lange* § 115 Rz 21; *Beermann* Rz 106; *Weyreuther* Rz 231). Aus dem gleichen Grund entfällt eine Zulassung zur Sicherung der Rechtseinheit, wenn der BFH seine Rspr nach Einlegung der NZB ändert und nach der neuen Rspr eine Abweichung von der Entscheidung des FG nicht mehr vorliegt. Wegen der ausnahmsweise gegebenen Möglichkeit des BFH in einem solchen Fall, wegen eines **anderen als des** ausdrücklich **geltend gemach-**

ten **Zulassungsgrundes** (zB wegen einer **nachträglich entstehenden Divergenz**) zuzulassen, vgl Rz 55. Die **Rspr des BGH** zu der im Wesentlichen gleichlautenden Vorschrift des § 543 ZPO weicht jedenfalls in der Begründung von der Rspr des BFH zum nachträglichen Wegfall des Zulassungsgrundes ab. Zwar vertritt auch der BGH die Auffassung, dass die geltend gemachten Zulassungsvoraussetzungen grds im Zeitpunkt der Entscheidung des Revisionsgerichts gegeben sein müssen, dieser Grundsatz könne aber nicht ausnahmslos gelten. Sei der Zulassungsgrund im Zeitpunkt der Einlegung der NZB gegeben, entfalle er aber später durch eine Entscheidung des Revisionsgerichts in einem anderen Fall, sei die Revision gleichwohl zuzulassen, wenn sie **Aussicht auf Erfolg** habe (BGH NJW 2005, 154; NJW-RR 2005, 438; WRP 2004, 1051; vgl dazu auch BVerfG WM 2005, 2014). Das **Rechtsstaatsprinzip** in Form der **Rechtsmittelklarheit** fordere eine verfassungskonforme Auslegung des § 543 ZPO (entspricht § 115), die den Erfolg der NZB nicht von dem zufälligen Zeitpunkt der Entscheidung des Revisionsgerichts über das Rechtsmittel abhängig mache (vgl BVerfG DVBl 1995, 35). An der Zulassung bestehe aber kein schutzwürdiges Interesse, wenn die Revision keine Erfolgsaussicht habe (BGH NJW-RR 2005, 438; NJW 2005, 154).

d) Ist die **Beschwerde begründet,** lässt der BFH, sofern er nicht (bei **62** erfolgreicher Verfahrensrüge) nach § 116 Abs 6 in der Sache selbst entscheiden kann, durch Beschluss die Revision zu. Bei mehreren Klagegegenständen kann der BFH auch **teilweise** (beschränkt auf einzelne Klagegegenstände) **zulassen** (BFH/NV 2005, 909, 915; vgl auch § 115 Rz 112 ff). Soweit die Revision zugelassen wurde, wird das **Beschwerdeverfahren als Revisionsverfahren fortgesetzt,** ohne dass es der Einlegung der Revision durch den Beschwerdeführer bedarf (§ 116 Abs 7). Diese durch das 2. FGOÄndG nach dem Vorbild des § 133 Abs 7 eingeführte Regelung dient der Verfahrensbeschleunigung. Wegen der durch den zulassenden Beschluss in Gang gesetzten **Fristen** s Rz 71.

3. Besonderheiten bei erfolgreicher Verfahrensrüge (Abs 6)

Lässt der BFH zu, weil er zu dem Ergebnis kommt, dass ein schlüssig **65** gerügter Verfahrensmangel, auf dem das Urteil beruhen kann, **tatsächlich vorliegt** (vgl § 115 Abs 2 Nr 3), kann er nach § 116 Abs 6 das angefochtene **Urteil bereits im Beschluss über die NZB aufheben** und die Sache zur anderweitigen Verhandlung und Entscheidung an das FG zurückverweisen. Diese Regelung, die der Verfahrensvereinfachung und Beschleunigung des Rechtsschutzes dienen soll (BT-Drucks 14/4061, 10), hat ihr Vorbild in § 133 Abs 6 VwGO idF des 4. VwGOÄndG 1990. Im Verwaltungsprozessrecht hat sich diese Regelung bewährt und wesentlich zur Beschleunigung der Verfahrensrevision beigetragen (*Schoch ua* § 133 Rz 86). Die Entscheidung darüber, ob nach § 116 Abs 6 verfahren werden soll, liegt im **Ermessen** des Revisionsgerichts (BFH/NV 2005, 1075, 1328; BVerwG DÖV 1991, 509 und NJW 1994, 674; *Kopp/Schenke* § 133 VwGO Rz 22). Die Zurückverweisung ist jedenfalls dann ermessensgerecht, wenn von einem nachfolgenden Revisionsverfahren keine weitere rechtliche Klärung zu erwarten ist (BFH/NV 2004, 207). Ist im Rahmen der NZB erkennbar, dass der BFH auch im Fall einer Zulassung der Revision das angefochtene Urteil wegen des Verfahrensfehlers aufheben und die Sache zurückverweisen müsste, ist nur ein Verfahren nach § 116 Abs 6 ermessenfehlerfrei (BVerwG NWVBl 1996, 126). § 116 Abs 6 gilt entsprechend für eine auf **Abweichung** (§ 115 Abs 2 Nr 2) gestützte NZB, wenn sich die Abweichung nur auf eine Norm des Gerichtsverfahrensrechts bezieht (BVerwG NVwZ 1992, 890; *Schoch ua* § 133 VwGO Nr 86). Der BFH kann auch dann von § 116 Abs 6 Gebrauch machen, wenn die NZB nicht nur auf § 115 Abs 2 Nr 3, sondern auch auf **andere Zulassungsgründe** gestützt ist, sofern er wegen des Verfahrensmangels voraussichtlich zurückverweisen müsste (BFH/NV 2004, 1010; 2002, 1321; BVerwG NVwZ-RR 1994, 120; NVwZ 1998, 170; *Schoch ua* § 133 VwGO Rz 86). Wird dagegen mit der NZB eine **Verfahrensfrage** von grundsätzlicher Bedeutung geltend gemacht, sollte die Revision zugelassen werden, weil es nicht Sinn des § 116 Abs 6 ist, Grundsatzfragen in der Beschlussbesetzung des § 10 Abs 3 zu klären. Das FG ist auch im Fall der Zurückverweisung durch Beschluss nach § 116 Abs 6 an die Rechtsauffassung des BFH gebunden; **§ 126 Abs 5** gilt entsprechend (BVerwG NJW 1997, 3456). In den Fällen objektiver Klagehäufung kann die Aufhebung des Urteils nach § 116 Abs 6 auch auf **einzelne Klagegegenstände beschränkt** werden (BFH/NV 2005, 909, 915). Betrifft der zur Zurückverweisung führende Verfahrensmangel zwar nur einzelne Streitjahre oder Steuerbescheide, kann aber über die dort zu entscheidende Rechtsfrage nur aufgrund einer alle Urteilsgegenstände betreffenden vorgreiflichen Rechtsfrage entschieden werden, kann das Urteil insgesamt aufgehoben und hinsichtlich aller Urteilsgegenstände zurückverwiesen werden (BFH/NV 2004, 1109).

66   § 116 Abs 6 erlaubt dem BFH idR nur eine **Zurückverweisung** an das FG in der Beschlussbesetzung, nicht aber eine abschließende Entscheidung in der Sache selbst. Gleichwohl hat das BVerwG zur der gleichlautenden Vorschrift in § 133 Abs 6 die Ansicht vertreten, sie ermächtige auch auch zu einer **Klageabweisung durch Beschluss,** wenn eine korrekte Handhabung der Verfahrensvorschriften, die eine Aufhebung des Urteils erforderten, zur Abweisung der Klage als unzulässig führen müsste (BVerwG Buchholz 310 § 133 nF VwGO Nr 22, 28; ebenso BSG SozR 4–1500 § 160a SGG Nr 6; *Kopp/Schenke* § 133 VwGO Rz 22; vgl aber *Schoch ua* § 133 VwGO Rz 87). Das BVerwG hat es auch für zulässig erachtet, durch Beschluss nach § 133 Abs 6 VwGO ein fehlerhaftes Verpflichtungsurteil der Vorinstanz in ein Bescheidungsurteil abzuändern (BVerwG NVwZ 2004, 1006). Jedenfalls ist es unbedenklich, wenn sich die Entscheidung des Revisionsgerichts auf die **Aufhebung** des verfahrensfehlerhaft zustande gekommenen Urteils beschränkt, zB weil die Vorinstanz ein unzulässiges Ergänzungsurteil erlassen hat (BVerwG BayVBl 2000, 540).

4. Kostenentscheidung

68   Die Kosten einer erfolglosen NZB trägt der Beschwerdeführer nach § 135 Abs 2. Wird der Beschwerde **stattgegeben,** wird idR über die Kosten zunächst nicht entschieden. Maßgebend für die Kostenpflicht ist der Kostenausspruch in der Entscheidung über die Revision, denn das erfolgreiche Verfahren der NZB ist kostenrechtlich Teil des Revisionsverfahrens (BFHE 119, 380 = BStBl II 1976, 684; BFHE 150, 445 = BStBl II 1987,

785; BFHE 163, 125 = BStBl II 1991, 367; BFH/NV 1995, 819; BVerwG DÖV 1959, 758; *Schoch ua* § 133 Rz 89). Wird dagegen die Beschwerde **teilweise als unbegründet** zurückgewiesen, ist eine Kostenentscheidung erforderlich (BFHE 144, 133 = BStBl II 1985, 605). Die Kostenentscheidung ergeht zum Nachteil des Beschwerdeführers (BFHE 208, 404 = BStBl II 2005, 457; BGH NJW 2004, 1048). Dieser hat die Gerichtskosten für das Beschwerdeverfahren nach dem Wert des erfolglosen Teilgegenstandes zu tragen. Haben mehrere Beteiligte NZB eingelegt und hatte nur die NZB eines von ihnen Erfolg, ist dem erfolglosen Beteiligten ein seinem Anteil am Streitwert entsprechender Teil der Kosten aufzuerlegen (§ 136 Abs 1 S 1). Das gilt grundsätzlich auch bei teilweisem Unterliegen eines Beteiligten (vgl hierzu BVerwG Buchholz 310 § 155 VwGO Nr 7).

5. Wirkung der Entscheidung

a) Verwerfung oder Zurückweisung

Mit der Ablehnung der Beschwerde durch den BFH wird das Urteil des **69** FG rechtskräftig (§ 116). Für den **Zeitpunkt des Eintritts der Rechtskraft** ist es unerheblich, ob der BFH die Beschwerde als unzulässig oder als unbegründet ablehnt. Die vom BFH in BFHE 103, 42 = BStBl II 1971, 805 vertretene Auffassung, die mit Einlegung der Beschwerde eingetretene Hemmung der Rechtskraft entfalle rückwirkend bei Verwerfung der NZB als unzulässig, ist überholt durch den Beschluss des GmS OGB in BGHZ 88, 353 = NJW 1984, 1027; vgl auch BFH/NV 1987, 108. Maßgebend für den Eintritt der Rechtskraft ist nicht die Bekanntgabe des ablehnenden Beschlusses an die Beteiligten, sondern der Zeitpunkt der **Herausgabe des Beschlusses aus dem Gerichtsgebäude** zur **Beförderung mit der Post** (BVerwG NVwZ 1994, 1206; *Meyer-Ladewig* § 160a SGG Rz 23; *Schoch ua* § 133 VwGO Rz 92; aA BGH NJW 2005, 3724, der die Rechtskraft erst mit der Bekanntgabe des die NZB verwerfenden oder zurückweisenden Beschlusses eintreten lässt). Das Revisionsgericht muss diesen Zeitpunkt dokumentieren, da er bedeutsam ist für die Berechnung der Frist, innerhalb derer die Wiederaufnahme des Verfahrens zulässig ist (§ 134 iVm § 579 ZPO).

Die Rechtskraft tritt auch dann zu dem genannten Zeitpunkt ein, wenn **70** die Beschwerdefrist im Zeitpunkt der Ablehnung der Beschwerde noch nicht abgelaufen war (*Kopp/Schenke* § 133 VwGO Rz 19c; *Schoch ua* § 133 Rz 93; **aA** BSG SGb 1995, 458). Dieser Fall kann eintreten, wenn das FG im angefochtenen Urteil eine unrichtige Rechtsmittelbelehrung erteilt hat und deshalb die Jahresfrist nach § 55 Abs 2 maßgeblich ist.

b) Zulassung der Revision (Abs 7)

Der Beschluss über die Zulassung der Revision eröffnet das Rechtsmittel **71** (vorbehaltlich einer im Beschluss ausdrücklich ausgesprochenen Beschränkung) in vollem Umfang (Grundsatz der **Vollrevision**). Mit der Zulassung verliert der Zulassungsgrund seine Bedeutung (vgl § 115 Rz 115). Die Zulassung wirkt, soweit sie nicht in zulässiger Weise auf einzelne Beteiligte beschränkt wurde, **zugunsten aller Beteiligten,** nicht nur zugunsten des Beschwerdeführers; in § 116 Abs 7 war deshalb eine besondere Regelung über den Beginn der Revisions- und Revisionsbegründungsfrist für die

Beteiligten erforderlich, die nicht selbst Beschwerde gegen die Nichtzulassung der Revision eingelegt hatten. Das Revisionsgericht ist an die von ihm ausgesprochene Zulassung gebunden, auch wenn ihm dabei Fehler unterlaufen sind, zB weil es übersehen hatte, dass die NZB nicht fristgerecht eingelegt worden war (BGH HFR 1980, 397). Mit der Zulassung der Revision wird das **Beschwerdeverfahren ohne weiteres als Revisionsverfahren fortgesetzt (§ 116 Abs 7)**. Es entfällt also die Frist zur Einlegung der Revision. Mit der Zustellung des Beschlusses über die Zulassung der Revision wird für den Beschwerdeführer die **einmonatige Revisionsbegründungsfrist** in Lauf gesetzt; für die **übrigen Beteiligten** beginnt mit der Zustellung des Beschlusses die **Revisions- und die Revisionsbegründungsfrist** (§ 116 Abs 7 S 2 iVm § 120 Abs 2). Auf diese Fristen ist im Beschluss hinzuweisen. Zur Verlängerung der Revisionsbegründungsfrist vgl § 120 Rz 48 ff.

V. Sonstige Beendigung des Beschwerdeverfahrens

73 Einer Entscheidung des BFH über die Zulassung der Revision bedarf es nicht, wenn der Beschwerdeführer die Nichtzulassungsbeschwerde zurücknimmt. Die **Zurücknahme** der Beschwerde ist in entsprechender Anwendung des § 125 zulässig (BFH/NV 1995, 914). Sie führt zur Beendigung des Rechtsmittelverfahrens und unterliegt nach Ansicht des BFH nicht dem **Vertretungszwang** (BFH/NV 1994, 182 mwN; aA BVerwG NJW 1961, 1641; *Schoch ua* § 133 VwGO Rz 102). Besteht Unklarheit über die Zurücknahme ist das Beschwerdeverfahren durch Beschluss einzustellen (vgl BFHE 151, 12 = BStBl II 1988, 281). Die Kostentragung bestimmt sich nach § 136 Abs 2. Die Zurücknahme der NZB bedarf keiner Einwilligung des anderen Verfahrensbeteiligten (BFH/NV 1986, 679).

74 Zu einer Entscheidung über die Zulassung kommt es auch dann nicht, wenn während des Beschwerdeverfahrens die **Erledigung der Hauptsache** eintritt (zB dadurch dass das FA den im Hauptsacheverfahren angefochtenen VA antragsgemäß aufhebt oder ändert; vgl BFHE 169, 20 = BStBl II 1993, 57; BFH/NV 2000, 335; 2001, 461). Erklären daraufhin beide Beteiligte **übereinstimmend** die Hauptsache für erledigt, so wird das angefochtene Urteil einschließlich der Kostenentscheidung gegenstandslos, mit der Folge, dass der BFH über die Kosten des gesamten Verfahrens zu entscheiden hat (BFHE 106, 17 = BStBl II 1972, 706; BFH/NV 1995, 331 mwN). War das Rechtsmittel **unzulässig**, bestimmt sich die Kostenentscheidung nicht nach § 138, sondern nach § 135 Abs 2 (BFH/NV 2000, 571). Bei **einseitiger Erledigungserklärung** des Klägers muss der BFH im Beschwerdeverfahren des Klägers darüber entscheiden, ob eine Erledigung der Hauptsache des Rechtsstreits eingetreten ist. Stellt er die Erledigung fest, ist damit auch das Verfahren der Nichtzulassungsbeschwerde erledigt (BFH/NV 1993, 605; 1994, 728; 2000, 335; BVerwGE 72, 93; BVerwG NVwZ-RR 1994, 547; *Kopp/Schenke* § 133 Rz 21; offen gelassen in BFHE 173, 506 = BStBl II 1994, 473); die Vorentscheidung wird dann gegenstandslos (zur gerichtlichen Feststellung der Hauptsacheerledigung vgl auch § 138 Rz 20). Hat das FA Beschwerde eingelegt und widerspricht es der Erledigungserklärung des Klägers, wird seine Nichtzulassungsbeschwerde unzulässig (BFHE 169, 20 = BStBl II 1993, 57).

Das Verfahren der Nichtzulassungsbeschwerde kann sich auch **unabhängig vom Hauptsacheverfahren** erledigen (BFHE 165, 17 = BStBl II 1991, 846; BFHE 173, 506 = BStBl II 1994, 473; BVerwG Buchholz 310 § 161 VwGO Nr 106; *Schoch ua* § 133 VwGO Rz 107). Geht es nur um die Erledigung des Beschwerdeverfahrens, kann auch ein **unzulässiges Verfahren** durch übereinstimmende Erledigungserklärungen beider Beteiligten wirksam für erledigt erklärt werden (BFHE 165, 17 = BStBl II 1991, 846). Auf die Kostenentscheidung ist in diesem Fall § 138 sinngemäß anzuwenden. Eine Erledigung des Beschwerdeverfahrens tritt nicht dadurch ein, dass in einem anderen (Muster-)Verfahren eine abschließende Entscheidung getroffen worden ist (BFHE 173, 506 = BStBl II 1994, 473).

§ 117 (weggefallen)

§ 118 [Revisionsgründe]

(1) ¹**Die Revision kann nur darauf gestützt werden, dass das angefochtene Urteil auf der Verletzung von Bundesrecht beruhe. ²Soweit im Fall des § 33 Abs. 1 Nr. 4 die Vorschriften dieses Unterabschnitts durch Landesgesetz für anwendbar erklärt werden, kann die Revision auch darauf gestützt werden, dass das angefochtene Urteil auf der Verletzung von Landesrecht beruhe.**

(2) **Der Bundesfinanzhof ist an die in dem angefochtenen Urteil getroffenen tatsächlichen Feststellungen gebunden, es sei denn, dass in Bezug auf diese Feststellungen zulässige und begründete Revisionsgründe vorgebracht sind.**

(3) ¹**Wird die Revision auf Verfahrensmängel gestützt und liegt nicht zugleich eine der Voraussetzungen des § 115 Abs. 2 Nr. 1 und 2 vor, so ist nur über die geltend gemachten Verfahrensmängel zu entscheiden. ²Im Übrigen ist der Bundesfinanzhof an die geltend gemachten Revisionsgründe nicht gebunden.**

Vgl § 137 VwGO; §§ 162, 163 SGG; §§ 545, 546, 559 ZPO

Übersicht

Literatur: *Bertrams,* Das vor dem BVerwG revisible Recht, DÖV 1992, 97; *Fastrich,* Revisibilität der Ermittlung ausländischen Rechts, ZZP 97 (1984), 423; *Gottwald,* Die Revisionsinstanz als Tatsacheninstanz, 1975; *Grave/Mühle,* Denkgesetze und Erfahrungssätze als Prüfungsmaßstab im Revisionsverfahren, MDR 1975, 247; *Grimm,* Bundesfinanzhof und Finanzgericht in „50 Jahre deutsche Finanzgerichtsbarkeit", 1968, 126; *Hardt,* Die Revisibilität der allgemeinen Verwaltungsgrundsätze, DVBl 1973, 325; *Kirchhof,* Revisibles Verwaltungsrecht, Menger-FS 1985, 813; *May,* Die Revision in den zivil- und verwaltungsgerichtlichen Verfahren, 2. Aufl, 1997; *Mayen,* Die Befugnis des Bundesverwaltungsgerichts zur Auslegung behördlicher Willenserklärungen, Festgabe 50 Jahre Bundesverwaltungsgericht, 2003, 641; *Mittelbach,* Schutz gegen Ermittlung eines falschen Sachverhalts durch das Finanzgericht, DStR 1973, 105; *Petzold,* Ist Gemeinschaftsrecht Bundesrecht?, NVwZ 1999, 151; *Schleifenbaum, Die* allgemeinen Grundsätze des Verwaltungsrechts als revisibles Bundesrecht, 1966; *Schütze,* Zur Revisibilität ausländischen Rechts, NJW 1970, 1584; *Schwinge,* Grundlagen des Revisionsrechts, 2. Auflage, 1960; *Sommerlad/Schrey,* Die Ermittlung ausländischen Rechts im Zivilprozess und die Folgen der Nichtermittlung, NJW 1991, 1377; *vgl ferner die Literaturhinweise vor Rz 20.*

A. Allgemeines

Mit der **zugelassenen Revision** können (ebenso wie mit der Streit- 1
wertrevision) **alle Rügen** verfahrensrechtlicher und materiell-rechtlicher
Art vorgebracht werden (Grundsatz der Vollrevision). Das gilt auch, wenn
die Revision nur wegen eines Verfahrensmangels nach § 115 Abs 2 Nr 3
zugelassen wurde (vgl § 115 Rz 115; § 116 Rz 71).

§ 118 regelt den **Umfang der revisionsgerichtlichen Prüfung.** Die 2
Prüfungskompetenz des BFH ist in mehrfacher Hinsicht beschränkt: Zum
einen unterliegen nach § 118 Abs 1 nur bestimmte Rechtsnormen seiner
Nachprüfung (vgl dazu Rz 12 ff), zum Anderen ist er nach § 118 Abs 2 in
tatsächlicher Hinsicht an den im angefochtenen Urteil festgestellten Sachverhalt gebunden, sofern nicht die Beteiligten des Revisionsverfahrens gegen die Feststellungen des FG zulässige und begründete Verfahrensrügen
vorbringen (vgl § 115 Rz 73 ff; § 116 Rz 48 ff) oder ein von Amts wegen
zu beachtender Verfahrensmangel vorliegt (vgl Rz 45 ff).

Die Formulierung in § 118 Abs 1, nach welcher die Revision „nur dar- 3
auf gestützt werden kann", dass das Urteil auf der Verletzung von Bundesrecht beruhe, bedeutet nicht, dass eine auf die **Verletzung irrevisiblen
Rechts** gestützte Revision unzulässig ist, vielmehr ist die Revision in einem solchen Fall **unbegründet** (BFHE 103, 541 = BStBl II 1972, 183;
BFHE 178, 222 = BStBl II 1995, 738; *Baumbach ua* § 549 Rz 1 A; *T/K*
Rz 7; *H/H/Sp/Lange* Rz 9).

Von der Frage, welche Rügen mit der Revision geltend gemacht wer- 4
den können, ist die in § 118 Abs 3 behandelte Frage zu unterscheiden,
welche Mängel des angefochtenen Urteils das Revisionsgericht (außer den
ausdrücklich gerügten Rechtsfehlern) von sich aus (von Amts wegen) prüfen darf oder muss. Vgl hierzu Rz 66 ff.

Wegen der sog **Gegenrügen** des Revisionsbeklagten vgl § 120 Rz 75. 5
Zum **Prüfungsgegenstand der Revision** vgl § 115 Rz 4 ff.

B. Verletzung von Bundesrecht

I. Allgemeines

Die FGO definiert den **Begriff der Rechtsverletzung** nicht. Für das 6
finanzgerichtliche Verfahren kann aber auf die Definition in § 546 ZPO
iVm § 155 zurückgegriffen werden (*T/K* Rz 31; *H/H/Sp/Lange* Rz 75).
Danach ist das Gesetz verletzt, wenn eine Rechtsnorm nicht oder nicht
richtig angewendet worden ist. Die Gesetzesverletzung durch unrichtige
Anwendung eines bestimmten Gesetzes setzt eine ausdrückliche oder konkludente Aussage des FG über dieses Gesetz voraus, sei es in den Gründen
des Urteils oder in einer ihm vorausgehenden Entscheidung des Gerichts
(zB bei Ablehnung eines Beweisantrages). Die unrichtige Anwendung einer Rechtsnorm kann darin bestehen, dass die abstrakten Tatbestandsmerkmale einer Norm unzutreffend ausgelegt wurden **(Interpretationsfehler)** oder dass die festgestellten konkreten Tatsachen zu Unrecht einer
bestimmten Norm unterstellt oder fehlerhaft einer an sich verwirklichten Norm nicht unterstellt wurden **(Subsumtionsfehler;** vgl *Rosenberg/*

Schwab/Gottwald § 143 IV; *T/P* § 546 Rz 1; *Zöller/Gummer* § 546 Rz 6 f; *May* Kap VI Rz 75, 172; *Völlmeke* DStR 1997 Beil zu Heft 32, 6). Folge der Gesetzesverletzung ist entweder, dass Rechtsfolgen aus einer Vorschrift abgeleitet werden, deren Tatbestandsmerkmale nicht erfüllt sind oder dass zwar der Tatbestand einer vom FG angewendeten Rechtsnorm erfüllt ist, sich aber aus ihr nicht die vom FG ausgesprochenen Rechtsfolgen ergeben (*May* Kap VI Rz 76). In welcher Phase des finanzgerichtlichen Verfahrens der Rechtsfehler begangen wurde, ist für den Begriff der Gesetzesverletzung unerheblich: Das Gesetz kann auch verletzt sein, wenn dem Gericht vor der Urteilsfindung, insbesondere bei der Feststellung der entscheidungserheblichen Tatsachen, ein Rechtsfehler (Interpretationsfehler, Subsumtionsfehler) unterlaufen ist (*May* Kap VI Rz 77, 79; aA *T/K* Rz 32 f, die für Fehler bei der Sachverhaltsermittlung eine besondere Kategorie bilden).

7   Der Begriff der Rechtsverletzung ist **objektiv** zu verstehen; es kommt nicht darauf an, ob das FG in der Lage war, so zu entscheiden, wie es aus der Sicht des BFH hätte entscheiden müssen. Eine Rechtsverletzung iS des § 118 liegt deshalb auch dann vor, wenn das FG nach dem zur Zeit seiner Entscheidung geltenden Recht richtig entschieden hat, danach aber eine **Veränderung der Rechtslage** mit Rückwirkung auf den zu beurteilenden Steuerbescheid eingetreten ist. Im umgekehrten Fall ist ein ursprünglich fehlerhaftes Urteil zu bestätigen, wenn es sich aufgrund einer nach seinem Erlass eingetretenen Rechtsänderung als richtig erweist (*Zöller/Gummer* § 546 ZPO Rz 16). Das Revisionsgericht hat Rechtsänderungen, die nach Erlaß des angefochtenen Urteils eingetreten sind, in gleichem Umfang zu beachten, wie sie die Vorinstanz hätte berücksichtigen müssen, wenn sie an Stelle des Revisionsgerichts jetzt über die Sache zu entscheiden hätte (allgemeine Ansicht, vgl BFHE 103, 541 = BStBl II 1972, 183; BFHE 110, 484 = BStBl II 1974, 110; BFHE 117, 331 = BStBl II 1976, 99; BFHE 146, 411 = BStBl II 1986, 518; BVerwGE 1, 291; BVerwGE 41, 227, 230; BVerwGE 49, 1; BVerwGE 55, 272; BVerwGE 67, 287; BGHZ 9, 101; BGHZ 24, 253; BGH WM 1982, 299; *Zöller/Gummer* § 546 Rz 16; *Kopp/Schenke* § 137 Rz 2). Das gilt auch für Rechtsänderungen, die auf zwischenstaatlichen Vereinbarungen beruhen (BGH NJW 1973, 417; BVerwGE 42, 148). Die Anwendung neuen Rechts im Revisionsverfahren hängt davon ab, dass es nach seinem **zeitlichen Geltungswillen** das streitige Steuerrechtsverhältnis erfasst. Ob das der Fall ist, bestimmt sich nach den Vorschriften des materiellen Rechts (BSGE 3, 95; BGHZ 36, 348; BVerwG Buchholz 310 § 144 VwGO Nr 42). Im Steuerrecht schließt der Grundsatz der Tatbestandsmäßigkeit der Besteuerung die rückwirkende Änderung von Steuergesetzen weitgehend aus. Steuerrechtsverhältnisse unterliegen in bezug auf Inhalt und Wirkung grundsätzlich dem Recht, das zu der Zeit galt, als sich ihr Entstehungstatbestand verwirklichte (BFHE 154, 241 = BStBl II 1988, 967 mwN; BFH/NV 1995, 968). Soweit sich ein Gesetz ausnahmsweise in zulässiger Weise **Rückwirkung** beilegt, ist es auch dann anzuwenden, wenn die Rechtsänderung erst während des Revisionsverfahrens eintritt (BFHE 147, 63 = BStBl II 1986, 811).

8   Änderungen auf dem Gebiet des **Verwaltungs- und des Gerichtsverfahrensrechts** sind dagegen im finanzgerichtlichen Verfahren idR auch

dann zu beachten, wenn die Änderung erst nach Erlass des finanzgerichtli-chen Urteils in Kraft getreten ist und nicht auf den Zeitpunkt des Ergehens des FG-Urteils zurückwirkt (BFHE 121, 379 = BStBl II 1977, 516; BFHE 152, 17 = BStBl II 1988, 319 mwN; BFHE 157, 181 = BStBl II 1989, 1018; BFHE 164, 1 = BStBl II 1991, 496; BFHE 173, 40 = BStBl II 1994, 250; BFHE 180, 223 = BStBl II 1996, 606). Der Grundsatz der sofortigen Anwendbarkeit neuer Vorschriften des Verwaltungsverfahrensrechts gilt nicht, wenn mit der Gesetzesänderung die Voraussetzungen für die Zuläs-sigkeit eines Rechtsmittels, für den materiellen Steueranspruch oder für ei-ne sachliche Ermessensentscheidung geändert werden (BFHE 164, 1 = BStBl II 1991, 496; BVerwGE 106, 237; BSGE 54, 223 und SozR 3-4100 § 152 Nr 7).

Eine Verletzung von Bundesrecht durch das FG hat nicht notwendig zur Folge, dass die Revision begründet und das Urteil aufzuheben ist. Kommt das Revisionsgericht zu dem Ergebnis, dass sich das (rechtsfehlerhafte) Ur-teil der Vorinstanz aus anderen Gründen im Ergebnis als richtig erweist, hat es die Revision zurückzuweisen (§ 126 Abs 4).

II. Begriff der Rechtsnorm

Das angefochtene Urteil kann im Revisionsverfahren nur daraufhin **9** überprüft werden, ob es auf einer **Rechtsverletzung** beruht (§ 118 Abs 1).

Es muss also eine **Rechtsnorm** verletzt sein.

Zu den Rechtsnormen gehören Gesetze, Rechtsverordnungen, auto-nome Satzungen, Gewohnheitsrecht und zwischenstaatliche Verträge des Deutschen Reichs oder der Bundesrepublik, sofern sie ratifiziert und im RGBl, im BGBl oder in Amtsblättern verkündet sind (BGHZ 32, 84).

Keine Rechtsnormen sind **Verwaltungsanweisungen** (Verwaltungs- **10** anordnungen, Richtlinien, Erlasse etc). Sie sind Willenserklärungen der Behörde und als solche nicht revisibel; auch dürfen die Steuergerichte Verwaltungsanweisungen nicht selbst wie Gesetze auslegen, sondern nur darauf überprüfen, ob die Auslegung durch die Behörde möglich ist (BFHE 148, 25, 28 = BStBl II 1987, 128 mwN; BFH/NV 2000, 891; 2001, 257). Ist zweifelhaft, ob ein bestimmter Fall unter die Verwaltungs-anweisung fällt, ist es Sache der Verwaltungsbehörde zu entscheiden, ob die Regelung anzuwenden ist oder nicht (BFH/NV 2000, 891 mwN). **Gesetzesinterpretierende Verwaltungsanweisungen,** die die gleich-mäßige Anwendung des Gesetzes durch die nachgeordneten Behörden si-cherstellen sollen, haben keine Rechtsnormqualität; sie binden die Gerichte nicht (BFHE 203, 71 = BStBl II 2004, 325; BFHE 191, 125 = BStBl II 2001, 311; BFHE 165, 466 = BStBl II 1992, 132; BFHE 132, 41, 45 = BStBl II 1981, 161; BFHE 116, 105 = BStBl II 1975, 789; BFH/NV 1988, 393; BGH WM 1991, 1652); eine Bindung ist auch dann zu vernei-nen, wenn die Auslegung des Gesetzes durch die Verwaltungsanweisung für die Stpfl günstiger ist, als die Auslegung durch die Gerichte (BFHE 142, 567, 569 = BStBl II 1985, 319).

Verwaltungsanweisungen, die **auf Erfahrung beruhende Schätzun-gen** zum Inhalt haben, oder typisierende Pauschalregelungen (zB Pauscha-len für Verpflegungsmehraufwand), die auf der Auswertung einer Vielzahl repräsentativer Einzeldaten beruhen, dienen der Gleichmäßigkeit der Besteuerung und sind deshalb auch von den FG zu beachten, sofern sie nicht zu offensichtlich falschen Ergebnissen führen (BFHE 140, 230 = BStBl II 1984, 309; BFHE 126, 217 = BStBl II 1979, 54; BFHE 147, 247 = BStBl II 1986, 824; BFHE 148, 237 = BStBl II 1987, 184; BFHE 152, 333 = BStBl II 1988, 445; BFHE 165, 378 = BStBl II 1992, 1000; BFHE 203, 71 = BStBl II 2004, 325). Haben die Verwaltungsbehörden in Ausfüllung eines ihnen zustehenden **Ermessensspielraums** Richtlinien erlassen, können die Gerichte grundsätzlich nur prüfen, ob sich die Behörden an die Richtlinien gehalten haben („Selbstbindung der Verwaltung" gemäß Art 3 GG) und ob die Richtlinien selbst einer sachgerechten Ermessensausübung entsprechen (BFHE 182, 237 = BStBl II 1997, 377; BFHE 176, 298 = BStBl II 1995, 291; BFHE 174, 397 = BStBl II 1994, 678; BFH/NV 2000, 691). Unter dem Gesichtspunkt der **Selbstbindung der Verwaltung** kann die Nichtanwendung von begünstigenden Verwaltungsvorschriften, die die Ausübung des Ermessens regeln, auf einen an sich von ihnen erfassten Fall gegen den Gleichheitssatz (Art 3 GG) verstoßen; die Richtlinien können auf diese Weise eine „quasi-gesetzliche" Form erlangen und unter dem Gesichtspunkt der Gleichbehandlung zu einem einklagbaren Rechtsanspruch auf Anwendung dieser Anweisung führen, sofern sie sich in den Grenzen hält, die die Gesetze der Ausübung des Ermessens setzen (BFHE 163, 218 = BStBl II 1991, 556 mwN). Damit sind sie aber nicht wie Rechtsnormen nachprüfbar. Billigkeitsregelungen der Verwaltung, die nicht durch §§ 163 oder 227 AO gedeckt sind, binden weder die Verwaltung, noch die Gerichte (BFHE 182, 56 = BStBl II 1997, 245 mwN). Zur Problematik vgl zB BFHE 91, 364 = BStBl II 1968, 362; BFHE 105, 458 = BStBl II 1972, 649; BFHE 184, 193 = BStBl II 1998, 7; BFHE 196, 572 = BStBl II 2002, 201; BFHE 202, 231 = BStBl II 2003, 790; BFHE 206, 253 = BStBl II 2005, 77; § 102 Rz 4; *Flume* StbJb 1953/54, 108; *Kruse* StRK-Anm § 8 GewStG Ziff 2–9 R 32; *K/K/H* § 4 AO Rz 5 c; *Klein/Gersch* § 4 AO Rz 9 ff; HFR 1970, 543 (Anm); *Tipke* (Hrsg), Grenzen der Rechtsfortbildung durch Rechtsprechung und Verwaltungsvorschriften im Steuerrecht, 1982).

11   **Unbestimmte Rechtsbegriffe** haben Rechtsnormcharakter; ihre zutreffende Auslegung durch die FG ist deshalb uneingeschränkt vom Revisionsgericht nachprüfbar (vgl BFHE 95, 104 = BStBl II 1969, 316; BFHE 137, 547, 555 = BStBl II 1983, 324, zum Begriff des groben Verschuldens; BFHE 138, 468 = BStBl II 1983, 552; BFHE 148, 378, 381; BAG MDR 1980, 437; *R Fischer* S 11 ff). Rechtsnormen iS des § 118 sind auch **allgemeine Rechtsgrundsätze** (zB Treu und Glauben), die zur Ergänzung gesetzten Rechts herangezogen werden (BFHE 147, 409 = BStBl II 1987, 12; BVerwGE 55, 339; BVerwGE 74, 243).

Von der Rechtsverletzung ist die **Tatsachenfeststellung** zu unterscheiden, die grundsätzlich im Revisionsverfahren nicht nachprüfbar ist. Vgl hierzu unten Rz 20 ff. Zur Abgrenzung der Rechtsanwendung von der Tatsachenfeststellung bei unbestimmten Rechtsbegriffen vgl Rz 26.

III. Revisibles Recht

Mit der Revision kann grundsätzlich nur die Verletzung von **Bundes-** 12
recht gerügt werden. In Ausnahmefällen (vgl § 118 Abs 1 S 2) kann die
Revision auch auf die Verletzung von Landesrecht gestützt werden (s
Rz 18).

1. Bundesrecht

Zum Bundesrecht gehören: 13

a) Die von den Bundesorganen aufgrund der Gesetzgebungszuständigkeit
   des Bundes zur ausschließlichen (Art 73 GG), konkurrierenden (Art 74
   GG) und Rahmengesetzgebung (Art 75 GG) erlassenen **Gesetze;**
b) das nach Art 124, 125 GG als Bundesrecht **fortgeltende Reichsrecht;**
c) Vorschriften eines **Bundesrahmengesetzes,** soweit sie unverändert in
   ein Landesausführungsgesetz übernommen worden sind, ihren Gel-
   tungsgrund also im Bundesrecht haben;
d) das **Steuerrecht der ehemaligen DDR,** das aufgrund des Art 8 des
   Einigungsvertrages (Anlage I Kap IV Sachg B II 14) als **partielles Bun-**
   desrecht bis zum 31. 12. 1990 fortgilt (BFHE 171, 351 = BStBl II
   1993, 630; BFHE 174, 122 = BStBl II 1994, 578; BFHE 176, 369 =
   BStBl II 1995, 326; BFHE 177, 475 = BStBl II 1995, 579; BFH/NV
   1994, 194; BGH NJW 1993, 259); denn die befristete Fortgeltung des
   Rechts der DDR beruht auf einer Anordnung des bundesdeutschen
   Gesetzgebers (BFHE 177, 168 = BStBl II 1995, 521);
e) die von den Bundesbehörden erlassenen **Rechtsverordnungen** einschließlich der Rechtsverordnungen bundesunmittelbarer Körperschaften;
f) die allgemeinen **Regeln des Völkerrechts** (Art 25 GG; BFHE 79, 57
   = BStBl III 1964, 253);
g) **Staatsverträge** des Bundes sofern sie in innerstaatliches Recht trans-
   formiert wurden (Art 59 Abs 2 GG; BFHE 186, 410 = BStBl II 1998,
   732);
h) das **Recht der Europäischen Gemeinschaften** (Art 189 Abs 2
   EWGV, Art 161 Abs 2 Euratom-Vertrag: vgl BVerfG HFR 1993, 203;
   BVerwGE 35, 277; BVerwG NVwZ 1984, 518; BVerwG DÖV 1983,
   1990; BFHE 119, 439 = BStBl II 1976, 755).

Die Auslegung des Gemeinschaftsrechts steht in zweifelhaften Fällen
zwar grundsätzlich dem EGH zu. Für die Anwendung des Gemeinschaftsrechts auf den konkreten Sachverhalt sind jedoch die nationalen Gerichte
zuständig (BFHE 196, 376 = BStBl II 2003, 210). Der BFH kann aber
selbst darüber entscheiden, ob das vom FG angewandte innerstaatliche
Recht durch EG-Recht verdrängt worden ist, ob dieses Recht auslegungsbedürftig und deshalb eine Vorlage an den EGH notwendig ist (BFHE
187, 215 = BStBl II 1999, 129; BFH/NV 2002, 547; 2001, 352) oder ob
das Gemeinschaftsrecht in seiner Anwendung die Grenzen des Übertra-
gungsakts nach Art 24 GG überschreitet und deshalb unmittelbar nationales Recht zur Anwendung kommt (*Kirchhof* in Menger-Festschrift S 813,
817).

i) **ehemaliges Besatzungsrecht,** soweit es als Bundesrecht fortgilt (BVerwGE 41, 1, 3 mit Anm von *Bettermann* DVBl 1973, 412; BVerwG NJW 1979, 1840);

j) die Bundesgesetze, die durch Landesgesetz für **Berlin** übernommen wurden (BFHE 141, 556 = BStBl II 1984, 850);

k) Normen des **Gewohnheitsrechts,** soweit sie in den Bereich der Rechtssetzungskompetenz des Bundes fallen, insbesondere, soweit sie **Bundesrecht ergänzen** (hM, vgl BVerwG NJW 1989, 922; NVwZ 1990, 478; *Kopp/Schenke* § 137 Rz 5; *Eyermann* § 137 Rz 9; **aA** *Ule* § 63 IV 3 a). Über das Bestehen und den Inhalt von Bundesgewohnheitsrecht hat das Revisionsgericht selbst zu entscheiden und ggf Beweis zu erheben (BGH MDR 1965, 731).

14   **Nicht revisibel** sind **ausländisches Recht, Landesrecht, Ortsrecht** und **Satzungen öffentlich-rechtlicher Körperschaften,** und zwar auch dann nicht, wenn Landesrecht in allen Ländern gleich lautet (BVerwG HFR 1977, 513; *Eyermann* § 137 Rz 7) oder ausländisches Recht mit deutschem Recht übereinstimmt (BGH NJW 1959, 1873). Feststellungen der FG zum Inhalt irrevisiblen (insbesondere ausländischen) Rechts werden revisionsrechtlich wie die Feststellung von Tatsachen behandelt. Zur begrenzten Nachprüfbarkeit irrevisiblen Rechts durch das Revisionsgericht vgl Rz 60 ff. Nicht revisibel sind auch die **Rechtsetzungsakte** der **Religionsgemeinschaften** (BFHE 172, 570 = BStBl II 1994, 253).

Landesrechtliche Verordnungen, die auf **bundesrechtlicher Ermächtigung** beruhen, sind Landesrecht (BVerfGE 18, 407; BFHE 136, 169 = BStBl II 1982, 327; BFHE 165, 466 = BStBl II 1992, 132).

Durch **Bezugnahmen** oder **Verweisungen** auf Rechtssätze des Bundesrechts wird Landesrecht nicht revisibel (BVerwG NVwZ 1986, 739; BGHZ 10, 378). Gleiches gilt, soweit **Bundesrecht in landesrechtlichen Bestimmungen** zu seiner Ausfüllung und Ergänzung **herangezogen** ist (BVerwG Buchholz 401.84 Nr 19 und 401.0 § 93 AO Nr 1; BVerwG BayVBl 1974, 475 = HFR 1975, 31). Landesrecht wird auch nicht dadurch revisibel, dass Bundesrecht auf Landesrecht verweist (BVerwG Buchholz 237.4 HmbBG Nr 1). Die Verletzung des **Untersuchungsgrundsatzes** (§ 76) bei der Anwendung irrevisiblen Rechts macht dieses nicht revisibel (BVerwG BayVBl 1988, 539).

15   **Allgemeine Rechtsgrundsätze,** die in verschiedener Weise Lücken des geschriebenen Rechts ausfüllen, sind der gleichen Ebene zuzuordnen wie das Recht, zu dessen Ergänzung sie herangezogen werden (vgl BVerwG Buchholz 310 § 137 Abs 1 VwGO Nr 15 und 21; BVerwG DVBl 1973, 373: zum Grundsatz von Treu und Glauben; BGH WM 1969, 858; WM 1969, 1140; Für **Auslegungs- und Beweislastregeln:** BVerwG HFR 1976, 181; BGH BB 1991, 506; *Kopp/Schenke* § 137 Rz 10; *Eyermann* § 137 Rz 9, 10).

Ebenso liegt irrevisibles Recht vor, wenn bundesrechtliche Begriffe durch Begriffe, die irrevisiblem Recht (zB Kirchenrecht) entnommen sind, ausgefüllt werden müssen (BVerwGE 38, 265). **Setzt** aber das **Landesrecht Bundesrecht lediglich voraus** und knüpft es daran an, ohne dieses Bundesrecht zu erweitern, so sind die bundesrechtlichen Bestimmungen revisibel (BVerwG HFR 1977, 345 = DÖV 1977, 254).

Dasselbe gilt, wenn Landesrecht von einer bundesrechtlichen genau umrissenen Ermächtigung Gebrauch macht, **Bundesrecht lediglich wiederholt** und die Vorinstanz den Umfang der bundesrechtlichen Ermächtigung beurteilt hat (BVerwG BayVBl 1977, 607).

Beurteilt sich eine **Vorfrage** für die Anwendung bundesrechtlicher **16** Steuerrechtssätze nach Landesrecht, so ist dieses nur **revisibel**, wenn sich das FG mit Existenz und Inhalt des als Vorfrage entscheidungserheblichen Landesrechts nicht befasst hat (BFHE 103, 247 = BStBl II 1972, 70; BFHE 126, 424 = BStBl II 1979, 193; BFHE 139, 88 = BStBl II 1984, 657; vgl auch BFHE 141, 321; BFH/NV 1996, 296).

Fühlt sich das Instanzgericht bei der **Auslegung irrevisiblen Rechts** durch revisibles Recht **gebunden**, so wendet es (revisibles) Bundesrecht an (BVerwG NJW 1976, 723). Die Entscheidung des FG ist auch insoweit revisibel, als es aus dem von ihm festgestellten Landesrecht Schlüsse im Hinblick auf die **Auslegung und Anwendung von Bundesrecht** gezogen hat; denn insoweit handelt es sich letztlich um die Anwendung von Bundesrecht (BFHE 126, 424 = BStBl II 1979, 193; BFHE 139, 88 = BStBl II 1983, 657; BFHE 177, 276 = BStBl II 1995, 432; BFH/NV 1997, 577). Dabei ist allerdings die Auslegung des irrevisiblen Rechts selbst durch das Tatsachengericht für das Revisionsgericht bindend (BVerwG NJW 1961, 2225 = MDR 1961, 876; BVerwG DVBl 1973, 373).

Hingegen hat das Revisionsgericht zu prüfen, ob der Tatrichter bei Auslegung irrevisiblen Landesrechts das Gebot bundesrechtskonformer, insbesondere verfassungskonformer Auslegung beachtet hat (BVerwG Buchholz 310 § 42 VwGO Nr 151).

Zur **Nachprüfung irrevisiblen** – insbesondere **ausländischen** – Rechts durch das Revisionsgericht in den Fällen, in denen solches Recht vom FG nicht berücksichtigt werden konnte oder übersehen wurde, s unten Rz 61.

Wird – entgegen § 118 Abs 1 – die Verletzung irrevisiblen Rechts **17** gerügt, so ist die Revision nicht unzulässig, sondern **unbegründet** (BFHE 103, 541 = BStBl II 1972, 183; BFHE 178, 222 = BStBl II 1995, 738).

2. Revisibles Landesrecht (§ 118 Abs 1 S 2)

Nach Art 99 GG kann der Gesetzgeber dem BFH als obersten Gerichts- **18** hof des Bundes die Entscheidung auch in solchen Sachen zuweisen, bei denen es sich um **Landesrecht** handelt. Für die Revisibilität einer Norm des Landesrechts reicht es jedoch nicht aus, dass nach § 33 Abs 1 Nr 4 durch Landesgesetz der Finanzrechtsweg eröffnet worden ist. Die Revision kann nur dann auf die Verletzung von Landesrecht gestützt werden, wenn und soweit der Gesetzgeber die FGO insgesamt oder die Vorschriften des Unterabschnitts der FGO über die Revision für anwendbar erklärt hat (BFHE 145, 7 = BStBl II 1986, 42; BFHE 177, 288 = BStBl II 1995, 438; BFHE 177, 276 = BStBl II 1995, 431; BFH/NV 1997, 61). Die Revisibilität des Landesrechts muss im Fall einer Rechtsänderung zumindest im **Zeitpunkt der Einlegung der Revision** noch bestehen (BFHE 178, 222 = BStBl II 1995, 738; BFHE 180, 178 = BStBl II 1996, 396 zur Aufhebung des § 160 Abs 2 mit Wirkung zum 1. 1. 1993).

Zum Umfang und zu den **Grenzen der Bindung** des Revisionsgerichts an die Feststellungen des Tatsachengerichts über den Inhalt nicht revisiblen Rechts vgl unten Rz 60 ff.

IV. Tatsachenfeststellung und Rechtsanwendung

Literatur: *Robert Fischer,* Zur Revisibilität unbestimmter Rechtsbegriffe, Ansprache zur Verabschiedung von Heusinger (1968) Gesammelte Schriften, 1985, 11 ff; *Gottwald,* Die Revisionsinstanz als Tatsacheninstanz, 1975; *Grave/ Mühle,* Denkgesetze und Erfahrungssätze als Prüfungsmaßstab im Revisionsverfahren, MDR 1975, 274; *Henke,* Rechtsfrage oder Tatfrage – eine Frage ohne Antwort?, ZZP 81 (1968), 196 ff, 321 ff; *May,* Auslegung individueller Willenserklärungen durch das Revisionsgericht, NJW 1983, 2014; *May,* Die Revision in den zivil- und verwaltungsgerichtlichen Verfahren, 2. Aufl, 1997; *Mayen,* Die Befugnis des Bundesverwaltungsgerichts zur Auslegung behördlicher Willenserklärungen, Festgabe 50 Jahre Bundesverwaltungsgericht 2003, 641; *Messer,* Die revisionsrechtliche Nachprüfung der Vertragsauslegung, FS Odersky, 1996, 605; *Mitsopoulos,* Die Unterscheidung zwischen Tatfrage und Rechtsfrage im Kassationsverfahren, ZZP 81 (1968), 251; *Nierwetberg,* Die Unterscheidung von Tatfrage und Rechtsfrage, JZ 1983, 237; *Scheuerle,* Beiträge zum Problem der Trennung von Tat- und Rechtsfrage, AcP 157 (1958/59), 1 ff; *Schulte,* Rechtsprechungseinheit als Verfassungsauftrag, 1986, 92 ff; *Schwinge,* Grundlagen des Revisionsrechts, 2. Aufl, 1960; *Sieg,* Eigene Beweiserhebung durch das Revisionsgericht, NJW 1983, 980; *Stumpf,* Zur Revisibilität der Auslegung von privaten Willenserklärungen, Festschrift für Nipperdey, Bd 1, 957; *Völlmeke,* Bindung des BFH an die Würdigung des FG bei unbestimmten Rechtsbegriffen, DStR 1997, Beihefter zu Heft 32; *dieselbe,* Überlegungen zur tatsächlichen Vermutung und zum Anscheinsbeweis im finanzgerichtlichen Verfahren, DStR 1996, 1070; *Wickrath,* Die Abgrenzung der Tatfrage von der Rechtsfrage in der Rechtsprechung des BFH, 1961.

1. Allgemeines

20   Die Unterscheidung zwischen Tat- und Rechtsfrage ist für das Revisionsrecht von grundlegender Bedeutung. Nur die **Rechtsanwendung** des FG kann das Revisionsgericht nachprüfen, während es an die Feststellung der **Tatsachen** im finanzgerichtlichen Urteil regelmäßig gebunden ist (§ 118 Abs 2). Trotz einer intensiven wissenschaftlichen Auseinandersetzung mit dem Problem der Abgrenzung von Tat- und Rechtsfrage ist es bisher nicht gelungen, allgemein akzeptierte Kriterien für die Unterscheidung der bindenden Tatsachenfeststellung und der nachprüfbaren Rechtsanwendung zu formulieren (vgl die Darstellung des Meinungsstandes bei *Nierwetberg* JZ 1983, 237 und *May* Kap VI Rz 320 ff).

21   In der Literatur wird zT die Ansicht vertreten, eine genaue **begriffliche Abgrenzung** von Tatsachen und Rechtsbegriffen sei nicht möglich (zB *Schwinge* S 48 ff, 55; *Kuchinke* 78 ff, 126 ff, 223; vgl ferner die Nachweise bei *Völlmeke* DStR 1997, Beihefter 32, 6). Die Vertreter dieser Ansicht befürworten eine teleologische, dh am **Zweck der Revision** orientierte Abgrenzung zwischen Tatsachenfeststellung und Rechtsanwendung. Zum Bereich der revisiblen Rechtsanwendung gehört nach dieser Auffassung alles, was einheitlich angewendet werden kann und muss (so auch *R Fischer*

12). Dieser Ansicht ist zu Recht entgegengehalten worden, dass die prozessualen Vorschriften (vgl zB §§ 96 Abs 2, 118 Abs 2, 120 Abs 3) von der Möglichkeit und Erforderlichkeit einer begrifflichen Trennung von Tat- und Rechtsfrage ausgehen (*May* Kap VI Rz 321 ff; so auch *Nierwetberg* JZ 1983, 257; *Prütting* S 196; *Schulte* S 97; *Völlmeke* DStR 1997, Beihefter 32). *Nierwetberg* geht bei seiner begrifflichen Abgrenzung vom juristischen Subsumtionsmodell aus und unterscheidet zwischen dem „Sachverhalt als Aussage" und dem „Sachverhalt als Geschehen". Während die Subsumtion des „Sachverhalts als Aussage" unter den durch Auslegung präzisierten Tatbestand einer Rechtsnorm Teil der Rechtsanwendung sei, gehe es bei der Tatfrage nur um die Feststellung, ob der im „Sachverhalt als Aussage" verwendete Begriff durch den „Sachverhalt als Geschehen" erfüllt sei oder nicht. Kennzeichnend für die Tatfrage ist danach, dass sie idealtypisch nur mit „ja" oder „nein" beantwortet werden kann.

Der BFH und die anderen obersten **Bundesgerichte** halten sich mit 22 theoretischen Ausführungen zur Abgrenzung von Tat- und Rechtsfrage zurück; sie gehen im allgemeinen pragmatisch vor und entscheiden jeweils im Einzelfall, ob eine bindende Tatsachenfeststellung der Vorinstanz vorliegt oder eine revisible Rechtsanwendung (vgl dazu die Nachweise aus der Rspr bei *Völlmeke* DStR 1997, Beihefter 32, 5 f, 8 ff; vgl auch BFH/NV 2005, 14). Eine Ausnahme macht das Urteil des BSG vom 29. 10. 1997 (SozR 3-4100 § 64 Nr 3), in dem das BSG zur **Abgrenzung von Tat- und Rechtsfrage** im Anschluss an *May* (Kap VI Rz 322 ff) und *Nierwetberg* (JZ 1983, 237, 240) ausführt:

„Tatsachenfeststellungen als Bestandteil der vom Gericht vorzunehmenden Subsumtion unter Rechtssätze sind alle Feststellungen zum Vorhandensein, zum Fehlen und zur gegenseitigen Abhängigkeit von vergangenen, gegenwärtigen, zukünftigen oder hypothetischen Geschehnissen, die entweder zum Zeitpunkt des Geschehens selbst mit den menschlichen Sinnen wahrnehmbar sind bzw wären – äußere Tatsachen – oder zumindest dadurch erfahrbar sind bzw waren, dass auf ihr Vorhandensein oder ihr Fehlen aus wahrnehmbaren Geschehnissen geschlossen werden kann bzw könnte – innere Tatsachen … Ob und welche Tatsachenfeststellungen vorliegen, ist indessen häufig schwierig zu beurteilen, weil Sprache als Kommunikationsmittel, nicht in der Lage ist, wahrnehmbare bzw erfahrbare Geschehnisse exakt zu umschreiben. Der Gebrauch eines Begriffes als eines Elementes der Sprache verlangt nämlich immer einen Verständniskonsens zwischen Anwender und Adressaten (Hörer, Leser). Bei einem Verständnisdissens müssen die gebrauchten Begriffe erst definitorisch verfeinert und – theoretisch unbeschränkt – zergliedert werden; bei der Definition eines Begriffes bewegt man sich dann aber auf einer oberhalb der konkreten Ebene der Tatsachenfeststellung liegenden abstrakten Ebene der Rechtsanwendung, die vom Revisionsgericht überprüfbar ist … Das bedeutet für eine Entscheidung über die Frage, ob die Ausführungen im Urteil eines Instanzgerichts Tatsachenfeststellungen enthalten, dass die gebrauchten Begriffe darauf untersucht werden müssen, welchen Inhalt an wahrnehmbaren und erfahrbaren Vorgängen sie aufgrund eines begrifflichen Vorverständnisses, also unterhalb der Definitionsebene, umschreiben. Lässt sich ein solcher Inhalt nicht ermitteln, weil zweifelhaft ist, von welchem Begriffsverständnis das Vordergericht ausgegangen ist, fehlt es an für die Revisionsinstanz bindenden Tatsachenfeststellungen …; ist die Definition selbst Gegenstand der Revision, handelt es sich um eine vom Revisionsgericht zu entscheidende Rechtsfrage."

23   Die Abgrenzung der Tat- von der Rechtsfrage ist aus der Sicht des Revisionsgerichts insbesondere dann bedeutsam, wenn es um die Subsumtion eines Sachverhalts unter **unbestimmte Rechtsbegriffe** geht. Die begriffliche Klärung des Inhalts und der Reichweite des unbestimmten Rechtsbegriffs, die die Formulierung von Zwischensätzen mit konkreteren Tatbestandsmerkmalen erfordert, ist dann ebenso Rechtsanwendung, wie die Subsumtion unter diese Zwischensätze (BSG SozVers 1981, 52; *May* Kap VI Rz 327; vgl dazu auch *Völlmeke* DStR 1997, Beihefter 32). **Tatsächlicher Art** sind diejenigen Feststellungen und Schlussfolgerungen, die eine Antwort geben auf die Frage „Was ist tatsächlich geschehen" oder – bei **inneren Tatsachen** – „Welche Vorstellungen oder Absichten hatte der Stpfl bei einer bestimmten Handlung (Vertragsabschluss, Aufnahme einer Tätigkeit etc)?". Davon zu unterscheiden ist die **Bewertung** (Würdigung) eines bestimmten Geschehens oder einer Handlung, bei der es sich um eine **rechtliche Schlussfolgerung** aus den ermittelten Tatsachen handelt (*Völlmeke* DStR 1997, Beihefter 32, 10). Bei der Ermittlung von Tatsachen bedienen sich die FG oft der Hilfe von **tatsächlichen Vermutungen**, allgemeinen und einfachen **Erfahrungssätzen** etc. Revisionsrechtlich werden diese Hilfsmittel nicht der Tatsachenfeststellung, sondern der Rechtsanwendung zugeordnet; das Revisionsgericht kann ihre richtige Anwendung wie bei Rechtsnormen überprüfen (s Rz 28 f; vgl dazu auch *Völlmeke* DStR 1996, 1070, 1076).

2. Einzelfälle

a) Auslegung von Willenserklärungen und Verträgen

24   **Willenserklärungen** sind grundsätzlich Gegenstand der tatsächlichen Feststellung. Das Tatsachengericht hat insbesondere zu ermitteln, was die Erklärenden **geäußert** und was sie bei der Erklärungshandlung **subjektiv gewollt** haben (BFHE 170, 29, 34 = BStBl II 1993, 228; BFHE 176, 138, 143 = BStBl II 1995, 900 mwN; BFHE 183, 39 = BStBl II 1997, 535; BFHE 205, 451 = BStBl II 2004, 722; BFH/NV 2003, 1062; BGHZ 65, 107; BGH NJW 1979, 2616; BVerwG MDR 1982, 77; BSGE 43, 37). Zur Tatsachenfeststellung gehört ferner die Erforschung der für die Auslegung maßgeblichen Begleitumstände des Vertragsabschlusses (BFHE 176, 138, 142 mwN). Dagegen kann der BFH die **Würdigung** einer Willenserklärung oder eines Vertrages durch das FG daraufhin überprüfen, ob das FG die **gesetzlichen Auslegungsregeln** (§§ 133, 157 BGB) beachtet und nicht gegen **Denkgesetze und Erfahrungssätze** verstoßen hat (st Rspr vgl BFHE 91, 336 = BStBl II 1968, 348; BFHE 119, 478 = BStBl II 1976, 717; BFHE 133, 3 = BStBl II 1981, 475 mwN; BFHE 143, 426 = BStBl II 1985, 420; BFHE 146, 68 = BStBl II 1986, 348; BFHE 164, 279 = BStBl II 1991, 918; BFHE 176; 138, 142 = BStBl II 1995, 900; BFHE 188, 415 = BStBl II 1999, 735; BFHE 200, 363 = BStBl II 2003, 156; BFHE 205, 451 = BStBl II 2004, 722; BGHZ 37, 233; BAG NJW 1971 639; BVerwG MDR 1960, 76; BVerwG MDR 1982, 77; *Rosenberg/Schwab/Gottwald* § 143 I 5). Entspricht die Auslegung des FG den gesetzlichen Auslegungsregeln sowie den Denkgesetzen und den allgemeinen Erfahrungssätzen, ist sie für den BFH bindend, auch wenn sie nicht zwingend, sondern nur möglich ist (BFHE 176, 138, 142 = BStBl II 1995, 900; BFHE 173, 399, 403 f; BFHE 165, 398 = BStBl II 1992, 375).

Nachprüfbar ist auch, ob eine **Willenserklärung eindeutig ist** (BGH WM 1981, 1171) und ob die Auslegung des FG nach dem Wortlaut der Erklärung möglich ist (BFHE 170, 29, 34 = BStBl II 1993, 2228). Zur nachprüfbaren Rechtsanwendung gehört auch die Frage, ob das FG die für die Auslegung bedeutsamen **Begleitumstände** erforscht hat, insbesondere die Interessenlage der Beteiligten (BFHE 130, 226 = BStBl II 1980, 488; BFHE 128, 544 = BStBl II 1980, 11; BFHE 133, 3 = BStBl II 1981, 475; BFH/NV 2005, 192, 949; BGH DB 1994, 2494). Hat das FG eine notwendige **Auslegung unterlassen,** so kann das Revisionsgericht sie selbst vornehmen, wenn das FG die hierfür erforderlichen tatsächlichen Feststellungen getroffen hat; dies gilt auch dann, wenn mehrere Auslegungsmöglichkeiten bestehen (BGHZ 65, 107; BFHE 133, 3 = BStBl II 1981, 475; BFHE 140, 177 = BStBl II 1984, 267; BFHE 165, 248 = BStBl II 1991, 918; BFHE 184, 46 = BStBl II 1997, 767; BFHE 191, 539 = BStBl II 2001, 171; BFHE 201, 278 = BStBl II 2003, 467; BFHE 205, 96 = BStBl II 2004, 493 mwN; BFH/NV 2004, 1092, 1742).

Auch eine **ergänzende Vertragsauslegung** ist nicht ausschließlich dem Tatsachengericht vorbehalten, sie kann vom BFH ohne Bindung an die geltend gemachten Revisionsgründe vorgenommen werden, wenn weitere tatsächliche Feststellungen zu den Grundlagen der Auslegung nicht zu erwarten oder erforderlich sind (BGH MDR 1998, 490).

Die **rechtliche Einordnung** des von den Vertragspartnern Gewollten am Maßstab der einschlägigen Rechtsnormen ist in vollem Umfang nachprüfbare **Rechtsanwendung** (BFHE 205, 495 = BStBl II 2004, 675 mwN).

Keinerlei Bindungen unterliegt das Revisionsgericht bei der Auslegung von **Prozesshandlungen;** vgl hierzu BVerwG Buchholz 237.6 § 29 Nds LBG Nr 1 und unten Rz 48.

b) Auslegung von Verwaltungsakten

Bei der Prüfung, ob der Inhalt einer behördlichen Erklärung einen **Verwaltungsakt** darstellt, ist das Revisionsgericht nicht an die Feststellungen des Tatsachengerichts gebunden. Es handelt sich dabei nicht um eine Tat- sondern um eine Rechtsfrage (BFHE 206, 201 = BStBl II 2004, 980; BGHZ 28, 34, 39; BGHZ 3, 1, 15; RGZ 102, 1; BVerwG Buchholz 237.5 § 94 HessBG Nr 1; BVerwGE 67, 222, 234; *T/P* § 550 Rz 5).

Der BFH kann auch die **Auslegung des Inhalts eines Verwaltungsakts** durch das FG **in vollem Umfang** nachprüfen (vgl BFHE 183, 30 = BStBl II 1997, 660; BFHE 186, 67 = BStBl II 1998, 601; BGH NJW 1983, 1793; BSG NVwZ 1989, 903; BVerwG NVwZ 1985, 181 mwN; **aA** BVerwGE 115, 274; offen gelassen in BVerwG DVBl 2005, 1215; einschränkend *Kopp/Schenke* § 137 Rz 25a). Dies muss jedenfalls für die Auslegung des VA gelten, der Gegenstand des Rechtsstreits ist. Die Grundsätze für die revisionsrichterliche Prüfung von VA gelten auch für die Auslegung von Nebenbestimmungen zum VA (BVerwG v 31. 3. 2005 3 B 92/04, juris; aA BFHE 155, 8 = BStBl II 1989, 130).

c) Rechtsbegriffe

26   **Rechtsbegriffe** (bestimmte und unbestimmte) können als solche vom Revisionsgericht nachgeprüft werden. Das Revisionsgericht hat insbesondere zu prüfen, ob der Rechtsbegriff im allgemeinen richtig ausgelegt wurde (vgl zB BFHE 138, 468 = BStBl II 1983, 552) und ob die festgestellten Tatsachen den Schluss auf das Vorliegen eines Tatbestandsmerkmals rechtfertigen (BFH/NV 1987, 441). Dagegen ist es an die Feststellung der den **Rechtsbegriff ausfüllenden Tatsachen** durch die Vorinstanz gebunden (BFHE 159, 354 = BStBl II 1990, 448). Geht es zB um die Frage, ob ein Beteiligter vorsätzlich oder grob fahrlässig iS von § 173 AO gehandelt hat, so kann der BFH nur prüfen, ob das FG den Rechtsbegriff des Vorsatzes bzw der groben Fahrlässigkeit und die aus ihm abzuleitenden Sorgfaltspflichten richtig erkannt hat und ob die Würdigung der Verhältnisse hinsichtlich des individuellen Verschuldens den Denkgesetzen und Erfahrungssätzen entspricht (BGHZ 10, 14; BFHE 137, 547, 555 = BStBl II 1983, 77; BFHE 139, 8 = BStBl II 1984, 2; BFHE 141, 232 = BStBl II 1984, 693; BFHE 148, 208 = BStBl II 1987, 161; BFHE 151, 299, 303 = BStBl II 1989, 109; BFHE 195, 545 = BStBl II 2002, 817; BFH/NV 2001, 1533; zum Umfang der Bindung des BFH an die tatrichterliche Würdigung bei unbestimmten Rechtsbegriffen vgl *Völlmeke* DStR 1997, Beihefter 32; s auch Rz 23). Verwendet das FG in den Entscheidungsgründen **einfache Rechtsbegriffe,** sind damit idR zugleich die diesem Rechtsbegriff zugrundeliegenden Tatsachen festgestellt (vgl Rz 40).

d) Denkgesetze

27   Die Beachtung der **Denkgesetze** ist vom Revisionsgericht nachzuprüfen (zum Begriff vgl *Stein/Jonas/Grunsky* § 549 Rz 11 B 2). Die Denkgesetze sind zwar keine Rechtsnormen, sie geben aber den Maßstab zur Beurteilung und Bewertung von Tatsachen und sind deshalb **wie Rechtsnormen revisibel** (hM, BFHE 94, 116 = BStBl II 1969, 84; BFH/NV 1999, 1620; BFHE 180, 104; *T/P* § 550 Rz 11 *Rosenberg/Schwab/Gottwald* § 143 I 4; *Baumbach ua* § 550 Rz 2; *Stein/Jonas/Grunsky* § 549 Rz III B 2 mwN; aA *May* Kap IV Rz 347 f: Denkgesetze sind revisionsrechtlich Tatsachen). Zur Revisibilität der Denkgesetze vgl auch Rz 30 und 54.

e) Erfahrungssätze

28   **Allgemeine Erfahrungssätze** iS des gerichtlichen Beweiserhebungs- und Beweiswürdigungsrechts sind jedermann zugängliche Sätze, die nach der allgemeinen Erfahrung unzweifelhaft gelten und durch keine Ausnahmen durchbrochen sind (BFHE 171, 100 = BStBl II 1993, 641; BFHE 157, 165 = BStBl II 1989, 786; BVerwG BayVBl 1974, 704; BVerwGE 89, 110, 117 mwN; BSG MDR 1976, 83; BGH NJW 1982, 2455). Allgemeine Erfahrungssätze erlauben einen Schluss, dass bestimmte Ursachen nach der Lebenserfahrung bestimmte Folgen haben. Sie bieten dem Richter ein Mittel zur rechtlichen Einordnung von Tatsachen, sind aber selbst keine Tatsachen (BVerfG Information 1987, 285; BFHE 102, 512). Soweit das Gericht angebliche Erfahrungssätze auf den festgestellten Sachverhalt anwendet, handelt es sich nicht um Schlussfolgerungen tatsächlicher, sondern **rechtlicher Art,** die vom Revisionsgericht nachgeprüft werden können (BFHE 189, 280 = BStBl II 1999, 803; BFHE 156, 66 = BStBl II 1989, 534; BSGE 10, 46; BSGE 36, 35; BVerwG HFR 1975, 215 = MDR 1974, 957; BVerwG Buchholz 427.207 § 6 7. FeststellDV Nr 23 und 232 § 23 BBG Nr 26; *Kopp/Schenke* § 137 Rz 25).

Zu den Rechtsfragen gehören auch Fragen, die **Inhalt und Tragweite** eines allgemeinen Erfahrungssatzes betreffen (BGH NJW 1982, 2254; *T/P* § 550 Rz 11; vgl aber BFH MDR 1973, 748). Auch der **Beweis des ersten Anscheins** beruht auf der Anwendung allgemeiner Erfahrungssätze; verkennt das FG die Grundsätze über den Anscheinsbeweis, kann das vom Revisionsgericht beanstandet werden (BFHE 186, 491 = BStBl II 1999, 48; BFHE 156, 66 = BStBl II 1989, 534; BFH/NV 1987, 728; zum Anscheinsbeweis und zur **tatsächlichen Vermutung** aus revisionsrechtlicher Sicht vgl auch *Völlmeke* DStR 1996, 1070).

Die Verletzung allgemeiner Erfahrungssätze bei der Rechtsanwendung oder der Beweiswürdigung ist **kein Verfahrensfehler,** sondern ein Verstoß gegen materielles Recht (vgl § 115 Rz 83).

Dagegen ist die Anwendung **„spezieller (einfacher) Erfahrungssätze"** nur **beschränkt revisibel.** Diese begründen im Gegensatz zu den allgemeinen Erfahrungssätzen nur eine (widerlegbare) tatsächliche Vermutung für einen bestimmten Geschehensablauf (BFHE 167, 273, 277 = BStBl II 1993, 84). Spezielle Erfahrungssätze sind vom Gericht ebenso festzustellen wie entscheidungserhebliche Tatsachen (BFHE 151, 425 = BStBl II 1988, 442; BVerwG MDR 1974, 957). Der Inhalt eines speziellen Erfahrungssatzes kann vom Revisionsgericht nicht festgestellt werden, sofern es nicht ausnahmsweise zur Tatsachenfeststellung befugt ist (vgl unten Rz 43 ff; BFHE 175, 16 = BStBl II 1994, 862). Das Revisionsgericht kann nur das bei der Feststellung des Erfahrungssatzes angewandte **Verfahren** überprüfen (BSG MDR 1976, 83). Das Tatsachengericht muss insbesondere darlegen, aus welchen Quellen die dem behaupteten Erfahrungssatz zugrunde liegenden Tatsachen stammen (BFHE 151, 425 = BStBl II 1988, 442; BSG MDR 1976, 83; BVerwG Buchholz 421 Kultur- und Schulwesen Nr 31).

f) Beweiswürdigung

Die **Beweiswürdigung** (§ 96 Abs 1) des FG ist der Nachprüfung im Revisionsverfahren weitgehend entzogen; sie ist nur insoweit revisibel, als Verstöße gegen die **Verfahrensordnung,** gegen **Denkgesetze** oder **allgemeine Erfahrungssätze** vorgekommen sind (st Rspr, vgl zB BFHE 102, 85 = BStBl II 1971, 522; BFHE 133, 383, 386; BFHE 135, 479, 482 = BStBl II 1982, 442; BFHE 156, 481 = BStBl II 1989, 612; BFHE 177, 95 = BStBl II 1995, 462; BFHE 203, 389 = BStBl II 2004, 627; BFHE 204, 380 = BFH/NV 2004, 597; BFH/NV 2003, 1031, 1175; 2005, 783; BVerwGE 89, 110, 117; BVerwG NVwZ 1995, 373). Im Übrigen gehört die Beweiswürdigung zur **nicht nachprüfbaren Tatsachenfeststellung** (§ 118 Abs 2; vgl auch unten Rz 42). Soweit die Beweiswürdigung überhaupt revisibel ist, sind Mängel nicht mit der Verfahrensrüge, sondern als Fehler bei der Anwendung materiellen Rechts geltend zu machen (§ 115 Rz 82 und BFHE 154, 395, 400).

g) Schätzungen, Prognosen

31   **Schätzungen** von Besteuerungsgrundlagen (§ 162 AO) gehören zu den
tatsächlichen Feststellungen iS von § 118 Abs 2. Der BFH kann die Schätzung des FG nur daraufhin prüfen, ob sie überhaupt zulässig war und ob
das FG anerkannte Schätzungsgrundsätze, Denkgesetze und allgemeine Erfahrungssätze beachtet hat, dh ob das Ergebnis der Schätzung schlüssig und
plausibel ist (st Rspr, vgl BFHE 91, 254 = BStBl II 1968, 332; BFHE 139,
350 = BStBl II 1984, 88; BFHE 142, 483, 490 = BStBl II 1985, 164;
BFHE 142, 558, 563; BFHE 157, 408 = BStBl II 1989, 854; BFHE 172,
190, 196; BFHE 183, 214 = BStBl II 1997, 714; BFHE 197, 68 = BStBl II
2004, 171; BFH/NV 2003, 302). Auch die **Wahl der Schätzungsmethode** gehört zur **Tatsachenfeststellung** des FG (BFHE 135, 158 =
BStBl II 1982, 409; BFHE 180, 155 = BStBl II 1996, 470; BFHE 187, 99
= BStBl II 1999, 51; BFHE 191, 33 = BStBl II 2000, 381). Erfordert die
vom FG gewählte Schätzungsmethode die Einführung neuen Tatsachen-
stoffs, müssen die Beteiligten hierzu gehört werden (§ 96 Abs 2; BFHE
135, 158 = BStBl II 1982, 409). Das FG-Urteil muss erkennen lassen, auf
welche Weise die Schätzung zustande gekommen ist, damit dem BFH
eine Überprüfung der Schätzung möglich ist (BFHE 165, 38 = BStBl II
1991, 833). Zur Schätzung der angemessenen Bezüge eines Geschäftsführers vgl BFHE 176, 523 = BStBl II 1995, 549; BFHE 202, 241 =
BStBl II 2004, 132; BFHE 202, 494 = BStBl II 2004, 136). Unter einer
Prognose versteht man die Schlussfolgerung aus bestimmten vom Gericht
festzustellenden Umständen auf ein zukünftiges Verhalten oder eine zukünftige Tatsache (BFHE 193, 556 = BStBl II 2001, 294). Prognoseent-
scheidungen werden revisionsrechtlich den tatsächlichen Feststellungen zugeordnet, die vom BFH nur eingeschränkt daraufhin überprüft werden
können, ob sie mit den Denkgesetzen und allgemeinen Erfahrungssätzen
vereinbar sind (BFHE 192, 445 = BStBl II 2000, 660; BFHE 197,
151 = BStBl II 2002, 726, zur Überschusserzielungsabsicht; BFHE 203,
275 = BStBl II 2003, 908; BFH/NV 2002, 1148; 2003, 464 mwN; BSGE
79, 151).

h) Verkehrsanschauung, Handelsbräuche

32   Die **Verkehrsauffassung** ist als ein tatsächlich geübtes Verhalten eine
Tatsache. Ihre Feststellung obliegt dem FG (BFHE 88, 396 = BStBl III
1967, 403). Gleiches gilt für die Feststellung eines **Handelsbrauchs**
(BFH/NV 1986, 403; BGH LM § 284 Nr 1; *Zöller/Schneider* § 550 Rz 4).

V. Ursächlichkeit der Rechtsverletzung

33   Das angefochtene Urteil muss auf der Rechtsverletzung **beruhen.** Der
Rechtsfehler ist kausal für die Entscheidung, wenn diese ohne den Gesetzesverstoß anders ausgefallen wäre. Bei **Verfahrensmängeln** wird man
– ebenso wie bei dem Zulassungsgrund des § 115 Abs 2 Nr 3 – die Möglichkeit genügen lassen müssen, dass das FG ohne die Rechtsverletzung zu
einem anderen Ergebnis gekommen wäre (BVerwG 14, 342; *T/P* § 549
Rz 12; *Kopp/Schenke* § 137 Rz 23; *MüKo* § 549 Rz 16; *K/H* § 118 Rz 3;
T/K Rz 51; *Beermann* Rz 39 f; vgl auch § 115 Rz 96. Bei den **absoluten**

Revisionsgründen iS des § 119 wird die Ursächlichkeit des Verfahrensmangels von Gesetzes wegen unwiderleglich vermutet; vgl auch § 119 Rz 1.

C. Bindung des BFH an die tatsächlichen Feststellungen

I. Tatsächliche Feststellungen

§ 118 Abs 2 behandelt die Frage, welches der für die auf eine rechtliche **36** Prüfung beschränkte Revisionsentscheidung **maßgebliche Sachverhalt** ist.

Der BFH muss seiner Entscheidung grundsätzlich die im angefochtenen **Urteil getroffenen tatsächlichen Feststellungen** zugrunde legen. Er darf fehlende tatsächliche Feststellungen nicht selbst treffen (vgl Rz 41). Tatsachen, die von den Beteiligten erstmals im Revisionsverfahren vorgetragen werden, darf er grundsätzlich nicht berücksichtigen (st Rspr, vgl BFHE , 96, 129 = BStBl II 1969, 550; BFHE 133, 421 = BStBl II 1981, 672; BFHE 150, 140, 144 = BStBl II 1987, 848; BFHE 150, 418 = BStBl II 1988, 277; BFHE 176, 138, 142; BFHE 185, 40 = BStBl II 1998, 343; BFH/NV 2005, 940; 1999, 1133; BVerwGE 50, 70; NVwZ 1988, 160) und zwar auch dann nicht, wenn das neue Vorbringen eines Beteiligten für ihn **ungünstig** ist (BFHE 191, 140 = BStBl II 2000, 93; BFH/NV 1999, 1133). Der Grundsatz, dass der BFH neuen Tatsachenvortrag der Beteiligten nicht beachten darf, wird durchbrochen, wenn das neue Vorbringen eine **Wiederaufnahme** des Verfahrens nach § 134 iVm § 580 ZPO rechtfertigen würde (vgl dazu Rz 50). § 118 Abs 2 betrifft in erster Linie Tatsachen, die bereits bei Erlass des finanzgerichtlichen Urteils vorhanden waren – er verbietet aber, soweit es um die materiell-rechtlichen Voraussetzungen des Klageanspruchs geht und kein Fall der Wiederaufnahme iS des § 580 ZPO gegeben ist, auch die Berücksichtigung solcher **Tatsachen,** die erst **nach der letzten mündlichen Verhandlung vor dem FG eingetreten** sind und deshalb von diesem nicht berücksichtigt werden konnten (BFHE 150, 418 = BStBl II 1988, 277; BFH/NV 1995, 836; BVerwG NVwZ 2005, 229; *H/H/Sp/Lange* Rz 128 mwN; str **aA** für den Fall, dass die neuen Tatsachen nicht beweisbedürftig sind, BVerwGE 37, 154; 114, 16; BGH NJW 1998, 2972; BFHE 191, 140 = BStBl II 2000, 93 (insoweit nicht tragend); *T/K* Rz 93; *Meyer-Ladewig* § 163 Rz 5 d; *T/P* § 561 Rz 12). Zu den **Ausnahmen** von der Bindung des BFH an die vom FG festgestellten Tatsachen vgl Rz 32 ff.

Die tatsächlichen Feststellungen, die Grundlage der revisionsgerichtli **37** chen Prüfung sind, können im „Tatbestand" oder in den **„Entscheidungsgründen"** des Urteils enthalten sein (BFHE 136, 252, 260 = BStBl II 1982, 700; BFHE 206, 58 = BFH/NV 2004, 1482; BFH/NV 2002, 153; BGH NJW 1983, 886). Zu dem für das Revisionsgericht maßgeblichen Sachverhalt gehört auch der Inhalt der **Sitzungsniederschrift.** Widersprechen die Feststellungen im Protokoll denen im Tatbestand des Urteils, gehen die Feststellungen des Sitzungsprotokolls vor (BFHE 171, 515 = BStBl II 1994, 182). Die festgestellten Tatsachen müssen nicht ausdrücklich im FG-Urteil aufgeführt sein. **Bezugnahmen** auf bei den Akten befindliche Schriftstücke (§ 105 Abs 3) und andere Unterlagen (§ 105

Abs 3 S 2) genügen, wenn der Gegenstand der Bezugnahme **genau bezeichnet** ist (vgl BFHE 119, 126 = BStBl II 1976, 697; BFHE 133, 33 =
BStBl II 1981, 517; BFHE 139, 491 = BStBl II 1984, 183; BFHE 173,
280; BFHE 183, 385 = BStBl II 1998, 388; BFHE 195, 328 = BStBl II
2002, 487; BVerwG DVBl 1985, 110; BGH NJW 1983, 885; *Kopp/
Schenke* § 137 Rz 24) und die Grenzen einer zulässigen Bezugnahme beachtet sind: Die Bezugnahme darf nur ergänzenden Charakter haben, nicht
aber entscheidungserhebliche tatsächliche Feststellungen ersetzen (BFHE
133, 33 = BStBl II 1981, 517; *T/P* § 313 Rz 25); eine pauschale Bezugnahme auf eine Vielzahl von Schriftstücken oder auf einen umfangreichen
Betriebsprüfungsbericht kann nicht dahingehend gewertet werden, dass das
FG sich sämtliche Feststellungen in diesen Unterlagen zu eigen machen
wollte; jedenfalls wäre eine derartige Bezugnahme unzulässig (BFH/NV
1989, 65). Innerhalb dieser Grenzen genügt für eine Bezugnahme die **tatsächliche Erwähnung** des betreffenden Schriftstücks im Urteil (BFHE
147, 521 = BStBl II 1987, 75; vgl auch BFH/NV 1986, 134); es gilt dann
dessen gesamter Inhalt als festgestellt (BFHE 169, 219, 221 = BStBl II
1992, 958 mwN; vgl aber BFHE 192, 64). Welche **Tatsachen** der BFH
darüber hinaus den **Akten entnehmen** darf, wenn ausdrückliche Feststellungen im finanzgerichtlichen Urteil fehlen, ist noch nicht eindeutig geklärt.

38   Der GrS des BFH hat in BFHE 91, 213 = BStBl II 1968, 285 entschieden, dass der **Zeitpunkt der Zustellung eines Steuerbescheids** und die
Zeitdauer einer Betriebsprüfung (als Grundlage für die Prüfung, ob ein
Steueranspruch verjährt ist) jedenfalls dann den Akten entnommen werden
dürfen, wenn sie mit den Beteiligten (im Revisionsverfahren) erörtert und
unstreitig sind. Durch Bezugnahme auf den angefochtenen Steuerbescheid
sind zugleich die in ihm angesetzten **Besteuerungsgrundlagen** festgestellt
(BFHE 91, 213 = BStBl II 1968, 285; BFHE 153, 219 = BStBl II 1988,
683; BFHE 154, 486 = BStBl II 1989, 104 und BFHE 154, 56 = BStBl
1988, 928). Auch der **Inhalt der Niederschrift** über die mündliche Verhandlung vor dem FG ist ohne weiteres Teil der tatsächlichen Feststellungen (BFHE 143, 117, 119 = BStBl II 1985, 303; *Kopp/Schenke* § 137
Rz 24). Der Beurteilung des BFH unterliegt nur dasjenige erstinstanzliche
Parteivorbringen, das aus dem Tatbestand des FG-Urteils oder aus der
Sitzungsniederschrift ersichtlich ist (§ 155 FGO iVm § 559 Abs 1 S 1 ZPO
nF; BFH/NV 1991, 49 mwN; 1996, 157; BFHE 119, 59 = BStBl II 1976,
541).

Zu weitgehend ist die Äußerung in BFHE 90, 193 = BStBl II 1968,
193: „Der Senat kann auf Grund des von der Vorinstanz festgestellten
Sachverhalts und anhand der Akten und Beiakten, die Gegenstand des
Verfahrens vor dem FG waren, entscheiden" (zu weitgehend auch BFHE
89, 45 = BStBl III 1967, 523; BFHE 98, 302 = BStBl II 1970, 474 und
BFHE 93, 426 = BStBl 1968, 817).

39   Zu den **tatsächlichen Feststellungen** iS von § 118 Abs 2 gehören
zum einen die für die Entscheidung des FG maßgeblichen **Tatsachen,** dh
dessen, was das FG als unstreitig oder bewiesen angesehen hat, und zum
Anderen **Schlussfolgerungen tatsächlicher Art,** die das FG auf Grund
des festgestellten Sachverhalts im Rahmen der ihm obliegenden Tatsachenwürdigung (Beweiswürdigung) zieht (BFHE 148, 90, 94; BFHE 165,

330 = BStBl II 1992, 9; BFHE 185, 351 = BStBl II 1998, 466; BFHE 191, 119 = BStBl II 2000, 227; BFHE 192, 445 = BStBl II 2000, 660; BFHE 203, 519 = BStBl II 2004, 30; BFH/NV 2001, 1017, 1533). Ist zB festgestellt, dass bei einem Steuerpflichtigen ein ungeklärter Vermögenszuwachs in einer bestimmten Höhe eingetreten ist (Tatsache), so kann das FG daraus schließen, dass der Vermögenszuwachs aus (bisher unversteuerten) Einnahmen stammt (Tatsachenwürdigung; BFHE 97, 409 = BStBl II 1970, 189). Beides meint § 118 Abs 2; auf beides erstreckt sich die in Rz 41 erörterte **Bindungswirkung**.

Gehen die Beteiligten übereinstimmend von **einfachen Rechtsbe- 40 griffen** aus (zB „Kauf" oder „Miete") und übernimmt die Vorinstanz diese Begriffe („der Kläger kaufte"), so sind auch die dem Rechtsbegriff zugrundeliegenden Tatsachen von der Vorinstanz festgestellt (BFH/NV 1995, 545); das gilt aber nicht, wenn die Begriffe weniger eindeutig sind (zB „Rechtsnachfolge" oder „Organschaft", vgl BFHE 159, 354, 357 = BStBl II 1990, 448). In solchen Fällen fehlt es an einer Tatsachenfeststellung überhaupt, wenn die Vorinstanz nur den Rechtsbegriff nennt (... „der Kläger als Rechtsnachfolger" ...; vgl BGH StRK FGO § 118 R 69). Fehlt eine hinreichende Darstellung des entscheidungserheblichen Sachverhalts im finanzgerichtlichen Urteil, so hat das Revisionsgericht diesen Mangel von Amts wegen zu beachten (vgl § 115 Rz 81; vgl auch BFHE 158, 13 = BStBl II 1989, 979; BFH/NV 1989, 464).

Zur Abgrenzung der Tatsachenfeststellung von der Rechtsanwendung vgl oben Rz 20 ff.

Ist ein finanzgerichtliches Urteil aus verfahrensrechtlichen Gründen aufzuheben, weil während des Revisionsverfahrens ein **geänderter Steuerbescheid** an die Stelle des ursprünglich angefochtenen getreten ist (§ 68), fallen die tatsächlichen Feststellungen des FG mit der Aufhebung des Urteils nicht weg, sondern bleiben bis zur Beendigung des Verfahrens bestehen (BFHE 163, 218 = BStBl II 1991, 556; BFHE 189, 537 = BStBl II 1999, 789).

Die Feststellungen des FG zum Inhalt irrevisiblen Landesrechts oder ausländischen Rechts stehen revisionsrechtlich den tatsächlichen Feststellungen gleich (vgl Rz 14 und 60 ff).

II. Bindungswirkung

1. Inhalt

Bindung iS des § 118 Abs 2 bedeutet, dass der BFH nur den Sachver- 41 halt zur Grundlage seiner Entscheidung machen kann, der vom FG festgestellt ist. Von dieser Bindung bestehen in bestimmten Fällen Ausnahmen (vgl unten Rz 43 ff). Dass der BFH an im FG-Urteil getroffenen Feststellungen gebunden ist, besagt an sich noch nicht, dass er Feststellungen, die das FG unterlassen hat, nicht selbst treffen, also den Sachverhalt **nicht ergänzen** könnte oder dass er in den Fällen, in denen die Bindung entfällt (vgl unten Rz 44 ff), nicht **eigene Feststellungen** an die Stelle der Feststellungen des FG setzen könnte. Dass das Revisionsgericht dazu grundsätzlich nicht berechtigt ist (Ausnahmen vgl unten Rz 43 ff), ist im Zivilprozess – allerdings nur im Hinblick auf das „Parteivorbringen" (Beibringungsgrundsatz) – klar zum Ausdruck gebracht. Dort heißt es in § 561

Abs 1 S 1 ZPO: „Der Beurteilung des Revisionsgerichts unterliegt nur
dasjenige Parteivorbringen, das aus dem Tatbestand des Berufungsurteils
oder aus dem Sitzungsprotokoll ersichtlich ist." Die Feststellungen des
Tatsachengerichts über die Wahrheit oder die Unwahrheit einer Behauptung sind gemäß **§ 559 Abs 2 ZPO** für das Revisionsgericht bindend (zur
sinngemäßen Anwendung dieser Vorschrift im finanzgerichtlichen Verfahren vgl BFH/NV 1991, 49 mwN). Indessen ergibt sich auch für den Verwaltungsprozess aus dem **Zweck der Revisionsinstanz,** die nur die Anwendung des Rechts auf einen festgestellten Sachverhalt überprüft, dass das
Revisionsgericht idR den vom FG festgestellten Sachverhalt nicht ergänzen
(BFHE 95, 558 = BStBl II 1969, 505; BFHE 148, 104 = BStBl II 1987,
435; BFHE 154, 12 = BStBl II 1989, 43; BFHE 164, 279 = BStBl II 1991,
723) und **nicht an die Stelle der Tatsachenwürdigung des FG seine
eigene Würdigung setzen** darf (BFHE 119, 373 = BStBl II 1976, 682;
BFHE 156, 66 = BStBl II 1989, 534; BFHE 166, 279 = BStBl II 1992,
362). Etwa noch fehlende, für die rechtliche Würdigung erhebliche Tatsachen kann nur (nach Zurückverweisung) das Tatsachengericht beschaffen
(BFHE 120, 540 = BStBl II 1977, 217; BVerwG DÖV 1962, 508; *Klinger*
§ 144 D 3a; *T/K* Rz 58). Das gilt selbst für solche Tatsachen, die **offenkundig** (vgl § 291 ZPO und BFH/NV 1996, 137; 1994, 326) oder **zugestanden** sind (*Baumbach ua* § 561 Rz 2 B; differenzierend *H/H/Sp/
Lange* Rz 128; vgl auch Rz 51). **AA** (für offenkundige und unstreitige
Tatsachen) ist das BVerwG aus Gründen der Prozessökonomie in st Rspr,
vgl zB BVerwGE 29, 127 = DVBl 1968, 432; BVerwGE 42, 346; Buchholz 427.6 § 48 FG Nr 31; NVwZ 1993, 275 = BVerwGE 91, 104;
BayVBl 1977, 705; HFR 1979, 342: wie BVerwG *Kopp/Schenke* § 137
Rz 26; einschränkend *Stein/Jonas/Grunsky* § 561 Rz 2 g).

Reichen die tatsächlichen Feststellungen des FG nicht aus, um dem Revisionsgericht eine abschließende Entscheidung in der Sache zu ermöglichen, ist dies im allgemeinen ein **materiell-rechtlicher Mangel,** der zur
Aufhebung und Zurückverweisung an das FG führen muss (st Rspr vgl
Nachweise bei Rz 55 und § 115 Rz 81).

2. Ausnahmen

43 Von dem Grundsatz, dass das Revisionsgericht an die Feststellungen des
FG gebunden ist und dass es nicht selbst Tatsachen feststellen und würdi-
gen darf, gibt es indessen einige **Ausnahmen,** die aus verschiedenen
Grundmaximen des Prozessrechts, insbesondere aus dem **Grundsatz der
Prozessökonomie** hergeleitet werden (vgl hierzu *Stein/Jonas/Grunsky*
§ 561 Rz II 2).

a) Zulässigkeitsvoraussetzungen der Revision

44 Tatsachen, von denen die **Zulässigkeit der Revision** selbst oder der
Fortgang des Revisionsverfahrens abhängen, kann das Revisionsgericht
selber feststellen und würdigen (zB Tatsachen im Zusammenhang mit einem Antrag auf Wiedereinsetzung in den vorigen Stand wegen Versäumung der Revisions- oder Revisionsbegründungsfrist; Zurücknahme der
Revision; fehlendes Rechtsschutzbedürfnis; vgl *T/P* § 561 Rz 3; *Baumbach
ua* § 561 Rz 8 B; vgl auch § 124 Rz 1). Für die Ermittlung der Zulässig-

keitsvoraussetzungen gelten die Grundsätze des sog **Freibeweises** (vgl vor § 115 Rz 7).

b) Sachentscheidungsvoraussetzungen

Das Revisionsgericht muss das Vorliegen der **Sachentscheidungsvor- 45 aussetzungen** des finanzgerichtlichen Verfahrens in jeder Lage des Verfahrens prüfen und kann dazu (ggf nach Erhebung weiterer Beweise) eigene Feststellungen treffen oder die Sache zur Klärung an das FG zurückverweisen (BFHE 91, 213 = BStBl II 1998, 285; BFHE 156, 1 = BStBl II 1989, 514; BFHE 171, 1 = BStBl II 1993, 720; BFHE 174, 31, 35 = BStBl II 1994, 444; BFHE 176, 289, 295 = BStBl II 1995, 353; BFHE 179, 242 = BStBl II 1996, 299; BFHE 185, 126 = BStBl II 1998, 445; einschränkend hinsichtlich der Zugangsvermutung des § 4 VwZG: BFHE 146, 27 = BStBl II 1986, 462; BFH/NV 2002, 651, 922; BGH VersR 1972, 975 und VersR 1978, 155; *T/P* § 561 Rz 9; *T/K* § 118 Rz 92; *H/H/Sp/Lange* § 118 Rz 263). Eine Ausnahme gilt, soweit sich eine Sachentscheidungsvoraussetzung aus nicht revisiblem Recht ergibt, das vom FG nach § 155 iVm § 560 ZPO nF bindend festgestellt wurde (vgl Rz 60 und *MüKo* § 561 Rz 16). Der BFH kann bei erforderlichen Ermittlungen über das Vorliegen einer Sachentscheidungsvoraussetzung das Verfahren des **Freibeweises** anwenden (BFHE 180, 512 = BStBl II 1996, 578; BFH/NV 2002, 1601; BGH WM 1991, 1652; *T/K* Rz 92).

Ist zweifelhaft, ob eine Sachentscheidungsvoraussetzung erfüllt war, kann der BFH wahlweise selbst ermitteln oder an die Vorinstanz **zurückverweisen** (BFHE 149, 104 = BStBl II 1987, 408; BFHE 149, 104 = BStBl II 1987, 408; BFH/NV 1986, 96; BGH WM 1986, 58; BAG BB 1978, 158).

Keine Sachentscheidungsvoraussetzung ist die wirksame **Bekannt- 46 gabe eines Steuerverwaltungsakts.** Der gegenteiligen Auffassung des I. Senats des BFH in BFHE 146, 196 = BStBl II 1986, 474 kann nicht gefolgt werden. Stellt das FG (oder der BFH im Revisionsverfahren) fest, dass der angefochtene Steuerbescheid wegen eines Bekanntgabemangels nicht wirksam geworden ist, so weist es die Anfechtungsklage nicht durch Prozessurteil ab, sondern hebt den unwirksamen Bescheid auf, erlässt also ein Sachurteil.

Auch die **Rechtzeitigkeit des Einspruchs** ist – anders als die der Klage – **keine Sachentscheidungsvoraussetzung** des finanzgerichtlichen Verfahrens (BFHE 121, 142 = BStBl II 1977, 321; BFHE 124, 1 = BStBl II 1978, 154; BFHE 141, 470 = BStBl II 1984, 791 mwN). Die frühere Rspr des BFH (vgl Nachweise in BFHE 141, 470 = BStBl II 1984, 791) ist überholt.

Eine andere Frage ist es, ob das Revisionsgericht hinsichtlich der für die Zulässigkeit des Einspruchs relevanten Tatsachen zu **eigenen Feststellungen** gleichwohl deshalb befugt ist, weil bei Fehlen einer Zulässigkeitsvoraussetzung des Einspruchs der angefochtene Bescheid **bestandskräftig** geworden ist mit der Folge, dass es zu einer Prüfung der streitigen Sachfrage nicht mehr kommen kann. Ob das der Fall ist, muss das Gericht in jeder Lage des Verfahrens von Amts wegen prüfen. Abzulehnen ist deshalb die Ansicht des BVerwG (MDR 1962, 336), das Revisionsgericht sei an die von der Vorinstanz zur Frage der Wiedereinsetzung festgestellten Tatsachen gebunden (vgl aber BFHE 124, 478, 492 = BStBl II 1978, 390 und BVerwG Buchholz 310 § 60 VwGO Nr 85). Vgl zur Überprüfung von Entscheidungen der FG über die Wiedereinsetzung durch das Revisionsgericht § 56 Rz 65).

c) Prozesshandlungen

48   Die Nachprüfung von **Prozesshandlungen** (insbesondere von Prozesserklärungen) auf ihren Inhalt und auf ihre Bedeutung gehört zu den Aufgaben des Revisionsgerichts, bei der es nicht an die Tatsachenfeststellungen der Vorinstanz gebunden ist (BGH VersR 1979, 374; BVerwG Buchholz 310 § 166 VwGO Nr 22; BGH NJW 1975, 2013; BFHE 123, 286 = BStBl II 1978, 11; BFHE 142, 32 = BStBl II 1985, 5; BFHE 166, 415 = BStBl II 1992, 425; BFHE 172, 472 = BStBl II 1994, 197; BFH/NV 1995, 481, 534, 605, 396). Keine Prozesshandlung ist die Einlegung eines **Einspruchs.** Da es sich um einen vorprozessualen Rechtsbehelf handelt, kann das Revisionsgericht die Auslegung des Einspruchs durch das Tatsachengericht nur in dem für privatrechtliche Willenserklärungen geltenden Umfang überprüfen (BFHE 168, 1 = BStBl II 1992, 995; BVerwGE 115, 302).

d) Verfahrensmangel

49   Das Revisionsgericht kann und muss die Tatsachen feststellen, die zur Beurteilung erforderlich sind, ob ein rechtzeitig gerügter oder von Amts wegen zu berücksichtigender (vgl hierzu unten Rz 69 ff) **Verfahrensmangel vorliegt** (BFHE 138, 143 = BStBl II 1983, 476; BFHE 166, 524 = BStBl II 1992, 411; BVerwG HFR 1966, 102; BVerwGE 26, 224, 237; *Kopp/Schenke* § 137 Rz 26). Die Tatsachen können im Wege des Freibeweises festgestellt werden (BFHE 138, 143 = BStBl II 1983, 476; BFHE 180, 512 = BStBl II 1996, 578; BFH/NV 1995, 990; BVerwG Buchholz 310 § 132 VwGO Nr 244).

Zum Begriff des Verfahrensmangels vgl § 115 Rz 76 ff.

e) Wiederaufnahmegründe

50   Das Revisionsgericht muss uU Tatsachen berücksichtigen und ggf aufklären, die einen **Wiederaufnahmegrund** ergäben, weil nämlich sonst das Verfahren zwar mit der Revisionsentscheidung abgeschlossen wäre, aber als Wiederaufnahmeverfahren sofort weitergehen würde (vgl BFHE 118, 361 = BStBl II 1976, 431; BFHE 126, 383 = BStBl II 1979, 184; BFHE 150, 140 = BStBl II 1988, 227; BFHE 191, 140 = BStBl II 2000, 93; BFH/NV 1999, 1133; BVerwGE 91, 104, 107; BVerwGE 10, 357 mwN auch über die teilweise abweichende Rspr des BGH; vgl insbesondere BGHZ 18, 59; *Kopp/Schenke* § 137 Rz 27; *Rosenberg/Schwab/Gottwald* § 145 II 3).

f) Unstreitige Tatsachen

51   Nach einer in Rspr und Literatur verbreiteten Auffassung sollen aus Gründen der Prozessökonomie auch **unstreitige Tatsachen und neue Tatsachen,** die **nach Erlaß** des die Tatsacheninstanz abschließenden **Urteils** eingetreten sind, berücksichtigt werden können (vgl BFHE 160,

180 = BStBl II 1990, 615; BFHE 191, 140 = BStBl II 2000, 93; BVerw-GE 37, 151; BVerwG DVBl 1986, 108; BVerwGE 91, 104; und die Rspr-Nachweise bei *Kopp/Schenke* § 137 Rz 28; *T/K* § 118 Rz 93; *T/P* § 561 Rz 12; offen gelassen in BFHE 150, 418, 421 = BStBl II 1988, 277). Das BVerwG berücksichtigt neue Tatsachen, wenn sie nicht beweisbedürftig sind, ihre Verwertung einer endgültigen Streiterledigung dient und schützenswerte Interessen der Beteiligten dadurch nicht berührt werden (BVerwG NVwZ 1993, 781; NVwZ 1993, 275). Dem kann, soweit es sich nicht um Wiederaufnahmegründe (§ 134 iVm §§ 579 ff ZPO) handelt, nicht zugestimmt werden. In dem vom Prinzip der **Amtsermittlung** beherrschten Steuerprozess können die Beteiligten nicht über den für die Entscheidung maßgeblichen Tatsachenstoff verfügen; fehlende tatsächliche Feststellungen des FG können nicht durch übereinstimmenden Tatsachenvortrag der Beteiligten im Revisionsverfahren ersetzt werden (so im Ergebnis auch BFHE 191, 140 = BStBl II 2000, 93; *Kopp/Schenke* § 137 Rz 28 und *Redeker/v Oertzen* § 137 Rz 17).

3. Aufhebung der Bindungswirkung

Welche Revisionsgründe zur Aufhebung der Bindungswirkung der tatsächlichen Feststellungen des FG führen, sagt das Gesetz nicht ausdrücklich. Auch hier ist (wie in Rz 39 dargelegt) von zwei Tatbeständen auszugehen, nämlich einmal von der **Feststellung der Tatsachen** im eigentlichen Sinn, also ihrer Sammlung, und zum Anderen von **Schlussfolgerungen tatsächlicher Art** aus den festgestellten Tatsachen; die Übergänge sind allerdings gleitend. Die eigentliche Tatsachenfeststellung kann nur insoweit durch einen Rechtsfehler beeinflusst sein, als der entscheidende **Sachverhalt falsch oder unvollständig ermittelt** wurde, und zwar infolge eines **prozessual** falschen Vorgehens der Tatsacheninstanz (Verfahrensfehler). **53**

Die **Schlussfolgerungen** tatsächlicher Art (die ebenfalls Tatsachen iS des § 118 Abs 2 sind) können dagegen durch mannigfache **Fehler im Denkprozess** beeinflusst sein. Diese Schlussfolgerungen können nicht mit der Behauptung zu Fall gebracht werden, dass das FG auch einen **anderen Schluss** hätte ziehen können. Liegt der Schlussfolgerung ein vollständig und richtig ermittelter Sachverhalt zugrunde, so entfällt die Bindung vielmehr nur, wenn die Folgerung mit den **Denkgesetzen oder mit allgemeinen Erfahrungssätzen unvereinbar** ist. So gebraucht der BFH (in Übereinstimmung mit der Rspr anderer oberster Bundesgerichte) in st Rspr den Satz, dass die Gesamtwürdigung durch das FG, wenn sie verfahrensrechtlich einwandfrei zustandegekommen und nicht durch Denkfehler oder die Verletzung von Erfahrungssätzen beeinflusst ist, das Revisionsgericht bindet, auch wenn sie **nicht zwingend,** sondern **nur möglich** ist (vgl BFHE 102, 85 = BStBl II 1971, 522; BFHE 155, 157 = BStBl II 1989, 150; BFHE 165, 330 = BStBl II 1992, 9; BFHE 175, 29 = BStBl II 1994, 842; BFHE 188, 415 = BStBl II 1999, 735; BFHE 191, 119 = BStBl II 2000, 227; BFHE 203, 389 = BStBl II 2004, 627 mwN; ebenso: BAG ZIP 1983, 719; BVerwG NVwZ 1985, 488; BVerwGE 47, 330, 361). Ein Verstoß gegen die Denkgesetze liegt nur vor, wenn der vom FG gezogene Schluss **schlechthin unmöglich** ist, dh wenn nach dem festgestellten Sachverhalt nur eine Folgerung möglich, jede andere jedoch denk- **54** gesetzlich ausgeschlossen ist und das Gericht die in diesem Sinne allein denkbare Folgerung nicht gezogen hat (BFHE 201, 352 = BFH/NV 2003, 875; NFH/NV 1986, 7; 1995, 485, 606; BVerwG StRK FGO § 118 R 71).

55   Verstöße gegen die **Denkgesetze** und gegen **Erfahrungssätze** sind **stets dem materiellen Recht** zuzurechnen und deshalb der Prüfung des BFH im Rahmen einer nur auf Verfahrensmängel gestützten Revision entzogen (st Rspr des BFH, vgl die Nachweise bei § 115 Rz 83; **aA** BVerwG VIZ 2000, 27 mwN: Verfahrensmangel bei Verletzung der Denkgesetze im Rahmen eines *Indizienbeweises;* ähnlich *May* Kap VI Rz 349).

Die Bindungswirkung der Feststellungen des FG zum Inhalt von Willenserklärungen und Verträgen entfällt auch dann, wenn das FG anerkannte Auslegungsregeln verletzt hat (BFHE 170, 29 = BStBl II 1993, 228; BFHE 201, 278 = BStBl II 2003, 467; BFHE 205, 451 = BStBl II 2004, 722; BFH/NV 2005, 735).

Der Natur der Sache nach sind die tatsächlichen Feststellungen des FG auch dann nicht bindend, wenn die **Sachverhaltsdarstellung** der Vorinstanz in sich **widersprüchlich oder unzureichend** ist (BFHE 109, 472 = BStBl II 1973, 707; BFHE 150, 120 = BStBl II 1987, 682; BFHE 183, 155 = BStBl II 1997, 682; BFHE 202, 514 = BStBl II 2004, 403; BVerwG DVBl 1988, 1024). Als materiell-rechtlicher Fehler führen widersprüchliche Sachverhaltsdarstellungen des FG auch ohne Rüge zum Wegfall der Bindungswirkung (BFHE 183, 155 = BStBl II 1997, 682 mwN). Gleiches gilt, wenn wegen unzulänglicher Feststellungen aus den Gründen des angefochtenen Urteils **nicht nachvollziehbar** ist, aus welchen Tatsachen das FG eine Schlussfolgerung tatsächlicher Art ableitet (BFHE 146, 69 = BStBl II 1987, 80; BFHE 150, 445 = BStBl II 1987, 785; BFHE 151, 270, 274; BFHE 171, 157, 161; BFHE 202, 191 = BStBl II 2003, 734; BFHE 202, 514 = BStBl II 2004, 403 mwN; BFH/NV 2004, 767, 1397; 2005, 739).

56   Der BFH ist an die tatsächlichen Feststellungen des FG nicht gebunden, wenn in bezug auf diese Feststellungen zulässige und begründete **Verfahrenrügen** vorgetragen werden. Die beiden wichtigsten Verfahrensrügen, die zum Wegfall der Bindungswirkung führen können, sind die **Rüge mangelnder Sachaufklärung** (vgl § 76 Rz 10 f) und die Rüge, das FG habe bei seiner Meinungsbildung wesentliche **Teile des Gesamtergebnisses der Verhandlung nicht berücksichtigt** (vgl § 96 Rz 8 ff und § 115 Rz 80).

Bei der Prüfung, ob ein gerügter Verfahrensmangel tatsächlich vorliegt, ist der BFH Tatsachengericht und hat die erforderlichen Feststellungen ohne Bindung an das finanzgerichtliche Urteil zu treffen.

57   **Entfällt** (wegen einer begründeten Verfahrensrüge oder wegen eines von Amts wegen zu berücksichtigenden Rechtsfehlers verfahrensrechtlicher oder materiell-rechtlicher Art) die Bindung des BFH an die Tatsachenfeststellungen des FG, so bedeutet das nicht, dass der **BFH** die erforderlichen **Feststellungen selbst treffen** und die festgestellten Tatsachen selbst würdigen darf (vgl oben Rz 36 ff). Eine Ausnahme wird man für Schlussfolgerungen tatsächlicher Art (Sachverhaltswürdigung) zulassen müssen, wem das FG alle für die Tatsachenwürdigung erforderlichen Tatsachen festgestellt hat und diese Tatsachen nach den Denkgesetzen oder

im Hinblick auf diese Feststellungen zulässige und begründete Verfahrensrügen erhoben hat, sondern auch, wenn die Auslegung oder Anwendung
des irrevisiblen Rechts gegen **übergeordnetes (materielles) Bundesrecht** verstößt (BFHE 177, 276 = BStBl II 1995, 431; BFHE 165, 466 =
BStBl II 1992, 132; *T/K* Rz 30; *Kopp/Schenke* § 137 Rz 31). Bundesrecht
ist verletzt, wenn der Tatrichter eine Rechtsfrage, auf die Bundesrecht
hätte angewendet werden müssen, nach nicht revisiblem Recht entschieden hat und umgekehrt (BFHE 170, 345, 353 = BStBl II 1994, 702) oder
wenn er aus dem von ihm festgestellten irrevisiblen Recht unzutreffende
Schlüsse auf die Anwendbarkeit von Vorschriften des Bundesrechts gezogen hat (BFHE 139, 88 = BStBl II 1983, 657; BFHE 177, 276 = BStBl II
1995, 431). Die Anwendung oder Nichtanwendung des revisiblen Rechts
beruht dann auf der Verletzung revisibler Rechtssätze. Bei der Ermittlung
der Grenzen des revisiblen zum nicht revisiblen Recht kann der BFH die
Auslegung nicht revisiblen Rechts durch die Vorinstanz nachprüfen (BFHE
170, 345 = BStBl II 1994, 702; BGHZ 28, 375).

Eine Bindung des Revisionsgerichts nach § 155 FGO iVm § 560 ZPO
nF besteht auch dann nicht, wenn das Tatsachengericht eine einschlägige
Norm des irrevisiblen Rechts offensichtlich übersehen und deshalb
nicht gewürdigt hat; denn in diesem Fall geht es nicht um die unzulässige
Nachprüfung einer Auslegung irrevisiblen Rechts, sondern um die Anwendung des geltenden Rechts auf den vom Tatsachengericht festgestellten
Sachverhalt (BFHE 136, 363, 369 = BStBl II 1982, 768; BFHE 145, 44;
BFHE 177, 492 = BStBl II 1995, 540; BGHZ 24, 159; BGHZ 36, 348;
BGHZ 40, 197; BGH NJW 1985, 1335). Aus dem Urteil des Tatsachengerichts muss sich in diesem Fall ergeben, dass die Anwendung der Norm
des irrevisiblen Rechts **versehentlich** unterblieben ist (*Stein/Jonas/Grunsky*
§ 562 Rz 1). Eine Bindung an die Feststellungen des FG zum Inhalt irrevisiblen Rechts kann auch dann nicht eingreifen, wenn sich das maßgebliche
irrevisible Recht nach Ergehen des erstinstanzlichen Urteils **geändert**
hat (BVerwG DVBl 1990, 721; BVerwG NVwZ-RR 1993, 65; BGH
NJW-RR 1993, 13).

Zweifelhaft ist, ob das Revisionsgericht in den Fällen, in denen das FG **63**
den Inhalt des irrevisiblen Rechts nicht festgestellt hat oder in denen seine
Bindung an die Feststellungen der Vorinstanz nach § 155 iVm § 560 ZPO
nF entfallen ist, das irrevisible Recht in eigener Zuständigkeit feststellen
darf oder ob nach § 126 Abs 3 Nr 2 **zurückverwiesen** werden muss, damit das FG die unterlassene oder verfahrensfehlerhaft vorgenommene Ermittlung des irrevisiblen Rechts nachholen kann. In § 563 Abs 4 ZPO nF
(= § 565 Abs 4 ZPO aF) ist diese Frage nach Auffassung des BGH iS einer
eigenen Ermittlungskompetenz **(Wahlrecht)** des Revisionsgerichts geregelt (BGHZ 40, 197; BGHZ 36, 353; BGH NJW-RR 1993, 13; ebenso
Zöller/Geimer § 293 Rz 28; *T/P* § 565 Rz 17; *MüKo* § 562 Rz 6 f). BFH
und BVerwG bejahen im Anschluss an diese Rspr ihre Ermittlungsbefugnis
zum Inhalt des irrevisiblen Rechts (BFHE 136, 363 = BStBl II 1982, 768;
BFHE 177, 492 = BStBl II 1995, 540; BFHE 180, 509 = BStBl II 1996,
478; BVerwG DVBl 1988, 494; DVBl 1990, 721; NJW 1995, 3067). Da
die Feststellung des irrevisiblen Rechts − ebenso wie die Feststellung der
Tatsachen − nach § 118 Abs 2 dem FG obliegt, muss der BFH mE bei
Wegfall der Bindungswirkung zurückverweisen, eine eigene Kompetenz

zur Auslegung des irrevisiblen Rechts steht ihm nicht zu (so auch *T/K* Rz 89 ae; *Kopp/Schenke* § 137 Rz 32; *Eyermann* § 137 Rz 23). Da § 126 die möglichen Entscheidungen des BFH über die Revision eigenständig und abschließend regelt, kommt eine sinngemäße Anwendung des § 563 Abs 4 ZPO nF iVm § 155 im finanzgerichtlichen Verfahren als Rechtsgrundlage für die Entscheidung des BFH über Bestehen und Inhalt des irrevisiblen Rechts nicht in Betracht. Der BFH verweist im Allgemeinen zurück, wenn Feststellungen des FG zum entscheidungserheblichen irrevisiblen Recht fehlen (so BFHE 177, 276 = BStBl II 1995, 431; BFHE 165, 507, 511; BFHE 160, 567 = BStBl II 1990, 875; BFHE 148, 289, 295 = BStBl II 1987, 377, zum ausländischen Recht; BFHE 131, 459 = BStBl II 1981, 104; BFHE 145, 44).

E. Umfang der rechtlichen Prüfung im Revisionsverfahren

I. Allgemeines

65   § 118 Abs 3 behandelt nicht die Frage, welche **Rügen** im Revisionsverfahren erhoben werden können (vgl dazu oben Rz 9 ff), sondern welche **Rechtsfragen** das Revisionsgericht – ggf auch ohne Rüge – prüfen darf. Die Anwendung der Vorschrift setzt voraus dass die **Revision zulässig** ist, insbesondere, dass die Revision nach § 115 oder § 116 zugelassen wurde (BVerwGE 19, 157). Nach § 118 Abs 3 prüft der BFH in den Grenzen der gestellten **Revisionsanträge** (§§ 120, 121 iVm § 96 Abs 1 S 2) und der sich aus Abs 1 und 2 ergebenden Beschränkungen das angefochtene Urteil grundsätzlich **in vollem Umfang** und ohne Bindung an die geltend gemachten Revisionsgründe (Abs 3 S 2) auf seine Rechtmäßigkeit nach (BFHE 151, 345 = BStBl II 1988, 199; BFH/NV 1995, 605). Eine Ausnahme gilt, wenn die Revision nur auf **Verfahrensmängel** gestützt wird (Abs 3 S 1); vgl unten Rz 66 ff.

II. Prüfungsumfang bei Verfahrensrevision

66   Wird die Revision **ausschließlich** auf **Vorfahrensmängel** (vgl zu diesem Begriff § 115 Rz 25 ff) gestützt oder wurde eine gleichzeitig erhobene Rüge der Verletzung materiellen Rechts nicht ausreichend begründet, so darf der BFH nur über den ausdrücklich **geltend gemachten Verfahrensmangel** entscheiden, es sei denn, dass zugleich einer der Gründe des § 115 Abs 2 Nr 1 und 2 oder ein **von Amts wegen** zu beachtender Verfahrensmangel (vgl unten Rz 49 ff) vorliegt (*Redeker/v Oertzen* § 137 Rz 21). Der Verfahrensmangel muss grundsätzlich **gerügt** (geltend gemacht) werden, damit der BFH ihn prüfen kann. Die Rüge muss innerhalb der Revisionsbegründungsfrist vorgetragen werden (BFHE 94, 116 = BStBl II 1969, 84) und in formeller Hinsicht den Anforderungen des § 120 Abs 3 entsprechen (vgl hierzu § 120 Rz 66 ff). Auf ihre **Geltendmachung** kann unter Umständen **verzichtet** werden mit der Folge, dass das Rügerecht verloren geht. Vgl hierzu § 115 Rz 100. Der Revisionsbeklagte kann die Prüfungsbefugnis des BFH durch Erhebung entsprechender **Gegenrügen** erweitern (BAG NJW 1965, 2268; *Kopp/Schenke* § 137 Rz 36; **aA** *Redeker/v Oertzen* § 137 Rz 20).

Ausnahmen von dem Grundsatz, dass nur die gerügten Verfahrensmän- **67** gel überprüft werden dürfen, gelten in **folgenden Fällen:**

a) Eine verfahrensrechtliche Frage kann entgegen der hM auch ohne Rüge vom Revisionsgericht behandelt werden, wenn sie von **grundsätzlicher Bedeutung** ist oder das FG bei der Entscheidung über die Verfahrensfrage von der Rechtsauffassung des BFH abgewichen ist. Das ergibt sich unmittelbar aus § 118 Abs 3 S 1, der nicht nur für materiell-rechtliche, sondern auch für **verfahrensrechtliche** Fragen von Bedeutung ist (vgl *Gräber* DStR 1968, 242 mwN in Fn 85 und 86; BFHE 188, 1 = BStBl II 1999, 412; *T/K* Rz 104; **aA** die hM, vgl BFHE 173, 480 = BStBl II 1994, 469; BVerwGE 19, 231; *Redeker/v Oertzen* § 137 Rz 20; *Eyermann* § 137 Rz 32: Die Gründe des § 115 Abs 2 Nr 1 und 2 müssen dem **materiellen Recht** angehören; offen gelassen in BFH/NV 1989, 377).

b) Auch **ohne Rüge** hat das Revisionsgericht das **Vorliegen der 68 Sachentscheidungsvoraussetzungen** des finanzgerichtlichen Verfahrens (vgl hierzu Rz 1 ff vor § 33) zu prüfen (allgemeine Ansicht, vgl Nachweise bei Rz 45). Von Amts wegen zu prüfen ist auch, ob der Einspruch in zulässiger Weise eingelegt wurde, obwohl es sich dabei nicht um eine Sachentscheidungsvoraussetzung, sondern um eine materiell-rechtliche Vorfrage für die Entscheidung in der Sache handelt (vgl Rz 46).

Die Sachentscheidungsvoraussetzungen des Klageverfahrens sind nicht identisch mit den absoluten Revisionsgründen des § 119, die idR nur auf ausdrückliche und schlüssige Rüge hin geprüft werden können (vgl zB BFHE 90, 399 = BStBl II 1968, 152; BFHE 93, 17 = BStBl II 1968, 683).

c) Von Amts wegen zu prüfen sind ferner **Verstöße gegen** die **69 Grundordnung des Verfahrens** oder, wie der BGH in seinem die Zulässigkeit eines Grundurteils betreffenden Urteil in NJW 1975, 1968 formuliert hat, die „Voraussetzungen für das ganze weitere Verfahren". Auch der BFH nimmt an, dass die **Zulässigkeit eines Grundurteils** von Amts wegen zu prüfen ist (BFHE 131, 194 = BStBl II 1980, 695; BFH/NV 1989, 311). Von Amts wegen zu prüfen ist auch die **Wirksamkeit** des Urteils (BFHE 173, 480 = BStBl II 1994, 469). Zur Grundordnung des Verfahrens gehören nach allgemeiner Ansicht ferner die **notwendige Beiladung** (vgl § 60 Rz 73) und die Beachtung des § 96 Abs 1 S 2 (**Bindung an den Klageantrag** (BFHE 171, 515 = BStBl II 1994, 182; BFHE 174, 241 = BStBl II 1994, 813; BFHE 175, 33 = BStBl II 1994, 903; BFHE 187, 297 = BStBl II 1999, 483; BGH NJW 1979, 2250; BGH WM 1980, 343 und WM 1985, 1269; BAG NJW 1971, 1332; *T/P* § 308 Rz 1 d; *Zöller/Vollkommer* § 308 Rz 6). Auch eine Verletzung des **Verböserungsverbots muss** das Revisionsgericht von Amts wegen beachten (BGHZ 36, 316). Einen Verstoß gegen die Grundordnung des Verfahrens nimmt der BFH auch dann an, wenn das FG die Verpflichtung zur **Aussetzung des Verfahrens nach § 74** (zB bei Vorgreiflichkeit des Gewinnfeststellungsverfahrens) missachtet hat (BFHE 139, 335 = BStBl II 1984, 200; BFHE 141, 124 = BStBl II 1984, 580; BFHE 145, 308 = BStBl II 1986, 239; BFHE 150, 90 = BStBl II 1987, 652 und BFHE 164, 194 = BStBl II 1991, 641; BFH/NV 1996, 404).

d) Steht mit dem gerügten Verfahrensmangel **ein nicht oder nicht 70 ordnungsgemäß gerügter Verfahrensmangel** in **unlösbarem Zu-**

sammenhang, so ist auch dieser Verfahrensmangel mit zu prüfen (RGZ 64, 278, 280; BFHE 117, 120 = BStBl II 1976, 48; BFHE 140, 129 = BStBl II 1985, 2; BFHE 142, 289, 297 = BStBl II 1994, 469; *Baumbach ua* § 559 Rz 2 D; *Kopp/Schenke* § 137 Rz 39). Der absolute Revisionsgrund der **Verletzung des rechtlichen Gehörs** (§ 119 Nr 3) ist auch dann zu prüfen, wenn er nicht ausdrücklich geltend gemacht, jedoch form- und fristgerecht die Verletzung einer Verfahrensvorschrift gerügt worden ist, die der Wahrung des rechtlichen Gehörs dient (BVerwGE 22, 71).

71   e) Liegt ein Mangel vor, der eine **Wiederaufnahme des Verfahrens** rechtfertigen könnte, so ist dieser auch ohne rechtzeitige Rüge zu berücksichtigen (BVerwGE 28, 18; vgl auch oben Rz 50).

72   **Materielles Recht** darf bei einer ausschließlich auf Verfahrensmängel gestützten Revision nach ganz hM nur geprüft werden, wenn die Voraussetzungen des § 115 Abs 2 Nr 1 oder 2 vorliegen (st Rspr, vgl BFHE 96, 269 = BStBl II 1969, 621; BFHE 111, 550 = BStBl II 1974, 350; BFHE 118, 530 = BStBl II 1976, 498; BFHE 164, 414 = BStBl II 1991, 763; BFH/NV 1995, 421; BVerwGE 18, 64; BVerwGE 19, 157; BVerwGE 19, 231; BVerwG NJW 1970, 1617; *H/H/Sp* § 118 Rz 27; *T/K* § 118 Rz 66; *Eyermann* § 137 Rz 32; *Kopp/Schenke* § 137 Rz 35; **aA** *Gräber* in DStR 1968, 238, 243). Ist eine dieser Voraussetzungen erfüllt, hat der BFH das angefochtene Urteil in materiell-rechtlicher Hinsicht uneingeschränkt zu überprüfen (arg. § 126 Abs 4).

Ob bei einer nur auf Verfahrensmängel gestützten Revision **sachliches Recht** geprüft werden kann, weil eine Frage von **grundsätzlicher Bedeutung** aufgeworfen wird oder **Divergenz** vorliegt, untersucht das Revisionsgericht **von Amts wegen** (*Gräber* DStR 1968, 238, 239); der Revisionskläger muss die Voraussetzungen des § 115 Abs 2 Nr 1 oder 2 also nicht darlegen (vgl aber BFH/NV 1986, 512; 1988, 163).

Von den in Abs 3 S 1 genannten Fällen (Divergenz und grundsätzliche Bedeutung) abgesehen, prüft das Revisionsgericht **sachliches Recht** auch dann, wenn es um die Frage geht, ob das **angefochtene Urteil auf dem Verfahrensmangel beruht** (BVerwGE 17, 16; BGH NJW 1954, 150; BGHZ 31, 358; *Kopp/Schenke* § 137 Rz 38; *Gräber* DStR 1968, 242).

Nach Inkrafttreten des 2. FGOÄndG werden Entscheidungen des BFH über Verfahrensrevisionen wohl nur noch selten vorkommen, da der BFH bei erfolgreicher Rüge eines Verfahrensmangels mit der NZB bereits im Beschwerdeverfahren das Urteil des FG aufheben und die Sache zurückverweisen oder – bei Spruchreife – selbst durcherkennen und die Klage als unzulässig abweisen kann (§ 116 Rz 66).

III. Prüfungsumfang bei Rüge der Verletzung materiellen Rechts

73   Rügt der Revisionskläger (auch) die Verletzung materiellen Rechts, so muss der BFH das angefochtene Urteil **in vollem Umfang** auf die Verletzung revisiblen Rechts prüfen, ohne dabei an die vorgebrachten Revisionsgründe gebunden zu sein (BFHE 182, 116 = BStBl II 1997, 327; BFHE 184, 444 = BStBl II 1999, 316). Eine Ausnahme gilt für die Verletzung von **Verfahrensrecht,** die idR nur auf Grund einer entsprechenden **Verfahrensrüge** vom Revisionsgericht geprüft wird (zu den Ausnahmen vgl oben Rz 67 ff).

§ 119 [Fälle der Verletzung von Bundesrecht]

Ein Urteil ist stets als auf der Verletzung von Bundesrecht beruhend anzusehen, wenn

1. das erkennende Gericht nicht vorschriftsmäßig besetzt war,
2. bei der Entscheidung ein Richter mitgewirkt hat, der von der Ausübung des Richteramts kraft Gesetzes ausgeschlossen oder wegen Besorgnis der Befangenheit mit Erfolg abgelehnt war,
3. einem Beteiligten das rechtliche Gehör versagt war,
4. ein Beteiligter im Verfahren nicht nach Vorschrift des Gesetzes vertreten war, außer wenn er der Prozessführung ausdrücklich oder stillschweigend zugestimmt hat,
5. das Urteil auf eine mündliche Verhandlung ergangen ist, bei der die Vorschriften über die Öffentlichkeit des Verfahrens verletzt worden sind, oder
6. die Entscheidung nicht mit Gründen versehen ist.

Vgl § 138 VwGO; § 547 ZPO.

Übersicht

Literatur: *May,* Die Revision in den zivil- und verwaltungsgerichtlichen Verfahren, 2. Auflage, 1997; *Sangmeister,* Die Rüge wesentlicher Mängel des Verfahrens (§ 116 Abs 1 FGO), DStZ 1991, 358; *ders,* Der Umfang der revisionsgerichtlichen Prüfung bei der Rüge von Verfahrensfehlern, StVj 1991, 128; *ders,* Zurückweisung der Revision als unbegründet trotz absoluten Revisionsgrundes bei Unzulässigkeit der Klage, ZIP 1994, 230.
Vgl ferner die Literaturhinweise vor Rz 4, 10, 21.

I. Allgemeines

Ein **Verfahrensfehler** führt im allgemeinen nur dann zur Aufhebung **1** des Urteils, wenn dieses auf dem Mangel **beruht** (§ 118 Abs 1 S 1, § 115 Abs 2 Nr 3). Bei den in § 119 abschließend aufgeführten Verfahrensverstößen stellt das Gesetz die **unwiderlegliche Vermutung der Ursächlichkeit** des Mangels auf. Die nach § 115 Abs 2 Nr 3, 118 Abs 1 grundsätzlich erforderliche Prüfung, ob das Urteil auf dem Verfahrensverstoß beruht, hat deshalb bei der Rüge eines absoluten Revisionsgrundes zu unterbleiben; das gilt gleichermaßen für das Revisionsverfahren wie für das Verfahren der NZB (vgl § 116 Rz 50). Auch **§ 126 Abs 4 ist grundsätzlich** auf die absoluten Revisionsgründe des § 119 **nicht anwendbar** (vgl zB BFHE 176, 571; BFHE 172, 404 = BStBl II 1994, 187; BGH WM IV 1993, 1656; BSG MDR 1995, 1046; *Kopp/Schenke* § 138 Rz 1; *MüKo* § 547 Rz 1, 23; *Redeker/v Oertzen* § 144 Rz 3; *T/K* § 119 Rz 7; *T/P* § 547 Rz 1). Das folgt allerdings nicht schon aus der Kausalitätsvermutung des § 119, da die Ursächlichkeit eines Verfahrensfehlers für die angefochtene Entscheidung auf der Grundlage der Rechtsauffassung des FG zu beurteilen ist, während es für die Ergebnisrichtigkeit iS von § 126 Abs 4 nur auf die Rechtsauffassung des BFH ankommt (*May* Kap VI Rz 100; vgl auch § 115 Rz 96, 98). Im Regelfall ist aber die **Zurückverweisung** geboten, weil ein Urteil, das an einem schweren Verfahrensfehler iS des § 119 leidet, keine geeignete Grundlage für eine Entscheidung des Revisionsgerichts in der Sache selbst sein kann (st Rspr, vgl BFHE 161, 8, 11 = BStBl II 1990, 787; BFH/NV 2001, 1037, 1277; 2002, 493, 921; 2003, 173). Dieser Grundsatz wird nur in wenigen Ausnahmefällen durchbrochen (vgl Rz 3, 11, 25).

Abgesehen davon, dass bei den absoluten Revisionsgründen die Ursächlichkeit des Verfahrensfehlers für das Urteil nicht zu prüfen ist, gelten für die Revisionsgründe des § 119 die allgemeinen Regeln. Daraus folgt, dass das Vorliegen eines absoluten Revisionsgrundes nur geprüft werden kann, wenn die **Revision zulässig** ist (BGHZ 2, 278; *Baumbach ua* § 547 Rz 1; *Kopp/Schenke* § 138 Rz 2).

2   Auch Verfahrensmängel iS des § 119 können nur geprüft werden, wenn sie innerhalb der Revisionsbegründungsfrist ordnungsgemäß, dh **schlüssig gerügt** wurden (vgl § 120 Abs 3; BFHE 146, 357 = BStBl II 1986, 568; BFH/NV 1988, 306; BFH/NV 1994, 40; BFH/NV 1995, 357, 406); gesetzlich vermutet wird nur die Kausalität des Mangels für den Inhalt des Urteils (BFHE 90, 399 = BStBl II 1968, 152; BFHE 93, 17 = BStBl II 1968, 683; BVerwGE 22, 271; BVerwGE 44, 3077; BAG HFR 1971, 65; *Kopp/Schenke* § 138 Rz 2; *Stein/Jonas/Grunsky* § 547 Rz I 2; *Zöller/ Schneider* § 547 Rz 1; *T/P* § 547 Rz 1; **aA** *Eyermann* § 138 Rz 8). Eine Rüge ist nur dann entbehrlich, wenn der absolute Revisionsgrund – wie es häufig in den Fällen der Nr 4 der Fall ist – eine von Amts wegen zu berücksichtigende **Sachentscheidungsvoraussetzung** betrifft (BFHE 136, 518 = BStBl II 1993, 46; BFHE 154, 17 = BStBl II 1988, 948; *Stein/ Jonas/Grunsky* § 547 Rz I 2 und II 5 c; *MüKo* § 547 Rz 3; *Kopp/Schenke* § 138 Rz 2). Zu den Anforderungen an die ordnungsgemäße Rüge eines Verfahrensmangels vgl § 120 Rz 66 ff.

3   Die Prüfung ordnungsgemäß gerügter Verfahrensmängel iS des § 119 hat Vorrang vor der Prüfung materiell-rechtlicher Revisionsrügen. Denn da die Ursächlichkeit des Mangels für die Entscheidung unwiderleglich vermutet wird, muss bei Vorliegen eines absoluten Revisionsgrundes das **Urteil regelmäßig aufgehoben** und die Sache ohne eine Äußerung des Revisionsgerichts zur Sache selbst an die Vorinstanz **zurückverwiesen** werden (BFHE 87, 60 = BStBl II 1967, 25; BFHE 90, 519 = BStBl II 1968, 208; BFHE 126, 508 = BStBl II 1979, 263; BFHE 129, 297 = BStBl II 1980, 208; BFHE 157, 168 = BStBl II 1989, 800; BFHE 155, 470

= BStBl II 1989, 424; BFHE 162, 534 = BStBl II 1991, 242; BFHE 169, 507 = BStBl II 1993, 306; BVerwG HFR 1981, 536; *H/H/Sp/Lange* § 119 Rz 36). Eine Entscheidung nach § 126 Abs 4 ist grds ausgeschlossen (BFHE 176, 571; BFH/NV 2001, 1037).

Ausnahmsweise kann der BFH auch bei Vorliegen eines absoluten Revisionsgrundes **in der Sache selbst entscheiden,** wenn zweifelsfrei feststeht, dass die Aufhebung und Zurückverweisung nur zu einer Wiederholung des angefochtenen Urteils führen könnte (BFHE 188, 523 = BStBl II 1999, 563; BVerwGE 109, 283 = NVwZ-RR 2000, 233; vgl auch Rz 14 und 25). Eine Entscheidung des BFH in der Sache nach **§ 126 Abs 4** kommt zB in Betracht, wenn das FG die Klage durch Sachurteil abgewiesen hat und die Prüfung durch den BFH ergibt, dass der gerügte Verfahrensmangel iS des § 119 zwar vorliegt, die Klage aber in jedem Fall wegen Fehlens einer Sachentscheidungsvoraussetzung durch **Prozessurteil** hätte abgewiesen werden müssen (vgl § 118 Rz 49; BFHE 175, 7 = BStBl II 1994, 859; BFHE 171, 1 = BStBl II 1993, 720; BFH/NV 1999, 487; 2001, 1037; 2002, 493; ablehnend: *Sangmeister* ZIP 1994, 230).

Zu der Frage, inwieweit ein **Rügeverzicht** bei den Revisionsgründen des § 119 möglich ist, vgl die Hinweise bei den einzelnen Revisionsgründen.

II. Die einzelnen absoluten Revisionsgründe

1. Unvorschriftsmäßige Besetzung des Gerichts (Nr 1)

Literatur: Kirchhof, Der Europäische Gerichtshof als gesetzlicher Richter im Sinne des Grundgesetzes, DStR 1989, 551; *Meilicke,* Hindernislauf zum gesetzlichen Richter, BB 2000, 17; *Sangmeister,* Revision und Nichtigkeitsklage bei unrichtiger Anwendung oder Gesetzwidrigkeit des Geschäftsverteilungsplans, DStZ 1988, 31; *ders,* Von der Verantwortung der Justiz für den gesetzlichen Richter, BB 1992, 321; *ders,* Grundrechtsschutz und Grundrechtsentziehung, NJW 1998, 721; *G. Vollkommer,* Das Ablehnungsverfahren der FGO nach dem Zweiten FGO-Änderungsgesetz – ein Modell für andere Verfahrensordnungen?, NJW 2001, 1827; *Wichmann,* Integrität – Anmerkungen zu Problemen des gesetzlichen Richters, Stbg 1996, 205; *Arndt/Wiesbrock,* Der EuGH als gesetzlicher Richter in ertragsteuerlichen Rechtsstreitigkeiten, DStR 1999, 350; *Zärban,* Senatsinterne Geschäftsverteilung – Ermessen, Vertrauen und gesetzlicher Richter, MDR 1995, 1202.

Vgl ferner die Literaturangaben bei § 103.

§ 119 Nr 1 dient der Gewährleistung des **gesetzlichen Richters** iS von **4** **Art 101 Abs 1 S 2 GG;** durch dieses Verfahrensgrundrecht soll der Gefahr vorgebeugt werden, dass die Rspr durch eine Manipulierung der Spruchkörper, sei es durch eine andere Staatsgewalt, sei es durch die Organe der rechtsprechenden Gewalt selbst, sachfremden Einflüssen ausgesetzt wird. Es soll insbesondere verhindert werden, dass im Einzelfall durch die gezielte Auswahl von Richtern das Ergebnis der Entscheidung beeinflusst wird (BVerfGE 17, 294, 299; BVerfGE 82, 286, 296; BFHE 183, 6 = BStBl II 1997, 647). Ein Verfahrensmangel iS des § 119 Nr 1 liegt deshalb immer dann (und nur dann) vor, wenn durch eine Maßnahme, die die Besetzung des erkennenden Gerichts betrifft, zugleich **Art 101 Abs 1 S 2**

GG verletzt ist (st Rspr BFH 165, 569 = BStBl II 1992, 252; BFHE 168, 508 = BStBl II 1993, 55; BFHE 190, 47 = BStBl II 2000, 88; BFHE 187, 404 = BStBl II 1999, 300; BFH/NV 2003, 483; 2005, 556, 705; BVerwG NJW 1988, 219; BVerwGE 110, 40 = NVwZ 2000, 1290 mwN; BGHSt 26, 206; aA BGH BB 1993, 811). „Gesetzlicher Richter" iS von Art 101 Abs 1 S 2 GG ist im Vorabentscheidungsverfahren nach Art 177 WV auch der **EuGH** (st Rspr, vgl BVerfGE 73, 339, 366; BVerfGE 75, 223, 245; BVerfGE 82, 159, 194; BVerfG HFR 1994, 348). Zur Vorlage an den EuGH als dem dazu berufenen gesetzlichen Richter sind jedoch nur letztinstanzlich entscheidende nationale Gerichte (also nicht die FG) verpflichtet (BVerfG EuZW 2001, 255; BFH/NV 2002, 1038 mwN).

Nach der Rspr des BVerfG verlangt Art 101 Abs 1 S 2 GG, dass der gesetzliche Richter sich im Einzelfall möglichst eindeutig aus einer allgemeinen Norm ergibt. Die **ordnungsgemäße Besetzung** eines Senats hängt vor allem davon ab, ob die gesetzlichen Vorschriften beachtet sind, die das **Gericht als solches** (Besetzung mit einer bestimmten Zahl von Richtern, Verteilung der Geschäfte auf die Senate), das erkennende Gericht als **Spruchkörper** (Bestimmung des Vorsitzenden und der Beisitzer, Reihenfolge der Heranziehung) und die **einzelnen Richter** (Befähigung zum Richteramt, persönliche Unabhängigkeit, ordnungsgemäße Ernennung, ordnungsgemäße Vertretungsregelung, Verhandlungsfähigkeit) betreffen (BVerfGE 17, 294; 18, 344; BFHE 165, 569 = BStBl II 1992, 252; BFHE 165, 492 = BStBl II 1992, 260; BFHE 92, 188 = BStBl II 1968 II 473; BFH/NV 1990, 305). Die Besetzung des erkennenden Gerichts kann deshalb **fehlerhaft** sein, wenn bei der Zusammensetzung der Richterbank **§ 5 Abs 3, §§ 14 bis 27** nicht beachtet wurden oder wenn gegen Vorschriften des **§ 4 iVm §§ 21 e–g GVG** oder gegen den **Geschäftsverteilungsplan** des Gerichts verstoßen wurde (Kopp/Schenke § 138 Rz 5). Hingegen gibt das Gebot des gesetzlichen Richters keinen Anspruch auf vorherige (abstrakte) Bestimmung eines Mitglieds des Spruchkörpers zum **Berichterstatter** (BFHE 170, 119 = BStBl II 1993, 311; BFHE 175, 7 = BStBl II 1994, 859). Art 101 Abs 1 S 2 GG schließt eine im Verfahrensgesetz vorgesehene Übertragung des Rechtsstreits auf einen anderen Richter (zB vom Kollegium auf den Einzelrichter) nicht aus (BFHE 186, 5 = BStBl II 1998, 544).

5 Nicht jeder Fehler bei der Anwendung der Vorschriften, die den gesetzlichen Richter betreffen, führt zu einer Verletzung des Art 101 Abs 1 S 2 GG und damit zu einem Verfahrensmangel iS des § 119 Nr 1. Die fehlerhafte Auslegung und Anwendung von Zuständigkeitsnormen begründen nur dann einen Verfahrensmangel nach § 119 Nr 1, wenn sie bei verständiger Würdigung der das Verfahrensgrundrecht des gesetzlichen Richters bestimmenden Gedanken nicht mehr verständlich erscheinen und **offensichtlich unhaltbar**, also **willkürlich**, sind (BVerfGE 73, 339; 75, 223; BVerfG NJW 1988, 1459; BFH/NV 2005, 705; 2003, 640; 2003, 483). Unter dieser Voraussetzung kann auch eine gerichtliche Entscheidung, die nicht mit der Beschwerde anfechtbar ist (zB die Übertragung des Rechtsstreits auf den Einzelrichter oder die Zurückweisung eines Ablehnungsgesuchs gegen einen Richter) aufgrund einer Verfahrensrüge nach § 119 Nr 1 im Revisionsverfahren oder im Verfahren der NZB überprüft werden (vgl auch Rz 9 und § 124 Rz 2 f).

Ein **Besetzungsmangel** iS des § 119 Nr 1 kommt nach diesen **5 a**
Grundsätzen in Betracht, wenn:
- ein Spruchkörper in verfassungswidriger Weise **überbesetzt** ist; das ist
  grundsätzlich nur dann der Fall, wenn es die Zahl seiner ordentlichen
  Mitglieder gestattet, in personell völlig verschiedenen Gruppen Recht zu
  sprechen oder wenn der Vorsitzende drei Spruchkörper mit je verschiedenen Beisitzern bilden kann (BVerfGE 17, 294; 18, 65; 18, 344); die
  FG-Senate dürfen deshalb grundsätzlich nicht mehr als fünf ordentliche
  Mitglieder haben (BFHE 93, 506 = BStBl II 1969, 37); zur (grundsätzlich zulässigen) Überbesetzung der Senate beim BFH vgl BFHE 175,
  3 = BStBl II 1994, 836;
- die **Übertragung** eines Rechtsstreits **auf den Einzelrichter** (§ 6
  Abs 1) oder die Rückübertragung der Sache auf den Senat (§ 6 Abs 3)
  willkürlich, dh greifbar gesetzwidrig ist (BFHE 178, 147 = BStBl II
  1995, 776; BFHE 190, 47 = BStBl II 2000, 88, 599; BFHE 194, 38 =
  BStBl II 2001, 415; BFH/NV 1999, 815, 1621, 1485; 2005, 556;
  BVerwGE 110, 40; **aA** *Eyermann* § 138 Rz 10);
- die gesetzlichen Voraussetzungen des **§ 79 a Abs 3 und 4** oder des **§ 6
  Abs 1** für eine Entscheidung durch den **Einzelrichter** fehlen (BFHE
  187, 404 = BStBl II 1999, 300; BFH/NV 1999, 1485; BVerwG
  NVwZ-RR 2002, 150);
- an der Entscheidung ein **erfolglos** wegen Befangenheit **abgelehnter
  Richter** mitgewirkt hat, sofern die Zurückweisung des Ablehnungsge-
  suchs **willkürlich** war (BVerwG NVwZ-RR 2000, 260 mwN; BFH/
  NV 2003, 65, 1218; vgl zur Besetzungsrüge bei Mitwirkung eines wegen Befangenheit ausgeschlossenen Richters Rz 9);
- Der Berichterstatter allein entscheidet, nachdem zuvor in derselben Sache vor dem Senat mündlich verhandelt worden war (BFHE 174, 107 =
  BStBl II 1994, 571);
- ein Spruchkörper willkürlich seine **Zuständigkeit** bejaht (BVerwG
  Buchholz 310 § 133 VwGO Nr 9);
- der **Geschäftsverteilungsplan** des Gerichts oder des Spruchkörpers
  während des Geschäftsjahrs ohne sachlichen Grund **geändert** wird
  (BFH/NV 1991, 826);
- bei der Besetzung des erkennenden Gerichts **willkürlich** (also nicht
  nur irrtümlich oder versehentlich) **vom Geschäftsverteilungsplan** des
  Gerichts oder dem Mitwirkungsplan des Spruchkörpers **abgewichen**
  wurde (BFH/NV 1989, 517; BVerfGE 27, 297; BVerwG DÖV 1974,
  534);
- bei grob **fehlerhafter Entpflichtung** eines an sich zur Mitwirkung
  verpflichteten Richters (BGH NJW 1982, 1656; vgl aber BFHE 194,
  346 = BStBl II 2001, 651 und BFH/NV 2005, 705: Der Vorsitzende
  braucht nicht nachzuprüfen, ob der vom Richter mitgeteilte Hinderungsgrund in tatsächlicher Hinsicht vorliegt);
- die **Vertretung des Vorsitzenden** dem regelmäßigen Vertreter nicht
  nur vorübergehend überlassen wird (BFHE 155, 470 = BStBl II 1989,
  424; vgl auch § 4 Rz 17);
- bei **vermeidbarer Unbestimmtheit** des Geschäftsverteilungsplans des
  Gerichts (BGH NJW 1976, 1688); wegen der Anforderungen an die
  Bestimmtheit des im Falle der Überbesetzung erforderlichen **Mitwir-**

kungsplans des Spruchkörpers vgl BGH HFR 1994, 491 und HFR 1995, 604; BFH/NV 1995, 609;

– bei der Heranziehung der **ehrenamtlichen Richter** willkürlich von der für jeden Spruchkörper aufzustellenden **Liste** (§ 27) **abgewichen** wurde (BFHE 86, 747 = BStBl III 1966, 655; BFHE 132, 377 = BStBl II 1981, 400; BFH/NV 2005, 705 mwN; BVerwG DÖV 1974, 534; vgl hierzu auch § 27 Rz 10);

– wegen schwerwiegender Fehler bei der **Wahl** der ehrenamtlichen Richter der Schutzzweck des Art 101 Abs 1 S 2 GG berührt ist (vgl BVerfG NJW 1982, 2368; BFHE 194, 346 = BStBl II 2001, 651; BFH/NV 1990, 511; BVerwG NJW 88, 219; BVerwG DVBl 1987, 1112);

– das Gericht willkürlich seine **Vorlagepflicht** an ein anderes Gericht oder einen anderen Spruchkörper (zB EGH, GmSOGB, GrS) verletzt hat (BVerfGE 73, 339; 75, 223; BVerfG HFR 1990, 518; HFR 1993, 203 und 409; BVerfG NJW 1996, 512) vgl dazu auch *Leisner*, NJW 1989, 2446 und *Kopp* FS Felix 153). Eine Verletzung der Vorlagepflicht an den EGH kommt allerdings bei den FG kaum in Betracht, weil diese gemäß Art 177 Abs 2 EGV als erstinstanzliche Gerichte europarechtliche Zweifelsfragen dem EGH zwar vorlegen können, aber nicht müssen (BFHE 175, 192 = BStBl II 1994, 875);

– bei grob **fehlerhafter Verweisung** der Streitsache an ein unzuständiges Gericht (BVerfG NJW 1982, 2367);

– dem erkennenden Gericht ein Richter angehört, dessen **Ernennung unwirksam** ist (BVerfG NJW 1985, 126);

– ein Richter aus **physischen** oder **psychischen Gründen** gehindert ist, seine richterlichen Funktionen ordnungsgemäß wahrzunehmen (BFH/NV 2000, 1034). Das ist der Fall, wenn der Richter während der mündlichen Verhandlung geistig abwesend ist oder **schläft** und deshalb wesentliche Vorgänge nicht wahrnehmen kann (BFHE 89, 183 = BStBl III 1967, 558; BFHE 147, 402 = BStBl II 1986, 908; BFH/NV 2004, 661; BVerwG HFR 1966, 281; DÖV 1972, 324; DÖV 1986, 437). Dasselbe gilt für den Fall geistiger Abwesenheit (BVerwG Buchholz 310 § 138 Nr 1 VwGO Nr 19). **Blindheit** oder **Taubstummheit** eines Richters sind nur dann ein absoluter Revisionsgrund, wenn sie den Richter hindern, den Streitfall sachgerecht zu beurteilen (BFHE 140, 514 = BStBl II 1984, 532; BSGE 23, 184; BSGE 32, 201; *Eyermann* § 138 Rz 2). Hält ein Richter in einer Sache, in der es auf den visuellen Eindruck ankommt, für längere Zeit die Augen geschlossen, so ist das Gericht nicht ordnungsgemäß besetzt (BVerwG Buchholz 310 § 138 Nr 1 VwGO Nr 20). Zur Problematik der Mitwirkung blinder Richter vgl *Schulze* in MDR 1995, 670.

6   Ein **Besetzungsmangel** iS des § 119 Nr 1 ist von der Rspr **verneint** worden,

– bei sachlich begründeten Abweichungen vom senatsinternen Mitwirkungsplan im Einzelfall (BFH/NV 1995, 234);

– bei einer sachlich gebotenen maßvollen **Überbesetzung** eines Spruchkörpers (BFHE 165, 492 = BStBl II 1992, 260; BFHE 175, 3 = BStBl II 1994, 836);

– bei **Zurückweisung eines Ablehnungsgesuchs** gegen einen Richter wegen Befangenheit, wenn die Entscheidung zwar inhaltlich unrichtig,

aber nicht willkürlich ist (BFHE 208, 26 = BStBl II 2005, 139; BFH/
NV 2003, 640; 2005, 709, 218; BVerwG NVwZ-RR 2000, 260; vgl
dazu auch Rz 9);
- wenn einem Senat für eine kurze Zeitspanne **kein Vorsitzender
  Richter** angehört (BFHE 190, 47 = BStBl II 2000, 88);
- wenn das FG davon absieht, die Frage der Vereinbarkeit einer entscheidungserheblichen Rechtsnorm des Bundesrechts mit **Europäischem
  Gemeinschaftsrecht** dem EGH vorzulegen (BVerfGE 82, 159, 196;
  BVerwGE 110, 40);
- bei rechtsirriger Bejahung des **Rechtswegs** (BVerwG 310 § 40 VwGO
  Nr 252);
- bei geringfügigen **Mängeln** eines senatsinternen **Mitwirkungsplans**
  (BFHE 165, 569 = BStBl II 1992, 252; BGH HFR 1995, 604 und NJW
  1994, 1735) oder eines gerichtlichen **Geschäftsverteilungsplans**
  (BVerwG Buchholz 310 § 133 VwGO Nr 76);
- bei nur **versehentlicherm Abweichen** von dem Geschäftsverteilungsplan des Gerichts oder des Spruchkörpers (BVerwG DÖV 1974, 534);
- wenn ein Vorsitzender Richter zugleich als **Berichterstatter** tätig wurde (BFH/NV 1989, 585);
- bei (nicht schwerwiegenden) Mängeln im Verfahren der **Wahl ehrenamtlicher Richter,** insbesondere beim Verstoß gegen bloße Sollvorschriften (BFHE 149, 23 = BStBl II 1987, 438; BFHE 168, 508 =
  BStBl II 1993, 55; BFHE 194, 346 = BStBl II 2001, 651; BFH/NV
  1990, 511; 1989, 532).

„Erkennendes Gericht" iS der Nr 1 ist nur das Gericht, welches das **7**
angefochtene Urteil gefällt hat, also das Gericht iS von **§ 103** (BFHE 124,
305 = BStBl II 1978, 311; BFHE 143, 117 = BStBl II 1985, 305;
BFH/NV 1996, 481; 1997, 452; BVerwG BayVBl 1972, 109). Im Fall der
Entscheidung ohne mündliche Verhandlung ist die Besetzung bei der
letzten Beratung maßgeblich, auf die das Urteil ergangen ist. Ist das Urteil auf Grund mündlicher Verhandlung ergangen, so ist die **Besetzung**
der Richterbank in der **letzten mündlichen Verhandlung** das „erkennende Gericht" (BFH/NV 1990, 780; BVerwG Buchholz 310 § 138
VwGO Nr 21 und 310 § 133 VwGO NR 26). Eine mangelhafte Besetzung in einer früheren mündlichen Verhandlung kann nur mit der Verfahrensrüge nach § 120 Abs 3, nicht als absoluter Revisionsgrund des § 119
Nr 1 geltend gemacht werden (BVerwG StRK FGO § 116 Nr 1 R 8;
BGHZ 40, 179). Eine Besetzungsrüge nach Nr 1 kann auch nicht mit Erfolg auf die Tatsache gestützt werden, dass nach einer Vertagung an der
mündlichen Verhandlung, auf die das angefochtene Urteil ergangen ist,
andere Richter mitgewirkt hätten, als an einem früheren Verhandlungstermin; das gilt auch, wenn in dem früheren Termin eine **Beweisaufnahme** stattgefunden hat (BFHE 143, 117 = BStBl II 1985, 305;
BFH/NV 2004, 350; BVerwG DÖV 1971, 711; BGHZ 53, 245, 257;
BGH NJW 1979, 2518). Eine Wiederholung der Beweisaufnahme ist nicht
erforderlich (BFHE 124, 305 = BStBl II 1978, 311; BVerwG DÖV 1988,
977). Allerdings darf das Gericht in einem solchen Fall nur Tatsachen und
Beweisergebnisse für seine Entscheidung verwerten, die auf **eigener
Wahrnehmung** der an der Entscheidung beteiligten Richter beruhen
oder die **aktenkundig** sind (BGHZ 17, 118; BVerwG Buchholz 310

§ 133 VwGO Nr 1; BVerwG NVwZ 1990, 58). Eine Veränderung in der Besetzung der Richterbank ist hingegen unzulässig, wenn die mündliche Verhandlung nicht vertagt, sondern nur unterbrochen wurde (vgl BFHE 95, 24 = BStBl II 1969, 297; BFHE 121, 392 = BStBl II 1977, 431).

Wegen der Besetzung des Gerichts bei **Unterbrechung** und **späterer Weiterführung des Verfahrens** vgl §§ 27 Rz 5 und 103 Rz 4.

8   Die unvorschriftsmäßige Besetzung des Gerichts ist nicht von Amts wegen zu prüfen; es muss vielmehr eine entsprechende **Verfahrensrüge** erhoben werden (*Stein/Jonas/Grunsky* § 547 Rz II 1 b). Auf die Beachtung der Vorschriften über die Besetzung des Gerichts nach **§ 155 iVm § 295 ZPO** kann **nicht verzichtet** werden (BFHE 187, 404 = BStBl II 1999, 300; BFH NJW 1993, 600; BAG DB 1984, 194; *Baumbach ua* § 295 Rz 3 B; *T/K* Rz 30; vgl aber BFH/NV 1996, 54: Richterwechsel zwischen Beweisaufnahme und mündlicher Verhandlung als verzichtbarer Mangel; zweifelhaft).

Für die **schlüssige Rüge** eines Verfahrensmangels nach § 119 Nr 1 genügt es nicht, eine unvorschriftsmäßige Besetzung des Gerichts nur („auf Verdacht") zu behaupten (BFHE 98, 239 = BStBl II 1970, 384; BFHE 114, 85 = BStBl II 1975, 232; BFH/NV 1997, 31; BVerwG Buchholz 310 § 139 VwGO Nr 53; BGH HFR 1987, 150). Der Beteiligte, der sie geltend macht, muss sich über ihm nicht bekannte Vorgänge, die für die Besetzung maßgeblich sein können, nach Möglichkeit **Aufklärung verschaffen** und das Ergebnis seiner Ermittlungen darlegen (BFHE 132, 377; BStBl II 1981, 400; BFHE 194, 346 = BStBl II 2001, 651; BFH/NV 2001, 197; BGH NJW 1992, 512; BVerwGE 12, 261; BGH HFR 1987, 150; BVerwG Buchholz 310 § 133 VwGO Nr 64 und 330 § 21 e GVG Nr 15), ggf muss er eigene Ermittlungen anstellen (BFHE 114, 85 = BStBl II 1975, 232; BFHE 98, 239 = BStBl II 1971, 384). Es müssen in jedem Fall **konkrete Tatsachen** vorgetragen werden, die geeignet erscheinen, eine Verletzung der Vorschriften über die Besetzung darzutun (BFH/NV 2004, 1678; 1997, 37; *T/K* § 119 Rz 23). Die Rüge, ein Richter habe während der mündlichen Verhandlung geschlafen und sei deshalb gehindert gewesen, den Vorgängen in der Verhandlung zu folgen, ist nur dann in zulässiger Weise erhoben, wenn der Revisionskläger darlegt, **welche wesentlichen Vorgänge** der Verhandlung dieser Richter nicht hat wahrnehmen können (BFHE 147, 402 = BStBl II 1986, 908; BFH/NV 2002, 1161; 1999, 1491). Zu den Anforderungen an die Rüge eines Besetzungsmangels, wenn ein Verstoß gegen den Geschäftsverteilungsplan des Gerichts oder den Mitwirkungsplan eines Spruchkörpers behauptet wird, vgl BFH/NV 1995, 403, 416, 618; BVerwG NJW 1991, 1370; zur Rüge einer fehlerhaften Heranziehung ehrenamtlicher Richter vgl BFHE 194, 346 = BStBl II 2001, 651; BFH/NV 1995, 481, 626, 912.

2. Mitwirkung eines ausgeschlossenen oder mit Erfolg abgelehnten Richters (Nr 2)

9   Richter, die nach § 51 Abs 2 oder § 51 Abs 1 iVm § 41 ZPO **kraft Gesetzes** von der Ausübung des Richteramtes **ausgeschlossen** sind, dürfen an der Entscheidung nicht mitwirken (vgl BFHE 161, 8 = BStBl II 1990, 787). Denn die Beteiligten haben Anspruch auf ein **unparteiisches**

Gericht (Art 6 EMRK, BVerfGE 21, 145; BVerfG NJW 1993, 2229). Erheblich ist nur die Mitwirkung des ausgeschlossenen oder erfolgreich abgelehnten Richters an der **Entscheidung,** nicht auch an der Beweisaufnahme (*Kopp/Schenke* § 138 Rz 7).

Bei **Ablehnung eines Richters** wegen Besorgnis der Befangenheit (§ 51 iVm § 42 ZPO) ist die Verfahrensrüge nach § 119 Nr 2 nur dann schlüssig erhoben, wenn der Richter „mit Erfolg" abgelehnt wurde. Hat das FG das Ablehnungsgesuch zurückgewiesen und anschließend unter Mitwirkung des abgelehnten Richters über die Klage entschieden, liegt darin kein absoluter Revisionsgrund iS des § 119 Nr 2 (BFH/NV 2001, 1142). Die Rüge, ein Ablehnungsgesuch sei vom FG zu Unrecht zurückgewiesen worden, kann grundsätzlich nur als **Besetzungsrüge nach § 119 Nr 1** geltend gemacht werden. Denn ein Gericht ist auch dann nicht vorschriftsmäßig besetzt, wenn es zu Unrecht die Voraussetzungen einer Richterablehnung verneint hat (BFHE 125, 12 = BStBl II 1978, 404). Die abweichende Entscheidung des GrS in BFHE 134, 515 = BStBl II 1982, 217, nach welcher in Ablehnungsfällen der absolute Revisionsgrund der Nr 2 als die **speziellere Regelung der Nr 1** vorgeht, ist überholt; sie beruht auf der Rechtslage vor Inkrafttreten des 2. FGOÄndG, nach der der Beschluss über ein Ablehnungsgesuch mit der Beschwerde angefochten werden konnte. Aufgrund der Änderung des § 128 Abs 2 zum 1. 1. 2001 ist nunmehr die Beschwerde in Richterablehnungssachen ausdrücklich ausgeschlossen. Gemäß **§ 124 Abs 2** ist dem BFH auch eine Nachprüfung der unanfechtbaren Entscheidung über das Ablehnungsgesuch im Revisionsverfahren grundsätzlich versagt. Zulässig ist aber die Rüge, die Entscheidung des FG über die Richterablehnung verletze das **Verfahrensgrundrecht des gesetzlichen Richters** (Art 101 Abs 1 S 2 GG, vgl § 124 Rz 5). Da Art 101 Abs 1 S 2 GG nur bei willkürlichen Verstößen gegen Verfahrensvorschriften eingreift, hat die Besetzungsrüge nur dann Aussicht auf Erfolg, wenn sich aus dem Vorbringen des Revisionsklägers ergibt, dass der Beschluss über die Zurückweisung des Ablehnungsgesuchs nicht nur fehlerhaft, sondern „greifbar gesetzwidrig", also **willkürlich** war (BFHE 208, 26 = BStBl II 2005, 139; BVerwGE NVwZ-RR 2000, 260; *Kopp/Schenke* § 138 Rz 9; **aA** mit beachtlichen Gründen: *G. Vollkommer,* NJW 2001, 1827; *Eyermann* § 138 Rz 10; vgl ferner die Nachweise bei § 124 Rz 3).

Auf die Geltendmachung eines Mangels iS von § 119 Nr 2 kann **wirksam nicht verzichtet** werden.

3. Versagung des rechtlichen Gehörs (Nr 3)

Literatur: *Bilsdorfer,* Verletzung des Rechts auf Gehör, SteuerStud 2002, 158; *Dänzer,* Die Rüge der Verletzung des rechtlichen Gehörs – der BFH überspannt die Anforderungen, DStZ 1999, 516; *Drüen,* Die Verfahrensrüge der Überraschungsentscheidung, AO-StB 2002, 196 ff, 242 ff; *List,* Die Rüge der Verletzung des rechtlichen Gehörs, DStZ 2003, 269; *Nieland,* Rechtsschutz gegen Verletzung des rechtlichen Gehörs, AO-StB 2003, 381; *Rüping,* Zur schlüssigen Darlegung der Rüge der Verletzung des rechtlichen Gehörs, BB 2002, 770; *Rüsken,* Wann führt die abgekürzte Ladungsfrist zur Verletzung des rechtlichen Gehörs?, BFH-PR 2001, 397; *H. Wolff,* Die Verletzung rechtlichen

Gehörs als Revisionsrüge in verschiedenen Verfahrensordnungen, ZZP 116, 403 ff. *Vgl im Übrigen die Literaturangaben bei § 96.*

a) Inhalt des Rechts auf Gehör

10   Vgl hierzu auch § 96 Rz 27 ff. Zum Rechtsbehelf der Anhörungsrüge vgl § 133 a.

Der Begriff des rechtlichen Gehörs in § 119 Nr 3 entspricht dem in § 96 Abs 2 und Art 103 Abs 1 GG. Der in **Art 103 Abs 1 GG** verfassungsrechtlich verbürgte Anspruch auf rechtliches Gehör ist ein objektiv-rechtliches Verfahrensprinzip, das für jedes Gerichtsverfahren unabdingbar ist (BVerfGE 55, 5; Art 6 Abs 1 MRK). Als **Prozessgrundrecht** verpflichtet Art 103 Abs 1 GG das Gericht, die Ausführungen der Prozessbeteiligten zur Kenntnis zu nehmen und in Erwägung zu ziehen und seine Entscheidung nur auf solche Tatsachen und Beweisergebnisse zu stützen, zu denen die Prozessbeteiligten sich äußern konnten (st Rspr, vgl die Nachweise bei Rz 10a). Die nähere Ausgestaltung dieses Grundrechts ist dem **einfachen Verfahrensrecht**, dh der im konkreten Fall anzuwendenden Verfahrensordnung überlassen (BVerfGE 74, 1). Art 103 Abs 1 GG ist nicht verletzt, wenn das Vorbringen eines Beteiligten im Gerichtsverfahren aus Gründen des formellen oder materiellen Rechts unberücksichtigt bleibt (BVerfGE 62, 249; 66, 260; 79, 51, 62). Nur soweit die Regelungen des einfachen Verfahrensrechts (oder deren Auslegung durch die Gerichte) hinter den Mindestanforderungen des Art 103 Abs 1 GG zurückbleiben, ergibt sich der Anspruch auf rechtliches Gehör unmittelbar aus Art 103 Abs 1 GG (BVerfGE 18, 405; 54, 97; 60, 305; *Schmidt-Aßmann* DÖV 1987, 1029). Andererseits kann der im einfachen Verfahrensrecht geregelte Anspruch auf Gehör auch über das in Art 103 Abs 1 garantierte Recht hinausgehen (BVerfGE 22, 271; 60, 305; 74, 1; *Kopp/Schenke* § 108 Rz 19 und § 138 Rz 10; *ders,* in AöR 106, 604; *Redeker/v Oertzen* § 158 Rz 6; *Schmidt-Aßmann* DÖV 1987, 1029, 1035). In der FGO ist das Gebot des rechtlichen Gehörs insbesondere durch **§§ 96 Abs 2, 119 Nr 3** gewährleistet; **Ausprägungen** dieses Grundsatzes finden sich aber auch in zahlreichen **anderen Vorschriften** der FGO, wie zB in den Vorschriften über die Wiedereinsetzung in den vorigen Stand (§ 56), die Mitteilung von Unterlagen der Besteuerung (§ 75) und Schriftsätzen der Gegenseite (§ 77 Abs 1), das Recht auf Akteneinsicht (§ 78), über den Ausschluss verspäteten Vorbringens (§ 79b Abs 3), die gerichtlichen Hinweis-, Aufklärungs- und Erörterungspflichten (zB §§ 76 Abs 1 und 2, 91 Abs 2, 79 Abs 1 und 2, 93 Abs 1) das Äußerungsrecht der Beteiligten nach § 92 Abs 3, die Ladung zum Termin (§ 91 Abs 1), die Notwendigkeit einer mündlichen Verhandlung (§§ 90 Abs 1, 90a Abs 2 Nr 2 und 3, § 94a S 2), die Beachtung der Frist des § 104 Abs 2 sowie in den Bestimmungen über die Prozesskostenhilfe (§ 142 iVm §§ 114ff ZPO). Beschlüsse der FG nach den genannten Vorschriften sind idR **unanfechtbar** (vgl § 128 Abs 2); gleichwohl ist der BFH im Revisionsverfahren durch § 124 Abs 2 nicht an der Prüfung gehindert, ob das FG mit dem als solchem unanfechtbaren Beschluss das rechtliche Gehör verletzt hat (§ 124 Rz 3).

10 a   Der Anspruch auf rechtliches Gehör umfasst in erster Linie das durch **§ 96 Abs 2** gewährleistete Recht der Verfahrensbeteiligten, sich **vor Er-**

lass einer Entscheidung zu den entscheidungserheblichen **Tatsachen** und **Beweisergebnissen** zu äußern (st Rspr vgl zB BVerfGE 58, 353; BVerfGE 60, 1 mwN; BFHE 135, 149 = BStBl II 1982, 356; BFHE 148, 119, 125 = BStBl II 1987, 89). Über den Anspruch des § 96 Abs 2 hinaus haben die Beteiligten nach Art 103 Abs 1 GG einen Anspruch darauf, dem Gericht auch in **rechtlicher Hinsicht** alles **vorzutragen,** was sie für wesentlich halten (BVerfGE 74, 224 mwN; vgl auch § 96 Rz 32). Das Recht auf Gehör schließt ferner das Recht der Prozessbeteiligten ein, **Anträge** zu stellen (st Rspr, vgl zB BVerfGE 36, 87; 54, 123; 65, 293).

Diesen Ansprüchen entspricht die Pflicht des Gerichts. Anträge und **Ausführungen** der Prozessbeteiligten zur **Kenntnis zu nehmen** und in **Erwägung zu ziehen** (BVerfGE 27, 248, 252; BVerfGE 79, 51, 61; BVerfGE 87, 363, 392 mwN; BFHE 177, 451 = BStBl II 1995, 532; BFH/NV 1991, 531; BVerwG DÖV 1996, 292). Sie findet ihre notwendige Ergänzung in der Pflicht des Gerichts zu einer **Begründung** seiner Entscheidung. aus der erkennbar wird, dass es seiner Pflicht, die Beteiligten zu hören und ihr wesentliches Vorbringen zur Kenntnis zu nehmen und in Erwägung zu ziehen, nachgekommen ist (BVerfGE 47, 182; BVerfGE 54, 45; BVerfGE 58, 353; BFH/NV 1991, 531).

Diese Pflicht geht nicht soweit, dass sich das Gericht mit **jedem Vorbringen** in den Entscheidungsgründen ausdrücklich befassen müsste; grundsätzlich ist davon auszugehen, dass das Gericht das von ihm entgegengenommene Vorbringen der Beteiligten auch zur Kenntnis genommen hat (BFH/NV 2000, 448, 730; BFHE 186, 214 = BStBl II 1998, 560; BVerfG HFR 1996, 153; BVerfGE 54, 91). Es darf ein Vorbringen außer Betracht lassen, das nach seiner Rechtsauffassung unerheblich oder unsubstantiiert ist (BVerfGE 70, 288). Das rechtliche Gehör ist erst dann verletzt, wenn sich aus den besonderen Umständen des einzelnen Falles *deutlich* ergibt, dass das Gericht ein tatsächliches Vorbringen entweder überhaupt nicht zur Kenntnis genommen oder doch bei seiner Entscheidung ersichtlich nicht in Erwägung gezogen hat (BVerfGE 54, 91 f; BVerfGE 86, 133; BFHE 177, 451 = BStBl II 1995, 532; BFH/NV 2002, 493; 2000, 730); zumindest die **wesentlichen** der Rechtsverfolgung oder Rechtsverteidigung dienenden Tatsachen und **Rechtsausführungen** sowie erhebliche Beweisanträge müssen in den Entscheidungsgründen verarbeitet werden (BFH/NV 2002, 493; BVerfGE 54, 39, 45; BVerfGE 58, 353, 357; 60, 247; BVerfG NJW 1992, 1031).

Der Anspruch der Beteiligten, sich zu den entscheidungserheblichen Rechtsfragen des Verfahrens vorher zu äußern, beinhaltet nicht den Anspruch auf ein **Rechtsgespräch** mit dem Gericht (BVerfGE 31, 364, 370; BVerfGE 42, 64, 85; BFHE 185, 422 = BStBl II 1998, 383 mwN; BFHE 177, 377 = BStBl II 1995, 732; BFH/NV 2000, 1451). Die FG sind insbesondere nicht verpflichtet, die maßgebenden rechtlichen Gesichtspunkte mit den Beteiligten vorher umfassend zu erörtern (BFHE 179, 239 = BStBl II 1996, 426; BFHE 160, 256 = BStBl II 1990, 539) oder ihnen die einzelnen für die Entscheidung erheblichen Gesichtspunkte im voraus anzudeuten (BFH/NV 2000, 1235; BFHE 157, 51 = BStBl II 1989, 711). Die Beteiligten müssen alle vertretbaren Gesichtspunkte von sich aus in Betracht ziehen (BFHE 185, 422 = BStBl II 1998, 383; BFHE 186, 29 = BStBl II 1998, 505). Ein absoluter Revisionsgrund iS des § 119 Nr 3 ist aber dann gegeben, wenn das Urteil ohne vorherigen Hinweis des Gerichts auf einen rechtlichen Gesichtspunkt gestützt wird, der weder im Besteuerungsverfahren, noch im gerichtlichen oder außergerichtlichen Rechtsbehelfsverfahren mit dem Beteiligten erörtert wurde und der auch nicht nahe liegt; „**Verbot von Überraschungsentscheidungen**" (BVerfGE 42, 64, 85; 55, 1; BVerfG DVBl 1995, 317; BFHE 105, 515 = BStBl II 1972, 637; BFHE 133, 352 = BStBl II 1981, 720; BFHE 143, 393 = BStBl II 1985, 491; BFHE 162, 199 = BStBl II 1991, 100; BFHE 177, 377 = BStBl II 1995, 732; BFH/NV 2000, 396 mwN; 2003, 1068, 1585; BFH WM 1986, 1371; BSG NJW 1991, 1910; BVerwG NVwZ-RR 2000, 396; vgl auch die ausdrückliche Regelung in § 278 Abs 3 ZPO). Eine unzulässige Überraschungsentscheidung liegt aber nicht schon dann vor, wenn das FG rechtliche Gesichtspunkte, die bisher nicht im Vordergrund standen, in der Entscheidung als maßgebend herausstellt (BFHE 157, 72 = BStBl II 1989, 141; BFHE 165, 398 = BStBl II 1992, 376). Stützt das FG seine Entscheidung auf einen neuen rechtlichen Gesichtspunkt, liegt gleichwohl kein Mangel iS von § 119 Nr 3 vor, wenn es durch Gerichtsbescheid entscheidet (BFHE 133, 352 = BStBl II 1981, 720).

10b   Ob das FG den Anspruch auf rechtliches Gehör **schuldhaft** verletzt hat oder nicht, ist unerheblich. Ein Mangel iS des § 119 Nr 3 liegt deshalb auch dann vor, wenn ein Gericht den Sachvortrag eines Beteiligten deshalb unberücksichtigt gelassen hat, weil ihm ein nachgereichter Schriftsatz aufgrund eines Versehens der Geschäftsstelle nicht rechtzeitig vorgelegt wurde. Anders ist es, wenn die Kenntnisnahme dem Gericht objektiv unmöglich war, weil der Schriftsatz nicht bei Gericht eingegangen ist (BFH/NV 1988, 310; 1990, 229; *Kopp/Schenke* § 138 Rz 15).

Ein Verfahrensmangel ist nicht deshalb ausgeschlossen, weil der Kläger seiner prozessualen **Mitwirkungspflicht** nicht ausreichend nachgekommen ist (BFH/NV 1991, 531; vgl aber BFH/NV 1995, 46). Der Grundsatz der Amtsermittlung verpflichtet das Gericht, in der mündlichen Verhandlung auch solche entscheidungserheblichen Tatsachen aufzugreifen, welche ein Beteiligter im bisherigen Verfahren nicht vorgetragen hat. Ein Beteiligter verliert deshalb nicht das Recht, den Verfahrensverstoß zu rügen, wenn er von der Möglichkeit, zur Vorbereitung der mündlichen Verhandlung Schriftsätze einzureichen, keinen Gebrauch gemacht hat (BVerwG NJW 1992, 3185 mwN; vgl aber unten Rz 13).

10c   Anspruch auf rechtliches Gehör haben nicht nur die Hauptbeteiligten des Verfahrens, sondern auch die **Beigeladenen** (BFHE 188, 273 = BStBl II 1999, 531). Im Revisionsverfahren kann die Verletzung des rechtlichen Gehörs nur von dem jeweils **betroffenen Beteiligten** des erstinstanzlichen Verfahrens gerügt werden (BFH/NV 1995, 623). Hat ein Beteiligter die Durchführung einer mündlichen Verhandlung beantragt und entscheidet das FG gleichwohl ohne eine solche, ist das rechtliche Gehör auch des anderen Verfahrensbeteiligten verletzt (vgl BFHE 151, 297 = BStBl II 1988, 141 zu § 119 Nr 4 und Rz 16).

In **zeitlicher Hinsicht** besteht der Anspruch auf Gewährung rechtlichen Gehörs auch noch nach Schluss der mündlichen Verhandlung bis zur Verkündung oder Zustellung des Urteils oder – bei Verzicht auf eine mündliche Verhandlung – bis zum Absenden der Urteilsausfertigungen (vgl dazu BFH/NV 1991, 531; 2002, 356). Das FG muss deshalb auch solches

Vorbringen der Beteiligten zur Kenntnis nehmen und in Erwägung ziehen, das erst nach Schluss der mündlichen Verhandlung. aber vor der Verkündung oder Zustellung des Urteils im FG eingeht (vgl hierzu auch Rz 16 „Wiedereröffnung der mündlichen Verhandlung" und Rz 13).

b) Kausalität des Mangels

Liegt ein Verstoß gegen das Gebot der Gewährung rechtlichen Gehörs **11** vor, wird **von Gesetzes wegen** vermutet, dass das Urteil auf diesem Mangel beruht (vgl Rz 1). Im Regelfall ist dann auch eine Zurückweisung der Revision nach § 126 Abs 4 ausgeschlossen, weil ein Urteil, das auf einem wesentlichen Verfahrensmangel beruht, keine geeignete Grundlage für eine Sachentscheidung des Revisionsgerichts sein kann (Rz 3). Die Kausalitätsregel des § 119 Nr 3 wird jedoch ausnahmsweise durchbrochen, wenn die Verletzung des rechtlichen Gehörs nur **einzelne Feststellungen** betrifft, auf die es für die Entscheidung aus der Sicht des Revisionsgerichts (BVerwGE 62, 6) **unter keinem rechtlichen Gesichtspunkt ankommt** (st Rspr, vgl zB BFHE 90, 519 = BStBl II 1968, 206; BFHE 166, 415 = BStBl II 1992, 425; BFHE 175, 142 = BStBl II 1994, 719; BFH/NV 2003, 1205; BVerwGE 15, 24; BVerwG NVwZ 1985, 416; BVerwG DÖV 1996, 292); das ist der Fall, wenn die fehlerhaft getroffenen Feststellungen hinweggedacht werden können, ohne das Ergebnis der Entscheidung in Frage zu stellen (BVerwG NJW 1992, 2042). Diese Ausnahme wird mit einer durch den Zweck der Vorschrift gebotenen Einschränkung des Gesetzeswortlauts gerechtfertigt (vgl BFHE 186, 102 = BStBl II 1998, 676; ablehnend *Dänzer-Vanotti* DStZ 1999, 516; *T/K* Rz 15, 60). In einem derartigen Fall, in dem die Zurückverweisung nach § 126 Abs 3 Nr 2 nur zu einer Wiederholung des aufgehobenen Urteils führen könnte, ist es zulässig, nach § 126 Abs 4 zu verfahren.

Hat sich hingegen der Verfahrensverstoß auf das **Gesamtergebnis des Verfahrens** (§ 96 Abs 1) **ausgewirkt** (zB weil dem Beteiligten durch rechtswidrige Ablehnung seines Vertagungsantrags die Teilnahme an der mündlichen Verhandlung versagt wurde), kommt eine Prüfung der Kausalität des Mangels oder eine Entscheidung nach § 126 Abs 4 nicht in Betracht (st Rspr vgl GrS in BFHE 196, 39 = BStBl II 2001, 802; BFHE 166, 415 = BStBl II 1992, 425; BFHE 176, 571 = NJW 1995, 2375; BFHE 186, 102 = BStBl II 1998, 676 mwN; BFH/NV 2003, 1588; BVerwGE 62, 6; BVerwG NJW 1992, 2042, 3185; NJW 1995, 1441; DÖV 1996, 292; weitergehend *Dänzer-Vanotti* DStZ 1999, 516; *T/K* Rz 15, 60). Zur Bedeutung der mündlichen Verhandlung für das finanzgerichtliche Verfahren vgl BFHE 186, 102 = BStBl II 1998, 678). Zur Begründung der Verfahrensrüge nach § 119 Nr 3 vgl Rz 14.

c) Rüge einer Verletzung des rechtlichen Gehörs

Der Verfahrensverstoß kann im Revisionsverfahren nur berücksichtigt **12** werden, wenn er schlüssig vorgetragen wird und der Revisionskläger sein Rügerecht nicht verloren hat.

Auf die Geltendmachung des Verfahrensmangels kann **verzichtet** werden (BFHE 102, 202 = BStBl II 1971, 591; BFHE 121, 286 = BStBl II 1977, 348; BFH/NV 2003, 1595; BVerwGE 19, 231). Die Verletzung des rechtlichen Gehörs muss deshalb nach Möglichkeit schon **vor dem FG** gerügt werden. Hatte der vor dem FG **rechtskundig Vertretene** (BFH/ NV 2004, 50) von dem Mangel Kenntnis und rügte er ihn nicht bis zum Ende der mündlichen Verhandlung, kann er ihn nicht mehr als Verfahrensmangel mit der Revision geltend machen (BFHE 129, 524 = BStBl II 1980, 299; BVerwG NJW 1976, 1705; BFH/NV 2003, 1595; vgl aber BFHE 132, 394 = BStBl II 1981, 401).

Die Rüge des Verfahrensmangels vor dem FG ist **nicht zumutbar,** wenn der Beteiligte vom Gericht unter Druck gesetzt wurde (BFHE 129, 524 = BStBl II 1980, 299). Zum Verlust des Rügerechts vgl ferner § 115 Rz 100 ff.

13   Auch wenn die Voraussetzungen eines Rügeverzichts iS von § 155 iVm § 295 ZPO nicht vorliegen, verliert der Revisionskläger sein Rügerecht, wenn er nicht **alle prozessualen Möglichkeiten ausschöpft,** sich rechtliches Gehör zu verschaffen (st Rspr, vgl GrS in BFHE 196, 39 = BStBl II 2001, 802 aE; BFHE 186, 102 = BStBl II 1998, 676 mwN; BFH/NV 2000, 1233; BVerfGE 15, 256, 267; BVerwGE 66, 311; BVerwG DVBl 1999, 93 und NJW 1992, 3185 mwN; *Kopp/Schenke* § 138 Rz 19; *Redeker/v Oertzen* § 138 Rz 6). Das gilt auch dann, wenn Verfahrensvorschriften verletzt worden sind, deren Haupt- oder Nebenzweck darauf gerichtet ist, den Anspruch der Beteiligten auf rechtliches Gehör zu wahren (BVerwG NJW 1989, 601).

Gleiches gilt, wenn auf die Gewährung des rechtlichen Gehörs abzielende **Maßnahmen des FG** deshalb nicht wirksam werden können, weil der Beteiligte (oder sein Bevollmächtigter) seinen prozessualen Obliegenheiten nicht nachgekommen ist (BVerwG DVBl 1984, 90; *Kopp/Schenke* § 138 Rz 19).

14   Für die **schlüssige Rüge** einer Verletzung des rechtlichen Gehörs muss der Revisionskläger **substantiiert** darlegen, zu welchen Sach- oder Rechtsfragen er sich vor dem FG nicht äußern konnte oder welches Vorbringen des Revisionsklägers das FG bei seiner Entscheidung nicht zur Kenntnis genommen und in Erwägung gezogen hat (BFH/NV 2004, 1665). Wird in der Revisionsbegründung schlüssig die Verletzung einer Vorschrift gerügt, die der Wahrung des rechtlichen Gehörs dient (vgl dazu Rz 10), so ist es unschädlich, wenn der Revisionskläger nicht ausdrücklich die Verletzung des rechtlichen Gehörs geltend macht (vgl § 120 Rz 31; *Kopp/Schenke* § 138 Rz 10). In der *Rüge mangelnder Sachaufklärung* liegt nicht ohne weiteres die Rüge der Verletzung des rechtlichen Gehörs (BFHE 126, 508 = BStBl II 1979, 263).

Da bei den Revisionsgründen des § 119 die **Kausalität** des Verfahrensmangels für die Entscheidung **unwiderleglich vermutet** wird (vgl Rz 1, 11), sind in der Revisionsbegründung grundsätzlich keine Ausführungen dazu erforderlich, inwiefern das angefochtene Urteil auf dem Mangel beruht. Die Kausalitätsvermutung des § 119 Nr 3 gilt jedoch – wie unter Rz 11 ausgeführt – nicht ausnahmslos. Sie greift nicht ein, wenn sich der Verstoß nur auf **einzelne Feststellungen** oder **rechtliche Gesichtspunkte** bezieht, auf die es (möglicherweise) für die Entscheidung nicht ankommt. In diesen Fällen verlangt die Rspr für eine zulässige Verfahrensrüge, dass der Revisionskläger im Einzelnen substantiiert darlegt, wozu er sich nicht hat äußern können, was er bei ausreichender Gewährung des rechtlichen Gehörs noch **zusätzlich vorgetragen** hätte und dass bei Berücksichtigung des übergangenen Vorbringens eine andere Entscheidung in der Sache möglich gewesen wäre (vgl BFHE 196, 39 = BStBl II 2001, 802; BFHE 178, 249 = BStBl II 1995, 915; BFHE 143, 325 = BStBl II 1985, 417; BFHE 150, 337 = BStBl II 1987, 733; BFHE 166, 415 = BStBl II 1992, 425; BFH/NV 2000, 861, 1335; 2001, 194; BVerwG HFR 1977, 202; **aA** *Dänzer-Vanotti* DStZ 1999, 516; *T/K* Rz 15, 60). Dabei muss der Revisionskläger seinem Vortrag den materiell-rechtlichen Standpunkt des FG zugrunde legen (BFH/NV 2000, 857; 2001, 194). Diese besonderen formellen Anforderungen gelten jedoch nur, wenn das rechtliche Gehör lediglich bezüglich einzelner Feststellungen versagt wurde. Erfasst hingegen der gerügte Verstoß das **Gesamtergebnis des Verfahrens,** wie zB bei der rechtswidrigen Ablehnung eines Vertagungsantrags, so können Ausführungen darüber, inwieweit der Gehörsverstoß für die Entscheidung kausal war und was der Beteiligte im Fall seiner Anhörung noch vorgetragen hätte, nicht gefordert werden (st Rspr vgl zB BFHE 196, 39 = BStBl II 2001, 802 mwN; BFH/NV 2004, 504; BVerwG NVwZ-RR 1999, 587; DVBl 1984, 90; NJW 1986, 1057; NJW 1992, 2042 und 3185; NJW 1995, 1441). In diesen Fällen fehlt jede Grundlage für eine Entscheidung des FG in der Sache. Die abweichende Rspr einiger Senate des BFH, die auch bei einer Gehörsverletzung, die den gesamten Verfahrensstoff erfasste, Darlegungen dazu verlangten, was der Beteiligte bei ausreichender Gewährung rechtlichen Gehörs vorgetragen hätte (vgl zB BFHE 145, 497 = BStBl II 1986, 409; BFHE 173, 196 = BStBl II 1994, 401), ist durch die Entscheidung des GrS des BFH in BFHE 196, 39 = BStBl II 2001, 802 überholt.

Da die Beteiligten auf die Geltendmachung der Verletzung des rechtli- **15** chen Gehörs verzichten können (vgl Rz 12), setzt eine schlüssige Rüge des Mangels iS von § 119 Nr 3 ferner voraus, dass der Revisionskläger darlegt, dass **der Mangel in der Vorinstanz gerügt** wurde (vgl hierzu § 120 Rz 67 mwN; BFHE 154, 218, 226 = BStBl II 1988, 995; BFHE 90, 452 = BStBl II 1968, 179; BFH/NV 1988, 792; 1991, 373). Ein entsprechender Vortrag ist entbehrlich, wenn sich schon aus der Art des gerügten Verstoßes ergibt, dass dem Beteiligten eine Rüge nicht möglich war. Die Rspr verlangt ferner, dass der Rechtsmittelführer darlegt, er habe alle **Möglichkeiten ausgeschöpft,** sich das rechtliche Gehör vor dem FG zu verschaffen (BFH/NV 1986, 136 mwN; 1995, 914; 2000, 1251; 2002, 1469; BVerwG StRK FGO § 119 Nr 3 R 43).

d) Einzelfälle

Eine Verletzung des rechtlichen Gehörs kommt nach der Rspr ua in fol- **16** genden Fällen in Betracht:
– **Akteneinsicht**
 Das Recht auf Akteneinsicht ist Ausfluss des Rechts auf Gehör; es ist verletzt, wenn das FG die beantragte Akteneinsicht ausdrücklich verwehrt (BFH/NV 1998, 1498; 1999, 946) oder am Tag der Akteneinsicht ein Endurteil erlässt (BFH/NV 2002, 1168).
– **Aufruf der Sache**
 Der Aufruf der Sache (§ 92 Abs 2) dient der Verwirklichung des rechtlichen Gehörs; durch ihn sollen die Beteiligten effektiv in die Lage ver-

setzt werden, den Termin wahrzunehmen (BVerfGE 42, 364; BFHE 92, 262 = BStBl II 1968, 537; BFH/NV 1995, 233; BVerwGE 72, 28). Hat ein Beteiligter wegen fehlenden Aufrufs der Sache den Termin versäumt, rechtfertigt dies die Rüge nach § 119 Nr 3.

– **Beweisantrag**
Die unberechtigte Ablehnung eines Beweisantrags kann mit der Rüge nach § 119 Nr 3 geltend gemacht werden (BFHE 174, 301 = BStBl II 1994, 660; DStRE 2004, 540; *Kopp/Schenke* § 138 Rz 10). Gleiches gilt, wenn das Gericht – ohne die Beteiligten zu benachrichtigen – von der Durchführung einer bereits angeordneten Beweisaufnahme absieht (BFHE 103, 137 = BStBl II 1972, 20) oder erstmals in der mündlichen Verhandlung zusätzliche Beweisanforderungen stellt und dem Beteiligten keine ausreichende Gelegenheit gibt, einen angemessenen Beweisantrag zu stellen (BFH/NV 2002, 919).

– **Einzelrichter**
Nach dem Wortlaut des § 6 Abs 1 kann der Senat die Sache ohne vorherige Anhörung der Verfahrensbeteiligten dem Einzelrichter übertragen (anders nach Abs 3 bei Rückübertragung der Sache auf den Senat). Gleichwohl ist es wegen des Gewichts der Entscheidung und ihrer Folgen für den gesetzlichen Richter nach Art 103 Abs 1 GG geboten, den Beteiligten vor Übertragung der Sache auf den Einzelrichter rechtliches Gehör zu gewähren (BVerwG NVwZ 2000, 1290; vgl auch § 6 Rz 7 mwN; **aA** BFH/NV 1999, 793; offen gelassen in BFHE 190, 47 = BStBl II 2000, 88). Der Verstoß gegen die Anhörungspflicht ist durch nachträgliche Anhörung bis zur Endentscheidung – auch im Rahmen der Entscheidung über eine etwaige Rückübertragung nach Abs 3 –, aber auch durch Rügeverzicht der Beteiligten (§ 155 iVm § 295 ZPO) heilbar (BVerwG NVwZ 2000, 1290). Die Vorschrift des **§ 124 Abs 2** steht der Prüfung des Verfahrensmangels nicht entgegen (vgl § 124 Rz 3).

– **Fristversäumnis (Präklusion; Wiedereinsetzung)**
Setzt das FG eine Ausschlussfrist nach § 62 Abs 3, § 65 Abs 2 S 2 oder § 79b zu kurz oder sonst fehlerhaft fest und berücksichtigt es deshalb das weitere Vorbringen der Beteiligten nicht, wird der Anspruch auf rechtliches Gehör verletzt (BVerfG NJW 1992, 679 und EuGRZ 1985, 432; BFHE 130, 240 = BStBl II 1980, 457; BFHE 146, 537; BFHE 177, 233 = BStBl II 1995, 545; BFHE 198, 1 = BStBl II 2002, 306; BFH/NV 2004, 212, 514). Gleiches gilt bei nicht mehr vertretbarer Anwendung einer Präklusionsvorschrift (BVerfG JZ 1987, 719; BVerfG NJW 2000, 945; VerfGH München JZ 2001, 44; BGHZ 86, 31, 39). Bei unverschuldeter Versäumung einer richterlichen Frist gebietet das Recht auf Gehör eine sinngemäße Anwendung der Wiedereinsetzungsvorschriften (BVerwG DVBl 1994, 821). Das Gericht ist im Fall des § 79b jedoch nicht verpflichtet, den betroffenen Beteiligten auf die Fristversäumnis und die Möglichkeit einer Entschuldigung hinzuweisen (BFHE 177, 201 = BStBl II 1995, 417).

– **Gesamtergebnis des Verfahrens**
Das FG muss seiner Entscheidung das Gesamtergebnis des Verfahrens zugrunde legen (§ 96 Abs 1: zum Begriff vgl § 96 Rz 8). Das rechtliche Gehör ist deshalb verletzt, wenn das FG rechtzeitig, dh bis zur Verkün-

dung oder Zustellung des Urteils, eingehende *Schriftsätze* (BVerfG NJW 1995, 2095; BFHE 145, 125 = BStBl II 146, 187; BFH/NV 1994, 876; 1995, 414; 2003, 940) oder das *tatsächliche Vorbringen* der Beteiligten in der mündlichen Verhandlung (BVerfGE 27, 248; BVerfGE 42, 364; BFH/NV 1991, 759) oder die Ergebnisse der Beweisaufnahme nicht zur Kenntnis nimmt und in Erwägung zieht. Eine Ausnahme besteht, wenn der nachgereichte Schriftsatz nur früheres Vorbringen wiederholt oder für die Entscheidung des Gerichts unerheblich ist (BFH/NV 2004, 604). Das rechtliche Gehör ist auch dann verletzt, wenn das FG Tatsachen (einschließlich Presseberichte, Behördenauskünfte und gerichtsbekannte Tatsachen) verwertet, ohne sie zum Gegenstand des Verfahrens zu machen und den Beteiligten Gelegenheit zur Äußerung zu geben (BFHE 121, 410 = BStBl II 1977, 474; BVerfG NVwZ 1993, 769; BVerfGE 29, 345; BSG MDR 1975, 965; vgl dazu auch die Ausführungen zum Stichwort „Hinweispflichten").

Dagegen kann mit der Rüge nach § 119 Nr 3 nicht geltend gemacht werden, das FG habe dem Vortrag eines Beteiligten nicht die richtige Bedeutung beigemessen (BFH/NV 1994, 878) oder es habe sich in seiner Entscheidung nicht mit jedem Vorbringen des Revisionsklägers auseinandergesetzt (BFHE 177, 451 = BStBl II 1995, 532).

– Verletzung von **Hinweis- und Informationspflichten**

Hinweispflichten des Vorsitzenden nach § 76 Abs 2 können zur Wahrung des rechtlichen Gehörs der Beteiligten geboten sein. Insbesondere zur Vermeidung einer *Überraschungsentscheidung* (vgl dazu unten und Rz 10 a und zur *Beachtung des § 96 Abs 2*. Das FG ist deshalb verpflichtet, die Beteiligten zu unterrichten, wenn es *Akten oder Urkunden eines anderen gerichtlichen Verfahrens* (BFHE 170, 204 = BStBl II 1993, 407; BFH/NV 2000, 1091 mwN) oder die Handakten des Betriebsprüfers beiziehen (BFHE 168, 11 = BStBl II 1992, 841) oder tatsächliche Feststellungen eines anderen Gerichtsverfahrens (BFHE 102, 107 = BStBl II 1992, 597) verwerten will (vgl aber BFHE 173, 487 = BStBl II 1994, 377). Dagegen ist dem Kläger nicht mitzuteilen, welche *Steuerakten* dem FG vorgelegt wurden (BFHE 115, 527 = BStBl II 1975, 741; BFHE 168, 11 = BStBl II 1992, 841). Unterlagen, die sich in den Steuerakten befinden, können vom FG auch ohne vorherigen Hinweis verwendet werden (BFHE 92, 390 = BStBl II 1968, 569). Das FG ist auch nicht verpflichtet, von sich aus darauf hinzuweisen, dass es **ohne mündliche Verhandlung** gemäß § 94 a zu entscheiden beabsichtigt (BFH/NV 1995, 802 mwN).

Die Hinweispflichten bestehen (eingeschränkt) auch dann, wenn der Beteiligte fachkundig vertreten ist (BFH/NV 1994, 790).

– **Ladung**

Das rechtliche Gehör kann verletzt sein, wenn die Ladung nicht ordnungsgemäß war, zB weil die Ladungsfrist nicht eingehalten wurde, ohne dass ein Grund für die Abkürzung der Ladungsfrist gegeben war (BFHE 132, 394 = BStBl II 1981, 401; BFHE 133, 247 = BStBl II 1981, 578; BFH/NV 1990, 110, 650; 2000, 589); das gilt jedenfalls dann, wenn der Beteiligte oder sein Prozessbevollmächtigter wegen dieses Mangels nicht an dem Termin teilnehmen konnte (BVerwG Buchholz 310 § 138 Ziff 3 VwGO Nr 38; BVerwGE 66, 311) oder wenn der Kläger dadurch an einer ausreichenden Terminvorbereitung gehindert war (BVerwG HFR 1986, 31). Hat der Beteiligte bei abgekürzter Ladungsfrist wegen kurzfristiger Abwesenheit von seiner Wohnung von der Ladung nicht rechtzeitig Kenntnis erlangt, kann eine Wiedereröffnung der mündlichen Verhandlung geboten sein (BFH/NV 2003, 808). Nach Ansicht des BFH wird der Verstoß gegen Art 103 Abs 1 GG nicht dadurch bedeutungslos, dass der betreffende Beteiligte von der eingeschränkten Möglichkeit rechtliches Gehör zu finden, keinen Gebrauch macht (BFHE 132, 394 = BStBl II 1981, 401; **aA** zu Recht BVerwGE 66, 311; BVerwG NJW 1987, 2694 und NJW 1998, 2377; *Eyermann* § 138 Rz 21).

- **mündliche Verhandlung**

Das FG genügt seiner Verpflichtung, den Beteiligten rechtliches Gehör zu gewähren, grundsätzlich dadurch, dass es eine mündliche Verhandlung anberaumt, die Beteiligten ordnungsgemäß lädt, die mündliche Verhandlung zum festgesetzten Zeitpunkt durchführt und den Beteiligten Gelegenheit zur Äußerung gibt (BFH/NV 2004, 51, 640). IdR ist das rechtliche Gehör nicht verletzt, wenn das FG die mündliche Verhandlung zur angegebenen Zeit durchführt, obwohl der ordnungsgemäß geladene Beteiligte (ohne Angabe von Hinderungsgründen) nicht erschienen ist (BFH/NV 2004, 640; 2002, 1169; BVerwG HFR 1986, 31). Führt aber das FG eine mündliche Verhandlung ohne den Prozessbevollmächtigten des Klägers durch, obwohl es diesem gegenüber den Eindruck erweckt hat, es werde den Termin nicht ohne ihn beginnen, ist das rechtliche Gehör verletzt (BFHE 128, 310 = BStBl II 1979, 702). Gleiches gilt, wenn dem FG bekannt ist, dass der Beteiligte unverschuldet an der pünktlichen Wahrnehmung des Termins verhindert ist (BVerwG NJW 1992, 3185; BayVBl 1979, 443) oder wenn es eine Tatsache zur maßgeblichen Grundlage der Klageabweisung macht, die das FA in Abwesenheit des Klägers erstmals während der mündlichen Verhandlung in das Verfahren eingeführt hat (BFH/NV 2004, 51). Ein Urteil, das **ohne mündliche Verhandlung** ergeht, obgleich das erforderliche Einverständnis der Beteiligten mit dieser Verfahrensweise nicht vorliegt, verletzt das rechtliche Gehör und ist auf eine entsprechende Rüge aufzuheben (BFHE 166, 415 = BStBl II 1992, 425; BFH/NV 2004, 504; 2003, 1588; BVerwGE 42, 364; 62, 6; NVwZ-RR 1998, 525). Zugleich ist bei diesem Vorgehen der absolute Revisionsgrund des § 119 Nr 4 gegeben (BFHE 169, 311 = BStBl II 1993, 194; BFH/NV 1992, 53; vgl unten Rz 19). In einem solchen Fall muss der Revisionskläger zur Substantiierung der **Rüge** nicht vortragen, was er in der mündlichen Verhandlung noch hätte vortragen wollen und dass dieses Vorbringen möglicherweise zu einer anderen Entscheidung des FG geführt hätte (Rz 14).

Das rechtliche Gehör ist verletzt, wenn das FG den Beteiligten das Recht zum Vortrag in der mündlichen Verhandlung abschneidet, indem es einen Gerichtsbescheid erlässt und die Revision zulässt (BFH/NV 2001, 1123).

- **Prozesskostenhilfe**

Die nach § 128 Abs 2 idF des 2. FGOÄndG unanfechtbare Ablehnung des Antrags auf Prozesskostenhilfe kann als Verletzung des Rechts auf

Gehör mit der Verfahrensrüge nach § 119 Nr 3 geltend gemacht werden, wenn schlüssig vorgetragen wird, dass dem Beteiligten die Prozesskostenhilfe rechtswidrig vorenthalten wurde und er deshalb im Verfahren vor dem FG um die Möglichkeit einer fachkundigen Vertretung gebracht wurde; § 124 Abs 2 steht der Prüfung des Mangels im Revisionsverfahren nicht entgegen (BVerwG NVwZ-RR 1999, 587; BSG MDR 1998, 1367 = HFR 1999, 494; aA *Eyermann* § 138 Rz 19). Vgl auch § 124 Rz 3.

– **Überraschungsentscheidung**
Das Gebot des rechtlichen Gehörs wird verletzt, wenn das FG ohne vorherigen Hinweis auf einen rechtlichen Gesichtspunkt abstellt, der weder im Besteuerungsverfahren noch im gerichtlichen Verfahren zur Sprache gekommen ist und mit dem auch ein gewissenhafter und kundiger Prozessbeteiligter selbst unter Berücksichtigung der Vielzahl vertretbarer Rechtsauffassungen nicht zu rechnen braucht (BVerfGE 86, 133; BVerfG NJW 1997, 2305; BFHE 177, 377 = BStBl II 1995, 732; BFH/NV 2000, 978 mwN; 2003, 1205). Entsprechendes gilt, wenn das Gericht bei der Schätzung von Besteuerungsgrundlagen eine im bisherigen Verfahren nicht erörterte Schätzungsmethode verwendet, ohne den Beteiligten vorab Gelegenheit zur Stellungnahme zu geben (BFHE 135, 158 = BStBl II 1982, 409) oder wenn es ohne ersichtlichen Grund vom Sachvortrag des Klägers abweicht (BFH/NV 2003, 494). Vgl im Übrigen Rz 10 a.

– Ablehnung eines **Vertagungsantrags**
Lehnt das FG einen Antrag des Beteiligten oder seines Prozessbevollmächtigten auf Vertagung, Aufhebung oder Verlegung des Termins (§ 155 iVm § 227 ZPO) zu Unrecht ab, liegt darin ein Verstoß gegen das Gebot des rechtlichen Gehörs (st Rspr vgl zB BFHE 121, 286 = BStBl II 1977, 348; BFHE 129, 297 = BStBl II 1980, 208; BFHE 163, 115 = BStBl II 1991, 240; BFHE 173, 196 = BStBl II 1994, 401; BFHE 176, 571; BFHE 186, 102 = BStBl II 1998, 676; BFH/NV 2002, 520; 2004, 1282; vgl auch § 91 Rz 8). Streitig ist, ob die schlüssige Rüge des Verfahrensmangels in einem solchen Fall voraussetzt, dass der Revisionskläger darlegt, was er im Fall der Anhörung noch vorgetragen hätte und dass dies für die Entscheidung erheblich gewesen wäre (vgl dazu Rz 14).

– **Wiedereröffnung der mündlichen Verhandlung**
Das Institut der Wiedereröffnung der mündlichen Verhandlung (§ 93 Abs 3 S 2) dient ua der nachträglichen Gewährung des rechtlichen Gehörs, zB dann, wenn ein Beteiligter nach Beendigung der mündlichen Verhandlung, aber vor Verkündung oder Zustellung des Urteils noch einen Schriftsatz einreicht. Die Entscheidung darüber, ob die mündliche Verhandlung wiedereröffnet werden soll, liegt im Ermessen des Gerichts (BFH/NV 1991, 531; BVerwG 1992, 3185; vgl auch *Sangmeister* BB 1992, 1535 und *E Schneider* MDR 1990, 122). Das Ermessen ist auf Null reduziert, wenn durch die Ablehnung der Wiedereröffnung das rechtliche Gehör verletzt würde (BFHE 195, 9 = BStBl II 2001, 726). Auch wenn die Wiedereröffnung nicht ausdrücklich beantragt wird, sich aber entsprechende Erwägungen aufdrängen, muss das Gericht einen Beschluss über die Wiedereröffnung fassen und diesen begründen. Dass entsprechende Erwägungen angestellt wurden, muss aus dem Urteil ersichtlich sein, weil sonst nicht nachprüfbar ist, ob das FG das nachträgliche Vorbringen

eines Beteiligten überhaupt zur Kenntnis genommen und in Erwägung gezogen hat (BFHE 145, 125 = BStBl II 1986, 187; BFH/NV 1994, 555). Auch wenn das FG seiner Pflicht zur Gewährung rechtlichen Gehörs im Regelfall dadurch genügt, dass es die mündliche Verhandlung aufgrund ordnungsgemäßer Ladung zur angegebenen Zeit durchführt (BVerwG HFR 1986, 31), kann es im Ausnahmefall zur Wiedereröffnung der mündlichen Verhandlung verpflichtet sein, zB dann, wenn der geladene Beteiligte oder sein Prozessbevollmächtigter durch höhere Gewalt gehindert war, rechtzeitig zur mündlichen Verhandlung zu erscheinen oder rechtzeitig einen Antrag auf Aufhebung des Termins zu stellen (BVerwG NJW 1992, 3185; vgl auch BFH/NV 2003, 808) oder wenn nach Schluss der mündlichen Verhandlung ein Schriftsatz eingeht, aus dem sich ein Wiederaufnahmegrund ergibt (str vgl § 93 Rz 10).

– **Zustellung**
In der Verletzung von Zustellungsvorschriften (insbesondere bei der Ladung zur mündlichen Verhandlung) kann ein Verstoß gegen das Gebot des rechtlichen Gehörs liegen, wenn der Beteiligte oder sein Prozessbevollmächtigter aufgrund dieses Mangels nicht am Termin teilnehmen konnte (BFHE 173, 196 = BStBl II 1994, 401). Einen wesentlichen Verfahrensmangel hat die Rspr angenommen, wenn das Gericht zu Unrecht eine öffentliche Zustellung vorgenommen hat (BVerfG MDR 1988, 832).

4. Mangel der Vertretung (Nr 4)

17   Die Vorschrift dient dem Schutz von Beteiligten, die in der Vorinstanz nicht ordnungsgemäß vertreten waren; sie soll gewährleisten, dass die Verfahrensbeteiligten Gelegenheit erhalten, entweder in eigener Person oder vertreten durch ihren Bevollmächtigten ihren Standpunkt darzulegen (BFHE 152, 196 = BStBl II 1988, 447; BFHE 154, 17 = BStBl II 1988, 948; BFH/NV 1992, 41; 1995, 888; *T/K* Rz 62). In jedem Fall setzt die Anwendung des § 119 Nr 4 voraus, dass der Beteiligte in **gesetzwidriger Weise** im Verfahren nicht vertreten war; ein Verfahrensmangel kann deshalb nur gerügt werden, wenn das FG bei der Vorbereitung oder der Durchführung der mündlichen Verhandlung den Vorschriften des Gesetzes nicht genügt und dadurch dem Beteiligten die Teilnahme unmöglich gemacht hat (BFHE 152, 196, 199 = BStBl II 1988, 447; BFHE 154, 17 = BStBl II 1988, 948; BFHE 157, 308 = BStBl II 1989, 850; BFH/NV 1995, 713, 888; 2003, 1207). Der Begriff „nicht vertreten" in § 119 Nr 4 wird von der Rspr sehr **weit ausgelegt** (BFH/NV 1995, 713). Er umfasst nicht nur die Fälle, in denen ein Beteiligter keinen gesetzlichen Vertreter hatte oder in denen ein Vertreter ohne Prozessvollmacht handelte, sondern auch solche, in denen eine prozessunfähige Partei vom Gericht zu Unrecht als prozessfähig behandelt wurde (BFH/NV 2003, 1197; BVerwG Buchholz 310 § 133 VwGO Nr 29) oder in denen ein Beteiligter **aus tatsächlichen Gründen** gehindert war, seine Belange wahrzunehmen (vgl zB BFHE 104, 491 = BStBl II 1972, 424). Mangelnde **Prozessführungsbefugnis** (BGH MDR 1967, 565; BGH WM 1984, 1170; *Zöller/Gummer* § 547 Rz 6; *MüKo* § 547 Rz 14; *T/P* § 547 Rz 8; **aA** *Stein/Jonas/Grunsky* § 547 Rz II 5), mangelnde Prozessfähigkeit (BGHZ 84, 28) und mangelnde **Parteifähigkeit** (BFH/NV 1990, 178; BGHZ 51, 27; BGH NJW 1972, 1714) stehen den Fällen der Nr 4 gleich. In vielen Fällen liegt bei einem Mangel iS des § 119 Nr 4 zugleich eine Verletzung des **rechtlichen Gehörs** vor.

Der Mangel der gesetzlichen Vertretung ist im Revisionsverfahren auch **18** ohne Rüge **von Amts wegen** zu prüfen, soweit es sich um eine **Sachentscheidungsvoraussetzung** handelt (BFHE 136, 518 = BStBl II 1983, 46; BFHE 154, 17 = BStBl II 1988, 948; *Stein/Jonas/Grunsky* § 547 Rz II 5b); der Beteiligte kann jedoch die Prozessführung genehmigen (RGZ 126, 261; BVerwG Buchholz 310 § 67 VwGO Nr 52; BGH MDR 1967, 565). Auf die Rüge des Mangels fehlender Vertretung kann deshalb in den Fällen fehlender Parteifähigkeit, Prozessfähigkeit oder Prozessführungsbefugnis **nicht wirksam verzichtet** werden.

Ein **absoluter Revisionsgrund** iS der Nr 4 ist in folgenden Fällen ge- **19** **geben:**

Das Gericht nimmt **irrtümlich** einen **Verzicht auf mündliche Verhandlung** an und entscheidet durch Urteil (BFHE 100, 432 = BStBl II 1971, 113; BFHE 136, 518 = BStBl II 1983, 46; BFHE 146, 395 = BStBl II 1986, 679; BFHE 169, 311 = BStBl II 1993, 194; BFHE 181, 115 = BStBl II 1997, 77; BFH/NV 1999, 1480, 1485; 2004, 201). Das FG entscheidet in einem Rechtsstreit mit einem Streitwert bis zu 1000 DM **ohne mündliche Verhandlung** durch Urteil, obwohl der Beteiligte eine solche nach § 94a beantragt hatte (BFHE 161, 409 = BStBl II 1990, 986; BFHE 151, 297 = BStBl II 1988, 141; BFHE 190, 17 = BStBl II 2000, 32; BFH/NV 1995, 802, 1062). In diesen Fällen liegt zugleich ein Mangel iS von § 119 Nr 3 (Verletzung rechtlichen Gehörs) vor (BFHE 166, 415 = BStBl II 1992, 425). Der Antrag kann auch konkludent gestellt werden (BFH/NV 2001, 325).

Der bestellte Prozessbevollmächtigte oder der Beteiligte selbst war **nicht oder nicht ordnungsgemäß geladen** und deshalb nicht erschienen (BFHE 104, 491 = BStBl II 1972, 424; BFHE 114, 457 = BStBl II 1975, 335; BFHE 125, 28 = BStBl II 1978, 401; BFHE 154, 17 = BStBl II 1988, 948; BFHE 175, 507 = BStBl II 1995, 64; BFHE 174, 304 = BStBl II 1994, 661; BFHE 198, 330 = BStBl II 2002, 870; BFH/NV 2002, 1472; 2004, 205, 1282; 2005, 1152; BVerwGE 66, 311). Sind mehrere Mitglieder einer Sozietät zu Prozessbevollmächtigten bestellt, ist die Zustellung der Ladung an einen von ihnen ausreichend (BFH/NV 2004, 1282). Einer fehlenden Ladung steht der Fall gleich, dass das FG eine mündliche Verhandlung durchführt, obwohl der Termin zuvor aufgehoben wurde (BVerwG NJW 1991, 583). Für den Beteiligten tritt ein Bevollmächtigter ohne oder ohne **wirksame Prozessvollmacht** auf (zB nach Widerruf der Vollmacht, BFHE 174, 304 = BStBl II 1994, 661). Gleiches gilt für den umgekehrten Fall, dass das FG eine wirksam erteilte Vollmacht zu Unrecht als unwirksam behandelt und deshalb den Bevollmächtigten als nicht erschienen behandelt (BFH/NV 1992, 41).

Dagegen liegt **kein Mangel nach § 119 Nr 4** vor, wenn der ordnungsgemäß geladene Beteiligte oder sein Prozessbevollmächtigter aus einem *in seiner Person liegenden Grund* nicht oder nicht rechtzeitig zum festgesetzten Termin erscheinen konnte (BFHE 154, 17 = BStBl II 1988, 948; BFHE 183, 3 = BStBl II 1997, 638; BFH/NV 1997, 44); das gilt auch dann, wenn die Versäumung des Termins unverschuldet ist, zB wegen plötzlich aufgetretener Krankheit (BFH/NV 1999, 958) oder wegen eines Verkehrsunfalls (BFH/NV 1994, 486; 1995, 221). Nur **schwerwiegende Verfahrensverstöße** rechtfertigen die Revisionsrüge nach § 119 Nr 4. Ein Mangel iS dieser Vorschrift ist nicht schon dann gegeben, wenn bei **Zustellung** der Ladung Fehler vorgekommen sind (BFH/NV 1995, 416); das gilt jedenfalls dann, wenn der Beteiligte (ggf vertreten durch seinen Prozessbevollmächtigten) am Termin teilgenommen hat oder wenn feststeht, dass er von dem Termin Kenntnis hatte (BFH/NV 1995, 225 mwN; 1999, 332).

Wird eine Aufhebung oder **Verlegung des Termins** zur mündlichen Verhandlung zu Unrecht **abgelehnt**, so liegt nach st Rspr des BFH kein Revisionsgrund der mangelnden Vertretung (BFHE 157, 308 = BStBl II 1989, 850; BFH/NV 1994, 496, 648, 796; 1997, 360; 1998, 470). In diesen Fällen kommt nur die Rüge der Verletzung des rechtlichen Gehörs in Betracht (BFH/NV 1995, 913; BVerwG Buchh 310 § 133 (nF) VwGO Nr 28; vgl auch Rz 16).

Ist einem Beteiligten aufgegeben worden, einen **Bevollmächtigten zu bestellen** (§ 62 Abs 1 S 2), kommt er der Aufforderung aber nicht nach, sondern erscheint er in der mündlichen Verhandlung selbst, so kann das Gericht, ohne gegen Nr 4 zu verstoßen, verhandeln und entscheiden (BFHE 101, 357 = BStBl II 1971, 370). Wollte man in diesem Fall einen Verstoß gegen Nr 4 annehmen, so könnte ein Beteiligter das Verfahren blockieren. Dieser ist als (trotz ordnungsgemäßer Ladung) nicht erschienen, nicht aber als nicht ordnungsgemäß vertreten anzusehen.

Nicht unter Nr 4 fällt die **unterlassene notwendige Beiladung** eines Dritten zum Verfahren (§ 60 Abs 3; BFH/NV 1988, 376; 1989, 174; BVerwG HFR 1977, 512). Es liegt dann aber ein von Amts wegen zu beachtender Verfahrensmangel vor (vgl § 60 Rz 73).

20   Da § 119 Nr 4 den **Schutz des nicht ordnungsgemäß Vertretenen** bezweckt, kann grundsätzlich auch nur dieser den Verfahrensmangel iS des § 119 Nr 4 geltend machen (hM, vgl BFH/NV 1993, 314; BGHZ 63, 78; BVerwG NVwZ 1997, 319; *T/K* Rz 70; *H/H/Sp/Lange* Rz 322; *Kopp/Schenke* § 138 Rz 22; **aA** BFH/NV 2004, 201; *Redeker/v Oertzen* § 138 Rz 5 und 4. Aufl Rz 20). Soweit der Mangel des § 119 Nr 4 eine Sachentscheidungsvoraussetzung betrifft (zB die Prozessführungsbefugnis) kann auch der andere Beteiligte im Rahmen einer zulässigen Revision den Mangel geltend machen, da das Vorliegen der Sachentscheidungsvoraussetzungen vom BFH von Amts wegen zu prüfen ist (ebenso *Zöller/Gummer* § 547 Rz 5). Nimmt das FG zu Unrecht eine Beteiligter auf die mündliche Verhandlung an und entscheidet ohne eine solche, kann auch der Beteiligte, der verzichtet hatte, den Verfahrensmangel des § 119 Nr 4 rügen (BFHE 151, 297 = BStBl II 1988, 141).

5. Verletzung der Öffentlichkeit des Verfahrens (Nr 5)

Literatur: *Kretzschmar,* Die Verletzung der Vorschriften über die Öffentlichkeit des Verfahrens, DStZ 1992, 625; *ders,* Der wesentliche Verfahrensmangel der zulassungsfreien Revision nach § 116 Abs 1 Nr 4 FGO, BB 1993, 343; *Strauß,* Der Grundsatz der Öffentlichkeit im Finanzprozess, DStR 1996, 908.

Wann ein Verfahren öffentlich sein muss und wann nicht, regelt § 52 **21** iVm §§ 169 ff GVG. Obschon es in § 169 GVG heißt, dass das Verfahren „einschließlich der Verkündung der Urteile und Beschlüsse" öffentlich ist, liegt ein absoluter Revisionsgrund nicht vor, wenn der Öffentlichkeitsgrundsatz nur bei der **Verkündung** des Urteils verletzt wurde (BVerwG DÖV 1981, 970; NJW 1990, 1249; BFH/NV 1993, 117; 1999, 208).

Ein absoluter Revisionsgrund iS von Nr 5 ist nur gegeben, wenn die Öffentlichkeit bei der **letzten mündlichen Verhandlung,** auf die das Urteil ergangen ist, nicht gewährleistet war (OLG Düsseldorf OLGZ 1971, 185; *Baumbach ua* § 547 Rz 7; *T/P* § 547 Rz 11). Die Verletzung der Vorschriften über die Öffentlichkeit bei einer früheren mündlichen Verhandlung kann nicht als absoluter Revisionsgrund, sondern nur als sonstiger Verfahrensmangel geltend gemacht werden. Ein **Erörterungstermin** kann einer mündlichen Verhandlung iS von § 119 Nr 5 nicht gleichgestellt werden (BFHE 146, 357 = BStBl II 1968, 568). In dem Termin für eine **Beweisaufnahme** vor dem beauftragten Richter gilt der Grundsatz der Öffentlichkeit des Verfahrens nicht (BVerwG DÖV 1989, 40). Hingegen kann ein Verfahrensmangel iS des § 119 Nr 5 vorliegen, wenn bei einem **Ortstermin** die Verhandlung an anderer Stelle fortgesetzt wird (BVerwG Buchholz 300 § 169 GVG Nr 5).

Nicht jede Verletzung der Bestimmungen über die Öffentlichkeit des **22** Verfahrens ist ein absoluter Revisionsgrund. Es sind zu unterscheiden die Fälle, in denen das Verfahren nicht öffentlich war, obwohl es öffentlich hätte sein sollen, und die, in denen es öffentlich war, obwohl es nicht öffentlich hätte sein sollen. In den letzteren Fällen liegt zwar ein Verfahrensmangel vor, der uU für das Urteil ursächlich geworden ist; um einen absoluten Revisionsgrund handelt es sich aber nur, wenn in einem an sich **zwingend öffentlichen Verfahren** die Öffentlichkeit nicht hergestellt war (BGH GoldtArch 1953, 83). Denn der eigentliche Grund, warum in der Verletzung dieser Vorschriften über die Öffentlichkeit ein absoluter Revisionsgrund gesehen wird, ist der, dass sich die Rspr unter den Augen der Öffentlichkeit abspielen soll (BFHE 121, 392 = BStBl II 1977, 421; BFH/NV 1996, 914), nicht dagegen, dass private Interessen an der Nichtöffentlichkeit geschützt werden sollen. Diesem Zweck entsprechend ist die Öffentlichkeit gewahrt, wenn ein **unbestimmter Personenkreis** die Möglichkeit hat, die Verhandlung an Ort und Stelle zu verfolgen (BFHE 166, 524 = BStBl II 1992, 411; BFH/NV 1996, 416), das erfordert, dass der Raum, in dem die mündliche Verhandlung stattfindet, während der Dauer der Verhandlung grundsätzlich **jedermann zugänglich** ist (BFH/NV 1996, 416; 2003, 521) und ausreichend Platz bietet, damit die „Öffentlichkeit" vom Zutrittsrecht auch tatsächlich Gebrauch machen kann (BFH/NV 1998, 340 mwN). Das Gebot der Öffentlichkeit ist nicht verletzt, wenn eine Sache nicht ordnungsgemäß aufgerufen (BFH/NV 1996, 416, 223, 151; 1995, 986, 233) oder wenn die am Sitzungstag stattfindende Verhandlung nicht durch einen schriftlichen Aushang am Sitzungssaal kenntlich gemacht wird (BFH/NV 1993, 543 mwN). Mit der Rüge nach § 119 Nr 4 kann auch nicht geltend gemacht werden, ein Urteil sei unter Verstoß gegen prozessuale Vorschriften **ohne mündliche Verhandlung** ergangen (BFHE 170, 308 = BStBl II 1993, 514); insoweit ist die Rüge der Verletzung des rechtlichen Gehörs gegeben (vgl Rz 16).

Ein Mangel iS der Nr 5 ist im Übrigen nur dann zu bejahen, wenn die Beschränkung der Öffentlichkeit auf den Willen oder die **mangelnde Sorgfalt des Gerichts** zurückzuführen ist (BFHE 143, 487 = BStBl II 1985, 551; BFH/NV 1989, 541). Deswegen verletzt das versehentliche Schließen der Eingangstür zum Gerichtsgebäude und die dadurch verursachte Behinderung des Zugangs zur mündlichen Verhandlung den Grundsatz der Öffentlichkeit des Verfahrens nur, wenn das Gericht dies bemerkt hat oder hätte bemerken können (BVerwG HFR 1985, 47; *Kopp/Schenke* § 133 Rz 13). Bei der Frage, ob eine Beeinträchtigung der Öffentlichkeit, auf den Willen des Gerichts zurückzuführen ist, muss sich der Spruchkörper jedenfalls das Verhalten der ihm angehörenden Berufsrichter zurechnen lassen (BFHE 166, 524 = BStBl II 1992, 411).

Die Öffentlichkeit der Verhandlung ist auch dann gewahrt, wenn zwar die Haupteingangstür des Gerichtsgebäudes zeitweise verschlossen ist, Zuhörer sich aber mit Hilfe einer Klingel Einlass verschaffen können (BVerwG NJW 1990, 1249).

Auf die Befolgung der Vorschriften über die Öffentlichkeit des finanzgerichtlichen Verfahrens kann ein Beteiligter **wirksam verzichten** (BFHE 161, 427 = BStBl II 1990, 1032; BVerwG HFR 1978, 174; **aA** *Stein/Jonas/Grunsky* § 547 Rz II 6). Die Rüge des Revisionsgrundes der Verletzung der Öffentlichkeit ist deshalb nur dann schlüssig erhoben, wenn vorgetragen wird, dass die Rüge bereits in der mündlichen Verhandlung vor dem FG angebracht wurde bzw weshalb dies nicht möglich war (BFH/NV 1995, 893).

6. Fehlen der Entscheidungsgründe (Nr 6)

Literatur: *Brandt,* Begründungsmängel finanzgerichtlicher Urteile, AO-StB 2001, 270; *Lange,* Die richterliche Überzeugung und ihre Begründung, DStZ 1997, 174.

23   Nach § 105 Abs 2 Nrn 4 und 5 muss ein Urteil einen Tatbestand und Entscheidungsgründe enthalten. § 119 Nr 6 betrifft nicht den Fall, dass eine Entscheidung den **Tatbestand** nicht oder nicht vollständig wiedergibt (str, wie hier: BFH/NV 1991, 698; 1993, 610, 670; 1994, 813, 885; 1995, 403, 406; BGHZ 73, 248; BGHZ 80, 64; BGH NJW 1985, 1785; *T/P* § 547 Rz 14; *MüKo* § 547 Rz 21; *Stein/Jonas/Grunsky* § 547 Rz II 8; *Zöller/Gummer* § 547 Rz 9; **aA** BFHE 143, 325 = BStBl II 1985, 417 = BVerwG DVBl 1996, 106; *Kopp/Schenke* § 138 Rz 26; offen in BFH/NV 1995, 904). Sind die tatsächlichen Grundlagen der Entscheidung im Urteil unklar oder falsch dargestellt, so ist dieser Mangel nicht mit der Verfahrensrüge nach § 119, sondern mit dem **Antrag auf Tatbestandsberichtigung** (§ 108) geltend zu machen (BFH/NV 1990, 176). Im Übrigen kann der Revisionskläger im Rahmen der zugelassenen Revision bestimmte Mängel des Tatbestands mit einfachen Revisionsrügen geltend machen (vgl dazu BGHZ 80, 64; BFH/NV 1994, 885). Fehlt der Tatbestand völlig oder ist er als Grundlage für die rechtlichen Schlussfolgerungen des Tatsachengerichts völlig unzureichend, berücksichtigt das Revisionsgericht diesen Mangel im Rahmen der zugelassenen Revision auch ohne Rüge von Amts wegen (vgl § 115 Rz 81; BGHZ 73, 248). Auch das versehentliche **Übergehen eines Sachantrags** ist nicht mit der Verfahrensrüge nach § 119, sondern mit dem Antrag nach § 109 zu korrigieren (BFH/NV 1992, 670; 1994, 246; § 109 Rz 2); anders ist es, wenn das FG über den Sachantrag zwar entschieden, seine Entscheidung insoweit aber nicht begründet hat. Der Revisionsgrund des § 119 Nr 6 betrifft nur das **Fehlen der rechtlichen Begründung.** Ein Fall der Nr 6 ist vor allem dann gegeben, wenn überhaupt jede Begründung fehlt (BGHZ 39, 333; BFHE 143, 325 = BStBl II 1985, 417; BFHE 153, 14 = BStBl II 1988, 588; BFH/NV 2003, 1096). Dem völligen Fehlen der Entscheidungsgründe steht es gleich, wenn diese zwar vorhanden, aber derart **unverständlich** und **verworren** sind, dass nicht mehr erkennbar ist, welche Überlegungen für die Entscheidung maßgebend waren (BFH/NV 2004, 609, 1392, 1665 mwN; BFHE 199, 124 = BStBl II 2002, 527; BGHZ 39, 333, 337; *Kopp/Schenke* § 138 Rz 27). Eine nur **lückenhafte Begründung** ist kein Mangel iS des § 119 Nr 6 (BFHE 181, 410 = BStBl II 1997, 132; BFH/NV 1999, 1106; BVerwG NVwZ 1998, 1297).

Ein Mangel iS des § 119 Nr 6 kommt insbesondere dann in Betracht, **23 a** wenn das FG wegen der rechtlichen Begründung seines Urteils in unzulässiger Weise auf die Gründe einer anderen Entscheidung **Bezug genommen** hat. Eine solche Bezugnahme ist nicht schlechthin unzulässig. Sie ist dann nicht zu beanstanden, wenn die in Bezug genommene (zwischen denselben Beteiligten ergangene) Entscheidung entweder *gleichzeitig* mit der angefochtenen Entscheidung verkündet oder zugestellt oder wenn sie zwischen denselben Prozessbeteiligten ergangen und diesen schon zu einem früheren *Zeitpunkt* zugestellt worden ist (BFHE 141, 113 = BStBl II 1984, 591; BFHE 121, 284 = BStBl II 1977, 396; BFHE 116, 540 = BStBl II 1975, 885). Ein wesentlicher Verfahrensmangel liegt nach der Rspr des BFH aber dann vor, wenn das FG die Gründe seiner Entscheidung hinsichtlich eines **wesentlichen Streitpunkts** dadurch ersetzt, dass es auf die Gründe einer Entscheidung verweist, deren Inhalt den Beteiligten **bei Beginn der Revisionsfrist** weder bekannt noch zugänglich war (BFHE 141, 206 = BStBl II 1984, 666; BFHE 96, 525 = BStBl II 1970, 494; BFHE 162, 1 = BStBl II 1990, 1071; BFH/NV 1993, 610, 670; 1995, 805 mwN; BGH BB 1991, 506). Der BGH hält weitergehend eine Bezugnahme auf eine am selben Tag zwischen denselben Parteien **verkündete** Entscheidung für zulässig (BGH NJW 1971, 39). In einer weiteren Entscheidung (VersR 1978, 961; ebenso BFH WM 1991, 1005) hat er eine Bezugnahme auch dann zugelassen, wenn die Entscheidung zwar zwischen anderen Parteien ergangen, aber zum Gegenstand der mündlichen Verhandlung gemacht worden war (vgl aber BFHE 141, 113 = BStBl II 1984, 591). Auf **veröffentlichte Entscheidungen** desselben oder eines anderen Gerichts, die zwischen **anderen Beteiligten** ergangen sind, kann wegen der Begründung Bezug genommen werden durch bloße Angabe der Fundstelle in einer allgemein zugänglichen Fachzeitschrift (BFHE 98, 525 = BStBl II 1970, 494; BFH/NV 1992, 174; BGH MDR 1991, 1169); das gilt jedenfalls dann, wenn dadurch die Begründung lediglich *ergänzt* wird; soll sie durch die Bezugnahme *ersetzt* werden, verlangt die neuere Rspr des BFH, dass die in Bezug genommene Entscheidung dem Urteil als Anlage beigefügt wird (BFHE 168, 306 = BStBl II 1992, 1040). Die Bezugnahme auf eine zwischen anderen Beteiligten ergangene (unveröffentlichte) Entscheidung ist nicht zu beanstanden, wenn den Beteiligten vor der Urteilsverkündung ein neutralisierter Abdruck dieser Entscheidung ausgehändigt wird (BFHE 170, 129 = BStBl II 1993, 722).

Das FG darf unter den Voraussetzungen des **§ 105 Abs 5** für die Darstellung der Entscheidungsgründe auch auf die Begründung der **Einspruchsentscheidung** Bezug nehmen; diese Verfahrensweise ist aber nur dann zulässig, wenn die Einspruchsentscheidung selbst eine ausreichende und widerspruchsfreie Begründung enthält (BFHE 169, 1 = BStBl II 1992, 1043; BFH/NV 2003, 1207; 2004, 517). Hingegen ist die Rüge nach § 119 Nr 6 begründet, wenn im finanzgerichtlichen Verfahren eine Beweisaufnahme stattgefunden hat und das FG sich gleichwohl ohne Würdigung der erhobenen Beweise auf eine Bezugnahme nach § 105 Abs 5 beschränkt (BFHE 174, 391 = BStBl II 1994, 707) oder wenn es zu wesentlichem neuen Vorbringen der Beteiligten im Klageverfahren nicht Stellung genommen hat (BFH/NV 2000, 731; BFHE 186, 120 = BStBl II 1998, 626).

24 § 119 Nr 6 kann auch dann verletzt sein, wenn die **Gründe nur zum Teil** fehlen; es muss sich dann um grobe Fehler handeln (RGZ 109, 201; BVerwG DÖV 1964, 563; BVerwG Buchholz 310 § 133 VwGO Nr 7). Die Abgrenzung zwischen einer fehlenden und einer nur lückenhaften Begründung muss sich aus dem **Sinn des Begründungszwangs** ergeben, der bezweckt „für den Ausspruch der Urteilsformel den Nachweis seiner Rechtmäßigkeit" zu erbringen (BFHE 199, 124 = BStBl II 2002, 527; BVerwG DÖV 1980, 569; BSG NJW 1966, 540). Die Beteiligten sollen Kenntnis davon haben, auf welchen Feststellungen, Erkenntnissen und rechtlichen Erwägungen das Urteil beruht (BFHE 98, 525 = BStBl II 1970, 494; BFHE 116, 540 = BStBl II 1975, 885; BFHE 202, 191 = BStBl II 2003, 734; BFH/NV 2001, 1570; 2004, 683; BVerwG Buchholz 310 § 138 Nr 6 VwGO Nr 15). Wird zB mit der Klage vorgetragen, bestimmte Aufwendungen seien entweder als Anschaffungskosten oder als Betriebsausgaben zu berücksichtigen, darf sich das FG in der klageabweisenden Entscheidung nicht darauf beschränken, das Klagebegehren nur unter einem dieser Gesichtspunkte zu würdigen (BFH/NV 2003, 1193). Dagegen ist es nicht erforderlich, jedes Vorbringen der Beteiligten im Einzelnen zu erörtern (BFH/NV 1993, 260; 1995, 797; BVerwG Buchholz 310 § 133 VwGO Nr 44). Die Entscheidungsgründe dürfen jedoch auch nicht nur aus inhaltslosen Floskeln bestehen (BFH/NV 2000, 968; BSG NJW 1966, 540), wenn sie auch knapp gehalten sein können (BGHZ 48, 222). Es reicht auch nicht aus, wenn nur vorgetragen wird, die Begründung sei **lückenhaft** oder setzt sich nicht mit sämtlichen rechtlichen Erwägungen des Klägers auseinander (BFH/NV 1991, 288; 1994, 646; 1995, 48) oder sie sei unzulänglich, **rechtsfehlerhaft** oder nicht **überzeugend** (BFH/NV 2003, 445, 502; 2004, 52). Für einen Revisionsgrund iS der Nr 6 genügt es nicht, dass in der Entscheidung Widersprüche enthalten sind. Nur wenn nicht mehr zu erkennen ist, welche Überlegungen für das Gericht maßgeblich waren, ist ein Mangel iS der Nr 6 gegeben (BFHE 143, 325 = BStBl II 1985, 417; BGH JZ 1978, 146; BFHE 121, 298 = BStBl II 1977, 351; BFH/NV 2004, 1665). Beziehen sich die Urteilsgründe nach ihrem Wortlaut nur auf einen von mehreren Klägern, so ist dies unschädlich, wenn auf der Hand liegt, dass die Urteilsbegründung auch für die übrigen Kläger gelten soll (BSG NJW 1996, 1620).

Ein Urteil ist auch dann nicht mit Gründen versehen, wenn das Gericht **25** einen **selbstständigen Anspruch** oder ein **selbstständiges Angriffs- oder Verteidigungsmittel** mit Stillschweigen **übergangen** hat (BFHE 95, 529 = BStBl II 1969, 492; BFHE 121, 298 = BStBl II 1977, 351; BFHE 143, 325; BFHE 147, 101 = BStBl II 1987, 195; BFH/NV 2002, 1485; 1997, 667). Unter selbstständigen Ansprüchen und selbstständigen Angriffs- und Verteidigungsmitteln sind dabei – ebenso wie im Zivilprozessrecht (vgl BGHZ 39, 333, 337) – nur die eigenständigen Klagegründe und solche Angriffs- oder Verteidigungsmittel zu verstehen, die den vollständigen Tatbestand einer mit selbstständiger Wirkung ausgestatteten Rechtsnorm bilden (BFHE 121, 298 = BStBl II 1977, 351; BFH/NV 1994, 46; 1995, 241; 2001, 51; 2003, 1068). Ein Mangel iS des § 119 Nr 6 ist deshalb gegeben, wenn das Urteil hinsichtlich eines wesentlichen Streitpunkts nicht mit Gründen versehen ist (BFH/NV 2004, 457 mwN).

Der Begründungsmangel muss das **sachliche Klagebegehren** und die damit zusammenhängenden selbstständigen Angriffs- oder Verteidigungsmittel betreffen (BFH/NV 1995, 729, 813); die Kostenentscheidung fällt nicht darunter (BFHE 154, 489 = BStBl II 1989, 110; BFH/NV 1995, 813). Ebensowenig kann die fehlende Begründung der Entscheidung über einen **Antrag,** der das gerichtliche **Verfahren** betrifft und über den im allgemeinen durch Beschluss entschieden wird (wie zB die Ablehnung eines Vertagungsantrags, eines Beweisantrags oder eines Antrags auf Aussetzung des Verfahrens nach § 74), mit der Revisionsrüge nach § 119 Nr 6 geltend gemacht werden, und zwar auch dann nicht, wenn über diesen Antrag im Endurteil entschieden wurde (BFH/NV 1988, 164; 1994, 490; 1995, 49). Eine Rüge nach § 119 Nr 6 ist deshalb schlüssig, wenn geltend gemacht wird, das FG habe einen bestimmten Sachantrag oder Sachverhaltskomplex überhaupt nicht berücksichtigt oder nur zum **Grund** des Steueranspruchs, nicht aber zur (ebenfalls streitigen) **Höhe** Stellung genommen (BFH/NV 1997, 494). Es genügt nicht, dass der behauptete Verfahrensmangel nur **ein Tatbestandselement** einer Rechtsnorm berührt (BFHE 143, 393 = BStBl II 1985, 494; BFH/NV 1991, 540; 1995, 241, 406). Ein Begründungsmangel in diesem Sinne führt gleichwohl nicht zur Aufhebung des angefochtenen Urteils, wenn das übergangene Angriffs- oder Verteidigungsmittel **zur Begründung des Klageanspruchs** oder zur Abwehr des **Angriffs ungeeignet** war (BFHE 95, 529 = BStBl II 1969, 492; BFH/NV 1988, 35; 1990, 8; BGH FamRZ 1991, 322; BSG NVwZ-RR 1996, 61; *T/K* § 119 Rz 16). Denn die Aufhebung und Zurückverweisung würde nur zur Wiederholung des aufgehobenen Urteils führen können (BGHZ 39, 333, 339). Die Rspr hat damit den Begründungsmangel, soweit er selbstständige Angriffs- oder Verteidigungsmittel betrifft, zu einem relativen Revisionsgrund herabgestuft (*Bettermann* ZZP 88, 365, 380).

Ein Mangel iS des § 119 Nr 6 liegt auch dann nicht vor, wenn im Urteil **Gründe übergangen** sind, die das Gericht zwar hätte bedenken müssen, **tatsächlich aber nicht bedacht** hat (BFH/NV 1994, 46; BVerwG Buchholz 448.0 § 25 WPflG Nr 148). Die Begründungspflicht ist dagegen verletzt, wenn Ausführungen zur **Beweiswürdigung** völlig fehlen (BFHE 174, 391 = BStBl II 1994, 707; BFH/NV 2004, 1411; BGHZ 39, 333). Kein absoluter Revisionsgrund iS der Nr 6 liegt vor, wenn die Beweiswürdigung unvollständig oder mangelhaft ist, weil das FG entscheidungserhebliche Teile des Gesamtergebnisses des Verfahrens nicht berücksichtigt oder aus den festgestellten Tatsachen fehlerhafte Schlussfolgerungen gezogen hat (BFH/NV 1994, 42, 806, 885; 1995, 530; *Stein/Jonas/Grunsky* § 547 Rz II 7 a).

26   Ein Urteil, das erst **längere Zeit nach der letzten mündlichen Verhandlung zugestellt** wird, ist nicht mit Gründen versehen, wenn die Umstände dafür sprechen, dass der Zusammenhang zwischen mündlicher Verhandlung und Urteilsabsetzung so weit gelöst ist, dass den Urteilsgründen ein ausreichender Beurkundungswert nicht mehr zugesprochen werden kann (BFH/NV 1999, 208; 2003, 626; BVerwGE 50, 278 = NJW 1976, 1955; BVerwG DÖV 1980, 569; BVerwG NJW 1983, 466; BVerwG Buchholz 310 § 133 VwGO Nr 64; BSG HFR 1982, 81; BAG MDR 1981, 83). Welcher Zeitraum zwischen der Verkündung des Urteils und der vollständigen schriftlichen Abfassung der Entscheidungsgründe verstrichen sein muss, um einen Begründungsmangel iS des § 119 Nr 6 annehmen zu können, war bis zur Entscheidung des GmSOGB in NJW 1993, 2603 = HFR 1993, 674 streitig. In dieser Entscheidung hat der GmSOGB die Auffassung des BVerwG (vgl NJW 1991, 313) bestätigt, nach welcher ein absoluter Revisionsgrund iS des § 119 Nr 6 vorliegt, wenn die Urteilsgründe eines im Zeitpunkt der Verkündung noch nicht vollständig abgefassten Urteils nicht **binnen fünf Monaten** nach der **Verkündung** schriftlich niedergelegt, von den beteiligten Berufsrichtern unterschrieben und der Geschäftsstelle übergeben worden sind. Denn nach Ablauf dieser Frist verlieren die Gründe die ihnen vom Gesetz zugedachte Funktion, den Beteiligten „alsbald" (vgl § 105 Abs 4 S 3) offenzulegen, von welchen Gründen sich das Gericht bei der Entscheidung hat leiten lassen, die Frist von fünf Monaten wird aus dem Rechtsgedanken der §§ 516, 552 ZPO hergeleitet. „Vollständig abgefasst" ist ein Urteil grundsätzlich erst dann, wenn es von allen Berufsrichtern, die an der Entscheidung mitgewirkt haben **unterschrieben** worden ist (BFH/NV 1987, 722; BVerwG DVBl 1996, 106). Der BFH hat sich der Entscheidung des GmSOGB angeschlossen (vgl zB BFHE 180, 512 = BStBl II 1996, 578; BFHE 175, 7 = BStBl II 1995, 859; BFH/NV 1993, 190; 1994, 186, 724; 1995, 239). Wird das Urteil nicht verkündet, sondern **zugestellt** (§ 104 Abs 2), gelten diese Grundsätze entsprechend. Von einem Fehlen der Entscheidungsgründe ist im Fall der **Zustellung** des Urteils auszugehen, wenn das vollständige Urteil nicht binnen fünf Monaten, gerechnet von dem in **§ 104 Abs 2** genannten Termin (Niederlegung des unterschriebenen Urteilstenors), an die Geschäftsstelle übergeben worden ist (BFH/NV 1999, 208 mwN; 2004, 1646; 2005, 5; BVerwG NVwZ 2000, 1290 mwN). Ist die Zweiwochenfrist des § 104 Nr 2 nicht eingehalten worden, beginnt die Frist von fünf Monaten nach Ablauf des Tages, an dem die Urteilsformel nach § 104 Abs 2 spätestens der Geschäftsstelle hätte übergeben werden müssen (BFHE 172, 404 = BStBl II 1994, 187; BFH/NV 1998, 469; 2004, 1114), offen gelassen von BVerwG in NVwZ 2000, 1290). Bei der Frist von fünf Monaten handelt es sich um eine **genau einzuhaltende Frist;** auch eine geringfügige Überschreitung begründet den Mangel des § 119 Nr 6 (BFHE 180, 512 = BStBl II 1996, 578; BAG BB 2000, 1683). Die Überschreitung der Fünfmonatsfrist kann grundsätzlich nicht mit der Verfassungsbeschwerde gerügt werden (BVerfG HFR 1996, 153).

§ 120 [Einlegung und Begründung der Revision]

(1) [1]Die Revision ist bei dem Bundesfinanzhof innerhalb eines Monats nach Zustellung des vollständigen Urteils schriftlich einzulegen. [2]Die Revision muss das angefochtene Urteil bezeichnen. [3]Eine Ausfertigung oder Abschrift des Urteils soll beigefügt werden, sofern dies nicht schon nach § 116 Abs. 2 Satz 3 geschehen ist. [4]Satz 3 gilt nicht im Falle der elektronischen Revisionseinlegung.

(2) [1]Die Revision ist innerhalb von zwei Monaten nach Zustellung des vollständigen Urteils zu begründen; im Fall des § 116 Abs. 7 beträgt die Begründungsfrist für den Beschwerdeführer einen Monat nach Zustellung des Beschlusses über die Zulassung der Revision. [2]Die Begründung ist bei dem Bundesfinanzhof einzureichen. [3]Die Frist kann auf einen vor ihrem Ablauf gestellten Antrag von dem Vorsitzenden verlängert werden.

(3) Die Begründung muss enthalten:

1. die Erklärung, inwieweit das Urteil angefochten und dessen Aufhebung beantragt wird (Revisionsanträge);
2. die Angabe der Revisionsgründe, und zwar
   a) die bestimmte Bezeichnung der Umstände, aus denen sich die Rechtsverletzung ergibt;
   b) soweit die Revision darauf gestützt wird, dass das Gesetz in Bezug auf das Verfahren verletzt sei, die Bezeichnung der Tatsachen, die den Mangel ergeben.

Vgl § 139 VwGO; § 164 SGG; § 551 Abs 3 ZPO nF.

Übersicht

Literatur: *App,* Checkliste zur Anfechtung von Finanzgerichtsurteilen, StB 1990, 95; *ders,* Das Ende der Revisionsbegründungsfrist, VR 1991, 62; *Beermann,* Neues Revisionsrecht für das finanzgerichtliche Verfahren ab 1. Januar 2001?, DStZ 2000, 773; *Bilsdorfer,* Das Zweite Gesetz zur Änderung der Finanzgerichtsordnung, BB 2001, 753; *Binnewies,* Rechtbehelfe nach beiderseitigem Teilunterliegen im finanzgerichtlichen Verfahren, DStR 2001, 342; *Büttner,* Begründung der Revision vor ihrer Zulassung durch das Revisionsgericht, NJW 2004, 3524; *Dißars,* Wesentliche Änderung der Finanzgerichtsordnung durch das Zweite FGO-Änderungsgesetz, StB 2002, 4; *Gosch,* Emmott'sche Fristenhemmung und nationales Recht, BFH-PR 2005, 35; *Hampel,* Die Neuregelungen des Revisionsrechts nach dem Zweiten Gesetz zur Änderung der Finanzgerichtsordnung, ZfZ 2001, 116; *May,* Die Revision in dem zivil- und verwaltungsgerichtlichen Verfahren, 2. Aufl, 1997; *Nieland,* Fristen im Revisionsrecht, AO-StB 2001, 103; *Rüsken,* Begründung einer Revision, BFH-PR 2004, 329; *Seer,* 2. FGO-Änderungsgesetz – Zweitinstanzlicher Rechtsschutz bleibt auf der Strecke!, BB 2000, 2387; *ders,* Rechtsmittel und Rechtsschutz nach der FGO-Reform, StuW 2003, 193; *Spindler,* Das 2. FGO-Änderungsgesetz, DB 2001, 61; *Suhrbier-Hahn,* Die Reform der Finanzgerichtsordnung zum 1. 1. 2001, DStR 2001, 467; *von Wedelstädt,* Der Weg zum Bundesfinanzhof, AO-StB 2005, 87 ff, 110 ff; *Wüllenkemper,* Die Wiedereinsetzung in den vorigen Stand bei fehlerhafter oder unvollständiger Adressierung einer Rechtsmittelschrift, DStZ 2000, 366.

Vgl ferner die Literaturangaben bei §§ 115, 116, 119; zur Anschlussrevision vgl die Angaben vor Rz 77.

A. Überblick

1   § 120 ist durch das **2. FGOÄndG** v 19. 12. 2000 (in Kraft getreten am 1. 1. 2001) neu gefasst worden. Wegen der **Übergangsregelung** s Vor § 115 Rz 32. Neu ist vor allem, dass die Revision nicht mehr beim FG, sondern – ebenso wie die NZB – **beim BFH** einzulegen ist. Das gilt auch für die Revisionsbegründung. Der Einlegung der Revision bedarf es nur, wenn die Revision bereits durch das FG im angefochtenen Urteil zugelassen wurde. Ist der Zugang zur Revision dagegen erst durch den BFH aufgrund einer NZB eröffnet worden, wird das Beschwerdeverfahren, ohne

dass es der Einlegung der Revision durch den Beschwerdeführer bedarf, als Revisionsverfahren fortgesetzt (§ 116 Abs 7); erforderlich ist dann nur die fristgerechte Begründung der Revision. Eine Ausnahme gilt, wenn der BFH wegen eines mit der NZB erfolgreich gerügten Verfahrensfehlers durch Beschluss nach § 116 Abs 6 das angefochtene Urteil aufhebt und die Sache zurückverweist. Soweit **andere Verfahrensbeteiligte,** die nicht NZB eingelegt haben, ebenfalls durch das Urteil beschwert sind und es anfechten wollen, müssen sie innerhalb der Monatsfrist des § 120 Abs 1 beim BFH Revision einlegen (§ 116 Abs 7 S 2). Neu geregelt ist auch die **Frist für die Revisionsbegründung** – sie ist bei Zulassung durch das FG innerhalb von zwei Monaten nach Zustellung des vollständigen Urteils, bei Zulassung durch den BFH innerhalb eines Monats nach Zustellung des Beschlusses über die Zulassung der Revision zu begründen (vgl dazu Rz 42 f). § 120 Abs 3 nF entspricht im wesentlichen dem früheren § 120 Abs 2. Mit der abweichenden Formulierung, die die Anforderungen an die Darlegung der Rechtsverletzung konkretisieren, hat der Gesetzgeber keine sachliche Änderung bezweckt, die Neufassung entspricht vielmehr der Auslegung des früheren § 120 Abs 2 durch den BFH (vgl BTDrucks 14/4061, 11). Die früher in § 120 Abs 3 enthaltene Verpflichtung des FG zur Vorlage der Steuerakten und der Rechtsmittelschrift ist gegenstandslos geworden, da NZB und Revision nunmehr beim BFH einzureichen sind. Zu den **allgemeinen Zulässigkeitsvoraussetzungen** eines Rechtsmittels vgl Vor § 115 Rz 7 ff. Zum **Gegenstand der Revision** vgl § 115 Rz 4 f, wegen der **Berechtigung zur Einlegung** der Revision vgl § 115 Rz 8. § 120 Abs 1 Satz 4 wurde durch das JKomG mit Wirkung vom 1. 4. 2005 eingefügt (vgl hierzu die Kommentierung zu § 52 a).

B. Revision

I. Einlegung der Revision

1. Empfangsbehörde

Die (vom FG zugelassene) Revision gegen Urteile, die vor dem 1. 1. **3** 2001 verkündet oder von Amts wegen zugestellt worden sind, ist – abweichend vom bis zum 31. 12. 2000 geltenden Recht (vgl § 120 Abs 1 aF) – **beim BFH** einzulegen. § 120 Abs 1 entspricht insoweit § 164 Abs 1 S 1 SGG (vgl aber die abweichende Regelung in § 139 VwGO). Die Einlegung bei einer anderen Behörde (FA, FG) wahrt die Frist nicht (vgl zB zu § 120 Abs 1 aF BFHE 108, 18 = BStBl II 1973, 246; BFHE 155, 36 = BStBl II 1989, 147). „Beim BFH eingelegt" ist die Revision, wenn die an den BFH adressierte Revisionsschrift in dessen Machtbereich gelangt ist (*Beermann/Rüsken* Rz 49). Es ist nicht erforderlich, dass die Revisionsschrift innerhalb der Frist des § 120 Abs 1 auch an den zuständigen **Spruchkörper** des Gerichts gelangt (BFHE 133, 561 = BStBl II 1981, 738; BGH VersR 1975, 473). Wird die Revision bei einer anderen Behörde eingelegt, ist sie gleichwohl zulässig, wenn sie an den BFH weitergeleitet wird und dort fristgerecht eingeht. In einem solchen Fall schadet die unzutreffende Adressierung an das FG nicht (*Meyer-Ladewig* § 164 Rz 3). Die Revision ist nicht beim BFH eingelegt, wenn die Revisionsschrift in einem verschlossenen an das FG adressierten Umschlag innerhalb der Revisionsfrist in den Briefkasten des BFH eingeworfen und ungeöffnet an das FG weitergeleitet wird (vgl BFHE 144, 403 = BStBl II 1986, 28). Wird die Revision trotz ordnungsgemäßer Rechtsmittelbelehrung nicht beim BFH, sondern beim FG eingelegt, das sie an den BFH weiterleitet, wo sie verspätet eingeht, so kann eine an sich mögliche **Wiedereinsetzung (§ 56)** nicht gewährt werden (vgl zu § 120 Abs 1 aF: BFHE 91, 341 = BStBl II 1968, 350; BFHE 136, 348 = BStBl II 1983, 86; BFH/NV 1995, 37; 1997, 500). Das FG ist in einem solchen Fall nicht verpflichtet, den Prozessbevollmächtigten telefonisch auf die fehlerhafte Einlegung der Revision hinzuweisen, um diesem die ordnungsgemäße Einlegung beim BFH noch innerhalb der Revisionsfrist zu ermöglichen (BFH/NV 1993, 366; 1992, 120; BGH HFR 1964, 166). Das Risiko des verspäteten Eingangs einer Revisionsschrift, die statt beim BFH beim FG eingereicht wird, trägt der Rechtsmittelkläger (vgl zu § 120 Abs 1 aF: BFHE 158, 107 = BStBl II 1989, 1020; BFH/NV 1999, 821).

4 Zum **Zeitpunkt des Zugangs** eines Schriftstücks vgl BFH/NV 1995, 134 mwN. Wird die Revision nicht schon vom FG im angefochtenen Urteil, sondern erst vom BFH **aufgrund** einer **NZB zugelassen,** braucht der *Beschwerdeführer* die Revision nicht mehr einzulegen; das Beschwerdeverfahren wird dann ohne weiteres als Revisionsverfahren fortgeführt (vgl § 116 Abs 7; Rz 1).

Zur Einlegung einer **Anschlussrevision** vgl unten Rz 83 f.

2. Form

6 Die Revision ist eine prozessuale Willenserklärung, die im Interesse der Rechtssicherheit **schriftlich** einzulegen ist. Die Schriftform soll gewährleisten, dass aus dem Schriftstück der Inhalt der Erklärung und die erklärende Person zuverlässig entnommen werden können. Es muss feststehen, dass es sich nicht um einen Entwurf handelt, sondern dass das Schriftstück mit Wissen und Willen des Berechtigten dem Gericht zugeleitet wurde (GmSOGB NJW 1980, 172). Da für die Einlegung der Revision Vertretungszwang gilt, muss die Revisionsschrift von einer vor dem BFH vertretungsberechtigten Person (vgl § 64a) unterschrieben sein. Die Einlegung der Revision durch **Erklärung zur Niederschrift** des Urkundsbeamten ist ausgeschlossen, weil in § 120 eine dem § 64 entsprechende Regelung nicht vorgesehen ist. Wegen der Anforderungen, die an die Schriftform, insbesondere an die Unterschrift, gestellt werden, vgl § 64 Rz 18. Den Anforderungen an die Schriftlichkeit genügen auch **moderne Übermittlungstechniken,** die der herkömmlichen Form der Schriftlichkeit gleichstehen (Btx, Telegramm, Telekopie, Telefax, Fernschreiben etc), vgl dazu im Einzelnen § 64 Rz 27 ff).

3. Vertretungszwang

8 Das 2. FGOÄndG hat den Kreis der vor dem BFH Vertretungsberechtigten gegenüber dem bisherigen Recht (vgl Art 1 Nr 1 BFHEntlG) deutlich erweitert. Nach § 62a kann vor dem BFH nur eine **Person iS des § 3 Nr 1 StBerG** als Bevollmächtigter auftreten. Juristische Personen des öffentlichen Rechts und Behörden können sich auch durch Beamte und

Angestellte mit der Befähigung zum Richteramt oder durch Diplomjuristen im höheren Dienst vertreten lassen.

Abweichend vom bisherigen Recht (vgl Voraufl § 62 Rz 81 ff) können **9** nach § 62 a Abs 2 nunmehr auch **Gesellschaften** iS des § 3 Nr 2 und 3 StBerG, die durch Personen gemäß § 62 a Abs 1 S 1 tätig werden, als Bevollmächtigte vor dem BFH auftreten. Zum Vertretungszwang und zu den vertretungsberechtigten Personen im Einzelnen vgl § 62 a Rz 6 ff. Zum **sachlichen Umfang** des Vertretungszwangs vgl § 62 a Rz 14 ff.

Eine unter **Missachtung des Vertretungszwangs** vom Beteiligten **10** selbst oder von einer vor dem BFH nicht postulationsfähigen Person eingelegte Revision ist unwirksam, sie ist als unzulässig zu verwerfen (§ 62 a Rz 23 mwN). Zur Möglichkeit und zu den Grenzen einer Heilung durch **nachträgliche Genehmigung** der Prozessführung vgl § 62 a Rz 24.

4. Inhalt der Revisionsschrift

Die Bezeichnung des Schriftsatzes als „Revision" ist nicht erforderlich, **12** es muss jedoch – erforderlichenfalls durch Auslegung – **erkennbar** sein, dass **Revision eingelegt** werden soll. Eine falsche oder unklare Bezeichnung des Rechtsmittels ist dann unschädlich (BFH/NV 1990, 707, 709; 2000, 872). Auch Prozesserklärungen rechtskundiger Bevollmächtigter sind nicht allein nach ihrer Bezeichnung, sondern dem nach ihrem objektiv erkennbaren Erklärungsinhalt angestrebten Ziel zu verstehen (BFH v 7. 8. 2000 I R 91/99 BFH/NV CD-ROM; BFH/NV 1999, 1613; vgl aber BFH/NV 2000, 447). Bei der Auslegung ist davon aus zugehen, dass derjenige Rechtsbehelf eingelegt werden soll, der den Belangen des Rechtsmittelführers entspricht und zu dem angestrebten Erfolg führen kann (BFH/NV 2000, 872; 1997, 50; *T/K* Rz 6, 12). Ist – wie nach geltendem Recht – die Revision nur nach Zulassung durch das FG oder den BFH statthaft, kann bei der Auslegung der Prozesserklärung als Revision trotz unrichtiger Bezeichnung als Nichtzulassungsbeschwerde berücksichtigt werden, dass im Fall der zugelassenen Revision vernünftigerweise nur dieses Rechtsmittel eingelegt werden kann (*Eyermann* § 139 Rz 6). Wegen des Vertretungszwangs beim BFH und aus Gründen der Rechtssicherheit kommt allerdings die **Umdeutung** eines **eindeutig** als NZB bezeichneten Rechtsmittels in eine Revision (und umgekehrt) nicht in Betracht (*Meyer-Ladewig* Vor § 143 Rz 15; *H/H/Sp/Lange* Rz 54; *Kopp/Schenke* § 133 Rz 9; st Rspr zu § 120 aF: vgl zB BFHE 97, 1 = BStBl II 1969, 735; BFHE 146, 395 = BStBl II 1986, 679; BFH/NV 1997, 136, 590; 1999, 494; § 116 Rz 9).

Mit einem als „**Entwurf** einer Revisionsschrift" bezeichneten Schreiben ist noch nicht wirksam Revision eingelegt (BGH VersR 1986, 40). Fehlt es an einem solchen Hinweis und ist die von einem postulationsfähigen Prozessbevollmächtigten unterschriebene Rechtsmittelschrift dem BFH zugegangen, ist die Revision auch dann wirksam eingelegt, wenn der Bevollmächtigte behauptet, der Schriftsatz sei gegen seinen Willen abgesandt worden (BFH/NV 1995, 1001).

Die Revision muss das angefochtene **Urteil bezeichnen** (Abs 1 S 2). Das **13** geschieht idR durch Angabe des Gerichts, das die Entscheidung gefällt hat, des Urteilsdatums, des Aktenzeichens und der Sache, in der das Urteil ergangen ist (BFHE 109, 422 = BStBl II 1973, 684; BFH/NV 1997, 542; BGH VersR 1983, 250). Das Fehlen einzelner Angaben ist unschädlich, wenn der BFH als zuständiges Gericht innerhalb der Revisionsfrist aus den Angaben in der Revisionsschrift, ggf auch aus sonstigen ihm vorliegenden Unterlagen, **zweifelsfrei** feststellen kann, welches Urteil angefochten ist (BFHE 130, 480 = BStBl II 1980, 588 mwN; BFHE 146, 196 = BStBl II 1986, 474; BFH/NV 1996, 922; BGH BB 1981, 1037; BGH NJW 1993, 1719).

14   Nach allgemeiner Ansicht muss die Revisionsschrift auch die **Beteiligten** angeben. Dies wird zwar vom Gesetz nicht ausdrücklich verlangt, ergibt sich aber aus der Pflicht zur Bezeichnung des angefochtenen Urteils. In der Revisionsschrift muss deshalb hinreichend und richtig zum Ausdruck gebracht werden, für wen Revision eingelegt wird und gegen wen sie sich richtet (BFHE 130, 480 = BStBl II 1980, 588; BFH/NV 1989, 212; 1992, 177; BGH HFR 1987, 369). Insbesondere, wenn das angefochtene Urteil gegen mehrere Personen ergangen ist, gehört die unmissverständliche Bezeichnung des Revisionsklägers zum notwendigen Inhalt der Rechtsmittelschrift (BFHE 120, 341 = BStBl II 1977, 163; BFH/NV 1988, 654; 2005, 233; BGH VersR 1970, 1133; 1980, 1027). Unrichtige oder fehlende Angaben hinsichtlich der Verfahrensbeteiligten können auch noch nach Einlegung der Revision, aber grundsätzlich nur innerhalb der Revisionsfrist, richtiggestellt oder ergänzt werden (BFH/NV 1992, 177; vgl auch 1987, 172). Der BFH lässt ausnahmsweise eine Richtigstellung nach Ablauf der Rechtsmittelfrist zu, wenn die Bezeichnung des Rechtsmittelführers erkennbar unrichtig ist, weil dieser bei Einlegung des Rechtsmittels nicht mehr existiert (BFHE 157, 296 = BStBl II 1989, 846; BFHE 162, 99 = BStBl II 1991, 401). Die **Anschrift** des Rechtsmittelgegners oder seines Bevollmächtigten muss nicht angegeben werden, wenn sie gerichtsbekannt ist (BAG BB 1979, 525).

15   Nach § 120 Abs 1 S 3 nF **soll** der Revisionsschrift eine **Ausfertigung oder Abschrift** des angefochtenen **Urteils beigefügt** werden, sofern dies nicht schon nach § 116 Abs 2 S 3 (also bei Einlegung einer NZB) geschehen ist. Die Vorschrift entspricht § 164 Abs 1 S 2 SGG, § 553a ZPO. Die Regelung dient der Erleichterung des Geschäftsgangs beim BFH; der für die Revision zuständige Senat kann auf diese Weise idR schon bei Eingang der Revisionsschrift ermittelt werden. Eine Verletzung der Sollvorschrift des Abs 1 S 3 macht die Revision nicht unzulässig.

5. Unbedingte Einlegung

17   Die Revision muss – ebenso wie eine NZB – unbedingt eingelegt werden, weil aus Gründen der Rechtssicherheit über das Schweben eines Rechtsmittels und damit über die Hemmung der Rechtskraft des angefochtenen Urteils Klarheit bestehen muss (BFHE 136, 70 = BStBl II 1982, 603 mwN; BAG NJW 1996, 2533; *T/K* Rz 9 ff; vgl auch vor § 115 Rz 10). Unschädlich ist jedoch der **Hinweis** des Revisionsklägers auf ein **innerprozessuales Bedingungsverhältnis** (BVerwGE 40, 272 = BStBl II 1976, 271; BFHE 127, 135 = BStBl II 1979, 374). Um eine solche (zulässige) Bedingung handelt es sich, wenn sie vor der erforderlichen Zulassung durch den BFH eingelegt wird und der Revisionskläger darauf hinweist, dass der Erfolg des Rechtsmittels von dem Ausgang des schwebenden Verfahrens über die NZB abhängig ist (*Eyermann* § 139 Rz 7). Die Revision wird dann mit ihrer Zulassung statthaft (BVerwG NVwZ 1985, 428; *Eyermann* § 143 Rz 2 und § 139 Rz 7; *Meyer-Ladewig* § 160 Rz 30; **aA** zu § 116 aF: BFHE 164, 179 = BStBl II 1991, 638; BVerwG Buchholz 310 § 133 VwGO Nr 57); dies hat allerdings nach geltendem Recht nur Auswirkungen für die Kosten des Verfahrens, weil nach § 116 Abs 7 das erfolgreiche Verfahren der NZB ohne weiteres als Revisionsverfahren fortgesetzt wird, die vor Zulassung eingelegte Revision ist dann als ein mehrfach eingelegtes Rechtsmittel zu behandeln (vgl dazu Rz 35).

Unzulässig ist die Revision, wenn sie unter der Bedingung eingelegt **18** wird, dass ein Antrag auf **Prozesskostenhilfe** für das Rechtsmittelverfahren Erfolg hat (BAG HFR 1969, 399; BVerwG HFR 1981, 131) oder wenn sie vom **Erfolg der NZB** abhängig gemacht wird (BFHE 110, 393 = BStBl II 1974, 34; BFH/NV 1999, 1244 mwN; BVerwG DVBl 1960, 780; BVerwG Buchholz 310 § 139 VwGO Nr 52; *T/K* Rz 4; **aA** *Meyer-Ladewig* § 164 Rz 3 und § 160 Rz 30). Ein unzulässiges Bedingungsverhältnis liegt auch vor, wenn das Rechtsmittel nur „hilfsweise" für den Fall eingelegt wird, dass das Gericht in bestimmter Weise über weiteren prozessualen Antrag des Revisionsklägers (zB auf Prozesskostenhilfe) entscheidet (st Rspr, vgl zB BFHE 136, 70 = BStBl II 1982, 603; BFH/NV 2000, 1233; 1999, 1244, 1246; 1998, 194). Ob das Rechtsmittel unter einer Bedingung eingelegt wurde oder ob lediglich ein innerprozessuales Bedingungsverhältnis hingewiesen worden ist, muss im Wege der **Auslegung** geklärt werden (BFHE 127, 135 = BStBl II 1979, 374; *T/K* Rz 9; *Beermann/Rüsken* Rz 11).

Bis zum Ablauf der Rechtsmittelfrist muss nicht nur feststehen, ob ein **19** Rechtsmittel eingelegt worden ist, sondern auch, welches Rechtsmittel eingelegt werden soll, die **alternative Einlegung** („Revision oder Nichtzulassungsbeschwerde") ist unzulässig (BFH/NV 1994, 53; 1989, 648).

Eine Umdeutung einer nicht zugelassenen Revision in eine Nichtzulassungsbeschwerde ist nicht möglich (BFH/NV 2004, 1539).

6. Revisionsfrist

Die Revision ist innerhalb **eines Monats nach Zustellung des voll- 21 ständigen Urteils** einzulegen (§ 120 Abs 1 S 1), wenn sie im Urteil des FG zugelassen wurde. Der Beschluss des **BFH** über die **Zulassung der Revision** hat für den Lauf der Revisionsfrist nach geltendem Recht nur noch in **Ausnahmefällen** Bedeutung (vgl dazu § 116 Abs 7 S 2 und Rz 25). Denn nach § 116 Abs 7 nF wird bei erfolgreicher NZB das Beschwerdeverfahren als Revisionsverfahren fortgesetzt, ohne dass der Beschwerdeführer Revision einlegen muss. Auch die nach § 115 Abs 5 aF bestehende Kompetenz des FG, der NZB abzuhelfen und die Revision durch Beschluss zuzulassen, ist nach In-Kraft-Treten des 2. FGOÄndG entfallen, da NZB und Revision nunmehr beim BFH einzulegen sind. Wegen der **Berechnung** der Frist vgl § 54 Abs 2.

a) Beginn der Frist

Die Frist für die Einlegung der Revision beginnt für **jeden Beteiligten 22** gesondert mit der Zustellung an ihn (BGH VersR 1980, 928; *T/K* Rz 21).

Ist für das Verfahren vor dem FG ein **Bevollmächtigter** bestellt, ist das Urteil an diesen zuzustellen, die Zustellung an den Vertretenen ist unwirksam (BFHE 188, 199 = BFH/NV 1999, 883 mwN). Sind mehrere Prozessbevollmächtigte bestellt, ist die zeitlich erste Zustellung maßgeblich (§§ 176, 84 ZPO; BVerwG NJW 1980, 2269 und NJW 1998, 3582; *T/K* Rz 21). Durch eine **unwirksame Zustellung** wird die Revisionsfrist nicht in Lauf gesetzt (BFHE 183, 288 = BStBl II 1997, 707; BFH/NV 1996, 170; *H/H/Sp/Lange* Rz 69). Wegen der Anforderungen an eine ordnungsgemäße Zustellung vgl § 53 Rz 7 ff. Nach Ablauf eines Jahres ist die Befugnis, gegen ein fehlerhaft zugestelltes Urteil Revision einzulegen, idR verwirkt (BFHE 117, 350 = BStBl II 1976, 194). Der Lauf der Revisionseinlegungsfrist wird durch die sog **Emmott'sche Fristenhemmung** nicht berührt (vgl NFH/NV 2005, 225; *Gosch* BFH-PR 2005, 35; vgl dazu auch § 47 Rz 1).

23   Die Frist wird nur durch die Zustellung des **vollständigen Urteils** (§ 105) oder Gerichtsbescheids (§ 90 a Abs 2 S 2) in Lauf gesetzt. Enthält die zugestellte Ausfertigung kleine Mängel, kann der Empfänger aber den Inhalt der Urschrift erkennen und insbesondere seine Beschwer feststellen, schaden diese Mängel nicht (BGH BFR 1981, 38; vgl auch BFHE 92, 307 = BStBl II 1968, 535 zu unvollständigem Rubrum). Die Revisionsfrist wird nicht in Lauf gesetzt, wenn das Urteil ohne die Kostenentscheidung zugestellt worden ist (BFHE 118, 1 = BStBl II 1976, 296) oder wenn das FG in den Urteilsgründen ausdrücklich auf Anlagen verwiesen hat und das Urteil ohne diese Anlagen zugestellt wird (BFH/NV 1998, 1115). Durch nachträgliche Zustellung eines vollständigen Urteils wird der Mangel geheilt (BFH/NV 1999, 957; BGH HFR 1999, 121). Bei fehlender, unrichtiger oder unvollständiger **Rechtsmittelbelehrung** des Urteils wird die Revisionsfrist nicht in Lauf gesetzt. Es gilt dann § 55 Abs 2. Zum notwendigen Inhalt einer ordnungsgemäßen Rechtsmittelbelehrung vgl § 55 Rz 10 ff.

Hat das FG zur Begründung seines Urteils auf ein anderes **später zugestelltes Urteil Bezug genommen,** soll nach Ansicht des BFH (BFHE 162, 1 = BStBl II 1990, 1071) die Revisionsfrist bereits mit der Zustellung des ersten bezugnehmenden Urteils in Lauf gesetzt werden (kritisch zu Recht: *H/H/Sp/Lange* Rz 73).

24   Wird das Urteil nachträglich **berichtigt oder ergänzt (§§ 107 bis 109)** gilt Folgendes:

Die Berichtigung eines Urteils wegen **offenbarer Unrichtigkeit (§ 107)** hat grundsätzlich keinen Einfluss auf den Lauf der Revisionsfrist (BFH/NV 2005, 188 mwN). Durch die Zustellung des Berichtigungsbeschlusses wird im Regelfall keine neue Revisionsfrist in Lauf gesetzt, der Berichtigungsbeschluss wirkt auf die Zeit der Verkündung oder Zustellung des ursprünglichen Urteils zurück (BFH/NV 1990, 306 mwN; BGH NJW-RR 2001, 211). Diese Rspr ist verfassungsrechtlich unbedenklich, denn es ist den Beteiligten im allgemeinen zumutbar, schon gegen das noch nicht berichtigte Urteil Revision einzulegen (BVerfG DStZ 2001, 100). Etwas anderes gilt nur dann, wenn die berichtigte Entscheidung nicht klar genug war, um dem Beteiligten die Entscheidung zu ermöglichen, ob gegen das Urteil Revision eingelegt werden soll oder nicht, insbesondere dann, wenn erst die berichtigte Fassung erkennen lässt, ob der Beteiligte beschwert ist (BFHE 127, 133 = BStBl II 1979, 373; BFH/NV 1990, 306; BGH VersR 1981, 548) oder wenn wegen eines Widerspruchs zwischen dem Tenor und der Begründung des Urteils bezüglich der Zulassung der Revision unklar ist, ob die Revision zugelassen wurde. Deshalb beginnt in diesen Fällen mit der Bekanntgabe eines Berichtigungsbeschlusses eine neue Rechtsmittelfrist (BFH/NV 2005, 188 mwN).

Auch der Umstand, dass ein Beteiligter nach Zustellung des Urteils zunächst einen **Antrag auf Tatbestandsberichtigung (§ 108)** stellt, hat auf den Lauf der Revisionsfrist keinen Einfluss (BFHE 121, 171 = BStBl II 1977, 291). Das gilt auch dann, wenn das FG auf den Antrag die ursprüngliche Urteilsfassung berichtigt (BGHZ 17, 149; BGH VersR 1966, 956). Ein **Antrag auf Ergänzung** eines Urteils **nach § 109** hemmt den Lauf der Revisionsfrist für das ursprüngliche Urteil nicht. Wird der Antrag auf Urteilsergänzung abgelehnt, bleibt es bei der ursprünglichen Revisionsfrist des § 120 Abs 1 S 1 für das ergänzte Urteil (BFHE 127, 133 = BStBl II 1979, 373). Gibt das FG dem Antrag statt und erlässt ein Ergänzungsurteil, ist dieses **selbstständig** mit der Revision **anfechtbar**. Wird nur die Kostenentscheidung nachgeholt, muss wegen § 145 Abs 1 auch das ursprüngliche Urteil angefochten werden (vgl § 109 Rz 4). Wird das Urteil allerdings noch **innerhalb der Revisionsfrist** ergänzt, beginnt mit der Zustellung des Ergänzungsurteils zugleich auch die Revisionsfrist für das ergänzte Urteil (§ 155 iVm § 517 ZPO).

Wurde die Revision nicht vom FG, sondern auf NZB vom BFH durch   **25** Beschluss zugelassen, beginnt mit der Zustellung des Beschlusses für die **Beteiligten, die nicht** selbst **Beschwerde** eingelegt haben, der Lauf der Revisions- und der Revisionsbegründungsfrist. Auf diese Fristen ist im Beschluss hinzuweisen (§ 116 Abs 7 S 2 und 3). Für den **Beschwerdeführer** wird eine Revisionsfrist nicht in Lauf gesetzt, da dieser ohne weiteres mit dem stattgebenden Beschluss zum Revisionskläger wird, sofern nicht der BFH – bei erfolgreicher Rüge eines Verfahrensmangels – nach § 116 Abs 6 verfahren ist und das angefochtene Urteil durch Beschluss aufgehoben hat (§ 116 Abs 7 S 1).

b) Einlegung der Revision vor Fristbeginn

Die wirksame Einlegung eines Rechtsmittels ist erst dann möglich, wenn   **28** die anzufechtende Entscheidung **rechtlich existent** ist (RGZ 110, 170; *Meyer-Ladewig* § 164 Rz 6). Bei verkündeten Urteil kann Revision nicht vor der Verkündung, bei zugestellten nicht vor der Zustellung eingelegt werden. Hat das FG die Revision nicht zugelassen, kann die Revision schon vor Zustellung der Entscheidung über die (gleichzeitig eingelegte) NZB, wirksam eingelegt werden, sie wird dann mit der Zulassung durch den BFH rückwirkend statthaft (vgl BFHE 128, 135 = BStBl II 1979, 650; BFHE 155, 12 = BStBl II 1989, 107; BFHE 204, 186 = BStBl II 2004, 195; BVerwG NVwZ 1985, 428; *Meyer-Ladewig* § 160 Rz 30 f; *Kopp/Schenke* § 132 Rz 30, 31; *Eyermann* § 139 Rz 7; **aA** BFHE 164, 179 = BStBl II 1991, 638 für die zulassungsfreie Verfahrensrevision nach § 116 aF; BSG NVwZ 1997, 832 zur Berufung nach SGG; vgl auch Rz 35). Wird die Zulassung versagt, ist die Revision unzulässig. Da nach § 116 Abs 7 das erfolgreiche Verfahren der NZB mit der Zulassung automatisch als Revisionsverfahren fortgesetzt wird, ist die Streitfrage nach geltendem Recht nur noch für solche Revisionskläger bedeutsam, die nicht selbst NZB eingelegt haben – für den Beschwerdeführer ist die vor Zulassung eingelegte Revision nach den Grundsätzen **der mehrfachen Rechtsmitteleinlegung** zu beurteilen (s Rz 35).

c) Wiedereinsetzung wegen Versäumung der Revisionsfrist

30   Da es sich um eine **gesetzliche Frist** handelt, ist Wiedereinsetzung in den vorigen Stand (§ 56) möglich. Wird wegen Versäumung der Revisionsfrist Wiedereinsetzung beantragt, so muss die Revision unter Beachtung der für sie geltenden Förmlichkeiten innerhalb der Antragsfrist von zwei Wochen (§ 56 Abs 2 S 1) beim FG eingelegt werden (BFHE 144, 1 = BStBl II 1985, 586; BFH/NV 2000, 1117 mwN).

Ist ein Beteiligter wegen **Armut** gehindert, innerhalb der Revisionsfrist wirksam ein Rechtsmittel durch nach § 62a vertretungsbefugten Bevollmächtigten einzulegen, so kann ihm grundsätzlich Wiedereinsetzung gewährt werden. Das gilt jedoch nur, wenn er alles in seinen Kräften Stehende getan hat, um das der rechtzeitigen Einlegung des Rechtsmittels entgegenstehende Hindernis zu beheben. Wiedereinsetzung wegen Versäumung der Revisionsfrist kann deshalb in diesen Fällen nur gewährt werden, wenn der Beteiligte innerhalb der Revisionsfrist das **Gesuch um Prozesskostenhilfe** und die **Erklärung über seine persönlichen und wirtschaftlichen Verhältnisse** nach § 117 Abs 2 ZPO eingereicht hat, sofern er nicht ohne sein Verschulden auch hieran gehindert war (BFHE 136, 354 = BStBl II 1982, 737; BFHE 138, 256 = BStBl II 1983, 644; BFH/NV 1999, 821; 1998, 1000; 1996, 703; BSG HFR 1984, 244; BGH NJW 1983, 1251). Bei der Entscheidung, ob der Beteiligte die Revisionsfrist wahren konnte, sind aber **alle Umstände** des Falles zu berücksichtigen, also nicht nur die Frage, ob der Beteiligte arm war, sondern auch, ob er überhaupt in der Lage war, innerhalb der Frist tätig zu werden, zB das Prozesskostenhilfegesuch zu stellen und den Vordruck iS des § 117 Abs 2 ZPO einzureichen (so auch BFHE 123, 436 = BStBl II 1978, 72; BGH VersR 1981, 61, 884; BSG MDR 1981, 1052; vgl auch § 142 Rz 21).

31   Wird die **Prozesskostenhilfe versagt**, ist Wiedereinsetzung zu gewähren, wenn der Beteiligte vernünftigerweise nicht mit der Ablehnung wegen fehlender Mittellosigkeit oder ihrer mangelnden Glaubhaftmachung zu rechnen brauchte (BGH VersR 1958, 31; BGH HFR 1977, 98; BGH VersR 1976, 966; BGH VersR 1978, 824; BGH VersR 1982, 41). Keine Wiedereinsetzung ist zu gewähren, wenn der Revisionskläger wusste, dass seine Angaben unrichtig oder unvollständig waren (BGH HFR 1977, 99; BSG HFR 1981, 30).

Wegen der Frage der Wiedereinsetzung bei eingereichtem Antrag auf Prozesskostenhilfe vgl auch § 56 Rz 20.

d) Nachweis der Fristwahrung

32   Ob die Frist gewahrt wurde, ist nach **allgemeinen Beweisregeln** zu entscheiden; Glaubhaftmachung genügt nicht (Ausnahme: wenn die Voraussetzungen der Wiedereinsetzung zu beurteilen sind; BGH VersR 1974,

1021). Die Nichterweisbarkeit geht zu Lasten des Rechtsmittelführers (BGH VersR 1978, 960; BVerwG Buchholz 310 § 60 VwGO Nr 119). Das gilt jedoch nicht für Vorgänge, die im **Verantwortungsbereich des Gerichts** liegen (*Zöller/Schneider* § 518 Rz 20 mwN; *T/K* § 120 Rz 23). Zum Nachweis des fristgerechten Eingangs durch den **Eingangsstempel** des Gerichts vgl BFHE 178, 303 = BStBl II 1996, 19 mwN; BFH/NV 1998, 1115; BGH VersR 1988, 1140.

7. Mehrfache Einlegung der Revision

Das Recht, Revision einzulegen, kann innerhalb der Revisionsfrist **wie-** **35** **derholt** wahrgenommen worden (BFHE 141, 467 = BStBl II 1984, 833; BFH/NV 1989, 119, 585; 1990, 644; 1992, 323; für die Berufung vgl RGZ 158, 53; *T/P* § 518 Rz 10; *Zöller/Gummer* § 518 Rz 3; *Stein/Jonas/Grunsky* § 518 Rz I 13 mwN). Eine erneute Einlegung der Revision ist vor allem dann ratsam, wenn **Zweifel an der Wirksamkeit** der ersten Revision bestehen.

Liegen mehrere „Revisionen" eines Beteiligten oder seines Bevollmächtigten gegen dasselbe Urteil vor, so handelt es sich um das **nämliche Rechtsmittel,** über das das Revisionsgericht einheitlich zu entscheiden hat (st Rspr, vgl BFHE 141, 467 = BStBl II 1984, 833; BFHE 178, 303 = BStBl II 1996, 19; BFHE 205, 132 = BStBl II 2004, 542; BFH/NV 2002, 49; 2001, 184; BGH NJW 1996, 2659 und NJW 1968, 49 mit Anm *Vollkommer* NJW 1968, 1092; BGHZ 45, 380). Steht fest, dass die Revisionsinstanz durch eine der beiden Einlegungen ordnungsgemäß eröffnet ist, kommt es auf die Zulässigkeit der anderen nicht mehr an (BFH/NV 1995, 997; BFH NJW 1993, 3141; *Eyermann* § 143 Rz 3). Sind beide Einlegungsakte unwirksam (unzulässig) ist die Revision durch einheitlichen Beschluss zu verwerfen (BFH/NV 1989, 119). Ist bereits mit der ersten Einlegung (ggf nach Zulassung der Revision) wirksam Revision eingelegt worden, ist die erneute Einlegung des Rechtsmittels (nach seiner Zulassung) gegenstandslos (BGHZ 45, 380; BGH DStR 1993, 1676; BFHE 148, 501 = BStBl II 1987, 322). Wird die erste „Revision" zurückgenommen, ist die zweite allein entscheidend (BGHZ 24, 179). Wird bei mehrfacher Einlegung die Revision zurückgenommen, ist im allgemeinen davon auszugehen, dass damit sämtliche Einlegungsakte erledigt sein sollen (OLG München MDR 1979, 409), sofern nicht die Rücknahme ausdrücklich auf eines der Rechtsmittel beschränkt ist (vgl BFH /NV 1986, 683).

Über das Rechtsmittel ist auch dann einheitlich zu entscheiden, wenn ein Beteiligter vor der Entscheidung über die von ihm eingelegte NZB Revision eingelegt hat und das Beschwerdeverfahren nach Erfolg der NZB gemäß § 116 Abs 7 als Revisionsverfahren fortgesetzt wird (*Eyermann* § 143 Rz 2).

II. Begründung der Revision

1. Form

Ebenso wie für die Revision ist auch für die Revisionsbegründung **37** **Schriftform** vorgeschrieben. Vgl hierzu § 64 Rz 18 ff.

2. Empfangsbehörde

38   Nach § 120 Abs 2 S 2 idF des 2. FGOÄndG ist die Revisionsbegründung – ebenso wie die Revision – **beim BFH** einzureichen (ebenso § 139 Abs 3 S 2 VwGO). Der fristgerechte Eingang beim FG genügt nicht.

3. Vertretungszwang

39   Der in § 62a angeordnete Vertretungszwang vor dem BFH bezieht sich nicht nur auf die Einlegung, sondern auch auf die **Begründung der Revision.** Deshalb muss die Revisionsbegründungsschrift und ggf auch ein **Antrag auf Verlängerung der Revisionsbegründungsfrist** von einer postulationsfähigen Person unterzeichnet sein. Vgl hierzu im Einzelnen § 62a Rz 6ff.

40   Dem Vertretungszwang ist aber nicht allein dadurch Genüge getan, dass eine postulationsfähige Person die Revisionsbegründung **unterschreibt.** Der Prozessbevollmächtigte muss auch für ihren **Inhalt** die volle Verantwortung übernehmen (BFHE 136, 52 = BStBl II 1982, 607 mwN; BFH/NV 1989, 107; 1986, 175; BVerwGE 22, 38; *Kopp/Schenke* § 139 Rz 20). An dieser Voraussetzung fehlt es, wenn aus der Revisionsbegründung ersichtlich ist, dass der Bevollmächtigte lediglich einen von der Partei selbst verfassten Schriftsatz unterschrieben und weitergeleitet hat. Das gilt auch dann, wenn sich der postulationsfähige Vertreter die Ausführungen seines Mandanten pauschal zu eigen macht (BFH/NV 1991, 106). Die Revisionsbegründung muss in jedem Fall vom Prozessbevollmächtigten selbst stammen. Unter dieser Voraussetzung entspricht auch die bezugnehmende Begründung eines einer anderen Behörde angehörenden Vertreters iS von § 62a Abs 1 S 2 den Anforderungen des § 120 Abs 2 (BFH/NV 1995, 559 zu Art 1 Nr 1 S 3 BFHEntlG). Die **Bezugnahme auf ein Rechtsgutachten,** das von einer vor dem BFH nicht postulationsfähigen Person gefertigt wurde, entspricht nicht den gesetzlichen Anforderungen an eine Revisionsbegründung (BFHE 143, 196 = BStBl II 1985, 470; BFH/NV 1985, 96; 1986, 173).

Die von einem nicht postulationsfähigen Kläger eingelegte Revision kann nach Ablauf der Revisionsfrist nicht nachträglich von einem Rechtsanwalt oder Steuerberater genehmigt werden (BFH/NV 1992, 481).

4. Revisionsbegründungsfrist

41   Hat der Revisionskläger die Revision nicht schon in der Revisionsschrift begründet, muss er dies in einer besonderen **Revisionsbegründungsschrift** nachholen. Innerhalb der maßgeblichen Begründungsfrist muss der Revisionskläger **zumindest eine Revisionsrüge** in der durch § 120 Abs 3 gebotenen Form vortragen, anderenfalls ist die Revision unzulässig. Nach Ablauf der Begründungsfrist ist nur noch die Ergänzung einer innerhalb dieser Frist an sich schon ausreichend begründeten Revision möglich (BFHE 126, 383 = BStBl II 1979, 184; BFH/NV 1999, 501; *Kopp/Schenke* § 139 Rz 11). Die **Dauer der Begründungsfrist** ist für den Fall der Zulassung der Revision durch das FG einerseits und den der Zulassung durch den BFH aufgrund einer NZB anderseits **unterschiedlich** geregelt.

a) Nach § 120 Abs 2 S S 1 Hs 1 idF des 2. FGOÄndG ist die **vom FG** **42** **zugelassene Revision** innerhalb von **zwei Monaten** nach Zustellung des vollständigen Urteils (oder Gerichtsbescheids nach § 90 a Abs 2 S 2) zu begründen; die Regelung entspricht § 116 Abs 3 S 1 (vgl auch § 139 Abs 3 S 1 VwGO, § 164 Abs 2 S 1 SGG). Die Begründungsfrist ist eine selbstständige Frist. Sie beginnt somit **unabhängig vom Ablauf der Revisionsfrist** (BFHE 204, 411 = BStBl II 2004, 366). Die unter der Geltung des § 120 Abs 1 aF streitige Frage, wann die Begründungsfrist beginnt, wenn dem Revisionskläger wegen Versäumung der Frist zur Einlegung der Revision Wiedereinsetzung in den vorigen Stand gewährt wurde (vgl dazu BFHE 175, 388 = BStBl II 1995, 24; BFHE 181, 441 = BStBl II 1997, 199; BFH/NV 2000, 471 mwN; Voraufl, § 120 Rz 21), ist nach geltendem Recht nicht mehr relevant. Die Revisionsbegründungsfrist beginnt nicht von neuem zu laufen, wenn dem Revisionskläger wegen Versäumung der Revisionsfrist Wiedereinsetzung in den vorigen Stand gewährt wurde (BVerwG NJW-RR 1994, 361; BVerwG NJW 1992, 2780; *Kopp/Schenke* § 139 Rz 6 und § 133 Rz 12; *Eyermann* § 139 Rz 18; vgl aber BFHE 200, 1 BStBl II 2003, 142 für den Fall, dass nach Bewilligung von PKH Wiedereinsetzung hinsichtlich der Revisionseinlegungsfrist gewährt wurde).

b) Wurde die Revision nicht vom FG, sondern auf NZB **vom BFH** **43** **zugelassen,** ist die Begründung **innerhalb eines Monats** nach Zustellung des Beschlusses über die Zulassung der Revision einzulegen (§ 120 Abs 2 S 1 Hs 2). Die Abkürzung der Begründungsfrist wird damit gerechtfertigt, dass wegen der Regelung des § 116 Abs 7 (gesetzliche Überleitung des Beschwerdeverfahrens in das Revisionsverfahren) für den Beschwerdeführer die Einlegung der Revision und die hierfür vorgesehene Monatsfrist entfällt. Die Monatsfrist gilt nach der ausdrücklichen Regelung des § 120 Abs 2 S 1 Hs 2 nur für den Beschwerdeführer. Für die **anderen Beteiligten** gilt die Regelung des **§ 116 Abs 7 S 2.** Danach beginnt für diese Personen mit der Zustellung des Beschlusses über die Zulassung der Revision die (einmonatige) Revisionsfrist und die (zweimonatige) Revisionsbegründungsfrist (vgl auch § 164 Abs 2 S 1 SGG). Diese unterschiedliche Fristenregelung ist deshalb gerechtfertigt, weil Beteiligte, die nicht selbst NZB eingelegt haben, nicht schon aufgrund des Zulassungsbeschlusses die Stellung von Revisionsklägern erwerben – ihnen müssen deshalb auch die unverkürzten Fristen für die Einlegung und die Begründung der Revision zur Verfügung stehen. Die Beteiligten sind im Beschluss über die Zulassung der Revision auch auf die für sie maßgebliche **Begründungsfrist hinzuweisen** (§ 116 Abs 7 S 3; BVerwG NVwZ 1998, 1313). Wird die Belehrung über die Revisionsbegründungsfrist nicht oder fehlerhaft erteilt, wird die Frist nicht in Lauf gesetzt (*Kopp/Schenke* § 139 Rz 6; § 58 Rz 10; vgl auch § 55 Rz 27 mwN). Sie läuft dann aber ein Jahr nach Zustellung der Entscheidung ab (§ 55 Abs 2 S 1; BVerwG HFR 1969, 38).

c) Wegen der Versäumung der Begründungsfrist kann **Wiedereinset-** **44** **zung (§ 56)** gewährt werden und zwar auch noch dann, wenn das Rechtsmittel bereits wegen der Fristversäumnis verworfen wurde (BFHE 88, 541 = BStBl III 1967, 472; BSG NJW 1967, 2332; BAG NJW 1984, 941; § 56 Rz 63; *Kopp/Schenke* § 139 Rz 10), der Unzulässigkeitsbeschluss wird mit Bewilligung der Wiedereinsetzung gegenstandslos (BSG NJW 1967, 2332; *Meyer-Ladewig* § 164 Rz 7 b). Voraussetzung für eine Wiedereinsetzung ist, dass innerhalb der Monatsfrist des § 56 Abs 2 S 1 nF die versäumte Rechtshandlung – also die Revisionsbegründung – nachgeholt wird. Es genügt nicht, innerhalb dieser Frist nur einen Antrag auf Fristverlängerung zu stellen (hM, GrS in BFHE 148, 414 = BStBl II 1987, 264 mwN; BVerwG NJW 1996, 2808 mwN; BGH NJW 1999, 3051; aA *Eyermann* § 139 Rz 18 aE). Ein Antrag nur auf Wiedereinsetzung wegen Versäumung der **Revisionsfrist** lässt den Lauf der Revisionsbegründungsfrist unberührt (ebenso schon zu § 120 I aF: BFH/NV 1999, 482; 2000, 471 mwN).

Ein Wiedereinsetzungsgrund kann auch die verspätete Entscheidung über ein (innerhalb der Frist ordnungsgemäß gestelltes) **Prozesskostenhilfegesuch** sein (*Gräber*, DStR 1978, 473).

45   Die Begründungsfrist ist nicht versäumt, mit der Folge, dass **keine Wiedereinsetzung** in Betracht kommt, wenn lediglich eine **einzelne Revisionsrüge** nachgeschoben werden soll (BFHE 126, 383 = BStBl II 1979, 184; BVerwGE 28, 18; BVerwG Buchholz 310 § 60 VwGO Nr 211; vgl aber BFH MDR 2000, 235 für den Fall, dass die Revisionsbegründungsschrift infolge eines Büroversehens nicht vollständig an das Revisionsgericht gelangt ist) oder wenn die **Unterschrift** des Prozessbevollmächtigten **fehlt** (BGH NJW 1987, 957).

5. Verlängerung der Begründungsfrist

48   Die Revisionsbegründungsfrist kann verlängert werden, wenn vor ihrem Ablauf ein Antrag auf Fristverlängerung gestellt wird (BFH/NV 2000, 1479; 1995, 627). War die Begründungsfrist im Zeitpunkt des Eingangs des Antrags bereits abgelaufen, kann die Frist nicht mehr wirksam verlängert werden. Über einen rechtzeitig (vor Fristablauf) gestellten Antrag kann auch noch **nach** Fristablauf entschieden werden (BFHE 114, 330 = BStBl II 1975, 338; BVerwGE 10, 75; BGH NJW 1982, 1652; *Eyermann* § 139 Rz 14; *Redeker/v Oertzen* § 139 Rz 17; *T/K* § 120 Rz 75; *Meyer-Ladewig* § 164 Rz 8 b).

49   Der Antrag ist **beim BFH** zu stellen, er muss dort **vor Fristablauf** eingegangen sein; der fristgerechte Eingang beim FG genügt nicht; die frühere Rspr zu § 120 Abs 1 aF, nach der der Antrag wirksam auch beim FG gestellt werden konnte (vgl Voraufl Rz 26) ist durch die Neufassung des § 120, nach welcher die Revision und die Revisionsbegründung beim BFH einzulegen sind, überholt. Gibt der Vorsitzende irrtümlich einem verspätet eingegangenen Fristverlängerungsantrag statt, ist die Fristverlängerung unwirksam (BGHZ 116, 377; *Meyer-Ladewig* § 164 Rz 8 d).

50   Der Antrag ist **schriftlich** zu stellen; diese Anforderung ist verfassungsgemäß (BFH/NV 1999, 828; BVerfG NVwZ 1994, 781; *H/H/Sp/Lange* Rz 136). Wird der Antrag nur telefonisch gestellt und gibt der Vorsitzende ihm (auch nur telefonisch) statt, ist die Fristverlängerung gleichwohl wirksam (BGH NJW 1998, 1155). Für den Antrag besteht **Vertretungszwang** (§ 62 a; BFHE 136, 575 = BStBl II 1983, 134). Über den Antrag entscheidet der **Vorsitzende** des zuständigen Senats beim BFH nach pflichtgemäßem Ermessen. Gibt der Vorsitzende dem Antrag nur für einen **kürzeren**

als den beantragten **Zeitraum** statt, so wird diese Verfügung auch dann wirksam, wenn sie dem Prozessbevollmächtigten des Antragstellers erst nach dem neuen Fristende zugeht. Es ist Sache des Antragstellers, sich rechtzeitig nach der Entscheidung über den Fristverlängerungsantrag zu erkundigen. Er darf nicht darauf vertrauen, dass seinem Fristverlängerungsantrag stattgegeben werde (BFHE 93, 30 = BStBl II 1968, 659; BFHE 164, 182 = BStBl II 1991, 640; vgl aber BGH BB 2000, 796). Weicht die dem Antragsteller bekanntgegebene Ausfertigung der Verfügung über den Fristverlängerungsantrag von der Urschrift ab, ist zu seinen Gunsten davon auszugehen, dass die in der Ausfertigung genannte Frist maßgeblich ist (BFHE 166, 100 = BStBl II 1992, 282).

Die Entscheidung über den Fristverlängerungsantrag muss dem Antragsteller nicht zugestellt werden, es genügt, wenn sie ihm **formlos** mitgeteilt wird (*T/K* Rz 43; *Eyermann* § 139 Rz 17). Die Fristverlängerung wird mit der Bekanntgabe an den Antragsteller wirksam. Bei **mehreren Revisionsklägern** wirkt die Fristverlängerung jeweils nur für den Antragsteller (BFH/NV 1996, 130; BVerwGE 3, 233; BGH HFR 1990, 523; *Eyermann* § 139 Rz 17). **51**

Die Begründungsfrist kann **mehrfach** verlängert werden (§ 54 Abs 2 iVm § 224 Abs 2 ZPO), der Antrag auf weitere Verlängerung muss aber vor Ablauf der verlängerten Begründungsfrist beim BFH eingehen. Die wiederholte Verlängerung darf nur nach **Anhörung des Gegners** bewilligt werden (§ 225 Abs 2 ZPO). Unterbleibt die Anhörung des Gegners, ist die erneute Fristverlängerung gleichwohl wirksam (BAG BB 1979, 1294). **52**

Wird die Fristverlängerung **abgelehnt,** ist diese Entscheidung des Vorsitzenden **unanfechtbar** (§ 54 Abs 2 iVm § 225 Abs 3 ZPO, *H/H/Sp/ Lange* Rz 145).

6. Inhalt der Revisionsbegründung

a) Revisionsantrag

Nach § 120 Abs 3 Nr 1 muss die Revisionsbegründung (oder die Revisionsschrift) die Erklärung enthalten, **inwieweit das Urteil angefochten** und dessen Aufhebung beantragt wird (Revisionsanträge). Dieses Erfordernis war schon in § 120 Abs 2 aF enthalten, der einen „bestimmten Antrag" verlangte. Die neue Fassung konkretisiert „im Interesse einer größeren Transparenz für den Rechtsmittelführer" (BTDrucks 14/4061, 11) die Darlegungsanforderungen für eine ordnungsgemäße Revisionsbegründung. Ebenso wie nach § 120 Abs 2 aF ist ein **förmlicher Revisionsantrag** in der Revisionsbegründung **entbehrlich,** wenn sich aus dem Vorbringen des Revisionsklägers eindeutig ergibt, inwieweit er sich durch das angefochtene Urteil beschwert fühlt und inwieweit er dessen Aufhebung oder Änderung erstrebt (st Rspr, vgl BFHE 140, 289 = BStBl II 1984, 187; BFHE 165, 116 = BStBl II 1991, 776; BFHE 174, 249 = BStBl II 1994, 580; BFHE 181, 102 = BStBl II 1996, 625; BFH/NV 2005, 241; 1999, 1626 mwN; *H/H/Sp/Lange* Rz 167; *T/K* Rz 95; BVerwG NJW 1992, 703; BVerwGE 98, 24; *Eyermann* § 139 Rz 21). **53**

Die **Bezugnahme auf** die **Anträge im Klageverfahren** vor dem FG kann ausreichen, wenn das FG die Klage in vollem Umfang abgewiesen hat, und der Rechtsmittelführer mit der Revision sein Klagebegehren **54** weiterverfolgt (BVerwGE 23, 41). Wird nur die **Aufhebung des ange-fochtenen Urteils** beantragt, so ist dies idR dahingehend auszulegen, dass eine Entscheidung nach den Anträgen in der Vorinstanz begehrt wird (BFHE 94, 336 = BStBl II 1969, 173; BFHE 131, 429, 433 = BStBl II 1981, 101; BFHE 164, 219 = BStBl II 1991, 729). Der Antrag, das klage-abweisende Urteil des FG aufzuheben, genügt nicht, wenn Gegenstand des Klageverfahrens **mehrere Steuerbescheide** waren, die der Kläger teils aus formellen, teils aus materiellen Gründen angegriffen hat. In diesem Fall muss der Revisionsantrag erkennen lassen, in welchem Umfang die einzel-nen Steuerbescheide angegriffen werden sollen (BFHE 124, 137 = BStBl II 1978, 196).

Hat das FG die Klage **teils als unzulässig, teils als unbegründet** ab-gewiesen, muss der Revisionskläger deutlich machen, in Bezug auf wel-chen Teil oder welche Teile er das Urteil für falsch hält (BFHE 120, 20 = BStBl II 1976, 788).

55   Ist das Ziel der Revision auch unter Berücksichtigung des Vorbringens in der Revisionsbegründung nicht klar erkennbar, so ist die Revision **un-zulässig** (BFHE 124, 137 = BStBl II 1978, 196; BFH/NV 1993, 317; 1991, 333). Anders als im erstinstanzlichen Verfahren ist es nicht möglich, einen nicht ausreichend bestimmten Revisionsantrag nach Ablauf der Re-visionsbegründungsfrist um die erforderlichen Angaben zu ergänzen. Die §§ 65 Abs 2, 76 Abs 2 haben im Revisionsverfahren (iVm § 121) nur die Bedeutung, dass der Vorsitzende den Revisionskläger zur **Präzisierung eines an sich schon ausreichenden Antrags** zu veranlassen hat (BFH 124, 137 = BStBl II 1978, 196). Ein erst nach Ablauf der Revisionsbe-gründungsfrist gestellter bestimmter Antrag kann nicht mehr berücksichtigt werden (BFH/NV 1991, 333; 1986, 291; *Kopp/Schenke* § 139 Rz 4). Ist innerhalb der Revisionsbegründungsfrist kein bestimmter Antrag gestellt worden, so kann wegen dieses Versäumnisses nicht **Wiedereinsetzung** in den vorigen Stand gewährt werden (BFHE 122, 34 = BStBl II 1977, 613; BFH/NV 1990, 47; vgl § 56 Rz 4). Ist der Antrag bei teilbarem Streitge-genstand (vgl hierzu § 98 Rz 2) nur **teilweise unklar,** so bleibt die Revi-sion wegen des klaren Restes zulässig (BGH NJW 1975, 2013).

56   Der Revisionsantrag darf nicht über das Klagebegehren hinaus gehen; eine **Erweiterung des Klageantrags** ist im Revisionsverfahren **unzu-lässig** (vgl § 123; BFHE 178, 549 = BStBl II 1996, 16; BFHE 155, 125 = BStBl II 1989, 186; BFHE 138, 292 = BStBl II 1983, 532). Das folgt be-reits aus dem Zweck der Revision, die der Überprüfung einer bereits er-gangenen Entscheidung dienen soll. Der Revisionskläger kann deshalb nicht einen Streitpunkt, über den das FG nicht entschieden hat, zum Ge-genstand der Revision machen (BFHE 150, 524, 526 = BStBl II 1988, 25; BFHE 159, 4 = BStBl II 1990, 327; BFH/NV 1999, 788; vgl ferner § 123 Rz 2).

Von der unzulässigen Klageerweiterung ist die **Erweiterung eines Re-visionsantrags** zu unterscheiden (vgl BFH/NV 1986, 690). Diese ist – in den Grenzen der Beschwer des Revisionsklägers – grundsätzlich bis zum Ablauf der Revisionsbegründungsfrist zulässig, weil die Rechtskraft des an-gefochtenen Urteils durch die Einlegung der Revision in vollem Umfang gehemmt wird, und weil § 120 Abs 3 dem Revisionskläger erst bei Ablauf der Revisionsbegründungsfrist die verbindliche Erklärung darüber abverlangt, welches konkret bestimmte Ziel er mit seinem Rechtsmittel verfolgen will (BFH/NV 1986, 690; BVerwG NJW 1992, 703; *Eyermann* § 139 Rz 21; *H/H/Sp/Lange* Rz 170). Das gilt auch, wenn das FG im angefochtenen Urteil über **mehrere selbstständige Streitgegenstände** entschieden hat und wenn der Revisionskläger in der Revisionsschrift das Urteil nur hinsichtlich einzelner Streitgegenstände als angefochten bezeichnet hat (BFHE 156, 218 = BStBl II 1989, 572; BFHE 156, 339 = BStBl II 1989, 585); vgl zur **Teilanfechtung** auch § 115 Rz 6 f. Eine Erweiterung des Revisionsantrags ist nur dann ausgeschlossen, wenn der Revisionskläger durch die Beschränkung der Anfechtung in der Revisionsschrift einen **Rechtsmittelverzicht** bezüglich der übrigen Streitgegenstände wollte (BFH/NV 86, 690; vgl hierzu auch vor § 115 Rz 23 und § 115 Rz 7). Nach Ablauf der Revisionsbegründungsfrist ist eine Erweiterung des Revisionsantrags ausgeschlossen; bezüglich der nicht angefochtenen Streitgegenstände wird das Urteil mit Ablauf der Revisionsbegründungsfrist rechtskräftig (BFHE 86, 565 = BStBl III 1966, 627; BFHE 148, 180 = BStBl II 1987, 101; BFHE 163, 346; BFHE 180, 490 = BStBl II 1996, 535). Der BFH hält – im Anschluss an die Rspr des BGH (BGHZ 12, 52, 68; MDR 1978, 573, NJW 1985, 3079) – eine Erweiterung der Revisionsanträge auch noch nach Ablauf der Revisionsbegründungsfrist für zulässig, sofern die **Erweiterung von** der **Revisionsbegründung gedeckt** ist (BFHE 86, 565 = BStBl III 1966, 627; BFHE 132, 310 = BStBl II 1981, 270; BFH/NV 1987, 514; ebenso: *T/K* § 120 Rz 101). Der BGH hat seine Auffassung damit begründet, dass die in der Revisionsbegründung enthaltenen Anträge nur vorläufigen Charakter hätten und in der mündlichen Verhandlung noch geändert (insbesondere erweitert) werden könnten (BGHZ 12, 52, 67). Dieser Auffassung kann jedenfalls für das Revisionsverfahren im Finanzrechtsstreit nicht gefolgt werden, weil sie in Widerspruch zu dem Zweck des § 120 Abs 2 steht, bis zum Ablauf der Revisionsbegründungsfrist Klarheit darüber zu schaffen, in welchem Umfang eine Änderung des angefochtenen Urteils möglich ist und inwieweit das Urteil rechtskräftig geworden ist (ebenso: *Redeker/v Oertzen* § 139 Rz 12; *Kopp/Schenke* § 124 Rz 5 aE).

Eine **Beschränkung des Revisionsantrags** ist jederzeit möglich. In der Einschränkung des Revisionsantrags liegt **keine teilweise Rücknahme** der Revision und auch kein teilweiser Rechtsmittelverzicht (BFHE 199, 361 = BStBl II 2002, 756; BFH/NV 1998, 631; BVerwG NJW 1992, 703; BVerwGE 91, 24). Das Urteil wird in diesem Fall hinsichtlich des nicht angefochtenen Teils rechtskräftig (BFH 187, 201 = BStBl II 1999, 333).

b) Bezeichnung der Rechtsverletzung

Die Revisionsbegründung muss nach § 120 Abs 3 Nr 2 die **Revisions-   58 gründe** angeben. Dies erfordert nach Abs 3 Nr 2 a die „bestimmte **Bezeichnung der Umstände,** aus denen sich die **Rechtsverletzung** ergibt". Die Neufassung der Vorschrift entspricht der bisherigen Rspr des BFH zu § 120 Abs 2 aF, nach der – über den Wortlaut des § 120 Abs 2 aF hinaus – nicht nur die Angabe einer nach Auffassung des Rechtsmittelklägers verletzten Rechtsnorm, sondern Ausführungen darüber erforderlich waren, welche Gründe das angefochtene Urteil rechtsfehlerhaft erscheinen lassen (vgl zB BFHE 144, 40 = BStBl II 1985, 523; BFH/NV 2004, 1383; 2003, 328). Eine Revisionsbegründung, die sich in Angriffen gegen die Beweiswürdigung des FG erschöpft, genügt im Allgemeinen nicht (vgl a- ber BFH/NV 2002, 950). Für die Begründung der Revision wird der Rechtsmittelführer – wie bisher – deutlich machen müssen, welche **Rechtsnorm** nach seiner Ansicht durch das FG verletzt worden ist; denn mit der Revision kann nur die Rechtsanwendung durch das FG, nicht dessen Tatsachenwürdigung überprüft werden. Die Rechtsnorm, deren Verletzung gerügt werden soll, muss grundsätzlich dem Bundesrecht ange- hören (§ 118 Abs 1, vgl § 118 Rz 13 ff). § 120 Abs 3 Nr 2 verlangt eine „bestimmte" (genaue) **Bezeichnung** der Umstände, aus denen sich die Rechtsverletzung ergibt. Diesem Erfordernis ist durch die bloße Behaup- tung, das Urteil beruhe auf der Verletzung materiellen (oder formellen) Rechts, nicht genügt (BFHE 86, 567 = BStBl III 1966, 596; BFHE 94, 116 = BStBl II 1969, 84; BVerwG Buchholz 310 § 139 VwGO Nr 61). Die Rechtsverletzung muss zwar nicht notwendig durch Angabe eines **be- stimmten Paragraphen** bezeichnet werden; es muss aber aus der Revi- sionsbegründung erkennbar sein, welche Rechtsnorm der Revisionskläger für verletzt hält (BFHE 101, 349 = BStBl II 1971, 329; BFHE 170, 308 = BStBl II 1993, 514; BFH/NV 2004, 19; 1995, 128). Wird die Verletzung eines **ungeschriebenen Rechtsgrundsatzes** (wie zB Treu und Glauben) gerügt, muss angegeben werden, um welchen Rechtsgrundsatz es sich han- delt, woraus er sich ergibt und in welcher konkreten Ausprägung er ver- letzt sein soll (BFHE 94, 116 = BStBl II 1969, 84; BFHE 118, 424 = BStBl II 1976, 456; BFH/NV 1988, 33; 1989, 790).

Bezieht sich die Revision auf **mehrere in einem Verfahren verbun- dene Streitgegenstände,** so müssen in der Revisionsbegründung bezo- gen auf sämtliche Streitgegenstände die Rechtsverletzungen bezeichnet und – soweit Verfahrensmängel gerügt werden – die Tatsachen angegeben werden, aus denen sich diese Mängel ergeben. Sind diese Voraussetzungen nur hinsichtlich einzelner Streitgegenstände erfüllt, so ist die Revision be- züglich der übrigen unzulässig (BFHE 151, 554 = BStBl II 1988, 463; BFHE 166, 297 = BStBl II 1992, 257; BFHE 176, 379 = BStBl II 1995, 318; BFH/NV 1999, 63). Betrifft das Urteil einen einheitlichen Streitge- genstand mit **mehreren Streitpunkten,** ist die Revision zulässig, wenn nur hinsichtlich eines dieser Streitpunkte eine hinreichend begründete Re- visionsrüge vorgetragen wird, der BFH kann dann bei einer auf die Verlet- zung materiellen Rechts gestützten Revision im Rahmen des Revisions- antrags das angefochtenen Urteil auch hinsichtlich der übrigen Streitpunkte überprüfen (§ 118 Rz 73). Hat das FG seine Entscheidung auf **mehrere selbstständig tragende rechtliche Erwägungen** gestützt, muss der Re- visionskläger in der Revisionsbegründung für jede dieser Erwägungen dar- legen, inwieweit sie nach seiner Auffassung Bundesrecht verletzt; andern- falls ist die Revision unzulässig (BFH/NV 1999, 1228; 1995, 919, 819; BGH NJW 1990, 1184).

59   Für die Bezeichnung der Rechtsverletzung genügt es nicht, eine be- stimmte Rechtsnorm zu benennen, die das FG nach Ansicht des Revi- sionsklägers unzutreffend ausgelegt oder angewendet hat. Der **Zweck des § 120 Abs 3 Nr 2,** das Revisionsgericht zu entlasten und den Revisionskläger zu veranlassen, Inhalt, Umfang und Zweck seines Revisionsangriffs von vornherein klarzustellen, erfordert es, dass der Revisionskläger sich mit den tragenden Gründen des angefochtenen Urteils sachlich auseinandersetzt und dartut, weshalb er diese Gründe für rechtsfehlerhaft hält (st Rspr, vgl zB BFHE 143, 196 = BStBl II 1985, 470 mwN; BFHE 181, 103 = BStBl II 1996, 625; BFHE 192, 169 = BStBl II 2000, 700 mwN; BFH/NV 2004, 521; BVerwG HFR 1999, 496; BSG MDR 1997, 273). Dies wird jetzt auch durch den Wortlaut des § 120 Abs 3 Nr 2 klargestellt, der eine genaue Bezeichnung der Umstände verlangt, aus denen sich die Rechtsverletzung ergibt. Die Revisionsbegründung muss aus sich heraus erkennen lassen, dass der Revisionskläger anhand der Gründe des finanzgerichtlichen Urteils sein **bisheriges Vorbringen überprüft** hat (BFHE 88, 230 = BStBl II 1967, 342; BFHE 136, 521 = BStBl II 1983, 48; BFHE 150, 406 = BStBl II 1987, 814; BFHE 181, 415 = BStBl II 1997, 134; BFH/NV 2004, 521). Die Revisionsbegründung sollte deshalb eine – wenn auch kurze – Auseinandersetzung mit den Gründen des FG-Urteils enthalten (BFHE 192, 169 = BStBl II 2000, 700 mwN; BFH/NV 1999, 501). Sie muss bei der Rüge der Verletzung materiellen Rechts auf den **tatsächlichen Feststellungen** des FG aufbauen (BFH/NV 2000, 235; *Beermann/Rüsken* Rz 172 f).

Durch die in § 120 Abs 3 geforderten Angaben zur Konkretisierung der geltend gemachten Revisionsrügen soll bloßen **Formalbegründungen** entgegengetreten werden. Die Revisionsbegründung muss auf den zur Entscheidung stehenden Fall zugeschnitten sein. Sie darf nicht nur aus inhaltsleeren Floskeln bestehen. Dagegen wird eine eingehende und umfassende Erörterung der streitigen Rechtsfragen von § 120 Abs 3 nicht gefordert (BFHE 144, 40 = BStBl II 1985, 523; BFHE 181, 103 = BStBl II 1996, 625; BFHE 200, 293 = BStBl II 2003, 238).

c) Begründung durch Bezugnahme

Da eine ordnungsgemäße Revisionsbegründung sich mit den Gründen **61** des angefochtenen Urteils auseinandersetzen muss (s Rz 59), ist es im allgemeinen nicht möglich, die Revision durch **Bezugnahme** auf im **Klageverfahren,** im Einspruchsverfahren oder in anderen Gerichtsverfahren eingereichte **Schriftsätze** oder durch **wörtliche Wiederholung** der Ausführungen in der Klageschrift etc zu begründen (BFHE 88, 230 = BStBl III 1967, 342; BFHE 136, 521 = BStBl II 1983, 48; BFHE 150, 406 = BStBl II 1987, 814; BFH/NV 2000, 1239; 1999, 1457; 1997, 878; BSG NJW 1987; 1359; BVerwGE 13, 181; *Eyermann* § 139 Rz 22). **Ausnahmsweise** kann die Revision durch Bezugnahme auf die schriftsätzlichen Ausführungen im Klageverfahren begründet werden, wenn sich aus dem in Bezug genommenen Schriftsatz hinreichend deutlich ergibt, was gegenüber dem angefochtenen Urteil gerügt werden soll. Das ist der Fall, wenn der Prozessbevollmächtigte des Revisionsklägers schon im Verfahren erster Instanz seine **Rechtsauffassung eingehend begründet** und sich dabei auch abschließend mit den Argumenten der (später vom FG im angefochtenen Urteil gebilligten) Gegenmeinung auseinandergesetzt hat und mehr zu der Streitfrage einfach nicht zu sagen ist (BFH/NV 2004, 504; 2001, 333; 1994, 720; vgl auch BGH VersR 1966, 1138; BVerfGE 70,

288). Auch die Bezugnahme auf **Schriftsätze in Parallelverfahren** reicht für eine ordnungsgemäße Revisionsbegründung idR nicht aus; eine Ausnahme kommt in Betracht, wenn es sich in beiden Verfahren um die **gleiche Rechtsfrage und dieselben Personen** handelt (BFH/NV 1988, 306; 1996, 557; BFHE 176, 175, insoweit nv). In diesem Fall ist die Bezugnahme zulässig, wenn eine **Abschrift** des in Bezug genommenen Schriftsatzes beigefügt und ausdrücklich zum Gegenstand des Vortrags gemacht wird (BFH/NV 1993, 374; 1988, 306; BGH VersR 1977, 1004; VersR 1985, 67; T/K Rz 90). Erforderlich ist stets, dass der in Bezug genommene Schriftsatz seinerseits den Anforderungen des § 120 Abs 3 genügt (BFH/NV 1993, 374). Zulässig ist die Bezugnahme auf die (ordnungsgemäße) Revisionsbegründung eines **anderen Verfahrensbeteiligten,** zB eines Beigeladenen, wenn beide Beteiligte dasselbe Prozessziel verfolgen und dieselben Anträge stellen (BSGE 85, 145; 78, 98; BGH NJW 1993, 3333; *Meyer-Ladewig* § 164 Rz 9 c).

62   Wegen der **unterschiedlichen Anforderungen** an die Begründung einer NZB einerseits und einer Revision andererseits kann zur Begründung der Revision grundsätzlich nicht auf die **Begründung der NZB** Bezug genommen werden (BFH/NV 1996, 385; BVerwG NVwZ 1989, 557). Eine Ausnahme gilt, wenn die Begründung der NZB inhaltlich zugleich den Anforderungen an eine Revisionsbegründung genügt, weil sie bereits eine umfassende kritische Würdigung des angefochtenen Urteils unter dem Gesichtspunkt seiner materiellrechtlichen und verfahrensrechtlichen Richtigkeit enthält (BFHE 126, 260 = BStBl II 1979, 116; BFHE 133, 247 = BStBl II 1981, 578; BFH/NV 2004, 36; 1996, 385 mwN; BVerwGE 80, 321; 107, 117; T/K Rz 55; *Eyermann* § 139 Rz 22). Eine Bezugnahme der Revisionsbegründung auf die Begründung der NZB ist insbesondere dann zulässig, wenn die Revision auf einen **Verfahrensmangel** gestützt wird und der BFH in dem die Revision zulassenden Beschluss den gerügten Verfahrensmangel bejaht und die Revision zugelassen hat (st Rspr, vgl BFHE 133, 247 = BStBl II 1981, 578; BFH/NV 1998, 203; 1995, 133, 605, 990; 1994, 876; 1993, 177). Eine zulässige Bezugnahme bei der Begründung der Revision kommt auch in Betracht, wenn die **erfolgreiche NZB** mit der **Abweichung** des angefochtenen Urteils von einer Entscheidung des BFH begründet wurde (BFHE 205, 22 = BStBl II 2004, 566; BFH/NV 1999, 149).

63   Ausreichend ist idR auch die **Bezugnahme auf** die Begründung eines für das Revisionsverfahren angebrachten **Prozesskostenhilfegesuchs,** da die Anforderungen an die Begründung hinsichtlich der sachlichen Voraussetzungen der Prozesskostenhilfe dieselben sind wie die der Revision (BGH NJW 1993, 3333; 1968, 1739; BVerwG Buchholz 310 § 60 VwGO Nr 40; *Meyer-Ladewig* § 164 Rz 9 c). Gegen eine solche Bezugnahme bestehen jedenfalls dann keine Bedenken, wenn das Gesuch von einem vor dem BFH vertretungsberechtigten Bevollmächtigten (§ 62 a) begründet wurde und der Inhalt dieses Gesuchs den Anforderungen des § 120 Abs 3 entspricht.

64   Grenzen für eine zulässige Bezugnahme ergeben sich auch aus dem im Verfahren vor dem BFH geltenden **Vertretungszwang.** Deshalb ist es nicht zulässig, wenn sich der Prozessbevollmächtigte zur Begründung des Rechtsmittels lediglich auf das von einem **Dritten** gefertigte **Rechtsgutachten** bezieht, auch wenn das Gutachten für sich genommen den Anfor-

derungen des § 120 Abs 3 genügen würde; das gilt auch dann, wenn der Bevollmächtigte sich die Rechtsausführungen des Dritten zu eigen macht (BFHE 143, 196 = BStBl II 1985, 470; BFH/NV 1998, 332; *Kopp/Schenke* § 139 Rz 20).

d) Rüge von Verfahrensmängeln

Zum **Begriff des Verfahrensmangels** und zur Abgrenzung des Ver- **66** fahrensmangels vom materiellen Rechtsfehler vgl § 115 Rz 76 ff.

Für die ordnungsgemäße **Rüge** von Verfahrensmängeln genügt die Bezeichnung der angeblich verletzten Rechtsnorm nicht. Es müssen vielmehr auch die **Tatsachen** (genau) bezeichnet werden, aus denen sich nach Ansicht des Revisionsklägers der behauptete Verfahrensverstoß ergibt (§ 120 Abs 3 Nr 2 b; BFHE 94, 116 = BStBl II 1969, 84). Das sind diejenigen Prozessvorgänge, die mangelhaft sind oder die den Mangel im Urteil ergeben. Das Revisionsgericht kann grundsätzlich nur solche Verfahrensfehler berücksichtigen, die **innerhalb der Revisionsbegründungsfrist** in einer den Anforderungen des § 120 Abs 3 Nr 2 b) entsprechenden Weise begründet worden sind (BFHE 183, 150 = BStBl II 1997, 567 mwN). Eine Ausnahme gilt für die **von Amts wegen** zu berücksichtigenden Verfahrensverstöße (vgl hierzu § 118 Rz 48 ff), die im Revisionsverfahren auch ohne Rüge geprüft werden.

Ist ein Verfahrensmangel nicht fristgerecht gerügt, so kann zur Nachholung Wiedereinsetzung nicht gewährt werden (BFHE 126, 383 = BStBl II 1979, 184; vgl auch oben Rz 55).

Die Tatsachen müssen **genau** angegeben werden; denn es soll dem Re- **67** visionsgericht nicht überlassen bleiben, die Akten auf etwaige Verfahrensverstöße zu untersuchen (BFH/NV 1991, 329). Eine Verfahrensrüge genügt nur dann den Anforderungen des § 120 Abs 3 Nr 2 b, wenn der Revisionskläger **schlüssig** Tatsachen bezeichnet, aus denen sich ergibt, dass ein Verfahrensmangel vorliegt und darlegt, dass das angefochtene Urteil auf ihm **beruhen** kann (*zur Schlüssigkeit* vgl BFHE 98, 139 = BStBl II 1970, 384; BFH/NV 1991, 201; BVerwG DVBl 1981, 493; *Kopp/Schenke* § 139 Rz 6; *zum Beruhen* vgl BFHE 110, 493 = BStBl II 1974, 219; BFHE 132, 508 = BStBl II 1981, 443; BFHE 177, 18 = BStBl II 1995, 473; BFH/NV 1992, 261; 2000, 235; BVerwG NJW 1961, 425; BVerwG Buchholz 310 § 139 VwGO Nr 66). Ausführungen zur **Ursächlichkeit** des Verfahrensfehlers für das angefochtene Urteil sind entbehrlich, wenn es sich um die Rüge eines **absoluten Revisionsgrundes** iS des § 119 handelt (vgl § 119 Rz 3). Gleiches gilt, wenn sich die den Verfahrensverstoß begründenden Tatsachen aus dem Urteil selbst ergeben; die Forderung nach ihrer Angabe zusätzlich in der Rechtsmittelbegründung würde eine unnötige Förmelei darstellen (BFHE 196, 39 = BStBl II 2001, 802 unter III.2 b) bb) mwN; BFHE 144, 40 = BStBl II 1985, 523).

Wird der Verstoß gegen Vorschriften des Prozessrechts gerügt, auf deren Beachtung die Beteiligten **verzichten** können, muss außerdem vorgetragen werden, dass der Verstoß in der Vorinstanz gerügt wurde, oder weshalb dem Beteiligten eine derartige Rüge nicht möglich war (st Rspr, vgl zB BFHE 162, 236 = BStBl II 1991, 66; BFHE 113, 470 = BStBl II 1975, 302; BFHE 121, 286 = BStBl II 1977, 348; BFHE 90, 452 = BStBl II

1968, 179; BFH/NV 2005, 566, 907, 921; BVerwGE 8, 149; **aA** *Kopp/ Schenke* § 139 Rz 8). Etwas anderes gilt nur dann, wenn sich dies bereits aus dem **Urteil** oder dem **Sitzungsprotokoll** ergibt (BFH/NV 2003, 787; BVerwG DÖV 1959, 349; *Eyermann* § 139 Rz 23). Die bloße Behauptung, den Verfahrensmangel gerügt zu haben, genügt nicht; die Rüge muss aus dem Sitzungsprotokoll oder dem angefochtenen Urteil ersichtlich sein (BFHE 174, 233 = BStBl II 1994, 764); anderenfalls muss vorgetragen werden, dass eine Berichtigung des Protokolls nach § 94 iVm § 164 ZPO beantragt wurde (BFHE 166, 574 = BStBl II 1992, 562).

Zum **Rügeverzicht** vgl § 115 Rz 100 ff und § 116 Rz 48 f.

68   Bei der Prüfung, ob ein entscheidungserheblicher Verfahrensmangel vorliegt, ist vom **materiell-rechtlichen Standpunkt des FG** auszugehen (BFHE 119, 274 = BStBl II 1976, 621; BFHE 166, 574 = BStBl II 1992, 562; BFHE 173, 487 = BStBl II 1994, 377; BFH/NV 2001, 194, 202; BVerwG NVwZ 1984, 307). Das gilt jedenfalls, soweit der Mangel die Tatsachenfeststellung und -würdigung betrifft (§ 115 Rz 79). Die Schlüssigkeit einer Aufklärungsrüge oder einer Rüge, das FG habe seine Überzeugung nicht aus dem Gesamtergebnis des Verfahrens gebildet (§ 96) setzt deshalb voraus, dass die nicht berücksichtigten Tatsachen auch aus der Sicht des FG entscheidungserheblich waren.

69   Im Einzelnen gilt für die ordnungsgemäße Bezeichnung von Verfahrensmängeln Folgendes:

Wird mit der **Rüge mangelnder Sachaufklärung** (§ 76) geltend gemacht, das FG habe **Beweisanträge übergangen,** so sind nach st Rspr des BFH (vgl zB BFHE 111, 550 = BStBl II 1974, 350; BFHE 152, 500 = BStBl II 1988, 819; BFHE 154, 536 = BStBl II 1989, 291; BFHE 160, 256 = BStBl II 1990, 539; BFHE 162, 236 = BStBl II 1991, 66; BFHE 186, 161 = BStBl II 1998, 637; BFH/NV 2003, 640; 1995, 320, 398, 601 jeweils mwN) grds Angaben zu folgenden Punkten erforderlich:

– die **ermittlungsbedürftigen Tatsachen** (Angabe des **Beweisthemas**);
– die angebotenen **Beweismittel;**
– genaue Bezeichnung des **Sitzungsprotokolls** oder des **Schriftsatzes** mit Datum und Seitenzahl, in dem die Beweismittel benannt sind, die das FG nicht erhoben hat;
– inwiefern das Urteil des FG – ausgehend von der materiell-rechtlichen Auffassung des Gerichts – auf der unterlassenen Beweisaufnahme **beruhen** kann und was das voraussichtliche **Ergebnis der Beweisaufnahme** gewesen wäre (BFH/NV 1995, 238);
– da es sich bei der Verletzung des Untersuchungsgrundsatzes um einen verzichtbaren Mangel handelt, muss idR (zur Ausnahme vgl Rz 67) auch vorgetragen werden, dass die Nichterhebung der angebotenen Beweise in der nächsten mündlichen Verhandlung **gerügt** wurde (vgl BFHE 153, 393 = BStBl II 1988, 841) oder – wenn dies nicht geschehen sein sollte – weshalb die Rüge dem Revisionskläger nicht möglich war (BFHE 175, 40, 440 = BStBl II 1994, 864 mwN; BFH/NV 2005, 907; 2004, 843; 2003, 640, 787; 2000, 597, 1125). Das gilt jedenfalls dann, wenn der Beteiligte bereits im finanzgerichtlichen Verfahren **sachkundig vertreten** war (§ 115 Rz 103 aE).

70   Wird gerügt, das Gericht habe einen **mündlich gestellten** (aber nicht protokollierten) **Beweisantrag** übergangen, ist ferner der Vortrag erforderlich, dass von der Möglichkeit, die Berichtigung des Protokolls zu beantragen, Gebrauch gemacht wurde (BFHE 166, 574 = BStBl II 1992, 562).

Wird ein Verstoß gegen die Sachaufklärungspflicht mit der Begründung gerügt, das FG habe auch ohne entsprechenden Beweisantritt **von Amts wegen** den Sachverhalt weiter **aufklären müssen,** so sind nach der Rspr (vgl BFHE 110, 493 = BStBl II 1974, 219; BFHE 122, 396 = BStBl II 1977, 694; BFHE 163, 471 = BStBl II 1991, 459; BFHE 169, 250 = BStBl II 1992, 1046; BFHE 171, 164 = BStBl II 1993, 723; BFHE 192, 390; BFH/NV 2005, 43, 921; 2004, 661, 768, 978; 2001, 1440; 2000, 1435) Ausführungen zu folgenden Punkten erforderlich:

– welche **Tatsachen** das FG auch ohne besonderen Antrag hätte aufklären oder welche **Beweise** zu welchem **Beweisthema** es von Amts wegen hätte erheben müssen;

– aus welchen Gründen (genaue Angabe) sich dem FG die Notwendigkeit einer weiteren Aufklärung des Sachverhalts oder einer **Beweiserhebung** auch ohne einen entsprechenden Antrag hätte **aufdrängen** müssen;

– welche entscheidungserheblichen Tatsachen sich bei einer weiteren Sachaufklärung oder Beweisaufnahme voraussichtlich ergeben hätten;

– inwieweit eine weitere Aufklärung des Sachverhalts auf der Grundlage des materiell-rechtlichen Standpunkts des FG zu einer **anderen Entscheidung** hätte führen können (BFH/NV 1995, 114, 788, 817) und

– dass der Mangel in der mündlichen Verhandlung vor dem FG gerügt wurde (vgl Rz 67).

Hat das **FG selbst begründet,** weshalb es einzelne Beweise nicht erhoben hat, so ergeben sich die den angeblichen Verfahrensverstoß begründenden Tatsachen aus dem Urteil selbst und ist ihre Angabe in der Revisionsbegründung (die sich auch rechtlich mit der Ansicht des FG auseinandersetzen muss) nicht erforderlich (BVerwGE 6, 69; BFHE 153, 393 = BStBl II 1988, 841; BFHE 182, 269 = BStBl II 1997, 464; BFH/NV 2003, 787; BFH/NV 1993, 605; *Gräber* DStZ/A 1967, 315 mwN in Fn 51). Es genügt in diesem Fall die schlichte Rüge der Nichtbeachtung des Beweisantritts (BFH/NV 2003, 787 mwN). Nach der weitergehenden Rspr des BVerwG muss der Revisionskläger zusätzlich vortragen, wie er sich auf die Ablehnungsgründe erklärt hätte, insbesondere welche anderen Tatsachen und Beweismittel er geltend gemacht hätte (BVerwG DÖV 1978, 338).

Wird **Verletzung der Hinweispflicht** gerügt (§ 76 Abs 2 S 2), so **71** muss angegeben werden. worauf hätte hingewiesen werden müssen, welche Frage hätte gestellt werden müssen und was darauf geantwortet worden wäre (BFH/NV 2004, 339, 371; 2003, 445, 1189, 1607; BGH HFR 1980, 515). Ferner ist darzulegen, aus weichem Grund ein Anlass zu einem Hinweis des Gerichts bestand (BFH/NV 2003, 1191; 2002, 208; 2000, 1414, 204) und inwiefern das angefochtene Urteil auf dem Verfahrensfehler beruhen kann (BFH/NV 2004, 339 mwN; 2003, 1607; 1995, 398). Zur Hinweispflicht und zum Verbot einer Überraschungsentscheidung vgl auch BFH/NV 2005, 915; 2004, 1303, 1666; 2003, 182, 1205).

Wird gerügt, das FG habe seiner **Beweiswürdigung** nicht das **Gesamt- 72 ergebnis des Verfahrens** zugrunde gelegt **(Verstoß gegen den klaren**

Inhalt der Akten, § 96), so müssen die Aktenteile, die das FG nach Ansicht des Revisionsklägers nicht berücksichtigt hat, genau bezeichnet werden (BFHE 110, 439 = BStBl II 1974, 219; BFH/NV 2004, 1303; 2002, 947; 1999, 1478, 1465). Es genügt nicht, zur Begründung der Verfahrensrüge nur pauschal „auf die bei den Akten befindlichen Belege" oder auf das Vorbringen des Revisionsklägers in der Vorinstanz hinzuweisen. Darzulegen ist ferner, inwiefern der Verfahrensfehler für das angefochtene Urteil auf der Grundlage der materiell-rechtlichen Rechtsauffassung des Gerichts **ursächlich** war (BFH/NV 2002, 944; 2000, 978, 214; 1999, 630). Wird gerügt, das FG habe entscheidungserhebliches Vorbringen des Klägers übergangen, so ist die Rüge nur in zulässiger Weise erhoben, wenn unter genauer Angabe der betreffenden Schriftsätze (Angabe der Seitenzahl) dargelegt wird, welches substantiierte Vorbringen vor dem FG im angefochtenen Urteil unberücksichtigt geblieben sei (BFHE 98, 386 = BStBl II 1970, 408; BFHE 111, 550 = BStBl II 1974, 350; BFH/NV 1999, 1599). Es muss außerdem dargelegt werden, welche Schlussfolgerungen sich dem FG nach Ansicht des Revisionsklägers auf Grund dieser Tatsachen hätten aufdrängen müssen (BFH/NV 2001, 16; 1998, 859; 1997, 246). Die Rüge, das FG habe entscheidungserheblichen Vortrag der Beteiligten übergangen, kann auch als Rüge der Verletzung des Anspruchs auf **rechtliches Gehör** zu prüfen sein (BFH/NV 2004, 666). Wird geltend gemacht, das FG habe bei der Würdigung des Gesamtergebnisses des Verfahrens gegen die Denkgesetze oder gegen allgemeine Erfahrungssätze verstoßen, handelt es sich nicht um eine Verfahrensrüge, sondern um die Rüge der Verletzung materiellen Rechts (BFH/NV 2005, 739; 2002, 947 und § 115 Rz 83).

Wegen der Anforderungen an die Geltendmachung eines **absoluten Revisionsgrundes** vgl die Kommentierung zu § 119.

III. Gegenrügen

75   Die sog „**Gegenrügen**" sind Rügen, die der **Revisionsbeklagte,** der keine Anschlussrevision eingelegt hat, erhebt. Gesetzlich ist zu ihnen nichts bestimmt. Sie sind gleichwohl zulässig, weil der Beteiligte, der im finanzgerichtlichen Verfahren obgesiegt hat und deshalb mangels Beschwer nicht selbst ein Rechtsmittel einlegen kann, als Revisionsbeklagter die Möglichkeit haben muss, **tatsächliche Feststellungen** des FG, die er für unrichtig oder lückenhaft hält und die zu einer ihm ungünstigen Entscheidung des BFH führen können, mit Verfahrensrügen anzugreifen (st Rspr vgl GmS NJW 1976, 1682 mwN; BFHE 99, 21 = BStBl II 1970, 497; BFHE 148, 351 = BStBl II 1987, 228). Diese Gegenrügen können bis zum **Schluss der mündlichen Verhandlung** vor dem BFH erhoben werden (BFHE 135, 462 = BStBl II 1982, 545, insoweit unveröffentlicht; BFHE 155, 210 = BStBl II 1989, 210; BFHE 160, 180 = BStBl II 1990, 615; BVerwG Buchholz 310 § 144 VwGO Nr 15 und 448.0 § 25 WehrpflG Nr 64). Tatsachen, die der Revisionsbeklagte aufgrund seiner prozessualen **Mitwirkungspflicht** schon im Verfahren vor dem FG hätte vortragen können, kann er nicht mehr im Wege der Gegenrüge in das Revisionsverfahren einführen (BFH/NV 1988, 79, 534).

Werden Gegenrügen erhoben, so müssen sie den allgemeinen Anforderungen an eine ordnungsgemäße Verfahrensrüge (§ 120 Abs 3 und den allgemeinen revisionsrechtlichen Grundsätzen (kein neuer Tatsachenvortrag) genügen (BFHE 202, 219 = BStBl II 2003, 854; BFHE 123, 20 = BStBl II 1977, 802; BFH/NV 2004, 922; 1995, 545). Rügt der Revisionsbeklagte mangelnde Sachaufklärung, so kann er damit nicht gehört werden, wenn er die Rüge schon in der Tatsacheninstanz hätte erheben können und müssen (BFHE 123, 20 = BStBl II 1977, 802; BFHE 143, 287, 291 = BStBl II 1985, 380; BFH/NV 1989, 375; 1988, 79; 1996, 707).

Die Gegenrüge kann mE auch im Verfahren der **NZB** vom Beschwerdegegner erhoben werden, da der BFH nach § 116 Abs 5 nF im Fall einer erfolgreichen Verfahrensrüge des Beschwerdeführers das angefochtene Urteil durch Beschluss aufheben kann.

C. Anschlussrevision

Literatur: *Baur,* Ist die Anschlussberufung (-Revision) ein Rechtsmittel?, Festschrift für Fragistas, 1966, 359; *Gilles,* Anschließung, Beschwer. Verbot der reformatio in peius und Parteidisposition über die Sache in höherer Instanz, ZZP 91 (1978), 128; *ders,* Grundprobleme des zivilprozessualen Anschließungsrechts, ZZP 92 (1979), 152; *Coring,* Die Anschlussrevision im Finanzrechtsstreit, BB 1989, 1659; *Jacoby,* Das Anschlussrechtsmittel und seine Kosten nach dem Zivilprozessreformgesetz, ZZP 115, 185; *Müller,* Neue Entwicklung im Recht der Anschlussrevision, ZZP 115, 215.

I. Begriff und Rechtsnatur

Sind durch das Urteil des FG beide Beteiligten beschwert, so kann **77** grundsätzlich jeder Beteiligte selbstständig Revision einlegen. Die Zulässigkeit des Rechtsmittels bestimmt sich dann nach den allgemeinen Grundsätzen (vgl Rz 7 ff vor § 115). Der **Revisionsbeklagte** muss selbst Revision einlegen, wenn er mehr erreichen will, als die Zurückweisung der Revision des Klägers (*T/P* § 521 Rz 1). Er kann sich aber auch, anstatt selbst Revision einzulegen, der vom Gegner eingelegten Revision **anschließen.**

Anschlussrevision ist der in einem bereits eröffneten und noch nicht beendeten Revisionsverfahren unter Bezugnahme auf die ersteingelegte Revision vom Revisionsbeklagten gestellte **Antrag,** das angefochtene Urteil auch zu seinen Gunsten abzuändern (*Rosenberg/Schwab/Gottwald* § 139 I 1 iVm § 145 I).

Die Anschlussrevision ist nach zutreffender hM **kein Rechtsmittel,** da **78** ihr Devolutiv- und Suspensivwirkung fehlen (vgl BFHE 128, 158 = BStBl II 1979, 655; BFHE 139, 232 = BStBl II 1984, 167; BGHZ 4, 233; BGHZ 24, 279; BGH NJW 1984, 1240; BAG NJW 1976, 2143; BVerwGE 29, 264; BVerwG BayVBl 1981, 374; *Jauernig* § 72 IV; *Kopp/Schenke* Vorbem zu § 124 Rz 3; **aA** *Gilles* S 47 f; *ders,* ZZP 91, 128 und ZZP 92, 152; *Kalamaris* S 180; *Prütting* ZZP 95, 499; *Rosenberg/Schwab/Gottwald* § 139 I 3). Sie ist vielmehr nur ein **Antrag** innerhalb der vom Revisionskläger eingelegten Revision (BFHE 128, 158 = BStBl II 1979, 655; BFHE 190, 266 = BStBl II 2000, 208).

II. Rechtsgrundlagen

80   Die FGO sieht – abweichend von anderen Verfahrensordnungen (vgl
§ 554 ZPO nF, §§ 127, 141 VwGO) – eine Anschlussrevision nicht ausdrücklich vor. Gleichwohl ist sie auch im finanzgerichtlichen Verfahren
zulässig (st Rspr, vgl zB BFHE 89, 337 = BStBl III 1967, 655; BFHE 90,
272 = BStBl II 1968, 60; BFHE 128, 158 = BStBl II 1979, 655; BFHE
133, 155 = BStBl II 1981, 534; BFHE 142, 276 = BStBl II 1985, 69).
Die Nichterwähnung der Anschlussrevision in der FGO beruht auf einem Versehen des Gesetzgebers. Ursprünglich war ein dreistufiger Aufbau
der Finanzgerichtsbarkeit geplant mit Oberfinanzgerichten als Berufungs-
instanzen. Durch eine Verweisung auf die für das Berufungsverfahren vorgesehene Vorschrift über die Anschlussberufung sollte auch die Anschlussrevision geregelt werden. Im Laufe des Gesetzgebungsverfahrens wurde der
Gedanke der Dreistufigkeit fallen gelassen. Bei der dann für die Revision
eingefügten Verweisung auf das Verfahren des ersten Rechtszugs in § 121
wurde offenbar übersehen, dass damit eine ausdrückliche Regelung der
Anschlussrevision in der FGO fehlte (vgl zur Entstehungsgeschichte BFHE
89, 337 = BStBl III 1967, 655). Die Gesetzeslücke ist unter Berücksichtigung der in der FGO zum Ausdruck kommenden Wertungen zu schließen. Da § 155 allgemein auf die Vorschriften der ZPO verweist und
grundsätzliche Unterschiede zwischen Zivilprozess und Steuerprozess insoweit nicht bestehen, ist § 554 ZPO nF (= § 556 ZPO aF), der die Anschlussrevision regelt, im finanzgerichtlichen Verfahren entsprechend anwendbar (BFHE 89, 337 = BStBl III 1967, 655; BFHE 133, 155 =
BStBl II 1981, 534).

81   Die nach § 556 ZPO aF bestehende Unterscheidung zwischen der
selbstständigen und der **unselbstständigen Anschließung** ist nach der
Neuregelung der Anschlussrevision in § 554 ZPO durch das Zivilpro-
zessreformG entfallen. Die Anschlussrevision ist nunmehr generell von
der Zulässigkeit und der Fortführung des Hauptrechtsmittels abhängig
(*Zöller/Gummer* § 554 ZPO Rz 2). Sie verliert kraft Gesetzes ihre Wirkung, wenn die Hauptrevision wirksam zurückgenommen oder als unzulässig verworfen wird (§ 155 iVm §§ 554 Abs 3, 524 Abs 4 ZPO; BFHE
100, 177 = BStBl II 1970, 849; BFHE 174, 4 = BStBl II 1994, 599;
BFH/NV 1989, 33). Wegen der Kostenentscheidung in diesen Fällen vgl
unten Rz 89.
Soll die Abhängigkeit von dem Rechtsmittel des anderen Beteiligten
vermieden werden, muss der Revisionsbeklagte selbst innerhalb der Revisionsfrist das zugelassene Rechtsmittel einlegen, das dann allen Zulässigkeitsvoraussetzungen der Revision unterliegt.
Wurde die Hauptrevision zurückgenommen oder als unzulässig verworfen, so ist die innerhalb der Frist des § 120 (formgerecht) eingelegte Anschließung als selbstständige Revision anzusehen und unterliegt nunmehr
allen Zulässigkeitsvoraussetzungen der Revision (vgl hierzu vor § 115
Rz 7 ff). Sie ist daher zB als unzulässig zu verwerfen, wenn sie unter einer
Bedingung eingelegt wurde oder wenn sie sich auf die Anfechtung des
Urteils im Kostenpunkt beschränkt (RGZ 156, 243).

III. Einlegung

Für die Anschließung ist − ebenso wie für die Revision − **Schriftform** 83
vorgeschrieben (§ 155 iVm § 554 Abs 1 S 2 ZPO nF); zur Schriftform vgl
§ 64 Rz 18 ff.
Der Revisionsbeklagte erklärt die Anschließung durch Einreichung einer
Anschlussschrift beim BFH. Die Anschlussrevision kann nach Inkrafttreten
des 2. FGOÄndG − ebenso wie die Revision (§ 120 Abs 1 S 1) − wirksam
nur beim BFH eingelegt werden. Die abweichende Rspr zur Rechtslage
vor Inkrafttreten des 2. FGOÄndG, nach welcher die Anschlussrevision
auch beim FG eingelegt werden konnte (BFHE 159, 303 = BStBl II 1990,
430) ist überholt.
Die Anschließung muss nicht als solche bezeichnet, auch muss das Wort
„Anschlussrevision" nicht gebraucht werden. Es genügt **jede Erklärung,** die den Willen des Anschlussrevisionsklägers zum Ausdruck bringt,
ebenfalls eine Abänderung des angefochtenen Urteils zu erreichen (BFHE
205, 525 = BStBl II 2004, 684; BFHE 117, 573; BFH/NV 1997, 484;
Rosenberg/Schwab/Gottwald § 139 V). Eine solche Erklärung kann darin
liegen, dass der Kläger mehr beantragt als die Zurückweisung der Revision (BFHE 163, 524 = BStBl II 1991, 564; BFHE 168, 500 = BStBl II
1993, 3; BFHE 174, 4 = BStBl II 1994, 599). Ist eine innerhalb der
Revisionsfrist eingelegte Revision unzulässig, kann sie in eine Anschlussrevision umgedeutet werden, wenn deren Zulässigkeitsvoraussetzungen
erfüllt sind (BFHE 128, 314 = BStBl II 1979, 741). In der Erklärung eines
Beteiligten, der selbstständig Revision eingelegt hat, dass er diese nur als
Anschlussrevision aufrechterhalte, liegt die Rücknahme seiner Hauptrevision und die gleichzeitige Einlegung einer Anschlussrevision (BFHE 104,
286 = BStBl II 1972, 351; BFHE 174, 380 = BStBl II 1994, 817, insoweit nv).
Die Anschließung ist nur **innerhalb der Frist** des entsprechend anzu- 84
wendenden **§ 554 Abs 2 S 2 ZPO nF** zulässig; sie muss also innerhalb eines Monats nach Zustellung der Revisionsbegründung eingelegt
und innerhalb derselben Frist **begründet** werden (BFHE 133, 155 =
BStBl II 1981, 534; BFHE 190, 266 = BStBl II 2000, 208; BStBl II 2000,
660). Der BFH hat hiermit seine frühere Rspr aufgegeben, nach der die
(unselbstständige) Anschlussrevision jederzeit eingelegt werden konnte
(BFHE 91, 145 = BStBl II 1968, 207; BFHE 96, 397 = BStBl II 1969,
690). Für den notwendigen Inhalt der Begründung gilt § 120 Abs 3 entsprechend.
Die **Frist für die Begründung** der Anschlussrevision kann **nicht verlängert** werden (BFH/NV 2003, 1163; BGH VersR 1977, 152; *MüKo*
§ 556 Rz 18).
Da die Anschlussrevision kein Rechtsmittel ist kann sie unter einer
(innerprozessualen) Bedingung eingelegt werden (BFHE 190, 266 =
BStBl II 2000, 208; BGH NJW 1984, 1240; RGZ 142, 307; RGZ 168,
284; *Rosenberg/Schwab/Gottwald* § 65 IV 3 d; *H/H/Sp/Lange* § 115 Rz 196;
offen gelassen in BFHE 142, 276, 282 = BStBl II 1985, 69).

IV. Weitere Zulässigkeitsvoraussetzungen

86   Da die Anschlussrevision kein Rechtsmittel ist, braucht sie nicht alle Zulässigkeitsvoraussetzungen zu erfüllen, die das Gesetz für die Hauptrevision fordert. Sie bedarf keiner eigenständigen Zulassung (§ 554 Abs 2 S 1 ZPO nF). In der Rspr zu § 554 ZPO nF ist noch nicht geklärt, ob sich der Gegner der Hauptrevision ohne jede Einschränkung dem Rechtsmittel anschließen kann, oder ob mit Rücksicht auf die Abhängigkeit der Anschlussrevision von der Hauptrevision (Akzessorietät) zumindest zu fordern ist, dass ein rechtlicher oder wirtschaftlicher Zusammenhang zwischen dem Streitgegenstand der Haupt- und dem der Anschlussrevision bestehen muss (vgl BFH NJW 2003, 2525 mwN; offen gelassen in NJW 2004, 1315). Im finanzgerichtlichen Verfahren kann nicht zweifelhaft sein, dass sich die Anschließung auf den Streitgegenstand der Hauptrevision beziehen muss, weil das angefochtene Urteil hinsichtlich der nicht mit der Revision angegriffenen Streitgegenstände mit Ablauf der Revisionsbegründungsfrist rechtskräftig wird (vgl Rz 57 und § 115 Rz 6 f).

Voraussetzung für die Zulässigkeit der Anschließung ist, dass bereits eine Hauptrevision eingelegt wurde, die noch nicht als unzulässig verworfen (§ 124) oder wirksam zurückgenommen (§ 125) wurde (*MüKo* § 556 Rz 10).

Die Anschlussrevision muss ebenso wie die Revision **begründet** werden (§ 155 iVm § 554 Abs 3 ZPO nF). Zur Frist vgl oben Rz 84.

Für die Einlegung und Begründung der Anschlussrevision besteht **Vertretungszwang** (§ 62 a). Die Anschlussrevision erfordert – ebenso wie das Hauptrechtsmittel – eine **Beschwer** (BFHE 200, 66 = NFH/NV 2003, 279; BFHE 192, 445 = BStBl II 2000, 660; BFH/NV 2001, 385; BFHE 176, 289 = BStBl II 1995, 353; BGH NJW 1983, 1858; 1995, 2563; BSGE 37, 28 = VersR 1974, 855; *Rosenberg/Schwab/Gottwald* § 145 II 4; *T/P* § 556 Rz 3; **aA** *Kopp/Schenke* Vorbem vor § 124 Rz 53; *Jauernig* § 72 VI).

Das BVerwG hat die Frage in MDR 1977, 867 offen gelassen, die Anschlussrevision aber „mangels Rechtsschutzbedürfnisses" für unzulässig gehalten, wenn der Beklagte statt einer Sachabweisung eine Abweisung der Klage durch Prozessurteil erstrebt. Diese Unterscheidung erscheint nicht überzeugend, denn das mangelnde Rechtsschutzbedürfnis liegt hier gerade in der fehlenden Beschwer (vgl Rz 19 vor § 115). Anders als bei der Hauptrevision genügt für die Anschlussrevision eine Beschwer durch die Kostenentscheidung des FG (vgl Rz 88).

87   Da die Anschließung ihrem Wesen nach **akzessorisch** im Verhältnis zur Hauptrevision ist, muss sie sich – auch unter der Geltung des § 554 ZPO nF iVm § 155 – auf denselben Streitgegenstand beziehen wie die Revision. Fehlt es an dieser Voraussetzung, weil die Anschlussrevision sich auf Streitjahre oder Steuerbescheide bezieht, für die keine Revision eingelegt wurde, so ist die Anschließung unzulässig (BFHE 128, 158 = BStBl II 1979, 655; BFHE 160, 16 = BStBl II 1990, 542; BFH/NV 1995, 621).

Ist bei **objektiver Klagehäufung** Revision nur wegen eines Streitjahres eingelegt worden, so kann nicht durch eine Anschlussrevision ein anderes Streitjahr zur Nachprüfung des Revisionsgerichts gestellt werden (BFHE 206, 418 = BStBl II 2004, 995; BFHE 142, 276, 282 = BStBl II 1985, 69;

BFHE 139, 232 = BStBl II 1983, 167). Gleiches gilt für einen Haftungsbescheid, in dem verschiedene Steuerfälle zusammengefasst sind (BFHE 128, 158 = BStBl II 1979, 655).

Ist die **Revision** nur hinsichtlich eines **selbstständig anfechtbaren Teils** des Streitgegenstandes **zugelassen** worden (vgl § 115 Rz 112), so kann die Anschlussrevision nicht hinsichtlich eines anderen Teils eingelegt werden (BGH WM 1968, 849; BAG DB 1983, 240; BVerwG BayVBl 1981, 374; **aA** BSG BlStSozArbR 1979, 192) und neuerdings offenbar BGH NJW 2004, 1315 zu § 554 ZPO nF). Das ergibt sich bereits aus dem Wesen der Anschlussrevision als eines bloßen Antrags (Verteidigungsmittels) innerhalb des vom anderen Beteiligten eingelegten Rechtsmittels (ebenso *Müller* ZZP 115, 215).

Die Anschlussrevision ist nur zulässig, wenn sie sich gegen einen **Beteiligten** richtet, der **Revision eingelegt** hat (BFHE 119, 492; RGZ 46, 415). Anschließen kann man sich ferner nur dem Rechtsmittel eines **Prozessgegners.** Hat ein auf der Seite des Rechtsmittelklägers stehender Beteiligter erster Instanz kein selbstständiges Rechtsmittel eingelegt, so kann er im Revisionsverfahren nur seine Rechte als Beigeladener (§ 60) geltend machen (BFHE 93, 17 = BStBl II 1968, 683; BVerwG Buchholz 448.0 § 11 WehrpflG Nr 35; BVerwG NJW 1985, 393). Die Anschlussrevision kann sich auf die Anfechtung der Entscheidung im **Kostenpunkt** beschränken (st Rspr, vgl BFHE 102, 563 = BStBl II 1971, 675; BFHE 128, 314 = BStBl II 1979, 741; BFHE 166, 335, 342 = BStBl II 1992, 429; BFHE 176, 289, 292 = BStBl II 1995, 353; BFHE 205, 525 = BStBl II 2004, 684; BFH/NV 2004, 1201 mwN).

Eine Anschlussrevision des Klägers und Revisionsbeklagten ist unzulässig, soweit mit ihr mehr begehrt wird als mit dem ursprünglichen Klageantrag, denn sie steht insoweit einer im Revisionsverfahren unzulässigen (§ 123) **Klageerweiterung** gleich (BFHE 183, 235 = BStBl II 1997, 635).

V. Entscheidung über die Anschlussrevision

Über Revision und Anschlussrevision ist gemeinsam zu verhandeln und zu entscheiden. Ein **Teilurteil** (§§ 98, 121) über die Anschlussrevision ist nicht zulässig, weil es wegen § 554 Abs 4 ZPO nF (iVm § 155) durch Zurücknahme oder Verwerfung der Hauptrevision hinfällig werden kann (BGHZ 20, 312; BGH NJW 1954, 109; BAG NJW 1975, 1248; *T/P* § 521 Rz 13).

Wird die Hauptrevision als unzulässig verworfen, wird die Anschlussrevision wirkungslos (BFHE 174, 4 = BStBl II 1994, 599). Gleiches gilt, wenn der Revisionskläger die Revision zurücknimmt.

Erweist sich die Anschlussrevision als begründet, so kann das erstinstanzliche Urteil unter Durchbrechung des Verbots der Verböserung (reformatio in peius) auch zum Nachteil des Revisionsklägers abgeändert werden (BFHE 190, 266 = BStBl II 2000, 208).

Für die **Kostenentscheidung** gilt die Anschlussrevision als selbstständiges Rechtsmittel (BFH/NV 2001, 754). Der Streitwert der Anschlussrevision ist dem der Hauptrevision hinzuzurechnen (BFHE 90, 272 = BStBl II 1968, 60; BFH/NV 2003, 785; 1995, 621; BGH WM 1978, 937; BGHZ 72, 342).

Die Kostenverteilung bestimmt sich grundsätzlich nach § 135 Abs 1 und 2, § 136 Abs 1.

Zur Kostenentscheidung im Fall der Zurücknahme der Hauptrevision oder der Verwerfung der Hauptrevision als unzulässig vgl § 136 Rz 8.

§ 121 [Verfahrensvorschriften]

[1] **Für das Revisionsverfahren gelten die Vorschriften über das Verfahren im ersten Rechtszug und die Vorschriften über Urteile und andere Entscheidungen entsprechend, soweit sich aus den Vorschriften über die Revision nichts anderes ergibt.** [2] **§ 79 a über die Entscheidung durch den vorbereitenden Richter und § 94 a über das Verfahren nach billigem Ermessen sind nicht anzuwenden.** [3] **Erklärungen und Beweismittel, die das Finanzgericht nach § 79 b zu Recht zurückgewiesen hat, bleiben auch im Revisionsverfahren ausgeschlossen.**

1   Die Vorschriften des **Abschnitts II** (§§ 51 bis 62) gelten, da es sich dabei um „Allgemeine Verfahrensvorschriften" handelt, ohnehin auch für die Revision. Ausnahmen gelten, soweit diese Vorschriften wegen der **Besonderheiten des Revisionsverfahrens** nicht angewendet werden können. Die Vorschriften der **Abschnitte III und IV** (§§ 63 bis 94 und 95 bis 114) gelten nur **sinngemäß**, dh ebenfalls, soweit ihrer Anwendung nicht die Besonderheiten des Revisionsverfahrens entgegenstehen. **Sinngemäß anwendbar** sind insbesondere folgende Vorschriften:

– **§§ 51 bis 56** (allgemeine Verfahrensvorschriften) sowie **§§ 58** und **59;**
– **§ 60 Abs 3:** eine vom FG unterlassene notwendige Beiladung kann im Revisionsverfahren nachgeholt werden (§ 123 idF des 2. FGOÄndG); § 60 Abs 1 ist im Revisionsverfahren nicht sinngemäß anwendbar;
– **§ 62 Abs 3, § 62 a (Vollmacht; Bevollmächtigte);**
– **§ 68:** Auch während des Revisionsverfahrens kann ein geänderter Bescheid an die Stelle des ursprünglich angefochtenen VA treten (vgl BFH/NV 2004, 656);
– **§ 69,** soweit der BFH für die Entscheidung über den Aussetzungsantrag zuständig ist (vgl § 69 Rz 136);
– **§§ 70, 71, 73, 74** (zu § 73 vgl zB BFHE 159, 331 = BStBl II 1990, 452; BFH/NV 2004, 1420; BFHE 196, 546 = BStBl II 2002, 287);
– **§ 72 Abs 2 S 2:** Abs 1 der Vorschrift ist nicht anwendbar, da die Rücknahme der Revision in § 125 gesondert geregelt ist; hingegen ist Abs 2 S 2 der die Form der Entscheidung im Fall der Rücknahme des Rechtsbehelfs regelt, sinngemäß anzuwenden (BFH v 23. 7. 2002 VIII R 37/02, juris; vgl hierzu auch § 125 Rz 7);
– **§§ 77, 78, 79 Abs 1 und 2** (vgl zu § 78: BFH/NV 1995, 533);
– **§§ 90, 90 a, 91 bis 94, 97:** Auch im Revisionsverfahren kann durch Gerichtsbescheid entschieden (BFHE 128, 173 = BStBl II 1979, 652; BFH/NV 2004, 1290; BFHE 202, 507 = BStBl II 2003, 822) oder ein Zwischenurteil erlassen (BFHE 127, 37 = BStBl II 1979, 338) werden;
– **§ 96 Abs 1 S 2:** Die **Bindung an den Antrag** gilt sinngemäß; auch der BFH darf über die gestellten Anträge nicht hinausgehen und dem Revisionskläger nicht mehr zusprechen, als er beantragt hat (BFHE 156,

566, 574 = BStBl II 1989, 733). Eine Ausnahme gilt nach der Rspr des BFH dann, wenn der Antrag des Revisionsklägers nur auf **Abänderung** eines VA gerichtet ist, der BFH jedoch feststellt, dass der Bescheid unwirksam ist (BFH/NV 1989, 803; 2004, 467). Andererseits ist der BFH – ebenso wie das FG im Klageverfahren – durch das sog **Verböserungsverbot** (vgl dazu § 96 Rz 5) gehindert, die Rechtsposition des Revisionsklägers im Vergleich zum angefochtenen Urteil zu verschlechtern (BFHE 178, 74 = BStBl II 1995, 683; BFHE 178, 203; BFHE 176, 298 = BStBl II 1995, 291; BFHE 158, 510 = BStBl II 1990, 237; BFHE 86, 783 = BStBl III 1966, 659). Der BFH darf deshalb, auch wenn er der Ansicht ist, dass die Klage in vollem Umfang hätte abgewiesen werden müssen, ein der Klage teilweise stattgebendes FG-Urteil nicht aufheben, wenn nur der Kläger Revision eingelegt hat. Zweifelhaft ist die Reichweite des Verböserungsverbots, wenn das FG der **Klage** unter Verstoß gegen eine **zwingende Verfahrensvorschrift teilweise stattgegeben** hat (zB unter Verstoß gegen die Vorschriften über die notwendige Beiladung, die Unterbrechung des Verfahrens oder die Klagefrist). Nach mE zutreffender Ansicht des BGH ist in einem solchen Fall – wenn nur der *Kläger* Revision eingelegt hat – abzuwägen, ob der Beachtung der zwingenden Verfahrensvorschriften gegenüber dem Verbot der Schlechterstellung Vorrang einzuräumen ist (BGH NJW 1986, 1494; ebenso: *Rosenberg/Schwab/Gottwald* § 141 II; *T/P* § 536 Rz 2). Einen Fall zulässiger Verbösung wegen eines Verfahrensfehlers des FG auf die Revision des FA hat der BFH in BFHE 159, 555 = BStBl II 1990, 504 angenommen. Das Verböserungsverbot gilt nur für die **Sachentscheidung,** nicht aber für die **Kostenentscheidung** des FG (BFH/NV 1990, 386);

– **§§ 98 bis 107, § 110** sind entsprechend anzuwenden;

– **§ 109:** Ist bei der Entscheidung über die Revision die Kostenfolge ganz oder teilweise übergangen worden, ist in entsprechender Anwendung des § 109 das Revisionsurteil auf Antrag nachträglich zu ergänzen (BFHE 163, 125 = BStBl II 1991, 367; BFHE 152, 5 = BStBl II 1988, 287; vgl auch BFH/NV 1988, 657 und 798).

Die **Anwendung** folgender Vorschriften ist im Revisionsverfahren **2** grundsätzlich **ausgeschlossen:**

– **§ 62 Abs 1:** Für das Verfahren vor dem BFH gilt Vertretungszwang gemäß § 62 a;

– **§ 67:** Eine Klageänderung ist im Revisionsverfahren unzulässig (§ 123);

– **§ 76 Abs 1:** Wegen der Bindung des BFH an die Tatsachenfeststellungen der Vorinstanz (§ 118 Abs 2) sind § 76 Abs 1 und die Vorschriften über die Beweisaufnahme **(§§ 81 ff)** im Revisionsverfahren grundsätzlich nicht anwendbar. Anderes gilt nur, soweit der BFH an die tatsächlichen Feststellungen des FG nicht gebunden und zu eigenen Sachverhaltsermittlungen berechtigt ist, also insbesondere für die Prüfung, ob die Zulässigkeitsvoraussetzungen der Revision und die Sachentscheidungsvoraussetzungen des Klageverfahrens gegeben sind, sowie für die Prüfung, ob ein gerügter Verfahrensmangel vorliegt (vgl vor § 115 Rz 7 und § 118 Rz 49);

– **§§ 79 a, 94 a:** Nach der ausdrücklichen Regelung in § 121 S 2 gelten diese Vorschriften nicht im Revisionsverfahren;

- **§ 108:** Ein Antrag auf Berichtigung des Tatbestands einer unanfechtbaren Entscheidung des BFH ist wegen **fehlenden Rechtsschutzinteresses** unzulässig (BFH/NV 1994, 189; BFH/NV 1995, 228; *H/H/Sp/Bergkemper* Rz 20);
- **§ 114:** Für einstweilige Anordnungen ist nur das Gericht erster Instanz zuständig.

Sonderregelungen bestehen für den Unterabschnitt „Revision" neben den die Statthaftigkeit, Zulässigkeit, Einlegung und Begründung der Revision regelnden §§ 115 bis 120 für den Kreis der Beteiligten (§§ 122, 123), die Klageänderung (§ 123), die Rücknahme der Revision (§ 125) und die Art der Entscheidung über die Revision (§§ 124, 120, 127).

3   § 121 S 3 stellt entsprechend der früheren Regelung in Art 3 § 3 Abs 2 S 4 VGFGEntlG klar, dass sich die Wirkung der Präklusion nach § 79 b auch auf das Revisionsverfahren erstreckt.

§ 122 [Beteiligte am Revisionsverfahren]

(1) Beteiligter am Verfahren über die Revision ist, wer am Verfahren über die Klage beteiligt war.

(2) ¹**Betrifft das Verfahren eine auf Bundesrecht beruhende Abgabe oder eine Rechtsstreitigkeit über Bundesrecht, so kann das Bundesministerium der Finanzen dem Verfahren beitreten.** ²**Betrifft das Verfahren eine von den Landesfinanzbehörden verwaltete Abgabe oder eine Rechtsstreitigkeit über Landesrecht, so steht dieses Recht auch der zuständigen obersten Landesbehörde zu.** ³**Der Senat kann die zuständigen Stellen zum Beitritt auffordern.** ⁴**Mit ihrem Beitritt erlangt die Behörde die Rechtsstellung eines Beteiligten.**

1. Beteiligte am Revisionsverfahren

1   Am Revisionsverfahren **beteiligt** kann nur der sein, der auch schon am **erstinstanzlichen Verfahren** beteiligt war, dh also der Steuerpflichtige oder Feststellungsbeteiligte als Kläger, das FA, als Beklagter sowie Beigeladene (§ 60) und Beigetretene (vgl § 57). Neue Beteiligte können am Revisionsverfahren nicht teilnehmen, weil mit der Revision eine zwischen bestimmten Beteiligten ergangene Entscheidung der Vorinstanz nachgeprüft werden soll (BFH/NV 1997, 128). Ein **gewillkürter Beteiligtenwechsel** ist im Rechtsmittelverfahren ausgeschlossen (BFH/NV 2005, 713). Deshalb sind auch im Revisionsverfahren Beiladungen grundsätzlich unzulässig; eine Ausnahme gilt für notwendige Beiladungen iS von § 60 Abs 3 (§ 123). Die Revision einer Person, die am Klageverfahren nicht beteiligt war, ist unzulässig (BFH/NV 1994, 330). Wer am Verfahren über die Klage beteiligt war, ergibt sich idR aus dem Rubrum des finanzgerichtlichen Urteils (BFH/NV 1988, 371). Maßgeblich ist aber immer die **tatsächliche Beteiligung** am Klageverfahren (BFHE 157, 275 = BStBl II 1989, 697; BFH/NV 2004, 362; 2001, 320; *H/H/Sp/Bergkemper* § 122 Rz 8). Wer Klage erhoben hat, ist ggf durch Auslegung der Klageschrift und aus dem weiteren Vorbringen im Klageverfahren zu ermitteln (BFH/NV 1991, 545 mwN). **Unklarheiten** der Klageschrift in der Beteiligtenbezeichnung können im weiteren Verlauf des Verfahrens jederzeit

berichtigt werden (BFH/NV 2004, 792; vgl dort auch zur Abgrenzung zu der fristgebundenen subjektiven Klageänderung). Eine erkennbar **unrichtige Parteibezeichnung** im Rubrum des FG-Urteils kann **im Revisionsverfahren berichtigt** (als offenbare Unrichtigkeit iS von § 107) werden (BFHE 141, 498 = BStBl II 1984, 820; BFHE 148, 212 = BStBl II 1987, 178; BFHE 162, 99 = BStBl II 1991, 401; BFHE 168, 343; BStBl II 1992, 741; BFHE 201, 287; BFH/NV 2004, 1389). Da es auf die tatsächliche Beteiligung ankommt, bleibt auch ein vom FG **zu Unrecht Beigeladener** Beteiligter des Revisionsverfahrens (BFHE 157, 275 = BStBl II 1989, 697 mwN; BFHE 173, 28 = BStBl II 1994, 282; BFH/NV 2001, 320; 1994, 551). Der zu Unrecht Beigeladene ist allerdings regelmäßig wegen fehlender Beschwer nicht berechtigt, Revision einzulegen (vgl Vor § 115 Rz 20 und § 115 Rz 3).

Bei einem **Streit** darüber, ob ein als Beteiligter Auftretender wirklich beteiligt ist, ist hierüber (analog § 71 ZPO) durch **Zwischenurteil** zu entscheiden (BFHE 112, 113).

Aus der Regelung des Abs 1 folgt in den Fällen **subjektiver Klagenhäufung** (vgl § 59) oder der **Verbindung** mehrerer Klagen (§ 73) nicht zwingend, dass sämtliche Kläger zugleich Beteiligte eines nachfolgenden Revisionsverfahrens werden. In diesen Fällen ist hinsichtlich der Anwendung des Abs 1 zwischen einfacher und notwendiger Streitgenossenschaft zu unterscheiden (vgl hierzu § 59 Rz 3 ff). Bei *notwendiger Streitgenossenschaft*, wie sie zB regelmäßig bei Klagen mehrerer Gesellschafter gegen Gewinnfeststellungsbescheide gegeben ist, bleibt auch ein Streitgenosse, der selbst kein Rechtsmittel eingelegt hat, am Revisionsverfahren des anderen Streitgenossen beteiligt (BFHE 122, 437 = BStBl II 1977, 696); das soll jedoch nach BFHE 147, 120 = BStBl II 1986, 820 nicht für solche Streitgenossen gelten, deren Klage das FG als unzulässig abgewiesen hat. 2

Bei *einfacher Streitgenossenschaft* behalten die mehreren Klagen ihre rechtliche Selbstständigkeit. Trotz äußerer Verbindung (§ 73 Abs 1) ist der einfache Streitgenosse nicht am Verfahren des anderen „beteiligt" iS des § 57. Legt nur einer der (nicht notwendigen) Streitgenossen Revision ein, oder ist die Revision des FA nur gegen einen von mehreren Streitgenossen gerichtet, so ist der andere Streitgenosse an diesem Revisionsverfahren nicht beteiligt (BFHE 155, 250 = BStBl II 1989, 326; BFH-Urteile vom 6. 2. 1974 I R 160/73 und vom 16. 3. 1977 II R 183/71 nv).

Der Grundsatz des § 122 Abs 1 gilt nicht, wenn während des Revisionsverfahrens ein **gesetzlicher Parteiwechsel** eintritt (st Rspr vgl BFHE 128, 251 = BStBl II 1979, 714 mwN; BFHE 194, 372 = BStBl II 2003, 151; BFHE 207, 511 = BStBl II 2005, 101; BFH/NV 1997, 484; 1999, 1619). Ist deshalb aufgrund eines Organisationsaktes die Zuständigkeit von dem ursprünglich beteiligten FA X auf das FA Y übergegangen, so tritt aufgrund dieser Maßnahme ein gesetzlicher Beteiligtenwechsel ein, der auch im Revisionsverfahren zu beachten ist; das Revisionsurteil ist dann gegen das FA Y zu erlassen (BFHE 168, 226 = BStBl II 1992, 784 mwN; BFHE 188, 199; BFHE 194, 372 = BStBl II 2003, 151). Wegen der prozessualen Folgen eines Zuständigkeitswechsels auf Seiten des Beklagten im Verfahren der AdV vgl BFH v 25. 1. 2005 I S 8/04, juris. Auf Seiten des Klägers kommt es zu einem Wechsel in der Beteiligtenstellung, wenn dieser während des Revisionsverfahrens stirbt und sein Rechtsnachfolger den 3

Rechtsstreit aufnimmt (§ 155 iVm § 239 ZPO; BFHE 148, 184 = BStBl II 1987, 147; ähnlich für den Fall des Erlöschens einer parteifähigen Personenvereinigung während des Steuerprozesses: BFHE 155, 250 = BStBl II 1989, 326). Im Falle eines gesetzlichen Parteiwechsels wird das Verfahren nicht nach § 155 iVm § 239 ZPO unterbrochen (BFH/NV 1997, 484). Hat das FG einen während des **Klageverfahrens** eingetretenen gesetzlichen **Parteiwechsel übersehen** und deshalb ein Urteil gegen einen **falschen** Beteiligten erlassen, so ist nicht nur der richtige Beteiligte, sondern auch der irrtümlich als beteiligt Behandelte zur Einlegung der Revision berechtigt (BFH/NV 1994, 763 mwN).

Streitig ist, ob § 122 unter der Geltung des § 116 nF im Verfahren der **Nichtzulassungsbeschwerde** sinngemäß anzuwenden ist. Nach der Rspr des BFH zu § 115 aF waren Beigeladene des finanzgerichtlichen Verfahrens, die nicht selbst Beschwerde gegen die Nichtzulassung der Revision eingelegt hatten, am Beschwerdeverfahren des Klägers oder des FA nicht beteiligt (BFH/NV 1993, 369; *H/H/Sp/Bergkemper* § 122 Rz 10). Nach Auffassung des IX. Senat des BFH hat sich diese Rechtslage durch die Neufassung des § 116 geändert. Das Verfahren der NZB sei kein selbstständiges Verfahren mehr, das mit der Entscheidung über die Zulassung ende. Im Fall der Zulassung werde es als Revisionsverfahren fortgesetzt; auch könne der BFH im Verfahren der NZB das angefochtene Urteil gemäß § 116 Abs 6 wegen eines Verfahrensfehlers durch Beschluss aufheben und die Sache an das FG zurückverweisen (BFHE 206, 330 = BStBl II 2004, 895). Dieser Auffassung ist insoweit zu folgen, als eine Beteiligung des Beigeladenen am Verfahren der NZB immer dann geboten ist, wenn das Gericht die Aufhebung des angefochtenen Urteils nach § 116 Abs 6 in Erwägung zieht. In diesen Fällen muss es dem Beigeladenen zur Wahrung seines Anspruchs auf rechtliches Gehör ermöglicht werden, die aus seiner Sicht für die Richtigkeit des FG-Urteils sprechenden Argumente vorzutragen. Ist dagegen lediglich über Zulassungsgründe iS des § 115 Abs 2 Nr 1 und 2 zu entscheiden oder ist die NZB unzulässig, hat der Beigeladene kein schutzwürdiges Interesse auf Beteiligung am Verfahren der NZB der Hauptbeteiligten. Soweit die NZB Erfolg hat, ist er ohnehin gemäß § 122 Abs 1 an dem anschließenden Revisionsverfahren zu beteiligen. Der Beigeladene des früheren Verfahrens ist ohne weiteres auch Beteiligter des **Wiederaufnahmeverfahrens** (BFH/NV 1991, 751).

2. Beitritt zum Revisionsverfahren

4   Sinn und **Zweck des § 122 Abs 2** ist es, dem Bundesministerium der Finanzen (BMF) oder den obersten Landesbehörden das Recht einzuräumen, sich jederzeit in ein anhängiges Revisionsverfahren einzuschalten und entscheidungserhebliche rechtliche Gesichtspunkte geltend zu machen (BFHE 141, 405, 415 = BStBl II 1984, 751). Damit soll das besondere, über den Einzelfall hinausgehende Interesse dieser Behörden, denen die Abgabenverwaltung obliegt (vgl Art 108 GG), am Ausgang des jeweiligen Verfahrens berücksichtigt werden. Außerdem soll es diesen Behörden ermöglicht werden, dem BFH Material zu verschaffen, das ihm sonst nicht zugänglich wäre (BFHE 140, 26 = BStBl II 1984, 409). Die Regelung des

§ 122 Abs 2 ist **verfassungsgemäß** (BFH NV 1993, 46; BFHE 173, 383 = BStBl II 1994, 389).

Das BMF ist zum Beitritt berechtigt (**nicht verpflichtet:** vgl *T/K* § 122 Rz 22), wenn Gegenstand des Rechtsstreits eine auf Bundesrecht beruhende Abgabe oder eine (nicht abgabenrechtliche) Streitigkeit über Bundesrecht (zB über Fragen des Steuerberatungsgesetzes, über Prämien und Investitionszulagen. über Erstattungen und Vergütungen nach EWG-Recht) ist.

Hält der BFH den Beitritt **nicht für zulässig,** so kann er ihn ablehnen. Die Entscheidung muss durch **Zwischenurteil** ergehen (ebenso *T/K* § 122 Rz 33).

„**Oberste Landesbehörde**" iS des § 122 Abs 2 S 2 ist die Landesbehörde, die für die Verwaltung der betreffenden Abgabe oder die Rechtsstreitigkeit über Landesrecht zuständig ist; dies ist nicht immer die oberste Landesfinanzbehörde, sondern zB auch die für die innere Verwaltung zuständige oberste Landesbehörde (Gemeinde- und Kirchensteuer).

Beitreten können nur die in Abs 2 ausdrücklich genannten Behörden. **5** Ein Beitritt **anderer Behörden** oder **Organisationen** (zB der Bundessteuerberaterkammer) ist nicht zulässig (BFHE 140, 26 = BStBl II 1984, 751). Das gilt auch für **andere Bundesministerien,** wie zB das BMJ (BFH/NV 1995, 874); soweit diese ein Interesse daran haben, dem BFH ihre Rechtsauffassung vorzutragen, müssen sie dies über das beteiligte BMF tun (*H/H/Sp/Bergkemper* § 122 Rz 25).

Auch wenn andere Organisationen und Verbände im finanzgerichtlichen Verfahren nicht die Rechtsstellung eines Beteiligten haben können, kann sie der BFH zur Mitwirkung im Revisionsverfahren heranziehen. Er kann zB in geeigneten Fällen **Stellungnahmen** oder **Auskünfte** von **Verbänden** einholen, soweit es um die Feststellung von entscheidungserheblichen „generellen" Tatsachen geht (vgl hierzu *Schwendy* in FR 1990, 604; BFHE 89, 422 = BStBl III 1967, 690; BFHE 151, 512 = BStBl II 1988, 252).

Für die **Aufforderung zum Beitritt** nach Abs 2 S 3 ist nicht der Vorsitzende, sondern der **Senat** in der Besetzung mit fünf Richtern zuständig (*T/K* § 122 Rz 31). Die Aufforderung geschieht durch **förmlichen Beschluss** (vgl zB BFHE 190, 244; BFHE 188, 48 = BStBl II 1999, 233; BFHE 196, 304 = BStBl II 2001, 834; BFH/NV 2004, 95; 1994, 309, 466). Die Behörde braucht der Aufforderung nicht zu folgen. Hat die Behörde zunächst erklärt, von ihrem Beitrittsrecht keinen Gebrauch machen zu wollen, so ist sie an diese Erklärung nicht gebunden. Sie ist dadurch nicht gehindert, zu einem späteren Zeitpunkt den Beitritt zum Revisionsverfahren zu erklären. Die für einen Rechtsmittelverzicht geltenden Grundsätze sind auf den Verzicht des Beitritts nicht entsprechend anwendbar (BFHE 141, 405, 414 = BStBl II 1984, 751). Hält der BFH einen Beitritt des BMF nicht für zwingend erforderlich, will er ihm aber Gelegenheit zum Beitritt geben, zB, weil er beabsichtigt, von einer Richtlinie oder einem Erlass des BMF abzuweichen, kann er einen **Gerichtsbescheid** erlassen und diesen auch dem BMF bekanntgeben (vgl BFHE 187, 321 = BStBl II 1999, 306, insoweit nv).

Zu den prozessualen Befugnissen der beigetretenen Behörde vgl BFHE 115, 425.

§ 123 [Unzulässigkeit der Klageänderung]

(1) ¹Klageänderungen und Beiladungen sind im Revisionsverfahren unzulässig. ²Das gilt nicht für Beiladungen nach § 60 Abs. 3 Satz 1.

(2) ¹Ein im Revisionsverfahren nach § 60 Abs. 3 Satz 1 Beigeladener kann Verfahrensmängel nur innerhalb von zwei Monaten nach Zustellung des Beiladungsbeschlusses rügen. ²Die Frist kann auf einen vor ihrem Ablauf gestellten Antrag von dem Vorsitzenden verlängert werden.

Vgl § 142 VwGO; § 168 SGG.

1. Klageänderungen

1   Das Revisionsverfahren dient der Überprüfung des finanzgerichtlichen Urteils auf Rechtsfehler. Der Rechtsstreit geht, wie sich auch aus § 118 Abs 2 ergibt, in der Gestalt in die Revisionsinstanz über, die er nach den Feststellungen im angefochtenen Urteil im finanzgerichtlichen Verfahren zuletzt erlangt hatte. Deshalb kann durch eine Klageänderung weder der **Prozessstoff** (vgl aber Rz 3) noch der **Kreis der Beteiligten** geändert werden. Auch eine Beiladung ist im Revisionsverfahren grundsätzlich ausgeschlossen. Eine Ausnahme gilt ab 1. 1. 2001 für die **notwendige Beiladung** nach § 60 Abs 3 (vgl Rz 4 ff). Als im Revisionsverfahren unzulässige Klageänderung gilt grundsätzlich auch der Parteiwechsel (BFH/NV 1997, 128); zulässig ist jedoch ein **gesetzlicher Beteiligtenwechsel** zB aufgrund gesetzlicher Rechtsnachfolge, behördlicher Zuständigkeitsänderung oder gesetzlich angeordneter Funktionsnachfolge (vgl dazu § 122 Rz 3).

Einem unzulässigen Wechsel der Beteiligten steht es gleich, wenn ein Kläger erstmals im Revisionsverfahren von der Klage im eigenen Namen und aus eigenem Recht zu einer Klage im eigenen Namen aus fremdem Recht (Prozessstandschaft) übergeht (BFHE 123, 225).

2   Wegen des **Begriffs** der Klageänderung vgl § 67 Rz 2. (Betragsmäßige) **Erweiterungen** und **Beschränkungen** des Klageantrags sind zwar begrifflich keine Klageänderung iS von § 123 (vgl § 67 Rz 3); denn die nachträgliche Erweiterung oder Beschränkung des Klagebegehrens lässt – anders als die Klageänderung – die Identität des Streitgegenstandes unberührt (BFHE 115, 199 = BStBl II 1975, 515). Jedoch sind Erweiterungen des Klageantrags im Revisionsverfahren deshalb **ausgeschlossen**, weil wegen des hinzugekommenen Teils noch keine Entscheidung erster Instanz vorliegt, die vom Revisionsgericht rechtlich geprüft werden könnte. Eine solche Entscheidung liegt nur insoweit vor, als sie durch den Klageantrag begehrt worden war (§ 96 Abs 1 S 2). Es fehlt insoweit an der für die Zulässigkeit der Revision des Klägers erforderlichen **formellen Beschwer** (st Rspr vgl BFHE 112, 331 = BStBl II 1974, 522; BFHE 138, 292 = BStBl II 1983, 532; BFHE 159, 4 = BStBl II 1990, 327; BFHE 172, 91, 96 = BStBl II 1994, 23; BFHE 174, 328 = BStBl II 1994, 734; BFHE 178, 549; BFHE 187, 362; BVerwG HFR 1974, 462; BSGE 18, 12; BGH MDR 1961, 667).

Wegen der Erweiterung des **Revisionsantrags** vgl § 120 Rz 55. Die **Einschränkung des Klageantrags** ist auch im Revisionsverfahren, unbedenklich zulässig (st Rspr, vgl BFHE 96, 510 = BStBl II 1970, 15; BFHE 141, 81 = BStBl II 1984, 513; BFHE 176, 317 = BStBl II 1995, 362). Wegen der **Kostenentscheidung** in diesen Fällen vgl § 136 Rz 5.

Keine Klageänderung liegt vor, wenn ein in der Vorinstanz gestellter Hauptantrag nur noch als Hilfsantrag geltend gemacht wird (BGH WM 1974, 1185; BAG BB 1977, 1356). Auch der **Übergang** von der Anfechtungsklage **zum Feststellungsantrag nach § 100 Abs 1 S 4** im Revisionsverfahren ist keine unzulässige Klageänderung iS des § 123 (BFHE 130, 388 = BStBl II 1980, 512; BFHE 153, 258 = BStBl II 1988, 801; BFHE 160, 409 = BStBl II 1990, 721; BVerwGE 8, 59; BVerwGE 59, 158; BVerwG DVBl 1982, 692; BVerwG NVwZ 1985, 265; BSGE 8, 178; vgl aber für den umgekehrten Fall: BFH/NV 1991, 832).

Eine Klageänderung ist gegeben, wenn der erstmals im Revisionsverfahren gestellte Antrag einen **anderen Streitgegenstand** betrifft als der Klageantrag (BFHE 167, 309 = BStBl II 1992, 647). Gleiches gilt, wenn sich die Hauptsache erledigt hat und nunmehr im Revisionsverfahren ein Zinsanspruch geltend gemacht wird; denn dann ist die Zinsforderung nicht mehr nur Nebenforderung, was nach § 264 Nr 2 ZPO eine Klageänderung ausschlösse, sondern Hauptforderung (BVerwG HFR 1975, 509; BFH/NV 1995, 680).

Eine unzulässige Klageänderung liegt auch in dem Anbringen eines Hilfsantrags des Klageverfahrens als Hauptantrag des Revisionsverfahrens (BFHE 137, 478 = BStBl II 1983, 382) im Übergang von der Anfechtungsklage zur Feststellungsklage (BFH/NV 2004, 203) oder im erneuten Anbringen eines Antrags im Revisionsverfahren, nachdem dieser vor dem FG fallengelassen worden war (BFH/NV 2002, 526; 1991, 829). Im Revisionsverfahren des Beklagten kann der BFH über den (wegen Erfolgs des Hauptantrags) im erstinstanzlichen Verfahren nicht beschiedenen Hilfsantrag des Klägers entscheiden (BGH MDR 1990, 711; BVerwG Buchholz 424.01 § 64 Nr 1).

2. Änderung des angefochtenen Verwaltungsakts

§ 123 nF enthält nicht mehr die früher in Abs 1 S 2 enthaltene Einschränkung des Verbots der Klageänderung für die Fälle des § 68. Eine sachliche Änderung hat der Gesetzgeber des 2. FGOÄndG insoweit jedoch nicht beabsichtigt (BT-Drucks 14/4061, 11). Die Regelung des § 123 S 2 aF erschien ihm in Hinblick auf die Neufassung des § 68 entbehrlich. Dieser Auffassung ist entgegenzuhalten, dass § 68 nF einen Fall der gesetzlichen Klageänderung normiert (*Leingang-Ludolph/Wiese*, DStR 2001, 775). Nach § 68 idF des 2. FGOÄndG wird im Fall der Änderung des angefochtenen VA der **neue VA kraft Gesetzes zum neuen Verfahrensgegenstand** (vgl § 68 Rz 1, 80 ff); diese Rechtsfolge tritt auch ein, wenn der angefochtene VA während des Revisionsverfahrens geändert wird. Soweit in der Literatur die Auffassung vertreten wird, aus dem Wegfall des § 123 S 2 aF ergebe sich, dass die Anwendung des § 68 nach In-Kraft-Treten des 2. FGOÄndG in Revisionsverfahren ausgeschlossen sei (vgl. *Leingang-Ludolph/Wiese*, DStR 2001, 775, 779), kann dem nicht zugestimmt werden. Eine solche Auslegung des § 123 nF wäre mit dem Zweck des § 68 unvereinbar; sie entspricht auch nicht dem Willen des Gesetzgebers. Das folgt auch aus der Regelung des § 127 (vgl auch § 68 Rz 20).

Die verdeckte Regelungslücke des § 123 nF ist iS des § 123 S 2 aF zu schliessen. Der Revisionskläger muss dann seinen **Revisionsantrag** ggf der durch den neuen Verfahrensgegenstand geschaffenen geänderten Prozesssituation **anpassen** (§ 68 Rz 20, 48). Der Antrag darf in diesem Fall auch über das ursprüngliche Klagebegehren hinausgehen (BFHE 170, 57 = BStBl II 1993, 489; BFHE 170, 214 = BStBl II 1993, 591; BFHE 170, 543 = BStBl II 1994, 734; BFH/NV 2001, 1130; 1995, 294). Macht die rechtliche Beurteilung des geänderten Revisionsantrags weitere tatsächliche Ermittlungen und Feststellungen durch das FG erforderlich, ist die Sache wegen fehlender Spruchreife an das FG zurückzuverweisen (vgl § 127; BFHE 186, 299 = BStBl II 1999, 28; BFHE 189, 537 = BStBl II 1999, 789; BFH/NV 2000, 955; 1999, 1113; 1996, 87). Eine Zurückverweisung wegen fehlender Spruchreife ist auch dann geboten, wenn das FA den Änderungsbescheid nicht allen klagebefugten Beteiligten bekanntgegeben hat (BFH/NV 1999, 1113). Bedarf es keiner weiteren tatsächlichen Feststellungen, so muss der BFH auf die zulässige Revision das FG-Urteil auch dann **aus verfahrensrechtlichen Gründen aufheben,** wenn die Revision in der Sache keinen Erfolg hat, weil das FG über einen VA entschieden hat, der nicht mehr Gegenstand des anhängigen Verfahrens ist (BFH 154, 13 = BStBl II 1988, 955; BFHE 165, 387 = BStBl II 1992, 98; BFHE 174, 97 = BStBl II 1994, 573; BFH/NV 1999, 1113). Die Änderung des Verfahrensgegenstandes aufgrund des § 68 ist nicht wirksam, wenn die **Revision unzulässig** ist (BFHE 121, 305 = BStBl II 1977, 352; BFHE 163, 307 = BStBl II 1991, 462 mit Anm *Woerner* in BB 1991, 826).

§ 68 ist auch anwendbar im **Verfahren der NZB** (BFHE 171, 181 = BStBl II 1993, 606; BFH/NV 1989, 380). Zu den möglichen Entscheidungen des BFH bei Änderung des Verfahrensgegenstandes während des Revisionsverfahrens vgl auch § 127 Rz 2.

3. Beiladungen

4   Nach der bis zum 31. 12. 2000 geltenden Fassung des § 123 war eine Beiladung im Revisionsverfahren ausgeschlossen. Die Neufassung der Vorschrift belässt es bei dieser Regelung, soweit es sich um einfache Beiladungen iS des § 60 Abs 1 handelt. Dagegen sind **notwendige Beiladungen** (§ 60 Abs 3) nach § 123 Abs 1 S 2 nF nunmehr – abweichend vom bisherigen Recht – **im Revisionsverfahren zulässig.**

Das Unterlassen einer notwendigen Beiladung durch das Tatsachengericht ist ein Verstoß gegen die **Grundordnung des Verfahrens,** der nach bisher geltendem Recht regelmäßig zur Zurückverweisung der Sache an das FG führte. Durch die Zurückverweisung sollte sichergestellt werden, dass die Beiladung im zweiten Rechtsgang nachgeholt und damit ihr Zweck, dem notwendig Beizuladenden eine umfassende Teilnahme an dem Rechtsstreit zu ermöglichen und die Rechtskraft des Urteils (§ 110) auf ihn zu erstrecken, erreicht wird (st Rspr, vgl zB BFHE 188, 315 = BStBl II 2000, 399; BFHE 188, 273 = BStBl II 1999, 531; DB 2001, 519). Die Zurückverweisung war auch dann erforderlich, wenn der Beizuladen selbst kein Interesse an einer erneuten Durchführung des Verfahrens vor dem FG hatte, denn eine Heilung des Verfahrensmangels im Revisionsverfahren war nicht möglich.

Mit Wirkung **ab 1. 1. 2001** kann der BFH eine vom Tatsachengericht **5** unterlassene notwendige Beiladung im Revisionsverfahren (nicht aber im Verfahren der NZB: BFH/NV 2003, 195) nachholen (§ 123 Abs 1 S 2 idF des 2. FGOÄndG). Die Vorschrift entspricht im Wesentlichen § 142 VwGO und § 168 SGG; sie dient der **Verfahrensökonomie,** indem unnötige Zurückverweisungen vermieden werden (BT-Drucks 14/4061, 11). Ob der BFH von der Möglichkeit der Beiladung Gebrauch macht, liegt in seinem **Ermessen** (BFH/NV 2003, 636). Die Nachholung der notwendigen Beiladung durch den BFH kommt vor allem in den Fällen in Betracht, in denen nicht damit zu rechnen ist, dass aufgrund der Beiladung weitere tatsächliche Feststellungen durch das FG getroffen werden müssen. Ist dagegen nach den Umständen des Falles wahrscheinlich, dass der Zweck des § 123 Abs 1 S 2 nicht erreicht werden kann, weil nach der Beiladung voraussichtlich **weitere Ermittlungen zum Sachverhalt** erforderlich sein werden, kann der BFH ohne vorherige Beiladung das Urteil des FG aufheben und die Sache wegen des Verfahrensmangels zurückverweisen (*Eyermann* § 142 VwGO Rz 3). Von dieser Möglichkeit wird der BFH voraussichtlich in den Fällen Gebrauch machen, in denen eine größere Anzahl von Personen beizuladen ist, wie es zB bei Personengesellschaften mit einer Vielzahl von Gesellschaftern erforderlich sein kann.

Hat der BFH gemäß § 123 Abs 1 S 2 durch Beschluss nach § 60 Abs 4 **6** den am streitigen Rechtsverhältnis beteiligten Dritten beigeladen, kann der **Beigeladene Verfahrensmängel** des FG nur innerhalb von **zwei Monaten nach Zustellung des Beiladungsbeschlusses rügen** (§ 123 Abs 2 S 1). Mit der Regelung des § 123 Abs 2 soll vermieden werden, dass der Beigeladene das Revisionsgericht in jeder Lage des Verfahrens dazu zwingen kann, die Sache zurückzuverweisen (BT-Drucks 14/4061, 11). Die Vorschrift steht in Zusammenhang mit **§ 126 Abs 3 S 2:** Danach ist der Rechtsstreit zurückzuverweisen, wenn der nach § 123 Abs 1 S 2 Beigeladene daran ein berechtigtes Interesse hat. Das „berechtigte Interesse" an der Zurückverweisung kann das Revisionsgericht verneinen, wenn der Beigeladene erst nach Ablauf der Frist des § 123 Abs 2 (zB in der mündlichen Verhandlung vor dem BFH) die tatsächlichen Feststellungen des FG mit einer Verfahrensrüge angreift. Die Regelung des § 123 Abs 1 S 2 darf aber nicht zu einer Beeinträchtigung schutzwürdiger Interessen des Beigeladenen führen. Da dieser im Verfahren vor dem FG keine Gelegenheit hatte, sich zu dem entscheidungserheblichen Sachverhalt zu äußern, muss er das Recht haben, den tatsächlichen Feststellungen des FG auch ohne schlüssige Rüge eines darauf bezogenen Verfahrensmangels entgegenzutreten, indem er zB **neue Tatsachen** vorträgt, die zu einer anderen Entscheidung des Streitfalls führen können (ähnlich *Eyermann* § 142 Rz 4; *Redeker/v Oertzen* § 142 Rz 5; **aA** möglicherweise *Kopp/Schenke* § 142 Rz 10). Insoweit greift die zeitliche Beschränkung des § 123 Abs 2 nicht ein.

Die **Zweimonatsfrist** kann auf einen vor ihrem Ablauf gestellten An- **7** trag vom Vorsitzenden **verlängert** werden (§ 123 Abs 2 S 2). Für die Fristverlängerung gelten die Grundsätze für die Verlängerung der Revisionsbegründungsfrist entsprechend (vgl dazu § 120 Rz 48).

§ 124 [Prüfung der Zulässigkeit der Revision]

(1) [1]Der Bundesfinanzhof prüft, ob die Revision statthaft und ob sie **in der gesetzlichen Form und Frist eingelegt und begründet worden ist.** [2]Mangelt es an einem dieser Erfordernisse, so ist die Revision unzulässig.

(2) **Der Beurteilung der Revision unterliegen auch diejenigen Entscheidungen, die dem Endurteil vorausgegangen sind, sofern sie nicht nach den Vorschriften dieses Gesetzes unanfechtbar sind.**

Vgl § 143 VwGO; § 169 SGG; §§ 552, 557 Abs 2 ZPO nF.

Literatur: *G. Vollkommer,* Das Ablehnungsverfahren der FGO nach dem Zweiten FGO-Änderungsgesetz – ein Modell für andere Verfahrensordungen?, NJW 2001, 1827.

I. Zulässigkeit der Revision

1   Die Zulässigkeitsvoraussetzungen der Revision prüft der BFH **von Amts wegen.** Er kann dabei aus Gründen der Prozessökonomie nach den Grundsätzen des sog **Freibeweises** verfahren (BFH/NV 2002, 1601; BGH NJW 1990, 3088; vgl dazu auch Rz 7 vor § 115). Die Revision ist zulässig, wenn sie vom FG oder vom BFH zugelassen worden ist, sie von einer hierzu befugten Person (vgl vor § 115 Rz 22 und § 120 Rz 8 ff) gegen eine der Art nach mit diesem Rechtsmittel anfechtbare Entscheidung des FG (§ 115 Rz 4) innerhalb der Frist des § 120 Abs 1 durch eine vor dem BFH vertretungsberechtigte Person (§ 62 a) unbedingt (vor § 115 Rz 10) und formell ordnungsgemäß (§ 120 Rz 6) eingelegt worden ist und innerhalb der Frist des § 120 Abs 2 in einer den Anforderungen des § 120 Abs 3 entsprechenden Weise (§ 120 Rz 53 ff) begründet worden ist. Wegen des **Verfahrens** bei der Entscheidung über eine unzulässige Revision vgl § 126 Rz 2 ff.

II. Nachprüfung vorausgegangener Entscheidungen

1. Unanfechtbare Entscheidungen

2   Der Beurteilung im Revisionsverfahren unterliegen grundsätzlich auch diejenigen **Entscheidungen,** die dem Vorinstanz, die dem **Endurteil vorausgegangen** sind. Dabei handelt es sich idR um Entscheidungen prozessualer Art, wie zB der Beschluss, eine Sache dem Einzelrichter zur Entscheidung zu übertragen (§ 6), die Entscheidung über die Aussetzung des Verfahrens (§ 74), über ein Richterablehnungsgesuch (§ 51) oder die Ladung zur mündlichen Verhandlung (§ 91). Von einer Nachprüfung im Revisionsverfahren sind jedoch solche Entscheidungen der FG ausgenommen, die nach den Vorschriften der FGO **unanfechtbar** sind. „Unanfechtbar" in diesem Sinne sind nicht nur Entscheidungen, die im Gesetz **ausdrücklich** als unanfechtbar bezeichnet sind, wie zB der Beschluss über die Bewilligung der Wiedereinsetzung (§ 56 Abs 4), die Ablehnung einer Tatbestandsberichtigung (§ 108 Abs 2) oder über die Beschlüsse nach § 6 Abs 1 und 3 (§ 6 Abs 4), sondern auch diejenigen Entscheidungen, ge-

gen die nach den Vorschriften des jeweils maßgeblichen Gerichtsverfahrensrechts (zB **§ 128**) **das Rechtsmittel der Beschwerde nicht zugelassen** ist (hM, vgl zB BFH/NV 1999, 793; 2000, 589; 1996, 230; BVerwG Buchholz 310 § 113 Abs 1 VwGO Nr 7; BVerwGE 110, 40; BGH NJW 1988, 268; *Stein/Jonas/Grunsky* § 548 Rz 3; *May,* Die Revision, Kap VI Rz 406; **aA** BSG NJW 1958, 1654). Unanfechtbare Entscheidungen sind grundsätzlich **jeder Nachprüfung** durch ein übergeordnetes Gericht **entzogen;** soweit die Beschwerde ausgeschlossen ist, kann die unanfechtbare Entscheidung auch im Revisionsverfahren nicht auf Rechtsfehler überprüft und ggf aufgehoben werden (BVerwG NJW 1988, 1863; NVwZ 1991, 261). Das gilt auch dann, wenn eine an sich durch Beschluss zu treffende Entscheidung erst im **Endurteil** getroffen wird (BGHZ 46, 112).

    Dieser Grundsatz gilt aber nicht uneingeschränkt. Die **Bindung** des **3** BFH beschränkt sich auf die **Entscheidung als solche.** Durch § 124 Abs 2 wird − ebenso wie durch die gleichlautende Vorschrift des § 557 Abs 2 ZPO nF (= § 548 ZPO aF) − nicht die Rüge solcher **Verfahrensmängel** ausgeschlossen, die **als Folge** der beanstandeten Vorentscheidung **weiterwirkend dem angefochtenen Urteil anhaften** (BFHE 194, 38 = BStBl II 2001, 415; BFHE 130, 157 = BStBl II 1980, 457; BVerwGE 39, 319; 51, 276; 110, 40; NVwZ 1998, 952; NVwZ-RR 1999, 587 mwN). Das gilt jedenfalls dann, wenn die Entscheidung gegen das **Willkürverbot** verstößt (BSG SozR 3-1500 § 75 Nr 21) oder wenn der Verfahrensverstoß die Verletzung eines Verfahrensgrundrechts des Beteiligten, wie zB des Anspruchs auf **rechtliches Gehör,** zur Folge hat (so bereits RGZ 83, 1; BFHE 130, 157 = BStBl II 1980, 457; BFHE 137, 224 = BStBl II 1983, 230; BFH/NV 1988, 780; 1992, 830; 2000, 589; BGHZ 37, 125; BVerwGE 110, 40; HFR 1999, 494; Buchholz 310 § 113 VwGO Nr 7 mwN; NVwZ 2000, 260; **aA** BFH/NV 1999, 793; BGH NJW 1995, 403). Hat das FG zB vor der Übertragung eines Rechtsstreits auf den **Einzelrichter** die Voraussetzungen des § 6 Abs 1 verkannt (vgl hierzu § 6 Rz 10 ff), kann dieser Verfahrensmangel zur Aufhebung des angefochtenen Urteils führen, wenn darin zugleich eine Verletzung des Rechts auf den **gesetzlichen Richter** nach Art 101 Abs 1 GG liegt (vgl BFHE 194, 38 = BStBl II 2001, 415; BFH/NV 2005, 897; 2003, 926; 2001, 1589; BFHE 190, 47 = BStBl II 2000, 88; BVerwGE 110, 40; NVwZ 2000, 257). Im Revisionsverfahren oder im Verfahren der NZB ist deshalb aufgrund einer Rüge der **Verletzung des rechtlichen Gehörs** auch nachprüfbar, ob das FG dem Beteiligten in rechtswidriger Weise **Prozesskostenhilfe** vorenthalten und ihn damit um die Möglichkeit einer sachkundigen Vertretung im erstinstanzlichen Verfahren gebracht hat (BVerwG NVwZ-RR 1999, 587) oder ob ein Vertagungsantrag zu Unrecht abgelehnt wurde (BFH/NV 2005, 64). Wegen der Voraussetzungen einer inzidenten Nachprüfung von unanfechtbaren Entscheidungen der FG über **Ablehnungsgesuche** gegen Richter (§ 51 iVm § 42 ZPO) im Revisionsverfahren oder im Verfahren der NZB vgl BFHE 208, 26 = BStBl II 2005, 139; BFH/NV 2005, 218, 221, 375, 709; 2003, 640, 1218; vgl ferner § 119 Rz 9 und *G. Vollkommer,* NJW 2001, 1827.

2. Selbstständig anfechtbare Entscheidungen

4 Über den Wortlaut des § 124 Abs 2 hinaus sind auch solche Entscheidungen des FG der Nachprüfung durch den BFH im Revisionsverfahren entzogen, die selbstständig mit der Beschwerde oder der Revision angefochten werden können (§ 155 iVm § 512 ZPO). Das gilt insbesondere für die **selbstständig anfechtbaren Zwischen- und Teilurteile** (BFH/NV 1997, 638; BGHZ 47, 289; 121, 266, 276; vgl auch § 115 Rz 4). Da diese rechtskräftig werden, wenn sie nicht oder nicht erfolgreich angefochten werden, steht ihrer Überprüfung im Revisionsverfahren gegen das Endurteil die Bindung der Beteiligten und des BFH an die Rechtskraft des Zwischenurteils entgegen (BFHE 130, 366 = BStBl II 1980, 515; BGHZ 47, 289; *MüKo* § 548 ZPO Rz 8; *Zöller/Gummer* § 558 Rz 2 und § 512 ZPO Rz 2). Gleiches gilt für mit der **Beschwerde anfechtbare Beschlüsse** des FG. Wenn die Verfahrensordnung dem Betroffenen gegen Beschlüsse des FG das Rechtsmittel der Beschwerde zur Verfügung stellt, hat dies den Zweck, bereits in diesem Zwischenverfahren die Rechtmäßigkeit der gerichtlichen Entscheidung zu klären. Macht der Beteiligte von dem Recht der Beschwerde keinen Gebrauch oder bleibt sein Rechtsmittel erfolglos, kann die Rechtmäßigkeit der Entscheidung des FG nicht (nochmals) im späteren Revisionsverfahren überprüft werden (BFHE 118, 301 = BStBl II 1976, 387; BFHE 134, 525, 539 = BStBl II 1982, 217; BFHE 149, 397 = BStBl II 1987, 501; BGHZ 28, 302; *K/H* Rz 3). Etwas anderes gilt nur dann, wenn der Beteilige keine Möglichkeit hatte, Beschwerde einzulegen, weil das FG über die prozessuale Frage (zB Beiladung eines Dritten) nicht durch gesonderten Beschluss, sondern **erst im Endurteil** entschieden hat (BFHE 174, 310 = BStBl II 1994, 681; BFH/NV 1994, 253, 643).

§ 125 [Rücknahme der Revision]

(1) ¹Die Revision kann bis zur Rechtskraft des Urteils zurückgenommen werden. ²Nach Schluss der mündlichen Verhandlung, bei Verzicht auf die mündliche Verhandlung und nach Ergehen eines Gerichtsbescheides ist die Rücknahme nur mit Einwilligung des Revisionsbeklagten möglich.

(2) Die Zurücknahme bewirkt den Verlust des eingelegten Rechtsmittels.

§ 140 VwGO; §§ 516, 555 ZPO nF.

Übersicht

Literatur: *Gräber,* Konkurrenz von Klagerücknahme und Rechtsmittelrücknahme, DStR 1967, 176; *Rößler,* Verweigerung der Einwilligung in die Rücknahme der Klage oder Revision, DStZ 1993, 276.

1. Allgemeines; Abgrenzung zur Klagerücknahme

Für die Zurücknahme der Revision gelten im Wesentlichen dieselben **1** Regelungen wie für die **Klagerücknahme** (§ 72), auf die Kommentierung des § 72 wird deshalb Bezug genommen. Die Revision kann, ebenso wie die Klage, bis zur Rechtskraft des Urteils zurückgenommen werden. Anders als die Klagerücknahme bewirkt die Rücknahme der Revision aber nur den **Verlust des Rechtsmittels,** während sie das Urteil des FG bestehen lässt (Rz 10 vgl auch § 72 Rz 2). Der Revisionskläger kann innerhalb der Revisionsfrist erneut Revision einlegen (BFHE 141, 467 = BStBl II 1984, 833; BFH/NV 2000, 1363).

Die Revision kann bei **mehreren Streitgegenständen** oder einem teilbaren Streitgegenstand, dh, soweit über ihn durch ein Teilurteil entschieden werden könnte, auch **teilweise** zurückgenommen werden (*T/P* § 515 Rz 3; *T/K* Rz 10; *H/H/Sp/Bergkemper* Rz 11).

Erklärt ein Rechtsmittelführer im Revisionsverfahren **zugleich** die **2** **Rücknahme der Klage und der Revision,** ist idR davon auszugehen, dass er die weitergehende Wirkung der Klagerücknahme herbeiführen will (BFH/NV 1999, 318; *H/H/Sp/Bergkemper* Rz 6; *T/K* Rz 3; *Eyermann* § 140 Rz 5). Da die Klagerücknahme im Revisionsverfahren nur mit vorheriger Zustimmung des Beklagten möglich ist (§ 72 Abs 1; BFHE 105, 447 = BStBl II 1972, 625; BFH/NV 1992, 564), wird sie nicht wirksam, wenn der Beklagte seine Zustimmung versagt. In diesem Fall wird die gleichzeitig (hilfsweise) erklärte Rücknahme der Revision wirksam, wenn sie vor den in Abs 1 S 2 genannten Zeitpunkten erklärt wird oder wenn der Beklagte in die Rücknahme der Revision einwilligt; eine unzulässige Bedingung ist darin nicht zu sehen (BFHE 87, 559 = BStBl III 1967, 225; *Gräber* DStR 1967, 176; *T/K* Rz 3; *H/H/Sp/Bergkemper* Rz 6). Willigt der Beklagte in die Klagerücknahme ein, ist das Verfahren insgesamt beendet und die Vorentscheidung wirkungslos (BFHE 98, 324 = BStBl II 1970, 327).

Nimmt der Rechtsmittelführer zu **unterschiedlichen Zeitpunkten 3** Klage und Revision zurück, ist maßgeblich, welche Erklärung zuerst (wirksam) beim Revisionsgericht eingeht (*T/K* Rz 4). Die Rücknahme der Revision ist vom (vorherigen) Verzicht auf Rechtsmittel (§ 155 iVm §§ 566, 514 ZPO) zu unterscheiden. Der **Rechtsmittelverzicht** beseitigt jede Möglichkeit einer selbstständigen Revision, während die Rücknahme nur zum Verlust der „eingelegten" Revision führt (vgl Rz 1). Zum Rechtsmittelverzicht s Rz 25 Vor § 115.

§ 125 ist **sinngemäß** anwendbar bei Zurücknahme der **Nichtzulassungsbeschwerde** (BFH/NV 1995, 914; 2000, 1363; BSG NJW 1976, 1911). Geht die Rücknahmeerklärung beim BFH ein, bevor dem Beschwerdeführer die Entscheidung über seine NZB zugegangen ist, ist die Beschwerdeentscheidung gegenstandslos (BFH/NV 2003, 1089).

2. Voraussetzungen der Revisionsrücknahme

a) Anforderungen an die Erklärung

4　　Die Rücknahme der Revision ist **schriftlich** oder (in der mündlichen Verhandlung) auch **mündlich** (§ 155 ivm §§ 555, 516 Abs 2 S 2 ZPO nF) zu erklären. Eine Rücknahme zu Protokoll der Geschäftsstelle ist – anders als bei der Klagerücknahme – nicht möglich, weil zwar die Klage (§ 64), nicht aber die Revision (§ 120 Abs 1) zur Niederschrift des Urkundsbeamten der Geschäftsstelle erhoben werden kann (BFHE 132, 400 = BStBl II 1981, 395).

5　　Für die Rücknahme der Revision besteht nach der Rspr des BFH **kein Vertretungszwang** nach § 62a (BFHE 119, 233 = BStBl II 1976, 630; BFHE 132, 400 = BStBl II 1981, 395; BFHE 132, 515 = BStBl II 1981, 441; BFH/NV 2003, 1089; 2001, 329). Gegen diese Auffassung bestehen Bedenken. Soweit eine Vertretung durch Prozessbevollmächtigte gesetzlich vorgeschrieben ist (vgl § 62a), kann der (vor dem BFH nicht postulationsfähige) Beteiligte selbst keine wirksamen Prozesserklärungen abgeben (ebenso: *H/H/Sp/Bergkemper* Rz 16; *T/K* Rz 13). Ausnahmsweise wird man aber die Zurücknahme des Rechtsmittels durch den Beteiligten selbst als wirksam ansehen können, wenn dieser zuvor persönlich ohne Beachtung des Vertretungszwangs eine unzulässige Revision eingelegt hatte (*H/H/Sp/Bergkemper* Rz 17 mwN). Auch ein **Prozessunfähiger** (vgl § 58) kann die von ihm eingelegte Revision wirksam zurücknehmen (BSG NJW 1970, 1624). Ein **vollmachtloser Prozessbevollmächtigter** ist berechtigt, die von ihm eingelegte Revision zurückzunehmen (BFHE 128, 24 = BStBl II 1979, 564; BFH/NV 1991, 833; 1996, 496; 1997, 253; 1999, 318). Haben **mehrere Prozessbevollmächtigte** in derselben Sache Revision eingelegt, ist die Rücknahme durch einen von ihnen auch für die Einlegungsakt der anderen Bevollmächtigten wirksam.

6　　Die Rücknahme ist **gegenüber dem Revisionsgericht** zu erklären (§ 155 ivm §§ 555, 516 Abs 2 S 1 ZPO nF). Das FG hat eine bei ihm eingegangene Erklärung an den BFH weiterzuleiten. Sie wird auch in diesem Fall erst mit dem Eingang beim BFH wirksam (*Eyermann* § 140 Rz 3). Als **Prozesserklärung** darf die Rücknahme **nicht** unter einer **Bedingung** erklärt werden (BFH/NV 2001, 1574; BGH NJW-RR 1990, 67). Sie kann weder angefochten, noch **widerrufen** werden (BVerwG NJW 1997, 2897; BGH NJW 1991, 2839).

7　　Aus der Erklärung muss **hinreichend deutlich,** dh zweifelsfrei und unmissverständlich, erkennbar sein, dass der Revisionskläger das Rechtsmittel zurücknehmen will (BFH/NV 1995, 220; 1996, 165, 218 mwN; BVerwG NVwZ 1998, 1064). Das ist nicht der Fall, wenn der Rechtsmittelführer nur erklärt, der Schriftsatz, durch den Revision eingelegt wurde, sei „gegenstandslos" (BFH/NV 1987, 259; 1996, 165; vgl aber BFH/NV 1996, 140), er sei „an der Fortführung des Verfahrens nicht mehr interessiert" oder wenn er innerhalb der Revisionsbegründungsfrist erklärt, die Hauptsache sei erledigt (BFH/NV 1996, 218).

8　　Die Revision kann vom Zeitpunkt ihrer Einlegung bis zur Rechtskraft des Urteils zurückgenommen werden. Möglich ist auch die Rücknahme einer **unzulässigen Revision** (BFH/NV 1988, 586; 1994, 182; ebenso die Rücknahme einer Klage bei unzulässiger Revision: BFH/NV 1997, 252) und zwar bis zur Rechtskraft der Verwerfungsentscheidung (*H/H/Sp/Bergkemper* Rz 10). Denn die Rechtskraft eines Urteils tritt bei Verwerfung eines an sich statthaften, aber unzulässigen Rechtsmittels erst mit Rechtskraft der Entscheidung über die Revision ein (GmSOGB BGHZ 88, 353; BFHE 163, 307 = BStBl II 1991, 462). Auch eine **unstatthafte Revision** kann zurückgenommen werden, da § 125 offenbar für die Möglichkeit der Rechtsmittelrücknahme darauf abstellt, ob das für die Entscheidung über die Revision (§ 126) maßgebende Urteil oder der Verwerfungsbeschluss bereits ergangen ist (*T/K* Rz 9; *H/H/Sp/Bergkemper* Rz 10). Eine **Klagerücknahme** kann dagegen in einem unstatthaften Rechtsmittelverfahren nicht wirksam erklärt werden, weil das finanzgerichtliche Urteil mit Ablauf der Rechtsmittelfrist rechtskräftig geworden ist (BFH/NV 1995, 126).

b) Einwilligung des Revisionsbeklagten

Dem Revisionskläger ist in den Fällen des Abs 1 S 2 die Rücknahme der **9** Revision nur mit **Einwilligung** des Revisionsbeklagten gestattet. Versagt der Revisionsbeklagte die erforderliche Zustimmung, ist die Rücknahme unwirksam (BFH/NV 1996, 165). Diese Regelung dient dem Schutz des Revisionsbeklagten; der Revisionskläger soll sich nicht in einem fortgeschrittenen Stadium des Verfahrens gegen den Willen des Revisionsbeklagten einer Entscheidung durch Urteil entziehen können, wenn der Verlauf des Verfahrens bereits sein voraussichtliches Unterliegen erkennen lässt (vgl BFHE 160, 304 = BStBl II 1990, 595). Ein fortgeschrittenes Verfahrensstadium ist nach § 125 Abs 1 S 2 erreicht, wenn
- der Vorsitzende die **mündliche Verhandlung geschlossen** hat (§ 125 Abs 1 S 2 iVm § 93 Abs 3);
- **beide Beteiligten auf mündliche Verhandlung verzichtet** haben (BFH/NV 1996, 165); findet trotz des Verzichts eine mündliche Verhandlung statt, kann die Revision wieder ohne Einwilligung zurückgenommen werden (§ 72 Rz 24);
- ein **Gerichtsbescheid** (§ 155 iVm § 90 a) ergangen ist; die Zustimmung ist auch dann erforderlich, wenn der Gerichtsbescheid als nicht ergangen gilt, weil rechtzeitig mündliche Verhandlung beantragt wurde (BFHE 160, 304 = BStBl II 1990, 695; BFH/NV 1992, 564).

Versagt der Revisionsbeklagte seine Einwilligung zur Rücknahme, ist über die Revision auch dann sachlich zu entscheiden, wenn der Revisionskläger seinen Revisionsantrag nicht mehr aufrechterhält (BFHE 168, 161 = BStBl II 1992, 969; BFH/NV 1999, 619). Erforderlich ist nur die Einwilligung des Revisionsbeklagten, nicht die der Beigeladenen oder der beigetretenen Behörde (BFH/NV 1990, 448).

Die formellen Anforderungen an die Wirksamkeit der Einwilligungserklärung sind dieselben wie an die Erklärung der Rücknahme.

Die **Nichtzulassungsbeschwerde** kann ohne Zustimmung des Beschwerdegegners zurückgenommen werden, wenn die Beschwerdeentscheidung dem Rechtsmittelführer noch nicht zugestellt war (BFH/NV 1990, 105; 1994, 182).

3. Wirkung der Zurücknahme

10   Aus der andersartigen Fassung des § 125 Abs 2 (Verlust des „eingelegten" Rechtsmittels) gegenüber der des § 72 Abs 2 S 1 (Verlust der
„Klage") folgt, dass der Revisionskläger nur der jeweils eingelegten Revision verlustig geht, dass er also innerhalb der evtl noch laufenden Revisionsfrist **erneut Revision einlegen** kann (allgemeine Ansicht, vgl BFHE
86, 811 = BStBl III 1966, 680; BFHE 127, 410 = BStBl II 1978, 444;
BFHE 141, 467 = BStBl II 1984, 833; BFH/NV 2000, 1363; *T/K* § 125
Rz 23; *H/H/Sp/Bergkemper* Rz 34; vgl auch § 120 Rz 16). Das angefochtene Urteil wird erst rechtskräftig, wenn die Revisionsfrist abgelaufen ist
(*Baumbach ua* § 515 Rz 4 A; *Eyermann* § 126 Rz 1; *Stein/Jonas/Grunsky*
§ 515 Rz III 1 b). Wird die Zurücknahme erst nach Ablauf der Revisionsfrist erklärt, wird das finanzgerichtliche Urteil in dem Zeitpunkt rechtskräftig, in dem die Zurücknahme wirksam wird (*T/P* § 705 Rz 3;
H/H/Sp/Bergkemper Rz 34).

Die Zurücknahme der Revision wirkt grundsätzlich nur für den Beteiligten, der sie erklärt (BFH/NV 2001, 320; BSG NJW 1963, 1943).
Nimmt nur **einer von mehreren Revisionsklägern** die Revision zurück, bleibt der Zurücknehmende in den Fällen notwendiger Streitgenossenschaft am Revisionsverfahren des anderen beteiligt (vgl § 122 Rz 2).
Haben sowohl der Beteiligte selbst als auch sein Bevollmächtigter gegen
dasselbe Urteil Beschwerde wegen Nichtzulassung der Revision eingelegt,
ist nur **ein** Beschwerdeverfahren anhängig geworden; dieses Verfahren
wird beendet, wenn der Bevollmächtigte die Zurücknahme der Beschwerde erklärt; die weitere vom Kläger selbst eingelegte Beschwerde entfaltet
keine zusätzliche Wirkung (BFH/NV 2001, 1284; 1988, 453; 1993, 375).
Anderes gilt, wenn sich die Rücknahmeerklärung ausdrücklich nur auf einen von mehreren Einlegungsakten bezieht (BFH/NV 1986, 683; *Eyermann* § 140 Rz 3).

Die Rücknahme der Revision bewirkt die **Unzulässigkeit** der **Anschlussrevision,** vgl § 120 Rz 82. Wegen der Kostenentscheidung in
diesem Fall vgl § 136 Rz 8.

4. Verfahren bei Streit über die Zurücknahme

11   Ist **streitig,** ob die Revision wirksam zurückgenommen wurde, so ist
das Verfahren zunächst wegen dieser Frage fortzusetzen und ggf durch
Urteil auszusprechen, dass die Revision zurückgenommen wurde (BFHE
86, 811 = BStBl III 1966, 680; BFHE 90, 339 = BStBl II 1968, 96). Der
Urteilsausspruch lautet dann: „Die Revision ist zurückgenommen" (*T/K*
§ 125 Rz 18). Wird festgestellt, dass eine wirksame Rücknahme nicht erklärt wurde, so geht das Verfahren – ggf nach einem **Zwischenurteil** über
das Nichtvorliegen einer wirksamen Rücknahme – bis zum Endurteil
weiter (BFHE 90, 339 = BStBl II 1968, 96). Vgl hierzu § 97 Rz 3.

Die Rechtsmittelrücknahme kann nur in dem Verfahren geprüft werden, in dem das Rechtsmittel zurückgenommen wurde, also nicht etwa in
einem späteren Abrechnungsverfahren nach § 218 AO (BFHE 98, 400 =
BStBl II 1970, 444).

5. Entscheidung bei wirksamer Revisionsrücknahme

In den Fällen der **Klagerücknahme** ist das Klageverfahren durch (deklaratorisch wirkenden) Beschluss einzustellen (§ 72 Abs 2 S 2). Wird die Klage erst im Revisionsverfahren zurückgenommen, stellt der BFH in sinngemäßer Anwendung dieser Vorschrift das Verfahren ein. Eine § 72 Abs 2 S 2 entsprechende Regelung fehlt in § 125 für die Zurücknahme der Revision. Es ist deshalb zweifelhaft, ob in diesem Fall ein **förmlicher Einstellungsbeschluss** des BFH ergehen muss. Die (mE zutreffende) hM hält für den Regelfall eine förmliche Einstellung des Revisionsverfahrens durch Gerichtsbeschluss für entbehrlich (BFHE 86, 811 = BStBl III 1966, 680; BFHE 119, 233 = BStBl II 1976, 630; BFH/NV 1994, 182; *T/K* Rz 17; *H/H/Sp/Bergkemper* Rz 36; ebenso für den Verwaltungsprozess: *Eyermann* § 126 Rz 9 und § 140 Rz 4). § 125 ist insoweit nicht lückenhaft; die vergleichbare Regelung in §§ 126 Abs 2, 140 Abs 2 VwGO, in denen – abweichend von § 92 Abs 2 VwGO – lediglich eine Entscheidung über die Kostenfolge angeordnet ist, spricht dafür, dass der Gesetzgeber in § 125 bewusst auf eine dem § 72 Abs 2 S 2 entsprechende Regelung verzichtet hat. Nach § 121 iVm § 72 Abs 2 S 2 kann aber auch der BFH das Revisionsverfahren durch förmlichen Beschluss einstellen, wenn er dies im Interesse der Klarheit für zweckmäßig erachtet (BFH/NV 1994, 182). Die förmliche Einstellung des Revisionsverfahrens wird der BFH vor allem dann aussprechen, wenn die Wirksamkeit der Rücknahme nicht völlig zweifelsfrei feststeht, zB dann, wenn sie von dem Beteiligten persönlich erklärt wurde oder wenn das zurückgenommene Rechtsmittel unzulässig war. Ein förmlicher Einstellungsbeschluss (mit Kostenentscheidung) wird regelmäßig auch dann erlassen, wenn der **vollmachtlose Prozessbevollmächtigte** das von ihm eingelegte Rechtsmittel zurückgenommen hat (vgl § 144 Rz 1).

Gemäß § 144 ist in den Fällen der Zurücknahme des Rechtsmittels eine **Kostenentscheidung** nur in Ausnahmefällen zu treffen, weil sich die Kostenfolge regelmäßig aus § 136 Abs 2 ergibt. Zur Kostenentscheidung vgl im Einzelnen § 136 Rz 7 ff und § 144 Rz 1 ff.

§ 126 [Entscheidung über die Revision]

(1) Ist die Revision unzulässig, so verwirft der Bundesfinanzhof sie durch Beschluss.

(2) Ist die Revision unbegründet, so weist der Bundesfinanzhof sie zurück.

(3) [1]Ist die Revision begründet, so kann der Bundesfinanzhof

1. in der Sache selbst entscheiden oder

2. das angefochtene Urteil aufheben und die Sache zur anderweitigen Verhandlung und Entscheidung zurückverweisen.

[2]Der Bundesfinanzhof verweist den Rechtsstreit zurück, wenn der in dem Revisionsverfahren nach § 123 Abs. 1 Satz 2 Beigeladene ein berechtigtes Interesse daran hat.

(4) Ergeben die Entscheidungsgründe zwar eine Verletzung des bestehenden Rechts, stellt sich die Entscheidung selbst aber aus anderen Gründen als richtig dar, so ist die Revision zurückzuweisen.

(5) Das Gericht, an das die Sache zur anderweitigen Verhandlung und Entscheidung zurückverwiesen ist, hat seiner Entscheidung die rechtliche Beurteilung des Bundesfinanzhofs zugrunde zu legen.

(6) ¹Die Entscheidung über die Revision bedarf keiner Begründung, soweit der Bundesfinanzhof Rügen von Verfahrensmängeln nicht für durchgreifend erachtet. ²Das gilt nicht für Rügen nach § 119 und, wenn mit der Revision ausschließlich Verfahrensmängel geltend gemacht werden, für Rügen, auf denen die Zulassung der Revision beruht.

Vgl § 144 VwGO; § 170 SGG; §§ 552, 561–564 ZPO nF.

Übersicht

Literatur: *Birk/Jahndorf,* Zur Begründungspflicht des BFH bei Zurückweisung von Revisionen, DB 1995, 1301; *Koch,* Einwirkungen des Gemeinschaftsrechts auf das nationale Verfahrensrecht, EuZW 1995, 78; *Meilicke,* Zum Verhältnis zwischen Selbstbindung des Revisionsgerichts und gemeinschaftsrechtlicher Vorlagepflicht, RIW/AWD 1994, 477; *ders,* Zum Vorrang der Vorlage nach Art 177 EWG-Vertrag vor der Bindung nach § 126 Abs 5 FGO, DStZ 1995, 427; *Rößler,* Darf der BFH darüber befinden, ob im zweiten Rechtsgang der Vollsenat oder der Einzelrichter des FG zur Entscheidung berufen ist?, DStZ 1996, 726; *Reiche,* Kompetenzwidrige EuGH-Rechtsprechung zu Art 177 II EGV?, EuZW 1995, 569; *Offerhaus,* Das Verhältnis zwischen dem Bundesfinanzhof, dem Bundesverfassungsgericht und dem Gericht der Europäischen Gemeinschaften, DStZ 1997, 501; *Stüer,* Zurückverweisung und Bescheidungsverpflichtung im Verwaltungsprozess, FS für Menger, 1985, 779; *Tiedtke,* Die innerprozessuale Bindungswirkung von Urteilen der obersten Bundesgerichte, 1976; *ders,* Zur bindenden Wirkung von Urteilen des Bundesfinanzhofs, StuW 1976, 262; *ders,* Die Bindungswirkung revisionsgerichtlicher Entscheidungen, JZ 1978, 626; *ders,* Selbstbindung der Revisionsgerichte, JZ 1995, 275; *Zeihe,*

Die Zurückverweisung an einen anderen Senat, DVBl 1999, 1322; *vgl ferner die Literaturangaben bei § 115, § 120 und in der Voraufl.*

I. Allgemeines

Abs 3 S 2 und Abs 6 wurden durch das **2. FGOÄndG** in die Vorschrift **1** eingefügt. Die Regelung des Abs 6 entspricht im Wesentlichen dem früheren Art 1 Nr 8 BFHEntlG. Abs 3 S 2 steht in Zusammenhang mit § 123 Abs 1 S 2 und Abs 2 idF des 2. FGOÄndG; vgl dazu Rz 17. § 126 behandelt die Beendigung des Revisionsverfahrens durch **Entscheidung** des BFH. Außer durch eine Entscheidung nach § 126 kann das Verfahren beendet werden durch Zurücknahme der Revision (§ 125), Zurücknahme der Klage (§ 72) oder durch übereinstimmende Erledigungserklärungen (§ 138 Abs 1).

Form und Verfahren des BFH bei der Entscheidung über die Revision bestimmen sich nach dem Inhalt der Entscheidung. Wegen der Bindung des BFH an dem angefochtenen Urteil vorausgegangene unanfechtbare oder nicht angefochtene Entscheidungen des FG vgl § 124 Rz 2 f.

II. Entscheidung bei unzulässiger Revision (Abs 1)

1. Allgemeines

Der BFH prüft zunächst, ob die Revision **statthaft** und auch **im Übri- 3 gen zulässig** ist (vgl § 124 Abs 1). Wegen der Zulässigkeitsvoraussetzungen der Revision vgl Rz 7 ff vor § 115.

Ist **zweifelhaft,** ob eine Revision unzulässig ist, so kann die Frage der Zulässigkeit auch dann nicht (aus prozessökonomischen Gründen) dahingestellt bleiben, wenn das Rechtsmittel offensichtlich und eindeutig unbegründet ist, die Klärung der Zulässigkeit aber weitere Ermittlungen des BFH erfordern würde (vgl auch BFHE 81, 192 = BStBl III 1965, 68; KG NJW 1976, 2353). Fehlt eine Zulässigkeitsvoraussetzung des Rechtsmittels, so ist der BFH an einer Sachentscheidung über die Revision gehindert. Die Zulässigkeit der Revision kann schon wegen der unterschiedlichen **Rechtskraftwirkung** von Prozess- und Sachurteil und wegen der unterschiedlichen **Besetzung** des Revisionsgerichts in den Fällen des § 126 Abs 1 und denen des Abs 2 nicht offen bleiben (ebenso *H/H/Sp/Bergkemper* § 126 Rz 13; *Jauernig* § 72 IV; *ders,* in FS für Schiedermair, 289 ff; vgl auch Rz 5 vor § 115).

Bei **mehreren Revisionsklägern** oder **mehreren Streitgegenständen** (zB mehreren angefochtenen Bescheiden für verschiedene Steuerarten oder mehrere Veranlagungszeiträume) – nicht aber bei mehreren unselbstständigen Streitpunkten – ist die Zulässigkeit der Revision für jeden Revisionskläger und jeden Streitgegenstand gesondert zu prüfen (BVerwG DVBl 1960, 140; *T/K* § 126 Rz 4; *Eyermann* § 144 Rz 2). Danach kann eine Revision **teils zulässig, teils unzulässig** sein. Zum Verfahren in solchen Fällen vgl Rz 4. Dagegen genügt es für die Zulässigkeit einer Revision mit **einheitlichem Streitgegenstand,** aber mehreren unselbstständigen Streitpunkten, wenn der Revisionskläger innerhalb der Revisionsbegründungsfrist bezüglich eines Streitpunkts einen den formellen

Anforderungen des § 120 Abs 3 Nr 2 genügenden Revisionsgrund vorgetragen hat.

2. Form und Verfahren

4 Die unzulässige Revision ist grundsätzlich durch **Beschluss** zu verwerfen. Eine Entscheidung durch Gerichtsbescheid ist nicht zulässig (*Kopp/Schenke* § 144 Rz 1; *T/K* Rz 5). Eine **mündliche Verhandlung** ist, selbst wenn sie beantragt war, nicht erforderlich (BFHE 88, 304 = BStBl III 1967, 368; BFHE 93, 295 = BStBl II 1968, 806; BFHE 95, 86 = BStBl II 1969, 320). Es kann indessen auch mündliche Verhandlung anberaumt werden. Nach dem eindeutigen Wortlaut des § 126 Abs 1 ist auch in diesem Fall durch Beschluss zu entscheiden, wenn sich die Revision als unzulässig erweist (BVerwGE 74, 289; *Eyermann* § 144 Rz 2; *Redeker/v Oertzen* § 144 Rz 2; *Kopp/Schenke* § 144 Rz 1). Entscheidet der BFH auf Grund mündlicher Verhandlung durch Beschluss, ergeht die Entscheidung in der **Besetzung mit fünf Richtern.** Wegen der Besetzung bei der Entscheidung ohne mündliche Verhandlung vgl § 10 Rz 2.

Der Beschluss muss **begründet** werden (§§ 113 Abs 2, 121). § 126 a gilt hier nicht (*Offerhaus* FR 1975, 414; *T/K* § 126 a Rz 4).

Während die Revision im Fall der Unzulässigkeit durch Beschluss zu verwerfen ist, wird über die **Zulässigkeit** idR im Endurteil mitentschieden. Doch kann über sie auch vorab durch Zwischenurteil oder Zwischengerichtsbescheid (§§ 90, 97, 121) entschieden werden (BFHE 115, 302 = BStBl II 1975, 516).

Ist das Rechtsmittel (bei mehreren Streitgegenständen, vgl Rz 1) nur **zum Teil unzulässig,** so kann der BFH über die Revision einheitlich durch Urteil entscheiden (BFHE 88, 13 = BStBl III 1967, 252; BVerwGE 15, 239; vgl auch § 10 Rz 3). Gleiches gilt für den Fall, dass **mehrere Revisionen** (von mehreren Beteiligten,) eingelegt wurden, von denen eine unzulässig ist (BFHE 174, 442 = BStBl II 1994, 752; BFHE 190, 266 = BStBl II 2000, 208). Eine **unzulässige Anschlussrevision** kann durch Urteil verworfen werden, wenn in derselben Rechtssache zugleich über die zulässige Revision zu befinden ist (BVerwG Buchholz 11 Art 140 Nr 50).

3. Wirkung

5 Der Verwerfungsbeschluss ist der **materiellen Rechtskraft** fähig (BFHE 128, 32 = BStBl II 1979, 574; BFH/NV 1986, 483). Wurde die Revision verworfen, weil ein Wiedereinsetzungsantrag abgelehnt wurde, so kann also der **Wiedereinsetzungsantrag** nicht mit derselben Begründung wiederholt (BFHE 89, 332 = BStBl III 1967, 615; BFH/NV 1991, 547, 393; BAG HFR 1975, 496 mit abweichender Anm; BGH HFR 1975, 34) oder mit derselben Begründung nochmals dasselbe Rechtsmittel eingelegt werden (BGH NJW 1981, 1962). Wurde jedoch die Revision wegen Versäumung der Revisions- oder Revisionsbegründungsfrist verworfen und stellt sich nach Ergehen des Verwerfungsbeschlusses heraus, dass die Frist unverschuldet versäumt wurde, so kann der BFH nach § 56 Wiedereinsetzung in den vorigen Stand gewähren und den **Verwerfungsbeschluss aufheben** (BFHE 88, 541 = BStBl III 1967, 472; BSG SozR

§ 67 Nr 31; BAG BB 1977, 500; BVerwGE 11, 322; *H/H/Sp/Bergkemper* Rz 25; *Meyer-Ladewig* § 169 Rz 46; s auch § 56 Rz 63); insoweit lässt § 6 eine Aufhebung des rechtskräftigen Beschlusses zu. Dagegen ist ein Verwerfungsbeschluss auf **Gegenvorstellung** nicht abänderbar, und zwar auch dann nicht, wenn er mit schweren Mängeln behaftet ist (BFHE 128, 32 = BStBl II 1979, 574; BFH/NV 1986, 483; **aA** BAG HFR 1981, 39; BVerwG Buchholz 310 § 132 VwGO Nr 195; BVerwG Buchholz 310 § 144 VwGO Nr 56; OLG Düsseldorf DRiZ 1980, 110; *Meyer-Ladewig* § 169 Rz 4 c). Zulässig ist jedoch die **Anhörungsrüge,** wenn der unterlegene Beteiligte eine Verletzung des rechtlichen Gehörs durch den BFH geltend macht (vgl § 133 a).

Zur Gegenvorstellung vgl auch Rz 26 ff vor § 115. Die Rechtskraft des angefochtenen Urteils tritt grundsätzlich mit Rechtskraft der Verwerfungsentscheidung ein (vgl BGHZ 88, 353 = StRK FGO § 115 R 225; BFH NV 1987, 108).

Durch den Beschluss nach Abs 1 wird nur die **eingelegte** Revision verworfen. Wegen der Möglichkeit, erneut Revision einzulegen vgl § 120 Rz 35; *Redeker/v Oertzen* § 144 Rz 2; BVerwGE 11, 322.

III. Entscheidung bei unbegründeter Revision (Abs 2 und 4)

Die Revision ist **unbegründet,** wenn das angefochtene Urteil nicht auf **7** der Verletzung revisiblen Rechts (§ 118 Abs 1) beruht. Nicht jede Verletzung revisiblen Rechts rechtfertigt die Aufhebung des angefochtenen Urteils. Hat das FG seine Entscheidung mehrfach (kumulativ) begründet und verletzt nur eine dieser Begründungen revisibles Recht, so „beruht" das Urteil nicht auf dieser Rechtsverletzung, weil die andere (rechtfehlerfreie) Begründung das Urteil trägt. Nach Abs 4 ist die Revision auch dann **zurückzuweisen,** wenn die Entscheidungsgründe zwar eine Gesetzesverletzung ergeben, die Entscheidung sich aber (aus anderen vom FG nicht erörterten Gründen) als **im Ergebnis richtig** erweist. In den Fällen des § 126 Abs 4 ist die Revision an sich begründet, gleichwohl darf das Urteil nicht aufgehoben werden, weil das FG bei einer erneuten Verhandlung zum gleichen Ergebnis kommen müsste. Der Sache nach handelt es sich bei der Zurückweisung der Revision nach Abs 4 um einen Sonderfall des § 126 Abs 3 Nr 1. Das Revisionsgericht ersetzt im Fall des Abs 4 die fehlerhaften Entscheidungsgründe des FG durch andere, richtige (*Bettermann* ZZP 88, 365, 373; *Stein/Jonas/Grunsky* § 563 Rz I 1; *Eyermann* § 144 Rz 5; *Baumbach ua* § 563 Rz 1 B). In beiden Fällen der Zurückweisung des Rechtsmittels erkennt der BFH zum Nachteil des Revisionsklägers durch abschließendes Urteil.

Obwohl § 126 ausdrücklich zwischen der Zurückweisung der Revision **8** wegen Unbegründetheit (Abs 2) und wegen Ergebnisrichtigkeit (Abs 4) unterscheidet, wird in der Praxis des BFH auch im Fall des Abs 4 die Revision als **unbegründet** zurückgewiesen (vgl zB BFHE 124, 477 = BStBl II 1978, 383; BFHE 125, 112 = BStBl II 1978, 491; *T/K* Rz 52; *H/H/Sp/Bergkemper* § 126 Rz 32).

Kommt der BFH bei der Entscheidung nach Abs 4 zu dem Ergebnis, dass statt einer Klageabweisung durch Prozessurteil eine **Sachabweisung** geboten gewesen wäre (vgl unten Rz 9), weist es die Revision (zweckmäßigerweise in der Urteilsformel) mit der Maßgabe als unbegründet zurück, dass die Klage nicht unzulässig, sondern unbegründet ist (vgl BFHE 124, 477 = BStBl II 1978, 383). Gleiches gilt für den umgekehrten Fall, in dem das FG die Klage durch Sachurteil abgewiesen hat, obwohl wegen Fehlens einer Sachentscheidungsvoraussetzung die Klageabweisung durch **Prozessurteil** hätte ausgesprochen werden müssen (BFHE 146, 99 = BStBl II 1986, 537; BFHE 151, 27 = BStBl II 1987, 75; BFHE 154, 5 = BStBl II 1988, 927; BFHE 182, 533 = BStBl II 1997, 498 nv-Teil). In diesen Fällen ist das FG-Urteil nicht aufzuheben, weil der Urteilstenor richtig ist (BFH/NV 2005, 327). Weitergehend hält der BFH die Zurückweisung der Revision auch dann für möglich, wenn das FG zwar zu Recht der Klage stattgegeben hat, dabei aber zu Unrecht vom Vorliegen einer Anfechtungsklage statt einer Verpflichtungsklage ausgegangen ist, der Urteilsausspruch also vom BFH zu ändern ist (BFHE 145, 545 = BStBl II 1986, 245; BFHE 153, 101 = BStBl II 1988, 663; offen gelassen in BFHE 160, 140 = BStBl II 1990, 558).

Bei der Zurückweisung kann der BFH auch eine offensichtlich fehlerhafte **Bezeichnung der Beteiligten** im FG-Urteil berichtigen (vgl § 122 Rz 1; *Zöller* § 563 Rz 5).

Entgegen einer in der Literatur vertretenen Ansicht fehlt es in den Fällen des § 126 Abs 4 nicht an einer **Beschwer** des Revisionsklägers (ebenso: *H/H/Sp/Bergkemper* Rz 33; **aA** *Redeker/v Oertzen* § 144 Rz 3; *Meyer-Ladewig* § 170 Rz 5). Die Beschwer bestimmt sich im Revisionsverfahren nach dem Urteilsausspruch (Tenor) der Entscheidung des FG, nicht nach ihrer Begründung. Zur Beschwer vgl auch Rz 12 ff vor § 115.

9   § 126 Abs 4 ist auch anzuwenden, wenn das FG-Urteil wegen eines **Verfahrensfehlers** mangelhaft ist, sich aber mit anderer, von dem Verfahrensmangel unabhängiger Begründung rechtfertigen lässt (BFHE 153, 463, 467; BFHE 161, 252 = BStBl II 1990, 1098; BFH/NV 2005, 781; 2001, 1028; BGHZ 31, 364; *Bettermann* ZZP 88, 381). Nach der Rspr des BVerwG (JR 1966, 431 und Buchholz 402.44 VersG Nr 2 mwN) und des BFH (BFHE 124, 477 = BStBl II 1978, 383; BFHE 125, 112 = BStBl II 1978, 491; BFHE 146, 302; BFHE 166, 315 = BStBl II 1992, 303; BFHE 176, 315 = BStBl II 1995, 328; BFHE 196, 16 = BStBl II 2001, 767) kann das Revisionsgericht eine durch **Prozessurteil** ausgesprochene Klageabweisung aus **sachlichen Gründen bestätigen,** wenn der vom FG angenommene Mangel der Sachentscheidungsvoraussetzung nicht besteht und die Klage aus keinem rechtlichen Gesichtspunkt Erfolg haben kann. Diese letzte Einschränkung ist wesentlich. Hat die Vorinstanz lediglich ein Prozessurteil erlassen, so hat sie materielles Recht nicht geprüft; insoweit liegt auch keine nachprüfbare Entscheidung vor. Nur wenn der Sachverhalt völlig klar und nicht denkbar ist, dass er ergänzt werden könnte (was im Revisionsverfahren nicht möglich wäre, vgl unten Rz 11), kann der BFH durcherkennen anstatt zurückzuverweisen (vgl auch BFHE 108, 275 = BStBl II 1973, 497; BGH WM 1978, 935; *Kopp/Schenke* § 144 Rz 4; *H/H/Sp/Bergkemper* § 126 Rz 38; *Eyermann* § 144 Rz 6; *Baumbach ua* § 563 Rz 1 C). Im Regelfall wird der BFH in einem solchen Fall zurückverweisen (vgl auch BFHE 162, 534 = BStBl II 1991, 242). Bei der Prüfung nach § 126 Abs 4 ist das Revisionsgericht an die Beschränkungen des **§ 118 Abs 3** nicht gebunden (BVerwGE 58, 149; *Kopp/Schenke* § 144 Rz 5).

Nach § 126 Abs 6 können als nicht durchgreifend befundene Verfahrensrügen **ohne Begründung** zurückgewiesen werden. Das ist nicht verfassungswidrig (BVerfG Beschluss vom 7. 11. 1979 2 BvR 1264/79 nv). Die Befreiung von der Begründungspflicht gilt nach Abs 6 S 2 nicht für Verfahrensrügen nach § 119 (absolute Revisionsgründe) und, wenn mit der Revision ausschließlich Verfahrensmängel geltend gemacht werden, für Rügen, auf denen die Zulassung der Revision beruht. Die 2. Alternative des Abs 6 dürfte nur in seltenen Fällen zur Anwendung kommen, da der BFH bei begründeten Verfahrensrügen bereits im Verfahren der NZB das Urteil des FG durch Beschluss aufheben wird (vgl § 116 Abs 6).

Liegt ein **Verfahrensmangel iS des § 119** vor, ist § 126 Abs 4 grundsätzlich nicht anwendbar (BFHE 162, 534 = BStBl II 1991, 242; BFHE 169, 507 = BStBl II 1993, 306; BFHE 176, 571; BFHE 186, 102 = BStBl II 1998, 676 mwN; BFH/NV 2001, 1037, 1277; 2003, 173; *Stein/ Jonas/Grunsky* § 563 Rz I 3; *H/H/Sp/Bergkemper* § 126 Rz 40. Da die Feststellungen des fehlerhaften Urteils in diesen Fällen keine ordnungsgemäße Grundlage für eine Sachentscheidung des BFH sein können, muss der BFH die Sache nach Aufhebung des finanzgerichtlichen Urteils ohne bindende Äußerungen zur materiell-rechtlichen Beurteilung des Streitfalls zurückverweisen (vgl § 119 Rz 2f mwN). Dieser Grundsatz ist einzuschränken für den Fall, dass das (klageabweisende) Sachurteil nicht nur an einem Mangel iS von § 119 leidet, sondern wegen **Fehlens einer Prozessvoraussetzung** nicht hätte ergehen dürfen. Da der BFH das Vorliegen der Sachentscheidungsvoraussetzungen von Amts wegen zu prüfen hat, ist in diesem Fall nach § 126 Abs 4 zu verfahren (BFHE 175, 7 = BStBl II 1994, 859; BFHE 188, 523 = BStBl II 1999, 563; BFH/NV 1999, 487; vgl auch § 119 Rz 3; aA *Eyermann* § 144 Rz 7). Weitere Ausnahmen gelten für den absoluten Revisionsgrund des **§ 119 Nr 4 (Verletzung des rechtlichen Gehörs),** wenn sich die Verletzung nur auf einzelne Feststellungen bezieht, auf die es für die Entscheidung nicht ankommt (BVerwG Buchholz 310 § 101 VwGO Nr 12; BFHE 129, 297 = BStBl II 1980, 208; BFHE 159, 112 = BStBl 1990, 386; BFHE 186, 102 = BStBl II 1998, 676 mwN; BFHE 190, 1; vgl auch § 119 Rz 14 und unten Rz 10) und für den Revisionsgrund des **§ 119 Nr 6,** wenn das FG ein selbstständiges Angriffs- oder Verteidigungsmittel in den Urteilsgründen übergangen hat, das zur Begründung des Klageantrags oder zur Abwehr des Angriffs ungeeignet war und wenn feststeht, dass die Zurückverweisung nur zu einer Wiederholung des aufgehobenen Urteils führen könnte (BFH/NV 1988, 35; 1997, 31; vgl auch § 119 Rz 25).

Zur sinngemäßen Anwendung des § 126 Abs 4 im Verfahren der **Nichtzulassungsbeschwerde** vgl § 116 Rz 56.

IV. Entscheidung bei begründeter Revision (Abs 3 und 5)

1. Allgemeines

Die Revision ist **begründet,** wenn das angefochtene Urteil auf einer **11** Verletzung von Bundesrecht oder von revisiblem Landesrecht beruht (vgl § 118 Abs 1).

Ist die Revision zulässig und begründet (ohne dass ein Fall des § 126 Abs 4 gegeben ist), so **hebt der BFH** das angefochtene Urteil **auf** und entscheidet entweder abschließend in der Sache selbst (Abs 3 Nr 1) oder verweist die Sache zur anderweitigen Verhandlung und Entscheidung an das FG zurück (Abs 3 Nr 2). Richtet sich die Revision gegen ein Urteil mit **mehreren selbstständigen Streitgegenständen** kann die Revision **teilweise begründet** und teilweise unbegründet sein. Das Revisionsgericht hat in einem solchen Fall das Urteil hinsichtlich des fehlerhaften Teils aufzuheben und im Übrigen die Revision zurückzuweisen (BFHE 187, 418 = BStBl II 2000, 139; s auch Rz 2, 10).

Es ist oft nicht leicht zu entscheiden, ob das Revisionsgericht **durcherkennen** darf oder ob **es zurückverweisen** muss. § 126 Abs 3 besagt hierzu (ebenso wie der gleichlautende § 144 VwGO) nichts. Die entsprechende Vorschrift des § 565 Abs 3 Nr 1 ZPO ist klarer gefasst. Es heißt dort, dass durcherkannt werden könne, „wenn die Aufhebung des Urteils nur wegen Gesetzesverletzung bei Anwendung des Gesetzes auf das festgestellte Sachverhältnis erfolgt und nach letzterem die Sache zur Endentscheidung reif ist." Damit ist das auch in § 118 Abs 2 formulierte revisionsrechtliche Grundprinzip angesprochen. dass die Feststellung der Tatsachen allein dem FG obliegt und das Revisionsgericht den von diesem festgestellten Sachverhalt nicht ergänzen darf. **Entscheidungsgrundlage** können alle unmittelbar oder mittelbar (durch zulässige Bezugnahme des FG gemäß § 105 Abs 3) im angefochtenen Urteil getroffenen Feststellungen sein, ohne Rücksicht darauf, ob sie vom FG bei seiner Entscheidung verwertet worden sind (BVerwG Buchholz 310 § 144 VwGO Nr 40). Zu eigenen Tatsachenfeststellungen ist der BFH nur befugt, soweit es um die Feststellung der Sachentscheidungsvoraussetzungen des Klageverfahrens, die Zulässigkeitsvoraussetzungen der Revision oder den Inhalt von Prozesshandlungen geht (vgl § 118 Rz 43 ff). Wegen der Befugnis des Revisionsgerichts zur **Ermittlung irrevisiblen Rechts** vgl § 118 Rz 60. Soweit der BFH ausnahmsweise zur Ermittlung von Tatsachen befugt ist, liegt es in seinem Ermessen, ob er selbst die Spruchreife herbeiführen und durcherkennen oder zurückverweisen will (vgl BFHE 138, 401 = BStBl II 1983, 698; BFHE 166, 524 = BStBl II 1992, 411).

2. Entscheidung in der Sache (Abs 3 Nr 1)

12   Der BFH kann nur dann in der Sache selbst erkennen, wenn die Sache **spruchreif** ist, dh wenn die vom FG festgestellten Tatsachen eine abschließende Beurteilung der Sache ermöglichen. An der Spruchreife fehlt es regelmäßig, wenn die tatsächlichen Feststellungen widersprüchlich sind oder sonst an einem von Amts wegen zu beachtenden Verfahrensmangel leiden (§ 118 Rz 57; BFHE 186, 120 = BStBl II 1998, 626) oder wenn sie mit einer **erfolgreichen Verfahrensrüge** angegriffen wurden (§ 118 Rz 56; BFHE 182, 269 = BStBl II 1997, 464). Liegt ein **absoluter Revisionsgrund** (§ 119) oder ein von Amts wegen zu beachtender **Verstoß gegen die Grundordnung** des Verfahrens vor, so darf das Revisionsgericht idR nicht durcherkennen (BFHE 178, 538 = BStBl II 1996, 139). Eine Entscheidung in der Sache ist ausnahmsweise möglich, wenn der Verfahrensfehler – wie zB die unterlassene notwendige Beiladung (vgl jetzt § 123 Abs 1 S 2 und Abs 2) – im **Revisionsverfahren geheilt** werden kann oder wenn feststeht, dass die Zurückverweisung nur zu einer Wiederholung des aufgehobenen Urteils führen könnte (vgl BFHE 188, 523 = BStBl II 1999, 563: Entscheidung des BFH in der Sache, wenn das FG zu Unrecht durch Sachurteil statt durch Prozessurteil entschieden hat). An der Spruchreife fehlt es im Allgemeinen auch dann, wenn das FA den angefochtenen **Steuerbescheid** während des Revisionsverfahrens **zum Nachteil des Klägers geändert** (§ 68) und der Kläger infolgedessen (zulässigerweise) sein bisheriges Klagebegehren erweitert hat (vgl § 123 Rz 3; BFHE 167, 1 = BStBl II 1992, 504). Macht der BFH im Verfahren der NZB von der Möglichkeit des **§ 116 Abs 6** Gebrauch und hebt das Urteil des FG durch Beschluss wegen eines mit Erfolg gerügten Verfahrensmangels auf, kann er nach § 116 Abs 6 nur zurückverweisen, nicht aber selbst in der Sache entscheiden. Gleichwohl hält es das BVerwG für zulässig, im Verfahren der NZB durchzuerkennen, wenn die Vorinstanz bei korrekter Handhabung des Verfahrensrechts die Klage wegen Fehlens einer Prozessvoraussetzung hätte abweisen müssen (BVerwG Buchholz 310 § 133 VwGO nF Nr 22; kritisch zu Recht: *Eyermann* § 133 Rz 25a; vgl auch § 116 Rz 66).

Ist die Sache nach den fehlerfreien Feststellungen des FG spruchreif, **muss** der BFH in der Sache selbst entscheiden, hat also nicht die Wahl zwischen den Möglichkeiten der Nrn 1 und 2; das gilt auch dann, wenn der Kläger mit der Revision **neue Tatsachen** vorgetragen hat, die das FG bei seiner Entscheidung nicht berücksichtigen konnte (vgl BFHE 79, 497 = BStBl III 1964, 413). Spruchreif ist eine Sache auch dann, wenn nur noch die **Steuerberechnung** aussteht; es handelt sich bei der Anwendung der Steuertabellen nicht um die Ermittlung von Tatsachen, sondern um Rechtsanwendung. Liegen die Voraussetzungen des **§ 100 Abs 2 S 2** vor, kann der BFH die Steuerfestsetzung in entsprechender Anwendung dieser Vorschrift dem FA überlassen (§ 100 Rz 24 ff).

Ist über **mehrere Streitgegenstände** oder über einen teilbaren Streit-   13
gegenstand (§ 98 Rz 1) zu entscheiden, kann der BFH – wenn nur ein Teil spruchreif ist – **teilweise durcherkennen** und im Übrigen zurückverweisen (BFHE 176, 409 = BStBl II 1995, 537; BSGE 8, 288; *Redeker/ v Oertzen* § 144 Rz 6).

Liegen die Voraussetzungen für eine Entscheidung in der Sache vor, so kann der BFH auch dann **durcherkennen,** wenn der Revisionskläger nur die **Zurückverweisung** beantragt hatte (BFHE 102, 202 = BStBl II 1971, 591; BFHE 155, 91 = BStBl II 1989, 229; BFHE 181, 100 = BStBl II 1997, 5; BFH/NV 1998, 1137; *Bettermann* ZZP 88, 365, 404). Zu der Frage, wann das Revisionsgericht bei Abweisung der Klage als unzulässig durch die Vorinstanz nach Abs 3 Nr 1 zur Sache entscheiden kann vgl BGH WM 1978, 470 mwN und oben Rz 7.

Wegen der Zuständigkeit des BFH für die **Kostenentscheidung** in den Fällen des Abs 3 Nr 1 vgl § 143 Rz 3.

3. Zurückverweisung (Abs 3 Nr 2)

a) Allgemeines

Ist die Sache nicht entscheidungsreif, ist sie zur erneuten Verhandlung   14
und Entscheidung an das FG zurückzuverweisen.

Hebt der BFH das Urteil nach Abs 3 Nr 2 auf, so muss er grundsätzlich auch zurückverweisen. Eine **isolierte (ersatzlose) Aufhebung des Ur-**

teils sieht § 126 nicht vor (vgl auch den insoweit klarer gefassten § 562 Abs 1 ZPO nF). Nach der Rspr des BVerwG kann das Revisionsgericht sich jedoch ausnahmsweise auf die Aufhebung des Urteils beschränken, wenn es nach dieser Aufhebung keine noch zu entscheidende Rechtssache gibt (vgl BVerwG BayVBl 1999, 768 zur Aufhebung eines über das Klagebegehren hinausgehenden Urteils; zustimmend *Eyermann* § 133 Rz 25 a). Der BFH hat (weitergehend) ein FG-Urteil isoliert aufgehoben, wenn es gegen den falschen Beteiligten ergangen war (vgl BFHE 121, 302 = BStBl II 1977, 481; BFHE 140, 22 = BStBl II 1984, 318) oder wenn das FG ein Grundurteil erlassen hatte, obwohl die Voraussetzungen des § 99 nicht erfüllt waren (BFHE 116, 93 = BStBl II 1975, 714; BFHE 129, 443 = BStBl II 1980, 252; BFHE 131, 194 = BStBl II 1980, 695).

15   Es darf nur **an das FG** (nicht auch an das **FA**) zurückverwiesen werden (BFHE 131, 440 = BStBl II 1981, 71). Die Zurückverweisung an einen **anderen Senat des** FG ist zulässig (§ 155 iVm § 563 Abs 1 S 2 ZPO nF), kommt aber nur in Frage, wenn ernstliche Zweifel an der Unvoreingenommenheit des erkennenden Senats des FG bestehen (BFH/NV 1986, 474; 1997, 154; 1999, 487). Hat der BFH das Urteil eines **Einzelrichters** aufgehoben, kann er die Sache an den **Vollsenat** zurückverweisen, wenn die Sache im zweiten Rechtsgang weiterhin besondere Schwierigkeiten tatsächlicher oder rechtlicher Art aufweist oder grundsätzliche Bedeutung hat (BFHE 180, 509 = BStBl II 1996, 478; BFH/NV 2005, 191). Hat der BFH das Urteil des Einzelrichters aufgehoben, ohne ausdrücklich an den Vollsenat zurückzuverweisen, ist im zweiten Rechtsgang weiterhin der Einzelrichter zuständig; denn im zweiten Rechtsgang wird das ursprüngliche Verfahren fortgesetzt (BFHE 187, 206 = BStBl II 1999, 60; vgl auch Rz 15). Bei Verhinderung des ursprünglich bestellten Einzelrichters wird dessen **geschäftsplanmäßiger Vertreter** zuständig (BFHE 187, 206 = BStBl II 1999, 60).

16   Der BFH ist nicht verpflichtet, eine Sache, die er zurückverweist, nach **allen rechtlichen Gesichtspunkten zu beurteilen** und, wenn der Sachverhalt noch nicht ausreichend geklärt ist, zu allen denkbaren Alternativen Ausführungen zu machen (BFHE 110, 196 = BStBl II 1973, 798). Ist das FG-Urteil bereits wegen eines Verfahrensfehlers aufzuheben, braucht der BFH auf die materiell-rechtlichen Rügen des Revisionsklägers nicht mehr einzugehen. Wird aus materiellrechtlichen Gründen aufgehoben und zurückverwiesen, braucht über die Verfahrensrügen nicht mehr entschieden zu werden (BFHE 184, 144 = BStBl II 1999, 316; BFHE 168, 454 = BStBl II 1992, 982; BFH/NV 2004, 949). Das gilt allerdings nicht für die Beachtung der **Sachentscheidungsvoraussetzungen** und für Verstöße gegen die **Grundordnung des Verfahrens,** die stets vorrangig zu prüfen sind. Hebt der BFH wegen eines Verfahrensfehlers auf, kann er anlässlich der Zurückverweisung aus Gründen der Prozessökonomie Hinweise zur weiteren Behandlung des Falles im zweiten Rechtsgang geben; diese Hinweise haben allerdings keine bindende Wirkung nach § 126 Abs 5.

b) Zurückverweisung nach Beiladung (Abs 3 S 2)

17   Der BFH hat den Rechtsstreit zurückzuverweisen, wenn der nach § 123 im Revisionsverfahren Beigeladene daran ein **berechtigtes Interesse** hat.

Die Entscheidung des BFH über die Zurückverweisung ergeht auch in diesem Fall von Amts wegen (*Redeker/v Oertzen* § 144 Rz 7 a). Das berechtigte Interesse des Beigeladenen ist regelmäßig zu bejahen, wenn er innerhalb der Frist des § 123 Abs 2 zulässige und begründete Verfahrensrügen gegen die Feststellungen des FG erhoben hat oder wenn er im zweiten Rechtsgang **neue Tatsachen und Beweismittel** in das Verfahren einführen will, die geeignet sind, eine andere Entscheidung in der Sache zu rechtfertigen. Bei der Beurteilung des rechtlichen Interesses ist zu berücksichtigen, dass ein Beigeladener, der erst im Revisionsverfahren an dem Rechtsstreit beteiligt wurde, in der Tatsacheninstanz keine Gelegenheit hatte, sich zu dem Streitgegenstand zu äußern und Anträge zu stellen. Die Zurückverweisung kann deshalb zur Wahrung des rechtlichen Gehörs des Beigeladenen auch dann geboten sein, wenn dieser keine Verfahrensrügen gegen die tatsächlichen Feststellungen erhoben hat, auf denen das finanzgerichtliche Urteil beruht (ebenso: *Redeker/v Oertzen* § 144 Rz 7 a und § 142 Rz 5; *Eyermann* § 142 Rz 4; **aA** *Kopp/Schenke* § 144 Rz 10).

4. Wirkung der Zurückverweisung

a) Weiteres Verfahren

Das Ergebnis der mündlichen Verhandlung im ersten Rechtsgang ist   **20** durch die Aufhebung der Vorentscheidung und die Zurückverweisung der Sache **gegenstandslos** geworden (BFHE 182, 178 = BStBl II 1997, 348). Mit der Zurückverweisung wird das Verfahren **erneut** beim FG **anhängig.** Es wird dadurch nicht ein neues Verfahren eröffnet, sondern das ursprüngliche Verfahren vor dem FG fortgesetzt (BFHE 131, 440 = BStBl II 1981, 71 mwN; BFHE 182, 287 = BStBl II 1997, 409; *MüKo* § 565 Rz 6). Ist allerdings nur **teilweise zurückverwiesen** worden (vgl oben Rz 13), so ist der aufrechterhaltene Teil endgültig erledigt und nicht mehr Gegenstand des Verfahrens im zweiten Rechtsgang (BFHE 186, 79 = BStBl II 1998, 613; *H/H/Sp/Bergkemper* § 126 Rz 62). Vor dem FG findet eine neue Verhandlung statt, die sich nicht auf den Streitstoff, der dem BFH vorlag, zu beschränken braucht (*Meyer-Ladewig* § 170 Rz 9); *Redeker/v Oertzen* § 144 Rz 8; *Kopp/Schenke* § 144 Rz 11; *H/H/Sp/Bergkemper* Rz 60 f). Es können **neue Anträge** gestellt und **neue Tatsachen** vorgetragen werden (vgl aber § 67 Rz 7 wegen der Möglichkeit einer Klageerweiterung bei fristgebundenen Klagen). Dies kann – abgesehen von der in Abs 5 vorgeschriebenen Bindung – dazu führen, dass das neue Urteil auf einer völlig geänderten tatsächlichen und rechtlichen Grundlage ergeht (BVerwG Buchholz 310 § 144 VwGO Nr 13 und 42; *Redeker/v Oertzen* § 144 Rz 8; *MüKo* § 565 Rz 6; *Kopp/Schenke* § 144 Rz 11). Das FG kann auch eine Entscheidung fällen, die den Kläger im Vergleich zum ersten (aufgehobenen) Urteil schlechter stellt (BFHE 91, 222 = BStBl II 1968, 279; BFHE 117, 257 = BStBl II 1976, 110). Das **Verböserungsverbot** gilt im zweiten Rechtsgang nur noch gegenüber den angefochtenen VA.

Wegen der **Bindung** des FG an **eigene frühere materiell-rechtliche Erwägungen** vgl unten Rz 24.

b) Bindung an die rechtliche Beurteilung des BFH (Abs 5)

21   § 126 Abs 5 bindet das FG im zweiten Rechtsgang an die **rechtliche Beurteilung** des BFH. Die Bindung greift auch dann ein, wenn der BFH das Urteil des FG im ersten Rechtsgang nicht durch Urteil, sondern **durch Beschluss nach § 116 Abs 6** aufgehoben und die Sache zurückverwiesen hat (BVerwG NJW 1997, 3456). Die Regelung des § 126 Abs 5 (und den entsprechenden Vorschriften anderer Verfahrensordnungen) liegt der Gedanke zugrunde, dass es für die Beteiligten des Rechtsstreits untragbar und mit der rechtlichen Bedeutung einer revisionsgerichtlichen Entscheidung unvereinbar wäre, wenn das Tatsachengericht im zweiten Rechtszug die Rechtsauffassung des Revisionsgerichts als für seine Entscheidung unmaßgeblich behandeln könnte (vgl BGHZ 22, 370). Anderenfalls könnte eine endgültige Entscheidung der Sache dadurch verzögert oder gar verhindert werden, dass sie endlos zwischen Tatsachen- und Revisionsinstanz hin- und hergeschoben wird (BFHE 109, 206; BFHE 174, 195; BFHE 180, 231 = BB 1996, 1974). Die Beachtung des § 126 Abs 5 hat der BFH auch ohne Verfahrensrüge von Amts wegen zu prüfen (GmS-OGB BFHE 109, 206; BFHE 208, 155 = BStBl II 2005, 271).

Nach **§ 563 Abs 2 ZPO nF** (= § 565 Abs 2 ZPO aF) besteht nur eine Bindung an die rechtliche Beurteilung, die **der Aufhebung zugrunde gelegt** ist". Insofern ist in § 126 Abs 5 (und dem gleichlautenden § 144 Abs 6 VwGO) eine weitere Fassung gewählt worden. Hinsichtlich des **Umfangs der Bindung** besteht in der Rspr der obersten Bundesgerichte Einigkeit darüber, dass das Gericht, an das zurückverwiesen wird, jedenfalls an die **„tragenden Gründe"**, dh an die Rechtsausführungen, die **unmittelbar zur Aufhebung des Urteils geführt** haben, gebunden ist (BFHE 91, 222 = BStBl II 1968, 279; BGH/NJW 1951, 254; BGHZ 22, 370, 373; BGHZ 132, 6, 10; BVerwGE 42, 243; BVerwG Buchholz 310 § 144 VwGO Nr 10, 11, 23, 29, 43; BSG SozR § 170 Nr 4, 10, 13). Dazu gehören auch die Rechtsausführungen, durch die die Möglichkeit einer Aufrechterhaltung der Entscheidung mit einer anderen Begründung (Abs 4) verneint wurde (BVerwG Buchholz 310 § 144 VwGO Nr 21; BVerwG HFR 1974, 122). Der **BGH** sieht den Sinn und Zweck der Bindung des Tatsachengerichts nach § 563 Abs 2 ZPO nF darin, eine **Wiederholung des Fehlers** zu verhindern, den die Vorinstanz im ersten Rechtsgang begangen hatte und der unmittelbar ursächlich für die Aufhebung ihres Urteils war; im Übrigen sei das Tatsachengericht bei der rechtlichen Beurteilung der Sache im zweiten Rechtsgang völlig frei (BGHZ 3, 321; BGHZ 51, 131; ebenso: *Tiedtke* JZ 1995, 275; *T/P* § 565 Rz 2; *MüKo* § 565 Rz 9 ff). Der BGH verneint folgerichtig auch eine Bindung des Tatsachengerichts an das Vorliegen von Prozessvoraussetzungen, die das Revisionsgericht im ersten Rechtsgang nicht ausdrücklich und abschließend erörtert hat (NJW 1959, 291; vgl aber BGHZ 22, 370 und Rz 18).

22   Der **BFH** nimmt weitergehend an, dass das FG nicht nur an die der „Aufhebung" zugrunde liegende Rechtsansicht des BFH, sondern auch an die **der Zurückverweisung zugrunde liegende"** rechtliche Beurteilung gebunden sei (vgl zu § 296 Abs 4 AO aF: BFHE 67, 127 = BStBl III 1958, 320; BFHE 71, 671 = BStBl III 1960, 499; zu § 126: BFHE 91, 509 = BStBl II 1968, 382; BFHE 95, 372 = BStBl II 1969, 447; BFHE 174, 103

= BStBl II 1994, 569; BFHE 208, 155 = BStBl II 2005, 271). ME ist der Rspr des BFH zuzustimmen. Der Wortlaut des § 126 Abs 5 lässt eine weitergehende Bindung an die rechtliche Beurteilung des Revisionsgerichts zu als § 565 Abs 2 ZPO (vgl *Grimm,* FS BFH, 137 ff; *H/H/Sp/Bergkemper* § 126 Rz 73 f; **aA** *Tiedtke* JZ 1978, 626, 628 und JZ 1995, 275). Es ist (vor allem in sog „Punktesachen") nicht nur aus Gründen der Prozessökonomie sinnvoll, dass **jede abschließende rechtliche Beurteilung,** die der BFH im zurückverweisenden Urteil getroffen hat, für den zweiten Rechtsgang bindend ist, und zwar ohne dass es darauf ankommt, ob sie für die Aufhebung und Zurückverweisung unmittelbar oder nur mittelbar kausal ist. Die Rspr des BFH steht allerdings in Gegensatz nicht nur zur Rspr des BGH, sondern auch zu der des BVerwG, der zu der gleichlautenden Vorschrift des § 144 Abs 6 VwGO die Auffassung vertritt, die Bindung beziehe sich nur auf die Gründe, die zur Aufhebung des angefochtenen Urteils geführt haben und auf solche, die eine Bestätigung des angefochtenen Urteils ausschließen, also für dessen Aufhebung ebenfalls ursächlich sind (vgl BVerwG Buchholz 310 § 144 VwGO Nr 10, 11, 19, 23, 28, 29; ebenso *Kopp/ Schenke* § 144 Rz 12; *Redeker/v Oertzen* § 144 Rz 9; *Eyermann* § 144 Rz 15 *Meyer-Ladewig* § 170 Rz 10 f und die dort angeführte Rspr des BSG).

Als vom Revisionsgericht geprüft und damit abschließend rechtlich be-   **23** urteilt sind auch die **den unmittelbaren Aufhebungsgründen logisch vorausgehenden Gründe** anzusehen, soweit diese notwendige Voraussetzung für die unmittelbaren Aufhebungsgründe waren (BFHE 117, 4 = BStBl II 1976, 42; BFHE 171, 1 = BStBl II 1993, 720; BFHE 208, 155 = BStBl II 2005, 271; BFH/NV 1997, 833; BVerwGE 42, 247 = HFR 1974, 69; BGHZ 22, 370; BAGE 10, 355; *Kopp/Schenke* § 144 Rz 12; *H/H/Sp/Bergkemper* § 126 Rz 77; zustimmend: *Jessen* NJW 1970, 183; **aA** *Tiedtke* JZ 1978, 626). So muss grundsätzlich davon ausgegangen werden, dass das Revisionsgericht das Vorliegen der unverzichtbaren **Prozessvoraussetzungen** geprüft und bejaht hat (BFHE 171, 1 = BStBl II 1993, 720; BVerwGE 42, 247; NJW 1997, 3456; BAGE 10, 355; *Kopp/Schenke* § 144 Rz 12; *Stein/Jonas/Grunsky* § 565 Rz II 2 b; **aA** *Tiedtke* JZ 1978, 626 und JZ 1995, 275; BGH NJW 1959, 291; BSG MDR 1966, 63; einschränkend: *Rößler,* DStZ 1994, 254; ablehnend: *Rüsken* in Beermann Rz 93) Die Bindung besteht auch, wenn es um **verfassungsrechtliche Vorfragen** geht, und zwar auch dann, wenn der BFH die Frage nicht ausdrücklich geprüft, sondern stillschweigend von der Verfassungsmäßigkeit der Norm ausgegangen ist (st Rspr, vgl BVerfGE 6, 222, 242; 29, 34; BVerfG HFR 1970, 448 und Inf 1994, 607; BFHE 101, 36 = BStBl II 1971, 209). Legt das FG im zweiten Rechtsgang gleichwohl eine Rechtsfrage nach Art 100 Abs 1 GG dem BVerfG vor, ist seine Vorlage unzulässig (*H/H/Sp/Bergkemper* Rz 77; *Kopp/Schenke* § 144 Rz 12 mwN; **aA** *T/K* Rz 81). Entsprechendes muss gelten, wenn der BFH in einem zurückverweisenden Urteil stillschweigend die Vereinbarkeit einer Norm des innerstaatlichen Rechts mit **Gemeinschaftsrecht** bejaht hat.

Im Gegensatz dazu stehen zwei Entscheidungen des EuGH (vgl EGHE 1974, 40 = AWD 1974, 158 und EGHE 1974, 139 = AWD 1974, 220). Er hat dort entschieden, die Bindung nach § 126 Abs 5 müsse zurücktreten, wenn sich das FG verpflichtet fühle, den EuGH um eine **Vorab-**

entscheidung nach Art 177 EGV zu ersuchen, obwohl das Revisionsgericht im ersten Rechtsgang keine Zweifel an der Auslegung der
(entscheidungserheblichen) Norm des Gemeinschaftsrechts hatte. Es erscheint zweifelhaft, ob diese Auslegung des Art 177 Abs 2 EGV, die im
Anwendungsbereich des EG-Rechts zur weitgehenden Beseitigung der
Bindungswirkung des § 126 Abs 5 führt, zutreffend ist (verneinend: FG
Rheinland-Pfalz EFG 1995, 378; bejahend: *Dauses,* aaO, 65; *Koch* EuZW
1995, 78; *Meilicke* DStZ 1995, 427; *Reiche,* EuZW 1995, 569; *Dautzenberg*
RIW 1995, 519; zweifelnd: *H/H/Sp/Bergkemper* Rz 78). Die Urteile in
EGHE 1974, 40 und 139 beruhen auf der vom EuGH praktizierten dyna-
mischen Auslegung der Normen des Gemeinschaftsrechts, die auf eine
größtmögliche Ausschöpfung der Gemeinschaftsbefugnisse („effet utile")
gerichtet ist (vgl *Dauses,* Das Vorabentscheidungsverfahren nach Art 177
EGV, 1985, 48 ff). Gegen diese Methode hat das BVerfG (EuZW 1993,
667) neuerdings Vorbehalte angemeldet; die Auslegung von Befugnisnor-
men des EGV dürfe nicht in ihrem Ergebnis einer Vertragserweiterung
gleichkommen. Der BFH hat in seinem Urteil in BFHE 180, 231 = BFH/
NV 1996, 306 angemerkt, die Ausführungen des EGH in EGHE I 1995,
4615 ließen es als möglich erscheinen, dass der EuGH bei einer erneuten
Vorlage das Verhältnis von § 126 Abs 5 zu Art 177 EGV anders beurteilen
könnte. Der BFH konnte in BFHE 180, 231 diese Frage unentschieden
lassen. Soweit über die Reichweite der (mittelbaren) Verweisung einer innerstaatlichen Norm auf Gemeinschaftsrecht zu befinden ist (wie zB über
die des Maßgeblichkeitsgrundsatzes in § 5 Abs 1 EStG auf die Bilanz-
Richtlinie), geht es um die Auslegung nationalen Rechts, für die die innerstaatlichen Gerichte zuständig sind. Zumindest in diesem Bereich steht
das Gemeinschaftsrecht der Geltung des § 126 Abs 5 nicht entgegen
(*Bärenz* DStR 2001, 692).

Hat sich der BFH zur Auslegung von Gemeinschaftsrecht im Revisionsverfahren des ersten Rechtsgangs **abschließend geäußert,** so ist das FG
daran im zweiten Rechtsgang jedenfalls dann gebunden, wenn es die Frage
nicht nach Art 177 Abs 2 EGV dem EuGH vorlegt (BFHE 140, 11 =
BStBl II 1984, 317).

24   Auch wenn es für eine Bindung des FG ausreicht, dass der BFH
„offensichtlich" von der Rechtsgültigkeit einer Norm ausgegangen ist (dasselbe muss für sonst vorgreifliche Fragen gelten), muss dieser die betreffende Rechtsfrage doch **in irgendeiner Form „beurteilt"** haben (BFHE
171, 1 = BStBl II 1993, 720 mwN; BFH/NV 1997, 591; FG Saarland
GmbHR 1993, 371). Daran fehlt es, wenn das Revisionsgericht auf Grund
des damals vorliegenden und bekannten Sachverhalts keine Veranlassung
hatte, eine Rechtsfrage zu prüfen (BFHE 95, 558 = BStBl II 1969, 505) –
oder wenn es gar bewusst eine Frage ungeprüft ließ (BFHE 91, 222 =
BStBl II 1968, 279). Das FG ist deshalb im zweiten Rechtsgang nicht nach
§ 126 Abs 5 gebunden, wenn es nach der Zurückverweisung einen **neuen
Sachverhalt** feststellt, auf den die bisherige rechtliche Beurteilung des
BFH nicht zutrifft (vgl Rz 27).

Keine Bindung besteht an **beiläufige Bemerkungen** und an (im Interesse der Prozessökonomie gegebene) **Empfehlungen** zur weiteren Behandlung der Sache, bei denen eine Bindung des Tatsachengerichts an die
Rechtsausführungen des BFH nicht beabsichtigt ist (BFHE 174, 103 =

BStBl II 1994, 569; BGH NJW 1963, 1214; BSGE 31, 74). Wurde wegen eines **Verfahrensmangels** aufgehoben, muss das FG hinsichtlich der Verfahrensfrage die Rechtsauffassung des BFH befolgen, während es hinsichtlich der materiell-rechtlichen Beurteilung frei ist; es ist auch nicht an seine **eigene frühere Rechtsauffassung** gebunden (BGHZ 3, 321; *Stein/Jonas/ Grunsky* § 565 Rz II 2a; *Baumbach ua* § 565 Rz 2 A; *Eyermann* § 144 Rz 10).

Die Bindung besteht nur für den **konkreten Rechtsstreit,** in dem zu-   25 rückverwiesen wurde. Sie besteht für ein anderes Verfahren selbst dann nicht, wenn es in diesem Verfahren um dieselbe Rechtsfrage unter denselben Beteiligten geht (BVerwG DÖV 1968, 739).

Die Bindung besteht auch. wenn das Urteil des BFH falsch ist (*H/H/Sp/Bergkemper* Rz 79). Das FG BaWü (EFG 1972, 80) will hiervon eine Ausnahme machen, wenn das FG bei Beachtung der unrichtigen Ausführungen des BFH gegen das Verbot der reformatio in peius verstoßen würde (zustimmend FG SchlHol, EFG 1977, 28; FG SchlHol EFG 1980, 87 für den Fall, dass die Entscheidung des BFH „unter keinem rechtlichen Gesichtspunkt Bestand haben kann"; aufgehoben durch BFHE 130, 17 = BStBl II 1980, 334 mit zustimmender Rz von *Tiedtke* StRK-Anm § 126 FGO Nr 56). Dieser Auffassung ist zu widersprechen, da sofort die Frage auftritt, wo die Grenzen liegen, bis zu denen das FG dem BFH folgen muss. Die Bindung kann auch dann nicht entfallen, wenn das aufhebende Urteil unter Verletzung des rechtlichen Gehörs zustande gekommen ist (vgl aber BFHE 118, 361 = BStBl II 1976, 431; zweifelnd: BFH/NV 1998, 18).

Die Bindung nach § 126 Abs 5 gilt sinngemäß bei einer **Zurückverweisung** im **Beschwerdeverfahren** (BVerfG 4, 1; BFH/NV 1986, 618; 1987, 803; 1991, 569; 1997, 637).

Die Verletzung der Bindung nach § 126 Abs 5 kann im Verfahren der Nichtzulassungsbeschwerde als **Verfahrensfehler** geltend gemacht werden (BFHE 174, 103 = BStBl II 1994, 569; BFH/NV 1992, 43; 1998, 729; s auch § 115 Rz 18 und 30). Hält sich das FG zu Unrecht an bestimmte Rechtsausführungen im zurückverweisenden Urteil gebunden und verschließt sich deshalb weiterer Ausführungen eines Beteiligten, so liegt darin eine Verletzung des rechtlichen Gehörs (BGH FamRZ 2005, 1667).

c) Ausnahmen von der Bindung

Die Bindung kann **ausnahmsweise entfallen,** wenn sich nachträglich   27 die maßgebenden Umstände geändert haben (vgl Rz 15).

Sie entfällt, wenn sich der bisher zugrunde gelegte **Sachverhalt** in einer für die Entscheidung erheblichen Weise **geändert** hat, und zwar auch, wenn er früher schon so vorlag, aber jetzt weiter aufgeklärt wird (allgemeine Ansicht, vgl BFHE 94, 197 = BStBl II 1969, 194; BFH/NV 1991, 569; BGH NJW 1985, 2029; BVerfG HFR 1977, 450; FG München EFG 2000, 774). Dabei ist allerdings vorausgesetzt, dass die zurückverweisende Entscheidung dem FG überhaupt noch Raum für eine weitere Aufklärung des Sachverhalts lässt, also nicht schon **abschließend** über einen Teil des Prozessstoffs **entschieden** ist, wie zB im Fall der ausdrücklichen Bejahung der Zulässigkeit des Rechtsbehelfs (BFHE 95, 372 = BStBl II 1969, 447) oder der konkludenten Beurteilung logisch vorausgehender Fragen (BVerfG Inf 1994, 607; BFHE 101, 1 = BStBl II 1993, 720; BFHE 138, 323, 326 = BStBl II 1983, 618; BFHE 141, 470 = BStBl II 1984, 791).

28   Auch eine (rückwirkende) **Änderung des Gesetzes** beseitigt die Bindungswirkung, wenn die geänderte Bestimmung auf die Entscheidung anwendbar ist (BFH/NV 1998, 18; BGHZ 2, 324; BGHZ 8, 256; BGHZ 9, 101; *Kopp/Schenke* § 144 Rz 13 mwN; BFHE 118, 361 = BStBl II 1976, 431; BFHE 180, 223 = BStBl II 1996, 606; BFH/NV 1991, 569).

Gleiches gilt, wenn das **BVerfG** eine entscheidungserhebliche **Norm** für **verfassungswidrig erklärt** hat (BVerwGE 39, 300; *H/H/Sp/Bergkemper* Rz 83). Dagegen entfällt die Bindung nicht, wenn das BVerfG in einem Verfahren über eine Verfassungsbeschwerde in der Auslegung einfachen Rechts eine andere Auffassung vertreten hat (**aA** FG Hessen EFG 1976, 620).

29   Ähnlich liegt der Fall, wenn inzwischen eine abweichende **Entscheidung des GrS des BFH,** des **EuGH** oder des **GmS** der obersten Gerichtshöfe des Bundes ergangen ist. Auch dann ist das FG nicht gebunden, weil auch der BFH die geänderte Rspr des GrS, des EGH oder des GmS zu beachten hätte, wenn er erst nach Ergehen der Entscheidung des GrS, des EGH oder des GmS über das Urteil des FG zu befinden hätte (BVerwG Buchholz 451.90 Nr 97; BSGE 17, 50; *T/K* § 126 Rz 90; **aA** *Gräber,* 1. Auflage, § 126 Rz 10 B).

Die Bindung entfällt auch dann, wenn sich die **Rspr des BFH** – auch die **des zurückverweisenden Senats selbst** – (durch eine abweichende Entscheidung in einer anderen Sache) **geändert** hat (GmS BFHE 109, 206 = NJW 1973, 1273; BFHE 129, 404 = BStBl II 1980, 218; BFHE 157, 28 = BStBl II 1989, 660; BFH/NV 1986, 618; 1991, 569; BVerwG Buchholz 310 § 144 VwGO Nr 12, 14; kritisch insoweit *Gräber* DStR 1973, 449, 451). Das gilt auch dann, wenn die abweichende Rechtsauffassung von einem anderen Senat des BFH ohne Einhaltung des Verfahrens nach § 11 Abs 3 vertreten worden ist (BFHE 157, 28 = BStBl II 1989, 660).

d) Selbstbindung des BFH

30   Die Bindungswirkung bezieht sich nach dem Wortlaut des Gesetzes nur auf das FG. Der BFH hat indessen – auch schon vor Inkrafttreten der FGO und in Übereinstimmung mit der Rspr anderer oberster Bundesgerichte – den **Grundsatz der Selbstbindung** des BFH entwickelt; dieser Grundsatz besagt, dass der BFH, falls die Sache nach der Zurückverweisung in einem zweiten Rechtsgang erneut bei ihm anhängig wird, an seine frühere Rechtsauffassung gebunden bleibt (BFHE 86, 229 = BStBl III 1966, 363; BFHE 95, 558 = BStBl II 1969, 505; BFHE 117, 4 = BStBl II 1976, 42; BFHE 157, 28 = BStBl II 1989, 666; BFH/NV 1992, 271; BVerwG Buchholz 310 § 144 VwGO Nr 19, 23; BGHZ 25, 204; BSGE 17, 50; *T/K* § 126 Rz 95; *H/H/Sp/Bergkemper* § 126 Rz 89 ff; *Kopp/Schenke* § 144 Rz 15 mwN; *Eyermann* § 144 Rz 17). Dieser bereits vom BVerfG (BVerfGE 4, 1) als allgemeiner Grundsatz des Verfahrensrecht bezeichnete Satz ist eine **logische Folge der Bindung der Vorinstanz** nach Zurückverweisung; er soll ebenso wie diese dazu dienen zu verhindern, dass die endgültige Entscheidung der Sache dadurch verzögert oder gar verhin-

dert wird, dass sie ständig zwischen Vorinstanz und Revisionsgericht hin- und hergeschoben wird (GmS BFHE 109, 206 = NJW 1973, 1273).

Diese Selbstbindung besteht nicht nur für den damals entscheidenden Senat, sondern auch für einen **anderen** inzwischen **zuständig gewordenen Senat** des BFH (BFHE 101, 36 = BStBl II 1971, 209; BFHE 153, 490 = BStBl II 1988, 865; BFHE 175, 82 = BStBl II 1995, 249).

Für Gegenstand, **Umfang** und **Wegfall der Bindungswirkung** gelten die Ausführungen zur Bindung des FG entsprechend (vgl Rz 21 ff). Der BFH ist im zweiten Rechtsgang nicht an seine rechtliche Beurteilung im ersten Rechtszug gebunden, wenn und soweit er seine bisherige Rechtsauffassung bei der **gleichzeitigen Entscheidung** über **andere Revisionen,** die dieselbe Rechtsfrage betreffen, aufgibt (BFHE 174, 195). Weitergehend wollen *Kopp/Schenke* (§ 144 Rz 16) die Selbstbindung des Revisionsgerichts auch dann entfallen lassen, wenn dieses anlässlich der Entscheidung über **dieselbe Sache** im zweiten Rechtszug seine Rechtsauffassung ändern will (im Ergebnis ebenso: *Tiedtke* JZ 1995, 275; **aA** zu Recht: BFHE 129, 404 = BStBl II 1980, 218; BFHE 157, 28 = BStBl II 1989, 660; BVerwGE 54, 124).

Die Selbstbindung besteht auch im Beschwerdeverfahren. Vgl § 132 Rz 11. Die Regelung des § 126 Abs 5 ist verfassungsrechtlich unbedenklich (BVerfG HFR 1977, 450).

§ 126 a [Unbegründete Revision]

[1] **Der Bundesfinanzhof kann über die Revision in der Besetzung von fünf Richtern durch Beschluss entscheiden, wenn er einstimmig die Revision für unbegründet und eine mündliche Verhandlung nicht für erforderlich hält.** [2] **Die Beteiligten sind vorher zu hören.** [3] **Der Beschluss soll eine kurze Begründung enthalten; dabei sind die Voraussetzungen dieses Verfahrens festzustellen.** [4] **§ 126 Abs. 6 gilt entsprechend.**

Literatur: *Lücke,* Begründungszwang und Verfassung – Zur Begründungspflicht der Gerichte, Behörden und Parlamente, 1987; *Weigell,* Entscheidungen des Bundesfinanzhofs ohne Begründung auf dem verfassungsgerichtlichen Prüfstand, DStR 1995, 1334.

1. Allgemeines

Die Vorschrift ist durch das 2. FGOÄndG mit Wirkung vom 1. 1. 2001 **1** in die FGO eingefügt worden; sie entspricht im Wesentlichen Art 1 Nr 7 des aufgehobenen BFHEntlG. Vergleichbare Regelungen enthalten § 130 a VwGO und § 153 Abs 4 SGG für Entscheidungen der OVG und LSG über die Berufung. Abweichend von Art 1 Nr 7 BFHEntlG sieht § 126 a für den Regelfall eine **Kurzbegründung** vor. Bei einer auf Verfahrensmängel gestützten Revision gilt für die Begründung des Beschlusses nach § 126 a die Regelung des § 126 Abs 6 idF des 2. FGOÄndG sinngemäß. Der Beschluss nach § 126 a tritt an die Stelle eines Urteils und steht diesem hinsichtlich seiner verfahrensbeendenden Wirkung gleich.

§ 126 a dient der **Entlastung des BFH,** ohne den Rechtsschutz des Bürgers unangemessen einzuschränken. Nach der Suspendierung der

Streitwertrevision durch das BFHEntlG hatte der BFH auch schon bisher von der Möglichkeit, die Revision durch **Beschluss** als unbegründet zurückzuweisen, nur zurückhaltend Gebrauch gemacht. Das Verfahren nach § 126 a kommt insbesondere dann in Betracht, wenn das FG die Revision nach § 115 Abs 2 Nr 1 zugelassen hat und die grundsätzliche Bedeutung der Streitsache durch eine später ergangene Entscheidung des BFH, die mit der Rechtsauffassung des FG übereinstimmt, entfallen ist. In derartigen Fällen bedarf es keiner umfassenden Begründung der Entscheidung über die Revision. Dem berechtigten Informationsinteresse der Beteiligten wird durch eine Kurzbegründung Rechnung getragen (BT-Drucks 14/4061, 11). Der BFH kann von der Regelung des § 126 a auch dann Gebrauch machen, wenn über die Verfassungsmäßigkeit einer Norm des Steuerrechts zu entscheiden ist (BFHE 167, 266 = BStBl II 1992, 707; BFHE 208, 220).

Die Regelung des § 126 a ist **verfassungsgemäß** (BVerfG HFR 1985, 237; 1993, 202; 1996, 827; BFH/NV 1997, 336, zu Art 1 Nr 7 BFH-EntlG). Die Vorschrift verstößt insbesondere nicht gegen das Gebot des **rechtlichen Gehörs,** weil Art 103 Abs 1 GG keine mündliche Verhandlung garantiert (BVerfGE 89, 381, 391). Die Beteiligten können sich schriftlich zu den streitigen Rechtsfragen äußern, außerdem müssen sie zu dem beabsichtigten Verfahren nach § 126 a vorher gehört werden.

2. Voraussetzungen der Entscheidung nach § 126 a

3   Nach dem eindeutigen Wortlaut des § 126 a ist die Vorschrift nur bei einer **unbegründeten** Revision anzuwenden. Hält der BFH die Revision für **unzulässig,** muss er seinen Beschluss begründen; § 126 a ist auf Verwerfungsbeschlüsse nicht entsprechend anwendbar (*T/K* Rz 4; *H/H/Sp/ Bergkemper* Rz 3). Auch bei Zurückweisung einer NZB ist § 126 a nicht anwendbar (BFH/NV 2003, 175).

4   Der Senat darf nur dann nach § 126 a verfahren, wenn er **einstimmig,** dh in der für Urteile vorgesehenen Besetzung mit fünf Richtern, die Revision für unbegründet und eine mündliche Verhandlung nicht für erforderlich hält. Die Zurückweisung der Revision im Verfahren nach § 126 a setzt dagegen nicht voraus, dass der Senat die Ansicht des Revisionsklägers für zweifelsfrei unrichtig hält (BFH/NV 1988, 798; 1995, 91). Das Erfordernis der Einstimmigkeit gilt nach dem Wortlaut der Vorschrift nur für das **Ergebnis,** nicht für die Begründung der Sachentscheidung (vgl zu § 130 a VwGO; BVerwG NVwZ 1984, 792; *Eyermann* § 130 a Rz 11; **aA** *Kopp/Schenke* § 130 a Rz 6). Auch für die weitere Frage, ob der Senat von der Entlastungsvorschrift Gebrauch machen und durch Beschluss nach § 126 a entscheiden soll, genügt es, wenn die Senatsmitglieder mehrheitlich für das Verfahren nach § 126 a votieren (*H/H/Sp/Bergkemper* Rz 6).

5   Nach § 126 a sind die Beteiligten des Revisionsverfahrens (§ 122) vorher zu hören. Gegenstand der **Anhörung** sind die Voraussetzungen des Verfahrens nach § 126 a, also die Unbegründetheit des Rechtsmittels und die beabsichtigte Entscheidung ohne mündliche Verhandlung. Die **Anhörungsmitteilung des Vorsitzenden** braucht die Gründe für das beabsichtigte Vorgehen nicht zu erläutern, insbesondere die Gründe für die beabsichtigte Sachentscheidung nicht zu benennen (BVerwG NVwZ 1984, 792 zu § 130 a VwGO). Ausnahmsweise erfordert aber die Gewährung des

rechtlichen Gehörs auch eine Mitteilung der Gründe für die beabsichtigte Sachentscheidung, wenn der Senat nach **§ 126 Abs 4** verfahren und die Revision aus einem vom FG im angefochtenen Urteil nicht erörterten Grund zurückweisen will (Verbot der Überraschungsentscheidung; weitergehend *H/H/Sp/Bergkemper* § 126 Rz 3 und *T/K* Rz 4, die in den Fällen des § 126 Abs 4 die Anwendung des § 126 a für ausgeschlossen halten). Den Beteiligten ist eine **angemessene Frist** zur Äußerung einzuräumen (*T/K* Rz 6). Die Anhörungsfrist kann auf Antrag der Beteiligten verlängert werden.

Der BFH kann auch dann nach § 126 a verfahren, wenn er selbst die **6** Revision durch Beschluss ohne Begründung nach § 116 Abs 5 zugelassen hat und erst im Revisionsverfahren zu dem Ergebnis kommt, dass die Revision unbegründet ist (BVerfG NJW 1997, 1693). Ein Beschluss nach § 126 a kann auch dann ergehen, wenn der BFH zuvor einen **Gerichtsbescheid** erlassen hat und einer der Beteiligten **Antrag auf mündliche Verhandlung** gestellt hat (BVerfG HFR 1978, 117; BFH v 1. 10. 1999 VII R 23/98, BFH/NV-CD-ROM; *T/K* Rz 7; *Rüsken* in Beermann § 126 Rz 34). Nach Durchführung einer mündlichen Verhandlung kann der Senat nicht mehr nach § 126 a verfahren. Er muss ggf die mündliche Verhandlung wiedereröffnen, wenn es ihm nicht möglich ist, aufgrund der mündlichen Verhandlung über die Revision zu entscheiden (zB weil sich in der Beratung die Notwendigkeit der Anfrage bei einem anderen Senat nach § 11 Abs 3 ergibt).

Beschlüsse nach § 126 a können im schriftlichen Verfahren (ohne vorherige mündliche Beratung und Abstimmung) im **Umlaufverfahren** ergehen, sofern alle Senatsmitglieder mit dieser Verfahrensweise einverstanden sind (BVerwG NJW 1992, 257 zu § 130 a VwGO).

3. Anforderungen an die Begründung

§ 126 a sieht – abweichend von Art 1 Nr 7 BFHEntlG – für den Regel- **8** fall eine **Kurzbegründung** vor („Soll-Vorschrift"). Danach muss der BFH im Regelfall seine Entscheidung zumindest kurz begründen. Dabei sind die Voraussetzungen für das Verfahren nach § 126 a darzustellen. Eine **Begründung** ist schon aus **verfassungsrechtlichen Gründen geboten,** wenn der BFH mit seiner Auslegung von dem eindeutigen Wortlaut einer Rechtsnorm abweichen will und die Gründe für diese Auslegung den Beteiligten nicht ohne Weiteres aus dem Verlauf des bisherigen Verfahrens erkennbar sind (BVerfG NJW 1993, 1909). Gleiches gilt, wenn das Revisionsgericht seine bisherige Auslegung einer Rechtsnorm aufgeben will (BVerfGE 71, 122, 135, 91, 97, 106; BVerfG HFR 1993, 202; 1993, 466). In diesen Fällen wird jedoch idR kein Gebrauch von § 126 a gemacht.

Nur in besonderen **Ausnahmefällen** kann ganz von einer Begründung abgesehen werden, wenn nämlich schon das FG die Entscheidung umfassend und rechtsfehlerfrei begründet hat und der Revisionskläger keine neuen Gesichtspunkte vorgetragen hat, die der Erörterung bedürfen. Im Übrigen richtet sich der Umfang der Begründung nach dem berechtigten Informationsinteresse der Beteiligten (*T/K* Rz 9). Zumindest die tragenden Gründe für die Zurückweisung der Revision sind darzustellen und die Argumente des Revisionsklägers zumindest knapp zu würdigen.

Einer Begründung bedarf es nicht, soweit der BFH **Verfahrensrügen** für nicht durchgreifend erachtet, das gilt nicht für Rügen nach § 119 (absolute Revisionsgründe) und – bei einer ausschließlich auf Verfahrensmängel gestützten Revision – für Rügen, auf denen die Zulassung der Revision beruht (§ 126 a S 4 iVm § 126 Abs 6).

§ 127 [Zurückverweisung]

Ist während des Revisionsverfahrens ein neuer oder geänderter Verwaltungsakt Gegenstand des Verfahrens geworden (§§ 68, 123 Satz 2), so kann der Bundesfinanzhof das angefochtene Urteil aufheben und die Sache zur anderweitigen Verhandlung und Entscheidung an das Finanzgericht zurückverweisen.

Literatur: *Geist,* Die Bedeutung des § 127 FGO im Revisionsverfahren vor dem Bundesfinanzhof, FR 1989, 229.

1   Um eine im Revisionsverfahren unzulässige Klageänderung (§ 123 Abs 1) handelt es sich nicht, wenn während des Revisionsverfahrens ein **Änderungsbescheid** ergeht, der nach § 68 idF des 2. FGOÄndG kraft Gesetzes („automatisch") zum Gegenstand des Verfahrens wird. Dies war bis zum Inkrafttreten des 2. FGOÄndG in § 123 S 2 ausdrücklich bestimmt. An dieser Rechtslage hat sich auch unter der Geltung des 2. FGOÄndG, das eine dem § 123 S 2 entsprechende Regelung nicht mehr enthält, nichts geändert. Der (unveränderte) Hinweis des § 127 auf § 123 S 2 beruht auf einem offensichtlichen Versehen des Gesetzgebers.

Ein während des Revisionsverfahrens nach § 68 an die Stelle des ursprünglich angefochtenen Steuerbescheids getretene Änderungsbescheid ist ein **neuer Verfahrensgegenstand.** Das FG-Urteil, dem noch der geänderte, durch den neuen Bescheid in seiner Wirkung suspendierte Steuerbescheid zugrunde liegt, kann deshalb aus verfahrensrechtlichen Gründen keinen Bestand haben (BFHE 155, 210 = BStBl II 1989, 210; BFHE 168, 431 = BStBl II 1993, 63; BFHE 189, 537 = BStBl II 1999, 789 mwN; BFHE 203, 143 = BStBl II 2004, 10; BFH/NV 2004, 656; 2003, 1495). Der Kläger muss in einer solchen Situation das Recht haben, seinen Revisionsantrag der geänderten verfahrensrechtlichen Situation anzupassen. § 127 enthält insoweit eine Ausnahme von dem Grundsatz des § 123 Abs 1 S 1, dass Klageänderungen im Revisionsverfahren unzulässig sind (BFHE 103, 548 = BStBl II 1972, 219; *Geist* FR 1989, 229). § 127 bestimmt ferner, dass eine Aufhebung des finanzgerichtlichen Urteils und die Zurückverweisung der Sache unabhängig von den Voraussetzungen des § 126 Abs 3 möglich sind; auch ein fehlerfreies FG-Urteil kann nach § 127 aufgehoben werden, wenn während des Revisionsverfahrens ein Änderungsbescheid Verfahrensgegenstand geworden ist (*Geist* FR 1989, 229, 232). Gleichwohl ist es in Fällen dieser Art oft nicht erforderlich, die Sache an das FG zurückzuverweisen, damit dieses über die Rechtmäßigkeit des Änderungsbescheides entscheiden kann. Denn mit der Aufhebung des FG-Urteils fallen dessen **tatsächliche Feststellungen** nicht weg; sie bleiben bis zur Beendigung des Prozesses bestehen und wirken fort, wenn das finanzgerichtliche Verfahren nicht an einem Verfahrensfehler leidet (BFHE 163, 218 = BStBl II 1991, 556; BFHE 204, 166).

Ob der BFH von der Möglichkeit der Zurückverweisung nach § 127 **2**
Gebrauch macht, hängt davon ab, ob die Sache trotz Erlasses eines neuen,
von der ersten Instanz noch nicht behandelten Bescheids spruchreif ist.
Spruchreife in diesem Sinne ist gegeben, wenn die vom FG festgestellten
tatsächlichen Grundlagen des Streitstoffs durch die Änderung des angefochtenen VA unberührt geblieben sind (st Rspr, vgl BFHE 168, 431 =
BStBl II 1993, 63; BFHE 178, 549 = BStBl II 1996, 16; BFHE 203, 143 =
BStBl II 2004, 10; BFHE 205, 422 = BStBl II 2004, 718; BFHE 208, 194
= BStBl II 2005, 274; BFH/NV 2004, 953, 1643); ausnahmsweise kann
auch bei einem veränderten Streitstoff Spruchreife gegeben sein (vgl
FH/NV 2005, 188). Um feststellen zu können, ob durch den Änderungsbescheid der bisherige Streitstoff verändert und deshalb eine Zurückverweisung nach § 127 erforderlich geworden ist, wird der zuständige Senat
zweckmäßigerweise eine Äußerung der Beteiligten zu dieser Frage einholen. Erklären die Beteiligten, die tatsächlichen Grundlagen des Streitstoffs
seien durch den Änderungsbescheid nicht berührt, so kann der BFH über
die Revision sachlich entscheiden; ergibt die weitere Prüfung, dass die Revision begründet ist, aber die tatsächlichen Feststellungen des FG für eine
abschließende Entscheidung des BFH in der Sache nicht ausreichen, so ist
nach § 126 Abs 3 Nr 2 (also nicht nach § 127!) zurückzuverweisen.

Fehlt die **Spruchreife,** weil die Beteiligten erklären, durch den Änderungsbescheid habe sich der bisherige Streitstoff verändert, so verweist der
BFH nach § 127 zurück und zwar grundsätzlich ohne sich bindend zur Begründetheit der Revision äußern zu können (BFHE 107, 265 = BStBl II
1973, 121; BFHE 117, 36 = BStBl II 1976, 74; BFHE 154, 101 = BStBl II
1988, 1003; BFH/NV 2004, 656, 953; 1999, 1113; *Geist* FR 1989, 229,
223). Vgl aber unten Rz 3.

Besteht wegen eines **(verfahrensrechtlich selbstständigen) Teils 3**
Spruchreife, wegen eines anderen nicht, kann der BFH – nach Trennung
der Verfahrensgegenstände – wegen des spruchreifen Teils zur Sache entscheiden und im Übrigen nach § 127 zurückverweisen (vgl § 126 Rz 11;
BFHE 110, 401 = BStBl II 1974, 34; BFH/NV 2004, 348).

§ 127 ist im Verfahren der NZB entsprechend anzuwenden; ergeht
während des Verfahrens über eine zulässige NZB ein Änderungsbescheid
zu Lasten des Beschwerdeführers ist das FG-Urteil entsprechend § 127 aufzuheben und die Sache an das FG zurückzuverweisen (BFHE 204, 35 =
BStBl II 2004, 237; BFH/NV 2005, 566, 899; *H/H/Sp/Bergkemper,* Rz 9).

Unterabschnitt 2. Beschwerde, Erinnerung, Anhörungsrüge

§ 128 [Statthaftigkeit der Beschwerde]

**(1) Gegen die Entscheidungen des Finanzgerichts, des Vorsitzenden
oder des Berichterstatters, die nicht Urteile oder Gerichtsbescheide
sind, steht den Beteiligten und den sonst von der Entscheidung Betroffenen die Beschwerde an den Bundesfinanzhof zu, soweit nicht in
diesem Gesetz etwas anderes bestimmt ist.**

**(2) Prozessleitende Verfügungen, Aufklärungsanordnungen, Be-
schlüsse über die Vertagung oder die Bestimmung einer Frist, Be-**

weisbeschlüsse, Beschlüsse nach den §§ 91a und 93a, Beschlüsse über die Ablehnung von Beweisanträgen, über Verbindung und Trennung von Verfahren und Ansprüchen und über die Ablehnung von Gerichtspersonen, Sachverständigen und Dolmetschern, Einstellungsbeschlüsse nach Klagerücknahme sowie Beschlüsse im Verfahren der Prozesskostenhilfe können nicht mit der Beschwerde angefochten werden.

(3) [1]Gegen die Entscheidung über die Aussetzung der Vollziehung nach § 69 Abs. 3 und 5 und über einstweilige Anordnungen nach § 114 Abs. 1 steht den Beteiligten die Beschwerde nur zu, wenn sie in der Entscheidung zugelassen worden ist. [2]Für die Zulassung gilt § 115 Abs. 2 entsprechend.

(4) [1]In Streitigkeiten über Kosten ist die Beschwerde nicht gegeben. [2]Das gilt nicht für die Beschwerde gegen die Nichtzulassung der Revision.

Vgl § 146 VwGO; § 172 SGG; §§ 567, 577 ZPO.

Übersicht

Literatur: *Bloching/Kettinger,* Verfahrensgrundrechte im Zivilprozess – Nun endlich das Comeback der außerordentlichen Beschwerde?, NJW 2005, 860; *Brunk,* Beschwerde gegen den Einstellungsbeschluss des Finanzgerichts, FR 1972, 390; *Chlosta,* Zulässigkeit der außerordentlichen Beschwerde, NJW 1993, 2160; *Gräber,* Beschwerdeverfahren und Wiederaufnahmeverfahren nach der FGO, DStR 1972, 202; *Lange,* Der leise Wegfall der außerordentlichen Beschwerde zum BFH, DB 2002, 2396; *Lipp,* Beschwerden wegen „greifbarer Gesetzwidrigkeit" nach der ZPO-Reform, NJW 2002, 1700; *Mittelbach,* Einwendungen gegen Beschlüsse bei Klagerücknahme und Hauptsachterledigung,

Information 1980, 289; *Rüsken,* Rechtsbehelfe gegen willkürliche Gerichtsentscheidungen, DStZ 2000, 815; *Tiedtke,* Bindungswirkung von Beschlüssen des BFH in Beschwerdeverfahren über die Aussetzung der Vollziehung von Gewinnfeststellungsbescheiden, DStR 1980, 455; *Voßkuhle,* Erosionserscheinungen des zivilprozessualen Rechtsmittelsystems, NJW 1995, 1377.
Vgl ferner die Literaturangaben vor § 115.

I. Allgemeines

　　Die Beschwerde ist ein **Rechtsmittel** (vgl zum Begriff Rz 1 f vor **1**
§ 115); ihre **Zulässigkeit** bestimmt sich nach den speziellen Regelungen
der §§ 128 ff und im Übrigen nach den für alle Rechtsmittel geltenden
Zulässigkeitsvoraussetzungen (vgl Rz 7 ff vor § 115). Die Zulässigkeit der
Nichtzulassungsbeschwerde bestimmt sich in erster Linie nach den speziellen Vorschriften des § 116; die §§ 128 ff sind nur ergänzend heranzuziehen.
　　Die Beschwerde ist **statthaft** gegen **Entscheidungen des FG,** die
nicht Urteile oder **Gerichtsbescheide** sind (vgl. Rz 3), und gegen Entscheidungen des Vorsitzenden oder des Berichterstatters (vgl zB §§ 79,
79 a, 79 b), soweit die FGO oder ein anderes Gesetz die Beschwerde nicht
ausschließt (vgl hierzu unten Rz 6 ff). Mit der grundsätzlichen Zulassung
der Beschwerde gegen Beschlüsse der FG unterscheidet sich das finanzgerichtliche Verfahren wesentlich von den anderen Verfahrensordnungen, bei
denen Beschlüsse der OLG, OVG und LSG nur in Ausnahmefällen mit der
Beschwerde angefochten werden können (vgl § 574 ZPO; § 152 VwGO;
§ 177 SGG). Die abweichende Regelung der Anfechtbarkeit von Beschlüssen der FG ist durch die **Zweistufigkeit** des finanzgerichtlichen
Verfahrens als einer Besonderheit gegenüber anderen Gerichtszweigen bedingt (BFHE 134, 525 = BStBl II 1982, 217). Zur Statthaftigkeit der Beschwerde vgl im Einzelnen Rz 3 f. Durch das **2. FGOÄndG** hat der Gesetzgeber die nicht mit der Beschwerde anfechtbaren Entscheidungen des
FG in § 128 Abs 2 um einige wichtige Fallgruppen erweitert. Beschlüsse
des FG über die **Ablehnung von Richtern** (§ 51), Sachverständigen oder
Dolmetschern, über die **Prozesskostenhilfe** (§ 142) und über die **Einstellung des Verfahrens** nach Klagerücknahme (§ 72) können nicht
mehr mit der Beschwerde angefochten werden, wenn der Beschluss **nach
dem 1. 1. 2001 verkündet oder** anstelle einer Verkündung **zugestellt**
worden ist (Art 4 des 2. FGOÄndG).
　　Die Beschwerde unterliegt weitgehend den für die Revision geltenden　**2**
Vorschriften, soweit nicht die speziellen Regelungen der §§ 128 ff eingreifen. Sie kann zurückgenommen (§ 125) und für in der Hauptsache erledigt
erklärt werden (vgl zB BFH/NV 2002, 521, 1487; 2003, 471). Der Beschwerdegegner kann sich der Beschwerde anschließen (vgl Rz 19); für das
Beschwerdeverfahren gilt – ebenso wie im Revisionsverfahren – das Verböserungsverbot (§ 132 Rz 8). Anders als im Revisionsverfahren und im
Verfahren der NZB ist der BFH im Beschwerdeverfahren nicht an die tatsächlichen Feststellungen der Vorinstanz gebunden, sondern muss **neues
Vorbringen** berücksichtigen und ggf nachprüfen (§ 132 Rz 6); deshalb ist
auch eine Erweiterung des Rechtsmittelantrags – anders als im Revisionsverfahren – grundsätzlich zulässig (§ 132 Rz 6).

Wegen der Zulässigkeitsvoraussetzungen der Beschwerde vgl Rz 3 ff; zur persönlichen Beschwerdeberechtigung vgl Rz 17; zur Unzulässigkeit der außerordentlichen Beschwerde vgl Rz 16.

Zum **Beschwerdeverfahren** und den dabei zu beachtenden Vorschriften vgl § 132.

Zur Anfechtung sogen **inkorrekter Entscheidungen** vgl Rz 4 vor § 115.

II. Statthaftigkeit der Beschwerde

Zum Begriff der Statthaftigkeit vgl Rz 8 vor § 115.

1. Anfechtbare Entscheidungen des FG

3   Soweit nicht gesetzlich etwas anderes bestimmt ist, sind nach der FGO alle Entscheidungen des FG (Senat oder Einzelrichter), des Vorsitzenden oder des Berichterstatters beschwerdefähig, die **nicht Urteile** oder **Gerichtsbescheide** sind. Nach § 82 iVm § 387 ZPO ist die Beschwerde auch statthaft gegen **Zwischenurteile** des FG über die Rechtmäßigkeit der Zeugnisverweigerung (vgl BFHE 103, 121 = BStBl II 1971, 808; BFH/NV 1997, 9, 638). Bestimmte Entscheidungen sind nur unter der Voraussetzung anfechtbar, dass die Beschwerde vom FG zugelassen wurde (vgl Rz 14 f). Mit der Beschwerde anfechtbar sind nur **„Entscheidungen"**, die dem FG zuzurechnen sind (BFHE 137, 393 = BStBl II 1983, 332; BFH/NV 1996, 149). Dazu gehören Beschlüsse und Verfügungen des Gerichts, nicht aber Maßnahmen ohne Regelungscharakter, wie **bloße Anfragen, Mitteilungen und Hinweise** oder die **formlose Abgabe** einer ohne Zustimmung des FA eingelegten Sprungklage an das FA (BFHE 128, 494 = BStBl II 1980, 2; BFH/NV 1997, 56; 1998, 610; 2002, 1610; vgl aber BFH/NV 1999, 1225). Die in Abs 2 genannten **prozessleitenden Verfügungen** sind zwar idR „Entscheidungen" iS des § 128 Abs 1, sie sind aber nach der ausdrücklichen Regelung des Abs 2 nicht beschwerdefähig; Fehler beim Erlass einer prozessleitenden Verfügung können allenfalls mit der Revision gegen das Urteil gerügt werden (vgl dazu Rz 4, 6).

An einer „Entscheidung" iS des § 128 Abs 1 fehlt es, solange das FG einen bei ihm gestellten Antrag nicht beschieden hat; eine **Untätigkeitsbeschwerde** ist in der FGO für das Rechtsmittelverfahren nicht vorgesehen (BFHE 154, 209 = BStBl II 1988, 45; BFH/NV 1998, 731; 2000, 1490; 2002, 364). Eine Entscheidung des FG kann deshalb nicht mit der Beschwerde erzwungen werden (BFHE 88, 108; BFH/NV 1990, 305; 1997, 892).

Für die Statthaftigkeit der Beschwerde ist die **Form,** in der die Entscheidung ergangen ist, nicht immer maßgebend. In der Regel werden die mit der Beschwerde anfechtbaren Entscheidungen in der äußeren Form eines **Beschlusses** getroffen; sie können aber auch in einem **Urteil** enthalten sein, ohne dass dadurch ihr Charakter als Beschluss verloren geht. Das FG muss dann aber im Urteil deutlich machen, inwieweit es durch Urteil (in der Besetzung gem § 10 Abs 3 S 1) oder durch Beschluss (in der Besetzung nach § 10 Abs 3 S 2) entschieden hat. Fehlt es daran, so ist davon auszugehen, dass das FG die Entscheidung durch Urteil getroffen hat.

Ergeht eine Entscheidung, die sowohl durch Urteil als auch durch Beschluss getroffen werden kann (wie zB die über die Aussetzung des Verfahrens gem § 74 oder über die Ablehnung eines Antrags auf Beiladung), durch **Urteil**, ist sie nur mit der **Revision** oder der **Nichtzulassungsbeschwerde** anfechtbar (BFHE 164, 194 = BStBl II 1991, 641; 174, 310 = BStBl II 1994, 681; BFH/NV 1995, 793; 1996, 831; 1997, 38; 1999, 1106).

Ergeht eine Entscheidung, die nach dem Gesetz **nur durch Beschluss** getroffen werden kann (vgl zB § 60 Abs 4 S 1) fehlerhaft durch Urteil, so gilt für die Anfechtbarkeit der Grundsatz der sogen **Meistbegünstigung;** vgl hierzu Rz 4 vor § 115. Hat das FG jedoch im **Endurteil** über die richtigerweise vorab durch Beschluss zu entscheidende Frage mitentschieden, ist die Rechtmäßigkeit der Entscheidung nur im Verfahren der NZB (§ 116 Abs 6) oder der Revision zu überprüfen.

Die **Abgrenzung** der beschwerdefähigen Entscheidungen des FG von **4** den nicht anfechtbaren prozessleitenden Maßnahmen, die auch in Form eines Beschlusses ergehen können (Rz 7), ist nicht immer einfach. Prozessleitende Maßnahmen sind Entscheidungen, die unmittelbar den Verlauf des gerichtlichen Verfahrens betreffen (Rz 7). Es handelt sich dabei regelmäßig um Entscheidungen, die keinen besonders hohen Stellenwert haben (BFHE 133, 8 = BStBl II 1981, 475 mwN) und bei denen es den Beteiligten zumutbar ist, schwere Verfahrensfehler, die dem Gericht bei der Entscheidung unterlaufen sind, erst mit dem Rechtsmittel gegen das Endurteil geltend zu machen (vgl Rz 6). Mit der Beschwerde angreifbare Entscheidungen haben demgegenüber **größeres Gewicht,** sie berühren – wie die Entscheidung über die Beiladung oder die Akteneinsicht – idR Verfahrensgrundrechte, wie zB das Recht auf Gehör, auf den gesetzlichen Richter oder auf effektiven Rechtsschutz und ergehen deshalb in einem Zwischenstreit. In einigen Fällen ist streitig, ob es sich um eine anfechtbare Entscheidung oder eine prozessleitende Verfügung handelt. Die Streitfragen sind bei den jeweiligen Vorschriften erörtert.

Mit der Beschwerde **anfechtbare Entscheidungen** des Gerichts sind zB

– die Ablehnung des Antrags auf **Akteneinsicht** oder über die Art und Weise ihrer Gewährung (§ 78; vgl BFHE 133, 8 = BStBl II 1981, 475; BFH/NV 1997, 599; 1999, 649; 2001, 53);

– der Beschluss über die Verpflichtung zur **Aktenvorlage** (§ 86 Abs 3 und § 71 Abs 2; BFH/NV 1999, 62),

– der Beschluss über die **Aussetzung des Verfahrens** (§ 74; BFH/NV 2005, 711) und der Beschluss über die Wiederaufnahme eines ausgesetzten Verfahrens (BFH/NV 1999, 1106, 1225). Die Anfechtbarkeit der Aussetzung des Verfahrens hat sich durch den Wegfall der klarstellenden Regelung in § 128 Abs 2 Hs 2 aF aufgrund des 2. FGOÄndG nicht geändert; der Aussetzungsbeschluss ist keine prozessleitende Maßnahme (*Redeker/v Oertzen* § 146 Rz 3; *Kopp/Schenke* § 146 Rz 9 mwN; *Eyermann* § 146 Rz 7; **aA** *Bilsdorfer,* BB 2001, 753, 757),

– die Anordnung der **Beiladung** oder die Ablehnung einer beantragten Beiladung (§ 60; BFH/NV 2000, 679);

– die Entscheidung, einen **ehrenamtlichen Richter** von seinem Amt zu entbinden (§ 21);

- der Beschluss über die **Einstellung des Verfahrens,** die nicht mit einer Klagerücknahme zusammenhängt (BFH/NV 2004, 966);
- die Festsetzung eines **Ordnungsgeldes** gegen einen nicht erschienenen Beteiligten (§ 80 Abs 1) oder gegen einen Sachverständigen (§ 82 iVm §§ 409, 411 ZPO);
- die Anordnung des FG, einen **Prozessbevollmächtigten** zu bestellen (§ 62 Abs 1; BFH/NV 1999, 211) und die Zurückweisung ungeeigneter Prozessbevollmächtigter (§ 62 Abs 2);
- die Anordnung des **Ruhens des Verfahrens** (§ 155 iVm § 251 ZPO);
- Maßnahmen der **Sitzungspolizei** (§ 52 iVm §§ 178, 181 GVG; *T/K* Rz 19; *Redeker/v Oertzen* § 146 Rz 3; aA *Eyermann* § 146 Rz 7);
- die Entscheidung über die Berichtigung offenbarer **Unrichtigkeiten** im Urteil (§ 107 Rz 6);
- die Androhung und Festsetzung eines Zwangsgeldes gegen die Finanzbehörde (§ 154);
- die Verfügung der **Zwangsvollstreckung** wegen einer Geldforderung (§ 152);
- das **Zwischenurteil** über die Rechtmäßigkeit der **Zeugnisverweigerung** (§ 82 iVm § 386 Abs 3 ZPO; BFHE 111, 460 = BStBl II 1974, 359; BFH/NV 1997, 9, 638).

2. Anfechtbare Entscheidungen des Vorsitzenden/Berichterstatters

5   Abweichend von der früheren Fassung des Abs 1 sind seit 1. 1. 1993 nicht nur Entscheidungen des **Vorsitzenden,** sondern auch Entscheidungen des **Berichterstatters** mit der Beschwerde anfechtbar. Die Neufassung war erforderlich, weil nach §§ 79 bis 79 b auch der Berichterstatter in den dort genannten Fällen allein entscheiden kann. Gegen Entscheidungen des beauftragten oder ersuchten Richters muss jedoch weiterhin zunächst die Entscheidung des FG beantragt werden (vgl § 133 Rz 1, 3).

Die Entscheidungen des Vorsitzenden sind idR prozessleitende Verfügungen, die nach Abs 2 nicht mit der Beschwerde angefochten werden können oder gegen die ausdrücklich ein anderer Rechtsbehelf vorgesehen ist (vgl dazu unten Rz 6 f). Als **beschwerdefähige Entscheidungen** iS des Abs 1 kommen in Betracht:

- die Anordnung der **Aussetzung** oder des **Ruhens des Verfahrens** (§ 79 a);
- die Entscheidung über den Antrag auf **Akteneinsicht** (§ 78) und die Art ihrer Gewährung (BFH/NV 2003, 800);
- die Entscheidung über die Festsetzung eines **Ordnungsgeldes** nach § 52 iVm § 178 GVG.

3. Nicht anfechtbare Entscheidungen

6   Die Beschwerde ist nicht gegeben, wenn eine Entscheidung des FG nach den Vorschriften der FGO oder eines anderen im finanzgerichtlichen Verfahren anzuwendenden Gesetzes **unanfechtbar** ist. Dazu gehören außer den in Rz 13 behandelten Fällen – insbesondere die in § 128 Abs 2 idF des 2. FGOÄndG genannten Entscheidungen, insbesondere die prozessleitenden Verfügungen, die Entscheidungen über Ablehnungsgesuche gegen Richter oder Sachverständige, die Beschlüsse im Verfahren der Prozesskostenhilfe (§ 142) und die Einstellungsbeschlüsse nach Klagerücknahme (§ 72), ferner die in Abs 3 behandelten Entscheidungen im Verfahren des vorläufigen Rechtsschutzes und die in Abs 4 genannten Entscheidungen über Kosten.

Entscheidungen, die nicht mit der Beschwerde angefochten werden können, sind grundsätzlich auch einer **Nachprüfung im Revisionsverfahren** entzogen (vgl § 124 Abs 2). So kann mit der NZB oder der Revision nicht als Verfahrensmangel gerügt werden, das FG habe einem Antrag auf Terminverlegung zu Unrecht nicht stattgegeben. Dagegen ist der Rechtsmittelführer durch § 124 Abs 2 nicht gehindert, das Endurteil wegen solcher **Verfahrensmängel** anzufechten, die als **Folge der beanstandeten Vorentscheidung** (zB der Entscheidung über die Verlegung eines Termins) dem Endurteil anhaften (vgl dazu § 124 Rz 3 mwN). Mit der NZB oder der Revision kann somit geltend gemacht werden, dass die nach § 128 Abs 2 unanfechtbare Entscheidung zu einem wesentlichen Verfahrensmangel, zB einer Verletzung des **rechtlichen Gehörs** (BFH/NV 2000, 589) oder des Anspruchs auf den **gesetzlichen Richter** (vgl BFH/NV 2003, 1218; 2004, 375, betreffend die Zurückweisung eines Ablehnungsgesuchs) geführt habe oder dass sie **willkürlich** – also ohne sachlichen Grund – erlassen worden sei (vgl im Einzelnen § 124 Rz 3; *Eyermann* § 146 Rz 6).

a) Prozessleitende Maßnahmen (Abs 2)

Nach § 128 Abs 2 können **prozessleitende Verfügungen** nicht mit 7 der Beschwerde angefochten werden. Die FGO definiert diesen Begriff nicht. Aus dem Wortlaut und Sinn des § 128 Abs 2 folgt jedoch, dass es sich um Entscheidungen (Verfügungen oder Beschlüsse) des FG, des Vorsitzenden oder des Berichterstatters handeln muss, die den gesetz- und zweckmäßigen Ablauf des Verfahrens selbst betreffen und eine abschließende Entscheidung des FG vorbereiten sollen (BFHE 137, 393 = BStBl II 1983, 332; BFH/NV 1993, 372; *Eyermann* § 146 Rz 6; *Redeker/v Oertzen* § 146 Rz 7). IdR handelt es sich bei diesen auf den Ablauf des Verfahrens bezogenen Maßnahmen um Entscheidungen, die die Rechtsstellung der Beteiligten nicht wesentlich berühren (BFHE 133, 8 = BStBl II 1981, 475; BFHE 136, 355 = BStBl II 1982, 738; BFHE 137, 224 = BStBl II 1983, 230). Im Interesse der **Prozessökonomie** sind derartige Maßnahmen der selbstständigen Anfechtung mit der Beschwerde entzogen, anderenfalls könnten die Beteiligten den Ablauf des Verfahrens und den Erlass der Entscheidung in der Sache erheblich verzögern (*T/K* Rz 23; *Redeker/ v Oertzen* § 146 Rz 7; *Schoch ua* § 146 Rz 10). Schutzwürdige Interessen der Beteiligten werden durch den Ausschluss der Beschwerde nicht berührt, da sie wesentliche Verfahrensmängel, die durch die unanfechtbare Vorentscheidung verursacht wurden, mit dem Rechtsmittel gegen das Endurteil des FG geltend machen können (vgl Rz 6).

Nicht alle in Abs 2 als nicht beschwerdefähig genannten Maßnahmen gehören zu den prozessleitenden Verfügungen; zum Teil handelt es sich bei den dort genannten Maßnahmen nicht um **„Entscheidungen"** (zB bei den lediglich deklaratorisch wirkenden Beschlüssen über die Einstellung des Verfahrens nach Klagerücknahme oder über die Unterbrechung des

Klageverfahrens nach § 155 iVm § 241 ZPO), zum Teil handelt es sich um Entscheidungen, die wegen ihres Gewichts für den Betroffenen über eine nur den Verfahrensablauf betreffende Maßnahme hinausgehen, wie zB die Entscheidung über die Prozesskostenhilfe oder die Zurückweisung eines Antrags auf Ablehnung eines Richters oder Sachverständigen.

8   **Prozessleitende Verfügungen** iS des § 128 Abs 2 sind zB:
- der Beschluss über die **Verbindung** oder **Trennung** von Verfahren (BFHE 136, 355 = BStBl II 1982, 738; BFHE 176, 289 = BStBl II 1995, 353; BFH/NV 2005, 709);
- die **Fristsetzung nach § 79 b** (BFH/NV 1998, 508; 2000, 1236) oder nach § **65 Abs 2** (BFH/NV 2000, 734);
- die **Anberaumung eines Termins** zur mündlichen Verhandlung (BFH/NV 1993, 372; 2000, 1251), der Beschluss über eine **Vertagung** nach § 155 iVm § 227 ZPO (BFH/NV 1994, 490) oder die Entscheidung über die **Abkürzung der Ladungsfrist** (BFH/NV 2000, 589);
- die Maßnahmen zur **Leitung der mündlichen Verhandlung;**
- die Entscheidung über die **Wiedereröffnung** der mündlichen Verhandlung (BFHE 137, 224 = BStBl II 1983, 230; BFH/NV 1994, 380);
- die Anordnung, ein **Verfahren im Prozessregister auszutragen** (BFHE 133, 12 = BStBl II 1981, 478; BFH/NV 1994, 251).

Nicht beschwerdefähig sind nach § 128 Abs 2 auch **Beweisbeschlüsse** nach § 82 iVm §§ 358 ff ZPO und Beschlüsse über die **Ablehnung von Beweisanträgen.**

b) Beschlüsse über die Ablehnung von Richtern und Sachverständigen

9   Nach § 128 Abs 2 idF des 2. FGOÄndG können Beschlüsse über die **Ablehnung** von **Gerichtspersonen, Sachverständigen und Dolmetschern,** die nach dem 1. 1. 2001 verkündet oder an Stelle einer Verkündigung zugestellt worden sind, nicht mehr mit der Beschwerde angefochten werden (Art 4 2. FGOÄndG). Durch den Ausschluss der Beschwerde bei Entscheidungen über Ablehnungsgründe wollte der Gesetzgeber den Beteiligten den Anreiz nehmen, Ablehnungsgesuche allein deshalb anzubringen, um die Entscheidung hinauszuzögern (BT-Drucks 14/4061, 12). Der Gesetzgeber hielt diese Einschränkung des Rechtswegs für vertretbar, weil der Beteiligte, dessen Ablehnungsgesuch zu Unrecht zurückgewiesen worden sei, diese Verfahrensfehler gemäß § 115 Abs 2 Nr 3 mit der NZB geltend machen könne. Dieser Auffassung kann nicht uneingeschränkt zugestimmt werden. Nach § **124 Abs 2** können dem Endurteil vorausgehende Entscheidungen des FG im Revisionsverfahren nicht mehr auf ihre Rechtmäßigkeit überprüft werden, wenn sie nach den Vorschriften der FGO (zB nach § 128 Abs 2) unanfechtbar sind. Der BFH kann die Rüge, das FG habe ein Ablehnungsgesuch unter Verstoß gegen § 51 iVm § 42 ff ZPO zurückgewiesen, im Verfahren der NZB nur dann als Verfahrensfehler berücksichtigen, wenn das FG mit seiner Entscheidung das Verfahrensgrundrecht des **gesetzlichen Richters** (Art 101 GG) verletzt, also **willkürlich** entschieden hat (BFH/NV 2003, 640, 1218; 2004, 350, 375; *Eyermann* § 146 Rz 6; *weitergehend: G. Volkommer,* NJW 2001, 1827: uneingeschränkte Nachprüfung der Zurückweisung des Ablehnungsgesuchs

im Verfahren der NZB oder der Revision; ebenso: *Spindler,* DB 2001, 61; *Bilsdorfer,* BB 2001, 753, 757; vgl auch § 124 Rz 3).

c) Einstellungsbeschlüsse nach Klagerücknahme

Auf Empfehlung des Bundesrates (BT-Drucks 14/4450, 3) hat der Ge- **10** setzgeber des 2. FGOÄndG die Beschwerde gegen Einstellungsbeschlüsse nach Klagerücknahme (§ 72) in Angleichung an die entsprechende Regelung in § 92 Abs 3 S 2 VwGO abgeschafft. Der Einstellungsbeschluss iS von § 72 Abs 2 S 2 hat im Regelfall, in dem kein Streit über die Wirksamkeit der Klagerücknahme besteht, nur **deklaratorischen Charakter** (vgl § 72 Rz 35 mwN), konstitutiv ist der Beschluss nur hinsichtlich der dort ausgesprochenen Kostenfolge. Bestand schon **vor Erlass** des Einstellungsbeschlusses **Streit über die Wirksamkeit** der Klagerücknahme, ist das **Klageverfahren fortzusetzen** und in jedem Fall durch **Urteil** über die Wirksamkeit der Klagerücknahme zu entscheiden (§ 72 Rz 38 f). Entscheidet das FG gleichwohl (rechtswidrig) durch Beschluss und lehnt es damit konkludent auch einen Antrag auf Fortsetzung des Verfahrens ab, hat der Beschluss nicht nur deklaratorische Wirkung, sondern Regelungscharakter. In diesem Fall ist mE ausnahmsweise die Beschwerde zulässig (ebenso zu § 92 Abs 3 VwGO; BayVGH NVwZ 1982, 45; NVwZ-RR 1991, 389; OVG NW 1997, 604; OVG Münster NVwZ-RR 1998, 271 mwN; *Eyermann* § 146 Rz 4; **aA** *Schoch ua* § 146 Rz 9). Entsteht der Streit über die Wirksamkeit der Klagerücknahme erst **nach Erlass des Einstellungsbeschlusses,** muss der Kläger beim FG die Fortsetzung des Verfahrens beantragen. Die Beschwerde gegen den Einstellungsbeschluss ist auch in diesem Fall unzulässig, sie kann aber ggf als **Antrag auf Fortsetzung des Verfahrens** ausgelegt werden (§ 72 Rz 40; vgl auch BFH/NV 2001, 1428; BVerwG Buchholz 310 § 92 VwGO Nr 4; BayVGH NVwZ 1999, 896; OVG Saarlouis NVwZ 1999, 897; *Redeker/v Oertzen* § 92 Rz 14; *Schoch ua* § 146 Rz 9 Fn 60). Die gegenteilige Rspr des BFH zu § 128 Abs 2 aF (vgl zB BFH/NV 1997, 239, 306, 676; 1999, 1227) ist durch die Neufassung des § 128 Abs 2, der die Beschwerde ausdrücklich ausschließt, überholt.

d) Beschlüsse im Verfahren der Prozesskostenhilfe

Gegen Beschlüsse im Verfahren der PKH ist nach Inkrafttreten des **11** 2. FGOÄndG eine Beschwerde nicht mehr statthaft. Der Kläger, dessen Antrag auf PKH vom FG abgelehnt wurde, kann jedoch im Rechtsmittelverfahren gegen das Endurteil mit der NZB geltend machen, das angefochtene Urteil beruhe auf dem Verfahrensfehler der **Verletzung des rechtlichen Gehörs,** weil das FG ihm zu Unrecht die PKH versagt und ihn damit um die Möglichkeit einer sachkundigen Vertretung im Verfahren gebracht habe (BVerwG NVwZ-RR 1999, 587). § 124 Abs 2 steht einer Überprüfung der nach § 128 Abs 2 nicht anfechtbaren Entscheidung über die PKH nicht entgegen (§ 124 Rz 3).

e) Entscheidungen über Kosten (Abs 4)

Durch den mit Wirkung ab 1. 1. 1993 neu gefassten § 128 Abs 4 wird **12** die bisher nur befristet geltende Ausschließung der Beschwerde in Kostensachen in Dauerrecht überführt. Der Bundesfinanzhof soll im Interesse einer möglichst zügigen Entscheidung der eigentlichen Sachfragen auf Dauer von kostenrechtlichen Beschwerdesachen befreit werden. Der Gesetzgeber hat die damit verbundene Gefahr einer widersprüchlichen Rspr der FG auf dem Gebiet des Kostenrechts in Kauf genommen (BT-Drucks 12/1061, 24).

Streitigkeiten über Kosten iS des § 128 Abs 4 sind sämtliche Entscheidungen über Kosten, Gebühren und Auslagen, gleich welcher Art, sofern ihr Gegenstand in der Hauptsache Kosten sind (BFH/NV 1997, 306; 2003, 331).

Nicht anfechtbar sind nach § 128 Abs 4 insbesondere:

aa) **Isolierte Kostenentscheidungen,** zB im Einstellungsbeschluss nach Klagerücknahme oder im Beschluss über die Kostentragung nach **Erledigung der Hauptsache** (BFHE 119, 132 = BStBl II 1983, 332; BFH/NV 1995, 538; 1999, 956; 2000, 474; 2003, 197; vgl auch § 138 Rz 25 ff).

Unanfechtbar ist ferner die Auferlegung einer **Verzögerungsgebühr** nach § 38 GKG (BFHE 135, 263 = BStBl II 1982, 373; FG Saarl EFG 1976, 242), von Kosten bei einem **Vertreter ohne Vertretungsmacht** (BFHE 129, 304 = BStBl II 1980, 199; BFHE 173, 196 = BStBl II 1994, 401 BFH/NV 1994, 897; 1999, 1504; 2000, 877), die Ablehnung einer beantragten Billigkeitsentscheidung nach § 139 Abs 4 (BFH/NV 1997, 196), sowie der Beschluss, die Zuziehung eines Bevollmächtigten für das Vorverfahren sei notwendig (BFHE 122, 256 = BStBl II 1977, 628). Eine isolierte Kostenentscheidung kann auch nicht mit der Nichtzulassungsbeschwerde angegriffen werden (BFHE 123, 318 = BStBl II 1978, 2; BFH/ NV 2003, 331). Die in Abs 4 S 2 enthaltene Einschränkung hat nur in den Fällen Bedeutung, in denen das FG über eine Klage gegen die Auferlegung von Kosten durch Urteil entschieden und die Revision nicht zugelassen hat.

bb) Entscheidungen im **Kostenansatz- und Kostenfestsetzungsverfahren.** § 5 Abs 2 S 3 GKG aF und § 149 Abs 4 S 2, die unter bestimmten Voraussetzungen eine Beschwerde im Kostenansatz- oder Kostenfestsetzungsverfahren zuließen, sind durch Gesetz vom 12. 11. 1992 (BGBl I 2109) aufgehoben worden. Ausgeschlossen ist danach auch eine Überprüfung der **Streitwertfestsetzung** im Kostenansatzverfahren mit der Beschwerde) (BFH/NV 1998, 1120). Ein Änderungsbegehren kann insoweit nur als Anregung auf Änderung der Festsetzung von Amts wegen nach § 63 Abs 3 GKG verstanden werden (BFH/NV 2004, 1657).

Zu den „Streitigkeiten über Kosten" iS von § 128 Abs 4 gehört nicht der Streit über die Bewilligung der **Prozesskostenhilfe** (vgl § 142 Rz 26 ff). Die Beschwerde gegen Entscheidungen über Prozesskostenhilfe ist jedoch nach § 128 Abs 2 ausgeschlossen.

f) Weitere unanfechtbare Entscheidungen

13   Aufgrund ausdrücklicher gesetzlicher Regelung oder ihrer Auslegung sind ua folgende Entscheidungen nicht mit der Beschwerde anfechtbar:
– der Beschluss, durch den eine **Anhörungsrüge** verworfen oder zurückgewiesen wird (§ 133 a Abs 4 S 2; BFH/NV 2004, 659, 1118);

– der Beschluss des Senats, eine Sache dem **Einzelrichter** zu übertragen (§ 6 Abs 1);
– der stattgebende Beschluss über die **Befangenheit** eines Richters oder Sachverständigen;
– der Beschluss nach § 60 a über die **Beiladung in Massenverfahren;**
– die Gewährung der **Wiedereinsetzung** (§ 56 Abs 5);
– die Entscheidung über die **Entschädigung von Zeugen** und Sachverständigen (§ 82 iVm §§ 401, 413 ZPO; BFHE 102, 214 = BStBl II 1971, 586),
– die Entscheidung, dass eine **Klageänderung** nicht vorliegt oder zuzulassen ist (§ 67 Abs 3);
– der Beschluss, der Beschwerde nicht abzuhelfen (§ 130);
– die **Ablehnung der Protokollierung** bestimmter Erklärungen (§ 94 iVm § 160 Abs 4 S 3 ZPO) und die Ablehnung einer inhaltlichen **Berichtigung** des Protokolls (BFH/NV 1994, 388; 1997, 775);
– die Vornahme oder Ablehnung einer **Tatbestandsberichtigung** (§ 108 Abs 2), ausnahmsweise wird die Beschwerde als zulässig angesehen, wenn der Beschluss unter **schweren Verfahrensfehlern** zustande gekommen ist (BFHE 125, 490 = BStBl II 1978, 675; BFH/NV 1999, 491);
– die **Verweisung** der Sache wegen **örtlicher** oder **sachlicher Unzuständigkeit** nach § 70;
– der **Vorlagebeschluss** an das BVerfG nach Art 100 Abs 1 GG;
– die **Vorlage** an den **EGH** im Vorabentscheidungsverfahren nach Art 177 EGV (BFH/NV 1996, 163; *T/K* Rz 31).

4. Nach Zulassung anfechtbare Entscheidungen

a) Beschlüsse über AdV (Abs 3)

Nach dem durch das 1. FGOÄndG neu eingefügten § 128 Abs 3, der im **14** Wesentlichen dem früheren Art 1 Nr 3 BFHEntlG entspricht, ist die Anfechtung von Beschlüssen der FG über die **Aussetzung der Vollziehung** gem § 69 Abs 3 und 5 und die **einstweilige Anordnung** gem § 114 Abs 1 nur noch statthaft, wenn das FG die Beschwerde gegen seine Entscheidung zugelassen hat. Die Regelung des § 128 Abs 3 erfasst auch Entscheidungen über die **Aufhebung** der Vollziehung (BFH/NV 1999, 1622). Die Zulassung setzt voraus, dass einer der Gründe des § 115 Abs 2 vorliegt. Die Beschwerde muss **im Beschluss** des FG **ausdrücklich** und **eindeutig** zugelassen worden sein; eine bestimmte **Form** ist hierfür nicht vorgeschrieben. Die Zulassung kann im Tenor, in den Gründen oder in der Rechtsmittelbelehrung ausgesprochen werden (BFH/NV 1994, 254; BFHE 178, 15 = BStBl II 1995, 645). Es genügt jedoch nicht, dass in der (fehlerhaften) Rechtsmittelbelehrung über die Einlegung der Beschwerde belehrt wird (BFH/NV 1994, 254, 647, 652; 1997, 189; 2000, 77; 2003, 1601). Das FG kann auch noch **nachträglich** die Zulassung der Beschwerde beschließen (BFHE 186, 236 = BStBl II 1998, 721). Die Zulassung kann nur vom FG, nicht auch vom BFH ausgesprochen werden. Eine **Beschwerde gegen die Nichtzulassung** der Beschwerde ist **unstatthaft,** weil § 128 Abs 3 nur auf § 115 Abs 2, nicht auch auf § 115 Abs 3 verweist (BFH/NV 1993, 173; 1995, 715, 816; 2000, 986; 2003, 1601).

Das gilt auch dann, wenn mit der Beschwerde die Verletzung des rechtlichen Gehörs gerügt wird (BFH/NV 1995, 47; 2000, 481); in einem solchen Fall ist jedoch der Rechtsbehelf der Anhörungsrüge (§ 133 a) gegeben. Auch eine außerordentliche Beschwerde ist spätestens seit Inkrafttreten des § 321 a ZPO (vgl jetzt § 133 a) nach ganz hM nicht mehr statthaft (BFH/NV 2004, 1538); das gilt auch dann, wenn der Beschluss des FG „**greifbar gesetzwidrig**" ist (vgl Rz 16).

Die Beschränkung der Anfechtbarkeit von Entscheidungen über die AdV durch § 128 Abs 3 ist **verfassungsgemäß** (BFH/NV 1997, 250; 2000, 1327).

b) Entscheidungen über den Rechtsweg (§ 17 a Abs 4 S 4 GVG)

15   Kommt das FG zu der Erkenntnis, dass der Finanzrechtsweg (§ 33) für eine beim FG eingereichte Klage nicht gegeben ist, hat es die Sache durch Beschluss an das zuständige Gericht im zutreffenden Rechtsweg zu verweisen (§ 155 iVm § 17 a Abs 2 GVG). Auch wenn das FG – entgegen der Auffassung des Beklagten – den Finanzrechtsweg für gegeben hält, hat es dies vorab durch Beschluss auszusprechen (§ 17 a Abs 3 GVG). Nach § 17 Abs 4 S 4 GVG ist die Beschwerde gegen den Beschluss des FG über die (Un)Zulässigkeit des Finanzrechtswegs nur dann mit der Beschwerde anfechtbar, wenn das FG in seinem Beschluss die **Beschwerde zugelassen** hat (BFHE 182, 515 = BStBl II 1997, 543). Die Gründe für die Zulassung ergeben sich aus § 17 Abs 5 GVG. Der BFH ist an die Zulassung der Beschwerde durch das FG gebunden (§ 155 iVm § 17 a Abs 4 S 6 GVG). Die Nichtzulassung der Beschwerde im Beschluss des FG kann nicht mit Rechtsmitteln angegriffen werden (BFH/NV 1997, 794, 885; 2002, 513), die Rechtslage ist insoweit vergleichbar mit der des § 128 Abs 3.

In den Fällen der **örtlichen und sachlichen Zuständigkeit** sieht § 70 zwar die entsprechende Anwendung der §§ 17 ff GVG vor; der Verweisungsbeschluss nach § 70 ist jedoch – anders als die Verweisung in einen anderen Rechtsweg – nach der ausdrücklichen speziellen Regelung in § 70 S 2 **unanfechtbar.**

5. Statthaftigkeit einer außerordentlichen Beschwerde?

16   Nach der zur Rechtslage vor Inkrafttreten des § 321 a ZPO idF des ZPO-RG v 27. 7. 2001 ergangenen Rspr sollten auch Verfügungen und Beschlüsse, gegen die nach der jeweils maßgeblichen Verfahrensordnung eine Beschwerde nicht statthaft ist, **ausnahmsweise** mit dem gesetzlich nicht geregelten Rechtsbehelf der „außerordentlichen Beschwerde" angefochten werden können, wenn sie „**jeder gesetzlichen Grundlage entbehrten**" und „**inhaltlich dem Gesetz fremd**", also „**greifbar gesetzwidrig**" (willkürlich) waren (BFHE 119, 36 = BStBl II 1976, 606; BFHE 122, 256 = BStBl II 1977, 628; BFH/NV 2000, 60, 481, 868, 1449; 2001, 1033, 1127, 1413; BGH MDR 1997, 969; MDR 1997, 970; BAG MDR 1998, 984; *Wax* FS Lüke, 941). Das war nicht schon dann der Fall, wenn die Entscheidung **inhaltlich rechtsfehlerhaft** war (BFH/NV 2000, 858; BGH NJW-RR 1997, 1155). Weitergehend wurde auch die Ansicht vertreten, eine außerordentliche Beschwerde sei zulässig, wenn die Entscheidung **Verfassungsrecht verletze** (BSG SozR 1500 § 150 SGG

Nr 27; OLG Hamm FamRZ 1998, 1606; OLG Saarbrücken NJW-RR 1999, 1290) oder **„unter schwerwiegender Verletzung von Verfahrensvorschriften zustande gekommen"** sei (BFHE 125, 490 = BStBl II 1978, 675; BFH/NV 2000, 845, 868; 2001, 1033, 1413; 2002, 936, 1460). Nach Einführung der sog **Anhörungsrüge** in § 321a ZPO, die über § 155 ab 1. 1. 2002 auch im finanzgerichtlichen Verfahren anzuwenden war, hat der BFH (BFHE 200, 42 = BStBl II 2003, 269; BFHE 201, 11 = BStBl II 2003, 317; BFH/NV 2003, 938, 1601; 2004, 647, 1538, 1657; 2005, 70) im Anschluss an die Rspr des BGH (BGHZ 150, 133) und des BVerwG (NJW 2002, 2657) die Ansicht vertreten, der Gesetzgeber habe mit der Einführung des § 321a ZPO entschieden, dass in den Fällen, die Anlass zur Entwicklung der außerordentlichen Beschwerde gegeben hätten, dasjenige Gericht für Abhilfe zu sorgen hat, das den Fehler begangen habe. Das gelte vor allem für die in § 321a ZPO geregelten Fälle der Verletzung des rechtl Gehörs, darüber hinaus aber in allen Fällen, in denen eine mit ordentl Rechtsmitteln nicht angreifbare Entscheidung des Gerichts ein Verfahrensgrundrecht des Beschwerdeführers verletze oder „greifbar gesetzwidrig sei". Eine gleichwohl beim BFH eingelegte außerordentl Beschwerde gegen einen unanfechtbaren Beschluss des FG hat der BFH als Gegenvorstellung behandelt und an das zuständige FG zurückgegeben (BFH/NV 2004, 1117; 2005, 70, 223), sofern der Beschwerdeführer nicht ausdrücklich eine Entscheidung des BFH über den außerordentl Rechtsbehelf begehrte (BFH/NV 2004, 359). Abweichend von der Rspr des BGH, des BVerwG und der übrigen BFH-Senate will der IV. Senat des BFH die außerordentl Beschwerde auch nach Inkrafttreten des § 321a ZPO zulassen, wenn die mit förmlichen Rechtsbehelfen nicht anfechtbare Entscheidung des FG darauf beruht, dass das Gericht eine Vorschrift des Prozessrechts bewusst in einer objektiv willkürlichen Weise angewendet hat (vgl BFHE 206, 194 = BStBl II 2004, 833; BFH/NV 2005, 2130). Der Auffassung des IV. Senat kann nach derzeit geltender Rechtslage nicht gefolgt werden (vgl dazu Vor § 115 Rz 29). Spätestens seit dem Inkrafttreten des § 133a ist eine außerordentl Beschwerde nicht mehr statthaft (hM, vgl BFH/NV 2005, 1861, 1864, 905; BFH v 30. 11. 2005 VIII B 181/05, zur Veröffentlichung bestimmt; BVerwG NVwZ 2005, 1201 und Buchholz 428 § 37 VermG Nr 36; BAG NJW 2005, 3231; BSG v 7. 4. 2005 B 1 KR 5/04 S, juris; *H/H/Sp/Bergkemper* Rz 136; aA BFH/NV 2005, 2130).

Mit Wirkung ab 1. 1. 2005 hat der Gesetzgeber – veranlasst durch den Beschluss des BVerfG v 30. 4. 2003 (BVerfGE 107, 395 = DB 2003, 1570) – durch das AnhRügG für alle Fälle der Verletzung des rechtlichen Gehörs durch unanfechtbare Entscheidungen der Gerichte den gesetzlichen Rechtsbehelf der Anhörungsrüge eingeführt (vgl **§ 133a**). Eine **sinngemäße Anwendung** des § 133a auf andere Verstöße gegen formelles oder materielles Recht **ist ausgeschlossen** (vgl § 133a Rz 3 und Vor § 115 Rz 29). Außerhalb des Anwendungsbereichs des § 133a kommt deshalb auch keine Gegenvorstellung gegen materiell rechtskräftige Beschlüsse zum iudex a quo in Betracht (str, vgl die Nachweise in Rz 29 Vor § 115). „Greifbar gesetzwidrige" Entscheidungen der Gerichte, gegen die kein gesetzlich geregelter Rechtsbehelf vorgesehen ist, können nur mit der Verfassungsbeschwerde überprüft werden (ebenso: *Zöller/Gummer* § 56 Rz 25). Die Gegenvorstellung kommt außerhalb des Anwendungsbereichs des § 133 a nur für unanfechtbare Entscheidungen in Betracht, die nicht in materielle Rechtskraft erwachsen.

Gegen die Rspr zur Statthaftigkeit von Beschwerden außerhalb des gesetzlichen Rechtsmittelsystems bestehen dieselben Bedenken wie gegen die Zulassung einer Gegenvorstellung bei materiell rechtskräftigen Gerichtsentscheidungen (vgl Vor § 115 Rz 26). Beide Rechtsbehelfe führen tendenziell zu einer Aushöhlung der Rechtskraft und sind unvereinbar mit dem Gebot der **Rechtsmittelklarheit** (BVerfGE 107, 395; kritisch auch *Chlosta* NJW 1993, 2160; *Voßkuhle* NJW 1995, 1377; *Braun* ZZP 106 (1993), 236; *Gottwald* NJW 1993, 415; *Lotz* NJW 1996, 2130; *Kenver* JuS 1997, 592). Das Rechtsstaatsprinzip verlangt, dass die statthaften Rechtsbehelfe gegen gerichtliche Entscheidungen und ihre Zulässigkeitsvoraussetzungen in der geschriebenen Verfahrensordnung geregelt sind (BVerfGE 107, 395).

6. Beschwerdeberechtigte

17   Beschwerdeberechtigt sind die **Beteiligten** iS des § 57, der im Beschwerdeverfahren entsprechend anzuwenden ist (vgl BFHE 140, 408 = BStBl II 1984, 439).

Beschwerdebefugt sind ferner die **sonst von der Entscheidung Betroffenen.** Durch die Entscheidung betroffen ist jeder, in dessen Rechte eingegriffen wurde (BFHE 128, 494 = BStBl II 1980, 2; BFH/NV 1991, 468; 1992, 783). Beschwerdeberechtigt kraft eigenen Rechts ist zB der als **Prozessbevollmächtigter Zurückgewiesene** (BFHE 134, 515 = BStBl II 1982, 221 mwN; BFHE 142, 355 = BStBl II 1985, 215; BFHE 169, 393 = BStBl II 1993, 243; BFH/NV 2003, 1222), der **vollmachtlose Vertreter,** dem vom FG Kosten auferlegt wurden (BFHE 134, 401 = BStBl II 1982, 167; vgl aber § 128 Abs 4), der zu einer Ordnungsstrafe verurteilte **Zeuge** (BFHE 96, 17 = BStBl II 1969, 526; BFHE 140, 408 = BStBl II 1984, 439), oder der Rechtsanwalt, dem die Überlassung der Akten in die Wohnung oder in die Kanzlei zur Einsicht verweigert wird (BFHE 126, 1 = BStBl II 1978, 677; BFH/NV 2004, 207). Die Frage, ob ein Beteiligter betroffen ist, wenn das FG dem Ersuchen des FA auf eidliche Vernehmung einer Auskunftsperson (§ 94 AO) stattgeben will, blieb in BFHE 128, 494 = BStBl II 1980, 2 offen; sie ist zu bejahen, da der Beteiligte die Möglichkeit haben muss, geltend zu machen, die Voraussetzungen einer Vernehmung lägen nicht vor.

Ein Rechtsanwalt kann bei zu niedriger Festsetzung des Streitwerts im eigenen Namen Beschwerde einlegen (§ 9 Abs 2 BRAGO; BFHE 98, 125 = BStBl II 1970, 324; vgl aber § 128 Abs 4).

Eine Person, die geltend macht, sie sei zu Unrecht nicht zum Klageverfahren beigeladen worden, kann gegen die Einstellung des Verfahrens nach Zurücknahme der Klage nicht Beschwerde einlegen, weil sie von dieser Entscheidung nicht in ihren Rechten betroffen sein kann (BFH/NV 1991, 468).

Keine Befugnis zur Einlegung der Beschwerde im eigenen Namen hat der Geschäftsführer in einem Klageverfahren der GmbH, eine Klagebefugnis ergibt sich nicht schon aus der in § 166 AO angeordneten Drittwirkung der Steuerfestsetzung (BFH/NV 1988, 237).

Die Erweiterung der Beschwerdebefugnis auf „sonst von der Entscheidung Betroffene" gilt nicht im Verfahren der **Nichtzulassungsbeschwerde** (vgl § 116 Rz 6; BFH/NV 1991, 689; BFH/NV 1994, 334).

Auch im Beschwerdeverfahren kann es zu einem **gesetzlichen Parteiwechsel** kommen (BFHE 128, 251 = BStBl II 1979, 714; BFH/NV 1989, 36; zum Wechsel der Beteiligten im Revisionsverfahren vgl § 122 Rz 3).

III. Weitere Zulässigkeitsvoraussetzungen

Es gelten insoweit die Ausführungen in Rz 7 ff vor § 115. **18**

Wegen der bei Einlegung der Beschwerde zu beachtenden **Form** und **Frist** vgl § 129.

Zum **Vertretungszwang** nach § 62 a bei der Beschwerde vgl § 62 a Rz 14; § 129 Rz 3 und BFHE 140, 408 = BStBl II 1984, 439. Zum Erfordernis der **Beschwer** vgl Rz 12 ff bei § 115 und BFHE 128, 494, 496 = BStBl II 1980, 2. Wegen der Beschwer durch eine Streitwertfestsetzung vgl BFHE 98, 125 = BStBl II 1970, 324; BFHE 105, 461 = BStBl II 1972, 626; BFHE 101, 23 = BStBl II 1971, 154).

Zum **Rechtsschutzbedürfnis** als Zulässigkeitsvoraussetzung der Beschwerde vgl vor § 115 Rz 21. Das Rechtsschutzbedürfnis für die Beschwerde gegen einen im Klageverfahren ergangenen Beschluss entfällt nicht immer schon dadurch, dass das FG eine **Entscheidung in der Hauptsache** getroffen hat; denn im Falle des Erfolgs der Beschwerde kann unter bestimmten Voraussetzungen nachträglich ein Verfahrensverstoß mit der Revision oder der Beschwerde gegen die Nichtzulassung der Revision geltend gemacht werden (BFHE 169, 110 = BStBl II 1993, 123; BFHE 171, 412 = BStBl II 1993, 797 und BFHE 173, 14 = BStBl II 1994, 658, zur Beschwerde gegen die **Ablehnung einer Aussetzung** des Verfahrens bzw gegen die Fortsetzung des Verfahrens; BFHE 134, 525 = BStBl II 1982, 217, zur Beschwerde gegen die Ablehnung einer notwendigen **Beiladung;** BFHE 174, 491 = BStBl II 1994, 802 zur Beschwerde gegen einen Beschluss nach § 86 Abs 3). Ist der zugrunde liegende **Rechtsstreit in der Hauptsache erledigt** oder ist eine Abänderung der Entscheidung des FG in der Hauptsache aus einem anderen Grund ausgeschlossen, so kann das mit der Beschwerde verfolgte Ziel nicht mehr erreicht werden; das Rechtsschutzbedürfnis für die Durchführung des Beschwerdeverfahrens entfällt (BFH/NV 1993, 672; 1995, 232; 1999, 209).

IV. Anschlussbeschwerde

Die Anschlussbeschwerde ist in der FGO – anders als in der ZPO (vgl **19** § 567 Abs 3 ZPO) – nicht ausdrücklich geregelt; gleichwohl wird sie (ebenso wie die Anschlussrevision, vgl § 120 Rz 77 ff) allgemein als zulässig angesehen (vgl BFHE 90, 92 = BStBl II 1967, 784; BFHE 92, 314 = BStBl II 1968, 538; BFHE 121, 399 = BStBl II 1977, 430; BFH/NV 2001, 1589 mwN; *T/K* § 128 Rz 7; *H/H/Sp/Bergkemper* § 128 Rz 142 ff; *Beermann/Ehlers* § 128 Rz 111). Dass der Beschwerdegegner **selbstständig** Beschwerde einlegen kann, wenn auch er beschwert ist, versteht sich von selbst. Zulässig ist aber auch die **unselbstständige,** dh vom Schicksal der Hauptbeschwerde abhängige **Anschlussbeschwerde.** Diese ist auch noch nach Ablauf der Beschwerdefrist möglich (BFHE 97, 276 = BStBl II 1970,

95; BFH/NV 1991, 316; 1995, 680; 1999, 372). Die (unselbstständige) Anschlussbeschwerde kann bis zum Abschluss des Beschwerdeverfahrens eingelegt werden. Sie ist ebenso wie die Anschlussrevision **kein Rechtsmittel,** sondern ein angriffsweise wirkender Antrag innerhalb des fremden Rechtsmittels (BFHE 92, 314, 316 = BStBl II 1968, 538; BFHE 110, 431 = BStBl II 1974, 57). Im Verfahren der **Nichtzulassungsbeschwerde** ist nur die selbstständige Anschließung zulässig (BFH/NV 1998, 596; 1999, 344; BVerwGE 34, 351 = NJW 1970, 824).

§ 129 [Einlegung der Beschwerde]

(1) Die Beschwerde ist beim Finanzgericht schriftlich oder zur Niederschrift des Urkundsbeamten der Geschäftsstelle innerhalb von zwei Wochen nach Bekanntgabe der Entscheidung einzulegen.

(2) Die Beschwerdefrist ist auch gewahrt, wenn die Beschwerde innerhalb der Frist beim Bundesfinanzhof eingeht.

Vgl § 147 VwGO, § 173 SGG.

I. Einlegung der Beschwerde

1. Empfangsbehörde

1   Die Beschwerde ist „beim Finanzgericht" einzulegen, dh bei dem FG, das die angefochtene Entscheidung erlassen hat (*H/H/Sp/Bergkemper* Rz 2). Wurde die Beschwerde bei einem anderen FG eingelegt, tritt die Wirkung der beim unzuständigen FG eingelegten Beschwerde frühestens ein, wenn das Protokoll oder die Beschwerdeschrift beim zuständigen Gericht eingeht (BFH/NV 2004, 976). Nach der ausdrücklichen Regelung des Abs 2 kann die Beschwerde fristwahrend **auch beim BFH** eingelegt werden. Wird die Beschwerde beim BFH eingelegt, muss dieser die Beschwerdeschrift dem FG übersenden, damit es über eine mögliche Abhilfe (§ 130) entscheiden kann.

2. Form

2   Für die Beschwerde ist **Schriftform** vorgeschrieben. Wegen der Schriftform gelten die Ausführungen in § 64 Rz 18 ff entsprechend. Grundsätzlich ist eigenhändige Unterschrift erforderlich (BFHE 107, 270 = BStBl II 1973, 83; BFH/NV 1997, 694). Es genügt auch hier telegrafische Einlegung (BFHE 92, 438 = BStBl II 1968, 589) oder Einlegung durch Telefax (BFHE 163, 510 = BStBl II 1991, 463) oder durch Computerfax ohne Wiedergabe einer eigenhändigen Unterschrift (BFH/NV 2003, 646).

Die Beschwerde kann auch zur **Niederschrift des Urkundsbeamten** der Geschäftsstelle eingelegt werden. Diese Regelung ist systemwidrig. Grundsätzlich gilt der Vertretungszwang nicht für Prozesshandlungen, die vor dem Urkundsbeamten der Geschäftsstelle vorgenommen werden können (§ 78 Abs 3 ZPO iVm § 155; BFHE 140, 408 = BStBl II 1984, 439; BFH/NV 1995, 424). § 129 Abs 1 S 1 durchbricht diesen Grundsatz. Offenbar wurde bei der Schaffung der FGO die gleichlautende Regelung des § 147 Abs 1 S 1 VwGO übernommen ohne dabei zu beachten, dass nach der FGO – anders als nach der VwGO – das Revisionsgericht zugleich

Beschwerdegericht ist. Nach Einführung des Vertretungszwangs vor dem BFH hätte deshalb die Regelung des § 129 Abs 1 S 1 überprüft werden müssen. Die Schriftform ist auch dann gewahrt, wenn die Beschwerde in das vom Urkundsbeamten der Geschäftsstelle geführte **Sitzungsprotokoll** der mündlichen Verhandlung (BFHE 116, 7 = BStBl II 1975, 673; BFH/NV 1990, 785; 1995, 526; ebenso *Redeker/v Oertzen* § 147 Rz 2; *Kopp/Schenke* (§ 147 Rz 2) aufgenommen oder zur Niederschrift des beauftragten **Richters** iS von § 81 Abs 2 oder des nach § 79 bestimmten Richters (§ 64 Rz 31) erklärt wird; ein bloßer **Aktenvermerk** des Richters über die telefonische Einlegung der Beschwerde reicht nicht aus (vgl BFH/NV 1992, 49 und § 64 Rz 27).

Für die Einlegung der Beschwerde gilt der **Vertretungszwang** des **3** § 62a. Das gilt für alle Arten von Beschwerden. Auch Personen, die nicht als Beteiligte, sondern als „sonst von der Entscheidung Betroffene" Beschwerde einlegen, müssen sich durch einen nach § 62a vertretungsberechtigten Bevollmächtigten vertreten lassen (BFHE 140, 408 = BStBl II 1984, 439). Der Vertretungszwang des § 62a ist auch dann zu beachten, wenn die Beschwerde zur **Niederschrift** des Urkundsbeamten der Geschäftsstelle erklärt oder in das von diesem in das vom Urkundsbeamten der Geschäftsstelle oder vom Richter geführte **Sitzungsprotokoll** aufgenommen wird; anderenfalls ist die Beschwerde unzulässig (BFH/NV 1991, 471). Eine unter Missachtung des Vertretungszwangs eingelegte Beschwerde ist **unzulässig;** sie kann nur innerhalb der Beschwerdefrist durch eine vor dem BFH postulationsfähige Person genehmigt werden (BFH/NV 1995, 247, 1007; 1999, 72).

3. Frist

Die Beschwerde ist im finanzgerichtlichen Verfahren grundsätzlich be- **4** **fristet;** das gilt auch dann, wenn in der FGO zivilprozessuale Vorschriften für anwendbar erklärt sind und dort eine Beschwerdefrist nicht besteht (vgl § 128 Rz 2).

Die Beschwerde ist innerhalb von zwei Wochen nach Bekanntgabe der Entscheidung einzulegen. Wird der Beschluss nach § 107 berichtigt, verlängert sich dadurch nicht die Frist für die Beschwerde gegen den ursprünglichen Beschluss (BFH/NV 1999, 65). Für die Beschwerdefrist wegen Nichtzulassung der Revision besteht eine Sonderregelung in § 116 Abs 2 (Monatsfrist).

Keine Frist besteht für die unselbstständige **Anschlussbeschwerde,** vgl § 128 Rz 19. Für die Berechnung der Frist gilt § 54.

Die Beschwerdefrist kann **nicht verlängert** werden, vgl § 54 Rz 6 und BFH/NV 1994, 332. Wegen der Versäumung der Beschwerdefrist kann Wiedereinsetzung nach § 56 gewährt werden.

Der Lauf der Beschwerdefrist beginnt mit der **Bekanntgabe** der Entscheidung, also mit deren Zustellung oder Verkündung im Termin, vgl § 53. Die Bekanntgabe setzt die Frist (auch bei Verkündung) nur in Lauf, wenn dem Beschwerdeführer eine zutreffende schriftliche Rechtsmittelbelehrung ausgehändigt wurde; vgl § 55 Abs 1 S 2 (§ 113 Abs 1, § 105 Abs 2 Nr 6; BFH/NV 2003, 45). Die Beschwerdefrist wird auch dann durch die Zustellung des Beschlusses in Lauf gesetzt, wenn dieser ohne Kostenentscheidung ergangen ist (BFH/NV 1995, 719). Die Beschwerde kann auch schon **vor der Zustellung** des Beschlusses (nicht aber vor *Beschlussfassung:* BFH/NV 1992, 184; 1999, 316) wirksam eingelegt werden (BFH/NV 1990, 253). Die Einlegung vor Beginn des Fristablaufs kommt insbesondere dann in Betracht, wenn den Beteiligten die Beschlussformel vor der formellen Bekanntgabe telefonisch mitgeteilt wurde (*Kopp/Schenke* § 147 Rz 3).

Zur Wahrung der Beschwerdefrist genügt es, wenn die Beschwerdeschrift bis 24 Uhr des letzten Tages der Rechtsmittelfrist in den Briefkasten des zuständigen FG eingeworfen wird, auch wenn der Briefkasten kein Nachtbriefkasten ist (BFHE 119, 19 = BStBl II 1976, 570; BVerfG NJW 1976, 747).

Zu der Frage, wann ein Schriftsatz beim FG eingegangen ist vgl § 64 Rz 15 ff.

Wegen der **übrigen Zulässigkeitsvoraussetzungen** der Beschwerde vgl § 128 Rz 3 ff und Rz 7 ff Vor § 115.

4. Mehrfache Einlegung

5   Innerhalb der Beschwerdefrist kann mehrfach Beschwerde eingelegt werden; für die Beschwerde gelten insoweit dieselben Grundsätze wie für die Revision (vgl § 120 Rz 35). Über eine mehrfach eingelegte Beschwerde ist im selben Verfahren einheitlich zu entscheiden (BFH/NV 1987, 52; BFH/NV 1989, 15). Dabei genügt es, wenn nur einer von mehreren Einlegungsakten den Zulässigkeitsvoraussetzungen der Beschwerde genügt (BFH/NV 1989, 15).

5. Inhalt der Beschwerdeschrift

6   Zwar enthalten die §§ 128 ff (anders aber § 146 Abs 4 S 3 VwGO) keine Vorschriften über den Inhalt der Beschwerde. Ein bestimmter **Mindestinhalt** muss aber innerhalb der Beschwerdefrist vorliegen. Dazu gehört, dass die angefochtene Entscheidung innerhalb der Frist eindeutig bezeichnet wird (BFHE 113, 96 = BStBl II 1974, 717; *T/K* § 129 Rz 5). Dagegen ist es nicht erforderlich, dass der Beschwerdeführer innerhalb der Beschwerdefrist einen förmlichen **Antrag** stellt; die Beschwerdeschrift muss jedoch – wie jede Rechtsmittelschrift – das **Begehren** des Beschwerdeführers **erkennen lassen** (BFH/NV 1989, 649; 1993, 111; 1995, 238, 526, 538; 1999, 321, 653, 821; vgl auch BFHE 156, 401 = BStBl II 1989, 626; *H/H/Sp/Bergkemper* § 129 Rz 8 f; *Beermann* § 129 Rz 7; *Kopp/Schenke* § 147 Rz 2); anderenfalls ist die Beschwerde unzulässig. Im Regelfall kann das Begehren dem erstinstanzlichen Antrag entnommen werden; das gilt aber nicht ausnahmslos, zB dann nicht, wenn das FG den Antrag als unklar beurteilt hat (BFH/NV 1989, 646). Da die Konkretisierung des Beschwerdebegehrens zum Mindestinhalt der fristgebundenen Beschwerde gehört, und das Beschwerdeverfahren in erster Linie der Überprüfung der erstinstanzlichen Entscheidung dient, kann der Beschwerdeführer sein **Beschwerdebegehren** nach Ablauf der Beschwerdefrist zwar einschränken, aber grundsätzlich **nicht** mehr **erweitern** (BFHE 105, 95 = BStBl II 1972, 493; *Kopp/Schenke* § 146 Rz 43). Eine Ausnahme wird man zulassen müssen, wenn mit der Beschwerde neue Tatsachen vorgetragen werden, die erst nach Ablauf der Beschwerdefrist eingetreten sind (*Kopp/Schenke*

aaO). Von der Erweiterung des **Rechtsmittelantrags** ist die Erweiterung des **erstinstanzlichen Antrags** (innerhalb der Beschwerdefrist) zu unterscheiden, die im Beschwereverfahren grundsätzlich zulässig ist (vgl dazu § 132 Rz 6).

Die strengen Anforderungen des § 120 an die Bezeichnung des Streitgegenstandes und die Begründung der Revision gelten im Beschwerderecht nicht. Die Beschwerde braucht deshalb auch **nicht begründet** zu werden (BFHE 92, 469 = BStBl II 1968, 608; BFH/NV 1993, 425; 1995, 526; 1999, 1637; *T/K* § 129 Rz 5; *Kopp/Schenke* § 147 Rz 2). Eine Ausnahme gilt für die Nichtzulassungsbeschwerde (vgl § 116 Abs 3).

II. Zurücknahme und Verzicht

Die Beschwerde kann bis zur Verkündung oder Zustellung der Beschwerdeentscheidung des BFH **zurückgenommen** werden. Einer Zustimmung des Beschwerdegegners bedarf es hierfür nicht (*Eyermann* § 150 Rz 2; *H/H/Sp/Bergkemper* § 129 Rz 16 f). Die Zurücknahme und der Widerruf der Zurücknahme einer Beschwerde müssen als Prozesshandlungen in gleicher Form ausgesprochen werden wie die Zurücknahme einer Klage (BFH/NV 1992, 49; vgl dazu § 72 Rz 6). **7**

Auf eine Beschwerde kann auch **verzichtet** werden (*Rosenberg/Schwab* § 149 III 2; *T/K* § 129 Rz 7; *Baumbach ua* § 514 Rz 1).

Zum Rechtsmittelverzicht vgl auch vor § 115 Rz 23.

§ 130 [Abhilfe oder Vorlage beim BFH]

(1) Hält das Finanzgericht, der Vorsitzende oder der Berichterstatter, dessen Entscheidung angefochten wird, die Beschwerde für begründet, so ist ihr abzuhelfen; sonst ist sie unverzüglich dem Bundesfinanzhof vorzulegen.

(2) Das Finanzgericht soll die Beteiligten von der Vorlage der Beschwerde in Kenntnis setzen.

Vgl § 148 VwGO; § 174 SGG; vgl auch § 571 ZPO.

I. Abhilfe

1. Voraussetzungen und Verfahren

§ 130 gilt nur für Beschwerden iS des § 128, die beim FG anzubringen sind; die Vorschrift ist nicht anwendbar auf die **NZB**, da diese unmittelbar beim BFH einzulegen ist (§ 116 Abs 2). **Zuständig** für die Abhilfe ist der Spruchkörper oder der Richter (Vorsitzende, Berichterstatter), der die angefochtene Entscheidung erlassen hat. Dabei kann das Gericht auch in anderer Besetzung entscheiden, wenn ein Richter gewechselt hat oder bei Überbesetzung ein anderer Richter zuständig ist. Hat bei einer Entscheidung des Vorsitzenden dieser inzwischen gewechselt oder ist er verhindert, so ist der neue Vorsitzende oder sein Vertreter zuständig. **1**

Das Gericht bzw der Vorsitzende oder der Berichterstatter haben bei der Entscheidung über die Abhilfe nicht nur die Rechtsausführungen des Beschwerdeführers zu würdigen, sondern auch einen etwaigen **neuen Sachvortrag** zu berücksichtigen (BFHE 129, 115 = BStBl II 1980, 86; *Rede-*

ker/v Oertzen § 148 Rz 1; *Baumbach ua* § 371 Rz 1); ggf muss auch Beweis erhoben werden (*T/P* § 571 Rz 1; *T/K* § 130 Rz 5; *H/H/Sp/Offerhaus* § 130 Rz 3). Durch die Abhilfemöglichkeit ist dem FG eine neue Entscheidungsbefugnis eingeräumt.

Kommt das FG (bzw der Berichterstatter oder der Vorsitzende) zu dem Ergebnis, dass die Beschwerde – ganz oder teilweise – zulässig und **begründet** ist, so ist es nicht nur berechtigt, sondern **verpflichtet abzuhelfen**. Das gilt im finanzgerichtlichen Verfahren allgemein, also auch, wenn in der FGO auf Vorschriften der ZPO verwiesen wird, nach denen eine sofortige Beschwerde (ohne Möglichkeit der Abhilfe) gegeben ist (vgl § 577 Abs 3 ZPO), wie zB im Fall der §§ 51 Abs 1 iVm 46 Abs 2 ZPO (BFHE 86, 505 = BStBl III 1966, 547).

2 Einer unstatthaften oder sonst **unzulässigen Beschwerde** darf das FG nicht abhelfen, auch wenn es sie für begründet hält (st Rspr, vgl BFHE 141, 116 = BStBl II 1984, 562; BFH/NV 1996, 60; 1997, 517, 259; 1999, 503; FG RhPf EFG 1980, 30; *H/H/Sp/Offerhaus* § 130 Rz 10; *Beermann/Ehlers* Rz 4). Demgegenüber wird die Abhilfemöglichkeit in diesem Fall – jedenfalls bei statthafter Beschwerde – von der hM in der Literatur zur VwGO und ZPO überwiegend bejaht (vgl zB *Kopp/Schenke* § 148 Rz 1; *Redeker/v Oertzen* § 148 Rz 1; *Eyermann* § 148 Rz 4; *Meyer-Ladewig* § 174 Rz 2; *Bettermann* ZZP 88 (1975), 365, 410; *T/P* § 571 Rz 2; *Stein/Jonas/Grunsky* § 771 Rz 1; *Baumbach ua* § 571 Rz 1 A). Dieser Ansicht kann für das Abhilfeverfahren der FGO nicht gefolgt werden. Für den Zivilprozess wird die Befugnis des Gerichts, einer unzulässigen aber sachlich berechtigten Beschwerde abzuhelfen, damit begründet, dass es dem Gericht bei der einfachen Beschwerde ohnehin freistehe, seine Entscheidung zu ändern; dann müsse auch eine unstatthafte oder sonst unzulässige Beschwerde den Anstoß zu einer solchen Änderung geben können (vgl *Stein/Jonas/Grunsky* § 571 Rz 1; § 329 Rz 2). Diese Erwägung trifft für das finanzgerichtliche Verfahren nicht zu. Das FG ist nur in Ausnahmefällen zu einer Abänderung seiner Entscheidung befugt, wie zB bei der Festsetzung des Streitwerts nach § 63 GKG oder bei Entscheidungen, die nur deklaratorischen Charakter haben (Einstellungsbeschluss nach Klagerücknahme, Ablehnung der Fortsetzung des Verfahrens nach übereinstimmender Erledigungserklärung). Vgl auch Rz 26 f vor § 115. Nur soweit das FG unabhängig von einem Rechtsmittelverfahren zu einer Änderung seiner Entscheidung berechtigt ist, kann es einer unzulässigen, aber sachlich begründeten Beschwerde abhelfen (ebenso *T/K* § 130 Rz 9). Das FG ist jedoch befugt, in den Fällen der unverschuldeten **Versäumnis der Beschwerdefrist** Wiedereinsetzung in den vorigen Stand zu gewähren, wenn es die Beschwerde für begründet erachtet (*Beermann/Ehlers* § 130 Rz 6).

3 Will das FG der Beschwerde abhelfen, so muss es zuvor dem Beschwerdegegner **rechtliches Gehör** (Art 103 Abs 1 GG) gewähren (*Stein/Jonas/Grunsky* § 571 Rz 1; *Eyermann* § 148 Rz 6).

2. Entscheidung über die Abhilfe

4 Das FG muss grundsätzlich durch **ausdrücklichen Beschluss** über die Abhilfe entscheiden, und zwar sowohl im Fall der Abhilfe als auch im Fall der Nichtabhilfe (BFHE 90, 103 = BStBl III 1967, 788; BFHE 105, 148 =

BStBl II 1972, 515; *Baumbach ua* § 571 Rz 2; *T/K* § 130 Rz 11; *Kopp/Schenke* § 146 Rz 2). Bei der **Nichtabhilfe** wird der Beschluss regelmäßig nur durch einen Aktenvermerk, der von den Berufsrichtern unterschrieben ist, dokumentiert; ein „förmlicher" Beschluss ist nicht erforderlich (BVerwG NJW 1963, 554). Es handelt sich dabei nicht um eine selbstständige „Entscheidung" iS des § 128 Abs 1, sondern lediglich um die Entschließung des FG, keine andere Entscheidung in der Sache zu treffen (BFH/NV 2003, 1431). Der Beschluss über die Nichtabhilfe ist entbehrlich, wenn gegen die Entscheidung ein **Rechtsmittel nicht statthaft** und das FG deshalb unter keinem denkbaren Gesichtspunkt befugt ist, der Beschwerde abzuhelfen (BFHE 141, 116 = BStBl II 1984, 562; BFH/NV 1995, 138, 1086; 1999, 503). Auch bei einer **offensichtlich unzulässigen Beschwerde** bedarf es keines ausdrücklichen Beschlusses über die Nichtabhilfe (BFH/NV 1995, 59; 1997, 250, 259, 517; BFHE 157, 308; BVerwG NJW 1963, 554). Der Abgabe an das FG zur Nachholung eines Beschlusses über die Abhilfe und einer nochmaligen Vorlage an den BFH steht in diesem Fall der Grundsatz der **Prozessökonomie** entgegen (BFH/NV 1996, 838; 1997, 517 mwN).

Hat das FG eine Stellungnahme über die Abhilfe zu Unrecht unterlassen, so leitet der BFH ihm die Akten wieder zu, damit es den Beschluss nachholen kann.

Hat das FG in der angefochtenen Entscheidung über mehrere Streitgegenstände oder über einen teilbaren Streitgegenstand entschieden, kann es der Beschwerde auch **teilweise abhelfen**; im Übrigen muss es dann vorlegen (*Stein/Jonas/Grunsky* § 571 Rz I; *H/H/Sp/Offerhaus* § 130 Rz 24). Der Abhilfebeschluss ist den Beteiligten in derselben Form bekanntzugeben wie die abgeänderte Entscheidung. Er muss – im Fall der vollständigen Abhilfe – eine Kostenentscheidung, enthalten (BFHE 105, 95 = BStBl II 1972, 493; *Baumbach ua* § 571 Rz 1 A). Im Fall einer Teilabhilfe entscheidet der BFH einheitlich über die Kosten (*H/H/Sp/Offerhaus* Rz 26). Einer Begründung bedarf es nicht (BFHE 128, 236 = BStBl II 1979, 660). Der **Nichtabhilfebeschluss** braucht den Beteiligten nicht bekanntgegeben zu werden (*Kopp/Schenke* § 148 Rz 1; aA *Eyermann* § 148 Rz 8). Der Nichtabhilfebeschluss kann **nicht** mit der **Beschwerde** angefochten werden (BFHE 105, 333 = BStBl II 1972, 575; BFH/NV 1994, 31). Die Beschwerde ist schon deshalb unzulässig, weil sich für den Beschwerdeführer aus der Entscheidung über die Nichtabhilfe **keine selbstständige Beschwer** ergibt (BFHE 167, 299 = BStBl II 1992, 675; BFH/NV 1995, 59; 1993, 252, 616; 1999, 505). Aus diesem Grund besteht auch kein Rechtsschutzbedürfnis für die Beschwerde gegen die Zurückweisung eines Gesuchs auf die Ablehnung von Richtern, die an einem Nichtabhilfebeschluss mitgewirkt haben (BFH/NV 1993, 557). Auch ein **Wiederaufnahmeverfahren** (§ 134 iVm § 279 ZPO) kommt nicht in Betracht, weil die Nichtabhilfeentscheidung des FG kein Verfahren beendet (BFH/NV 1993, 370; BFH/NV 1994, 31).

Gegen den Abhilfebeschluss kann der Gegner Beschwerde einlegen (*Eyermann* § 148 Rz 9; *T/K* § 130 Rz 22).

II. Vorlage

1. Voraussetzungen

5   Hält das Gericht bzw der Vorsitzende oder der Berichterstatter die Beschwerde für unzulässig oder unbegründet, so ist sie unverzüglich, dh ohne schuldhaftes Zögern, dem BFH vorzulegen. Auch eine **unzulässige** Beschwerde muss vorgelegt werden, denn die Frage der Zulässigkeit ist vom Beschwerdegericht zu entscheiden (BFH/NV 2001, 60; BVerwG NJW 1963, 554; *Stein/Jonas/Grunsky* § 571 Rz II). Aus demselben Grund muss – entgegen der Ansicht des FG Bln in EFG 1981, 100 – auch eine „**rechtsmissbräuchlich**" eingelegte Beschwerde vorgelegt werden. Ob rechtsmissbräuchliche Anträge überhaupt bearbeitet werden müssen, ist eine andere Frage. Zuständig für die Bearbeitung ist jedenfalls das für die Sachentscheidung zuständige Gericht.

6   Zweifelhaft und streitig ist, ob das FG auch dann vorlegen muss, wenn es die Beschwerde zwar für gerechtfertigt, seine Entscheidung aber aus einem **anderen Rechtsgrund** für richtig hält (bejahend: KG NJW 1974, 2010; T/K Rz 21; *Baumbach ua* § 571 Rz 1 A; *Schneider* NJW 1966, 1368; *Wieczorek* § 571 Rz A II b). Nach der Gegenmeinung (OLG Kiel SchlHA 1949, 285; *Stein/Jonas/Grunsky* § 572 Rz II 3; *T/P* § 572 Rz 1 c; *H/H/ Sp/Offerhaus* § 130 Rz 12 und – differenzierend – *Zöller/Gummer* § 572 Rz 12) darf das FG in einem solchen Fall die Beschwerde nicht unter Beifügung der neuen Begründung vorlegen, sondern muss seinen ursprünglichen Beschluss im Wege der Abhilfe aufheben und ihn (mit demselben Ergebnis) neu erlassen.

Der BFH hat in einem Fall, in dem das **rechtliche Gehör** nicht gewährt worden war, entschieden, dass das FG einen neuen Beschluss hätte erlassen müssen (BFHE 119, 122 = BStBl II 1976, 595). Diese Entscheidung kann jedoch nicht verallgemeinert werden (vgl BFHE 145, 574 = BStBl II 1986, 382). Nach der zutreffenden Ansicht Gräbers in der ersten Auflage (§ 130 Rz 7) ist zunächst zu prüfen, ob die Hinweise des FG, warum nicht abgeholfen werde, wirklich eine neue oder wesentlich geänderte Begründung oder aber nur eine (unschädliche) **Erläuterung** enthalten (so auch BFHE 120, 460 = BStBl II 1977, 164; BFHE 145, 574 = BStBl II 1986, 382). Liegt eine wesentliche Änderung der Begründung vor, so ist Abhilfe geboten, wenn der Beschluss mit solchen Mängeln behaftet ist, dass er nicht aufrechterhalten werden kann. Das ist der Fall, wenn das Verfahren, das zu der angefochtenen Entscheidung geführt hat, an **wesentlichen Verfahrensverstößen** leidet, insbesondere an Mängeln iS des § 119, bei denen unterstellt wird, dass die Entscheidung auf diesem Mangel beruht. In allen anderen Fällen bestehen keine Bedenken dagegen, dass das FG auf Grund der ihm im Abhilfeverfahren obliegenden erneuten Prüfung (vgl oben Rz 1) dem Vorlagebeschluss eine verbesserte oder ergänzte Begründung hinzufügt (BFHE 121, 167 = BStBl II 1977, 331; BFHE 145, 574 = BStBl II 1986, 382). Anderenfalls träte die unbefriedigende Folge ein, dass die Rechtmäßigkeit seines Verfahrens davon abhinge, ob es das Ergebnis seiner Prüfung offenlegte oder nicht.

2. Vorlageentscheidung

Eines besonderen förmlichen **Vorlagebeschlusses** bedarf es nicht 7 (ebenso BVerwG NJW 1963, 554; *T/K* § 130 Rz 26; *Redeker/v Oertzen* § 148 Rz 3). Es genügt, dass sich der **Nichtabhilfebeschluss** bei den Akten befindet. Der Vorlagebeschluss (oder Nichtabhilfebeschluss) braucht idR **nicht begründet** zu werden; eine Begründung ist jedoch erforderlich, wenn mit der Beschwerde neue Tatsachen vorgetragen werden *T/P* § 572 Rz 2; *Baumbach ua* aaO). Eine wesentliche Änderung der Begründung ist den Beteiligten mitzuteilen. Der Beschwerdeführer muss Gelegenheit haben, die Beschwerde zurückzunehmen. Wird die Beschwerde ohne Begründung vorgelegt, braucht der Vorlagebeschluss den Beteiligten nicht bekanntgegeben zu werden (BFHE 105, 333 = BStBl II 1972, 575).

Mit der Vorlage wird die Sache beim BFH anhängig. Damit entfällt die Möglichkeit des FG, der Beschwerde abzuhelfen (*T/K* Rz 25).

Die Vorlage entfällt, wenn die Beschwerde **zurückgenommen** wird (*T/K* § 130 Rz 24). In diesem Fall muss das FG über die Kosten entscheiden.

§ 131 [Aufschiebende Wirkung der Beschwerde]

(1) ¹Die Beschwerde hat nur dann aufschiebende Wirkung, wenn sie die Festsetzung eines Ordnungs- oder Zwangsmittels zum Gegenstand hat. ²Das Finanzgericht, der Vorsitzende oder der Berichterstatter, dessen Entscheidung angefochten wird, kann auch sonst bestimmen, dass die Vollziehung der angefochtenen Entscheidung einstweilen auszusetzen ist.

(2) Die §§ 178 und 181 Abs. 2 des Gerichtsverfassungsgesetzes bleiben unberührt.

Vgl § 149 VwGO; § 175 SGG; § 570 ZPO.

1. Aufschiebende Wirkung

a) Allgemeines

Die Beschwerde hat grundsätzlich **keine** aufschiebende Wirkung, dh sie 1 hemmt zwar den Eintritt der formellen Rechtskraft des angefochtenen Beschlusses, hindert jedoch nicht dessen Vollziehung und steht dem Fortgang des Verfahrens nicht entgegen. Die Beschwerde hat nur dann aufschiebende Wirkung, wenn

– die angefochtene Entscheidung die Festsetzung eines Ordnungs- oder Zwangsmittels betrifft oder

– das FG, der Vorsitzende oder der Berichterstatter, dessen Entscheidung angefochten wird, die einstweilige Aussetzung der Vollziehung (AdV) angeordnet hat.

In den Fällen des § 131 Abs 1 S 1 tritt die aufschiebende Wirkung mit Einlegung der Beschwerde ein und entfällt mit der Entscheidung über die Beschwerde (*T/P* § 570 Rz 1). In den Fällen des Abs 1 S 2 kann die Entscheidung vollzogen werden bis ein die Einstellung der Vollstreckung anordnender Beschluss des FG, des Vorsitzenden oder des Berichterstatters vorliegt (*Stein/Jonas/Grunsky* § 570 Rz 1 mwN in FN 1). Die Entscheidung über die AdV liegt im Ermessen des FG (BFH/NV 2001, 69).

b) Festsetzung eines Ordnungs- oder Zwangsmittels

2   Ordnungs- und Zwangsmittel, bei denen die **aufschiebende Wirkung** eintritt, sind zB solche, die zur Aufrechterhaltung der Ordnung **außerhalb der Sitzung** verhängt werden (§ 52 Abs 1 iVm §§ 178, 180, 181 Abs 2 GVG), Maßnahmen gegen ausgebliebene Beteiligte (vgl § 80 Rz 10 ff), ausgebliebene oder nicht aussagebereite oder nicht eidesbereite Zeugen und Sachverständige (§ 82 iVm §§ 380, 390, 409, 411 ZPO).

Nach Abs 2 hat indessen auch eine Beschwerde gegen solche Maßnahmen nicht immer aufschiebende Wirkung. Sie fehlt bei den sofort vollziehbaren Maßnahmen zur Aufrechterhaltung der Ordnung **in der Sitzung** (§§ 178, 181 Abs 2 GVG).

2. Einstweilige Aussetzung des Vollzugs

a) Zuständigkeit

3   In anderen Fällen als denen des Abs 1 S 1 kann die Vollziehung des angefochtenen Beschlusses **einstweilen ausgesetzt** werden und zwar (auf **Antrag** oder **von Amts wegen**) durch das Gericht, den Vorsitzenden oder den Berichterstatter, je nachdem wer die angefochtene Entscheidung erlassen hat (vgl auch § 130 Rz 1).

§ 131 enthält zwar keine dem § 570 Abs 3 ZPO entsprechende Regelung, nach der auch das **Beschwerdegericht** die Aussetzung der Vollziehung anordnen kann. Nach zutreffender hM ist aber § 570 Abs 3 ZPO (über § 155) auch im finanzgerichtlichen Verfahren anwendbar. Dafür sprechen zumindest Gründe der Prozessökonomie. Hat die untere Instanz nicht ausgesetzt – und dazu ist sie nach richtiger Ansicht nur bis zur Vorlage an das Beschwerdegericht befugt (vgl *T/P* § 570 Rz 2a) – so kann dagegen Beschwerde eingelegt, aber auch der Antrag unmittelbar beim BFH gestellt werden (ebenso: BFHE 142, 427 = BStBl II 1985, 221; BFH/NV 1997, 691; *H/H/Sp/Offerhaus* § 131 Rz 16; *Beermann/Ehlers* § 131 Rz 7; *Eyermann* § 149 Rz 3; *Kopp/Schenke* § 149 Rz 2; *Redeker/v Oertzen* § 149 Rz 4; *Meyer-Ladewig* § 175 Rz 3; **aA** BFHE 135, 29 = BStBl II 1982, 264; *T/K* § 131 Rz 8; offengelassen in BFHE 177, 347 = BStBl II 1995, 605 und in BFH/NV 2000, 1230).

b) Voraussetzungen

4   Ausgesetzt werden kann nur die **Vollziehung.** Ist die Entscheidung bereits vollzogen, so kann nicht die Vollziehung „einstweilen" aufgehoben werden (FG RhPf EFG 1969, 307).

Ausgesetzt werden kann auch nicht ein Beschluss, der die **Vollziehung** (nach § 69 Abs 3) **ausgesetzt** hat, es kann also auch nicht die Vollziehbarkeit wieder hergestellt werden (BFHE 135, 29 = BStBl II 1982, 264; FG Bremen EFG 1966, 470; FG Nds EFG 1972, 451; *H/H/Sp/Offerhaus* Rz 11; **aA** *Ziemer ua* Rz 10 209). Das Verfahren der AdV ist in § 69 speziell und abschließend geregelt. Entscheidungen im Rahmen des § 69 sind deshalb nicht einer Maßnahme nach § 131 Abs 1 S 2 zugänglich (*T/K* Rz 14).

Die einstweilige AdV der angefochtenen Entscheidung nach § 131 Abs 1 S 2 setzt voraus, dass die davon betroffene Maßnahme noch Gegenstand eines Rechtsstreits zwischen den Beteiligten ist. Nach **rechtskräftiger Entscheidung in der Hauptsache,** ist für eine AdV der angefochtenen FG-Entscheidung kein Raum (BFH/NV 1988, 247; 1997, 885); einem entsprechenden Antrag des Beteiligten fehlt das Rechtsschutzbedürfnis (BFH/NV 1997, 691). Die Aussetzung setzt ferner voraus, dass es sich um eine **vollziehbare** Entscheidung des FG handelt (vgl hierzu BFHE 135, 29 = BStBl II 1982, 264; BFH/NV 1989, 375; 1995, 140; 1998, 716; § 69 Rz 26). Die einen Antrag lediglich ablehnende Entscheidung ist nicht vollziehbar (BFHE 93, 217 = BStBl II 1968, 744; BFHE 135, 29 = BStBl II 1982, 264; BFH/NV 1995, 140 und FG BaWü EFG 1994, 802 betreffend den Antrag auf Akteneinsicht; *Eyermann* § 149 Rz 4).

Gegenstand der Aussetzung kann nur eine **Entscheidung** des FG (nicht ein Verwaltungsakt) sein (BFHE 108, 294 = BStBl II 1973, 498). Bloße Hinweise oder Mitteilungen des Berichterstatters sind keine Entscheidungen" iS von § 131 (FG BaWü EFG 1994, 666).

3. Entscheidung

Die Entscheidung ergeht durch **Beschluss,** der **bekanntzugeben** und **5** mit einer **Rechtsmittelbelehrung** zu versehen ist (§§ 53 Abs 1, 55 Abs 1 S 2). Eine **Kostenentscheidung** ist nicht zu treffen, da es sich um eine Entscheidung in einem unselbstständigen Nebenverfahren handelt (*T/K* Rz 17).

Der Beschluss kann jederzeit aufgehoben oder geändert werden (*T/K* § 131 Rz 12; *T/P* § 570 Rz 2).

Das Gericht entscheidet nach **Ermessen** über die Aussetzung; es hat dabei die Erfolgsaussichten summarisch zu beurteilen und die beiderseitigen Interessen abzuwägen. Die Aussetzung kann auch teilweise angeordnet werden (*Zöller/Gummer* § 570 Rz 4).

Gegen die Entscheidung des FG oder des Vorsitzenden ist das Rechtsmittel der **Beschwerde** gegeben. Die Möglichkeit der Beschwerde erscheint zwar im Hinblick auf die Befugnis des FG, den Beschluss jederzeit zu ändern (*H/H/Sp/Offerhaus* Rz 23) überflüssig; gleichwohl lässt die weite Fassung des § 128 nur die Auslegung zu, dass die Beschwerde gegeben ist (ebenso *T/K* § 131 Rz 11; *Kopp/Schenke* § 149 Rz 3; *Eyermann* § 149 Rz 5; *H/H/Sp/Offerhaus* § 131 Rz 19; *Beermann/Ehlers* § 131 Rz 13; **aA** *Meyer-Ladewig* § 175 Rz 3). Die Einschränkung des § 128 Abs 3, der die Beschwerde nur einräumt, wenn sie vom FG zugelassen ist, gilt nur für die AdV nach § 69.

Die Aussetzung kann auch gegen **Sicherheitsleistung** oder unter **anderen Auflagen** angeordnet werden (*T/K* Rz 16; *Zöller/Gummer* § 570 Rz 5). Nach Vorlage der Beschwerde an den BFH ist dieser für die Entscheidung über die AdV zuständig (§ 155 iVm § 570 Abs 3 ZPO).

§ 132 [Entscheidung über die Beschwerde]

Über die Beschwerde entscheidet der Bundesfinanzhof durch Beschluss.

Vgl § 150 VwGO; § 174 SGG; § 572 Abs 4 ZPO

Übersicht

Literatur: *Schneider,* Probleme bei der Aufhebung und Zurückverweisung im Beschwerdeverfahren, MDR 1978, 525; *Tiedtke,* Bindungswirkung von Beschlüssen des BFH in Beschwerdeverfahren über die Aussetzung der Vollziehung von Gewinnfeststellungsbescheiden, DStR 1980, 455.

I. Verfahren

1. Rechtsgrundlagen

1　　Das Beschwerdeverfahren ist in der FGO (wie auch in den übrigen Verfahrensordnungen) nur **unvollständig geregelt.** Neben wenigen eigenen Vorschriften in den §§ 128 ff gelten kraft Verweisung die in § 113 Abs 1 genannten Vorschriften der FGO und – iVm § 155 – Vorschriften der ZPO, die jedoch nur zu einer entsprechenden Anwendung, dh zu einer dem Charakter des finanzgerichtlichen Beschwerdeverfahrens gemäßen Anwendung führen können.

2　　**Eigene Vorschriften für das Beschwerdeverfahren** bestehen über
– die **Statthaftigkeit** der Beschwerde (§ 128);
– **Form und Frist** (§ 129);
– über die Möglichkeit der **Abhilfe** (§ 130);
– die **hemmende Wirkung** der Beschwerde (§ 131);
– die **Form der Entscheidung** (§ 132);
– die **Kostenentscheidung** (§§ 135 ff);
– die **Begründung** von Beschwerdeentscheidungen (§ 113 Abs 2).

3　　Durch ausdrückliche **Verweisung innerhalb der FGO** selbst sind in **§ 133 Abs 1** für geltend erklärt (wobei die Aufzählung dort nach allgemeiner Ansicht unvollständig ist, vgl § 113 Rz 2):
– die Grundsätze über die **Beweiswürdigung** (§ 96 Abs 1 S 1);
– die Bindung an den **Antrag** und auch an das **Verbot der reformatio in peius** (§ 96 Abs 1 S 2), vgl § 96 Rz 5;
– das Erfordernis der – bei Beschwerdeentscheidungen des BFH notwendigerweise negativen – **Rechtsmittelbelehrung** (§ 105 Abs 2 Nr 6);

- die Möglichkeit der **Berichtigung** und **Ergänzung** (§§ 107–109; BFH/NV 1995, 819).

Nach der für das Revisionsverfahren geltenden und auch im Beschwer- **4**
deverfahren **sinngemäß anzuwendenden Vorschrift des § 121** (BFHE 149, 437 = BStBl 1987, 502) gelten die Vorschriften der Abschnitte III und IV (des Zweiten Teils) der FGO und ebenso die des Abschnitts II des Zweiten Teils (vgl Rz zu § 121) sinngemäß, also insbesondere die Vorschriften über

- die **Ablehnung von Gerichtspersonen** (§ 51);
- **Öffentlichkeit, Sitzungspolizei, Gerichtssprache, Beratung, Abstimmung** (§ 52);
- die **Bekanntgabe** von Entscheidungen (§ 53, ergänzt durch §§ 104, 105);
- die Berechnung der **Fristen** (§ 54);
- die **Wiedereinsetzung** (§ 56);
- die **Beteiligten-** und **Prozessfähigkeit** (vgl Rz zu §§ 57 und 58);
- **Prozessbevollmächtigte** und **Beistände** (§ 62);
- die **Verweisung** wegen örtlicher oder sachlicher **Unzuständigkeit** (§ 70);
- die **Rücknahme** der Beschwerde (§ 72), die nach allgemeiner Ansicht nicht der Einwilligung des Gegners bedarf; vgl § 129 Rz 56;
- die **Trennung** und **Verbindung** von Verfahren (§ 73); vgl BFHE 144, 133 = BStBl II 1985, 605; BFH/NV 1994, 647;
- die **Aussetzung des Verfahrens** (§ 74);
- die **Amtsermittlungs-** und **Belehrungspflicht** (§ 76);
- die **Schriftsätze** (§ 77);
- die **Akteneinsicht** (§ 78);
- Maßnahmen zu Aufklärung des Sachverhalts, insbesondere die **Beweisaufnahme** (§§ 79 ff);
- die (nicht obligatorische) **mündliche Verhandlung** (§§ 90 ff);
- die Gewährung **rechtlichen Gehörs** (§ 96 Abs 2); vgl BVerfGE 8, 89; BVerfGE 30, 406; BFH/NV 2000, 192; *Eyermann* § 146 Rz 2; *Kopp/Schenke* § 150 Rz 4);
- **Zwischen-** und **Teilentscheidungen** (§§ 97–99); zustimmend *Tiedtke* DStR 1980, 458;
- die **Besetzung** der entscheidenden Richterbank (§ 103).

Gemäß **§ 155** sind auch **Vorschriften der ZPO** entsprechend an- **5**
wendbar, und zwar insbesondere
1) Vorschriften **allgemeiner Art,** wie solche über Unterbrechung, Aussetzung und Ruhen des Verfahrens (§§ 239 ff ZPO; vgl Vor § 74 Rz 1);
2) spezielle Vorschriften für das **Beschwerdeverfahren** (§§ 567 ff ZPO), nämlich
   - Einführung **neuer Tatsachen** und **Beweismittel** (§ 571 Abs 1 ZPO);
   - Anordnung der **aufschiebenden Wirkung** durch den BFH (§ 570 Abs 3 ZPO); vgl § 131 Rz 5;
   - die Vorabprüfung der **Zulässigkeit der Beschwerde** (§ 572 Abs 2 ZPO); vgl hierzu unten Rz 9;
   - die Möglichkeit der **Zurückverweisung** (§ 572 Abs 3 ZPO); vgl unten Rz 10.

2. Allgemeine Verfahrensgrundsätze

a) Neues Vorbringen

6   Im Beschwerdeverfahren ist – anders als im Revisionsverfahren (vgl § 118 Abs 2) – **neues Vorbringen zulässig** (§ 155 iVm § 571 Abs 2 ZPO). Der BFH muss als Beschwerdegericht die angefochtene Entscheidung auch in tatsächlicher Hinsicht (ggf nach Beweisaufnahme) in vollem Umfang nachprüfen (BFHE 93, 127 = BStBl II 1968, 748; BFHE 95, 84 = BStBl II 1969, 318; BFHE 149, 437 = BStBl II 1987, 502; BFH/NV 1988, 374, 423; 1995, 680; 1999, 327; 2002, 549). Neue Angriffs- und Verteidigungsmittel können im Beschwerdeverfahren auch dann vorgetragen werden, wenn sie schon in der Vorinstanz hätten vorgebracht werden können (*Zöller/Gummer* § 571 ZPO Rz 3 und § 527 ZPO Rz 7). Bei der Überprüfung einer **Ermessensentscheidung** ist der BFH als Beschwerdegericht zu eigener Ermessensausübung berechtigt und verpflichtet (BFHE 133, 8 = BStBl II 1981, 475; BFHE 169, 498 = BStBl II 1993, 240; BFH/NV 1992, 754; 1994, 187; **aA** BFH/NV 1995, 806). Rechtsgrundlage hierfür ist jedoch nicht § 102, da diese Vorschrift nur für die Überprüfung behördlicher (nicht aber gerichtlicher) Ermessensentscheidungen gilt (BFH/NV 1994, 187). Ob die „neuen Tatsachen" vor oder nach Erlass des angefochtenen Beschlusses entstanden sind, ist unerheblich (*Stein/Jonas/Grunsky* § 571 Rz 1; *Zöller/Gummer* § 571 Rz 3). Im Verfahren der **Nichtzulassungsbeschwerde** ist die Berücksichtigung neuer Tatsachen wegen der Besonderheiten dieses Verfahrens ausgeschlossen (BFH/NV 2000, 721; § 116 Rz 54).

Zweifelhaft ist, ob der Beschwerdeführer seinen **Antrag** im Beschwerdeverfahren **ändern** oder **erweitern** kann. Die Frage ist grundsätzlich zu bejahen, da das Beschwerdegericht nicht auf eine Nachprüfung in rechtlicher Hinsicht beschränkt ist und neuen Tatsachenvortrag berücksichtigen muss (ebenso BFH/NV 1995, 680; BGHZ 91, 160; *T/P* § 570 Rz 2; *Zöller/Gummer* § 571 Rz 3; *Stein/Jonas/Grunsky* § 571 Rz 1; *Meyer-Ladewig* § 173 Rz 4; offen gelassen in BFHE 129, 310 = BStBl II 1980, 210 und BFHE 154, 29 = BStBl II 1988, 952). Unzulässig ist es jedoch, den Antrag im Beschwerdeverfahren so wesentlich zu ändern, dass der **Streitgegenstand** des Beschwerdeverfahrens mit dem des erstinstanzlichen Verfahrens **nicht mehr identisch** ist. Anderenfalls würde der Zweck des Beschwerdeverfahrens, der auf die Überprüfung einer bereits ergangenen Entscheidung des FG gerichtet ist, verfehlt (BFHE 154, 29 = BStBl II 1988, 952; BFH/NV 1994, 480; BFH/NV 1995, 680; *Zöller/Gummer* § 571 Rz 4).

b) Rechtliches Gehör

7   Der Grundsatz des **rechtlichen Gehörs** (Art 103 Abs 1 GG) gilt auch im Beschwerdeverfahren. Wird ohne mündliche Verhandlung entschieden, muss auf andere Weise gewährleistet sein, dass der Beschwerdegegner die Möglichkeit hat, sich zu äußern, wenn die angefochtene Entscheidung zu seinen Ungunsten geändert werden soll. Dem Beschwerdegegner ist idR von der Einlegung der Beschwerde durch Übersendung der Beschwerdeschrift Kenntnis zu geben (BVerfGE 36, 85; *Meyer-Ladewig* § 176 Rz 2). Das gilt vor allem dann, wenn die Beschwerdeschrift neues tatsächliches

Vorbringen enthält (*Baumbach ua* § 573 Rz 2 C). Soll die Beschwerde als **unzulässig verworfen** werden, ist die Anhörung des Beschwerdegegners entbehrlich (BVerfGE 7, 95; BVerfGE 30, 408; BVerfG NJW 1974, 133; *Baumbach ua* § 573 Rz 2 C; *Meyer-Ladewig* § 176 Rz 2). Das rechtliche Gehör ist verletzt, wenn der Beschwerdeführer um Akteneinsicht bittet und das Gericht ihn mit einer Sachentscheidung überrascht, ohne zuvor über den Antrag auf Akteneinsicht zu entscheiden und den Eingang der angekündigten Beschwerdebegründung abzuwarten (BVerfGE 18, 399).

Ein Verstoß des **FG** gegen den Anspruch auf rechtliches Gehör kann im Beschwerdeverfahren **geheilt** werden (vgl BFHE 120, 134 = BStBl II 1977, 83; BFH/NV 1989, 522; 1994, 34; 2000, 192).

c) Verbot der reformatio in peius

Eine **Änderung der Entscheidung zu Ungunsten** des Beschwerde-   **8** führers (reformatio in peius) und eine Entscheidung über den gestellten Antrag hinaus ist auch im Beschwerdeverfahren grundsätzlich ausgeschlossen (*Stein/Jonas/Grunsky* § 572 Rz II 1; *T/P* § 572 Rz 1; *T/K* § 132 Rz 9; *Meyer-Ladewig* § 176 Rz 4); soweit nicht ausnahmsweise die Bindung an den Antrag entfällt (vgl hierzu § 96 Rz 4).

Eine Änderung der angefochtenen Entscheidung zum Nachteil des Beschwerdeführers ist dagegen zulässig, wenn auch der Gegner Beschwerde oder **Anschlussbeschwerde** (vgl zu dieser § 128 Rz 12) eingelegt hat.

II. Beschwerdeentscheidung

1. Entscheidung des BFH über die Zulässigkeit

Auch im Beschwerdeverfahren ist **vorab** zu prüfen, ob die Beschwerde   **9** **zulässig** ist (§ 155 iVm § 572 Abs 2 ZPO); vgl BFHE 97, 505 = BStBl II 1970, 217). Die Zulässigkeit darf idR auch dann nicht dahingestellt bleiben, wenn die Beschwerde offensichtlich unbegründet ist (*T/P* § 572 Rz 1). Das gilt jedenfalls dann, wenn der Umfang der Rechtskraft bei der Verwerfung und der Zurückweisung der Beschwerde unterschiedlich ist. Besteht kein Unterschied in der Rechtskraftwirkung oder erwächst die Entscheidung nicht in materielle Rechtskraft, so kann (BFHE 124, 130 = BStBl II 1978, 229) eine unbegründeten Beschwerde die Zulässigkeit ungeprüft bleiben (BFHE 121, 174 = BStBl II 1977, 313; BFHE 148, 494 = BStBl II 1987, 344). Vgl auch Rz 5 vor § 115. Dabei ist jedoch zu berücksichtigen. dass es für eine mögliche **Verfassungsbeschwerde** gegen die Beschwerdeentscheidung des BFH von Bedeutung ist, ob die Beschwerde als unzulässig verworfen oder als unbegründet zurückgewiesen wurde. Denn die Zulässigkeit der Verfassungsbeschwerde setzt die **Erschöpfung des Rechtswegs** voraus (§ 90 BVerfGG). Nach der Rspr des BVerfG fehlt es an diesem Erfordernis, wenn das Rechtsmittel vom Fachgericht aus formellen Gründen zurückgewiesen wurde oder wenn im Instanzenzug ein (verfassungsrechtlich relevanter) Verfahrensmangel nicht ordnungsgemäß gerügt wurde (BVerfGE 1, 12 ff; BVerfGE 16, 124 ff; BVerfGE 34, 204 ff; *Maunz/Schmidt-Bleibtreu/Klein/Ulsamer,* BVerfGG, § 90 Rz 199). Über die **Statthaftigkeit** und die übrigen **Zulässigkeits-**

voraussetzungen der Beschwerde vgl § 128 Rz 3 ff, § 129 und Rz 7 ff vor § 115.

Hält der BFH die Beschwerde für unzulässig, so verwirft er sie durch Beschluss (§ 155 iVm § 572 Abs 2 S 2 ZPO).

2. Entscheidung des BFH über die Begründetheit

10   **Begründet** ist das Rechtsmittel, wenn der BFH zugunsten des Beschwerdeführers zu einer abweichenden Entscheidung kommt, weil der angefochtene Beschluss entweder verfahrensfehlerhaft zustande gekommen oder inhaltlich unrichtig ist, oder weil sich die Rechtslage auf Grund zulässigen neuen Vorbringens (§ 155 iVm § 571 Abs 2 ZPO) oder einer Änderung der anzuwendenden Vorschriften geändert hat (vgl *T/P* § 511 Vorbem III).

Ist die Beschwerde **unbegründet,** wird sie **zurückgewiesen.** Ist sie dagegen **begründet,** so ist die angefochtene Entscheidung **aufzuheben.** Der BFH hat dann nach seinem Ermessen entweder durch **eigene Sachentscheidung** das Verfahren zu beenden oder gemäß § 155 iVm § 572 Abs 3 ZPO dem FG die **erforderliche Anordnung zu übertragen** oder die Sache an das FG **zurückzuverweisen.** Die Zurückverweisung an das FG ist nach zutreffender hM auch im Beschwerdeverfahren zulässig, obwohl eine dem § 126 Abs 3 Nr 2 entsprechende Vorschrift für das Beschwerdeverfahren fehlt (vgl BFHE 131, 12 = BStBl II 1980, 657; vgl für den Zivilprozess BGH HFR 1980, 512). Durch die Zurückverweisung soll den Beteiligten der Verlust einer Instanz erspart werden (BFHE 87, 502 = BStBl III 1967, 181; BFHE 134, 239 = BStBl II 1982, 135; BFHE 179, 207; BFH/NV 1994, 735, 257; 2000, 192, 1444; **aA** FG SchlHol EFG 1980, 87, aufgehoben durch BFHE 130, 17 = BStBl II 1980, 334). Die Zurückverweisung ist insbesondere dann sinnvoll, wenn das FG (nach Ansicht des BFH zu Unrecht) einen Antrag nur aus **formellen Gründen** zurückgewiesen hat oder wenn das Verfahren vor dem FG an einem **wesentlichen Mangel** (zB iS des § 119) litt (BFH/NV 1993, 375; 1997, 893; 2001, 1589; 2002, 1487). Dabei ist allerdings zu berücksichtigen, dass bestimmte Verfahrensverstöße, wie zB die Verletzung des rechtlichen Gehörs, im Beschwerdeverfahren geheilt werden können (vgl oben Rz 7). Der BFH hat in BFHE 131, 12 = BStBl II 1980, 657 zu Recht daran festgehalten, dass er nach Aufhebung des FG-Beschlusses im Beschwerdeverfahren – und zwar auch in Aussetzungsverfahren nach § 69 – an das FG zurückverweisen dürfe (ebenso: BFHE 163, 510 = BStBl II 1991, 463).

11   Wird zurückverwiesen, so tritt (wie nach einer Zurückverweisung im Revisionsverfahren) für das **FG** eine **Bindung** und für den **BFH** eine **Selbstbindung** ein (BFHE 117, 415 = BStBl II 1976, 216; BFHE 130, 17 = BStBl II 1980, 334; *Zöller/Gummer* § 572 ZPO Rz 29; *Tiedtke* DStR 1980, 457; *derselbe* StRK-Anm FGO § 126 R 56; *T/P* § 575 Rz 2; **aA** FG SchlHol EFG 1980, 87). Vgl auch § 126 Rz 15 ff.

Auch wenn der BFH selbst in der Sache entscheidet, kann er gemäß § 155 iVm § 575 ZPO die **erforderliche Anordnung dem FG übertragen** (zB Übertragung der Berechnung des auszusetzenden Betrages; Bestellung eines Prozessbevollmächtigten bei der Prozesskostenhilfe). Ob der BFH die Anordnung selbst trifft, oder sie dem FG oder dem Vorsitzenden überträgt, liegt in seinem Ermessen (*Zöller/Gummer* § 572 Rz 23).

Maßgeblicher Zeitpunkt für die Beurteilung der Begründetheit ist der **12** Zeitpunkt der **Beschwerdeentscheidung** (BFHE 95, 84 = BStBl II 1969, 318; BFHE 169, 498 = BStBl II 1993, 240; BFH/NV 1992, 754; *T/K* § 132 Rz 15). Bei Beschlüssen, die auf Grund mündlicher Verhandlung ergehen, ist für die Berücksichtigung neuer Tatsachen der Schluss der mündlichen Verhandlung maßgebend (wegen der Möglichkeit einer Wiedereröffnung der mündlichen Verhandlung vgl § 93 Rz 6 ff); bei Beschlüssen ohne mündliche Verhandlung muss jedes Vorbringen berücksichtigt werden, das bis zur Hinausgabe der Entscheidung zur Bekanntgabe eingeht; ggf ist neu zu beraten (BayOLG MDR 1981, 409; *Eyermann* § 146 Rz 33; *T/K* Rz 15).

3. Form der Entscheidung

Die Entscheidung ergeht immer durch **Beschluss,** und zwar auch, **13** wenn ausnahmsweise ein Urteil mit der Beschwerde anfechtbar ist (vgl § 97 Rz 2); das gilt auch, wenn nur irrtümlich in der Form eines Urteils entschieden wurde.

Der Beschluss muss **begründet** werden (§ 113 Abs 2). Er ist bekanntzugeben (§ 104 Rz 1) und (außer im Fall der Zurückverweisung) mit einer **Kostenentscheidung** zu versehen (§ 143 Abs 1), sofern nicht die Entscheidung in einem kostenrechtlich selbstständigen Zwischenverfahren ergeht (vgl dazu § 143 Rz 2).

§ 133 [Antrag auf Entscheidung des Gerichts]

(1) [1]Gegen die Entscheidung des beauftragten oder ersuchten Richters oder des Urkundsbeamten kann innerhalb von zwei Wochen nach Bekanntgabe die Entscheidung des Finanzgerichts beantragt werden. [2]Der Antrag ist schriftlich oder zur Niederschrift des Urkundsbeamten der Geschäftsstelle des Gerichts zu stellen. [3]Die §§ 129 bis 131 gelten sinngemäß.

(2) Im Verfahren vor dem Bundesfinanzhof gilt Absatz 1 für Entscheidungen des beauftragten oder ersuchten Richters oder des Urkundsbeamten der Geschäftsstelle sinngemäß.

Vgl § 151 VwGO; § 178 SGG.

Gegen Entscheidungen des beauftragten oder ersuchten Richter oder des **1** Urkundsbeamten der Geschäftsstelle ist unmittelbar **keine Beschwerde** zulässig (BFHE 113, 7 = BStBl II 1974, 660; BFH/NV 1997, 299). Möglich ist nur der **Antrag ("Erinnerung")** auf Entscheidung des Gerichts, dem sie angehören. Die Erinnerung ist nur gegen **Entscheidungen** gegeben; dazu gehören nicht bloße Hinweise oder Mitteilungen des Richters (BFHE 113, 94 = BStBl II 1974, 716; BFH/NV 1986, 35).

Für den Antrag gelten die Vorschriften über Form, Frist, Abhilfemög- **2** lichkeit und aufschiebende Wirkung der Beschwerde (vgl §§ 129–131) sinngemäß (FG BaWü EFG 1994, 666; *Kopp/Schenke* § 151 Rz 2). Die Erinnerung ist kein Rechtsmittel, sondern ein sonstiger Rechtsbehelf (vgl

Vor § 115 Rz 3). Für das Verfahren der Erinnerung gelten die Vorschriften über die Beschwerde entsprechend. Der **betroffene Richter,** der die angefochtene Entscheidung getroffen hat, ist nicht von der Entscheidung **über die Erinnerung gemäß § 51 Abs 1 iVm § 41 Nr 6 ZPO ausgeschlossen.** Denn eine Entscheidung des FG nach § 133 Abs 1 ist keine Entscheidung in einem anderen Rechtszug iS einer früheren Instanz (FG BaWü EFG 1994, 666; aA Vorauflage und *Kopp/Schenke* § 151 Rz 2).

Da der Antrag auch zur Niederschrift des Urkundsbeamten der Geschäftsstelle gestellt werden kann (Abs 2 iVm Abs 1 S 2), besteht für ihn auch im Verfahren vor dem BFH **kein Vertretungszwang** (vgl § 62 a Rz 15 und *Beermann/Ehlers* § 133 Rz 4).

Die Entscheidung über den Antrag ergeht durch **Beschluss,** der den Beteiligten zuzustellen ist (§ 53). Vor der Entscheidung ist rechtliches Gehör zu gewähren (*Meyer-Ladewig* § 178 Rz 3). Eine Verböserung ist ausgeschlossen (*Beermann/Ehlers* § 133 Rz 6).

Gegen eine Entscheidung des FG über eine Erinnerung kann Beschwerde nach §§ 128 ff eingelegt werden (BFHE 113, 7 = BStBl II 1974, 660).

§ 133 a [Anhörungsrüge]

(1) [1] **Auf die Rüge eines durch eine gerichtliche Entscheidung beschwerten Beteiligten ist das Verfahren fortzuführen, wenn**

1. ein Rechtsmittel oder ein anderer Rechtsbehelf gegen die Entscheidung nicht gegeben ist und

2. das Gericht den Anspruch dieses Beteiligten auf rechtliches Gehör in entscheidungserheblicher Weise verletzt hat.

[2] **Gegen eine der Endentscheidung vorausgehende Entscheidung findet die Rüge nicht statt.**

(2) [1] **Die Rüge ist innerhalb von zwei Wochen nach Kenntnis von der Verletzung des rechtlichen Gehörs zu erheben; der Zeitpunkt der Kenntniserlangung ist glaubhaft zu machen.** [2] **Nach Ablauf eines Jahres seit Bekanntgabe der angegriffenen Entscheidung kann die Rüge nicht mehr erhoben werden.** [3] **Formlos mitgeteilte Entscheidungen gelten mit dem dritten Tage nach Aufgabe zur Post als bekannt gegeben.** [4] **Die Rüge ist schriftlich oder zur Niederschrift des Urkundsbeamten der Geschäftsstelle bei dem Gericht zu erheben, dessen Entscheidung angegriffen wird.** [5] **§ 62 a bleibt unberührt.** [6] **Die Rüge muss die angegriffene Entscheidung bezeichnen und das Vorliegen der in Absatz 1 Satz 1 Nr. 2 genannten Voraussetzungen darlegen.**

(3) **Den übrigen Beteiligten ist, soweit erforderlich, Gelegenheit zur Stellungnahme zu geben.**

(4) [1] **Ist die Rüge nicht statthaft oder nicht in der gesetzlichen Form oder Frist erhoben, so ist sie als unzulässig zu verwerfen.** [2] **Ist die Rüge unbegründet, weist das Gericht sie zurück.** [3] **Die Entscheidung ergeht durch unanfechtbaren Beschluss.** [4] **Der Beschluss soll kurz begründet werden.**

(5) [1] **Ist die Rüge begründet, so hilft ihr das Gericht ab, indem es das Verfahren fortführt, soweit dies aufgrund der Rüge geboten ist.**

²Das Verfahren wird in die Lage zurückversetzt, in der es sich vor dem Schluss der mündlichen Verhandlung befand. ³In schriftlichen Verfahren tritt an die Stelle des Schlusses der mündlichen Verhandlung der Zeitpunkt, bis zu dem Schriftsätze eingereicht werden können. ⁴Für den Ausspruch des Gerichts ist § 343 der Zivilprozessordnung entsprechend anzuwenden.

(6) § 131 Abs. 1 Satz 2 ist entsprechend anzuwenden.

Vgl § 152a VwGO, § 178a SGG, § 321a ZPO, § 78a ArbGG.

Übersicht

Literatur: *Guckelberger*, Die Anhörungsrüge nach § 152a VwGO nF, NVwZ 2005, 11; *H.-F. Müller*, Abhilfemöglichkeiten bei der Verletzung des Anspruchs auf rechtliches Gehör nach der ZPO-Reform, NJW 2002, 2743; *Nassall*, Anhörungsrügengesetz – Nach der Reform ist vor der Reform, ZRP 2004, 164; *Sangmeister*, Rechtsbehelfe gegen „unanfechtbare" Entscheidungen: Die Gewährleistung des rechtlichen Gehörs als Umsetzungs- und nicht als Erkenntnisproblem der gerichtlichen Praxis, Festschrift für Korn, 2005, 657; *Schoenfeld*, Die Anhörungsrüge nach § 133a FGO – Voraussetzungen und Stellung im System der außerordentlichen Rechtsbehelfe, DB 2005, 850; *Seer/Thulfaut*, Die neue Anhörungsrüge als außerordentlicher Rechtsbehelf im Steuerprozess, BB 2005, 1085; *Treiber*, Neuerungen durch das Anhörungsrügengesetz, NJW 2005, 97.

I. Allgemeines

1. Anlass und Zweck der Regelung

Die Rspr hat vor Inkrafttreten des Anhörungsrügengesetzes – AnhRügG – **1** v 9. 12. 2004 (BGBl I, 3220) bei Verstößen gegen den Anspruch auf rechtliches Gehör praeter legem den Rechtsbehelf der Gegenvorstellung zugelassen, sofern gegen die gerichtliche Entscheidung kein ordentliches Rechtsmittel statthaft war (vgl dazu Vor § 115 Rz 26). Gegen diese gerichtliche Praxis ist zu Recht eingewandt worden, dass sie mit dem aus dem Rechtsstaatsprinzip abgeleiteten Grundsatz der **Rechtsmittelklarheit** unvereinbar ist (vgl zB *Scherer*, DRiZ 2000, 490; *Braun*, NJW 1983, 1403). Dieser Auffassung hat sich – unter Aufgabe seiner früheren Rspr (vgl die Nachweise in der Voraufl Vor § 115 Rz 28) – auch das BVerfG angeschlossen und in seinem Plenarbeschluss v 30. 4. 2003 (BVerfGE 107, 395,

DB 2003, 1570 unter C.IV.2.) entschieden, dass Rechtsbehelfe in der geschriebenen Rechtsordnung geregelt und in ihren Voraussetzungen für die Bürger erkennbar sein müssen. Der verfassungsrechtliche Justizgewährungsanspruch gebiete es, bei Verletzung von Verfahrensgrundrechten (insb Art 101 Abs 1 und 103 Abs 1 GG) eine wirksame Kontrolle solcher Verfahrensfehler durch die **Fachgerichte** zu gewährleisten. Dadurch soll zugleich dem Grundsatz der **Subsidiarität** der **Verfassungsbeschwerde** Rechnung getragen und das BVerfG entlastet werden (BVerfGE 107, 395 unter C.IV.3). Das BVerfG hat dem Gesetzgeber aufgegeben, bis zum 31. 12. 2004 die gerichtliche Überprüfung von Verstößen gegen den Grundsatz des rechtlichen Gehörs in den einzelnen Verfahrensordnungen zu regeln, soweit dies nicht schon geschehen ist (vgl § 321 a ZPO idF des ZPO-RG v 27. 7. 2001, BGBl I, 1887). Dieser Aufforderung ist der Gesetzgeber mit dem AnhRügG nachgekommen, das am 1. 1. 2005 in Kraft getreten ist (Art 22 AnhRügG). § 133 a entspricht – ebenso wie die entsprechenden Regelungen in anderen Verfahrensordnungen – in den Grundzügen § 321 a ZPO aF.

2. Wesen und Anwendungsbereich der Rüge

2   Die Anhörungsrüge ist kein Rechtsmittel, sondern ein **eigenständiger gesetzlicher** (außerordentlicher) **Rechtsbehelf.** Sie hat keinen Devolutiveffekt, da für die Entscheidung das Gericht zuständig ist, dem der Verstoß gegen den Anspruch auf rechtliches Gehör unterlaufen ist (iudex a quo). Mit der Anhörungsrüge soll das Gericht zu einer **Selbstüberprüfung** seiner Entscheidung veranlasst werden (BFHE 200, 42, BStBl II, 2003, 269). Zur Kritik an der fehlenden Kontrolle durch eine übergeordnete Instanz (iudex ad quem) vgl zB *Nassall* ZRP 2004, 164, 167; *Seer/Thulfaut* BB 2005, 1085 und *Sangmeister* FS Korn, 657, 673 ff. Die Anhörungsrüge dient nicht dazu, die angegriffene Entscheidung in der Sache nochmals umfassend zu überprüfen oder – im Rügeverfahren gegen eine Beschwerdeentscheidung des BFH – erstmals eine Verletzung des rechtlichen Gehörs durch das FG geltend zu machen; auch eine **Ergänzung der Begründung** (zB in den Fällen des § 116 Abs 5 S 2, 2. Hs) kann mit ihr nicht erreicht werden (BFHE 209, 419 = BStBl II, 2005, 614; BT-Drucks 15/3706, 16; *Seer* in T/K Rz 3).

Die Anhörungsrüge hemmt nicht den Eintritt der Rechtskraft der angefochtenen Entscheidung (§ 155 iVm § 705 ZPO nF). Das Gericht kann jedoch in entsprechender Anwendung des § 131 Abs 1 S 2 Vollstreckungsschutz gewähren und die Vollziehung der angefochtenen Entscheidung einstweilen aussetzen, wenn dies nach den Umständen des Falles geboten ist (§ 133 a Abs 6).

Da es sich um einen außerordentlichen Rechtsbehelf handelt, ist eine **Rechtsmittelbelehrung** über die Anhörungsrüge nicht erforderlich (vgl § 55 Rz 9; BT-Drucks 15/3706, 22; *Guckelberger* NVwZ 2005, 11, 14).

3   Der **Anwendungsbereich** der Anhörungsrüge ist nach dem klaren Wortlaut des Gesetzes auf die Rüge der Verletzung des rechtlichen Gehörs beschränkt (BFHE 209, 419 = BStBl II, 2005, 614; BVerwG NVwZ 2004, 627; FG BaWü EFG 2005, 885; OVG Lüneburg NJW 2005, 2171). Eine **sinngemäße Anwendung des § 133 a** bei Verletzung anderer Verfah-

rensgrundrechte (zB Art 101 GG) oder bei einer – vermeintlich – fehlerhaften Feststellung und Bewertung des Sachverhalts sowie seiner rechtlichen Würdigung ist **nicht möglich;** sie entspricht auch nicht dem Willen des Gesetzgebers (vgl BT-Drucks 15/3706, 149. Soll ein Verstoß gegen das Gebot des gesetzlichen Richters (Art 101 GG) geltend gemacht werden, steht – wie schon nach bisherigem Recht – der Rechtsbehelf der **Nichtigkeitsklage** (§ 134 ivm § 579 Abs 1 Nr 1 ZPO) zur Verfügung (BT-Drucks 15/3706, 14; *Guckelberger* NVwZ 2005, 11, 13; *Schoenfeld* DB 2005, 850). Auch in den Fällen der Verletzung des **Willkürverbots** (Art 3 Abs 1 GG) oder der Garantie eines fairen Verfahrens durch das Gericht kommt eine analoge Anwendung des § 133 a nicht in Betracht (ebenso: *Guckelberger* NVwZ 2005, 11, 13; *Seer* in T/K § 133 a Tz 2; *Schoenfeld* DB 2005, 850, 854; **aA** *T/P* § 321 a Rz 18; *Müller* NJW 2002, 2747). Ob in diesen Fällen – trotz fehlender gesetzlicher Regelung – eine **Gegenvorstellung** oder außerordentliche **Beschwerde** statthaft ist oder ob die fehlerhafte Entscheidung nur mit der Verfassungsbeschwerde angegriffen werden kann, ist streitig (vgl dazu Rz 28 Vor § 115). Der Gesetzgeber hat diese Frage bewusst offen gelassen (BT-Drucks 15/3706, 14).

Im Einzelfall kann in dem Verstoß gegen das Willkürverbot zugleich eine Verletzung des rechtlichen Gehörs liegen (vgl dazu zB BVerfG v 23. 6. 2004 1 BvR 496/00; *Zöller/Vollkommer* § 321 a Rz 3).

II. Statthaftigkeit der Anhörungsrüge (Subsidiarität, Rügeberechtigung)

Die Anhörungsrüge ist nur statthaft, wenn gegen die unter Verletzung **6** des rechtlichen Gehörs ergangene Entscheidung kein Rechtsmittel oder kein anderer gesetzlicher Rechtsbehelf (zB Wiederaufnahmeklage, Erinnerung) gegeben ist (Grundsatz der Subsidiarität; § 133 a Abs 1) und wenn der Rügeführer zum Gebrauch dieses Rechtsbehelfs befugt ist. **Möglicher Gegenstand** einer statthaften Anhörungsrüge sind nur **Endentscheidungen** des Gerichts, nicht aber dieser vorausgehende (Zwischen)Entscheidungen (§ 133 a Abs 1 S 2). Diese Beschränkung ist schon deshalb geboten, weil sich erst aus der Endentscheidung ergibt, ob die Verletzung des rechtlichen Gehörs entscheidungserheblich war und ob der Beteiligte, dessen rechtliches Gehör verletzt wurde, durch die Entscheidung beschwert ist (BT-Drucks 15/3706, 16; BVerfGE 107, 395; *Guckelberger* NVwZ 2005, 11, 12). Gegen unanfechtbare Beschlüsse des FG, mit denen zB ein Beweisantrag, ein Vertagungs- oder ein Befangenheitsgesuch abgelehnt wurde, ist deshalb die Anhörungsrüge nicht statthaft. Abweichend von § 321 a ZPO werden von § 133 a Endentscheidungen **aller Instanzen** erfasst; dabei kann es sich um Urteile (des BFH) handeln oder um Beschlüsse, die die Instanz im Hauptsacheverfahren oder einen Beschwerderechtszug abschließen.

Da § 133 a nur **subsidiär** anzuwenden ist, ist zunächst zu prüfen, ob die **7** Verletzung des rechtlichen Gehörs durch ein Rechtsmittel (Revision, Beschwerde) oder einen anderen gesetzlichen Rechtsbehelf (zB Erinnerung, Wiederaufnahmeklage) korrigiert werden kann. Ist gegen den Verfahrensverstoß ein Rechtsmittel oder ein anderer Rechtsbehelf statthaft, muss von diesem Gebrauch gemacht werden; ein Wahlrecht besteht insoweit nicht

(BT-Drucks 15/3706, 13). Das gilt auch bei offensichtlichen „Pannen" wie zB dem verspäteten Eingang eines Schriftsatzes beim Gericht. Die Subsidiarität der Anhörungsrüge schränkt deren Statthaftigkeit im finanzgerichtlichen Verfahren erheblich ein, da gegen erstinstanzliche Urteile die Nichtzulassungsbeschwerde oder die (zugelassene) Revision, gegen Gerichtsbescheide der Antrag auf mündliche Verhandlung oder die Revision statthaft sind. Bedeutung hat der Rechtsbehelf des § 133a vor allem für die Überprüfung der letztinstanzlichen Entscheidungen des BFH und für die mit der Beschwerde nicht anfechtbaren Beschlüsse der FG (zB Kostenbeschlüsse nach Erledigung der Hauptsache, Beschlüsse, mit denen ein Antrag auf Prozesskostenhilfe abgelehnt wurde). Für Verletzungen des rechtlichen Gehörs durch die FG im Verfahren des **vorläufigen Rechtsschutzes** (§§ 69 Abs 3, 114) ist die Anhörungsrüge auch dann nicht statthaft, wenn das FG die Beschwerde nicht zugelassen hat. Denn Verletzungen des rechtlichen Gehörs können im Verfahren des vorläufien Rechtsschutzes auf Grund eines Antrags nach § 69 Abs 6 S 2 geheilt werden (BFH/NV 2000, 858; 2002, 930; 2003, 489; *Guckelberger* NVwZ 2005, 11, 12; zweifelnd *Schoenfeld* DB 2005, 850, 852; aA wohl *Seer/Thulfaut* BB 2005, 1085, 1087).

8   **Rügeberechtigt** ist jeder Beteiligte (§ 57), der durch die gerichtliche Entscheidung beschwert ist und dessen Anspruch auf rechtliches Gehör vom Gericht verletzt sein soll (§ 133a Abs 1 S 1). Die **Beschwer** des Rügeführers ist nach denselben Grundsätzen zu beurteilen, die für die Zulässigkeit eines Rechtsmittels gelten (vgl dazu Vor § 115 Rz 12 ff).

III. Sonstige Zulässigkeitsvoraussetzungen

1. Rügefrist

11   Die Rüge ist innerhalb einer Frist von **zwei Wochen nach Kenntnis** des Betroffenen von der Verletzung des rechtlichen Gehörs zu erheben. Mit der Anknüpfung des Fristlaufs an das subjektive Moment der Kenntnis von dem Verfahrensverstoß lehnt sich § 133a Abs 2 an vergleichbare Regelungen in § 56 Abs 2 und in § 134 iVm § 586 Abs 2 ZPO an. Eine Verlängerung der Zwei-Wochen-Frist ist nicht möglich. Die Frist beginnt frühestens mit der **Bekanntgabe der gerichtlichen Entscheidung.** Entscheidend für den Fristbeginn ist der Zeitpunkt, in dem der Betroffene alle Umstände kennt, aus denen sich seine Berechtigung zur Erhebung der Anhörungsrüge ergibt (vgl zur Wiederaufnahme: BFHE 152, 35 = BStBl II 1988, 290 und BGH NJW 1995, 332). Bei unverschuldeter Versäumnis der Frist kann Wiedereinsetzung in den vorigen Stand gewährt werden (§ 56). Im Interesse der Rechtssicherheit sieht das Gesetz eine **Ausschlussfrist** von einem Jahr seit Bekanntgabe der angegriffenen Entscheidung vor. Ist eine förmliche Zustellung nicht vorgeschrieben, gilt die Entscheidung als mit dem dritten Tag nach Aufgabe zur Post als bekannt gegeben (§ 133a Abs 2 S 3). Bei Versäumung der Ausschlussfrist kann Wiedereinsetzung nicht gewährt werden (BT-Drucks 15/3706, 15; *Zöller/Vollkommer* § 321a ZPO Rz 14).

Der Rügeführer muss den **Zeitpunkt** seiner Kenntniserlangung von der Verletzung des Art 103 GG **glaubhaft** machen. Wegen der Anforderungen an die Glaubhaftmachung kann auf die zu § 56 Abs 2 entwickelten Grundsätze zurückgegriffen werden (vgl § 56 Rz 40, 42 ff). Ebenso wie im

Verfahren nach § 56 Abs 2 kann der Zeitpunkt der Kenntniserlangung noch nach Ablauf der Zwei-Wochen-Frist glaubhaft gemacht werden (ebenso: *Seer* in T/K § 133 a Rz 4).

2. Form und Inhalt der Rüge

Die Anhörungsrüge muss grundsätzlich **schriftlich** eingelegt werden. **12** Richtet sich die Anhörungsrüge gegen eine Entscheidung des FG, kann sie auch zur **Niederschrift des Urkundsbeamten der Geschäftsstelle** erhoben werden. Für Anhörungsrügen gegen Entscheidungen des BFH ist der **Vertretungszwang** des § 62 a zu beachten (§ 133 a Abs 2 S 5).

Adressat der Rüge ist immer das Gericht, das die angegriffene Entscheidung erlassen hat (§ 133 a Abs 2 S 4). In der Rügeschrift ist die angegriffene Entscheidung zu bezeichnen. Das geschieht idR durch Angabe des Datums und Aktenzeichens und der Sache, in der die Entscheidung ergangen ist (vgl auch zur Revision § 120 Rz 13). Es ist ferner **„darzulegen"**, aus welchen Umständen sich eine entscheidungserhebl **Verletzung des rechtlichen Gehörs** ergibt. Hinsichtlich der Anforderungen an die „Darlegung" kann an die Rspr zu diesem Begriff in § 116 Abs 3 S 3 angeknüpft werden (vgl § 116 Rz 25 ff). Danach ist zu verlangen, dass der Rügeführer substantiiert vorträgt, zu welchen Sach- oder Rechtsfragen er sich im rechtskräftig abgeschlossenen Verfahren nicht hat äußern können oder welches entscheidungserhebl Vorbringen das Gericht nicht zur Kenntnis genommen und in Erwägung gezogen hat (BFH/NV 2003, 646; 2005, 142, 307; zum Inhalt des Anspruchs auf rechtl Gehör vgl § 96 Rz 27 ff und § 119 Rz 10 f; zur Rüge: § 119 Rz 12 ff). Anders als im Revisionsverfahren (§ 119) wird im Verfahren der Anhörungsrüge die Kausalität der Gehörsverletzung für die Entscheidung nicht von Gesetzes wegen vermutet; es sind deshalb auch Ausführungen zur **Entscheidungserheblichkeit** des Verfahrensverstoßes erforderlich (*Zöller/Vollkommer* § 321 a ZPO Rz 13; *Guckelberger* NVwZ 2005, 11, 14; *Seer/Thulfaut* DB 2005, 1085, 1087).

IV. Entscheidungserheblichkeit

Die Anhörungsrüge ist begründet, wenn das Gericht den Anspruch des **14** Rügeführers auf rechtliches Gehör in entscheidungserheblicher Weise verletzt hat (§ 133 a Abs 1 S 1; *Zöller/Vollkommer* § 321 a ZPO Rz 17). Die Entscheidungserheblichkeit des Verfahrensfehlers ist zu bejahen, wenn nicht ausgeschlossen werden kann, dass das Gericht ohne die Verletzung des Art 103 GG zu einer anderen, den Rügeführer günstigeren Entscheidung gekommen wäre (BT-Drucks 15/3706, 15; BVerfG NJW 2004, 3551). Die bloße Möglichkeit einer günstigeren Entscheidung genügt (*Zöller/Vollkommer* § 321 a ZPO Rz 12 mwN).

V. Verfahren und Entscheidung (§ 133 a Abs 3 bis 5)

Die Rügeschrift ist idR den übrigen Beteiligten des Ausgangsverfahrens **15** zu übersenden, um ihnen Gelegenheit zur Stellungnahme zu geben (§ 133 a Abs 3). Von der Übersendung der Rügeschrift an die anderen Beteiligten kann abgesehen werden, wenn sie nicht erforderlich ist. Ein schutzwürdiges Interesse der übrigen Beteiligten an der Mitteilung der

Rügeschrift besteht nicht, wenn die Rüge offensichtlich unstatthaft oder wegen Versäumung der Rügefrist oder wegen formeller Mängel, insbesondere unzureichender Begründung, **offenkundig unzulässig** ist (*Zöller/Vollkommer* § 321a ZPO Rz 15; *Schoenfeld* BB 2005, 850, 854).

Das Gericht hat – ebenso wie im Rechtsmittelverfahren (§ 124) – zunächst **von Amts wegen** zu prüfen, ob die Anhörungsrüge statthaft und auch im Übrigen zulässig ist. Fehlt es an der Statthaftigkeit oder ist die Rüge nicht form- oder fristgerecht erhoben, wird sie durch Beschluss kostenpflichtig als unzulässig verworfen (§ 133a Abs 4 S 1 und 3). Über die Anhörungsrüge entscheidet das Gericht – sofern in seinem Mitwirkungsplan nichts anderes bestimmt ist – in der regulären Besetzung (BGH FamRZ 2005, 1831). Die erfolglose Anhörungsrüge löst **Gerichtskosten** in Höhe von 50 Euro aus (vgl Nr 6400 des Gebührentatbestandes, Anl 1 des Kostenverzeichnisses des GKG idF des AnhRügG).

16   Ist die Rüge zulässig, muss das Gericht prüfen, ob es den Anspruch des Rügeführers auf rechtliches Gehör in entscheidungserheblicher Weise verletzt hat. Falls sich die tatsächlichen Umstände, auf die der Rügeführer die Anhörungsrüge stützt, nicht aus den Akten oder aus den vom Rügeführer vorgelegten Beweismitteln ergeben, muss das Gericht von Amts wegen ermitteln, ob die zur Begründung der Rüge schlüssig vorgetragenen Tatsachen zutreffen (*Zöller/Vollkommer* § 321a ZPO Rz 17). Kommt das Gericht zu dem Ergebnis, dass die behauptete Verletzung rechtlichen Gehörs nicht vorliegt oder nicht entscheidungserheblich ist, weist es die Rüge als unbegründet zurück.

17   Die Entscheidung über die erfolglose Anhörungsrüge *soll* kurz **begründet** werden. Die Vorschrift entspricht § 126a S 3 und § 116 Abs 5 S 2. Wegen der Bedeutung des Anspruchs auf rechtliches Gehör, die auch darin zum Ausdruck kommt, dass im Revisionsverfahren stets eine Begründung geboten ist, wenn der BFH eine Gehörsrüge nicht als durchgreifend erachtet (vgl § 126 Abs 6 S 2 iVm § 119 Nr 3), ist im Regelfall eine zumindest kurze Begründung geboten. Nur in Ausnahmefällen kann von einer Begründung abgesehen werden; der Gesetzgeber hält eine solche Ausnahme insb dann für gegeben, wenn die Rüge sich gegen eine Entscheidung des Revisionsgerichts über eine NZB richtet, die nach § 116 Abs 5 S 2 Hs 2 ohne Begründung ergangen ist (BT-Drucks 15/3706, 16 zu § 321a ZPO). Eine **Kostenentscheidung** ist nicht zu treffen (vgl § 135 Rz 3, 6).

Der Beschluss, durch den die Rüge verworfen oder zurückgewiesen wurde, ist **unanfechtbar** (§ 133a Abs 4 S 3). Bei erfolgloser Anhörungsrüge fallen **Gerichtskosten** in Höhe von 50 Euro an (Nr 6400 des Kostenverzeichnisses Anlage 1 zu § 3 Abs 2 GKG idF v 9. 12. 2004, BGBl I, 3220 – abgedruckt unter Rz 42 Vor § 135).

18   Ist die **Rüge begründet,** hilft das Gericht ihr ab, indem es das Verfahren fortsetzt. Beschränkt sich die Verletzung des rechtlichen Gehörs auf einen von mehreren Streitgegenständen, wird das Verfahren nur hinsichtlich dieses Streitgegenstandes fortgesetzt. Aus dem Gesetz ergibt sich nicht, ob die **Abhilfe** durch gesonderten **Beschluss** festzustellen ist (verneinend: *Zöller/Vollkommer* § 321a Rz 18; bejahend: *Schoenfeld* DB 2005, 850, 854). Aus Gründen der Rechtsklarheit sollte über die Abhilfe durch einen förmlichen, den Beteiligten bekanntzugebenden Beschluss entschieden werden; der Beschluss bedarf keiner Begründung.

Durch die Abhilfe wird das Verfahren unter **Durchbrechung der** 19
Rechtskraft in die Lage zurückversetzt, in der es sich vor dem Schluss der
mündlichen Verhandlung befand. Dem Rügeführer wird dadurch Gelegenheit gegeben, seinen Anspruch auf das bisher nicht ausreichend gewährte rechtliche Gehör wahrzunehmen. Hinsichtlich des **Ausspruchs** der
neuen Entscheidung nimmt § 133a Abs 5 S 4 Bezug auf die Regelungen
über das Versäumnisurteil in § 343 ZPO: Soweit die Entscheidung, die auf
Grund der nachträglichen Gewährung des rechtlichen Gehörs zu treffen ist,
mit der angegriffenen Entscheidung übereinstimmt, ist auszusprechen, dass
diese Entscheidung aufrechtzuerhalten sei. Anderenfalls wird die frühere
Entscheidung ganz oder teilweise aufgehoben und durch eine andere ersetzt.

Unterabschnitt 3. Wiederaufnahme des Verfahrens

§ 134 [Wiederaufnahme des Verfahrens]

**Ein rechtskräftig beendetes Verfahren kann nach den Vorschriften
des Vierten Buchs der Zivilprozessordnung wieder aufgenommen
werden.**

Vgl. §§ 153 I VwGO, 179 I SGG; vgl auch §§ 51 VwVfG; 48 SGB X.

Literatur (s auch zu § 110): *Albert,* Zur Besetzung des Gerichts bei Wiederaufnahmeklagen gemäß § 134 FGO, §§ 578 ff ZPO gegen Urteile des Einzelrichters, DStZ 1998, 239; *Behre,* Der Streitgegenstand des Wiederaufnahmeverfahrens, 1968; *Braun,* Anhörungsrüge oder Wiederaufnahmeklage? NJW
1983, 1403 und 1984, 348; *ders,* Rechtskraft und Restitution, 1985; *ders,* Die
Grundlagen des geltenden Restitutionsrechts, 1985; *Cahn,* Prozessuale Dispositionsfreiheit und zwingendes materielles Recht, AcP 198 (1998), 35, 66 f; *Dorn-
dorf,* Rechtsbeständigkeit von Entscheidungen und Wiederaufnahme des Verfahrens in der freiwilligen Gerichtsbarkeit, 1969; *Gaul,* Die Grundlagen des
Wiederaufnahmerechts und die Ausdehnung der Wiederaufnahmegründe, 1956;
Gilles, Zur Systematik des Wiederaufnahmeverfahrens ZZP 78 (1965), 466 und
ZZP 80 (1967), 391; *Gräber,* Beschwerdeverfahren und Wiederaufnahmeverfahren nach der FGO, DStR 1972, 202; *Harenberg/Eschenbach,* Können abgeschlossene Kindergeldverfahren wieder aufgerollt werden?, NWB Fach 3,
13551; *Haueisen,* Überlegungen zur Wiederaufnahme des Verfahrens nach § 580
Nr 6 ZPO, NJW 1965, 1214; *Jauernig,* Kein Rechtsschutzinteresse für erneute
Nichtigkeitsklage?, NVwZ 1996, 31; *L Osterloh,* Wiederaufgreifen eines Verwaltungsverfahrens trotz Rechtskraft eines klageabweisenden Urteils, JuS 1990,
851; *Sachs,* Keine Wiederaufnahme nach § 580 Ziff 7 b ZPO im finanzgerichtlichen Verfahren, DStR 1978, 394; *ders,* zum gleichen Thema, DStR 1978, 613
in Erwiderung auf *Woring* DStR 1978, 611; *Sangmeister,* Revision und Nichtigkeitsklage bei unrichtiger Anwendung oder Gesetzeswidrigkeit des Geschäftsverteilungsplans, DStZ 1988, 31; *Schiedermaier,* Zum Verhältnis von
Wiederaufnahmeverfahren und Vorprozeß, FS für Dölle, 1963, 329; *Seetzen,*
Anhörungsrüge oder Wiederaufnahmeklage? NJW 1984, 347; *Seibel,* Das Wiederaufnahmeverfahren, AO-StB 2002, 318; *Zeihe,* Wiederaufnahmeklage bei
einem nicht für die Entscheidung zuständigen Gericht, NJW 1971, 2292.

Die Vorschriften des **Vierten Buchs der ZPO,** auf die § 134 (wie § 153 I VwGO und § 179 I SGG) verweist, haben folgenden Wortlaut:

§ 578 ZPO Arten der Wiederaufnahme

(1) Die Wiederaufnahme eines durch rechtskräftiges Endurteil geschlossenen Verfahrens kann durch Nichtigkeitsklage und durch Restitutionsklage erfolgen.

(2) Werden beide Klagen von derselben Partei oder von verschiedenen Parteien erhoben, so ist die Verhandlung und Entscheidung über die Restitutionsklage bis zur rechtskräftigen Entscheidung über die Nichtigkeitsklage auszusetzen.

§ 579 ZPO Nichtigkeitsklage

(1) Die Nichtigkeitsklage findet statt:

1. wenn das erkennende Gericht nicht vorschriftsmäßig besetzt war;
2. wenn ein Richter bei der Entscheidung mitgewirkt hat, der von der Ausübung des Richteramts kraft Gesetzes ausgeschlossen war, sofern nicht dieses Hindernis mittels eines Ablehnungsgesuchs oder eines Rechtsmittels ohne Erfolg geltend gemacht ist;
3. wenn bei der Entscheidung ein Richter mitgewirkt hat, obgleich er wegen Besorgnis der Befangenheit abgelehnt und das Ablehnungsgesuch für begründet erklärt war;
4. wenn eine Partei in dem Verfahren nicht nach Vorschrift der Gesetze vertreten war, sofern sie nicht die Prozeßführung ausdrücklich oder stillschweigend genehmigt hat.

(2) In den Fällen der Nummern 1, 3 findet die Klage nicht statt, wenn die Nichtigkeit mittels eines Rechtsmittels geltend gemacht werden konnte.

§ 580 ZPO Restitutionsklage

Die Restitutionsklage findet statt:

1. wenn der Gegner durch Beeidigung einer Aussage, auf die das Urteil gegründet ist, sich einer vorsätzlichen oder fahrlässigen Verletzung der Eidespflicht schuldig gemacht hat;
2. wenn eine Urkunde, auf die das Urteil gegründet ist, fälschlich angefertigt oder verfälscht war;
3. wenn bei einem Zeugnis oder Gutachten, auf welches das Urteil gegründet ist, der Zeuge oder Sachverständige sich einer strafbaren Verletzung der Wahrheitspflicht schuldig gemacht hat;
4. wenn das Urteil von dem Vertreter der Partei oder von dem Gegner oder dessen Vertreter durch eine in Beziehung auf den Rechtsstreit verübte Straftat erwirkt ist;
5. wenn ein Richter bei dem Urteil mitgewirkt hat, der sich in Beziehung auf den Rechtsstreit einer strafbaren Verletzung seiner Amtspflichten gegen die Partei schuldig gemacht hat;
6. wenn das Urteil eines ordentlichen Gerichts, eines früheren Sondergerichts oder eines Verwaltungsgerichts, auf welches das Urteil gegründet ist, durch ein anderes rechtskräftiges Urteil aufgehoben ist;

7. wenn die Partei
   a) ein in derselben Sache erlassenes, früher rechtskräftig gewordenes Urteil oder
   b) eine andere Urkunde auffindet oder zu benutzen in den Stand gesetzt wird, die eine ihr günstigere Entscheidung herbeigeführt haben würde.

§ 581 ZPO Besondere Voraussetzungen der Restitutionsklage

(1) In den Fällen des vorhergehenden Paragraphen Nummern 1 bis 5 findet die Restitutionsklage nur statt, wenn wegen der Straftat eine rechtskräftige Verurteilung ergangen ist oder wenn die Einleitung oder Durchführung eines Strafverfahrens aus anderen Gründen als wegen Mangels an Beweis nicht erfolgen kann.

(2) Der Beweis der Tatsachen, welche die Restitutionsklage begründen, kann durch den Antrag auf Parteivernehmung nicht geführt werden.

§ 582 ZPO Hilfsnatur der Restitutionsklage

Die Restitutionsklage ist nur zulässig, wenn die Partei ohne ihr Verschulden außerstande war, den Restitutionsgrund in dem früheren Verfahren, insbesondere durch Einspruch oder Berufung oder mittels Anschließung an eine Berufung, geltend zu machen.

§ 583 ZPO Vorentscheidungen

Mit den Klagen können Anfechtungsgründe, durch die eine dem angefochtenen Urteil vorausgegangene Entscheidung derselben oder einer unteren Instanz betroffen wird, geltend gemacht werden, sofern das angefochtene Urteil auf dieser Entscheidung beruht.

§ 584 ZPO Ausschließliche Zuständigkeit für Nichtigkeits- und Restitutionsklagen

(1) Für die Klagen ist ausschließlich zuständig: das Gericht, das im ersten Rechtszuge erkannt hat; wenn das angefochtene Urteil oder auch nur eines von mehreren angefochtenen Urteilen von dem Berufungsgericht erlassen wurde oder wenn ein in der Revisionsinstanz erlassenes Urteil auf Grund des § 580 Nr. 1 bis 3, 6, 7 angefochten wird, das Berufungsgericht; wenn ein in der Revisionsinstanz erlassenes Urteil auf Grund der §§ 579, 580 Nr. 4, 5 angefochten wird, das Revisionsgericht.

(2) Sind die Klagen gegen einen Vollstreckungsbescheid gerichtet, so gehören sie ausschließlich vor das Gericht, das für eine Entscheidung im Streitverfahren zuständig gewesen wäre.

§ 585 ZPO Allgemeine Verfahrensgrundsätze

Für die Erhebung der Klagen und das weitere Verfahren gelten die allgemeinen Vorschriften entsprechend, sofern nicht aus den Vorschriften dieses Gesetzes sich eine Abweichung ergibt.

§ 586 ZPO Klagefrist

(1) Die Klagen sind vor Ablauf der Notfrist eines Monats zu erheben.

(2) [1] Die Frist beginnt mit dem Tage, an dem die Partei von dem Anfechtungsgrund Kenntnis erhalten hat, jedoch nicht vor eingetretener Rechtskraft des Urteils. [2] Nach Ablauf von fünf Jahren, von dem Tage der Rechtskraft des Urteils an gerechnet, sind die Klagen unstatthaft.

(3) Die Vorschriften des vorstehenden Absatzes sind auf die Nichtigkeitsklage wegen mangelnder Vertretung nicht anzuwenden; die Frist für die Erhebung der Klage läuft von dem Tage, an dem der Partei und bei mangelnder Prozeßfähigkeit ihrem gesetzlichen Vertreter das Urteil zugestellt ist.

§ 587 ZPO Klageschrift

In der Klage muß die Bezeichnung des Urteils, gegen das die Nichtigkeits- oder Restitutionsklage gerichtet wird, und die Erklärung, welche dieser Klagen erhoben wird, enthalten sein.

§ 588 ZPO Inhalt der Klageschrift

(1) Als vorbereitender Schriftsatz soll die Klage enthalten:

1. die Bezeichnung des Anfechtungsgrundes;
2. die Angabe der Beweismittel für die Tatsachen, die den Grund und die Einhaltung der Notfrist ergeben;
3. die Erklärung, inwieweit die Beseitigung des angefochtenen Urteils und welche andere Entscheidung in der Hauptsache beantragt werde.

(2) [1] Dem Schriftsatz, durch den eine Restitutionsklage erhoben wird, sind die Urkunden, auf die sie gestützt wird, in Urschrift oder in Abschrift beizufügen. [2] Befinden sich die Urkunden nicht in den Händen des Klägers, so hat er zu erklären, welchen Antrag er wegen ihrer Herbeischaffung zu stellen beabsichtigt.

§ 589 ZPO Zulässigkeitsprüfung

(1) [1] Das Gericht hat von Amts wegen zu prüfen, ob die Klage an sich statthaft und ob sie in der gesetzlichen Form und Frist erhoben sei. [2] Mangelt es an einem dieser Erfordernisse, so ist die Klage als unzulässig zu verwerfen.

(2) Die Tatsachen, die ergeben, daß die Klage vor Ablauf der Notfrist erhoben ist, sind glaubhaft zu machen.

§ 590 ZPO Neue Verhandlung

(1) Die Hauptsache wird, insoweit sie von dem Anfechtungsgrunde betroffen ist, von neuem verhandelt.

(2) [1] Das Gericht kann anordnen, daß die Verhandlung und Entscheidung über Grund und Zulässigkeit der Wiederaufnahme des Verfahrens vor der Verhandlung über die Hauptsache erfolge. [2] In diesem Falle ist die Verhandlung über die Hauptsache als Fortsetzung der Verhandlung über Grund und Zulässigkeit der Wiederaufnahme des Verfahrens anzusehen.

(3) Das für die Klagen zuständige Revisionsgericht hat die Verhandlung über Grund und Zulässigkeit der Wiederaufnahme des Verfahrens zu erledi-

gen, auch wenn diese Erledigung von der Feststellung und Würdigung bestrittener Tatsachen abhängig ist.

§ 591 ZPO Rechtsmittel

Rechtsmittel sind insoweit zulässig, als sie gegen die Entscheidungen der mit den Klagen befaßten Gerichte überhaupt stattfinden.

Das Wiederaufnahmeverfahren dient dem **Zweck,** in eng umgrenzten **1** Ausnahmefällen eine erneute Prüfung einer rechtskräftig abgeschlossenen Sache zu erreichen, und zwar bei besonders gravierenden Prozessverstößen im Wege der **Nichtigkeitsklage (§ 579 ZPO)** und bei schwerwiegenden inhaltlichen Mängeln, vor allem, wenn sich die Grundlage einer rechtskräftigen Entscheidung als gefälscht erweist, durch **Restitutionsklage (§ 580 ZPO**; zum Vorrang der Nichtigkeitsklage nach § 578 II ZPO vgl BFH/NV 2003, 1338). Es handelt sich um einen **außerordentlichen Rechtsbehelf,** der darauf gerichtet ist, die angegriffene Entscheidung mit rückwirkender Kraft zu beseitigen und durch eine fehlerfreie zu ersetzen (zur Abgrenzung gegenüber dem außerordentlichen Rechtsbehelf einer **Gegenvorstellung:** BFHE 128, 32 = BStBl II 1979, 574; BFHE 152, 426 = BStBl II 1988, 586; zur Darlegungspflicht: BFH/NV 1994, 871; 1995, 36; 1996, 347, 631; 1997, 135; s auch Vor § 115 Rz 26 u BFH/NV 2003, 1436: Rechtsbehelfsbelehrung muss auf Möglichkeit des Wiederaufnahmeverfahrens nicht hinweisen). Der Wiederaufnahmeantrag kann unmittelbar gestellt werden. Einer vorherigen Urteilskorrektur nach den **§§ 107–109** bedarf es **nicht** (vgl BFH/NV 1987, 786). Das Wiederaufnahmeverfahren ist **subsidiär.** Für die Nichtigkeitsklage folgt dies aus § 579 I Nr 2 2. Hs ZPO (der als allg Rechtsgedanke für alle in § 579 I aufgezählten Nichtigkeitsgründe gilt: BFHE 188, 1 = BStBl II 1999, 412, unter II.3.b, mwN), für die Restitutionsklage aus § 582 ZPO (dazu FG BaWü EFG 2000, 512). Der Rechtsbehelf hat weder Devolutiv- noch Suspensiveffekt (BFH/NV 2003, 1094; 1452; 2004, 94; 677; 1539). Solange das Wiederaufnahmeverfahren keinen Erfolg hat, bleibt es bei der Rechtskraft der ursprünglichen Entscheidung (BFHE 90, 454 = BStBl II 1968, 119). Nichtigkeits- und Restitutionsklagen sind nur unter den im Gesetz jeweils **abschließend aufgezählten Voraussetzungen** (§ 579 Nrn 1–4 u § 580 Nrn 1–7 ZPO; s auch Rz 5) statthaft. Gemeinsamer Grundgedanke aller Wiederaufnahmegründe ist dabei die **Unhaltbarkeit der** rechtskräftigen **Entscheidung wegen evidenter Erschütterung ihrer Grundlagen** (*Gaul,* FS für Kralik [1986] 157, 161 f; BFHE 188, 1 = BStBl II 1999, 412, unter II.3.b). **Die praktische Bedeutung** des Wiederaufnahmeverfahrens ist schon im Zivilprozess sehr gering. Für das *finanzgerichtliche Verfahren* wird der Anwendungsbereich noch weiter dadurch eingeschränkt, dass die meisten Klagen Steuerverwaltungsakte betreffen, die gem 110 II auch nach rechtskräftiger Entscheidung noch geändert werden können, sofern die Voraussetzungen der §§ 130 ff und 172 ff AO vorliegen (s § 110 Rz 18). Von Bedeutung ist daher allenfalls die Nichtigkeitsklage wegen *nicht vorschriftsmäßiger Besetzung* der erkennenden Gerichte (§ 579 I Nr 1 ZPO; vgl. zB BFH/NV 1993, 254; 428; 613; 1994, 721; 795; 1995, 141; 789; 795; 1996, 690; 696; 901 f; zur unterlassenen *Anrufung des GrS* – § 11 – BFH/

NV 1994, 395) und wegen nicht *vorschriftsmäßiger Vertretung* (§ 579 I Nr 4 ZPO; vgl BFH/NV 1993, 314; s iÜ *Kruse* in T/K Rz 4 ff; *Meyer/Ladewig/ Rudisile* in *Schoch ua* § 153 Rz 8 ff). Daher soll sich die Kommentierung hier auf eine zusammengefasste Darstellung der allg Grundsätze des Wiederaufnahmeverfahrens beschränken.

2   Der Gesetzestatbestand des § 134 setzt (ebenso wie die Parallelvorschriften der VwGO und des SGG) ein **rechtskräftig beendetes Verfahren** voraus, während § 578 I ZPO auf ein rechtskräftiges *Endurteil* abstellt. § 134 gilt daher **auch für Beschlüsse, soweit sie selbständige Verfahren abschließen und der materiellen Rechtskraft fähig sind** (BFH/NV 1998, 1239; 2000, 457; 2003, 1191; 1436; s iÜ § 113 Rz 1; ablehnend für Beschluss, durch den ein Antrag auf Aussetzung der Vollziehung abgelehnt wird: BFHE 99, 178 = BStBl II 1970, 597; BFH/NV 1998, 990; s außerdem BFHE 97, 502 = BStBl II 1970, 216; BFHE 128, 32 = BStBl II 1979, 574; BFH/NV 1987, 591; 1990, 173; 1993, 428; 503; 1995, 307; 795; ablehnend auch für **PKH-Beschlüsse:** BFH/NV 1998, 494, 1251; 2003, 1191; sowie für Beschlüsse betreffend die **Bestellung oder Beiordnung eines Prozessbevollmächtigten:** BFH/NV 1998, 874; VII B 284/02 nv). Betrifft das Wiederaufnahmeverfahren einen **Beschluss**, tritt an die Stelle der Klage der Antrag und an die Stelle des Urteils der Beschluss (BFHE 152, 426 = BStBl II 1988, 586; BFHE 165, 569 = BStBl II 1992, 292; BFH/NV 1993, 302; 305; 1995, 795; 2002, 1314; zur **Auslegung** eines Rechtsmittels als Wiederaufnahmeantrag: BFH/NV 1995, 307; s iÜ Vor § 33 Rz 14 ff). Das wiederaufzunehmende Verfahren kann **auch ein Wiederaufnahmeverfahren** sein (BFHE 128, 447 = BStBl II 1979, 777, 778). Beteiligte des Wiederaufnahmeverfahrens sind **die Beteiligten des Vorprozesses** (einschließlich der Beigeladenen) oder deren Rechtsnachfolger (BFH/NV 1991, 751; 1993, 314; s auch Rz 6).

3   Das Wiederaufnahmeverfahren vollzieht sich in **drei Stufen** der Prüfung, von denen sich jeweils die nächste erst eröffnet, wenn die vorhergehende mit positivem Ergebnis abgeschlossen wurde (BVerwG NVwZ 1987, 218; *R/S,* 1124 ff; *Kruse* in T/K Rz 2; *Kopp/Schenke* § 153 Rz 4). Dies steht einer gemeinsamen Verhandlung und Entscheidung zB über Zulässigkeit und Begründetheit des Wiederaufnahmeantrags indes nicht entgegen (BGH NJW 1979, 427).

4   Die **erste Stufe** der Prüfung betrifft die **Zulässigkeit** der Wiederaufnahmeklage. Zunächst müssen die **allg Sachentscheidungsvoraussetzungen** (Vor § 33 Rz 4 ff; vgl auch § 585 ZPO; zum Vertretungszwang vor dem BFH nach § 62 a: BFHE 122, 1 = BStBl II 1977, 501; BFHE 145, 500 = BStBl II 1986, 415; BFH/NV 1989, 314; 1996, 925; 1998, 205; 348; zur Unbedingtheit der Klageerhebung: BFH/NV 2003, 1214) erfüllt und evtl im Wiederaufnahmeverfahren gesetzte *Ausschlussfristen* gewahrt sein (§ 585 ZPO iVm § 65 II bzw § 79 b I 1; BFH/NV 1994, 890). Darüber hinaus sind folgende **besondere Zulässigkeitserfordernisse** zu beachten:
  – **Zuständigkeit:** § 584 I ZPO regelt die „externe" Zuständigkeit. Zuständig für das Wiederaufnahmeverfahren ist danach das Gericht, dessen Entscheidung letztendlich abgeändert werden soll (vgl zur modifizierten Geltung des § 584 ZPO: BFHE 90, 454 = BStBl II 1968, 119; BFHE 128, 487 = BStBl II 1979, 777, 778; BFHE 164, 504 = BStBl II 1991,

813; BFHE 167, 287 = BStBl II 1992, 625; BFH/NV 1986, 164; 1994, 795; 875; 1995, 800; 1998, 1239; 2003, 1337; zum **Vertretungszwang vor dem BFH** nach § 62 a: BFH/NV 2002, 1314; 2003, 811, 1436; zur Abgrenzung **zwischen BFH und FG:** BFH/NV 2000, 730 mwN). Zur „internen" Entscheidungsbefugnis besagt § 584 I ZPO nichts. Diese liegt jedoch auch dann beim **Vollsenat,** wenn die Entscheidung, die Gegenstand des Wiederaufnahmeverfahrens ist, vom **Einzelrichter** getroffen wurde (BFHE 188, 1 = BStBl II 1999, 412; aM *Albert* DStZ 1998, 239, 241; zur rechtlich unbedenklichen Mitwirkung der Richter, die auch bei der ursprünglichen Entscheidung mitgewirkt hatten: BFH/NV 1994, 795; 1997, 122).

– **Geltendmachen der Beschwer** des Wiederaufnahmeklägers durch das angefochtene Urteil (BGHZ 39, 179), dh entsprechend § 40 II (s dort Rz 61 f; BFH/NV 1993, 486 f) das substantiierte, in sich schlüssige **Dartun** (Vor § 33 Rz 13) eines Nichtigkeitsgrundes iS des § 579 oder eines Restitutionsgrundes iS des § 580 (BFHE 90, 454 = BStBl 1968, 119; BFHE 165, 569 = BStBl II 1992, 252; BFH/NV 1986, 164; 1992, 184; 1996, 221; 234; 689; 836; 901; 1997, 52; 119; 1998, 1491; 1999, 504; 1107; 2000, 457; 2004, 78; 977). Die Tatsachen sind *glaubhaft zu machen* iS des § 294 ZPO (BFH/NV 1993, 254 zur Klagefrist des § 586 ZPO; allg zur Glaubhaftmachung § 56 Rz 45 u § 96 Rz 20; s auch *Meyer-Ladewig/Rudisile* in Schoch ua § 153 Rz 19; *Zöller/Greger* Vor § 578 Rz 3). *Unzulässig* ist ein Wiederaufnahmebegehren, mit dem ein *Zulassungs- oder ein Revisionsgrund* (vgl BFHE 164, 504 = BStBl II 1991, 813; BFH/NV 1991, 322, 323; 397) oder die *Abweichung von* einem *GrS-Beschluss* geltend gemacht wird (BFHE 167, 287 = BStBl II 1992, 625).

– **Unverschuldete Unmöglichkeit früherer Geltendmachung** des Wiederaufnahmegrundes (zur Subsidiarität: Rz 1; zur *Nichtigkeitsklage:* BFHE 188, 1 = BStBl II 1999, 412; zum entsprechenden Zulässigkeitsgesichtspunkt bei der *Restitutionsklage* s § 582; BGH WM 1975, 736; s iÜ auch *Zöller/Greger* § 582 Rz 1.

– **Wahrung der Klagefrist des § 586** (vgl BFHE 96, 385 = BStBl II 1969, 600; BFH/NV 1997, 52; zum Mindestinhalt fristwahrenden Begehrens: BFHE 165, 569 = BStBl II 1992, 252; zum Lauf der Frist: BFH/NV 1998, 1496 f; zu ihrem Beginn: BFHE 152, 35 = BStBl II 1988, 290 sowie BFHE 145, 500 = BStBl II 1986, 415 bei Verwerfung einer Revision wegen eines Verstoßes gegen § 62 a; zum Erfordernis der Glaubhaftmachung: BFH/NV 1993, 254; zum Lauf der Frist bei mehreren Wiederaufnahmegründen: BVerwG Buchholz 316 § 51 VwVfG Nr 24; zur Fünfjahresfrist des **§ 586 II 2 ZPO:** BFH/NV 1997, 139).

– Notwendiger **Inhalt der Klageschrift** (§ 587 ZPO).

– Voraussetzungen des **§ 581 ZPO** in den Fällen des § 580 Nrn 1 bis 5 ZPO.

Ist die Wiederaufnahmeklage zulässig, muss **in der zweiten Stufe** geprüft werden, **ob** der behauptete **Wiederaufnahmegrund** tatsächlich **gegeben** ist (vgl zu **§ 579 I Nr 1 ZPO:** BFHE 165, 569 = BStBl II 1992, 252; BFH/NV 1993, 302; 1995, 141; s dazu iÜ auch BFH NJW 1994, 1735; BFH/NV 1992, 538; zu **§ 579 I Nr 4 ZPO:** BFHE 188, 1 = BStBl II 2000, 1000; 2000, 1298; 2002, 1324 zur Abtrennung; 2003, 175; zu **§§ 580 Nr. 5, 581 ZPO:** BFH/NV 2004, 359; 977, BFH

5

V K 1/03 nv; zu **§ 580 Nr. 6 ZPO:** BFHE 123, 310 = BStBl II 1978, 21; BFH/NV 1986, 164; 1992, 184; zu **§ 580 Nr 7 a ZPO:** BFHE 123, 310 = BStBl II 1978, 21; zu **§ 580 Nr. 7 b ZPO:** BVerwGE 11, 124; 20, 344: Urkunde darf nicht nachträglich erstellt sein; BFHE 97, 502 = BStBl II 1970, 216: Urkunde muss dem Beteiligten bis zur Rechtskraft der Entscheidung im Vorprozess unbekannt gewesen sein; BFH/NV 1991, 547; 1999, 1628 f; 2004, 805 zum Vernehmungsprotokoll). Die **Aufzählung** der Wiederaufnahmegründe in den §§ 579, 580 ZPO ist **abschließend** (BGHZE 38, 336; BFHE 123, 310 = BStBl II 1978, 21; *Zöller/ Greger* § 579 Rz 1 u § 580 Rz 2; *Kopp/Schenke* § 153 Rz 8; *Meyer-Ladewig/ Rudisile* in Schoch ua § 153 Rz 7; *Kruse* in T/K Rz 4). Das ergibt sich sicherlich nicht allein aus der enumerativen Fassung dieser Vorschrift, wohl aber aus dem Normzweck und dem Gesetzeszusammenhang. *H/H/Sp/ Bergkemper* (Rz 34) weist in diesem Zusammenhang mit Recht auf die §§ 79 II, 95 II BVerfGG hin, aus denen folgt, dass die Wiederaufnahme eines Verfahrens selbst dann ausgeschlossen ist, wenn die ursprüngliche Entscheidung auf einer Norm beruht, die das BVerfG für nichtig erklärt hat (vgl BFH/NV 1986, 164).

6   Ist die Wiederaufnahmeklage zulässig (Rz 4) und begründet (Rz 5), kommt es **in der dritten Stufe,** soweit der Wiederaufnahmegrund reicht (§ 590 I), zur **neuen Verhandlung und Entscheidung des früheren Rechtsstreits** (§ 590 ZPO). Der Streitgegenstand und die Beteiligten sind identisch mit denen des Vorprozesses (BGHZ NJW 1982, 2449; Rz 2 aE). Der Prozess wird in die **Lage vor Erlass der Entscheidung** zurückversetzt (BFHE 90, 454 = BStBl II 1968, 119). *Rechtsänderungen* können nach allg Grundsätzen berücksichtigt werden (BVerwG DVBl 1988, 1027). **Vorläufiger Rechtsschutz** kommt für das im Wege der Wiederaufnahme des Verfahrens zu beseitigende Urteil (den Beschluss – s Rz 2) entsprechend § 150 S 3 iVm § 69 in Betracht (BFH/NV 1990, 644). Für die zu treffende **Kostenentscheidung** gelten die §§ 135 ff.

Dritter Teil. Kosten und Vollstreckung

Abschnitt I. Kosten

Vor § 135: Kostenbegriff, Gerichtskosten, Streitwert

Übersicht

A. Allgemeines zum Kostenrecht

I. Der Kostenbegriff der FGO

1　　Die anlässlich eines gerichtlichen Verfahrens entstandenen Kosten sind entweder **Gerichtskosten** (vgl hierzu unten Rz 4 ff) oder **außergerichtliche Kosten** (vgl § 139 Abs 1). Beide Arten von Kosten setzen sich zusammen aus **Gebühren,** dh Aufwendungen für gerichtliche oder außergerichtliche Kosten, die sich in festen Sätzen nach einer Gebührenordnung richten, und **Auslagen.** Die außergerichtlichen Kosten werden im Gesetz auch als „Aufwendungen" bezeichnet (vgl §§ 139, 149). Zu den außergerichtlichen Kosten gehören auch die Aufwendungen eines Beteiligten für die **Zuziehung eines Bevollmächtigten im Vorverfahren** (§ 139 Abs 1 und 3).

II. Rechtsgrundlagen

2　　Bis zum Inkrafttreten des Gesetzes vom 20. 8. 1975 (BGBl I S 2189) am 15. 9. 1975 enthielt die FGO in den §§ 139, 140 Abs 2 und 3, 141, 146–149 einige Vorschriften über das Kostenrecht und in § 140 Abs 1 eine Verweisung auf das GKG. Nach der neuen Rechtslage sind nur noch die Vorschriften über die Kostenerstattung (§§ 139, 149) erhalten geblieben. Im Übrigen ist das für das finanzgerichtliche Verfahren maßgebliche Gerichtskostenrecht in das **GKG** einbezogen worden, das generell auch für dieses Verfahren gilt (§ 1 Nr 3 GKG nF). Das Gerichtskostenrecht ist durch das **Kostenrechtsmodernisierungsgesetz** (KostRMoG) v 12. 2. 2004 (BGBl I, 718) mit Wirkung ab 1. 7. 2004 erheblich geändert worden. Einige dieser Änderungen betreffen auch die Kosten des finanzgerichtlichen Verfahrens. Das gilt vor allem für die Änderung des Gebührensystems durch die Einführung einer **einheitlichen Verfahrensgebühr** (§ 3 Abs 2 GKG nF iVm KV Nrn 6110 ff), eines **Mindeststreitwerts** von 1000 € (§ 52 Abs 4 GKG nF; vgl dazu *Eberl* DB 2004, 1910 und *Bartone,* AO-StB 2005, 22), der auch in Verfahren des vorläufigen Rechtsschutzes gilt (*Bartone* aaO; *Jost* INF 2004, 636), einer **Vorfälligkeitsregelung** für die Gerichtsgebühren, den **Wegfall** der **gerichtsgebührenfreien Klagerücknahme,** die kostenrechtliche Gleichstellung von Urteil und Gerichtsbescheid und die kostenrechtliche Gleichstellung der Klagerücknahme mit der Hauptsachenerledigung. Durch das KostRMoG wurde ferner eine **Kappungsgrenze** für Streit- und Gegenstandswerte eingeführt: Nach § 39 Abs 2 GKG nF beträgt der zugrunde zu legende Wert maximal 30 Mio €. Durch diese Regelung wird das Kostenrisiko bei Rechtsstreitigkeiten mit sehr hohen Streitwerten erheblich vermindert (*Wenner/Schuster* BB 2005, 230). Spezielle Vorschriften für das finanzgerichtliche Verfahren enthalten ua §§ 2 Abs 1, 6 Abs 1 Nr 4, 52 Abs 1 u 4, 53 Abs 3 Nr 2, 63 Abs 1 S 3 u 4, Abs 2 S 2 GKG nF. Das GKG nF ist anzuwenden auf Rechtsstreitigkeiten, die nach dem Inkrafttreten dieses Gesetzes anhängig geworden sind (§ 71 Abs 1 S 1 GKG); für Rechtsmittel ist der Zeitpunkt ihrer Einlegung maßgebend, selbst wenn das Verfahren schon vorher in Gang gesetzt worden war (§ 71 Abs 1 S 2 GKG). Das GKG idF v 15. 12. 1975 ist weiterhin anzuwenden auf Rechtsstreitigkeiten, die vor dem 1. 7.

2004 anhängig geworden sind; das gilt nicht für Rechtsmittel, die nach dem 1. 7. 2004 eingelegt worden sind (§ 72 Nr 1 GKG nF). Im Fall einer **Zurückverweisung** an die Vorinstanz (§ 126 Abs 3 Nr 2) nach dem 1. 7. 2004 ist für das weitere Verfahren das GKG nF anzuwenden (*Hartmann* § 71 Rz 7).

Für die **außergerichtlichen Kosten** gelten in erster Linie die Vorschriften des **Rechtsanwaltsvergütungsgesetzes (RVG)** v 5. 5. 2004 (BGBl I, 718); vgl zur Tätigkeit des Anwalts in Steuersachen § 35 RVG, der die entsprechende Anwendung der §§ 23 bis 39 Steuerberatergebührenverordnung (StbGebV) anordnet, oder – für die Tätigkeit der Steuerberater – die Steuerberatergebührenverordnung v 17. 12. 1981 (BGBl I, 1442); zur Auslegung der StbGebV können die Vorschriften des RVG ergänzend herangezogen werden (*Hartmann* § 1 RVG Rz 16). Die vor Inkrafttreten des RVG für die Gebühren der Rechtsanwälte geltende BRAGO wurde durch das KostRMoG aufgehoben; sie gilt nach § 61 RVG nur noch für eine Übergangszeit. Für Rechtsbeistände gilt das RVG zumindest sinngemäß (*Hartmann* § 1 RVG Rz 14).

Die Vorschriften des Kostenrechts lassen sich unterteilen in formelle und **3** materielle Bestimmungen. Das **materielle Kostenrecht** regelt Arten, Höhe und Schuldner der Kosten. Im weiteren Sinn gehören dazu auch die Vorschriften der §§ 135 bis 138 über die Pflicht zur Tragung der Verfahrenskosten und ggf ihre Verteilung auf die Beteiligten (zur sog **Kostengrundentscheidung** vgl auch *T/K* vor § 135 Rz 2 und 4; *Beermann/Brandt* vor § 135 Rz 5, 10). Die Vorschriften des **formellen Kostenrechts** (zB §§ 149, 19, 63, 66 GKG) regeln, wer über die Kostenpflicht zu entscheiden hat, die Form der Entscheidung sowie das Verfahren zur Festsetzung der Gerichtskosten (sog **Kostenansatz,** vgl hierzu unten Rz 14 ff) und das **Kostenerstattungsverfahren** (Kostenfestsetzung vgl § 149).

Zum Kostenrecht gehören auch die Vorschriften über die Höhe, Ermittlung und Festsetzung des **Streitwerts,** der die Bemessungsgrundlage für die Gerichtskosten (§ 3 Abs 1 GKG) bildet. Da der für die Bemessung der Rechtsanwaltsgebühren maßgebliche Gegenstandswert (§ 2 Abs 1 RVG) sich in gerichtlichen Verfahren nach den für die Gerichtsgebühren geltenden Wertvorschriften bestimmt (§ 23 Abs 1 RVG), ist der nach den Vorschriften des GKG zu ermittelnde Streitwert zugleich Bemessungsgrundlage für die Gebühren des bevollmächtigten Rechtsanwalts oder Steuerberaters. Dasselbe gilt für die erstattungsfähigen Gebühren des außergerichtlichen Vorverfahrens (§ 139 Abs 3). Zum Streitwert vgl unten Rz 23 ff.

B. Gerichtskosten

Gerichtskosten sind (pauschale) öffentliche Abgaben für die Tätigkeit der **4** Gerichte (vgl *Hartmann* Einl II B 1 A; BFH/NV 2004, 792). Sie sollen den entstandenen Aufwand abdecken (BFH/NV 2004, 792). Rechtsgrundlage für ihre Höhe, Erhebung, ihren Ansatz und ihre Verjährung ist das GKG (vgl § 1 GKG: vgl auch oben Rz 2). Das GKG regelt abschließend, welche Kosten der Kostenschuldner tragen muss (BFH/NV 2003, 650). Eine gerichtliche Handlung ist deshalb kostenfrei, wenn sie in den Kostentatbeständen des Kostenverzeichnisses (§3 Abs 2 GKG) nicht aufgeführt ist (*T/K* Tz 13).

I. Kostenschuldner

5   Schuldner der Gerichtskosten ist derjenige, der das betreffende **Verfahren** der Instanz **beantragt** hat (§ 22 Abs 1 GKG; BFH/NV 1993, 557). Daneben ist Kostenschuldner auch derjenige, dem durch gerichtliche Entscheidung die **Kosten** des Verfahrens **auferlegt** worden sind, sog Entscheidungsschuldner; § 29 Nr 1 GKG; vgl dazu BFH/NV 2003, 1201: die Gerichtsentscheidung muss wirksam geworden sein). Nach § 31 Abs 2 S 1 GKG schulden die „Entscheidungsschuldner" als Erstschuldner vorrangig die Gerichtskosten. Als weitere mögliche Schuldner der Gerichtskosten nennt das Gesetz denjenigen, der sie **übernommen** hat (§ 29 Nr 2 GKG), oder der für die Kostenschuld eines anderen kraft Gesetzes **haftet** (§ 29 Nr 3 GKG); ferner den Vollstreckungsschuldner für die notwendigen Kosten der Zwangsvollstreckung (§ 29 Nr 4 GKG). Kostenschuldner nach § 29 Nr 3 GKG ist zB der Gesellschafter einer OHG oder GbR oder der persönlich haftende Gesellschafter einer KG. Ein **Kommanditist** haftet nach § 29 Nr 3 GKG nur dann für die Kostenschuld, wenn er die Einlage noch nicht geleistet hat (§ 177 Abs 1 HGB); das muss er nachweisen. Dagegen muss die Kostenstelle des Gerichts nachweisen, dass die Einlage zurückgezahlt oder eine der Rückzahlung gleichgestellte Gewinnentnahme (§ 172 Abs 4 S 1 HGB) erfolgt ist (BFHE 125, 484 = BStBl II 1978, 651). Antragsteller iS des § 22 Abs 1 GKG ist nur der Beteiligte selbst, nicht der gesetzliche Vertreter und auch nicht der Prozessbevollmächtigte. Ein **Vertreter ohne Vertretungsmacht,** zB ein Steuerberater, der ohne Vollmacht Klage erhebt, ist selbst Antragsteller (BFH/NV 1993, 619; 1997, 601); er kann auch dann gem § 22 Abs 1 GKG für die Kosten in Anspruch genommen werden, wenn ihm nicht die Kosten durch die Gerichtsentscheidung auferlegt worden sind (FG BaWü EFG 1993, 743; *Schall* StB 1994, 284; zur Kostenschuldnerschaft einer ohne Vollmacht auftretenden Anwaltssozietät vgl FG M'ster, EFG 1996, 392). Kostenschuldner nach § 22 GKG ist auch, wer in **Prozessstandschaft** ein fremdes Recht verfolgt, wie zB im Steuerprozess gegen einen Gewinnfeststellungsbescheid die Personengesellschaft, vertreten durch den Geschäftsführer, in Prozessstandschaft für ihre Gesellschafter (*Hartmann* § 22 GKG Rz 3 und die Nachweise bei § 48 Rz 12).

    Mehrere Kostenpflichtige haften gemäß §§ 31, 32 GKG als **Gesamtschuldner** und nicht gemäß § 135 Abs 5 FGO nach Kopfteilen (FG Bln EFG 1990, 597). § 32 GKG schließt als speziellere Regelung den § 135 Abs 5 aus (ebenso: BFHE 154, 307 = BStBl II 1989, 46; BFH/NV 1989, 720; 1997, 603). Die Auswahl unter mehreren Gesamtschuldnern trifft der Kostenbeamte nach pflichtgemäßem Ermessen (vgl dazu § 8 Abs 3 Kostenverfügung; BFH/NV 1997, 603; FG Nbg EFG 1991, 754; FG Bln EFG 1990, 597).

    Betreffen die Anträge mehrerer **Streitgenossen unterschiedliche Streitgegenstände,** so haftet jeder von ihnen nur für die Kosten, die durch das Verfahren über seinen Antrag entstanden sind (§ 32 Abs 1 S 2 GKG). Eine entsprechende Anwendung dieser Vorschrift ist zu erwägen, wenn das FG Verfahren mehrerer Kläger mit unterschiedlichen Streitgegenständen zur gemeinsamen Entscheidung verbunden hat, obwohl die Voraussetzungen der Streitgenossenschaft nicht vorliegen (*Schall* StB 1995, 312; vgl aber BFH/NV 1994, 619, 819).

Wird jemand zu Unrecht als Kostenschuldner in Anspruch genommen, kann er sich gegen seine Heranziehung mit der **Erinnerung** wenden (BFH/NV 1993, 488; BFH/NV 1994, 819; vgl auch unten Rz 17).

II. Kostenfreiheit bestimmter Gebietskörperschaften

Nach § 2 Abs 1 GKG sind der **Bund** und die **Länder** sowie die ihnen **6** nachgeordneten Behörden in Verfahren vor den Gerichten der Finanzgerichtsbarkeit **von der Zahlung von Gerichtskosten befreit.**

Die Kostenbefreiung gilt auch für die nach den Haushaltsplänen des Bundes und der Länder für deren Rechnung verwalteten öffentlichen Anstalten und Kassen, nicht aber für die Gemeinden und Gemeindeverbände. Die Kostenfreiheit bezieht sich auf alle im GKG geregelten Gebühren und alle Auslagen.

III. Gebühren und Auslagen nach dem GKG

1. Gebühren

Die Gerichtsgebühren werden in einer bestimmten Höhe für im Einzel- **7** nen aufgezählte gerichtliche Tätigkeiten – und nur diese (§ 1 Abs 1 GKG) – nach einer Gebührenordnung (Kostenverzeichnis – KV – und Gebührentabelle, Anlagen 1 und 2 zum GKG; abgedruckt als Anlagen zu diesen Vorbemerkungen – s S 1357 ff und 1366) erhoben. Für die Gerichtsgebühren im finanzgerichtlichen Verfahren gelten mit Wirkung vom 1. 7. 2004 die Nrn 6110 bis 6600 der Anlage 1 zum GKG (vgl aber die Übergangsregelung des § 72 GKG).

Abweichend vom bis zum 1. 7. 2004 geltenden Recht, das für jede Instanz verschiedene Gebühren vorsah, wird nach dem KV zum GKG nF (Nr 6110) nur noch eine einheitliche **Verfahrensgebühr** in Höhe einer vierfachen Gebühr für das erstinstanzliche Verfahren erhoben, die sich in den Fällen der **Klagerücknahme** oder der Erledigung der Hauptsache auf zwei Gebühren ermäßigt (vgl Nr 6110 KV; Rz 8). Anders als nach Nr 3110 KV aF kann die Verhandlungsgebühr durch eine frühzeitige Klagerücknahme nicht mehr vermieden werden. Der Kläger wird dadurch zu einer sorgfältigen Prüfung angehalten, ob seine Klage tatsächlich Aussicht auf Erfolg hat. Für das Revisionsverfahren wird eine Verfahrensgebühr in Höhe von fünf Gebühren erhoben, die sich im Fall der Rücknahme vor Eingang der Revisionsbegründungsschrift beim BFH auf eine Gebühr, bei Rücknahme zu einem späteren Zeitpunkt, aber vor dem Schluss der mündlichen Verhandlung oder Übermittlung der Gerichtsentscheidung an die Geschäftsstelle, auf drei Gebühren ermäßigt (Nrn 6121, 6122 KV). Der Gesetzgeber des KostRMoG hat die Erledigung der Hauptsache der Klagerücknahme kostenrechtlich gleichgestellt.

Neben der Verhandlungsgebühr kennt das GKG noch eine Reihe an- **8** derer Gebühren, zB solche für Nebenverfahren wie die Verfahren des vorläufigen Rechtsschutzes nach § 69 oder § 114 oder der **Anhörungsrüge** nach § 133 a (Nrn 6210 ff, 6400 KV). Für die erfolglose Anhörungsrüge ist eine pauschale Gebühr von 50 € zu zahlen. Eine **Beweisgebühr gibt es nicht mehr;** lediglich im selbstständigen Beweisverfahren wird eine einfache Gebühr erhoben (Nr 6300 KV). Jede dieser Gebühren ist idR auf der

Grundlage des **Streitwerts** zu ermitteln, der im Zeitpunkt der die Instanz einleitenden Antragstellung galt (vgl unten Rz 27). Für Beschwerdeverfahren gegen Entscheidungen der FG im vorläufigen Rechtsschutz und für die Verfahren der Nichtzulassungsbeschwerde fällt eine pauschale Verfahrensgebühr von zwei Gebühren an, die sich im Fall der Rücknahme der Beschwerde auf eine Gebühr ermäßigt (Nrn 6220, 6221, 6500 KV). Die Verfahrensgebühr fällt nur an, wenn die Beschwerde verworfen oder zurückgewiesen wird. Für sonstige (im KV nicht besonders aufgeführte) Beschwerden ist eine pauschale Gebühr von 50 € zu entrichten, wenn die Beschwerde verworfen oder zurückgewiesen wird (Nr 6502 KV).

9   § 38 GKG iVm Kostenverzeichnis Nr 6600 sieht vor, dass einem Beteiligten eine besondere, der Höhe nach vom Gericht festzusetzende Gebühr auferlegt werden kann, wenn durch sein oder seines Vertreters **Verschulden** die Vertagung einer mündlichen Verhandlung nötig wird oder wenn die Erledigung des Rechtsstreits durch nachträgliches Vorbringen von Angriffs- oder Verteidigungsmitteln, Beweismitteln oder Beweiseinreden verzögert wurde **(Verzögerungsgebühr).** Vor der Auferlegung dieser besonderen Gebühr ist dem betroffenen Beteiligten ausreichend Gelegenheit zu geben, sich zu den gegen ihn erhobenen Vorwürfen zu äußern (BFHE 96, 98 = BStBl II 1969, 550). Der Auferlegung einer Gebühr wegen verspäteter Einreichung eines Schriftsatzes steht nicht entgegen, dass das FG nach § 76 Abs 1 S 1 verpflichtet ist, den Sachverhalt von Amts wegen zu erforschen und dass nach § 77 Abs 1 S 1 die Beteiligten zur Vorbereitung der mündlichen Verhandlung Schriftsätze nur einreichen „sollen"; denn auch die Beteiligten haben die Pflicht, das Verfahren zu fördern (BFHE 99, 182 = BStBl II 1970, 626).

Zuständig für die Entscheidung über die Auferlegung einer Verzögerungsgebühr ist das **Gericht** (nicht der Kostenbeamte). Das Gericht trifft die Entscheidung nach pflichtgemäßem Ermessen durch *besonderen Beschluss,* der zu begründen ist (*Hartmann* § 34 GKG Rz 22); die Gebühr nach § 38 GKG kann in demselben Verfahren auch mehrfach verhängt werden. IdR ist als Verzögerungsgebühr eine volle Gebühr zu erheben (*Hartmann* § 38 GKG Rz 26). Gebührenschuldner ist derjenige, gegen den das Gericht die Verzögerungsgebühr verhängt hat. Gegen die Festsetzung einer Gebühr nach § 38 GKG durch das Gericht ist eine Beschwerde nicht statthaft (§ 128 Abs 4; BFH/NV 1995, 723).

10   Die Gebühren werden in **jeder Instanz nur einmal erhoben** (§ 35 GKG). Die Instanz iS des § 35 GKG umfasst alle innerhalb des Verfahrens vorgenommenen prozessualen Handlungen. Wird die Sache nach Aufhebung des FG-Urteils durch den BFH **zurückverwiesen,** so bilden das vorangegangene und das sich nach der Zurückverweisung anschließende Verfahren vor dem FG iS des § 35 GKG nur eine Instanz (§ 37 GKG). Damit soll eine Verdoppelung der Gebührenerhebung ausgeschlossen werden. Das gilt nicht für die Revisionsinstanz, wenn gegen ein Urteil des FG Revision eingelegt wurde und (nach Aufhebung und Zurückverweisung) erneut Revision eingelegt wird, weil es sich hierbei um zwei verschiedene Revisionsverfahren handelt (BFHE 100, 76 = BStBl II 1970, 852; *T/K* Tz 80). Wegen der Verweisung an ein anderes Gericht vgl § 4 GKG.

11   Durch § 6 Abs 1 Nr 4 GKG nF wird erstmals für das finanzgerichtliche Verfahren („Prozessverfahren") bestimmt, dass die Verfahrensgebühr

(Nrn 6110, 6120 KV) bereits **mit Einreichung der Klage- oder Revisionsschrift bei Gericht fällig** wird und „alsbald" (§ 13 KostVfg) nach Fälligkeit zu erheben ist. Diese sofortige Fälligkeit ist nicht mit einem **Vorschuss** (vgl § 10 GKG) zu verwechseln, denn die Tätigkeit des Gerichts ist im Steuerprozess nicht von der Zahlung der fällig gestellten Gebühr abhängig (*T/K* Rz 14b, *Bartone* AO-StB 2005, 22, 24). Die Gebühr nach § 6 Abs 1 Nr 4 GKG ist nach zutreffender hM nur für Klage- und Revisionsverfahren („Prozessverfahren" iS von Teil 6 des KV) zu entrichten, nicht aber für Verfahren des vorläufigen Rechtsschutzes (*T/K* Rz 14b; *Bartone* AO-StB 2005, 22, 24 mwN). Die Höhe der nach § 6 GKG zu entrichtenden Gebühr bestimmt sich im finanzgerichtlichen Verfahren nach dem **Mindeststreitwert** von 1000 € (§ 52 Abs 4 S 1 GKG nF iVm § 63 Abs 1 S 3 und 4 GKG nF). Angesetzt wird somit auf dieser Bemessungsgrundlage ein Betrag in Höhe des vierfachen bzw fünffachen einer Gebühr nach § 34 GKG nF. Mithin entsteht bei jeder Klageerhebung eine vierfache Gebühr in Höhe von insgesamt 220 €. Die Höhe der Gebühr iS des § 6 ist unabhängig davon, wieviele selbstständige Klagebegehren (Streitgegenstände) mit der Klage geltend gemacht werden oder ob die Klage von einem oder mehreren Klägern erhoben wird (str, wie hier: *Bartone* AO-StB 2005, 22; aA *Morgenstern* AO-StB 2004, 180; bei der Kostenstelle des BFH wird auch bei mehreren Streitgegenständen oder mehreren Klägern die Verfahrensgebühr nur nach dem einfachen Mindeststreitwert von 1000 € erhoben). Ein gleichzeitig mit der Klageerhebung gestellter Antrag auf **Prozesskostenhilfe** lässt die Entstehung der Verpflichtung zur Zahlung der pauschalen Gebühr iS des § 6 GKG und ihre Fälligkeit grundsätzlich unberührt (*Bartone* AO-StB 2005, 22, 26). Es dürfte aber dem Zweck der Prozesskostenhilfe und Art 19 Abs 4 GG entsprechen, von der Erhebung der Gebühr bis zur Entscheidung über den Prozesskostenhilfeantrag abzusehen. Soweit nicht die Fälligkeit nach § 6 Abs 1 Nr 4 GKG „vorverlegt" ist, werden die Gerichtsgebühren und Auslagen nach § 9 Abs 1 Nr 2 GKG grundsätzlich (zu den Ausnahmen vgl § 9 Nr 2 bis 5 GKG) erst fällig, wenn eine unbedingte gerichtliche Entscheidung über die Kosten ergangen ist; es ist nicht erforderlich, dass die Entscheidung rechtskräftig geworden ist.

Die Gebühren nach dem GKG ermäßigen sich mit Wirkung v 1. 7. **12** 1996 (VO v 15. 4. 1996, BGBl I, 604) um 10 vH, wenn der Kostenschuldner seinen allgemeinen Gerichtsstand im **Beitrittsgebiet** hat (Art 8 EinVertr iVm Anlage I Kap III Sachgeb A Abschnitt III Nr 19a; § 1 KostGErmAV). Mit Wirkung v. 1. 3. 2002 sind die Ermäßigungssätze im Stadtgebiet von Berlin-Ost nicht mehr anzuwenden (§ 74 GKG aF). Streitig ist, ob die Ermäßigung – über den Wortlaut der Vorschrift hinaus – auch davon abhängig ist, dass der Rechtsstreit vor einem Gericht in den neuen Bundesländern geführt wird (vgl die Nachweise bei *Schall* StB 1995, 266). Der BGH hat zu der entsprechenden Vorschrift des EinVertr zur Ermäßigung der Gebühren nach der BRAGO (aaO Nr 26a) die Ansicht vertreten, die Ermäßigung gelte nicht in Rechtsstreitigkeiten vor Gerichten und Behörden mit Sitz in den alten Bundesländern (BGH MDR 1994, 100; dagegen mit beachtlichen Gründen: *Schall,* StB 1995, 266 mwN; vgl auch BVerwG NJW 2000, 452). Das BVerfG hat die Ermäßigung der Anwaltsgebühren nur für Rechtsanwälte mit Kanzleisitz in den neuen Bundesländern für verfassungswidrig erklärt und dem Gesetzgeber aufgegeben, ab 1. 1. 2004 eine Neuregelung zu treffen (BVerfG NJW 2003, 737). Das GKG idF des KostRMoG und das RVG sehen Ermäßigungsregelungen für Kostenschuldner mit Gerichtsstand oder für Anwälte mit Kanzleisitz in den neuen Ländern nicht mehr vor. Zur Geltung des GKG im Beitrittsgebiet vgl *Hartmann* Einl III Tz 5 ff.

2. Auslagen

13   **Auslagen** sind Aufwendungen, die im Verfahren erwachsen, zB Schreibauslagen, Telegrafen-, Fernschreib-, Fernsprechkosten, Zustellkosten etc. Sie dürfen nur erhoben werden, soweit das im Gesetz vorgesehen ist (§ 1 S 1 GKG). Auslagen sind idR in der tatsächlich angefallenen Höhe zu erstatten, zT wird der Aufwand aber auch pauschal abgegolten. Die Auslagentatbestände sind in KV Nrn 9000–9018 (Teil 9 der Anlage 1 zum GKG) abschließend aufgezählt. Soweit Nrn 9000 ff keinen Auslagenersatz vorsehen, ist der Kostenschuldner zum Ersatz nicht verpflichtet (BFH/NV 2003, 650; FG Köln EFG 2002, 785). Teil 9 des KV gilt nicht für Auslagen, die ein Dritter veranlasst hat (*Hartmann*, Übers 9000 Rz 3). Wird Prozesskostenhilfe gewährt, ist der Beteiligte auch von allen baren Auslagen befreit (§ 122 ZPO iVm § 142). Zu den erstattungspflichtigen Auslagen gehören ua die sog Dokumentenpauschale (Nr 9000 KV), die für eine Ausfertigung oder Ablichtung oder Ausdrucke mittels Telefax angefallen ist, sei es weil ein Beteiligter dies beantragt hat oder weil er es unterlassen hat, die erforderliche Zahl von Mehrausfertigungen eines Schriftsatzes beizufügen; ferner die Auslagen für Zustellungen (Nr 9003 KV), für öffentliche Bekanntmachungen (Nr 9004 KV) und die Kosten für die Amtshandlung einer deutschen Auslandsvertretung (Nr 9012 KV). Gemäß § 17 GKG kann für Auslagen des Gerichts ein Vorschuss verlangt werden. Nach § 22 GKG haftet derjenige für die Auslagen iS der Nr 9000 KV, der die Erteilung der Ausfertigungen und der Abschriften beantragt hat, jedoch haftet nur der Beteiligte selbst, wenn Abschriften deshalb angefertigt worden sind, weil er es unterlassen hat, einem von Amts wegen zuzustellenden Schriftsatz die erforderliche Zahl von Abschriften beizufügen (FG BaWü EFG 2009, 1150). Fordert ein Prozessbevollmächtigter Abschriften an, so ist idR der Beteiligte selbst Kostenschuldner, es sei denn, dass der Bevollmächtigte erkennbar nicht im Namen des Beteiligten, sondern zur Erleichterung seines eigenen Bürobetriebs gehandelt hat (BFHE 121, 159 = BStBl II 1977, 325). Zu den Auslagen iS von Nr 9005 Kostenverzeichnis (Beträge, die nach dem JVEG zu zahlen sind) gehören nicht Kosten für Gutachten, die **gerichtseigene Prüfer** (sog Buchsachverständige) im Auftrag des Gerichts erstatten oder erläutern (FG Mchn, EFG 1994, 170; *Schall*, StB 1994, 284).

Wegen der **Nichterhebung von Auslagen** vgl unten Rz 19 ff. Soweit im Beschwerdeverfahren keine Gerichtsgebühren erhoben werden (vgl oben Rz 10), sind auch keine Auslagen zu ersetzen, wenn nicht in diesem Fall die Kosten dem Beschwerdegegner auferlegt worden sind (Kostenverzeichnis Vor 9000 Abs 1).

IV. Kostenansatz

1. Verfahren

Das Kostenansatzverfahren, für das der **Kostenbeamte** der jeweiligen **14** Instanz zuständig ist (§ 19 Abs 1 GKG), dient der Feststellung des Kostenschuldners und der Berechnung der Gerichtskosten (§ 4 Abs 1 Kostenverfügung). Der Kostenansatz besteht in der Aufstellung der Kostenrechnung (§ 4 Abs 1 KostVfg); er ist Verwaltungsakt (*Hartmann* § 19 GKG Rz 1). Bei der Festsetzung der Gerichtskosten steht dem Kostenbeamten kein Ermessen zu; er darf die Kosten nicht aus Billigkeitsgründen niedriger festsetzen (BFH/NV 1990, 185). Kosten sind nach § 13 Abs 1 KostVfg alsbald nach Fälligkeit (vgl §§ 6, 9 GKG nF) anzusetzen; sie dürfen erhoben werden, wenn der ihnen zugrunde liegende **Gebührentatbestand verwirklicht** und die Gebühren fällig sind (BFH/NV 1987, 53; FG Bremen, EFG 1994, 305).

Entstandene Gebühren und Auslagen werden im finanzgerichtlichen Verfahren fällig, sobald eine unbedingte Entscheidung des Gerichts über die Kosten ergangen ist oder das Verfahren oder die Instanz durch Zurücknahme oder anderweitige Erledigung beendet ist (§ 9 Abs 1 GKG vgl aber zur „Vorfälligkeit" der Verfahrensgebühr im finanzgerichtlichen Verfahren § 6 Abs 1 Nr 4 GKG und Rz 11). Die Rechtskraft der gerichtlichen Entscheidung muss nicht abgewartet werden (BFHE 118, 428 = BStBl II 1976, 462; FG Bremen, EFG 1994, 305; *Hartmann* § 9 GKG Rz 4).

Da die Aufstellung der Kostenrechnung reine Verwaltungstätigkeit ist und keine Entscheidung enthält, kann der **Kostenansatz** im Verwaltungsweg **berichtigt** werden, zB auf Anweisung des Kostenprüfungsbeamten (§ 19 Abs 5 GKG; § 43 KostVfg). Eine Berichtigung im Verwaltungsweg ist nicht mehr zulässig, wenn das Gericht über den Kostenansatz entschieden hat (§ 19 Abs 5 S 2 GKG); der Kostenansatz kann jedoch geändert werden, wenn nach der gerichtlichen Entscheidung über den Kostenansatz eine Entscheidung des Gerichts ergeht, durch die der Streitwert anders festgesetzt wird.

Bei **irrigem Ansatz** von Kosten können diese nur binnen eines Jahres nachgefordert werden (§ 20 GKG). Hatte der Kostenbeamte übersehen, dass in derselben Sache zweimal Revision eingelegt war, und waren nur für die eine Kosten angefordert worden, so ist die Anforderung von Kosten für die zweite keine „Nachforderung" sondern die erstmalige Anforderung von Kosten (BFHE 120, 158 = BStBl II 1977, 41).

2. Rechtsbehelf (Erinnerung)

a) Statthaftigkeit; Wirkung

Gegen den Kostenansatz ist nur noch der Rechtsbehelf der Erinnerung **15** statthaft (§ 66 Abs 1 GKG). Persönlich berechtigt zur Einlegung der Erinnerung ist der **Kostenschuldner,** der als solcher in der Kostenrechnung benannt ist. Wer als Kostenschuldner in Betracht kommt, ergibt sich aus §§ 22, 29 GKG (vgl auch Rz 5). Neben dem Kostenschuldner kann auch der Vertreter der **Staatskasse** Erinnerung einlegen.

Die Erinnerung hat keine **aufschiebende Wirkung.** Der Vorsitzende des Gerichts kann jedoch nach ihrer Einlegung auf Antrag oder von Amts wegen die aufschiebende Wirkung ganz oder teilweise anordnen (§ 66 Abs 7 GKG). Der Antrag des Kostenschuldners, die aufschiebende Wirkung einer Kostenrechnung anzuordnen, ist auch dann zulässig, wenn der Antragsteller zuvor die Kostenschuld freiwillig getilgt hatte (FG BaWü EFG 1995, 228).

b) Einlegung

16 Die Erinnerung ist **unbefristet.** Sie ist **schriftlich** oder **zu Protokoll der Geschäftsstelle** bei dem Gericht einzulegen, das über die Erinnerung zu entscheiden hat (§ 66 Abs 5 GKG). Auch wenn die Erinnerung gegen den Kostenansatz des Kostenbeamten beim BFH eingelegt werden soll, ist eine **Vertretung** durch einen postulationsfähigen Bevollmächtigten iS von § 62 a **nicht geboten** (BFH/NV 2003, 936; 2004, 363; 2005, 717).

Die Erinnerung muss nicht ausdrücklich als solche bezeichnet werden. Ist die Kostenrechnung dem Kostenschuldner bereits zugegangen, so ist ein *Antrag auf Nichterhebung der Gerichtskosten (§ 21 GKG)* als Erinnerung gegen den Kostenansatz zu behandeln (st Rspr, vgl BFH/NV 2000, 330, 956; 2001, 1429; 2005, 717).

Eine **Begründung** ist für die Erinnerung nicht vorgeschrieben; sie ist jedoch – wie jeder Rechtsbehelf – nur zulässig, wenn der Erinnerungsführer das von ihm angestrebte konkrete **Rechtsschutzziel benennt** (vgl BFHE 156, 401 = BStBl II 1989, 626; BFH/NV 1996, 167; 2003, 333; FG Bln EFG 1969, 256; *T/K* Vor § 135 Rz 15). Mit der Erinnerung kann grundsätzlich nur eine Abänderung des Kostenansatzes *zugunsten* des Erinnerungsführers angestrebt werden; für den Antrag auf Festsetzung einer höheren Kostenschuld besteht kein schutzwürdiges Interesse. Dagegen kann der **Vertreter der Staatskasse** eine Kostenrechnung auch mit der Begründung anfechten, der Kostenansatz sei zu hoch; denn er hat nicht nur fiskalische Interessen wahrzunehmen, sondern auch auf einen richtigen Kostenansatz hinzuwirken (KG Bln Rpfl 1977, 227).

c) Gegenstand

17 Mit der Erinnerung können nur Einwendungen erhoben werden, die sich **gegen die Kostenrechnung** selbst, also gegen den Ansatz einzelner Kosten und deren Höhe, ggf auch gegen den zugrundeliegenden Streitwert richten (BFH/NV 1994, 653; 2000, 581; 2005, 717; vgl aber zur gerichtlichen Streitwertfestsetzung unten Rz 40); der Erinnerungsführer kann sich ferner gegen seine Heranziehung als Kostenschuldner, bei mehreren Kostenschuldnern auch gegen die Reihenfolge der Heranziehung wenden (BFH/NV 1994, 819; *Hartmann* § 66 Rz 22). Ist die Kostenrechnung dem Kostenschuldner bereits zugegangen, kann er mit der Erinnerung gegen den Kostenansatz auch die Nichterhebung wegen unrichtiger Sachbehandlung (§ 21 GKG) beantragen (BFH/NV 1999, 1115; 2000, 946; 2005, 717). Dagegen kann der Kostenschuldner im Erinnerungsverfahren nicht mit dem Einwand gehört werden, die dem Kostenansatz zugrundeliegende **gerichtliche Entscheidung** sei falsch; das gilt sowohl für die Sachentscheidung wie für die Kostenentscheidung (st Rspr, vgl zB BFH/NV 2000, 964, 1120; 2003, 332; 2004, 363; FG BaWü EFG 1996, 560). Die gerichtliche Kostenentscheidung ist Grundlage des Kostenansatzverfahrens; sie ist

für den Kostenbeamten und das zur Entscheidung über die Erinnerung berufene Gericht bindend (BFHE 154, 307 = BStBl II 1989, 46; BFH/NV 2003, 1603). Ausnahmen kommen nach der Rspr nur bei erkennbaren Versehen oder **offensichtlichen Verstößen** gegen eindeutige Vorschriften in Betracht (BFH/NV 1994, 571; 2003, 818 mwN).

d) Verfahren und Entscheidung

Der Kostenbeamte hat der Erinnerung abzuhelfen, wenn er die Einwendungen des Kostenschuldners ganz oder teilweise für begründet erachtet. Anderenfalls hat er die Sache dem Gericht zur Entscheidung über die Erinnerung vorzulegen. **18**

Für die Entscheidung über die Erinnerung ist das Gericht **zuständig,** bei dem die Kosten angesetzt worden sind (§ 66 Abs 1 S 1 GKG). Beim FG entscheidet der Senat durch eines seiner Mitglieder als **Einzelrichter** (§ 66 Abs 6 S 1 GKG iVm § 6); dieser überträgt das Verfahren dem Senat, wenn die Sache besondere Schwierigkeiten tatsächlicher oder rechtlicher Art aufweist oder die Rechtssache grundsätzliche Bedeutung hat (§ 66 Abs 6 S 2 GKG). Die ehrenamtlichen Richter wirken bei der Entscheidung über eine Erinnerung nicht mit (§ 66 Abs 6 S 3 GKG). Beim BFH entscheidet stets der Senat in der Besetzung mit drei Richtern (§ 10 Abs 3; BFH/NV 2005, 1712).

Aufgrund der Erinnerung hat das Gericht die angefochtene Kostenrechnung sowohl unter rechtlichen als auch unter tatsächlichen Gesichtspunkten ohne Bindung an die Auffassung des Kostenbeamten auf ihre Rechtmäßigkeit zu untersuchen (BVerfG NJW 1970, 853); der Kostenansatz ist auch insoweit zu überprüfen, als Einwendungen nicht ausdrücklich erhoben worden sind: Zwar ist das Gericht nicht befugt, den Kostenansatz zum Nachteil des Erinnerungsführers zu ändern, weil das **Verbot der reformatio in peius** auch im Erinnerungsverfahren gilt (BFHE 98, 12 = BStBl II 1970, 251; BFH/NV 1990, 184). Das bedeutet aber nur, dass im Endergebnis keine Verschlechterung für diesen eintreten darf (BFH/NV 1987, 597).

Die Entscheidung über die Erinnerung ergeht durch Beschluss, der grundsätzlich zu begründen ist (§ 113 Abs 2). Das Erinnerungsverfahren ist **gerichtsgebührenfrei** (§ 66 Abs 8 GKG; BGH NJW 1984, 871). Gerichtliche Auslagen sind dagegen zu ersetzen (*Hartmann* § 66 GKG Rz 30).

Gegen die **Erinnerungsentscheidung** des FG, also auch die Entscheidung über die Nichterhebung von Gebühren und Auslagen (vgl unten Rz 22), kann **keine Beschwerde** zum BFH eingelegt werden (§ 128 Abs 4). Die in § 5 Abs 2 S 3 GKG aF zugelassene Beschwerde gegen die Erinnerungsentscheidung des FG hat der Gesetzgeber durch das FGO-Änderungsgesetz vom 11. 12. 1992 (BGBl I 2109) abgeschafft. Als Rechtsbehelf gegen die Erinnerungsentscheidung des FG oder des BFH ist jedoch die **Anhörungsrüge** des § 69 a GKG statthaft, wenn der Anspruch des Kostenschuldners auf rechtliches Gehör verletzt wurde. Für die Entscheidung über die Anhörungsrüge ist das Gericht zuständig, dessen Entscheidung angegriffen wird (§ 69 a Abs 2 S 4 GKG). Die Rspr hat nach der Rechtslage vor Inkrafttreten des Anhörungsrügengesetzes ausnahmsweise eine **„außerordentliche Beschwerde"** gegen unanfechtbare Beschlüsse **18 a** des FG zugelassen, wenn diese „greifbar gesetzwidrig" waren, dh, wenn die vom Gericht getroffene Entscheidung nach Art, Inhalt, Zuständigkeit oder Verfahren überhaupt nicht vorgesehen war (BFH/NV 1995, 721). Diese Rspr ist mE nach Inkrafttreten des § 69 a überholt (str). Zur Unzulässigkeit der außerordentlichen Beschwerde spätestens seit dem 1. 1. 2005 vgl auch Rz 26 ff Vor § 115 und § 128 Rz 16.

3. Weiterer Rechtsbehelf: Anhörungsrüge (§ 69 a GKG)

19   Durch das Anhörungsrügengesetz v 9. 12. 2004 (BGBl I, 3220) wurde der neue Rechtsbehelf der **Anhörungsrüge** in das GKG eingefügt. § 69 a GKG ergänzt §§ 66 ff GKG. Er greift nur ein, soweit diese Vorschriften nicht ausreichen, um das rechtliche Gehör des Kostenschuldners sicherzustellen. Im finanzgerichtlichen Verfahren, in dem die Beschwerde in Kostensachen ausgeschlossen ist (§ 128 Abs 4), kommt der Anhörungsrüge bei Streitigkeiten über Kosten auch praktische Bedeutung zu. § 69 a gilt nur subsidiär, dh nur dann, wenn ein Rechtsmittel oder ein anderer Rechtsbehelf gegen die Kostengrundentscheidung oder den Kostenansatz nicht gegeben ist. Vorrangig ist deshalb der Rechtsbehelf der Erinnerung (bei Einwendungen gegen den Kostenansatz). Soweit der Kostenschuldner die isolierte Kostenentscheidung des Gerichts angreifen will, steht ihm nur der Rechtsbehelf der Anhörungsrüge zur Verfügung. Dieser Rechtsbehelf greift jedoch nur ein, wenn der Beteiligte schlüssig darlegt, dass das Gericht in entscheidungserheblicher Weise seinen Anspruch auf rechtliches Gehör verletzt hat (§ 69 a Abs 2 S 5 GKG). § 69 a GKG entspricht § 133 a; wegen weiterer Einzelheiten wird deshalb auf die Kommentierung dieser Vorschrift verwiesen.

V. Nichterhebung von Gerichtskosten (§ 21 GKG)

1. Voraussetzungen

20   § 21 GKG enthält drei verschiedene Tatbestände.

1) Nach § 21 Abs 1 S 1 GKG werden Kosten nicht erhoben, wenn sie bei richtiger Behandlung (durch das Gericht) nicht entstanden wären. Ein **Verschulden** des Gerichts ist insoweit nicht erforderlich (BFHE 173, 498 = BStBl III 1994, 533; BFH/NV 1995, 145). Nur erkennbare Versehen oder offensichtliche Verstöße gegen eindeutige Rechtsnormen des formellen oder materiellen Rechts rechtfertigen die Anwendung des § 21 GKG (BFH/NV 1994, 335; 1996, 496; 2004, 966; vgl aber BVerwG DVBl 2001, 310: keine Erhebung der Gerichtskosten für das Revisionsverfahren, wenn das Revisionsgericht das Urteil der Vorinstanz wegen eines Besetzungsmangels aufhebt). Die **unrichtige Behandlung** muss **schwerwiegend** und **offensichtlich** sein; anderenfalls würden in allen Fällen, in denen das Rechtsmittelgericht zu einer anderen Auffassung als die Vorinstanz kommt, Kosten für das erstinstanzliche Verfahren nicht erhoben, was dem Sinn und Zweck der Vorschriften über die Kostenerhebung nicht entspräche (BFHE 100, 76 = BStBl II 1970, 852; BFHE 103, 395 = BStBl II 1972, 96; BFH/NV 2002, 1458; *Schall* StB 1994, 287, 505 mwN). Eine unrichtige Sachbehandlung zB ist gegeben, wenn das Gericht eindeutig einen **Verfahrensfehler** begangen hat, zB durch Entscheidung über einen

nicht gestellten Antrag (OLG Köln MDR 1972, 1044) oder durch Erteilung einer **unzutreffenden Rechtsmittelbelehrung** (BFH/NV 2001,
480; 2002, 1325; 2004, 1291; 2005, 374; BAG BB 1987, 552; *T/K* vor
§ 135 Rz 32). Von der Erhebung der Kosten ist auch dann abzusehen,
wenn das FG bei Streit über die Wirksamkeit einer Klagerücknahme nach
Ergehen eines Einstellungsbeschlusses das Verfahren nicht fortsetzt, sondern
die „Beschwerde" des Klägers gegen den **Einstellungsbeschluss** dem
BFH vorlegt (BFHE 129, 538 = BStBl II 1980, 300; BFH/NV 1990, 521;
1992, 622; vgl auch BFHE 137, 393 = BStBl II 1983, 332 zum vergleichbaren Fall des nachträglichen Streits über die Erledigung der Hauptsache).
Zur (Nicht-)Anwendbarkeit des § 21 GKG bei anhängigen Musterverfahren vor dem BVerfG, vgl BFHE 173, 506 = BStBl II 1994, 473 aE.

Die unrichtige Sachbehandlung des Gerichts muss für die Kosten **ursächlich** gewesen sein (BFH/NV 1994, 571; 1995, 58, 59; 2001, 1429);
die Kausalität ist grundsätzlich zu bejahen, wenn der Beteiligte gerade aufgrund der fehlerhaften Sachbehandlung den Rechtsbehelf eingelegt hat,
auch wenn die Einlegung objektiv vermeidbar war; ein mitwirkendes
Verschulden des Beteiligten ist unbeachtlich (*Hartmann* § 21 GKG Rz 41).
Die **überlange Dauer des FG-Verfahrens** kann mangels Kausalität nicht
dazu führen, die Kosten des anschließenden Rechtsmittelverfahrens nicht
zu erheben (BFH/NV 1990, 520; 1988, 659).

2) Nach § 21 Abs 1 S 2 GKG werden Auslagen nicht erhoben, wenn sie   **21**
durch eine von Amts wegen **veranlasste Verlegung eines Termins** oder
die **Vertagung** einer Verhandlung entstanden sind. Die Verlegung oder
Vertagung iS des § 21 Abs 1 Satz 2 GKG muss durch einen Umstand veranlasst sein, den allein das Gericht zu vertreten hat.

3) Nach § 21 Abs 1 S 3 GKG **kann** das Gericht bei abweisenden Be-   **22**
scheiden und bei der Zurücknahme eines Antrags von der Kostenerhebung
absehen, wenn der Antrag auf **unverschuldeter Unkenntnis** der tatsächlichen oder rechtlichen Verhältnisse beruht. Im Interesse der Kostenge-
rechtigkeit sollen Unbilligkeiten und Härten vermieden werden, die sich
aus der strengen Anwendung des Gesetzes für die Beteiligten ergeben
(*Greite* DStZ 2000, 90 mwN). War der Kostenschuldner durch einen
rechtskundigen Prozessbevollmächtigten vertreten, kann regelmäßig
nicht von der Erhebung der Gerichtskosten wegen unverschuldeter Unkenntnis der rechtlichen Verhältnisse abgesehen werden (BFH/NV 2004,
967). Bei der Frage, ob die Unkenntnis unverschuldet war, ist auch der individuelle Bildungsgrad zu berücksichtigen (BFHE 92, 548 = BStBl II
1968, 659). Bei einem unter Betreuung stehenden Steuerpflichtigen, der
ohne Kenntnis seines Betreuers ein unzulässiges Rechtsmittel eingelegt hat,
kann unverschuldete Unkenntnis bejaht werden (BFH/NV 2002, 1492;
2005, 228). Ist der Antragsteller in der Vorinstanz unterlegen, so ist ihm
eine Rechtsbehelfsbelehrung erteilt worden; er kann sich also nicht auf
„Unkenntnis" berufen (BFHE 86, 502 = BStBl III 1966, 566; BFHE 88,
276 = BStBl III 1967, 369; BFHE 89, 260 = BStBl III 1967, 614). Das gilt
auch, wenn eine Verkennung der zutreffenden Rechtsmittelbelehrung zur
Einlegung des Rechtsmittels geführt hat (BFH/NV 1988, 46). Sinn des
§ 21 GKG ist es nicht, den Beteiligten das Prozessrisiko abzunehmen
(BFHE 90, 97 = BStBl III 1967, 786). Deshalb liegt unverschuldete Unkenntnis nicht vor, wenn es sich um eine schwierige Rechtsfrage handelt

und der Rechtsmittelführer sich der Problematik bewusst war (BFHE 95, 209 = BStBl II 1969, 344 mwN). Diese Grundsätze gelten auch bei **unklarer verfahrensrechtlicher Rechtslage** (BFH/NV 1995, 189). Die Unkenntnis ist nicht unverschuldet, wenn der Prozessbevollmächtigte, dem Kosten auferlegt wurden, ein Rechtsmittel ohne Vollmacht eingelegt hatte, obwohl die Erfolgsaussichten so gering waren, dass er nicht mit der Erteilung einer Vollmacht hatte rechnen können (BFHE 94, 567 = BStBl II 1969, 265).

2. Verfahren

22 a   Verfahrensrechtlich gehört die Entscheidung über die Nichterhebung von Gerichtskosten nach § 21 GKG ins **Kostenansatzverfahren** (vgl oben Rz 14). Es entscheidet aber hier nicht der Kostenbeamte, sondern das **Gericht,** und zwar das Gericht, bei dem die Kosten angesetzt wurden oder anzusetzen sind (§ 21 Abs 2 S 1, § 66 Abs 1 S 1 GKG; BFHE 88, 276 = BStBl III 1967, 369; BFH/NV 1995, 722). Der Antrag ist, soweit er nach Zugang der Kostenrechnung gestellt wird, als **Erinnerung** zu behandeln (st Rspr, vgl zB BFH/NV 1999, 1115; 2000, 956, 964; 2005, 717; Rz 17). Der Antrag ist **nicht fristgebunden;** er kann auch noch nach Zahlung der Kosten gestellt werden (*Hartmann* § 21 Rz 56). Wurde der Antrag im Urteil übergangen, kann er nachträglich in einem selbstständigen Beschluss beschieden werden (BFH/NV 1995, 251). Das Gericht kann auch **von Amts wegen** über die Nichterhebung der Kosten entscheiden (*Greite* DStZ 2000, 90). Die Entscheidung ergeht durch *Beschluss,* der begründet werden sollte; der Beschluss kann auch in das Urteil aufgenommen werden. Der BFH entscheidet regelmäßig im Revisionsurteil oder in der Entscheidung über die Nichtzulassungsbeschwerde zugleich über die Nichterhebung der Gerichtskosten. Im Falle der Zurückverweisung sollte der BFH, auch wenn er die Kostenentscheidung dem FG überlässt, über die Nichterhebung von Kosten nach § 21 GKG selbst entscheiden; vgl auch § 143 Rz 8.

Liegen die Voraussetzungen des § 21 Abs 1 S 1 oder 2 GKG vor, hat der Kläger **Anspruch** darauf, dass die Gerichtsgebühren nicht erhoben werden (BVerfG HFR 1993, 267). Dagegen ist die Entscheidung nach § 21 Abs 1 S 3 GKG eine **Ermessensentscheidung.**

Die Beschwerde gegen eine ablehnende Entscheidung des FG über den Antrag nach § 21 GKG ist nach § 128 Abs 4 ausgeschlossen (vgl auch Rz 18 a). In Betracht kommt allenfalls eine Anhörungsrüge gemäß § 69 a GKG (vgl Rz 19).

C. Streitwert

Literatur: *Balmes/Jochim,* Kosten des Steuerstreits, DStZ 2001, 272; *Bartone,* Das neue Gerichtskostengesetz in der Beratungspraxis, AO-StB 2005, 22; *Eberl,* Der Mindeststreitwert als neue Zugangsbeschränkung in der Finanzgerichtsbarkeit, DB 2004, 1912; *Gruber,* Der Streitwert im Steuerprozess, Inf 1994, 33; *Heitland,* Euroumstellungen im Kostenrecht, NJW 2001, 2306; *Jost,* Der Streitwert im finanzgerichtlichen Verfahren, Inf 1996, 181; *ders,* Strittige Fragen zum Gerichtskostengesetz nach Änderung durch das Kostenrechtsmodernisierungsgesetz, InfStW 2004, 636; *Liebheit,* Streitwert nach einer Klageänderung, JuS 2001, 687; *Schall,* Der Streitwert im Steuerprozess, DStZ 1992, 97; *ders,* DStZ 1993, 211, DStZ 1994, 428, DStZ 1996, 389; *ders,* Neues zum Streitwert, StB 1994, 20, StB 1995, 24 und StB 1996, 25; *ders,* Das Kostenrechtsänderungsgesetz, 1994; *ders,* Nochmals: Streitwertfestsetzung im Steuerprozess, StB 1995, 109; *Schwarz,* Probleme bei der Streitwertermittlung, AO-StB 2003, 165; *Streck/Schwedhelm,* Zur Änderbarkeit gerichtlicher Streitwertfestsetzungen, Stbg 1995, 186; *Wagner,* Zu den Auswirkungen des Kostenrechtsänderungsgesetzes 1994 auf das finanzgerichtliche Verfahren, Stbg 1994, 507; *Wenner/Schuster,* Einführung der Deckelung des Streitwerts in RVG und GVG: Hohe Streitwerte, kleines Risiko, BB 2005, 230; *Wüllenkemper,* Zur Auslegung des Begriffs „Gegenstand" in § 19 Abs 1 S 3 GKG im finanzgerichtlichen Verfahren, DStZ 2003, 807; *Zehendner,* Zur Festsetzung des Streitwerts im finanzgerichtlichen Verfahren, BB 1976, 312; *Zenke,* Gerichtliche Festsetzung des Streitwerts nach § 25 GKG, StB 1994, 509; *ders,* Streitwertfestsetzung, StB 1997, 35; *ders,* Streitwert-ABC, StB 2004, 425 ff, 459 ff, StB 2005, 27 ff, 65 ff, 106 ff; *Zimmer/Schmidt,* Der Streitwert im Verwaltungs- und Finanzprozess, 1991.

I. Rechtsgrundlagen

Das Verfahren der Streitwertfestsetzung richtet sich im finanzgerichtlichen Verfahren nach § 63 GKG. § 62 GKG, der für den Gebührenstreitwert die Wertfestsetzung für die Zulässigkeit des Rechtsmittels oder die Zuständigkeit des Gerichts für maßgeblich erklärt, hat für den Steuerprozess nach Abschaffung der Streitwertrevision keine Bedeutung. Rechtsgrundlage für die materiell-rechtliche Bestimmung des Streitwerts zum Zweck der **Gebührenberechnung** sind nicht die §§ 3 bis 9 ZPO, sondern die §§ 52, 47 GKG, die weitgehend den §§ 13, 14 GKG aF entsprechen. Durch das KostRMoG wurde jedoch erstmals ein **Mindeststreitwert** von 1000 € für das finanzgerichtliche Verfahren (vgl § 52 Abs 4 GKG) und eine **Kappungsgrenze** von 30 Mio € für höhere Streitwerte (§ 39 Abs 2 GKG) eingeführt. Im Ergebnis verteuern sich dadurch Prozesse mit einem geringen Streitwert, während das Kostenrisiko für Verfahren mit hohen Streitwerten sich vermindert (vgl dazu *Eberl* DB 2004, 1912 und *Wenner/Schuster,* BB 2005, 230).

Die für den **Gebührenstreitwert** im finanzgerichtlichen Verfahren maßgeblichen Vorschriften lauten:

§ 39 GKG Grundsatz

(1) In demselben Verfahren und in demselben Rechtszug werden die Werte mehrerer Streitgegenstände zusammengerechnet, soweit nichts anderes bestimmt ist.

(2) Der Streitwert beträgt höchstens 30 Millionen Euro, soweit nichts anderes bestimmt ist.

§ 47 GKG Rechtsmittelverfahren

(1) [1]Im Rechtsmittelverfahren bestimmt sich der Streitwert nach den Anträgen des Rechtsmittelführers. [2]Endet das Verfahren, ohne dass solche Anträge eingereicht werden, oder werden, wenn eine Frist für die Rechts-

mittelbegründung vorgeschrieben ist, innerhalb dieser Frist Rechtsmittelanträge nicht eingereicht, ist die Beschwer maßgebend.

(2) ¹Der Streitwert ist durch den Wert des Streitgegenstands des ersten Rechtszugs begrenzt. ²Das gilt nicht, soweit der Streitgegenstand erweitert wird.

(3) Im Verfahren über den Antrag auf Zulassung des Rechtsmittels und im Verfahren über die Beschwerde gegen die Nichtzulassung des Rechtsmittels ist Streitwert der für das Rechtsmittelverfahren maßgebende Wert.

§ 52 GKG Verfahren vor Gerichten der Verwaltungs-, Finanz- und Sozialgerichtsbarkeit

(1) In Verfahren vor den Gerichten der Verwaltungs-, Finanz- und Sozialgerichtsbarkeit ist, soweit nichts anderes bestimmt ist, der Streitwert nach der sich aus dem Antrag des Klägers für ihn ergebenden Bedeutung der Sache nach Ermessen zu bestimmen.

(2) Bietet der Sach- und Streitstand für die Bestimmung des Streitwerts keine genügenden Anhaltspunkte, ist ein Streitwert von 5000 Euro anzunehmen.

(3) Betrifft der Antrag des Klägers eine bezifferte Geldleistung oder einen hierauf gerichteten Verwaltungsakt, ist deren Höhe maßgebend.

(4) In Verfahren vor den Gerichten der Finanzgerichtsbarkeit darf der Streitwert nicht unter 1000 Euro ... angenommen werden.

(5), (6) ...

(7) Dem Kläger steht gleich, wer sonst das Verfahren des ersten Rechtszugs beantragt hat.

II. Allgemeine Grundsätze der Streitwertermittlung

1. Wertberechnung nach § 52 Abs 3 GKG

24   Betrifft der Antrag des Klägers – wie regelmäßig im finanzgerichtlichen Verfahren – eine **bezifferte Geldleistung** oder einen hierauf gerichteten VA, so ist nach § 52 Abs 3 GKG deren Höhe maßgebend. Als **spezielle Regelung** geht § 52 Abs 3 GKG der Streitwertbestimmung nach § 52 Abs 1 GKG vor (*Zimmer/Schmidt* aaO Rz 340 f). Die Vorschrift betrifft alle Klagen (Anfechtungs-, Verpflichtungs- oder Feststellungsklagen), in denen darum gestritten wird, ob ein Beteiligter dem anderen eine bestimmte Geldleistung schuldet (*Zimmer/Schmidt* aaO Rz 377). Der streitige Betrag muss im Antrag oder im VA, der Gegenstand des Antrags ist (idR ein Steuer- oder Haftungsbescheid) **beziffert,** dh bestimmt sein. Der Antrag ist ausreichend bestimmt, wenn beantragt wird, die Steuer auf einen bestimmten Betrag festzusetzen oder die im angefochtenen Bescheid festgesetzte Steuer um einen bestimmten Betrag zu mindern. Ist der Antrag nicht bestimmt, sondern nur bestimmbar, ist der Wert nicht nach Abs 3, sondern nach Abs 1 des § 52 GKG zu ermitteln (BVerwG NVwZ 1988, 1019; *Hartmann* § 13 GKG Rz 20).

Sind die Voraussetzungen des § 52 Abs 3 GKG erfüllt, ergibt sich der für die Gebührenberechnung maßgebliche Streitwert ohne weiteres aus der **Differenz zwischen** dem **festgesetzten** und dem **beantragten Steuer-**

betrag (BFH/NV 1994, 819; BFH/NV 1993, 189). Wird zB die ersatzlose Aufhebung eines Steuerbescheids wegen verfahrensrechtlicher Mängel beantragt, so entspricht der Streitwert grundsätzlich der gesamten in diesem Bescheid festgesetzten Steuer, wenn es sich um einen Erstbescheid handelt (BFHE 175, 97 = BStBl II 1994, 900; BFH/NV 1994, 255); ist Gegenstand des Kassationsantrags ein Änderungsbescheid, bestimmt sich der Streitwert nach dem Unterschiedsbetrag zwischen der festgesetzten Steuer im angefochtenen und der im vorausgegangenen Steuerbescheid (*Jost* Inf 1996, 181; *Zimmer/Schmidt* aaO Rz 382, wollen in diesem Fall § 52 Abs 1 GKG anwenden).

2. Wertberechnung nach § 52 Abs 1 GKG

Fehlt es an den Voraussetzungen des § 52 Abs 3 GKG, hat das Gericht **25** den Streitwert gem § 52 Abs 1 GKG nach der sich aus dem Antrag des Klägers für ihn ergebenden finanziellen **Bedeutung der Sache** nach Ermessen zu bestimmen. Diese Regelung kommt vor allem dann zur Anwendung, wenn Gegenstand des Rechtsstreits ein VA ist, der nicht unmittelbar eine bezifferbare Geldforderung betrifft, wie zB ein **Feststellungsbescheid** (Gewinnfeststellungs-, Einheitswert- oder Steuermessbescheid; vgl dazu unten Rz 27). Bei Bescheiden, die auf eine bezifferte Geldforderung gerichtet sind (insbes Steuerbescheide ieS), greift § 52 Abs 1 GKG ein, wenn der Kläger keinen bezifferten Antrag gestellt hat und der Streitwert nur durch Heranziehung von Gesetzen oder Steuertabellen, durch Saldierung oder Schätzung ermittelt werden kann (*Zimmer/Schmidt* aaO Rz 383).

Maßgeblich für die Wertberechnung ist grundsätzlich nur der Geldbe- **26** trag, um den **unmittelbar gestritten** wird (BFHE 102, 232 = BStBl II 1971, 603; BFH/NV 1994, 819) und der sich im Steuerfestsetzungsverfahren auswirken kann (BFHE 123, 410 = BStBl II 1978, 58). Mittelbare steuerliche Auswirkungen auf Veranlagungszeiträume, die dem Streitjahr vor- oder nachgelagert sind, bleiben deshalb idR außer Betracht (BFH/NV 2004, 74 mwN; 1999, 1630; FG Brdbg EFG 2004, 925; FG Hbg EFG 2004, 833). Auch von der Steuerschuld **abhängige Geldforderungen,** wie zB die Kirchensteuer oder der Solidaritätszuschlag, sind in die Streitwertermittlung nicht einzubeziehen. Gleiches gilt für etwaige steuerliche Auswirkungen in den **Folgejahren** (BFH/NV 1993, 680; 1999, 200; *Zimmer/Schmidt* aaO Rz 396 mwN) oder bei **anderen Steuerarten** oder **anderen Personen** (zB Beigeladenen). Wird zB über die Höhe der Einkommensteuer oder Körperschaftsteuer gestritten, bleiben für die Streitwertberechnung die Auswirkungen des Rechtsstreits auf die Gewerbesteuer außer Betracht (BFHE 86, 569 = BStBl III 1966, 611; BFHE 90, 277 = BStBl II 1968, 62). Ebenso haben **Steuerabzugsbeträge** (zB LSt) und **anzurechnende Steuern** (KSt) keinen Einfluss auf den Streitwert eines Klageverfahrens gegen die Einkommensteuerfestsetzung (BFHE 122, 50 = BStBl II 1977, 805; BFHE 123, 410 = BStBl II 1978, 58; BFHE 136, 189 = BStBl II 1982, 657; BFHE 137, 390 = BStBl II 1983, 331; BFH/NV 1989, 43, 189; 1993, 377), denn die entsprechenden Anrechnungen vollziehen sich erst im Steuererhebungsverfahren (§ 218 AO) und nicht schon im Steuerfestsetzungsverfahren (vgl aber die Einschränkung des FG Nbg

EFG 1999, 670 für den Fall, dass Steuerfestsetzungs- und Steuererhebungsverfahren in einer unlösbaren Wechselbeziehung stehen, weil der Kläger mit der Klage gegen den KSt-Bescheid letztlich nur eine Besserstellung im Anrechnungsverfahren erstrebt). Auch **Nebenforderungen** wie zB **Zinsen** bleiben bei der Bemessung des Streitwerts außer Betracht (§ 43 GKG). Anders verhält es sich, wenn sie durch selbstständigen Bescheid festgesetzt wurden und dieser Gegenstand der Klage ist (BFH/NV 1988, 180).

Macht der Stpfl eine Beschwer durch eine **zu niedrige Steuerfestsetzung** geltend, weil sich diese Festsetzung in späteren Jahren zu seinen Ungunsten auswirken kann, so ist (ausnahmsweise) bei der Festsetzung des Streitwerts diese mögliche Auswirkung mit zu berücksichtigen (BFHE 87, 431 = BStBl III 1967, 215).

Wird mit der Klage lediglich die **zeitliche Verschiebung** einer dem Grunde und der Höhe nach unstreitigen Steuerschuld von einem Besteuerungszeitraum in einen anderen erstrebt, ist der Streitwert mit einem geringeren Betrag als dem der zu verschiebenden Steuerschuld anzusetzen. Er kann gem § 52 Abs 1 GKG nach dem finanziellen Vorteil (Zinsvorteil gem § 238 AO) bemessen werden, der sich bei einer späteren Zahlung der geschuldeten Steuer ergibt (BFHE 101, 41 = BStBl II 1971, 206; BFH/NV 1992, 127).

27 Für die Bestimmung des Streitwerts nach § 52 Abs 1 GKG kommt es nicht darauf an, welche subjektiven Vorstellungen der Kläger von der „Bedeutung der Sache" hat. Maßgebend ist das **finanzielle Interesse,** das der Kläger bei **objektiver Beurteilung** seines Klagebegehrens hat (*Gruber* Inf 1994, 33; *Zimmer/Schmidt* aaO Rz 385). Bei der Ermittlung des Klagebegehrens ist das Gericht nicht an den formalen Antrag gebunden; es hat den Antrag unter Heranziehung des gesamten Vorbringens im Klageverfahren **auszulegen** (BFHE 103, 303 = BStBl II 1972, 89; BFH/NV 1994, 896). Stimmt das tatsächliche Begehren nicht mit dem formalen Antrag überein, ist dieser nicht maßgebend (BFHE 121, 179 = BStBl II 1977, 306). Ist das Klagebegehren weder im Antrag noch in der Klagebegründung bestimmbar bezeichnet, so hat das Gericht das finanzielle Interesse im Rahmen des ihm zustehenden Ermessens nach Möglichkeit zu **schätzen.**

Eine Schätzung ist vor allem dann geboten, wenn Gegenstand der Klage ein **Feststellungsbescheid,** Einheitswertbescheid etc ist; in diesem Fall dürfen die konkreten steuerlichen Folgen, die sich aus der streitigen Feststellung für den Kläger ergeben, nicht ziffernmäßig berechnet oder geschätzt werden. Denn der Streitwert ist gem § 52 Abs 1 GKG „nach Ermessen" zu bestimmen. Es soll vermieden werden, dass das Gericht nur zur Bestimmung des Streitwerts die an die Gewinnfeststellung, Einheitsbewertung etc anknüpfenden Steuern ermitteln muss (BFH/NV 1986, 554; 1990, 181 mwN; 1994, 895). Die steuerlichen Auswirkungen der streitigen Feststellung müssen deshalb notwendig **pauschaliert** werden (str, vgl dazu im Einzelnen die Stichworte „einheitliche Gewinnfeststellung" und „Einheitsbewertung" bei Rz 35).

28 Wenn sich aus dem Sach- und Streitstand keine ausreichenden Anhaltspunkte für eine sachgerechte Schätzung ergeben, ist der **Auffangwert** des § 52 Abs 2 GKG von 5000 € anzusetzen. Streitig ist, ob der Auffangwert stets dann anzusetzen ist, wenn der Stpfl keine Steuererklärung eingereicht hat, deshalb mit geschätzten Besteuerungsgrundlagen veranlagt worden ist und weder im Einspruchsverfahren noch im Klageverfahren seinen Rechtsbehelf begründet hat. Der BFH hat zT in einem solchen Fall das finanzielle Interesse auf 50 vH der insgesamt vom FA festgesetzten Steuern geschätzt (BFH/NV 1987, 114; 1992, 190; 1995, 1008; 1997, 196, 238; zustimmend: *Jost* Inf 1996, 181; ablehnend: *Zimmer/Schmidt* aaO Rz 387, 393; differenzierend *Gruber* Inf 1994, 33: Auffangwert nur, wenn die Steuerfestsetzung im angefochtenen Bescheid den Auffangwert übersteigt); in anderen Entscheidungen hat er bei vergleichbarem Sachverhalt den Auffangwert angesetzt (BFH/NV 1986, 295; 1988, 587; 1991, 551).

Nach Auffassung des BFH ist der Auffangwert keine **starre Größe;** liegt die Bedeutung des Antrags in ihrem Wert erkennbar über oder unter dem Auffangwert, soll es zulässig sein, den Auffangwert entsprechend der Grundregel des § 52 Abs 1 GKG entsprechend zu erhöhen oder zu ermäßigen (BFHE 158, 208 = BStBl II 1990, 75; BFH/NV 1990, 520; FG BaWü EFG 1993, 603; **aA** *Zimmer/Schmidt* aaO Rz 407).

3. Klagenhäufung

a) Objektive (kumulative) Klagenhäufung

Verfolgt der Kläger mehrere selbständige prozessuale Ansprüche mit **29** derselben Klage (kumulative Klagenhäufung; § 43), werden die Streitwerte der verschiedenen Klagebegehren (Streitgegenstände) nach § 39 Abs 1 GKG zusammengerechnet (BFH/NV 1988, 253; 1992, 484; 1996, 575; 2003, 338). Eine Addition der Streitwerte ist insbesondere geboten, wenn der Kläger mit einer Klage Steuerbescheide verschiedener Steuerarten oder verschiedener Streitjahre angreift (BFHE 96, 153 = BStBl II 1969, 587; BFH/NV 1988, 253, 260). Die Streitwerte sind auch dann zu addieren, wenn für einzelne oder alle Klagebegehren der Auffangwert anzusetzen ist (BFH/NV 1992, 484). Die Anordnung der **Sicherheitsleistung** in Verfahren des vorläufigen Rechtsschutzes ist kein selbständiger Streitgegenstand (BFH/NV 1995, 680).

Von der kumulativen Geltendmachung verschiedener selbständiger prozessualer Begehren ist der Fall zu unterscheiden, dass der Kläger **verschiedene unselbständige Streitpunkte** mit derselben Klage geltend macht. Beantragt zB der Kläger im Rahmen der Anfechtungsklage gegen einen Steuerbescheid in einem Streitpunkt eine höhere Steuerfestsetzung, im anderen eine Steuerermäßigung, ist für die Ermittlung des maßgeblichen Streitwerts die steuerliche Auswirkung der verschiedenen Streitpunkte ebenfalls nicht zu saldieren, sondern zu addieren (BFHE 102, 451 = BStBl II 1971, 691).

b) Eventuelle Klagenhäufung (Haupt- und Hilfsantrag)

Hat der Kläger neben seinem Hauptantrag einen Hilfsantrag gestellt, so **30** beeinflusst der hilfsweise gestellte Antrag den Streitwert nur dann, wenn eine Entscheidung über ihn ergeht (§ 45 Abs 1 S 3 GKG). Betrifft der Hilfsantrag **denselben Gegenstand,** wird er also teilweise vom Hauptantrag mit umfasst, sind die Werte von Haupt- und Hilfsantrag nicht zusammenzurechnen; vielmehr ist der Streitwert nach dem **Wert des wei-**

testgehenden **Antrags** zu bemessen (BFHE 109, 14 = BStBl II 1973, 505; BFH/NV 1988, 798 mwN; 2000, 727; FG Köln, EFG 2004, 1402 zu unterschiedlichen Feststellungen eines Gewinnfeststellungsbescheides). Betrifft der Hilfsantrag hingegen einen **anderen Gegenstand,** steht er also völlig selbständig neben dem Hauptantrag, sind die Streitwerte von Haupt- und Hilfsantrag zusammenzurechnen, wenn über den Hilfsantrag entschieden wird (BFH/NV 2004, 77); die abweichende Auffassung des BFH in BFHE 109, 14 = BStBl II 1973, 505 ist insoweit durch die Änderung des § 19 GKG aF durch das KostÄndG v 24. 6. 1994 überholt (vgl jetzt § 45 Abs 1). Der Begriff des „Gegenstands" in § 45 GKG ist nicht deckungsgleich mit dem Begriff des Streitgegenstandes bzw des „Gegenstandes des Klagebegehrens" iS von § 65 Abs 1. Vielmehr dürfte unter dem „Gegenstand" iS von § 45 GKG bei der Streitwertberechnung im finanzgerichtlichen Verfahren die einzelne Besteuerungsgrundlage zu verstehen sein (so zutreffend *Wüllenkemper* DStZ 2003, 807). Soll diese nach dem Willen des Klägers nur einmal berücksichtigt werden, ist sie jedoch sowohl Gegenstand eines Haupt- wie eines Hilfsantrags, die sich auf verschiedene Steuerbescheide beziehen, ist eine Addition der Werte von Haupt- und Hilfsantrag auch dann nicht zulässig, wenn über den Hilfsantrag entschieden wird (*Wüllenkemper* DStZ 2003, 807).

c) Subjektive Klagenhäufung

31   Klagen mehrere Streitgenossen gemeinsam gegen einen VA (subjektive Klagenhäufung), sind die Werte der Klagebegehren nicht zusammenzurechnen, wenn und soweit die Begehren beider Kläger **wirtschaftlich identisch** sind (*Zimmer/Schmidt* aaO Rz 350). Geht der Antrag eines Streitgenossen über den des anderen hinaus, bestimmt sich der Streitwert nach dem weitestgehenden Antrag (*Gruber* Inf 1994, 33, 38). Sind die Klagebegehren der Streitgenossen unterschiedlich (zB dann, wenn mit der Klage gegen einen Gewinnfeststellungsbescheid ein Kläger die Änderung des Gesellschaftsgewinns, ein anderer die Herabsetzung des Sondergewinns beantragt), sind die Streitwerte der Klagebegehren zu einem Gesamtstreitwert zu addieren (BFHE 139, 357 = BStBl II 1984, 204; BFH/NV 1996, 97; FG Bremen EFG 1995, 340; 1997, 495).

4. Trennung oder Verbindung mehrerer Verfahren

32   Verbindet das Gericht mehrere bei ihm anhängige Klagen oder Rechtsmittelverfahren desselben Klägers oder verschiedener Kläger zur gemeinsamen Verhandlung und Entscheidung, so sind vom Zeitpunkt der Verbindung an die Streitwerte der einzelnen Klagen zu einem Gesamtstreitwert zu addieren (BFHE 146, 315 = BStBl II 1986, 569; BFHE 93, 291 = BStBl II 1968, 788; BFHE 95, 512 = BStBl II 1969, 471).

Werden mehrere in einem Verfahren (durch objektive oder subjektive Klagenhäufung) zusammengefasste Klagegegenstände nach § 73 Abs 1 getrennt, so sind für die verschiedenen Verfahren Einzelstreitwerte anzusetzen und zwar rückwirkend auf den Zeitpunkt der Klageerhebung (*Gruber* Inf 1994, 33, 38; *Jost* Inf 1996, 181).

5. Wertberechnung im Revisionsverfahren

Im Revisionsverfahren bestimmt sich der Streitwert nach den **Anträgen**   33
des Rechtsmittelklägers; stellt er innerhalb der Revisionsbegründungsfrist
keinen Antrag, ist die **Beschwer** maßgebend, die sich für ihn aus dem
erstinstanzlichen Urteil ergibt (§ 47 Abs 1 GKG; vgl zur Ermittlung der
Beschwer BFH/NV 1987, 319; 1989, 654, 718; 1992, 484; vgl ferner vor
§ 115 Rz 12 f). Für die Ermittlung des mit der Revision verfolgten prozessualen Begehrens ist das gesamte Vorbringen im Revisionsverfahren zu
berücksichtigen (BFHE 119, 405 = BStBl II 1976, 685; BFH/NV 1989,
368; 1993, 680). Ergeben sich daraus keine Anhaltspunkte für eine Einschränkung des Revisionsbegehrens, bestimmt sich der Streitwert grundsätzlich nach dem Antrag im erstinstanzlichen Verfahren (BFH/NV 1999,
1245). Beantragt der Revisionskläger nur, das Urteil des FG aufzuheben, ist
dies dahin auszulegen, dass der Sachantrag im erstinstanzlichen Verfahren
weiterverfolgt wird (BFH/NV 1988, 518; 1994, 817). Fehlen ausreichende
Anhaltspunkte für die Wertermittlung nach § 47 Abs 1 GKG ist der
Streitwert mit dem Auffangwert des § 52 Abs 2 GKG festzusetzen (BFH/
NV 1988, 587 und BFH/NV 1991, 551). Nach § 47 Abs 2 GKG ist der
Streitwert im Rechtsmittelverfahren grundsätzlich durch den Wert des
Streitgegenstands der ersten Instanz begrenzt, sofern er nicht im Revisionsverfahren erweitert wird. § 47 Abs 2 GKG ordnet nicht die Bindung an
den von der Vorinstanz ermittelten Streitwert an, sondern bezieht sich ins-
besondere auf den Fall, dass ein Rechtsmittel von einem Beigeladenen ge-
führt wird, dessen Interesse von dem des Klägers abweichen kann
(BFH/NV 1999, 999).

Aus der Regelung des § 47 GKG ergibt sich für den Kläger kein Anspruch darauf, dass es bei dem im finanzgerichtlichen Verfahren (unzutreffend) festgesetzten Streitwert bleiben muss. Denn der BFH kann auch
bei unverändertem Sachantrag im Revisionsverfahren den Streitwert anders
festsetzen als das FG (vgl unten Rz 39; vgl auch BVerwG Buchholz 360
§ 14 GKG Nr 4 und § 13 GKG aF Nr 69). § 47 GKG gilt sinngemäß für
das Beschwerdeverfahren (*Zimmer/Schmidt* aaO Rz 397).

Legen beide Beteiligte Revision ein, werden die Streitwerte beider
Rechtsmittel zu einem Gesamtstreitwert addiert, wenn sie **verschiedene
Streitgegenstände** betreffen (§ 45 Abs 2 iVm § 45 Abs 1 S 1 GKG; Gleiches gilt bei Einlegung einer (selbstständigen oder unselbstständigen) **Anschlussrevision** oder bei einer Revision mit mehreren Streitgegenständen
(BFH/NV 1997, 524; vgl BFHE 88, 23 = BStBl III 1967, 274; BFHE
136, 386, 393 = BStBl II 1982, 761; BFH/NV 1988, 798). Betreffen verschiedene Rechtsmittel denselben Streitgegenstand ist nur der Streitwert
des weitergehenden Rechtsmittelantrags maßgebend (§ 45 Abs 2 iVm § 45
Abs 1 S 3 GKG).

Die Grundsätze für die Ermittlung des Streitwerts im Revisionsverfahren
gelten auch für die Wertermittlung im Verfahren der **Nichtzulassungsbeschwerde** (§ 47 Abs 3 GKG). Maßgebend ist demnach in erster Linie
der Antrag des Beschwerdeführers, bei Fehlen eines Antrags dessen Beschwer durch das angefochtene Urteil (§ 47 Abs 1 S 2 GKG; vgl ferner
Rz 35 „Nichtzulassungsbeschwerde").

6. Zeitpunkt der Wertberechnung; Änderung des Streitwerts

34   Nach § 40 GKG ist für die Wertberechnung der Zeitpunkt des die Instanz einleitenden Antrags, dh der Wert im **Zeitpunkt der Klageerhebung** oder Einlegung eines Rechtsmittels, maßgebend; eine Wertänderung während der Instanz hat keinen Einfluss auf den Streitwert. § 40 GKG betrifft nicht den Fall, dass sich der Streitwert infolge einer Erweiterung oder Einschränkung des Sachantrags ändert (*Hartmann* aaO § 40 GKG Rz 2). Gemeint ist vielmehr – der im finanzgerichtlichen Verfahren seltene – Fall, dass sich der Wert einer streitbefangenen Sache oder eines Rechts (und damit das finanzielle Interesse des Klägers) während des Rechtsstreits ändert.

Im Fall der **Einschränkung** oder **Erweiterung** des Sachantrags während des Verfahrens sind für die verschiedenen Verfahrensabschnitte und die für sie zu erhebenden Gebühren unterschiedliche Streitwerte anzusetzen (BFHE 92, 305 = BStBl II 1968, 534; BFHE 141, 333 = BStBl II 1985, 261; BFH/NV 1990, 388). Ob die Klageerweiterung zulässig war, ist kostenrechtlich ohne Bedeutung (*Gruber* Inf 1994, 33, 36). Zu einer Einschränkung des Sachantrags kommt es regelmäßig in den Fällen des § 68, wenn das FA während des Klageverfahrens einen **Teilabhilfebescheid** erlässt und dadurch dem Klagebegehren teilweise stattgibt.

Wird während des Revisionsverfahrens die **Anschlussrevision zurückgenommen,** ist der Streitwert ab diesem Zeitpunkt um den Wert der Anschlussrevision zu ermäßigen (BFHE 141, 333 = BStBl II 1985, 261).

Erklärt der Kläger den Rechtsstreit einseitig für in der Hauptsache erledigt, bemisst sich der Streitwert für die Zeit ab Abgabe der Erledigungserklärung nur noch nach dem sog Kosteninteresse (BFHE 154, 491 = BStBl II 1989, 106 mwN; *Hartmann* Anh II zu § 52 GKG Rz 6; **aA** *Zimmer/Schmidt* aaO Rz 367).

III. Streitwert-ABC

35 Ablehnung von Richtern

Beschlüsse der FG, mit denen ein Ablehnungsgesuch zurückgewiesen wurde, sind nach § 128 Abs 2 idF des 2. FGOÄndG unanfechtbar. Für die Rechtslage bis zum Inkrafttreten des 2. FGOÄndG wurde der Streitwert des Beschwerdeverfahrens mit 10 vH des Werts des Hauptsacheverfahrens bemessen (BFH/NV 2000, 217).

Abrechnungsbescheid

Abrechnungsbescheide (§ 218 Abs 2 AO) regeln, ob und inwieweit ein Anspruch aus dem Steuerschuldverhältnis durch Zahlung etc erloschen ist oder nicht. Mit der Erteilung eines Abrechnungsbescheids begehrt der Kläger idR die Feststellung, dass der Steueranspruch ganz oder teilweise erloschen ist. Ist im Klageverfahren gegen einen Abrechnungsbescheid streitig, in welcher Höhe der Steueranspruch erloschen ist, ergibt sich der Streitwert aus der Höhe des streitigen Betrages (BFH v 25. 2. 1997 VII R 15/96, juris; FG Bremen EFG 1995, 340; FG D'dorf, EFG 1972, 354; **aA** *Zimmer/Schmidt* aaO Rz 411 und *T/K* Rz 150, die 10 vH der festgesetzten Steuer ansetzen wollen).

Anschlussrechtsmittel

Es ist ein Gesamtstreitwert aus der Summe der Werte von Hauptrechtsmittel und Anschließung zu bilden (BFHE 88, 23 = BStBl III 1971, 274; BFHE 96, 192 = BStBl II 1969, 535; BFH/NV 1995, 621; 2003, 785).

Anteilsbewertung

Bei Klagen gegen die gesonderte Feststellung des gemeinen Werts nicht notierter Anteile an Kapitalgesellschaften ist der Streitwert grundsätzlich mit dem einfachen Jahresbetrag der Vermögensteuer anzusetzen, die auf den streitigen Wertunterschied der Anteile entfällt (BFHE 122, 434 = BStBl II 1977, 698) und zwar auch dann, wenn der festgestellte Wert nicht nur an einem Stichtag der Besteuerung zugrunde gelegt wird (BFHE 138, 328 = BStBl II 1983, 506). Hierbei wird die Vermögensteuer mit dem am Stichtag für natürliche Personen geltenden Steuersatz zugrunde gelegt (BFHE 175, 330 = BStBl II 1995, 26). Bei Klagen der Gesellschaft ist der Streitwert mit dem streitigen Wertunterschied aller durch den Feststellungsbescheid betroffenen Anteile zu bemessen (BFHE 81, 178 = BStBl III 1965, 64). Zur Bemessung des Streitwerts in den Fällen der sog Anteilsrotation vgl Nbg EFG 1999, 670.

Arrestverfahren

Streitwert ist die Hälfte der Hinterlegungssumme (BFHE 86, 786 = BStBl III 1966, 653; BFH/NV 1986, 752; FG BaWü EFG 1981, 205).

Das gilt auch, wenn das Arrestverfahren bei Klageerhebung bereits in das Vollstreckungsverfahren übergeleitet war (BFHE 135, 172 = BStBl II 1982, 328). Zur abweichenden Rspr der Zivilgerichte vgl *Schall* in DStZ 1996, 391.

Aufrechnung

Hat das beklagte FA gegen einen Erstattungsanspruch des Stpfl die Aufrechnung erklärt, so bemisst sich der Streitwert nach dem vollen Wert der zur Aufrechnung gestellten Gegenforderung, wenn der Bestand dieser Gegenforderung streitig ist (BFHE 163, 195 = BStBl II 1991, 467; aA FG Bln EFG 1976, 583; 10 vH des zur Aufrechnung gestellten Betrags).

Ist die zur Aufrechnung gestellte Forderung nach Bestand und Höhe *unstreitig,* ist also nur die Zulässigkeit der Aufrechnung streitig, ist der Streitwert mit einem geringeren Betrag (idR 10 vH des zur Aufrechnung gestellten Steueranspruchs: FG Bln EFG 1976, 583; *T/K* Rz 160) festzusetzen (BFHE 163, 195 = BStBl II 1991, 467; ebenso *Schall* DStZ 992, 97; **aA** *Zimmer/Schmidt* aaO Rz 413). Gleiches gilt, wenn nur um die Wirksamkeit der AdV gegenüber der vom FA erklärten Aufrechnung gestritten wird, dh um den Zeitpunkt der Erfüllung der Gegenforderung (BFH vom 31. 8. 1995 VII R 58/94, juris).

Auskunftsersuchen

Nach der Rspr der Zivilgerichte ist der Streitwert mit einem Bruchteil der Geldforderung zu bemessen, deren Geltendmachung durch das Auskunftsersuchen erleichtert werden soll (vgl *Hartmann,* aaO § 48 GKG

Anh I „Auskunft"). Im finanzgerichtlichen Verfahren ist der Streitwert grundsätzlich mit 10 vH des Werts der Hauptsache anzusetzen (*Zimmer/ Schmidt,* aaO Rz 414). Kann das finanzielle Interesse des Klägers nicht festgestellt werden (zB, weil kein Hauptsacheverfahren anhängig ist), ist der Auffangwert des § 52 Abs 2 GKG maßgebend (vgl BFHE 136, 195 = BStBl II 1982, 705; BFH v 4. 10. 1995 VII R 38/95, juris; FG Nds EFG 1993, 602). S auch bei „Zolltarifauskunft".

Außenprüfung

Bei Streitigkeiten über die Rechtmäßigkeit der Anordnung einer Außenprüfung oder einzelner Ermittlungsmaßnahmen ist der Streitwert regelmäßig mit 50% des mutmaßlich zu erwartenden Mehrsteuern anzusetzen, die im Einzelfall geschätzt werden müssen (BFHE 113, 411 = BStBl II 1975, 197; BFH/NV 1986, 294, 752; 1987, 46; 1991, 763; 1990, 387). Entsprechendes gilt, wenn wegen Fehlens einer (wirksamen) Prüfungsanordnung sämtliche Handlungen des Prüfers angegriffen werden (BFH/NV 1991, 763) oder wenn die *Wiederholung* einer Außenprüfung beantragt wird (BFH/NV 1988, 456; *Zimmer/Schmidt,* aaO Rz 438). Ist die Außenprüfung bis zur Entscheidung über den Rechtsstreit durchgeführt worden, so ergeben sich die Mehrsteuern aus den aufgrund der Außenprüfung geänderten Steuerfestsetzungen. Das in *anderen Jahren* erzielte Mehrergebnis kann als Grundlage für die Bemessung des Streitwerts nur herangezogen werden, wenn die tatsächlichen Verhältnisse dieser Jahre mit denen der Streitjahre vergleichbar sind (BFH/NV 1987, 49). Wendet sich der Kläger gegen *mehrere Prüfungsanordnungen,* so sind die Streitwerte für die einzelnen Anordnungen gesondert anzusetzen und zu addieren (BFH/NV 1986, 10; 2004, 1657). Ist eine Prognose hinsichtlich der zu erwartenden Mehrsteuern nicht möglich, ist der Auffangwert des § 52 Abs 2 GKG anzusetzen (BFH/NV 2004, 1657).

Wird aufgrund der Prüfungsanordnung eine *Fahndungsprüfung* durchgeführt, so sind die Mehrsteuern aus den aufgrund der Fahndungsprüfung geänderten Steuerfestsetzungen maßgebend, wenn die Kostenschuldner mit der Feststellung der Rechtswidrigkeit der Prüfungsanordnung im *Verwertungsverbot* der Prüfungsergebnisse erstrebten (BFH/NV 1990, 387). Fehlen geeignete Schätzungsgrundlagen ist der Streitwert nach § 52 Abs 2 GKG zu bestimmen (BFHE 142, 542 = BStBl II 1985, 257; BFH/NV 1987, 49). Bei Streit um die Verpflichtung, eine Schlussbesprechung abzuhalten, beträgt der Streitwert 10% der steuerlichen Auswirkungen der in der Besprechung zu erörternden Sachverhalte (BFHE 130, 445; BFH/NV 1987, 525).

Ist im gerichtlichen Verfahren über den Antrag auf *Durchführung einer Außenprüfung* zu entscheiden, mit der sich der Stpfl Unterlagen für Schadensersatzforderungen verschaffen will, so muss dieses außersteuerliche Interesse bei der Festsetzung des Streitwerts außer Betracht bleiben (BFH/NV 1987, 113).

Zur Bemessung des Streitwerts für einen Antrag auf AdV der Prüfungsanordnung vgl BFH/NV 1987, 114 und BFH/NV 1991, 552. Ist für das Hauptsacheverfahren der Auffangwert des § 52 Abs 2 GKG anzusetzen, ist dieser auch für das Verfahren der AdV maßgebend und nicht nur ein Bruchteil (BFH/NV 1987, 114; *Zenke* StB 2004, 425).

Aussetzung (Ruhen) des Verfahrens

Vgl § 74; § 155 iVm § 251 ZPO. Bei Aussetzung des Verfahrens verschiebt sich nur der Entscheidungszeitpunkt. Der Beteiligte wird dadurch in die Lage versetzt, die Entscheidung bis zum Ergehen einer höchstrichterlichen Entscheidung aufzuhalten und Aufwendungen zu ersparen; er wird hinsichtlich des Prozesskostenrisikos entlastet und kann ggf aus der Entscheidung in einem Musterprozess Vorteile ziehen. In Anbetracht dieser Umstände schätzte der BFH den Streitwert auf 5 vH des streitigen Steuerbetrages (BFHE 101, 23 = BStBl II 1971, 154; BFH/NV 1994, 192; 1997, 432). Das FG Hbg (EFG 1972, 351) und des FG BaWü (EFG 1996, 1059) haben einen Streitwert von 10 vH des Hauptsacheverfahrens angesetzt (ebenso: FG BaWü EFG 1996, 1058; *Jost* Inf 1996, 184).

Aussetzung der Vollziehung

Vgl § 69. Grundsätzlich 10% des Betrages, um den in der Hauptsache gestritten wird (st Rspr vgl BFHE 87, 410 = BStBl III 1967, 121; BFHE 88, 195 = BStBl III 1967, 321; BFHE 173, 158 = BStBl II 1994, 300; BFHE 194, 358 = BStBl II 2001, 498; BFH/NV 1986, 346; 1989, 310; 1996, 432; FG Brdbg EFG 2001, 594; FG Köln EFG 2002, 223; Hess FG EFG 2004, 145). Der BFH hat sich zu Recht nicht der abweichenden Auffassung in der Verwaltungsgerichtsbarkeit und zT auch der Finanzgerichtsbarkeit (vgl FG D'dorf EFG 1995, 854 und EFG 2005, 1287; FG Bln EFG 1999, 312; FG Thür EFG 2001, 106, 857; zustimmend: *T/K* Rz 165; *Skerhut*, DStZ 2001, 630; dagegen: *Beermann/Brandt* § 139 Rz 80; *H/H/Sp/Schwarz* § 139 Rz 259; *Schall* DStZ 1996, 389; *Eberl* DStZ 1999, 602) angeschlossen, die in Verfahren des vorläufigen Rechtsschutzes den Streitwert mit 25 vH ansetzen wollen (vgl „Streitwertkatalog" in DVBl 1991, 1246). Das FG Nds hat in EFG 2000, 1202 überzeugend dargelegt, dass weder das Interesse des Antragstellers im AdV-Verfahren, eine „summarische Vorabentscheidung" zu erhalten, noch mögliche Zinsnachteile aus der Vollziehung des Bescheids den Ansatz eines höheren vH-Satzes rechtfertigen. Der Satz von 10 vH gilt auch, wenn um die Rechtmäßigkeit des Widerrufs der Aussetzung gestritten wird (BFHE 118, 298 = BStBl II 1976, 385) oder wenn hilfsweise die Aussetzung gegen Sicherheitsleistung beantragt wird (FG Hbg EFG 1993, 251; vgl auch BFH/NV 1995, 680 und oben Rz 30; **aA** FG Nds EFG 1977, 383: Erhöhung des Streitwerts um 5 vH). Geht der Streit lediglich darum, ob ohne oder gegen **Sicherheitsleistung** auszusetzen ist: 10% der geforderten Sicherheitsleistung (die in der Regel dem auszusetzenden Betrag entsprechen wird; vgl BFHE 106, 498 = BStBl II 1973, 16; FG Hessen EFG 1973, 23). Derselbe vH-Satz ist anzusetzen bei einem Streit über die **Aufhebung** der Vollziehung (BFH/NV 2000, 1120). Wegen der **einstweiligen Aussetzung der Vollziehung** siehe dort.

Beiladung

Haben die Beigeladenen keine Anträge gestellt, so ist die Auswirkung der Entscheidung auf sie bei der Streitwertbemessung nicht zu berücksichtigen (BFHE 96, 342 = BStBl II 1969, 626; BFH/NV 1986, 353; FG BaWü EFG 1996, 1059). Der Streitwert für das Beschwerdeverfahren gegen eine zu Unrecht beschlossene Beiladung bestimmt sich grundsätzlich nach dem finanziellen Interesse des zu Unrecht Beigeladenen an einer Aufhebung des Beiladungsbeschlusses; ist dieses nicht ohne Weiteres zu ermitteln, greift § 52 Abs 2 GKG ein (BFH/NV 1990, 665; 1995, 149; 1998, 348; 2004, 1414).

Bekanntgabe

Will der Kläger gegenüber Dritten erlassene Bescheide ebenfalls bekanntgegeben haben, so ist der Streitwert mit 10% des Streitwerts zu bemessen, der bei einer Klage auf Erlass jenes Bescheides anzusetzen wäre (BFHE 115, 406 = BStBl II 1975, 673; **aA** *Zimmer/Schmidt* und *T/K,* die § 52 Abs 2 GKG anwenden wollen).

Bescheidungsklage

Der Wert ist geringer als der für eine Verpflichtungsklage (FG Hbg EFG 1979, 513), weil der Kläger mit der erstrebten Neubescheidung seines Antrags weniger erreicht als mit einem Verpflichtungsurteil. Der Streitwert für die Klage auf Verurteilung des FA zum Erlass eines Bescheidungsurteils nach § 101 S 2 kann auf die Hälfte des letztlich verfolgten finanziellen Interesses des Klägers geschätzt werden (FG BaWü EFG 1994, 268 und EFG 1995, 401; ähnlich: FG Bremen EFG 1993, 253 und BFHE 120, 97 = BStBl II 1976, 800). Das gilt indessen nicht, wenn der Wert ohnehin unbestimmbar und deshalb auf 5000 € (§ 52 Abs 2 GKG) festzusetzen ist.

Bevollmächtigter

Der Streitwert für die gerichtliche Anordnung auf Bestellung eines Bevollmächtigten (§ 62 Abs 1 S 2) beträgt $^1/_{10}$ des Werts der Hauptsache (BFHE 124, 16 = BStBl II 1978, 135; BFH/NV 1990, 797). Gleiches gilt für den Zwischenstreit um die Zurückweisung von Prozessvertretern nach § 62 Abs 2 S 2 (BFHE 136, 203 = BStBl II 1982, 662; BFH/NV 1994, 817; 2003, 1341).

Beweisverfahren

Der Streitwert eines selbstständigen Beweisverfahrens (§ 82 iVm §§ 485 ff ZPO) ist im FG-Prozess mit dem Wert des Hauptsacheverfahrens anzusetzen (BFH/NV 1998, 736 mwN).

Buchführung

Im Verfahren über den Beginn der landwirtschaftlichen Buchführungspflicht ist der Streitwert mit dem Auffangwert nach § 52 Abs 2 GKG anzusetzen (BFHE 139, 230 = BStBl II 1984, 39). Dieser Wert ist auch maßgeblich bei dem Streit über eine Aufforderung zur Buchführung (*T/K* vor § 135 Rz 175; BFH/NV 1987, 316). Bei dem Streit darüber, ob in zurückliegenden Veranlagungszeiträumen Buchführungspflicht bestand, ist als Streitwert ein Betrag in Höhe von 10 vH der Mehrsteuern aus der Außenprüfung für diese Zeiträume anzusetzen (BFH/NV 1988, 589).

Duldungsbescheid

Für das einen Duldungsbescheid betreffende Verfahren ist der Streitwert idR nach der Höhe der Forderung zu bemessen, deretwegen der Duldungsbescheid erlassen worden ist (BFH/NV 1996, 433; 1990, 797; 1989, 383; 1988, 799). Das gilt jedoch nicht, wenn der Wert des Vollstreckungsgegenstandes niedriger ist; bei einem Grundstück ist der Grundstückswert vermindert um etwaige Belastungen maßgebend (BFH/NV 1992, 690; **aA** FG BaWü EFG 1996, 197).

Eidesstattliche Versicherung

S Vorlage eines Vermögensverzeichnisses.

Eigenheimzulage

Der Streitwert für eine Klage wegen Eigenheimzulage ist nach dem Wert für den gesamten Förderzeitraum zu bestimmten (BFH/NV 2003, 66; FG Saarl EFG 2001, 1396; FG MeVo EFG 2000, 540; aA Hess FG EFG 2001, 86: Streitwert in Höhe des Jahresbeitrags der Eigenheimzulage). Vgl aber unten „Steuervergünstigungen".

Einfuhrumsatzsteuer

Sie ist bei Feststellung des Streitwerts zu berücksichtigen, wenn Wegfall des Zolls und der Einfuhrumsatzsteuer beantragt ist, und zwar auch dann, wenn der Importeur zum Vorsteuerabzug berechtigt ist (BFHE 113, 407 = BStBl II 1975, 190).

Einheitliche Gewinnfeststellung

a) Allgemeine Grundsätze

In Verfahren der einheitlichen und gesonderten Gewinnfeststellung bemisst sich der Streitwert nach den einkommensteuerrechtlichen Auswirkungen der streitigen Feststellung. Diese sind idR *pauschal* mit 25 vH des streitigen Gewinns oder Verlusts oder – bei Klage nur eines Gesellschafters – des Gewinnanteils zu bestimmen (st Rspr, vgl zB BFHE 125, 7 = BStBl II 1978, 409; BFH/NV 1986, 173, 296, 554; BFH/NV 1995, 254). Dabei ist ohne Bedeutung, ob mit der Klage eine Gewinnminderung bzw Verlusterhöhung oder eine Gewinnerhöhung bzw Verlustminderung angestrebt wird (BFH/NV 1999, 1360). Eine genaue Ermittlung der einkommensteuerrechtlichen Auswirkungen bei den einzelnen Gesellschaftern zum Zweck der Streitwertermittlung soll nicht stattfinden (BFHE 125, 10 = BStBl II 1978, 435; vgl auch Rz 27). Der Streitwert ist auch dann pauschal mit einem bestimmten Prozentsatz des streitigen Gewinns zu bemessen, wenn im Einzelfall die konkreten einkommensteuerrechtlichen Auswirkungen bekannt sind (BFH/NV 2002, 1323; *Zimmer/Schmidt* aaO Rz 447; FG BaWü EFG 1993, 603). Der abweichenden Ansicht des FG BaWü in EFG 1994, 981 kann nicht gefolgt werden, da sie zu einer sachlich nicht gerechtfertigten Ungleichbehandlung der Feststellungsbeteiligten führt. *Auswirkungen auf andere Steuern,* insbesondere die Gewerbesteuer (vgl BFHE 90, 227 = BStBl II 1968, 62; BFHE 99, 11 = BStBl II 1970, 547; BFHE 135, 457 = BStBl II 1982, 542), oder *andere Feststellungszeiträume* (BFH/NV 1986, 173; 1999, 1608) sind bei der Ermittlung des Streitwerts für das Gewinnfeststellungsverfahren nicht zu berücksichtigen. Dagegen ist eine den Gewinn des Streitjahrs beeinflussende Minderung oder Erhöhung der Gewerbesteuerrückstellung zu beachten (BFHE 130, 484 = BStBl II 1980, 591).

Bei Streit um die Höhe des Gewinns kommt es nur auf die Gewinne der am streitigen Feststellungsverfahren Beteiligten, nicht anderer mittelbar Betroffener an (BFHE 125, 7 = BStBl II 1978, 409).

In Ausnahmefällen kann bei der Festsetzung des Streitwerts von dem pauschalen Satz von 25 vH abgewichen werden, nämlich dann, wenn bereits im Verfahren betreffend die einheitliche Gewinnfeststellung ohne weiteres erkennbar ist, dass dieser Vomhundertsatz den tatsächlichen Auswirkungen des Rechtsstreits auf die Einkommensteuer der Gesellschafter nicht gerecht wird (BFH/NV 1988, 109; 1994, 817, 895; Nds FG EFG 2001, 712; FG Köln EFG 2004, 1402). Der Streitwertermittlung ist dann ein *höherer* oder *niedrigerer Vomhundertsatz* (vgl BFH/NV 1986, 290, 554) oder eine *andere Bemessungsgrundlage* als der streitige Gewinn- oder Verlustbetrag (BFHE 135, 457 = BStBl II 1982, 542; BFHE 104, 499 = BStBl II 1972, 428) zugrunde zu legen. Ist der festgestellte oder erstrebte Gewinnanteil eines Gesellschafters höher als 15 000 DM, so ist der Pauschalsatz von 25 vH angemessen zu erhöhen (BFH/NV 1999, 325; 2000, 334). Die FG ermitteln in diesen Fällen einen Pauschalsatz anhand des im jeweiligen Streitjahr geltenden Einkommensteuertarifs, wobei ein Mittelwert zwischen dem Tarif nach der Grund- und der Splittingtabelle gebildet wird (Nds FG EFG 2001, 712; FG D'dorf StE 2005, 184).

b) Einzelfälle

Abschreibungsgesellschaften. Bei Streitigkeiten über die Höhe des Gesamtverlusts oder des Verlustanteils bei einer Abschreibungsgesellschaft wird der Streitwert auf 50 vH des streitigen Verlusts geschätzt (st Rspr; vgl BFHE 130, 363 = BStBl II 1980, 520; BFHE 131, 288 = BStBl II 1981, 38; BFH/NV 1993, 681; 1999, 1366; 2000, 848). Entsprechendes gilt für Verluste und Verlustanteile bei *Bauherrengemeinschaften* (FG Saarl EFG 1988, 654).

Aufhebung des Feststellungsbescheids. Wird die ersatzlose Aufhebung des Bescheids mit der Begründung begehrt, dass die verfahrensrechtlichen Voraussetzungen der einheitlichen Feststellung nicht erfüllt seien, soll der Streitwert nur mit 10 vH des normalen Pauschsatzes von 25 vH des festgesetzten Gewinns oder Gewinnanteils anzusetzen sein (BFH/NV 1986, 554; zustimmend *Zimmer/Schmidt* aaO Rz 452). Demgegenüber hat der BFH in BFHE 116, 530 = BStBl II 1976, 22 den Streitwert pauschal auf 25 vH des festgesetzten Gesamtgewinns geschätzt (ebenso: BFH/NV 2000, 727). Eine Erhöhung des Pauschalsatzes nach allgemeinen Grundsätzen (bei entsprechend hohen Gewinnanteilen der Gesellschafter) hält er für zulässig, wenn die ersatzlose Aufhebung des Feststellungsbescheides wegen eingetretener *Festsetzungsverjährung* der darauf beruhenden Einkommensteueransprüche begehrt wird (BFH/NV 1990, 183).

Wird die Aufhebung des Feststellungsbescheids nur wegen *formeller Mängel* (fehlerhafte Adressierung oder Bekanntgabe des VA) beantragt, kann der Streitwert mit 10 vH des normalen Pauschsatzes von 25 vH des Gesamtgewinns angesetzt werden, wenn anzunehmen ist, dass die erstrebte Aufhebung des Bescheids voraussichtlich keine Auswirkungen auf die darauf beruhenden Einkommensteueransprüche haben wird, weil das Interesse des Klägers dann lediglich auf ein Hinausschieben der Steuerfestsetzung gerichtet ist (FG BaWü EFG 1995, 212; vgl auch *Zimmer/Schmidt* aaO Rz 452). Zu den Besonderheiten bei Ehegatten vgl die folgenden Ausführungen.

Ehegatten. Im Klageverfahren gegen einen an zusammenveranlagte Ehegatten gerichteten Gewinnfeststellungsbescheid ergeben sich geringere einkommensteuerliche Auswirkungen als bei fremden Dritten, wenn nur die Gewinnverteilung oder die Zulässigkeit der Gewinnfeststellung im Streit ist. Begehren die Ehegatten eine anderweitige Gewinnverteilung oder eine Aufhebung des Bescheids mit der Begründung, nur einer von ihnen sei Unternehmer, der andere jedoch Arbeitnehmer gewesen. sind als Streitwert 10 vH des streitigen Gewinns anzusetzen (BFH/NV 1988, 657; BFHE 140, 419 = BStBl II 1984, 445).

Einkunftsart. Wird mit der Klage gegen einen Gewinnfeststellungsbescheid lediglich über die Zuordnung zu einer anderen als der festgestellten Einkunftsart gestritten, so ist die Höhe des festgestellten Gewinns für den Streitwert nicht maßgeblich. Vielmehr ist nach bisheriger Rspr der Streitwert davon abhängig, welche einkommensteuerlichen Auswirkungen sich aus der vom Stpfl beantragten anderweitigen Zuordnung ergeben (BFH/NV 1990, 449).

Wird beantragt, Einkünfte aus Gewerbebetrieb in solche aus *nichtselbständiger Arbeit* umzuqualifizieren, bemisst die Rspr den Streitwert nach den einkommensteuerrechtlichen Auswirkungen mit 500 €/*1000 DM* (BFH/NV 1986, 347; früher: 500 DM, vgl BFHE 104, 499 = BStBl II 1972, 428). Damit sollen annähernd die bei der Einkunftsart des § 19 EStG gewährten Freibeträge erfasst werden. Die Auswirkungen, die sich aus dem Wegfall der Gewerbesteuerrückstellung für die Einkommensteuer ergeben, werden nicht berücksichtigt. Wird die Umqualifizierung der gewerblichen Einkünfte in solche aus Kapitalvermögen begehrt, zB mit der Behauptung, es liege nicht eine atypische, sondern eine typische stille Gesellschaft vor, ist nach diesen Grundsätzen ein Streitwert in Höhe des Sparerfreibetrags anzusetzen; die Entscheidung in BFHE 87, 551 = BStBl III 1967, 433, die den Streitwert auf 1500 DM geschätzt hat, ist überholt. Der Freibetrag des § 13 Abs 3 EStG ist maßgebend, wenn die Zuordnung der Einkünfte zu der Einkunftsart Land- und Forstwirtschaft begehrt wird (BFH/NV 1986, 39).

Ist abzusehen, dass sich aus der Umqualifizierung keine einkommensteuerrechtlichen Auswirkungen ergeben, weil die streitigen Einkünfte in gleicher Höhe bei einer anderen Einkunftsart angesetzt werden müssten, bemisst der BFH den Streitwert pauschal mit 1 vH der streitigen Einkünfte; vgl für die Umqualifizierung gewerblicher Einkünfte in solche aus *Vermietung und Verpachtung* und umgekehrt: BFHE 99, 11 = BStBl II 1970, 547; BFH/NV 1986, 174, 481; 1989, 802; 1999, 1121). Nach den gleichen Grundsätzen müsste nach Wegfall des Freibetrags des § 18 Abs 4 EStG auch der Streitwert für eine beantragte Umqualifizierung gewerblicher Einkünfte in solche aus selbständiger Tätigkeit verfahren werden (*Zimmer/Schmidt* aaO Rz 469).

Gewinnhöhe. Im Regelfall ist der Streitwert mit 25 vH des streitigen (laufenden) Gewinns anzusetzen. Dieser Regelsatz ist veränderbar entsprechend der im Feststellungsverfahren erkennbaren mutmaßlichen einkommensteuerlichen Auswirkung (s oben). Bei sehr *hohen Gewinnanteilen* hat die Rspr einen Steuersatz von 50 vH als angemessen erachtet (vgl zB 1993, 430; BFH/NV 1994, 817). Klagt die *Gesellschaft/Gemeinschaft* auf Herabsetzung ihres laufenden Gewinns, ist dieser Vomhundertsatz auf sämtliche Gewinnanteile anzuwenden: das gilt auch dann, wenn bei einzelnen Feststellungsbeteiligten zwar ein höherer Prozentsatz angemessen wäre, bei den übrigen Personen aber von einer geringeren Belastung als 25 vH auszugehen ist (BFH/NV 1986, 296). Klagen nur einzelne Gesellschafter mit dem Antrag, ihre(n) Gewinnanteil(e) zu mindern, ist der Pauschalsatz auf den entsprechenden Gewinnanteil anzuwenden (BFHE 126, 293 = BStBl II 1979, 60). Soweit *Sonderbetriebsausgaben* eines Gesellschafters streitig sind, ist der jeweils maßgebliche Pauschalsatz auch auf diesen Betrag anzuwenden (BFH/NV 1987, 116). Bei der Ermittlung des im Einzelfall anzuwendenden Pauschalsatzes verfährt die Rspr nicht einheitlich (vgl die Übersicht bei *Zimmer/Schmidt* aaO Rz 450). Das FG Nürnberg hat vorgeschlagen, nach einer bestimmten *Streitwert-Tabelle* zu verfahren, der der Splittingtarif zugrunde liegt (EFG 1985, 413). Da im Feststellungsverfahren nicht zu ermitteln ist, ob die einzelnen Feststellungsbeteiligten nach dem Grund- oder dem Splittingtarif veranlagt werden, erscheint es richtiger, einen Mittelwert aus beiden Tarifen zugrunde zu legen (*Zimmer/Schmidt* aaO Rz 451); der so ermittelte Steuersatz ist darin auf den Betrag der begehrten Gewinnminderung anzuwenden.

Gewinnverteilung. Ist nicht die Höhe, sondern nur die Verteilung des laufenden Gewinns oder Verlusts streitig, ist der Streitwert stets (also auch bei sehr hohen Gewinnanteilen) mit 25 vH des Gewinns anzusetzen, um dessen Verteilung gestritten wird (st Rspr, vgl zB BFHE 110, 487 = BStBl II 1974, 138; BFHE 118, 157 = BStBl II 1976, 434; BFH/NV 1989, 120; 1993, 681; 2002, 207; FG Saarl EFG 1998, 690).

Veräußerungsgewinn. Bei Streit über die *Höhe* eines tarifbegünstigt zu besteuernden Veräußerungsgewinns ist als Streitwert idR ein Betrag in Höhe von 15 vH des streitigen begünstigten Gewinns anzusetzen (BFHE 88, 21 = BStBl III 1967, 274; BFH/NV 1986, 229). Bei sehr hohen Veräußerungsgewinnen ist der Streitwert – ebenso wie bei laufenden Gewinnen – angemessen zu erhöhen. Bei einem streitigen Veräußerungsgewinn von ca 350 000 €/700 000 DM hat der BFH den Pauschalsatz auf 25 vH erhöht (BFH/NV 1993, 376). Auch bei höheren Anteilen am laufenden Gewinn hält der BFH eine Erhöhung des 15 vH-Satzes für angemessen (vgl BFH/NV 2000, 1218). Ist lediglich streitig, ob ein der Höhe nach unstreitiger Gewinn als tarifbegünstigter Veräußerungsgewinn zu besteuern ist, kann der Streitwert auf 20 vH des streitigen Gewinns geschätzt werden (BFH/NV 1990, 51).

Einheitsbewertung

Betriebsvermögen. Ebenso wie bei der einheitlichen Gewinnfeststellung wird der Streitwert nach seinen steuerlichen Auswirkungen pauschal bemessen. Maßgeblich ist nach st Rspr für Stichtage ab 1. 1. 1974 ein Pauschsatz von 10 vT des Unterschieds zwischen dem festgestellten und dem begehrten Einheitswert für jedes Geltungsjahr des angefochtenen Einheitswertbescheides; da der Einheitswert idR für drei Jahre festgestellt wird, wird der Streitwert im Normalfall mit 30 vT bemessen; bei kürzerer Geltungsdauer des Bescheids ist er entsprechend zu ermäßigen (BFHE 135, 404 = BStBl II 1982, 512; BFHE 143, 393 = BStBl II 1985, 494; BFH/NV 1995, 330; 1997, 375). Der Satz von 30 vT gilt auch, wenn der angestrebte oder der festgestellte **Einheitswert negativ** ist (BFH/NV 1995, 330 mwN). Wird die Aufhebung eines negativen Einheitswertbescheids beantragt und steht fest, dass dieser keine steuerlichen Auswirkungen haben wird, ist der Auffangwert anzusetzen (FG Nds EFG 1988, 537; *Jost* Inf 1996, 181, 185; *Schall* DStZ 1992, 97, 100). Ist nicht die Höhe des Einheitswerts, sondern seine **Aufteilung** auf die Feststellungsbeteiligten streitig, ermäßigt sich der Pauschsatz um 50 vH (BFHE 141, 230 = BStBl II 1984, 721).

Grundvermögen. Der Streitwert bestimmt sich in Streitigkeiten über die Höhe des Einheitswerts nach den voraussichtlichen Auswirkungen bei den darauf beruhenden Steuern. Nach dem Wegfall der Vermögensteuer hat die Einheitsbewertung des Grundbesitzes nur noch Bedeutung für die Grundsteuer. Für Bewertungsstichtage ab dem 1. 1. 1997 sind deshalb nur die grundsteuerlichen Auswirkungen zu berücksichtigen (BFH BFHE 181, 515 = BStBl II 1997, 228; Hess FG EFG 2005, 567). Nach Auffassung des BFH in BFHE 181, 515 = BStBl II 1997, 228 ist hierfür grundsätzlich ein Zeitraum von 6 Jahren anzusetzen, es sei denn, die Einheitsbewertung wirkt sich im Einzelfall nur für einen kürzeren Zeitraum aus. Der BFH hat in BFHE 181, 515 = BStBl II 1997, 228 den Streitwert, wenn die ersatzlose Aufhebung des Einheitswertbescheides begehrt wird, mit dem **sechsfachen Jahresbetrag der Grundsteuer angesetzt.** Nach anderen Entscheidungen, die noch zur Rechtslage vor Wegfall der Vermögensteuer zum 1. 1. 1997 ergangen sind, ist der Streitwert mit einem pauschalen vT-Satz des geltend gemachten Wertunterschieds zu bemessen, wobei unterschiedliche Auffassungen über die Höhe des vT-Satzes bestehen. Der BFH hat in Entscheidungen zur Rechtslage vor Aufhebung der Vermögensteuer den Streitwert bei einer angenommenen Geltungsdauer des Bescheids von durchschnittlich drei Jahren pauschal mit 60 vT des streitigen Wertunterschieds angenommen (vgl BFHE 121, 300 = BStBl II 1977, 352; BFH/NV 1993, 322; 1995, 909; 2000, 852; ebenso FG BaWü EFG 2005, 170 betr Einheitsbewertung zum 1. 1. 2000; aA *Eberl* DB 2003, 1988: 40 vT; FG Saarl EFG 2003, 1199: 10 vH des streitigen Wertunterschieds). Das Hess FG (EFG 2005, 567) setzt demgegenüber mit überzeugender Begründung den Streitwert bei einer Wirkungsdauer von 6 Jahren mit 80 vT des geltend gemachten Wertunterschieds an. Bei einer kürzeren Geltungsdauer ermäßigt sich der Streitwert entsprechend.

Ist eine *Zurechnungsfortschreibung* streitig, bemisst der BFH den Streitwert nicht nach dem Pauschsatz, sondern nach der konkreten steuerlichen Auswirkung (BFH/NV 1986, 688; **aA** *Zimmer/Schmidt* aaO Rz 461).

Betriebe der Land- und Forstwirtschaft. Die Einheitswertfeststellungen für die Betriebe der Land- und Forstwirtschaft wirken sich ebenfalls auf die Grundsteuer aus. Der Streitwert ist deshalb mit dem gleichen vT-Satz des streitigen Wertunterschieds zu bemessen wie bei der Einheitsbewertung des Grundvermögens, wenn über die Höhe des Einheitswerts des Betriebs oder seine Qualifizierung als land- und forstwirtschaftliches Vermögen gestritten wird (BFHE 125, 459 = BStBl II 1978, 642; BFH/NV 1995, 724).

Einkommensteuer

Der Streitwert bemisst sich nach dem Unterschied zwischen festgesetzter und angestrebter Steuer (BFHE 88, 73 = BStBl III 1967, 291; BFH/NV 1991, 471, 553; 1995, 680). Das gilt auch, wenn die erstrebte Steuer höher ist, als die festgesetzte (FG Nds EFG 1983, 371). Auswirkungen auf andere Veranlagungszeiträume und auf sog „Folgesteuern" bleiben unberücksichtigt (BFHE 66, 318 = BStBl III 1958, 122; BFH/NV 1995, 680; vgl auch Rz 26). Sind bei der ESt-Veranlagung Abzugsbeträge streitig, deren Anerkennung in einem *anderen Veranlagungszeitraum* zu einem rück- oder vortragsfähigen Verlust führt, so bemisst sich der Streitwert nur nach den Auswirkungen im Streitjahr (BFH/NV 1987, 456; **aA** FG BaWü EFG 1988, 257). Beantragt ein getrennt veranlagter Ehegatte die Zusammenveranlagung, ergibt sich der Streitwert aus der Differenz zwischen der (im Wege getrennter Veranlagung) gegen den Ehegatten festgesetzten und der angestrebten Einkommensteuer (FG Hbg EFG 1980, 616). Entsprechendes gilt für den umgekehrten Fall, dass zusammenveranlagte Ehegatten die getrennte Veranlagung begehren (BFH/NV 1991, 471; *Zimmer/Schmidt* aaO Rz 464). In Streitigkeiten über die Verfassungsmäßigkeit des im ESt-Tarif berücksichtigten Grundfreibetrags ist der Streitwert unter Anwendung des in der Proportionalzone des ESt-Tarifs geltenden Steuersatzes zu errechnen (BFHE 165, 489 = BStBl II 1992, 256).

Einstweilige Anordnungen

Der Streitwert bestimmt sich gemäß §§ 52 Abs 1, 53 Abs 3 GKG nach der Bedeutung der Sache, ggf beträgt er 5000 € (§ 52 Abs 2 GKG). IdR hat ein Eilverfahren nur vorläufigen Charakter; deshalb ist der Streitwert im Allgemeinen geringer als der des Verfahrens der Hauptsache. Wird mit dem Antrag die *einstweilige Einstellung der Zwangsvollstreckung* begehrt, ist der Streitwert mit 10 vH der Forderungsbeträge zu bemessen, die Anlass zu der Vollstreckung waren (BFH/NV 1989, 721). Wird der Erlass einer einstweiligen Anordnung mit dem Ziel einer *Stundung der Steuerforderung* begehrt, kann das wirtschaftliche Interesse mit höchstens 10 vH der gesamten Zahlungsverpflichtung (einschließlich der Säumniszuschläge) bewertet werden (BFH/NV 1988, 325; vgl auch BFHE 130, 363 = BStBl II 1980, 520).

Betrifft der Streitgegenstand des Hauptsacheverfahrens keine Streitigkeit um Abgaben, kann der Streitwert nur auf einen bestimmten Vomhundertsatz des Werts der Hauptsache geschätzt werden (vgl zB BFH/NV 1999, 352 mwN; FG Nds EFG 1982, 373; FG BaWü EFG 1981, 205). Für die Schätzung ist von Bedeutung, inwieweit durch die Entscheidung im Eilverfahren das Prozessziel der Hauptsache vorweggenommen wird (*Zimmer/Schmidt* aaO Rz 353). Ergeben sich keine ausreichenden Anhaltspunkte für das mit der Klage in der Hauptsache verfolgte wirtschaftliche Interesse, ist auch für den Streitwert der einstweiligen Anordnung der Auffangwert maßgebend (vgl BFH/NV 1989, 191); ein Abschlag von diesem Wert ist nicht zulässig (*Zimmer/Schmidt* aaO Rz 364).

Einstweilige Aussetzung der Vollziehung

Da es sich um ein Verfahren handelt, das dem der einstweiligen Anordnung ähnelt, beträgt der Streitwert $^{1}/_{3}$ des Streitwerts des Hauptverfahrens auf Aussetzung der Vollziehung (also $^{1}/_{3}$ von $^{1}/_{10}$ des Werts der eigentlichen Hauptsache). Vgl BFHE 121, 311 = BStBl II 1977, 354.

Erlass

Streitwert ist der Betrag, dessen Erlass beantragt wird (BFHE 83, 282 = BStBl III 1965, 602; BFHE 100, 160 = BStBl II 1970, 853; BFHE 163,

305 = BStBl II 1991, 528). Sind Gegenstand des Erlassantrags auch Säumniszuschläge, Verzugszinsen etc, sind diese in dem Streitwert einzubeziehen (BFHE 163, 305 = BStBl II 1991, 528). Ist der Antrag lediglich auf Neubescheidung des Erlassantrags gerichtet, ist der Streitwert geringer (FG BaWü EFG 1994, 268 und EFG 1995, 894; 50 vH des streitigen Betrages).

Erledigung der Hauptsache

Der Streitwert ermäßigt sich bei übereinstimmenden Erledigungserklärungen auf den Betrag der entstandenen Kosten (BFHE 102, 232 = BStBl II 1971, 603; BFH/NV 2000, 1218; FG Bremen EFG 1994, 975; FG BaWü EFG 2000, 967). Bei einseitiger Erledigungserklärung des Beklagten dagegen bleibt es bei dem ursprünglichen Streitwert (BFH/NV 2000, 1218; *Jost* Inf 1994, 181, 185). Sehr streitig ist die Rechtslage bei der einseitigen Erledigungserklärung des Klägers. Nach der einen Ansicht (zB OLG Koblenz MDR 1977, 496 mwN) bleibt es auch hier bei dem ursprünglichen Streitwert. Nach anderer − mE richtiger − Meinung (vgl zB BGH MDR 1961, 587 und BB 1993, 1246) beschränkt sich der Streitwert ab dem Zeitpunkt der Erledigungserklärung auf das Kosteninteresse (ebenso jetzt: BFHE 154, 491 = BStBl II 1989, 106; *Schall* DStZ 1996, 389, 394; **aA** *Zimmer/Schmidt* aaO Rz 367). Wurde die Klage trotz des eingeschränkten Antrags des Klägers abgewiesen, so ist der Streitwert eines Rechtsmittels dagegen ebenfalls nur das Kosteninteresse (BGH WM 1978, 736 mwN; vgl auch BFH/NV 1986, 554). Das gilt grundsätzlich auch, wenn die Erledigung festgestellt wurde und der Beklagte sich dagegen mit einem Rechtsmittel wendet; denn es ist idR anzunehmen, dass der Abweisungsantrag vom Beklagten nur gestellt wird, um der Unsicherheit einer Kostenentscheidung nach § 138 zu entgehen (BGH MDR 1969, 641). Hat der Kläger die Hauptsache nur *teilweise* für erledigt erklärt, so bestimmt sich der Streitwert nach dem streitigen Restbetrag der Hauptsache und dem Kosteninteresse (BGH NJW-RR 1988, 1465).

Erstattungsverfahren

Streitwert ist der Betrag, dessen Erstattung begehrt wird (BFHE 102, 232 = BStBl II 1971, 603).

Erzwingungsgeld

Der Streitwert bemisst sich nach dem angedrohten oder festgesetzten Betrag, soweit er strittig ist (BFHE 56, 133 = BStBl III 1952, 55).

Europäischer Gerichtshof

Das Verfahren vor dem EGH bildet (wie bei der Anrufung des BVerfG bei der konkreten Normenkontrolle des Art 100 Abs 1 GG) kostenrechtlich mit dem vor dem nationalen Gericht anhängigen Verfahren eine Einheit. Es ist daher kein besonderer Streitwert dafür festzusetzen, es sei denn, dass die dem EGH zur Entscheidung vorgelegte Rechtsfrage lediglich für einen Teil des Ausgangsverfahrens Bedeutung hat (BFHE 94, 49 = BStBl II 1969, 83). Kommt es nicht zu einer Entscheidung in der Hauptsache, weil die Klage oder das Rechtsmittel nach Ergehen der Entscheidung des EGH zurückgenommen wird, ist der Streitwert für das Vorabentscheidungsverfahren nach dem des Ausgangsverfahrens festzusetzen (BFHE 119, 397 = BStBl II 1976, 714; *Zimmer/Schmidt* aaO Rz 502).

Fälligkeit einer Steuerforderung

¹/₁₀ der Steuerforderung (FG D'dorf EFG 1974, 435).

Feststellung des verrechenbaren Verlusts

Der Streitwert einer Klage gegen den Bescheid über die Feststellung des *verrechenbaren Verlusts* eines beschränkt haftenden Gesellschafters (§ 15 a Abs 4 EStG) beträgt 10 vH des streitigen Verlustbetrages, da dieser Streit keine endgültigen Auswirkungen auf die Höhe der gegen den Gesellschafter festgesetzten Einkommensteuer hat (BFH/NV 1997, 350; 2002, 1323; FG BaWü EFG 1999, 710).

Fortsetzungsfeststellungsklage

Der Streitwert beträgt bei einer Fortsetzungsfeststellungsklage 50 vH des Streitwerts der Anfechtungsklage oder Verpflichtungsklage (BFH/NV 1996, 927).

Freistellungsbescheinigung

Der Streitwert für die Klage auf Erteilung einer Freistellungsbescheinigung nach § 44 Abs 5 EStG ist mit dem Dreifachen des auf Seiten des Stpfl eintretenden Zinsverlustes zu bemessen, wenn (ohne diese Bescheinigung) die Zinsabschlagsteuer einbehalten würde (FG Saarl EFG 1995, 401; *Schall* StB 1996, 25, 29). Der Streitwert eines Verfahrens, in dem über die Erteilung einer Freistellungsbescheinigung nach **§ 48 b EStG** gestritten wird, ist nach Ansicht des Sächs FG (EFG 2004, 61) mit 10 vH des Gesamtbetrags der Abzugssteuern zu bemessen. Das FG Hbg (Beschluss v 15. 7. 2003 II 47/03, juris) legt als Streitwert den Betrag der Abzugssteuer (15 vH der zu erwartenden Gegenleistung) für die beantragte Dauer der Bescheinigung zu Grunde. Der Streitwert einer Klage, mit der ein beschränkt Stpfl die Erteilung einer Freistellungsbescheinigung nach § 50 d Abs 3 S 1 EStG beantragt, bemisst sich nach der aufgrund der Freistellungsbescheinigung zu erwartenden Steuerersparnis (BFH/NV 1999, 1505).

Gemeinnützigkeit

Ist streitig, ob ein Verein als gemeinnützig anzuerkennen ist, bemisst sich der Streitwert idR nach dem Auffangwert (FG BaWü EFG 1995, 855 mwN). Der Auffangwert ist auch anzusetzen, wenn eine Körperschaft die Aufhebung mehrerer auf 0 € lautender KSt-Bescheide begehrt, um die Steuerbefreiung wegen Verfolgung gemeinnütziger Zwecke bestätigt zu bekommen (BFH/NV 1997, 879).

Gesamtschuldner

Klagen mehrere Stpfl gemeinsam gegen einen VA, gelten für die Streitwertermittlung die Grundsätze in Rz 31. Für die Gerichtsgebühren haften die Streitgenossen als Gesamtschuldner. Der als Kostenschuldner in Anspruch genommene Stpfl hat den gesamten Betrag an die Gerichtskasse zu zahlen.

Gesonderte Feststellung

Streitwert ist bei der gesonderten Feststellung des Gewinns die streitige ESt, also nicht wie bei der einheitlichen Gewinnfeststellung ein Prozentsatz des Gewinns (BFHE 82, 595 = BStBl III 1965, 462; BFH/NV 1986, 752; 1989, 718; 1999, 1608). Bei der Bemessung des Streitwerts wird eine gegenläufige Auswirkung der streitigen Gewinnerhöhung in einem anderen Feststellungszeitraum nicht berücksichtigt. Lassen sich die est-rechtlichen Auswirkungen im Zeitpunkt der Streitwertfestsetzung nicht ermitteln, sind sie zu schätzen (FG Bln EFG 2003, 91; FG D'dorf EFG 2003, 1731: 10 vH des streitigen Verlusts). Der Streitwert einer Klage, deren Gegenstand die gesonderte Feststellung der Steuerpflicht von Zinsen aus Kapitallebensversicherungen (§ 20 Abs 1 Nr 6 EStG) ist, ist mit der voraussichtlich auf die Zinsen entfallenden steuerlichen Belastung zu bemessen (FG Bln EFG 2003, 191). Das FG Nbg (EFG 2003, 345) hat die steuerliche Auswirkung mit 10 vH der Versicherungssumme angenommen, das FG Bln (aaO) mit 25 vH der geschätzten Zinsbeträge. Im gesonderten **Feststellungsverfahren nach § 55 Abs 5 EStG** ist dagegen der Streitwert grds mit 10% des Unterschiedsbetrages zu bemessen, der sich aus der begehrten Teilwertfeststellung und der Feststellung des FA ergibt (BFHE 139, 268 = BStBl II 1984, 33; FG Mchn EFG 1983, 512). Der Streitwert eines auf die *gesonderte Feststellung des verbleibenden Verlustabzugs nach § 10 d EStG* gerichteten Klageverfahrens ist unter Berücksichtigung der konkreten est-rechtlichen Auswirkungen des Verlustabzugs festzusetzen (FG Brdbg EFG 2004, 925). Lassen sich diese nicht ermitteln, weil Veranlagungen für die Jahre, in denen sich der Verlustabzug auswirken kann, nicht oder nicht vollständig vorliegen, ist der Streitwert anhand der erkennbaren Umstände zu schätzen (BFH/NV 2000, 1485; FG BaWü EFG 1999, 1251 und Sächs FG EFG 2001, 1464: 10 vH des geltend gemachten Erhöhungsbetrags; FG D'dorf EFG 1996, 158). Fehlen ausreichende Anhaltspunkte für eine Schätzung, ist der Auffangwert anzusetzen (FG BaWü EFG 1994, 765). Der Streitwert der gewerbesteuerrechtlichen gesonderten Feststellung des *vortragsfähigen Verlusts aus Gewerbebetrieb* ist in voller Höhe der steuerlichen Auswirkung anzusetzen, wenn feststeht, dass sich der streitige Betrag in voller Höhe auf die GewSt auswirkt (FG Mchn EFG 1999, 1156); anderenfalls sind 20 vH des streitigen Verlustbetrags anzusetzen (*T/K* Rz 268). Der Streitwert eine Klage wegen gesonderter Feststellung eines verbleibenden Großspendenabzugs nach § 10 b Abs 1 S 5 EStG ist vom FG D'dorf mit 25 vH des begehrten Spendenvortrags bemessen worden (EFG 2003, 646). Wegen der gesonderten Feststellung nach § 47 KStG vgl das Stichwort „Körperschaftsteuer"; wegen der gesonderten Feststellung des gemeinen Werts nicht notierter Anteile an Kapitalgesellschaften, s „Anteilsbewertung".

Gewerbesteuer

Streitwert ist die Differenz zwischen festgesetzter und begehrter GewSt (BFH/NV 1994, 819). Bei Anfechtung eines GewSt-Messbescheides ist der Streitwert entspr der gewerbesteuerlichen Auswirkung bemessen (BFHE 82, 654 = BStBl III 1965, 483; BFH/NV 1989, 718; FG Mchn EFG 1999, 1156). Wert des Streitgegenstandes ist hiernach der streitige Steuermessbetrag vervielfacht mit dem für das Streitjahr geltenden Hebesatz der zuständigen Kommune (BFH/NV 1993, 559). Zum Streitwert der Feststellung des vertragsfähigen Verlusts nach § 10 a GewStG s „Gesonderte Feststellung".

Beantragt eine Kommune die Heraufsetzung des Gewerbesteuermessbetrags, so ist Streitwert die Differenz zwischen dem festgesetzten und dem begehrten Messbetrag, beschränkt auf den Zerlegungsanteil und vervielfältigt mit dem geltenden Hebesatz (BFH/NV 1994, 55). Wird die ersatzlose Aufhebung des gegen eine Personengesellschaft ergangenen Gewerbesteuermessbetrags begehrt, ergibt sich der Streitwert aus dem festgesetzten Messbetrag multipliziert mit dem maßgeblichen Hebesatz (BFH/NV 1993, 559). Der Streitwert im Klageverfahren gegen einen Zerlegungsbescheid ist nach dem Verhältnis der Hebesätze zueinander unter Berücksichtigung der begehrten Anteile am Gewerbesteuermessbetrag zu ermitteln; werden keine konkreten Einwendungen gegen den Zerlegungsbescheid vorgetragen, ist der Auffangwert anzusetzen (BFH/NV 1986, 424; *Zimmer/Schmidt* aaO Rz 476). Wird die Aufhebung der festgesetzten Gewerbesteuer wegen bestehender Organschaft beantragt, so entspricht der Streitwert der gesamten Gewerbesteuer, die sich auf Grund des angefochtenen Gewerbesteuermessbescheides ergibt (BFHE 125, 143 = BStBl II 1978, 463). Sind sowohl wegen eines Bescheids über einheitliche Gewinnfeststellung als auch wegen eines Gewerbesteuermessbescheides Revisionen eingelegt worden, so ist für jedes dieser Revisionsverfahren ein besonderer Streitwert anzusetzen (BFH/NV 1988, 657); bei der Bemessung des Streitwerts für das Verfahren wegen des Gewerbesteuermessbescheides können Besonderheiten des Verfahrens betreffend die einheitliche Gewinnfeststellung nicht berücksichtigt werden (BFH/NV 1988, 658).

Gewinnausschüttung, verdeckte

Siehe „Körperschaftsteuer".

Grundbesitzbewertung für die Erbschaftsteuer

Nach mE zutreffender Ansicht des Hess FG (EFG 2002, 867) und des FG BaWü (EFG 2001, 924) ist der Streitwert bei dem Streit über die Höhe des Grundbesitzwerts als Bemessungsgrundlage für die Erbschaftsteuer pauschal mit 10 vH des streitigen Wertunterschieds zu bemessen und nicht nach den betragsmäßigen Auswirkungen der begehrten Änderung auf die Erbschaftsteuer (so aber FG D'dorf EFG 2005, 65).

Grunderwerbsteuer

Streitwert ist der Unterschied zwischen festgesetzter und begehrter Steuer (BFHE 93, 121 = BStBl II 1968, 749). Wegen der Einbeziehung der Zinsen nach § 3 Abs 2 GrEStEigWoG in den Streitwert vgl FG Saarl EFG 1993, 252 und *Schall* DStZ 1994, 428, 431.

Erwerben Ehegatten ein Grundstück gemeinsam zur gesamten Hand, wird die Grunderwerbsteuer gegen jeden Ehegatten getrennt festgesetzt. Klagen sie gegen die Bescheide, sind zwei gesonderte Streitwerte festzusetzen (BFHE 93, 121 = BStBl II 1968, 749).

Grundsteuer

Der Wert eines Streits über den Grundsteuermessbetrag ist das sechsfache der auf den streitigen Messbetrag entfallenden Jahressteuer (BFHE 181, 515 = BStBl II 1997, 228 unter Aufgabe seiner früheren Rspr in BFHE 56, 736 = BStBl III 1952, 283; BFHE 84, 262 = BStBl III 1966, 95).

Haftungsbescheid

Streitwert ist der Steuerbetrag, für den der Haftende in Anspruch genommen wird (BFHE 81, 157 = BStBl III 1965, 56). Das gilt auch für die

Kirchenlohnsteuer und andere Ansprüche, wenn diese in den Haftungsbescheid mit einbezogen sind (BFH aaO; *Schwarz* AO-StB 2003, 165; aA FG Nds EFG 1976, 248). In den Fällen der Haftung nach § 75 AO 1977 bestimmt sich der Streitwert nach dem Nennwert der mit dem Haftungsbescheid geltend gemachten Haftungssumme (BFHE 146, 492 = BStBl II 1986, 589). Hat sich der Haftungsbetrag vor Klageerhebung durch Zahlungen anderer Gesamtschuldner ermäßigt, bleibt gleichwohl der ursprüngliche Betrag maßgeblich (BFHE 129, 126 = BStBl II 1980, 103). Ist ein Haftungsbescheid nach § 74 AO gegen mehrere Haftungsschuldner ergangen, bemisst sich der Streitwert ebenfalls nach dem vollen Nennbetrag der im Haftungsbescheid festgestellten Haftungssumme; die gegenständliche Haftungsbeschränkung auf den Anteil am Haftungsgegenstand beeinflusst den Streitwert nicht, weil sie sich betragsmäßig erst in der Zwangsvollstreckung auswirken kann (BFH/NV 1995, 720).

Haupt- und Hilfsantrag

Vgl oben Rz 30.

Hinterziehungszinsen

Der Streitwert bemisst sich nach der Höhe der festgesetzten Zinsen BFHE 124, 310 = BStBl II 1978, 314).

Insolvenzverfahren

Der Streitwert einer Klage, die die Überprüfung eines Antrags auf Eröffnung des Insolvenzverfahrens zum Gegenstand hat, ist mit dem Auffangwert des § 52 Abs 2 GKG zu bemessen, wenn ungewiss ist, ob und ggf mit welchem Ergebnis es zur Eröffnung des Insolvenzverfahrens kommen wird (FG Saarl v 2. 6. 2004 1 K 437/02, juris).

Investitionszulage

Maßgebend ist der Betrag der streitigen Zulage ohne Einbeziehung von Zinsen bei Rückforderung (BFHE 178, 287 = BStBl II 1995, 843; BFH v 10. 8. 1984 III R 77/84 und v 28. 10. 1983 III R 50/83, juris).

Kindergeld

In Verfahren über die Festsetzung und Auszahlung von Kindergeld ist als Streitwert in entsprechender Anwendung des § 42 Abs 1 GKG – unabhängig vom Alter des Kindes – der *einfache Jahresbetrag* des geltend gemachten Anspruchs *zuzüglich der bis zur Klageerhebung* zu *zahlenden Kindergeldbeträge* anzusetzen (BFHE 192, 19 = BStBl II 2000, 544; BFH/NV 2002, 68, 534; FG Saarl EFG 1997, 496; FG BaWü EFG 1998, 1526, 1541; EFG 2000, 893; FG D'dorf EFG 1999, 625 und EFG 2003, 191; FG Köln EFG 2005, 636; *T/K* vor § 135 Rz 216; *Beermann/Brandt* § 139 Rz 80; aA: FG Hbg EFG 1997, 906: dreifacher Jahresbetrag). Ist ein kürzerer Bewilligungszeitraum ersichtlich, ist ein entsprechend geringerer Betrag anzusetzen. S auch Steuervergünstigung.

Klagerücknahme

S Rz 34.

Konkurs

S „Insolvenzverfahren".

Körperschaftsteuer

Maßgebend für die Bemessung des Streitwerts ist nur der unmittelbar umstrittene Körperschaftsteuerbetrag (vgl Rz 26). Wird darüber gestritten, in welcher Höhe Verluste bei der Körperschaftsteuerveranlagung mit der sich aus § 47 Abs 2 KStG 1977 ergebenden Bindungswirkung anzusetzen sind, beträgt der Streitwert 10% der streitigen Verlustbeträge (BFHE 138, 409 = BStBl II 1983, 602; BFH/NV 1986, 625). Bei Klagen gegen den Ansatz einer verdeckten Gewinnausschüttung ermittelt die Rspr den Streitwert mit 9/16 des streitigen Ausschüttungsbetrages (FG Saarl EFG 1994, 124; FG D'dorf EFG 1992, 623; vgl aber FG Saarl EFG 1984, 632; Sächs FG EFG 2001, 1464). Nach der Änderung des KStG beträgt der Streitwert nunmehr 30/70 des strittigen Betrages (*Jost* Inf 1996, 181, 186). Der Streitwert für die gesonderte Feststellung der Teilbeträge des verwendbaren Eigenkapitals nach § 47 KStG entspricht den zukünftigen ausschüttungsbedingten Folgen einer Änderung der Aufteilung des verwendbaren Eigenkapitals (FG D'dorf EFG 1994, 714; FG MeVo EFG 1995, 338; *Jost* Inf 1996, 181, 185). Der BFH schätzt den Streitwert auf 10 vH der streitigen Körperschaftsteuer (BFH/NV 2005, 572). Bei gleichzeitiger Anfechtung von KSt-Bescheiden und nachfolgenden Bescheiden über die Feststellung des verwendbaren Eigenkapitals kann der Streitwert für die Feststellungsbescheide mit 10 vH des Teilstreitwerts der KSt-Bescheide bemessen werden (BFH/NV 1997, 136; FG Hbg EFG 1998, 409).

Kraftfahrzeugsteuer

Im Falle der unbefristeten Steuerfestsetzung iS von § 12 Abs 1 Nr 1 KraftStDV ist Streitwert der auf den regelmäßigen Entrichtungszeitraum (das Jahr) entfallende Betrag (BFHE 112, 83 = BStBl II 1974, 432). Ist im angefochtenen Bescheid die KraftSt für einen *bestimmten Zeitraum* festgesetzt worden, bemisst sich der Streitwert nach dem streitigen Steuerbetrag.

Lohnsteuer

Beantragt der Kläger die Durchführung des LStJA; ist Streitwert regelmäßig der Wert der beantragten Erstattung oder Ermäßigung, und zwar gleichgültig, ob Anfechtungsklage, Verpflichtungsklage oder Feststellungsklage erhoben ist (BFHE 109, 424 = BStBl II 1973, 685; BFHE 115, 199 = BStBl II 1975, 515; BFH/NV 1989, 656; BFH/NV 1990, 319). Wird mit der Klage nur die Eintragung eines der Höhe nach unstreitigen Freibetrags auf der Lohnsteuerkarte erstrebt, ist der Streitwert mit 10 vH dieses Betrages zu bemessen (FG Hbg EFG 1993, 602; zustimmend: *Jost* Inf 1996, 181, 186; *Schall* DStZ 1994, 428, 431; **aA** BFH/NV 1986, 231; BFH/NV 1990, 319; *Zimmer/Schmidt* aaO Rz 483).

Lohnsteuerhilfeverein

Bei Streit über die von der Verwaltung angeordnete Schließung einer seiner Beratungsstellen ist der Streitwert mit 20% des von der betreffenden Geschäftsstelle vereinnahmten Beitragsaufkommens anzusetzen (BFHE 135, 136 = BStBl II 1982, 360; **aA:** FG Hbg EFG 1999, 350). Der Streitwert der Klage auf Eintragung einer bestimmten Person als Leiter einer Beratungsstelle des Vereins in das Verzeichnis der Lohnsteuerhilfevereine ist mit dem Auffangwert des § 52 Abs 2 GKG anzusetzen (BFHE 131, 461 =

BStBl II 1981, 105; BFH/NV 1995, 921; *Zimmer/Schmidt* aaO Rz 417). Auch der Streitwert einer Klage betreffend die Beratungsbefugnis eines Lohnsteuerhilfevereins bestimmt sich nach § 52 Abs 2 GKG (BFH/NV 1990, 386).

Milchquotenbescheid

Im Klageverfahren gegen den Feststellungsbescheid des HZA nach § 4 MGVO, mit dem die Zuteilung einer höheren Referenzmenge beantragt wird, ist für die Streitwertbemessung der Abgabenbetrag nach der MGVO maßgebend, der für die streitige Referenzmenge für einen 12-monatigen Entrichtungszeitraum zu zahlen wäre (BFHE 146, 369; BFH/NV 1992, 621; FG D'dorf EFG 1996, 159; vgl auch *Schall* DStZ 1993, 213; aA FG Hessen EFG 1995, 853). Wegen des Streitwerts für das Verfahren betreffend AdV des Milchquotenbescheids vgl BFH/NV 1990, 121.

Mineralöllager

Siehe „Steuervergünstigung".

Nichtiger VA

Wird die Feststellung der *Nichtigkeit* oder die *Aufhebung* eines VA begehrt, so bestimmt sich der Streitwert nach der gesamten festgesetzten Steuerschuld; einbehaltene Steuerabzugsbeträge sind dabei nicht abzuziehen (BFH/NV 1989, 43, 384; 2002, 949).

Wird die Aufhebung oder Feststellung der Nichtigkeit eines *Änderungsbescheids* begehrt, so ergibt sich der Streitwert aus der Differenz zwischen dem Steuerbetrag des Erstbescheids und dem des Änderungsbescheids (BFH/NV 1991, 471; 1988, 725).

Nichtigkeitsklage

Im Regelfall entspricht der Streitwert des Wiederaufnahmeverfahrens dem Streitwert des Verfahrens, dessen Wiederaufnahme begehrt wird (BFH/NV 1981, 315; 1987, 598).

Der Streitwert eines Wiederaufnahmeverfahrens betreffend das Beschwerdeverfahren wegen Nichtzulassung der Revision entspricht der mit der angestrebten Revision voraussichtlich begehrten Steuerminderung (BFH/NV 1990, 257).

Nichtzulassungsbeschwerde

Der Streitwert entspricht idR dem Streitwert des *Klageverfahrens,* der wiederum im Regelfall dem voraussichtlichen Streitwert des angestrebten *Revisionsverfahrens* entspricht (vgl § 47 Abs 3 GKG und die st Rspr, zB BFHE 124, 144 = BStBl II 1978, 198; BFH/NV 1990, 184; 1995, 254, 507; 1996, 244); eine Ausnahme von diesem Grundsatz gilt dann, wenn das FG der Klage teilweise stattgegeben hat (BFHE 124, 144 = BStBl II 1978, 198) oder wenn der Beschwerdeführer erkennbar macht, dass er im künftigen Revisionsverfahren sein Klagebegehren nur noch eingeschränkt weiterverfolgen will (BFHE 124, 310 = BStBl II 1978, 314; BFH/NV 1994, 572; 1995, 538; 2005, 220). Hierbei ist entscheidend, welche Anträge der Kläger im finanzgerichtlichen Verfahren *tatsächlich* gestellt hat (BFH/NV 1988, 322). Hat der Kläger im finanzgerichtlichen Verfahren nur beantragt, die festgesetzte Steuer um einen nicht bezifferten und aus der Klagebegründung auch nicht errechenbaren Betrag herabzusetzen, so kann der Wert des Streitgegenstandes auf die Hälfte der festgesetzten Steuer geschätzt werden (BFH/NV 1987, 114; 1992, 190).

Diese Grundsätze gelten auch, wenn der VA nicht nur von dem Inhaltsadressaten angefochten wird, sondern zugleich von einem Dritten (BFH/NV 1991, 473).

Pfändung

Siehe „Vollstreckungsverfahren".

Prozesskostenhilfe

Verfahren über Prozesskostenhilfe sind gerichtskostenfrei. Beantragt aber der Prozessbevollmächtigte eine Streitwertfestsetzung, bemisst sich der Streitwert nach dem Betrag, den der Beteiligte bei Versagung der Prozesskostenhilfe für seine Rechtsverfolgung aufwenden müsste (BFHE 109, 423 = BStBl II 1973, 684; BFHE 146, 369; BFH/NV 1987, 317; 1999, 654).

Prüfungsanordnung

Siehe „Außenprüfung".

Rechtsbehelfsentscheidung

Bei isolierter Anfechtung der außergerichtlichen Rechtsbehelfsentscheidung ist der Streitwert anzusetzen, der für das Verfahren über den Bescheid maßgebend ist, der Anlass zu dem Rechtsbehelfsverfahren gegeben hat (BFHE 135, 172 = BStBl II 1982, 328; BFH/NV 1988, 457).

Restitutionsklage

Siehe „Nichtigkeitsklage".

Richterablehnung

Siehe „Ablehnung von Richtern".

Säumniszuschläge

Sie sind als Nebenforderungen zu behandeln, haben jedoch einen selbstständigen Streitwert, wenn sie im Rechtsbehelfsverfahren einen selbstständigen Streitpunkt bilden (BFH HFR 1965, 130).

Steuerabzugsbeträge

Sie sind bei der Streitwertbemessung in Steuerfestsetzungsverfahren grundsätzlich nicht zu berücksichtigen (BFHE 123, 410 = BStBl II 1978, 58).

Steuerberater/Steuerbevollmächtigte

Der Streitwert beträgt in Fällen, in denen es um die *Zulassung* zur Prüfung geht, 5000 € (BFHE 118, 145 = BStBl II 1976, 383; BFHE 118, 503 = BStBl II 1976, 459; BFHE 127, 135 = BStBl II 1979, 374; BFH/NV 1985, 109; 1989, 656); ebenso bei Streit um Zulassung zum Seminar nach § 157 StBerG (BFHE 125, 354 = BStBl II 1978, 599). Ist streitig, ob die Prüfung als bestanden gilt, oder begehrt der Kläger die Bestellung als Steuerberater ohne Prüfung, hält der BFH einen Streitwert von pauschal 25 000 € für angemessen (BFH/NV 2003, 1082 mwN; ebenso FG Hbg

EFG 2005, 312). Das gilt – abweichend von BFHE 119, 364, BStBl II 1976, 735 – auch, wenn nach Bestehen des schriftlichen Teils der Prüfung begehrt wird, die OFD zu verpflichten, den mündlichen Teil der Prüfung zu wiederholen (BFHE 137, 574). Bei einer Klage gegen den *Widerruf der Bestellung* zum Steuerberater bemisst sich der Streitwert idR nach den Einkünften, die der Kläger aus seiner Tätigkeit als Steuerberater in dem Kalenderjahr, das dem Widerruf vorausgegangen ist, bezogen hat (FG Bremen EFG 1993, 602; vgl auch BFHE 125, 435 = BStBl II 1978, 631 und BFHE 126, 509 = BStBl II 1979, 264; *Zimmer/Schmidt* aaO Rz 416). Fehlen hierzu genauere Angaben, ist eine grobe Schätzung zulässig. Der BGH hat in der Vergangenheit eine Schätzung des Streitwerts mit 25 000 €/*50 000 DM* als angemessen erachtet (BFH/NV 2000, 975), jedoch angekündigt, dass er nunmehr einen pauschalen Gegenstandswert von 50 000 € für zutreffend hält (BFH/NV 2003, 1082; 2004, 361; ebenso: FG Bremen EFG 2004, 1139). Bei Versagung der endgültigen Bestellung zum Steuerbevollmächtigten hat der BFH den Streitwert pauschal mit 5000 €/*10 000 DM* bemessen (BFH/NV 2000, 976). Dieser Wert dürfte überholt sein.

Steuerberatungsgesellschaft

Bei Streit darüber, ob eine Gesellschaft als Steuerberatungsgesellschaft anerkannt werden kann oder wird einem Berufsverband die Hilfeleistung in Steuersachen untersagt, beträgt der Streitwert 25 000 €/*50 000 DM* (BFHE 134, 92 = BStBl II 1981, 790; BFHE 158, 208 = BStBl II 1990, 75; BFH/NV 1999, 1108; FG Bremen EFG 1992, 24). Nach der Rspr des BFH gilt dieser Steuerwert auch dann, wenn nicht die Gesellschaft selbst, sondern die *Steuerberaterkammer* als Klägerin auftritt (BFHE 158, 208 = BStBl II 1990, 75). Dieser Auffassung folgt das FG M'ster nicht (vgl EFG 1989, 35 und EFG 1990, 445: Auffangwert ist anzusetzen; ebenso: *Zimmer/Schmidt* aaO Rz 426).

Ist nur streitig, ob die Gesellschaft verantwortlich von Steuerberatern geleitet wird und ob Berufsfremde nach § 50 Abs 3 StBerG als Geschäftsführer zugelassen werden können, hat der BFH bisher den Streitwert auf 20 000 €/*40 000 DM* festgesetzt (BFHE 133, 322 = BStBl II 1981, 586). Bei Streit darüber, ob besonders befähigte Kräfte anderer Fachrichtungen Vorstandsmitglieder werden können (§ 50 Abs 3 StBerG), wurde der Streitwert in der Vergangenheit 5000 €/*10 000 DM* angenommen (BFHE 120, 97 = BStBl II 1977, 800). Nach der neueren Rspr erscheint ein Wert von 25 000 € angemessen (FG Hbg EFG 2005, 311).

Steuererklärung

Ist nur streitig, ob der Kläger zur Abgabe einer Steuererklärung verpflichtet ist, so ist im Allgemeinen der Auffangwert anzusetzen (FG Bln EFG 1988, 504; FG MeVo EFG 1997, 138) durch die Weigerung, eine Erklärung abzugeben, entzieht sich der Stpfl letztlich einer etwaigen Steuerpflicht. Kann die Höhe der zu erwartenden Steuern trotz der vorenthaltenen Steuererklärung geschätzt werden, kann der Streitwert mit einem 50 vH der zu erwartenden Steuer angesetzt werden (BFH/NV 1987, 114; FG BaWü EFG 1983, 146; zustimmend: *Jost* Inf 1996, 181, 186; *Zimmer/Schmidt* aaO Rz 409).

Steuervergünstigung

Wird mit der Klage eine Steuervergünstigung angestrebt, ist für die Bestimmung des Streitwerts der sich daraus für den Stpfl ergebende wirtschaftliche oder finanzielle Nutzen maßgebend (*Hartmann* § 52 GKG Rz 10). Bei einer auf unbestimmte Zeit gewährten Steuervergünstigung ist Streitwert der Betrag des jährlichen Nutzens (BFHE 132, 206 = BStBl II 1981, 276; BFH/NV 1989, 654); geht es nur um die vorläufige Belassung dieser Vergünstigung (im Verfahren nach § 69) beträgt der Streitwert 1/10 des Streitwerts der Hauptsache (BFHE 132, 206 = BStBl II 1981, 276). Maßgebend ist grundsätzlich der Zeitpunkt der Klageerhebung: Eine Klage auf Gewährung einer Steuervergünstigung für unbestimmte Zeit wird nicht automatisch durch Zeitablauf während des Klageverfahrens eine Klage auf Steuervergütung für die jeweils zurückgelegten Zeiträume (FG Hbg EFG 1998, 219).

S auch „Kindergeld".

Bei Streit um die *Bewilligung eines besonderen Zollverkehrs* richtet sich der Streitwert ebenfalls nach dem bei der Durchführung des beabsichtigten Geschäfts zu erwartenden Nutzen und nicht nach der damit verbundenen Abgabenvergünstigung (BFHE 119, 31 = BStBl II 1977, 568). Zum Streitwert bei Streit um den Widerruf der Bewilligung eines *Mineralöllagers* vgl BFHE 132, 206 = BStBl II 1981, 276; BFH/NV 1986, 771).

Stundung

IdR sind 10% des Steuerbetrages anzusetzen, dessen Stundung begehrt wird (BFHE 66, 314 = BStBl III 1958, 121). Ausnahmen sind möglich, wenn die Stundung für einen bestimmbaren oder einen sehr langen Zeitraum beantragt wird (BFHE 76, 214 = BStBl II 1963, 76).

Umsatzsteuer

Streitwert ist grundsätzlich der Differenzbetrag zwischen der festgesetzten und der erstrebten Steuer (BFH/NV 1991, 553; BFH/NV 1994, 819). Ist der Übergang von der Ist- zur Sollbesteuerung streitig, beträgt der Streitwert 1 vH der letzten Jahressteuer. Wird mit der Klage beantragt, die Steuer nach vereinnahmten (statt nach vereinbarten) Entgelten berechnen zu dürfen, ist ein geringerer Streitwert anzusetzen; fehlen geeignete Anhaltspunkte für die Schätzung des finanziellen Interesses, greift der Auffangwert des § 13 Abs 1 S 2 GKG ein (BFH/NV 1995, 428). Geht der Streit nur um die anrechenbare Vorsteuer, bemisst sich der Streitwert nach dem streitigen Vorsteuerbetrag.

Untätigkeitsklage

Wird mit der Untätigkeitsklage beantragt, das FA anzuweisen, über den Einspruch zu entscheiden, wird also nur das Tätigwerden der Einspruchsbehörde erstrebt, so beträgt der Streitwert nur 1/10 des Steuerbetrags, um den gestritten wird (BFHE 90, 95 = BStBl III 1967, 786). Wird dagegen (dem Wortlaut des § 46 Abs 1 entsprechend) beantragt, das FA möge in der Sache selbst entscheiden, so ist der volle Steuerbetrag um den gestritten wird, maßgebend (BFHE 88, 19 = BStBl III 1967, 253; BFHE 95, 27 = BStBl II 1969, 319; BFHE 105, 334 = BStBl II 1972, 574).

Untersagung der Hilfeleistung in Steuersachen

Streitwert ist das letzte Jahreseinkommen (BFHE 125, 435 = BStBl II 1978, 631). Maßgeblich sind die Einkünfte iS des Einkommensteuerrechts (BFHE 126, 509 = BStBl II 1979, 264).

Urteilsberichtigung

Im Urteilsberichtigungsverfahren ist der Streitwert mit 10 vH des Hauptsacheverfahrens anzusetzen (BFH/NV 2005, 573).

Vermögensteuer

Der Streitwert beträgt für die Vermögensteuer ab 1. 1. 1974 das Dreifache der streitigen Jahressteuer (BFHE 138, 333 = BStBl II 1983, 528; BFH/NV 1990, 49). Bei kürzerer Geltungsdauer des Bescheids vermindert sich der Streitwert entsprechend (BFH/NV 1990, 49).

Vollstreckungsverfahren

Bei Streit um die Rechtmäßigkeit der Pfändung einer Forderung ist der Streitwert grundsätzlich mit dem Betrag anzusetzen, zu dessen Beitreibung die Pfändung ausgebracht wurde (FG BaWü EFG 2000, 654). Ist der Wert der gepfändeten Forderungen niedriger, ist dieser tatsächliche Erfolg der Pfändungsmaßnahme maßgebend (BFHE 123, 408 = BStBl II 1978, 71; BFH/NV 1988, 112). Wird der Anspruch auf Auflassung eines Grundstücks gepfändet, richtet sich der Streitwert nach dem Wert des Auflassungsanspruchs, der idR dem des Grundstücks entspricht (BFH/NV 1988, 457). Erfolgt die Pfändung in Vollzug eines Arrests, ist der Streitwert nicht höher als der des Arrestverfahrens (FG BaWü EFG 1981, 205). Geht der Streit um die Rechtmäßigkeit einer Pfändungs- und Überweisungsverfügung des FA, mit dem dieses den Anspruch des Vollstreckungsschuldners auf *Zahlung einer Altersrente* gepfändet hat, so ist der Streitwert in entsprechender Anwendung des § 42 Abs 3 GKG mit dem 36fachen Betrag des monatlich gepfändeten und überwiesenen Betrags zu bestimmen (BFHE 156, 379 = BStBl II 1989, 625).

Richtet sich die Klage gegen die Eintragung einer Sicherungshypothek, bestimmt sich der Streitwert nach dem Verkehrswert des Grundstücks (BFHE 101, 23 = BStBl II 1971, 154; FG SchlHol EFG 1986, 310).

Im Fall einer Vollstreckungsschutzklage nach § 258 AO kann der Streitwert auf 10 vH der Beträge bemessen werden, die Anlass der Vollstreckung waren (FG BaWü EFG 1990, 655; FG Nds EFG 1984, 521; **aA** FG Bln EFG 1989, 538: voller Wert der Forderung).

Der Streitwert einer Klage gegen den Antrag des FA auf *Anordnung der Zwangsversteigerung* eines Grundstücks bemisst sich nach dem Betrag, der dem FA voraussichtlich im Zwangsversteigerungsverfahren zugeteilt werden wird (FG BaWü EFG 1996, 197). Wegen des Streitwerts der Klage gegen einen *Duldungsbescheid* s dort. Zum Streitwert des Verfahrens um die *Vorlage eines Vermögensverzeichnisses* s dort.

Vorauszahlungen

Der Streitwert ist nach dem vollen Steuerbetrag zu bemessen, wenn der Rechtsstreit um den Grund und die Höhe der letztlich zu zahlenden Steuer geführt wird, weil dann schon im Vorauszahlungsverfahren die gewünschte gerichtliche Klärung erreicht wird (BFHE 101, 41 = BStBl II 1971, 206; BFHE 130, 363 = BStBl II 1980, 520; BFHE 168, 468 = BStBl II 1992, 931). Maßgebend ist das Jahresvorauszahlungssoll (FG Nbg EFB 1988, 136; FG Hbg EFG 1988, 536). Dahingestellt blieb in BFHE 101, 41 = BStBl II 1971, 200, ob der volle Steuerbetrag als Streitwert anzusetzen ist, wenn der Steuerpflichtige seine Steuerpflicht dem Grunde und der Höhe nach anerkannt und lediglich geltend gemacht hat, er müsse die Steuer zu einem anderen Zeitpunkt entrichten, als vom FA gefordert (vgl HFR-Anm 1971, 279). In einem solchen Fall hat das FG M'ster (EFG 1989, 370) den Streitwert – wie bei einer Stundung – auf 10 vH des Vorauszahlungsbetrags festgesetzt (zustimmend: *Zimmer/Schmidt* aaO Rz 486). Auch der BFH bemisst den Streitwert nur mit dem finanziellen Vorteil einer späteren Zahlung, wenn lediglich streitig ist, ob Umsatzsteuer-Vorauszahlungen monatlich oder vierteljährlich zu leisten sind (BFH/NV 1992, 127). Zum Streitwert, wenn nur die Anrechnung von Vorauszahlungen im Abrechnungsbescheid angegriffen wird vgl BFH/NV 1992, 262.

Vorbehalt der Nachprüfung/vorläufige Veranlagung

Geht der Streit nur um die Berechtigung des Vorbehalts der Nachprüfung, so ist der Streitwert mangels anderer Anhaltspunkte mit dem Auffangwert des § 52 Abs 2 GKG anzusetzen (BFHE 130, 130 = BStBl II 1980, 417; BFH/NV 1988, 182). Entsprechendes gilt, wenn nur streitig ist, ob ein Bescheid vorläufig nach § 165 Abs 1 AO ergehen durfte (BFH/NV 1995, 634; **aA** bei Streit um Vorläufigkeit bei behaupteter Verfassungswidrigkeit einer Vorschrift: FG Nbg EFG 1993, 604: 10 vH der möglichen steuerlichen Auswirkung). Entgegen der Ansicht des FG BaWü (EFG 1993, 603) ist eine Ermäßigung des Streitwerts auf 50 vH des Auffangwerts nicht möglich.

Geht der Streit darum, ob eine vorläufige Veranlagung für endgültig erklärt werden muss, so bestimmt sich der Streitwert nach dem, was der Steuerpflichtige bei der endgültigen Veranlagung erreichen will (BFHE 93, 413 = BStBl II 1968, 827). Bei der endgültigen Veranlagung ist der Streitwert nicht die Differenz zwischen vorläufig festgesetzter und erstrebter endgültiger Steuer, sondern zwischen endgültig festgesetzter und erstrebter endgültiger Steuer (FG Nds EFG 1975, 269).

Vorlage eines Vermögensverzeichnisses

und **Abgabe einer Versicherung** nach § 284 AO: Als Streitwert sind idR 50% der rückständigen Beträge anzusetzen (BFHE 122, 8 = BStBl II 1977, 614; BFH/NV 1994, 118; BFH/NV 1995, 430; zustimmend *Zimmer/Schmidt* aaO Rz 495); dabei darf jedoch ein Höchstbetrag von 500 000 Euro/*1 Mio DM* nicht überschritten werden (BFHE 189, 323 = BStBl II 1999, 756; BFH/NV 2000, 589; 2004, 351).

Wiederaufnahmeklage

Siehe „Nichtigkeitsklage".

Zerlegungs- und Zuteilungsklage

Maßgeblich ist das Interesse, das vom Kläger geltend gemacht wird (BFHE 75, 202 = BStBl II 1962, 341).

Zolltarifauskunft

Der Streitwert der Klage auf Erteilung einer verbindlichen Zolltarifauskunft ist nach st Rspr mit dem Auffangwert nach § 52 Abs 2 GKG zu bemessen (BFHE 123, 12 = BStBl II 1977, 843; BFHE 150, 318 = BStBl II 1987, 719; BFHE 164, 224 = BStBl II 1991, 644; BFH/NV 1992, 484, 542). Entsprechendes gilt für das Begehren auf rückwirkende Aufhebung einer verbindlichen Zolltarifauskunft (BFH/NV 1990, 256).

Zulässigkeit des Rechtsbehelfs

Geht der Streit um die Frage, ob ein Einspruch oder eine Klage zulässig war, so ist der volle Wert der streitigen Steuer maßgebend (BFHE 128, 26 = BStBl II 1979, 565; BFH/NV 1994, 55). Entsprechendes gilt für den Streitwert des Revisionsverfahrens, wenn das Zwischenurteil gem § 97 mit der Revision angegriffen wird (BFH/NV 1986, 631).

Zwangsgeld

Der Streitwert der Klage gegen die Festsetzung eines Zwangsgeldes entspricht dem festgesetzten Betrag. Das Interesse an der Aufhebung der Verfügung, durch die ein Zwangsgeld angedroht wird, ist geringer zu bemessen; es kann auf die Hälfte des angedrohten Zwangsgeldes geschätzt werden (FG Hessen EFG 1993, 811).

Zwischenurteil

Der Streitwert eines Zwischenurteils über die Zulässigkeit der Klage oder die Anhängigkeit der Sache bei einem bestimmten Gericht entspricht dem Streitwert des Endurteils (BFH/NV 2005, 235).

IV. Festsetzung des Streitwerts

1. Zuständigkeit und Verfahren

Das Verfahren hinsichtlich der Festsetzung des Streitwerts und die gegen Streitwertfestsetzungen statthaften Rechtsbehelfe regeln die §§ 63 ff GKG. IdR wird der Streitwert durch den Urkundsbeamten der Geschäftsstelle, den **Kostenbeamten,** im Rahmen des Kostenansatz- oder Kostenfestsetzungsverfahrens (vgl dazu § 4 KostVfG und § 149 Rz 1) als unselbstständiger Teil des Gesamtrechenwertes formlos festgestellt. Zuständig ist im Kostenansatzverfahren der Kostenbeamte der betreffenden Instanz (s oben Rz 15). Dabei setzt **jede Instanz** den Streitwert für das bei ihr anhängige Verfahren fest (*Hartmann* § 63 GKG Rz 22). Zuständig für die (erstmalige) Festsetzung des Streitwerts im Klageverfahren ist also der Kostenbeamte des FG, im Rechtsmittelverfahren der des BFH (BFHE 120, 164 = BStBl II 1977, 42; BFHE 194, 358 = BStBl II 2001, 498). Der BFH hat über den Streitwert des Revisionsverfahrens auch dann zu entscheiden, wenn er in einem zurückverweisenden Urteil dem FG die Entscheidung über die Kosten des Revisionsverfahrens gem § 143 FGO übertragen hat (*Zimmer/ Schmidt* aaO Rz 305).

Der Streitwert kann nach § 63 Abs 2 GKG aber auch durch das **Gericht** (Prozessgericht) festgesetzt werden. „Gericht" in diesem Sinne ist der Spruchkörper, der in der Hauptsache entschieden hat (*Zimmer/Schmidt* aaO Rz 306). Ergeht eine Entscheidung im vorbereitenden Verfahren (§ 79 a

Abs 1 und 4), ist der Vorsitzende oder der Berichterstatter für die Streitwertfestsetzung zuständig. Ist die Entscheidung in der Hauptsache nach § 6 dem Einzelrichter übertragen, hat dieser auch den Streitwert festzusetzen.

Wie sich aus § 63 GKG ergibt, ist der Streitwert nur dann nach dieser Vorschrift festzusetzen, wenn **Gerichtsgebühren** zu erheben sind. Soweit nur für Anwaltsgebühren eine Festsetzung des **Gegenstandswerts** (§ 33 RVG) erforderlich ist, erfolgt sie nach § 32 RVG auf Antrag des erstattungsberechtigten Beteiligten oder seines Prozessbevollmächtigten oder – in den Fällen des § 45 RVG – der Staatskasse; das Gericht wird insoweit nicht von Amts wegen tätig. Der Gegenstandswert ist grundsätzlich nach dem für die Gerichtsgebühren maßgebenden Streitwert zu bemessen (§ 23 RVG; BFHE 156, 379 = BStBl II 1989, 625; BFH/NV 1987, 317, 458). Der Antrag auf Festsetzung des Gegenstandswerts kann auch von einem Steuerberater gestellt werden; §§ 32, 33 RVG gelten insoweit sinngemäß (§ 45 StBGebV).

Nach § 63 Abs 2 S 1 GKG ist der Streitwert grundsätzlich von Amts wegen festzusetzen, sobald eine Entscheidung über den gesamten Streitgegenstand ergeht oder sich das Verfahren anderweitig erledigt (zB durch übereinstimmende Erledigungserklärungen oder durch Zurücknahme der Klage/des Rechtsmittels). Für die Finanzgerichtsbarkeit hat der Gesetzgeber mit Wirkung vom 1. 1. 1997 durch das 6. VwGOÄndG v 1. 11. 1996 abweichend von diesem Grundsatz bestimmt, dass der Streitwert nur dann festzusetzen ist, wenn ein Beteiligter oder die Staatskasse die **Festsetzung beantragt** oder das Gericht sie für angemessen erachtet (§ 63 Abs 2 S 2 GKG; § 25 Abs 2 GKG aF). Auch der Prozessbevollmächtigte eines Beteiligten kann den Antrag auf gerichtliche Wertfestsetzung im eigenen Namen stellen (BFH/NV 1999, 1366). Der Gesetzgeber hat damit den früheren Rechtszustand für die Finanzgerichtsbarkeit wiederhergestellt (vgl BR-Drucks 30/96, S 34). Ein konkludenter Antrag auf gerichtliche Festsetzung des Streitwerts kann darin zu sehen sein, dass der Kläger mit seiner Erinnerung gegen die Kostenfestsetzung die Höhe des vom Urkundsbeamten angesetzten Streitwerts beanstandet (FG BaWü EFG 2000, 237; vgl auch BFH/NV 1999, 1366).

38 Der Antrag auf Festsetzung des Streitwerts durch das Gericht erfordert ein **besonderes Rechtsschutzbedürfnis** (nicht nur eine Beschwer, vgl BFHE 115, 1 = BStBl II 1975, 385; *Hartmann* § 63 GKG Rz 25; **aA** *Zimmer/Schmidt* aaO Rz 328), da die Ermittlung und Feststellung des Streitwerts im Regelfall unselbständige Teile des Kostenansatzverfahrens sind und in erster Linie dem Kostenbeamten obliegen (st Rspr, vgl zB BFHE 97, 487 = BStBl II 1970, 222; BFHE 105, 89 = BStBl II 1972, 492; BFHE 115, 1 = BStBl II 1975, 385; BFHE 152, 5 = BStBl II 1988, 287 mwN; BFH/NV 1994, 55, 818; 1999, 1366). Der Umstand, dass bereits der **Kostenbeamte** beim Kostenansatz einen Streitwert festgesetzt hat, steht dem Rechtsschutzbedürfnis für den Antrag auf Festsetzung des Streitwerts nicht entgegen, selbst wenn dieser Antrag erst längere Zeit nach rechtskräftigem Abschluss des Rechtsstreits gestellt wird (BFHE 135, 172 = BStBl II 1982, 328; BFH/NV 1998, 1339; 1999, 1366). Das Rechtsschutzbedürfnis für eine gerichtliche Streitwertfestsetzung fehlt, wenn sie die Höhe des Streitwerts eindeutig aus den gestellten Sachanträgen sowie aus den von der Rspr zur Bemessung des Streitwerts in gleichartigen Fällen entwickelten Grundsätzen ermitteln lässt (BFH/NV 1988, 287; 1994, 818; 2002, 1599). Das Rechtsschutzbedürfnis für einen Antrag auf Streitwertfestsetzung ist auch dann zu verneinen, wenn der Antragsteller keine Kostenfolge zu gewärtigen hat (zB deshalb, weil erstattungsfähige Gebühren eines Prozessbevollmächtigten nicht entstanden sind, vgl BFH/NV 1986, 109; *Zimmer/Schmidt* aaO Rz 328). Es kann gegeben sein, wenn der Antragsteller und der Kostenbeamte den Klage- oder Revisionsantrag unterschiedlich auslegen (BFH/NV 2003, 789). Aus prozessökonomischen Gründen sollten die Anforderungen an das Rechtsschutzbedürfnis nicht überspannt werden; denn der abgewiesene Antragsteller kann im Verfahren der Erinnerung gegen den Kostenansatz jederzeit eine gerichtliche Nachprüfung der Streitwertfestsetzung des Kostenbeamten erzwingen (*Schwarz*, AO-StB 2003, 165; *Zimmer/Schmidt* aaO Rz 328).

Für den Antrag auf Wertfestsetzung besteht **keine Frist** (BFHE 125, 354 = BStBl II 1978, 599; BFH/NV 1990, 449).

Das zuständige Prozessgericht setzt den **Streitwert** durch **selbstständigen Beschluss** (BFHE 115, 199 = BStBl II 1975, 515; BFH/NV 1996, 60) fest, der zumindest in knapper Form begründet werden sollte, auch wenn eine Begründung gem § 113 Abs 2 S 1 fehlen darf (*Hartmann* § 63 GKG Rz 28 mwN; *Eberl* DStZ 1995, 34; **aA** *Zimmer/Schmidt* aaO Rz 329). Der Streitwert ist festzusetzen „sobald" die Entscheidung über den **gesamten Streitgegenstand** ergeht oder sich das Verfahren anderweitig erledigt. Daraus folgt nicht, dass der Beschluss über die des Streitwerts stets zusammen mit der Entscheidung in der Hauptsache getroffen werden muss. Der Beschluss kann nach Zustellung der Entscheidung in der Hauptsache ergehen (BFHE 194, 358 = BStBl II 2001, 498; *Wagner* Stbg 1994, 507, 510). Die Festsetzung des Streitwerts bleibt auch dann eine selbständige gerichtliche Entscheidung, wenn sie gleichzeitig mit der Entscheidung zur Hauptsache erscheint und äußerlich als Teil des Urteils erscheint (BFH/NV 1998, 17). Bei Entscheidung durch Gerichtsbescheid ist ggf eine Streitwertfestsetzung erst zu treffen, wenn der Gerichtsbescheid als Urteil wirkt oder Nichtzulassungsbeschwerde eingelegt wird. Die Entscheidung über den Antrag ergeht **gerichtsgebührenfrei** (BFH/NV 1996, 246 mwN).

2. Änderung der Streitwertfestsetzung

Der Gerichtsbeschluss über die Festsetzung des Streitwerts erwächst **39** nicht in materielle Rechtskraft. Kommt das Gericht zu dem Ergebnis, dass es den Streitwert unzutreffend festgesetzt hat, muss es seinen Beschluss von Amts wegen ändern; auch der BFH ist zu einer Änderung der erstinstanzlichen Festsetzung des Streitwerts befugt, wenn und solange das Verfahren wegen der Hauptsache bei ihm anhängig ist (§ 63 Abs 3 S 1 GKG; BFHE 192, 19 = BStBl II 2000, 544; BFH/NV 2001, 791); zu einer *erstmaligen* Festsetzung des Streitwerts für das Klageverfahren ist er nicht berechtigt (BFHE 120, 164 = BStBl II 1977, 42; BFHE 125, 353 = BStBl II 1978, 599). Die durch eine Änderung der Streitwertfestsetzung des FG entstehende offenbare Unrichtigkeit der erstinstanzlichen Kostenentscheidung ist durch den BFH zu berichtigen (BFH/NV 2001, 791). Da der Streitwert von Amts wegen geändert werden kann, ist eine Änderung der

Streitwertfestsetzung auch zum Nachteil des Kostenschuldners möglich; das **Verbot der reformatio in peius** gilt hier nicht (BFHE 86, 561 = BStBl III 1966, 594). Eine Änderung der Streitwertfestsetzung ist nicht gerechtfertigt, wenn der Kläger (Kostenschuldner) durch den festgesetzten Streitwert nicht benachteiligt wird. Die Änderung ist nur innerhalb einer **Frist von sechs Monaten** zulässig, nachdem die Entscheidung in der Hauptsache rechtskräftig geworden ist oder das Verfahren sich anderweitig erledigt hat (§ 63 Abs 3 S 2 GKG). Innerhalb dieser Frist können auch die Beteiligten die Änderung der Streitwertfestsetzung beantragen (BFH/NV 1997, 374). Verweist der BFH die Sache nach § 126 Abs 3 an das FG zurück, ist für die Sechsmonatsfrist die Streitwertfestsetzung im zurückverweisenden Urteil des BFH maßgebend (BFHE 114, 406 = BStBl II 1974, 505; **aA** *Zimmer/Schmidt* aaO Rz 358). Ein Gerichtsbescheid des BFH erlangt formelle Rechtskraft erst in dem Zeitpunkt, in dem kein Beteiligter mehr mündliche Verhandlung beantragen kann; erst dann beginnt die 6-Monats-Frist des § 63 Abs 3 GKG (BFH/NV 2001, 806). Die zeitliche Grenze von sechs Monaten gilt nur für die Abänderung, nicht für die erstmalige Festsetzung des Streitwerts (*Hartmann* § 63 GKG Rz 52).

3. Rechtsbehelfe (Gegenvorstellung; Anhörungsrüge)

40   Soweit der Streitwert vom **Kostenbeamten** im Rahmen des Kostenansatzes oder der Kostenfestsetzung festgesetzt wurde, kann die Streitwertermittlung mit der Erinnerung gerichtlich nachgeprüft werden (vgl dazu oben Rz 16 ff).

Gegen die **gerichtliche Feststellung** des Streitwerts durch den Spruchkörper ist im finanzgerichtlichen Verfahren ein Rechtsmittel nicht gegeben. Zwar ist nach § 68 Abs 1 GKG gegen den Beschluss, durch den der Streitwert für die Gerichtsgebühren festgesetzt wurde, grundsätzlich die Beschwerde gegeben, wenn der Wert des Beschwerdegegenstands 200 € übersteigt. Diese Vorschrift wird jedoch durch die spezielle Regelung des § 66 Abs 3 S 3 GKG verdrängt; danach ist eine Beschwerde gegen einen gerichtlichen Streitwertbeschluss an einen obersten Gerichtshof des Bundes unstatthaft (BFH/NV 1996, 60, 166; 1997, 259, 432; 1998, 207; unstatthaft ist auch eine wegen „greifbarer Gesetzwidrigkeit" eingelegte *außerordentliche Beschwerde:* BGHReport 2002, 750); das gilt nach § 66 Abs 3 S 3 GKG auch, wenn das FG im Rahmen der Erinnerung gegen den Kostenansatz des Kostenbeamten über den Streitwert entschieden hat (BFH/NV 1996, 166). Eine gleichwohl eingelegte (unstatthafte) Beschwerde ist nicht nach § 66 Abs 8 GKG gerichtsgebührenfrei (BFH/NV 1996, 166; BVerwG NJW-RR 1995, 361; **aA** BFH/NV 1986, 482; 1996, 60); es ist jedoch zu prüfen, ob die „Beschwerde" nicht als (statthafte) Gegenvorstellung ausgelegt werden kann (vgl BFH/NV 1996, 246).

41   Gegen die Streitwertfeststellung durch Gerichtsbeschluss sind nach geltendem Recht nur die durch das Anhörungsrügengesetz v 9. 12. 2004 (BGBl I 3220) eingeführte **Anhörungsrüge** (§ 69 a GKG) und der (nicht förmliche) Rechtsbehelf der **Gegenvorstellung** gegeben (BFH/NV 1997, 699; 2000, 1226; vgl dazu vor § 115 Rz 26 f). Die Regelung der fristgebundenen Anhörungsrüge in § 69 a GKG entspricht im Wesentlichen §§ 133 a und 321 a ZPO (zur Anhörungsrüge vgl im Einzelnen die Kommentierung bei § 133 a). Der Rechtsbehelf des § 69 a ist beschränkt auf die Rüge der Verletzung des rechtlichen Gehörs. Will der Kostenschuldner die gerichtliche Streitwertfestsetzung mit materiell-rechtlichen Einwendungen angreifen, bleibt ihm nur der formlose Rechtsbehelf der Gegenvorstellung.

Die Gegenvorstellung kann als Anregung an das Gericht aufgefasst werden, seine Entscheidung von Amts wegen zu überprüfen und ggf zu ändern (BFH/NV 1997, 602, 798; *Hartmann* § 68 GKG Rz 24; *Zimmer/Schmidt* aaO Rz 319; BFH/NV 1996, 63, 246). Die Gegenvorstellung ist idR nur zulässig, wenn sie innerhalb der Frist des § 63 Abs 3 S 2 GKG eingelegt wird (BGH NJW-RR 1986, 737; FG Köln EFG 2001, 1037). Es besteht **kein Vertretungszwang** (BFH/NV 2000, 1226).

Das Gericht entscheidet über die Gegenvorstellung im Allgemeinen durch **Beschluss**. Eine Kostenentscheidung ergeht in diesem Verfahren nicht, weil **keine Gerichtsgebühren** entstehen; § 135 gilt nur für Rechtsmittel (BFH/NV 1995, 534; 1996, 239, 246; 1998, 207). Dagegen sind Gebühren für eine (nicht statthafte) Beschwerde gegen die gerichtliche Streitwertfestsetzung zu erheben; die Gebührenfreiheit nach § 66 Abs 8 GKG gilt insoweit nicht (BFH/NV 1997, 258, 699; 2000, 869). Hat der Prozessbevollmächtigte gegen die Streitwertfestsetzung des FG Beschwerde eingelegt mit dem Ziel einen höheren Streitwert (und damit eine höhere Kostenbelastung des Klägers) zu erreichen, sind die Kosten des nicht statthaften Beschwerdeverfahrens dem Prozessbevollmächtigten aufzuerlegen.

D. Anlagen

I. Kostenverzeichnis

Anlage 1 zu § 3 Abs 2 GKG idF des G v 9. 12. 2004   **42**
(BGBl I, 3220)

Nr	Gebührentatbestand	Gebühr oder Satz der Gebühr nach § 34 GKG

Teil 6. Verfahren vor den Gerichten der Finanzgerichtsbarkeit

Hauptabschnitt 1. Prozessverfahren

Abschnitt 1. Erster Rechtszug

6110	Verfahren im Allgemeinen, soweit es sich nicht nach § 45 Abs 3 FGO erledigt	4,0
6111	Beendigung des gesamten Verfahrens durch 1. Zurücknahme der Klage a) vor dem Schluss der mündlichen Verhandlung oder, b) wenn eine solche nicht stattfindet, vor Ablauf des Tages, an dem das Urteil oder der Gerichtsbescheid der Geschäftsstelle übermittelt wird, oder	

Nr	Gebührentatbestand	Gebühr oder Satz der Gebühr nach § 34 GKG
	2. Beschluss in den Fällen des § 138 FGO, es sei denn, dass bereits ein Urteil oder ein Gerichtsbescheid vorausgegangen ist: Die Gebühr 6110 ermäßigt sich auf .... Die Gebühr ermäßigt sich auch, wenn mehrere Ermäßigungstatbestände erfüllt sind.	2,0

Abschnitt 2. Revision

6120	Verfahren im Allgemeinen	5,0
6121	Beendigung des gesamten Verfahrens durch Zurücknahme der Revision oder der Klage, bevor die Schrift zur Begründung der Revision bei Gericht eingegangen ist: Die Gebühr 6120 ermäßigt sich auf .... Erledigungen in den Fällen des § 138 FGO stehen der Zurücknahme gleich.	1,0
6122	Beendigung des gesamten Verfahrens, wenn nicht Nummer 6121 erfüllt ist, durch 1. Zurücknahme der Revision oder der Klage a) vor dem Schluss der mündlichen Verhandlung oder, b) wenn eine solche nicht stattfindet, vor Ablauf des Tages, an dem das Urteil, der Gerichtsbescheid oder der Beschluss in der Hauptsache der Geschäftsstelle übermittelt wird, oder 2. Beschluss in den Fällen des § 138 FGO, es sei denn, dass bereits ein Urteil, ein Gerichtsbescheid oder ein Beschluss in der Hauptsache vorausgegangen ist: Die Gebühr 6120 ermäßigt sich auf .... Die Gebühr ermäßigt sich auch, wenn mehrere Ermäßigungstatbestände erfüllt sind.	3,0

Hauptabschnitt 2. Vorläufiger Rechtsschutz

Vorbemerkung 6.2:

(1) Die Vorschriften dieses Hauptabschnitts gelten für einstweilige Anordnungen und für Verfahren nach § 69 Abs 3 und 5 FGO.

(2) Im Verfahren über den Antrag auf Erlass und im Verfahren über den Antrag auf Aufhebung einer einstweiligen Anordnung werden die Gebühren jeweils gesondert erhoben. Mehrere Verfahren nach § 69 Abs 3 und 5 FGO gelten innerhalb eines Rechtszugs als ein Verfahren.

Nr	Gebührentatbestand	Gebühr oder Satz der Gebühr nach § 34 GKG

Abschnitt 1. Erster Rechtszug

6210	Verfahren im Allgemeinen	2,0

6211	Beendigung des gesamten Verfahrens durch
	1. Zurücknahme des Antrags
	   a) vor dem Schluss der mündlichen Verhandlung oder,
	   b) wenn eine solche nicht stattfindet, vor Ablauf des Tages, an dem der Beschluss (§ 114 Abs 4 FGO) der Geschäftsstelle übermittelt wird, oder
	2. Beschluss in den Fällen des § 138 FGO,
	es sei denn, dass bereits ein Beschluss nach § 114 Abs 4 FGO vorausgegangen ist:
	Die Gebühr 6210 ermäßigt sich auf ....
		0,75

	Die Gebühr ermäßigt sich auch, wenn mehrere Ermäßigungstatbestände erfüllt sind.	

Abschnitt 2. Beschwerde

Vorbemerkung 6.2.2:

Die Vorschriften dieses Abschnitts gelten für Beschwerden gegen Beschlüsse über einstweilige Anordnungen (§ 114 FGO) und über die Aussetzung der Vollziehung (§ 69 Abs 3 und 5 FGO).

| 6220 | Verfahren über die Beschwerde .... | 2,0 |
| 6221 | Beendigung des gesamten Verfahrens durch Zurücknahme der Beschwerde:
Die Gebühr 6220 ermäßigt sich auf .... | 1,0 |

Hauptabschnitt 3. Besondere Verfahren

| 6300 | Selbstständiges Beweisverfahren .... | 1,0 |
| 6301 | Verfahren über Anträge auf gerichtliche Handlungen der Zwangsvollstreckung gemäß § 152 FGO .... | 15,00 EUR |

Hauptabschnitt 4. Rüge wegen Verletzung des Anspruchs auf rechtliches Gehör

| 6400 | Verfahren über die Rüge wegen Verletzung des Anspruchs auf rechtliches Gehör (§ 133 a FGO):
Die Rüge wird in vollem Umfang verworfen oder zurückgewiesen .... | 50,00 EUR |

Nr	Gebührentatbestand	Gebühr oder Satz der Gebühr nach § 34 GKG

Hauptabschnitt 5. Sonstige Beschwerden

6500	Verfahren über die Beschwerde gegen die Nicht-zulassung der Revision: Soweit die Beschwerde verworfen oder zurück-gewiesen wird	2,0
6501	Verfahren über die Beschwerde gegen die Nicht-zulassung der Revision: Soweit die Beschwerde zurückgenommen oder das Verfahren durch anderweitige Erledigung be-endet wird .... Die Gebühr entsteht nicht, soweit die Revision zugelassen wird.	1,0
6502	Verfahren über nicht besonders aufgeführte Be-schwerden, die nicht nach anderen Vorschriften gebührenfrei sind: Die Beschwerde wird verworfen oder zurückge-wiesen .... Wird die Beschwerde nur teilweise verworfen oder zurückgewiesen, kann das Gericht die Ge-bühr nach billigem Ermessen auf die Hälfte ermä-ßigen oder bestimmen, dass eine Gebühr nicht zu erheben ist.	50,00 EUR

Hauptabschnitt 6. Besondere Gebühr

6600	Auferlegung einer Gebühr nach § 38 GKG we-gen Verzögerung des Rechtsstreits	wie vom Ge-richt bestimmt

Nr	Auslagentatbestand	Höhe

Teil 9. Auslagen

Vorbemerkung 9:

(1) Auslagen, die durch eine für begründet befundene Beschwerde ent-standen sind, werden nicht erhoben, soweit das Beschwerdeverfahren ge-bührenfrei ist; dies gilt jedoch nicht, soweit das Beschwerdegericht die Kosten dem Gegner des Beschwerdeführers auferlegt hat.

(2) Sind Auslagen durch verschiedene Rechtssachen veranlasst, werden sie auf die mehreren Rechtssachen angemessen verteilt.

9000	Pauschale für die Herstellung und Überlassung von Dokumenten:	

Nr	Auslagentatbestand	Höhe
	1. Ausfertigungen, Ablichtungen und Ausdrucke, die auf Antrag angefertigt, per Telefax übermittelt oder angefertigt worden sind, weil die Partei oder ein Beteiligter es unterlassen hat, die erforderliche Zahl von Mehrfertigungen beizufügen:	
	für die ersten 50 Seiten je Seite	0,50 EUR
	für jede weitere Seite	0,15 EUR
	2. Überlassung von elektronisch gespeicherten Dateien anstelle der in Nummer 1 genannten Ausfertigungen, Ablichtungen und Ausdrucke:	
	je Datei	2,50 EUR
	(1) Die Höhe der Dokumentenpauschale nach Nummer 1 ist in jedem Rechtszug und für jeden Kostenschuldner nach § 28 Abs 1 GKG gesondert zu berechnen; Gesamtschuldner gelten als ein Schuldner. Die Dokumentenpauschale ist auch im erstinstanzlichen Musterverfahren nach dem KapMuG gesondert zu berechnen. (2) Frei von der Dokumentenpauschale sind für jede Partei, jeden Beteiligten, jeden Beschuldigten und deren bevollmächtigte Vertreter jeweils 1. eine vollständige Ausfertigung oder Ablichtung oder ein vollständiger Ausdruck jeder gerichtlichen Entscheidung und jedes vor Gericht abgeschlossenen Vergleichs, 2. eine Ausfertigung ohne Tatbestand und Entscheidungsgründe und 3. eine Ablichtung oder ein Ausdruck jeder Niederschrift über eine Sitzung. § 191a Abs 1 Satz 2 GVG bleibt unberührt. (3) Für die erste Ablichtung oder den ersten Ausdruck eines mit eidesstattlicher Versicherung abgegebenen Vermögensverzeichnisses und der Niederschrift über die Abgabe der eidesstattlichen Versicherung wird von demjenigen Kostenschuldner eine Dokumentenpauschale nicht erhoben, von dem die Gebühr 2114 oder 2115 zu erheben ist.	
9001	Auslagen für Telegramme	in voller Höhe
9002	1. Auslagen für Zustellungen mit Zustellungsurkunde oder Einschreiben gegen Rückschein ...	in voller Höhe
	2. Zustellungen durch Justizbedienstete nach § 168 Abs 1 ZPO:	
	Anstelle der tatsächlichen Aufwendungen	7,50 EUR
	Neben Gebühren, die sich nach dem Streitwert richten, mit Ausnahme der Gebühr 3700, werden	

Nr	Auslagentatbestand	Höhe

die Auslagen nur erhoben, soweit in einem Rechtszug Auslagen für mehr als 10 Zustellungen anfallen. Im erstinstanzlichen Musterverfahren nach dem KapMuG werden Auslagen für sämtliche Zustellungen erhoben.

9003   Pauschale für
1. die Versendung von Akten auf Antrag je Sendung .... 12,00 EUR
2. die elektronische Übermittlung einer elektronisch geführten Akte auf Antrag .... 5,00 EUR
(1) Die Hin- und Rücksendung der Akten gelten zusammen als eine Sendung.
(2) Die Auslagen werden von demjenigen Kostenschuldner nicht erhoben, von dem die Gebühr 2115 zu erheben ist.

9004   Auslagen für öffentliche Bekanntmachungen
1. bei Veröffentlichung in einem elektronischen Informations- und Kommunikationssystem, wenn ein Entgelt nicht zu zahlen ist oder das Entgelt nicht für den Einzelfall oder ein einzelnes Verfahren berechnet wird:
je Veröffentlichung pauschal .... 1,00 EUR
2. in sonstigen Fällen .... in voller Höhe
Auslagen für die Bekanntmachung eines besonderen Prüfungstermins (§ 177 InsO, § 11 SVertO) werden nicht erhoben.

9005   Nach dem JVEG zu zahlende Beträge .... in voller Höhe
(1) Nicht erhoben werden Beträge, die an ehrenamtliche Richter (§ 1 Abs 1 Satz 1 Nr 2 JVEG) gezahlt werden.
(2) Die Beträge werden auch erhoben, wenn aus Gründen der Gegenseitigkeit, der Verwaltungsvereinfachung oder aus vergleichbaren Gründen keine Zahlungen zu leisten sind. Ist aufgrund des § 1 Abs 2 Satz 2 JVEG keine Vergütung zu zahlen, ist der Betrag zu erheben, der ohne diese Vorschrift zu zahlen wäre.
(3) Auslagen für Übersetzer, die zur Erfüllung der Rechte blinder oder sehbehinderter Personen herangezogen werden (§ 191 a Abs 1 GVG), werden nicht, Auslagen für Gebärdensprachdolmetscher (§ 186 Abs 1 GVG) werden nur nach Maßgabe des Absatzes 4 erhoben.
(4) Ist für einen Beschuldigten oder Betroffenen, der der deutschen Sprache nicht mächtig, hör- oder sprachbehindert ist, im Strafverfahren oder im gerichtlichen Verfahren nach dem OWiG ein

Nr	Auslagentatbestand	Höhe
	Dolmetscher oder Übersetzer herangezogen worden, um Erklärungen oder Schriftstücke zu übertragen, auf deren Verständnis der Beschuldigte oder Betroffene zu seiner Verteidigung angewiesen oder soweit dies zur Ausübung seiner strafprozessualen Rechte erforderlich war, werden von diesem die dadurch entstandenen Auslagen nur erhoben, wenn das Gericht ihm diese nach § 464 c StPO oder die Kosten nach § 467 Abs 2 Satz 1 STPO, auch iVm § 467 a Abs 1 Satz 2 StPO, auferlegt hat; dies gilt auch jeweils iVm § 46 Abs 1 OWiG.	
	(5) Im Verfahren vor den Gerichten für Arbeitssachen werden Kosten für vom Gericht herangezogene Dolmetscher und Übersetzer nicht erhoben, wenn ein Ausländer Partei und die Gegenseitigkeit verbürgt ist oder ein Staatenloser Partei ist.	
9006	Bei Geschäften außerhalb der Gerichtsstelle	
	1. die den Gerichtspersonen aufgrund gesetzlicher Vorschriften gewährte Vergütung (Reisekosten, Auslagenersatz) und die Auslagen für die Bereitstellung von Räumen	in voller Höhe
	2. für den Einsatz von Dienstkraftfahrzeugen für jeden gefahrenen Kilometer	0,30 EUR
9007	An Rechtsanwälte zu zahlende Beträge mit Ausnahme der nach § 59 RVG auf die Staatskasse übergegangenen Ansprüche	in voller Höhe
9008	Auslagen für	
	1. die Beförderung von Personen	in voller Höhe
	2. Zahlungen an mittellose Personen für die Reise zum Ort einer Verhandlung, Vernehmung oder Untersuchung und für die Rückreise	bis zur Höhe der nach dem JVEG an Zeugen zu zahlenden Beträge
9009	An Dritte zu zahlende Beträge für	
	1. die Beförderung von Tieren und Sachen mit Ausnahme der für Postdienstleistungen zu zahlenden Entgelte, die Verwahrung von Tieren und Sachen sowie die Fütterung von Tieren ...	in voller Höhe
	2. die Beförderung und die Verwahrung von Leichen	in voller Höhe
	3. die Durchsuchung oder Untersuchung von Räumen und Sachen einschließlich der die Durchsuchung oder Untersuchung vorbereitenden Maßnahmen	in voller Höhe

Nr	Auslagentatbestand	Höhe
	4. die Bewachung von Schiffen und Luftfahrzeugen	in voller Höhe
9010	Kosten einer Zwangshaft, auch aufgrund eines Haftbefehls nach § 901 ZPO	in Höhe des Haftkostenbeitrags nach § 50 Abs 2 und 3 StVollzG
9011	Kosten einer Haft außer Zwangshaft, Kosten einer einstweiligen Unterbringung (§ 126 a StPO), einer Unterbringung zur Beobachtung (§ 81 StPO, § 73 JGG) und einer einstweiligen Unterbringung in einem Heim der Jugendhilfe (§ 71 Abs 2, § 72 Abs 4 JGG) .... Diese Kosten werden nur angesetzt, wenn sie nach § 50 Abs. 1 StVollzG zu erheben wären.	in Höhe des Haftkostenbeitrags nach § 50 Abs 2 und 3 StVollzG
9012	Nach dem Auslandskostengesetz zu zahlende Beträge	in voller Höhe
9013	Beträge, die inländischen Behörden, öffentlichen Einrichtungen oder Bediensteten als Ersatz für Auslagen der in den Nummern 9000 bis 9011 bezeichneten Art zustehen .... Die Beträge werden auch erhoben, wenn aus Gründen der Gegenseitigkeit, der Verwaltungsvereinfachung oder aus vergleichbaren Gründen keine Zahlungen zu leisten sind.	begrenzt durch die Höchstsätze für die Auslagen 9000 bis 9011
9014	Beträge, die ausländischen Behörden, Einrichtungen oder Personen im Ausland zustehen, sowie Kosten des Rechtshilfeverkehrs mit dem Ausland Die Beträge werden auch erhoben, wenn aus Gründen der Gegenseitigkeit, der Verwaltungsvereinfachung oder aus vergleichbaren Gründen keine Zahlungen zu leisten sind.	in voller Höhe
9015	Auslagen der in den Nummern 9000 bis 9014 bezeichneten Art, soweit sie durch die Vorbereitung der öffentlichen Klage entstanden sind	begrenzt durch die Höchstsätze für die Auslagen 9000 bis 9013

Nr	Auslagentatbestand	Höhe
9016	Auslagen der in den Nummern 9000 bis 9014 bezeichneten Art, soweit sie durch das dem gerichtlichen Verfahren vorausgegangene Bußgeldverfahren entstanden sind .... Absatz 3 der Anmerkung zu Nummer 9005 ist nicht anzuwenden.	begrenzt durch die Höchstsätze für die Auslagen 9000 bis 9013
9017	Nach § 50 Abs 5 FGG an den Verfahrenspfleger zu zahlende Beträge	in voller Höhe
9018	An den vorläufigen Insolvenzverwalter, den Insolvenzverwalter, die Mitglieder des Gläubigerausschusses oder die Treuhänder auf der Grundlage der Insolvenzrechtlichen Vergütungsverordnung aufgrund einer Stundung nach § 4 a InsO zu zahlende Beträge	in voller Höhe
9019	Im ersten Rechtszug des Prozessverfahrens: Auslagen des erstinstanzlichen Musterverfahrens nach dem KapMuG zuzüglich Zinsen .... (1) Die im erstinstanzlichen Musterverfahren entstehenden Auslagen nach Nummer 9005 werden vom Tag nach der Auszahlung bis zum rechtskräftigen Abschluss des Musterverfahrens mit 5 Prozentpunkten über dem Basiszinssatz nach § 247 BGB verzinst. (2) Auslagen und Zinsen werden nur erhoben, wenn der Kläger nicht innerhalb von zwei Wochen ab Zustellung des Aussetzungsbeschlusses nach § 7 KapMuG seine Klage in der Hauptsache zurücknimmt. (3) Der Anteil bestimmt sich nach dem Verhältnis der Höhe des von dem Kläger geltend gemachten Anspruchs, soweit dieser Gegenstand des Musterverfahrens ist, zu der Gesamthöhe der vom Musterkläger und den Beigeladenen des Musterverfahrens in den Prozessverfahren geltend gemachten Ansprüche, soweit diese Gegenstand des Musterverfahrens sind. Der Anspruch des Musterklägers oder eines Beigeladenen ist hierbei nicht zu berücksichtigen, wenn er innerhalb von zwei Wochen ab Zustellung des Aussetzungsbeschlusses nach § 7 KapMuG seine Klage in der Hauptsache zurücknimmt.	anteilig

II. Gebührentabelle

43   Anlage 2 zu § 34 GKG idF des KostRMoG v. 5. 5. 2004 (BGBl I, 714)

Streitwert bis ... EUR	Gebühr ... EUR	Streitwert bis ... EUR	Gebühr ... EUR
300	25	40 000	398
600	35	45 000	427
900	45	50 000	456
1 200	55	65 000	556
1 500	65	80 000	656
2 000	73	95 000	756
2 500	81	110 000	856
3 000	89	125 000	956
3 500	97	140 000	1056
4 000	105	155 000	1156
4 500	113	170 000	1256
5 000	121	185 000	1356
6 000	136	200 000	1456
7 000	151	230 000	1606
8 000	166	260 000	1756
9 000	181	290 000	1906
10 000	196	320 000	2056
13 000	219	350 000	2206
16 000	242	380 000	2356
19 000	265	410 000	2506
22 000	288	440 000	2656
25 000	311	470 000	2806
30 000	340	500 000	2956
35 000	369		

In Verfahren vor den Gerichten der Finanzgerichtsbarkeit darf der **Streitwert nicht unter 1000 €** angenommen werden (§ 52 Abs 4 GKG). Im Ergebnis bemisst sich die Gebühr mindestens nach einem Streitwert von 1200 € (vgl Gebührentabelle). Eine Auf- und Abrundung ist im GKG nicht vorgesehen.

Bei einem Streitwert von über 500 000 € erhöht sich die Gebühr um 150 € für jeden angefangenen Betrag von weiteren 50 000 €.

Für den Streitwert gilt eine **Höchstgrenze** von 30 Mio € (§ 39 Abs 2 GKG).

Ermäßigungen bei den Gerichtsgebühren für Kostenschuldner, die ihren allgemeinen Gerichtsstand im Beitrittsgebiet haben, sind unter der Geltung des GKG idF des KostRMoG nicht mehr vorgesehen.

§ 135 [Kostenpflichtige]

(1) **Der unterliegende Beteiligte trägt die Kosten des Verfahrens.**

(2) **Die Kosten eines ohne Erfolg eingelegten Rechtsmittels fallen demjenigen zur Last, der das Rechtsmittel eingelegt hat.**

(3) **Dem Beigeladenen können Kosten nur auferlegt werden, soweit er Anträge gestellt oder Rechtsmittel eingelegt hat.**

(4) **Die Kosten des erfolgreichen Wiederaufnahmeverfahrens können der Staatskasse auferlegt werden, soweit sie nicht durch das Verschulden eines Beteiligten entstanden sind.**

(5) [1]**Besteht der kostenpflichtige Teil aus mehreren Personen, so haften diese nach Kopfteilen.** [2]**Bei erheblicher Verschiedenheit ihrer Beteiligung kann nach Ermessen des Gerichts die Beteiligung zum Maßstab genommen werden.**

Vgl §§ 91 I 1 1. Hs, 97 I, 100 I, II ZPO; § 154 VwGO.

Übersicht

Literatur: *Balmes/Jochim,* Kosten des Steuerstreits, DStZ 2001, 272; *Dellner,* Auswirkungen des Kostenrechtsmodernisierungsgesetzes auf das finanzgerichtliche Verfahren, DStZ 2004, 647; *Fahl,* Die Beteiligung des Beigeladenen an den Kosten des Verfahrens bei teilweisem Unterliegen und teilweisem Obsiegen, NVwZ 1996, 1189; *Gersch,* Die Kosten des Beigeladenen, AO-StB 2001, 59; *Gruber,* Die gerichtliche Kostenentscheidung im Steuerprozess, StB 1992, 166; *ders,* Kostenrechtliche Betrachtungen zur Beiladung im finanzgerichtlichen Verfahren, StB 2003, 16; *Lange,* Kosten des Beigeladenen bei sog Formalantrag, DB 2002, 608; *Mack,* Kosten im FG-Verfahren, AO-StB 2002, 321; *Maurer,* Die Kosten unselbständiger Anschlussrechtsmittel, NJW 1991, 72; *Schwarz,* Kosten des finanzgerichtlichen Verfahrens, AO-StB 2004, 31.

I. Kostenpflicht des unterliegenden Beteiligten

1. Unterliegen

„Unterliegender Beteiligter" ist derjenige, dessen Sachantrag in vollem 1 Umfang erfolglos geblieben ist (*Redeker/v Oertzen* § 154 Rz 2). Ob jemand unterlegen ist, richtet sich immer nach dem **endgültigen Ergebnis** des gesamten Verfahrens. Unter Kosten iS von § 135 Abs 1 sind daher die Kosten **aller Instanzen** zu verstehen (BFH/NV 1987, 319). Auch wenn die Revision oder Beschwerde des letztlich Unterliegenden im ersten Rechtszug Erfolg gehabt hat, trägt er die Kosten des gesamten Verfahrens einschließlich der Kosten des erfolgreichen Rechtsmittelverfahrens erster Instanz. Dieser endgültige Ausgang des Verfahrens steht fest, wenn ein abschließendes Urteil oder ein das Verfahren beendender Beschluss ergangen ist (vgl § 143 Rz 1 ff). Die vom unterliegenden Beteiligten zu tragenden

Kosten umfassen auch die Kosten der unselbstständigen **Nebenverfahren,** in denen keine eigene Kostenentscheidung getroffen wird (vgl § 143
Rz 1 f).

Wegen der Kostenentscheidung bei **Zwischen-, Teil-** und **Grundurteilen** vgl § 143 Rz 2. Wegen der Kostentragungspflicht für selbständige
Nebenverfahren vgl § 143 Rz 3.

Im Rechtsmittelverfahren kann das endgültige Unterliegen nur festgestellt werden, wenn der BFH nach Aufhebung der angefochtenen erstinstanzlichen Entscheidung selbst in der Sache entscheidet (vgl § 126 Abs 3
Nr 1; § 132 Rz 10). In diesem Fall entscheidet der BFH **einheitlich** über
die Kosten des erstinstanzlichen und des Revisionsverfahrens (einschließlich
eines im erstinstanzlichen Verfahren erledigten Teils der Klage); dabei kann
es die Kostenverteilung des FG zu Lasten des Rechtsmittelführers ändern
(BFHE 189, 561 = BStBl II 1999, 799; BFH/NV 1996, 166; 1999, 1396;
2000, 1247). Nach hM kann der BFH in diesem Fall auch einen unterschiedlichen Kostenausspruch für das Revisionsverfahren und das Klageverfahren treffen, ohne gegen den Grundsatz der Einheitlichkeit der Kostenentscheidung zu verstoßen (vgl BFH/NV 2004, 341 mwN). Obsiegt
dagegen ein Beteiligter im Revisionsverfahren zunächst, weil er eine Zurückverweisung an das FG erreicht, unterliegt er aber im zweiten Rechtsgang dort endgültig, so hat er auch die Kosten des früheren Revisionsverfahrens zu tragen. Deshalb muss die Kostenentscheidung in einem
zurückverweisenden Urteil des BFH (§ 126 Abs 3 Nr 2) stets dem FG
übertragen werden (§ 143 Abs 2).

Wird ein **Verwaltungsakt** zulässigerweise nicht vom Gericht abgeändert, sondern **ersatzlos aufgehoben** (§ 100 Abs 1 S 1) oder ergeht ein
Verpflichtungs- oder Bescheidungsurteil (§ 101 S 1 und S 2), ist die
Verwaltung in diesem Verfahren endgültig unterlegen, und zwar unabhängig davon, ob sie später einen neuen Verwaltungsakt erlässt, der den Steuerpflichtigen erneut beschwert. Aus welchen Gründen der Beteiligte unterlegen ist, spielt für die Auferlegung von Kosten keine Rolle.
Billigkeitserwägungen können nicht angestellt werden. Gibt das FG dem
Antrag des Stpfl auf Aussetzung der Vollziehung statt, dann trägt das FA
auch dann die gesamten Kosten nach § 135 Abs 1, wenn das FG die Aussetzung nur gegen **Sicherheitsleistung** anordnet (BFHE 179, 258, 262).

Bei **teilweisem Unterliegen** gilt § 136 Abs 1. Zur Kostenentscheidung
bei teilweiser Zurückverweisung einer Sache im Revisionsverfahren vgl
§ 143 Rz 24; zur Kostenentscheidung bei teilweiser Zulassung der Revision für einzelne selbstständige Streitgegenstände vgl § 116 Rz 68.

2   Von dem Grundsatz, dass der Unterliegende die Kosten des Verfahrens
trägt, gibt es **Ausnahmen.** Auch dem obsiegenden Teil können Kosten
auferlegt werden in den Fällen des § 136 Abs 1 S 3 **(geringfügiges Unterliegen),** des § 136 Abs 3 (Kosten des Wiedereinsetzungsverfahrens) und
des § 137 (schuldhaftes Verhalten). Der **Staatskasse** können die Kosten
eines erfolgreichen Wiederaufnahmeverfahrens auferlegt werden (§ 135
Abs 4). Eine weitere Ausnahme regelt § 135 Abs 2 (vgl Rz 6). Von diesen
Ausnahmefällen abgesehen bleibt es bei der Grundregel des § 135 Abs 1,
dass der unterliegende Beteiligte die Kosten des Verfahrens zu tragen hat.
Deshalb sind dem erfolglosen Kläger die Kosten auch dann aufzuerlegen,
wenn er mit seiner Klage die **Verfassungswidrigkeit** einer entschei-

dungserheblichen Rechtsnorm gerügt, das BVerfG diese Norm für verfassungswidrig erklärt, aber zugleich entschieden hat, dass die für verfassungswidrig erklärte Regelung erst für die Zukunft neu zu gestalten ist (BFHE 173, 546 = BStBl II 1994, 473; BFHE 173, 528 = BStBl II 1994, 429; BFHE 178, 559 = BStBl II 1996, 20; BFHE 179, 258).

2. Kostenpflichtiger

Eine Kostenentscheidung kann nur gegen denjenigen ergehen, der an **3** dem konkreten Prozessverhältnis beteiligt ist (*H/H/Sp/Schwarz* Rz 5; *Schoch ua* Vorb § 154 Rz 15). Im Rechtsbehelfsverfahren, in denen kein streitiges Rechtsverhältnis zwischen den Beteiligten besteht, wie zB im Verfahren gegen den **Kostenansatz,** in dem kein Gegner vorhanden ist (vgl §§ 19, 66 GKG; *Kopp/Schenke* § 154 Rz 3) oder im Verfahren der Anhörungsrüge (*Eberl,* DStR 2003, 2211), bedarf es keiner Kostenentscheidung (vgl § 143 Rz 1, § 133a Rz 17). Auch im **Prozesskostenhilfeverfahren,** in dem idR noch kein Prozessrechtsverhältnis besteht, also auch noch kein Gegner vorhanden ist, ist keine Kostenentscheidung zu treffen.

Im Rechtsbehelfsverfahren gegen die **Festsetzung des Streitwerts** gibt es – da auch hier kein Gegner vorhanden ist – keine den anderen am Hauptverfahren Beteiligten belastende Kostenentscheidung (BFHE 118, 145 = BStBl II 1976, 338). Dies gilt idR auch für das Beschwerdeverfahren des **Beigeladenen** gegen den Beiladungsbeschluss, wenn keiner der Hauptbeteiligten dem Antrag des Beigeladenen entgegengetreten ist (BFHE 134, 537, 541; BFH/NV 1994, 482).

Die Kosten können grundsätzlich nur einem **Beteiligten** iS des § 57 **4** auferlegt werden. Auch einem unterlegenen **prozessunfähigen** Beteiligten sind die Kosten aufzuerlegen (BFH NJW 1993, 1865). Für den **Beigeladenen** gilt insoweit die Sonderregelung des Abs 3. Von dem Grundsatz, dass nur Beteiligte kostenpflichtig sein können, besteht nach der Rspr eine Ausnahme für den **vollmachtlosen Vertreter** oder den Vertreter, der eine Vollmacht nicht beigebracht hat (st Rspr, vgl BFHE 87, 1 = BStBl III 1967, 5; BFHE 95, 430 = BStBl II 1969, 438; BFHE 116, 110 = BStBl II 1975, 714; BFHE 128, 24 = BStBl II 1979, 564; BFH/NV 1998, 999; 2000, 572, 977; 2002, 1601; BGH NJW-RR 1998, 63). Die Haftung des vollmachtlosen Vertreters beruht auf dem Veranlassungsprinzip (*Kopp/Schenke* § 154 Rz 3). Dem Fall, dass eine Vollmacht überhaupt nicht eingereicht wurde, steht es gleich, wenn die vorgelegte Prozessvollmacht unwirksam ist, zB deshalb, weil im Klageverfahren einer Personengesellschaft (bei gemeinschaftlicher Vertretung) die Prozessvollmacht nicht von allen vertretungsberechtigten Personen unterzeichnet wurde (BFH/NV 1988, 184; 2000, 572) oder weil die Gesellschaft bei Erteilung der Vollmacht bereits im Handelsregister gelöscht war (BFH/NV 2002, 1601). Die Kosten treffen jedoch nicht den vollmachtlosen Vertreter, sondern den **Vertretenen,** wenn feststeht, dass dieser die Klageerhebung veranlasst hatte (BFHE 142, 3 = BStBl II 1984, 831; BFH/NV 1995, 426, 538; 1998, 1227; BGH VersR 1975, 344; BVerwG Buchholz 310 § 67 VwGO Nr 39; *Ziemer ua* Rz 10630/4). Der Beteiligte trägt die Kosten des bisherigen Verfahrens – und zwar unabhängig vom endgültigen Obsiegen oder

Unterliegen – auch dann, wenn die **Vollmacht** in der Revisionsinstanz **nachgereicht** wird (BFHE 90, 280 = BStBl II 1968, 63; BFHE 102, 442 = BStBl II 1971, 689). Das gilt auch, wenn eine Frist nach § 62 Abs 3 mit ausschließender Wirkung gesetzt und die Vollmacht nach Fristablauf vorgelegt wird (BFHE 129, 305 = BStBl II 1980, 229; BFHE 142, 3 = BStBl II 1984, 831; *Ziemer ua* Rz 10 630/3; str, vgl Nachweise bei § 62 Rz 89). Dem „Bevollmächtigten" werden auch dann Kosten auferlegt, wenn er im Namen eines **nicht existierenden Beteiligten** Klage erhoben hat (BGH WM 1976, 686; FG Saarl EFG 1967, 22). Der vollmachtlose Vertreter trägt die Kosten auch dann, wenn er nach Klageerhebung das **Mandat niedergelegt** hat (BFHE 116, 110 = BStBl II 1975, 714; BFH/NV 2000, 572).

Wegen der Kostenentscheidung für den Fall, dass der vollmachtlose Vertreter die Klage zurücknimmt oder die Hauptsache für erledigt erklärt vgl § 62 Rz 101 und § 138 Rz 27. Gegen die ihn beschwerende Kostenentscheidung kann der vollmachtlose Vertreter nicht Revision einlegen, da gegen die Auferlegung von Kosten allein keine Revision zulässig ist (§ 145; BFHE 134, 401 = BStBl II 1982, 167). Auch eine Beschwerde gegen die Kostenentscheidung ist nicht gegeben.

3. Kosten des Verfahrens

5   Zum **Begriff der Verfahrenskosten** vgl § 139 Abs 1 und Vor § 135 Rz 1.

II. Kostenpflicht bei erfolglosem Rechtsmittel

6   Ein Rechtsmittel ist erfolglos, wenn es vom BFH als unzulässig verworfen oder als unbegründet zurückgewiesen wird. In diesen Fällen entscheidet der BFH nur über die Kosten des Rechtsmittelverfahrens, während es im Übrigen bei der Kostenverteilung in der angefochtenen Entscheidung des FG bleibt. Insoweit durchbricht § 135 Abs 2 den Grundsatz der Einheit der Kostenentscheidung: die Kosten des erfolglosen Rechtsmittelverfahrens hat in jedem Fall der Rechtsmittelkläger zu tragen, während sich die Belastung mit den Kosten des Klageverfahrens nach der Kostenentscheidung des FG bestimmt (BFHE 110, 111 = BStBl II 1973, 823). Auch in dem Urteil oder Beschluss, durch das der BFH eine Revision oder Beschwerde gegen eine unselbstständige Entscheidung (zB ein Zwischenurteil oder Beiladungsbeschluss) des FG zurückweist, ist über die Kosten nach § 135 Abs 2 zu entscheiden (BFHE 143, 223 = BStBl II 1985, 368; BFH/NV 2005, 71). Hat das FA in einem zum Gegenstand des Verfahrens gewordenen Änderungsbescheid (§ 68) die Steuer wegen tatsächlicher Änderung der Verhältnisse herabgesetzt, ist der Kläger gleichwohl mit den Kosten des aus anderen Gründen geführten erfolglosen Revisionsverfahrens zu belasten (BFHE 182, 243 = BStBl II 1997, 469).

Bei **Teilunterliegen** im Rechtsmittelverfahren gilt § 136 Abs 1.

„Rechtsmittel" sind nur **Revisionen** und **Beschwerden.** Bei **Erinnerungen** gegen die Kostenfestsetzung (§ 149 Abs 2) ergeht die Kostenentscheidung deshalb nach § 135 Abs 1 (HessFG EFG 2005, 482; FG Köln EFG 2003, 55). Da Erinnerungen gegen den Kostenansatz gerichtsgebührenfrei sind und eine Kostenerstattung nicht erfolgt, kommt insofern eine

Kostenteilung nicht in Betracht (vgl oben Rz 3). Das **Wiederaufnahme-verfahren** gilt als erstinstanzliches Verfahren, so dass Abs 1 anwendbar ist (ggf mit Abs 4).

Die **(unselbstständige) Anschließung** (Anschlussrevision, Anschluss-beschwerde) ist zwar nach hM kein echtes Rechtsmittel (vgl § 120 Rz 78), kostenrechtlich steht sie aber einem Rechtsmittel gleich. Der Anschluss-rechtsmittelführer ist deshalb kostenpflichtig, wenn sein Rechtsbehelf von vornherein unzulässig ist oder aus sachlichen Gründen erfolglos bleibt (BFH/NV 1989, 33; BGHZ 4, 229; BGHZ 80, 146). Bei der Kostenent-scheidung ist entsprechend den Grundsätzen zu § 136 Rz 4 zu verfahren. Eine Ausnahme gilt, wenn die (unselbständige) Anschließung durch Rück-nahme des Hauptrechtsmittels unwirksam wird; vgl hierzu § 136 Rz 8.

Keine Rechtsmittel sind die **Gegenvorstellung** (vgl vor § 115 Rz 26) und die Anhörungsrüge (§ 133 a). Bei erfolgloser Gegenvorstellung oder Anhörungsrüge ist deshalb keine Kostenentscheidung zu treffen (vgl zur Gegenvorstellung BFH/NV 1997, 774; 1999, 1120; 2000, 726).

III. Kostenpflicht des Beigeladenen

Das Wort „soweit" in Abs 3 besagt, dass dem Beigeladenen nur solche **7** Kosten auferlegt werden können, die durch ihn **zusätzlich** verursacht worden sind (*H/H/Sp/Schwarz* Rz 60; *Eyermann* § 154 Rz 11 nimmt dies sogar für den anders gefassten § 154 Abs 3 VwGO („wenn") an. Im Ge-gensatz zur VwGO, die eine entsprechende Vorschrift nicht enthält, greift hier aber uU die spezielle Vorschrift des Abs 5 ein, vgl unten Rz 8, 10.

„**Anträge**" iS des Abs 3 sind nur Sachanträge, durch die sich der Bei-geladene einem Kostenrisiko aussetzt (vgl BFHE 160, 124 = BStBl II 1992, 330, insoweit nv; *Kopp/Schenke* § 154 Rz 8; *K/H* § 135 Rz 3). Rechts-mittelanträge und Anträge, die ein besonderes Verfahren auslösen, gehören immer hierzu. Der bloße Antrag, die Klage abzuweisen oder die Revision zurückzuverweisen, genügt dagegen nicht (BFHE 143, 119 = BStBl II 1985, 386; BFHE 153, 519 = BStBl II 1988, 842; *K/H* § 135 Rz 3). Der Antrag braucht **nicht ausdrücklich** gestellt zu werden (OVG Münster VerwRspr 3, 389; *H/H/Sp/Schwarz* Rz 61; **aA** *Redeker/v Oertzen* § 154 Rz 6). Es muss sich allerdings **eindeutig** aus den Umständen ergeben, dass ein Antrag gestellt sein sollte. Mit den Kosten eines **Vorverfahrens,** an dem sie nicht beteiligt waren, dürfen die Beigeladenen in keinem Fall be-lastet werden (BVerwG NVwZ 1988, 53).

Der **Beigeladene** kann, sofern er beschwert ist, **selbständig Rechts-** **8** **mittel** einlegen (vgl § 115 Rz 3 und § 128 Rz 10). Hat er **allein** Revision eingelegt, so trägt er bei Unterliegen die Kosten, und zwar schon auf Grund des Abs 2. Er kann ferner neben dem von ihm in erster Linie **unterstützten Beteiligten** (selbständig) Revision einlegen. In diesem Fall ist für die Kostenentscheidung Abs 5 bzw § 58 GKG maßgebend. Der Bei-geladene kann auch eine (selbständige oder unselbständige) **Anschlussrevi-sion** einlegen. Da er sich in diesem Fall nur dem Rechtsmittel der Gegen-seite anschließen kann (vgl § 120 Rz 51), trifft ihn bei alleinigem Unterlie-gen die Kostenlast nach Abs 2; bei teilweisem Unterliegen ist § 136 Abs 1 anzuwenden. Haben Kläger und Beklagter Revision eingelegt und hat der Beigeladene sich der Revision des Gegners angeschlossen, so tragen bei

Unterliegen des Beigeladenen und des von ihm unterstützten Beteiligten beide die Kosten nach Maßgabe des Abs 5; bei teilweisem Unterliegen werden die Kosten zwischen dem Beigeladenen und dem von ihm unterstützten Beteiligten einerseits und dem Gegner andererseits nach § 136 Abs 1 geteilt, wobei hinsichtlich des auf den Beigeladenen und den von ihm unterstützten Beteiligten entfallenden Teils wiederum Abs 5 eingreift.

Liegen die Voraussetzungen für die Auferlegung von Kosten auf den Beigeladenen vor, so **müssen** ihm Kosten auferlegt werden (*Eyermann* § 154 Rz 12; *Redeker/v Oertzen* § 154 Rz 5; *H/H/Sp/Schwarz* Rz 62). Ein Ermessen des Gerichts besteht insoweit nicht.

Zu der Frage, unter welchen Voraussetzungen außergerichtliche Kosten des Beigeladenen zu erstatten sind, vgl § 139 Rz 135 ff.

IV. Wiederaufnahmeverfahren

9   Die Regelung des Abs 4 weicht von dem Grundsatz des Abs 1 insofern ab, als die Kosten des **erfolgreichen** Verfahrens nicht in jedem Fall dem Unterlegenen auferlegt werden müssen. Da das Wiederaufnahmeverfahren (vgl § 134) gebührenrechtlich ein selbständiges Verfahren ist (*Hartmann* § 35 GKG Anm 2 C b), wäre es oft unbillig, dass der durch das im Wiederaufnahmeverfahren gegen ihn ergehende (das frühere Urteil abändernde) Urteil in die Kosten des ursprünglichen Verfahrens (einschließlich evtl Rechtsmittel) Verurteilte auch die Kosten des Wiederaufnahmeverfahrens zu tragen hätte, insbesondere dann, wenn der Wiederaufnahmegrund (was die Regel sein wird) nicht vom Wiederaufnahmebeklagten verursacht worden war.

V. Kostenpflicht mehrerer Personen

10   Um mehrere Unterliegende iS des Abs 5 S 1 handelt es sich bei der **Streitgenossenschaft** (§ 59), bei der **Verbindung** von Verfahren (vgl § 73 Rz 6 ff) und auch bei **gleichlaufenden Revisionen** des Beigeladenen und des von ihm unterstützten Beteiligten (vgl oben Rz 8). Die unterliegenden Beteiligten haften gemäß Abs 5 S 1 nach Kopfteilen, also nicht als Gesamtschuldner. Seit Inkrafttreten des Kostenänderungsgesetzes 1975 v 28. 9. 1975 (BGBl I 2189) ist § 135 Abs 5 S 1 nicht mehr anwendbar. Maßgebend sind nunmehr ausschließlich die Vorschriften des GKG (vgl § 1 Nr 3 GKG), die in §§ 31, 32 bei einer Mehrheit von Kostenschuldnern die **gesamtschuldnerische Haftung** vorsehen. Nach der Regel, dass das neuere und speziellere Gesetz Vorrang hat, sind nur noch die Vorschriften des GKG über die Gesamtschuld anzuwenden (BFHE 154, 307 = BStBl II 1989, 46; BFH/NV 1994, 819; 1997, 603).

Das **Ausmaß der Beteiligung** kann sowohl hinsichtlich des Anteils am Streitwert als auch hinsichtlich sonstiger das Verfahren betreffender Handlungen (ein Beteiligter verursacht eine besonders umfangreiche Beweisaufnahme, während der andere die Richtigkeit des Sachverhalts nicht bestritten) verschieden groß sein. In solchen Fällen kann das FG nach seinem Ermessen die Kosten entsprechend der unterschiedlichen Beteiligung verteilen (Abs 5 S 2). Hat das FG die Kosten nach § 135 Abs 5 S 2 auf mehrere Streitgenossen verteilt, haften diese nicht als Gesamtschuldner (vgl § 32 S 1 GKG).

§ 136 [Kompensation der Kosten]

(1) [1]Wenn ein Beteiligter teils obsiegt, teils unterliegt, so sind die Kosten gegeneinander aufzuheben oder verhältnismäßig zu teilen. [2]Sind die Kosten gegeneinander aufgehoben, so fallen die Gerichtskosten jedem Teil zur Hälfte zur Last. [3]Einem Beteiligten können die Kosten ganz auferlegt werden, wenn der andere nur zu einem geringen Teil unterlegen ist.

(2) Wer einen Antrag, eine Klage, ein Rechtsmittel oder einen anderen Rechtsbehelf zurücknimmt, hat die Kosten zu tragen.

(3) Kosten, die durch einen Antrag auf Wiedereinsetzung in den vorigen Stand entstehen, fallen dem Antragsteller zur Last.

Vgl § 92 ZPO; § 155 VwGO.

Literatur: *Binnewies,* Rechtsbehelfe nach beiderseitigem Teilunterliegen im finanzgerichtlichen Verfahren, DStR 2001, 342; *Gluth,* Kostenüberlegungen bei Beendigung des Verfahrens, AO-StB 2001, 156; *Gruber,* Die gerichtliche Kostenentscheidung im Steuerprozess, StB 1992, 166; *Lappe,* Justizkostenrecht, 2. Aufl, 1995; *Maurer,* Die Kosten unselbständiger Anschlussrechtsmittel, NJW 1991, 72; *ders,* Die Kosten unselbständiger Anschlussrechtsmittel, NJW 1991, 72.

1. Kostenpflicht bei Teil-Obsiegen und Teil-Unterliegen

§ 136 Abs 1 regelt entsprechend dem Grundprinzip des § 135 Abs 1 die   **1** Kostenverteilung in den Fällen des teilweisen Unterliegens. Das **Maß des Unterliegens** ergibt sich aus der Differenz zwischen dem Rechtsbehelfsantrag und dem endgültig Erreichten (BFHE 175, 439 = BStBl II 1995, 121 aE). Hat der Kläger im Rechtsmittelverfahren seinen Antrag eingeschränkt oder erweitert, kann die Kostenverteilung im Rechtsmittelverfahren von der im Verfahren erster Instanz abweichen.

Hat der (Rechtsmittel-)Kläger nur mit dem **Hilfsantrag** Erfolg, so sind, wenn dieser Erfolg nicht dem mit dem Hauptantrag erstrebten Erfolg im Wesentlichen gleichkommt, die Kosten entsprechend der Gewichtigkeit der Anträge aufzuteilen (BFHE 109, 14 = BStBl II 1973, 505; BFH/NV 1998, 1400). War **Aussetzung der Vollziehung** (§ 69) beantragt, wurde diese aber nur gegen Sicherheitsleistung gewährt, ist der Antragsteller, weil es sich lediglich um eine Modalität der Aussetzung handelt, nicht teilweise unterlegen (BFHE 131, 14 = BStBl II 1980, 658; BFHE 179, 258; T/K § 136 Rz 1); anderes gilt nur, wenn allein die Frage der Sicherheitsleistung Gegenstand des Verfahrens ist (FG Bremen EFG 1999, 788). Hatte der Kläger ein **Verpflichtungsurteil** beantragt, ist aber nur ein **Bescheidungsurteil** ergangen, so ist er teilweise unterlegen (BFHE 139, 146, 151 = BStBl II 1983, 672; BFHE 121, 371 = BStBl II 1977, 370; BFHE 125, 129; BFH/NV 1988, 695; *Redeker/v Oertzen* § 155 Rz 1; *Ziemer ua* Rz 10 634/2; differenzierend *Kopp/Schenke* § 155 Rz 2; vgl auch § 101 Rz 7 f).

Liegen die Voraussetzungen des Abs 1 vor, so entscheidet das Gericht   **2** nach seinem **Ermessen,** ob es die Kosten gegeneinander aufhebt oder verhältnismäßig verteilt (*H/H/Sp/Schwarz* § 136 Rz 3 a; *Kopp/Schenke* § 155 Rz 3; zu den hierbei anzustellenden Überlegungen vgl *Ziemer ua* Rz 10 640/21 ff). **Gegeneinander-Aufheben der Kosten** bedeutet, dass die Gerichtskosten jedem Teil zur Hälfte zur Last fallen (Abs 1 S 2) und im Übrigen jeder Beteiligte seine außergerichtlichen Kosten selbst trägt. Bei der Entscheidung, ob die Aufhebung gerechtfertigt ist, ist zu berücksichtigen, dass die Finanzbehörden von der Zahlung von Gerichtskosten (Gebühren und Auslagen) befreit sind (§ 2 Abs 1, 4 GKG), dass ihnen aber andererseits Auslagen nicht erstattet werden (§ 139 Abs 2). Die Aufhebung der Kosten gegeneinander ist idR nicht gerechtfertigt, wenn nur einer Partei (durch Zuziehung eines Prozessbevollmächtigten) Kosten entstanden sind (BFHE 103, 303 = BStBl II 1972, 89; BFHE 174, 197 = BStBl II 1994, 552, insoweit nv; BFH/NV 1996, 812; *Ziemer ua* Rz 10 640/33; vgl aber FG Hessen EFG 1972, 497).

3   Werden die Kosten **verhältnismäßig geteilt,** so ist die Verteilung entsprechend dem Grundsatz der Kosteneinheit nach **Quoten der Gesamtkosten, nicht** etwa **nach Verfahrensabschnitten** vorzunehmen (*T/K* § 136 Rz 4; *H/H/Sp/Schwarz* § 136 Rz 13) davon abweichend hält der BFH in st Rspr seit BFHE 141, 333 = BStBl II 1985, 261 in den Fällen der **Änderung des Streitwerts** während des Verfahrens eine getrennte Kostenverteilung für die verschiedenen **Zeitabschnitte** für zulässig; ebenso: BFHE 153, 431 = BStBl II 1988, 761; BFHE 157, 161 = BStBl II 1989, 784; BFHE 171, 100 = BStBl II 1993, 641, insoweit nv; BFHE 192, 64; BFHE 192, 176 = BStBl II 2000, 449; BFH/NV 2000, 20; 1995, 203; 1990, 448; wie BFH: *K/H* § 136 Rz 1; OLG Köln MDR 1981, 590; kritisch hierzu zu Recht: *Baumbach ua* aaO; *Schoch ua* Vorb § 154 Rz 19; *T/P* § 92 Rz 3; *Zöller/Herget* § 92 Rz 5; *Eyermann* § 155 Rz 4).

4   Der Grundsatz der einheitlichen Kostenverteilung nach Quoten der Gesamtkosten gilt auch, wenn **mehrere Steuerbescheide** in einem Verfahren angefochten sind (BFHE 90, 272 = BStBl II 1968, 60; BFHE 105, 462 = BStBl II 1972, 627), wenn beide Beteiligte Revision eingelegt haben (BFH/NV 1997, 906; 2001, 671) oder wenn eine **Revision und** eine (selbständige oder unselbständige) **Anschlussrevision** eingelegt worden sind (BFHE 88, 23 = BStBl III 1967, 274). Das gilt auch für **Beschwerde und Anschlussbeschwerde.** In diesen Fällen werden die **Streitwerte zusammengerechnet** und die Kosten nach dem Maß des an diesem Streitwert gemessenen Unterliegens verteilt (vgl zB BFH/NV 1999, 478; BFHZ 80, 146; *T/P* § 92 Rz 3). *Beispiel:* Die Kosten der Revision und der Anschlussrevision trägt der Kläger zu ¼, der Beklagte zu 3/4. Es ist also nicht etwa zulässig, einem Beteiligten die Kosten der Revision, dem anderen Beteiligten die Kosten der Anschlussrevision oder einem Beteiligten die Kosten des Streits um den einen Steuerbescheid, dem anderen Beteiligten die Kosten des Streits um den anderen Steuerbescheid aufzuerlegen. Unzulässig ist auch eine Aufteilung dahin, dass die Kosten dem Kläger auferlegt werden, soweit er unterlegen ist, im Übrigen der Verwaltung. Die Quotierung muss vielmehr immer das Gericht selbst vornehmen (BFHE 107, 506 = BStBl II 1973, 213; *T/K* § 136 Rz 1). Unterliegt bei Klagehäufung der Kläger mit der einen Klage, während er mit der anderen obsiegt, und stehen ihm verschiedene, nicht etwa durch eine notwendige

Streitgenossenschaft verbundene Beklagte gegenüber und verlaufen die Prozesse verschieden, so muss das bei der Kostenverteilung, die auch in diesem Fall nach Quoten vorzunehmen ist, berücksichtigt werden (BFHE 103, 126 = BStBl II 1972, 17).

Über die **Ermittlung der Quoten für** den Fall, dass wegen der Ermä- **5** ßigung des Antrags während des Verfahrens **zwei Streitwerte** festzusetzen sind, vgl einerseits BFHE 92, 305 = BStBl II 1968, 534; andererseits BFHE 141, 333 = BStBl II 1985, 261; ferner FG D'dorf EFG 1977, 457; *v Bonhaupt* FR 1974, 185; *Zschockelt/Schneider* MDR 1981, 536. Die Belastung eines Beteiligten mit einem **ziffernmäßig bestimmten Teil** der Kosten kommt nur bei Sondertatbeständen (§ 136 Abs 3, § 137) in Betracht (*T/K* Rz 8; *H/H/Sp/Schwarz* Rz 12); dann wird aber nicht an das (teilweise) Unterliegen angeknüpft wie in § 136 Abs 1.

Ist ein Beteiligter nur zu einem **geringen Teil unterlegen,** kann das **6** Gericht im Rahmen seines pflichtgemäßen Ermessens dem anderen Beteiligten **alle Kosten** auferlegen. Bei der Frage, ob nur ein geringfügiges Unterliegen gegeben ist, wird idR von der Höhe der Quote (vgl oben Rz 3) auszugehen sein. Ist der Streitwert nicht ungewöhnlich hoch und hätte ein Beteiligter bei einer Kostenverteilung nach § 136 Abs 1 S 1 weniger als 5 vH der Kosten zu tragen, so ist § 136 Abs 1 S 3 anwendbar (BFH/NV 1994, 133). Doch kann bei einem hohen Streitwert auch schon eine geringe Quote nicht mehr als geringfügig angesehen werden (BFH/NV 1994, 822; FG Hessen EFG 1968, 77; *Ziemer ua* Rz 10 640/46). Abs 1 S 3 ist nicht nur anwendbar bei Verfahren, in denen es um Geldbeträge geht, sondern auch zB bei Feststellungsklagen (*Eyermann* § 155 Rz 5), er gilt auch bei der Kostenentscheidung nach § 138 Abs 1 (BFHE 92, 469 = BStBl II 1968, 608).

2. Kostenpflicht bei Zurücknahme eines Rechtsbehelfs

Der Beteiligte, der eine Klage, einen Antrag oder ein Rechtsmittel zu- **7** rücknimmt, rechnet idR damit, im Verfahren zu unterliegen. Die Kostentragungspflicht entspricht deshalb in den Fällen der Zurücknahme der im Fall des Unterliegens. Kostenpflichtig iS des Abs 2 kann auch der **vollmachtlose Vertreter** sein (BFH/NV 1991, 833; 1993, 749; vgl auch § 135 Rz 4). Auch ein **Prozessunfähiger,** der die Klage zurücknimmt, trägt die Kosten (OVG Lüneburg E 8, 446; *Kopp/Schenke* § 155 Rz 7). Dagegen ist es nicht zulässig, dem **Prozessbevollmächtigten,** durch dessen Verschulden die Kosten entstanden sind, die Kosten nach Abs 2 aufzuerlegen (BFH/NV 1994, 872).

Betrifft eine Klage (ein Rechtsmittel) **mehrere** selbständige **Streitgegenstände** oder einen teilbaren Streitgegenstand, kann die Klage hinsichtlich einzelner Streitgegenstände oder hinsichtlich eines selbständig anfechtbaren Teils zurückgenommen werden. Von diesen Fällen abgesehen bedeutet die bloße Einschränkung des Klageantrags (Rechtsmittelantrags) keine teilweise Rücknahme der Klage oder des Rechtsmittels (BFHE 96, 510 = BStBl II 1970, 15; *T/K* § 136 Rz 7; an der abweichenden Auffassung in der 4. Aufl wird nicht festgehalten; aA BFHE 90, 367 = BStBl II 1968, 98; *H/H/Sp/Schwarz* § 136 Rz 5; *Kopp/Schenke* § 155 Rz 8).

Wer einen Rechtsbehelf zurücknimmt, trägt stets und in vollem Umfang die Kosten. **§ 137 S 2** ist insoweit **nicht anwendbar** (BFHE 97, 233 = BStBl II 1970, 92; BFH/NV 1999, 478; 1998, 622; *T/K* § 144 Rz 1; *Schröder* BB 1969, 748; **aA** FG Hbg EFG 2000, 1404; FG Bln EFG 1975, 325; *Schmitz* BB 1969, 566; offen gelassen in BFH/NV 2001, 1107). Auch wenn das FA vor der Klagerücknahme den angefochtenen Verwaltungsakt zugunsten des Klägers geändert und dieser den neuen Bescheid zum Gegenstand des Verfahrens gemacht hatte (§ 68), trägt der Kläger die Kosten in vollem Umfang; § 138 Abs 2 ist also nicht anwendbar (FG D'dorf EFG 1973, 442; aA BFHE 113, 171 = BStBl II 1974, 748). § 136 Abs 2 gilt sinngemäß, wenn ein Beteiligter nach erfolgreicher Nichtzulassungsbeschwerde keine Revision einlegt, weil die Nichteinlegung der (vom BFH zugelassenen) Revision ihrer Rücknahme gleichsteht und sich die Kostenpflicht der Nichtzulassungsbeschwerde nach dem Erfolg der Revision bestimmt (BFHE 119, 380 = BStBl II 1976, 684; BFH/NV 1995, 149; BVerwGE 38, 104).

Wird ein **Antrag** oder eine **Klage zurückgenommen,** so trägt der Antragsteller oder Kläger die Kosten aller Instanzen (BFHE 123, 132 = BStBl II 1978, 13). Wird ein **Rechtsmittel** zurückgenommen, so trägt der Rechtsmittelführer nur die Kosten der Rechtsmittelinstanz; im Übrigen bleibt es bei der Kostenentscheidung der angefochtenen Entscheidung (BFHE 86, 507 = BStBl II 1966, 548). Im Fall der Zurücknahme der Revision hat der Revisionskläger die Kosten zu tragen, nicht der vollmachtlose Vertreter (BFHE 142, 3 = BStBl II 1984, 481; BFH/NV 1988, 725).

8   Nimmt der Revisionskläger seine **Revision zurück** und wird dadurch eine (unselbständige) **Anschlussrevision** unzulässig (gegenstandslos; vgl § 120 Rz 82), so ist nur noch über die Kosten zu entscheiden. Es hat dann idR der Revisionskläger auch die Kosten der Anschlussrevision zu tragen (st Rspr vgl BGHZ 4, 229; BFHE 96, 266 = BStBl II 1969, 593; BFHE 109, 505 = BStBl II 1973, 761; 135, 515 = BStBl II 1981, 441; BFH/NV 2003, 785; BGHZ 4, 229; ebenso für den Fall des späteren Wegfalls einer Sachentscheidungsvoraussetzung der Revision: BVerwG DVBl 1986, 152). Das gilt indessen nicht, wenn sich die Erfolglosigkeit des Anschlussrechtsmittels – unabhängig von der Rücknahme der Revision – aus dem eigenen Verhalten des Anschlussrevisionsklägers ergibt, weil zB der Anschlussrevisionskläger gemäß § 125 Abs 1 S 2 in die Rücknahme der Revision einwilligt und damit selbst die Voraussetzung dafür schafft, dass seine Anschlussrevision wirkungslos wird (BGHZ 4, 229; BGHZ 80, 146; BVerwGE 26, 300; **aA** *Kopp/Schenke* § 155 Rz 6) oder weil er vor der Rücknahme der Revision die Anschlussrevision zurücknimmt (BFH/NV 2001, 331). Der Anschlussrevisionskläger hat auch dann die durch seine Anschließung verursachten Kosten zu tragen, wenn er sich einer von **vornherein unzulässigen Revision** anschließt und deshalb auch die Anschlussrevision unzulässig ist (BGHZ 4, 229; BFHE 98, 461 = BStBl II 1970, 457; BFHE 103, 393 = BStBl II 1972, 90; BFHE 121, 399 = BStBl II 1977, 30). Entgegen der Ansicht des III. Senats des BFH in BFHE 132, 515 = BStBl II 1981, 441 muss dasselbe gelten, wenn eine von Anfang an unzulässige Revision zurückgenommen wird. Der in diesem Beschluss enthaltene Satz, die Anschlussrevision sei durch die Rücknahme der Revision „unzulässig geworden", steht nicht in Einklang mit der oa Rspr der anderen Senate des BFH, die mit Recht die neben einer unzulässigen Revision eingelegte (unselbstständige) Anschlussrevision als „von vornherein unzulässig" ansehen (vgl auch BGHZ 80, 146 mit Anm von *Prütting* in ZZP 95 (1982), 499 ff). Über die Kosten ist in diesem Fall in sinngemäßer Anwendung des § 136 Abs 1 zu entscheiden (BGHZ 17, 398; BGHZ 80, 146; *Ziemer ua* Rz 10 649/4; vgl auch oben Rz 4). Diese für Revision und Anschlussrevision geltenden Grundsätze sind auch anzuwenden für **Beschwerde und Anschlussbeschwerde** (BFHE 109, 505 = BStBl II 1973, 761; BFHE 121, 399 = BStBl II 1977, 430).

War die **Anschlussrevision** zunächst eine **selbständige** und wurde diese zurückgenommen, aber als **unselbständige** aufrechterhalten (vgl § 120 Rz 82), so treffen bei Rücknahme der Revision die Kosten der Anschlussrevision den Anschlussrevisionskläger, weil er die selbständige Anschlussrevision zurückgenommen hatte und letzten Endes dadurch auch seine unselbständige Anschlussrevision wegfiel, nicht dagegen durch die Rücknahme der Revision (BFHE 109, 505 = BStBl II 1972, 351; BFH/NV 2000, 598).

Wird nur die Anschlussrevision zurückgenommen, verteilt der BFH die **9** Kosten getrennt nach Verfahrensabschnitten entsprechend den Grundsätzen in BFHE 141, 333 = BStBl II 1985, 261 (vgl Rz 4 und BFHE 197, 517 = BStBl II 2002, 685).

Haben die Beteiligten den Rechtsstreit nur zum Teil für in der Hauptsache erledigt erklärt und hat der Kläger im Übrigen den Rechtsbehelf zurückgenommen, so ist einheitlich über die Kosten zu entscheiden; der BFH verteilt auch in diesem Fall die von den Beteiligten anteilig zu tragenden Kosten getrennt nach Verfahrensabschnitten (BFH/NV 1994, 117).

Zur Kostenentscheidung bei Rücknahme eines Rechtsbehelfs vgl auch die Kommentierung zu § 144.

3. Kostenpflicht bei Wiedereinsetzung

Die Regelung des Abs 3 gilt nicht nur für die Wiedereinsetzung auf **10** Antrag eines Beteiligten, sondern auch für die **von Amts wegen** gewährte Wiedereinsetzung (*Kopp/Schenke* § 155 Rz 13; *Eyermann* § 155 Rz 9; **aA** *Ziemer ua* Rz 10 690). Nach dem Wortlaut der Vorschrift ist es unerheblich, ob die Wiedereinsetzung gewährt oder versagt wurde. Abs 3 hat indessen nur für den Fall der Gewährung Bedeutung (aA *Ziemer ua* Rz 10 691). Wird über die Wiedereinsetzung in einem besonderen Beschluss entschieden (vgl § 56 Rz 57), so ist in diesem auch über die Kosten der Wiedereinsetzung zu befinden (*Redeker/v Oertzen* § 155 Rz 10; *Kopp/Schenke* § 155 Rz 15). Der Antragsteller trägt dann im Falle der Versagung die Kosten schon nach § 135 Abs 1. Wird im Urteil über die Frage der Wiedereinsetzung mitentschieden, so ist bei Versagung der gesamte Rechtsbehelf unzulässig, trägt also der Antragsteller die Kosten ebenfalls nach § 135 Abs 1. Wird die Wiedereinsetzung in der Endentscheidung (oder einem Zwischenurteil oder Beschluss) gewährt, so müssen dem Kläger die Kosten der Wiedereinsetzung nach Abs 3 im Urteil besonders auferlegt werden (*T/K* § 136 Rz 8). Die Sonderregelung des § 238 Abs 4 ZPO findet wegen der abschließenden Regelung in § 136 Abs 3 keine Anwendung (*Eyermann* § 155 Rz 9; *Baumbach ua* § 238 Rz 4).

4. Kosten bei Verweisung

11   Abs 4 ist durch Art 4 Nr 1 des 4. VwGOÄndG v 17. 12. 1990 (BGBl I
2809) aufgehoben worden. Mit Wirkung ab 1. 1. 1991 sind damit gemäß
§ 155 die **§§ 17 bis 17 b GVG** (idF des Art 2 des 4. VwGOÄndG) anzuwenden.

Abs 2 des § 17 b GVG lautet:

[1] Wird ein Rechtsstreit an ein anderes Gericht verwiesen, so werden die
Kosten im Verfahren vor dem angegangenen Gericht als Teil der Kosten behandelt, die bei dem Gericht erwachsen, an das der Rechtsstreit verwiesen
wurde. [2] Dem Kläger sind die entstandenen Mehrkosten auch dann aufzuerlegen, wenn er in der Hauptsache obsiegt.

    Eine Kostenentscheidung ist nach § 17 b Abs 2 S 1 GVG (ebenso wie
nach § 136 Abs 4 aF) im Verweisungsbeschluss nicht zu treffen. Das
nunmehr zuständige Gericht hat auch über die Kosten zu entscheiden,
die bei dem verweisenden Gericht angefallen sind (BFH/NV 2004, 81,
660; 2002, 1486); das gilt auch für die Kosten des Revisionsverfahrens bei
einer Verweisung durch den BFH (BFHE 137, 192 = BStBl II 1983, 180).
Die Mehrkosten, die durch die Inanspruchnahme des unzuständigen
Gerichts entstanden sind, trägt unabhängig von einem Verschulden der
Kläger.

§ 137 [Anderweitige Auferlegung der Kosten]

**[1] Einem Beteiligten können die Kosten ganz oder teilweise auch
dann auferlegt werden, wenn er obsiegt hat, die Entscheidung aber
auf Tatsachen beruht, die er früher hätte geltend machen oder beweisen können und sollen. [2] Kosten, die durch Verschulden eines Beteiligten entstanden sind, können diesem auferlegt werden. [3] Berücksichtigt das Gericht nach § 76 Abs. 3 Erklärungen und Beweismittel,
die im Einspruchsverfahren nach § 364 b der Abgabenordnung rechtmäßig zurückgewiesen wurden, sind dem Kläger insoweit die Kosten
aufzuerlegen.**

Vgl § 155 Abs 5 VwGO; § 192 SGG.

    Literatur: *Bartone,* Änderung von Steuerbescheiden im FG-Verfahren, AO-StB
2001, 56; *Gluth,* Kostenüberlegungen bei Beendigung des Verfahrens, AO-StB
2001, 156; *Gruber,* Die gerichtliche Kostenentscheidung im Steuerprozess, StB
1992, 166; *Wiese/Leingang-Ludolph,* Präklusion und Kosten, BB 2003, 25.

1. Allgemeines

1   § 137 durchbricht das kostenrechtliche Grundprinzip, dass der Unterlie-
gende die Kosten eines erfolglos gebliebenen Angriffsmittels zu tragen hat.
Er geht als **spezielle Vorschrift** § 135 und § 138 Abs 1 und 2 vor (vgl
§ 138 Abs 2 S 2; zu § 138 Abs 1: BFHE 173, 494 = BStBl II 1994, 520;
FG Hbg EFG 2003, 719; FG Saarl EFG 2001, 382; *Kopp/Schenke* § 155
Rz 19). Die Vorschrift soll der Prozessverschleppung vorbeugen.

Auch wenn die Voraussetzungen des § 137 erfüllt sind, liegt es im **Ermessen** des Gerichts, ob es dem obsiegenden Beteiligten die durch sein Verschulden verursachten Kosten auferlegen will (BFHE 91, 557 = BStBl II 1968, 440; BFHE 93, 188 = BStBl II 1968, 753; *H/H/Sp/ Schwarz* § 137 Rz 3; *Ziemer ua* Rz 10 682/2; *K/H/* § 137 Rz 3; *Kopp/ Schenke* § 155 Rz 22; *T/K* Rz 5). Bei der Ausübung des Ermessens ist zu berücksichtigen, dass § 137 eine Ausnahmevorschrift ist, von der nur zurückhaltend Gebrauch gemacht werden sollte (*Eyermann* Rz 10; *T/K* Rz 5). Ein Ermessen des Gerichts besteht hinsichtlich der in § 137 vorgesehenen Rechtsfolge. Dagegen ist die Frage, ob die Voraussetzungen des § 137 (schuldhaft verspätetes Vorbringen, sonstiges schuldhaftes Verhalten) vorliegen, keine Ermessensfrage, sondern eine reine Rechtsfrage (ebenso *Ziemer ua* Rz 10 682/3; *T/K* Rz 5). Eine spezielle Regelung über die Kostenlast trifft § 137 S 3 für den Fall, dass das FG nach § 76 Abs 3 Erklärungen und Beweismittel berücksichtigt, die vom FA im Einspruchsverfahren wegen einer rechtmäßig gesetzten Ausschlussfrist gem § 364 b AO 1977 zurückgewiesen wurden (vgl dazu Rz 5).

§ 137 soll nicht zu einer zusätzlichen Belastung des Gerichts führen. Lässt sich nur durch eine (weitere) Beweisaufnahme klären, ob die Voraussetzungen des § 137 vorliegen, so ist nach dem Beschluss in BFHE 102, 30 = BStBl II 1971, 529 regelmäßig von einer Anwendung dieser Vorschrift abzusehen.

2. Kosten wegen Verschulden eines Beteiligten

Nach der **Grundregel des § 137 S 2** (entspricht § 155 Abs 5 VwGO) **2** können Kosten, die durch Verschulden eines Beteiligten verursacht sind, diesem auch dann auferlegt werden, wenn er obgesiegt hat. Es kommen in erster Linie **aussonderbare Kosten einzelner Verfahrensabschnitte** in Betracht, zB solche, die durch die Verlegung eines Beweistermins entstanden sind. Die Vorschrift ist aber auch anzuwenden, wenn der Kläger durch eine fehlerhafte Rechtsbehelfsbelehrung des FA zur Einlegung eines unstatthaften Rechtsbehelfs veranlasst worden ist (BVerwG NVwZ-RR 1989, 391) oder wenn der vollmachtlose Vertreter erst im Revisionsverfahren seine Vollmacht nachreicht (vgl hierzu § 135 Rz 4). „**Verschulden**" iS des S 2 ist jedes Verschulden; es genügt also auch leichte Fahrlässigkeit (BFHE 176, 289 = BStBl II 1995, 353 aE; BFH/NV 1993, 152; *T/K* § 137 Rz 3; *Eyermann* § 155 Rz 11; *Kopp/Schenke* § 155 Rz 19; zum Begriff des Verschuldens vgl auch § 56 Rz 7 ff). Ein Verschulden ist nicht schon darin zu sehen, dass ein Beteiligter zur Verfassungsmäßigkeit einer für die Entscheidung des Rechtsstreits maßgeblichen Rechtsnorm eine andere Rechtsauffassung vertritt, als sie letztlich vom BVerfG für richtig erachtet wird (BFH/NV 1995, 145). Auch **vorprozessuales Verschulden** eines Beteiligten ist bei der Anwendung des § 137 zu berücksichtigen (vgl BFH/NV 1999, 145, 659).

Der Beteiligte muss sich das **Verschulden seines gesetzlichen Vertreters** und seines **Prozessbevollmächtigten** zurechnen lassen (§ 155 iVm §§ 51 Abs 2, 85 Abs 2 ZPO; vgl auch § 56 Rz 8). Kosten können nach § 137 nur einem **Beteiligten,** nicht auch seinem Prozessbevollmächtigten auferlegt werden, selbst wenn dieser die Kosten verschuldet hat

(BFH/NV 1994, 872; **aA** *Rößler* DStZ 1993, 158). § 137 ist auch nicht anwendbar, wenn durch **Verschulden des Gerichts** Kosten entstanden sind (vgl dazu § 21 GKG und Rz 19 ff vor 135).

Zur Voraussetzung der **Kausalität** des schuldhaften Verhaltens für die Entstehung der Kosten vgl BFHE 108, 87 = BStBl II 1973, 262.

3. Kosten wegen verspäteten Vorbringens

3   § 137 S 1 knüpft an die auch im Steuerprozess bestehende **Mitwirkungspflicht der Beteiligten** (vgl § 76 Rz 37 ff) an. Die Vorschrift dient
der Prozessökonomie. Die Beteiligten sollen durch diese Regelung veranlasst werden, von vornherein in zumutbarer Weise bei der Sachaufklärung
mitzuwirken (BFH/NV 1997, 200; FG BaWü EFG 2005, 720). Voraussetzung für die Anwendung der Vorschrift ist, dass dem Obsiegenden hinsichtlich der Verzögerung ein vorwerfbares, dh **schuldhaftes Verhalten**
zur Last gelegt werden kann (BFHE 118, 160 = BStBl II 1976, 384;
BFH/NV 1999, 460). Dabei ist in der Rspr noch nicht abschließend geklärt, ob nur **grobes** Verschulden (Vorsatz, grobe Fahrlässigkeit) genügt.
Ein „grob schuldhaftes Verhalten“ hat der BFH in BFHE 92, 469 =
BStBl II 1968, 608 gefordert, und zwar unter Berufung auf § 307 Abs 3
S 1 AO aF, der noch voraussetzte, dass der Beteiligte die Tatsache hätte
früher vorbringen „müssen“ (nicht – wie jetzt – „sollen“). Andere Senate
des BFH haben sich dieser Entscheidung angeschlossen (vgl BFHE 102,
221 = BStBl II 1971, 616; BFHE 104, 288 = BStBl II 1972, 354; BFHE
120, 139 = BStBl II 1977, 37). In anderen Entscheidungen blieb die Frage
unerörtert, weil ohnehin ein grob fahrlässiges Verhalten oder umgekehrt
überhaupt kein Verschulden festgestellt wurde (vgl BFHE 89, 326 =
BStBl III 1967, 640; BFHE 91, 23 = BStBl II 1968, 203; BFHE 94, 302 =
BStBl II 1969, 167; BFHE 100, 14 = BStBl II 1970, 785). Weitere Entscheidungen gehen auf den Meinungsstreit und auf Begriffe wie „Verschulden“ und „grobe Fahrlässigkeit“ nicht ein, prüfen vielmehr dem
Wortlaut der Vorschrift entsprechend, ob der Beteiligte die Tatsachen früher hätte vortragen können und sollen, dh, eine besondere Veranlassung
zum Vorbringen oder zum Nachweis der maßgeblichen Tatsachen hatte
(vgl BFHE 93, 188 = BStBl II 1968, 753; BFHE 96, 296 = BStBl II 1969,
627; BFHE 124, 327, 334 = BStBl II 1978, 295; FG BaWü EFG 2005,
720). Dieser Ansatzpunkt erscheint zutreffend (ebenso *T/K* § 137 Rz 3;
ähnlich *Ziemer ua* Rz 10 688/6; *H/H/Sp/Schwarz* § 137 Rz 6; FG Hessen
EFG 1974, 117 und EFG 1983, 217; **aA** *K/H* § 137 Rz 1: grobe Pflichtverletzung erforderlich). Das FG BaWü (EFG 1988, 33) hat nach diesen
Grundsätzen zu Recht ein pflichtwidriges Verhalten des Stpfl verneint,
wenn dieser in seiner Steuererklärung Aufwendungen nicht geltend mach-
te, die nach der im Zeitpunkt der Erklärung maßgeblichen Rspr des BFH
nicht abziehbar waren; der Stpfl handelt auch nicht schuldhaft iS des § 137,
wenn er diese Aufwendungen nach Änderung der Rspr erstmals im Klageverfahren geltend macht. Das Gesetz verwendet eine Formulierung, die
dem Ermessenscharakter der Vorschrift (vgl oben Rz 1) Rechnung trägt.
Das Gericht kann von dem Grundsatz, dass der Obsiegende keine Kosten
trägt, abweichen. Wenn es idR auch nicht gerechtfertigt erscheint, einem
Beteiligten Kosten aufzuerlegen, die durch ein vorwerfbares Verhalten des

anderen entstanden sind (vgl BFHE 91, 557 = BStBl II 1968, 40), so darf doch nicht der **Ausnahmecharakter des § 137 S 1** (BFHE 93, 188 = BStBl II 1968, 753) außer Betracht bleiben. Es ist ferner zu berücksichtigen, dass – nur wegen der Kostenfrage – die Arbeitskraft des Gerichts über Gebühr beansprucht würde, wenn es bei jedem möglicherweise vorwerfbaren Verhalten Erwägungen darüber anstellen müsste, ob ein solches wirklich gegeben ist. Im Ergebnis ist deshalb anzunehmen, dass die Ausnahme des § 137 S 1 nur für die Fälle gelten soll, in denen auf der Hand liegt, dass der Beteiligte diese Tatsache eher hätte vorbringen können und sollen. Dabei ist auch das Verhalten der anderen Seite zu berücksichtigen, zB der Umstand, dass das FA eine Verpflichtung zur Aufklärung von Amts wegen hat (BFHE 93, 188 = BStBl II 1968, 753; *K/H* § 137 Rz 1). Schuldhaft verspätetes Vorbringen ist regelmäßig gegeben, wenn das FA **Schätzungsbescheide** nach Einreichen der Steuererklärung während des Klageverfahrens ändert (BFH/NV 1997, 195; FG Sachs EFG 1998, 799). Bei der Höhe nach willkürlichen Schätzungen kann es billigem Ermessen entsprechen, die Kosten des Klageverfahrens gegeneinander aufzuheben (BFH/NV 1997, 195).

§ 137 S 1 ist nur anzuwenden, wenn **Tatsachen** verspätet geltend gemacht oder nachgewiesen worden sind. Zu den Tatsachen in diesem Sinne gehören auch **Anträge** oder **Erklärungen,** die für die Besteuerung von Bedeutung sind, zB die Steuererklärung (BFH/NV 1988, 323) oder der Antrag auf Gewährung einer Steuervergünstigung (FG Hessen EFG 1974, 117; *T/K* § 137 Rz 1) oder die **Abgabe** einer für die Grunderwerbsteuerbefreiung erforderlichen **Versicherung** (BFHE 93, 188 = BStBl II 1968, 753) oder **Verpflichtungserklärung** (BFHE 117, 104 = BStBl II 1976, 45). Bei Änderung einer Rechtsauffassung des Beteiligten ist § 137 S 1 nicht anwendbar (BFH/NV 2004, 660). **4**

Die Entscheidung muss auf der verspätet vorgetragenen Tatsache **beruhen.** Die Vorschrift ist deshalb nicht anwendbar, wenn die Entscheidung bei rechtzeitigem Tatsachenvortrag genauso ausgefallen wäre (BFHE 134, 245, 255 = BStBl II 1982, 150; *Ziemer ua* Rz 10 688/2).

Das Gericht darf nur dann von der Befugnis zur Auferlegung von Kosten nach § 137 Gebrauch machen, wenn der Sachverhalt, an den diese Vorschrift anknüpft, festgestellt ist (BFHE 102, 30 = BStBl II 1971, 329; BFH/NV 1988, 323).

4. Kosten bei Präklusion im außergerichtlichen Vorverfahren (§ 137 S 3)

§ 137 wurde durch Gesetz v 19. 12. 2001 (BGBl I, 3922) eingefügt. Der Gesetzgeber wollte damit sicherstellen, dass bei Vorliegen der Voraussetzungen des § 137 S 3 die gesamte Kosten eines Klageverfahrens, mit dem dem Klagebegehren der Sache nach entsprochen wird, dem Kläger zur Last fallen (vgl BT-Drucks 14/7471, 9). Ein Auslegungsspielraum dahingehend, dass Satz 3 nur anzuwenden ist, wenn das Verhalten des Klägers allein für die Kosten des Klageverfahrens ursächlich war, besteht insoweit nicht (BFHE 206, 194 = BStBl II 2004, 833; FG Köln EFG 2004, 280, 282 und 1490; *Wiese/Ludolph,* BB 2003, 25; **aA** FG Köln EFG 2003, 405; FG Ba-Wü EFG 2003, 178; FG Berlin EFG 2004, 744). **5**

§ 138 [Kostenentscheidung durch Beschluss]

(1) Ist der Rechtsstreit in der Hauptsache erledigt, so entscheidet das Gericht nach billigem Ermessen über die Kosten des Verfahrens durch Beschluss; der bisherige Sach- und Streitstand ist zu berücksichtigen.

(2) [1] Soweit ein Rechtsstreit dadurch erledigt wird, dass dem Antrag des Steuerpflichtigen durch Rücknahme oder Änderung des angefochtenen Verwaltungsakts stattgegeben oder dass im Fall der Untätigkeitsklage gemäß § 46 Abs. 1 Satz 3 Halbsatz 2 innerhalb der gesetzten Frist dem außergerichtlichen Rechtsbehelf stattgegeben oder der beantragte Verwaltungsakt erlassen wird, sind die Kosten der Behörde aufzuerlegen. [2] § 137 gilt sinngemäß.

(3) Der Rechtsstreit ist auch in der Hauptsache erledigt, wenn der Beklagte der Erledigungserklärung des Klägers nicht innerhalb von zwei Wochen seit Zustellung des die Erledigungserklärung enthaltenden Schriftsatzes widerspricht und er vom Gericht auf diese Folge hingewiesen worden ist.

Vgl § 91 a ZPO, § 161 Abs 2 VwGO.

Übersicht

Literatur: *Assmann,* Die einseitige Erledigungserklärung, Erlanger FS für Schwab, 1990, 179; *Brandt,* Erledigung der Hauptsache und ihre Rechtsfolgen im FG-Verfahren, AO-StB 2003, 168; *Cornmann,* Die Erledigung im Verwaltungsprozess, 1998; *Feser/Kirchmaier,* Die Erledigung des Rechtsstreits in der Hauptsache im Steuerprozess, BayVBl 1995, 641; *Künzel, Die* einseitige Erledigungsklärung im Urteilsverfahren, DB 1990, 2370; *Lange,* Rechtswirkungen übereinstimmender Erledigungserklärungen im Finanzgerichtsprozess, StuW 1996, 137; *Rössler,* Einseitige Erledigungserklärung des beklagten Finanzamts als Revisionskläger, DStZ 1991, 284; *ders,* Erledigung der Hauptsache im Revisionsverfahren nach einem mit dem FG-Urteil inhaltsgleichen Änderungsbescheid, 1992, 189; *R. P. Schenke,* Der Erledigungsstreit im Verwaltungsprozess, 1991.

A. Übersicht

Die Vorschrift des § 138, die § 91 a ZPO nachgebildet ist, betrifft den **1** Fall, dass das Rechtsbehelfsbegehren des Klägers oder Antragstellers während des gerichtlichen Verfahrens durch ein **außerprozessuales Ereignis** ganz oder teilweise **unzulässig** oder **unbegründet** wird (BFH/NV 1989, 448). In diesen Fällen könnte der Kläger zwar auch seine Klage oder seinen Antrag zurücknehmen, er müsste dann aber nach § 136 Abs 2 die Kosten tragen. Um diese unbillige Folge zu vermeiden, gibt § 138 den Beteiligten die Möglichkeit, den Rechtsstreit übereinstimmend für erledigt zu erklären. Das Gericht entscheidet dann nicht mehr über das Klagebegehren, sondern befindet nur noch nach § 138 Abs 1 (ggf iVm Abs 2) durch Beschluss über die Kosten. Die Regelung des § 138 ist – ebenso wie die des § 91 a ZPO – unvollständig. § 138 ist nach hM nur anwendbar, wenn die Beteiligten **übereinstimmend** die Hauptsache für erledigt erklären (BFHE 147, 110 = BStBl II 1986, 752 mwN; BFH/NV 2000, 1226; FG Saarl EFG 1997, 3; *Kopp/Schenke* § 161 Rz 7; **aA** *Redeker/v Oertzen* § 161 Rz 4). Nur dann darf das Gericht eine isolierte Kostenentscheidung nach § 138 erlassen. Schließt sich der Beklagte der Erledigungserklärung des Klägers nicht an oder erklärt nur der Beklagte die Hauptsache für erledigt, so muss ein Sachurteil ergehen. Die Kostenentscheidung bestimmt sich dann nicht nach § 138, sondern nach § 135 (BFHE 127, 147 = BStBl II 1979, 375; BFHE 128, 314 = BStBl II 1979, 741; BFH/NV 1995, 331; BGHZ 81, 12, 15; *Dänzer-Vanotti* DStZ 1981, 390 mwN). § 138 Abs 3 wurde durch Gesetz v 24. 8. 2004 (BGBl I, 2198) eingefügt. Danach wird eine Erledigungserklärung des Beklagten fingiert, wenn er der der Erledigungserklärung des Klägers nicht innerhalb der in § 138 Abs 3 genannten Frist von zwei Wochen widerspricht; diese Wirkung tritt jedoch nur unter der Voraussetzung ein, dass der Beklagte vom Gericht mit der Zustellung des Schriftsatzes, der die Erledigungserklärung des Klägers enthält, über diese Rechtsfolge belehrt wurde (vgl dazu auch Rz 13). § 138 Abs 3 entspricht § 91 a Abs 4 ZPO idF des Gesetzes v 24. 8. 2004 (ähnlich auch § 269 Abs 2 S 4 ZPO). Die Vorschrift dient der Verfahrensökonomie (vgl BT-Drucks 15/1508, 17 zu § 91 a ZPO).

B. Die Erledigung der Hauptsache

I. Begriff

2   § 138 Abs 1 regelt nur die **Kostenfolge**, er sagt nichts darüber, wann ein Rechtsstreit als in der Hauptsache erledigt anzusehen ist (BFHE 94, 302 = BStBl II 1969, 167). In Abs 2 sind jedoch zwei typische Fälle der Erledigung ausdrücklich erwähnt. Danach ist die Hauptsache (dh das **Klagebegehren** iS von § 65 Abs 1 oder das **Antragsbegehren** vgl *T/K* Rz 7; *H/H/Sp/Schwarz* Rz 9) erledigt, wenn dem Antrag des Steuerpflichtigen durch Rücknahme oder Änderung des angefochtenen Verwaltungsakts stattgegeben oder wenn im Fall der Untätigkeitsklage (§ 40 Abs 1 S 3 Hs 2) innerhalb der gesetzten Frist dem außergerichtlichen Rechtsbehelf stattgegeben oder der beantragte Verwaltungsakt erlassen wird (vgl unten Rz 8). Aus diesen im Gesetz ausdrücklich geregelten Fällen ergibt sich, dass die **Hauptsache erledigt** ist, wenn nach Rechtshängigkeit ein **außerprozessuales Ereignis** eingetreten ist, durch welches das gesamte im Klageantrag zum Ausdruck kommende **Klagebegehren objektiv gegenstandslos** geworden ist (BFHE 127, 147 = BStBl II 1979, 375; BFHE 180, 365 = BStBl II 1996, 608; BFHE 195, 19 = BStBl II 2001, 683; BFH/NV 1990, 112; 1998, 187). Der bloße Wegfall des Interesses an der weiteren Verfolgung des Rechtsstreits hat hingegen noch keine Erledigung der Hauptsache zur Folge (BFHE 195, 19 = BStBl II 2001, 683; BFH/NV 1998, 187; BVerwG Buchholz 406 § 19 Nachbarschutz Nr 82).

Begrifflich ist zwischen der *Erledigung der Hauptsache* und der *Erledigung des Rechtsstreits* zu unterscheiden. Der Rechtsstreit ist nicht schon mit Eintritt des (außerprozessualen) erledigenden Ereignisses, sondern erst mit dessen prozessualer Berücksichtigung (zB durch übereinstimmende Erledigungserklärungen der Beteiligten) erledigt (vgl *Assmann* FS Schwab, 179, 186; *Mössner* NJW 1970, 175, 177).

Eine Erledigung der Hauptsache kann nicht nur im erstinstanzlichen Klage- oder Antragsverfahren, sondern auch im *Rechtsmittelverfahren* eintreten (BFHE 135, 264 = BStBl II 1982, 407; BFHE 151, 354 = BStBl II 1988, 183; BFHE 156, 79 = BStBl II 1989, 569; BFH/NV 1997, 692; BGH WM 1976, 481). Eine Erledigung der Hauptsache **vor Rechtshän-**

gigkeit ist begrifflich ausgeschlossen (BFHE 119, 219 = BStBl II 1977, 785; BGHZ 83, 12; *Linke* JR 1984, 48; *Geist* DStR 1969, 24). Eine gleichwohl erhobene Klage ist unzulässig, weil ihr das Rechtsschutzbedürfnis fehlt (BFHE 119, 219 = BStBl II 1977, 785; **aa** *Reinelt* NJW 1974, 344).

Erledigt sich die Hauptsache **nach Abschluss des erstinstanzlichen Verfahrens** innerhalb der Rechtsmittelfrist, kann ein Rechtsmittel eingelegt werden, wenn für eine (dem Rechtsmittelführer günstige) Entscheidung ein Rechtsschutzbedürfnis besteht (VGH Mannheim VerwRspr 29, 754; OLG Zweibrücken OLGZ 75, 44). Für die Revision des Klägers gegen ein klagabweisendes Urteil besteht ein Rechtsschutzbedürfnis, wenn er lediglich die zwischen den Instanzen eingetretene Erledigung der Hauptsache festgestellt wissen will (*Gottwald* NJW 1976, 2250). Auch für ein Rechtsmittel des Beklagten kann in diesem Fall ein Rechtsschutzbedürfnis bestehen, wenn zweifelhaft und streitig ist, ob das Verhalten des FA zu einer Erledigung geführt hat (BFHE 173, 9 = BStBl II 1994, 305; BFHE 138, 517 = BStBl II 1983, 680; aA BFHE 135, 21 = BStBl II 1982, 263; vgl hierzu auch vor § 115 Rz 17).

Es müssen **alle streitigen Sachfragen** erledigt sein. Der Rechtsstreit ist **3** deshalb nicht erledigt, wenn bei einer beantragen und vom FA abgelehnten Stundung inzwischen die Steuern gezahlt wurden, und zwar zu den Zeitpunkten, zu denen sie nach dem Antrag gezahlt werden sollten; denn die Frage, ob Stundung zu gewähren war, kann auch für die Säumniszuschläge und Zinsansprüche Bedeutung haben (BFHE 86, 810 = BStBl III 1966, 694; FG RhPf EFG 1978, 3; *T/K* § 138 Rz 20; **aA** FG RhPf EFG 1969, 640 und EFG 1979, 134; FG Bremen EFG 1977, 386). Ein gerichtliches Verfahren der AdV erledigt sich nicht dadurch, dass das FA außergerichtlich AdV unter Widerrufsvorbehalt gewährt, wenn der Stpfl AdV ohne Widerrufsvorbehalt beantragt hatte (BFH/NV 1992, 314; FG Bremen EFG 1998, 127). Die Klärung einer streitigen **Verfassungsfrage** in einem Musterprozess durch das BVerfG macht die vor den Fachgerichten anhängigen Streitsachen zu der gleichen Rechtsfrage nicht gegenstandslos (BFHE 173, 506 = BStBl II 1994, 473; BFH/NV 1995, 145).

Unerheblich ist es für die Erledigung der Hauptsache, ob genau das eingetreten ist, was beantragt worden war, wenn es nur im **Ergebnis** einer Erledigung gleichkommt, wie zB bei beantragter Aufhebung eines Steuerbescheids der Erlass der Steuer (BFHE 106, 20 = BStBl II 1972, 707). Erklären die Beteiligten übereinstimmend die Hauptsache für erledigt, wird dadurch der Rechtsstreit beendet, ohne dass es auf die tatsächliche Erledigung ankommt (vgl aber BFH/NV 1999, 71; s auch Rz 11).

Der Rechtsstreit kann sich auch nur **zum Teil** erledigen, etwa dann, **4** wenn das FA dem Klagebegehren nur zum Teil stattgegeben hat (vgl BFHE 92, 469 = BStBl II 1968, 608; BFHE 111, 13 = BStBl II 1974, 113; BFHE 113, 171 = BStBl 1974, 748; BFHE 151, 354 = BStBl II 1988, 183; BFHE 153, 431 = BStBl II 1988, 761; BFH/NV 1990, 519; 2000, 1247; FG D'dorf EFG 1986, 82). Eine Teilerledigung ist ohne Zweifel dann möglich, wenn der Rechtsstreit **mehrere selbstständige Streitgegenstände** betrifft und das erledigende Ereignis nur einzelne dieser Streitgegenstände betrifft (*T/K* § 138 Rz 12). Der Wortlaut des § 138 („soweit ...") spricht dafür, bei Anwendung der Kostenvorschriften eine

Teilerledigung auch hinsichtlich **verfahrensrechtlich unselbstständiger Teile** eines teilbaren Streitgegenstandes zuzulassen (BFHE 113, 171 = BStBl 1974, 748; *T/K* § 138 Rz 12).

Wegen der Kostenentscheidung bei Teilerledigung vgl unten Rz 35.

Von der Erledigung des Rechtsstreits in der Hauptsache ist die **Erledigung** des **Rechtsmittel-** oder **Klageverfahrens** zu unterscheiden; vgl dazu unten Rz 10 a.

II. Wirkung

5   Das Ereignis, das zur Erledigung der Hauptsache geführt hat, entfaltet als solches keine unmittelbare prozessuale Wirkung (BFHE 142, 357 = BStBl II 1985, 218; BFHE 164, 319 = BStBl II 1991, 744). Das Gericht kann das Verfahren nicht ohne eine Erledigungserklärung der Beteiligten durch Entscheidung über die Erledigung beenden. Eine Kostenentscheidung nach § 138 kann nur dann ergehen, wenn **übereinstimmende Erledigungserklärungen** vorliegen (vgl Rz 1). Das gilt auch in den Fällen der Erledigung einer **Untätigkeitsklage** nach § 46 (str wie hier: *T/K* Rz 14; **aA** für den Fall der Erledigung nach § 46 Abs 1 S 3; *Beermann* Rz 59 f und *Ziemer ua* Rz 10 652/3). Gleichwohl ist das Erledigungsereignis als solches nicht prozessual bedeutungslos; denn das Gericht muss diesen Umstand auch ohne Erledigungserklärung der Beteiligten bei seiner Entscheidung von Amts wegen berücksichtigen, weil mit dem Eintritt der Erledigung das Rechtsschutzinteresse des Klägers an einer Entscheidung über das Klagebegehren oder das des Revisionsklägers an einer Entscheidung über sein Rechtsmittel entfällt (BFHE 169, 20; BFHE 174, 4 = BStBl II 1994, 599; BFH/NV 2000, 335; 2001, 320; vgl auch unten Rz 22). Eine Prüfung der tatsächlichen Erledigung ist nur dann entbehrlich, wenn die Beteiligten übereinstimmend die Hauptsache wirksam für erledigt erklären (BFH/NV 1997, 307) oder wenn nach einer Erledigungserklärung des Klägers die des Beklagten nach § 138 Abs 3 fingiert wird.

Ein Ereignis, das zur Erledigung des Hauptverfahrens führt, bewirkt zugleich die **Erledigung des Beschwerdeverfahrens** gegen die Nichtzulassung der Revision (BFH/NV 1993, 605; 1994, 728; BVerwGE 72, 93).

Die Hauptsache kann sich auch in **selbstständigen Beschlussverfahren** erledigen (zB nach § 69 Abs 3; vgl BFHE 164, 570 = BStBl II 1991, 876), nach § 74 (BFH/NV 2000, 599) oder nach § 152 (FG Bremen EFG 1993, 327); ebenso in **Rechtsmittelverfahren,** wenn sich die Erledigungserklärung auf dieses Verfahren beschränken (vgl zB zur Nichtzulassungsbeschwerde: BFHE 156, 17 = BStBl II 1991, 846; BFHE 173, 506 = BStBl II 1994, 473; BVerwGE 72, 93; vgl hierzu unten Rz 10 a).

III. Erledigung in den Fällen des Abs 2

1. Zurücknahme oder Änderung des Verwaltungsakts

6   Zum Begriff der Erledigung der Hauptsache s oben Rz 2 f.

Der **Rücknahme** des VAs ist eine Verfügung gleichzusetzen, die praktisch einer **Rücknahme gleichkommt,** wie zB bei dem Aufschub der Vollziehung eines Arrestes bis zur Vollstreckbarkeit der streitigen Steuerforderung, der im Ergebnis wie eine Aufhebung der Arrestanordnung wirkt (BFHE 92, 159 = BStBl II 168, 501). Dagegen kann ein **Erlass** der im Klageverfahren streitigen Steuerforderung aus sachlichen **Billigkeitsgründen** einer Rücknahme oder Änderung des VA nicht gleichgesetzt werden (BFH/NV 1999, 71; 2003, 785 und Rz 32; aA FG M'ster EFG 1969, 609).

Eine „**Änderung**" iS der ersten Alternative des Abs 2 liegt nur vor, wenn die Änderung den Antrag des Klägers betrifft und ihm – **zumindest teilweise** (vgl Rz 4 und unten Rz 35) – **stattgibt** (wegen sonstiger Änderungen während des Verfahrens und der dadurch möglicherweise eingetretenen Erledigung der Hauptsache vgl unten Rz 9 f). Erlässt das FA während des Revisionsverfahrens gegen ein der Anfechtungsklage stattgebendes Urteil einen geänderten Steuerbescheid, in dem es die Steuer vorbehaltlos in gleicher Höhe festsetzt wie im angefochtenen Urteil, erledigt sich der Rechtsstreit in der Hauptsache (BFHE 169, 20; BFHE 164, 319 = BStBl II 1991, 744); erklärt daraufhin nur der Kläger die Hauptsache für erledigt, ist über die Kosten nach § 135 zu entscheiden. Ein **Aussetzungsverfahren** ist nicht nach Abs 2 erledigt, wenn das FA den zugrundeliegenden Verwaltungsakt aufhebt (aA FG Hbg EFG 1967, 184). In diesem Fall ist zwar die Hauptsache erledigt; es handelt sich aber nicht um Fälle des Abs 2.

Begriffliche Voraussetzung der ersten Alternative des Abs 2 ist, dass **7** bereits ein Verwaltungsakt vorlag, der geändert oder zurückgenommen werden konnte. Daran fehlt es, wenn ein **Antrag auf Aussetzung der Vollziehung** bei FG gestellt war, weil dann erst der Erlass eines Verwaltungsakts (Aussetzung) begehrt wird. Setzt das FA nunmehr die Vollziehung aus, so ist keine Erledigung nach Abs 2 eingetreten, sondern nach Abs 1 über die Kosten zu entscheiden (BFHE 164, 570 = BStBl II 1991, 876 mwN; *T/K* § 138 Rz 65 mwN).

Hat das FA den Bescheid während des Klageverfahrens zwar zugunsten des Klägers in den streitigen Punkten geändert, aber in einem anderen Punkt die **Steuer erhöht**, so ist der Rechtsstreit nicht nach Abs 2 erledigt. Erklären ihn die Beteiligten gleichwohl für erledigt, so ist bei der dann nach Abs 1 zu treffenden Kostenentscheidung zu berücksichtigen, dass der Kläger im Ergebnis (wegen der möglichen Saldierung, vgl § 65 Rz 41 ff) unterlegen wäre (FG Nds EFG 1980, 91).

Hat das FA dem Antrag nur **zum Teil** entsprochen und den Bescheid nur zum Teil iS des Klageantrags geändert, ist der Rechtsstreit auch nur zum Teil erledigt (vgl oben Rz 4 und wegen der Kostenentscheidung unten Rz 35).

2. Erledigung der Untätigkeitsklage

Die Untätigkeitsklage ist erledigt, wenn das FA innerhalb der vom **8** FG gesetzten Frist dem außergerichtlichen Rechtsbehelf entsprochen oder den beantragten Verwaltungsakt erlassen hat (§ 46 Abs 1 S 3). Hat das FA dem Einspruch stattgegeben, **bevor** hierfür eine Frist durch das FG gesetzt war oder hat es erst nach Fristablauf stattgegeben, so ist streitig, ob ein Fall der Erledigung nach Abs 2 oder nach Abs 1 vorliegt (vgl unten Rz 36).

IV. Weitere Fälle der Erledigung

9   Eine Erledigung der Hauptsache hat die Rspr in **folgenden Fällen** angenommen:

Das Klageverfahren gegen einen **Folgebescheid** erledigt sich durch die Änderung des gleichzeitig angefochtenen Grundlagenbescheids und die nachfolgende Änderung des Folgebescheids nach § 175 AO 1977 (FG Mchn EFG 1998, 1424).

Während des auf Änderung eines **Vorbehaltsbescheides** gerichteten Klageverfahrens hebt das FA den Vorbehalt der Nachprüfung auf (BFHE 141, 492 = BStBl II 1984, 788). Während des finanzgerichtlichen Verfahrens gegen die **Vollstreckung** aus der Festsetzung von **Einkommensteuervorauszahlungen** ergeht für den betreffenden Veranlagungszeitraum ein Steuerbescheid, in dem die Einkommensteuer entsprechend dem Begehren auf Herabsetzung der Vorauszahlungen niedriger festgesetzt wird (BFHE 147, 110 = BStBl II 1966, 752). Während des Verfahrens über die **Anfechtung eines Umsatzsteuervorauszahlungsbescheids** ergeht der Jahresumsatzsteuerbescheid (BFHE 143, 101 = BStBl II 1985, 370; BFHE 172, 163 = BStBl II 1993, 779; **aA** FG Saarl EFG 1984, 94). Ob auch die Anfechtungsklage gegen **Einkommensteuervorauszahlungsbescheide** sich bei Ergehen des Jahressteuerbescheids in der Hauptsache erledigen, ist noch nicht abschließend geklärt (bejahend: FG D'dorf v 4. 11. 1997 GK 6394/92 K, AO, juris; offen gelassen: BFHE 152, 212 = BStBl II 1988, 484).

Während des Verfahrens um die **Verpflichtung** des FA, bereits festgesetzte **Einkommensteuer-Vorauszahlungen** niedriger festzusetzen, ergeht der Jahreseinkommensteuerbescheid (BFHE 125, 336 = BStBl II 1978, 596; FG BaWü EFG 1995, 1062).

Während des Rechtsstreits erlischt die streitige Steuerforderung durch Eintritt der **Zahlungsverjährung** (BFHE 160, 348 = BStBl II 1990, 802).

Gibt das FG der Klage statt und überträgt dem FA die **Errechnung der Steuer,** dann ist der Rechtsstreit in der Hauptsache erledigt, wenn das FA – nachdem es Revision eingelegt hat – den angefochtenen Steuerbescheid nicht nur entsprechend der Auflage des FG sondern zugleich aufgrund einer Änderungsvorschrift der AO ändert (BFHE 160, 100 = BStBl II 1990, 545; BFHE 164, 319 = BStBl II 1991, 744).

Die Hauptsache ist erledigt, wenn die Aussetzung der **Durchführung einer Betriebsprüfung** (Außenprüfung) beantragt, diese aber inzwischen durchgeführt ist (BFHE 125, 144 = BStBl II 1978, 501; BFHE 144, 444 = BStBl II 1986, 21). Ein **Arrestverfahren** ist erledigt, wenn der Steuerbescheid erlassen ist, weil dann das Sicherungsverfahren in das Veranlagungsverfahren übergeleitet ist (FG D'dorf EFG 1979, 531).

Der Streit um die **verbindliche Zolltarifauskunft** erledigt sich, wenn diese außer Kraft getreten ist (BFHE 124, 150; BFHE 125, 24 = BStBl II 1978, 407; BFH/NV 1989, 679; BFH/NV 1990, 106). Kann im **Lohnsteuerermäßigungsverfahren,** in dem um die **Eintragung eines Freibetrags** gestritten wird, die Eintragung wegen Zeitablaufs nicht mehr wirksam werden, so ist die Hauptsache erledigt (BFHE 128, 148 = BStBl II 1979, 650; FG D'dorf EFG 1977, 545; FG Bremen EFG 1977, 611; die Entscheidungen in BFHE 108, 92 = BStBl II 1973, 223; BFHE

117, 72 = BStBl II 1976, 69; BFHE 123, 380 = BStBl II 1977, 832 und BFHE 124, 64 = BStBl II 1978, 159 sind damit überholt).

Im Rechtsbehelfsverfahren über einen **vorläufigen Bescheid** ist die Hauptsache erledigt, wenn ein endgültiger Bescheid ergangen ist (FG RhPf EFG 1974, 324).

Ein Ereignis, durch das sich das **Hauptverfahren** erledigt, bewirkt zugleich die Erledigung des zugehörigen Verfahrens der **Nichtzulassungsbeschwerde** (BFH/NV 1990, 575; BVerwG DÖV 1985, 1064).

Die Hauptsache erledigt sich **nicht**, wenn **Aussetzung der Vollziehung** **10** beantragt, diese aber nur gegen **Sicherheitsleistung** oder unter Vorbehalt des jederzeitigen Widerrufs gewährt wurde (BFHE 98, 330 = BStBl II 1970, 385; FG Hbg EFG 1979, 612; FG Bremen EFG 1998, 127; **aA** FG BaWü EFG 1971, 495; FG Bremen EFG 1977, 78; FG D'dorf EFG 1978, 451).

Die Hauptsache erledigt sich ferner nicht, wenn die **Zulassung zur Steuerbevollmächtigtenprüfung** beantragt und der zunächst in Frage kommende Termin bereits verstrichen ist; denn der Antrag geht auf Zulassung zur Prüfung schlechthin (BFHE 122, 376 = BStBl II 1977, 706; FG Hbg EFG 1977, 242).

V. Erledigung des Rechtmittelverfahrens

Von der Erledigung des Rechtsstreits in der Hauptsache ist die bloße **10 a** Erledigung eines Rechtsbehelfsverfahrens (Klageverfahren, Rechtsmittelverfahren) zu unterscheiden. Die Unterscheidung hat erhebliche praktische Bedeutung; während bei einer Erledigung des Rechtsstreits in der Hauptsache in der Revisionsinstanz die erstinstanzliche Entscheidung wirkungslos wird (vgl Rz 11, 20), ist dies bei einer auf das Rechtsmittelverfahren beschränkten Erledigungserklärung nicht der Fall (vgl BFHE 165, 17 = BStBl II 1991, 846).

Ob Erledigungserklärungen statthaft sind, die nur mit Wirkung für das Rechtsbehelfsverfahren abgegeben werden, ist streitig.

Eine **unmittelbare Anwendung des § 138** Abs 1 kommt insoweit offensichtlich nicht in Betracht, weil das Rechtsmittelverfahren nicht „Hauptsache" iS dieser Vorschrift ist (vgl oben Rz 2). Eine sinngemäße Anwendung des § 138 (und der entsprechenden Vorschriften der ZPO und der VwGO) wird in der Literatur wohl überwiegend abgelehnt (vgl *Eyermann* § 161 Rz 9; *T/P* § 91 a Anm b; *Zöller/Vollkommer* § 91 a Rz 19; *Stein/Jonas* § 91 a Rz 52; *Ziemer ua* Rz 10655/1; ablehnend auch BayVGH BayVBl 1985, 89).

Demgegenüber vertritt der BFH in st Rspr die Ansicht, auch ein Rechtsmittelverfahren könne in **entsprechender Anwendung des § 138** für erledigt erklärt werden, wenn die Beteiligten kein Interesse mehr an einer Entscheidung über das Rechtsmittel hätten, aber die erstinstanzliche Entscheidung bestehen bleiben solle (vgl zB BFHE 138, 173 = BStBl II 1983, 481; BFHE 165, 17 = BStBl II 1991, 846; BFHE 173, 506 = BStBl II 1994, 473; BFH/NV 1989, 121; Beschlüsse vom 18. Mai 1981 IV B 2/78 und vom 15. 9. 1986 IX B 136/86 nv; im Ergebnis ebenso: BVerwG BayVBl 1994, 543; *Baumbach ua* § 91 a Rz 4 B; *Redeker/v Oertzen* § 107 Rz 14; *Schulz* JZ 1983, 331; offen gelassen in BFHE 154, 15 = BStBl II 1988, 947).

Bei *übereinstimmenden* Erledigungserklärungen soll nach BFHE 165, 17 = BStBl II 1991, 846 die Erledigung des Rechtsmittelverfahrens auch dann eintreten, wenn das Rechtsmittel unzulässig war (vgl dazu Rz 18).

Der BFH will § 138 auch dann entsprechend anwenden, wenn das FA während des Klageverfahrens die Einspruchsentscheidung aufgehoben hat, ohne gleichzeitig erneut über den Einspruch zu entscheiden; in diesem Fall sei nicht die Hauptsache, sondern nur das *Klageverfahren* erledigt (BFHE 94, 182 = BStBl II 1969, 113).

ME bestehen keine Bedenken gegen eine sinngemäße Anwendung des § 138, wenn beide Beteiligte *übereinstimmend* das Rechtsmittelverfahren für erledigt erklären, da es sich insoweit um ein „Weniger" im Verhältnis zur Erledigung der Hauptsache handelt und bei übereinstimmender Erledigungserklärung nicht zu prüfen ist, ob tatsächlich eine Erledigung der Hauptsache oder des Rechtsmittelverfahrens eingetreten ist. Dagegen wird es bei der *einseitigen* Erklärung, das Rechtsmittelverfahren sei erledigt, nur selten zu einer entsprechenden Anwendung der Kostenvorschriften des § 138 kommen, weil kaum Fälle denkbar sind, in denen nicht die Hauptsache, sondern nur das (zulässige) Rechtsmittel aus Gründen, die nicht im Einflussbereich des Rechtsmittelführers liegen, nachträglich gegenstandslos wird (ähnlich T/K § 138 Rz 52). In diesen Fällen ist zu prüfen, ob nicht in Wirklichkeit eine **Rücknahme des Rechtsmittels** beabsichtigt ist (vgl BFH/NV 1989, 719; 1999, 515).

Über die Kosten des erledigten Rechtsmittelverfahrens ist in entsprechender Anwendung des § 138 Abs 1 nach billigem Ermessen zu entscheiden (BFHE 165, 17 = BStBl II 1991, 846).

C. Übereinstimmende Erledigungserklärung der Beteiligten

I. Allgemeine Wirkung

11   Erklären Kläger und Beklagter **übereinstimmend,** der Rechtsstreit sei in der Hauptsache erledigt, so ist ohne weitere Nachprüfung davon auszugehen, dass das tatsächlich der Fall ist (BFHE 170, 263, 274 = BStBl II 1993, 462; BFHE 173, 494 = BStBl II 1994, 520; BFH/NV 1997, 307; 2004, 1392). Es ist bei übereinstimmender Erledigungserklärung gleichgültig, ob und ggf wann die Hauptsache tatsächlich erledigt wurde. Das folgt auch aus der Dispositionsmaxime (st Rspr vgl BFHE 91, 514 = BStBl II 1968, 413; BFHE 91, 521 = BStBl II 1968, 414; BFHE 91, 403 = BStBl II 1968, 352; BFHE 92, 469 = BStBl II 1968, 742; BFHE 93, 298 = BStBl II 1968, 780; BFHE 94, 302 = BStBl II 1969, 167; BFHE 99, 23 = BStBl II 1970, 550). Die Erklärungen haben konstitutive Wirkung. Sie führen mit dem Eingang der letzten der beiden Erklärungen bei Gericht (BFHE 135, 237 = BStBl II 1982, 405) ohne weiteres zur **Beendigung der Rechtshängigkeit** (BFHE 193, 494 = BStBl II 2001, 303; *Lüke* FS Weber, S 323 325; *Lange* StuW 1996, 137). Einer ausdrücklichen Erledigungserklärung des Beklagten steht kraft Gesetzes (§ 138 Abs 3) der Fall gleich, dass der Beklagte einer Erledigungserklärung des Klägers nicht innerhalb von zwei Wochen nach Zustellung des Schriftsatzes, der die Erledigungserklärung enthält, widerspricht. Die Rechtshängigkeit wird in diesem Fall mit Ablauf der in § 138 Abs 3 genannten Frist beendet, sofern das Gericht den Beklagten über die Rechtsfolgen des Schweigens auf die Erledigungserklärung belehrt hat. Ein gerichtlicher Ausspruch über die Erledigung ist nicht erforderlich (BFHE 170, 263, 274 = BStBl II 1993, 462). Es ist nur noch durch Beschluss über die Kosten zu entscheiden (vgl hierzu unten Rz 25 ff). Nach Eingang der Erledigungserklärungen sind auf die Hauptsache gerichtete Prozesshandlungen, die die Rechtshängigkeit der Sache voraussetzen, nicht mehr möglich (BFHE 151, 118 = BStBl II 1988, 121; FG BaWü EFG 1994, 51). Wird der Rechtsstreit erst im **Rechtsmittelverfahren** übereinstimmend für in der Hauptsache erledigt erklärt, so wird die vorausgegangene **Entscheidung des FG** einschließlich der Kostenentscheidung **wirkungslos,** ohne dass es einer entsprechenden Feststellung des BFH bedürfte (BFHE 151, 354 = BStBl II 1988, 183; BFH/NV 1995, 331, 918; 1996, 846; *T/P* § 91 a Rz 5 ee); *Zöller/Vollkommer* § 91 a Rz 12; *Kopp/Schenke* § 161 Rz 12; vgl aber BVerwG NVwZ-RR 1994, 547). Die Unwirksamkeit des erstinstanzlichen Urteils sollte aus Gründen der Rechtsklarheit jedoch dann vom Rechtsmittelgericht ausdrücklich festgestellt werden, wenn der Rechtsstreit nur zum Teil in der Hauptsache erledigt ist (BVerwG Buchholz 310 § 161 VwGO Nr 101; vgl zur Teilerledigung Rz 4, 35).

Die Beendigung der Rechtshängigkeit hat zur Folge, dass der mit der Klage angefochtene Steuerbescheid **unanfechtbar** wird (BFHE 141, 211 = BStBl II 1984, 697; BFHE 202, 228 = BStBl II 2003, 888; *Lange* StuW 1996, 137).

Erklären die Beteiligten in der mündlichen Verhandlung vor dem FG die Hauptsache für erledigt, weil sich das FA zum Erlass eines **Änderungsbescheids** zu Gunsten des Klägers verpflichtet hat, ist das FA nach Treu und Glauben an diese Zusage gebunden (BFHE 151, 118 = BStBl II 1988, 121; BFH/NV 1992, 827; *Lange* StuW 1996, 137). Nach der Rspr des BFH kann der Kläger den durch Erledigung der Hauptsache beendeten Rechtsstreit in entsprechender Anwendung des § 100 Abs 1 S 4 fortsetzen mit dem Begehren, das FA zur Einhaltung seiner Zusage zum Erlass eines Änderungsbescheids zu verpflichten, wenn er der Ansicht ist, das FA habe den zugesagten Änderungsbescheid nicht mit dem vereinbarten Inhalt erlassen (BFHE 193, 494 = BStBl II 2001, 303; BFH/NV 1992, 827; ebenso *T/K* Rz 34 mwN). Wird die Erledigung der Hauptsache erst *nach* Ergehen eines Änderungsbescheids erklärt, ist in der Erledigungserklärung des Klägers nicht ohne weiteres ein Verzicht auf die Einlegung eines Rechtsbehelfs gegen den Änderungsbescheid zu sehen (*Lange* StuW 1996, 137).

Es ist ohne Bedeutung, ob sich auch der **Beigeladene** oder der **Beigetretene** der Erledigungserklärung anschließt oder ihr widerspricht; es kommt nur auf die Erklärungen der Hauptbeteiligten an (BFHE 115, 425; BFHE 153, 94; NV 1993, 672; BVerwG NVwZ-RR 1992, 276; BVerwG DÖV 1968, 846). Eine Revision, die der Beigeladene nach übereinstimmenden Erledigungserklärungen der Hauptbeteiligten eingelegt hat, ist mangels Rechtsschutzbedürfnis unzulässig (BFH/NV 2001, 320). Der Beigeladene kann jedoch ein von ihm vorher eingelegtes *Rechtsmittel* in Übereinstimmung mit dem Rechtsmittelgegner für erledigt erklären (*Redeker/v Oertzen* § 107 Rz 17; vgl auch oben Rz 10 a).

II. Rechtsnatur der Erledigungserklärung

12   Die Erledigungserklärung ist **Prozesshandlung;** es müssen deshalb die
allgemeinen Prozesshandlungsvoraussetzungen vorliegen (vgl *T/P* Einl III 2
und unten Rz 13 ff). Die Erledigungserklärung ist, wenn sie in **Übereinstimmung** mit dem Gegner abgegeben wird, auch **prozessuale Bewirkungshandlung,** die den Rechtsstreit in gleicher Weise beendet wie ein
Urteil. Die Prozesslage wird durch die übereinstimmende Erledigungserklärung abschließend gestaltet (BVerwG DVBl 1964, 874; BFHE 105, 3 =
BStBl II 1972, 466; BFHE 141, 211 = BStBl II 1984, 697; BFHE 202, 228
= BStBl II 2003, 888; BFH/NV 1993, 605; FG RhPf EFG 1985, 134;
Kopp § 161 Rz 11 mwN).

III. Voraussetzungen einer wirksamen Erledigungserklärung

13   Auch wenn bei übereinstimmenden Erledigungserklärungen nicht zu
prüfen ist, ob die Hauptsache tatsächlich erledigt ist, muss das Gericht doch
prüfen, ob eine **wirksame Erledigungserklärung abgegeben** wurde
und ob das Erklärte tatsächlich gemeint war (BFHE 94, 182 = BStBl II
1969, 113). Ergeben sich dabei Zweifel, sind diese durch Rückfrage zu
klären. Für die Auslegung der Erledigungserklärung gelten die allgemeinen
Grundsätze (§§ 133, 157 BGB) zur Auslegung von Willenserklärungen
(BFH/NV 1997, 307).

1. Form und Inhalt der Erklärung; Erklärung kraft Fiktion (Abs 3)

Die Erledigungserklärung ist **dem Gericht gegenüber** abzugeben und
zwar bei obligatorischer mündlicher Verhandlung **mündlich,** bei freigestellter mündlicher Verhandlung oder bei Verzicht auf eine solche **schriftlich** oder zur **Niederschrift** (BGH NJW 1968, 992; *Zöller/Vollkommer*
§ 91 a Rz 10; *T/K* § 138 Rz 29). Die Erledigung muss nicht ausdrücklich
erklärt werden, sie kann auch **schlüssig,** dh durch konkludentes Handeln
erklärt werden (BFHE 91, 20 = BStBl II 1968, 203; BFHE 128, 324 =
BStBl II 1979, 795; BFHE 135, 264 = BStBl II 1982, 406; BFH/NV
1986, 760; 2005, 70; FG Köln EFG 1981, 514; *Kopp/Schenke* § 161 Rz 16
mwN). Das Schweigen des Klägers nach Erlass eines Änderungsbescheids,
mit dem er sein Klageziel in vollem Umfang erreicht hat, kann als konkludente Erledigungserklärung zu werten sein (BFHE 128, 324 = BStBl II
1979, 705; vgl aber BFH/NV 1988, 258 und BFH/NV 1986, 760; vgl zu
diesem Problem auch *Mittelbach* DStZ 1980, 229). In dem Antrag, die
Kosten gegeneinander aufzuheben, kann eine Erledigungserklärung gesehen werden (BFHE 104, 39 = BStBl II 1972, 222). Der Inhalt der Erledigungserklärung ist durch Auslegung zu ermitteln. Wird „die Hauptsache"
für erledigt erklärt, sind damit grundsätzlich alle Sachanträge erfasst, es sei
denn der Kläger beschränkt die Erledigungserklärung ausdrücklich auf bestimmte Anträge (BVerwG Buchholz 310 § 161 VwGO Nr 108). Einer
ausdrücklichen oder konkludenten Erledigungserklärung des Beklagten
steht die fiktive Erledigungserklärung nach § 138 Abs 3 gleich. Die Erledigungserklärung des Beklagten wird kraft Gesetzes fingiert, wen er der Erledigung nicht innerhalb einer Frist von zwei Wochen nach Zustellung der
Erledigungserklärung des Klägers widerspricht; die Fiktion greift nur ein,

wenn er Beklagte vom Gericht zuvor auf diese Folge hingewiesen worden ist (vgl auch Rz 1).

Wird die Hauptsache für erledigt erklärt, weil das FA dem Begehren des Klägers durch Erlass eines **Änderungsbescheids** entsprochen hat, so setzt eine wirksame Erledigungserklärung nicht voraus, dass der Kläger zuvor den Änderungsbescheid nach § 68 aF zum Gegenstand des Verfahrens gemacht hat (BFHE 162, 215 = BStBl II 1991, 102; BFH/NV 1993, 188). Die Hauptsache kann auch dann wirksam für erledigt erklärt werden, wenn nach Ergehen eines Gerichtsbescheids Antrag auf mündliche Verhandlung gestellt wurde (BFH/NV 2004, 1290).

2. Bedingte und hilfsweise Erledigungserklärung

Die Erledigungserklärung kann als Prozesshandlung nicht von einer **14** **(außerprozessualen) Bedingung** abhängig gemacht werden (BFH/NV 1997, 301; BVerwG Buchholz 448.6 § 13 KDVG Nr 6). Eine solche Bedingung kann vorliegen, wenn sich die Beteiligten auf eine außergerichtliche Erledigung nach § 172 Abs 1 Nr 2 AO geeinigt und die Hauptsache mit Rücksicht darauf für erledigt erklärt haben (BFHE 106, 284). Es besteht jedoch keine Veranlassung anzunehmen, Erledigungserklärungen, die im Hinblick auf die Zusage des FA, einen geänderten Bescheid zu erlassen, abgegeben werden, stünden stets unter der aufschiebenden Bedingung der materiellen Erledigung. Bei übereinstimmenden Erledigungserklärungen tritt die formelle Erledigung des Rechtsstreits in der Hauptsache unabhängig davon ein, ob tatsächlich eine (materielle) Erledigung stattgefunden hat (BFHE 151, 118 = BStBl II 1988, 121; BFH/NV 1999, 1487; vgl auch FG Saarl EFG 1991, 140). Das OLG Hamm (NJW 1973, 1376) hat in einem Fall, in dem die Erledigungserklärung unter der Bedingung, abgegeben wurde, dass das Rechtsmittel zulässig ist, mit Recht angenommen, dass hier keine schädliche Bedingung vorliegt, weil entweder das Rechtsmittel unzulässig ist und dann die Erledigung nicht wirksam erklärt werden kann (s unten Rz 18) oder das Rechtsmittel zulässig ist mit der Folge dass nur über die Erledigungserklärung des Rechtsmittelführers zu entscheiden ist (vgl auch BFH/NV 2000, 1211).

Unschädlich ist es auch, wenn in einem zulässigen Verfahren der **Sachantrag** als **Hauptantrag** aufrechterhalten und die **Erledigungserklärung** mit dem Antrag auf Kostenentscheidung nur **hilfsweise** gestellt wird, weil der Beteiligte der Ansicht ist, die Hauptsache sei nicht erledigt. Ein solcher Hilfsantrag ist seinem Wesen nach notwendig bedingt (durch den Nichterfolg des Hauptantrags) und für zulässig zu erachten (hM, vgl BFHE 131, 285 = BStBl II 1981, 37; BFH/NV 2000, 1226; FG Saarl EFG 1997, 3; *Bergerfurth* NJW 1968, 530; *Geist* DStR 1969, 24, 28; *Dänzer-Vanotti* DStZ 1981, 390; *T/P* § 91 a Rz 4 bb); *Baumbach* ua § 91 a Rz 2 B). Ebenso ist es umgekehrt zulässig, den **Erledigungsantrag als Hauptantrag** und den Sachantrag hilfsweise zu stellen (BGH NJW 1965, 1597). Vgl hierzu auch unten Rz 19.

Wird der Rechtsstreit von einem oder beiden Beteiligten nur hilfsweise für erledigt erklärt, so fehlt es an **„übereinstimmenden"** Erledigungserklärungen; in diesem Fall besteht der sachliche Streit in Wahrheit weiter (BGH NJW 1967, 564; *Ziemer* ua Rz 10 655/4 f; *Zöller/Vollkommer* § 91 a

Rz 13; *Baumbach ua* § 91 a Rz 2 C; *Dänzer-Vanotti* DStZ 1981, 390). Da das Gericht bei gegensätzlichen Hauptanträgen der Beteiligten stets eine Sachentscheidung treffen muss, kann es bei nur hilfsweiser Erledigungserklärung des Beklagten nie zu einer isolierten Kostenentscheidung nach § 138 kommen (aA BFHE 131, 285 = BStBl II 1981, 37).

3. Zeitpunkt der Erledigungserklärung

15   Eine wirksame Erledigungserklärung kann erst **nach Rechtshängigkeit der Hauptsache** (s oben Rz 2; BGHZ 83, 12) und bis zum Schluss der letzten mündlichen Verhandlung oder (bei Verfahren ohne mündliche Verhandlung) bis zum Erlass der Entscheidung abgegeben werden. Die Erledigungserklärung kann auch noch in der **Rechtsmittelinstanz** abgegeben werden; der BFH hat dann über die Kosten des gesamten Verfahrens zu entscheiden (BFHE 106, 17 = BStBl II 1972, 706; BFHE 143, 8 = BStBl II 1985, 258; BFHE 195, 19 = BStBl II 201, 683; BFH/NV 1986, 760; 1999, 1396). Voraussetzung ist allerdings, dass das Rechtsmittel zulässig ist (vgl unten Rz 18).

4. Widerruf der Erledigungserklärung

16   Die Erledigungserklärung kann grundsätzlich von beiden Beteiligten **frei widerrufen** werden. Geht der Kläger von seinem Sachantrag zur Erledigungserklärung über, so ist darin eine Änderung des Antrags nach § 264 Nr 2 und 3 ZPO iVm § 155 zu sehen (BFHE 94, 46 = BStBl II 1969, 80; BFH/NV 1998, 187; *J. Schmidt* DÖV 1984, 622; *Lüke* FS Weber, S 323, 331; *Geist* DStR 1969, 24, 27; vgl auch unten Rz 19). Der Kläger muss deshalb die Möglichkeit haben, bis zum Eingang der Erledigungserklärung des Beklagten seinen Antrag erneut zu ändern, also seine Erledigungserklärung zu widerrufen (BFHE 94, 46 = BStBl II 1969, 80; BFHE 155, 12 = BStBl II 1989, 107; BVerwG NVwZ-RR 1992, 276). Als Prozesshandlung muss der Widerruf für die Beteiligten erkennbar sein. In BFHE 155, 12 = BStBl II 1989, 107 hat der BFH sogar die Erhebung einer neuen Anfechtungsklage (nach rechtsirriger Erklärung der Erledigung der Hauptsache im Verfahren der zuvor erhobenen Untätigkeitsklage) als Widerruf der Erledigungserklärung beurteilt. Die Nichtbeachtung eines wirksamen Widerrufs durch das FG kann als Verfahrensmangel mit der Nichtzulassungsbeschwerde gerügt werden. Auch der Beklagte kann seine Erledigungserklärung bis zum Eingang der Erledigungserklärung des Klägers widerrufen (BGH NJW 1968, 991; *T/K* § 138 Rz 28; *Göppinger*, Die Erledigung des Rechtsstreits in der Hauptsache, S 99). **Nach Eingang beider Erledigungserklärungen** ist ein **Widerruf nicht** mehr **zulässig,** da die übereinstimmende Erledigungserklärung eine prozessuale Bewirkungshandlung ist, die den Prozess in der Hauptsache beendet (vgl oben Rz 7 und BFHE 105, 3 = BStBl II 1972, 466; BFHE 151, 118 = BStBl II 198, 121; BFH/NV 1992, 392; 2002, 1339; FG RhPf EFG 1985, 134; *Zöller/Vollkommer* § 91 a Rz 11; *T/P* § 91 a Rz 4 dd); *T/K* § 138 Rz 28; *Baumbach ua* § 91 a Rz 2 C; *Lüke* FS Weber, S 323, 325).

Ein Widerruf soll ausnahmsweise auch noch nach diesem Zeitpunkt zulässig sein, wenn ein **Restitutionsgrund** (§ 134 iVm §§ 579 ff ZPO) vorliegt; in diesem Fall entspreche die Fortsetzung des Rechtsstreits der Prozessökonomie (BGHZ 80, 389). Ein bloßer Irrtum über den Inhalt einer tatsächlichen Verständigung rechtfertigt nicht den Widerruf einer Erledigungserklärung (FG Saarl EFG 1991, 140).

Nach Eingang beider Erledigungserklärungen kann die Klage nicht mehr zurückgenommen werden; da die Sache nicht mehr rechtshängig ist, geht die **Klagerücknahme** ins Leere (FG Bremen EFG 1992, 24; Bay VGH BayVBl 1980, 342).

Entsteht im Anschluss an die übereinstimmende Erledigungserklärung Streit über die **Wirksamkeit der Erledigungserklärung,** so ist der Rechtsstreit fortzusetzen (vgl BFH/NV 1999, 1473 und unten Rz 24).

Ist eine Erledigungserklärung nicht mehr widerrufbar, so kann auch die **Klage nicht mehr zurückgenommen** werden (VGH München BayVBl 1980, 343); auch eine Anfechtung ist nicht (mehr) möglich (BFHE 91, 514 = BStBl II 1968, 413; *Zöller/Vollkommer* § 91a Rz 11; **aA** *Grunsky* S 111 für den Fall arglistiger Täuschung).

5. Vertretungszwang

Der Beteiligte braucht sich bei Abgabe der Erledigungserklärung nicht **17** durch einen Prozessbevollmächtigten vertreten zu lassen. Das gilt nach der Rspr des BFH auch in **Verfahren vor dem BFH,** für die grundsätzlich Vertretungszwang nach § 62a besteht (vgl § 62a Rz 17).

Nach Auffassung des BFH kann auch ein **vollmachtloser Vertreter** die Erledigungserklärung abgeben (BFHE 108, 477 = BStBl II 1973, 532; zweifelhaft).

6. Zulässigkeit des Klage- und Rechtsmittelverfahrens

a) In einem **unzulässigen erstinstanzlichen Verfahren** (Klage- oder **18** Antragsverfahren) kann nach zutreffender hM die Hauptsache **nicht einseitig wirksam** für erledigt erklärt werden (BFHE 101, 209 = BStBl II 1971, 306; BFHE 122, 443 = BStBl II 1977, 697; BFHE 130, 480 = BStBl II 1980, 588 mwN; BFH/NV 2000, 1211, 1129; 2001, 620; BGHZ 83, 12; BAGE 19, 342; BVerwGE 34, 161; FG BaWü EFG 1969, 411; FG Bremen EFG 1974, 162; *T/K* § 138 Rz 39; *Ziemer ua* Rz 10656/2; *Zöller/Vollkommer* § 91a ZPO Rz 44; *Stein/Jonas* § 91a ZPO Anm III 2; *Baumbach ua* § 91a ZPO Rz 5 A; *Lüke* in FS Weber, 323, 332f; **aA** BVerwG in NJW 1965, 1036 und NJW 1969, 1789, das die ursprüngliche Zulässigkeit der Klage in diesem Fall nur prüfen will, wenn der Beklagte für sein Festhalten am Klagabweisungsantrag ein schutzwürdiges Interesse darlegen kann; abweichend ferner BAG DB 1990, 2378; FG Hbg EFG 1969, 416; *Schwab* ZZP 72, 127; *Assmann* FS Schwab, 179, 188). Der hM ist zuzustimmen, denn bei einer von Anfang an unzulässigen Klage kommt eine Sachentscheidung über das durch die Erledigungserklärung geänderte Klagebegehren (vgl dazu Rz 19) von vornherein nicht in Betracht. Eine gerichtliche Sachentscheidung ist weder über das ursprüngliche noch über das geänderte Klagebegehren möglich, weil dieses Begehren wegen Fehlens einer Prozessvoraussetzung nicht Gegenstand einer sachlichen Verhandlung und Entscheidung des FG sein kann; die Klage ist vielmehr als unzulässig abzuweisen (BFHE 130, 480 = BStBl II 1980, 588).

War das Verfahren nicht von Anfang an unzulässig, sondern ist es erst durch den Eintritt des erledigenden Ereignisses (Wegfall des Rechtsschutzbedürfnisses) **nachträglich unzulässig geworden,** so kann ebenfalls nicht die Erledigung ausgesprochen und nach § 138 über die Kosten entschieden werden, wenn der Kläger nicht seinen Antrag der neuen Situation anpasst, dh die Hauptsache ganz oder – bei Teilerledigung – teilweise für erledigt erklärt oder gemäß § 100 Abs 1 S 4 zur Fortsetzungsfeststellungsklage übergeht (vgl hierzu unten Rz 22, 23).

18 a   b) Dagegen werden **übereinstimmende Erledigungserklärungen** beider Beteiligten nach hM auch in einem *unzulässigen Klage- oder Antragsverfahren* als **wirksam** angesehen, mit der Folge, dass nur noch über die Kosten des Verfahrens zu entscheiden ist (BFHE 113, 175 = BStBl II 1974, 749; BFHE 115, 406 = BStBl II 1975, 673; BFHE 165, 17 = BStBl II 1991, 846; BGHZ 21, 298; BVerwGE 46, 215; BGH WM 1977, 332; FG Bremen EFG 1991, 742; *T/K* § 138 Rz 30). Anders als bei der einseitig gebliebenen Erledigungserklärung führt die übereinstimmende Erledigungserklärung eo ipso zur Beendigung der Rechtshängigkeit. Das Gericht darf keine Sachentscheidung mehr treffen und hat auch nicht zu prüfen, ob sich die Hauptsache wirklich erledigt hat (s Rz 11). Für die jetzt nur noch zu treffende Kostenentscheidung ist das Vorliegen der Sachentscheidungsvoraussetzungen des Klage- oder Antragsverfahrens nicht erforderlich. Die Hauptsache kann deshalb auch in einem von Anfang an unzulässigen Klage- oder Antragsverfahren wirksam für erledigt erklärt werden.

18 b   c) Im **Rechtsmittelverfahren** kann die Hauptsache nach hM nur dann wirksam für erledigt erklärt werden, wenn die Zulässigkeitsvoraussetzungen des Rechtsmittels im Zeitpunkt der Erledigungserklärung vorlagen. Erledigungserklärungen, die in einem **unzulässigen** Rechtsmittelverfahren abgegeben werden, sind **wirkungslos** (st Rspr, vgl BFHE 101, 209 = BStBl II 1971, 306; BFHE 122, 443 = BStBl II 1977, 697; BFHE 143, 8 = BStBl II 1985, 258; BFH/NV 1986, 550 mwN; 1988, 95 und 719; 1991, 53). Das gilt nicht nur für die *einseitige Erledigungserklärung* (vgl zB BFHE 143, 414 = BStBl II 1985, 469; BFHE 174, 4 = BStBl II 1994, 599; BFH/NV 1995, 422; BFH/NV 1990, 112), sondern auch für die **übereinstimmenden Erklärungen** der Beteiligten, die Hauptsache sei erledigt (vgl zB BFHE 101, 209 = BStBl II 1971, 306; BFHE 103, 36 = BStBl II 1971, 805; BFHE 156, 79 = BStBl II 1989, 569; BFH/NV 2001, 620 mwN; BFH VersR 1981, 956).

Dieses Ergebnis wird damit begründet, dass im Falle eines unzulässigen Rechtsmittels der Streitgegenstand, auf den sich die Erledigungserklärungen bezögen, nicht an das Gericht gelangt sei, das über das Rechtsmittel zu entscheiden habe; die Erklärungen seien insoweit gegenstandslos und könnten im unzulässigen Rechtsmittelverfahren keine Wirkung entfalten.

Gegen diese Begründung lässt sich einwenden, dass grundsätzlich auch ein unzulässiges Rechtsmittel Suspensiv- und Devolutivwirkung entfaltet (vgl dazu vor § 115 Rz 1). Die Entscheidung über das unzulässige Rechtsmittel obliegt dem BFH. Die Rechtskraft der angefochtenen gerichtlichen Entscheidung (und die Bestandskraft des angefochtenen VA) tritt nach der Entscheidung des GmsOGB in BGHZ 88, 353 = JZ 1984, 439 auch bei einem unzulässigen Rechtsmittel, das allerdings statthaft sein muss, erst mit

Rechtskraft der Unzulässigkeitsentscheidung des Rechtsmittelgerichts ein. Gleichwohl ist der Rspr im Ergebnis zuzustimmen. Die Zulässigkeitsvoraussetzungen des jeweiligen Rechtsmittelverfahrens sind in jedem Verfahren vorrangig zu prüfen. Erst wenn feststeht, dass die Revision oder Beschwerde zulässig eingelegt und begründet wurde, kann der BFH prüfen, ob die Erledigungserklärungen wirksam abgegeben wurden und ob – bei einseitiger Erledigungserklärung – tatsächlich eine Erledigung der Hauptsache eingetreten ist.

Zu der Frage, ob eine *auf das Rechtsmittelverfahren beschränkte Erledigungserklärung* zulässig ist, vgl oben Rz 10 a.

D. Einseitige Erledigungserklärung des Klägers

I. Rechtsnatur und Wirkung

Die **Erledigungserklärung des Klägers** hat – anders als die überein-   **19**
stimmenden Erledigungserklärungen beider Beteiligter – **keine konstitutive** Wirkung in dem Sinn, dass sie die Rechtshängigkeit der Hauptsache beendet (BFHE 164, 11 = BStBl II 1991, 527). Gleichwohl entfaltet sie eine unmittelbare prozessuale Wirkung. Der Kläger verfolgt nämlich seinen ursprünglichen Sachantrag nicht mehr weiter, sondern behauptet, dieser Antrag sei durch ein nachträglich eingetretenes Ereignis **gegenstandslos** geworden, es sei also nur noch die Hauptsacheerledigung festzustellen und über die Kosten zu entscheiden. Da der Beklagte dem nicht zustimmt, ist Gegenstand des Rechtsstreits nunmehr die Frage der Erledigung und die Kostenfrage (BFHE 128, 492 = BStBl II 1979, 779; BFHE 154, 491 = BStBl II 1989, 106; BFHE 195, 19 = BStBl II 2001, 683 mwN; BFH/NV 1998, 187). In der einseitigen Erledigungserklärung kann ein besonderer **Fall der Antragsänderung** gesehen werden (BFHE 94, 46 = BStBl II 1969, 80; BFHE 119, 219 = BStBl II 1976, 785; BFH/NV 1996, 776; *T/K* § 138 Rz 36; *T/P* § 138 Rz 2 c; *Zöller/Vollkommer* § 91 a Rz 34; *Mössner* NJW 1970, 175; offengelassen BGH NJW 1982, 767; das BVerwG spricht in BVerwGE 34, 159 von einer „besonderen Form der Klageänderung"). Der BFH sieht in BFHE 153, 258, 261 = BStBl II 1988, 801, in dem Übergang zur Fortsetzungsfeststellungsklage nach Erledigung der Hauptsache lediglich eine (auch im Revisionsverfahren zulässige) *Einschränkung* des ursprünglichen Begehrens auf Änderung des SteuerVA. ME kann nicht zweifelhaft sein, dass der Kläger mit dem (einseitigen) Antrag, die Hauptsache für erledigt zu erklären, ein *anderes* Rechtsschutzziel verfolgt, als mit dem ursprünglichen Klageantrag (ebenso: *Mössner* NJW 1970, 175; *T/K* § 138 Rz 36). Gleichwohl handelt es sich dabei nicht um eine im Revisionsverfahren unzulässige (§ 123) Klageänderung iS des § 67, sondern um eine Antragsänderung eigener Art, die ohne die besonderen Zulässigkeitsvoraussetzungen des § 67 (oder des § 268 Nr 2 und 3 ZPO iVm § 155) auch im Revisionsverfahren zulässig ist (so im Ergebnis auch BFHE 128, 492 = BStBl II 1979, 779; BFH/NV 2001, 620); der Kläger macht damit nicht einen neuen materiellen Anspruch geltend, sondern begehrt lediglich eine andere gerichtliche Sachentscheidung in Bezug auf den bisherigen Streitgegenstand, nämlich den Ausspruch, das bisherige Klage-

begehren sei in der Hauptsache erledigt (ähnlich *T/K* § 138 Rz 36). Die einseitige Erledigungserklärung ist Prozesshandlung. Sie ist klar und eindeutig zu erklären und grundsätzlich frei **widerruflich** (vgl oben Rz 16).

Ist der Kläger im Zweifel, ob eine Erledigung eingetreten ist, kann er seinen ursprünglichen Klageantrag **hilfsweise** aufrechterhalten (BFH/NV 1998, 187; BGHZ 43, 396; BGH WM 1982, 1260; BVerwGE 73, 312; *Zöller/Vollkommer* § 91 a Rz 34; *Baumbach ua* § 91 a Rz 2 B; *Bergerfurth* NJW 1968, 530). Es ist auch zulässig, dass der Kläger **in erster Linie** seinen **Hauptantrag** weiterverfolgt und hilfsweise die Klage für erledigt erklärt (vgl oben Rz 14; BGH NJW 1975, 539; OLG Schleswig NJW 1973, 1933; *Bergerfurth* aaO; *Dänzer-Vanotti* DStZ 1981, 390; *Zöller/Vollkommer* § 91 a Rz 35; *Geist* DStR 1969, 24, 28). Der Erledigungsantrag kann dann allerdings nicht zu der (hilfsweise) angestrebten Kostenentscheidung nach § 138 führen, weil wegen der Aufrechterhaltung des Sachantrags noch eine Entscheidung in der Sache erforderlich und deshalb für einen Kostenbeschluss nach § 138 kein Raum ist (so zutreffend *Dänzer-Vanotti* aaO; *Schmidt-Troje* DStZ 1981, 151).

Wegen des **Zeitpunkts der Erledigungserklärung** s oben Rz 15.

II. Entscheidung des Gerichts über die Erledigung

20   Das Gericht hat bei einseitiger Erledigungserklärung des Klägers die **tatsächliche Erledigung zu prüfen.** Kommt es zu der Überzeugung, dass die Hauptsache nicht erledigt ist, so hat es die Klage abzuweisen; denn ihr einziger Gegenstand war (neben der Kostenfrage) das Begehren, die Erledigung festzustellen (BFH/NV 1998, 187; 2003, 935). Da er Kläger mit seinem Antrag auf Feststellung der Erledigung unterlegen ist, trägt er nach § 135 Abs 1 die Kosten (BFHE 128, 492 = BStBl II 1979, 779).

Kommt das Gericht dagegen zu der Überzeugung, dass die Hauptsache erledigt ist, so ist die **Erledigung im Urteil** (nur im Beschlussverfahren durch Beschluss) **festzustellen** (BFHE 128, 314 = BStBl II 1979, 741; BFHE 128, 344 = BStBl II 1979, 709). Tritt die Erledigung der Hauptsache erst im Rechtsmittelverfahren ein, ist die Entscheidung der Vorinstanz für **wirkungslos zu erklären,** da diese Folge nicht – wie bei der übereinstimmenden Erledigungserklärung – von selbst eintritt (BFHE 142, 357 = BStBl II 1985, 218; BFHE 164, 319 = BStBl II 1991, 744; BHFE 195, 19 = BStBl II 2001, 683; BFH/NV 1990, 112). Die Kosten sind in diesem Fall dem Beklagten nach § 135 Abs 1 aufzuerlegen, weil er seinen Antrag auf Sachabweisung aufrechterhalten hat und damit unterlegen ist (BFHE 101, 102 = BStBl II 1971, 307; BFHE 128, 344 = BStBl II 1979, 709; BFHE 128, 492 = BStBl II 1979, 779; BFHE 195, 19 = BStBl II 201, 683; FG BaWü EFG 1999, 1041; BVerwGE 20, 146; BVerwGE 31, 318; BGH NJW 1969, 237). Der Beklagte unterliegt dagegen nicht mit der Kostenfolge aus § 135 Abs 1, wenn die **Klage von Anfang an unzulässig** war, weil dann der Kläger in dem unzulässigen Verfahren keine Sachanträge, also auch nicht den auf Feststellung, die Hauptsache sei erledigt, stellen konnte (vgl oben Rz 18; im, Ergebnis ebenso: BGH HFR 1980, 397). Nach Ansicht des BVerwG (Buchholz 310 § 113 VwGO Nr 104) und des BAG in BAGE 19, 342 muss – bei zulässiger Klage – trotz der Erledigungserklärung des Klägers noch in der Sache selbst entschieden werden, wenn der Beklagte ein berechtigtes Interesse an der Feststellung hat, dass die Klage von Anfang an unbegründet gewesen sei. Gegen die Auffassung des BVerwG bestehen Bedenken. Der Kläger kann zwar in einem **unzulässigen** Verfahren keine Sachanträge stellen, er kann aber in einem **zulässigen Verfahren** seinen Antrag einschränken mit der Folge, dass nur noch über die Erledigung entschieden werden kann (ebenso *J. Schmidt* DÖV 1984, 622).

Hat das FG über die Frage der Erledigung durch Urteil entschieden, so ist dagegen grundsätzlich die (zugelassene) Revision bzw NZB statthaft. Diese kann aber nicht darauf gestützt werden, dass beabsichtigt sei, die in erster Instanz verweigerte Erledigungserklärung nachzuholen. Zwar fehlt in diesem Fall nicht das Rechtsschutzbedürfnis (so aber BFHE 128, 314 = BStBl II 1979, 741), die Revision hat jedoch keinen Erfolg, weil nicht dargetan ist, dass das FG-Urteil rechtsfehlerhaft ist (§ 118 Abs 1).

E. Einseitige Erledigungserklärung des Beklagten

Erhält der Kläger den ursprünglichen Klageantrag aufrecht, und will der   **21** Beklagte ihn nicht anerkennen, bleibt diesem prozessual – auch nach Erledigung der Hauptsache – nichts anderes übrig, als ebenfalls seinen Antrag (auf Abweisung der Klage) aufrechtzuerhalten. Der Prozess geht weiter und muss durch Urteil entschieden werden (BFHE 127, 147, 153 = BStBl II 1979, 375; BFHE 127, 155 = BStBl II 1979, 378; BVerwG MDR 1970, 261; BGHZ 1961, 127; BFH/NV 1987, 47). Die Erledigungserklärung des Beklagten stellt sich also nur als eine **Anregung an das Gericht** dar, zu prüfen, ob die Hauptsache erledigt und daher die Klage als unzulässig abzuweisen sei, weil ihr nunmehr das Rechtsschutzbedürfnis fehle und der Kläger dem nicht durch Änderung seines Antrags Rechnung getragen habe (BFHE 135, 264 = BStBl II 1982, 407; BFH/NV 1990, 106). Ist in diesem Fall die Hauptsache nicht erledigt, so geht der Prozess normal weiter. Ist dagegen die Hauptsache erledigt, so ist die Klage als unzulässig abzuweisen mit der Kostenfolge aus § 135 Abs 1 (BFHE 127, 155 = BStBl II 1279, 378; BFHE 135, 264 = BStBl II 1982, 407; BFH/NV 1991, 175, 835; 1993, 46; 2000, 335; *Dänzer-Vanotti* StuW 1978, 158). Die Feststellung, die Hauptsache sei erledigt, kann aufgrund einseitiger Erledigungserklärung des Beklagten **nicht** getroffen werden, weil der Kläger, der mit seinen Anträgen den Gegenstand der gerichtlichen Entscheidung bestimmt, diese Feststellung nicht beantragt, sondern ein Sachurteil verlangt, das er nicht erhalten kann. Die Tatsache der Erledigung ist hier nur ein **inzidenter festzustellender Umstand,** der das Rechtsschutzinteresse an der Sachentscheidung entfallen lässt (st Rspr seit den Entscheidungen des GrS in BFHE 127, 147 = BStBl II 1979, 375 und BFHE 127, 155 = BStBl II 1979, 378; vgl auch BFHE 128, 314 = BStBl II 1979, 741 und BFHE 135, 264 = BStBl II 1982, 407; BFH/NV 1996, 776; die ältere zT abweichende Rspr des BFH ist überholt). Tritt die Erledigung der Hauptsache im Revisionsverfahren ein, kann das FA als Revisionskläger seinen ursprünglichen Revisionsantrag ändern und die Hauptsache für erledigt erklären; darin liegt kein Verstoß gegen § 123 (BFH/NV 1996, 776).

Die Frage ob der Beklagte, wenn der Kläger seinen Sachantrag aufrechterhält, den Abweisungsantrag und **hilfsweise** die **Erledigungserklärung** (oder umgekehrt) abgeben kann, die im Zivilrecht erheblich umstritten ist (vgl hierzu *Bergerfurth* NJW 1968, 532), ist jedenfalls im finanzgerichtlichen Verfahren nicht von Interesse, weil die Erledigungserklärung des Beklagten in jedem Fall nur eine Anregung zur Prüfung der Erledigungsfrage darstellt (vgl hierzu *Dänzer-Vanotti* DStZ 1981, 390 und *Schmidt-Troje* DStZ 1981, 151).

F. Keine Erledigungserklärung

22   Ist zweifelhaft, ob die Erledigung eingetreten ist, geben aber beide Beteiligten **keine Erklärung** ab, so muss das FG über die Klage **durch Urteil** entscheiden (*T/K* § 138 Rz 48). Das Gericht hat über den Sachantrag des Klägers zu befinden und dabei inzidenter festzustellen, ob die Hauptsache erledigt ist. Ist das nicht der Fall, so ergeht ein Sachurteil. Ist dagegen die Hauptsache erledigt, so kann das – weil vom Kläger nicht begehrt (§ 96 Abs 1 S 2) – nicht ausgesprochen werden. Die Tatsache der Erledigung ist aber ein inzident festzustellender Umstand, der das Rechtsschutzinteresse an der Sachentscheidung entfallen lässt: Die gleichwohl aufrechterhaltene **Klage** (das Rechtsmittel) ist abzuweisen und zwar nicht als unbegründet (so aber BVerwG MDR 1970, 261), sondern als **unzulässig,** also durch Prozessurteil (BFHE 153, 258 = BStBl II 1988, 801; BFH/NV 1994, 728; FG Hbg EFG 1978, 144; *T/K* § 138 Rz 48). Über die Kosten ist in jedem Fall nach § 135 zu entscheiden.

G. Übergang zur Fortsetzungsfeststellungsklage

23   Das Gericht muss sich auch dann mit der Frage der Erledigung befassen, wenn der Kläger zur Fortsetzungsfeststellungsklage (§ 100 Abs 1 S 4) übergeht mit der Behauptung, der Rechtsstreit sei in der Hauptsache erledigt. Ist die Hauptsache nicht erledigt, so muss das Feststellungsbegehren (das frühere Begehren wurde nicht aufrechterhalten) beschieden werden, und zwar durch Urteil. Da die Klage noch als Anfechtungs- oder Verpflichtungsklage möglich geblieben ist (die Hauptsache ist ja nicht erledigt) und die Feststellungsklage nur subsidiären Charakter hat, ist die Klage unzulässig. Ist die Hauptsache erledigt, ist ebenfalls über die Feststellungsklage zu entscheiden. Diese kann je nach Lage abzuweisen sein, weil schon die ursprüngliche Klage unzulässig war, weil das Feststellungsbegehren unzulässig oder weil es unbegründet ist. Der Klage ist stattzugeben, wenn das Verfahren zulässig begonnen hatte und die Feststellungsklage zulässig und begründet ist. Vgl dazu auch § 100 Rz 54 ff.

H. Nachträglicher Streit über die Erledigung

24   Entsteht erst **nach Ergehen einer isolierten Kostenentscheidung** nach Abs 1 Streit darüber, ob übereinstimmende Erledigungserklärungen vorgelegen haben, so muss das Verfahren fortgesetzt werden. Die isolierte

Kostenentscheidung ist aufzuheben (BFHE 137, 393 = BStBl II 1983, 332; BFH/NV 1991, 550). Kommt das FG im weiteren Verfahren zu dem Ergebnis, dass von beiden Beteiligten wirksame Erledigungserklärungen abgegeben wurden, stellt es durch Urteil fest, dass die Hauptsache erledigt ist (BFH/NV 1999, 1471). Das Begehren auf Fortsetzung des Verfahrens ist nach Ergehen des Art 1 Nr 4 BFHEntlG (jetzt: § 128 Abs 4) nicht mehr im Rahmen einer Beschwerde gegen die Kostenentscheidung zu verfolgen (so noch BFHE 107, 362 = BStBl II 1973, 243; BFHE 108, 150 = BStBl II 1973, 455). Nach Inkrafttreten des § 128 Abs 2 idF des 2. FGO-ÄndG ist auch eine Beschwerde gegen die einen Fortgang des Verfahrens ablehnende Entscheidung des Vorsitzenden nicht mehr statthaft (vgl aber zur früheren Rechtslage BFHE 137, 393 = BStBl II 1983, 332). Macht ein Beteiligter unter der Geltung des § 128 Abs 2 nF mit der Beschwerde geltend, die Erledigung der Hauptsache sei nicht oder nicht wirksam erklärt worden, kann die „Beschwerde" als Antrag auf Fortsetzung des Verfahrens auszulegen sein (vgl § 128 Rz 10).

J. Kostenentscheidung

I. Allgemeines

Liegen die Voraussetzungen für eine Kostenentscheidung nach § 138 vor **25** (vgl oben Rz 1 ff), so muss das Gericht **von Amts wegen** über die Kosten entscheiden; eines Antrags bedarf es nicht. Die Entscheidung ergeht bei übereinstimmenden Erledigungserklärungen durch **Beschluss.** Wird (bei einseitiger Erledigungserklärung) über die Erledigung gestritten, so ist im Klageverfahren immer durch **Urteil** zu entscheiden (vgl oben Rz 20). In diesen Fällen ergeht aber die Kostenentscheidung nie nach § 138, sondern immer nach den allgemeinen Kostenvorschriften (§§ 135, 136; BFH/NV 1995, 331; im Wesentlichen ebenso: *T/K* § 138 Rz 58; *Ziemer ua* Rz 10 653). Eine Kostenentscheidung nach § 138 kommt auch dann nicht in Betracht, wenn eine der Erledigungserklärungen nur **hilfsweise** abgegeben wurde (vgl oben Rz 14; *Dänzer-Vanotti* DStZ 1981, 390; *Ziemer ua* Rz 10 655/5; **aA** für den Fall hilfsweiser Erledigungserklärung des **Beklagten** BFHE 131, 285 = BStBl II 1981, 37; BFH/NV 1987, 318; offen gelassen in BFH/NV 1987, 47). Die Entscheidung erstreckt sich wegen des Grundsatzes der Einheitlichkeit der Kostenentscheidung auf die **Kosten des gesamten bisherigen Verfahrens,** im Falle der Erledigung im Revisions- oder Beschwerdeverfahren also auch auf die Kosten der ersten Instanz (BFHE 189, 561 = BStBl II 1999, 799; BFH/NV 2000, 1247); die bisherige erstinstanzliche Entscheidung wird (einschließlich der Kostenentscheidung) **gegenstandslos.** Das sollte allerdings aus Gründen der Rechtsklarheit – insbesondere, wenn der Rechtsstreit nur **teilweise** in der Hauptsache erledigt ist – in dem über die Kosten entscheidenden Beschluss ausdrücklich festgestellt werden (BFHE 166, 329 = BStBl II 1992, 398; BFH/NV 2000, 1247; BVerwG NVwZ-RR 1994, 547; BVerwGE 13, 174; *Eyermann* § 161 Rz 9 mwN), auch wenn ein gerichtlicher Ausspruch über die Erledigung der Hauptsache bzw die Unwirksamkeit der Vorentscheidung bei übereinstimmender Erklärung der Hauptsache für erledigt nicht zwingend erforderlich ist (BFHE 170, 263 = BStBl II 1993, 462 und Rz 11).

II. Grundsätze der Kostenentscheidung nach Abs 1

1. Summarisches Verfahren

26   Die Vorschrift des § 138 Abs 1 soll das Verfahren **vereinfachen.** Es soll deshalb nur in einem summarischen Verfahren geprüft werden, wem die Kosten aufzuerlegen sind (BFHE 164, 570 = BStBl II 1991, 876; BFH/ NV 1993, 761; 2003, 471). Der Sachverhalt wird dabei in der Situation, in der er sich befindet, fixiert. Eine besondere **Beweisaufnahme** ist nach übereinstimmender Erledigungserklärung grundsätzlich **unzulässig** (*T/P* § 91a Rz 10). Auch die **Rechtslage** ist nicht eingehend zu prüfen (BFHE 91, 521 = BStBl III 968, 414; BFHE 102, 30 = BStBl II 1971, 529; BFHE 104, 39 = BStBl II 1972, 222; BFH/NV 1986, 349; 1988, 386; BVerwG DÖV 1955, 388; BVerwG HFR 1979, 296; BVerwG Buchholz 300 § 21a GVG Nr 2; BGH NJW 1954, 1038). Deshalb kommt auch eine Anrufung des GrS wegen einer Grundsatzfrage oder Divergenz nicht in Betracht (BFHE 120, 9 = BStBl II 1977, 119). Zur Maßgeblichkeit einer **Vereinbarung** der Beteiligten über die Kostenverteilung vgl Rz 29.

2. Entscheidung nach billigem Ermessen

27   Nach der Entscheidung des BFH in BFHE 104, 39 = BStBl II 1972, 222 gibt § 138 Abs 1 den Gerichten einen erheblichen **Ermessensspielraum** (ebenso BFHE 108, 89 = BStBl II 1973, 372; BFHE 213, 352 = BStBl II 1975, 41; FG Bremen, EFG 1993, 286). Dieser Ermessensspielraum ist allerdings durch die ausdrückliche gesetzliche Anordnung eingeschränkt, dass bei der Ermessensausübung der mutmaßliche Ausgang des Verfahrens aufgrund des **bisherigen Sach- und Streitstands** zu berücksichtigen ist. Wäre ein Beteiligter nach dem bisherigen Sach- und Streitstand voraussichtlich unterlegen, so entspricht es idR billigem Ermessen, ihm die Kosten nach Abs 1 aufzuerlegen (BFHE 119, 407 = BStBl II 1976, 686; BFHE 165, 17 = BStBl II 1991, 846; BFHE 173, 494 = BStBl II 1994, 522; BFH/NV 1986, 349; 2005, 377; ablehnend: *Zärban* StRK Anm § 138 R 121). Die Kosten sind deshalb dem Kläger aufzuerlegen, wenn die Beteiligten in einem **unzulässigen Klageverfahren** übereinstimmend die Hauptsache für erledigt erklären (st Rspr vgl BFHE 113, 175 = BStBl 1974, 749; BFHE 115, 406 = BStBl II 1975, 673; BFH/NV 1988, 182; ähnlich, wenn ein unzulässiges Beschwerdeverfahren übereinstimmend für erledigt erklärt wird: BFHE 165, 17 = BStBl II 1991, 846). Für die Kostenentscheidung nach § 138 Abs 1 sind aber nicht ausschließlich die Grundsätze des materiellen Kostenrechts maßgebend (vgl Rz 31).

Wird die Erledigung der Hauptsache erst im Revisionsverfahren erklärt, so sind für die Kostenentscheidung nach Abs 1 nicht die Erfolgsaussichten der Revision, sondern ist der mutmaßliche **Ausgang des Rechtsstreits** maßgeblich (BVerwG Buchholz 310 § 161 Nr 57; anders ist es, wenn nur das *Rechtsmittelverfahren* für erledigt erklärt wird: vgl BFHE 165, 17 = BStBl II 1991, 846; BFHE 113, 175 = BStBl II 1974, 749; BFHE 115, 406

= BStBl II 1975, 673). Deshalb muss auch ein **vollmachtloser Vertreter,** der die unzulässige Klage in der Hauptsache für erledigt erklärt, die Kosten tragen, weil er sie auch sonst hätte tragen müssen (BFHE 108, 477 = BStBl II 1973, 532).

Wird vom BVerfG ein **Gesetz für verfassungswidrig** erklärt und er- **27 a** ledigt sich deshalb die Hauptsache, so trägt derjenige die Kosten, der nach der neuen Rechtslage unterlegen wäre, also idR die beklagte Behörde (BVerwG DÖV 1966, 654; OVG Münster NJW 1966, 2377; *Redeker/ v Oertzen* § 161 Rz 6; **aA:** *T/K* § 138 Rz 66). Wird das Gesetz nur mit der Maßgabe für verfassungswidrig erklärt, dass dem Gesetzgeber erst für die Zukunft eine verfassungskonforme Neuregelung aufgegeben wird (sog „Un-vereinbarkeits-Entscheidung"), und erklären die Beteiligten daraufhin den Rechtsstreit für in der Hauptsache erledigt, so entspricht es idR billigem Er-messen, dem FA die Verfahrenskosten auch insoweit aufzuerlegen, als der Stpfl hinsichtlich des verfassungswidrigen Sonderopfers nicht hat obsiegen können (BFH/NV 2005, 1945 = HFR 2005, 1142 mit Anm *Greite*; anders noch BFHE 173, 494 = BStBl II 1994, 520 aE; BFH/NV 1995, 145).

Ist der **Ausgang des Rechtsstreits völlig ungewiss,** so rechtfertigt **28** sich grds eine **Kostenteilung** entsprechend § 136 Abs 1 S 1 (BFHE 91, 521 = BStBl II 1968, 414; BFHE 102, 30 = BStBl II 1971, 529; BFHE 113, 345 = BStBl II 1975, 38; BFH/NV 1989, 190, 679; 1995, 633; 2005, 377; FG D'dorf EFG 2003, 1639; BVerwG Buchholz 310 § 161 Abs 2 VwGO Nr 33). Das gilt auch für den Fall, dass eine Frage von grundsätzli-cher Bedeutung zu klären gewesen wäre (BVerfG HFR 1979, 296).

Haben sich die Beteiligten über die **Kosten geeinigt,** so kann das als **29** Anhalt für den vermutlichen Ausgang des Verfahrens angesehen werden und können die Kosten entsprechend verteilt werden (BFHE 91, 403 = BStBl II 1968, 352; BFH/NV 1994, 732; 1995, 724; 2000, 77; *T/K* § 138 Rz 59). Zwar ist die Vereinbarung über die Kostenverteilung für das Ge-richt nicht bindend, sie kann aber einen Anhalt für eine Kostenverteilung nach billigem Ermessen geben. Das gilt aber nicht, wenn sich die Beteilig-ten auf eine Kostenverteilung geeinigt haben, die der **Verfahrensordnung widerspricht** (Aufteilung der Kosten nach Veranlagungszeiträumen statt nach Quoten; BFHE 98, 231 = BStBl II 1970, 431) oder auf die Auftei-lung nach gerichtlichen und außergerichtlichen Kosten (FG BaWü EFG 1995, 226). Zulässig ist die Vereinbarung, dass die Gerichtskosten vom FA und die außergerichtlichen Kosten vom Kläger zu tragen sind (FG Mchn EFG 1985, 76).

Auch im Rahmen der Kostenentscheidung nach § 138 Abs 1 gilt der **30** **allgemeine Rechtsgedanke des § 136 Abs 1 S 3** (Kostentragung durch den Obsiegenden bei nur geringfügigem Unterliegen des Gegners (BFHE 92, 469 = BStBl II 1968, 608; BFHE 202, 49 = BStBl II 2003, 719; *T/K* § 138 Rz 68). Ebenso ist die Regelung des § 137 bei der Entschei-dung nach § 138 Abs 1 zu beachten, obwohl das ausdrücklich nur für den Abs 2 des § 138 gesagt ist (vgl § 138 Abs 2 S 2; BFHE 173, 494 = BStBl II 1994, 520; BFHE 102, 30 = BStBl II 1971, 529; BFH/NV 1992, 688; FG BaWü EFG 1999, 130). Die Anwendung des § 137 muss aber unter-bleiben, wenn nicht schon anhand des vorliegenden Sachverhalts beurteilt werden kann, ob seine Voraussetzungen vorliegen (BFHE 102, 30 = BStBl II 1971, 529).

31   Bei der Ermessensentscheidung nach Abs 1 sind neben dem Sach- und Streitstand auch **andere Gründe** zu berücksichtigen, wenn dies nach allgemeinem Gerechtigkeitsempfinden sachgerecht ist (BFH/NV 1998, 1259). Insbesondere ist auch das sog **Veranlassungsprinzip** zu berücksichtigen (BFHE 113, 352 = BStBl II 1975, 41; BFHE 144, 551 = BStBl II 1986, 101; FG Mchn EFG 1998, 1424; *T/K* § 138 Rz 57), dh, es können bei der Kostenentscheidung nach Abs 1 auch Erwägungen darüber angestellt werden, ob bei vernünftiger Abwägung der Verhältnisse **Anlass zur Anrufung des Gerichts** gegeben war oder ob die Gerichtskosten bei prozessökonomischem Verhalten vermeidbar gewesen wären (BFHE 108, 89 = BStBl II 1993, 262; BFH/NV 1988, 349; FG Bremen EFG 1993, 286 und EFG 1999, 855; vgl auch BFHE 202, 49 = BStBl II 2003, 719 für den Fall, dass das FA einem Antrag auf Ruhen des Einspruchsverfahrens nach § 363 AO trotz eines anhängigen Musterverfahrens bei BVerfG abgelehnt hat; ferner FG Hbg EFG 2003, 1184 bei verspäteter Veröffentlichung eines für den Streitfall relevanten BFH-Urteils). Von praktischer Bedeutung ist in diesem Zusammenhang vor allem der Fall, dass der Steuerpflichtige unmittelbar beim FG die Aussetzung der Vollziehung beantragt und das FA sie dann gewährt hatte. Die Hauptsache ist dann erledigt; ein Fall des Abs 2 liegt aber nicht vor (vgl oben Rz 7). Die Kostenentscheidung hat deshalb nach Abs 1 zu ergehen (BFHE 88, 195 = BStBl II 1967, 321; BFHE 89, 476 = BStBl III 1967, 673; BFHE 90, 456 = BStBl II 1968, 120; BFHE 91, 23 = BStBl II 1968, 203; BFHE 131, 285 = BStBl II 1981, 37). Auch in diesen Fällen ist grundsätzlich der vermutliche Ausgang des Verfahrens zu berücksichtigen. Gewährt das FA die Aussetzung, sind ihm idR die Kosten in vollem Umfang aufzuerlegen. Hatte sich der Steuerpflichtige aber ohne sich zuvor beim FA um Aussetzung zu bemühen, sofort an das FG gewandt, so können die Kosten unter **entsprechender Anwendung des Rechtsgedankens der §§ 93, 94 ZPO, 156 VwGO** geteilt (BFHE 131, 285 = BStBl II 1981, 7) – oder auch dem Steuerpflichtigen allein auferlegt werden. Beantragt der Steuerpflichtige eine einstweilige Anordnung, die nur erforderlich ist, weil das FA mangels eines entsprechenden Antrags dem Begehren des Steuerpflichtigen nicht stattgeben konnte, so trägt dieser die Kosten (BFHE 119, 133 = BStBl II 1976, 572).

III. Grundsätze der Kostenentscheidung nach Abs 2

1. Rücknahme oder Änderung des Verwaltungsakts

32   Erledigt sich im Verfahren der **Anfechtungsklage** (vgl BFH/NV 1993, 320; *Ziemer ua* Rz 10 664) die Hauptsache durch Rücknahme oder Änderung des angefochtenen Verwaltungsakts in vollem Umfang des Klagebegehrens (vgl oben Rz 6 f), so sind die **Kosten grundsätzlich der Behörde** aufzuerlegen. Die Kosten sind deshalb nach Abs 2 der Finanzbehörde aufzuerlegen, wenn sie den Bescheid ändert, weil sie an ihrer Rechtsauffassung nicht mehr festhält (BVerwG BayVBl 1989, 316). Gleiches gilt, wenn die Behörde den Bescheid antragsgemäß ändert, weil der BFH zwischenzeitlich **seine Rspr geändert** hat (BFHE 153, 333 = BStBl II 1988, 770; BFH/NV 1990, 255; *Ziemer ua* Rz 10 664/14; offen gelassen in

BFH/NV 1989, 800). Vgl aber unten zur rückwirkenden Änderung der **Rechtslage.** § 138 Abs 2 ist dagegen nicht anwendbar, wenn das FA den angefochtenen Steuerbescheid nicht aus Rechtsgründen, sondern aus **Billigkeitserwägungen** nach § 163 AO 1977 geändert hat (BFH/NV 1999, 71; 2003, 785; 2004, 1392). Dieser Umstand ist jedoch im Rahmen der Ermessensentscheidung nach § 138 Abs 1 zu berücksichtigen (BFH/NV 2004, 1392 mwN). Die Kostenentscheidung bestimmt sich nach § 138 Abs 1 unter Berücksichtigung des Abs 2, wen das FA im geänderten Bescheid dem Begehren des Klägers nur **zum Teil** entsprochen hat (BFH/NV 2004, 75 mwN; vgl dazu Rz 34).

Dieser Grundsatz gilt jedoch **nicht ausnahmslos.** Das Gesetz selbst sieht eine Ausnahme in Abs 2 S 2, der die sinngemäße Anwendung des **§ 137** anordnet (vgl dazu BFHE 173, 494 = BStBl II 1994, 520; BFH/NV 1988, 323; 1997, 195 zur Erledigung der Hauptsache bei im Klageverfahren gegen **Schätzungsbescheide** nachgereichter Steuererklärung; BFH/NV 2002, 670; FG Hbg EFG 1996, 390), vor. Darüber hinaus sind der Behörde nur dann die Kosten aufzuerlegen, wenn das nicht dem Sinn und Zweck der Gesamtregelung der Abs 1 und 2 widerspricht. Denn Abs 2 ist keine Ausnahme zu Abs 1, sondern nur der wichtigste Anwendungsfall (BFH/NV 1986, 761). Die Vorschrift geht in beiden Absätzen davon aus, zu welchem Ergebnis das Verfahren vermutlich geführt hätte, wenn es sich nicht erledigt hätte. Dabei wird bei Abhilfe durch die Behörde unterstellt, dass das Verfahren iS des Abhilfebescheids ausgegangen wäre, dh, dass die Klage Erfolg gehabt hätte (BFH/NV 1994, 732). Voraussetzung dafür ist aber, dass sich **Hinweise auf die Rechtswidrigkeit** des angefochtenen Bescheids **ergeben.** Beruht die Änderung des Verwaltungsakts jedoch auf Gründen, die nicht in der Rechtswidrigkeit des angefochtenen Verwaltungsakts liegen, so ist die Kostenentscheidung nach Abs 1 zu treffen (BFHE 120, 9 = BStBl II 1977, 119; BFH/NV 1986, 761; BFH/NV 1993, 320; FG M'ster EFG 1995, 583).

Die Kostenfolge ergibt sich deshalb nicht aus Abs 2, sondern aus Abs 1 **33** wenn die Finanzbehörde
– den zu Unrecht angefochtenen **Folgebescheid** nur deshalb antragsgemäß geändert hat, weil inzwischen der **Grundlagenbescheid** geändert wurde (BFHE 93, 298 = BStBl II 1968, 780; FG Mchn EFG 1998, 1424; BFH/NV 2004, 530; **aA** FG Bremen EFG 1994, 845; FG Hbg EFG 1996, 389);
– den angefochtenen Bescheid geändert hat, weil ein für den Stpfl günstiges **Merkmal rückwirkend eingetreten** ist (BFHE 98, 328 = BStBl II 1970, 328; BFHE 106, 416 = BStBl II 1972, 955; vgl auch BSG MDR 1992, 387);
– den angefochtenen Bescheid wegen einer rückwirkenden **Änderung der Rechtslage** (dh der maßgeblichen gesetzlichen Vorschriften) ändert (str: für Anwendung des Abs 1: BFHE 119, 407 = BStBl II 1976, 686; BSG MDR 1992, 387; **aA,** für Anwendung des Abs 2: BFHE 100, 293 = BStBl II 1971, 3; *Ziemer ua* Rz 10664/14; *T/K* § 138 Rz 66; *Eyermann* § 161 VwGO Rz 13; offen gelassen: BFH/NV 1992, 854; 2001, 936; 2003, 15; 2004, 1119); dagegen ist Abs 2 anzuwenden, wenn die Änderung des VA nicht auf einer Änderung des Gesetzes. sondern nur auf einer geänderten Rspr des BFH beruht (s oben);

– den angefochtenen Bescheid infolge zwischenzeitlich eingetretener **Änderung des Sachverhalts** ändern oder zurücknehmen muss (BFH/NV 1990, 122; 1993, 320; 2001, 195, 575; FG RhPf EFG 1980, 296);
– den angefochtenen Bescheid deshalb geändert hat, weil der Kläger **nachträglich Tatsachen** zu seinen Gunsten vorgetragen hat, ohne dass die Voraussetzungen des § 138 Abs 2 S 2 iVm § 137 vorliegen (BFH/NV 1990, 573; BFH/NV 1988, 111, 386; BFH/NV 1986, 298);
– nach Erhebung einer **unzulässigen Klage** dem Begehren des Klägers durch Erlass eines geänderten Bescheids entsprochen hat und die Beteiligten daraufhin die Hauptsache für erledigt erklärt haben (BFHE 113, 175 = BStBl II 1974, 749; BFH/NV 1988, 182; BFH/NV 1990, 447; FG BaWü EFG 1977, 381 und EFG 1993, 244, 534; FG RhPf EFG 1980, 296);
– den angefochtenen **Abrechnungsbescheid** deshalb aufgehoben hat, weil der ihm zugrunde liegende **Mineralölsteuerbescheid** aufgehoben wurde (BFHE 102, 7 = BStBl II 1971, 498);
– den **Haftenden** nach Zahlungen eines Dritten auf die Haftungsschuld und nach Erlass des Restbetrags nicht mehr auf Zahlung in Anspruch nimmt (FG Saarl EFG 1990, 326; vgl auch BFH/NV 1999, 796 zur Aufhebung eines Duldungsbescheids nach Tilgung der Hauptschuld durch den Vollstreckungsschuldner).

Wird der Bescheid während des Klageverfahrens berichtigt, so trägt die Behörde auch dann die Kosten, wenn der Einspruch unzulässig war, die Behörde aber dennoch die Berichtigung hätte vornehmen müssen (§ 173 Abs 1 Nr 2 AO), weil sie dann das Rechtsbehelfsverfahren veranlasst hat (FG Nds EFG 1978, 360; FG BaWü EFG 1994, 261).

34   Hat das FA dem Klageantrag nur **zum Teil** entsprochen, also den angefochtenen VA nur zum Teil iS des Klageantrags geändert, dann ist die Hauptsache auch nur zum Teil erledigt (vgl dazu auch Rz 4).

Erklären in diesem Fall die Beteiligten den Rechtsstreit gleichwohl **uneingeschränkt** für in der Hauptsache erledigt, so ist über die Kosten nach Abs 1 zu entscheiden und dabei Abs 2 zu berücksichtigen (BFHE 92, 469 = BStBl II 1968, 608; BFHE 99, 23 = BStBl II 1970, 550; BFHE 103, 303 = BStBl II 1972, 89; BFHE 105, 462 = BStBl II 1972, 627; BFH/NV 1991, 181; 1993, 188; 2003, 1432 mwN). Haben die Beteiligten nach Ergehen des Änderungsbescheids die Hauptsache **teilweise** für erledigt erklärt und hat der Kläger hinsichtlich des nicht erledigten Teils die Klage oder die Revision zurückgenommen, so folgt die Kostenpflicht aus § 138 Abs 1, soweit die Beteiligten die Hauptsache für erledigt erklärt haben; soweit die Rücknahme erklärt wurde, trägt der Kläger die Kosten nach § 136 Abs 2 (BFHE 92, 469 = BStBl II 1968, 608; BFH/NV 1994, 117, 897; *T/K* § 138 Rz 68). IdR wird es den Grundsätzen der Billigkeit entsprechen, dass der Steuerpflichtige die Kosten entsprechend dem Anteil des nicht erledigten Teils zu tragen hat (BFHE 92, 469 = BStBl II 1968, 608; BFH/NV 1995, 332; BFH/NV 1991, 472 zur Anwendung des § 136 Abs 1 S 3).

35   Haben die Beteiligten nur **hinsichtlich des erledigten Teils** die Erledigung der Hauptsache erklärt, und hat der Kläger hinsichtlich des nicht erledigten Teils die Klage oder die Revision nicht zurückgenommen, so muss das **Verfahren im Übrigen fortgeführt** und **einheitlich** innerhalb der Kostenentscheidung des Endurteils **über die Kosten entschieden** werden (BFHE 111, 13 = BStBl II 1974, 113; BFHE 113, 171 = BStBl II

1974, 478; BFHE 151, 354 = BStBl II 1988, 183; BFH/NV 1995, 873). Über die Kosten ist dann hinsichtlich des erledigten Teils nach § 138 Abs 2 oder Abs 1, im Übrigen nach den allgemeinen Regeln über die Kostenverteilung (§§ 135, 137) zu entscheiden (BFH/NV 2000, 1247). Dagegen richtet sich die Kostenentscheidung ausschließlich nach § 135, wenn der Kläger nach übereinstimmenden Erklärungen über die teilweise Erledigung der Hauptsache den Änderungsbescheid nach § 68 aF zum Gegenstand des Verfahrens gemacht hat (BFHE 111, 10 = BStBl II 1974, 111; BFHE 172, 209; **aA** FG BaWü EFG 1996, 598).

Ist nur ein **Teil des Streitstoffs** in das **Revisionsverfahren** gelangt und erledigt sich dieser Teil während des Revisionsverfahrens, so umfasst der Kostenbeschluss auch die Kosten der Vorinstanz, soweit sie auf den erledigten Teil entfallen (BGH HFR 1976, 334). Gleiches gilt, wenn sich das Klagebegehren schon vor dem FG teilweise erledigt hatte und der BFH deswegen des nicht erledigten Teils eingelegten Revision stattgibt (BFHE 189, 561 = BStBl II 1999, 799; BFH/NV 1999, 1396; 2000, 1247).

2. Erledigung der Untätigkeitsklage

Ist die Hauptsache erledigt, weil das FA innerhalb der vom FG festge- **36** setzten Frist dem **außergerichtlichen Rechtsbehelf** entsprechen oder den **beantragten Verwaltungsakt erlassen** hat (vgl oben Rz 8), so sind die Kosten der Finanzbehörde aufzuerlegen (Abs 2 S 1). Bei **Erledigung ohne Fristsetzung** oder erst **nach Fristablauf** ist nach zutreffender hM nach Abs 1 über die Kosten zu entscheiden (BFHE 90, 274 = BStBl II 1968, 61; BFHE 92, 170 = BStBl II 1968, 471; BFHE 103, 381 = BStBl II 1972, 20; FG D'dorf EFG 1977, 25; FG Hbg EFG 1978, 339; FG Bremen EFG 1968, 73; EFG 1991, 741; EFG 1999, 855; *H/H/Sp* § 138 Rz 35; *T/K* § 138 Rz 62; **aA** *Woerner* BB 1968, 114; *Modest* DB 1969, 104; FG RhPf EFG 1980, 296; FG Hbg EFG 1991, 138). Auch in diesen Fällen dürfte es idR billigem Ermessen entsprechen, die Kosten der Behörde aufzuerlegen (BVerwG NJW 1992, 453; *Ziemer ua* Rz 10658/3; **aA** BFHE 108, 89 = BStBl II 1973, 262: Kostenteilung).

§ 138 Abs 2 ist nicht anzuwenden, wenn die Untätigkeitsklage **unzulässig** war. Die Kostenentscheidung richtet sich dann nach § 138 Abs 1 (vgl oben Rz 33; BFH/NV 2003, 193 und FG Hbg EFG 1991, 138).

3. Aufhebung des Verwaltungsakts nach § 100 Abs 3

Hebt das FG den Verwaltungsakt nach § 100 Abs 2 S 2 aF (vgl § 100 **37** Abs 3 nF) auf, so bleibt ungeklärt, ob der angefochtene Verwaltungsakt materiell fehlerhaft war. In diesen Fällen hatte die Behörde nach der durch das 1. FGO-Änderungsgesetz vom 12. 11. 1992 aufgehobenen Regelung in § 134 Abs 2 S 2 in jedem Fall die Kosten zu tragen. und zwar unabhängig vom Ausgang des Verfahrens. Der Gesetzgeber hat diese starre Kostentragungsregel aufgehoben, weil sie dem Inhalt des § 100 Abs 3 nF nicht mehr gerecht wird; denn nach der Neufassung ist die Zurückverweisung der Sache an die Finanzbehörde nicht mehr davon abhängig, dass das FG einen wesentlichen Verfahrensmangel feststellt. Die Kostenentscheidung ist in den Fällen der Zurückverweisung durch das FG nach § 100 Abs 3 nF nach den Grundsätzen der §§ 135, 130, 137 zu treffen.

§ 139 [Erstattungsfähige Kosten]

(1) Kosten sind die Gerichtskosten (Gebühren und Auslagen) und die zur zweckentsprechenden Rechtsverfolgung oder Rechtsverteidigung notwendigen Aufwendungen der Beteiligten einschließlich der Kosten des Vorverfahrens.

(2) Die Aufwendungen der Finanzbehörden sind nicht zu erstatten.

(3) [1] Gesetzlich vorgesehene Gebühren und Auslagen eines Bevollmächtigten oder Beistands, der nach den Vorschriften des Steuerberatungsgesetzes zur geschäftsmäßigen Hilfeleistung in Steuersachen befugt ist, sind stets erstattungsfähig. [2] Aufwendungen für einen Bevollmächtigten oder Beistand, für den Gebühren und Auslagen gesetzlich nicht vorgesehen sind, können bis zur Höhe der gesetzlichen Gebühren und Auslagen der Rechtsanwälte erstattet werden. [3] Soweit ein Vorverfahren geschwebt hat, sind die Gebühren und Auslagen erstattungsfähig, wenn das Gericht die Zuziehung eines Bevollmächtigten oder Beistands für das Vorverfahren für notwendig erklärt. [4] Steht der Bevollmächtigte oder Beistand in einem Angestelltenverhältnis zu einem Beteiligten, so werden die durch seine Zuziehung entstandenen Gebühren nicht erstattet.

(4) Die außergerichtlichen Kosten des Beigeladenen sind nur erstattungsfähig, wenn das Gericht sie aus Billigkeit der unterliegenden Partei oder der Staatskasse auferlegt.

Vgl § 162 VwGO; § 193 SGG.

Übersicht

Literatur (s insbesondere zum früheren Kostenrecht nach BRAGO auch die Literaturangaben in der 5. Aufl): *Berners,* Die Anwendung des RVG auf die steuerberatenden Berufe, NWB Fach 30, 1525; *v Bornhaupt,* Zur Auslegung des § 139 Abs 3 Satz 3 FGO, FR 1972, 497; *ders,* Entstehung, Geltendmachung, Verzinsung und Verjährung des Kostenerstattungsanspruchs, BB 1974, 876; *Carlé/Rockoff,* Abtretung des Kostenerstattungsanspruchs an den Prozessbevollmächtigten, AO-StB 2005, 84; *Ehlers,* Erstattungsfähige Aufwendungen des Vorverfahrens nur nach dem Streitwert der Klage?, FR 1972, 489; *v Eicken,* Erstattungsfähige Kosten und Erstattungsverfahren, 1990; *Gruber,* Kostenrechtliche Betrachtungen zur Beiladung im finanzgerichtlichen Verfahren, StB 2003, 16; *ders,* Änderung der Kostenberechnung im Steuerprozess durch Einführung des Rechtsanwaltsvergütungsgesetzes, BB-Special 2004 Nr 1, 12; *Heitland,* Euroumstellungen im Kostenrecht, NJW 2001, 2306; *Linssen,* Notwendigkeit der Hinzuziehung eines Steuerberaters im Vorverfahren und die Folgen für die Kostentragung, Inf 1995, 296; *Hollatz,* Gebühren des Steuerberaters im außergerichtlichen Vorverfahren, NWB Fach 2, 7935; *ders,* Anforderung von Schreibauslagen im Finanzgerichtsverfahren, NWB Fach 2, 7969; *ders,* Kosten im gerichtlichen Steuerrechtsstreit, NWB Fach 2, 8677; *Kroiß,* Das neue Rechtsanwaltsvergütungsgesetz, JuS 2005, 33; *Lange,* Kosten des Beigeladenen bei sogenanntem Formalantrag, DB 2002, 608; *Mittelbach,* Entscheidung über die außergerichtlichen Kosten des Beigeladenen, DStZ/A 1969, 361; *Müller,* Behördliches Aussetzungsverfahren nach § 69 Abs 2 FGO als Vorverfahren nach § 139 Abs 3 Satz 3 FGO?, FR 1983, 167; *Rössler,* Erstattung der außergerichtlichen Kosten des Beigeladenen, DStZ 1983, 371; *Schall,* Die neue Steuerberatergebührenverordnung im Steuerprozess und im außergerichtlichen Verfahren, BB Beilage Nr 4/1984; *ders,* Zur Erledigungsgebühr, StB 1990, 20; *ders,* Erstattungsfähige Auslagen, StB 1990, 382, 416; *ders,* Gebührenrecht, StB 1993, 109; *ders,* Zur Kostenerstattung, StB 1995, 144 ff, 187 ff; *ders,* Notwendigkeit der Zuziehung eines Bevollmächtigten zum Vorverfahren (§ 139 Abs 3 Satz 3 FGO), StB 1996, 234; *Schneider,* Die Erstattungsfähigkeit von Rechtsgutachten, MDR 1988, 457; *ders,* Kostenrechtsmodernisierungsgesetz – Das neue Rechtsanwaltsvergütungsgesetz, AnwBl 2004, 129; *Schwarz,* Kosten des finanzgerichtlichen Verfahrens, AO-StB 2004, 31; *Streck/Rainer,* Das Aussetzungsverfahren des FA als Vorverfahren, Stbg 1986, 318; *ders,* Mehrere Vorverfahren bei objektiver Klagenhäufung, Stbg 1987, 138; *Wingert,* Behördliches Aussetzungsverfahren nach § 69 Abs 2 FGO als Vorverfahren nach § 139 Abs 3 FGO, FR 1982, 563; *ders,* Behördliches Aussetzungsverfahren nach § 69 Abs 2 FGO als Vorverfahren nach § 139 Abs 3 S 3 FGO, FR 1988, 630; *Zehendner,* Das Kostenrisiko des Beigeladenen im Steuerprozess, BB 1980, 363.

A. Gerichtskosten

1   Die Gerichtskosten bestehen aus den Gebühren und Auslagen, die an die Staatskasse zu entrichten sind. Wegen weiterer Einzelheiten zu den Gerichtskosten und dem Verfahren des Kostenansatzes vgl Vor § 135 Rz 4 ff.

B. Außergerichtliche Kosten

I. Begriff

2   Zu den Kosten gehören nach § 139 I – neben den Gerichtskosten (dazu Rz 1) – die zur zweckentsprechenden Rechtsverfolgung oder Rechtsverteidigung notwendigen Aufwendungen der Beteiligten. Gemeint sind damit die außergerichtlichen Kosten. Diese setzen sich zusammen aus den **eigenen** (persönlichen) **Auslagen,** die der Beteiligte in unmittelbarem Zusammenhang mit dem Prozess oder dem Vorverfahren aufgewendet hat (vgl Rz 10 ff), und den **Gebühren** und **Auslagen für Bevollmächtigte** (vgl Rz 23 ff). Die außergerichtlichen Aufwendungen werden im Kostenfestsetzungsverfahren (§ 149) festgesetzt.

II. Notwendigkeit der Aufwendungen

3   Die Aufwendungen müssen nach § 139 I zur zweckentsprechenden Rechtsverfolgung oder Rechtsverteidigung notwendig gewesen sein. Das ist der Fall, wenn sie ein verständiger Beteiligter unter Berücksichtigung der Bedeutung der Streitsache und ihrer Schwierigkeit in tatsächlicher oder rechtlicher Hinsicht für erforderlich halten durfte (BVerwG Buchholz 316 VwVfG Nr 1 und 2; BVerwGE 17, 245; *Brandis* in T/K § 139 Rz 8; *Kopp/Schenke* § 162 Rz 3; *Eyermann* § 162 Rz 3 ff).

4   **Gesetzlich vorgeschriebene Gebühren und Auslagen** eines Bevollmächtigten oder Beistandes, der zur geschäftsmäßigen Hilfeleistung in Steuersachen befugt ist, sind nach § 139 III 1 **stets erstattungsfähig**. Das bedeutet aber nicht, dass auch solche Gebühren und Auslagen erstattet werden müssen, die zur Rechtsverfolgung nicht notwendig waren. Die **Notwendigkeit** von Gebühren und insbesondere Auslagen ist **auch insoweit Voraussetzung** für deren Erstattungsfähigkeit (vgl BFHE 118, 549 = BStBl II 1976, 504; BFHE 95, 314 = BStBl II 1969, 398 betr eine Reise; BFHE 140, 426 = BStBl II 1984, 422 betr Fotokopien eines Armenanwalts; s auch Rz 5).

5   **Eingeschränkt** wird der Grundsatz des § 139 III 1 **weiter durch** die über § 155 auch im finanzgerichtlichen Verfahren anwendbare Vorschrift des **§ 91 II ZPO**. So sind nach § 91 II 1 Hs 2 ZPO solche **Reisekosten eines RA** (oder im finanzgerichtlichen Verfahren auch eines Steuerberaters oder Wirtschaftsprüfers) nicht zu erstatten, die dadurch entstehen, dass dieser sein Büro oder seinen Wohnsitz nicht am Gerichtsort hat (vgl dazu FG Bremen EFG 1994, 162; FG Bdbg EFG 1996, 1054). Das gilt mE aber dann nicht, wenn sich die Reisekosten des RA im Rahmen der erstattungsfähigen Reisekosten des ebenfalls nicht am Gerichtssitz ansässigen Beteiligten halten, die dieser im Falle der Beauftragung eines RA am Gerichtssitz hätte aufwenden müssen, um an Besprechungsterminen teilzunehmen. Ob der tatsächlich beauftragte RA dabei am Wohnsitz des Beteiligten ansässig ist oder an einem dritten Ort (dazu BGH MDR 2004, 838), ist unerheblich (glA *Redeker/v Oertzen* § 162 Rz 11). – Der Umstand, dass ein Beteiligter einen bestimmten Anwalt oder Steuerberater **besonders gut kennt**, rechtfertigt es nicht, höhere Kosten, die durch die Beauftragung dieses Anwalts oder Steuerberaters entstehen, zu erstatten (VGH München BayVBl 1985, 29 mwN; **aA** FG Bremen EFG 1981, 431; 1994, 162). – In Einzelfällen kann es allerdings zur zweckentsprechenden Rechtsverfolgung notwendig sein, einen auswärtigen Anwalt (oder Steuerberater usw) zu beauftragen, zB wenn für die Prozessführung fachliche **Spezialkenntnisse** erforderlich sind, die kein am Gerichtsort ansässiger Anwalt in vergleichbarem Maß hat (FG Thür EFG 1998, 58; BGH NJW 2003, 901; *Kopp/Schenke* § 162 Rz 11; *Zöller/Herget* § 91 Rz 13 „Reisekosten").

Nach **§ 91 II 2 ZPO** (iV mit § 155) sind die Aufwendungen eines Beteiligten für **mehrere Prozessbevollmächtigte** nur insoweit zu erstatten, als sie die Gebühren und Auslagen eines Prozessbevollmächtigten nicht übersteigen (BFHE 101, 486 = BStBl II 1971, 398; FG BaWü EFG 1978, 241; FG Köln EFG 2000, 963; FG Saarl EFG 2002, 1630 zum Vorverfahren; *Kopp/Schenke* § 162 Rz 12 mwN). Das gilt trotz der Besonderheiten des Steuerprozesses auch für die **gleichzeitige Vertretung** durch einen **Anwalt** und einen **Steuerberater** oder Steuerbevollmächtigten (BFHE 119, 14 = BStBl II 1976, 574; FG BaWü EFG 1978, 241), und zwar selbst dann, wenn mehrere Beteiligte als Streitgenossen auftreten, die sich gemeinsam durch zwei Bevollmächtigte vertreten lassen (BFHE 119, 14 = BStBl II 1976, 574). Dagegen kann bei mehreren Streitgenossen jeder die Kosten für den von ihm allein bestellten Prozessbevollmächtigten erstattet verlangen (VGH München BayVBl 1976, 696; *Kopp/Schenke* § 162 Rz 13). Dieselben Grundsätze gelten auch, wenn ein **Wechsel des Prozessbevollmächtigten** während der Instanz eintritt (FG BaWü EFG 1978, 421), es sei denn, der Wechsel des Bevollmächtigten war bei objektiver Betrachtung zwingend geboten (§ 91 II 2 ZPO; vgl dazu auch *Schall* StB 1994, 327).

Die Feststellung, ob die Kosten notwendig waren, wird im **Kostenfestsetzungsverfahren** getroffen; vgl hierzu § 149.

III. Persönliche Auslagen der Beteiligten (§ 139 I und II)

§ 139 erfasst nur **tatsächlich angefallene persönliche Aufwendungen** der Beteiligten. Als solche kommen nach § 155 iVm § 91 I 2 ZPO insbesondere **Reisekosten** und ein etwaiger **Verdienstausfall** (bei Handelsgesellschaften auch der Zeitaufwand ihrer gesetzlichen oder sonstigen Vertreter) in Betracht. Die Kosten müssen idR durch die Wahrnehmung eines **gerichtlichen Termins** entstanden sein (*Schall* StB 1995, 144; *Zöller/Herget* § 91 Rz 13 „Zeitversäumnis"), wobei unerheblich ist, ob das persönliche Erscheinen des Beteiligten angeordnet wurde. Darüber hinaus sind auch die Kosten einer **Informationsreise** des Beteiligten zu seinem Bevollmächtigten erstattungsfähig (*Brandis* in T/K § 139 Rz 28; *Redeker/v Oertzen* § 162 Rz 6; s auch Rz 5).

Sonstiger mit der Bearbeitung des Prozesses zusammenhängender **Zeit-aufwand** wird nicht erstattet (BGHZ 66, 114; FG Hbg EFG 1982, 193; *Kopp/Schenke* § 162 Rz 4).

11   Kosten für ein **Privatgutachten** sind idR nicht erstattungsfähig, weil es im finanzgerichtlichen Verfahren grundsätzlich dem FG obliegt, den Sachverhalt zu erforschen und den Umfang der Beweisaufnahme zu bestimmen (BFHE 119, 14 = BStBl II 1976, 574; FG BaWü EFG 1992, 153; FG Hbg EFG 1996, 34; s auch § 76 Rz 10 ff). Ausnahmsweise kann das Privatgutachten aber für eine zweckentsprechende Rechtsverteidigung notwendig sein, um schwierige technische Fragen zu klären (FG Köln EFG 2003, 56), um den Ausführungen des anderen Beteiligten in einer schwierigen tatsächlichen Streitfrage entgegenzutreten, die nur mit Hilfe spezifischen Fachwissens beantwortet werden kann (BFHE 101, 484 = BStBl II 1971, 400; FG Hessen EFG 1987, 258; FG Köln EFG 1999, 789; 2003, 56) oder um ein vom Gericht oder von der Gegenseite eingeholtes Fachgutachten zu widerlegen (VGH München BayVBl 1975, 279; *Brandis* in *T/K* § 139 Rz 26; *Eyermann* § 162 Rz 4; *Kopp/Schenke* § 162 Rz 8). Die Kosten eines **Rechtsgutachtens** können nicht erstattet werden, weil das Gericht selbst zur Lösung (auch sehr schwieriger) Rechtsfragen berufen ist (BFHE 119, 14 = BStBl II 176, 574; **aA** für den Fall, dass es um schwierige Rechtsfragen geht: FG Köln EFG 2003, 56; *Brandis* in *T/K* § 139 Rz 26; *Kopp/Schenke* § 162 Rz 8). Etwas anderes gilt nur dann, wenn die Rechtsfragen **ausländisches Recht** betreffen (*Redeker/v Oertzen* § 162 Rz 7; s auch § 293 ZPO).

12   **Provisionen für Bürgschaften,** durch die dem FA Sicherheit zur Abwendung der Vollziehung eines Abgabenbescheids geleistet worden ist, können nicht als erstattungsfähige Aufwendungen des Hauptverfahrens, in dem die Aufhebung des Steuerbescheids betrieben wird, berücksichtigt werden (BFHE 104, 508 = BStBl II 1972, 429; BFHE 105, 330 = BStBl II 1972, 573; FG BaWü EFG 1996, 997). Wird die Bürgschaft in Erfüllung einer **Sicherheitsauflage** in einer Vollziehungsaussetzungsanordnung erbracht, gehört die Avalprovision auch nicht zu den erstattungsfähigen Aufwendungen des Aussetzungsverfahrens (vgl BFHE 136, 65 = BStBl II 1982, 602). Aufwendungen für eine Sicherheitsleistung können jedoch erstattungsfähige Aufwendungen des Aussetzungsverfahrens sein, wenn die Sicherheit zur Erlangung eines Vollstreckungsaufschubs im Hinblick auf ein **schwebendes Vollziehungsaussetzungsverfahren** geleistet wird (BFHE 136, 65 = BStBl II 1982, 602).

13   Die Kosten für **Abschriften**, **Fotokopien** oder **Übersetzungen** von Beweismitteln oder Aktenteilen können erstattungsfähig sein, wenn sie zur Prozessführung erforderlich sind (*Redeker/v Oertzen* § 162 Rz 8 mwN; vgl auch BFHE 96, 219 = BStBl II 1969, 590). Aufwendungen für **Fachliteratur,** die eigens für den Steuerprozess angeschafft wurde, sind wegen der Pflicht, die Kosten möglichst gering zu halten, jedenfalls bei einem geringen Streitwert nicht erstattungsfähig (FG BaWü EFG 1988, 525).

14   Die **Aufwendungen der Finanzbehörden** im **gerichtlichen** und **außergerichtlichen Verfahren** sind nach § 139 II **nicht** zu erstatten. Finanzbehörde iS dieser Vorschrift ist jede steuerverwaltende Behörde, die einen Verwaltungsakt, der den Gegenstand eines finanzgerichtlichen Verfahrens bildet, erlassen hat oder von der der Erlass eines Verwaltungsakts oder einer sonstigen Leistung begehrt wird (bejahend für Kirchensteueramt: FG Köln EFG 2005, 1647; zu **Familienkassen** s § 6 II Nr 6 AO). Zu den Finanzbehörden gehören nicht die **Einfuhr-** oder **Vorratsstellen** (BFHE 107, 352 = BStBl II 1973, 243), das Landesfinanzministerium oder die OFD als Beklagter in berufsrechtlichen Streitigkeiten (FG Hessen EFG 1998, 1423; FG Bdbg EFG 1999, 1246; FG Nds EFG 2004, 924), das **Bundesamt für Ernährung, Landwirtschaft und Forsten** (BFHE 115, 182 = BStBl II 1975, 489) oder die bei einem Zerlegungsverfahren beteiligten **Gemeinden** (BFHE 113, 168 = BStBl II 1974, 747). Zum Umfang der zu erstattenden Aufwendungen s FG Nds EFG 2004, 924.

IV. Gebühren und Auslagen eines Bevollmächtigten oder Beistands (§ 139 III 1)

1. Tätigwerden eines Bevollmächtigten oder Beistands

Nach § 139 III 1 sind Gebühren und Auslagen eines **Bevollmächtigten** **18** oder **Beistands,** der nach den Vorschriften des StBerG zur geschäftsmäßigen Hilfe in Steuersachen befugt ist (§ 3 StBerG, abgedruckt bei § 62), **stets erstattungsfähig** (s zur Einschränkung dieses Grundsatzes Rz 5 ff). Ob eine Person Bevollmächtigter oder Beistand ist, richtet sich nach § 62 (ablehnend für **Miterben,** der als Prozessbevollmächtigter der Erbengemeinschaft auftritt: BFHE 97, 505 = BStBl II 1970, 217; bejahend in analoger Rechtsanwendung für **Rechtsbeistand,** der in den in § 33 Abs 1 Nr 3 genannten Sachen auftritt: FG Nbg EFG 1977, 598).

Voraussetzung für die Erstattungsfähigkeit der gesetzlich vorgesehenen **19** Gebühren und Auslagen des Bevollmächtigten oder Beistands ist allerdings, dass der Bevollmächtigte oder Beistand **tatsächlich** in einer die Gebühren auslösenden Weise für den Auftraggeber **tätig geworden** ist. Dagegen ist nicht erforderlich, dass seine Beistandsleistung durch Einreichen von Schriftsätzen usw nach außen erkennbar geworden ist (str, vgl die hier sinngemäß geltenden Ausführungen zu Rz 115 ff).

Tritt ein **Rechtsanwalt in eigener Sache** auf, so sind ihm die gesetzli **20** chen Gebühren und Auslagen nach § 91 II 3 ZPO iVm § 155 ebenfalls zu erstatten (BFHE 94, 113 = BStBl II 1969, 81). Das gilt auch für einen **Steuerberater** oder Steuerbevollmächtigten (BFHE 103, 314 = BStBl II 1972, 94) oder einen **Rechtsbeistand.** Der Bevollmächtigte tritt allerdings nicht in eigener Sache auf, wenn er eine Personengesellschaft vertritt, an der er selbst beteiligt ist (FG Nds EFG 1977, 78). Vertritt sich ein Beteiligter, der **nicht RA** ist, selbst, so kommt eine analoge Anwendung des § 91 II 3 ZPO nicht in Betracht (BFHE 122, 24 = BStBl II 1977, 615).

2. Die Gebühren des Bevollmächtigten oder Beistands

a) Anwendbarkeit und grundlegende Neuerungen des RVG

Die **Gebühren der RAe** bestimmen sich in Angelegenheiten, in denen **23** die Beauftragung oder die gerichtliche Bestellung oder Beiordnung des RA **nach dem 1. 7. 2004** erfolgt ist, nach den Vorschriften des **RVG** v 5. 5. 2004 (BGBl I, 718), das damit die BRAGO v 26. 7. 1957 (BGBl I, 907) abgelöst hat (s zur Übergangsregelung §§ 60, 61 RVG; zur Gebührenberechnung nach BRAGO s 5. Aufl Rz 10 ff). Für **Steuerberater,** Steuerbe

vollmächtigte und Steuerberatungsgesellschaften sind in Verfahren vor den
Gerichten der Finanzgerichtsbarkeit die Vorschriften des **RVG sinngemäß** anwendbar (§ 45 StBGebV; zu den Gebühren des Vorverfahrens s Rz
126). Zu sonstigen Bevollmächtigten, insbesondere zu **Wirtschaftsprü-
fern und im Ausland zugelassenen RAen** s Rz 102.

24   **Ziel des RVG** ist, das Gebührenrecht der RAe transparenter zu machen und zu vereinfachen. Dies geschieht – von der Neugestaltung des
Gebührenrechts in Straf- und Bußgeldsachen abgesehen – im Wesentlichen
durch vier Neuerungen (ausführlich dazu BT-Drucks 15/1971, 144 ff):

– Der **Aufbau des RVG** ist übersichtlicher gestaltet. Während die
  BRAGO die Gebühren- und Auslagentatbestände ausnahmslos in Para-
  grafenform wiedergab, gliedert sich das RVG in einen **Paragrafenteil**,
  der überwiegend allg Vorschriften enthält, und in ein als Anlage 1 bezeichnetes **Vergütungsverzeichnis (VV),** welches die einzelnen Ge-
  bühren- und Auslagentatbestände in sieben Teilen systematisch zusam-
  menstellt.

– Die **Gebührentatbestände** für bürgerliche Rechtsstreitigkeiten, Verfahren der freiwilligen Gerichtsbarkeit, der Verwaltungsgerichtsbarkeit,
  der Finanzgerichtsbarkeit, der Sozialgerichtsbarkeit und für ähnliche
  Verfahren werden **vereinheitlicht** und in Teil 3 des VV zusammengefasst.

– Das RVG geht – ebenso wie auch schon die BRAGO – von dem
  einheitlichen System der **Verfahrenspauschgebühren** aus. Im Unterschied zur BRAGO sieht das RVG aber **nur noch zwei Gebührenty-
  pen** vor, nämlich die Verfahrensgebühr (Rz 56 ff) und die Terminsgebühr (Rz 64 ff); die nach der BRAGO noch mögliche und in der Praxis
  oftmals problematische Beweisgebühr (dazu 5. Aufl Rz 16) entfällt.

– Das **RVG** vereinheitlicht die Gebühren der Höhe nach **für alle anwaltlichen Tätigkeiten in der Bundesrepublik Deutschland.** Die
  bislang durch Anl I Kap III Sachgeb A Abschnitt III Nrn 19, 20, 23 bis
  26 EinVertr vorgesehene Ermäßigung der RA-Gebühren um 10 vH
  (bis 30. 6. 1996 20 vH), wenn der Kostenschuldner seinen allg Gerichtsstand in dem in Art 3 des Vertrages genannten Gebiet (Beitrittsgebiet)
  hat und (als ungeschriebenes Tatbestandsmerkmal) der **Rechtsstreit** vor
  einem Gericht **in den neuen Bundesländern** geführt wird (s dazu
  5. Aufl Rz 10), entfällt zum 1. 7. 2004.

b) Überblick über die Regelungen des RVG

28   **aa)** Im Folgenden soll ein **Überblick über die Regelungen des
RVG** gegeben werden, soweit sie für das finanzgerichtliche Verfahren von
Bedeutung sind. Hinsichtlich der Einzelheiten wird auf die Kommentare
zum RVG verwiesen (vgl insbesondere *Gerold/Schmidt ua,* RVG sowie
Hartmann, Kostengesetze).

29   Das RVG stellt – stärker als die BRAGO – den Begriff der „Angelegenheit" in den Vordergrund und widmet diesem sogar einen eigenen Abschnitt (§§ 16–21 RVG). Für jede gesonderte **Angelegenheit** erhält der
Anwalt eine gesonderte Vergütung. Die Gebühren entgelten die gesamte
Tätigkeit des RA vom Auftrag bis zur Erledigung der Angelegenheit
(§ 15 I RVG; s aber zur Zurückverweisung Rz 33). Der RA kann die Ge-

bühren in derselben Angelegenheit nur einmal fordern (§ 15 II 1 RVG; zu mehreren Rechtszügen s Rz 33). Wird der RA, nachdem er in einer Angelegenheit tätig geworden ist, beauftragt, in derselben Angelegenheit weiter tätig zu werden, erhält er nicht mehr an Gebühren, als er erhalten würde, wenn er von vornherein hiermit beauftragt worden wäre, es sei denn, der frühere Auftrag ist seit mehr als zwei Kalenderjahren erledigt; in diesem Fall gilt die weitere Tätigkeit als neue Angelegenheit (§ 15 IV RVG).

Welche Tätigkeiten zur selben Angelegenheit gehören, regelt 30 § 16 RVG. Dieselbe Angelegenheit sind zB das Verwaltungsverfahren auf **AdV** und jedes Verwaltungsverfahren auf Abänderung oder Aufhebung der AdV (§ 16 Nr 1 RVG); das Verfahren über die **PKH** und das Verfahren, für das die PKH beantragt worden ist (§ 16 Nr 2 RVG); mehrere Verfahren über die PKH in demselben Rechtszug (§ 16 Nr 3 RVG); das Verfahren über einen Antrag ua auf Erlass einer **einstweiligen Anordnung** und jedes Verfahren auf deren Änderung oder Aufhebung (§ 16 Nr 6 RVG).

Welche Tätigkeiten verschiedene Angelegenheiten sind, bestimmt 31 § 17 RVG. Dies sind zB jeweils das **Verwaltungsverfahren,** das **Einspruchsverfahren,** das Verwaltungsverfahren auf **AdV** und ein gerichtliches Verfahren (§ 17 Nr 1 RVG; anders noch § 119 I u III BRAGO); das Verfahren in der Hauptsache und ein Verfahren über einen Antrag auf Erlass einer **einstweiligen Anordnung** oder Gewährung der **Aufhebung der Vollziehung** nebst Änderungs- und Aufhebungsanträgen (§ 17 Nr 4 RVG); das Verfahren über ein Rechtsmittel und über die NZB (§ 17 Nr 9 RVG); das Wiederaufnahmeverfahren und das wiederaufgenommene Verfahren (§ 17 Nr 12 RVG).

Schließlich bestimmt § 18 RVG, welche Tätigkeiten zu den **besonderen Angelegenheiten** gehören, die für das finanzgerichtliche Verfahren 32 aber nur von nachrangiger Bedeutung sind. Vgl im Einzelnen § 18 RVG.

Umfasst ein gerichtliches Verfahren **mehrere Rechtszüge,** so kann der 33 RA die Gebühren nach § 15 II 2 RVG in jedem Rechtszug fordern. Dabei bestimmen die §§ 19–21 RVG, welche Tätigkeiten im Einzelnen zu einem Rechtszug gehören. Von Bedeutung ist dabei insbesondere § 21 I RVG, wonach im Falle der **Zurückverweisung** einer Sache an ein untergeordnetes Gericht das weitere Verfahren vor diesem Gericht ein neuer Rechtszug ist. S aber zur Anrechnung der Verfahrensgebühr Vorbemerkung 3 VI zu Teil 3 VV. Zu der Anrechnung soll es nach *Madert* in Gerold/Schmidt ua § 21 Rz 38 dann nicht kommen, wenn nach Zurückverweisung ein anderer RA auftritt. Erhöht sich nach der Zurückverweisung der Gegenstandswert, so ist der höhere Wert auch für die Verfahrensgebühr maßgebend (*Madert* aaO Rz 39). Zum Entstehen einer Erledigungsgebühr nach Zurückverweisung s FG D'dorf EFG 2005, 975; FG Köln EFG 2004, 1643 sowie allg Rz 77 ff.

bb) Als Gebühren, die der RA für jede gesonderte Angelegenheit beanspruchen kann, geht das RVG grundsätzlich von **Wertgebühren** aus, 34 die sich gem § 2 I RVG nach dem **Gegenstandswert** der anwaltlichen Tätigkeit bemessen. Der Gegenstandswert richtet sich – soweit das RVG keine besonderen Regelungen enthält (s hierzu aber §§ 24–31 RVG) – in gerichtlichen Verfahren gem § 23 I 1 RVG nach den für die Gerichtsgebühren geltenden Wertvorschriften (vgl dazu im Einzelnen Vor § 135 Rz 23 ff). Eine gerichtliche Festsetzung des Streitwerts für die Gerichtsgebühren ist auch für die Gebühren des Bevollmächtigten maßgebend (§ 32 I RVG; zum Recht des RA, die Wertfestsetzung zu beantragen s § 32 II RVG). – Die **Werte mehrerer Gegenstände** (zB mehrere angefochtene Steuerbescheide) werden nach § 22 I RVG innerhalb derselben Angelegenheit (s hierzu Rz 29 ff) zusammengerechnet, wobei der Wert in derselben Angelegenheit nach § 22 II 1 RVG **höchstens 30 Millionen Euro** beträgt, soweit durch Gesetz nichts anderes bestimmt ist (zu mehreren Auftraggebern s § 22 II 2 RVG). Eine solche Höchstgrenze sah die BRAGO nicht vor.

35   Im Regelfall bestimmt das VV bei den Wertgebühren einen **festen Gebührensatz.** Unter Anwendung der **Gebührentabelle** zum RVG (Anlage 1), die – gestaffelt nach Gegenstandswerten – die Beträge der jeweils vollen Gebühren ausweist, lässt sich dann der dem RA für die jeweilige Tätigkeit zustehende Gebührenbetrag errechnen. – Ausnahmsweise sieht das VV aber auch sogenannte **Gebührensatzrahmen** vor (s zB VV 2400 [*ab 1. 7. 2006:* VV 2300]: Geschäftsgebühr: 0,5–2,5; zum Begriff auch *Madert* in Gerold/Schmidt ua § 14 Rz 3). In diesen Fällen obliegt es nach § 14 I 1 RVG dem RA, die Gebühr im Einzelfall unter Berücksichtigung aller Umstände, vor allem des Umfangs und der Schwierigkeit der anwaltlichen Tätigkeit, der Bedeutung der Angelegenheit sowie der Einkommens- und Vermögensverhältnisse des Auftraggebers, nach billigem Ermessen zu bestimmen. Ein besonderes Haftungsrisiko des RA kann nach § 14 I 2 RVG ebenfalls berücksichtigt werden. Ist die Gebühr von einem Dritten zu ersetzen, ist die von dem RA getroffene Bestimmung nicht verbindlich, wenn sie unbillig ist (§ 14 I 4 RVG).

36   Den Gegensatz zu den Wertgebühren bilden die **Festgebühren,** bei denen das VV bestimmt, welchen konkreten Betrag der RA für eine bestimmte Tätigkeit erhält. Vorgesehen sind derartige Festgebühren insbesondere in den Fällen der Beratungshilfe (s VV 2600–2608; *ab 1. 7. 2006:* VV 2500–2508). ZT sieht das VV auch sogenannte **Gebühren mit Betragsrahmen** vor, bei denen für eine konkrete anwaltliche Tätigkeit ein Mindest- und ein Höchstbetrag angegeben werden (vgl die Definition in VV 1008 III; s zum Begriff auch *Madert* in Gerold/Schmidt ua § 14 Rz 4). Auch bei diesen Gebühren handelt es sich um Rahmengebühren, bei denen der RA unter Berücksichtigung der in § 14 I 1 RVG aufgezählten Kriterien die Höhe der Gebühr bestimmt (vgl die diesbezüglichen Ausführungen in Rz 35, allerdings mit dem Unterschied, dass das Haftungsrisiko nach § 14 I 3 RVG zwingend zu berücksichtigen ist).

37   **cc)** Wird der RA in derselben Angelegenheit für **mehrere Auftraggeber** tätig, erhält er die Gebühren nach § 7 I RVG nur einmal. Allerdings **erhöht sich die Verfahrens- oder Geschäftsgebühr** nach VV 1008 um 0,3 bei Wertgebühren und um 30% bei Festgebühren; bei Betragsrahmengebühren erhöhen sich der Mindest- und der Höchstbetrag um 30% (s zu den einzelnen Gebührenarten Rz 35 f; zur Obergrenze bei mehreren Erhöhungen s VV 1008 III; vgl auch FG Nbg EFG 1980, 298 und 1984, 140 zur Erhöhungsgebühr nach BRAGO, wenn **Eheleute** gemeinsam einen Prozess führen und der eine von ihnen RA ist, der sich und den anderen

Ehegatten vertritt). Neu ist an dieser Regelung, dass es bei der Erhöhung nicht mehr auf die Ausgangsgebühr ankommt. Die Erhöhung beträgt stets 0,3 oder 30%, und zwar unabhängig davon, wie hoch die Verfahrens- oder Geschäftsgebühr ist.

Weiterhin unklar ist, ob und wie die **Erhöhung bei Gebührensatz-** **38** **rahmen** vorzunehmen ist (zum Begriff Rz 35). Eine ausdrückliche Regelung hierzu fehlt. ME ist zunächst innerhalb des Gebührensatzrahmens eine (fiktive) Ausgangsgebühr für einen einzelnen der mehreren Auftraggeber zu bestimmen. Dass die Umstände bei den einzelnen Auftraggebern so unterschiedlich sind, dass sie auch unterschiedlich hohe Gebühren rechtfertigen würden und somit die Auswahl problematisch sein könnte, für welchen Auftraggeber diese Ausgangsgebühr ermittelt wird (mit diesen Bedenken *v Eicken* in Gerold/Schmidt ua VV 1008 Rz 18), ist praktisch eher unwahrscheinlich. Anschließend ist die Ausgangsgebühr wie eine Wertgebühr um 0,3 je zusätzlichem Auftraggeber zu erhöhen, und zwar bis zur maximalen Obergrenze nach VV 1008 III von 2,0. Eine Überschreitung des gesetzlichen Höchstsatzes des Rahmens ist mE zulässig (**aA** *v Eicken* aaO). Denn zum einen trifft VV 1008 für Gebührensatzrahmen gerade keine dahingehende Regelung, dass eine Überschreitung des gesetzlichen Höchstsatzes unzulässig ist und zum anderen wird schließlich auch bei Wertgebühren der vom Gesetz vorgeschriebene Gebührensatz überschritten, wenn der RA mehrere Auftraggeber vertritt. Für Gebührensatzrahmen kann insoweit nichts anderes gelten, zumal ansonsten gerade bei engen Satzrahmen und aufwändigen anwaltlichen Tätigkeiten die durch mehrere Auftraggeber bedingte Mehrbelastung des RA nicht hinreichend berücksichtigt wird (*Beispiel:* gesetzlicher Rahmensatz nach VV 2401 [**ab 1. 7.** **2006:** VV 2301]: 0,5–1,3. Nach § 14 I 1 RVG wäre für einen Auftraggeber eine Gebühr von 0,7 zu bestimmen. Der RA hat drei weitere Auftraggeber. Für jeden dieser Auftraggeber ist eine Gebührenerhöhung um 0,3 vorzunehmen, so dass die Gebühr insgesamt 1,6 beträgt).

Voraussetzung für die Erhöhung der Gebühr ist nach VV 1008, dass **39** Auftraggeber in derselben Angelegenheit mehrere (natürliche oder juristische) Personen sind. Daraus folgert *Schneider* (AnwBl 2004, 129, 131), dass der RA nunmehr die Erhöhung auch dann erhalte, wenn er zB eine **GbR** vertrete, die aus mehreren Personen bestehe. Dem ist mE nicht zu folgen. Soweit eine **Personengesellschaft** im finanzgerichtlichen Verfahren **steu-errechts- und beteiligtenfähig** ist (s § 57 Rz 15 ff), wird der Auftrag an den RA zur Erhebung oder Fortführung einer Klage oder eines Antrags nicht von den (mehreren) Gesellschaftern erteilt, sondern von der (alleinigen) Personengesellschaft, zumal sie nach der neueren Rspr des BGH (NJW 2001, 1056) beschränkt rechtsfähig ist und damit – durch ihre gesellschaftsvertraglich bestimmten Vertreter – auch den entsprechenden Auftrag erteilen kann. Folglich steht dem RA die Erhöhungsgebühr in diesen Fällen nicht zu (glA *v Eicken* in Gerold/Schmidt ua VV 1008 Rz 41; *Hartmann* § 7 RVG Rz 7 „BGB-Gesellschaft"; vgl auch BGH AnwBl 2004, 251; ebenso zur Erhöhungsgebühr nach BRAGO: *Schall* StB 1994, 244; FG Köln EFG 1994, 59; FG Bln EFG 1990, 445; anders möglicherweise FG Saarl EFG 1990, 331). Ist die Personengesellschaft im finanzgerichtlichen Verfahren **nicht beteiligtenfähig,** muss die Klage idR durch die Gesellschafter erhoben werden (s etwa § 48 I Nr 2), so dass dem RA bei

einer Mehrheit der ihn beauftragenden klagenden Gesellschafter die Erhöhungsgebühr grds zusteht (vgl auch *v Eicken* sowie *Hartmann* aaO).

40   **dd)** Der RA kann nach § 11 I 1 RVG die **Festsetzung** der gesetzlichen
Vergütung und der zu ersetzenden Aufwendungen durch das Gericht des
ersten Rechtszugs beantragen. In Verfahren vor den Finanzgerichten erfolgt diese Festsetzung durch den Urkundsbeamten der Geschäftsstelle
(§ 11 III 1 RVG). Wird der von dem RA angegebene Gegenstandswert
von einem Beteiligten bestritten, ist das Verfahren nach § 11 IV RVG auszusetzen, bis das Gericht hierüber entschieden hat.

41   § 11 RVG sieht im Gegensatz zu § 19 BRAGO zwei wesentliche Neuerungen vor: Zum einen kann nunmehr auch eine Festsetzung von **Rahmengebühren** erfolgen, sofern der RA die Mindestgebühr geltend macht
oder der Auftraggeber einer höheren Gebühr ausdrücklich zugestimmt
hat (§ 11 VIII RVG). Zum anderen ist jetzt auch eine Festsetzung der zu
ersetzenden Aufwendungen möglich. Zu den **zu ersetzenden Aufwendungen** dürften neben den verauslagten Gerichtskosten auch alle weiteren
Aufwendungen gehören, die mit dem Verfahren im Zusammenhang stehen
(zB Kosten für Grundbuchauszüge, Auszüge aus dem Handelsregister, Auskünfte des Meldeamtes), es sei denn, sie werden bereits durch die Gebühren mit abgegolten (s dazu auch Rz 95 ff).

**c) Überblick über die Gebührentatbestände des Vergütungsver-
zeichnisses**

48   **aa)** Nach VV 2100 erhält der RA für einen mündlichen oder schriftlichen Rat oder eine Auskunft eine 0,1–1,0 **Beratungsgebühr,** die allerdings **nicht** nach § 139 I 1 **erstattungsfähig** ist, weil außergerichtliche
Gebühren und Auslagen nach § 139 III 3 nur dann erstattungsfähig sind,
wenn sie ein Vorverfahren (Einspruchsverfahren) betreffen und das Gericht
die Hinzuziehung eines Bevollmächtigten oder Beistands für das Vorverfahren für notwendig erklärt (s auch Rz 110 ff). Die Beratungsgebühr ist
nach VV 2100 II auf eine Gebühr für eine sonstige Tätigkeit **anzurechnen,** die mit der Beratung zusammenhängt, insbesondere also auf eine
Geschäfts- oder Verfahrensgebühr. Art 5 I KostRMoG v 5. 5. 2004
(BGBl I, 718) hat die Beratungsgebühr mit Wirkung **ab dem 1. 7. 2006
abgeschafft.** Der RA soll dann nach § 34 RVG nF für derartige Tätigkeiten auf eine Gebührenvereinbarung hinwirken (vgl BT-Drucks
15/1971, 238).

49   **bb)** Für außergerichtliche Tätigkeiten einschließlich der **Vertretung
im Verwaltungsverfahren** erhält der RA nach VV 2400 (*ab 1. 7. 2006:*
VV 2300) eine **Geschäftsgebühr,** die allerdings **nicht** nach § 139 I 1 **erstattungsfähig** ist, weil außergerichtliche Gebühren und Auslagen nach
§ 139 III 3 nur dann erstattungsfähig sind, wenn sie ein Vorverfahren
(Einspruchsverfahren) betreffen und das Gericht die Zuziehung eines Bevollmächtigten oder Beistands für das Vorverfahren für notwendig erklärt (s
auch Rz 110 ff). VV 2400 (*ab 1. 7. 2006:* VV 2300) sieht für die Geschäftsgebühr einen Gebührensatzrahmen (zum Begriff s Rz 35) von 0,5–2,5 vor,
wobei aber eine Gebühr von mehr als 1,3 nur gefordert werden kann,
wenn die Tätigkeit umfangreich oder schwierig war (so genannte
Schwellengebühr; zur Bemessung der Gebühr s auch *Gruber* BB-Special

2004 Nr 1, 12, 14). Auf bestimmte Handlungen (etwa der Durchführung einer Besprechung) kommt es für das Entstehen der Geschäftsgebühr nicht an. Ausschlaggebend ist nur, dass der RA für den Beteiligten tätig geworden ist (s dazu auch Rz 115). Zu beachten ist allerdings, dass die Berechnung der Geschäftsgebühr dann ausgeschlossen ist, wenn **andere Gebührenvorschriften Vorrang** haben. Das gilt zB auch für § 35 RVG, wonach sich die Gebühren des RA für die Hilfeleistung bei der Erfüllung allg Steuerpflichten und bei der Erfüllung steuerlicher Buchführungs- und Aufzeichnungspflichten nach den §§ 23–39 StBGebV iVm §§ 10 u 13 StBGebV richten (vgl *Madert* in Gerold/Schmidt ua VV 2400–2403 Rz 8). Folglich fällt die Geschäftsgebühr nur dann an, wenn die anwaltliche Tätigkeit über eine solche **Hilfeleistung in Steuersachen** hinausgeht, was zB dann der Fall ist, wenn der RA bereits im Verwaltungsverfahren in ähnlicher Art und Weise und in ähnlichem Umfang tätig wird wie im Einspruchsverfahren.

Nach § 17 Nr 1 RVG sind das Verwaltungsverfahren und das der Nach- **50** prüfung des VA dienende weitere Verwaltungsverfahren (Einspruchsverfahren) verschiedene Angelegenheiten (s Rz 31). Das hat zur Folge, dass die Geschäftsgebühr (Rz 49) für jedes Verfahren entsteht. Die **für das Einspruchsverfahren entstehende Geschäftsgebühr** ist dabei nach § 139 III 3 dann **erstattungsfähig,** wenn das Gericht die Zuziehung eines Bevollmächtigten oder Beistands für das Vorverfahren für notwendig erklärt (s auch Rz 110 ff). Hinsichtlich der Höhe der für die Einspruchsverfahren anfallenden Geschäftsgebühr sieht VV 2401 (*ab 1. 7. 2006:* VV 2301) eine **Ermäßigung** auf 0,5–1,3 für den Fall vor, dass der RA bereits im Verwaltungsverfahren tätig war. Damit soll berücksichtigt werden, dass der Umfang der Tätigkeit des RA im Einspruchsverfahren geringer ist, weil er bereits das Verwaltungsverfahren geführt hat (*Madert* in Gerold/Schmidt ua VV 2400–2403 Rz 142 ff mwN). Dieser Umstand darf dann aber nach VV 2401 I (*ab 1. 7. 2006:* VV 2301 I) nicht nochmals bei der Bemessung der Höhe der Gebühr berücksichtigt werden. Eine Gebühr von mehr als 0,7 kann nach VV 2401 II (*ab 1. 7. 2006:* VV 2301 II) nur gefordert werden, wenn die Tätigkeit umfangreich oder schwierig war.

Unklar ist, ob die **Herabsetzung der Geschäftsgebühr** für das Ein- **51** spruchsverfahren auch dann eingreift, wenn der RA zwar im Verwaltungsverfahren tätig geworden ist, er für dieses Verwaltungsverfahren aber wegen des **Vorrangs des § 35 RVG** keine Geschäftsgebühr abrechnen kann, weil seine Tätigkeit nicht über eine Hilfeleistung in Steuersachen hinausgegangen ist (s Rz 49). ME ist dies zu bejahen, da der Wortlaut von VV 2401 (*ab 1. 7. 2006:* VV 2301) nur auf das Tätigwerden im Verwaltungsverfahren und nicht auf das Entstehen der Geschäftsgebühr im Verwaltungsverfahren abstellt.

Wird wegen des Gegenstandes, der im Verwaltungsverfahren und im **52** Verwaltungsvorverfahren (Einspruchsverfahren) streitig war, Klage erhoben, so wird nach Vorbemerkung 3 IV 1 zu Teil 3 VV eine nach VV 2400–2403 (*ab 1. 7. 2006:* VV 2300–2303) entstandene **Geschäftsgebühr** zur Hälfte, jedoch höchstens mit einem Gebührensatz von 0,75, **auf** die entstehende **Verfahrensgebühr** des gerichtlichen Verfahrens **angerechnet.** Dadurch soll verhindert werden, dass die nahezu identische Tätigkeit zwei Mal in voller Höhe vergütet wird, was eine Identität des Streitstoffs

und einen zeitlichen Zusammenhang von außergerichtlichem und gerichtlichem Verfahren erfordert (*Madert* in Gerold/Schmidt ua VV 2400–2403
Rz 187 u 193 mwN). Sind mehrere Geschäftsgebühren entstanden, nämlich zB sowohl für das Verwaltungsverfahren als auch für das Verwaltungsvorverfahren (s dazu Rz 50), so ist für die Anrechnung die zuletzt entstandene Gebühr, also diejenige für das Verwaltungsvorverfahren, maßgebend
(Vorbemerkung 3 IV 2 zu Teil 3 VV). Die Anrechnung erfolgt nach dem
Wert des Gegenstands, der in das gerichtliche Verfahren übergegangen ist
(Vorbemerkung 3 IV 3 zu Teil 3 VV). Dies betrifft die Fälle, in denen der
außergerichtliche Streitgegenstand nur teilweise eingeklagt wird (zu Berechnungsbeispielen s *Madert* aaO Rz 215 ff).

55   **cc)** Die Gebührentatbestände für bürgerliche Rechtsstreitigkeiten, Verfahren der freiwilligen Gerichtsbarkeit, der Verwaltungsgerichtsbarkeit, der
Finanzgerichtsbarkeit, der Sozialgerichtsbarkeit und für ähnliche Verfahren
sind in Teil 3 des VV geregelt (s auch Rz 24). Für die **Verfahren vor den
Finanzgerichten** ist dabei der Unterabschnitt 1 des Abschnitts 2 anzuwenden, der ansonsten für Berufungsverfahren gilt und im Vergleich zu
erstinstanzlichen Verfahren höhere Gebührensätze vorsieht (s Vorbemerkung 3.2.1 zu Teil 3, Abschnitt 2, Unterabschnitt 1 VV). Damit erkennt
das RVG – im Unterschied zur BRAGO – die Stellung der FG als obere
Landesgerichte an. – Die höheren Gebührensätze gelten allerdings nicht für
Verfahren des einstweiligen Rechtsschutzes (gerichtliche **AdV** und Erlass
einer **einstweiligen Anordnung**). Bei diesen richten sich die Gebühren
nach Teil 3 Abschnitt 1 VV (s Vorbemerkung 3.2 II zu Teil 3 Abschnitt 2
VV), so dass im Regelfall die Verfahrensgebühr 1,3 (VV 3100) und die
Terminsgebühr (sofern diese im einstweiligen Rechtsschutz überhaupt an-
fällt) 1,2 beträgt (VV 3104; vgl auch *Gruber* BB-Special 2004 Nr 1, 12, 18).

56   Für das Betreiben des Geschäfts einschließlich der Information steht dem
RA nach VV 3200 eine 1,6 **Verfahrensgebühr** zu (zur Definition der
Verfahrensgebühr s Vorbemerkung 3 II vor Teil 3 VV). Nach VV 3201
findet eine **Ermäßigung** auf eine 1,1 Verfahrensgebühr statt, falls der
Auftrag endet, bevor der RA das Rechtsmittel (im finanzgerichtlichen
Verfahren die Klage- oder Antragsschrift) eingelegt oder einen Schriftsatz,
der Sachanträge, Sachvortrag oder die Zurücknahme der Klage (oder des
Antrags) enthält, eingereicht oder bevor er für seine Partei einen gerichtlichen Termin wahrgenommen hat (VV Nr 3201 Nr 1; Nr 2 ist für finanzgerichtliche Verfahren nicht einschlägig). Daraus ergibt sich Folgendes: Ist
der RA bereits von Anfang an für den Beteiligten tätig, löst bereits die
Einreichung der Klage- oder Antragsschrift die 1,6 Verfahrensgebühr aus,
und zwar unabhängig davon, ob die Klage- oder Antragsschrift eine Begründung enthält oder nicht. Bestellt sich der RA hingegen erst im laufenden Verfahren, zB weil der Kläger die Klage persönlich erhoben hat, entsteht die 1,6 Verfahrensgebühr nicht bereits mit der Bestellung, sondern
erst dann, wenn der RA einen Schriftsatz einreicht, der Sachanträge oder
Sachvortrag enthält, oder – auch ohne vorherige Einreichung eines solchen
Schriftsatzes – die Klage schriftsätzlich zurücknimmt oder für seinen Mandanten einen gerichtlichen Termin wahrnimmt. Erklären die Beteiligten
den Rechtsstreit übereinstimmend in der Hauptsache für erledigt, bleibt
die bereits entstandene Verfahrensgebühr in voller Höhe bestehen.

Werden zwei zunächst selbständige **Verfahren** miteinander **verbun- 57 den,** so bleiben die einmal in den getrennten Verfahren entstandenen Verfahrensgebühren bestehen (vgl § 15 IV RVG), sie sind aber auf eine eventuell in dem verbundenen Verfahren entstehende Verfahrensgebühr (zu bemessen nach dem Gegenstandswert des nunmehr verbundenen Verfahrens) anzurechnen (§ 15 II 1 RVG; *Müller-Rabe* in Gerold/Schmidt ua VV 3100 Rz 73 ff mit Berechnungsbeispielen). Gleiches gilt im Falle der **Trennung** eines Verfahrens in zwei oder mehrere Verfahren (*Müller-Rabe* aaO Rz 89 ff mit Berechnungsbeispielen).

Wird ein **Korrespondenz- oder Verkehrsanwalt** tätig, dessen Auftrag 58 sich auf die Führung des Verkehrs des Beteiligten mit dem Verfahrensbevollmächtigten beschränkt, so ist die diesem Korrespondenz- oder Verkehrsanwalt nach VV 3400 zustehende Verfahrensgebühr **nicht** nach § 139 III **erstattungsfähig,** weil der Korrespondenz- oder Verkehrsanwalt nicht vor Gericht auftritt. Die Aufwendungen können allenfalls als notwendige Aufwendungen des Beteiligten selbst (vgl Rz 10 ff) erstattungsfähig sein (BFHE 109, 299 = BStBl II 1973, 664).

dd) Neben der Verfahrensgebühr erhält der RA nach VV 3202 eine 1,2 **64 Terminsgebühr** (zum einstweiligen Rechtsschutz s Rz 55 aE). Sie entsteht nach Vorbemerkung 3 III zu Teil 3 VV für die Vertretung in einem Verhandlungs-, Erörterungs- oder Beweisaufnahmetermin oder für die Wahrnehmung eines von einem gerichtlich bestellten Sachverständigen anberaumten Termins oder für die Mitwirkung an auf die Vermeidung oder Erledigung des Verfahrens gerichteten Besprechungen ohne Beteiligung des Gerichts, nicht jedoch für bloße Besprechungen mit dem Auftraggeber. Damit kommt es – entgegen der früheren Rechtslage – nicht darauf an, ob in dem Termin Anträge gestellt werden oder ob die Sache erörtert wird. Die **vertretungsbereite Teilnahme** des RA an den genannten Terminen reicht zur Entstehung der Gebühr aus, selbst wenn sich der RA nicht äußert (*Müller-Rabe* in Gerold/Schmidt ua VV Vorb 3 Rz 59 ff: bloße Anwesenheit ohne Vertretungsbereitschaft genügt nicht; zum Entstehen der Terminsgebühr bei Behandlung nicht rechtshängiger Ansprüche in den genannten Terminen s Rz 70). – Für das **finanzgerichtliche Verfahren** sieht VV 3202 II zudem die Besonderheit vor, dass die **Terminsgebühr auch** dann entsteht, wenn nach §§ 79 a II, 90 a oder 94 a **ohne mündliche Verhandlung** entschieden wird. Bei anderen Entscheidungen ohne mündliche Verhandlung – etwa bei AdV – fällt die Terminsgebühr hingegen nicht an.

Ob es sich um einen **Verhandlungs-, Erörterungs- oder Beweis- 65 aufnahmetermin** handelt, ist nach dem Willen des Gerichts zu beurteilen, welches aber auch stillschweigend in eine der genannten Terminsarten übergehen kann (*Müller-Rabe* in Gerold/Schmidt ua VV Vorb 3 Rz 43 f). Voraussetzung ist dabei aber stets, dass alle Beteiligten zu einem solchen Termin geladen oder – bei stillschweigendem Übergang – bei dem Termin anwesend oder vertreten sind. Aus diesem Grund ist ein bloßes Telefonat zwischen dem Gericht (Vorsitzender, Einzelrichter, Berichterstatter) und dem Bevollmächtigten des Klägers (oder auch des Beigeladenen) auch dann kein die Terminsgebühr auslösender Erörterungstermin, wenn der Beklagte anschließend über das Ergebnis des Telefonats unterrichtet wird. Etwas anderes gilt mE aber dann, wenn Gericht, Bevollmächtigter und Beklagtenvertreter (sowie ggf die Beigeladenen oder deren Bevollmächtigte) die Sach- und/oder Rechtslage im Rahmen einer **Telefon- oder Videokonferenz** besprechen. Denn Voraussetzung für das Entstehen der Terminsgebühr ist weder ein persönlicher Termin noch eine bestimmte Dauer des Termins (aA zur Erörterungsgebühr nach BRAGO FG Hessen EFG 1998, 222).

66   Neu ist, dass auch die auf die Vermeidung oder Erledigung des Verfahrens gerichteten **Besprechungen ohne Beteiligung des Gerichts** die Terminsgebühr auslösen können (vgl zur Rechtslage nach der BRAGO *Müller-Rabe* in Gerold/Schmidt ua VV Vorb 3 Rz 81 ff). Eine solche Besprechung liegt im finanzgerichtlichen Verfahren schon dann vor, wenn sich der Bevollmächtigte des Klägers mit einem Vertreter des beklagten FA darüber bespricht, wie der Rechtsstreit erledigt werden kann. Voraussetzung ist mE, dass die Besprechung mit einem in dem konkreten Fall **entscheidungsbefugten Beklagtenvertreter** erfolgt. Das ist entweder der Vorsteher oder der zuständige Sachgebietsleiter der Rechtsbehelfsstelle. Besprechungen mit anderen Bediensteten des Beklagten (insb Sachbearbeiter oder auch für das Klageverfahren nicht zuständige Sachgebietsleiter, etwa der Betriebsprüfungsstelle) lösen die Terminsgebühr nicht aus.

67   Der Beklagtenvertreter muss **gesprächsbereit** sein, dh es muss eine inhaltliche Auseinandersetzung über die Sach- und/oder Rechtslage erfolgen. Lehnt der Beklagtenvertreter eine eventuelle tatsächliche Verständigung von vornherein ab, so entsteht keine Terminsgebühr (*Müller-Rabe* in Gerold/Schmidt ua VV Vorb 3 Rz 90; OLG D'dorf AnwBl 2002, 113, 114 zur Besprechungsgebühr nach BRAGO; zur vertretungsbereiten Teilnahme des RA s Rz 64). – Ansonsten muss die Besprechung **nicht zwingend streitig** verlaufen. Auch bei sofortiger Annahme eines Vorschlags für eine tatsächliche Verständigung durch den Gegner entsteht die Terminsgebühr (*Müller-Rabe* aaO Rz 95).

68   Die Besprechung muss auf die **Vermeidung oder Erledigung des Verfahrens** ausgerichtet sein. Bei einem bereits anhängigen finanzgerichtlichen Verfahren wird es dabei vorrangig um die Erledigung eben dieses Verfahrens gehen (zur Vermeidung weiterer Verfahren s Rz 70; vgl auch FG BaWü EFG 2004, 1089 zu dem Fall, dass es bei der Besprechung nur um die AdV geht). Diese ist möglich durch den Abschluss einer tatsächlichen Verständigung, aber auch durch Rücknahme der Klage oder des Antrags. Folglich entsteht die Terminsgebühr auch dann, wenn sich der RA mit dem Beklagtenvertreter außergerichtlich über die Möglichkeit einer Klagerücknahme bespricht. – Gleiches gilt, wenn die Besprechung nur einen Teil des Verfahrensgegenstands betrifft. War die Besprechung von Anfang an nur auf diesen **Teil des Verfahrensgegenstandes** ausgerichtet, fällt die Terminsgebühr allerdings nur aus dem diesen Teil betreffenden Gegenstandswert an (*Müller-Rabe* in Gerold/Schmidt ua VV Vorb 3 Rz 93).

69   Auf welche Art und Weise die Besprechung stattfindet, ist unerheblich. Erforderlich ist lediglich eine mündliche Auseinandersetzung. Diese kann **persönlich** oder auch **telefonisch** erfolgen (*Müller-Rabe* in Gerold/ Schmidt ua VV Vorb 3 Rz 87), wobei aus Gründen des Nachweises ein Aktenvermerk gefertigt werden sollte. Auch die **Dauer** der Besprechung

spielt keine Rolle (*Müller-Rabe* aaO Rz 88), sofern sich diese inhaltlich auf die Erledigung des Verfahrens bezieht (Rz 68).

Die Terminsgebühr entsteht auch dann, wenn Gegenstand der in Vor- **70** bemerkung 3 III zu Teil 3 VV genannten Termine (Verhandlungs-, Erörterungs-, Beweisaufnahme-, Sachverständigen- oder Besprechungstermin) ein **nicht rechtshängiger Anspruch** ist. Für Besprechungstermine ohne Beteiligung des Gerichts (s Rz 66 ff) folgt dies daraus, dass diese nach Vorbemerkung 3 III zu Teil 3 VV auch auf die „Vermeidung" eines Verfahrens ausgerichtet sein können (*Müller-Rabe* in Gerold/Schmidt ua VV Vorb 3 Rz 84). Für die übrigen Termine folgt dies daraus, dass nach VV 3202 I iVm 3104 II die Terminsgebühr desjenigen Verfahrens, in dem eine Besprechung auch über nicht rechtshängige Ansprüche stattgefunden hat, insoweit auf die Terminsgebühr eines weiteren Verfahrens (einer anderen Angelegenheit) wegen desselben Gegenstands anzurechnen ist, als die Terminsgebühr in der Angelegenheit, in der die Besprechung stattgefunden hat, den sich ohne Berücksichtigung der nicht rechtshängigen Ansprüche ergebenden Gebührenbetrag übersteigt (*Müller-Rabe* in Gerold/Schmidt ua VV Vorb 3 Rz 76 u 84).

Von Bedeutung sind diese Regelungen nicht in erster Linie im Hinblick **71** auf das Entstehen der Terminsgebühr, weil in einem anhängigen Verfahren wohl kaum ein Termin oder eine Besprechung anberaumt wird, der sich nur auf andere Ansprüche bezieht. Entscheidend ist die genannte Regelung vielmehr für die Höhe der Terminsgebühr. Denn aus der in VV 3202 I iVm 3104 II enthaltenen Anrechnungsregelung (s Rz 70) folgt, dass immer dann, wenn in einem Termin oder einer Besprechung nicht nur über den im konkreten Verfahren anhängigen Anspruch verhandelt wird, sondern – bezogen auf das finanzgerichtliche Verfahren – zB auch über die Ansprüche aus dem Steuerschuldverhältnis weiterer Veranlagungszeiträume, sich der **für die Terminsgebühr maßgebliche Gegenstandswert** um eben diese mit einbezogenen und nicht rechtshängigen Ansprüche **erhöht** (*Schneider* AnwBl 2004, 129, 138; vgl auch *Müller-Rabe* in Gerold/Schmidt ua VV 3104 Rz 70 ff). Das gilt unabhängig davon, ob diese bei dem Termin oder der Besprechung mit einbezogenen Ansprüche entweder noch gar nicht rechtshängig sind oder ob sie Gegenstand eines anderen gerichtlichen Verfahrens sind. Denn wenn VV 3202 I iVm 3104 II von „nicht rechtshängigen Ansprüchen" spricht, sind damit die nicht in diesem Verfahren rechtshängigen Ansprüche gemeint (*Müller-Rabe* aaO Rz 71).

Voraussetzung der Erhöhung des für die Terminsgebühr maßgeben- **72** den Gegenstandswerts ist allerdings, **dass der RA** auch hinsichtlich der bei dem Termin oder der Besprechung mit einbezogenen, aber noch nicht rechtshängigen Ansprüche **einen Verfahrensauftrag hat** und nicht nur einen außergerichtlichen Auftrag (*Müller-Rabe* in Gerold/Schmidt ua VV Vorb 3 Rz 76). Für das **finanzgerichtliche Verfahren** bedeutet dies Folgendes: Wird in einem Termin oder in einer Besprechung auch über Ansprüche verhandelt, die in einem anderen gerichtlichen Verfahren anhängig sind, wegen dessen der Termin oder die Besprechung aber nicht anberaumt worden ist, so erhöht sich der für die Terminsgebühr maßgebende Gegenstandswert. Sind die mit einbezogenen Ansprüche noch nicht Gegenstand eines anderweitigen gerichtlichen Verfahrens, so erhöht sich der Gegenstandswert für die Terminsgebühr idR hingegen nur dann, wenn bereits eine Einspruchsentscheidung vorliegt, die Klagefrist noch nicht abgelaufen ist und der Stpfl dem RA bereits einen Klageauftrag erteilt hat. Sind die mit einbezogenen Ansprüche aber noch Gegenstand eines Einspruchsverfahrens, scheidet eine Erhöhung des Gegenstandswerts für die Terminsgebühr – vom Fall des § 46 abgesehen – aus, weil es an einem Verfahrensauftrag fehlt.

73   Werden zwei zunächst selbständige **Verfahren** miteinander **verbunden,** so bleiben die einmal in den getrennten Verfahren entstandenen Terminsgebühren bestehen (vgl § 15 IV RVG), müssen aber auf eine später eventuell für das verbundene Verfahren entstehende Terminsgebühr (zu bemessen nach dem Gegenstandswert des nunmehr verbundenen Verfahrens) angerechnet werden (vgl § 15 II RVG; *Müller-Rabe* in Gerold/Schmidt ua VV 3100 Rz 79 ff mit Berechnungsbeispielen). Gleiches gilt für die **Trennung** von Verfahren (*Müller-Rabe* aaO Rz 89 ff mit Berechnungsbeispielen).

76   **ee)** Eine **Einigungsgebühr** steht dem RA nach VV 1000 I 1 zu, wenn er beim Abschluss eines Vertrags, durch den der Streit oder die Ungewissheit der Parteien über ein Rechtsverhältnis beseitigt wird, mitgewirkt hat. Im öffentlichen Recht kommt die Einigungsgebühr nach VV 1000 IV nur dann zur Anwendung, wenn über die Ansprüche vertraglich verfügt werden kann, was im **Steuerrecht** wegen des Grundsatzes der Gesetzmäßigkeit der Verwaltung idR **nicht** der Fall ist (s § 76 Rz 4).

77   Entsteht eine Einigungsgebühr nicht – wie regelmäßig im Steuerrecht (s Rz 76) –, kann stattdessen nach VV 1002 eine 1,5 **Erledigungsgebühr** entstehen, wenn sich eine Rechtssache ganz oder teilweise nach Aufhebung oder Änderung des mit einem Rechtsbehelf angefochtenen VA durch die anwaltliche Mitwirkung erledigt oder sich eine Rechtssache ganz oder teilweise durch Erlass eines bisher abgelehnten VA erledigt (s auch FG Hessen EFG 1990, 268: Erledigungsgebühr entsteht nicht, wenn der Kläger auf Rat seines Prozessbevollmächtigten die Klage zurücknimmt). Damit entspricht VV 1002 im Wesentlichen § 24 BRAGO, so dass die diesbezügliche Rspr weiterhin zu berücksichtigen ist.

78   Die Rechtssache muss sich durch die anwaltliche Mitwirkung erledigen, was auch **nach Zurückweisung** der Sache durch den BFH an das FG noch möglich ist (FG D'dorf EFG 2005, 975; FG Köln EFG 2004, 1643). Die **Mitwirkung** erfordert eine besondere, über die bereits mit der Verfahrensgebühr abgegoltene Einlegung und Begründung des Rechtsbehelfs hinausgehende, auf die Beilegung des Rechtsstreits ohne streitige Entscheidung gerichtete **Tätigkeit des Bevollmächtigten** (so schon zu § 24 BRAGO: BVerwG Buchholz 362 § 24 BRAGO Nr 3; BFHE 93, 262 = BStBl II 1968, 772; BFHE 98, 12 = BStBl II 1970, 251; FG RhPf EFG 1987, 322; FG M'ster EFG 1991, 566; FG Bremen EFG 1990, 596; FG Hessen EFG 2003, 490). Ein solches Mitwirken kann darin bestehen, dass Bemühungen beim Finanzministerium nicht nur unwesentlich zur Zurücknahme oder Änderung eines Steuerbescheids durch das FA beigetragen haben (BFHE 93, 264 = BStBl II 1968, 772) oder dass der Bevollmächtigte selbst Ermittlungen zum Sachverhalt anstellt, die zur Erledigung des Rechtsstreits führen (FG BaWü EFG 2004, 144) oder dass dessen Beratung zur Annahme eines Erledigungsvorschlags der Behörde beigetragen hat (FG

Nds EFG 1978, 289; FG Bremen EFG 1981, 105; FG Nbg EFG 1982, 373; 1995, 1076; FG Hessen EFG 1988, 388; FG D'dorf EFG 1994, 318; 2005, 975; FG M'ster EFG 2004, 1254; aA FG Bln EFG 1980, 307; 1981, 523; FG BaWü EFG 1982, 373; FG Hbg EFG 1988, 594: keine besondere Bemühungen um die Erledigung erforderlich). Im Allgemeinen soll es auch ausreichen, wenn der Bevollmächtigte einem Erledigungsvorschlag des Gerichts oder des FA ohne weiteres Zutun zustimmt (vgl FG Köln EFG 2004, 1642 betr Einschränkung des Klagebegehrens um mehr als 10%; mE zweifelhaft). Eine Mitwirkungshandlung iSv VV 1002 kann auch in dem Hinweis des Bevollmächtigten auf ein einschlägiges BFH-Urteil gesehen werden, wenn dieser Hinweis zur Erledigung des Rechtsstreits führt (FG Saarl EFG 1983, 253; aA FG BaWü EFG 1995, 1977); ferner in der Mitwirkung des Prozessbevollmächtigten an einer tatsächlichen Verständigung mit dem FA, durch die sich der Rechtsstreit erledigt (FG M'ster EFG 1991, 566; FG Bremen EFG 1995, 381); sehr zweifelhaft aber FG Saarl EFG 2004, 743: Erledigungsgebühr möglich, wenn Bevollmächtigter nach Ergehen eines Gerichtsbescheids prüft, ob er mündliche Verhandlung beantragen soll.

Die **Erledigungsgebühr entsteht nicht,** wenn das FA allein aufgrund **79** der Klageschrift dem Klagebegehren entspricht (FG Nds EFG 1988, 388) oder wenn es ohne Mitwirkung des Bevollmächtigten den angefochtenen VA antragsgemäß aufhebt und die Erledigung der Hauptsache erklärt (FG BaWü EFG 1995, 382). Gleiches soll nach Auffassung des BFH auch dann gelten, wenn sich das gerichtliche Verfahren auf **AdV** (§ 69 III) dadurch erledigt, dass die Verwaltung die Vollziehung aussetzt. Es werde in diesen Fällen ein VA (AdV) erlassen, der mit dem in der Hauptsache angefochtenen VA nicht identisch sei (BFHE 93, 262 = BStBl II 1968, 771; BFHE 93, 403 = BStBl II 1969, 7). Diese auch in der Literatur bestrittene Ansicht (vgl *Hartmann* § 24 BRAGO Rz 2 B) erscheint sehr formalistisch (aA als der BFH: FG Köln EFG 1990, 268; FG Bln EFG 1981, 526).

Die **Höhe der Erledigungsgebühr** ist ziemlich unübersichtlich gere- **80** gelt. Nach VV 1002 entsteht grundsätzlich eine 1,5 Erledigungsgebühr. Dies gilt nach VV 1003 aber nur dann, wenn über den Gegenstand, über den man sich geeinigt hat, kein anderes gerichtliches Verfahren als ein selbständiges Beweisverfahren anhängig ist. Das bedeutet, dass die 1,5 Erledigungsgebühr – vom im finanzgerichtlichen Verfahren bedeutungslosen selbständigen Beweisverfahren abgesehen – nur bei nicht anhängigen Gegenständen entsteht. Ist der Gegenstand der Einigung hingegen – wie dies regelmäßig der Fall sein wird – anhängig, entsteht im finanzgerichtlichen Verfahren nach VV 1004 eine 1,3 Erledigungsgebühr, weil das finanzgerichtliche Verfahren nach Teil 3 Abschnitt 2 VV den Berufungs- und Revisionsverfahren gleichgestellt ist.

ff) Nach VV 2200 (*ab 1. 7. 2006:* VV 2100) erhält der RA für die **84** **Prüfung der Erfolgsaussicht eines Rechtsmittels** eine Gebühr von 0,5–1,0 (bei Ausarbeitung eines schriftlichen Gutachtens: 1,3). Die Gebühr gilt für alle Rechtsmittel, also auch für Beschwerden und die NZB. Ob der RA zur Durchführung des Rechtsmittels rät oder hiervon abrät, ist für das Entstehen der Gebühr ohne Bedeutung (*Schneider* AnwBl 2004, 129, 137). Wird das Rechtsmittelverfahren durchgeführt, ist die Gebühr auf die Gebühr für das Rechtsmittelverfahren **anzurechnen.**

85   **gg)** Im **Revisionsverfahren** betragen die Verfahrensgebühr 1,6 (VV
3206; bei vorzeitiger Beendigung des Auftrags 1,1 nach VV 3207) und die
Terminsgebühr 1,5 (VV 3210). Die Terminsgebühr entsteht auch, wenn
gem §§ 79 a II, 90 a oder 94 a ohne mündliche Verhandlung entschieden
wird. VV 3210 verweist zwar nicht auf die diesbezügliche Sonderregelung
für das Verfahren vor den FG in VV 3202 II (s Rz 64 aE), sondern auf VV
3104, wonach die Terminsgebühr aber auch entsteht, wenn im Einverständnis mit den Parteien ohne mündliche Verhandlung entschieden wird.
Dies sind in der FGO die Fälle der §§ 79 a II, 90 a und 94 a. – Die Verfahrensgebühr für die **NZB** beträgt nach VV 3506 1,6 (bei vorzeitiger Beendigung des Auftrags 1,1 nach VV 3507) und wird auf die Verfahrensgebühr
für ein nachfolgendes Revisionsverfahren **angerechnet.** Im Übrigen gelten für die Gebühren im Revisionsverfahren und im Verfahren betreffend
die NZB dieselben Grundsätze, die auch im Verfahren vor dem FG anzuwenden sind (s im Einzelnen Rz 28 ff).

86   **hh)** Für Verfahren über die **Beschwerde** und die **Erinnerung** fällt nach
VV 3500 eine 0,5 Verfahrensgebühr an.

87   **ii)** In **Vorabentscheidungsverfahren vor dem EuGH** geltend nach
§ 38 I 1 RVG die Vorschriften in Teil 3 Abschnitt 2 VV entsprechend.
Folglich stehen dem RA die selben Gebühren zu, wie im finanzgerichtlichen Verfahren (ausführlich Rz 55 ff). Die Verfahrensgebühr des Verfahrens,
in dem vorgelegt worden ist, wird allerdings nach § 38 III RVG auf die
Verfahrensgebühr des Verfahrens vor dem EuGH angerechnet, wenn nicht
eine im Verfahrensrecht vorgesehene schriftliche Stellungnahme gegenüber
dem EuGH abgegeben wird (zum Gegenstandswert s § 38 I 2 u 3 RVG).

3. Die Auslagen des Bevollmächtigten oder Beistands

95   Mit den Gebühren wird die Betätigung des Bevollmächtigten entgolten,
aber auch dessen allg Geschäftskosten. Fallen bei dem Bevollmächtigten
Auslagen an, die nicht zu den allg Geschäftskosten gehören, so hat er auf
der Rechtsgrundlage der §§ 670, 675 BGB zum Geschäftsbesorgungsver-
trag gegen seinen Mandanten einen Anspruch auf Ersatz dieser Auslagen,
soweit er diese für erforderlich halten durfte (s hierzu auch Vorbemerkung
7 I zu Teil 7 VV; zur **Festsetzung** der Auslagen gegenüber dem Mandanten s Rz 41). Dabei ist die Frage, ob Kosten zu den **allg Geschäftskosten** gehören oder ob sie hierüber hinausgehen, oftmals schwierig zu
beantworten. Nicht zu den allg Geschäftskosten gehören zB verauslagte
Gerichtskosten, Kosten für Grundbuchauszüge, Auszüge aus dem Handelsregister oder für Auskünfte des Meldeamtes. Gleiches gilt für eine Ver-
waltungsgebühr zur Gewährung von Akteneinsicht (vgl FG Hessen EFG
1997, 427). Kosten für die Anschaffung von Fachliteratur und – dem
gleichgestellt – für eine **Datenbank-Recherche** sind hingegen den allg
Geschäftskosten zuzurechnen (zur Datenbank-Recherche: *Hansen* JurBüro
1994, 546; *Schall* StB 1994, 505 u *Schneider* AnwBl 2004, 129, 132).

96   Die Auslagen des Bevollmächtigten sind nach § 139 III 1 **erstattungsfähig,** dh der obsiegende Beteiligte kann von dem unterliegenden Beteiligten deren Erstattung verlangen. Das setzt aber trotz der Regelung des
§ 139 III 1 voraus, dass die Aufwendungen (Auslagen) **notwendig** waren
(vgl Rz 3 ff).

Für **besondere Arten** von Auslagen enthält Teil 7 VV **Sonderrege-** **97** **lungen.**

VV 7000 sieht Pauschalen für die **Herstellung und Überlassung von** **98** **Dokumenten** vor. Diese werden insbesondere gewährt für jede Ablichtung **(Fotokopie)** aus Behörden- und Gerichtsakten, soweit deren Herstellung zur sachgemäßen Bearbeitung der Rechtssache geboten war und für Ablichtungen zur Zustellung oder Mitteilung an Gegner, Beteiligte, Verfahrensbevollmächtigte und den Auftraggeber, soweit dafür mehr als 100 Ablichtungen zu fertigen waren. Unter dieser Anzahl gefertigte Fotokopien gehören zu den allg Geschäftskosten (s Rz 95). Der **Pauschsatz** ist gestaffelt. Für die ersten 50 Seiten beträgt er 0,50 Euro, für jede weitere Seite 0,15 Euro (zur Überlassung elektronisch gespeicherter Dokumente s VV 7000 Nr 2).

Entgelte für **Post-, Telegraphen-, Fernsprech- und Fernschreib-** **99** **dienstleistungen** müssen dem Bevollmächtigten nach VV 7001 **in der** **tatsächlich entstandenen Höhe** erstattet werden, aber ohne Kosten für die Geltendmachung dieser Entgelte (zB Entgelt für Aufschlüsselung der Telefongespräche). Die verlangten Kosten können ohne weitere Nachprüfung anerkannt werden, wenn sie nicht unangemessen hoch sind (BFHE 96, 219 = BStBl II 1969, 590). Ferngespräche sind insbesondere dann anzuerkennen, wenn dadurch eine Informationsreise erspart wird (BFHE 96, 219 = BStBl II 1969, 590). – Der Bevollmächtigte kann nach VV 7002 auch eine Pauschale von 20% der Gebühren, höchstens aber 20,00 Euro verlangen.

VV 7003–7006 betreffen Aufwendungen in Bezug auf eine **Geschäfts-** **100** **reise** des Bevollmächtigten, die nur dann vorliegt, wenn das Reiseziel außerhalb der Gemeinde liegt, in der sich die Kanzlei oder die Wohnung des Bevollmächtigten befindet (Vorbemerkung 7 II zu Teil 7 VV; s zur **Einschränkung der Erstattungsfähigkeit** dieser Aufwendungen abr Rz 5). Für die **Fahrtkosten** bei Benutzung eines eigenen Kraftfahrzeugs und für **Tage- und Abwesenheitsgeld** sehen VV 7003 und 7005 feste Sätze vor. Fahrtkosten bei Benutzung eines anderen Verkehrsmittels und **sonstige** **Auslagen** (zB Übernachtungskosten) sind nach VV 7004 und 7006 in voller Höhe zu erstatten, soweit sie **angemessen** sind. Dabei darf der Bevollmächtigte aber grundsätzlich das zeitlich günstigste Verkehrsmittel benutzen, auch wenn dadurch höhere Kosten entstehen (OLG Koblenz AnwBl 1995, 208). Dient eine Reise der Ausführung **mehrerer Geschäfte**, so sind die entstandenen Auslagen nach dem Verhältnis der Kosten zu verteilen, die bei gesonderter Ausführung der einzelnen Geschäfte entstanden wären (Vorbemerkung 7 III 1 zu Teil 7 VV).

Nach VV 7008 gehört die **Umsatzsteuer** auf die Vergütung des Be- **101** vollmächtigten in voller Höhe zu den Auslagen. Diese ist nach **§ 104 II 3** **ZPO** bei der Kostenfestsetzung aber nur zu berücksichtigen, wenn der Antragsteller die Erklärung abgibt, dass er die Beträge nicht als Vorsteuer abziehen kann. Die **Erklärung** muss **ausdrücklich** und **eindeutig** erfolgen, andernfalls ist der im Kostenfestsetzungsgesuch angesetzte Umsatzsteuerbetrag nicht erstattungsfähig (FG BaWü EFG 1997, 632). Die Richtigkeit der Erklärung ist vom Gericht im Kostenerstattungsverfahren grundsätzlich nicht nachzuprüfen (BGH JurBüro 2003, 426; OLG D'dorf Rpfl 2004, 184). Etwas anderes gilt jedoch dann, wenn die Erklärung

„offensichtlich und zweifelsfrei unrichtig" ist (für die Überprüfung in diesen Fällen auch: OLG Karlsruhe MDR 1994, 1252; FG Bremen StB 1996, 117; OLG Hbg MDR 2000, 1396; JurBüro 2001, 147; OLG Nbg MDR 2002, 1396: Plausibilitätskontrolle; *Schall* StB 1995, 187; aA: KG StB 1995, 148). Dem steht mE auch das Ziel des § 104 II 3 ZPO nicht entgegen, dass Fragen des materiellen Umsatzsteuerrechts im Kostenerstattungsverfahren nicht geprüft werden sollen (dazu BT-Drucks 12/6962, 110 f). Denn wenn die Erklärung offensichtlich und zweifelsfrei unrichtig ist, bedarf es keiner umfassenden Prüfung.

4. Bevollmächtigte und Beistände ohne gesetzlich vorgesehene Gebühren und Auslagen (§ 139 III 2)

102   Aufwendungen für einen Bevollmächtigten oder Beistand, für den Gebühren und Auslagen **gesetzlich nicht vorgesehen** sind, können nach § 139 III 2 bis zur Höhe der gesetzlichen Gebühren und Auslagen der RAe erstattet werden (§ 139 III 2; s zu den gesetzlichen Gebühren Rz 48 ff und zur Notwendigkeit der Gebühren und Auslagen Rz 3 ff). Dies betrifft zB **Wirtschaftsprüfer** oder **im Ausland zugelassene RAe** (s zu Letzteren auch EuGH NJW 2004, 833; zu Steuerberatern s Rz 23). Die „Kann-Regelung" bedeutet nicht die Einräumung eines Ermessens hinsichtlich der Höhe des Erstattungsanspruchs (*Brandis* in T/K § 139 Rz 124).

V. Kosten des Vorverfahrens (§ 139 III 3)

1. Voraussetzungen der Kostenerstattung

110   **a)** Die im Hinblick auf ein Vorverfahren angefallenen Gebühren und Auslagen sind nach § 139 III 3 nur dann erstattungsfähig, wenn das Gericht die Zuziehung eines Bevollmächtigten oder Beistands für das Vorverfahren für notwendig erklärt (s aber für Kindergeldsachen die Ausnahmeregelung in § 77 EStG und dazu FG Hbg EFG 2004, 1621). Aus dieser Regelung lässt sich weiter folgern, dass die **durch** ein dem Bescheid vorausgegangenen **Verwaltungsverfahren verursachten Gebühren** und Auslagen **nicht erstattungsfähig** sind (BFHE 109, 497 = BStBl II 1973, 760).

111   **b) Vorverfahren** iS des § 139 III 3 ist nur das der Klage vorangegangene und über einen außergerichtlichen Rechtsbehelf (Einspruch) geführte Verwaltungsvorverfahren, welches der **Überprüfung des Bescheids durch die Verwaltung** dient. Diese Voraussetzungen liegen weder bei einem Verfahren auf **AdV** nach § 361 II AO im Verhältnis zum gerichtlichen Aussetzungsverfahren nach § 69 III (BFHE 122, 15 = BStBl II 1977, 557; FG Hessen EFG 1983, 299; FG Mchn EFG 1983, 624; FG Hbg EFG 1983, 362; FG D'dorf EFG 1984, 186; FG BaWü EFG 1994, 262) noch bei einem Verfahren über den Antrag auf Bewilligung von **PKH** vor (FG Bremen EFG 1995, 818).

112   § 139 III 3 fordert, dass ein **Verwaltungsvorverfahren geschwebt** hat, aber auch, dass sich an das Vorverfahren ein **gerichtliches Verfahren angeschlossen** hat, weil sonst ein gerichtlicher Ausspruch nicht möglich wäre (s aber für Kindergeldsachen die Ausnahmeregelung in § 77 EStG und dazu FG Hbg EFG 2004, 1621). Folglich kommt eine Kostenerstat-

tung nicht in Betracht, wenn sich die Sache bereits im Vorverfahren erledigt hat (BFHE 102, 454 = BStBl II 1971, 714; BFHE 103, 399 = BStBl II 1972, 92; BFH/NV 1990, 388; FG Hessen EFG 1988, 80; BVerwG [GrS] NJW 1966, 563; BSG HFR 1967, 48; *Brandis* in T/K § 139 Rz 126; *H/H/Sp/Schwarz* Rz 450; *Kopp/Schenke* § 162 Rz 16 mwN; zur Verfassungsmäßigkeit: BVerfG HFR 1970, 80; BStBl II 1973, 720; BFHE 180, 529 = BStBl II 1996, 501) oder wenn der Kläger die Klage zurückgenommen hat (FG Hessen EFG 1967, 467; FG RhPf EFG 1980, 556; *v Bornhaupt* FR 1972, 437). In diesen Fällen bleibt aber die Möglichkeit eines **zivilrechtlichen Schadensersatzanspruchs** wegen Amtspflichtverletzung nach § 839 BGB iVm Art 34 GG bestehen. Im Fall der **Untätigkeitsklage** hat ein Vorverfahren in Form des noch nicht abgeschlossenen Einspruchsverfahrens geschwebt (BFHE 95, 431 = BStBl II 1969, 438). Kein Vorverfahren hat demgegenüber geschwebt, wenn **Sprungklage** erhoben (BFHE 103, 399 = BStBl II 1972, 92) oder ein Einspruch mit Zustimmung des FA zulässigerweise in eine Sprungklage umgewandelt wird (BFHE 110, 179 = BStBl II 1973, 852).

Das Vorverfahren muss der gegenwärtigen Klage **unmittelbar vorangegangen** sein (BFHE 102, 454 = BStBl II 1971, 714; BFHE 103, 399 = BStBl II 1972, 92: keine Anwendung des § 139 III 3 auf ein **früheres Vorverfahren** mit dem identischen materiellen Ziel) und **dieselbe Sache** betreffen wie das Klageverfahren. Letzteres ist nicht der Fall bei einem Einspruchsverfahren, das die Rechtmäßigkeit eines Steuerbescheids betrifft und der anschließenden Klage auf Feststellung der Nichtigkeit dieses Bescheids (FG Hessen EFG 1990, 327) sowie bei dem Einspruchsverfahren gegen einen USt-Vorauszahlungsbescheid und dem Klageverfahren gegen den USt-Jahresbescheid (FG Hessen EFG 1988, 80). Gleiches gilt, wenn mit der Klage die **isolierte Aufhebung der Einspruchsentscheidung** begehrt wird. Da das Klageverfahren nur die Rechtmäßigkeit der Einspruchsentscheidung zum Gegenstand hat, betrifft es nicht dieselbe Sache wie das Einspruchsverfahren, in dem es um die Überprüfung der Rechtmäßigkeit des angefochtenen Bescheides geht (vgl FG Köln EFG 1990, 69). **113**

Macht der Kläger mit der sich an das Einspruchsverfahren anschließenden Klage **nur einen Teil seiner bisher verfolgten Ansprüche** geltend, zB weil er bereits im Vorverfahren teilweise Erfolg gehabt oder er die teilweise Erfolglosigkeit seines Begehrens eingesehen hat, so sind die Kosten des Vorverfahrens nur insoweit nach § 139 III 3 erstattungsfähig, als sie denjenigen Teil des mit dem Einspruchsverfahren verfolgten Anspruchs betreffen, der Gegenstand des gerichtlichen Verfahrens geworden ist (BFHE 111, 297 = BStBl II 1974, 249; BFHE 113, 348 = BStBl II 1975, 39; BFHE 114, 459 = BStBl II 1975, 336; FG Mchn EFG 1979, 298; *H/H/Sp/Schwarz* Rz 180; **aA** FG D'dorf EFG 1972, 498). **114**

c) Voraussetzung für die Erstattungsfähigkeit von Kosten des Vorverfahrens nach § 139 III 3 ist, dass überhaupt ein **Bevollmächtigter zugezogen** wurde (zur Wirkungslosigkeit eines gleichwohl ergehenden Beschlusses nach § 139 III 3: FG Köln EFG 2003, 56). Für die Frage der Zuziehung kommt es nicht darauf an, ob der Bevollmächtigte **erkennbar** nach außen aufgetreten ist, sondern nur darauf, ob er **tatsächlich** für den **115**

Beteiligten in einer Gebühren auslösenden Weise **tätig geworden ist** (*Brandis* in T/K § 139 Rz 129; **aA** BFHE 97, 338 = BStBl II 1970, 123; FG RhPf EFG 1970, 18; FG M'ster EFG 1970, 404; FG BaWü EFG 1992, 153). Fiktive Ausgaben können hingegen nicht erstattet werden (FG M'ster EFG 1994, 632; FG Bremen EFG 2000, 513; *Schall* StB 1994, 462).

116   An einer „Zuziehung" iS von § 139 III 3 fehlt es, wenn sich ein **RA,** Wirtschaftsprüfer oder Steuerberater im **Vorverfahren selbst vertreten** hat; eine Erstattung von Kosten kommt insoweit nicht in Betracht (BFHE 104, 306 = BStBl II 1972, 355; BFHE 108, 574 = BStBl II 1973, 535; BFHE 123, 9 = BStBl II 1977, 767; FG Bln EFG 1988, 247; FG Köln EFG 2003, 55; **aA** BVerwG HFR 1982, 85; *Kopp/Schenke* § 62 Rz 19 mwN). Vertritt ein RA seine Ehefrau im Vorverfahren, so ist dagegen eine Erstattung möglich (BFHE 123, 9 = BStBl II 1977, 767). Dabei ist es unerheblich, ob (bei zusammen veranlagten Eheleuten) auch der RA Kläger war und es sich nur um dessen Einkünfte handelte.

117   Im Zweifel hat der **Kostengläubiger nachzuweisen,** dass ein Bevollmächtigter für ihn tätig geworden ist, verbleibende Zweifel gehen zu seinen Lasten (FG Hessen EFG 1988, 247; vgl auch FG BaWü EFG 1994, 52). Die Prüfung, ob der Bevollmächtigte in diesem Sinne zugezogen wurde, obliegt dem Kostenbeamten im Kostenfestsetzungsverfahren (s Rz 120). Steht eindeutig fest, dass ein Bevollmächtigter im Vorverfahren nicht tätig geworden ist, fehlt für die gerichtliche Entscheidung nach § 139 III 3 das Rechtsschutzbedürfnis (BFHE 119, 5 = BStBl II 1976, 568).

118   **d)** Die **Zuziehung** eines Bevollmächtigten war **notwendig,** wenn die Sach- und Rechtslage nicht so einfach war, dass sich der Beteiligte selbst vertreten konnte (FG Bremen EFG 2000, 273). Bei der Beurteilung ist nicht (nur) die abstrakte Schwierigkeit und der Umfang der Sache, sondern auch die persönliche Sach- und Rechtskunde des konkreten Stpfl zu berücksichtigen (BFHE 108, 574 = BStBl II 1973, 535; *Kopp/Schenke* § 162 Rz 18; **aA** FG Hessen EFG 1969, 311). **IdR** ist die Notwendigkeit der Zuziehung eines Bevollmächtigten **zu bejahen,** da ohne Beratung durch einen Steuerberater oder RA kaum ein Stpfl in der Lage ist, seinen außergerichtlichen Rechtsbehelf in verfahrens- und sachlichrechtlicher Hinsicht ausreichend zu begründen (ebenso: *Redeker/v Oertzen* § 162 Rz 13 a; *Schall* StB 1995, 187 u StB 1996, 234; zu eng: FG Bremen EFG 1994, 846).

119   Für die Frage, ob eine Zuziehung notwendig war, ist es **unerheblich,** ob die Tätigkeit des tatsächlich hinzugezogenen (s Rz 115) Bevollmächtigten **förderlich** war; es kommt deshalb nicht auf das **Ausmaß** der von dem Bevollmächtigten entfalteten **Tätigkeit** an und insbesondere auch nicht darauf, ob er den eingelegten Rechtsbehelf begründet hat (FG Saarl EFG 1985, 188; FG Bdbg u FG Bremen, EFG 1994, 1110; *Schall* StB 1996, 234; **aA** FG D'dorf EFG 1968, 175; FG BaWü EFG 1981, 332; FG Mchn EFG 1992, 210).

120   **e)** Die Erstattung der Kosten des Vorverfahrens setzt eine **ausdrückliche Entscheidung des Gerichts** über die Notwendigkeit der Zuziehung eines Bevollmächtigten zum außergerichtlichen Vorverfahren voraus (s aber für Kindergeldsachen die Ausnahmeregelung in § 77 EStG und dazu FG Hbg EFG 2004, 1621). Diese Entscheidung ist im **Kostenfestset-**

zungsverfahren zu treffen (st Rspr vgl BFH GrS BFHE 90, 150 = BStBl II 1968, 56; BFHE 104, 508 = BStBl II 1972, 355; BFHE 176, 117 = BStBl II 1995, 259; BFH/NV 2003, 1628; FG Bremen EFG 1991, 753; BVerwGE 27, 39; FG BaWü EFG 1984, 185; **aA** VGH München BayVBl 1978, 378). Es handelt sich **nicht** um eine **Kostenentscheidung,** da nicht darüber entschieden wird, wer die Kosten zu tragen hat, sondern ob sie erstattungsfähig sind (BVerwGE 27, 39). Daher ist auch kein Antrag auf Urteilsergänzung nach § 109 zu stellen, wenn das Urteil keinen Ausspruch iS des § 139 III 3 enthält. Gleichwohl kann der gerichtliche Anspruch über die Notwendigkeit der Zuziehung eines Bevollmächtigten im Vorverfahren nach st Rspr des BFH **in die Kostenentscheidung einbezogen** werden (vgl BFHE 91, 561 = BStBl II 1968, 442; BFHE 94, 108 = BStBl II 1969, 78; BFHE 104, 306 = BStBl II 1972, 355). Es liegt dann trotz der Aufnahme in das Urteil ein **Beschluss** vor, der hinsichtlich der Anfechtbarkeit als selbständiger Beschluss behandelt wird (BFHE 91, 561 = BStBl II 1968, 442; vgl aber § 128 IV). Nach Ansicht des BFH enthält das Urteil keinen solchen Beschluss, wenn der Antrag nur in den Urteilsgründen und nicht in der Urteilsformel abgelehnt wurde (BFHE 94, 44 = BStBl II 1969, 77; BFHE 115, 424 = BStBl II 1975, 672; BFH/NV 1998, 1120). Dem ist nicht zuzustimmen, da Beschlüsse insoweit (vgl § 113) keiner besonderen Form bedürfen. Voraussetzung ist aber, dass eindeutig erkennbar ist, dass das Gericht die Entscheidung treffen wollte.

Die Entscheidung muss **beantragt** werden, sie erfolgt nicht von Amts **121** wegen. Der Antrag muss nicht ausdrücklich gestellt werden. Reicht der Bevollmächtigte im Rahmen des Kostenfestsetzungsverfahrens eine Kostenrechnung ein, die die Kosten des Vorverfahrens beinhaltet, so ist hierin ein konkludenter Antrag auf eine Entscheidung nach § 139 III 3 zu sehen. Ist der Antrag oder auch die nach § 139 III 3 zu treffende Entscheidung im Kostenfestsetzungsverfahren **unterblieben,** kann beides jederzeit ohne Rücksicht auf den Ablauf von Rechtsmittelfristen nachgeholt werden (BFHE 90, 150, 155 = BStBl II 1968, 56; BFHE 180, 512 = BStBl II 1996, 578; BFHE 180, 199 = BStBl II 1996, 491).

Zuständig für die Entscheidung nach § 139 III 3 ist – obwohl sie im Kostenfestsetzungsverfahren ergeht (Rz 120) – nicht der Urkundsbeamte, sondern nach der ausdrücklichen Regelung des § 139 III 3 das **Gericht des ersten Rechtszugs.** Das gilt selbst dann, wenn die Erklärungen zur Erledigung des Rechtsstreits in der Hauptsache erst vor dem BFH abgegeben werden (BFHE 90, 150 = BStBl II 1968, 56; BFH/NV 2002, 1332; 2003, 1204; 1444; 1521; 1628; 2004, 75; 974: Antrag beim BFH unzulässig; 2005, 1847). Hat der **Berichterstatter** die Kostenentscheidung im vorbereitenden Verfahren (§ 79a I Nr 5) getroffen, so ist er auch für die Entscheidung nach § 139 III 3 zuständig (FG BaWü EFG 1994, 846, 1067). Im **Revisionsverfahren** kann ein Antrag, die Zuziehung des Bevollmächtigten für notwendig zu erklären, nicht zulässig gestellt werden (st Rspr, vgl BFHE 165, 260 = BStBl II 1992, 65; BFHE 117, 117 = BStBl II 1995, 259; BFHE 191, 505 = BFH/NV 2000, 1278; BFH/NV 1986, 483; 1992, 584; 1993, 278). – Gegen die ablehnende Entscheidung des FG, die Zuziehung eines Bevollmächtigten für das Vorverfahren für notwendig zu erklären, ist die **Beschwerde nicht statthaft** (§ 128 IV; BFH/NV 1991, 180; BFH/NV 1998, 1120).

2. Erstattungsfähige Aufwendungen im Vorverfahren

125   Nach § 139 III 1 sind die gesetzlich vorgesehenen Gebühren und Auslagen eines Bevollmächtigten oder Beistandes, der nach den Vorschriften des
StBerG zur geschäftsmäßigen Hilfeleistung in Steuersachen befugt ist, stets
erstattungsfähig. Das gilt grundsätzlich auch für die Gebühren und Auslagen der Bevollmächtigten im Vorverfahren, wenn die Zuziehung des Bevollmächtigten vom Gericht für notwendig erklärt wurde. Erstattungsfähig
sind **nur die Aufwendungen des Einspruchverfahrens,** nicht die des
dem angefochtenen Bescheid vorausgegangenen Verwaltungsverfahrens
(BFHE 97, 512 = BStBl II 1970, 219; FG BaWü EFG 1994, 1116; s auch
Rz 110). Da ein **Lohnsteuerhilfeverein** von einem Mitglied kein Entgelt
verlangen darf, können bei Vertretung eines solchen auch keine Kosten
entstanden sein, die Grundlage eines Anspruchs nach § 139 III 3 sein
könnten (FG Nbg EFG 1980, 568).

126   Gebühren und Auslagen für die Tätigkeit des Bevollmächtigten im Vorverfahren sehen sowohl das **RVG** als auch die **StBGebV** vor (vgl VV
2400 u 2401 [*ab 1. 7. 2006:* VV 2300 u 2301]; §§ 40 ff StBGebV; zum
RVG: Rz 50). Ein Bevollmächtigter, der sowohl RA als auch Steuerberater ist, kann grundsätzlich wählen, nach welcher Gebührenordnung er abrechnen will. Da nach § 139 I nur die notwendigen Kosten erstattungsfähig
sind, kann der Gebührenanspruch im Kostenerstattungsverfahren auf den
jeweils niedrigeren Satz beschränkt werden (FG Saarl EFG 1995, 396; s
auch zur Bevollmächtigung einer Sozietät mit RAen und Steuerberatern
FG Köln EFG 2002, 1002).

127   Zu den nach RVG für das Vorverfahren anfallenden Gebühren und zu
deren Höhe s Rz 50 ff. Berechnet der Bevollmächtigte seine **Gebühren
für das Vorverfahren** nicht nach dem RVG, sondern **nach der
StBGebV** (s Rz 126), so ermäßigt sich die **Geschäftsgebühr** für das Vorverfahren nach § 41 III u IV StBGebV oder ist nach § 41 V StBGebV der
Höhe nach begrenzt, wenn der Bevollmächtigte bereits Gebühren für das
Verwaltungsverfahren erhalten hat (vgl hierzu FG Hessen EFG 1987, 323;
1988, 325; zur Kürzung, wenn für die Prüfung, ob das Einspruchsverfahren
durchgeführt werden soll, bereits die Gebühr nach § 28 StBGebV entstanden ist: FG BaWü EFG 1990, 540; FG Bremen EFG 1994, 314; FG Saarl
EFG 1995, 399). Das gilt allerdings nicht, wenn es zwischen den einzelnen
Verfahrensabschnitten (Verwaltungs- und Einspruchsverfahren) zu einem
Wechsel des Bevollmächtigten kommt (FG Hessen EFG 1990, 333; FG
BaWü EFG 1988, 434; 1994, 1116). – Zur Höhe der Geschäftsgebühr bei
mehreren Einsprüchen vgl FG Bremen EFG 1994, 313; 316; zur Erhöhung
der Geschäftsgebühr bei der Vertretung *mehrerer Auftraggeber* im Vorverfahren vgl FG Bremen EFG 1994, 314 betr zusammenveranlagte Ehegatten
und zur Berechnung der Erhöhung vgl FG BaWü EFG 2004, 300. – Eine
Besprechungsgebühr für das Vorverfahren iSv § 42 StGebV kommt nur
hinsichtlich der Streitgegenstände in Betracht, auf die sich das Bespre-
chungsergebnis auswirken kann (FG Saarl EFG 1995, 395). – Zur **Beweis-
aufnahmegebühr** s § 43 StBGebV. – Zu den erstattungsfähigen Kosten
für das Vorverfahren gehören auch die **Auslagen** eines Steuerberaters nach
§ 16 ff StBGebV (FG Saarl EFG 1994, 847).

VI. Außergerichtliche Kosten des Beigeladenen (§ 139 IV)

Im Fall einer Beiladung hat das Gericht in der Kostenentscheidung stets **135** auch über die Erstattungsfähigkeit der außergerichtlichen Kosten des Beigeladenen zu befinden (Rz 140 u § 143 Rz 6; BFH/NV 2000, 1473). Eine Erstattung kommt nach § 139 IV nur in Betracht, wenn das Gericht die außergerichtlichen Kosten des Beigeladenen aus Billigkeit dem unterliegenden Teil oder der Staatskasse auferlegt.

IdR entspricht es der **Billigkeit,** dem Beigeladenen Kostenerstattung **136** zuzubilligen, wenn er **Sachanträge gestellt** hat, weil er dann auch das Risiko getragen hat, zu unterliegen und mit Kosten belastet zu werden (vgl § 135 Abs 3; BFHE 184, 212 = BStBl II 1998, 63). Bloße **Formalanträge** wie der, die Revision/Beschwerde zurückzuweisen, begründen noch kein Kostenrisiko des Beigeladenen (BFHE 143, 119 = BStBl II 1985, 368; BFHE 153, 519 = BStBl II 1988, 842; s dazu auch *Lange* DB 2002, 608 sowie *Kopp/Schenke* § 162 Rz 23: Beigeladener muss seinen Antrag begründen). Voraussetzung für eine Billigkeitsentscheidung nach § 139 IV ist, dass der Beigeladene den obsiegenden Beteiligten unterstützt hat (BFHE 143, 119 = BStBl II 1985, 368; BFH/NV 1990, 269; 2000, 1039; FG BaWü EFG 2003, 1664). Eine Ausnahme von diesem Grundsatz soll nach Ansicht des FG M'ster (EFG 1990, 257) gelten, wenn der Stpfl auf Antrag des FA nach § 174 V AO beigeladen wurde; in diesem Fall entspreche es der Billigkeit, dem Beigeladenen auch dann die Kosten zu erstatten, wenn dieser den unterliegenden Beteiligten unterstützt habe.

Die Kosten des Beigeladenen sind grundsätzlich **dem unterliegenden 137 Beteiligten aufzuerlegen** (BFHE 184, 212 = BStBl II 1998, 63). Ist ein Beschwerdegegner nicht vorhanden, können die Kosten des Beigeladenen der Staatskasse auferlegt werden (BFHE 134, 437 = BStBl II 1982, 239; BFHE 143, 119 = BStBl II 1985, 368).

Hat der Beigeladene **keinen eigenen Sachantrag** gestellt, wird eine **138** Kostenerstattung nur in Ausnahmefällen in Betracht kommen, zB dann, wenn der Beigeladene das **Verfahren** durch seinen Sachvortrag oder durch Rechtsausführungen **wesentlich gefördert** hat (BFHE 153, 519 = BStBl II 1988, 842; BFHE 172, 315; BFH/NV 1998, 620; 2000, 1473); eine Förderung des Verfahrens kann in der Revisionsinstanz auch darin liegen, dass der Beigeladene durch seinen Prozessbevollmächtigten erklärt, verzichte auf mündliche Verhandlung (BFHE 165, 482 = BStBl II 1992, 147; BFHE 179, 307, insoweit nv).

War die Beiladung sachlich nicht gerechtfertigt, entspricht es regelmäßig **139** der Billigkeit, die außergerichtlichen Kosten des Beigeladenen für das erfolgreiche Beschwerdeverfahren der **Staatskasse** aufzuerlegen. Das gilt jedenfalls dann, wenn keiner der Hauptbeteiligten dem Antrag des Beigeladenen auf Aufhebung des Beiladungsbeschlusses entgegengetreten ist, weil es dann an einem Beschwerdegegner fehlt (BFHE 134, 537 = BStBl II 1982, 239; BFH/NV 1988, 101; 1994, 283; vgl ferner *Eyermann* § 162 Rz 18 mwN; *Redeker/v Oertzen* § 162 Rz 15; *Kopp/Schenke* § 162 Rz 24).

§ 139 IV gilt entsprechend, wenn über die Erstattung der außergerichtli- **140** chen Kosten des Klägers im Revisionsverfahren des Beigeladenen zu entscheiden ist, weil der Kläger in diesem Verfahren eine dem Beigeladenen ähnliche Stellung hat (BFH v 28. 9. 1982 VIII R 92/82 nv).

Die Entscheidung nach § 139 IV gehört nicht zum Kostenfestsetzungsverfahren, sondern ist (anders als die Entscheidung nach § 139 III 3, vgl Rz 120) **Teil der gerichtlichen Kostenentscheidung** (BFHE 90, 150 = BStBl II 1968, 56; BFHE 152, 5 = BStBl II 1988, 287; BVerwG VerwRspr 17, 638). Sie ist deshalb **von Amts wegen** im Urteil zu treffen. Das gilt auch für die außergerichtlichen Kosten des Beigeladenen im Revisionsverfahren (vgl aber BFH/NV 1986, 406). Die Entscheidung nach § 139 IV ist auch dann erforderlich, wenn sich die **Hauptsache erledigt** hat. Im Rahmen des nach § 138 I zu treffenden Kostenbeschlusses ist auch über die außergerichtlichen Kosten des Beigeladenen zu entscheiden. Die Kosten sind dann dem Beteiligten aufzuerlegen, der sie auch im Übrigen zu tragen hat (OVG Koblenz VerwRspr 24, 488; zur Unstatthaftigkeit der Beschwerde des Beigeladenen gegen einen Beschluss, durch den sein Antrag auf eine Billigkeitsentscheidung nach § 139 IV abgelehnt wurde s § 128 IV u BFH/NV 1997, 196).

141   Unterlässt das Gericht den Ausspruch über die Erstattung, so ist das Urteil auf (fristgebundenen) **Antrag nach § 109** zu ergänzen (BFHE 91, 65 = BStBl II 1968, 206; BFHE 91, 559 = BStBl II 1968, 441; BFHE 152, 5 = BStBl II 1988, 287; BFH/NV 1991, 332; s auch § 109 Rz 3).

VII. Entstehen, Verzinsung und Verjährung des Kostenerstattungsanspruchs

145   Der **Kostenerstattungsanspruch** nach der FGO **entsteht** grundsätzlich mit Erlass der gerichtlichen Kostenentscheidung. Wird die Entscheidung des FG im Rechtsmittelverfahren aufgehoben, entfällt der Kostenerstattungsanspruch (*Brandis* in T/K § 139 Rz 3), bereits erstattete Beträge sind zurückzuzahlen. – Da die Entscheidung nach § 139 III 3 über die Erstattungsfähigkeit von Gebühren und Auslagen des Vorverfahrens zum Kostenfestsetzungsverfahren gehört (s Rz 120), entsteht dieser Anspruch mit Ergehen der diesbezüglichen Entscheidung.

146   Die zu erstattenden Aufwendungen sind nach § 155 iVm § 104 I 2 ZPO zu **verzinsen**, auch wenn es sich um Aufwendungen für einen Bevollmächtigten handelt, der nicht RA ist (BFHE 102, 220 = BStBl II 1971, 562). Das soll nach BSG MDR 1987, 171 aber nicht für den Anspruch auf Erstattung der Aufwendungen im Vorverfahren gelten (aA *Brandis* in *T/K* § 139 Rz 4). Die Verzinsungspflicht beginnt an sich mit der Anbringung des Kostenfestsetzungsgesuchs (§§ 103 II, 104 I 2, 105 II ZPO); in jedem Fall muss aber ein zur Vollstreckung geeigneter Titel vorliegen (§ 103 I ZPO; BFHE 114, 326 = BStBl II 1975, 263).

147   Für die **Verjährung** gilt die zivilrechtliche Frist von 30 Jahren (§ 197 I Nr 3 BGB; FG Nbg EFG 1999, 37). Zur **Verwirkung** und zum **Verzicht** s FG BaWü EFG 1997, 427.

§§ 140, 141 (weggefallen)

§ 142 [Prozesskostenhilfe]

(1) Die Vorschriften der Zivilprozessordnung über die Prozesskostenhilfe gelten sinngemäß.

(2) Einem Beteiligten, dem Prozesskostenhilfe bewilligt worden ist, kann auch ein Steuerberater beigeordnet werden.

Vgl § 166 VwGO.

Übersicht

Literatur: *Behn,* Der wiederholende Antrag im Prozesskostenhilfeverfahren, BayVBl 1983, 690; *Büttner,* Änderungen der Prozesskostenhilfeentscheidung, Rpfl 1997, 347; *Burgard,* Berücksichtigung des Vermögens beim Antrag auf Prozesskostenhilfe, NJW 1990, 3240; *Engels,* Prozesskostenhilfe, 1990; *Fischer,* PKH-Verfahren – Bewilligung der PKH ohne Anhörung des Gegners? MDR 2004, 667; *Grams,* Prozesskostenhilfe im finanzgerichtlichen Verfahren, StB 1995, 68; *Gundlach/Frenzel/Schmidt,* Die Gewährung von Prozesskostenhilfe an den Insolvenzverwalter, NJW 2003, 2412; *Gundlach/Schirrmeister,* Prozesskostenhilfe für den Insolvenzverwalter, NZI 2004, 268; *Jost,* Prozesskostenhilfe im finanzgerichtlichen Verfahren, Inf 1995, 394, 523; *Künzl,* Aktuelle Probleme der PKH, AnwBl 1991, 121; *Künzl/Koller,* Prozesskostenhilfe, 1993; *Linke,* Überholte Erfolgsaussichten im Verwaltungsprozess? Zum maßgeblichen Zeitpunkt der prozesskostenhilferechtlichen Beurteilung, NVwZ 2003, 421; *Pape,* Zur Prozesskostenhilfebewilligung für Konkursverwalter, ZIP 1990, 1529; *Philippi,* Prozesskostenhilfe und Grundgesetz, FS E Schneider, 1997, 267; *Rößler,* Besonderheiten bei der Prozesskostenhilfe im finanzgerichtlichen Verfahren, DStZ 1986, 562; *Rupert/Scholz,* Justizgewährleistung und wirtschaftliche Leistungsfähigkeit, GS für Grabitz, 1995, 725; *Schall,* Zur Prozesskostenhilfe, StB 1991, 215, 299; *ders,* Neues zur Prozesskostenhilfe, StB 1995, 62; *J. Schmid,* Die

Wahrung der Intimsphäre bei Gewährung von Prozesskostenhilfe, JR 1983,
353; *E Schneider,* Verzögerte Prozesskostenhilfe, MDR 2004, 1097; *N Schneider,*
Zur Beiordnung eines weiteren Rechtsanwalts im Rahmen der Prozesskostenhilfe, MDR 1999, 959; *Steenbuck,* Die Gewährung von Prozesskostenhilfe an
den Insolvenzverwalter, MDR 2004, 1155.

A. Rechtsgrundlagen

1   Nach der Rspr des BVerfG darf die Belastung mit Prozesskosten nicht
dazu führen, dass das **Existenzminimum** eines Klägers oder Antragstellers unterschritten wird. Ihm muss wenigstens der sozialhilferechtliche
Regelsatz iS der §§ 28 und 40 SGB XII verbleiben (BVerfG NJW 1988,
2231; 1992, 3153). Um dies zu gewährleisten, sehen alle Verfahrensordnungen die Möglichkeit der Gewährung von PKH als eine spezial-
gesetzlich geregelte Einrichtung der Sozialhilfe vor (BFH/NV 1996, 785).
Denn das Prinzip der **Rechtsgleichheit** des Art 3 III 1 iVm Art 20 III
GG gebietet es, auch solchen Personen die Durchsetzung ihrer Rechte
vor Gericht zu ermöglichen, die wirtschaftlich nicht in der Lage sind, die
Prozesskosten aufzubringen (vgl BVerfGE 78, 104, 118; 81, 347, 356;
BVerf NJW 1997, 2102; 2003, 3190; *Zöller/Philippi* Vor § 114 Rz 1
mwN); dabei ist aber nur eine **im Wesentlichen Gleichstellung mit
bemittelten Personen** geboten (BVerfGE 81, 347; BVerf NJW 1997,
2745; 2003, 576; 1857; 2976; 3190). – Dem kommt gerade im finanzgerichtlichen Verfahren insofern eine besondere Bedeutung zu, als sich die
Stpfl in der ganz überwiegenden Anzahl der Fälle gegen Akte der **Ein-
griffsverwaltung** zur Wehr setzen müssen. Wegen der nach Art 19 IV
GG gebotenen Gewährleistung eines **effektiven Rechtsschutzes** gegen
Akte der öffentlichen Gewalt darf eine Überprüfung dieser Akte nicht von
der finanziellen Situation des Stpfl abhängen. Dies gilt umso mehr, als seit
dem 1. 7. 2004 auch für das finanzgerichtliche Verfahren eine **Vorfälligkeit** gilt (s Vor § 135 Rz 2 u 11). Darüber hinaus dienen die Vorschriften über die PKH auch der Verwirklichung des Anspruchs der unbemittelten Partei auf **rechtliches Gehör** vor Gericht (Art 103 GG;
BVerwG NJW-RR 1999, 587) und auf **gleichen Zugang** zum Gericht
(Art 3 GG).

2   Maßgebend für die Bewilligung der PKH im finanzgerichtlichen Verfahren sind die §§ 114 bis 127 ZPO, die seit dem 1. 1. 1981 (vgl Gesetz
über die PKH vom 13. 6. 1980, BGBl I 677) vom **Prinzip der Ratenzahlung** ausgehen. Ihre letzte wesentliche Änderung haben diese Vorschriften dadurch erhalten, dass § 115 I ZPO mit Wirkung ab dem 1. 1.
2005 hinsichtlich des einzusetzenden Vermögens und Einkommens auf die
Normen des SGB XII verweist, welches zu diesem Zeitpunkt das BSHG
abgelöst hat (vgl Art 34 Gesetz v 27. 12. 2003, BGBl I, 3022; zur bis dahin
geltenden Rechtslage und zur Rechtsentwicklung bis zu diesem Zeitpunkt
s 5. Aufl). – Die **EG-Richtlinie** zur PKH v 27. 1. 2003 (2003/8/EG, Abl
EG Nr L 26, 41 = NJW 2003, 1101) gilt ausdrücklich nicht für Steuer-
und Zollsachen (s dort Art 1 II 2).

3   Die §§ 114 bis 127 ZPO haben in der derzeit geltenden Fassung des
JKomG v 22. 3. 2005 (BGBl I, 837) folgenden Wortlaut:

§ 114 ZPO Voraussetzungen

[1] Eine Partei, die nach ihren persönlichen und wirtschaftlichen Verhältnissen die Kosten der Prozeßführung nicht, nur zum Teil oder nur in Raten aufbringen kann, erhält auf Antrag Prozeßkostenhilfe, wenn die beabsichtigte Rechtsverfolgung oder Rechtsverteidigung hinreichende Aussicht auf Erfolg bietet und nicht mutwillig erscheint. [2] Für die grenzüberschreitende Prozesskostenhilfe innerhalb der Europäischen Union gelten ergänzend die §§ 1076 bis 1078.

§ 115 ZPO Einsatz von Einkommen und Vermögen

(1) [1] Die Partei hat ihr Einkommen einzusetzen. [2] Zum Einkommen gehören alle Einkünfte in Geld oder Geldeswert. [3] Von ihm sind abzusetzen:

1. a) die in § 82 Abs. 2 des Zwölften Buches Sozialgesetzbuch[1]) bezeichneten Beträge;

   b) bei Parteien, die ein Einkommen aus Erwerbstätigkeit erzielen, ein Betrag in Höhe von 50 vom Hundert des höchsten durch Rechtsverordnung nach § 28 Abs. 2 Satz 1 des Zwölften Buches Sozialgesetzbuch festgesetzten Regelsatzes für den Haushaltsvorstand;

2. a) für die Partei und ihren Ehegatten oder ihren Lebenspartner jeweils ein Betrag in Höhe des um 10 vom Hundert erhöhten höchsten durch Rechtsverordnung nach § 28 Abs. 2 Satz 1 des Zwölften Buches Sozialgesetzbuch festgesetzten Regelsatzes für den Haushaltsvorstand;

   b) bei weiteren Unterhaltsleistungen auf Grund gesetzlicher Unterhaltspflicht für jede unterhaltsberechtigte Person 70 vom Hundert des unter Buchstabe a genannten Betrages;

3. die Kosten der Unterkunft und Heizung, soweit sie nicht in einem auffälligen Mißverhältnis zu den Lebensverhältnissen der Partei stehen;

4. weitere Beträge, soweit dies mit Rücksicht auf besondere Belastungen angemessen ist; § 1610a des Bürgerlichen Gesetzbuchs gilt entsprechend.

[4] Maßgeblich sind die Beträge, die zum Zeitpunkt der Bewilligung der Prozesskostenhilfe gelten. [5] Das Bundesministerium der Justiz gibt jährlich die vom 1. Juli bis zum 30. Juni des Folgejahres maßgebenden Beträge nach Satz 3 Nr. 1 Buchstabe b und Nr. 2 im Bundesgesetzblatt bekannt.[2]) [6] Diese

---

[1]) **§ 82 Abs 2** des Zwölften Buches Sozialgesetzbuch idF des Gesetzes v 21. 3. 2005 (BGBl I, 818) lautet:

„(2) Von dem Einkommen sind abzusetzen

1. auf das Einkommen entrichtete Steuern,

2. Pflichtbeiträge zur Sozialversicherung einschließlich der Beiträge zur Arbeitsförderung,

3. Beiträge zu öffentlichen oder privaten Versicherungen oder ähnlichen Einrichtungen, soweit diese Beiträge gesetzlich vorgeschrieben oder nach Grund und Höhe angemessen sind, sowie geförderte Altersvorsorgebeiträge nach § 82 des Einkommensteuergesetzes, soweit sie den Mindesteigenbeitrag nach § 86 des Einkommensteuergesetzes nicht überschreiten,

4. die mit der Erzielung des Einkommens verbundenen notwendigen Ausgaben,

5. das Arbeitsförderungsgeld und Erhöhungsbeträge des Arbeitsentgelts im Sinne von § 43 Satz 4 des Neunten Buches."

[2]) Vgl zuletzt Bekanntmachung vom 23. 3. 2005 (BGBl I, 924).

Beträge sind, soweit sie nicht volle Euro ergeben, bis zu 0,49 Euro abzurunden und von 0,50 Euro an aufzurunden. [7] Die Unterhaltsfreibeträge nach Satz 3 Nr. 2 vermindern sich um eigenes Einkommen der unterhaltsberechtigten Person. [8] Wird eine Geldrente gezahlt, so ist sie anstelle des Freibetrages abzusetzen, soweit dies angemessen ist.

(2) Von dem nach den Abzügen verbleibenden, auf volle Euro abzurundenden Teil des monatlichen Einkommens (einzusetzendes Einkommen) sind unabhängig von der Zahl der Rechtszüge höchstens achtundvierzig Monatsraten aufzubringen, und zwar bei einem

einzusetzenden Einkommen (Euro)	eine Monatsrate von (Euro)
bis 15	0
50	15
100	30
150	45
200	60
250	75
300	95
350	115
400	135
450	155
500	175
550	200
600	225
650	250
700	275
750	300
über 750	300 zuzüglich des 750 übersteigenden Teils des einzusetzenden Einkommens.

(3) [1] Die Partei hat ihr Vermögen einzusetzen, soweit dies zumutbar ist. [2] § 90 des Zwölften Buches Sozialgesetzbuch[1]) gilt entsprechend.

---

[1]) § 90 des Zwölften Buches Sozialgesetzbuch vom 27. 12. 2003 (BGBl I, 3022) lautet:

„**§ 90 Einzusetzendes Vermögen.** (1) Einzusetzen ist das gesamte verwertbare Vermögen.

(2) Die Sozialhilfe darf nicht abhängig gemacht werden vom Einsatz oder von der Verwertung

1. eines Vermögens, das aus öffentlichen Mitteln zum Aufbau oder zur Sicherung einer Lebensgrundlage oder zur Gründung eines Hausstandes erbracht wird,
2. eines Kapitals einschließlich seiner Erträge, das der zusätzlichen Altersvorsorge im Sinne des § 10a oder des Abschnitts XI des Einkommensteuergesetzes dient und dessen Ansammlung staatlich gefördert wurde,
3. eines sonstigen Vermögens, solange es nachweislich zur baldigen Beschaffung oder Erhaltung eines Hausgrundstücks im Sinne der Nummer 8 bestimmt ist, soweit dieses Wohnzwecken behinderter (§ 53 Abs. 1 Satz 1 und § 72) oder pflegebedürftiger Menschen (§ 61) dient oder dienen soll und dieser Zweck durch den Einsatz oder die Verwertung des Vermögens gefährdet würde,

(4) Prozeßkostenhilfe wird nicht bewilligt, wenn die Kosten der Prozeßführung der Partei vier Monatsraten und die aus dem Vermögen aufzubringenden Teilbeträge voraussichtlich nicht übersteigen.

§ 116 ZPO Partei kraft Amtes; juristische Person; parteifähige Vereinigung

[1] Prozeßkostenhilfe erhalten auf Antrag

1. eine Partei kraft Amtes, wenn die Kosten aus der verwalteten Vermögensmasse nicht aufgebracht werden können und den am Gegenstand des Rechtsstreits wirtschaftlich Beteiligten nicht zuzumuten ist, die Kosten aufzubringen;
2. eine juristische Person oder parteifähige Vereinigung, die im Inland, in einem anderen Mitgliedstaat der Europäischen Union oder einem anderen Vertragsstaat des Abkommens über den Europäischen Wirtschaftsraum gegründet und dort ansässig ist, wenn die Kosten weder von ihr noch von den am Gegenstand des Rechtsstreits wirtschaftlich Beteiligten aufgebracht werden können und wenn die Unterlassung der Rechtsverfolgung oder Rechtsverteidigung allgemeinen Interessen zuwiderlaufen würde.

[2] § 114 letzter Halbsatz ist anzuwenden. [3] Können die Kosten nur zum Teil oder nur in Teilbeträgen aufgebracht werden, so sind die entsprechenden Beträge zu zahlen.

§ 117 ZPO Antrag

(1) [1] Der Antrag auf Bewilligung der Prozeßkostenhilfe ist bei dem Prozeßgericht zu stellen; er kann vor der Geschäftsstelle zu Protokoll erklärt werden. [2] In dem Antrag ist das Streitverhältnis unter Angabe der Beweismittel darzustellen. [3] Der Antrag auf Bewilligung von Prozeßkostenhilfe für die

---

4. eines angemessenen Hausrats; dabei sind die bisherigen Lebensverhältnisse der nachfragenden Person zu berücksichtigen,
5. von Gegenständen, die zur Aufnahme oder Fortsetzung der Berufsausbildung oder der Erwerbstätigkeit unentbehrlich sind,
6. von Familien- und Erbstücken, deren Veräußerung für die nachfragende Person oder ihre Familie eine besondere Härte bedeuten würde,
7. von Gegenständen, die zur Befriedigung geistiger, insbesondere wissenschaftlicher oder künstlerischer Bedürfnisse dienen und deren Besitz nicht Luxus ist,
8. eines angemessenen Hausgrundstücks, das von der nachfragenden Person oder einer anderen in den § 19 Abs. 1 bis 3 genannten Person allein oder zusammen mit Angehörigen ganz oder teilweise bewohnt wird und nach ihrem Tod von ihren Angehörigen bewohnt werden soll. Die Angemessenheit bestimmt sich nach der Zahl der Bewohner, dem Wohnbedarf (zum Beispiel behinderter, blinder oder pflegebedürftiger Menschen), der Grundstücksgröße, der Hausgröße, dem Zuschnitt und der Ausstattung des Wohngebäudes sowie dem Wert des Grundstücks einschließlich des Wohngebäudes,
9. kleinerer Barbeträge oder sonstiger Geldwerte; dabei ist eine besondere Notlage der nachfragenden Person zu berücksichtigen.
(3) [1] Die Sozialhilfe darf ferner nicht vom Einsatz oder von der Verwertung eines Vermögens abhängig gemacht werden, soweit dies für den, der das Vermögen einzusetzen hat, oder für seine unterhaltsberechtigten Angehörigen eine Härte bedeuten würde. [2] Dies ist bei der Leistung nach dem Fünften bis Neunten Kapitel insbesondere der Fall, soweit eine angemessene Lebensführung oder die Aufrechterhaltung einer angemessenen Alterssicherung wesentlich erschwert würde."

Zwangsvollstreckung ist bei dem für die Zwangsvollstreckung zuständigen Gericht zu stellen.

(2) [1] Dem Antrag sind eine Erklärung der Partei über ihre persönlichen und wirtschaftlichen Verhältnisse (Familienverhältnisse, Beruf, Vermögen, Einkommen und Lasten) sowie entsprechende Belege beizufügen. [2] Die Erklärung und die Belege dürfen dem Gegner nur mit Zustimmung der Partei zugänglich gemacht werden.

(3) Der Bundesminister der Justiz wird ermächtigt, zur Vereinfachung und Vereinheitlichung des Verfahrens durch Rechtsverordnung mit Zustimmung des Bundesrates Formulare für die Erklärung einzuführen.[1]

(4) Soweit Formulare für die Erklärung eingeführt sind, muß sich die Partei ihrer bedienen.

§ 118 ZPO Bewilligungsverfahren

(1) [1] Vor der Bewilligung der Prozeßkostenhilfe ist dem Gegner Gelegenheit zur Stellungnahme zu geben, wenn dies nicht aus besonderen Gründen unzweckmäßig erscheint. [2] Die Stellungnahme kann vor der Geschäftsstelle zu Protokoll erklärt werden. [3] Das Gericht kann die Parteien zur mündlichen Erörterung laden, wenn eine Einigung zu erwarten ist; ein Vergleich ist zu gerichtlichem Protokoll zu nehmen. [4] Dem Gegner entstandene Kosten werden nicht erstattet. [5] Die durch die Vernehmung von Zeugen und Sachverständigen nach Absatz 2 Satz 3 entstandenen Auslagen sind als Gerichtskosten von der Partei zu tragen, der die Kosten des Rechtsstreits auferlegt sind.

(2) [1] Das Gericht kann verlangen, daß der Antragsteller seine tatsächlichen Angaben glaubhaft macht. [2] Es kann Erhebungen anstellen, insbesondere die Vorlegung von Urkunden anordnen und Auskünfte einholen. [3] Zeugen und Sachverständige werden nicht vernommen, es sei denn, daß auf andere Weise nicht geklärt werden kann, ob die Rechtsverfolgung oder Rechtsverteidigung hinreichende Aussicht auf Erfolg bietet und nicht mutwillig erscheint; eine Beeidigung findet nicht statt. [4] Hat der Antragsteller innerhalb einer von dem Gericht gesetzten Frist Angaben über seine persönlichen und wirtschaftlichen Verhältnisse nicht glaubhaft gemacht oder bestimmte Fragen nicht oder ungenügend beantwortet, so lehnt das Gericht die Bewilligung von Prozeßkostenhilfe insoweit ab.

(3) Die in Absatz 1, 2 bezeichneten Maßnahmen werden von dem Vorsitzenden oder einem von ihm beauftragten Mitglied des Gerichts durchgeführt.

§ 119 ZPO Bewilligung

(1) [1] Die Bewilligung der Prozeßkostenhilfe erfolgt für jeden Rechtszug besonders. [2] In einem höheren Rechtszug ist nicht zu prüfen, ob die Rechtsverfolgung oder Rechtsverteidigung hinreichende Aussicht auf Erfolg bietet oder mutwillig erscheint, wenn der Gegner das Rechtsmittel eingelegt hat.

---

[1] VO zur Einführung eines Vordrucks für die Erklärung über die persönlichen und wirtschaftlichen Verhältnisse bei Prozeßkostenhilfe vom 17. 10. 1994 (BGBl I, 3001).

(2) Die Bewilligung von Prozeßkostenhilfe für die Zwangsvollstreckung in das bewegliche Vermögen umfaßt alle Vollstreckungshandlungen im Bezirk des Vollstreckungsgerichts einschließlich des Verfahrens auf Abgabe der eidesstattlichen Versicherung.

§ 120 ZPO Festsetzung von Zahlungen

(1) [1]Mit der Bewilligung der Prozeßkostenhilfe setzt das Gericht zu zahlende Monatsraten und aus dem Vermögen zu zahlende Beträge fest. [2]Setzt das Gericht nach § 115 Abs. 1 Satz 3 Nr. 4 mit Rücksicht auf besondere Belastungen von dem Einkommen Beträge ab und ist anzunehmen, daß die Belastungen bis zum Ablauf von vier Jahren ganz oder teilweise entfallen werden, so setzt das Gericht zugleich diejenigen Zahlungen fest, die sich ergeben, wenn die Belastungen nicht oder nur in verringertem Umfang berücksichtigt werden, und bestimmt den Zeitpunkt, von dem an sie zu erbringen sind.

(2) Die Zahlungen sind an die Landeskasse zu leisten, im Verfahren vor dem Bundesgerichtshof an die Bundeskasse, wenn Prozeßkostenhilfe in einem vorherigen Rechtszug nicht bewilligt worden ist.

(3) Das Gericht soll die vorläufige Einstellung der Zahlungen bestimmen,

1. wenn abzusehen ist, daß die Zahlungen der Partei die Kosten decken;
2. wenn die Partei, ein ihr beigeordneter Rechtsanwalt oder die Bundes- oder Landeskasse die Kosten gegen einen anderen am Verfahren Beteiligten geltend machen kann.

(4) [1]Das Gericht kann die Entscheidung über die zu leistenden Zahlungen ändern, wenn sich die für die Prozeßkostenhilfe maßgebenden persönlichen oder wirtschaftlichen Verhältnisse wesentlich geändert haben; eine Änderung der nach § 115 Abs. 1 Satz 3 Nr. 1 Buchstabe b und Nr. 2 maßgebenden Beträge ist nur auf Antrag und nur dann zu berücksichtigen, wenn sie dazu führt, daß keine Monatsrate zu zahlen ist. [2]Auf Verlangen des Gerichts hat sich die Partei darüber zu erklären, ob eine Änderung der Verhältnisse eingetreten ist. [3]Eine Änderung zum Nachteil der Partei ist ausgeschlossen, wenn seit der rechtskräftigen Entscheidung oder sonstigen Beendigung des Verfahrens vier Jahre vergangen sind.

§ 121 ZPO Beiordnung eines Rechtsanwalts

(1) Ist eine Vertretung durch Anwälte vorgeschrieben, wird der Partei ein zur Vertretung bereiter Rechtsanwalt ihrer Wahl beigeordnet.

(2) Ist eine Vertretung durch Anwälte nicht vorgeschrieben, wird der Partei auf ihren Antrag ein zur Vertretung bereiter Rechtsanwalt ihrer Wahl beigeordnet, wenn die Vertretung durch einen Rechtsanwalt erforderlich erscheint oder der Gegner durch einen Rechtsanwalt vertreten ist.

(3) Ein nicht bei dem Prozeßgericht zugelassener Rechtsanwalt kann nur beigeordnet werden, wenn dadurch weitere Kosten nicht entstehen.

(4) Wenn besondere Umstände dies erfordern, kann der Partei auf ihren Antrag ein zur Vertretung bereiter Rechtsanwalt ihrer Wahl zur Wahrnehmung eines Termins zur Beweisaufnahme vor dem ersuchten Richter oder zur Vermittlung des Verkehrs mit dem Prozeßbevollmächtigten beigeordnet werden.

(5) Findet die Partei keinen zur Vertretung bereiten Anwalt, ordnet der Vorsitzende ihr auf Antrag einen Rechtsanwalt bei.

§ 122 ZPO Wirkung der Prozesskostenhilfe

(1) Die Bewilligung der Prozeßkostenhilfe bewirkt, daß

1. die Bundes- oder Landeskasse
   a) die rückständigen und die entstehenden Gerichtskosten und Gerichtsvollzieherkosten,
   b) die auf sie übergegangenen Ansprüche der beigeordneten Rechtsanwälte gegen die Partei

   nur nach den Bestimmungen, die das Gericht trifft, gegen die Partei geltend machen kann,
2. die Partei von der Verpflichtung zur Sicherheitsleistung für die Prozeßkosten befreit ist,
3. die beigeordneten Rechtsanwälte Ansprüche auf Vergütung gegen die Partei nicht geltend machen können.

(2) Ist dem Kläger, dem Berufungskläger oder dem Revisionskläger Prozeßkostenhilfe bewilligt und ist nicht bestimmt worden, daß Zahlungen an die Bundes- oder Landeskasse zu leisten sind, so hat dies für den Gegner die einstweilige Befreiung von den in Absatz 1 Nr. 1 Buchstabe a bezeichneten Kosten zur Folge.

§ 123 ZPO Kostenerstattung

Die Bewilligung der Prozeßkostenhilfe hat auf die Verpflichtung, die dem Gegner entstandenen Kosten zu erstatten, keinen Einfluß.

§ 124 ZPO Aufhebung der Bewilligung

Das Gericht kann die Bewilligung der Prozeßkostenhilfe aufheben, wenn

1. die Partei durch unrichtige Darstellung des Streitverhältnisses die für die Bewilligung der Prozeßkostenhilfe maßgebenden Voraussetzungen vorgetäuscht hat;
2. die Partei absichtlich oder aus grober Nachlässigkeit unrichtige Angaben über die persönlichen oder wirtschaftlichen Verhältnisse gemacht oder eine Erklärung nach § 120 Abs. 4 Satz 2 nicht abgegeben hat;
3. die persönlichen oder wirtschaftlichen Voraussetzungen für die Prozeßkostenhilfe nicht vorgelegen haben; in diesem Falle ist die Aufhebung ausgeschlossen, wenn seit der rechtskräftigen Entscheidung oder sonstigen Beendigung des Verfahrens vier Jahre vergangen sind;
4. die Partei länger als drei Monate mit der Zahlung einer Monatsrate oder mit der Zahlung eines sonstigen Betrages im Rückstand ist.

§ 125 ZPO Einziehung der Kosten

(1) Die Gerichtskosten und die Gerichtsvollzieherkosten können von dem Gegner erst eingezogen werden, wenn er rechtskräftig in die Prozeßkosten verurteilt ist.

(2) Die Gerichtskosten, von deren Zahlung der Gegner einstweilen befreit ist, sind von ihm einzuziehen, soweit er rechtskräftig in die Prozeßkosten verurteilt oder der Rechtsstreit ohne Urteil über die Kosten beendet ist.

Stapperfend

§ 126 ZPO Beitreibung der Rechtsanwaltskosten

(1) Die für die Partei bestellten Rechtsanwälte sind berechtigt, ihre Gebühren und Auslagen von dem in die Prozeßkosten verurteilten Gegner im eigenen Namen beizutreiben.

(2) [1] Eine Einrede aus der Person der Partei ist nicht zulässig. [2] Der Gegner kann mit Kosten aufrechnen, die nach der in demselben Rechtsstreit über die Kosten erlassenen Entscheidung von der Partei zu erstatten sind.

§ 127 ZPO Entscheidungen

(1) [1] Entscheidungen im Verfahren über die Prozeßkostenhilfe ergehen ohne mündliche Verhandlung. [2] Zuständig ist das Gericht des ersten Rechtszuges; ist das Verfahren in einem höheren Rechtszug anhängig, so ist das Gericht dieses Rechtszuges zuständig. [3] Soweit die Gründe der Entscheidung Angaben über die persönlichen und wirtschaftlichen Verhältnisse der Partei enthalten, dürfen sie dem Gegner nur mit Zustimmung der Partei zugänglich gemacht werden.

(2) [1] Die Bewilligung der Prozeßkostenhilfe kann nur nach Maßgabe des Absatzes 3 angefochten werden. [2] Im Übrigen findet die sofortige Beschwerde statt; dies gilt nicht, wenn der Streitwert der Hauptsache den in § 511 genannten Betrag nicht übersteigt, es sei denn, das Gericht hat ausschließlich die persönlichen oder wirtschaftlichen Voraussetzungen für die Prozeßkostenhilfe verneint. [3] Die Notfrist des § 569 Abs. 1 Satz 1 beträgt einen Monat.

(3) [1] Gegen die Bewilligung der Prozeßkostenhilfe findet die sofortige Beschwerde der Staatskasse statt, wenn weder Monatsraten noch aus dem Vermögen zu zahlende Beträge festgesetzt worden sind. [2] Die Beschwerde kann nur darauf gestützt werden, daß die Partei nach ihren persönlichen und wirtschaftlichen Verhältnissen Zahlungen zu leisten hat. [3] Die Notfrist des § 569 Abs. 1 Satz 1 beträgt einen Monat und beginnt mit der Bekanntgabe des Beschlusses. [4] Nach Ablauf von drei Monaten seit der Verkündung der Entscheidung ist die Beschwerde unstatthaft. [5] Wird die Entscheidung nicht verkündet, so tritt an die Stelle der Verkündung der Zeitpunkt, in dem die unterschriebene Entscheidung der Geschäftsstelle übermittelt wird. [6] Die Entscheidung wird der Staatskasse nicht von Amts wegen mitgeteilt.

(4) Die Kosten des Beschwerdeverfahrens werden nicht erstattet.

B. Bewilligung der PKH

I. Bewilligungsvoraussetzungen

1. Allgemeines

Die Voraussetzungen für die Bewilligung von PKH sind im Wesentlichen in den §§ 114–116 ZPO geregelt. Da die PKH verfassungsrechtlich geboten ist, um unbemittelten Personen die Anrufung des Gerichts zu ermöglichen (s insgesamt Rz 1), dürfen bei der Prüfung der sachlichen Voraussetzungen der PKH die **Anforderungen nicht überspannt** werden (BFH/NV 2004, 1541; 2005, 1129; BVerfG NJW 2003, 3190). **8**

9   PKH kann grundsätzlich **jedem Beteiligten** iS des § 57 bewilligt werden, dem **Beigeladenen** aber idR nur dann, wenn er auch ein Kostenrisiko trägt, also voraussichtlich aktiv am Verfahren teilnehmen wird (*Brandis*
in T/K § 142 Rz 3; FG Hbg EFG 1985, 622). Als Anspruchsberechtigte
kommen natürliche Personen, Parteien kraft Amtes, juristische Personen
und parteifähige Vereinigungen (zB die Personenhandelsgesellschaft im
Gewinnfeststellungsverfahren, vgl Rz 50) in Betracht. Begehren **mehrere
an einem Verfahren Beteiligte** PKH, so sind die Voraussetzungen für
jeden gesondert zu überprüfen. Eine einmal bewilligte PKH wirkt wegen
des Abstellens auf die persönlichen und wirtschaftlichen Verhältnisse des
jeweiligen Beteiligten nicht auf einen eventuellen **Gesamtrechtsnachfolger** fort (OVG Bautzen NVwZ 2002, 492).

10   PKH vor einem deutschen Gericht können auch Staatenlose oder Stpfl
mit **ausländischer Staatsangehörigkeit** (auch solche mit Wohnsitz im
Ausland) erhalten (BFH/NV 1996, 781; zum Kindergeldanspruch FG Ba-
Wü EFG 2005, 980; *Zöller/Philippi* § 114 Rz 5; *Künzl/Koller,* 23), und
zwar auch dann, wenn die Gegenseitigkeit nicht verbürgt ist. Wegen der
persönlichen Bewilligungsvoraussetzungen bei diesen Personen vgl Rz 25.

11   PKH kann für **jedes Verfahren** nach der FGO bewilligt werden, auch
für Neben- und Zwischenverfahren, und zwar jeweils für eine Instanz
(§ 119 S 1 ZPO; BFHE 136, 354 = BStBl II 1982, 737; BFH/NV 2000,
1134; zur PKH für das bis zum 1. 1. 2001 noch zulässige Beschwerdeverfahren gegen die Ablehnung der PKH s BFHE 143, 528 = BStBl II 1985,
449; BFHE 117, 223 = BStBl II 1976, 62; BFH/NV 1986, 355; 486;
1987, 462; **aA** für den Zivilprozess: BGH NJW 1984, 2106; für den Verwaltungsprozess: BVerwG Buchholz 310 § 166 VwGO Nr 215).

2. Natürliche Personen

a) Persönliche Voraussetzungen

14   **aa)** Die persönlichen Voraussetzungen der PKH richten sich für natürliche Personen nach den §§ 114 u 115 ZPO. Nach § 114 S 1 ZPO kann einer natürlichen Person demnach dann PKH bewilligt werden, wenn sie
nach ihren persönlichen und wirtschaftlichen Verhältnissen die Kosten der
Prozessführung nicht, nur zum Teil oder nur auf Raten aufbringen kann.
Außerdem muss die beabsichtigte Rechtsverfolgung hinreichende Aussicht
auf Erfolg versprechen und nicht mutwillig erscheinen (dazu Rz 39 ff).

15   **Kosten der Prozessführung iS** des § 114 S 1 ZPO sind die rückstän-
digen und die voraussichtlich noch entstehenden Kosten (§ 122 I Nr 1
Buchst a ZPO; BFHE 136, 49 = BStBl II 1982, 598). Dazu gehören die
Gerichtskosten und die Vergütung des (eigenen) Prozessbevollmächtigten.

16   **Persönliche und wirtschaftliche Verhältnisse** iS von § 114 S 1
ZPO sind, wie sich aus der Legaldefinition in § 117 II ZPO ergibt, Familienverhältnisse, Beruf, Vermögen, Einkommen und Lasten des Beteiligten.
Diese Merkmale bilden die Grundlage für die Prüfung, ob der Beteiligte
die Kosten der Prozessführung selbst tragen oder ob er diese Kosten nicht,
nur zum Teil oder nur in Raten aufbringen kann. Dabei geht das Gesetz in
§§ 114, 115 ZPO davon aus, dass PKH nur bewilligt werden kann, wenn
das einzusetzende Einkommen und das Vermögen des Beteiligten nicht
ausreichen, um daraus die Kosten der Prozessführung zu bestreiten.

bb) Ob ein Beteiligter die Kosten der Prozessführung aufbringen kann, **17** bestimmt sich vor allem nach seinem **Einkommen** (§ 115 I 1 ZPO; zum Einsatz des Vermögens s Rz 30 ff). Dieses ist nicht nach den Vorschriften des Einkommensteuerrechts zu bestimmen, sondern nach denjenigen des **Sozialrechts**. Das ergibt sich bereits aus § 115 I ZPO, dessen Einkommensbegriff weiter ist als derjenige des § 2 EStG. Zum Einkommen gehören nach § 115 I 2 ZPO nämlich alle Einkünfte in Geld oder Geldeswert. Folglich sind bei Arbeitnehmern auch **Einkünfte mit Lohnersatzfunktion** sowie **Sachleistungen** in das Einkommen einzubeziehen, wie zB die kostenlose Überlassung eines Pkw oder einer Wohnung. Zum Einkommen rechnen ferner Leistungen der **Sozialhilfe** (vgl *Künzl/Koller* S 35 mwN), das **Kindergeld** (str, wie hier zB BFH/NV 1992, 691; OLG Mchn FamRZ 1999, 598; OLG Bremen MDR 2001, 355; OLG Celle FamRZ 2004, 1119; **aA** OLG Koblenz NJW-RR 2001, 940; FamRZ 2004, 120; OLG München FamRZ 2004, 382; vgl ferner die Nachweise bei *Künzl/Koller* S 30 u *Zöller/Philippi* § 115 Rz 19) und **Unterhaltsrenten;** der **Naturalunterhalt** ist hingegen nur zu berücksichtigen, wenn der Antragsteller der PKH daneben noch andere Einkünfte bezieht (*Zöller/Philippi* § 115 Rz 10 f mwN). Zum mutwillig nicht arbeitenden Antragsteller s Rz 36).

Das Einkommen muss dem Antragsteller zur freien Verfügung stehen. **18** Nicht realisierte oder nicht realisierbare Einkünfte bleiben ebenso außer Betracht wie Einkünfte anderer Personen, auch wenn sie dem Antragsteller der PKH gegenüber zur Unterhaltsleistung verpflichtet sind.

Von dem Einkommen des Antragstellers der PKH sind nach **§ 115 I 3 19 Nr 1 Buchst a ZPO** die in § 82 II SGB XII genannten **Beträge abzusetzen.** Dazu gehören zB auf das Einkommen entrichtete Steuern (ESt, LSt, KiSt, nicht aber KfZSt: BFH/NV 1999, 183; § 82 II Nr 1 SGB XII), Pflichtbeiträge zur Sozialversicherung und sonstige Versicherungsbeiträge in angemessenem Umfang (§ 82 II Nr 2 u 3 SGB XII) sowie die mit der Erzielung der Einnahmen verbundenen notwendigen Ausgaben (§ 82 II Nr 4 SGB XII).

Bei **erwerbstätigen Antragstellern** ist **nach § 115 I 3 Nr 1 20 Buchst b ZPO** ein weiterer Betrag abzusetzen, der sich auf 50 vH des höchsten sozialhilferechtlichen Regelsatzes für den Haushaltsvorstand beläuft, den die Landesregierungen nach § 28 II 1 SGB XII erstmals zum 1. 1. 2005 und dann jeweils zum 1. 7. eines jeden Jahres durch Rechtsverordnung festlegen. Das BMJ hat diese Beträge nach § 115 I 5 ZPO jährlich im BGBl bekannt zu geben (s Bekanntmachung v 23. 3. 2005, BGBl I, 924). Maßgeblich sind die zum Zeitpunkt der Antragstellung geltenden Beträge (§ 115 I 4 ZPO).

Nach **§ 115 I 3 Nr 2 Buchst a ZPO** ist für den **Antragsteller** der **21** PKH und seinen **Ehegatten** oder **Lebenspartner** jeweils ein sog **Unterhaltsfreibetrag** abzuziehen. Dieser bemisst sich nach dem um 10 vH erhöhten höchsten sozialhilferechtlichen Regelsatz für den Haushaltsvorstand (zur Bestimmung dieses Regelsatzes s Rz 20). – Erbringt der Antragsteller der PKH auf Grund gesetzlicher Unterhaltspflicht **weitere Unterhaltsleistungen**, so ist nach **§ 115 I 3 Nr 2 Buchst b ZPO** für jede unterhaltsberechtigte Person ein Betrag in Höhe von 70 vH des genannten höchsten Regelsatzes für den Haushaltsvorstand abzuziehen. Unterhaltsleistungen aufgrund einer vertraglichen Unterhaltspflicht reichen dafür nach dem Wortlaut der Norm indes nicht aus. Leisten sowohl der Antragsteller der PKH als auch sein Ehegatte einem gemeinsamen Kind Unterhalt, so wird der Freibetrag nicht doppelt gewährt, sondern ist anteilig auf beide Elternteile aufzuteilen (*Künzl* BB 1996, 637). – Erzielt eine unterhaltsberechtigte Person iS des § 115 I 3 Nr 2 Buchst a und b ZPO ein **eigenes Einkommen**, so vermindern sich die Unterhaltsfreibeträge nach § 115 I 7 ZPO entsprechend. – Zahlt der Antragsteller der unterhaltsberechtigten Person (auch Ehegatte iS von § 115 I 3 Nr 2 Buchst a ZPO) eine **Geldrente**, so ist diese gem § 115 I 8 ZPO **anstelle des Freibetrags** anzusetzen, soweit sie angemessen ist.

22   Abziehbar sind nach **§ 115 I 3 Nr 3 ZPO** ferner die Kosten für **Heizung** und **Unterkunft**, sofern sie nicht in auffälligem Missverhältnis zu den Lebensverhältnissen des Antragstellers, dh zu seinem Einkommen stehen. Zu den abziehbaren Kosten gehören auch die **Zins- und Tilgungsraten** für ein Darlehen zum Erwerb eines selbstbewohnten Eigenheims oder einer Eigentumswohnung (*Künzl/Koller* S 47; **aA** BFH/NV 1999, 183). Lebt ein Angehöriger mit eigenen Einkünften im Haushalt des Antragstellers sind die Kosten der Unterkunft aufzuteilen (vgl dazu OLG Koblenz MDR 1995, 1165).

23   Nach **§ 115 I 3 Nr 4 ZPO** vermindert sich das Einkommen um weitere Beträge, soweit dies mit Rücksicht auf **besondere Belastungen** angemessen ist. Als Belastungen iS dieser Regelung kommen insbesondere **Kreditverpflichtungen** des Antragstellers (einschränkend: BFH/NV 1996, 251; 1999, 183; OLG Köln FamRZ 1996, 873) oder besondere Aufwendungen infolge gesundheitlicher Beeinträchtigungen in Betracht (zur Abziehbarkeit von Pflegegeld s BFH/NV 2004, 1289).

24   **Verbleibt** dem Antragsteller nach den in § 115 I ZPO vorgesehenen Abzügen noch ein (auf volle Euro-Beträge abgerundetes) **einzusetzendes Einkommen** von monatlich mehr als 15 Euro, so hat er nach § 115 II ZPO unabhängig von der Anzahl der Rechtszüge für die Tilgung der Prozesskosten **maximal 48 Monatsraten** aufzubringen, wobei ratenfreie Monate in diesen Zahlungszeitraum nicht einzubeziehen sind (OLG Karlsruhe FamRZ 1995, 1505). Die **Höhe der Monatsraten** bestimmt sich nach der Tabelle des § 115 II ZPO (zur Tenorierung s Rz 90). – Übersteigen die Prozesskosten **vier Monatsraten** und die aus dem Vermögen aufzubringenden Teilbeträge voraussichtlich nicht, so ist nach § 115 IV ZPO keine PKH zu gewähren. Der Antragsteller muss die Prozesskosten dann wegen Geringfügigkeit selbst tragen.

25   Hat der Antragsteller der PKH seinen **Wohnsitz im Ausland**, so sind die Pauschbeträge des § 115 I 3 Nr 1 Buchst b und Nr 2 ZPO sowie die Tabelle des § 115 II ZPO dann zugrunde zu legen, wenn die Wirtschafts- und Lebensverhältnisse im Wohnsitzstaat des Antragstellers mit denen in Deutschland annähernd vergleichbar sind (BFH/NV 1996, 781). Werden diese Beträge den Gegebenheiten im Wohnsitzstaat hingegen offensichtlich nicht gerecht, so steht es im Ermessen des Gerichts, die genannten Beträge abzuändern (OLG D'dorf MDR 1994, 301; **aA** *Zöller/Philippi* § 115 Rz 43). Dabei ist eine Orientierung an der Ländergruppeneinteilung zu § 33 a I 5 EStG (s BMF BStBl I 2000, 1502) möglich (glA *Brandis* in T/K § 142 Rz 40).

cc) Der Beteiligte hat nach § 115 III 1 ZPO grundsätzlich auch sein **30** **Vermögen einzusetzen** (zur Ausnahme der Unzumutbarkeit s Rz 31 ff). Das bedeutet, dass der Beteiligte eines Rechtsstreits verpflichtet ist, vorhandenes Vermögen auch dann einzusetzen, wenn es nicht bestmöglich verwertet, dh nur mit finanziellen Einbußen veräußert werden kann, die sich auch aus der Besteuerung des Veräußerungsvorgangs ergeben können (zB nach § 23 EStG; vgl BFH/NV 2000, 862; 2001, 809). Zum Vermögen iS von § 115 II ZPO gehören alle Gelder, Forderungen (BFH/NV 1991, 181), Rechte und sonstige bewegliche und unbewegliche Gegenstände, die nicht den laufenden Unterhaltsbedarf zu decken bestimmt sind (*Künzel/ Koller,* 58). Der Antragsteller muss für die Prozessführung zB einen Anspruch auf Versicherungsschutz für die Prozesskosten (BGH MDR 1982, 126; vgl aber BGH NJW 1991, 109) oder den (realisierbaren) Anspruch auf **Prozesskostenvorschuss** gegen den Ehegatten nach § 1360a BGB einsetzen (st Rspr, vgl zB BFH/NV 1988, 592; 801; 1989, 722; 724; 1993, 322; 1999, 183; 2000, 1357; OLG München FamRZ 1996, 1021; *Künzl/ Koller,* 65; *T/P* § 115 Rz 19). Auch die Verwertung eines **Bausparguthabens** (BFH/NV 1986, 233; *Zöller/Philippi* § 115 Rz 54), eines größeren Sparguthabens oder von **Wertpapiervermögen** (BFH/NV 1989, 123; 2005, 1611) kann verlangt werden. – Hat der Beteiligte anderweitige **Schulden**, darf er diese unabhängig vom Entstehensgrund bei Fälligkeit tilgen; er muss das hierfür benötigte Geld nicht für die Zahlung der Prozesskosten zurückhalten. Eine vorzeitige Tilgung ist hingegen nicht zulässig und damit PKH-schädlich (*Zöller/Philippi* § 115 Rz 47 mwN).

§ 90 II SGB XII enthält einen **Katalog nicht verwertbarer Ge- 31 genstände** (*Zöller/Philippi* § 115 Rz 51; sog Schonvermögen). Diese Gegenstände muss der Antragsteller der PKH nicht einsetzen, weil § 115 III 2 ZPO insoweit § 90 SGB XII für entsprechend anwendbar erklärt. Zu den nicht einzusetzenden Gegenständen gehört auch ein von dem Hilfsbedürftigen, seinem nicht dauernd getrennt lebenden Ehegatten oder Lebenspartner und/oder seinen minderjährigen, unverheirateten Kindern bewohntes „angemessenes Hausgrundstück" (§ 90 II Nr 8 1 SGB XII). Da es darum geht, dem Hilfsbedürftigen eine eigene Wohnung zu erhalten, wendet die hM § 90 II Nr 8 SGB XII nur dann an, wenn der Hilfsbedürftige das Hausgrundstück **selbst bewohnt** (*Zöller/Philippi* § 115 Rz 53 mwN). – Die Angemessenheit bestimmt sich gem § 90 II Nr 8 2 SGB XII nach der Zahl der Bewohner, dem Wohnbedarf (zB behinderter, blinder oder pflegebedürftiger Menschen), der Grundstücksgröße, der Hausgröße, dem Zuschnitt und der Ausstattung des Wohngebäudes sowie dem Wert des Grundstücks einschließlich des Wohngebäudes (vgl zu den Kriterien auch BVerwGE 59, 295; BFH/NV 1986, 178; zu weiteren Einzelfällen: *Zöller/ Philippi* aaO). – Nicht geschützt ist der **Veräußerungserlös** für das Hausgrundstück, soweit dieser die Schongrenze des § 90 II Nr 9 SGB XII (dazu Rz 32) übersteigt (OLG Köln MDR 1996, 197; *Zöller/Philippi* § 115 Rz 53 mwN); das gilt auch dann, wenn der Veräußerungserlös zur Finanzierung des Erwerbs einer neuen Eigentumswohnung verwendet werden soll (OLG Stuttg FamRZ 1996, 873).

Auch „kleinere Barbeträge und sonstige Geldwerte" brauchen **32** nicht zur Deckung der Prozesskosten verwendet zu werden (§ 90 II Nr 9 SBG XII; vgl auch BFH/NV 1987, 733), und zwar auch dann nicht, wenn anderes einsetzbares oder nicht einsetzbares Vermögen vorhanden ist (OLG Köln RamRZ 2004, 647). Als Anhaltspunkt für die betragsmäßige Ausfüllung dieser Begriffe dient § 1 I Nr 1 Buchst b der VO zu § 90 I Nr 9 SGB XII v 27. 12. 2003 (BGBl I, 3022, 3060), der momentan eine Schongrenze von 2600 Euro vorsieht, zuzüglich eines Betrages von 256 Euro für jede von dem Antragsteller der PKH überwiegend unterhaltene Person. Bindend sind diese Beträge für den Richter allerdings nicht (*Zöller/Philippi* § 115 Rz 57 mwN).

33 Die Verwertung von Vermögensgegenständen kommt nach § 115 III 1 Hs 2 ZPO dann nicht in Betracht, wenn sie **unzumutbar** ist, was sich wegen des Verweises in § 115 III 2 ZPO **nach § 90 III SGB XII beurteilt** (vgl BFH/NV 2000, 862). Danach darf die Sozialhilfe (hier PKH) nicht vom Einsatz oder der Verwertung eines Vermögens abhängig gemacht werden, soweit dies für den, der das Vermögen einzusetzen hat (hier der Antragsteller der PKH), und für seine unterhaltsberechtigten Angehörigen eine **Härte** bedeuten würde, was insbesondere dann der Fall ist, soweit eine angemessene Lebensführung oder die Aufrechterhaltung einer angemessenen Alterssicherung wesentlich erschwert würde. Das bedeutet, dass der Antragsteller der PKH keinesfalls seine Vermögenssubstanz und damit seine **Existenzgrundlage** zu gefährden braucht (*Zöller/Philippi* § 115 Rz 58).

34 Abgesehen davon kann eine Härte für den Hilfsbedürftigen oder seine Angehörigen aber auch schon dann vorliegen, wenn wirtschaftlich zweckgebundenes Vermögen nur mit **erheblichen finanziellen Nachteilen** verwertet werden kann (zB bei vorzeitiger Kündigung einer Lebensversicherung: *Zöller/Philippi* § 115 Rz 59; **aA** FG Hessen EFG 1996, 199; zur Veräußerung eines PKW mit einem Wert unter 1500 Euro s BFH/NV 2001, 457). Gleiches gilt, wenn durch die Verwertung eines Gegenstandes Einnahmen wegfallen (Veräußerung eines vermieteten Objektes) oder wenn ein Vermögensgegenstand im Zeitpunkt des Antrags auf PKH nicht oder nicht zu angemessenen Bedingungen veräußert werden könnte. Darüber hinaus ist einem Beteiligten ein Vermögenseinsatz für Prozesskosten nur dann zuzumuten, wenn die Differenz zwischen den Aktiva und den fälligen Verbindlichkeiten den Schonbetrag nach § 90 II Nr 9 SGB XII übersteigt (*Künzl/Koller,* 59; *Zöller/Philippi* § 115 Rz 47). – In all diesen Fällen ist aber zu prüfen, ob eine **Beleihung** des Gegenstandes in Betracht kommt (BFH/NV 1991, 109, 124; 1998, 490; 2000, 862; 2001, 809). So verlangt der BFH grundsätzlich, dass ein Kläger, der über Grundvermögen verfügt, zur Deckung der Prozesskosten im Rahmen des Möglichen einen **Realkredit** aufnimmt (BFH/NV 1989, 124; vgl ferner BFH/NV 1986, 233 zur Beleihung eines Bausparguthabens; generell ablehnend zur Finanzierung der Prozesskosten durch **Kreditaufnahme** *Zöller/Philippi* § 115 Rz 63 ff unter Hinweis auf die Zielsetzung des §§ 114 ff ZPO). Der Kläger kann sich in einem solchen Fall nicht darauf berufen, dass es ihm nicht möglich sei, Zinsen und Tilgung aus seinem Einkommen aufzubringen, da er Zinsen und Kapital erst nach einer späteren Verwertung des Vermögensgegenstandes zurückzahlen kann (BFH/NV 2000, 862).

35 **Unzumutbar** kann auch die **sofortige Verwertung** des Vermögens sein. Aus diesem Grunde kommt insbesondere bei der Verwertung von Immobilien ein Zuwarten in Betracht, bis feststeht, ob der Antragsteller im

Hauptsacheverfahren unterliegt und damit die Prozesskosten zu tragen hat (BFH/NV 2004, 48).

dd) Keine PKH kann bewilligt werden bei **missbräuchlicher Be- 36 dürftigkeit**. Diese liegt zB vor, wenn der Antragsteller freie Geldmittel ausgibt, ohne Mittel für ein bevorstehendes Verfahren zurückzuhalten (BFH/NV 1993, 322; 1998, 490; *Brandis* in T/K § 142 Rz 39; *Zöller/ Philippi* § 115 Rz 72 ff mit weiteren Beispielen). Zur Anrechnung fiktiver Einkünfte bei einem mutwillig nicht arbeitenden Antragsteller s *Zöller/ Philippi* aaO Rz 6 mwN.

b) Sachliche Voraussetzungen

aa) In **sachlicher Hinsicht** setzt die Gewährung von PKH voraus, dass **38** die beabsichtigte Rechtsverteidigung oder Rechtsverfolgung **hinreichen- de Aussicht auf Erfolg** bietet und **nicht mutwillig** erscheint (zur Verfassungsmäßigkeit BVerfG NJW 2003, 1857).

bb) Bei der Auslegung des Merkmals der **„hinreichenden Erfolgsaus- 39 sichten"** ist der Zweck der PKH, dem Unbemittelten den weitgehend gleichen Zugang zu Gericht zu ermöglichen (s Rz 1), zu beachten (BVerfG NJW 2000, 1936; 2003, 576; 1857; 2976). Danach verspricht die Rechtsverfolgung dann hinreichende Aussicht auf Erfolg, wenn für seinen Eintritt bei **summarischer Prüfung** eine gewisse Wahrscheinlichkeit spricht (BFHE 133, 253 = BStBl II 1981, 580; BFHE 146, 223 = BStBl II 1986, 526; BFHE 148, 215 = BStBl II 1987, 217; BFHE 192, 483 = BStBl II 2001, 108; BFH/NV 1988, 261; 303; 1990, 785; 1996, 64; 2004, 48; 66; 342; vgl auch BFH/NV 2005, 216: Erfolg ebenso unwahrscheinlich wie Misserfolg; zur unanfechtbaren Hauptsacheentscheidung: BFH/NV 2003, 194; zur Berücksichtigung von Wiedereinsetzungsgründen: BFH/NV 2003, 194). Dies ist der Fall, wenn das Gericht in **tatsächlicher Hinsicht** von der Darstellung des Sachverhalts oder der Möglichkeit der Beweisführung überzeugt ist (zur Zulässigkeit einer insoweit vorzunehmenden **Beweisantizipation**: BVerfG NJW 2003, 576; 2976) und in **rechtlicher Hinsicht** den Rechtsstandpunkt des Antragstellers aufgrund dessen Sachdarstellung und der vorhandenen Unterlagen für zutreffend oder zumindest für vertretbar hält (BFH/NV 1997, 700; 2004, 466; zur Darstellung des Streitverhältnisses im PKH-Antrag s Rz 67 ff). Eine **abschließende Prüfung** der Erfolgsaussichten ist im Verfahren der PKH aber wegen des Grundsatzes der Rechtsgleichheit von Bemittelten und Unbemittelten (s Rz 1) **unzulässig** (BVerfG NJW 1991, 413; BFHE 146, 223 = BStBl II 1986, 526; BFH/NV 1988, 593; 1990, 54; 2004, 466; 2005, 216). Die PKH soll den Rechtsschutz nämlich nur ermöglichen, nicht aber selbst gewähren (BVerfG NJW 2003, 576; 2976)

Hinreichende Erfolgsaussichten können in diesem Sinne zu bejahen sein, **40** wenn es bei der Hauptsache um **schwierige tatsächliche, aber auch rechtliche Fragen** geht, über die im PKH-Verfahren eine abschließende Beurteilung nicht möglich ist, und wenn die Einwände des Klägers nicht von vornherein aussichtslos erscheinen (BFHE 133, 253 = BStBl II 1981, 580; BFHE 192, 483 = BStBl II 2001, 108; BFH/NV 2000, 1204; 2004, 466 zur ungeklärten Rechtslage; BGH MDR 1998, 302; BGH NJW 1982, 1104). Sind im Besteuerungsverfahren **Schätzungen** vorzunehmen, deren

Ergebnis von der Würdigung vieler Tatumstände abhängt, so kommt es darauf an, ob der vom Antragsteller begehrte Erfolg bei summarischer Prüfung der wichtigsten Tatumstände eine gewisse Wahrscheinlichkeit für sich hat (BFH/NV 1987, 119; 322; 1995, 151; 1997, 700; FG RhPf EFG 1986, 413).

41 Begehrt der Antragsteller PKH für die **Durchführung eines Rechtsmittelverfahrens** (s auch Rz 63: kein Vertretungszwang), und hat er innerhalb der Rechtmittelfrist nicht durch eine vor dem BFH vertretungsberechtigte Person (§ 62a) das statthafte Rechtsmittel eingelegt, so verspricht die beabsichtigte Rechtsverfolgung nur dann hinreichende Aussicht auf Erfolg, wenn wegen der Versäumung der Rechtsmittelfrist **Wiedereinsetzung in den vorigen Stand** zu gewähren ist. Das setzt voraus, dass der Antragsteller **innerhalb der Rechtsmittelfrist sein PKH-Gesuch** zusammen mit den nach § 117 ZPO erforderlichen Unterlagen (vgl Rz 71 ff) unaufgefordert (BFH/NV 2002, 1337: keine Hinweispflicht) vorgelegt hat (BFH/NV 1985, 47; 1986, 354; 557; 1995, 542; 726; 921; 1999, 821; 2002, 668; 949; 2002, 1483; 2003, 54; 73; 173; 653; 923; 1089; 1215; 1339; 2004, 346; 1288; 2005, 363; 572; s auch BFH/NV 2003, 791: keine Nachholung des Rechtsmittels durch postulationsfähigen Vertreter nach Ablehnung der PKH). Dabei ist allerdings im Hinblick auf den durch Art 3 I iVm Art 20 III GG verbürgten **Grundsatz der Rechtsschutzgleichheit** für Bemittelte und Unbemittelte (dazu BVerfG NJW 2003, 3190; s auch Rz 1) zweifelhaft, ob diese strengen Anforderungen auch dann gelten können, wenn der rechtsunkundige Antragsteller sie nicht kannte (offengelassen durch BFH/NV 2004, 221). – Hingegen ist es einem im PKH-Sachen unerfahrenen Antragsteller nicht als Verschulden anzurechnen, wenn er den **Antrag auf PKH nicht beim BFH** als Prozessgericht einreicht, sondern beim FG (BFH/NV 1996, 10; s auch BFH/NV 2003, 1339: auch das FG ist Prozessgericht iS des § 117 I 1 ZPO).

42 Der **Prüfung der Erfolgsaussichten** ist in der **Rechtsmittelinstanz** dasjenige Rechtsmittel zugrunde zu legen, das geeignet ist, zu der vom Antragsteller angestrebten Überprüfung der erstinstanzlichen Entscheidung zu führen (BFH/NV 1991, 338; 1996, 250; 1999, 388; zum Prüfungsverfahren vgl auch Rz 78 ff). Für den voraussichtlichen Erfolg iS des § 114 S 1 ZPO ist nicht der isolierte Erfolg (aus Verfahrensgründen) des beim BFH anhängigen Rechtsmittels maßgeblich, sondern der voraussichtliche Erfolg in der Sache selbst (BVerfG NJW 1997, 2745).

Folglich ist mit der Zulassung der Revision wegen grundsätzlicher Bedeutung der Rechtssache noch keine Aussage über die Erfolgsaussichten des Revisionsverfahren verbunden (BFH/NV 1988, 730). Das gilt jedenfalls dann, wenn man davon ausgeht, dass § 126 IV im Verfahren der NZB nicht entsprechend anzuwenden ist (vgl dazu § 115 Rz 98).

43 **cc)** An die Prüfung der Mutwilligkeit sind wegen des Grundsatzes der Rechtsschutzgewährung nach Art 19 IV GG strenge Anforderungen zu stellen (*Brandis* in T/K § 142 Rz 49). **Mutwillig** ist eine Rechtsverfolgung, wenn ein verständiger, nicht hilfsbedürftiger Beteiligter seine Rechte nicht in gleicher Weise verfolgen würde oder wenn der Beteiligte den von ihm verfolgten Zweck auf einem **billigeren Weg** als dem von ihm eingeschlagenen erreichen könnte (BFH/NV 1986, 591; 632; 1997, 58; 2000,

722; offen gelassen für Prozessverschleppungsabsicht: BFH/NV 2003, 1187). Damit wird allein auf das **innerprozessuale Verhalten** abgestellt, dh auf die Situation, in der sich der Rechtssuchende im Zeitpunkt der Klageerhebung befindet. Für eine Berücksichtigung zurückliegender Umstände, wie zB die Verletzung der Mitwirkungspflicht im Besteuerungsverfahren oder im außergerichtlichen Vorverfahren, ist dabei grundsätzlich kein Raum (vgl BFH/NV 1988, 804 mwN; 1990, 260; 551; 1995, 429; 725; 2000, 722; **aA** möglicherweise BFH/NV 1993, 324). Insbesondere ist es nicht möglich, den **Rechtsgedanken des § 137** im Verfahren der PKH entsprechend heranzuziehen (BFH/NV 1995, 429; 1997, 58; 896; 2001, 191; aA wohl FG Köln EFG 2004, 1627; s **aber** zur Ablehnung der PKH, wenn Hauptsacheverfahren nur der **Nachreichung der Steuererklärung** dienen soll: BFH/NV 1997, 700; 1998, 740: Verstoß gegen Treu und Glauben; FG Nds EFG 2003, 333; *Brandis* in T/K § 142 Rz 49 mwN). Denn dem PKH-Recht sind Sanktionserwägungen fremd (s aber zur mutwillig herbeigeführten Bedürftigkeit Rz 36).

In der Praxis kommt dem Tatbestandsmerkmal der muwilligen Rechts- **44** verfolgung eine nur untergeordnete Bedeutung zu, weil die Rechtsverfolgung in den denkbaren Anwendungsfällen meistens ohnehin keine hinreichende Aussicht auf Erfolgt hat (vgl etwa BFH/NV 1986, 632; 1989, 658: mutwillige Rechtsverfolgung, wenn ein Kläger einen Folgebescheid nur mit Einwendungen angreift, die sich gegen den Grundlagenbescheid richten; mE hat die Rechtsverfolgung wegen der Bindungswirkung des Grundlagenbescheids keine hinreichende Aussicht auf Erfolg; s auch BFH/NV 1991, 702 mwN: mutwillige Rechtsverfolgung, wenn ein Stpfl im Klageverfahren gegen einen Steuerbescheid mit geschätzten Besteuerungsgrundlagen vorgeht, sich aber im finanzgerichtlichen Verfahren – wie zuvor schon im Besteuerungsverfahren – unter Berufung auf ein angebliches Widerstandsrecht weigert, eine Steuererklärung einzureichen und die erforderlichen Angaben zu den Besteuerungsgrundlagen zu machen; mE ist auch hier eine Erfolgsaussicht der Klage äußerst zweifelhaft).

3. Parteien kraft Amtes, juristische Personen, parteifähige Vereinigungen

a) Persönliche Voraussetzungen

§ 116 ZPO enthält Sonderregelungen für die Gewährung von PKH an **48** Parteien (im finanzgerichtlichen Verfahren: Beteiligte) kraft Amtes, juristische Personen und parteifähige Vereinigungen.

Bei **Beteiligten kraft Amtes** (zB Testamentsvollstreckern, Insolvenz- **49** verwaltern, Nachlassverwaltern) ist persönliche Voraussetzung für die Bewilligung von PKH, dass die Kosten aus der verwalteten Vermögensmasse nicht aufgebracht werden können und dass den wirtschaftlich Beteiligten nicht zuzumuten ist, die Mittel aufzubringen (§ 116 1 Nr 1 ZPO; BFH/ NV 1990, 116). – Nicht aufgebracht werden können die Kosten im Falle der Insolvenz, wenn die Insolvenzmasse nicht ausreicht, um die Kosten des Insolvenzverfahrens zu decken; der Insolvenzverwalter darf dann der Masse keine Kosten zum Zwecke der Rechtsverteidigung entziehen (BFH/NV 2002, 1319). – Wirtschaftlich Beteiligte sind diejenigen, deren endgültigem Nutzen der Rechtsstreit dienen soll (BGH MDR 1977, 741), also zB bei

Testamentsvollstreckung die Erben und Pflichtteilsberechtigten, bei Insolvenz der Gemeinschuldner und die Insolvenzgläubiger (s aber auch BFH/
NV 2002, 1319: wirkt sich Prozess auf die Insolvenzmasse nicht aus, so
existieren keine wirtschaftlich Beteiligten; FG Brdbg EFG 2004, 832: den
wirtschaftlich beteiligten Massegläubigern ist eine Beteiligung an den Kosten eines Verfahrens wegen des Bestehens eines Vollstreckungsverbots für
Neumasseverbindlichkeiten nicht zumutbar). – Dem **Insolvenzverwalter**
darf PKH nicht mit der Begründung verweigert werden, die Arbeitnehmer
könnten wegen ihrer Sozialplanforderungen die Prozesskosten selbst aufbringen (BGH NJW 1991, 40) oder der Rechtsstreit diene nur dazu, der
Insolvenzmasse Mittel zur Begleichung der Verwaltervergütung zu verschaffen (*Zöller/Philippi* § 116 Rz 10a mwN).

Ebenso ist die Gewährung von PKH bei Insolvenz einer parteifähigen
Vereinigung nicht davon abhängig zu machen, ob die Unterlassung der
Rechtsverfolgung oder -verteidigung allg Interessen zuwiderlaufen würde
(BFH/NV 2002, 1319; BGH NJW 1991, 40).

50   **Juristischen Personen und parteifähigen Personenvereinigungen**
(zB OHG, KG), die im Inland, in einem anderen Mitgliedstaat der EU
oder in einem EWR-Mitgliedstaat gegründet und dort ansässig sind (diese
Erweiterung ist eine Reaktion auf die Überseering-Entscheidung des
EuGH BB 2002, 2402) kann PKH bewilligt werden, wenn die Kosten
weder von ihr noch von den am Gegenstand des Rechtsstreits wirtschaftlich Beteiligten aufgebracht werden können (§ 116 1 Nr 2 ZPO). Wirtschaftlich Beteiligte sind insbesondere die Gesellschafter (bei der KG auch
die Kommanditisten; BFHE 126, 390 = BStBl II 1979, 187), aber auch
Unterbeteiligte oder Vorstandsmitglieder (aA *Brandis* in T/K § 142 Rz 44).
Auf die Zumutbarkeit der Mittelaufbringung kommt es bei § 116 1 Nr 2
ZPO nicht an. – Den parteifähigen Vereinigungen sind im Finanzprozess
Personenvereinigungen gleichzustellen, **die Beteiligte eines finanz-
gerichtlichen Verfahrens sein können** (zB die GbR im umsatzsteuer-
rechtlichen Verfahren oder im Gewinnfeststellungsverfahren nach § 48 I
Nr 3).

51   Für juristische Personen und parteifähige Personenvereinigungen, die
weder im Inland noch in einem EU- oder EWR-Mitgliedstaat gegründet oder ansässig sind, ist PKH nicht vorgesehen.

b) Sachliche Voraussetzungen

52   **Sachliche Voraussetzung** für die Bewilligung von PKH an Parteien
(im finanzgerichtlichen Verfahren: Beteiligte) kraft Amtes, juristische Personen und parteifähige Vereinigungen ist nach § 116 S 2 iVm § 114 S 1
Halbs 2 ZPO zunächst eine **hinreichende Erfolgsaussicht** und eine
nicht mutwillige Rechtsverfolgung. Die diesbezüglichen Ausführungen zu
Rz 38 ff gelten entsprechend.

53   Bei der PKH-Gewährung an juristische Personen und parteifähige Ver-
einigungen ist nach § 116 1 Nr 2 darüber hinaus erforderlich, dass die
**Unterlassung der Rechtsverfolgung allgemeinen Interessen zuwi-
derlaufen** würde (zur Verfassungsmäßigkeit: BVerfG StRK FGO § 142
R 31; s auch BFH/NV 1986, 485: PKH-Gewährung auch nicht durch
Grundsatz des rechtlichen Gehörs nach Art 103 GG geboten). Das ist dann

der Fall, wenn außer den an der Prozessführung wirtschaftlich Beteiligten ein großer Personenkreis durch die Unterlassung der Rechtsverfolgung in Mitleidenschaft gezogen werden könnte (BFHE 110, 176 = BStBl II 1973, 851; BFHE 136, 62 = BStBl II 1982, 600; BFHE 151, 338 = BStBl II 1988, 156; BFH/NV 1988, 520; 1995, 332; 1998, 493; 1999, 653), zB dadurch, dass eine juristische Person oder parteifähige Vereinigung an der Erfüllung ihrer der Allgemeinheit dienenden Aufgaben behindert würde oder wenn von der Durchführung des Prozesses eine größere Zahl von Arbeitsplätzen abhängt (BFHE 136, 62 = BStBl II 1982, 600; BGHZ 25, 183; BGH HFR 1987, 313; BFH/NV 1986, 425; 485) oder eine Vielzahl von Gläubigern Gefahr läuft, leer auszugehen (BFH/NV 1994, 573; BGH NJW 1991, 703). Allg Interessen der juristischen Person oder der Personenvereinigung selbst reichen nicht aus (BFHE 151, 338 = BStBl II 1988, 156). – Zur Darlegung des allg Interesses im Antrag s BFH/NV 1995, 1008; 2003, 1338 u Rz 67.

II. Bewilligungsverfahren

1. Beteiligte des Bewilligungsverfahrens

Das Verfahren der PKH ist nach der gesetzlichen Regelung in §§ 114 ff **56** ZPO ein **nicht streitiges,** seinem Charakter nach der staatlichen Daseinsvorsorge zuzurechnendes Antragsverfahren (s auch Rz 1), in dem sich als Beteiligte nur der Antragsteller, der PKH begehrt, **und das Gericht** als Bewilligungsstelle gegenüberstehen (BGHZ 89, 65; BFHE 109, 163). Der im Klageverfahren Beklagte ist zwar im PKH-Verfahren zu den Erfolgsaussichten der Klage zu hören (s Rz 80), ohne aber Beteiligter dieses Verfahrens zu sein. Dies liegt darin begründet, dass es dem Antragsteller nicht zugemutet werden soll, seine persönlichen und wirtschaftlichen Verhältnisse auch vor dem Beklagten des Hauptsacheverfahrens offen zu legen (s § 117 II ZPO). Aus Gründen des **Datenschutzes** bestimmt § 117 II 2 ZPO daher auch, dass diese Verhältnisse und die eingereichten Belege den anderen Beteiligten (des Hauptsacheverfahrens) nur zugänglich gemacht werden dürfen, soweit der Antragsteller dem zustimmt. – Zur Bekanntgabe des Beschlusses im PKH-Verfahren an die weiteren Beteiligten des Hauptsacheverfahrens s Rz 98.

2. Antrag

a) Zulässigkeit des Antrags

Die Bewilligung von PKH setzt einen **ausdrücklichen Antrag** des Be- **57** teiligten voraus (*Zöller/Philippi* § 114 Rz 13). Da PKH **für jeden Rechtszug** (jede Instanz) gesondert gewährt wird (§ 119 ZPO), ist für jeden Rechtszug ein **besonderer Antrag** erforderlich. Der Antrag ist bei dem **Prozessgericht** zu stellen, dh bei dem Gericht, bei dem der Rechtsstreit anhängig ist oder anhängig gemacht werden soll (BFHE 133, 350 = BStBl II 1981, 677; BVerwG StRK FGO § 142 R 38; zur Antragstellung beim BFH s Rz 41).

Der Antrag kann **schriftlich** oder **zu Protokoll der Geschäftsstelle 58** des Prozessgerichts gestellt werden (§ 117 I 1 ZPO). Er ist **Prozesshandlung**, dh er ist nur wirksam, wenn die Prozesshandlungsvoraussetzungen

(§ 57 Rz 7 u § 58 Rz 1) vorliegen. Ein bedingter Antrag auf PKH ist unzulässig (BFH/NV 1995, 540).

59   Eine **Antragsfrist besteht nicht** (BFH/NV 1995, 427). Folglich ist der Antrag auch schon **vor Erhebung der Klage** oder Einlegung des Rechtsmittels zulässig (vgl § 114 ZPO: „beabsichtigte Rechtsverfolgung"; BFHE 133, 350 = BStBl II 1981, 677; BFH/NV 1986, 180; *Redeker/v Oertzen* § 166 Rz 5) und kann **bis zur rechtskräftigen Beendigung des Verfahrens** gestellt werden (BFH/NV 2005, 1582 zur NZB; *Redeker/ v Oertzen* § 166 Rz 5).

60   Reicht der Antragsteller **gleichzeitig** mit dem PKH-Gesuch eine **Klage- oder Rechtsmittelschrift** ein, so muss er deutlich machen, ob die Klage bereits jetzt oder ob sie erst später (nach Bewilligung der PKH) erhoben werden soll. Das kann zB dadurch geschehen, dass die Klageschrift ausdrücklich als „Entwurf" bezeichnet wird (vgl BFH/NV 1986, 180; *T/P* § 117 Rz 2 f) oder in dem Schriftsatz nur von „Antragstellern" die Rede ist (BFH/NV 2004, 1414; zur Auslegung der Rechtsmittelschrift vgl BGH NJW-RR 1987, 376). – Wird die Klage nicht sofort erhoben, obwohl es sich um eine fristgebundene Klage handelt, so kann das Gericht PKH nur dann gewähren, wenn wegen der Versäumung der Klagefrist **Wiedereinsetzung in den vorigen Stand** zu gewähren ist, weil ansonsten die Klage keine hinreichende Aussicht auf Erfolg hat (s dazu Rz 41). Wiedereinsetzung in den vorigen Stand kommt dabei aber nur dann in Betracht, wenn der Antragsteller innerhalb der Klagefrist sein PKH-Gesuch zusammen mit den nach § 117 ZPO erforderlichen Unterlagen (vgl Rz 71 ff) vorgelegt hat (BFH/NV 1985, 99; 1986, 354; *Redeker/v Oertzen* § 166 Rz 5).

61   Der Antrag kann nach Ablehnung **grundsätzlich erneut gestellt** werden, da der ablehnende Beschluss nicht materiell rechtskräftig wird (BFH/ NV 1994, 486; 1996, 256, 257; 2000, 216; FG BaWü EFG 1990, 370; zur Umdeutung eines Antrags nach § 134 in einen erneuten PKH-Antrag: BFH/NV 2003, 1191). Es ist dann aber erforderlich, dass der Antrag auf **neue Gründe** gestützt oder durch Vorlage **neuer Belege** substantiiert wird. Andernfalls ist der Antrag unzulässig (BFH/NV 1986, 633; 1990, 797; 2002, 1049; *Zöller/Philippi* § 117 Rz 6). Die Wiederholung eines abgelehnten Antrags ist unzulässig (**rechtsmissbräuchlich),** wenn der Antragsteller behauptet, der Antrag sei wegen fehlender Postulationsfähigkeit verworfen worden, das Gericht den Antrag aber tatsächlich wegen mangelnder Erfolgsaussicht verworfen hat und der Antragsteller darauf nicht eingeht (BFH/NV 1989, 658).

62   Nach **Beendigung der Instanz** (zB durch übereinstimmende Erledigungserklärung, vgl BFHE 145, 28 = BStBl II 1986, 67; BFH/NV 1988, 390; 1989, 659) kann ein Antrag auf PKH nicht mehr wirksam gestellt werden (BFH/NV 1986, 488; 1988, 325; 1989, 660; 1990, 391; 1999, 1231; *Zöller/Philippi* § 114 Rz 20 a; zur **rückwirkenden Bewilligung** von PKH s Rz 95).

63   Wird der Antrag auf PKH für ein **Rechtsmittelverfahren** vor dem BFH irrtümlich nicht beim BFH, sondern bei dem in erster Instanz zuständigen FG gestellt, so ist dies einem nicht vertretenen Antragsteller grundsätzlich nicht vorzuwerfen (BFH/NV 1996, 10; 1997, 703). – Der Antrag unterliegt, auch wenn er beim BFH gestellt wird, **nicht dem Vertretungszwang** des § 62 a (BFHE 122, 26 = BStBl II 1977, 502; BFHE 118,

300 = BStBl II 1976, 386; BFH/NV 1987, 449; 1991, 338; 2002, 1483; 2003, 793; 1339; 2004, 356).

b) Substantiierung des Antrags/Vordrucke

aa) Der Antragsteller hat nach § 117 I 2 ZPO in dem Antrag das **67** **Streitverhältnis** unter Angabe der Beweismittel **darzustellen.** Das Gericht muss aus dieser Darstellung ersehen können, ob und in welchem Umfang die beabsichtigte Rechtsverfolgung Aussicht auf Erfolg hat (BFH/NV 1986, 762; 1999, 1442). Der Antragsteller muss also den **Sachverhalt darlegen** und etwaige **Beweismittel angeben,** was auch durch Vorlage des Entwurfs der Klageschrift geschehen kann (BFH/NV 1994, 336). Dies ist nur dann entbehrlich, wenn sich die erforderlichen Angaben aus den Akten ergeben oder in der Rechtsmittelinstanz aus dem Tatbestand des angefochtenen Urteils. Das FG ist grundsätzlich nicht verpflichtet, von sich aus das bisherige Vorbringen des Antragstellers heranzuziehen (BFH/NV 1986, 762; vgl auch FG Mchn EFG 1987, 131).

Der Antrag auf PKH für das erstinstanzliche Verfahren muss grundsätz- **68** lich auch ein **Mindestmaß** an **rechtlicher Begründung** enthalten. Dies folgt aus dem Zweck der Substantiierungspflicht, die dem Gericht eine Beurteilung der Erfolgsaussichten der beabsichtigten Rechtsverfolgung ermöglichen soll. Folglich muss eben diese hinreichende Erfolgsaussicht der beabsichtigten Rechtsverfolgung schlüssig dargelegt werden (BFH/NV 1990, 187; 1994, 386; 567; 736; 1995, 151; 1996, 64).

Geringere Anforderungen gelten für die Darlegung der Erfolgsaussicht **69** dann, wenn der nicht vertretene Antragsteller (s dazu Rz 63) PKH für ein **Rechtsmittelverfahren** vor dem BFH begehrt, für das **Vertretungszwang** (§ 62 a) besteht. Denn wenn für das PKH-Verfahren vor dem BFH kein Vertretungszwang gilt, dann kann man an die von dem Antragsteller selbst vorgenommene Darstellung der Erfolgsaussichten seines Rechtsmittels keine so hohen Anforderungen stellen, wie bei einem rechtskundigen Bevollmächtigten. Andernfalls läge ein Verstoß gegen das verfassungsrechtliche Gebot vor, wonach der Zugang zum Rechtsmittelgericht nicht in unzumutbarer Weise erschwert werden darf (vgl BVerfG NJW 1992, 889 und NJW-RR 1993, 1090). – Welche **Anforderungen** das von einem nicht rechtskundig vertretenen Antragsteller für ein Rechtsmittelverfahren gestellte PKH-Gesuch konkret genügen muss, beantwortet die **Rspr uneinheitlich.** Während einige Senate des BFH eine Substantiierung des PKH-Gesuchs hinsichtlich der objektiven Bewilligungsvoraussetzungen nur dann fordern, wenn das Gesuch durch eine vor dem BFH **postulationsfähige Person** eingereicht wird (BFHE 163, 123 = BStBl II 1991, 366; BFH/NV 1991, 338; 1995, 31; 1996, 252; 2004, 66; 342; offen gelassen in BFH/NV 1995, 255; 636; 1997, 700), verlangen andere auch von dem nicht sachkundig vertretenen Antragsteller eine Darstellung der Erfolgsaussichten der beabsichtigten Rechtsverfolgung im Rechtsmittelverfahren „in zumindest **laienhafter Form**" (vgl zB BFH/NV 1988, 179; 187; 728; 1990, 197; 450; 1991, 185; 1995, 540; 1996, 167; 1999, 1212; 1355; 2000, 962; 2002, 949; 1465; 2003, 54; 73; 653; 1089; 1210; 1215; 2004, 346; nunmehr offen gelassen durch BFH BStBl II 2005, 139). ME verstößt dies jedenfalls insoweit gegen den durch Art 3 I iVm Art 20 III

GG verbürgten **Grundsatz der Rechtsschutzgleichheit** für Bemittelte und Unbemittelte (dazu BVerfG NJW 2003, 3190; s auch Rz 1), als es um die Erfolgsaussichten einer NZB geht (offengelassen durch BFH/NV 2004, 221). Denn einem rechtsunkundigen Antragsteller wird es im Regelfall nicht gelingen, einen Zulassungsgrund iS des § 115 II darzulegen, und zwar auch nicht in laienhafter Form. Um diesen Antragsteller aber nicht in seiner Rechtsverfolgung im Rechtsmittelverfahren zu benachteiligen genügt es, wenn sein Antrag erkennen lässt, in welchen Punkten und in welchem Umfang das Urteil angegriffen werden soll (so auch als Mindestanforderung BFH/NV 2002, 1312; 2003, 1337; 2004, 365). Im Übrigen ist der BFH verpflichtet, anhand der vorliegenden Gerichtsakten selbst festzustellen, ob ein Zulassungsgrund in Betracht kommt (glA BVerwG NJW 1965, 1293 u *Buchholz* 310 § 166 VwGO Nr 20, das von einem nicht vertretenen Beteiligten keine Begründung seines PKH-Antrags für das Verfahren der NZB verlangt; ebenso *Eyermann* § 166 Rz 30; *Olbertz* in Schoch ua § 166 Rz 19).

71   **bb)** Nach § 117 II–IV ZPO sind dem Antrag eine **Erklärung** des Beteiligten **über seine persönlichen und wirtschaftlichen Verhältnisse** auf dem durch die VO vom 24. 11. 1980 (BGBl I S 2163; geändert durch VO vom 17. 10. 1994, BGBl I 3001 – PKHVV) eingeführten **Vordruck** sowie entsprechende Belege beizufügen. Ob die Einreichung per Telefax ausreicht, hat der BFH bislang offen gelassen (BFH/NV 2003, 1187). –

Zur Benutzung des Vordrucks sind **nur natürliche Personen verpflichtet** (§ 1 II PKHVV). Parteien kraft Amtes, juristische Personen und parteifähige Vereinigungen müssen die objektiven und subjektiven Voraussetzungen für die Bewilligung der PKH individuell darlegen (*Zöller/Philippi* § 117 Rz 18; vgl auch BFH/NV 1986, 425).

72   **Reicht der Beteiligte** den Vordruck auch nach einem Hinweis des Gerichts **nicht ein**, so ist der PKH-Antrag als unbegründet (BFHE 148, 13 = BStBl II 1987, 62; BFH/NV 1986, 484; 558; **aA** unzulässig: BFH/NV 1986, 559; 1988, 727; *Baumbach ua* § 117 Rz 3 B) abzulehnen (BFH/NV 1985, 47; 1988, 518; 1989, 251; s aber auch BFH/NV 1994, 734 Hinweis auf die erforderliche Vorlage der Erklärung über die persönlichen und wirtschaftlichen Verhältnisse entbehrlich, wenn der Antragsteller selbst die Nachreichung dieser Erklärung angekündigt hat). Gleiches gilt, wenn der **Vordruck** in wesentlichen Punkten **unvollständig** ausgefüllt ist und die Lücken auch nicht durch beigefügte Anlagen, die vergleichbar übersichtlich und klar sind, geschlossen werden können (BFH/NV 2001, 803; BGH NJW 1986, 62; *T/P* § 117 Rz 7; *Zöller/Philippi* § 117 Rz 16). Das Gericht ist in diesen Fällen nicht zu eigenen Ermittlungen verpflichtet (BFH/NV 1997, 704), muss den Antragsteller aber auf die Lücken oder auch eventuelle Widersprüche **hinweisen** (BVerfG NJW 2000, 275; BFH/NV 1989, 123, 251). Das gilt allerdings nicht für solche Daten, die nach den ausdrücklichen Fragen des Vordrucks mitzuteilen sind, es sei denn, die Lücke beruht erkennbar auf einem Versehen des Antragstellers (BFH/NV 1989, 251 zu einem anwaltlich vertretenen Antragsteller).

73   **Entbehrlich** sind die Angaben zu den wirtschaftlichen Verhältnissen (nicht auch zu den persönlichen Verhältnissen), wenn der Antragsteller durch einen entsprechenden Bescheid nachweist, dass er laufend **Wohn-**

geld bezieht, welches als Teil der ihm gewährten **Sozialhilfe** ausgezahlt wird (BFH/NV 1988, 803) oder wenn der Antragsteller durch die Vorlage des letzten Bewilligungsbescheids des Sozialamts belegt, dass er ständig laufende **Leistungen zum Lebensunterhalt** nach dem SGB XII erhält (§ 2 II PKHVV). Für Bezieher von **Arbeitslosengeld II** besteht eine solche Erleichterung indes nicht. – Der bloße Hinweis darauf, dass der Antragsteller eine **eidesstattliche Versicherung** abgegeben hat, entbindet hingegen nicht von der Pflicht zum Ausfüllen des Vordrucks (BFH/NV 99, 494; s auch BFH/NV 2003, 1077).

Die Angaben in dem Erklärungsvordruck müssen den **tatsächlichen** **74** **Verhältnissen zum Zeitpunkt des Ausfüllens** entsprechen (vgl FG Hessen EFG 1984, 617). Der Antragsteller muss der Erklärung über die persönlichen und wirtschaftlichen Verhältnisse die entsprechenden **Belege** beifügen (§ 117 II 1 ZPO). Dies muss nicht gleichzeitig mit dem Antrag geschehen. Es genügt, wenn die Belege – ggf auf Anforderung des Gerichts – nachgereicht werden (*Zöller/Philippi* § 117 Rz 19 f). – Zum Datenschutz s Rz 80.

Wird PKH zur Durchführung eines **Rechtsmittelverfahrens** beantragt, **75** muss bis zum Ablauf der Rechtsmittelfrist **erneut** eine Erklärung über die persönlichen und wirtschaftlichen Verhältnisse vorgelegt werden (BFH/NV 1988, 537; 659; 1995, 152; 1997, 800; BGH NJW-RR 1993, 451). Eine **Bezugnahme** auf die im Verfahren vor dem FG abgegebene Erklärung reicht allerdings dann aus, wenn der Rechtsmittelführer innerhalb der Rechtsmittelfrist unter Bezugnahme auf diese Erklärung versichert, dass die Verhältnisse unverändert sind (BFHE 148, 13 = BStBl II 1987, 62; BGH VersR 1985, 971; HFR 1987, 314; WM 1990, 1262; BFH/NV 1986, 355; 484; 559; 1995, 727; 1008). Wird das Rechtsmittel innerhalb der Frist durch eine postulationsfähige Person eingelegt, so kann die Erklärung über die persönlichen und wirtschaftlichen Verhältnisse auch noch nach Ablauf der Rechtsmittelfrist **nachgereicht** werden (BFHE 133, 253 = BStBl II 1981, 580; BFH/NV 1994, 899). Wird das Rechtsmittel nicht innerhalb der Rechtsmittelfrist eingereicht, kommt Wiedereinsetzung in den vorigen Stand in Betracht, wenn der Antragsteller innerhalb der Antragsfrist den PKH-Antrag vollständig eingereicht hat (ausführlich Rz 41). – Im **Beschwerdeverfahren** gegen die **Ablehnung der Bewilligung** von PKH ist nach der neueren Rspr des BFH eine erneute Vorlage der Erklärung iS von § 117 II ZPO nicht erforderlich (BFH/NV 1996, 941).

3. Prüfungsverfahren

Das Gericht prüft, ob der Antrag formgerecht ist und – falls dies zu beja- **78** hen ist – ob die objektiven und subjektiven Voraussetzungen für die Bewilligung von PKH erfüllt sind (BFH/NV 1997, 525). Dabei sind grds die Verhältnisse im **Zeitpunkt der Entscheidung** zugrunde zu legen (zur rückwirkenden Bewilligung s Rz 95). Das gilt sowohl für die persönlichen und wirtschaftlichen Verhältnisse des Antragstellers als auch für die Erfolgsaussichten und die Mutwilligkeit der Klage (vgl BFH/NV 1996, 66; FG Nbg EFG 1992, 757; zur Klage gegen das Nichtbestehen der Steuerberaterprüfung: FG Hgb EFG 2005, 1648; *Brandis* in T/K § 142 Rz 54; *T/P* § 119 Rz 4 mwN; *Kopp/Schenke* § 166 Rz 14 a; **aA**, Zeitpunkt der

Entscheidungsreife: *Olbertz* in Schoch ua § 166 Tz 52; *Eyermann* § 166 Rz 39; *Linke* NVwZ 2003, 421, 423). Zum Gebot der **zeitnahen Entscheidung** s Rz 88.

79   Eine **mündliche Erörterung** zur Prüfung der Erfolgsaussichten kommt grundsätzlich nicht in Betracht, es sei denn, es ist eine Einigung zu erwarten (§ 118 I 3 ZPO; BFH/NV 1985, 97). Stattdessen ist über die Erfolgsaussichten der Rechtsverfolgung aufgrund einer **summarischen Prüfung** zu entscheiden. Eine abschließende Würdigung der streitigen Sach- und Rechtsfragen darf das Gericht in diesem Verfahren nicht vornehmen. Insbesondere dürfen schwierige und bisher ungeklärte Rechtsfragen im Verfahren der PKH nicht durchentschieden werden (BVerfG NJW 1991, 413; 1992, 889; BFH/NV 1999, 342). – Für die Bewilligung der PKH ist es nicht erforderlich, dass die für einen Erfolg des Antragstellers sprechenden Gründe überwiegen. Es genügt, dass eine gewisse Wahrscheinlichkeit für den Erfolg der beabsichtigten Rechtsverfolgung oder -verteidigung besteht (BVerfGE 81, 347; BFHE 146, 223 = BStBl II 1986, 526; BFH/NV 1988, 730; 1995, 28; 153; 276; 1997, 700; BVerwG Buchholz 310 § 166 VwGO Nr 33). In **tatsächlicher Hinsicht** ist die hinreichende Erfolgsaussicht zu bejahen, wenn das Gericht von der Möglichkeit einer die Rechtsverfolgung des Antragstellers stützenden Beweisführung überzeugt ist (BFH/NV 1995, 62; 1996, 64).

80   Auch im PKH-Verfahren ist den Beteiligten **rechtliches Gehör** zu gewähren. Das gilt nicht nur für den Antragsteller (dazu BFH/NV 1986, 166; 1991, 549), sondern auch für den **Gegner** (im finanzgerichtlichen Verfahren: Beklagter und evtl Beigeladener) des Hauptsacheverfahrens, der nach § 118 I 1 ZPO zwingend gehört werden muss, obwohl er nicht Beteiligter des PKH-Verfahrens ist (s Rz 56). Die Anhörung kann unterbleiben, soweit dies aus besonderen Gründen unzweckmäßig erscheint. Nach § 117 II 2 ZPO erstreckt sich das Recht auf Gehör nur auf die **objektiven Voraussetzungen**, also die Erfolgsaussichten des Hauptsacheverfahrens, nicht auch auf die persönlichen und wirtschaftlichen Verhältnisse des Antragstellers.

81   Auch im PKH-Verfahren gilt der **Untersuchungsgrundsatz** (§ 76; BFH/NV 1991, 549). Daher kann das Gericht nach § 118 II 1 ZPO von dem Antragsteller verlangen, dass er seine **tatsächlichen Angaben glaubhaft** macht (dazu BFH/NV 1990, 260). Kommt der Antragsteller dieser Aufforderung nicht nach oder beantwortet er die Fragen des Gerichts nicht oder ungenügend, so lehnt das Gericht die Bewilligung von PKH gem § 118 II 4 ZPO „insoweit" ab. Werden zB bestimmte abziehbare Verbindlichkeiten nicht glaubhaft gemacht, so bleiben sie bei der Berechnung des einsetzbaren Einkommens außer Betracht.

82   Wegen der nur summarischen Prüfung (s Rz 79) findet im PKH-Verfahren trotz der Geltung des Untersuchungsgrundsatzes eine Beschränkung auf **präsente Beweismittel** statt, die das Gericht nach § 118 II 2 ZPO selbst anfordern darf (insbesondere schriftliche Auskünfte oder Urkunden). Dem entsprechend ist die **Vernehmung** von **Zeugen und Sachverständigen** nach § 118 II 3 ZPO nur dann zulässig, wenn sich anders nicht klären lässt, ob die Rechtsverfolgung hinreichende Aussicht auf Erfolg bietet und nicht mutwillig erscheint (dazu BFH/NV 1994, 257; 1998, 1126).

Wird PKH für die **Rechtsmittelinstanz** beantragt, so sind bei der **83** summarischen Prüfung der **Erfolgsaussichten** insbesondere der Vortrag des Antragstellers, die Vorentscheidung und das Protokoll über die mündliche Verhandlung heranzuziehen (BFH/NV 1996, 250, 252; 2005, 1344: Zulassung der Rev durch FG ohne Bedeutung). Dabei hat das Revisionsgericht – unabhängig von der vom Antragsteller gewählten Bezeichnung – das Rechtsmittel zugrunde zu legen, das geeignet ist, zu der vom Antragsteller erstrebten revisionsgerichtlichen Überprüfung der angefochtenen Entscheidung zu führen (BFH/NV 1996, 250; BGH NJW 1993, 732). Hat der Gegner des Antragstellers das Rechtsmittel eingelegt, ist nach § 119 I 2 ZPO nicht zu prüfen, ob die Rechtsverfolgung hinreichende Aussicht auf Erfolg bietet oder mutwillig erscheint (BFH/NV 1999, 955; 2002, 1319; zur **NZB**: BFH/NV 2003, 1077; 2004, 48: es ist nur zu prüfen, ob ein Zulassungsgrund vorliegt). Der Regelung liegt der Gedanke zugrunde, dass mit dem Obsiegen in der Vorinstanz eine gewisse Erfolgsaussicht auch für das Rechtsmittelverfahren erwiesen ist (BVerfG StRK FGO § 142 R 45). Allerdings muss feststehen, dass das **Rechtsmittel** auch **durchgeführt** wird. PKH für das Rechtsmittelverfahren ist deshalb dem Rechtsmittelbeklagten, der in erster Instanz obsiegt hat, erst dann zu gewähren, wenn der Gegner sein Rechtsmittel begründet hat, da erst nach Eingang der Rechtsmittelbegründungsschrift feststeht, ob das Rechtsmittel zu verwerfen ist (BGH NJW 1954, 1491; ähnlich BFH/NV 1991, 473 für PKH-Antrag des Beigeladenen). Bis zu diesem Zeitpunkt fehlt dem PKH-Antrag das **Rechtschutzbedürfnis.** Wegen fehlenden Rechtsschutzbedürfnisses ist auch der Antrag des Beschwerdegegners auf PKH für das Beschwerdeverfahren wegen Nichtzulassung der Revision abzulehnen, wenn der BFH die NZB des FA verworfen oder zurückgewiesen hat; ein rechtskundiger Beistand ist für den Antrag auf Zurückweisung der Nichtzulassungsbeschwerde nicht erforderlich (BFHE 153, 510 = BStBl II 1989, 896).

Die Regelung des § 119 I 2 ZPO gilt nicht für den **Beigeladenen.** **84** Auch wenn dieser im finanzgerichtlichen Verfahren die Anträge des FA unterstützt hat, ist der Beigeladene nicht „Gegner" des Klägers und Revisionsbeklagten iS des § 119 I 2 ZPO (s zu dem vergleichbaren Fall des Streithelfers: BFH NJW 1966, 597). Folglich sind die sachlichen Voraussetzungen des PKH-Antrags eines Beigeladenen im Rechtsmittelverfahren nicht nach § 119 I 2 ZPO zu prüfen, sondern nach § 114 ZPO.

Ob die **persönlichen Voraussetzungen** für die Bewilligung der PKH **85** erfüllt sind, hat das Rechtsmittelgericht im vollen Umfang zu überprüfen.

4. Entscheidung über den Antrag

a) Zuständigkeit und Zeitpunkt der Entscheidung

Zuständig für die Entscheidung ist das **Gericht,** das in **erster Instanz** **87** **über die Hauptsache zu entscheiden** hat (§ 127 ZPO), also im finanzgerichtlichen Verfahren das FG. Nach Beendigung des ersten Rechtszugs ist für die Entscheidung über die Bewilligung von PKH für das **Rechtsmittelverfahren der BFH** zuständig, und zwar auch dann, wenn die Revision oder NZB noch nicht bei ihm anhängig ist (BFHE 133, 350 = BStBl II 1981, 677; BFH/NV 1987, 463; 1988, 728; BVerwG StRK FGO § 142 R 38). Über einen rechtzeitig (vor Beendigung der Instanz) gestellten aber nicht beschiedenen Antrag auf PKH für das finanzgerichtliche Verfahren hat auch nach Beendigung des ersten Rechtszugs das FG zu entscheiden.

88   Die Entscheidung ist **zeitnah** nach Antragstellung zu treffen, um zu verhindern, dass sich die objektiven und subjektiven Voraussetzungen für die PKH-Bewilligung während des Verfahrens verändern, zumal die PKH-Entscheidung nach dem Grundverständnis des § 114 ZPO grundsätzlich **ohne Verwertung der im Hauptsacheverfahren gewonnenen Erkenntnisse und Überzeugungen** ergehen soll (*Brandis* in T/K § 142 Rz 51 mwN; s aber zur Zugrundelegung der zum Zeitpunkt der Entscheidung bestehenden subjektiven und objektiven Verhältnisse Rz 78). Ergeht die Entscheidung nicht zeitnah, so muss sich der Antragsteller insbesondere nochmals dazu erklären, ob sich seine persönlichen und wirtschaftlichen Verhältnisse zwischenzeitlich verändert haben.

89   Die Entscheidung im PKH-Verfahren muss zudem **vor kostenauslösenden Maßnahmen** im Hauptsacheverfahren ergehen (BFH/NV 2001, 1417; OVG Hbg DVBl 2001, 1779). Der Antragsteller muss die Möglichkeit haben, weitere Kosten des Hauptsacheverfahrens zB durch eine Rücknahme zu vermeiden (BFH/NV 2003, 1077). Das setzt bei Vertretung durch einen Bevollmächtigten im Hauptsacheverfahren voraus, dass die PKH-Entscheidung so rechtzeitig vor einem Termin im Hauptsacheverfahren erfolgen muss, dass der Antragsteller die Klage/den Antrag noch zurücknehmen und damit das Entstehen der dem Bevollmächtigten ansonsten zustehenden Terminsgebühr noch verhindern kann (s § 139 Rz 64 ff). Ist der Antragsteller im Hauptsacheverfahren nicht vertreten, genügt es unter Geltung des zum 1. 7. 2004 in Kraft getretenen Kostenrechts für die Herabsetzung der Gerichtskosten in Folge einer Rücknahme, wenn die PKH-Entscheidung bis zum Ende der mündlichen Verhandlung ergeht (Vor § 135 Rz 2 u 7).

b) Inhalt der Entscheidung

90   **aa)** Ergibt die Prüfung des PKH-Gesuchs, dass die objektiven und subjektiven Voraussetzungen für die Bewilligung von PKH erfüllt sind, so ist hinsichtlich der zu treffenden Entscheidung zu unterscheiden:
Liegt das einzusetzende monatliche **Nettoeinkommen** des Antragstellers (s dazu Rz 17 ff) **unter 15 Euro** und verfügt der Antragsteller auch nicht über einzusetzendes Vermögen (§ 115 III ZPO, Rz 30 ff), so ist PKH in vollem Umfang zu bewilligen, dh der Antragsteller muss für die Prozesskosten keine eigenen Zahlungen leisten. **Übersteigt** das einzusetzende monatliche **Nettoeinkommen** den Betrag von **15 Euro**, so setzt das Gericht nach Maßgabe der Tabelle des § 115 II ZPO zu zahlende Monatsraten oder – sofern der Antragsteller **einzusetzendes Vermögen** iS des § 115 III ZPO hat – aus dem Vermögen zu leistende Beträge fest (§ 120 I 1 ZPO; s dazu aber auch BFH/NV 2004, 48 zur erst späteren Verwertung von Vermögen). Dabei muss das Gericht den **künftigen Wegfall von Belastungen,** die nach § 115 I 3 ZPO vom Einkommen abgezogen werden können, berücksichtigen (vgl § 120 I 2 ZPO; dazu *Schneider* MDR 1987, 89, 90). – Die **Anzahl der** zu leistenden **Monatsraten** und damit das Ende der PKH setzt das Gericht in dem Beschluss nicht fest, weil die Höhe der Prozesskosten im Voraus oftmals nicht zu bestimmen ist

(*Zöller/Philippi* § 120 Rz 9; s aber Mindest- und Maximalanzahl Rz 24). Die genaue Berechnung obliegt später dem Kostenbeamten (zum Beginn der Zahlungspflicht s Rz 95).

Ergibt die Prüfung, dass die beabsichtigte Rechtsverfolgung nur **teil-** **weise** Erfolg verspricht, so ist die PKH nur zur Geltendmachung dieser beschränkt Erfolg versprechenden Rechtsverfolgung zu bewilligen (BFH/ NV 1991, 56; 2000, 1106; FG Mchn EFG 1988, 426). Dies geschieht in der Weise, dass die PKH nur „aus dem Streitwert des erfolgversprechenden Teils der Klage/des Antrags" bewilligt wird (zB „aus einem Streitwert iHv 2000 Euro"); im Übrigen ist der Antrag abzuweisen (*Zöller/Philippi* § 114 Rz 20 zum Gebot der genauen Formulierung). Problematisch kann dies allerdings dann sein, wenn die Klage (der Antrag) insgesamt nur einen Streitwert hat, der unter dem Mindeststreitwert von 1000 Euro (§ 52 IV GKG) liegt. Wird in diesen Fällen PKH nur aus einem Streitwert von zB 600 Euro bewilligt, so stellt sich die Frage, ob damit nicht gleichwohl eine PKH-Gewährung in vollem Umfang vorliegt, weil sich die Gebühren ohnehin nach dem Mindeststreitwert von 1000 Euro berechnen. Dem ist mE aber nicht so. Vielmehr sind die Gebühren nach dem Verhältnis zwischen dem Klagestreitwert und dem Streitwert, aus dem die PKH bewilligt worden ist (hier 600 Euro), zu quoteln. Die PKH-Bewilligung gilt dann nur für diejenigen Gebührenbeträge, die quotal dem Anteil des bewilligten PKH-Streitwerts am Gesamtstreitwert entsprechen. Den übrigen Gebührenanteil hat der Antragsteller selbst aufzubringen. 91

bb) In dem Bewilligungsbeschluss ist auch darüber zu befinden, ob dem Beteiligten ein – von dem Antragsteller frei zu wählender (s § 121 V ZPO) – **RA oder Steuerberater** (§§ 121 ZPO, 142 II) **beizuordnen** ist. Die Beiordnung anderer nach § 62 I in Betracht kommender Bevollmächtigter (s § 62 Rz 5 ff) und insbesondere auch der ansonsten nach § 3 StBerG zur unbeschränkten Hilfe in Steuersachen befugten Personen ist nicht möglich. 92

Soweit **Vertretungszwang** besteht, ist die Beiordnung immer geboten (BFH/NV 2005, 380 betr **Insolvenzverwalter,** der selbst RA ist; aA noch BFH/NV 2002, 1319; FG Brbg EFG 2004, 832; zur Nachholung s BFH/NV 2005, 1350). IÜ wird ein RA oder Steuerberater beigeordnet, wenn dies erforderlich erscheint. Die Erforderlichkeit bestimmt sich in erster Linie nach der **Schwierigkeit der Rechtslage**, aber auch nach dem Grad der Gewandtheit des Beteiligten. In der Verweigerung der – an sich gebotenen – Beiordnung eines RA oder Steuerberaters kann eine **Versagung des rechtlichen Gehörs** liegen (BVerwG HFR 1977, 202). Nach der Entscheidung in BFHE 86, 698 = BStBl III 1966, 629 soll die Beiordnung eines Bevollmächtigten nicht erforderlich sein, wenn der Antragsteller ohnehin obsiegen wird. In dieser Allgemeinheit kann dem nicht gefolgt werden. Im summarischen Verfahren der PKH ist idR eine Aussage über den endgültigen Ausgang des Verfahrens weder möglich noch angebracht, weil ansonsten die Entscheidung in der Hauptsache vorweggenommen werden müsste. Der Auffassung des BFH kann nur in den Fällen zugestimmt werden, in denen der Ausgang des Hauptsacheverfahrens zugunsten des Antragstellers ganz offensichtlich ist. – Zur Beiordnung eines Bevollmächtigten im Klageverfahren gegen einen **Schätzungsbescheid** vgl BFH/NV 1995, 725.

93   cc) Eine **Kostenentscheidung** ergeht nicht (st Rspr: BFH/NV 1985, 97). Der erfolglose Antrag auf PKH löst **keine Gerichtsgebühren** aus (§ 1 Nr 3 iVm Anlage 1 Teil 6 GKG), dem Gegner entstandene Kosten sind nicht zu erstatten (§ 118 I 4 ZPO), Auslagen für die Vernehmung von Zeugen und Sachverständigen sind Gerichtskosten des Hauptsacheverfahrens (§ 118 I 5 ZPO).

94   Beschlüsse, mit denen ein Antrag auf Bewilligung von PKH zurückgewiesen wird, sind nach § 113 II 2 stets **zu begründen** (s auch BFH/NV 2002, 1470). Bei vollumfänglicher Gewährung von PKH ist eine Begründung des Beschlusses nach § 113 II 1 nicht zwingend geboten, da dieser nicht mit Rechtsmitteln angefochten werden kann (vgl Rz 100 f).

c) Wirkung der Entscheidung

95   Die Wirkung der Bewilligung der PKH ergibt sich aus den **§§ 122 u 123 ZPO.** Insbesondere kann der beigeordnete RA nach § 122 I Nr 3 ZPO keine Vergütungsansprüche gegen den Antragsteller der PKH geltend machen (s aber § 45 RVG). – **Die Bewilligung** der PKH **wirkt** grundsätzlich **nicht zurück** (BFH/NV 1986, 488; 1990, 292; 1994, 257; 736; *Kopp/Schenke* § 166 Rz 14; einschränkend *Zöller/Philippi* § 119 Rz 39). Hat das Gericht im Bewilligungsbeschluss Monatsraten oder aus dem Vermögen zu zahlende Beiträge festgesetzt, so **beginnt** die **Zahlungspflicht** demnach mit dem Wirksamwerden des Beschlusses, sofern nicht das Gericht ausdrücklich einen anderen Zeitpunkt bestimmt (*Zöller/Philippi* § 120 Rz 8). Wegen der ab 1. 7. 2004 geltenden Kostenvorschusspflicht im finanzgerichtlichen Verfahren dürfte eine erst spätere Fälligkeit der Zahlungen aber kaum noch möglich sein. – Eine **rückwirkende Bewilligung** ist auch nach Abschluss des Verfahrens möglich, wenn ein **Bewilligungsantrag während des Verfahrens gestellt,** aber nicht beschieden worden ist (BFHE 154, 209 = BStBl II 1989, 45; BFH/NV 1991, 183; zur PKH nach Rücknahme der Klage oder deren Erledigung in der Hauptsache: FG Köln EFG 2003, 108). Die Rückwirkung kann bis zu dem Zeitpunkt erstreckt werden, in dem der formgerechte Antrag nebst den für die Bewilligung erforderlichen Unterlagen vorlag; dies ist dann der maßgebliche Entscheidungszeitpunkt (BFHE 141, 494 = BStBl II 1984, 838; BFHE 153, 510 = BStBl II 1988, 896; BFH/NV 1990, 320; 785; 1991, 260; 2000, 1497; BFH NJW 1982, 446; 1985, 921; *Brandis* in T/K § 142 Rz 53; *Zöller/Philippi* § 119 Rz 41). – Die **rückwirkende Beiordnung eines RA** oder Steuerberaters ist nur möglich, wenn der Antrag auf PKH rechtzeitig gestellt und der Bevollmächtigte bereits tätig geworden war (BFHE 116, 111 = BStBl II 1975, 932).

96   Nach § 126 ZPO sind die für die Partei bestellten **RAe** berechtigt, ihre **Gebühren und Auslagen** von dem in die Prozesskosten verurteilten Gegner **im eigenen Namen beizutreiben**, wobei eine Einrede aus der Person der Partei nicht zulässig ist, wohl aber eine Aufrechnung mit zu erstattenden Kosten (s dazu FG Saarl EFG 2002, 435). Dieses Beitreibungsrecht steht dem RA aber dann nicht mehr zu, wenn der im Hauptsacheverfahren unterlegene Beklagte von der ihm im Urteil eingeräumten Möglichkeit Gebrauch macht, die Vollstreckung nach § 711 ZPO iVm § 155 durch Sicherheitsleistung abzuwenden (FG Bdbg EFG 2005, 1284).

Die Bewilligung von PKH für das Verfahren der **NZB** erstreckt sich im 97
Fall der Zulassung der Revision auch auf das Revisionsverfahren (vgl
§ 116 VII).

d) Bekanntgabe der Entscheidung

Da nur der **Antragsteller** Beteiligter des PKH-Verfahrens ist (Rz 56), 98
ist der ergehende Beschluss grundsätzlich nur ihm bekannt zu geben. Ebenso, wie das Gericht den Beteiligten nach § 79 I 1 aber Hinweise geben
kann, um den Rechtsstreit voran zu treiben, kann es den PKH-Beschluss
dem **Beklagten** und den **Beigeladenen** des Hauptsacheverfahrens aber
dann bekannt geben, wenn dies dem Fortgang des Hauptsacheverfahrens
dient. Dabei dürfen dem Beklagten und den Beigeladenen aber diejenigen
Passagen des Beschlusses nicht zur Kenntnis gegeben werden, die die Angaben über die persönlichen und wirtschaftlichen Verhältnisse des Antragstellers und die von diesem insoweit eingereichten Belege wiedergeben,
weil diese nach § 117 II 2 ZPO dem Gegner nur mit Zustimmung des
Antragstellers zugänglich gemacht werden dürfen.

5. Rechtsbehelf

Abweichend von der Rechtslage im Zivilprozess (vgl § 127 II u III 100
ZPO) können im finanzgerichtlichen Verfahren Beschlüsse über Anträge
auf Bewilligung von PKH, die nach dem 1. 1. 2001 bekannt gegeben werden, **nicht** mehr mit der **Beschwerde** angefochten werden (§ 128 II, dazu
BT-Drucks 14/4061, 12; zur Rechtslage vor Inkrafttreten des 2. FGO-
ÄndG: 4. Aufl § 142 Rz 26 ff u BFH/NV 2002, 1470). Der Antragsteller
kann jedoch ggf eine **Anhörungsrüge nach § 133 a** (BFH/NV 2005,
2234) oder den in der FGO nicht ausdrücklich geregelten Rechtsbehelf der
Gegenvorstellung erheben (BFH/NV 2004, 1414; vgl allg zur Gegenvorstellung Vor § 115 Rz 26 ff). Gegen die Statthaftigkeit eines solchen
Rechtsbehelfs bestehen keine Bedenken, da Entscheidungen im PKH-
Verfahren der PKH nicht in materieller Rechtskraft erwachsen (BFH/NV
1997, 132; 1998, 198; 2000, 216; **aA** *Kopp/Schenke* § 166 Rz 17). Soweit
Gegenvorstellung gegen einen die Bewilligung der PKH ablehnenden Beschluss des BFH eingelegt werden soll, ist der beim BFH bestehende **Vertretungszwang** (§ 62 a) zu beachten (BFH/NV 1997, 132; aA *Brandis* in
T/K § 142 Rz 71).

Hat ein Kläger vor dem FG erfolglos die Bewilligung von PKH für das 101
Klageverfahren beantragt und ist auch seine Gegenvorstellung zurückgewiesen worden, kann er die rechtswidrige Versagung der PKH als **Verfahrensmangel** mit dem zulässigen Rechtsmittel gegen das klageabweisende Urteil geltend machen, also idR mit der **NZB** (§ 116). Zwar kann
der BFH wegen § 124 II im Verfahren der NZB oder der Revision nicht
unmittelbar über die Rechtmäßigkeit des die PKH versagenden Beschlusses
entscheiden, weil der Beschluss nach § 128 II **unanfechtbar** ist. Durch
§ 124 II wird jedoch nicht die Rüge solcher Verfahrensmängel ausgeschlossen, die als Folgen der beanstandeten (unanfechtbaren) Nebenentscheidung weiterwirkend dem angefochtenen Urteil anhaften (§ 124
Rz 3). Das gilt insbesondere für die Rüge der **Verletzung des rechtlichen Gehörs** (BVerwG NVwZ-RR 1999, 587 mwN). Das rechtliche

Gehör eines Beteiligten wird aber gerade verletzt, wenn das FG ihm in rechtswidriger Weise PKH verweigert und ihn damit um die Möglichkeit gebracht hat, sich im Verfahren vor dem FG durch einen Prozessbevollmächtigten sachkundig vertreten zu lassen (BSG MDR 1998, 1367; BVerwG NVwZ-RR 1999, 587; Buchholz 310 § 108 VwGO Nr 248).

6. Aufhebung oder Änderung der Bewilligung

104 Nach § 120 IV 1 ZPO kann das Gericht die **Entscheidung** über die zu leistenden Zahlungen **ändern**, wenn sich die für die PKH maßgebenden persönlichen und wirtschaftlichen Verhältnisse maßgebend geändert haben. Dies setzt mE eine deutliche Veränderung des wirtschaftlichen und sozialen Lebensstandards voraus (so schon zur früheren Rechtslage *Schneider* MDR 1987, 91). § 120 IV 2 ZPO gibt dem Gericht die Möglichkeit, eine Erklärung des Antragstellers darüber zu verlangen, ob eine Änderung der Verhältnisse eingetreten ist. – Eine durch die **jährliche Anpassung** der Einkommens- und Unterhaltsfreibeträge iS von § 115 I 3 Nr 1 Buchst b u Nr 2 ZPO (dazu Rz 20 f) eintretende Verschlechterung der wirtschaftlichen Verhältnisse ist künftig nur noch **auf Antrag** und auch nur dann zu berücksichtigen, wenn dadurch die monatliche Ratenzahlung entfällt (§ 120 IV 1 Halbs 2 ZPO; vgl dazu *Künzl* BB 1996, 637, 639). – Eine **Rückwirkung** der Änderung kommt nur bis zu dem Zeitpunkt in Betracht, in dem sich die Einkommens- oder Vermögensverhältnisse geändert haben (*Kopp/Schenke* § 166 Rz 18).

105 **Aufheben** kann das Gericht den PKH-Beschluss unter den in § 124 ZPO abschließend aufgezählten Voraussetzungen, sofern diese **zweifelsfrei festgestellt** sind (*Zöller/Philippi* § 124 Rz 22). S im Einzelnen zu den Voraussetzungen den Wortlaut des § 124 ZPO; zur Aufhebung wegen Zahlungsrückstands (§ 124 Nr 4 ZPO) s BFH/NV 2003, 812. – Die Aufhebung kann **rückwirkend** angeordnet werden, und zwar in den Fällen des § 124 Nr 1, Nr 2 Fall 1 u Nr 3 ZPO rückwirkend auf den Zeitpunkt der Bewilligung und in den übrigen Fällen rückwirkend auf den Zeitpunkt des maßgeblichen Ereignisses (*Kopp/Schenke* § 166 Rz 18 mwN; *T/P* § 124 Rz 6).

106 Der Gesetzgeber stellt sowohl die Aufhebung als auch die Änderung in das pflichtgemäße **Ermessen** des Gerichts („kann"; vgl BFH/NV 1997, 607). Bei der Ausübung des Ermessens kommt es in den Fällen des § 124 ZPO auf den Grad des Verschuldens und auf die mit einer Aufhebung oder Änderung verbundene Härte für den Beteiligten an (*T/P* § 124 Rz 1; *Zöller/Philippi* § 124 Rz 3). Es ist auch über eine eventuelle Rückwirkung zu entscheiden, die ausdrücklich anzuordnen ist (s allg zur Rückwirkung Rz 95).

107 Mit der Aufhebung der Bewilligung entfallen alle **Wirkungen** der PKH nach §§ 122, 123 ZPO. Die Gerichtskosten und die auf die Staatskasse übergegangenen Ansprüche des beigeordneten Anwalts oder Steuerberaters (vgl § 59 RVG) können ohne Beschränkungen gegen den Beteiligten geltend gemacht werden. Auch der beigeordnete Bevollmächtigte ist nicht mehr durch § 122 I Nr 3 ZPO gehindert, seinen Vergütungsanspruch gegen den Beteiligten durchzusetzen.

§ 143 [Kostenentscheidung]

(1) Das Gericht hat im Urteil oder, wenn das Verfahren in anderer Weise beendet worden ist, durch Beschluss über die Kosten zu entscheiden.

(2) Wird eine Sache vom Bundesfinanzhof an das Finanzgericht zurückverwiesen, so kann diesem die Entscheidung über die Kosten des Verfahrens übertragen werden.

Vgl § 161 Abs 1 VwGO; § 191 Abs 1 SGG.

Literatur: *Friedl,* Zur Übertragung der Kostenentscheidung auf das Finanzgericht im Revisionsurteil, wenn die Sache nur teilweise zurückverwiesen wird, StuW 1972, 365; *Grube,* Die Kostenentscheidung im finanzgerichtlichen Beschwerdeverfahren, DStZ/A 1972, 119; *Gruber,* Die gerichtliche Kostenentscheidung im Steuerprozess, StB 1992, 166; *Kaiser,* Die Kostenentscheidung im finanzgerichtlichen Verfahren, DB 1966, 1106; *Mittelbach,* Zweifelsfragen bei der Kostenentscheidung, DStR 1975, 600; *Schröder,* Die Kostenentscheidung nach Klagerücknahme im finanzgerichtlichen Verfahren, BB 1974, 977; *Wollny,* Zur Kostenentscheidung nach Zulassung der Revision durch das Finanzgericht DStR 1983, 196.

I. Die Kostenentscheidung nach § 143 I

1. Entscheidung von Amts wegen beim Abschluss selbständiger Verfahren

Kostenentscheidung ist der gerichtliche Ausspruch darüber, wer im Verhältnis der Beteiligten zueinander die Kosten zu tragen hat (zum Begriff der Kosten s Vor § 135 Rz 1). Das setzt voraus, dass in dem Verfahren, in dem die Kostenentscheidung ergehen soll, ein **Gegner vorhanden** ist, was im Kostenansatz-, Streitwert- oder im PKH-Verfahren nicht der Fall ist. – Die Kostenentscheidung besagt nicht, wer Kostenschuldner gegenüber der Staatskasse ist; insoweit gelten die Vorschriften des GKG (vgl dazu Vor § 135 Rz 5; vgl auch BFH/NV 2002, 1545: darüber, ob und in welchem Umfang gegen den Kläger festzusetzende Kosten Insolvenzforderungen oder Masseschulden sind, ist nicht im Rahmen der Kostenentscheidung zu befinden, sondern im Kostenerhebungsverfahren). – Das Gericht trifft die Kostenentscheidung **von Amts wegen;** eines Antrags bedarf es nicht. Das gilt sowohl für das Urteils- wie für das Beschlussverfahren. Soweit von den Beteiligten gleichwohl Anträge zur Kostenverteilung gestellt werden, ist das Gericht daran nicht gebunden; § 96 I 2 gilt nur für die Sachanträge der Beteiligten (BFHE 86, 561 = BStBl II 1996, 594). – Eine Kostenentscheidung hat auch dann zu ergehen, wenn **keine Gerichtsgebühren** anfallen, aber außergerichtliche Kosten zu erstatten sind (*Redeker/ v Oertzen* § 161 Rz 1). 1

Ein Kostenausspruch ist nur bei solchen Entscheidungen geboten, die ein **Verfahren beenden.** Dazu gehört nicht der Beschluss über die Einstellung des Verfahrens nach **Klagerücknahme,** weil das Verfahren bereits durch die Rücknahme und nicht erst durch die gerichtliche Entscheidung beendet wurde (BFH/NV 1988, 798; s aber auch § 144). **Zwischenur-** 2

teile beenden das Verfahren ebenfalls nicht, so dass keine Kostenentscheidung zu treffen ist; diese bleibt vielmehr dem Schlussurteil vorbehalten, es sei denn, die Entscheidung ergeht im Zwischenstreit mit einem **Dritten** (BFHE 119, 25 = BStBl II 1976, 545; BFHE 120, 7 = BStBl II 1976, 787; BFHE 181, 316 = BStBl II 1997, 178; BFH/NV 1997, 100). Dasselbe gilt für **Grundurteile.** Bei **Teilurteilen** ist ebenfalls eine Kostenentscheidung nicht möglich, da das Ausmaß des endgültigen Unterliegens (§ 135 I) noch nicht feststeht (BFHE 110, 111 = BStBl II 1973, 823; BFHE 143, 223 = BStBl II 1985, 368; BVerwG KStZ 1970, 198; BGHZ 20, 397). – Ist der Rechtsstreit nur **teilweise erledigt,** so kann die Kostenentscheidung erst in der Entscheidung über den noch nicht erledigten Teil ergehen (Grundsatz der Einheitlichkeit der Kostenentscheidung; vgl Rz 7 u § 138 Rz 35).

3   Kostenentscheidungen sind nur dann zu treffen, wenn die das Verfahren beendende Entscheidung (s Rz 2) ein **selbständiges Verfahren** betrifft (zum Revisions- und Beschwerdeverfahren s Rz 22 ff). Dies kann auch ein **selbständiges Zwischenverfahren** sein. Dazu gehören zB
– das Verfahren über die **Ablehnung** eines **Sachverständigen** (BFHE 118, 301 = BStBl II 1976, 387);
– das Verfahren wegen **Aussetzung** und Aufhebung **der Vollziehung** (§ 69 III);
– die **einstweilige Anordnung** (§ 114);
– das Verfahren über die Weigerung eines **Zeugen,** auszusagen (BFHE 103, 121 = BStBl II 1971, 808);
– das Verfahren, mit dem sich der Zeuge gegen Maßnahmen des Gerichts nach § 82 iVm § 380 I ZPO wendet (BFHE 145, 314 = BStBl II 1986, 270; BFH/NV 1994, 733) und
– Verfahren betreffend einen **Zwischenstreit mit Dritten**.

4   Bei **unselbständigen Zwischenverfahren** ist demgegenüber keine Kostenentscheidung zu treffen. Über die Kostentragung wird in diesen Fällen erst im Rahmen der endgültigen Streitentscheidung entschieden. Etwas anderes gilt nach § 135 II lediglich dann, wenn gegen die Zwischenentscheidung ein **erfolgloses Rechtsmittel** eingelegt wurde (BFH/NV 1998, 75; 1999, 1373).

5   Im Regelfall ergehen Entscheidungen des Senats oder des Vorsitzenden, die dem Endurteil vorangehen, in **unselbständigen Neben- oder Zwischenverfahren**. Das gilt vor allem dann, wenn das Verfahren nicht durch den Antrag eines Beteiligten veranlasst ist, sondern das FG – im Rahmen des durch Klage eingelegten Hauptverfahrens – von Amts wegen zu entscheiden hat, wie zB im Fall der Aussetzung des Verfahrens nach § 74 (BFH/NV 1988, 387; 1994, 479) oder der Entscheidung über den Rechtsweg (BFHE 182, 515 = BStBl II 1997, 543).

6   Im **unselbständigen Zwischenverfahren** wird ferner zB entschieden über
– die **Ablehnung von Richtern** (BFH/NV 1992, 526; 1995, 634; 1997, 352; 1998, 463; 2000, 478);
– die **Aussetzung des Klageverfahrens** nach § 74 oder die Aufhebung des Aussetzungsbeschlusses (FG Hessen EFG 1996, 35; BFH/NV 1996, 158); das gilt auch für das erfolgreiche Beschwerdeverfahren über Anordnungen oder Versagung der Aussetzung des Verfahrens (BFHE 154,

15 = BStBl II 1988, 947; BFH/NV 1992, 136; 1994, 548; 1998, 201; BayVGH BayVBl 1985, 89);
- die Anordnung oder Aufhebung einer **Beiladung** (BFH/NV 1989, 249; 1994, 482; 1998, 345; 1999, 808); zum Beschwerdeverfahren s BFH/NV 2005, 71;
- die **Beiordnung eines Notanwalts** (BFH/NV 1996, 157; 1999, 655; 2000, 1133);
- die **Berichtigung** eines Urteils **nach § 107** (BFH/NV 1994, 730);
- die **Beschwerde gegen die Einstellung eines Verfahrens** (BFH/NV 2004, 966);
- die Anordnung der **Hinzuziehung eines Bevollmächtigten** nach **§ 62 I FGO** (BFHE 113, 267 = BStBl II 1974, 17; BFH/NV 1992, 681; 1996, 157; 627);
- die positive Entscheidung über die **NZB**; maßgebend für die Kostentragung soll die Kostenentscheidung im Revisionsurteil sein (BFHE 119, 380 = BStBl II 1976, 684; BFHE 162, 391 = BStBl II 1991, 209; BFH/NV 1995, 819; **aA** *Gruber* DStZ 1972, 119);
- die **öffentliche Zustellung** einer Entscheidung (BFH/NV 1992, 610);
- die Bewilligung von **PKH** (BFH/NV 1997, 607; 2000, 946);
- die **Verbindung** und **Trennung** von Verfahren;
- die **Verweisung** der Sache in einen anderen Rechtsweg (BFHE 160, 115 = BStBl II 1990, 582; BFHE 182, 515 = BStBl II 1997, 543);
- ein **Vorabentscheidungsersuchen** an den EuGH (BFHE 94, 49 = BStBl II 1969, 83; BFH/NV 1997, 139; FG Hbg EFG 1999, 1022);
- die **Wiederaufnahme eines ruhenden Verfahrens** (BFH/NV 1996, 158; 1998, 201; 2000, 220);
- die Gewährung der **Wiedereinsetzung** in den vorigen Stand (§ 56);
- die **Zurückverweisung eines Bevollmächtigten** nach § 62 II S 2 (BFHE 169, 393 = BStBl II 1993, 243, insoweit nv; BFHE 184, 203 = BStBl II 1998, 118; **aA** *Zärban* StB 1993, 141).

Über die Kosten des finanzgerichtlichen Verfahrens ist in jedem Rechts- **7** zug einheitlich zu entscheiden, sofern nicht im Gesetz ausdrücklich etwas anderes bestimmt ist (Grundsatz der **Einheitlichkeit der Kostenentscheidung**; vgl BFHE 106, 19 = BStBl II 1972, 707; BFHE 110, 111 = BStBl II 1973, 823; BFHE 189, 561 = BStBl II 1999, 799; BFH/NV 1992, 435; 1994, 20). Das bedeutet zum einen, dass in der Kostenentscheidung **für alle am Verfahren Beteiligten** darüber zu befinden ist, wer die Kosten des Verfahrens in welchem Verhältnis trägt, was insbesondere dann von Bedeutung ist, wenn in einem einheitlichen Verfahren **mehrere Personen** als Kläger oder Rechtsmittelführer auftreten oder Beigeladene vorhanden sind (s aber §§ 135 III u 139 IV). Zum anderen sind bei der zu treffenden Entscheidung **alle Streitgegenstände** einzubeziehen, die Gegenstand des Klage- oder Antragsverfahrens waren. Ausgeschlossen ist es damit, für jeden von mehreren selbständigen Streitgegenständen eine eigene, gesonderte Kostenentscheidung zu treffen. Das gilt auch dann, wenn aus dem einheitlichen Verfahren einzelne Streitgegenstände (oder auch einer von mehreren Klägern) durch Klagerücknahme, Erledigung der Hauptsache etc ausscheiden. Eine gesonderte Kostenentscheidung bezüglich der Kostenpflicht für den erledigten Teil ist nicht zulässig. Über die Kosten des gesamten Rechtsstreits ist vielmehr erst im Rahmen der abschließenden (Instanz beendenden) Entscheidung des Falles zu befinden, es sei denn, das **Gericht trennt** die erledigten oder zurückgenommenen Klagegegenstände ab und entscheidet dann in dem abgetretenen Verfahren über die Kosten (BFH/NV 1996, 166; *Friedl* StuW 1972, 365; *H/H/Sp/ Schwarz* § 143 Rz 5; vgl auch Rz 22 ff). – Zur Zulässigkeit einer **Kostenentscheidung nach Zeitabschnitten** bei Änderung des Streitwerts s § 136 Rz 3 mwN.

8   Da die Kostenentscheidung von Amts wegen zu treffen ist, kann sie in der **Rechtsmittelinstanz** auch zum Nachteil des Klägers geändert werden; das Verbot der **reformatio in peius** (vgl hierzu § 96 Rz 5) gilt insoweit nicht (BFHE 86, 561 = BStBl III 1966, 594; BFHE 129, 305, 310 = BStBl II 1980, 229; BFHE 189, 561 = BStBl II 1999, 799; BFH/NV 1990, 386). Die Änderung der Kostenentscheidung wird auch nicht dadurch behindert, dass ein am Rechtsmittelverfahren nicht mehr Beteiligter durch sie betroffen ist (vgl BGH MDR 1981, 928). Aus dem Umstand, dass die Kostenentscheidung von Amts wegen zu treffen ist, folgt nicht, dass der BFH insoweit neue Tatsachen berücksichtigen darf, er muss vielmehr von den tatsächlichen Feststellungen des FG ausgehen (BFHE 122, 9 = BStBl II 1977, 511).

9   Fehlt die Kostenentscheidung, ist das Urteil (der Beschluss) unvollständig; es kann eine **Entscheidungsergänzung** nach §§ 109 I, 113 I beantragt werden (BFHE 152, 5 = BStBl II 1988, 287). Fehlt die Kostenentscheidung nur im Tenor des Urteils, ist sie aber aus den Gründen ersichtlich, kann die **Berichtigung** des Urteils (§ 107) beantragt werden (BFH/NV 1997, 893).

2. Form der Entscheidung

12   Über die Kosten ist grundsätzlich (als unselbstständiger Teil, s zur Anfechtung § 145) **in der Entscheidung zur Hauptsache** zu befinden, also bei Klageverfahren im Endurteil und bei (selbständigen, s Rz 3 ff) Antragsverfahren im das Verfahren abschließenden (Rz 2) Beschluss. Durch **Beschluss** ist ferner dann über die Kosten zu entscheiden, wenn der BFH eine Revision als unzulässig verwirft (§ 126 I) oder wenn das Verfahren „**in anderer Weise beendet**" worden ist, so dass es zu einer Entscheidung über den eigentlichen Gegenstand des Verfahrens nicht mehr kommt. Das ist zB der Fall bei Rücknahme der Klage/des Antrags (§ 72) oder der Revision/NZB (§ 125), bei Erledigung der Hauptsache (§ 138) und bei Aufhebung des Urteils durch das BVerfG (BFHE 94, 7 = BStBl II 1969, 79). Allerdings ist die Kostenentscheidung in den Fällen der Rücknahme nach § 144 grundsätzlich entbehrlich, es sei denn, ein Beteiligter beantragt Kostenerstattung.

13   Ist zwar unstreitig, dass das Verfahren auf andere Weise beendet worden ist, aber **streitig, auf welche Weise** es **beendet** wurde (durch Rücknahme oder Erledigung der Hauptsache), so ist hierüber im anhängigen Verfahren durch Beschluss zu entscheiden und die entsprechende Kostenentscheidung zu treffen (BFH/NV 1988, 258). Ist dagegen **streitig, ob** das Verfahren **in anderer Weise beendet** worden ist, ob also eine (wirksame) Klagerücknahme vorliegt oder ob der Rechtsbehelf in der Hauptsache erledigt ist, so ist stets durch Urteil zu entscheiden (sofern es sich nicht um

ein Beschlussverfahren handelt). Denn wenn sich herausstellen sollte, dass das Verfahren nicht beendet ist, müsste zur Sache selbst durch Urteil entschieden werden (BFHE 96, 552 = BStBl II 1969, 733 betr Klagerücknahme; BFHE 99, 157 = BStBl II 1970, 623 betr Erledigung der Hauptsache).

Entsteht der **Streit** erst, **nachdem** bereits ein **Einstellungsbeschluss** (§ 72 II 2) oder ein **Kostenbeschluss** (§ 138) erlassen war, so ist über die Wirksamkeit der Rücknahme oder Erledigung in dem anhängig gewesenen Verfahren zu befinden; dieses ist also fortzusetzen und mit einem Urteil abzuschließen.

3. Inhalt der Kostenentscheidung

Das **FG** entscheidet über die im finanzgerichtlichen Verfahren entstandenen Kosten sowie im Falle der Zurückverweisung und Übertragung der Kostenentscheidung (§ 143 II) auch über die Kosten der Rechtsmittelinstanz. Der **BFH** entscheidet über die im Rechtsmittelverfahren entstandenen Kosten und, wenn er die finanzgerichtliche Entscheidung aufhebt und in der Sache entscheidet (§ 126 III 1 Nr 1), auch über die Kosten des erstinstanzlichen Verfahrens. **16**

Gegenstand der Kostenentscheidung ist nur die **Kostentragungspflicht dem Grunde nach**. Folglich muss sich aus der Kostenentscheidung nur ergeben, welcher Beteiligte mit welcher Quote die Kosten des Verfahrens zu tragen hat. **17**

Über die **Höhe der Kosten** ist nicht in der Kostengrundentscheidung zu befinden, sondern, soweit es sich um die **Gerichtskosten** handelt, im **Kostenansatz,** der im GKG geregelt ist, und soweit es um die zu erstattenden **außergerichtlichen Kosten** der Beteiligten geht, im Verfahren der **Kostenfestsetzung** nach § 149. Die Kostenentscheidung muss jedoch so bestimmt gefasst sein, dass nur noch der Betrag der zu erstattenden Kosten zu ermitteln ist (BFHE 142, 276 = BStBl II 1985, 69; *H/H/Sp/ Schwarz* Rz 16).

Der mögliche Inhalt der Kostenentscheidung bestimmt sich nach den Vorschriften des **materiellen Kostenrechts,** also nach den §§ 135–139. Dabei gehört zur gerichtlichen Kostenentscheidung nicht nur der Ausspruch über die Kostentragungspflicht der **Hauptbeteiligten,** sondern ggf auch die Entscheidung nach § 135 III über die Kostentragungspflicht des Beigeladenen und nach § 139 IV über die Erstattung der **außergerichtlichen Kosten eines Beigeladenen** (BFHE 91, 65 = BStBl II 1968, 206; BFH/NV 2000, 345; OVG Bln NVwZ-RR 1996, 546; *Eyermann* § 158 Rz 2; *Schoch ua* § 161 Rz 4). **18**

Die Entscheidung, von der Erhebung der Gerichtskosten nach **§ 21 GKG** (früher § 8 GKG) abzusehen, gehört sachlich in das Verfahren des Kostenansatzes (vgl Vor § 135 Rz 22; BFHE 88, 276 = BStBl III 1967, 369). Zuständig für die Entscheidung nach § 21 GKG ist aber nicht der Kostenbeamte, sondern der Senat. Die Entscheidung kann durch gesonderten Beschluss ergehen, sie kann aber auch als Nebenentscheidung mit dem Kostenausspruch in der Hauptsache verbunden werden (*Schoch ua* § 161 Rz 4), im Rechtsmittelverfahren ist das die Regel. Auch die Entscheidung über die Notwendigkeit der **Zuziehung eines Bevollmäch-** **19**

tigten im außergerichtlichen Vorverfahren (§ 139 III 3), die systematisch zum Kostenfestsetzungsverfahren gehört (s § 139 Rz 120), obliegt dem Gericht und kann als selbständige Nebenentscheidung im Urteil getroffen werden (*Eyermann* Vor § 154 Rz 1; § 162 Rz 15; *Schoch ua* § 161 Rz 4).

II. Kostenentscheidung bei Zurückverweisung (§ 143 II)

22   **Revisions-** oder **Beschwerdeverfahren** bilden immer einen selbstständigen Teil des Verfahrens (s Rz 3), so dass das Rechtsmittelgericht grundsätzlich auch über die Kosten befindet (zu Ausnahmen s Rz 23 ff). Hat das Rechtsmittel Erfolg, so entscheidet der BFH über die Kosten aller Instanzen; wird das Rechtsmittel verworfen oder zurückgewiesen, so entscheidet er nur über die Kosten des Rechtsmittelverfahrens.

23   Sofern der BFH die Sache an das FG zurückverweist, kann er diesem nach § 143 II die Entscheidung über die Kosten des Verfahrens übertragen (überholt: BFHE 84, 545 = BStBl III 1966, 199 zur Übertragung der Kostenentscheidung auf das FA). Eine Zurückverweisung – und damit die Übertragung der Kostenentscheidung – ist dabei nicht nur im Klageverfahren (§ 126 III 1 Nr 2), sondern auch **im Beschwerdeverfahren** zulässig (vgl § 132 Rz 10). – Nach dem Wortlaut des § 143 II steht die Übertragung der Kostenentscheidung im Ermessen des BFH ("kann").

Die Übertragung sollte aber schon deshalb immer erfolgen, weil sich die Kostenentscheidung idR nach dem endgültigen Maß des Obsiegens und Unterliegens richtet, das im Zeitpunkt der Zurückverweisung noch nicht feststeht (vgl BFH/NV 2004, 966); außerdem sollte selbst bei aussonderbaren Teilen der Kosten eine Zersplitterung der Kostenentscheidung vermieden werden (BFHE 102, 442 = BStBl II 1971, 689). Allerdings sollte der BFH über die Nichterhebung von Gerichtskosten nach § 21 GKG (früher § 8 GKG) auch bei Zurückverweisung selbst entscheiden, da diese Entscheidung vom weiteren Verfahren nicht mehr beeinflusst werden kann.

24   Auch bei **teilweiser Zurückverweisung,** zu der es kommen kann, wenn das mit der Revision angefochtene Urteil gegen mehrere Streitgenossen ergangen ist oder mehrere selbständige Streitgegenstände betrifft, wenn die Hauptsache teilweise erledigt ist oder der Revisionskläger die Klage oder das Rechtsmittel teilweise zurückgenommen hat, kann (und muss) dem FG die Entscheidung über die gesamten Kosten des Verfahrens übertragen werden (st Rspr vgl BFHE 106, 19 = BStBl II 1972, 707; BFHE 130, 48, 54 = BStBl II 1980, 386; BFH/NV 1999, 1116; 2004, 953; *Brandis* in *T/K* § 143 Rz 15). Das folgt aus dem Grundsatz der Einheitlichkeit der Kostenentscheidung; vgl dazu Rz 7 und ausführlich *Friedl* StuW 1972, 365.

Tritt während des **Revisionsverfahrens über ein Zwischenurteil** Erledigung ein, so ist die Kostenentscheidung dem FG (im Schlussurteil) vorzuhalten (BFHE 119, 25 = BStBl II 1976, 545).

§ 144 [Kostenentscheidung bei Rücknahme eines Rechtsbehelfs]

Ist ein Rechtsbehelf seinem vollen Umfang nach zurückgenommen worden, so wird über die Kosten des Verfahrens nur entschieden, wenn ein Beteiligter Kostenerstattung beantragt.

Rechtsbehelfe iSd § 144 sind Anträge, Klagen, Beschwerden, Revisionen, Erinnerungen (vgl § 136 Abs 2). Werden sie zurückgenommen, bedarf es grundsätzlich keiner Kostenentscheidung, weil sich die Kostenfolge aus § 136 II ergibt (zur Entscheidung bei Zurücknahme der Klage vgl § 72 Rz 34, bei Zurücknahme der Revision vgl § 125 Rz 12; zum Antrag auf Kostenerstattung s Rz 5).

§ 144 ist dann nur anzuwenden, wenn der Rechtsbehelf in vollem Umfang zurückgenommen wurde und die Kosten nicht nach **§ 137 S 2** einem anderen Beteiligten aufzuerlegen sind (BFH/NV 1995, 145; 1998, 622). Bei nur **teilweiser Rücknahme** ist eine Kostenentscheidung nicht möglich, weil der Ausgang des Verfahrens noch nicht abzusehen ist und davon uU die Aufteilung der Kosten (§ 136 I) abhängt. Allerdings kommt uU hinsichtlich des zurückgenommenen Teils eine Trennung in Betracht, so dass § 144 insoweit wieder Anwendung findet.

Nach zutreffender hM ist eine Kostenentscheidung immer zu treffen, **2** wenn ein **vollmachtloser Vertreter** einen Rechtsbehelf zurückgenommen hat (wozu er berechtigt ist, vgl § 62 Rz 77). Denn die Kosten dieses Verfahrens sind nicht dem Kläger/Antragsteller aufzuerlegen, wovon § 144 ausgeht (s Rz 1), sondern dem vollmachtlosen Vertreter (BFHE 128, 24 = BStBl II 1979, 564; BFH/NV 1991, 833).

Eine Kostenentscheidung muss ferner immer dann ergehen, wenn ohne **3** sie auch nur ein Teil der Gerichtskosten nicht angesetzt werden könnte (BFH/NV 1988, 798). Das ist zB der Fall, wenn der Kläger im Verfahren über die **Revision des Beklagten** die **Klage zurücknimmt**. Träfe man keine Kostenentscheidung, würde es für den Ansatz von Gerichtskosten an einem Kostenschuldner fehlen (BFHE 123, 312 = BStBl II 1978, 12; BFHE 138, 9 = BStBl II 1983, 420; an seiner abweichenden Ansicht in BFHE 101, 483 = BStBl II 1971, 461 hat der VI. Senat nicht festgehalten). Gleiches gilt, wenn das FA der im finanzgerichtlichen Verfahren erweiterten Klage teilweise abgeholfen hat, beide Beteiligte Revision eingelegt haben und der Kläger im Revisionsverfahren seine Klage zurücknimmt (BFH/NV 1990, 448).

Eine Kostenentscheidung muss auch dann ergehen, wenn **mehrere 4 Beteiligte Rechtsmittel** eingelegt haben, dann aber **nur ein Rechtsmittel zurücknehmen**. Da auch in diesem Fall der Grundsatz der **Einheitlichkeit der Kostenentscheidung** gilt (§ 143 Rz 7), ist in der späteren Kostenentscheidung auch über die auf den zurückgenommenen Teil entfallenden Kosten zu befinden, und zwar unter Berücksichtigung der Kostenfolge des § 136 II. Möglicherweise kommt aber zuvor eine Abtrennung des zurückgenommenen Rechtsmittels in Betracht, so dass § 144 hinsichtlich des abgetrennten und dann eingestellten Verfahrens anzuwenden ist.

Beantragt ein Beteiligter **Kostenerstattung**, so muss nach § 144 auch **5** dann eine Kostenentscheidung getroffen werden, wenn der Rechtsbehelf in vollem Umfang zurückgenommen worden ist. Dies liegt daran, dass der für die Kostenerstattung maßgebende Kostenfestsetzungsbeschluss (§ 149) eine Kostenentscheidung voraussetzt (BFH/NV 1998, 622).

Die Kostenerstattung braucht **nicht ausdrücklich beantragt** zu werden; es genügt, wenn sich aus dem Antrag auf Erlass einer Kostenentscheidung ergibt, dass Kostenerstattung verlangt werden wird. Das kann schon daraus folgen, dass dem Beteiligten durch Zuziehung eines Prozessbevollmächtigten Kosten erwachsen sind (BFHE 86, 811 = BStBl II 1966, 680; *Brandis* in *T/K* § 144 Rz 4). Der Antrag kann beim BFH nur durch einen Bevollmächtigten iSd § 62 a gestellt werden (vgl auch BGH JZ 1978, 82).

§ 145 [Anfechtung der Kostenentscheidung; Beschwerde]

Die Anfechtung der Entscheidung über die Kosten ist unzulässig, wenn nicht gegen die Entscheidung in der Hauptsache ein Rechtsmittel eingelegt wird.

Vgl § 158 VwGO.

1   Nach § 145 kann die Kostenentscheidung grundsätzlich nur zusammen mit der Hauptsache angefochten werden; eine isolierte Anfechtung ist unzulässig. Das gilt auch für die **NZB** (BFHE 154, 489 = BStBl II 1989, 110; BFH/NV 2003, 331; BFHE 206, 194 = BStBl II 2004, 833; s auch Rz 6 aE). Zu den Kostenentscheidungen gehören nicht die Entscheidungen, die im **Kostenansatz- oder Kostenfestsetzungsverfahren** (§ 149; Vor § 135 Rz 14 ff) getroffen werden, also auch nicht die zum Kostenfestsetzungsverfahren gehörende Entscheidung über die Notwendigkeit der Zuziehung eines Prozessbevollmächtigten nach § 139 III 3 (vgl § 139 Rz 110 ff).

2   Voraussetzung für die Beschränkung der Anfechtbarkeit nach § 145 ist, dass überhaupt eine **Entscheidung in der Hauptsache** getroffen worden ist. Hauptsache ist der Streitpunkt, der Gegenstand der sachlichen Entscheidung des FG war. Stellt das FG durch Urteil fest, dass die Klage zurückgenommen oder die Hauptsache erledigt ist und trifft es in dem Urteil eine Kostenentscheidung (§ 136 II oder § 135 I; vgl § 72 Rz 34 ff und § 138 Rz 26 ff), so kann das Urteil mit der Begründung angefochten werden, die Voraussetzungen einer Kostenentscheidung hätten nicht vorgelegen, nicht aber mit der ausschließlichen Behauptung, die Kostenentscheidung sei in der Sache falsch (BFHE 128, 314 = BStBl II 1979, 741; BFHE 107, 94 = BStBl II 1973, 17). Ebenso liegt der Fall, wenn die **Erledigung des Verfahrens** an sich unstreitig ist, aber Uneinigkeit darüber besteht, ob die Erledigung durch eine Rücknahme des Rechtsbehelfs oder durch die Erledigung in der Hauptsache eingetreten ist (vgl § 138 Rz 24); gegen den Beschluss, der die Art der Erledigung feststellt, kann Beschwerde eingelegt werden, nicht aber gegen die Kostenentscheidung als solche.

Wird die Kostenentscheidung in einer **Ergänzungsentscheidung** (§§ 109, 113 I) nachgeholt, so kann die Ergänzungsentscheidung zwar mit der Behauptung angefochten werden, sie hätte nicht ergehen dürfen, nicht aber mit der Begründung, die Kostenentscheidung sei falsch (BFHE 106, 170 = BStBl II 1972, 770; FG BaWü EFG 2004, 913; *Kopp/Schenke* § 158 Rz 3).

3   Ergeht zunächst ein **Grund- oder Teilurteil**, wird die **Kostenentscheidung** aber erst insgesamt im **Schlussurteil** getroffen, so ist ausnahmsweise dann eine isolierte Anfechtung der Kostenentscheidung – also losgelöst vom Schlussurteil – möglich, wenn zuvor das Grund- oder Teilurteil wirksam angefochten wurde. Denn das Schlussurteil ist nur eine Ergänzung des vorausgegangenen Teil- oder Grundurteils; die Kostenentscheidung des Schlussurteils bildet deshalb mit dem Teil- oder Grundurteil

ein einheitliches Ganzes (BGHZ 29, 126; BGH VersR 1969, 1039; HFR 1978, 175; **aA** *Baumbach ua* § 99 Rz 2 B). Voraussetzung für die Zulässigkeit des Rechtsmittels gegen die Kostenentscheidung im Schlussurteil ist, dass über das Rechtsmittel gegen das Teilurteil noch nicht rechtskräftig entschieden ist (BGH MDR 1961, 138; *Zöller/Herget* § 99 Rz 10).

Der Grundsatz des § 145 gilt auch dann, wenn die **Entscheidung zur** 4 **Hauptsache nicht anfechtbar** ist, zB weil die Revision nicht zugelassen wurde oder weil der durch die Kostenentscheidung Beschwerte nicht durch die Entscheidung zur Hauptsache beschwert ist (insbesondere bei der Kostenpflicht nach § 137). Die Anfechtung der Kostenentscheidung ist auch in diesen Fällen ausgeschlossen (s aber Rz 6 aE).

Gleiches gilt für **isolierte Kostenentscheidungen**. Sie können dann 5 ergehen, wenn ein Verfahren ohne Entscheidung zur Hauptsache abgeschlossen wird, wie zB im Falle der Rücknahme des Rechtsbehelfs (s aber § 144), der Erledigung der Hauptsache oder der Aufhebung einer Entscheidung durch das BVerfG (§ 143 Rz 12). Obwohl es an einer Hauptsacheentscheidung fehlt, mit der die Kostenentscheidung angefochten werden könnte, scheidet eine (isolierte) Anfechtung der (isolierten) Kostenentscheidung aus (anders noch § 145 II aF, aufgehoben durch das FGO-Änderungsgesetz v 12. 11. 1992, BGBl I 1992, 2109).

Der Ausschluss der isolierten Anfechtung der Kostenentscheidung nach 6 § 145 gilt nur für (selbständige) Rechtsmittel. Die **unselbständige Anschließung** (Anschlussrevision oder -beschwerde) kann auch ausschließlich auf die Anfechtung der Kostenentscheidung gerichtet sein (vgl § 120 Rz 88). – S zudem BFHE 206, 194 = BStBl II 2004, 833 zur **außerordentlichen Beschwerde gegen die Kostenentscheidung** bei greifbarer Gesetzeswidrigkeit).

Ist die Hauptsacheentscheidung zwar angefochten, aber „gleichsam mit 7 den Händen zu greifen", dass es dem Rechtsmittelführer nur um die Bekämpfung der Kostenentscheidung geht, so ist die Anfechtung unzulässig (BGH WM 1976, 407). S zur Möglichkeit einer **Gegenvorstellung** in den Fällen des § 145 BFH/NV 2004, 660.

§§ 146 bis 148 (weggefallen)

§ 149 [Festsetzung der zu erstattenden Aufwendungen]

(1) Die den Beteiligten zu erstattenden Aufwendungen werden auf Antrag von dem Urkundsbeamten des Gerichts des ersten Rechtszugs festgesetzt.

(2) ¹Gegen die Festsetzung ist die Erinnerung an das Gericht gegeben. ²Die Frist für die Einlegung der Erinnerung beträgt zwei Wochen. ³Über die Zulässigkeit der Erinnerung sind die Beteiligten zu belehren.

(3) Der Vorsitzende des Gerichts oder das Gericht können anordnen, dass die Vollstreckung einstweilen auszusetzen ist.

(4) Über die Erinnerung entscheidet das Gericht durch Beschluss.

Vgl §§ 164, 165 VwGO; §§ 103–107 ZPO; § 197 SGG.

Literatur: *v Bornhaupt,* Entstehung, Geltendmachung, Verzinsung und Verjährung des Kostenerstattungsanspruchs, BB 1974, 876; *Gruber,* Die außergerichtlichen Kosten des Finanzgerichtsprozesses, StB 1990, 1, 77, 153, 229; *ders,* Zur Frage der vorläufigen Vollstreckbarkeit finanzgerichtlicher Urteile, StB 1995, 8; *ders,* Die Erinnerung gegen den Kostenfestsetzungsbeschluss nach § 149 FGO, StB 2001, 141; *ders,* Neuregelung der Verzinsung im Kostenfestsetzungsverfahren, StB 2002, 185; *Martens,* Die vorläufige Vollstreckbarkeit finanzgerichtlicher Urteile, DStR 1967, 274; *Schall,* Einige Anmerkungen zur Kostenfestsetzung, StB 1991, 175.

1. Begriff der Kostenfestsetzung

1　　Im Kostenfestsetzungsverfahren wird über die **Erstattungsfähigkeit** und die **Höhe** der **außergerichtlichen Aufwendungen** (vgl § 139 Rz 2 ff) des erstattungsberechtigten Beteiligten und über den zugrunde liegenden **Gegenstandswert**, entschieden, sofern er nicht schon gerichtlich festgesetzt war (vgl Vor § 135 Rz 23 ff). Der Kostenerstattungsanspruch ist prozessualer Natur; er gründet sich nicht auf bestimmte Handlungen des kostenpflichtigen Beteiligten, sondern ausschließlich auf die Kostenentscheidung des Gerichts (BFH BB 1995, 2206).

　　Grundlage für die Kostenfestsetzung ist die **Kostenentscheidung,** in der das Gericht festlegt, wer (ggf in welchem Verhältnis) die Kosten zu tragen hat (s § 143). Die Kostenentscheidung ist bindend. Gegen ihre Richtigkeit – oder gar diejenige der Entscheidung in der Sache selbst – können im Kostenfestsetzungverfahren keine Einwendungen mehr erhoben werden.

2　　Abzugrenzen ist die Kostenfestsetzung vom **Kostenansatz,** durch den der Anspruch der Staatskasse auf die Gerichtskosten gegen den Kostenpflichtigen geltend gemacht wird (vgl hierzu Vor § 135 Rz 14). Ferner ist die Kostenfestsetzung von der **Festsetzung des Vergütungsanspruchs** eines RA (nicht auch eines Steuerberaters, vgl FG Bln EFG 1979, 311) gegen seinen Mandanten gem § 11 RVG (früher § 19 BRAGO; vgl hierzu *Bank* NJW 1977, 1626), bei der ausschließlich über den Anspruch des RA aus dem mit dem Mandanten abgeschlossenen Vertrag entschieden wird (s § 139 Rz 41) und die damit an die Stelle eines sonst um die Vergütung zu führenden Zivilprozesses tritt. Deshalb besteht zwischen dem Kostenfestsetzungsverfahren nach § 149 und dem Verfahren nach § 11 RVG **keine Bindungswirkung;** beide Verfahren können zu unterschiedlichen Ergebnissen führen (FG Bremen EFG 1999, 446 mwN zu § 19 BRAGO).

2. Verfahren

a) Rechtsgrundlagen

4　　Während das Rechtsbehelfsverfahren in § 149 II–IV eigenständig geregelt ist, bestehen für das Kostenfestsetzungsverfahren selbst – mit Ausnahme der Bestimmungen in § 149 I – keine Verfahrensvorschriften. Soweit eigene Regelungen fehlen, sind deshalb über § 155 die **§§ 103–107 ZPO** entsprechend anwendbar. Dabei ist zu beachten, dass die Bestimmungen des § 103 II 1 ZPO und des § 104 I 1 ZPO durch § 149 I, § 104 I 4 ZPO durch § 53 und § 104 III ZPO durch § 149 II–IV ersetzt sind. Die §§ 103 bis 107 ZPO lauten:

§ 103 ZPO Kostenfestsetzungsgrundlage; Kostenfestsetzungsantrag

(1) Der Anspruch auf Erstattung der Prozeßkosten kann nur auf Grund eines zur Zwangsvollstreckung geeigneten Titels geltend gemacht werden.

(2) [1] Der Antrag auf Festsetzung des zu erstattenden Betrages ist bei dem Gericht des ersten Rechtszuges anzubringen. [2] Die Kostenberechnung, ihre zur Mitteilung an den Gegner bestimmte Abschrift und die zur Rechtfertigung der einzelnen Ansätze dienenden Belege sind beizufügen.

§ 104 ZPO Kostenfestsetzungsverfahren

(1) [1] Über den Festsetzungsantrag entscheidet das Gericht des ersten Rechtszuges. [2] Auf Antrag ist auszusprechen, daß die festgesetzten Kosten vom Eingang des Festsetzungsantrags, im Falle des § 105 Abs. 2 von der Verkündung des Urteils ab mit fünf Prozentpunkten über dem Basiszinssatz nach § 247 des Bürgerlichen Gesetzbuchs zu verzinsen sind. [3] Die Entscheidung ist, sofern dem Antrag ganz oder teilweise entsprochen wird, dem Gegner des Antragstellers unter Beifügung einer Abschrift der Kostenrechnung von Amts wegen zuzustellen. [4] Dem Antragsteller ist die Entscheidung nur dann von Amts wegen zuzustellen, wenn der Antrag ganz oder teilweise zurückgewiesen wird; im übrigen ergeht die Mitteilung formlos.

(2) [1] Zur Berücksichtigung eines Ansatzes genügt, daß er glaubhaft gemacht ist. [2] Hinsichtlich der einem Rechtsanwalt erwachsenen Auslagen für Post- und Telekommunikationsdienstleistungen genügt die Versicherung des Rechtsanwalts, daß diese Auslagen entstanden sind. [3] Zur Berücksichtigung von Umsatzsteuerbeträgen genügt die Erklärung des Antragstellers, daß er die Beträge nicht als Vorsteuer abziehen kann.

(3) [1] Gegen die Entscheidung findet sofortige Beschwerde statt. [2] Das Beschwerdegericht kann das Verfahren aussetzen, bis die Entscheidung, auf die der Festsetzungsantrag gestützt wird, rechtskräftig ist.

§ 105 ZPO Vereinfachter Kostenfestsetzungsbeschluss

(1) [1] Der Festsetzungsbeschluss kann auf das Urteil und die Ausfertigungen gesetzt werden, sofern bei Eingang des Antrags eine Ausfertigung des Urteils noch nicht erteilt ist und eine Verzögerung der Ausfertigung nicht eintritt. [2] Erfolgt der Festsetzungsbeschluss in der Form des § 130 b, ist er in einem gesonderten elektronischen Dokument festzuhalten. [3] Das Dokument ist mit dem Urteil untrennbar zu verbinden.

(2) [1] Eine besondere Ausfertigung und Zustellung des Festsetzungsbeschlusses findet in den Fällen des Absatzes 1 nicht statt. [2] Den Parteien ist der festgesetzte Betrag mitzuteilen, dem Gegner des Antragstellers unter Beifügung der Abschrift der Kostenberechnung. [3] Die Verbindung des Festsetzungsbeschlusses mit dem Urteil soll unterbleiben, sofern dem Festsetzungsantrag auch nur teilweise nicht entsprochen wird.

(3) Eines Festsetzungsantrags bedarf es nicht, wenn die Partei vor der Verkündung des Urteils die Berechnung ihrer Kosten eingereicht hat; in diesem Fall ist die dem Gegner mitzuteilende Abschrift der Kostenberechnung von Amts wegen anzufertigen.

§ 106 ZPO Verteilung nach Quoten

(1) ¹ Sind die Prozeßkosten ganz oder teilweise nach Quoten verteilt, so hat nach Eingang des Festsetzungsantrags das Gericht den Gegner aufzufordern, die Berechnung seiner Kosten binnen einer Woche bei Gericht einzureichen. ² Die Vorschriften des § 105 sind nicht anzuwenden.

(2) ¹ Nach fruchtlosem Ablauf der einwöchigen Frist ergeht die Entscheidung ohne Rücksicht auf die Kosten des Gegners, unbeschadet des Rechts des letzteren, den Anspruch auf Erstattung nachträglich geltend zu machen. ² Der Gegner haftet für die Mehrkosten, die durch das nachträgliche Verfahren entstehen.

§ 107 ZPO Änderung nach Streitwertfestsetzung

(1) ¹ Ergeht nach der Kostenfestsetzung eine Entscheidung, durch die der Wert des Streitgegenstandes festgesetzt wird, so ist, falls diese Entscheidung von der Wertberechnung abweicht, die der Kostenfestsetzung zugrunde liegt, auf Antrag die Kostenfestsetzung entsprechend abzuändern. ² Über den Antrag entscheidet das Gericht des ersten Rechtszuges.

(2) ¹ Der Antrag ist binnen der Frist von einem Monat bei der Geschäftsstelle anzubringen. ² Die Frist beginnt mit der Zustellung und, wenn es einer solchen nicht bedarf, mit der Verkündung des den Wert des Streitgegenstandes festsetzenden Beschlusses.

(3) Die Vorschriften des § 104 Abs. 3 sind anzuwenden.

b) Vollstreckungstitel

5   Die Kostenfestsetzung setzt nach § 155 iVm § 103 I ZPO einen **vollstreckungsfähigen Titel** voraus (BFHE 101, 57 = BStBl II 1971, 242; BFHE 114, 326 = BStBl II 1975, 263; *Brandis* in T/K § 149 Rz 3). Das ist nicht nur ein rechtskräftiger, sondern auch ein **vorläufig vollstreckbarer Titel** (ausführlich hierzu § 151; BFHE 114, 326 = BStBl II 1975, 263). Bei vorläufiger Vollstreckbarkeit besteht für den (ursprünglichen) Kostengläubiger ein Rückgewährrisiko. Obsiegt nämlich der ursprüngliche Kostenschuldner im Rechtsmittelverfahren, so ist die bisherige Kostenfestsetzung ohne weiteres gegenstandslos; sie muss durch eine neue Kostenfestsetzung ersetzt werden (OLG D'dorf NJW 1974, 1714; *Brandis* in T/K § 149 Rz 2). Der ursprüngliche Kostengläubiger muss dem ursprünglichen Kostenschuldner die aufgrund des ursprünglichen Kostenfestsetzungsbeschlusses erstatteten außergerichtlichen Kosten zurückzahlen. – Zur nachträglichen **Streitwertfestsetzung** nach § 63 II GKG (früher § 25 II GKG) s § 107 ZPO.

c) Zuständigkeit

6   Zuständig für die Kostenfestsetzung ist der **Urkundsbeamte der Geschäftsstelle des Gerichts erster Instanz,** also idR derjenige des FG. Das gilt auch dann, wenn der BFH über einen bei ihm gestellten Antrag auf **AdV** (§ 69) oder auf Erlass einer einstweiligen Anordnung (§ 114) entscheidet (BFHE 88, 368 = BStBl III 1967, 422; aA *Brandis* in T/K § 149 Rz 6).

Für die Entscheidung über den **Antrag, die Zuziehung eines Bevollmächtigten im außergerichtlichen Vorverfahren für notwendig zu erklären,** ist nicht der Urkundsbeamte, sondern gem § 139 III 3 das Gericht zuständig, obwohl diese Entscheidung zum Kostenfestsetzungsverfahren gehört (vgl § 139 Rz 120; s auch Rz 9).

d) Antrag und Entscheidung

Der Kostenfestsetzungsbeschluss ergeht **nur auf Antrag,** der **ohne 8 Frist** schriftlich oder zu Protokoll der Geschäftsstelle zu stellen ist und dem die in § 103 II ZPO genannten Unterlagen beizufügen sind. Antragsbefugt ist nur der **erstattungsberechtigte Beteiligte.** Der Prozessbevollmächtigte kann zwar für ihn Erstattung beantragen; er kann diesen Antrag aber nicht im eigenen Namen stellen, und zwar auch dann nicht, wenn ihm der Erstattungsanspruch abgetreten ist (BFHE 101, 57 = BStBl II 1971, 242; **aA** *K/H* § 149 Rz 2; zur abzugrenzenden Festsetzung der Vergütung eines RA nach § 11 RVG s Rz 2). S aber zur **PKH** § 142 Rz 96 u FG Saarl EFG 2002, 435.

Der **Urkundsbeamte entscheidet** im Kostenfestsetzungsverfahren **in 9 eigener Verantwortung**; er ist ebenso wenig weisungsgebunden wie ein Richter. Er prüft nach **Anhörung des Gegners,** ob die erforderlichen Festsetzungsunterlagen vorliegen (§ 103 II ZPO), ob die geltend gemachten Kosten entstanden sind, zweckentsprechend und notwendig waren (§ 139 I, s dort Rz 3) und glaubhaft gemacht sind. Der Urkundsbeamte ist **an den Antrag des Erstattungsgläubigers gebunden,** dh er darf den Erstattungsbetrag nicht höher festsetzen als beantragt und auch keinen höheren Antrag anregen (*Brandis* in T/K § 149 Rz 7). Setzt der Prozessbevollmächtigte hingegen eine Gebühr überhöht an, so hat der Kostenbeamte diese im Kostenfestsetzungsverfahren auf den unter Beachtung aller Umstände angemessenen Betrag herabzusetzen (FG Hessen EFG 1991, 277). Zu entscheiden ist nur über die außergerichtlichen Aufwendungen des erstattungsberechtigten Beteiligten; eventuelle **Schadensersatzansprüche** aus unerlaubter Handlung können nicht Gegenstand des Kostenfestsetzungsverfahrens sein (BFH BB 1995, 2206); zur Berücksichtigung von **Umsatzsteuer** (§ 104 I 3 ZPO) s § 139 Rz 101. Hat das Gericht die **Zuziehung eines Bevollmächtigten für das Vorverfahren** nach § 139 III 3 für notwendig erklärt, obwohl im Vorverfahren kein Bevollmächtigter beigezogen worden war, so ist der Urkundsbeamte an diesen Beschluss nicht gebunden (FG Köln EFG 2003, 55). Die **Verjährung des Gebührenanspruchs** des Prozessbevollmächtigten gegenüber seinem Mandanten ist bei der Prüfung des festzusetzenden Kostenerstattungsanspruchs nur dann zu berücksichtigen, wenn dem Gericht bekannt ist, dass sich der Mandant gegenüber seinem Bevollmächtigten auf die Verjährung ausdrücklich berufen hat (FG Nbg EFG 1999, 37).

Im Kostenfestsetzungsbeschluss ist die zugrunde liegende gerichtliche **10** Entscheidung (der **Titel** iSv § 103 I ZPO) genau **anzugeben.** Der Gesamtbetrag der erstattungsfähigen **Kosten** ist **ziffernmäßig zu bestimmen** (*Zöller/Herget* § 104 Rz 5). Der Kostenfestsetzungsbeschluss ist zu **begründen,** soweit die Festsetzung geltend gemachter Kosten abgelehnt wird (FG Bremen StB 1996, 117 mwN). Auf Antrag ist nach § 155 iVm

§ 104 I 2 ZPO auszusprechen, dass die festgesetzten Kosten ab Eingang des Festsetzungsantrags **zu verzinsen** sind; dieser Antrag kann auch nachträglich gestellt werden (*Zöller/Herget* § 104 Rz 6; vgl insgesamt auch *Gruber* StB 2002, 185). Werden obsiegende **Streitgenossen** von verschiedenen Prozessbevollmächtigten vertreten, müssen die Erstattungsansprüche der Streitgenossen getrennt festgesetzt werden (FG Bremen StB 1996, 117; vgl auch OLG Köln MDR 1993, 1021 u *Schall* StB 1995, 438).

11   Der Kostenfestsetzungsbeschluss ist ein **vollstreckbarer Titel** (§ 151 II Nr 3). Er muss dem jeweiligen Prozessbevollmächtigten **zugestellt** werden (FG Bremen EFG 1999, 128). Wird der Kostenfestsetzungsbeschluss nicht rechtzeitig angefochten, erwächst er in **materielle Rechtskraft** (FG Thür EFG 2000, 653 mwN).

12   Hat der Beteiligte im Kostenfestsetzungsantrag bestimmte außergerichtliche Kosten nicht in vollständiger Höhe geltend gemacht oder hat der Urkundsbeamte bei der Kostenfestsetzung geltend gemachte Kosten versehentlich übergangen, kann im Wege der sog **Nachtragsliquidation** beantragt werden, diese Kosten nachträglich festzusetzen. Die Nachtragsliquidation ist nicht mehr zulässig, wenn der Kostenbeamte oder das Gericht im ursprünglichen (rechtskräftigen) Kostenfestsetzungsbeschluss über eine geltend gemachte Gebühr dem Grunde nach abschlägig entschieden hatte (FG Thür EFG 2000, 653).

3. Rechtsbehelfe

15   Der Kostenfestsetzungsbeschluss des Urkundsbeamten kann nach § 149 II innerhalb einer **Frist von zwei Wochen** nach Bekanntgabe des Bescheids schriftlich oder zur Niederschrift der Geschäftsstelle des Gerichts mit der Erinnerung angefochten werden.

Die Frist beginnt mit der Zustellung der Festsetzung (§ 53 I). Die Frist beginnt nicht, wenn dem Beteiligten selbst statt dem bestellten Prozessbevollmächtigten zugestellt wurde (§ 62 III 5, s dort Rz 107). Da der Kostenfestsetzungsbeschluss mit einer **Rechtsbehelfsbelehrung** versehen sein muss (§ 149 II 3), beginnt die Frist auch nicht, wenn die Belehrung nicht oder unrichtig erteilt worden ist. § 55 I 2 ist, obwohl der Kostenfestsetzungsbeschluss keine „gerichtliche" Entscheidung im eigentlichen Sinn ist, entsprechend anzuwenden.

16   **Befugt zur Einlegung der Erinnerung** ist nur der beschwerte Beteiligte, nicht auch der für ihn tätige Prozessbevollmächtigte (*Brandis* in *T/K* § 149 Rz 17; *Schoch ua* § 165 Rz 4; *Gruber* StB 2001, 141; aA *Eyermann* § 165 Rz 4 u 5. Aufl Rz 7). Denn auch der Beteiligte selbst ist antragsbefugt (s Rz 8). Eine **Anschlusserinnerung** ist möglich (FG Bremen EFG 1969, 490; FG Bln EFG 1981, 581).

17   Eine **Begründung der Erinnerung** ist nicht erforderlich. Die Erinnerung ist jedoch nur zulässig, wenn der Erinnerungsführer das von ihm angestrebte **Rechtsschutzziel** benennt (BFHE 156, 401 = BStBl II 1989, 626, für die Erinnerung gegen den Kostenansatz).

18   Hilft der Urkundsbeamte der Geschäftsstelle der Erinnerung nicht ab (dazu FG Bln EFG 1973, 549; *H/H/Sp/Schwarz* § 149 Rz 5), so entscheidet das Gericht (§ 79 a ist idR nicht anwendbar) nach § 149 IV durch **Beschluss** (zur einstweiligen **Einstellung der Vollstreckung** des angefochtenen Kostenfeststellungsbeschlusses bei ernstlichen Zweifeln an dessen Rechtsmäßigkeit s § 149 III). Dabei ist die gesamte Kostenfestsetzung zu überprüfen.

Eine **reformatio in peius** ist im Erinnerungsverfahren **nicht zulässig** (vgl § 96 Rz 5). Es dürfen jedoch einzelne Posten der Berechnung geändert werden (BFH 98, 12 = BStBl II 1970, 251).

Gerichtsgebühren werden mangels eines entsprechenden Gebührentatbestandes nicht erhoben (FG Thür EFG 2000, 653; FG Bremen EFG 2000, 289). Gerichtliche Auslagen müssen dagegen vom Kostenschuldner gezahlt werden (*Bieler* DStR 1976, 18). **Außergerichtliche Aufwendungen** werden erstattet. Der Beschluss ist nach § 128 IV **unanfechtbar.**

Abschnitt II. Vollstreckung

§ 150 [Anwendung der Bestimmungen der AO]

¹ Soll zugunsten des Bundes, eines Landes, eines Gemeindeverbands, einer Gemeinde oder einer Körperschaft, Anstalt oder Stiftung des öffentlichen Rechts als Abgabenberechtigte vollstreckt werden, so richtet sich die Vollstreckung nach den Bestimmungen der Abgabenordnung, soweit nicht durch Gesetz etwas anderes bestimmt ist. ² Vollstreckungsbehörden sind die Finanzämter und Hauptzollämter. ³ Für die Vollstreckung gilt § 69 sinngemäß.

Vgl §§ 169 VwGO, 200 SGG, 704ff ZPO.

Literatur (s auch 4. Aufl sowie die Literaturangaben zu §§ 151 u 152): *App/Wettlaufer,* Verwaltungsvollstreckungsrecht, 2005; *App,* Die rechtliche Regelung der Verwaltungsvollstreckung in den neuen Bundesländern, NVwZ 1996, 656; *Borck,* Die Vollziehung und Vollstreckung von Unterlassungstiteln WRP 1993, 374; *Brühl,* Die Prüfung der Rechtmäßigkeit des Verwaltungszwangs im gestreckten Verfahren, JuS 1997, 926 u 1021; 1998, 65; *Carl,* Leistungsbescheid und Leistungsgebot als Voraussetzungen der Zwangsvollstreckung bei nichtrechtsfähigen Personenvereinigungen, BB 1985, 1783 u BB 1986, 1269; *Dorner,* Zwangsvollstreckung aus verwaltungsgerichtlichen Urteilen wegen Geldforderungen, BayVBl 1981, 684; *v Kalm,* Die Duldungsverfügung im Rahmen der Verwaltungsvollstreckung, DÖV 1996, 463; *Lüke,* Die Entwicklung der öffentlichrechtlichen Theorie der Zwangsvollstreckung in Deutschland, FS f Nakamura (1996), S 389; *Martens,* Die vorläufige Vollstreckbarkeit finanzgerichtlicher Urteile, DStR 1967, 274; *Meyer-Ladewig,* Vollstreckungsanordnung bei Zwangsvollstreckung aus verwaltungsgerichtlichen Titeln? NVwZ 1984, 699; *Miedtank,* Die Zwangsvollstreckung gegen Bund, Länder, Gemeinden und andere juristische Personen des öffentlichen Rechts, 1964; *Pietzner,* Rechtsschutz in der Verwaltungsvollstreckung, VerwA 1993, 261; *Poscher,* Verwaltungsakt und Verwaltungsrecht in der Vollstreckung, VerwA 1998, 111; *Rahn,* Die Vollstreckung aus finanzgerichtlichen Entscheidungen, BB 1974, 1434; *Rupp,* Kontrolle und Kontrollmaßstäbe bei der innerstaatlichen Erteilung der europäischen Vollstreckungsklauseln, Menger-FS, S 859; *Schenke/Baumeister,* Probleme des Rechtsschutzes bei der Vollstreckung von Verwaltungsakten, NVwZ 1993, 1; *Seikel,* Vorläufiger Rechtsschutz bei Vollstreckungsmaßnahmen, BB 1991, 1165;

v Stackelberg, Die Einstellung der Zwangsvollstreckung in der Revisionsinstanz;
MDR 1986, 109; *Wettlaufer,* Die Vollstreckung aus verwaltungs-, sozial- und
finanzgerichtlichen Titeln zugunsten der öffentlichen Hand, 1989.

1 § 150 regelt die **Vollstreckung zu Gunsten eines Abgabenberechtigten**; soll zu seinen Lasten vollstreckt werden, so greifen die §§ 151–154
ein. § 150 findet nur dann Anwendung, wenn es um die Vollstreckung
aus einer **vollstreckbaren finanzgerichtlichen Entscheidungen** geht
(BFHE 120, 162 = BStBl II 1977, 49, 50).

2 Die **Bedeutung** des § 150 ist **gering.** Weist das Gericht eine gegen
einen vollstreckbaren **VA** (§ 249 I AO; zB Steuerbescheide, Haftungsbescheide, Vergütungs-, Erstattungs- und Rückforderungsbescheide) gerichtete Klage (oder einen den VA betreffenden Antrag, zB auf AdV) ab, so
vollstreckt der Abgabenberechtigte (idR das FA oder das HZA) anschließend nicht aus dem (abweisenden) Urteil (Beschluss), sondern nach wie
vor aus dem VA, dessen Regelungen und dessen Leistungsgebot (§ 254 I 1
AO) bestehen geblieben sind. Diese Vollstreckung richtet sich (originär)
nach **§§ 249 ff AO;** § 150 gelangt nicht zur Anwendung. Gleiches gilt,
wenn das Gericht die Steuer nach § 100 II 1 neu festsetzt. Auch in diesem
Fall wird anschließend aus dem VA vollstreckt und nicht aus dem Urteil
(*H/H/Sp/Schwarz* Rz 6; *Kruse* in T/K Rz 3), und zwar auch dann, wenn
das Gericht die Berechnung der Steuer nach § 100 II 2 dem FA überträgt.

3 § 150 greift auch dann nicht ein, wenn das Gericht die Klage (oder
einen Antrag) abweist und die **Kosten des Verfahrens** dem Kläger (Antragsteller) auferlegt (so aber *Kruse* in T/K § 150 Rz 4). Insoweit kommt
zwar eine Vollstreckung wegen der Kosten in Betracht. Diese kann der beklagte Abgabenberechtigte (FA oder HZA) aber nicht betreiben, weil nach
§ 139 II seine Aufwendungen nicht zu erstatten sind (zu Ausnahmen
s § 139 Rz 14). Auch eine Beitreibung der **Gerichtskosten** erfolgt nicht
nach § 150, sondern nach den Vorschriften der JBeitrO (§ 1 I Nr 4
JBeitrO).

4 Auch **Ordnungsgelder** wegen ungebührlichem Verhalten von Betei-
ligten, Zeugen, Sachverständigen oder am Verfahren nicht beteiligten
Personen (§ 178 GVG) sowie gegen nicht erschienene Zeugen (§ 380 I 2
ZPO) werden nicht nach § 150 vollstreckt (**aA** *Kruse* in T/K § 150 Rz 4;
FG RhPf EFG 1992, 210; dazu auch *Rößler* DStZ (A) 1992, 401). Denn
Ordnungsgelder sind keine Abgaben (*Drüen* in T/K § 3 Rz 7a; aA FG
RhPf EFG 1992, 210 mit einem viel zu weiten Abgabenbegriff), so dass
das Land bei deren Vollstreckung nicht als Abgabenberechtigter handeln
kann, wie § 150 S 1 dies aber verlangt. Ordnungsgelder werden vielmehr
nach der JBeitrO vollstreckt (§ 1 I Nr 3 JBeitrO; zu Ordnungsgeldern gegen nicht erschienene Zeugen: *Hartmann* in Baumbach ua § 380 Rz 12 aE;
zu Ordnungsgeldern wegen Ungebühr: *Kissel* § 179 Rz 4). Zuständig für
die Vollstreckung von Ordnungsgeldern gegen Zeugen ist das Gericht
(*Hartmann* aaO). Für die Vollstreckung von Ordnungsgeldern wegen Ungebühr ist der Vorsitzende zuständig (§ 179 GVG). Zur Übertragung auf
den Rechtspfleger s § 31 III RPflG.

5 Letztendlich beschränkt sich die Anwendbarkeit des § 150 damit auf den
Fall, dass gegen den Kläger außergerichtliche Kosten eines **Beigeladenen**
(§ 139 IV) vollstreckt werden sollen, und es sich bei diesem Beigeladenen

um den Bund, ein Land, einen Gemeindeverband, eine Gemeinde oder eine Körperschaft, Anstalt oder Stiftung des öffentlichen Rechts in der jeweiligen Eigenschaft als **Abgabenberechtigte** handelt. Denn selbst wenn die zu erstattenden Aufwendungen keine Abgaben sind (vgl *Drüen* in T/K § 3 Rz 6 ff), um deren Vollstreckung es § 150 geht, so sind sie doch Folgekosten des die Abgabenberechtigung betreffenden Rechtsstreits und als solche nach § 150 zu vollstrecken.

In den Anwendungsfällen des § 150 (dazu Rz 5) richtet sich die Voll- **6** streckung gem § 150 S 1 nach den Bestimmungen der AO. Von besonderer Bedeutung ist dabei **§ 267 AO,** der die Vollstreckung gegenüber „nichtrechtsfähigen Personenvereinigungen", „Zweckvermögen" und sonstigen „einer juristischen Person ähnlichen steuerpflichtigen Gebilden" regelt und damit immer dann anzuwenden ist, wenn die **Steuerrechtsfähigkeit** von der allg Rechtsfähigkeit abweicht (vgl § 48 Rz 11 ff, 15, 24 f; § 57 Rz 8, 12 ff). – Darüber hinaus ist für die Vollstreckung nach den Vorschriften der AO **keine Vollstreckungsklausel** erforderlich.

Vollstreckungsbehörde ist das **FA oder HZA** (§ 150 S 2; aM: **7** FG Bremen EFG 1994, 584). **Leistungsgebot** iSd § 254 I 1 AO ist das durch den Kostenfestsetzungsbeschluss ergänzte **Urteil.** Eine bestimmte Vollstreckbarkeitserklärung ist nicht erforderlich (*Rahn* aaO, 1436). Die Verweisung auf die AO (dh soweit vollstreckbare VAe betroffen sind) schließt im Unfang dieser Verweisung die Anwendung des § 767 (Vollstreckungsgegenklage) aus (BFHE 102, 446 = BStBl II 1971, 702; aM für die **Vollstreckung von Gerichtskosten:** FG Bremen EFG 1994, 584).

Für **vorläufigen Rechtsschutz** gegenüber der Vollstreckung aus fi- **8** nanzgerichtlichen Urteilen gilt § 69 sinngemäß (§ 150 S 3; BFHE 86, 544 = BStBl III 1966, 596; BFHE 88, 18 = BStBl III 1967, 253; BFHE 120, 162 = BStBl II 1977, 49, 50; BFH/NV 1990, 644; aM auch insoweit FG Bremen EFG 1994, 584; vgl demgegenüber zum vorläufigen Rechtsschutz bei Beschwerden gegen den Kostenansatz: BFHE 198, 294 = BStBl II 1973, 498).

§ 151 [Anwendung der Bestimmungen der ZPO]

(1) ¹Soll gegen den Bund, ein Land, einen Gemeindeverband, eine Gemeinde, eine Körperschaft, eine Anstalt oder Stiftung des öffentlichen Rechts vollstreckt werden, so gilt für die Zwangsvollstreckung das Achte Buch der Zivilprozessordnung sinngemäß; § 150 bleibt unberührt. ²Vollstreckungsgericht ist das Finanzgericht.

(2) Vollstreckt wird

1. aus rechtskräftigen und aus vorläufig vollstreckbaren gerichtlichen Entscheidungen,
2. aus einstweiligen Anordnungen,
3. aus Kostenfestsetzungsbeschlüssen.

(3) Urteile auf Anfechtungs- und Verpflichtungsklagen können nur wegen der Kosten für vorläufig vollstreckbar erklärt werden.

(4) Für die Vollstreckung können den Beteiligten auf ihren Antrag Ausfertigungen des Urteils ohne Tatbestand und ohne Entscheidungs-

gründe erteilt werden, deren Zustellung in den Wirkungen der Zustellung eines vollständigen Urteils gleichsteht.

Vgl §§ 167, 168, 170 VwGO; §§ 198, 199 SGG.

Übersicht

Literatur (s auch die Literaturangaben zu § 150): *Albert,* Rechtsschutzbedürfnis und vorläufige Vollstreckbarkeit von Anträgen und Urteilen nach § 100 Abs 1 Satz 2 und Abs 4 FGO, DStZ 1998, 503; *Bank,* Zwangsvollstreckung gegen Behörden, 1982; *Baur,* Studien zum einstweiligen Rechtsschutz, 1967; *Brox/Walker,* Die Drittwiderspruchsklage, JA 1986, 133; *Gaul,* Die Mitwirkung des Zivilgerichts an der Vollstreckung von Verwaltungsakten und verwaltungsgerichtlichen Entscheidungen, JZ 179, 496; *Gruber,* Aufhebung einer hinsichtlich der Kosten vorläufig vollstreckbaren FG-Entscheidung nach erfolgter Kostenerstattung durch das beklagte Finanzamt, StWa 1983, 187; *D Just,* Die vorläufige Vollstreckbarkeit verwaltungsgerichtlicher Urteile, Würzburger Diss. 1968; *Münzberg,* Der Schutzbereich der §§ 717 II, 945 ZPO, FS für H Lange (1992), 599; *Prütting/Wek,* Die Drittwiderspruchsklage gemäß § 771 ZPO JuS 1988, 506; *Reidel,* Zwangsvollstreckungsrecht, 1990; *Schilken,* Grundfragen der vorläufigen Vollstreckbarkeit, JuS 1990, 641; *K Schmidt,* Präklusion und Rechtskraft bei wiederholter Vollstreckung gegen Klagen, JR 1992, 89; *ders,* Die Vollstreckungserinnerung im Rechtssystem, JuS 1992, 90; *Seikel,* Vorläufiger Rechtsschutz bei Vollstreckungsmaßnahmen, BB 1991, 1165; *Vogg,* Einstweiliger Rechtsschutz und vorläufige Vollstreckbarkeit: Gemeinsamkeiten und Wertungswidersprüche, 1991; *Wetzel,* Grundfälle zu den Klagen und Rechtsbehelfen im Zwangsvollstreckungsrecht, JuS 1990, 198.

1. Anwendungsbereich

1   Die Vollstreckung **gegen die öffentliche Hand** (zur Vollstreckung zugunsten des Abgabenberechtigten s § 150) ist im Allgemeinen in § 151 und im Besonderen in den §§ 152, 153 (Vollstreckung wegen Geldforderungen) und in § 154 (Vollstreckung zur Erwirkung anderer Leistungen) geregelt. Voraussetzung ist, dass **eine Behörde** (§ 63) **zu einer Leistung** (zB Erstattung, Vergütung, Stundung, Erlass, Herausgabe von Unterlagen oder Unterlassung) **verurteilt** worden ist und aus einem der in § 151 II abschließend aufgezählten (BFHE 108, 479 = BStBl II 1973, 499; BFH/NV 2000, 221; BFHE 192, 8 = BStBl II 2000, 541; FG Bremen EFG 2000, 95; *Kruse* in T/K Rz 6; *Beermann/Brandt* Rz 30; *H/H/Sp/Schwarz* Rz 26) Titeln vollstreckt werden soll, wobei § 151 III festlegt, dass **Anfechtungs- und Verpflichtungsurteile nur wegen der Kosten** für vorläufig vollstreckbar erklärt werden können, also nicht wegen des eigentlichen Urteilsausspruchs (vgl für die bestrittene Eintragung auf der LSt-

Karte: BFHE 173, 9 = BStBl II 1994, 305, 307; für die Abänderung eines Abrechnungsbescheids: BFH/NV 1995, 616). **§ 151 ist nicht anzuwenden,** wenn sich sowohl auf Gläubiger- als auch auf Schuldnerseite Gebilde des öffentlichen Rechts gegenüberstehen (**§ 151 I 1 2. Hs**; *Rahn* aaO, 1436). In diesem Fall richtet sich die Vollstreckung nach § 150 iVm den §§ 249 ff AO.

2. Vollstreckung aus rechtskräftigen und vorläufig vollstreckbaren gerichtlichen Entscheidungen (§ 151 II Nr 1)

Voraussetzung der Vollstreckung ist nach § 151 II Nr 1 grundsätzlich **2** eine **vollstreckungsfähige** (ablehnend für einen AdV-Beschluss BFH/NV 2004, 794; zur Unbestimmtheit einer Kostenentscheidung: BFHE 142, 276 = BStBl II 1985, 69, 73) und **rechtskräftige** (§ 110) Gerichtsentscheidung (BFH/NV 1987, 558, 559). Daneben kann aber auch aus **vorläufig vollstreckbaren gerichtlichen Entscheidungen** vollstreckt werden. Die vorläufige Vollstreckbarkeit ist die auflösend bedingte (s § 717 ZPO) Vollstreckbarkeit einer Entscheidung vor Eintritt der Rechtskraft (Kruse in T/K § 151 Rz 7). Sie muss vom Gericht **ausdrücklich im Tenor angeordnet** werden (BFHE 108, 479 = BStBl II 1973, 499 f; s zur **Urteilsergänzung** nach § 109 bei Fehlen des Ausspruchs zur vorläufigen Vollstreckbarkeit: BFHE 132, 407 = BStBl II 1981, 402, 403 f). Letzteres folgt dabei aus § 155 iVm § 704 I ZPO, aus dem sich ferner ergibt, dass **nur (End-)Urteile** für vorläufig vollstreckbar erklärt werden können. Im **finanzgerichtlichen Verfahren** kommt vorläufige Vollstreckbarkeit dabei nur in folgenden Fällen in Betracht:
- wegen der **Kosten** bei stattgebenden Urteilen in Folge von **Anfechtungs- und Verpflichtungsklagen** (§ 151 III; s auch Rz 1 aE), **nicht** aber auch bei **Feststellungsurteilen,** selbst wenn diese ebenso wie Anfechtungs- oder Verpflichtungsurteile keinen vollziehbaren Inhalt haben und nur wegen der Kosten für vorläufig vollstreckbar erklärt werden können; eine entsprechende Regelung fehlt indes (s auch *Kruse* in T/K § 151 Rz 8);
- bei stattgebenden (End-)**Urteilen zu Leistungsklagen,** selbst wenn diese in § 151 III nicht erwähnt sind (*Kruse* in T/K Rz 8; *H/H/Sp/ Schwarz* Rz 8).

Für die Erklärung der vorläufigen Vollstreckbarkeit gelten über § 151 I 1 **3** die Vorschriften der ZPO sinngemäß. Bezogen auf das **finanzgerichtliche Verfahren** sind **ohne Sicherheitsleistung für vorläufig vollstreckbar zu erklären:**
- nach § 708 Nr 6 ZPO die Urteile, durch die Arreste und einstweilige Anordnungen abgelehnt oder aufgehoben werden;
- nach **§ 708 Nr 10 ZPO** die (stattgebenden) **Urteile in vermögensrechtlichen Streitigkeiten,** die immer dann vorliegen, wenn – wie im finanzgerichtlichen Verfahren vorwiegend – um Geld gestritten wird. Der Anwendung des § 708 Nr 10 ZPO steht mE nicht entgegen, dass die Norm in der seit dem 1. 9. 2004 geltenden Fassung durch das 1. Justizmodernisierungsgesetz v 24. 8. 2004 (BGBl I, 2198) nicht mehr von „Urteilen der Oberlandesgerichte in vermögensrechtlichen Streitigkeiten" spricht, sondern von „Berufungsurteilen in vermögensrechtli-

chen Streitigkeiten". Da die FGe ebenso wie die OLGe obere Landesgerichte sind, war unstreitig, dass § 708 Nr 10 ZPO aF auch auf finanzgerichtliche Urteile anzuwenden war (vgl BFHE 106, 23 = BStBl II 1972, 709). § 708 Nr 10 ZPO nF bezieht sich nun zwar auf Berufungsurteile, die im finanzgerichtlichen Verfahren nicht ergehen. Die diesbezügliche Wortlautänderung der Norm beruhte aber ausschließlich auf der Einbeziehung landgerichtlicher Urteile in den Anwendungsbereich des § 708 Nr 10 ZPO (vgl BT-Drucks 15/1508, 22); dass damit die Anwendung dieser Vorschrift auf die Urteile anderer oberer Landesgerichte in Frage gestellt werden würde, hat der Gesetzgeber offensichtlich übersehen. Dies rechtfertigt es, § 708 Nr 10 ZPO nF auf die Urteile der FGe in vermögensrechtlichen Streitigkeiten **entsprechend anzuwenden,** und zwar im Hinblick darauf, dass diese Urteile als Entscheidungen von oberen Landesgerichten den Berufungsurteilen iSd § 708 Nr 10 ZPO nF gleichstehen (glA FG Mchn EFG 2005, 969; FG Hbg EFG 2005, 923; 1268; 1434).

4   Aus für vorläufig vollstreckbar erklärten Urteilen darf nur dann nach § 151 vollstreckt werden, wenn der Vollstreckungsschuldner von der ihm nach **§ 711 ZPO** zustehenden **Abwendungsbefugnis** keinen Gebrauch gemacht hat. Danach darf dieser nämlich die Vollstreckung durch Sicherheitsleistung oder Hinterlegung abwenden, wenn nicht der Gläubiger vor der Vollstreckung Sicherheit leistet (einschränkend FG BaWü EFG 1991, 338: Sicherheitsleistung des FA nicht erforderlich). Diese Abwendungsbefugnis **hat das Gericht** immer dann im Urteil **auszusprechen,** wenn es dieses (gesamt oder auch nur hinsichtlich der Kosten, s Rz 3) nach § 708 Nr 6 oder Nr 10 ZPO für vorläufig vollstreckbar erklärt (vgl dazu BFHE 132, 407 = BStBl II 1981, 402). Fehlt der Ausspruch, kommt vorläufiger Rechtsschutz nach § 719 II ZPO iVm § 151 I 1 in Betracht (BFH/NV 1994, 335), allerdings nicht mehr nach Eintritt der Rechtskraft (BFH/NV 1994, 556). – Zur Abwendung der Vollstreckung kann der Vollstreckungsschuldner ferner einen **Schutzantrag nach § 712 ZPO** stellen (dazu BFHE 101, 788 = BStBl II 1971, 426; BFHE 106, 23 = BStBl II 1972, 709) oder nach **§ 719 II ZPO** beim Revisionsgericht beantragen, die **Vollstreckung einstweilen einzustellen** (vgl BFHE 132, 407 = BStBl II 1981, 402; s auch BFH/NV 2000, 475 f).

3. Vollstreckung aus weiteren Vollstreckungstiteln (§ 151 II Nr 2 und Nr 3)

7   Vollstreckt wird ferner aus einstweiligen Anordnungen (§ 151 II Nr 2) und aus Kostenfestsetzungsbeschlüssen (§ 151 II Nr 3; s dazu auch § 798 ZPO). **Einstweilige Anordnungen** brauchen nicht für vorläufig vollstreckbar erklärt zu werden (§ 114 Rz 98; *Beermann/Brandt* Rz 36; *Kruse* in T/K Rz 11). Ihre Durchsetzung ist in § 154 besonders geregelt (vgl iÜ § 114 Rz 97 ff). – Aus sonstigen Entscheidungen kann **nicht** vollstreckt werden. Das gilt insbesondere für die nicht in § 151 II genannten **Gestaltungsurteile** (BFH/NV 2000, 221; BFHE 192, 8 = BStBl II 2000, 541; s auch Rz 1 zur abschließenden Aufzählung der vollstreckbaren Entscheidungen in § 151 II mwN).

4. Durchführung der Vollstreckung

Vollstreckungsschuldner iSd § 151 ist die öffentlich-rechtliche Kör- **8**
perschaft, der die beklagte und verurteilte Behörde (§ 63) angehört
(Rechtsträger); **Vollstreckungsgericht** ist das FG (§ 151 I 2). Ansonsten
verweist § 151 I 1 1. Hs wegen der Einzelheiten der Durchführung der
Zwangsvollstreckung auf das Achte Buch der ZPO (§§ 704 ff ZPO; s auch
BFH/NV 2000, 221; BFHE 192, 8 = BStBl II 2000, 541; FG Köln
EFG 2000, 232). Die Verweisung erlaubt nur die **sinngemäße Anwen-
dung der §§ 704 ff ZPO.** Ausgenommen sind Regelungen, die mit dem
Charakter des finanzgerichtlichen Verfahrens unvereinbar sind (so für § 718
ZPO: BFHE 101, 478 = BStBl II 1971, 426; zu den Besonderheiten der
vorläufigen Vollstreckbarkeit s Rz 2 ff).

Besondere Bedeutung kommt den in §§ 766–769 ZPO normierten **9**
Rechtsbehelfen des zivilprozessualen Vollstreckungsrechts zu (s zur
Vollstreckungsabwehrklage nach **§ 767:** BFHE 178, 532 = BStBl II
1995, 916; BFH/NV 1991, 690; 1994, 218; 249; 2000, 4 f; 166 f; FG Bremen EFG 2000, 718 f sowie zur Geltendmachung der Aufrechnung im
Wege der Vollstreckungsabwehrklage: BFHE 139, 494 = BStBl II 1984,
206; zur **Folgenbeseitigung:** BVerwG NJW 1989, 118; zur Begrenzung:
BVerwGE 27, 141; zum Einwand unzulässiger Rechtsausübung gegenüber
einem Folgenbeseitigungsanspruch: BVerwG Buchholz 310 § 113 Nr 188;
vgl iÜ auch BFH/NV 1987, 789; zum **vorläufigen Rechtsschutz nach
§ 769:** BFHE 178, 532 = BStBl II 1995, 916; BFH/NV 1987, 253; 254;
1988, 505; 574 f; 1994, 218; 249; 2000, 4 f; 166 f sowie der Kostenregelung
des **§ 788** (BFHE 106, 181 = BStBl II 1972, 773; FG Köln EFG 2000,
232). Eine Klage gegen die Erteilung der Vollstreckungsklausel (§ 768
ZPO) ist dabei nur in den Fällen des § 154 denkbar (s dazu auch Rz 10
aE).

Die **Vorschriften der ZPO finden keine Anwendung,** soweit die **10**
§§ 152–154 **Sondervorschriften** enthalten. Das ist zB der Fall, wenn es
um die **Herausgabe von Sachen** und die **Erwirkung von Handlungen oder Unterlassungen** geht. Nach § 151 I 1 sind zwar auch insoweit
die **§§ 883 ff ZPO** grundsätzlich sinngemäß anzuwenden (zB wenn das
FA zur Herausgabe von Schriftstücken oder zur Gewährung von **Akteneinsicht** verurteilt wurde; vgl BFH/NV 2000, 221; BFHE 192, 8 =
BStBl II 2000, 541). § 154 verdrängt aber § 888 ZPO. Das hat zur Folge
(BFH aaO), dass zur Erzwingung nur die **Androhung von Zwangsgeld**
in Betracht kommt. – Darüber hinaus bedarf es zur Durchführung der
Vollstreckung wegen Geldleistungen – anders als im Fall des § 154 –
keiner Vollstreckungsklausel iSd § 752 ZPO, weil § 153 iVm § 152 I
bis III insoweit eine von § 724 ZPO abweichende Regelung vorsieht
(s auch Rz 9 aE). Darum genügt als Grundlage für die Vollstreckung eine
einfache Ausfertigung (§ 151 IV).

§ 152 [Vollstreckung wegen Geldforderungen]

(1) ¹**Soll im Fall des § 151 wegen einer Geldforderung vollstreckt
werden, so verfügt das Vollstreckungsgericht auf Antrag des Gläubigers die Vollstreckung.** ²**Es bestimmt die vorzunehmenden Vollstre-**

ckungsmaßnahmen und ersucht die zuständigen Stellen um deren Vornahme. ³Die ersuchte Stelle ist verpflichtet, dem Ersuchen nach den für sie geltenden Vollstreckungsvorschriften nachzukommen.

(2) ¹Das Gericht hat vor Erlass der Vollstreckungsverfügung die Behörde oder bei Körperschaften, Anstalten und Stiftungen des öffentlichen Rechts, gegen die vollstreckt werden soll, die gesetzlichen Vertreter von der beabsichtigten Vollstreckung zu benachrichtigen mit der Aufforderung, die Vollstreckung innerhalb einer vom Gericht zu bemessenden Frist abzuwenden. ²Die Frist darf einen Monat nicht übersteigen.

(3) ¹Die Vollstreckung ist unzulässig in Sachen, die für die Erfüllung öffentlicher Aufgaben unentbehrlich sind oder deren Veräußerung ein öffentliches Interesse entgegensteht. ²Über Einwendungen entscheidet das Gericht nach Anhörung der zuständigen Aufsichtsbehörde oder bei obersten Bundes- oder Landesbehörden des zuständigen Ministers.

(4) Für öffentlich-rechtliche Kreditinstitute gelten die Absätze 1 bis 3 nicht.

(5) Der Ankündigung der Vollstreckung und der Einhaltung einer Wartefrist bedarf es nicht, wenn es sich um den Vollzug einer einstweiligen Anordnung handelt.

Vgl §§ 170 VwGO, 882 a ZPO.

Literatur (s auch die Literaturangaben zu § 151): *Kerameus,* Geldvollstreckungsarten in vergleichender Betrachtung, FS für Zeuner (1994), 389.

1 Die Vorschrift betrifft die Durchführung der Vollstreckung **gegen die öffentliche Hand** (§ 151 I) **wegen Geldforderungen.** Dh es muss ein **Zahlungstitel** iSd § 151 II und III vorliegen, dessen Ausspruch unmittelbar auf eine in Geld zu erbringende **Leistungsverpflichtung** gerichtet ist und nicht etwa einen Geldbescheid abändert (s BFH/NV 1995, 616; 2004, 794; zur **Vollstreckungsabwehrklage** des FA: BFH/NV 1987, 789; zur Vollstreckung wegen anderer Leistungen vgl § 154).

2 **Vollstreckungsgericht** ist auch hier das **FG** (§ 151 I 2), das auf Antrag des Gläubigers (zur **Antragsbefugnis/Beschwerdebefugnis** im Fall der Rechtsnachfolge: BFH/NV 1991, 690; 1993, 188; zum Rechtsschutzinteresse: FG BaWü EFG 1993, 329) die Vollstreckung verfügt (§ 152 I 1), unter Beachtung der in § 152 II bis V vorgesehenen Modalitäten die Vollstreckungsmaßnahmen bestimmt und die zuständigen Stellen um deren Vornahme ersucht (§ 152 I 2; zu den Einzelheiten des dreistufigen Verfahrens: *Pietzner* in Schoch ua § 170 Rz 16 ff; *Kopp/Schenke* § 170 Rz 2 ff; s auch FG Bremen EFG 1993, 327). **Zuständige Stelle** ist bei der Pfändung von Sachen der Gerichtsvollzieher (§ 753 I ZPO), bei Forderungspfändungen das FG am Sitz des Vollstreckungsschuldners, der Behörde (§ 151 I 2 iVm § 828 I ZPO), und bei Zwangsvollstreckung in das unbewegliche Vermögen das Grundbuchamt (Eintragung einer Zwangshypothek nach § 867 ZPO, vgl *Zöller/Stöber* § 867 Rz 1) oder das nach § 1 ZVG zuständige Amtsgericht (Zwangsverwaltung und Zwangsversteigerung; s iÜ auch *Kruse* in T/K § 322 Rz 3 ff; zur zT abweichenden Vollstreckung im verwaltungsgerichtlichen Verfahren: *Kopp/Schenke* § 170 Rz 4 f).

In dem durch Antrag nach § 152 I 1 ausgelösten Verfahren kann eine **3** **Aufrechnung nicht** berücksichtigt werden (zu deren verfahrensrechtlichen Zuordnung: § 151 I 1 iVm § 767 ZPO; BFHE 139, 494 = BStBl II 1984, 205; BFH/NV 1994, 218; 249; 2000, 166; FG Bremen EFG 2000, 718; s auch § 151 Rz 2).

Gegen die Verfügung der Zwangsvollstreckung und andere belastende **4** Maßnahmen des FG (nicht gegen die Ankündigung nach § 152 II 1: BFHE 93, 267 = BStBl II 1968, 779; *Kruse* in T/K Rz 10; *H/H/Sp/ Schwarz* Rz 3, 6) steht dem Schuldner die **Beschwerde** zu (zT abweichend: *Kopp/Schenke* § 170 Rz 6; zur Beschwerde gegen die einstweilige Einstellung der Vollstreckung aus einem Kostenfestsetzungsbeschluss: BFH/NV 1988, 574; zu den Kosten: FG Bln EFG 1988, 652).

§ 153 [Vollstreckung ohne Vollstreckungsklausel]

In den Fällen der §§ 150, 152 Abs. 1 bis 3 bedarf es einer Vollstreckungsklausel nicht.

Vgl §§ 171 VwGO, 724 ff ZPO.

Für das **Vollstreckungsverfahren zu Gunsten der öffentlichen Hand** (§ 150) gelten die §§ 249 ff AO, die eine Vollstreckungsklausel (§§ 724, 725 ZPO) nicht vorsehen (s § 150 Rz 6). Im **Vollstreckungsverfahren gegen die öffentliche Hand** (§§ 151, 152) ist die Vollstreckungsklausel durch die Vollstreckungsverfügung des FG (§ 152 I 2) ersetzt (einschränkend für den Fall der Rechtsnachfolge: BFH/NV 1991, 690). In beiden Fällen der Vollstreckung **genügt** mithin die **vollstreckbare Ausfertigung** (§ 724 I ZPO; BFHE 192, 8 = BStBl II 2000, 541; *Pietzner* in Schoch ua § 171 Rz 1). Nicht einzusehen ist, warum der Verzicht auf die Vollstreckungsklausel **nicht auch** auf die **Fälle des § 154** erstreckt wurde (ebenso: *Kruse* in T/K zu § 153; *H/H/Sp/Schwarz* Rz 6; *Pietzner* in Schoch ua § 171 Rz 12, der für eine ausdehnende Anwendung dieser Regelung auf Fälle des § 172 VwGO, der Parallelvorschrift des § 154 plädiert). Das hat zur Folge, dass es insoweit bei den in §§ 724 I, 725 ZPO vorgeschriebenen Formalien bleibt (*Kruse* in T/K zu § 153).

§ 154 [Androhung eines Zwangsgeldes]

[1]Kommt die Finanzbehörde in den Fällen des § 100 Abs. 1 Satz 2 und der §§ 101 und 114 der ihr im Urteil oder in der einstweiligen Anordnung auferlegten Verpflichtung nicht nach, so kann das Gericht des ersten Rechtszugs auf Antrag unter Fristsetzung gegen sie ein Zwangsgeld bis eintausend Euro durch Beschluss androhen, nach fruchtlosem Fristablauf festsetzen und von Amts wegen vollstrecken. [2]Das Zwangsgeld kann wiederholt angedroht, festgesetzt und vollstreckt werden.

Vgl §§ 172 VwGO, 201 SGG, 888 ZPO.

Literatur (s auch die Literaturangaben zu §§ 150, 151): *Dünchheim,* Vom Zwangsgeld zurück zur Zwangsstrafe?, NVwZ 1996, 117; *Remien,* Rechtsverwirklichung durch Zwangsgeld, 1992.

Die Regelung betrifft die **Vollstreckung gegen die öffentliche Hand** (§ 151 I 1) **aus Verurteilungen nach § 100 I 2** (Folgenbeseitigung; § 100 Rz 53), nach **§ 101** (Verpflichtung zum Erlass eines VA; § 101 Rz 9) und aus **einstweiligen Anordnungen nach § 114** zur Durchsetzung **anderer Leistungen als Geldleistungen** (unklar BFH/ NV 1990, 117, der keine grundsätzlichen Bedenken gegenüber einer Anwendung des § 154 im Regelungsbereich des § 100 II erkennen lässt). Es geht vor allem um die **Erzwingung unvertretbarer Handlungen,** die ausschließlich vom Willen des Schuldners abhängen (§ 888 ZPO). Für deren zwangsweise Durchsetzung bewirkt § 154 **Beschränkung auf** das **Druckmittel des Zwangsgeldes** (zum Ausschluss von Zwangshaft: BFH/NV 2000, 221; BFHE 192, 8 = BStBl II 2000, 541; *Pietzner* in Schoch ua § 172 Rz 11). Zuständig ist das FG (§ 154 S 1). Zur Durchführung der Vollstreckung bedarf es, anders als im Falle des § 153 (s dort) einer **Vollstreckungsklausel.** IÜ bestimmen sich die Voraussetzungen der Vollstreckung nach § 151 und hilfsweise nach den §§ 704 ff ZPO (s auch *Kruse* in T/K Rz 2 ff; *Pietzner* in Schoch ua § 172 Rz 25 ff).

Vierter Teil. Übergangs- und Schlussbestimmungen

§ 155 [Anwendung von GVG und ZPO]

Soweit dieses Gesetz keine Bestimmungen über das Verfahren enthält, sind das Gerichtsverfassungsgesetz und, soweit die grundsätzlichen Unterschiede der beiden Verfahrensarten es nicht ausschließen, die Zivilprozessordnung sinngemäß anzuwenden.

Vgl §§ 173 VwGO, 202 SGG.

Literatur: *Auer,* Reichweite und Grenzen der Verweisung in § 173 VwGO, Passauer Diss 1992; *Degenhart,* Präklusion im Verwaltungsprozess, Menger-FS (1985), 621; *Ehlers,* Die Globalverweisungen in der FGO, BB 1971, 429; *Falk,* Die Anwendung der ZPO und des GVG nach § 173 VwGO, Mainzer Diss 1978; *Kohlndorfer,* Die Anwendung des § 295 ZPO im verwaltungsgerichtlichen Verfahren, DVBl 1988, 474; *Krasney,* Die Anwendbarkeit zivilprozessualer Vorschriften im sozialgerichtlichen Verfahren, Kölner Diss 1961; *Kreitl,* Präklusion verspäteten Vorbringens im Verwaltungsprozess, Passauer Diss 1987; *Leusmann,* Kann das Finanzgericht Vorbringen des Klägers als verspätet zurückweisen?, DStR 1968, 179; *Spannowsky,* Probleme der Rechtsnachfolge im Verwaltungsverfahren und im Verwaltungsprozess, NVwZ 1992, 426.

Die FGO ist ebenso wie die VwGO und das SGG keine in sich abge- **1** schlossene, vollständig durchnormierte Verfahrensordnung. Neben ausdrücklichen Verweisungen auf die AO (vgl zB §§ 42, 96, 150 S 1) und auf die ZPO (zB für den Ausschluss und die Ablehnung von Gerichtspersonen in § 51, für die Beweisaufnahme in § 82 oder für die PKH in § 142) enthält sie zur Vervollständigung des Regelwerks für das finanzgerichtliche Verfahren in § 155 eine „Globalverweisung" auf GVG und ZPO. Dabei handelt es sich um eine **Generalklausel,** die im Verhältnis zu den ausdrücklichen Verweisungen auf GVG und ZPO in einzelnen Normen **subsidiär** ist.

§ 155 lässt die Anwendung der Vorschriften des GVG und der ZPO zu, **2** soweit die FGO keine Bestimmungen über das Verfahren enthält. Der Begriff **Verfahren** ist dabei **weit auszulegen.** Er erfasst alle Normen, die mit der Durchführung und Abwicklung eines finanzgerichtlichen Verfahrens zusammenhängen, also zB auch die Vorschriften über die Kostenerstattung (BFHE 94, 113 = BStBl II 1969, 81; BFHE 101, 486 = BStBl II 1971, 398). Diese Abgrenzung bereitet in der Praxis kaum Schwierigkeiten.

Die Anwendung der Verweisung des § 155 setzt eine **Regelungslücke 3** voraus, die nur durch **sinngemäße Anwendung** des GVG und/oder der ZPO ausgefüllt werden kann (vgl auch BFHE 103, 126 = BStBl II 1972, 17, 18; *Brandis* in T/K Rz 4; *H/H/Sp/Schwarz* Rz 1 ff; *Kopp/Schenke* § 173 Rz 2 ff; daher zB nur begrenzte Anwendbarkeit des § 57 ZPO: BFH/NV 1999, 1631). Dies wird vielfach übersehen und stellt den Rechtsanwender oftmals vor große Probleme.

4   **Grundsätzliche Unterschiede** zwischen dem finanzgerichtlichen Verfahren und dem Zivilprozess können die **Anwendung** von Vorschriften der ZPO **ausschließen** (vgl auch BVerwG NJW 1974, 1916). Diese grundsätzlichen Unterschiede können aus folgenden Umständen resultieren:

– Das finanzgerichtliche Verfahren soll Rechtsschutz gegen hoheitliche Maßnahmen gewähren. Dabei steht insbesondere die Anfechtung von VAen im Vordergrund. Dem entsprechend trifft die FGO zT andere **Grundentscheidungen** als die ZPO, so etwa zur **Beteiligtenfähigkeit** (s § 57 Rz 11 ff) oder zur **Klagebefugnis** (§§ 40 II, 42 u 48), was vor allem im Hinblick auf die Geltung des **§ 264 Nr 2 ZPO** für die Klageerweiterung im finanzgerichtlichen Verfahren übersehen wird (vgl BFHE 159, 4 = BStBl II 1990, 327; FG Köln EFG 2000, 1400, 1401; zur Kritik iÜ s § 47 Rz 3 f mwN). Darüber hinaus enthält die FGO Vorschriften, die speziell auf das von der ZPO abweichende Verfahrensziel zugeschnitten sind (zB §§ 68, 100, 101 u 102).

– Im Zivilprozess herrscht – anders als im finanzgerichtlichen Verfahren – der **Beibringungsgrundsatz** vor (Vor § 76 Rz 1; glA *Kopp/Schenke* § 173 Rz 2), so dass hierdurch geprägte Normen der ZPO im finanzgerichtlichen Verfahren keine oder zumindest nur eingeschränkte Anwendung finden können.

– Der **Charakter des** mit Hilfe von ZPO einerseits und FGO andererseits durchzusetzenden **materiellen Zivil- und Steuerrechts ist grundverschiedenen**, was auch Einfluss auf das Verfahrensrecht hat (*Zöllner* AcP 190, 471 ff; *v Groll* DStJG 18, S 47 ff).

5   Die bestehenden grundsätzlichen Unterschiede haben zur Folge, dass für den Bereich der FGO nicht nur **eigenständige Grundsätze der Sachaufklärung** und der **Mitwirkung der Verfahrensbeteiligten** (§ 76 Rz 10 ff u 37 ff) gelten, sondern zB auch besondere **Kriterien des Beweismaßes** (§ 96 Rz 9 u 16 ff) oder besondere Anforderungen an die **Beweisführung** bestehen (s zur Vorlage eines amtsärztlichen Zeugnisses und zur Zumutbarkeit eines selbständigen Beweisverfahrens nach §§ 485 ff ZPO als Voraussetzung für die Anerkennung von Heilkuren im Rahmen des § 33 EStG: BFHE 130, 54 = BStBl II 1980, 295; BFH/NV 1995, 24 einerseits u FG RhPf EFG 1992, 465; 1993, 675 andererseits; s auch BFH/NV 1988, 149).

6   Weitere Folge der grundsätzlichen Unterschiede zwischen den Verfahrensordnungen ist, dass der Rechtsanwender für jede einzelne **Vorschrift** des GVG und insbesondere der ZPO entscheiden muss, ob sie im finanzgerichtlichen Verfahren **uneingeschränkt, eingeschränkt** oder auch **gar nicht gilt.** Dies beurteilt sich danach, inwieweit die konkrete Norm mit den besonderen Grundsätzen der FGO im Einklang steht. Dabei geben auch die in den speziellen Verweisungsvorschriften der FGO erkennbaren gesetzgeberischen Zielvorstellungen eine grundsätzliche Orientierungshilfe. **Von einer Einzelfallübersicht** über die im finanzgerichtlichen Verfahren sinngemäß anzuwendenden GVG- und ZPO-Vorschriften wird hier **abgesehen**. Denn alle Bemühungen, eine auch nur annähernd verlässliche und brauchbare Übersicht zu geben, könnten immer nur ein Versuch bleiben. Sie müssten in zahllosen Fällen mit so vielen Einschränkungen, Vorbehalten und Modifizierungen erläutert werden, dass die sachgerechte

Rechtsanwendung im Einzelfall eher gefährdet als gefördert würde. Statt dessen sollen **exemplarisch einige Fälle** genannt werden, in denen GVG- und ZPO-Vorschriften uneingeschränkt, eingeschränkt oder auch gar nicht anzuwenden sind. Diese Fälle mögen – gemeinsam mit den oben dargestellten Grundsätzen – als Orientierungshilfe dienen.

Unproblematisch ist die Anwendung von rein **organisatorischen** oder **7** rein **„prozesstechnischen",** dh den äußeren Verfahrensablauf betreffenden **Normen** des GVG und ZPO im finanzgerichtlichen Verfahren. Diese gelten **uneingeschränkt.** Dazu gehören zB die Vorschriften

– über die **Öffentlichkeit des Verfahrens** (§ 169 GVG; BFHE 166, 524 = BStBl II 1992, 411);

– zur Korrektur von **prozessleitenden Beschlüssen** (zB zur Trennung, Verbindung, Verfahrensunterbrechung nach § 150 ZPO; BFH/NV 1995, 806);

– zur **Terminierung** (§ 227 ZPO; § 91 Rz 2 ff; s zB BFH/NV 1989, 379; 1998, 66; 599; 601; 726; 1999, 626; 631; 1623 f; 2000, 441; FG Hessen EFG 2000, 389; FG Hbg EFG 2001, 304; 305; FG Mchn EFG 2001, 582; zur Darlegungspflicht in diesem Zusammenhang: BFH/NV 2000, 441; 1219; zur Glaubhaftmachung: BFH/NV 1999, 799; 2000, 836 f);

– zur **Verfahrensunterbrechung** (§§ 239–250 ZPO; zum Begriff: Vor § 74 Rz 3; so etwa zu **§ 240 ZPO:** BFHE 191, 247 = BStBl 2000, 431; BFH/NV 1998, 42; 2000, 734; 1087; 1101; 1303; 2004, 642; 1285; 2005, 237; zu **§ 241 ZPO:** FG Bremen EFG 2000, 1268; zu **§ 246 ZPO:** BFH/NV 2004, 72; 1665; 2005, 574; zum **Ruhen des Verfahrens nach § 251 ZPO** s Rz 9);

– zum **Verlust des Rügerechts** nach **§ 295 I ZPO** (§ 115 Rz 100 ff; § 116 Rz 49; § 120 Rz 67; BFHE 155, 498 = BStBl II 1989, 372; BFHE 162, 562 = BStBl II 1991, 238; BFH/NV 1998, 602 f; 1999, 290; 326; 330; 636; 1236; 1612 f; 2000, 165; 435; 860; 1068; 1126; 1450; 2004, 207; 365; 513);

– zur **Anschlussrevision** (§ 554 ZPO, s § 120 Rz 77 ff; BFH/NV 1994, 636; zur Bindung an Landesrecht im Revisionsverfahren – **§ 562 ZPO:** BFH/NV 2000, 859, 860) und zur unselbständigen **Anschlussbeschwerde** (§ 574 IV ZPO; BFH/NV 1991, 316; 1995, 680; zur Möglichkeit neue Tatsachen vorzutragen: BFH/NV 2000, 436; zur gegenständlichen Begrenzung der Anschlussbeschwerde: BFH/NV 1994, 480; 1995, 680 zT allerdings mit dem verfehlten – s Rz 4 – Hinweis auf § 264 Nr 2 ZPO; aM § 123 Rz 2);

– zur **Zurückverweisung** der Sache **an einen anderen Senat** nach **§ 563 I 2 ZPO:** BFH/NV 1994, 798; 1999, 487; BFH HFR 2001, 252;

– zur **Vollstreckungsabwehrklage** und zu den **einstweiligen Anordnungen** in der Zwangsvollstreckung nach **§§ 767, 769 ZPO:** BFH/NV 2000, 4 (s iÜ § 150 Rz 1; § 151 Rz 2).

Ebenfalls uneingeschränkt gelten die allg prozessualen Vorschriften, **8** und zwar zB

– zur **Bestimmung des Rechtsweges** (§§ 17–17 b GVG; BFHE 191, 155 = BFH/NV 2000, 406; BFH/NV 1998, 789; 2000, 476; 613; s iÜ Anh § 33);

– zur **Prozessvollmacht**, jedenfalls soweit es um die **§§ 80–84 ZPO** geht (s zu § 80 I ZPO: BFH/NV 1998, 1364; zu § 81: BFH/NV 1996, 823; zu § 87 I ZPO: BFH/NV 1999, 1223; 2000, 59) sowie um die **Zurechnung von Vertreter-Verschulden** nach **§ 85 II ZPO** (BFH/NV 1994, 331; 1995, 38; 897; 1997, 790; 1998, 1493f; 1999, 192; 821; 2000, 470; 2004, 68; 2005, 331; BFHE 188, 528 = BStBl II 1999, 565 unter II.2.c; s zu den **§§ 81, 83 ZPO**: BFH/NV 1997, 119); zu **§ 86 ZPO**: BFH/NV 2004, 1537; zu **§ 87 ZPO**: BFH/NV 2004, 969; 2005, 570; zu **§ 91 II ZPO**: FG Nbg EFG 2000, 450; FG Köln EFG 2000, 963);

– zur Bedeutung des **Sitzungsprotokolls** (§ 165 ZPO; § 94 Rz 4, 22; § 105 Rz 22; § 108 Rz 1; BFHE 171, 515 = BStBl II 1994, 182; BFH/NV 2005, 501);

– zur Behandlung **offenkundiger** (gerichtsbekannter) **Tatsachen** (§ 291 ZPO; § 81 Rz 3; BFH/NV 1994, 326);

– zur systematischen Einordnung **ausländischen Rechts** (§§ 293 ZPO; BFHE 177, 492 = BStBl II 1995, 540);

– zur **Glaubhaftmachung** (§ 294 ZPO; BFH/NV 1999, 1489);

– zur **formlosen Bekanntgabe von Beschlüssen** und Verfügungen nach § 329 II 1 ZPO (BFH/NV 1999, 1366);

– zum **Beschwerdeverfahren** nach **§ 567 ff ZPO** (ausführlich § 132 Rz 5); allerdings kommt mE keine **Zurückverweisung** in Beschwerdeverfahren des einstweiligen Rechtsschutzes in Betracht, weil in diesen Verfahren eine Beschränkung auf präsente Beweismittel erfolgt (§ 69 Rz 121; § 114 Rz 59; a**M**: BFH/NV 1994, 257; 1996, 232, 234).

9 Nur **eingeschränkt gelten** im finanzgerichtlichen Verfahren zB die Vorschriften

– zum **Notanwalt** nach **§ 78 b ZPO**, da die Norm durch § 62 modifiziert wird (s BFH/NV 1994, 484; 1995, 247; 422; 424; 531; 818; 912; 1997, 431; 1998, 194; 465; 617; 876; 1999, 353; 436; 438; 655; 810; 1373; 2000, 62; 479; 870; 1122; 2004, 1119);

– zum **Ruhen des Verfahrens** nach **§ 251 ZPO**, weil mangels einer Disposition über die Steuer (§ 76 Rz 4) keine Vergleichsverhandlungen zwischen den Beteiligten schweben können; ansonsten ist § 251 ZPO aber entsprechend anzuwenden (s BFH/NV 2004, 384; 956):

– zur **Urteilszustellung und -berichtigung (§§ 317 u 319 ZPO)**, weil die §§ 104 II und 107 insoweit Sondervorschriften enthalten (vgl BFH/NV 1999, 792, der aber nur auf die ZPO-Regelungen abstellt);

– zur materiellen **Rechtskraft** nach **§ 322 ZPO**, weil § 110 insoweit eine Spezialvorschrift enthält; s aber zur Wirkung des § 322 ZPO im finanzgerichtlichen Verfahren BFH/NV 1998, 789; s auch § 110 Rz 7, 28.

10 Wegen der grundsätzlichen Unterschiede beider Verfahrensarten **gelten im finanzgerichtlichen Verfahren nicht** die Vorschriften:

– zur **gerichtlichen Bestimmung der Zuständigkeit** nach **§ 36 ZPO** (BFHE 204, 413 = BStBl II 2004, 458);

– zum **Anerkenntnis** nach § 307 ZPO (s § 76 Rz 5);

– zur **Anhörungsrüge nach § 321 a ZPO**, weil § 133 a ab dem 1. 1. 2005 insoweit eine eigene Vorschrift enthält (zur vorherigen Anwendung des § 321 a ZPO s zB BFH BStBl II 2005, 142; BFH/NV 2004, 355; 660; 972; 1118; 1533; 2005, 362, jeweils mwN);

– zur **Widerklage** (wie zB §§ 33, 301 I, 530 I ZPO), weil das finanzge-
lichtliche Verfahren aufgrund seiner Ausrichtung auf die Gewährung
von Rechtsschutz gegen hoheitliche Maßnahmen eine andere Zielsetzung verfolgt als die ZPO und zudem eine gesetzliche Regelung zur
Widerklage in der FGO fehlt (anders aber § 89 VwGO u § 100 SGG;
glA *Brandis* in T/K Rz 8; Raum für Widerklage böte allenfalls § 40 III, s
dort Rz 123).

Bei der Frage nach der sinngemäßen Anwendung von Vorschriften der **11**
ZPO ist zudem zu beachten, dass dieselben Rechtshandlungen im Zivilprozess und im finanzgerichtlichen Verfahren **unterschiedliche Auswirkungen** haben können, so zB im Fall der **Klagerücknahme**, die im
finanzgerichtlichen Verfahren – anders als im Zivilprozess – den Verlust des
Klagerechts zur Folge hat (ausführlich § 72 Rz 30 f).

Weiterhin erschwert wird die Rechtssicherheit dann, wenn zivilprozes- **12**
suale Regeln trotz ihrer gezielten Ausklammerung im finanzgerichtlichen
Verfahren Bedeutung erlangen, weil sie einen **allg Rechtsgedanken** aus-
drücken. Dies ist zB der Fall bei **§ 276 III ZPO** zur Konkretisierung des
§ 96 II (§ 96 Rz 27 f; BFH HFR 1996, 417; BFH/NV 1994, 391; 1996,
573) oder auch im Hinblick auf die Beweiskraftregel des **§ 418 ZPO** (§ 82
Rz 40; BFHE 178, 303 = BStBl II 1996, 19; BFH/NV 1996, 567; 1998,
1115; 2000, 1223), obwohl die §§ 415 ff ZPO in § 82 gezielt nicht in Bezug genommen worden sind.

§ 156 [§ 6 EGGVG]

§ 6 des Einführungsgesetzes zum Gerichtsverfassungsgesetz gilt entsprechend.

§ 6 EGGVG [Wahl, Ernennung und Amtsperiode ehrenamtlicher Rich-
ter]

(1) Vorschriften über die Wahl oder Ernennung ehrenamtlicher Richter in
der ordentlichen Gerichtsbarkeit einschließlich ihrer Vorbereitung, über die
Voraussetzung hierfür, die Zuständigkeit und das dabei einzuschlagende
Verfahren sowie über die allgemeinen Regeln über Auswahl und Zuziehung
dieser ehrenamtlichen Richter zu den einzelnen Sitzungen sind erstmals auf
die erste Amtsperiode der ehrenamtlichen Richter anzuwenden, die nicht
früher als am ersten Tag des auf ihr Inkrafttreten folgenden zwölften Kalen-
dermonats beginnt.

(2) Vorschriften über die Dauer der Amtsperiode ehrenamtlicher Richter in
der ordentlichen Gerichtsbarkeit sind erstmals auf die erste nach ihrem Inkrafttreten beginnende Amtsperiode anzuwenden.

§ 157 [Folgen der Nichtigkeitserklärung von landesrechtlichen Vor-
schriften]

[1]Hat das Verfassungsgericht eines Landes die Nichtigkeit von Landesrecht festgestellt oder Vorschriften des Landesrechts für nichtig erklärt, so bleiben vorbehaltlich einer besonderen gesetzlichen Regelung
durch das Land die nicht mehr anfechtbaren Entscheidungen der Ge-

richte der Finanzgerichtsbarkeit, die auf der für nichtig erklärten Norm beruhen, unberührt. ²Die Vollstreckung aus einer solchen Entscheidung ist unzulässig. ³§ 767 der Zivilprozessordnung gilt sinngemäß.

Vgl § 183 VwGO.

§ 158 [Entsprechende Anwendung der §§ 94, 96 AO]

¹Die eidliche Vernehmung eines Auskunftspflichtigen nach § 94 der Abgabenordnung oder die Beeidigung eines Sachverständigen nach § 96 Abs. 7 Satz 5 der Abgabenordnung durch das Finanzgericht findet vor dem dafür im Geschäftsverteilungsplan bestimmten Richter statt. ²Über die Rechtmäßigkeit einer Verweigerung des Zeugnisses, des Gutachtens oder der Eidesleistung entscheidet das Finanzgericht durch Beschluss.

Zum Verfahren s BFH/NV 1996, 200 u *Brandis* in T/K zu § 158.

§ 159 (weggefallen)

§ 160 [Beteiligung und Beiladung]

Soweit der Finanzrechtsweg auf Grund des § 33 Abs. 1 Nr. 4 eröffnet wird, können die Beteiligung am Verfahren und die Beiladung durch Gesetz abweichend von den Vorschriften dieses Gesetzes geregelt werden.

§ 160 II aufgehoben durch Art 1 des G v 21. 12. 1992 (BGBl I, 2109) mWv 1. 1. 1993; dazu: BFHE 178, 222 = BStBl II 1995, 738; BFHE 179, 443 = BStBl II 1996, 377; BFH/NV 1996, 757 f; 789; 1997, 199; 374; 615; s auch *Sack* DStR 1995, 1616 f).

§ 161 [Aufhebung von Vorschriften]

§§ 162 bis 183 (weggefallen)

§ 184¹⁾ [Inkrafttreten, Überleitungsvorschriften]

---

¹⁾ § 184 betrifft das Inkrafttreten der FGO in der ursprünglichen Fassung v. 6. 10. 1965. Das Inkrafttreten der späteren Änderungen ergibt sich aus den jeweiligen Änderungsgesetzen.

Sachverzeichnis

Die fettgedruckten Zahlen bezeichnen die Paragraphen, die mageren Zahlen
beziehen sich auf die Anmerkungen.

Ablehnung von Sachverständigen

Änderung der Klage

Anrufungsauskunft

Aufzeichnungen

Aussetzung der Vollziehung

Aussetzung der Vollziehung

Beiladungsfähigkeit

Berufung ehrenamtlicher Richter

Beweisantritt

BpO

Einstweilige Aussetzung der Vollziehung

Elektronischer Rechtsverkehr

Erledigungsgebühr

Fairness

Folgebescheid

Geschäftsverteilungsplan

Gesellschaft

Gutachten

Klageermäßigung

Kosten

Kostenerstattung

Markenverfahren

bei Vertretungszwang **62 a** 3
Zustellung **62** 109
Markenverfahren *s.* Kraftfahrzeug-
steuer
Massenverfahren
Begrenzung der Beiladung *s.*
Notwendige Beiladung
Materielle Rechtskraft 110 7 ff.
Kostenfestsetzungsbeschluss **149** 10
s. auch Rechtskraft
Materielles Recht 40 55; **48** 1, 12
Bedeutung für Prozessrecht **Vor 1** 1,
3; **65** 38 f.; **155** 4
Verfahrensrecht **Vor 76** 4
Mechanische Fehler
Urteil **107** 3
**Mehrere Prozessbevollmächtigte
62** 16, 18
Kostenerstattung **139** 6, 58
Mehrere Rechtsmittel
desselben Beteiligten **120** 35
Mehrere Steuerfälle
Streitwert **Vor 135** 29
Mehrfachbegründung
Anrufung des GrS **11** 2
Mehrfache Klagebefugnis
Beiladung **60** 65
Mehrmütterorganschaft Vor 1 1
Mehrstufiger Verwaltungsakt *s.*
Verwaltungsakt
Meistbegünstigung Vor 33 16
Anfechtung inkorrekter
Entscheidungen **40** 7; **Vor 115** 4;
128 3
**Menschenrechtskonvention Vor
76** 10; **104** 8
**Milchgarantiemengenregelung
Vor 40** 65
s. auch Aussetzung der Vollziehung
Milchquote
Beiladung **60** 101
Milchreferenzmenge
Aussetzung der Vollziehung **69** 55
Mindestinhalt
Urteil **105** 8 ff.
Mindeststreitwert Vor 135 2
Minister
Ausschließung vom Amt des
ehrenamtlichen Richters **19**
als Sachverständige **82** 36

als Zeugen **82** 23
Missbrauch 46 23
s. auch Allgemeine Rechtsgrundsätze
Mitberechtigte
Beiladung **60** 65
Mitbewohner
Ersatzzustellung an M. **53** 83
Miterben
Beiladung **60** 65, 104
Mitgesellschafter 40 102
Mitglieder
Finanzgericht **5** 1 ff.
Präsidium **4** 5 ff.
**Mitteilung als Verwaltungsakt
Vor 40** 34
Mitunternehmer 40 48
Mitunternehmerschaft 48 9, 17
Beiladung **60** 65
– *s.* **60** 65 Verrechenbarer Verlust,
s. **60** 65 Verteilung der Einkünfte
Mitwirkungsakte Vor 40 65
Mitwirkungsanordnung *s.*
Mitwirkungsplan
Mitwirkungspflicht 65 54; **Vor
76** 5; **76** 1 ff.; **79 b** 1 ff.; **96** 8 ff.;
100 46; **155** 5
Auslandszahlungen **76** 41
Auslandszeugen **76** 41
Beteiligte als Verpflichtete **76** 41
Beweisnähe **76** 50
Finanzamt
– nach Ausschlussfrist nach § 365 b
AO **76** 73
Geschehensablauf
– abweichender **76** 50
Hinweispflicht durch das Gericht
76 55
Kosten bei Verletzung der M.
137 3
Möglichkeit der Mitwirkung **76** 50
Nachweispflicht **96** 11 f.
Sachaufklärung **76** 20, 24, 37 ff.
Sachverhalt
– unübersichtlicher **76** 50
Sphärentheorie **76** 48, 50
Umfang **76** 40 f.
Verhältnismäßigkeit **76** 50
Verletzung **80** 11
– bei Nichterscheinen zum Termin
91 17

Negativbescheid

Öffentlich-rechtliche Körperschaft

Prozessleitende Maßnahmen

Prozessökonomie

Rechtliches Interesse

Rechtskraftkollision

Rechtswegezuweisung

Revisionsbegründungsfrist

Sachaufklärung

Sachaufklärungspflicht

Sachverständigenbeweis

Sachverständigengutachten

Streitgenossenschaft

Telefongebühren

Untätigkeitseinspruch

Urteilsaufbau

Verfahrensrevision

Verwaltungsaktbezogene Klage

Vollmachtloser Vertreter

Vorstand von Körperschaften

Wiedereröffnung der mündlichen Verhandlung

Zugehen

Zustellungsabsicht